D1573623

DIE KIRCHLICHE DOGMATIK

VON
KARL BARTH

ERSTER BAND
DIE LEHRE VOM WORT GOTTES

ZWEITER HALBBAND

tvz

THEOLOGISCHER VERLAG ZÜRICH

DIE LEHRE VOM WORT GOTTES

PROLEGOMENA ZUR KIRCHLICHEN DOGMATIK

VON
KARL BARTH
DR. THEOL., D. D., LL. D.
O. PROFESSOR AN DER UNIVERSITÄT BASEL

ZWEITER HALBBAND

SECHSTE AUFLAGE

tvz

THEOLOGISCHER VERLAG ZÜRICH

6. Auflage 1975

© Theologischer Verlag Zürich
Druck: Meier & Cie. AG Schaffhausen
Printed in Switzerland
ISBN 3290.11007.9

Der Theologischen Akademie in Sarospatak

Der Universität Utrecht

Der Theologischen Fakultät der Reformierten Kirche von Siebenbürgen in Klausenburg

Der Universität St. Andrews

als Zeichen des Dankes

STATT EINES VORWORTES

Wir sind es doch nicht, die da künden die Kirche erhalten, unser Vorfarn sind es auch nicht gewesen, unser Nachkomen werdens auch nicht sein, Sondern der ists gewest, ist noch, wirds sein, der da spricht, Ich bin bey Euch bis an der Welt ende. Wie Ebre. 13 geschrieben stehet, Jhesus Christus, *Heri, et hodie, et in secula*. Und Apo. 1. Der es war, der es ist, der es sein wird. Ja, so heißt der Man, und so heist kein ander Man, und sol auch keiner so heissen.

Denn du und ich sind vor tausent jaren nichts gewest, Da dennoch die Kirche on Uns erhalten worden, Und hats der müssen thun, der da heißt, *Qui erat*, und *Heri*.

So sind wirs jtzt auch nicht bey unserm Leben, Denn die Kirche wird durch uns nicht erhalten, weil wir dem Teufel im Bapst, Rotten und bösen Leuten nicht können wehren, Und unser halben die Kirche fur unsern augen, und wir mit ir, müsten zu grunde gehen (wie wir teglich erfaren) wo nicht ein ander Man were, der beide die Kirche und uns scheinbarlich erhielte, Das wirs möchten greiffen und fülen, ob wirs nicht wolten gleuben, und müssens Den thun lassen, der da heißt, *Qui est*, und *Hodie*.

Eben so werden wir auch nichts dazu thun, das die Kirche erhalten werde, wenn wir tod sind, Sondern der wirds thun, der da heißt, *Qui venturus est*, und *in secula*, Und was wir in solcher Sachen von uns jtzt sagen, das haben unser Vorfarn von sich auch sagen müssen, Wie die Psalmen und Schrift zeugen, und unser Nachkomen werdens auch also erfaren, das sie werden mit uns und der gantzen Kirchen singen den 124. Psalm, Wo der Herr nicht bey uns were, wenn die Menschen sich wider uns setzen, Und Psal. 60, Schaffe uns beistand in der not, Denn menschen hülffe ist kein nütze.

... Christus unser lieber Gott und Bischoff unser Seelen, die er durch sein thewer Blut erkaufft hat, erhalte seine kleine Herde bey seinem heiligen Wort, das sie zuneme und wachse in der gnade, erkentnis und glauben an jn, Tröste und sterke sie auch, das sie fest und bestendig bleibe, wider alle list und anfechtungen, beide des Satans und der argen Welt, und erhöre doch schier jr hertzlich seufftzen und engstlich harren und verlangen nach dem frölichen tage seiner herrlichen seligen Zukunfft und Erscheinung. Das des mördlichen stechens und beissens in die Versen, der grimmigen gifftigen Schlangen, doch ein mal ein ende werde, Und endlich angehe die offenbarung der herrlichen Freiheit und seligkeit der kinder Gottes, der sie hoffen und in gedult warten. Dazu spreche ein jglich from hertze, so Christus, unsers Lebens, erscheinung, liebe hat, Amen, Amen. Luther (W. A. 54, 470 und 474 f.)

INHALT

DIE LEHRE VOM WORT GOTTES

ZWEITES KAPITEL: DIE OFFENBARUNG GOTTES

Zweiter Abschnitt:
Die Fleischwerdung des Wortes

§ 13. Gottes Freiheit für den Menschen	1
1. Jesus Christus die objektive Wirklichkeit der Offenbarung	1
2. Jesus Christus die objektive Möglichkeit der Offenbarung	28
§ 14. Die Zeit der Offenbarung	50
1. Gottes Zeit und unsere Zeit	50
2. Die Zeit der Erwartung	77
3. Die Zeit der Erinnerung	111
§ 15. Das Geheimnis der Offenbarung	134
1. Das Problem der Christologie	134
2. Wahrer Gott und wahrer Mensch	145
3. Das Wunder der Weihnacht	187

Dritter Abschnitt:
Die Ausgießung des Heiligen Geistes

§ 16. Die Freiheit des Menschen für Gott	222
1. Der Heilige Geist die subjektive Wirklichkeit der Offenbarung	222
2. Der Heilige Geist die subjektive Möglichkeit der Offenbarung	264
§ 17. Gottes Offenbarung als Aufhebung der Religion	304
1. Das Problem der Religion in der Theologie	305
2. Religion als Unglaube	324
3. Die wahre Religion	356
§ 18. Das Leben der Kinder Gottes	397
1. Der Mensch als Täter des Wortes	397
2. Die Liebe Gottes	408
3. Das Lob Gottes	442

Inhalt

DRITTES KAPITEL: DIE HEILIGE SCHRIFT

§ 19. Gottes Wort für die Kirche 505
    1. Die Schrift als Zeugnis von Gottes Offenbarung 505
    2. Die Schrift als Gottes Wort 523

§ 20. Die Autorität in der Kirche 598
    1. Die Autorität des Wortes 598
    2. Die Autorität unter dem Wort 652

§ 21. Die Freiheit in der Kirche 741
    1. Die Freiheit des Wortes 741
    2. Die Freiheit unter dem Wort 779

VIERTES KAPITEL: DIE VERKÜNDIGUNG DER KIRCHE

§ 22. Der Auftrag der Kirche 831
    1. Gotteswort und Menschenwort in der christlichen Predigt 831
    2. Reine Lehre als Problem der Dogmatik 848
    3. Dogmatik und Ethik 875

§ 23. Dogmatik als Funktion der hörenden Kirche 890
    1. Die formale Aufgabe der Dogmatik 891
    2. Die dogmatische Norm 908

§ 24. Dogmatik als Funktion der lehrenden Kirche 943
    1. Die materiale Aufgabe der Dogmatik 943
    2. Die dogmatische Methode 954

Register 991
    I. Bibelstellen 991
    II. Namen 1000
    III. Begriffe 1005

ZWEITES KAPITEL
DIE OFFENBARUNG GOTTES

ZWEITER ABSCHNITT
DIE FLEISCHWERDUNG DES WORTES

§ 13
GOTTES FREIHEIT FÜR DEN MENSCHEN

Gottes Offenbarung ereignet sich nach der heiligen Schrift darin, daß Gottes Wort ein Mensch wurde, dieser Mensch also Gottes Wort gewesen ist. Die Fleischwerdung des ewigen Wortes, Jesus Christus, ist Gottes Offenbarung. In der Wirklichkeit dieses Ereignisses beweist Gott seine Freiheit, unser Gott zu sein.

1. JESUS CHRISTUS DIE OBJEKTIVE WIRKLICHKEIT DER OFFENBARUNG

Die Lehre von Gottes Dreieinigkeit gibt Antwort auf die Frage nach dem Subjekt der in der heiligen Schrift bezeugten Offenbarung. Man kann diese Antwort dahin zusammenfassen: die in der heiligen Schrift bezeugte Offenbarung ist die Offenbarung des Gottes, der als solcher, nämlich als der Herr, der Vater ist, von dem sie herkommt, der Sohn, der sie objektiv (für uns) und der Heilige Geist, der sie subjektiv (in uns) vollstreckt und der in jeder dieser verschiedenen und nicht miteinander zu identifizierenden Seinsweisen und Handlungsweisen der eine Gott ist. Gott ist das beharrende Subjekt der Offenbarung. Er wird auch in seinem Sohne, in dem er uns offenbar wird — er wird auch in seinem Heiligen Geiste, in dem er uns offenbar ist, nie zum Prädikat oder Objekt unseres Seins und Handelns. Er wird und er ist uns offenbar. Aber auch dieses Werden und Sein ist und bleibt eine Bestimmung seiner Existenz, seine Tat, sein Werk.

Eben von diesem Werden und Sein, von dieser doppelten: der objektiven und der subjektiven Vollstreckung der Offenbarung haben wir nun zu handeln, d. h. aber zunächst: von der Fleischwerdung des Wortes, von Jesus Christus als von Gottes Offenbarung für uns, nachher: von der Ausgießung des Heiligen Geistes als von Gottes Offenbarung in uns.

Wie könnten wir dabei jene Antwort auf die Frage nach dem Subjekt der Offenbarung, die Trinitätslehre, auch nur einen Augenblick aus den

Augen verlieren? Sie wird vielmehr — wie wir angesichts dessen, was uns in ihr gesagt ist, im voraus annehmen müssen — der entscheidende Inhalt auch der Antworten sein, die wir nun auf die weiteren, zur Erkenntnis des Wesens der Offenbarung nötigen Fragen entgegenzunehmen haben. Zu neuer Erkenntnis der Herrschaft und Herrlichkeit des **einen Gottes** wird uns auch alles Fragen nach der objektiven und subjektiven Wirklichkeit der Offenbarung führen müssen. Es wäre denn, daß wir am Zeugnis der heiligen Schrift vorbei nach einer anderen Offenbarung fragen würden.

Aber eben die Antwort auf die Frage nach dem Subjekt der Offenbarung ermächtigt, ja nötigt uns nun auch, weiterzufragen. Wie wir ja schon jene erste Frage nicht stellen und jene erste Antwort uns nicht geben lassen konnten, ohne die weiteren Fragen: was tut Gott für uns?, was tut er in uns in seiner Offenbarung?, und die darauf entgegenzunehmenden Antworten: die Fleischwerdung des Wortes, die Ausgießung des Heiligen Geistes schon vorweg in ihrer ganzen Konkretheit vor Augen zu haben. Die Trinitätslehre selbst, sofern sie die Gottheit auch des Sohnes, auch des Heiligen Geistes in ihren besonderen Seins- und Handlungsweisen neben der Gottes des Vaters lehrt, bedeutet die Aufforderung, das eigentliche Werk der Offenbarung nach seiner objektiven und subjektiven Seite, das heißt aber das Werk des Sohnes und des Heiligen Geistes nun auch noch besonders zu würdigen und so den Begriff der göttlichen Offenbarung in seiner Ganzheit zu erfassen.

Es handelt sich bei diesem zweiten und dritten Moment im Begriff der Offenbarung um zwei im engeren Sinn aufeinander bezogene, sich gegenseitig ergänzende Fragen. Man kann und darf sie unter verschiedenen Gesichtspunkten formulieren. Wir können z. B. fragen: **Wie geschieht das?** und: **Wozu geschieht das?**, was im Ereignis der Offenbarung geschieht? Wir können auch fragen: Welches ist das **Geschehen?** und: Welches ist die **Kraft,** die **Bedeutung,** die **Wirkung** der Offenbarung? Man kann nach Gottes **Sich-Offenbaren** und nach seinem **Uns-offenbar-Sein** fragen und in diesem Sinn: nach der **objektiven** und nach der **subjektiven** Wirklichkeit seiner Offenbarung. Man kann die Offenbarung im ersten Bereich als die **von Gott aus zum Menschen hin**, im zweiten als die **von Gott aus zum Menschen hin** gehende Bewegung verstehen wollen. Unter dem Vorbehalt gründlichster Klärung, ja Korrektur der Begriffe dürfte man auch fragen: nach der göttlichen **Spontaneität** und nach der menschlichen **Rezeptivität** in der Offenbarung. Man fragt aber besser, wenn man fragt: 1. inwiefern Gott in seiner Offenbarung **für uns frei** ist, nämlich frei, sich uns zu offenbaren, frei, obwohl und indem er Gott der Herr ist, unser Gott zu sein? und 2. inwiefern Gott in seiner Offenbarung **frei** ist auch **in uns,** nämlich frei, mit uns umzugehen als mit den Seinigen, den zu ihm Gehörigen und ihm Gehörenden, obwohl wir doch Menschen, und zwar sündige Menschen sind? In welcher zweiten Frage dann eingeschlossen und im voraus beantwortet ist die umgekehrte Frage: inwiefern wir in Gottes Offenbarung frei werden und sind für ihn, so daß er uns offenbar sein kann? Diese Frage nach der **Freiheit Gottes für den Menschen und im Menschen** ist es, die am umfassendsten und entschiedensten auf die beiden Antworten hinweist, die wir hier entgegenzunehmen haben. Daß Gott weder durch seine eigene Gottheit noch auch durch unsere Menschlichkeit und Sündigkeit gehindert ist, unser Gott zu sein und mit uns umzugehen als mit den Seinigen, daß er vielmehr für uns und in uns frei ist, das ist der zentrale Gehalt der Lehre von Christus und der Lehre vom Heiligen Geiste. Christologie und Pneumatologie sind eins darin, daß sie Erkenntnis und Lobpreis der Gnade Gottes sind. Die Gnade Gottes ist aber eben seine weder durch ihn selbst noch durch uns behinderte Freiheit.

Der Gegenstand, dem wir uns in Fortsetzung der mit der Entwicklung der Trinitätslehre begonnenen Analyse des Offenbarungsbegriffs zunächst zuwenden, ist die Lehre von der Inkarnation oder von der **Fleischwerdung des Wortes Gottes**. Es handelt sich um den ersten grundlegenden Teil der sog. Christologie, um den Teil nämlich, in welchem sie eben auf die Frage antwortet: wie das in der Freiheit Gottes wirklich ist, daß dem Menschen seine Offenbarung widerfährt. Die eigentliche Lehre von Christi Person und Werk hat ihren eigenen notwendigen Ort innerhalb der Lehre von der Versöhnung, mit der wir es hier noch nicht direkt zu tun haben. Jener erste Teil der Christologie, das, was man im besonderen die Lehre von der Inkarnation nennt, gehört zur Lehre vom Worte Gottes und also in die Prolegomena, zur Grundlegung der kirchlichen Dogmatik.

Fassen wir nun diese Frage für sich ins Auge: **wie das in Gottes Freiheit wirklich ist, daß dem Menschen seine Offenbarung widerfährt?**, so haben wir vor allem festzustellen: das ist und das muß sein die erste Frage, die hier zu stellen ist. Es gibt nämlich hinsichtlich der Fleischwerdung des Wortes Gottes auch eine zweite Frage. Sie wird lauten müssen: wie das in Gottes Freiheit *möglich* ist, daß dem Menschen seine Offenbarung widerfährt? Auch diese zweite Frage hat ihr Recht und ihre Notwendigkeit. Sie ist die Verständnisfrage, die Frage nach dem Kommentar, die der Tatsachenfrage, der Frage nach dem Text, gewiß folgen muß. Sie kann ihr aber nur folgen, sie darf ihr nicht etwa vorangehen wollen.

Es würde also nicht etwa angehen, jetzt zunächst Überlegungen darüber anstellen zu wollen, welche Bedingungen bei Gott und bei uns selbst erfüllt sein müssen, damit uns seine Offenbarung widerfahren könne — um uns dann nachträglich danach umzusehen, ob uns Offenbarung, diesen Bedingungen entsprechend, tatsächlich widerfahren sei. Auch in der tiefsinnigsten Überlegung und Feststellung solcher Bedingungen und auch in der gläubigsten Anerkennung einer diesen Bedingungen entsprechenden Offenbarungstatsache ist nämlich ein Trugschluß verborgen. Man stellt sich bei solcher Überlegung sozusagen in die Mitte zwischen Gott und den Menschen in der doppelten Einbildung und Anmaßung: zu wissen, was Gott tun kann und muß — und: zu wissen, was uns Menschen nötig und angemessen ist, damit Offenbarung zwischen ihm und uns Ereignis werden kann. Diese Einbildung und Anmaßung wird sich als solche sicher darin verraten, daß das Zweite: unser vermeintliches Wissen um unsere eigenen Bedürfnisse und Möglichkeiten offen oder heimlich den Rahmen und Maßstab für das Erste: unser vermeintliches Wissen um die göttlichen Möglichkeiten bzw. Notwendigkeiten abgeben wird. Auch in besten Treuen wird es bei diesem Verfahren nicht zu vermeiden sein, daß die Theologie Gott Vorschriften macht darüber, was und wie beschaffen seine Offenbarung sein muß, um auf unsere Anerkennung als solche rechnen zu dürfen. Gottes Offenbarung ist es nicht, mit der wir so umgehen können. Und selbst wenn es nun dennoch zur Anerkennung, vielleicht zur sehr willigen, sehr frommen Anerkennung einer unseren Bedingungen entsprechenden Offenbarungstatsache kommt, so steckt auch in dieser Anerkennung der Trugschluß, daß wir uns wiederum in die Mitte gestellt haben, diesmal zwischen die angeblich von Gott geschaffene Tatsache auf der einen und das Ergebnis unserer Überlegungen auf der anderen Seite. Auch unser dieser Tatsache entgegengebrachter vermeintlicher Glaube besteht dann doch nur darin, daß wir mit klugem Auge feststellen, daß Gott seine Sache nach unserer wohlbegründeten Überzeugung gut gemacht hat. Auch das positivste, auch das mit der Bibel und mit allen überlieferten Dogmen im Wortlaut vielleicht aufs genaueste übereinstimmende Ergebnis dieses Prozesses wird nichts daran ändern, daß es gewiß nicht Gottes Offenbarung ist, die wir auf diesem Weg anerkannt haben. Sowohl die Mitte zwischen Gott und Mensch als auch die Mitte zwischen der dort gewonnenen Überzeugung und der von Gott geschaffenen Tatsache sind nicht die Orte, von denen aus ein Mensch denkt und redet, dessen Denken und Reden wirklich Gottes Offenbarung zum Gegenstand hat. Einem solchen Menschen müßte gerade dieser Stand in der Mitte genommen sein. Er würde weder Gott mit dem Maßstab dessen, was er selbst für Gott angemessen und dem Menschen heilsam hält, messen zu können meinen, noch würde er zu der von Gott geschaffenen Tatsache Ja sagen daraufhin, daß dies seiner mit Hilfe jenes Maßstabs gewonnenen Überzeugung entspricht.

Man kann es mit der größten Bestimmtheit aussprechen: jede Theologie — gleichviel ob sie sich im übrigen als liberal oder als orthodox ausgebe und gebärde — ist in dem Maße nicht Offenbarungstheologie, als sie offen oder heimlich auf dieser Umkehrung beruht, als sie zuerst danach fragt, was in Gottes Freiheit möglich ist, um sich dann und daraufhin nach Gottes wirklicher Freiheit umzusehen. In der Mitte, in die sie sich damit stellt — und in dem Maße, als nun wirklich diese Mitte ihr Gesichtspunkt ist — wird sie für die Tatsache der Offenbarung Gottes notwendig vollständig blind sein. Was sie immer noch für diese Tatsache hält und ausgibt, ist eines von jenen Erinnerungs- oder Phantasiegebilden, die zu „sehen" auch dem Blinden nicht versagt ist. Das wird sich früher oder später darin zeigen, daß sie mit dieser Tatsache nicht anders, das heißt nicht zuversichtlicher und gewisser denn wie eben mit einem Erinnerungs- oder Phantasiegebilde umzugehen weiß. Diese Umkehrung ist die große Versuchung aller Theologie. Wir werden uns darum nicht wundern darüber, ihren Spuren schon bei den Apologeten des zweiten Jahrhunderts der Kirche und dann durch alle Entwicklungen herab immer wieder zu begegnen. In der herrschenden protestantischen Theologie seit rund 1700 ist sie aber geradezu zur prinzipiellen Voraussetzung geworden. Dies ist die grundsätzliche Verschiedenheit dieser Theologie von der Theologie des älteren Protestantismus: Man weiß jetzt irgendwoher, aus irgendeinem allgemeinen Wissen um Gott und Mensch vorweg, man weiß *a priori*, was Offenbarung sein muß, kann und darf. Innerhalb dieses Rahmens und messend mit diesem Maßstab nimmt man dann, *a posteriori*, Stellung zu ihrer Wirklichkeit. Das braucht nicht notwendig Kritik oder gar Negation dieser Wirklichkeit zu bedeuten. Fromme, ja begeisterte Anerkennung dieser Wirklichkeit ist dabei durchaus möglich. Man beachte wohl, daß der theologische Neuprotestantismus in seinen Anfängen: bei den Lutheranern J. F. Buddeus und Chr. M. Pfaff, bei den Reformierten S. Werenfels, J. F. Osterwald, J. A. Turrettini, aber auch bei Chr. Wolff und den Theologen seiner Schule, aber auch in seinen späteren Gestalten durchaus konservativ mit Bibel und Dogma umgehen konnte. Er bedeutet dennoch und auch in solchen konservativen Formen Verkennung, ja Leugnung der Offenbarung. Nur kraft glücklicher Inkonsequenzen, nur kraft gelegentlicher Preisgabe jener prinzipiellen Voraussetzung, nur im Widerspruch zu sich selbst, kann er auch etwas anderes bedeuten.

Wem Gottes Freiheit das ist, was er auf Grund seines eigenen Wissens um Gott und den Menschen dafür halten zu sollen meint, der redet unter allen Umständen nicht von dem, was in der Freiheit Gottes möglich ist. Und wer seine Anerkennung der durch Gottes Freiheit geschaffenen Tatsache begründet mit der auf diesem Umweg gewonnenen Überzeugung, der anerkennt unter allen Umständen nicht das, was durch Gottes Freiheit Tatsache ist. Auch dann nicht, wenn diese seine Überzeugung mit den Sätzen der Bibel und des Dogmas formal zusammentrifft! Es könnte ja dann jeden Augenblick auch anders sein! Kraft derselben Befugnis, in der er jetzt Ja sagt, könnte er ja auch Nein sagen. Derselbe Richter, der mit Gott heute zufrieden ist, könnte es morgen nicht mehr sein. Nicht das Ereignis dieser Unzufriedenheit, also nicht erst die ausbrechende, teilweise oder gänzliche Negation biblischer und dogmatischer Sätze ist schlimm, ebenso wie ihre Bejahung als solche noch nicht gut ist. Man möchte vielmehr beinahe im Gegenteil sagen: Gott sei Dank! wenn es jeweils soweit ist, daß der Aufruhr sich wenigstens offen als Aufruhr bekennt. Das Schlimme, der Aufruhr selbst, ist die in solcher Negation sichtbar werdende Einbildung und Anmaßung, als könnten und dürften wir daraufhin zu Gottes Offenbarung Ja oder Nein sagen, daß wir mit ihr zufrieden oder nicht zufrieden sind. Wo der Mensch sich diese Eigenmächtigkeit erlaubt, wo er sich in diese Richterstellung begeben hat, da hat er es, wie auch sein Urteil ausfallen möge, weder mit Gott noch mit der von Gott geschaffenen Offenbarungstatsache zu tun. Sein Urteil ist Wind und Betrug, es ist gegenstandslos, gleichviel, ob es positiv oder negativ ausfalle.

Die Voraussetzung, die demgegenüber geltend zu machen ist, ist aber diese: Theologische Urteile und Überzeugungen können schlechterdings nur in der Weise gewonnen werden, daß der Mensch dasjenige als Gott angemessen und für sich selbst heilsam erkennt und anerkennt, was Gott zuvor als ihm selbst angemessen und für den Menschen heilsam bestimmt und offenbart hat. Die göttliche Bestimmung und Offenbarung und nicht das Gutfinden des Menschen ist das Kriterium des Gott Angemessenen und uns Heilsamen. Unser menschliches hat dem göttlichen Gutfinden nicht voranzugehen, sondern nachzufolgen. Manifestation dieses göttlichen Gutfindens ist die von Gott geschaffene Offenbarungstatsache. Und also ist diese Richter über unsere Überzeugungen und nicht umgekehrt. Auch dieser Richter kann ein Ja oder ein Nein aussprechen. Gottes Offenbarung kann in uns Erleuchtung oder Verblendung bedeuten und die durch sie gekennzeichnete menschliche Stellungnahme Glaube oder Unglaube. Auch das Denken und Reden des Unglaubens kann, von hier aus gesehen, seine eigene, ernste, schwere Sachlichkeit haben. Das Denken und Reden des Glaubens jedenfalls wird seine Sachlichkeit darin haben, daß es Gottes Offenbarung nicht vorangeht, sondern nachfolgt, daß es sie wohl verstehen, aber nicht begründen will, daß es ihr gegenüber nicht frei, das heißt nicht von irgendeiner Warte aus befugt und ermächtigt, sondern schlicht an sie gebunden ist, daß es etwas anderes als ein Nachdenken und Nach-reden gerade nicht sein will.

Man fragt uns: woher wir diese Voraussetzung haben? woher also die Legitimation jene andere Voraussetzung, die Einsetzung des Menschen zum Richter über Gottes Möglichkeiten und Verwirklichungen so bestimmt abzulehnen? Wir antworten: Diejenige Entgegenstellung und Zusammenordnung von Gott und Mensch, von göttlichen Tatsachen und menschlicher Stellungnahme dazu, von der die heilige Schrift redet, wenn sie uns Gottes Offenbarung bezeugt, kann für die Theologie nicht nur die Bedeutung eines Gegenstandes haben, den sie mit anderen Gegenständen gemächlich registrieren könnte. Sie muß vielmehr, wenn die Theologie dem Zeugnis der heiligen Schrift wirklich entsprechen will, die Theologie auch formal bestimmen, sie muß ihr auch die Methode diktieren, ohne deren Anerkennung sie gar nicht Theologie sein, das heißt ohne deren Anerkennung sie jenen Gegenstand überhaupt nicht zu Gesicht bekommen und ihn also so, wie er ist, weder gemächlich noch eifrig auch nur registrieren könnte. Jene ganz bestimmte Seinsordnung, die die heilige Schrift sichtbar macht, wenn sie Gott und Mensch, göttliche Tatsachen und menschliche Stellungnahmen in ihrem Zeugnis von Gottes Offenbarung entgegenstellt und zusammenordnet, erzwingt eine ihr entsprechende Erkenntnisordnung. Sie erzwingt nicht den Glauben. Sie schließt auch den Unglauben nicht aus. Wohl aber erzwingt sie, wo sie Glauben findet, ein grundsätzlich gehorsames Denken und Reden. Und sie schließt, wo sie Glauben findet, aus ein freies, das heißt dem vorgegebenen Gegenstand offen oder heimlich vorauseilendes, ein ihm gegenüber richterlich wählendes und entscheidendes, mit seinem Beifall oder Tadel ihn meisterndes Denken und das entsprechende souveräne, letztlich an die Verantwortlichkeit des Menschen gegen sich selbst appellierende Reden. Sie schließt aus eine eigenmächtige Theologie. Wenn etwas sicherer Befund der biblischen Exegese ist, so ist es dies, daß es, wo nach der Bibel Gottes Offenbarung an den Menschen Ereignis war, jenes vorauseilende Denken und jenes souveräne Reden, jene Theologie *a priori* nicht gibt, daß die Propheten und Apostel nur als Hörer gedacht und geredet haben: als Hörer des Gottes, der nur an sein eigenes Gesetz und in keinem Sinn an ein Vorauswissen des Menschen gebunden ist.

Man kann sich die innere Notwendigkeit der in der heiligen Schrift angewendeten und von ihr geforderten theologischen Methode klar machen, wenn man die ihr entgegengesetzte in ihre Konsequenzen verfolgt. Sie ist durch die Eigenmächtigkeit, die sich der Mensch dabei Gott gegenüber herausnimmt, noch nicht genügend gekennzeichnet. Diese Eigenmächtigkeit ist offenbar selbst nur Symptom einer sehr eigentümlichen Meinung, die sich der Mensch von sich selbst, von Gott und von seiner Stellung zu Gott zu bilden erlaubt hat. Er meint nämlich, sich Gott in der bewußten Weise: richterlich, als Partner und Gegenspieler, gegenüberstellen zu können. Er meint also, daß Gott und seine Offenbarung in den Bereich seines eigenen Vermögens gehören: Indem Gott sich ihm offenbart, tut er etwas, was der Mensch in seinem

Daß wie in seinem Wie voraussehen und erwarten kann. Gott tut gewissermaßen seine Schuldigkeit, indem er sich dem Menschen offenbart, und auch das ist seine Schuldigkeit, sich dem Menschen gerade so zu offenbaren, wie dieser es voraussehen und erwarten und auf Grund dieser Voraussicht und Erwartung verstehen und gutheißen kann. Es gehört zum Menschen, es gehört ihm, daß Gott ist und für ihn, den Menschen, frei ist und also ihm auch offenbar wird. Und so ist jene Eigenmächtigkeit ganz in Ordnung. Indem der Mensch um sich selbst weiß, weiß er auch darum, was das bedeuten muß, wenn Gott sich ihm offenbart, darf und muß er die ihm begegnenden angeblichen Offenbarungen — es begegnet ihm ja so vieles, was den Anspruch erhebt, Offenbarung zu sein — messen am Maßstabe seiner selbst, seiner Gedanken über das, was Gott angemessen und ihm, dem Menschen, heilsam ist. Wenn diese Meinung gilt, die Meinung, daß Gott ursprünglich ebenso an den Menschen gebunden ist wie der Mensch an Gott, die Meinung, daß Gott nicht freier Herr ist, seine Offenbarung nicht freie Barmherzigkeit, die Tatsache seiner Offenbarung nicht die von ihm frei geschaffene Voraussetzung alles unseres Denkens und Redens darüber — wenn diese Meinung gilt, dann muß jene Eigenmächtigkeit Platz greifen, dann wird man für den Vorwurf, daß diese Eigenmächtigkeit illegitim sei, gar kein Verständnis haben. Wer weiß, ob man sie dann nicht vielmehr als eine schöne Gabe Gottes selbst rühmen und mit der entsprechenden Sicherheit betätigen wird! — Aber verbirgt sich hinter dieser Meinung nicht noch eine ganz andere Meinung? Sollte bei jenem voraus eilenden, apriorisch-aposteriorischen, richterlichen Denken und Reden über Gott und Mensch, wie es im Zeitalter des Leibniz in der protestantischen Theologie zur Herrschaft kam, wirklich nur ein Verhältnis *al pari*, sollte hier nicht vielmehr ein Überlegenheitsverhältnis zugunsten des Menschen vorausgesetzt sein? Man kann jenes Denken und Reden wohl vor sich selbst verbrämen und rechtfertigen durch den erbaulichen Gedanken, daß Gott selbst sich dem Menschen zu Erkenntnis seiner selbst unverlierbar in Herz gegeben habe. Man wird doch L. Feuerbach recht geben müssen, wenn er der Theologie vorgehalten hat: das Wesen dieses Denkens und Redens besteht faktisch darin, daß der Mensch sich Gott schafft nach seinem eigenen Bilde. Gewiß kann man auch das als ein Werk ernster, lauterer Frömmigkeit deuten. Man muß dann aber unter „Frömmigkeit" verstehen: eine tiefste Andacht des Menschen zu sich selber, ein Finden seiner innigsten Übereinstimmung mit seinem eigensten Wesensgrunde, eine Entdeckung, Bejahung und Verwirklichung der in natürlicher und geschichtlicher Gestalt, in Freude und Leid, im Guten und Bösen, in Schuld und Sühne, in Wahrheit und Irrtum stetig sich behauptenden und als göttliches Wesen anzusprechenden Entelechie seines Ichseins. Der Gegensatz zwischen der Bedingtheit des Menschen durch Gott und der Bedingtheit Gottes durch den Menschen wird jetzt sekundär, blaß und unwichtig. Ist nicht beides eines? Ist der gegen die menschliche Eigenmächtigkeit erhobene Vorwurf nicht gegenstandslos? Sind wir nicht gottesmächtig, indem wir eigenmächtig — eigenmächtig, indem wir gottesmächtig sind? Kann man diese zweite Meinung vermeiden, wenn man der ersten einmal Raum gegeben hat? — Nun, es ist nicht nötig, daß diese Konsequenzen sofort und überall gezogen werden, daß der Sinn und der Grund jener anderen Methode sich gleich so radikal manifestieren müssen. Es ist nicht notwendig, daß es gleich zur Negation der objektiven Wirklichkeit der Offenbarung kommen muß, wie es jetzt als letztes Ziel dieser anderen Methode allerdings sichtbar geworden ist. Von jener „vernünftigen" oder „milden" Orthodoxie, die diese Methode vor 200 Jahren zum erstenmal bewußt und systematisch anwandte, bis zu Feuerbach ist ein weiter Weg. Aber die Kontinuität dieses Weges läßt sich auch nicht bestreiten. Sie muß uns, wenn wir es sonst nicht sehen sollten, darauf aufmerksam machen, daß der prophetisch-apostolische Weg schon in seinem Ansatz ein anderer ist.

Die uns durch die heilige Schrift vorgeschriebene Methode setzt nicht nur dies voraus, daß die Entelechie des menschlichen Ichseins nicht

göttlichen Wesens ist, vielmehr zum göttlichen Wesen in Widerspruch steht. Sie setzt auch voraus, daß Gott in keiner Weise an den Menschen gebunden, daß seine Offenbarung also eine Tat seiner dem menschlichen Widerspruch widersprechenden Freiheit ist. Darum ist das Reden der Propheten und Apostel von Gottes Offenbarung nicht der freie, wählende und entscheidende Vortrag wohlbegründeter Überzeugungen, sondern — und das ist etwas anderes — Zeugnis, das heißt Antwort und Rechenschaft gegenüber einem ihnen Gesagten und von ihnen Gehörten. Darum entspricht ihre Erkenntnisordnung der Seinsordnung, in der Gott der Herr, der Mensch aber Gottes Geschöpf und Knecht ist. Darum folgt ihr Denken und Reden der von Gott freigeschaffenen und vorausgesetzten Tatsache seiner Offenbarung. Darum ist auch ihr Verstehen ein Nachfolgen, bei welchem es nicht zu einem Aufruhr des Menschen auf Grund der von ihm mitgebrachten Verständnisprinzipien kommen kann. Darum richtet sich ihr Begriff von dem, was bei Gott möglich ist, schlechterdings nach ihrem Begriff von dem, was Gott wirklich gewollt und getan hat und nicht umgekehrt.

Geht es in der Theologie darum, die in der Bibel bezeugte Offenbarung zu verstehen, dann wird sich die Theologie auf alle Fälle im Unterschied zu aller philosophischen oder historischen Religionswissenschaft an diese Methode halten müssen. Noch ist damit nicht entschieden, ob ihr Denken und Reden ein Denken und Reden aus dem Glauben oder aus dem Unglauben ist. Man wird ja die Möglichkeit nicht leugnen können, daß auch der Teufel die Bibel zitieren, daß auch der Unglaube die Methode der Schrift und des Glaubens nachahmen und sich aneignen kann. Die Entscheidung darüber, ob in einer Theologie aus dem Glauben oder aus dem Unglauben gedacht und geredet wird, ist aber keine wissenschaftliche und überhaupt keine menschliche Entscheidung. Sie fällt in dem verborgenen Gericht Gottes, das eine tote Orthodoxie früher oder später noch immer als solche entlarvt hat. Das kann und darf uns aber wiederum nicht hindern, nach dem dem Glauben gebotenen Denken und Reden zu fragen und uns also um ihrer Sachlichkeit willen für diese und um ihrer Unsachlichkeit willen gegen jene andere Methode zu entscheiden.

Die Notwendigkeit dieser Entscheidung haben wir uns in Erinnerung zu rufen, wenn wir von dem nun vor uns liegenden Thema: „Die Fleischwerdung des Wortes Gottes" recht denken und reden wollen. Wie der Zugang zur Trinitätslehre bedingt ist durch die Einsicht, daß wir, um Gottes Offenbarung überhaupt in Sicht zu bekommen, nach der in der Heiligen Schrift vorgeschriebenen Seinsordnung zuerst nach Gott als dem Subjekt der Offenbarung fragen müssen, so ist der Zugang zur Christologie bedingt durch die Einsicht, daß wir zuerst die Tatsachenfrage, dann die Verständnisfrage zu stellen haben. Oder (weil es sich ja auch bei der Tatsachenfrage um ein Verstehen und bei der Ver-

1. Jesus Christus die objektive Wirklichkeit der Offenbarung

ständnisfrage um nichts als um die Tatsache handelt): wir müssen zuerst die **Wirklichkeit** Jesu Christi als solche verstehen, dann und daraufhin und ablesend von der Tafel dieser Wirklichkeit die in ihr eingeschlossene **Möglichkeit**, die in ihr bewiesene und bewährte Freiheit Gottes, sich gerade in dieser Wirklichkeit und nicht anders zu offenbaren, **die Möglichkeit** also, die wir als göttliche **Notwendigkeit** zu ehren haben.

Im Rückblick auf diese methodische Vorüberlegung bleibt uns noch Folgendes festzustellen:

1. Die Bestimmtheit, mit der wir es abgelehnt haben, zuerst von der Möglichkeit bzw. Notwendigkeit der Offenbarung und dann erst von ihrer Wirklichkeit zu sprechen, bedeutet kein negatives Urteil über alle in der Geschichte der Theologie in dieser Reihenfolge und Ordnung unternommenen Versuche. Ich denke jetzt nicht nur daran, daß in den dieser Methode folgenden theologischen Konzeptionen — ich möchte dabei durchaus auch an die charakteristisch neuprotestantischen gedacht wissen — auch bei offensichtlich **verkehrtem** Ansatz kraft jener glücklichen Inkonsequenzen immer etwas von der richtigen Erkenntnis der Dinge mitlaufen kann und tatsächlich mitläuft, was sie dann, wie einen Brand dem Feuer, trotz aller ihrer Bedenklichkeit der völligen Nichtigkeit tatsächlich doch entreißen kann. Es stünde schlimm um die Kirche und besonders um die evangelische Kirche, wenn dies nicht tatsächlich auch in der Neuzeit weithin der Fall gewesen wäre. Es ist aber in älterer Zeit auch vorgekommen, daß das hier abgelehnte apriorisch-aposteriorische Verfahren in einer im Ansatz, in der Meinung und Absicht jedenfalls damals unverfänglichen, grundsätzlich richtigen Weise angewendet wurde, so daß es trotz alles dessen, was gegen dieses Verfahren einzuwenden ist, trotz der Mißverständlichkeit, mit der seine Anwendung sicher schon damals umgeben war, nicht angebracht wäre, nachträglich gegen das, was damals geschah, Einspruch zu erheben. — Das erste klassische Beispiel, an das ich hier denke, ist des **Anselm von Canterbury** Schrift *Cur Deus homo*. Anselm wollte in ihr *intelligere, rationabiliter* (und zwar *sola ratione, remoto Christo, sine scripturae auctoritate*) *demonstrare*: die Möglichkeit bzw. Notwendigkeit der Menschwerdung und des Versöhnungstodes Christi. Man hat ihn angesichts dieses Programms oft genug eben des „Rationalismus" bezichtigt, den wir vorhin abgelehnt haben. Aber man hat dabei Entscheidendes übersehen: Gewiß entspricht es der eigentümlichen, in allen seinen Schriften angewendeten Methode Anselms, daß er in *Cur Deus homo* die Inkarnation nicht als kraft der Autorität der göttlichen Offenbarung wahr vorausgesetzt, sondern zunächst als Frage behandelt und dann ihre Wahrheit bewiesen hat. Rationalistisch kann man seine Methode doch aus dem Grunde nicht nennen, weil die sämtlichen ausschlaggebenden Elemente, mit denen er beweist, daß die Inkarnation möglich bzw. notwendig und also vernünftig und also wahr sei: seine Begriffe von Gottes Absicht mit der Menschheit, von des Menschen Verpflichtung zum Gehorsam gegen Gott, von der Sünde als einer unendlichen Schuld, von dem notwendigen Zorn Gottes, von der Unfähigkeit des Menschen, sich selbst zu erlösen, von der Ehre Gottes als des Schöpfers — keine allgemeinen Wahrheiten, sondern Erkenntnisse aus der Offenbarung sind, die nur eben hinsichtlich des besonderen Themas dieser Schrift vorläufig nicht als Autorität geltend gemacht wird. Und auf dem Höhepunkt seiner Darlegung wird dann auch dieser (wenn man so sagen darf) „dogmatische Rationalismus" ausdrücklich durchbrochen mit der Erklärung: *Si vis omnium quae* (Christus) *fecit et quae passus est veram scire necessitatem, scito omnia ex necessitate fuisse, quia ipse voluit. Voluntatem vero eius nulla praecessit necessitas (C.d.h. II 17)*. Was heißt das anderes, als daß auch Anselm nicht von einer eigenmächtig konstruierten Möglichkeit aus über die Wirklichkeit, sondern von deren Wirklichkeit aus über ihre Möglichkeit nachgedacht hat? — Das

andere klassische Beispiel, das hier zu erwähnen ist, sind die Fragen 12–19 im Heidelberger Katechismus. Die entscheidende Aussage über Christus als den Mittler und Erlöser wird dort auf folgendem Wege erreicht: Gnade für uns, die an Gott schuldig Gewordenen, gibt es, weil Gott gerecht ist, nur, wenn wir entweder selbst oder durch einen anderen für unsere Schuld bezahlen. Wir können nicht selbst für uns bezahlen, denn wir selbst können unsere Schuld nur täglich noch größer machen. Es kann aber auch keine andere Kreatur für uns eintreten; denn der Mensch ist schuldig, keine andere Kreatur, und überdies vermöchte keine Kreatur die Last des Zornes Gottes zu ertragen und eine andere Kreatur davon zu erlösen. Der Mittler und Erlöser muß also einerseits ein wahrer Mensch, andererseits stärker als alle Kreaturen, das heißt wahrer Gott sein. Wahrer Mensch: weil der Mensch, der dazu ein sündloser Mensch sein müßte, bezahlen muß. Wahrer Gott: weil er in der Kraft seiner Gottheit den Zorn Gottes zu ertragen hat und uns Gerechtigkeit und Leben wiedergeben soll. Und nun kann Frage 18 zum Ziel führen: Wer ist derselbe Mittler, der zugleich wahrer Gott und ein wahrer, gerechter Mensch ist? Antwort: Unser Herr Jesus Christus, der uns zur vollkommenen Erlösung und Gerechtigkeit geschenkt ist. Und Frage 19: Woher weißt du das? Antwort: Aus dem heiligen Evangelio ... Daß auch der Heidelberger hier den Weg von der Möglichkeit bzw. Notwendigkeit zur Wirklichkeit geht und nicht, wie es hier gefordert wurde, den umgekehrten, das ist nicht zu verkennen. Man übersehe aber nicht, daß auch hier alle entscheidenden Momente des Beweisgangs, wie die den Fragen und Antworten beigefügten Schriftstellen zeigen, nach der Meinung der Verfasser selbst Offenbarungs- und gerade nicht Vernunftgründe sein sollen. Und man übersehe vor allem nicht, daß lange vor dieser Erwägung der Möglichkeit bzw. Notwendigkeit eines Mittlers und Erlösers, nämlich gleich in Frage 1 des Katechismus, die Voraussetzung der Wirklichkeit Jesu Christi in höchst umfassender Weise schon gemacht ist. — Man darf darum von Anselm wie von den Verfassern des Heidelbergers trotz des merkwürdigen Scheins, den sie sich geben, sagen, daß sie tatsächlich die Offenbarung nicht *a priori* deduziert haben, um sie dann nachher, *a posteriori*, in Christus erfüllt zu finden. Haben sie tatsächlich — aber das muß auch unsere Absicht sein — nach der Rationalität des Glaubens, das heißt nach einem Verstehen der Offenbarung gefragt, so meinten sie doch keine andere Rationalität als die der Offenbarung selbst eigene und angemessene, der die noetisch-dogmatisch-wissenschaftliche Rationalität ihrer Deduktionen tatsächlich bloß folgen, der sie sich bloß anschmiegen wollte, zu der diese sich verhalten sollte wie der nachgebende Siegellack zu dem darein gedrückten Siegel. Das Resultat ihrer Deduktionen war in Wirklichkeit schon deren Ausgangspunkt. *Credo, ut intelligam*, heißt in ihrem Sinn: Daraufhin und im Blick darauf, daß mir im Glauben Gottes objektive Wahrheit mich überwindend entgegengetreten ist, will ich, belehrt durch sie und nur durch sie, denkend und redend von dieser Begegnung Rechenschaft ablegen. Daß sie dazu jenen Weg von der Möglichkeit zur Wirklichkeit gewählt haben, kann für uns kein Grund zur Mißbilligung sein. Der Geltendmachung des Menschen als des Maßstabes aller Dinge, von der vorhin die Rede war, haben sie sich tatsächlich nicht schuldig gemacht.

Das soll nun aber 2. wiederum nicht besagen: wir könnten und dürften auch heute diesen Weg gehen! Daraufhin, daß er kraft glücklicher Inkonsequenzen vielleicht auch für uns nicht durchaus ein Irrweg sein müßte, natürlich schon gar nicht! Und wenn man auch nicht bestreiten kann, daß es auch heute theoretisch und prinzipiell an sich möglich wäre, ihn im Sinne Anselms und des Heidelbergers in unverfänglicher Weise zu gehen, so wird man doch anerkennen müssen, daß er, wenn er schon damals mindestens mißverständlich war, durch die Art, wie er nun seit 200 Jahren begangen wurde, so kompromittiert, so versuchlich und versucherisch geworden ist, praktisch faktisch für uns ungangbar gemacht ist. Wir haben die neuprotestantische Überlieferung, wir haben die Art, wie Lessing, wie Kant, wie Schleiermacher einen Zugang zu Christus gesucht haben, der nicht zu Christus führen konnte, bewußt und un-

1. Jesus Christus die objektive Wirklichkeit der Offenbarung 11

bewußt noch allzu lebendig in uns, als daß es, wenn auch wir jenen Weg gehen wollten, nicht höchst wahrscheinlich wäre, daß wir dabei in der nun wirklich verbotenen Begründung der Erkenntnis Christi durch eine eigene Systematik begriffen wären. Und wären wir dessen sicher, daß dem nicht so wäre, so würden wir des bestimmtesten damit rechnen müssen, heute von allen Seiten in dieser Richtung mißverstanden zu werden. Ich rede davon als einer, der das Experiment gemacht hat. In besonderem Anschluß an Anselm und den Heidelberger habe ich noch 1927 an der unserem Paragraphen entsprechenden Stelle meiner Prolegomena (S. 214 ff.) unter dem Titel „Die objektive Möglichkeit der Offenbarung" zu beweisen versucht, daß der dreieinige Gott, wenn er sich dem Menschen offenbaren wollte, dies in der Weise realisieren mußte, daß er Mensch wurde, weil er nur als Mensch zugleich verborgen und offenbar sein konnte. Ich habe mich damals im voraus gegen die Deutung verwehrt, als wolle ich damit einen der Offenbarungstatsache vorauseilenden Entwurf ihrer Möglichkeit geben. Aber wenn das in sich klar gewesen wäre, würde ich es vielleicht nicht nötig gehabt haben, es besonders zu beteuern. Das Mißverständnis war jedenfalls trotz der Verwahrung sogleich auf dem Plan. Ich denke heute, daß es besser ist, gleich zum vornherein so vorzugehen, daß man sich gegen Mißverständnisse nicht erst verwahren muß. Das Experiment einer Wiederholung dessen, was Anselm und die Verfasser des Heidelbergers getan haben, ist heute zum mindesten unzeitgemäß. (Geht es heute um die Auslegung von Frage 12–19 des Heidelbergers, so wird man dabei, um nicht Verwirrung anzurichten, auf die Schriftstellen und auf den Hintergrund von Frage 1 nicht genug Gewicht legen können!)

Fragen wir nun die heilige Schrift nach der Wirklichkeit von Gottes Offenbarung, von der sie zeugen will, und bekommen wir von ihr die Antwort, daß Jesus Christus diese Wirklichkeit ist, so gilt es vor allem zu verstehen, daß diese Antwort trotz und in der Problematik, in der sie auch in der schlichtesten Form, in der wir sie hören und auffassen können, für uns sofort auftritt, eine schlechterdings einfache Wirklichkeit meint, so einfach wie sonst nichts in der Welt, so einfach wie eben nur Gott ist.

Die Antwort des Neuen Testamentes auf unsere Frage nach der Wirklichkeit von Gottes Offenbarung besteht ja schlicht darin, daß es auf allen seinen Blättern immer wieder den Namen Jesus Christus ausspricht. Dieser Name ist Gottes Offenbarung, genauer gesagt: die aus der Offenbarung sich ergebende, ihr entnommene und entsprechende Definition der Offenbarung (vgl. zum Folgenden Kirchliche Dogmatik I 1 S. 334 ff.). In diesem Namen, sagt Petrus Act. 4, 10f., steht der Lahme von der goldenen Pforte des Tempels gesund vor aller Augen. In diesem und in keinem anderen Namen gibt es Errettung. Auch das Κύριος 'Ιησοῦς Χριστός (Phil. 2, 11; 1. Kor. 12, 3; Röm. 10, 9) ist nicht etwa synthetisch, sondern analytisch zu verstehen: der Name Jesus Christus ist als solcher der Kyriosname. Er ist das Erste und sogleich Entscheidende und alles Umfassende, in dem die Menschen die Offenbarung begreifen sollen und können. Genau so wie im Alten Testament der Name Jahves die Offenbarung Jahves, das Erste und Letzte zwischen ihm und seinem Volke ist (vgl. Oskar Grether, Name und Wort Gottes im Alten Testament 1934). Eben darum sagen wir, daß mit jener Antwort des Neuen Testamentes die einfache Wirklichkeit Gottes gemeint ist. Das Eigentliche, das Gemeinte selbst, Jesus Christus und vormals Jahve, ließ sich ja, gerade weil es hier wie dort die einfache Wirklichkeit Gottes war, nicht aussagen. Alles Aussagen der Zeugen konnte und wollte ja nur darauf hinweisen, daß der mit diesem Namen Bezeichnete der sich selber Aussagende, das Wort sei. Eben darum weisen alle weiteren Aussagen des biblischen Zeugnisses zunächst auf diesen Namen zurück. Gewiß eben damit über den Namen hinaus auf seinen Träger, den der Mensch als solchen nicht mehr aussagen kann, weil er sich selbst aussagen will und wird in der Kraft der Wahrheit (ἀλήθεια), die er selber ist. Die Aussage als Aussage aber hat den Namen zum Inhalt. Was ihm zugeschrieben wird an Eigenschaften und Werten, hängt als Aussage über Gottes Offenbarung daran, daß es diesem und keinem anderen Namen zugeschrieben wird. Man denke sich etwa den Relativsatz 1. Kor. 1, 30: ὅς ἐγενήθη σοφία ἡμῖν ἀπὸ θεοῦ, δικαιοσύνη τε καὶ ἁγιασμὸς καὶ ἀπολύτρωσις einen Augenblick ohne das Subjekt Jesus Christus, auf das er sich bezieht, bezogen auf irgendein anderes Subjekt. Im Sinn der neutestamentlichen Schriftsteller wäre er damit zu einem trotz des hohen Gehaltes jener Prädikate völlig bedeutungslosen Satz geworden. Weisheit, Gerechtigkeit, Heiligung, Erlösung sind für sie nicht an sich, sondern nur als Prädikate des Subjektes Jesus Christus relevante Begriffe. Und so wird man von keinem einzigen Moment der Erzählung, Lehre und Verkündigung des Neuen Testamentes sagen können, daß es etwa an sich original und wichtig und Gegenstand des beabsichtigten Zeugnisses wäre. Weder die Moral der Bergpredigt noch die Eschatologie von Mr. 13 und Par. noch die Heilung von Blinden, Gelähmten und Dämonischen, noch der Kampf mit den Pharisäern und die Tempelreinigung, noch die Aufstellungen der paulinischen und johanneischen Metaphysik und Mystik (sofern es das gibt), noch die Liebe zu Gott, noch die Liebe zum Nächsten, noch das Leiden und der Tod Christi, noch seine wunderbare Erhöhung aus dem Tode — schlechterdings nichts von dem allem hat im Neuen Testament eigenen Wert, inneres Gewicht, abstrakte Bedeutung, abgesehen davon, daß es eben Jesus Christus ist, der in dem allem Subjekt ist, der Name, in welchem das alles wahr und wirklich ist, lebt und west und von dem darum das alles zu bezeugen ist. Er ist das μυστήριον τοῦ θεοῦ, ἐν ᾧ εἰσιν πάντες οἱ θησαυροὶ τῆς σοφίας καὶ γνώσεως ἀπόκρυφοι (Kol. 2, 3).

Es war immer ein schweres Mißverständnis des Neuen, aber auch des Alten Testamentes, wenn man seinen Inhalt (nach der Weise aller Gesetzlichkeit!) in gewissen Prinzipien hat finden wollen. Wobei es ganz gleichgültig ist, ob es das Prinzip der Gotteskindschaft war oder vielleicht das Prinzip des Kampfes der wahren Religion gegen die Kirche oder umgekehrt: das Prinzip der Kirche als der Stätte der wahren Heilsvermittlung und Gottesanbetung oder ein bestimmtes sittliches Prinzip (etwa das des gesinnungsmäßigen Handelns oder das der unbedingten Liebe) oder das Prinzip einer Lebens- oder Todesmetaphysik oder das Prinzip dieser oder jener mystischen oder sozialen Theorie und Praxis, das man dabei meinte bevorzugen und als den Kern hervorheben zu sollen. Es ist tragisch und humoristisch zugleich, zu sehen, was für verschiedene Bilder dabei im Lauf der Zeit entstanden sind und wie immer wieder je von dem einen aus gesehen alle übrigen als Nebensache und Beiwerk, als zeitgeschichtlich bedingte Zufälligkeit oder gar als spätere Zutat beurteilt und diskreditiert oder doch vernachlässigt wurden. Und wie dann doch immer wieder und in gewiß nicht unnötiger Reaktion gegen „Überbetonungen" und „Einseitigkeiten" eines oder mehrere der anderen Prinzipien gegen das eine vermeintlich einzige ausgespielt werden mußte, bis dann auch die Einseitigkeit des neu hervorgehobenen Prinzipes an den Tag kam und auch seine Relativität nicht länger verschwiegen werden konnte. Und noch sind ja gewiß nicht alle Prinzipien, die man im Neuen Testament bei gutem Willen entdecken kann, in dieser Weise exzerpiert und auf den Leuchter gestellt worden! Obwohl man sich doch durch die neuere Geschichtsforschung sagen lassen könnte, daß außer dem Namen Jesus Christus ungefähr alles im Neuen Testament: Alles, was sich allenfalls zu einem Prinzip verarbeiten läßt, seine mehr oder weniger genauen außerbiblischen Parallelen hat und also gewiß nicht der Kern des Kernes sein kann! — Es würde aber gelten zu verstehen, daß im Sinn der neutestamentlichen Schriftsteller selbst schlechterdings Alles, was sie sagen, nur Rand und Nebensache und bloße Zeitgeschichte wäre, wenn es als Proklamation eines Prinzips, einer Idee, einer allgemeinen Wahrheit verstanden würde — daß aber auch schlechterdings Alles Mitte und Hauptsache und Ewigkeitsgeschichte ist, sobald man es als Prädikat in einer Aussage über Jesus Christus versteht. Jesus Christus aber ist nicht ein Element des neutestamentlichen Zeugnisses neben anderen, sondern sozusagen der mathematische Punkt, auf den die Linien der sämtlichen Elemente des neutestamentlichen Zeugnisses bezogen sind, schließlich wirklich nur der Name Jesus Christus als solcher gerade in seiner ganzen scheinbaren Leerheit als bloßer Name, der als solcher gar keinen Inhalt ausspricht, kein Prinzip, keine Idee, keine Wahrheit, sondern nur das Zeichen ist für eine Person — nur dieser immerhin aussprechbare, bekannte und bekanntzumachende Name als solcher vertritt innerhalb all jener Elemente des neutestamentlichen Zeugnisses den Gegenstand, den sie alle meinen, auf den sie alle hinweisen. Insofern steht der Name Jesus Christus, der die Offenbarungswirklichkeit als solche bezeichnet, gewissermaßen in der Mitte zwischen Jesus Christus selber und dem auf ihn sich beziehenden Zeugnis des Neuen Testamentes. Insofern ist er – (mit Jesus Christus selber) den Menschen gegeben (im Unterschied zu Jesus Christus selber) nun wirklich als Erstes, Entscheidendes und Umfassendes in ihre Herzen und auf ihre Lippen gegeben — auch das Letzte, Entscheidende und Umfassende, was sie von ihm zu sagen haben, um eben damit auch das Vorletzte, was sie von ihm sagen, zur Würde und Bedeutung des Letzten und Eigentlichen zu erheben. Daß dieses Erste und Letzte nach dem Neuen Testament gerade der Name Jesus Christus ist, das macht uns aufmerksam darauf, daß die Wirklichkeit, in welcher das Neue Testament Gottes Offenbarung stattfinden sieht, schlechterdings einfache Wirklichkeit, die einfache Wirklichkeit Gottes ist.

Diese einfache Wirklichkeit ist aber weiter: eine schlechterdings einmalige Wirklichkeit. Wir müssen auch hier gleich hinzufügen: so einmalig, wie Gott einmalig ist. (Wir werden über „Offenbarung und Zeit" noch besonders zu reden haben. Einige notwendigste Feststellungen sind schon hier zu machen.) Die Einfachheit der Offenbarungswirklichkeit ist also nicht die eines öftern oder allgemeinen Geschehens, wie etwa das des Geschehens, das im Kausalgesetz auf eine Formel gebracht ist. Sie ist die Einfachheit eines bestimmten, zeitlich umgrenzten, nicht wiederholten und gar nicht wiederholbaren Geschehens. Es gibt nach der heiligen Schrift Weissagung und Erinnerung, es gibt eine authentische Bezeugung und es gibt eine legitime Verkündigung dieses Geschehens. Es gibt in dem allem eine Teilnahme anderer, früherer oder späterer Zeiten an diesem Geschehen. Dieses Geschehen ist endlich zu verstehen als die prinzipielle und faktische Zukunft, als das Ende aller Zeit: der gekommene Jesus Christus ist als solcher auch der künftige. Es gibt aber keine Vorwegnahme und keine Wiederholung dieses Geschehens. Die Wirklichkeit der Offenbarung ist nicht eine Bestimmung aller Geschichte oder doch eines Teils, eines Ausschnitts der ganzen Geschichte. Sondern sie ist eine, sie ist diese ganz bestimmte Geschichte, vorher nicht und auch nachher nicht wieder geschehen, ein für allemal geschehen, aber eben ein für allemal, nicht etwa einmal in allen oder in vielen Malen geschehen. Es gibt ein Vorher der Weissagung auf Christus und ein Nachher des Zeugnisses von ihm nur in der Beziehung auf den Namen Jesus Christus als die Mitte der Zeit. Es ist sowohl die reale zeitliche Präexistenz Jesu Christi in der Weissagung als auch seine reale zeitliche Postexistenz im Zeugnis identisch mit dieser seiner einmaligen Existenz als die Mitte der Zeit. Die Mitte der Zeit — die übrigens selber auch eine Zeit ist — ist die Erfüllung der Zeit. Das unterscheidet sie von allen anderen Zeiten. Das hat sie nur mit dem Ende (und von daher gesehen: mit dem Anfang) aller Zeit gemeinsam.

Der Name Jesus Christus ist also weder offen noch heimlich als ein Name für den Menschen überhaupt zu verstehen. Aber auch nicht als ein Name für die Menschen, die als Vorläufer oder Nachfolger in einem bestimmten geschichtlichen Zusammenhang mit Jesus Christus stehen. Es gibt χριστοί: gesalbte Propheten, Priester und Könige im Alten, es gibt χριστιανοί im Neuen Testament, aber nur daraufhin und davon her, daß ein Einziger Χριστός, Herr des im Alten und Neuen Testament bezeugten Bundes ist, vor ihm und nach ihm keiner sonst, unvergleichlich von allen andern sich abhebend, eigentlich, was sie alle nur uneigentlich sind.

Es war ein verhängnisvolles Mißverständnis, wenn die liberale Theologie eines A. E. Biedermann, eines R. A. Lipsius, eines H. Lüdemann, aber doch auch eines A. Ritschl (in Anwendung jener um 1700 siegreich gewordenen Methode) die in Jesus Christus offenbarte Wirklichkeit einfach als die Offenbarung der tiefsten und eigentlichsten Wirklichkeit des Menschen meinte interpretieren zu können. Aber es war nicht wesentlich besser, wenn die sog. „positive" Theologie des 19. Jahrhunderts zwar den besonderen geschichtlichen Zusammenhang vor und nach Christus als sog. „Heilsgeschichte" mit einer gewissen mythologisierenden Deutlichkeit von der übrigen Geschichte abhob, innerhalb dieser Heilsgeschichte aber die Einmaligkeit Jesu Christi gegenüber allen andern nun doch auch mehr behauptete als in ihrer grundsätzlichen Tragweite an den Tag zu stellen wußte. Kein Wunder, daß sie sich in ihrem Kampf mit der liberalen Gegenrichtung auf die Länge nicht durchsetzen konnte, sondern in ihren letzten Vertretern (man denke an R. Seeberg und seine Schule) bis zur Ununterscheidbarkeit, d. h. bis auf den Unterschied in gewissen Takt- und Geschmacksfragen in dieser aufgegangen ist.

Wenn Petrus an der schon angeführten Stelle Act. 4, 10f. jeden anderen Namen, der unter dem Himmel Menschen gegeben ist, als Quelle der σωτηρία ausschließt, so gibt er dem Namen Jesus Christus eine Bedeutung von einer Einmaligkeit, die weder im Allgemeinen noch im Besonderen einer Einschränkung fähig ist. Man beachte, wie sie 1. Tim. 2, 5 in unmittelbare Beziehung gesetzt ist zu der Einmaligkeit Gottes: εἷς γὰρ θεός, εἷς καὶ μεσίτης θεοῦ καὶ ἀνθρώπων, ἄνθρωπος Ἰησοῦς Χριστός. Man beachte, daß der Name Jesus Christus (Phil. 2, 9f.) „der Name über jeden Namen" genannt wird, der Name, in welchem sich die Kniee aller beugen sollen. Und man beachte hier natürlich vor allem das bei der Nennung des Heilswerks Jesu Christi besonders im Hebräerbrief manchmal so eindrucksvoll hinzugefügte ἅπαξ oder ἐφάπαξ. Hebr. 7, 27; 9, 12; 9, 26–28; 10, 10 charakterisiert es die Einmaligkeit Jesu Christi im Gegensatz zu seiner zeitlich vielfachen (Hebr. 1, 1) Vorbereitung im alten Bund: man bemerke hier besonders Hebr. 9, 27, wo sie mit dem einmaligen Sterben jedes Menschen verglichen wird. Römer 6, 10; 1. Petr. 3, 18 betont das Wort wohl mehr den Gegensatz zwischen Christus und den durch ihn versöhnten Christen. Den Stellen Hebr. 6, 4; 10, 2, 10; Judas 3 entnehmen wir aber, daß eben diese Einmaligkeit nun auch dem zukommt, was die Christen zu Christen macht: ihrer Erleuchtung, Heiligung usw.; und Hebr. 12, 26f. bestätigt uns, daß auch die Wiederkunft Christi die Einmaligkeit seiner Offenbarung nicht in Frage stellt, sondern daß seine Offenbarung eben in ihrer Einmaligkeit auch das Ende aller Dinge ist. „Dieses ἅπαξ zeigt an, daß das Bewegliche (als Geschaffenes) soll verwandelt werden, auf daß da bleibe das Unbewegliche" (Hebr. 12, 27). Im selben Sinn dürfte endlich zu verweisen sein auf die chronologischen Bemühungen, die am Anfang des Matthäus- und des Lukasevangeliums gemacht werden: sie haben jedenfalls auch die Absicht und die Wirkung, Jesus

Christus durch den Nachweis seines Standortes in der Geschichte Israels (Matth.) und in der Weltgeschichte (Luk.) eben als dieses weder vorher noch nachher, sondern nur hier und nirgends sonst existierende Individuum, als dieses Einfache zu bezeichnen.

Wir treten nun näher und bestimmen auf Grund des neutestamentlichen Zeugnisses diese einfache und einmalige Wirklichkeit Jesus Christus dahin: Es wurde das Wort oder der Sohn Gottes ein Mensch und hieß Jesus von Nazareth; es war also dieser Mensch Jesus von Nazareth Gottes Wort oder Gottes Sohn. Bevor wir diesen Satz inhaltlich zu verstehen suchen, haben wir auch hinsichtlich seiner Stellung und Bedeutung folgendes klar zu machen:

1. Exegetisch ist zu sagen, daß dieser doppelte Satz als solcher und in seinen beiden Bestandteilen im Neuen Testament nicht eben häufig explizit zu finden ist. Er, oder vielmehr in der Regel nur einer seiner beiden Bestandteile, erscheint auf gewissen solennen Höhepunkten des neutestamentlichen Zeugnisses, wo es den Schriststellern offensichtlich darum geht, zusammenfassend zu reden, das Nächstletzte zu sagen vor dem Letzten, d. h. vor dem Namen Jesus Christus selbst und als solchem. Aber dieses Bekenntnis scheint ihnen nicht leicht von den Lippen zu gehen. Sie gehen sparsam damit um. Sie ziehen es im ganzen vor, seinen Inhalt anders als durch explizite Aussprache zur Geltung zu bringen. Es gibt weiter auch keine einzige Stelle, wo dieses Bekenntnis etwa in der dogmatischen Exaktheit formuliert wäre, die uns wohl wünschenswert erscheinen möchte und in der es dann in späterer Zeit tatsächlich formuliert worden ist. Es ist das christologische Dogma wie das trinitarische offenbar nicht Text, sondern Kommentar zu einem Text. Es steht nirgends *verbotenus* in der Bibel! Man muß aber weiter auch das beachten, daß dieses Bekenntnis durchaus nicht überall erscheint, wo man sein Erscheinen wohl erwarten möchte. Es gibt auch solenne Stellen im neutestamentlichen Zeugnis, wo es dennoch fehlt.

Ich erwähne den Anfang des Markusevangeliums: ἀρχὴ τοῦ εὐαγγελίου Ἰησοῦ Χριστοῦ, wo der Zusatz υἱοῦ θεοῦ wohl nicht echt ist, so daß das Evangelium ursprünglich nur als das Evangelium von dem Träger dieses Namens oder eben einfach: als das Evangelium von diesem Namen bezeichnet werden sollte. Aber auch in den das apostolische Kerygma wiedergebenden Stellen der Apostelgeschichte erscheint das Bekenntnis nur einmal explizit: Act. 10, 36f., dort allerdings sehr eindrucksvoll an die Spitze gestellt. Act. 2, 22f.; 3, 13 f.; 13, 23 f. fehlt es. Es erscheint zwar auf dem Höhepunkt des johanneischen Osterberichtes (Joh. 20, 28), nicht aber in den synoptischen Parallelen.

Es will offenkundig in der Regel zwischen den Zeilen gefunden, vom Leser oder Hörer aus dem, was von und zu dem Namen Jesus Christus sonst gesagt wird, erraten werden. Es wartet gleichsam auf des Lesers oder Hörers eigenes Bekenntnis. Diese Tatsachen mögen der nun gerade nach möglichst lauter, vielstimmiger und präziser Antwort auf ihre Fragen begierigen Dogmatik als solcher recht beschwerlich fallen. Überraschen können sie uns nicht. Das Neue Testament ist Organ der Verkündigung und des Zeugnisses; es ist weder eine historische Darstellung noch eine systematische Abhandlung. Die bescheidene Arbeit der Dogmatik hat es der Kirche, hat es uns überlassen. Aber es könnte ja sein, daß es uns gerade in der gewissen Zurückhaltung, mit der es an dieser zentralen Stelle mit dem Bekenntnis umgeht, um so dringlicher auf jenen doppelten Satz als auf den wenigstens nächstletzten Sinn seiner Aussagen hinweisen würde.

2. Zur Sache ist zu sagen: Die Bestimmungen über die Gottheit und Menschheit Jesu Christi, die das Neue Testament uns teils direkt und explizit, teils (und das öfters) indirekt und implizit an die Hand gibt, gehören fraglos mit zu jenen im Verhältnis zu dem Namen Jesus Christus selbst als sekundär zu bezeichnenden Elementen des neutestamentlichen Zeugnisses. Man soll also, so zentral wichtig die Sache ist, nicht etwa sagen: die Inkarnation ist der eigentliche Inhalt des Neuen Testamentes. Sie ist es so wenig wie die Gotteskindschaft des Menschen oder wie die eschatologische Erlösung oder wie irgendein anderes von diesen Elementen — nämlich als Prinzip, als von dem Namen Jesus Christus zu abstrahierende „Offenbarungswahrheit". Auch die Inkarnation ist ja als Idee dem Neuen Testament bekanntlich nicht eigentümlich, sondern in den Mythen und in der Spekulation aller möglichen andern Religionstümer auch vertreten. Man kann also nicht von einem zuvor geklärten Gottesbegriff und von einer zuvor geklärten Anthropologie aus verstehen, was das heißt, wenn im Neuen Testament der Sohn Gottes Jesus von Nazareth und Jesus von Nazareth Gottes Sohn genannt wird. Und so auch nicht von einem zuvor geklärten allgemeinen Begriff von Inkarnation aus, nicht im Lichte einer allgemeinen Wahrheit, die es hinsichtlich einer paradoxen Einheit von Gott und Mensch ja vielleicht geben könnte. Alles Allgemeine ist hier als solches uninteressant. Man kann die Inkarnation, von der die heilige Schrift redet, nur aus der heiligen Schrift, d. h. nur von dem Namen Jesus Christus bzw. von der durch diesen Namen bezeichneten einfachen und einmaligen Wirklichkeit aus verstehen. Es kennzeichnet also die hohe Sachlichkeit der neutestamentlichen Schriftsteller, daß sie von dem für uns gerade zum Verständnis des Wesens der Offenbarung entscheidend wichtigen Begriff der Gottmenschheit Christi so sparsam Gebrauch machen: gewiß einen solennen Gebrauch — das berechtigt und nötigt uns, besonders darauf zu achten — aber jedenfalls quantitativ keinen anderen Gebrauch als von andern, jene Wahrheit nur indirekt sichtbar machenden Bekenntnisformen. Sie erinnern uns auch damit an die Bezogenheit, in der alles, auch das Wichtigste, was sie sagen, gesagt ist. Auch die Gottmenschheit als solche ist nicht der Inhalt des Neuen Testaments. Der Inhalt des Neuen Testamentes ist allein der Name Jesus Christus, der allerdings auch und vor allem die

Wahrheit seiner Gottmenschheit in sich schließt. Dieser Name ganz allein bezeichnet die objektive Wirklichkeit der Offenbarung. Auch die Wahrheit der Gottmenschheit Christi kann ihrerseits wieder nur diesen Namen bezeichnen und so, also indirekt (indirekt auch da, wo sie direkt ausgesprochen wird!) die Wirklichkeit der Offenbarung. Wir sind also, indem wir diese Wahrheit (wie es sich im Zusammenhang einer Erörterung des Offenbarungsbegriffs gehört) besonders und zuerst ins Auge fassen, aufgerufen, dorthin zu blicken, wo alle im Neuen Testament bezeugten Wahrheiten hinweisen: auf das, was auch dort, wo nicht direkt und explizit von der Gottmenschheit die Rede ist, das Gemeinte und Bezeugte ist. Streng genommen müßten wir zum Zustandekommen eines wirklichen Verständnisses der Wahrheit der Gottmenschheit Christi sofort den ganzen Kosmos des neutestamentlichen Zeugnisses mitreden, uns von allen Seiten nötigen lassen, dorthin zu blicken, wohin alle die scheinbar zerstreuten Pfeile der neutestamentlichen Erzählungen und Belehrungen tatsächlich zeigen. Aber es würde auch dann noch nicht in unserm Belieben bzw. bei unserm guten Willen stehen, das, was dort zu sehen ist, wirklich zu sehen und also zu diesem wirklichen Verständnis zu kommen; denn die Entscheidung darüber, ob das geschieht oder nicht, fällt nicht von uns, sondern von dem Gegenstande her, dessen Wirklichkeit hier zu sehen und zu verstehen ist.

Wir wenden uns nun jenem doppelten Satz zu: Gottes Sohn heißt Jesus von Nazareth; Jesus von Nazareth ist Gottes Sohn. Wir haben damit in kürzesten Worten die doppelte Linie des christologischen Bekenntnisses im Neuen Testament bezeichnet.[1]

Daß der Name Jesus Christus wirklich das Primäre und auch das christologische Bekenntnis nur ein Sekundäres ist, das als solches diesen Namen und die Wirklichkeit, die dieser Name bezeichnet, nur repräsentieren kann, das zeigt sich sofort in der Doppelspurigkeit dieses Bekenntnisses. Es gibt ein bereits gebrochenes Licht. Über das ursprüngliche eine Licht, von dem es zeugt, gibt es keinen Satz. Von ihm als solchem kann nur der Name Jesus Christus zeugen. Aber weist nicht schon dieser Name auf einen doppelten Satz hin? Wir haben offenbar nur die Wahl: entweder uns alles Denken und Reden zu verbieten, oder aber die Gedanken und Worte des Neuen Testamentes, d. h. aber das bereits gebrochene Licht seines christologischen Bekenntnisses unsererseits aufzunehmen. — Es sind durchgängig zwei Fragen bzw. zwei Antworten, von denen wir die Aussagen des Neuen Testamentes über Jesus Christus bestimmt sehen. Die Entdeckung, die die neutestamentlichen Zeugen in der Wirklichkeit Jesus Christus oder also: in diesem Namen gemacht haben, oder vielmehr: die Erleuchtung, die ihnen von Jesus Christus her widerfahren ist, besteht nämlich entweder in der Erkenntnis: Gottes Sohn oder

---

[1] Vgl. dazu Kirchl. Dogmatik I 1 S. 422 f.

Gottes Wort ist identisch mit einem, mit diesem Menschen; er heißt Jesus von Nazareth — oder in der Erkenntnis: ein Mensch, dieser Mensch, Jesus von Nazareth ist identisch mit dem Sohn oder Wort Gottes.

Die Regel im Neuen Testament ist die, daß nicht etwa, wie wir es nun als Dogmatiker tun, beides zugleich oder nebeneinander gesagt wird, sondern daß die christologischen Aussagen entweder als Ausdruck dieser oder als Ausdruck der andern dieser beiden Erkenntnisse sich darstellen und verstanden werden müssen. Eine strenge Verteilung beider auf die verschiedenen Gruppen des neutestamentlichen Zeugnisses läßt sich freilich nicht durchführen. Immerhin ergeben sich von hier aus zwei Typen christologischer Aussagen im Neuen Testament. Und man kann wenigstens von den johanneischen Schriften bestimmt sagen, daß ihre Christologie im ganzen zum ersten, von den Synoptikern, daß ihre Christologie im ganzen zum zweiten Typus gehört, während bei Paulus, wenn ich recht sehe, beide Typen etwa gleichmäßig vertreten sind. — Es gibt immerhin drei Stellen, wo die beiden Aussagen sich auch so unmittelbar begegnen, wie wir sie nun einander gegenübergestellt haben. 1. Joh. 1 wird v. 1 als Gegenstand des apostolischen Zeugnisses in zwei einfachen Relativsätzen nebeneinandergestellt: 1. das vom Ursprung her Seiende, 2. das von uns (den Aposteln) Gesehene, Gehörte, Geschaute, Betastete. Und das wiederholt sich dann v. 2–3: 1. das Leben, das beim Vater war, wurde offenbar und haben wir gesehen, bezeugen und verkündigen wir, 2. was wir gesehen und gehört haben, das verkündigen wir euch. In derselben Reihenfolge schreibt Phil. 2, 6f., Jesus Christus: 1. göttliche Seinsweise, Gleichheit mit Gott, 2. Gleichheit mit den Menschen, 3. noch einmal und erst recht Gleichheit mit Gott, den Kyriosnamen zu. Eine Parallele dazu in umgekehrter Reihenfolge, bzw. in der Reihenfolge von v. 8 und 9 in Phil. 2 bietet Eph. 4, 10: „Der herabstieg (aus der Höhe ‚in die untersten Örter der Erde‘) ist derselbe, der auch hinaufstieg über alle Himmel", sofern mit dem Einen offenbar das Menschsein des Sohnes Gottes Jesus Christus, mit dem Andern das Gottsein des Menschen Jesus Christus bezeichnet ist.

1. Man darf sich das Zustandekommen der ersten Erkenntnis: daß der Sohn Gottes gerade dieser Mensch ist, daß der Christus gerade Jesus heißt, nicht so vorstellen, als ob die, die so dachten und das sagten, zuerst einen bestimmten Begriff von Gott oder von einem Sohn oder Wort Gottes, von einem Christus gehabt und dann diesen Begriff in Jesus bestätigt und erfüllt gefunden hätten. Das wäre eine eigenmächtige, eine in ihrem Ansatz und in ihren Konsequenzen doketische Christologie, auf deren Boden es keine ernsthafte Anerkennung der Gottheit Christi geben kann. Ein Gegenstand, der eigentlich nur insofern Gott ist, als der Mensch in ihm seinen mitgebrachten Gottesbegriff bestätigt und erfüllt sieht und ihn darum mit dem Charakter Gott, Gottes Wort oder Gottes Sohn bekleidet — ein solcher Gegenstand ist eben nur in einem ganz unernsthaften Sinn Gott; er bleibt im Grunde, was er ist, ein Gegenstand. Obwohl und indem die doketische Christologie ihren Gegenstand, den Menschen Jesus von Nazareth mit jenem Charakter bekleidet, ist er ihr — und darin verrät sie sich — in seiner Gegenständlichkeit, als Mensch im letzten Grunde gleichgültig. Ihr liegt nicht an Jesus, sondern nur an Christus d. h. aber an ihrem vorausgesetzten und mitgebrachten Christus- oder Logos- oder Mittlerbegriff.

Sie kann Jesus, die historische Existenz Jesu von Nazareth unter Umständen preisgeben und Christus, nämlich **ihren** Christus doch behalten. Sie kann gerade diese Paradoxie für einen besonderen Triumph eines starken Glaubens halten. (Ich habe als theologischer Jüngling, um 1910 — in der Zeit der A. D r e w s'schen Christusmythe — selber so gedacht!) Sie wird, auch wenn sie es nicht so weit treibt, in dem Menschen Jesus ein „Vehikel" oder „Symbol" sehen, und wenn sie von seiner Gottheit redet, die Gottheit der in ihm verkörperten und verwirklichten Idee meinen und darum schwerlich zugeben, daß die Gottheit nur gerade in ihm und in ihm vollkommen verkörpert und verwirklicht sei. Sie wird in Jesus vielmehr ein Vehikel, ein Symbol neben andern und sie wird in ihm nur ein Vehikel oder Symbol, d. h. eine prinzipiell und faktisch unvollkommene Offenbarung der Gottheit sehen.

Indem sie eine menschlich konzipierte und also dem Menschen schon vor aller Offenbarung und auch ohne sie eigene Idee mit der Gottheit identifiziert, kann sie den Menschen Jesus zwar schätzen; sie kann ihn aber auch entbehren. Sie kann ihm das Kleid der Gottheit abnehmen ebenso wie sie es ihm übergeworfen hat.

Es wäre nun so abwegig wie möglich, den neutestamentlichen Satz, daß der Sohn Gottes dieser Mensch ist, daß der Christus Jesus heißt, aus den Intentionen dieser doketischen Christologie zu verstehen. Man versteht diesen Satz vielmehr nur, wenn man versteht, daß er nebenbei gerade dieser Christologie ausdrücklich widersprechen soll. Die diesen Satz dachten und aussprachen, kamen nicht mit einer Christus- oder Logos- oder Gottessohnidee bewaffnet zu Jesus, um sich durch ihn bestätigt, d. h. um in ihm die Erfüllung dieser ihrer Idee zu finden. Sondern sie glaubten und erkannten allererst in Jesus das, was sie sonst und vorher gerade nicht geglaubt und erkannt hatten: „das Leben, das beim Vater war", die Wirklichkeit göttlicher Sendung und göttlichen Werkes als reale Gegenwart Gottes selbst d. h. aber das Wort oder den Sohn Gottes. Sie kamen mit ihrem Begriff vom Sohn oder Wort Gottes also nicht anderswo als eben von Jesus selbst her. Und das war ihr Glaube und ihre Erkenntnis, das war die Entdeckung, die sie bei Jesus machten, daß sie in ihm die Erfüllung des Begriffs des Sohnes Gottes und damit und so und nicht anders auch den Begriff selbst fanden. Nichts Fremdartigeres könnte man ihrem Denken und Reden von dem in Jesus erschienenen Leben unterschieben als eine nachträgliche, auf Grund eines mitgebrachten Vorherwissens eigenmächtig vollzogene Anerkennung seiner Gottheit. Die Anerkennung seiner Gottheit oder vielmehr seine Gottheit selbst (und also die vorbehaltlose Anerkennung seiner Gottheit) war ja vielmehr das Faktische am Anfang ihres Weges, ohne das dieser gar nicht denkbar war. Und völlig abseits von diesem Wege liegt erst recht die Gesinnung, der der Mensch Jesus als solcher weniger wichtig oder gar gleichgültig oder gar lästig werden könnte im Unterschied zu einem von ihm zu unterscheidenden und zu trennenden Christus. Sofern ihr Satz: „Der Christus heißt Jesus" eine polemische Spitze hatte, richtete sie sich gerade gegen diese schon sehr früh auftretende doketische Vergleichgültigung des Menschen Jesus.

Sie kannten diese Unterscheidung wohl, aber sie kannten keine Trennung, sie kannten die Unterscheidung vielmehr nur in ihrer Aufhebung, den Christus nur im Ereignis seines Einsseins mit Jesus. Sie hatten kein Interesse an einer an Jesus erst heranzubringenden Idee, geschweige denn, daß sie sie mit der Gottheit identifiziert, geschweige denn, daß sie Jesus auf dieser Waage gewogen und als bloßes Vehikel und Symbol — eines unter andern! — zu leicht erfunden hätten. Dem allem widersprach gerade ihr Bekenntnis. Ihr Satz besagte gerade dies, daß sie erst und nur in ihm und in ihm vollkommen die Gottheit gefunden hatten. Wie sollte also dieser Satz in doketischem Sinn gedeutet werden können?

Οὗτος, dieser ist es, der im Anfang bei Gott war, lesen wir gleich Joh. 1, 2. Wer ist dieser? Der Logos, der Fleisch ward, dessen Herrlichkeit wir sahen, indem er unter uns zeltete (Joh. 1, 14). Joh. 1, 17 fällt dann zum erstenmal der Name, in konkreter Gegenüberstellung mit dem des Mose und des Täufers, der Zeugen. Dieser ist es! sagt dann eben Johannes der Täufer immer wieder (Joh. 1, 15, 29, 35 f.). Darum im gleichen Evangelium Jesus selber: ἐγώ εἰμι, ich bin: das Brot des Lebens (6, 35), das Licht der Welt (8, 12), die Türe zu den Schafen (10, 7), der gute Hirte (10, 11), die Auferstehung und das Leben (11, 25), der Weg, die Wahrheit und das Leben (14, 6), der wahrhaftige Weinstock (15, 1). Und Nathanael: Du bist der Sohn Gottes! Du bist der König Israels! (1, 49). Und Martha von Bethanien: Du bist der Christus, der in die Welt kommende Sohn Gottes! (11, 27). Und Petrus: Wohin sollen wir gehen? Du hast Worte ewigen Lebens. Und wir haben geglaubt und erkannt, daß du bist der Heilige Gottes (6, 68 f.). Und bedeutungsvoll auch Pilatus: Bist du der König der Juden (18, 33)?, und: Siehe, der Mensch (19, 5)! Darum muß Thomas die Hände des Auferstandenen sehen mit den Nägelmalen des Gekreuzigten und seine eigenen Hände in dessen Seite legen und so „gläubig und nicht ungläubig", gerade in dieser Identifizierung bekennen: Mein Herr und mein Gott! (20, 27 f.). Auch den andern Jüngern hatte ja Jesus seine Hände und seine Seite gezeigt und daraufhin freuten sie sich ἰδόντες τὸν κύριον (20, 20). Darum Joh. 6, 52 f. die „harte Rede" von dem Essen des Fleisches und Trinken des Blutes Jesu, auf die hin viele seiner Jünger ἀπῆλθον εἰς τὰ ὀπίσω (6, 66). Dem allem entsprechend wird 20, 31 der ganze Sinn des Evangeliums zusammengefaßt: „Dies ist geschrieben, damit ihr glaubt, daß Jesus ist der Christus ist, der Sohn Gottes." Das Johannesevangelium ist charakteristisch das Jesusevangelium, sofern es eben dies sagen will: Jesus ist der Christus! So und nur so ist es dann natürlich auch Christusevangelium. In den Johannesbriefen bekommt dann dieser Satz noch deutlicher jene polemische Spitze. Mit dem Hinweis darauf, daß, was vom Ursprung war: das Leben erschienen ist, gesehen, gehört und betastet von den Aposteln und darum und daraufhin von ihnen verkündigt (1. Joh. 1, 2), wird das Thema von Joh. 1, 1–18 aufgenommen. Die Geister scheiden sich nach 1. Joh. 4, 2 f. in solche, die Jesus bekennen als ἐν σαρκὶ ἐληλυθότα, und solche, die ihn nicht in diesem Sinn bekennen: es ist der Antichrist, der ihn in einem andern, in einem doketischen Sinn bekennt, heißt es hier (und 2. Joh. 7) mit unmißverständlicher Schärfe. Ohne diese Antithese als solche sichtbar zu machen, betont aber auch 1. Tim. 3, 16 zur Bezeichnung des christlichen Mysteriums an erster Stelle: ἐφανερώθη ἐν σαρκί. Dahinter steht Röm. 8, 3: Weil das Gesetz im Fleische (im Menschen bzw. in der Welt des Fleisches) schwach ist und um die Sünde eben im Fleische zu richten, sandte Gott seinen Sohn ἐν ὁμοιώματι σαρκὸς ἁμαρτίας. Und Gal. 4, 4: Als die Zeit erfüllt war, da sandte Gott seinen Sohn, von einem Weibe geboren, unter das Gesetz getan. Und Phil. 2, 6 f.: Der in göttlicher Seinsweise Existierende erniedrigte sich selbst, indem er die Seinsweise eines Knechtes annahm, sein Sein in Gleichheit mit

1. Jesus Christus die objektive Wirklichkeit der Offenbarung

den Menschen hatte, in menschlicher Gestalt gesehen wurde (σχήματι εὑρεθεὶς ὡς ἄνθρωπος) und bis zum Tode, dem Kreuzestode, diesen Knechtsgehorsam bewährte. Darum, also eben indem und weil er diesen Weg geht, in dieser Konkretion seines Menschseins, hat ihn Gott erhöht und ihm den Kyriosnamen gegeben. Der Name Jesus als solcher ist der Kyriosname (1. Kor. 12, 3; Röm. 10, 9). Wir predigen (im Unterschied und Gegensatz zu den Zeichen fordernden Juden und zu den nach Weisheit begehrenden Hellenen) den gekreuzigten Christus (1. Kor. 1, 23). Weil die Kinder, die Gott ihm gegeben hat, an Fleisch und Blut Anteil haben, darum scheut er sich nicht, sie Brüder zu heißen und also ebenfalls an Fleisch und Blut Anteil zu haben. Nicht den Stand der Engel nimmt er also an, sondern den Stand des Geschlechtes Abrahams; er mußte in jeder Beziehung seinen Brüdern gleich werden, um gegen sie barmherzig und zugleich ihr rechter Hohepriester vor Gott zu sein (Hebr. 2, 14 f.). Wir haben an ihm einen solchen Hohepriester, der mitleiden kann unter unsern Schwachheiten, der in allem gleich versucht ist wie wir. Daraufhin treten wir mit Zuversicht hin zum Thron seiner Gnade (Hebr. 4, 15f.). — Auf dieser ganzen Linie lautet die christologische Aussage dahin: daß Gottes Sohn Mensch wurde und ist; das ist die Wirklichkeit der Offenbarung, darin hat Gott seine Freiheit bewährt, unser Gott zu sein. Gottes Offenbarung glauben und erkennen heißt von dieser Seite gesehen: diesen Menschen glauben und erkennen in seiner Identität mit der Gegenwart und mit dem Handeln Gottes. Das Kerygma ist hier Jesusbotschaft, ausgehend von der Entdeckung des Heils, der Vergebung, des Lebens, der Herrschaft, des ewigen Wortes, des Sohnes Gottes bei ihm und keinem andern, bestehend also in der Verkündigung: Jesus hat und ist das alles! Jener Ausgangspunkt des Bekenntnisses sichert es vor dem Abfall und Verdacht des Historismus, des falschen Realismus, der Kreaturvergötterung, wie sie der ebionitischen Christologie, von der nachher die Rede sein soll, eigentümlich sind. Jener Ausgangspunkt macht aber auch verständlich die oft hervorgehobene seltsame Transparenz des johanneischen Christusbildes und die im Blick auf 1. Kor. 1, 23 zunächst auffallende herrschende Stellung gerade des auferstandenen Christus in der paulinischen Botschaft. Man sollte beide mit Doketismus auch nicht von ferne in Verbindung bringen. Gerade wo das Gemeinte und Behauptete, das *probandum* die Fleischwerdung als solche ist, gerade da wird ja der Beweis selbst in der Darstellung des im Fleische gesehenen und gehörten Logos als solchen bestehen; gerade wo der Gekreuzigte das Thema ist, wird die Verkündigung des Auferstandenen die Ausführung sein müssen. Wie sollte der Satz: „Jesus ist der Christus" anders bewiesen werden, als in dem hingewiesen wird darauf, daß Jesus das Wort, das Licht, das Leben, der Weg, die Wahrheit ist? Gerade zum Zweck dieses Beweises könnte ja nicht etwa ein abstrakt historisches Kennen und Bekanntmachen des Menschen Jesus als solchem in Betracht kommen (2. Kor. 5, 16). Gerade im Zusammenhang von Joh. 6 werden wir auch gewarnt werden können und müssen: ἡ σάρξ οὐκ ὠφελεῖ οὐδέν (Joh. 6, 63). Die Entfaltung des Zeugnisses von dem konkreten Menschen Jesus hat ihren guten Ort: dort nämlich, wo das Zeugnis primär Christusbotschaft sein will, wo der Beweis zu führen ist, daß Jesus der Messias ist. Wo es umgekehrt Jesusbotschaft sein will, wo der antidoketische Beweis zu führen ist, da gerade muß auf die Messianität, auf die Gottheit der Person und des Werkes Jesu der Nachdruck gelegt werden. Daß man ausgerechnet Johannes und Paulus wegen ihrer zweifellos pneumatischen Schau des Menschenlebens Jesu so oft in einem Atemzug mit dem Begriff des Doketismus hat nennen mögen, das gehört neben vielem Schlimmen zu den schlimmsten Mißverständnissen des Neuen Testamentes. Man kann dem Doketismus nicht anders entgegentreten als genau so, wie es eben der vierte Evangelist und Paulus getan haben.

2. Es gibt im Neuen Testament im Unterschiede zu dieser ersten eine scheinbar gerade entgegengesetzte Erkenntnis Jesu Christi. Ihr Inhalt

ist der, daß dieser Mensch der **Sohn Gottes**, daß Jesus der **Christus** ist! Wir verstehen auch dies am besten, indem wir das auch hier naheliegende Mißverständnis abwehren. Es geht in diesem Satz nicht um die Idealisierung und Apotheose eines Menschen! Es gab und gibt als Gegenstück und Ergänzung zum Doketismus eine ebenso eigenmächtige Christologie des **Ebionitismus**. Auch auf ihrem Boden ist eine ernsthafte Anerkennung der Gottheit Christi unmöglich. Wie der Doketismus von einem menschlichen Begriff ausgeht, zu dem er dann auch folgerichtig zurückkehrt, so der Ebionitismus von einer menschlichen Erfahrung, von dem Erlebnis und Eindruck der heroischen Persönlichkeit des Jesus von Nazareth. Auf Grund dieses Eindrucks und Erlebnisses wird diesem Menschen Göttlichkeit zugeschrieben.

Wenn man in der Neuzeit bei der „doketischen" Christologie an den älteren, unter dem Einfluß von **Kant**, **Fichte** und **Hegel** stehenden theologischen Liberalismus mit Einschluß von A. **Ritschl** denken mag, so ist die Struktur „ebionitischer" Christologie — in der alten Kirche durch **Paulus von Samosata** fast überlebensgroß repräsentiert — typisch wieder zu erkennen in der eigentümlichen Jesustheologie, die nach dem Sieg des philosophischen Positivismus in einer geistigen Welt, die zur Abwechslung von lauter Empirie leben zu können meinte, ausgehend von den Anregungen von Th. **Carlyle** und P. de **Lagarde**, um die Wende vom 19. und 20. Jahrhundert, geführt von A. v. **Harnack**, eine Weile geblüht hat.

Mit der Jesus zugeschriebenen Göttlichkeit ist hier gemeint: die starke und vielleicht stärkste innere Bewegtheit, in die sich der Mensch von ihm her faktisch versetzt fühlt. Mit einem Unternehmen der Eigenmächtigkeit haben wir es auch hier zu tun insofern, als offenbar auch hier der Mensch seine Befugnis mit diesem Prädikat umzugehen nach seinem Gutfinden allzu ernst nimmt. Und unernsthaft wird der Satz von der Göttlichkeit Jesu auch hier — und hier fast noch mehr sein müssen, weil die bloße Behauptung, auf eine unkontrollierbare innere Erfahrung sich stützend, sogar dem, der sie ausspricht, geschweige denn seinem Hörer oder Leser, zum vornherein noch um einen Grad unglaubwürdiger klingen muß als jene andere, die wenigstens die relative Klarheit und Überlegenheit der Idee für sich in Anspruch nehmen kann. Wenn schon Enthusiasmus — so möchte man hier beinahe dazwischen rufen — dann wenigstens den echten platonischen, dann wenigstens nicht diesen dünnen, historisierenden Enthusiasmus eines Heroenkultes! Die Schwäche, die hinter seiner Behauptung steht, wird rasch genug darin sichtbar werden, daß der jenem Menschen beigelegte Titel als zu gewichtig und vielsagend empfunden wird — bloße Empfindungen pflegen ja, nachdem sie gestiegen sind, auch wieder zu fallen — sodaß er offen oder heimlich in einem seinen Wortlaut abschwächenden Sinn erklärt werden muß. Und auch wirklich erklärt werden **kann**: denn nicht an dem Begriff Gott, Gottes Sohn oder Gottes Wort liegt der ebionitischen Christologie; Worte sind ja Schall und Rauch — was einem besonders dann einzufallen pflegt, wenn die Worte tatsächlich keine „Himmelsglut" oder nur noch eine etwas gedämpfte zu „umnebeln" haben! Ihr liegt vielmehr an dem so bewegenden Menschen Jesus, an dieser geschichtlich-geschöpflichen Wirklichkeit als solcher und an der von ihr ausgehenden Wirkung. Sie wird darum — und sie wird sich dann gerne auf ihre „Aufrichtigkeit" und „Ehrlichkeit" einiges zugute tun — jene allzu hohen, dem wirklichen Grad des menschlichen Enthusiasmus im Grunde doch nicht ganz entsprechenden Bezeichnungen Jesu als eines göttlichen, ja geradezu mit Gott identischen Wesens, so gerne sie sie zunächst aufgenommen hat, so gerne auch wieder fallen lassen, ohne dabei an ihrer Substanz eine Einbuße zu erleiden. Was sie eigentlich meint und will, kann sie wirklich auch anders und anders vielleicht noch besser sagen als mit jenen Prädikaten. Wie dem Doketismus die wahre Menschheit Christi, so ist dem Ebionitismus die wahre Gottheit Jesu letztlich entbehrlich, ja im letzten Grund lästig. Mag, so wird er argumentieren, der Begriff, der die Erfahrung ausdrücken soll, lauten, wie er will: die Erfahrung selbst, das Erlebnis und der Eindruck, in dem sie besteht, kann verschiedene Formen und Grade haben (was dann eben die Wandlungsfähigkeit der Begriffe notwendig macht!), sie stehen aber in ihrer Tatsächlichkeit und in dem Wert, den sie für den Menschen auf alle Fälle haben, auf sich selber und können durch den Begriff, durch die dogmatische Formel, wie man dann gerne persiflierend sagt, weder begründet noch beeinträchtigt werden. Man kann mit dieser frei umgehen. Man kann sie brauchen und man kann sie aus allerhand Gründen — vor allem eben aus Gründen der Ehrlichkeit — auch nicht brauchen. Sie ist leicht, sie ist im letzten Grunde gerne zu entbehren. — Es sollte keiner Worte darüber bedürfen, daß der neutestamentliche Satz: der Mensch Jesus ist der Christus auch mit dieser Christologie nichts zu tun hat, in ihre notwendige Dialektik nicht verflochten ist. Man kann vielmehr auch ihn nur verstehen, wenn man sieht, daß er gerade im Widerspruch zu dieser Christologie gedacht und ausgesprochen ist. Die ihn dachten und aussprachen, wollten mit ihm nicht sagen: wir sind einem Helden oder Weisen oder Heiligen begegnet, zu dessen adäquater Bezeichnung uns wenigstens in der höchsten Begeisterung vorläufig nur das Wort Gott oder Gottes Sohn übrig blieb. Sondern auch hier war die Erkenntnis der Gottheit Jesu Christi, allen Erlebnissen und allfälligen Begeisterungen vorangehend, der Anfang des Weges. Finden die neutestamentlichen Zeugen in Jesus auch heroische, auch heiligenmäßige Züge, auch die Züge eines Weisen, eines „großen Mannes", ist er ihnen wohl auch tatsächlich als solcher zu einem Erlebnis und Eindruck geworden — so kann doch gar keine Rede davon sein, daß nun etwa auf dieser Linie das Ursprüngliche und Eigentliche zu suchen wäre, das sie an Jesus gehabt und von ihm zu sagen haben. Vielmehr ist gerade das alles — sofern Spuren davon im Neuen Testament tatsächlich vorliegen — der stammelnde, inadäquate Ausdruck jener Anfangs- und Grunderkenntnis: wir sind — und das ist das Ursprüngliche und Eigentliche! — Gott begegnet; wir haben sein Wort gehört. Nicht von unten nach oben wird hier gedacht, sondern von oben nach unten. Aber nicht vom Oben des Begriffs oder der Idee wie im Doketismus, sondern von dem jenseits des Gegensatzes von Idee und Erfahrung zu suchenden, vielmehr sich erschließenden Oben Gottes her. Dieses Oben Gottes und also nicht ein noch so gewichtiges und beziehungsvolles menschliches Unten, gerade nicht ein „großer Mann" war ihnen in dem Menschen Jesus zur Erfahrung geworden. Und wie ihnen die Menschheit Jesu auch nicht von ferne gleichgültig werden konnte, weil ihnen ja eben in ihr die Gottheit begegnet war, so nun auch nicht seine Gottheit, weil sie es ja war, die ihnen in seiner Menschheit begegnete. Sie konnten gar nicht daran denken, den Begriff und die Formel ihres Glaubens und ihrer Erkenntnis Jesu auf jene leichte Schulter zu nehmen, die man ihnen in neuerer Zeit gern angedichtet hat; vielmehr war jedenfalls der Begriff der Messianität oder Gottessohnschaft Jesu das schlechthin Entscheidende, was sie von ihm dachten und zu sagen hatten. Hatten sie eine Erfahrung gemacht — und das hatten sie allerdings — so war es die Erfahrung von der Gegenwart des Gottessohnes oder Gotteswortes. Im Dienste des Zeugnisses von ihm stand sie zum vornherein, wenn sie sich als Erfahrung aussprach. Von begeisterter Apotheose eines Menschen und von der einer solchen notwendig folgenden Ernüchterung konnte darum für sie keine Rede sein. Der Satz „Jesus ist Gottes Sohn" ist in ihrem Munde von Haus aus ein eben so schlechthin in sich feststehender Satz wie der entgegengesetzte: daß, das Wort Fleisch ward. Beides sind eben in ihrem Munde nicht synthetische, sondern analytische Sätze.

In diesem Sinn wollen die Synoptiker im Unterschied zu dem johanneischen Jesusevangelium als Christusevangelien verstanden sein. Sie gehen innerlich, sachlich davon aus, daß der Mensch Jesus von Nazareth, „des Zimmermanns Sohn" (Mr. 6, 3) sich in seiner Auferstehung von den Toten und von da aus rückwärts gesehen: in seinen Worten und Taten als der Messias und Gottes Sohn erwiesen habe. Dies, die in seiner Auferstehung sich ereignende Offenbarung dieses Menschen als Gott und Herr, ist das, was sie sagen und beweisen wollen. Das bedeutet aber, daß sie äußerlich gerade von seiner Menschheit, von seinem Leben vor der Auferstehung ausgehen müssen. Daß Gott Menschheit angenommen hat in Jesus, das ist das große Mysterium nach Johannes. Daß in diesem Menschen Gottheit, die Gottheit des Christus unter uns erschienen ist, das ist dasselbe Mysterium nach den Synoptikern. Die Stimme vom Himmel bei der Taufe Jesu (Mt. 3, 17 und Par.) und bei der Verklärung auf dem Berge (Mt. 17, 5 und Par.) sagt nach den Synoptikern: „Das ist — oder: du bist (im Unterschied zu all den anderen, die auch an den Jordan kamen, um sich taufen zu lassen, im Unterschied auch zum Täufer selbst) mein geliebter Sohn, auf dir ruht mein Wohlgefallen — oder: den sollt ihr hören! Diese Auszeichnung oder Entdeckung oder Offenbarung des Sohnes Gottes in dem zunächst in der Reihe mit allen andern Menschen stehenden Jesus von Nazareth ist das gelöste Problem, die gefallene Entscheidung, von der die Evangelisten (als Zeugen der Auferstehung!) auf der ganzen

Linie herkommen und die sie nun auch auf der ganzen Linie als solche erweisen und verkündigen wollen. Darum ist ihre ganze Darstellung ein dauerndes Aufstellen und Auflösen von Rätseln. Das aufgegebene Rätsel (das ihnen doch keines mehr ist und das sie auch ihren Lesern nur zusammen mit seiner Lösung darzubieten haben) ist die **Menschheit**, die Auflösung (die doch immer wieder vollzogen werden muß, an deren Vollzug sie selbst sich nicht satt hören können und die sie auch ihren Lesern nur im Vollzug darbieten wollen) ist die **Gottheit** Jesu Christi. Das ist das offenbare Geheimnis schon der Empfängnis und Schwangerschaft der Maria in der Vorgeschichte bei Matthäus und Lukas: sie ist die Erfüllung des Prophetenwortes (Jes. 7, 14) von der Jungfrau, die einen Sohn gebären wird, dessen Name (des Rätsels Lösung!) heißen soll: Immanuel, d. h. Gott mit uns (Mt. 1, 23). Das ist das Geheimnis, das nach Mt. 4, 1 f. und Par. auch dem Teufel nur zu offenbar ist, das nach Mc. 1, 24; 5, 7 auch die Dämonen alsbald erraten und ausschreien, an das nach Mc. 2, 7 unwissend auch die Schriftgelehrten wenigstens von außen rühren, das nach Mt. 20, 30 aus dem Hilferuf der beiden Blinden von Jericho hervorbricht, das nach Mt. 21, 15 f. von den Kindern im Tempel ausgerufen wird: Hosianna dem Sohne Davids!, das nach Mc. 15, 39 der heidnische Hauptmann unter dem Kreuz feierlich bekennen muß: „Wahrlich dieser Mensch ist Gottes Sohn gewesen." Hierher gehört natürlich auch die Täuferfrage Mt. 11, 2 f.: „Bist du der da kommen soll oder sollen wir eines andern warten?", deren indirekte Beantwortung ja zweifellos sachlich mit dem Inhalt jenes Bekenntnisses identisch ist. Der christologische Höhepunkt bei den Synoptikern wird damit erreicht, daß die Frage aufgeworfen wird: Wer sagen die Leute, daß des Menschen Sohn (oder: ich) sei? Johannes der Täufer, Elias, Jeremia, einer der Propheten, das sagen die Leute, so wird geantwortet. Auf die Frage aber: wer sagt denn ih r, daß ich sei?, erfolgt das Bekenntnis (von Petrus, man muß sagen: als Bekenntnis der Kirche abgelegt): Du bist der Christus, der Sohn des lebendigen Gottes (Mt. 16, 13 f.)! Man sieht hier besonders deutlich das Nebeneinander und den Gegensatz von Rätsel und Rätsellösung. Die Ansicht, daß die in den Synoptikern so häufige Selbstbezeichnung Jesu als „Sohn des Menschen" als Hoheitsaussage, als von ihm selbst dauernd ausgesprochenes Messiasbekenntnis zu verstehen sei (so noch G. Kittel in RGG.² Artikel „Menschensohn"), scheint mir sehr unbefriedigend. Ohne den Beweis dafür antreten zu können, möchte ich das Verhältnis dieser Bezeichnung zum Messiasnamen vielmehr wie das eines Pseudonyms zum richtigen Namen, jedenfalls als ein Element der Verhüllung und nicht der Enthüllung auffassen. In die Linie jener Ausrufungen des Messiasgeheimnisses gehört es dagegen, wenn Act. 10, 36 das Kerygma sofort eröffnet wird mit der Feststellung: οὗτός ἐστιν πάντων κύριος, gehört aber merkwürdigerweise auch die wichtige Paulusstelle Römer 1, 3 f., wo ganz in der Weise der Synoptiker dem Geborenwerden Christi aus dem Samen Davids nach dem Fleisch seine Einsetzung zum Sohne Gottes in Kraft nach dem Heiligen Geiste durch die Auferstehung von den Toten gegenübergestellt wird. So, in dieser Enträtselung ist er der υἱὸς θεοῦ, so der κύριος ἡμῶν. An die Folge von Erniedrigung und Erhöhung Christi (Phil. 2, 8–9) wäre auch hier zu erinnern und an Hebr. 12, 2: Er erduldete das Kreuz und achtete der Schande nicht und ist gesetzt zur Rechten auf dem Stuhle Gottes, und an Act. 8, 33: in seiner Erniedrigung ist sein Gericht aufgehoben, aber doch auch an das Wort Joh. 12, 24 vom In-die-Erde-Fallen des Weizenkornes, bevor es Frucht bringen kann. Man merke wohl: die Substanz dieser ganzen Linie des neutestamentlichen Zeugnisses ist die durch alle Evangelien und Briefe hindurchgehende und alles tragende Auferstehungs- und Himmelfahrtsbotschaft. Daß der am Kreuz Gestorbene und darin eindeutig als Mensch Erwiesene, darin seine Fleischwerdung Vollendende, darin aber auch in seiner Gottheit Verhüllte am dritten Tage auferstanden ist von den Toten und sitzt zur Rechten des Vaters — erhöht von der Erde, zum Vater gegangen, wie das vierte Evangelium sagt —, das ist die Lösung des Jesusrätsels, auf das auch die Wunder als messianische Zeichen nur eben hinweisen können, das große Gegenstück zur Fleischwerdung als solcher, die entscheidende Widerlegung jeder ebionitischen Christologie. — Das also ist Jesus Christus von dieser zweiten Seite her gesehen: das Kindlein mit dem Namen „Gott mit uns", der Mann, der zur Rechten Gottes des Vaters ist. Und das heißt von dieser Seite Erkenntnis der Wirklichkeit der Offenbarung: Erkennen, daß in diesem Menschen Gott gegenwärtig ist und handelt. Gewiß ist das Kerygma auch hier Jesusbotschaft; aber eben als Jesusbotschaft ist es **Christusbotschaft**. Eben darum muß es nun hier in ganz anderem Maß als bei Johannes und Paulus zur „Füllung" des Kerygmas, zur Entfaltung des Zeugnisses von dem Menschenleben Jesu vor und abgesehen von seiner Auferstehung kommen. Das Gemeinte und zu Beweisende ist die Gottessohnschaft, der auferstandene Christus. Der Beweis dafür kann offenbar nicht anders geführt werden als in Form einer Darstellung Jesu von Nazareth, des Gekreuzigten, der in seinem Menschsein zugleich der authentische Zeuge seiner Gottheit ist. Hier muß die konkret geschichtliche Schau das Erste, die pneumatische das Zweite sein. Hier ist auch eine der historisch psychologisch malenden Biographie so nahe kommende Darstellung wie die des Lukas möglich und in ihrer Weise notwendig. Ebionitischen Historismus dürfte man doch dem Lukas so wenig vorwerfen wie dem Paulus Doketismus! Dient doch seine historisch-psychologische Aufmerksamkeit gerade der antiebionitischen These vom Gottmenschen. Daß man die Synoptiker überhaupt lobend oder tadelnd im Gegensatz zu Johannes und Paulus als Historiker in Anspruch nehmen wollte, das gehört sicher auch zu den säkularen Mißverständnissen des Neuen Testamentes. Man kann dem wirklichen ebionitischen Historismus nicht anders und nicht besser entgegentreten, als es gerade die Synoptiker, jeder in seiner Weise, höchst folgerichtig getan haben.

Wir blicken zurück. Daß Gottes Sohn oder Wort der Mensch Jesus von Nazareth ist, das ist die eine — daß der Mensch Jesus von Nazareth Gottes Sohn oder Wort ist, das ist die andere neutestamentlich-christologische These. Gibt es eine Synthese dieser beiden Thesen? Wir müssen auf diese Frage mit einem runden Nein antworten. Gewiß, es gibt einen Ort, wo diese beiden Thesen nicht zwei, sondern eine einzige sind. Offenbar schauen die neutestamentlichen Zeugen auf diesen Ort hin. Offenbar denken und reden sie von diesem Ort her. Und offenbar wollen sie ihre Leser aufrufen, eben dorthin zu schauen und so die Wahrheit dessen, was sie ihnen sagen, selber zu erkennen. In der Verschiedenheit, in der sie von der Wirklichkeit der Offenbarung reden, indem sie den wahren Gott Mensch und einen wahren Menschen Gott nennen, sagen sie ja nur ihr vorletztes, nicht ihr letztes Wort. Wenn sie ihr letztes Wort sagen, sagen sie dasselbe. Nur daß dieses letzte Wort nicht eine weitere These, nicht eine Synthese ist, sondern eben der Name Jesus Christus, mit dessen Nennung sie sozusagen dem, der so heißt, selber das Wort geben wollen.

Es kann darum von einer Antithetik innerhalb des Neuen Testamentes so wenig die Rede sein wie von einer Synthetik. Es könnte zwar sein, daß die synoptischen Evangelien in einer gewissen Gegenüberstellung zu Paulus entstanden sind und wiederum das vierte Evangelium in einer gewissen Gegenüberstellung zu den Synoptikern. Aber schon die vorliegende merkwürdige Überkreuzung hinsichtlich des jeweils auf beiden Seiten vorliegenden Verhältnisses zwischen Beweisthema und Beweis erlaubt es nicht, diese Gegenüberstellung als eine im eigentlichen Sinn polemische zu verstehen. Weder wird hier ein Jesusevangelium verkündigt, das nicht auch — ja das nicht als solches Christusevangelium wäre, noch gibt es im Neuen Testament ein Christusevangelium, das nicht gerade als solches Jesusevangelium wäre. Wir sahen, daß die Dinge vielmehr so ineinandergreifen, daß man hier wie dort, indem man das Eine wollte, das andere erst recht tun mußte. Und von der gegenseitigen Bezogenheit beider Thesen zeugen ja nicht zuletzt jene Mißverständnisse, auf Grund derer man dem Paulus und Johannes Doketismus, den Synoptikern Ebionitismus hat vorwerfen mögen.

Daß es sich um relativ sich gegenüberstehende, nicht aber sich bestreitende oder gar aufhebende Zeugnisse von einer Wirklichkeit handelte, das wird zu bedenken sein bei der später notwendig werdenden Stellungnahme zu den in der Kirchengeschichte jene Verschiedenheit wiederholenden Gegensätze zwischen der alexandrinischen und der antiochenischen und dann noch einmal: zwischen der lutherischen und der calvinischen Christologie. In der Linie des johanneischen Typus haben wir ja offenbar das Christusverständnis des Eutyches und später das Luthers zu suchen, in der Linie des synoptischen Typus das des Nestorius und Calvins. Die Einheit der beiderseitigen Erkenntnisse ist in diesen späteren Gestalten des Gegensatzes nicht so deutlich geblieben wie im Neuen Testament. Wir werden es dort mit der Möglichkeit häretischer oder häretisierender Gegensätze zu tun bekommen. Wir werden dort auch beim besten Willen, nach beiden Seiten gerecht zu sein, schließlich wählen müssen. Es wird aber eben zu einem verständnisvollen und gerechten Verhalten gegenüber den Gegensätzen (jedenfalls des 16. Jahrhunderts) angebracht sein, dessen zu gedenken, daß sie in ihrer neutestamentlichen Urgestalt zwar nicht aufgelöste, wohl aber sich gegenseitig ergänzende und erklärende und insofern friedlich bestehende Gegensätze sind. Vom Neuen Testament her gesehen, können die christologischen Gegensätze zwischen den Reformatoren nicht mehr sein als — gewiß bedeutungsvolle, gewiß Entscheidung fordernde, nicht aber kirchenspaltende Gegensätze der theologischen Schule. Daß im Neuen Testament der Name Jesus Christus Anfang, Mitte und Ende ist, in welchem sich die verschiedenen Hinweise auf die Wirklichkeit der Offenbarung sammeln, das wird bei der Stellungnahme zu und in jenen späteren Gegensätzen wohl zu beachten sein. Daran wird sich sogar jede Stellungnnahme zu orientieren und zu messen haben.

Aber eben weil der Name Jesus Christus das letzte Wort ist, das wir im Neuen Testament zu hören bekommen, dürfen wir nicht erwarten, hinsichtlich der Aussagen über die Wirklichkeit der Offenbarung nun auch noch eine andere, nämlich eine systematische, prinzipielle Einheit an die Hand gegeben zu bekommen. Was wir über den Namen Jesus Christus hinaus zu hören bekommen, das ist das Zeugnis von Gottes Sohn, der ein Mensch geworden — von dem Menschen, der Gottes Sohn war, Eines auf das Andere bezogen, aber nicht so, daß das Erste nicht mehr das Erste, das Zweite nicht mehr das Zweite wäre, nicht so, daß das Erste und Zweite in einem höheren Dritten aufginge. Uns ist aufgegeben, unmittelbar im Ersten das Zweite, im Zweiten das Erste und so: nicht in einem System, sondern in einem Weg des Denkens, in beiden das Eine zu hören. Von einer Christologie, die sich auf die Christologie des Neuen Testamentes bezieht, das heißt, die das und nur das verstehen will, was uns im Neuen Testament als Wirklichkeit der Offenbarung Gottes bezeugt wird, wird also im voraus zu sagen sein: sie wird in allen ihren Ergebnissen nur Versuch sein können. Sie wird sich ja vor Augen halten, daß es nicht Zufall, sondern Notwendigkeit ist, wenn die vorletzten Worte, die Sätze über Gott und Mensch, über Jesus und Christus im Neuen Testament in ihrer relativen Gegensätzlichkeit stehen bleiben und eben in dieser relativen Gegensätzlichkeit über sich selbst hinausweisen auf das letzte Wort, Jesus Christus, das als solches nur noch durch die dadurch bezeichnete Wirklichkeit selbst und durch gar nichts sonst interpretiert werden kann. Das Reich der Gnade, in welchem es Gott mit sündigen Menschen zu tun hat, müßte wohl abgelöst sein durch das Reich der Herrlichkeit, wenn es anders sein, wenn eine Christologie des abschließenden dritten Wortes jenseits des Gegensatzes von Gottheit und Menschheit möglich sein sollte. Im Gehorsam gegen die Schrift als das Zeugnis von Gottes Offenbarung werden wir auf jenes dritte Wort nicht nur verzichten, sondern auch wissen, warum wir darauf zu verzichten haben und daß wir nicht zu wenig, sondern genug und übergenug daran haben, jenen Namen und dann jene zwei vorletzten Worte zu hören: wahrer Gott und wahrer Mensch.

2. JESUS CHRISTUS DIE OBJEKTIVE MÖGLICHKEIT DER OFFENBARUNG

Daß Gott für uns Menschen frei ist, das ist nach dem Zeugnis der heiligen Schrift Tatsache in Jesus Christus. Das Erste und Letzte, was von dem Träger dieses Namens zu sagen ist, ist ja eben dies: daß er wahrer Gott und wahrer Mensch ist. In dieser Einheit ist er die objektive Wirklichkeit göttlicher Offenbarung. Sein Sein ist Gottes Freiheit für den Menschen. Oder umgekehrt: Gottes Freiheit für den Menschen ist das Sein Jesu Christi. Und nun fahren wir fort: In dieser objektiven Wirklichkeit der göttlichen Offenbarung ist vorausgesetzt und begründet und wird uns erkennbar ihre **objektive Möglichkeit**.

Sie ist die Tafel, von der wir abzulesen haben, wenn wir nun das, was wir gehört und als uns gesagt schlicht hingenommen haben, auch verstehen wollen. Der Weg, den wir damit gegangen sind und gehen, hat seine Parallele in dem Verfahren von zwei reformierten Theologen des 17. Jahrhunderts: F. Burmann, *Syn. Theol.* 1678 V c. 5 f. und F. Turrettini, *Instit. Theol. el.* 1682 XIII qu. 1 f., die ebenfalls zunächst aus der Schrift zu zeigen versucht haben: 1. der Messias ist erschienen, 2. Jesus ist der Messias, um dann von diesem Faktum aus zu dessen Verständnis, d. h. zur Erklärung des Begriffs der Inkarnation vorzudringen.

Indem wir die in der Wirklichkeit der Offenbarung Gottes vorausgesetzte und erkennbare Möglichkeit als solche und für sich ins Auge fassen, verstehen wir jene Wirklichkeit als Antwort auf eine von uns zu stellende Frage. Um eine schon zuvor gestellte allgemeine, um eine eigenmächtig aufgeworfene theologisch-anthropologische Frage, um eine an die Wirklichkeit Jesus Christus sozusagen von außen herangebrachte Frage kann es sich dabei nach allem schon Erörterten gewiß nicht handeln. Wohl aber um die Frage, die durch die Wirklichkeit Jesus Christus in uns erweckt, die uns durch sie sozusagen zugeworfen, die durch sie selbst in Beziehung zu ihr sinnvoll und notwendig gemacht wird: Inwiefern ist es so, daß das Sein Jesu Christi identisch ist mit Gottes Freiheit für den Menschen? Wir können und sollen also nicht etwa darüber hinaus streben, uns ganz schlicht sagen zu lassen, daß dem so ist. Wir können und sollen uns aber eben dies wirklich sagen lassen. Wir haben es uns aber erst dann sagen lassen, wenn wir es gehört haben mit der uns durch das Gesagte selbst zugeworfenen Frage: inwiefern dem so ist? und wenn wir es dann zugleich als Antwort auf diese Frage gehört haben. Das wäre noch kein Lesen von jener Tafel der Wirklichkeit, bei dem uns nicht sofort auch ihre Möglichkeit einleuchten würde. Das wäre noch kein echtes Sichsagenlassen, bei dem wir uns das uns Gesagte nicht auch selber sagen — nicht eigenmächtig, sondern im Gehorsam: aber selber sagen würden. Das wäre kein ernstliches Vernehmen dieser Wirklichkeit, das nicht sofort auch zum Verstehen werden wollte. Das wäre gar nicht *credere*, das nicht zum *intelligere* drängen würde. Um Gottes Offenbarung geht es ja in dieser Wirklichkeit, also um Gottes Beziehung zu uns, um seine uns angehende Wirklichkeit. Wollten oder könnten wir nur vernehmen und nicht verstehen wollen, uns nur sagen lassen ohne uns das Gesagte auch selber zu sagen, nur glauben, ohne zu erkennen, dann wäre es wohl gewiß gar nicht Gottes Offenbarung, mit der wir es zu tun hätten. Oder es würde sich in solcher Weigerung unser Ungehorsam, unser Nichtdabeiseinwollen ihr gegenüber verraten. Gehorsam gegen die Offenbarung muß auf alle Fälle heißen: sich aufrufen lassen zum Dabeisein. Dabeisein muß dann aber heißen: Gefragt sein, so nämlich, daß die Frage, auf die die Offenbarung antwortet, unsere eigene Frage wird und also die Offenbarung als Antwort ihre direkte Beziehung zu uns selbst bekommt. Wir haben gesagt: der Verständnisfrage muß die Tatsachenfrage vorangehen. Dabei muß es sein Bewenden haben. Aber eben so bestimmt müssen wir nun sagen: der Tatsachenfrage muß die Verständnisfrage folgen. Auch die Tatsachenfrage wäre gewiß falsch gestellt und beantwortet, wenn ihr die Verständnisfrage etwa nicht folgen würde. Die Trägheit und Leerheit, die Unbeteiligung, in der wir dann der Wirklichkeit der Offenbarung gegenüber verharren würden, dürften wir mit Demut und Ehrfurcht ihr gegenüber auf keinen Fall verwechseln. Und es darf umgekehrt der Versuch, selber zu fragen und das uns Gesagte als Antwort auf unsere eigene Frage entgegenzunehmen, auf keinen Fall als Rationalismus verschrieen werden, wenn er innerhalb seiner Grenzen und seines Sinnes verläuft, das heißt: wenn er in Beziehung auf die allem Fragen und Antwortbekommen vorangehende Wirklichkeit der Offenbarung unternommen wird und nicht etwa dieser Wirklichkeit gegenüber den Vortritt beansprucht. Ob das

Erste und nicht etwa offen oder heimlich das Zweite der Fall ist, das wird im Einzelnen immer wieder in Frage zu stellen und sehr wohl zu überlegen sein. Die Unsicherheit, die hier bleibt — denn wo hört beim Verstehen der Gehorsam auf, wo fängt das illegitime Vorherwissen an? — ist nicht prinzipiell zu beseitigen. Es wird letztlich nicht Sache einer technischen Sicherung, sondern Sache göttlicher Entscheidung sein, ob wir uns bei unserem Verstehenwollen auf dem guten ersten oder auf dem bösen zweiten Wege befinden. Aber das ändert nichts daran, daß es einen guten Weg in dieser Sache jedenfalls gibt und daß wir uns nicht davon dispensieren dürfen, ihn zu suchen und nach bestem Wissen und Gewissen zu beschreiben.

Ganz kindisch wäre es vollends, zwar ein primitives, mit den ersten besten populären Kategorien und Argumenten arbeitendes Verstehenwollen zu erlauben, ein eindringendes, in einige Fernen und auch an einigen Klippen vorbeiführendes Denken zu diesem Zweck aber plötzlich als rationalistisch („intellektualistisch") brandmarken zu wollen. Es denkt mancher sehr populär und in Wirklichkeit gerade so sehr intellektualistisch. Und man kann sehr wissenschaftlich und gerade so sehr offenbarungsmäßig denken. Das ist sicher: wenn wir hier tatsächlich durch die Wirklichkeit der Offenbarung Gottes vor eine Aufgabe des Denkens gestellt sind, dann werden wir dieser Sache jedenfalls auch bei der größten Anstrengung zu einem strengen und ordentlichen Denken noch lange nicht Ehre genug erweisen.

Ich nenne die Frage, die durch die Wirklichkeit der Offenbarung in uns erweckt wird und die wir aufzunehmen haben, die Frage nach der Möglichkeit, in unserem Zusammenhang: nach der objektiven Möglichkeit der Offenbarung. Wir formulieren die Frage parallel zu der zuerst gestellten: Wie ist es in Gottes Freiheit möglich, daß dem Menschen seine Offenbarung widerfährt? Inwiefern kann die Wirklichkeit Jesus Christus, das heißt die mit diesem Namen bezeichnete Einheit von Gott und Mensch Gottes Offenbarung an den Menschen sein? Wir setzen voraus, das heißt, wir lassen es uns durch die Heilige Schrift gesagt sein, daß sie es tatsächlich ist. Wir möchten aber wissen, inwiefern sie es ist, um uns so tatsächlich sagen zu lassen, daß sie es ist. Wir fragen also nicht nach einer der Offenbarung übergeordneten Möglichkeit, die deren Wirklichkeit erst begründen und von deren Einsicht her auch unsere Erkenntnis dieser Wirklichkeit erst eine begründete würde. Sondern wir fragen nach der in der Offenbarung und durch die Offenbarung selbst vorausgesetzten und begründeten und nur aus und in ihr selbst zu erkennenden Möglichkeit. Wir können die Frage so umschreiben: Inwiefern ist die Wirklichkeit Jesus Christus, von der wir uns sagen lassen, daß sie mit der Wirklichkeit der Offenbarung Gottes identisch ist, zureichender Grund für das Werk und die Wirkung, daß Menschen Gottes Offenbarung widerfährt? Inwiefern hat gerade die Wirklichkeit Jesus Christus die Mächtigkeit (*potestas*, *virtus*, δύναμις) Offenbarungswirklichkeit zu sein? Inwiefern hat also jene Identität Geltung?

Wir fragen nicht: ob sie sie hat? Wir setzen als uns gesagt voraus, daß sie sie hat. Wir fragen auch nicht: woher sie sie hat, wie sie dazu kommt, sie zu haben usw.? Wir setzen als uns gesagt voraus, daß sie sie in sich selber und nicht von anderswoher hat. Wir fragen aber: worin sie sie hat? worin sie besteht? welches ihre Eignung gerade zu diesem Werk und zu dieser Wirkung ist? inwiefern es zu diesem Werk und dieser Wirkung gerade dieser Wirklichkeit bedarf?

Es läßt sich zeigen, daß diese Frage nicht willkürlich und eigenmächtig, sondern daß sie uns vorgeschrieben ist. Die Wirklichkeit der Offenbarung als solche antwortet ja auf eine Frage. Sie sagt uns, wessen es bedarf, damit das Werk der Offenbarung Gottes geschehe und damit es zu dessen Wirkung: zu einem Offenbarsein Gottes für den Menschen komme. Wie würden wir sie verstehen, wenn wir sie nicht als Antwort auf diese Frage verstehen würden? Lassen wir uns nun gesagt sein, daß diese Antwort Jesus Christus heißt: Gottes Sohn, der Mensch wurde, der Mensch, der Gottes Sohn gewesen ist, ist also dieses Sein Jesu Christi selbst die in Gottes Freiheit bestehende objektive Möglichkeit der Offenbarung — dann stehen wir offenbar vor der Aufgabe, eben dies zu verstehen: das Sein Jesu Christi als die objektive Möglichkeit der Offenbarung. Eben dessen, was Jesus Christus ist, bedarf es offenbar hinsichtlich des Werkes und der Wirkung der Offenbarung. Unsere Frage nach diesem Bedürfen kommt also nicht von einem vorhergefaßten allgemeinen Begriff von Offenbarung her, sondern sie ist uns vorgeschrieben durch das, was wir in der in der Heiligen Schrift bezeugten Offenbarung erfüllt und verwirklicht finden. Wir verstehen aber eben diese erfüllte und verwirklichte Offenbarung — wie würden wir sie denn sonst verstehen? — als die Erfüllung und Verwirklichung eines Bedürfens, als die Beantwortung einer Frage. Uns ist also, wenn wir die Offenbarung verstehen wollen, aufgegeben, diese Frage als solche in ihrer Beziehung zu der gegebenen Antwort und diese Antwort selbst in ihrer Beziehung zu der in ihr beantworteten Frage zu verstehen.

Wie kommt es nun zu dieser Frage und Antwort? Um das einzusehen, müssen wir davon ausgehen, daß die Wirklichkeit Jesus Christus, so wie sie uns in der Heiligen Schrift als Wirklichkeit der Offenbarung Gottes bezeugt ist, jedenfalls auch eine streng kritische Bedeutung hat. Indem uns in ihr gesagt ist, daß Gott für uns frei ist, ist uns zugleich abgrenzend gesagt, daß er sonst nicht für uns frei ist. Sie schränkt die Freiheit Gottes für uns ein auf sich selber. Sie sagt uns, daß Gott nur hier, in diesem Menschsein Gottes, in dem Gottsein dieses Menschen für uns frei ist. Sie kennzeichnet sich selbst — wir werden noch besonders davon zu reden haben — als Geheimnis und des zum Zeichen: als Wunder, das heißt als Ausnahme von der Regel des Kosmos der dem Menschen sonst begegnenden Wirklichkeiten, sie will in einer diesem ihrem Ausnahmecharakter entsprechenden ausnahmsweisen Art bezeugt und erkannt sein. Sie macht Gott zu einem — von ihr selbst abgesehen — den Menschen **verborgenen** Gott. Und sie macht den Menschen zu einem — von ihr selbst abgesehen — für Gott **blinden** Menschen. Insofern sagt uns gerade die Wirklichkeit der Offenbarung, in der Gott seine Freiheit für uns beweist, auch dies: Gott ist **nicht** frei für uns, **nicht** für uns zu erreichen und zu haben. Nicht der Skeptiker oder Atheist weiß das. In seiner Eigenschaft als Skeptiker oder Atheist jedenfalls weiß er es sicher nicht. Der Gott, dessen Existenz oder Offenbarsein er bezweifelt oder leugnet, ist ja gar nicht Gott. Und so ist auch dessen Abwesenheit, wie er sie behaupten zu sollen meint, gar nicht Gottes Abwesenheit. Um zu wissen um Gottes Abwesenheit, müßte er allererst Gott und also Gottes Offenbarung kennen. Alle allgemein einsichtigen Schwierigkeiten und Unmöglichkeiten hinsichtlich der Erkenntnis der sogen. übernatürlichen Dinge besagen nämlich gar nichts gegenüber der durch Gottes Offenbarung selbst vollzogenen Negation aller anderen Erkennbarkeit Gottes. Gott gehört nicht unter jene übernatürlichen Dinge, die man heute glauben und behaupten, morgen bezweifeln und leugnen kann. Und so haben die Schwierigkeiten und Unmöglichkeiten hinsichtlich der Erkenntnis dieser Dinge, die der Skeptiker und Atheist so grimmig ernst nehmen zu sollen meint, mit der Verborgenheit Gottes für den Menschen und mit des Menschen Blindheit für Gott noch gar nichts zu tun. Der Ernst der Tatsache, daß Gott für uns nicht frei, nicht zu haben ist, fängt erst mit der diese Tatsache begrenzenden, aber auch in ihrer Tatsächlichkeit beleuchtenden und bestätigenden Offenbarung an.

Wir haben uns schon hier dessen zu erinnern, daß sowohl die Unbegreiflichkeit Gottes als auch die Verfinsterung der menschlichen Vernunft hinsichtlich seiner keine allgemeinen Wahrheiten, sondern Offenbarungs- und Glaubenswahrheit sind. Um des wirklichen Gottes Abwesenheit wissen die Psalmsänger — (vgl. etwa Ps. 22, 28, 38, 39, 42, 44, 69, 74, 77, 80, 83, 85, 88, 89, 130, 139, 142, 143) — nicht obwohl, sondern gerade weil sie in der Lage sind, zugleich seine Gegenwart zu bekennen und zu rühmen. Wogegen die sämtlichen Negationen seiner Gegenwart, die sämtlichen Behauptungen, deren wir hinsichtlich der Verborgenheit Gottes und unserer eigenen Unfähigkeit, ihn zu erkennen, **ohne** das Evangelium mächtig sind, Exerzitien, um nicht zu sagen: Spiegelfechtereien sind, die hinsichtlich der zwischen Gott und Mensch in Wirklichkeit gezogenen Grenze ohne Belang sind, mit denen wir uns über den wirklichen Stand der Dinge zwischen ihm und uns nur täuschen können.

Es bedarf der Offenbarung selbst zu der Erkenntnis, daß Gott verborgen und der Mensch blind ist. Die Offenbarung und nur sie rückt Gott und Mensch wirklich und endgültig auseinander, indem sie sie zusammenbringt. Denn indem sie sie zusammenbringt, sagt sie dem Menschen Bescheid über Gott und über sich selbst, offenbart sie Gott als den Herrn von Ewigkeit, als Schöpfer, Versöhner und Erlöser und qualifiziert sie den Menschen als Geschöpf, als Sünder, als Todgeweihten. Sie sagt ihm das, indem sie ihm sagt, daß Gott für ihn frei ist, daß Gott ihn geschaffen hat und erhält, daß er ihm seine Sünde vergibt, daß er ihn vom Tode errettet. Aber sie sagt es ihm: dieser Gott (kein anderer!) ist frei für diesen Menschen (keinen anderen!). Wenn das gehört wird, dann und erst dann ist die Grenze zwischen Gott und Mensch, von der der radikalste Skeptiker und Atheist mit allen seinen Zweifeln und Negationen nicht einmal träumen kann, wirklich sichtbar. Indem sie sichtbar ist, ist dann aber auch die Offenbarung, in der diese Grenze überschritten wird, sichtbar als Geheimnis, als Wunder, als Ausnahme. Der Mensch, der hier hört, sieht sich an der Grenze stehen, an der, von beiden Seiten betrachtet, alles aus ist. Gott ist mir verborgen und ich bin blind für ihn. Gerade die diese Grenze überschreitende Offenbarung, gerade das in der Offenbarung trotz dieser Grenze stattfindende Zusammensein von Gott und Mensch wird ihm ja die Grenze als solche in unerhörter Weise sichtbar machen. Er wird sich in bezug auf den Kosmos der ihm sonst begegnenden Wirklichkeiten keinen Täuschungen mehr hingeben können. Dieser Kosmos wird ihm weder Illusionen noch Enttäuschungen zu bereiten vermögen. Er weiß Bescheid über ihn. Nicht weil er sich auf intuitivem oder auf analytisch-synthetischem Wege über ihn Bescheid verschafft hat, sondern weil ihm über ihn Bescheid gesagt ist. Dieser Bescheid lautet aber: Unter den Wirklichkeiten dieses Kosmos gibt es keine, in der Gott für den Menschen frei wäre. In diesem Kosmos ist Gott vielmehr verborgen und der Mensch blind. Nochmals: Es ist Gottes Offenbarung, die ihm diesen Bescheid gibt. Daß sie das tut, das ist ihre kritische Bedeutung. Eben damit ist uns aber auch die Frage zugeworfen: inwiefern denn nun Gott in seiner Offenbarung für uns frei ist? Nicht weniger als alles, das heißt nicht weniger als der ganze Kosmos des Menschen scheint dagegen zu sprechen, daß dies Ereignis sein kann. Mag er immer so groß und reich sein, wie er es tatsächlich ist — inwiefern sollte denn eine seiner Wirklichkeiten die Mächtigkeit haben, dem Menschen Gottes Offenbarung zu sein? Der Mensch müßte ja die wirkliche Offenbarung Gottes schon wieder außer acht lassen, er müßte ja schon wieder vergessen haben, daß ihm über Gott und über sich selbst Bescheid gesagt ist, wenn er das Vorhandensein einer solchen Mächtigkeit in einer der Wirklichkeiten seines Kosmos kühnlich behaupten wollte.

Dieser kühnen Vergeßlichkeit oder vergeßlichen Kühnheit ist allerdings vieles möglich und auch vieles zu verzeihen. Wer ertappte sich selbst nicht täglich bei dem dabei stattfindenden Weglaufen von der wirklichen Offenbarung, bei deren Bescheid man sich doch, wenn man ihn einmal gehört hat, beruhigen müßte? Wer hätte hier nicht täglich Verzeihung nötig? Wer dürfte sich also wundern und entrüsten, wenn die Rede von der Möglichkeit von Offenbarungen neben der Offenbarung oder von einer doppelten Offenbarung auch in der besten theologischen Gesellschaft immer wieder aufgeht wie das Unkraut in einem eben gejäteten Garten? Aber wenn man hier Verzeihung für sich selbst immer wieder in Anspruch nehmen und darum auch Anderen immer wieder verzeihen muß, so ist doch sachlich nichts daran zu ändern, daß jene Rede ein Gerede ist, das nur aus einer dauernden oder vorübergehenden, aber jedenfalls gründlichen Inkompetenz der ganzen Sache gegenüber hervorgehen kann. Wer sich bei jenem Bescheid, den wir durch die Offenbarung bekommen, nicht beruhigen, wer an ihm vorbei, immer noch oder schon wieder unkritisch, die Möglichkeit einer zweiten und vielleicht dritten und vierten Offenbarung neben der einen behaupten kann — der verrät doch damit, daß deren Wirklichkeit für ihn dauernd oder vorübergehend nicht mehr vorhanden ist, daß er also nicht mehr weiß, von was er redet, wenn er von Offenbarung redet. Unbeweglich auf das Kreuz und die Auferstehung Jesu Christi blickend, könnte er nicht anderswohin blicken, könnte er also auch die Rede von jenen Möglichkeiten nicht mehr über seine Lippen oder aus seiner Feder gehen lassen. Wenn und sofern er das kann, kann er in Sachen der Offenbarung nicht sachverständig sein.

Bleibt es nun dabei, daß gerade von der Offenbarung selbst her nicht weniger als alles dagegen spricht, daß Offenbarung Ereignis werden kann, dann ist die Frage hinsichtlich der Wirklichkeit, in der sie wunderbar und ausnahmsweise doch Ereignis ist, gegeben. Wie kann sie hier Ereignis sein? Daß sie es **ist** und also sein **kann**, das kann uns nun, auch und gerade indem wir es uns sagen lassen, auf keinen Fall selbstverständlich sein. Verstehen muß nun heißen: eine Antwort hören, auf die durch die kritische Bedeutung der Offenbarung selbst notwendig erweckte Frage. Aber auf die Wirklichkeit der Offenbarung selbst (und nicht etwa an ihr vorbei!) gilt es hier zu hören. Keine Möglichkeit kann d i e Möglichkeit sein, nach der hier zu fragen ist, sie wäre denn identisch mit der in der Offenbarung wunderbar und ausnahmsweise verwirklichten und erfüllten Möglichkeit. Keine andere Möglichkeit als diese kann ja, wenn wir bedenken, daß und wie uns Bescheid gesagt ist, neben dieser einen in Betracht kommen. Schon die Erwägung irgendeiner anderen Möglichkeit ist uns ja durch diesen Bescheid abgeschnitten. Wir können also auf die Frage: inwiefern kann uns die Wirklichkeit Jesus Christus Gottes Offenbarung sein? grundsätzlich nur antworten: insofern als es zur Offenbarung Gottes an uns eben der Wirklichkeit Jesus Christus bedarf. Wessen wir bedürfen, was dazu nötig ist, das ergibt sich aus dem, was Jesus Christus kann. Eben das, dessen wir **bedürfen, kann** er. Und was er **kann**, dessen und dessen allein **bedürfen** wir auch. Die Möglichkeit der Offenbarung ist tatsächlich aus ihrer Wirklichkeit in Jesus Christus abzulesen. So daß die Einzelerklärung, zu der wir nun schreiten, grundsätzlich nichts anderes sein kann noch will als eben ein Stück Lektüre und Exegese dieser Wirklichkeit.

1. Wir entnehmen der Wirklichkeit Jesus Christus, daß Gott in der Weise frei ist für uns, daß Offenbarung von ihm her so möglich wird, daß er nicht nur in sich selber Gott ist, sondern auch bei und unter uns, in unserem Kosmos, als eine der uns begegnenden Wirklichkeiten. Die Wirklichkeit Jesus Christus, darin bestehend, daß Gott dieser Mensch, dieser Mensch Gott ist, besagt auf alle Fälle: Gott kann die Grenze zwischen ihm und uns (oder allgemein gesagt: zwischen seinem eigenen Sein

und dem Sein dessen, was mit ihm nicht identisch ist) überschreiten. Wie streng diese Grenze gezogen sein und bleiben mag — und wir können über diese Grenze nicht leicht streng genug denken — im Akt seiner Offenbarung bildet sie für ihn kein Hindernis. Sein Wesen als Gott im Unterschied zu unserem Wesen als Mensch, sein Wesen als Herr, Schöpfer, Versöhner und Erlöser im Unterschied zu dem unsrigen als Geschöpfe, als Sünder, als Todgeweihte beschränkt ihn nicht so, daß er nicht dennoch und trotzdem gerade in unserem durch dieses unser Wesen gezeichneten Bereich Gott sein könnte. Seine Majestät ist so groß, daß sie, auch in der Niedrigkeit dieses seines Gottseins in unserem Bereich, ja in der Identität mit einer der uns begegnenden Wirklichkeiten unseres Kosmos und gerade in dieser Niedrigkeit Majestät sein und bleiben, ja gerade so sich als Majestät erweisen kann. Nicht nur, was bei uns Menschen unmöglich ist, sondern auch, was uns bei Gott selbst mit Recht als unmöglich erscheinen muß, ist bei Gott möglich. So wird es in seiner Freiheit möglich, daß er unser Gott sein kann.

Ἡ δὲ πρὸς τὸ ταπεινὸν κάθοδος περιουσία τίς ἐστι τῆς δυνάμεως οὐδὲν ἐν τοῖς παρὰ φύσιν κωλυωμένης. Daß eine Flamme nach oben und nicht nach unten strebt, daran ist nichts Verwunderliches; das entspricht vielmehr ihrer Natur. Aber eben dieses Gebundensein der Flamme an ihre Natur zeigt ihre Geschöpflichkeit. Der Größe Gottes aber entspricht es, auch nicht durch seine eigene Natur gebunden und beschränkt zu sein. Darum mehr als in der seiner Natur entsprechenden Größe des Himmels, mehr als im Glanz der Sterne, mehr als in der Ordnung und Leitung des Weltalls beweist sich die „göttliche und überschwängliche Macht" in dem Akte ihrer ἐπὶ τὸ ἀσθενὲς τῆς φύσεως ἡμῶν συγκατάβασις darin, daß das Hohe, ohne von seiner Höhe herabzusteigen, zum Niedrigen sich neigt und selbst in Niedrigkeit erscheint, darin, daß die Gottheit menschlich wird und doch göttlich bleibt (Gregor v. Nyssa, *Or. cat.* 24).

Die Majestät Gottes in seiner Kondeszendenz zum Geschöpf: das ist das Allgemeinste, was uns durch die Wirklichkeit Jesus Christus auf alle Fälle gesagt ist. Können wir nun sein Gottsein gewiß weder in seiner reinen Majestät noch in dieser seiner Kondeszendenz nach seinem Wie begreifen, sondern eben nur kraft seiner Offenbarung nach seinem Daß erkennen und verehren, so können wir doch dies verstehen: gerade dessen, daß Gott uns diese Kondeszendenz erwies, gerade dessen sind wir offenbar auf alle Fälle bedürftig, damit er für uns frei sei. Wir können, seinem tatsächlich eingeschlagenen Weg nachdenkend, sagen: es mußte, wenn er sich uns offenbaren, wenn er für uns frei sein wollte, eben dieses Wunder geschehen, daß er, ohne aufzuhören, er selber zu sein, in unseren Bereich einging, unser Wesen annahm. Er mußte, wollte er sich uns vermitteln, Mittler seiner selbst werden. Das sagen wir ja, wenn wir sagen: er ist nicht nur in sich selber, sondern auch bei uns und unter uns Gott. Wir sagen dann: er wird Mittler, Gott in sich selber, aber auch Wirklichkeit in unserem Kosmos. Daß er beides sein kann, und daß diese seine Möglichkeit als solche die Möglichkeit seiner Offenbarung ist, das ist der allgemeinste Sinn der Fleischwerdung des Wortes Gottes, des Namens Jesus Christus, seines Gottseins und Menschseins.

Darum ist *Christus homo et Deus ex utroque concretus, ut mediator esse inter nos et patrem posset* (Cyprian, *Ad Quir.* II, 10). *Non mediator homo praeter deitatem, non mediator Deus praeter humanitatem. Ecce mediator: divinitas sine humanitate non est mediatrix; humanitas sine divinitate non est mediatrix; sed inter divinitatem solam et humanitatem solam mediatrix est humana divinitas et divina humanitas Christi.* (Augustin, *Sermo* 47, 12, 2). Christus ist der Weg, und zwar als Gott die *via quo itur*, der Weg in seiner Richtung auf das Ziel — als Mensch die *via qua itur*, der Weg als Strecke, die zu diesem Ziel führt. (*De civ. Dei* XI, 2). Das Christus der menschen liecht ist durch seyne menscheyt, . . . durch wilche seyne gottheyt leuchtet alss durch eynen spiegel oder geferbet glass, oder wie die sson durch eyne liechten wolcken, das yhe das liecht werde der gottheyt tzugemessen, nit der menscheyt, doch die menscheyt nicht vorachtet, alss die da ist die wolcke und furhang diesses liechtes. (Luther, Pred. üb. Joh. 1, 1 ff. Kirchenpostille 1522 W. A. 10 I S. 223 Z. 21.)

Man muß sich selbst recht verstehen, wenn man sagt: Gott „mußte" sein eigener Mittler und also Mensch werden, um uns offenbar zu werden und: indem er das wurde, „konnte" er uns offenbar werden. Aus allgemeinen Begriffen von Gott, vom Menschen und von der Offenbarung abgeleitet, wäre dieser Satz falsch. Es gibt auch in diesem Zusammenhang keine außerhalb der Wirklichkeit der Offenbarung selbst ausfindig zu machende Notwendigkeit, auf Grund derer von Gott zu sagen wäre, daß er etwas tun mußte und nicht etwa auch etwas anderes tun konnte.

Augustin (*De trin.* XIII 10) und Thomas v. Aquino (*S. theol.* III qu. 1 art. 2 c) machen mit Recht darauf aufmerksam, daß die freie Allmacht Gottes auch hier unter allen Umständen respektiert bleiben muß. „Es hieße ihn von den Geschöpfen abhängig machen, wollte man irgendeine seiner Offenbarungen als unbedingt notwendig hinstellen." (F. Diekamp, Kath. Dogm.⁶, 2. Bd. 1930 S. 187.)

Jener Satz kann aber auch aus der Wirklichkeit der Offenbarung abgelesen sein. Die Worte „Müssen" und „Mission" können die Notwendigkeit dieser Wirklichkeit gerade als der in Gottes Freiheit so und nicht anders gesetzten und bestimmten, wie sie uns in seiner Offenbarung begegnet, explizieren. Dann dürfen die Fragen: ob Gott etwa mußte? ob er nicht anders konnte? mit dem Hinweis auf das, was nach der heiligen Schrift tatsächlich seinem Wohlgefallen entsprach, abgelehnt werden.

Man wird sich dann mit gutem Gewissen auf das ἔπρεπεν Hebr. 2, 10 und auf das ὤφειλεν Hebr. 2, 17 berufen dürfen. *Nec putandum, nos hoc statuendo limites ponere velle omnipotentiae Dei, vel quid summo iure possit in creaturam definire. Sed tantum ostendimus ex scriptura quid possit vel non possit Deus iuxta potentiam ordinatam* (F. Turrettini, *Instit. Theol. el.* 1682 XIII qu. 3, 18).

2. Wir entnehmen der Wirklichkeit Jesus Christus: Gott ist in der Weise frei für uns, er offenbart sich uns so, daß sein Wort oder sein Sohn Mensch wird. Nicht Gott der Vater und nicht Gott der Heilige Geist! Versuchen wir, auch das zu verstehen, so haben wir uns zunächst zu er-

innern: Die Unterschiede von Gott Vater, Sohn und Heiligem Geist bedeuten keine Teilung in Gottes Wesen und Wirken. Er ist als Vater, Sohn und Geist in seinem Wesen der eine Gott und in all seinem Wirken dieser eine Gott ganz und nicht teilweise. Der Satz, daß gerade das Wort oder der Sohn Gottes Mensch wurde, sagt also trotz seiner Unterscheidung des Sohnes vom Vater und vom Heiligen Geist ohne Vorbehalt: daß Gott in seiner ganzen Gottheit Mensch wurde.

Das war, wohlverstanden, nicht etwa nur ein Satz der alten lutherischen, sondern auch ein Satz der alten reformierten Theologie: *Tota quidem natura divina bene dicitur incarnata . . . quia personae Filii Dei nihil deest quoad perfectionem divinae naturae* (F. Turrettini, *Instit. Theol. el.* 1682 XIII *qu.* 4, 7).

Es ist aber nicht das eine Wesen Gottes als solches, mit dessen Wirken wir es hier zu tun haben. Es ist das eine Wesen Gottes in der Seinsweise des Sohnes, das Mensch wurde.

Das Wort, das Gott ist, ist Mensch geworden, nicht aber die Gottheit als solche (Joh. Damascenus, *Ekdos.* 3, 11). *Persona Filii, non natura quae tribus personis communis, proprie loquendo incarnata est, nisi naturam consideremus qua Filii est* (*Syn. pur. Theol.* Leiden 1624 *Disp.* 25, 9).

Im Blick auf die Einheit des Wesens Gottes, die ja durch die Dreiheit seiner Seinsweisen als Vater, Sohn und Geist nicht in Frage gestellt, sondern bestätigt wird, und im Blick auf die innere Einheit dieser drei Seinsweisen Gottes untereinander ist nun aber weiter zu sagen, daß das Wort oder der Sohn nicht ohne den Vater und nicht ohne den Heiligen Geist Mensch wird, sondern daß die Menschwerdung des Wortes wie alle Werke Gottes als **gemeinsames Werk des Vaters, des Sohnes und des Heiligen Geistes** zu verstehen ist.

Omnia simul Pater et Filius et amborum Spiritus pariter et concorditer operantur. Und darum auch: *ipsam carnis assumptionem trinitas operata est* (Petrus Lomb., *Sent.* III *dist.* 1 *D.*).

Eben in dem dem Vater, dem Sohn und dem Heiligen Geist gemeinsamen Werk der Menschwerdung ist die Ordnung, wie in der Trinität überhaupt die: daß der Vater sozusagen das göttliche Wer?, der Sohn das göttliche Was? und der Heilige Geist das göttliche Wie? vertritt. Darum ist trotz und in der Gemeinsamkeit dieses Werkes nicht vom Vater und nicht vom Geiste, sondern nur **vom Sohne** zu sagen: er nahm Menschheit an.

Trinitas enim nos sibi reconciliavit per hoc quod solum Verbum carnem ipsa trinitas fecit. Trinitas ergo carnis assumptionem fecit, sed Verbo, non Patri vel Spiritui sancto (Petrus Lomb. a. a. O.). Der *actus assumentis* in der Menschwerdung ist das gemeinsame Werk des Vaters, des Sohnes und des Geistes, der *terminus assumptionis* dagegen ist der Sohn allein: *tres enim personae fecerunt, ut humana natura uniretur uni personae Filii* (Thomas v. Aqu. *S. theol.* III *qu.* 3 *art.* 4 c). Die Menschwerdung ist *inchoative* (als göttliche Handlung) ein *commune opus* der ganzen Trinität, *terminative* (als die durch diese Handlung vollzogene göttliche Bestimmtheit) dagegen das *opus proprium*

Filii (A. Polanus, Synt. Theol. christ. 1609, S. 2347). Die alten Theologen (z. B. A. Polanus a. a. O. und A. Quenstedt, *Theol. did. pol.* 1685 III *c.* 3 *memb.* I *sect.* 1 *thes.* 24) haben sich den Vorgang gerne klar gemacht an dem Bild von zwei Personen, die einer dritten beim Anziehen eines Kleides behilflich waren, so daß man von dieser dritten ebenso sagen kann, sie habe sich (mit den beiden anderen zusammen) selbst bekleidet, wie daß sie in der Wirkung allein die Bekleidete war.

Nun, es kann sich auch hier nicht darum handeln, die Kondeszendenz Gottes, als gerade in seinem Sohne geschehen, in ihrem Wie zu begreifen. Es kann auch hier nur darum gehen, ihr Daß zu erkennen und zu verehren. Aber verstehen können wir auch hier: gerade dessen, was uns die Schrift als in Gottes Offenbarung geschehen bezeugt, bedurfte es, damit Gott für uns frei, das heißt uns offenbar werde. Denn darin, daß Gott in seinem einen Wesen doch nicht einsam, sondern in seinen Seinsweisen verschieden, der Vater ist, der einen eingeborenen Sohn hat, darin ist es von Ewigkeit her in ihm selbst begründet, daß er für Andere, daß er für eine von ihm selbst verschiedene Wirklichkeit frei sein kann. Es gibt — in der ganzen Unähnlichkeit des Göttlichen und des Nicht-Göttlichen — eine Ähnlichkeit zwischen dem ewigen Worte Gottes und der durch dieses Wort geschaffenen Welt, aber auch und noch mehr eine Ähnlichkeit zwischen dem ewigen, natürlichen, eingeborenen Sohne und denen, die durch ihn Gottes Adoptivsöhne, die aus Gnaden seine Kinder sind. In dieser Ähnlichkeit zwischen ihm und uns erkennen wir die Möglichkeit der Offenbarung Gottes.

Beide Gesichtspunkte: die zweite Person der Trinität als *similitudo exemplaris totius creationis* und als *similitudo filiationis per adoptionem* hat schon Thomas v. Aquino (*S. theol.* III *qu.* 3 *art.* 8 c) geltend gemacht. Man kann sie auch zusammenfassen: δι' οὗ ταύτην (κτίσιν) ἐδημιούργησεν ὁ πατήρ, ἐν αὐτῷ καὶ τὴν ταύτης σωτηρίαν εἰργάσατο (Athanasius, *De incarn.* 1, 2). Oder: *Eius fuit* ἀνακτίζειν, *recreare, cuius fuit creare, ut Verbum, per quod omnia facta sunt in prima creatione, reformaret nos ad sui imaginem in secunda* (F. Turrettini a. a. O. XIII 4, 6). Man wird dazu an die Stelle Joh. 1, 11 erinnern dürfen, nach welcher der Logos, indem er in die Welt kam, in sein Eigentum kam.

Gerade in dieser Seinsweise, als das Wort oder der Sohn, kann uns Gott offenbar werden. Seiner, Gottes des Wortes oder des Sohnes, bedurften wir, damit uns Gott offenbar werde. Ebenso mußte er uns offenbar werden. Warum? Weil Gott schon von Ewigkeit her schon in sich selber, bevor wir waren und bevor die Welt war, eben in seinem Wort oder Sohn für uns bereit und offen, uns zugewandt war. Gott in seinem Wort oder Sohn — das ist identisch mit: Gott, der sich offenbaren, der für uns frei sein kann.

Wir werden aber gut tun, unsere ganze Rede von „Bedürfen", „Können" und „Müssen" und damit unseren ganzen Versuch zu verstehen, in Klammer zu setzen. Die Trinitätstheologie, von der wir hier Gebrauch gemacht haben, gibt uns nicht das Recht zu behaupten, daß Gott uns absolut nicht anders als gerade so offenbar werden konnte; ist doch die

Trinitätstheologie selber nicht Offenbarungstext, sondern auch nur Kommentar dazu. Und sogar von der Trinitätstheologie selber aus ist daran zu erinnern, daß es zwar eine legitime, echte und notwendige, weil der heiligen Schrift entnommene „Appropriation", aber doch nicht mehr als eine Appropriation ist, wenn wir gerade von Gott dem Sohne im Unterschied zum Vater und zum Heiligen Geiste sagen, daß er Menschheit annahm. Von einer absoluten Notwendigkeit dieses Satzes und also von einem absoluten Verstehen seines Inhalts kann keine Rede sein. Begnügen wir uns, ihn unter den angeführten Gesichtspunkten wenigstens relativ zu verstehen — relativ zu der faktischen Wirklichkeit der Offenbarung, wie sie uns in der heiligen Schrift bezeugt ist.

Auch die These des Thomas v. Aquino lautet darum nicht: *Necessarium* ... sondern *Convenientissimum fuit personam Filii incarnari* (a. a. O. *art.* 8 c), während er (wie schon Petrus Lombardus a. a. O.) grundsätzlich zugesteht, daß es, absolut gesprochen, auch anders hätte sein können: *Pater vel Spiritus sanctus potuit carnem assumere sicut et Filius* (a. a. O. *art.* 5 c). Aber gerade ein absolutes Sprechen kann ja die Sache der Theologie überhaupt nicht sein! Die erste *ratio* für die Menschwerdung gerade des Sohnes Gottes, die F. Turrettini (a. a. O. *qu.* 4, 4) angibt, ist faktisch auch die letzte: *quia scriptura hoc Filio soli tribuit, non Patri aut Spiritui sancto*. Das und das allein ist es, was die Rede von „Können" und „Müssen" in diesem Zusammenhang durchschlagend macht.

Wir verstehen, daß eben die Menschwerdung des Sohnes Gottes Offenbarung sein konnte, daß zum Zweck der Offenbarung Gottes gerade Gottes Sohn Mensch werden mußte — wir können mit gutem Gewissen von „Können" und „Müssen" reden — indem wir uns nicht über, sondern unter die Wirklichkeit der Offenbarung stellen und ihr (und nicht unseren Gründen, auch nicht unseren trinitätstheologischen Gründen) Notwendigkeit zuerkennen. Alle unsere Gründe können nur dazu dienen, uns die Notwendigkeit dieser Wirklichkeit als solche klar zu machen. Wenn wir absolut sprechen wollten und könnten, so würden wir damit nur verraten, daß wir unser Thema verloren haben.

3. Wir entnehmen der Wirklichkeit Jesus Christus: Gott offenbart sich uns so, er ist in der Weise frei für uns, daß Gottes Sohn oder Wort eine uns jedenfalls bekannte Gestalt annimmt, eine solche, in der er uns in Analogie zu anderen uns bekannten Gestalten erkennbar werden kann. Sein Menschsein ist die Hülle, die er anzieht, und damit auch das Mittel seiner Offenbarung. Wir kommen nachher darauf zurück, daß es gerade Menschsein ist. Es ist aber als solches jedenfalls ein dem Kosmos, der uns auch sonst bekannten Wirklichkeit angehöriges Sein. Gott könnte sich ja auch unmittelbar, in seiner unsichtbaren Herrlichkeit offenbart haben. Oder es könnte ja auch die Gestalt eines uns vorher und sonst völlig fremden, eines irgendeinem anderen Wirklichkeitskosmos angehörigen Seins gewesen sein, die das Wort annahm, um uns offenbar zu

sein. Das ist aber nicht der Fall. Ist die Offenbarung auch Geheimnis, so schlägt sie doch nicht ein Loch in die uns bekannte Natur und Geschichte unseres Kosmos, sondern es geschieht, wenn auch unter Zeichen und Wundern, was immer und überall geschehen ist, seit dieser Kosmos existiert: an bestimmter Stelle im Raum und in der Zeit lebt und stirbt ein Mensch wie wir alle. In diesem Menschen offenbart sich uns Gottes Wort.

Jesus Christus kann den Menschen „vor Augen gemalt" werden (Gal. 3, 1). Im Brief an Diognet (7, 2 f.) wird Gewicht darauf gelegt, daß Gott in seiner Offenbarung nicht tyrannisch, überraschend und furchterregend, sondern ἐν ἐπιεικείᾳ καὶ πραΰτητι gehandelt habe, indem er Christus, den ihm selbst Gleichen, zu den Menschen als einen ihnen selbst Gleichen sandte, ὡς καλῶν οὐ διώκων, ὡς ἀγαπῶν, οὐ κρίνων. Βία γὰρ οὐ πρόσεστι τῷ θεῷ. Dieselbe Lindigkeit Gottes meint wohl auch Ignatius v. Antiochien, wenn er Jesus Christus in seiner Einheit von Fleisch und Geist, von Gezeugt- und Ungezeugtsein, den ins Fleisch Gekommenen und im Tode Lebendigen, den Sohn der Maria und Gottes, den Leidenden und allem Leid Enthobenen, eben um dieser Kondeszendenz zu unserem Stande willen als Arzt bezeichnet (*Ad Eph.* 7, 2). Und Irenäus, wenn er die Fleischwerdung dahin beschreibt: *Homo verbum Dei factum est, semetipsum homini et hominem semetipsi assimilans, ut per eam quae est ad Filium similitudinem, pretiosus homo fiat Patri* (*C. o. h.* V 16, 2). Und Augustin: *Oportebat ut haberet aliquid simile Deo, aliquid simile hominibus* (*Conf.* X 42, 67). Und Luther: Laßt uns dem vatter dancken, das ers also geordnet hat und hat zwischen uns gestellt einen, der Gott ist und got gleich ist und mensch ist und menschen gleich ist. Den wir sein menschen und er ist got: wie die ij. person gegeneinander lauffen so muß der mensch zu drummern gehen, wen er kan mit besteen, darumb hatz gott also temperirt, das er einen gestelt hat zu dem mittel, der da war got und mensch ist, durch den sollen wir zum vatter kummen . . . (Pred. üb. Joh. 3, 16 f., 1522, W. A. 10^{III} S. 161 Z. 21).

So, in dieser Ähnlichkeit konnte Gott uns erreichbar, weil — im weitesten Sinn des Begriffs verstanden — sichtbar werden. Einen Menschen können wir (physisch oder geistig oder beides zugleich) sehen. Jesus Christus kann Gott offenbaren, weil er uns Menschen als Mensch jedenfalls sichtbar ist. Eben sein Eingang in diese Sichtbarkeit bedeutet ja nun wohlgemerkt, den Eingang des ewigen Wortes Gottes in die Verhüllung, in die Kenose und Passion. Aber eben dies: Verhüllung, Kenose und Passion des Logos muß ja stattfinden, damit es zu seiner Enthüllung und Erhöhung und so zum Vollzug der Offenbarung kommen kann. Offenbarung Gottes ohne diese Verhüllung oder in Gestalt eines uns unbekannten Wesens aus einer anderen Welt wäre nicht Offenbarung, sondern als Aufhebung unserer Existenzbedingungen unser Tod, das Ende aller Dinge.

Offenbarung wäre dann offenbar jener Gewaltakt, von dem der Diognetbrief sagt, daß er Gottes nicht würdig gewesen wäre. Εἰ γὰρ μὴ ἦλθεν ἐν σαρκί, οὐδ᾽ ἂν πως ἄνθρωποι ἐσώθησαν βλέποντες αὐτόν — sie, die ja nicht einmal in die Strahlen der geschaffenen Sonne zu blicken vermögen (Barnabasbrief 5, 10). Aber: *Per incarnati Verbi mysterium nova mentis nostrae oculis lux tuae claritatis infulsit: ut, dum visibiliter Deum cognoscimus, per hunc in invisibilium amorem rapiamur* (*Missale Rom., Praef.* f. d. Weihnachtszeit).

Gott beugt sich gleichsam zu uns hernieder, indem er diese uns vertraute Gestalt annimmt. Seine Liebe zu uns kündigt sich schon darin an, daß er uns auch in seiner Verhüllung — in der er ja als Gott sich erst enthüllen, als Gott erst geglaubt werden muß — doch nicht als ein Fremder begegnet.

Qui propter immensam suam dilectionem factus est quod nos sumus (Irenäus, *C. o. h.* V *praef.*) Er ist *Deus homo* und als solcher *indicium divinae in nos dilectionis* (Augustin, *De cat. rud* 4, 8).

Aber wenn wir daraus folgern: so, in dieser vertrauten Gestalt, **konnte** sich Gott uns offenbaren; so **mußte** er es tun; eben dessen **bedurften** wir — so bleibt wieder zu bedenken, daß wir das nur im dankbaren Rückblick auf das, was Gott wirklich getan hat, sagen können. Nicht auf Grund einer uns schon vorher sichtbaren *analogia entis*, einer der uns bekannten Welt von der Schöpfung her eigentümlichen und trotz des Sündenfalls in ihr erkennbaren Affinität und Eignung für Gottes Offenbarung, mit Rücksicht auf die Gott nun etwa gerade an diesen Weg gebunden wäre! Was der uns bekannten kosmischen Wirklichkeit dadurch widerfährt, daß die Menschennatur in Christus an- und aufgenommen wird zur Einheit mit dem Sohne Gottes, das ist wohl sachlich eine Wiederherstellung und Bestätigung ihres ursprünglichen Zusammenhangs mit Gott, aber — weil dieser Zusammenhang zerrissen und verloren war — nun doch nicht eine Anknüpfung an einen Bestand, den sie schon hatte und den wir schon kennen konnten, sondern eine freie, ungeschuldete, nur in der Gnade und gar nicht in der Natur begründete Auszeichnung, die der „Natur" widerfährt. Was Gottes würdig ist, davon können wir also nicht auf Grund eines Vorverständnisses, sondern nur auf Grund eines Nachverständnisses reden, mit dem wir kein Urteil aussprechen über das, was für Gott notwendig war, sondern nur eine Anerkennung dessen, was er offenbar für notwendig gehalten hat. Gott konnte sich auch in seiner unsichtbaren Herrlichkeit, er konnte sich auch in der Gestalt eines uns unbekannten Wesens und also in jenem Ende aller Dinge, das dann eintreten mußte, offenbaren. Wenn wir sagen, daß er es anders halten mußte, so ehren wir damit den faktischen Willen Gottes, wie er im Ereignis seiner Offenbarung sichtbar ist, als den Quell und Inbegriff aller Notwendigkeit. Wir sagen dann nach, was uns vorgesagt ist. Eben nachsagend, werden wir freilich seinen faktischen, offenbaren Willen seine *potentia ordinata*, als notwendig anerkennen dürfen und müssen.

4. Wir entnehmen der Wirklichkeit Jesus Christus: Offenbarung wird von Gott aus darin möglich, Gott ist in der Weise für uns frei, daß sein Wort, indem es Mensch wird, **zugleich ist und bleibt, was es ist**: wahrer und ewiger Gott, dasselbe, was es in sich selber ist zur Rechten des Vaters von Ewigkeit zu Ewigkeit. Die Kenose, die Passion, die Er-

niedrigung, die es damit auf sich nimmt, daß es Mensch wird, bedeutet keinen Verlust an göttlicher Majestät, sondern, im Hinblick auf ihr Ziel betrachtet, geradezu deren Triumph. — Man kann und muß freilich von einer Verhüllung der göttlichen Majestät reden. Sie geht ja, indem das Wort Fleisch wird, ein in jene Verborgenheit, in die „Knechtsgestalt", die hinsichtlich der Erkennbarkeit Gottes zweifellos eine „Entäußerung" (Kenose) gegenüber der „göttlichen Gestalt" bedeutet, in der Gott sich selber, der Vater den Sohn und der Sohn den Vater, erkennt. In dieser Verhüllung — die ja eben eine Verhüllung in eine den Menschen bekannte Gestalt ist — kann die Majestät den Menschen zwar begegnen und insofern ihre Erkenntnis durch Menschen möglich machen. Sie kann aber in dieser ihrer „Knechtsgestalt" auch verkannt werden. Daß sie sich diesem Verkanntwerden tatsächlich ausliefert, das ist die „Entäußerung", die sich das ewige Wort, in dem es Fleisch wird, gefallen läßt. Wirklich wird dessen Erkenntnis den Menschen doch nur kraft besonderer Enthüllung, durch Jesu Auferstehung von den Toten bzw. durch alle Worte und Taten seines Lebens, sofern sie Zeichen seiner Auferstehung waren. Menschwerdung Gottes heißt also zunächst zweifellos: ein Latentwerden seiner Gottheit.

’Επειδὴ τὸ τῆς θεότητος πρόσωπον οὐδεὶς ἠδύνατο ἰδεῖν ζῶν, ἀνέλαβε τὸ τῆς ἀνθρωπότητος πρόσωπον, ἵνα τοῦτο ἰδόντες ζήσωμεν. (Cyrill von Jerusalem, Cat. 10, 7).

In unser armes Fleisch und Blut
Verkleidet sich das ewig Gut   (Luther).

Humilitate contentus, carnis velamine suam divinitatem abscondi passus est . . . Quid enim hoc sibi vult, figura repertum fuisse tanquam hominem, nisi quia ad tempus non resplenduit divina gloria, sed tantum in vili et abiecta conditione apparuit humana species? (Calvin, *Instit.* II 13, 2). *Paulisper interea delitescebat eius divinitas, hoc est vim suam non exserebat (Cat. Genev.* 1545 bei K. Müller S. 123, 17).

Aber eben die Folge von Verhüllung und Enthüllung, Fleischwerdung und Auferstehung (Johannes und Synoptiker!) weist darauf hin, daß wir es bei der Verhüllung, bei der Fleischwerdung nicht mit einer Minderung der Gottheit des ewigen Wortes zu tun haben. Daß sie nur Verhüllung, nicht Preisgabe und auch nicht Minderung seiner Gottheit ist, das zeigt die Enthüllung, die ja nicht nur die Folge, sondern von Hause aus — es geht ja um Offenbarung — ihr Ziel ist. Der am dritten Tage von den Toten auferstand, ist offenbar in der Krippe und am Kreuz nicht weniger wahrer Gott gewesen. Das Wort ist, indem es Fleisch wird, nicht weniger wahrer und ganzer Gott als zuvor in Ewigkeit in sich selber. Fleischwerdung des Wortes bedeutet weder ganz noch teilweise: Verwandlung des Wortes in etwas anderes, sondern: Fleischwerden des Wort bleibenden Wortes, zugleich Wortsein und Fleischsein des Wortes.

Τοῦτο γίνεται, καὶ ἐκεῖνο ἔστιν (Gregor von Nyssa, *Or. cat.* 24). *Descendit a Patre. qui nunquam desiit esse cum Patre . . . nec amisit, quod erat, sed coepit esse, quod non erat, ita tamen, ut perfectus in suis sit et verus in nostris* („*Fides Damasi*", Ende des 4. Jahrh.? Denz. Nr. 16). *Manens quidem in divinitate sua et non recedens a Patre nec in aliquo mutatus, assumendo tamen hominem et in carne mortali hominibus apparendo venit ad homines* (Augustin, *De cat. rud.* 26, 52). Die Menschwerdung geschieht *non conversione divinitatis in carnem sed assumptione humanitatis in Deum (Symb. Quicumque). Incarnationis mysterium non est impletum per hoc quod Deus sit aliquo modo a suo statu immutatus, in quo ab aeterno fuit: sed per hoc novo modo creaturae sibi univit vel potius eam sibi* (Thomas v. Aquino, *S. theol.* III qu. 1 art. 1 ad 1). *Virgo, Dei genitrix, quem totus non capit orbis, in tua se clausit viscera factus homo* (*Miss. Rom.*, Graduale am Fest von Mariä Geburt).

> Den aller Weltkreis nie beschloß,
> Der liegt in Marien Schoß,
> Er ist ein Kindlein worden klein,
> Der alle Ding erhält allein. (Luther)

Idem ille, qui antehac Verbum, qui vita, qui lux erat, idem caro iam factus est. Quod prius fuerat, id esse non desiit et factus est quod non fuerat prius (J. A. Bengel, zu Joh. 1, 14 im Gnomon N. T.).

Wieder müssen wir hier sagen: wir stehen vor einem Daß, dessen Wie uns unbegreiflich ist. Wie sollte uns die Durchbrechung der Regel des Begreiflichen, mit der wir es hier zu tun haben, als solche begreiflich werden können? Wir können aber verstehen: gerade dieser Durchbrechung bedarf es, damit Offenbarung in ihrem echten und eigentlichen Sinn Ereignis werde. So kann sich Gott offenbaren; so muß es sein, wenn er sich offenbaren will. Als Verwandlung des Wortes in eine von Gott verschiedene Wirklichkeit könnte die Fleischwerdung des Wortes offenbar nicht Gottes Offenbarung sein, ebensowenig wie wenn an ihrer Stelle eine unmittelbare Erscheinung der unsichtbaren Herrlichkeit Gottes Ereignis geworden wäre. Sie kann Gottes Offenbarung sein als Gegenwart des in seinem Gottsein unverminderten aber verhüllten Wortes in der von Gott verschiedenen Wirklichkeit des Fleisches. So kann uns Gott gegenwärtig, aber eben als Gott gegenwärtig sein.

Neque enim alius poterat enarrare nobis, quae sunt Patris nisi proprium ipsius Verbum (Irenäus, *C. o. h.* V 1, 1). *Ut homo fidentius ambularet ad veritatem, ipsa veritas, Dei Filius, homine assumpto, constituit atque fundavit fidem* (Augustin, *De civ. Dei* XI 2).

Aber das alles sind Schlüsse aus der Wirklichkeit, in der sich zu offenbaren Gottes tatsächliches Wohlgefallen war. Also keine Voraussetzungen — woher sollten wir sie schon haben? — mit denen wir diese Wirklichkeit zu meistern vermöchten. Wir reden von „Bedürfen", „Können" und „Müssen", indem wir anerkennen: es hat Gott gefallen, sich uns durch die uneingeschränkt wahre Gegenwart seiner Gottheit in dem Menschen Jesus von Nazareth zu offenbaren. Wir anerkennen diese Wirklichkeit als notwendig. Wir können aber nicht leugnen, daß es Gott gefallen haben könnte, sich auch anders zu offenbaren.

Wir müssen hier den gefährlichen Satz wagen: Es könnte ihm ja gefallen haben, sich zu offenbaren nach Maßgabe der dem Zeugnis des Neuen Testamentes nicht gerechtwerdenden Theorie des alten und modernen Doketismus oder Ebionitismus, also unter irgendeiner Preisgabe oder doch Minderung seiner Gottheit! Wäre dem so, würde also auch das neutestamentliche Zeugnis anders lauten, als es nun einmal lautet, dann hätten wir eben eine der dem so lautenden neutestamentlichen Zeugnis und also einer jener Theorien entsprechende Wirklichkeit als notwendig zu verstehen!

Es hätte aber wiederum keinen Sinn, die Möglichkeit einer faktisch nicht gegebenen (nur unter Abweichung vom Zeugnis der heiligen Schrift überhaupt in Erwägung zu ziehenden) Wirklichkeit, mit der in der faktisch gegebenen Wirklichkeit realisierten Möglichkeit sozusagen konkurrieren zu lassen. Indem wir uns vielmehr an die letztere halten, sagen wir (unter dem Vorbehalt, daß wir das nicht schon vorher gewußt haben, daß wir das nur nachsagen!): sie ist die Möglichkeit, sie ist die notwendige Form der Offenbarung.

5. Wir entnehmen der Wirklichkeit Jesus Christus endlich und zuletzt: Gottes Offenbarung wird in der Weise möglich, daß Gottes Sohn oder Wort Mensch wird. Er wird nicht irgendein Naturwesen. Er wird, was wir selbst sind.

Eben was wir selbst sind, dürfen wir nun freilich nicht (etwa auf Grund einer allgemeinen Anthropologie) schon vorher wissen wollen. Wir sind das, was das Wort Gottes uns sagt, daß wir es sind. Wir sind Fleisch. Und das wird Gottes Wort selbst in seiner Offenbarung! Gerade an der entscheidenden Stelle Joh. 1, 14 heißt es ja nicht allgemein: „Mensch", sondern konkret: „Fleisch". Fleisch aber bezeichnet freilich den Menschen, die Menschheit oder das Menschsein, aber nun nicht etwa so, daß mit dieser Bezeichnung einem anderswoher bekannten oder zu gewinnenden Begriff vom Menschen eine weitere Bestimmung hinzugefügt wurde, sondern grundlegend, abschließend und ausschließend soll dies gerade der Begriff des Menschen sein: daß er „Fleisch" ist. Darum grundlegend, abschließend und ausschließend, weil dieser Begriff den Menschen kennzeichnet, wie er vor Gott steht. Und das und nur das macht den wahren Begriff vom Menschen aus: wie er vor Gott steht. Damit ist aber schon gesagt, daß das Selbstverständnis des Menschen als „Fleisch" kein im voraus, sondern nur ein aus dem offenbarten Wort und Urteil Gottes zu gewinnendes sein kann. Sich selbst als „Fleisch" verstehen, heißt: im Glauben dieses Urteil Gottes annehmen. Das Wort Gottes sagt uns: Wir sind von Gott geschaffen aus dem Nichts und von ihm gehalten über dem Nichts. Wir stehen unter seinem gerechten Gericht und Zorn und wenn wir nicht verloren, sondern gerettet sind, so ist das nicht unser Werk und Verdienst, sondern Gottes freie Gnade. Wir sind dem Tode verfallen und wenn wir dennoch leben mitten im Tode, dann darum, weil wir einer ewigen Erlösung durch ihn jetzt und hier schon entgegengehen. Das heißt Fleisch sein. So lautet das Wort und Urteil Gottes über uns. So stehen wir vor Gott da. Und das eben heißt Mensch sein.

Eben dieses Menschsein hat der Sohn Gottes angenommen. Eben dies ist die Tat des dreieinigen Gottes in der Wirklichkeit Jesus Christus: In dieser Wirklichkeit war er nicht nur, was er in Ewigkeit in sich selber ist. Er war auch bei uns und unter uns. Er war auch, was wir sind. Er war auch Fleisch. Gewiß, als sein Menschsein wurde es sofort ein anderes als das unsrige, sofern die Sünde, das heißt der Streit des Menschen gegen Gott, in ihm nicht weitergehen konnte. Von dieser einen einzigen Bestimmung abgesehen ist es doch ganz und gar dieses unser bekanntes Menschsein: mit seiner natürlichen Problematik nicht nur, sondern mit der Schuld, die auf ihm liegt und die es zu büßen hat, mit dem Gericht Gottes, das über ihm steht, mit dem Tode, dem es verfallen ist. Der Sohn Gottes konnte nicht sündigen — wie könnte Gott sich selbst untreu werden? — aber das alles, den ganzen Fluch der Sünde, den die heilige Schrift eben damit meint, wenn sie den Menschen Fleisch nennt — diesen Fluch hat der Sohn Gottes auf sich genommen und getragen, indem er Mensch wurde. Und gerade insofern ist er wirklicher, echter, wahrer Mensch, vor Gott stehender Mensch geworden.

Und nun noch einmal: Das Wie dessen, von dem uns die Wirklichkeit Jesus Christus sagt, daß es so ist, ist uns unbegreiflich. Wie sollte die gerade hier als solche sichtbar werdende Gnade uns begreiflich sein? Wir können aber auch hier verstehen: eben dieses Unbegreifliche mußte Ereignis werden, damit Gottes Offenbarung möglich sei. Das Wort Gottes ein Mensch, ein Mensch das Wort Gottes — das ist die objektive Möglichkeit der Offenbarung. Daß es das ist, können wir — daraufhin, daß es Wirklichkeit ist, verstehen. Verhüllen will sich ja Gott, indem er Mensch wird, um sich dann, hervorbrechend aus der Verhüllung, eben als Mensch zu enthüllen, schweigen will er und nun doch auch reden. Schranke soll seine Menschheit sein und nun doch auch sich öffnende Pforte. Rätsel soll sie uns sein und nun doch auch Rätsellösung. Sterben will er als wahrer Mensch, um als derselbe wahre Mensch zu auferstehen von den Toten am dritten Tage. Immer in dem Schritt von hier nach dort, in der Entscheidung, in der aus dem Ersten das Zweite wird, vollzieht sich ja Gottes Offenbarung in der Wirklichkeit Jesus Christus. Eben indem er sich als Mensch offenbarte, konnte er beides. Der Mensch nämlich — freilich nicht der Mensch irgendeiner Anthropologie, aber der Mensch, dessen Selbstverständnis durch das Urteil Gottes vorgezeichnet ist, der Mensch, wie er vor Gott steht, der Mensch, der Fleisch ist, kann nämlich beides, worauf es hier ankommt. Er eignet sich zur Stätte dieser göttlichen Entscheidung. Wir können verstehen, daß Gott sich im Fleische verhüllen und enthüllen kann. Zugespitzt ausgedrückt: 1. Wir können verstehen, daß wir den Menschen, der Fleisch ist, nicht verstehen können, so nicht verstehen, wie wir gar nichts Anderes in der Welt nicht verstehen können. 2. Wir können verstehen, daß wir den Menschen, der Fleisch ist, verstehen können, so verstehen, wie wir nichts Anderes in der Welt verstehen können. Wir können also — beides zusammengefaßt — verstehen, daß Gott sich im Menschen, der Fleisch ist, offenbaren. d. h. verhüllen und enthüllen kann. Aber das bedarf einer kurzen Erläuterung:

Es gibt einerseits nichts Fremdartigeres, nichts Rätselhafteres für den Menschen als der Mitmensch. Alle anderen Beziehungen, in denen wir existieren, können uns durchsichtig werden, können wir endlich und zuletzt in Beziehungen zu uns selbst auflösen.

Daß wir das können, zeigt auf theoretischem Gebiet die Möglichkeit der idealistischen Erkenntnistheorie, wobei man noch nicht einmal zuerst an ihre Kulmination bei J. G. Fichte oder gar an ihre Umkehrung bei Max Stirner zu denken braucht. Praktisch kann man sich diese Auflösbarkeit des nicht menschlichen Nicht-Ich am besten anschaulich machen an all dem, was im Verhältnis des Menschen zum Tier als dem ihm, wie man sagt, zunächst stehenden nicht menschlichen Wesen möglich ist. Und der Mensch braucht bloß einmal relativ einsam zu sein im nicht menschlichen Kosmos (Wald, Meer, Gebirge), so drängt sich ihm — um so mehr, je überwältigender, je indischer die Fülle der Gesichte etwa ist — die Versuchung auf, das alles für „seine" Welt, für eine Spiegelung seines Ich, für den Schleier der Maja zu halten. Man kann es dafür halten!

Dieses merkwürdige Können hat am Menschen, am Mitmenschen in der geschichtlichen Welt ihre oft übersehene oder vergessene, aber darum doch bestimmte und immer wieder sichtbar werdende Grenze. Was sich uns im anderen Menschen ankündigt, ist Gegenständlichkeit. Und wenn es so etwas wie eine im letzten Sinn harte, nicht aufzuarbeitende Gegenständlichkeit geben sollte, dann könnte sie sich uns gerade im anderen Menschen ankündigen.

Das hat im Unterschied zu M. Stirner noch Ludwig Feuerbach, der doch Gott für eine Projektion des menschlichen Selbstbewußtseins hielt, nicht nur anerkannt, sondern sogar dahin gedeutet, erst von der Gegenständlichkeit des Mitmenschen her könnten wir, von ihr her müßten wir aber auch um Gegenständlichkeit überhaupt wissen. „Ein Objekt, ein wirkliches Objekt, wird mir nämlich nur da gegeben, wo mir ein auf mich wirkendes Wesen gegeben wird, wo meine Selbsttätigkeit ... in der Tätigkeit eines anderen Wesens ihre Grenze — Widerstand findet. Der Begriff des Objekts ist ursprünglich gar nichts Anderes als der Begriff eines anderen Ich ... daher ist der Begriff des Objekts überhaupt vermittelt durch den Begriff des Du, des gegenständlichen Ich" (Philos. d. Zukunft 1843, § 32). „Der erste Stein des Anstoßes, an dem sich der Stolz der Ichheit bricht, ist das Du, das andere Ich ... Ein ganz für sich allein existierender Mensch würde sich selbstlos und unterschiedslos in dem Ozean der Natur verlieren; er würde weder sich als Menschen, noch die Natur als Natur erfassen. Der erste Gegenstand des Menschen ist der Mensch" (Das Wesen des Christentums 1841 Recl. S. 155). Nun, Feuerbach dürfte sich in dieser Sache von einem übriggebliebenen und in seiner Herkunft von ihm nicht mehr erkannten Brocken christlicher Einsicht genährt haben. Daß der Stolz der Ichheit sich insgeheim auch am anderen Ich keineswegs zu brechen pflegt, daß man sich, obwohl nicht allein existierend, sehr wohl im Ozean der Natur verlieren, daß man dem Du sehr schön aus dem Wege gehen kann, indem man es mit Fichte in der großen Masse des Nicht-Ich untergehen läßt — das beweist ja wohl, daß der Mensch insgemein jene Eigenschaft, dem anderen Menschen Inbegriff der Gegenständlichkeit zu sein, nicht besitzt. Der Mensch, der Fleisch ist, der Mensch als Geschöpf, Sünder und Todverfallener hat diese Eigenschaften! Wer diesen Menschen sieht, sieht das Fremde, das Rätselhafte, das nicht Aufzulösende, noch auch nur durchsichtig zu Machende, den Gegen-Stand. Wenn Feuerbach das gemeint hat, was in der Bibel „der Nächste" heißt, dann ist ihm recht zu geben.

Wissen wir, was wir selbst sind im Urteil Gottes, und wissen wir von daher auch, was der Mitmensch ist, dann wird er uns zum wirklich Anderen, zum Gegen-Stand, zur verschlossenen Türe. Die Begegnung mit dem Menschen, der Fleisch ist, ist die Begegnung, in der wir existieren. Und dann können wir verstehen: seine Existenz kann etwas verhüllen, verbergen, zum Geheimnis machen in einer Weise, wie sonst nichts in der Welt. Sie kann also zum Mittel göttlicher Offenbarung, die ja eben immer auch Verhüllung ist, werden.

Es gibt aber andererseits für den Menschen auch nichts Bekannteres und Näheres als eben den Menschen, sofern nämlich nichts Anderes uns so angeht, nichts so konstitutiv ist für uns selbst wie eben in seiner ganzen Fremdartigkeit und Rätselhaftigkeit: der andere Mensch. Als Mensch leben heißt: in Beziehung zu Menschen stehen, mit Menschen sich auseinandersetzen und zusammenfinden, von Menschen her und zu Menschen hin sein.

Es war eine Übertreibung, wenn man die menschliche Existenz dahin hat definieren wollen, daß der „Mensch vom Anderen her" sei. Wir existieren nicht so vor dem Mitmenschen, wie wir vor Gott existieren, und wir existieren auch nicht darin vor Gott, daß wir vor dem Mitmenschen existieren. Wir sind immer auch „zum Anderen hin", wir sind und setzen — und das mit Recht — immer auch uns selbst durch, indem wir „vom Anderen her" sind. Wir sind aber tatsächlich und unter allen Umständen nicht uns selbst, ohne auch vom Anderen her zu sein, und zwar so, wie wir sonst von nichts in der Welt her sind.

Sehen und hören heißt Menschen sehen und hören. Das Wort, das zu uns kommt, und ohne das wir selbst keine Sprache hätten, ist menschliches Wort. Die Stelle im Kosmos, wo sich uns Gegenständlichkeit jedenfalls ankündigt, wo wir nicht mehr Es und darum nicht mehr Ich, sondern nur noch Du sagen können und wo wir nun doch und gerade so uns selbst letztlich allein wiedererkennen, ist das menschliche Angesicht. Was sich uns gerade im Mitmenschen ankündigt, ist doch auch ein Allernächstes, ein höchst Vertrautes, ein aufs Intimste zu uns Gehöriges. Und wenn es in einem letzten Sinn eine uns widerfahrende Eröffnung, eine Mitteilung, eine Kommunikation geben sollte, wo sollte sie sich uns so ankündigen können, wie eben in demselben Mitmenschen, der uns auch der Inbegriff der Gegenständlichkeit sein kann.

Nun, man wird auch dies nicht vom Menschen insgemein sagen können und wollen, wenn man sich vor Augen hält, wie problematisch die Kommunikation zwischen uns Menschen — sofern wir uns eben als Menschen insgemein gegenüberstehen — faktisch ist. Wer kennt denn etwa wen? Der Mensch, der sich uns wirklich öffnen und mitteilen könnte, der Mensch, den wir wirklich sehen und hören würden, dessen Wort uns erreichen sollte, in dessen Angesicht wir uns selbst wiedererkennen sollten, müßte schon der biblische Mensch sein, der Fleisch ist, der Mensch als Geschöpf, als Sünder, als Todverfallener.

Wieder käme alles darauf an zu wissen, was wir selbst im Urteil Gottes sind, um von daher zu wissen, was auch der Mitmensch ist, damit er uns nicht nur verschlossene, sondern auch offene Türe wäre. Und dann könnten wir verstehen: Seine Existenz **kann** etwas Verborgenes sichtbar machen, kann reden, kann enthüllen — und das in einer Weise wie sonst gar nichts in der Welt. Seine Existenz **kann** also zum Mittel göttlicher Offenbarung werden, die ja nicht nur Verhüllung sondern immer auch Enthüllung ist.

Also zusammengefaßt: Ist Gottes Offenbarung der Weg von der Verhüllung des ewigen Wortes zu seiner Enthüllung, von Krippe und Kreuz zu Auferstehung und Himmelfahrt — wie sollte sie da etwas Anderes sein können als eben Menschwerdung, **Fleischwerdung Gottes**? Als **Fleischwerdung des Wortes konnte** sie Offenbarung sein. Um Offenbarung zu sein, **mußte** sie Fleischwerdung sein. Eben der Fleischwerdung **bedurfte** es, damit Gott uns offenbar, damit er für uns frei werde.

Aber es wird angebracht sein, wenn wir auch und gerade diesen unseren letzten Beweis besonders kräftig einklammern. Stellen wir zunächst fest: er hat mit dem Versuch eines Beweises für eine besondere Eignung gerade des Menschen zum Träger der Offenbarung Gottes nichts zu tun. Wohl wäre zu sagen, daß zu der Welt, die Gott sehr gut geschaffen hat, auch der Mensch gehört, daß diese ursprüngliche Güte des Menschen sicher zu suchen ist in seiner Eignung, Organ der göttlichen Offenbarung zu sein, und daß die Offenbarung als Menschwerdung die Bestätigung und Wiederherstellung dieser ursprünglichen Güte des Menschen ist. Aber dieser Gedankengang eignet sich nicht zum Beweis des Vorhandenseins einer *analogia entis*, an der wir Gottes Tat in der Offenbarung messen und mittels derer wir seine Offenbarung vorher verstehen könnten. Er eignet sich nicht zum Beweis einer besonderen Eignung des Menschen für Gottes Offenbarung. Daß und inwiefern unsere Humanität als solche, der Mensch insgemein, nach Gottes Schöpferweisheit und Schöpfergüte ein taugliches Mittel für Gottes Offenbarung ist, das ist uns nämlich in uns selbst und in der Welt, die wir kennen und wie wir sie kennen, schlechthin verborgen. In der Offenbarung, in der Wirklichkeit Jesus Christus, ist es uns allerdings erkennbar. Aber wie sollten wir von der Wirklichkeit Jesus Christus her Rückschlüsse auf eine Offenbarungsmächtigkeit unserer Humanität als solcher, des Menschen insgemein zu ziehen vermögen? Eben in der Wirklichkeit Jesus Christus finden wir ja das Wort Gottes nicht Mensch insgemein, sondern **Fleisch** geworden. Jener

Beweis würde also, selbst wenn er möglich wäre, nicht beweisen, was hier zu beweisen ist. Gerade nicht in ihrer allgemeinen Menschlichkeit, in ihrer Vernünftigkeit usw. hat das Wort die menschliche Natur zu seinem Tempel und Werkzeug erwählt und gemacht, sondern in ihrer Fleischlichkeit. Und nicht vom Menschen insgemein, sondern von dem Menschen, der Fleisch ist, haben wir bewiesen, daß er verhüllen und enthüllen und also ein Mittel der Offenbarung Gottes sein kann. Der Mensch, der Fleisch ist, ist aber der Mensch, der vor Gott steht und also selber schon der Mensch in geistlicher Wirklichkeit, der Mensch, dem Gottes Offenbarung widerfährt. Wir sagen nicht zuviel, wenn wir sagen: ursprünglich und eigentlich ist nur Jesus Christus der Mensch, der Fleisch ist, abgeleitet und sekundär dann diejenigen, die im Glauben durch den Heiligen Geist mit ihm ein Fleisch sind. Ursprünglich und eigentlich ist also das Fleisch als Möglichkeit der Offenbarung Gottes ganz und gar die Möglichkeit Jesu Christi selber. Und nur im Blick auf ihn können wir allgemein (in der beschränkten Allgemeinheit, die dann am Platze ist) sagen, daß das Wort Fleisch werden mußte, damit so und nicht anders Gottes Offenbarung objektiv möglich werde. Der Mensch als Fleisch kann allgemein verstanden, nur darum verhüllen und enthüllen, weil das Wort Fleisch ward, weil es Gott gefallen hat, in der Menschheit Jesu Christi sein Fleischsein zu diesem Mittel zu erwählen und zu machen. Unser Beweis ist also, weit entfernt davon, auf irgendeine allgemeine Anthropologie sich zu gründen, ganz und gar relativ zur Christologie. Er beweist diese nur, sofern er sie als entscheidendes Beweismittel schon voraussetzt.

Blicken wir zurück! Wir wollten verstehen: inwiefern ist die Wirklichkeit Jesus Christus Gottes Offenbarung? Wir ließen uns durch die in der Offenbarung selbst vollzogene Aufhebung aller sonstigen Offenbarungsmöglichkeit aufrufen zu der präziseren Frage: inwiefern ist Gottes Offenbarung, sowie sie uns in der Wirklichkeit Jesus Christus begegnet, möglich? Und dann fanden wir diese Möglichkeit der Offenbarung: 1. in der Kondeszendenz, in der Gott in Jesus Christus identisch wird mit einer von ihm selbst verschiedenen Wirklichkeit, 2. darin, daß Jesus Christus gerade mit Gottes Sohn oder Wort identisch ist, 3. in der Zugehörigkeit Jesu Christi gerade zu dem uns bekannten Wirklichkeitskosmos, 4. in der unverminderten Zugehörigkeit Jesu Christi zu Gott selber, 5. in dem Menschsein, das heißt in dem Fleischsein Jesu Christi. Wir haben also von der und nur von der Möglichkeit der Offenbarung gesprochen, die aus ihrer Wirklichkeit abzulesen ist. Grundsätzlich ist dies und kann nur dies sein: die Beantwortung der Frage: *Cur Deus homo?*, die legitime Ausführung des Programms: *Credo ut intelligam.*

§ 14
DIE ZEIT DER OFFENBARUNG

Gottes Offenbarung in dem Ereignis der Gegenwart Jesu Christi ist Gottes Zeit für uns. Sie ist die erfüllte Zeit in diesem Ereignis selbst. Sie ist aber als die alttestamentliche Zeit der Erwartung und als die neutestamentliche Zeit der Erinnerung auch die Zeit des Zeugnisses von diesem Ereignis.

1. GOTTES ZEIT UND UNSERE ZEIT

Der Satz: „Gott offenbart sich" ist, wenn damit die in der Heiligen Schrift bezeugte Offenbarung gemeint ist, die Aussage über das Geschehen eines Ereignisses. Damit ist gesagt: er enthält auch die Angabe über eine der Offenbarung eigene Zeit. Mit Rücksicht darauf gesagt, ist er gleichbedeutend mit dem Satz: „Gott hat Zeit für uns". Die Zeit, die Gott für uns hat, ist eben diese Zeit seiner Offenbarung, die Zeit, die in seiner Offenbarung wirklich ist, die Offenbarungszeit. Wir werden auch zur Interpretation des Begriffs dieser Zeit, die nun unsere Aufgabe ist, keinen unabhängig von der Offenbarung selbst gewonnenen Zeitbegriff zugrunde legen dürfen. Ernstlich nach der Zeit der Offenbarung fragend, werden wir ja sofort wissen, 1. daß wir gar keine andere Zeit haben als die Zeit, die Gott für uns hat, und 2. daß Gott keine andere Zeit für uns hat als eben die Zeit seiner Offenbarung. Was Zeit ist, werden wir uns also durch die Offenbarung selbst sagen lassen müssen, um dann und daraufhin die Zeit der Offenbarung als solche zu verstehen.

Der zureichende Grund für die Abweisung der Möglichkeit, hier mit einem anderweitig gewonnenen Zeitbegriff zu arbeiten, liegt in der grundsätzlichen Gebundenheit der hier angestellten Nachforschung an die in der Heiligen Schrift bezeugte Offenbarung. Die Frage nach der Zeit dieser Offenbarung kann theologisch sinnvoll nur unter Voraussetzung des besonderen Begriffs dieser besonderen Zeit gestellt und beantwortet werden. Wir können aber beiläufig und unverbindlich auch darauf hinweisen, daß anderweitig gewonnene Zeitbegriffe tatsächlich nicht genügen, wenn es darum geht, die Zeit der Offenbarung zu verstehen. Ich illustriere das an zwei sehr maßgeblichen Beispielen. (Vgl. zum folgenden: H. Barth: Das Sein in der Zeit 1933)
Augustin hat (*Conf.* XI 14 f.) die Zeit verstanden als *quaedam distentio* (23), deren Subjekt der menschliche *animus* ist (26). Diese *distentio* vollzieht sich als der Akt eines Messens der Bewegung der Außenwelt: *In te, anime meus, tempora metior* (27). Kraft dieses Messens wird uns das Vergangene Gegenstand der Erinnerung, *memoria*, das Zukünftige Gegenstand der Erwartung, *exspectatio* (26 u. 28). Bedeutet die Erwartung und die Erinnerung Vergegenwärtigung des Vergangenen und Zukünftigen (20), so bedeuten sie doch auch dies, daß das Vergangene und das Zukünftige als das nicht mehr und als das noch nicht Seiende dem Gegenwärtigen als dem eigentlich Seienden gegenüber gestellt wird (14). Was aber ist das Gegenwärtige? Meine eigene Gegenwart, meine Existenz, mein Messen der Zeiten als solches: *Ecce distentio est vita mea* (29).
Nach M. Heidegger (Sein und Zeit, 1. Bd. 1929, § 65) ist die „ursprüngliche Zeit" zu verstehen als die Zeitlichkeit, das heißt als jene Möglichkeit des Daseins, kraft wel-

cher es „Sorge" sein, das heißt kraft welcher es „ekstatisch", in „vorlaufender Entschlossenheit" zu seinem „eigensten ausgezeichneten Seinkönnen" auf sich selbst, das heißt auf sein schuldiges Gewesensein zukommen und so in diesem Gewesensein Gegenwart haben kann. Die Zeit ist nicht, sondern das Dasein ist — indem es „zeitigt": seine eigene Zukunft, seine eigene Gewesenheit, seine eigene Gegenwart.

Diese beiden so verschiedenen und doch so verwandten Zeitbegriffe würden sich als Voraussetzung einer Interpretation des Begriffs der Offenbarungszeit aus zwei Gründen nicht eignen:

1. Augustin sowohl wie Heidegger verstehen die Zeit abschließend und eindeutig als eine Selbstbestimmung der kreatürlich menschlichen Existenz. Der Mensch hat Zeit, indem er sie sich nimmt, ja indem er sie schafft. Daß seine Zeit die Zeit sein könnte, die Gott für ihn hat, die Gott ihm schenkt, das ist sowohl auf dem Boden jenes klassischen wie auf dem jenes modernen Zeitbegriffs eine ganz fremdartige Vorstellung. Bei Heidegger, in dessen System Gott und seine Offenbarung überhaupt nicht vorgesehen sind, und neben dem sie auch gar keinen Raum haben, bedarf dies keines Beweises: Zeit wird eben in jener „vorlaufenden Entschlossenheit" von der vom Dasein, das heißt vom Menschen selbst nicht verschiedenen Zukunft her „gezeitigt". Daß sie so etwas wie „Gottes Zeit" für uns sei, das könnte im Rahmen des Heideggerschen Denkens nur ein ganz überflüssiger Tropus sein. Es verhält sich aber auch bei Augustin nicht anders. Wohl nennt er anderwärts (*De civ. Dei* XI 6, vgl. XII 25) Gott den *creator et ordinator temporum*. Aber in der großen Stelle über die Zeit in den Konfessionen fehlt dieser Satz, und, wenn es dort heißt, daß Vergangenheit, Gegenwart und Zukunft in der Seele sind und nirgends sonst (*et alibi ea non video*, *Conf.* XI 20), wenn die Zeiten nur entstehen durch mein eigenes Messen (27) ... *quia in animo, qui illud agit, tria sunt* (28), dann ist auch nicht einzusehen, welchen selbständigen Gehalt dieser Satz bei Augustin haben sollte. Er könnte offenbar auch fehlen, ohne daß sein Zeitbegriff ein anderer würde. Eine Problematisierung der im Akt des menschlichen Geistes entstehenden Zeit durch die Erwägung, daß diese Zeit, die wir zu „haben" meinen, „verlorene" Zeit sein könnte, scheint ja auch nicht in seinem Gesichtskreis zu liegen. Bei ihm wie bei Heidegger hat der Mensch Zeit — und er hat sie unangefochten (Heidegger wird die „Sorge" dadurch los, daß er sie in das die Zeit konstituierende Dasein als solches verlegt) — indem er sich selbst verwirklicht. Wollen wir aber die Zeit der Offenbarung Gottes verstehen, dann muß unser Zeithaben verständlich gemacht werden als das die Problematik unseres eigenen Zeithabens überwindende Zeithaben Gottes für uns. Ein Zeitbegriff, der das nicht leisten kann, kann uns also dann nicht dienlich sein.

2. Augustin sowohl wie Heidegger verstehen die Zeit abschließend und eindeutig als eine bedingte Wirklichkeit, bedingt als Bestimmung, und zwar eben als Selbstbestimmung der kreatürlich-menschlichen Existenz. Eigentlich ist diese Existenz, ist der Akt des menschlichen *animus*, ist die „Zeitlichkeit" als Möglichkeit des Daseins, nicht aber die Zeit als solche. Und wir haben keine andere Zeit als diese, letztlich doch nur uneigentlich wirkliche, die wir selbst setzen, indem wir sind. An dieser Uneigentlichkeit kann auch der (bei Heidegger natürlich unmögliche) augustinische Satz von Gott als dem Schöpfer und Lenker der Zeit nichts ändern. Gott schafft die Zeit doch nur, sofern er die menschliche Existenz schafft, die als *distentio* ihrerseits die Schöpferin der Zeit ist. Daß Gott selbst Zeit haben, ja daß er für uns Zeit haben sollte, indem die Zeit in seiner Offenbarung eine Bestimmung seiner selbst wird, das wäre im Rahmen des augustinischen Denkens in Anbetracht der Uneigentlichkeit ihrer Wirklichkeit ein unerträglicher Anthropomorphismus. Wollen wir aber die Zeit der Offenbarung verstehen, dann kann die Zeit nicht bloß als das Produkt der als *distentio* interpretierten menschlichen Existenz, dann muß sie als eine eigentliche Wirklichkeit, unmittelbar zu Gott wie die menschliche Existenz selber verstanden werden. Ein Zeitbegriff, der das leugnet, kann uns dann also nicht dienlich sein.

§ 14. Die Zeit der Offenbarung

Man darf sich für die Übernahme eines anderweitig gewonnenen Zeitbegriffs als Voraussetzung einer Untersuchung des Begriffs der Offenbarungszeit nicht auf die Schöpfung der Welt und also auch der Zeit durch Gott berufen. Allerdings ist Gott der Schöpfer auch der Zeit. Aber die Zeit, die wir zu kennen und zu haben meinen, „unsere" Zeit, ist keineswegs die Zeit, die Gott geschaffen hat. Zwischen „unserer" Zeit und der von Gott geschaffenen Zeit liegt, wie zwischen unserer und der von Gott geschaffenen Existenz als solcher, der Sündenfall. „Unsere" Zeit ist, wie Augustin und Heidegger wohl so oder so an sich ganz richtig angeben, die von uns, das heißt von dem gefallenen Menschen bewirkte Zeit. Glauben wir auf Grund des Wortes Gottes in dieser unserer Zeit, daß die Zeit von Gott geschaffen ist, so ist dieser Glaube doch noch nicht die Beseitigung unserer Zeit, so können wir doch unsere Zeit noch keineswegs mit der von Gott geschaffenen Zeit identifizieren. Unsere Zeit, die Zeit, die wir kennen und haben, ist und bleibt doch gerade auch im Glauben an Gott als den Schöpfer der Zeit eine verlorene, und es bleibt die von Gott geschaffene eine uns verborgene und entzogene Zeit. Wenn Gottes Offenbarung auch eine Zeit hat, wenn also Gott Zeit für uns hat, wenn wir also Zeit wirklich (in theologisch relevantem Sinn wirklich) kennen und haben, dann muß das eine andere, eine (neben unserer eigenen und der ursprünglich von Gott geschaffenen) dritte Zeit sein.

Vgl. zum folgenden K. Heim, Zeit und Ewigkeit (in „Glauben und Leben" 1928 S. 539 f.), E. Brunner, Das Einmalige und der Existenzcharakter (Blätter für Deutsche Philosophie 1929 S. 265 f.), W. Vischer, Das Alte Testament und die Geschichte (Z. d. Z. 1932 S. 22 f. bes. S. 29).

Wir lesen Jer. 33, 20 f., 25 f., von einem „Bund", den Jahve mit dem Tag und mit der Nacht gemacht, „daß sie seien zu ihrer Zeit". Dieser die Zeit sozusagen garantierende „Bund" ist nicht einfach identisch mit der Erschaffung der Zeit, wie sie Gen. 1, 14 bei Anlaß der Erschaffung der Gestirne angedeutet ist. Die Zeit nach dem Sündenfall ist eine andere, eine neue Zeit. Wohl besteht auch sie in dem Wechsel von Tag und Nacht und in der Dauer dieses Wechsels. Aber daß dieser Wechsel stattfindet und Dauer hat, das ist nun nicht mehr selbstverständlich gesetzt mit dem Geschaffensein des Menschen und seiner Welt. Vom Baum des Lebens ist der Mensch, nachdem er aß von dem Baum der Erkenntnis des Bösen und Guten, ja abgeschnitten (Gen. 3, 23 f.). Ja noch mehr: „Als nun Jahve sah, daß die Bosheit der Menschen groß ward auf Erden und alles Dichten und Trachten ihres Herzens allezeit nur böse war, da bereute Jahve, daß er die Menschen geschaffen hatte auf Erden und war tief bekümmert. Da sprach Jahve: Ich will die Menschen, die ich geschaffen habe, hinwegtilgen von der Erde... denn es reut mich, daß ich sie geschaffen habe" (Gen. 6, 5 f.). Kommt es nun nicht zur Vollstreckung dieses Gerichtes, sondern vielmehr — nachdem sich sein Ernst in der Sintflut deutlich genug angekündigt hat — zu einem „ewigen Bund zwischen Gott und allen lebendigen Wesen unter allem Fleisch, das auf Erden ist" (Gen. 9, 16), so ist das menschliche Dasein nun doch ein im tiefsten Grunde schuldhaft verfallenes, in seiner Begründung und in seinem Bestand ein Dasein auf göttliche Geduld und auf Hoffnung hin, nicht aus sich selbst existierend, sondern existierend auf Grund des Wortes, das Gott an den Menschen richtet und mit dem er ihn nicht etwa zu jenem Baum des Lebens zurückführt, wohl aber jenen Bund der Gnade verkündigt. Das menschliche Dasein hat seine Zeit nicht mehr als

1. Gottes Zeit und unsere Zeit

Selbstverständlichkeit mit seinem Geschaffensein, sondern, daß es Zeit hat — „solange die Erde steht, soll nicht aufhören Same und Ernte, Frost und Hitze, Sommer und Winter, Tag und Nacht" (Gen. 8, 22) — das ist nun Gegenstand besonderer Verheißung, Werk besonderer göttlicher Güte geworden.

Wie verborgen und entzogen uns jene erste wirkliche Zeit, die Zeit, die Gott geschaffen hat — und wie problematisch die Zeit, die wir zu kennen und zu haben meinen, tatsächlich ist, das läßt sich — wiederum nur beiläufig und unverbindlich — illustrieren an den drei großen Schwierigkeiten des vulgären Zeitbegriffs, die als Fragen doch auch gegenüber dem Zeitbegriff eines Augustin oder Heidegger stehen bleiben:

1. Was heißt G e g e n w a r t, jene Gegenwart, an der gemessen Vergangenheit Vergangenheit, Zukunft Zukunft sein, in und aus der also die Zeit entstehen soll? Ist Gegenwart wirklich ein solches Drittes und, wie Augustin behauptet, Ursprüngliches? Ist sie nicht selber, indem wir sie fixieren wollen, immer schon Vergangenheit oder immer noch Zukunft? Hat sie aber keinen eigenen Ort, von woher gesehen gibt es dann eigentlich Vergangenheit und Zukunft und also Zeit? Und wie soll es sie geben, wenn Gegenwart zwar kein Drittes, wohl aber das Eine und Ganze sein sollte, Vergangenheit und Zukunft also bloße *modi* der Gegenwart? Was wissen wir von der Zeit, wenn wir uns gestehen müssen, daß wir gerade von der Gegenwart als ihrer scheinbar so anschaulichen Mitte, die angeblich auch ihr Grund sein soll, nichts wissen?

2. Ist die Zeit a n f a n g s - u n d e n d l o s oder hat sie einen A n f a n g und ein E n d e? — die berühmte erste Antinomie der Antithetik der reinen Vernunft bei Kant. Es scheint, daß sie anfangs- und endlos sei. Denn müßte nicht jeder Anfang der Zeit selber wieder das Ende einer vergangenen, jedes Ende der Zeit selber wieder der Anfang einer zukünftigen Zeit sein? Mögen einzelne Zeitreihen anfangen und endigen, die Zeit als solche kann das nicht. Aber wäre Zeit Zeit ohne den Augenblick der Gegenwart, von dem aus gesehen Vergangenheit Vergangenheit, Zukunft Zukunft ist? Und ist dieser Augenblick nicht je ein anderer, rückt die Gegenwart nicht ständig vorwärts? Muß dieses Vorrücken nicht, wie schon A u g u s t i n (*Conf.* XI 28) gesehen hat, ein Zunehmen der vergangenen, ein Abnehmen der künftigen Zeit bedeuten? Müßte dieses Vorrücken nicht eine Illusion sein, müßte die Gegenwart nicht stillstehen, wenn die Zeit vor und hinter ihr unendlich wäre? Wäre dieses Vorrücken tatsächlich eine Illusion, stünde also die Gegenwart still — wo stünde sie dann etwa still und wie sollten dann von ihr aus Vergangenheit und Zukunft als solche und also Zeit zu erkennen sein? Ist dieses Vorrücken aber keine Illusion, steht die Gegenwart also nicht still, ist dann die Zeit nicht doch ein endliches Quantum, das hier zunehmen, dort abnehmen kann, weil es hier von einem Anfang herkommt, dort einem Ende entgegengeht? Eben daß die Zeit einen Anfang und ein Ende hat, haben wir aber als Unmöglichkeit verstehen müssen. Was wissen wir also von der Zeit, wenn es uns gleich unmöglich ist, sie als endlich wie als unendlich zu verstehen?

3. Wie verhält sich die Zeit zur E w i g k e i t? Hat die Zeit ihr Ziel und also ihren Zweck in der Ewigkeit oder vielleicht bloß ihr Wesen und also ihren Sinn? Kommen wir in der vorrückenden Gegenwart von ihr her, um ihr entgegenzugehen, oder sind wir bei diesem Vorrücken, mit S c h l e i e r m a c h e r zu reden, „ewig in jedem Augenblick"? Welches Wagnis — welche Illusion, werden wir vielleicht geradezu sagen müssen — die Ewigkeit an den Anfang und das Ende der Zeit zu verlegen und also die Zeit als eine fortschreitende Entfernung von ihr her und Annäherung zu ihr hin — und dann doch nur als eine fortschreitende Entfernung und Annäherung — anzugeben! Aber auch welches Wagnis und vielleicht welche Illusion, sie als den verborgenen Gehalt aller Zeit und also alle Zeit als ein Gefäß — und dann doch nur als ein Gefäß! — der Ewigkeit zu erklären. Wer übernimmt die Verantwortung für die eine, wer übernimmt sie für die andere These? Für den Entwicklungsglauben oder für die Katastrophenerwartung, mit der der Mensch im ersten — für die Zeitflucht, mit der der Mensch im zweiten Fall die Ewigkeit zu suchen hätte? Und es ist gerade hier nicht einzusehen, inwiefern diese Verantwortung etwa leichter würde, wenn man die Zeit mit Augustin und Heidegger ihrer Gegenständlichkeit

entkleidet, um sie als Existenzweise des menschlichen Daseins zu verstehen. Bin ich, zeitlich existierend, ein von der Ewigkeit nur Herkommender und ihr Entgegengehender oder ein sie schon Besitzender? Ist diese Frage etwa zu umgehen oder offen zu lassen? Und wenn nicht: Wer darf hier meinen, das Erste, wer darf meinen das Zweite wissen und gerade in seiner ethischen Konsequenz vertreten zu können? Was haben wir aber gesagt, wenn wir „Zeit" sagen, ohne über ihr Verhältnis zur Ewigkeit etwas Eindeutiges sagen zu können?

Alle diese Aporien sprechen jedenfalls nicht dafür, daß wir wissen, was wir sagen, wenn wir im Blick auf „unsere" Zeit — oder unter Berufung auf den ersten Glaubensartikel im Blick auf die von Gott geschaffene Zeit — von einer Zeit reden, die uns auch ohne und vor Gottes Offenbarung bekannt und zu eigen sei. Und wer da, beide identifizierend, behauptet, daß ihm durch Christus der Star gestochen sei, so daß er jetzt im Unterschied zu den Ungläubigen die Welt wieder als Gottes Schöpfung und also auch „unsere" Zeit als die von Gott geschaffene Zeit wiederzuerkennen vermöge, der beweise das damit, daß er auf diese drei Fragen Antwort gibt. Wäre „unsere" Zeit nicht eine verlorene Zeit und wäre und bliebe uns die von Gott geschaffene Zeit nicht verborgen und entzogen, würden diese beiden Zeiten wirklich identisch sein, oder wenigstens für den Gläubigen identisch werden, so müßten diese drei Fragen doch wohl beantwortbar sein. In ihrer Unbeantwortbarkeit zeigt es sich, daß wir die Schöpfung der Zeit durch Gott wie die Schöpfung überhaupt nur glauben, aber nicht wissen können. Und „unsere" Zeit, die Zeit, die wir kennen und haben, bewährt sich als „unsere" Zeit offenbar darin, daß sie uns auf der ganzen Linie zum Narren hält. Die Leugnung der Wirklichkeit der Zeit, wie sie in der vorchristlichen, aber auch in der nachchristlichen Philosophie oft genug mit mehr oder weniger Folgerichtigkeit und Offenheit versucht worden ist, ist da nahe genug gelegt, wo bei der Lösung des Zeitproblems nur mit diesen beiden Zeiten: mit der von Gott geschaffenen und mit „unserer" Zeit gerechnet wird. Die Wirklichkeit der Zeit zu behaupten angesichts und trotz jener Schwierigkeiten, ohne sie beseitigen zu können und zu wollen, aber auch ohne sich durch sie verwirren zu lassen, das ist vielleicht tatsächlich nur der Theologie möglich, sofern sie nämlich Offenbarungstheologie und als solche in der Lage ist, zwar auch mit diesen beiden Zeiten, darüber hinaus aber auch noch mit einer ganz anderen Zeit zu rechnen!

Diese andere Zeit ist aber die neue, die dritte Zeit, die dadurch entsteht und Bestand hat, daß Gott sich offenbart, daß er für uns frei ist, daß er bei uns und mitten unter uns ist, ja, daß er selber, ohne aufzuhören zu sein, was er ist, auch das wird, was wir sind. Gottes Offenbarung ist das Ereignis Jesus Christus. Wir würden es nicht als Gottes Offenbarung verstehen, wenn wir vorbehaltlos sagen würden, daß es in „unserer" Zeit stattfand. Verstehen wir es als Gottes Offenbarung, dann werden wir vielmehr sagen müssen: dieses Ereignis hatte seine eigene Zeit; in diesem Ereignis geschah es, daß, während wir unsere Zeit für uns hatten wie nur je, Gott Zeit für uns, seine eigene Zeit für uns hatte. Tatsächlich Zeit: Gegenwart mit Zukunft und Vergangenheit, erfüllte Zeit mit Erwartung und mit Erinnerung ihrer Erfüllung, Zeit der Offenbarung und Zeit des alttestamentlichen und des neutestamentlichen Zeugnisses von der Offenbarung. Aber in dem allem: seine eigene Zeit, Gottes Zeit und darum wirkliche Zeit.

K. Heim schreibt (a. a. O. S. 560): „Wenn Gott die höchste Realität ist, auf der alles Dasein ruht, dann liegt darin ein negatives Urteil über die Zeitform. Denn in dieser ist Gott unsichtbar. Die höchste Wirklichkeit kann in der Zeitform nur indirekt, durch Verneinung der Zeitlichkeit ausgedrückt werden. Gott kann in der Zeit nicht vergegenständlicht werden." Man wird diese Sätze doch nur unter dem Vorbehalt gutheißen können, daß Gott zwar von uns aus in der Zeitform unsichtbar ist, von uns nicht direkt in ihr „ausgedrückt" werden, von uns in ihr nicht vergegenständlicht werden kann — daß es ihm aber sehr gefallen hat, sich selbst in der Zeitform sichtbar zu machen, auszudrücken und zu vergegenständlichen und damit eine „Zeitform" zu schaffen, die keinem negativen Urteil unterliegen kann. Was hieße „Offenbarung", wie könnte sie Ereignis geworden sein in Jesus Christus, wenn er das nicht getan hätte? Ein „negatives" Urteil" fällt in der Offenbarung wohl über unsere Zeit, die wir so gerne mit der von Gott geschaffenen Zeit identifizieren möchten. Als verlorene, verfallene, verurteilte, als dereinst nicht mehr seiende Zeit bezeichnet sie — und zwar „mit großer Stimme, wie ein Löwe brüllt, und da er schrie, redeten sieben Donner ihre Stimmen" — jener Engel mit dem Buch, das Johannes nachher verschlingen muß (Apoc. 10, 3): χρόνος (man merke: der Welt-Zeitgott Chronos!) οὐκέτι ἔσται (Apoc. 10, 6). Die Offenbarung müßte ja sich selbst als dereinst nicht mehr seiend erklären, wenn damit auch ihre eigene Zeit, die Zeit Gottes, die Zeit, die er für uns hatte, die Zeit Jesu Christi, gemeint sein sollte. Wenn das Wort unseres Gottes nach Jes. 40, 8 „ewiglich bleibt" und wenn dieses Wort nach Joh. 1, 14 Fleisch geworden und nach dem ganzen neutestamentlichen Zeugnis auch in seiner Auferstehung Fleisch geblieben ist, Fleisch ist und bleibt auch in seiner Herrlichkeit zur Rechten Gottes des Vaters — dann ist die Ewigkeit (die Ewigkeit des Gottes, der sich nach dem Zeugnis der Heiligen Schrift offenbart hat) nicht ohne Zeit. Die Zeit, die Gott für uns hat, ist dann im Unterschied zu unserer werdenden und vergehenden Zeit als ewige Zeit zu verstehen.

Die Zeit, die Gott für uns hat, wird dadurch konstituiert, daß er uns in Jesus Christus gegenwärtig wird: *Deus praesens.* Sagen wir Jesus Christus, dann sagen wir jedenfalls auch: menschliche und also zeitliche Gegenwart. Jeder Augenblick des Ereignisses Jesus Christus ist ja auch ein zeitlicher Augenblick: Gegenwart mit Vergangenheit hinter sich, mit Zukunft vor sich, gleich den zeitlichen Augenblicken, in deren Folge wir selbst existieren. „Das Wort ward Fleisch" heißt auch: „Das Wort ward Zeit." Die Wirklichkeit der Offenbarung in Jesus Christus ist auch das, was wir die Lebenszeit eines Menschen nennen. Sie ist auch ein Ausschnitt aus dem, was wir die „historische Zeit" oder die Weltgeschichte samt ihrer ahistorischen Vorzeit nennen. Sie ist nicht nur das, aber sie ist auch das. Und das alles gilt auch von ihrer Wirklichkeit im alttestamentlichen Erwartungs- und im neutestamentlichen Erinnerungszeugnis. Offenbarung im Sinn der heiligen Schrift ist — das wird in ihrer Eigentlichkeit in dem Ereignis Jesus Christus wie in ihrer doppelten Bezeugung ganz unzweideutig — wohl eine ewige, aber darum keine zeitlose, sondern jedenfalls auch eine zeitliche Wirklichkeit. Sie ist also nicht so etwas wie der ideale, aber selber zeitlose Gehalt aller oder einiger Zeiten. Sie bleibt der Zeit nicht transzendent, sie tangiert sie nicht bloß, sondern sie geht in die Zeit ein, nein: sie nimmt Zeit an, nein: sie schafft sich Zeit.

Ich möchte an dieser Stelle ausdrücklich warnen vor gewissen Stellen und Zusammenhängen meiner Römerbriefserklärung, wo mit der Vorstellung von einer der Zeit transzendent bleibenden, die Zeit bloß begrenzenden und von außen bestimmenden

Offenbarung mindestens gespielt und gelegentlich doch auch gearbeitet wurde. Das Buch hatte damals gegenüber dem herrschenden Historismus und Psychologismus, der von einer anderen als einer innerweltlichen, vulgär-zeitlichen Offenbarung überhaupt nichts mehr wußte, gerade wegen dieses Einschlags eine bestimmte reinigende Aufgabe und Bedeutung. Wenn man es heute liest, wird man doch nicht verkennen können, daß Joh. 1, 14 darin nicht zu seinem Rechte kommt.

Der würde die Offenbarung gerade nicht entdecken, der aus allen Zeiten oder aus bestimmten Zeiten so etwas wie einen zeitlosen Kern und so aus dem Menschlichen das Göttliche herauszuarbeiten unternehmen würde. Der wird sie nie verstehen, dem ihre Zeitlichkeit peinlich ist, der an ihrer Zeitlichkeit vorbei oder durch sie hindurch nach ihrem Wesen als einem transzendent-zeitlosen meint fragen und greifen zu sollen und zu können. Die Offenbarung hat ihre Zeit und nur in und mit ihrer Zeit ist sie Offenbarung. Wie wäre sie sonst Offenbarung an und für uns, die wir selbst ganz und gar zeitlich sind?

Wir erinnern uns hier nochmals an die merkwürdige Bedeutung der Chronologie im Alten und Neuen Testament, an die seltsame Exaktheit, mit der etwa in der Genesis die sämtlichen Lebensalter der Patriarchen, mit der aber auch das Auftreten der Propheten, mit der am Anfang des Matthäus- und Lukasevangeliums die verschiedenen historischen Koordinaten des Ortes Jesu Christi angegeben werden. Mag dabei das Material antik orientalischer Zahlensymbolik und Zahlenmystik zur Verwendung gekommen, mögen dabei rechnerische Irrtümer, Willkürlichkeiten und Unmöglichkeiten unterlaufen sein. Nicht die inhaltliche Richtigkeit oder auch Unrichtigkeit der zeitlichen Zahlen, sondern ihre durchgängige, durch gelegentliche Zahlenmystik und andere Freiheiten nur unterstrichene Wichtigkeit als Zeitangaben ist das Merkwürdige, das hier in der Bibel zu beachten ist. Keine Rede davon, daß die Offenbarung und ihre Bezeugung ebensogut anderswo oder gar überall im historischen Raum ihren Ort haben könnte. Wie wichtig es auch der alten Kirche gewesen ist, daß man die Fleischwerdung des Wortes datieren kann, zeigt das *passus sub Pontio Pilato* schon in den ältesten Formen des Glaubensbekenntnisses. Die Offenbarung hat diesen und keinen anderen Ort. Sie ist in dem Ereignis Jesus Christus wie in den verschiedenen Ereignissen ihrer Erwartung und Erinnerung so echt zeitlich, und also so zeitlich bestimmt und umschränkt, wie nur irgendwelche anderen wirklichen Ereignisse in diesem Raum. Sie ist — man denke nur gleich an die Schöpfungsgeschichte — auch da als zeitlich wirklich beschrieben, wo diese Beschreibung, an den Maßstäben moderner Historik gemessen, nur „Sage" oder „Legende" sein kann. Wo die Bibel Alten und Neuen Testamentes Gleichnisse überliefert, da sagt sie es auch. Mythen dagegen, das heißt erzählende Darstellungen allgemeiner geistiger oder natürlicher Wahrheiten, Erzählungen, die gar nicht — wenn auch vielleicht sagenhafte — Erzählungen sein wollen, zu deren Verständnis es etwa gerade darauf ankäme, sie ihres erzählenden Charakters zu entkleiden, den ewigen Kern aus der zeitlichen Schale zu befreien — kommen in der Bibel nicht vor, so oft mythisches Material in ihrer Sprache zur Verwendung kommen mag (vgl. dazu Kirchl. Dogm. I 1 S. 343 f.). Sogar das Gespräch zwischen Gott und dem Satan am Anfang des Hiobbuches „begab sich auf einen Tag" (1, 6) entsprechend dem Tag, an dem nachher das konkret irdische Unglück über Hiob hereinbrach. Auch Hiobs Frage an Gott (10, 4 f.): „Hast du denn fleischliche Augen oder siehst du, wie ein Mensch sieht? Sind deine Tage wie der Menschen Tage oder deine Jahre wie eines Mannes Jahre?" ist im Sinn des Textes sicher nicht einfach verneinend zu beantworten. Wir werden gerade hinsichtlich des Zeitbegriffs der „privilegierten Anthropomorphie" der heiligen Schrift (J. G. Hamann, Schriften ed. F. Roth, Bd. 4 S. 9) durchaus nicht aus dem Wege gehen dürfen.

Das Jahr, der Tag, die Stunde — das sind Begriffe, die man vom biblischen Zeugnis von Gottes Offenbarung unmöglich trennen, die man bei dessen Erklärung auch nicht als Bagatelle behandeln kann, wenn man es nicht zu einem ganz anderen Zeugnis von einer ganz anderen Offenbarung machen will.

Dies gesagt, müssen wir nun freilich fortfahren: die Zeit, die wir immer mitmeinen, wenn wir Jesus Christus sagen, ist mit keiner anderen Zeit zu verwechseln. Wie das Menschsein überhaupt dadurch, daß Gottes Sohn es annahm und aufnahm zur Einheit mit seinem Gottsein, ein Neues und Anderes wurde, wie das Fleisch, indem das ewige Wort Fleisch wurde, die Sünde Adams nicht wiederholen konnte, so wurde die Zeit, indem sie die Zeit Jesu Christi wurde, obwohl und indem sie zu unserer, zu jener verlorenen Zeit gehörte, eine andere, eine neue Zeit.

Lev. 25, 8 f. wird Israel ein nach je siebenmal sieben Jahren einzuschaltendes Frei- oder Halljahr vorgeschrieben, beginnend mit dem Versöhnungstag des letzten dieser 49 Jahre, angekündigt durch Posaunenblasen im ganzen Land, ein Jahr, in welchem weder gesät noch geerntet werden und in welchem jedermann durch billig zu bemessende Rückkäufe wieder zu dem Seinen kommen sollte, das ihm etwa in den 49 Jahren durch Verkauf verlorengegangen war. In diesem Freijahr hat schon der Verfasser von Jes. 61, 2 das „gnädige Jahr des Herrn" das heißt aber die messianische Erlösungszeit vorgebildet gesehen und eben dieses schlechterdings außerordentliche Jahr ist nach Luk. 4, 19 f. (σήμερον πεπλήρωται ἡ γραφὴ αὕτη ἐν τοῖς ὠσὶν ὑμῶν v 21) die Zeit Jesu Christi. Wohl ist diese Zeit eine Zeit in der Reihe der Zeiten, wie jenes 50. Jahr ein Jahr in der Reihe der Jahre war, aber nun eben entsprechend jenem Jahr die Zeit der Feier, der Ruhe, der Lösung und Wiedergutmachung: im Verhältnis zu den vorigen und zu den kommenden Zeiten die eigentliche, die normale Zeit. Ähnlich wird Hebr. 4, 1–8 ausgeführt, daß der alttestamentliche Sabbath als der Tag der Ruhe Gottes und der auch seinem Volke verheißenen Ruhe „nach solch langer Zeit" erfüllt sei im Tage Jesu. Auch der Sabbath ist neben den 6 Tagen der Arbeitswoche, mit denen er doch in einer Reihe steht, der aber im Unterschied zu ihnen keinen eigenen Namen haben, nur gezählt werden, sozusagen der Tag, der Normaltag. Und überall, wo man im Neuen Testament auf die Vokabeln ἄρτι, νῦν, τὰ νῦν, ὁ νῦν καιρός, ὥρα, σήμερον, ἡμέρα stößt, muß man mindestens damit rechnen, daß damit nicht nur irgendeine bestimmte Kalender- und Uhrzeit, sondern in, mit und unter einer bestimmten Kalender- und Uhrzeit die kraft ihres Inhalts auch als Zeit außerordentliche Zeit Jesu Christi bezeichnet werden soll. Für den prägnanten Gebrauch von νῦν sei unter vielen paulinischen und johanneischen Stellen etwa 2. Kor. 6, 2 hervorgehoben: ἰδοὺ νῦν καιρὸς εὐπρόσδεκτος, ἰδοὺ νῦν ἡμέρα σωτηρίας. Für ὥρα 1. Joh. 2, 18: παιδία, ἐσχάτη ὥρα ἐστίν. Für σήμερον Luk. 19, 9: „Heute ist diesem Hause σωτηρία widerfahren", dann Luk. 2, 11: „Euch ist heute der σωτήρ geboren" und aus dem Hebräerbrief: „Heute habe ich dich gezeugt" (1, 5; 5, 5) und darum: „Heute, da ihr seine Stimme hört, so verstocket eure Herzen nicht!" (3, 7 f., 15; 4, 7) — ἄχρις οὗ τὸ σήμερον καλεῖται (3, 13).

Das ist aber das Besondere der Zeit Jesu Christi: sie ist die Zeit des Herrn der Zeit. Sie ist im Unterschied zu unserer Zeit beherrschte und gerade darin wirkliche, erfüllte Zeit. Hier entsteht nicht jenes Dilemma zwischen einer Gegenwart, die in der Mitte zwischen Vergangenheit und Zukunft verschwindet, und einer Vergangenheit und Zukunft, die sich ihrerseits in Gegenwart auflösen. Hier gibt es echte Gegenwart — und nun nicht trotzdem, sondern gerade darum: echte Vergangenheit und Zukunft. Das Wort Gottes i s t. Es ist nie „noch nicht" oder „nicht mehr". Es unterliegt keinem Werden und darum auch keinem Vergehen und darum auch keiner Veränderung. Eben dies gilt auch von dem fleisch- und also zeitgewordenen Worte Gottes. Jesus Christus ist in jedem Augenblick seiner zeitlichen Existenz und auch in jedem Vorher und Nachher seiner zeitlichen Existenz, in welchem er als wahrer Gott und wahrer Mensch offenbar wird, Glauben und Zeugnis findet, derselbe. Das von Ewigkeit gesprochene Wort hebt die Zeit, in die es hineingesprochen ist (ohne sie als Zeit auszulöschen), als nunmehr s e i n e Zeit hinauf in seine eigene Ewigkeit, gibt ihr Anteil an dem allein wirklichen durch sich selbst bewegten, in sich selbst ruhenden, sich selbst genügenden Sein Gottes. Es i s t gesprochen von Gott, ein Perfektum sondergleichen (nicht in unserer Zeit, aber in der durch das Wort im Fleische geschaffenen Gotteszeit gibt es ein echtes, eigentliches, nicht aufzulösendes Perfektum!), und darum i s t es kommend in die Welt, ein Futurum sondergleichen (denn wieder nicht in unserer Zeit, wohl aber in dieser durch das Wort im Fleische geschaffenen Gotteszeit gibt es ein echtes, eigentliches, nicht auszulösendes, urbildliches Futurum!). Und so ist es Präsens: nicht Präsens, ohne auch echtes Perfektum zu sein, und Perfektum und Futurum, deren Mitte ein echtes nicht aufzuhebendes Präsens bildet. Ist es doch nicht irgendein Präsens, hoffnungslos in jenes „noch nicht" oder „nicht mehr" zerfallend wie jedes Präsens unserer Zeit. Ist es doch *Deus praesens*, der immer schon war und immer noch sein wird und gerade so auch ein echtes Vorher und Nachher hat: der handelnde und in seinem Handeln aus einer elenden Spanne dieser unserer verlorenen Zeit sich selbst seine Zeit schaffende und erhaltende Herr der Zeit, dem gegenüber die Zeit keine eigene Gesetzlichkeit haben kann, dem gegenüber längste Zeit wie kürzeste, kürzeste wie längste ist, dem gegenüber nicht einmal die Unumkehrbarkeit der Zeit von unzerstörbarem Bestande ist. Solche beherrschte, solche erfüllte Zeit ist die Zeit der Offenbarung, die Zeit Jesu Christi. Gewiß, in ihrer Art ist dies keine andere Zeit als eben die von Gott ursprünglich geschaffene, uns so verborgene und entzogene Zeit. Aber eben von deren Verborgensein und Entzogensein hebt sie sich nun, in und mit der Offenbarung neu gesetzt, auch von jener ab als eine neue dritte Zeit. Indem Gott hier wirkliche Zeit für uns hat, dürfen wir mitten in unserer, der verlorenen Zeit, glauben, daß er die Zeit geschaffen, und zwar wie alle seine Werke, ohne daß wir darum wissen können, gut geschaffen hat.

Wir lesen Tit. 1, 3, daß Gott sein Wort offenbarte καιροῖς ἰδίοις in seiner eigenen Zeit. Nach Mc. 1, 15 ist dies der erste Satz des von Jesus selbst verkündigten „Evangeliums Gottes": πεπλήρωται ὁ καιρός. Ebenso redet Paulus Gal. 4, 3 von dem Zustand, da wir Unmündige waren und darum geknechtet unter die στοιχεῖα τοῦ κόσμου, um dann v 4 fortzufahren: ὅτε δὲ ἦλθεν τὸ πλήρωμα τοῦ χρόνου, ἐξαπέστειλεν ὁ θεὸς τὸν υἱὸν αὐτοῦ, γενόμενον ἐκ γυναικός. P l e r o m a ist das, was ein Gefäß, einen Plan, einen Begriff, eine Form erfüllt und also der Inhalt, der Sinn, die Wirklichkeit, die in dieser Form als Möglichkeit angekündigt ist. „Fülle der Zeit" kann also nicht wohl anders denn als „wirkliche Zeit" verstanden werden. In und mit der Fleischwerdung des Wortes, in und mit dem Nahekommen des Reiches Gottes — man darf vielleicht sagen: ihm voranlaufend oder parallel gehend — geschieht auch dies, daß als neue Zeit, als das Jetzt und Heute des Heilands die wirkliche Zeit anbricht. Ebenso Eph. 1, 9 f.: Gott offenbarte uns das Geheimnis seines Willens, nach seinem Wohlgefallen alle Dinge im Himmel und auf Erden zu erneuern (oder, und das scheint dasselbe zu bedeuten: zusammenzufassen) εἰς οἰκονομίαν τοῦ πληρώματος τῶν καιρῶν: zur geordneten Herbeiführung der Fülle der Zeiten (das heißt: damit durch jene Erneuerung auch die Zeit erfüllt, zur wirklichen Zeit werde).

Der Name Gottes im Alten Testament lautet nach Ex. 3, 13 f. bekanntlich: „Ich bin, der ich bin." Wie das auch näher zu deuten sein möge, der Verfasser der neutestamentlichen Apokalypse hat es jedenfalls auch als eine Beziehung des Verhältnisses Gottes zur Zeit verstanden, nämlich dahin, daß damit Gott als der unaufhebbar weil in seinem Wesen Lebendige bezeichnet werde: Ich bin der mich selbst Vergegenwärtigende oder: der durch sich selbst Gegenwärtige: Er hat darum charakteristisch ergänzt: Ich bin ὁ ὤν καὶ ὁ ἦν καὶ ὁ ἐρχόμενος mit dem sinnvollen Zusatz: ὁ παντοκράτωρ (1, 8 vgl. 1, 4). Apoc. 4, 8 heißt es in der zunächst einleuchtenderen, aber weniger bedeutsamen Reihenfolge: ὁ ἦν καὶ ὁ ὤν καὶ ὁ ἐρχόμενος. Und dann, offenbar in Ausführung dieser Formel 1, 17: Ich bin ὁ πρῶτος καὶ ὁ ἔσχατος καὶ (wieder sinnvoll!) ὁ ζῶν und 21, 6 (vgl. 1, 8; 22, 13) zweigliedrig (das Ich ist jetzt als solches die Bezeichnung der Gegenwärtigkeit): Ich bin das Alpha und das Omega, der Ursprung und das Ziel, der Erste und der Letzte. Daraus, daß Gott der Seiende und also der Lebendige im eminenten Sinn und also der Allmächtige ist, folgt eben: er ist nicht nur dies, sondern als dies auch der da war und der da kommt, Alpha und Omega, der Ursprung und das Ziel, der Erste und der Letzte. Und umgekehrt: darin, daß er der Erste und Letzte ist, erweist es sich: Er ist wahrhaft der Seiende, der Lebendige, der Allmächtige. Wenn der Gottesname Ex. 3, 14 zu übersetzen wäre: „Ich werde sein, der Ich sein werde" oder: „Ich werde da sein als der ich da sein werde", so würde das einen eigentümlichen Vorzug gerade der Beziehung Gegenwart — Zukunft bedeuten und die Erweiterung der Aussage auch auf die Vergangenheit in der Apokalypse wäre dann auch als eine charakteristisch neutestamentliche Interpretation jenes berühmten Textes zu verstehen: sie würde dann ausdrücklich besagen, daß nunmehr nach der erfüllten Zeit, zu der Erwartung die Erinnerung als eine dem Alten Testament noch nicht eigene oder jedenfalls noch nicht gewöhnliche Kategorie hinzugetreten ist. Damit würde dann der Spruch Hebr. 13, 8 übereinstimmen: Ἰησοῦς Χριστὸς ἐχθὲς καὶ σήμερον ὁ αὐτὸς καὶ εἰς τοὺς αἰῶνας, in welchem der Nachdruck nach dem Zusammenhang deutlich auf dem „Gestern" und also auf der Beziehung Gegenwart-Vergangenheit liegt. Man wird sich aber durch die Tatsache, daß die Formel „Ich bin der Erste und der Letzte" schon Jes. 41, 4; 44, 6; 48, 12 vorkommt, davor nicht lassen müssen, das zweidimensionale Verständnis der Gotteszeit für eine ausschließlich neutestamentliche Angelegenheit zu halten. Wie dem auch sei: der Gehalt der Erkenntnis von der Erfüllung der Zeit in der Gegenwart Jesu Christi erweist sich im Neuen Testament durchweg nicht nur in jenem außerordentlichen Gegenwartsbewußtsein, sondern auch in dem gerade diesem Gegenwartsbewußtsein eigenen höchst qualifizierten Wissen um Vergangenheit als Vergangenheit, um Zukunft als Zukunft, einem Wissen, für das diese beiden nicht bloß verschiedene Zeiten, sondern als verschiedene Zeiten geradezu verschiedene Welten, zwei unter ganz entgegengesetzten Zeichen stehende „Aeonen" sind: ein grundsätzlich vergangener, aber eben als solcher im Lichte der Gegenwart noch jetzt höchst wirklicher Aeon und ein grundsätzlich künftiger, aber eben als solcher im Lichte der Gegenwart schon jetzt ebenfalls höchst wirklicher Aeon. Was ist bezeichnender für jenes Gegenwartsbewußtsein als eben dies, daß es einerseits das Vergangene und andrerseits das Zukünftige, jedes in seiner Art und nach seiner Weise, so ernst nimmt und den Abgrund zwischen beiden so tief aufreißt wie nur möglich, um andrerseits die beiden so geschiedenen in seinem Heute doch zusammenzuhalten — nicht einfach in Eins aufgehen zu lassen, sondern als geschiedene zusammenzuhalten! — wie in einer eisernen Klammer: den vergehenden alten und den kommenden neuen Aeon. Man denke an alle die Gegenüberstellungen wie etwa Act. 17, 30f.: „Gott hat die Zeiten der Unwissenheit übersehen — jetzt aber τὰ νῦν ruft er allen Menschen allenthalben, daß sie Buße tun sollen, indem er einen Tag aufgerichtet hat: ἔστησεν ἡμέραν (den Tag Jesu Christi!), an dem er die Welt richten will in Gerechtigkeit." Oder Kol. 1, 21 f.: „Auch ihr waret einst entfremdet und in eurem Denken durch eure bösen Werke (Gott) verfeindet — jetzt aber νυνὶ δέ hat er euch mit seiner Fleischesexistenz durch den Tod versöhnt." Oder 1. Petr. 2, 10: „Die ihr einst kein Volk wart, jetzt aber νῦν δέ das Volk Gottes seid, einst nicht begnadigt, jetzt aber νῦν δέ begnadigt." Oder Eph. 5, 8: „Ihr waret einst Finsternis, jetzt aber νῦν δέ Licht in dem Herrn." Oder Kol. 1, 26: „Einst war das Wort Gottes, das Geheimnis, verborgen vor allen Zeiten und Geschlechtern — jetzt aber νῦν δέ wurde es seinen Heiligen offenbar" (vgl. Röm. 16, 26; 2. Tim. 1, 10). Man bemerke: das Verhältnis der beiden Aeonen ist das Verhältnis einer Entscheidung. Die Entscheidung fällt; das ist die Gegenwart, der eigentliche Inhalt des neutestamentlichen Zeugnisses. Τὰ ἀρχαῖα παρῆλθεν (2. Kor. 5, 17). Aber das bedeutet nicht, daß die Vergangenheit verschwindet; sondern sie bleibt in ihrem παρέρχεσθαι gegenwärtig, gerade weil und indem sie so bestimmt als Vergangenheit erkannt wird: sie ist eben echte Vergangenheit: So gewiß sie durch den Tod Christi zur Vergangenheit gemacht wird! Und darum verschwindet im Neuen Testament auch das Alte Testament nicht, sondern lebt auf jeder Seite des Neuen Testamentes weiter als das Zeugnis von der im Kreuze Christi erfüllten Zeit auch des alten Aeons. Im Alten Testament lebt die echte Vergangenheit fort in Form der Erwartung der im Tode Christi erfüllten Zeit! Aber auch die Zukunft ist kein noch nicht Seiendes, sondern als Zukunft schon gegenwärtig. Ἰδοὺ γέγονεν καινά (2. Kor. 5, 17) — gerade weil und indem sie so bestimmt als Zukunft, als Anbruch einer neuen Welt erkannt wird; sie ist eben echte Zukunft. So gewiß sie eröffnet wird mit der Auferstehung Christi! Und darum kann jetzt das Alte Testament nicht allein bleiben; darum müssen jetzt die Apostel neben die Propheten treten: Gerade die Zukunft kann nur in Form der Erinnerung an die Auferstehung Christi verkündigt werden und in Form der Erinnerung wird hier tatsächlich die Zukunft verkündigt.

Wir können nun die Gleichung verstehen, von der wir ausgegangen sind. „Gott offenbart sich" heißt: „Gott hat Zeit für uns". Gottes Offenbarung ist Gottes unbegreifliches Freisein und damit Dasein für uns. Eben dieses sein Freisein und Dasein besteht aber darin, daß er Zeit für uns hat. In diesem Zeithaben Gottes für uns liegt, weil seine Zeit die rechte, echte, wirkliche Zeit ist, die ganze Fülle der Wohltat der göttlichen Offenbarung und der in ihr vollstreckten Versöhnung.

Wir mögen dabei wohl daran denken, daß Zeithaben für einander, obwohl das scheinbar nur eine inhaltsleere Form ist, in Wirklichkeit bereits den Inbegriff aller Wohltaten bezeichnet, die ein Mensch dem andern erweisen kann. Wenn ich jemandem meine Zeit wirklich schenke, dann schenke ich ihm eben damit das Eigentlichste und Letzte, was ich überhaupt zu verschenken habe, nämlich mich selber. Schenke ich ihm meine Zeit nicht, so bleibe ich ihm gewiß alles schuldig und wenn ich ihm im übrigen noch so viel schenkte. Der sofort zu beachtende Unterschied zwischen unserm Zeithaben für einander und dem Zeithaben Gottes für uns besteht in dem Doppelten: daß, wenn Gott uns Zeit schenkt, derjenige mit uns handelt, der allein echte, wirkliche Zeit zu verschenken hat und daß er uns diese Zeit nicht nur teilweise, nicht mit allen möglichen Vorbehalten

1. Gottes Zeit und unsere Zeit

und Einschränkungen, wie wir sie einander zu schenken pflegen, sondern ganz schenkt — Die in Jesu geschehene Erfüllung der Zeit ist ja nicht nur ein Almosen aus dem göttlichen Reichtum, sondern wenn Jesus Christus nach Gal. 4, 4 das Pleroma der Zeit ist, so haben wir zu bedenken, daß in ihm nach Kol. 2, 9 auch „das ganze Pleroma der Gottheit" leibhaftig wohnt.

In der Offenbarung tritt Gott wirklich ganz für uns ein. Und so ist auch die Zeit, die er sich in der Offenbarung schafft, jene echte Gegenwart, Vergangenheit und Zukunft uns ganz zugedacht. Sie soll, sie darf, sie wird, indem er sein Wort an uns richtet, unsere Zeit, wir sollen dieser seiner Zeit gleichzeitig werden. Seine echte Zeit tritt an die Stelle der problematischen, uneigentlichen Zeit, die wir kennen und haben. Sie tritt an ihre Stelle, indem nun inmitten der Jahre und Jahrtausende dieser unserer Zeit die Zeit Jesu Christi tritt als unsere, als frohe Botschaft auch zu uns kommende, als Verheißung auch uns zugedachte und auch von uns zu ergreifende und zu lebende Zeit. Wie eben ein Licht in einem im übrigen dunkeln Raum an seinem einen kleinen Ort Licht ist und Licht hat für den ganzen Raum, sofern es nämlich ein enthülltes Licht ist und sofern sich in diesem Raum Augen, und zwar offene Augen, finden, um es als Licht zu sehen.

Huc omnia quae praecesserunt tempora, ut ad faustum et felix suum centrum spectant et omnia posteriora hinc ut a fonte in finem saeculi decurrunt (F. Turrettini, *Instit. Theol. el.* 1682 XIII *qu.* 10, 1). „Es gibt nur einen einzigen Bund zwischen Gott und den Menschen: — den Bund der Gnade, und der Mittler dieses Bundes ist der Mensch Christus Jesus. Die richtige Betrachtung der evangelischen Geschichte — der Verkündigung von der Geburt, dem Tode und der Auferstehung Christi — wird demnach diese sein, daß man darin die zeitliche Ausführung eines ewigen Ratschlusses erkennt, so daß ihre Tatsachen ewige Tatsachen sind, deren Wahrheit und Wirkung vorwärts und rückwärts sich über alle Zeitalter erstreckt. Hier auf Erden war durch den Menschen Gott seine Ehre geraubt worden und die Sünde und der Tod in die Welt gekommen; darum mußte auch hier auf Erden durch einen Menschen alles wiederhergestellt werden. Daß dies geschehen werde — bezeugte das Evangelium bereits im Paradiese den Erstellern, und dieses Evangelium ist von allen Propheten bestätigt, erläutert, immer klarer, bestimmter und bis in seine kleinsten Züge hinein vorherverkündigt worden; daß diese Verheißungen Gottes erfüllt sind, daß es geschehen ist, was da geschehen sollte, ist die Botschaft der Evangelisten und Apostel"(Joh. Wichelhaus, Die Lehre der heiligen Schrift[3], 1892, S. 242/43).

Versuchen wir zuerst zu klären, in welchem Sinn das zu sagen ist, daß dort, an jenem Punkt der allgemeinen Zeit, das Licht jener besonderen neuen Zeit zu sehen sei. Es ist das Problem, das unter dem Titel „Offenbarung und Geschichte" in der neueren Theologie eine große Rolle gespielt hat. — Wir müssen jetzt den Nachdruck darauf legen, daß Gott darin Zeit für uns hat, daß er — das ist eine Tat, ein Akt, und zwar der unvergleichliche Akt, dessen Subjekt Gott selber und er allein ist — sich offenbart, d. h. aber aus einer Verhüllung hervortretend sich enthüllt. Wenn wir Offenbarung sagen wollen im Sinn der Bibel, dann müssen wir beides meinen als die beiden Momente, als den *terminus a quo* und den *terminus ad quem* des Ereignisses Jesus Christus: das Verhülltsein des Wortes Gottes in ihm und das Durchbrechen dieser Hülle kraft seiner Selbstenthüllung. Die Hülle, von der in diesem Zusammenhang zu reden ist, ist die allgemeine, die alte Zeit, unsere Zeit, sofern er sie annimmt, um sie — und das ist die Enthüllung, zu seiner, zur neuen Zeit, zu machen. Weder die alte noch die neue Zeit sind, wie wir vorhin in Auslegung einiger neutestamentlicher Texte sagten, abstrakt und allein da als solche, sondern sie sind da, indem die neue Zeit, die schon da ist, über die alte, die also auch noch da ist, triumphiert. Dieser Triumph, dieser Akt des Sieges, in welchem der Sieger schon da, aber doch auch der Besiegte noch da ist, dieser Übergang vom Alten zum Neuen Testament, vom alten Aeon, der mit dem Kreuz Christi endigt, zum neuen, der mit seiner Auferstehung anfängt, dieser Übergang ist die Offenbarung, ist das Licht der erfüllten Zeit.

Noch einmal: darum gehören Altes und Neues Testament so unauflöslich zusammen, darum ist in beiden die Offenbarung des göttlichen Gerichts und die Offenbarung der göttlichen Gnade nirgends voneinander zu abstrahieren. Darum läuft in den Evangelien alles der Leidensgeschichte entgegen, aber auch ebenso alles über die Leidensgeschichte hinaus der Auferstehungsgeschichte entgegen und kann darum auch alles nur von diesen beiden oder genauer: von der Wende zwischen diesen beiden her verstanden werden.

Das moderne Problem „Offenbarung und Geschichte" das heißt die Frage: ob und inwiefern denn menschliche Zeit an irgendeiner bestimmten Stelle als Zeit der Offenbarung Gottes verstanden werden könne, beruht auf einer verhängnisvollen Verkennung dieses Wesens der Offenbarung.

Man muß im einzelnen von mindestens drei entscheidenden Fehlern reden, die dabei gemacht worden sind und noch immer gemacht werden:
1. Man übersah, daß man bei der Beantwortung dieser Frage nicht von dem allgemeinen Phänomen der Zeit oder, wie man lieber sagte, der Geschichte, deren Normal-Struktur man auf Grund von vergleichender Beobachtung zu kennen meinte, ausgehen könne, um sich dann zu fragen, ob und wie sich der nämlichen vergleichenden Beobachtung nun vielleicht an bestimmter Stelle das Phänomen der Offenbarung zeigen möchte. Dazu ist zu sagen: das allgemeine Phänomen der Zeit oder der Geschichte in ihrer Mannigfaltigkeit ist gewiß nicht der Text, bei dessen Lektüre jemals jemand direkt oder indirekt auf das Phänomen der Offenbarung gestoßen wäre. Dieses allgemeine Phänomen der Zeit als solches ist ja noch nicht einmal das, was im Neuen Testament selbst der angesichts des kommenden neuen vergehende alte Aeon heißt. So daß man demjenigen, der nun tatsächlich vor diesem Phänomen steht wie vor einer Mauer und von Offenbarung weit und breit nichts wahrzunehmen vermag (z. B. mit P. Althaus, Grundr. d. Dogm. I, 1929 S. 17 und G. Kittel, „Der Historische Jesus", Myst. Christi 1930 S. 45) sagen könnte, daß dies nun eben: das Historische als solches in seiner Universalität und Relativität, das notwendige „Ärgernis" der Offenbarung sei! „Ärgernis" ist doch wohl selber schon ein sehr ernsthafter theologischer Begriff, der ein Geschehen bezeichnet, das das Geschehen und die Erkenntnis von Offenbarung schon voraussetzt. Johannes der Täufer „ärgert" sich an Christus (Matth. 11, 2 f.), aber nicht irgendein Historiker, der in der Geschichte Offenbarung nicht wahrzunehmen behauptet! Und ebenso ist die jesajanisch-paulinische „Knechtsgestalt" des Sohnes Gottes (P. Althaus

a. a. O., G. Kittel a. a. O. S. 57) wirklich etwas anderes als die allgemein zu konstatierende, jedermann einsichtige „Fraglichkeit und Ungewißheit der Historie". Wer diese Knechtsgestalt mit Jesaja oder Paulus wirklich sähe, der sähe ja das Kreuz Christi als das Ende des alten Aeon. Er würde dann auch um den neuen und also um die Wende vom alten zum neuen und also um Gottes Offenbarung wissen. Wer bei der allgemeinen Zeit zu denken anfängt, der wird ehrlicherweise mit ihr auch zu denken aufhören müssen. Er wird weder direkt feststellend noch indirekt dialektisch auch nur zu dem Problem der besonderen Zeit der Offenbarung vorstoßen. Man wird ihn nur fragen können, auf Grund welchen Dogmas er gerade diesen Anfang für besonders gewichtig und „wahrhaftig" halte. Und man wird den Theologen, die dem Historiker, von „Ärgernis" und von „Knechtsgestalt" redend, allzu feierlich assistieren, wohl sagen dürfen, daß sie ihm damit keinen guten Dienst tun.

2. Man übersah, daß man das Ereignis Jesus Christus als Gottes Offenbarung nur dann finden kann, wenn man es als solche schon gesucht, wenn man also sucht, was man schon gefunden hat. Diese scheinbar — aber wirklich nur scheinbar — aller ehrlichen Wahrheitsforschung gröblich widersprechende Regel, die nun einmal in diesem Falle die allein sachgemäße ist, ergibt sich zwingend aus dem Wesen der Frage, um die es hier geht. Offenbarung Gottes in Christus, wie die heilige Schrift sie als geschehen behauptet, ist nun einmal kein problematisches Etwas, das vielleicht (vielleicht auch nicht) irgendwo hinter jener Mauer von andersartiger Wirklichkeit verborgen wäre, so, daß diese andersartige Wirklichkeit das Unproblematische, ja das Axiomatische wäre, an das man auf alle Fälle gebunden wäre, demgegenüber man tausend Rücksichten der Wahrhaftigkeit zu nehmen hätte und von dem aus man dann vielleicht einmal (vielleicht auch nicht) mit größter Vorsicht und Zurückhaltung zu jenem Geheimnis vorstoßen dürfte. Man muß vielmehr wissen, daß in der Sache, um die es hier geht, alles genau umgekehrt läuft: das Problematische ist hier gerade die andersartige Wirkung des alten Aeon, der auch im besten Fall, auch wenn sein Vertreter Johannes der Täufer heißt, auf den Messias immer noch warten, immer noch nicht begreifen will, daß er gekommen ist. Unproblematisch axiomatisch ist hier dagegen das *Deus dixit*: „Die Blinden sehen und die Lahmen gehen, die Aussätzigen werden rein und die Tauben hören, die Toten stehen auf und den Armen wird das Evangelium verkündigt" (Matth. 11, 5), dem nun doch auch der vergehende Aeon in der Person des Täufers sein Zeugnis geben muß: „Siehe, das ist Gottes Lamm, welches der Welt Sünde trägt" (Joh. 1, 29), neben dem Zeugnis des Apostels des neuen Aeon: „Welcher dahingegeben wurde um unserer Übertretungen willen und auferweckt wurde um unserer Rechtfertigung willen" (Röm. 4, 25). Wer nicht diese Wende, diesen Übergang vor sich hat als Text, wer noch nicht gemerkt hat oder wer sich aus irgendeinem Grund nicht daran halten will, daß im Neuen Testament und vom Neuen Testament her gesehen auch im Alten alles beständig und ausschließlich von dieser Wende der Zeiten und so von der Zeit Gottes redet — wie soll der je dazu kommen, in der ganzen Frage Offenbarung und Zeit sachverständig mitzureden? Wird er nicht, zu welchen negativen oder positiven Resultaten er auch kommen mag, notwendig an der Sache vorbeireden? „Alles Bisherige war überhaupt nur Abstraktion" erklärt G. Kittel auf der vorletzten Seite seiner erwähnten Abhandlung, um endlich und zuletzt in einigen, an dieser Stelle wenig überzeugenden Sätzen dort zu endigen, wo er hätte anfangen müssen. In der Tat: hier kann alles nur Abstraktion sein, wenn man nicht, nun wirklich in ehrlicher Wahrheitsforschung, dort anfangen will, wo das Neue Testament selbst anfängt.

3. Man übersah, daß, wenn Offenbarung Offenbarung ist, keine Rede davon sein kann, daß man sie eigenmächtig sozusagen entdecken, ausgraben, herausarbeiten kann als den tieferen Sinn und Gehalt menschlicher Geschichte. Wenn der Satz: „Gott offenbart sich" auch nur von ferne etwas gemein hat mit Deutung, Hypothese, Behauptung, mit Wertung und Schätzung, mit einem willkürlichen Feststellen, Herausheben und Herausschneiden eines bestimmten Stückes menschlicher Geschichte aus dem Zusammenhang der übrigen, wenn so etwas wie „Verabsolutierung" einer an sich relativen

Wirklichkeit auch nur von ferne der Sinn jenes Satzes ist, dann würde man ihn besser ganz unterlassen, auch und gerade dann, wenn er vielleicht als Ausdruck tiefster und kongenialster geschichtlicher Intuition gemeint sein sollte. Wird die allgemeine menschliche Zeit und Geschichte als die die Offenbarung uns verbergende Hülle ernst genommen, dann versteht man sie ja gerade als den besiegten, aber eben nicht von uns, sondern von dem Worte Gottes besiegten alten Aeon, als die Zeit des Sündenfalls, die zu durchbrechen und aufzuheben auf keinen Fall Sache unserer Kunst und unseres Werkes sein kann, die man in ihrer in der Kreuzigung Christi gipfelnden Furchtbarkeit und Undurchdringlichkeit gewiß erst dann erkennt, wenn man weiß, daß es an ihr nichts zu deuten und in ihr nichts zu werten gibt, daß sie nur fallen kann und vor unseren Augen wirklich fällt, wie sie längst gefallen ist kraft der Enthüllung in der Offenbarung selber, nämlich in Christi Auferstehung. Auch von dem schon bei den altprotestantischen Orthodoxen gerne angeführten „Auge des Glaubens" (*oculus fidei*) sollte hier lieber bekannt werden, daß es blind ist, wenn es nicht ausgemacht ist, daß dieses Auge nur kraft der Enthüllung in der Offenbarung selber ein sehendes Auge ist. Man kann auch bei den besseren Vertretern der in der Neuzeit üblichen Lösung unseres Problems nicht sagen, daß dies ausgemacht sei. Man hätte sich sonst nicht so verdächtig darum bemüht, die Offenbarung irgendwie als den letzten, tiefsten Gehalt und Sinn der Geschichte überhaupt verständlich zu machen und sie darum schon sprachlich als ein allerdings besonderes Prädikat, aber immerhin als ein **Prädikat der Geschichte** zu kennzeichnen: indem man (so die ältere Erlanger Schule) von „**Heilsgeschichte**" oder (so M. **Kähler**, Wissensch. d. chr. Lehre, 2. Aufl. 1893 S. 12 f. und in seiner Nachfolge P. **Althaus**) von „**Übergeschichte**" oder (so in der 1. Auflage dieses Buches S. 230 f. im Anschluß an F. Overbeck leider ich selber!) von „**Urgeschichte**" oder von „**qualifizierter Geschichte**" redete. **Offenbarung ist nicht ein Prädikat der Geschichte, sondern Geschichte ist ein Prädikat der Offenbarung.** Man kann und muß wohl zuerst im Hauptwort Offenbarung sagen, um nachher erklärend Geschichte zu sagen. Man kann aber nicht zuerst Geschichte sagen, um nachher oder im Beiwort mit irgendeiner Verstärkung und Betonung Offenbarung zu sagen. Wo das letztere geschieht, da verrät man, daß man deutend, wertend, verabsolutierend seinen eigenen Weg, nicht den hier allein möglichen Weg des Gehorsams gegangen ist.

Wenn wir die Gegenwart Jesu Christi als die Erfüllung der Zeit verstehen, wenn wir also sagen, daß seine Zeit das Licht neuer Zeit ist inmitten der alten Zeit und für die ganze alte Zeit, so kann damit nicht gemeint sein, daß wir in der Lage seien, irgendein Stück dieser alten Zeit als neue, erfüllte Zeit zu durchschauen und zu verstehen. Sehr konkret zugespitzt: die Umschreibung des Satzes „Gott offenbart sich" muß lauten: die erfüllte Zeit ist die Zeit der Jahre 1–30. Sie kann aber nicht etwa lauten: Die Zeit der Jahre 1–30 ist die erfüllte Zeit. Sie muß lauten: Die Offenbarung wird Geschichte. Sie kann aber nicht lauten: die Geschichte wird Offenbarung. Legitim können nur solche Umschreibungen des Satzes „Gott offenbart sich" sein, in denen, wie in diesem Satz selber, Gott das Subjekt ist und bleibt. Sobald man hier ein anderes Subjekt einschiebt, sobald man ihm also die Form einer Aussage über die Zeit als solche (und wäre es die Zeit von 1–30) oder über die Geschichte als solche oder über bestimmte Inhalte der Geschichte als solche (z. B. über den „historischen Jesus" als solchen!) macht, verliert er seinen Sinn, jedenfalls den Sinn, der ihm hinsichtlich der in der heiligen Schrift bezeugten Offenbarung allein eigen sein kann.

Versuchen wir es nun, den „Eigen-Sinn" dieses Satzes hinsichtlich der in der Heiligen Schrift bezeugten Offenbarung kurz zu entwickeln:

1. „Gott offenbart sich" — das ist, wenn es angesichts der in der Heiligen Schrift bezeugten Offenbarung gesagt ist, gesagt im Blick auf einen faktischen, schon Ereignis gewordenen Herrschaftsakt, dem sich derjenige, der das sagt, nicht entziehen kann. Die Zeit, und zwar mit der Zeit der Offenbarung selbst auch die Zeit dessen, der das sagt, hat ihren Meister gefunden; sie ist beherrschte Zeit geworden. Wer das sagt, der hat selbst keine andere Zeit mehr als solche, die begrenzt und bestimmt ist durch die erfüllte Zeit, weil er in seiner Zeit um diese erfüllte Zeit weiß, in diesem Wissen ihr gleichzeitig, ein Genosse dieser Zeit, also ein Zeitgenosse Jesu Christi, der Propheten und der Apostel, geworden ist. Darum hat er nun auch keinen Ausblick auf ein Geschehen, auf Geschichte, die nicht begrenzt und bestimmt wäre durch die Geschichte der erfüllten Zeit. Zwischen seiner, zwischen unserer Zeit und der erfüllten Zeit besteht nun für ihn eine genaue und unumkehrbare Rangordnung. Was ist es denn um seine Zeit, um jene Zeit also, die wir „unsere" Zeit, die so problematische Zeit unserer Kalender und Uhren nennen? Sind wir Zeitgenossen Christi auf Grund des Herrschaftsaktes seiner Offenbarung, dann können wir als Zeitgenossen seiner Apostel in Erinnerung an ihn auf diese unsere Zeit nur noch zurückblicken als auf die verlorene, das heißt grundsätzlich schon vergangene, nur noch in ihrem Vergehen wirkliche Zeit des alten Aeon. Und sofern sie nun dennoch und als solche unsre Zeit immer noch ist, was anderes kann dann in dieser Zeit unsere Sache sein, als mit seinen Propheten auf ihn zu warten? Diese Rangordnung zwischen der Offenbarungszeit und unserer Zeit haben aber nicht wir ersonnen und aufgerichtet. Für ihren Sinn und Bestand brauchen nicht wir zu sorgen. Sie ist unserer Sorge entzogen. Wir brauchen sie nicht zu verteidigen. Sie spricht für sich selbst. Wir können sie nicht begründen. Wir dürfen sie auch nicht begründen wollen, weil wir sie leugnen würden mit jedem Versuch, sie zu begründen. Der Herrschaftsakt Gottes in der Erfüllung der Zeit, die Aufrichtung dieser Rangordnung zwischen seiner und unserer Zeit, ist ja nicht die Erfüllung einer allgemeinen Form, um die der Mensch schon zuvor wüßte, so daß er die Erfüllung als solche zu messen, als wirkliche Erfüllung zu beweisen vermöchte auf Grund seines Vorherwissens über die zu erfüllende Form. Der besonderen Wirklichkeit der Offenbarung entspricht nicht wie anderen Besonderheiten eine allgemeine Möglichkeit, eine Wahrheit, eine Idee, das Wissen um einen Wert, etwa um einen höchsten Wert des zeitlich-geschichtlichen Lebens überhaupt, aus dessen Kenntnis heraus der Mensch die Offenbarung nachträglich beurteilen und begutachten könnte. Offenbarung ist nicht eine Angelegenheit, die da und dort auch sonst vorkäme und bekannt

wäre, so daß man auf Grund geschichtlichen Vergleichs der verschiedenen Offenbarungen die echteste und wertvollste als die authentische und wirkliche Offenbarung feststellen könnte. Man kann das darum nicht, weil ein Kriterium darüber, was echte und unechte, wertvolle und weniger wertvolle Offenbarung ist, nicht in unserer Hand ist. Offenbarung wäre ja nicht Offenbarung, wenn sie zu den Angelegenheiten gehörte, die auch sonst da und dort vorkommen und wenn es ein solches Oberhalb gäbe, von dem aus wir über ihre Echtheit und ihren Wert urteilen könnten. Offenbarung ist der Akt göttlicher Freiheit. Daß sie zeitliche, geschichtliche Offenbarung ist, hebt ihre Freiheit nicht auf. Sondern gerade in ihrer Zeitlichkeit und Geschichtlichkeit ist sie frei und also nicht Gegenstand menschlicher Deutung und Wertung. Der Satz „Gott offenbart sich" kann nur die Anerkennung dessen aussprechen, was Gott in seiner Freiheit in Zeit und Geschichte zu tun tatsächlich wohlgefallen hat. Er versteht die Offenbarung als notwendig auf dem Hintergrund des göttlichen, nicht eines menschlichen Apriori der Zeit und Geschichte. Er versteht also die „erfüllte Zeit" von der Erfüllung, nicht von der Zeit aus. Die Zeit ist in der erfüllten Zeit das, was sie ist, ganz und gar kraft ihrer Erfüllung. Anders gesagt: die Geschichte ist das, was sie ist, ganz und gar kraft des Subjektes, das hier handelt.

Im Hirten des Hermas (*Mand.* XI 4 f.) wird der Unterschied zwischen wahren und falschen Propheten sehr lehrreich für das, was man noch im zweiten Jahrhundert vom Wesen der Offenbarung wußte — dahin angegeben: der Geist des falschen Propheten sei daran zu erkennen, daß er antworte auf das, wonach er von den Menschen gefragt werde, der von Gott gegebene Geist des wahren Propheten dagegen daran, daß er nicht antworte, sondern von sich aus rede, wenn ihm und was ihm befohlen sei zu reden. Darum sei jener kraftlos: wie ein gen Himmel geschleuderter Stein oder Wassertropfen den Himmel gewiß nicht erreichen werde, wohl aber ein vom Himmel fallender Hagelstein oder Wassertropfen die Erde. — Ebenso wird im Brief an Diognet 7, 1 die Besonderheit der christlichen Erkenntnis und Lehre dahin beschrieben: Οὐ γὰρ ἐπίγειον εὕρημα τοῦτ' αὐτοῖς παρεδόθη, οὐδὲ θνητὴν ἐπίνοιαν φυλάσσειν οὕτως ἀξιοῦσιν ἐπιμελῶς, οὐδὲ ἀνθρωπίνων οἰκονομίαν μυστηρίων πεπίστευνται ἀλλ' αὐτὸς ἀληθῶς παντοκράτωρ καὶ παντοκτίστης καὶ ἀόρατος θεός, αὐτὸς ἀπ' οὐρανῶν τὴν ἀλήθειαν καὶ τὸν λόγον τὸν ἅγιον καὶ ἀπερινόητον ἀνθρώποις ἐνίδρυσε καὶ ἐγκατεστήριξε ταῖς καρδίαις αὐτῶν. — Darumb ist das Euangelium unnd seyn vorstand eyn gantz ubirnaturlich predigt und liecht, das nur Christum anzheygt. Das ist bedeutt tzum ersten darynn, das nit eyn mensch dem andern, ssondern eyn Engel vom hymel kam und den hirtten diesse gepurtt Christi vorkundigt, kein mensch wuste etwas dauon. Zum andern bedeutt auch die mitternacht, in wilcher Christus geporn ist, damit er antzeygt, das alle wellt finster ist ynn seyner tzukunfft und keyn vernunfft Christum erkennen kan. Es muss vom hymel offenbartt werdenn. Zum dritten deuttet das liecht, wilchs die hirtten umbleuchtet tzu leren, das gar eynn ander liecht denn alle vornunfft hie seyn muss, und S. Lucas spricht hie nemlich: Gloria dei, die glorie gottis hab sie umbleucht, nennet dasselbe liecht eyn gloria odder ehre gottis. Warumb das? Nemlich das mysterium zu ruren und antzutzeygen die artt des Euangelij. Denn dieweyl das Euangelium eyn hymlisch liecht ist, das nit mehr denn Christum leret, ynn wilchem gottis gnade unss geben unnd unsser ding gar forworffen wirtt, sso richtet es nur gottis ehre auff, das niemant hynfurt sich rhumen eynigs vormugenss kan, sondern muss gott die ehre geben und yhm den ruhm lassen, das seyn lautter liebe und gute sey, das wyr durch Christum selig werden. Sihe, der gotlich rhum, die gotlich ehre ist das liecht ym Euangelio, das unss vom hymel umbleuchtet, durch die Apostelln und yhre folger, die das Euangelium predigen; denn der Engel ist an statt gewessen aller prediger des Euangelij und die hirtten an statt aller tzuhörer, wie wyr sehen werden. Darum mag das Euangelium keyn ander lere neben sich leyden; denn menschen lere ist yrdisch liecht, ist auch menschenn glori, richtet auch menschen rhum und lob auff, macht vormessene seelen auff yhr eygen werck, das das Euangelium auff Christum, gottis gnade und gütte, sich vormessen, auff Christum rhumen und trotzen leret. (Luther, Pred. üb. Luc. 2, 1–14, Kirchenpost. 1522 W. A. 10$^{I\,1}$ 76, 15.)

2. „Gott offenbart sich", das ist, wenn es angesichts der in der Heiligen Schrift bezeugten Offenbarung gesagt ist, gesagt im Blick auf den ebenso faktischen menschlichen Widerstand gegen den göttlichen Herrschaftsakt, einen Widerstand, an dem sich der, der das sagt, mitbeteiligt und mitschuldig wissen wird. Wohl ist die Begrenzung und Bestimmung unserer Zeit vollzogen, die Rangordnung zwischen Gottes Zeit und unserer Zeit aufgerichtet. Wer das nicht wüßte, der wüßte nicht, was er sagt, wenn er jenen Satz nachspricht. Er wüßte aber wiederum nicht, was er sagt, wenn er nicht auch wüßte darum, daß unsere Zeit, d. h. aber wir selbst weit entfernt davon sind, uns diese Begrenzung und Rangordnung aus eigener Neigung und Fähigkeit gefallen zu lassen, daß wir uns ihrer vielmehr mit letztem Ernst zu erwehren suchen. Der alte Aeon, der in der Offenbarung vergeht und doch als vergehender noch gegenwärtig ist, steht ja zu dem in der Offenbarung kommenden neuen keineswegs in dem neutralen Verhältnis irgendeiner Zeit zu irgendeiner darauf folgenden anderen Zeit. Der alte Aeon ist vielmehr die Zeit des Gott gegenüber auf seine Eigenmacht pochenden und eben darin sündigen und gefallenen Menschen und als diesen Menschen erkennen wir, wenn wir wirklich Gottes Offenbarung erkennen, uns selber. Uns selber als Gottes Feinde! In dieser Begegnung mit uns als seinen Feinden ist Gottes Offenbarung Wirklichkeit. Daß sie in dieser Begegnung Wirklichkeit ist, darin ist ihre **Verborgenheit** begründet.

Jesus Christus ist als der die Offenbarung vollstreckende Sohn der, „der solchen Widerspruch (τοιαύτην ἀντιλογίαν) von den Sündern gegen sich selbst duldete" (Hebr. 12, 3). Sein Licht „scheint in der Finsternis" (Joh. 1, 5). Als der Herr des Weinbergs seinen geliebten Sohn sandte, da und da erst wurde die Rebellion der Weingärtner prinzipiell und endgültig: „Dies ist der Erbe, laßt uns ihn töten, so wird das Erbe unser sein!" (Mc. 12, 7).

Angesichts des anbrechenden neuen Aeons, Jesus Christus gegenüber, kommt der alte Aeon, kommt die Sünde Adams, zu ihrer Eigentlichkeit. Die Offenbarung und nur die Offenbarung bringt sie zu ihrer Eigentlichkeit, zieht sie ans Licht in ihrer Totalität, in der sie nun gerade ihr, der Offenbarung, gegenübersteht und widersteht, so daß es nun nichts Verborgeneres geben kann als eben die Offenbarung. Gerade ihr widersetzt sich der ganze Mensch. Gerade gegen die neue, erfüllte Zeit streitet notwendig jede Zeit, auch und gerade „unsere" Zeit, weil auch und gerade wir selbst dagegen streiten. Erst und nur an der Offenbarung kann man ja — an ihr muß man aber auch — „Ärgernis" nehmen. „Gott in der Zeit", „Gott in der Geschichte" — das ist das Ärgerliche der Offenbarung. Gott an sich ist nicht ärgerlich. Die Zeit an sich ist auch nicht ärgerlich. Aber Gott in der Zeit ist ärgerlich, weil damit jene Rangordnung aufgerichtet wird, weil wir damit von Gott her sozusagen in unserem eigensten Bereich: in dem Wahn, daß wir Zeit hätten, angegriffen sind. Die erfüllte Zeit mitten in unserer Zeit ist der eingedrungene Feind, das Störungszentrum, das wir notgedrungen vernichten oder wenigstens unschädlich machen oder wenigstens vor unseren Augen verbergen möchten. Was wird aus unserer Zeit, wenn sie wirklich durch eine „erfüllte Zeit" begrenzt und bestimmt, als schon vergangener Aeon charakterisiert, sozusagen in ihrer Gesamtheit zum alten Eisen geworden sein sollte? Welche Bedrohung! Und — für uns als Genossen und Bürger dieser unserer Zeit— welche Herausforderung!

Die Kreuzigung Jesu, in der der alte Aeon sein letztes und entscheidendes Wort gesprochen hat, war, in diesem Zusammenhang gesehen, durchaus keine besondere Schandtat, sondern ein Akt primitivster Selbsterhaltung und Notwehr, der auch nicht dem Volk Israel im besonderen zur Last gelegt werden kann, sondern in welchem sich Israel in einer Weise wie vorher und nachher nie mehr geradezu als Repräsentant und Mandatar aller Völker verhalten und bewährt hat. Nicht von dem jerusalemischen Sanhedrin als solchem, sondern von den ἄρχοντες τοῦ αἰῶνος τούτου hat darum Paulus gesagt: sie haben den Herrn der Herrlichkeit gekreuzigt (1. Kor. 2, 8). Es ist schwer erfindlich, wie man von dieser Sache mit E. Brunner (Zur Judenfrage, Neue Schweizer Rundschau 1935 S. 385 f.) reden kann, als habe es sich dabei um eine Art rückständiger Vorliebe der Juden für ihre Nationalreligion als solche gehandelt, von der sie schließlich ebensogut auch hätten lassen können, woraufhin dann die ganze Kirchen- und Weltgeschichte einen anderen erfreulicheren Verlauf genommen hätte! — „Selig ist, wer sich nicht an mir ärgert!" (Matth. 11, 6). Aber wer ärgert sich da nicht, wo selbst Johannes der Täufer sich ärgerte? Ἀνάγκη γὰρ ἐλθεῖν τὰ σκάνδαλα (Matth. 18. 7). Ἀνένδεκτόν ἐστι τοῦ τὰ σκάνδαλα μὴ ἐλθεῖν (Luc. 17, 1). Πάντες ὑμεῖς σκανδαλισθήσεσθε ἐν ἐμοὶ ἐν τῇ νυκτὶ ταύτῃ (Matth. 26, 31). Und gerade der, der sich hier für eine Ausnahme hält, muß sich sagen lassen: „Dreimal wirst du mich verleugnen!" — Petrus, derselbe, auf den Christus seine Kirche bauen will! (Matth. 26, 34).

Weil es unvermeidlich ist, daß man an der Offenbarung, an „Gott in der Zeit" Ärgernis nehmen muß, darum ist die Gestalt der Offenbarung notwendig jene jesajanisch-paulinische „Knechtsgestalt", jene Unscheinbarkeit und Unkenntlichkeit, in der das wahr ist, daß die „erfüllte Zeit" die Zeit der Jahre 1–30 ist. Sie hat nichts zu tun mit jener relativen Verborgenheit der geistigen Dinge im Unterschied zu der Welt des Gegenständlichen. Sie hat nichts zu tun mit der relativen Verborgenheit jeder Vergangenheit gewordenen Geschichtstatsache. Sie hat auch nichts zu tun mit der absoluten Verborgenheit des unsichtbaren Schöpfers vor dem leiblichen und geistigen Auge seiner Geschöpfe. Sie ist keine natürliche, sondern eine widernatürliche Verborgenheit. Weil wir uns selbst suchen und Gott widerstehen, darum nehmen wir Ärgernis an der Offenbarung. Weil wir Ärgernis an ihr nehmen, darum widersprechen und widerstehen wir ihr. Und in diesem Widerspruch und Widerstand entsteht ihre „Knechtsgestalt", das heißt jenes merkwürdige Sein der Offenbarung vor unseren Augen, als wäre sie gar nicht Offenbarung. Dieses Sein hat ihr Israel bereitet, indem es seinen erschienenen Messias kreuzigte. Es war der drastische Versuch, das Ärgernis der Offenbarung loszuwerden, die Zeit Gottes unserer Zeit gleichzumachen, die sichtbar werdende Rangordnung der Zeiten aufzuheben und einzuebnen. Ein schlechthin singulärer Versuch war dies darum, weil Gottes Offenbarung, weil die Erscheinung des Messias und also auch dessen Verwerfung eine schlechthin israelitische Angelegenheit war. Aber wie die Offenbarung Gottes eben auf Grund dieser Verwerfung eine universale Angelegenheit geworden ist, so gibt es nun auch eine universale Beteiligung an der singulären Sünde der durch Israel vollstreckten Verwerfung der Offenbarung. Diese Verwerfung findet überall da statt, wo wir die Wirklichkeit der Offenbarung verstehen wollen im Schema einer Möglichkeit, einer Wahrheit, einer Idee, eines Wertbegriffs, über den wir schon vor der Offenbarung und auch ohne sie Bescheid wissen und mittels dessen wir nun beurteilend, würdigend, begründend auch über die Offenbarung meinen verfügen zu können. Eben damit beseitigen wir ja (oder meinen wir zu beseitigen) das Ärgernis der Offenbarung und damit bereiten wir ihr (selbst wenn unsere Stellungnahme zu ihr eine positive sein sollte!) jenes Sein, als ob sie nicht Offenbarung wäre, die Knechtsgestalt, die Unkenntlichkeit. Damit entsteht jenes seltsame, nicht zu zerstörende, immer wieder sich vordrängende Bild einer einzigen, allmächtigen Weltzeit und Weltwirklichkeit, einer Weltgeschichte, die zwar verwunderlicherweise ihre Zeit nach den Jahren vor und nach Christi Geburt berechnet, in Wirklichkeit aber ohne Christus, ohne Offenbarung ist, eine harte, spiegelglatte Fläche von Profanität, die auch die Jahre 1–30 bedeckt wie alle anderen, eine Weltgeschichte, in der es zwar neben Kulturgeschichte, Völkergeschichte, Kriegsgeschichte, Kunstgeschichte auch eine Religions- und Kirchengeschichte, aber sicher keine ernsthaft so zu nennende Geschichte der „großen Taten Gottes" gibt, in der die Zeit der Erscheinung Christi gerade nicht Epoche gemacht hat, sondern als Zeit der „Entstehung des Christentums" in aller ihrer Besonderheit schließlich eine Zeit wie jede andere ist.

Otto Petras (*Post Christum* 1935) hat mit einer vor vielen Halbheiten durch klare Konsequenz sich auszeichnenden Weise und nicht ohne ein teilweise bemerkenswertes Wissen um das, was die Wirklichkeit der Offenbarung allenfalls bedeuten könnte, gezeigt, wie jene eine, einzige, allmächtige Weltzeit und Weltwirklichkeit sich selbst darstellt und behauptet, freilich nicht ohne gleichzeitig sichtbar zu machen, welche gequälten historischen Kombinationen zu dem Versuche nötig sind, dem Rätsel der Jahre 1–30 nun wirklich bewußt und vollständig aus dem Wege gehen zu wollen.

Diese Verborgenheit ist in ihrer ganzen Widernatürlichkeit eine notwendige Bestimmung der Offenbarung und nicht etwa eine zufällige und vielleicht zu beseitigende Schwierigkeit ihres Verständnisses. Wir müßten uns selbst wegdenken: uns selbst in der Empörung, in der wir Gott auch und gerade in seiner Offenbarung in Christus gegenüberstehen, wenn uns die Offenbarung nicht verborgen sein sollte. Und wir müßten schließlich doch auch das besondere Handeln Gottes wegdenken, wenn es anders sein sollte. Denn das eben ist die Tiefe der göttlichen Offenbarung, daß Gott sich eben diesem sich gegen ihn empörenden Menschen nicht verweigert, sondern die ihm durch diese Empörung bereitete Verborgenheit annimmt, daß er uns gerade so — und gerade so wirklich u n s g e g e n w ä r t i g sein wollte.

3. „Gott offenbart sich" — das ist, wenn es angesichts der in der Heiligen Schrift bezeugten Offenbarung gesagt ist, gesagt im Blick auf das faktisch sich ereignende W u n d e r der besonderen neuen direkten Gottestat des Anbruchs neuer Zeit inmitten der alten.

Ein Wunder ist in der Bibel nicht irgendein schwer begreifliches, auch nicht irgendein schlechthin unbegreifliches, sondern ein sehr begreifliches, aber eben nur als Exponent der besonderen neuen, direkten Tat Gottes in der Zeit und Geschichte begreifliches Ereignis. Die biblisch bezeugte Offenbarung ist in der Form ihres zeitlich geschichtlichen Ereigniswerdens immer Wunder und darum ist das Zeugnis von ihr direkt oder indirekt durchlaufend ein Bericht von geschehenen Wundern. Das Wunder gehört also zur Offenbarung. Es bezeichnet sozusagen die Grenze der Offenbarungszeit gegenüber aller übrigen Zeit. Unsere Existenz, unsere Zeit und Geschichte ist ohne Wunder, wie sie auch nicht ärgerlich ist. Die Existenz Gottes an sich ist auch kein Wunder, wie ja auch sie an sich nicht ärgerlich ist. Aber daß Gottes Existenz da ist für unsere Existenz, daß er für uns Zeit hat, daß es eine Gotteszeit gibt inmitten unserer Zeit, das ist ärgerlich und das wird als Wunder sichtbar.

Daß die Offenbarung nur in Form des Wunders verstanden werden kann, das ergibt sich daraus, daß sie nach dem Zeugnis des Neues Testamentes die Offenbarung in der Auferstehung Jesu Christi von den Toten ist. Wir können das verstehen an Hand unserer beiden ersten Feststellungen. Ist Offenbarung 1. ein göttlicher Herrschaftsakt und ist sie 2. ein göttlicher Herrschaftsakt an dem Menschen, der gerade ihr als Gottes Feind begegnen muß, der die Finsternis ist, die das Licht nicht begriffen hat und auch nicht begreifen kann — dann folgt: wenn Offenbarung nun dennoch stattfindet, dann kann sie nur in Form des Wunders stattfinden. Und wenn es nun dennoch Ereignis sein soll, daß jemand bekennt: „Gott offenbart sich", dann kann das nur das Bekenntnis zu dem geschehenen Wunder sein, nicht aber der Ausdruck einer Einsicht in einen Sachverhalt, den er auch anders als aus der besonderen direkten neuen Tat Gottes erklären kann. Er würde sonst die durch göttlichen Herrschaftsakt geschaffene Rangordnung zwischen Gottes Zeit und unserer Zeit doch wieder aufheben und einebnen und er würde sich sonst über die durch seine eigene

Widersetzlichkeit geschaffene Verborgenheit der Offenbarung doch wieder täuschen. Eben darum sind alle Versuche, den Wundercharakter der Offenbarung abzuschwächen oder zu eskamotieren, grundsätzlich abzulehnen.

Die sogenannte historisch-kritische Betrachtung der Heiligen Schrift hört in dem Augenblick auf, theologisch möglich und beachtlich zu sein, wo sie ihre Aufgabe darin erblickt, aus den Zeugnissen der Heiligen Schrift, die der Offenbarung durchlaufend den Charakter des Wunders zuschreiben, eine solche Wirklichkeit herauszuarbeiten, und als das eigentlich Gemeinte herauszustellen, die diesen Charakter nun gerade entbehren würde, die als Wirklichkeit anders denn als aus Gottes freier, besonderer und direkter Tat zu verstehen wäre. Das ist insbesondere zu sagen von dem gigantischen (und wie bisher noch alle Gigantik tragisch verlaufenen) Versuch der sogenannten „Leben-Jesu-Forschung": von jenem in allen Spielarten vom mildesten Konservativismus bis zur phantasievollsten oder auch phantasielosesten „Hyperkritik" unternommenen Versuch, aus dem Neuen Testament mittels einer Reihe von Kombinationen, Ergänzungen und besonders auch Streichungen die Gestalt des bloßen Menschen Jesus, den sogenannten „historischen Jesus" herauszuschälen, wie er in den Jahren 1–30, vielleicht als ein dem Wahnsinn naher Schwärmer, vielleicht auch als erhabene religiös-sittliche Persönlichkeit, vielleicht doch auch als ein mit außerordentlichem, ja einzigartigen Gaben ausgestatteter Übermensch, aber eben grundsätzlich als Mensch, als Genosse unserer eigenen Zeit, gelebt haben möchte. Es ist ein bleibendes und nicht genug zu preisendes Verdienst von Martin Kähler, in seiner Schrift „Der sogenannte historische Jesus und der geschichtliche biblische Christus", 1892 — zu einer Zeit, wo es noch etwas kostete, das zu sagen — die ganze „Leben Jesu-Bewegung" mit dürren Worten einen „Holzweg" genannt zu haben mit der schlichten historischen Begründung, daß wir für ein Leben Jesu keine Quellen besäßen, die ein Geschichtsforscher als zuverlässige und ausreichende gelten lassen könne, weil die Evangelien Zeugnisse seien und nicht Urkunden — und mit der ebenso schlichten exegetisch-dogmatischen Begründung, daß der wirkliche geschichtliche Christus kein anderer sei als der biblische, der von den neutestamentlichen Schriftstellen bezeugte, das heißt aber das fleischgewordene Wort, der Auferstandene und Erhöhte, der offenbare Gott in seinem erlösenden Handeln, wie er der Gegenstand des Glaubens seiner Jünger ist. Es ist nicht einzusehen, warum die historisch-kritische Bibelforschung nicht ebensowohl der Erforschung und Darstellung dieses geschichtlichen Christus des Neuen Testamentes dienen sollte, statt — historisch-wissenschaftlich und theologisch-wissenschaftlich gleich eigenmächtig — dem Phantom eines historischen Jesus im leeren Raum hinter dem Neuen Testament nachzujagen. Und so brauchte sie überhaupt nicht notwendig das hölzerne Eisen einer wunderfreien Offenbarung zu ihrem Ziel und damit des Attentates gegen die Offenbarung selbst sich schuldig zu machen. Sie könnte ebensowohl Handreichung leisten wollen zum möglichst genauen und differenzierten Verständnis des neutestamentlichen Zeugnisses als solchen: der Bezeugung des θαυμαστὸν φῶς, zu dem uns Gott aus der Finsternis berufen hat (1. Petr. 2, 9).

Daß der Satz „Gott offenbart sich" das Bekenntnis zu dem geschehenen Wunder ist, das bedeutet nun gewiß nicht etwa das blinde Fürwahrhalten aller in der Bibel erzählten Wundergeschichten. Die Wunder der Bibel sind ja nur „Zeichen" des Wunders der in ihr bezeugten Offenbarung. Bekennen wir uns zu dem Wunder, so können uns wohl auch die Wunder wenigstens teilweise und nach und nach einleuchten als notwendige Zeichen des Wunders. Aber warum sollten wir nicht, auch indem wir uns zu dem Wunder bekennen, dieses und jenes der Wunder immer noch nicht einleuchtend finden, immer noch davor stutzen? Uns ist wirklich nicht aufgetragen, alles, was in der Bibel steht, *in globo* für wahr zu halten, sondern uns ist aufgetragen, ihr Zeugnis da zu hören, wo wir es eben tatsächlich hören. Es könnte ja auch einer alle Wunder für wahr halten und sich darum doch zu dem Wunder nicht bekennen! Sondern das bedeutet das Bekenntnis zur Offenbarung als zu dem geschehenen Wunder: daß der Satz: „Gott offenbart sich" der Satz schlechthinniger Dankbarkeit sein muß, der Satz des reinen Staunens, in welchem sich das Staunen der Jünger in ihrer Begegnung mit dem Auferstandenen wiederholt — in gar keiner Weise aber der Satz eines selbstbewußten überlegenen Erwerbens und Besitzens, Verstehens und Wissens sein kann. Die Gleichzeitigkeit des Bekenners mit den ersten Jüngern Christi, die in diesem Satz ausgedrückt ist, ist eben keine von des Menschen eigenen Möglichkeiten.

Des Menschen eigene Möglichkeiten weisen alle in ganz andere Richtung: *Tota natura hominis Evangelium legit et audit extra Christum velatum tamquam historiam civilem et miraculis ornatam.* (B. Aretius, *Probl. Theol.* II 1575 S. 734 f.) Wir stehen der Offenbarung in der Geschichte immer wieder gegenüber wie jenes Kamel dem Nadelöhr: „Bei den Menschen ist es unmöglich...." (Matth. 19, 24 f.). *Verbum enim caro factum est et sapientia incarnata ac per hoc abscondita nec nisi intellectu attingibilis, sicut Christus non nisi revelatione cognoscibilis* (Luther, *Schol.* zu Röm. 3, 11 Fi. II 75, 15).

„Aber bei Gott sind alle Dinge möglich." Auch dies, daß die Verborgenheit, die Knechtsgestalt, das Ärgernis, von dem seine Offenbarung undurchdringlich umgeben ist, für ihn nun dennoch kein Hindernis bedeutet! Wo Offenbarung geschieht, da geschieht sie auf alle Fälle nicht durch das Mittel dieser unserer Einsicht und Kunst, sondern in der Freiheit, die Gott hat, für uns frei zu sein und uns von uns selbst zu befreien, das heißt uns in unserer Finsternis, die als solche das Licht nicht begreift, sein Licht leuchten zu lassen. In diesem Wunder, das wir nur als faktisch stattfindend, anerkennen, das wir nur aus Gottes Hand entgegennehmen können, wie es durch seine Hand geschieht, kommt für uns sein Reich und vergeht für uns diese Welt. In diesem Kommen und Vergehen ereignet sich für uns die Bewegung, die die Heilige Schrift Offenbarung nennt.

Wir haben nun noch kurz zu umreißen, was das für unsere Zeit bedeutet, daß es eine erfüllte Zeit gibt, daß Gottes Offenbarung Geschichte ist. Daß diese erfüllte Zeit, die Zeit Gottes, Zeit für uns sei, davon sind wir ja ausgegangen. Wir haben diese Seite des Problems mehrfach damit berührt, daß wir sagten: unsere Zeit ist die durch die erfüllte Zeit begrenzte und bestimmte Zeit. Unsere Zeit liegt sozusagen in der Nachbarschaft, sie steht im Zeichen und im Lichte dieser ganz anderen Zeit. Und weil diese Zeit ja die Zeit Gottes ist, unsere Zeit dagegen die durch den Sündenfall verfallene uneigentliche Zeit, die wir, wenn wir „Zeit" sagen, als Zeit immer nur meinen können, ohne sie doch zu kennen und zu haben — dann ist unsere Zeit von dieser, der erfüllten Zeit sozusagen überhöht und beherrscht, und zwar schlechthin, das heißt so überhöht und beherrscht, daß tatsächlich auch die fernsten vergangenen und die fernsten künftigen Zeiten ihr benachbart sind, so also, daß der Abstand der Jahrhunderte und Jahrtausende nicht hindern kann, daß nicht auch die Tage Kains und Abels, daß nicht auch unsere Tage im gleichen Sinn und mit der gleichen Kraft durch die erfüllte Zeit begrenzt und bestimmt sind wie etwa die Tage des Apostels Petrus.

Man darf ja die erfüllte Zeit nicht etwa mit einem vielleicht sehr hohen, ja höchsten Berge vergleichen, der sich irgendwo sichtbar, aber aus einiger Ferne doch schon weniger sichtbar und aus noch größerer Ferne doch endlich unsichtbar, aus der Ebene der sonstigen Zeit erheben würde. Jedes räumliche Bild zerbricht hier vielmehr: in der erfüllten Zeit ist die Erde eben eins mit dem Himmel, der sich über der ganzen Erde wölbt. Hier ist der Ort des berühmten Psalmwortes zu gedenken: „Tausend Jahre sind vor dir wie ein Tag, der gestern vergangen ist und wie eine Nachtwache" (Ps. 90, 4). Der Gott, der so angeredet wird, ist freilich der ewige Gott, aber nicht die zeitlose Gottheit der Griechen, sondern der in der Zeit sich offenbarende Bundesgott Israels. Nicht vor Gott dem Zeitlosen, sondern vor ihm, dem gar sehr zeitlich Offenbaren sind tausend Jahre wie ein Tag, oder wie Luther einmal sagt: „... was wir nach der Zeit ansehen und messen als ein seer lange ausgezogene messschnur, das sihet er alles in auff einem klewel zusamen gewunden, Und also beide, den letzten und ersten Menschen, tod und leben jm nicht mehr denn ein augenblick ist." (Pred. üb. Matth. 9, 18 f. Cruc. Somm. Post. W. A. 22 S. 402, 17). Hierher gehört aber auch das evangelische Verständnis des Gottesnamens: „Der Gott Abrahams und der Gott Isaaks und der Gott Jakobs .... ist nicht der Toten, sondern der Lebendigen Gott," πάντες γὰρ αὐτῷ ζῶσιν (Luc. 20, 37 f.).

Wir können das, was die Bestimmung und Begrenzung unserer Zeit durch die erfüllte Zeit bedeutet, in vier Gedanken auseinanderlegen:

1. Die erfüllte Zeit tritt als echte, eigentliche Zeit an die Stelle unserer unechten und uneigentlichen. Was wir meinen, wenn wir „Zeit" sagen, das ist dort wirklich. Wir haben also unsere wirkliche Zeit nicht hier, sondern dort. Es ist also kein erbauliches Gedankenspiel, sondern es ist die unserem Leben unentbehrlichste Nahrungsaufnahme, wenn uns die Heilige Schrift und wenn uns die Verkündigung ihrer Botschaft aus unserer Zeit weg in jene Zeit, nämlich in die Zeit Jesu Christi ruft und versetzt. Dort und nur dort: in der durch das Zeugnis der Propheten und Apostel der Kirche vermittelten Gleichzeitigkeit mit Christus haben wir wirklich Zeit. Sie, ihre Gegenwart im Kommen des Reiches und im Vergehen dieser Welt, ist in Wahrheit unsere, die uns als Offenbarung Gottes real geschenkte Zeit.

Das Wort: „Ein Tag in deinen Vorhöfen ist besser denn sonst tausend" (Ps. 84, 11) wird hier sinngemäß angewendet werden dürfen.

2. Die Erfüllung der Zeit durch die Offenbarung bedeutet — wiederum durchaus nicht bildlich gesprochen, sondern ganz real — daß uns unsere eigene Zeit: das, was wir als Zeit zu kennen und zu haben meinen, genommen ist. Keine philosophische Skepsis, keine Entdeckung der Aporien des Zeitbegriffs wird uns ja zu der Feststellung und Erkenntnis zwingen, daß wir gar nicht wissen, was wir sagen, wenn wir „Zeit" sagen und daß wir gerade dieses Selbstverständlichste, unter dem, was wir zu haben meinen, nämlich Zeit, in Wirklichkeit gar nicht haben. Die Offenbarung zerstört diesen Schein, sie enthüllt ihn als Unwahrheit und insofern nimmt sie uns unsere Zeit. Sie ist gerade als anbrechende Gnadenzeit die hereinbrechende Krisis der allgemeinen Zeit. Gerade daran entsteht das Ärgernis an der Offenbarung. Wir haben wohl recht, zu Tode erschrocken zu sein, wenn uns Offenbarung begegnet; denn es ist tatsächlich das Ende unserer Zeit und auch aller in unserer Zeit wirklichen Dinge, was sich da als unmittelbar bevorstehend ankündigt.

„Ihr könnt nicht Gott dienen und dem Mammon" (Matth. 6, 24). Warum nicht? An sich könnten wir offenbar sehr wohl. Aber weil wir neben dem offenbaren Gott keine Zeit mehr haben für den Mammon, weil Gott in seiner Offenbarung der ist, „der Zeit und Stunde ändert" (Dan. 2, 21) — darum können wir nicht. Die Übersetzung von Ps. 31, 15 f.: „Ich aber, Herr, hoffe auf dich und spreche: Du bist mein Gott! Meine Zeit steht in deinen Händen" ist gerade hinsichtlich der letzten Wendung kein Schriftwort, sondern ein Lutherwort. Aber warum sollten wir es nicht als solches als genau zutreffende Formulierung dessen, um was es hier geht, schätzen? Luther hat bei dieser Übersetzung doch nichts anderes gesagt, als was Ps. 139, 16 nun wirklich auch im Urtext zu lesen steht: daß alle meine Tage „in dein Buch geschrieben waren, als noch keiner von ihnen da war". Oder, dasselbe negativ gewendet, Ps. 102, 4: „Meine Tage sind vergangen wie ein Rauch." Man wird auch in solchen Worten, wenn man sich klar macht, daß die, die sie schrieben, Israeliten und keine Griechen waren, keine abstrakte Zeitspekulation finden, sondern die harte, konkrete Feststellung, daß uns die Verfügung über unsere Tage durch den offenbaren Gott genommen ist, daß unsere Zeit wirklich in seinen Händen steht.

3. Die Erfüllung der Zeit durch die Offenbarung bedeutet nun freilich noch nicht den Vollzug, sondern sie bedeutet erst die Ankündigung, das unmittelbare Bevorstehen der Hinwegnahme unserer Zeit. Sie ist wahr: mit dem ganzen Ernst und Gewicht göttlicher Wahrheit. Sie erscheint und begegnet uns in der Offenbarung so real wie nur möglich. Aber noch begegnet sie uns, noch begrenzt und bestimmt sie unsere Zeit, dieses rätselhafte Etwas, das wir zu kennen und zu haben immer bloß meinen, von dem uns aber durch die Offenbarung gesagt ist, daß wir es weder kennen noch wirklich haben. Noch gibt es dieses Etwas neben oder gegenüber der erfüllten Zeit, in dem Umkreis, deren Mitte jene ist. Noch „haben" wir Zeit, immer noch und noch etwas von der Zeit, die uns doch grundsätzlich schon abgesprochen ist. Noch bedeutet dies, daß sie unsere Zeit begrenzt und bestimmt, auch dies, daß sie sozusagen sich selber begrenzt und bestimmt, daß der an sich unvermeidliche Gang der Dinge

dem Ende unserer Zeit entgegen aufgehalten, jedenfalls noch nicht vollendet ist.

Es ist der in der Heiligen Schrift allerdings verhältnismäßig selten explizit vorkommende Begriff der Geduld Gottes, der hier eingreift. Man beachte die Stellen Ex. 34, 6, Joel 2, 13, Ps. 86, 15; 103, 8; 145, 8, in denen das Attribut „geduldig" offenbar formelhaft als drittes neben die typischen Attribute des Bundesgottes: „barmherzig" und „gnädig" tritt. Man beachte Röm. 2, 4; 3, 25 f.; 9, 22, wo die Zeit, die der Mensch neben und abseits der göttlichen Offenbarung hat, beschrieben wird als die Zeit der göttlichen μακροθυμία oder ἀνοχή und 1. Tim. 1, 16, wo Paulus sich selbst in ähnlichem Sinn als Gegenstand der Geduld Christi bezeichnet. Man beachte die in ihrem Zusammenhang besonders interessante Stelle über die Geduld des Herrn 2. Petr. 3, 9 und 15. Und man beachte vor allem nochmals das Ende der Noah-Geschichte: Gen. 8, 20–9, 29 (vgl. dazu W. Vischer, Der noachitische Bund, Z. d. Z. 1933 S. 10 f.).

Sofern die Offenbarung noch nicht die Erlösung, noch nicht das Hereinbrechen, sondern (Mc. 1, 15) erst das Naheherbeikommen des Reiches Gottes selbst ist, sofern also Christus noch nicht gekommen ist „in der Herrlichkeit seines Vaters" (Matth. 16, 27), sofern die neue Zeit Gottes noch nicht die einzige Zeit ist, sofern in der Offenbarung selbst jenes Anhalten, jenes Aufhalten des Endes aller Dinge, jene Selbstbeschränkung stattfindet: die Aufrechterhaltung des Nebeneinanders von erfüllter und allgemeiner Zeit — insofern ist die Zeit Gottes wirklich auch in dem Sinn die Zeit, die Gott für uns hat, als durch sie unsere uneigentliche, verfallene Zeit — die nun einmal doch unsere Zeit ist — konserviert, in ihrer ganzen aufgedeckten Unmöglichkeit immer noch und immer wieder möglich gemacht wird. Man kann insofern sagen: die ganze Weltgeschichte ist geschehen, geschieht und wird geschehen, weil die Offenbarung in Jesus Christus geschehen ist, so, wie sie eben geschehen ist: nicht als das vollzogene Ende der Zeit und aller Dinge, sondern als Ankündigung des Endes in der Zeit selber. Der Gnade und Barmherzigkeit Gottes, die sich darin auswirkt, daß er für uns Zeit, u. zw. seine Zeit hat, entspricht die Geduld Gottes, mit der er uns Zeit, u. zw. unsere Zeit läßt, um zu dieser Herablassung Stellung zu nehmen: Zeit, zu glauben und Buße zu tun. Ist es nötig zu sagen, daß gerade in diesem Verhältnis zwischen Offenbarung und sonstiger Geschichte, zwischen Gotteszeit und unserer Zeit die ganze unübersehbare Spannung beruht, die die Offenbarung notwendig in jedes Geschichtsbewußtsein hineinträgt? Wie stehen wir da, wenn wir es derselben Erfüllung der Zeit, durch die uns alle Zeit genommen ist, zu verdanken haben, wenn wir eben noch und immer noch etwas Zeit haben, wenn wir unsere Existenz gegenüber der Offenbarung nur als ein Existieren unter göttlicher Geduld verstehen können?

4. Wenn die Zeit erfüllt ist in Jesus Christus, dann können wir unsere Zeit, die Zeit, die wir noch haben auf Grund göttlicher Geduld, nicht mehr als unendliche, sondern nur noch als endliche Zeit verstehen und

also ihren Fluß von einer vermeintlichen Gegenwart zur anderen nur noch als ein Ablaufen von ihrem Ende her, als ein Zulaufen zu ihrem Ende hin: vom Ende her, sofern ihr das Ende schon angekündigt ist — zum Ende hin, sofern es in dem Begriff der Geduld Gottes liegt, daß sie und mit ihr unsere Zeit einmal ein Ende wirklich finden muß. An der Offenbarung zerbricht der Mythus von der unendlichen Zeit. In der Offenbarung hat die Zeit ihren Ursprung und ihr Ziel gefunden. Unendliche Zeit (und in dieser unendlichen Zeit unendliche absolute Werte und Größen!) gibt es nur für ein der Offenbarung gegenüber unwissendes oder vergeßliches Zeitbewußtsein. Ein um sie wissendes und ihrer gedenkendes Zeitbewußtsein wird zwar ganz gewiß kein zeitleeres, sondern ein zeiterfülltes und zeitgemäßes Bewußtsein sein. Aber seine Zeit ist diese: in der Gegenwart des Offenbarungswortes das unaufhaltsame Vergehen dessen, was wir Zeit nennen, und das ebenso unaufhaltsame Kommen der Gotteszeit. In der so bestimmten Zeit und dem ihr entsprechenden Gesetz gemäß wird es historisches, weltanschauliches, ethisches, politisches Bewußtsein sein. In dieser Zeit und in keiner anderen, weil es eine andere als diese Geduldszeit Gottes angesichts der erfüllten Zeit nun wirklich jetzt und hier schon nicht mehr hat.

Im Alten Testament zeigt sich das Bewußtsein von dieser mit allen ihren Inhalten endlich gewordenen Zeit vielleicht am schönsten Pred. 3, 1–11: „Alles hat seine Zeit und alles Unternehmen unter dem Himmel hat seine Stunde: Geborenwerden hat seine Zeit und Sterben hat seine Zeit. Pflanzen hat seine Zeit und Ausreißen von Gepflanztem hat seine Zeit. Töten hat seine Zeit und Heilen hat seine Zeit. Weinen hat seine Zeit und Lachen hat seine Zeit. Klagen hat seine Zeit und Tanzen hat seine Zeit. Steine werfen hat seine Zeit und Steine sammeln hat seine Zeit. Umarmen hat seine Zeit und Fernbleiben vom Umarmen hat seine Zeit. Suchen hat seine Zeit und Verlieren hat seine Zeit. Aufbewahren hat seine Zeit und Wegwerfen hat seine Zeit. Zerreißen hat seine Zeit und Nähen hat seine Zeit. Schweigen hat seine Zeit und Reden hat seine Zeit. Lieben hat seine Zeit und Hassen hat seine Zeit. Krieg hat seine Zeit und Frieden hat seine Zeit. Was hat der, der (das alles) tut, für Gewinn von dem, womit er sich abmüht? Ich sah das Geschäft, das Gott den Menschenkindern gegeben hat, sich damit zu plagen. Alles hat er zu seiner Zeit schön gemacht, auch die Ewigkeit hat er ihnen ins Herz gelegt — nur daß der Mensch das Werk, das Gott tut, nicht erfassen kann vom Anfang bis zum Ende." Daß alles Tun des Menschen seine, aber eben je nur seine Zeit hat und also keine Entsprechung ist zu der Ewigkeit, die Gott ihm ins Herz gelegt hat und also kein ewiges Werk, sondern umgrenzt ist von dem unvergleichlichen Werk, das Gott selbst und allein tut, zu seiner Zeit — das charakterisiert dieses Zeitbewußtsein. Und wenn es sich in der Fortsetzung (3, 12–13) dahin ausspricht: „Ich erkannte, daß nichts Besseres unter den Menschen möglich ist als fröhlich zu sein und in seinem Leben sich gütlich zu tun. Denn daß ein Mensch ißt und trinkt und hat guten Mut in aller seiner Arbeit, das ist eine Gabe Gottes" — so verkenne man nicht, daß dieses die Grenze des Epikuräismus streifende Bekenntnis, im Zusammenhang des Predigerbuches und des übrigen Alten Testamentes und im Zusammenhang des Alten mit dem Neuen Testament gelesen, als der schärfste Ausdruck eines von der Gegenwart Gottes wirklich erschütterten Zeit- und Lebensbewußtseins gemeint und zu verstehen ist. — Im Neuen Testament findet man die Beschreibung desselben Zeitbewußtseins zusammengedrängt einerseits in dem Begriff der Beharrlichkeit (ὑπομονή, von Luther mit „Geduld" übersetzt), anderseits in dem Begriff des Wachens (γρηγορεῖν oder ἀγρυπνεῖν). Diese beiden Begriffe miteinander bilden die genaue Entsprechung zu dem Begriff der **Geduld Gottes** (μακροθυμία oder ἀνοχή). **Beharrlichkeit** ist das unentwegte Durchhalten in der in Christus grundsätzlich abgeschlossenen, aber uns eben noch gelassenen Zeit mit ihrem ganzen bedrängenden und versucherischen Inhalt, dem gegenüber es gilt, sich des Endes zu getrösten, dem gegenüber das Ende unsere Treue und Standhaftigkeit verlangt. **Wachen** ist umgekehrt die ständige Aufmerksamkeit darauf, daß uns unsere Zeit eben noch gelassen, daß sie aber in Christus grundsätzlich schon abgeschlossen ist und darum jeden Augenblick auch faktisch zu Ende gehen kann, so daß unser Sein in ihr notwendig immer wieder ein Bereitsein zur Verantwortung vor dem Richter sein muß. In diesem Zeitbewußtsein lebt die **Kirche des Neues Testamentes**: sie ist die Kirche der „Wartenden" und „Eilenden" (2. Petr. 3, 12). Was in dieser Kirche das Kerygma, die Taufe, das Abendmahl, die Paränese, die Heiligung, der Glaube, die Rechtfertigung bedeuten, was ein „Apostel" ist, wer die „Heiligen" sind und welches die Natur der „Gaben" des heiligen Geistes, warum die Begriffe „Wunder" und „Zeichen" zusammengehören, das alles (und noch einiges andere) müßte und würde sich jedenfalls **a u c h** von dem neutestamentlichen Zeitbewußtsein aus erklären lassen.

2. DIE ZEIT DER ERWARTUNG

Die erfüllte Zeit hat eine ganz bestimmte, ihr zugeordnete Vorzeit. Man spricht von der Zeit *ante Christum natum*. Aber nicht diese Zeit als solche ist die Vorzeit der erfüllten Zeit, sondern eine Zeit in dieser Zeit: die Zeit einer bestimmten, in ihr sich ereignenden Geschichte. Die Zeit dieser Geschichte ist die Vorzeit der Offenbarung. Denn die Offenbarung selbst ist nichts anderes als die letzte Fortsetzung, die Spitze und zugleich das Ziel dieser Geschichte. Und ihre Zeit ist die Zeit der Erfüllung dieser Geschichtszeit. Als Zeit ihrer **Erfüllung**, als Zeit des einmaligen Geschehens der einen Offenbarung Gottes ist sie ganz von jener verschieden, aber als Zeit **i h r e r** Erfüllung auch wieder ganz auf sie bezogen und mit ihr verbunden. Diese Vorzeit ist die Zeit des **Alten Testamentes** oder die Zeit des Zeugnisses der **Erwartung** der Offenbarung. Diese Vorzeit gehört mit zur Zeit der Erfüllung. Sie ist ihr, obwohl sie eine ganz andere Zeit ist, zugeordnet. Wir können von der Zeit der Offenbarung nicht reden, ohne auch von dieser ihrer Vorzeit zu reden. Auch sie ist Zeit der Offenbarung, wenn auch als Zeit von deren Erwartung. Echte Erwartung der Offenbarung ist ja selber nicht ohne diese: als erwartete ist ihr die Offenbarung auch gegenwärtig. „Vorher" heißt, wo die Erwartung echt ist, nicht: „noch nicht", gerade wie „nachher", wo die Erinnerung echt ist, nicht „nicht mehr" heißt. Echte Erwartung und echte Erinnerung sind Zeugnisse der Offenbarung, unter sich so verschieden, wie eben Erwartung und Erinnerung verschieden sind, aber eins in ihrem Inhalt, in ihrem Gegenstand, in dem Bezeugten und eins auch darin, daß ihnen dieses Bezeugte weder bloß zukünftig noch bloß vergangen, sondern als „Zukünftiges" und „Vergangenes" gegenwärtig ist.

Das Alte Testament ist das Zeugnis der echten Erwartung der Offenbarung. Das hebt seine Zeit (von der Offenbarung her gesehen oder im

Blick auf die Offenbarung) über die anderen Zeiten in dem Zeitraum *ante Christum natum* empor. Nicht um die selbständige Bedeutung, die der im Alten Testament bezeugten Geschichte als solcher zukommt, kann es sich dabei handeln. Die historische Eigenart Israels, die Originalität besonders seiner Religionsgeschichte ist eine Sache für sich. Um ihretwillen könnten wir doch nur uneigentlich und mit Vorbehalt von einer Offenbarung Gottes im Alten Testament reden. Es wäre dann eine Frage des historischen Werturteils, ob es am Platze sei, Offenbarung Gottes gerade im Alten Testament und nicht etwa in der babylonischen oder persischen oder auch altgermanischen Überlieferung zu anerkennen. Aber was wir unter diesen Umständen als Offenbarung zu anerkennen meinen würden, das wäre gar nicht Offenbarung. Offenbarung ist nicht ein Prädikat, das man dieser oder jener geschichtlichen Wirklichkeit zusprechen oder auch nicht zusprechen kann. Reden wir von Offenbarung im Alten Testament, so kann damit nicht diese oder jene Eigenschaft gemeint sein, die dem Alten Testament oder der im Alten Testament bezeugten Geschichten als solcher und an sich eigen wäre. Die Geschichte Israels hat solche Eigenschaften, wie die Geschichte jedes Volkes die ihrigen hat. Aber nicht um einer solchen Eigenschaft willen sehen wir in der Zeit des Alten Testamentes eine im Verhältnis zu den anderen Zeiten im Zeitraum *ante Christum natum* hervorgehobene Zeit. Die Offenbarung im Alten Testament ist wirklich die E r w a r t u n g der Offenbarung oder die e r w a r t e t e Offenbarung. Die Offenbarung selbst geschieht jenseits des eigenen Bestandes und Gehaltes des Alten Testamentes. Sie fällt in den eigenen Bestand und Gehalt des Alten Testamentes von oben herein aus einer Höhe, die mit einem Höhepunkt altorientalischer Religionsgeschichte oder dergleichen nicht das geringste zu tun hat. Und auch in dem an allgemeinen geschichtlichen Maßstäben gemessen bedeutsamsten Bestand und Gehalt des Alten Testamentes werden wir nur insofern Offenbarung erkennen, als seine Bedeutsamkeit zugleich in seiner Ausrichtung auf die Offenbarung besteht. Ohne diese von außen oder von oben hereinfallende Offenbarung oder ohne diese Ausrichtung auf die Offenbarung könnten wir nicht von Offenbarung im Alten Testament sprechen. Wir würden uns dann besser damit begnügen, das Alte Testament, ohne ihm Singularität im strengen Sinn zuzuschreiben, ohne theologischen Nachdruck als eine bemerkenswerte Erscheinung unter anderen innerhalb der Frömmigkeitswelt des alten Orients zu verstehen. Ganz dasselbe wird nachher auch von der Zeit des Neuen Testamentes und vom Neuen Testament selbst zu sagen sein. Genau nur darin, daß hier E r w a r t u n g der Offenbarung stattfindet und bezeugt wird, besteht die wirkliche Singularität des Alten Testamentes. Sie ist also nur von der Offenbarung her oder im Blick auf die Offenbarung zu sehen und zu behaupten.

2. Die Zeit der Erwartung

Aber was heißt: von der Offenbarung her oder: im Blick auf die Offenbarung? Wir haben uns alles dessen zu erinnern, was über die Verborgenheit der geschichtlichen Offenbarung selbst gesagt wurde und über das Wunder, das wir bezeichnen, wenn wir diesen Begriff überhaupt zu vollziehen und in den Mund zu nehmen wagen. Offenbarung ist kein Standpunkt, von dem her, und kein Zielpunkt, auf den hin man bloß mit dem Zirkel einen Kreis zu schlagen brauchte, um festzustellen: da und da ist echte Erwartung der Offenbarung. Mit der Offenbarung selbst ist auch ihre echte Erwartung von Verborgenheit umgeben. Und allein die Offenbarung selbst kann und wird auch hier die Verborgenheit durchbrechen. Wie sie über sich selbst entscheidet, so entscheidet sie auch über ihr Zeugnis. Sie macht es zu ihrem Zeugnis und sie bezeugt es als solches. Wir können also zur Begründung des Satzes, daß im Alten Testament Offenbarung, nämlich echte Erwartung der Offenbarung stattfinde, letztlich und grundsätzlich auf keine andere Instanz verweisen als auf die Offenbarung selbst, d. h. aber auf Jesus Christus selber. Sein Kreuzestod beweist, daß jener Satz wahr ist, und er beweist es durch die Kraft seiner Auferstehung. Ist der Satz wahr, dann ist er es darum, weil Jesus Christus als der Erwartete tatsächlich auch im Alten Testament o f f e n b a r ist. Alle Versuche zu zeigen, i n w i e f e r n er es ist, können nur Erklärungen dieses in sich begründeten, weil sich selbst begründenden Faktums sein wollen. Sie werden aber, gerade wenn sie wirklich theologische Erklärungen sind, keine Begründungen, keine selbständigen Beweise sein wollen.

Wir können das in sich begründete, weil sich selbst begründende Faktum, daß Jesus Christus als der Erwartete auch im Alten Testament offenbar ist, nicht als Zeugen auf den Plan führen, wir können aber als Hinweis auf diesen letztlich einzigen Zeugen und also auf den axiomatischen Charakter jenes Satzes die G e g e n p r o b e anstellen, indem wir die Frage nach Jesus Christus im Alten Testament an das N e u e T e s t a m e n t richten, in welchem wir das Zeugnis der Erinnerung an Christus vor uns haben.
Dort stoßen wir aber in dieser Hinsicht vor allem auf die Tatsache, daß die Einheit der Christusoffenbarung mit der Geschichte ihrer Erwartung im Alten Testament nicht etwa ein einzelnes mehr oder weniger hervortretendes Moment seiner Verkündigung, Lehre und Erzählung neben anderen ist, sondern ihre durchgängig und gleichmäßig selbstverständliche Voraussetzung. Man bedenke, was das heißt, angesichts der Tatsache, daß das Neue Testament, wie es uns vorliegt, historisch gesprochen ganz und gar eine Sammlung von Dokumenten einer hellenistischen Geistesbewegung ist, für die als solche das Judentum und seine Vorzeit ebensowohl ein Beziehungspunkt neben anderen und ein von diesen und jenen Vertretern der Bewegung nur mehr oder weniger oder auch gar nicht geltend gemachter Beziehungspunkt hätte sein können. Die neutestamentlichen Schriftsteller sind aber schlechterdings einmütig darin — nicht im Judentum, darum ging es keinem von ihnen, wohl aber in der im alttestamentlichen Kanon bezeugten Geschichte Israels geradezu d e n Beziehungspunkt ihrer Verkündigung, Lehre und Erzählung von Christus — und umgekehrt: in ihrer Verkündigung, Lehre und Erzählung von Christus d i e Wahrheit der Geschichte Israels, die Erfüllung der in der Synagoge gelesenen Heiligen Schrift zu sehen. — Es gibt neutestamentliche Schriften wie etwa das M a t t h ä u s e v a n g e l i u m, den J a k o b u s b r i e f und ausgerechnet den wegen seiner

guten Gräzität innerhalb des Neues Testamentes hervorragenden **Hebräerbrief**, von denen man sagen muß, daß die Identität der von ihnen bezeugten Christusoffenbarung mit der im Alten Testament erwarteten Offenbarung nicht nur die Voraussetzung, sondern — in jedem von diesen dreien übrigens wieder anders — geradezu das Thema und die Substanz ihres besonderen Zeugnisses bildet, so daß man sie zur Illustration dessen, um was es hier geht, streng genommen fast Vers für Vers zitieren müßte. — Aber man sollte nicht übersehen, daß die Behauptung des Zusammenhangs auch in dem angeblich oder wirklich so „griechischen" **Johannesevangelium** eine viel zentralere Stellung einnimmt, als es auf den ersten Anblick wohl erscheinen möchte. Gerade nach Johannes haben die Jünger in Jesus den Messias Israels gefunden, von welchem Mose im Gesetz schrieb und die Propheten (1, 41, 45). Gerade hier sagt Jesus selbst fast ärgerlich explizit: „Das Heil kommt von den Juden" (4, 22), nimmt er umgekehrt die Schrift in Anspruch als Zeugnis von ihm und für ihn selber (5, 39), bezeichnet er Mose als den Ankläger der ihm widerstehenden Juden: „Wenn ihr Mose glaubtet, würdet ihr auch mir glauben. Denn von mir hat er geschrieben. Glaubt ihr aber seinen γράμματα nicht, wie werdet ihr meinen ῥήματα glauben?" (5, 45-47). Und gerade nach Johannes sagt Jesus von Abraham: ἠγαλλιάσατο, ἵνα ἴδῃ τὴν ἡμέραν τὴν ἐμὴν καὶ εἶδεν καὶ ἐχάρη (8, 56). 12, 37-41 führt der Evangelist selbst zur Beleuchtung des Unglaubens der Juden die Stellen Jes. 53, 1 von der Verborgenheit der Offenbarung und Jes. 6, 9 f. von der Verstockung an, um (ausgerechnet!) zu diesen Stellen zu bemerken: ταῦτα εἶπεν Ἠσαίας ὅτι εἶδεν τὴν δόξαν αὐτοῦ καὶ ἐλάλησεν περὶ αὐτοῦ. Und man wird bei Johannes vor allem auf die den ganzen Anfang seines Evangeliums kennzeichnende, ja beherrschende Gestalt Johannes des Täufers achten müssen, in welcher für ihn eine sozusagen systematische Verknüpfung einerseits des Wortes und Werkes Jesu selbst, andererseits des neutestamentlichen apostolischen Zeugnisses von ihm mit dem Zeugnis des Alten Testamentes zum Vollzug und zur Darstellung kommt. — Wiederum steht gerade bei **Lukas** (dem Lieblingsschriftsteller des Marcion!) als Zusammenfassung des Evangeliums im Lobgesang der Maria das Wort: „Er nimmt sich seines Knechtes Israel an und gedenkt an sein Erbarmen, wie er geredet hat zu unseren Vätern, zu Abraham und seinem Samen in Ewigkeit" (1, 54 f. vgl. 72), weiter das Wort von den vielen Propheten und Königen, die, ohne es zu sehen und zu hören, zu sehen und zu hören begehrten, was die Jünger sehen und hören (10, 24), und vor allem die Geschichte von den Emmaus-Jüngern (24, 13 f.), deren Erkenntnis des Auferstandenen höchst konkret darin sich vollzieht, daß der Unbekannte, der sich zu ihnen gesellt, sie aus ihrer Torheit und Herzensträgheit aufruft zum „Glauben an alles, was die Propheten gesagt haben" (24, 25), indem er ihnen „die Schrift eröffnete" (24, 32), das heißt ihnen „anhebend bei Mose und allen Propheten in allen Schriftworten τὰ περὶ αὐτοῦ aufzeigte" (διηρμήνευσεν 24, 27), und schließlich (zu diesem Wort gehört dieses Zeichen!) ihnen das Brot brach (24, 30). Jetzt und daraufhin ist ihnen gesagt, daß „Christus solches leiden mußte und zu seiner Herrlichkeit eingehen" (24, 26). Daß ihnen Jesus d a s gesagt hat, ist ihr Auferstehungszeugnis! Aber auch nach der **Apostelgeschichte** des Lukas bezeugen alle Propheten, daß, wer an Jesus glaubt, Vergebung der Sünden empfängt (10, 43). Es liest der Eunuch der Königin Kandake das Kapitel 53 des Jesaia, versteht nicht, was er liest und in Auslegung dieses Schriftwortes sagt ihm Philippus die gute Botschaft von Jesus (8, 26 f.). Es erklärt Paulus dem König Agrippa, er „sage nichts anderes als das, wovon die Propheten sagten, daß es geschehen werde" (26, 22). Es forschten die Leute von Beröa täglich in den Schriften, „ob es sich also verhielte" (17, 11). Und es sind nach der besonders merkwürdigen Stelle in der Pfingstrede des Petrus nicht nur die Lebenstage Jesu Christi, sondern auch die mit der Wiederkunft anhebenden, die angekündigte Erlösung vollstreckenden, also auch von der Offenbarung aus gesehen noch ausstehenden künftigen „Zeiten der Erquickung", die χρόνοι ἀποκαταστάσεως πάντων ὧν ἐλάλησεν ὁ θεὸς διὰ στόματος τῶν ἁγίων ἀπ' αἰῶνος αὐτοῦ προφητῶν (3, 20 f.) — Unter den neutestamentlichen Schriftstellern ist **Paulus** der Mann, der sich als hellenistischer Jude mit dem Judentum der Synagoge am schärfsten auseinandergesetzt hat. Gerade seine Lehre ist aber diese: Gott ließ sein Evangelium „vorher verkündigen" (προεπηγγείλατο) durch die Propheten (Röm. 1, 2). Die Offenbarung der δικαιοσύνη θεοῦ χωρὶς νόμου, die den eigentlichen Inhalt dieses Evangeliums bildet, ist „bezeugt vom Gesetz und von den Propheten" (Röm. 3, 21). In merkwürdiger Entsprechung zu Matth. 5, 17 f. gilt darum auch für Paulus: „Wir heben das Gesetz nicht auf durch den Glauben, sondern wir richten es auf" (Röm. 3, 31). Den mit Unverstand um Gott eifernden, ihre eigene Gerechtigkeit suchenden, der Gerechtigkeit Gottes sich nicht unterwerfenden Juden ist entgegenzuhalten: Das Ziel, die Absicht, der Sinn ihres eigenen Gesetzes ist gerade Christus (Röm. 10, 4 f.). Ihr Gesetz ist nichts anderes als der „Pädagoge auf Christus hin" (Gal. 3, 24). Daß sie, das Volk des Gesetzes, das nicht einsehen, das ist ihr Unverstand. Es liegt nach 2. Kor. 3, 14 f. bei der Lesung des „Alten Bundes" in der Synagoge eine Hülle über den Herzen der Juden und wird dort liegen, solange Christus selbst sie nicht wegnimmt, solange sie sich nicht zu ihm bekehren. „Christus wurde ein Diener der Beschneidung um der Wahrheit Gottes willen, um zu bestätigen die den Vätern gegebenen Verheißungen" (Röm. 15, 8). Und daß schon seine Verheißung im Alten Testament nach Paulus seine wirkliche Gegenwart in jener Vorzeit bedeutet, das zeigt 1. Kor. 10, 1–4, wo von der Taufe und von der geistlichen Speisung und Tränkung der Väter in der Wüste die Rede ist und wo es von dem Fels, aus dem sie tranken, ausdrücklich heißt: ἡ πέτρα δὲ ἦν ὁ Χριστός, eine Stelle, zu der Luther sicher mit exegetischem Recht bemerkt hat, hier dürfe keine „Allegoria oder Geistliche deutung" Platz greifen: Es ist nicht eine Figur gewesen, sondern ein großer ernst, Gottes wort, so da lebendig macht, und der rechte Glaube ist alda gewesen, Darumb so ists inen nicht im schein geschehen, sondern es ist die That selbs da gewesen (Pred. üb. Ex. 14, 1525 W. A. 16, 275). — Ich nenne zum Schluß die besonders reiche und bewegte Stelle 1. Petr. 1, 10–12, wo es ähnlich wie Act. 3, 20 f. von der künftigen und doch in der Kirche jetzt schon mit Freuden geglaubten σωτηρία heißt: Die Propheten hätten nach ihr gefragt und geforscht; sie hätten die der Kirche gewährte Gnade geweissagt, sie hätten die Zeit (den καιρός) und das Wesen der Zeit erforscht, die ihnen der Geist Christi offenbarte, indem er ihnen im voraus bezeugte die Leiden Christi und die auf sie folgende Herrlichkeit. Sie empfingen Offenbarung nicht für sich selbst, sondern für die Kirche, dieselbe Offenbarung, die nun durch die Verkündiger des Evangeliums in der Kraft des vom Himmel gesendeten Heiligen Geistes gepredigt wird.

Stellen wir, ebenfalls als Hinweis auf den axiomatischen Charakter des Satzes, daß Christus als der Erwartete auch in der Zeit des Alten Testamentes offenbar war, im Anschluß an diese neutestamentlichen Erinnerungen weiter fest: dieser Satz war auch für die ganze alte Kirche vom 2. Jahrhundert bis und mit der Reformation und der durch die Reformation bestimmten Orthodoxie des 17. Jahrhunderts bei allem Wandel der Exegese und Verwertung des Alten Testamentes ein selbstverständlicher Satz. Marcion im zweiten und die Socinianer im 16. Jahrhundert waren schon als Gegner des Alten Testamentes für das Empfinden der Kirche ihrer Zeit Theologen, mit denen man nicht diskutieren, gegen die man nur als gegen Häretiker disputieren — ja im Grunde nicht einmal disputieren konnte, weil sie, indem sie das Alte Testament preisgaben, nicht etwas, sondern alles, nämlich auch und gerade das Neue Testament, und zwar das ganze Neue Testament preisgegeben haben. *Nemo potest vetus testamentum vel tollere vel elevare quin et novum testamentum convellat, cum novum identidem ad vetus provocat, ut per se constat.* (Quenstedt, *Theol. did. pol.* 1685 I c. 4 sect. 2 qu. 5 beb. obs. 5). So selbstverständlich war der alten Kirche die Erkenntnis: Christus ist auch im Alten Testament offenbar. A. v. Harnack, der diese Erkenntnis bekanntlich nicht gelten lassen wollte, hat in seiner geistvollen Weise die These aufgestellt: „Das Alte Testament im 2. Jahrhundert zu verwerfen, war ein Fehler, den die große Kirche mit Recht abgelehnt hat; es im 16. Jahrhundert beizubehalten, war ein Schicksal, dem sich die Reformation noch nicht zu entziehen vermochte; es aber seit dem 19. Jahrhundert als kanonische Urkunde im Protestantismus noch zu konservieren, ist die Folge einer religiösen und kirchlichen Lähmung.... Hier reinen Tisch zu machen und der Wahrheit in Bekenntnis und Unterricht die Ehre zu geben, das ist die Großtat, die heute — fast schon zu spät — vom Protestantismus verlangt wird" (Marcion 2. A. 1924 S. 217 u. 222). Dazu ist schlicht dies zu bemerken, daß die evangelische Kirche mit dieser „Großtat" ihre Identität mit der Kirche der ersten siebzehn Jahrhunderte verlieren würde.—

Die Evangelien seien „das Fleisch Christi" und die Apostel die Priesterschaft der Kirche, schreibt Ignatius von Antiochien — „aber laßt uns auch die Propheten lieben, weil auch ihre Verkündigung auf das Evangelium zielt, weil auch sie auf ihn hoffen und warten, im Glauben an ihn gerettet werden, ἐν ἑνότητι Ἰησοῦ Χριστοῦ ὄντες... ὑπὸ Ἰησοῦ Χριστοῦ μεμαρτυρημένοι καὶ συνηριθμημένοι (*Ad Philad.* 5, 2). Sie haben κατὰ Χριστὸν Ἰησοῦν gelebt, sie waren im Geiste seine Schüler und erwarteten ihn als ihren Lehrer; sie wurden verfolgt um seinetwillen und waren bewegt von seiner Gnade (*Ad Magn.* 8, 2; 9, 1).

Einer der ausgesprochensten Vertreter der Erkenntnis von der wesentlichen Identität des Alten und Neuen Testamentes, d. h. von der Offenbarung Jesu Christi auch im Alten Testament ist Irenäus, der besonders im vierten Buch seines Hauptwerkes unermüdlich folgendes zu sagen hat: Das Neue, das Christus in seiner Fleischwerdung gebracht, sei allerdings die größte *novitas*; hier und nur hier habe er nämlich — sich selbst gebracht als den zuvor Angekündigten (*C. o. h.* IV 34, 1). Hier und nur hier finde die *muneratio gratiae* statt. Aber eine *commutatio agnitionis* (11, 3) ist damit nach Irenäus keineswegs eingetreten. Christus kam *non propter eos solos, qui temporibus Tiberii Caesaris crediderunt... nec propter eos solos, qui nunc sunt, homines...* (22, 2). Sondern von Anfang an gab es solche, die Gott erkannten und das Kommen Christi weissagten, und die das taten, taten es, weil sie *revelationem acceperunt ab ipso Filio* (7, 2). Ihnen wie uns hat er die Sünden vergeben (27, 2). Es sollte zwischen den Vätern und uns das Verhältnis sein, *uti et qui seminat et qui metit, simul gaudeat in Christi regno, qui omnibus adest, de quibus ab initio bene sensit Deus, attribuens adesse eis Verbum suum* (25, 3). Jenes Jauchzen Abrahams (Joh. 8, 56) stieg sozusagen herunter auf seine Nachkommen, die Christus wirklich sahen und ihm glaubten — aber wiederum stieg das Jauchzen der Nachkommen hinauf zu Abraham, der einst begehrte, den Tag Christi zu sehen (7, 1).

Als Nächster unter den großen Theologen ist hier Augustin zu nennen. Er erklärte, die *res ipsa quae nunc religio christiana nuncupatur* sei von Anfang der Welt an nicht einfach abwesend gewesen (*Retract.* 1, 13). Die israelitische *res publica* war eine *prophetatio et praenuntiatio* des aus allen Völkern zu versammelnden Gottesstaates (*De civ. Dei* X, 32). Ein Teil des Leibes Christi oder der Kirche ist in den Patriarchen und Propheten seinem Haupte der Erscheinung nach vorausgegangen (*De cat. rud.* 3), wie etwa bei einer Geburt die Hand des Kindes zuerst erscheint, an ihm, dem Haupte hängend, so daß man doch von einer selbständigen Würde und Bedeutung dieser Vorläufer nicht reden könnte (*ib.* 19). Es gab Gnade schon vor Christus, wenn auch verhüllt und verborgen; es gab sie aber auch da nicht außerhalb der *fides Christi* (*Enchir.* 118). *Per fidem futurae passionis* wurden die Väter selig wie wir *per fidem praeteritae passionis.* (*Conf.* X 43). Das Heil mußte keiner je entbehren, der seiner würdig war, und die seiner entbehren mußten, die waren seiner nicht würdig (*De praedest.* 9). Kurz: dieselbe Kirche, die Abel, Henoch, Noah, Abraham geboren, gebar auch Mose und die Propheten, gebar auch *post adventum Domini* die Apostel und die Märtyrer und alle guten Christen (*De bapt.* I 16). Und so verhalten sich Altes und Neues Testament zueinander: es ist das Alte Testament die *occultatio novi*, das Neue aber *veteris revelatio* (*De cat. rud.* 4). Oder: *In veteri novum latet, in novo vetus patet* (*ib.* 5). Und von der unbekehrten Synagoge wird man sagen müssen: *Codicem portat Judaeus unde credat Christianus. Librarii nostri facti sunt....* (*Enarr. in Ps.* 56, 9).

In der Reformationszeit war es besonders Calvin, der in seiner Sprache diese altkirchliche Selbstverständlichkeit sehr nachdrücklich ausgesprochen hat: Gott gab sich den Vätern *eadem imagine* wie uns zu erkennen. *Nihil ad bene sperandi certitudinem defuit*. Derselbe eingeborene Sohn Gottes, in welchem wir den Vater erkennen, war auch Israel offenbar (*Instit*. II 9, 1). Die Offenbarung in Christus selbst ist die *clara mysterii manifestatio*, die *veritas promissionum* (9, 2). Johannes der Täufer verkündigt beides: die Verheißung und die Erfüllung, und ist so alttestamentlicher Prophet und neutestamentlicher Zeuge zugleich (9, 5). Die Väter waren *eiusdem nobiscum haereditatis consortes et eiusdem mediatoris gratia communem salutem speraverunt* (10, 1). Gottes Bund mit ihnen ist *substantia et re ipsa* von Gottes Bund mit uns nicht verschieden, sondern identisch mit ihm; nicht von *similitudo* nur, sondern von *unitas* zwischen ihnen ist zu reden; denn hier wie dort geht es um die Ewigkeitshoffnung, um den Gnadenbund zwischen Gott und den Seinen und um den einen Mittler Christus (10, 2). Christus ist im Alten Testament nicht etwa nur kraft seiner ewigen Gottheit, sondern kraft seiner besonderen Bedeutung als das offenbarte Wort (10, 4) in der wirklichen sakramentalen Gegenwart, in der er auch uns gegenwärtig ist, offenbar (10, 5–6). Die Väter empfingen auch den Heiligen Geist nicht nur als jenen allgemeinen Lebensodem, als der er in allem Geschaffenen gegenwärtig ist, sondern als jene besondere Gabe, *qua piorum animae et illuminantur in Dei notitiam et illi quodammodo copulantur*, als die *illuminatio verbi*, die eine *solida Dei participatio* in allen Teilen in sich schließt (10, 7). Die alttestamentliche Verheißung: „Ich will euer Gott, so sollt ihr mein Volk sein!" ist eine Verheißung von uneingeschränktem Gehalt. (10, 8) *Constituamus ergo secure, quod nec ullis diaboli machinis revelli queat: Vetus testamentum seu foedus, quod cum israelitico populo percussit dominus ... spiritualis aeternaeque vitae promissionem continuisse: cuius expectationem omnium animis impressam oportuit, qui in foedus vere consentiebant* (10, 23). Der Unterschied zwischen Altem und Neuem Testament ist ein Unterschied der *administratio*, nicht der *substantia* (11, 1): Die Verheißung hat im Alten Testament eine sinnliche, bildliche, gesetzliche, buchstäbliche, partikulare Gestalt, die dann in der Zeit des Neuen Testamentes weggefallen ist (11, 1–12). Aber ihr Gehalt wird in der Zeit des Neuen Testamentes kein anderer, sondern in *eo elucet Dei constantia, quod eandem omnibus saeculis doctrinam tradidit*, (11, 13). — Im selben Sinn redet dann der Heidelberger Katechismus Fr. 19 von „dem heiligen Evangelio, welches Gott selbst anfänglich im Paradies hat offenbaret: folgendes durch die heilige Erzvätter und Propheten lassen verkündigen, und durch die Opffer und andere Ceremonien des Gesetzes fürgebildet. Endlich aber durch seinen eingeliebten Son erfüllet".

Man würde sich aber sehr täuschen, wenn man meinen würde, Luther (etwa wegen seiner bekannten zugespitzten Lehre über Gesetz und Evangelium und wegen der Disqualifizierung, mit der in diesem Zusammenhang besonders der Name des Mose bei ihm gelegentlich genannt wird) in dieser Sache anderswo suchen zu sollen als Calvin. Luther hat in Auslegung des Wortes Röm. 13, 11 („Sintemal unser Heil jetzt näher ist, denn da wir glaubten") folgendes ausgeführt: Das „Da wirs zuvor glaubten" beziehe sich auf den Glauben an die Abrahamsverheißung: „In deinem Namen sollen gebenedeit werden alle Völker auf Erden." „Disse vorheyssung gottis ist darnach durch die propheten fast wol getrieben und weytter aussbreyttet, und haben allesampt von der tzukunfft Christi, seyner gnad und Euangelij geschrieben, wie S. Petrus sagt Act. 4: Derselbigen gotlichen vorheyssung haben alle heyligen fur Christus gepurt geglewbt, und allso ynn und durch den zukunfftigen Christum mit solchem glawben behalten und selig worden, das auch Christus dieselbige vorheyssung nennet Abrahams schoss Luc. 16, daryn alle heyligen nach Abraham biss auf Christum versamlet wurden. Das meynet nun hie S. Paulus, das er spricht: Unsser heyl ist nu neher, denn da wyrs glewbten, als solt er sagen die vorheyssung gottis tzu Abraham geschehen, ist nu nit mehr zukunfftig zu warten, sie ist erfullet. ... Damit hat der Apostel beschrieben den geystlichen tag, davon er hernach saget, wilcher ist eygentlich der auffgang und das licht des Euangeli ... Aber darumb ist der glawbe nit auffgehaben, sondern viel mehr bestettiget; denn gleych wie sie tzuvor geglewbt haben auff die vorheyssung gottis, das sie wurd erfullet werden, alsso glewben wyr an dieselbigen vorheyssung, das sie nu erfullet sey, und ist eyn glawb wie der ander an yhm selbs, on das sie nach eynander folgen, gleych wie die vorheyssung und erfullung auch nach eynander folgen; denn sie hangen beyde an dem samen Abrahe, das ist: Christo, eyner fur, der ander nach seyner zukunfft.... Von den tzweyen glawben sagt Paulus Ro. 1: Im Euangelio wirt offenbart die gerechtickeyt von gott geben, auss dem glawben in den glawben; was ist auss dem glawben yn den glawben? Nicht anders, denn: wiewol es eynerley glawb ist, der veter und der unsser, der do glewbt yn den tzukunfftigen und erschynen Christum, Szo furet doch das Euangelium auss yhenem glawben yn dissen glawben, das nu gott ist tzu glewben nit allein der vorheyssung, ssondern auch der geschehnen erfullung, wilcher Abraham und die alten noch nit musten glawben, ob sie wohl denselbigen Christum hatten, den wyr haben. Eyn glawb, eyn geyst, eyn Christus, eyn gemeynschafft aller heyligen, on das iehne fur und wyr nach Christo gehen. Alsso haben wyr (das ist: die vetter mit uns ynn gleychem gemeynem glawben yn eynen Christum) glewbt und glewben auch noch ynn yhn, aber auff eyn ander weyse. Und gleych wie wyr umbs gemeynen glawbens und Christus willenn sagen: Wyr habenn geglewbt, sso wyr doch nitt gewessenn sind tzu der tzeytt, ssondernn die vetter habenn das geglewbt. Alsso thun sie widerumb und sagen, sie wollen odder werden Christum horen, sehen und glewben, sso sie doch tzu unsern tzeytten nicht sind, ssondern wyr thun das (Adv. Post. 1522, Pred. üb. Röm. 13, 11 f. W. A. 10 I ²–4, 27). Es ist nach Luther aller Apostel und Euangelisten ym gantzen newen testament meynung, das sie uns iagen und treyben ynn das allte testament, wilch sie auch alleyne nennen die heylige schrifft; denn das newe testament solt eygentlich nur leyplich lebendige wort seyn und nitt schrifft... (ib. Pred. üb. Matth. 21, 1 f. W. A. 10 I ², 34, 27; ibid. S. 60). Wir haben nach Luther tzu wissen, das alliss, was die Apostel geleret unnd geschrieben haben, das haben sie auss dem alten testament getzogen; denn ynn demselben ists alliss vorkundigt, was ynn Christo tzukunfftig geschehen sollt und gepredigt werden, wie S. Paulus Ro. 1 sagt: Gott hatt das Euangelium von seynem sson Christo vorsprochen durch die propheten ynn der heyligen schrifft; drumb grunden sie auch alle yhre predigt ynn das alte testament, und ist keyn wortt ym newen testament, das nit hynder sich sehe ynn das allte, darynnen es tzuuor vorkundigt ist ... denn das new testament ist nit mehr denn eyn offenbarung des allten, gleych alss wenn yemant tzum ersten eyn beschlossen brieff hette und darnach auffbrech. Alsso ist das alte testament eyn testamentbrieff Christi, wilchen er nach seynem tod hatt auffgethan und lassen durchs Euangelium lessen und ubiralle vorkundigen, wie das Apocali. 5 betzeychnet ist durch das lamp gottis, wilchs alleyn auffthett das buch mit den sieben sigillen, das sonst niemandt kundt auffthun noch ynn hymel noch auff erden noch unter der erden" (Kirchenpost. 1522, Pred. üb. Joh. 1, 1 f. W. A. 10 I ¹, 181, 15). Luther sieht in den Tüchlein, in die das Kind von Bethlehem gewickelt war, die „heylige schrifft, darynnen die Christliche warheyt gewickelt ligt, da findt man den glawben beschrieben. Denn das gantz allte testament hatt nitt anderss ynn sich denn Christum, wie er vom Euangelio gepredigt ist." Luther ist überzeugt, „daß auch das gesetz und propheten nitt recht gepredigt noch erkennt werden, wyr sehen denn Christum drynnen gewicklet" (ib. Pred. üb. Lc. 2, 1 f. W. A. 10 I ¹, 80, 4; 81, 8). Der gottfürchtigen Juden glaube fur der Zukunfft Christi war nach Luther nicht, das sie durchs Gesetze oder durch die Beschneidung selig wurden. Sondern das die durch die beschneidung sind gerichtet gewest auff den Messiam, der eine neue bad und lere bringen wurde, und sind alle geborn und gestorben, ja auch selig worden auff den zukunfftigen Christum, und gleubeten an inen, ob er gleich noch nicht auff die welt geborn war, baueten gahr nicht auff eigene gerechtigkeit, Sondern was er leren wurde, doran gleubten sie auch vor seiner Zukunfft. (Ausl. des dritten und vierten Cap. Joh. 1539, W. A. 47, 12, 9). Also ist Mosi Gesetz, Tauff, opffer, konigreich und priesterthumb nicht geordent, das es bleiben soltte, sondern nur eine zeitlangk werhen. Wie lange dan? biss das der Same des weibes keme, und alle, die es also verstanden haben, die

2. Die Zeit der Erwartung 85

sind selig worden, als die Patriarchen. Wie wir den auch noch predigen, leren, teuffen und oberckeit haben, welches alles dohin gerichtet ist, nicht das es so bleiben sol, sondern das wir wardten und hoffen auff Christum, der do leibhafftig kommen ist. Drum so sinds nur Wecker, die uns erinnern und vermanen. Also bleibet nun Christus unser heiland zukunfftig und gegenwerttig. Die kinderlein, so fur Christo hehrgehen, singen Hosianna, wie die Patriarchen. Aber wir gehen hinden nach, mit der gantzen welt, und ist einerlei gesang, so wir von Christo haben, alleine das sie furhehrgangen sein und wir hernacher folgen. Drumb was geordent ist, ist alles auf Christum geordent" (ib. W. A. 47, 163, 15). Und so hat Luther im Blick auf Genes. 3, 15 („Derselbe soll dir den Kopf zertreten...") predigen können: Es ist ein starker spruch, der alles zu boden schlegt, Was anders gepredigt wird, Ist schon beschlossen, das man verzweifeln und vertzagen müsse an allem vermögen und alleine hangen an dem samen, der es alleine thut.... Darum sihe, wie das alte Testament so dappfer von sachen redet: Da stehet, das Adam ein Christen ist gewest schon so lang fur Christus gepurt, Denn er eben den glauben an Christum gehabt hat, den wir haben, Denn die zeit macht keine unterscheid des glaubens, Der glaube ist eynerley von anfang der welt bis ans ende, Darumb hat er eben das empfangen durch seinen glauben, das ich empfangen habe, Christum hat er nicht mit augen gesehen wie auch wir, Er hat yhn aber ym wort gehabt, so haben wir yhn auch ym wort. Das ist allein die unterscheid ynn dem, das es da solt geschehen, ytzt aber ist es geschehen. Der glaube ist eben eynerley, So sind alle veter eben wie wir durch das wort und glauben rechtfertig worden und auch darynne gestorben" (Pred. üb. 1. Buch Mose 1527, W. A. 24, 99, 26). Also lesen wir auch Act: 17, Wie Paulus den Thessalonichern den glawben predigte, furt sie ynn die schrifft und legt sie yhn auss. Und wie sie teglich zuruck gingen ynn die schrifft und forschten, ob sichs also hielte, wie sie Paulus geleret hatte. Darumb sollen wyr auch thun, das wyr hynderruck lauffen und das new Testament auss dem alten grunden lernen. Da werden wyr darynne die zusagung von Christo sehen.... Darumb soll man die unnützen schwetzer lassen faren, die das alt Testament verachten und sprechen, es sey nicht mehr von nötten. So wyr doch alleyne darauss müssen den grund unssers glawbens nehmen. Denn Gott hatt die propheten darumb zu den Juden geschickt, das sie von dem zukunfftigen Christo sollten zeugnis geben (Ep. S. Petri 1523, W. A. 12, 274, 24).

Diese Anschauung war und blieb dann auch, wenigstens in der Sache, die Grundanschauung der lutherischen Orthodoxie. Auch sie erklärte nachdrücklich, daß es im Alten und Neuen Testament nur einen Weg des Heils, nur eine Verheißung, nur einen, und zwar den in Christus vollzogenen Bund, nur einen Glauben gäbe, daß die Offenbarung in Christus auch in der Zeit des Alten Testamentes verkündigt wurde und daß die Väter allein durch die Gnade Jesu Christi selig wurden. Wenn die lutherischen Theologen des 17. Jahrhunderts (vgl. z. B. J. Gerhard, *Loci theol.* 1610 *L* XIV, 123 f. und A. Quenstedt, *Theol. did. pol.* 1685 IV *c* 7 sect. 2 qu. 3) den Satz Calvins und der Reformierten von der Identität der Substanz des Alten und Neuen Bundes bekämpft haben, so geschah dies zugestandenermaßen, weil sie eine reformierte Konsequenz aus diesem Satz fürchteten: es seien die Sakramente des Neuen Testamentes nach Analogie des Alten Testamentes als *quaedam per externa et visibilia signa repraesentatio* (Quenstedt) zu verstehen. Was sie für ihre Behauptung einer Verschiedenheit der Substanz des Alten und Neuen Testamentes anführten, konnte angesichts jener Gemeinsamkeit in der Grundanschauung über die auch von Calvin und den Reformierten hervorgehobene Verschiedenheit der *administratio* oder *dispensatio* nicht hinausführen: *Libri veteris testamenti ... futurum ac suo tempore complendum pronuntiant et praefigurant illud, quod in novo testamento annuntiatur completum* (J. Gerhard, a. a. O. I 1, 55). Und schließlich konnte doch auch der Lutheraner Hollaz (*Ex. theol. acroam.* 1707 Prol. 2 qu. 9) von der *religio Israelitarum in veteri et christianorum in novo testamento* sagen, sie sei *una quoad substantiam*. An eine mehr als formale Differenz zwischen dem Alten und dem Neuen Testament (etwa an ihre Kontrastierung unter dem Gesichtspunkt Gesetz und Evangelium) hat im Bereich des alten Protestantismus tatsächlich niemand ernsthaft gedacht.

Wir versuchen es nun, den Satz: daß Jesus Christus als der Erwartete schon in der Zeit des Alten Testamentes offenbar war, im einzelnen zu erklären. Die Erklärung betrifft nicht die in sich gewisse Sache selbst, die sich nur selbst erklären kann, sondern unseren Satz über diese Sache bzw. unser Verständnis dieser Sache. Wieder sind wir ganz einfach aufgerufen, die uns, wie besonders der neutestamentliche Befund uns bestätigt hat, vorgedachte und vorgesagte Wahrheit nachzudenken und nachzusprechen.

Diese Aufgabe ist darum nicht leicht, weil die Augen und Methoden, mit denen wir heute die Texte des Alten Testamentes zu lesen und zu verstehen suchen, durch die Fülle der seither aufgeworfenen und bearbeiteten textlichen, literarischen, historischen und besonders religionshistorischen Probleme andere, unsere Interpretationen dieser Texte bewegter, differenzierter, konkreter, auch weithin zurückhaltender geworden sind als die der ganzen alten Kirche. Das könnte an sich eine Bereicherung und Vertiefung unserer biblischen Erkenntnis bedeuten. Auf dem Gebiete des Neuen Testamentes kann man schon heute, allerdings auch hier nach einer langen und schmerzlichen Geschichte mannigfaltigster Irrungen und Wirrungen sagen, daß dieselbe moderne Interpretationsmethode den Gehalt und die Gewalt der Beziehungen, in denen diese neutestamentlichen Texte stehen, endlich und zuletzt nicht undeutlicher, sondern deutlicher zu machen geeignet ist: die Zeiten, wo sich die Kirche mit Recht über eine Verdunkelung dieser Beziehungen oder gar über eine bloß negative Kritik seitens der wissenschaftlichen Theologie beklagen durfte, dürften hier im ganzen überwunden sein. Auf dem Gebiet des Alten Testamentes sind sie noch nicht überwunden. Die Untersuchung der alttestamentlichen Texte unter dem nun eben diesen Texten angemessenen, nämlich unter dem theologischen Gesichtspunkt, hat mit der an sich so verheißungsvollen Vermehrung des zu dieser Untersuchung dienlichen sprachlichen, literarischen und geschichtlichen Materials von ferne nicht Schritt gehalten. Wenn A. v. Harnack (Marcion 2. A. 1924 S. 215 f.) sein Urteil über das Alte Testament dahin zusammenfaßte, es gehöre zwar (wie einst Luther von den Apokryphen sagte) um gewisser erbaulicher Abschnitte willen an die Spitze der Bücher, die „gut und nützlich zu lesen" sind, nicht aber in den Kanon hl. Schrift der christlichen Kirche", „denn was christlich ist, kann man ihm nicht entnehmen" (S. 223), so kann man ihn jedenfalls durch die Gesamtleistung der alttestamentlichen Wissenschaft vom 18. Jahrhundert bis in die Gegenwart hinein nicht für widerlegt halten. Daß man in einem anderen Sinn als von jedem gut und nützlich zu lesenden Buch von Gottes Offenbarung im Alten Testament reden muß, ist ja damit nicht nachgewiesen worden, daß man (nach Überwindung des fast rein destruktiven Verständnisses des Alten Testaments in der Zeit der Neologie) auf der Herderschen Linie, wie sie auf dem Gebiet der alttestamentlichen Forschung etwa durch den Namen W. M. L. De Wette am Anfang und durch den Namen H. Gunkel am Ende des 19. Jahrhunderts repräsentiert ist, die Eigenart der alttestamentlichen Frömmigkeit als eine geschichtlich einzigartige darzustellen wußte. Denn diese Einzigartigkeit ist nun gerade nur eine relative und kann mit Offenbarung nur in einem uneigentlichen Sinn dieses Begriffs bezeichnet werden. „Israelitische Religionsgeschichte", wie genial und kongenial sie konzipiert sein möge, ist noch nicht „Biblische Theologie des Alten Testamentes". Was hier nachzuweisen wäre, ist aber auch damit noch nicht nachgewiesen, daß man, worauf der positiv kirchlich gerichtete Flügel der alttestamentlichen Wissenschaft immer Wert gelegt hat, was aber auch von J. Wellhausen und seiner Schule (B. Stade!) nicht vernachlässigt worden ist, den Charakter dieser alttestamentlichen Frömmigkeit als der geschichtlichen Vorstufe und Grundlage der neutestamentlichen, ihre Zusammengehörigkeit und Gleichartigkeit mit dieser, hervorzuheben versucht. Das war und ist zwar die Ausführung des Programms, das Schleiermacher hinsichtlich des Alten Testamentes entwickelt hat. Nach ihm ist das Alte Testament zwar als „das allgemeinste Hilfsbuch zum Verständnis des Neuen Testamentes" (Kurze Darst. § 141) zu studieren und zu würdigen, weil das „Christentum" mit dem „Judentum" in einem „besonderen geschichtlichen Zusammenhang" steht, was doch nicht ausschließt, daß das Christentum, was sein Wesen betrifft, dem Judentum ebenso neutral gegenübersteht wie dem Heidentum (Der chr. Glaube § 12): „Daß der jüdische Kodex keine normale Darstellung eigentümlich christlicher Glaubenssätze enthalte, wird wohl bald allgemein anerkannt sein" (Kurze Darst. § 115). Auch gegen diese Schleiermachersche Lehre und gegen den deutlich schon von ihm ausgesprochenen Wunsch, das Alte Testament aus dem Kanon der christlichen Kirche entfernt zu sehen, ist schwerlich etwas Stichhaltiges einzuwenden, solange nicht eingesehen ist: es geht weder um das „Judentum" noch um das „Christentum", weder um die alttestamentliche noch um die neutestamentliche „Frömmigkeit", sondern es geht um Jesus Christus als den Gegenstand des alt- und des neutestamentlichen Zeugnisses. Es geht darum nicht um ein geschichtliches Verhältnis zwischen zwei Religionen, auch nicht um ein solches, das vielleicht mit den Begriffen „Zusammengehörigkeit" und „Gleichartigkeit" zu charakterisieren wäre, sondern es geht um die den Unterschied der beiden sogenannten Religionen relativierende Einheit der Offenbarung hier und dort. Die Erkenntnis oder Wiedererkenntnis dieser Einheit, wie sie in der ganzen alten Kirche lebendig war, steht als Hauptaufgabe noch vor der modernen alttestamentlichen Wissenschaft. Es ist in der Tat so, wie W. Eichrodt (Theol. d. A. T. Bd. 1, 1933, S. 4) schreibt: „daß alle noch so glänzenden Ergebnisse der historischen Forschung doch im Ernst keinen Ersatz bieten können für die Erfassung des wesenhaften Zusammenhangs zwischen Altem und Neuem Testament." Die Verkündigung der Kirche und mit ihr die Dogmatik kann sich hinsichtlich des Verständnisses des Alten Testaments sehr viel weniger als hinsichtlich dessen des Neuen an die Leistungen der maßgebenden Vertreter der zuständigen wissenschaftlichen Disziplin halten, sondern sieht sich wohl oder übel genötigt, ihren Weg im Bewußtsein der damit gegebenen Gefahrenmöglichkeit selber zu suchen. Die gewisse Unbekümmertheit, mit der der Nichtfachmann dabei vorgehen muß, ist die fatale Folge der Unbekümmertheit, die die alttestamentlichen Fachleute nun seit bald zwei Jahrhunderten ihrer theologischen Hauptaufgabe gegenüber bewiesen haben. — Ich verweise zum Folgenden dankbar auf das eben erwähnte Werk von W. Eichrodt, dessen theologische Absicht ich allerdings gerne grundsätzlicher und radikaler, als es geschehen ist, durchgeführt sehen würde, vor Allem auf W. Vischer „Das Alte Testament und die Verkündigung" Theol. Bl. 1931 S. 1 f. und „Das Alte Testament und die Geschichte" Z. d. Z. 1932 S. 22 f., sowie auf sein das Problem schon im Titel scharf erfassendes Buch „Das Christuszeugnis des Alten Testamentes" 1. Bd. 1934, zu dessen Lektüre man die der Rezension von G. v. Rad, Theol. Bl. 1935 S. 248 f. nicht ohne Nutzen hinzunehmen wird (eine fruchtbare Kritik Vischers würde freilich erst der liefern, der dieselbe Aufgabe besser zu lösen in der Lage wäre!), und doch auch ausdrücklich auf die Bücher israelitischer Zeitgenossen wie Martin Buber, „Königtum Gottes" 1932, H. J. Schoeps „Jüdischer Glaube in dieser Zeit" 1932 und „Jüdisch-christliches Religionsgespräch" 1937, E. B. Cohn, Aufruf zum Judentum 1934 — die gerade als nun wirklich „reine" Alttestamentler sowohl in dem, was sie als ernste Juden sagen, als auch in dem, was sie als unbekehrte Juden nicht sagen können, zu unserer Frage lehrreich anzuhören sind.

Um mehr als um einen querschnittartigen Hinweis auf die im alttestamentlichen Zeugnis vorliegenden Sachverhalte wird es sich in unserem

Zusammenhang nicht handeln können. — Es sind drei Linien, auf denen mir die Einheit der alttestamentlichen mit der neutestamentlichen Offenbarung in der Relation von Erwartung und Erfüllung erkennbar zu werden scheint.

1. Das Alte Testament ist wie das Neue das Zeugnis von der Offenbarung, die entscheidend als ein **freies, schlechthin einmaliges, konkretes Handeln Gottes** zu verstehen ist. Es hat auf der ganzen Linie zu kämpfen gegen Abweichungen von diesem Verständnis. Aber die Linie an sich ist klar: das Alte Testament meint, wenn es von dem Zusammensein von Gott und Mensch spricht, weder ein gegenständlich noch ein ideal begründetes Offenbarsein Gottes. Es meint **Offenbarung**. Es meint also weder ein Gegebensein Gottes in und mit der Gegenwart des räumlich-natürlichen Kosmos, noch ein Bekanntsein Gottes in Form einer ein für allemal bekannten oder zur Kenntnis zu nehmenden Lehre transzendenter Wahrheit. Es hält die Gegenwart Gottes nicht für gebunden an die völkische Existenz, Einheit und Eigenart des Volkes Israel, aber auch nicht für gebunden an die Individualität dieser oder jener religiösen Persönlichkeit. Sondern Offenbarung Gottes im Alten Testament ist durchgängig ein in der souveränen Freiheit der göttlichen Tat je und je sich selbst setzendes Sichverhalten Gottes. Ein Sichverhalten zu einem **Volk**, aber zu einem Volk, das ihm je und je in gewissen einzelnen Menschen konkret gegenübersteht und an welchem er je und je durch diese einzelnen Menschen handelt. Ein Sichverhalten zu bestimmten **einzelnen** Menschen, die ihm doch nur exemplarisch, nur als Repräsentanten dieses Volkes konkret gegenüberstehen und dienen können. Ein Sichverhalten, das ebenso souverän wie den Gegensatz von Individuum und Gemeinschaft auch den von Natur und Geschichte relativiert und hinter sich läßt. Ein Sichverhalten des einen einzigen Gottes aus eigener unbeschränkter Initiative je in dem schlechthinnigen Jetzt seiner Entscheidung. Dieses Jetzt der göttlichen Entscheidung und also die Offenbarung Gottes ist im Alten Testament die *berith*, der Bund, vollzogen in dem von Gott herbeigeführten, ermöglichten und geleiteten Auszug aus Ägypten, proklamiert in der einmaligen Gesetzgebung, besiegelt in dem ebenso einmaligen Bundesopfer am Sinai. Dieser Bund findet Israel als solches nicht etwa schon vor, sondern er **schafft** Israel als völkische Einheit, und nur im Blick auf diesen Bund interessiert sich das alttestamentliche Zeugnis für dieses **Volk** und gerade für **dieses Volk**.

Israel ist zuerst *kahal* (Versammlung) und *edah* (Gemeinde), dann und als solche (und gerade nicht selbständig und nicht als Selbstzweck) Volk. Der Bund läßt sich nicht zurückübersetzen in das Dogma einer Volksreligion, in der Gott nur die Rolle einer Personifikation des nationalen Genius und Selbstbewußtseins oder der dem nationalen Blut und Boden geheimnisvoll zugrunde liegenden Naturkraft zukommen würde. Gerade darin besteht vielmehr das von Gott geforderte Halten des Bundes, daß es nicht zu dieser Rückübersetzung kommen darf.

Der Bund ist Heiligung, Beanspruchung, Beschlagnahme, Verhaftung des Menschen für Gott, nicht Gottes für die Menschen. Die *thora*, das kultisch-moralische Gesetz ist darum nicht etwa ein dem Menschen in die Hand gegebenes Instrument, mittels dessen er Gottes mächtig werden und über seine Güte und Hilfe verfügen könnte, sondern es ist das Instrument des göttlichen Erbarmens: in dem doppelten Sinn, daß es das befreiende „Du bist mein" am Menschen zugleich sozusagen existentiell vollzieht, und es als göttlichen Spruch auszeichnet vor allem „Du bist mein", daß der Mensch eigenmächtig, sich selber helfen wollend, etwa auf dem Umweg über die Götter des Landes zu sich selber sagen möchte. Der Bund ist als Gesetz Gnade, ebenso wie er als Gnade Gesetz ist. — Der Bund ist Gnade: er zwingt Gott nicht, sondern er ist für Gott jederzeit lösbar; er kann sich in Zorn und Gericht, ebensowohl wie in Güte und Hilfe Gottes auswirken. Es ist Gottes freie Treue, wenn er den Bund nicht löst, und es ist Gottes Barmherzigkeit, wenn er Sünden straft und Sünden vergibt, wenn er, nachdem er gestraft hat, auch immer wieder segnet. Wenn ihm das Volk seinerseits treu ist, wenn es seine Gebote hält, wenn es seinen Namen ehrt, wenn es ihm Opfer bringt, so tut es damit nichts Sonderliches. Es anerkennt damit nur, daß die Entscheidung gefallen ist, daß Gott sich seiner angenommen hat, daß es von ihm je und je Vergebung und Hilfe empfangen darf. Gerade das Opfer ist nur möglich auf Grund des Bundes, nicht umgekehrt! Es kann als Darbringung des Menschen an Gott durch die Hand des Priesters nur abbilden, was in Wirklichkeit Gott für den Menschen tut. Wie überhaupt aller Gehorsam des Menschen nur Nachbild, Wiederholung, Bestätigung dessen sein kann, was in unvergleichlicher Majestät Gott selber für den Menschen tut. — Der Bund ist aber auch Gesetz: ein Mann Gottes ist immer ein Knecht Gottes. Und als beanspruchtes, als von seinem Gott schlechterdings gefordertes Volk im Blick auf den Gehorsam, der — wie es immer mit seiner Verwirklichung stehen mag — der unveränderliche Wille seines Gottes ist, ist es dieses, ist es sein Volk. Das Bestehen des Bundes ist das immer sich erneuernde Gebieten Gottes.

Dieser im Alten Testament bezeugte Bund ist Gottes Offenbarung, weil er Erwartung der Offenbarung Jesu Christi ist. Er ist Erwartung der Offenbarung Jesu Christi einmal in seiner strengen echten Geschichtlichkeit. So frei, so konkret, so einmalig wie in der alttestamentlichen *berith* wird Gott in Jesus Christus Geschichte, in solcher Barmherzigkeit und mit solcher Strenge wird der Mensch in Christus von Gott aufgenommen sein. Und darum und insofern ist Jesus Christus der Inhalt und das Thema schon dieser Vorgeschichte, schon des alttestamentlichen Bundes. Als Vorgeschichte, als Offenbarung in der Erwartung charakterisiert sich der alttestamentliche Bund zunächst darin, daß er sich faktisch zerlegt in mehrere nebeneinander mit denselben Merkmalen, auch mit dem Merkmal derselben Einmaligkeit, ausgestatteten Bünde. Vor dem Sinaibund finden wir bekanntlich den die Erwählung Israels begründenden Bund mit Abraham und noch einmal vor dem Abrahamsbund den Bund mit Noah, in welchem der partikulare Bund mit Israel, noch bevor er Ereignis geworden, in seiner Partikularität bereits überholt und ins Universale erhoben zu sein scheint. So, als Wirklichkeit vom Uranfang her, ist die Erwählung Israels gegenwärtige Wirklichkeit. Im Deuteronomium finden wir den Bund als die gewissermaßen dauernde, aber auch so in der freien Liebe und Herrschaft Gottes begründete Ordnung, unter der das Israel der Gegenwart steht. Und bei den Propheten Jeremia, Hesekiel und Deutero-Jesaja erscheint er umgekehrt als eine immer strenger und tiefer als zukünftig verstandene, als eine aller Zeit bevorstehende und nur so aller Zeit gegenwärtige und nun wieder universal in die Völkerwelt hinaus sich weitende Wirklichkeit. Und wäre nicht neben dem allen und in besonderer Beziehung zu dem kommenden Bund der Heilszeit des speziellen Bundes mit David und seinem Hause, wäre nicht auch des Bundes mit Levi, dem Priesterstamm, zu gedenken? Was gilt nun? Welcher von diesen Bünden ist der Bund, den das alttestamentliche Zeugnis meint und als das ursprüngliche, zentrale und eigentliche versteht und bezeugen will? Eine im Sinn der alttestamentlichen Texte selber zu gebende Antwort wird nur lauten können: Jeder an seinem Ort und in seiner Weise! Denn es ist immer der eine Bund mit derselben Richtung und Ordnung. Er ist aber auch — und das ist in diesem Zusammenhang das Alttestamentliche des Alten Testamentes — in jeder seiner Gestalten dadurch zum Problem gemacht, daß er auch noch so ganz andere Gestalten neben sich hat. Der Bund scheint doch auch wieder keiner von diesen Gestalten zu sein, weder der Noah- noch der Abrahamsbund, weder der deuteronomische noch der der künftigen Heilszeit, noch auch der historisch so zentrale Sinai-Bund. Oder vielmehr: der Bund scheint in jeder dieser Gestalten jenseitig, er scheint in jeder von ihnen Verheißung und so und nur so in jeder von diesen Gestalten gegenwärtig zu sein. Manches echte „Jetzt", manche echte Einmaligkeit wartet in diesem Raum auf die Bestätigung seiner Echtheit, auf das „Ein für allemal", das dort offenbar wohl immer gemeint, aber auch nie erreicht wird. Insofern können wir im Blick auf die Wirklichkeit des alttestamentlichen Bundes wohl von einer Erwartung, aber auch nur von einer Erwartung der Offenbarung Jesu Christi als des Bundes zwischen Gott und den Menschen reden.

Aber die Beziehung des alttestamentlichen Bundes zu Jesus Christus (oder vielmehr: die Beziehung Jesu Christi zum alttestamentlichen Bunde) ist noch enger und direkter: es ist nämlich dem alttestamentlichen Bunde, wie schon zu Beginn hervorgehoben, eigentümlich, nicht ohne bestimmte menschliche „Organe" begründet und erneuert, erhalten und gepflegt, verkündigt und verteidigt zu werden. Er ist zum vornherein nicht richtig gesehen, wenn er in der sozusagen nackten Relation ‚Gott–Volk' gesehen wird. Ihm ist nicht sekundär, sondern primär wesentlich die Existenz des dritten, vermittelnden zeichenhaften Faktors des Gottesmannes. Er heißt an jener entscheidenden Stelle als Empfänger der göttlichen Namensoffenbarung, als Verkünder der *thora*, als geführter Führer des Volkes aus Ägypten an die Grenze Kanaans: Mose. Er kann aber auch Abraham heißen als „unser Vater", der einmal in der Urzeit der erste und einzige menschliche Partner des im voraus doch schon mit allen noch ungeborenen Generationen seiner Nachkommen geschlossenen Gottesbundes. Er kann aber auch David heißen als Träger des Sieges — oder Salomo als der Träger der Herrlichkeit, in denen sich der Segen des Bundes spiegelt. Und er kann der ungenannte „Gottesknecht" der Endzeit bei Deuterojesaja sein, der dem Volk und den Völkern nun nicht in Sieg und Herrlichkeit, sondern in Niedrigkeit und Leiden den Ratschluß Gottes verkündigt. Und zwischen diesen großen einzelnen Vermittlergestalten und ihren zeichenhaften Funktionen stehen die kleineren sozusagen regelmäßig aufgerufenen, als Typen bedeutsamen: die Richter und später die Könige, deren Führung der äußeren Geschichte des Volkes nicht den Charakter von Politik, sondern im strengsten Sinn den Charakter von Sakramentsverwaltung trägt, sofern sie Gott als den alleinigen König Israels vertreten, indem sie in der Sphäre menschlichen Rechtes und menschlicher Macht das Zeichen des Rechtes und der Macht der Monarchie Gottes aufrichten. Neben ihnen die Priester, die für den Vollzug des Opfers, das der Mann aus dem Volke nur darbringen kann, ausgesondert und allein berechtigt sind, offenbar zum Zeichen dessen, daß Gott allein Subjekt ist des Geschehens, das das Opfer abbildet. Endlich Propheten, die als die ausgezeichneten Wächter des Bundes als solchen wie die Unruhe in der Uhr mit ihren Anklagen, Drohungen und Tröstungen dafür sorgen, daß nach dem Bunde immer wieder gefragt, des Bundes immer wieder gedacht werde, bei denen er schließlich in jenem eminenten Sinn als die zukünftige Wirklichkeit Israels sichtbar gemacht wird. Auch sie sind in der Weise Stellvertreter Gottes, daß sie mit ihrem menschlichen Wort und Handeln das Zeichen des schöpferischen und regierenden Wortes Gottes aufrichten.

Der alttestamentliche Bund ist gerade in dieser besonderen Bestimmung Offenbarung Gottes, sofern er gerade in dieser Bestimmung Erwartung der Offenbarung Jesu Christi ist. Menschlich wird Gott offenbar sein, wenn er in Jesus Christus offenbar sein wird. Der Mensch wird es mit einem Menschen zu tun haben als dem Stellvertreter Gottes, als dem Träger und Verkündiger des Bundes; er wird es mit einem Propheten, Priester und König zu tun haben. Es wird ein Amt der Offenbarung aufgerichtet sein und ausgeübt werden. Das weiß das Alte Testament, und darum muß man auch in dieser Hinsicht sagen, daß Jesus Christus sein Inhalt und Thema ist. Daß seine Offenbarung nur die Erwartung der Offenbarung ist, das zeigt sich von dieser Seite gesehen nicht nur in der verwirrenden Fülle und Mannigfaltigkeit seiner Mittlergestalten, die schon in ihrem Nebeneinander und Nacheinander (wie die verschiedenen Gestalten des Bundes selber) über sich selbst hinausweisen — sondern noch mehr in der Beschränkung, in der sie offenbar alle sind, was sie sind, in der hervorgehobenen durchgängigen Zeichenhaftigkeit ihrer Funktionen, in der Uneigentlichkeit ihres Amtes als Gottes Stellvertreter. Die Könige Israels haben ja nicht etwa (wie es der übliche Begriff von „Theokratie" vermuten läßt) mit ihrem Recht das Recht Jahves vollstreckt und mit ihrer Macht die Macht Jahves ausgeübt, sondern sein Recht und seine Macht hat Jahve auch und gerade ihnen gegenüber sich selber vorbehalten. Und die Priester haben nicht Sünden vergeben und die Versöhnung zwischen Gott und dem Volk hergestellt, indem sie die Opfer darbrachten für das Volk, sondern auf dieses göttliche Tun konnten sie mit ihrem menschlichen Tun als Priester eben nur hinweisen. Aber auch die Propheten haben wohl in aller Realität das Wort des Herrn empfangen und weitergegeben, aber eben empfangen und weitergegeben, nicht etwa aus sich selbst, nicht als ihr eigenes Wort gesprochen. Daß das Wort Gottes dieser Mensch selbst und also Fleisch geworden sei, das wagt das Alte Testament auch von seinem größten Propheten nicht zu sagen. Die vollmächtige Stellvertretung Gottes bei den Menschen — diejenige Stellvertretung, in der Gott selbst als Mensch sein Stellvertreter bei den Menschen ist — kündigt sich erst an in Abraham, Mose und David, bei den Königen, Priestern und Propheten des Alten Testamentes. Sie sind alle erst Organe des göttlichen Handelns, nicht selber und von sich aus göttlich Handelnde. Den göttlich Handelnden, d. h. aber Gott selbst in menschlicher Gegenwart, Gottes eigenen Sohn, meinen sie offenbar. Sie meinen ihn wirklich, und insofern ist er auch in ihnen offenbar, insofern können schon im Alten Testament Menschen „Söhne Gottes", ja gelegentlich „Götter" genannt werden. Aber sie meinen ihn im unendlichen Abstand der Meinenden zu dem Gemeinten. Sie müssen alle über sich selbst hinauszeigen, und wir müssen mit ihnen über sie selbst hinaussehen, um des Gemeinten ansichtig zu werden. Vielmehr: wir müssen sie von dem Gemeinten aus verstehen, um zu verstehen, daß sie wirklich ihn gemeint haben. Der Bund Gottes mit seinem Volk durch die Menschwerdung Gottes ist wirklich das Mysterium, aber ist wirklich das Mysterium, das Geheimnis des Alten Testamentes.

Wir können alles hier über die Wirklichkeit und über die Vorläufigkeit der alttestamentlichen Offenbarung, über ihre Einheit mit der neutestamentlichen und über ihre Verschiedenheit in dieser Einheit zusammenfassen in den Eingangsworten des Hebräerbriefs: πολυμερῶς καὶ πολυτρόπως πάλαι ὁ θεὸς λαλήσας τοῖς πατράσιν ἐν τοῖς προφήταις... (Hebr. 1, 1).

2. Das Alte Testament ist wie das Neue das Zeugnis von der Offenbarung, in der Gott ein **verborgener** Gott bleibt, ja gerade als der verborgene Gott sich erweist, indem er sich offenbart. In und mit der hier bezeugten Offenbarung fällt ein Urteil über die ganze sie umgebende Welt, indem Gott — hier, jetzt, so gegenwärtig — die ganze seine Offenbarung umgebende Welt als gottlos erklärt ohne Rücksicht auf das, was sie wahrscheinlich an Gottesgegenwart auch zu besitzen meinte. Und durch dieses Urteil wird diese ganze umgebende Welt als solche zum Absterben, zum Vergehen bestimmt. Hat sie eine Hoffnung, dann nicht in und aus sich selber, sondern nur im Zusammenhang mit der in der Offenbarung aufbrechenden neuen, der einzig wirklichen Gottesgegenwart. Aber sie hat zunächst keine Hoffnung. Sie muß zunächst vergehen. Befremden und Entsetzen gingen für die in Palästina ansässigen Völker, die zum Teil hochstehende Kulturvölker waren, her vor dem aus der Wüste hereinbrechenden Nomadenvolk mit seinem ersten und zweiten Gebot, obwohl es doch wirklich fraglich genug war, inwiefern dieses Volk selbst diese Gebote verstand und befolgte. Die Offenbarung, von der dieses Volk herkam, war die Offenbarung des einen einzigen, in keiner Analogie zu erkennenden und in keinem Bilde zu verehrenden Gottes. Was hier hereinbrach, war grundsätzlich die radikale Entgötterung der Natur, der Geschichte und der Kultur, eine rücksichtslose Negation jeder anderen Gottesgegenwart als derjenigen im Ereignis des Bundesschlusses. Wenn es fromme Kanaaniter gab — und warum sollte es solche nicht gegeben haben? — so muß ihnen der Gott Israels wie der leibhaftige Tod und der Glaube Israels wie die Areligiosität selber erschienen sein. Aber ihnen wurde zu solchen Überlegungen bekanntlich keine Zeit gelassen. Man versteht, wenn man diese Verborgenheit des alttestamentlichen Bundesgottes bedenkt, auch dies, daß die Frage, wie sie Israel offenbar besonders in der Zeit Josuas und der Richter bis und mit Samuel gestellt war, in dem fürchterlichen Dilemma bestand: **entweder** Gottes Gegenwart, Führung und Hilfe und also Bundestreue und Gehorsam auch von seiten des Volkes — **oder** friedliches Sicheinleben in die Natur, Geschichte und Kultur des Landes: humanes Zusammenleben mit seinen Einwohnern. Oder umgekehrt gefragt: **entweder** Preisgabe des Bundes und damit Verlust der Gegenwart und Hilfe Gottes — **oder** Bruch mit aller vermeintlichen Gottesgegenwart in der Natur, Geschichte und Kultur des Landes: Bruch mit allen Konsequenzen bis zur physischen Ausrottung seiner Einwohner. Die ganze unerbittliche Schärfe der Auseinandersetzung zwischen Jahve und den *baalim*, zwischen den Propheten einerseits und dem Volk und den Königen und ihren „falschen" Propheten andererseits, die das Thema der Geschichte Israels bis zur deuteronomischen Reform und darüber hinaus gebildet hat, versteht sich im Lichte jenes exemplarischen Ent-

weder-Oder, wie es nach der Überlieferung das Ende der Wüstenwanderung und den Anfang der Geschichte Israels im Lande seiner Väter (oder vielmehr: im Lande Jahves) bildete. Ist es nationalistische Engherzigkeit, religiöser Fanatismus, Menschenhaß und Blutgier wohl gar, was diesem Volk so Stellung zu nehmen und zu handeln befiehlt? Nach dem einmütigen Zeugnis des Alten Testamentes wird es vielmehr gegen seinen Willen und unter zahlreichen Versuchen, seinen eigenen entgegengesetzten Willen durchzusetzen, auf diesen harten, inhumanen Weg getrieben. Es von sich aus möchte sich wohl angleichen, ein kanaanitisches Kulturvolk unter anderen werden, auch religiös offen und beweglich oder mindestens tolerant sein. Der König Saul, dem Samuel, und später der König Ahab, dem Elia zu widerstehen hatte, müssen in ihrer Art glänzende Vertreter dieses natürlich-humanen Israel gewesen sein. Aber Israel durfte nicht, wie es wollte. Wo immer die Stimme seiner Propheten ertönte und gehört wurde, da tat sich auch der Abgrund wieder auf zwischen den Göttern und Menschen des Landes und dem heiligen Volk, da wurde jenes natürlich-humane Israel angeklagt, da wurde es zurückgerufen in jene so ärgerliche Haltung des unbedingten Widerstandes. Nicht seine religiös-nationale Eigenart widersteht hier — sie würde an sich gerade nicht so unbedingt widerstehen — wohl aber sein Gott, der nicht offenbar werden kann, ohne gleichzeitig verborgen zu werden. Ihm gehört das Land, und also nicht auch, sondern gar nicht den *baalim*. Mit der Treue zu ihm verträgt sich keine andere Treue. Indem Israel der es umgebenden Welt durch seine Existenz die Offenbarung anzeigte, mußte es ihre Götter, d. h. gerade ihr Tiefstes, Bestes, Lebendigstes, die vermeintlichen Absolutheitsbeziehungen, in denen sie zu stehen meinte, leugnen, mußte es dieser Welt das Ende, das über sie kommende Gericht anzeigen. Daß die Exklusivität Jahves eine grundsätzliche ist, daß seine Offenbarung wirklich das über die Welt kommende Gericht anzeigt, wird darin sichtbar, daß die prophetische Anklage und Drohung, die sich noch bei Amos außer gegen Israel selbst nur gegen die nächstbenachbarten Völker richtet, bei den späteren Propheten übergreift auf die großen Weltvölker am Nil und am Euphrat. Man wird doch wohl aus dieser späteren Gerichtsbotschaft den Sinn und die Richtung auch schon der früheren abzulesen haben.

Die Offenbarung Gottes in Jesus Christus ist das Ende und Gericht, sie ist die Offenbarung des verborgenen Gottes, auf die das Alte Testament hinzeigt. Im Kreuze Christi wird Gott der Welt, wird er diesem Aeon wirklich und endgültig verborgen sein. Und damit wird diesem Aeon das Urteil gesprochen sein. Das Alte wird vergangen sein in dem fleischgewordenen Worte Gottes. Diesem Wort und also diesem Vergehen läuft die Geschichte Israels entgegen. Sie läuft ihr erst entgegen. Aber sie läuft ihr entgegen. Sie meint die Verkündigung des Weltgerichts in der erfüllten Zeit. Sie ist Zeit ihrer Erwartung. Aber weil sie Zeit ihrer Erwartung ist, ist sie selber Offenbarungszeit.

Viel deutlicher als in dieser — allerdings auch deutlichen — Katastrophe, die Israel als Träger der ihm zuteil gewordenen Offenbarung für die es umgebende Welt bedeutet, ist aber die Katastrophe, die es selber als Empfänger dieser Offenbarung in dieser Welt zu erleiden hat. Ihm widerfährt ja in seiner Geschichte unverhältnismäßig viel mehr Unheil als Heil. Die kurzen Zeiten des Sieges und der Blüte wirken, jedenfalls nach der Darstellung der Geschichtsbücher des Alten Testaments, fast nur wie die Folie, der silberne Rand, von dem sich das Eigentliche abhebt, was da geschieht, nämlich die Bedrängnis und Not, in der dieses Volk selbst immer wieder existieren muß, die Schläge, die es von allen Seiten empfängt, schließlich der Untergang, der mit einer gewissen Unvermeidlichkeit sein Ende ist. Die national-staatliche Existenz dieses Volkes in der Mitte zwischen Ägypten und Assur-Babylon konnte ja auch weltgeschichtlich betrachtet nur ein befristetes Zwischenspiel sein. Darin bewährt sich also sein Bund mit Gott auf keinen Fall, daß es ihm gut geht. Auf die Gesundheit, den Wohlstand, die Sicherheit, auf die politische Einheit und Kraft, die ein Volk befähigen, sich einen Platz in der Weltgeschichte zu erobern und zu erhalten, haben es weder das Gesetz noch die Propheten dieses Volkes abgesehen. Man wird von den Propheten sogar sagen müssen, daß sie dem Streben danach faktisch vielmehr geradezu entgegenwirkten. Nicht daß Israel Volk sei, wollen die Propheten, sondern daß es um jeden Preis, auch und gerade auf Kosten seines natürlichen Volkseins Gottes Volk sei. Es war politisch gesehen nichts als normal, daß die Könige die Propheten im Ganzen gefürchtet, abgelehnt, bekämpft haben. Sie konnten von ihnen nicht hören, was sie als Staatsmänner zu hören begehrten. Nur die falschen Propheten wollten und konnten zugleich das Anliegen Jahves und das Anliegen der Nation als solches wahrnehmen. Die wahren Propheten nahmen ganz allein das Anliegen Jahves wahr, sein Anliegen an dieses Volk, aber sein Anliegen. Dieses Volk als solches hatte zweifellos zu leiden unter seinem Gott. Also gar nicht etwa primär unter der Ungunst äußerer Umstände, unter seiner Kleinheit und Schwachheit, unter der Gewalt der fremden Völker — und auf keinen Fall etwa daran, daß sein Gott nicht die Macht gehabt hätte, alle diese Widerstände zu zerstäuben — je und je erweist ja sein Gott diese seine Macht und sind die Propheten diejenigen, die es im Blick darauf auch politisch zu Mut und Vertrauen aufrufen. Israel leidet aber primär unter dem Widerstand, den sein Gott selbst ihm entgegensetzt, mit einem rücksichtslosen: „Glaubet ihr nicht, so bleibet ihr nicht!" Was ist schließlich die Härte, mit der dieses Volk anderen Völkern gegenübertreten muß in jenem exemplarischen Akt der Richterzeit neben der dauernden und schließlich Jerusalem samt Königsburg und Tempel zerstörenden Härte, mit der diesem Volk sein eigener Gott gegenübertritt? Die Geschichte dieses Volkes ist nur zu sehr die Wiederholung der Geschichte seines Stammvaters, der gerade nicht nur mit Menschen, sondern mit Gott zu kämpfen hat und als von Gott Gelähmter nun dennoch mit diesem Mann ringt bis zur Morgenröte: „Ich lasse dich nicht, du segnest mich denn." Dieses Volkes Niedergang und Untergang scheint seines Gottes eigentlicher Triumph zu sein, und darin, ausschließlich darin, scheint dieses Volkes Heil zu liegen, daß es sich immer wieder wie ein Ertrinkender klammern darf an die Hand, sich immer wieder bergen darf in der Hand, die es so schrecklich schlägt. Zwischen dem Bund und seiner Erfüllung steht Leiden und Tod für die, an denen er sich erfüllen soll. — Diese Ordnung wiederholt sich im einzelnen mehr oder weniger deutlich gerade auch an den besonderen Gottesgesandten des Alten Testamentes. Unter den Begriff des Genies, des Helden, des großen Mannes, der seinen Beruf ergreift als sein Liebstes und Höchstes, der ein gelungenes Werk auf den Plan stellt, das einen Glanz ausströmt, der auch auf ihn selbst zurückfällt — unter diesen Begriff fällt keiner von ihnen. Sondern auch sie scheinen wie von einer harten Faust ergriffen und je an ihren Ort gestellt, um gebraucht, verbraucht zu werden: nach dem Willen und zur Ehre eines anderen, ohne Rücksicht auf ihr Wohlsein und ihre Ehre, ja vielfach so, daß sie gerade mit ihrem persönlichen Leiden demonstrieren müssen, was Gottes Ratschluß ist mit seinem Volk. Mose darf das Ziel von weitem sehen, aber nicht erreichen, für das er gelebt hat. Und der Name des Jeremia ist hier exemplarisch für alle anderen wahren Propheten. Keinem von ihnen ist es vergönnt, in Erfüllung seines Auftrags nun doch etwa auch äußerlich oder innerlich auf den Höhen des Lebens zu wandeln. Anders als so wie Jakob werden sie alle nicht gesegnet — am wenigsten der „Gottesknecht" der Endzeit bei Deuterojesaja: „Wir sahen ihn, aber da war keine Gestalt, die uns gefallen hätte." Das gilt von der Gestalt jedes wahren Propheten. Indem sie nach dem zusammenfassenden Bild, das das Neue Testament von ihnen hat, alle verfolgt, gesteinigt und getötet werden, sind sie nicht nur eine Anklage gegen den Unglauben und Ungehorsam des Volkes, sondern vor allem und noch mehr eine persönliche Darstellung der Unerforschlichkeit der Wege Gottes. Sie sind eben selbst die ersten, die darunter zu leiden haben, und sie sind selbst die, die am meisten darunter zu leiden haben, daß ihre Verkündigung wahr ist: daß der Gott, der Israel je und je geliebt hat, ein so verborgener Gott ist. — Und dieselbe Ordnung wiederholt sich dann noch einmal in der Gestalt des ohne besonderes Amt nun einfach die Existenz Israels vor seinem Gott konkret lebenden einzelnen Gerechten, wie er uns in den Psalmen und wie er uns monumental vor allem im Buch Hiob, in ganz anderer Weise aber doch auch im Prediger Salomo begegnet.

Vgl. dazu W. Vischer, Der Gottesknecht, Jahrb. d. Theol. Schule Bethel 1930, S. 59 ff.; Hiob ein Zeuge Jesu Christi, Z. d. Z. 1933, S. 386 ff.; Der Prediger Salomo 1926.

Der Gerechte des Alten Testamentes sieht sich gerade nach Hiob und dem Prediger nicht nur unbarmherzig vor die Frage gestellt: ob es nicht eigentlich ganz umsonst sei, Gott zu fürchten und zu dienen, ob nicht alles, was der Mensch tun kann, auch in dem besten, weisesten, gehorsamsten Leben ganz eitel sei? — sondern auch und nicht weniger unbarmherzig vor die Antwort: daß wir uns auf diese Frage schlechterdings keine Antwort geben können, daß die Kraft und der Trost aller menschlichen Antworten daran scheitert, daß sie menschliche Antworten sind und nicht Antworten dessen, der ganz allein gut ist und auch ganz allein sagen kann und sagen will, was gut ist. Der Gott Israels ist eben auch und gerade seinen treuesten Freunden gegenüber der verborgene Gott, verborgen in einem Werk, das sie von sich aus jeden Augenblick offen als Ungerechtigkeit und Unvernunft bezeichnen könnten und eigentlich möchten, verborgen in dem Werk ihres schlimmsten Feindes. Sie müssen schon ihn selbst meinen und suchen; sie müssen sich schon, nach Himmel und Erde nichts fragend, dennoch bei ihm bleibend an ihn selbst klammern; sie müssen schon ihn selbst lieben, weil sie ihn selbst gehört haben und ihn selbst gehört haben, weil er selbst zu ihnen geredet hat — er muß sie schon selbst je und je geliebt und darum zu sich gezogen und darum angeredet haben, um sie nun doch zu rechtfertigen und damit eben sich selbst als ihr Freund zu rechtfertigen. Nur kraft seiner freien Güte, wie sie offenkundig ist in dem faktischen Ereignis seines Wortes, ist es nicht umsonst, ihn zu fürchten, ist nicht alles eitel, ist gerade dies eine, ihn zu erkennen und zu fürchten, nicht eitel. So wird das Ende der Welt, das Weltgericht, vor allem an Israel selbst sichtbar. Gerade ihm ist Gott ein verborgener Gott. Gerade es, das geliebte, erwählte, geheiligte Volk, das Haus Gottes muß der Ort sein, wo das Vergehen des alten Aeon vor dem kommenden Gott und seinem neuen Werk einsetzt.

Nun, das leidende Israel, der leidende Prophet, der leidende Gerechte, ist nicht Christus. Das Alte ist damit nicht vergangen, daß dieses Volk seinen wunderlichen schweren Weg geführt wird, daß Jakob, daß Jeremia, daß Hiob an Gott so sterbenskrank sein müssen. Die Offenbarung Gottes wird dort Wirklichkeit sein, wo sein Wort, sein Sohn selbst Fleisch geworden ist und diese ganze grenzenlose Not des Fleisches an sich und auf sich genommen hat. Da wird Gott wirklich der verborgene Gott und gerade in dieser Verborgenheit offenbar sein, wo Gott selbst sich selbst so verborgen ist, wie er hier Israel und allen diesen israelitischen Menschen verborgen war: „Mein Gott, mein Gott, warum hast du mich verlassen?" Aber wie sollten wir nicht wiederum sagen müssen, daß Jakob, daß Jeremia, daß Hiob, daß das ganze dunkle Geschehen in und an Israel dieser wirklichen Verborgenheit Gottes und damit seiner wirklichen Offenbarung entgegensieht, daß die ganze Gestalt jenes „Gottesknechtes" in Jes. 53 — wobei doch Jes. 53 nur rekapituliert, was fast in jedem Kapitel des Alten Testamentes irgendwie sichtbar sein dürfte — den leidenden und gekreuzigten Christus vorbildet? Sofern das Alte Testament nicht nur Rätsel, sondern gelöstes Rätsel ist, sofern Jahve wirklich Barmherzigkeit tut, überströmende ewige Milde erweist diesem Volk, sofern diese Traurigen alle nun dennoch getröstet werden durch das wirkliche unendlich tröstende Gegenüber Gottes trotz und in seiner Verborgenheit, sofern Gott sie nicht umsonst leiden läßt und sie Gott nicht umsonst treu sind, insofern war eben doch Christus das leidende Israel, der leidende Prophet, der leidende Gerechte. Nicht eine Christusidee, sondern der wirkliche, geschichtliche Christus, *qui passus est sub Pontio Pilato*! Das Alte Testament als solches und für sich sagt nicht, daß und wie sein Rätsel aufgelöst ist. Das Alte Testament als solches und für sich kennt ja noch gar nicht den wirklich verborgenen Gott. Es kennt ja nicht den Gott, der sich selber ein verborgener Gott geworden ist. Es kennt darum auch nicht den wirklich offenbaren Gott. A b e r : dieses Alte Testament als solches und für sich, von dem das zu sagen wäre, ist ja gar keine Wirklichkeit, sondern eine jüdische Abstraktion!

Nur ein christlich-theologischer Dilettantismus (der Dilettantismus des durchschnittlichen „Alttestamentlers"!), dem die Abgründe des Alten Testaments zu seinem Heil verborgen geblieben sind — oder eben ein echtes unbekehrtes Judentum kann dieser Abstraktion fähig sein. Was echtes unbekehrtes Judentum ist, in welcher grauenvollen Unerlöstheit und doch auch in welchem Mangel an letztem Ernst das abstrakt gelesene und verstandene Alte Testament gerade an dieser Stelle einfach ins Leere hinausweist, das kann man sich etwa an dem Drama von Richard Beer-Hoffmann „Jaakobs Traum" 1920, veranschaulichen.

Das wirkliche Alte Testament ist nicht diese Abstraktion. Das wirkliche Alte Testament bezeugt das strenge, ganze, aber gerade so auch als Gnade offenbare Geheimnis der Gerichte Gottes und darum nicht nur die Qual von Menschen, die unter diesem Gericht stehen, sondern das Leiden Gottes selbst, der dieses Gericht selber auf sich genommen und getragen hat. Es bezeugt die Erwartung Jesu Christi. Es bezeugt nicht irgendeine Verborgenheit Gottes, sondern das Vorspiel zu der Verborgenheit Gottes im Stall zu Bethlehem und am Kreuz von Golgatha. Darum und insofern bezeugt es Offenbarung im vollen Sinn des Begriffs.

Aber wir müssen hinsichtlich der Verborgenheit und des Gerichtes Gottes im Zeugnis des Alten Testamentes noch auf ein Drittes achten. Es ist keine Absurdität und keine Schrulle, es ist aber auch keine metaphysische Notwendigkeit der Grund dessen, daß Gott in der vom Alten Testament bezeugten Geschichte so verborgen sein und daß diese Geschichte so unter der Ordnung des Vergehens des Menschen und seiner Welt stehen, und gerade auf das Kreuz Christi hinweisen muß. Es steht keine Gnosis und keine Mystik hinter dieser Ordnung, sie gilt in der strengen klaren Beziehung zu der Tatsache, daß der Mensch im Bunde, in der Begegnung mit Gott, sich als der Gott widerstrebende, vom Wege Gottes abweichende sündige Mensch erweist. Die Geschichte Israels im Bunde mit seinem Gott ist nicht nur die Geschichte seines Krankseins, seines Scheiterns an dem Herrn, von dem es erwählt und geliebt ist, sondern auch die Geschichte seines dauernden Mißverstehens, seiner dauernden Eigenwilligkeit, seiner dauernden Rebellion. Und jenes Erste und dieses Zweite entsprechen und bedingen sich gegenseitig. Die Rebellion bezieht sich, wie exemplarisch in der Geschichte von der Errichtung und Anbetung des goldenen Kalbes gezeigt wird, auf die harte Herrschaft des verborgenen Gottes: sie stammt nicht aus irgendeiner zufälligen und darum unverständlichen Schwachheit oder Bosheit, sondern aus dem sehr einleuchtenden Protest gegen jenes *opus alienum*, durch welches Gott den Seinen Treue hält und Liebe erweist. Und umgekehrt: das *opus alienum*, die Strafe, ist die einzige Form, in welcher Gott diesem Volk, das ein böses, halsstarriges, verstocktes Volk ist, Treue halten und Liebe erweisen kann. Die Sünde Israels ist sozusagen die menschliche Seite der göttlichen Verborgenheit. Es sind nicht reine, gute sittliche Menschen, mit denen Gott seinen Bund schließt und hält, sondern Übertreter und immer wieder Übertreter. Auch die größten Helden des Alten Testamentes, auch ein Mose und David, werden in seiner Geschichtsdarstellung von dieser Feststellung bekanntlich nicht ausgenommen. Auch die Propheten nehmen sich selbst nicht aus. Der „Gerechte" im dritten Teil des alttestamentlichen Schrifttums vollends wäre der allerletzte, der sich dieser Regel nicht unterstellen würde. Und er bekennt sich nicht nur als Sünder — so daß man die Sache für eine literarische Angelegenheit ansehen könnte, sondern er stellt sich selbst so dar, daß man es mit Händen greifen kann, daß er ein Sünder wirklich ist. Man kann sich also dem Gott des Alten Testamentes nicht etwa — man kann sich ihm am allerwenigsten auf dem Umweg über die menschlichen Vortrefflichkeiten derer nähern, die er die Seinigen nennt. Wiederum ist aber die Sünde Israels nicht irgendein „Böses"; sie ist nicht „Untugend" oder „Unmoral". Gott straft im Alten Testament bekanntlich oft sehr wunderlich, wo man moralisch urteilend gar keine Sünde oder gar das Gegenteil von Sünde wahrzunehmen meint — um umgekehrt manchmal nicht zu strafen oder merkwürdig leicht zu strafen, wo man moralisch betrachtend nun wirklich schwere Sünde wahrzunehmen meint; und nach beiden Seiten ist mit dem Hinweis auf die Andersartigkeit der antik-orientalischen Moral Einiges, aber nicht Alles zu erklären. Und so kann man dem Gott des Alten Testamentes auch auf dem weiteren Umweg über die Einsichtigkeit der Gerechtigkeit seiner Strafen nicht beikommen. Weil Sünde im Alten Testament selber ein Geheimnis ist, nämlich das Geheimnis des Bundesbruchs! Das bedeutet aber: die Sünde geschieht auf dem Boden des Bundes selbst; sie wird, indem sie geschieht, einbezogen in die Ökonomie des göttlichen Wollens und Handelns. Das erleichtert und entschuldigt sie nicht, geschweige denn, daß es sie rechtfertigen würde. Im Gegenteil: eben darum ist sie wirkliche, schwere, tödliche Sünde, wie die Philister und Moabiter in all ihrem Aberglauben und Unglauben sie gar nicht begehen können. Aber indem sie geschieht, ist Gott auch Herr über die Sünde Israels: 1. insofern als eben er, er allein der ist, an dem hier gesündigt werden kann; 2. insofern als seine Reaktion darauf, die Strafe, das Verbergen seines Angesichts vor dem Bundespartner ein Akt seiner eigenen Bundestreue und nicht etwa eine Aufhebung des Bundes ist; 3. insofern, als beides, die Sünde und die Strafe, innerhalb der Grenze und also auch mit dem Sinn und Ziel geschieht, die er ihnen gibt. Der Satz ist zu wagen, so gefährlich er klingen mag: der im Bunde mit Gott stehende, von Gott in den Bund mit ihm versetzte Mensch muß ein Sünder sein. Jakob, der von Gott vor seinem Bruder Esau Erwählte, muß diese durch und durch problematische Figur sein, als die er in der Genesis gezeichnet wird. Das von Gott unter Wundern und Zeichen aus Ägypten geführte Volk muß sich in der Wüste so ungebärdig benehmen, wie es sich benommen hat. Die mit der Verkündigung der Monarchie Gottes betrauten Könige müssen so versagen, wie Saul und Jerobeam und Ahab und in ihrer Weise doch auch David, Hiskia und Josia versagt haben. Ein Jesaja muß ein Mann „unreiner Lippen" sein, und Jona muß sich erst aufführen wie ein richtiger Dienstverweigerer des lieben Gottes, um ihn dann an Ungeduld über Ninive so komisch überbieten zu wollen. Es muß so sein, daß im Tempel zu Jerusalem offenbar das „liberale" Abrutschen ins Kaananitertum und die allzu sichere, im Grunde ebenso profane „positive" Kirchlichkeit mancher Deuteronomisten und ihrer späteren Geistesverwandten die beiden einzigen in Betracht kommenden Möglichkeiten sind. Die Propheten, die zu diesem Volk gesandt sind, müssen verfolgt, gesteinigt und getötet werden. Auch und gerade die „Gerechten" in diesem Volk müssen unter Gottes Anklage und Gericht stehen. Hiob muß die Rebellion, und der Prediger muß die Skepsis auf die Spitze treiben. Er muß? Ja, er muß, sie alle müssen, weil und sofern hier, in dem Bunde, auf dessen Boden das alles geschieht, Gott wirklich Gott und darum auch der Mensch wirklich der Mensch ist. In diesem Gegenüber begegnet Gott dem Menschen so, wie er ihm, dem im Innersten und Tiefsten und Eigentlichsten treulosen, von ihm abgewandten Menschen um seiner eigenen Wahrheit und um der Wahrheit der Schöpfung willen begegnen muß, nämlich eben in jener Verborgenheit, in jener Heiligkeit, deren Gedanken so viel höher sind als die der Menschen, wie der Himmel höher ist als die Erde. Und in diesem Gegenüber ist nun auch der Mensch gerade durch Gottes nahe Unnahbarkeit herausgefordert, zu sein und sich zu zeigen, wie er ist; in diesem Gegenüber wird er herausgestellt als das, was er in Wahrheit ist, d. h.

aber eben: als Sünder. Nicht irgendwo geschieht das. Wie könnte das am Nil oder am Euphrat oder in den Wäldern Germaniens geschehen? Nur auf dem Boden des Bundes kann das geschehen. Hier aber **muß** es geschehen. Aber eben darum, weil dieses Müssen bedingt ist durch den Boden des Bundes, kann es nicht nur das bezeichnen, daß zwischen dem wirklichen Gott und dem wirklichen Menschen das Gericht notwendig Ereignis wird, sondern auch dies, daß beide: Gottes Verborgenheit und die menschliche Auflehnung dagegen, oder umgekehrt gesagt: die menschliche Auflehnung gegen Gott und die als Strafe darauf antwortende göttliche Verborgenheit einbezogen sind in einen übergreifenden göttlichen Plan, der nun freilich als solcher nicht einzusehen ist, den man also beileibe nicht in Form einer Synthese von Sünde und Strafe zu klären unternehmen wollen darf, der vielmehr so unerforschlich ist wie Gott selber (nicht als Begriff, aber in seiner wirklichen Herrschaft) — unerforschlich ist, der sich aber eben in dem Ereignis seiner wirklichen Herrschaft als das erweist, was jenes Müssen zum Müssen macht: weil und sofern Gott Gott ist im Ereignis seiner wirklichen Herrschaft, ist sein Verborgensein nicht sein letztes Wort und kann noch weniger der Mensch mit seiner Auflehnung das letzte Wort behalten. Alles **muß** so sein, weil es Weihnacht werden muß, weil in dem Ereignis der wirklichen Herrschaft Gottes **Versöhnung** stattfinden muß.

Dennoch haben wir das Entscheidende nicht gesagt, was genau in der Linie jenes alttestamentlichen Müssens zu sagen ist: Auf dem Boden des Bundes **mußte** Jesus Christus gekreuzigt werden. Ein anderer Gott und ein anderer Mensch hätten sich auf einmal auf dem alten kritischen Schauplatz von Galiläa und Jerusalem gegenüberstehen müssen, wenn nun, da das Wort Fleisch ward, auf einmal etwas anderes hätte geschehen können, als was auf diesem Schauplatz immer geschehen war. Wurde Gott kein anderer und darum auch der Mensch kein anderer in dem Ereignis der wirklichen Gottesherrschaft, war dieses Ereignis vielmehr die Erfüllung der Zeit, die Erfüllung des Bundes, wie sollte sein Inhalt dann ein anderer sein als eben die wirkliche Verborgenheit Gottes und also der leidende und sterbende Gottesknecht — und nun auch auf der menschlichen Seite: der wirklich und endgültig vollzogene Aufruhr und Abfall? Jesus **mußte** hinaufziehen nach Jerusalem, aber auch die Hohenpriester und Schriftgelehrten und das Volk **mußten** in nur zu echter Traditionsfolge tun, was sie taten; die Jünger **mußten** ihn verlassen, Petrus **mußte** ihn verleugnen, Judas **mußte** ihn verraten. Nicht die geringste Entschuldigung bedeutet auch hier dieses Müssen. Gerade als wirklich und endgültig schuldig enthüllte sich ja hier der Mensch. Aber eben daß dies geschah, daß der Mensch sich wirklich und endgültig als an Gott schuldig enthüllte, indem er Gott tötete, das mußte im Ereignis der wirklichen Gottesherrschaft genau so und nicht anders sein. Gewiß, diese Notwendigkeit kann nur im

Rückblick auf dieses Ereignis, also im Rückblick von Ostern auf Karfreitag — man könnte auch sagen: im Vorblick von Weihnacht auf Karfreitag, ausgesprochen werden. „Unsere Strafe lag auf ihm, auf daß wir Frieden hätten." Wenn das wahr ist, wenn das Gegenüber von Gott und Mensch hier wirklich die Versöhnung ist, dann kann gesagt werden: Christus mußte gekreuzigt werden, Gott mußte hier dem Menschen als der Verborgene und der Mensch mußte hier Gott als der Aufrührer entgegentreten. Und wenn die Versöhnung als die Gottestat des Karfreitags wahr ist und als wahr erkannt wird kraft der Offenbarung der Ostern oder der Weihnacht, dann gilt dieses „Muß" auch für das Alte Testament, dann ist das Geschehen im Alten Testament auch in dieser Hinsicht die Erwartung, die Weissagung der Offenbarung Jesu Christi, dann wird als die Wahrheit der Verborgenheit Gottes im Alten Testament, und als die Wahrheit der Sünde Israels sichtbar: die Vergebung der Sünden. Man wird dann im Blick auf jenes furchtbare Gegenüber von Gott und Mensch im Alten Testament sagen müssen: auch hier, schon hier war Gemeinschaft der Heiligen, Vergebung der Sünden, Auferstehung des Fleisches und ein ewiges Leben. Ohne Einschränkung und Abzug den Christus erwarten, wie es hier geschah, heißt Christus haben, und zwar ganz haben. Die Väter hatten Christus, den ganzen Christus. Wohlverstanden, auch hier: nicht eine Christusidee, sondern das fleischgewordene Wort, den geschichtlichen Christus. Nur vom Karfreitag, und zwar von dem von Weihnacht und Ostern her erhellten Karfreitag aus läßt sich das sagen. Die Synagoge kann das bis auf diesen Tag nicht sagen. Die Synagoge wiederholt bis auf diesen Tag, was sie getan hat, als sie Christus kreuzigte, und eben damit das, was Israel immer getan hat. Die Synagoge ist sozusagen leibhaftig das in Erstarrung stehengebliebene Alte Testament an sich und *in abstracto*. Es ist insofern völlig in Ordnung, wenn sie das Alte Testament für sich in Anspruch nimmt als ein unerfülltes Altes Testament, ein Altes Testament ohne Versöhnung. Abgesehen von dem Ereignis der wirklichen Gottesherrschaft in Jesus Christus, abgesehen von Weihnacht und Ostern, als der Synagoge und zu der Synagoge gehörig, muß das Alte Testament dieses Abstraktum sein. Offenbarung ist es dann freilich nicht. Oder inwiefern sollte dieses unerfüllte Gegenüber des heiligen Gottes und des unheiligen Menschen Offenbarung sein? Gerade die wirkliche Verborgenheit Gottes und den wirklichen Aufruhr des Menschen gegen ihn wird man, wenn man die Kreuzigung Jesu als einen nach allen Seiten nicht ganz geklärten Zwischenfall beurteilt, im Alten Testament nicht bezeugt finden.

Wer hat, wer liest das wirkliche Alte Testament? Wer versteht es so, wie es lautet, und wie es sich selber verstanden haben will? Die Frage steht bis heute zwischen der Kirche und der Synagoge. Sie war für die Zeugen des Neuen Testamentes keine historische, keine wissenschaftliche

Frage, sondern die brennende Lebensfrage des Glaubens und der Offenbarung. Nicht im leeren Raum, sondern als den vom Gesetz und von den Propheten Bezeugten, von den Vätern Erwarteten haben sie Jesus Christus erkannt und geglaubt. Die Notwendigkeit, mit der er ihr Herr wurde, war in einem unauflösbaren „Zugleich" auch die Notwendigkeit, die ihnen das Wort Gottes im Alten Testament auferlegte. Ohne das Wort Gottes im Alten Testament würde die Kirche einen anderen Christus glauben als den der neutestamentlichen Zeugen. Der neutestamentliche Christus ist die Erfüllung der alttestamentlichen Erwartung. Über die zwischen der Kirche und der Synagoge stehende Frage wird also immer wieder, wird auch für die Kirche damit entschieden werden, daß der neutestamentliche Christus in ihr offenbar ist und geglaubt wird. Geschieht dies, dann kann es über das wirkliche Alte Testament keine Debatte geben. Und dann wird die Kirche um das Zeugnis von seinem Kommen im Alten Testament nicht minder froh sein als um das Zeugnis von seinem Gekommensein im Neuen.

3. Das Alte Testament ist wie das Neue das Zeugnis von der Offenbarung, in der Gott dem Menschen gegenwärtig ist als der kommende Gott. Gegenwärtig als der kommende — man muß beides betonen. Wir bezeichnen damit die Seite des alttestamentlichen Zeugnisses, nach der es nun auch explizit Zeugnis der Erwartung — wir sagen vom Neuen Testament her: der Erwartung Jesu Christi, nach der es Weissagung ist. Implizit ist es das, wie wir sahen, auch als Zeugnis von Gottes Bund und von Gottes Verborgenheit.

Die Theologie der älteren Kirche hat sich teilweise zu einseitig nur mit der expliziten Weissagung im Alten Testament beschäftigt. Gerade von Luther und Calvin wird man das freilich nicht sagen können. Und auch das übliche Schreckensbild von dem Verständnis des Alten Testaments im Zeitalter der Orthodoxie: als ob man auf diesem Gebiet damals nur in mehr oder weniger geistreicher Weise mit dem Auftreiben von allerhand messianischen Weissagungen, mit der Herstellung einer unheimlich genauen Christologie des Alten Testamentes beschäftigt gewesen sei, trifft bei näherem Zusehen doch nur in beschränktem Maße zu. Man braucht hier bloß an die Bemühungen der sogenannten Föderaltheologen aus der Schule des Joh. Coccejus zu erinnern, die in der zweiten Hälfte des siebzehnten Jahrhunderts in der reformierten Kirche die Herrschaft errang und bald genug auch ins Luthertum hinüberwirkte: ihre Versuche, die Einheit des Alten mit dem Neuen Testament aufzuweisen, waren bei aller Fragwürdigkeit der geschichtlichen Gesichtspunkte und Methoden wie schon die Calvins selber besonnen und umfassend angelegt. Wenn man ihnen etwas vorwerfen kann, so ist es das Eindringen eines die theologische Klarheit trübenden geschichtsphilosophischen Denkens, nicht aber das, was man von jener Zeit oft in Bausch und Bogen sagen hört, daß sie im Alten Testament „mechanisch" ohne Aufmerksamkeit für die konkreten geschichtlichen Zusammenhänge, Weissagungen und Vorbilder der Person und des Werkes Christi gesucht und gefunden habe. Und noch weniger würde es der historischen Wahrheit entsprechen, wenn man die Bemühungen etwa des Erlangers Joh. Chr. Konrad v. Hofmann um „Weissagung und Erfüllung" unter ein derartiges Urteil stellen wollte. Man kann gegen seine Konzeption (um von den geschichtlichen Fragen nicht zu reden) auch und gerade theologisch schwerste Bedenken hegen; man darf aber nicht übersehen, daß es eine von den Grundanschauungen gerade dieses Theologen gewesen ist: daß die alttestamentlichen Weissagungen auf Christus entscheidend nicht etwa in diesen und jenen isolierten direkt weissagenden Stellen, sondern in den konkreten geschichtlichen Zusammenhängen des Alten Testamentes als solchen zu suchen und jene Stellen nur innerhalb dieser besonderen Zusammenhänge zu verstehen seien. Aber in der Tat: es hat in älterer und neuer Zeit eine Theologie gegeben, die das nicht beachtet hat. Die Folge konnte auch bei den besten Absichten nur eine traurige Entleerung des Alten Testamentes sein. Das eigentümliche Offenbarungszeugnis der Vorzeit hat Anspruch darauf, als Ganzes gehört zu werden nicht nur da, wo es a u s d r ü c k l i c h, sondern auch und gerade da, wo es einfach f a k t i s c h von der Erwartung redet. — Ich habe, um das hervorzuheben, das, was als Erwartung in dem alttestamentlichen Zeugnis von Gottes Bund und von Gottes Verborgenheit faktisch (d. h. abgesehen von der formellen „Weissagung") erkennbar ist, in den Vordergrund gestellt.

Daß es nun doch auch eine ganze Linie im Alten Testament gibt, auf der es explizit Zeugnis der Erwartung ist, das mag uns zunächst zur Bestätigung dienen, daß wir uns im Bisherigen jedenfalls grundsätzlich keiner Täuschung hingegeben, keiner Eintragung schuldig gemacht haben. Es gibt eine e s c h a t o l o g i s c h e Linie im Alten Testament, d. h. eine Linie, auf der es nicht nur faktisch erkennbar ist, sondern vom Alten Testament selbst ausdrücklich gesagt wird, daß der Bund Gottes mit dem Menschen seiner Verwirklichung erst entgegengeht und daß auch die Verborgenheit und mit ihr die Offenbarung Gottes erst jenseits des im Alten Testament bezeugten Geschehens selbst als z u k ü n f t i g e Ereignis wird. Der eschatologische Charakter der göttlichen Versöhnung und Offenbarung bedeutet keine Negation ihrer Gegenwärtigkeit, hier nicht und im Neuen Testament erst recht nicht. Wer sich mir ankündigt, wer an meine Tür klopft, der ist mir als solcher, als mir „Zukünftiger", d. h. als ein „zu mir Kommender" auch schon gegenwärtig. Eben als solcher: noch bin ich allein, aber nur noch in der Erwartung, ihn gleich bei mir zu sehen; noch habe ich Zeit, aber nur noch, um mir klarzumachen, daß ich gleich keine Zeit mehr haben werde. Wie sollte die Zukunft Gottes nicht die intensivste Gegenwart sein, unverhältnismäßig viel intensiver als alles, was wir für Gegenwart halten? Wir sahen, mit welcher Intensität der Bund und die Verborgenheit Gottes im Alten Testament auf die Zukunft Gottes hinzielen. Eben in dieser Intensität sind sie ja schon Gegenwart und empfangen schon Abraham, schon Mose, schon die Propheten Gottes Offenbarung im Vollsinn des Begriffs. Aber man möchte sagen: es kann nicht anders sein, als daß es auch ausgesprochen werden muß: So, als die Wartenden und Eilenden, empfangen sie die Offenbarung des kommenden Jahve. Es ist nicht so, daß die Träger der Offenbarung im Alten Testament etwa nur faktisch, nur unbewußt der Unvollendetheit ihrer Situation und ihrer Bedürftigkeit nach Vollendung, der nur faktisch kommenden und bevorstehenden Vollendung entgegengehen würden. Sie g e h e n ihr entgegen, indem sie ihr e n t g e g e n s e h e n. Sofern sie ihr bewußt entgegensehen, gibt es eine eschatologische Linie im Alten Testament. Sie steht nicht neben seinem übrigen Zeugnis, sie wächst mit innerster Notwendigkeit aus ihm hervor, sie ist ein „integrierender Bestandteil des israelitischen Gottesglaubens"[1]. Aber sie hebt sich innerhalb dieses Ganzen ab als ein besonderer Bestandteil.

Es geht um folgendes: Man kann bei einer ganzen Reihe von Anschauungen, die für die Welt des Alten Testamentes in entscheidender Weise bedeutsam sind, die Feststellung machen, daß man sie, um sie im Sinn der Texte richtig zu verstehen, wie die Flügelaltäre des Mittelalters in einer doppelten Sicht kennen muß. Ihr Gegenstand auf der Vorderseite ist nämlich jeweilen ein bestimmter Aspekt des Bundes und der Verborgenheit Gottes in einer bestimmten historisch-zeitlichen Gegenwart. Ihr Gegenstand auf der Rückseite aber ist, mit denselben oder mit verwandten Begriffen bezeichnet, auf einmal der entsprechende Aspekt der erfüllten Zeit, das vollendete Werk des kommenden Gottes. Man könnte auch von einem zweidimensionalen Bild reden, das, indem man es betrachtet, durch ein Wunder auf einmal Tiefe bekäme und zur Plastik würde. Hat man als Leser und Ausleger zunächst überall jene erste Gestalt dieser Anschauungen als solche zu würdigen, so sehe man zu, daß einem die zweite nicht entgehe, die bestimmt ebenfalls überall nur auf aufmerksame Augen wartet.

Wenn im Alten Testament z. B. vom „Volk" oder von „Israel" und damit oder daneben auch von „Juda" die Rede ist, so ist damit gewiß zunächst die Gesamtheit der Nachkommen der Söhne Jakobs gemeint, mit der als solcher der Bund am Sinai geschlossen ist. Aber schon die Absonderung der 10 Nordstämme von den zwei Südstämmen weist darauf hin, daß jene vordergründliche Anschauung von „Volk" nicht tragfähig ist für das, was zu sehen ist, wenn von Gottes Volk, dem erwählten Volk, im Alten Testament die Rede ist. Ein Volk im Volk sozusagen wird das mit dem Gottesbunde gemeinte, seiner Erfüllung teilhaftige Volk sein. Aber wir befinden uns noch bei der vordergründlichen Anschauung, wenn wir jetzt Juda-Benjamin als das Volk betrachten, neben dem Nordisrael mit der Zeit aus der Geschichte verschwindet. Auch Juda-Benjamin ist ja nicht das Volk, sondern, wie gerade seine Propheten sagen: ein bekehrter und im Gericht verschonter „heiliger Rest" von Juda-Benjamin. Wer gehört zu diesem Rest? Wer ist jetzt das Volk Gottes? Die Angehörigen einer prophetischen Jüngergemeinde? Eine sich um den Tempel scharende Gemeinschaft der Gläubigen? Die wenigen Gerechten, die nach Jahves Gebot wandeln? Ja und Nein! Ja, weil im Vordergrund in der Tat ein derartiges „Volk" zu sehen ist — nein, weil die prophetische Mahnung und Hoffnung doch nicht bei diesem Volk stehenbleibt, weil gerade spä-

---

[1] Eichrodt a. a. O. S. 255.

tere Propheten wie Jeremia und Deuterojesaia doch wieder von einem „Volk", von Jerusalem, ja von Israel als Ganzem reden. Das Volk im Volk, das echte Israel, ist offenbar weder mit der Totalität der Nachkommen Jakobs, noch mit irgendeinem Ausschnitt aus dieser Totalität identisch. Sondern das echte, von Jahve erwählte, berufene und endlich gesegnete Israel, in beiden bloß vorgebildet, steht als Ziel jenseits der Geschichte beider. Dieses Volk ist sich selbst in strengstem Sinn zukünftig. Es muß sich wirklich erst zeigen, welches nun eigentlich dieses Volk ist.

Wenn im Alten Testament von dem diesem Volk verheißenen und dann geschenkten „Lande" die Rede ist, so ist darunter gewiß zunächst ganz schlicht das von Gott den Vätern gelobte Land Kanaan zu verstehen. Aber wieder scheint diese geographische Größe, welches auch damals ihre Eigenschaften gewesen sein mögen, als solche auf der ganzen Linie durchaus nicht geeignet, den Bedeutungsgehalt, der mit dem Begriff des verheißenen Landes bezeichnet ist, zu erschöpfen. In der Linie des Landes, „da Milch und Honig fließt", weiterblickend, den Verheißungen folgend, die sich (in Zeiten, in denen es in diesem Lande wirklich nicht schön zuging) an diese Anschauung anknüpften, muß man hier hinsehen auf das verlorene und wiedergekehrte Paradies, das die Wohnstätte dieses Volkes sein wird, ja auf die wunderbar erneuerte Erde, auf der dieses Volk inmitten der friedlich und glücklich vereinigten anderen Völker einst leben wird. Also gewiß ist das „Land" Palästina, aber ebenso gewiß ist in und mit diesem Land jenes ganz andere Land gemeint, das in der Geschichte Israels darum nicht als wirklich sichtbar wird, weil es ihr Ziel, weil es ihr also jenseitig ist. Dieses Land wartet eben auf jenes Land.

Wenn im Alten Testament vom „Tempel" die Rede ist, so ist damit sicher das Haus zu Jerusalem gemeint, das David dem Herrn bauen wollte und das Salomo ihm gebaut hat als seine Wohnung, und darum als Stätte der Anbetung und des Opfers für dieses Volk. Aber dieser Tempel konnte zerstört und wieder aufgebaut und wieder zerstört werden, ohne daß er an Intensität seiner Bedeutung etwas eingebüßt hätte. Was er im Vordergrunde ist und nicht ist, ist eben beherrscht von dem hintergründlichen, dem künftigen Tempel, der nach Jesaia nicht von Menschen, sondern von Gott selbst gebaut, auf einem ganz anderen Gottesberg stehen und leuchten wird, zu dem einst nicht nur Israel, sondern die Völker wallfahren werden. Von dieser seiner Zukunft her ist der Tempel zu Jerusalem, was er ist.

Was heißt „Herrschaft Gottes" im Alten Testament? Zunächst gewiß das Gegenwärtige und scheinbar schon als solches unendlich Bedeutsame: Dieses Volk gehört Jahve, wird in seinen Geschicken von Jahve regiert, bestraft und belohnt, hat darum als Ganzes und in allen seinen Gliedern Jahves Weisungen und Geboten zu gehorchen. Kann es hier ein Mehr, einen überlegenen Hintergrund geben? Ja, gerade hier gibt es das, und es ist wohl verständlich, daß man versucht hat, gerade in dem Begriff der ,,vollkommenen Gottesherrschaft" die ganze Eschatologie des Alten Testamentes zu konzentrieren. Denn gerade hier ist offenbar alle Gegenwart nur von ihrer eigenen Zukunft her zu verstehen. Ist sie in der Gegenwart in dem, was vor Augen liegt, nicht von allen Seiten begrenzt: diese Zugehörigkeit zu Jahve, diese Macht Jahves selber, diese Hörigkeit der Seinigen? Muß hier nicht die Hoffnung eingreifen auf das Reich, das kein Ende hat? Und sie greift nicht bloß ein, diese Hoffnung, sondern sie ist es offenbar, die dem Glauben an Gottes Herrschaft auch und gerade schon in der Gegenwart Möglichkeit und Kraft gibt. Vom künftigen Vollkommenen lebt das Volk Gottes gerade in der Unvollkommenheit seiner gegenwärtigen Lage und Verfassung. Ohne das Vollkommene je zu sehen! Seine Gegenwart scheint vielmehr nach allen Seiten immer unvollkommener zu werden. Immer geringfügiger wird jedenfalls das politische Äquivalent des Gottesreiches in der äußeren Macht und Lage dieses Volkes. Aber im selben Maß scheint es nur um so bestimmter zu wissen um das, was das Ziel und die Grenze seiner Wege ist: Gott wird sich alle Feinde zu Füßen legen; seine Herrschaft wird ebenso über das Innerste der Herzen seines Volkes wie über den ganzen Weltkreis aufgerichtet werwerden.

Was heißt im Alten Testament ,,Gericht"? Gericht vollzieht sich zunächst ganz konkret, und zwar unheimlich häufig in Form großer nationaler Unglücksfälle: von der Schlangenplage in der Wüste bis zur Zerstörung Jerusalems. Ohne den schauerlichen Vordergrund einer Anschauung dieser Art, die nach dem Alten Testament wohl wenig Generationen dieses Volkes ganz erspart geblieben sein kann, ohne das sehr reale Bild von ausgemordeten und verbrannten Städten und Dörfern, von Feldern voll Erschlagener, von langen Zügen Hinweggeführter — ohne dieses Bild weiß man nicht, was im Alten Testament ,,Gericht" heißt. Und doch hat der alttestamentliche Gerichtsgedanke seinen Ernst und seine Strenge nicht von daher. Denn etwas weit Schauerlicheres steht hinter alledem: das Ende der Liebe Gottes, die Verwerfung Israels und darüber hinaus: der entbrennende Zorn Gottes über alle Völker, das Weltgericht. Das ist nicht Gegenwart, das ist Zukunft im strengsten Sinn. Aber eben um diese Zukunft geht es in der Gegenwart. Jenseits der Flammen, die, von feindlichen Menschen entzündet, Samaria und Jerusalem, aber schließlich auch Ninive und Babel verheeren, sehen die Propheten diese ganz andere unauslöschliche Flamme. Und von ihr, von diesem Hintergrund, von diesem zukünftigen Gericht, haben sie geredet, indem sie, drohend und bestimmt genug, von jenem Vordergrund redeten.

Die wichtigste der hier zu nennenden Anschauungen ist die vom ,,König". Der König ist zunächst und als solcher der jeweilen in Jerusalem herrschende Autokrat, einer von den kleineren oder kleinsten unter den vielen seinesgleichen im damaligen vorderen Orient. Aber wir hörten schon: Der König ist zugleich eines von den hervorragenden Organen des göttlichen Bundes; und wenn irgendeine Gestalt auch in hervorragender Weise im Schatten der göttlichen Verborgenheit steht, so ist es eben die des Königs. Schon damit ist gesagt, daß auch diese Gestalt über sich selbst hinausweist. Es kann alte Überlieferung sein, daß schon David selbst sich als Vorbild des Gerechten aufgefaßt hat, welcher „herrscht unter den Menschen, herrscht in der Furcht Gottes und ist wie das Licht des Morgens, wenn die Sonne aufgeht am Morgen ohne Wolken, da vom Glanz nach dem Regen das Gras aus der Erde wächst" (2. Sam. 23, 1–7). Dieser gerechte König, der die zugleich drohende und verheißende Zukunft jedes gegenwärtigen Königs ist, ist der Messias, der König Israels, nein der Weltkönig „am Ende der Tage". Wieder macht sich wie beim „Volk" die Auswahl geltend: die Könige von Samaria partizipieren nämlich nicht an dieser Hoffnung, sondern nur die von Jerusalem, und auch hier scheint die Davidsohnschaft hinsichtlich dieser Ausrichtung auf den kommenden König oft genug unterbrochen, der jeweilige König, auch wenn er zu den „guten" Königen gerechnet wird, oft genug nur noch ein Symbol dieser Davidsohnschaft zu sein. Die politischen Titel *melek* und auch *maschiach* werden von den Propheten, wenn sie von dem kommenden Friedensfürsten reden, umgangen. Immerhin: die politische Anschauung des Königtums ist die zentrale Form ihrer Erwartung, sofern diese eine personale Zuspitzung bekommt. In der Verlängerung dieser politischen Anschauung liegt das Bild von dem von Gott gesandten, menschlichen Helfer, Tröster und Herrn, der einst, in der kommenden Endzeit, die Verheißung des Bundes an diesem Volk verwirklichen wird. Und darum kann auch diese politische Anschauung als solche nie ganz profan bleiben oder werden. Wenn der König Gottes Sohn genannt wird, wenn ihm die Weisheit eines Engels, wenn ihm nicht nur auf Grund seiner Salbung heilige Unantastbarkeit, sondern auch auf Grund besonderer Begabung die Macht des Geistes zugeschrieben wird, wenn sein Bild in den bei seiner Thronbesteigung, am Neujahrsfest, bei seiner Hochzeit gesungenen Liedern in allen Farben als das eines gottähnlichen Herrschers, Erretters und Wohltäters gezeichnet wird, wenn seine Kämpfe und Siege in den Königspsalmen nicht anders gefeiert werden, als ob es sich um ebensoviel das vollkommene Gottesreich selbst einleitende Theophanien handle — dann ist das wohl, was das Sprach- und Bildermaterial betrifft, eine Übernahme altorientalischen, speziell babylonischen Hofstils, aber eben dies: daß das Duodezreich Juda — wohlverstanden in Zeiten, in denen sein König politisch faktisch nur noch ein Schattenkönig war — dieses zur Verherrlichung wirklicher Weltherrscher wie des babylonischen geeignete Sprach- und Bildermaterial übernimmt, zeigt, daß hier eine Anschauung wirksam war, die mit diesem Hofstil und mit der dahinter stehenden Mythologie nichts zu tun hatte.[1] Nicht um eine Steigerung, sondern um eine schlechthinnige Überbietung der jeweils erlebten politischen Gegenwart handelt es sich in der messianischen Erwartung. Es kommt dazu, daß die Anschauung gerade vom König zwar als die zentrale Form der Messiaserwartung bezeichnet werden muß, daß sie sich aber doch sichtlich als zu eng erweist, um alles zu sagen, was über den erwarteten Heilsbringer zu sagen ist. Der „Knecht Gottes" des Deuterojesaia ist viel weniger König als Prophet, und der Davidsohn in Ps. 110 und der Zemach Sach. 6 ist Priester und König zugleich. Der in den Wolken des Himmels erscheinende „Menschensohn" Dan. 7 vollends trägt zwar auch noch die Züge eines Herrschers, aber wohlverstanden: gerade des Herrschers, der den Weltmächten und der Weltmacht als solcher ein Ende macht. Er ist, wenn man die Interpretation des Henochbuches heranziehen darf, der in Herrlichkeit wiederkehrende erste (auch Adam gegenüber in einem eminenten Sinn erste!) Mensch schlechthin. Aber auch die Funktionen des Erwarteten: ein Sieg, dem kein Kampf vorangeht (der Messias nimmt ja nicht etwa selbst teil an den ihm vorangehenden messianischen Wehen, sondern wenn sie vollendet sind, dann erscheint er), ein Regiment des Friedens ohne Ende, die Vertilgung der Sünde, das Weltgericht, die Souveränität nicht nur über die menschlichen Geister, sondern auch über eine erneuerte Naturwelt — das alles läßt sich wohl unter den Begriff des Herrschens zusammenfassen, aber nur so, daß die Funktionen eines irdischen Königs offenbar in weitestem Abstand, nun wirklich nur noch zum Gleichnis geworden, dahinter zurückbleiben. Auf diesem Hintergrunde also ist der König von Juda im Vordergrunde, was er ist. Es ist nur indirekt so, daß die Eschatologie des Alten Testaments sich erschöpft in der Messiaserwartung. Aber indirekt ist es so. Wir sahen ja, daß es neben der Anschauung des Königs auch andere Anschauungen gibt, an die die alttestamentliche Erwartung anknüpft: das Volk, das Land, der Tempel, die Gottesherrschaft, das Gericht. Es ist aber auch nicht zu leugnen, daß alle diese anderen Anschauungen bzw. die daran angeknüpften Erwartungen kulminieren und konkret werden in dieser: der Anschauung und Erwartung des Königs der Endzeit. Der Messias ist schon „die Hoffnung Israels", sofern alle Hoffnungen Israels auf ein Ereignis auf Erden hinzielen, Geschichte meinen: Gewiß ein schlechterdings von Gott herbeigeführtes, in alle sonstige Geschichte von oben hereinbrechendes, aber eben hereinbrechendes, ein selber geschichtliches Geschehen. Darin reißt die Analogie zwischen dem gegenwärtigen Vorbild und der kommenden Wirklichkeit nicht ab, daß auch die kommende Wirklichkeit ein im Namen Gottes herrschender — freilich ganz anders herrschender Mensch sein wird. Und mit seinem Erscheinen wird alles

---

[1] Eichrodt S. 258 f., 271.

andere da sein, was jetzt erwartet wird: das wahre Israel, das Land der Verheißung, der Tempel auf dem Berge Gottes, das Reich ohne Ende, das Weltgericht.

Das also ist die explizite Erwartung des Alten Testamentes. Man muß sie zusammenhalten mit dem, was über den geschlossenen und doch nicht erfüllten Bund und über die offenbarte und doch noch nicht verwirklichte Verborgenheit Gottes im Alten Testament gesagt wurde. Und das über den Bund und über die Verborgenheit Gottes Gesagte empfängt seine Bestätigung durch das Vorhandensein dieser expliziten Erwartung. Daß das Alte Testament auch hinsichtlich dieser expliziten Erwartung Zeugnis göttlicher Offenbarung, daß also seine Erwartung keine Illusion ist, sondern jenes Erwarten, nachdem der Erwartete schon an die Tür geklopft hat und also, wenn auch noch draußen, schon da ist, — daß also die bloße, die abstrakte Erwartung, die Vorzeit als eigene selbständige Zeit abgeschlossen ist, das sagen wir *ex eventu*, von der Erinnerung der erfüllten Zeit, also vom Neuen Testament her. Gibt es eine erfüllte Zeit und Erwartung, ist der Messias erschienen? Das Spätjudentum, dessen Dokumente nicht in den alttestamentlichen Kanon aufgenommen worden sind, hat es mehr als einmal gemeint, und das Ende war jedesmal eine bittere Enttäuschung. Und als dann Jesus Christus auftrat in Galiläa und Jerusalem, da hat dasselbe Spätjudentum, vertreten durch die autorisierten Kenner des kanonischen Alten Testamentes, durch die berufenen Vertreter der heiligen Tradition gerade an ihm vorbeigesehen, ja, gerade ihn verworfen und ans Kreuz geschlagen. War er der Messias, der da kommen sollte, war er die vom ganzen Alten Testament in der Erwartung bezeugte Offenbarung, wie die christliche Kirche es bekennt, dann werden wir sagen müssen: es mußte so sein, daß diese Verwerfung möglich war angesichts der offen gerade vor den Augen dieser Menschen liegenden und von ihnen wahrhaftig fleißig und aufmerksam gelesenen Heiligen Schrift Alten Testamentes. Offenbarung redet nun einmal auch und gerade aus ihren bestimmtesten Zeugnissen nicht direkt, also nicht in Form eines mittels Experiment und Logik zu vollziehenden Beweises. Die Erwartung der Offenbarung im AltenTestament ist Weissagung, nicht experimentell logisch zu kontrollierende Vorhersage. Darum konnte und darum kann man an ihr vorbeisehen. Darum konnte und kann man sie verwerfen. Wie sollte es anders sein? Darin eben bezeugt es sich, daß diese erwartete Offenbarung wirklich selbst Offenbarung ist, daß die alttestamentliche Gegenwart teil hat an einer Zukunft, die wirklich die Zukunft Gottes ist: man kann sich an ihr ärgern; man kann sie nur glauben, d. h. aber sie redet nur so, wie eben Offenbarung redet. Die Synagoge wartet bis auf diesen Tag auf die Erfüllung der Weissagung. Wartet sie wirklich? Wartet sie so, wie die Väter gewartet haben? Das Warten der Väter war gerade kein bloßes, kein abstraktes, kein unendliches

Warten, sondern ein Warten, das schon teil hatte an der erfüllten Zeit. Sollte es nicht diese Erkenntnis gewesen sein, in der die Synagoge den alttestamentlichen Kanon als das Dokument dieses Wartens abgeschlossen hat? Hat sie damit nicht selbst bekannt, daß das Warten seine Zeit, aber eben wirklich nur seine Zeit hat? Konnte der Kanon abgeschlossen und konnte dann Christus doch verworfen werden? Kann der abgeschlossene Kanon des Zeugnisses der erwarteten Offenbarung sinnvoll gelesen werden ohne den gegenüberstehenden Kanon des Zeugnisses von der geschehenen Offenbarung? Ist ein unendliches Warten, wie es das Ergebnis eines abstrakt alttestamentlichen Glaubens sein muß, ein wirkliches Warten und nicht vielmehr eine ewige Unruhe? Ist die nur erwartete Offenbarung wirkliche Offenbarung? Wir haben diese Frage bereits verneint und können sie nur noch einmal verneinen. Die Synagoge in der Zeit nach Christus ist schon jene mehr als tragische, unheimlich schmerzliche Gestalt mit den verbundenen Augen und dem zerbrochenen Speer, wie sie am Straßburger Münster dargestellt ist. Wobei wir uns nur erinnern müssen, daß die Offenbarung auch und gerade in der Kirche, die an sie als an die geschehene Offenbarung, die an Jesus Christus glaubt, nur so redet, wie eben Offenbarung redet. Ihre Erkenntnis bedeutet, ob sie sich nun auf ihr Zeugnis im Alten oder im Neuen Testament bezieht, jederzeit Entscheidung. Eine Gestalt mit verbundenen Augen und zerbrochenem Speer kann auch die Kirche sein, obwohl auch das Neue Testament in ihren Händen ist, der Kanon des Zeugnisses geschehener Offenbarung. Und wenn die Kirche das nicht ist, wenn sie Offenbarung erkennt und von Offenbarung lebt, so ist das, wie Paulus Röm. 11, 20 f. gesagt hat: unverdiente Gnade. Gerade das Geheimnis der Offenbarung, das das Geheimnis der freien, unverdienten Gnade ist, schließt die Kirche des Neuen Testamentes unzerreißbar mit dem Volk zusammen, dessen Begnadigung uns im Alten Testament bezeugt ist als Erwartung Jesu Christi. Und eben dieses Geheimnis steht nicht nur trennend, sondern auch verbindend zwischen der Kirche und der Synagoge, die als die verstockte Schwester mit sehendem Auge nicht sehen will, daß jenes Volk wirklich Jesus Christus erwartete und in dieser Erwartung begnadigt war.

3. DIE ZEIT DER ERINNERUNG

Die erfüllte Zeit hat eine ganz bestimmte, ihr zugeordnete Folgezeit. Eine bestimmte Folgezeit, die also sowenig mit der Zeit *post Christum natum* zusammenfällt wie ihre Vorzeit mit der Zeit *ante Christum natum*. Wieder handelt es sich um die Zeit einer bestimmten, nun in diesem neuen Zeitraum sich ereignenden Geschichte. Einer Geschichte, die in derselben einzigartigen und einmaligen Weise von der geschehenen Offenbarung herkommt, in der jene Vorgeschichte ihr entgegenläuft, von der erfüllten Zeit wie jene ganz verschieden, aber wie jene auch ganz bezogen auf sie und mit ihr verbunden. Diese Folgezeit ist die Zeit des Neuen Testamentes oder die Zeit des Zeugnisses der Erinnerung der Offenbarung. Sie gehört mit zur Zeit der Erfüllung. Sie ist ihr zugeordnet. Wir können von der Zeit der Offenbarung nicht reden, ohne auch von ihr zu reden. Daß es eine solche Folgezeit und ein Zeugnis der Erinnerung der Offenbarung gibt, daß also Christus als der Erinnerte auch in der Zeit des Neuen Testamentes offenbar war und im Zeugnis des Neuen Testamentes erkennbar ist, das scheint einleuchtender und verständlicher als die entsprechenden Sätze, die wir vorhin hinsichtlich der alttestamentlichen Vorzeit aufzustellen und zu erwägen hatten. Aber diese Meinung beruht nicht auf Einsicht. Man versteht den Zusammenhang zwischen Jesus Christus und dem Neuen Testament nur dann, wenn man versteht, daß er grundsätzlich ebenso schwer und ebenso leicht zu verstehen ist wie der zwischen Jesus Christus und dem Alten Testament. Auch der Zusammenhang zwischen Jesus Christus und dem Neuen Testament, auch das Herkommen der neutestamentlichen Geschichte von der Offenbarung hat ja mit dem Verhältnis von geschichtlicher Ursache und Wirkung nichts zu tun. Daß die neutestamentliche Geschichte, die Geschichte der Verkündigung der Evangelisten und Apostel, in der Offenbarung ihren Anfang nimmt, das ist kein geringeres Wunder als dies, daß das Alte Testament in derselben Offenbarung sein Ziel findet. Hier wie dort besteht die Möglichkeit des Ärgernisses. Hier wie dort kann es sein, daß die Offenbarung (die erwartete oder erinnerte Offenbarung) als solche gar nicht bemerkt, oder verworfen wird, daß es also gar nicht zur Existenz von Zeugen und Zeugnissen kommt. Hier wie dort ist es die Kraft der Offenbarung selbst, beruht es auf Erwählung, wenn es Zeugen und Zeugnisse der Offenbarung überhaupt gibt, und hier wie dort kann es sein, daß das vorhandene Zeugnis, das dort von der Offenbarung als Ziel, hier von der Offenbarung als Anfang redet, als solches nicht erkannt und nicht angenommen wird. Hier wie dort ist es die Kraft der Offenbarung selbst, geschieht es durch Gnade, wenn es anders ist, wenn das Zeugnis wirkliche Hörer findet. Also auf der einleuchtenden geschichtlichen Beziehung etwa zwischen der neutestamentlichen Religion zu ihrem Stifter kann der Zusammenhang, von dem nun zu reden ist, sowenig beruhen wie vorher auf der Beziehung zwischen der alttestamentlichen Religion und der in ihr wurzelnden originalen religiösen Persönlichkeit Jesu. Und noch weniger werden wir diesen Zusammenhang darin sehen dürfen, daß wir etwa in dieser auf Jesus Christus bezogenen neutestamentlichen Religion, in der urchristlichen Frömmigkeit und Lebensweise als solcher die Offenbarung Jesu Christi suchen. Gewiß kann man, profangeschichtlich redend, sagen: Es bezieht sich diese Religion auf jene in der alttestamentlichen Religion verwurzelte originale religiöse Persönlichkeit, und gewiß zeigt sie auch abgesehen davon sehr bemerkenswerte Eigenschaften. Aber wenn das alles wäre, dann bestünde auch dem Neuen Testament gegenüber die Frage, auf Grund welches Rechtes gerade diese Monumente religiöser Vergangenheit unter so viel anderen als Dokumente der Offenbarung Gottes zu betrachten seien. Und auch hier würde man dann nur auf ein historisches Wert- und Geschmacksurteil zurückgreifen können und würde eben damit bekunden müssen, daß man den Offenbarungsanspruch des Neuen Testaments überhaupt noch nicht verstanden habe. Denn dieser Anspruch besagt ja etwas schlechthin Anderes als dies, daß wir uns entschließen sollten, die neutestamentliche Religion auf Grund unseres Wert- und Geschmackurteils vor anderen Religionen auszuzeichnen und uns daraufhin auch ihre besondere Beziehung zu ihrem Stifter zu eigen zu machen. Das Neue Testament erhebt ja überhaupt keinen Anspruch zugunsten der in ihm dokumentierten Religion, sondern es erhebt den Anspruch, gehört zu werden als Zeugnis: als Zeugnis der Erinnerung an die Offenbarung, die genau so jenseits seines selbständigen Bestandes und Gehaltes wirklich ist wie jenseits des Bestandes und Gehaltes des Alten Testamentes, nur daß sie jetzt als geschehene Offenbarung nicht vor, sondern hinter dem Zeugnis wirklich ist, mit dem wir es da zu tun haben. Auch in das Neue Testament fällt die Offenbarung von oben herein, aus einer Höhe, die nicht die eines sogenannten geschichtlichen Höhepunktes ist. Auch der Bestand und Gehalt des Neuen Testamentes will verstanden sein in seiner eigentümlichen Ausrichtung, und zwar in seiner Ausrichtung von der Offenbarung her, und nur im Blick auf diese seine Ausrichtung, nicht im Blick auf ihn selber, kann sinnvoll von Offenbarung im Neuen Testament geredet werden. Man muß mit dem Neuen Testament selbst von der Offenbarung her sehen, um den Akt der Erinnerung an die geschehene Offenbarung zu vollziehen, zu dem uns sein Zeugnis auffordert. Und dieses Sehen von der Offenbarung her, das den echten Erinnerungsakt ausmacht, und das die Vorbedingung dafür ist, daß jemand das Neue Testament recht liest, d. h. an diesem echten Erinnerungsakt teilnimmt — es liegt in niemandes Macht als in der Macht der Offenbarung selber. Sie muß nicht nur selber reden, sie muß sich auch selber unser Gehör, den Gehorsam des Glaubens verschaffen. Mit anderen Worten: wir sind auch in bezug auf den Offenbarungsanspruch des Neuen Testamentes auf Jesus Christus selber verwiesen: auf den Herrschaftsakt, in welchem er den Heiligen Geist des Hörens und des Gehorsams denen gibt, welchen er will. Die Evangelisten und Apostel sind nur Diener seines Wortes; sie können es mit ihrem Wort nicht ersetzen. Die Wahrheit seiner Offenbarung in ihrem Wort wird allein durch ihn selber begründet und bewiesen. Die theologische Erklärung kann auch hier nicht an die Stelle dieser

Begründung treten, sie kann sie auch hier nur nachträglich umschreiben wollen.

Es wird bei dieser theologischen Erklärung darauf ankommen zu zeigen, inwiefern die im Neuen Testament bezeugte Erinnerung nun wirklich der im Alten Testament bezeugten Erwartung gegenübersteht. Indem das Alte und das Neue Testament sich gegenseitig bezogen, bezeugen sie miteinander den einen Jesus Christus. Wir haben nicht das Faktum, wir haben nur den Modus dieser gegenseitigen Bezeugung aufzuzeigen. Wir haben das Geheimnis zu respektieren, das für sich selbst sprechen will. Aber weil wir im Neuen Testament das Zeugnis der Erinnerung haben, von deren Gegenstand es selbst sagt, daß er mit dem Gegenstand der Erwartung im Alten Testament identisch sei, und nachdem wir uns klarzumachen versucht haben, inwiefern die Erwartung im Alten Testament in der Tat Erwartung im Blick auf diesen Gegenstand sein möchte, können wir uns nun auch das andere klarzumachen versuchen, inwiefern die im Neuen Testament bezeugte Erinnerung sich auf denselben Gegenstand beziehen möchte. Es ist selbstverständlich, daß es sich auch dabei in unserem Zusammenhang nicht um eine erschöpfende Darstellung, sondern nur um eine Andeutung des in Betracht kommenden Sachverhaltes handeln kann. Es geht darum, uns zu veranschaulichen, wie sich die drei Linien alttestamentlicher Erwartung, die wir aufzuzeigen versucht haben, jenseits der in Jesus Christus erfüllten Zeit in der neutestamentlichen Erinnerung, in der durch die geschehene Erfüllung bedingten totalen Veränderung, und doch auch in der durch die gemeinsame Mitte bedingten Einheit der Erinnerung mit der Erwartung fortsetzen.

1. Das Neue Testament ist wie das Alte das Zeugnis von einem Zusammensein von Gott und Mensch, das begründet ist und das besteht durch ein freies Sichverhalten Gottes zum Menschen. Was dort, in der Erwartung, der Bund Gottes mit dem Menschen war, das ist hier, in der Erfüllung, Gottes Menschwerdung. Man kann und muß ohne Rücksicht auf den Protest der Synagoge vom Alten Testament sagen: Es meint Gottes Menschwerdung. Der von Gott als dem Herrn des Bundes durch Gnade und Gesetz geheiligte, der von Gott in ganzer Barmherzigkeit und ganzer Strenge aufgenommene Mensch ist — dieses Programm kann nur Gott selbst ausführen: Gott selber, der Mensch geworden ist. Daß dies Ereignis geworden sei, meint das Neue Testament nicht bloß angesichts des Daseins Jesu Christi, auf das es zurückblickt, das ist auch keine Deutung, keine Interpretation dieses Daseins, das spricht es nicht etwa aus als Ergebnis einer nachträglichen Überlegung und Besinnung, sondern das ist als solches der Gegenstand seiner Erinnerung, das ist schon das Subjekt in dem Satz, den es verkündigt. Kein Satz im Neuen Testament, der nicht immer schon davon herkäme: das Wort ward Fleisch. Gottes Bund mit dem Menschen (eben der Bund, den Gott mit Abraham, mit Mose und David geschlossen) ist darin, nur darin, aber darin ganz und endgültig wirklich, daß Gott Mensch geworden ist, um als Mensch das zu tun, was der Mensch als solcher nie tut, was auch Israel nie getan hat: um Gottes Gnade anzunehmen und Gottes Gesetz zu erfüllen. Das ist's, was Gott in Jesus Christus als Mensch selbst getan hat. Darum und darin ist in Jesus Christus das Reich Gottes nahe

herbeigekommen, so nahe als es, solange Zeit nicht Ewigkeit geworden ist, kommen kann. Das sagt das Neue Testament. Es sagt nichts Anderes, es sagt genau genommen nicht mehr als das Alte Testament. Es sagt es aber anders, weil es zurückblickt auf die Erfüllung. Die Form hat jetzt ihren genau entsprechenden Inhalt, die Frage hat jetzt ihre präzise Antwort bekommen.

Das zeigt sich vor allem darin, daß die Erinnerung im Unterschied zu der Erwartung nicht nur implizit und auch nicht bloß in jener dunklen Explizitheit der alttestamentlichen Messiashoffnung, sondern so explizit, daß jetzt ein bestimmter Name, der Name Jesus Christus, umgrenzt durch bestimmten Raum und bestimmte Zeit, alles sagen kann, auf einen Punkt zurückweist, wo das freie, schlechthin einmalige, konkrete Handeln Gottes stattgefunden hat. Im Alten Testament ist das Handeln Gottes Geschichte, im Neuen Testament ist es schlechterdings eine Geschichte. Der Bund Gottes im Alten Testament ist nicht datierbar: er wiederholt sich; er muß da und dort erneuert werden. Das Alte Testament meint freilich auch einen Bund. Aber als solchen weissagt es ihn erst durch das Zeugnis von vielen Bünden. Das Neue Testament weiß nur um den einen Bund. Das Alte Testament kennt manches echte Jetzt und doch keines, das nicht wartete auf ein nicht mehr zu problematisierendes Jetzt. Das Neue Testament kennt überhaupt nur das eine, in keinem Sinn und in keiner Weise zu problematisierende Jetzt; denn wenn auch das Neue Testament Zeugnis der Hoffnung ist (und das ist es allerdings ganz und gar), so ist zu sagen, daß der Gegenstand seiner Hoffnung kein anderer ist als eben dieses eine Jetzt, Jesus Christus wahrer Gott und wahrer Mensch, auf den es zurückschaut, um eben auf ihn auch zu warten als auf das Ziel und Ende aller Dinge. Eine Wiederholung des Bundes kommt nicht in Betracht: er ist in Christus geschlossen für Petrus, für Johannes, für Paulus, für die Gemeinden in Korinth und Rom; es wäre aber undenkbar, daß er mit Petrus, mit Johannes, mit Paulus, mit den Korinthern und Römern noch einmal neu geschlossen werden müßte oder könnte. Nur um ihre Einbeziehung in den einen Bund kann es sich handeln: zu dem einen Mittler Christus werden sie berufen und bekehrt und damit und so zu Gott. So gewiß es undenkbar wäre, daß von einer Menschwerdung Gottes in ihnen die Rede wäre. Daß Christus in ihnen lebe, darum und nur darum kann es für sie gehen. Eben darum gibt es jetzt im Neuen Testament auch nicht mehr das vielfache und vielgestaltige Amt der Gottesmänner, der Organe des Bundes. Die Evangelisten und Apostel sind höchstens indirekt Gottesmänner zu nennen: als Christuszeugen. Der eine einzige aber wirkliche Gottesmann ist eben er selber und er allein, er, der es ohne Vorbehalt und Einschränkung ist. Wenn man nicht, was freilich richtig wäre, sagen will: daß alle Funktionen der alttestamentlichen Gottesmänner, der Könige, Priester und Propheten, auf die Gemeinde Christi als solche übergegangen sind und nun aus ihr, auf Grund der ihr anvertrauten besonderen Gaben des Heiligen Geistes wieder hervorgehen können, aber nicht in Gestalt einer Hierarchie, sondern nur in Form des Dienstes in besonderen Ämtern, die weder unter sich einen Vorrang kennen, noch einen Vorrang ihrer Träger gegenüber den nicht beamteten Gliedern der Gemeinde bedeuten, weil es grundsätzlich keine Mittler mehr gibt, weil die Mittler in dem Mittler des Neuen Bundes ihre Erfüllung gefunden haben und auf keinen Fall wieder eine selbständige Bedeutung bekommen können.

Man würde also auf die Stufe jüdischer Betrachtung des Alten Testamentes zurücksinken, wenn man nun doch auch Christus wieder als bloßes Zeichen, Symbol, als bloßen Zeugen des wirklichen Zusammenseins von Gott und Mensch verstehen würde. Es gibt Zeichen und Zeugen, weil es ein Bezeichnetes gibt. Gibt es kein Bezeichnetes, dann existieren auch die Zeichen und Zeugen nicht als solche. Verwirft man das Bezeichnete, so verwirft man gewiß auch die Zeichen und Zeugen, wie denn auch Israel seine Verwerfung Christi im voraus damit bestätigt hat, daß es mehr oder weniger deutlich alle seine Gottesmänner verworfen hat. Eben indem die Zeichen und Zeugen des Alten Testamentes auf das wirkliche Zusammensein Gottes und des Menschen hinzeigen, zeigen sie im Unterschied zu den Symbolen und Symbolträgern des Heidentums nicht in den leeren Raum metaphysischer ideeller Wahrheit, sondern in die kommende Geschichte. Und eben auf diese Geschichte als geschehene Geschichte weisen zurück die Zeichen und Zeugen des Neuen Testamentes. Der beiden Zeugnissen gemeinsame Gegenstand aber weist nirgends hin, sondern spricht jenes: Ich bin der Weg, die Wahrheit und das Leben! Anders als Israels Könige übt er mit seinem Recht das Recht Gottes, mit seiner Macht die Macht Gottes aus. Anders als Israels Priester vergibt er Sünden und schafft er Versöhnung zwischen Gott und den Menschen. Anders als Israels Propheten ist er nicht dazu da, das Wort des Herrn zu empfangen und weiterzugeben, sondern er spricht es selber, ja er ist selber dieses Wort. Er vollzieht jene vollmächtige Stellvertretung Gottes, in der Gott selbst Zeuge ist für den Menschen vor sich selbst und beim Menschen Zeuge für sich selber. Er ist nicht Organ des göttlichen Handelns. Er handelt selbst göttlich und darum wahrhaft mittlerisch. So lautet das Zeugnis der Erinnerung im Neuen Testament, das sich selbst als nichts anderes verstehen wollte denn als die Bestätigung des alttestamentlichen Erwartungszeugnisses.

Man kann nicht genug bedenken und nicht gut genug verstehen, was das heißt, daß dieses Zeugnis abgelegt wurde Angesicht in Angesicht mit dem schärfsten Protest der Synagoge als der berufenen Hüterin und Auslegerin des alttestamentlichen Kanons, und daß dieses Zeugnis nun dennoch im geringsten nicht in einem antijüdischen Sinn abgelegt wurde, daß von den Evangelisten und Aposteln des Neuen Testaments keiner auch nur daran gedacht hat, diesem Protest in der Weise Gehör zu geben, daß sie etwa die Beziehung ihrer Erinnerung zu der alttestamentlichen Erwartung preisgegeben hätten; keiner von ihnen hat Jesus anders verstanden denn als den Messias Israels. Welch eiserne Klammer müssen sie unter diesen Umständen zwischen der alten und der neuen Zeit, zwischen Israel und der Kirche befestigt gesehen haben! Wie notwendig muß es sich ihrer Erinnerung eingeprägt haben, daß sie in ihrem Gegenstand mit jener Erwartung zusammentraf! Gerade die Verwerfung des Christus durch Israel war ihnen die vollkommene Bestätigung dafür: er ist, der da kommen soll, gerade seine Kreuzigung ist das Ereignis, in welchem sowohl die neue Zeit begründet, als auch die alte erfüllt ist. Das ist und bleibt ein Rätsel. Und man kann sagen: es gibt auf dieses Rätsel des neutestamentlichen Denkens und Redens keine Antwort. Vielmehr es ist verständlich, daß die Zeugen des Neuen Testamentes auf dieses Rätsel selber keine andere Antwort zu geben wissen als das, was nun allerdings auch und entscheidend zu ihrer Erinnerung gehörte: er ist **gekreuzigt und auferstanden**.

2. Das Neue Testament ist wie das Alte das Zeugnis von der Offenbarung des **verborgenen** Gottes. Der entscheidende Beweis dafür ist die eben berührte Tatsache, daß es die Offenbarung, und zwar die vom ganzen Alten Testament erwartete Offenbarung Gottes genau dort sieht, wo man viel mehr ihre Widerlegung und Vernichtung sehen möchte: in der Verwerfung und Kreuzigung des Sohnes Gottes durch sein erwähltes Volk. Auch hier sagt das Neue Testament sachlich nichts anderes als das Alte. Man wird vielmehr feststellen müssen, daß die alttestamentliche Verborgenheit Gottes erst und gerade im Neuen Testament in allen ihren Konsequenzen sichtbar wird.

Das **Urteil** Gottes, das die Gemeinde Christi über die sie umgebende **Welt** gefällt sieht als über eine böse zum Vergehen bestimmte Welt, ist nicht minder scharf als jenes, das in der Exklusivität Israels gegenüber den Völkern und ihren Göttern zum Ausdruck kommt. Die blutigen Kriege Jahves gegen Baal fehlen jetzt freilich; aber nicht weil der Radikalismus der Ablehnung des „Schemas dieses Aeons" (Röm. 12, 2) abgenommen hätte, sondern weil er jetzt ganz prinzipiell geworden ist. Dieser Aeon ist in Christus überwunden mit allen seinen Mächten und Gewalten. Christus hat ihn an seinem Leibe ans Kreuz genommen und zu Grabe getragen. Darum kann und muß jetzt die alttestamentliche Kampfgestalt, die ihn immer noch als wirklich voraussetzt, zurückbleiben. Sie ist als solche gegenstandslos, sie ist zum Zeichen geworden, das als solches auch fehlen kann, ja, das verschwinden muß, nachdem die Sache auf den Plan getreten ist in dem Triumphzug Christi über alle seine

Feinde (Kol. 2, 14 f.). Die Entgötterung der Natur, der Geschichte, der Kultur ist jetzt, im Rückblick auf das Kreuz Christi, kein Problem mehr. Das Programm des Alten Testamentes ist durchgeführt. Darum, also nicht etwa wegen überhandnehmender Humanität, Toleranz oder Kulturfreudigkeit steht die Kirche der Welt so ganz anders, so viel gelassener und so viel überlegener gegenüber als einst Israel. Wenn der alte Aeon so erledigt ist, wie dies nach dem neutestamentlichen Kerygma der Fall ist, dann braucht man nicht mehr gegen ihn zu streiten. Oder vielmehr: die Waffenrüstung, in der man gegen ihn streitet, ist nun die Eph. 6 beschriebene rein geistliche geworden.

So hört auch das Leiden, des Volkes Gottes, des Propheten, des Gerechten, im Neuen Testament nicht auf, auch nicht in dem Sinn, daß es etwa eine weniger zentrale Bedeutung für die Existenz des mit Gott im Bunde stehenden Menschen bekäme. Im Gegenteil! Wie sollte es schon anders sein: die Lebensgeschichte Jesu kann in den vier Evangelien schon darum nicht zur Entfaltung kommen, weil die Berichterstatter offenbar kein anderes Interesse haben als dies zu zeigen, wie dieses Leben von vornherein seinem Leiden und Sterben zustrebte, dessen Darstellung dann solchen Raum einnimmt, daß kein Zweifel bestehen kann: in dem was am Karfreitag geschehen ist, haben sie das eigentliche Christusgeschehen als den Sinn des ganzen Lebenstages Jesu gesehen. Dem entspricht aber auch das Bild der Hörer des Wortes Christi. Selig gepriesen werden sie als die Armen, d. h. als die unterdrückten Gerechten, die das „im Geiste" sind, die also um Christi willen verfolgt werden. Eine einzige Anweisung zum Verhalten in der Verfolgung ist auch die Jüngerrede Matth. 10. Und so schlägt auch in den Briefen immer wieder durch das Bild des bedrohten, an den Leiden Christi teilnehmenden und endlich zum Opfer seines Lebens zubereiteten Apostels und das Bild der bedrängten, verfolgten, leidenden Gemeinde. Die Bedrohung durch das Martyrium und die Bereitschaft dazu gehört sozusagen zu den Selbstverständlichkeiten, die das Neue Testament hinsichtlich der Situation des zu Christus berufenen und bekehrten Menschen zu bezeugen hat. Es ist gerade nichts Besonderes, sondern ein Annex der Zugehörigkeit zu Christus, der gar nicht fehlen kann: weil eben Christus der gekreuzigte Gottessohn ist. Darin liegt der totale Wandel gegenüber dem Alten Testament in der gerade an diesem Punkt bestehenden totalen Einheit. Daß es um den Kampf Jakobs mit Gott geht, das wird in der Leidensgeschichte Jesu gerade noch knapp angedeutet: in der Gethsemanegeschichte und in dem Ruf Jesu am Kreuz „Mein Gott, mein Gott, warum hast du mich verlassen?" so angedeutet, daß man nicht übersehen kann: darum geht es, um die Beantwortung der unauflöslichen Frage Hiobs und der Psalmsänger. Aber diese Frage als solche hat im Leben und in der Lehre Jesu keinerlei Breite und sie spielt in dem Leiden der Seinigen überhaupt keine Rolle mehr. Die Zweifel, die Klagen, die Proteste, auch die Gebete der Leidenden im Alten Testament scheinen bei Paulus ebenso wie bei Johannes wie in den anderen neutestamentlichen Schriften verstummt, als ob es etwas Derartiges nie gegeben hätte. Die Erinnerung an sie kann etwa Röm. 7, 24 eben nur auftauchen, um sofort wieder zu verschwinden. Obwohl doch eben das Leiden selbst nicht nur nicht fehlt, sondern noch ganz anders als im Alten Testament in die Mitte gerückt ist. Offenbar handelt es sich auch bei dieser Veränderung nicht etwa darum, daß im Neuen Testament eine harmonischere, optimistischere, daseinsfreudigere Lebensbetrachtung das Wort führte, daß die Evangelisten und Apostel etwa nicht mehr wüßten um die Tiefen der Verlassenheit, ja Gottverlassenheit, aus denen der Mensch zu Gott schreien muß. Hiob und der Prediger und die Psalmsänger sind zur Stelle mitten im Neuen Testament mit ihren bitteren, ja erbitterten Fragen, aber nicht mehr als selbständige Gestalten, nicht mehr als solche, die noch ein Problem vorzutragen haben, nicht mehr so also, daß ihre Bitterkeit und Erbitterung weiterhin zum Ausbruch kommen dürfte. Denn auch ihr Problem ist jetzt kein Problem mehr. Man muß ihr Problem, das Problem des Leidens des Menschen an Gott kennen, um das Neue Testament zu verstehen. Aber man muß es mit dem Neuen Testament als erledigtes Problem kennen, wenn man es wirklich kennen will. Sie sind hier alle am Ziel, die dort einen so seltsamen Weg geführt werden. Und wie seltsam dieser Weg war: daß er ein Weg durch das völlige unwegsame Dunkel war, daß sie auf diesem Weg wirklich keinen Trost hatten als Gott allein und diesen nur als den harten Herrn, an den sie sich klammern mußten in einer Hoffnung ohne Hoffnung — das alles wird erst hier unzweideutig sichtbar. Darum erst hier, weil hier Gott selbst hineingeht eben in dieses Dunkel, in dem der Mensch vor ihm stehen und gehen muß, und die letzte Bitternis seines Zornes und des Todes nun nicht den sündigen Menschen treffen läßt, sondern — und das ist das Geheimnis des Neuen Testamentes! — selber erfährt und trägt. So und darin wird die Verborgenheit Gottes, auf die alles, was das Alte Testament vom Leiden des Gerechten bezeugt, Ereignis. Und eben darum kann es nun keine Fortsetzung der Reihe der leidenden Propheten und Gottesknechte mehr geben, nicht mehr jenen Notschrei und jenen Protest und jene Skepsis, sondern nur noch die strenge Sachlichkeit derer, die aufgerufen sind, Christus ihr Kreuz nachzutragen. Daß die Jünger Christi, daß auch seine Gemeinden leiden müssen, das ist nur hier, im Zusammenhang mit Christus wichtig, an sich aber tatsächlich unerheblich. Es liegt eine geheimnisvoll wirkende Zucht darin, daß außer der einen als Ausnahme die Regel bestätigenden Stephanusgeschichte im Neuen Testament kein Martyrium, weder das des Paulus noch das des Petrus noch das des Johannes, zur Darstellung kommt. Die Märtyrerakten der folgenden Jahrhunderte haben die alttestamentliche, oder vielmehr die synagogale, nicht die neutestamentliche Tradition fortgesetzt. Eben damit erweisen sie sich als apokryphe Zeugnisse, die das wirkliche Zeugnis des Neuen Testaments noch jedesmal, wenn man sie wieder einmal zu Ehren zog, nur verfälschen konnten.

Die neutestamentliche Antwort auf das Problem des Leidens — und sie allein ist die Antwort auf die scharf gestellte Frage des Alten Testamentes — lautet: daß einer für alle gestorben ist.

Und so besteht die alttestamentliche Verborgenheit Gottes weiter im Neuen Testament auch in der Doppelwirklichkeit von Sünde und Strafe. Man kann hier sogar festellen, wie ein Stück Alten Testamentes in gewissen Rändern des Neuen Testamentes, nämlich da, wo von den Menschen die Rede ist, die sich von der Offenbarung in Christus mutwillig selbst ausgeschlossen haben, sozusagen seine direkte Fortsetzung findet: der König Herodes und sein Tod, Judas Ischarioth und sein Selbstmord, Ananias und Sapphira, Act. 5, — das sind noch echt alttestamentliche Szenen. In gewissem Sinn könnte man das auch von der Geschichte des Zacharias, Luk. 1, und auch noch von der Bekehrung des Saulus sagen. Und vor allem dürften hier alle die Stellen hingehören, die direkt oder indirekt mit dem Ereignis zusammenhängen, das sozusagen den geschichtlichen Horizont des neutestamentlichen Zeugnisses nach vorwärts bildet: mit der Zerstörung Jerusalems. Es braucht aber nicht betont zu werden, daß das Problem Sünde–Strafe auch sonst, auch in den Reden und Gleichnissen Jesu, in den belehrenden und ermahnenden Entwicklungen des Kerygmas, in der epistolischen Literatur, in der Apokalypse ständig auf dem Plan ist, wie auch die Jünger, auch die Gemeinden Christi beständig in seinem Schatten stehen, in einem Schatten, der an Dunkelheit gegenüber den alttestamentlichen Parallelen nicht ab-, sondern zugenommen hat. Wie sollte es schon anders sein angesichts der neutestamentlichen Zentralanschauung vom Kreuze Christi, in welchem die urchristliche Gemeinde miteinander das Geheimnis der menschlichen Sünde an Gott und das Geheimnis des Vollzugs der göttlichen Strafe an dem sündigen Menschen — und in beiden Geheimnissen miteinander eben die Verborgenheit Gottes in ihrer vollendeten Wirklichkeit angeschaut hat. Jetzt erst und von hier aus geht die Anklage gegen den Menschen auf den Grund und auf das Ganze, und jetzt erst und hier wird die Gerichtsdrohung zur Drohung ewigen Gerichtes. Erst jetzt und von hier aus verliert die Begegnung des heiligen Gottes mit dem sündigen Menschen, von der das Alte Testament zeugt, den Aspekt eines etwas unbefriedigend verlaufenden Versuchs aus der pädagogischen Provinz, bekommt sie vielmehr letzten Ernst und in ihrem ganzen rätselhaften Lauf innere Notwendigkeit: indem auf Golgatha direkt an Gott gesündigt wird und indem ebendaselbst Gott selber die Strafe der Sünde trägt. Kein Wunder, daß jetzt die Zu-

3. Die Zeit der Erinnerung

sammenhänge von Existenz und Sünde, Existenz und Tod so unerbittlich streng hervortreten, wie dies in der neutestamentlichen Verkündigung der Fall ist. Gewiß sind sie auch in der alttestamentlichen Verkündigung sichtbar, aber dort doch erst, wenn man sie in der Klarheit sieht, die ihren Ursprung an dem Ort hat, auf den das Neue Testament zurückweist. Gewiß kann und muß man das ganze Rätsel des Alten Testamentes zusammengedrängt sehen in die Doppelfrage: Warum **geht** es diesem Volk so übel? Und: warum **ist** es so übel? Aber daß diese beiden Fragen zusammengehören — nicht so, daß man die eine durch die andere beantworten und also ihre Zusammengehörigkeit durchschauen könnte, sondern zusammengehören in der einen Verborgenheit Gottes — daß man sich vor dem Zusammenhang dieser beiden Fragen ganz einfach beugen muß, weil es sich an der Stelle, wo sie sich berühren, nicht um ein menschliches, sondern um das göttliche Rätsel handelt, das ist, wo es erkannt ist, Erkenntnis Jesu Christi, ,,der dahingegeben ist um unserer Übertretungen und auferweckt ist um unserer Rechtfertigung willen (Röm. 4, 25). Und indem der ganze Ernst der Anklage und der Gerichtsdrohung jetzt sichtbar wird, wird auch das andere sichtbar, was das abstrakt betrachtete Alte Testament höchstens ahnen läßt: Anklage und Gerichtsdrohung richten sich gegen alle Menschen. ,,Durch **einen** Menschen ist die Sünde in die **Welt** gekommen und durch die Sünde der Tod und so ist der Tod auf **alle** Menschen gekommen, daraufhin, daß auch **alle** gesündigt haben." (Röm. 5, 12). Das Zusammenwirken von Juden und Heiden bei der Kreuzigung Jesu ist natürlich, so verschieden ihr Anteil dabei ist, kein Zufall. Genau so stehen sie auch in den zwei ersten Kapiteln des Römerbriefs, unter das gleiche Urteil gestellt, beieinander. Es ist jetzt geklärt, daß das Problem Sünde–Strafe keine israelitische Spezialität, daß es nicht in einer besonderen Bosheit oder in einem besonderen Schicksal dieses Volkes begründet war, daß der Ernst, mit dem es gerade in der Mitte dieses Volkes gestellt war, freilich auch keinen Vorzug dieses Volkes gegenüber der etwa weniger ernsthaften Lage anderer Völker begründete. Indem Israel seinen Messias kreuzigt, wird es sichtbar, daß das sündige und gezüchtigte Volk Gottes nicht mit dem Volk Israel identisch ist, daß das Volk Israel nur der Platzhalter für die kommende Kirche der Sünder war. ,,Gott hat alle beschlossen unter den Ungehorsam" (Röm. 11, 32).

Gerade von hier aus muß nun aber auf das hingewiesen werden, was das neutestamentliche von dem alttestamentlichen Zeugnis von Gottes Verborgenheit — nicht unterscheidet aber abhebt. Der furchtbare Satz: ,,**Gott hat alle beschlossen unter den Ungehorsam**" hat sein Gewicht und seinen Ernst aus seiner Fortsetzung ,,**auf daß er sich aller erbarme**". Die Verborgenheit Gottes wird im Neuen Testament darum so tief und umfassend erkannt, weil sie hier nicht allein steht, sondern ein ganz direktes, konkretes Jenseits hat, weil sie hier begrenzt, aber gerade in dieser Begrenzung auch beleuchtet und bewahrheitet ist durch Gottes Offenbarung. Wir müssen nun gerade hinsichtlich der großen Mitte des neutestamentlichen Zeugnisses dasjenige Moment hervorheben, ohne dessen Beachtung sie weder als Mitte noch sonst zu verstehen ist. Diese Mitte ist die Passion, das Leiden, das Gekreuzigtwerden und Sterben Christi. Aber das Neue Testament spricht nie abstrakt von der Passion Christi. Sondern immer erscheint sie — und damit wird sie erst zur Mitte — begrenzt, beleuchtet und bewahrheitet durch die Wirklichkeit seiner Auferstehung. Die Auferstehung Jesu, die Anschauung des Ostertages, spielt im Neuen Testament sichtlich nicht die Rolle einer zweiten Anschauung neben der des Karfreitags oder einer letzten Anschauung nach den vielen anderen Anschauungen von den übrigen vorangehenden Leben Jesu. Sie hat zwar ihren besonderen geschichtlichen Ort am Ende, als Grenze der Lebens- und Sterbensgeschichte Jesu. Aber ihre Funktion erstreckt sich weiter, nämlich eben auf dieses vorangegangene Ganze. Man liest die Evangelien von Anfang an nur richtig, wenn man sie von diesem in ihrem Bericht zuletzt erreichten Ort her liest. Und weil dieses Ganze seinerseits in der Passion kulminiert, darum bezieht sich die Funktion der Auferstehung direkt und alles übrige zusammenfassend, darauf: der von Israel Verworfene und von Pilatus Gekreuzigte ist von den Toten auferstanden. Dies ist aber die Funktion der Auferstehung: die Passion Christi, in der die Fleischwerdung des Wortes Gottes sich vollendete, durchsichtig, einsichtig zu machen als Offenbarung, als Verwirklichung des Bundes zwischen Gott und Mensch, als Handeln Gottes für uns, als Versöhnung. Das Geschehen der Auferstehung ist nicht eine zweite weitere Etappe, sondern das Sichtbarwerden dieser zweiten Dimension des Christusgeschehens. Die Auferstehung ist gemeint, wenn es Joh. 1, 14 heißt: „Wir sahen seine Herrlichkeit". Die Auferstehung ist das Ereignis der Offenbarung des Fleischgewordenen, des Erniedrigten, des Gekreuzigten. Wo immer er sich zu erkennen gibt als der, der er ist, da redet er als der auferstandene Christus. Die Auferstehung kann ihm selbst, dem ewigen Wort des Vaters, nichts Neues geben; sie macht aber eben das, was ihm eigen ist, seine Herrlichkeit sichtbar. In der Begrenzung, Beleuchtung und Bewahrheitung durch dieses Ereignis sieht das neue Testament die Passion Christi nicht anders. Darum sieht es in der Passion so kräftig die Verborgenheit Gottes. Darum redet es so unerbittlich von dem Vergehen dieses Aeons. Darum weiß es so selbstverständlich um die Notwendigkeit der Leiden dieser Zeit. Darum vor allem beugt es den Menschen so streng und allgemein unter die göttliche Anklage und unter die göttliche Drohung. Die Kraft der Offenbarung ist die Kraft der von ihm in dieser Weise bezeugten Verborgenheit Gottes. Es ist also nicht etwa die Leidenschaft und Energie eines menschlich protestierenden, kritisierenden und resignierenden Nein gegenüber dem Menschen und seiner Welt, was hier wirksam ist, sondern wirklich die Passion Christi und die Passion Christi nun gerade durchleuchtet, zum Sprechen gebracht, ein wirkliches „Wort vom Kreuz" (1. Kor. 1, 18) geworden durch die dahinter stehende überaus verwunderliche, ganz und gar nicht faßbare und vorstellbare Geschichte: „Christ ist erstanden von der Marter alle, des sollen wir alle froh sein, Christ will unser Trost sein." Wir befinden uns bei dem, was das Neue Testament über die Welt, über das Leiden, über Sünde und Strafe sagt, nicht etwa auf einer Ebene, auf der eine schließlich ebenso echt menschliche und an ihrem Ort gewiß auch berechtigte menschliche Schöpferfreude und Lebenslust gegen eine allzu einseitige Verneinung des Diesseits ihr relatives Ja geltend machen könnte. Das Nein, um das es hier geht, ist ein unüberhörbares und unwidersprechliches, ein göttliches Nein, das sein Gefälle, von dem göttlichen Ja der Offenbarung her hat, weil die Passion, von der es herkommt, laut dessen, was zu Ostern geschehen ist, die Passion des eingeborenen Sohnes Gottes ist, voller Gnade und Wahrheit. Weil alles neu geworden ist, darum und nicht sonst ist das Alte vergangen. Weil Jesus lebt, darum und nicht sonst ist sein Kreuz das Zeichen, unter das seine Kirche gestellt ist. Weil er das Lamm Gottes ist, das der Welt Sünde siegreich trägt und hinwegträgt, darum und nicht sonst hat Gott alles beschlossen unter den Unglauben. Das Nein des Neuen Testamentes, sein Zeugnis von der Verborgenheit Gottes, ist nichts sonst als der Beweis der offenbaren Herrlichkeit des Sohnes Gottes. Wenn man dasselbe auch von dem Nein des Alten Testamentes sagt — und man kann und muß es auch von ihm sagen — dann sagt man es belehrt vom Neuen Testamente her. „Zeugen der Auferstehung" (Act. 1, 22) sind die Propheten im Unterschied zu den Aposteln nicht gewesen, obwohl und indem schon sie die Auferstehung meinten.

Eben von der Höhe der geschehenen Offenbarung her bekommt nun aber das neutestamentliche Zeugnis von Gottes Verborgenheit auch inhaltlich einen Sinn und ein Gewicht, auf die wir noch besonders hinweisen müssen. Die Meinung ist abzulehnen, als ob dieses Zeugnis im Neuen Testament weniger ernst und dunkel sei als im Alten. Es ist aber, recht verstanden, im Neuen Testament auf alle Fälle kein belastendes Zeugnis mehr. Es ist hier, in seinem ganzen Ernst und in seiner ganzen Dunkelheit, ausgesprochenermaßen Evangelium, frohe Botschaft. Man kann ihm keine Weltverachtung und keinen Weltschmerz entnehmen, und auch der Jammer über die Sünde und die Furcht vor Gott als ihrem Rächer können nicht das letzte Wort sein, das man aus dem neutestamentlichen Zeugnis zu hören hat. Das alles darum nicht, weil es in der Passion Christi, so wie sie, durchleuchtet vom Ostertage her, zu den neutestamentlichen Zeugen geredet hat und aus ihrem Zeugnis zu uns redet, gegenstandslos geworden ist. Gegen die ganze unendliche Belastung, die das Zeugnis von Gottes Verborgenheit an sich bedeuten müßte, steht das: „Es ist vollbracht!", fällt entscheidend dies ins Gewicht, daß dem Menschen, der dieses Zeugnis hört, mit ihm ja gerade gesagt wird, daß diese Belastung nicht mehr auf ihm liegt, daß er nicht mit ihr fertig zu werden hat, daß er ihr also auch nicht erliegen kann. Die Welt bekämpfen und verachten muß derjenige, dem sie noch etwas bedeutet, den sie noch versuchen und angreifen kann. Das würde nun freilich auch und gerade auf den Menschen, der das neutestamentliche Zeugnis hört, nur zu sehr zutreffen. Dennoch wird er nicht zu Kampf und Verachtung der Welt gegenüber aufgerufen, sondern dazu, zu glauben und zu wissen, daß diese Welt eine im Tode Christi vergangene Welt ist, deren Götter und Götzen keine Macht mehr haben. Hat Christus den Kampf mit der alten Welt wirklich gekämpft und lebt der Mensch mit ihm im Glauben schon in der neuen, dann kann nur noch das seine Sache, sein Kampf sein, zu anerkennen und zu bestätigen, daß jener Kampf gekämpft ist. Aber auch die Belastung durch das unvermeidliche Leid der Welt, auch Weltschmerz kann genau genommen nur da stattfinden, wo der Mensch sich noch für selbstherrlich und fähig hält, gegen das Leid anzukämpfen oder ihm doch als Held zu erliegen. Es wird schon dafür gesorgt sein, daß man sich immer wieder als dieser Mensch vorfindet. Aber eben aus dieser Vorfindlichkeit will uns ja das neutestamentliche Zeugnis herausholen. Es rechnet im Unterschied zu der Stoa nicht mit diesem Menschen, es rechnet überhaupt nicht mit dem Menschen, sondern mit Christus als dem, der auch diesen Kampf siegreich gekämpft hat, so daß uns weder als Siegern noch als Unterliegenden eine selbständige Sache zu führen übrig bleibt, sondern auch hier nur die Anerkennung und Bestätigung der „Angst und Pein", die nicht die unsrige, sondern die des Sohnes Gottes ist und als solche geeignet, uns aus unseren im strengsten Sinn des Wortes unzeitgemäß gewordenen Ängsten zu reißen. Und so kann endlich die göttliche Anklage und Drohung den Menschen nur dann belasten, wenn er meint, Gottes Sache bei sich selbst und seine eigene Sache bei Gott führen zu können und zu sollen. Es ist klar, daß man beides immer wieder meint. In der aus dieser Meinung folgenden Lebensanmaßung sind wir Sünder an Gott und trifft uns seine Strafe. Setzen wir voraus, daß sich das Evangelium gegen diese unsere Meinung bei uns Gehör zu verschaffen vermöge, so würde das bedeuten, daß uns beides genommen wird: damit nämlich, daß im Wort des Evangeliums Christus an unsere eigene Stelle tritt, um nun wirklich Gottes Sache bei uns und unsere Sache wirklich bei Gott zu vertreten und zu führen. Daß er Gottes Sache bei uns, den Sündern, führt, das hat ihn ans Kreuz gebracht, und daß er unsere, der Verurteilten, Sache bei Gott führt, das ist das unendliche Werk, der siegreiche Ertrag seines Leidens und Sterbens. Gilt es, daß eben dies geschehen und vollbracht ist durch ihn, der eben dies konnte — ist es wahr, daß er als wahrer Gott und wahrer Mensch für Gott eintritt bei uns und für uns bei Gott, dann sind wir tatsächlich nicht mehr Gegenstand der göttlichen Anklage und Drohung. Sie ist dann die Last, die von Gott selbst uns abgenommen, ganz auf Christus liegt. Uns aber bleibt das Leben in der Freiheit, die wir dem Erbarmen verdanken, das in dem Christusgeschehen Ereignis wurde. Diese ganze Veränderung des Zeugnisses von Gottes Verborgenheit findet statt, sofern es Zeugnis der Erinnerung ist an die geschehene Offenbarung, und also neutestamentliches Zeugnis ist. Der Hörer dieses Zeugnisses wird freilich sofort sagen müssen: daß in dieser Veränderung nur das ans Licht tritt, was, recht verstanden, schon das alttestamentliche Zeugnis gesagt hatte.

3. Das Neue Testament ist wie das Alte das Zeugnis von der Offenbarung, in der Gott dem Menschen gegenwärtig ist als der kommende Gott. In diesem Satz, in der trotz aller bestehenden Verschiedenheit stattfindenden Übereinstimmung, die er ausdrückt, schließt sich nun der ganze Kreis unserer Erwägungen in einer überaus merkwürdigen Weise. Man sollte, es ja nicht erwarten, aber es ist so: auch und gerade das Neue Testament, das ausgesprochene Zeugnis der Erinnerung, ist Zeugnis von dem kommenden Gott. Und damit ist der Sachverhalt sogar viel zu schwach ausgedrückt. Wir sprechen von einer im Alten Testament explizit sich bemerkbar machenden Erwartung, von einer besonderen eschatologischen Linie im Alten Testament. Das wäre in bezug auf das Neue Testament viel zu wenig gesagt. Oder wo wäre die eschatologische Linie im Neuen Testament eine Linie neben anderen? Wo wären die neutestamentlichen Aussagen nicht, indem sie Aussagen einer bestimmten Erinnerung sind, implizit oder explizit eschatologisch?

Eine große Ausnahme muß hier freilich geltend gemacht werden. Aber eben diese Ausnahme bestätigt die Regel: die Ostergeschichten der vier Evangelien samt der des Paulus 1. Kor. 15. Auf der dünnen Linie der neutestamentlichen Berichte über die Begegnungen der Jünger mit dem Auferstandenen haben wir es mit der Bezeugung reiner Gegenwart Gottes zu tun. Was vorher berichtet wird über das Leben Jesu, das ist sichtlich noch lauter Erwartung, auch und gerade laut der Worte Jesu selber. Zeichen nur der Gegenwart Gottes wollen ja auch die Wunder dieses Lebens sein. Einzig die Verklärung auf dem Berge, angesichts derer Petrus ja alsbald Hütten bauen will, scheint die große Ausnahme förmlich vorzubereiten. Und was nach Ostern kommt: das Werden der Kirche Christi, ist auch wieder, vielleicht wiederum mit Ausnahme der Erscheinung Christi in der Bekehrung des Saulus, so einheitlich und explizit wie möglich, Erwartung. Die Ostergeschichte aber (und wenn man so will, als ihr Vorspiel: die Verklärungsgeschichte und als ihr Nachspiel:

die Geschichte von der Bekehrung des Saulus) redet in der Tat von einer Gegenwart ohne Zukunft, von einer ewigen Gegenwart Gottes in der Zeit. Sie redet also nicht eschatologisch. Die Ostergeschichte! Christus wahrhaftig, leiblich auferstanden und als solcher seinen Jüngern erscheinend, mit ihnen redend, unter ihnen handelnd — das ist nun freilich gerade die Erinnerung, an der alle neutestamentlichen Erinnerungen hängen, auf die sie sich alle beziehen, ja, um deretwillen die neutestamentliche Erinnerung überhaupt stattfindet. Es handelt sich also schon um Allerwichtigstes gerade bei dieser Ausnahme!

Wollte man — aber man würde das nur *cum grano salis* tun dürfen — konkret zugreifend fragen: Welches denn nun eigentlich die erfüllte Zeit zwischen der alttestamentlichen Erwartung und der neutestamentlichen Erinnerung gewesen sei, so würde man wohl antworten müssen: die vierzig Tage, in denen sich Jesus in dieser Weise sehen ließ (Act. 1, 3). Von der Erinnerung dieser vierzig Tage her hat die Erinnerung an den Tod Christi und von da aus die an sein Leben für die neutestamentlichen Zeugen ihr Licht bekommen. Nochmals: sie sind (ganz konkret gefragt, was denn der Gegenstand ihres Zeugnisses sei?) „Zeugen seiner Auferstehung" (Act. 1, 22. vgl. 1, 8; 4, 33; Luc. 24, 48; I. Cor. 15, 14 f.).

Warum kommt gerade dieser Geschichte diese zentrale Stellung zu? Wir erinnern uns an ihre direkte Beziehung zur Passion: wie es eben die Auferstehung Jesu ist, die seine Passion als das heilsame Geschehen von Gott her offenbar macht, wie kraft der Auferstehung die Herrlichkeit des fleischgewordenen Wortes von den Seinigen gesehen wurde. Aber inwiefern hat die Auferstehung diese Offenbarungskraft? Darum, weil die Tatsache: Christ ist erstanden! in der Erinnerung dieser Zeugen in der Tat eine Zeit, einen wirklichen Teil menschlicher Zeit inmitten von so viel anderen Zeitteilen meint, die, wie sie nicht Vergangenheit werden kann, so auch keiner Zukunft bedarf, eine Zeit reiner Gegenwart, weil reiner Gegenwart Gottes unter den Menschen. Ebenso bezeichnet die Ostergeschichte — schlechthin unentbehrlich für das Ganze, unmöglich wegzudenken, das Subjekt, dessen Prädikat bloß alle sonstigen Erzählungen sind — das Ereignis, das der eigentliche Gegenstand aller sonstigen Erzählungen und Lehren des Neuen Testamentes ist. Die ganze nur allzu naheliegende geschichtliche Schwierigkeit, die einem gerade durch die Ostergeschichte bereitet wird, hat darin ihren Grund, daß in ihr das neutestamentliche Zeugnis den Punkt berührt, wo es als Zeugnis, d. h. als menschliche Rede von und über Christus, auf diesen seinen Gegenstand selbst stößt, auf den Punkt, wo alles darauf ankäme, daß dieser Gegenstand selbst das Wort ergriffe. Kein Wunder, daß die menschliche Rede hier schon im Neuen Testament selbst zum Stammeln wird.

Die Ostergeschichte ist ja nicht umsonst die Geschichte, deren anschaulichstes Moment nach dem Bericht des Markusevangeliums in der Tatsache eines unbegreiflicherweise leeren Grabes besteht und in dem, was als τρόμος καὶ ἔκστασις angesichts dieser Tatsache die drei Jüngerinnen erfaßt und sie zu völligem Schweigen veranlaßt:

sie sagten niemand etwas davon, ἐφοβοῦντο γάρ (Mr. 16, 8). Alles, was diese Geschichte sonst erzählt, kann ja gerade in der Konkretheit, in der es dasteht, wohl gehört und geglaubt, aber eben wirklich nur noch geglaubt werden, weil es aus allen Kategorien und damit aus aller Vorstellbarkeit herausfällt. Es kann nicht genug beachtet werden, daß uns die sämtlichen neutestamentlichen Ostergeschichten gerade das, worauf man um der Anschaulichkeit willen am dringendsten wartet, nämlich einen Bericht über die Auferstehung selber, mit der größten Selbstverständlichkeit schuldig bleiben.

Wie soll es anders sein? Erinnerung reiner Gegenwart Gottes, Erinnerung einer Zeit, die gar nicht Vergangenheit werden kann und auch gar keine Zukunft vor sich hat, Erinnerung ewiger Zeit, wie es diese Erinnerung offenbar sein will — was ist das für eine Erinnerung? Daß die neutestamentlichen Zeugen gerade diese Erinnerung haben, und zwar nicht nur beiläufig, sondern als die alles übrige begründende und zusammenhaltende Erinnerung, das ist der merkwürdige aber nicht zu übersehende und nicht zu leugnende Tatbestand in diesen Texten und direkt oder indirekt in allen übrigen Texten des Neuen Testaments. Die Schwierigkeit, zu fassen, wie diese ihre Erinnerung beschaffen war, eine Schwierigkeit, die offenbar darauf zurückgeht, daß die neutestamentlichen Zeugen selber die Sprache kaum und an der entscheidenden Stelle gar nicht fanden, um diese Erinnerung wiederzugeben — sie spiegelt die Einzigartigkeit dessen, auf was sich ihre Erinnerung bezieht, was sie offenbar sagen möchten, was hier offenbar zu hören wäre.

Und nun muß man das uns hier aufgegebene Rätsel wohl auch noch von einer anderen Seite verstehen. Das Zeugnis von der Auferstehung Jesu gibt sich, wie schwierig es immer als solches zu verstehen sein mag — in aller Form als Erinnerung an ein in bestimmter zurückliegender Zeit vorgefallenes Geschehen. Solche Erinnerung ist aber in allen anderen Fällen das wiederholende Gedenken dieses Geschehens als einer der Vergangenheit angehörigen Tatsache. Die Auferstehung Jesu ist aber keine der Vergangenheit angehörige Tatsache. Was hier nach dem Zeugnis des Neuen Testamentes geschah, das kann seinem Wesen nach nicht nicht mehr sein, so wenig es wie noch nicht sein kann. Dieses Zeugnis meint ein Sein, das keinem Vergehen unterliegt und keines Werdens bedarf. Und nun dieses Sein dennoch als Gegenstand der Erinnerung! Nochmals: was ist das für eine Erinnerung? Bleiben wir dabei stehen, daß genau dies die Meinung des Neuen Testaments in diesem Zusammenhang tatsächlich ist: Erinnerung an eine bestimmte, datierbare Zeit, aber an diese als an die erfüllte und als solche nicht vergangene, wie auch nicht erst zukünftige, sondern schlechthin gegenwärtige Zeit — so werden wir zu der Feststellung der Einzigartigkeit des Gegenstandes dieser Erinnerung hinzufügen müssen die Feststellung, daß auch dieser Erinnerung als solcher schlechthinnige Einzigartigkeit eignet. Die Kategorie, unter die diese Erinnerung fällt, ist eben genau so wie die, unter die ihr Gegenstand fällt, diejenige Kategorie, die nur einen einzigen Fall umfaßt, nämlich Gottes Offenbarung. Gottes Offenbarung ist die Möglichkeit der Ostergeschichte und die Möglichkeit der Osterbotschaft. Gerade von hier aus läßt sich nun aber verstehen, daß die Ausnahme der Osterbotschaft die Regel bestätigt: daß das neutestamentliche Zeugnis, dieses ausgesprochene Zeugnis der Erinnerung an den gekommenen Messias, ebenso ausgesprochen auf der ganzen Linie — genau so wie das Alte Testament, ja viel ausgesprochener als dieses, alttestamentlicher als das Alte Testament, möchte man fast sagen — Zeugnis der Erwartung des kommenden Christus ist. Die Erinnerung, um die es im Neuen Testament geht, kann eben nicht bloße Erinnerung sein, nicht bloßer Rückblick auf ein einmal Geschehenes. Wäre sie das, dann wäre sie unfehlbar doch, wie alle sonstige Erinnerung, Erinnerung eines vergangenen Geschehens. Die Ostergeschichte ist aber wohl ein einmal, in datierbarer Zeit Ereignis gewordenes, aber darum doch kein vergangenes Geschehen. Auf Ostern kann man gar nicht bloß zurückblicken. Erinnerung an Ostern kann gar nicht nur jenes wiederholende Gedenken sein, über das Erinnerung sonst auch als die lebendigste, aktuellste Erinnerung nicht hinauskommt. Dabei ist Erinnerung an Ostern freilich auch ein solches wiederholendes Gedenken. Ihr Gegenstand ist durchaus jenes einmalig Geschehene und also der Inhalt der vierzig Tage. Der Messias ist gekommen, sagt das Neue Testament unmißverständlich. An diesem Perfektum darf nicht gerüttelt werden, wenn man nicht die neutestamentliche Christologie hoffnungslos in eine doketistische Philosophie auflösen will. Und alle christliche Verkündigung ist hinsichtlich ihrer Christlichkeit unnachsichtig daran gemessen, daß sie dieses Perfektum mit aller Macht zum Ausdruck zu bringen hat. Das Neue Testament ist wirklich das Zeugnis der Erinnerung an Offenbarung. Aber weil es das Zeugnis der Erinnerung an Offenbarung ist, darum weitet sich nun die von ihm bezeugte Erinnerung. Erinnerung ewiger Zeit, wie es die Erinnerung an den Auferstandenen ist, das ist ja notwendig Erinnerung einer Zeit, die unsere Zeit übergreift, die also nicht auf jene datierbare Zeit, auf die sie sich zunächst bezieht, beschränkt sein kann. Erinnerung dieser Zeit muß auch sein: Erwartung dieser selben Zeit. Unsere ganze Zeit muß, wenn es wahr ist, daß Gott einmal für uns Zeit hatte, umgrenzt sein von der Wirklichkeit dieser Gotteszeit: hatte Gott wirklich Zeit für uns, dann wird er es auch haben. D. h. dann haben wir seine Offenbarung nicht nur hinter uns; sondern weil wir Gottes Offenbarung hinter uns haben, haben wir sie auch vor uns. Indem wir hören, was in Christus für uns geschehen ist, kann das, was weiterhin, in der Zukunft mit uns geschehen wird, nicht unbestimmt, es kann auf keinen Fall etwa unserem Ermessen und Können anheimgestellt sein; sondern wir haben dann auch gehört, was durch Christus an uns geschehen wird, daß also das, was mit uns geschehen wird, nicht dem Zufall und nicht uns selbst, sondern eben Christus als unserm Herrn anheimgestellt ist. Also gerade indem das Neue Testament ganz und gar zurückblickt auf Geschichte, wird seine Botschaft, das Alte Testament weit hinter sich lassend, eine ganz und gar eschatologisch ausgerichtete und gemeinte Botschaft. Dieser Gott in seiner reinen Gegenwart offenbart, geglaubt und bekannt ist *per se* auch der kommende Gott. Indem das Neue Testament von dem gekommenen Christus redet, redet es von dem, der „wiederkommen wird zu richten die Lebendigen und die Toten". Indem sein Glaube streng auf das Geschehen des Karfreitags gerichtet ist, ist er Hoffnung auf das, was am Ende aller — wirklich aller — Tage sein und gelten wird. Indem dieser Glaube die Rechtfertigung annimmt, die vor den Toren von Jerusalem ums Jahr 30 einmal, aber eben ein für allemal geschehen ist, erwartet er sie in dem Gericht Gottes, auf dessen Entscheidung alle unsere Entscheidungen zulaufen. Indem wir jetzt und hier die Brüder lieben, weil Christus es geboten hat, oder nicht lieben, obwohl er es geboten hat, wird offenbar, was wir in der letzten Zukunft unserer Existenz sein oder nicht sein werden. Indem wir nach 1. Joh. 3, 2 jetzt Kinder Gottes sind daraufhin, daß Jesus Christus, der Sohn Gottes, sich unserer erbarmt und angenommen hat, wissen wir, daß mit seiner künftigen Offenbarung unser eigenes Sein offenbar werden wird. Indem wir bekennen: Christus ist auferstanden, und zwar leiblich auferstanden, müssen wir auch bekennen unsere künftige eigene Auferstehung. Wollten wir sie aus irgendeinem Grund nicht bekennen, so wäre das nach 1. Kor. 15, 13 gleichbedeutend mit der Leugnung auch seiner Auferstehung. Würde es im Neuen Testament bei einer bloßen Erinnerung sein Bewenden haben, würde die Erinnerung nicht eben auch zur Erwartung, wäre ihm der Erste, von dem sein Zeugnis herkommt, nicht auch und mit gleichem Ernst — gerade mit dem Ernst des Wissens um den Ersten — der Letzte, der Eschatos, dann wäre das Neue Testament ein Stück ebionitischer Tradition. Es ist oft genug als das verstanden worden. Aber das wirkliche Neue Testament sagt einhellig, daß der Gekommene auch der Kommende ist. Das wirkliche Neue Testament kann in keiner Zeile richtig verstanden werden, wenn es nicht gerade als Zeugnis endgültig vollbrachter göttlicher Offenbarung und Wohltat auch als Zeugnis der Hoffnung gelesen wird. Orientiert an dem archimedischen Punkt der nicht eschatologisch gemeinten Ostergeschichte und Osterbotschaft ist es in seinem übrigen Bestand und Gehalt ganz und gar eschatologisch gemeint. Auch und gerade darin tritt es einfach neben das Alte Testament, ist es nur die scharf und klar gewordene Botschaft von der Erwartung, in der schon Israel lebte. Man versteht gerade von hier aus ganz besonders gut, warum sich die Kirche Christi sofort als den legitimen Erben der Synagoge erkennen mußte. Es ging bei der Übernahme des Alten Testamentes in den Kanon der Kirche wirklich nicht nur um den

Besitz einer willkommenen Bestätigung, daß Christus die Erfüllung alter Erwartung und Weissagung sei. Sondern weil Erwartung und Weissagung gerade auf Grund der Erscheinung Christi das Element war, in dem seine Kirche lebte, darum mußte sie mit jener Selbstverständlichkeit das Buch der Erwartung und Weissagung als ihr eigenes lesen und in Anspruch nehmen.

An dem Verständnis der eschatologischen Richtung des neutestamentlichen Glaubens hängt nun aber auch alles, wenn man diesen Glauben selbst verstehen will.

Es war im Reformationszeitalter M. Servet, der die Anschauung vertrat, Christus, das Evangelium von ihm und der Glaube daran seien in der Weise die Erfüllung der Verheißung, daß durch die uns in Christus geschenkte reine Gegenwart der Gnade die Verheißung als solche und also die Notwendigkeit der Hoffnung aufgehoben sei. (Vgl. Servets Briefe an Calvin, CR. 48, 649 f., bes. Ep. 10 u. 14.) Gegen ihn hat Calvin (*Instit.* II 9, 3) mit Recht geltend gemacht, dies bedeute die Aufhebung des bleibenden Unterschiedes zwischen Christus und uns. Gewiß sei in Christus die Fülle alles Heils gegenwärtig, aber eben in Christus, nicht als uns schon vermittelte, nicht als uns anders denn im Akt seiner Gabe eigene. Vielmehr sei sie für uns nach Kol. 3, 3 *abscondita in spe*. Gewiß sei der Glaube ein ständiges *transire a morte in vitam*, aber eben darum nach 1. Joh. 3, 2 noch nicht ein Angekommensein am Ziele. *Quamvis ergo praesentem spiritualium bonorum plenitudinem nobis in evangelio Christus offerat, fruitio tamen sub custodia spei semper latet, donec corruptibili carne exuti, transfiguremur in eius qui nos praecedit gloriam. Interea in promissiones recumbere nos iubet Spiritus sanctus.* Versiegelt zu sein mit dem „Geist der Verheißung" (Eph. 1, 13), das sei jetzt die *summa felicitatis*, neben der es keine andere gäbe, keine *fruitio Christi, nisi quatenus eum amplectimur promissionibus suis vestitum. Quo fit ut habitet ipse quidem in cordibus nostris, et tamen ab ipso peregrinemur: quia per fidem ambulamus et non per aspectum* (2. Kor. 5, 7). So hatte schon Luther die Meinung abgelehnt, als ob die alttestamentliche Erwartung durch die Erinnerung an Christus aufgehoben sei: *cum enim nullus sit in hac vita, in quo impleta sit omnis plenitudo novi testamenti, nullus quoque invenietur, in quo non sit aliqua pars veteris testamenti reliqua. Transitus enim est et phase quoddam haec vita de lege ad gratiam, de peccato ad iustitiam, de Mose ad Christum, consummatio autem futurae resurrectionis est* (Op. in Ps. 1518 f, zu Ps. 2, 7 W. A. 5, 61, 19). Wir kennen im Unterschied zu Abraham den Christus *exhibitus et praesens*, den wir doch mit Abraham auch erwarten: *diversa tempora non mutant fidem, Spiritum sanctum, dona; eadem semper voluntas et cogitatio fuit et est de Christo, in praeteritis patribus et praesentibus filiis. Sic et nos aeque habemus futurum Christum et credimus in eum ac patres veteris testamenti. Exspectamus enim eum in extremo die venturum cum gloria ad iudicandos vivos et mortuos, quem iam credimus venisse ad salutem nostram.* (Komm. zu Gal. 3, 7 W. A. 40 ^{I} 378, 15.)

Der neutestamentliche Glaube vollzieht sich in der Tat immer wieder in der Unterscheidung in der Einheit zwischen Christus und uns selbst. Er ist nicht eine Fortsetzung des Glaubens Christi und noch weniger eine Art Elongatur der Existenz Christi selbst, sondern er ist Glaube an Christus. Die 40 Tage und das apostolische Zeitalter, die erfüllte Zeit und die Zeit der Erinnerung sind zweierlei. Keine Rede davon, daß die Apostel und ihre Gemeinden nach Pfingsten etwa direkt in jener ewigen Gottes-

3. Die Zeit der Erinnerung

gegenwart der Ostertage zu leben meinten. Offenbarung bleibt Offenbarung und wird nicht zu einem Offenbarsein. Offenbarung bleibt identisch mit Christus und Christus bleibt Gegenstand des christlichen Glaubens, auch indem er in den Christen lebt und sie in ihm. Sein Ernst und seine befreiende Kraft hängen daran, daß der glaubende Mensch nicht mit sich allein ist, auch nicht in einer höchsten Wonne des Einsseins mit seinem Herrn, sondern daß er im Glauben wirklich einen Herrn hat als einen von ihm selbst verschiedenen, ihm gegenübertretenden Anderen. Was Christus in uns ist, das ist er für uns und also in seiner Unterschiedenheit von uns. Das ist's, was durch die eschatologische Richtung des neutestamentlichen Glaubens gesichert wird. Nicht stärker könnte ja diese Unterschiedenheit hervorgehoben und zugleich in ihrem wahren Sinn erklärt werden als dadurch, daß dieser Glaube sich durchweg als Hoffnung auf Christus versteht und auslegt. Der Glaube hat Christus, indem er auf ihn hofft. So, in der Hoffnung auf Christus, hat er die ihn begründende Berufung, hat er die Rechtfertigung, hat er die Heiligung, hat er den Geist als das Unterpfand der verborgenen Gotteskindschaft, hat er mitten in der Bedrängnis und Anfechtung der Gegenwart den Frieden mit Gott. Es ist das alles eingeschlossen in Christus, uns zugedacht und angeboten, aber eingeschlossen in Christus, uns eigen im Glauben an Christus und also in der Hoffnung auf ihn. Christus aber ist immer der, der vor der Tür steht und anklopft, und der Glaube ist immer die Entscheidung, in welcher der Mensch ihm auftut, daß er eintrete, und indem diese Entscheidung fällt, hat der Mensch Christus und alles, was er ist und bringt. So und nicht anders. Die Zeit der Erinnerung ist ja nicht die erfüllte Zeit. Sie ist aber als Zeit der Erinnerung an den Auferstandenen notwendig Zeit seiner Erwartung, und so nimmt sie teil an der erfüllten Zeit. Wir sagen, wohlverstanden: der neutestamentliche Glaube hat Christus, indem er auf ihn hofft, wir sagen nicht: weil er auf ihn hofft. Die Hoffnung bezeichnet die Art, den Modus des Glaubens. Wollten wir nach seinem Grund fragen, so müßten wir antworten: er hat Christus, weil er ihn hat. Er kann auch nur darum auf ihn hoffen, weil er ihn hat, d. h. weil er auf ihn zurückblickt, weil er alles, was geschehen mußte, als schon geschehen und vollbracht erkennt: Gott hat sich offenbart, hat die Welt versöhnt mit sich selber; der Glaubende ist berufen, ist schon gerechtfertigt, ist schon geheiligt, ist schon Gottes Kind, hat Frieden mit Gott. Aber eben dieser Rückblick kann gar nicht getan werden in dieser Erkenntnis des Glaubens ohne den Blick nach vorwärts, ohne das Ergreifen der Verheißung: „Siehe, ich komme bald!" ohne die Bitte: „Amen, ja komm, Herr Jesu!" (Apoc. 22, 20). Eben auf den gelegten Grund, neben dem es keinen anderen gibt (1. Kor. 3, 11), kann gar nicht anders gebaut werden als in der Art, im Modus der Hoffnung. Eben der wirklich von Christus Ergriffene hat gar keine andere Wahl als die, sich auszustrecken nach dem, was vorne ist (Phil. 3, 13 f.). Gerade so nimmt die jeweilige christliche Gegenwart teil an der erfüllten Zeit, derer sie sich erinnert, steht sie unter dem Wort Christi — es kommt alles darauf an, daß sich das wirklich als das Wort Christi vernehmbar macht und daß es als solches gehört werde: „Siehe, ich bin bei euch alle Tage bis an der Welt Ende!" (Matth. 28, 20).

Die eingetretene Veränderung gegenüber dem Alten Testament besteht hinsichtlich der Erwartung im Neuen Testament darin und nur darin, daß der kommende Christus, von dem das neutestamentliche Zeugnis redet, als der Gekommene schon Gegenstand der Erinnerung ist. Das kann man von dem im Alten Testament erwarteten Messias nicht sagen, obwohl die alttestamentliche Erwartung keinen anderen meint als eben den nach dem neutestamentlichen Zeugnis Gekommenen. Die neutestamentliche Erwartung weiß im Unterschied zu der alttestamentlichen konkret und explizit, auf wen sie wartet. Sie ist ja nichts anderes als die im Winkel von 180 Grad um sich selbst gedrehte Erinnerung an das ins Fleisch gekommene Wort, dessen Herrlichkeit die neutestamentlichen Zeugen gesehen haben. Wie auch der Christus, den sie erwartet, kein anderer ist als eben der, den sie als wahren Gott und wahren Menschen schon kennt, von dem sie auch schon herkommt. Seine Zukunft ist wirklich nur seine Wiederkunft. Das bedeutet wohl eine Veränderung. Aber weit entfernt, daß sie in einer Abschwächung der eschatologischen Orientierung dieses Zeugnisses bestehen würde, ist das vielmehr ihr Sinn, daß sich auch die alttestamentliche Hoffnung zu der neutestamentlichen — eben wegen der Konkretheit und Explizitheit, die dieser eigen ist — verhält wie die richtig gestellte Frage zu der richtig gegebenen Antwort. Der beide, die Frage und die Antwort, richtig macht, indem er **kommt**, wie es die Propheten mit den Aposteln, die Apostel mit den Propheten gehofft haben, ist der Herr, als dessen Knechte beide von ihm zeugen.

Wir schließen diesen Paragraphen passenderweise mit einem Hinweis auf die biblische Gestalt, die (von Christus selbst abgesehen) hinsichtlich ihrer Stellung und Rolle gerade unter dem Gesichtspunkt des Zeitproblems vielleicht unter allen die merkwürdigste ist: **Johannes der Täufer**. Der Bericht über seine Predigt bildet den Anfang aller vier Evangelien und also den Anfang des ganzen Neuen Testamentes. Aber inwiefern er eigentlich abgesehen davon, daß er eben ein Zeitgenosse Jesu ist, in das Neue Testament gehört, scheint zunächst gar nicht abzusehen. Seine Funktion ist jedenfalls nach den Synoptikern fast ganz alttestamentlich. Er klagt an, er predigt Buße, er verkündigt das nahe Gericht. Er kommt ἐν ὁδῷ δικαιοσύνης wie es Matth. 21, 32 so bezeichnend heißt. Er verheißt das Kommen des Messias, von dem er sich selbst in strengster Unterwerfung unterschieden weiß (Mc. 1, 7 f., Par.; Joh. 1, 6 f.; 15 f.; 19 f.). Er wird darum mit Recht für einen Propheten gehalten (Matth. 21, 26). Den Größten der unter den Menschen Aufgestandenen nennt ihn Jesus selber (Matth. 11, 11). Nur alttestamentlich ist auch das Letzte, was wir bei den Synoptikern über seine Stellung zu Jesus hören,

3. Die Zeit der Erinnerung

die Frage: Bist du der ἐρχόμενος oder sollen wir einen anderen erwarten? (Matth. 11, 3). So stirbt er denn auch den typischen Tod eines Propheten. Und die Evangelisten nennen ihn übereinstimmend den Engel oder auch die Stimme des Rufenden, der vor dem Herrn hergeht, ihm den Weg zu bereiten (Mc. 1, 2 f., Par.). Aber diese Linie der Darstellung wird seltsam gekreuzt von einer anderen. Jesus nennt ihn mehr als einen Propheten (Matth. 11, 9). Und nach Joh. 1, 20 f. will er nicht nur nicht der Christus sein, sondern auch nicht jener selbständigen Ordnung der Vorläufer des Messias angehören: Ich bin nicht Elias, nicht der Prophet! Aber was dann? Dann die „Stimme eines Rufenden", dann „Zeuge" offenbar in bestimmter Hinsicht noch in ganz anderem als in dem alttestamentlichen Sinn. Indem er nach Matth. 3, 13 f. Jesus nicht taufen, sondern von ihm getauft sein will, indem er nach Joh. 1, 32 Zeuge ist des Herabsteigens des Geistes auf Jesus, tritt er aus der Reihe der bloß auf den Messias Wartenden deutlich heraus. Es ist besonders das Johannesevangelium, das diese Linie sehr energisch verstärkt hat. Auch hier ist der Täufer der in die Zukunft Weisende: „Der nach mir kommt, ist mir zuvorgekommen, denn er ist mehr als ich" (Joh. 1, 15, 27, 30). Er selbst sagt hier sehr betont: „Ich kannte ihn nicht" (Joh. 1, 31, 33). Aber derselbe Täufer kennt Christus nun faktisch doch, wenn auch offenbar nicht aus eigenem Wissenkönnen. Und weist auf ihn hin als auf den schon Gekommenen: Siehe, das ist Gottes Lamm! (Joh. 1, 29, 36). Derselbe Täufer redet nach Joh. 1, 15 f. genau wie einer von denen, die die Herrlichkeit des fleischgewordenen Wortes schon sahen. Er steht Joh. 3, 27 f. Nikodemus, dem „Lehrer in Israel", genau so gegenüber, wie wenn er selbst schon ein — Apostel wäre. Und die immer wieder (Joh. 1, 8; 1, 20 f.; 3, 28; 5, 36) betonte Einschränkung seiner Sendung grenzt nicht etwa den Propheten vom Apostel, sondern beide gemeinsam vom Gegenstand ihres Zeugnisses, von Christus ab. Warum macht gerade das erste Kapitel des Johannesevangeliums die längste Zeit nicht deutlich, daß es mit „Johannes" Johannes den Täufer und nicht etwa seinen eigenen Verfasser meint? Und schließlich: Verwaltet nicht schon der so alttestamentliche Johannes dasselbe Sakrament der Wassertaufe, das dann auch das der Kirche ist und bleibt? Gewiß, mit Heiligen Geist kann er nicht taufen; aber das können ja auch die Apostel nicht. Das kann nur Einer. Der Unterschied zwischen den Zeugen vorher und nachher aber erscheint gerade in der Person des Johannes, so wenig er unsichtbar bleibt, doch auch neutralisiert. *Inter legem et Evangelium interpositus fuit Joannes, qui medium obtinuit munus et utrique affine* (Calvin, *Instit.* II 9, 5). Die Bereitschaft des Propheten wird in Johannes zum Dank des Apostels, und es kann nicht anders sein, als daß sich in ihm der Dank des Apostels in der Bereitschaft des Propheten wiedererkennt. — Und derohalben ist auch Johannes mitten zwischen das Alte und Neue Testament gesetzt, daß er die Leute bringe in den Himmel und die Hölle hinwegnehme. Denn seine Stimme hat den Buchstaben lebendig gemacht, und hat den Geist bracht zur Schrift und das Gesetz und Evangelium miteinander geführet. Denn das sind die beiden Predigten des Johannes: die erste, die darnieder leget; die andere, die aufhebet: die eine führet in die Hölle; die andere führet in den Himmel: die eine tödtet; die andere machet lebendig: die eine verwundet; die andere machet gesund. Denn er prediget beide, das Gesetz und Evangelium, Tod und Seligkeit, den Buchstaben und den Geist, Sünde und Gerechtigkeit. (Luther, E. A. 15, 352, Pred. üb. Luk. 1, 57–80.) Man müßte, von allem anderen abgesehen, gerade diese Gestalt aus dem neutestamentlichen Zeugnis streichen, wenn man den Gegenstand seiner Erinnerung und den Gegenstand der alttestamentlichen Erwartung trennen, wenn man also Erinnerung und Erwartung überhaupt scheiden wollte, statt von diesem ihrem Gegenstand aus die eine durch die andere zu erklären.

§ 15
DAS GEHEIMNIS DER OFFENBARUNG

Das Geheimnis der Offenbarung Gottes in Jesus Christus besteht darin, daß das ewige Wort Gottes menschliches Wesen und Dasein erwählt, geheiligt und angenommen hat zum Einssein mit sich selber, um so, als wahrer Gott und wahrer Mensch, das von Gott zu den Menschen gesprochene Wort der Versöhnung zu werden. Das Zeichen dieses in der Auferstehung Jesu Christi offenbarten Geheimnisses ist das Wunder seiner Geburt: daß er empfangen ist vom Heiligen Geist, geboren aus Maria der Jungfrau.

1. DAS PROBLEM DER CHRISTOLOGIE

Wir haben in § 13 die Frage nach der objektiven Möglichkeit der Offenbarung (oder die Frage nach der Freiheit Gottes für den Menschen) beantwortet mit dem Verweis auf deren Wirklichkeit. Und wir haben in § 14 diese Wirklichkeit verstanden als den Gegenstand der alttestamentlichen Erwartung und der neutestamentlichen Erinnerung, als die erfüllte Zeit in der Mitte der Zeiten. Eng und streng und eigentlich genommen ist diese Wirklichkeit und also die erfüllte Zeit in der Mitte der Zeiten die Ostergeschichte und Osterbotschaft. Sie ist die Offenbarung des Wortes Gottes, auf die sich die heilige Schrift und mit ihr die Verkündigung der christlichen Kirche bezieht. Mit ihr stehen und mit ihr fallen sie. Mit ihr steht und fällt selbstverständlich auch jede kirchliche Dogmatik. Unzertrennlich von der Ostergeschichte ist freilich die Leidensgeschichte. In ihr geschieht das verborgene Werk Jesu Christi, das dann in seiner Auferstehung offenbart und geglaubt wird. Und zur Leidensgeschichte gehört wieder die Geschichte des ganzen ihr vorangehenden Lebens Jesu, das denn auch seinerseits nicht ohne Zeichen und Voroffenbarungen des nahe herbeigekommenen Reiches ist, nicht ohne Ankündigungen seiner Auferstehung. Was in diesem Leben und Leiden Christi geschieht, das ist also der konkrete Inhalt der Offenbarung, die sich als solche im Raum der Ostergeschichte ereignet.

Wir haben nun nach den Voraussetzungen dieses im Leben und Leiden Christi verborgenen und in seiner Auferstehung sich offenbarenden Werks und Geschehens zu fragen. Was ist die Kraft der Auferstehung und also dieses Werks und Geschehens? Wie vermag es das von Gott zu den Menschen gesprochene und also göttlich wahre, aber auch menschlich wirkliche und wirksame Wort der Versöhnung zu sein? Wer ist sein Subjekt? Wer ist Jesus Christus? — Wir haben die Antwort, die hier zu geben ist, bereits in den verschiedensten Zusammenhängen sehr nachdrücklich gestreift: Jesus Christus ist wahrer Gott und wahrer Mensch, und eben

1. Das Problem der Christologie

darum und von daher hat jenes Werk und Geschehen und also dessen Offenbarung seine Kraft und Bedeutung. Von daher haben wir schon die Frage nach der objektiven Möglichkeit der Offenbarung beantwortet. Von daher haben wir die Einheit der Zeiten in der erfüllten Zeit, der Zeit, die Gott für uns hat, zu Gesicht bekommen. Aber eben weil an diesem „von daher" alles andere hängt, will es nun auch noch besonders und für sich ins Auge gefaßt sein. Wir betreten damit den Problemkreis der Christologie im speziellen Sinn dieses Begriffs. Eine kirchliche Dogmatik muß freilich im ganzen und in allen ihren Teilen christologisch bestimmt sein, so gewiß das von der Heiligen Schrift bezeugte und von der Kirche verkündigte offenbare Wort Gottes ihr eines und einziges Kriterium ist und so gewiß dieses offenbare Wort eben mit Jesus Christus identisch ist. Wenn die Dogmatik sich nicht grundsätzlich als Christologie versteht und verständlich zu machen weiß, dann ist sie gewiß irgendeiner Fremdherrschaft verfallen, dann steht sie gewiß schon im Begriff, ihren Charakter als kirchliche Dogmatik zu verlieren.

Der Zerfall der kirchlichen Dogmatik in der Neuzeit unter dem verheerenden Einstrom der natürlichen Theologie wäre nicht möglich gewesen, wenn er sich nicht schon im Zeitalter der Orthodoxie, ja teilweise schon in der mittelalterlichen Scholastik und bei den Kirchenvätern darin angebahnt hätte, daß man dem notwendigen Zusammenhang aller theologischen Sätze mit dem Satz Joh. 1, 14 nicht die selbstverständliche Aufmerksamkeit schenkte, die hier nötig war, wenn es nicht zur Bildung von sachfremden Nebenzentren kommen sollte. Allzu häufig trug die Christologie schon in der älteren und alten Zeit den Charakter eines besonderen Satzgefüges, neben dem allerlei andere Satzgefüge auch ein eigenes Gewicht zu haben schienen. Unvermeidlich geriet damit sie selbst mit der Zeit in den Verdacht der Überflüssigkeit, die anderen Bestandteile der Dogmatik aber in die Gefahr der Verwilderung, die Dogmatik als solche und als Ganzes aber in das Gedränge der Frage, ob sie denn überhaupt noch etwas Eigenes, christlich-kirchlich Bestimmtes zu sagen habe. Und als es dann im 19. Jahrhundert zuerst bei Schleiermacher und nachher noch ausgesprochener bei A. Ritschl und seiner Schule zu einer an sich gesunden Reaktion in der Richtung einer christozentrischen Theologie kam, da war es zunächst zu spät, weil man unterdessen, veranlaßt durch jene Dezentralisierung (insbesondere in Form von allgemeiner Erkenntnistheorie und Moralphilosophie), so viel natürliche Theologie in sich aufgenommen hatte, daß man Joh. 1, 14 gar nicht mehr genuin zu verstehen in der Lage war. Man kann nicht nachträglich christozentrisch reden, wenn man es nicht schon im Ansatz getan hat, wenn man vielmehr hinsichtlich der Voraussetzungen allen möglichen anderen Stimmen Gehör geschenkt hat. Man muß dann vielmehr die Erfahrung von Matth. 6, 24 machen: daß man entweder das eine haßt und das andere liebt oder dem einen anhängt und das andere verachtet. Und so haben Schleiermachers romantische Geschichtsauffassung und Ritschls kantische Metaphysik auf der einen, ihre christozentrischen Bemühungen auf der anderen Seite sich nur gegenseitig unglaubwürdig machen können.

Die Christologie muß im ganzen und das heißt: sie muß schon in den Grundsätzen einer kirchlichen Dogmatik herrschend und erkennbar sein, oder sie ist es gar nicht.

Gerade darum muß es aber auch eine besondere Christologie, eine ausdrückliche Lehre von der Person Jesu Christi geben. Wir werden ihr Gebiet hier nur so weit betreten, als es zu einer vollständigen Beantwortung unserer Frage nach der Offenbarung, insbesondere nach deren objektiver Wirklichkeit, unbedingt nötig ist. Unentbehrlich zu einer vollständigen Erfassung dieser Sache ist uns zunächst der inhaltliche Satz über das Einswerden Gottes und des Menschen (der sog. „zwei Naturen") in Jesus Christus, in welchem das Geheimnis der Offenbarung als solches auf seinen bestimmten Ausdruck zu bringen ist, und sodann der diesen ersten Satz sozusagen begleitende formale Satz über das Wunder der Weihnacht, das heißt über Jesu Christi Geburt aus der Jungfrau Maria.

Eben darin, daß man diese beiden sich ergänzenden Sätze früher nicht gleich in die Grundlehren oder Prolegomena der kirchlichen Dogmatik aufgenommen und also als Voraussetzung des Ganzen geltend und fruchtbar gemacht, sondern sie — wie übrigens auch die Trinitätslehre! — als irgendwelche Einzelsätze neben anderen behandelt hat, sehe ich, wenn nicht einen Fehler, so doch eine Fehlerquelle schon der älteren christlichen Glaubenslehre, die sich als solche verhängnisvoll geltend gemacht hat und die heute beseitigt werden muß. Die kirchliche Dogmatik wird nach allem, was ihr inzwischen widerfahren ist, nicht eher wieder kirchlich, das heißt von der Fremdherrschaft der allgemeinen Wahrheiten frei und frei für die christliche Wahrheit werden, als bis sie es wagt, gerade die höchst besonders christliche, die trinitarisch-christologische Erkenntnis wieder an die Spitze ihrer Aussagen zu stellen und als das Fundament aller ihrer sonstigen Aussagen anzusehen und zu behandeln.

Alles übrige, was zu einer vollständigen Lehre von der Person Christi gehört, können und müssen wir auf den viel späteren Zusammenhang der Lehre von Gott dem Versöhner verschieben. Es bedarf aber, bevor wir an unser doppeltes Thema herantreten, einiger grundsätzlicher Klärungen.

Unser entscheidender erster Satz: „daß das ewige Wort Gottes ein menschliches Wesen und Dasein erwählt, geheiligt und angenommen hat zum Einssein mit sich selber, um so, als wahrer Gott und wahrer Mensch, das von Gott zu den Menschen gesprochene Wort der Versöhnung zu werden" — bezeichnet das Geheimnis der Offenbarung Gottes in Jesus Christus. Will sagen: wir umschreiben mit diesem Satz den Punkt, von dem das neutestamentliche Zeugnis schlechterdings nur herkommt und von dem darum auch eine diesem Zeugnis gemäße Lehre von der Offenbarung schlechterdings nur herkommen kann, ohne daß wir ein Oberhalb anzugeben vermöchten, von dem aus dieser Punkt und also der diesen Punkt umschreibende Satz einsichtig zu machen wäre. Man kann wohl von diesem Punkt herkommen. Man kann freilich auch das nicht aus eigener Vollmacht und Verfügung. Man kann sich nur an den Evangelisten und Aposteln klarmachen, was das heißen würde, von diesem Punkte herzukommen. Und dann kann man sich — und darum wird es uns gehen — klarzumachen versuchen, von welchem Punkte man da herkommt. Man kann aber nicht „hinter" diesen Punkt kommen. Man kann also den Satz, in welchem dieser Punkt zu umschreiben ist, nicht

1. Das Problem der Christologie 137

aus einer höheren Einsicht ableiten und begründen. Man kann ihn nur als Ausgangspunkt umschreiben. Alles Denken und Reden von ihm kann nur den Sinn haben, ihn wieder und wieder als Geheimnis, d. h. als Ausgangspunkt zu bezeichnen. Wenn anders „Offenbarung" ernstlich die Offenbarung Gottes ist und nicht etwa bloß ein etwas emphatischer Ausdruck für eine Entdeckung, die der Mensch in sich selbst oder in seinem Kosmos aus eigenem Vermögen zustande gebracht hat, dann muß in einer Lehre von der Offenbarung der Punkt berührt und ausdrücklich genannt werden, der das Geheimnis der Offenbarung, der den Ausgangspunkt alles Denkens und Redens von ihr bildet. Und um jeden Preis muß er dann so berührt und genannt werden, daß es sichtbar wird: hier geht es um das Geheimnis, das wohl als solches anzuschauen, anzuerkennen, anzubeten, zu bekennen, aber eben nicht aufzulösen, nicht in ein Nicht-Geheimnis zu verwandeln ist. Um keinen Preis darf er so berührt und genannt werden, daß es faktisch nun doch zu einer Auflösung des Geheimnisses kommt. Man hat sich in der Christologie das Ziel, aber auch die Schranke so zu setzen, wie man sie schon bei den Evangelisten und Aposteln selbst gesetzt sieht: das Ziel des Denkens und Redens muß ganz der einzigartige Gegenstand sein, um den es geht. Aber eben dieser Gegenstand in seiner Einzigartigkeit muß einem auch die Grenze bedeuten, über die man nicht hinauszudenken und hinauszureden hat. Die Christologie hat zu bedenken und zu sagen, wer Jesus Christus ist, der in der Offenbarung Gottes Macht über den Menschen ausübt. Sie hat sich aber wohl zu hüten davor, dies etwa in einer Weise zu tun, bei der vorausgesetzt wäre, daß der Mensch nun doch auch eine Macht über Gott auszuüben vermöchte. Sie hat bestimmt zu sagen, was nicht bestimmt genug gesagt werden kann. Aber eben darum und eben damit hat sie ihre Grenzen zu respektieren. Ihre Grenzen, die die Grenzen des Menschen sind, der es ernstlich mit Gottes Offenbarung zu tun hat.

Man kann sich diese Bedingung, unter der Christologie allein möglich ist, veranschaulichen an dem Hauptbild des Isenheimer Altars von M. Grünewald. Sein Gegenstand ist eben die Menschwerdung. Dreierlei ist auf dem Bild zu sehen, und es ist schwer zu sagen, wo der Betrachter anfangen, wo er aufhören soll. Im Hintergrund in himmlischer Höhe, jenseits der höchsten Berge der Erde, umgeben von zahllosen Engeln, Gott Vater in seiner Herrlichkeit. Im Vordergrund links das Heiligtum des Alten Bundes, von Engeln auch es erfüllt und umgeben, aber von jenem Hintergrund unerbittlich abgetrennt durch eine unübersehbar hohe dunkle Wand. Aber nach rechts hin ein zurückgeschlagener Vorhang und also Ausblick. Und an dieser Stelle, an der Spitze der ganzen dem Messias entgegensehenden Adventswelt Maria als Empfängerin der Gnade, die Repräsentantin aller anderen, in Anbetung vor dem, was sie auf der rechten Seite geschehen sieht. Auf dieser rechten Seite aber ganz einsam das Kind Jesus auf den Armen seiner Mutter, umgeben von den unmißverständlichsten Erinnerungen, daß es ein Erdenkindlein wie alle anderen ist. Nur das Kindlein selbst, nicht die Mutter, sieht, was dort zu sehen ist, den Vater, wie auch nur der Vater in die Augen dieses Kindes sieht. Mit jener ersten Maria bleibt offenbar die Kirche auch nach dieser Seite in der Distanz, im Gegenüber. Sie hat freilich nach dieser Seite offenen Zugang, sie betet an, sie lobt und preist, sie sieht also, und zwar die Herrlichkeit des Einziggeborenen seines Vaters voller Gnade und Wahrheit; aber sie sieht doch nur indirekt; was sie direkt sieht, ist ja nur das Kindlein in seiner Menschlichkeit; sie sieht den Vater nur in dem Licht, das auf den Sohn fällt, und den Sohn nur in diesem Lichte vom Vater. In der Tat: so glaubt und erkennt die Kirche Gott in Christus. Sie kann nicht hinüberlaufen auf die rechte Seite, wo die Herrlichkeit Gottes direkt zu sehen wäre. Sie kann nur aus dem Dunkel hinüberblicken dorthin, wo ein Mensch zu sehen ist in einem Licht, dessen Ursprung sie selber nicht sieht. Um dieses von oben hereinfallenden Lichtes willen betet sie vor diesem Menschen an wie vor Gott selber, obwohl und indem er vor ihren Augen ganz und gar nur ein Mensch ist. Auch Johannes der Täufer auf Grünewalds Kreuzigungsbild kann ja nur zeigen — und hier ist alles noch schroffer und kühner, weil hier jede Andeutung der Offenbarung der Gottheit fehlt: auf einen elenden gekreuzigten toten Menschen hinzeigen. Hier hat die Christologie ihren Ort. Sie steht dem Geheimnis gegenüber. Sie steht nicht im Geheimnis. Sie kann und soll mit Maria anbeten und mit dem Täufer zeigen. Sie kann und soll nicht mehr als das. Aber das kann und soll sie.

Und nun dürfte eben der Kernsatz der altkirchlichen Christologie über das Werden der Einheit: Jesus Christus „wahrer Gott und wahrer Mensch" mit seiner Umschreibung in dem *conceptus de Spiritu sancto natus ex Maria virgine*, die Eigenschaft haben, das Geheimnis zu bezeichnen, ohne es aufzulösen. Man muß sich bei aller scheinbaren oder wirklichen Kompliziertheit der Erläuterungen, die zum Verständnis dieses Satzes der altkirchlichen Christologie unentbehrlich sind, zum vornherein deutlich machen, daß er und auch der umschreibende Satz über das Wunder der Weihnacht nicht nur einfach und klar, sondern wirklich auch demütig und damit sachlich gerade von dem Geheimnis der Offenbarung redet.

Die altkirchliche Christologie (vgl. zum Folgenden die vorzügliche Darstellung von Arnold Gilg, „Weg und Bedeutung der altkirchlichen Christologie" in: Jesus Christus im Zeugnis der Heiligen Schrift und der Kirche 1936 S. 91-178) hat nicht daran gedacht, mit ihrer (auf dem Konzil von Chalcedon 451 bereinigten) Formel von den zwei Naturen Christi das Geheimnis der Offenbarung auflösen zu wollen. Sie ging vielmehr davon aus und sie zielte darauf hin: daß man gerade das nicht könne. Sie bezweckte mit dieser Formel die Feststellung des Faktums bezüglich des in der Offenbarung handelnden Subjektes. Sie bezweckte aber keine Erklärung dieses Faktums. Sie meinte weder mit jener Formel selbst noch mit der näheren Bestimmung dessen, was sie mit jener Formel sagen wollte, noch mit ihrer Aussage über das Weihnachtswunder auch nur von ferne, des Geheimnisses der Offenbarung sich bemächtigen zu können; sondern sie wollte gerade mit dieser Formel und mit ihren näheren Bestimmungen und mit ihren Aussagen über das Weihnachtswunder eben dies sagen: hier hat der Mensch keine Macht (auch nicht in seinem Denken!) über das, was hier wirklich ist. Hier kann er zu denken nur anfangen. Hier kann er mit allem Denken nur eben dies umschreiben: den Anfang seines Denkens. Die Offenbarung Christi im Fleisch ist schon nach 1. Tim. 3, 16 nicht nur tatsächlich, sondern bekenntnismäßig (ὁμολογουμένως): das „große Kultgeheimnis" (μέγα τὸ τῆς εὐσεβείας μυστήριον) der Kirche. Ganz klar hat sich Gregor von Nyssa darüber ausgesprochen: wir können den Modus (τρόπος) der Einheit (ἀνάκρασις) von göttlichem und menschlichem Wesen in Christus nicht einsehen (συνιδεῖν). Daß sie Ereignis ist (ihr γεγενῆσθαι) steht für uns außer Frage. Ihr Wie (τὸ δὲ πῶς) zu erforschen, lehnen wir als unsere Vernunft übersteigend ab. Genau so, wie wir den Modus der Schöpfung als völlig unaussprechlich und unerklärlich (ὡς ἄρρητον παντάπασιν ὄντα καὶ ἀνερμήνευτον) unerörtert lassen (*Or. cat.* 11). So nennt auch die *Syn.*

1. Das Problem der Christologie

pur. Theol. Leiden 1624 Disp. 25, 2 f. die Einheit der göttlichen und menschlichen Natur in Christus das höchste Geheimnis nach dem der Trinität: *Quare etiam humana ratione doceri et accipi non potest: quod nullum eius in tota natura, perfectum et omnino respondens, exstet exemplum. . . . Verum divinitus e scriptura doceri et probari oculisque fidei accipi debet.* —
Was soll eigentlich der Vorwurf des **Intellektualismus**, den sich die altkirchliche Christologie so oft hat gefallen lassen müssen? J. G. **Herder**, dem wir hier für viele andere das Wort geben können, hat ihm einmal in folgender Weise Ausdruck gegeben: „Mit Mönchsworten wollte man bestimmen, was keine menschliche Vernunft ... je wird bestimmen können, nämlich die Vereinigung der beiden Naturen Christi, und benebelte damit den gesunden Anblick seines ganzen Lebens, wie ihn die Evangelisten ohne alle solche Wortbestimmungen geben. Unsere protestantische Kirche hat nichts mit diesem griechischen Mönchswahn zu tun. ... Einem göttlichen Phantom, das auf der Erde wandelt, darf ich weder nachahmen noch nachdenken, und da Paulus, da alle Evangelisten sagen: daß Christus ein Mensch wie wir gewesen ... da alle Apostel es uns zur Pflicht machen, ihm auf der Bahn der Tugend im schwersten Kampf nachahmend zu folgen: so ist für jeden Christen, für jeden christlichen Theologen der menschliche Christus kein Bild in den Wolken zum Anstaunen, sondern ein Vorbild auf Erden zur Nachahmung und Lehre. Jede Schrift, die dies Vorbild, die Gestalt des reinsten Menschen auf Erden historisch entwickelt und moralisch darstellt, ist ein evangelisches Buch; jede scholastische Spitzfindigkeit hingegen, die ihn zu einem exhumanen Blendwerk macht, ist den Schriften des Neuen Testamentes gerade entgegen und schädlich." (Br. d. Stud. d. Theol. betr. 1780, ed. Suphan, Bd. 10, 238 f.) Der Kern dieser etwas tumultuarischen Rede ist offenbar ein doppelter, nämlich ein formaler und ein materialer Vorwurf, und in diesen beiden Gestalten müssen wir ihn, indem wir nun nicht nur an Herder, sondern an seine vielen Nachfolger im 19. und 20. Jahrhundert denken, ins Auge fassen.

Der **formale** Vorwurf meint ganz einfach die unleugbare Akribie, mit der die Kirchenväter, die Scholastiker und die nachreformatorischen Orthodoxen der Aufgabe nachgegangen sind, den Kardinalsatz *vere homo vere Deus* zu erklären, näher zu bestimmen und gegen Mißverständnisse zu sichern, den polemischen Eifer, der nach allen Seiten entfaltet worden ist, die systematische Genauigkeit, mit der man möglichst kein auftauchendes Problem unaufgearbeitet hinter sich zurücklassen wollte. Das sei, so wird uns gesagt, (rabbinischer! spielerischer! streitsüchtiger! lebensfremder!) Intellektualismus! „Mönchsworte"! „Scholastische Spitzfindigkeiten"! Wer kann da widersprechen? Aber umgekehrt: Welches Gewicht soll dieser Vorwurf etwa für den haben, der die durch das neutestamentliche Christuszeugnis gestellte Frage, der eben jenes Geheimnis der Offenbarung auch nur einmal selber gesehen hat? Selbst dann, wenn dieser Vorwurf mehr oder weniger alle hier in Betracht kommenden historischen Individuen moralisch belasten würde, selbst dann ginge es unmöglich an, zu leugnen, daß die bewußte Akribie, mit der die alte Kirche und Theologie hier zu Werk gegangen ist, an sich doch nichts anderes war als der Ausdruck der Schärfe, in der sie sich von der Frage: Wer ist Jesus Christus? in Anspruch genommen fühlte. Man hat später freilich in der Tat mit viel weniger Anstrengung, Kampf und Genauigkeit, viel „einfacher" auf diese Frage zu antworten gewußt, als es die Alten getan haben; aber man konnte dies doch nur darum, weil man sich heimlich schon die Frage vereinfacht hatte, d. h. weil man dem durch das Neue Testament gestellten Rätsel mit irgendwelchen Gründen und Methoden aus dem Wege zu gehen wußte. Wer z. B. die Biographie des sog. historischen Jesus für den ursprünglichen und eigentlichen Gehalt des Neuen Testamentes hält, der wird es leicht haben, in der Christologie ohne Akribie und Polemik, ohne Mönchsworte und scholastische Spitzfindigkeiten auszukommen. Er wird sich aber auch fragen lassen müssen, ob er nicht etwa zuvor schon seine einfache Antwort im Kopf hatte, um sich dann und daraufhin auch die durch das Neue Testament gestellte Frage so merkwürdig einfach zu machen. Setzt man, unverwirrt durch das doketische und unverwirrt durch das ebionitische Vorurteil, beim Lesen des Neuen Testamentes dort ein, wo, wie wir sahen, Paulus und Johannes mit ihrem Satz, daß Jesus der Christus ist und die Synoptiker mit ihrem Satz, daß Jesus der Christus ist, zusammentreffen, anerkennt man, daß es sich in der Christologie um die Aufgabe handelt, sich von der mit diesen beiden Sätzen bezeichneten einen Wirklichkeit Rechenschaft zu geben: von der Wirklichkeit, die zugleich der Gegenstand der alttestamentlichen Erwartung und der Gegenstand der neutestamentlichen Erinnerung ist — dann versteht man mindestens dies: daß die Christologie der Kirche eine komplizierte Aufgabe werden konnte und daß sie es in Anbetracht der die Kirche in allen Jahrhunderten faktisch beschäftigenden Irrtümer werden mußte. Und dann braucht man sich an der Bearbeitung dieser Aufgabe bloß ein wenig selber zu beteiligen — Zuschauer haben es eben hier wie überall leicht zu kritisieren; mehr als Zuschauerkritik wird aber dabei auch nicht herauskommen! — um einzusehen, daß hier Lasten zu bewegen sind, die man freilich liegen lassen kann, die man aber nicht bewegen kann, ohne sofort selber in jenes Gedränge zu geraten, von denen die in der Tat nicht einfachen Überlegungen, die die Alten hier angestellt haben, Zeugnis geben. Es ist wirklich an sich kein Schaden und keine Schande, wenn man als Theologe durch die christologische Aufgabe auf gewisse schwierige und unwegsame Pfade des Denkens und der Rede gedrängt wird. Entscheidend kann nur die Frage sein, ob man auf diesen Pfaden wirklich dieser Aufgabe wirklich gerecht zu werden versucht. Damit das geschehe, mag man sich die Warnung vor dem „Intellektualismus" immerhin gefallen lassen. Als Negation der Aufgabe oder als Verbot, sich hier ernstlich Mühe zu geben, wäre diese Warnung Torheit! —

Viel gehaltvoller ist (oder scheint doch) der materiale Vorwurf, der mit diesem Wort gegenüber der altkirchlichen Christologie gemeint sein kann. Wir hörten die Klage Herders: sie habe Christus zu einem auf Erden wandelnden „göttlichen Phantom" gemacht, dem man „weder nachahmen noch nachdenken könne". Dieser Vorwurf hat später besonders bei A. Ritschl und bei den Historikern seiner Schule, voran A. v. Harnack, die konkrete Gestalt erhalten: der Christus der altkirchlichen Christologie sei, wie schon ihre Grundbegriffe: göttliche und menschliche „Natur" zeigten, ein Gebilde einer im Grunde gar nicht religiösen weil nicht ethisch sondern physisch interessierten Metaphysik. (Vgl. zum Folgenden: E. Brunner, Der Mittler, 1927, S. 206 f., 219 f.) Nach den Voraussetzungen des griechischen Empfindens und Denkens beruhe dieses Christusbild auf einer naturhaften, mystisch-magisch-mechanischen Auffassung des Heils als einer wunderbaren Verwandlung der physischen Existenzweise des Menschen in die unsterbliche Existenzweise der Gottheit, eines Heils, das dem Menschen denn auch wesentlich physisch-mechanisch, auf dem Wege des nach Art einer Arznei wirkenden Sakramentes mitgeteilt werde. Wie es denn auch — nämlich in der Inkarnation des Logos als der Einigung der unsterblichen göttlichen mit der sterblichen menschlichen Natur zur Person Christi — wesentlich physisch-mechanisch für die Menschheit beschafft worden sei. „Intellektualismus" wird der altkirchlichen Christologie jetzt in der Meinung vorgeworfen: das physisch-mechanische Geschehen, das ihr Inhalt sei, könne begreiflicherweise nur Gegenstand eines theoretischen Glaubens sein, der in Wirklichkeit als eine spekulative Schau bezeichnet werden müsse. Christus „ein Bild in den Wolken zum Anstaunen"! „Griechischer Mönchswahn"! Wir können auch diesen Vorwurf nicht für sinnvoll halten. Es ist allerdings richtig, daß die altkirchliche Christologie sehr ernstlich damit rechnete, daß das Geheimnis der Offenbarung zwar nicht aufgelöst, aber als solches erkannt werden kann und auch erkannt werden muß, weil es sonst verkannt wird, weil es eine ernste Aufgabe ist, recht von Christus zu denken und zu reden. Es ist weiter richtig, daß das Anliegen dieser Christologie nicht das Herders und nicht das Ritschls war: Christus als „die Gestalt des reinsten Menschen auf Erden", nun gerade als Vorbild nach dem Schema irgendeiner angeblich heilvollen Ethik darzustellen; es ist richtig, daß sie überhaupt nicht nur ethisch an Christus interessiert war. Es ist weiter richtig, daß ihr Begriff vom Heil auch die Physis des Menschen und ihre Hoffnung: die Auferstehung des Fleisches, umfaßte. Sie dachte, auch wenn sie von Gott sprach, nicht in erster Linie, geschweige denn ausschließlich an seine Eigenschaft als Geber und Garant des Sittengesetzes, sondern sie dachte in der Tat auch an seine Unvergänglichkeit und Unsterblichkeit. Sie dachte ja auch, wenn sie vom Menschen sprach, an das Innere und an das Äußere, an seine Existenz als Leib und Seele, an die ethische und an die physische Frage. Sie hatte also vor allem eine reichere Anschauung von Gott und dem göttlichen Heil als ihre modernen Kritiker. Aber nicht das ist entscheidend, sondern dies, daß sie primär weder wie ihre modernen Kritiker ethisch, noch wie diese ihr vorwerfen zu müssen meinten, physisch interessiert war. Jenseits dieser Interessen hatte sie das überlegene, umfassende und darum einfache Anliegen, Christus, so wie sie ihn im Neuen Testament bezeugt fand, als den Herrn des ganzen Menschen, als den Bringer des Lebens für beide Seiten seiner Existenz, als den Versöhner des menschlichen Seins zu verstehen. Dieses menschliche Sein in seiner Einheit und in seiner Totalität meinten sie, wenn sie von der „menschlichen Natur" in Christus sprachen. Und demgegenüber wiederum das göttliche Sein in seiner Einheit und in seiner Totalität, wenn sie von der „göttlichen Natur" in Christus sprachen. Gerade diese beiden Grundbegriffe haben also mit dem engeren Begriff von „Natur", an welchen der modernistische Protestant bei diesem Wort zu denken pflegt, nichts zu tun. „Natur" ist für den modernistischen Protestanten: „der Inbegriff alles Körperlichen, auf das Elementarische Zurückgehenden, in seiner mannigfach zerspaltenen Erscheinung, in der Alles, was wir dadurch bezeichnen, gegenseitig durcheinander bedingt ist; und eben dieses Zerspaltene und Bedingte setzen wir Gott entgegen als dem Unbedingten und schlechthin Einfachen" (Schleiermacher, Der chr. Glaube, § 96, 1). Was er in diesem Sinn „Natur" nennt, ist aber in dem Begriff der θεία φύσις, *natura divina*, der alten Dogmatik nur insofern enthalten, als Gott, weil er Gott ist, Herr ist auch über die Physis in diesem engeren Sinn. Und was er „Natur" nennt, ist in dem Begriff der ἀνθρωπίνη φύσις, *natura humana*, im Sinn der alten Dogmatik nur insofern enthalten, als der Mensch, weil und indem er Mensch ist, nicht nur Seele oder Geist, sondern auch Leib ist, nicht nur geistig-moralisch, sondern auch schlicht körperlich existiert. Es war nun ganz einfach eine optische Täuschung, wenn die Theologen der Neuzeit, selber nur geistig-moralisch interessiert, meinten, die freilich auch physisch interessierten Theologen der alten Kirche dabei zu ertappen, daß sie bloß physisch interessiert seien. Es soll nicht bestritten werden, daß es in der Christologie und überhaupt in der Theologie der alten Kirche zu Abweichungen in der Richtung des „Naturhaften" im engeren Sinn und damit in der Tat in der Richtung des Mystisch-Magisch-Mechanischen kommen konnte und tatsächlich gekommen ist. Aber es ist seltsamerweise — A. v. Harnack selbst hat genügend darauf aufmerksam gemacht — ebenso deutlich und kräftig zu Abweichungen in der Richtung des Spiritualismus und Moralismus gekommen; es fehlte auch in der alten Kirche durchaus nicht an kräftigen Versuchen in der Richtung der von Herder in der Neuzeit mit so viel Erfolg postulierten Vorbildschristologie. Wenn beides ein Fehler ist, so verrät sich im Negativ dieses doppelten Fehlers doch die ursprüngliche Überlegenheit der altchristlichen Christologie: nur von der Höhe jenes umfassenden Gottes-, Menschen- und Heilsbegriffs aus war ja dieses doppelte Abgleiten möglich. Die moderne Theologie in den Spuren Herders dagegen hat sich allerdings von aller Magie, von aller Sakramentsmystik, von allem Naturalismus wunderbar freizumachen gewußt. Ohne dieses Gegengewicht, ohne seine Gefahr, aber auch ohne das in ihm enthaltene und mitredende Wahrheitsmoment, ist sie ganz einseitig, nur mit einem leisen, wehmütigen Nachklang von Seelenmystik, dem Moralismus der Vorbildschristologie verfallen. Auch in den Gefahren und Fehlern der altkirchlichen Christologie kann man es noch erkennen: sie hatte es mit dem Christus des Neuen Testamentes zu tun. Sie redete von ihm als von dem höchsten Herrn. Sie meinte Gott selber, den Schöpfer Himmels und der Erden. Sie war trotz ihrer Gefahren und Fehler gesund. Und darum ist der Vorwurf des Intellektualismus ihr gegenüber

§ 15. Das Geheimnis der Offenbarung

nicht angebracht. Weder Gott noch der Mensch, weder Christus noch das durch ihn geschaffte Heil, waren ihr in dem Sinn natürliche Größen, daß sie ihr tatsächlich bloß der Gegenstand eines theoretischen Glaubens hätten sein können. Ihr Glaube ruhte allerdings ganz auf der Erkenntnis seines Gegenstandes. Sein Gegenstand hatte ja Sein. Er war also ein realistischer Glaube. Aber es war wiederum eine optische Täuschung, wenn man ihn deshalb ein bloßes mit der Gnosis verwandtes Fürwahrhalten genannt hat. Welchen Irrtümern immer diese Christologie zur Rechten und zur Linken ausgesetzt sein mochte, sie hat doch zweifellos das Geheimnis der Offenbarung gesehen und respektiert. —

Eben dies kann man nun aber von der Lehre ihrer modernen Gegner nicht sagen. Das Pathos des Vorwurfs des „Intellektualismus" in seinen beiden Formen meint ja über das, was dieser Vorwurf ausspricht, hinaus etwas ganz Anderes. Er richtet sich gegen das in der Zweinaturenlehre der alten Kirche allerdings sehr schroff formulierte Ärgernis der Offenbarung selber. Die moderne Christologie will von Haus aus etwas ganz Anderes sagen als die altkirchliche: darum ist ihr deren Akribie so widerlich, darum hat sie sie in den bösen Ruf des Naturalismus gebracht. Sie will nämlich gerade nicht sagen, daß Christus das Datum sei, über das nur nachzudenken und zu reden ist als über den Anfang alles christlichen Denkens; sie will nicht in letzter Grundsätzlichkeit das von ihm sagen, was in der Formel *vere Deus vere homo* nun einmal gesagt ist — sondern sie will von Christus sagen: entweder, daß sie ihn verstehe als die höchste Erscheinung dessen, was sie anderswoher als gut, vernünftig, sittlich und insofern als göttlich zu kennen meint — oder aber daß sie ihn einfach empirisch als ein Stück besonders eindrucksvoller Wirklichkeit würdigen will. In beiden Fällen ist also die Meinung die, daß der Anfang des christlichen Denkens und Redens keineswegs in Christus selbst, sondern in unserem eigenen Urteilsvermögen oder in unserer eigenen Erlebnisfähigkeit liegen.

Wie jener formale Vorwurf gegen die altkirchliche Christologie möglich wird, wird nun einsichtig: auf jenen beiden Wegen — wir nennen sie den doketischen und den ebionitischen — kann es ja freilich zu allerhand starken und hohen Aussagen über Christus kommen. Es ist aber auch verständlich, daß man auf jenen beiden Wegen nicht eben geneigt sein wird, in diesen Aussagen allzu weit zu gehen oder auch nur allzu bestimmt zu werden, sich etwa grundsätzlich dabei behaften, sich auf bestimmte Aussagen festlegen zu lassen. Man wird vielmehr auf diesen beiden Wegen nicht mit Unrecht die Empfindung haben, alle Worte über Christus, alle christologische Lehren seien ja doch nur Schall und Rauch; einen ernsten Streit zu führen, könne sich hier unmöglich lohnen; denn um den Streit zwischen Wahrheit und Lüge könne es dabei doch nicht gehen, sondern höchstens um die freie Konkurrenz verschiedener Ausdrücke für dieselbe Sache, die schließlich alle dasselbe meinten. Nicht mit Unrecht wird man hier auch von der einfachen Formel „wahrer Gott und wahrer Mensch" in der Regel nur zurückhaltend Gebrauch machen. Nicht mit Unrecht: weil sie in der Tat schon zu gewichtig, zu grundsätzlich klingt für das, was man hier eigentlich sagen will. Wie denn auch jene ganze Weichheit und Duldsamkeit hinsichtlich aller Aussagen hier auch formal ganz berechtigt ist; weil sie ja doch bloße Aussagen auf Grund der Mächtigkeit sind, in der der Mensch auch angesichts des offenen Neuen Testamentes Gott gegenübersteht. Aus seinem in seinem Verstand oder Gewissen oder Gefühl schon vorhandenen Gottesbesitz heraus kommt der Mensch zu einem bestimmten „Werturteil" oder doch Wertempfinden hinsichtlich des Christus der hl. Schrift, und wiederum auf Grund dieses Werturteils oder Wertempfindens gibt er ihm diese oder jene Prädikate. Mögen es die höchsten Prädikate sein, so wird er doch nicht vergessen können, daß sie letztlich nur in ihm selbst, dem empfindenden, urteilenden und redenden Menschen, in seiner eigenen Gottesmächtigkeit begründet sind. In der Tat: wie sollte er sich da anmaßen, allzu bestimmt wissen zu wollen, allzu bestimmt zu reden? Wie sollte er sich da allzu streng behaften lassen bei dem, was er sagt? Wie sollte er da die Relativität aller menschlichen Worte nicht einsehen? Wie sollte da ernste theologische Gedankenarbeit und wie sollte da voll-

1. Das Problem der Christologie 143

ends ernster theologischer Streit überhaupt möglich sein? In der Tat: zu scholastischen Spitzfindigkeiten wird es da unmöglich kommen können, sondern in verzeihender Milde, wenn auch etwas kopfschüttelnd blickt man von da aus zurück sowohl auf die Streitigkeiten des 5. als auch auf die des 16. und 17. Jahrhunderts, ehrlich verwundert darüber, zu sehen, wie die Theologen jener Zeiten sich so hartnäckig auf ihre entgegenstehenden Meinungen versteiften, wie scharfsinnig sie bemüht waren, sie bis ins einzelne hinein zu klären. Ernstlich erbittert wird man hier eigentlich immer nur gegen die Zumutung sein, daß es sich lohnen könnte, sich um die Dinge, um die damals gestritten wurde, ebenfalls mit einigem Nachdruck zu bemühen und wohl gar zu klaren Entscheidungen vorzustoßen. Es ist seit dem 18. Jahrhundert in weitesten theologischen und nichttheologischen Kreisen fast zu einem Dogma geworden, daß diese aus den Voraussetzungen der modernen Christologie sehr notwendig sich ergebende Haltung die Haltung der wahren christlichen Demut sei, die der streitsüchtigen Starrheit einer („toten") Orthodoxie, die zu wissen meine, was doch niemand wissen kann, bei weitem vorzuziehen sei.

Es läßt sich aber auch im Lichte des materialen Vorwurfs gegen die altkirchliche Christologie zeigen, wie es zu dieser angeblichen Demut in Wirklichkeit kommt. Wir sahen schon: die moderne Christologie hat im Unterschied zu der alten nicht zwei Gefahren, sondern nur eine; des physischen Heilsverständnisses, der Sakramentsmystik, des magischen Objektivismus macht sie sich wirklich nicht schuldig, sondern nur des entgegengesetzten Fehlers eines spiritualistischen Moralismus. Eben darin zeigt es sich doch nur, daß ihre Kritik an jener darum sachlich weder gerecht noch treffend ist, weil sie nicht aus einer überlegenen Erkenntnis Christi stammt, sondern aus derselben moralistischen Eigenmächtigkeit, die es in der alten Kirche auch schon gegeben hat, nur daß es hier an dem Gegengewicht fehlt, das dort immerhin ein gewisses Korrektiv bildete. Das Fehlen jener „griechischen" Gefahrenquelle ist eben gerade kein Vorzug der modernen Christologie! Sie hat den Horror vor der Physis, vor der Äußerlichkeit, vor der Leibhaftigkeit; sie atmet gerade nur noch in der dünnen Luft des sittlichen Urteils und des seelischen Erlebnisvermögens. Sie weiß mit dem, was im Neuen Testament σῶμα, σάρξ, θάνατος, ζωή, ἀνάστασις usf. heißt, nichts mehr anzufangen. Die biblischen Wunder sind ihr, von allem anderen abgesehen, schon darum peinlich, weil sie nun einmal allesamt höchst „naturhaft" sind. Was soll sie zu Jesu leiblicher Auferstehung, was soll sie zu dem *natus ex virgine* sagen? Daß dieser Horror eine seltsame Verarmung bedeutet, ist aber auch von dieser Seite gesehen nicht das Entscheidende, sondern dies, daß sich in ihm verbirgt der Horror vor dem Sein Gottes in seiner Offenbarung. Die Polemik gegen den Begriff der zwei „Naturen" Christi beruht nicht nur auf einem sprachlichen Mißverständnis; sondern indem man sich vor der Anerkennung eines „Naturhaften" in der Offenbarung behütete, behütete man sich zugleich vor der Anerkennung eines Seinshaften, vor dem Realismus der biblischen Offenbarungsbotschaft. Man wollte sie nur annehmen, sofern sie sich als „geschichtlich" erwies — und darunter verstand man: als eine ähnliche Kundgebung sittlichen Urteils und religiösen Erlebens wie die, auf die man selber hinauswollte. Man wollte sie aber nicht annehmen als das überlegene Wort des Herrn, der der Herr ist, bevor wir ihn als solchen aus unserer eigenen Herrlichkeit heraus beurteilt und erlebt haben. Weil man sich an dieser Stelle sperrte, darum mußte man das Neue Testament teils durch Umdeutung, teils durch literar- und religionsgeschichtliche Kritik so lange bearbeiten, bis es von diesem Herrn nichts mehr sagte, bis es von allem Realismus gereinigt war. Und was war natürlicher, als daß man aus dem so gereinigten Neuen Testament nun auch keinen Befehl mehr vernahm, daß man die Nötigung, sich dem Geheimnis seines Christuszeugnisses zu stellen, seine eigene Christologie auf dieses Christuszeugnis zu beziehen, nicht mehr verspürte? Was war natürlicher, als daß man sich auch vom Neuen Testament her frei fühlte, von Christus so oder auch so zu reden, diese oder auch jene Aussage zu machen? Auch von hier aus konnte und mußte es nun sehr verständlicherweise zu jener Demut kommen, die zum vornherein darauf verzichtet, streng und verantwortlich nach der Wahrheit zu fragen und entsprechend zu antworten, für die es vielmehr nur eine unübersehbare Fülle von Möglichkeiten gibt, die alle für sich und je an ihrem Ort gleich gut und annehmbar sind und über die es einen ernsthaften Streit nicht geben kann. Wir müssen nun feststellen: diese Demut mag noch so aufrichtig und liebenswürdig sein, sie mag noch so oft menschlich moralisch betrachtet tatsächlich als die bessere Haltung von der so manches orthodoxen Zeloten sich abheben — daß sie die christliche Demut, das heißt die Demut vor dem Geheimnis der Offenbarung Gottes sei, das muß rundweg bestritten werden. Sie beruht vielmehr, wie Großes auch sonst von ihr zu rühmen sei, auf der grundsätzlichen Umgehung und Eskamotierung dieses Geheimnisses und auf einem Bewußtsein von der Mächtigkeit des Menschen über Gott, das man eher als Hochmut denn gerade als Demut wird bezeichnen müssen

Wir haben also keinen Anlaß, jenem Vorwurf des Intellektualismus gegen die altkirchliche Christologie Gehör zu schenken. Er hat in seiner formalen wie in seiner materialen Gestalt dieselbe Wurzel, denselben Ausgang: ein halb kühnes, halb verlegenes Übersehen dessen, was das Neue Testament nun einmal sagt und was in der Kirche und von der Kirche nun einmal zu hören ist. Was auch gegen die altkirchliche Christologie zu sagen sein mag: dieses Übersehen hat sie sich jedenfalls nicht geleistet, und darum haben wir Anlaß, uns trotz jenes Vorwurfs in allem Entscheidenden auf ihre Seite und nicht auf die ihrer Ankläger zu schlagen.

Wir brauchen hier das „Problem der Christologie" als solches, den Weg, der zu dem Satze „Jesus Christus wahrer Gott und wahrer Mensch" führt, sachlich nicht noch einmal besonders zu entwickeln. Wir erinnern uns an den ganzen Inhalt der §§ 11 und 13, die uns genau an den Punkt geführt haben, wo wir uns jetzt befinden. Nur dies sollte hier unter dem Titel „Das Problem der Christologie" erinnert und eingeschärft werden: haben wir uns auf dem kirchlich allein sinnvollen und legitimen Weg, nämlich durch das prophetisch-apostolische Offenbarungszeugnis zu Jesus Christus führen lassen als zu dem Geschehen der Offenbarung, so ist der Satz: „Jesus Christus wahrer Gott und wahrer Mensch" die Voraussetzung, von der alles weitere Nachdenken auszugehen hat. Zu einer anderen Voraussetzung hätten wir nur auf einem anderen Wege kommen können. Diese Voraussetzung aber ist insofern eine echte, eigentliche Voraussetzung, als sie nicht von einer anderen überboten, von einer höheren Voraussetzung aus begründet und dann vielleicht doch auch angefochten werden kann. Christologie handelt von der Offenbarung Gottes als Geheimnis. Sie muß dieses Geheimnis erstens als solches kennen und zweitens als solches anerkennen. Sie muß ihren Ort dort einnehmen, wo der Vorhang des Alten Testamentes zurückgeschlagen und also die Gegenwart des Sohnes Gottes im Fleisch als Geschehnis sichtbar ist und gesehen wird — aber eben sichtbar und gesehen als dieses Geschehnis, als das Geschehnis, in welchem in der Mitte der Zeiten, in dem schlichten datierbaren Ereignis der Existenz Jesu, „eines Menschen wie wir", Gott der Herr unmittelbar und Gott der Herr ein für allemal handelndes Subjekt war. Er war hier Mensch: Gott ohne allen Vorbehalt und Mensch ohne allen Vorbehalt. An den Ort diesem Geschehen gegenüber führt uns die Schrift. Diesen Ort hat die Christologie einzunehmen mit ihrer Frage: Wer ist Jesus Christus?

Sie kann von diesem Ort aus das Geheimnis als solches nicht übersehen, nicht vergessen; sie kann also nicht mehr rechnen mit der Möglichkeit seiner Leugnung; sie kann aber auch nicht mehr rechnen mit der Möglichkeit seiner Umdeutung in ein Nichtgeheimnis. Sie hat ihm standzuhalten und sie hat ihm als Geheimnis standzuhalten. Sie ist sozusagen fixiert auf diesen Gegenstand mit diesem Charakter. Etwas anderes könnte sie nur tun, indem sie ihr Problem fallen ließe. Die moderne Christologie hat das getan. Und damit hat sie einen unverzeihlichen Fehler begangen, einen Fehler, der eine Verständigung, ja im Grunde sogar auch nur eine Diskussion zwischen ihr und einer Christologie, die diesen Fehler nicht begehen will, unmöglich macht. Die altkirchliche Christologie hat diesen Fehler nicht begangen. Sie hat das Problem nicht fallen lassen, sondern sie hat ihm standgehalten. Sie hat das Geheimnis gesehen und hat es, welche anderen Fehler ihr auch im einzelnen unterlaufen sein mögen, im ganzen zu wahren gewußt. Ihr ganzes Bemühen war eben darauf gerichtet, das Geheimnis zu wahren. Darin war und blieb sie sachlich. Und darum muß man sich im Ansatz und Grundsatz entschieden auf ihre Seite stellen.

2. WAHRER GOTT UND WAHRER MENSCH

Wir verstehen diesen Satz als Antwort auf die Frage: **Wer ist Jesus Christus?**, und wir verstehen ihn als eine Umschreibung des zentralen neutestamentlichen Satzes Joh. 1. 14: „Das Wort ward Fleisch." Eben am Leitfaden dieses neutestamentlichen Satzes soll darum der dogmatische Satz: **Jesus Christus wahrer Gott und wahrer Mensch** diskutiert werden.

Vgl. zum Folgenden: Heinrich Vogel, Das Wort ward Fleisch. Ein Kapitel aus der Christologie 1936.

I.

Ὁ λόγος, das „Wort", von dem Joh. 1, 14 die Rede ist, ist das des göttlichen Wesens und Daseins uneingeschränkt teilhaftige göttliche Schöpfer-, Versöhner-, Erlöserwort, der **ewige Sohn Gottes**.

Gemeint ist ja Joh. 1, 14 nach dem ganzen Zusammenhang Joh. 1, 1–12 das Wort, das im Anfang, das bei Gott, ja das selbst Gott war, durch das Alles geschaffen wurde, der Inbegriff jenes Lebens, das als das Offenbarungslicht in der Finsternis der Menschen leuchtet, das nicht Johannes heißt, sondern Gegenstand des Zeugnisses des Johannes ist, das Gott Kinder zeugt unter den Menschen nicht aus deren Willigkeit und Mächtigkeit, sondern ganz allein aus seiner eigenen Kraft, dessen Herrlichkeit die eines Einziggeborenen ist, aus dessen Fülle seine Zeugen die Gnade nur empfangen können. Der Logos ist der, der Gott, den für alle anderen Unsichtbaren, darum verkündigt, weil er ihn verkündigen kann, weil er, selber einziggeborener Gott, im Schoße seines Vaters ist.

Das Wort und darum der nach Joh. 1, 1–18 mit dem Wort identische Jesus Christus ist also „wahrer Gott". Und „wahrer Gott" heißt also: der eine, einzige, eigentliche, ewige Gott. Nicht die Gottheit an sich und als solche — wie die Gottheit ja überhaupt nicht an sich und als solche existiert, sondern in den Seinsweisen des Vaters, des Sohnes und des Heiligen Geistes — sondern der Sohn oder das Wort Gottes ward Fleisch, dieser aber in der ganzen Fülle der Gottheit, die auch die des Vaters und des Heiligen Geistes ist. — Wir berühren damit sofort das Geheimnis der Offenbarung als solches, das der eigentliche Gegenstand der Christologie ist: die Quelle und Wurzel aller einzelnen Rätsel und Rätsellösungen, mit denen wir uns hier nachher zu beschäftigen haben werden. Wollen wir sagen, wer Jesus Christus ist, so müssen wir in jedem einzelnen Satz auch sagen oder jedenfalls auch — und zwar unerbittlich — geltend machen, daß wir von dem Herrn des Himmels und der Erde reden, der des Himmels und der Erde und des Menschen nicht bedürfte noch bedarf, der sie und der auch den Menschen geschaffen hat aus freier Liebe und nach seinem eigensten Wohlgefallen, der sich des Menschen annimmt nicht nach dessen Verdienst, sondern nach seinem eigenen Erbarmen, und nicht kraft dessen Vermögen, sondern kraft seiner eigenen Wundermacht — der Herr, der in allem seinem Tun ganz und unveränderlich und frei von allen Vermischungen und Bindungen er selber ist und bleibt, der auch in seinen Werken in der Welt und am Menschen nie auch nur im geringsten aufhört, Gott zu sein, der seine Ehre keinem anderen läßt und geradeso als Schöpfer, Versöhner und Erlöser ein wahrhaft liebender, dienender Gott ist: der König aller Könige, gerade wenn er „von Herzen sanftmütig" in tiefster Verborgenheit einhergeht. Das ist es, was in jedem Satz gerade über Jesus Christus auch zu sagen oder doch nicht zu verheimlichen oder jedenfalls nicht zu leugnen ist. Jeder dem widersprechende Satz über Jesus Christus würde sich eben dadurch sofort als falscher, häretischer Satz entlarven.

Weil sie vornehmlich diese Wahrheit: „Jesus Christus wahrer Gott" auszusprechen, zu entfalten und darzustellen, aufs eifrigste zu hüten und zu verteidigen hatte gegen offene und versteckte Abschwächungen und Leugnungen, darum vornehmlich ist die orthodoxe Christologie ein so scharf geprägtes, kompliziertes, polemisches Gebilde geworden. Wer ihr Anliegen gerade an dieser Stelle einmal verstanden hat, der kann sich eigentlich nur darüber wundern, daß die Neuzeit sich über diese Christologie so sehr wundern konnte! Ihr Anliegen ist an sich wahrlich ganz einfach, ganz kindlich, ganz friedlich! Es handelt sich wirklich nur darum, nach allen Seiten, allen auftauchenden Fragen gegenüber schlicht damit ernst zu machen, daß dieser, οὗτος, Jesus Christus im Anfang bei Gott war, Joh. 1, 2, in dem klaren Sinn, den diese Aussage nach Joh. 1, 1–18 nun einmal hat.

Die Tragweite dieser Wahrheit und ihrer Erkenntnis erstreckt sich wie über die ganze christliche Verkündigung, so auch über die ganze kirchliche Dogmatik. Sie ist nirgends zu umgehen, zu vergessen, zu mißachten, wo recht von Gott und vom Menschen geredet werden soll. Wenn die Christologie im besonderen diese Wahrheit und Erkenntnis geltend macht, so schlägt sie damit sozusagen einen innern Kreis, der von vielen anderen Kreisen mit demselben Zentrum umgeben ist, in denen er sich wiederholt, in denen jene Wahrheit und Erkenntnis nicht minder gelten und zur Darstellung kommen muß. In seiner Gesamtheit kann auch dieser innere Kreis erst sichtbar werden, wenn wir den Text zu Ende lesen: Das Wort ward Fleisch. Wir beginnen zunächst mit einigen Feststellungen, die dieses Erste als solches klären und befestigen sollen: daß das Wort, das Fleisch ward, wirklich das ewige Wort des ewigen Vaters ist.

1. In dem Satz: „Das Wort ward Fleisch" ist das Wort Subjekt. Ihm widerfährt nicht etwas, sondern es handelt in dem von ihm ausgesagten Werden. Das von ihm ausgesagte Werden ist also nicht zu verstehen als ein Moment des Weltprozesses als solchen. Es beruht nicht auf einer immanenten Notwendigkeit der menschlichen Geschichte, und es ist also auch nicht aus einer solchen oder von einer solchen her zu verstehen. Es gibt keine Beschaffenheit der Welt oder des Menschen, auf Grund derer sie einen Anspruch oder ein Vermögen hätte, die dieses Werden sozusagen voraussehen ließen. Es darf dieses Werden also nicht mit der Schöpfung in Beziehung gebracht, es darf nicht als eine ihrer Entwicklungsmöglichkeiten verstanden werden. Das würde sogar dann nicht angehen, wenn dieses Werden nicht die göttliche Reaktion auf den Sündenfall wäre. Eine Höherentwicklung der von Gott geschaffenen Welt bis zur Hervorbringung seines eigenen Wortes als eines der Elemente ihrer eigenen Substanz wäre auch ohne Sündenfall eine ganz unmögliche Vorstellung. Daß Gottes Wort Kreatur wurde, das müßte auch dann als eine neue Schöpfung verstanden werden. Um wieviel mehr, da der Mensch und die menschliche Geschichte geprägt und charakterisiert sind durch den Sündenfall! Wie sollte hier auf einmal als Produkt immanenter Weltentwicklung Christus möglich werden? Nein, daß das Wort Fleisch ward, das ist keine Eigenbewegung der Kreatur, das ist wie die Schöpfung selbst ein souveräner, und das ist ein von der Schöpfung verschiedener göttlicher Herrschaftsakt.

Es war Schleiermacher, der nach dem Vorgang mancher Gnostiker schon des 2. Jahrhunderts, nach dem Vorgang des Joh. Scotus Erigena und des Duns Scotus gelehrt hat, die Erscheinung Jesu Christi sei zu verstehen als „die nun erst vollendete Schöpfung (bei Schl. gleichbedeutend mit: Erhaltung!) der menschlichen Natur" — sofern nämlich in ihr stattfinde die Erhaltung „der von Anbeginn der menschlichen Natur eingepflanzten und sich fortwährend entwickelnden Empfänglichkeit der menschlichen Natur, eine solche schlechthinnige Kräftigkeit des Gottesbewußtseins in sich aufzunehmen" (Der chr. Glaube § 89, 3). Das kann Schleiermacher darum sagen, weil die Sünde, auf die die Erscheinung Christi als des Erlösers auch nach ihm reagiert, für ihn doch nur in der „unübersteiglichen Unkräftigkeit des Gottesbewußtseins" (nämlich des Gottesbewußtseins des natürlichen Menschen) besteht, nicht aber in einer Feindschaft des

10*

Menschen gegen Gott, auf die dann zunächst der Zorn Gottes antwortete und die mit einer wirklichen und gründlichen Verfinsterung dieses natürlichen Menschen hinsichtlich Gottes verbunden wäre. Die durch die Schöpfung gesetzte Gemeinschaft des Menschen mit Gott ist nach Schleiermacher durch die Sünde nicht ernstlich problematisiert. Darum braucht auch das Werk Christi nicht darin zu bestehen, daß der tote Mensch wieder lebendig werde, darum braucht auch die Einheit von Gott und Mensch in Christus keine neue Schöpfung zu sein. Sondern Christus bedeutet ihm einfach die Fortsetzung und Vollendung der mit Schöpfung des Menschen anhebenden Entwicklung in der Richtung einer Kräftigung seines Gottesbewußtseins, innerhalb derer die Sünde allerdings, als das aufhaltende Moment der das Ganze vorläufig noch belastenden Unvollkommenheit, eine Realität ist, in welcher Christus aber einfach die Funktion hat, die Kontinuität des ursprünglich guten, das heißt in seinem Gottesbewußtsein ununterbrochenen Menschenwesens darzustellen und zu behaupten. — Es ist klar, daß unter Voraussetzung einer andern Auffassung von der Sünde auch das Verhältnis Jesu Christi zur ursprünglichen Schöpfung des Menschen anders, nämlich als Schöpfung eines neuen Menschen beschrieben werden müßte. Wenn man noch besser umgekehrt sagen will: daß eben durch das Verständnis Jesu Christi als des neuen Menschen jene Schleiermachersche Voraussetzung hinsichtlich der Sünde bzw. hinsichtlich der Entwicklungsfähigkeit des alten Menschen aus den Angeln gehoben wird. Denn der eigentliche und primäre Einwand gegen Schleiermachers Auffassung wird dahin gehen müssen, daß er das, was er die Erlösung durch Jesus Christus nennt, nicht mit der Heiligen Schrift als einen freien göttlichen Herrschaftsakt, daß er das Wort Gottes nicht ernstlich als das Subjekt der Erlösungstat, sondern als einen von den Momenten des Weltprozesses verstanden hat.

2. Wenn es heißt, daß das Wort Fleisch ward, so geschah dieses Werden in der göttlichen **Freiheit** des Wortes. Wie es nicht aus dem Weltprozeß zu erklären ist, so beruht es auch nicht auf einer Notwendigkeit des göttlichen Wesens oder des Verhältnisses von Vater, Sohn und Geist, daß Gott Mensch wird. Wohl werden wir sagen dürfen, daß wir in dem ewigen Verhältnis von Gott, Vater und Sohn die Liebe Gottes zum Menschen sozusagen urbildlich begründet sehen. Aber wie diese Liebe schon in Gott selbst frei und ungezwungen ist, so auch und erst recht in ihrer Verwirklichung dem Menschen gegenüber. Gott handelt also, indem sein Wort Fleisch wird, auch innerlich frei, nicht etwa in Erfüllung eines Gesetzes, dem er unterworfen wäre. Sein Wort würde nicht weniger sein Wort sein auch ohne dieses Werden, gerade wie Vater, Sohn und Heiliger Geist nicht weniger der ewige Gott wären, auch wenn keine Welt geschaffen wäre. Das Wunder dieses Werdens folgt nicht etwa notwendig aus dieser oder jener Eigenschaft Gottes. Es folgt ferner auch nicht in dem Sinn aus der Schöpfung, daß Gott es etwa ihr oder sich selber schuldig gewesen wäre, ihrer Zerstörung durch die Sünde durch eine neue Schöpfung Einhalt zu gebieten. Wenn er dies in der Tat getan hat, so haben wir darin seinen freien guten Willen und nichts sonst zu erkennen.

Man kann sich fragen, ob das genügend bedacht ist, wenn Athanasius *(De incarn.* 6) schreibt: Der tatsächliche Sieg des Todes infolge der Sünde wäre ἄτοπον ὁμοῦ καὶ ἀπρεπές gewesen, unziemlich der Untergang der des Logos teilhaftigen vernünftigen Wesen, unvereinbar mit der Güte Gottes die Zerstörung seiner Schöpfung, τῶν ἀπρεπεστάτων das Verderben des göttlichen Kunstwerkes. Da nun solches Verderben Wirklichkeit zu werden drohte — τί τὸν θεὸν ἔδει ποιεῖν ἀγαθὸν ὄντα; ... Οὐκοῦν ἔδει τοὺς ἀνθρώπους μὴ ἀφιέναι φέρεσθαι τῇ φθορᾷ διὰ τὸ ἀπρεπὲς καὶ ἀνάξιον εἶναι τοῦτο τῆς τοῦ θεοῦ ἀγαθότητος. Und man kann dasselbe fragen, wenn Anselm von Canterbury die Notwendigkeit *(necessitas)* der Menschwerdung deduziert 1. aus der durch die Sünde unendlich verletzten Ehre Gottes, die nach einer entsprechenden Genugtuung verlangte (*Cur Deus homo* I 11, 13, 15), 2. aus der Unmöglichkeit des Unterganges des Menschen als des köstlichsten Werkes Gottes (*ib.* I 4, II 4), 3. aus der Notwendigkeit einer Wiederherstellung der durch den Fall Luzifers und der bösen Engel zerstörten Ganzheit der himmlischen Ordnung, zu der es einer entsprechenden Anzahl erlöster Menschen bedarf (*ib.* I 16–19). Das alles klingt, wie man zugestehen muß, mißlich. Aber es läßt sich gerade bei Anselm zeigen, daß es so mißlich nicht gemeint war, wie es klingt: *necessitas* ist bei ihm weder als noetische (in der Erkenntnis eines Glaubensgegenstandes) noch als ontische (in dem der Erkenntnis des Glaubens vorangehenden Sein dieses Gegenstandes) ein letztes Wort. Sondern das letzte Wort hat und ist die *veritas* selbst, Gott, für den und über dessen Willen es keine Notwendigkeit gibt: *Deus nihil facit necessitate quia nullo modo cogitur aut prohibetur facere aliquid* (II 5). *Omnis necessitas ... eius subiacet voluntati. Quippe quod vult, necesse est esse* (*Medit.* 11). *Voluntatem vero eius nulla praecessit necessitas* (*Cur Deus homo* II 17). Nach dem ganzen Tenor des Denkens der alten Kirche in dieser Sache kann man auch jene Athanasiusstelle nicht anders auffassen als in diesem Zusammenhang. Man kann diesen Tenor zusammenfassen in den Worten des Epiphanius: Ἀναίτιος ὁ δημιουργὸς θεὸς λόγος ... ἐνηνθρώπησε ... δι᾽ ὑπερβολὴν φιλανθρωπίας, οὐ μετὰ ἀνάγκης, ἀλλ᾽ ἑκουσίᾳ γνώμῃ (*Adv. haer. pan.* 69, 52).

Wir sagen darum: Es geht, wenn das Wort Fleisch wird, um eine Wundertat, eine Barmherzigkeitstat Gottes, es ereignet sich da in der geschaffenen Welt das Unvorhergesehene, das weder von der Welt noch auch von Gott her zu Konstruierende oder zu Postulierende, das Werk der Liebe Gottes zu der von ihm unterschiedenen, ja geschiedenen Welt, zu dem Geschöpf, dessen er nicht bedarf, das ihm nichts zu bieten hat, dem er nichts schuldig ist, das vielmehr ihm alles schuldig geblieben, das seine Existenz vor ihm verwirkt hat.

3. Wenn es heißt, daß das Wort Fleisch ward, so bleibt doch das Wort auch in diesem Werden und Gewordensein das freie, souveräne Gotteswort. Der Logos kann, streng genommen, nie Prädikat oder Objekt werden in einem Satz, dessen Subjekt von Gott verschieden wäre. Der Satz „Wahrer Gott und wahrer Mensch" bedeutet eine Gleichung. Aber diese Gleichung ist, streng genommen, unumkehrbar. Kehrt man sie um, nennt man also Jesus Christus nicht nur den wahren Gott, der wahrer Mensch ist, sondern auch den wahren Menschen, der wahrer Gott ist, so wird man bei dem zweiten Satz nicht versäumen dürfen, hinzuzufügen: er ist es daraufhin, daß es dem wahren Gott gefallen hat, wahrer Mensch zu sein. Das Wort ward Fleisch, und nur kraft dieses seines Werdens, das ganz frei und ganz allein sein Werden war, wurde das Fleisch Wort. Das Wort redet, das Wort handelt, das Wort siegt, das Wort offenbart, das Wort versöhnt. Gewiß, das fleischgewordene Wort, also das Wort nicht ohne das Fleisch, sondern das Wort im Fleische und durch das Fleisch — aber das Wort und nicht das Fleisch! Das Wort ist, was es ist, auch bevor und ohne

daß es Fleisch ist. Es hat auch als fleischgewordenes sein Sein in alle Ewigkeit vom Vater und aus sich selbst und nicht vom Fleische. Wogegen das Fleisch nicht nur nicht Wort sein könnte ohne das Wort, sondern ohne das Wort überhaupt kein Sein hätte, geschweige denn reden, handeln, siegen, offenbaren, versöhnen könnte. Und endlich: das Wort hört, indem es Fleisch wird, nicht auf, das Wort zu sein. Die Gleichung: „Wahrer Gott und wahrer Mensch" muß immer als eine Gleichsetzung des Ungleichen verstanden werden. Die Inkarnation des Logos ist, wie wir schon früher feststellten, keine Verwandlung seines eigenen Wesens und seiner eigenen Seinsweise als das göttliche Wort in das Wesen und die Seinsweise einer Kreatur, und auch nicht die Entstehung eines Dritten zwischen Gott und Mensch. Das „Und" (hier und hier vielleicht ganz allein hat dieses Wort seinen legitimen theologischen Gebrauch!) muß hier ganz streng erhalten bleiben und verstanden werden.

Auf die Unumkehrbarkeit des Satzes „Das Wort ward Fleisch" hat schon Epiphanius hingewiesen, um dann fortzufahren: Mit dem Text, so wie er da steht, sei ausgesprochen der Primat des vom Himmel gekommenen Logos, der dem Fleisch Wirklichkeit gegeben habe in ihm, dem Logos selber, und der so die ganze Menschwerdung an ihn selber (εἰς ἑαυτόν) gebunden habe (*Adv. haer. pan.* 77, 29).

Gleich von hier aus ergibt sich die notwendige Ablehnung jedes abstrakten Jesuskultes, d. h. jeder Christologie oder christologischen Lehre oder Praxis, die die menschliche Natur, die geschichtlich-psychologische Erscheinung Jesu als solche zu ihrem Gegenstand machen möchte. Gewiß kann man diese Erscheinung auch als solche betrachten. Die Offenbarung ist ja Geschichte, und nur als solche ist sie Offenbarung und also auch nur als solche zu erkennen und zu glauben. Das „Fleisch" Christi kann und muß, wie es Joh. 6 ausgeführt wird, „gegessen" werden! Aber nur auf Grund dessen, daß Gott handelt in der Geschichte, ist die Geschichte Offenbarung und also Gegenstand des Glaubens. Die abstrakt betrachtete Geschichte ist gerade nicht Offenbarung. Joh. 6, 63 ist hier zu bedenken: τὸ πνεῦμά ἐστιν τὸ ζωοποιοῦν, ἡ σάρξ οὐκ ὠφελεῖ οὐδέν. Nicht in eigener Wirksamkeit, sondern kraft des mit ihm geeinten Wortes wirkte das Fleisch des Herrn das Göttliche; durch dasselbe erwies das Wort seine eigene Göttlichkeit. Es brennt ja das feurig gemachte Eisen nicht, weil es durch seine Natur die brennende Wirksamkeit besitzt, sondern weil es diese durch seine Vereinigung mit dem Feuer erlangt hat. Das Fleisch ist sterblich um seiner selbst und lebendigmachend um seiner hypostatischen Einigung mit dem Worte willen (Joh. Damascenus, *Ekd.* 3, 17). *Regnum divinitatis traditur Christo homini non propter humanitatem sed divinitatem. Sola enim divinitas creavit omnia, humanitate nihil cooperante. Sicut neque peccatum et mortem humanitas vicit, sed hamus qui latebat sub vermiculo, in quem diabolus impegit, vicit et devoravit diabolum, qui erat devoraturus vermiculum. Itaque sola humanitas nihil effecisset, sed divinitas humanitati coniuncta sola fecit et humanitas propter divinitatem* (Luther, Komm. z. Gal. 3, 10, 1535, W. A. 40 I, 417, 29). Die offenbarende Kraft des Prädikates „Fleisch" steht und fällt mit dem freien Handeln des Subjektes Logos. Das Wort ist Jesus Christus. — Damit fällt als Gegenstand des Glaubens und der Verkündigung jener „historische Jesus" des modernen Protestantismus, der ja eigens dazu entdeckt bzw. erdacht worden ist, um einen Zugang zu Jesus Christus unter Umgehung seiner Gottheit, einen in Form menschlichen Urteils und Erlebnisses allgemein verständlichen und möglichen Zugang zu der Offenbarung aufzuweisen. Man wird wahrscheinlich, wenn man von Erasmus absehen will, in der so eigentümlich an den kreatürlichen Leiden Christi interessierten Verkündigung

Zinzendorfs, die den rationalistischen Jesusbildern seines Jahrhunderts trotz aller Gegensätze methodisch vorangegangen ist, einen der bedeutsamsten Ursprünge dieses Unternehmens finden müssen. Es hat in den Jahrzehnten vor und nach der letzten Jahrhundertwende in der sog. Leben-Jesu-Bewegung seine letzten Möglichkeiten ausgeschöpft, und die Jesusbücher von P. Wernle 1916 und Maurice Goguel (*La vie de Jésus*, deutsch von R. Binswanger 1934) werden wohl zunächst seine letzten bemerkenswerten Hervorbringungen gewesen sein.

Diese Unternehmung hat aber ihre genaue sachliche und historische Parallele in der in der römisch-katholischen Kirche desselben Zeitraumes (auf Grund einer Vision der Maria Margareta Alacoque 1675) unter besonderer Mitwirkung des Jesuitenordens aufgekommenen und verbreiteten Herz-Jesu-Verehrung. Daß man sich hüben und drüben vor der Verwandtschaft dieser beiden Erscheinungen behütet, ändert nichts an ihrer Wirklichkeit. Auch bei der Herz-Jesu-Verehrung handelt es sich notorisch um den Aufweis eines allgemein einleuchtenden, die Gottheit des Wortes umgehenden Zugangs zu Jesus Christus. „Materialobjekt" dieser Verehrung sei, so sagen die katholischen Theologen, freilich der eine ganze Christus. Aber von diesem Materialobjekt seien zu unterscheiden die „Manifestationsobjekte", das heißt die Menschheit Christi und deren Teile, in denen sich die göttlichen Vollkommenheiten besonders äußern. Unter diesen seien besonders die Wundmale und eben das Herz Jesu zu nennen. „Diesen Manifestationsobjekten wird also die Anbetung an sich gezollt, aber wegen der unendlichen Liebe Gottes, die uns erlöst hat und sich in und durch sie offenbarte" (B. Bartmann, Lehrb. d. Dogm. 7, 1. Bd., 1928, S. 358 f.). Unter dem „Herzen Jesu" sei zu verstehen „das Herz im wahren und eigentlichen, jedoch erweiterten Sinn, nämlich das leibliche Herz in Verbindung mit dem gesamten gottmenschlichen Innenleben, dessen vorzüglichstes Organ es ist" (F. Diekamp, Kath. Dogm. 6, 2. Bd., 1930, S. 262). „Dieses Herz ist der physische Resonanzboden der Erlösertaten und -leiden; es ist der psychologische Brunnquell aller heiligen Affekte der Gottes- und Menschenliebe; es ist auch der kurze, symbolische Ausdruck für alles, was Christus in seiner Erlösertätigkeit gewollt und gewirkt hat" (B. Bartmann, a. a. O.). Eine *separatio vel praecisio a divinitate* soll bei seiner Anbetung nach einer Erklärung Pius' VI. (1794, Denz. Nr. 1563) nicht stattfinden. *Cor Jesu, Verbo Dei substantialiter unitum!* So heißt es ausdrücklich in der „Litanei vom Heiligsten Herzen Jesu" im *Miss. Rom.* In der Tat: Nicht um den Vorwurf der *separatio vel praecisio a divinitate* kann es sich handeln — ihn wird man gerechterweise auch gegen Zinzendorf und gegen die neuprotestantische Leben-Jesu-Bewegung nicht erheben können — wohl aber um den Vorwurf: hier wird durch die direkte Verherrlichung der Menschheit Christi als solcher das göttliche Wort umgangen und eskamotiert, da, wenn von Jesus Christus die Rede ist, dessen Menschsein nicht als „Manifestationsobjekt" neben sich hat, sondern das eben in dessen Menschsein Gottes Offenbarung an uns ist: unzertrennlich von ihm, aber auch so, daß dieses Menschsein nicht nur seinerseits unzertrennlich mit ihm verbunden ist, sondern auch allein von ihm her Offenbarungscharakter und Offenbarungsmächtigkeit empfängt und also gerade nicht an sich, abstrakt und direkt Gegenstand des Glaubens und der Anbetung sein kann. Wo man es dazu macht, da ist die Erinnerung an das eigentlich gemeinte „Materialobjekt" ein nachträglicher Vorbehalt ohne Kraft. Der neuprotestantische Glaube an den religiösen Heros Jesu ebenso wie die katholische Devotion vor dem Herzen Jesu sind darum als Kreaturvergötterung abzulehnen.

4. Es bedeutet gewissermaßen eine Probe des richtigen Verständnisses der Lehre von der Fleischwerdung des Wortes, daß man auch als evangelischer Christ und Theologe die Bezeichnung der Maria als „Mutter Gottes" nicht etwa ablehnt, sondern trotz ihrer Belastung durch die sog. Mariologie der römisch-katholischen Kirche als legitimen Ausdruck

der christologischen Wahrheit bejaht und gutheißt. Die Abwehr des Mißbrauchs, der mit der in dieser Bezeichnung ausgesprochenen Erkenntnis getrieben worden ist, wird nicht fehlen dürfen. Aber jene Erkenntnis und darum doch auch diese Bezeichnung selbst darf deswegen doch nicht unterdrückt werden.

Ἐξαπέστειλεν ὁ θεὸς τὸν υἱὸν αὐτοῦ, γενόμενον ἐκ γυναικός Gal. 4, 4. Μήτηρ τοῦ κυρίου μου wird Maria Luc. 1, 43 angeredet, vgl. Luc. 1, 31 f., 35. Und weil ja die Evangelien durchweg die Gottheit Jesu voraussetzen und bezeugen, wird hier schließlich all der Stellen zu gedenken sein, wo Maria ganz selbstverständlich als die Mutter dieses Jesus bezeichnet wird. Die Bezeichnung „Mutter Gottes" für Maria war und ist sinnvoll, erlaubt und notwendig als **christologischer Hilfssatz**. Er besagt ein Doppeltes: 1. Er erklärt das ἐγένετο dahin, daß es sich in der Fleischwerdung des Wortes nicht etwa um eine Schöpfung aus dem Nichts handelt, sondern daß Jesus Christus durch seine Mutter wirklich der Einheit des Menschengeschlechts angehört. „Gottes Kind, das verbind't sich mit unserm Blute" (P. Gerhardt). Das menschliche Sein Christi ist eine von den vielen, aber nicht unendlich, sondern begrenzt vielen Möglichkeiten der geschichtlichen Menschheit. Eine dieser Möglichkeiten, nämlich diese, der Sohn der Maria, ist Gottes ewiger Sohn selber. Der Satz erklärt und vertieft also nach dieser Seite das *vere homo* und besagt, daß ἐγένετο auch ganz schlicht „geboren" heißt. Der Satz sagt aber 2. und vor allem: **der, den Maria gebar, war kein anderes, kein zweites neben dem, daß er Gottes Sohn war.** Eben der hier in der Zeit geboren wurde, ist derselbe, der in Ewigkeit vom Vater geboren ist. Hier hat menschliches Sein Existenz in Identität mit der Existenz des ewigen Gottessohnes. Von dieser Seite beleuchtet und verstärkt also der Satz das *vere Deus* in seiner Einheit mit dem *vere homo* und sagt, daß die Offenbarung und also das Wort Gottes und also Gott selbst nicht anderswo zu suchen ist als in dem, der von der Jungfrau Maria geboren ist, und wiederum: daß in dem, der von der Jungfrau Maria geboren ist, nichts anderes zu suchen ist als die Offenbarung, Gottes Wort, und also Gott selber. Wenn man im zweiten und dritten Jahrhundert mit Nachdruck auf die Geburt Christi aus Maria hinweist, so geschah es wohl (im Gegensatz zu der doketischen Gnosis) in der Hauptsache aus dem ersten der beiden genannten Motive. Ὁ γὰρ θεὸς ἡμῶν Ἰησοῦς ὁ Χριστὸς ἐκυοφορήθη ὑπὸ Μαρίας (Ignatius von Antiochien, *ad Eph.* 18), und auch das *natus ex Maria virgine* in den Symbolen weist nicht nur auf die Jungfrauengeburt als solche, sondern vor allem auf das *vere homo* hin. Es war aber das zweite Motiv: die Identität des von Maria in der Zeit mit dem vom Vater in Ewigkeit Geborenen (im Gegensatz zu der nestorianischen Unterscheidung eines doppelten Christus), was dann auf dem Konzil zu Ephesus 431 zur Dogmatisierung der Formel θεοτόκος, *Dei genitrix*, geführt hat. Εἴ τις οὐχ ὁμολογεῖ θεὸν εἶναι κατὰ ἀλήθειαν τὸν Ἐμμανουήλ, καὶ διὰ τοῦτο θεοτόκον τὴν ἁγίαν παρθένον (γεγέννηκε γὰρ σαρκικῶς σάρκα γεγονότα τὸν ἐκ θεοῦ λόγον) ἀνάθεμα ἔστω (Anathem. des Cyrill, can. 1, Denz. Nr. 113), bestätigt durch das Konzil zu Chalcedon 451, Denz. Nr. 148. Man kann das, was mit dem θεοτόκος gesagt ist, nicht prägnanter umschreiben als mit Luther: *Peperit (Maria) non separatum hominem, quasi seorsim ipsa haberet filium et seorsim Deus suum Filium. Sed eundem quem ab aeterno Deus genuit, peperit ipsa in tempore* (*Enarr.* 53. cap Esaiae 1550 E. A. ex. op. lat. 23, 476). Gerade Luther hat darum auch kein Bedenken getragen, diese Bezeichnung für Maria in den Mund zu nehmen: nicht nur in seiner Erklärung des Magnificat (1521), sondern auch in seinen Predigten begegnet man der „Gottesmutter" gelegentlich immer wieder. Ausdrücklich hat auch Zwingli (*Christ. fidei expos.* 1536, *ed.* Schuler & Schulth. Bd. IV² S. 52) erklärt: *(virginem) deiparam* θεοτόκον *appellari iusto vocabulo et iudicamus et probamus*. Anders steht es bei Calvin, der, soweit ich sehe, zwar unter Ablehnung des Nestorianismus feststellt, daß Luc. 1, 43 *virgo ipsa mater Domini nostri appellatur* (*Instit.* II 14, 4), im übrigen aber auch in seinen Erklärungen dieser Stelle (CR. 45, 35; 46, 106 f.) dem θεοτόκος oder einer ähnlichen Aussage über Maria, ohne sie zu bestreiten, aus dem Wege geht. Die lutherische und die reformierte Orthodoxie hat sich dann doch Luther und Zwingli angeschlossen und hat das θεοτόκος als Ausdruck jener *duplex nativitas* trotz der naheliegenden konfessionstaktischen Schwierigkeiten an ihrer Stelle ausdrücklich zur Geltung gebracht.

Die Verwendung dieses biblisch begründeten und im christologischen Zusammenhang lehrreichen Satzes als Grundlage einer selbständigen sog. M a r i o l o g i e war und ist nun freilich eine von den charakteristisch römisch-katholischen Unternehmungen, denen gegenüber wegen ihrer formalen Willkür ebenso wie wegen der Mißlichkeit ihres sachlichen Gehalts schlicht aber bestimmt der evangelische P r o t e s t anzumelden ist. Weder gibt uns der Bestand des biblischen Offenbarungszeugnisses Anlaß zu anerkennen, daß der Person der Maria im Offenbarungsgeschehen diejenige auch nur relativ selbständige und hervorgehobene Stellung zukommt, die es notwendig machen oder rechtfertigen würde, sie zum Gegenstand einer über jenen einen Satz hinausgehenden theologischen Lehre und gar eines mariologischen Dogmas zu machen, noch können wir auch und gerade den ernsthaftesten Interpretationen dieses dennoch entstandenen Dogmas etwas anderes entnehmen als dies, daß es sich hier auch sachlich nicht um eine Erhellung, sondern um eine Verdunkelung der Offenbarungswahrheit, m. a. W. um eine I r r l e h r e handelt. Die Mariologie ist eine Wucherung, d. h. eine krankhafte Bildung des theologischen Denkens. Wucherungen müssen a b g e s c h n i t t e n werden.

Das Neue Testament nimmt wie noch die Konzilien von Ephesus und Chalcedon christologisches und nur christologisches Interesse an der Person der Maria. Das gilt auch und gerade von der Weihnachtsgeschichte und ihrer Vorgeschichte. Das Wort von A. S c h l a t t e r, daß sie darin zur „dienenden Nebenfigur" werde (Marienreden 1927 S. 95), ist exegetisch unwidersprechlich. Man kann auch der Szene zwischen dem Engel Gabriel und der Jungfrau (Luc. 1, 26–38) keinen Satz entnehmen, der nicht von Maria weg auf Christus hinweisen würde. In diesem Zusammenhang steht (Luc. 1, 28) auch das berühmte κεχαριτωμένη, das, mit *gratia plena* übersetzt, zu so viel mariologischen Spekulationen Anlaß gegeben hat, vor denen es gerade hätte w a r n e n müssen. Im selben Evangelium lesen wir (Luk. 11, 27 f.) von jener Frau aus dem Volk, die ihre Stimme erhob und (allzu mariologisch, möchte man sagen!) zu Jesus sprach: „Selig der Leib, der dich getragen, und die Brüste, die du gesogen!" Sie bekommt die unmißverständliche Antwort: „Ja, selig, die das Wort Gottes hören und bewahren!" Auch an das zurückweisende: „Wer ist meine Mutter, wer sind meine Brüder?" wäre hier zu erinnern und an die Erklärung: Diese, meine Jünger, „sind meine Mutter und meine Brüder. Wer den Willen tut meines Vaters im Himmel, der ist mir Bruder und Schwester und Mutter" (Matth. 12, 48 f.). Die Größe der neutestamentlichen Mariengestalt besteht, wie L u t h e r es im Magnificat auch exegetisch ganz richtig verstanden hat, gerade darin, daß alles, aber auch alles Interesse von ihr selbst ab- und dem Herrn zugewendet wird, daß wohl ihre „Niedrigkeit" (ταπείνωσις, Luk. 1, 48) und die ihr widerfahrende Herrlichkeit Gottes, aber gerade nicht ihre P e r s o n sich dazu eignet, zum Gegenstand einer besonderen Betrachtung, Lehre und Verehrung gemacht zu werden. Maria ist mit Johannes dem Täufer zusammen zugleich die ins Neue Testament hineinragende personale Spitze des Alten Testamentes u n d der erste neutestamentliche Mensch: „Siehe, ich bin des Herrn Magd, mir geschehe nach deinem Wort" (Luk. 1, 38). Sie ist einfach: der Mensch, an dem das

§ *15. Das Geheimnis der Offenbarung*

Wunder der Offenbarung geschieht. Dieser Mensch kann vielleicht Träger eines Amtes werden wie die Apostel, und es kann dann dieses Amt in seiner Beziehung zu dem Amte Christi Gegenstand einer Lehre werden. Aber das Amt, nicht die Person des Paulus, Petrus oder Johannes! Um wieviel weniger die Person der Maria, welche ja kein solches Amt hat, sondern ganz allein den den Herrn empfangenden zugleich alt- und neutestamentlichen Menschen als solchen repräsentieren kann. Dieser Mensch braucht nicht anonym und nicht unbeachtet zu bleiben. Die Mariagestalt ist gerade in ihrer Unbetontheit, ge rade in ihrem so unendlich bedeutsamen Zurücktreten, gerade weil sie nur als Empfängerin, als Begnadete wichtig wird, ein unentbehrliches Element der biblischen Verkündigung. Es ist aber jedes Wort, mit dem ihre Person zum Gegenstand besonderer Aufmerksamkeit gemacht, mit dem ihr eine auch nur relativ selbständige Rolle in der Heilsgeschichte zugeschrieben wird, ein Angriff auf das Wunder der Offenbarung, weil ein Versuch, dieses Wunder nun nachträglich doch vom Menschen, von seiner Empfänglichkeit her, zu beleuchten und zu begründen. Im Neuen Testament geschieht genau das Umgekehrte. Was soll man dazu sagen, wenn M. J. Scheeben (Handb. d. kath. Dogm. 3. Bd., 1882, Neuausg. 1925 S. 458) diesen unzweideutigen exegetischen Sachverhalt folgendermaßen zu interpretieren wagt: „Daß Christus und die Apostel nicht eigens die Herrlichkeit Mariens hervorheben und feiern, ist überreich damit erklärt, daß anfangs die ganze Aufmerksamkeit der Gläubigen auf Christus selbst gelenkt oder vielmehr zuerst s e i n e göttliche Herrlichkeit und mithin seine persönliche Erhabenheit über seine Mutter festgestellt werden mußte, ehe von der eben h i e r a u s auf die Mutter redundierenden Herrlichkeit die Rede sein konnte. Überdies liegt es auf der Hand, daß zu Lebzeiten Mariens ihre Demut geschont, geehrt und bewährt werden mußte." Demgegenüber ist festzustellen: Das Neue Testament hat von einer solchen, auf den empfangenden begnadeten Menschen „redundierenden" Herrlichkeit überhaupt nichts gewußt. Es redet in dieser Hinsicht unter der undialektisch verstandenen Regel (2. Kor. 10, 17): „Wer sich rühmen will, der rühme sich im Herrn." Das ist's, was noch den vier ersten Jahrhunderten nach Christus sehr eindrücklich gewesen sein muß. *Ac ne quis hoc derivet ad Mariam virginem; Maria erat templum Dei, non Deus templi. Et ideo ille solus adorandus, qui operabatur in templo* (Ambrosius, *De Spir. s.* III 11, 80). Man redet von Maria teils um der wahren Menschheit, teils um der wahren Gottheit Christi, nicht aber um ihrer selbst willen. Wenn sie ihr, wie das allerdings schon in alter Zeit geschehen ist, bleibende Jungfräulichkeit zugeschrieben hat, so geschah auch das noch im christologischen, nicht in einem spezifisch mariologischen Interesse. Und die ebenfalls alte Parallele Eva und Maria (Justin, *Dial. c. Tryph.* 100; Irenäus, *C. o. h.* III 22, 4; V 19, 1; Tertullian, *De carne Christi* 17) war eine unter den vielen derartigen, nicht immer glücklichen Entdeckungen, die man damals im Alten Testament gemacht hat. Will man gerade diese Parallele geltend machen, dann wird man beachten müssen, daß Eva jedenfalls nach der neutestamentlichen Interpretation von Gen. 3 in der Geschichte des Sündenfalles keine selbständige Rolle neben Adam spielt. Auch 1. Tim. 2, 13f. kann hier nicht angerufen werden. Denn wenn dort allerdings gesagt wird, daß nicht Adam, sondern Eva es war, die verführt wurde — daß sie „die Übertretung eingeführt" habe, steht nur im Luthertext — so geschieht das gerade im Zusammenhang des Nachweises, daß die der Frau zukommende Stellung die der ἡσυχία und nicht die eines αὐθεντεῖν sein könne. Das wäre auf das Verhältnis von Christus und Maria sinngemäß anzuwenden gewesen! In der charakteristischen Form des Hymnus „*O gloriosa virginum*" im *Off. B. Mariae Virg.* des *Brev. Rom.*:

> „*Quod Heva tristis abstulit*
> *Tu reddis almo germine*"

ist die Parallele schlechthin willkürlich. Die vier ersten Jahrhunderte kennen zugestandenermaßen weder das spätere Mariendogma, noch den späteren Marienkult: die „Person

2. Wahrer Gott und wahrer Mensch

Mariens als solche" steht „während der ersten vier Jahrhunderte in der Lehre wie im Kultus der Kirche noch mehr im Hintergrund" (Scheeben a. a. O. S. 474 f.). Auch das θεοτόκος des ephesinischen Konzils hat der Maria gerade keine „Mitwirkung im göttlichen Erlösungswerk zugewiesen" (gegen F. Heiler, R. G. G.² III 2015).

Wenn das nun anders wurde, wenn der Annex zur Christologie, als der das θεοτόκος aufgefaßt werden muß, zum Kardinalsatz einer besonderen und unaufhaltsam immer breiter ausladenden „Mariologie" und zur dogmatischen Rechtfertigung einer ebenso üppig sich entfaltenden liturgischen und asketischen Praxis samt der dazugehörigen Legende wurde, dann bedeutete das schlecht und recht eine Verkrümmung ebenso des neutestamentlichen Zeugnisses wie der guten, d. h. christologisch sachlichen Tradition der ersten vier Jahrhunderte. Es war, wie man sie auch deute — die Stimme eines Fremden, nicht die Stimme des die Kirche begründenden Wortes Gottes, der man jetzt in zunehmendem Maße Gehör zu schenken begann. (Vgl. zum folgenden: M. J. Scheeben a. a. O. S. 455 ff.; F. Diekamp, Kath. Dogm.⁶ 2. Bd., 1930, S. 347 ff.; B. Bartmann, Lehrb. d. Dogm.⁷ 1. Bd., 1928, S. 419 ff.; R. Grosche, Fünf Thesen zur Mariologie, Catholica 1933, S. 25 ff.)

Es entwickelte sich nämlich über die in ihrem christologischen Zusammenhang unanfechtbare Lehre von der Gottesmutterschaft, über den im römischen Missale und Brevier so oft vorkommenden schönen Satz: *Ex te ortus est sol justitiae Christus* hinaus zunächst eine Lehre von den sog. Privilegien der Gottesmutter. Als solches mußte jetzt vor allem die *virginitas et post partum* verstanden und auf dem ersten Laterankonzil 649 (*can.* 3 Denz. Nr. 256) dogmatisiert werden. Daran konnte sinnvoll angeschlossen werden die Lehre von der *immaculata conceptio*: Maria ist, wenn auch natürlich gezeugt, durch die zuvorkommende Gnade von jedem Makel der Erbsünde befreit, im Stande der heiligmachenden Gnade ins Dasein getreten. Ein zuerst in England gefeiertes Fest der hl. Anna scheint im Abendland den Anlaß zu dieser Lehrbildung geboten zu haben. Unter den Lehrern des Mittelalters haben mit vielen anderen Anselm von Canterbury, Bernhard von Clairvaux, Thomas von Aquino, Bonaventura eine zurückhaltende, wenn nicht ablehnende Stellung dazu eingenommen. Duns Scotus war es, der sie auf dem theologischen Feld dem Sieg entgegenführte. Aber erst 1854 ist sie durch Pius IX. (Bulle „*Ineffabilis Deus*", Denz. Nr. 1641) zum Dogma erhoben worden. Aus diesem Satz kann dann weiter erschlossen werden und gilt es auf Grund einer beiläufigen Bemerkung im Tridentinum (*Sess.* VI *can.* 23, Denz. Nr. 833) auch als kirchliche Lehre: Maria hat auch aktuell nie gesündigt. Andere positive Gnaden, Vorzüge und Ehrentitel (über deren Art und Umfang man sich etwa aus der sog. Lauretanischen Litanei im Miss. Rom. unterrichten kann) reihen sich daran an. Die leibliche Himmelfahrt der Maria ist zwar noch immer nicht Dogma, wurde aber, ähnlich wie die *immaculata conceptio* und wohl schon früher als diese bereits im 7. Jahrhundert gefeiert. Sie gilt allgemein als *sententia pia et probabilissima*, und ihre Dogmatisierung wird vielleicht nicht mehr lange auf sich warten lassen: liegt sie doch „am logischen Ende des marianischen Hauptdogmas" (Bartmann a. a. O. S. 444). Die Würde der Maria ist eben — und dies begründete alle diese Privilegien — auf Grund ihrer Mutterschaft (als die der Erst-Erlösten ihres göttlichen Sohnes) nach Thomas von Aquino wie die Menschheit Christi eine unendliche, die aller anderen Kreaturen übersteigende (*S. theol.*. I *qu.* 25 *art.* 6 *ad* 4). Ihr eignet ebenfalls nach Thomas eine *specialis affinitas ad Deum* (*S. theol.* II 2 qu. 103, *art.* 4 ad. 2). *Regina coeli*, und wie die ihr zugesprochenen Wesensprädikate in der mariologischen Sprache weiter lauten mögen, können jetzt unmöglich zu hohe Worte sein. Aus dieser Würde und aus den aus ihr abgeleiteten Privilegien folgt aber weiter und vor allem: als Mutter des Heilandes ist Maria Mittlerin, *mediatrix* unseres Heils: als Mittlerin des Mittlers selber *mater gratiae*. Die Forschung ist noch in Gang darüber, ob sie nicht geradezu *corredemptrix* zu nennen sei (von Bartmann S. 441 f. im Gegensatz zu Scheeben bejaht). Man ist sich aber einig über den Begriff *coadjutrix*, den man dahin erklärt: es

§ 15. Das Geheimnis der Offenbarung

handle sich um eine *cooperatio ministerialis*, oder: Maria erwerbe uns *(promeret) de congruo* dasselbe, was Christus selbst uns *de condigno* erwerbe (So Pius X. Enzycl. „*Ad diem*" 1904, Denz. Nr. 3034). Eine der letzten päpstlichen Auslassungen in dieser Sache lautet folgendermaßen: „*Per arcanam cum Christo coniunctionem eiusdemque gratiam omnino singularem Reparatrix* (= „Vermittlerin unserer Versöhnung mit Gott") *item exsistit pieque appellatur. Cuius nos confisi apud Christum deprecatione, qui ... suam sibi Matrem adsciscere voluit peccatorum advocatam gratiaeque ministram ac mediatricem.* (Pius XI., Enzykl. „*Miserentissimus Redemptor*" 1928, zit. nach Bartmann a. a. O. S. 443). Es gilt jedenfalls praktisch: *de ... gratiae thesauro, quem attulit Dominus ... nihil nobis, nisi per Mariam Deo sic volente, impertiri, ut, quomodo ad summum Patrem nisi per Filium nemo potest accedere, ita fere nisi per Matrem accedere nemo possit ad Christum* (Leo XIII. Enzykl. *Oktobri mense* 1891, Denz. Nr. 3033). „Als fürbittende Allmacht schreitet die Gottesmutter durch die katholische Menschheit, und schon klärt es sich uns zu deutlichem Bewußtsein, daß kein Pulsschlag der Liebe aus dem Herzen des Erlösers dringt, um den Seine Mutter nicht wüßte, daß sie, wie die Mutter des Erlösers, so auch die Mutter aller Seiner Gnaden ist." (K. Adam, Das Wesen des Katholizismus⁴, 1927, S. 132 f.). Maria ist, wie an zahlreichen mariologischen Stellen im *Missale* und *Breviarium Rom.* zu lesen ist, Subjekt einer eigenen selbständigen *intercessio*. Da dem so ist, so gebührt ihr „eine Verehrung, die zwar wesentlich geringer ist als die Anbetung Gottes, aber die Verehrung aller Heiligen und Engel überragt" (Diekamp a. a. O. S. 392), keine λατρεῖα, aber auch nicht die den Heiligen und Engeln zukommende einfache δουλεία, sondern eine ὑπερδουλεία, als die *potissima species* der δουλεία überhaupt (Thomas von Aquino, *S. theol.* III qu. 25 art. 5c). „Denn was uns mit Gott verbindet und zum Himmel führt, ist mit Christus und in Unterordnung unter ihn auch das seligste Jungfrau. Es hieße also die von Gott gesetzte Ordnung umstürzen und das wahre Christentum aufheben, wollte man Maria im Kulte von Christus trennen, und es ist daher ein Merkmal der wahren Kirche Christi, daß sie Maria verehrt: wo Maria nicht verehrt wird, da ist die Kirche Christi nicht." (Diekamp a. a. O. S. 395). Darum kann es in dem berühmten „*Stabat mater dolorosa*" heißen:

> *Christe, cum sit hinc exire*
> *Da per matrem me venire*
> *Ad palmam victoriae!*

Darum im Graduale des Skapulierfestes: *Per te, Dei genitrix, nobis est vita perdita data.* Darum in der *Oratio* des Festes Mariae Himmelfahrt: *Domine, delictis ignosce; ut qui tibi placere de actibus nostris non valemus, genitricis Filii tui, Domini nostri, intercessione salvemur.* Darum läßt das Offertorium des Rosenkranzfestes Maria von sich selber sagen: *In me gratia omnis viae et veritatis, in me omnis spes vitae et virtutis; ego quasi rosa plantata super rivos aquarum fructificavi.* Darum kann es in dem Hymnus „*Ave, maris stella* (*Commune festorum B. Mariae V.*, in *I vesperis Brev. Rom.*) heißen:

> *Solve vincla reis*
> *Profer lumen caecis*
> *Mala nostra pelle*
> *Bona cuncta posce*
> *Monstra te esse matrem*
> *Sumat per te preces*
> *Qui pro nobis natus*
> *Tulit esse tuus.*

Darum kann in der Praefation zu den Marienfesten von Maria gesagt werden:

> *lumen aeternum mundo effudit!*

2. Wahrer Gott und wahrer Mensch

Wir können jener Erklärung Diekamps nur die ebenso bestimmte evangelische Erklärung gegenüberstellen: wo Maria „verehrt" wird, wo diese ganze Lehre und die entsprechende Devotion ihren Lauf hat, da ist die Kirche Christi nicht.

Es empfiehlt sich nun nicht etwa, die Begründung dieser Ablehnung mit der Behauptung zu vollziehen: Hier habe ein Einbruch aus der heidnischen Sphäre, eine Übernahme der in vielen außerchristlichen Religionen verbreiteten Vorstellung von einer mehr oder weniger zentralen und ursprünglichen Weib- und Muttergottheit stattgefunden. Mit religionsgeschichtlichen Parallelen kann man nämlich in der Dogmatik alles und nichts ausrichten. Mit „heidnischen" Vorstellungen und Vorstellungselementen hat schon das biblische Offenbarungszeugnis selbst auf der ganzen Linie gearbeitet und mußte es: so gewiß die Welt, in der es zum Gehör kommen wollte, nun einmal die „heidnische" war. Jene Behauptung mag also an sich richtig sein, man lasse aber den katholischen Gesprächspartner damit in Frieden! Ein evangelischer Glaubenssatz ist ja jene Behauptung doch auf keinen Fall. Und eine ernste Frage an den Katholizismus kann sie darum sicher nicht bedeuten.

Wir lehnen die Mariologie 1. darum ab, weil sie gegenüber der Schrift und gegenüber der älteren Kirche eine willkürliche Neuerung bedeutet, und 2. darum, weil diese Neuerung sachlich in einer Verfälschung der christlichen Wahrheit besteht. Darauf haben wir nun noch kurz einzutreten. Wir gehen dabei am besten in der Weise vor, daß wir die von der katholischen Theologie versuchte sachliche Erklärung des Mariendogmas für, d. h. gegen sich selbst sprechen lassen. Scheeben a. a. O. S. 456 zitiert mit Beifall die Antiphone aus der 3. Nokturn des *Commune festorum B. Mariae V.* im *Brev. Rom.*, ein anonymes Wort aus dem 8. Jahrhundert, in welchem Maria so angeredet wird: *Cunctas haereses sola interemisti in universo mundo!* Wenn das – wie es auch damals gemeint gewesen sein mag — ein guter Ausdruck römisch-katholischer Systematik ist (und wir haben Gründe dafür, zu halten, daß dem so sei!), dann bedeutet es: Das Mariendogma ist nicht mehr und nicht weniger als das kritische Zentraldogma der römisch-katholischen Kirche, das Dogma, von dem aus alle ihre entscheidenden Positionen einzusehen sind und mit dem sie stehen und fallen. Es hat schon seinen tiefen Grund, daß für das populäre Bewußtsein bei Katholiken und Protestanten wahrscheinlich keine von den reformatorischen Positionen für jedes Kind so einleuchtend geworden ist wie das schlichte Nein, das von der reformatorischen Erkenntnis aus zu der ganzen Marienlehre und zu dem ganzen Marienkult gesagt worden ist und unter allen Umständen unerbittlich gesagt werden muß. Eben in der Marienlehre und im Marienkult steckt anschaulich die Haeresie der römisch-katholischen Kirche, von der aus alle anderen verständlich werden. Die „Mutter Gottes" des römisch-katholischen Mariendogmas ist nämlich sehr schlicht das Prinzip, das Urbild und der Inbegriff des bei seiner Erlösung auf Grund der zuvorkommenden Gnade dienend (*ministerialiter*) mitwirkenden menschlichen Geschöpfs und eben als das auch das Prinzip, das Urbild und der Inbegriff der Kirche.

Die römisch-katholische Dogmatik hat allen Grund, mit Thomas von Aquino hervorzuheben: *mater Dei est pura creatura* (*S. theol.* III qu. 25 art. 5 *sed contra*). Nicht nur die Abgrenzung gegen die heidnischen Parallelen, sondern alles, was sie in der Mariologie auch positiv sagen will, hängt daran, daß Maria trotz ihrer unendlichen Würde, trotz ihrer unvergleichlichen Privilegien und trotz, nein gerade wegen ihrer Mitwirkung bei der Erlösung nicht etwa eine Göttin ist, nicht etwa der Seinssphäre des dreieinigen Gottes, sondern diesem gegenüber ganz und gar der geschöpflichen, und zwar der irdisch-geschöpflich-menschlichen Sphäre angehört. Gerade als Geschöpf kommen ihr nämlich ihre Würde, ihre Privilegien, jene Mitwirkung und damit jene zentrale systematische Stellung und Funktion zu. Der entscheidende Akt, durch den sie sich ihre Würde und ihre Privilegien erwirbt und auf Grund dessen sie zu jener Mitwirkung fähig wird, ist nun aber nicht bloß ihre physische Gottesmutterschaft als solche, sondern das diese begleitende Brautverhältnis zu Gott, ausgesprochen in dem: *Ecce, ancilla*

Domini, fiat mihi secundum verbum tuum! In dieser gläubigen Zustimmung zu der ihr gewordenen Verheißung erweist sie sich als für den Besitz der Gnade jener Mutterschaft disponiert. Sie erlangt die positive Empfänglichkeit dafür (Scheeben, a. a. O. S. 489 ff.). *Beata Virgo dicitur meruisse portare Dominum omnium non quia meruit ipsum incarnari, sed quia meruit ex gratia sibi data illum puritatis et sanctitatis gradum, ut congrue possit esse mater Dei* (Thomas von Aquino, *S. theol.* III qu. 2 art. 11 ad 3). Diese Definition des *meritum* der Maria umschreibt aber genau die Art, wie sich das menschliche Geschöpf überhaupt nach römisch-katholischer Lehre ein *meritum* erwerben kann und in was dieses besteht: der Mensch ist fähig, sich durch die zuvorkommende Gnade für die eigentliche heiligmachende Gnade vorzubereiten, indem er jenes *fiat* ausspricht. Dieses kraft seiner Zustimmung begnadete Geschöpf ist der eigentliche Gegenstand der Mariologie. Darum war es nach Thomas von Aquino angemessen, daß der *conceptio* die *annunciatio* voranging: *Per annuntiationem expectabatur consensus Virginis loco totius humanae naturae* (*S. theol.* III qu. 30 art. 1 c). „Maria ist durch ihr *fiat* im Namen der ganzen Menschheit kooperierend in die Erlösung eingetreten" (Grosche a. a. O. S. 38). Nach katholischer Auffassung repräsentiert „Maria die lebendige, passive und aktive Empfänglichkeit für die regenerierende Gnade" (Scheeben a. a. O. S. 456). Sie erscheint „nächst Christus als das edelste und hervorragendste oder vielmehr in eine höhere Ordnung hineinragende Glied der Menschheit, durch welches und in welchem die letztere in mystischer Gemeinschaft mit Christus und Gott steht" (S. 510). Es sollte „eine der zu erlösenden Menschheit angehörige und darum passiv an der Erlösung teilnehmende Person im Namen der übrigen Menschen bei der Ausführung der Erlösung aktiv eingreifen, um durch die Vorbereitung derselben und durch Teilnahme an dem Erlösungsopfer die Zueignung der Erlösungstat und ihrer Wirkungen an die Menschheit nach allen Seiten hin vollkommen zu gestalten" (S. 598f.). Und Scheeben hat diese Sache auch spekulativ unterbaut, indem er den ganzen Inhalt der Stellen Prov. 8 (dies die Lektion am Fest der unbefleckten Empfängnis), Sir. 24 (dies die Lektion am Fest Mariä Himmelfahrt!) und Sap. 7 über die Weisheit Gottes in folgender Interpretation auf Maria anwandte: die Weisheit werde in diesen Stellen als „eine von Gott nach außen ausgegangene, in aktueller Beziehung zur Welt stehende, außer und neben bzw. auch unter Gott innerhalb der Welt existierende und wirkende Person" dargestellt, und zwar „in der Gestalt einer aus Gott hervorgegangenen weiblichen Person, d. h. einer solchen Person, welche kraft ihres Ausgangs aus Gott und ihrer Verwandtschaft mit Gott ihm in ähnlicher Weise zur Seite steht wie die Tochter dem Vater und der Welt gegenüber einen ähnlichen Einfluß übt wie die Mutter im Hause des Vaters — bzw. als ein aus Gott hervorgegangenes, ihm ähnliches Prinzip, welches Sitz, Gefäß und Organ Gottes ist, für seine vollendende, belebende und erleuchtende Einwirkung auf die Welt" (S. 465). Was ist es um diese aus Gott hervorgegangene, Gott ähnliche und doch der Welt immanente Sophia? E. Przywara dürfte uns darüber die letzte Klarheit geben, wenn er schreibt: es lägen „in der katholischen *analogia entis* die Möglichkeiten zu einem wahren Menschwerdungskosmos, der Leib und Geist, Gemeinschaft und Individuum einbeziehi, weil sie in ihrer Gesamtheit ... zu Gott hin ,offen' sind. Von katholischer *analogia entis* aus gesehen, ist Kreatur in ihrer Gesamtheit der im Gleichnis alles Gleichnis übersteigende Blick in den übergleichnishaften Gott und darin die empfangende Bereitschaft für Ihn: in ihrem letzten Wesen gleichsam bereits das ,Siehe, die Magd des Herrn! Mir geschehe nach deinem Wort!'" (Religionsphil. kath. Theol. 1926 S. 53). Was dann wieder in der warmen modernen Rhetorik K. Adams dies bedeutet: „Gott ist ein Gott des Lebens und der Liebe. So groß, so überschäumend ist diese Liebe, daß sie die Menschen nicht bloß durch die natürliche Mitgift des freien Vernunftwillens zum Bild und Gleichnis Seiner eigenen Schöpfermacht erhöht, sondern auch diese derart verselbständigten Wesen durch das kostbare Geschenk der heiligmachenden Gnade zu einer unvergleichlichen Teilnahme an der göttlichen Natur und ihren Segenskräften, zu einer Art schöpferischer Mitwirkung am Werk Gottes, zu heilbringender Initiative in der Ausrichtung des Gottesreichs berufen. Das ist der tiefste Sinn und der größte Reichtum der Erlösung, daß sie das vernunftbegabte Geschöpf aus den unendlichen Fernen seiner Seinsohnmacht und aus der abgründigen Verlorenheit der Sünde in die göttliche Lebensflut erhebt und eben dadurch fähig macht — unter Wahrung seiner wesenhaften geschöpflichen Bedingtheit — am Werk der Erlösung mitzuarbeiten.... So tritt in gewissem Ausmaß die ganze erlöste Menschheit in den Kreis der göttlichen Lebenskräfte ein. Sie ist insofern nicht bloß Objekt, sondern auch Subjekt der göttlichen Heilswirksamkeit" (a. a. O. S. 121 f.). Unzweideutig in derselben Richtung hat sich Gertrud von le Fort (Die ewige Frau, 1934) ausgesprochen: „Das Dogma von der *Immaculata* bedeutet die Verkündigung dessen, was der Mensch als noch nicht gefallene Kreatur war; es bedeutet das unentweihte Antlitz des Geschöpfes, das göttliche Ebenbild im Menschen" (S. 14). Es bedeutet „die Mitwirkung der Kreatur bei der Erlösung (S. 25). „In dem demütigen ‚*fiat*‘, mit dem sie (Maria) dem Engel antwortet, hängt das Geheimnis der Erlösung von der Kreatur her. ... Maria ist ... selbst das Religiöse, durch das Gott verehrt wird, die Hingebungsgewalt des Kosmos in Gestalt der bräutlichen Frau" (S. 15 vgl. 33). Maria ist das gebrochen nacherlebbare oder vorerlebbare einzigartige und unendlich überlegene Urbild „einer ungeheuren Hierarchie von Hingebungen" (S. 17). „Wie die Sybille der Maria vorausgeht, so folgt ihr die Heilige" (S. 19). Aber: „Wo immer die Kreatur in letzter Lauterkeit mitwirkt, da erscheint auch die *mater creatoris*, die *mater boni consilii;* wo immer das Geschöpf sich von sich selbst löst, da steht der gequälten Welt die *mater amabilis* bei, die ‚Mutter der schönen Liebe‘; wo immer die Völker eines guten Willens sind, da betet für sie die *regina pacis*" (S. 27). „Die mitwirkende Kreatur, das ist die Tochter der Ewigen Frau, die abglanzhafte Trägerin des *fiat mihi*" (S. 141). „Immer wieder geht der Erfüllung durch Christus voran die Verkündigung an Maria, der Erscheinung geht voran das Verborgene, der Erlösung die Demut der Bereitschaft, dem Aufbruch aus der Höhe das Ja der Kreatur" (S. 157). Und daß dies alles in prinzipiellem Einklang schon mit der Frühzeit des römischen Katholizismus gesagt ist, mag zum Schluß Gregor der Große bezeugen, der in seiner Erklärung von 1. Kön. 1 von Maria sagt: *Mons quippe fuit, quae omnem electae creaturae altitudinem, electionis suae dignitate transcendit. An non mons sublimis Maria, quae ut ad conceptionem aeterni Verbi pertingeret, meritorum verticem supra omnes angelorum choros usque ad solium Deitatis erexit?* Dies: die *loco totius humanitatis* auf Grund von Gnade die Gnade bejahende Maria, in dieser Maria also die der Welt auch abgesehen von der Inkarnation des Logos innewohnende göttliche Sophia — diese Sophia verstanden als Offenheit, als Bereitschaft des Geschöpfs für seinen Gott — diese Bereitschaft verstanden als *vertex meritorum* und also das Geschöpf, das nun „auch Subjekt der göttlichen Heilswirksamkeit" ist — dies ist's, was die Mariologie meint: diesem am Werk Gottes schöpferisch mitwirkenden Geschöpf eigentlich gilt die unaufhaltsame Ausstattung der Maria mit jener Würde, mit jenen Privilegien, mit jenen bis an eine relative Konkurrenz mit Christus heranreichenden Aussagen über ihre *cooperatio* zu unserem Heil.

Die genaue Entsprechung dieses Geschöpfs ist nun aber der römisch-katholische Begriff der Kirche (vgl. zum Folgenden: E. Wolf, Der Mensch und die Kirche im kath. Denken, Z. d. Z. 1933 S. 34 ff.). *Mater ecclesiae* ist einer von den Würdetiteln, die die katholische Dogmatik der Maria zuschreibt, und sie meint damit doch nicht nur das, was auf Grund ihrer Gnadenmittlerschaft selbstverständlich ist: daß sie die „Mutter aller Gläubigen" ist (vgl. dazu Grosche a. a. O. S. 35 f.). Sie meint nicht nur: Maria ist das Herz des mystischen Leibes Christi (Scheeben, a. a. O. S. 514). Sondern sie meint die Beziehung — Scheeben spricht (a. a. O. S. 618) von einer Perichorese — zwischen ihrer Mutterschaft und der Mutterschaft der Kirche, sie meint eine „innere Verbindung und Ähnlichkeit" zwischen beiden, die so groß ist, „daß jede von beiden vollkommen nur in und mit der anderen erkannt werden kann". Muß doch, wie von einer Mutterschaft Marias gegenüber allen Erlösten, im Blick auf den eucharistischen

Christus auch von einer Mutterschaft der Kirche Christus gegenüber geredet werden. Insofern gilt ganz allgemein und streng: daß in Maria „die Kirche als mittlerisches Prinzip der Zuwendung der Erlösungsgnade in Bezug auf ihre Würde, Kraft und Wirksamkeit vorgebildet wird" (S. 455), „und es ist durchaus zutreffend, wenn ein protestantischer Gelehrter meinte, die Katholiken verherrlichten und verteidigten in Maria ihre mystische Auffassung von der Kirche als der Mutter und Mittlerin der Gnade" (S. 456). Das *tertium comparationis* ist auch hier ganz klar: Wie der Maria (und wie dem begnadeten menschlichen Geschöpf überhaupt) so eignet auch der Kirche eine relativ selbständige Stellung und Funktion im Heilsprozeß. Auch sie konkurriert mit Christus, gewiß in dem unendlichen Abstand des Geschöpfs vom Schöpfer, aber nun doch so, daß nicht nur sie aus Christus, sondern gerade im eucharistischen Zentrum ihres Lebens Christus auch aus ihr geboren wird — nicht nur sie Christi, sondern allen Ernstes Christus auch ihrer bedarf. Wie Maria als „fürbittende Allmacht" unumgänglich mitwirkt zum Heil des Menschen, so durch den Vollzug der Sakramente die Kirche. Wie darum der Maria jene sie von allen anderen Geschöpfen unterscheidende Würde zukommt, wie durch ihre Existenz von ihrer Erzeugung bis zu ihrem Tode zu einer nur wenig schwächeren Parallele zu der Existenz Christi selber werden muß, so kann auch der Kirche innerhalb der Geschöpfgrenze gar nicht genug relativ selbständige Würde, Autorität und Vollmacht zugeschrieben werden. — Der Zusammenhang im Lebenswerk Pius' IX.: zwischen der Proklamierung der *immaculata conceptio* 1854 und der der päpstlichen Unfehlbarkeit 1870 (und der auf demselben vatikanischen Konzil vollzogenen Kanonisierung der natürlichen Theologie im Sinn des Thomas!!) war ein schlechthin folgerichtiger. Die Kirche, in der Maria verehrt wird, muß sich so verstehen, wie sie sich im Vaticanum verstanden hat, gerade wie dieselbe Kirche sein muß: die Kirche des auf Grund von Gnade bei der Gnade mitwirkenden Menschen.

Der evangelische Glaubenssatz, der dem Mariendogma entgegenzuhalten ist, ist also schlicht derselbe, der gegen die römisch-katholische Lehre von der Gnade und von der Kirche geltend zu machen ist: Jesus Christus, das Wort Gottes, existiert, regiert und waltet innerhalb der geschaffenen Welt so souverän wie von Ewigkeit her bei seinem Vater, gewiß am und im Menschen, gewiß in seiner Kirche und durch sie, aber so, daß auf der ganzen Linie er selber der Herr ist und bleibt, so, daß der Mensch ebenso wie die Kirche nur ihm und in keinem noch so indirekten Sinn auch sich selber die Ehre geben können, so, daß eine Reziprozität, eine Wechselwirkung auch unter den behutsamsten Kautelen nicht in Frage kommt. Denn gerade der Glaube ist nicht etwa ein Akt der Reziprozität, sondern der Akt des Verzichtes auf alle Reziprozität, der Akt der Anerkennung des einen Mittlers, neben dem es keinen anderen gibt. Offenbarung und Versöhnung ist unumkehrbar, unteilbar und ausschließlich Gottes Werk. Darum ist schon das Problem, auf das die römisch-katholische Lehre von der Gnade und von der Kirche und auf das exemplarisch die Mariologie antworten will: das Problem der kreatürlichen Mitwirkung an Gottes Offenbarung und Versöhnung, ein unechtes Problem, auf das nur mit Irrlehren geantwortet werden kann. *Quid est creaturam loco creatoris ponere, si hoc non est?* Mit dieser Frage eines altprotestantischen Polemikers (F. Turrettini, *De necessaria secessione nostra ab ecclesia Romana* 1678 Disp. 2, 16) werden auch wir gegen die Mariologie als solche protestieren müssen.

Es ist aber der Gerechtigkeit halber zu sagen, daß der Widerspruch des Protestantismus gegen Marienlehre und Marienkult seinerseits so lange ein unechter sein wird, als dieser Protestantismus selber längst wieder oder immer noch in jenem unechten Problem befangen ist und dementsprechend die Irrlehre von einer halben Gnade und die Irrlehre vom kirchlichen Führertum vertritt. Es ist wohl nur der gründlich unklassische Charakter dieses Protestantismus, der ihn bis jetzt daran verhindert hat, seinerseits so etwas wie eine Mariologie auszubilden.

II.

1. Daß das Wort „Fleisch" ward, das bedeutet zunächst allgemein: es ward Mensch, und zwar wahrer und wirklicher Mensch, teilhaftig desselben menschlichen Wesens und Daseins, derselben menschlichen Natur und Gestalt, derselben Geschichtlichkeit, die auch die unsrige ist. Darin und so ereignet sich Gottes Offenbarung an uns, daß alles, was dem Menschen als Menschen zuzuschreiben ist: geschöpfliche Existenz als individuell einmalige Einheit von Leib und Seele in der zwischen Geburt und Tod beschlossenen Zeit — nun auch von Gottes ewigem Sohn zu sagen ist. Was immer als wunderbar von diesem seinem Sein als Mensch bezeugt ist: nämlich zentral die Ostergeschichte, das *evangelium quadraginta dierum* als der eigentliche Akt der Offenbarung als solcher, dazu das Zeichen seiner Geburt aus der Jungfrau am Anfang und das Zeichen des leeren Grabes am Ende seiner geschichtlichen Existenz, dazu die Zeichen und Wunder, die schon zwischen diesem Anfang und Ende das Reich Gottes bzw. die Ostergeschichte verkündigen — im Sinn der Evangelisten und Apostel hat das alles gerade darin seinen Sinn und seine Kraft, daß es sich dabei um den wahren Menschen Jesus Christus, um ihn als um einen Menschen wie wir selbst handelt. Das macht ja die Offenbarung zur Offenbarung und auch das Wunder zum Wunder, daß hier wirklich das Wort Gottes wirklich Mensch wurde und war, daß also gerade das Leben dieses wirklichen Menschen der Gegenstand und Schauplatz jener Taten Gottes, das in die Welt kommende Offenbarungslicht war.

Darum unterstreicht gerade Paulus: Christus ist γενόμενος ἐκ γυναικός (Gal. 4, 4), γενόμενος ἐκ σπέρματος Δαυὶδ κατὰ σάρκα (Röm. 1, 3), ἐν ὁμοιώματι ἀνθρώπων γενόμενος καὶ σχήματι εὑρεθεὶς ὡς ἄνθρωπος (Phil. 2, 7). „Da sich nun die Kinder in der Welt von Fleisch und Blut befinden (κεκοινώνηκεν αἵματος καὶ σαρκός), nahm auch er in gleicher Weise daran teil, damit er durch den Tod aufhebe den, der die Macht über den Tod hat, das heißt den Teufel, und versöhne die, die in Todesfurcht mit ihrem ganzen Leben dem Tode verfallen waren." „Er nimmt nicht die Engel an, sondern den Samen Abrahams nimmt er an: Ὅθεν ὤφειλεν κατὰ πάντα τοῖς ἀδελφοῖς ὁμοιωθῆναι ἵνα ἐλεήμων γένηται (Hebr. 2, 14 f.). Es hat die ganze Reihe der Aussagen zwischen dem *conceptus de Spiritu sancto* und dem *resurrexit tertia die* in den alten Symbolen: *natus ex virgine, passus sub Pontio Pilato, crucifixus, mortuus, sepultus* neben dem, was sie sonst bedeuten, jedenfalls auch die Bedeutung, das *vere homo* zu unterstreichen. Man soll sich die Ohren verstopfen, so erklärt Ignatius von Antiochien, wenn jemand nicht von dem Jesus Christus redet, der aus dem Stamme Davids, aus Maria, kam, wirklich (ἀληθῶς) geboren wurde, aß und trank, wirklich litt unter Pontius Pilatus, wirklich gekreuzigt wurde und starb vor allen Augen, die im Himmel, auf Erden und unter der Erde sind und so auch wirklich auferweckt wurde von den Toten (*Ad Trall.* 9, 1). Die Kirchenväter betonen: Er ist γεγονὼς πάντα ὅσα ἐστὶν ἄνθρωπος (Hippolytus, *C. Haer. Noeti* 17). Sein σῶμα war ἀληθινόν: ἐπεὶ ταὐτὸν ἦν τῷ ἡμετέρῳ (Athanasius, Ep. ad Epict.). *Non enim alterius naturae caro nostra et caro illius, nec alterius naturae anima nostra et anima illius. Hanc suscepit naturam, quam salvandam esse indicavit* (Augustin, Sermo 174, 2, 2). *Nullus homo est, fuit vel erit, cuius natura in illo assumpta non est* (Conc. Carisiac. I 853 c. 4, Denz. Nr. 319). Denn wenn das vom Tode beherrschte Menschsein eines wäre, das vom Herrn angenommene ein anderes, dann würde der Tod nicht aufgehört haben, sein Werk zu treiben, dann wären die Leiden der σὰρξ θεοφόρος uns kein Gewinn, dann hätte er die Sünde nicht im Fleisch getötet — wir, die wir in Adam starben, wären dann nicht in Christus lebendig gemacht (Basilius, *Ep. ad Sozopolitanos* 2). Der Versöhner mußte von Adams Geschlecht sein, *ut satisfaciens idem sit qui peccator aut eiusdem generis. Aliter namque nec Adam nec genus eius satisfaciet pro se* (Anselm von Canterbury, C. d. h. II 8). So war „Gott in Christus" (2. Kor. 5, 19), so war er das in die Welt kommende, wahrhaftige Licht (Joh. 1, 9): ἐφανερώθη ἐν σαρκί (1. Tim. 3, 16), ἐρχόμενος ἐν σαρκί (1. Joh. 4, 2; 2. Joh. 7). Wer das leugnet, der ist nach 2. Joh. 7 der Verführer und der Antichrist! Denn was die Bibel Offenbarung nennt, das steht und fällt mit diesem „Kommen im Fleische". Jeder Vorbehalt: sei es dagegen, daß hier Gottes Wort in Person handelnd gegenwärtig ist — sei es dagegen, daß dieses handelnde Gegenwärtigsein Gottes in Person wirklich hier, im Fleische, in Menschengleichheit stattfindet — jeder solche Vorbehalt macht die Offenbarung und die Versöhnung unverständlich. Und umgekehrt: je bestimmter man beides zusammensieht als eines: das Wort Gottes — Fleisch, Gott selbst in Person — in Menschengleichheit, desto besser versteht man, was die Bibel Offenbarung nennt.

Die Menschheit Christi und nur sie ist die Offenbarung des ewigen Wortes: das Zelt des Logos nach Joh. 1, 14, in welchem seine Herrlichkeit gesehen wird ... *ut quae (anima!) Deum in secreto maiestatis fulgentem videre non poteras, Deum in homine apparentem aspiceres, aspiciendo agnosceres, agnoscendo diligeres, diligens summo studio ad eius gloriam pervenire satageres* (Anselm von Canterbury, Medit. 8). *Longe dulcius est memoriae diligentis te, videre te ex matre virgine in tempora natum, quam in splendoribus ante luciferum a Patre genitum. ... Quis mihi aufert locum in regno, ubi is omnipotens est, qui frater et caro mea est.... Secura certe per omnem modum et in nullo temeraria praesumptio, quam formavit in mente consideratio humanitatis in Christo* (Medit. 12). „... ich wolle oder wolle nicht, wenn ich Christum höre, so entwirfft sich ynn meym hertzen eyn mans bilde, das am creutze henget, gleich als sich meyn andlitz naturlich entwirfft yns wasser, wenn ich dreyn sehe ..." (Luther, Wider die himml. Proph. 1525, W. A. 18, 83, 9). *Humanitas enim illa sancta scala est nostra, per quam ascendimus ad Deum cognoscendum. ... Igitur qui vult salubriter ascendere ad amorem et cognitionem Dei, dimittat regulas humanas et metaphysicas de divinitate cognoscenda et in Christi humanitate se ipsum primo exerceat. Impiissima enim temeritas est, ubi Deus ipse se humiliavit, ut fieret cognoscibilis, quod homo aliam sibi viam quaerat proprii ingenii consiliis usus* (Hebr.-Br. 1517/18 zu Hebr. 1, 2, Fi. Schol. S. 2, 25). „Denn es ist gewißlich wahr, rechnen wir außer Christo, wie weit Gott und Mensch voneinander sind, so findet sichs, daß sie weiter denn Himmel und Erden voneinander sein. Rechnen wir aber in Christo, wahren Gott und Menschen, so findet sichs, daß sie viel näher befreundet sein, denn ein Bruder mit dem anderen; sintemal Gott, Schöpfer Himmels und der Erden, ist worden wahrer natürlicher Mensch, des ewigen Vaters Sohn ist worden der zeitlichen Jungfrauen Sohn" (Pred. üb. Jes. 9, 1 f., 1532 E. A. 6, 42). „Denn wo wir das festiglich glauben und nichts Bessers wissen wollen, denn daß Gott aus der Jungfrauen Maria geboren, habe seiner Mutter Milch gesogen, aus ihren Händen gessen, von ihr Wartung und Pflege gehabt, wie ein Kind pfleget zu haben, und solches unser höchste Kunst und Weisheit ist, so folget der Nutz von ihm selbst und wir schöpfen diesen Trost daraus, daß wir an den Strick greifen, fühlen und tappen, daß Gott uns Menschen nicht entgegen ist. Denn so Gott uns Menschen entgegen und feind wäre, so hätte er wahrlich die arme, elende, menschliche Natur nicht an sich genommen. Nun aber hat er die menschliche Natur nicht allein geschaffen, sondern wird auch selbst solche Kreatur, welche heißt und ist wahrer Mensch. Weil er das tut, so ist ja nicht eitel Zorn und Ungnade bei ihm. Denn so er dem ganzen menschlichen Geschlecht feind wäre ... so würde er englische Natur haben an sich genommen, welche Gott näher ist denn menschliche Natur und nicht

2. Wahrer Gott und wahrer Mensch

ein Mensch sondern ein Engel worden sein. ... Er hätte wohl können englische Natur an sich nehmen oder hätte solche Natur, welche weder Gott noch Mensch wäre schaffen und dieselbe an sich nehmen; aber er hats nicht wollen tun, sondern hat menschliche Natur an sich genommen und ist Mensch worden wie ich und du Menschen sind, hat seiner Mutter, der Jungfrauen Mariae Milch gesogen, wie ich und du getan haben, da wir an unserer Mutter Brust gelegen sind. Aus solchem Erkenntnis muß ein jeder Christ, der solches glaubet, fröhlich sein" (ib. S. 40). „Der Evangelist will das gottliche, almechtige, ewige wortt gottis nicht handelln noch von yhm reden, den alls ynn dem fleysch und blut, das auff erden gangen ist. Er will unss nit tzur strawen ynn die creatur, die durch yhn geschaffen synd, das wyr yhm da nachlauffen, suchen und speculirn sollen, wie die platonici thun. Szondern er will unss auss denselben weytleufftigen, spatzierfluchtigen gedancken sammlen ynn Christum ..." (Kirchenpostille 1522, Pred. üb. Joh. 1, 1 f. W. A. 10^1 202, 9). „Wie tiefer wir Christum bringen können ins Fleisch, je besser ist es" (Pred. üb. Luc. 2, 22 f., 1531, E. A. 6, 155). „Aber hie sehen wir, daß Gott so nahend sich zu uns Menschen befreundet, daß er sich mit keiner Kreatur so nahend befreundet hat als mit uns; und wiederum wir Menschen mit keiner Kreatur so nahend befreundet sein als mit Gott. Sonn und Mond kommen uns nicht so nahe als nahe uns Gott kommen ist; denn er ist in unser Fleisch und Blut kommen. Gott regieret nicht allein über uns, wohnt auch nicht allein in uns, sondern hat auch persönlich wollen Mensch werden" (Pred. üb. Luc. 1, 26 f., 1532, E. A. 6, 201). „Darum heißt er auch Immanuel, Gott mit uns: nicht allein darum, daß er um uns und bei uns ist und unter uns wohnet, welches gnug wäre, sondern daß er auch worden ist, das wir sind" (ib. S. 200).

2. Daß das Wort Fleisch ward, heißt allerdings: daß es ein Mensch ward. Aber es gilt vorsichtig zu sein hinsichtlich der Meinung, in der das allein gesagt sein kann. Fragen wir: was das Wort wurde, indem es in seiner Fleischwerdung, ohne aufzuhören das Wort zu sein, nun dennoch aufhörte, nur das Wort zu sein? und lassen wir uns sagen: es wurde Fleisch — so ist zu bemerken, daß mit „Fleisch" zunächst und an sich nicht gesagt ist: ein Mensch, sondern: menschliches Wesen und Dasein, menschliche Art und Natur, Menschheit, *humanitas*, dasjenige, was einen Menschen zum Menschen macht im Unterschied zu Gott, zum Engel, zum Tier.

Natura humana Christi est essentia seu substantia humana, qua Christus nobis hominibus coessentialis est (Polanus, Synt. Theol. chr. 1609 S. 2336).

„Das Wort ward Fleisch" heißt also zunächst und an sich: das Wort wurde menschlichen Wesens und Daseins teilhaftig. Menschliches Wesen und Dasein wurde das seinige. Da dies nun nicht anders wirklich sein kann als in der konkreten Wirklichkeit eines Menschen, muß es sofort weiter heißen: es ward ein Mensch. Aber eben diese konkrete Wirklichkeit eines Menschen, dieses Menschen, ist selbst das Werk des Wortes, nicht etwa dessen Voraussetzung. Nicht (adoptianisch!), als ob zuerst ein Mensch dagewesen wäre und nun wäre der Sohn Gottes dieser Mensch geworden. Was da war dem Sohne Gottes gegenüber und als Voraussetzung seines Werkes, war die Potentialität des Fleischseins, das Menschsein, wie es die Möglichkeit jedes Menschen ist, wie es nun aber hier — zum Begriff des menschlichen Wesens und Daseins gehört ja die Individualität und Einmaligkeit der menschlichen Existenz — die einzelne bestimmte Möglichkeit des ersten Sohnes der Maria war. Indem das Wort sich diese Möglichkeit aneignete als seine eigene und indem es sie als solche verwirklichte, indem es Jesus wurde, wurde es, ohne aufzuhören das zu sein, was es zuvor war, zugleich das, was es zuvor nicht war und nun in der Tat war: ein Mensch, dieser Mensch.

Christus non hominem, sed humanitatem, non personam sed naturam assumit (J. Wolleb, *Chr. Theol. comp.* 1626 I *c* 16 *can.* 3, 1). Mit gutem Grund hat man sich für diesen Satz auf Phil. 2, 7 berufen, wo ja auch mit sicher bewußter Zurückhaltung von der μορφὴ δούλου, vom ὁμοίωμα ἀνθρώπων, vom εὑρεθῆναι σχήματι ὡς ἄνθρωπος die Rede ist. Wobei zu bemerken ist: *naturam non* ἐν ἰδέᾳ, *non* ἐν ψιλῇ θεωρίᾳ, auch nicht *naturam, ut est in omnibus individuis eiusdem speciei*, sondern: *naturam* ἐν ἀτόμῳ *singulariter in uno certo individuo consideratam* (Polanus a. a. O. S. 2406).

Indem der Sohn Gottes sich diese eine bestimmte Möglichkeit menschlichen Wesens und Daseins zu eigen machte und sie verwirklichte, wurde dieser Mensch und wurde er, der Sohn Gottes, dieser Mensch. Dieser Mensch war also nie für sich wirklich und ist darum auch, indem der Sohn Gottes dieser Mensch wurde, kein anderer, kein zweiter in Jesus Christus neben dem Sohne Gottes.

Man muß also von der *natura humana* Christi sagen: *quae nunquam per se et sua propria subsistentia extra personam Filii Dei substiterit, sed eodem momento quo creata est, statim in persona Filii Dei in qua exempta fuit, exsistere coeperit: sic ut ne cogitandum quidem sit, humanam Christi naturam vel per unicum momentum antea substitisse quo assumpta est a* λόγῳ (Polanus a. a. O.).

„Jesus Christus wahrer Gott und wahrer Mensch" heißt nicht, daß in Jesus Christus Gott und ein Mensch nebeneinander wirklich waren, sondern es heißt, daß Jesus Christus, der Sohn Gottes und also selber wahrer Gott, auch ein wahrer Mensch ist. Dieser Mensch aber als solcher ist, weil und indem der Sohn Gottes er, dieser Mensch, ist, nicht sonst. Er ist, weil der Sohn Gottes seine besondere Möglichkeit als Mensch zu seiner eigenen machte und als solche verwirklichte. Die Aneignung menschlichen Wesens und Daseins in dieser besonderen Möglichkeit durch den Sohn Gottes oder das An- und Aufgenommenwerden dieser besonderen Möglichkeit menschlichen Wesens und Daseins als die des Sohnes Gottes und ihre Verwirklichung durch ihn und in ihm — dies ist die Erschaffung und Erhaltung, dies ist der alleinige Daseinsgrund dieses Menschen und also des Fleisches Christi.

Wir müssen auch darauf noch einmal zurückkommen bei der Erklärung des ἐγένετο. Aber wir können schon von hier aus zurückblicken auf das unter I 3 Ausgeführte: Daß das Wort Subjekt ist und bleiben muß in dem Satz „Das Wort ward Fleisch", das begründeten wir dort von seiner Gottheit aus. Dasselbe ergibt sich jetzt von der Menschheit aus: sie hat keine selbständige Existenz neben dem Wort, sie existiert nur in dem Menschen, der als das Geschöpf des Wortes selber das Wort ist. Was zum Wort hinzutritt in seiner Fleischwerdung, das ist keine zweite Wirklichkeit neben ihm, sondern sein eigenes Werk an ihm selber, das nun eben darin besteht: es nahm menschliches Sein an. — Augustin hat an dieser Näherbestimmung des Begriffs des Fleisches oder der menschlichen Natur Christi schön klarzumachen gewußt, wie die Fleischwerdung des Wortes sozusagen der Prototyp der Rechtfertigungsgnade ist: Das Wort Gottes verhält sich zur menschlichen Natur, wie sich die Gnade zum sündigen Menschen verhält. *Quid enim natura humana in homine Christo meruit, ut in unitatem personae unici filii Dei singulariter esset assumpta? Quae bona voluntas, cuius boni propositi studium, quae bona opera praecesserunt quibus mereretur iste homo una fieri persona cum Deo? Nunquid antea fuit homo et hoc ei singulare beneficium praestitum est cum singulariter promereretur Deum? Nempe ex quo esse homo coepit, non aliud coepit esse homo quam Dei Filius. ... Unde naturae humanae tanta gloria, nullis praecedentibus meritis sine dubitatione gratuita, nisi quia magna hic et sola Dei gratia fideliter et sobrie considerantibus evidenter ostenditur, ut intelligant homines per eandem se iustificari a peccatis, per quam factus est ut homo Christus nullum habere posset peccatum? ... Veritas quippe ipsa, unigenitus Dei Filius (non gratia sed natura) gratia suscepit hominem tanta unitate personae, ut idem ipse esset etiam hominis filius (Enchir. 36). Ipse namque unus Christus et Dei Filius semper natura et hominis filius qui ex tempore assumptus est gratia. Nec sic assumptus est, ut prius creatus post assumeretur, sed ut ipsa assumptione crearetur (C. serm. Arian. 8).*

Also das ist die Wirklichkeit Jesu Christi: Gott selbst in Person ist handelnd gegenwärtig im Fleische. Gott selbst in Person ist Subjekt eines wirklichen menschlichen Seins und Handelns. Und so gerade, indem Gott sein Subjekt ist, so und nicht anders ist dieses Sein und Handeln wirklich. Es ist ein echt und wahrhaft menschliches Sein und Handeln. Jesus Christus ist kein Halbgott. Er ist kein Engel. Er ist auch kein Idealmensch. Er ist ein Mensch wie wir, uns gleich als Geschöpf, als ein menschliches Individuum, aber uns gleich auch in der Verfassung und Lage, in die uns unser Ungehorsam gebracht hat. Und indem er ist, was wir sind, ist er Gottes Wort. So, als einer von uns, aber als der von uns, der selbst Gottes Wort in Person ist, tritt er bei uns ein für Gott und tritt er bei Gott ein für uns. So ist er Gottes Offenbarung an uns und unsere Versöhnung mit Gott.

3. Wir haben σάρξ bis jetzt verstanden als Bezeichnung der neutralen Menschennatur als solcher. Es war ja nötig, auch dies in seiner Allgemeinheit festzustellen: das Wort ward Mensch. Aber nun enthält die neutestamentliche Vokabel σάρξ bekanntlich nicht nur den Begriff des Menschen im allgemeinen, sondern, indem sie diesen Allgemeinbegriff voraussetzt und einschließt, den präzisen Begriff des Menschen, der unter dem göttlichen U r t e i l und G e r i c h t steht, der, unfähig geworden, Gott zu erkennen und zu lieben, vor dem Zorne Gottes vergehen muß, dessen Existenz eine dem Tode verfallene geworden ist, weil er gegen Gott gesündigt hat. Fleisch ist die konkrete Gestalt der menschlichen Natur unter dem Zeichen von Adams Fall, die konkrete Gestalt jener ganzen Welt, die vom Kreuzestod Christi her als die alte und schon vergangene gesehen werden muß, die Gestalt des zerstörten, erst wieder mit Gott zu versöhnenden Menschenwesens und Menschendaseins.

§ 15. *Das Geheimnis der Offenbarung*

„Das Wort ward Fleisch" in diesem präzisen Sinn heißt: das göttliche Wort schlägt sich auf die Seite seiner eigenen Widersacher. Sein Verhältnis zu dem ihm als seinem Schöpfer unbegreiflicherweise widerstehenden Kosmos ist freilich ein gegensätzliches (Joh. 1, 5), aber eben nicht nur ein gegensätzliches. Der durch die unbegreifliche Gegenwart seiner Gottheit als des Offenbarungslichtes und die unbegreifliche Finsternis, die Aufnahmeunwilligkeit des Kosmos geschaffene Gegensatz ist überwunden — und das ist noch unbegreiflicher als beides! — schon dadurch, daß der Logos eben da ist, wo die Menschen sind. Er kam in sein Eigentum (Joh. 1, 11) — und die Seinen — sein Eigentum liegt in der Finsternis — nahmen ihn nicht auf, dennoch kam er in sein Eigentum. Das wahrhaftige Licht kam in die Welt (Joh. 1, 9), und so scheint es in der Finsternis (Joh. 1, 5). So kann es wirklichen, in der Welt und in der Finsternis lebenden Menschen die Fähigkeit (ἐξουσία) geben, die sie an sich nicht haben, Gottes Kinder zu sein (Joh. 1, 12 f.).

Damit, daß das Wort nicht nur ewiges Gotteswort, sondern als solches auch „Fleisch" ist: Alles, was wir sind, und ganz so, wie wir sind im Gegensatz zu ihm – eben damit und nur damit ist es auf dem Wege zu uns und uns zugänglich. Eben so und nur so ist es Gottes Offenbarung an uns. Es wäre nicht Offenbarung, wenn es nicht Mensch wäre. Und es wäre nicht Mensch, wenn es nicht in diesem präzisen Sinne „Fleisch" wäre. Daß das Wort „Fleisch" ward in diesem präzisen Sinn, diese Vollendung der Kondeszendenz Gottes, diese Unbegreiflichkeit, die größer ist als die Unbegreiflichkeit der göttlichen Majestät und die Unbegreiflichkeit der menschlichen Finsternis miteinander: dies ist die Offenbarung des Wortes Gottes.

Calvin hat Joh. 1, 14 mit Recht wie folgt kommentiert: *Ostendere voluit, ad quam vilem et abiectam conditionem Dei Filius nostra causa ex caelestis suae gloriae celsitudine descenderit. Scriptura, quum de homine contemptim loquitur, carnem appellat. Quum autem tanta sit distantia inter spiritualem sermonis Dei gloriam et putidas carnis nostrae sordes, eousque se Filius Dei submisit, ut carnem istam tot miseriis obnoxiam, susciperet* (*C. R.* 47, 13). *Pro immensa gratia ad sordidos et ignobiles se aggregat Christus* (*Instit.* II 13, 2; vgl. M. Dominicé, *L'humanité de Jésus d'après Calvin*, 1933, S. 121 f.). *In summa, sub nomine carnis non modo verus integer et perfectus homo intelligitur, nobis* ὁμοούσιος, *sed etiam humilis, misera ac prima hominis conditio ... comprehenditur* (*Syn. pur. Theol.*, Leiden 1624, *Disp.* 25, 14). In der Tat: „Er sah es nicht für eine willkommene Beute an, Gott gleich zu sein, sondern ἑαυτὸν ἐκένωσεν μορφὴν δούλου λαβών (Phil. 2, 7). Gott sandte seinen Sohn ἐν ὁμοιώματι σαρκὸς ἁμαρτίας, um so, um der Sünde willen, die Sünde im Fleische zu richten (Röm. 8, 3). Den, der von keiner Sünde wußte, hat er für uns zur Sünde gemacht (ἁμαρτίαν ἐποίησεν), kann es 2. Kor. 5, 21 sogar heißen. Was lassen die Evangelisten nicht alles von ihm sagen: „Er ist von Sinnen" (Mc. 3, 21). „Er hat den Beelzebub" (Mc. 3, 22). „Ein Fresser und ein Weinsäufer, der Zöllner und der Sünder Geselle!" (Matth. 11, 19). „Er verführt das Volk" (Joh. 7, 12). „Er lästert Gott" (Matth. 9, 3; vgl. 26, 65). Und darum scheuen sie sich nicht, von dem Verdacht zu reden, von dem schon seine Erzeugung umgeben war (Matth. 1, 19). Darum lassen sie ihn am Anfang seines Lebens „alle Gerechtigkeit erfüllen", d. h. die Taufe der Buße auf sich nehmen (Matth. 3, 15), und darum lassen sie ihn zwischen zwei Verbrechern gekreuzigt werden (Matth. 27, 38). Er trägt die Sünde der Welt weg, aber er trägt sie (Joh. 1, 29). Man darf das alles zusammenfassen in das furchtbare Wort Gal. 3, 13: γενόμενος ὑπὲρ ἡμῶν κατάρα. Daß er es unschuldig wurde, ohne eigene Sünde, daß jene ganze Anklage nicht ihn trifft, sondern uns, und ihn nur an unserer Stelle, das ist eine Sache für sich, von der besonders zu reden sein wird. Aber er wurde ein Fluch für uns. Er war kein sündiger Mensch. Aber seine Situation war innerlich und äußerlich die eines sündigen Menschen. Er tat nicht, was Adam tat. Aber er lebte das Leben, wie es sich auf Grund und Voraussetzung der Tat Adams gestalten muß. Er litt unschuldig, was Adam und was in Adam wir alle verschuldet haben. Er trat in Freiheit ein in die Solidarität, in die Notgemeinschaft mit unserer verlorenen Existenz. So und nur so „konnte" offenbar in ihm und durch ihn Gottes Offenbarung an uns, unsere Versöhnung mit ihm, Ereignis werden. „Weil er litt und selbst versucht wurde, kann er (δύναται) den Versuchten helfen" (Hebr. 2, 18). „Wir haben keinen solchen Hohenpriester, der nicht könnte Mitleid haben (συμπαθῆσαι μὴ δυνάμενον) mit unseren Schwachheiten, sondern einen der ganz und gar in Gleichheit mit uns (κατὰ πάντα καθ᾽ ὁμοιότητα) versucht ist, nur ohne Sünde" (Hebr. 4, 15), der „angemessen empfinden kann" (μετριοπαθεῖν δυνάμενος) gegenüber den Unwissenden und Irrenden, weil auch er selbst Schwachheit an sich hat, um derenwillen er verpflichtet ist (δι᾽ αὐτὴν ὀφείλει), wie für das Volk, so auch für sich selbst der Sünden wegen Opfer darzubringen" (Hebr. 5, 2 f.).

Man bemerke wohl: gerade hier befinden wir uns an der Stelle, wo die biblische Lehre von der Fleischwerdung des Wortes und die bekannten religionsgeschichtlichen Parallelen auseinandergehen. Es gibt ja auch Inkarnationen der Isis und des Osiris, es gibt eine Inkarnation in Buddha und in Zoroaster. Aber: „er hat ihn zur Sünde gemacht" und „er ward zum Fluch für uns" — das sagt nur das Neue Testament. So streng ist nur sein Begriff von dem Immanuel, von Offenbarung und Versöhnung. Um so mehr haben wir darauf zu achten, daß das Neue Testament gerade das sagt, daß es gerade von dieser göttlichen Solidarität und Notgemeinschaft mit dem Menschen redet. Jede Abweichung davon, jede Verschönerung der Fleischwerdung zur bloßen Menschwerdung und wohl gar zu einer Heroswerdung Gottes bedeutet den Absturz auf das Niveau der allgemeinen Religionsgeschichte: das können die anderen auch.

Man ist in der älteren Kirche und Theologie manchmal in bester Absicht zu weit gegangen in dem Bemühen, jene Sätze auszugleichen mit denen über die Sündlosigkeit Jesu. Die heilsame Wahrheit darf aber nicht abgeschwächt und verdunkelt werden, daß die Natur, die Gott in Christus angenommen hat, identisch ist mit unserer Natur unter Voraussetzung des Sündenfalls. Wäre es anders, wie wäre Christus dann wirklich unseresgleichen? Was ginge er uns dann an? So, im Zeichen des Sündenfalls, stehen wir vor Gott. Gottes Sohn nahm nicht nur unser Wesen an, sondern trat ein in die konkrete Gestalt unseres Wesens, in der wir selbst vor Gott stehen, nämlich als die Verdammten und Verlorenen. Daß er diese Gestalt im Unterschied von uns allen nicht selbst hervorbrachte und bestätigte, daß er unschuldig schuldig wurde, daß er ohne Sünde zur Sünde wurde, das darf nicht zum Anlaß werden, an seiner vollen Solidarität mit uns nun doch wieder Abstriche zu machen und ihn damit von uns zu entfernen. Es ist nicht zu billigen, wenn Gregor von Nyssa (*Or. cat.* 15 f.) den Satz, daß die Inkarnation Gottes nicht unwürdig sei, damit begründet hat, daß ja die menschliche Natur an sich gut sei, daß Geburt und Sterben an sich noch nicht das Leiden im eigentlichen und strengen Sinn in sich schließe. Dazu ist zu sagen, daß unsere Natur nicht die an sich gute menschliche Natur ist. Es ist nicht zu billigen, wenn Honorius I. im monotheletischen Streit 634 erklärt hat: *A divinitate assumpta est nostra natura, non culpa, illa (natura) profecto, quae ante peccatum creata est, non quae post praevaricationem vitiata* (Denz. Nr. 251). Auch dazu ist zu sagen: unsere Natur ist nun einmal die *natura vitiata!* Es ist aber auch nicht zu billigen, wenn Calvin seine schon zitierte Erklärung von Joh. 1, 14 merkwürdig abgeschwächt hat durch den Zusatz: *Caeterum „caro" minime hic pro corrupta natura accipitur (ut saepe apud Paulum) sed pro homine mortali.* Inwiefern sollte es dann eine *vilis et abiecta conditio* sein, zu der sich der Sohn Gottes herabgelassen hat? Inwiefern sollte denn vom „Fleische" in der Schrift immer *contemptim* die Rede sein, wenn damit nicht wirklich die *natura corrupta* gemeint ist? Die Abschwächung, die man vollzieht, wenn man hier etwas anderes sagen will, wird deutlich in der Begründung, die die *Syn. pur. Theol.* Leiden 1624 Disp. 25, 18 dazu gibt: *Non enim conveniebat humanam naturam peccato obnoxiam Filio Dei uniri. Non conveniebat?* Wenn das gelten würde, dann wäre Christus gerade in der entscheidenden Bestimmung unserer Existenz nicht ein Mensch wie wir und also nicht wirklich zu uns gekommen und für uns eingetreten. Steckt in diesem *non conveniebat*, mit dem offenbar die Ehre Gottes gegen eine Befleckung geschützt werden soll, nicht eine heimliche Leugnung des Wunders der Kondeszendenz und damit gerade der Ehre Gottes, die doch nach der Schrift eben in seiner Kondeszendenz ihren höchsten Triumph feiert? Um eine solche Abschwächung geht es aber doch wohl auch, wenn Luther die Worte Jes. 52, 14; 53, 2 nicht auf die persönliche Gestalt Christi bezogen wissen wollte: *quia fuit integer, sanissimi corporis, mundissimae carnis, sine peccato conceptus (Enarr* 53. *cap. Iesaiae* 1544 *E. A. ex. op. lat.* 23, 457). Und wenn die lutherischen Dogmatiker der menschlichen Natur Christi auf Grund von Stellen wie Ps. 45, 3 und Kol. 1, 18 geradezu eine *singularis animae et corporis excellentia ac* ἐξοχή *qua reliquos homines superavit,* vortrefflichste Gesundheit *(summam bonam et aequabilem corporis temperiem seu habitudinem),* Unsterblichkeit und *summam formae elegantiam ac venustatem* zuschreiben wollten (Quenstedt, *Theol. did. pol.* 1685. III *c.* 3 *m.* 1, *sect.* 1, *thes.* 14 u. 16)! Hollaz meint sogar zu wissen *(Ex. theol. acroam.* 1706 III *sect.* I *c.* 3 *qu.* 12), zu diesen Vollkommenheiten habe auch die gehört, daß Christus nie gelacht habe *(a risu abstinuit).* Die ernste Frage ist nicht zu unterdrücken, ob und wie weit auf diesem ganzen Weg mit der Wirklichkeit der Menschheit Christi und damit der Offenbarung Ernst gemacht worden ist.

Die ganze ältere Theologie bis und mit den Reformatoren und ihren Nachfolgern hat an dieser Stelle eine an sich wohl begreifliche Zurückhaltung geübt, die nun doch geeignet war, das Ärgernis, aber damit auch die hohe positive Bedeutung von Stellen wie 2. Kor. 5, 21; Gal. 3, 13 abzuschwächen. Es ist klar, daß die neuere Theologie kraft ihres eigentümlichen Moralismus im ganzen nicht in der Lage sein konnte, hier Wandel zu schaffen. Es muß aber festgestellt werden, daß es gerade in ihrer Mitte nun dennoch zu Durchbrüchen in dieser Richtung tatsächlich gekommen ist. — Zu erwähnen ist hier vor allem Gottfried Menken, der aus Röm. 8, 3 „fahren lassend alle Bestimmungen menschlicher Lehre über die Person Christi" folgerte: „Der Sohn Gottes nahm also, als er in die Welt kam, nicht eine Menschennatur an wie diese Natur war, als sie aus der Hand Gottes kam, vor dem Falle, ehe sie in Adam ... sündlich und sterblich geworden war; vielmehr eine solche Menschennatur, wie sie nach dem Fall in Adam war und in allen seinen Nachkommen ist" (Homilie üb. Hebr. 9, 13 f., Schriften Bd. 3 S. 332 f.; vgl. „Über die eherne Schlange" 1812, Schriften Bd. 6 S. 391 f. — Dieselbe Lehre wurde um 1827 von dem schottischen Theologen Edward Irving (er ist um ihretwillen abgesetzt worden) vorgetragen: *"The point of issue is simply this, whether Christ's flesh had the grace of sinlessness and incorruption from its own nature, or from the indwelling of the Holy Ghost; I say the latter. ... It was manhood fallen which He took up into His Divine person, in order to prove the grace and the might of Godhead in redeeming it."* So the humanity was without guilt, but with everything else that belongs to man, and was "held like a fortress in immaculate purity by the Godhead within." "Christ was holy in spite of the law of the flesh working in Him as in another man; but never in Him prevailing."* (Zitiert nach H. R. Mackintosh, *The doctrine of the person of Jesus Christ,* 1931, S. 277; vgl. PRE.³ Bd. 9 S. 427.) — Wir finden bei dem Erlanger J. Chr. K. v. Hofmann den Satz, Christus werde „seine menschliche Natur zum Mittel der Betätigung seiner persönlichen Gemeinschaft mit Gott gewollt haben, aber einer Betätigung derselben, welche unter der durch die Sünde gesetzten Bedingtheit der menschlichen Natur geschähe" (Der Schriftbeweis I, 1852, S. 45). Oder nach der zweiten Auflage desselben Buches: „Er wird also die menschliche Natur so zu der seinigen gemacht haben, daß er in ihr der Menschheit angehörte, wie sie infolge der Sünde war, aber ohne Sünder zu sein, und daß er sie zum Mittel der Betätigung seiner ewigen Gottesgemeinschaft hatte, aber einer Betätigung derselben, welche unter der durch die Schöpfung und durch die Sünde gesetzten Bedingtheit der menschlichen Natur geschah" (S. 46). — So ist Christus nach H. F. Kohlbrügge „Fleisch vom Fleische geboren, nicht von einer fleischlich reinen Geburt, um Quasi-Erbsünde zu bedecken, sondern Fleisch wie wir sind, nämlich nicht ‚Geist', sondern Gottes ganz und gar entäußert, entledigt, aus der Herrlichkeit Gottes heraus; begriffen in eben derselben Verdammung oder ewigem Tode und Fluche, worin wir von unserer Geburt; anheimgegeben dem, der dieses Todes Macht hat, das ist der Teufel, wie wir von Hause aus. So ist er für uns geboren von einem Weibe und in diesem unserem ganzen Wesen, mit allen menschlichen Affekten, Begierden und Bedürfnissen. ‚Sünde' für uns gemacht war er hier in Gleichheit eines Fleisches von Sünde an unserer Statt" (Betr. üb. das 1. Kap. des Ev. nach Matth., 1844, S. 92). Immanuel, Gott mit uns, heißt: Das Wort ward Fleisch. Fleisch aber heißt: „eine verlorene Menschheit, Sünder, Sünderinnen hat Gott in sich aufgenommen" (S. 132). Und ein anderes Mal in kühner Interpretation der Situation oder des Standes des sündigen Menschen, wie Christus ihn uns zu gut eingenommen hat: „Warum war der Tod am Kreuz von Gott verflucht? Der hohe Gott hat immerdar zu den Menschen auf Erden herabkommen wollen, darum geziemt es den Menschen, an dem Boden zu bleiben und vom Worte, von Gnade, von Glauben zu leben; aber das will der Mensch nicht, er will immerdar höher, als er gehen kann, so wird er denn zuschanden und es trifft ihn der Fluch. Denn so spricht Gott 2. Buch Mose 19, 12: ‚Hütet euch, daß ihr nicht auf den Berg steiget!' Darum ist es ein gottverhöhnendes Beginnen des Fleisches, sich selbst zu Gott hinaufmachen zu wollen durch eigene Kraft und Weisheit und Gerechtigkeit; da bleibt es zwischen Erde und Himmel hängen. Für diese unsere Sünde, worauf der Tod steht, starb unser Herr, indem er zwischen Himmel und Erde hing, mit festgenagelten Händen und Füßen, also als einer, der nichts zustande bringen konnte" (Fr. u. Antw. zum Heid. Kat., 1851, zu Fr. 39). — So schreibt Eduard Böhl: „Der Logos ging ein in unseren von Gott entfremdeten Zustand oder in die Natur, welche gesündigt hat. Unser Zustand ist aber: daß wir durch Adam in Schuldhaft geraten und dem Tode anheimgefallen sind, infolgedessen wir Feinde Gottes und ihm verhaßt sind. ... Entweder bringt der Sohn Gottes unter den gleichen Verhältnissen, in denen wir leben, das Heil zustande.... oder aber es hat ein Jeder die Sache wieder von vorn anzufangen und die Forderungen Gottes an uns selbständig ins Reine zu bringen" (Dogmatik, 1887, S. 299, 302). — Und so ist nach H. Bezzel zu sagen: „Die Menschwerdung Jesu hätte uns nie erlöst, nur seine Fleischwerdung.... Die Menschwerdung hätte uns den Schmerz erhöht: ‚Warum konntest du nicht auch ein solcher Mensch sein wie er?' und er hätte uns nur den Beweis erbracht, daß wir es wohl hätten werden können, wenn wir nicht abgefallen wären. Die Menschwerdung wäre wie ein Hohn auf mein Elend gewesen, so gewiß wie ein in Gesundheit und Kraft blühender Mann, wenn er ans Krankenbett tritt, immer wie ein Weh vom Kranken empfunden wird." „Nicht Menschengestalt allein, sondern die Gestalt des durch die Sünde verunehrten und entwerteten Menschentums, die Gestalt, in welche die Sünde ihre Furchen lang und schwer gezogen und die Welt ihre furchtbaren Erinnerungen eingeprägt hatte, die Gestalt, die oft einem Menschen gar nicht ähnlich war, so verunstaltet und unwert und ungeweiht." „Er hat nicht bloß den Leib getragen, sondern den Leib der Schwachheit und kraft des göttlichen Realismus nicht bloß das Sein des Menschen sich erwählt, sondern das Sosein der ganzen dichten Armut kosmischer Depotenziertheit, die ganze Beschränktheit fleischlichen Seins." Er erlebte „die Menschheitsidee in ihrem Zerrbilde", er trat ein „in den ganzen Ernst der Verkehrung des Menschenbildes, er nahm das Knechtsgestalt an, welche die Sünde ihren Sklaven aufprägt". „Nicht daß er Mensch war, ist der Trost des Christen, sondern daß er aufhörte, der Mensch des Wohlgefallens zu sein und in die von der Sünde hergestellte Zerrbildlichkeit des Menschen hineingedrungen ist ..., er ward zur Sünde gemacht!" „Deine Verkehrtheit ist nur ein schwaches Abbild seiner innerlichen Verarmung und Verödung: er hat nicht allein die Sünde getragen, sondern er ward die Sünde selbst" (Zitiert nach J. Rupprecht, H. Bezzel als Theologe, 1925, S. 61 f.).

§ 15. *Das Geheimnis der Offenbarung*

4. Indem der Sohn Gottes dasselbe wird, was wir sind, ist er dasselbe ganz anders als wir: so nämlich, daß nun in unserem Menschsein das unterlassen wird, was wir tun, und das getan wird, was wir unterlassen. Dieser Mensch wäre ja nicht Gottes Offenbarung an uns, Gottes Versöhnung mit uns, wenn er nicht als wahrer Mensch der wahre, unveränderliche, vollkommene Gott selbst wäre. Er ist der wahre Gott, weil und sofern es dem wahren Gott gefallen hat, wahres Menschsein anzunehmen. Damit ist aber ausgesagt eine Inanspruchnahme, eine Heiligung, eine Begnadung dieses Menschseins, das d i e S ü n d e a u s s c h l i e ß t. In ihm ist ja Gott selber Subjekt. Wie sollte Gott sündigen: sich gegen sich selbst auflehnen, sich selbst gegenüber wie Gott, ja ein Gott sein wollen und so von sich selbst abfallen, wie es unsere Sünde ihm gegenüber ist, wie es im Ereignis unserer Existenz von Haus aus und dann immer wieder geschieht? Gewiß, das Wort nimmt u n s e r Menschsein, es nimmt F l e i s c h an und das heißt: es existiert in der Verfassung und in der Situation unter den Bedingungen, unter dem Fluch und unter der Strafe des sündigen Menschen; es existiert hier, wo wir sind: in der ganzen Ferne nicht nur des Geschöpfs vom Schöpfer, sondern des gefallenen Geschöpfs von dem heiligen Schöpfer. Anders wäre sein Handeln kein offenbarendes, kein versöhnendes Handeln. Es wäre und bliebe uns dann ein fremdes Wort, es würde uns nicht finden und treffen. Denn wir sind in jener Ferne. Aber e s, das Wort Gottes, nimmt unser Menschsein, nimmt Fleisch an, existiert da, wo wir existieren. Sonst wäre ja sein Handeln wiederum kein offenbarendes, kein versöhnendes Handeln. Es würde uns sonst nichts Neues bringen. Es würde uns nicht helfen. Es würde uns in jener Ferne lassen. Also: er tut in unserer Verfassung und Situation nicht das, was diese Verfassung und Situation begründet und geschaffen hat und was wir in dieser Verfassung und Situation immer wieder tun. Unser unheiliges Menschsein ist, angenommen und aufgenommen durch das Wort Gottes, ein geheiligtes und also ein sündloses Menschsein. In unserem unheiligen Menschsein kommt uns das ewige Wort nahe. In der Heiligung unseres unheiligen Menschseins kommt es uns überlegen und hilfreich nahe.

Daß Gott seinen eigenen Sohn sandte ἐν ὁμοιώματι σαρκὸς ἁμαρτίας, wird ja Röm. 8, 3 sofort dahin erklärt: περὶ ἁμαρτίας, d. h. um der Sünde willen, in Sachen der Sünde — also nicht etwa um selber auch Sünde zu tun — und unzweideutig sagt dann der Hauptsatz: κατέκρινεν (ὁ θεὸς) τὴν ἁμαρτίαν ἐν τῇ σαρκί, also: in der Gleichheit des Fleisches (des unheiligen, des durch die Sünde gezeichneten Fleisches!) geschieht das Ungleiche, das Neue und Hilfreiche: die Sünde wird gerichtet, gerichtet dadurch, daß sie nicht getan wird, daß sie unterbleibt, daß eben da, wo sonst notwendig und unaufhaltsam Sünde geschieht, jetzt vollkommener Gehorsam stattfindet. Das ist ja der Sinn der Fleischwerdung: daß jetzt im Fleische n i c h t das getan wird, was alles Fleisch tut. „Er hat ihn für uns zur Sünde gemacht" (2. Kor. 5, 21) heißt nicht: er hat ihn zu einem Menschen gemacht, der nun auch wieder sündigt — was sollte sonst das „für uns"? —, sondern er hat ihn austauschweise (καταλλάσσων: im Sinne des alttestamentlichen Sündopfers) an die Stelle eines Sünders gestellt. Aber wen hat er dahin gestellt? τὸν μὴ γνόντα ἁμαρτίαν. Weil dieser, der die Sünde nicht kannte, „zur Sünde gemacht" ist, darum bedeutet dieses „machen" den Akt einer göttlichen Darbringung περὶ ἁμαρτίας, ὑπὲρ ἡμῶν, das Gericht über die Sünde, ihre Hinwegnahme. *Ipse ergo peccatum, ut nos iustitia, nec nostra sed Dei, nec in nobis sed in ipso, sicut ipse peccatum, non suum, sed nostrum* (Augustin, Enchir. 41). Das ist die selbstverständliche Bestimmung des *vere homo* nach dieser Seite. Wohlverstanden: seine Bestimmung, nicht seine Beschränkung, nicht seine heimliche Problematisierung. Zum wahren Menschsein gehört als solchem ja weder unter dem Gesichtspunkt seiner Schöpfung durch Gott noch auch unter dem Gesichtspunkt, daß es auf Grund des Sündenfalls „Fleisch" ist, das Tun der Sünde als solches. Und darum heißt es nun: er ist versucht in allem gleich wie wir χωρὶς ἁμαρτίας (Hebr. 4, 15). Er ist darum der geeignete Hohepriester für uns, weil er heilig ist, frei vom Bösen, unbefleckt κεχωρισμένος ἀπὸ τῶν ἁμαρτωλῶν (Hebr. 7, 26). Das Lamm Gottes, welches der Welt Sünde trägt und hinwegträgt, ist „ein Lamm ohne Makel und Flecken" (1. Petr. 1, 19): ἁμαρτίαν οὐκ ἐποίησεν (1. Petr. 2, 22). Er wurde offenbar (ἐφανερώθη), damit er die Sünden wegnehme καὶ ἁμαρτία ἐν αὐτῷ οὐκ ἔστιν (1. Joh. 3, 5). Es kommt der Fürst dieser Welt — καὶ ἐν ἐμοὶ οὐκ ἔχει οὐδέν (Joh. 14, 30). Und: „Wer unter euch kann mich wegen Sünde tadeln?" (Joh. 8, 46). Genau auf dieser Linie hat dann auch die alte Kirche weiter gedacht und gelehrt: *Confirmamus eam fuisse carnem in Christo, cuius natura est in homine peccatrix, et sic in illa peccatum evacuatum, quod in Christo sine peccato habeatur, quae in homine sine peccato non habebatur* (Tertullian, *De carne Christi* 16).

Fragen wir aber, worin denn nun konkret die Sündlosigkeit oder positiv der Gehorsam Christi zu erblicken ist? so wird man schwerlich gut tun, sich nach diesen oder jenen Charaktervorzügen, Tugenden oder guten Werken dieses Menschen umzusehen. Denn wir können nur wiederholen: als moralischen Idealmenschen hat das Neue Testament Jesus Christus nun gerade nicht dargestellt, und bei Anwendung der Maßstäbe, die man bei der Konstruktion eines moralischen Idealmenschen anzuwenden pflegt, könnten wir sowohl bei dem Jesus der Synoptiker wie bei dem des Johannes leicht in gewisse nicht einfach aufzulösende Schwierigkeiten geraten. Sondern das ist der Gehorsam Jesu Christi, daß er nichts Anderes, sondern mit allen Konsequenzen nur dies Eine sein wollte und war: Gott im Fleische, göttlicher Träger der Last, die der Mensch als Sünder zu tragen hat.

Das wurde nach Phil. 2, 7 in seiner menschlichen Gestalt gefunden: „Er erniedrigte sich selbst, indem er gehorsam wurde bis zum Tode, nämlich zum Kreuzestode". Er lernte Gehorsam ἀφ' ὧν ἔπαθεν (Hebr. 5, 8). „Er ertrug anstatt der ihm zustehenden Freude das Kreuz und achtete die Schande nicht" (Hebr. 12, 2). „Darum liebt mich mein Vater, weil ich mein Leben hingebe" (Joh. 10, 17). Was das Gegenteil wäre: die Sünde, die Jesus nicht tut, erfahren wir aus der Gethsemanegeschichte: sie bestünde darin, daß er gegen den Willen Gottes wollte, daß „dieser Kelch" an ihm vorübergehe (Matth. 26, 39), und positiv aus der Versuchungsgeschichte: sie bestünde darin, daß er seine Gottessohnschaft im Sinn und Stil eines menschlichen Heros zu seinem eigenen Vorteil und Glanz — das hieße aber in Anbetung des Teufels — ausübte und sie damit verleugnete (Matth. 4, 1 f.). Darum bekommt Petrus, der ihn von dem Weg nach Jerusalem abhalten will, die Antwort: „Du denkst nicht die Ordnung Gottes, sondern die Ordnung der Menschen" (Matth. 16, 23). Und darum wird der reiche Jüngling mit seiner Anrede ,,Guter Meister!" zurückgewiesen: „Was nennst du mich gut, keiner ist gut außer Gott allein!" (Mc. 10, 17 f.). „Des Menschen Sohn ist nicht gekommen bedient zu werden, sondern zu dienen und sein Leben hinzugeben zum Lösegeld für viele" (Mc. 10, 45). Daß diese Regel gültig über seinem Leben steht und innegehalten wird, das ist die Heiligung, der Gehorsam des Menschen Jesus.

Jesu Sündlosigkeit besteht offenbar gerade darin, daß er sich zu dem Sinn der Fleischwerdung bekennt, das heißt: daß er anders als Adam, als der „zweite Adam" nicht sein will wie Gott, sondern in Adams Natur sich zum Adamsein, zu der Verfassung und Situation des gefallenen Menschen vor Gott be ke n n t und den Zorn Gottes, der diesen Menschen treffen muß, trägt, nicht als ein Schicksal, sondern als einen gerechten, notwendigen Zorn, daß er der Last dieser Verfassung und Situation nicht ausweicht, sondern ihre Bedingungen und Folgen auf sich nimmt.

Das ist's ja, was wir fortwährend nicht tun wollen. Darin besteht ja der Aufruhr der Sünde, in welchem der Mensch den alten Aufruhr Adams täglich und stündlich wiederholt: Denn wie Adam die Ordnung des Paradieses, d. h. die Schranken seiner Geschöpflichkeit nicht wahren wollte, so will der Mensch als Adams Kind sich nicht fügen in die Ordnung der Wiederherstellung; er will nicht verstehen und zugeben, daß er Fleisch ist, im Gericht steht und allein von Gnade leben kann. Er will Gott nicht recht geben in seinem Urteil über ihn, um sich dann ganz an dieses Gottes Barmherzigkeit zu klammern. Er will mindestens auch noch auf eigenen Füßen stehen und gehen. Er will, wenigstens mitwirkend bei dem, was Gott tut, „sein Leben retten" (σῶσαι τὴν ψυχὴν αὐτοῦ, Mc. 8, 35). Eben damit verliert er sein Leben. Eben daran scheitert er. Denn eben damit wird die Sünde im Fleisch nicht gerichtet, eben damit geschieht sie vielmehr aufs neue. Eben damit tut der Mensch aufs neue, was Adam tat. Anders Jesus: er hat gut gemacht, was Adam verkehrt machte, er hat die Sünde im Fleisch gerichtet, indem er die Ordnung der Versöhnung anerkannte, d. h. indem er sich, an die Stelle eines Sünders gestellt, unter das göttliche Urteil beugte und sich allein der Gnade Gottes anbefahl. Und das ist seine Heiligung, sein Gehorsam, seine Sündlosigkeit. Sie besteht also nicht in einem ethischen Heldentum, sondern gerade in einem Verzicht auf jedes, auch auf das ethische Heldentum. Er ist sündlos, nicht trotzdem, sondern gerade weil er der Zöllner und Sünder Geselle ist und zwischen den Schächern stirbt. In dieser Sündlosigkeit ist er nach Paulus der „zweite Adam" (1. Kor. 15, 45 f.), der Eine, der durch seinen Gehorsam die Vielen als Gerechte vor Gott hinstellt, dessen Rechttat den Übertretungen der Vielen, in der Gefolgschaft Adams rettungslos dem Tode Verfallenen versöhnend gegenübersteht: die Rechttat, in der es zu einer Rechtfertigung, und zwar zu einer Leben bringenden Rechtfertigung (δικαίωσις ζωῆς) für alle kommt (Röm. 5, 12 f.; 1. Kor. 15, 22). Indem das Wort Gottes Adam wird, wird die Kontinuität dieses Adamseins gebrochen, die Kontinuität eines neuen Adamseins eröffnet. Die Kontinuität des alten Adamseins wird aber gerade damit gebrochen, daß seine Wahrheit, durch keine Illusionen verschönert, durch keine Künste umgangen, einfach anerkannt, seine Not offen und willig ertragen wird.

Das ist die Offenbarung Gottes in Jesus Christus. Denn wo der Mensch sich zu seiner Verlorenheit bekennt und ganz von Gottes Barmherzigkeit lebt — das tat kein Mensch; das hat allein der Gottmensch Jesus Christus getan — da ist Gott selbst offenbar. Und damit versöhnte Gott die Welt mit sich selber. Denn wo der Mensch kein Recht für sich beansprucht, sondern Gott allein ganz recht gibt — das tat kein Mensch, das hat allein der Gottmensch Jesus Christus getan — da ist die Welt aus ihrer Feindschaft gegen Gott herausgeholt und mit Gott versöhnt.

2. Wahrer Gott und wahrer Mensch

Gerade auf dem Boden eines neutestamentlichen Verständnisses des Satzes von der Sündlosigkeit Jesu wird man die Fragen, von denen er umgeben ist, ohne das Geheimnis, auf das sie hinweisen, auflösen zu können und zu wollen, nicht als undurchsichtig bezeichnen können. Das Neue Testament hat einerseits mit dem *vere homo* so Ernst gemacht, daß es den Gehorsam Jesu auf der ganzen Linie als ein echtes Ringen um Gehorsam, als ein Suchen und Finden dargestellt hat. Luc. 2, 40 ist die Rede von einem „Wachsen und Starkwerden", und Luc. 2, 52 ist die Rede von einem προκόπτειν (eigentlich: einem durch Schlagen Ausdehnen, wie der Schmied das Metall durch Hämmern streckt, Griech. H.W.B. von Pape-Sengebusch s. v.) Jesu in der Weisheit, im Alter und in der Gnade bei Gott und Menschen. Auch die Versuchungsgeschichte Matth. 4, 1 ff. beschreibt offenbar alles andere als ein Scheingefecht, und man würde nicht gut tun, sie als eine bloß „äußere Belästigung Satans" aufzufassen, eine „innerliche Versuchung und Anfechtung" Jesu in Abrede zu stellen. Zu dem *vere homo* gehört doch wohl auch das, was wir die Innerlichkeit des Menschen nennen. (Gegen B. Bartmann, Lehrb. d. Dogm.[7] 1. Bd., 1928, S. 360. Ebenso ernst ist das Wort περίλυπός ἐστιν ἡ ψυχή μου (Mc. 14, 34) und das „Mein Gott, mein Gott, warum hast du mich verlassen?" (Mc. 15, 34). Jesus hat „in den Tagen seines Fleisches den, der ihn aus dem Tode retten konnte, Bitten und Flehen mit starkem Geschrei und Tränen dargebracht, wurde wegen seiner Gottesfurcht erhört und lernte καίπερ ὢν υἱός in seinen Leiden Gehorsam (Hebr. 5, 7 f.). Das Neue Testament hat dieses „Lernen" nirgends anschaulich zu machen versucht, und man begeht immer einen Übergriff, wenn man das etwa nachzuholen unternehmen will. Das Neue Testament hat nur auf die Tatsächlichkeit dieses „Lernens" hingewiesen. An dieser Tatsächlichkeit darf man aber keine Abstriche machen, wenn man nicht gerade das verdunkeln will, um was es in dem Satz von der Sündlosigkeit geht: darin besteht sie ja eben, daß Jesus vor der Verfassung und Situation des gefallenen Menschen Gott gegenüber nicht die Flucht angetreten, sondern sie auf sich genommen, sie selber als der ewige Sohn Gottes gelebt und getragen hat. Wie hätte er das getan, wenn er in seinem Menschsein keiner wirklichen innerlichen Versuchung und Anfechtung ausgesetzt gewesen, wenn er nicht, wie jeder Mensch, einen inneren Weg gegangen wäre, wenn er nicht aus wirklicher innerer Not zu Gott geschrien und mit Gott gerungen hätte? Eben in diesem Ringen, in welchem er mit uns bis aufs letzte solidarisch wurde, geschah ja, was bei uns nicht geschieht, der Wille Gottes: „indem er, selber versucht, gelitten hat, kann er denen helfen, die versucht werden" (Hebr. 2, 18) — nicht anders! Hier dürfte das berechtigte Anliegen derer zu sehen sein, die im sog. monotheletischen Streit des 7. Jahrhunderts die Lehre verfochten und schließlich zum Sieg geführt haben: daß mit der wahren menschlichen Natur des Gottmenschen auch sein wahrer, vom Willen Gottes verschiedener, wenn auch diesem gegenüber nie selbständiger menschlicher Wille nicht geleugnet werden dürfte.

Daß Jesus nicht sündigen kann, daß das ewige Wort Gottes auch im Fleische unversuchlich ist, daß Jesus aber in diesem Ringen siegen muß, ja, das ist freilich die Meinung des Neuen Testamentes. Aber daß dem so ist, das ist das von ihm bezeugte Geheimnis der Offenbarung, das ist die Wahrheit des Ereignisses der Wirklichkeit Jesus Christus und kann auch nur als solche ereignishaft hervorbrechende Wahrheit verstanden werden. Die Sündlosigkeit Jesu läßt sich also mit der Tatsache, daß hier ein wahrer Mensch ernstlich gekämpft hat, nicht systematisch verknüpfen, sondern nur in ihrer geschichtlichen Verknüpfung mit jener Tatsache feststellen und anerkennen: der hier gekämpft und gesiegt hat, ist der, der siegen mußte, der, indem er zum Kampf antrat, schon gesiegt hatte. Er wußte wirklich um keine Sünde. So wahr das *vere Deus* gilt! Das sagt das Neue Testament, weil es um seine Auferstehung weiß. Die Auferstehung war ja die Offenbarung des *vere Deus*, die Offenbarung dessen, daß das Wort Fleisch ward. Diese Offenbarung hebt sich aber ab von dem Hintergrunde: Das Wort ward Fleisch. Wir werden, um zu verstehen, hier wie überall den uns vorgezeigten Weg vom Kreuz zur Auferstehung Christi mitzugehen haben.

III.

„Das Wort ward Fleisch", ἐγένετο, lesen wir Joh. 1, 14. Diesem für die ganze christologische Frage entscheidenden Moment haben wir uns nun zuzuwenden. „Das Wort ward" — das bezeichnet zentral das Geheimnis der Offenbarung, das Ereignis des Unbegreiflichen, daß Gott bei uns und mit uns ist. Wenn es irgendein synthetisches Urteil gibt, so ist es dieses: „Das Wort ward." Kann denn, will denn das Wort Gottes werden? Gibt es damit nicht seine Gottheit preis? Oder wenn es sie nicht preisgibt, was heißt denn Werden? In welchen Bildern oder Begriffen soll dieses Werden des Wortes Gottes angemessen beschrieben werden? „Das Wort ward" — ist das wahr und in der Weise wahr, daß damit ein wirkliches Werden und doch gerade keine Preisgabe der Gottheit des Wortes ausgesagt ist, dann ist es eine Wundertat, eine Barmherzigkeitstat Gottes, die da wahr ist.

Daß dem so ist, ergibt sich exegetisch aus dem Zusammenhang von Joh. 1, 14: die dort vorangehenden Aussagen über den Logos lauten ja: Er war (ἦν) und war im Anfang, und zwar bei Gott, und zwar so, daß er selbst Gott war (Joh. 1, 1), und dann sehr nachdrücklich: durch ihn wurde alles (δι' αὐτοῦ τὰ πάντα ἐγένετο), und nichts, was geworden ist, ist anders als durch ihn geworden (Joh. 1, 3). Gerade das Werden wird also im Unterschied zu ihm, dem Schöpfer, seinen Geschöpfen zugeschrieben. Sind sie alle durch ihn geworden, so erwarten wir nichts weniger als dies zu hören: daß auch er selbst Subjekt eines ἐγένετο werden, daß er selber in der Weise der von ihm geschaffenen Dinge da sein könne. ἐγένετο bezeichnet dann weiter Joh. 1, 6 f. das historische Auftreten des Zeugen Johannes. Deutlich genug wird auch er als „von Gott gesandter Mensch", der nicht das Licht, d. h. nicht die Offenbarung war, sondern nur ihr Zeuge, vom Logos unterschieden. Und nun soll es dennoch auch von dem Logos heißen: ἐγένετο, er trat auf in der Geschichte, ebenso wie etwas vor ihm der Täufer auftrat und wie vor ihm und nach ihm noch manche andere. Endlich ist Joh. 1, 12 f. die Rede von den an seinen Namen Glaubenden und also ihn Aufnehmenden, denen er die ἐξουσία gab zu werden (γενέσθαι), was sie offenbar sind: Kinder Gottes, nicht von Natur, sondern allein aus Gottes Gnade. Und nun tritt der Geber neben die Empfänger, nun wird ihm selber ein γενέσθαι zugeschrieben! So ist das ganze Rätsel von Joh. 1, 14 auch in dieser Kopula ἐγένετο ausgedrückt. Gerade das geschieht, was man nach allem Vorangehenden zuletzt erwarten sollte (was freilich für den Evangelisten die Voraussetzung alles Vorangehenden war): das göttliche Wort verläßt seinen ewigen Thron und steigt herunter dahin, wo die Geschöpfe, wo seine Zeugen, wo seine Berufenen und Erwählten sind. Das ist sein Handeln, daß es sich sozusagen verliert unter denen, die doch nur Gegenstände seines Handelns sein können. Es, das ewige Subjekt, ist jetzt — ein Ärgernis für alle jüdischen und eine Torheit für alle griechischen Ohren — da, wie irgend etwas, wie irgend jemand sonst da ist. Das heißt ὁ λόγος ἐγένετο, wenn man die Worte in der Bedeutung nimmt, den sie im Zusammenhang haben, wenn man also weder an dem ὁ λόγος noch an dem ἐγένετο einen erleichternden, d. h. abschwächenden Abstrich macht. Unterläßt man das, dann ist man aufgefordert, diese beiden Begriffe mit ihren streng entgegengesetzten Inhalten als Bestimmungen eines und desselben Subjektes zusammenzudenken. Dieses Subjekt ist eben Jesus Christus, dessen Herrlichkeit das Johannesevangelium und das Neue Testament überhaupt bezeugen will. Angesichts dieses und nur dieses Subjektes ist es zu diesem Satz: ὁ λόγος ἐγένετο gekommen. Auf dieses und nur dieses Subjekt soll mit diesem Satz hingewiesen werden. Damit ist schon gesagt, daß wir nicht aufgefordert sind, jene beiden Begriffe nun etwa in einem dritten höheren Begriff zu vereinigen und so ihren Gegenstand aufzuheben. Es kann hier keinen höheren Begriff geben, in welchem der Gegensatz jener beiden Begriffe verschwinden würde. An Stelle dieses höheren Begriffs steht der Name Jesus Christus. „Zusammendenken" kann hier also nur die Verantwortung bedeuten, die wir — immer wenn wir uns an das halten wollen, was uns durch die Schrift vorgegeben ist — diesem Namen schuldig sind. Es kann also nur bedeuten: zugleich denken, daraufhin, daß uns durch die Schrift ebenso streng das ὁ λόγος und das ἐγένετο vorgegeben ist.

Wir müssen zum Verständnis der Wundertat dieses Werdens zurückgreifen auf die unter I entwickelte Erkenntnis, daß sie als eine Tat des Wortes, das der Herr ist, zu verstehen ist. Wie die Menschheit von sich aus keine Fähigkeit, kein Vermögen, keine Würdigkeit hat, durch die sie als geeignet erschiene, die Menschheit des Wortes zu werden, so gibt es auch kein Werden, das als solches das Werden des Wortes zu sein vermöchte. Sein Werden ist kein Geschehen, das ihm in irgendeinem Sinn widerfährt, in welchem es in irgendeinem Sinn von außen, von etwas anderem her bestimmt würde. Schließt es sein Leiden in sich, seine Verhüllung und Erniedrigung bis zum Tode — und das schließt es allerdings in sich — so ist es doch auch so, als Leiden, sein Wille und sein Werk, nicht zusammengesetzt aus Wirkung und Gegenwirkung, sondern Wirkung auch im Erleiden der Gegenwirkung, Majestätsakt auch als Verhüllung. Er wurde nicht erniedrigt, sondern: er erniedrigte sich selbst. Dem entsprechend haben wir den einzigartigen Akt dieses Wunders, die Fleischwerdung des Wortes, näher zu erklären. Sie besteht in der menschlichem Sein durch das Wort Gottes in und mit seinem Werden als solchem widerfahrenden Annahme oder Aufnahme oder Hineinnahme in die Einheit mit dessen eigenem Sein, so daß dieses menschliche Sein, indem es selbst wird, als menschliches Sein das Sein des Wortes Gottes wird.

„Werden" in dem uns bekannten Sinn des Begriffs können wir also notwendig nur von dem menschlichen Sein aussagen, um eben damit das unbegreifliche Werden des göttlichen Wortes zum Ausdruck zu bringen. — Den Ausdruck „Annahme", dessen wir uns zur angemessenen Umschreibung des ἐγένετο im Anschluß an eine alte begriffliche Tradition bedienen, finden wir vorgegeben Phil. 2, 7: μορφὴν δούλου λαβών, und Hebr. 2, 16: σπέρματος Ἀβραὰμ ἐπιλαμβάνεται. Seine Hervorhebung dürfte schon auf das 2. Jahrhundert zurückgehen. Wir finden sie in der pseudojustinischen *Cohort. ad gentiles* 38: ἀναλαβὼν ἄνθρωπον, bei Tertullian, *Adv. Prax.* 27: *indutus carnem*, bei Origenes, Περὶ ἀρχῶν I 2, 1: *Humana natura, quam ... suscepit*, bei Hippolytus, *De Antichristo* 4: ἐνεδύσατο τὴν ἁγίαν σάρκα. Der stehende lateinische Terminus in der mittelalterlichen und altprotestantischen Scholastik wurde dann der des *assumere* bzw. der *assumptio*.

Umschreiben wir den Satz „Das Wort ward Fleisch" mit: „Das Wort nahm Fleisch an", so ist damit das schon berührte Mißverständnis abgewehrt, als ob das Wort in der Fleischwerdung aufgehört habe, ganz sich selber und sich selber gleich, nämlich im Vollsinn des Wortes Gott zu sein. Gott kann nicht aufhören, Gott zu sein. Die Fleischwerdung ist unbegreiflich, aber sie ist nicht absurd und sie darf nicht als Absurdität interpretiert werden. Das ist ihr unbegreifliches Faktum, daß das Wort Gottes als solches, also ohne aufzuhören, Gott zu sein, in der Weise bei uns ist, daß es menschliches Sein, das sein Geschöpf ist, zu seinem eigenen Sein hinzunimmt und insofern zu seinem eigenen Sein macht. Als sein eigenes Prädikat neben seinem ursprünglichen Prädikat der Gottheit nimmt es menschliches Sein hinein in die Einheit mit sich selber. Und es ist mit der Umschreibung: „Das Wort nahm Fleisch an" auch das zweite Mißverständnis abgewehrt, als handle es sich in der Fleischwerdung darum, daß mittelst einer Vereinigung göttlichen und menschlichen Seins und Wesens ein Drittes entstanden wäre. Jesus Christus als der Mittler zwischen Gott und Mensch ist nicht ein Dritter zwischen beiden — auch damit wäre ja gesagt, daß Gott aufgehört hätte, Gott zu sein, und Mensch wie wir wäre er dann auch nicht — sondern Jesus Christus ist Mittler, ist Gottmensch in der Weise, daß er Gott und Mensch ist. Dieses „und" ist die unbegreifliche Tat jenes „Werdens" der Inkarnation. Nicht die Tat des menschlichen Seins und Wesens — wie sollte dieses solcher Tat fähig sein — aber auch nicht die Tat des göttlichen Seins und Wesens als solchen. Nicht die göttliche Natur handelt ja, wo Gott handelt. Sondern in seiner göttlichen Natur der dreieinige Gott, einer in den drei Seinsweisen des Vaters, des Sohnes und des Heiligen Geistes. So auch in dieser Annahme menschlichen Seins durch das ewige Wort. Es, das ewige Wort, kraft seines eigenen Willens und Vermögens wie kraft des Willens und Vermögens des Vaters und des Heiligen Geistes, wird Fleisch. Die Einheit, in die die menschliche Natur aufgenommen wird, ist also die Einheit mit dem Worte und nur insofern — weil dieses Wort das ewige Wort ist — die Einheit der menschlichen mit der göttlichen Natur. Das ewige Wort ist aber mit dem Vater und dem Heiligen Geiste der unveränderliche Gott selber und also keiner Verwandlung oder Vermischung fähig. Die Einheit mit ihm, jenes „Werden" des Wortes, kann also nicht die Entstehung eines Dritten zwischen Wort und Fleisch, sondern nur die Annahme des Fleisches durch das Wort bedeuten.

Unitionis formale exprimit τὸ ἐγένετο, *quod non per transmutationem aut conversionem, sed per assumptionem explicandum est (Quenstedt, Theol. did. pol. 1685 III c.3 m. 1 sect. 1 thes. 23).* Die Einheit von Gott und Mensch in Jesus Christus wird darum von der ganzen alten Dogmatik primär als *unio personalis* sive *hypostatica* und erst sekundär als *unio naturarum* bezeichnet. Und es wird auch die *unio naturarum* entscheidend immer von der *unio personalis* her verstanden. Die charakteristische Definition der Fleischwerdung lautet darum übereinstimmend: *Est autem incarnatio opus Dei, quo Filius Dei secundum oeconomiam divini consilii Patris et sui et Spiritus Sancti . . . carnem in unitatem personae sibi assumpsit (Syn. pur. Theol.*, Leiden 1624, *Disp.* 25, 4). Oder: *Incarnatio est actio divina qua Filius Dei naturam humanam . . . in unitatem suae personae assumsit* (Hollaz, *Ex. theol. acroam.*, 1706, III sect. 1 c. 3 qu. 20).

Im Altertum die griechische und nach der Reformation die lutherische Schultradition unterscheiden sich dadurch von der lateinischen und später von der reformierten, daß jene an der *unio naturarum* ein nahezu selbständiges Interesse nehmen, während diese um so strenger die Beziehung der Natureneinheit auf die hypostatische Union betonen. Beides geschah im Protestantismus so lebhaft, daß es im 16. und 17. Jahrhundert zu einem förmlichen Gegensatz zwischen der lutherischen und der reformierten Christologie kommen konnte. Ins Extrem verfolgt, würde hinter der reformierten Christologie die nestorianische Abweichung mit ihrer Trennung und hinter der lutherischen die eutychianische Abweichung mit ihrer Identifizierung der zwei Naturen sichtbar werden. Und das ist's, was man sich gegenseitig vorgeworfen hat. Begnügen wir uns an diesem Ort, festzustellen, daß Lutheraner und Reformierte einig waren in dem Ausgangspunkt: die gemeinte Einheit, Jesus Christus, ist ursprünglich und eigentlich die Einheit des göttlichen W o r t e s mit dem von ihm angenommenen menschlichen Sein. Diese Einheit impliziert aber auch die Einheit — die weder als Einerleiheit noch als Doppelheit zu denkende Einheit — des göttlichen S e i n s des Wortes mit dem von ihm angenommenen menschlichen Sein, die Einheit der beiden Naturen. Die Diskussion wird, das kann hier schon gesagt werden, grundsätzlich nur auf dem als gemeinsam vorausgesetzten Boden dieser b e i d e n Sätze stattfinden und sie wird grundsätzlich nur darin bestehen können, daß man sich gegenseitig nach der G e l t u n g dieser beiden Sätze fragt und gefragt sein läßt. Es handelt sich um den ernsthaften Gegensatz zweier S c h u l t r a d i t i o n e n, n i c h t um einen G l a u b e n s g e g e n s a t z. Wir sahen ja an früherer Stelle, daß er zurückgeht auf die Differenz zwischen dem synoptischen und dem paulinisch-johanneischen Christuszeugnis. Diese Differenz ist aber sicher keine Glaubensdifferenz.

Da die Einheit von Gott und Mensch in Christus nun diese ist: die Tat des Logos, in der er menschliches Sein annimmt, da dies sein Werden ist und also das, was dem menschlichen Sein in diesem Werden des Logos widerfährt: ein Handeln Gottes in der Person des Wortes — darum kann sich Gott und Mensch, Schöpfer und Geschöpf in dieser Einheit nicht so zueinander verhalten wie in anderen Menschen, wie in der Schöpfung überhaupt. Man darf und muß ja von einer Gegenwart, sogar von einer persönlichen Gegenwart Gottes in allem geschaffenen Sein und insofern auch von einer Einheit Gottes mit allem geschaffenen Sein reden. Immer aber hat dann dieses geschaffene Sein Gott gegenüber eine selbständige Existenz. Es ist zwar nur kraft der Schöpfung und Erhaltung, d u r c h Gott und eben insofern: nur in der Einheit mit Gott wirklich, aber in dieser Einheit nun doch nicht so, daß es selbst Gott wäre, sondern so, daß es, in Gott seiend, ein von Gott Verschiedenes ist, daß es durch Gott ein vom Dasein Gottes verschiedenes, ein eigenes Dasein hat. Ebenso steht es mit der Gnadengegenwart Gottes im Predigtwort und im Sakrament (sofern man darunter das äußere geschöpfliche Zeichen des Wortes und der Elemente versteht) und mit der Gnadengegenwart Gottes im Herzen der Erwählten und Berufenen durch den Glauben. Einheit mit Gott bedeutet dort, daß die menschliche Rede, daß Wasser, Brot und Wein nicht nur durch Gott, sondern unzertrennlich verbunden m i t Gott wirklich sind und ebenso hier, daß der glaubende Mensch nicht nur durch Gott, sondern unzertrennlich verbunden m i t Gott leben darf. Einheit mit Gott kann aber dort nicht bedeuten, daß die menschliche Rede, daß Wasser, Brot und Wein — und hier nicht, daß der glaubende Mensch mit Gott identisch sei. Die Einheit von Gott und Mensch in Jesus Christus, dem Gottmenschen, aber besagt gerade dies: daß dieser Mensch Jesus Christus auf Grund dessen, daß das Wort in dem nun erklärten Sinn Fleisch ward, mit Gott identisch ist, daß er also nicht nur durch Gott und nicht nur mit Gott lebt, sondern **selbst Gott ist**, daß er also keine Wirklichkeit, keine Existenz neben Gott hat, daß er nicht auch noch selbständig und an sich da ist, sondern daß seine Wirklichkeit, seine Existenz, sein Dasein schlechterdings das Gottes selbst, des in seinem Wort handelnden Gottes ist. Seine Menschheit ist nur Prädikat seiner Gottheit oder also besser, konkret gesagt: sie ist nur das in unbegreiflicher Herablassung angenommene Prädikat des an uns handelnden Wortes, das der Herr ist.

Die alten Dogmatiker haben die Eigenart der Einheit zwischen dem Wort und der menschlichen Natur noch ausführlicher von allerlei anderen Einheiten zu unterscheiden und damit zu charakterisieren versucht. Ich zitiere J. Wolleb: *Non (humana natura) unita est ei* (τῷ λόγῳ) συνουσιωδῶς *ut personae divinae sunt unitae. Non* οὐσιοδῶς *tantum* καὶ δραστικῶς, *essentia et virtute, ut essentia Christi omnibus praesens est. Non* παραστατικῶς *seu praesentia gratiae tantum. Non* φυσικῶς *ut forma et materia uniuntur. Non* σχετικῶς *ut amicus amico. Non* μυστικῶς *tantum, ut Christus habitat in fidelibus. Non sacramentaliter ut in S. Coena, sed* ὑποστατικῶς *personaliter (Christ. Theol. Comp.* 1624 I *c.* 16 *can.* 4, 3). Eben aus der schlechthinnigen Eigenart dieser Einheit folgt aber der Satz, daß Gott und Mensch in Jesus Christus sich so verhalten, daß er als Mensch insofern und nur insofern existiert, als er als Gott, d. h. aber in der Seinsweise des ewigen Wortes Gottes existiert. Was wir damit aussprechen, ist die von der ganzen alten Theologie einmütig vertretenen Lehre von der Anhypostasie und Enhypostasie der menschlichen Natur Christi. „Anhypostasie" besagt das Negative: indem die menschliche Natur Christi kraft des ἐγένετο, d. h. kraft der *assumptio* ihr Dasein (die Alten sagten: ihre Subsistenz) im Dasein Gottes, nämlich in der Seinsweise (Hypostase, „Person") des Wortes hat, hat sie es nicht an und für sich, nicht *in abstracto*. Sie hat, abgesehen von jener göttlichen Seinsweise, deren Dasein sie bekommt, keine eigene, d. h. aber: sie hat, abgesehen von ihrem konkreten Dasein in Gott im Ereignis der *Unio*, kein eigenes Dasein. Sie ist ἀνυπόστατος. „Enhypostasie" besagt das Positive: die menschliche Natur bekommt kraft des ἐγένετο, d. h. kraft der *assumptio* Dasein (Subsistenz) im Dasein Gottes, nämlich in der Seinsweise (Hypostase, „Person") des Wortes. Diese göttliche Seinsweise gibt ihr im Ereignis der *Unio* Dasein, und so hat sie konkretes eigenes Dasein. Sie ist ἐνυπόστατος. Der Satz findet sich klar schon bei Hippolytus (*C. haer. Noeti* 15). Οὐθ' ἡ σάρξ καθ' ἑαυτὴν δίχα τοῦ λόγου ὑποστάναι ἠδύνατο διὰ τὸ ἐν λόγῳ τὴν σύστασιν ἔχειν. „Das Wort Gottes selbst wurde die Seinsweise des Fleisches" (Joh. Damascenus, Ekd. 3. 2).... *Ita ut caro illa nullam propriam subsistentiam extra Dei Filium habeat, sed ab illo et in eo vere sustentetur et gestetur (Syn. pur. Theol.* Leiden 1624, *Disp.* 25, 4). Das Anliegen dieser auf dem 2. Constantinopol. Konzil 553 *(Anath. de tribus cap., can.* 5 *Denz.* Nr. 217) zum Dogma erhobenen Lehre war die Abwehr der Vorstellung eines doppelten Daseins Christi: als Logos und als Mensch, eine Vorstellung, die notwendig entweder auf den Doketismus oder auf den Ebionitismus zurückführen mußte. Wir sahen an früherer Stelle: nicht einen Menschen, sondern menschliche Natur, menschliches Sein, also nicht ein zweites Daseiendes, sondern eine zweite Daseinsmöglichkeit, nämlich die eines Menschen, hat das ewige Wort sich zu eigen gemacht und ihm damit sein eigenes Dasein gegeben. Es muß ernst gelten mit Worten wie Luk. 1, 32 vgl. 35: οὗτος ... υἱὸς ὑψίστου κληθήσεται.

Gleich an diesem Punkt hat dann freilich im 17. Jahrhundert der Dissensus zwischen der lutherischen und der reformierten Theologie eingesetzt. Was heißt das, daß das ewige Wort der Daseinsmöglichkeit, dem Sein und Wesen eines Menschen sein eigenes Dasein und damit Wirklichkeit gegeben hat? Wir hörten eben eine typisch reformierte Erklärung: *Ita ut caro ... ab illo et in eo vere sustentetur et gestetur.* Man muß das *ab illo et in eo* ebenso beachten wie das *sustentetur et gestetur.* Dennoch betont das letztere (es findet sich schon bei Melanchthon, *Enarr. symb. Nic.* 1550, C.R. 22, 341 f.) auffällig den Akt des Wortes als solchen: das Fleisch hat Dasein, sofern es solches durch das Wort bekommt, und es entsteht bei dieser Formulierung die Frage, inwiefern ihm Dasein, und zwar als das Dasein des Wortes, nun wirklich zu eigen sei, ob Gott und Mensch bei solcher *sustentatio* nun wirklich als Eines und nicht etwa heimlich doch als Zweiheit gedacht sind? Es hat freilich auch reformierte Theologen gegeben, die eben in dieser Richtung stärker redeten, so Wolleb: *Personalis unio est qua persona Filii Dei* ὑπόστασιν *suam humanae naturae communicavit* (a. a. O. I c. 16, 4). Die Lutheraner aber — schon an dieser Stelle an der *unio naturarum* d. h. an dem Ergebnis jenes Aktes als solchem interessiert — wollten, auch über dieses *communicavit* hinausgehend, sagen: Λόγος *ita sibi univit humanam naturam, ut ei suam divinam et indivisam subsistentiam vere et realiter largitus sit ad communem participationem, ita ut non minus vere jam sit humanitatis* ὑπόστασις *quam ipsius divinae naturae* λόγου (Quenstedt, *Theol. did. pol.* 1685, III *c.* 3 *m.* 1 *sect.* 2 qu. 4 *th.*). Mit dieser *communis participatio* wird in der Tat das reformierte *sustentare* oder auch *communicare* erheblich überboten und die eigentümlich lutherische Lehre von der Einheit der Naturen und von der konsequenten Gemeinschaft ihrer Bestimmungen *(communicatio idiomatum)* wirksam vorbereitet. Aber ist nun aus dem einseitigen Verhältnis des ἐγένετο, aus der *assumptio,* in welcher der Logos Subjekt ist und bleibt, nicht doch so etwas wie ein reziprokes Verhältnis zwischen Schöpfer und Geschöpf geworden? Und damit aus der Offenbarung ein Offenbarsein? Aus dem Ereignis ein Sachverhalt? Das ist die Frage, die an die lutherische Christologie gerichtet ist (zur Kritik vgl. Wendelin, *Chr. Theol. libri duo* 1633 I *c* 16, *ed.* 1657 S. 265 ff.). Immerhin: wenn man die Reformierten im Blick auf das, was sie tatsächlich gesagt und gemeint haben, in Schutz nehmen muß gegen den lutherischen Vorwurf, die *assumptio* sei für sie eine „nuda" *sustentatio,* eine bloße Assistenz, die das Wort Gottes der menschlichen Natur leiste — womit dann freilich die Einheit der Person Christi wieder geleugnet wäre — so ist zu bemerken, daß die Lutheraner ihrerseits die Gefahr, in der ihre These stand, mindestens gesehen haben. Quenstedt fährt nämlich an der eben angeführten Stelle so fort: Das Dasein des Wortes wird neben seinem Dasein in seiner göttlichen Natur zum Dasein der menschlichen: *... licet in modo habendi sit disparitas ut scilicet divina natura* λόγου *eam habeat* πρώτως *et* κατ' αὐτό, *humana vero* δευτέρως *et* κατ' ἄλλο, *secundario et propter unionem personalem, adeoque perpetuo sit et maneat* λόγῳ *propriissima, licet participetur ab humana natura a* λόγῳ *assumpta.* Spätere Lutheraner wie Hollaz (*Ex. theol. acroam.* 1705 III *sect.* 1 c. 3 qu. 22) haben diese Einschränkung dann auch ausdrücklich dahin interpretiert, daß die *natura humana,* obwohl *particeps divinae subsistentiae,* doch nicht als solche *persona,* sondern nur *personata,* d. h. existenzempfangend, sei. Von da aus mußten doch auch so scharfe reformierte Sätze wie der von Wendelin: *Humana Christi natura nec propriam habet hypostasin nec aliunde communicatam* (a. a. O. S. 266) oder der von Keckermann: die *natura humana* sei dem Logos *ita unita, ut extra eum ne ad momentum quidem consistere possit* (*Syst. S. S. Theol.* 1611, S. 315, zitiert nach Heppe, Dogmatik d. ref. Kirche, 1861, Neuaufl. 1935 S. 334) verständlich werden. Eben darum ging es ja den Reformierten und eben damit war man auch wieder auf den ursprünglichen Sinn des Dogmas zurückgekommen, von dem sich in dem ganzen Streit jedenfalls die Lutheraner mit ihrer *communis participatio* — so berechtigt ihr Anliegen an sich sein mochte — etwas entfernt hatten. Wenn man auf beiden Seiten statt der Streitsätze intensiver die Gedanken entwickelt hätte, in denen man — bei den Reformierten in dem *in eo vere sustentetur* und bei den Lutheranern in dem Primat der Existenz des Logos — dem Anliegen des Gesprächspartners entgegenkommen konnte, so hätte eine Verständigung über das, was man letztlich gemeinsam wollte, nicht unmöglich sein müssen. —

Die Lehre von der Anhypostasie und Enhypostasie der menschlichen Natur Christi ist in der Neuzeit gelegentlich mit dem primitiven Argument bekämpft worden: wenn die menschliche Natur Christi ohne eigene Persönlichkeit sei, so sei es um die wahre Menschheit Christi getan und der Doketismus der alten Christologie am Tage. Wir Heutigen wüßten nämlich, daß zum wahren Menschsein auch und gerade die Persönlichkeit gehöre. Dieses Argument ist darum primitiv, weil es einfach auf einem Mißverständnis des für Anhypostasie gelegentlich verwendeten lateinischen Begriffs *impersonalitas* beruht. Was der menschlichen Natur Christi nach der alten Lehre fehlt, ist aber nicht das, was wir Persönlichkeit nennen. Das nannten die Alten *individualitas*, und daß diese der menschlichen Natur Christi fehle, das haben sie nie gelehrt, sondern vielmehr dies, daß zum wahren Menschsein auch diese Bestimmung tatsächlich gehöre. *Personalitas* nannten sie das, was wir Existenz oder Dasein nennen. Daß das Fleisch Christi an sich kein Dasein habe, das behauptete ihre negative These um der positiven willen: das Fleisch Christi hat sein Dasein durch das Wort und in dem Wort, welches der als Offenbarer und Versöhner handelnde Gott selber ist. In diesem ihrem ursprünglichen Sinn verstanden ist gerade diese (nur scheinbar abstruse) Lehre in ausgezeichneter Weise dazu geeignet, die von der Hl. Schrift bezeugte Wirklichkeit Jesus Christus als die Wirklichkeit eines göttlichen Herrschaftsaktes in seiner Einmaligkeit und Einzigartigkeit gegenüber allem sonstigen Geschehen zu erläutern und damit als eine dem Glauben durch die Offenbarung vorgehaltene Wirklichkeit zu charakterisieren. Kraft des ewigen Wortes existiert Jesus Christus als Mensch von Fleisch und Blut, in unserem Bereich, als unseresgleichen, als geschichtliche Erscheinung. Er existiert aber als solcher nur kraft des göttlichen Wortes. Würde er anders existieren, wie wäre er dann die Offenbarung in dem realen Sinn, in dem Offenbarung in der Hl. Schrift gemeint ist? Diese Negation um jener Position willen war wohl wert, zum Dogma erhoben und von der alten Christologie so sorgfältig beachtet zu werden.

'Εγένετο, das Ereignis der Fleischwerdung des Wortes, der *unio hypostatica*, ist als ein vollendetes Geschehen, aber eben als ein vollendetes Geschehen zu verstehen. —

Was das Neue Testament uns sagt von der Wirklichkeit Jesus Christus, will ja zweifellos gehört sein als Kunde von einem perfekten Tatbestand: in der erfüllten Zeit ist es wahr geworden — und dies hat gerade diese Zeit zur erfüllten Zeit gemacht — daß Gott Mensch wurde und so sein ewiges Wort hörbar unter uns Menschen, so wir Menschen versöhnt mit Gott, einmal für allemal. Die Wirklichkeit Jesus Christus ist ein objektiver Sachverhalt. Dadurch ist bedingt ein sozusagen ontisches Interesse der Christologie. Und dieses Interesse muß zweifellos zu seinem Rechte kommen.

Was das Neue Testament von Jesus Christus sagt, das ist ja bis aufs letzte Wort von Ostern und Himmelfahrt her gesagt, d. h. aber aus der Erkenntnis der ein für allemal vollzogenen Einigung des ewigen Wortes mit dem von ihm angenommenen Menschsein. Gottes Sohn, so lautet von da aus die christliche Botschaft, ist nun für alle Zeit, ja in alle Ewigkeit, was wir sind; er ist Immanuel, er ist „bei uns alle Tage bis an der Welt Ende" (Matth. 28, 20), d. h. bis wir unsererseits „immer mit dem Herrn sein werden" (1. Thess. 4, 17). Wie könnte das gesagt werden, wenn die Erhöhung Christi auch nur von ferne die Aufhebung, die Beseitigung seiner Niedrigkeit. die Rückgängigmachung der Fleischwerdung bedeutete und nicht vielmehr die Offenbarung seiner göttlichen

Hoheit in seiner Niedrigkeit, die Auferstehung des Gekreuzigten, den Triumph des Wortes eben in seinem Menschsein. Daß er so, als *Logos incarnatus*, bei uns ist in der Erinnerung der Kirche, gerade wie er so als *Logos incarnandus* bei den Vätern war in der Erwartung Israels, das sagt die christliche Botschaft, und eben insofern ist ihr die Fleischwerdung des Wortes ein vollendetes Geschehen. Sie antwortet, von dieser Seite gesehen, auf das paulinisch-johanneische Problem. Heißt und ist der Christus, der Sohn Gottes, wirklich Jesus von Nazareth? Ja, antwortet sie und wird dann mit aller Macht daran festhalten müssen: so und nicht anders heißt er, und das und nichts anderes ist er. „Fragst du, wer der ist, er heißt Jesus Christ, der Herr Zebaoth, und ist kein anderer Gott."

Das Wunder der Fleischwerdung, der *unio hypostatica*, wird unter diesem Aspekt darin gesehen werden, daß das Wort Gottes aus der Freiheit, Majestät und Herrlichkeit seiner Gottheit herabgestiegen ist, daß es, ohne sich selbst ungleich zu werden, jene Gleichheit mit uns angenommen hat und daß es nun für uns hier und ganz und gar hier: in seinem Menschsein, zu suchen und zu finden ist, daß keine andere Gestalt und Erscheinung im Himmel und auf Erden außer dem einen Kind in der Krippe, außer dem einen Mann am Kreuz, das Wort ist, das wir zu hören, dem wir Glauben und Gehorsam zu schenken, an das wir uns zu klammern haben, das jede Frage nach ihm, die vorbeifragt an Jesus von Nazareth, an Christi Menschsein, notwendig und gänzlich an ihm, dem Wort, und damit an Gott selbst vorbeifragt, weil das Wort und damit Gott selbst für uns nicht da ist und nicht außerhalb des Menschseins Christi.

Es ist die uns schon bekannte christologische Position oder doch Lieblingsposition Luthers, die wir damit beschrieben haben. Bewegt, und in der Regel ausschließlich bewegt von der Frage nach der Gnade Gottes, griff er ähnlich wie einst Anselm von Canterbury und Bernhard von Clairvaux mit beiden Händen nach der Antwort der paulinisch-johanneischen Christologie: daß uns Gottes Gnade wirklich, konkret und gewiß in der Krippe und am Kreuz im Menschsein Jesu Christi erschienen ist, daß durch Gott selbst eben in diesem Menschsein und nur in ihm alles für uns getan und vollbracht, unsere Rechtfertigung vor ihm vollzogen und im Glauben nur zu empfangen sei. Also: hier und nur hier ist Gottes Wort. In dieser Richtung vorstoßend, konnte Luther wohl sagen: „Ich will sonst von keinem Sohn Gottes wissen, er heiße denn auch geboren von der Jungfrauen Maria und gelitten habe" (Wochenpred. üb. Joh. 6–8, 1530 f. zu Joh. 6, 47 W. A. 33, 155, 1). Und an berühmter Stelle: „Ist er nu natürlich und persönlich, wo er ist, so muß er daselbst auch Mensch sein, denn es sind nicht zwo zertrennete Personen, sondern eine einige Person. Wo sie ist, da ist die einige, unzertrennete Person. Und wo du kannst sagen: hie ist Gott!, da mußt du auch sagen: So ist Christus, der Mensch, auch da! Und wo du einen Ort zeigen würdest, da Gott wäre und nicht der Mensch, so wäre die Person schön zertrennet, weil ich alsdann mit der Wahrheit könnte sagen: Hie ist Gott, der nicht Mensch ist und noch nie Mensch war. Mir aber des Gottes nicht! Denn hieraus wollte folgen, daß Raum und Stätte die zwo Naturen voneinander sonderten und die Person zertrenneten, so doch der Tod und alle Teufel sie nicht konnten trennen noch voneinander reißen. Und es sollt mir ein schlechter Christus bleiben, der nicht mehr denn an einem einzelnen Ort zugleich eine göttliche und menschliche Person wäre und an allen anderen Orten müßte er allein ein bloßer abgesonderter Gott und göttliche Person sein ohne Menschheit. Nein, Geselle, wo du mir Gott hinsetzest, da mußt du mir die Menschheit mithinsetzen. Sie lassen sich nicht sondern und voneinander trennen. Es ist eine Person worden und scheidet die Menschheit nicht so von sich wie Meister Hans seinen Rock auszeucht und von sich legt, wenn er schlafen geht" (Vom Abendmahl Christi. Bekenntnis, 1528, W. A. 26, 332, 28). Dieser Vorstoß Luthers ist dann von der lutherischen Orthodoxie lehrhaft ausgebaut worden in Form einer Anschauung, die ausdrücklich eine Perichorese zwischen dem Wort Gottes und dem Menschsein Christi, also eine Umkehrung des Satzes von der Enhypostasie der menschlichen Natur Christi aussagte: wie die Menschheit nur durch das Wort und im Wort, so hat auch das Wort nur durch die und in der Menschheit Wirklichkeit. Λόγος *ita praesens est carni et caro ita praesens est* τῷ λόγῳ *ut nec* λόγος *sit extra carnem, nec caro extra* λόγον *sed ubicunque est* λόγος *ibi et praesentissimam sibi habet carnem, quippe quam in personae unitatem assumit et ubicunque est caro, ibi praesentissimum sibi habet* λόγον,, *quippe in cuius hypostasin est assumta* (J. Gerhard, *Loci theol.* 1610 f. *L* IV 121). *Uti post factam unionem hypostaticam* τοῦ λόγου *et carnis, assumpta caro nunquam et nuspiam est extra et citra* τὸν λόγον *ita et* λόγος *nunquam et nuspiam est extra vel citra suam carnem* ... *Quicunque totus totus est* ἐνσαρκωθεῖς, *ille totus totus est intra carnem:* Ἐν αὐτῷ κατοικεῖ π ᾶ ν τὸ πλήρωμα τῆς θεότητος σωματικῶς, Col. 2, 9. Die ganze Fülle leibhaftig! Also nichts von ihrer Fülle nicht leibhaftig! nichts *extra carnem* (Quenstedt, *Theol. did. pol.* 1685 III *c.* 3 *m* 1 *sect.* 2 *qu.* 5 *th.*)!

Die Problematik dieser Anschauung läßt sich offenbar zusammenfassen in die Fragen: Ist dabei der Freiheit, Majestät und Herrlichkeit des Wortes Gottes so Rechnung getragen, daß sie in seinem Fleischgewordensein nicht etwa auf- und untergeht? Und wenn ihr Rechnung getragen ist, gilt dann dasselbe auch von seinem Fleischgewordensein? Und wenn sowohl der Begriff „Wort" wie der Begriff „Fleisch" ernst genommen, wenn sie aber zugleich in diese gegenseitige Bedingtheit gestellt werden — ist dann der Satz Joh. 1, 14 überhaupt noch ein verständlicher Satz? Kann er bei Annahme dieser gegenseitigen Bedingtheit jener Begriffe nicht vielleicht erst dann verständlich werden, wenn entweder der eine oder der andere, also entweder das *vere Deus* oder das *vere homo* nicht ganz ernst genommen, sondern abgeschwächt und umgedeutet werden?

Die alten Lutheraner haben um diese Problematik ihrer Lehre wohl gewußt. Sie wollten tatsächlich sowohl an dem *vere Deus* wie an dem *vere homo* festhalten, das Wort als Gott in seiner Gottheit und das Fleisch als Geschöpf in seiner Geschöpflichkeit nicht antasten. Es erklärte darum J. Gerhard (a. a. O.), man habe sich die Einheit des Fleisches mit dem Wort, kraft deren wie das Fleisch nicht ohne das Wort, so auch das Wort nie und nirgends mehr ohne das Fleisch sei, zu denken unter dem *modus illocalis, supernaturalis et sublimissimus*. Und es setzte Quenstedt (a. a. O.) seine Erklärung fort mit der Einschränkung: ... *ita tamen, ut nec caro immensa sit, nec* λόγος *includatur, finiatur vel circumscribatur, sed et illa finita et hic infinitus permaneat.* Aber was besagt die Beschränkung des Wortes auf das Fleisch, wenn es eine wirklich, d. h. eine dem Begriff „Fleisch" angemessene, räumliche Beschränkung gerade nicht besagen soll, aber ebensowenig eine dem Begriff „Wort" angemessene Unbeschränktheit des Fleisches? Sollten Luther und die Lutheraner nicht doch zu viel gewagt haben mit ihrem Unternehmen, den Satz von der Enhypostasie der Menschheit Christi so einfach umzukehren bzw. durch einen Satz von der exklusiv verstandenen Ensarkie des Logos zu ergänzen? Besagt dieser Satz, da er weder das *vere Deus* noch das *vere homo* leugnen wollte, etwa Deutliches? Der Weg, der zu diesem Spitzensatz führte, ist verständlich und einleuchtend. Aber wäre es nicht dennoch besser gewesen, ihn entweder nicht zu

2. Wahrer Gott und wahrer Mensch

bilden oder aber sofort durch einen dialektischen Gegensatz zu erläutern, da er offenbar aus sich selbst nicht zu erläutern ist?

Versuchen wir es nun, die andere hier mögliche Linie abzuschreiten. Man kann als Leser desselben Neuen Testamentes auch darauf den Nachdruck gelegt finden, daß es uns das ἐγένετο, die Wirklichkeit Jesus Christus als ein vollendetes Geschehen, als einen perfekten Tatbestand darstellt: Daß Gott Mensch, daß sein Wort hörbar wurde und wir versöhnt mit Gott, das ist wahr, indem es wahr wurde und indem es vor unseren Augen und Ohren im Zeugnis der Schrift, in dem Schreiten von der Nichtoffenbarung zur Offenbarung, von der Verheißung zur Erfüllung, vom Kreuz zur Auferstehung, das sie bezeugt, wahr wird. Im Zuge dieses Geschehens und indem wir diesem Zuge folgen, erkennen wir die uns bezeugte Wirklichkeit. Das Interesse der Christologie wird von hier aus einen noetischen Charakter bekommen und man wird nicht leugnen wollen, daß das auch ein sinnvolles Interesse ist.

Redet das Neue Testament ganz von Ostern und Himmelfahrt her, so ist doch nicht zu übersehen, daß Ostern und Himmelfahrt als solche den End- und Zielpunkt seines Zeugnisses bilden, zu dem wir auf einem bestimmten Weg geführt werden. Zuerst wird uns ein Rätsel aufgegeben — nicht ohne uns von Anfang an zu verraten, daß seine Lösung bereit ist, dennoch: ein Rätsel, dem die Auflösung erst folgt. Der Mensch in seiner Erniedrigung, Gott in seiner Erhöhung oder: der Gottmensch in seiner Verhüllung, derselbe in seiner Enthüllung, das sind hier zwei zusammenhängende, untrennbar verbundene, aber doch auch deutlich unterschiedene Schritte. Etwas wie eine Begegnung von Gott und Mensch findet in der neutestamentlichen Christusgestalt statt, und in dieser Begegnung ist das Ereignis, was der Gegenstand des neutestamentlichen Zeugnisses ist: *vere Deus vere homo*. Die Auferstehung des Gekreuzigten ist darum wichtig als die Offenbarung dieses Ereignisses, als der Triumph des Wortes in seinem Menschsein. Und das sagt jetzt die christliche Botschaft: das Wort ward Fleisch. Sie begnügt sich jetzt nicht, einen Sachverhalt zu konstatieren, sie erzählt jetzt eine Geschichte — die Geschichte, wie es zu diesem Sachverhalt kam, wie es wahr wurde, daß Gott der Herr selbst sich des Menschen annahm, indem er Mensch wurde. Die christliche Botschaft ist von da aus gesehen die Antwort auf das Problem der Synoptiker: Ist Jesus von Nazareth wirklich der Christus, der Gottessohn? Ja, antwortet sie und wird nun allen Nachdruck darauf legen, daß dieses menschliche Sein nicht anderswoher als durch das Wort Gottes sein Dasein und seine Kraft hat, daß in ihm das Wort Gottes aufgenommen und ergriffen, geglaubt und verstanden sein will: das Wort als das Geheimnis des Fleisches, das Fleisch aber als die Hülle und Gestalt des Wortes.

Das Wunder der Fleischwerdung wird unter diesem Aspekt darin gesehen werden, daß es das Wort Gottes in der Freiheit, Majestät und Herrlichkeit seiner Gottheit war, das sich zu uns herabgelassen und uns in allem gleich geworden ist und daß in seinem Menschsein, in Christi Geburt und Kreuz, es, das Wort Gottes, in seiner ganzen Hoheit zu suchen und zu finden ist. In der Anschauung des Wunders, daß Gott Mensch ist, in der Anschauung des Glaubens also, wird sozusagen der Akt: „Gott wird Mensch" wiederholt, der unbegreifliche Weg vom verschlossenen zum offenen Geheimnis, vom Kreuz zur Auferstehung mitgegangen.

§ 15. *Das Geheimnis der Offenbarung*

Der Glaube entdeckt sozusagen, daß dieser Mensch Gott ist. Gottes persönliches Handeln als solches ist sein Gegenstand. Darf es anders sein, da die Wirklichkeit Jesus Christus, die hier angeschaut wird, doch die Offenbarung ist, Offenbarung aber Gegenstand des Glaubens, ihre Erkenntnis also Glaubenserkenntnis? Darum und insofern wird hier — wohlverstanden gerade um des Verständnisses der Einheit willen — zwischen Gott und Mensch unterschieden: damit ihre Einheit als eine Tat Gottes und damit in dieser Tat Gott selbst als der Herr einsichtig bleibe.

Auf Grund dieses Anliegens ist es im 16. und 17. Jahrhundert zu einem Einspruch der reformierten Theologie gegen jenen Spitzensatz Luthers und der Lutheraner von dem Sein des Wortes allein im Menschsein Christi gekommen. Dieses „allein" wurde bestritten und dagegen gesagt: indem das Wort Fleisch ist, ist und bleibt es auch, was es an sich ist, existiert es auch außerhalb *(extra)* des Fleisches. *Etsi in unam personam coaluit immensa Verbi essentia cum natura hominis, nullam tamen inclusionem fingimus. Mirabiliter enim e caelo descendit Filius Dei ut caelum tamen non relinqueret; mirabiliter in utero virginis gestari, in terris versari et in cruce pendere voluit, ut semper mundum impleret sicut ab initio* (Calvin, *Instit.* II 13, 4). „Weil die Gottheit unbegreiflich und allenthalben gegenwärtig ist, so muß folgen, daß sie wohl außerhalb ihrer angenommenen Menschheit und dennoch nichtsdestoweniger auch in derselben ist und persönlich mit ihr vereinigt bleibt" (Heid. Kat. Fr. 48). Man muß sich zum Verständnis dieses Einspruchs vor allem vor Augen halten, daß die Reformierten dies nicht etwa als eine theologische Neuerung, sondern in Fortsetzung der Tradition der ganzen älteren Christologie (mit Einschluß der griechischen) gesagt haben. Die Bezeichnung „*Extra Calvinisticum*", die ihrer Lehre von den Lutheranern gegeben wurde, traf nur insofern zu, als es tatsächlich die Calvinisten waren, die gegenüber der von Luther und den Lutheranern eingeführten Neuerung auf jene Tradition zurückgriffen. Es ist also nicht nur sachlich unrichtig, sondern auch historisch unmöglich, mit diesem *Extra* das Schlagwort belegen zu wollen, daß die reformierte Theologie „überall das Göttliche und das Kreatürlich-Menschliche getrennt" gedacht habe (so H. Stephan, Glaubenslehre² 1928 S. 168). Sehr bestimmt im Sinne jener Erklärung Calvins schreibt schon Athanasius: Οὐ γὰρ δὴ περικεκλεισμένος ἦν ἐν τῷ σώματι. οὐδὲ ἐν σώματι ἦν, ἀλλαχόσε δὲ οὐκ ἦν . . . Ἀλλὰ τὸ παραδοξότατον, Λόγος ὤν, οὐ συνείχετο μὲν ὑπό τινος · συνεῖχι δὲ τὰ πάντα μᾶλλον αὐτός . . . ὥστε καὶ ἐν τούτῳ (in der menschl. Natur) ἦν καὶ ἐν τοῖς πᾶσιν ἐτύγχανε, καὶ ἔξω τῶν ὄντων ἦν καὶ ἐν μόνῳ τῷ Πατρὶ ἀνεπαύσατο. (*De incarn.* 17). Ebenso deutlich hat Gregor von Nyssa die Vorstellung abgewehrt, als ob die Unendlichkeit Gottes auf Grund der Fleischwerdung von den Schranken des Fleisches wie von einem Gefäß umschlossen werde, und meinte demgegenüber die die Menschheit übergreifende Gottheit des Wortes mit der Einheit und Getrenntheit zwischen Brennstoff und Flamme illustrieren zu können (*Or. cat.* 10). Ebenso unterscheidet Augustin: *Quando in forma servi et mediator esset, infra angelos esse voluit in forma Dei supra angelos mansit; idem in inferioribus via vitae qui in superioribus vita (De civ. Dei IX 15, 2)*. Das sei nicht christliche Lehre, *quod ita sit Deus infusus carni, qua ex virgine nasceretur, ut curam gubernandae universitatis vel deseruerit vel amiserit, vel ad illud corpusculum quasi contractam materiam collectamque transtulerit (Ep.* 137, 2, *ad Volusianum*).Und Joh. Damascenus: „Ohne sich vom väterlichen Schoß zu trennen, hat das Wort im Schoß der heiligen Jungfrau gewohnt . . . in allem und über allem also war es selbst, als es im Schoß der heiligen Gottesgebärerin existierte" (*Ekdos.* 3, 7). Und Thomas von Aquino: Christus ist vom Himmel herniedergestiegen *non ita quod natura divina in coelo esse desierit; sed quia in infimis novo modo esse coepit scil. secundum naturam assumptam (S. theol.* III qu. 5 art. 2 ad 1). *Nec etiam in unione quae est secundum esse personale natura humana comprehendit Dei Verbum sive naturam divi-*

nam; quae quamvis tota unita fuerit humanae naturae in una persona Filii, non tamen fuit tota virtus divinitatis ab humana natura quasi circumscripta (ib. qu. 10 *art.* 1 *ad.* 2). Und so konnte auch noch Luther selbst schreiben: *Neque enim tum verbo suo definivit sese, sed liberum sese reservavit super omnia (De servo arb.* 1525 *W. A.* 18, 685, 23). Man muß weiter beachten, daß die reformierte These sich in keiner Weise gegen den positiven Gehalt der lutherischen, geschweige denn gegen das Pauluswort (Col. 2, 9) richtete, sondern gegen eine daraus abgeleitete negative Konsequenz: also nicht gegen das *totus totus intra carnem*, sondern gegen das *numquam et nuspiam extra carnem*. Und wenn er in dem „Kinderlied auf die Weihnachten" dichtet:

„Und wär die Welt viel mal so weit
Von Edelstein und Gold bereit,
So wär sie doch dir viel zu klein
Zu sein ein enges Wiegelein",

so hat doch auch er das *extra* in aller Form angedeutet. Es konnte den Reformierten ebensowenig wie jenen älteren kirchlichen Lehrern einfallen, mit der Negation dieser Negation, mit ihrem *extra*, das ja nur den Sinn eines *etiam extra* (Wendelin, Chr. Theol. 1633 I c 16, VI, 4 f.) hatte, die chalcedonensische Einheit der zwei Naturen in der Person des Wortes und damit die hypostatische Union selbst im Sinn der nestorianischen Abweichung in Frage zu stellen. Sie wollten das *extra* nicht *separative*, sondern *distinctive* verstanden wissen, sie behaupteten neben dem *extra* in vollem Ernst auch das *intra*. Sie behaupteten mit den Lutheranern eine *praesentia intima perpetua* des Logos im Fleische, also im Sinne dessen, was Luther ja sagen wollte, sogar eine *ubiquitas humanae naturae* kraft der *operatio gloriosa* des erhöhten Gottmenschen (Wendelin a. a. O.). Sie wollten nur über das *intra* hinaus auch das *extra*, d. h. einerseits die Gottheit des Gottmenschen, andererseits auch seine Menschheit als solche festhalten. Sie wollten die Wirklichkeit des λόγος ἄσαρκος nicht auf- und untergehen lassen in der Wirklichkeit des λόγος ἔνσαρκος. Sie wollten vielmehr den λόγος ἄσαρκος ebenso ernst als *terminus a quo* wie den λόγος ἔνσαρκος als *terminus ad quem* der Fleischwerdung verstanden wissen. Und also wollten sie ablehnen: jene Umkehrung der Enhypostasie, durch die ihnen entweder die Gottheit oder die Menschheit als solche gefährdet erschien. Die scharfe Formulierung des Maresius sagt alles: *Sic* λόγος *humanam naturam sibi univit, ut totus eam inhabitet et totus quippe immensus et infinitus extra eam sit (Syst. breve univ. theol.* 1662 S. 118 zit. nach H. Heppe, Dogm. d. ev.-ref. Kirche 1861 Neuausgabe 1935 S. 335). So hatte einst schon Augustin beide Anliegen zusammenzufassen gesucht: *Per distantiam divinitatis et infirmitatis Filius Dei manebat in coelo, Filius hominis ambulabat in terra — per unitatem vero personae, qua utraque substantia unus Christus est, et Filius Dei ambulabat in terra et idem ipse filius hominis manebat in coelo (De pecc. merit.* I 31, 60).

Von einer eigentümlichen Problematik bedrückt ist offenbar auch diese Anschauung. Sie veranschaulicht die Dynamik des ἐγένετο und sie wahrt das noetische Interesse der Christologie. Man kann aber fragen, ob die Statik des ἐγένετο und damit das ontische Interesse der Christologie bei dieser Anschauung ebenso gewahrt bleiben. Ist hier nicht über der Veranschaulichung des Weges (mit ihrer notwendigen Unterscheidung des Wortes, das das Fleisch annahm, von dem Fleisch, das von dem Worte angenommen ist) das Ziel, nämlich die Einheit beider, undeutlich geworden? Kommt aber nicht alles gerade auf dieses Ziel an? Und müßte man nicht, um von diesem Ziel deutlich zu reden, alle Reflexionen über den Weg als solchen besser unterlassen?

§ 15. *Das Geheimnis der Offenbarung*

Die Reformierten haben, wie wir sahen, behauptet — und im Einklang mit der Tradition behauptet, daß dieses Ziel auch ohne die lutherische Neuerung deutlich, daß die hypostatische Union auch ohne diese Neuerung nicht in Frage gestellt werde. Aber wie es den Lutheranern nicht gelang, zu zeigen, inwiefern bei der von ihnen gewünschten Streichung des *extra* nach ihrer Behauptung sowohl das *vere Deus* als auch das *vere homo* festgehalten werden können — so gelang es jetzt auch den Reformierten nicht, überzeugend zu zeigen, inwiefern das *extra* nun nicht doch die Annahme eines doppelten Christus, eines λόγος ἔνσαρκος neben einem λόγος ἄσαρκος und damit eine Auflösung der Natureneinheit und der hypostatischen Union und damit eine Erschütterung des eindeutigen Immanuel und der darauf gegründeten Glaubens- und Heilsgewißheit nach sich ziehe. Es wird schließlich nicht geleugnet werden können, daß das reformierte *totus intra et extra* auch logisch mindestens ebensoviel Schwierigkeiten bietet wie das lutherische *totus intra*.

Wir fassen zusammen: Die Entwicklung des Verständnisses des ἐγένετο hier unter dem Gesichtspunkt des **vollendeten** Geschehens, dort unter dem Gesichtspunkt des vollendeten **Geschehens**, hier die statisch-ontische, dort die dynamisch-noetisch interessierte Christologie stößt je in ihrer Spitze auf bestimmte sehr schwer zu beantwortende Fragen der Gegenseite. Die Gewinnung einer Synthese der beiden Anliegen, bei der es zu einer befriedigenden Beantwortung der beiderseitigen Fragen käme, hat sich jedenfalls in dem großen Streit innerhalb der evangelischen Theologie des 16. und des 17. Jahrhunderts, in welchem sie zuletzt zur Debatte stand, nicht als durchführbar erwiesen. Man kann von dieser Tatsache aus in verschiedener Weise weiterdenken. Das erste der beiden Anliegen hat, sofern nicht auch es schon das Anliegen der ganzen christlichen Kirche war und ist, durch die eindrucksvolle Art, wie Luther es vertreten hat, und wie sie doch auch in seinen späteren Vertretern nicht unsichtbar ist, das Gewicht des Ausdrucks eines unmittelbaren Glaubensbedürfnisses gewonnen, eines Ausdrucks, der sich für alle Zeiten den Anspruch erworben hat, gehört zu werden, und zwar noch aufmerksamer gehört zu werden, als dies auch in der alten und mittelalterlichen Kirche der Fall war. Andererseits ist angesichts der Einmütigkeit der alten Kirche ebenso wie angesichts der umfassenderen und eben insofern überlegeneren Fragestellung der Reformierten zu fragen, ob jenes erste Anliegen nicht doch ein solches sein möchte, dem auf dem Boden und im Rahmen des zweiten Gerechtigkeit widerfahren kann, was umgekehrt nicht ebenso bestimmt gefragt werden könnte. Verdient die Frage nach dem vollendeten **Geschehen**, der Blick auf die Offenbarung, als auf einen göttlichen **Akt**, nicht doch insofern den Vorrang, eine übergeordnete Stellung, als von hier aus das zweite Anliegen mindestens leichter zu berücksichtigen ist? Ist nicht das erste Anliegen direkter, natürlicher in dem zweiten selbst enthalten als umgekehrt? Handelt es sich in dem zweiten Anliegen nicht um eine Glaubens**notwendigkeit**, die als solche jenem noch so berechtigten Glaubens**bedürfnis** voranzugehen hat? Wäre dem so, dann würde die praktische Folge die sein, daß die reformierte Theologie sich zwar in

Zukunft noch deutlicher darüber auszusprechen hätte, als dies jedenfalls im 16. und 17. Jahrhundert geschehen ist: inwiefern sie, wie sie schon damals behauptete, kein Jota von dem, was Luther mit Recht aussagen wollte, preiszugeben gedenke. Die lutherische Theologie aber hätte die isolierte Behauptung ihres Anliegens, ihre Negation, ihr ererbtes Mißtrauen gegen jene umfassendere Fragestellung aufzugeben oder doch zu mildern; sie hätte ihre besondere These auf dem Boden und im Rahmen der überlegenen Systematik einer Theologie des göttlichen Handelns vorzutragen. Aber nicht nur die Erinnerung daran, daß in den Jahrhunderten nach der Reformation von beiden Seiten wahrlich mit Ernst und doch ohne Erfolg um eine Einigung in dieser Richtung gerungen worden ist — sondern noch mehr die Erinnerung an das Rätsel dieser Sache selbst, an die zwei Linien, die in dieser Sache schon im Neuen Testament selbst sichtbar sind, wird uns jedenfalls davor bewahren, an irgendwelche allzu einfache Lösungen zu denken. Es könnte ja auch sein, daß es um das Verständnis dieses ἐγένετο gerade keine Ruhe geben, daß es über die Rangordnung dieser beiden Anliegen innerhalb der evangelischen Theologie gerade zu keiner gütlichen Übereinkunft kommen darf, daß es hier, damit sie evangelische Theologie sei — und in der Einsicht dieser Notwendigkeit vielleicht erst recht werde — ein statisches und ein dynamisches, ein ontisches und ein noetisches Prinzip, nicht in schönem Gleichgewicht, sondern als gegenseitigen Ruf und als gegenseitige Frage (und also Lutheraner und Reformierte) immer geben muß: nicht im Schatten einer Einheitstheologie, sondern als **zweifache** theologische Schule. Um der Wahrheit der Wirklichkeit Jesus Christus willen, die sich von keiner Einheitstheologie einfangen und begreifen läßt, die aller Theologie — und darum vielleicht notwendig einer zweifachen Theologie Gegenstand sein und bleiben will: Gegenstand im strengsten Sinn des Begriffs. Es könnte ja sein, daß sich in der Einheit und Verschiedenheit der beiden evangelischen Theologien innerhalb der einen evangelischen Kirche nicht mehr und nicht weniger als das eine Geheimnis selbst spiegelt, um das sich beide einst bemüht haben und immer neu bemühen müssen: ὁ λόγος σάρξ ἐγένετο.

3. DAS WUNDER DER WEIHNACHT

Gottes Offenbarung in ihrer objektiven Wirklichkeit ist die Fleischwerdung seines Wortes, auf Grund deren er, der eine wahre ewige Gott, zugleich wahrer Mensch ist wie wir. Gottes Offenbarung in ihrer objektiven Wirklichkeit ist die Person Jesus Christus. Mit dieser Feststellung haben wir die Offenbarung nicht erklärt, nicht einsichtig gemacht, nicht eingeordnet in die Reihe der anderen Gegenstände unserer Erkenntnis. Im Gegenteil: Mit dieser Feststellung, auf die wir nun zurückblicken, haben wir sie umschrieben und bezeichnet als **Geheimnis** — nicht nur als ein Geheimnis, sondern als das Geheimnis. Das will sagen: sie wird wohl Gegenstand unserer Erkenntnis; sie findet wohl den Weg, Inhalt unserer Erfahrung und unseres Denkens zu werden; sie wird wohl faßbar unserer Anschauung und unseren Begriffen. Aber sie wird es außerhalb dessen, was wir als den Umkreis unserer Erfahrung und unseres Denkens, als Möglichkeit unseres Anschauens und Begreifens zu verstehen vermögen, als ein Novum, das wir, indem es uns zum Gegenstand wird, nicht in die Reihe unserer anderen Gegenstände einzugliedern, nicht mit ihnen zu vergleichen, nicht aus ihrem Zusammenhang abzuleiten, nicht in Analogie zu ihnen zu verstehen vermögen, als ein Datum ohne Anknüpfungspunkt in einem sonstigen früheren Datum. Sie wird zum Gegenstand unserer Erkenntnis auf Grund ihres eigenen, nicht auf Grund unseres eigenen Vermögens. Der Akt ihrer Erkenntnis ist ausgesondert als ein solcher, den wir wohl faktisch vollziehen können, den wir aber insofern nicht verstehen, als wir gerade nicht verstehen, wie wir ihn vollziehen können. Wir können seine Möglichkeit schlechterdings nur von seinem Gegenstande her, das heißt wir können sie nicht als unsere, sondern nur als eine uns zukommende, zuteil werdende, geschenkte, verstehen. Wir meistern nicht in dieser Erkenntnis, sondern wir werden gemeistert. Gerade in Erkenntnis der Offenbarung Gottes, in ihrer objektiven Wirklichkeit, gerade in Erkenntnis der Person Jesus Christus, wird das zu sagen sein! In Unkenntnis dieser Person, nicht wissend um die Wirklichkeit „wahrer Gott und wahrer Mensch" werden wir das sicher nicht sagen, sondern uns die Möglichkeit ihrer Erkenntnis getrost zuschreiben. Wissend um sie, aussprechend, daß sie wahr ist, werden wir auch das wissen und werden wir nicht zögern, auch das auszusprechen: daß sie uns nur durch sich selbst, nicht aber auf Grund einer uns eignenden Fähigkeit als wahr einleuchten konnte. Wie eben der im Glauben an Christus Gerechtfertigte — und nur er — weiß und bekennt, daß er ein verlorener Sünder ist, während der, der keine Vergebung empfangen hat, sich bestimmt für einen solchen halten wird, der sich selber zu rechtfertigen vermag. Also: gerade in Erkenntnis der Offenbarung wird sie uns Geheimnis sein, bleiben und immer wieder werden. Das Geheimnis, weil das alles streng, konsequent und eigentlich nur von diesem Gegenstand, von der Person Jesus Christus, zu sagen ist. — Das ist's, was jetzt als Abschluß unserer christologischen Grundlegung noch ausdrücklich auszusprechen und in sich selbst verständlich zu machen ist.

„Fleischwerdung des Wortes" besagt: Gegenwart Gottes in unserer Welt und als ein Glied dieser Welt, als Mensch unter Menschen und darin und damit Gottes Offenbarung an uns, unsere Versöhnung mit ihm. Daß solche Offenbarung und Versöhnung geschehen ist, das ist der Inhalt der Weihnachtsbotschaft. Aber daß Gott und Welt, Gott und der Mensch, in der Person Jesus Christus zusammenkommen — und nicht nur zusammen-

3. Das Wunder der Weihnacht

kommen, sondern eins werden, das wird man gerade in Erkenntnis dieser Wirklichkeit, als Hörer der Weihnachtsbotschaft als unbegreiflich bezeichnen müssen. Weder ist uns diese Wirklichkeit auch anderwärts gegeben und zugänglich, noch läßt sie sich auf Grund allgemeiner Überlegungen als wahr verstehen. Unsere Erfahrung sowohl wie unser Denken werden vielmehr immer wieder von der Weltferne Gottes und von der Gottesferne der Welt, von Gottes Majestät und von des Menschen Elend reden. Reden wir in Erkenntnis der Fleischwerdung des Wortes, in Erkenntnis der Person Jesus Christus nun doch von etwas anderem, gibt es das wirklich für uns, was der Gegenstand der Christologie ist: „wahrer Gott und wahrer Mensch", dann können wir an unserer Erfahrung und an unserem Denken nur noch eben dies verstehen: daß sie hier von einem schlechthinnigen Außerhalb oder Oberhalb her begrenzt, bestimmt, beherrscht sind. Erkenntnis heißt dann An-Erkenntnis. Und Rede, Aussprache dieser Erkenntnis heißt dann: Be-Kenntnis. Nur anerkennend, nur bekennend, können wir das sagen: Jesus Christus ist wahrer Gott und wahrer Mensch. In Anerkenntnis und im Bekenntnis der Unbegreiflichkeit dieser Wirklichkeit bezeichnen wir sie als Tat Gottes selber, Gottes ganz allein. Wollten wir anders von ihr reden, leugneten wir ihre Unbegreiflichkeit, meinten wir mit dem, was wir sagen, etwas zu sagen, dessen unsere Erfahrung und unser Denken habhaft wäre, dem wir als seiner mächtig gegenüberstehen könnten, dann würden wir mit denselben Worten etwas anderes sagen als das Dogma und als die im Dogma interpretierte Heilige Schrift. Wir würden die Offenbarung dann nicht als Gottes Tat in jenem strengen und exklusiven Sinn verstehen und bezeichnen. Wir würden dann von etwas anderem als von Gottes Offenbarung reden. Gerade anerkennend und bekennend werden wir also die Weltferne Gottes und die Gottesferne der Welt, Gottes Majestät und des Menschen Elend, deren Gegensatz ihre Einheit in Christus zum Geheimnis macht — werden wir die Unbegreiflichkeit dieser Einheit immer wieder mit anerkennen und mitbekennen müssen.

Ἐννόησον γὰρ ἡλίκου ἦν ἀκοῦσαι καὶ μαθεῖν ὅτι ὁ Θεός, ὁ ἄρρητος, ὁ ἄφθαρτος, ὁ ἀπερινόητος, ὁ ἀόρατος, ὁ ἀκατάληπτος ... οὗτος ὁ πάντα νοῦν ὑπερβαίνων καὶ πάντα λογισμὸν νικῶν, παραδραμὼν ἀγγέλους, ἀρχαγγέλους, πάσας τὰς ἄνω νοερὰς δυνάμεις, κατεδέξατο γενέσθαι ἄνθρωπος καὶ σάρκα τὴν ἀπὸ γῆς καὶ πηλοῦ πλασθεῖσαν ἀναλαβεῖν. (Chrysostomus, *Hom. in quosdam locos N. T.* zu Matth. 26, 39). Wir gedenken hier auch der hervorgehobenen Stellung, die dem *Et incarnatus est* bei der Rezitation des Symbols im Missale Romanum durch die Vorschrift der Kniebeugung zugewiesen ist.

Eben dieses Geheimnis der Weihnacht finden wir nun aber in der Schrift und im kirchlichen Dogma als solches bezeichnet durch den Hinweis auf das Wunder der Weihnacht. Dieses Wunder ist die Empfängnis Jesu Christi vom Heiligen Geist bzw. seine Geburt aus Maria der Jungfrau.

Die Schriftstellen, auf die sich das kirchliche Dogma direkt bezieht und von denen auch wir auszugehen haben, sind Matth. 1, 18–25 mit dem dort gegebenen Rückverweis auf das Zeichen des Immanuel Jes. 7, 14 und Luc. 1, 26–38 (bes. 34–35). — Die Formulierung des Dogmas lautet:

Im römischen Taufsymbol des 4. Jahrhunderts nach Rufin: *qui natus est de Spiritu sancto ex Maria virgine.*

Nach dem Psalt. Aethelstani: τὸν γεννηθέντα ἐκ πνεύματος ἁγίου καὶ Μαρίας τῆς παρθένου.

In der offiziell gewordenen Form des sog. Apostolicum *qui conceptus est de Spiritu sancto, natus ex Maria virgine.*

In der orientalischen Form des sog. Apostolicum (und im Nic. Constant.): σαρκωθέντα ἐκ πνεύματος ἁγίου καὶ Μαρίας τῆς παρθένου.

In der lateinischen Version des *Nic. Constant.*: *et incarnatus est de Spiritu sancto ex Maria virgine.*

Wenn wir diesen Hinweis aufnehmen und also zu diesem Dogma als zu einem in der heiligen Schrift begründeten Satz uns bekennen, so ist dabei gewiß nicht unbeteiligt der Respekt vor der Tatsache, daß es nun einmal Dogma ist und daß es bis in die Neuzeit hinein bei Katholiken und Protestanten in der Hauptsache einmütig und selbstverständlich geglaubtes und gelehrtes Dogma gewesen ist. Aber dieser dem Dogma als solchem in der Kirche geschuldete Respekt könnte nun doch hier wie sonst nicht genügen, uns zu veranlassen, es uns unsererseits zu eigen zu machen. Im Dogma als solchem hören wir ja nur die Stimme der Kirche, nicht die Offenbarung selbst. Machen wir es uns zu eigen, bejahen wir es als rechte kirchliche Interpretation der Offenbarung, so kann das nur geschehen auf Grund der Erkenntnis seiner Notwendigkeit, und diese Erkenntnis wird sich in einem Versuch zu seinem Verständnis zu bewähren haben.

Vgl. zum folgenden: Schleiermacher, Der chr. Glaube, § 97, 2; Fritz Barth, Die Hauptprobleme des Lebens Jesu[5], 1918, S. 257 f.; C. Clemen, Religionsgeschichtl. Erklärung des N. T.[2], 1924, S. 114 f.; R. Seeberg, Chr. Dogmatik, 1925, 2. Bd., S. 178 f.; E. Brunner, Der Mittler, 1927, S. 288 f.; M. Dibelius, Jungfrauensohn und Krippenkind, 1932; K. L. Schmidt, Die jungfräuliche Geburt Jesu Christi, Theol. Bl. 1935 S. 289 f.

Was zunächst die Notwendigkeit des Dogmas betrifft, so müssen wir beginnen mit dem Eingeständnis, daß der Umfang und die Gestalt seiner Begründung in den Aussagen der heiligen Schrift auf den ersten Blick nicht so stark und auch nicht so klar ist, wie man es für ein im strengen Sinn so zu nennendes Dogma wohl wünschen möchte.

Es ist unbillig und fanatisch, wenn B. Bartmann (Lehrb. d. Dogm.[7], 1928, 1. Bd., S. 423) behauptet, „der einzige und stets wirkende Grund der Ablehnung" (der Lehre von der Jungfrauengeburt) sei „das rationalistische Dogma von der Unmöglichkeit des Wunders". Dem ist entgegenzustellen die glaubwürdige Erklärung von F. Kattenbusch (Die Geburtsgeschichte Jesu als Haggada der Urchristologie, Theol. Stud. u. Krit. 1930. S. 472), der die Jungfrauengeburt ablehnt und doch sagen kann: „Mir ist nichts an ihr ‚ärgerlich'. Auch der Gedanke einer ‚wunderbaren Erzeugung' nicht. Im Prinzip ist der ‚Gedanke des Naturwunders' mir nicht fremd oder anstößig." Es ist vielmehr zuzugeben, daß man sich angesichts dieser Lehre auch abgesehen von dem in ihr verkündigten Wunder als solchem darum an ihrer Dogmatisierung stoßen kann, weil sie biblisch nur dünn und an einer der Hauptstellen sogar zweifelhaft bezeugt und dazu

3. Das Wunder der Weihnacht

von sachlichen Widersprüchen umgeben ist. Die Anstöße, die man von dieser Seite her nehmen kann, sind gewiß nicht unüberwindlich, und es kann auf einen sehr tief sitzenden Grundfehler des ganzen theologischen Denkens zurückgehen, wenn man hier meint, Anstoß nehmen zu müssen. Aber bloß mit dem Vorwurf der Wunderscheu kann man diesen Fehler nicht aufdecken. Es ist vielmehr wohl am Platz, sich die exegetische Situation klarzumachen, im Blick auf die man die Lehre von der Jungfrauengeburt ganz abgesehen von der Wunderfrage in Zweifel ziehen kann und in Zweifel gezogen hat. Einige Andeutungen darüber, weshalb wir die vorhandenen Schwierigkeiten nicht für unüberwindlich halten können, mögen Punkt für Punkt folgen:

1. Es ist Tatsache daß die Jungfrauengeburt im Markus- und im Johannesevangelium nicht ausdrücklich erwähnt wird, daß vor allem Paulus, aber auch die katholischen Briefe nirgends ausdrücklich verraten, daß sie darum wissen, daß aber auch Matthäus und Lukas selbst nach Abschluß der Kindheitsgeschichte nicht mehr ausdrücklich darauf zurückkommen und daß sie in den Zusammenfassungen des Kerygmas in der Apostelgeschichte nicht ausdrücklich genannt wird. — Aber nicht jedes, auch nicht jedes wichtige Moment der Existenz Jesu eignete sich dazu, in dem Maß, wie etwa sein Leiden und seine Auferstehung, regelmäßig und öfters angeführter ausdrücklicher Bestandteil der mündlichen und schriftlichen Überlieferung und Verkündigung zu werden. Es kann an sich sinnvoll sein, daß gerade in den beiden Kindheitsgeschichten — wo, wie in den Synoptikern überhaupt, die Frage: Wer ist Jesus von Nazareth? im besonderen mit Rücksicht auf seine irdisch-menschliche Herkunft zur Beantwortung steht — auf die Jungfrauengeburt ausdrücklich hingewiesen wird. Den Markus hat diese besondere Frage und den Paulus und Johannes samt den katholischen Briefen hat auch jene allgemeine Frage weniger beschäftigt. Es ist damit nicht ausgeschlossen, daß die Aussagen vom Matth. 1 und Luk. 1 zu den als selbstverständlich angenommenen, jedenfalls bekannten und unbestrittenen Voraussetzungen aller neutestamentlichen Zeugen gehört haben können. Die dauernde, teilweise freilich sehr eigentümliche Erwähnung der Mutter und die ebenso dauernde Nichterwähnung des Vaters Jesu im Verlauf der evangelischen Berichte dürfte jedenfalls als Beweis für das frühe Vorhandensein einer besonderen Aufmerksamkeit an diesem Punkt zu beachten sein.

2. Es ist Tatsache, daß der *Syr. Sin.*, bestätigt durch einige andere Überlieferungen, zu Matth. 1, 16 folgenden Text bietet: „Jakob zeugte Joseph; Joseph, mit welchem die Jungfrau Maria verlobt war, zeugte Jesus, der der Christus genannt wird", zu Matth. 1, 21: „Sie wird dir einen Sohn gebären" und zu Matth. 1, 25: „Sie gebar ihm einen Sohn". — Aber neben den abweichenden Lesarten des *Syr. Sin.* zu Matth. 1, 16, 21, 25 stehen die Stellen 1, 18, 20, 23, in welchen auch er auf die Jungfrauengeburt hinweist. Man kann dieser Handschrift also bestenfalls dies entnehmen, daß es tatsächlich schon in alter Zeit neben der kanonisch gewordenen eine Überlieferung jenes anderen Inhalts gegeben hat.

3. Es ist Tatsache, daß die beiden Stammbäume Jesu Matth. 1, 2–16 und Luk. 3, 23–38 nicht etwa auf Maria, sondern auf Joseph hinauslaufen und also, wenn Joseph nicht der Vater Jesu ist, gar nicht beweisen, was sie beweisen sollten, nämlich die nach Röm. 1, 3, 2. Tim. 2, 8 dem Paulus, nach Joh. 7, 42 auch dem Johannes, aber nach Matth. 1, 1, Mark. 10, 47 f. und Par., 12, 35 f. und Par., Matth. 12, 23; 21, 9 usw. gerade auch den Synoptikern so wichtige Davidssohnschaft Jesu. — Auf die Versuche mancher altkirchlicher Exegeten, diese Stammbäume des Joseph nun doch in solche der Maria umzudeuten, wird man gewiß besser verzichten. Wohl aber ist aufmerksam zu machen darauf, daß die beiden Stammbäume an den entscheidenden Stellen Matth. 1, 16 und Luk. 3, 23 Wendungen enthalten, die die Auffassung mindestens offen lassen, wenn nicht andeuten: Jesus war **nicht der leibliche Sohn Josephs**. Sollten die Evangelisten wirklich nicht bemerkt haben, daß sie damit diese Stammbäume und mit ihnen die Davidssohnschaft Jesu problematisierten? Und meinten sie, sie mit diesen Andeutungen nicht zu problematisieren, konnten sie dann an der entscheidenden Stelle nicht dies sagen

wollen: Jesus ist zwar nicht der leibliche, wohl aber der eheliche, nicht der natürliche, aber der rechtliche, d. h. der auf Grund von Adoption in das Geschlechtsregister eingetragene Sohn Josephs und also Davids? Die sonstigen Probleme dieser Stammbäume zeigen, daß ihre Verfasser den Begriff der Deszendenz, alttestamentlicher Anschauung entsprechend, unter anderen Gesichtspunkten verstanden haben als wir. Und es zeigt der Sprachgebrauch (vgl. K. L. Schmidt S. 290 f.), daß das entscheidende Wort ἐγέννησεν jedenfalls auch uneigentlich, d. h. nicht-biologisch, verstanden werden kann. „Weder der Gedanke, daß der Zusammenhang mit David das Wunder entbehrlich mache, noch die Vorstellung, daß das Wunder den Zusammenhang Jesu mit David aufhebe, waren für Matthäus möglich. Was er vom Christus erwartete, lag jenseits von Natur und Geschichte und war Gottes selbsteigene Offenbarung, die seine allmächtige Gnade wirksam macht. Daher erwies ein Stammbaum nie für sich schon das königliche Recht Jesu. Aber ebensowenig entkräftete das Wunder die Schrift und zerriß es die Natur und Geschichte. Es bekräftigt und vollendet sie vielmehr. Darum erzählt Matthäus, daß eine ausdrückliche Weisung Gottes Jesus dem Davidssohn Joseph übergeben habe. Der durch die Natur geschaffene Zusammenhang hätte auf dem Standort des Matthäus Jesus nicht fester mit dem Davidshaus verbunden, als es der offenbar gewordene Wille Gottes tat." (Adolf Schlatter, Der Evangelist Matthäus, 1929, S. 5 f.) Dementsprechend überschreibt Schlatter seine Erklärung der Stelle Matth. 1, 18–25: „Die Einpflanzung Jesu in das Geschlecht Davids". Ebenso dürfte aber auch das γενόμενος ἐκ σπέρματος Δαυὶδ κατὰ σάρκα Röm. 1, 3 den Gedanken an eine andere als die rein physische Davidssohnschaft jedenfalls nicht ausschließen. γενόμενος κατὰ σάρκα muß nicht durchaus die biologische Deszendenz bezeichnen.

4. Es ist an sich nicht verwunderlich, daß man sich gefragt hat, ob nicht besonders in der Darstellung des Lukas eine andere, „einfachere" Darstellung als die ursprüngliche durchschimmere, eine Auffassung, die mit Hilfe einiger leichter Streichungen: des ἐπεὶ ἄνδρα οὐ γινώσκω Luk. 1, 34 und des ὡς ἐνομίζετο Luk. 3, 23 sichtbar würde, laut welcher eigentlich eine Tat Gottes gemeint gewesen wäre, welche die menschliche Zeugung Jesu durch Joseph nicht ausschließen würde. — Aber man wird sich doch fragen müssen, ob der Lukastext durch diese Streichungen nun wirklich einfacher, ob die Ereignisse und Gestalten dieser Kindheitsgeschichte ohne die Jungfrauengeburt wirklich einleuchtender werden. Und wenn eine solche Bereinigung des Lukastextes möglich und hilfreich wäre — was soll denn etwa in der Darstellung Matth. 1, 18–25 zu streichen sein, wo die Jungfrauengeburt sogar nach der widerspruchsvollen Version des *Syr. Sin.* geradezu Thema ist und wo sie nachher auch durch das ganze zweite Kapitel hin deutlich vorausgesetzt ist.

Man kann also gewiß nicht leugnen, daß die äußere, explizite Begründung des Dogmas in den Aussagen der Heiligen Schrift von Fragen umgeben ist. Man kann aber doch noch weniger behaupten, daß die hier aufzuwerfenden Fragen so schwer zu beantworten seien, daß man von der Exegese her zu einer Bestreitung des Dogmas genötigt wäre.

Die Entscheidung über die Notwendigkeit des Dogmas kann letztlich nicht auf dem Feld fallen, auf dem hier Fragen aufzuwerfen und zu beantworten sind. Daß es ein biblisches Zeugnis für die Jungfrauengeburt gibt, kann ja niemand bestreiten. Die aufzuwerfenden und zu beantwortenden Fragen sind literarische Fragen; sie betreffen die Überlieferung, das Alter und den Quellenwert dieses Zeugnisses. Die letzte und eigentliche Entscheidung darüber, ob dieses Zeugnis, wie das kirchliche Dogma es fordert, zu hören, und zwar als hervorgehobener Satz der neutestamentlichen Botschaft zu hören oder aber gegen das kirchliche Dogma nicht zu hören bzw. nur als unverbindlicher Nebensatz der neutestamentlichen Botschaft zu hören ist, kann durch die Beantwortung der literarischen Fragen im einen oder anderen Sinn unterstützt werden. Sie fällt aber nicht in und mit der Beantwortung dieser Fragen. Alter und Quellenwert als solche sind es ja gewiß nicht gewesen, die die Nachricht von der Jungfrauengeburt in den Text der Evangelien und aus diesem Text in das Symbol gebracht haben. Sondern irgendeine innere, sachliche Richtigkeit und Wichtigkeit ihres Zusammenhangs mit der Person Jesu Christi ließ sie zuerst zu einem in großer Zurückhaltung, aber in der Sache zuletzt doch bestimmt angemeldeten Bestandteil des evangelischen Zeugnisses und dann im Unterschied zu manchen äußerlich (und scheinbar auch innerlich) viel ausgezeichneteren Elementen dieses Zeugnisses zum Bestandteil auch des kirchlichen Bekenntnisses und Dogmas werden. Ob uns diese Richtigkeit und Wichtigkeit, die sie bei der Entstehung des kanonischen Neuen Testamentes und dann noch einmal bei der Bildung des Dogmas gehabt haben muß, als solche zwingend einleuchtet — so einleuchtet, daß sie auch für uns Richtigkeit und Wichtigkeit wird, das ist die Frage, auf die wir hier ernsthaft antworten müssen. Wir werden uns dabei darüber klar sein, daß es sich auch bei der Beantwortung der so zu stellenden Frage nur um ein Nachverständnis derjenigen Richtigkeit und Wichtigkeit dieser Sache handeln kann, die ihr in der Offenbarung selbst eigentümlich ist und die auch uns nur von der Offenbarung her zwingend einleuchtend werden kann. Hinter der literarischen wie hinter der dogmatischen Untersuchung erhebt sich die *quaestio facti*, die weder durch die literarische noch durch die dogmatische Untersuchung zu beantworten ist. Es geziemt sich aber, daß sowohl die literarische wie die dogmatische Untersuchung im Raum der Theologie zunächst (d. h. bis zum Erweis der völligen Unmöglichkeit dieses Vorgehens) *sub conditione facti* unternommen werden.

Es ist zum Zweck des hier zu versuchenden dogmatischen Nachverständnisses vor allem nötig einzusehen, daß das Dogma, daß schon die neutestamentliche Voraussetzung des Dogmas von der Jungfrauengeburt insofern anderer Art ist, sich sozusagen auf einer anderen Ebene des Zeugnisses befindet als das Dogma bzw. die neutestamentliche Erkenntnis von der wahren Gottheit und wahren Menschheit Jesu Christi — als es nicht sowohl die christologische Wirklichkeit der Offenbarung als solche bezeichnet als vielmehr: das Geheimnis dieser Wirklichkeit, ihre Unbegreiflichkeit, ihren Charakter als den eines Faktums, in welchem Gott allein durch Gott gehandelt hat und in welchem Gott auch allein durch Gott erkannt werden kann. Das Dogma von der Jungfrauengeburt ist also nicht eine Wiederholung oder Umschreibung des *vere Deus vere homo*, obwohl es das in seiner Weise auch ausspricht, erklärt und beleuchtet, sondern es sagt (sozusagen ein formales Dogma zur nötigen Erläuterung jenes materialen): wenn das geschieht, was der Name Immanuel sagt, wenn also Gott zu uns kommt als unsereiner, um der Unsrige, ja um an unserer Stelle wir selbst zu sein: wahrer Gott und wahrer Mensch, dann ist das wohl ein wirkliches, im Raum und in der Zeit als Geschichte in der Geschichte sich vollziehendes Ereignis — in ihm geschieht ja Offenbarung Gottes an uns, in ihm geschieht ja unsere Versöhnung — aber das Geschehen, bei dem auf alles Warum? und Woher? und Wie? nur zu antworten ist, daß hier Gott mit sich selber anfängt. Das Dogma von der Jungfrauengeburt ist also das Bekenntnis der grenzenlosen Verborgenheit des *vere Deus vere homo* und des durch dieses *vere Deus vere homo* von uns geforderten grenzenlosen Staunens der Ehrfurcht und der Dankbarkeit. Es streicht die letzte etwa noch verbliebene Möglichkeit, das *vere Deus vere homo* geistig, als eine Idee oder als eine eigenmächtige Deutung, etwa im Sinn der doketischen oder ebionitischen Christologie zu verstehen.. Es läßt nur das geistliche Verständnis des *vere Deus vere homo* übrig, d. h. jenes Verständnis, in welchem Gottes eigenes Werk in Gottes eigenem Licht gesehen wird.

In diesem Sinn ziehen die neutestamentlichen Stellen über die Jungfrauengeburt eine kaum angedeutete aber doch bestimmte und trotz der quantitativen Dürftigkeit dieser Stellen bestimmt sich geltend machende, für jeden Leser des Neuen Testamentes eindrückliche und unvergeßliche Grenze um die Wirklichkeit Jesus Christus. Wer den Inhalt dieser Stellen mit A. v. Harnack (Dogmengesch.[4] 1. Bd. S. 113) einfach als Postulat aus Jes. 7, 14 erklären will, muß sich auseinandersetzen mit der Tatsache, daß das Judentum diese Stelle, selbst wenn es dort *almah* nach LXX als παρθένος verstand, jedenfalls gerade nicht messianisch erklärt hat. Wie kam die palästinensische Gemeinde, auf die ja besonders der Matthäusbericht zurückweist, auf diese Neuerung? Das alte Judentum hat überhaupt „niemals erwartet, daß etwa der verheißene Messias auf dem Wege übernatürlicher Zeugung das Licht der Welt erblicken werde; auch ihm gegenüber galt der Kanon: Mensch vom Menschen geboren. So bedeutet Matth. 1, 18 dem jüdischen Denken gegenüber ein absolut Neues". (Strack-Billerbeck, Kommentar zum N. T. nach Talmud und Midrasch, 1. Bd., 1922, S. 49). Und wer diese Stellen als Übernahme buddhistischer, ägyptischer, griechischer und anderer Mythen verstehen will, dem darf man entgegenhalten, daß diese Stellen sowohl in ihrem neutestamentlichen Zusammenhang als auch in den entscheidenden Einzelmotiven in ganz andere Richtung weisen als jene Mythen. Man kann das Vorhandensein der Nachricht von der Jungfrauengeburt im Neuen Testament nur entweder gar nicht verstehen oder dann als eine durch die Sache geforderte Grenzziehung gegenüber der Möglichkeit, das *vere Deus vere homo* als Deutung auf Grund einer dem Menschen auch sonst zugänglichen allgemeinen Wahrheit, als Ausdruck und Symbol einer letztlich immer und überall bestehenden Einheit von Gott und Mensch zu erklären. Wenn jene Stellen bei Matthäus und Lukas dieser Möglichkeit gegenüber im Zusammenhang ihrer Antwort auf die Frage nach der irdisch-menschlichen Herkunft Jesu sagen: Nein, gerade seine irdisch-menschliche Herkunft als solche ist Geheimnis, ist nur als einmalige und einzigartige Gottestat zu verstehen, das *vere Deus vere homo* und damit die Offenbarung Gottes überhaupt ist nicht eine geistige, sondern eine geistliche Wirklichkeit — dann haben diese Stellen im Neuen Testament offenbar ihre ganz bestimmte, unterschiedene, aber notwendige Funktion, und dann ist es auch nicht unverständlich, daß gerade ihre Aussagen in die kirchlichen Symbole aufgenommen und Dogma geworden sind. Der Einwand von R. Seeberg (a. a. O. S. 179) ist darum abzuweisen: es könne „die gesamte Gottesoffenbarung in Jesus

3. Das Wunder der Weihnacht

und sein erlösendes Wirken in allen seinen Stadien sehr wohl begriffen werden, ohne daß die Geburt aus der Jungfrau in Anspruch genommen würde". Dazu ist zu sagen: Ob in der Dogmatik und in der Kirche überhaupt die „Gottesoffenbarung in Jesus" wirklich „begriffen" wird, das hängt ab von dem Wie? dieses Begreifens. Eben um die Bezeichnung dieses Wie?, d. h. um die Bezeichnung dieses Geheimnisses der Offenbarung, geht es aber in der Lehre von der Jungfrauengeburt. Und nun klingt es doch nicht sehr vertrauenerweckend, wenn Seeberg fortfährt: er habe in seiner Christologie von der Jungfrauengeburt „keinerlei Gebrauch gemacht" und habe doch „der Idee der Menschwerdung, sofern sie Erlösungsbedeutung hat, allseitig gerecht werden können". Ist die Seebergsche Christologie eine geistige oder eine geistliche Erklärung des *vere Deus vere homo*? An der Antwort auf diese Frage würde sich sehr schön illustrieren lassen, warum der Theologe unter Umständen von der Jungfrauengeburt in der Tat keinerlei Gebrauch zu machen weiß, unter anderen Umständen aber geradezu genötigt sein wird, davon Gebrauch zu machen!

Unser Dogma bezeichnet das Geheimnis der Offenbarung. Wenn die Offenbarung ein Geheimnis ist und wenn es verstanden ist, daß dem so ist, dann wird es jedenfalls grundsätzlich möglich, daß seine Notwendigkeit einzuleuchten beginnt. Aber nun ist Nachdruck darauf zu legen: das Dogma bezeichnet dieses Geheimnis.

„Gott will hie seine Ordnung der Kreatur nicht halten, sondern ein neues machen. Eine Jungfrau soll schwanger werden; und das soll ein ‚Zeichen' oder Wunder sein" (Luther, Pred. üb. Lc. 1, 26 ff., 1532, E. A. 6, 195). Von einem „Zeichen" redet ja auf alle Fälle auch Jes. 7, 14.

Es könnte ja nämlich auf das Bisherige erwidert werden: ob denn die Anerkennung und das Bekenntnis dieses Geheimnisses der göttlichen Originalität der Person Jesus Christus durchaus an die Anerkennung und an das Bekenntnis gerade der Jungfrauengeburt gebunden sei, ob sich die Form, in der hier von diesem Geheimnis als von ihrem Inhalt geredet werde, von diesem Inhalt bzw. dieser Inhalt von dieser seiner Form nicht lösen lasse? Ob es nicht der christlichen Freiheit oder auch dem historischen Urteil des einzelnen zu überlassen sei, ob er diesen Inhalt nun gerade in dieser Form anerkennen und bekennen könne und wolle? Darauf ist zu antworten: Gewiß ist die Lehre von der Jungfrauengeburt nur die Bezeichnung und also die Form, in der im Neuen Testament und in den Symbolen von jenem Geheimnis geredet wird. Man kann in ähnlicher Weise sagen, daß das Osterzeugnis des Neuen Testamentes, sofern es Bericht vom leeren Grab ist, das Geheimnis bzw. die Offenbarung des Geheimnisses „Christus ist auferstanden!" nur eben bezeichnet — bezeichnet durch den Hinweis auf diese äußere Tatsache. Niemand wird sagen wollen, daß diese äußere Tatsache an sich und als solche die Macht hatte, den Jüngern Jesu das verhüllte „Gott war in Christus" zu enthüllen. Aber hat es sich ihnen anders als durch das Zeichen dieser äußeren Tatsache enthüllt? Wird da wirklich die Auferstehung des Herrn als Offenbarung seines Geheimnisses, als Enthüllung seiner göttlichen Herrschaft geglaubt, wo man den Bericht über das leere Grab als bloße Form jenes Inhalts meint streichen oder doch der christlichen Freiheit überlassen zu können, um sich im Ernst und entschieden nur zu jenem Inhalt zu bekennen? Geht mit dieser Form nicht notwendig auch der spezifische Inhalt der Osterbotschaft zugunsten irgendeiner anderen Auferstehungswahrheit faktisch verloren? Zeichen und Sache, Äußeres und Inneres werden in der Bibel überhaupt streng unterschieden — und in anderen Zusammenhängen wird man auf diese Unterscheidung gewiß nicht genug Gewicht legen können — sie werden aber nirgends in der („liberalen") Weise getrennt, daß man das eine nach Belieben gemächlich auch ohne das andere haben könnte. Sind die Zeichen, von denen das biblische Offenbarungszeugnis redet, etwa willkürlich gewählt und gegeben? Ist das Äußere, in welchem das Innere der Offenbarung nach diesem Zeugnis sichtbar und hörbar wird, etwa ein bloß zufälliger Ausdruck dieses Inneren? Von welchem Ort aus wollten wir das eigentlich feststellen, wenn es uns deutlich ist, daß Offenbarung etwas anderes ist als die Erscheinung einer Idee? Können wir das aber nicht feststellen, wie können und wollen wir dann eigentlich jene Abstraktion vollziehen, um uns allein an die Sache und gar nicht oder nur nach freiem Belieben an das Zeichen zu halten? Ist, wo man das tut, nicht heimlich oder offen immer auch eine andere Sache gemeint? Dies ist's, was man sich auch hinsichtlich der Jungfrauengeburt zu fragen hat. Man wird hier letztlich nur fragen können, aber man wird allerdings mit größter Bestimmtheit fragen müssen: Ist mit dem Geheimnis der Weihnacht, das zwei Theologen vielleicht scheinbar ganz mit demselben Ernst zu anerkennen scheinen, dasselbe gemeint, wenn der eine die Jungfrauengeburt als das Zeichen des Geheimnisses anerkennt und bekennt, der andere aber sie als bloße Äußerlichkeit leugnet oder die Entscheidung darüber doch offen lassen will? Anerkennt und bekennt wirklich auch der zweite, daß Gott in seiner Offenbarung an uns und in unserer Versöhnung in grenzenloser Verborgenheit und zu unserem grenzenlosen Erstaunen ganz und gar mit sich selber anfängt? Oder verrät er nicht mit seiner Leugnung oder Indifferenzerklärung gegenüber dem Zeichen der Jungfrauengeburt, daß er es auch hinsichtlich der durch dieses Zeichen bezeichneten Sache anders meint? Hört nicht vielleicht doch bloß der das Zeugnis von dieser Sache, der sich an das Zeichen hält, mit dem das Zeugnis diese Sache nun einmal bezeichnet hat?

Derjenige unter den Bestreitern dieses Zeichens müßte jedenfalls erst gefunden werden, dem man zugleich unbedenklich zugestehen könnte, daß er ein zuverlässiges Wissen um die durch dieses Zeichen bezeichnete Sache verrate. Ist es ein Zufall, daß bei ihnen allen die Anerkennung des Geheimnisses der Weihnacht dadurch bedroht und abgeschwächt erscheint, daß es zu irgendeiner natürlichen Theologie in Beziehung gesetzt wird? Ist es so, daß die Leugnung der Jungfrauengeburt die Behauptung des „Anknüpfungspunktes" nach sich zieht? Oder wird man mit der Behauptung des „Anknüpfungspunktes" blind für das Wunder der Jungfrauengeburt? Ein fataler Zusammenhang

3. Das Wunder der Weihnacht

besteht hier faktisch. Es ist besonders instruktiv, an dieser Stelle die Darlegungen Schleiermachers (a. a. O.) nachzulesen. Schleiermacher scheint auf den ersten Blick sehr genau zu wissen, um was es bei der Jungfrauengeburt geht. Er nennt es in seiner Sprache „das Übernatürliche" der Person des Erlösers und sagt in bezug darauf: „Die reproduktive Kraft der Gattung kann nicht hinreichen, ein Einzelwesen hervorzubringen, durch welches erst etwas in die Gattung selbst hineingebracht werden soll, was noch gar nicht in ihr gewesen war, sondern es muß zu dieser Kraft noch eine mit ihrer Tätigkeit sich verbindende schöpferische Tätigkeit hinzugedacht werden ... und in diesem Sinn postuliert jeder, der in dem Erlöser eine natürliche Unsündlichkeit und eine neue Schöpfung durch Vereinigung des Göttlichen mit dem Menschlichen annimmt, auch eine übernatürliche Erzeugung. ... Der allgemeine Begriff übernatürlicher Erzeugung bleibt also wesentlich und notwendig, wenn der eigentümliche Vorzug des Erlösers unverringert bleiben soll; die nähere Bestimmung desselben aber als Erzeugung ohne männliches Zutun hängt mit den wesentlichen Elementen der eigentümlichen Würde des Erlösers gar nicht zusammen, ist also an und für sich gar kein Bestandteil der christlichen Lehre ... und Jeder hat sich darüber nach richtiger Anwendung der von ihm bewährt gefundenen Grundsätze der Kritik und Auslegungskunst zu entscheiden." Dazu ist schlicht zu sagen: als Zeichen der Sache, die Schleiermacher meint, des Weihnachtsgeheimnisses, wie er es versteht, nämlich der wunderbaren Erscheinung einer mit der Tätigkeit der menschlichen Gattung sich verbindenden schöpferischen Tätigkeit zur Hervorbringung des Einzelwesens Jesus Christus genügt allerdings „der allgemeine Begriff einer übernatürlichen Erzeugung", besser gesagt: diese Sache bedarf überhaupt keines Zeichens. Sie, das was Schleiermacher „eine neue Schöpfung" nennt, ist in Wahrheit die Vollendung der Schöpfung der menschlichen Gattung, eine Vollendung, um deren Notwendigkeit man zum vornherein wissen und deren Vollzug in der Vereinigung des Göttlichen mit dem Menschlichen in Christus man darum als „eine übernatürliche Erzeugung" postulieren kann, die man sich nicht als etwas Neues sagen zu lassen braucht, für die es also keines Zeichens bedarf. — Lehrreich ist in diesem Zusammenhang auch die Anschauung von P. Althaus (Grundriß d. Dogm. II, 1932, S. 98 f.), der dem *natus ex virgine* sozusagen eine eventuelle Bedeutung beilegt, abhängig von der Entscheidung betreffend Alter und Quellenwert der Matthäus- und Lukasstellen. Kann man sich hier positiv entscheiden, dann gilt: „Der Gott, der auch durch die natürliche Erzeugung seinen Sohn Mensch werden zu lassen, den neuen Menschen zu schaffen vermag, geht hier einen anderen Weg, um auch (!) dadurch zu bezeugen, daß wirklich der neue Mensch geboren, daß Gott Mensch geworden ist." Aber auch für den, der sich in der historischen Frage negativ entscheidet, der also in jenen Stellen ein von doketischen Gedanken geleitetes unhaltbares Postulat erblickt, soll Christi Geburt ein „schöpferisches Wunder Gottes" sein, darin bestehend, „daß er im Zusammenhange des Menschheitslebens den Sohn Mensch werden läßt, den Menschen schafft, der ‚vaterlos, mutterlos, ohne Stammbaum' (Hebr. 7, 3) den Zusammenhang der sündigen Menschheit durchbricht als der neue Mensch Gottes, der Erstling der neuen Schöpfung". Dazu ist zu sagen: Wenn dieses „schöpferische Wunder" tatsächlich auch anders als durch das Zeichen des *natus ex virgine* bezeugt ist, wenn man auch abgesehen von diesem Zeichen darum wissen kann, wenn also dieses Zeichen als solches unwichtig wird und dem historischen Urteil gegenüber freizugeben ist — gehört dann dieses „schöpferische Wunder" als solches nicht doch etwa zu jener Voraussetzung der Althaus'schen Christologie, die er selbst die an alles Menschentum in und mit seiner eigenen Wirklichkeit in der Welt jederzeit gegenwärtig ergehende, freilich ungenügende und über sich selbst hinausweisende „Uroffenbarung" nennt, kraft welcher die Christologie nach ihm zugleich Wiedererkennen und Überwindung des Ärgernisses ist (a. a. O. S. 10, 13 f., 83 f.)? Wo das Zeichen entbehrlich ist, da scheint ja auch eine Überwindung des Ärgernisses überflüssig zu sein und also die Wiedererinnerung als solche zum Ziele zu führen. Gott ist dann zwar vielleicht (wenn es nach dem Urteil der Historiker so war) diesen Weg gegangen, um das „schöpferische Wunder" auch so zu bezeugen, aber wir würden auch, wenn dies nicht der Fall wäre, dennoch um dieses „Wunder" wissen. Sollte mit diesem „Wunder" nicht doch — dann würde alles verständlich — etwas anderes gemeint sein als das, was wir als das Geheimnis des *vere Deus vere homo* umschrieben haben? — Wir können in diesem Zusammenhang kurz Antwort geben auf die populär-theologische Frage: ob „man" denn, um wirklich christlich zu glauben, durchaus an die Jungfrauengeburt glauben müsse? Darauf ist zu antworten: Es ist gewiß nicht ausgeschlossen, daß jemand auch ohne Bejahung der Lehre von der Jungfrauengeburt das Geheimnis der Person Jesus Christus erkennen und also wirklich christlich glauben kann. Es steht in Gottes Rat und Willen, dies möglich zu machen, wie es ihm ja überhaupt nicht unmöglich sein kann, jemand auch außerhalb des Raumes der uns sichtbaren Kirche zur Erkenntnis seiner selbst zu führen. Aber damit ist nicht gesagt, daß die Kirche die Freiheit habe, die Lehre von der Jungfrauengeburt zu einem Fakultativum für besonders starke oder auch für besonders schwache Gemüter zu machen. Die Kirche weiß wohl, was sie getan hat, indem sie dieses Dogma sozusagen als Wache vor die Tür zu dem Geheimnis der Weihnacht stellte. Sie wird es niemals gutheißen können, wenn jemand an dieser Wache vorbeieilen zu können meint. Sie wird ihn darauf aufmerksam machen, daß er damit einen Privatweg betritt auf eigene Rechnung und Gefahr. Sie wird ihn warnen davor, dies zu tun. Sie wird als kirchliche Ordnung verkündigen: es gehört zum wirklichen christlichen Glauben auch die Bejahung der Lehre von der Jungfrauengeburt. Sie wird jedenfalls von ihren Dienern, falls auch unter ihnen solche sein sollten, die diese Ordnung persönlich nicht verstünden, mindestens dies verlangen, daß sie ihren Privatweg als Privatweg behandeln und also nicht etwa ihrerseits zum Gegenstand von Verkündigung machen, daß sie das Dogma, wenn sie es persönlich nicht bejahen können und also (leider!) auch ihren Gemeinden vorenthalten müssen, wenigstens durch Schweigen respektieren.

Die Bezeichnung des Geheimnisses der Offenbarung ist nach dem Dogma das Geschehen eines Wunders — „Wunder" nun in dem besonderen konkreten, und nicht in dem eben übernommenen allgemeinen Sinn verstanden. Wir fragen zunächst noch nicht nach seinem besonderen Inhalt: *conceptus de Spiritu sancto, natus ex Maria virgine*, sondern stellen nur fest: mit diesen Aussagen ist jedenfalls gemeint ein im Bereich der kreatürlichen Welt in der Totalität dieses Begriffs, also in der Einheit des Psychischen mit dem Physischen, in der Zeit und im Raume, in noetischer und ontischer Wirklichkeit sich ereignendes Geschehen, das als solches weder aus der Kontinuität des sonstigen Geschehens in dieser Welt verstanden werden kann, noch faktisch in dieser Kontinuität begründet ist, sondern dessen Außerordentlichkeit zwar subjektiv als Irrtum, Täuschung, Dichtung, Symbolbildung oder objektiv als vorläufig unaufgeklärtes aber prinzipiell aufklärbares kreatürliches Geheimnis mißverstanden werden kann, wirklich verstanden aber nur als von Gott selbst, und zwar von Gott selbst allein und direkt gewirktes Zeichen der Freiheit und Unmittelbarkeit, des Geheimnisses seines Handelns, als vorlaufendes Zeichen seines kommenden Reiches — und das darum: weil es in sich selber nichts anderes als ein solches Zeichen wirklich ist. Das Zeichen soll ja bezeichnen. Um zu bezeichnen, muß es selbst etwas von der Art dessen an sich haben, was es bezeichnet; es muß ihm noetisch und ontisch analog sein. Darin ist das Wunder der Weihnacht dem, was es bezeichnet, dem

3. Das Wunder der Weihnacht

Geheimnis der Weihnacht analog; auch es besteht darin, daß Gott inmitten der Kontinuität der kreatürlichen Welt, aber unabhängig von ihr sowohl hinsichtlich unseres Verständnisses seines Tuns als auch hinsichtlich seines Tuns selbst mit sich selbst anfängt.

Quoniam inopinata salus hominibus inciperet fieri Deo adiuvante, inopinatus et partus virginis fiebat, Deo dante signum hoc, sed non homine operante illud (Irenäus, C. o. h. III 21, 6).

Und nun haben wir die Jungfrauengeburt nicht zufällig in Parallele gestellt zu dem Wunder, von dem das Osterzeugnis redet: Zu dem Wunder des leeren Grabes. Diese beiden Wunder gehören zusammen; sie bilden sozusagen ein einziges Zeichen, das, verglichen mit anderen Zeichen und Wundern des neutestamentlichen Zeugnisses, offenbar die besondere Funktion hat, die Existenz Jesu Christi als solche unter und neben den vielen anderen Existenzen der menschlichen Geschichte zu bezeichnen und auszuzeichnen als diejenige menschlich-geschichtliche Existenz, in der Gott selbst, Gott allein und Gott direkt, Subjekt ist, deren zeitliche Wirklichkeit nicht nur durch die ewige Wirklichkeit Gottes hervorgerufen, geschaffen, bedingt und getragen, sondern die mit dieser identisch ist. Die Jungfrauengeburt am Eingang und das leere Grab am Ausgang des Lebens Jesu bezeugen, daß dieses Leben ein gegenüber allem sonstigen Menschenleben abgegrenztes, und zwar nicht erst durch unser Verständnis und unsere Deutung, sondern durch sich selbst abgegrenztes Faktum ist. Abgegrenzt in seinem Woher: es ist frei gegenüber der Willkür, auf Grund deren wir alle existieren. Und abgegrenzt in seinem Wohin: es ist siegreich über den Tod, dem wir alle verfallen sind. Nur innerhalb dieser Grenzen ist es, was es ist, und ist es also recht zu verstehen, nämlich als das **Geheimnis der Offenbarung Gottes**. Denn darauf weisen eben — wer sie ignoriert oder wegwünscht, der sehe zu, daß er nicht etwas anderes meine als dies! — diese **Grenzen** hin.

Τὸ πρὸ τῆς γεννήσεως καὶ τὸ μετὰ τοῦ θανάτου τὴν τῆς φύσεως ἡμῶν ἐκφεύγει κοινότητα... εἰ γὰρ ἐντὸς ἦν τῶν τῆς φύσεως ὅρων τὰ περὶ τοῦ Χριστοῦ διηγήματα, ποῦ τὸ θεῖον; (Gregor v. Nyssa, *Or. cat. 13*).

Man darf das Verhältnis dieser beiden Grenzen untereinander vielleicht so bestimmen: die **Jungfrauengeburt** bezeichnet im besonderen das **Geheimnis der Offenbarung**. Sie bezeichnet dies: daß Gott am Anfang steht, wo wirkliche Offenbarung stattfinde, Gott und nicht die willkürliche Klugheit, Tüchtigkeit oder Frömmigkeit eines Menschen. Daß Gott in Jesus Christus hervortritt aus der tiefen Verborgenheit seiner Gottheit, um als Gott unter uns und an uns zu handeln, wie es in dem Zeichen der Auferstehung Jesu von den Toten wirklich und sichtbar wird, das ist begründet in dem, was durch die Jungfrauengeburt bezeichnet ist: hier in diesem Jesus hat sich wirklich Gott selbst in die Menschheit herabgelassen und verborgen. Und darum, weil er hier verhüllt war, konnte und mußte er sich enthüllen, wie es zu Ostern geschehen ist. Das leere Grab dagegen bezeichnet im besonderen die Offenbarung des Geheimnisses. Es bezeichnet dies: daß Gott hier nicht umsonst am Anfang steht, sondern als solcher wirksam und erkennbar wird. Der keiner menschlichen Kraft bedarf, der frei ist gegenüber aller menschlichen Willkür, dem ist auch die letzte Not der Schranken menschlicher Existenz, indem er sich ihnen fügt, indem er sich dem Tode preisgibt, kein Hindernis seines Seins und Wirkens. Daß Gott selbst in seiner ganzen Majestät eins wurde mit uns, wie die Jungfrauengeburt es anzeigt, das bewährt sich in dem, was das leere Grab anzeigt: Hier in diesem Jesus hat der lebendige Gott unüberhörbar zu uns Menschen gesprochen. Darum, weil er sich hier enthüllt als der, der er ist, können und müssen wir sagen, was die Weihnachtsbotschaft sagt: Euch ist heute der Heiland geboren! Das Geheimnis am Anfang begründet das Geheimnis am Ende, und durch das Geheimnis des Endes wird das Geheimnis des Anfangs wirksam und erkennbar. Und daß dem so ist, diesen Sachverhalt bezeichnen hier das Wunder der Jungfrauengeburt, dort das Wunder des leeren Grabes. Wenn man diesen in sich geschlossenen Kreis einmal gesehen hat, wird man gegen die Bestreitung des *natus ex virgine* das weitere Bedenken erheben müssen, daß mit ihr ein unentbehrlicher Zusammenhang, der im Symbol faktisch sichtbar wird, zerstört und damit auch das *tertia die resurrexit a mortuis* faktisch in Frage gestellt wird.

Wir haben hier des merkwürdigen Abschnitts in E. Brunners Buch „Der Mittler" (a. a. O.) zu gedenken, in welchem er zu unserem Thema das Wort ergreift. Brunner entwickelt über das hinaus, was alle anderen seit Schleiermacher auch gesagt haben, den eigentümlichen Einwand: die Lehre von der Jungfrauengeburt bedeute eine „biologische Interpretation des Wunders" (nämlich des Wunders der Inkarnation), ja, einen Ausdruck „biologischer Neugier". Das göttliche Wunder solle hier in seinem Wie erklärt werden, während wir uns im Glauben mit dem Daß begnügen sollten. Die Jungfrauengeburt sei ein raum-zeitlicher Vorgang, eine Wahrnehmungstatsache, um deren Wirklichkeit man wissen könne, ohne zu glauben. Darum müsse man sich ihr gegenüber für indifferent erklären. Dagegen ist vor allem exegetisch dies zu bemerken (vgl. neuerdings besonders M. Dibelius): Eine biologische „Erklärung" der Inkarnation ist die Lehre von der Jungfrauengeburt weder im Neuen Testament noch im Symbol: so gewiß sie sich auf den biologischen Vorgang als solchen — auch dies übrigens in Analogie zu der Ostergeschichte — mit keinem Wort einläßt, sondern sich damit begnügt, vor- und rückblickend auf das Faktum hinzuweisen. Dieses Faktum ist allerdings ein solches, das dem Problemgebiet der Biologie angehört. Aber dazu ist zunächst allgemein zu sagen: was hier auf dem Feld der Biologie geschieht, ist an sich, wie schon Irenäus (s. o.) gesagt hat, nur das *signum*, das Zeichen der unaussprechlichen, alle menschlichen Betrachtungsfelder begrenzenden Wirklichkeit der Offenbarung, des *vere Deus vere homo*. Kann man das Zeichen von der Sache nicht trennen, wie mit so vielen anderen leider auch Brunner es will, so ist das Zeichen doch nicht die Sache: an so etwas wie erlaubte oder unerlaubte Neugier hinsichtlich dieser Sache hat sicher bei der Anerkennung der Jungfrauengeburt als ihres Zeichens zur Zeit der kanonischen und der symbolischen Aussagebildung darüber kein Mensch auch nur von ferne gedacht, einmal weil ja das Zeichen selbst so erklärungsbedürftig wie nur möglich war und blieb, sodann und vor allem, weil das Zeichen die Sache ja nicht im mindesten erklärte, vielmehr wesenhaft und absichtsgemäß gerade ihre Unerklärlichkeit, ihren Charakter als Geheimnis ans Licht stellte. Daß Brunner sich daran stoßen kann, daß das Zeichen allerdings und unleugbar auf dem Felde biologischer Fragen stattfindet, das ist doch sehr seltsam. Wie und wo soll es denn Zeichen geben, wenn nicht auf diesem Feld und auf anderen Feldern menschlicher Fragen, in der „Sphäre raum-zeitlichen Geschehens"? Könnte die Beschwerde Brunners dagegen nicht genau so gegen die Erscheinungen des auferstandenen Jesus, gegen das leere Grab und gegen Jesu sämtliche Wundertaten erhoben werden? Sicher konnte und kann man um ein Zeichen der Offenbarung „wissen ohne Glauben". Aber ein solches Wissen ohne Glauben wird dann dem Osterwunder gegenüber etwa die Form der Visions- oder Betrugs- oder Scheintodhypothese haben, dem Weihnachtswunder gegenüber aber die Form einer jener mutwilligen jüdischen Legenden, mittels derer man das Faktum in der Tat ohne Glauben wissen zu können meinte. Man kann sich auch denken, daß ein naiver, weltanschaulicher Supranaturalismus es in früheren Zeiten (aber sicher nicht in der Allgemeinheit, in der man dies für jene Zeiten annimmt) möglich machte, sich ein Wissen um Fakten dieser Art, das des Glaubens nicht bedürfe, einzureden. Solches Wissen: jenes das Wunder wegdeutende und dieses bloße Wissen um *portenta stupenda*, wird man aber vom Glauben her gesehen als ein irrendes, als ein falsches Wissen bezeichnen müssen. Als Zeichen der Offenbarung, in ihrer bezeichnenden Funktion und damit in ihrem einzig wirklichen Wesen werden sie ja so oder so nicht gewußt. Was besagt die Möglichkeit eines solchen „Wissens ohne Glauben" gegen die Wirklichkeit und Wichtigkeit seines Gegenstandes? — Brunners Bestreitung der Jungfrauengeburt ist kein gutes Unternehmen. Sie verbreitet, wie dies auch bei Althaus der Fall ist, Zwielicht über seine ganze Christologie. Der Seufzer von N. Berdjajew ist auch mein Seufzer: „Ich habe das Buch Brunners mit ungeheurem Interesse gelesen, weil ich die Spannung und Schärfe des Gedankens, das religiöse Pathos in ihm fühlte. Als ich jedoch bis zu der Stelle kam, in der Brunner bekennt, daß er nicht an die Geburt Jesu Christi von der Jungfrau glaubt, oder wenigstens ihr gleichgültig gegenübersteht, wurde mir traurig zumute, und die Sache wurde sogar langweilig. Denn mir schien es so, als werde nun alles durchgestrichen, als sei nun alles Weitere zwecklos" (Orient u. Occident, Heft 1, 1929, S. 19). Was Brunner in seinem neuesten Buch „Der Mensch im Widerspruch" 1937 S. 405 f. zu dieser Sache beibringt, ist so schlimm, daß ich nur durch Schweigen dazu Stellung nehmen kann.

Haben wir nun die Notwendigkeit unseres Dogmas bewiesen? Zweifellos nicht! Wir haben festgestellt: der Inhalt des Dogmas entspricht, wie spärlich und problematisch die betreffenden Aussagen auch sein mögen, biblischer Bezeugung. Er bezieht sich im besonderen auf das Geheimnis der Person Jesus Christus. Er verhält sich zu diesem wie das Zeichen zur Sache. Er bezeichnet dieses Geheimnis durch ein diesem analoges Wundergeschehen. Wir haben damit und mit unserer beiläufigen Bestreitung der verschiedenen Bestreitungen der Jungfrauengeburt auf ihre Notwendigkeit bloß hingewiesen. Wir haben aufmerksam gemacht auf die Gesichtspunkte, unter denen diese Notwendigkeit einleuchtend werden kann. Daß sie tatsächlich einleuchtend wird, das hängt daran, daß jene biblische Bezeugung trotz und in ihrer Zurückhaltung so gehört wird, wie sie von der alten Kirche offenbar gehört worden ist, daß also die Eigenschaft ihres Inhalts als Zeichen und die Beziehung zwischen diesem Zeichen und dem Geheimnis der Offenbarung gesehen und darum das

Wunder, das diesen Inhalt bildet, in seiner Angemessenheit verstanden wird. Alles hängt doch schließlich an dem Einen, daß das Geheimnis der Offenbarung als solches durch dieses Zeichen spricht und vernommen wird. Daß dies geschieht, das kann die theologische Erläuterung hier sowenig wie bei der Offenbarung überhaupt vorwegnehmen und erzwingen. Insofern kann die Notwendigkeit auch dieses Dogmas nicht bewiesen, sondern es kann nur gezeigt werden, auf welche Momente es bei der Erkenntnis seiner Notwendigkeit etwa ankommen würde. Bejahen wir diese Notwendigkeit, so müssen wir die Erkenntnis, auf Grund deren wir dies tun, als eine Entscheidung verstehen, deren Rechtmäßigkeit letztlich mit der Kraft ihres Gefordertseins durch den Gegenstand für sich selbst sprechen muß. — Sie kann und muß aber eine weitere Bewährung empfangen in der Einzelerklärung des Dogmas, der wir uns nun zuzuwenden haben.

1. Man geht sachgemäß am besten aus von der ganz unzweideutigen zweiten Klausel: *Natus ex Maria virgine*. Sie ist darum unzweideutig, weil sie die Souveränität des göttlichen Handelns und also das Geheimnis der Weihnacht bezeichnet durch eine ausdrückliche und höchst konkrete Negation. „Geboren aus der Jungfrau Maria" heißt ja jedenfalls: geboren wie sonst keiner geboren wurde und wie es biologisch so wenig deutlich zu machen ist wie die Auferweckung eines Toten, nämlich geboren nicht auf Grund von männlicher Zeugung, sondern allein auf Grund von weiblicher Empfängnis. Die erste, sachlich wichtigere Klausel: *conceptus de Spiritu sancto*, die durch die zweite interpretiert wird, bezeichnet dann dieselbe Souveränität Gottes im Werden der menschlichen Existenz seines Wortes nach der positiven Seite: sie sagt, daß der freie Wille Gottes der Sinn und die Auflösung jenes Rätsels ist. — Wir müssen aber zunächst feststellen, daß auch jene Negation in der ersten Klausel eine positive, und zwar eine sehr wichtige positive Aussage enthält. Sie redet ja nicht nur von dem schlechthin Rätselhaften, das da inmitten der menschlichen Wirklichkeit Ereignis wird, und damit von der Souveränität Gottes, die im Blick auf dieses Ereignis zu bedenken ist. Sie redet doch auch, wenn auch unerhört begrenzend, wenn auch in Verkündigung eines schlechthinnigen Rätsels: von der menschlichen Wirklichkeit. Sonst würde sie ja nicht dieses Geheimnis, nicht das Geheimnis der Weihnacht, nicht die Souveränität Gottes bezeichnen, die sich darin erweist, daß seine Wirklichkeit hier mit menschlicher Wirklichkeit eins wird. Sie sagt mit ihrem *natus ex Maria*, daß die Person Jesus Christus der wirkliche Sohn einer wirklichen Mutter ist, beide in der Weise wirklich, wie alle anderen Söhne anderer Mütter: der Sohn geboren aus dem Leibe, aus Fleisch und Blut seiner Mutter. So und nicht anders ist auch Jesus Christus geboren. In diesem vollständigen Sinn ist auch er Mensch. In diesem vollständigen

3. Das Wunder der Weihnacht

Sinn dann freilich anders als die anderen Söhne anderer Mütter. Aber die Andersartigkeit, die hier in Betracht kommt, ist so groß, so grundlegend und umfassend, daß sie der Vollständigkeit und Wahrheit seines Menschseins keinen Eintrag tut.

Diesen Ort des Wunders inmitten der menschlichen Wirklichkeit betont das besonders in den lateinischen Symbolformen hartnäckig geltend gemachte *ex Maria*; vgl. Gal. 4, 4: ἐκ γυναικός. Das *Symbolum Quicunque* hat es mit Recht umschrieben mit der Formel: *Homo est ex substantia matris in saeculo natus* (Denz. Nr. 40). Und schon in den älteren Symbolbildungen hatte die Klausel *natus ex Maria* sicher auch den Sinn und jedenfalls die praktische Bedeutung einer Abwehr gnostisch-doketischer Vorstellungen wie etwa der des Valentin, nach welchem Christus nichts von seiner menschlichen Mutter empfangen, sondern einen zu diesem Zweck neu geschaffenen himmlischen Leib angezogen hätte, durch Maria also nur wie das Wasser durch einen Aquaedukt hindurchgegangen, mit anderen Worten nur scheinbar geboren worden und ein Mensch gewesen wäre. Die Kirche hat die Lehre von diesem valentinischen Wunder mit Recht abgelehnt; denn wenn man auch dieses Wunder als Hinweis auf ein Geheimnis verstehen konnte, so war dieses Geheimnis doch nicht das der Weihnacht, wie es von der heiligen Schrift bezeugt ist, nicht die unbegreifliche Wirklichkeit des *vere Deus vere homo*, sondern ein willkürlich erfundenes Mysterium, dessen Sinn jedenfalls nicht Gottes Offenbarung an uns, unsere Versöhnung mit Gott sein konnte.

Also diese zweite Klausel sagt mit ihren Worten *natus ex Maria* bestimmt auch das Positive: Es ging bei der Geburt Jesu Christi um die echte Geburt eines echten Menschen. Und auch damit zeigt das Zeichen auf die Sache, auf das unaussprechliche Geheimnis: Das Wort ward Fleisch. Daß dies geschah, das und nichts anderes ist der Akt der göttlichen Souveränität, den wir das Geheimnis der Weihnacht nennen. Nur indem wirklich dies geschah, ist es das Geheimnis von Gottes Offenbarung an uns und von unserer Versöhnung mit Gott. Es ist für den ganzen Begriff der Offenbarung, der Gnade, des Glaubens, aber schließlich für alle Bereiche theologischer Forschung und Lehre wichtig festzustellen, daß auch das im Dogma eingeschlossen ist: *natus ex Maria*, daß das Wunder der Weihnacht auch diese Komponente hat: die gar nicht wunderbare Wirklichkeit des Menschen. An ihm geschieht, wenn das Immanuel wahr wird, das Wunder. Souveränen göttlichen Handelns Gegenstand ist der Mensch in diesem Geschehen. Gott selbst und Gott allein ist ein Meister und Herr. Nicht stark, nicht exklusiv genug, nicht abweisend genug gegen allen Synergismus oder auch Monismus kann das gesagt werden. Nur so darf es nicht etwa gesagt werden, daß das Einfache und Entscheidende vergessen und verdunkelt wird: es geht um ihn, den Menschen, in diesem Geschehen! Es ist kein Geschehen in der Einsamkeit Gottes, sondern ein Geschehen zwischen Gott und ihm, dem Menschen. Der Mensch ist nicht nur auch dabei, sondern (an seinem Ort, in seiner, in einer sehr bestimmt umschriebenen Weise) als die eine Hauptperson auch dabei: nicht als ein Nichts, nicht nur scheinbar, sondern als der wirkliche Mensch, der er ist. Das Wort ward Fleisch. Er ist so dabei, wie er als wirklicher Mensch dabei sein **kann**, wo Gott selbst, Gott allein, Subjekt, Herr und Meister ist. Aber er ist nicht etwa **nicht** dabei. Sondern alle näheren Bestimmungen, die hier angesichts der Souveränität Gottes gelten müssen, können nur eben dies umschreiben: wie er gerade als wirklicher Mensch hier dabei **ist** und insofern dabei sein **kann**.

Im Seitenblick auf das Dogma von der Schöpfung wäre hier zu sagen: Es handelt sich in der Offenbarung und Versöhnung, obwohl sie nicht minder unbegreiflich sind als jene, nicht wie dort um eine *creatio ex nihilo*. Man kann also die Offenbarung und Versöhnung wohl auch eine Schöpfung: die „neue Schöpfung" nennen (2. Kor. 5, 17), aber man muß dann mit G. Thomasius, Christi Person und Werk, 3. Aufl., 1886, 1. Bd. S. 401, von einem „schöpferischen Akt in und an der alten natürlichen Menschheit" reden. An die Stelle des *ex nihilo* ist jetzt diese alte natürliche Menschheit, oder im Zeichen: das *ex Maria* getreten. Die neue, die zweite Schöpfung, setzt die alte, die erste voraus, nicht als eine uns in ihrem Sein bekannte und verfügbare, wohl aber als eine uns von Gott vorausgegebene, vorausgesetzte Wirklichkeit, nämlich als die durch Gericht und Gnade neu zu erleuchtende und zu gestaltende und darum von uns in ihrer Beziehung zu Gott nicht etwa unmittelbar (nicht etwa mit dem Ertrag einer „natürlichen Theologie"), sondern nur in der Erkenntnis des Gerichts und der Gnade zu betrachtende und zu verstehende Daseinswirklichkeit, aber immerhin: als die Existenz, an der hier ebenso wunderbar gehandelt wird, wie sie dort, in der Schöpfung, wunderbar begründet ist. Der kreatürlichen Selbstherrlichkeit, die sich hier einschleichen und den Menschen mit seiner Existenz als Partner Gottes interpretieren könnte, aller natürlichen Theologie wird das *ex virgine* mit dem positiven Hintergrund des *conceptus de Spiritu sancto* den nötigen Riegel schieben. Aber das Geheimnis würde doch geleugnet, wenn nicht auch das immer wieder mitgehört würde: *ex Maria virgine*.

Aber wenden wir uns nun zu dem Hauptpunkt: *ex virgine*. Was ist damit gesagt? Sicher auch jenes Nächstliegende, Allgemeine, Formale: das Werden, der Einsatz der menschlichen Existenz des Offenbarers Gottes, der Gott selbst ist (die γένεσις 'Ιησοῦ Χριστοῦ, Matth. 1, 1, 18) ist ein Wunder, d. h. ein Geschehen in dieser unserer Welt, aber ein solches, das weder in der Kontinuität des Geschehens in dieser Welt begründet ist noch aus ihr zu verstehen ist, sondern das, weil es ein unmittelbar von Gott gesetztes Zeichen ist, auch nur als solches verstanden werden kann. Aber eben weil das *ex virgine*, wie alle biblischen Wunder, wesentlich Zeichen ist, dürfen wir zu seinem Verständnis nicht etwa bei der Feststellung seiner Diskontinuität, seiner „Übernatürlichkeit" stehen bleiben. Wunderbar und wunderlich ist zweierlei. Mit der bloßen Feststellung des Wunderlichen als solchen würden wir, so unentbehrlich sie ist, in der Sphäre stecken bleiben, in der es auch nach heidnischer Religion und Weltanschauung Wunder und sogar dem biblischen Wunder und gerade dem *natus ex virgine* sehr ähnliche Wunder gibt. Die Art, in der das *ex virgine* im Neuen Testament auftritt, und die Art, wie es in der alten Kirche von Anfang an erklärt worden ist, gibt uns kein Recht, bei jener Feststellung stehenzubleiben, das Wunderliche als solches etwa gar als das ursprüngliche Motiv des Dogmas zu verstehen. Wir können bei dieser Feststellung in voller Anerkennung ihrer formalen Wichtigkeit sowenig stehen bleiben wie bei dem ebenfalls zu beachtenden und zu unterstreichenden *ex Maria*. Mit dem *ex virgine* ist nämlich offenbar das Sachliche ausgesagt: indem das Wort Fleisch wird, indem Gottes Sohn „menschliche Natur" annimmt, widerfährt dieser menschlichen Natur eine ganz bestimmte Begrenzung. Ihr wird Gnade zuteil. Aber das kann nicht geschehen, ohne daß sie auch ins Gericht gestellt wird.

Daß es sich um beides handelt, wird besonders in dem Text Luc. 1, 26–38 deutlich. Die Botschaft des Engels hat dort zunächst deutlich den Charakter einer Freudenbotschaft: χαῖρε, κεχαριτωμένη, ὁ κύριος μετὰ σοῦ (v. 28), εὗρες χάριν παρὰ τῷ θεῷ (v. 30). Aber ihre Wirkung auf Maria ist doch eine erschütternde: ἐπὶ τῷ λόγῳ διεταράχθη (v. 29). Ihr muß wie Luc. 2, 10 den Hirten zugerufen werden: μὴ φοβοῦ, Μαριάμ. Die entscheidenden, exegetisch freilich noch heute nicht einwandfrei durchsichtig gemachten Worte der Verheißung: Πνεῦμα ἅγιον ἐπελεύσεται ἐπὶ σέ, καὶ δύναμις ὑψίστου ἐπισκιάσει σοι (v. 35) haben sicher auch etwas geradezu Drohendes. Endlich denkt man bei der berühmten endgültigen Antwort der Maria: ἰδοὺ ἡ δούλη κυρίου· γένοιτό μοι κατὰ τὸ ῥῆμά σου (v. 38) unwillkürlich gerade an die lukanische Fassung des Gethsemane-Gebetes: μὴ τὸ θέλημά μου ἀλλὰ τὸ σὸν γινέσθω (Luc. 22, 42). Und noch stärkerer Schatten liegt auf dem Paralleltext Matth. 1, 18–25, wo das Traumgespräch des Joseph mit dem Engel doch geradezu den Zweck hat, dem Joseph über das Ärgernis, von dem er die Schwangerschaft der Maria umgeben sehen muß, hinwegzuhelfen. — Es ist offenkundig, daß das *natus ex virgine* nach diesen Texten nicht nur im biologischen Sinn der Natur entgegengeht, sondern daß es sich dabei sachlich um ein echtes Widerfahrnis handelt, das dem Menschen als solchem zuteil wird. Er bekommt, indem ihm Gnade zuteil wird, nicht nur als Zuschauer eines ungewohnten Ereignisses etwas zu staunen, sondern dieses Ereignis widerspricht und widersteht ihm selbst. Über ihn selbst fällt — und damit erst bekommt der Begriff des „Naturwunders" seine biblische Fülle — eine Entscheidung, mit der er sich nicht ohne Schmerzen und Entsetzen, nicht ohne Demütigung abfinden, die er nur eben im Glauben und nicht sonst bejahen und gutheißen kann. Gewiß, in dem Gericht, in das er gestellt wird, ist die Gnade verborgen; von ihr und sogar nur von ihr wollen ja jene Texte reden. Das wird gerade in der Fortsetzung des Lukasberichtes v. 39–56 ganz deutlich. Und das liegt im Symbol in dem vorangestellten *conceptus de Spiritu sancto* und wird bei dessen Erklärung hervorzuheben sein. Aber die Gnade kommt doch nicht anders als durch die enge Pforte und auf dem schmalen Weg des Gerichts. Und von daher muß sie jedenfalls in dem *ex virgine* verstanden werden.

In dem *ex virgine* liegt ein Urteil über den Menschen. Damit, daß Maria als Jungfrau Mutter des Herrn und also sozusagen die Eingangspforte der göttlichen Offenbarung in die menschliche Welt wird, ist gesagt, daß es sonst, d. h. auf dem natürlichen Weg, auf dem eine menschliche Frau sonst Mutter wird, keine Mutterschaft des Herrn und also keine solche Eingangspforte der Offenbarung in unsere Welt gibt, mit anderen Worten, daß die menschliche Natur an sich keine Fähigkeit hat, die menschliche Natur Jesu Christi, die Stätte der göttlichen Offenbarung zu werden. Sie kann nicht Werkgenossin Gottes sein. Wird sie es faktisch doch, dann nicht auf Grund dessen, was ihr schon vorher und an sich eignet, sondern auf Grund dessen, was durch das göttliche Wort an ihr geschieht, also nicht auf Grund dessen, was sie zu tun und zu geben, sondern auf Grund dessen, was sie — und zwar von Gott her — zu erleiden und zu empfangen hat. Die Jungfrauschaft der Maria in der Geburt des Herrn ist die Negation — nicht des Menschen vor Gott, wohl aber seiner Möglichkeit, seiner Eignung, seiner Fähigkeit für Gott. Hat er diese Möglichkeit — und Maria hat sie offenbar — dann heißt das streng und exklusiv: daß er sie bekommt, daß sie ihm beigelegt wird. Er kann sich dann in dieser seiner Möglichkeit für Gott sowenig verstehen wie die Maria in der Verkündigungsgeschichte sich als zukünftige Mutter des Messias verstehen konnte. Er kann sich dann nur mit jenem *Ecce ancilla Domini!* als das verstehen, was er, sich selber unbegreiflich, vor Gott und von Gott her faktisch geworden ist.

Der Sinn dieses Urteils, dieser Negation, ist nun nicht der Unterschied zwischen Gott als Schöpfer und dem Menschen als Geschöpf. Der Mensch als Geschöpf — wenn wir vom Menschen in dieser Abstraktion einen Augenblick zu reden versuchen — hätte wohl die Möglichkeit für Gott und würde sich in dieser Möglichkeit auch verstehen können. Im Paradies hätte es des den Menschen als Werkgenossen Gottes zurückweisenden Zeichens *ex virgine* nicht bedurft. Aber der Mensch, an den die Offenbarung Gottes ergeht und der in der Offenbarung und durch sie mit Gott versöhnt wird, ist nicht der Mensch im Paradiese. Er hat freilich nicht aufgehört, Gottes Geschöpf zu sein. Aber er hat seine reine Geschöpflichkeit und damit jene Möglichkeit für Gott dadurch verloren, daß er als Geschöpf, und zwar in der Totalität seiner Geschöpflichkeit, seinem Schöpfer ungehorsam geworden ist. Er existiert bis in die Wurzeln seiner Existenz in diesem Ungehorsam. Mit diesem ungehorsamen Geschöpf hat es Gott in seiner Offenbarung zu tun. Seine Natur, sein Fleisch nimmt sein Wort an, indem es Fleisch wird. Und diese menschliche Natur, die einzige, die wir kennen und die es faktisch gibt, hat von sich aus keine Möglichkeit, von Gottes Wort aufgenommen zu werden in die Einheit mit ihm selber, also in die persönliche Einheit mit Gott. An dieser menschlichen Natur muß ein Geheimnis geschehen, damit dies möglich werde. Und darin muß dieses Geheimnis bestehen, daß sie die Fähigkeit für Gott, die sie nicht hat, empfange. Dieses Geheimnis b e z e i c h n e t das *natus ex virgine*.

Der zunächst entscheidende Gesichtspunkt, unter dem das *natus ex virgine* in der alten Dogmatik immer betrachtet wurde, war darum mit Recht die Erinnerung an die sog. E r b s ü n d e, oder wie man im Anschluß an den lateinischen Ausdruck *peccatum originale* besser sagt: an die ursprüngliche Sünde, d. h. an die Sünde, sofern der Mensch sie nicht erst und nicht nur in einzelnen Gedanken, Worten und Werken a u s l e b t, sondern als in Adam Gefallener mit der Selbstverständlichkeit und in der Totalität seiner Existenz immer schon l e b t, weil ihm das *liberum arbitrium* zum Gehorsam gegen Gott abgeht, das *servum arbitrium* zum Ungehorsam von Hause aus eigen ist. Diese menschliche Natur wird begrenzt und ihr wird widersprochen durch das *natus ex virgine*. Es zeigt die Existenz eines Menschen an, der zwar als Mensch, wie wir alle in dieser unserer sündigen Natur, im Fleische, die Art und den Fluch der Sünde mit uns trägt, der aber als Gott die Sünde darum nicht auslebt, weil er sie schon nicht lebt, weil ihm das *servum arbitrium* zum Ungehorsam fremd und das *liberum arbitrium* zum Gehorsam eigen ist.

Trüge er die Sünde nicht mit uns, so wäre er nicht unseresgleichen, so würde das *vere homo* nicht gelten, so könnte er nicht Gottes Offenbarer und Versöhner für uns sein. Lebte er sie und lebte er sie aus wie wir alle, wie würde dann das *vere Deus* gelten? Wie könnte er dann der göttliche Offenbarer und Versöhner sein? Tritt hier Gott selbst als Mensch auf den Plan, dann ist es ausgeschlossen, daß hier ein Sünder wie wir auf den Plan tritt. Sondern dann setzt und bedeutet seine Existenz in unserer alten menschlichen Natur einen Durchbruch und einen neuen Anfang. In der Kontinuität der geschichtlichen Menschheit stehend durchbricht er sie und eröffnet er eine neue Menschheit. *Fuit in Adamo, nec tamen cum ipso et in ipso peccavit.* (F. Turrettini, *Instit. Theol. el.* II, 1682, *L* XIII *qu.* 11, 15). Des zum Zeichen: *natus ex virgine*.

Aber inwiefern ist es nun gerade dieses *ex virgine*, das auf diesen Durchbruch und Neuanfang hinweist?

Es ist gut, sich hier nochmals daran zu erinnern, daß das *ex virgine* unter allen Umständen als ein Hinweis auf diesen Durchbruch und Neuanfang, nicht aber als dessen Bedingung zu verstehen ist. (Es bedeutete eine Verdunkelung der vorliegenden Fragen und Antworten, daß ich dies in der ersten Fassung dieses Buches S. 276 ff. nicht unterschieden habe!). Gibt es einen notwendigen Zusammenhang zwischen diesem Zeichen und dieser Sache, so ist dieser Zusammenhang doch kein kausaler. Wir werden dann sagen: Gott hat diesen Inhalt in dieser Form gewollt, und werden uns darum an diese seine faktische Form halten. Wir werden aber nicht sagen, daß Gott ihm durchaus keine andere Form hätte geben können. Wir können also Form und Inhalt, Zeichen und Sache, wohl gegeneinander halten, aber nicht in einer rechnerischen Pragmatik auseinander abzuleiten unternehmen. Dies so wenig, wie wir das eine vom anderen trennen können! Von hier aus wird ersichtlich, warum es nichts ist mit dem von Schleiermacher, R. Seeberg, Brunner, Althaus an dieser Stelle einmütig erhobenen Einwand: das *ex virgine* sei ja doch ungenügend, um Jesus als jenen Durchbruch und Neuanfang, als befreit von der Erbsünde, zu verstehen, weil er doch auch abgesehen von Joseph von seiner Mutter Maria her im Zusammenhang mit der sündigen Menschheit gestanden hätte. Dieser Einwand wäre doch nur dann treffend, wenn das von der Schrift bezeugte und vom Dogma verkündigte Wunder den Sinn einer Ermöglichung oder Bewirkung jenes Durchbruchs und Neuanfangs hätte. Das kann man aber ebensowenig sagen, wie man etwa zu Mc. 2, 1–12 sagen könnte, die Wahrheit und Wirklichkeit dessen, daß des Menschen Sohn Macht hat, die Sünden zu vergeben auf Erden, werde ermöglicht und bewirkt durch die Heilung des Gichtbrüchigen. Sondern die Vergebung der Sünden ist offenbar die bezeichnete Sache, die Heilung aber das höchst unzertrennliche, höchst bedeutsam auf diese Sache bezogene, aber doch weder mit ihr identische, noch sie bedingende Zeichen: „Auf daß ihr wisset...!" So darf man — das ist wohl auch in der alten Dogmatik öfters verkannt worden — von der Erklärung des *ex virgine* auf keinen Fall eine sozusagen technische Begründung der in Jesus Christus geschehenen Überwindung der Erbsünde — und das würde ja bedeuten: eine Begründung des Geheimnisses seiner Person! — erwarten. Jesus Christus ist nach Schrift und Bekenntnis nicht darum der zweite, der neue Adam, weil er von der Jungfrau geboren ist, sondern daß er der zweite, der neue Adam ist, das ist — „Auf daß ihr wisset...!" — angezeigt darin, daß er von der Jungfrau geboren ist. Was hier zu erklären ist, ist also nicht ein Kausalzusammenhang, sondern dies: inwiefern gerade dieses Zeichen bzw. dieses Moment des Zeichens auf das Geheimnis der Weihnacht und damit auf die in Jesus Christus geschehene Überwindung der Erbsünde hinweist.

Jungfrauengeburt besagt: Geburt ohne vorangegangene geschlechtliche Vereinigung von Mann und Weib. Ihr Fehlen ist es, allgemein gesagt, was die Geburt Christi auszeichnet, was sie als Geheimnis Gottes, als Durchbruch und Neuanfang innerhalb der Menschheit kennzeichnet.

Aber was ist nun das Bezeichnende an diesem Fehlen? Es kann hier nicht etwa die ganz unbiblische Ansicht in Betracht kommen, als ob das Geschlechtsleben als solches als ein zu beseitigendes Böses verstanden wäre, so daß jenes Bezeichnende darin zu suchen wäre, daß hier diese Beseitigung stattgefunden hätte.

Die Stelle Ps. 51, 7: „Siehe, ich bin im sündlichen Wesen geboren und meine Mutter hat mich in Sünden empfangen" bedeutet ja auf keinen Fall eine Verurteilung des Naturvorgangs als solchen. Das hat bei aller Hochschätzung der Virginität, bei aller Neigung, den Sitz der Sünde bzw. der Erbsünde speziell in der Sexualität zu suchen, auch das katholische Mittelalter nie gelehrt, sondern Calvin formulierte eine allgemeine Ansicht auch der Scholastiker, wenn er sagte: *Hominis generatio per se immunda aut vitiosa non est, sed accidentalis ex lapsu* (*Instit.* II 13, 4).

Aber wenn man nun präzisierend hinzufügt, daß es nicht das Natürliche, sondern nur das Sündige des Geschlechtslebens sei, um deswillen es hier als Ursprung der menschlichen Existenz Jesu Christi ausgeschlossen werde, kommt man doch noch nicht zu einer triftigen Erklärung des *ex virgine*. Nicht wegen der mit allem Geschlechtsleben faktisch verbundenen Sünde ist der Mensch von Hause aus ein Sünder, der den Ungehorsam, indem er ihn auslebt, immer schon gelebt hat—sondern weil er von Geburt und Haus aus ein Sünder ist, der allezeit und in allem den Ungehorsam auslebt, den er immer schon lebt, darum ist auch alles Geschlechtsleben (nicht nur es, aber auch es!) mit Sünde verbunden und also selbst Sünde. Der Ausschluß dieses sündigen Geschlechtslebens würde also noch nicht den Ausschluß der Sünde im Sinn des *peccatum originale* bedeuten, und somit würde dieser Ausschluß zum Zeichen für jenen Durchbruch und Neuanfang in der Existenz Jesu Christi, für seine Sündlosigkeit noch immer ungeeignet sein.

Wenn man dies übersieht, wenn man also die Jungfrauengeburt Christi damit begründen will, daß Christus als der sündlose Gottessohn seinen menschlichen Ursprung nicht der mit allem Geschlechtsleben faktisch verbundenen Sünde, nicht der sexuellen Konkupiszenz verdanken durfte, so kann man sich schwer folgender Frage entziehen: Warum konnte jener Durchbruch und Neuanfang sich nicht ebensowohl — in der Art, wie in der katholischen Dogmatik die *immaculata conceptio* der Maria beschrieben wird — in Form einer außerordentlichen Heiligung eines auf Grund des Sündenfalls in sich unheiligen Geschlechtsvorgangs vollziehen? Warum reden Schrift und Bekenntnis nicht an Stelle des *natus ex virgine* einfach von der natürlichen Frucht eines erwählten und besonders gesegneten menschlichen Ehepaars? Zweifellos: wenn die faktische Sündigkeit des Geschlechtslebens als solchen das Problem bildete, auf das hier ein Zeichen zu antworten hätte, dann konnten, ja dann mußten Schrift und Bekenntnis eigentlich so reden. Sie mußten dann sagen: jene faktische Sündigkeit des Tuns des Joseph und der Maria wurde ihnen vergeben, wurde gänzlich von ihnen weggenommen, und so, im Schutz dieser Gnade, wurde Jesus der natürliche und dennoch sündlose Sohn dieser menschlichen Eltern. Wieviel einfacher wäre dann alles und wie fruchtbar hätte es für die christliche Ethik, insbesondere für die christliche Lehre von Ehe und Familie werden können, wenn Schrift und Bekenntnis an dieser Stelle dieses sagen würden! Aber nun sagen sie eben nicht dieses. Und darum wird man sich auch mit einer Erklärung des *natus ex virgine*, die eigentlich nur zu diesem nicht vorhandenen Text passen würde, nicht zufrieden geben können.

3. Das Wunder der Weihnacht

Der Ausschluß des sündigen Geschlechtslebens als Ursprung der menschlichen Existenz Jesu Christi in Form des *natus ex virgine* wird aber dann verständlich und bedeutsam, wenn man sich vor Augen hält, daß der Sinn der Begrenzung des Menschen, die mit dem *ex virgine* vollzogen, der Sinn des Urteils über den Menschen, das damit ausgesprochen ist, überhaupt nicht von dem Begrenzten bzw. Verurteilten, also nicht von der Sünde des Menschen, sondern nur von dem Begrenzenden und Verurteilenden her eingesehen werden kann: von dem her, was Gott ist, will und tut, indem er hier das sündige Geschlechtsleben ausschließt. Damit, daß Gott in seiner Freiheit, Barmherzigkeit und Allmacht Mensch wird und als solcher am Menschen handelt, besteht das Geheimnis der Offenbarung und Versöhnung. Durch dieses Tun Gottes wird die Sünde ausgeschlossen und zunichte gemacht. Und eben auf dieses Tun Gottes zeigt das *natus ex virgine*, das Zeichen des Ausschlusses des sündigen Geschlechtslebens als Ursprung der menschlichen Existenz Jesu Christi. Weil und indem Gott in seiner Offenbarung und Versöhnung der Herr ist und sich Raum schafft unter uns, darum und darin wird der Mensch und seine Sünde begrenzt und verurteilt. Gott ist ja Herr auch über sein sündiges Geschöpf. Gott ist frei auch über dessen ursprüngliche, in und mit seiner Existenz geschehende, allen bösen Gedanken, Worten und Werken immer schon vorangehende Sünde. Und Gott — aber nur Gott — ist auch frei, seinem Geschöpf solche Freiheit wiederzugeben. Aber diese Freiheit wird dann immer sein die Freiheit seines eigenen Handelns an seinem Geschöpf und also die Negation einer eigenen Freiheit dieses Geschöpfs. Indem es von seiner Gnade lebt, ist es in seinem eigenen Wollen und Vollbringen gerichtet. Wenn das *natus ex virgine* mit seinem Ausschluß des sündigen Geschlechtslebens auf dieses gnädige Gericht Gottes hinweist, bezeichnet es wirklich den Ausschluß der Sünde im Sinn des *peccatum originale*. Daß es tatsächlich auf dieses gnädige Gericht Gottes hinweist, versteht man aber, wenn man bei der Geburt ohne vorangegangene geschlechtliche Vereinigung von Mann und Weib, von der es redet, schlicht daran denkt, daß dabei der Mensch wohl auch im Spiel ist in Gestalt der Maria, aber eben nur so: nur in Gestalt der *virgo Maria*, das heißt aber: nur in Gestalt des nicht wollenden, nicht vollbringenden, nicht schöpferischen, nicht souveränen Menschen, nur in Gestalt des Menschen, der bloß empfangen, der bloß bereit sein, der bloß etwas an und mit sich geschehen lassen kann. Dieser Mensch, die *virgo*, wird die Möglichkeit, wird die Mutter des Gottessohnes im Fleische. Wohlverstanden: sie ist es nicht, sie wird es; und sie wird es nicht aus eigener Fähigkeit, sondern indem der Gottessohn Fleisch annimmt, bekommt sie sie. Es ist ja nicht etwa so, als ob dieser nicht wollende, nicht vollbringende, nicht schöpferische, nicht souveräne, der bloß bereite, der bloß empfängliche, der jungfräuliche Mensch als solcher dem handelnden Gott etwas entgegenzubringen hätte als sein Eigenes, in welchem seine Eignung für Gott bestehen würde. Es ist nicht so, als ob nun etwa Virginität als menschliche Möglichkeit den Anknüpfungspunkt für die göttliche Gnade bildete.

Jener Einwurf, daß Jesus ja doch auch ohne menschlichen Vater von Maria her im Zusammenhang der sündigen Menschheit gestanden hätte, ist materiell ganz richtig. Auch die *virgo*, auch die menschliche Möglichkeit der Virginität steht in der Tat in diesem Zusammenhang. Aber um die Leugnung dieses Zusammenhangs geht es ja auch gar nicht, sondern vielmehr um die Erkenntnis und um das zu dieser Erkenntnis auffordernde Zeichen, daß in diesem Zusammenhang ein Durchbruch und Neuanfang stattgefunden hat und damit dieser Zusammenhang selbst ein anderer geworden ist. „Was Jesus Christus heilig macht, das ist nicht die Abwesenheit des menschlichen Vaters bei seiner Erzeugung, sondern der Umstand, daß in diesem Kinde das ewige Wort Fleisch wurde" (Eduard Böhl, Dogmatik, 1887, S. 313).

Auch menschliche Virginität steht, weit entfernt davon, von sich aus einen Anknüpfungspunkt für die göttliche Gnade bilden zu können, unter deren Gericht. Sie wird aber, nicht durch ihre Natur, nicht aus sich selber, sondern durch die göttliche Gnade selbst zum Zeichen dieses über den Menschen ergehenden Gerichtes und insofern zum Zeichen der göttlichen Gnade. Denn wenn gerade nur die *virgo* die Mutter des Herrn sein kann, wenn Gottes Gnade gerade nur sie in Betracht zieht und brauchen will für ihr Werk am Menschen, dann ist damit gesagt: der wollende, vollbringende, schöpferische, souveräne Mensch als solcher kommt hier nicht in Betracht, ist für dieses Werk nicht zu brauchen. Der Mensch ist hier wohl im Spiel, aber nicht als Werkgenosse Gottes, nicht in seiner Eigenständigkeit, nicht mitverfügend über das, was werden soll, sondern gerade nur — und auch das nur, weil Gott sich ihm schon geschenkt hat — in seiner Bereitschaft für Gott. So gründlich richtet Gott die Sünde im Fleische, indem er dem Menschen gnädig ist. So sehr muß und will Gott selbst und allein Herr sein, indem er sich des Menschen annimmt. Auf dieses Geheimnis der Gnade zeigt das *natus ex virgine*, zeigt der Ausschluß des sündigen Geschlechtslebens als Ursprung der menschlichen Existenz Jesu Christi: nicht wegen der Natur des Geschlechtslebens, auch nicht wegen seiner Sündigkeit, sondern weil bei jeder natürlichen Zeugung auch der wollende, vollbringende, schöpferische, souveräne Mensch auf dem Plane ist. Der Vorgang einer natürlichen Zeugung wäre nicht Zeichen des Geheimnisses, das hier zu bezeichnen ist. Dieser Vorgang zeigt auf die allerdings gewaltige, die geradezu kosmische Macht des menschlich-kreatürlichen Eros. Wenn es darum ging, Zeichen dieser Macht aufzufinden und aufzurichten, dann hat sich der Geschlechtsvorgang noch immer als das Zeichen erwiesen, dessen Bedeutsamkeit und Beredtsamkeit durch kein anderes zu überbieten ist. Als Zeichen der göttlichen Agape, die nicht das Ihre sucht und dafür nimmer aufhört, fällt der Geschlechtsvorgang außer Betracht. Der wollende, vollbringende, schöpferische, souveräne Mensch, der in ihm auf dem Plane ist, zeigt anderswohin als auf die Majestät des

3. Das Wunder der Weihnacht

göttlichen Erbarmens. Darum ist die Jungfrauschaft der Maria und nicht die Ehe des Joseph und der Maria das Zeichen der Offenbarung und der Erkenntnis des Geheimnisses der Weihnacht.

Es kann nicht unerlaubt sein, in Verlängerung und Erläuterung des Gesagten an dieser Stelle noch eine Erwägung anzustellen über die sekundäre, aber immerhin zu stellende Frage: welchen Sinn es hat, daß in dem Zeichen der Agape nicht nur das Zeichen des Eros als solches, sondern nun gerade die Funktion des Mannes ausgeschlossen ist? Ich möchte aber den Versuch ihrer Beantwortung im Unterschied zu der Darlegung S. 277–81 der 1. Auflage dieses Buches, wo sie das Gesichtsfeld allzusehr beherrschte, nur als Parergon aufgefaßt wissen. Und ich hoffe, jener früheren Darlegung gegenüber einiges präziser und gesicherter sagen zu können. — Die alten Dogmatiker (z. B. Polanus, *Synt. Theol. chr.* 1609, S. 2360; F. Turrettini, *Instit. Theol. el.* 1682 L. XIII, qu. 11, 19) pflegten zur Begründung des *natus ex virgine* in Anknüpfung an das ἀπάτωρ, ἀμήτωρ Hebr. 7, 3 auch dies vorzubringen: Christus habe wie als ewiger Sohn des Vaters keine Mutter, so als der Fleischgewordene keinen Vater haben können. Hinter dem uns hier interessierenden zweiten Teil dieses Satzes steht aber die (im zweiten Absatz dieses § unter III herausgearbeitete) Erkenntnis von der Enhypostasie der menschlichen Natur Christi: Er existiert auch als Mensch nicht kraft einer seinem Menschsein eigenen Existenzmöglichkeit, sondern allein kraft seiner göttlichen Existenz in der ewigen Seinsweise des Wortes oder Sohnes Gottes. Seine Existenz in der Zeit ist eine und dieselbe mit seiner ewigen Existenz als der Erzeugte Gottes des Vaters. Nun ist es aber gerade der menschliche Vater, dem ein menschlicher Sohn jedenfalls alles das verdankt, was seine Existenz als eine ihm eigene kennzeichnet: seinen Namen vor allem und damit seinen Stand, sein Recht, seinen Charakter als dieses und dieses Individuum, seinen geschichtlichen Ort. Zeichen jener Existenz des Menschen Jesus allein als des vom Vater in Ewigkeit gezeugten Sohnes könnte also seine Erzeugung durch einen menschlichen Vater gerade nicht sein. Dieses Zeichen würde vielmehr auch ihn als einen solchen Menschen bezeichnen, dessen Existenz von der Existenz Gottes verschieden, ihm selbst zu eigen ist. Ein Zeichen, das wirklich jenes Geheimnis der Enhypostasie bezeichnet, muß also gerade in der Durchstreichung jenes anderen Zeichens und also in dem Fehlen eines menschlichen Vaters bestehen: *natus ex virgine*. Und nun können wir zugleich in Ergänzung unserer vorangehenden Überlegungen so fortfahren: jener wollende, vollbringende, schöpferische, souveräne Mensch, der Mensch als eigenständiger Werkgenosse Gottes, der Mensch im Schwung seines Eros, der als solcher, wenn es um Gottes Gnade geht, gerade nicht Teilnehmer am Werke Gottes sein kann, er ist *a parte potiori* der männliche Mensch, und im Geschlechtsvorgang, dem der Mensch seine irdische Existenz verdankt, der Vater des Menschen. Gewiß ist zu sagen, daß die Frau an dieser Bestimmung des Menschen auch Anteil hat. So gewiß sie auch Mensch ist! Nur eine törichte Ideologie der Männlichkeit oder eine ebenso törichte Ideologie der Weiblichkeit könnte ihr ihren Anteil auch an dieser Bestimmung des Menschen absprechen wollen. Dennoch kann von einer Egalität der beiden Geschlechter in dieser Hinsicht keine Rede sein. Gott allein weiß, ob die Geschichte der Menschheit, der Völker und Staaten, der Kunst, der Wissenschaft, der Wirtschaft tatsächlich so überwiegend Männergeschichte, Geschichte von allerlei Männertaten und Männerwerken gewesen ist und ist, wie es den Anschein hat, oder ob nicht bei dem allem der verborgene Koeffizient weiblicher Mitwirkung und Einwirkung tatsächlich zu allen Zeiten in einer Weise den Ausschlag gegeben hat, von der freilich keine Chroniken, keine Akten und Monumente etwas melden, weil es sich dabei um einen psychologisch und soziologisch höchst verborgenen Ausschlag handeln würde, der aber darum nicht weniger mächtig gewesen zu sein und noch zu sein brauchte. Aber wie dem auch sei: wenn es je einen Matriarchat statt des Patriarchates gegeben hat und vielleicht tatsächlich noch immer gibt, so ist es doch — nun eben „bezeichnend", daß das geschichtliche Bewußtsein aller Völker,

Staaten und Kulturen mit dem Patriarchat anfängt. Bezeichnend für die Weltgeschichte, charakteristisch für die Weltgeschichte, die wir kennen, wie sie also — vielleicht nicht an sich, aber für uns tatsächlich geschehen ist und geschieht, ist schon das männliche Handeln. Auch das biblische Offenbarungszeugnis setzt voraus, daß dem so sei, und ihm hat sich auch das Nachdenken der christlichen Kirche ohne weiteres angeschlossen. Aber es lohnt sich, sich gerade den Ausgangspunkt des biblischen Zeugnisses in dieser Hinsicht genau anzusehen: Man möchte angesichts der fatalen Unterhaltung mit der Schlange Gen. 3, 1–6 zunächst wohl fragen: ob jener eine Mensch, durch den die Sünde in die Welt gekommen ist (Röm. 5, 12), nun nicht (vgl. 1. Tim. 2, 14) eigentlich Eva statt Adam heißen müßte? Aber nun gehört es nach Gen. 3, 16 gerade zu dem infolge des Sündenfalls auf Mann und Frau gelegten Fluch, daß der Mann des Weibes Herr wird. Aus der Tatsache, daß das Weib nach Gen. 2, 18 als des Mannes „Gehilfin" und nach Gen. 2, 21 f. aus der Rippe des Mannes geschaffen ist, würde das offenbar noch nicht folgen, und so dürfte auch Paulus bei seiner Anspielung auf diese Stelle 1. Kor. 11, 8 f. diese Über- und Unterordnung schwerlich als eine „Schöpfungsordnung", sondern eben nur — und das ist etwas anderes — als eine im Bereich des Sündenfalls gültige göttliche Anordnung verstanden haben. Im Sinn dieser Anordnung, also auf dem Hintergrund des Sündenfalls, geschieht dann das auf den ersten Blick Überraschende, daß Gen. 3, 9 sofort Adam, der Mann, von Gott angerufen und verantwortlich gemacht wird. So, also nicht auf Grund einer ursprünglichen Auszeichnung, sondern auf Grund des gemeinsamen Sündenfalls von Mann und Frau, mit dem beide aus einem Verhältnis heraustreten, in welchem von Über- und Unterordnung überhaupt nicht die Rede ist — so kommt es zu jener Ungleichheit, so wird der Mann, indem er des Weibes Herr wird, bezeichnend für die Weltgeschichte. Und von hier aus wird nun auch das Gegenzeichen, das Zeichen des Geheimnisses der Weihnacht, das Zeichen des fehlenden menschlichen Vaters Jesu als Zeichen verständlich. Als der Wollende, Vollbringende, Schöpferische, Souveräne kann der Mensch als Teilnehmer an Gottes Werk nicht in Betracht kommen. Denn als solcher ist er der Mensch des Ungehorsams. Als solcher muß er also, soll ihm Gottes Gnade widerfahren, ausgeschaltet werden. Eben dieser Mensch ist aber im Stande des Ungehorsams *a parte potiori* der Mann. Also ist es der Mann, der hier ausgeschaltet werden muß, wenn hier, als Zeichen der Menschwerdung Gottes, ein Gegenzeichen aufgerichtet werden soll. Ihn, den Mann, trifft in diesem Zeichen der Widerspruch der Gnade, ihn, weil gerade er bezeichnend ist für die weltgeschichtliche „Genialität" des Menschen. Was im Geheimnis der Weihnacht geschieht, ist nicht Weltgeschichte, nicht das Werk menschlicher Genialität. Und des zum Zeichen — „Auf daß ihr wisset ...!" — ist nun auch die γένεσις Ἰησοῦ Χριστοῦ im Widerspruch zum Werden aller anderen Menschen ganz und gar keine Männergeschichte. Widderumb zwingt das wort, da Gott verspricht den segen über alle heyden ynn Christo, das Christus nicht mocht von eym man oder mans werck kommen, denn fleysch werck (das verflucht ist) leydet sich nicht mit dem, das eytel segen und gesegnet ist. Also mußte dysse gesegnete frucht nur eyns weyblichen leybs frucht seyn, nicht eyns mans, wie wol der selbige weybliche leyb vom man, ja auch von Abraham und Adam herkompt, das disse mutter sey eyn jungkfraw und doch eyn recht naturlich mutter, aber nicht durch naturlich vermugen oder krafft, sondern durch den heyligen geyst und gottis krafft alleyne. (Luther, Daß Jesus ein geborener Jude sei, 1523 W. A. 11, 318, 20.) Wenn die Frau nach einer Rechtfertigung und Rehabilitation gegenüber dem für die Weltgeschichte bezeichnenden Vorrang des Mannes verlangen sollte — aber sie sollte das lieber nicht tun — dann halte sie sich an dieses Zeichen! Es bedeutet mit der Begrenzung des Menschen und seiner Sünde zugleich die Begrenzung jenes männlichen Vorrangs. Das Zeichen sagt, daß Christus als eines Mannes Sohn ein Sünder wäre wie alle anderen und daß er darum keines Mannes Sohn sein kann. Damit und so wird die menschliche Existenz des sündlosen Gottessohnes und damit Gottes Offenbarung an uns und unsere Versöhnung mit Gott möglich und wirklich, daß Joseph in jener besonders

Matth. 1 so betonten Weise gänzlich zurücktritt, Gott aber an seine Stelle tritt, nicht in der geschöpflichen Funktion eines geschöpflichen Vaters, sondern schlicht als Gott, als Schöpfer, der ein Wunder tut, ein Neues schafft und setzt. Wir können im Sinn der Lehre von der Enhypostasie auch einfach sagen: als der Gott, der als der ewige Vater seines ewigen Sohnes keinen menschlichen Vater neben sich haben will, dessen ewiges Zeugen dieses ewigen Sohnes ein menschliches Zeugen ausschließt – beides darum, weil ein menschlicher Vater, weil menschliches Zeugen, weil das ganze Tun des männlichen Menschen hier nicht bezeichnend wäre. Darum ist aber gerade das Fehlen seines Tuns hier bezeichnend. Darum: *natus ex virgine.* – Es fragt sich nun noch, ob im Gegensatz zu dieser signifikativen Nichteignung des Mannes zum Vater des Immanuel etwas Positives über eine entsprechende signifikative Eignung der Frau als zu seiner Mutter zu sagen ist. Man wird hier nicht vorsichtig genug reden können. Die in Frage kommende Eignung kann auf alle Fälle nur der Bestimmung des Wesens der Frau zugesprochen werden, die nach Abzug alles dessen übrigbleibt, was als sündig in und mit der männlichen Genialität, die ja auch der Frau nicht abgeht, durch das *ex virgine* unter das göttliche Gericht gestellt ist. Zu diesem Letzteren gehört aber, wie schon gesagt, auch das, was als Empfänglichkeit, Bereitschaft usw. die menschliche Möglichkeit der weiblichen Virginität darstellt, gehört auch das, was Goethe mit dem „Ewig-Weiblichen" gemeint haben mag, von dem somit auf keinen Fall in einem theologisch gewichtigen Sinn gesagt werden kann, daß 'es uns „hinan"zieht. Wiederum ist die Antwort, die Maria dem Engel Luc. 1, 38 gibt, nicht Natur, sondern Gnade, nicht das Weiblich-Menschliche, das nun etwa für Gottes Werk von sich aus bereiter wäre als das Männlich-Menschliche, sondern sie gehört selbst schon zu dem Wunder, das mit jener Antwort bejaht wird: „Selig bist du, die du geglaubt hast!" (Luc. 1, 45) wie Maria nachher gesagt wird. Die Andeutung, die Schleiermacher in seiner „Weihnachtsfeier" (ed. Mulert, S. 28) gewagt hat, daß die Frau im Gegensatz zum Manne im Grunde keine Umkehr nötig habe, würde gewiß besser unterblieben sein. Und wenn man schließlich in der Richtung gewisser Vertreter der römisch-katholischen Mariologie weiterdenken und die *virgo* einfach als Repräsentantin der menschlichen Natur verstehen will, die in der Fleischwerdung des Wortes der Gemeinschaft mit der göttlichen Natur (2. Petr. 1, 4) gewürdigt wird, so läßt sich dafür vielleicht in der Tat sagen: die Frau ist für die menschliche Natur als solche ebenso bezeichnend wie der Mann für die menschliche Geschichte, und wenn in dem Zeichen der wunderbaren Geburt Christi der Mann als Repräsentant menschlicher Geschichte zurücktreten muß, so kann und darf doch die Frau (sofern sie einfach den Menschen als solchen vertritt, der in dieser Geschichte handelt) da sein, für Gott da sein, wenn nun Gott seinerseits an dem Menschen und mit dem Menschen handeln will. Wir kämen damit zurück auf das, was über die positive Bedeutung des *natus ex Maria* schon eingangs der Erklärung dieser Formel gesagt wurde: es ist wirklich Gott und Mensch im Spiel in dem Geheimnis, auf das das Wunder der Weihnacht uns hinweist. Nur daß jetzt etwas einsichtiger geworden sein dürfte, warum mit dem *ex virgine* gerade die Frau und nicht der Mann als der Mensch bezeichnet wird, der hier tatsächlich im Spiel ist. Man wird dann aber die Spuren der römisch-katholischen Mariologie gerade zu vermeiden haben und die durch die *virgo* vertretene menschliche Kreatürlichkeit ja nicht im Sinn einer dem Menschen trotz des Sündenfalls verbliebenen prinzipiellen Offenheit für das Werk Gottes verstehen dürfen. Die Menschen sind ja nach Eph. 2, 3 „Kinder des Zorn von Natur", das heißt, es verhält sich nicht so, daß irgendwo hinter der bösen menschlichen Geschichte nun doch noch ein gutes menschliches Wesen verborgen wäre, das der Gemeinschaft mit dem göttlichen Wesen als solches würdig wäre. Der Sündenfall ist der Fall des ganzen Menschen: der Mensch ist das, was er tut, indem er Gott ungehorsam ist. Es gibt keine Ebene, auf der die Begegnung von Gott und Mensch nun doch anders als kraft des Geheimnisses der göttlichen Barmherzigkeit möglich und wirklich wäre. Es verrät doch den ganzen Tiefstand der neuprotestantischen Dogmatik, wenn R. Seeberg (a. a. O. S. 183 f.) bei der Frage nach dem Wahrheitsgehalt des *natus ex virgine* darauf hinauskommt: Die Mutter und nicht der Vater Jesu sei es gewesen, „die ein Empfinden und Ahnen von dem Heiligen besaß, was ihnen mit diesem Kinde gegeben war". „Eine fromme und dabei ekstatischen Erregungen zugängliche Mutter" sei nämlich Maria gewesen. Der Geist Gottes, der sie bewegte, habe darum auch ihren Sohn von früh auf ergriffen. Wiesen doch seine späteren Lebensäußerungen deutlich zurück auf „eifrige Beschäftigung mit der Schrift auf Grund tiefer religiöser Erschlossenheit", auf „sittliche Reinheit von seinen Anfängen an", auf „eine geistige Anlage von einzigartiger Tiefe und Harmonie" — und das alles in einer Stetigkeit, die nur durch die Annahme einer „von Anfang an in der Seele Jesu sich erschließenden Offenbarung Gottes" erklärt werden könne. *Natus ex virgine* würde demnach kurz und gut bedeuten: Jesus hat eine fromme Mutter gehabt und ist selbst von Anfang an ein frommes Kind gewesen! Im Gegensatz dazu waren sich die altprotestantischen Dogmatiker mit Recht darüber einig, daß irgendeine immanente Eignung für Gottes Werk, sei es der Maria im besonderen, sei es des menschlichen Wesens im allgemeinen, mit dem *ex virgine* nicht ausgesagt sein könne. *Beata virgo Maria Deum hominem factum et concipere et parere non humanis meritis, sed concepti nascentisque ex ea summi Dei dignatione promeruit.* Denn die menschliche Natur war auch in Maria *obnoxia et infecta peccato* (Polanus, *Synt. Theol. chr.* 1609, S. 2356 und 2358). *Nulla est ex creaturis, quantavis virtute polleat, quae mundum ex immundo possit educere* (F. Turrettini, *Instit. Theol. el.* 1682 L. XIII, qu. 11, 10). Die Jungfräulichkeit der Maria schließt nicht aus, daß sie ein *homo peccatorum non expers* gewesen ist. (Quenstedt, *Theol. did. pol.* 1685 *P.* 3, *c.* 3, *m.* 3, *sect.* 1, *th.* 19.) Es handelt sich, wie schon Gregor von Nazianz (*Or. theol.* 30, 21) sagt, um das „gänzlich Verdammte" (κατακριθὲν ὅλον), das der Sohn Gottes in seiner Menschwerdung mit sich selbst vereinigt, um es von der Verdammnis zu befreien. Es ist, wie nachher zu zeigen sein wird, ein Akt der göttlichen Rechtfertigung und Heiligung, auf Grund dessen die menschliche Natur (auch und gerade hier!) allein jener Gemeinschaft teilhaftig wird. Es ist also nicht etwa an dem, daß sich an dieser Stelle nun etwa doch eine Pforte eröffnete, die zur Mariologie und damit zu einer Lehre vom guten Geschöpf und seiner Gottfähigkeit, zu einer Lehre von der selbständig heiligen Kirche führen könnte. Nur dies kann und muß man an dieser Stelle sagen: eben in Form jenes Aktes göttlicher Rechtfertigung und Heiligung und also im Geheimnis der göttlichen Barmherzigkeit wird die menschliche Natur abgesehen von der sündigen menschlichen Geschichte und trotz ihrer, der menschlichen Natur selbst eigenen Verderbnis, der Gemeinschaft mit der göttlichen Natur aus Gnade und durch ein Wunder der Gnade gewürdigt. Zum Zeichen dessen wird die Frau abgesehen vom Mann und von ihrer Beziehung zu ihm und trotz der Sünde, deren sie mit ihm schuldig ist, als Empfängerin des ewigen Gottes selbst auf Erden, als θεοτόκος angenommen. Das ist's, was positiv über ihre signifikative Eignung in dieser Sache zu sagen ist. Und darum also: *natus ex Maria virgine.*

2. Wir wenden uns nun zu dem im Bekenntnis vorangestellten: *Conceptus de Spiritu sancto.* — Das *natus ex virgine* beschreibt die negative Seite des Wunders der Weihnacht: die Geburt des Herrn war eine Geburt ohne vorangegangenen Geschlechtsvorgang, ohne erzeugenden Mann. So und darin ist sie Zeichen des Unbegreiflichen: der Fleischwerdung des Wortes, des Heiligen, des Herrn aller Dinge. Eine selbständige dogmatische Bedeutung kann dabei, wie eben gezeigt, weder (im Zeichen) der Person oder dem Geschlecht der Maria, noch (in der Sache) der menschlichen Natur zukommen. Als Werkgenosse Gottes bleibt tatsächlich niemand übrig. Maria *virgo* besagt tatsächlich nur, daß wirklich der Mensch das Gegenüber ist, an dem und mit dem Gott in seiner Offen-

3. Das Wunder der Weihnacht

barung handelt. Wir mußten das alles schon zur Erklärung jener negativen Formel sagen. Daß es notwendig, das heißt mit exegetischem Recht gesagt wurde, beweist die erste, p o s i t i v e Formel: *conceptus de Spiritu sancto.* Sie sagt: die der Geburt aus Maria der Jungfrau vorangehende Empfängnis Jesu Christi war das Werk Gottes des Heiligen Geistes. Darum und insofern war sie eine wunderbare Geburt und als solche das echte Zeichen der Fleischwerdung des ewigen Wortes. Die Formel: *conceptus de Spiritu sancto* füllt also sozusagen den durch die Formel *natus ex Maria virgine* bezeichneten Hohlraum. Sie nennt den Grund und Gehalt, während jene die Form und Gestalt des Wunders und Zeichens nennt.

Insofern steht sie, obwohl auch sie das Zeichen meint, in n ä h e r e r Beziehung zur Sache. Es könnte ja an sich auch das Geheimnis der Fleischwerdung des Wortes selbst und als solches ausgesprochen sein damit, daß von Jesus Christus gesagt wird: seine menschliche Existenz ist in jener Freiheit und Majestät, die der Barmherzigkeitstat der Offenbarung und Versöhnung angemessen ist, Gottes des Heiligen Geistes eigenstes Werk. Es ist darum kein Zufall, daß das *conceptus de Spiritu sancto* wenigstens von den Einsichtigeren unter den Bestreitern der Jungfrauengeburt in der Regel nicht bestritten, sondern als eine gute Benennung des Geheimnisses der Existenz Christi sogar mehr oder weniger freudig aufgenommen und irgendwie positiv interpretiert wird. Aber nun kann man diese beiden Formeln schon darum nicht in der Weise trennen, daß das *conceptus de Spiritu sancto* die Sache, das *natus ex Maria virgine* das Zeichen benennen würde, weil ja offenbar gerade das *conceptus de Spiritu sancto* sozusagen direktes Zitat des biblischen Wunderberichtes Matth. 1, 18 oder Luk. 1, 35 ist, während das *natus ex Maria virgine* (allerdings in Erinnerung an Jes. 7, 14) sozusagen die dogmatische Präzisierung dazu gibt. Die älteren Symbolformen und noch das Nicaeno-Constantinopolitanum haben denn auch gar nicht zwei, sondern eine einzige Formel geboten, indem sie die beiden Faktoren: den Heiligen Geist und die Jungfrau Maria einfach nebeneinandergestellt und das eine Geschehen zwischen beiden mit den Verbalformen γεννηθείς *(natus)* oder σαρκωθείς *(incarnatus)* zusammengefaßt haben. Mit exegetischem Recht wird man darum die im sog. Apostolikum als besondere erste Aussage behandelte Formel *conceptus de Spiritu sancto* sicher ni c h t als eine selbständige Aussage über das Geheimnis der Person Christi ohne Zusammenhang mit der Jungfrauengeburt behandeln können. Sie gehört vielmehr zu dem *natus ex virgine*; sie sagt positiv, was dieses negativ, sie sagt von Gott her, was dieses vom Menschen her über das Z e i c h e n des Geheimnisses der Person Jesu Christi sagt. (Ganz abgesehen davon, daß es bei den Einsichtigeren wie bei den weniger Einsichtigen unter denen, die dieses Zeichen bestreiten, sehr zweifelhaft ist, ob sie mit i h r e m *conceptus de Spiritu sancto* wirklich das Geheimnis der Person Jesu Christi, das Geheimnis der freien Gnade Gottes, meinen und nicht vielleicht doch ein ganz anderes Geheimnis, ein Geheimnis, das in Wirklichkeit k e i n Geheimnis ist!) Nur darin wird man also die n ä h e r e Beziehung des *conceptus de Spiritu sancto* zu jener bezeichneten Sache sehen dürfen, daß in ihr sozusagen das *tertium comparationis* zwischen beiden sichtbar wird: Gott hat gehandelt. Das ist das Geheimnis der Gnade selbst. Das ist auch der Grund und Gehalt des Wunders, dessen Form und Gestalt in dem *natus ex virgine* besteht.

An die Spitze einer Erklärung des *conceptus de Spiritu sancto* gehört die Erinnerung: wo vom Heiligen Geist im Bereich der christlichen Offenbarung und Kirche legitim und sinnvoll geredet wird, da ist auf alle Fälle G o t t, Gott selber, Gott in dem ganzen und strengen Bedeutungsgehalt des Wortes gemeint: der Herr aller Herren, der Herr, der durch sich selbst und nicht durch einen Anderen Herr ist, der Herr, dem der Mensch gehört, bevor er und unendlich viel mehr als er sich selber gehört, der Herr, dem er sich ganz schuldig ist und dem er sich ganz schuldig bleibt, der Herr, auf dessen Gnade er völlig geworfen ist und in dessen Verheißung allein seine Zukunft liegt. Er, kein anderer und nichts anderes ist der Heilige Geist, von dem Jesus Christus nach seiner menschlichen Natur empfangen ist, um geboren zu werden von Maria der Jungfrau. Diese Feststellung ist erstens darum wichtig, weil damit im voraus abgewiesen ist: der Versuch, das Wort von der Jungfrauengeburt Christi mit ähnlich klingenden Behauptungen aus dem Bereich heidnischer Mythologie in Parallele zu setzen. Es kann sich bei diesen angeblichen Parallelen nur schon darum bloß um ähnlich klingende Behauptungen handeln, weil mit den göttlichen Erzeugern wunderbar geborener Kinder, von denen dort die Rede ist, nachweislich überall nicht Gott in jenem ganzen und strengen Sinn des Wortes gemeint ist, sondern eben bestenfalls Götter, das heißt aber Hypostasierungen menschlichen Naturempfindens oder menschlicher Geschichtsbetrachtung: Hypostasierungen, hinter denen der Mensch als der eigentliche Herr der Welt und als Schöpfer auch ihrer Gottheiten auf der ganzen Linie nur zu sichtbar ist. Dementsprechend sind denn auch diese mythischen Wunder keineswegs wirkliche Wunder, das heißt diese unsere Welt als geschaffene Welt schlechterdings begrenzende Zeichen des Gottes, der der Herr der Welt ist, sondern Mirakel, das heißt außerordentliche Begebenheiten innerhalb dieser unserer Welt und also auch Gegenstände unserer menschlichen Weltanschauung. Und gerade von da aus ist dann auch zweitens zu verstehen: Damit, daß der Heilige Geist, von dem Jesus Christus empfangen ist, im strengsten Sinn als Gott selbst, als Gott der Herr, zu verstehen ist, erledigt sich im voraus der Versuch, dem Wort von der Jungfrauengeburt Christi mit irgendeiner naturphilosophischen Spekulation oder auch mit mehr oder weniger echten naturwissenschaftlichen Erkenntnissen etwa biologischer Art zu Hilfe zu kommen. Ist man sich nämlich darüber klar, daß mit dem Heiligen Geist schlechterdings Gott selbst als der Urheber des Zeichens der Jungfrauengeburt angegeben ist, dann weiß man, daß man mit dem Bekenntnis zu der Wirklichkeit dieses Zeichens von vornherein darauf verzichtet hat, es als eine natürliche Möglichkeit zu verstehen, selbst wenn der Gedanke an eine solche (in diesem Fall: etwa an Beispiele von natürlicher Parthenogenesis) noch so einladend zur Hand sein sollte. Man hat sich dann eben zu einem reinen göttlichen Anfang, zu einer Begrenzung aller natürlichen Möglichkeiten bekannt und hatte sich von vornherein verboten, darüber zu reflektieren, ob und wie diese Wirklichkeit nun etwa doch etwas anderes als ein reiner göttlicher Anfang sein könnte. Es ist dieses strenge Verständnis der Gottheit des Heiligen Geistes, von dem Jesus Christus empfangen ist, und damit das strenge Verständnis des Wundercharakters der Jungfrauengeburt,

3. Das Wunder der Weihnacht

was diese zum Zeichen des Geheimnisses der Weihnacht macht. Sie ist darum bezeichnend für die Sache, deren Zeichen sie ist, weil es sich auch in dieser: in der Fleischwerdung des Wortes im strengen Sinn, um das Handeln Gottes selbst, um den reinen göttlichen Anfang handelt. —

Warum aber ist es gerade Gott der Heilige Geist, der hier genannt wird? Die Antwort, die auf diese zweite Frage zu geben ist, folgt aus dem, was wir aus der Heiligen Schrift hinsichtlich der Bedeutung gerade dieser dritten Person oder Seinsweise Gottes für den Akt der göttlichen Offenbarung oder Versöhnung zu lernen haben, nach Maßgabe dessen, was die Kirche als rechte Schrifterkenntnis in ihrem Dogma von der Dreieinigkeit Gottes und speziell in ihrem Dogma vom Heiligen Geist ausgesprochen und niedergelegt hat. Der Heilige Geist ist Gott selbst in seiner in der Offenbarung betätigten Freiheit, seinem Geschöpf gegenwärtig zu sein, ja persönlich innezuwohnen und dadurch dessen Begegnung mit ihm selbst in seinem Worte zu vollziehen und in diesem Vollzug möglich zu machen. Durch den Heiligen Geist und nur durch den Heiligen Geist kann der Mensch für Gott da sein, für Gottes Werk an ihm frei sein, glauben, ein Empfänger seiner Offenbarung, Gegenstand der göttlichen Versöhnung sein. Im Heiligen Geist und nur im Heiligen Geist hat der Mensch Zeugnis und Bürgschaft dafür, daß er wirklich an Gottes offenbarendem und versöhnendem Handeln teilnimmt. Durch den Heiligen Geist und nur durch den Heiligen Geist macht Gott seinen Anspruch an uns wirksam, unser einer Herr, unser einer Lehrer, unser einer Führer zu sein. Kraft des Heiligen Geistes und nur kraft des Heiligen Geistes gibt es Kirche, in der Gottes Wort gedient werden kann, weil sie die Sprache dafür hat, weil ihr Reden von der Offenbarung Zeugnis von ihr und insofern Erneuerung der Offenbarung ist. Die Freiheit, die uns der Heilige Geist in diesem Sinn und in diesem Bereiche gibt — gibt, sofern sie seine eigene Freiheit ist und sofern er uns nichts anderes und nicht weniger als sich selber gibt — diese Freiheit ist die Freiheit der Kirche, der Kinder Gottes. Eben um diese Freiheit des Heiligen Geistes und im Heiligen Geiste handelt es sich aber grundlegend schon in der Fleischwerdung des Wortes Gottes, in der Annahme der menschlichen Natur durch den Sohn Gottes, in der wir den Realgrund jener Freiheit der Gotteskinder, den Realgrund alles Empfangens der Offenbarung, aller Herrschaft der Gnade über Menschen, den Realgrund der Kirche zu erkennen haben. Die Möglichkeit der menschlichen Natur, aufgenommen zu werden in die Einheit mit dem Sohne Gottes, ist der Heilige Geist. Auch und gerade an diesem Quellpunkt der Offenbarung ist also das Wort Gottes nicht ohne den Geist Gottes. Und dies ist schon hier das Zusammensein des Geistes mit dem Wort: durch den Geist wird es wirklich und damit möglich, daß das Geschöpf, daß der Mensch für Gott da ist und frei ist. Durch den Geist wird das Fleisch, wird die menschliche Natur aufgenommen in jene Einheit mit dem Sohne

Gottes. Durch den Geist kann dieser Mensch Gottes Sohn und zugleich der zweite Adam und als solcher „der Erstgeborene unter vielen Brüdern" (Röm. 8, 29), der Prototyp aller um seinetwillen und im Glauben an ihn Befreiten sein. So wie in ihm die menschliche Natur zum Träger der Offenbarung wurde, so wird sie in uns zu ihrem Empfänger: nicht aus ihrem eigenen Vermögen, sondern aus dem Vermögen, das ihr beigelegt wird durch den Geist, der nach 2. Kor. 3, 17 selber der Herr ist.

Dieser Zusammenhang ist besonders deutlich Joh. 1, 12 f., 3, 3 f., wo die Existenz der Glaubenden auf eine ihnen geschenkte ἐξουσία, auf eine von ihrer natürlichen Erzeugung verschiedene Erzeugung aus Gott, auf eine Geburt „von oben" und Joh. 3, 5 f. ausdrücklich auf eine Geburt aus dem Geist zurückgeführt wird — alles natürlich im Blick auf das solchem Geschehen an allerlei Menschen grundsätzlich vorangehende Geschehen in der Existenz Jesu Christi als seiner primären Verwirklichung. Zeichen dieser primären Verwirklichung der Gnade ist die Jungfrauengeburt Christi speziell hinsichtlich seiner Empfängnis vom Heiligen Geist. — Sie hat übrigens in dieser Hinsicht im Neuen Testament zwei wichtige Parallelen: die eine ist die Taufe am Jordan Mc. 1, 9 f. Diese Geschichte besagt natürlich nicht: damit, daß Gott der Geist wie eine Taube auf Jesus herabkam, wird er zum Sohne Gottes, sondern sie sagt (vgl. Joh. 1, 32 f.): der, auf den, wie das Zeichen der Taube es bezeugte, der Geist herabkam, ist der geliebte Sohn Gottes. Das Zeichen bei der Jordantaufe weist somit wie das Zeichen der Jungfrauengeburt zurück auf das an sich auch ohne dieses Zeichen wirkliche Geheimnis des Seins dieses Menschen, und wie die Jungfrauengeburt sagt auch die Jordantaufe, daß der Heilige Geist das Geheimnis dieses Seins ist. Die andere Parallele ist Röm. 1, 4, wo als das Zeichen der Einsetzung des Menschen Jesus zum Gottessohn seine Auferstehung genannt, diese Einsetzung selbst aber ebenfalls auf den Heiligen Geist zurückgeführt wird.

Gerade die Nennung des Heiligen Geistes als Näherbestimmung des Zeichens der Jungfrauengeburt ist offenbar in dem doppelten Sinne bezeichnend: einmal sofern sie das Geheimnis der menschlichen Existenz Jesu Christi zurückführt auf das Geheimnis in Gott selbst, wie es sich in der Offenbarung erschließt — das Geheimnis, daß Gott selber als der Geist bei seinen Geschöpfen für sich selber eintritt. Daß Gott selber eine Möglichkeit, eine Mächtigkeit, eine Fähigkeit schafft und dem Menschen beilegt, wo sonst lauter Unmöglichkeit wäre. Und die Nennung des Heiligen Geistes ist hier zweitens insofern bezeichnend, als sie auf jenen Zusammenhang hinweist, in welchem unsere Versöhnung mit der Existenz des Versöhners steht, auf die primäre Verwirklichung des Werkes des Heiligen Geistes, auf Grund deren dasselbe Werk, dieselbe Bereitstellung des Menschen für Gott durch Gott selber auch an uns geschehen kann: als reine Gnade, und zwar als die in Jesus Christus erschienene und uns begegnende und geschenkte Gnade.

Die Aussage: *conceptus de Spiritu sancto* ist nun aber zu schützen gegen ein naheliegendes Mißverständnis. Sie sagt nicht, daß Jesus Christus nach seiner menschlichen Existenz der Sohn des Heiligen Geistes sei. Sie sagt vielmehr so nachdrücklich als möglich — und dies ist das Wunder, das sie aussagt — daß Jesus Christus nach seiner menschlichen Existenz keinen Vater gehabt habe. Daß der Heilige Geist in diesem Wunder an die

3. Das Wunder der Weihnacht

Stelle des Mannes tritt, heißt in keinem Sinn, daß er tut, was der Mann tut. Daß Jesus vom Heiligen Geist empfangen ist, heißt also nicht — oder kann nur in einem uneigentlichen Sinn heißen — daß er vom Heiligen Geist gezeugt ist. Völlig ausgeschlossen ist also die Vorstellung, als ob zwischen dem Heiligen Geist und der Jungfrau Maria nun doch so etwas wie eine Vermählung stattgefunden habe.

Von solchen Vermählungen reden allerdings die Mythen von Jupiter und anderen nach den Töchtern der Menschen lüsternen Göttern. Es beruht schon bei Justin (Dial. 69 f.) auf einer völligen Verkennung der Tatsachen, wenn er von diesen religionsgeschichtlichen Parallelen nun auch noch apologetischen Gebrauch machen zu können meinte! Denn von einem ἱερός γάμος reden, wie M. Dibelius (a. a. O. S. 27, 35, 41 u. ö.) nun auch exegetisch außer Zweifel gestellt hat, die neutestamentlichen Stellen über die Jungfrauengeburt gerade nicht. In allen lateinischen Symbolformen (auch in der lateinischen Version des Nic. Const.), wird darum das *de Spiritu sancto* von dem *ex Maria* mit Nachdruck unterschieden, obwohl es Matth. 1, 18, 20 ausdrücklich heißt: ἐκ πνεύματος ἁγίου. Dieses ἐκ, so hat schon die alte Dogmatik richtig gesehen, ist nämlich im Sinn von ἀπό zu interpretieren: nach Analogie von Röm. 11, 36 (alle Dinge sind ἐξ αὐτοῦ) und von Joh. 1, 13, 1. Joh. 3, 9 (die Gläubigen sind ἐκ τοῦ θεοῦ geboren), wo das ἐκ offenbar nicht die *causa materialis*, nicht das substantielle Hervorgehen der Welt oder der Christen aus dem Sein Gottes, sondern die *causa efficiens* ihrer Existenz, ihren transzendenten Daseinsgrund bezeichnet. Jene heidnische Vorstellung von dem substantiellen Hervorgehen gewisser Menschen aus dem Wesen der Gottheit auf Grund vorangegangener Theogamie bedeutet eine Problematisierung entweder der erzeugenden Gottheit als solcher oder des erzeugten Menschen als solchen. Sie wäre also ein höchst irreführendes Zeichen des Geheimnisses der Weihnacht. Sondern wenn hier überhaupt eine Vorstellung hinsichtlich der Art dieser *conceptio* Platz greifen darf, dann kann es nur die des schöpferischen Wortes sein, die Vorstellung eines Befehls oder einer Segnung, die von Gott selber ausgesprochen, das Wort der Weisheit und der Allmacht war, das das Wunder dieser Empfängnis bewirkte.

Das *de Spiritu sancto* ist also sinngemäß zu ergänzen: *tanquam creatore humanae Christi naturae*. Denn: *Conceptus est non de substantia Spiritus sancti sed de potentia, nec generatione sed iussione et benedictione* (Augustin[?], Sermo 234, 5, in append.) οὐ διὰ συνουσίας, ἀλλὰ δυνάμεως ... non σωματικῶς sed δημιουργικῶς (Polanus, *Synt. Theol. christ.*, 1609, S. 2356). *Falsum est, Deum ipsum hoc praestitisse, quod in generatione vir praestare solet; Dei enim operatio non* σπερματική *fuit, sed tantum* δημιουργική, *non interna sed externa, non formalis sed effectiva.* (Quenstedt, *Theol. did. pol.*, 1685, III c. 3 m. 3 sect. 2 qu. 2 obs. 6). *Uti enim initio terra nullo proscissa vomere, nullo foecundata semine, solo Dei verbo germinavit herbam virentem, sic integerrima Virgo*... ἀμέσως *operante Spiritu sancto in illa concipiendi* δύναμιν ... *virtutem divinitatis Verbi susceptivam simul et generativam concepit, peperit et germinavit illum qui est germen gratiae.* ... (*ib. sect.* 1 *th.* 2 *obs.* 3). „Gott wirkte ohne jeden Anthropomorphismus als Schöpfer, nicht als Liebhaber; dem Kinde aber wurde die göttliche Herkunft bezeugt" (M. Dibelius, a. a. O. S. 37).

Der Heilige Geist, durch den die Jungfrau schwanger wird, ist eben wirklich nicht irgendein göttlicher Geist und also alles andere als nun etwa doch ein apotheosierter Mann, sondern er ist Gott selbst, und so ist sein wunderbares Tun als ein geistliches und also nicht als ein psychisch-physisches, nicht in irgendeiner Analogie zu den Werken des geschöpflichen Eros zu verstehen.

Es bedeutete darum keine unerlaubte Vergeistigung, sondern eine notwendige Interpretation des Wunders, wenn Augustin von Christus sagt, daß er im Glauben oder in der Gnade und nicht in der geschlechtlichen *libido* oder *concupiscentia* seiner Mutter empfangen worden sei (*Enchir.* 34; *Sermo* 152, 8). Und im selben Sinn ist es sachlich richtig, wenn Johannes Damascenus (Ekd. 4, 14) als das leibliche Organ der wunderbaren Empfängnis Christi das Ohr der Maria bezeichnet hat! „Die Einwirkung des Heiligen Geistes bei der Empfängnis Jesu ist eine durch den Glauben der Maria sich vermittelnde. Maria glaubt ... und indem sie glaubt an das vom Engel geredete Wort Gottes, wird sie dadurch befähigt, das ewige Wort in sich aufzunehmen und selbständig den Lebensanfang des Erlösers zu setzen" (Ed. Böhl, Dogmatik, 1887, S. 311).

Indem die Empfängnis Christi das Werk des Heiligen Geistes genannt wird, wird sie tatsächlich jeder Analogie außer der Analogie des Glaubens und damit wie jedes echte Wunder jeder Erklärung ihres Wie entzogen. F. Turrettini (*Instit. theol. el.*, 1682, L. XIII, qu. 11, 9) exegesiert das merkwürdige Wort Luc. 1, 35 δύναμις ὑψίστου ἐπισκιάσει σοι dahin, es werde damit der *modus operationis Spiritus sancti* bezeichnet, zugleich als: 1. *potentissimus ad protectionem et praesidium, ne B. Virgo divina maiestate consumeretur* (!). 2. *efficacissimus ad foecundationem ... allusive ad creationem, in qua spiritus dicitur incubuisse aquis, ut ea virtute oriturus iste foetus dicatur, qua mundus exordium sumpsit,* 3. *arcanus et incomprehensibilis, qui nec ratione pervestigari, nec sermone enarrari potest,* vergleichbar der Wirkung der Wolke, die die Stiftshütte erfüllte, Ex. 40, 35, oder den ausgebreiteten Flügeln der Cherubim über der Bundeslade, 2. Chron. 5, 8 — so daß eben dieses Wort vom Überschatten zugleich die Antwort wäre auf die Frage der Maria Luc. 1, 34: „Wie soll das zugehen?": *Si quidem hoc non sit futurum humana opera sed virtute Dei, cui nihil impossibile, et modo plane admirabili, quem mirari deceat ron scrutari.*

Das Positive, das den durch das *natus ex virgine* ausgesonderten Raum füllt, ist eben Gott selber: in der unbegreiflichen Tat schöpferischer Allmacht, in der er menschlichem Wesen eine Fähigkeit, eine Mächtigkeit für sich selber mitteilt, die es aus sich selbst nicht hat und die es sich auch nicht selbst verschaffen könnte, in der unbegreiflichen Tat versöhnender Liebe, in der er das menschliche Wesen rechtfertigt und heiligt trotz seiner Ungerechtigkeit und Unheiligkeit zu einem Tempel seines Wortes und damit seiner Ehre, in der unbegreiflichen Tat erlösender Weisheit, in der er sich seines Geschöpfs vollkommen annimmt: so annimmt, daß er ihm nicht weniger als seine eigene Existenz mitteilt und schenkt.

Ich umschreibe mit diesen Worten eine Darlegung des J. Gerhard (*Loci theol..* 1610 L. IV 107), nach welchem in dem Wunder dieser Empfängnis bzw. der *actio Spiritus sancti* in diesem Wunder drei Gesichtspunkte zu unterscheiden wären: *Primum est* ἄμεσος ἐνέργεια *quod dederit virgini facultatem sine virili semine praeter naturae ordinem concipiendi foetum. Alterum est* θαυμάσιος ἁγιασμός *quod massam illam, ex qua corpus Filii Dei formatum, sanctificaverit, id est a peccato mundaverit. Tertium est* ἄρρητος ἕνωσις, *quod divinam et humanam naturam in unam personam univerit.*

Es ist hier wie so oft nicht wahr, daß solche Aufstellungen der alten Dogmatiker Produkte eines müßigen und von der Sache ablenkenden scholastischen Scharfsinnes waren. Es ist vielmehr so, daß in diesen Aufstellungen Geistliches geistlich zu verstehen gesucht wird, und wer sich gerade an dieser Stelle die Mühe nimmt, sich in die ge-

3. Das Wunder der Weihnacht

stellte Aufgabe selber ernstlich hineinzudenken, wird nicht leugnen, daß die Spur, der man dabei folgte, im Entscheidenden die richtige war. Erinnern wir uns zum Schluß: auch und gerade dieses Positive des Wunders, ausgesprochen in dem *conceptus de Spiritu sancto*, gehört zu dem Zeichen des Geheimnisses der Weihnacht, das das Dogma hervorheben will. Daß Jesus Christus der ins Fleisch gekommene Sohn Gottes ist, das steht und fällt wohl noetisch (für uns, denen dieses Zeichen gegeben ist, die das an und in diesem Zeichen erkennen sollen), mit der Wahrheit der *conceptio de Spiritu sancto*. Man könnte aber nicht sagen, daß das Geheimnis der Weihnacht ontisch, an sich, mit diesem Dogma stehe und falle. Der Mensch Jesus von Nazareth ist nicht darum der wahre Sohn Gottes, weil er vom Heiligen Geist empfangen und von der Jungfrau geboren ist, sondern weil er der wahre Sohn Gottes ist und weil das ein unbegreifliches Geheimnis ist, das als solches anerkannt sein will, darum ist er vom Heiligen Geist empfangen und von der Jungfrau geboren. Und daran, daß er so empfangen und geboren ist, soll er als der, der er ist, und in dem Geheimnis, in welchem er ist, der er ist, erkannt, danach soll er benannt werden.

διό ... υἱὸς θεοῦ κληθήσεται, Luc. 1, 35. Jesus Christus wäre und hieße — darüber ist sich gerade die alte Dogmatik ganz einig — der wahre Sohn Gottes auch ohne dieses Zeichen. Er ist es als der Sohn des Vaters von Ewigkeit, der in ihm Fleisch geworden ist. *Dicendum, quod absque ulla dubitatione potuisset Deus concipi et generari ex muliere opera viri* (F. Suarez, zitiert nach Bartmann, Lehrb. d. Dogm.⁷ 1. Bd., 1928, S. 427). *Filius Dei debet dici, non quod conceptus sit ex Spiritu sancto ratione humanitatis, sed quod genitus sit ex Deo ratione divinitatis* (F. Turrettini, *Instit. theol. el.*, 1682, L. XIII, qu. 11, 6). *Sanctus ille homo ... erit et cognoscetur Filius Dei non propter conceptionem sanctam sed propter unionem personalem* (Quenstedt, *Theol. did. pol.*, 1685, P. III *c*. 3 *m*. 3 *sect*. 1 *th*. 18). Es ist schwer begreiflich, daß ein in der Dogmengeschichte so versierter Gelehrter wie A. E. Biedermann aus der Lehre von der Jungfrauengeburt immer wieder eine „Lehre von der physischen Gottessohnschaft" machen konnte (Dogmatik, 1869, §§ 582, 823). Es gibt im Sinn der Schrift und der Kirchenlehre weder einen physischen noch, wie Biedermann möchte, einen „religiösen" Gottessohn, sondern nur den einen ewigen, wenn man will: „metaphysischen", der im Geheimnis der Weihnacht Mensch wird wie wir und doch der ewige Sohn Gottes ist und bleibt. Diesem Geheimnis zum Zeichen das Wunder: *conceptus de Spiritu sancto*.

Das Geheimnis beruht nicht auf dem Wunder. Aber auf dem Geheimnis beruht das Wunder, und das Wunder bezeugt das Geheimnis, das Geheimnis wird bezeugt durch das Wunder.

Per hoc ergo, quod de Spiritu sancto esse nativitas Christi dicitur, quid aliud quam ipsa gratia Dei demonstratur, qua mirabili et ineffabili modo Verbo Dei est adiunctus atque connexus et divina gratia corporaliter repletur (Petrus Lombardus, *Sent.* III dist. 4 B).

DRITTER ABSCHNITT
DIE AUSGIESSUNG DES HEILIGEN GEISTES

§ 16
DIE FREIHEIT DES MENSCHEN FÜR GOTT

Gottes Offenbarung ereignet sich nach der heiligen Schrift darin, daß Gottes Heiliger Geist uns erleuchtet zur Erkenntnis seines Wortes. Die Ausgießung des Heiligen Geistes ist Gottes Offenbarung. In der Wirklichkeit dieses Ereignisses besteht unsere Freiheit, Gottes Kinder zu sein und ihn in seiner Offenbarung zu erkennen, zu lieben und zu loben.

1. DER HEILIGE GEIST DIE SUBJEKTIVE WIRKLICHKEIT DER OFFENBARUNG

Was vor uns liegt, ist der dritte und letzte Schritt in der Entwicklung des Begriffs der Offenbarung, wie er als Grundlage einer kirchlichen Lehre vom Worte Gottes und insofern als Grundlage einer kirchlichen Dogmatik nach Maßgabe der heiligen Schrift und unter Respektierung des kirchlichen Dogmas verstanden werden muß. Indem wir fragten nach dem Gott, der sich offenbart, drängte sich uns, weil wir sie ja nicht im leeren Raum, nicht im Blick auf irgendeine, sondern im Blick auf die biblisch bezeugte Offenbarung aufwarfen, gewissermaßen zwangsläufig zugleich die zweite Frage auf nach dem Ereignis, in welchem sich Gott als Gott offenbart, aber auch die dritte, nach der sozusagen uns selbst zugewandten Seite dieses Ereignisses: nach Gottes Offenbarsein für uns. Und so entfaltete sich die Antwort auf jene erste Frage, auf die Frage nach dem Subjekt der Offenbarung, in die dreifache Erkenntnis von dem Gott, der selber der Offenbarer, selber der Akt seiner Offenbarung und selber sein Offenbarsein ist, in der Lehre vom Vater, Sohn und Heiligen Geist in ihrer Einheit und Dreiheit, Dreiheit und Einheit. Aber gerade im Blick auf die Trinitätslehre mußte die zweite Frage, die Frage nach der Wirklichkeit der Offenbarung von Gott her, nun auch selbständig gestellt und beantwortet werden. Es geschah dies in dem nun hinter uns liegenden christologischen Abschnitt, der Lehre von der Fleischwerdung des Wortes. Es liegt uns nun ob, auch noch die dritte Frage in den Mittelpunkt unserer Erwägungen zu stellen und — natürlich im strengsten Zusammenhang sowohl unserer trinitarischen als auch unserer christologischen Untersuchungen — selbständig zu beantworten.

Vergegenwärtigen wir uns nochmals ihren besonderen Sinn vor allem in ihrem Verhältnis zu jener zweiten Frage. Wir wissen von der Trinitätslehre her, daß es auf die Frage: Wie kommt es zum Offenbarsein der

Offenbarung für uns Menschen? keine andere Antwort geben kann als die: der eine wahre Gott und Herr selber, in der „Person" des Heiligen Geistes, ist sein Offenbarsein für uns. Die Antwort ist also dieselbe, die wir auch auf die Frage: Was ist das Ereignis der Offenbarung? geben mußten, nur daß ihr besonderer Gehalt dort der Hinweis auf Gott den Sohn oder das Wort sein mußte. Aber wie es über die Feststellung der Wesensidentität Gottes des Sohnes und Gottes des Vaters hinaus eine legitime Frage nach dem Wie? der Offenbarung gibt, weil sie durch das biblische Offenbarungszeugnis faktisch in einer ganz bestimmten Weise beantwortet ist, so dürfen und können wir nun auch nicht stehenbleiben bei der allerdings entscheidenden Feststellung, daß der mit dem Vater und dem Sohne im Wesen, in seiner Gottheit, identische Heilige Geist, also noch einmal Gott selbst, auch sein eigenes Offenbarsein für uns ist. Wir dürfen darum nicht bei dieser Feststellung stehenbleiben, weil uns von der Schrift her eine bestimmte Erklärung über das Wozu? oder Wohin? der Offenbarung, wir könnten auch sagen: eine bestimmte Erklärung über das Wie? eben des Offenbarseins Gottes für uns vorausgegeben ist, eine Erklärung, angesichts deren diese Frage nicht nur legitim und sinnvoll, sondern geboten und notwendig ist. Denn wo uns durch die Schrift bestimmte Antworten vorausgegeben sind, da dürfen wir nicht nur, sondern da sollen und müssen wir fragen, um das gebotene Erkennen und Verstehen der biblischen Antworten und damit die rechte kirchliche Erkenntnis, die die Aufgabe der Dogmatik ist, zu vollziehen. Die uns hier gebotene Frage ist aber die: Was bedeutet die Offenbarung als Gegenwart Gottes selbst, sofern sie nicht nur ein Geschehen von Gott her, sondern auch ein Geschehen zum Menschen hin ist? Inwiefern sind wir Menschen im Geschehen der Offenbarung frei für Gott, so daß er uns offenbar sein kann? Inwiefern gibt es in diesem Geschehen ein Offenbarsein Gottes für den Menschen und insofern eine menschliche Rezeptivität für Gottes Offenbarung? Das, wonach hier gefragt ist, nennen wir „die subjektive Wirklichkeit der Offenbarung". Gemeint ist damit nichts anderes als die in der Heiligen Schrift vorausgegebene Antwort: die Ausgießung des Heiligen Geistes.

An der entsprechenden Stelle in § 13, 1 haben wir gefragt: Wie ist es in Gottes Freiheit wirklich, daß dem Menschen seine Offenbarung widerfährt? Wir fragen jetzt: In welcher Freiheit des Menschen ist es wirklich, daß Gottes Offenbarung ihn angeht?

Unser ganzes Fragen nach dem Begriff der Offenbarung ist von der zuerst gewonnenen Antwort, nämlich von der Trinitätslehre, letztlich und entscheidend aber von der Heiligen Schrift als der Quelle und Norm der hier zu gebenden Antworten her, in einen ganz bestimmten Raum verwiesen, den wir nicht verlassen können, ohne unsachlich zu werden. Bleiben wir sachlich und denken wir also in diesem Raume weiter, dann kann und muß das Eine als zum vornherein feststehend ausgesprochen werden: Diese Freiheit des Menschen kann nur eine von Gott im Akt seiner Offenbarung geschaffene und den Menschen gegebene, sie kann letztlich auch nur Gottes eigene Freiheit sein. Der Frage nach einer ursprünglich dem Menschen eigenen Freiheit, der Frage: Wie wird es vom Menschen her wirklich, daß Gottes Offenbarung ihn angeht? entspräche keine von der heiligen Schrift vorausgegebene Antwort. Die Bibel redet auch in dieser Hinsicht nie und nirgends von etwas, was vom Menschen her wirklich wird. Sie redet gewiß von Gott und seinem Tun als von einem Tun für den Menschen und am Menschen, aber eben doch von Gottes Tun und von des Menschen Tun nur insofern, als es in dem Tun Gottes seine Möglichkeit hat. Auch dies, daß Gottes Offenbarung den Menschen angeht, und also des Menschen Freiheit für Gott, kann, wenn wir uns an die in der Bibel vorausgegebene Antwort halten wollen, nicht vom Menschen her erklärt werden. Was zu erklären ist, ist dies: wie es so etwas gibt wie Glauben und Gehorsam, d. h. aber im Sinn der Bibel: Gottes Werk und Gabe in der Freiheit des Menschen, ihm zu glauben und zu gehorchen. In diesem in seiner Besonderheit wohl zu beachtenden Sinn ist der Begriff des „Subjektiven" zu verstehen, wenn wir jetzt von der „subjektiven Wirklichkeit der Offenbarung" reden.

Und nun fragen wir also zuerst: „Wie wird solche Freiheit des Menschen wirklich...?" Wir fragen nicht etwa zuerst: Wie wird sie möglich? Auch diese zweite Frage wird zu stellen und zu beantworten sein, aber *secundum ordinem* und also nicht an erster Stelle. Nur an zweiter Stelle aufgeworfen ist sie die echte Verständnisfrage gegenüber Gottes Offenbarung. An erster Stelle aufgeworfen würde sie wiederum zur Unsachlichkeit führen. Sie würde ja dann bedeuten, daß wir zunächst die Bedingungen aufstellen wollten, unter denen wir den Weg von Gott zum Menschen hin für gangbar halten könnten. Und im Rahmen oder durch die Brille dieser Bedingungen wäre dann nachher zu verstehen, inwiefern Gott in der Wirklichkeit seiner Offenbarung einen gangbaren Weg zum Menschen hin tatsächlich beschritten hat. Damit würden wir uns aber an einen Ort stellen, der uns nicht zukommen kann. Denn was wissen wir über die Gangbarkeit jenes Weges? Wir können doch nicht etwa meinen, uns selbst, den Menschen, so gut zu kennen, daß wir in der Lage wären, von uns aus zu klären, welcher Weg von Gott zum Menschen ein gangbarer sein möchte! Und wir können uns doch nicht anmaßen, den von Gott tatsächlich beschrittenen Weg an Hand der von uns gefundenen und aufgestellten Bedingungen würdigen zu wollen! Schon der Anspruch, den wir nach diesen beiden Seiten erheben würden, würde ja, welches auch unsere Ergebnisse sein würden, die Leugnung der Offenbarung bedeuten. Also muß schon dieser Anspruch fallen, das heißt es muß die Frage nach der Wirklichkeit der Offenbarung auch in diesem Zusammenhang vorangehen, die Frage nach ihrer Möglichkeit aber folgen, jene als Tatsachenfrage, diese als Verständnisfrage.

Auch hier bedeutete die Darstellung in der ersten Fassung dieses Buches (§ 17 S. 284 ff.) mindestens in ihrer Form eine gefährliche Verdunkelung. Ich wußte schon damals, daß „der erneute Rekurs auf die Wirklichkeit Gottes" selbstverständlich auch hier die allein mögliche Antwort (S. 285), daß bei allem Fragen nach der Möglichkeit von Gottes Offenbarung deren Wirklichkeit „vorweg in Rechnung zu stellen" sei (S. 291), und habe dies auch in Form von zahlreichen „Vorbehalten" zum Ausdruck gebracht. Aber eben doch nur in Form von „Vorbehalten" innerhalb einer Untersuchung, die nun doch von einer Umschreibung der subjektiven Möglichkeit der Offenbarung zur Bezeichnung und Würdigung ihrer Wirklichkeit, die sozusagen von der Problematik dieses Begriffs zu deren Lösung durch den Aufweis der durch die Taufe bestätigten Gnade fortschreiten wollte. Gegen die Mißlichkeit dieses Weges konnten alle „Vorbehalte" nichts helfen, und wenn deren noch viel mehr angebracht worden wären. Es war sehr lehrreich, daß dann K. Heim (Glaube und Denken, 1. Aufl. 1931, S. 417 ff.) in dieser meiner Darstellung trotz aller Vorbehalte eine Aufrollung der Frage: Wie komme ich zur Glaubensgewißheit?, der Frage „des an sich selbst verzweifelnden Menschen" und den Versuch einer Antwort darauf zu finden meinte: eine Antwort auf diese seine Frage, die Heim als solche gewiß mit vollem Recht sehr unbefriedigend fand. Denn wenn ich wirklich (wie es allerdings den Anschein haben mußte) auf dem Wege von der Möglichkeit zur Wirklichkeit, von dem Rätsel des an sich selbst verzweifelnden Menschen zu des Rätsels Lösung in der Glaubensgewißheit war, dann mußte es als eine unerlaubte Beschwichtigung erscheinen, wenn ich nach Abweisung aller anderen Lösungsversuche „beinahe römisch sakramental" die Taufe als den Erkenntnisgrund der Gnade bezeichnete, statt wie Heim mir vorhielt, als ordentlicher reformierter Theologe an dieser Stelle von der Erwählungsgewißheit auf Grund der Versiegelung durch den Heiligen Geist zu reden. Wie schmerzlich fühlte ich mich da mißverstanden! Hatte ich doch gemeint, gerade mit dem Hinweis auf die Taufe das denkbar Stärkste über die aller seelisch-immanenten Gewißheit gegenüber schlechterdings überlegene Wahrheit der Gnade und des Heiligen Geistes, also über die wirkliche „Versiegelung" zu sagen. Aber ich war doch auch selber schuld daran, wenn das nicht sichtbar wurde. Im Rahmen jenes Gedankenganges, den Heim so leicht mit seinem eigenen verwechseln konnte — hatte ich doch an einer Stelle (S. 301) geradezu von „sakramentaler Selbsterkenntnis" geredet — konnte das wohl nicht sichtbar werden. Mit der Taufe darf man nur endigen, wenn man mit der Taufe schon angefangen hat! Das hatte ich aber nicht getan, sondern ich hatte damit angefangen, „*in abstracto* nach den Bedingungen der subjektiven Möglichkeit der Offenbarung zu fragen". Als ob diese Möglichkeit nicht in der Luft stehen würde, solange sie nicht streng als die in der Offenbarung schon verwirklichte Möglichkeit verstanden und also: solange nicht nach dieser ihrer Verwirklichung gefragt und die Antwort auf diese Frage gehört ist! Und als ob, wenn man in diesem Zwielicht von der Möglichkeit der Offenbarung redet, nicht auch das, was man vielleicht allen Ernstes über ihre Wirklichkeit zu sagen hat, in dieses Zwielicht rücken und also der Anschein entstehen müßte, auch das Letzte und Stärkste, was hier vorzubringen ist: der Hinweis auf die Taufe, möchte wohl nur eine Beschwichtigung, und zwar eine nicht sehr zugkräftige Beschwichtigung des an sich selbst verzweifelnden Menschen sein. Heim hat mir mit jener Kritik doch den großen Dienst erwiesen, mich noch mehr von seinem eigenen Weg, dem Weg der Reflektion über die Möglichkeit einer Glaubensgewißheit, abzudrängen. Der richtige Weg — auf dem dann auch die Vorbehalte überflüssig werden — kann nur der umgekehrte sein als der, den ich damals trotz aller Vorbehalte auch mit Heim zusammen gehen zu müssen meinte. Glaubensgewißheit, d. h. ein begründetes Wissen darum, daß und wie Gottes Offenbarung den Menschen angeht, muß schlicht in ihrer Wirklichkeit und erst dann und von da aus in ihrer Möglichkeit und in den verschiedenen Bedingungen dieser Möglichkeit verstanden werden. Auch mit der Glaubensgewißheit kann man eben in der Theologie nur dann endigen, wenn man mit der Glaubensgewißheit schon angefangen hat!

Wir müssen, wenn wir also zunächst von der Wirklichkeit des Offenbarseins Gottes für Menschen zu reden und schlechterdings von ihr auszugehen haben, vor allem dies feststellen: die Existenz von Menschen, die dem Worte Gottes Glauben und Gehorsam schenken, die Tatsache, daß es das gibt unter Menschen: Glauben und Gehorsam gegen das Wort Gottes — diese ganze Entsprechung des göttlichen Offenbarungsaktes auf seiten des Menschen ist ebenso ernsthaft Inhalt des biblischen Offenbarungszeugnisses wie die objektive Wirklichkeit der Offenbarung, also wie Jesus Christus als das fleischgewordene Wort Gottes. Es verhält sich nicht so, daß die Schrift uns zwar die Existenz und das Werk, die Taten und Worte Gottes in Jesus Christus bezeugte, die Frage aber, was denn nun daraus wird bei den Menschen, die das alles angehen soll, offenließe, so daß wir der objektiven Verkündigung gegenüber uns nun auf einmal auf einem ganz anderen Problemfeld, nämlich bei uns selbst befänden, so daß nun Fragen wie die: Was fange ich damit an? oder: Was geht mich das an? oder : Wie komme ich dazu? unter diesen oder jenen selbstentdeckten und -gewählten Gesichtspunkten aufzuwerfen und ebenso selbstherrlich und eigenmächtig zu beantworten wären. Sondern so verhält es sich, daß auch und gerade dies: daß und wie Gottes Wort zum Menschen kommt, so daß der Mensch sein Hörer und Täter wird, auch und gerade dies: daß Jesus Christus, der Sohn Gottes, viele Brüder bekommt und also sein ewiger Vater viele Kinder, auch und gerade die Vollstreckung der Gnade einen integrierenden, unmittelbar und unentbehrlich zur Sache gehörigen Bestandteil des biblischen Offenbarungszeugnisses und also der Offenbarung selber bildet. Wir haben uns nicht nur dies sagen zu lassen, daß „Gott mit uns" ist, sondern auch dies, als eingeschlossen in jenem, daß „Gott mit uns" ist. Auch das können wir uns nämlich nicht selber sagen, das womöglich noch weniger als jenes. Auch das, das Offenbarsein Gottes bei und in uns, kommt wirklich als Offenbarung zu uns, gehört in die Offenbarung hinein, und es läßt sich darüber nicht *in abstracto* nachdenken, es lassen sich darüber keine willkürlichen Entscheidungen treffen. Sondern wenn es so ist, daß es das gibt für uns, dann müssen wir es hören und anerkennen genau so wie das, was uns die Schrift über das Geschehen von Gott her sagt, das seine objektive Voraussetzung ist. Nicht nur Gott, sondern Gott und der Mensch zusammen bilden ja den Inhalt des in der Schrift bezeugten Wortes Gottes, nur daß das Verhältnis zwischen beiden eben kein gleichmäßiges, kein umkehrbares ist, kein solches, in welchem der Mensch nun doch so etwas wie der Partner und Werkgenosse Gottes wäre, kein solches, das es uns erlaubte, an Stelle des biblischen Menschen uns selbst einzuschalten mit unserem Nachdenken und Befinden über uns selbst, mit den Gesichtspunkten und Grundsätzen, nach denen wir uns zu entscheiden pflegen. Sondern Gott und der biblische Mensch stehen sich gegenüber als der Herr dem Knecht, als der Schöpfer dem Geschöpf, als der Versöhner dem begnadigten Sünder, als der Erlöser dem seiner Erlösung immer noch Wartenden, wie der Heilige Geist der Jungfrau Maria. Dieser Mensch bildet mit Gott (mit diesem Gott!) zusammen den Inhalt des von der Schrift bezeugten Wortes Gottes. Und als Zeugnis von diesem Menschen will die Schrift unser Gehör finden, sofern sie uns etwas über den Menschen vor dem Angesichte Gottes und also über Gottes Offenbarsein für uns zu sagen hat. Aber so, in diesem Sinn und unter dieser Näherbestimmung, hat uns die Schrift in der Tat nicht nur von Gott, sondern auch vom Menschen (und mit gleichem Ernst auch vom Menschen!) etwas ganz Bestimmtes zu sagen. Auch der am Menschen handelnde Heilige Geist ist ja Gott. Auch sein Werk an uns ist also Offenbarung und seine Erkenntnis Offenbarungserkenntnis und also beruhend auf der Erkenntnis des Offenbarungszeugnisses. Wir dürfen also nicht erwarten, über die Wirklichkeit des Offenbarwerdens Gottes an und unter den Menschen etwas in Erfahrung zu bringen aus einer von der Heiligen Schrift verschiedenen Erkenntnisquelle. Wir haben vielmehr einzusehen die Suffizienz der Heiligen Schrift als Erkenntnisquelle auch in dieser Hinsicht. Wir haben uns durch die Schrift binden, uns an ihr genügen zu lassen, auch — und wegen der besonderen Gefährlichkeit dieses Punktes werden wir sagen müssen: gerade auch hinsichtlich des Menschen vor dem Angesichte Gottes. Wir sind von ihr auch nach dieser nach der subjektiven Seite, tatsächlich keineswegs allein und unserer eigenen Problematik und damit den Entdeckungen einer religiösen Anthropologie überlassen: auch nicht denen einer christlichen Anthropologie, die etwas anderes sagen wollte, als was ihr tatsächlich vorgesagt ist.

Daß die Bibel nach dieser Seite nicht stumm ist, zeigt sehr anschaulich im Alten Testament das Gegenüber von Gesetz und Propheten, im Neuen Testament das entsprechende Gegenüber von Evangelien und Apostelbriefen. Und gerade im Alten Testament wird ja das zunächst durch die Propheten vertretene subjektive Element noch verstärkt durch jenen dritten Teil des Kanons, die *ketubim*, in welchen in den verschiedensten literarischen Ausdrucksformen die die Offenbarung aufnehmende Gemeinde und in dieser Gemeinde der von der Not und Hoffnung Israels bewegte Einzelne zu Worte kommen. Mit der größten Selbstverständlichkeit hat die Synagoge sowohl wie die Kirche bei der Kanonsbildung auch mit diesem subjektiven Element gerechnet als mit einem integrierenden Bestandteil des Offenbarungszeugnisses und also der Offenbarung selbst. Man wird auch grundsätzlich nicht einmal von einer Unterordnung dieses Bestandteils gegenüber dem objektiven Element reden dürfen, weil ja jede grundsätzliche Unterordnung zwischen diesen beiden Elementen indirekt die Homousie des Heiligen Geistes gegenüber dem Vater und dem Sohne in Frage stellen würde: *qui cum Patre et Filio simul adoratur et conglorificatur.* Von hier aus gesehen hat die betonte Hervorhebung des Evangeliums vor der Epistel im ersten Teil der römischen Messe etwas mißlich an subordinatianische Gedankengänge Erinnerndes. Und unzweideutig peinlich war der

Streit um „Jesus und Paulus" oder gar: „Jesus oder Paulus", wie er die protestantische Theologie seit dem 18. Jahrhundert beschäftigt hat. Es hat fast etwas Tragikomisches wie der Neuprotestantismus, dessen Anliegen es doch gerade war, das Problem des M e n s c h e n in seinem Verhältnis zu Gott zur Geltung zu bringen, mit seiner Polemik gegen Paulus, ohne es zu bemerken, den Ast absägte, auf dem allein er mit Ehren hätte sitzen können. Das Anliegen war und ist ja zweifellos ein legitimes: in relativem Unterschied zu dem des trinitarischen und christologischen Dogmas der alten Kirche nicht nur Gott in seinem Verhältnis zum Menschen, sondern auch den M e n s c h e n in seinem Verhältnis zu Gott zu sehen und zu verstehen. Man kann wohl sagen, daß dies immer, schon in der alten Kirche, das besondere Anliegen der westlichen Kirche gewesen ist, das besonders in A u g u s t i n seinen wirksamen Vertreter gefunden hat. Auf der Höhe der mittelalterlichen Scholastik in der Summa des T h o m a s v o n A q u i n o sehen wir es dem seinerseits nicht vernachlässigten objektiven Dogma gegenüber in breiter Front zur Geltung gebracht. In der Reformation tritt es geradezu in den Vordergrund. So sehr, daß unbesonnene Historiker einer späteren Zeit meinen konnten, das objektive Dogma sei jetzt ein *caput mortuum* geworden. Kein Zufall, daß gerade die Psalmen und der Römerbrief, nicht das Gesetz und nicht die Evangelien, jetzt die vorzüglich gelesenen und fruchtbar gemachten biblischen Bücher werden. An der Wirklichkeit der Rechtfertigung des Sünders orientiert jetzt L u t h e r und an der Wirklichkeit der Heiligung desselben Sünders orientiert jetzt C a l v i n seine ganze Theologie: ebenso einseitig interessiert, wie einst A t h a n a s i u s die seine einseitig interessiert an der Wirklichkeit der Menschwerdung orientiert hatte. Diese Einseitigkeit des Interesses der Reformatoren hatte ihre innere und äußere Notwendigkeit und die damit verbundene Gefahr kam insofern nicht zum Ausbruch als die Gottheit des Heiligen Geistes die selbstverständliche Voraussetzung war, unter der sie diesem ihren Anliegen nachgingen. Sie ist's, die die Rechtfertigungslehre Luthers und die Heiligungslehre Calvins im selben Sinn zur Verkündigung des Geheimnisses der Offenbarung macht, wie es einst die Christologie des Athanasius gewesen war. Will man die besonderen Dogmen der Reformation subjektive Dogmen nennen, so kann dies — und dies macht sie zu echt kirchlichen Dogmen — nur so gemeint sein, daß ihr besonderer Gegenstand weniger jene in Christus Ereignis gewordene Freiheit Gottes für den Menschen als nun eben jene im Heiligen Geist verwirklichte Freiheit des Menschen für Gott gewesen ist. Und hier hat der ganze Neuprotestantismus versagt. Unter dem Anspruch und mit dem Anschein weiterer Pflege des reformatorischen Anliegens interessierte er sich in der Weise für die Freiheit des Menschen, daß er die Gottheit des Heiligen Geistes vergaß und also auf eine „Freiheit vom Menschen her" herauskam, der eine Freiheit von Gott her zunächst noch problematisch gegenüberstand, bis sie folgerichtig von diesem ihrem Gegenpol, von dem geheimnislos, offenbarungslos verstandenen Menschen her angezogen und aufgesogen, bis sie zu einer bloßen Näherbestimmung der alles beherrschenden „Freiheit vom Menschen her" wurde. Und nun war es wiederum nur folgerichtig, daß man nicht nur genötigt war, die Evangelien mit einer kritischen Brille zu lesen, deren Anwendung eine geheimnislose Christologie zum Ergebnis haben mußte, sondern nun auch gerade dem epistolischen Teil des Neuen Testamentes, gerade dem „Apostolos" völlig ratlos gegenüberstand und ihn zugunsten dessen, was von den Evangelien nach allen kritischen Abstrichen übrigblieb, d. h. zugunsten des „historischen Jesus" als Offenbarungszeugen ganz oder teilweise meinte disqualifizieren zu können. Gerade mit dem besonderen Zeugen vom biblischen Menschen, wie er der Apostel im Unterschied zum Evangelisten ist, m u ß t e eine Theologie in Konflikt kommen, der es von Herzensgrund nicht wie den Reformatoren um den Menschen ging, der als Geschöpf, als begnadigter Sünder, als Sterblicher mit dem an ihm handelnden Gott zusammen den Inhalt des biblischen Offenbarungszeugnisses bildet — sondern um den M e n s c h e n a n s i c h, um den sich selbst verstehenden, weil seiner selbst mächtigen Menschen ging. Es verriet sich an dieser Stelle, daß man die Bibel nur noch bedingt als ein Zeugnis von Offenbarung gelten ließ, bedingt nämlich durch die gleichzeitige Voraussetzung eines anderen, ersten Zeugnisses hinsichtlich einer Offenbarung im Menschen an sich, eines Zeugnisses, das man sich selber gab, um hernach jenes zweite auf Grund dieses ersten zu verstehen. Unter Voraussetzung eines solchen ersten Offenbarungszeugnisses ist aber das zweite schon verworfen, wie ernstlich man es auch noch anzunehmen behaupten mag. Denn das eben sagt uns dieses angeblich zweite: daß wir Menschen nicht in der Lage sind, uns das Zeugnis von einer Offenbarung Gottes in uns selber zu geben, daß es also ein solches erstes Offenbarungszeugnis für uns überhaupt nicht gibt. Wollte man nun dies nicht anerkennen, so stand man offenbar der Schrift überhaupt nicht mehr als einem Offenbarungszeugnis gegenüber, so konnte man sie als Ganzes nach dem objektiven wie nach dem subjektiven Gehalt ihres Zeugnisses nicht mehr verstehen. Auch nicht nach dessen subjektivem Gehalt, wo man die legitime Antwort auf die Frage nach dem Menschen so gut wie die Reformatoren hätte finden können, eine ganz andere Antwort freilich als die, die man sich nun in der Schriftfremdheit, in die man sich begeben hatte, selber geben zu können meinte!

Fragen wir nun also die Schrift nach ihrem Zeugnis von dem vor Gott stehenden und seine Offenbarung empfangenden Menschen, so dürfte zunächst folgendes grundlegend sein: Dieser Mensch ist durch Gottes Erwählung und Berufung, durch sein Hören des Wortes, durch das Zeugnis des Heiligen Geistes nicht nur unsichtbar und innerlich, sondern er ist bei all dem, was an dieser Wirklichkeit der zu ihm kommenden Offenbarung unsichtbar und innerlich bleibt, zugleich auch sehr sichtbar und sehr äußerlich ausgezeichnet. Er steht nämlich an einem bestimmten geschichtlichen Ort, der gar nicht zufällig, sondern höchst notwendig gerade dieser Ort ist und nicht irgendein anderer. Die Offenbarung kommt dem Menschen durchaus nicht allgemein entgegen, etwa als die ewige Bestimmung, als der ewige Sinn aller Zeit, als die allgemeine Lösung der Rätsel alles Geschehens in der Zeit. Sondern die Offenbarung hat, wie wir in einem früheren Zusammenhang sahen, ihre eigene Zeit, die nun eben diese und keine andere ist, die nur als die Offenbarung, die in diese Zeit eingegangen ist, die Menschen aller Zeiten angehen kann. Dieser objektiven Besonderheit der Offenbarung entspricht nun eine subjektive. Die Menschen, die sie empfangen, sind ganz besondere, und zwar nicht nur unsichtbar und innerlich, sondern gerade auch in ihrem Dasein, in ihrer sichtbaren äußerlichen Stellung ganz besondere Menschen. Sie gehören nämlich nach dem Alten Testament: zu dem Volk, mit dem Gott seinen Bund geschlossen, das er unter sein Gericht und unter seine Verheißung gestellt hat, zum Volk Israel. Sie gehören nach dem Neuen Testament: zu der Kirche, in der Jesus Christus gegenwärtig ist als das eigentlich handelnde Subjekt, als das Haupt, an dem alle in der Kirche versammelten Glieder mit bestimmten Aufgaben und Funktionen sind. Man kann gewiß nicht sagen, daß diese Zugehörigkeit zum Volk bzw. zur Kirche diese Menschen zu Empfängern der Offenbarung macht. Gott macht sie dazu. Und Gott ist nicht gezwungen, sie dazu zu machen um jener Zugehörigkeit willen: wir finden an dem im Alten wie an dem im Neuen Testament angegebenen Ort immer wieder auch solche Menschen, die doch gar keine Empfänger der Offenbarung zu sein scheinen. Und Gott ist nicht gebunden an diese Zugehörigkeit: tauchen doch jedenfalls im Alten Testament immer wieder Gestalten auf, die abseits von jenem Ort, außerhalb des Volkes Israel, nun dennoch echte Empfänger der Gottesoffenbarung geworden zu sein scheinen. Aber diese letzte Möglichkeit scheint doch immer mehr so etwas wie ein Korrektiv zu bedeuten: zur Begrenzung und Beschämung derer, die sich jener Zugehörigkeit rühmen könnten, statt sich Gottes zu rühmen, als Zeichen des Gerichts für die, die in dieser Zugehörigkeit nun doch keine Empfänger der Offenbarung werden, zur Manifestation der so leicht vergessenen und gering geschätzten Freiheit der Gnade muß wenigstens dem alttestamentlichen Ort gegenüber je und dann immer wieder ein Heide auftreten, der, an seinem ganz anderen Ort stehend, nun dennoch Gott gehört und Gott gehorcht hat. Wenn im Neuen Testament solche Heiden auftreten als unerwartete Bekenner der Messianität Jesu, so geschieht es in Fortsetzung jenes alttestamentlichen Korrektivs gegenüber Israel, nicht als Korrektiv gegenüber der Kirche. Die Kirche wird durch das Hinzugetansein der Heiden nicht begrenzt, sondern als der Leib dessen, dem aller Knie sich beugen sollen, bestätigt und offenbart. Wie ja auch Israel, sofern es Hinweis und Weissagung auf die Kirche ist, durch jenes Korrektiv gegen die Verwechslung zwischen israelitischer Gemeinde und israelitischem Volkstum nicht begrenzt, sondern bestätigt und offenbart wird. Die Ausnahme bestätigt also doch die Regel: Gott selbst und Gott allein macht den Menschen zum Empfänger seiner Offenbarung — aber er tut dies in einem bestimmten Raum, und dieser Raum ist, wie wir nun Altes und Neues Testament zusammenfassend sagen dürfen: der Raum der Kirche. Das alttestamentliche Korrektiv behält seine Gültigkeit gegenüber denen, die in der Kirche sind. Es weist hin auf die Scheidung der Guten und Bösen, auf das Gericht Gottes, dem auch sie unterworfen sind. Es stellt aber nicht in Frage, daß wirklich und eindeutig, endgültig und ausschließlich die Kirche der Ort ist, wo Gott Menschen zu Empfängern seiner Offenbarung macht. Daß es einen solchen von Gott geschaffenen und bezeichneten Ort gibt in der Welt, das wird durch den Hervorgang der allgemeinen Kirche aus der israelitischen Volksgemeinde nicht als Unwahrheit, sondern jetzt gerade als Wahrheit hingestellt. An dieser Wahrheit kann man nicht vorbeikommen. Zugespitzt gesagt und *cum grano salis* zu verstehen: Es gibt Jesus Christus gegenüber nicht zuerst Gläubige und dann, aus diesen gebildet, die Kirche, sondern: zuerst gibt es die Kirche und dann, durch sie und in ihr, die Gläubigen. Ist Gott gewiß an die Kirche sowenig gebunden wie an die Synagoge, so sind es doch die Empfänger seiner Offenbarung: sie sind, was sie sind, indem Kirche ist und indem sie in der Kirche sind, nicht ohne die Kirche und nicht außer der Kirche. Wobei unter

1. Der Heilige Geist die subjektive Wirklichkeit der Offenbarung 231

„Kirche" nicht nur zu verstehen ist die innere und unsichtbare Zusammengehörigkeit derer, die Gott in Christus die Seinigen nennt, sondern auch die äußere und sichtbare Zusammengehörigkeit derer, die, daß sie in Christus Gottes sind, in der Zeit gehört und sich zu diesem Hören bekannt haben. Das Empfangen der Offenbarung geschieht innerhalb nicht außerhalb dieser doppelten Zusammengehörigkeit.

Diese Bedeutung der Kirche für die subjektive Wirklichkeit der Offenbarung ist nicht etwa römisch-katholische, sondern biblische und darum notwendig gemeinchristliche Lehre. Wie im Alten Testament der einzelne Jahve Fürchtende und vor Jahve Wandelnde als solcher nur existiert, sofern das Volk des Bundes existiert und er als einer aus diesem Volke, so redet Jesus nach den Evangelien die Menschen keineswegs in einer abstrakten Einzelheit ihrer Existenz an, sondern zum vornherein als die Glieder eben jener Gemeinde, die nun, da die Zeit erfüllt ist, aus dem relativen Dunkel der Volksgemeinde und als deren erfüllte Gestalt durch sein Wort herausgerufen und zusammengerufen werden soll. Das ist ja die Funktion des Messias: er wird sein Volk erretten von seinen Sünden (Matth. 1, 21); er ist der ἡγούμενος, der mein Volk Israel weiden wird (Matth. 2, 6). An dieses Volk Israel, damit dieses Erretten und Weiden wirklich werde, wendet sich der Ruf Jesu: „Tut Buße, denn das Reich Gottes ist nahe herbeigekommen!" (Matth. 3, 2). Und wie soll man gleich den Eingang der Bergpredigt Matth. 5, 2 f. und von da aus ihren ganzen Inhalt verstehen, wenn man nicht beachtet, daß nicht dieser und jener Einzelne mit seinen bestimmten religiösen und moralischen Eigenschaften, sondern wiederum jenes Volk selig gepriesen, herausgerufen und zusammengerufen wird: die geistlich Armen, die Leidtragenden, die Sanftmütigen usf., kurz das Volk derer, die mit jenem Simeon (Luc. 2, 25) auf den „Trost Israels" warten und als solche das wahre Israel sind. Darum ist denn auch das Ergebnis des Rufes Jesu vom ersten Augenblick an nicht die Existenz von allerlei mehr oder weniger überzeugten und zuverlässigen Anhängern, sondern in der plötzlich wie aus dem Boden geschossenen Schar der Zwölfe (in denen nochmals die zwölf Stämme Israels sichtbar werden!) die Existenz der Grundlage, des Felsens, auf den er seine ἐκκλησία aufbauen will (Matth. 16, 18). Ihnen sagt der Herr zu, daß er bei ihnen sein wolle alle Tage bis an der Welt Ende (Matth. 28, 20), ihnen gibt er seine ἐξουσία (Matth. 10, 1), wer sie aufnimmt, der nimmt ihn auf (Matth. 10, 40), wer sie hört, der hört ihn (Luk. 10, 16), mitten unter ihnen ist er, und wenn ihrer nur zwei oder drei versammelt wären in seinem Namen (Matth. 18, 20). Ihnen wird der Heilige Geist verheißen (Act. 1, 4 f.), und über sie — man bemerke, daß sie schon vorher „alle einmütig beieinander" waren — wird er zu Pfingsten tatsächlich ausgegossen, und das mit dem Erfolg, daß sie die Gabe der Sprache empfangen, daß Menschen aus allerlei Volk sie verstehen können: „Wir hören sie mit unseren Zungen reden τὰ μεγαλεῖα τοῦ θεοῦ." Und nun werden ihnen „hinzugetan" (προσετέθησαν) an jenem Tag bei dreitausend Seelen (Act. 2, 1 f.). Denn: „Ich bitte nicht für diese, sondern auch für die, die durch ihr Wort an mich glauben, daß sie alle eins seien" (Joh. 17, 20 f.). So sieht es schon im ersten Teil des Neuen Testamentes aus, um wieviel mehr im zweiten, in den Briefen, wo ja vollends kein Wort hinsichtlich der Schreiber wie hinsichtlich der Adressaten verständlich ist, wenn man nicht den streng geschlossenen Kreis sieht, in welchem da geredet und gehört wird. Ich erinnere nur an einen entscheidenden Punkt, nämlich an den Bericht des Paulus über seine Bekehrung Gal. 1, 15 f.: Wer ist dieser Paulus bisher gewesen? Irgendeiner im leeren Raum? Nein, sondern ein von seiner Mutter Leibe an durch Gottes Gnade Ausgesonderter und Berufener wie der Prophet Jeremia! Und was wird jetzt aus ihm, indem Gott seinen Sohn in ihm offenbart? Ein Christ? Das wohl auch, aber davon ist gar nicht die Rede, sondern sofort davon, daß er ihn unter den Völkern verkündigen soll! Also: Er existierte nicht anders und er wird nicht anders existieren als in seiner Funktion im

Leben der Kirche. Und lückenlos unter derselben Voraussetzung redet er nun auch seine Gemeinde an, gleichviel, ob er es mit früheren Juden oder Heiden zu tun hat. Daß sie κλητοί ἅγιοι sind (Röm. 1, 7; 1. Kor. 1, 2), darauf gründet sich schlechterdings alles, was zwischen ihm und ihnen Wirklichkeit ist. Gerade daß verhältnismäßig selten so explizit von der Kirche als solcher die Rede ist, wie etwa Röm. 12, 3 f., 1. Kor. 12, 4 f., Eph. 4, 1 f., 1. Petr. 2, 5 f., zeigt, wie selbstverständlich das Sein in Christus mit dem Sein in der Kirche (obwohl es an sich so verschieden ist wie das Sein im Himmel und das Sein auf der Erde) in faktischer Einheit gesehen und verstanden wird.

Man wird von da aus mindestens verstehen müssen, was gemeint ist in den (teilweise gewiß schon im Schatten des aufkommenden römisch-katholischen Kirchenbegriffs stehenden) Äußerungen der Kirchenväter zu dieser Sache: Ὅσοι ἄν μετανοήσαντες ἔλθωσιν ἐπὶ τὴν ἑνότητα τῆς ἐκκλησίας, καὶ οὗτοι Θεοῦ ἔσονται, ἵνα ὦσιν κατὰ Ἰησοῦν Χριστὸν ζῶντες (Ignatius von Antiochien, *Ad. Philad.* 3, 2). *Ubi enim ecclesia, ibi et Spiritus Dei et ubi Spiritus Dei illic ecclesia et omnis gratia; Spiritus autem veritas* (Irenäus, *C. o. h.* III 24, 1). *Si de illo populo vult aliquis salvari, ad hanc domum veniat, ut salutem consequi possit ... Extra hanc domum, id est extra ecclesiam, nemo salvatur* (Origenes, In Jesu Nave hom. 3, 5). *Habere non potest Deum patrem, qui ecclesiam non habet matrem. Si potuit evadere quisque extra arcam Noe, et qui extra ecclesiam foris fuerit, evadit ... Hanc unitatem qui non tenet, non tenet Dei legem, non tenet Patris et Filii fidem, vitam non tenet et salutem* (Cyprian, *De cath. eccl. un.* 6). *Hic est fons veritatis, hoc domicilium fidei, hoc templum Dei quo quis non intraverit vel a quo si quis exierit, a spe vitae ac salutis alienus est* (Lactantius, *Div. inst.* IV 30, 11). *Nec deputabo te inter Christianos, nisi in ecclesia Christi te videro* (Augustin, *Conf.* VIII 2, 4). Die Frage- und Ausrufezeichen, die zu solchen Sätzen anzubringen sind, sind naheliegend. Man wird aber immerhin gut tun, sich dabei gegenwärtig zu halten, daß auch Luther im Kleinen Katechismus den Satz: „Der Heilige Geist hat mich durch das Evangelium berufen, mit seinen Gaben erleuchtet, im rechten Glauben geheiligt und erhalten" schon durch seine nächste Fortsetzung in engste Beziehung zur Kirche gesetzt hat: „... gleichwie er die ganze Christenheit auf Erden beruft, sammelt, erleuchtet, heiliget und bei Jesu Christo erhält im rechten einigen Glauben", um dann ganz unmißverständlich zu schließen: „... in welcher Christenheit er mir und allen Gläubigen täglich alle Sünden vergibt und am jüngsten Tage mich und alle Toten auferwecken wird und mir samt allen Gläubigen in Christo ein ewiges Leben geben wird". Und im Großen Katechismus wird auf die Frage, wie und womit der Heilige Geist uns heilig mache, geantwortet: „Durch die Christliche kyrche ... Denn zum ersten hat er ein sonderliche gemeyne ynn der welt, welche ist die mutter, so ein yglichen Christen zeugt und tregt durch das wort Gottes, welches er offenbaret und treibt, die hertzen erleucht und anzündet, das sie es fassen, annemen, daran hangen und dabey bleiben." (W. A. 30¹, 188, 22.) Und in einer der Predigten, die dem Großen Katechismus vorangingen und zugrunde lagen, liest man an der entsprechenden Stelle ausdrücklich auch im Sinn der in jenen Kirchenväterstellen ausgesprochenen Exklusive: *Et in hac ecclesia* bist du auch, *Spiritus sanctus* führet dich hinein, *per praedicationem Evangelii. Prius nihil nosti de Christo, sed christiana ecclesia annuntiat tibi Christum. ... Per ... officium eius sanctificaris ... alioqui nunquam Christum agnosceres et audires* (ib. 92, 13). Darumb wer Christum finden soll, der muß die kirchen am ersten finden. Wie wollt man wissen, wo Christus were und seyn glawbe, wenn man nit wiste, wo sey glawbigen sind? und wer ettwas von Christo wissen wil, der muss nit yhm selb trawen noch eyn eygen bruck ynn den hymel bawen durch seyn eygen vornunfft, ssondern tzu der kirchen gehen, die selb besuchen und fragen ... denn ausser der Christlichen kirchen ist keyn warheytt, keyn Christus, keyn selickeyt. (Pred. üb. Lc. 2, 15 f., Kirchenpost. 1522, W. A. 10¹, 140, 8.) Ebenso überschreibt aber Calvin das Kapitel *Instit.* IV 1: *De vera ecclesia cum qua nobis colenda est unitas, quia piorum omnium mater est*, und sagt in deutlicher Reminiszenz an jenes Wort des Cyprian: *Haec enim quae Deus coniunxit*

1. Der Heilige Geist die subjektive Wirklichkeit der Offenbarung 233

separari fas non est, ut, quibus ipse est pater, ecclesia etiam mater sit (ib. IV 1, 1). Wer sich von der *communio ecclesiae* trenne, der sei *pro transfuga et desertore religionis* zu halten, der mache sich einer *abnegatio Dei et Christi* schuldig (ib. IV 1, 10). Man würde also bei allem Vorbehalt gegenüber dem römisch-katholischen Verständnis des Satzes von der Heilsnotwendigkeit der Kirche sicher nicht gut tun, ihn abzulehnen oder ihm aus dem Wege zu gehen. Er ist uns tatsächlich vorgeschrieben, wenn wir nach der subjektiven Wirklichkeit der Offenbarung fragen.

Man muß, um hier zu verstehen, vor allem dies zu sehen versuchen: die Kirche ist Jesus Christus gegenüber nicht ein zufälliges, d. h. willkürliches, von irgendwelchen Menschen aus eigener Initiative, Vollmacht und Einsicht geschaffenes, geformtes und auf den Plan gestelltes Gebilde, hervorgegangen aus dem freien Unternehmen, sich mit dem sich offenbarenden Gott durch Sammlung einer sich zu ihm bekennenden Gemeinschaft, durch Veranstaltung eines ihm Verehrung darbringenden Kultus, durch Aufstellung einer seine Wahrheit darstellenden und verkündigenden Lehre, in der diesen Menschen am angemessensten erscheinenden Weise auseinanderzusetzen und abzufinden. Das *extra ecclesiam nulla salus*, angewandt auf diese *ecclesia*, wäre in der Tat eine Ungeheuerlichkeit. Gegenüber dieser Kirche hätte jedermann nicht nur das Recht, sondern die Pflicht, und zwar die Glaubenspflicht, sich auf die freie Gnade Gottes zu berufen für die Möglichkeit, auch außerhalb ihrer selig zu werden. Dieser Kirche gegenüber müßte man nicht nur im Namen der Humanität, sondern im Namen Gottes mindestens auf bürgerliche Toleranz dringen. Diese Kirche hat mit der subjektiven Wirklichkeit der Offenbarung nichts zu tun. Man kann aber schlicht sagen: was damit als Kirche beschrieben ist, das ist nicht die Kirche, sondern das Werk der Sünde, des Abfalls in der Kirche. Keiner der vorhin angeführten alten Theologen hat natürlich diese Kirche meinen können. Man kann und muß nun freilich sagen: wo Kirche ist, da ist immer auch diese Kirche, die nicht die Kirche ist, das heißt, da geschieht in der Kirche immer auch jenes Werk der Sünde und des Abfalls. Keine Zeit in der Kirche, in der sie nicht stärker oder schwächer auch den Aspekt dieser Kirche böte und faktisch stärker oder schwächer auch in diesem Sinn Kirche wäre. Keine Zeit der Kirche, in der es darum ganz unangebracht wäre, zu bedenken, daß Jesus Christus der Herr der Kirche, nicht aber die Kirche die Herrin Jesu Christi ist. Keine Zeit der Kirche, die es nicht nötig hätte, sich gegenüber den immer wieder auch mitten in der Kirche aufschießenden Eigenmächtigkeiten des Menschen durch die heilige Schrift an ihren Ursprung erinnern und von diesem Ursprung her entgegen den aufschießenden Eigenmächtigkeiten regieren und also korrigieren zu lassen. Aber was Kirche ist, kann man nicht von den in ihr aufschießenden Eigenmächtigkeiten des Menschen her verstehen. Wie man ja auch Jesus Christus nicht von der von ihm an- und aufgenommenen, uns nur zu bekannten Art und Natur des Menschen her verstehen kann. Was wir am Menschen wahrnehmen, ist zuletzt und zutiefst auch immer der Zufall oder die Willkür eines Strebens nach Gott, in welchem dann doch nichts anderes als die Sünde gegen Gott und der Abfall von ihm sichtbar wird — nimmermehr aber die Einheit von Gott und Mensch, in der diese unsere Art und Natur gerade von diesem Streben in Jesus Christus wirklich und endgültig befreit und gereinigt wurde. Daß in ihm Offenbarung und Versöhnung geschehen ist zwischen Gott und Mensch, das versteht man nur, wenn man sieht und versteht: das ewige göttliche Wort ist hier Fleisch geworden. Es bringt hier Licht in unsere Finsternis, es bedeutet hier Befreiung und Reinigung; es bewirkt hier Offenbarung und Versöhnung; es ist die schlechthin einzigartige Wirklichkeit der Person Jesus Christus. So steht es aber auch mit der Kirche Christi. Darum, weil es mit Jesus Christus so steht, darum auch mit seiner Kirche. Jener Ort oder Raum in der Geschichte, wo es — und wo es allein — zu einem Empfang der Offenbarung kommt, jene sichtbare und unsichtbare Zusammengehörigkeit derer, die Gott in Christus die Seinigen nennt und die ihn in Christus als ihren Gott bekennen, die Kirche also hat ja keine selbständige, keine unabhängige Wirklichkeit Jesus Christus gegenüber. Es verhält sich nicht so, daß hier Menschen auf Grund der Souveränität ihrer Vernunft, ihres Willens oder Gefühls sich für Christus entschlossen hätten und also „Christen", das heißt Subjekte des Prädikates Christus geworden wären. Wo das geschieht, da geschieht eben jene Sünde, jener Abfall. Und wo eine Kirche ganz und gar nur noch in diesem Sinn christliche Kirche ist: Kirche, in der Christus nur noch Prädikat und nicht mehr selber Subjekt ist, da ist sie selber Kirche der Sünde, des Abfalls, häretische Kirche geworden. — Die Kirche Christi aber, die ist was sie heißt, existiert nicht in dieser selbständigen Wirklichkeit. Sie existiert, obwohl es auch in ihr nicht fehlt an jener aufschießenden Eigenmächtigkeit des Menschen, von Jesus Christus her. Und immer sofern sie von Jesus Christus her existiert, nicht sofern sie gewiß immer wieder den aufschießenden Eigenmächtigkeiten erliegt, ist sie wahre Kirche.

Vgl. zum folgenden: K. L. Schmidt, Die Kirche des Urchristentums (in: Festgabe für A. Deissmann, 1927, S. 258 ff.); Ed. Thurneysen, Christus und die Kirche, Z. d. Z. 1930 S. 177 ff.; E. Fuchs, Die Auferstehung Jesu Christi und der Anfang der Kirche, Z. f. Kgsch., 51. Bd., Heft 1/2, 1932, S. 1 ff.

Daß die Kirche von Jesus Christus her ist, das heißt:

1. Sie ist von dem Worte her, das Fleisch geworden. Daß das Wort Fleisch wurde, das ist ja nicht umsonst geschehen für die Welt des Fleisches. Es war nicht ein müßiges Geschehen irgend einmal und irgendwo. Es ist in dieser Welt nicht unbekannt geblieben und es hat sie nicht unberührt gelassen, daß das geschehen ist. Es war ja dasselbe Wort, durch das alle Dinge geschaffen sind, dasselbe Wort, durch das Gott alle Dinge trägt, das Wort, das nur in sein Eigentum kam, indem es in die

1. Der Heilige Geist die subjektive Wirklichkeit der Offenbarung

Welt kam. Und vor allem: es war das allmächtige Wort Gottes, das nicht leer zurückkommen kann, das Wort, dem, wenn es gesprochen ist, folgen muß, daß geschieht, was in ihm gesagt ist. Das ist aber in ihm jedenfalls gesagt (damit, daß das ewige Wort Gottes in unserer Welt gesprochen ist): daß es in dieser unserer Welt auch gehört werden soll. Und dies eben folgt also seinem Gesprochensein: es wird nun gehört in dieser unserer Welt. Ist es wirklich geschehen, daß in Jesus Christus menschliche Art und Natur an- und aufgenommen wurde in die Einheit des Seins mit dem Sohne Gottes, und ist dieses Geschehen nicht müßig und umsonst, dann folgt diesem Geschehen das andere: es gibt nun unter den Menschen, deren Art und Natur das in Jesus Christus widerfahren ist, solche, die in diesem An- und Aufgenommensein leben, Kinder Gottes, weil gerechtfertigt und geheiligt trotz der Sündigkeit ihrer Art und Natur, durch das, was ihrer Art und Natur in Jesus Christus widerfahren ist. Dieses Leben der Kinder Gottes um Jesu Christi willen ist die Wirklichkeit der Kirche, die subjektive Wirklichkeit der Offenbarung. Weil und sofern es kraft der Allmacht des Wortes der Gnade jenes Widerfahrnis und also dieses Leben der Kinder Gottes gibt, darum und insofern gilt: *Extra ecclesiam nulla salus*. Es gibt keine Offenbarungswirklichkeit außerhalb des durch dieses Widerfahrnis bezeichneten Umkreises.

Wenn die Kirche im Neuen Testament an Stellen wie Röm. 12, 4 f.; I. Cor. 10, 16 f.; 12, 12 f.; Kol. 1, 18, 24; Eph. 1, 22 f.; 4, 12; 5, 23, 29 f. usw. als der Leib Christi bezeichnet wird, so ist einer der Bedeutungsgehalte dieser Bezeichnung sicher der: In der Existenz der Kirche handelt es sich um die nun im Raume der von der Person Jesus Christus verschiedenen übrigen Menschheit sich vollziehende, also ganz andersartige, aber in ihrer ganzen Andersartigkeit auch wieder gleichartige Wiederholung (man darf wegen der Einzigartigkeit der objektiven Offenbarung als solcher nicht etwa sagen: Fortsetzung, Verlängerung, Ausdehnung u. dergl.) der Fleischwerdung des Wortes Gottes in der Person Jesus Christus. Daß die Fülle der Gottheit in ihm „leibhaftig" wohnte (Kol. 2, 9), daß also Gott in ihm die menschliche Geschichte (wohlverstanden: auch äußerlich, auch sichtbar!) unmittelbar begrenzte, berührte, bestimmte, so wie in dieser Geschichte ein Mensch, eine Person (denn das heißt σῶμα jedenfalls auch) den anderen und die anderen begrenzt, berührt und bestimmt, so daß sie nun, was sie sind, nicht mehr ohne diesen anderen sind, der sie begrenzt, das erweist sich als wirklich in der geschichtlichen Existenz der Kirche, in der geschichtlichen auch äußerlich und sichtbar wirklichen Gestalt der Gesamtheit derer, die durch ihn als Gottes Sohn begrenzt, berührt, bestimmt sind. *Verbum Patri coaeternum in utero virginali domum sibi aedificavit corpus humanum et huic tanquam capiti membra, ecclesiam, adiunxit.* (Augustin, De civ. Dei XVII 20, 2). Er ist durch seyn leyden ynn die erden begraben und als eyn ungestallte wurtzel ynn der wellt vorporgen, und ist auss yhm gewachsen der schone bawm, die Christliche kirche, aussgebreytt in alle wellt (Luther, Pred. üb. Röm. 15, 4 f., Adv. Post., 1522, W. A. 10 I², 91, 10.) Er will es nicht bei dem lassen bleiben, daß die Historie geschehen ist und er es für seine Person ausgerichtet hat, sondern er mengets unter uns und machet eine Brüderschafc daraus, daß er ein gemein Gut und Erbe unser aller sein soll; setzet es nicht in *praedicamento absoluto*, sondern *relationis*, daß er es getan habe nicht für seine eigene Person oder um seinetwillen, sondern als unser Bruder und allein uns zu gute; und will nicht anders angesehen und erkannt werden, denn als der mit diesem allen unser sei und wir wiederum sein und also gar zusammengehören aufs allernäheste, daß wir nicht näher verbunden sein können als die zugleich einen Vater haben und sitzen im gleichen gemeinen und ungeteileten Gut und uns mögen all seiner Gewalt, Ehre und Gutes annehmen, rühmen und trösten als des unseren (Pred. üb. Mc. 16, 1 f.; E. A. 11, 208).

2. Aber dieses Leben der Kinder Gottes ist und bleibt ein Leben um Christi willen. Der Grund der Kirche ist auch ihr Gesetz und ihre Grenze. Man darf wohl sagen: Es entspricht der Anhypostasie der menschlichen Natur Christi, daß es der Kirche aus ihrem innersten Wesen heraus verboten ist, Jesus Christus gegenüber selbständig werden, souverän denken und handeln zu wollen. Sie würde ja damit zurückfallen in die ungerechtfertigte und ungeheiligte Natur, der sie in Christus entnommen ist. Die wird sich auch in ihrem Leben dauernd genug Geltung zu verschaffen wissen. Sie kann aber nicht in sie zurückfallen wollen. Sie ist ja geboren aus dem allmächtigen Wort der Gnade; sie könnte nur sterben, wenn sie etwas anderes würde und wäre als die Vollstreckung dieses Wortes. Gnade gilt da und nur da, wo Gnade regiert. Dieses Regiment der Gnade unter Menschen, unausbleiblich, wo die Menschen um Christi willen Kinder Gottes sind, das Hangen dieser Menschen an dem Worte, aus dem sie neu geboren sind — das ist die Wirklichkeit der Kirche, die subjektive Wirklichkeit der Offenbarung. Und im Blick auf sie gilt und muß gelten: *extra ecclesiam nulla salus*. Es gibt keine Offenbarungswirklichkeit außerhalb dieses Hangens am Worte.

Eine zweite Bedeutung der Bezeichnung der Kirche als Leib Christi ist sicher die: daß jene Wiederholung der Fleischwerdung des Wortes Gottes in der geschichtlichen Existenz der Kirche eine Selbständigkeit dieser ihrer Existenz gerade ausschließt. Die Kirche lebt mit Christus, wie der Leib mit seinem Haupte. Das heißt aber, die Kirche ist, was sie ist, indem menschliche Art und Natur in der Gefolgschaft dessen, was menschliche Art und Natur in Jesus Christus geworden ist, dem ewigen Wort des Vaters gehorsam und so von diesem Wort getragen wird. „Der Kelch der Segnung, den wir segnen, ist er nicht Anteil (κοινωνία) am Blut des Christus? Das Brot, das wir brechen, ist es nicht Anteil am Leibe des Christus?" (1. Kor. 10, 16). In und von dieser Anteilnahme lebt die Kirche. Sie lebt davon, daß in ihr als dem Umkreis nichts geschieht als dies: daß sich dasjenige wirklich wiederholt, was in ihrer Mitte, in Jesus Christus, am Menschen und für den Menschen geschehen ist. Sie existiert, indem sie wächst an dem, der das Haupt ist, Christus (Eph. 4, 15), sofern sie also ihre ganze Existenz, allen Trost, alle Weisung von ihm und nur von ihm her empfängt. Er ist und er bleibt das Subjekt der Kirche. „Was glaubstu von der heiligen allgemeinen Christlichen Kirchen? Dass der Son Gottes auss dem gantzen menschlichen geschlecht, jhm ein ausserwelte gemein zum ewigen leben, durch seinen geist und wort in einigkeyt des waren glaubens, von anbegin der welt, biss ans end versamle, schütze und erhalte, und dass ich derselben ein lebendiges glied bin und ewig bleiben werde." (Heid. Kat. Fr. 54.) *Nostre Seigneur Jésus Christ ne nous donne pas quelques instructions, comme si on enseignoit l'A B C à un enfant, et puis qu'on le baillast à un maistre plus excellent: nostre Seigneur donc ne parle pas ainsi à demi à nous: mais en toute perfection, tellement que et en la vie et en la mort il nous fait touiours persister à ce que nous tenons de luy et renoncer à ce qui viendra du costé des hommes: car tout meslinge ne sera sinon corruption. . . . Il faut que l'Eglise se bastisse tellement que Jésus Christ nostre chef ait touiours la preeminence. Car si on*

1. Der Heilige Geist die subjektive Wirklichkeit der Offenbarung 237

vouloit tellement exalter les hommes que Jésus Christ fust obscurci au milieu, voilà un bastiment espouvantable, et qui n'emporte que ruine et confusion. Et de faict, si un homme devenoit gros comme un pilier de ce temple, et que ca teste fust comme un poing et qu'elle fust cachée dedans ces espaules, ce seroit un monstre: il vaudroit beaucoup mieux qu'il retinst sa mesure commune (Calvin, Pred. üb. Gal. 1, 11 f., 1757; C. R. Calv. opp. 50, 329 f.). „Fragst du: welches die christliche Kirche sei? oder wo die christliche Kirche zu finden sei? Ich will dir's sagen: die christliche Kirche mußt du suchen, nicht daß sie liege zu Rom noch zu S. Jakob noch zu Nürnberg, noch zu Wittenberg, noch unter Bauern, Bürger, Adel, sondern es heißt also: ‚Sein Reich liegt auf seiner Schulter'... daß ein rechter Christ und wahrhaftig Gliedmaß der Kirchen sei, wer da glaubet, er sitze Christo auf seiner Schulter, das ist, alle seine Sünde liege Christo auf dem Halse, also daß das Herz sage: ich weiß keinen anderen Trost, denn daß alle meine Sünde und Missetat Christo auf seiner Schulter liegen. Welche also Christo auf der Schulter liegen und sich von ihm tragen lassen, die heißen und sind die Kirche und rechtschaffene Christen." Luther, Pred. üb. Jes. 9, 1 f., 1532, E. A. 6, 59 f. *Rectus itaque confessionis ordo poscebat, ut trinitati subjungeretur ecclesia, tanquam habitatori domus sua et Deo templum suum et conditori civitas sua ... Unde nec tota, nec ulla pars eius vult se coli pro Deo, nec cuiquam esse Deus pertinenti ad templum Dei, quod aedificatur ex diis, quos facit non factus Deus* (Augustin, *Enchir.* 56).

3. Indem nun das Leben der Kinder Gottes ein Hangen an dem fleischgewordenen Wort ist, ist es ein **gemeinsames** Leben. Es ist nicht erst nachträglich, sondern primär, von Hause aus, das Leben einer Gemeinde. Kirchliche Gemeinde — im Unterschied zu aller bloßen Gemeinschaft — ist in dem begründet, was die in ihr Vereinigten wesensmäßig **sind**. Sie sind aber, was sie vom Wort her und durch das Wort sind, ja, ihr Sein ist kein anderes als eben das des Wortes. Sie sind also eins, und zwar ursprünglich eins, so gewiß das Wort, in welchem sie sind, eines ist. Sie könnten nur uneins sein ohne das Wort — aber sie sind ja nicht ohne das Wort, sie wären noch nicht oder sie hörten wieder auf zu sein, was sie sind, wenn sie uneins wären. Es beruht also die Kirche als Versammlung, Zusammengehörigkeit, Einigkeit der vielen nicht etwa auf dem Gemeinschaftssinn der Liebe und Brüderlichkeit, von der diese erfüllt sein mögen, sondern sie beruht gerade auch in dieser Hinsicht auf Christus, in welchem diese vielen sind, was sie sind. Und erst und nur auf dem Grund dieses ihres Seins und also in Christus werden dann auch jene Gesinnungsweisen möglich und notwendig, ohne daß darum sie es wären, die die Kirche als solche konstituierten. Die in der Kirche sind, **sind** Brüder und Schwestern. Sie bestätigen nur ihre eigene Existenz und in ihr den Grund der Kirche, wenn das in Gesinnungs- und Handlungsweisen sichtbar wird, und sie verleugnen mit dem Grund der Kirche nicht weniger als ihre eigene Existenz, wenn das in ihrer Gesinnungs- und Handlungsweise unsichtbar bleibt. Die Einheit der Kirche aber gründet in dem einen Christus. Und also **ist** die Kirche, **ist** die subjektive Wirklichkeit, wie es auch mit den Gesinnungs- und Handlungsweisen der beteiligten Menschen stehe: die Gemeinde. Und *extra ecclesiam nulla salus* muß bedeuten: indem man zu Christus gehört, gehört man zu allen, die auch zu ihm gehören — nicht nachträg-

lich, sondern zum vornherein, nicht in Ausübung einer christlichen Tugend, sondern seinsmäßig, das heißt, um Christi willen und also nicht zufällig, nicht fakultativ, nicht freiwillig, sondern im strengsten Sinn: notwendig.

Es ist die dritte Bedeutung der Bezeichnung der Kirche als des Leibes Christi, die von hier aus verständlich wird: die im Umkreis von Christus als der Mitte her Lebenden bilden nicht erst, sondern sind als solche ein einziges und unteilbares Ganzes, jeder an seinem Ort, als Glied dieses Leibes einbezogen in dessen Identität mit seinem Haupte. Sind sie nicht gleich, sondern ungleich, so sind sie doch nicht verschieden, sondern eins, so eins unter sich, wie sie in der Anteilnahme an der Rechtfertigung und Heiligung der menschlichen Art und Natur in Jesus Christus mit ihm eins sind. Dieser Zusammenhang zwischen Rechtfertigung und Gemeinde ist gut gesehen in den Worten des Barnabasbriefes (4, 10): Μὴ καθ' ἑαυτοὺς ἐνδύνοντες μονάζετε ὡς ἤδη δεδικαιωμένοι, ἀλλ' ἐπὶ τὸ αὐτὸ συνερχόμενοι συνζητεῖτε περὶ τοῦ κοινῇ συμφέροντος.

Durch das wort gehett Christus auff im hertzen und erleuchtet es. All hertzen sehen einerlay liecht, haben einen glauben und ein erkenntniss. So ist das der tag, den der her gemacht hat und hat in so gemacht, das er nicht do von gehet. Wie die sunne bleybt beym tag und hebt den tag, so auch die sunne Christus macht den tag durch sich selber und gehet von yhm der glantz in alle glaubige hertzen, und der zuglieych in allen ist. Und wie so vill augen alle sampt die sunne sehen volkommen und gantz, noch gibt sie nur einen glancz von sich, doch den hat yglicher glancz und haben yn alle gemene, so hie auch ein Christus ist, haben in alle gemeine und hat an yglicher doch gantz im hertzen. Wenn der kummet, so erleucht er uns und regirt uns alle durch ein glauben. So gehet das falss gesicht ab und sichet das hertz gottis wordt und werck recht an, sso ist ein newe welt ein newes volk und ein new liecht. (Luther, Pred. üb. Luc. 24, 13 f., 1521, W. A. 9, 669, 6.) Christus spricht ja nicht also: Dass sie einen willen odder verstand haben, wie wol das auch war ist, das die Christen alle eines glaubens, liebe, verstands und sinnes seyen, als die einen Christum, geist und glauben haben, wiewol da neben zwisschen iglichen unterscheid ist nach seinem ampt und wercken eusserlich. Aber er redet hie nicht von der einigkeit, die da heisset eine gleicheit, sondern setzt die wort also: *Ut sint unum*, das sie ein ding seyen und also ein ding wie der Vater und ich, also das es vom wesen gesagt sey und viel weiter deute denn einerley mut und sinn haben. Was aber das eine odder einerley ding sey, werden wir nicht sehen noch greiffen, sondern müssens gleuben ... Wie nu der Leib ein Ding ist und heisset, so heisst die gantze Christenheit ein leib odder ein kuchen nicht allein der einigen odder gleichen gedahnken, sondern viel mehr des einigen wesens halben. Nu ist gar viel eine grösser einigkeit zwisschen dem gelied und dem leib denn zwisschen deinen und eines andern gedancken. Denn seine gedancken sind ynn seinem leib und seine auch yn deinem und kann nicht sagen, meine und deine gedancken ein ding seyen, wie alle gelieder miteinander ein ding, das ist ein leib sind, also das, wenn ein gelied von odder ausser dem leibe ist, so ist es nimer ein ding und wesen mit dem leib, sondern ein eigner leib oder wesen, so lang sie aber alle bey einander sind, so bleibt es ein kuche, das keine unterscheid oder trennung des wesens ist. Also meinets nu Christus hie auch, das seine Christen sollen also an einander hangen, das sie gantz ein einig ding und unzetrenneter leib sein und bleiben, gleich wie er und der Vater eines sind ... Es stehet ein mechtiger grosser trost darinn fur alle die an Christum gleuben und sich des worts halten, nemlich das wir alle gliedmasse eines einigen leibs als ein fleisch und blut sind. Und haben den vorteil, das alles, was ein gelied angehet, das gehet den gantzen leib an, welchs nicht geschihet ynn jhener gleicheit oder eintrechtigkeit. Denn ob gleich viel einen sinn und willen haben, nimpt sich doch eines des andern nicht so an als jn einem leibe ... Denn das gehöret zu solcher einigkeit, das kein stück oder teyl sey, das fur sich alleine lebe und füle und nicht aller ander, das ist des gantzen leibs leben und fülen habe. Wo nu das geringste gelied der Christenheit leidet, so bald fülets und regt sich der gantze leib, das sie alle zumal zu lauffen, klagen und schreien. So hörets und fülets denn unser heubt Christus. Und ob er wol ein wenig inne helt, doch wenn er beginnet saur zu sehen und die nasen zu rümpffen, so wird er auch nicht schertzen. Denn so spricht er durch den Propheten Sacharia ij: „Wer euch antastet, der tastet meinen augapffel an". Sihe, das ist jhe eine theur verheissung zu trefflichem trost und trotz der Christen . . . Aber dazu kan man auff kein ander weise komen denn dadurch, das uns Gott (wie er gesagt hat) jnn seinem namen erhalte, das ist, so wir bleiben in dem wort, das wir von Christo empfangen haben. Denn das wort helt uns zusamen, das wir alle unter einem heubt bleiben und an jhm allein hangen, kein ander heiligkeit nocht etwas das fur Gott gelten sol suchen denn jnn jhm . . . Durch das Wort werden wir Christo eingeleibt, das alles was er hat unser ist und wir uns sein annemen können als unser eigen leibs, widderumb auch er alles was uns widderferet, sich annemen muss, das uns weder wellt, Teuffel noch kein unglück schaden noch uberweltigen kan. Es ist kein gewalt auff Erden so gros, die wider diese einigkeit etwas vermüge. Aber damit gehet der teuffel umb, das er uns dies band zutrenne und durch seine schalkeit und tücke vom wort reisse. Wo das geschicht, so hat er schon gewonnen. Denn ausser dem wort ist keine einigkeit mehr, sondern eitel spaltung, unzelige secten und rotten, welche er durch seine netze und stricke, das ist menschen lere, unternander wirfft . . ." (Pred. üb. Joh. 17, 11 f., 1528–29, W. A. 28, 147–52).

4. Das Leben der Kinder Gottes und also die Kirche, die subjektive Wirklichkeit der Offenbarung ist göttlich und menschlich, ewig und zeitlich und also unsichtbar und sichtbar. Es ist also auch menschlich, auch zeitlich, auch sichtbar. Es ist in seiner ganzen Verborgenheit in Gott immer auch geschichtliche Wirklichkeit. Wie sollte es anders sein, da es in der Fleischwerdung des Wortes seinen Ursprung, seinen Grund, seine Mitte hat? Nach seiner menschlichen Natur war auch Jesus Christus geschichtliche Wirklichkeit. Offenbarung wäre sonst nicht Offenbarung. Versöhnung wäre sonst nicht Versöhnung. Gott lebte und weste sonst nach wie vor fern vom Menschen in der Höhe, in sich selber. Er ist aber in der Höhe und bei denen, die eines demütigen und zerschlagenen Herzens sind. Er ist in Ewigkeit Gott in sich selber und Gott mit uns. Ist er aber Gott mit uns, dann in geschichtlicher Wirklichkeit; denn in geschichtlicher Wirklichkeit leben und wesen wir. Und wenn nun diese seine Offenbarung in geschichtlicher Wirklichkeit nicht umsonst geschehen ist, wenn der Zeit, die er für uns hatte, entspricht eine Zeit, die wir für ihn haben dürfen, dann ist diese Entsprechung seiner Menschwerdung, dann ist also das Leben der Kinder Gottes, die Kirche, auch sichtbar. Gewiß auch unsichtbar: so gewiß es auch in der Menschwerdung unsichtbar bleibt, daß es das ewige Wort ist, das hier Mensch wurde, so gewiß auch hier Anfechtung und Ärgernis möglich sind, so gewiß Gott auch im Fleische nur durch Gott offenbar werden kann. Aber doch im Fleische, doch sichtbar wird er offenbar, wenn er offenbar wird. So ist auch die Kirche nicht nur unsichtbar kraft der göttlichen Erwählung, Berufung, Erleuchtung, Rechtfertigung, Heiligung, die die Kinder Gottes zu dem macht, was sie sind, unsichtbar kraft der unsichtbaren Gnade des unsichtbaren Herrn, der sie regiert, unsichtbar kraft des unsichtbar zu ihr gesprochenen

Wortes, in welchem sie alle eins sind — sondern in dem allem ist sie auch sichtbar. Die Kinder Gottes sind ja sichtbare Menschen; ein sichtbares Geschehen führt sie zusammen, eine sichtbare Einheit hält sie beieinander. Daß sie Gottes Offenbarung empfangen haben, ist unsichtbar, aber sie selbst sind sichtbar als solche, die dessen gedenken müssen und wollen. Daß jenes Geschehen der Ruf Gottes ist, ist unsichtbar, aber das Geschehen ihres Zusammengeführtwerdens ist sichtbar. Daß ihre Einheit das gehörte Wort ist, ist unsichtbar, aber sichtbar ist, daß sie zusammengehören und beieinander bleiben. Man kann das Problem ihrer Existenz als Kirche so scharf oder noch schärfer sehen, wie man jeden Augenblick auch das Problem der Gottmenschheit Jesu Christi sehen kann. Aber mindestens das Problem ihrer Existenz als Kirche ist in aller Sichtbarkeit gestellt und kann mindestens als Problem nicht geleugnet werden. Wir haben also die Kirche immer auch in der Ebene der zeitlichen, sichtbaren, denk- und erfahrbaren Dinge zu suchen. Und das *extra ecclesiam nulla salus* besagt also immer auch: die subjektive Wirklichkeit der Offenbarung vollzieht sich für jeden jederzeit und überall auch in einer zeitlichen, sichtbaren, denk- und erfahrbaren Begegnung und Entscheidung.

Greifen wir von hier aus noch einmal zurück auf die Bezeichnung der Kirche als Leib Christi, so wird jetzt als deren vierte Bedeutung dies hervorzuheben sein: Die Kirche hat mit dem fleischgewordenen Worte Gottes auch dies gemeinsam, daß sie (im Unterschied zu dem ewigen Wesen Gottes) räumlich-zeitliche Ausdehnung und Gestalt hat und insofern wie jedes andere σῶμα sichtbar ist. Nur von jenem her hat sie diese Ausdehnung und Gestalt, d. h. nur durch den freien gnädigen Willen des Sohnes Gottes, der ihr solche sichtbare Existenzwirklichkeit gibt, indem er sie aufnimmt in die Gemeinschaft mit seiner eigenen räumlich-zeitlichen Existenz. Ohne ihn gäbe es keine Sichtbarkeit der Kirche, weil es ohne ihn überhaupt keine Kirche gäbe. Ohne ihn wird das, was als Kirche sichtbar wird, in Wirklichkeit nie die Sichtbarkeit der Kirche sein. Aber in ihm und durch ihn gibt es nicht nur die unsichtbare Wirklichkeit des geistlichen Lebens der Kirche aus seinem Wort, sondern in ihm und durch ihn auch deren leibliches Leben, ohne das sie ja eine Versammlung wirklicher Menschen und die dauernde Stätte des Zeugnisses von ihm inmitten der menschlichen Geschichte nicht sein könnte. In ihm und durch ihn ist die Kirche der ganz konkrete Raum der subjektiven Wirklichkeit der Offenbarung, der Raum, innerhalb dessen Rechtfertigung und Heiligung des Menschen Ereignis werden, der Raum, an dessen Toren und Grenzen es zu konkreten Begegnungen und Entscheidungen kommen kann, der Raum, durch dessen Existenz die Offenbarung konkret von Menschen erkannt und bezeugt und durch den die Glaubensfrage Menschen konkret gestellt ist. Augustin hat in der Schrift *De Fide rerum quae non videntur* (4, 7 f.) den Gedanken ausgeführt: Die Kirche trete für die noch Draußenstehenden mit ihrer Sichtbarkeit verbürgend ein für die Wirklichkeit des Unsichtbaren, das sie als von Gott geschehen und von Gott kommend verkündige. *Me attendite, vobis dicit Ecclesia, me attendite quam videtis etiamsi videre nolitis ... Haec aspicite, in haec attendite, haec, quae cernitis cogitate, quae vobis non praeterita narrantur, nec futura praenuntiantur, sed praesentia demonstrantur.* Es hat Luther in Auslegung von Gal. 4, 26 sehr nachdrücklich gesagt, unter dem „Jerusalem, die droben ist, der Freien" sei nicht die *ecclesia triumphans* zu verstehen, sondern die *ecclesia in hoc tempore.* Auf Erden muß die Kirche sein, *ut sit omnium nostrum mater ex qua nos sumus generati et quotidie generamur. Ergo necesse est hanc matrem nostram, ut et eius generationem, esse in terris inter homines. Generat tamen in spiritu* (Komm. zu Gal. 4, 26 1535 W. A. 40 I 663, 18). Und es hat Melanchthon in Abwehr eines Mißverständnisses gegenreformatorischer Polemik festgestellt: *Neque vero somniamus nos Platonicam civitatem, ut quidam impie cavillantur, sed dicimus existere hanc ecclesiam, videlicet vere credentes ac iustos sparsos per totum orbem. Et addimus notas: Puram doctrinam evangelii et sacramenta. Et haec ecclesia propria est columna veritatis* (Apol. VII 20).

Also: das Empfangen der Offenbarung, nach dessen Wirklichkeit wir fragen, geschieht in der Kirche, d. h. in der doppelten Zusammengehörigkeit derer, zu denen sich Gott in Christus bekennt und die sich in Christus zu Gott bekennen. Wir haben hervorgehoben: 1. Es geht um die Zusammengehörigkeit derer, die durch die allmächtige Gnade des fleischgewordenen Wortes aus der Welt des Fleisches zum Leben der Kinder Gottes erweckt sind. 2. Es geht in dieser Zusammengehörigkeit um die Herrschaft jener Gnade des fleischgewordenen Wortes. 3. Es geht um eine Zusammengehörigkeit, die von jenem schöpferischen und regierenden Wort her eine Einheit der in ihr Zusammengehörigen ist. 4. Es geht, wiederum von jenem schöpferischen und regierenden Wort her, jedenfalls auch darum, daß diese Zusammengehörigkeit, so gut oder so schlecht wie eine andere geschichtliche Wirklichkeit, von Menschen gesehen, erfahren, gedacht und erkannt werden kann. Diese Zusammengehörigkeit ist gemeint, wenn wir die Kirche als den Raum bezeichnen, von dem die subjektive Wirklichkeit der Offenbarung auf alle Fälle umschlossen ist. Wir haben mit der Beschreibung dieses Raumes das Allgemeinste genannt, das doch das Konkreteste und Entscheidende ist, was über diese Wirklichkeit zu sagen ist, wenn man von der Heiligen Schrift her etwas über sie sagen will. Die Entsprechung der objektiven Wirklichkeit der Offenbarung in Jesus Christus auf unserer, auf der menschlichen Seite, auf der Seite der „Welt" ist die Existenz jener in der beschriebenen Weise entstehenden, bestehenden und gearteten Zusammengehörigkeit, die Existenz der Kirche. Diese Entsprechung, die Kirche, ist also nach dem nun Ausgeführten, obwohl und indem sie eine menschliche Versammlung und Anstalt ist, nicht als eine menschliche Hervorbringung — sie ist, obwohl sie in der Welt ist, nicht als von dieser Welt her existierend zu verstehen — sie ist, obwohl wir in der Kirche, ja selber die Kirche sind, nichts anderes als die Wirklichkeit der Offenbarung Gottes für uns: in strenger Bezogenheit auf die Offenbarung Gottes an uns, in schlechthinniger Unterordnung unter sie, aber in dieser Bezogenheit und Unterordnung doch nicht weniger Offenbarung, nicht weniger Gottes eigene Tat als jene. Wir müßten die biblische Gleichung, die uns bisher als Leitsatz diente: die Kirche ist der Leib Christi, schlecht verstanden haben, wenn wir es anders sagen wollten.

Wir haben mit der damit vollzogenen konkreten Bezeichnung der subjektiven Wirklichkeit der Offenbarung etwas Grundsätzliches gesagt, das wir uns nun noch als solches klarzumachen haben, wenn diese Bezeichnung den Charakter von echter Erkenntnis dieser Wirklichkeit haben soll. Genau genommen war ja der Hinweis auf die Kirche, mit dem wir hier anfangen mußten, doch erst die Umschreibung des **Raumes** dieser Wirklichkeit, obwohl wir auch von diesem Raume nicht reden konnten, ohne schon von ihr selber zu reden. Was aber füllt diesen Raum? Was geschieht in ihm? Was ist denn die Kirche? werden wir über alles dazu Gesagte hinweg, begierig nach inhaltlichen Bestimmungen, weiter fragen müssen. Die entscheidende Antwort und also die Aussage über das Grundsätzliche jener Bezeichnung wird nun gewiß lauten müssen: Es geht um die Ausgießung des Heiligen Geistes, das heißt, es geht darum, daß Gott sich unser, nachdem er in Christus für uns Mensch geworden ist, auch in der Weise annehme, daß er selbst uns zum Hören seines Wortes bereit mache, daß er selber für sich selber bei uns eintrete, daß er selber das Reden und Hören von seinem Wort unter uns möglich mache. Die entscheidende Antwort auf die Frage nach dem Sein der **Kirche** muß also gewiß sein der Hinweis auf das Geheimnis des Pfingstfestes, auf jene **Gabe**, die nun um Christi willen auch Menschen in ihrer ganzen Menschlichkeit empfangen, Menschen, die selber nicht Christus sind: die Gabe eines Seins von Christus her für Christus und zu Christus hin, die „Macht, Gottes Kinder zu werden" (Joh. 1, 12).

Aber eben um diese entscheidende Antwort zu verstehen, werden wir auseinanderhalten müssen, was dabei über das göttliche **Geben**, was über das menschliche **Begabtwerden** als solches zu sagen ist. Das Problem des Subjektiven, die Frage: Wie wird der Mensch ein Empfänger der Offenbarung? spaltet sich sozusagen (entsprechend der Doppelseitigkeit der christologischen Frage!) noch einmal in eine **objektive** und eine **subjektive Frage**: 1. Wie kommt die Offenbarung von Christus her **zum Menschen hin** und: 2. Wie geht sie als solche **in den Menschen ein**? Offenbar ist auch die erste dieser Fragen noch nicht beantwortet durch die Lehre von der Fleischwerdung des Wortes. Offenbar muß in der Lehre von der Ausgießung des Heiligen Geistes auch diese erste Frage beantwortet sein.

Die Unterscheidung, die hier zu vollziehen ist, beruht nicht auf einer logischen Abstraktion. Man kann Act. 2 nicht verstehen ohne Act. 1, wo wir hören, daß diejenigen, auf die der Heilige Geist nachher kam, solche waren, denen er schon verheißen, und zwar von dem auferstandenen Christus selber verheißen war und die προσκαρτεροῦντες ὁμοθυμαδὸν τῇ προσευχῇ (1, 14) schon waren. Die Gabe des Heiligen Geistes wird also solchen Menschen zuteil, die sie in einem ganz bestimmten Wissen und in einer ganz bestimmten Verfassung erwarten. Sie kommen schon von Christus her, indem ihnen das Sein von Christus her geschenkt werden soll. Man darf und muß hier wohl schon an gewisse ähnliche Doppelbestimmungen im Alten Testament denken. Etwa an Ps. 51, 12: „Schaffe in mir, Gott, ein reines Herz und gib mir einen neuen gewissen Geist." Oder an Hesek. 36, 25 f.: „Ich werde reines Wasser über euch sprengen, daß ihr rein werdet ... und ich werde euch ein neues Herz verleihen und einen neuen Geist in euer

1. Der Heilige Geist die subjektive Wirklichkeit der Offenbarung

Inneres legen ... und werde solche Leute aus euch machen, die in meinen Geboten wandeln und meine Rechte halten und danach tun." Oder an das Verhältnis von Jer. 1, 4 f., wo dem Propheten seine Erwählung und Berufung mitgeteilt wird, zu Jer. 1, 9 f., wo wir seine Ausrüstung und Einsetzung als Prophet ausgesprochen finden. Die Stilform des *parallelismus membrorum* erklärt gerade hier nicht alles; es wäre vielmehr gerade hier zu fragen, ob diese Stilform nicht als solche auf Sachverhalte wie den hier in Betracht kommenden hinweist. Weiter ist hier der beim Lesen zunächst immer wieder Stutzen erregenden Stelle aus dem Nikodemus-Gespräch Joh. 3, 5 zu gedenken: ἐὰν μή τις γεννηθῇ ἐξ ὕδατος καὶ πνεύματος, οὐ δύναται εἰσελθεῖν εἰς τὴν βασιλείαν τοῦ θεοῦ. Weiter Eph. 5, 26 f.: Χριστὸς ἠγάπησεν τὴν ἐκκλησίαν καὶ ἑαυτὸν παρέδωκεν ὑπὲρ αὐτῆς, ἵνα αὐτὴν ἁγιάσῃ καθαρίσας τῷ λουτρῷ τοῦ ὕδατος ἐν ῥήματι, ἵνα παραστήσῃ αὐτὸς ἑαυτῷ ἔνδοξον τὴν ἐκκλησίαν. Weiter Tit. 3, 5: κατὰ τὸ αὐτοῦ ἔλεος ἔσωσεν ἡμᾶς διὰ λουτροῦ παλιγγενεσίας καὶ ἀνακαινώσεως πνεύματος ἁγίου. Man wird hier vor allem auch an die Act. 1, 5 ausdrücklich in Erinnerung gerufene Tatsache zu denken haben, daß Christus, der mit dem Heiligen Geist Taufende, nach dem Berichte aller vier Evangelien, im Johannesevangelium in höchst hervorgehobener Weise, in seiner Wirksamkeit einen Vorläufer hat, der nach Matth. 3, 2 vgl. 4, 17 nichts anderes predigt als Jesus selbst auch, der nach Joh. 1, 6 f., 15 f. usw. keine andere Funktion hat als die, auf ihn, Jesus, hinzuweisen, der sich freilich nach Matth. 3, 11 dadurch von ihm unterscheidet, daß er „mit Wasser zur Buße" tauft und in welchem nun doch alle Evangelisten die offenbar notwendige Erfüllung von Jes. 40, 3 sehen: „Es ist eine Stimme eines Predigers in der Wüste: Bereitet dem Herrn den Weg!" So notwendig ist diese Erfüllung, daß Jesus selbst, bevor er seine Wirksamkeit antritt, um „alle Gerechtigkeit zu erfüllen" (Matth. 3, 15), sich von ihm taufen läßt. Was bedeutet das alles? Es bedeutet dies: Unter der Voraussetzung, daß Gottes Offenbarung von Gott her wirklich, daß das Wort Fleisch wurde, daß Christus da ist, bedarf es, damit die Offenbarung den Menschen offenbar, damit Christus des Menschen Heiland werde, noch einmal eines Doppelten: Zunächst nämlich noch einmal eines O b j e k t i v e n, sozusagen einer besonderen Darbietung der Offenbarung für ihn, damit sie nun auch ihn finde und erreiche, damit sein Herz rein, offen, bereit für sie werde — dann erst des S u b j e k t i v e n im engeren Sinn, daß er den Heiligen Geist nun wirklich empfange und habe und mit ihm die Empfänglichkeit für Christus, das faktische Gehör für das ihm gesagte Wort. — Diesem Doppelten werden wir im folgenden nachzugehen haben.

1. Unsere erste Feststellung muß lauten: Gottes Offenbarung in ihrer subjektiven Wirklichkeit besteht in bestimmten, von Gott gegebenen Zeichen ihrer objektiven Wirklichkeit. Unter Zeichen der objektiven Wirklichkeit der Offenbarung sind zu verstehen bestimmte Ereignisse, Verhältnisse und Ordnungen innerhalb der Welt, in der die Offenbarung objektive Wirklichkeit ist, innerhalb der Welt also, die auch unsere Welt, die Welt unserer Natur und Geschichte ist. Dies ist aber die besondere Bestimmung dieser Ereignisse, Verhältnisse und Ordnungen: daß sie neben dem, was sie innerhalb dieser Welt, an sich, in immanenter Sicht, sind und bedeuten, auch noch ein Sein und eine Bedeutung von der objektiven Wirklichkeit der Offenbarung, also von der Fleischwerdung des Wortes her haben. Dies ist aber ihr Sein und ihre Bedeutung in dieser transzendenten Sicht: Durch sie will das in der Offenbarung objektiv in die Welt gekommene, ein für allemal in die Welt hineingesprochene Wort Gottes in dieser Welt weiter sprechen, das heißt in weiteren Räumen und

Zeiten dieser Welt wahrgenommen und gehört werden. Durch sie will es „laufen" in dieser Welt. Sie sind die Instrumente, durch die es ein von Menschen vernommenes und damit ein Menschen rechtfertigendes und heiligendes Wort werden, durch die es die Gnade Gottes, die sein Inhalt ist, an Menschen zur Vollstreckung bringen will. Und dies ist ihre instrumentliche Funktion: sie verhüllen die objektive Wirklichkeit der Offenbarung in eine geschöpfliche Wirklichkeit; aber eben damit enthüllen sie sie auch: eben in Form solcher geschöpflicher Wirklichkeit bringen sie sie den Menschen, die ja selber auch geschöpfliche Wirklichkeit sind, nahe. Sie zeigen auf die Offenbarung. Sie bezeugen sie. Nein: das fleischgewordene Wort Gottes bezeugt sich durch sie als nicht umsonst fleischgewordenes, als ein für allemal gesprochenes, als gültiges und wirksames Wort. Alle eben versuchten Formulierungen deuteten schon hin auf das, was nun sofort auszusprechen ist: es kann nicht auf unserer Willkür beruhen, jene Ereignisse, Verhältnisse und Ordnungen nicht nur in immanenter, sondern auch in dieser transzendenten Sicht als Zeichen zu sehen oder nicht zu sehen. Es gibt keine Weltanschauung, die uns dazu ermächtigte, wie es auch keine Weltanschauung gibt, die uns daran hindern könnte. Daß jene Ereignisse, Verhältnisse und Ordnungen in dem angegebenen Sinn Zeichen sind, das beruht ja auch ontisch nicht auf einer ihnen in ihrer Geschöpflichkeit eigentümlichen Bestimmung, sondern auf einer Bestimmung, die sie zu dem, was sie in ihrer Geschöpflichkeit sind und bedeuten, hinzubekommen dadurch, daß sich das Wort Gottes ihrer tatsächlich bedient. Sie sind also nicht in dem Sinn Instrumente, wie ein Hammer oder eine Schere Instrumente in der Hand eines Handwerkers sind, der sich dieser Instrumente darum bedient, weil sie, angefertigt von einem anderen Handwerker, die Eigenschaften schon besitzen, deren es zu dem Zweck, um deswillen er sie zur Hand nimmt, bedarf. Die Instrumente des Wortes Gottes werden allein durch das Wort Gottes selbst das, was sie in seinem Dienst sein sollen. Und so ist es auch allein das Wort Gottes selbst, das es Menschen ermöglicht, sie über die immanente Sicht hinaus auch in transzendenter Sicht zu sehen, das heißt aber Zeichen entgegenzunehmen und sie zu verstehen. Daß sie Zeichen sind, beruht also nicht auf einer diesen bestimmten geschöpflichen Wirklichkeiten als solchen innewohnenden Fähigkeit, Zeugnisse der Offenbarung zu sein oder doch zu werden, nicht auf einer *analogia entis*, sondern auf göttlicher Stiftung und Einsetzung, kraft welcher sie, ausgesondert aus der Fülle anderer geschöpflicher Wirklichkeiten, werden, was sie zuvor nicht sind und auch nicht werden können, nun aber werden und sind durch die Allmacht des göttlichen Willens, sich selbst der Welt kundzutun, die Welt mit sich selbst zu versöhnen, also durch die Allmacht desselben gnädigen Willens, der in Christus die an sich n i c h t offenbarungsmächtige Natur des Menschen annahm und durch sich selbst offenbarungs-

1. Der Heilige Geist die subjektive Wirklichkeit der Offenbarung

mächtig machte. Wiederum ist aber auch das faktische Zeigen des Zeichens, also dies, daß es nun auch als das, was es ist und bedeutet, gesehen und verstanden wird, nicht sein eigenes Werk, als ob Gott ihm sein eigenes Werk sozusagen übertragen und abgetreten hätte, als ob seine Stiftung und Einsetzung dies bedeutete, daß es nun die Gnade enthielte, wie ein Gefäß eine Flüssigkeit, mit der man es angefüllt. Sondern die Wirksamkeit des Zeichens ist unmittelbar die Wirksamkeit Gottes selbst. Das Zeigen des Zeichens ist Gottes Zeigen — ist und bleibt es doch an sich geschöpfliche Wirklichkeit — und geschieht also wiederum durch die Allmacht aber auch in der Freiheit des gnädigen Willens Gottes. Gott hat uns, er hat aber nicht sich selbst an die Zeichen seiner Offenbarung gebunden. Sie sind Zeugnisse, aber sie sind keine Einschränkungen seiner Majestät und Herrlichkeit.

Auf Grund und auf dem Weg dieser Zeichengebung können Menschen von der objektiven Wirklichkeit der Offenbarung, von der Fleischwerdung des Wortes her Weisung und Verheißung empfangen. Daß Gottes Offenbarung auch solche Zeichengebung ist, das ist die eine, die sozusagen objektive Seite ihrer subjektiven Wirklichkeit. Wir sagen dasselbe, wenn wir sagen: diese Zeichengebung ist die objektive Seite der Kirche als des Raumes, in welchem Gottes Offenbarung subjektiv wirklich ist.

Der biblische Sachverhalt, von dem wir bei dieser Feststellung ausgehen, ist dieser: Gottes Offenbarung kommt nach der Heiligen Schrift Alten und Neuen Testamentes immer zugleich unmittelbar und mittelbar zum Menschen: Unmittelbar, sofern Gott, welcher Mittler und Mittel er sich auch bediene, um zum Menschen zu reden und an ihm zu handeln, immer selber das Subjekt dieser Rede und dieses Handelns bleibt. Unmittelbar, sofern dies: daß er sich bestimmter Mittler und Mittel bedient, nie ein Zurücktreten Gottes selbst, nie eine Übertragung seiner Eigenschaften und Tätigkeiten an die betreffenden Kreaturen bedeutet. Gottes Offenbarung kommt aber mittelbar zum Menschen, sofern sie tatsächlich nie ohne kreatürliche Mittler und Mittel kommt, sofern sie tatsächlich immer in einem in seinen Grundzügen festbestimmten und sich gleichbleibenden kreatürlichen Raum und Rahmen geschieht. Denn wie Jesus Christus nach seiner Menschheit — an die ja hier immer wieder zu erinnern ist — dieser und nur dieser Mensch in seiner ganzen räumlich-zeitlichen Kontingenz war, so ist auch seine Entsprechung in der Welt eine ganz bestimmte, mit einer anderen nicht zu vertauschende. Es geschieht nicht wahllos und unübersichtlich dies und das, was an sich allenfalls — warum nicht? — göttliche Zeichengebung sein könnte. Sondern auch die göttliche Zeichengebung in der Welt hat nach der Heiligen Schrift den Charakter der Kontingenz, der Faktizität, und darum einen ganz bestimmten Charakter. Bestimmte Zeichen sind als solche gewählt und aufgerichtet, kehren darum immer wieder, stehen unter sich in bestimmten Beziehungen, sind und bedeuten in einer gewissen Regelmäßigkeit, was sie als diese Zeichen sein und bedeuten sollen.

Denken wir gleich an das sichtbarste und in gewissem Sinn alle übrigen umfassende Zeichen der Erwählung des Volkes Israel. Sie ist nicht identisch mit der objektiven Offenbarung, mit der Inkarnation. Aber sie ist offenbar in höchst umfassender Weise ihre Entsprechung; sie gehört zur objektiven Offenbarung, sofern diese nicht nur objektiv bleibt, sondern an den Menschen ergeht und gerade insofern, gerade nach der subjektiven Seite, einen geschichtlichen Ort hat. Man könnte ebensogut das ganze biblische Zeugnis und seinen Gegenstand, die Inkarnation, dazu streichen oder durch ein anderes Zeugnis und jenen Gegenstand durch einen andern ersetzen, wenn man die Erwählung des Volkes Israel streichen oder durch ein anderes Zeichen ersetzen wollte. Die Erscheinung Jesu Christi hat d i e s e Entsprechung oder sie ist nicht die Erscheinung Jesu Christi; denn in ihrer ganzen Konkretion weist sie auf dieses Zeichen hin und weist eben dieses Zeichen auf sie zurück: daß er der dem Abraham verheißene Same ist. Aber warum gerade dieses Zeichen? Warum gerade die Erwählung Abrahams? Warum ihre Bestätigung gerade in Jakob? Warum die Befreiung gerade dieser Stämme aus Ägypten? Warum am Sinai und später in Jerusalem das Wohnen Gottes gerade unter diesem Volke? Warum die Gottesgerichte, die das Ende gerade seiner weltgeschichtlichen Stellung und Rolle bezeichnen? Warum schließlich Jesus Christus als Messias gerade der Juden? Ja, warum? Wir können nur eine negative Antwort geben: sicher nicht etwa darum, weil das Volk Israel als solches sich zu solcher Zeichengebung besonders eignete oder weil es, damit es zur Zeichengebung komme, gerade so und so geführt werden mußte. Gewiß konnte alles auch ganz anders sein: keine Erwählung eines solchen Volkes, oder: Erwählung eines ganz anderen Volkes als gerade dieses, oder: Erwählung dieses Volkes, aber unter ganz anderen Umständen und Folgen. Aber das Erwägen solcher Möglichkeiten ist eine Sache, die den biblischen Zeugen des Alten und des Neuen Testamentes offenbar gar nicht in den Sinn gekommen ist, die man sich darum auch beim Lesen ihrer Zeugnisse gänzlich aus dem Sinn schlagen muß. Gerade in ihrer aller positiven Begründung sich entziehenden Kontingenz und Faktizität ist die Erwählung Israels echtes Zeichen: So erwählt und beruft, rechtfertigt und heiligt der Sohn Gottes die Seinigen mitten in und mitten aus der Welt.

Und so steht es nun auch mit den anderen hier in Betracht kommenden Elementen des biblischen Zeugnisses. Was hat es an sich mit Christus zu tun, daß jenes Volk durch das Zeichen der B e s c h n e i d u n g von den anderen Völkern ausgesondert und unterschieden wird? Es bedeutet nur Klärung des Verständnisses, daß wir heute wissen: andere vorderasiatische Völker haben dieselbe Zeremonie auch gekannt. Es liegt an sich nichts an der Zeremonie; aber es liegt alles an ihrer Stiftung und Einsetzung. Es liegt alles an dem Herrn des Bundes, der unter diesem Volk durch das Mittel dieser Zeremonie das in Christus zu vollziehende Gericht, seine in Christus kommende Gnade verheißt. Und darum, um des Herrn des Bundes willen, der es so gewollt und getan hat, liegt nun allerdings auch wieder alles an dieser Zeremonie. Sie ist echtes Zeichen, nicht weil sie diese Zeremonie, aber weil sie göttliches Befehls- und Verheißungszeichen ist.

Echte Zeichengebung als Manifestation des in Christus geschlossenen Bundes von Gott und Mensch ist vor allem auch die Existenz und die Tätigkeit der P r o p h e t e n in Israel: der inmitten des erwählten Volkes noch einmal besonders erwählten Gottesmänner, die je in einer besonderen Lage dieses Volkes hinein damit das Wort Gottes sagen, daß sie diesem Volk das von Gott kommende Heil und Unheil, Unheil und Heil ankündigen. Ihr Dasein und ihr Wort als solches ist ebenfalls etwas ganz Anderes als die objektive Wirklichkeit der Offenbarung in der Fleischwerdung des Wortes. Alles, was hier sichtbar wird, ist ja menschlich: Menschen, die zu Menschen reden, aus einem bestimmten menschlichen Verständnis einer menschlichen Lage, menschlich auch in ihrer Schilderung des kommenden Heils und Unheils. Nur als ungreifbarer Rand des Ganzen: in Form des unerhörten Anspruchs und Nachdrucks, mit dem da geredet wird, und nur in der ebenso ungreifbaren Form des göttlichen Ursprungs des angekündigten Heils und Unheils scheint hier Gottes Wort auf dem Plan zu sein. Daß es hier wirklich auf dem Plan ist, das können wir nur wissend um die Fleischwerdung des Wortes Gottes in Christus sagen. Denn was hier sichtbar wird, ist offenbar nur Zeichen, nur Entsprechung des Wortes Gottes. Aber was heißt hier „nur"? Das eben ist die Fülle der Offenbarung im alttestamentlichen Prophetenwort, daß das Wort Gottes selbst hier mitten in der Menschenwelt, unbegreiflich auf die Lippen dieser Männer gelegt, unbegreiflich in diese und diese menschlich-geschichtliche Situation hineingesprochen und ebenso unbegreiflich gehört von den Menschen jener Zeit, in diesem ganzen Geschehen ein solches Zeichen, eine solche Entsprechung hat. Indem das Alte Testament uns die Existenz und die Tätigkeit der Propheten bezeugt als Gottes Offenbarung, sagt es offenbar umfassend: Es gibt ein menschliches Reden und ein menschliches Hören dieser Rede, das ist unbegreiflich aber faktisch so bezogen auf Gottes eigenes Reden, daß Gottes eigenes Reden in ihm hörbar wird. Es gibt ein „So spricht der Herr" in Menschenmund, zu dem sich der Herr nicht nur nachträglich bekennt, sondern zu dem er sich schon bekannt hat, bevor es gesagt war, weil, was hier von Menschen gesagt wird, tatsächlich sein Auftrag ist, weil er selber diese geschöpfliche Entsprechung seines eigenen Wortes gewollt und auf den Plan gestellt hat. In derselben Weise würden die anderen, bereits in früherem Zusammenhang berührten Gestaltbegriffe des Alten Testamentes: der König, der Priester, das Gesetz, das Opfer, die Stiftshütte, der Tempel, das heilige Land, als ein zusammenhängender Kreis von auf eine gemeinsame Mitte hinweisenden Zeichen zu würdigen sein.

Und nun wird man wohl auch darin ein Zeichen — sozusagen das Zeichen der Überlegenheit und Freiheit der bezeichneten Sache gegenüber allen Zeichen — sehen müssen, daß diese ganze Zeichenwelt des Alten Testamentes mit der Erscheinung Christi sozusagen auf einen Schlag verschwindet oder vielmehr als „Schatten der zukünftigen Güter" (Hebr. 10, 1) erkannt wird, um fortan in der Kirche des Neuen Testamentes nur noch in einigen wenigen neuen, die Unentbehrlichkeit der Zeichen und auch den Zusammenhang mit jener alten Zeichenwelt sozusagen nur noch andeutenden Zeichen weiterzuleben. An die Stelle jener ganzen alten Zeichenwelt tritt die Kirche mit ihren Aposteln, mit ihrem Kerygma, mit Taufe und Abendmahl; denn das ist ja wirklich alles, was über die Kirche, über ihre Sichtbarkeit, zu sagen ist. Der Übergang von der Zeit des erwarteten in die Zeit des gekommenen Messias bedingt offenbar diese Veränderung und Reduktion der Zeichen und Entsprechungen. Die *oeconomia*, die *dispensatio*, die *exhibitio*, die *manifestatio* der Offenbarung ist bei gleichbleibender Substanz eine andere geworden. (Calvin, *Instit.* II 9–11.) *Christum aliis signis et absentem figurari et venturum praenuntiari oportuit: aliis nunc exhibitum repraesentari decet* (II 11, 14). Es kommt aber, wohlgemerkt, nicht zu einer Aufhebung und Abschaffung der Zeichengebung als solcher. Schon die Erscheinung Christi selbst wird ja nur in Form von Zeichengebung als das, was sie ist, sichtbar und verständlich. Jesu Worte, wie sie in dieser Welt vor menschlichen Ohren erklungen und Jesu Taten, wie sie in dieser Welt vor menschlichen Augen geschehen sind, sind die Sprache des fleischgewordenen Wortes. Aber auch die Kirche nach der Erscheinung Christi ist ja in der Welt und besteht ja aus Menschen, die als solche der Zeichengebung bedürftig bleiben. Die Kirche ist nicht Christus. Die Kirche hat nicht seine, die unvergleichbare Vollmacht des ewigen Wortes selber. Sie hat auch nicht die Vollmacht zu seinen Taten. Prophetie und Wundertaten, wie sie nach der Apostelgeschichte anfangs noch eine Weile auch unter seinen Jüngern wirksam gewesen sind, sind offenbar nur ein Widerschein der Erscheinung Christi selber, ein Widerschein, der dann aufhören muß. Was aber nicht aufhört, ist die Berufung, Beauftragung und Aussendung der zwölf Apostel durch den Gekreuzigten und Auferstandenen und das auf Grund ihres Zeugnisses von Christus weitergehende Werk der Kirche: die Verkündigung Christi durch die Predigt von ihm, durch die Ausrichtung der Taufe und durch die Feier des Abendmahls, das Volk, das durch diese Verkündigung aus allen Völkern gesammelt wird. Das ist die neue, die vereinfachte und konzentrierte Zeichenwelt des Neuen Testamentes. In einem weiteren, abgeleiteten und sorgfältig abzugrenzenden Sinn darf man wohl auch sagen, daß die ganze Existenz der christlichen Kirche in ihrer Geschichte, sofern sie eben ihre eigene Existenz und Geschichte hat, zu dieser Zeichenwelt des Neuen Testamentes gehört. Sie wird sich aber als solche immer wieder an jener ursprünglichen mit der Berufung, Beauftragung und Aussendung der zwölf Apostel gegebenen Zeichengebung messen lassen und vor ihr rechtfertigen müssen. Auch die Zeichenwelt des Neuen Testamentes in jenem engeren und in diesem weiteren Sinn steht unter dem Vorbehalt: „bis daß er kommt" (1. Kor. 11, 26). Gemessen an der

Wirklichkeit des mit dem Ende unserer Zeit kommenden Reiches Gottes ist gewiß auch sie „Schatten der zukünftigen Güter". Aber unter diesem Vorbehalt, also innerhalb unserer Zeit, steht und gilt sie, ist sie von der objektiven Offenbarung in Christus ebensowenig zu trennen, gehört sie ebenso streng zu ihr wie vorher die Zeichenwelt des Alten Testamentes. Die Kirche, der Leib Christi und also Christus selbst, ist da und nur da, wo diese Zeichen des Neuen Testamentes sind: Predigt, Taufe und Abendmahl gemäß ihrer mit der Stiftung des Apostolats vollzogenen Einsetzung. Unsere biblische Erwägung darf an dieser Stelle einfach einmünden in die Erklärung *Conf. Aug.* Art. 7: *Item docent, quod una sancta ecclesia perpetuo mansura sit. Est autem ecclesia congregatio sanctorum, in qua evangelium pure docetur et recte administrantur sacramenta.* Man wird hier noch weniger als bei den Zeichen des Alten Testamentes erwarten und verlangen dürfen, daß die Notwendigkeit und Nützlichkeit gerade dieser Zeichen sich anderswie als mit dem Hinweis auf ihre kontingente, faktische Gegebenheit begründen und aufzeigen lasse. Wir sind nicht gefragt, ob nicht auch eine ganz andere Zeichengebung für die objektive Offenbarung Gottes in Jesus Christus als gerade diese möglich gewesen wäre. Wir sind auch nicht gefragt, ob wir uns nicht eine ganz andere Zeichengebung als gerade diese denken könnten und wünschen würden. Bei Gott sind alle Dinge möglich und bei uns wenigstens sehr viele. Aber wie in der Offenbarung Gottes in Christus eine Möglichkeit gewählt und damit als Gotteswirklichkeit aufgerichtet und endgültig bestätigt ist, so verhält es sich auch mit der diese Offenbarung bezeugenden Zeichengebung. Unser Nachdenken über sie wird immer nur von ihrem faktischen Bestand herkommen können.

Sicher muß diese Zeichengebung (so gewiß sie in jener engsten Zusammengehörigkeit mit der objektiven Offenbarung besteht) wie diese selbst als ein göttlicher Akt verstanden werden, als die Bewegung eines Instrumentes in der Hand Gottes, der ihm gegenüber der Herr und also frei bleibt, der im Geheimnis seiner Barmherzigkeit darum nicht kleiner ist, weil er sich dieses Instrumentes bedient. Das Gegebensein dieser Zeichen bedeutet also nicht, daß der offenbare Gott nun sozusagen selbst ein Stück Welt geworden oder doch in die Hände und in die Verfügung der zur Kirche versammelten Menschen geraten sei. Vielmehr bedeutet es dies, daß in Christus die Welt und der Mensch in die Hände Gottes gefallen ist. Es bedeutet die Aufrichtung der Gottesherrschaft, nicht einer sakralen Menschenherrschaft. Wir stehen hier an der Stelle, wo der evangelische und der römisch-katholische, aber auch der heute endlich in seinen innersten Tendenzen offenbar gewordene modernistisch-protestantische Kirchenbegriff scharf auseinandergehen. Aber wie der Akt der objektiven Offenbarung Gottes Akt ist im Sein Jesu Christi als des wahren Gottes, der auch wahrer Mensch ist, so ist der Akt der Zeichengebung, durch den die objektive Offenbarung zu uns kommt, Akt im Sein dieser uns mit der Stiftung des Apostolats nun einmal gegebenen Zeichen. Und sicher muß diese Zeichengebung (so gewiß sie ja eben Zeichengebung ist, die auf sehende Augen, auf hörende Ohren immer neuer Menschen wartet) in der Kirche von Geschlecht zu Geschlecht immer wieder neu erkannt und verstanden werden, und zwar so, daß die Kirche nie auch nur teilweise meinen kann, schon mit ihr fertig zu sein, schon zu wissen, was Christus durch die Botschaft der Apostel nun eigentlich von uns will, was also

Predigt und Sakrament unter uns eigentlich sollen, vielmehr so, daß jederzeit in der Kirche, gewiß unter respektvoller Beachtung dessen, was die Väter vernommen und gelehrt haben, aufgefordert ist, sich selber *ab ovo* darüber Rechenschaft zu geben und von Grund aus darüber Verantwortung abzulegen: ob es sich mit dieser Zeichengebung so verhält, wie sie es zunächst gemeint hatte. Auch in dieser Hinsicht gehen der evangelische Kirchenbegriff und der der römisch-katholischen Kirche sowie der eines Protestantismus, der nur um ein „unangetastetes" Bekenntnis weiß, scharf auseinander. Aber es wird sich doch bei der neuen Erkenntnis der Offenbarung, wie sie jederzeit in der Kirche obliegt, streng um die Interpretation der zur Offenbarung gehörigen und nicht von ihr zu trennenden Zeichengebung handeln müssen. Es kann also in der Kirche keine legitime Neuerkenntnis, das heißt keine wirkliche Offenbarungserkenntnis in irgendeiner neuen Zeit unter irgendwelchen neuen Bedingungen geben, die etwa an der Einsetzung des Apostolats und das heißt konkret an der heiligen Schrift vorbeifragen, die nach etwas anderem als nach der *pure* und *recte*, das heißt schriftgemäß zu übenden Predigt und Sakramentsverwaltung fragen wollte. Neuerungen, die ihr Kriterium in einem anderen *pure* und *recte* haben, vollziehen sich, was auch für sie vorzubringen sein möge, außerhalb der Kirche und damit *eo ipso* auch ohne Jesus Christus, wie er sich uns wirklich kundgegeben hat. Zusammengefaßt: Es wird dafür gesorgt sein, daß uns mit der Offenbarung selbst ihre Zeichen immer neu sein werden, sowohl darum, weil sie Gottes Akt sind, als auch darum, weil sie an die in der Zeit lebende Kirche ergehen. Es ist aber auch dafür gesorgt, daß es wie keine neue Offenbarung, so auch keine neuen Zeichen gibt. Wir bedürfen keiner solchen. Wir können in keinerlei Weise um solche wissen. Wir haben also auch nicht nach solchen zu fragen. Wir dürften alle Hände voll damit zu tun haben, mit der einen Offenbarung selbst auch ihre eine und einzige Zeichengebung wahrzunehmen und zu verstehen. Die Kirche als der Raum, in welchem Gottes Offenbarung subjektiv wirklich ist, hat eben tatsächlich diese streng objektive Seite.

Es hat nicht nur historischen Wert, wenn wir uns an dieser Stelle daran erinnern, daß der Begriff *sacramentum* (als Übersetzung von μυστήριον) ursprünglich (besonders deutlich erkennbar etwa im Sprachgebrauch von Tertullian und Cyprian), in einem umfassenderen Sinn als später, die der Menschheit in der Kirche dargebotenen Glaubensgeheimnisse als solche, also eben das, was wir nun als Zeichengebung beschrieben haben, bezeichnete. Und man kann tatsächlich keine allgemeine Definition des Sakraments auch in dem späteren besonderen Sinn des Begriffs geben, die nicht ungesucht zusammentreffen würde mit der Definition des Zeichens in dem soeben beschriebenen umfassenden Sinne. *Sacramentum est signum rei sacrae in quantum est sanctificans homines.* (Thomas von Aquino, *S. th.* III qu. 60 a. 2 c.) *Sacramenta instituta sunt ... ut sint signa et testimonia voluntatis Dei erga nos, ad excitandam et confirmandam fidem in his, qui utuntur, proposita* (Conf. Aug. art. XIII). *Sacramentum ... externum esse symbolum, quo benevolentiae erga nos suae promissiones conscientiis nostris Dominus obsignat* (Calvin, *Instit*, IV 14, 1). *Sacramentum est sacra et solemnis actio divinitus instituta qua Deus mediante hominis ministerio sub visibili et externo elemento per verbum certum bona coelestia dispensat ad offerendum singulis utentibus et credentibus applicandam atque obsignandam promissionem de gratuita remissione peccatorum Evangelii propriam* (J. Gerhard, *Loci theol.*, 1610, L. XVIII 109). *Sacramentum est actio sacra divinitus instituta, in qua gratia per Christum foederatis promissa a Deo, visibilibus signis obsignatur atque hi vicissim in ipsius obsequium adiguntur* (J. Wolleb, *Chr. Theol. Comp.*, 1626, I, c. 22. § 1). „Die Sakramente sind die von Christus der von ihm gestifteten Kirche gegebenen ordnungsmäßigen Gnadenmittel, durch welche dem Menschen die Gnadenfrüchte der durch ihn einst am Kreuze bewirkten Erlösung zugewendet werden." (J. Braun, Handlex. d. kath. Dogm., 1926, S. 249.) Mit allen diesen Definitionen könnte offenbar ebensogut jene objektive Seite der Kirche überhaupt gemeint sein wie die Sakramente im besonderen und engeren Sinne des Wortes. Man beachte, mit welchen Bildern z. B. Calvin (*Instit*. IV 14, 5 f.) die allgemeine Bedeutung der Sakramente zu veranschaulichen sucht: Sie seien sozusagen Siegelabdrücke oder Gemälde oder Spiegelbilder der göttlichen Gnadenverheißung, sie seien unterstützende Säulen des Glaubens oder Übungen *(exercitia)* zum Gewißwerden des Wortes Gottes. Auch diese Bilder passen genau ebensogut auf den umfassenderen Begriff der zur Offenbarung gehörigen, die objektive Offenbarung dem menschlichen Subjekt objektiv vermittelnden Zeichengebung. Und das ist kein zufälliges, sondern ein notwendiges Zusammentreffen. Nach zwei Seiten läßt sich das zeigen:

1. Der Begriff des Sakraments im späteren engeren Sinn meint offenbar etwas Besonderes innerhalb des Begriffs des Sakraments in jenem älteren weiteren Sinn und also auch innerhalb des uns hier beschäftigenden allgemeinen Begriffs der göttlichen Zeichengebung. Wir hörten in den angeführten Definitionen hervorgehoben die Begriffe: *externum symbolum, elementum, signum visibile, actio sacra*. Mit ihnen wird natürlich im besonderen auf Taufe und Abendmahl hingewiesen. Aber mit ihnen werden doch durchgängig auch Merkmale hervorgehoben, die der göttlichen Zeichengebung als solcher eigentümlich sind. Man denke gerade an den für die abendländische Sakramentslehre seit Augustin so entscheidenden Begriff des *signum*. *Signum visibile* heißt nun freilich das Sakrament im engeren Sinn, sofern es sich dabei um mit den Augen wahrnehmbare Symbole und Handlungen handelt; und man möchte auf den ersten Blick denken, daß damit das für die göttliche Zeichengebung im allgemeinen so wichtige Moment des menschlichen Wortes ausgeschlossen sei. Aber Augustin selbst hat auch das gesprochene oder geschriebene Menschenwort zu den *signa* gerechnet: *Nihil aliud sunt verba quam signa* (*In Joann. tract.* 45, 9). Entscheidend ist nicht der Begriff des *visibile* als solcher, sondern der übergeordnete des *sensibile*, unter den dann auch das *audibile* fällt. Und ohne ein *visibile*, nämlich ohne den sprechenden Menschen oder ohne die Schrift gibt es ja auch kein *signum audibile*. „Das wort ist auch ein äusserliches ding, das man mit den ohren fassen und mit den augen lesen kan" (Luther, Pred. üb. Luc. 11, 14 f. Hauspost., 1544, W. A. 52, 185, 17). *Visibile* sagt (genau so wie in dem Begriff *ecclesia visibilis*): das Zeichen gehört seiner Natur nach auch unserer Welt, dem Bereich unserer Beobachtung und Erfahrung an. Man kann ihm begegnen, wie man anderen Wirklichkeiten begegnet. Als solches *signum visibile* ist das Sakrament *symbolum*, und zwar *externum symbolum*, das heißt unveräußerliches Zeichen der Zusammengehörigkeit, ja Einheit der Kirche auf Grund der objektiven Offenbarung in Christus, der sie ihren Ursprung verdankt. Diese Einheit der Kirche ist wohl auch eine verborgene, unsichtbare, aber auch eine öffentliche und sichtbare. Auch das von Christus her; und insofern gibt es in ihr die von ihm eingesetzten *symbola* als *symbola externa*. Daß es sich im Sakrament im engeren Sinn gerade um *elementa*, nämlich um Elemente der räumlich ausgedehnten leiblichen Natur, um Wasser, Brot und Wein handelt, das scheint nun freilich eine schlechthinnige Auszeichnung des Sakraments vor den übrigen Momenten der allgemeinen göttlichen Zeichengebung zu besagen. Aber es scheint doch

nur. Denn in die Elementarsphäre, in den Kosmos der Leiblichkeit eingetaucht, ja in einer letztlich unentwirrbaren Einheit mit dem natürlichen befindet sich ja auch das geistig-geschichtlich-sittliche Sein des Menschen, das hier als Gegensatz in Betracht kommen könnte. Und wenn endlich das Sakrament mit Betonung eine *actio sacra* genannt und dabei natürlich an den Charakter von Taufe und Abendmahl als kirchliche Handlung im Gegensatz zur kirchlichen Rede der Predigt gedacht wird, so ist zu bemerken, daß zwar nicht jede kirchliche Rede eine Tat, wohl aber mindestens ebenfalls eine Handlung ist. Alle übrigen Momente in jenen Definitionen: daß das Sakrament ein von Christus eingesetztes Zeichen der *res sacra*, nämlich der göttlichen Gnade in Christus sei, sein Zweck die *sanctificatio* oder *iustificatio* des Menschen, seine Funktion die Zuwendung, das *obsignare* (die Bestätigung einer Überschreibung durch ein daruntergesetztes Siegel) der objektiv geschehenen und ausgesprochenen Versöhnung durch den Dienst bestimmter Menschen — das alles gehört offenbar nicht zum Besonderen des Sakraments gegenüber der Predigt, sondern unterstreicht nur den allgemeinen Zusammenhang, in den auch das Sakrament gehört. Nur daß eben durch das Sakrament nun doch etwas Besonderes innerhalb dieses Allgemeinen deutlich hervorgehoben wird. Als *signum visibile*, als *symbolum externum*, als Zeichen im *elementum* und in einer *actio* sagt das Sakrament offenbar verhältnismäßig beredter, als das Wort im engeren Sinn es sagen kann: die *iustificatio* oder *sanctificatio hominis*, die der Sinn aller göttlichen Zeichengebung ist, beruht nicht auf einer Idee, sondern auf Wirklichkeit, auf einem Ereignis, und zwar auf einem solchen Ereignis, das nicht etwa nur die Relevanz hat, die in der Geschichte auch eine mächtig sich durchsetzende philosophische Lehre oder populäre Überzeugung haben kann, sondern das sich, als geistig und leibhaftig zugleich, als ein Handeln des dem Gegensatz des Leiblichen und Geistigen überlegenen Schöpfers erwiesen hat, als das Ereignis seines Eintritts in unsere Geschichte, als das Ereignis des Aufgerolltwerdens unserer Geschichte durch seine Gegenwart. Eben darum ist die *iustificatio* oder *sanctificatio hominis*, die der Sinn aller göttlichen Zeichengebung ist, nun aber auch nicht zu problematisieren und einzuklammern, wie man schließlich jede Idee, Lehre oder Überzeugung problematisieren und einklammern kann. Sie so wenig wie den Rhein oder den Montblanc, ja sie noch viel weniger; denn wenn man die Natur, freilich ohne ihr etwas anhaben zu können, wenigstens nach Belieben deuten kann, gibt es an der Gegenwart Gottes in Christus, an dem Handeln Gottes des Allmächtigen, Schöpfers Himmels und der Erde, schlechterdings nichts zu deuten. Gott ist und Gott ist da, wie eben die ungedeutete Natur ist und da ist. Nein: er ist und er ist da in einer Notwendigkeit, der gegenüber alle Unerschütterlichkeit, in der die Natur ist und da ist, immer noch Zufall zu nennen ist. Ὁ λόγος σάρξ ἐγένετο (Joh. 1, 14) — auch die Predigt kann und soll das sagen. Aber das Sakrament unterstreicht in einer Weise, wie es die Predigt nicht kann, die Worte σάρξ und ἐγένετο. (Vgl. Heinrich Vogel, Das Wort und die Sakramente, 1936, S. 6 f.) Diese Worte müssen aber unterstrichen verstanden werden, wenn die göttliche Zeichengebung als die objektive Seite der Kirche verstanden und behandelt werden soll: in ihrer Gegebenheit, und zwar in ihrer umfassenden, von nirgends her einzusehenden und von nirgends her anzugreifenden Vorausgegebenheit. Daß mit dem Sakrament dieser Charakter der göttlichen Zeichengebung hervorgehoben wird, das ist sein Besonderes neben der Predigt und sein Besonderes in dem ganzen Leben des zur Kirche versammelten Volkes Gottes. Man wird es nicht zuletzt einer Theologie immer anmerken, ob sie um Taufe und Abendmahl weiß, oder ob diese Dinge ihr im Grunde eine Verlegenheit sind, über die irgend etwas Sinniges zu sagen, sie sich plagen muß. Steht es so mit ihr, dann wird sich das sicher an ganz anderer (aber eben nur scheinbar anderer) Stelle darin zeigen, daß sie von der ausgezeichneten Geltung des prophetisch-apostolischen Wortes in der Kirche, aber auch von der Würde des Dogmas, von der theologischen Relevanz etwa der Entscheidung von Nicaea oder der Entscheidung der Reformation nichts Rechtes weiß und dann gewiß auch die Predigt nicht als das Zentralstück der kirchlichen Liturgie zu würdigen vermag.

Und man wird zu fragen haben, ob eine solche Theologie weiß um die umfassende und unangreifbare Vorausgegebenheit der Offenbarung selber! Umgekehrt könnte sich eine Theologie durch die sehr einfache Tatsache, daß in der Kirche immer auch die Taufe ausgerichtet und das Abendmahl gefeiert werden muß, daran erinnern lassen, daß die subjektive Wirklichkeit der Offenbarung, so gewiß auch sie Offenbarungswirklichkeit ist, eine objektive Seite hat, von der unser Denken immer schon herkommen muß, um so (so und nicht anders!) ein inhaltsvolles, auf den hier zu erkennenden Gegenstand wirklich bezogenes Denken zu sein. Von Taufe und Abendmahl her gesehen, stehen eben die Propheten und Apostel und stehen an ihrem Ort auch die Kirchenväter und Reformatoren, und zwar so, daß man nicht an ihnen vorbeikommt. Und von Taufe und Abendmahl her verstanden, muß und wird auch die Predigt neben aller Bewegung der Zeit, in der sie geschehen muß, jenes eigentümlich Stehende, sich Gleichbleibende bekommen, ohne das sie nimmermehr in wirklich gnadenvoller Weise durch Menschenmund bezeugen kann: *Et incarnatus est.*

2. Der eben aufgezeigte Zusammenhang ist auch in umgekehrter Richtung zu sehen. Die ganze göttliche Zeichengebung, in der die Offenbarung zu uns kommt, hat auf der ganzen Linie etwas an sich von der Art des Sakramentes. Sie könnte auch in ihrer Totalität Sakrament genannt werden. Denn sie ist in ihrer Totalität immer auch *signum visibile, symbolum externum*, Zeichen im Naturbereich und in einer von Menschen vollzogenen Handlung. Johannes der Täufer, dieser Prototyp aller Zeichengebung, aller Zeugenschaft im biblischen Sinn, sagt wirklich alles, was über ihn in seinem Unterschied und Verhältnis zu Christus selbst zu sagen ist, wenn er sich als den bezeichnet, der mit Wasser tauft. Und so ist es auch ganz in Ordnung, wenn Joh. 3, 5; Eph. 5, 26f.; Tit. 3, 5 dem inneren Werk des Heiligen Geistes schlicht und direkt eben das „Wasserbad der Taufe" gegenübergestellt wird und wenn wir aus Joh. 6, 52—58 zu lernen haben, daß der Speisung und Tränkung zum ewigen Leben ein ganz bestimmtes leibliches Essen und Trinken entspricht und entsprechen muß. Man kann diese und ähnliche Stellen sicher nicht realistisch genug verstehen und wird sich dabei auch keiner Ungeheuerlichkeit schuldig machen, wenn man nur bedenkt, was dabei sicher zu bedenken ist: daß das Sakrament in der Isolierung, in welcher es da als das Zeichen, das objektive Zeugnis erscheint, das der Mensch empfangen muß, natürlich als *pars pro toto* aufzufassen ist. So, nämlich so konkret, so leibhaft, so als schöpferisches Ereignis in der Geschichte, kommt die Offenbarung zu uns und will sie empfangen und aufgenommen sein: so wie sie sich in besonderer Betonung dieses ihres objektiven Gnadencharakters im Sakrament darstellt. Es kommt nicht auf das Wasser der Taufe und auf Brot und Wein des Abendmahls an. Joh. 6, 63: „Der Geist ist's, der lebendig macht, das Fleisch ist nichts nütze" ist auch hier zu bedenken. Die Frage, ob nun nicht doch auch einmal jemand, ohne die Taufe empfangen zu haben, Gottes Offenbarung empfangen und selig werden möchte, ist eine kindische Frage. Von einer absoluten, sozusagen mechanischen Heils- und Offenbarungsnotwendigkeit des Vollzugs der Sakramente kann darum keine Rede sein und ist darum auch nie ernsthaft die Rede gewesen in der Kirche, weil damit aus der für uns bestehenden Bindung an die göttliche Zeichengebung eine Bindung Gottes selbst würde. Wiederum ist damit nichts daran geändert, daß uns die Taufe nun einmal geboten ist. Wohl aber kommt es im Wasser der Taufe und im Brot und Wein des Abendmahls an auf die Aufrichtung und Erkenntnis des Zeichens der konkreten, leibhaften, schöpferisch-ereignishaften Gottesherrschaft. Und wohl kommt es — und insofern steht eben in jenen Stellen *pars pro toto* — beim Verständnis der ganzen göttlichen Zeichengebung eben auf das an, worauf es im Wasser der Taufe und im Brot und Wein des Abendmahls ankommt. Die Autorität der Propheten und Apostel und durch sie die Gnade des fleischgewordenen Wortes Gottes steht in der Weise am Anfang der christlichen Kirche und also auch am Anfang unserer Existenz als Kinder Gottes, wie eben die Taufe als objektives über uns ausgesprochenes Zeugnis am Anfang unseres christlichen Lebens steht. Und wir leben in der Weise vom Wort der Propheten und Apostel, das

heißt von der auf ihr Zeugnis begründeten Verkündigung und wiederum durch diese Verkündigung von der Gnade des Wortes Gottes, wie wir im Abendmahl mit Brot gespiesen und mit Wein getränkt werden. Zum Zeichen dieser Lebensordnung und Lebenserhaltung durch das Wort in der Vermittlung des Propheten- und Apostelwortes sind wir an Taufe und Abendmahl gebunden. Denn von diesem Leben, dem Leben der Kinder Gottes, ist diese Lebensordnung, diese Lebenserhaltung nicht zu trennen. Es ist nur dieses Leben, weil und sofern es Leben aus der Gnade unseres Herrn Jesus Christus ist. Das ist es aber nur, indem es so beschaffen ist in bezug auf Ordnung und Erhaltung, wie os durch das Sakrament bezeichnet ist. Darum und in diesem Sinn muß man allen Ernstes sagen, daß das Sakrament ein unentbehrliches „Gnadenmittel" ist. (Man muß in diesem Begriff nur das Wort „Gnade" betonen, um es recht zu verstehen!) Und man wird sich dann durch die Klage über „römischen Sakramentalismus" den Satz nicht verwehren lassen: die Kirche ist nach ihrer objektiven Seite sakramental, das heißt nach Analogie von Taufe und Abendmahl zu verstehen. Oder: der Raum der subjektiven Wirklichkeit der Offenbarung ist der sakramentale Raum. Das hat mit dem römischen *opus operatum* oder gar mit heidnischer „Magie" nichts zu tun. Sakramentaler Raum will sagen: der Raum, in welchem sich der Mensch zu verstehen hat als auf dem Weg von der ihm schon gespendeten Taufe zu dem ihm zu spendenden Abendmahl, der Raum, in welchem er mit dem Glauben anfängt, um so zum Glauben zu kommen: ἐκ πίστεως εἰς πίστιν (Röm. 1, 17). Auf diesem Weg wird sich der Mensch als Empfänger der Offenbarung sicher recht verstehen. Und eben in diesem Raum hat auch die Theologie ihren Anfang und ihr Ziel zu suchen, und nach seinem Gesetz hat sich ihre Methode zu richten.

2. Dieser ersten Feststellung gegenüber ist dann die zweite zu machen: Gottes Offenbarung in ihrer subjektiven Wirklichkeit besteht in der Existenz von Menschen, die durch Gott selbst dessen überführt sind, daß die objektive Wirklichkeit der Offenbarung gerade für sie da ist, und zwar in der Weise für sie da ist, daß sie ihr eigenes Dasein nicht mehr von sich selbst, sondern nur noch von ihr her und darum nicht mehr ohne sie, sondern nur noch in seiner Beziehung zu ihr, daß sie sich also nur noch als Brüder des Sohnes, als Hörer und Täter des Wortes Gottes verstehen können.

Wir haben, wie man sofort bemerken wird, einen gedanklichen Sprung gemacht. Wir hatten von der göttlichen Zeichengebung geredet, durch deren Vermittlung die Offenbarung, Jesus Christus, zum Menschen hinkommt. Wir hatten zuvor in Aussicht genommen, nun, an zweiter Stelle, davon zu reden, wie denn die Offenbarung in den Menschen hineingehe. Und nun reden wir auf einmal von Menschen, die von Gott schon überführt sind und die so, durch göttliche Überführung, schon entdeckt haben, daß sie Brüder des Sohnes, Hörer und Täter des Wortes Gottes sind. Offenbar haben wir nun gerade über das Entscheidende kein Wort gesagt: nämlich über den Vorgang, wie es dazu kommt, daß ein Mensch, nachdem ihm jene Zeichen gegeben sind, sie als Zeichen der Offenbarung und also in und mit ihnen die Offenbarung selber entgegennimmt und in sich aufnimmt. In der Tat: Wir haben darüber kein Wort gesagt, sondern wir haben hier einen Sprung gemacht. Aber das geschah weder aus Vergeßlichkeit noch aus Verlegenheit. Denn genau das muß an dieser Stelle geschehen als das Positive, was an dieser Stelle zu geschehen hat. Gottes Offenbarung in ihrer subjektiven Wirklichkeit ist die Person und das Werk des Heiligen Geistes, das heißt aber die Person und das Werk Gottes selbst. Das bedeutet nicht, daß wir von ihr gar nichts zu sagen, sondern zu schweigen hätten. Wie sollte es das bedeuten? Eben die Person und das Werk Gottes selbst sind uns ja als offenbar bezeugt in der heiligen Schrift, der wir hier zu folgen haben. Schweigen von der Person und dem Werk Gottes selbst würde bedeuten, daß wir das Zeugnis der heiligen Schrift ablehnen und letztlich, daß wir Gottes Offenbarung leugnen. Indem wir sie aber nicht leugnen, sondern anerkennen, müssen wir uns darüber klar sein: diese Anerkennung kann, eben weil es sich in ihr um die Person und das Werk Gottes selbst handelt, nur darin bestehen, daß wir von ihrem Faktum als Voraussetzung ausgehen, wirklich ausgehen, hinausgehen in den Bereich der Welt, in deren Mitte und für die die Offenbarung geschieht und also die Person Gottes auf den Plan tritt, das Werk Gottes Ereignis wird — in den Bereich der Welt, die nicht selbst die Person und das Werk Gottes ist. Nur ausgehend, hinausgehend von der Offenbarung her in diesen Bereich hinein, können wir von der Offenbarung Aussagen machen, während sie selbst und an sich, sofern sie mit der Person und dem Werk Gottes identisch ist, nicht Gegenstand besonderer Aussagen werden kann. Wie die Christologie nur ein Ausgang sein kann von dem Faktum Jesus Christus, um unter Voraussetzung dieses Faktums, in Ehrfurcht vor dem Geheimnis der Weihnacht, im Bereich der Welt, diese eine bestimmte Stelle in der Welt zu bezeichnen: das Wort ward Fleisch! ohne doch das Entscheidende angeben zu können: wie das geschah, wie da mitten in der Welt Offenbarung objektiv wirklich wurde — so muß auch hinsichtlich der Ausgießung des Heiligen Geistes, durch die die objektive Wirklichkeit der Offenbarung zur subjektiven wird, das Geheimnis des Daß dieses Faktums als solches, nämlich als das unbegreifliche und also auch unsagbare Geheimnis der Person und des Werkes Gottes, respektiert werden. Dieses Respektieren geschieht aber damit, daß wir nach dem Vorbild der heiligen Schrift selber von ihm ausgehen. Was dann wieder das Doppelte bedeutet: daß wir es als Voraussetzung nun auch nach der subjektiven Seite wirklich gelten lassen und zur Geltung bringen, daß wir uns aber auch begnügen damit, es als Voraussetzung zur Geltung zu bringen und nicht etwa den tollkühnen und zugleich grundstürzenden Versuch machen, seinem Wie beikommen zu wollen. Und das bedeutet nun praktisch: Wir können und müssen auf die Frage, wie die objektive Offenbarung zum Menschen hinkommt, antworten, daß dies geschieht durch das Mittel der göttlichen Zeichengebung, in welcher sich die objektive Offenbarung so wiederholt, daß sie nun wirklich menschlich zum Menschen kommen kann, wobei ja doch die Voraussetzung als Geheimnis stehen bleibt, daß Gott selbst sich dieses Mittels wirklich bedient, daß also die objektive Offenbarung dem Menschen durch jene Zeichen faktisch gezeigt wird. Es konnte also auf die Frage: Wie kommt die Offenbarung zum Menschen hin? mit unserer ersten Feststellung nur eine vorletzte und gerade nicht eine letzte Antwort gegeben werden. Es bleibt ja der freien Gnade Gottes vorbehalten, daß die objektive Offenbarung dem Menschen wirklich gezeigt wird, so daß er sie wirklich sieht. Und sofern wir gerade in das Walten dieser freien Gnade keinen Einblick haben, haben wir auch dort das Entscheidende nicht sagen können, standen wir schon, nachdem jene Umschreibung der objektiven Seite der Kirche vollzogen war, vor der Notwendigkeit eines gedanklichen Sprunges, einer Notwendigkeit, deren Möglichkeit nicht einzusehen, von der also auch nichts Besonderes zu sagen war. Ebenso können wir nun aber auch auf die Frage, wie die objektive Offenbarung in den Menschen hineinkommt, nicht die erste, sondern sozusagen nur die zweitfolgende Antwort geben. Wir können darauf nur antworten mit dem Hinweis auf den Menschen jenseits jenes notwendigen Sprunges, auf den Menschen, der die subjektive Wirklichkeit der Offenbarung im strengen Sinn des Begriffs, der die Person und das Werk Gottes, der das Ereignis der freien Gnade im selben Sinn schon hinter sich hat, wie er es nach unserer ersten Feststellung, also von der göttlichen Zeichengebung her gesehen, noch vor sich hat. In diesem Vorher und Nachher will Gott gelobt und geliebt sein! Was dazwischen liegt, kann darum nicht ausgesprochen und angegeben werden, weil es uns nicht offenbar ist. Und es ist uns darum nicht offenbar, weil es die Offenbarung selber ist. Der Versuch, über das, was dazwischen liegt, etwas aussprechen und angeben zu wollen, wäre wirklich nicht nur tollkühn: weil er nur in einer eigenmächtigen Spekulation bestehen könnte, deren Voraussetzung die sein müßte, daß wir Gott eben doch beizukommen vermöchten; er wäre darum auch grundstürzend: weil wir damit zeigen würden, daß wir jenen Sprung als eine uns einsichtige und also nicht als die göttliche Notwendigkeit verstanden, daß wir mit dem Geheimnis der Offenbarung die Offenbarung selbst an der entscheidenden Stelle geleugnet statt anerkannt hätten. Anerkennung der Offenbarung muß darin bestehen, daß wir unter Voraussetzung der Offenbarung unseren Blick von jener heiligen Mitte gerade weg auf das Vorher und Nachher richten, auf das Alte und auf das Neue Testament, könnten wir erläuternd sagen, also auf die menschliche Gestalt, in der die Offenbarung dem Menschen *Deo bene volente* begegnen wird, also auf die Existenz der Zeichengebung — und wiederum auf die menschliche Gestalt, in der die Offenbarung in den Menschen *Deo bene volente* hineingegangen ist, also auf die Existenz von Menschen, die von Gott durch das Mittel jener Zeichengebung schon überführt sind, die sich also als Kinder Gottes schon entdeckt haben. Eben indem wir den Sprung, der da in der Tat dazwischen liegt, mit allen Konsequenzen als solchen gelten lassen, indem wir völlig von ihm schweigen, indem wir ihn nicht als paradoxen Brückenschlag nun dennoch in eine Systematik unserer Erkenntnis einbauen, eben indem wir jenseits des Hinweises auf Schrift, Predigt und Sakrament und diesseits des Hinweises auf den Menschen, der sich durch Gottes Güte als Gottes Kind entdecken darf, vollständig die Waffen strecken, eben damit sagen wir: jener Sprung ist kein *salto mortale*, den man als solchen im Notfall immerhin lernen und ausführen und andere lehren, den man anderen empfehlen kann. Es kann gar nicht in Frage kommen, daß hier irgend jemand einen Sprung macht oder zu einem solchen auffordert. Es kann nur in Betracht kommen, daß hier der Sprung, jener unerhörte und uns ganz unmögliche Sprung von Gott her zum Menschen hin schon gemacht ist, daß in jener Mitte Offenbarung schon Wirklichkeit ist. Und das kann und muß in Betracht kommen, daß wir an dieser Stelle unserer Darstellung einen gedanklichen Sprung machen, um anzuzeigen, von welchem Gegenstande diesseits und jenseits, vorher und nachher, die Rede ist.

Daß dieser gedankliche Sprung unter dem Aspekt und Verdacht theologischer Vergeßlichkeit und Verlegenheit stehen muß, das wird uns darum nicht anfechten dürfen, weil es ja nur eine wirklich vergeßliche, wirklich verlegene Theologie sein könnte, die an dieser Stelle k e i n e n gedanklichen Sprung machen, sondern eine Synthese darbieten wollte. Weshalb man es sich denn auch ganz energisch verbitten muß, daß dieser Sprung mit theologischem „Irrationalismus" auch nur das Geringste zu tun habe. Er geschieht vielmehr gerade im Blick auf die wohlverstandene Rationabilität Gottes in seiner Offenbarung! Die wirklich irrationalistische Theologie, die nicht einmal weiß, daß sie das ist — und daß sie als solche zugleich sehr rationalistisch ist — pflegt an dieser Stelle sehr gesprächig zu sein.

Ist es nun deutlich, daß ein *silentium altissimum* an dieser Stelle nicht nur mehr sagt als alles, was man hier zur Begründung sagen wollen könnte, sondern daß einzig und allein ein *silentium altissimum* positiv das sagen kann, was an dieser Stelle gerade ohne Begründung gesagt werden muß, dann können wir jetzt im Rückblick auf diese Stelle in verhältnismäßiger Ruhe jene zweite Feststellung hinsichtlich der subjektiven Wirklichkeit der Offenbarung machen.

Wir sagten zunächst, daß die subjektive Wirklichkeit der Offenbarung in der Existenz bestimmter M e n s c h e n bestehe. Wir erinnern uns des zu Eingang dieses Paragraphen Gesagten: Es kann auch damit kein „Vom Menschen her", es kann auch damit nur ein „Zum Menschen hin" des göttlichen Handelns in der Offenbarung gemeint sein. Daß hier die Existenz von Menschen auftaucht, kann also nicht bedeuten, daß dem Menschen oder diesen bestimmten Menschen nun etwa doch die Rolle selbständiger Gegenspieler Gottes, von Werkgenossen am Werk der Offenbarung zugeschrieben werden solle. Hier sowenig, wie wenn in der Lehre von der Inkarnation von der Menschheit Christi, und sogar in der Lehre vom

Geheimnis der Inkarnation ausdrücklich von der *virgo Maria* die Rede war und sein mußte. Die Existenz des Menschen oder bestimmter Menschen kommt hier nur in Betracht als von Gott her gesetzte, und zwar im Akt seiner Offenbarung neu gesetzte Existenz. Denn sowohl über die Existenz des Menschen, wie er sich selbst setzt, wie über seine von Gott als seinem Schöpfer gesetzte Existenz, könnten wir jedenfalls die Aussage, die hier zu machen ist, die entscheidende Aussage: Er darf sich selbst entdecken als Gottes Kind — n i c h t machen. In unserer schöpfungsmäßigen Existenz sind wir immer die, die sich selbst setzen zu können meinen, und als solche werden wir nimmermehr (oder nimmermehr legitim) entdecken dürfen, daß wir Gottes Kinder sind. Also von Gott her — und zwar neu, über ihr in Dunkel gehülltes, geschöpfliches Sein von Gott her hinaus, auf Grund von Offenbarung von Gott her existieren die Menschen, die in ihrer Existenz die subjektive Wirklichkeit der Offenbarung sind. Es ist das göttliche „zum Menschen hin" der Offenbarung ganz allein, es ist die göttliche Kondeszendenz, kraft welcher das Wort Menschheit annahm, die diese Menschen zu dem macht, was sie sind, die sie von sich aus in die Offenbarung einbezieht, so daß sie nun selber in ihrer Existenz Offenbarung nicht nur haben, sondern (als ihre E m p f ä n g e r freilich, in s u b j e k t i v e r Wirklichkeit, also mit Jesus Christus niemals zu verwechseln und niemals anders als von ihm her) selber s i n d. Aber das ist die Offenbarung allerdings, indem sie „zum Menschen hin" ist. Sie ist schon nicht nur Jesus Christus, sondern sie ist „in Jesus Christus" auch die Existenz dieser Menschen. Wäre sie es nicht, wie wäre sie sonst zu ihrem Ziel gekommen, wie wäre sie sonst Offenbarung? Ist sie Offenbarung und erreicht sie ihr Ziel, den Menschen, gibt es ein Offenbarsein der Offenbarung, dann muß sie — vorher wäre sie ja nicht offenbar! — im Sein, ja als das Sein von Menschen, offenbar sein. — Dies ist aber die Einbeziehung dieser Menschen in die Offenbarung: daß sie von Gott selbst dessen ü b e r f ü h r t sind: daß die objektive Wirklichkeit der Offenbarung, daß also Jesus Christus gerade für sie da ist. Es kommt hier alles darauf an, daß man bei diesem Überführtsein materiell an nichts anderes denkt als an das Werk der göttlichen Z e i c h e n g e b u n g, also an das Werk des Propheten- und Apostelwortes in der heiligen Schrift, an das Werk der Predigt und des Sakramentes. Daß dieses Werk zu seinem Ziel kommt, das ist die Überführung durch Gott selbst, um die es hier geht. Wollten wir nämlich hier doch auch noch an etwas anderes denken, wollten wir hier — es ist oft genug so geschehen! — unter dem Titel des Zeugnisses des Heiligen Geistes doch auch noch diese und jene verborgene, über die göttliche Zeichengebung hinausgehende Mitteilung von Offenbarungsinhalt verstehen und in diesem materiellen Plus einer unmittelbaren Geisteseingebung das Wesen jener göttlichen Überführung sehen — was würde das anderes bedeuten, als daß wir, von der objektiven Offenbarung, wie sie ebenso objektiv in der göttlichen Zeichengebung an uns herankommt, nun doch wieder lüstern hinwegschielen würden nach einem Besseren, das uns Gott vielleicht sagen k ö n n t e an Stelle des vermeintlich weniger Guten, das er uns tatsächlich gesagt h a t. Das wäre sicher nicht das Überführtsein durch Gott selbst — auch wenn es sich nachträglich mit der göttlichen Zeichengebung in Übereinstimmung setzen, auch wenn es nachträglich wieder biblisch und kirchlich sich äußern würde — das seinen Ursprung auf ein solches materielles Plus aus unmittelbarer Geisteseingebung zurückführen würde. Was so begründet wird, ist die heimliche oder offene Schwärmerei, die vergißt, daß der Heilige Geist nicht nur der Geist des Vaters, sondern immer auch der Geist des Wortes ist und darum sicher nicht auf einem selbständigen Weg am Wort und an dessen Zeugnissen vorbei, sondern durch das Wort und seine Zeugnisse zu uns kommt. Wir denken daran, daß das Wort n i c h t an seine Zeichengebung gebunden ist. Wir denken aber auch daran, daß w i r daran gebunden sind, daß wir also von keinem anderen als dem durch die göttliche Zeichengebung zu uns kommenden Wort und Geist wissen und etwas sagen können. Sollte Gott durch unmittelbare Geisteseingebung neue Propheten und Apostel des Wortes schaffen wollen — wie sollte er es nicht können? — so ist das seine Sache. Sie werden sich dann wohl als solche erweisen, wie es die alten Propheten und Apostel getan haben, durch die sein Wort nicht möglicherweise, sondern faktisch zu uns kommt. Die göttliche Überführung, das Zeugnis des Heiligen Geistes, von dem wir wissen **und** etwas sagen können, weil es sich durch seine Beziehung auf die göttliche Zeichengebung sozusagen kontrollieren läßt, daß es uns das Wort Gottes und nicht irgendeine Geisterei bezeugt — es besteht nicht in der Mitteilung eines materiellen Plus, eines neuen Offenbarungsinhaltes, sondern darin, daß es uns die eine Offenbarung bezeugt als f ü r u n s geschehen. Das „Für uns" meint natürlich nicht jene Heilsselbstsucht, die Jesus Christus darum einen guten Mann sein läßt, weil er in ihm die Befriedigung der religiösen Privatbedürfnisse des Menschen zu finden und lobpreisen zu sollen meint. Die wirkliche Offenbarung, die den Menschen vor Gott stellt, ist schon alles andere als die Antwort auf die Frage jenes sublimen Egoismus des Menschen, der nun einmal neben allem, was er sonst will, auch noch in den Himmel zu kommen wünscht. Aber darin hat der Pietismus schon recht: Wir reden nur dann von der wirklichen Offenbarung, wenn wir von der für u n s wirklichen, der uns s e l b s t bezeugten und von uns s e l b s t als bezeugt angenommenen, also von der uns selbst angehenden Offenbarung reden. Eine objektive Offenbarung an sich, gleichsam stehenbleibend in ihrer Zeichengebung, in dem Gegenüber von Schrift, Predigt und Sakrament, eine Offenbarung, die nicht in den Menschen hineingínge, wäre ein Götze wie ein anderer und vielleicht der schlimmste von allen

Götzen. Aber daß sie kein Götze ist, sondern die wirkliche und also in den Menschen hineingehende objektive Offenbarung, daß sie die objektive Offenbarung ist, die im Menschen selbst subjektiv wird, das können wir uns in keiner Weise selber nehmen oder verschaffen. Das kann vielmehr nur als ein uns selbst restlos unbegreifliches Ereignis verstanden werden. Wir haben ja die Offenbarung schon in ihrer Objektivität nicht selbst auf den Plan gestellt. Wir haben aber auch nicht irgendwelche Argumente gefunden, die uns von ihrer Glaubwürdigkeit und Gültigkeit überzeugt hätten. Und wir stehen auch nicht am Ziel irgendeines moralischen oder religiösen Unternehmens, durch das es uns gelungen wäre, uns an die Offenbarung heranzumachen, so daß sie nun auch subjektiv wirklich wäre. Sondern in jenem Ereignis hat Gott selbst durch seine objektive Offenbarung (also durch sich selbst) für seine objektive Offenbarung (also für sich selbst) zu uns gesprochen. Er selbst ist dann bei uns für sich selbst eingetreten. Die objektive Offenbarung ist also für uns da, indem Gott da ist, und sie ist so da, wie Gott da ist. Aber allerdings: für uns da, und nun also doch auch: indem wir da sind und so, wie wir da sind. Denn wenn Gott wirklich für uns da ist, dann sind wir auch für ihn da, dann bedeutet jenes unbegreifliche Ereignis nicht mehr und nicht weniger als dies: daß wir in das Geschehen seiner Offenbarung mit hineingenommen sind, nicht als die Mitwirkenden, sondern als die Empfangenden, nicht neben Gott, sondern durch Gott in Gott — aber wirklich hineingenommen sind. Unser eigenes Sein ist uns dann offenbar nicht als göttliches, sondern gar sehr als menschliches, aber als ein als solches von Gott in Gnaden auf- und angenommenes Sein, als das Sein der Kinder Gottes. Dieses Hineingenommensein des Menschen in das Geschehen der Offenbarung, auf Grund dessen er sich selbst offenbar wird als Kind Gottes, ist das Werk des Heiligen Geistes oder die subjektive Wirklichkeit der Offenbarung.

Versuchen wir noch, das im einzelnen etwas zu klären. Wir nannten jenes unbegreifliche Ereignis, in welchem die objektive Offenbarung für den Menschen da ist, das Ereignis seines Überführtseins durch Gott. In der Tat: es geht bei dem, was hier geschieht, um eine Überführung, das heißt um ein Eröffnen, um ein Aufdecken der Wahrheit der objektiven Offenbarung vor den Augen und Ohren und im Herzen des Menschen. Es geht darum, daß er selber sie als wahr erkenne und also auch für ihn wahr und geltend habe, daß seine Vernunft sie vernehme, daß er selber ganz in der Wahrheit sei, das heißt sich selber ganz und gar von der Wahrheit her verstehe. Die Wahrheit erfährt dadurch keinen Zusatz. Sie ist die Wahrheit, auch wenn der Mensch nicht in der Wahrheit ist. Daß Gott in Jesus Christus mit uns ist, und daß wir seine Kinder sind, das ist wahr, auch wenn uns das nicht einleuchtet. Es ist von Ewigkeit her wahr, so gewiß Jesus Christus, der unsere Natur angenommen hat, der ewige Sohn Gottes ist. Es ist auch in der Zeit immer schon wahr, bevor es uns als wahr einleuchtet. Es ist wahr und bleibt wahr, auch wenn es uns nie einleuchten sollte, nur daß es dann zu unserem ewigen Verderben wahr wäre. „Gott war in Christus versöhnend die Welt mit ihm selber" (2. Kor. 5, 19). „Es ist vollbracht" (Joh. 19,30). Zu diesem Perfektum der Wahrheit der objektiven Offenbarung braucht nichts hinzuzukommen und kann auch nichts hinzukommen. Es verhält sich ja nicht so, daß hier, an einem Ort, der Sohn Gottes Menschheit angenommen hätte, und dann, an einem ganz anderen Ort, müßte die Frage entstehen und beantwortet werden, was nun aus uns werden solle. Sondern in der einen Wirklichkeit der Offenbarung ist er in der von ihm angenommenen Menschheit der Sohn Gottes von Ewigkeit und sind wir um seinetwillen, aus Gnaden, Kinder Gottes von Ewigkeit. In dem Perfektum der Wahrheit der objektiven Offenbarung ist also auch dies schon inbegriffen, daß sie für uns da ist. Nur dies, daß wir auch für sie da sind, daß unsere Augen, Ohren und Herzen für sie so offen sind, wie sie es für uns ist — nur dies, daß wir die Wahrheit als Wahrheit faktisch annehmen und also in der Wahrheit sind, nur dies ist in der objektiven Offenbarung als solcher (sofern wir für einen Augenblick von diesem Abstraktum reden wollten) nicht inbegriffen. Insofern ist die Unterscheidung von objektiver und subjektiver Offenbarung unvermeidlich. Aber diese Unterscheidung darf nach beiden Seiten nicht das bedeuten, daß man von einer für sich existierenden objektiven und subjektiven Offenbarung redet. Also nicht darin besteht die subjektive Offenbarung, daß zu der objektiven nun noch eine zweite hinzukäme.

Wenn man das Subjektive als ein erst Hinzukommendes auffaßt, dann hat man gewiß zuvor das Objektive als einen Götzen aufgefaßt und dann wird es schwerlich fehlen, daß sich auch das hinzukommende Subjektive alsbald als ein Götze herausstellt. Es waren immer verhängnisvolle Augenblicke in der Geschichte der Kirche und der Theologie, wenn man sich wieder einmal dabei ertappen mußte, daß man die objektive christliche Wahrheit in ihrer Zeichengebung z. B. in Form einer vermeintlich (aber dann nur vermeintlich!) korrekten Dogmatik abstrakt, das heißt ohne die Frage nach dem eigenen Sein in der Wahrheit betrachtet hatte und wenn man diesen unleugbaren Schaden dann damit gut machen zu sollen meinte, daß man die objektive Wahrheit, als fürs erste genugsam bekannt und erörtert und um der von dieser Seite offenbar drohenden „Gefahr des Intellektualismus" zu entrinnen, gleichsam aufs Eis stellte, um sich für eine Weile das Problem ihrer Aneignung durch den Menschen zum Thema zu machen. In der Täuschung, der man sich mit solcher Abstraktion hingibt, ist man einst von einer tot gewordenen Orthodoxie her dem Pietismus und der Aufklärung in die Arme gelaufen. Und dieselbe Täuschung scheint heute bei der Hochschätzung der Oxforder „Gruppenbewegung" bei einigen theologischen Zeitgenossen eine nicht unerhebliche Rolle zu spielen. Die Täuschung bei jener Abstraktion besteht aber darin, daß man die sehr berechtigte Frage nach dem Sein in der Wahrheit nicht damit beantworten kann, daß man die Frage nach der Wahrheit selbst, indem man sie als intellektualistisch verdächtigt, weniger ernst, sondern nur damit, daß man sie ernster nimmt, als man es offenbar vorher getan hatte, wenn man (und wann müßte man das nicht?) hinsichtlich des menschlichen Seins in der Wahrheit eine große Lücke zu spüren vermeinte. Eine wirklich korrekte Dogmatik ist das eben nie gewesen, die die objektive Offenbarung als solche und *in*

1. Der Heilige Geist die subjektive Wirklichkeit der Offenbarung

abstracto darstellte, statt als objektive, in ihrem Einbruch ins Subjektive, in ihrem heilsamen objektiven Angriff auf den Menschen. Es heißt aber einen Fehler durch einen anderen bekämpfen, wenn man statt der objektiven Offenbarung in ihrer schlechthin einheitlichen Bewegung von Gott her zum Menschen hin nachzugehen, einer in diesem Fall gerade nicht korrekten Dogmatik eine dann gewiß auch nicht korrekte Ethik, Lebenslehre oder Seelsorge gegenüberstellt.

Darin und nur darin kann die subjektive Offenbarung bestehen, daß eben die objektive Offenbarung, die die eine, nicht zu ergänzende und nicht zu überbietende Wahrheit ist, zum Menschen kommt, vom Menschen erkannt und anerkannt wird. Und dies eben ist das Werk des Heiligen Geistes, ein Werk, über das wir gar nichts Eigenes, Besonderes sagen, von dem wir schlechterdings nur wiederholend reden können, wiederholend nämlich das, was uns objektiv gesagt ist: „Gott war in Christus versöhnend die Welt mit ihm selber." Dies ist das Werk des Heiligen Geistes, daß wir als die Blinden, denen die Augen aufgetan sind, erkennen und lobend und dankend uns selbst gefangen gebend anerkennen: Amen, dem ist so! Und darum können wir auch nichts anderes sagen von diesem Werk, nicht anders von ihm reden, als indem wir das Amen, das uns durch dieses Werk auf die Lippen gelegt ist, wieder und wieder wiederholen. Auch hier ist zu bedenken: der Heilige Geist ist der Geist des Vaters und des Sohnes und also kein Geist neben dem Wort, sondern der das Wort und nichts als das Wort zu Gehör bringende Geist des Wortes selbst. So kann die subjektive Offenbarung nur die Wiederholung, die Einprägung, die Versiegelung der objektiven in uns sein, oder von uns aus gesehen: ihre Entdeckung, ihre Anerkennung, ihre Bejahung durch uns selber. Subjektive Offenbarung oder ein Reden von einer subjektiven Offenbarung, die mehr sein wollte als Wiederholung, die noch anderswie denn als Wiederholung Interesse beanspruchen wollte, die ein Thema selbständiger Betrachtung werden wollte, also Ethik, Lebenslehre, Seelsorge, die sich auch nur einen Augenblick von der Verkündigung, und zwar von der Verkündigung der objektiven Offenbarung lösen wollte, würde und müßte grundsätzlich sofort den Bruch mit der Offenbarung überhaupt bedeuten. Wer nach dem Sein in der Wahrheit fragt — und wir können keinen Augenblick unterlassen, das zu tun! — der frage nach der Wahrheit. Denn eben in der Wahrheit selbst beruht unser Sein in der Wahrheit und haben wir es zu suchen. In Jesus Christus als der objektiven Wirklichkeit der Offenbarung und in der ganzen Welt nirgends außer in ihm sind wir Gottes Kinder und in der ganzen Welt nirgends außer in ihm werden wir uns als solche erkennen. Man kann also der neuen Existenz der von Gott selbst überführten Menschen grundsätzlich schlechterdings keine andere inhaltliche Bestimmung geben als diese: sie wissen und sie können und wollen nichts anderes wissen als dies, daß sie durch Christus in Christus sind. So müssen wir das „durch Gott in Gott" jetzt erläutern. „In Christus" will aber sagen: In ihm mit Gott versöhnt, in ihm also von

Ewigkeit erwählt, in ihm berufen, in ihm gerechtfertigt und geheiligt, unsere Sünde in ihm zu Grabe getragen, unser Tod in seiner Auferstehung überwunden, unser Leben mit ihm verborgen in Gott, in ihm alles, was für uns, an uns und durch uns geschehen muß, schon geschehen, im voraus erledigt und in Ordnung gebracht, in ihm Kinder im Hause des Vaters durch Gnade wie er es von Natur ist. Was von uns zu sagen ist, kann nur in Umschreibung und Erläuterung unseres Seins in ihm gesagt werden. Nicht als eine Umschreibung und Erläuterung eines Seins, das wir an sich und für sich hätten. Eben darum kann die subjektive Wirklichkeit der Offenbarung nicht als solche zu einem christlichen Thema werden. Sie ist eingeschlossen in deren objektiver Wirklichkeit. In dem Maß, als wir etwas anderes von ihr aussagen wollten als dies: daß uns in Christus wirklich und endgültig geholfen ist, daß wir alle unsere Sorge auf ihn zu werfen haben — „denn er sorget für euch" 1. Petr. 5, 7 — in dem Maß hörte, was wir sagen, auf, von der Offenbarung Gottes gesagt zu sein. Denn durch Christus werden wir gewiß nichts anderes sein als eben das, was wir in Christus sind. Und der Heilige Geist, der uns in die Wirklichkeit der Offenbarung einbezieht und hineinnimmt, indem er tut, was wir nicht tun können, indem er unsere Augen, Ohren und Herzen öffnet, hat uns gewiß auch nichts anderes als eben dies zu sagen: daß wir durch Christus in Christus sind. Und also haben wir uns eben dies und grundsätzlich gar nichts anderes als dies sagen zu lassen: daß wir Brüder des Sohnes Gottes, Hörer und Täter des Wortes Gottes sind und also eingeladen und aufgefordert sind, uns von da, immer wieder nur von da aus zu verstehen. Indem wir uns das sagen lassen, sind wir von Gott überführte Menschen, ist seine Offenbarung so für uns da, daß wir auch für sie da sind, daß wir für sie frei sind, ja sind wir uns selber Offenbarung: sofern in uns selbst stattfindet Gottes Offenbarsein, das mit Christus in Gott verborgene Leben der Kinder Gottes, das Sein in der Gnade. Die in diesem Sinn von Gott überführten Menschen sind es, die die subjektive Seite der Wirklichkeit der Kirche bilden.

Der Aufweis des biblischen Hintergrundes und des kirchlichen Zusammenhangs des in dieser zweiten Feststellung Ausgeführten soll wegen der Fülle des Materials, das hier, wenn man einigermaßen vollständig sein wollte, beizubringen wäre, in der Erinnerung an ein einziges klassisches Dokument bestehen, nämlich an die Grundlegung, die Calvin seiner großen Darstellung des *modus percipiendae Christi gratiae* (*Instit.* III 1) vorausgeschickt hat. Es geht, so sagt schon die Überschrift dieses Kapitels, um die Erkenntnis, daß, *quae de Christo dicta sunt, nobis prodesse:* daß das uns von Christus als wahrer Gott und wahrer Mensch Verkündigte uns zukomme, helfe, zu eigen werde. Das geschieht aber *arcana operatione Spiritus:* durch das im Geheimnis sich vollziehende Werk des Geistes.

1. *Non in privatum usum*, nicht zu einem göttlichen Insichsein hat der ewige Vater seinem Sohne das Leben gegeben, als dessen Träger er unter uns erschienen ist, sondern *ut inopes egenosque locupletaret*, das heißt von Ewigkeit her in finaler Bestimmung und Richtung: als Reichtum für unsere Armut und Bedürftigkeit. Gleich das erste Wort,

1. Der Heilige Geist die subjektive Wirklichkeit der Offenbarung

das über unser Empfangen der Gnade Jesu Christi zu sagen ist, muß also das sein: Es geht um diese *locupletatio*, um die Besetzung des leeren Raumes, der wir selbst sind, durch ihn. Solange er *extra nos* wäre und wir *ab eo separati*, er dort und wir hier, solange wäre jenes *prodesse* nicht wirklich, der göttliche Wille in Christi Gegenwart in der Welt nicht vollstreckt und seine Gegenwart auch für uns bedeutungslos: *inutile nulliusque momenti*. *Communicatio*, Mitteilung der in ihm erschienenen Gnade, erfordert, daß er nicht nur dort, sondern hier sei, daß er der Unsrige werde, daß er in uns wohne, *nostrum fieri et in nobis habitare:* in dem Sinn in uns, daß er nach Eph. 4, 15 unser Haupt ist, nach Röm. 8, 29 der Erstgeborene unter vielen Brüdern, daß wir unsererseits nach Röm. 11, 17 in ihn eingepflanzt sind wie ein Schößling in einen Baum, daß wir ihn nach Gal. 3, 27 anziehen, wie man ein Kleid anzieht. *Communicatio* der Gnade ist die *communicatio* Christi selbst, sie besteht also darin, daß er und wir nicht mehr zwei, sondern eins sind: daß wir *cum ipso in unum coalescimus.* Das ist's, was im Glauben an das Evangelium geschieht. Aber das Evangelium wird vielen verkündigt, ohne daß sie glauben und also ohne daß das geschieht. Geschieht es doch, dann ist das eben jenes Geheimnis der Wirksamkeit des Geistes, die *arcana Spiritus efficacia*. Durch sie kommt es zum *frui*, zur Anteilnahme an Christus und seiner Gnade. So ist Christus „gekommen in Wasser und Blut" mit uns solidarisch geworden und für uns gestorben (1. Joh. 5, 6 vgl. Joh. 19, 34; die alte Kirche hatte sicher nicht Unrecht, wenn sie diese Stellen mit Taufe und Abendmahl in Beziehung brachte!) — so, daß der Geist sein Zeuge ist: derselbe Geist, der der ewige Geist des Vaters und des Sohnes ist und dessen Zeugnis in unserem Herzen darum das Analogon, der Siegelabdruck der uns in Christus, in Wasser und Blut zugewendeten Gnade des Vaters und des Sohnes ist. Indem dieses Zeugnis dem Menschen gegeben wird, wird er der Gnade von Rechts wegen teilhaftig, wird sie sein eigen: die Gnade, die doch nichts anderes ist als die in Christus geschehene *ablutio* (Reinigung) der menschlichen Natur und das von Christus für alle Menschen dargebrachte Opfer, also nichts anderes als eben Christus selbst. Das sind nach 1. Petr. 1, 2 Gottes Erwählte: die, denen diese *sanctificatio Spiritus* widerfährt, das heißt für die die in Christus gefallene Entscheidung Gottes über sie gültig wird, so daß sie in *oboedientiam et aspersionem sanguinis Christi* gestellt werden: in den Stand des Gehorsams des Glaubens und der im Tode Christi vollbrachten Sündenvergebung. In diesem Stande existieren diese Menschen, in einem Stande, der doch nur in jener *arcana irrigatio Spiritus*, in jenem Zeugnis des Geistes und also in Christus, von dem der Geist zeugt, für sie Wirklichkeit hat. Man muß also von diesem Stande mit 1. Kor. 6, 11 in gleicher Weise sagen, daß er „im Namen des Herrn Jesus Christus" und: daß er im „Geiste unseres Gottes" begründet ist und Kraft hat. Summa: der Heilige Geist ist jenes Band des Friedens (Eph. 4, 3), durch das uns Christus an sich selber gebunden, mit sich selber vereinigt hat, wie er das *vinculum pacis* ist, in welchem zuvor und in der Höhe der Vater und der Sohn vereinigt sind.

2. Also kein anderes Werk als eben das Werk Jesu Christi ist das Werk des Geistes. Durch den Geist, der als die Saat der *coelestis vita*, über alles Jetzt und Hier hinausweisend, in den Seinigen gegenwärtig ist, sondert er sie aus von der Welt und sammelt sie zur Hoffnung auf ihr ewiges Erbe, schafft er also seine Kirche. Durch den Geist beruft er sich Propheten, das heißt Schüler und Lehrer der Offenbarung. Durch den Geist gehen Menschen im Leibe des Todes der Auferstehung entgegen. Als der Geist Jesu Christi, der ausgehend von ihm die Menschen mit ihm in eins setzt *ut secum unum sint*, unterscheidet er sich also von dem Geist Gottes, der als *vita animalis* in der Schöpfung, in Natur und Geschichte und insofern auch in den Gottlosen lebendig ist. Und eben weil er sein, Christi, Geist ist, geschieht Christi Werk nie ohne ihn, nie anders als durch ihn, gibt es die Gnade unseres Herrn Jesu Christi nicht anders als in der Gemeinschaft des Heiligen Geistes (2. Kor. 13, 13), wird die Liebe Gottes nicht anders als durch den Heiligen Geist in unsere Herzen ausgegossen (Röm. 5, 5).

3. Die Schrift redet mannigfaltig von ihm: sie nennt ihn (Röm. 8, 15; Gal. 4, 6) den *Spiritus adoptionis*, sofern er uns die in Gottes eingeborenem Sohn uns erwiesene Güte

dessen bezeugt, der auch von uns als Vater angerufen sein will. Sie nennt ihn Siegel und Unterpfand der Hoffnung, das uns, den *peregrinantes in mundo et mortuis similes*, immer wieder Leben und Zuversicht gibt (2. Kor. 1, 22). Sie nennt ihn das den unfruchtbaren Acker fruchtbar machende (Jes. 44, 3; 55, 1) oder die Durstigen tränkende (Joh. 7, 37) oder den Schmutz wegfegende (Hesek. 36, 25) Wasser. Sie nennt ihn das stärkende und belebende Salböl (1. Joh. 2, 20 f.) oder das vernichtende aber auch wohltätige Feuer (Luc. 3, 16). Alles in dem Sinn, daß er uns ein Leben mitteilt, das darin besteht: *ut non iam agamus ipsi a nobis sed eius actione ac motu regamur, ut si qua sunt in nobis bona, fructus sint gratiae ipsius, nostrae vero sine ipso dotes, mentis sint tenebrae cordisque perversitas.* Solange wir nun, wenn wir von Christus reden, nicht an dieses Leben aus dem Geist denken, sondern an einen uns irgendwo in der Ferne gegenüberstehenden, gewissermaßen müßiggehenden Christus, dann spekulieren wir bloß über ihn! Allein in jener *coniunctio*, allein in jenem Eph. 5, 30 als Geheimnis beschriebenen *coniugium*, also allein darin, daß wir Fleisch von seinem Fleisch, Geist von seinem Geist, *adeoque unum cum ipso*, Glieder an ihm als dem Haupt sind und also allein durch den Heiligen Geist — denn *solo Spiritu unit se nobiscum* — ist er der als Heiland zu uns Gekommene.

4. Das Werk des Heiligen Geistes in uns, durch welches er entscheidend und umfassend dieses unser Einssein mit Christus herbeiführt, ist aber der Glaube. Und dies ist der Glaube als Werk des Heiligen Geistes, keine magische Verwandlung, keine höhere Begabung mit göttlichen Kräften, sondern schlicht, daß wir in ihm — und eben das brauchen wir — einen *internus doctor*, einen Lehrer der Wahrheit in uns selbst bekommen, *cuius opera in mentes nostras penetrat salutis promissio, quae alioqui aerem duntaxat vel aures nostras feriret*. Daß die Verheißung, das von außen uns treffende Wort und ihm Wort Christus selbst nicht nur zu uns, nicht nur an uns herankommt, sondern bei uns bleibt und also der Unsrige wird und wir die Seinigen, das wissen wir nach 1. Joh. 3, 24, vgl. 4, 13, durch den Heiligen Geist, den er uns gegeben hat. Vergeblich würden alle anderen Lehrer sich um uns mühen, vergeblich würde das Licht sich den Blinden darbieten, wenn Christus sich nicht durch den Geist zu unserem *interior magister* machte, unsere Augen selber für ihn öffnete und uns selber als die zu sich zöge, die ihm vom Vater gegeben sind (Joh. 6, 44). Er und er allein ist die *perfecta salus*, aber eben um uns des in ihm vollendeten Heils teilhaftig zu machen, muß er selbst uns mit dem Heiligen Geist taufen, will sagen: muß er selbst uns zum Glauben an das Evangelium das Licht geben, das heißt aber uns zu neuen Geschöpfen, zu Tempeln Gottes machen.

2. DER HEILIGE GEIST DIE SUBJEKTIVE MÖGLICHKEIT DER OFFENBARUNG

Die subjektive Wirklichkeit der Offenbarung besteht darin, daß wir durch Christus, daß wir in der Kirche, daß wir Empfänger der göttlichen Zeugnisse und als deren wirkliche Empfänger Kinder Gottes sind. Dieses unser Sein als solches ist aber das Werk des Heiligen Geistes. Und also ist der Heilige Geist die subjektive Wirklichkeit der Offenbarung.

Und nun fragen wir nach deren subjektiver Möglichkeit. Das bedeutet schlicht: Wir versuchen nun, das uns über diese Wirklichkeit Gesagte als Antwort auf diejenige Frage zu verstehen, zu der wir durch diese Wirklichkeit selbst aufgerufen sind, die uns durch diese Wirklichkeit sozusagen aufgedrängt wird. Also nicht um irgendeine Frage, nicht um irgendein disziplinlos dazwischengeworfenes: Wie ist denn das möglich? unter dem Gesichtspunkt irgendeines uns zufällig einleuchtenden Begriffs von Möglichkeit und Unmöglichkeit kann es sich hier handeln. Die Wirklichkeit der Offenbarung ist auch in dieser Hinsicht keineswegs die Antwort auf allerlei Fragen, die anderswo als in ihr selbst ihren Ursprung haben, und wenn das die notwendigsten oder doch nächstliegenden und mit bestem Recht aufzuwerfenden Fragen sein sollten. Die Wirklichkeit der Offenbarung will aus sich selbst verstanden sein und also an Hand der Fragen, zu denen sie selbst aufruft. Aber in der Tat: sie ruft zu Fragen auf und sie will verstanden sein. Auch hier ist festzustellen: Was wir uns wirklich sagen lassen, das müssen wir uns als solches, als uns Gesagtes, auch selber sagen. Sonst hätten wir es uns auch nicht ernstlich sagen lassen. Gehorsam gegen die Offenbarung besteht darin, daß wir ihr folgen, und das heißt dann jedenfalls auch, daß wir sie verstehen wollen. Kann die Verständnisfrage der Tatsachenfrage nicht vorangehen, so muß sie ihr doch unter allen Umständen nachfolgen.

Die Verständnisfrage, die uns jetzt gestellt ist, ist aber — parallel zu unserer ersten Frage formuliert — die Frage: **Wie ist es in der Freiheit des Menschen möglich, daß dem Menschen Gottes Offenbarung widerfahren kann?** Der Mensch ist frei für Gott durch den Heiligen Geist des Vaters und des Sohnes. Darin besteht die subjektive Wirklichkeit der Offenbarung. Aber wie kann er frei sein? Inwiefern ist er es? Inwiefern ist gerade das Werk des Heiligen Geistes Offenbarungswirklichkeit, das heißt zureichender Grund dafür, daß der Mensch für Gott frei ist und also empfängt, was Gott ihm anbietet? Inwiefern hat der Heilige Geist die Möglichkeit und Mächtigkeit zu diesem Werk? Wir fragen auch hier nicht, ob er sie hat? Das könnten wir ja nicht tun, ohne seine Wirklichkeit in Frage zu stellen. Und diese Wirklichkeit wäre schon geleugnet damit, daß sie in Frage gestellt würde. Wir fragen aber: Worin ihre in ihrer Wirklichkeit schon erkannte und anerkannte Möglichkeit und Mächtigkeit denn nun besteht? Wir fragen: Inwiefern ist in ihr ein Problem gelöst, eine Frage beantwortet, eine Bedingung erfüllt, ein Bedürfnis verwirklicht? Wir fragen so nicht unabhängig von der Tatsachenfrage, nicht indem wir uns ihr und ihrer Beantwortung gegenüber nun doch auf einen selbständigen Betrachtungsort zurückziehen würden, wo man schon wüßte, welches Problem hier zu lösen, welche Frage hier zu beantworten, welche Bedingung hier zu erfüllen, welches Bedürfnis hier zu verwirklichen ist. Wir halten uns vielmehr an das in dieser Wirklichkeit gelöste Problem, an die in ihr beantwortete Frage, an die in ihr erfüllte Bedingung, an das in ihr verwirklichte Bedürfnis.

Wir müssen, genau so wie wir es bei der christologischen Untersuchung des Offenbarungsbegriffs getan haben, einsetzen mit der Feststellung: die Wirklichkeit des Heiligen Geistes in seinem Werk am Menschen hat auch eine streng **negative** Bedeutung. Indem es im Heiligen Geist wirklich ist, daß wir für Gott frei sind, ist schon darüber entschieden, daß wir anders denn im Heiligen Geist nicht für Gott frei sind. Das Werk des Heiligen Geistes selber schneidet uns den Gedanken an eine andere Möglichkeit unserer Freiheit für Gott ab, schränkt diese Möglichkeit ein auf sich selber. Wie sollte es anders sein, da ja doch der Heilige Geist als Gott selbst ein Einziger und als solcher keine selbständige Gottheit neben dem ebenfalls einzigen Wort Gottes, sondern ganz einfach dessen Lehrer ist — des Wortes, das seinerseits nie und nirgends ist ohne diesen seinen Lehrer. Kommt es zum Belehren und zur Belehrung durch das Wort, dann ist dieses Belehren und diese Belehrung das Werk des Heiligen Geistes. Ohne dieses Werk kommt es eben nicht dazu, denn das Wort ist nicht ohne den Heiligen Geist. Und eben durch das Werk des Heiligen Geistes, eben indem wir im Heiligen Geist erkennen, daß Gottes Wort die Wahrheit ist, werden wir ja auch dessen überführt, daß es nichts ist mit der einzigen allenfalls noch offenen Möglichkeit, daß wir den Heiligen Geist etwa in irgendeinem Sinn schon haben, m. a. W. daß wir über das Wort Gottes schon zuvor Bescheid wissen, schon von Haus aus belehrt sein, wohl gar in der Lage sein könnten, uns selber darüber zu belehren. Indem uns Gott für sich selber die Augen und Ohren öffnet, sagt er uns auch, daß wir das von uns aus nicht tun könnten, daß wir von uns aus blind und taub sind. Den Heiligen Geist empfangen heißt aufgedeckt werden in seiner geistlichen Ohnmacht, heißt erkennen, daß wir den Heiligen Geist nicht haben. Und also kennzeichnet sich auch die subjektive Wirklichkeit der Offenbarung als Wunder, d. h. als eine nicht von anderswoher als aus sich selbst zu begründende Wirklichkeit. Gerade in der subjektiven Wirklichkeit der Offenbarung ist endgültig darüber entschieden, daß wir außer ihr keine andere Möglichkeit haben, für Gott frei zu sein.

Man bemerke wohl, daß mit diesem Satz von der Unfreiheit des Menschen für Gott außerhalb der Wirklichkeit des Heiligen Geistes kein allgemein einsichtiger Satz etwa im Sinn eines philosophischen Agnostizismus ausgesprochen sein und daß kein agnostizistischer Satz das, was mit diesem theologischen Satz gemeint ist, auch nur von ferne erreichen kann. Wenn der Agnostiker uns mitteilt, daß die Aussicht nach drüben uns verrannt sei, wenn er denjenigen einen Toren nennt, der die Augen blinzelnd dorthin richte, so meint er gewiß ein ungeheures, aber sicher nicht das grundsätzliche Unvermögen, das in dem theologischen Satz von der Unfreiheit des Menschen für Gott gemeint ist. Meint er doch auch, wenn er von dem Drüben redet, nach dem uns die Aussicht verrannt sei, nicht Gott (als die grundsätzlich alleinige Möglichkeit unseres Hübens sowohl wie aller Aussicht nach Drüben, nach dem Drüben, das er selber ist) — sondern ein solches Drüben, zu dem es eine Aussicht von uns aus zwar faktisch leider nicht gibt, aber immerhin geben könnte. Gäbe es sie, dann im Bereich menschlicher Verfügung! Sache menschlicher Verfügung ist auch der Verzicht auf sie, und in der Gewißheit dieser Verfügung beruht schließlich doch auch die Sicherheit, mit der der Agnostiker es wagt, diesen Verzicht absolut zu setzen und also eben das System des Agnostizismus zu proklamieren. Eben diese Absolutsetzung des Verzichts wird es nie zulassen, daß er Gott meint, wenn er von dem uns verrannten Drüben redet. Meinte er Gott, dann müßte er ja diese Absolutsetzung des Verzichts einklammern und relativieren lassen durch die Wirklichkeit des Heiligen Geistes. Aber was hätte die Aussicht nach drüben, die sich von hier aus allerdings eröffnet, mit dem zu tun, was der Agnostizismus darunter versteht und was die Unfreiheit des Menschen für Gott mit dem Verzicht darauf, dorthinüber zu blinzeln, wo der Agnostizismus das Jenseits sucht? Die Anerkennung der Wirklichkeit des Heiligen Geistes müßte den Agnostiker unweigerlich dazu nötigen, statt mit Absolutheitsanspruch von seinem Verzicht sehr anspruchslos von der uns gebotenen Demut, statt von unseren blinzelnden (immerhin noch blinzelnden!) Augen von unserer Blindheit und von der Heilung der Blinden zu reden, das heißt aber sich als Agnostizismus auf der ganzen Linie aufzugeben.

Diese Zwischenbemerkung hat mit Apologetik nichts zu tun. Sie war nur nötig, um klarzustellen, daß der Satz: daß wir außerhalb der Wirklichkeit des Heiligen Geistes nicht für Gott frei sind, mit jener philosophischen Theorie nichts zu tun hat. Der Agnostiker weiß nicht, was er sagt, wenn er vielleicht mit uns sagen würde, daß der Mensch für Gott nicht frei sei. Als Agnostiker weiß er nichts davon. Denn eben das kann nur durch Offenbarung, nur durch den Heiligen Geist gewußt werden.

Genau so wie mit der Erkenntnis der objektiven Wirklichkeit der Offenbarung, mit der Erkenntnis Jesu Christi und erst mit ihr darüber entschieden ist, daß Gott ein verborgener Gott ist! Der Heilige Geist — gerade der Heilige Geist, durch den Gott in uns Wohnung nimmt und uns zu seinem Tempel macht — rückt Gott und Mensch so kräftig, so endgültig auseinander, daß ihre Einheit wirklich als keine andere mehr verstanden werden kann, denn als die Einheit der freien Gnade Gottes mit der bedingungslosen Anbetung Gottes durch den Menschen. Es besteht wirklich, sobald man streng auf die Sache sieht, nicht der geringste Widerspruch zwischen dem Trösteramt und dem Richteramt des Heiligen Geistes, zwischen der Einheit und der Distanz, die er schafft. Wie soll es anders sein, als daß er uns als Lehrer des uns mit Gott versöhnenden Wortes sowohl über Gott als auch über uns selbst Bescheid sagt und also Gott vor uns hinstellt als den allmächtigen Herrn und seine Güte als die gerade darin unendliche, daß sie so ganz unverdient, so gar nicht durch unser Entgegenkommen bedingt ist. — Uns selbst aber offenbart er gar nicht etwa zuerst: als die Geringfügigen, Kleinen, Endlichen vor ihm (denn dieser Gegensatz würde noch nicht unsere Unfreiheit für ihn bedeuten; ist doch das Unendliche des Endlichen so bedürftig wie das Endliche des Unendlichen!), sondern zuerst: als Aufrührer gegen jenen Herrn, als die Undankbaren gegen seine Güte, als die Widerstrebenden gegen seinen Ruf und dann und von da aus als seine Geschöpfe, die nun wirklich nicht nur in ihrer Endlichkeit, sondern als die von ihm aus dem Nichts Geschaffenen Staub sind vor ihm, deren Existenz verwirkt ist und dahin wäre, wenn wir nicht auf ihn harren dürften. Dorthin stellt der Heilige Geist Gott und hierhin den Menschen, und so, als diesen Gott und diesen Menschen, nennt er Gott unseren Vater und nennt er den Menschen dieses Vaters Kind, bringt er Gott hinein in unsere Augen, Ohren und Herzen, die für ihn so gar nicht tauglich sind, und nimmt er uns hinein in die Wirklichkeit des Handelns Gottes, der unser so gar nicht bedarf. So wird die Grenze wirklich gezogen, von der eine agnostische Weltweisheit nicht einmal träumen kann, geschweige denn, daß sie sie je zu Gesicht bekäme. Und diese Grenze wird gerade im Heiligen Geist nicht verwischt und aufgehoben werden, sondern gezogen bleiben. Das Wunder wird nicht aufhören, Wunder zu sein. Es wird Wunder sein bis in alle Ewigkeit der vollkommenen Erlösung hinein. Das sind also die Kinder Gottes: in denen es bleibt bei dem Wunder ihrer Kindschaft und also bleibt bei der freien Gnade und bleibt bei der unbedingten Anbetung und also bleibt bei der Grenze und also bleibt bei der Erkenntnis der Unfreiheit des Menschen, von sich aus diese Grenze zu überschreiten. Jede andere, vermeintliche Erkenntnis, die etwa Gott herunterziehen wollte von seinem Thron und den Menschen ihm entgegenrücken in irgendeinen Vorhimmel, jede Erkenntnis einer Synthese, die eine andere wäre als die allein im Wort Gottes und in seinem Heiligen Geist vollzogene, könnte nur auf dem Vergessen unserer wirklichen Kindschaft beruhen, könnte nur das Werk jenes theologischen Dilettantismus sein, der, kaum daß er sich vom Spekulieren einen Augenblick hat abrufen lassen durch den Blick auf die Sache, alsbald aufs neue ins Spekulieren, das heißt in ein ungebundenes Denken und Reden über diese Sache verfällt, weil er nicht weiß, was auch hier Beständigkeit bedeutet! Also: Gerade wer im Heiligen Geist um das wirkliche Zusammensein von Gott und Mensch weiß, gerade wer es unterläßt, zu leugnen, was der Agnostizismus leugnet, ohne auch nur zu wissen, was er leugnet, gerade der, dem im Heiligen Geist das begegnet ist, was man gar nicht leugnen kann, wenn man schon wollte — gerade der wird über den Menschen dahin Bescheid wissen, daß ihm keine ihm eigene Freiheit für Gott, also keine ihm eigene Möglichkeit, Empfänger seiner Offenbarung zu werden, zuzuschreiben ist. Er weiß darum in einer nicht angreifbaren Weise Bescheid in dieser Sache, weil der Heilige Geist kein Dialektiker ist, weil diese Negation nicht seine, dieses Menschen eigene Entdeckung ist und also auch nicht wie unsere sämtlichen Entdeckungen positiven und negativen Inhalts wieder zur Diskussion gestellt werden kann.

Eben mit dieser so befestigten Negation aller anderen Freiheit des Menschen für Gott ist nun aber die Frage um so gebieterischer gestellt, inwiefern es denn nun in jenem Wunder, im Werk des Heiligen Geistes, diese Möglichkeit gibt. Nicht weniger als alles, was über den Menschen gerade von der Offenbarung her zu sagen ist, spricht dagegen, daß Gott uns offenbar sein kann. Das Werk des Heiligen Geistes aber spricht dafür: Gott kann dem Menschen offenbar sein. Da wir beides nur von der Offenbarung her sagen können, muß etwas Verschiedenes gemeint sein, wenn wir dort sagen: Gott kann nicht, hier aber: Gott kann. „Gott kann nicht" will sagen: Gott kann nicht auf Grund einer dem Menschen eigenen Möglichkeit. „Gott kann" aber will sagen: Gott kann wohl auf Grund seiner eigenen Möglichkeit. Diese Gott eigene Möglichkeit im

Werk des Heiligen Geistes ist es also, die wir nun als solche zu verstehen haben. Daß wir sie nur ja nicht anderswo suchen als eben in der Wirklichkeit des Heiligen Geistes selber! Es gibt keinen Ort, von dem aus wir die Wege Gottes (als ob wir Gott auch andere Wege vorzuschlagen hätten) überblicken, billigen oder mißbilligen könnten. Wir können uns nur die **wirklichen** Wege Gottes vor Augen halten. Wir können nur zu verstehen suchen, daß und inwiefern sie wirkliche **Wege** sind. Wobei wir das, was wirkliche **Wege** sind, nicht anderswoher zu wissen meinen als aus der Anschauung der **wirklichen** Wege Gottes. Die grundsätzliche Antwort auf die Frage, wie es in der Freiheit des Menschen möglich wird, daß Gottes Offenbarung ihm widerfahren kann, kann also nur lauten: dies wird möglich in der Ausgießung des Heiligen Geistes, in der es auch allein wirklich ist. Diesen Satz haben wir nun zu entfalten:

1. **Durch die Ausgießung des Heiligen Geistes wird es darum in der Freiheit des Menschen möglich, daß ihm Gottes Offenbarung widerfahren kann, weil ihm in ihr das Wort Gottes zu Gehör gebracht wird.**

Wir haben bei der Darstellung der subjektiven Wirklichkeit der Offenbarung auf der ganzen Linie hervorgehoben: sie ist nicht nur streng gebunden an deren objektive Wirklichkeit, sondern sie ist nichts anderes als eben deren Subjektivwerden. Der Heilige Geist ist der Geist Jesu Christi, so gewiß er der Geist des Vaters und des Sohnes ist, des Vaters, der sich in seinem Sohn und nur in seinem Sohn offenbart. Darum haben wir dort sofort eingesetzt mit der Feststellung: wir können auch vom Heiligen Geist und seinem Werk nur reden in Auslegung des biblischen Zeugnisses von der Offenbarung in Jesus Christus, das uns auch nach dieser, der subjektiven Seite, nicht im Stich läßt, sondern vollgültiges Offenbarungszeugnis ist. Darum haben wir so ausdrücklich auf die Kirche verweisen müssen als auf den einen einzigen Ort, entsprechend der Einzigkeit der Inkarnation, wo Offenbarung darin subjektiv wirklich ist, daß Jesus Christus als das Haupt in den Seinen seinen Leib, als der eingeborene Sohn Gottes in ihnen seine Brüder hat. Darum war dann auch im Begriff der Kirche noch einmal das objektive, sakramentale Moment so stark hervorzuheben und nur zuletzt und in Beziehung darauf vom Menschen als Empfänger der Offenbarung, das heißt aber von dem durch Christus für Christus Gewonnenen zu reden. Dies ist die Wirklichkeit der Offenbarung, wie sie von Gott her zum Menschen hingeht. Und das können wir zunächst nur wiederholen und unterstreichen: Eben dies und nur dies ist auch ihre **Möglichkeit.** Darum und nur darum kann der Mensch im Heiligen Geist Gottes Offenbarung empfangen, weil ihm im Heiligen Geist Gottes Wort zu Gehör gebracht wird. Denn darauf und nur darauf beruht des Menschen Können in dieser Hinsicht, daß es Gottes Wort ist, was ihm in der Offenbarung zu Gehör gebracht wird.

Gottes Wort — und das heißt: Gottes offenbares, fleischgewordenes, in dem Menschen Jesus von Nazareth zu uns anderen gesprochenes Wort. Alles, was sein kann, alles, was objektiv oder subjektiv möglich ist hinsichtlich der Offenbarung, ist ja nach der Schrift beschlossen in dem Sein und Wollen und Handeln des dreieinigen Gottes. Alles Können ist hier sein Können, für uns ablesbar aus seinem Wirken. Sein Wirken ist aber wieder nach der Schrift das Wirken seines Wortes, das Werk seines Sohnes. Was von diesem verschieden ist, das ist direkt oder indirekt unser eigenes Wirken, das ja Offenbarung erst empfangen, das mit Gott durch jenes göttliche Wirken und Werk erst versöhnt werden soll. Also ist alles Können hinsichtlich der Offenbarung tatsächlich konkret das Können des Wortes, das Können Jesu Christi. Es geht gar nicht anders: Wir müssen bei der Frage, wie denn ein Mensch dazu kommt, das Wort Gottes zu hören, an Christus zu glauben, ein Glied an seinem Leibe und als sein Bruder Gottes Kind zu sein, alsbald zurückbiegen und gerade auf das Unbegreifliche selbst hinweisen, nach dessen Begreiflichkeit da offenbar gefragt wird, und also sagen: an diesem Unbegreiflichen selbst und als solchem liegt es, daß es Menschen begreiflich werden kann. Das Wort schafft es, daß wir das Wort hören. Jesus Christus schafft es, daß wir an Jesus Christus glauben. Da drüben, da droben, bei ihm ist es möglich, daß es hier, da drunten, bei mir möglich ist. Denn alle anderen Möglichkeiten, die ich habe und an die ich hier vielleicht denken könnte, können zwar in anderer Hinsicht sehr schöne und bedeutungsvolle Möglichkeiten sein, wir mögen auf Grund dessen, daß wir sie haben, nach allen nur denkbaren Richtungen frei, offen und bereit sein, nur eben nicht nach dieser einen Richtung. Sondern wie das, für das wir da frei, offen, bereit sein müßten, in sich selbst nicht aus unserer Wirklichkeit stammt, nicht zu ihr gehört, sondern unsere Wirklichkeit erst angenommen hat und uns also als neue Wirklichkeit gegenübersteht, ohne Entsprechung und Erklärungsgrund in unseren Möglichkeiten, so steht es auch mit der Wirklichkeit, und so auch mit der Möglichkeit unserer Gemeinschaft mit ihm. Gibt es solche, weil die Liebe Gottes ausgegossen ist in unsere Herzen durch den Heiligen Geist, welcher uns gegeben ist (Röm. 5, 5), und ist es also möglich, daß es das gibt, dann nicht in unseren Herzen, sondern dann in der Liebe Gottes. Und so kann auch dieses „durch den Heiligen Geist, welcher uns gegeben ist" seine Möglichkeit nicht anderswo haben als eben in der Liebe Gottes. Mit anderen Worten: das Werk des Heiligen Geistes bedeutet darum den zureichenden Grund für unser Hören des Wortes, weil es uns nichts anderes als eben das Wort zu Gehör bringt — darum den zureichenden Grund unseres Glaubens an Christus und unserer Gemeinschaft mit ihm, weil er kein anderer Geist ist als der Geist Jesu Christi — darum die subjektive Möglichkeit der Offenbarung, weil dieses Werk nichts anderes ist als das Subjektivwerden ihrer objektiven Wirk-

2. Der Heilige Geist die subjektive Möglichkeit der Offenbarung

lichkeit: das Leben des Leibes Christi, das Wirken des prophetisch-apostolischen Zeugnisses, das Gehörtwerden der Predigt, das Gesehenwerden dessen, worauf die Sakramente zeigen. Gewiß, das ist für uns, in unserer Erkenntnis der Offenbarung, etwas Neues, Besonderes und gar nicht Selbstverständliches, daß es zu diesem Subjektivwerden, zu diesem Leben und Wirken, zu diesem Gehört- und Gezeigtwerden kommt, daß dem Ereignis Jesus Christus ein Ereignis in unserem Leben wirklich entspricht, jenem Dort ein Hier, jenem Droben ein Drunten. Ostern und Pfingsten ist — und das gar nicht nur in unserer Erkenntnis — zweierlei, und so sind auch das Objektivsein und das Subjektivwerden, das Wort und der Geist, das göttliche Angebot und das menschliche Empfangen zweierlei. Aber gerade wenn wir nach der Möglichkeit des Zweiten fragen, können wir nur auf das erste zurückgreifen und sagen: es hat seine Möglichkeit ganz und gar in jenem Ersten. Der Heilige Geist ist darum der Geist Gottes, weil er der Geist des Wortes ist. Und eben darum und nur darum können wir im Heiligen Geist für Gott Augen und Ohren bekommen. Man kann also den Heiligen Geist und sein Werk an uns, gerade wenn man es echt und recht verstehen will, nie an sich und abstrakt verstehen wollen.

Sowie man den Blick auf dieses Werk an sich richtet, also auf das Geschehen als solches, das da in unserem Leben Ereignis wird, um dann zu fragen: inwiefern nun in diesem Geschehen Christus in unserem Leben Ereignis sein möchte? — wird man sicher dabei endigen: entweder nur etwas sehr Menschliches zu entdecken, in welchem Christus nicht wiederzuerkennen ist, und dann wohl an dem Werk des Heiligen Geistes irre zu werden, oder aber dieses Geschehen, das da bei uns wahrzunehmen ist, und also gerade jenes sehr Menschliche ganz unangebrachterweise mit Christus zu verwechseln und in eins zu setzen, Christus hier und dort zu suchen und damit allen möglichen positiven Irrtümern ausgesetzt zu sein. Man kann das Werk des Heiligen Geistes so oder so nicht schlimmer verkennen und sich selbst und anderen gegenüber diskreditieren, als wenn man es zum Gegenstand einer eigenen selbständigen Betrachtung macht. Man reflektiert dann sicher, ob das Resultat nun Enttäuschung oder Freude ist, über Möglichkeiten, die mit der großen Möglichkeit, daß wir Offenbarung empfangen könnten, nichts zu tun haben. Man ist dann sicher schon auf dem Wege entweder zur Skepsis oder auch zu irgendeiner sanften oder auch wilden Schwärmerei.

Gerade wenn man echt und recht nach der subjektiven Möglichkeit der Offenbarung fragen und also den Heiligen Geist und sein Werk verstehen will, muß man nicht auf irgendwelche subjektiven Wirklichkeiten als solche sehen, in denen er angeblich oder tatsächlich sichtbar und erfahrbar sein könnte, sondern dahin gilt es zu sehen, wo er herkommt, und auf das, was er bringt, auf den Inhalt der uns in ihm entgegengestreckten Hand Gottes, auf die durch ihn in unsere Herzen gegossene Liebe Gottes, auf die objektive Möglichkeit unserer Gemeinschaft mit Christus; also auf Christus selber.

In dieser und nur in dieser Blickrichtung ist auch die hier so naheliegende Frage: Habe ich denn den Heiligen Geist? zu beantworten. Jawohl: „Wer Christi Geist nicht hat, der ist nicht sein" (Röm. 8, 9). Aber eben weil er der Geist Christi ist, entscheidet sich die Frage dieses Habens nicht an dem, was wir zu „haben" ja doch immer nur meinen können, sondern an Christus, von dem wir es auf alle Fälle allein haben können und also für uns auf alle Fälle nur in der erneuerten Zuwendung zu ihm als zu dem, der auf alle Fälle sagt: „Wer zu mir kommt, den werde ich nicht hinausstoßen" (Joh. 6, 37). Die Kirche, die heilige Schrift, die Predigt und das Sakrament werden also doch wieder die Kriterien sein, nach denen praktisch allein gefragt werden kann.

Und gerade echte und rechte Verkündigung der subjektiven Möglichkeit der Offenbarung, gerade rechte Predigt vom Heiligen Geist der Pfingsten wird nicht im Hinweis auf unser eigenes oder anderer Menschen Ergriffensein, sondern im Hinweis auf das göttliche Ergreifen und damit wiederum auf Christus selbst bestehen.

Sie wird den Hörer, der ja als solcher bewußt oder unbewußt notwendig unter der Frage steht, ob und wie er denn ein wirklicher Hörer und Täter des Wortes sein könne, lieber ein wenig „starr" auf irgend etwas, was geschrieben steht, oder auf seine Taufe oder auf das Heilige Abendmahl als auch nur im geringsten auf seine oder auf des Predigers oder auf anderer Leute E r f a h r u n g verweisen. Sie wird ihm mit keinem anderen Glauben als eben mit dem Glauben an Christus, der auch für ihn gestorben und auferstanden ist, entgegentreten. Erfahrungen dagegen sind, sowie sie auch nur einen Augenblick lang als solche mitgeteilt werden und gelten wollen, ein Moorgrund, auf dem weder der Prediger noch der Hörer stehen oder gehen kann, und darum keine Gegenstände christlicher Verkündigung. Christliche Verkündigung, gerade wenn sie g a n z praktisch, w i r k l i c h dem Menschen zugewandt ist, führt den Hörer nicht zu Erfahrungen, weil alle Erfahrungen, zu denen sie führen könnte, bestenfalls zweideutig sind, sondern durch alle Erfahrungen hindurch an die Q u e l l e echter und rechter Erfahrung, das heißt eben zu Christus.

Summa: Christus, das Wort Gottes, das durch die Ausgießung des Heiligen Geistes dem Menschen zu Gehör gebracht wird, ist die Möglichkeit des Menschen, Empfänger göttlicher Offenbarung zu sein. Und also ist dieses Empfangen, ist Gottes Offenbarsein für uns wirklich selber Offenbarung und, in nicht geringerem Sinn, als dies von der Fleischwerdung des Wortes in Christus zu sagen ist: göttlicher Herrschaftsakt, Geheimnis und Wunder der Existenz Gottes unter uns, Triumph der freien Gnade. Je wichtiger einem die Anschauung und Verkündigung dieses Empfangens wird, je ernster man sein Problem nimmt, je bestimmter man dazu reden möchte, um so dringlicher muß man immer wieder das sagen!

Es braucht wohl nicht besonders nachgewiesen zu werden, daß diese unsere erste Feststellung und Überlegung nicht aus der Luft, sondern aus dem Neuen und damit implizit und explizit aus dem Alten Testament geschöpft ist. Es ist ja eine von den selbstverständlichsten Linien sowohl in der evangelischen wie in der epistolischen wie in der apokalyptischen Botschaft des Neuen Testamentes, daß der Heilige Geist nicht irgendwoher, sondern eben von C h r i s t u s her kommt, und mit ihm schlechterdings alles, was die Kirche zur Kirche, die Christen zu Christen macht: daß also die Gnade — gleichviel ob sie mehr als sündenvergebende oder mehr als heiligende und begabende Gnade verstanden wird — s e i n e Gnade ist, der Glaube Glaube an i h n, und nur als durch ihn erweckt und vermittelt Glaube an Gott, die Gaben des Geistes in der Gemeinde schlechterdings i h m als dem Herrn der Gemeinde untergeordnet und an ihm gemessen die Apostel s e i n e Knechte, ihr Wort sein Auftrag und inhaltlich in immer neuen Wendungen Hinweis auf

2. Der Heilige Geist die subjektive Möglichkeit der Offenbarung

ihn und nur auf ihn, wobei alle Umwege, an denen es gewiß nicht fehlt, immer nur scheinbar Wege in ein abstrakt interessantes Subjektives hinein sind, in Wirklichkeit immer wieder zurückkehren zu dem einen, was das Neue Testament zu sagen hat: zu dem Objektiven, wie es gerade um des Subjektiven willen verstanden werden muß als das Einzige, als der Mittelpunkt, um den her der Kreis Kreis, aber eben nur Kreis sein darf. Διὸ ἀναζωσάμενοι τὰς ὀσφύας τῆς διανοίας ὑμῶν, νήφοντες, τελείως ἐλπίσατε ἐπὶ τὴν φερομένην ὑμῖν χάριν ἐν ἀποκαλύψει Ἰησοῦ Χριστοῦ (1. Petr. 1, 13).

Wir stehen hier vor der Wurzel der Erkenntnis, auf Grund derer die abendländische Kirche das *Filioque* in bezug auf den ewigen Ausgang des Heiligen Geistes neben das *ex Patre* in das Symbol aufgenommen hat (vgl. Bd. I 1 S. 500–511). Mit solcher Bestimmtheit meinte sie den Heiligen Geist in Gottes Offenbarung als Geist Jesu Christi und untrennbar von diesem nur als Geist Jesu Christi zu erkennen, daß sie bekennen zu müssen glaubte: Er ist nicht nur jetzt und hier und für uns, er ist auch von Ewigkeit her, auch in jenem verborgenen dreieinigen Sein Gottes, das uns in der Offenbarung offenbar wird, der Geist des Vaters und des Sohnes. Weil der Heilige Geist von Ewigkeit her die Gemeinschaft zwischen dem Vater und dem Sohne und also nicht nur der Geist des Vaters, sondern auch der Geist des Sohnes ist, darum kann er in Gottes Offenbarung die Gemeinschaft zwischen dem Vater und denen sein, die sein Sohn berufen hat, seine Brüder zu sein. Es ist von Ewigkeit her in Gott begründet, daß niemand zum Vater kommt denn durch den Sohn, weil der Geist, durch den der Vater seine Kinder zu sich zieht, von Ewigkeit her auch der Geist des Sohnes ist, weil der Vater durch seinen Geist niemanden anderswohin zieht als eben zum Sohne. Wenn die abendländische Kirche recht daran getan hat, in der Offenbarung keinen Geist als den Geist Christi als Heiligen Geist gelten zu lassen, und wenn sie recht daran getan hat, von dem ewigen Gott zu reden, wie er uns in seiner Offenbarung begegnet, dann werden wir uns gerade hinsichtlich des *Filioque* entschlossen auf ihren Boden stellen müssen.

Von derselben Erkenntnis aus wird man es auch verstehen müssen, wenn sich dann im mittelalterlichen Abendland jener Objektivismus sowohl des Sakramentsbegriffs wie des Kirchenbegriffs herausbilden konnte, der von den Päpsten z. B. gegenüber dem franziskanischen Spiritualentum mit seiner Lehre von dem in Franz von Assisi angebrochenen und von seinen geistlichen Nachfolgern weiter zu bauenden Dritten Reiche des Geistes mit eiserner Konsequenz erfolgreich verteidigt worden ist. Zum Verständnis gerade dieses Kampfes wird man jedenfalls auch dies zu beachten haben: Wohl hat das franziskanische Geistchristentum mit seiner Betonung und Pflege des Lebens und der Liebe in der Nachfolge Christi offenbar das Anliegen des Subjektivwerdens der objektiven Offenbarung vertreten wollen. Aber indem es den geschichtlichen Christus als sozusagen antiquiert hinter sich lassen zu können meinte zugunsten seines Jüngers als des Trägers seines Geistes, bedeutete es faktisch die Auflösung der in dem *Filioque* ausgesprochenen Erkenntnis und damit der Erkenntnis jener neutestamentlichen Einheit von Christus und Geist. Wo man den Heiligen Geist von Christus getrennt hat, da ist er aber früher oder später noch immer in einen ganz anderen Geist, nämlich in den Geist des religiösen Menschen und von da aus dann in den menschlichen Geist überhaupt uminterpretiert worden. Die Fäden sind sichtbar, die von der franziskanischen Pneumatheologie zu der Anthropotheologie der humanistischen Renaissance hinüberführen. Insofern stand das höhere theologische Recht in diesem Gegensatz doch auf seiten jener Päpste.

Wir finden im 16. Jahrhundert die Reformatoren, Luther voran, zunächst in derselben Frontstellung. „Mit diesen Worten gibt St. Petrus dieser Person, die da heißet Jesus von Nazareth, das göttliche Werk, daß er den Heiligen Geist ausgieße. Denn den Heiligen Geist ausgießen, gebühret keiner Kreatur und wenn es schon ein Engel vom Himmel wäre, sondern Gott allein. (Pred. üb. Act. 2, 14 f., 1534, E. A. 4, 100.) „Und merck diesen Text wol, wie hie Christus den heiligen Geist an seinen mund bindet und setzet jm Ziel und masse, das er nicht weiter gehen sol denn sein Wort, Alles, was aus meinem Mund gegangen, das sol er euch erinnern und durch euch weiter sagen, Damit zeigt er, das auch hinfurt in der Christenheit nichts anders sol geleret werden durch den heiligen Geist, denn das sie, die Apostel von Christo gehöret (aber noch nicht verstanden) und durch den heiligen Geist geleret und erinnert sind worden, Das es also gehe imerdar aus Christi mund von einem mund zum andern und doch bleibe Christi mund, und der heilige Geist Schulmeister sey, der solches lere und erinnere". (Pred. üb. Joh. 14, 23 f. Cruz. Somm. Post. W. A. 21, 468, 35.) Auf die Frage, warum der Heilige Geist ein „Zeuge" heiße, hat Luther die Antwort gegeben: „Darum, daß er von Christo und sonst von keinem andern zeuget; außer diesem Zeugniß des heiligen Geistes von Christo ist kein gewisser beständiger Trost. Darum ligts Alles an dem, daß man diesen Text gewiß fasse und fest halte, und sage: Ich glaube an Jesum Christum, der für mich gestorben ist, und weiß, daß der heilige Geist, der ein Zeuge und Tröster heisset und ist, von Niemand anders prediget oder zeuget in der Christenheit, alle Betrübten zu trösten und zu stärken, denn von Christo. Dabei will ich auch bleiben, und mich sonst an keinen Trost mehr halten. Denn sollt ein besser oder gewisser Trost sein denn dieser, der heilige Geist würde ihn auch bringen; aber er soll nicht mehr thun, denn von Christo zeugen. Der Trost soll nicht feilen, wenn wir uns nur feste daran halten und gerne gläuben, daß es wahr und des heiligen Geistes Zeugniß sei." (W. A. Ti. 6, 6654.) Freilich: das alles richtet sich nun bei Luther überlegen gegenüber jenem früheren Gegensatz nicht etwa nur gegen das S c h w ä r m e r t u m seiner Zeit, sondern nun gerade auch gegen das P a p s t t u m als solches, dem er genau dasselbe wie jenem entgegenzuhalten fand: daß es nämlich eine Gegenwart und Wirkung des Heiligen Geistes ohne Christus und neben ihm voraussetze und behaupte. Nach diesen beiden Fronten gewendet, hat dann L u t h e r in vielen Zusammenhängen in unerbittlichster Weise diese Einheit von Christus und Geist konkret dahin ausgelegt, daß das Werk des Heiligen Geistes für uns an die Schrift, an die Predigt, an die Sakramente gebunden, in seinen Wirkungen an ihm gemessen und nie und nirgends als das Werk einer absolut „subjektiven" Erleuchtung, Eingebung und Begeisterung zu verstehen sei. Man kann sich gerade bei Luther, bei dem doch das Problem des Subjektiven, des die göttliche Offenbarung und Versöhnung empfangenden Menschen, man möchte fast sagen: d a s theologische Problem gewesen ist, klarmachen, daß gerade die unnachsichtige Haltung, in der, um vom Geist reden zu können, vom Geist weg und auf Christus und damit auf die ganze objektive Seite der Kirche hinweist, keinen anderen Sinn hatte als den, das Gefälle kenntlich zu machen und immer wieder zum Bewußtsein zu bringen, kraft dessen die subjektive Offenbarungswirklichkeit nicht irgendeine, sondern eben d i e s e Wirklichkeit ist: der Einbruch von G o t t her zum Menschen hin, der Einbruch der o b j e k t i v e n Offenbarung in unseren subjektiven Bereich. *Observa autem quaenam sint illa omnia, quorum doctorem fore spiritum promittit: Suggeret, inquit, vel reducet in memoriam „quaecunque dixi". Unde sequitur non fore novarum revelationum architectum. Hoc uno verbo refutare licet quaecunque sub praetextu spiritus in ecclesiam figmenta ab initio hucusque Satan invexit. Mahometes et papa commune habent religionis principium, non contineri in scriptura perfectionem doctrinae, sed quiddam altius revelatum esse a spiritu. Ex eadem lacuna nostro tempore Anabaptistae et Libertini sua deliria hauserunt. Atqui impostor est Spiritus, non Christi, qui extraneum aliquod ab evangelio commentum ingerit. Spiritum enim Christus promittit, qui evangelii doctrinam quasi subscriptor confirmet.* (C a l v i n, Comm. z. Joh. 14, 26, C. R. 47, 335.) Nicht ein *novum regnum* richtet der Heilige Geist unter uns auf, sondern die Herrlichkeit, die dem Sohn von seinem Vater gegeben ist. *Simul ac spiritus a Christi sermone divellitur, quibuslibet deliriis et imposturis aperta est ianua . . . Quorsum igitur spiritus doctrina? Non ut nos abducat a schola Christi, sed potius ut rata sit vox illa qua iubemur ipsum audire* (Zu Joh. 16, 14 ib. 363). Wenn man verstehen will, was die protestantische O r t h o d o x i e des 17. Jahrhunderts um jeden Preis hüten wollte, dann muß man sich — zunächst einmal ganz abgesehen von der Frage, ob diese Orthodoxie ihre Sache gut oder schlecht gemacht hat, den Inhalt und die Tragweite gerade dieses Satzes reformatorischer Erkenntnis klarmachen.

2. Der Heilige Geist die subjektive Möglichkeit der Offenbarung

Andererseits beruht der Neuprotestantismus, der ja in den *Anabaptistae et Libertini* der Reformationszeit seine Vorfahren hat, wenn man ihn auf seine beste und reinste Gestalt ansprechen will, auf einem Abgleiten von der Höhe eben dieser Erkenntnis. Lange bevor er in allerhand Gestalten das Humane als eine zweite Gottesoffenbarung neben der Offenbarung in Christus und dann in rascher Entwicklung als die eigentliche Gottesoffenbarung über diese stellte, und auch da, wo er das scheinbar nicht tat oder doch zu verhüllen wußte — hat er sich innerlich dadurch von der Kirche des Neuen Testamentes getrennt, daß er eine Erkenntnis und ein Leben aus dem Heiligen Geist der Erkenntnis und dem Leben des Glaubens an Christus als ein selbständiges Thema gegenüberstellte. Auch er wollte und will ja zunächst nur das Anliegen des Subjektivwerdens der objektiven Offenbarung gegenüber einem wirklich oder angeblich toten Objektivismus vertreten. Der Neuprotestantismus ist in seiner edelsten und ursprünglichsten Form durchaus frommer und ernster Pietismus gewesen; fromm und ernst war er dann auch in allen maßgebenden Gestalten seiner zweiten, der aufklärerischen Form. Und bis in die Gegenwart hinein wird man ihn dann nie wirklich treffen, wenn man ihm Mangel an Ernst und Frömmigkeit vorwirft. Man muß billigerweise vielmehr zugestehen, daß er, was Ernst und Frömmigkeit betrifft, den Vertretern der kirchlichen Linie gegenüber oft genug im Vorsprung gewesen ist. Vorwerfen kann und muß man ihm nur dieses: daß er die im Neuen Testament unzweideutig vorgezeichnete, in der altkirchlichen Trinitätslehre befestigte, im Mittelalter (wenn auch nicht ohne Zweideutigkeit) behauptete und dann gerade in der reformatorischen Theologie der Rechtfertigung und Heiligung in unvergeßlicher Weise erneuerte Erkenntnis, daß der Heilige Geist kein anderer als der Geist Jesu Christi ist, preisgegeben und damit mit nur zu viel Ernst und Frömmigkeit *quibuslibet deliriis et imposturis*, d. h. der Anerkennung aller möglichen fremden Götter, bis zu denen, mit denen wir es heute zu tun haben, die Türe geöffnet hat.

Das anschaulichste und jedermann zugängliche Denkmal dieser Entwicklung und dieser offenen Türe sind die sämtlichen im evangelischen Bereich gangbaren Kirchengesangbücher. (Vgl. z. folgenden Lukas Christ, Das evangelische Kirchenlied, Z. d. Z. 1925, S. 358 ff.

Kein Zufall: Gerade der Gesang der Gemeinde vertritt ja im evangelischen Gottesdienst in hervorgehobener Weise das Moment der subjektiven Wirklichkeit der Offenbarung, den Menschen, der im Heiligen Geist zu ihrem Empfänger wird. Von ᾠδαῖς πνευματικαῖς ist ja schon Eph. 5, 19 die Rede. Aber was heißt hier πνευματικαῖς? Was ist das für eine Möglichkeit, die der Mensch hier hat? Sehen wir auf die Reformationszeit, so ist die Antwort einfach. Ende 1523 schreibt Luther an Spalatin über seine Absicht, eine Sammlung von Psalmen in deutscher Sprache herauszugeben, und bittet ihn dazu um seine Mitarbeit. Als Zweck solcher *cantilenae spirituales* wird dabei einfach angegeben: *Quo verbum Dei vel cantu inter populos maneat* (W. A. Br. 3, 220, 3). Und ausführlicher 1524 in der Vorrede zu dem sog. „Walther'schen Chorgesangbüchlein": „... auf daß dadurch Gottes Wort und Christliche Lehre auf allerlei Weise getrieben und geübt werde. Demnach habe ich auch ... etliche geistliche Lieder zusammenbracht, das heilige Evangelium, so itzt von Gottes Gnaden wieder aufgangen ist, zu treiben und in Schwank zu bringen, daß wir uns auch rühmen möchten, wie Moses in seinem Gesang tut Exo. 15, daß Christus unser Lob und Gesang sei und wir nichts wissen wollen zu singen noch zu sagen, denn Jesum Christum, unseren Heiland wie Paulus sagt 1. Kor. 2." (W. A. 35, 474, 8). Der Sinn dieses Programms spiegelt sich schon äußerlich in der Tatsache, daß Luther selbst seine Lieder mit 4 Ausnahmen nicht frei entworfen, sondern der Bibel oder der alten und mittelalterlichen Kirche nachgedichtet hat. Das ist bei Luther, der dichten konnte, kein Notbehelf: ihm war es „nicht um Eigenes, sondern um die Kirche und ihren Glauben zu tun" (L. Christ, a. a. O. S. 367). Entscheidend ist das Inhaltliche: den Liedern Luthers fehlt jede Lyrik, d. h. jede Hervorhebung der Bewegung des Subjektes. Weder redet der, der in ihnen spricht, sich selbst an mit allerhand anklagendem, ermunterndem, belehrendem und ermahnendem Zureden, noch bedrängt er auch andere

§ 16. *Die Freiheit des Menschen für Gott*

mit der Aufforderung oder Einladung oder Zumutung, sich dies und das zu Herzen zu nehmen. Sondern, was diese Lieder enthalten, das ist Anbetung und sachliche Mitteilung, Glaubensbekenntnis, Sündenbekenntnis, Verkündigung. Man müßte ja merkwürdig lesen, wenn man in ihnen nicht Zeile für Zeile das christliche Herz und seine Erfahrung, oder vielmehr — gleichviel ob das „Ich" oder das „Wir" als das Liedsubjekt im Vordergrund steht — die Gemeinde der Kinder Gottes reden hörte. In ihrem Namen und für sie hat ja Luther seine Lieder gedichtet. Aber weder das Kind Gottes noch die Kirche Gottes finden wir in diesen Liedern mit sich selbst beschäftigt, sondern immer in der Wendung zur Erkenntnis und zum Lob Gottes und seiner Taten in größter Konzentration auf den in biblischer Einfachheit verstandenen zweiten Artikel. Gerade so spricht hier das Leben, die Liebe, die Erfahrung, die Realität subjektiver Offenbarungswirklichkeit. Und Entsprechendes ist jedenfalls auf Absicht und Grundhaltung gesehen von den meisten der Kirchenliederdichter des 16. Jahrhunderts: von einem Joh. Decius, Mich. Weisse, Joh. Zwick, Nik. Hermann, Paul Speratus, Joh. Gramann, Mart. Schalling, Nik. Selnecker zu sagen. Und es ist die reformierte Kirche durch ihre strenge Bindung an die biblischen Psalmen (in den Übertragungen von Jorissen und Lobwasser) zu einem zwar poetisch im ganzen sehr bedenklichen, aber sachlich ebenfalls jene Linie innehaltenden Kirchengesang gekommen und sogar länger als die lutherische und in streng reformierten Gegenden bis in die Gegenwart hinein auf jener Höhe geblieben. Schon mit der Wende vom 16. zum 17. Jahrhundert, also in der Zeit, wo die wissenschaftliche Orthodoxie ihrer Vollendung erst entgegenging, setzt dann auf dem Gebiet der Kirchenliederdichtung ein merkwürdiger, nicht gleich radikaler, aber doch sofort auf der ganzen Linie sich bemerkbar machender Umschwung ein. Wohl bleibt es zunächst bei jener Wendung zum Gegenstand des Glaubens, aber, manchmal mit seiner Betrachtung verflochten, manchmal jenem ersten Thema bereits in ganzen besonderen Strophen gegenübergestellt, wird nun ein zweites Betrachtungszentrum sichtbar: das Herz, die Seele, das Ich, die Wir in der ganzen Problematik ihres Verhältnisses zu jenem Gegenstand. Nicht das ist an dem „Wie schön leuchtet der Morgenstern" des noch tief im 16. Jahrhundert stehenden Phil. Nicolai interessant, daß nun die Brautmystik des Hohen Liedes in der evangelischen Kirche das Wort bekommt; denn eben dies ist selber nur Symptom für die gerade in diesem Lied schon mit Händen zu greifende Formierung jenes Nebenzentrums. Sie ist im 17. Jahrhundert bei einem Joh. Heermann, Joh. Rist, Joh. Franck, Joh. Jak. Schütz, Joachim Neander — aber in diese Reihe gehört theologisch unweigerlich auch Paul Gerhardt — unaufhaltsam weitergegangen. Sicher, der alte reformatorische Ton fehlt auch bei ihnen allen, P. Gerhardt selbstverständlich voran, keineswegs, kommt sogar auf weite Strecken — so weit und so fern sie eben als orthodoxe Theologen dichten — in ergreifender Weise zum Ausdruck. Aber immer deutlicher wird auch das andere: nämlich einerseits die Vertiefung der Aufmerksamkeit auf die Tiefen des glaubenden Subjektes, seine Sünde, seine Begnadigung, seine Heiligung, und auf die Empfindungen, Stimmungen und Gefühle, mit denen es diesen Vorgang begleitet, anderseits die Ausbreitung der in den Liedern angestellten religiösen Betrachtung und Reflexion auf die Mannigfaltigkeit der äußeren Existenz dieses Subjektes in den verschiedenen Tages- und Jahreszeiten, in seinem Beruf, in seinen guten und besonders auch in seinen bösen Stunden, in seinem Leben und besonders auch in der Erwartung seines Todes. An Stelle des Dramas der Schöpfung, Versöhnung und Erlösung als des Werkes des dreieinigen Gottes tritt nunmehr ein anderes Drama: man hört nun monologisch die Seele mit sich selbst oder dialogisch die Seele mit Gott oder Gott mit der Seele oder auch bereits eine Seele zu den anderen reden. Es ist eine dem düsteren Charakter der Geschichte dieses Jahrhunderts entsprechend ernste, bedrückte, fast melancholische Stimme, die hier zum Gehör kommt. Man muß es diesen Menschen glauben, wie sie im Glauben gekämpft und gelitten, gezweifelt und sich getröstet und aufgerichtet haben. Sie haben zum Teil unvergeßliche Worte dafür gefunden. Aber eben: man muß es, wenn man von der andersartigen reformatorischen Substanz in ihren

2. Der Heilige Geist die subjektive Möglichkeit der Offenbarung 277

Liedern absieht, wohl oder übel **ihnen**, ihrem **Selbstbekenntnisse**, glauben. Und eben als Selbstbekenntnisse klingen ihre Lieder mit denen ihres Zeitgenossen, des Konvertiten und Mystikers **Joh. Scheffler**, *alias* Angelus Silesius, merkwürdig gut und selbstverständlich zusammen. Auch ihm muß man es ja wohl oder übel glauben, daß er es ernst und innig und tief meint. Aber an was und an wen glaubt man dann eigentlich? Und eben dieses Selbstbekenntnis wird dann im Glanz einer neueren, heiteren und selbstbewußteren Zeit mit dem Übergang ins 18. Jahrhundert immer reicher, üppiger und bewegter. Der Pietismus mit seinem großen „Nicht nur Lehre, sondern auch Leben" hatte in der sog. vernünftigen Orthodoxie auch in der Theologie triumphiert, und alsbald beginnen sich die Bäche der Dichtung bereits in der Richtung „Nicht Lehre, sondern Leben" zu ergießen. Es ist ein geradezu strotzendes christliches Lebensgefühl — ganz entsprechend dem allgemeinen Genius jener Zeit — das uns nun (auch die Melodien beginnen in dieser Zeit einen verdächtigen Schwung zu bekommen!) in den Gesängen eines **Christian Friedr. Richter, Ludw. Andr. Gotter, Benj. Schmolck, Joh. Jak. Rambach, Phil. Friedr. Hiller, Ernst Gottlieb Woltersdorf** und in seiner besonderen Art eines **Nik. v. Zinzendorf** begegnet. Was einem an ihnen auffällt, ist gewiß zunächst die zum Teil geradezu pompöse und immer sehr nachdrückliche Art, in der — noch ist ja die orthodoxe Fassade unerschüttert — auf das objektive Dogma und besonders auf das Christusdogma Bezug genommen wird. Man kann nicht bewegter, nicht triumphierender, nicht festlicher etwa von der in den drei Ämtern des Propheten, Priesters und Königs wirksamen Gottmenschheit Christi reden, als es hier geschieht. Aber gerade die phantasievolle und die Phantasie anregende Ornamentik, die dabei zur Anwendung kommt, zeigt, wie sehr sich die Dinge nun verschoben haben: aus dem Bekennen und Verkündigen ist nun wirklich die fromme Poesie geworden. Das Objektive ist nun schon ganz erfüllt und getragen von der Inbrunst, von der Dankbarkeit und Ehrfurcht, von dem lobenden Jubel des Subjekts. Gewiß ist auch diese Poesie nicht ohne Bekenntnis, nicht ohne Verkündigung; gewiß enthalten auch diese Lieder Sätze und ganze Strophen, die man ergriffen nicht nur von ihrem Stimmungsgehalt, sondern auch von ihrem biblisch-reformatorischen Erkenntnisgehalt gerne liest und mitsingt. Aber im ganzen setzt doch ein beteiligtes Mitsingen dieser Lieder eine Christus gegenüber höchst selbstbewegte, höchst selbsttätige, höchst selbstgehobene Gemeinde voraus, nicht mehr — das ist nicht zu verkennen — jene einfach vom Hören des Worts im Glauben bewegte Gemeinde Luthers. Sie ist viel frömmer geworden als jene; sie verlangt viel mehr von sich selber; sie nimmt sich aber vor allem auch in ihrem religiösen Besitz sehr viel wichtiger und ernster. Kinder Gottes? Ja, aber dann schon auffallend weise, reife, nächstens aus der Schule zu entlassende, mit dem Vater schon ziemlich kameradschaftlich stehende Kinder. Und dann, auf der Höhe dieses Jahrhunderts, die beiden letzten großen evangelischen Liederdichter **Gerh. Tersteegen** und **Christian Fürchtegott Gellert**. Noch und immer noch ist die objektive Substanz des Kirchenliedes nicht beseitigt, kaum leise angefressen. Noch würde sich auch aus den Liedern dieser beiden ein leidlich vollständiges Kompendium der biblisch-kirchlichen Christologie zusammenstellen lassen. Aber ist es nicht bei Tersteegen wie bei Gellert ganz deutlich, wie sich nun jenes Nebenzentrum endgültig konsolidiert und verhärtet hat, wie die eigentliche Substanz dessen, was sie die Gemeinde singen lassen, nun doch entschieden nicht mehr dort, sondern hier ist, wie die überlieferte Christologie unmerklich zum exoterischen **Gewand** wird: bei Tersteegen zum Gewand der Darstellung eines mystischen Präsenzerlebnisses, bei Gellert zum Gewand der Darstellung einer soliden moralischen Gesinnung, zu einem diesem Eigentlichen nicht ganz notwendig, sondern ein bißchen zufällig anhängenden **Fremdkörper**. Man höre **Tersteegen** selber in dem „Vorbericht" zu seinem „Geistlichen Blumengärtlein inniger Seelen" 1768: „Ach, daß so viele hungrige Gemüter sich noch so lange aufhalten und abspeisen lassen mit dürren, kraftlosen Schalen- und Schattenbildern der Wahrheiten, worin doch der Geist keine gründliche und beständige Vergnügung und Frieden finden kann, da indessen die wesentlichen Kernwahrheiten des

inwendigen Christenlebens, welche noch hier auf dem Pilgerwege durch göttliche Gnade zu erfahren sind, wo nicht gar verachtet, dennoch so wenig in ihrer Schönheit und Kostbarkeit erkannt und genossen werden, daß es nicht genugsam mit Mitleiden kann beklagt werden. Ach, man sucht einen Schatz weit und breit und mit vielen Bemühungen, ohne ihn je recht zu finden, den man doch so leicht und so nahe haben könnte, wenn man nur in die gehörige Bereitschaft oder Disposition des Herzens durch göttlichen Beistand einzugehen sich angelegen sein ließe. Kommet, ihr von Gott zu seinem reinen Dienste des Geistes berufene Seelen! Lasset uns in der Kraft des Herrn uns losmachen und losmachen lassen von allem Sichtbaren, von den Sinnen, von der Vernunft und von allen Eigenheiten, damit wir als recht abgeschiedene vereinfältigte reine Kreaturen, in unseren Geist und Seelengrund können einkehren, und Gott, welcher auch ein Geist ist, daselbst finden, schauen, lieben und seinen Frieden genießen mögen, welcher ist höher als alle Vernunft." Und man höre Gellert in der Vorrede zu seinen „Geistlichen Oden und Liedern", 1757: „Die Lieder für das Herz, denen der Gesang vorzüglich eigen ist, müssen so beschaffen sein, daß sie uns alles, was erhaben und rührend in der Religion ist, fühlen lassen; das Heilige des Glaubens, das Göttliche der Liebe, das Heldenmütige der Selbstverleugnung, das Große der Demut, das Liebenswürdige der Dankbarkeit, das Edle des Gehorsams gegen Gott und unseren Erlöser, das Glück, eine unsterbliche, zur Tugend und zum ewigen Leben erschaffene und erlöste Seele zu haben; daß sie uns die Schändlichkeit des Lasters, das Tierische der Lüste und Sinnlichkeit, das Niederträchtige des Geizes, das Kleine der Eitelkeit, das Schreckliche der Wollust, mit einem Worte, die Reizungen der Tugend und die Häßlichkeit des Lasters empfinden lassen; der Tugend, wie sie von Gott geliebt, befohlen, zu unserem Glücke befohlen wird; des Lasters, wie es vor Gott ein Aufruhr, für uns Schande, zeitliches Elend, ewige Pein ist."
Man halte daneben, was Luther über das Programm einer solchen Liedersammlung geschrieben hat! Es ist wirklich nicht nötig, auf die in älterer und neuerer Zeit reichlich vorgekommenen pietistischen und rationalistischen Entartungen hinzuweisen. Nicht im Blick auf allerlei Unart, sondern im Blick auf die in Tersteegen und Gellert reif gewordene Art des neuprotestantischen Kirchenliedes muß man sich klarmachen, was da geschehen ist. Es ist ferner grundsätzlich bedeutungslos, ob man sich lieber für Tersteegen oder lieber für Gellert entscheidet. Mystik und Moral sind komplementäre Gegensätze, die nur aus Mißverständnis ernstlich gegeneinander ausgespielt werden können. Wenn die subjektive Möglichkeit der Offenbarung, wenn die Kirche dort zu suchen ist, wo man sie seit der Mitte des 18. Jahrhunderts nun endlich eindeutig gesucht hat, dann wird diese Kirche, um keiner Einseitigkeit zu verfallen, am besten Tersteegen und Gellert miteinander singen! Was auf der in Tersteegen und Gellert erreichten Höhe der Entwicklung des evangelischen Kirchenliedes — nicht unartig, sondern sehr artig in geradezu klassischer Doppelgestalt geschehen ist, ist dies: das Christusbekenntnis steht zwar noch da, aber es ist im Verhältnis zu dem, was diese Dichter die Gemeinde eigentlich singen und besingen lassen wollen, im tiefsten Grund überflüssig geworden. Indem es nicht mehr das Eins und Alles, sondern, und nunmehr unzweideutig und unwiderruflich ein Erstes neben einem Zweiten geworden ist, wird auf einmal sichtbar: es könnte auch fehlen, ohne daß dem, was man hier eigentlich singen und besingen will, etwas Wesentliches abgehen würde. Es war zur Zeit der Generation nach Tersteegen und Gellert drauf und dran, daß die evangelische Kirche tatsächlich ein rein subjektives Kirchenlied bekommen hätte: es war die Zeit, in der man das Lied des 16. und 17. Jahrhunderts mit Einschluß von Luther und Paul Gerhardt ganz oder fast ganz aus den Gesangbüchern verschwinden ließ oder so lange umdichtete, bis auch sie sagten, was man jetzt allein noch sagen und hören wollte. Es wäre vielleicht heilsam und jedenfalls lehrreich gewesen, wenn diese Tendenz gesiegt hätte und damit der Kirche eindeutig zum Bewußtsein gebracht worden wäre: was man jetzt als Heiligen Geist zu kennen meinte, das war, selbständig geworden gegenüber Jesus Christus, tatsächlich ein anderer Geist als der Geist Christi: der Geist der Mystik und der Moral, aber nicht mehr der Geist, in dem

2. Der Heilige Geist die subjektive Möglichkeit der Offenbarung 279

die alte und die reformatorische Kirche das Wort und nichts als das Wort gehört und geglaubt hatte. Aber die weitere Entwicklung führte nicht zur Klärung, sondern zur Verdunkelung dieser Sachlage. Wenden wir uns nämlich zum Schluß zu dem spezifisch-modernen Kirchenlied, bei dem wir etwa an Namen wie Novalis, E. M. Arndt, Alb. Knapp, Phil. Spitta denken mögen, so stoßen wir nicht nur auf die Tatsache, daß Pietismus und Rationalismus sich jetzt zu einem einzigen um so mächtigeren Strome vereinigt haben, sondern wir müssen entdecken, daß jene radikale Tendenz des 18. Jahrhunderts offenbar nicht zur Auswirkung gekommen, sondern unterdrückt worden ist, daß vielmehr das dem gottesdienstlichen Leben in besonderer Weise anhängende Schwergewicht der Tradition im Bunde mit dem neuerwachten Sinn für den Wert und die Würde der Geschichte dafür gesorgt haben, daß der objektive Gehalt des Kirchenliedes scheinbar ganz neu zur Geltung kam. Wohlverstanden: ohne daß sich sachlich im geringsten etwas geändert hätte, ja, bei immer noch zunehmendem Eigengewicht des subjektiven Momentes! Erst recht ist im 19. Jahrhundert die religiöse Innigkeit und der sittliche Ernst der im Kirchenlied sich aussprechenden christlichen Gesinnung dessen Herzton und das Maß, an dem es gemessen ist. Erst recht und mit noch ganz anderer Selbstverständlichkeit als im 18. Jahrhundert wird nun das Bekenntnis der Gemeinde ihr Bekenntnis zu sich selbst. Nur daß man es jetzt auch gelernt hat, in einer Weise, wie es das 18. Jahrhundert von ferne nicht konnte, das Subjektive, von dem man eigentlich singen und sagen wollte, dichterisch auf das Objektive zu projizieren und so das Objektive selber in ein Subjektives umzudichten, das heißt: Christus selbst als Urbild des Tiefsten und Mächtigsten, was im christlichen Herzen und in der christlichen Gemeinde lebt, als Ziel und Gegenstand und Inbegriff aller christlichen Überzeugungen, Wünsche und Sehnsüchte zu verherrlichen. Mag man auch in dieser Dichtung da und dort die Erinnerung an das wahrnehmen, was das „geistliche Lied" im Sinne Luthers und seiner Zeitgenossen und teilweise noch im Jahrhundert des Dreißigjährigen Krieges gewesen war — die Wendung zum Objektiven bedeutete ja auch in dieser fatalen Gestalt automatisch und ungewollt die Möglichkeit, daß dieses Objektive nun eben doch auch als solches zur Sprache kam — grundsätzlich wird man doch sagen müssen, daß die Lage nun eine fast hoffnungslos verworrene geworden war. Doppelt verworren, weil man nun auch wieder imstande war, das altprotestantische Kirchenlied neben dem modernen zu würdigen, verständlich und brauchbar zu finden und zu neuen Ehren zu ziehen, weil nun jene Vorstellung von dem so erfreulich reichen „Liederschatz der evangelischen Kirche" entstand, auf Grund deren man Luther und die reformierten Psalmen, Paul Gerhardt und die Poeten des Spätbarock, Tersteegen und Gellert und die Romantiker und Idealisten, die Dichter der Erweckung und die der Vermittlungstheologie des 19. Jahrhunderts friedlich nebeneinanderstellte und die Gemeinden an die Annahme gewöhnte und geradezu zu der Annahme erzog, daß die ganze Entwicklung normal und legitim gewesen sei, mit anderen Worten, daß auch ihr so ganz anderer Anfang getrost von der Gegenwart her verstanden werden dürfe. Wenn nun Luthers „Ein feste Burg ist unser Gott" in einem Atem und Sinn etwa mit E. M. Arndts „Ich weiß, an wen ich glaube" gesungen wird, dann hat eben auch es aufgehört, Luthers Lied zu sein; es verschwindet dann faktisch auch das reformatorische Lob Gottes in dem gurgelnden Schlund des modern-religiösen Selbstbekenntnisses. Immerhin: so verworren ist die Lage nicht, daß der Sinn des Weges, den die evangelische Kirche auf diesem Gebiet gegangen ist, nicht offenkundig wäre: sie hat ursprünglich unter einem „geistlichen Lied" ein Lied verstanden, in welchem genau so wie in der Predigt und wie im Sakrament, nur nun eben als Antwort der Gemeinde, das Wort Gottes verkündigt und gehört wird. Sie hat dann in der Erfahrung, die der Mensch mit diesem Worte macht, ein interessantes Nebenthema gefunden. Sie hat dann dieses Nebenthema zu einem selbständigen Thema werden lassen. Sie fand es dann offenkundig noch interessanter als das Hauptthema, und darum erhob sie es dann zum eigentlichen und Hauptthema. Sie fand schließlich und zuhöchst, daß man dieses neue Hauptthema nicht würdiger und kräftiger behandeln könne als unter intensiver Heranziehung des an sich obsolet gewordenen alten, das damit, als allegorischer Text verstanden, einen neuen, wenn auch sekundären Glanz bekam. Gerade im Lichte der letzten, konservativen Wendung des 19. Jahrhunderts dürfte es deutlich sein, welche Umkehrung aller Dinge sich da abgespielt hat. Deutlicher als dies: daß man den objektiven Gehalt des Kirchenliedes im 18. Jahrhundert einen Augenblick lang einfach abzustoßen gedachte, spricht das andere: daß man ihn im 19. Jahrhundert viel mehr subjektiv zu deuten und zu benützen wußte — dafür, daß der Protestantismus, sofern dieser Weg als der eigentliche Weg seiner inneren Entwicklung zu betrachten sein sollte, den Weg eines Abfalls von der Reformation gegangen ist. Die Geschichte des Kirchenliedes zeigt uns die innere Säkularisierung, die sich da vollzogen hat. Und gerade auf diesem Gebiet ist von seiner äußeren Säkularisierung kaum etwas zu bemerken: eine offenkundige Häresie wird man wenigstens in unseren modernen Kirchengesangbüchern verhältnismäßig selten mit Händen greifen können. Um so mehr die verborgene Häresie, die in der ganzen Richtung liegt, die sich an jeder einzelnen Abteilung unserer Kirchengesangbücher mehr oder weniger deutlich nachweisen läßt. Es ist die Häresie des dritten Artikels, in welcher der Heilige Geist ein anderer geworden ist als der Geist Jesu Christi, angeblich noch immer ein Geist Gottes, ja, ein christlicher Geist, in Wirklichkeit der Geist menschlicher Innigkeit und Ernsthaftigkeit, der Geist der Mystik und der Moral, in welchem die Menschen, die in Gottes Offenbarung wahrgemachte Gemeinschaft mit Gott nun einmal noch nicht oder nicht mehr haben, in welchem sie vielmehr bei allem Ernst und in aller Frömmigkeit nur bei sich selbst und mit sich selbst allein sind: ἐλπίδα μὴ ἔχοντες καὶ ἄθεοι ἐν τῷ κόσμῳ (Eph. 2, 12). Es konnte nicht anders sein, als daß diese verborgene Häresie auf anderen Gebieten auch offenkundig werden mußte. Alle äußere Säkularisierung des Protestantismus in der besonderen Gestalt des modernistischen Neuprotestantismus ist schließlich nur ein Symptom dieser in der Wandlung des Kirchenliedes sichtbaren inneren Säkularisierung.

2. Durch die Ausgießung des Heiligen Geistes wird es darum in der Freiheit des Menschen möglich, daß ihm Gottes Offenbarung widerfahren kann, weil ihm in ihr durch Gottes Wort ausgeredet wird, daß er zu solchem Widerfahrnis eine eigene Möglichkeit hat.

Das Wort Gottes, das in der Offenbarung offenbar wird, erklärt den Menschen für Gott gegenüber unfrei. Das ist schon damit gesagt, daß es eben das Wort oder der Sohn Gottes ist, der da offenbar wird. Nicht irgendetwas geschieht hier, sondern das Letzte und Eigentlichste, was überhaupt von Gott her geschehen kann: er selbst tritt auf den Plan, um des Menschen Heiland zu sein. Dies setzt voraus, und damit ist schon als Wahrheit göttlichen Urteils ausgesprochen, daß dem Menschen anders nicht geholfen werden kann, daß beim Menschen nicht irgendetwas, sondern alles fehlt, was er sein, können, haben müßte zu Gott hin, daß er nicht nur ein gefährdeter oder beschädigter, sondern in seinem Sein zu Gott hin ein erledigter, ein schlechterdings ohnmächtiger Mensch, nicht nur ein Kranker, sondern ein Toter ist. Weil die Welt verloren war, darum wurde Christus geboren. Und so muß gerade von der Geburt Christi her gesagt werden, und zwar in strengstem Ernst gesagt werden: Welt war verloren. Nur von der Geburt Christi her kann das gesagt werden. Aber von ihr her muß es gesagt werden. Der Mensch ist in vielerlei

2. Der Heilige Geist die subjektive Möglichkeit der Offenbarung 281

Hinsicht frei. Er hat viele von den Möglichkeiten, die das Geschöpf überhaupt hat. Und er hat alle die Möglichkeiten, die nun eben die spezifisch menschlichen zu sein scheinen, weil wir sie so sonst nirgends realisiert sehen. Er hat aber nicht die Möglichkeit, mit Gott Gemeinschaft zu haben, mit Gott so zusammenzusein, wie er mit seinesgleichen und vor allem mit sich selbst und in einem weiteren Sinn des Begriffs mit allen anderen geschöpflichen Wirklichkeiten zusammensein kann. Weder hat er dazu eine besondere Möglichkeit, noch hat er in seinen sonstigen Möglichkeiten die Fähigkeit dazu. In dieser Hinsicht ist er unfrei. Man kann zwar nicht sagen: „Menschsein heißt: ohne Gott sein". Man kann und muß aber negativ sagen: „Menschsein heißt nicht: mit Gott sein". Menschsein, das würde gewiß auch heißen: mit Gott sein, aber nur in der übergreifenden Bestimmung: in Christus, als Hörer und Täter des Wortes Gottes, in der Kirche. Das ist aber das Neue, das durch die Offenbarung zu unserem Menschsein hinzukommt. Es ist in unserem Menschsein als solchem nicht eingeschlossen, es ist sogar davon ausgeschlossen, und das Menschsein ist von ihm ausgeschlossen, solange und sofern jenes nicht als ein Neues zu diesem hinzukommt. Das alles ist so wahr wie das Wort Gottes selbst. Indem das Wort Gottes erkannt wird, wird auch dies erkannt, daß der Mensch für Gott unfrei ist. Erkennt er das Wort Gottes, ist er also tatsächlich frei für Gott, dann ist in dieser Erkenntnis eingeschlossen: daß diese seine tatsächliche Freiheit zu solcher Erkenntnis ein Wunder ist und also nicht begründet in einer Freiheit, in einer Möglichkeit, die er von sich aus hätte zu solcher Erkenntnis, sondern begründet allein in der Freiheit des zu ihm gekommenen Wortes Gottes. Dies ist der nicht wegzudenkende und nicht zu übersehende negative Gehalt dieser Erkenntnis: Auf Grund unserer eigenen Freiheiten und Möglichkeiten würden wir das Wort Gottes in alle Ewigkeit nicht erkennen. Und eine Erkenntnis, deren Begründung oder auch nur Mitbegründung in unseren eigenen Freiheiten und Möglichkeiten läge, wäre *per se* nicht Erkenntnis des Wortes Gottes. Es würde die Absicht, unsere Erkenntnis des Wortes Gottes auf Grund unserer eigenen Freiheiten und Möglichkeiten zu vollziehen, solche Erkenntnis gerade unmöglich machen. Und es würde eine nachträgliche Erklärung solcher Erkenntnis durch unsere eigenen Freiheiten und Möglichkeiten ihre Verleugnung und damit ihre Aufhebung bedeuten. Wie sie nur als Wunder Ereignis ist, so kann sie auch nur als Wunder empfangen und verstanden werden. Eben darum muß uns unsere eigene Freiheit und Möglichkeit zu dem Widerfahrnis der Offenbarung ausgeredet werden, ausgeredet, damit dieses Widerfahrnis möglich werde. Wir müssen, um für Gott frei zu werden, dessen überführt werden, daß wir es nicht etwa schon sind. Es muß Raum geschaffen werden für das Wunder der Erkenntnis des Wortes Gottes. Das Wort Gottes enthält nun in sich die Negation, die hier nötig ist. Hören wir das Wort Gottes, dann ist es uns schon ausgeredet, daß wir es auf Grund einer uns selbst eigenen Freiheit gehört hätten. Hören wir es, dann gilt uns *eo ipso* keine andere Freiheit als die des Wortes Gottes selbst, das wir uns nicht genommen haben, sondern das sich uns aus Barmherzigkeit und kraft der Allmacht Gottes geschenkt hat. Aber eben darum muß offenbar im Akt dieses Hörens jene Negation für uns in Kraft treten und Geltung verlangen. Sie muß an uns vollstreckt werden, so daß sie nun nicht mehr bloß in dem von Gott gesprochenen Wort als solchem, sondern in dem von uns gehörten Wort Gottes und also auch in uns selbst ausgesprochen ist. Sie muß uns zu eigen gemacht werden, so daß wir ihr weder faktisch noch in unserem Denken jenen Widerstand entgegensetzen können, der die Verleugnung und Aufhebung des Wunders dieser Erkenntnis und damit dieser Erkenntnis selbst bedeuten würde.

Es kann aber auch dies nicht unsere Sache sein, uns unsere Freiheit für Gott auszureden oder also die Negation dieser Freiheit einzureden. Könnten wir das selbst tun, dann wäre gerade damit entschieden darüber, daß wir eben doch eine Freiheit für Gott und sein Wort, und zwar eine geradezu souveräne Freiheit dafür hätten. Wir wüßten dann offenbar, schon bevor wir das Wort Gottes gehört hätten, mindestens so viel über dessen Art und Wesen: es wird ein Wunder sein, das uns da wider unser ganzes eigenes Können widerfahren wird. Wir wüßten aber auch über unser eigenes Können dies, daß es zum Hören dieses Wortes unzulänglich sei. Und auf Grund dieses doppelten Wissens würden wir uns dann selbst über jene Negation belehren und entsprechend negativ disponieren und so die Bedingung schaffen können, auf Grund derer wir Hörer des Wortes werden könnten. Aber wenn es wirklich so ist, daß das Wort Gottes alle andere Freiheit außer seiner eigenen ausschließt, dann dürfte auch diese Freiheit: die Freiheit, uns selbst unserer Unfreiheit zu überführen, uns selbst jene Negation einzureden, hinfällig sein. Vielmehr dürfte gerade die gewisse Notwendigkeit, mit der der Mensch sich wenigstens diese Freiheit für Gott, die Freiheit zur Negation seiner Freiheit, zu sichern sucht, der Beweis dafür sein, daß der Mensch den Verzicht, den das Hören des Wortes Gottes von ihm verlangt, tatsächlich nicht leisten kann.

> Es gibt eine Art, das *servum arbitrium* zu behaupten und gegen die Lehren des *liberum arbitrium* vorzutragen („Gott ist alles, der Mensch ist nichts und du bist ein Idiot!"), die allzu triumphal ist, als daß sie nicht verriete: da ist dieser Verzicht noch keineswegs geleistet, da triumphiert gerade in der Behauptung des Gegenteils noch immer und erst recht die Meinung von einem *liberum arbitrium*, der eigene Entscheidungsstolz des Menschen, der ja gut und gerne auch die Gestalt eines Pharisäismus des Zöllners annehmen kann. Und selbst wenn auch das eingesehen ist, wird unser letztes Wort immer wieder eine Gestalt solchen Entscheidungsstolzes sein!

Was der Mensch dem Wort Gottes gegenüber leistet, wird immer wieder der Versuch sein, doch noch einen Anspruch auf seine eigene Freiheit geltend zu machen, doch noch an seine eigenen Möglichkeiten zu glauben.

2. Der Heilige Geist die subjektive Möglichkeit der Offenbarung

Indem wir uns selbst diese Freiheit ausreden zu können meinen, haben wir sie uns schon wieder eingeredet. Unser Ausreden, wie radikal es sich auch gebärde (und je radikaler es sich gebärdet, um so eindeutiger!), hat die Kraft nicht, wirklich auszureden, was hier ausgeredet werden müßte, und wir würden besser tun, uns klarzumachen, daß wir auch diese Möglichkeit nicht haben, uns einzugestehen, daß wir auf Grund unserer eigenen Möglichkeiten immer die sein werden, die an ihre eigenen Möglichkeiten glauben müssen. Auch die Kraft des hier nötigen Ausredens ist eben die Kraft des Wortes selbst und ganz allein und sofern uns solches Ausreden tatsächlich widerfährt, die Kraft des Heiligen Geistes. Man bedenke, daß es sich ja gerade hier darum handelt, die Offenbarung als Offenbarung zu empfangen und dieses Empfangen als Empfangen der Offenbarung zu verstehen, und also den Menschen als endgültig und wirklich mit Gott, mit dem Herrn als seinem Schöpfer, Versöhner und Erlöser konfrontierten Menschen. Es geht darum zu verstehen, daß auch und gerade Gottes Offenbarsein für uns Gottes eigene Person und Gottes eigenes Werk ist. Aller Trost, alle Kraft, alle Wahrheit dieses Offenbarseins hängt daran, daß es Gott ist, mit dem wir es hier zu tun haben, und alles Verstehen dieses Offenbarseins daran, daß es in dieser Identität mit Gott selbst verstanden, daß alle von der Möglichkeit Gottes verschiedenen Möglichkeiten hier als ausgeschlossen gedacht werden. Es geht darum zu verstehen, daß der Mensch als Empfänger der Offenbarung unter Gottes Gericht und eben damit und nicht anders unter Gottes Verheißung zu stehen kommt, daß Gott ihm begegnet als der, der für ihn eintritt, seine Sache übernimmt und führt und also sein, des Menschen eigenes Können, Wollen und Vollbringen zwar nicht auslöscht, wohl aber dem seinigen so unterordnet, wie eben der Mensch Gott untergeordnet sein muß, wenn Gottes Ehre triumphieren und wenn dem Menschen geholfen werden soll. Es geht darum zu verstehen, daß das Offenbarsein Gottes die Absetzung des Menschen aus der Würde seiner eigenen Freiheit und seine Einsetzung in die Würde der Freiheit der Kinder Gottes in sich schließt. Diese Negation, die Negation des Menschen durch Gottes ewige Gnade und Barmherzigkeit, die Negation des Menschen, die nur die Kehrseite seiner Position als Kind Gottes, als Angehöriger des Bundes zwischen Gott und Mensch bedeutet, sie kann offenbar so wenig wie diese Position anders als durch Gott selbst vollzogen werden. Gottes Möglichkeit triumphiert auch und gerade über jene Gefangenschaft, in der wir selbst immer nur unsere eigenen Möglichkeiten vollziehen, immer nur an unsere eigenen Möglichkeiten glauben können. Die in sich geschlossene Einzigkeit des Menschen, der nur seine eigene Freiheit hat und kennt, wird überlegen umschlossen und endgültig relativiert durch die Einzigkeit Gottes und seiner Freiheit, der Freiheit, in der er mit diesem Menschen Gemeinschaft haben, diesem Menschen als sein Herr eins und alles sein will. Wie sollte der Mensch diesen Triumph und das Wunder dieses Triumphs voraussehen oder gar vorwegnehmen oder sich doch darauf einrichten können? Es ist Gottes Triumph. Es ist eine Verfassung, ein Stand, in dem sich der Mensch wohl vorfinden kann, aber nur staunend, nur dankbar, nur in demütiger Anerkennung einer vollzogenen Tatsache, ohne die Möglichkeit einer Reflexion darauf, wie das nun gekommen sei, ohne das Bedürfnis und ohne die Fähigkeit zu haben, ihn aus seinem früheren Stand abzuleiten, den Weg aufzuzeigen, der von dort nach hier geführt hat. Wie soll er seinen früheren Stand, den Stand seiner Eigenherrlichkeit und Eigenmächtigkeit, der ja abgesehen von Gottes Triumph immer auch noch sein gegenwärtiger Stand ist, anders verstehen, denn als nunmehr abgegrenzt als seinen alten Stand, als den Stand seiner Unmöglichkeit für Gott. Er müßte den Triumph Gottes schon wieder vergessen oder verleugnen, wenn er in seinem neuen Stand oder auch nur in der Absonderung, in der Relativierung, in dem Zurückbleiben des alten eine andere Kraft wirksam sähe als jene Kraft, die wir als die Kraft Gottes an und in uns mit der heiligen Schrift die Kraft des Heiligen Geistes nennen. Sie und nur sie ist die Möglichkeit auch und gerade der heilsamen Armut, der heilsamen Erniedrigung, des heilsamen Todes des Menschen, der sein Sein in Christus und den Reichtum, die Erhöhung, das Leben dieses Seins mit sich bringt.

Wir lesen Matth. 19, 23 f., es sei schwer — leichter sei es, daß ein Kamel durch ein Nadelöhr gehe — daß ein Reicher ins Himmelreich komme. Die Jünger entsetzen sich über dieses Wort (sie geben ihm offenbar und mit Recht allgemeine Tragweite!) und fragen: Wer kann da gerettet werden? „Jesus aber sah sie an und sprach zu ihnen: Bei den Menschen ist dies unmöglich, bei Gott aber sind alle Dinge möglich." Von hier aus ist doch wohl auch das Wort von der engen Pforte und dem schmalen Weg Matth. 7, 14 zu verstehen: die „Wenigen", die diesen Weg finden, sind nicht etwa die Klugen oder Frommen, die dazu nun doch fähig wären, sondern die, denen es durch Gottes auf sie gefallene Wahl (Matth. 22, 14) möglich gemacht ist zu finden, was die vielen nicht finden. Es bedeutet nach Matth. 7, 24 f. die Verkündigung und das Hören des Wortes Jesu ein Gericht über die Menschen, vergleichbar mit einem Sturm und einer Überschwemmung, die ein Haus bedrohen. Ob sein Erbauer ein „kluger Mann" schon gewesen ist, ob er Ohren schon hat zum Hören (Matth. 11, 15), das zeigt sich in dieser Begegnung mit Jesus darin, daß er nicht nur ein Hörer, sondern auch ein Täter seines Wortes ist: ὁ δυνάμενος χωρεῖν χωρείτω (Matth. 19, 12). Wer aber kann hier „fassen"? Dem es der Sohn offenbaren will (Matth. 11, 27), ihr, denen es gegeben ist, die Geheimnisse des Himmelreichs zu erkennen (Matth. 13, 11). Warum kann hier nur diese Möglichkeit in Betracht kommen? Darum offenbar, weil es sich bei dem, was hier zu geschehen hat, darum handelt, zu „werden wie die Kinder" (Matth. 18, 3), ja noch einmal geboren zu werden (Joh. 3, 3), das heißt offenbar: sein Leben noch einmal und ganz anders anzufangen. Eben das „kann" aber kein Mensch; dazu hat er nicht die Möglichkeit, „Tut Buße und glaubt an das Evangelium!" (Marc. 1, 15). Ja, aber was heißt: μετανοεῖτε? Haben wir denn etwa die Möglichkeit, unseren νοῦς zu ändern, und wenn wir sie haben, woher und wie dann? Um eine unerhörte Möglichkeit scheint es ja da zu gehen. Wir hören vom verlorenen Sohn: dieser dein Bruder war tot und ist lebendig geworden! (Luk. 15, 32). Wer kann das? Wir hören ebenso Joh. 5, 24, 1. Joh. 3, 14: daß der Glaube eine μετάβασις vom Tode zum Leben sei. Wer hat etwa die Freiheit zu solcher

2. Der Heilige Geist die subjektive Möglichkeit der Offenbarung   285

μετάβασις? Wir hören Röm. 8, 10: „Wenn Christus in euch ist, so ist das σῶμα (eure Menschlichkeit) tot um der Sünde willen, der Geist aber Leben um der Rechtfertigung willen". Wir hören Eph. 2, 5: „Da ihr tot waret in den Übertretungen, hat er euch mit Christus lebendig gemacht." Wie kann das geschehen? Wir hören 2. Kor. 4, 16: „Wenn unser äußerer Mensch verdirbt, so wird doch unser innerer Mensch Tag für Tag erneuert" und 2. Tim. 2, 11: „Wenn wir mitsterben, so werden wir auch mitleben" und Kol. 3, 9 f. als Aufforderung: „Ziehet aus den alten Menschen σὺν ταῖς πράξεσιν αὐτοῦ und ziehet den neuen an, der erneuert ist εἰς ἐπίγνωσιν κατ' εἰκόνα τοῦ κτίσαντος αὐτόν." Wer kann solcher Aufforderung nachkommen? Wohlverstanden: das Rätsel dieser und ähnlicher Sätze fängt nicht etwa erst mit ihrem zweiten Teil an: als ob das zwar dunkel und wunderbar wäre: daß wir aus dem Tode zum Leben kommen, das erste aber: daß wir im Tode sind, wäre sozusagen der natürliche und selbstverständliche Ausgangspunkt. Nein, dieser Ausgangspunkt: Sterben, Verderben, den alten Menschen ausziehen, Totsein — das gehört offenbar auch nicht zu unseren Möglichkeiten, weder in dem engeren noch in dem in diesen Stellen gemeinten umfassenden Sinn dieser Worte. Sterben ist die Grenze, die Preisgabe und Aufhebung unserer Möglichkeiten. Sterben ist ein reines Widerfahrnis. Und so meint denn auch die Schrift, wenn sie von diesem zum neuen Leben den ersten Schritt bildenden Sterben des alten Menschen redet, auf keinen Fall ein Werk, das zu vollziehen in unsere Hand gegeben wäre. Sie meint also bestimmt nicht das, was alle großen Mystiker als den immerhin vollziehbaren Prozeß des Gelassenwerdens und schließlich der Entwerdung beschrieben haben. Sie meint ein durch den Menschen nicht vollziehbares Geschehen. Sie meint ein dem Menschen echt und recht **widerfahrendes** Sterben. Wir finden dieses Sterben Röm. 6, 3 f., Phil. 3, 10 f. in engsten Zusammenhang mit dem Tode Christi und mit der Taufe als dessen uns gegebenem Zeichen gebracht. Weil einer für alle gestorben ist, **darum** sind sie alle gestorben (2. Kor. 5, 14). Weil, wer in Christus ist, neue Schöpfung ist, darum gilt für ihn: das Alte ist vergangen (2. Kor. 5, 17). „Im Geiste" muß es zu jenem Abbruch gegenüber der ἐπιθυμία σαρκός (Gal. 5, 16), ja zu jenem Töten der πράξεις τοῦ σώματος (Röm. 8, 13) kommen. Wie es schon im Alten Testament der Gegenwart Jahves bedarf, damit es zu jenem „Weh mir, ich vergehe!" (Jes. 6, 5) komme, ohne das der Prophet nimmermehr Prophet sein könnte. „Des Herrn Geist bläset drein", darum verdorrt das Gras und verwelkt die Blume (Jes. 40, 7). „Dein Zorn macht es, daß wir so vergehen, und dein Grimm, daß wir so plötzlich dahin müssen" (Ps. 90, 7). „Verbirgst du dein Angesicht, so erschrecken sie; du nimmst weg ihren Odem, so vergehen sie und werden wieder zu Staub" (Ps. 104, 29). Die Welt kann sich nicht selber strafen, sondern es ist nach Joh. 16, 8 f. der Tröster, der Heilige Geist, der sie strafen, der „richten und ein Feuer anzünden wird" (Jes. 4, 4). Eben darum, weil das Gericht über den Menschen nicht seine eigene, sondern Gottes Sache ist, ist es in der Bibel auch nie ganz entfernt von der Gerechtigkeit, in der Gott gleichzeitig seiner eigenen Ehre Raum schafft und sich des Menschen als seines Bundesgenossen annimmt (Jes. 9, 6; Ps. 33, 5; 103, 6), und wird die Demütigung des Menschen durch Gott eine Sache, der dieser froh und für die er dankbar ist: „Wenn du mich demütigst, so machst du mich **groß**" (Ps. 18, 36). „Ich **danke dir**, daß du mich demütigest und hilfst mir" (Ps. 118, 21). „Es ist mir **lieb**, daß du mich gedemütigt hast" (Ps. 119, 71). „Herr, ich weiß, daß deine Gerichte recht sind und hast mich **treulich** gedemütigt" (Ps. 119, 75). Gerade die echte Buße wird nicht anders reden, wird sich selber und also die subjektive Möglichkeit der Offenbarung auch von dieser, der negativen Seite, als göttliche und nicht als menschliche Möglichkeit verstehen.

Man würde Luthers Römerbriefvorlesung von 1515/16, diesen großen Lobpreis der christlichen Buße und Demut im gnädigen Gericht Gottes, schlecht verstehen, wenn man nicht auf den Ton achten würde, der da beständig daran erinnert, daß auch das Gottes und nicht des Menschen Werk ist, wenn der Mensch in die christliche Buße und Demut geführt wird. Darin sah Luther bekanntlich die Absicht des paulinischen Römerbriefs, *destruere et evellere et disperdere omnem sapientiam et iustitiam carnis . . . et plantare et constituere et magnificare peccatum.* (Zu Röm. 1, 1; Fi. II 1, 2). *Deus enim nos non per domesticam, sed per extraneam iustitiam et sapientiam vult salvare non quae veniat et nascatur ex nobis, sed quae aliunde veniat in nos, non quae in terra nostra oritur, sed quae de coelo venit* (ib. 2, 7). Aber das kann nur der Mensch begreifen und bekennen, der selbst ein wirklicher Sünder geworden ist. Geworden ist! *est enim non naturalis* (zu Röm. 3, 5 ib. 71, 9). Und: *rarum et arduum est peccatorem fieri* (ib. 71, 1). Ein Sünder werden würde nämlich heißen: ein Lügner und Tor werden, aller eigenen Gerechtigkeit, Wahrheit, Weisheit und Tugend verlustig gehen, innerlich (vor mir selbst) als das dastehen, als was ich äußerlich (vor Gott) dastehe (ib. 67, 10). Aber eben dies können wir von uns aus nicht: *nos non possumus introire ad nos et mendaces ac iniusti fieri* (ib. 67, 24). Wir müssen es glauben, daß wir Sünder sind: *sicut per fidem iustitia Dei vivit in nobis, ita per eandem et peccatum vivit in nobis, i. e. sola fide credendum est nos esse peccatores* (ib. 69, 10). Das heißt aber: Wir müssen an Gott glauben, und zwar auf sein Wort glauben: *Deus per suum exire nos facit ad nos ipsos introire et per sui cognitionem infert nobis et nostri cognitionem.* *Quia nisi Deus ita prius exiret et verax fieri quaereret in nobis, nos non possemus introire ad nos et mendaces ac iniusti fieri* (ib. 66, 24; 67, 21). *Revelationi suae sive sermonibus suis debemus cedere ac sic iustificare et verificare eos ac per hoc nos ipsos (quod non cognoveramus) secundum eos peccatores confiteri* (ib. 67, 31). So kann jenes *peccator fieri* nur *spiritualiter* Wirklichkeit werden (ib. 71, 8), *humilitas* nur als *spiritualitas* wirklich werden (zu Röm. 7, 24, ib. 175, 23). *Spiritualis et sapientis hominis est scire se esse carnalem et sibi displicere* (zu Röm. 7, 14, ib. 170, 5). Der geistliche Mensch und nur er kann so von sich reden wie Paulus Röm. 7, 14 f. von sich selber redet. *Si non esset in luce spiritus, malum carnis sibi adiacere non videret nec gemeret* (zu Röm. 7, 21 ib. 174, 32). *Qui odit peccatum, iam extra peccatum est et de electis* (zu Röm. 8, 28 ib. 213, 6). *Verbum Dei facit opus suum i. e. pavorem Dei in illis* (ib. 214, 17). Es ist ja Gottes Art *(natura): prius destruere et annihilare, quicquid in nobis est, antequam sua donet* (zu Röm. 8, 26, ib. 203, 4). Er ist gerade in seinem *opus proprium,* wie es in der Erniedrigung und Erhöhung Christi selbst vor unseren Augen steht, ein für uns verborgener, nämlich unter dem Widerspruch gegen unser Denken und Sein verborgener Gott (ib. 204, 11). . . . *cum suam potentiam non nisi sub infirmitate, sapientiam sub stultitia, bonitatem sub austeritate, iustitiam sub peccatis, misericordiam sub ira absconderit* (zu Röm. 8, 28, ib. 208, 4). Er beweist seine Macht *(virtus)* an den Erwählten, indem er ihnen ihre Ohnmacht zeigt, ihre Macht aber unsichtbar, ja zunichte macht, so daß sie sich ihrer nicht mehr rühmen können (zu Röm. 9, 17; ib. 229, 21). Wer das nicht mehr kann, der möge darin das Zeichen *(signum)* finden, daß er das Wort Gottes wirklich hat und in sich trägt (zu Röm. 10, 15; ib. 249, 12; vgl. 214, 18; 227, 16).

Unmittelbar neben diese Erinnerung an Luther gehört die an das berühmte Eingangskapitel der *Institutio* Calvins (I 1). Calvin geht dort aus von der Feststellung, der Inbegriff aller Weisheit *(sapientia)* liege in der doppelten *cognitio Dei et nostri* — und von der Frage, welche von diesen beiden Erkenntnissen der anderen vorangehe, welche die andere begründe? *Non facile est discernere!* Calvin räumt zunächst ein: Gottes Erkenntnis scheint ganz begründet zu sein in der Selbsterkenntnis, und zwar in der Erkenntnis unserer *tenuitas.* Es ist die *miserabilis ruina,* in der wir uns auf Grund des Sündenfalls befinden, die uns zwingt, die Augen nach oben zu erheben. Aus dem Anblick der Welt voll Elend *(mundus omnium miseriarum),* die wir jetzt im Menschen finden, aus der Empfindung unserer Unwissenheit, Eitelkeit, Bedürftigkeit, Schwachheit, ja Verkehrtheit und Verdorbenheit erkennen wir, daß Weisheit, Macht, Güte, Gerechtigkeit und Wahrheit nur *in Domino* ihren Ort haben. Bevor wir begonnen haben, uns selbst zu mißfallen, können wir uns nicht nach ihm sehnen. Wer mit sich selbst zufrieden ist, der ruht auch in sich selbst und bedarf Gottes nicht. Also: *cognitio sui* ist zum Suchen der Anlaß und ist die Anleitung zum Finden Gottes. Aber: Wie kommt man denn zu wirklicher Selbsterkenntnis? Doch nicht anders als vor dem Angesichte Gottes, herabsteigend

2. Der Heilige Geist die subjektive Möglichkeit der Offenbarung 287

ex illius intuitu ad se ipsum inspiciendum. Wir selbst würden uns wohl immer für gerecht und weise halten, wenn wir nicht mit ganz unzweideutigen Argumenten des Gegenteils überführt würden. Dessen würden wir aber nie auf dem Wege einer abstrakten Selbstbetrachtung überführt. Wie wenig unser Auge faktisch das Licht zu fassen vermag, das erfahren wir nicht, wenn wir es auf die Erde, sondern erst, wenn wir es in die Sonne zu richten versuchen. Erst wenn wir an Gott und an seine Gerechtigkeit, Weisheit und Macht denken, wird uns unsere Gerechtigkeit als *iniquitas*, unsere Weisheit als *stultitia*, unsere Macht als *impotentia* offenbar, kommt es also zu wirklicher Selbsterkenntnis. Darum gibt es nach der Heiligen Schrift nur da eine Erkenntnis der menschlichen Niedrigkeit, wo der Mensch zu Tode erschrocken vor der offenbaren Majestät seines Gottes steht. Mag also unsere Gotteserkenntnis noch so bedingt sein durch eine entsprechende Selbsterkenntnis, so gebührt doch in diesem gegenseitigen Bedingungsverhältnis der Gotteserkenntnis entschieden der Vorrang. Darum beginnt dann auch Calvins Darlegung der Lehre von der Unfreiheit des Menschen für Gott (*Instit.* II 2, 1) mit der Erinnerung, daß der sündige Mensch darum auf alle eigene Weisheit und Macht verzichten müsse, weil er Gott die Ehre zu geben habe. Darum wird die Buße streng aus dem Glauben, aus der *participatio* Christi abgeleitet (III 3, 1; vgl. 9). Darum wird die *abnegatio nostri*, in der Calvin geradezu die *summa vitae christianae* gesehen hat, aus dem Satz abgeleitet: *Nostri non sumus, sed Domini* (III 7, 1). Darum ist es auch klar, daß die *humilitas* des Glaubens an die Rechtfertigung mit der Tugend der Bescheidenheit (*modestia*) nicht zu verwechseln ist, sondern darin besteht, daß einem Gott selbst in seinem Wort nichts anderes übrig läßt als auf ihn zu hoffen (III 12, 6).

Wir grenzen uns hier ab gegen die neuerdings von verschiedenen Seiten vorgetragene Lehre: es bedeute wenigstens die Möglichkeit, ein böses Gewissen zu haben, in seinen eigenmächtigen Einbildungen entsichert zu werden bis zur Auflösung aller weltanschaulichen Fiktionen, bis zur Illusionslosigkeit, es bedeute die Möglichkeit des Scheiterns und der Erkenntnis des Scheiterns aller unserer Ideologien und Unternehmungen, die Möglichkeit der Verzweiflung und die Möglichkeit, die Verzweiflung zu entdecken als die Grundbefindlichkeit unseres Daseins — es bedeute m. a. W. die Möglichkeit einer negativen Bestimmung unserer Existenz so etwas wie eine dem Menschen nun wirklich e i g e n e Möglichkeit, einen immanent anthropologischen Anknüpfungspunkt für Gottes Offenbarung. Es sei ja die Möglichkeit einer solchen negativen Bestimmung unserer Existenz objektiv identisch mit dem Zorn und mit dem Gericht Gottes und also subjektiv, als unser eigenes Erlebnis, mindestens ein notwendiger Hinweis darauf, der uns als solcher nur sichtbar werden und zum Bewußtsein kommen müsse. Es trete also die Offenbarung, wenigstens sofern sie Zornes- und Gerichtsoffenbarung ist (aber indirekt dann auch als Offenbarung der Gnade und des Heils) unter Inanspruchnahme einer uns schon zuvor eigenen Möglichkeit, unter Inanspruchnahme dessen, was der Mensch von sich aus über sich selbst wissen kann, in dessen Leben hinein. Durch Gottes Wort würde dann dem Menschen nur das ausgeredet, daß er zum Empfang der Offenbarung irgendwelche positive Möglichkeiten habe, während er sich gleichzeitig sehr wohl den Besitz einer großen negativen Möglichkeit einreden dürfte und sogar müßte. Gerade in einer an der entscheidenden Stelle aufbrechenden Diskontinuität würde danach die Kontinuität zwischen Mensch und Gott, Natur und Gnade, Vernunft und Offenbarung und damit eine neutrale „Antenne", der Gegenstand einer natürlichen Theologie des dritten Artikels bestehen. — Die in dieser Konstruktion gemeinte Wahrheit ist natürlich die Tatsache, daß es nach 1. Kor. 1, 26 f. das vor der Welt Törichte, Schwache, Unedle, Verachtete ist, was Gott erwählt hat, daß er nach Matth. 11, 25 den Unmündigen solches offenbart hat, daß er nach Luk. 1, 52, Jak. 1, 9 die Niedrigen erhöht, daß nach Luk. 6, 20, Jak. 2, 5 die Armen selig zu preisen sind, daß nach Mc. 2, 17 die Kranken des Arztes bedürfen, daß die Kraft Gottes nach 2. Kor. 12, 9 in den Schwachen mächtig ist. In der Tat: der Zusammenhang zwischen Gottes Offenbarung und der Aufdeckung der radikalen Erlösungsbedürftigkeit des Menschen ist unzerreißbar, so gewiß Gottes Enthüllung in der Offenbarung immer seine Verhüllung, so gewiß Jesu Christi Auferstehung und Erhöhung sein Leiden und seinen Tod, seine tiefste Erniedrigung zur Voraussetzung hat. Aber eben davon, daß Jesus Christus der Grund und Sinn dieses Zusammenhangs ist, dürfte nun auch keinen Augenblick abstrahiert werden. Torheit, Niedrigkeit, Schwachheit, Leiden und Sterben — kurz, negative Bestimmung der menschlichen Existenz als solche steht keineswegs allgemein und an sich in diesem Zusammenhang. Sie hat als immanent anthropologische Möglichkeit kein Verdienst und keinen Vorzug vor den verschiedenen Möglichkeiten einer positiven Bestimmung unserer Existenz. Paulus kennt nach 2. Kor. 7, 10 eine „Traurigkeit der Welt", die in derselben Weise „den Tod bewirkt", wie dies nach Röm. 7, 13 die Sünde tut. Und er sagt 1. Kor. 1, 26 von jenen Törichten, Schwachen, Unedlen, Verachteten, daß Gott sie erwählt habe — offenbar auch aus vielen ihresgleichen! — und zwar erwählt „auf daß kein Fleisch sich vor Gott rühme". Derselbe Lukasevangelist, der neben Jakobus jenen Zusammenhang zwischen Christus und den Armen, den Kranken, den Zöllnern usw. so ganz besonders betont, läßt Jesus — wie zur Warnung vor dem hier naheliegenden Mißverständnis — nicht weniger als dreimal (Luk. 7, 36; 11, 37; 14, 1) einer Einladung an den Tisch nun gerade eines Pharisäers Folge leisten. Negative Bestimmung unserer Existenz ist nicht als solche identisch mit der heilsamen Aufdeckung unserer radikalen Erlösungsbedürftigkeit. Und es muß auch die heilsame Aufdeckung unserer radikalen Erlösungsbedürftigkeit nicht notwendig in einer negativen Bestimmung unserer Existenz bestehen. Sondern wenn es zu dieser Aufdeckung kommt und also zu jener Torheit, Armut und Niedrigkeit, von der das Neue Testament redet, dann hat dies seinen Grund nicht in einer mehr oder weniger negativen Bestimmung, in einer immanent anthropologischen Begrenzung oder auch Katastrophe unserer Existenz. Auf sie können wir nach Erschöpfung aller anderen Hilfen immer noch mit Ironie, mit Skepsis, mit Apathie, mit der größten aller Illusionen: nämlich mit vermeintlicher Illusionslosigkeit und endlich und zuletzt mit Selbstmord reagieren. Um ihretwillen als solcher verdienten wir sicher nicht selig gepriesen zu werden. Nicht darüber freut sich Paulus, daß die Korinther traurig wurden, sondern darüber, daß sie zur Buße, daß sie κατὰ θεόν traurig wurden (2. Kor. 7, 9–11). Diese λύπη κατὰ θεόν unterscheidet sich dadurch von der „Traurigkeit der Welt", daß man auf sie nicht wie auf diese so oder so reagieren, dafür aber um ihretwillen eindeutig selig gepriesen werden kann. Eben damit ist aber auch gesagt: sie ist nicht eine von unseren eigenen Möglichkeiten, nicht eine immanent anthropologisch feststellbare und verständlich zu machende Bestimmung menschlicher Existenz. Luk. 6, 20 Selig die Armen! ist Matth. 5, 3 sicher richtig kommentiert: Selig die Armen im Geiste! Diese Armut, die heilsame und echte Verzweiflung, ist wie der Glaube und als selber zum Glauben gehörig Gabe des Heiligen Geistes, Werk Jesu Christi. Als Gabe des Heiligen Geistes und Werk Jesu Christi wird diese Armut entscheidend erkannt in der Erkenntnis der eigenen Sünde und also und zuerst in der Erkenntnis der uns unsere Sünden vergebenden göttlichen Barmherzigkeit: zuerst sieht und hört Saulus vor Damaskus seinen Herrn, dann fällt er zur Erde, überkommt ihn ein Zittern und erblindet er. Als Gabe des Heiligen Geistes und Werk Jesu Christi ist diese Armut eine Glaubenswirklichkeit, d. h. besteht sie nicht abstrakt in unseren eigenen noch so potenzierten Armutserlebnissen, sondern konkret in der auf Golgatha Ereignis gewordenen Armut Christi, die ganz allein die radikale, die endgültige Aufdeckung unserer Armut und damit der Grund unseres Reichtums ist (2. Kor. 8, 9). Als Gabe des Heiligen Geistes und Werk Jesu Christi ist diese Armut eine prinzipielle und umfassende Armut. Sie ist wirklich echte, weil sie wirklich heilsame Verzweiflung ist. Was in ihr zum Scheitern kommt, ist nicht nur unsere Sicherheit, sondern auch unsere Unsicherheit und die zu ihr führenden „Entsicherungen", nicht nur unser Trotz, sondern auch unsere Verzagtheit, nicht nur unsere Illusionen, sondern auch unsere Illusionslosigkeit, nicht nur unser gutes, sondern auch unser böses Gewissen. Sie ist die Verzweiflung an uns selbst. Sie ist also die Verzweiflung auch an den negativen Möglichkeiten menschlicher Existenzbestimmtheit. Gewiß kann und

2. Der Heilige Geist die subjektive Möglichkeit der Offenbarung

wird sie oft genug, vielleicht sogar in der Regel, mit solchen negativen Möglichkeiten **zusammentreffen**. Konkrete, als solche feststellbare und verständlich zu machende menschliche Torheit, Niedrigkeit und Schwäche, wie sie wohl in allen jenen neutestamentlichen Stellen gemeint ist, **kann auf Grund göttlicher Erwählung** geheiligt sein zum **Zeichen** jener seligzupreisenden Armut im Geiste, jener göttlichen Traurigkeit zur Buße, jener heilsamen und echten Verzweiflung. Als solche zeugen und reden sie von dieser und insofern von Gottes Offenbarung, ohne daß sie ihr notwendig korrelat wären. Es gibt gerade keinen allgemeinen, keinen notwendigen, keinen systematisch geltend zu machenden Zusammenhang zwischen ihnen und Gottes Offenbarung. Sind sie „Antennen" auf seiten des Menschen, dann gerade nicht in ihrer Neutralität als allgemein menschliche Möglichkeiten, sondern als durch göttliche Erwählung geheiligte Zeichen und also selbst schon auf Grund ergangener und empfangener Offenbarung. Sie gehören dann nicht zu dem, was der Mensch von sich aus über sich selbst wissen kann. Sie sind dann von Gott neu gesetzte, nicht in der Natur des Menschen schon vorhandene „Anknüpfungspunkte". Sie sind also nicht Gegenstand einer natürlichen Theologie des dritten Artikels.

3. **Durch die Ausgießung des Heiligen Geistes wird es darum in der Freiheit des Menschen möglich, daß ihm Gottes Offenbarung widerfahren kann, weil ihm in ihr das Wort Gottes unausweichlich zum Meister wird.** — Wir wissen aus dem unter 1. und 2. Gesagten, daß wir die subjektive Möglichkeit der Offenbarung, unsere Freiheit für das Wort Gottes, unter allen Umständen in ihm selbst, in Jesus Christus, und nicht abstrahierend von diesem Objektiven in seinen Wirkungen auf und in uns aufzusuchen und daß wir sie darum, sofern sie nun doch unsere Freiheit wird, als Wunder und also in keinem Sinn als unsere natürliche Freiheit und Mächtigkeit zu verstehen haben. Was aber ist die Bedeutung dieses in der Ausgießung des Heiligen Geistes an uns geschehenden Wunders Jesu Christi, diejenige Tragweite dieses Widerfahrnisses, im Blick auf die nun doch auch positiv gesagt werden kann und muß: es kann **uns** widerfahren, **wir** bekommen Anteil an der göttlichen Möglichkeit, die sich in ihm verwirklicht? Auf diese Frage ist jetzt noch zu antworten. Wir werden bei dem Versuch, sie zu beantworten, genau im Auge behalten müssen, was wir unter 1. und 2. festgestellt haben: Wir werden uns also in keiner Weise, um nun jenes Positive zu sagen, verlocken lassen dürfen, nun etwa doch von einer dem Menschen eingegossenen Gnadenqualität oder von einer dem Menschen von Natur eigenen Fähigkeit und Macht für die Offenbarung zu reden, unsere Aufmerksamkeit nun also doch von Jesus Christus ab - und dem Menschen zuzuwenden. Wir würden dann gewiß nicht das Positive sagen, das hier zu sagen ist. Es muß dabei bleiben: die subjektive Möglichkeit der Offenbarung ist **Gottes** Möglichkeit, wie ja auch ihre objektive und subjektive Wirklichkeit **Gottes** Wirklichkeit ist. Aber wenn es dabei bleiben soll, was heißt dann menschliche Anteilnahme an dieser Möglichkeit? Das ist sicher, daß wir sie uns als unsere **Anteilnahme**, also als unser Nehmen, Empfangen, Ergreifen und Aneignen des uns

gegebenen Anteils an dieser Möglichkeit nicht verständlich machen können. Wir können und sollen wohl restlos verstehen, daß wir selbst es sind, denen diese Möglichkeit gegeben wird. Die Anteilnahme an ihr bedeutet keine Aufhebung unserer Identität mit uns selbst. Es war immer ein schreckliches Mißverständnis, wenn man sie in der Richtung von Entrückungs- und Trancezuständen verstehen wollte. Solche Zustände gibt es freilich, wenn auch nur als Aufhebungen des Identitätsbewußtseins. Aber schon darum, weil sie nur das sind, sollte man das Wunder der göttlichen Möglichkeit nicht nach der Art solcher außergewöhnlichen, aber eben gerade nicht wunderbaren Phänomene interpretieren. Man sollte das aber vor allem darum nicht tun, weil es sich ja bei diesem Wunder gerade um das an uns selbst in unserer Identität mit uns selbst sich ereignende Wunder Gottes handelt. Selbst wenn mit solchen Aufhebungen des Identitätsbewußtseins auch beim menschlichen Empfänger der Offenbarung zu rechnen wäre, müßte, wenn es um das Wunder dieses Empfangens als solches geht, nachdrücklich gesagt werden: dieses Wunder geschieht an dem in Wirklichkeit mit sich identischen Menschen. Es geschieht nicht an einem außer sich Seienden — auch die Lehre vom Heiligen Geist darf sich keines Doketismus schuldig machen — sondern es geschieht an dem bei sich selbst: sich selbst Seienden. Nicht (auch wenn es etwas Derartiges nun auch in echter Weise geben sollte!) einem transzendenten Doppelgänger wird in der Offenbarung die göttliche Möglichkeit, sie zu vernehmen, beigelegt, sondern mir selbst: Ich bin der alte, ich bin auch der neue Mensch auf Grund dieser Möglichkeit: ich in meiner wahrscheinlich nicht wiederholbaren Selbstheit vernehme oder vernehme nicht, bin berufen oder nicht berufen, bin erwählt oder verworfen; ich werde gerichtet, ich werde begnadigt. Also: Es handelt sich wohl um unser Nehmen, Empfangen, Ergreifen, Aneignen des uns gegebenen Anteils an dieser göttlichen Möglichkeit. Und ferner: Wir können und sollen wohl auch das restlos verstehen: daß diese Anteilnahme sich vollzieht in unserem eigenen Erleben und Tun, in jenem Akte unserer Selbstbestimmung, den wir unsere menschliche Existenz heißen. Diese Anteilnahme hat nichts zu tun mit einem magischen Einbruch übernatürlicher Faktoren und Kräfte in den zusammenhängenden Vollzug unseres leiblich-seelischen Menschenlebens. Gewiß bedeutet sie eine Begrenzung und Unterbrechung, und zwar eine höchst konkrete Begrenzung und Unterbrechung unserer Existenz; gewiß bekommt unsere Existenz da ein Außen, ein Gegenüber, von dem sie bestimmt, und zwar total bestimmt wird: aber eben bestimmt als der Akt unserer Selbstbestimmung in der Totalität seiner Möglichkeiten. Also nicht so, daß wir im voraus wissen und allgemein angeben könnten, in welcher Form dieses Bestimmtwerden unserer Selbstbestimmung sich vollziehen werde, nicht so, als ob wir uns zu einer bestimmten Haltung entschließen könnten, der dieses Bestimmtwerden not-

2. Der Heilige Geist die subjektive Möglichkeit der Offenbarung

wendig entsprechen müßte. Nicht so also, als ob z. B. eine passive, rezeptive Haltung jener göttlichen Möglichkeit notwendig entsprechend wäre: ihr könnte eine aktive spontane Haltung u. U. viel besser entsprechen! Nicht so, als ob jenes Bestimmtwerden sich subjektiv notwendig in Form eines Zustandes der Unsicherheit und der Verzweiflung vollziehen müßte: sie könnte sich u. U. subjektiv auch in Form eines sehr gesteigerten oder auch einfach eines gesunden, normalen Lebensgefühls vollziehen! Solche Gegensätze sind immanente Gegensätze. Sie gehören insofern immer noch zusammen, als sie alle Möglichkeiten innerhalb des Aktes unserer Selbstbestimmung darstellen und mit dessen Bestimmtwerden von außen, mit der uns in der Offenbarung beigelegten göttlichen Möglichkeit an sich noch nichts zu tun haben, vielmehr alles erst zu tun bekommen müssen. Es ist darum wichtig, dies festzustellen, weil man sich klarmachen muß: jene Anteilnahme an der göttlichen Möglichkeit bedeutet nicht, daß innerhalb unserer Existenz irgendwo sozusagen ein leerer Raum entstünde, wo wir uns nicht zu verantworten und also auch nicht zu beaufsichtigen hätten, sondern irgendwie gehen und treiben lassen könnten in der Annahme, daß dort nun eben die uns gegebene göttliche Möglichkeit eingreifen werde. Was so entsteht und besteht, ist jene enthusiastische Magie oder jener magische Enthusiasmus, der sich zu der uns durch die Ausgießung des Heiligen Geistes gegebenen Möglichkeit verhält wie Götzendienst zu Gottesdienst, der sich freilich sowohl mit der Lehre von der eingegossenen Gnade wie mit der Lehre von der Offenbarungsmächtigkeit des natürlichen Menschen nur zu nahe berührt. Die uns durch die Ausgießung des Heiligen Geistes gegebene Möglichkeit ist aber die Möglichkeit einer Konfrontation gerade des ganzen Menschen mit Gott, des Menschen in der Totalität seiner eigenen Möglichkeiten, also des Menschen in allen seinen Zustands- und Haltungsmöglichkeiten. Dieser ganze Mensch ist durch Gott in seiner Offenbarung angeredet und gefordert, gerichtet und begnadigt. Wegen dieser Ganzheit der Offenbarung an den Menschen darf man dem göttlichen Offenbarsein in ihm nicht irgendeinen dunklen oder auch hellen Raum abseits von unserem eigenen Erleben und Tun zuweisen, einen Raum, wo der Mensch sich selbst von der Verantwortung ausgenommen sähe, einen Raum, im Blick auf den er damit rechnen dürfte: Gott oder auch „es" glaubt in mir, ein Raum, im Blick auf den er also sein eigener und Gottes Zuschauer sein könnte. Es gibt gerade vor Gott kein solches Hinterzimmer; es gibt nur den einen, uns ziemlich wohlbekannten, wenn auch sehr viele Möglichkeiten in sich schließenden Raum unserer leiblich-seelischen Existenz. Sie als solche in ihrer Ganzheit nimmt teil an der göttlichen Möglichkeit oder wir nehmen gar nicht an ihr teil. Daß der ganze Raum unserer Möglichkeiten noch einmal umschlossen ist von der göttlichen Möglichkeit, darum handelt es sich, wenn wir unsere Anteilnahme an dieser Möglichkeit verstehen wollen. Also: wenn wir diese unsere Anteilnahme nun doch nicht verstehen oder eben nur als Wunder verstehen können, so ist damit nicht gemeint: daß nicht wir selbst, und zwar wir selbst in unserem eigenen Erleben und Tun, hier Teilnehmer seien. Sondern das ist gemeint: als die Teilnehmenden an dieser Möglichkeit werden wir uns selbst darin zum Rätsel, daß wir wohl uns selbst vor Gott gestellt wissen, aber nimmermehr sagen können, wie wir selbst dahin kommen, wie wir selbst daselbst stehen und sein können, wie wir dessen würdig, fähig, mächtig sind. Und wiederum darin, daß wir wohl unser ganzes Erleben und Tun in jenes Stehen vor Gott einbezogen wissen dürfen und müssen, aber nimmermehr sagen können, inwiefern denn nun dieser und dieser Eindruck unsere Berufung, diese und diese Entdeckung unsere Erweckung, diese und diese Entscheidung unsere Bekehrung, diese und diese Überzeugung unser Glaube, dieser und dieser Affekt unsere Liebe, diese und diese Erwartung unsere Hoffnung und also diese und diese unter unseren Stellungnahmen unsere Verantwortung und Rechtfertigung vor Gott sei. Denn immer sehen und finden wir auch als Teilnehmende an der Möglichkeit Gottes nur uns selbst und irgendeine sehr selbstische, sehr menschliche Verfassung, Haltung und Stellungnahme, in der wir uns gerade befinden. Immer ist es uns unfaßbar und muß es uns unfaßbar bleiben, inwiefern die Konkretion unserer Lage und unserer Haltung nun gerade die Konkretion unserer Anteilnahme an der Möglichkeit Gottes sein möchte. Im stärksten Widerspruch zu dem Unleugbaren: daß es so ist, entgeht uns völlig und muß uns entgehen: inwiefern es so ist, wie wir selbst in unserem Erleben und Tun diese Möglichkeit haben können. Und dieser Widerspruch kommt nicht etwa von außen. Er hat nichts zu tun mit der weltanschaulichen Schwierigkeit, unsere eigene Gegenwart und die der Gegenwart Gottes, mit der Schwierigkeit, Sichtbares und Unsichtbares, Wirklichkeit und Idee in eins zu denken. Weltanschauliche Zäune können auch weltanschaulich überklettert werden. Und die Künste, die dazu nötig sind, sind längst gefunden und werden, dem Bedürfnis der verschiedenen Zeiten entsprechend, jeden Tag neu gefunden und zur Anwendung gebracht. Wir sagten schon in früherem Zusammenhang: die Not um Gott, von der hier die Rede ist, kennen nur Gottes Kinder. Nur sie kennen ja das Wunder der Offenbarung und von diesem Wunder her den Widerspruch zwischen dem klaren und gewissen Daß und dem nicht nur unklaren und ungewissen, sondern schlechthin verborgenen Wie, das diesem Daß entsprechen müßte. Sie wissen, daß sie bei Gott in Gnaden stehen und doch ernstliche, große Sünder sind. Sie wissen, daß sie vor Gott stehen und daß sie selbst doch vor Gott nicht stehen und bestehen können. Sie wissen, daß die uns gegebene Möglichkeit Gottes ein Inhalt ist, den das Gefäß unseres eigenen Tuns und Erlebens nur sprengen kann. Sie sind es also, die sich selbst angesichts der subjektiven Möglichkeit der Offenbarung, wie sie in der Wirklichkeit des Offenbarseins Gottes in ihnen unbestreitbar auf dem Plan ist, zum Rätsel werden müssen. Und sie wissen, daß dieses Rätsel nicht auflösbar ist, weil der Mensch nicht nur nicht in das Geheimnis des Heiligen Geistes hineinsehen kann, sondern vor allem nicht darf und eben darum nicht kann, weil er es nicht darf, weil ihm Gott, der der Herr sein und bleiben will, dabei in den Weg tritt. Nur in tiefster, schlimmster Vergeßlichkeit, genau genommen: nur herausfallend aus ihrem Stand als Kinder Gottes — und weil ein Kind Gottes mit solchem Herausfallen nicht rechnen kann, wird man sagen müssen: unmöglich können gerade sie über jenen Widerspruch zwischen der Klarheit des Daß und der Dunkelheit des Wie hinauskommen wollen. Sondern das eben ist ihr Leben in der Möglichkeit Gottes: das Annehmen der Gnade Gottes in seinem Gericht, die Klarheit in der Dunkelheit, die Ruhe, der Frieden, die Freude der Erweckten, Berufenen, Bekehrten, Glaubenden, Liebenden und Hoffenden, die doch gerade vor Gott sich selbst nur zu gut kennen und wohl wissen, was es ist um die Gebrechlichkeit ihrer Eindrücke, Entdeckungen, Entscheidungen, Affekte, Erwartungen und Stellungnahmen. Daß dieser Widerspruch gewaltig zusammengehalten ist — nicht durch sie, auch nicht für ihre Einsicht und Erkenntnis, aber durch Gottes gnädiges Werk und in Gottes Erkenntnis — das begründet und erhält ihr Leben in Gottes Möglichkeit. Was Gott tut und weiß als der, der diesen Widerspruch gewaltig zusammenhält, als der, in welchem es wirklich und wahr ist, daß Menschen ihn selbst haben, das Geheimnis der Gnade, das diese Menschen selbst nicht verstehen oder nur als Wunder verstehen können — das ist aber das Geheimnis seines neu zu ihm gekommenen Wortes. Wir sagen dasselbe, wenn wir sagen: das Geheimnis Jesu Christi. Denn das ist ja das Geheimnis des zum Menschen kommenden, vom Menschen vernommenen Wortes Gottes, daß das Geheimnis Jesu Christi jetzt als Wunder auch in ihrem Leben steht, daß wie dort Gott Mensch wurde, so und daraufhin hier Menschen Gott haben. In Jesus Christus, dem fleischgewordenen Sohne Gottes, ist ja dieser Widerspruch zusammengehalten, von oben, von Gott her: in der ganzen Allmacht der barmherzigen, der sich herablassenden Liebe Gottes. In derselben Allmacht ist dieser Widerspruch aber auch zusammengehalten nach unten, zum Menschen hin, wenn Jesus Christus als das Wort Gottes zu uns kommt. Weil er so, in dieser göttlichen Allmacht, zusammengehalten und weil uns dieses sein Zusammengehaltensein so offenbart und so offenbar ist, darum ist er nun auch keine von jenen Paradoxien, die ihre Entstehung ebenso wie ihre Auflösung unserem eigenen Witz zu verdanken haben, keiner von jenen Widersprüchen, deren Überwindung abhinge von der Weisheit und Kraft, mit der wir selbst sie in uns zu vereinigen, sie zusammenzudenken, sie in unserem Gefühl zu harmonisieren wüßten. Darum ist hier nicht scheinbare, sondern wirkliche Überwindung, Überwindung aus der Wirklichkeit der Auferstehung Christi von den Toten. Und darum läßt sich das Leben in diesem Widerspruch nicht nur aushalten, wie man gewisse nötige und unnötige Widersprüche eben aushält, weil man sie nicht loswerden kann, darum ist das Leben in diesem Widerspruch vielmehr bereits ein Leben in der Versöhnung. Wohlverstanden: der Widerspruch und Streit ist da zwischen Geist und Fleisch, zwischen dem neuen und dem alten Menschen, zwischen dem, was vor unseren Augen ist, und dem, was Gott allein sieht. Aber eben das Leben in diesem Streit ist doch ein Leben in der Versöhnung. Unsere Herzen und Sinne sind mitten im Streit bewahrt von dem Frieden Gottes, welcher höher ist als alle Vernunft. Weil und sofern nämlich Jesus Christus oder das Wort Gottes unausweichlich Meister dieses unseres Lebens wird.

Wir sind damit bei den beiden Begriffen angelangt, die beim Versuch einer positiven Umschreibung der menschlichen Freiheit für Gottes Offenbarung der Sache am nächsten kommen dürften. Diese Freiheit ist da, wo das Wort Gottes, wo Jesus Christus dem Menschen zum Meister, und zwar unausweichlich zum Meister wird. Wir könnten statt Meister auch sagen: Lehrer, Führer, Herr. Das deutsche Wort „Meister" ist in diesem Zusammenhang besonders gehaltvoll, weil seine Entsprechung ebensowohl Lehrling, wie Schüler, wie Nachfolger oder Anhänger, wie Knecht sein kann. Und es geht in der Freiheit des Menschen für das Wort durch das Wort, von der wir hier reden, um das alles. Aber wir müssen, um deutlich zu sein, zum Begriff des Meisters sofort den des Unausweichlichen hinzufügen. *Analogia fidei* will verstanden sein, was hier „Meister" heißt. Es gibt ja viele Meister, viele Lehrer, Führer und Herren. Sie unterscheiden sich von dem, der hier in Betracht kommt, alle dadurch, daß man ihnen entweder überhaupt oder von irgendeinem Zeitpunkt ab entweder ganz oder teilweise ausweichen kann, ja sogar ausweichen muß. Wenn sonst ein Mensch wirklich unausweichlich unter einem Meister steht, dann ist das ein Krankheitszustand. Hier dagegen ist gerade das nicht nur das Normale, sondern das einzig Mögliche. Die Ausgießung des Heiligen Geistes erhebt das Wort Gottes unausweichlich zum Meister über den Menschen, stellt den Menschen unausweichlich unter dessen Meisterschaft. In diesem Geschehen besteht das Wunder des göttlichen Offenbarseins, die Kraft der Auferstehung Christi in einem Menschen. In diesem Geschehen wird dies: daß Gott Mensch wurde, darin an uns wirklich: daß der Mensch Gott hat. In diesem Geschehen findet statt: die Überwindung des Widerspruchs zwischen einer Möglichkeit, die offenbar Gottes eigene und alleinige Möglichkeit ist, und einem menschlichen Erleben und Tun, das man nur in heilloser Überheblichkeit als ein passendes und würdiges Gefäß für diesen Inhalt verstehen wollen könnte. In diesem Geschehen geschieht es, daß der Mensch Teilnehmer wird an dieser Möglichkeit Gottes, durch Gott frei für Gott. Wir versuchen es, dieses Geschehen zu analysieren.

a. In Jesus Christus unausweichlich seinen Meister haben heißt auf alle Fälle: ein Gegenüber gefunden haben, dem man sich nicht mehr entziehen kann. Jedem anderen Gegenüber, der Welt und den Menschen, kann man sich entziehen. Es ist zugleich das Elend und der Trost des Menschen, die Quelle seiner tiefsten Verirrungen und die Hilfe, von der er je und dann einfach Gebrauch machen muß: daß er sich immer wieder in die Einsamkeit mit sich selbst zurückziehen kann. Die Ausgießung des Heiligen Geistes macht uns diesen Rückzug jedenfalls hinsichtlich des Wortes Gottes unmöglich. Wir können freilich schon hier sagen: sie macht ihn eben damit prinzipiell unmöglich. Wir mögen sein, wer wir wollen, und dransein, wie wir wollen, wir mögen es gern oder ungern haben, wir mögen dessen würdig oder unwürdig sein: unserer Lebenslinie parallel läuft dann als zweite Konstante die so oder so nicht zu verscheuchende Mitgegenwart eben des zu uns gesagten Wortes. Nicht in sich ist der Mensch ein Anderer geworden durch den Empfang des Heiligen Geistes, wie sollte er auch? Aber daß er als der, der er ist, diesem ganz bestimmten Partner gegenüber in keine Einsamkeit mehr fliehen kann, daß er als der, der er ist, in dieser bestimmten nicht mehr zu verlassenden Beziehung steht, in dieser bestimmten Beziehung sich heimlich verantworten und auseinandersetzen muß, daß er in einem Gespräch stehen muß, welches immer der Inhalt dieses Gesprächs dann auch sein möge — konkret: etwa mit einem Moment biblischer Wahrheit, das ihm einmal eingeleuchtet hat, oder mit einem Menschen, in welchem ihm die Kirche begegnet ist, oder auch ganz schlicht: mit der Tatsache seines Getauftseins — sagen wir allgemein: mit irgendeinem *signum*, das ihm nun eben doch faktisch *signum* des ihm gegenüberstehenden und entgegenstehenden Wortes Gottes einmal gewesen ist — dieses ihm selbst höchst rätselhafte Gehaltensein ist das von seinem Wollen und Vollbringen ganz unabhängige neue Leben des Kindes Gottes mit seiner Möglichkeit, Gottes Offenbarung zu empfangen.

Wir reden von jener sicher nicht philosophisch, sondern konkret theologisch zu verstehenden Allgegenwart Gottes, von der es Ps. 139, 1–10 heißt: „Herr, du erforschest mich und kennst mich. Du weißt um mein Sitzen und Aufstehen; du verstehst meine Gedanken von ferne. Mein Gehen und mein Liegen prüfst du und bist vertraut mit allen meinen Wegen. Denn es ist kein Wort auf meiner Zunge, das du, Herr, nicht schon durchaus kennst. Hinten und vorn hast du mich umschlossen und legtest auf mich deine Hand. Die Erkenntnis ist mir zu wunderbar, zu hoch — ich werde ihrer nicht mächtig! Wohin soll ich gehen vor deinem Geist und wohin fliehen vor deinem Angesicht? Stiege ich zum Himmel empor, so bist du dort, und machte ich die Unterwelt zu meinem Lager, so bist du da! Näme ich Flügel der Morgenröte, ließe mich nieder am äußersten Ende des Meers, auch da würde deine Hand mich führen, deine Rechte mich erfassen." Wer das mitbeten könnte, der würde eben damit durch Gott für Gott frei sein. Es handelt sich um jenes besonders im 1. Johannesbrief so prägnant gebrauchte „Bleiben" Jesu Christi

(3, 24), des Wortes (2, 14, 24), der Liebe Gottes (3, 17), der Salbung (2, 27), des göttlichen Samens (3, 9), ja, des ewigen Lebens (3, 15), ja, Gottes selbst (4, 12, 15 f.) in uns, dessen Entsprechung dann unser eigenes „Bleiben" im Wort, in der Liebe, in Gott, ist.

b. In Jesus Christus unausweichlich seinen Meister haben, heißt: eine überlegene Instanz gefunden haben, der man nun in seinem ganzen Gehorsam oder Ungehorsam jedenfalls verantwortlich und unterworfen ist. Man kann allen anderen Autoritäten gegenüber bei der tiefsten Ergebenheit, bei der strengsten Disziplin, zu der man sich ihnen gegenüber bemüht, in der eigentlichen tiefsten Wirklichkeit immer noch selbständig sein, so gewiß jede andere Autorität eine solche ist, die wir uns mindestens auch als solche gewählt, die wir als solche anerkannt haben. Unsere Stellung ihnen gegenüber steht und fällt dann mit dieser unserer Wahl und Anerkennung. Sie haben keine Macht, uns unausweichlich zu beherrschen. Mindestens die Gedanken — und wären es auch nur die unterbewußten Gedanken — sind und bleiben frei ihnen gegenüber. Die Ausgießung des Heiligen Geistes bedeutet im Unterschied dazu: der Mensch steht unter dem Wort, weil es Gottes Wort ist. Offenkundig ist auch damit nichts ausgesagt über die Fähigkeit oder Leistung des Menschen. Es handelt sich wiederum nicht um das, was er in sich selbst ist, sondern um die Realität der Beziehung, in der er steht. Wiederum ist er in sich selber kein Anderer geworden durch den Empfang des Heiligen Geistes, und doch ein ganz Anderer, sofern er in dieser Beziehung steht. Gerade wer wirklich unter dem Wort steht, wird sich ja nicht weigern, zu anerkennen, daß er durch das Wort des Ungehorsams angeklagt ist bis in die Tiefe seines Wesens hinein. Aber auch und gerade dieses sein Angeklagtsein bestätigt die Realität der Beziehung, in der er steht: die Überlegenheit dort, die Unterlegenheit hier, den Anspruch dort, die Verantwortung hier, die ganze unumkehrbare Ungleichheit des Verhältnisses, in welchem hier der Mensch ein Partner ist. Hier ist keine frei gewählte oder nachträglich anerkannte, hier ist ursprüngliche, in sich selbst begründete Autorität. Indem es der Mensch mit dieser Autorität zu tun bekommt, wird er sehr konkret, gar sehr in seinem Dabeisein, aber ganz ohne sein Zutun und Mitwirken an den Ort gestellt, wo Freiheit für Gott, wo die Möglichkeit des Hörens seiner Offenbarung selbstverständlich ist.

Man wird hier daran zu denken haben, daß die Grundrelation zwischen Gott und Mensch im Alten und Neuen Testament geschaffen ist durch die Aufrichtung der unzweideutigen Superiorität Gottes über den Menschen. Von Jahve wie von Jesus Christus ist vor allem dies zu sagen hinsichtlich seines Tuns am Menschen: er regiert über ihn. Das ist eben so, bevor alles Andere ist. Alles Andere ist nur Auswirkung dieser Realität: der Mensch hat unumstößlich und endgültig seinen König bekommen. Innerhalb dieser Grundrelation und auf ihrem Boden spielt sich dann das ganze Offenbarungsgeschehen ab. Sie ist nicht nur der Hintergrund, vor welchem, sondern geradezu die Luft, ja der Raum, in welchem es erst zu so etwas wie Versöhnung, Gnade, Hilfe oder auch Gericht und Strafe von seiten Gottes — und Glauben und Unglauben, Gehorsam oder Ungehorsam von seiten des Menschen geben kann. Es ist das immer wieder Überraschende des Ein-

2. Der Heilige Geist die subjektive Möglichkeit der Offenbarung

drucks, den man aus der ganzen Bibel empfängt: hier wird nicht nur die Existenz Gottes, sondern auch seine Hoheit über den Menschen völlig problemlos verkündigt; hier ist sie immer schon Voraussetzung alles dessen, was erzählt und gelehrt wird. Jedes Wort lebt von dieser Voraussetzung. Alles will nur darum und daraufhin wahr gesagt sein, weil die Hoheit Gottes immer schon zuvor wahr ist. Der Mensch an sich, der sich Gott wenigstens zunächst vom Leibe halten möchte, um dann vielleicht — vielleicht auch nicht — zu wählen und zu anerkennen, was Gott will, dieser Mensch wird in der Bibel einfach nicht ernst genommen. Er erscheint sofort in Entschiedenheit als der Fromme oder als der Sünder, als Knecht Gottes oder als eigenmächtiger Rebell gegen ihn, glaubend oder auch nicht glaubend, danksagend oder auch verzweifelnd, aber nie neutral, so daß er zu selbständigen Auseinandersetzungen das Wort bekäme oder auch nur den Atem fände. Gerade da, wo man ihn am stärksten zu hören meint, etwa im Hiob, im Prediger, in manchen Psalmen, im Neuen Testament etwa im 2. Korintherbrief, wo Paulus erstaunlich viel und stark von sich selbst zu reden scheint, ist er in Wirklichkeit am gewaltigsten in jene Beziehung hineingebunden, in jenes schlechterdings reale, allen seinen Lebensäußerungen und auch allen seinen Erfahrungen mit Gott vorangehende und darum immer nur scheinbar zurücktretende, nie unsichtbar werdende Verhältnis von Über- und Unterordnung. In dieses Verhältnis gerückt sehen und hören die Propheten und Apostel den offenbaren Gott und werden sie seine Zeugen. Ausgießung des Heiligen Geistes als Ermöglichung des Hörens ihres Zeugnisses, des Vernehmens der Offenbarung muß offenbar darin bestehen, daß der Mensch grundsätzlich an denselben Ort gestellt, in dasselbe Verhältnis gerückt wird. Hier beginnt das neue Leben der Kinder Gottes. In diesem Verhältnis hat der Mensch die Ohren, zu hören, was ihm von Gott gesagt ist.

c. In Jesus Christus unausweichlich seinen Meister haben heißt: unter einem Befehl stehen, dem gegenüber es keine Ausrede noch Entschuldigung gibt. Allen Befehlen aller anderen Meister gegenüber gibt es Ausreden und Entschuldigungen, auch dann, wenn wir ihnen ganz oder teilweise nachkommen. Wir können an ihrem Sinn zweifeln. Wir können geltend machen, daß wir sie nicht gehört oder nicht verstanden haben. Wir können antworten, daß wir sie schon erfüllt haben, oder umgekehrt: daß wir sie nicht oder nicht so, wie sie lauten, erfüllen können. Das alles kommt hier nicht in Betracht. Ausgießung des Heiligen Geistes bedeutet, daß Menschen nicht nur einen Befehl empfangen haben, von dem sie ihre eigene Existenz dann doch immer noch unterscheiden könnten. Ausgießung des Heiligen Geistes bedeutet, daß schlechterdings sie selber, und zwar sie selber ganz befohlen sind, daß ihnen also der Ort fehlt, von dem aus sie Ausreden und Entschuldigungen vorbringen könnten. Das Wort Gottes, das ihnen gesagt ist, betrifft ja schlechterdings ihr Sein. Daß ihr Sein ein Sein vor ihm, mit ihm, ihm gemäß sei, daß sie Gott fürchten und lieben sollen, das ist der Inhalt seines Befehls, und als solcher ist er in sich restlos sinnvoll, deutlich und klar. Als solchen haben wir ihn nie schon erfüllt, sondern immer noch nicht erfüllt, und wenn wir ihn als solchen in der Tat gar nicht erfüllen können, so ist das die Offenbarung unserer Schuld, die uns die Gehorsamschuld, die Verpflichtung ihm gegenüber nicht abnimmt, sondern erst recht auferlegt. Auch in dieser Hinsicht geht es nicht um das, was der Mensch in sich selbst ist und wird, sondern um sein reales Stehen und Gehen in der Beziehung zu dem ihm gesagten Wort. Diese Beziehung besteht in einem Verhaftetsein, Gebundensein, Regiertwerden. Was der Mensch in sich selber ist und wird, mit Einschluß seiner besseren Bestrebungen, erweist sich in dieser Beziehung immer wieder als Ungehorsam. Aber daraus folgt mit nichten, daß er nun fallengelassen wäre oder sich selbst fallenlassen dürfte; daraus folgt in dieser Beziehung vielmehr erst recht, daß er, in sich selbst zusammengekrümmt, wie er mag oder muß, doch von oben gehalten wird. Eben in seinem Ungehorsam ist er gerufen, gefordert, in Anspruch genommen zum Gehorsam. Da ist keine Aktivität, da ist aber auch keine Passivität, in die er sich flüchten könnte. Weder seine Aktion noch seine Passion oder vielmehr: in seiner Aktion oder Passion er selbst ist gemeint und betroffen in dieser Beziehung. Und so, in diesem Gemeintsein und Betroffensein von einem Befehl, gegen den nichts einzuwenden ist, gewinnt jenes Gegenüber, jene überlegene Instanz, von der wir sprachen, konkrete, aktuelle Gestalt. So, in diesem Gebundensein, zu dem der Mensch nichts hinzutun, wie er auch nichts daran ändern kann, das ihm bei voller Aufrechterhaltung und Betätigung seiner menschlichen Selbstbestimmung schlechterdings auferlegt ist — so ist er frei für Gott, fähig und mächtig, seine Offenbarung zu hören.

Hier wäre nun legitim von jenem paulinischen „Gefangennehmen aller Vernunft in den Gehorsam Christi" (2. Kor. 10, 5) zu reden. Hier wäre zu erinnern an jene ἀνάγκη, unter deren Druck Paulus sein Apostelamt ausübt: „Wehe mir, wenn ich das Evangelium nicht verkündigte!" (1. Kor. 9, 16) oder an jenes καταλαμβάνεσθαι ὑπὸ Χριστοῦ, auf Grund dessen Paulus ebensowohl sagen muß: οὐχ ὅτι ἤδη ἔλαβον wie: διώκω δὲ εἰ καὶ καταλάβω (Phil. 3, 12), weiter an die Doppelsinnigkeit, in der er sich Philem. 1, Eph. 3, 1; 4, 1; 2. Tim. 1, 8 als δέσμιος Ἰησοῦ Χριστοῦ bezeichnet, weiter an die Unterordnung seiner Apostelwürde unter das vorangestellte δοῦλος Ἰησοῦ Χριστοῦ, Röm. 1, 1, oder an ihre Einklammerung durch das beigefügte διὰ θελήματος θεοῦ 1. Kor. 1, 1 u. ö., dementsprechend wir dann auch den Inhalt und das Ziel dieses seines Apostolates angegeben finden mit den Worten: ἀποστολὴ εἰς ὑπακοὴν πίστεως ἐν πᾶσιν τοῖς ἔθνεσιν (Röm. 1, 5). Wir erinnern uns ferner, daß das Verhältnis des versöhnten Menschen zur Gerechtigkeit Gottes und zu Gott selbst Röm. 6, 18, 22 als ein δουλοῦσθαι, sein Verhältnis zum Heiligen Geist Röm. 8, 14 als ein ἄγεσθαι beschrieben wird. Blicken wir von da aus rückwärts in die Evangelien, so sind wir geradezu überrascht von der Selbstverständlichkeit, in der hier der Ton, den Jesus in seinen Reden anschlägt, schlicht und direkt der Ton eben des Befehls ist, von der Häufigkeit, in der da das Verhältnis von Herr und Knecht oder das von König und Untertan als das Schema seines Verhältnisses zu den Seinigen erscheint, in der die messianische Glaubensforderung einfach als Gehorsamsforderung geltend gemacht wird — kurz, von der Klarheit und Kraft, in der gerade da der Kyriosname Jesu zur Auswirkung kommt. Eine Stelle mag hier für viele andere sprechen: „Wer ist unter euch, der einen Knecht hat zum Pflügen oder Weiden, der ihm, wenn er vom Feld hereinkommt, sagen wird: Gehe alsbald hin und setze dich zu Tisch!? Wird er ihm nicht vielmehr sagen: Richte zu, was ich zu Abend esse und schürze dich und diene mir, bis ich gegessen und getrunken habe, und dann magst auch du essen und trinken!? Dankt er auch dem Knechte, weil er tat, was ihm befohlen war? So auch ihr: Wenn ihr alles tatet, was euch befohlen war, dann sprecht: Wir sind unbrauchbare Knechte; wir haben getan, was wir schuldig waren zu tun." (Luc. 17, 7–10). So hören die Kinder Gottes das Wort Gottes. Ihr Hören ist wirklich das Hören eines Befehls und darum Gehorsam, ein Hören, das als solches notwendig ein Tun des Wortes ist (Jak. 1, 22). Man wird sich in Erinnerung an das alles hüten, das Befehlen, Gebieten, Gesetzgeben Gottes im Alten Testament als etwas spezifisch Alttestamentliches aufzufassen und wohl gar mit dem von Paulus im Römer- und Galaterbrief bekämpften Nomos der Juden zusammenzuwerfen. Der Nomos, dessen Unkräftigkeit zur Gerechtigkeit vor Gott Paulus dort nachweist, ist das Gebot, das der Mensch ungeistlich hört, ohne Christus, ohne das Gebot im Gebot zu hören, ohne Furcht und Liebe zu Gott als dem Gebieter, und das als solches kein wirklich nötigendes Gebot ist. Der Nomos Israels dagegen stellt als Erstes vor allen Geboten Gott den Gebieter als den zu Fürchtenden und Liebenden auf den Plan: „Ich bin der Herr, dein Gott, der ich dich aus Ägyptenland, aus dem Diensthaus geführt habe!" (Ex. 20, 2). Unter diesem Nomos stand auch Paulus, wenn er sich als den Knecht und Ergriffenen und Gebundenen Jesu Christi verstanden und bezeichnet hat. Unter diesem νόμος τοῦ πνεύματος τῆς ζωῆς (Röm. 8, 2) sah er auch die Glaubenden des Neuen Bundes stehen. Man kann und man muß tatsächlich die ganze Möglichkeit menschlicher Teilnahme an Gottes Offenbarung — trotz der bekannten reformatorischen Dialektik von Gesetz und Evangelium — auch unter dem wohlverstandenen Begriff des göttlichen Gesetzes verstehen. Das Gesetz Gottes ist, indem es uns im Gebote das Gebot sagt, indem es fordert, daß wir Gott fürchten und lieben sollen, nicht nur Belehrung und Weisung, nicht nur Gericht und Schrecken, sondern auch Trost, auch Hoffnung, auch Freude, auch Hilfe, auch Gottes Gnadengegenwart in dem Akte, in welchem er selbst der unsrige wird, in dem er sich uns verbündet, um uns zu erretten. Der 119. Psalm mit seinem fast unerschöpflichen Lobpreis der Zeugnisse, Befehle, Rechte, Gesetze, Gebote, Worte und Wege Gottes dürfte in dieser Hinsicht ein nicht geringzuschätzendes, sondern sehr zu beachtendes Spezimen des ganzen biblischen Offenbarungszeugnisses sein: sozusagen die konkret gewordene Rede des 139. Psalms von der Allgegenwart Gottes: Dein Wort umgibt mich von allen Seiten.

d. In Jesus Christus unausweichlich seinen Meister haben heißt: Existieren in einer letzten tiefsten Unverantwortlichkeit. Alle anderen Meister, Lehrer, Führer, Herren beladen und belasten uns mit Verantwortlichkeiten, das heißt mit Fragen, die wir aus unserer eigenen Erkenntnis heraus beantworten, mit Verpflichtungen, denen wir mit unserem eigenen Wollen und Handeln Genüge tun, mit Programmen, die wir mit unserer eigenen Leistung erfüllen und verwirklichen sollten. Gerade darum hat auch ihre Befehlsgewalt jene Grenzen. Sie gebieten uns, um uns dann bei der Ausführung ihrer Gebote doch allein und uns selbst zu überlassen. Sie können uns weder Furcht noch Liebe gebieten. Sie können nicht für uns eintreten. Eben darum sind Ausreden und Entschuldigungen ihren Geboten gegenüber sehr wohl möglich. Das Wort Gottes hat gerade darum Befehlsgewalt ohne Grenzen, weil es uns nicht etwa eine neue, letzte, fürchterliche, weil unendliche Verantwortlichkeit aufbürdet, sondern unser Antworten, unser Wollen und Handeln, die Leistung, die es allerdings von uns verlangt, in Anspruch nimmt nicht als unser selbständiges Werk, für dessen Gelingen wir nun einzustehen hätten, sondern als Dienst, in dessen Vollzug wir getragen und gedeckt sind durch das Werk, das es selber tut. Auch von dieser Seite gesehen, bedeutet also die Ausgießung des Heiligen Geistes die Relativierung der Frage: Wer und was wir denn in uns selber sind? Daß wir durch sie in diese Beziehung:

unter das Wort und unter den Befehl des Wortes gestellt werden, das bedeutet allerdings, daß wir als die, die wir sind, nun eben dabei zu sein haben bei jenem Werk des Wortes. Aber nicht als die, die dieses Werk zu vollbringen, sein Ziel zu erreichen, seinen Erfolg herbeizuführen hätten. Es ist bei diesem unserem Dabeisein vorgesehen, daß wir Menschen, und zwar ungehorsame und also zu diesem Werk untaugliche Menschen sind. Unser Dabeisein beruht auf keinen Fall auf unserer Eignung zu diesem Werk. Es ist ein Dabeisein trotz unserer Nichteignung. Es beruht auf Sündenvergebung. Es ist Gnade. Es ist ein Dabeisein in der Furcht und in der Liebe zu dem Gott, der sich unserer erbarmt hat, indem er uns dazu herbeiruft und dabei sein läßt. Gerade darum ist es nun aber auch kein Dabeisein in der Angst und Sorge, ob wir wohl schaffen würden, was da von uns verlangt ist. Wir werden es sicher nicht schaffen. Das ist geradezu die Voraussetzung unseres Dabeiseins. Verlangt ist gerade nur das von uns: daß wir als solche, die es nicht schaffen können und nie schaffen werden, dabei seien, wenn das Wort es schafft. Es geht auch hier um jenes Auf- und Angenommensein des Menschen zur Teilnahme am Worte Gottes, die als Entsprechung dessen, was in der Fleischwerdung des ewigen Sohnes Gottes geschieht, das Leben, jenes ganz unselbständige, ganz abhängige, ganz gnaden- und glaubensmäßige Leben der Kinder Gottes begründet. Der Mensch, der unter dem Wort und unter dem Befehl des Wortes steht, ist wirklich frei. Frei von dem Kummer um sich selbst. Aber frei auch von dem Kummer um andere. Und frei von dem Kummer um die ganze Entwicklung der menschlichen Dinge in Kirche und Welt. Wohlverstanden: gerade in der letzten, entscheidenden Frage nach dem Geschehen des Willens Gottes in dem Allem ist er ganz frei von Kummer, auch dann und gerade dann, wenn er in allen vorletzten Fragen hinsichtlich seiner selbst und der anderen und hinsichtlich der Kirche und der Welt von Kummer geradezu erdrückt sein sollte. Daß in dem Allem der Wille Gottes geschehe, darum kann und soll er beten, wenn der andere Kummer ihn erdrücken will und damit er ihn nicht etwa erdrücke. Aber eben dieses Gebet: Dein Wille geschehe! ist ja auch das Eingeständnis: ich brauche mir darüber keinerlei Kummer zu machen, weil das nicht meine Sache ist. Ich bin dafür nicht verantwortlich. Diese Last, die Last meiner und fremder Sünde liegt darum nicht auf mir, weil sie einzig und allein und ganz auf Jesus Christus, auf dem Worte Gottes, liegt. Daß ich an dieses Wort Gottes gebunden bin, darin besteht das Eine und Ganze, das ich für mich selbst und andere, für Kirche und Welt tun kann. Was in dieser Bindung geschieht, wird gut, was nicht in dieser Bindung geschieht, wird böse sein. Und nie wird diese Bindung darin bestehen können, daß ich nun doch wieder die Last auf mich nehme und damit die Würde des Wortes, die Würde Jesu Christi, an mich reiße. Jesus Christus allein trägt sie und kann sie tragen. Immer muß diese Bindung darin bestehen, daß wir das wissen, sagen, bestätigen, bezeugen, das leben: Er sorgt für euch! Und eben in dieser Freiheit, in dieser letzten Unverantwortlichkeit, haben wir dann auch selbstverständlich die Freiheit, Gottes Offenbarung zu hören.

Wir orientieren uns auch hier an der Haltung der biblischen Menschen und Offenbarungsempfänger. Sie ist dadurch gekennzeichnet, daß die Strenge, in der sie durch die Sache Gottes in Anspruch genommen sind, unmittelbar neben sich hat ein eigentümliches Gelockertsein gerade hinsichtlich der Sache Gottes. Man bemerkt auch bei den alttestamentlichen Propheten und im Neuen Testament auch bei einem Paulus gerade im Letzten nichts von jener Starrheit und von jenem Zelotismus und darum auch nichts von jenem ängstlichen Eifer, kurz, von jenem Krampf, der sich da einzustellen pflegt, wo der Mensch die *causa Dei* wirklich als seine eigene Aufgabe und Sorge auffaßt und behandelt. Sie wollen wirklich nicht tun, was Gott tut. Sie wollen nur dabei sein. Sie operieren nicht, sondern sie assistieren. Gerade so sind sie Offenbarungsempfänger und Offenbarungszeugen. Die Gebote, die sie in der Liebe zu Gott halten, sind als Gebote Gottes (ἐντολαὶ αὐτοῦ) nicht schwer (1. Joh. 5, 3). Sein Joch ist sanft und seine Last ist leicht (Matth. 11, 30). Sie brauchen sich des Evangeliums darum nicht zu schämen, weil es ihrer eigenen Dynamik schlechterdings nicht bedarf. Und es bedarf ihrer darum nicht, weil es selbst δύναμις θεοῦ ist, und zwar εἰς σωτηρίαν (Röm. 1, 16).

e. In Jesus Christus unausweichlich seinen Meister haben: heißt einer bestimmten **Bildung und Führung** unterworfen werden. Sonstigen Meistern kann man sich anpassen; man kann sie nachahmen, man kann sich zu ihrem Abklatsch oder auch zu ihrer Karikatur gestalten. Kein sonstiger Meister hat die Macht, einen anderen Menschen seiner Bildung und Führung wirklich zu unterwerfen, so daß jener, indem er ganz sich selber und also kein Abklatsch ist, doch ganz die Gestalt und den Weg des Meisters und also keine Karikatur darstellt. Die Eigenmächtigkeit aller Nachahmung ist auch ihre Schwäche. Gerade was Nachahmung eigentlich meint, kann Nachahmung nicht erreichen. Und so kann man es wohl die Tragik aller sonstigen Meisterschaft nennen, daß sie bestenfalls das erzeugen kann: Nachahmung. Die Bildung und Führung eines Menschen durch das Wort Gottes, die mit der Ausgießung des Heiligen Geistes Wirklichkeit wird, hat mit Nachahmung nichts zu tun. Wieder ist wohl festzuhalten: der Mensch ist und bleibt unter dieser Bildung und Führung der, der er ist. Ihm geht sein eigenes Sein, Denken, Wollen, Fühlen in seiner allgemeinen und besonderen Art keineswegs verloren. Er ist und bleibt auch, auf dieses sein eigenes Sein gesehen, ein Sünder vor Gott. Aber eben dieses sein eigenes Sein als Sünder vor Gott wird dem Worte Gottes unterworfen und also durch dieses Wort gebildet und geführt. Und weil die Unterwerfung und also diese seine Bildung und Führung eine vollkommene ist, darum geschieht hier, was alle Nachahmung bloß meint und nie erreichen kann: der Meister bekommt einen Lehrling, einen Knecht, einen Schüler, einen Nachfolger, in welchem er sich selbst wiederfindet und in welchem daraufhin er, der Meister, auch von anderen wiedergefunden werden kann. Der Meister ist aber das ewige Wort, das

Fleisch angenommen hat. Wir sind nicht das ewige Wort, aber Fleisch von demselben Fleisch, das in ihm der göttlichen Natur teilhaftig geworden ist. Wir sind, indem wir ihm, dem ewigen Wort, unterworfen sind, nicht nur Fleisch, sondern im Fleische Kinder Gottes, Brüder jenes Erstgeborenen. Das ist die Unterwerfung unseres Seins unter das Wort. Es ist als dem Wort unterworfenes kein sich selbst überlassenes, kein wildwachsendes Sein mehr. Es hat, obwohl und indem es ein Sein im Fleische ist, seine Richtung vom Geiste, von der neuen Geburt her auf das Wort hin. Es ist Gegenstand einer Anziehung, einer Gestaltung, einer Leitung durch das Wort. Das alles freilich unbegreiflich von ihm selbst her, unverdient, ohne Beitrag und Mitwirkung von seiner Seite, aber gerade so notwendig, unaufhaltsam, unwiderstehlich. Nur mit der Leugnung und Verwerfung Jesu Christi selbst, das heißt nur in Abwesenheit des Heiligen Geistes könnte diese Anziehung, Gestaltung und Leitung durch ihn geleugnet, abgewehrt und unwirksam gemacht werden. Wo er und sofern er gegenwärtig handelt im Heiligen Geist, da bildet und führt er den noch im Fleische, noch als Sünder wandelnden Menschen. Sicher ist das ein streng verborgenes Bilden und Führen, wie ja auch er selbst, der Meister, ein verborgener Meister ist. Aber so wirklich wie er selbst ist auch sein Handeln an uns. Und darauf zielt sein Handeln, daß aus dem Menschenleben eine Wiederholung, eine Analogie, eine Parallele seines eigenen Seins — daß es christusgemäß werde. Christusgemäß heißt nicht: ein Mensch, der ein zweiter Christus ist — diese Meinung bedeutet immer die Eigenmächtigkeit und Schwäche der bloßen *imitatio*. Christusgemäß heißt: ein Mensch, der in seiner ganzen Menschlichkeit um Christi willen und in Christus ein Kind Gottes ist und darum ausgerichtet auf den, um deswillen und in dem er ein Kind Gottes ist. In dieser Ausrichtung und Einstellung, die das Werk des Heiligen Geistes ist, kann er Gottes Offenbarung hören und empfangen. In dieser Wirklichkeit liegt die Möglichkeit, nach der wir hier gefragt haben.

Der entscheidende neutestamentliche Begriff, an dem wir uns hier zu orientieren haben, ist der für die Synoptiker so bezeichnende, aber auch bei Johannes hervortretende Begriff der Nachfolge Jesu. Ἀκολουθεῖν weist schon darum in eine ganz andere Richtung als *imitatio*, weil es zunächst ganz einfach den beschreibt, der einen anderen begleitet, mit ihm denselben Weg macht. Dann prägnanter: den Gefolgsmann, der ehrerbietig hinter einem Herrn oder Fürsten, den Schüler, der Distanz haltend hinter seinem Lehrer herschreitet: dabei ist Nachahmung offenbar nicht nur unnötig, sondern unmöglich. Sodann ist zu beachten: dieses Nachfolgen ist dadurch von einem eigenmächtigen Tun, wie es Nachahmung immer ist, unterschieden, daß es bedingt ist durch den Ruf Jesu, daß es also eine messianische Gabe ist; der Einzige, der sich erlaubt („Herr, ich will dir nachfolgen...!"), diesen Weg von sich aus anzutreten, erweist sich alsbald als ein solcher, der nicht geschickt ist zum Reiche Gottes (Luc. 9, 61 f.). Endlich dürfte auch die häufige Verbindung des Begriffs der Nachfolge mit dem der Selbstverleugnung es verbieten, hier an eine solche Bindung und Führung zu denken, die der Mensch selber in seine Hand nehmen könnte. Ihm wird Teilnahme vergönnt und geschenkt an der Existenz Jesu, an dem in ihm erschienenen Heil und an seinem Leiden:

2. Der Heilige Geist die subjektive Möglichkeit der Offenbarung 303

darin besteht die Nachfolge. In dieser Nachfolge wird er dann ein μαθητής, kann er von Jesus belehrt werden und lernen, während, wer ihm nicht nachfolgt, seiner nicht wert (ἄξιος) ist (Matth. 10, 38), nicht sein Jünger sein kann (Luc. 14, 27). Ebenso heißt es 1. Petr. 2, 21: Christus habe uns in seinem Leiden für uns einen ὑπογραμμός hinterlassen, daß wir in seinen Spuren ihm nachfolgen, das heißt seiner Leidensgestalt gemäß unser Leben gestalten lassen könnten und sollten. Man wird im selben Zusammenhang an Hebr. 12, 2 denken dürfen, wo Jesus der ἀρχηγός καὶ τελειωτής des Glaubens genannt wird, auf den man zu blicken habe, um in dem uns obliegenden Wettkampf recht zu laufen. So schreibt aber auch Paulus den Galatern als seinen Kindern, die er als solche, denen Christus bis jetzt umsonst „vor Augen gemalt" war (Gal. 3, 1), als offenbar noch nicht Wiedergeborenen — man möchte fast denken: in persönlicher Einheit seines apostolischen Wortes mit dem Wirken des Heiligen Geistes — unter Schmerzen noch einmal gebären müsse: μέχριςοῦ μορφηθῇ Χριστὸς ἐν ὑμῖν (Gal. 4,19). Es geht um die μορφή δούλου dessen, der sich selbst seiner Gottesgestalt entäußerte und sich bis zum Tod am Kreuz erniedrigte: sie ist es, an die die Christen denken sollen, um aus der Uneinigkeit in die Einigkeit ἐν Χριστῷ Ἰησοῦ zurückzukehren (Phil. 2, 1–11). Indem sie durch den Geist, der der Herr ist, „verwandelt werden in sein (Christi) Bild", kommt es dazu, daß sie Spiegel der Herrlichkeit des Herrn werden; und eben darin zeigt es sich, daß sie im Unterschied von den Juden, deren Herzen verdeckt sind, wenn sie ihren Mose lesen, Freiheit (ἐλευθερία) und also offene Augen (ἀνακεκαλυμμένον πρόσωπον) für Gottes Offenbarung (2. Kor. 3, 12–18) haben. Indem sie σύμφυτοι τῷ ὁμοιώματι τοῦ θανάτου αὐτοῦ werden: eingepflanzt in die von der Taufe her verstandene Kirche als das Bild seines für uns in den Tod gegebenen Leibes — werden sie seiner Auferstehung teilhaftig (Röm. 6, 5). Man wird das alles zusammensehen müssen, um das so einfache und doch so gehaltvolle johanneische τηρεῖν des Wortes und der Worte (Joh. 8, 51; 14, 23) oder der Gebote (Joh. 14, 15, 21; 15, 10; 1. Joh. 5, 3) Jesu wenigstens von weitem zu verstehen.

f. In Jesus Christus unausweichlich seinen Meister haben heißt endlich und zusammenfassend: Keine eigene Sache, sondern seine, Christi Sache, zur eigenen Sache haben. Kein anderer Meister kann uns das zuleid oder zuliebe tun, uns so sehr zu meistern, daß wir nicht immer noch, wenn auch in seinem Dienst, in seiner Schule, in seinem Gefolge, unser eigenes Anliegen und letztlich doch nur um unseres eigenen Anliegens willen ihn zum Meister haben. Wo das Wort Gottes Meister ist durch die Ausgießung des Heiligen Geistes, da ist ein Anliegen und eine Sache auf den Plan getreten, mit der keine andere konkurrieren kann, ganz einfach darum nicht: weil es eben im Worte Gottes um unsere eigenste Sache, um unser eigenstes Anliegen geht, aber nun nicht so, wie es vor uns selbst, sondern so, wie es im Gegensatz zu uns, aber uns zugute, von der Weisheit Gottes verstanden, von der Gerechtigkeit Gottes beurteilt, von der Güte Gottes aufgenommen wird. Das ist ja Gottes Wort: Gottes Werk an uns: für uns und darum gegen uns, das Werk der Güte, die wir nicht fassen können, gegen die wir gefrevelt haben, die uns wohl tut als denen, die immer wieder übel tun. Wo es als das gehört wird, da ist gewiß immer noch vorhanden und wirksam, aber grundsätzlich gebrochen, in seiner Lebenskraft zerstört: der Wille zur Selbstbehauptung und Selbsthilfe, die Sorge um unsere Selbsterhaltung, Selbstrechtfertigung und Selbstdarstellung. Er kann jedenfalls dem Worte Gottes gegenüber nicht mehr — und damit grundsätzlich überhaupt nicht mehr da sein. Er kann gerade nur noch da sein, wie wir selbst und indem wir selbst da sind unter dem Wort. Das bedeutet Demütigung aber auch Trost, Beschränkung aber auch Befreiung, Gesetz aber auch Evangelium. Es ist eine große Not, wenn einem das Recht, eigene Anliegen zu haben und ihnen nachzugehen, in dieser radikalen Weise in Frage gestellt und letztlich genommen wird. Es ist freilich eine noch größere Hilfe, wenn die Notwendigkeit, unter der wir alle stehen, uns um unserer eigenen Anliegen willen zu quälen, so radikal relativiert, ja im Grunde beseitigt wird. Aber wie dem auch sei, von hier aus, im Blick auf diese zentrale Erschütterung, ja Umwälzung, auf dieses Verdrängtwerden unserer *causae* durch die *causa Dei* (die doch nur unseren Glauben und Gehorsam und so gar nicht unsere Sorge und unsere Geschäftigkeit von uns verlangt) — im Blick auf dieses Kleinwerden hüben und Großwerden drüben wäre rückblickend noch einmal alles zu bedenken, was nun über die Möglichkeit der Offenbarung Gottes zum Menschen hin positiv zu sagen versucht wurde.

Wir schließen mit einigen Worten Johannes des Täufers nach dem vierten Evangelium, die das Rätsel der subjektiven Möglichkeit der Offenbarung und dieses Rätsels Lösung noch einmal vor uns hinstellen mögen: „Der Mensch kann sich nichts nehmen, wenn es ihm nicht aus dem Himmel gegeben ist. Ihr selbst seid meine Zeugen, daß ich gesagt habe: Nicht bin ich der Christus, sondern Abgesandter vor jenem her. Der die Braut hat, ist der **Bräutigam**. Der Freund des Bräutigams aber, der dabeisteht und ihn vernimmt, freut sich aufrichtig über die Stimme des Bräutigams. Diese mir zukommende Freude ist nun da. Jener muß wachsen, ich aber muß abnehmen ... Wer sein Zeugnis annimmt, der bestätigt damit, **daß Gott wahrhaftig ist** ... Der Vater liebt den Sohn, und alles hat er in seine Hand gegeben. Wer an den Sohn glaubt, hat das ewige Leben" (Joh. 3, 27–29, 33, 35 f.). C a l v i n (Komm. z. Joh. 3, 33 C. R. 47, 74) schreibt zu dem Wort von der Bestätigung der Wahrhaftigkeit Gottes durch unser Annehmen des Zeugnisses Christi: *Quantus est hic honos, quo miseros homunciones dignatur Deus, ut qui natura nihil sunt aliud quam mendacium et vanitas, idonei tamen censeantur, qui sacram Dei veritatem subscriptione sua comprobent.* Und zu dem Wort vom Glauben an den Sohn, dem des Vaters Liebe alles in seine Hand gegeben (zu Joh. 3, 35 ib. 47, 75): *Facit enim hoc amor, quo Filium amplexus nos quoque in eo amplectitur, ut per illius manum nobis bona sua omnia communicet.*

§ 17
GOTTES OFFENBARUNG ALS AUFHEBUNG DER RELIGION

Gottes Offenbarung in der Ausgießung des Heiligen Geistes ist die richtende, aber auch versöhnende Gegenwart Gottes in der Welt menschlicher Religion, das heißt in dem Bereich der Versuche des Menschen, sich vor einem eigensinnig und eigenmächtig entworfenen Bilde Gottes selber zu rechtfertigen und zu heiligen. Die Kirche ist insofern die Stätte der wahren Religion, als sie durch Gnade von Gnade lebt.

1. DAS PROBLEM DER RELIGION IN DER THEOLOGIE

Das Ereignis der Offenbarung Gottes soll hier so verstanden und dargestellt werden, wie es der Kirche Jesu Christi durch die heilige Schrift bezeugt ist. Diese konkrete Bindung, in der die Theologie zu arbeiten hat, nötigte uns im Vorangehenden auf die Frage: wie es wirklich und wie es möglich ist, daß Gott in seiner Offenbarung zum Menschen komme, die eindeutige Antwort zu geben, daß beides: die Wirklichkeit und die Möglichkeit dieses Geschehens, Gottes, im besonderen des Heiligen Geistes, eigenes und alleiniges Sein und Handeln ist. Die Wirklichkeit und die Möglichkeit! Wir konnten die Unterscheidung zwischen beiden nur der Verständlichkeit halber machen, und das, was hier zu verstehen war, war letztlich eben dies: daß beide in Gott und nur in Gott zu suchen sind. Es war uns also verwehrt, diese Unterscheidung als solche letztlich ernst zu nehmen. Es war uns verwehrt, bei Gott zwar die Wirklichkeit, beim Menschen aber eine Möglichkeit für die Offenbarung festzustellen, das Ereignis Gott, das Organ oder den Anknüpfungspunkt dafür aber dem Menschen zuzuschreiben, die göttliche Gnade zwar als das Besondere, menschliche Eignung und Aufnahmefähigkeit aber als das Allgemeine in dieser Sache zu verstehen: Gott als die Materie, den Menschen als die Form und also das Ereignis der Offenbarung als ein Zusammenspiel zwischen Gott und Mensch, Gnade und Natur zu deuten. Sondern indem wir uns an die heilige Schrift als an das für uns maßgebende Zeugnis von der Offenbarung halten wollten, sahen wir uns genötigt, uns sagen zu lassen, daß dieses Ereignis, so gewiß es ein dem Menschen widerfahrendes Ereignis ist, einen in sich geschlossenen Kreis darstellt, daß nicht nur das Objektive, sondern auch das Subjektive in der Offenbarung, nicht nur ihre Aktualität, sondern auch ihre Potentialität das Sein und Handeln des sich offenbarenden Gottes selbst und ganz allein ist.

Sofern die Offenbarung nun aber in der Tat auch ein dem Menschen widerfahrendes Ereignis ist, ein Ereignis, das jedenfalls auch die Gestalt menschlicher Zuständlichkeit, Erfahrung und Tätigkeit hat, stoßen wir an dieser Stelle auf das Problem der menschlichen Religion. Die Offenbarung Gottes durch den Heiligen Geist ist wirklich und möglich als eine Bestimmung der menschlichen Existenz. Wollten wir das leugnen, wie würden wir sie dann als Offenbarung verstehen? Leugnen wir es aber nicht, so müssen wir es anerkennen, daß sie jedenfalls auch den Charakter und das Gesicht eines menschlichen, historisch und psychologisch faßbaren Phänomens hat, nach dessen Wesen, Struktur und Wert man fragen kann wie nach denen anderer menschlicher Phänomene, das mit anderen menschlichen Phänomenen mehr oder weniger ähnlicher Art in einer Reihe gesehen und entsprechend verstanden und beurteilt werden kann. Der Problembereich, der hier in Betracht kommt, ist aber eben der der

Religion. Wir haben es versucht, die Wirklichkeit und Möglichkeit der Offenbarung auch nach deren subjektiver Seite so streng und konsequent als möglich als göttliche Wirklichkeit und Möglichkeit darzustellen. Aber wie hätten wir dabei umhin gekonnt, nun doch ebenso bestimmt und konkret von einer Begegnung und Gemeinschaft zwischen Gott und Mensch, von Kirche und Sakrament, von einem bestimmten Sein und Verhalten des Menschen vor Gott zu reden. Eben damit haben wir aber von menschlichen, das heißt von zwar eigenartigen, aber nun doch nicht einzigartigen Dingen geredet: von erstaunlichen, aber doch nicht von unbegreiflichen Dingen, von Dingen, die es in grundsätzlich gleicher Art auch sonst gibt. Was wir Offenbarung nennen, scheint von dieser Seite gesehen notwendig als ein Besonderes auf dem Felde des Allgemeinen, das man Religion nennt: ,,Christentum" oder ,,christliche Religion", ein Prädikat an einem Subjekt, das auch andere Prädikate haben kann, eine Spezies in einem Genus, zu dem auch andere Spezies gehören. Es gibt ja außer und neben dem Christentum auch Judentum und Islam, Buddhismus und Shintoismus, animistische und totemistische, asketische, mystische und prophetische Religion aller Art. Nochmals: Wir müßten die Offenbarung als solche leugnen, wenn wir bestreiten wollten, daß sie nun eben auch das: Christentum ist, daß sie auch dieses menschliche Gesicht hat und in dieser Eigenschaft mit anderen menschlichen Gesichtern in einer Reihe steht, daß sie von hier aus gesehen zwar eigenartig, aber eben nicht einzigartig ist. Die Tatsache ist ruhig zu anerkennen und der Gedanke ist ruhig zu Ende zu denken: etwas von der Art des Menschlichen, an dem wir gar nicht vorbeisehen können, das wir als solches beim Namen nennen müssen, wenn wir Gottes Offenbarung als Offenbarung erkennen und anerkennen wollen — etwas von dieser Art gibt es als einen besonderen Bereich menschlicher Zuständlichkeit, Erfahrung und Tätigkeit, als eine von den Welten in der Welt des Menschen auch sonst und überhaupt.

Vgl. zum Folgenden: Edvard Lehmann, Die Erscheinungs- und Ideenwelt der Religion (in Chantepie de la Saussaye, Lehrbuch der Religionsgeschichte 1925 Bd. 1, S. 23–130).

Auch sonst und überhaupt scheinen sich die Menschen — und das sogar mit einer gewissen Notwendigkeit — bestimmten, über ihr eigenes Leben und das der Welt erhabenen und es beeinflussenden Mächten gegenübergestellt zu fühlen. Vom Geist und von Geistern und von deren Wirken scheinen sie auch auf den primitivsten Stufen ihres Verkehrs schon mit der Natur zu wissen. Immer und überall erscheint menschliche Kultur im ganzen und menschliches Dasein im einzelnen von den Menschen bezogen worden zu sein auf ein mit ihrem eigenen Wollen und Können mindestens mächtig konkurrierendes Letztes und Entscheidendes, scheinen Kultur und Dasein bestimmt oder doch mitbestimmt worden zu sein durch eine jedenfalls vermeintlich über den Menschen selbst hinausblickende Ehrfurcht vor einem Anderen oder gar ganz Anderen, vor einem höchsten Relativen oder gar Absoluten. Immer und überall scheint man zu wissen um die Wirklichkeit und Möglichkeit einer Weihe oder gar Heiligung des Menschenlebens, auf Grund eines einzeln oder in Gemeinschaft erlebten Strebens, das sich wohl auch immer und überall auf ein Geschehen von jener anderen Seite her zurückführt. Und immer und überall hat sich dann auch die Vorstellung von dem Gegenstand und Ziel dieses Strebens oder von dem Ursprung dieses Geschehens zusammengedrängt in den Bildern von Göttern, in deren Hintergrund sogar das Bild eines höchsten und einzigen Gottes mehr oder weniger deutlich fast immer und fast überall sichtbar wurde. Wann und wo wußte man nicht um die Verpflichtung des Menschen, dem Gott oder den Göttern seine Verehrung darzubringen in Gestalt konkreter Kulte: durch Beschäftigung mit den Bildern und Symbolen der Gottheit, durch Opfer, Sühnehandlungen und Gebete, durch Gebräuche, Spiele und Mysterien, durch Gemeinde- und Kirchenbildung? Wo und wann hätte man nicht auch die Stimme der Gottheit zu hören vermeint und behauptet und ihren Sinn zu erforschen sich bemüht? Ist der Veda den Indern, das Avesta den Persern, der Tripitaka den Buddhisten, ist der Koran seinen Gläubigen nicht in der gleichen Weise „Bibel" wie uns das Alte und Neue Testament? Sind nicht mindestens die Elemente und Probleme der Weltanschauung aller Religionen: Weltanfang und Weltende, Entstehung und Wesen des Menschen, sittlich-religiöses Gesetz, Sünde und Erlösung identisch mit denen der christlichen Glaubenslehre? Kann und muß man nicht auch die christliche „Frömmigkeit", auch in ihren höchsten und feinsten Formen, zum mindesten, wenn auch vielleicht auf der höchsten Stufe, in einer Skala sehen mit den Formen der Frömmigkeit überhaupt? Und gemessen an welchen Kriterien müßte ihr hier notwendig gerade die höchste Stufe zugewiesen werden?

Indem wir feststellen: das alles gibt es tatsächlich außer und neben dem „Christentum", anerkennen wir: Gott ist in seiner Offenbarung tatsächlich eingegangen in eine Sphäre, in der seine Wirklichkeit und Möglichkeit umgeben ist von einem Meer von mehr oder weniger genauen, aber jedenfalls grundsätzlich als solche nicht zu verkennenden Parallelen und Analogien in menschlichen Wirklichkeiten und Möglichkeiten. Gottes Offenbarung ist tatsächlich Gottes Gegenwart und also Gottes Verborgenheit in der Welt menschlicher Religion. Indem Gott sich offenbart, verbirgt sich das göttlich Besondere in einem menschlich Allgemeinen, der göttliche Inhalt in einer menschlichen Form und also das göttlich Einzigartige in einem menschlich bloß Eigenartigen. Man kann Gott, man kann die Ausgießung des Heiligen Geistes und dann gewiß auch die Fleischwerdung des Wortes, eben weil und sofern sie Gottes Offenbarung an den Menschen ist, auch von dieser Seite sehen: in dieser mit ihrer wahren Menschlichkeit selbstverständlich gegebenen Verborgenheit als religiöses Phänomen, als Glied jener Reihe, als Spezialbild innerhalb einer allgemeinen Beobachtung und Erfahrung, als besonderen Inhalt einer menschlichen Form, die auch andere Inhalte haben kann und in der die göttliche Besonderheit jenes Inhalts nicht direkt erkennbar ist.

Man wird hier verschärfend hinzufügen müssen, daß der Eindruck: wir haben es mit menschlicher Religion zu tun, an der Stelle, wo die Kirche von Gottes Offenbarung reden zu sollen meint, nicht etwa unsicherer und schwächer, sondern eher bestimmter und stärker ist als auf den übrigen Feldern der Religionsgeschichte. Es wird ja kein Zufall sein, daß die Darstellungen der allgemeinen Phänomenologie der Religion gerade die schlagendsten Beispiele für die verschiedensten Typen religiösen Gestaltens und Handelns gerade unserer Bibel (und der christlichen Kirchengeschichte) zu entnehmen pflegen, als wäre ausgerechnet sie — wie A. v. Harnack gesagt hat — ein „Kompendium der Religionsgeschichte". Wenn es so ist, wie A. v. Harnack meint: daß, wer diese Religion kennt, sie alle kennt, dann kann es sicher nicht etwa an dem sein, daß die „christliche Religion" leichter von der Welt der Religion überhaupt zu distanzieren wäre als andere Religionen. D. Fr. Strauß ist jedenfalls zu hören, wenn er den Apologeten der übernatürlichen Offenbartheit des Christentums den Einwand macht: „Weil die Frucht jetzt vor uns liegt, gelöst, wie reife Früchte pflegen, von dem Zweige und Stamme, der sie trug, soll sie nicht auf einem Baume gewachsen, sondern unmittelbar vom Himmel gefallen sein. Kindische Vorstellung! Und wenn wir noch so deutlich den Stiel zeigen können, durch welchen sie mit dem mütterlichen Aste zusammenhing; wenn in ihrem Baue die unverkennbarste Verwandtschaft mit anderen hiesigen Früchten zutage liegt; wenn auf ihrer Oberfläche hier noch die Spuren der Sonne zu sehen sind, die sie bestrahlt, dort der Hagelkörner, die sie geritzt, wohl auch der Stich böser Insekten, die sie angegriffen: dennoch soll sie keinem irdischen Stamme entsprossen, nicht in unserer Atmosphäre gezeitigt sein." (Die chr. Glaubenslehre, 1. Bd., 1840, S. 352.)

Man wird sich, wenn man Gottes Offenbarung nicht etwa gerade als Offenbarung leugnen will, dem auf keinen Fall entziehen können, daß sie sich jedenfalls auch in der Blickrichtung befindet, in der sie dann u. U. als Gottes Offenbarung geleugnet werden kann. Sie kann, ja sie muß auch als „Christentum" und also auch als Religion und also auch als menschliche Wirklichkeit und Möglichkeit verstanden werden. Was dieses „auch" des näheren bedeutet, wird in diesem Paragraphen zu zeigen sein. Wir haben zunächst die mit seiner Feststellung aufgeworfene Frage als solche und das Grundsätzliche der doppelten Möglichkeit ihrer Beantwortung ins Auge zu fassen.

Die Frage, die damit aufgeworfen ist, daß Gottes Offenbarung auch als eine Religion unter Religionen zu verstehen ist, ist im Grunde ganz schlicht noch einmal die Frage, ob die Theologie als Theologie, ob die Kirche als Kirche, schließlich ob der Glaube als Glaube sich selbst oder vielmehr den Grund ihrer selbst ernst zu nehmen willens und in der Lage sind. Theologie, Kirche und Glaube haben hier nämlich eine außerordentlich naheliegende Gelegenheit, sich selbst und ihren Grund nicht ernst zu nehmen. Das Problem der Religion ist, indem es nichts anderes ist als der scharfe Ausdruck des Problems des Menschen in seiner Begegnung und Gemeinschaft mit Gott, eine Gelegenheit, in Versuchung zu fallen. Theologie, Kirche und Glaube sind an dieser Stelle eingeladen, ihr Thema, ihren Gegenstand preiszugeben und damit hohl und leer, bloße Schatten ihrer selbst zu werden. Umgekehrt haben sie gerade hier Gelegenheit, bei der Sache zu bleiben, in ihrem Blick auf die Sache erst recht gewiß zu werden und sich so als das, was sie heißen, zu bewähren und zu befestigen. In der Entscheidung, die hier gemeint ist, kann es nicht darum gehen, ob Gottes Offenbarung auch als menschliche Religion und damit als Religion unter anderen Religionen zu verstehen ist. Wir sahen: Leugnung dieses Satzes würde Leugnung der Menschlichkeit der Offenbarung, und diese würde Leugnung der Offenbarung als solcher bedeuten. Es fragt sich aber, ob dieser Satz dahin auszulegen und anzuwenden ist: daß uns das, was wir über Wesen und Erscheinung der Religion zu wissen meinen, zum Maßstab und Erklärungsprinzip für Gottes Offenbarung zu dienen hat, oder umgekehrt: ob wir die Religion: die christliche Religion und alle anderen Religionen von dem her zu interpretieren haben, was uns von Gottes Offenbarung gesagt ist. Es ist offenbar etwas anderes, ob die Religion d a s Problem d e r Theologie oder ob sie e i n Problem i n der Theologie ist. Es ist etwas anderes, ob die Kirche eine Religionsgesellschaft ist oder aber eine Stätte, wo auch die Religion im umfassendsten Sinn des Wortes „aufgehoben" ist. Es ist etwas anderes, ob sich der Glaube als eine Gestalt menschlicher Frömmigkeit versteht oder als eine Gestalt des Gerichtes und der Gnade Gottes, die sich allerdings und sehr konkret auch auf die menschliche Frömmigkeit in allen ihren Formen bezieht. Das ist die Entscheidung, die hier gemeint ist.

Wir rühren an eines der schwersten geschichtlichen Rätsel, wenn wir feststellen: im modernistischen Protestantismus, wie er, aus den Wurzeln des 16. und 17. Jahrhunderts wachsend, im 18. bis 20. Jahrhundert sich dargestellt hat, sind die großen bezeichnenden Entscheidungen nach der ersten Seite der hier angedeuteten Gegensätze hin gefallen. Es war und ist ein Charakteristikum seines uns hier beschäftigenden theologischen Denkens (im Zusammenhang mit seiner Auffassung und Gestaltung von Kirche und Leben), daß er in seinen großen Vertretern und ausschlaggebenden Richtungen nicht die Religion von der Offenbarung, sondern die Offenbarung von der Religion her gesehen und erklärt hat.

Motto zum folgenden: „Das Wort Religion ist im entschiedensten Gegensatz gegen das in der lutherischen, reformierten und katholischen Kirche geltende Wort Glauben eingeführt und setzt überall die deistische Kritik des allgemein christlichen Offenbarungsbegriffs voraus. Wollen wir da noch behaupten, daß wir uns im Kreise der Reformation befinden?" (Paul de Lagarde, Deutsche Schriften, 4. Abdruck S. 46).

Wenn Thomas von Aquino (*S. theol.* II 2 *qu.* 81 f.) von der allgemeinen (moralischen) Tugend der *religio* und (*ib. qu.* 186 f.) von der spezifisch mönchischen *religio* redete oder wenn er gelegentlich den Gegenstand der Theologie als *christiana religio* (z. B. im Prolog zur *S. theol.*) oder als *religio fidei* bezeichnen konnte, so lag doch offenbar die Vorstellung einer nichtchristlichen „Religion" ganz außerhalb seines Gesichtskreises: er scheint das, was wir so nennen, nicht unter diesem Namen gekannt zu haben. Und vollends der Begriff Religion als Allgemeinbegriff, dem die christliche Religion als eine neben anderen unterzuordnen wäre, ist ihm offenbar ganz fremd gewesen. Der Sache nach war das Problem freilich durch Claudius von Turin, durch Johannes Scotus Erigena, durch Abaelard schon dem Mittelalter gestellt. Gewicht hat es doch erst seit der Renaissance bekommen und bekommen können.

Aber auch wenn Calvin, im Stil humanistisch, schon im Titel seines Hauptwerkes von *religio christiana* sprach, so hat er dabei sicher von ferne nicht das Bewußtsein gehabt, damit das Christliche zu einem Prädikat eines neutralen und allgemeinen Menschlichen zu machen. Was er *Instit.* I 2, 2 als *pura germanaque religio* beschreibt: *fides cum serio dei timore coniuncta, ut timor et voluntariam reverentiam in se contineat et secum trahat legitimum cultum qualis in lege praescribitur* — das ist ein offenkundig aus der heiligen Schrift abgelesener Normbegriff, in welchem das Allgemeine im Besonderen, also die Religion in der Offenbarung aufgehoben ist, und nicht umgekehrt. Und wenn Calvin auch dem gefallenen Menschen ein unverlierbares *semen* solcher Religion zugeschrieben hat (I 3, 1 f.), so hat er dem doch sofort die Erkenntnis gegenübergestellt, daß dieses *semen* in keinem einzigen Menschen zur Reife komme, geschweige denn Frucht trage (I 4, 1; 12, 1). Darum hat denn auch der Begriff der *religio* als allgemeine und neutrale Form keine grundsätzliche Bedeutung für Calvins Auffassung und Darstellung des Christentums gewinnen können; *religio* ist bei ihm vielmehr eine Größe x, die ihren Inhalt und ihre Form nur dadurch empfängt, daß sie mit dem Christentum gleichgesetzt, d. h. aber, daß sie von der Offenbarung in sich aufgenommen und zu ihrer Gestalt gemacht wird.

Die älteren Orthodoxen insgemein (J. Gerhard und L. Hutterus bei den Lutheranern, Bucan und H. Alting, Gomarus und Voetius, aber auch noch Joh. Coccejus bei den Reformierten), aber unter den Späteren auch noch J. W. Baier auf der einen und F. Turrettini und P. v. Mastricht auf der anderen Seite sind einer systematischen Beschäftigung und Auseinandersetzung mit dem Begriff der Religion aus dem Wege gegangen. Noch für Baier (*Comp. Theol. pos.*, 1686, Prol. I 7 f.) ist Religion schlicht der Inbegriff der Möglichkeiten der zur Erkenntnis des Heils ungenügenden *theologia naturalis* und wird die Offenbarung zur Religion weder sachlich noch formal in Beziehung gesetzt. — Eine auffallende Ausnahme schon am Anfang des 17. Jahrhunderts bilden die beiden Basler Polanus und (sichtlich in dessen Nachfolge) Wolleb. Die Lehre von der Religion erscheint aber auch bei diesen beiden nicht etwa unter den theologischen Erkenntnisprinzipien an der Spitze des Systems, sondern (vielleicht nicht ohne Anlehnung an das Vorbild des Thomas v. Aquino) in der Ethik, und zwar als Einleitung zur Erklärung der Gebote der ersten Tafel, speziell zum 2.–4. Gebot, und bekommt ihre Füllung ganz wie bei Calvin sofort als Lehre von der wahren, d. h. der von Gott selbst begründeten, einzigen und notwendigen Religion, die mit der christlichen, nämlich mit der vom Menschen innerlich ergriffenen christlichen Religion identisch ist (A. Polanus, Synt. Theol., 1609, S. 3694 f.). Neben ihr gibt es nur falsche und heuchlerische Religion und Irreligiosität (ib. S. 3718 f.). Denn wahrer Religion ist der natürliche Mensch, der ein Lügner ist, sowohl nach der Seite der Erkenntnis wie nach der des Willens nicht fähig (S. 3710). *Vera religio sola proprie est, aliae non sunt, sed dicuntur esse* (S. 3697). Eine Wahlfreiheit zwischen ihr und anderen „Religionen" kann darum nicht in Betracht kommen (S. 3718). Immerhin: bei J. Wolleb (*Christ. Theol. comp.*, 1626, II 4, 1) kann, durch den Zusammenhang freilich verdeckt und ungefährlich gemacht, doch auch schon (was Polan offenbar vermeiden wollte!) eine allgemeine neutrale Definition des Begriffs Religion auftauchen *(Religio ... generali significatione omnem Dei cultum, specialiter cultum Dei immediatum, specialissime vero aut internum solum aut externum et internum simul denotat)*, dem der Begriff der *vera religio* (ib. 4, 3) als Spezies untergeordnet erscheinen könnte. — Bei einem holländischen Schüler des Polanus: Anton Walaeus

1. Das Problem der Religion in der Theologie

(*Loci comm.*, 1640, S. 31 f.) und in der *Synopsis purioris Theol.*, Leiden 1624 (*Disp.* 2, 17-20; diese Disputation geschah unter dem Vorsitz eben des Walaeus!) taucht der Begriff der Religion nun doch auch schon in einem ganz anderen und verfänglicheren Zusammenhang auf, nämlich bei den Argumenten zur Begründung der Autorität und Notwendigkeit der heiligen Schrift. Für diese soll nach Walaeus auch dies sprechen, daß in der heiligen Schrift die *vera et salutaris religio*, nämlich die die Kennzeichen *(notae)* der *vera et divina religio* tragende *christiana religio* überliefert werde. Als diese *notae* werden angegeben: 1. die *vera veri Dei notitia*, 2. die *vera ratio reconciliationis hominis cum Deo*, 3. der *verus Dei cultus*. Diese *notae* finden wir in der in der Bibel gelehrten christlichen Religion und sonst in keiner. In ihnen erkennen wir — nun geschieht ein Unglück — *conscientia hominum id ipsis dictante* (*Syn.* 2, 18): *haec natura ipsa docet in religione vera requiri* (Walaeus S. 32) — die Kennzeichen der wahren Religion. Und um ihretwillen halten wir die Bibel für göttlichen Ursprungs und also notwendig. Man kann auch diesen nun doch schon unzweideutigen Hinweis auf einen uns laut der Stimme des Gewissens oder der Natur bewußten allgemeinen Religionsbegriff darum für ungefährlich halten, weil er „nur" im Zusammenhang jener gegen die Atheisten und gegen das Papsttum sich richtenden Argumente für die Geltung der heiligen Schrift, weil er also „nur" in apologetischer Absicht Bedeutung haben soll. Aber wie lange wird er, einmal auf den Plan getreten, nur apologetische Bedeutung haben? Hat er nicht schon bei Walaeus selbst tatsächlich mehr Gewicht, als er selber zugibt? Man muß so fragen, weil bei ihm und in der Leidener Synopse derjenige Grund für die Anerkennung der Göttlichkeit der heiligen Schrift, der bei Calvin (*Instit.* I 6-8) das Eins und Alles war, neben dem a l l e anderen Argumente nur (I 8, 13) als *secundaria nostrae imbecillitatis adminicula* (ein Argument *e vera religione* übrigens überhaupt nicht!) in Betracht kamen — nämlich das *testimonium Spiritus sancti internum* eine erschreckend beiläufige Rolle spielt. Ruht jene Anerkennung nun nicht doch schon viel mehr auf jenen Argumenten und also, was das *argumentum e vera religione* betrifft, auf dem uns angeblich durch Gewissen und Natur bewußten Allgemeinbegriff von Religion? Und was wird das für die Auslegung und Anwendung der heiligen Schrift zu bedeuten haben? Noch hat es bei Walaeus und den Leidenern tatsächlich kaum viel zu bedeuten. Aber man sieht doch schon hier deutlich voraus, was es eines Tages zu bedeuten haben wird. — Sehr eigentümlich ist die Stellungnahme des Abrah. Heidan (*Corp. Theol. chr.*, 1676, L I S. 7 f.), der es (wie manche seiner theologischen Zeitgenossen speziell in Holland) sichtlich darauf abgesehen hatte, Calvin und Cartesius in sich zu vereinigen, dem das aber auch ebenso sichtlich (zum Heil seiner calvinischen Komponente!) nur in Form merkwürdigster Nebeneinanderstellungen gelungen ist. Stärker kann man die Begründung des Glaubens und der Theologie auf die Offenbarung nicht betonen, als er es getan hat. *Cum religio sit rectus Dei cultus, atque ille in vero de Deo sensu et recto erga eum affectu consistat, atque ille a nobis effingi non possit aut debeat neque sit partus ingenii nostri, a Deo ipso cui cultus ille praestandus est, praescribi nobis debuit. Ille enim solus ideoneus est de se testis* (Calvin, *Instit.* I 7, 4!) *qui quod sibi gratum est, docere nos possit et cui nihil gratum esse potest, nisi a se profectum et naturae suae conveniens. Quod quale sit nemo novit nisi ipse. At id quomodo innotescat, nisi nobis ab ipso patefiat et reveletur?* (S. 7 f.) Man denkt, ein Allgemeinbegriff von Religion müßte von da aus unmöglich sein. Aber nun denkt auch Heidan an die Atheisten seiner Zeit, und nun beginnt sein cartesianisches Herz sich auf der Natur bewußten eine Weile zu regen: Es gibt eine *naturalis Dei cognitio, quae singulis hominibus innata est* (S. 8). Wäre es nicht so, wie könnte sie durch Überlieferung und Unterricht Wirklichkeit in uns werden? (S. 9). Die Existenz Gottes kann *a priori*, auf dem Wege des ontologischen Argumentes bewiesen werden (S. 11). *Cum Deum cogito, concipio ens perfectissimum, numen potentissimum, sapientissimum* ... (S. 12). Und: *ex hac notitia Dei ortum habet religio* (S. 13). Der Allgemeinbegriff Religion scheint erreicht! Aber schon regt sich auch wieder Calvin, und um jenen ist es geschehen; die Konsequenz: *rectam rationem fuisse normam primaevae religionis* wird

mit Entrüstung abgewiesen; faktisch hatte schon Adam nur durch Offenbarung um
Gott gewußt (S. 13). *Deus non potest concipi sine verbo.* Ohne Offenbarung wüßten wir
überhaupt nicht um ihn (S. 14). *Illa recta ratio est mera chimaera, cerebri humani
commentum* (S. 15). Das Auftauchen jenes Allgemeinbegriffs ist offenbar auch hier ein
apologetisches Zwischenspiel gewesen. Sowie er die Atheisten aus den Augen verliert,
redet Heidan wieder ganz als Offenbarungstheologe. In seiner Lehre von der heiligen
Schrift hat er von dem *argumentum e vera religione* bemerkenswerterweise keinen
Gebrauch gemacht. So hat sich auch bei ihm das kommende Neue erst angekündigt.
Er verstand es offenbar, die Widersprüche, in denen er sich bewegte, für seine Person
nicht als Widersprüche zu empfinden. Es ist aber klar, daß das Problem auch in diesem
Stadium nicht steckenbleiben konnte. — Einen wichtigen und bedenklichen Schritt nach
vorwärts bedeutete es, wenn M. F. Wendelin (*Chr. Theol. lib. duo*, 1634, I 1) die *vera
religio* als das *obiectum theologiae* von Gott als ihrer *causa efficiens principalis* und von
der heiligen Schrift als ihrer *causa efficiens instrumentalis* unterscheiden und als Form-
begriff nunmehr an die Spitze des theologischen Systems stellen wollte. Wie kommt es,
daß diese Sache, die bei den meisten Älteren kaum beiläufig berührt, die noch bei Polan
und Wolleb in die Ethik, noch bei Walaeus als ein „Argument" neben anderen in die
Lehre von der heiligen Schrift verwiesen wird, nun an diese Stelle vorrücken kann?
Nun, dafür hat sich Wendelin einer Füllung des Begriffs *vera religio* von *conscientia*
und *natura* her nicht schuldig gemacht, hat ihn auch nicht als apologetisches Moment in
seine Schriftlehre eingeführt. Noch ist dieser Begriff bei ihm vielmehr ganz objektiv
und christlich gefüllt; *vera religio* ist die *ratio agnoscendi colendique Deum a Deo
praescripta ad hominis salutem Deique gloriam* oder die *norma agnoscendi colendique
Deum perfecta et mere divina in sacris literis consignata*; sie ist insofern *divinum
quiddam et infallibile, a quo provocare nemini fas est.* Sie ist, so meint es Wendelin
offenbar: Gottes Offenbarung in ihrer subjektiven Wirklichkeit. Warum und wozu wird
nun gerade sie so hervorgehoben? kann man fragen — genau so wie beim gleichzeitigen
Kirchenlied. Aber noch wird sie als Gottes Offenbarung gekennzeichnet und hervorgehoben, noch ist also auch hier das heimliche Unglück jedenfalls nicht an den Tag gekommen. — Dasselbe ist noch von F. Burmann zu sagen. Wohl werden jetzt noch auf-
fallendere Akzente sichtbar: Die Bedenklichkeiten des Walaeus und die Wendelins,
nämlich die apologetische Rationalisierung des Religionsbegriffs auf der einen, seine
systematische Überbetonung auf der anderen Seite, erscheinen bei ihm kumuliert.
Verschieden von seinem Lehrer Coccejus läßt Burmann seine *Synopsis Theologiae*
(1678) anheben mit einem großen Kapitel *De religione et theologia,* in welchem wiederum
der Begriff der nach Gott strebenden, aber nur durch Gott zu Gott gelangenden *creatura
rationalis* an der Spitze steht (I 2, 1). Wieder hören wir die Definition: *religio* ist die
ratio cognoscendi et colendi Deum, aber nun ist an die Stelle des ausdrücklich auf die
Offenbarung verweisenden Zusatzes: *a Deo praescripta* oder *in sacris literis consignata*
ein vieldeutiges *recta* getreten (2. 4). Und von dieser *religio* als *ratio recta cognoscendi
et colendi Deum* kann es nun bereits heißen: *fluit ex ipsa Dei hominisque natura
cum creaturam rationalem nihil aeque deceat, quam Dei ... excellentiam summasque
virtutes venerare ac colere. Inde religio necessaria et naturalis rationis sequela
est; atque adeo datur religio naturalis* (2, 6–7). Aber die Konsequenzen, die sich
hier ergeben könnten und scheinbar ergeben müßten, werden auch bei Burmann noch
nicht gezogen: auch nach ihm kommt diese natürliche Religion des Sünders darum, weil
er ein Sünder ist, nicht zu ihrem Ziel (2, 11): *vera religio a solo Deo eiusque revelatione
dependet,* und *vera religio* ist nur die *christiana religio* (2, 19). Als *vera* ist sie erkennbar
daran, daß sie die Kennzeichen der wahren Religion trägt; sie gibt uns nämlich das
verum medium und die *vera ratio* zur Gemeinschaft mit Gott an die Hand (2, 18). Wir
hörten Ähnliches schon bei Walaeus. Im Unterschied zu Walaeus hat Burmann an dieser
Stelle nun doch nicht ausdrücklich auf das Gewissen oder auf die Natur als auf die Quelle
dieser *notae* verwiesen. Er hat aber auch nicht wie Wendelin ausdrücklich auf die heilige

1. Das Problem der Religion in der Theologie

Schrift verwiesen. Nun, man wird sich auch bei ihm allenfalls noch bei der Erklärung beruhigen können: *huic ergo verae religioni unice adhaerescendum est* (2, 29), beruhigen bei der Tatsache, daß seine Synopsis von da ab leidlich geradlinig als Offenbarungs- und Schrifttheologie weiterläuft. — Auf der lutherischen Seite scheinen sich unterdessen ganz ähnliche Entwicklungen abgespielt zu haben. Auch bei den Vertretern der lutherischen Hochorthodoxie der zweiten Hälfte des 17. Jahrhunderts (mit Ausnahme von Baier) — etwa bei A. Calov, *Syst. loc. theol.* I, 1655, c 2, bei J. F. König, *theologiae pos. accroam.*, 1664, § 57 f., bei A. Quenstedt, *Theol. did. pol.*, 1685, I 2 stoßen wir auf ein der heiligen Schrift als dem *principium Theol. cognoscendi* systematisch vorgeordnetes Kapitel *De religione christiana*, die als das *obiectum theologiae generale* bezeichnet wird. Noch handelt es sich auch hier theoretisch und praktisch tatsächlich nur um die *religio christiana* im Rückblick auf die *religio paradisiaca* Adams vor dem Fall. Noch wird ausdrücklich erklärt, daß der Begriff *religio* nur *improprie, abusive, per nefas* auch auf die Gottesverehrung der Heiden, Türken und Juden oder auch nur der römischen Katholiken angewendet werden könne. Noch wird der Begriff *religio* theoretisch und praktisch nur von der heiligen Schrift her oder sagen wir vorsichtig: so wie man es für christlich hielt, gefüllt. Noch scheinen sich *religio vera* und *religio falsa*, oder vielmehr *religio* und *superstitio* gegenüberzustehen wie Himmel und Erde. Man wird auch hier in der mit *religio christiana* bezeichneten Größe das wiedererkennen, was wir die subjektive Wirklichkeit der Offenbarung nennen. Nur daß gerade sie so in den Vordergrund tritt, fällt auch hier auf, die Selbständigkeit des Interesses und darüber hinaus etwa bei Calov (*c. 2 sut. 2 qu.* 6) die zwischen geistlicher und weltlicher Argumentation eigentümlich schillernde Behandlung des gefährlichen Problems: *Utrum religio christiana vera sit?* Man könnte doch auch hier noch nirgends den Finger auf eine Stelle legen, wo jene Linie Calvins notorisch verlassen wäre. Etwa in Parallele zu Burmann wäre auf der lutherischen Seite Dav. Hollaz (*Ex. theol. acroam.*, 1707) zu nennen. *De religione et articulis fidei* ist bei ihm das entsprechende Kapitel überschrieben (Prol. 2). Auch ihn beschäftigt nun immerhin schon zwei Quästionen lang ein Allgemeinbegriff von Religion. Und wie bei Burmann im Unterschied zu Wendelin, so kommt bei ihm im Unterschied zu Calov, König und Quenstedt bei der Definition der *religio christiana* als *ratio colendi Deum* der Zusatz: *A Deo praescripta* in Wegfall! Dafür ist die Angabe seiner Vorgänger, daß diese *ratio* entscheidend im Glauben an Christus bestehe, bei ihm durch die Hinzufügung der *sincera in Deum proximumque caritas* bereichert. Hollaz ist einer der letzten und strengsten Vertreter der Verbalinspirationstheorie und also theoretisch gewiß ein Schrifttheologe gewesen. Dennoch war ihm die Bibel so wichtig nicht, daß er sie an dieser Stelle, wo ihre Erwähnung so grundsätzliche Bedeutung hatte, durchaus erwähnen mußte! So mächtig war offenbar das Anliegen, das sich damals unter dem Stichwort *religio* selbständig und demnächst übermächtig zu machen im Begriff stand. Immerhin steht bei ihm nachher bei der Definition der *vera religio* (klarer als etwa bei Walaeus und Burmann) an der Spitze die Bestimmung: *quae verbo divino est conformis*. Und daß er in der auf das Fundament Jesus Christus erbauten Religion (für ihn identisch mit der *religio evangelica, quae a ministerio Lutheri cognomen accepit!*) tatsächlich die einzige wahre Religion erblickt, daran kann nicht gezweifelt werden.

Es war hier wie in anderen Punkten die am Anfang des 18. Jahrhunderts moderne Richtung der sog. „vernünftigen Orthodoxie", in der die Katastrophe sich ereignete und der Neuprotestantismus seine eigentliche und öffentliche Geburt erlebte. Wir veranschaulichen uns den Vorgang an dem Reformierten Salomon van Til (1643–1713, *Theologiae utriusque compendium cum naturalis tum revelatae* 1704) und dem Lutheraner Joh. Franz Buddeus (1667–1729, *Institutiones Theologiae dogmaticae*, 1724). Buddeus hat sich formal an das System von Baier angeschlossen. Aber was für ein Unterschied in der Sache wird dabei gerade in der uns hier beschäftigenden Frage sichtbar! Ganz offen und einlinig beginnt jetzt die Dogmatik — bei van Til ist es sogar die vollständige Dogmatik einer als selbständiger erster Teil vorangestellten *theologia naturalis* —

§ 17. Gottes Offenbarung als Aufhebung der Religion

mit der Voraussetzung des Begriffs und der Beschreibung einer allgemeinen, natürlichen und neutralen „Religion" die als *religio in se spectata* die Voraussetzung aller Religionen sei. *Ut enim a natura homo habet, quod ratione sit praeditus, ita, quod et Deum esse et eundem rite colendum agnoscit, non minus naturae ipsi acceptum ferre debet* (Buddeus I 1, 3). Wie die Vernunftbegabung so die Gotteserkenntnis? Van Til als entschlossener Cartesianer scheint doch gleich noch einen Schritt weitergehen zu wollen, indem er erklärt: *Principium ex quo religio naturalis, quoad certam de Deo eiusque cultu demonstrationem hauriri debet est ipsum lumen rationis in mente hominis per notiones insitas et communes conspicuum, ita ut nemo attentior et praeiudiciis liberatus illud ignorare possit (Prael.* 4, 1). Folgendermaßen lautet die Definition dieser *religio naturalis:* Sie ist das *certum hominum studium, quo quisque pro sua sententia facultates suas in certi luminis contemplatione et observantia ita tenet occupatas, prout sibi existimat convenire, ut numen illud reddat sibi quocunque in casu propitium (Prael.* 2, 1). Auf Grund dieser *religio naturalis* weiß der Mensch nach Buddeus (I 1, 5–13) um ein höchstes Wesen, *(ens perfectissimum, quod Deum vocamus),* das Wissen, Weisheit, Freiheit aufs vollkommenste in sich vereinigt, das ewig und allmächtig, das gütig und zugleich gerecht, wahrhaft und heilig im Superlativ ist, die letzte Ursache und das regierende Prinzip in allem, ein Einziges in seiner Art, dem wir Gehorsam und Rechenschaft schuldig sind, das uns die Aussicht auf ein unsterbliches Leben der Seele und auf eine jenseitige Vergeltung eröffnet, ohne dessen Liebe wir nicht glücklich sein können, weil es allein das höchste Gut ist, das in Werken, Worten und Gedanken von uns verehrt sein will, das uns bestimmte Pflichten gegen uns selbst, gegen unsere Mitmenschen und schließlich gegen ihn, Gott selbst, auferlegt. Die breite Entwicklung dieser natürlichen Theologie in einer Lehre von Gottes Wesen und Eigenschaften, von der Schöpfung und Vorsehung, vom moralischen Naturgesetz, von der Unsterblichkeit der Seele und doch auch von der Sünde bildet bei van Til den ersten Teil seines Compendiums. Und das alles kann der Mensch *facili negotio* wissen (Buddeus I 1, 5)! *Cum ratio omnes homines luculenter edoceat eaque ita comparata sint, ut, siquis usu rationis polleat, sanaque mente sit praeditus, quam primum ista intelligit, statim praebere assensum teneatur* (I 1, 14). Ein substantielles *verbum* oder *lumen internum*, wie es manche Mystiker lehrten, will zwar Buddeus den Menschen nicht zugestehen, d. h. er will keineswegs formell die Existenz einer zweiten Offenbarungsquelle behaupten (I 1, 15). Das will wohl auch van Til nicht geradezu; er ermahnt jedenfalls in der *Dedicatio* seines Werkes die theologische Jugend: *ne principium rationis eodem cum principio fidei habeant loco*, weil beide nicht die gleiche Evidenz hätten. Aber was ist es um jene *prima scientia*, jenes ursprüngliche Wissen des Menschen um sich selbst und Gott, das er dann doch als die Voraussetzung der natürlichen Religion bezeichnet und beschreibt (*Prael.* 3)? Inwiefern muß und kann dieses Wissen, einmal behauptet, nun eigentlich geringere Evidenz haben als das aus der Offenbarung? Wie dem auch sei, jedenfalls Buddeus vergißt nicht, alsbald den bekannten Vorbehalt aller Vertreter einer natürlichen Theologie zu machen: daß jene *religio naturalis* und ihre Gotteserkenntnis zur Erlangung des ewigen Heils nicht ausreiche, weil mit allen jenen Einsichten die Mittel zur Gemeinschaft mit Gott, dem höchsten Gut, und der rechte Gebrauch dieser Mittel dem Menschen noch nicht gegeben seien. Er weist also hin auf die unentbehrliche Ergänzung jener *religio naturalis* durch die Offenbarung (I 1, 16–18). Nachträglich, nämlich gegen Ende des ersten und zu Beginn des zweiten Teils seines Kompendiums, wird dieser Vorbehalt dann auch bei van Til sichtbar. Aber trotz seiner ist nach Buddeus von jener *religio naturalis* zu sagen: sie enthält die *notiones*, die die *bases et fundamenta omnis religionis* sind, an denen sich der Mensch hinsichtlich seiner Religion messen lassen muß, auf Grund derer wir die *religiones, quae revelatione nituntur* als solche erkennen können: was diesen *notiones* der *religio naturalis* widerspricht, das ist nämlich entweder überhaupt nicht oder aber mißverstandene Offenbarung. Die *religio naturalis* leistet uns nach Buddeus den doppelten pädagogischen Dienst: durch ihre Insuffizienz die Not-

1. Das Problem der Religion in der Theologie

wendigkeit der Offenbarung einzusehen und durch die Fingerzeige, die sie uns gibt, die wahre Offenbarung zu finden. Sie und die wahre Offenbarung werden sich — so glaubt Buddeus uns verheißen zu dürfen — nie widersprechen, sondern immer entsprechen (I 1, 19–20). Und es gipfelt die natürliche Theologie bei van Til in einer Lehre *De praeparatione evangelica*, in der 1. aus den Voraussetzungen und Gegebenheiten der natürlichen Religion die Notwendigkeit einer in der natürlichen Religion als solcher noch nicht gegebenen Versöhnung zwischen Gott und Mensch regelrecht postuliert, 2. wiederum aus den Prinzipien der natürlichen Religion die Bedingungen einer solchen Versöhnung angegeben und endlich 3. die heidnische, die jüdische, die mohammedanische und die christliche Religion miteinander verglichen werden mit dem Ergebnis, daß die letztere den angegebenen Bedingungen entspricht und also als die offenbarte Religion zu erkennen ist. *Theologia naturalis ... ad ista rationis dictamina religiones qualescunque explorat, ut inde elicias, religionem christianam (licet mysteria agnoscat naturalis scientiae limites excellentia) tamen plus quam reliquas cum lumine naturae consentire (Praef. ad lectorem).* Das ist das Programm, das bei van Til und Buddeus (im Raume des Protestantismus zum erstenmal, ohne als unkirchlich beanstandet zu werden) aufgestellt und nach dem Maß ihrer Kräfte erfüllt worden ist.

Was sich hier (in einer Wendung, die grundsätzlich von allen führenden Theologen jener Zeit mitgemacht wurde) vollzogen hat, kann in seiner grundsätzlichen Bedeutung und in seiner geschichtlichen Folgenschwere gar nicht ernst genug genommen werden. Bei diesen Theologen kam klar und folgerichtig heraus, was nun vielleicht doch schon weithin ein heimliches Telos und Pathos der ganzen vorangegangenen Entwicklung gewesen war: die menschliche Religion, das Gottesverhältnis, das der Mensch auch ohne Offenbarung haben kann und tatsächlich hat, ist gar keine unbekannte, sondern eine formal und inhaltlich höchst bekannte, und sie ist als solche eine höchst interessante, für das ganze theologische Denken zentral wichtige Größe. Sie bildet nämlich die Voraussetzung, das Kriterium, den notwendigen Rahmen zum Verständnis der Offenbarung. Sie bedeutet die Frage, auf die neben den anderen positiven Religionen auch die Religion der Offenbarung antwortet und als deren angemessenste Beantwortung sie, die christliche Religion, den Vorzug vor jenen und eben damit auch ihren Charakter als Religion der Offenbarung verdient. Das Christliche ist jetzt — der seit der Renaissance so naheliegende theologische Neuansatz ist nun gemacht — tatsächlich zu einem Prädikat des neutral und allgemein Menschlichen, die Offenbarung ist nun zu einer geschichtlichen Bestätigung dessen geworden, was der Mensch auch ohne Offenbarung von sich selbst und damit von Gott wissen kann. „Es gehet das Licht der Natur noch weiter. Es entdeckt mir auch die wahren Kennzeichen dieser Offenbahrung. Keine Offenbahrung ist wahr, sie seye denn dem Licht der Natur gemäß und ergäntze solches ... Eine wahre Offenbahrung muß sich an meinem Hertzen als solche erweisen durch eine göttliche Krafft und Überzeugung, die ich deutlich fühle ... die das Licht der Natur lehret, und mich also anleitet und begierig macht, eine solche Offenbahrung zu suchen und auszufordern und darnach die wahre Religion zu prüffen" (Chr. Matth. Pfaff, Einl. in d. Dogmat. Theol., 1747, S.27f., zitiert nach A.F.Stolzenburg, Die Theol. des Jo.Franc. Buddeus und des Chr. Matth. Pfaff, 1926, S. 219 f.).

Wir haben es nun nicht nötig, die ganze weitere Trauergeschichte der neueren protestantischen Theologie im einzelnen zu entrollen. Buddeus und van Til, mit denen wir hier exemplifiziert haben, aber auch die anderen führenden Theologen dieser Generation (Chr. Matth. Pfaff, S. Werenfels, J. A. Turrettini, J. F. Osterwald, J. L. von Mosheim) waren nicht nur anerkannt ernste und fromme, sondern im einzelnen dann auch ausgesprochen konservative Männer, die der Offenbarung in ihrer Theologie nachträglich wenigstens scheinbar ihr volles Recht zu geben wußten. Sie meinten die Bibel und das überlieferte Dogma mit jenen Postulaten der *religio naturalis* und den aus diesen sich ergebenden Ansprüchen an eine wirklich offenbarte Religion in annähernd voller Übereinstimmung zu sehen. Sie haben sich darum materiell jedenfalls keine von weitem auffallende Abweichungen von der Linie der Orthodoxie des 17. Jahrhunderts geleistet. Noch waren sie auch weit entfernt von jener bald darauf im Zeichen der Philosophie von Chr. Wolff aufkommenden gefährlichen Stabilisierung des Verhältnisses von Vernunft und Offenbarung, die darin bestand, daß beiden grundsätzlich dieselbe Evidenz zukommen, daß sie sich aber gegenseitig ihren festen Besitzstand und überdies den friedlichen Verkehr in einer beiden gemeinsamen Zwischensphäre garantieren sollten. Und erst auf diese unhaltbare Zwischenlösung folgten ja dann in der zweiten Hälfte des 18. Jahrhunderts die Unternehmungen der sog. Neologen, die sich nun doch nicht überzeugen konnten, daß alles oder auch nur das meiste von dem, was bis dahin als Offenbarung gegolten hatte, vor jener kritischen Instanz bestehen könne, die es darum für richtig hielten, das christliche Dogma, aber auch die Bibel auf Grund der *notiones* der *religio naturalis* einer sehr einschneidenden Kritik zu unterziehen. Es folgte dann erst der Kantische Rationalismus, der, die Neologie ablösend, die *religio naturalis* auf eine *ethica naturalis* reduzierte und um eine Offenbarung schließlich nur noch als um die Aktualisierung des moralischen Vernunftvermögens wissen wollte. Dann erst wollte Schleiermacher umgekehrt in der als Gefühl verstandenen Religion das Eins und Alles der Theologie und die Offenbarung in einem ein bestimmtes Gefühl und also eine bestimmte Religion erzeugenden bestimmten Eindruck finden. Und dann erst sollte nach Hegel und D. F. Strauß die christliche mit der natürlichen Religion nur eine aufzuhebende Vorform des von der Vorstellung gereinigten absoluten Wissens der Philosophie bilden. Dann erst sollte es nach L. Feuerbach überhaupt nur noch natürliche Religion geben als illusionären Ausdruck der natürlichen Sehnsüchte und Wünsche des menschlichen Herzens. Dann erst lehrte A. Ritschl, daß die christliche Religion darum als offenbart und als wahr zu verstehen sei, weil in ihr der höchste Wert des Menschenlebens, nämlich (umgekehrt wie bei Feuerbach!) seine Befreiung von der als sinnliche Natur verstandenen Welt aufs vollkommenste realisiert werde. Dann erst belehrte uns E. Troeltsch, daß der Theologe sich vor allem in der „hypothetischen Nachempfindung" der Erscheinungen der allgemeinen Religionsgeschichte zu üben habe, um dann auf dem Wege abwägender Vergleichung der verschiedenen Religionswelten zu dem Ergebnis zu kommen, daß das Christentum bis auf weiteres und wahrscheinlich auf alle (diesseits einer etwa hereinbrechenden neuen Eiszeit!) denkbaren Zeiten immer noch die relativ beste Religion sei. Und dann erst, endlich und zuletzt, konnte es zu dem tumultuarischen Durchbruch natürlicher Religion in den Bereich der Kirche und Theologie kommen, dessen staunende Zeugen wir in unseren Tagen geworden sind. Gewiß, das alles hätten sich der wackere van Til und der ebenso wackere Buddeus so von ferne nicht träumen lassen! Dennoch sind sie und ihre Generation als die eigentlichen Väter der von der reformatorischen Tradition nicht unvorbereitet, aber doch scharf sich abhebenden neuprotestantischen Theologie anzusprechen. Sind doch alle jene mehr oder weniger radikalen und destruktiven Gestaltungen der Theologiegeschichte der letzten zweihundert Jahre nur Variationen eines einzigen Themas gewesen, und war doch dieses Thema nun eben doch zuerst von van Til und Buddeus deutlich angeschlagen: Religion ist eine selbständige bekannte Größe der Offenbarung gegenüber, und die Religion ist nicht von der Offenbarung, sondern die Offenbarung ist von der Religion her zu verstehen. Auf diesen Nenner lassen sich grundsätzlich die Intentionen und Programme aller bedeutenderen Strömungen der neueren Theologie bringen. Neuprotestantismus heißt „Religionismus". Auch die konservative Theologie dieser Jahrhunderte: die supranaturalistische des 18. und die konfessionelle, biblizistische und „positive" Theologie des 19. und 20. Jahrhunderts hat dabei im ganzen mitgemacht, hat der herrschenden Grundanschauung jedenfalls solche Konzessionen gemacht, daß man sie trotz alles immanenten Widerstandes, den sie geleistet hat, nicht als eine Erneuerung der reformatorischen Tradition betrachten kann. Auch Chr. E. Luthardt (Komp. d. Dogm., 1865, § 2) hat sich ruhig damit abgefunden, daß die

Theologie seit dem 18. Jahrhundert „Religionswissenschaft" sei: „Wissenschaft vom Christentum im Sinn der Kirche als der Stätte des Christentums" — nicht mehr! Und R. Seeberg bemerkt am Ende des Vorworts zum ersten Band seiner Dogmatik (1925) sehr gelassen, man könne sich fragen, ob er nicht besser statt einer Dogmatik eine „Religionsphilosophie" geschrieben hätte; aber interessierte Philosophen und Historiker würden ihn ja gewiß, ohne seine besonderen theologischen Voraussetzungen zu teilen, auch so verstehen. Man wird einen solchen Ausspruch, alles wohl erwogen, für symptomatisch bedeutsamer und bedenklicher halten müssen als die schlimmsten Seiten in den Büchern eines Strauß oder Feuerbach. Er zeigt, daß die Theologie am Ende der mit Buddeus anhebenden Periode wirklich im Begriff stand, sich selbst als Theologie nicht mehr ernst zu nehmen.

Warum ist diese Entwicklung negativ, als eine Störung des Lebens der Kirche, ja schließlich geradezu als eine die Kirche sprengende Häresie zu beurteilen? Die Träger dieser Entwicklung, die großen und mit ihnen unzählige kleine Theologen des Neuprotestantismus haben sich zu allen Zeiten als die Vertreter einer gegenüber allem bloßen Herkommen und seinen Ängstlichkeiten pflichtmäßig freien Wahrheitsforschung auch hinsichtlich Gottes und der göttlichen Dinge gefühlt, und zwar legitimiert und beauftragt gefühlt. Und diejenigen, die ihnen gegenüber mehr oder weniger bestimmt Widerspruch erhoben, bewiesen damit, daß sie im ganzen doch bloß in den Konsequenzen jener Umkehrung von Offenbarung und Religion weniger weit mitgehen wollten, den bloß immanenten Charakter ihres Widerspruchs, bewiesen, daß sie selber, nur eben weniger folgerichtig, mitten in jener Entwicklung standen. Von einer bloß konservativen Stimmung und Haltung her war und ist gegen jene Entwicklung etwas Ernstliches nicht einzuwenden und nicht auszurichten. Gegen den Grundsatz der freien Wahrheitsforschung auch auf dem Feld der Theologie ist eben nichts zu sagen, und wer sich dagegen auflehnt, der wird, wie es die Theologiegeschichte dieser zweihundert Jahre immer wieder gezeigt hat, notwendig und mit Recht eine schlechte Figur machen. Er ist, auch wenn er jener Entwicklung gegenüber wirklich das Anliegen der Kirche vertreten sollte, ein schlechter, ein gefährlicher Vertreter dieses Anliegens, und die Frage, ob er denn wirklich das Anliegen der Kirche meint und nicht im Grunde selber mit den Wölfen heult, wird ihm von Fall zu Fall nicht scharf genug gestellt werden können. Das Motiv des Widerspruchs gegen jene Umkehrung darf nicht die Furcht vor ihren Konsequenzen sein.

Also nicht die Furcht vor jenem Abbau des Dogmas und der biblischen Lehre, wie sie im 18. Jahrhundert unter Handhabung des Kriteriums der *religio naturalis* vollzogen worden ist, nicht die Furcht vor dem kantischen Moralismus oder vor der Schleiermacherschen Gefühlstheologie, vor Feuerbachs Illusionismus, vor der Bibelkritik eines D. F. Strauß oder eines F. Chr. Baur, eines Harnack oder eines Bousset, vor dem Relativismus der religionsgeschichtlichen Schule usw.! In der Tat: Das und viel anderes sind mögliche und tatsächlich eingetretene und trotz ihres teilweise schon ehrwürdigen Alters immer wieder aktuelle Konsequenzen jener Umkehrung. Man kann aber nicht solche Konsequenzen scheuen und ablehnen, wenn nicht volle Klarheit darüber besteht, daß man schon

§ 17. Gottes Offenbarung als Aufhebung der Religion

mit der Voraussetzung des Begriffs und der Beschreibung einer allgemeinen, natürlichen und neutralen „Religion" die als *religio in se spectata* die Voraussetzung aller Religionen sei. *Ut enim a natura homo habet, quod ratione sit praeditus, ita, quod et Deum esse et eundem rite colendum agnoscit, non minus naturae ipsi acceptum ferre debet* (Buddeus I 1, 3). Wie die Vernunftbegabung so die Gotteserkenntnis? Van Til als entschlossener Cartesianer scheint doch gleich noch einen Schritt weitergehen zu wollen, indem er erklärt: *Principium ex quo religio naturalis, quoad certam de Deo eiusque cultu demonstrationem hauriri debet est ipsum lumen rationis in mente hominis per notiones insitas et communes conspicuum, ita ut nemo attentior et praeiudiciis liberatus illud ignorare possit* (*Prael*. 4, 1). Folgendermaßen lautet die Definition dieser *religio naturalis:* Sie ist das *certum hominum studium, quo quisque pro sua sententia facultates suas in certi luminis contemplatione et observantia ita tenet occupatas, prout sibi existimat convenire, ut numen illud reddat sibi quocunque in casu propitium* (*Prael*. 2, 1). Auf Grund dieser *religio naturalis* weiß der Mensch nach Buddeus (I 1, 5-13) um ein höchstes Wesen, *(ens perfectissimum, quod Deum vocamus)*, das Wissen, Weisheit, Freiheit aufs vollkommenste in sich vereinigt, das ewig und allmächtig, das gütig und zugleich gerecht, wahrhaft und heilig im Superlativ ist, die letzte Ursache und das regierende Prinzip in allem, ein Einziges in seiner Art, dem wir Gehorsam und Rechenschaft schuldig sind, das uns die Aussicht auf ein unsterbliches Leben der Seele und auf eine jenseitige Vergeltung eröffnet, ohne dessen Liebe wir nicht glücklich sein können, weil es allein das höchste Gut ist, das in Werken, Worten und Gedanken von uns verehrt sein will, das uns bestimmte Pflichten gegen uns selbst, gegen unsere Mitmenschen und schließlich gegen ihn, Gott selbst, auferlegt. Die breite Entwicklung dieser natürlichen Theologie in einer Lehre von Gottes Wesen und Eigenschaften, von der Schöpfung und Vorsehung, vom moralischen Naturgesetz, von der Unsterblichkeit der Seele und doch auch von der Sünde bildet bei van Til den ersten Teil seines Compendiums. Und das alles kann der Mensch *facili negotio* wissen (Buddeus I 1, 5)! *Cum ratio omnes homines luculenter edoceat eaque ita comparata sint, ut, siquis usu rationis polleat, sanaque mente sit praeditus, quam primum ista intelligit, statim praebere assensum teneatur* (I 1, 14). Ein substantielles *verbum* oder *lumen internum*, wie es manche Mystiker lehrten, will zwar Buddeus den Menschen nicht zugestehen, d. h. er will keineswegs formell die Existenz einer zweiten Offenbarungsquelle behaupten (I 1, 15). Das will wohl auch van Til nicht geradezu; er ermahnt jedenfalls in der *Dedicatio* seines Werkes die theologische Jugend: *ne principium rationis eodem cum principio fidei habeant loco*, weil beide nicht die gleiche Evidenz hätten. Aber was ist es um jene *prima scientia*, jenes ursprüngliche Wissen des Menschen um sich selbst und Gott, das er dann doch als die Voraussetzung der natürlichen Religion bezeichnet und beschreibt (*Prael*. 3)? Inwiefern muß und kann dieses Wissen, einmal behauptet, nun eigentlich geringere Evidenz haben als das aus der Offenbarung? Wie dem auch sei, jedenfalls Buddeus vergißt nicht, alsbald den bekannten Vorbehalt aller Vertreter einer natürlichen Theologie zu machen: daß jene *religio naturalis* und ihre Gotteserkenntnis zur Erlangung des ewigen Heils nicht ausreiche, weil mit allen jenen Einsichten die Mittel zur Gemeinschaft mit Gott, dem höchsten Gut, und der rechte Gebrauch dieser Mittel dem Menschen noch nicht gegeben seien. Er weist also hin auf die unentbehrliche Ergänzung jener *religio naturalis* durch die Offenbarung (I 1, 16-18). Nachträglich, nämlich gegen Ende des ersten und zu Beginn des zweiten Teils seines Kompendiums, wird dieser Vorbehalt dann auch bei van Til sichtbar. Aber trotz seiner ist nach Buddeus von jener *religio naturalis* zu sagen: sie enthält die *notiones*, die die *bases et fundamenta omnis religionis* sind, an denen sich der Mensch hinsichtlich seiner Religion messen lassen muß, auf Grund derer wir die *religiones, quae revelatione nituntur* als solche erkennen können: was diesen *notiones* der *religio naturalis* widerspricht, das ist nämlich entweder überhaupt nicht oder aber mißverstandene Offenbarung. Die *religio naturalis* leistet uns nach Buddeus den doppelten pädagogischen Dienst: durch ihre Insuffizienz die Not-

jene Umkehrung von Offenbarung und Religion als solche nicht mitmacht. Man ist, um ganz konkret zu reden, den „Deutschen Christen" von heute gegenüber wehrlos, wenn man nicht schon gegen die Wendung bei van Til und Buddeus und höher hinauf: in dieser Sache schon bei König und Quenstedt, bei Wendelin und Burmann begründete Verwahrung einzulegen weiß.

Weiß man das nicht, widerspricht man bloß im einzelnen, nicht im ganzen, nicht aus Erkenntnis, sondern nur aus Konservativismus, das heißt aus Furcht, dann hat man verloren, auch wenn man es im einzelnen noch so gut meinte und auch allerlei Siege erfechten sollte. Was der Kirche frommt und hilft, ist nicht diese oder jene Milderung und Abschwächung der in sie eingedrungenen Häresie, sondern deren Erkenntnis, Bekämpfung und Ausscheidung als solche. Wären jene gefürchteten Konsequenzen der Umkehrung von Offenbarung und Religion tatsächlich als mögliche Ergebnisse der freien theologischen Wahrheitsforschung anzusprechen, dann müßten sie von der Kirche, wie neu und gefährlich sie immer erscheinen möchten, als gut und notwendig anerkannt oder doch mindestens als diskutable und die kirchliche Gemeinschaft nicht störende Meinungen geduldet werden. Nicht wegen ihrer Neuheit und Gefährlichkeit, sondern nur deshalb, weil sie Ergebnisse freier theologischer Wahrheitsforschung tatsächlich gar nicht sind, kann und darf und muß ihnen widersprochen, und zwar gründlich und ernsthaft widersprochen werden. Der Widerspruch muß sich — nicht gegen die freie Wahrheitsforschung, sondern um der freien Wahrheitsforschung willen — gegen den Ursprungs- und Ausgangspunkt jener Ergebnisse richten. Der Ursprungs- und Ausgangspunkt solcher Ergebnisse ist aber eine Unsicherheit in der Auffassung der Offenbarung und des durch sie bestimmten Verhältnisses von Gott und Mensch, das heißt aber schlicht: eine Unsicherheit, ein Auslassen des Glaubens. Wenn an jener geschichtlichen Entwicklung überhaupt etwas zu erklären ist, so muß — mit all der Vorsicht und Zurückhaltung, die bei einem solchen Urteil geboten ist — gesagt werden: die protestantische Theologie hätte niemals auf den Gedanken jener Umkehrung des Verhältnisses von Offenbarung und Religion kommen können, wenn sie nicht weithin mit der ganzen Kirche ihrer Zeit schwankend geworden wäre hinsichtlich der bei den Reformatoren so klaren Erkenntnis und Anerkennung: daß in Jesus Christus ein für allemal und in jeder Hinsicht die Entscheidung gefallen ist über den Menschen, daß eben Jesus Christus sein Herr ist, auf daß er, der Mensch, sein eigen sei und in seinem Reich unter ihm lebe und ihm diene, und also darin, daß er nicht sein, sondern Jesu Christi Eigentum ist, seinen einigen Trost habe im Leben und im Sterben. Gewiß, das haben die neuprotestantischen Theologen auch gesagt. Sie haben ja das Bekenntnis der Reformation in der Regel „unangetastet" gelassen. Die altprotestantischen Theologen dagegen haben es nicht unangetastet gelassen, sondern sie haben davon Gebrauch gemacht, d. h. sie haben, wenn sie Theologie getrieben haben,

§ 17. *Gottes Offenbarung als Aufhebung der Religion*

Meer religiöser Wirklichkeiten (unter denen sich zum Überfluß auch noch ausdrücklich das Phänomen angeblicher Offenbarungen findet!), selber *ad absurdum* zu führen. Dennoch wird man ihr Verfahren von der Theologie her gesehen, als sauberer, lehrreicher und verheißungsvoller bezeichnen müssen als das jener gemischten Religionswissenschaft der Theologen, die einerseits den ruhigen Gang der Erforschung der religiösen Wirklichkeiten durch das plötzliche Rechnen mit einer religiösen Offenbarungswahrheit zu stören pflegen, andererseits mit den dabei angewendeten philosophischen Urteils- und Wertmaßstäben ja doch verraten, daß sie dabei mit einer Sache rechnen, die sie selbst zu verstehen und ernst zu nehmen gar nicht in der Lage sind.

Wer theologisch ernsthaft von Offenbarung redet, der redet im Sinn jener Katechismusstellen: es geht ihm um Jesus Christus, den Herrn, und also bei dem Menschen, den die Offenbarung angeht, darum, daß er unter ihm lebe und ihm diene, daß er nicht sein, sondern Jesu Christi Eigentum sei und darin, daß er das ist, seinen einigen Trost habe im Leben und im Sterben. Wo davon auch nur um Nagelsbreite abgewichen wird, da wird theologisch nicht ernsthaft und also gar nicht von Offenbarung geredet. Offenbarung ist souveränes Handeln Gottes am Menschen oder sie ist nicht Offenbarung. Mit dem Begriff „souverän" ist ja schon angezeigt — und wir dürfen das im Zusammenhang unserer Lehre vom Heiligen Geist als „selbstverständlich" (gar nicht selbstverständlich!) voraussetzen — daß Gott dabei keineswegs allein ist, daß also, wenn die Offenbarung zu verstehen ist, der Mensch keineswegs übersehen und ausgeschaltet werden darf. Und so wahrlich auch nicht die Religion, ob wir nun darunter im besonderen die christliche Religion oder die menschliche Religion im allgemeinen, zu der dann auch die christliche gehört, zu verstehen haben. Wohl aber ist es uns dabei verboten, den Menschen und seine Religion sozusagen schon im voraus und an sich: in einer anderen Existenz denn als das Eigentum Christi, in einem anderen Bereich als in dem seines Reiches, in einem anderen Verhältnis als „unter ihm" kennen und definieren und werten zu wollen, um ihn dann, in dieser selbständigen Gestalt ernst genommen, zu Gottes Offenbarung in Beziehung zu bringen. Wir hätten ja damit zum vornherein gesagt, daß Jesus Christus nicht — jedenfalls nicht in dem unbedingten Sinn jener Katechismusstellen — sein Herr und er nicht Jesu Christi Eigentum sei, hätten beides noch als problematisch behandelt, hätten also die Offenbarung geleugnet — denn die Offenbarung wird geleugnet, wo sie als problematisch behandelt wird — und also bei jener Gegenüberstellung gar nicht von der Offenbarung geredet — auch wenn wir das den Worten nach nachträglich noch so ernstlich und klar und nachdrücklich hätten tun wollen. Von der Offenbarung muß man immer schon vorläufig geredet haben, wenn man nachträglich wirklich von ihr und nicht von irgend etwas ganz Anderem reden will. Redet man erst nachträglich von ihr, dann redet man z. B. von einem Postulat oder von einer Idee. Das Eigentliche und Wirkliche, von dem man dann redet, ist dann nicht sie, sondern das Vorläufige: der Mensch und

erweisen wußten, mit anderen Worten, daß ihr die Zucht des christologischen Dogmas der alten Kirche noch eine ebenso selbstverständliche wie praktisch bedeutsame Voraussetzung war. Man sieht andererseits ein, daß das christologische Dogma der neueren Theologie fremd und unverständlich werden mußte, nachdem es aufgehört hatte, die praktische Voraussetzung ihres tatsächlichen Denkens zu sein.

Wir können also zusammenfassend sagen: Wir haben nichts abzustreichen und zurückzunehmen von der Erkenntnis: in seiner Offenbarung ist Gott gegenwärtig mitten in der Welt menschlicher Religion. Es handelt sich aber darum, einzusehen, was das hier heißt: Gott ist gegenwärtig. Es handelt sich grundsätzlich darum, die Ordnung zwischen den Begriffen Offenbarung und Religion in der Weise wieder herzustellen, daß die Beziehung zwischen beiden wieder verständlich wird als identisch mit jenem Geschehen zwischen Gott und Mensch, in welchem Gott Gott, d. h. der selber richtende und allein rechtfertigende und heiligende Herr und Meister des Menschen, der Mensch aber der Mensch Gottes, d. h. der durch Gottes Strenge und Güte von ihm An- und Aufgenommene ist. In Erinnerung an die christologische Lehre von der *assumptio carnis* und in sinngemäßer Anwendung dieser Lehre reden wir von der Offenbarung als der Aufhebung der Religion.

2. RELIGION ALS UNGLAUBE

Eine theologische Würdigung der Religion und der Religionen wird sich gewiß vor allem durch eine große Behutsamkeit und Barmherzigkeit ihrer Beobachtung und ihrer Werturteile auszuzeichnen haben. Sie wird ja den Menschen als das Subjekt der Religion nicht gelöst von Gott, nicht in einem menschlichen An-sich sehen und verstehen und ernstnehmen, sondern als den Menschen, für den (ob er es weiß oder nicht) Jesus Christus geboren, gestorben und auferstanden ist, der (ob er schon gehört hat oder nicht) im Worte Gottes gemeint ist, der in Christus (wiederum ob er es weiß oder nicht) seinen Herrn hat. Als eine Lebensäußerung und Handlung dieses Menschen wird sie auch die Religion verstehen. Sie wird dadurch verhindert sein, dieser seiner Lebensäußerung und Handlung ein eigenes „Wesen", das sog. „Wesen der Religion", zuzuschreiben, um dann, messend mit diesem Maßstab, Menschliches gegen Menschliches abzuwägen und auszuspielen, „höhere" Religion von „niederer", „lebendige" von „zersetzter", „ponderable" von „nicht ponderabler" Religion zu unterscheiden. Sie wird das unterlassen — nicht aus Unachtsamkeit oder Gleichgültigkeit gegen die Mannigfaltigkeit, mit der wir es auch in diesem menschlichen Bereich zu tun haben. Auch nicht darum, weil eine vorläufige Bestimmung des „Wesens" der in diesem Bereich auftretenden Erscheinungen unmöglich oder an sich uninteressant wäre. Wohl aber darum, weil das, was von Gottes Offenbarung her über

Tatkraft. Die Gottesbilder, die auf der einmal betretenen Linie dieses Unternehmens geschaffen werden können, können unter sich sehr verschieden sein, ohne doch sachlich etwas anderes zu bedeuten.

Imagines Deus inter se non comparat, quasi alterum magis, alterum minus conveniat: sed absque exceptione repudiat simulachra omnia, picturas aliaque signa, quibus eum sibi propinquum fore putarunt superstitiosi (Calvin, *Instit.* I 11, 1). *In nihilum redigit quicquid divinitatis, propria opinione sibi fabricant homines* (*ib.*). Gottesbilder im Sinn dieses Unternehmens sind die letzten Prinzipien der verschiedenen philosophischen Systeme ebensowohl wie etwa der Inbegriff des Unheimlichen im Weltbild der animistischen Religionen, der ausgeprägte Gottesgedanke etwa des Islam ebenso wie das Fehlen eines einheitlichen Gottesbegriffs und Gottesbildes im Buddhismus oder in den atheistischen Geistesströmungen der Antike und der Neuzeit.

Das Gottesbild ist immer diejenige angeschaute oder gedachte Wirklichkeit, in der der Mensch jenseits oder auch in seiner eigenen Existenz ein Eigentliches, Letztes, Entscheidendes annimmt und behauptet, von dem her er wiederum sich selbst für gesetzt oder doch für bestimmt und bedingt hält. Von der Offenbarung her gesehen, ist die menschliche Religion schlecht und recht ein solches Annehmen und Behaupten und als solches ein ihr selbst, der Offenbarung, widersprechendes Tun. Widersprechend darum, weil die Wahrheit ja nur durch die Wahrheit zum Menschen kommen kann. Greift der Mensch von sich aus nach der Wahrheit, so greift er zum vornherein daneben. Er tut dann nicht das, was er tun müßte, wenn die Wahrheit zu ihm kommt. Er glaubt dann nämlich nicht. Würde er glauben, so würde er hören; in der Religion redet er aber. Würde er glauben, so würde er sich etwas schenken lassen; in der Religion aber nimmt er sich etwas. Würde er glauben, so würde er Gott selbst für Gott eintreten lassen; in der Religion aber wagt er jenes Greifen nach Gott. Weil sie dieses Greifen ist, darum ist die Religion Widerspruch gegen die Offenbarung, der konzentrierte Ausdruck des menschlichen Unglaubens, d. h. die dem Glauben gerade entgegengesetzte Haltung und Handlung. Sie ist der ohnmächtige, aber auch trotzige, übermütige, aber auch hilflose Versuch, mittels dessen, was der Mensch wohl könnte aber nun gerade nicht kann, dasjenige zu schaffen, was er nur kann, weil und wenn Gott selbst es ihm schafft: Erkenntnis der Wahrheit, Erkenntnis Gottes. Dieser Versuch kann also nicht etwa dahin gedeutet werden, daß der Mensch in ihm mit Gottes Offenbarung harmonisch zusammenwirke, daß Religion etwa die ausgestreckte Hand sei, die dann von Gott in seiner Offenbarung gefüllt werde. Man kann auch von dem offenkundig vorliegenden religiösen Vermögen des Menschen nicht sagen: es sei sozusagen die allgemeine Form menschlicher Erkenntnis, die dann in Gestalt der Offenbarung und des Glaubens ihren eigentlichen und wahren Inhalt empfange. Sondern um einen ausschließenden Widerspruch geht es hier: in der Religion wehrt und verschließt sich der Mensch gegen die Offenbarung dadurch, daß er sich

§ 17. Gottes Offenbarung als Aufhebung der Religion

selbst sein will. Hinter dem Dienst jener Götter steht, wie sein Charakter als Bilderdienst zeigt, der Eigensinn und die Eigenmächtigkeit des Menschen. Darum darf Israel nicht zu ihnen abfallen. Und es muß die Nachdrücklichkeit dieses Verbotes und des Bilderdienstes überhaupt, auch wenn er Jahve gelten sollte, dahin verstanden werden, daß Jahve als der Gott der zum Eigensinn und der Eigenmächtigkeit des Menschen im Widerspruch stehenden göttlichen Selbstoffenbarung erkannt und geehrt sein will. Man beachte: dasselbe, was bei den Heiden zunächst nur Torheit zu sein scheint, wird im Bereich Israels, also im Bereich der Offenbarung und des Bundes, konkret sichtbar als Sünde. Gemessen an der Offenbarung ist das, was die Heiden Gott gegenüber versuchen, die Sünde des Unglaubens. Darum, weil Israel der göttlichen Selbstoffenbarung teilhaftig geworden ist, darum darf es weder sich an dem Bilderdienst der heidnischen Religionen beteiligen, noch auch Bilder von Jahve machen und verehren. Es würde Jahve mit dem Zweiten nicht weniger als mit dem Ersten sofort radikal preisgeben.

Die bemerkenswerte neutestamentliche Erweiterung dieser Betrachtung finden wir in den Stellen Röm. 1, 18 f. und Act. 14, 15 f.; 17, 22 f. (Die Stelle Röm. 2, 14 f. kommt hier nicht in Betracht: Die Heiden, an denen die Weissagung von Jer. 31, 33 in Erfüllung gegangen ist, sind nach dem ganzen Zusammenhang des Kapitels unzweideutig als Heidenchristen zu verstehen.) Die Offenbarung der Gerechtigkeit, d. h. des aus Gnade Gerechtigkeit auf Erden schaffenden und schenkenden Willens Gottes in Jesus Christus — diese Erfüllung aller Offenbarung hat jetzt die Unterscheidung der Heiden von Israel zu einer sekundären gemacht. Indem der Messias Israels erschienen und durch Israel selbst verworfen und gekreuzigt wurde, hat er sich als der Herr der ganzen Welt offenbart. Das bedeutet nun aber nicht nur dies, daß es nun eine Huld Gottes für alle Menschen aller Völker gibt. Es bedeutet auch dies, daß nun sie alle so zur Verantwortung und Rechenschaft gezogen werden, wie es vordem nur Israel widerfahren ist. Es bedeutet also nicht nur dies, daß zwischen Gott und dem Menschen geschlossene Bund nun allen Völkern als die auch sie angehende frohe Botschaft zu verkündigen ist. Es bedeutet auch dies, daß die Anklage wegen Abfalls nun ausdrücklich und ernstlich gegen sie alle zu erheben ist. Mit Act. 14, 16 zu reden: die Zeiten sind vorbei, da „Gott es in vergangenen Geschlechtern allen Heiden überließ, ihre eigenen Wege zu gehen". Und mit Act. 17, 30: „Nachdem er die Zeiten der Unwissenheit übersehen hat, gebietet er jetzt (in und mit dem eingetretenen Jetzt Jesu Christi!) den Menschen, daß sie alle an allen Orten Buße tun sollen." Eben die rettende Offenbarung der Gerechtigkeit Gottes ist nämlich — wo Vergebung der Sünden offenbar wird, da werden auch Sünden als solche aufgedeckt, verurteilt und bestraft — auch die Offenbarung des Zornes Gottes über die Gottlosigkeit und Unbotmäßigkeit (ἀσέβεια καὶ ἀδικία) der Menschen (Röm. 1, 18). Was ist damit gemeint? Nach Röm. 1 sowohl wie nach Act. 14 u. 17 gerade nicht das, was man zunächst unter „Gottlosigkeit" und „Unbotmäßigkeit" verstehen möchte, nicht eine profane, säkulare, dem Göttlichen abgewendete Haltung nämlich, sondern vielmehr der Dienst, den der Mensch in guten Treuen dem, was er für ein Göttliches hält, darbringt. Diese gute Treue und die Wahrheit der Göttlichkeit dieses „Göttlichen" ist ihm durch Gottes Offenbarung in Christus und indem er mit dieser Offenbarung konfrontiert wird, rundweg abgesprochen. Gerade das vermeintlich beste Tun der Menschen, nämlich dieser ihr Gottesdienst, ist „Gottlosigkeit" und „Unbotmäßigkeit". Ihre Frömmigkeit ist „Dämonenfurcht" (Act. 17, 22). Sie dienen denen, die in ihrem Wesen keine Götter sind (Gal. 4, 8). Sie sind also in und mit ihrer Frömmigkeit ἄθεοι ἐν τῷ κόσμῳ (Eph. 2, 12). Und von der geschehenen und erfüllten Offenbarung in Christus her ist nunmehr von allen Menschen zu sagen, was vorher, von der Offenbarung in der alttestamentlichen Weissagung her, nur von den abtrünnigen Israeliten zu sagen war: Sie haben sich gerade in diesem ihrem besten Tun aktiv, schuldhaft an Gott vergangen. Sie haben gerade dabei und damit „die Wahrheit in Unbotmäßigkeit gefangen gehalten" (Röm. 1, 18). Indem Christus erschienen, gestorben und auferstanden ist, ist für alle Menschen die Gnade Gottes Ereignis geworden, sind auch alle Menschen haftbar zu machen für ihr Sein und

jene Umkehrung von Offenbarung und Religion als solche nicht mitmacht. Man ist, um ganz konkret zu reden, den „Deutschen Christen" von heute gegenüber wehrlos, wenn man nicht schon gegen die Wendung bei van Til und Buddeus und höher hinauf: in dieser Sache schon bei König und Quenstedt, bei Wendelin und Burmann begründete Verwahrung einzulegen weiß.

Weiß man das nicht, widerspricht man bloß im einzelnen, nicht im ganzen, nicht aus Erkenntnis, sondern nur aus Konservativismus, das heißt aus Furcht, dann hat man verloren, auch wenn man es im einzelnen noch so gut meinte und auch allerlei Siege erfechten sollte. Was der Kirche frommt und hilft, ist nicht diese oder jene Milderung und Abschwächung der in sie eingedrungenen Häresie, sondern deren Erkenntnis, Bekämpfung und Ausscheidung als solche. Wären jene gefürchteten Konsequenzen der Umkehrung von Offenbarung und Religion tatsächlich als mögliche Ergebnisse der freien theologischen Wahrheitsforschung anzusprechen, dann müßten sie von der Kirche, wie neu und gefährlich sie immer erscheinen möchten, als gut und notwendig anerkannt oder doch mindestens als diskutable und die kirchliche Gemeinschaft nicht störende Meinungen geduldet werden. Nicht wegen ihrer Neuheit und Gefährlichkeit, sondern nur deshalb, weil sie Ergebnisse freier theologischer Wahrheitsforschung tatsächlich gar nicht sind, kann und darf und muß ihnen widersprochen, und zwar gründlich und ernsthaft widersprochen werden. Der Widerspruch muß sich — nicht gegen die freie Wahrheitsforschung, sondern um der freien Wahrheitsforschung willen — gegen den Ursprungs- und Ausgangspunkt jener Ergebnisse richten. Der Ursprungs- und Ausgangspunkt solcher Ergebnisse ist aber eine Unsicherheit in der Auffassung der Offenbarung und des durch sie bestimmten Verhältnisses von Gott und Mensch, das heißt aber schlicht: eine Unsicherheit, ein Auslassen des Glaubens. Wenn an jener geschichtlichen Entwicklung überhaupt etwas zu erklären ist, so muß — mit all der Vorsicht und Zurückhaltung, die bei einem solchen Urteil geboten ist — gesagt werden: die protestantische Theologie hätte niemals auf den Gedanken jener Umkehrung des Verhältnisses von Offenbarung und Religion kommen können, wenn sie nicht weithin mit der ganzen Kirche ihrer Zeit schwankend geworden wäre hinsichtlich der bei den Reformatoren so klaren Erkenntnis und Anerkennung: daß in Jesus Christus ein für allemal und in jeder Hinsicht die Entscheidung gefallen ist über den Menschen, daß eben Jesus Christus sein Herr ist, auf daß er, der Mensch, sein eigen sei und in seinem Reich unter ihm lebe und ihm diene, und also darin, daß er nicht sein, sondern Jesu Christi Eigentum ist, seinen einigen Trost habe im Leben und im Sterben. Gewiß, das haben die neuprotestantischen Theologen auch gesagt. Sie haben ja das Bekenntnis der Reformation in der Regel „unangetastet" gelassen. Die altprotestantischen Theologen dagegen haben es nicht unangetastet gelassen, sondern sie haben davon Gebrauch gemacht, d. h. sie haben, wenn sie Theologie getrieben haben, diesem Bekenntnis entsprechend gedacht oder doch denken wollen. Sie haben unerschütterlich damit gerechnet, daß es sich tatsächlich so verhalte, wie sie es im Bekenntnis sagten, und sie haben nicht damit gerechnet, daß es sich tatsächlich teilweise auch etwas anders verhalten könnte. Eben darum war ihre Theologie, die der Reformatoren und grundsätzlich auch die des ganzen älteren Protestantismus, freie Wahrheitsforschung. Denn das bedeutete, daß ihr theologisches Denken als solches frei sein und bleiben konnte, frei für seinen eigenen unerschöpflichen Gegenstand, daß es mit ihm sich selbst treu bleiben durfte, sich keine Anziehungen, Störungen, Gefangennahmen von andersartigen Gesichtspunkten her gefallen zu lassen brauchte. Ihr theologisches Denken hatte die Freiheit der unbedingten Sachlichkeit: die Freiheit des Glaubens, werden wir sagen müssen, weil diese unbedingte Sachlichkeit ja keine andere als eben die des Glaubens war. Man kann und darf nun der späteren Theologie gewiß nicht das zum Vorwurf machen, daß das Problem der menschlichen Religion — wir können auch umfassender sagen: das Problem des Menschen überhaupt — in ihren Gesichtskreis rückte und ihre Aufmerksamkeit in Anspruch nahm. Das 16.–18. Jahrhundert war nun einmal die in ihrer Art große Zeit, in der der europäische Mensch in Wiederaufnahme eines gewaltigen Anlaufs, den schon die griechisch-römische Antike genommen hatte, sich selber als Mensch, sein Wesen, seine Möglichkeiten und Fähigkeiten, seine Humanität zu entdecken begann. Dazu gehörte gewiß auch die Entdeckung der Größe „Religion". Es wäre nicht in der Ordnung gewesen, wenn die Theologie an dieser Entdeckung nicht teilgenommen hätte.

Man kann es insofern doch nur teilweise gutheißen, wenn die ältere Orthodoxie das Problem der Religion überhaupt nicht beachten zu sollen meinte. Es zeugt jedenfalls von der Überlegenheit der Theologie Calvins, daß er es gelassen in seine Überlegung und Darstellung einzubeziehen wußte. Und wenn die Entwicklung im 17. und 18. Jahrhundert nur ein Zeugnis dafür wäre, daß die protestantischen Theologen die geistige Bewegung ihrer Zeit aufgeschlossen genug miterlebten, würde man auch sie nur bejahen können.

Ein unwissendes oder verstocktes Vorbeigehen an den Sorgen und Hoffnungen der jeweiligen Gegenwart ist wirklich nicht das, was von der Theologie um der Kirche willen zu erwarten und zu fordern ist. Aber etwas anderes ist es, für die Anliegen, und, sei es denn, auch für die Dämonie einer bestimmten Zeit, offen zu sein, etwas anderes, sich ihre Anliegen zu eigen zu machen, sich ihrer Dämonie gefangen zu geben. Das letztere ist es, was die Theologie nicht tun darf, was sie aber im 17. Jahrhundert zu tun begonnen und im 18. offen getan hat. Sie verfiel dem Absolutismus, mit dem der Mensch dieser Zeit sich selbst zum Mittelpunkt, Maß und Ziel aller Dinge machte. Diesem Zug der Zeit, den sie wohl teilnehmend und liebevoll durchschauen, aber auf keinen Fall mitmachen durfte, folgte sie, als sie in den Tagen des Buddeus offen „religionistisch" wurde. Aber nicht das Positive, das sie damit tat, ist das eigentlich Gravierende, sondern das, was sie damit **nicht** tat, nämlich ihr Nachlassen, ihr Schwanken in der Sachlichkeit des Glaubens: daß sie in dieser Zeit aufhörte, mit jenen Kardinalsätzen des lutherischen und des Heidelberger Katechismus als mit Axiomen faktisch und praktisch zu rechnen. Die Sünde war auch hier ursprünglich und eigentlich der **Unglaube**, die Geringschätzung Christi, die da sofort anfängt, wo man ihn nicht mehr eins und alles sein läßt, das heimliche Ungenügen an seiner Herrschaft und an seinem Trost. Daß diese spätere Theologie den Menschen — ohne jene Katechismussätze zu leugnen — nun doch auch unter einem anderen Gesichtspunkt als unter dem des Reiches und des Eigentums Christi ernst nehmen zu müssen meinte, daß ihr seine Frömmigkeit im Unterschied zu dem zu ihm gesagten Wort Gottes zu einem besonderen, diesem vorgeordneten Kapitel werden, daß dieses Kapitel dann selbständig, ja beherrschend werden und schließlich immer mehr das Kapitel vom Wort Gottes seinerseits verschlingen konnte — das alles mußte sich aus jener Negation, aus jenem Auslassen in der Sachlichkeit des Glaubens von selber ergeben. Es war also nicht, wie man es so oft dargestellt hat, das die eigentliche Katastrophe der modernen protestantischen Theologie: daß sie gegenüber dem wachsenden Selbstbewußtsein der modernen Kultur immer mehr zurückwich, daß sie sich unbemerkt von außen, von der Philosophie, von der Natur- und Geschichtswissenschaft diktieren ließ, was „freie Wahrheitsforschung" denn nun eigentlich sein möchte, daß sie unvermerkt selber so etwas wie eine etwas inkonsequente Weltweisheit wurde — sondern dies war ihre Katastrophe, ohne die ihr das moderne Weltbild, die moderne Selbstauffassung des Menschen usw. gar nichts hätten anhaben können: daß sie ihren Gegenstand, die Offenbarung, in seiner Eigenart und damit das Senfkorn des Glaubens, mit dem sie Berge, auch den Berg der modernen humanistischen Kultur, versetzen konnte, verlor. Daß sie die Offenbarung wirklich verlor, das zeigte sich eben darin, daß es ihr möglich war, sie und damit ihr eigenes Erstgeburtsrecht gegen den Begriff der Religion zu vertauschen.

Es bedeutet immer schon ein entscheidendes Mißverständnis, wenn man es überhaupt unternimmt, die Offenbarung und die Religion systematisch zuzuordnen, d. h. als vergleichbare Bereiche nebeneinanderzustellen, gegeneinander abzugrenzen und miteinander in Beziehung zu setzen. Ob man dabei die Meinung und die Absicht hat, von der Religion und also vom Menschen her zu denken und also die Offenbarung der Religion unterzuordnen, ja vielleicht letztlich in ihr aufgehen zu lassen, oder umgekehrt: die Meinung und die Absicht, dem Bereich der Offenbarung durch bestimmte Vorbehalte und Sicherungen seine Selbständigkeit, ja seinen Vorrang zu sichern, das ist eine sekundäre, bei aller Verschiedenheit der möglichen Lösungen **nicht** entscheidende Frage. Ist man überhaupt in der Lage, die menschliche Religion auf der gleichen Ebene und im gleichen Sinn ernst zu nehmen wie die göttliche Offenbarung und sie also in irgendeinem Sinn als ein Zweites neben ihr zu sehen, ihr der Offenbarung gegenüber ein selbständiges Wesen und Recht zuzubilligen, nach einem Ausgleich und Verhältnis dieser zwei Größen überhaupt zu fragen — so zeigt man eben damit, daß man schon von der Religion, das heißt vom Menschen und nicht von der Offenbarung her zu denken die Meinung und die Absicht hat, und alles, was man nachträglich in dem so abgesteckten systematischen Rahmen zur Hervorhebung der Notwendigkeit und Wirklichkeit der Offenbarung vorbringen mag, wird doch nur eine wehmütige Erinnerung an den schon beim Ausmarsch verlorenen Krieg bzw. eine faktische Verschleierung des wirklichen Sachverhaltes sein können, so daß es eigentlich wünschenswerter, weil belehrender wäre, wenn die Konsequenzen jenes Ausgangspunktes gleich durchgezogen, jene nachträglichen Bemühungen um die Offenbarung also gleich unterlassen würden. Denn wo man die Offenbarung mit der Religion überhaupt vergleichen und ausgleichen wollen kann, da hat man sie als Offenbarung mißverstanden. Verstanden ist sie im Raum des uns beschäftigenden Problems nur da, wo zum vornherein und ohne daß es in irgendeiner Hinsicht auch anders sein könnte, mit ihrer Überlegenheit über die menschliche Religion gerechnet wird, mit einer solchen Überlegenheit, die es uns gar nicht erlaubt, die Religion von anderswo als von der Offenbarung her auch nur als Gegenstand ins Auge zu fassen, geschweige denn Feststellungen über ihr Wesen und über ihren Wert zu machen und sie uns so zum selbständigen Problem werden zu lassen. Verstanden ist die Offenbarung nur da, wo das erste und das letzte Wort über die Religion von ihr und nur von ihr erwartet wird. Es geht bei der Frage nach dem Problem der Religion in der Theologie um ein Entweder-Oder, bei dem auch die geringste Abweichung, die geringste Konzession an den Religionismus die richtige Antwort sofort ganz unmöglich macht.

Man kann sich wohl fragen, ob das von der ganz anderen Seite, nämlich von den strengen Vertretern einer reinen — aber nun wirklich reinen! — „Religionswissenschaft" nicht viel deutlicher gesehen ist als von dem „religionswissenschaftlich" orientierten und arbeitenden Theologen. Für eine „reine", d. h. auf den Charakter der Theologie nun wirklich keinen Anspruch erhebende Religionswissenschaft ist ja „Offenbarung" nur entweder 1. das in den meisten Religionen irgendwo auftauchende Phänomen der Zurückführung ihres kultischen, mythischen und moralischen Bestandes auf das Werk, die Mitteilung und Anordnung der Gottheit, oder 2. der streng einzuklammernde, durch die Religionswissenschaft als solche nicht anzurührende, geschweige denn konkret zu füllende Grenzbegriff der Wahrheit jenseits und inmitten der Fülle all der religiösen Wirklichkeiten. Es wäre wohl zuviel gesagt, wenn man sagen wollte, daß der Begriff der Offenbarung bei diesem Verfahren auch nur respektiert würde; denn wirklicher Respekt würde ja sofort ein ganz anderes Verfahren nach sich ziehen müssen. Je „reiner" die Religionswissenschaft wird, desto mehr pflegt sie sich ja auch, ertrinkend in jenem

§ *17. Gottes Offenbarung als Aufhebung der Religion*

Meer religiöser Wirklichkeiten (unter denen sich zum Überfluß auch noch ausdrücklich das Phänomen angeblicher Offenbarungen findet!), selber *ad absurdum* zu führen. Dennoch wird man ihr Verfahren von der Theologie her gesehen, als sauberer, lehrreicher und verheißungsvoller bezeichnen müssen als das jener gemischten Religionswissenschaft der Theologen, die einerseits den ruhigen Gang der Erforschung der religiösen Wirklichkeiten durch das plötzliche Rechnen mit einer religiösen Offenbarungswahrheit zu stören pflegen, andererseits mit den dabei angewendeten philosophischen Urteils- und Wertmaßstäben ja doch verraten, daß sie dabei mit einer Sache rechnen, die sie selbst zu verstehen und ernst zu nehmen gar nicht in der Lage sind.

Wer theologisch ernsthaft von Offenbarung redet, der redet im Sinn jener Katechismusstellen: es geht ihm um Jesus Christus, den Herrn, und also bei dem Menschen, den die Offenbarung angeht, darum, daß er unter ihm lebe und ihm diene, daß er nicht sein, sondern Jesu Christi Eigentum sei und darin, daß er das ist, seinen einigen Trost habe im Leben und im Sterben. Wo davon auch nur um Nagelsbreite abgewichen wird, da wird theologisch nicht ernsthaft und also gar nicht von Offenbarung geredet. Offenbarung ist souveränes Handeln Gottes am Menschen oder sie ist nicht Offenbarung. Mit dem Begriff „souverän" ist ja schon angezeigt — und wir dürfen das im Zusammenhang unserer Lehre vom Heiligen Geist als „selbstverständlich" (gar nicht selbstverständlich!) voraussetzen — daß Gott dabei keineswegs allein ist, daß also, wenn die Offenbarung zu verstehen ist, der Mensch keineswegs übersehen und ausgeschaltet werden darf. Und so wahrlich auch nicht die Religion, ob wir nun darunter im besonderen die christliche Religion oder die menschliche Religion im allgemeinen, zu der dann auch die christliche gehört, zu verstehen haben. Wohl aber ist es uns dabei verboten, den Menschen und seine Religion sozusagen schon im voraus und an sich: in einer anderen Existenz denn als das Eigentum Christi, in einem anderen Bereich als in dem seines Reiches, in einem anderen Verhältnis als „unter ihm" kennen und definieren und werten zu wollen, um ihn dann, in dieser selbständigen Gestalt ernst genommen, zu Gottes Offenbarung in Beziehung zu bringen. Wir hätten ja damit zum vornherein gesagt, daß Jesus Christus nicht — jedenfalls nicht in dem unbedingten Sinn jener Katechismusstellen — sein Herr und er nicht Jesu Christi Eigentum sei, hätten beides noch als problematisch behandelt, hätten also die Offenbarung geleugnet — denn die Offenbarung wird geleugnet, wo sie als problematisch behandelt wird — und also bei jener Gegenüberstellung gar nicht von der Offenbarung geredet — auch wenn wir das den Worten nach nachträglich noch so ernstlich und klar und nachdrücklich hätten tun wollen. Von der Offenbarung muß man immer schon vorläufig geredet haben, wenn man nachträglich wirklich von ihr und nicht von irgend etwas ganz Anderem reden will. Redet man erst nachträglich von ihr, dann redet man z. B. von einem Postulat oder von einer Idee. Das Eigentliche und Wirkliche, von dem man dann redet, ist dann nicht sie, sondern das Vorläufige: der Mensch und seine Religion, über den man schon im voraus so viel zu wissen meinte, was man nicht preiszugeben gedachte. Dort hat man seine Liebe, dort sein Interesse, dort seinen Eifer, dort sein Vertrauen, dort seinen Trost, und wo man seinen Trost hat, da hat man seinen Gott. Daran ist nachträglich nichts zu ändern, wenn man erst nachträglich auf die Offenbarung zu reden kommt! Wird die Offenbarung nicht geleugnet, sondern geglaubt und also der Mensch und seine Religion von jenen Katechismussätzen aus verstanden, dann kann der ernst zu nehmende Mensch und seine Religion gerade nicht in jener vorweg festgestellten Gestalt zu suchen sein. Eine systematische Zusammenordnung von Gott und Mensch, von Offenbarung und Religion, kann dann also schon darum nicht in Betracht kommen, weil das Zweite sowohl in seiner Existenz als auch in seiner Beziehung zum Ersten gar nicht anders als von jenem Ersten her zu sehen, geschweige denn zu bestimmen ist. In Betracht kommen kann dann nur eines, nämlich die Erzählung der Geschichte, die zwischen diesem Ersten und diesem Zweiten stattfindet, und zwar in der Weise stattfindet, daß, was über Existenz, Wesen und Wert des Zweiten zu sagen ist, schlechterdings und ausschließlich im Licht des Ersten, also im Lauf des zu beschreibenden souveränen Handelns Gottes am Menschen sichtbar wird. Der im Licht der Offenbarung sichtbar werdende Mensch und nur er ist der theologisch ernst zu nehmende Mensch, und so ist auch das Problem der Religion in der Theologie nicht die Frage: wie die vorher und im allgemeinen also untheologisch bestimmte Wirklichkeit Religion mit den theologischen Begriffen der Offenbarung, des Glaubens usw. in ein ordentliches und plausibles Verhältnis zu setzen sei? sondern, ohne Unterbrechung der theologischen Fragestellung: was das sein möchte, was von der Offenbarung, vom Glauben her gesehen als Religion in der menschlichen Wirklichkeit sichtbar wird?

Die Anschauung, an der man sich in dieser Sache zu orientieren hat, um in der *analogia fidei* zu bleiben und nicht in ein untheologisches Denken zu verfallen, ist die christologische, von der Fleischwerdung des Wortes als *assumptio carnis*. Wie die Einheit von Gott und Mensch in Jesus Christus die Einheit eines vollendeten Geschehens ist, so ist auch die Einheit von göttlicher Offenbarung und menschlicher Religion die eines — nun freilich im Unterschied zu jenem erst zu vollendenden — Geschehens. Wie dort Gott Subjekt dieses Geschehens ist, so und nicht anders auch hier. Wie dort der Mensch Jesus nicht schon vorher und abstrakt existiert, sondern nur in der Einheit jenes Geschehens, dessen Subjekt das Wort Gottes und also Gott selber ist: wahrer Gott und wahrer Mensch: so ist hier der Mensch mit seiner Religion streng als der Mensch zu sehen, der Gott folgt, daraufhin, daß Gott ihm vorangeht, der Gott hört, daraufhin, daß er von Gott angesprochen ist, der also für uns nur in dieser seiner Eigenschaft als Gegenüber Gottes vorhanden ist. Man kann die Haltung der älteren protestantischen Theologie im Unterschied zu der der neueren, wenn man etwa zögert, sie auf jenen tieferliegenden Unterschied des Glaubens zurückzuführen, auch einfach und sozusagen technisch so verstehen: daß sie Christus nicht nur mit Worten lobten und in Ehren hielten, wie das schließlich auch die neuere Theologie in ihrer Art getan hat, sondern ihm Lob und Ehre durch die Tat, nämlich durch die tatsächliche Ordnung ihres Denkens über Gott zu

§ 17. *Gottes Offenbarung als Aufhebung der Religion*

erweisen wußten, mit anderen Worten, daß ihr die Zucht des christologischen Dogmas der alten Kirche noch eine ebenso selbstverständliche wie praktisch bedeutsame Voraussetzung war. Man sieht andererseits ein, daß das christologische Dogma der neueren Theologie fremd und unverständlich werden mußte, nachdem es aufgehört hatte, die praktische Voraussetzung ihres tatsächlichen Denkens zu sein.

Wir können also zusammenfassend sagen: Wir haben nichts abzustreichen und zurückzunehmen von der Erkenntnis: in seiner Offenbarung ist Gott gegenwärtig mitten in der Welt menschlicher Religion. Es handelt sich aber darum, einzusehen, was das hier heißt: Gott ist gegenwärtig. Es handelt sich grundsätzlich darum, die Ordnung zwischen den Begriffen Offenbarung und Religion in der Weise wieder herzustellen, daß die Beziehung zwischen beiden wieder verständlich wird als identisch mit jenem Geschehen zwischen Gott und Mensch, in welchem Gott Gott, d. h. der selber richtende und allein rechtfertigende und heiligende Herr und Meister des Menschen, der Mensch aber der Mensch Gottes, d. h. der durch Gottes Strenge und Güte von ihm An- und Aufgenommene ist. In Erinnerung an die christologische Lehre von der *assumptio carnis* und in sinngemäßer Anwendung dieser Lehre reden wir von der Offenbarung als der Aufhebung der Religion.

2. RELIGION ALS UNGLAUBE

Eine theologische Würdigung der Religion und der Religionen wird sich gewiß vor allem durch eine große Behutsamkeit und Barmherzigkeit ihrer Beobachtung und ihrer Werturteile auszuzeichnen haben. Sie wird ja den Menschen als das Subjekt der Religion nicht gelöst von Gott, nicht in einem menschlichen An-sich sehen und verstehen und ernstnehmen, sondern als den Menschen, für den (ob er es weiß oder nicht) Jesus Christus geboren, gestorben und auferstanden ist, der (ob er schon gehört hat oder nicht) im Worte Gottes gemeint ist, der in Christus (wiederum ob er es weiß oder nicht) seinen Herrn hat. Als eine Lebensäußerung und Handlung dieses Menschen wird sie auch die Religion verstehen. Sie wird dadurch verhindert sein, dieser seiner Lebensäußerung und Handlung ein eigenes „Wesen", das sog. „Wesen der Religion", zuzuschreiben, um dann, messend mit diesem Maßstab, Menschliches gegen Menschliches abzuwägen und auszuspielen, „höhere" Religion von „niederer", „lebendige" von „zersetzter", „ponderable" von „nicht ponderabler" Religion zu unterscheiden. Sie wird das unterlassen — nicht aus Unachtsamkeit oder Gleichgültigkeit gegen die Mannigfaltigkeit, mit der wir es auch in diesem menschlichen Bereich zu tun haben. Auch nicht darum, weil eine vorläufige Bestimmung des „Wesens" der in diesem Bereich auftretenden Erscheinungen unmöglich oder an sich uninteressant wäre. Wohl aber darum, weil das, was von Gottes Offenbarung her über das Wesen der Religion allerdings zu erfahren ist, uns nicht erlaubt, von einer anderweitig gewonnenen, von einer immanenten Bestimmung des Wesens der Religion einen anderen als einen höchst beiläufigen Gebrauch zu machen. Und sodann darum nicht, weil dieses offenbarte Wesen der Religion sich nach seiner Form und seinem Inhalt nicht dazu eignet, innerhalb der religiösen Menschheit zwischen gut und böse, wahr und falsch zu unterscheiden. Nicht einmal die mit der Offenbarung allerdings gegebene Auszeichnung der Kirche als der Stätte der wahren Religion ist ja dahin zu verstehen, als wäre die christliche Religion als solche das erfüllte Wesen der menschlichen Religion und als wäre die christliche Religion darum die wahre, die den anderen Religionen grundsätzlich überlegene Religion. Man wird ja die Wahrheit der christlichen Religion nicht streng genug in Beziehung setzen können zu der Gnade der Offenbarung. Wir werden das noch besonders hervorzuheben haben: daß die Kirche durch Gnade von Gnade lebt und eben insofern die Stätte der wahren Religion ist. Ist dem aber so, dann wird sie sich ihres „Wesens" bzw. der Vollkommenheit, in der gerade sie das „Wesen" der Religion erfüllt, so wenig rühmen, wie sie das anderen Religionen zugestehen kann. Man wird also auch sie nicht auf Grund eines allgemeinen Begriffs des Wesens der Religion vor den anderen Religionen auszeichnen und von ihnen abheben können.

Für eine wirkliche theologische Betrachtung der Religion und der Religionen ist also das Problem „Nathans des Weisen" gegenstandslos. Christ, Jude und Muselmann als solche — und Lessing hat sie alle, mit Einschluß des Christen, nur als solche gesehen — haben nichts voreinander voraus und haben sich gegenseitig nichts vorzuwerfen. Auf dem Weg, den Nathan/Lessing ihnen zur Lösung des Konfliktes vorgeschlagen hat: „Es eifre jeder seiner unbestochnen, von Vorurteilen freien Liebe nach ..." werden sie freilich, theologisch d. h. von der Offenbarung her gesehen, nur immer noch tiefer in ihren Konflikt hineinkommen können. Denn eben daraus, daß jeder seiner Liebe nacheifert, die er gewiß immer für unbestochen und vorurteilsfrei halten wird, entsteht ja die Religion und der Konflikt der Religionen. Wo und wann hätten es die religiösen Menschen nicht im Grunde und im ganzen gut gemeint? Lessing dürfte wohl bei jenem „ewigen Evangelium" am Ende seiner „Erziehung des Menschengeschlechts" an nichts anderes als an den Anfang und Ausgangspunkt aller Religionsgeschichte gedacht haben. Darin ist ihm auch theologisch wohl recht zu geben, daß der Wettstreit der Religionen unter sich ein müßiger, ein unechter Streit ist. Er hat aber nicht gesehen, daß nach Überwindung des unechten Streites zwischen den verschiedenen Religionstümern mit Einschluß des christlichen der echte religiöse Streit dort eintreten könnte, wo — was nun freilich außerhalb der Möglichkeiten seines Tempelherrn oder gar seines Patriarchen zu liegen scheint — die Verkündigung der Gnade Gottes gegenüber allen Religionstümern als die Wahrheit der christlichen Religion auf den Plan gestellt wurde. Wo das Christentum — sei es denn als eine Religion unter anderen — das tut, da ist sein Selbstbewußtsein etwas anderes als religiöser Fanatismus, seine Mission etwas anderes als religiöse Propaganda, da ist es selbst in Gestalt eines Religionstums neben anderen etwas Anderes als ein Religionstum. Es wird aber in gründlichster Weise bei sich selbst sein müssen oder besser gesagt: Gottes Gnade wird sehr mächtig sein müssen, um den Christen gerade als Gnade wesentlich zu werden, wenn man das vom Christentum soll sagen können.

Eine wirklich theologische Betrachtung der Religion und der Religionen, wie sie gerade in der Kirche als der Stätte der christlichen Religion gefordert und auch möglich ist, wird sich also vor allem in der Übung einer ausgezeichneten G e d u l d gegenüber diesem Gegenstand von anderen Betrachtungsweisen abzuheben haben. Diese Geduld wird nun freilich nicht zu verwechseln sein mit der Mäßigung dessen, der zwar seine eigene Religion oder Religiosität hat und heimlich um sie eifert, der sich aber zu beherrschen weiß, weil er sich gesagt hat oder weil ihm gesagt wurde, daß sein Eigenes nun einmal nicht das Einzige, daß Fanatismus nun einmal keine gute Sache sei, sondern daß die Liebe das erste und das letzte Wort haben müsse. Sie wird nicht zu verwechseln sein mit dem weisen Abwarten des aufklärerischen Besserwissers — hierher würde doch auch der Typus der H e g e l schen Religionsphilosophie gehören! — der die Fülle der Religionen im Lichte einer in der Geschichte sich allmählich entwickelnden Idee einer vollkommenen Religion gemächlich und des guten Endes gewiß betrachten zu können meint. Sie wird aber auch nicht zu verwechseln sein mit dem Relativismus und der Unbeteiligtheit einer historischen Skepsis, die nach Wahrheit und Unwahrheit auf dem Feld der religiösen Erscheinungen darum nicht fragt, weil sie Wahrheit nur noch in der Gestalt ihres eigenen Zweifels an aller Wahrheit erkennen zu sollen meint. Die Unzulänglichkeit aller dieser vermeintlichen „Geduld" zeigt sich darin, daß dabei der Gegenstand, die Religion und die Religionen und also der Mensch, gar nicht ernst genommen, sondern im Grunde souverän übersehen werden. Toleranz im Sinn jener Mäßigung oder jenes Besserwissens oder jener Skepsis ist faktisch die schlimmste Form von Intoleranz. Sondern die gegenüber der Religion und den Religionen zu übende Betrachtung wird, ausgerichtet auf die Geduld C h r i s t i, diejenige Geduld zu beweisen haben, die aus dem Wissen darum stammt, daß Gott den gottlosen Menschen samt seiner Religion aus Gnade versöhnt hat mit sich selber. Sie wird ihn, wie ein widerspenstiges Kind auf Mutterarmen, getragen sehen von dem, was trotz seines Widerstandes von Gott zu seinem Heil über ihn beschlossen und für ihn getan ist. Sie wird ihn also im einzelnen weder loben noch tadeln, sondern sie wird seine Situation verstehen — nicht ohne Schrecken vor dem finsteren Rätsel dieser Situation — aber nun dennoch in dieser ihrer Rätselhaftigkeit verstehen, nicht, weil sie in sich sinnvoll wäre, wohl aber darum, weil sie von außen, nämlich von Christus her, Sinn bekommt. Sie wird diesem Gegenstand gegenüber aber auch im ganzen nicht jenes falsch-sanftmütige oder hochmütige oder müde Lächeln einer ganz unangebrachten Nachsicht zeigen, sondern sie wird den Menschen verstehen als begriffen in einer Handlungsweise, die nur insofern als recht und heilig erkannt werden kann, als sie zuvor und gleichzeitig auch als ganz und gar unrecht und unheilig erkannt ist. Zu der so zu übenden Geduld und also zu theologischer Betrachtung der Religion wird selbstverständlich nur der willig und fähig sein, der sich samt seiner eigenen Religion mit dem Menschen, und zwar mit jedem Menschen gemeinsam zu beugen bereit ist in der Erkenntnis, daß er mit seiner eigenen Religion zuerst und vor allem Geduld, diese kräftige, tragende Geduld nötig hat. —

Wir beginnen mit dem Satz: Religion ist Unglaube; Religion ist eine Angelegenheit, man muß geradezu sagen: die Angelegenheit des gottlosen Menschen.

> Die eusserlichen groben stück sind noch gering gegen disem, das man leret, wie man soll frum werden mit wercken, und evn Gottis dienst auffricht nach unser vernunfft. Denn da wirtt das unschuldige blutt am höhisten verunehret und gelestert. Die heyden haben viel grösser sund than an dem, das sie Sonn und Mond anbetten, wilchs sie fur den rechten Gottis dienst hiellten, denn sonst mit andern sunden. Darumb ist menschliche frumickeyt eyttel Gottis lesterung und die aller grösste sund, die eyn mensch thut. Also ist das wesen auch, da mit itzt die welt umbgehet, und das sie fur Gottis dienst und frumickeyt helt, ist fur Gott erger, denn keyn andere sund, als da ist pfaffen und münchen stand, und was fur der wellt gutt scheynet und doch on glawben ist. Darumb wer nicht durch das blutt von Got will gnad erlangen, dem ist besser, das er nymmer fur Gottis augen trette. Denn er ertzurnet nur die maiestet yhe mehr und mehr damit. (Luther, Pred. üb. 1. Petr. 1, 18 f., 1523, W. A. 12, 291, 33.)

Dieser Satz kann nach dem Vorangehenden nichts zu tun haben mit einem negativen Werturteil. Er enthält kein religionswissenschaftliches und auch kein religionsphilosophisches Urteil, das in irgendeinem negativen Vorurteil über das Wesen der Religion seinen Grund hätte. Er soll nicht nur irgendwelche andere mit ihrer Religion, sondern er soll auch und vor allem uns selbst als Angehörige der christlichen Religion treffen. Er formuliert das Urteil der göttlichen Offenbarung über alle Religion. Er kann darum wohl erklärt und erläutert, aber weder aus einem höheren Prinzip als eben aus der Offenbarung abgeleitet, noch an Hand einer Phänomenologie oder Geschichte der Religion bewiesen werden. Er bedeutet, gerade weil er nur das Urteil Gottes wiedergeben wollen kann, kein menschliches Absprechen über menschliche Werte, keine Bestreitung des Wahren, Guten und Schönen, das wir bei näherem Zusehen in fast allen Religionen entdecken können und das wir natürlich in unserer eigenen Religion, wenn wir ihr überzeugt anhängen, in besonders reichem Maß zu finden meinen. Wo es sich schlicht darum handelt, daß der Mensch von Gott angegriffen, von Gott verurteilt und gerichtet ist, da sind wir freilich in der Wurzel, im Herzen getroffen, da steht freilich das Ganze und Letzte unserer Existenz in Frage, da kann aber gerade darum die wehmütige oder auch wehleidige Klage über Verkennung relativer menschlicher Größe keinen Raum haben.

Da kann es sich, wie wir warnend hinzufügen nicht unterlassen wollen, auch nicht darum handeln, gegenüber der menschlichen Größe, wie sie uns gerade auf dem Feld der Religion so ergreifend begegnet, ein Barbar, ein christlicher Herostrat zu werden.

§ 17. Gottes Offenbarung als Aufhebung der Religion

Es hatte und hat freilich seine Notwendigkeit und seinen guten Sinn, wenn in Zeiten eines wachen christlichen Empfindens zum Schmerz aller Ästheten heidnische Tempel dem Erdboden gleichgemacht, Götter und Heiligenbilder zerstört, Glasmalereien entzweigeschlagen, Orgeln ausgeräumt wurden. Obschon der Humor es dann manchmal wollte, daß eben an Stelle dieser Tempel und eben aus ihren Säulen und Zieraten alsbald christliche Kirchen gebaut wurden und auf den Bildersturm nach einiger Zeit in anderer Form eine neue Bilderaufrichtung erfolgen mußte. Eben das zeigt aber, daß die Abwertung und Negation des Menschlichen im einzelnen wohl gelegentlich praktische, zeichenhafte, aber nie grundsätzliche und allgemeine Bedeutung haben kann. Und auch nicht haben darf! Wir können ja das göttliche Urteil: Religion ist Unglaube, nicht sozusagen ins Menschliche, in die Form bestimmter Abwertungen und Negationen übersetzen, sondern wir müssen es, auch wenn es je und je in Gestalt bestimmter Abwertungen und Negationen sichtbar zu machen ist, als göttliches Urteil über alles Menschliche stehen und gelten lassen. Ganz scharf und genau, wie es gemeint ist, werden es sogar nur diejenigen hören und verstehen können, die mit diesem Menschlichen als solchem durchaus nicht ohnehin fertig sind, denen es vielmehr etwas wert ist, die mindestens ahnend wissen, was es bedeutet, die Welt der Götter Griechenlands oder Indiens oder die Welt der Weisheit Chinas oder auch die Welt des römischen Katholizismus oder auch unsere eigene protestantische Glaubenswelt als solche in dem umfassenden Sinn jenes göttlichen Urteils wirklich preiszugeben. In diesem Sinn darf gerade das göttliche Urteil, das hier zu hören und anzunehmen ist, auch als ein Schutz gegen alle Verständnislosigkeit und Barbarei bezeichnet werden. Nicht zu einer wohlfeilen und kindischen Resignation gegenüber dem, was menschlich groß ist, ruft es uns auf, sondern zu einem männlichen Wissen um dessen wirkliche und letzte Grenze, die nicht wir ihm zu setzen haben, sondern die ihm gesetzt ist. Im Raum der Ehrfurcht vor Gott wird die Ehrfurcht vor menschlicher Größe immer ihre Stelle haben müssen: sie unterliegt Gottes, sie unterliegt nicht unserem Gericht.

Um zu verstehen, daß Religion wirklich Unglaube ist, müssen wir sie von der in der Heiligen Schrift bezeugten Offenbarung her sehen. Es sind zwei Momente, die hier entscheidende Klarheit schaffen dürften.

1. Die Offenbarung ist Gottes Selbstdarbietung und Selbstdarstellung. Die Offenbarung widerfährt dem Menschen unter Voraussetzung und in Bestätigung der Tatsache, daß die Versuche des Menschen, Gott von sich aus zu erkennen, zwar nicht auf Grund einer prinzipiellen, wohl aber auf Grund einer praktisch faktischen Notwendigkeit allgemein und gänzlich — umsonst sind. In der Offenbarung sagt Gott dem Menschen, daß er Gott und daß er als solcher sein, des Menschen, Herr ist. Sie sagt ihm damit etwas schlechterdings Neues, etwas, was er ohne Offenbarung nicht weiß und anderen und sich selbst nicht sagen kann. Daß er es könnte, ist wohl wahr, so gewiß ja die Offenbarung nur die Wahrheit ausspricht. Ist es wahr, daß Gott Gott und als solcher des Menschen Herr ist, dann ist auch das wahr, daß der Mensch mit ihm so dran ist, daß er ihn erkennen könnte. Aber gerade diese Wahrheit ist für den Menschen nicht vorhanden, bevor sie ihm in der Offenbarung gesagt wird. Wenn er Gott wirklich erkennen kann, dann gründet dieses Können darin, daß er ihn wirklich erkennt, weil Gott sich ihm zu erkennen gegeben, weil

2. Religion als Unglaube

Gott sich selbst ihm dargeboten und dargestellt hat. Dieses Können gründet also nicht darin — so wahr das ist — daß der Mensch ihn eigentlich erkennen könnte. Zwischen dem: „er könnte" und dem „er kann" liegt schlechthin scheidend das „er kann nicht", das durch die Offenbarung und nur durch die Offenbarung aufgehoben und in sein Gegenteil verwandelt ist. Die Wahrheit, daß Gott Gott und unser Herr ist und also auch dies, daß wir ihn als Gott und Herrn erkennen könnten — diese Wahrheit kann nur durch die Wahrheit selbst zu uns kommen. Dieses Zu-uns-Kommen der Wahrheit ist eben die Offenbarung. Sie trifft uns aber nicht in einem neutralen Zustand, sondern in einem Tun, das zu ihr als dem Zu-uns-Kommen der Wahrheit in einem ganz bestimmten, ja entschiedenen Verhältnis steht. Sie trifft uns nämlich als religiöse Menschen, d. h. sie trifft uns mitten in jenem Versuch, Gott von uns aus zu erkennen. Sie trifft uns also nicht in dem ihr entsprechenden Tun. Das der Offenbarung entsprechende Tun müßte ja der Glaube sein: die Anerkennung der Selbstdarbietung und Selbstdarstellung Gottes. Wir müßten es sehen, daß im Blick auf Gott all unser Tun umsonst ist auch in dem besten Leben, d. h. daß wir von uns aus nicht in der Lage sind, die Wahrheit zu ergreifen, Gott Gott und unseren Herrn sein zu lassen. Wir müßten also auf alle Versuche verzichten, diese Wahrheit nun doch ergreifen zu wollen. Wir müßten einzig und allein dazu bereit und entschlossen sein, die Wahrheit zu uns reden zu lassen und also von ihr ergriffen zu werden. Dazu sind wir aber gerade nicht bereit und entschlossen. Gerade der Mensch, zu dem die Wahrheit wirklich gekommen ist, wird zugestehen, daß er keineswegs bereit und entschlossen war, sie zu sich reden zu lassen. Gerade der Glaubende wird nicht sagen, daß er aus dem Glauben zum Glauben gekommen sei, sondern eben — aus dem Unglauben. Obwohl und indem doch die Haltung und das Tun, das er der Offenbarung entgegenbrachte und noch entgegenbringt, Religion ist. Aber eben die Religion des Menschen als solche wird durch die Offenbarung, wird im Glauben an die Offenbarung aufgedeckt als Widerstand gegen sie. Religion von der Offenbarung her gesehen wird sichtbar als das Unternehmen des Menschen, dem, was Gott in seiner Offenbarung tun will und tut, vorzugreifen, an die Stelle des göttlichen Werkes ein menschliches Gemächte zu schieben, will sagen: an die Stelle der göttlichen Wirklichkeit, die sich uns in der Offenbarung darbietet und darstellt, ein Bild von Gott, das der Mensch sich eigensinnig und eigenmächtig selbst entworfen hat.

Hominis ingenium perpetuam, ut ita loquar, esse idolorum fabricam ... Homo qualem intus concepit Deum, exprimere opere tentat. Mens igitur idolum gignit, manus parit (Calvin, *Instit.* I 11, 8).

„Eigensinnig und eigenmächtig" soll hier zunächst nur sagen: aus eigenen Mitteln, eigener menschlicher Einsicht und Willensbildung und

Tatkraft. Die Gottesbilder, die auf der einmal betretenen Linie dieses Unternehmens geschaffen werden können, können unter sich sehr verschieden sein, ohne doch sachlich etwas anderes zu bedeuten.

Imagines Deus inter se non comparat, quasi alterum magis, alterum minus conveniat: sed absque exceptione repudiat simulachra omnia, picturas aliaque signa, quibus eum sibi propinquum fore putarunt superstitiosi (Calvin, *Instit.* I 11, 1). *In nihilum redigit quicquid divinitatis, propria opinione sibi fabricant homines* (*ib.*). Gottesbilder im Sinn dieses Unternehmens sind die letzten Prinzipien der verschiedenen philosophischen Systeme ebensowohl wie etwa der Inbegriff des Unheimlichen im Weltbild der animistischen Religionen, der ausgeprägte Gottesgedanke etwa des Islam ebenso wie das Fehlen eines einheitlichen Gottesbegriffs und Gottesbildes im Buddhismus oder in den atheistischen Geistesströmungen der Antike und der Neuzeit.

Das Gottesbild ist immer diejenige angeschaute oder gedachte Wirklichkeit, in der der Mensch jenseits oder auch in seiner eigenen Existenz ein Eigentliches, Letztes, Entscheidendes annimmt und behauptet, von dem her er wiederum sich selbst für gesetzt oder doch für bestimmt und bedingt hält. Von der Offenbarung her gesehen, ist die menschliche Religion schlecht und recht ein solches Annehmen und Behaupten und als solches ein ihr selbst, der Offenbarung, widersprechendes Tun. Widersprechend darum, weil die Wahrheit ja nur durch die Wahrheit zum Menschen kommen kann. Greift der Mensch von sich aus nach der Wahrheit, so greift er zum vornherein daneben. Er tut dann nicht das, was er tun müßte, wenn die Wahrheit zu ihm kommt. Er glaubt dann nämlich nicht. Würde er glauben, so würde er hören; in der Religion redet er aber. Würde er glauben, so würde er sich etwas schenken lassen; in der Religion aber nimmt er sich etwas. Würde er glauben, so würde er Gott selbst für Gott eintreten lassen; in der Religion aber wagt er jenes Greifen nach Gott. Weil sie dieses Greifen ist, darum ist die Religion Widerspruch gegen die Offenbarung, der konzentrierte Ausdruck des menschlichen Unglaubens, d. h. die dem Glauben gerade entgegengesetzte Haltung und Handlung. Sie ist der ohnmächtige, aber auch trotzige, übermütige, aber auch hilflose Versuch, mittels dessen, was der Mensch wohl könnte aber nun gerade nicht kann, dasjenige zu schaffen, was er nur kann, weil und wenn Gott selbst es ihm schafft: Erkenntnis der Wahrheit, Erkenntnis Gottes. Dieser Versuch kann also nicht etwa dahin gedeutet werden, daß der Mensch in ihm mit Gottes Offenbarung harmonisch zusammenwirke, daß Religion etwa die ausgestreckte Hand sei, die dann von Gott in seiner Offenbarung gefüllt werde. Man kann auch von dem offenkundig vorliegenden religiösen Vermögen des Menschen nicht sagen: es sei sozusagen die allgemeine Form menschlicher Erkenntnis, die dann in Gestalt der Offenbarung und des Glaubens ihren eigentlichen und wahren Inhalt empfange. Sondern um einen ausschließenden Widerspruch geht es hier: in der Religion wehrt und verschließt sich der Mensch gegen die Offenbarung dadurch, daß er sich

2. Religion als Unglaube

einen Ersatz für sie beschafft, daß er sich vorwegnimmt, was ihm in ihr von Gott gegeben werden soll.

Non apprehendunt (Deum) qualem se offert, sed qualem pro temeritate fabricati sunt, imaginantur (Calvin, *Instit.* I 4, 1).

Das Vermögen zu solchem Tun hat er wohl. Aber was er auf Grund dieses Vermögens erreicht und erlangt, das ist nimmermehr die Erkenntnis Gottes als Gott und Herr, und also nimmermehr die Wahrheit, sondern durchgehend und gänzlich eine Fiktion, die mit Gott selbst nicht nur wenig, sondern nichts zu tun hat, ein Gegengott, der erst als solcher erkannt werden und fallen muß, wenn die Wahrheit zu ihm kommt, der aber als solcher und als Fiktion nur erkannt werden kann, indem die Wahrheit zu ihm kommt.

Notitia Dei, qualis nunc hominibus restat, nihil aliud est, quam horrenda idololatriae et superstitionum omnium scaturigo (Calvin, Komm. zu Joh. 3, 6 C. R. 47, 57).

Die Offenbarung knüpft nicht an die schon vorhandene und betätigte Religion des Menschen, sondern sie widerspricht ihr, wie zuvor die Religion der Offenbarung widersprach, sie hebt sie auf, wie zuvor die Religion die Offenbarung aufhob. Wie denn auch der Glaube nicht anknüpfen kann an den Falschglauben, sondern ihm als Unglauben, als einem Akt des Widerspruchs widersprechen, ihn aufheben muß.

Die Ablehnung der heidnischen Religion richtet sich im Alten Testament mit überraschender Einseitigkeit gegen ihren Bilderdienst. Der Bilderdienst als solcher, gelte er welchem Gott er wolle, ist verwerflich. Zur Begründung dieses Urteils wird aber immer wieder, ausführlich z. B. Jer. 10, 1–16, Jes. 44, 9–20 festgestellt: Im Ursprung der heidnischen Religionen ist der Mensch selbst Schöpfer seines Gottes gewesen. Ich halte es nicht für wahrscheinlich, daß solche Stellen daraus zu erklären sind, daß die biblischen Autoren nichts davon gewußt hätten oder in vergröbernder Tendenz nichts davon hätten wissen wollen, was die katholische Kirche zur Erklärung und Verteidigung der in ihr geübten Bilderverehrung immer gesagt hat und was heute sozusagen ein religionswissenschaftlicher Gemeinplatz ist: daß das Gottesbild ja ursprünglich und eigentlich nie und nirgends als mit der betreffenden Gottheit identisch betrachtet, daß die Gottheit im Gottesbild vielmehr nur als in ihrem Platzhalter und Stellvertreter verehrt und angebetet, dem Bild als solchem aber nur eine uneigentlich gemeinte δουλεία dargebracht wird. Ich halte es vielmehr für wahrscheinlich, daß der Vorwurf des „Götzenmachens" (Jes. 44, 9; 45, 16) bei vollem Wissen um diesen Sachverhalt das geistliche Götzenmachen trifft, dessen Exponent dann die Bilderfabrikation ist. Denn jene „anderen", die „fremden" Götter, denen „anzuhangen", zu denen „abzufallen" dem Volk Israel immer wieder als die Sünde verwehrt wird, heißen nicht nur darum „andere", weil sie die Götter anderer Völker sind, als eiferte Jahve ihnen gegenüber nur darum um seine Ehre, weil er nun einmal der Gott des Volkes Israel ist. Sondern „anders" und „fremd" sind sie vor allem ihm selbst: sie in ihrer Art ihm in seiner Art. Und das gerade darum, weil sie solche Platzhalter und Stellvertreter in den von menschlichen Händen gemachten Götterbildern überhaupt haben können, während er, Jahve, darum durch kein menschliches Werk nachzubilden ist, weil sein Name heilig ist, weil er in seinem Werk, in seiner Offenbarung, in seinem Handeln als Herr des Bundes, in seinen Geboten, in seinem den Propheten aufgetragenen Wort ausschließlich selber für sich selber zeugen, selber der Mittler seiner

§ 17. Gottes Offenbarung als Aufhebung der Religion

selbst sein will. Hinter dem Dienst jener Götter steht, wie sein Charakter als Bilderdienst zeigt, der Eigensinn und die Eigenmächtigkeit des Menschen. Darum darf Israel nicht zu ihnen abfallen. Und es muß die Nachdrücklichkeit dieses Verbotes und des Bilderdienstes überhaupt, auch wenn er Jahve gelten sollte, dahin verstanden werden, daß Jahve als der Gott der zum Eigensinn und der Eigenmächtigkeit des Menschen im Widerspruch stehenden göttlichen Selbstoffenbarung erkannt und geehrt sein will. Man beachte: dasselbe, was bei den Heiden zunächst nur Torheit zu sein scheint, wird im Bereich Israels, also im Bereich der Offenbarung und des Bundes, konkret sichtbar als Sünde. Gemessen an der Offenbarung ist das, was die Heiden Gott gegenüber versuchen, die Sünde des Unglaubens. Darum, weil Israel der göttlichen Selbstoffenbarung teilhaftig geworden ist, darum darf es weder sich an dem Bilderdienst der heidnischen Religionen beteiligen, noch auch Bilder von Jahve machen und verehren. Es würde Jahve mit dem Zweiten nicht weniger als mit dem Ersten sofort radikal preisgeben.

Die bemerkenswerte neutestamentliche Erweiterung dieser Betrachtung finden wir in den Stellen Röm. 1, 18 f. und Act. 14, 15 f.; 17, 22 f. (Die Stelle Röm. 2, 14 f. kommt hier nicht in Betracht: Die Heiden, an denen die Weissagung von Jer. 31, 33 in Erfüllung gegangen ist, sind nach dem ganzen Zusammenhang des Kapitels unzweideutig als Heidenchristen zu verstehen.) Die Offenbarung der Gerechtigkeit, d. h. des aus Gnade Gerechtigkeit auf Erden schaffenden und schenkenden Willens Gottes in Jesus Christus — diese Erfüllung aller Offenbarung hat jetzt die Unterscheidung der Heiden von Israel zu einer sekundären gemacht. Indem der Messias Israels erschienen und durch Israel selbst verworfen und gekreuzigt wurde, hat er sich als der Herr der ganzen Welt offenbart. Das bedeutet nun aber nicht nur dies, daß es nun eine Huld Gottes für alle Menschen aller Völker gibt. Es bedeutet auch dies, daß nun sie alle so zur Verantwortung und Rechenschaft gezogen werden, wie es vordem nur Israel widerfahren ist. Es bedeutet also nicht nur dies, daß zwischen Gott und dem Menschen geschlossene Bund nun allen Völkern als die auch sie angehende frohe Botschaft zu verkündigen ist. Es bedeutet auch dies, daß die Anklage wegen Abfalls nun ausdrücklich und ernstlich gegen sie alle zu erheben ist. Mit Act. 14, 16 zu reden: die Zeiten sind vorbei, da „Gott es in vergangenen Geschlechtern allen Heiden überließ, ihre eigenen Wege zu gehen". Und mit Act. 17, 30: „Nachdem er die Zeiten der Unwissenheit übersehen hat, gebietet er jetzt (in und mit dem eingetretenen Jetzt Jesu Christi!) den Menschen, daß sie alle an allen Orten Buße tun sollen." Eben die rettende Offenbarung der Gerechtigkeit Gottes ist nämlich — wo Vergebung der Sünden offenbar wird, da werden auch Sünden als solche aufgedeckt, verurteilt und bestraft — auch die Offenbarung des Zornes Gottes über die Gottlosigkeit und Unbotmäßigkeit (ἀσέβεια καὶ ἀδικία) der Menschen (Röm. 1, 18). Was ist damit gemeint? Nach Röm. 1 sowohl wie nach Act. 14 u. 17 gerade nicht das, was man zunächst unter „Gottlosigkeit" und „Unbotmäßigkeit" verstehen möchte, nicht eine profane, säkulare, dem Göttlichen abgewendete Haltung nämlich, sondern vielmehr der Dienst, den der Mensch in guten Treuen dem, was er für ein Göttliches hält, darbringt. Diese gute Treue und die Wahrheit der Göttlichkeit dieses „Göttlichen" ist ihm durch Gottes Offenbarung in Christus und indem er mit dieser Offenbarung konfrontiert wird, rundweg abgesprochen. Gerade das vermeintlich beste Tun der Menschen, nämlich dieser ihr Gottesdienst, ist „Gottlosigkeit" und „Unbotmäßigkeit". Ihre Frömmigkeit ist „Dämonenfurcht" (Act. 17, 22). Sie dienen denen, die in ihrem Wesen keine Götter sind (Gal. 4, 8). Sie sind also in und mit ihrer Frömmigkeit ἄθεοι ἐν τῷ κόσμῳ (Eph. 2, 12). Und von der geschehenen und erfüllten Offenbarung in Christus her ist nunmehr von allen Menschen zu sagen, was vorher, von der Offenbarung in der alttestamentlichen Weissagung her, nur von den abtrünnigen Israeliten zu sagen war: Sie haben sich gerade in diesem ihrem besten Tun aktiv, schuldhaft an Gott vergangen. Sie haben gerade dabei und damit „die Wahrheit in Unbotmäßigkeit gefangen gehalten" (Röm. 1, 18). Indem Christus erschienen, gestorben und auferstanden ist, ist für alle Menschen die Gnade Gottes Ereignis geworden, sind auch alle Menschen haftbar zu machen für ihr Sein und

2. Religion als Unglaube

Tun, und zwar für ihr Sein und Tun, so wie es sich im Lichte dieses Ereignisses darstellt, d. h. aber, weil dieses Ereignis ja die Selbstoffenbarung der Wahrheit und also auch der Wahrheit über den Menschen ist, so wie es tiefste und letzte menschliche Wirklichkeit ist. Unser menschliches Sein und Tun ist von der Selbstoffenbarung der Wahrheit her gesehen in seiner tiefsten und letzten Wirklichkeit Streit gegen die Wahrheit. Es ist der Wahrheit, die sich da selbst offenbart, in einem Winkel von 180° entgegengesetzt. In und mit der Verkündigung Christi — man beachte, daß das die Voraussetzung sowohl von Röm. 1 wie von jenen Reden der Apostelgeschichte ist — ist den Menschen, an die diese Verkündigung ergeht und denen in ihr über das Verhältnis von Gott und Mensch, d. h. über Gottes Gnade Bescheid gegeben wird, auf den Kopf zuzusagen: daß sie in jener Entgegensetzung ein Verhältnis zur Wahrheit haben, das sie durch diese Entgegensetzung verleugnen und verraten. Sie müssen, indem ihnen Gottes Gnade in Christus verkündigt wird, zugestehen: Gott „hat sich ihnen nicht unbezeugt gelassen" (Act. 14, 17). Denn eben in und mit der Verkündigung der Gnade Gottes in Christus wird ihnen ja das Zeugnis Gottes aufgedeckt, von dem sie abgefallen, zu dem sie in radikalen Widerspruch geraten sind. Indem sie in das Licht dieser Verkündigung treten, erwacht und erhebt sich dieses Zeugnis, redet, wird zum Zeugnis gegen sie, so daß sie als Unentschuldigte, Unentschuldbare dastehen vor dem ihnen in seiner Offenbarung begegnenden Gott (Röm. 1, 20).

In den Reden der Apostelgeschichte ist dieses aufgedeckte, erwachende und anklagende, dieses allen Menschen in und mit der Verkündigung Christi zugesprochene Zeugnis ihr Wissen um Gott als Schöpfer. „Er tat euch wohl, indem er euch vom Himmel herab Regen und fruchtbare Zeiten gab und eure Herzen mit Speise und Freude füllte" (Act. 14, 17). Er! Ganz neu bekommen sie das zu wissen. Und ganz neu bekommen sie jetzt auch das zu wissen: daß sie eben das schon wußten! Haben sie es nicht bestätigt, indem sie, „in unwissender Frömmigkeit" (ἀγνοοῦντες εὐσεβεῖτε Act. 17, 23) dem „unbekannten Gott" einen Altar bauten? Indem Paulus ihnen Gott in Christus verkündigt, spricht er ihnen zu: eben um diesen Gott wußtet ihr, eben dieser Gott ist euch aus einem bekannten ein unbekannter Gott geworden, indem ihr ihm in unwissender Frömmigkeit gedient habt. Eben diesem Gott, den ich euch nun wieder bekannt mache, steht ihr darum als Angeklagte gegenüber, als Angeklagte, die sich nicht entschuldigen können. Dieser Gott — das sage ich euch jetzt, spreche ich euch jetzt aus meinem Wissen um Christus zu als euer eigenes Wissen in und trotz euerer ganzen Unwissenheit — dieser Gott hat die Welt und alles, was in ihr ist, geschaffen; er ist der Herr des Himmels und der Erde; er hat den Menschen geschaffen und lenkt die Geschichte der Menschen. Darum, weil es so ist, weil die Menschen diesem Gott gehören, kann es nun geschehen, daß sie Gott suchen, ob sie ihn greifen und finden möchten, obwohl er doch — o menschliche Torheit! — nicht ferne ist einem jeglichen unter uns, obwohl wir doch in ihm leben, weben und sind und ihn also nicht erst zu suchen brauchten, obwohl das unwissende Wissen eines eurer Dichter selbst bezeugt: „Wir sind seines Geschlechts" und also: Er ist uns nahe, wie ein Vater seinen Kindern nahe ist. Ist das wahr (und es ist wahr!), wissen wir das (und das wissen wir!), warum dann jenes Suchen, jenes Greifen und Findenwollen Gottes, in dem ich euch begriffen sehe? Weil Gott der Schöpfer und also der Herr ist — und in Christus ist es für Zeit und Ewigkeit offenbar geworden, daß dem so ist — darum und nur darum können wir sündigen in Abgötterei. Aber warum tun wir es? Weil wir das: daß Gott der Schöpfer und also der Herr ist, anerkennen müssen, so wie es uns gesagt ist — und in Christus ist es uns gesagt als etwas Altbekanntes, uns schon Gesagtes, darum müßten wir unsere Abgötterei als Sünde, als „Gottlosigkeit" und „Unbotmäßigkeit" erkennen — warum tun wir es nicht? Wie sollte der Herr des Himmels und der Erde in einem von Händen gemachten Tempel wohnen, von menschlichen Händen bedient werden, er, von dem her wir das Leben, den Atem und alles haben? Wie sollten wir, die wir seines Geschlechts, seine Kinder sind, also schon zu ihm gehören, die Gottheit in einem aus Gold, Silber oder Stein geschaffenen, durch menschliche Kunst und Gedanken zuwege gebrachten Gebilde unseres Suchens, Greifens und Findens, in dem Gebilde eines unserer eigenen Annäherungsversuche verehren? Wie sollte es, wenn Gott der Schöpfer ist, so etwas wie ein von uns selbst aufzurichtendes Mittlertum geben? Wie ist das alles in sich so unmöglich! Und doch so wirklich: dieser Streit gegen die Gnade der Offenbarung zugunsten eines eigensinnigen und eigenmächtigen Himmelstürmens! In diesem Streit gegen die Gnade ist der bekannte Gott ein unbekannter geworden. Es gibt kein Weiterkommen in der Entgegensetzung zur Wahrheit, nachdem sie uns als solche in Gottes Offenbarung auf den Leib gerückt ist (Act. 17, 24–29). Es bleibt uns wirklich — wirklich uns selbst — nichts übrig als „umzukehren von diesen Nichtigkeiten zu dem lebendigen Gott" (Act. 14, 15).

Wir begegnen demselben Gedankengang, nur in charakteristisch anderer Betonung, im Römerbrief. Jenes Zeugnis, das der Apostel den Heiden in und mit der Verkündigung Christi zuspricht und so in ihnen aufweckt und gegen sie geltend macht, ist hier hervorgehoben als ihr Wissen um Gott, den Schöpfer. Gerade das unsichtbare, unzugängliche Wesen Gottes, seine ewige Kraft und Gottheit, wird von der Erschaffung der Welt her in seinen Werken begriffen und geschaut (Röm. 1, 20). Gerade von einer Bekanntschaft mit Gott, und zwar gerade von einer Bekanntschaft auf Grund von Offenbarung, kommen die Menschen immer schon her, indem die Offenbarung in Christus zu ihnen kommt (Röm. 1, 19). Und darum ist es wirklich ein Gefangenhalten der Wahrheit, eine *corruptio optimi*, deren sie anzuklagen sind (Röm. 1, 18). Man halte sich vor Augen: auch diese so oft als Erlaubnis oder Aufforderung zu allen möglichen natürlichen Theologien verstandenen Worte sind in Wirklichkeit, auf welche zeitgenössischen Philosopheme in ihnen immer angespielt sein mag, Bestandteil des apostolischen Kerygmas. Um deutlich zu machen, was es ist um die Offenbarung der Gerechtigkeit Gottes in Christus, Röm. 1, 17; 3, 21, erinnert Paulus Röm. 1, 18 bis 3, 20 daran, daß dieselbe eine Offenbarung auch Offenbarung des Zornes Gottes ist, d. h. daran, daß eben indem uns die uns widerfahrene Gnade gesagt wird, auch unser völliges Verfallensein an das Gericht gesehen und geglaubt werden muß. Gnade und Gericht gelten dem Heiden und dem Juden, dem Juden und dem Heiden, Röm. 1, 16; 2, 9, und zwar Juden und Heiden gerade in ihrem besten Tun, gerade in ihrer Gottesverehrung. Wie es also eine christliche, eine die Offenbarung voraussetzende Aussage ist, wenn Paulus im Blick auf den Juden sagt, daß es durch das Gesetz zur Erkenntnis der Sünde komme (Röm. 3, 20), so ist auch das unter Voraussetzung des in Christus geschehenen Ereignisses zwischen Gott und Mensch gesagt: daß eine bei den Heiden stattfindende Erkenntnis Gottes aus den Werken der Schöpfung das Instrument sei, sie unentschuldbar zu machen und also mit den Juden unter das Gericht und so unter die Gnade Gottes zu beugen. Es ist auch hier nicht anders: Weil Christus geboren, gestorben und auferstanden ist, darum gibt es kein abstraktes, in sich geschlossenes und ruhendes Heidentum mehr. Und weil Paulus diesen Christus zu verkündigen hat, darum kann er die Heiden darauf ansprechen, daß auch sie sehr wohl in Gott gehören und um Gott wissen, daß Gott tatsächlich auch ihnen offenbar ist, sich ihnen in den Werken der Schöpfung als Gott — seine ewige Kraft und Gottheit, die keine andere ist als die Jesu Christi — bekannt gemacht hat. Darum kann er ihnen sagen, daß sie durch dieses ihr Wissen vor Gott unentschuldbar sind, wenn sie mit ihrer Gottlosigkeit und Unbotmäßigkeit die Wahrheit „gefangen halten". Man kann das, was Paulus Röm. 1, 19–20 von den Heiden sagt, nicht gelöst von der Situation der apostolischen Predigt, nicht gelöst von der Fleischwerdung des Wortes, also gerade nicht als einen abstrakten Satz über die Heiden an sich, über einen den Heiden als solchen eigenen Offenbarungsbesitz verstehen. Paulus kennt weder Juden noch Heiden an sich und als solche, sondern nur die durch das Kreuz Christi unter die Verheißung, aber auch unter das Gebot Gottes gestellten Juden und Heiden. Indem das Zeugnis der Erwartung Israels, die weissagende Offenbarung in Christus erfüllt, indem Israel, seinen Messias ans Kreuz schlagend, an ihr gescheitert, indem sie nun zur Offenbarung an Juden und Heiden geworden ist, indem sie also jetzt auch die Heiden angeht, kommen diese mit demselben

2. Religion als Unglaube

Nachdruck wie die Juden unter den Anspruch und die Forderung der Offenbarung zu stehen, sind sie wie die Juden darauf anzureden, daß der Mensch Gott — nicht aus sich selber, aber kraft Gottes Offenbarung — von der Schöpfung her (ἀπὸ κτίσεως κόσμου, Röm. 1, 20, d. h. in und mit ihrer eigenen Existenz und der der ganzen Welt) sehr wohl kennt und also weiß, daß er sich ihm schuldig ist. Der Stand der Heiden wie der Stand der Juden ist eben objektiv ein anderer nach dem Tod und der Auferstehung Christi als vorher. Mit den Juden werden jetzt von Christus her objektiv auch die Heiden unter die Himmel gestellt, die die Ehre Gottes erzählen, und auf die Feste, die seiner Hände Werk verkündigt (Ps. 19, 2), sind also auch die Heiden als γνόντες τὸν θεόν (Röm. 1, 21) anzusprechen. Freilich sofort insofern, als sie sich, genau so wie die Juden, als solche nicht bewährt haben (οὐκ ἐδοκίμασαν τὸν θεὸν ἔχειν ἐν ἐπιγνώσει, Röm. 1, 28). Es ist also nicht an dem, daß Paulus nun etwa in der Lage wäre, an einen den Heiden zur Verfügung stehenden Besitz an Erkenntnis des ihnen von der Schöpfung als offenbaren unsichtbaren Wesens Gottes zu appellieren, an dieses Wissen pädagogisch anzuknüpfen oder bei der Verkündigung Jesu Christi auch nur einen Augenblick den Anschein zu erwecken, als rede er von Dingen, die ihnen auf Grund jener „Uroffenbarung" schon bekannt seien. Die Heiden haben eben die Erkenntnis von Ps. 19 prinzipiell nie auch nur im geringsten realisiert. Sie haben Gott nämlich nicht als Gott Ehre und Dank erwiesen (Röm. 1, 21). Das bedeutet, wie die Fortsetzung zeigt, nicht bloß einen quantitativen Ausfall ihrer Leistung ihm gegenüber oder eine Unvollkommenheit ihres Verhältnisses zu ihm. Das bedeutet vielmehr, daß das δοξάζειν καὶ εὐχαριστεῖν, das sie Gott schuldig sind, überhaupt nicht stattfindet, daß ein anderes Sinnen, Denken und Tun an seine Stelle getreten ist, das (in Negation dessen, daß Gott dem Menschen von der Schöpfung her offenbar ist) schon in seiner Wurzel gerade nicht Gott zum Gegenstand hat. „Ihre Gedanken wurden leer und ihr unverständiges Herz finster" (Röm. 1, 21). „Sie erzählten (sich selbst und anderen), daß sie weise seien, und gerade in dieser Meinung sind sie zu Narren geworden" (Röm. 1, 22). Und so kam es zur offenen Katastrophe: „Sie vertauschten die Herrlichkeit des unvergänglichen Gottes gegen das Abbild der Gestalt des vergänglichen Menschen, ja der fliegenden, vierfüßigen und kriechenden Tiere" (Röm. 1, 23) — mit diesem Abbilden „vertauschten sie die Wahrheit Gottes gegen die Lüge; sie verehrten das Geschöpf und dienten ihm an Stelle des Schöpfers, der da ist hochgelobt in Ewigkeit. Amen." (Röm. 1, 25) — eine Verwechslung, die sich dann auch in der unübersehbaren sittlichen Verwirrung des Menschengeschlechts grauenvoll erweisen mußte. Paulus sagt kein Wort davon, daß sich die Heiden trotz dieses Abfalls einen Rest von „natürlicher" Erkenntnis Gottes gerettet hätten. Vielmehr sagt er vorbehaltlos: Gegen diesen Abfall ist jetzt der Zorn Gottes offenbar geworden; „die solches tun, sind des Todes würdig" (Röm. 1, 32). Die Offenbarung, die der heidnischen Religion im Raume des Volkes Israel auf dem Boden Palästinas immer widersprochen hatte, widerspricht ihr jetzt, nachdem Jesus Christus für alle gestorben ist, auch „öffentlich", auch in ihrem eigenen, dem heidnischen Raum, in einem bemerkenswerter Weise gerade an die Christen in Rom gerichteten Apostelbrief. Es gibt jetzt kein unangefochtenes, kein relativ mögliches, kein entschuldbares Heidentum mehr. Indem die Offenbarung auf den Plan tritt, indem ihr Licht auf das Heidentum fällt, ist seine Religion gesichtet und aufgedeckt als das Gegenteil der Offenbarung, als falsche Religion des Unglaubens.

2. Die Offenbarung ist als Gottes Selbstdarbietung und Selbstdarstellung die Tat, durch die er den Menschen aus Gnade und durch Gnade mit sich selber versöhnt. Sie ist, indem sie eine radikale Belehrung über Gott ist, zugleich die uns als den Ungerechten und Unheiligen und als solche Verdammten und Verlorenen widerfahrende radikale Hilfe Gottes. Auch in dieser Hinsicht ist die von der Offenbarung selbst dem Menschen

gegenüber gemachte und vorausgesetzte Feststellung die, daß der Mensch sich nicht — weder ganz noch auch nur teilweise — selber helfen könne. Auch in dieser Hinsicht gilt freilich: daß der Mensch nicht hilflos sein müßte. Es liegt ja nicht im Wesen und Begriff des Menschen, ungerecht und unheilig und also verdammt und verloren zu sein. Zum Ebenbild Gottes, d. h. zum Gehorsam gegen Gott und nicht zur Sünde, zu seinem Heil und nicht zu seinem Verderben ist er ja geschaffen. Aber auch auf das ist er nicht anzusprechen als auf einen Stand, in dem er sich noch irgendwie befände, sondern nur als auf einen Stand, in dem er sich nicht mehr befindet, aus dem er durch seine Schuld gefallen ist. Auch diese Wahrheit vermag er nicht zu bewähren; sie ist für ihn nicht vorhanden, wenn sie nicht in der Offenbarung, d. h. in Jesus Christus zu ihm kommt, um ihm neu — gerade dieses Älteste ganz neu! — zugesprochen zu werden. Er kann sich das in keinem Sinn selbst zusprechen, daß er gerecht und heilig, also gerettet sei, weil eben das in seinem Munde als sein Urteil über sich selbst Lüge wäre. Wahrheit ist es als offenbarte Erkenntnis Gottes. Wahrheit ist es in Jesus Christus. Wie Jesus Christus alle menschlichen Versuche, Gott nach eigenem Ermessen zu denken und darzustellen, nicht etwa ergänzt und verbessert, sondern als Gottes Selbstdarbietung und Selbstdarstellung ersetzt und damit schlechterdings überbietet und in den Schatten stellt, in den sie gehören, so tritt er, indem Gott in ihm die Welt mit sich selber versöhnt, auch an die Stelle aller menschlichen Versuche, Gott mit der Welt zu versöhnen, aller menschlichen Rechtfertigungs- und Heiligungs-, Bekehrungs- und Errettungsversuche. Gottes Offenbarung in Jesus Christus besagt, daß unsere Rechtfertigung und unsere Heiligung, unsere Bekehrung und unsere Errettung in Jesus Christus ein für allemal geschehen und vollbracht ist. Und es besteht unser Glaube an Jesus Christus darin, daß wir anerkennen, gelten lassen, recht sein lassen und annehmen: das alles ist in Jesus Christus ein für allemal auch für uns geschehen. Die uns widerfahrende Hilfe ist er, das uns gesagte Wort Gottes selber und ganz allein, der Austausch des Standes zwischen ihm und uns: seine Gerechtigkeit und Heiligkeit die unsere, unsere Sünde die seinige; er für uns ein Verlorener, wir um seinetwillen Gerettete. Mit diesem Austausch ($\varkappa\alpha\tau\alpha\lambda\lambda\alpha\gamma\acute{\eta}$, 2. Kor. 5, 19) steht und fällt die Offenbarung. Sie wäre nicht die wirksame, die heilsame Selbstdarbietung und Selbstdarstellung Gottes, wenn sie nicht zentral und entscheidend das wäre: die *satisfactio* und *intercessio Jesu Christi*.

Und nun wird die zweite Richtung deutlich, in der die Offenbarung der Religion widerspricht und in der umgekehrt die Religion der Offenbarung widersprechen muß. Wozu denn in allen Religionen jenes Unternehmen, Gott vorzugreifen, ein menschliches Gemächte an die Stelle seines Wortes zu schieben, sich von ihm, der nur erkannt wird, wo er sich selbst zu erkennen gibt, eigene, zuerst geistliche, dann geistige, dann auch sichtbare Bilder zu machen? Was will denn der religiöse Mensch, indem er das Sein jenes Eigentlichen, Letzten, Entscheidenden, das Sein eines Göttlichen (ϑεῖον), einer Gottheit, das Sein von Göttern und wohl auch eines einzigen höchsten Gottes denkt, glaubt und behauptet und sich selbst für von dorther gesetzt, bestimmt, bedingt und beherrscht hält? Ist das Postulat des Gottes oder der Götter und das Bedürfnis nach ihrer geistig sinnlichen Vergegenständlichung das Primäre, bedingt durch des Menschen Erfahrung von der tatsächlichen Überlegenheit und Herrschaft gewisser natürlicher und übernatürlicher, geschichtlicher und zeitloser Notwendigkeiten, Potenzen und Ordnungen? Folgt dieser Erfahrung bezw. dem ihr entsprechenden Postulat und Bedürfnis die Empfindung der menschlichen Ohnmacht und Verfehlung jener Überwelt gegenüber, der Drang, sich mit ihr in ein friedlich-freundliches Verhältnis zu setzen, sie für den Menschen zu interessieren, ihres Beistandes sich zu versichern oder noch besser: sich selbst eine Einwirkung auf sie, eine Teilnahme an ihrer Macht und Würde, ein Mitwirken bei ihrem Werk zu verschaffen? Folgt also der Versuch des Menschen, sich selbst zu rechtfertigen und zu heiligen, dem Versuch des Gottesgedankens und Gottesbildes? Oder verhält es sich gerade umgekehrt? Ist das Primäre der dunkle Drang des Menschen, sich selbst zu rechtfertigen und zu heiligen, d. h. sich selbst zu bestätigen und zu bestärken in dem Bewußtsein und in der Ausübung seiner Kunst und Macht, das Leben zu meistern, sich mit der Welt auseinanderzusetzen, sich die Welt dienstbar zu machen? Ist die Religion mit ihrer Dogmatik, ihrem Kultus, ihren Lebensordnungen der primitivste oder vielleicht vielmehr der intimste und intensivste Bestandteil der Technik, mittelst derer der Mensch mit seinem Dasein fertig zu werden versucht? Ist etwa die Erfahrung jener Überwelt bezw. das Bedürfnis nach ihrer Vergegenständlichung im Gottesgedanken und Gottesbild nur als ein Exponent dieses Versuches, nämlich als die im Rahmen jener Technik unvermeidliche Idealbildung zu verstehen? Sind die Götter nur die Spiegelbilder und Garanten der Bedürfnisse und des Vermögens des in Wirklichkeit einsamen, auf sich selbst und sein eigenes Wollen, Ordnen und Schaffen angewiesenen Menschen? Sollten das Opfer, das Gebet, die Askese, die Moral in der Religion ursprünglicher sein als der Gott und die Götter? Wer will hier entscheiden? Wir befinden uns wohl angesichts dieser beiden Möglichkeiten in einem Zirkel, der mit demselben Ergebnis so oder so herum betrachtet und verstanden werden kann. Sicher ist, daß es in der Religion auch nach dieser Seite, auch hinsichtlich ihres praktischen Gehaltes, nicht um das der Offenbarung Gottes entsprechende, sondern um das ihr widersprechende Sichverhalten und Handeln geht. Wieder sind hier Ohnmacht und Trotz, Hilflosigkeit und Übermut, Torheit und Einbildung so nahe beieinander, daß eines vom andern kaum zu unterscheiden ist. Wo der Mensch das will, was er in der Religion will: Rechtfertigung und Heiligung als sein eigenes Werk, da befindet er sich — gleichviel ob der Gottesgedanke und das Gottesbild dabei primär oder nur sekundär wichtig sind — nicht etwa auf dem Wege zu Gott hin, der ihn dann auf irgendeiner höheren Stufe desselben Weges doch noch zum Ziele bringen könnte. Da ist er vielmehr im Begriff, sich gegen Gott zu verschließen, sich ihm zu entfremden, ja direkt gegen ihn vorzustoßen. Gott in seiner Offenbarung will ja gerade das nicht, daß der Mensch versuche, selbst mit seinem Dasein fertig zu werden, sich selbst zu rechtfertigen und zu heiligen. Gott in seiner Offenbarung, Gott in Jesus Christus ist ja gerade der, der der Welt Sünde trägt, der alle unsere Sorge auf ihn geworfen haben will, weil er für uns sorgt.

... durch diesen articel wird unser glaube gesondert von allen andern glauben auff erden, Denn die Juden haben des nicht, Die Türcken und Sarracener auch nicht, dazu kein Papist noch falscher Christ noch kein ander ungleubiger, sondern allein die rechten Christen. Darumb wo du ynn die Türckey komest, da du keine prediger noch bücher haben kanst, da erzele bey dir selbs, es sey ym bette odder ynn der erbeit, es sey mit worten odder gedancken, dein Vater unser, den Glauben und die Zehen gebot, und wenn du auff diesen articel kömpst, so drucke mit dem daumen auff einen finger odder gib dir sonst etwa ein zeichen mit der hand odder fuss, auff das du diesen artikel dir wol einbildest und mercklich machest, Und sonderlich, wo du etwa wirst ein Turckisch ergernis sehen odder anfechtung haben. Und bitte mit dem Vater unser, das dich Gott behüte für ergernis und behalte dich rein und feste ynn diesem artikel, Denn an dem artickel ligt dein leben und seligkeit. (L u t h e r, Heerpred. wid. d. Türcken, 1529, W. A. 30 II 186, 15).

Gerade das charakteristisch Fromme der frommen Bemühung, ihn mit uns zu versöhnen, muß Gott — ob der Götzendienst nun als seine Voraussetzung oder als seine Folge oder vielleicht als beides zu beurteilen ist — ein Greuel sein. Nicht in irgendeiner Fortsetzung, sondern nur im radikalen Abbruch und Ende dieser Linie kann der Mensch — nicht zu seinem Ziel, aber zu dem seinem Ziel genau gegenüberstehenden Ziel Gottes kommen.

Darumb habe ich offt gesagt, Das man von diesen Sachen recht zu reden und zu urteilen mit vleis unterscheiden müsse zwischen einem frommen Man (wie die Philosophi heißen *bonum virum*) und zwischen einem Christen. Wir lobens auch, einen fromen Man sein, und ist ja nichts löblichers auff Erden, und ist auch Gottes gabe, so wohl als Sonn und Mond, Korn und Wein, und alle Creaturn, Aber das mans nicht in einander menge und brewe, Sondern lasse einem fromen Man sein lob fur der Welt und sage: Ein from Man ist wol ein trefflicher tewrer Man auff Erden, ist aber darumb noch kein Christen, Denn es kan auch ein Turk oder ein Heide sein (wie der vorzeiten etliche hochberühmt gewesen), Wie es denn nicht anders sein kan, Unter so viel bösen mus je zu zeiten ein fromer gefunden werden. Aber er sey, wie from er wolle, so ist und bleibt er solcher fromkeit halben noch Adams Kind, das ist, ein irdisch Mensch, unter der Sünde und Tod. — Wenn du aber nach einem Christen fragest, so mustu viel höher faren, Denn das ist ein ander Man, der heisst nicht Adams Kind und hat nicht Vater und Mutter auff Erden, Sondern ist ein Gottes Kind, ein Erbe und Junckerr im Himelreich, Ein Christen aber

2. Religion als Unglaube

heisset daher und davon, das er mit dem hertzen henget an diesem Heiland, der hinauff zum Vater gangen ist, und gleubet, das er umb seinen willen und durch jn Gottes Gnad und ewige erlösung und leben habe Das wird nicht weder erstritten noch ergrieffen, erlanget noch erllernet durch unser leben, tugent und werck, davon wir frome Leute auff Erden heissen, noch durch Gerechtigkeit nach dem Gesetz und zehen Geboten, welche doch, wie gesagt, auch von nöten ist, auch in jedem Christen erfunden wird, Aber dieses Heubtstück und Gerechtigkeit noch lange nicht erreicht, davon Christus alhie sagt, und Gerechtigkeit heisset. (Luther, Pred. üb. Joh. 16, 5–15, Cruc. Somm. Post., 1545, W. A. 21, 365, 12.)

Es ist ein durch sein ehrwürdiges Alter nicht gerechtfertigter Irrtum, an dessen Verstärkung freilich gerade auch Luther nicht unbeteiligt war, wenn man das Alte Testament als ein Dokument, womöglich als das klassische Dokument einer Gesetzes- und also Werkreligion und also: weil alle Religion als solche Werkreligion ist, der Religion überhaupt versteht. Das Israel, das das „Tue das, so wirst du leben!" (Luk. 10, 28) dahin versteht, daß der Mensch sich durch die Erfüllung des Gesetzes in seinen eigenen Werken selbst zu rechtfertigen und zu heiligen habe, ist nicht das wahre Israel. Hier will man vielmehr unter dem Gesetz sein, ohne doch das Gesetz hören zu wollen (Gal. 4, 21). Hier ist vielmehr die Sünde „überaus sündig" geworden (καθ' ὑπερβολὴν ἁμαρτωλός, Röm. 7, 13), indem sie sich des Gesetzes bediente (Röm. 7, 8, 11), indem sie mittelst des Gesetzes den größten Betrug verübte (Röm. 7, 11). Sie läßt nämlich angesichts des Gesetzes mit seinem: ‚Laß dich nicht gelüsten! das „Gelüste" (die ἐπιθυμία) in uns aufschießen (Röm. 7, 7). Worin besteht dieses „Gelüste" und also die in uns wohnende Sünde (Röm. 7, 17)? Sie bestand offenbar schon nach der Erzählung vom Sündenfall des ersten Menschen (Gen. 3, 1 f.) primär nicht etwa in dem Begehren nach der Frucht jenes Baumes als solcher, sondern in dem geistlichen bzw. pseudogeistlichen Begehren, durch den Genuß dieser Frucht zu werden wie Gott und zu wissen, was gut und böse ist. Dieses „Gelüste" ist es, das durch den Betrug, den die Sünde mit dem Gesetz verübt, in Israel neue und sogar hier erst eigentliche Macht bekommt (Gal. 3, 19, Röm. 5, 20, 1. Kor. 15, 56). „Sie haben den Eifer um Gott, aber mit Unverstand; indem sie nämlich die Rechtfertigung durch Gott verkannten und ihre eigene aufzurichten sich bemühten, unterwarfen sie sich der Rechtfertigung durch Gott nicht" (Röm. 10, 2–3). Auf die Frage des Schriftgelehrten: „Was muß ich tun, daß ich das ewige Leben ererbe?" antwortet Jesus mit dem schlichten Verweis auf das Gesetz. Aber wie nimmt der Mann gerade diesen Hinweis auf? „Er aber wollte sich selbst rechtfertigen" (Luk. 10, 25–29; vgl. 16, 15). Das ist das „Gelüste" des mittels des Gesetzes durch die Sünde Betrogenen! Es ist nimmermehr das wahre Israel, das diesem Gelüste verfallen ist, und es ist nimmermehr der Sinn des Alten Testamentes, der in diesem Gelüste verwirklicht wird. Sondern hier eifert das Israel, über dessen Herzen eine Decke liegt, bis auf diesen Tag, wenn Mose gelesen wird (2. Kor. 3, 15). Hier eifert das Israel, das, einem „Gesetz der Gerechtigkeit" nachjagend, das wirkliche Gesetz gerade nicht erreicht (Röm. 9, 31). Hier wird Israel zuschanden an dem Felsen, auf den es gegründet ist, weil es nicht glauben will (Röm. 9, 32–33). Das ihm von Gott gegebene Gesetz ist ja in Wahrheit geistlich (Röm. 7, 14). Es ist nicht wider die Verheißungen (Gal. 3, 21). Christus ist das Ziel des Gesetzes: zur Rechtfertigung für jeden, der glaubt (Röm. 10, 4). Hier, von dem Israel, das seinen Messias kreuzigt, wird das Gesetz gerade nicht gehalten, sondern „geschwächt" (Röm. 8, 3) und in allen Stücken gebrochen (Röm. 2, 17 f.). Und darum richtet sich das Gesetz hier wie von altersher gegen Israel (Röm. 2, 12; 3, 19). Es schafft Zorn (Röm. 4, 15). Es tötet (2. Kor. 3, 6; Röm. 7, 5, 13). Derselbe Fluch, der einst die Väter traf wegen ihres Ungehorsams gegen Mose, wegen ihrer Verfolgung der Propheten, wegen ihrer Hurerei mit den Baalim — derselbe Fluch trifft das pharisäische Israel, dessen Gesetzlichkeit in anderer Form dieselbe Sünde ist, wie seine alte Gesetzlosigkeit. „Du rühmst dich des Gesetzes und schändest Gott durch Übertretung des Gesetzes" (Röm. 2, 23). „Den ganzen Tag habe ich meine Hände ausgestreckt nach einem ungehorsamen und widersprechenden Volke" (Röm. 10, 21). Die neue Werkgerechtigkeit ist in ihrer Wurzel nichts anderes als der alte Götzendienst. Und es war schon der alte Götzendienst in seiner Wurzel nichts anderes als Werkgerechtigkeit. Man lese zum Verständnis dieser Gleichung die Stephanusrede Act. 7, 2–53 mit ihrem vernichtenden Schlußurteil: „Ihr habt das Gesetz empfangen durch der Engel Geschäfte und habt es nicht gehalten". Der Weg des wahren Israel, des Volkes, das der Herr durch sein Wort zum Volk seines Bundes gemacht hat, kann darum wahrlich nicht der Weg vom Götzendienst zur Werkgerechtigkeit gewesen sein. Das wahre Israel, d. h. aber der jesaianische Rest (Röm. 9, 29), die siebentausend in Israel, die ihre Kniee nicht gebeugt haben vor dem Baal (Röm. 11, 4) — sie waren Gottes Gesetz darin gehorsam, daß sie in und mit seinem ersten Gebot alle anderen hielten, d. h. aber die Gnade als Gnade annahmen und gelten ließen, vom Worte Gottes lebten, auf Gott harrten, auf die Hände Gottes schauten, wie die Augen eines Knechtes auf die Hände seines Herrn schauen (Ps. 123, 2). Das wahre Israel konnte darum nicht vom Gesetz abweichen, konnte aber auch darum nicht unter Mißbrauch des Gesetzes sich selber rechtfertigen und heiligen wollen, weil ihm das Gesetz als „Gesetz des Geistes des Lebens" (Röm. 8, 2) ins Herz gegeben und in den Sinn geschrieben war (Jer. 31, 33; Röm. 2, 28 f.), und dies damit, daß ihm seine Missetat vergeben und seiner Sünde nimmermehr gedacht wurde (Jer. 31, 34; Röm. 4, 6). Als solche Gabe und Inschrift war ihm das Gesetz unmittelbar die Kraft Gottes, die es, das gerechtfertigte und geheiligte Israel, von der Abweichung zur Linken und vor der zur Rechten bewahren mußte und bewahrt hat. Eben das Zeugnis dieses Israel und also das Zeugnis von dem kommenden Jesus Christus ist der Sinn des Alten Testamentes, und darum ist es nicht das Dokument einer Werkreligion, sondern mit dem Neuen Testament zusammen das Dokument der aller Werkreligion und damit der Religion als solcher widersprechenden Offenbarung. — Luthers Stellung zu dieser Sache läßt sich auf keinen eindeutigen Nenner bringen. Er hat als Ausleger des Alten und des Neuen Testamentes oft reichlich abstrakt und schematisch, in einem Paulinismus, der nicht der des Paulus selbst war, zwischen Gesetz und Evangelium, zwischen Geboten und Verheißungsworten und dann wohl auch zwischen Altem und Neuem Testament im ganzen unterschieden, um sie dann doch auch wieder (vgl. Theodosius Harnack, Luthers Theologie, 1862, Neue Ausgabe 1927, 1. Bd. S. 450 f.) in überraschender Klarheit in ihrer ursprünglichen und endlichen Einheit zu sehen und zu verstehen. Wir halten uns an diesen zweiten Luther. Er hat schon 1522 und ohne Abänderung am Ende seines Lebens, am Schluss seiner Vorrede zum Römerbrief (1546) den Inhalt gerade dieser apostolischen Schrift auf folgende erstaunliche Formel gebracht: Darumb es auch scheinet, als habe S. Paulus in diser Epistel wollen ein mal in die kürtze verfassen, die gantze Christliche und Euangelische lere, und einen Eingang bereiten in das gantze alte Testament. Denn on zweiuel, wer diese Epistel wol im hertzen hat, der hat des alten Testaments liecht und krafft bey sich. Darumb lasse sie ein jglicher Christen jm gemein und stetig in übung sein. Da gebe Gott seine Gnade zu, Amen. (W. A. Bib. 7, 27, 21). Wenn man gerade mit dem Römerbrief des Alten Testamentes Licht und Kraft bei sich hat, dann ist nicht einzusehen, inwiefern nicht auch und gerade des Alten Testamentes und seines heiligen, gerechten und guten Gesetzes Licht und Kraft, die Gnade und ihr Widerspruch gegen die Werkgerechtigkeit und Werkheiligkeit als gegen die menschliche Sünde sein sollte.

Muß man hinsichtlich des Neuen Testamentes noch besonders darauf hinweisen, daß es zwar wie das Alte Testament Gesetz, d. h. Ordnung, Befehl und Anweisung für das neue Leben des Volkes und der Kinder Gottes, aber darum doch nicht — auch nicht teilweise — eine Ermächtigung und Aufforderung zur Selbstrechtfertigung und Selbstheiligung und also ein Religionsbuch ist, sondern durchgehend die Verkündigung der rechtfertigenden und heiligenden Gnade Gottes und also die Entlarvung des Unglaubens in aller Religion? Man muß wohl darum immer wieder ausdrücklich darauf hinweisen, weil die einfache Einsicht, daß das Neue Testament Zeugnis von Jesus Christus und sonst gar nichts ist, nie als eine schon vollzogene hinter uns liegen kann, vielmehr im

2. Religion als Unglaube

Kampf mit dem Irrtum unserer Ohren und unseres Herzens immer wieder neu vollzogen sein will. Man pflegt nämlich einmal immer wieder gerade das zu übersehen, daß die Form auch des neutestamentlichen Zeugnisses nicht etwa nur in der Bergpredigt, im Jakobusbrief, in den paränetischen Pauluskapiteln, sondern genau genommen auf der ganzen Linie das Gesetz ist. Man vergißt dann gerade das so Klare und Selbstverständliche, daß der Inbegriff der in der Kirche des Neuen Testamentes erfahrenen Wohltat Jesu Christi und also des Evangeliums seine Herrschaft über den Menschen ist, und daß es keinen reineren, totaleren Imperativ geben kann als die einfache im Neuen Testament an den Menschen gerichtete Aufforderung: daß er an diesen Jesus Christus glauben soll, keinen strengeren, vollständigeren Gehorsam als das, was das Neue Testament eben als Glauben beschreibt. Nicht das geringste ist hier verlorengegangen von jener Energie, mit der der Mensch im Alten Testament allein für Jahve, aber für Jahve auch ganz in Anspruch genommen wird. Aber eben wenn man das übersieht und nun auch die neutestamentlichen Texte aufspaltet in evangelische, verheißende, tröstende Worte auf der einen, gesetzliche, ethische, imperativische auf der anderen Seite, eben wenn man sie nicht in ihrer Ganzheit auch als Gesetz versteht, eben wenn man in der Predigt des johanneischen Täufers vom Lamm Gottes, das der Welt Sünde trägt, nicht mehr unmittelbar auch die Bußpredigt hört, die ihm in den synoptischen Evangelien zugeschrieben wird — eben dann schleicht sich allzu leicht der zweite Irrtum ein, als gebe es im Neuen Testament neben dem Evangelium, d. h. neben der Botschaft von der in Christus geschehenen Versöhnung der Welt mit Gott nun doch auch so etwas wie eine *nova lex*, als bekomme das Evangelium im Neuen Testament erst nachträglich dadurch sittlichen Charakter, daß in ihm nicht nur an den Glauben, sondern daneben auch noch an etwas ganz anderes, nämlich an die freie Willensentscheidung des Menschen appelliert, der Mensch zum Wahrmachen seiner in Christus geschehenen Rechtfertigung und Heiligung in bestimmten Haltungen und Taten aufgerufen werde: als werde das Wort von der Versöhnung erst im Lichte dieses zweiten Wortes vom neuen Leben eine ernste Angelegenheit. Die Blickrichtung, die wir beim Hören der neutestamentlichen Botschaft einzunehmen haben, muß dann dauernd wechseln: jetzt haben wir an Christus und sein Werk, jetzt an unseres eigenen Standes Besserung zu denken, jetzt alles in die Hand Gottes zu legen, jetzt doch wieder alles in unsere eigene Hand zu nehmen, jetzt zu glauben und jetzt zu lieben und allerlei Gutes zu tun. Und es folgt dann wohl auf diesen zweiten Irrtum fast unvermeidlich der dritte, die Umkehrung des Verhältnisses zwischen den beiden so abstrahierten und charakterisierten Bestandteilen der neutestamentlichen Botschaft. Zweifellos ist ja jene zweite, als *nova lex* mißverstandene Gruppe der neutestamentlichen Aussagen unverhältnismäßig viel leichter, einleuchtender und handlicher zu verstehen als jene erste, von der ausgemacht sein soll, daß sie abstrakt von der Gnade von oben, von Jesus Christus und seinem Werk, von der Sündenvergebung, von der Gabe des Heiligen Geistes redet. Wer möchte bei dieser dunklen, hohen und so leicht intellektualistisch mißzuverstehenden Sache allzu lange und allzu aufmerksam verweilen? Man möchte Taten sehen. Das Leben drängt mit seinen Fragen und Aufgaben und vor allem auch mit den Möglichkeiten, die der Mensch ihnen gegenüber immer wieder zu haben meint. Eben auf diese Möglichkeiten scheint die *nova lex*, die man im Neuen Testament entdeckt zu haben meint, hinzuweisen. Wir sind grundsätzlich wieder bei uns selbst, im wohlbekannten Raum unseres Könnens, Wagens, Unternehmens, Vollbringens, wenn wir das Neue Testament von dieser Seite würdigen. Sein ganzes Geheimnis wird nun mit der bedrückenden aber auch beglückenden Verantwortung, die das bedeutet, unser eigenes Geheimnis. Wie sollten wir es nicht zuerst und vor allem von dieser Seite würdigen, indem wir uns jene andere Seite für besondere Gelegenheiten, für allenfalls notwendig werdende Neuansätze unseres eigenen ethischen Wahrmachens aufheben! Ist sie uns so unentbehrlich, wie wir wohl nach wie vor versichern? Haben wir eigentlich noch Verwendung für sie? Stört es uns nicht schon ein wenig, daß das Neue Testament immerhin auch diese andere Seite zu haben scheint? Wie dem auch sei, die Aufmerksamkeit, die Liebe, der Nachdruck, der Eifer ist jetzt nicht mehr dort, sondern hier, bei dem so viel praktischeren Unternehmen unserer Selbstrechtfertigung und Selbstheiligung auf dem Hintergrund der Versicherung, daß uns natürlich das Werk Christi und die Gabe des Heiligen Geistes nach wie vor der entscheidende Ausgangspunkt sei. Es ist der Prozeß der jedem Leser des Neuen Testamentes immer wieder naheliegenden Rückübersetzung seiner Botschaft in das Dokument einer Religion, was wir auf diesen drei Stufen sich abspielen sehen. — Und nun wird es immer wieder darum gehen, diesen Prozeß schon in seiner Wurzel unmöglich zu machen: dort nämlich, wo uns das Neue Testament in die zwei verschiedenen Gruppen von a) Quietiven, b) Motiven auseinanderzubrechen pflegt. Es ist nichts mit dieser Scheidung! Besser, wenn man das Neue Testament zunächst vielleicht ganz und gar nur als Gesetz, als wenn man es in dieser Scheidung von Gesetz und Evangelium versteht! Denn wohl ist es wahr, daß der Glaube an seine Botschaft die Rechtfertigung und die Heiligung des Menschen, seine neue Stellung vor Gott und sein neues Leben schon jetzt und hier ist. Er ist aber beides, weil er ganz und allein Glaube an Jesus Christus ist. Als solcher wird er vielleicht gerade dann ganz richtig verstanden, wenn er zunächst ganz und gar als Gehorsam gegen den Herrn Jesus Christus, wenn also die neutestamentliche Botschaft zunächst ganz und gar als Gesetz verstanden wird. Es hat viel für sich, die Heiligung, d. h. die Inanspruchnahme des Menschen durch Gott, seine Übereignung an Gott durch die Gnade (im Sinn des Gangs des dritten Buches der calvinischen *Institutio*) als die übergeordnete oder doch formell vorgeordnete Wirklichkeit innerhalb des Glaubens zu verstehen. Aber wie man hier auch begrifflich ordne: der Glaube im Neuen Testament ist unter allen Umständen Glaube an Jesus Christus. Man verstehe den Glauben mehr als Vertrauen oder mehr als Gehorsam oder: zuerst als Vertrauen und dann als Gehorsam oder umgekehrt, eins ist sicher: daß man ihn nur von seinem Gegenstande, von Jesus Christus her, d. h. aber im Gegensatz zu dem Anspruch des eigenen Werks des Glaubenden verstehen kann. Indem der im Sinne des Neuen Testamentes Glaubende mit seinem ganzen Wirken und Werk durch Jesus Christus beansprucht, ihm übereignet ist, ist dieser Anspruch seines eigenen Wirkens und Werkes aufs entschiedenste niedergeschlagen, ist ihm nicht nur die Erwartung, sich selber helfen zu können, sondern die Erlaubnis, sich selber helfen zu wollen, genommen. Glaube im Sinn des Neuen Testamentes heißt gewiß nicht Beseitigung, wohl aber Aufhebung der menschlichen Selbstbestimmung, heißt Einordnung der menschlichen Selbstbestimmung in die Ordnung der göttlichen Vorherbestimmung. Genommen wird ihr im Glauben allerdings ihre Selbständigkeit außerhalb dieser Vorherbestimmung, also ihre Bedeutung Gott gegenüber oder in Konkurrenz mit Gott. Genommen wird ihr ihre Bedeutung als Stätte letzter eigentlicher Entscheidung und damit allerdings ihr Charakter letzter und eigentlicher Ernsthaftigkeit. Letztlich und eigentlich ernsthaft kann dem Glaubenden nur noch seine von Jesus Christus ausgehende Bestimmung sein. Letztlich und eigentlich ist er nicht mehr Subjekt, weil er in und mit seiner Subjektivität Prädikat an dem Subjekt Jesus Christus geworden ist, von dem her er miteinander gerechtfertigt und geheiligt ist, Trost und Weisung empfängt. Indem das Neue Testament diesen Glauben verkündigt, ist in seiner Botschaft kein Raum für eine *nova lex*, die man anderswo als im Evangelium selbst und als solchem zu suchen hätte. Predigt Johannes der Täufer von dem Lamm Gottes, welches der Welt Sünde trägt, so predigt er eben damit und nicht mit einem zweiten Wort, das neben diesem ersten zu hören wäre, die Buße und Lebensveränderung. Jede Verselbständigung des Interesses nun gerade an dieser Sache bedeutet darum die Eintragung eines fremden Elementes in die neutestamentliche Botschaft, weil der Sinn einer solchen Verselbständigung kein anderer sein kann als jenes „Gelüste", in dem der Mensch sein ihm in Jesus Christus genommenes Subjektsein, seine Selbstbestimmung außerhalb der göttlichen Vorherbestimmung erst heimlich und dann wohl auch offen zurücknehmen und also aus dem Glauben wieder heraustreten möchte. In diesem Gelüste wurzeln alle anderen Gelüste, wie die Übertretung des ersten Gebotes die aller anderen unvermeidlich

2. Religion als Unglaube

nach sich zieht. Die Sünde ist immer der Unglaube. Und der Unglaube ist immer der Glaube des Menschen an sich selbst. Und dieser Glaube besteht immer darin, daß der Mensch das Geheimnis seiner Verantwortung zu seinem eigenen Geheimnis macht, statt es das Geheimnis Gottes sein zu lassen. Eben dieser Glaube ist die Religion. Ihr widerspricht die im Neuen Testament bezeugte Offenbarung, so gewiß sie mit Jesus Christus als dem für uns und an uns handelnden Gott identisch ist. Sie charakterisiert die Religion als Unglauben.

Wir können diese Feststellung nicht machen, ohne nachdrücklich hervorzuheben: es ist Gottes Offenbarung in Jesus Christus und sie allein, durch die diese Charakterisierung der Religion als Götzendienst und Werkgerechtigkeit und damit ihre Entlarvung als Unglaube wirklich vollzogen wird. Es gibt nämlich auch eine immanente Problematisierung der Religion, die als solche zu verstehen und die von ihrer Aufhebung durch die Offenbarung wohl zu unterscheiden ist. Es ist eine Wahrnehmung, die aus der Geschichte und Phänomenologie jeder Religion mehr oder weniger deutlich zu belegen ist: daß der religiöse Mensch seinem theoretisch-praktischen Ziel keineswegs wie einer, der seiner Sache gewiß ist, auf geradem Weg entgegengeht, sondern daß er sich in seinem Streben danach in eine eigentümliche innere Dialektik verwickeln, sich selbst in eigentümlicher Weise widersprechen, sein Denken und Wollen auf einmal durch ein vermeintlich noch höheres und besseres durchkreuzen, überhöhen und überbieten, damit aber nicht nur sich selbst in Frage stellen, beunruhigen und in Ungewißheit stürzen, sondern auch das ganze Werk seiner Religion mehr oder weniger radikal gefährden muß — ohne daß er damit das religiöse Anliegen und Begehren etwa preisgeben — freilich auch ohne daß er es nun etwa in dieser neuen kritischen Wendung seiner Sache gewiß zum Ziele führen würde. Wissen wir um das Urteil, das von der Offenbarung her über alle Religion gefallen ist, dann werden wir uns über diese Wahrnehmung nicht wundern. Sie ist die Bestätigung dafür, daß dieses Urteil gerecht ist: Religion ist immer ein sich selbst widersprechendes, ein in sich selbst unmögliches Unternehmen. Es gilt hier aber klar zu sehen: jene kritische Wendung, in der dieser Selbstwiderspruch und diese Unmöglichkeit der Religion sichtbar wird, ist ein Moment im Leben der Religion selbst. Sie hat nicht mehr als immanente Bedeutung. Sie antwortet auch nicht durchschlagend und abschließend auf die Frage, auf die sie antworten will. Sie ist also — und darauf kommt es hier an — mit der Offenbarung ja nicht zu verwechseln. Nicht in ihr wird jene Entlarvung der Religion als Unglaube vollzogen. Sondern diese Entlarvung betrifft durchaus auch sie! Götzendienst und Werkgerechtigkeit ist alle Religion auch auf der vermeintlich höheren Stufe, auf der sie den Götzendienst und die Werkgerechtigkeit aus ihren eigenen Kräften und auf ihren eigenen Wegen überwinden zu wollen scheint. Es handelt sich, um der Sache sofort ihren Namen zu geben, um die doppelte, aber letztlich einheitliche Problematisierung der Religion einerseits durch die **Mystik**, andererseits durch den **Atheismus**. Unsere Aufgabe ist, zu zeigen, daß die Religion auch in diesen beiden vermeintlich höheren und scheinbar fremden Formen im Guten wie im Bösen, in ihrem Erfolg wie in ihrem Mißerfolg durchaus bei sich selber bleibt.

Die beiden primitiven und sozusagen üblichen Formen aller Religion sind, wie wir gesehen haben: die Gestaltung der Gottheit und die Erfüllung des Gesetzes. Immer in diesen beiden Formen sucht das religiöse Bedürfnis zunächst seine Befriedigung. Es **sucht** aber Befriedigung, weil es und indem es sie — und darum unterscheidet sich das religiöse Bedürfnis von dem Bedürfnis des Menschen im Glauben an Gottes Offenbarung — schon **hat**. Es ist ja das Bedürfnis des Menschen nach einer Wahrheit **über** ihm und nach einer Gewißheit **in** ihm, die er doch beide zu kennen und die er sich auch beide selbst verschaffen zu können meint. Hat nicht, indem dieses Bedürfnis in ihm wach wird, der gestirnte Himmel über ihm und das sittliche Gesetz in ihm beide, die Wahrheit und die Gewißheit, längst in seinen Gesichtskreis und Bereich gebracht? Er ist diesem Bedürfnis gegenüber um Rat und Hilfe wirklich nicht verlegen. Er weiß, daß Wahrheit und Gewißheit **sind** und **erreichbar** sind, und er traut es sich selbst zu, sie erreichen zu **können**. Es ist sein Bedürfnis also gerade kein schlechthinniges, kein streng und rein bedürftiges Bedürfnis, kein solches, demgegenüber der Mensch nicht aus noch ein wüßte. Der Mensch ist in diesem seinem Bedürfnis mit der Bedürftigkeit des Glaubenden, der sich mit leerem Herzen und mit leeren Händen ganz auf Gottes Offenbarung angewiesen sieht, tatsächlich keinen Augenblick und in keiner Hinsicht zu vergleichen. Indem er zur Befriedigung dieses Bedürfnisses schreitet mit dem kühnen Griff nach der Wahrheit: indem er die Gottheit gestaltet nach seinem Bilde — und mit der zuversichtlichen Tat der Vergewisserung: indem er es unternimmt, sich selbst zu rechtfertigen und zu heiligen gemäß dem, was er für das Gesetz hält, verrät er, daß er mindestens potentiell, mindestens im Hinblick auf sein religiöses Können, indem er Befriedigung **sucht,** schon befriedigt **ist**. Er ist einem reichen Mann zu vergleichen, der, im Bedürfnis, noch reicher zu werden (das doch ein absolutes Bedürfnis nicht sein kann!), einen Teil seines Vermögens in ein Nutzen versprechendes Unternehmen steckt.

Eben von daher haftet der Entstehung und der Übung aller Religion zunächst eine gewisse letzte **Nicht-Notwendigkeit** an: es ist ja das Leben der Religion, in welchem das religiöse Bedürfnis seine Befriedigung sucht und vorläufig findet, grundsätzlich doch nur eine Veräußerlichung, ein Ausdruck, eine Darstellung und also eine Wiederholung dessen, was zuvor gestaltlos und werklos, aber doch schon mächtig genug als das eigentliche religiöse Wesen und insofern als der eigentliche religiöse Besitz des Menschen in der frommen Seele lebte.

2. Religion als Unglaube

Ist die Notwendigkeit des ausgedrückten, des dargestellten religiösen Lebens eine andere als die limitierte, uneigentliche, gelegentliche, bloß ornamentale Notwendigkeit des kindlichen Spiels, der ernsten und der heiteren Kunst? Könnten die Gottesgedanken der Religion nicht zur Not auch ungedacht, ihre Lehren nicht auch unausgesprochen, ihre Riten und Gebete nicht auch unvollzogen, ihre asketischen und moralischen Vorschriften nicht auch in Freiheit unbeachtet bleiben? Ist das religiöse Anliegen und Begehren wirklich gezwungen zu diesem seinem Ausdruck? Ist es, nachdem er einmal geschaffen ist, wirklich an ihn gebunden? Hört es ohne ihn etwa auf zu sein, was es ist? Die Geschichte und Phänomenologie aller Religionen zeigt uns, daß dies tatsächlich nicht der Fall ist: die äußere, die aktuelle Befriedigung des religiösen Bedürfnisses ist zwar eine relative, aber doch nur eine relative Notwendigkeit. Es geht zur Not auch immer ohne die gestaltete Gottheit und ohne das rechtfertigende und heiligende Werk des Menschen.

Und dazu kommt nun ein Zweites: Es haftet an aller entstandenen und geübten Religion, an aller äußeren Befriedigung des religiösen Bedürfnisses von jener ihr vorangehenden inneren Befriedigung her eine ganz bestimmte Schwäche. Sie wird nämlich nie grundsätzlich mehr und etwas anderes sein als ein Spiegelbild dessen, was der Mensch selbst, der zu dieser äußeren Befriedigung seines Bedürfnisses schreiten zu sollen meint, ist und hat. Was wird aber aus diesem Spiegelbild, wenn das Urbild, der religiöse Mensch, ein anderer wird? Erträgt es die Religion, sich mit dem Menschen zu ändern? Und erträgt sie es, sich nicht mit ihm zu ändern?

Die Religion des Menschen wird immer schlechterdings bedingt sein durch die Art, wie der gestirnte Himmel über ihm und das sittliche Gesetz in ihm nun eben zu i h m gesprochen hat, also bedingt durch die Natur und das Klima, durch das Blut und den Boden, durch die wirtschaftlichen, kulturellen, politischen, kurz: geschichtlichen Verhältnisse, in denen er existiert. Sie wird ein Element der Sitte sein, in der er sich auch sonst, auch abgesehen von der Frage nach Wahrheit und Gewißheit, oder vielmehr: auch auf den unteren, den vorletzten Stufen seines Fragens danach, mit den ihm auferlegten Existenzbestimmungen auseinandersetzt. Diese Existenzbestimmungen und also die Sitte sind aber variabel: Natur und Klima oder doch die Anschauung und die Technik, mit denen der Mensch sie meistert, können wechseln. Völker und Einzelmenschen können wandern. Rassen können sich vermischen. Die geschichtlichen Verhältnisse vollends sind hier in langsamem, dort in raschem, aber immer in stetigem Wechsel begriffen. Damit ist aber gesagt, daß die Religionen dauernd vor die Wahl gestellt sind, entweder: mit der Zeit zu gehen, sich zu wandeln, wie die Zeit sich wandelt, und damit unweigerlich ihren Anspruch auf Wahrheit und Gewißheit selber zu verleugnen, oder aber: hinter der Zeit zurückzubleiben, bei ihren einmal gewonnenen Formen der Lehre, des Ritus, der Gemeinschaft zu beharren und damit unweigerlich alt, obsolet, petrefakt zu werden, oder schließlich: beides miteinander zu versuchen, ein bißchen liberal und ein bißchen konservativ zu sein, um dann, mit den Vorteilen beider Möglichkeiten, auch ihre beiderseitigen Nachteile in Kauf nehmen zu müssen. So kommt es, daß die Religionen um ihr Leben kämpfen müssen, daß sie akut oder chronisch krank werden können: wahrscheinlich hat es noch nie eine Religion gegeben, die nicht an ihrem verhängnisvollen Verhältnis zur Zeit, d. h. zu der Veränderung des Menschen (oder vielmehr: an ihrem eigenen Liberalismus oder Konservativismus oder an beiden zugleich!) heimlich oder offen krank gewesen wäre. Und es ist eine bekannte Tatsache, daß Religionen an dieser Krankheit dann auch sterben, d. h. wegen gänzlichen Mangels an neuen Gläubigen und Bekennern erlöschen, d. h. zu bloß historischen Größen werden können. Diese Bindung der Religion an den religiösen Menschen in seiner Wandelbarkeit ist die Schwäche aller Religion.

Diese beiden Faktoren: die Nicht-Notwendigkeit und die Schwäche aller Religionen bilden nun die Voraussetzung für jene kritische Wendung, die in der Geschichte und Gestalt mehr oder weniger jeder Religion ihre bestimmte Rolle spielt.

Die Schwäche der Religion pflegt den An l a ß , ihre Nicht-Notwendigkeit die G e l e g e n h e i t zu dieser Entwicklung zu bieten. Angesichts des Wechsels der Zeiten, d. h. angesichts seiner eigenen Veränderung in der Zeit ist der Mensch auf einmal nicht mehr befriedigt von seiner bisherigen, bzw. von der ihm von seinen Vätern gelehrten Befriedigung des religiösen Bedürfnisses. Allzu starr oder vielleicht auch allzu fließend sind ihm die Züge des Gottesbildes und die Normen des Gesetzes seiner Religion geworden, als daß er sich noch heimisch in ihr fühlen könnte. Ihre Wahrheit redet nicht mehr zu ihm, ihre Gewißheit hält nicht mehr Stich. Es regt sich der Zweifel, es regt sich die Freiheitslust in ihm — weil seiner Religion ja nur jene relative Notwendigkeit zu eigen ist, sind beide möglich! — und beide miteinander scheinen jetzt seine überkommene und übernommene Religion von innen sprengen zu wollen. Ganz nahe scheint er jetzt — aber es scheint nur so — der Einsicht zu kommen, die von der Offenbarung her hinsichtlich seiner Religion auszusprechen wäre, daß er Götzendienst und Werkgerechtigkeit getrieben habe, daß sein bisheriges Denken und Tun das Denken und Tun des Unglaubens gewesen sei. Ohne die Offenbarung wird es sicher nicht zu dieser, der absoluten Krisis seiner Religion kommen. Er müßte ja schon glauben, um sich selber ernsthaft des Unglaubens bezichtigen zu können. Und damit er glaube, müßte ihm Gottes Offenbarung begegnet sein. Ist dies nicht geschehen, dann kann der Ausgang der relativen Krisis, in die er sich hinsichtlich seiner Religion gestürzt sieht, zunächst der sein, daß eine neue Religion mit einem neuen Gottesbild und Gesetz auf den Plan tritt, gestiftet und verkündigt wird, seinen Beifall findet, geschichtliche Breite und Gestalt gewinnt an Stelle der alten. Wie groß immer die geschichtliche Katastrophe sein mag, in der sich ein solcher Wandel von Religion zu Religion vollzieht; zu jener kritischen Wendung, in der die Religion als solche dem Menschen problematisch wird, in der der Selbstwiderspruch und die Unmöglichkeit der Religion als solcher sichtbar wird, ist es dann n i c h t gekommen. Dieser radikale Ausgang der Krisis ist, wo er eintritt, ein im Verhältnis zu jener ersten Möglichkeit viel stilleres, viel anspruchsloseres, aber auch viel bedeutsameres Geschehen. Auch er ist freilich so radikal und so bedeutsam nicht, wie er sich selbst geben und darstellen möchte. Er ist aber zweifellos radikaler und bedeutsamer als das Sterben einer alten und als das Entstehen einer neuen Religion.

Es kann nämlich geschehen, daß dem Menschen — immer unter der Voraussetzung jener tatsächlichen Schwäche und Nicht-Notwendigkeit seiner Religion — nicht nur ihr Gottesbild zweifelhaft und ihr Gesetz bedrückend, sondern sein eigenes Tun dabei: das menschliche Gestaltenwollen eines Gottesbildes, die religiöse Dogmatik — und das menschliche Erfüllenwollen des Gesetzes, die religiöse Moral und Aszetik, als solches bedenklich, fragwürdig, unmöglich wird. Es kann geschehen, daß ihm jene Voraussetzungen der Krisis seiner Religion, ihre Schwäche und ihre Nicht-Notwendigkeit, prinzipiell zum Bewußtsein kommen, als Gegebenheiten, die ihn daran hindern, sich aus seiner bisherigen Religion in eine andere oder in eine neue Religion zu flüchten, weil er zu deutlich sieht, daß ihn dieselbe Problematik alsbald auch dort erwarten würde. Wohl aber erweist es sich nun als wirksam, daß das Bedürfnis, das ihn in seinem bisherigen religiösen Sein und Tun geleitet hat, kein streng und rein bedürftiges Bedürfnis war. Es war das spielerische Bedürfnis nach Veräußerlichung eines vor dieser Veräußerlichung und ohne sie bestehenden religiösen Besitzes. Was dem Menschen in jener Krisis seiner Religion widerfährt, ist nun doch nur das wirkliche oder vermeintliche Mißlingen dieser Veräußerlichung. In dieser Veräußerlichung als solcher ist er sich unglaubwürdig geworden. An ihr kann und mag er sich nicht mehr, jedenfalls nicht mehr innerlich, nicht mehr verantwortlich beteiligen. Ihr gegenüber resigniert er: heimlich oder auch öffentlich. Er resigniert aber keineswegs auf den religiösen Besitz, um dessen Veräußerlichung er sich bisher bemühte, auf das gestaltlose Gottesbild, das schon zuvor in seiner Seele lebte, auf die werklose Selbstrechtfertigung und Selbstheiligung, der er schon zuvor in seinem Herzen nachging. Er resigniert nur, sofern er sich jetzt bewußt auf diese innere Linie zurückzieht, von der er ursprünglich ausgegangen ist. Er verliert nichts bei diesem Rückzug; er zieht ja bloß sein Kapital zurück aus einer Unternehmung, die ihm nicht mehr rentabel erscheint: die Vitalität und Intensität, die er bis jetzt an die Gestalt des Gottesbildes und an die Erfüllung des Gesetzes seiner Religion verwendete, schlagen nun nach innen, werden nun fruchtbar gemacht zugunsten und in der Richtung der gestaltlosen und werklosen, der gedankenlosen und willenlosen Wirklichkeit, aus deren Reichtum die Religion einst hervorging, um nun in sie zurückgenommen zu werden. Dieselbe Schärfe des Denkens und dieselbe Kraft des Willens, mit der sich der Mensch zuvor, als er sich als Bekenner seiner Religion noch glaubwürdig war, positiv und konstruktiv betätigte, werden nun negativ und destruktiv wirksam: es will nun nämlich dasselbe religiöse Anliegen und Begehren, das zuvor durchaus spielen, durchaus sich ausdrücken und darstellen wollte, vielmehr im Nicht-Ausdruck, in der Nicht-Darstellung sich ausleben. Dasselbe so gar nicht bedürftige religiöse Bedürfnis sucht seine Befriedigung nun in einer solennen Nicht-Befriedigung, in einem pathetischen Verzicht auf die Darstellung, in einem pathetischen Schweigen, in einem pathetischen Zur-Ruhe-Kommen der Seele in sich selbst, in der feierlichen Leere, die es der ebenso feierlichen Fülle von vorher nun auf einmal vorziehen zu wollen glaubt. Der denkende und wollende Mensch aber bekommt nun alle Hände voll zu tun mit der Abgrenzung dieses Innenraums, in welchem es keine Gestalten und Werke mehr geben soll, wie es dort auch zuvor keine solchen gegeben hat. Seine religiöse Arbeit wird nun zur Aufräumungs- und Auflösungsarbeit im Hinblick auf die nach der Befreiung von allen Darstellungen erst recht zu erwartende Lebensfülle der dann rein in sich selbst schwingenden und klingenden religiösen Wirklichkeit. Auch im Hinblick auf dieses Ziel wird der Gedanke an den Übergang zu einer anderen, an die Stiftung einer neuen Religion offenbar unmöglich. Nur Zeit- und Kraftverlust könnte das ja bedeuten! Es gilt nun vielmehr — hier bekommt das Denken seine neue Aufgabe — sich davon zu überzeugen, daß der vormals übernommene Versuch einer äußeren Darstellung der Gottesgestalt als solcher nur ein Mißverständnis war, in welchem der Mensch vorläufig in die Irre ging und bei welchem er doch immer schon das nun als das Eigentliche Erkannte: die religiöse Wirklichkeit des gestalt- und werklosen Innenraumes meinte und suchte. Und es gilt — und hier wird auch der Wille des Menschen neu in Anspruch genommen — die ganze einst auf die Erfüllung eines äußeren Gesetzes gerichtete Energie nunmehr zu sammeln um die Aufgabe, sich selbst, und in sich selbst dem namenlosen, unpersönlichen und ungegenständlichen Willen, der in uns selbst um Wahrheit und Gewißheit ringt, treu zu werden und zu bleiben.

Dies ist der neue Weg, auf dem der religiöse Mensch jetzt seinem alten theoretisch-praktischen Ziel entgegengeht. Er meint dasselbe, aber er meint es jetzt ganz anders. Er meint jedenfalls, daß er es jetzt radikal anders meine. Er sieht jedenfalls von hoher Warte, jetzt zornig, jetzt bedauernd, jetzt nachsichtig herab auf die, die es noch anders meinen, als er es jetzt meint, und die vielleicht, wahrscheinlich, nicht einmal das verstehen, wie ganz, ganz anders er selbst es jetzt meint! Immerhin: mindestens in der Haltung, im Ernst, in der gläubigen Innigkeit, in der Begeisterung, in der er sich seiner Sache, der Sache des großen Rückzugs, seinen Negationen und Destruktionen, seinem Befreiungswerk hingibt, wahrscheinlich auch in dem, was man religiösen Fanatismus nennt, ist er sich selber und den anderen religiösen Menschen gleichgeblieben. Sollte er sich über die schlechthinnige Neuheit seines Weges nicht doch getäuscht haben? Wie dem auch sei, daß es sich, selbst wenn hier prinzipiell doch nur eine Fortsetzung des alten Weges stattfinden sollte, mindestens um eine sehr scharfe Kurve dieses Weges handelt, ist nicht zu verkennen.

Eben dieser jedenfalls relativ neue Weg der Religion, den wir bisher als einen einzigen beschrieben haben, trennt sich nun an bestimmter Stelle und wird zu dem doppelten Weg der Mystik und des Atheismus. — Ihre Differenz entsteht an ihrem Verhältnis zu der bisherigen und jeweils geltenden bzw. herrschenden Religion. Auch die Mystik bedeutet, daß der Mensch mit ihr, sofern sie Ausdruck, Veräußerlichung, Darstellung ist, praktisch und grundsätzlich fertig ist. Daß er in ihrem Gottesbild die Wahrheit und in der Befolgung ihres Gesetzes das Heil und die Gewißheit nicht mehr zu finden vermag.

Das Wort „Mystik" ist wohl doppeldeutig, sowohl von μύειν, als auch von μυεῖν her zu verstehen. μύειν heißt: die Augen und den Mund verschließen; μυεῖν heißt: einweihen. Mystik ist diejenige höhere Weihe des Menschen, die er dadurch erlangt, daß er der Außenwelt gegenüber sowohl passiv wie aktiv tunlichste Zurückhaltung übt, oder: diejenige passive und aktive Zurückhaltung gegenüber der Außenwelt, die zugleich zu einer höheren Weihe des Menschen geeignet ist.

Auch die Mystik bedeutet die grundsätzliche Lösung des Menschen von der ehemals „draußen" gesuchten Befriedigung des religiösen Bedürfnisses. Dennoch ist sie in ihrem Verhältnis zu diesem „draußen" die konservative Gestalt jener kritischen Wendung. Die Mystik greift nämlich die Religion jedenfalls zunächst und im Ansatz nicht sichtbar an.

2. Religion als Unglaube

Sie negiert sie nicht direkt. Sie hat kein Interesse an Bildersturm, Dogmenleugnung und ähnlichen offenen Befreiungstaten. Sie unterwirft sich der herrschenden Lehre und Observanz oder sie respektiert sie doch. Sie läßt die Religion ruhig stehen. Sie ist u. U. sogar in der Lage, ihre Dogmatik durch gewisse besonders tiefe und ernste Spitzensätze und ihren Kultus durch gewisse besonders sinnvolle Formen (Mysterien) scheinbar zu bereichern, die allgemeine Religionsgemeinschaft durch besonders nachdrückliche Vertretung ihrer Prinzipien und durch besondere Sammlung und Einübung der Gläubigsten unter ihren Gläubigen scheinbar ganz neu zu beleben. Sie gibt sich gerne und ehrlich als die wahre „Gottesfreundschaft". Der Radikalismus des Rückzugs aus der äußerlich religiösen Position ist in seiner mystischen Form grundsätzlich nur darin wirksam, daß der Mystiker alles, was in der betreffenden Religion gelehrt und geübt wird, innerlich, geistig, lebendig, d. h. aber bezogen auf die Wirklichkeit jenes gestalt- und werklosen Innenraums und ja nicht in seiner abstrakten Äußerlichkeit verstanden haben will. Der Mystiker wird hervorheben und betonen, daß alles Äußere eben nur Bild und Form, alles Vergängliche nur ein Gleichnis ist, daß es seine Wahrheit nur in seiner Beziehung zu dem unaussprechlichen, weil ungegenständlichen Wesen hat, aus dem es hervorgegangen ist, zu dem es auch wieder zurückkehren muß. Das spezifisch mystische Pathos des Verzichtes, des Schweigens, des Weges in die Stille ist das des Verstehens, des Deutens, des Interpretierens des nun einmal geltenden und zu respektierenden Äußeren. Der Mystiker wird auch die gefährlichsten Dinge, etwa über die heimliche Identität des Innen und des Außen, des Ich und des Gottes, immer sehr fromm, immer im Anschluß an die scheinbar das Gegenteil behauptende religiöse Überlieferung sagen; er wird diese sozusagen zu einem Zeugen gegen sich selbst zu machen suchen. Er wird nur für solche Deutung der Überlieferung Freiheit fordern, nicht etwa die Freiheit, die Überlieferung einfach zu beseitigen. Wer weiß, ob er nicht an äußerem Konservativismus ihre gewöhnlichen Gläubigen weit übertreffen wird! Und das alles nicht etwa, wie man ihm dann wohl vorwirft, aus Menschenfurcht und Unwahrhaftigkeit, sondern weil er die Überlieferung, weil er das ganze System der dargestellten Religion in seiner Weise aufrichtig liebt. Er liebt es nämlich, weil er es als Text für seine Deutungen, als Material für seine Vergeistigungen, als Äußeres, das er zu verinnerlichen hat, als den Ausgangspunkt des großen Rückzugs, auf dem sich nach ihm die Erkenntnis der Wahrheit vollzieht, ganz einfach braucht. Was wäre die Mystik ohne ihren Gegenspieler, die religiöse Dogmatik und Ethik? Würde diese zunichte, die Mystik müßte „vor Not den Geist aufgeben", genau so, wie sie es von Gott behauptet für den Fall, daß der Mensch zunichte würde! Sie lebt tatsächlich von diesem Gegenspieler, und darum pflegt sie schonend, ja pfleglich mit ihm umzugehen.

Es bedeutet darum durchaus keinen Widerspruch und es darf gerade nicht als eine Verirrung interpretiert werden, wenn z. B. Johann Scheffler, nachdem er eben noch das Ich und den Gott gänzlich ineinander hatte auf- und untergehen lassen, auf einmal auch singen konnte:

> Miß dir nicht Weisheit zu, wie klug du dir auch bist,
> Niemand ist weis' in Gott als ein kathol'scher Christ,

und wenn er sich dementsprechend in einem breiten Teil seines dichterischen Werkes geben konnte. „Dieser feinfühlige Dichtersmann, der aus der Tiefenschau zur Dogmatik kam, anklopfte, mit den Augen des Sehers Steine zu bewegen meinte, ein vertrocknetes Reis wieder zum Grünen bringen wollte, indem er sich in die Dornen warf, in das tote Gestrüpp warf mit entblößter Brust — er hat etwas erlebt. Aus dem Dornbusch ist eine Spinne gekrochen, die ihm das Herzblut ausgesaugt hat. Und plötzlich hing er in den Dornen, selber als ein entseeltes dürres Reis. Der Wind rührte daran: es sang noch, in einem letzten unverwüstlichen Widerhall seiner Liebeskraft. Aber dazwischen mischten sich ekle Laute des knatternden Gespensterzweiges. Scheffler wurde ein orthodoxer Fanatiker..." (Wilhelm Boelsche, in seiner Ausgabe des „Cherubinischen Wandersmann", 1905, S. LXIV f.; ähnlich: Fritz Mauthner, Der Atheismus und seine Geschichte im Abendland, 3. Bd., 1922, S. 190 f.) Unverständiger können gerade Liebhaber einer radikalen Mystik nicht urteilen! Als ob die Mystik das Komplement der bestehenden und geltenden Religion nicht geradezu forderte! Was soll sie denn abbauen, aushöhlen, reduzieren, negieren, wenn es keine solche Religion mehr gibt? Und wie soll sie denn als Mystik existieren, wenn es nichts mehr zu negieren gibt? Es ist gerade die Genialität, die Umsicht und Ökonomie, mit der Angelus Silesius die mystische Sache vertreten und betrieben hat, darin zu erblicken, daß er sich — mit vielen Genossen in China, in Indien, in Arabien und viel klüger als seine Verehrer im modernen Abendland! — zugleich als „orthodoxer Fanatiker" betätigt hat!

Man könnte den Atheismus jedenfalls nach dieser Seite, in seinem Verhältnis zur bestehenden Religion, wohl die unbesonnene, die knabenhafte Form jener kritischen Wendung nennen. Atheismus bedeutet zunächst das Ausplaudern des Geheimnisses, daß es bei dieser Wendung, soweit es dabei überhaupt um etwas „gehen" kann, bloß um Verneinung geht. Auch der Atheismus meint freilich selbst in seinen radikalsten Formen letztlich etwas Positives, und zwar dasselbe Positive, das auch in der Mystik gemeint ist: die religiöse Wirklichkeit im gestalt- und werklosen Innenraum, wo Erkenntnis und Gegenstand noch oder wieder eines sind: das chinesische *Tao*, das indische *Tat twam asi*, das Hegelsche An- und-für-sich des absoluten Geistes. Auch die Mystik muß und will um dieses Positiven willen negieren; auch sie kann letztlich nur Nein sagen; auch für sie ist die bestehende Religion mit ihrer Dogmatik und Ethik im Grunde nur ein auf Abbruch übernommenes Gebäude. Sie wird das aber, soweit es immer möglich ist, verhüllen und verschweigen. Der Atheismus aber schreit gerade das laut in die Welt hinaus. Er wirft sich der Religion in offenem Kampf entgegen. Er liebt den Bildersturm, die Dogmenleugnung und wohl auch die moralische Emanzipation. Er verneint die Existenz Gottes und die Gültigkeit eines göttlichen Gesetzes. Und eben in diese Verneinung als solche legt er sein ganzes Pathos. Darin besteht seine ganze Unbesonnenheit. Er übersieht, was die Mystik nicht übersieht: daß die absolute Verneinung nur auf dem Hintergrund einer relativen Bejahung sinnvoll sein kann, daß man die Herde, um immer wieder schlachten zu können, auch immer wieder nähren und pflegen oder mindestens schonen muß. Er lebt in und von seinem Nein, er weiß nur abzubrechen und aufzuräumen und setzt sich damit der Gefahr aus, früher oder später in Leerlauf zu geraten. Dazu kommt dann aber ein Zweites: der Atheismus gibt sich viel reiner und konsequenter als die Mystik als Verneinung nun eben der Religion als solcher, ihres Gottes und ihres Gesetzes. Viel deutlicher als in der Mystik ist bei ihm der Sinn der gemeinsamen kritischen Wendung sichtbar als Rückzug gegenüber dem vom Menschen jetzt ersonnenen und behaupteten, jetzt demselben Menschen nicht mehr glaubwürdigen religiösen Wahrheitsdogma und Gewißheitsweg. Der Atheismus, intensiv energischer als die Mystik, ist extensiv bescheidener als diese. Er begnügt sich damit, Gott und sein Gesetz zu leugnen, und übersieht dabei, daß es außerhalb der Religion auch noch ganz andere Wahrheitsdogmen und Gewißheitswege gibt, die an sich jeden Augenblick ebenfalls religiösen Charakter annehmen können. Die Mystik ist auch in dieser Hinsicht das klügere, das umsichtigere Unternehmen: sie geht früher oder später immer aufs Ganze; sie problematisiert nicht nur den Gott, sondern vorsorglich auch den Kosmos und das Ich. Sie entwirft und exerziert ein Programm umfassender Negation und hält sich damit den Rücken frei, oder sie meint doch, daß sie das tun könne. Der Atheismus dagegen leugnet nicht: die Wirklichkeit der Natur, der Geschichte und der Kultur, der animalischen und vernünftigen Existenz des Menschen, dieser und dieser Moral oder auch Unmoral. Im Gegenteil: das sind Autoritäten und Mächte, denen sich der Atheist in freudigster, in naivster Gläubigkeit hinzugeben pflegt. Atheismus heißt fast immer: Säkularismus. Und noch mehr: Eben mit diesen säkularen Autoritäten und Mächten pflegt sich der Atheismus im Kampf gegen die Religion, gegen den Gott und sein Gesetz zu verbünden; von ihrer Existenz und Geltung her argumentiert er; sie sind ihm die unerschütterlichen Gegebenheiten, von denen aus er gegen die religiösen Autoritäten und Mächte den Einwand erhebt, daß sie nichts seien. Es ist klar, daß er sich damit der Gefahr aussetzt, daß hinter seinem Rücken und womöglich mit seiner Bestätigung alle möglichen neuen verkappten und vielleicht auch nicht einmal verkappten Religionen entstehen können. —

Gerade in dieser doppelten Ungeschütztheit ist der Atheismus nun doch die ursprünglichere, ungebrochenere und letztlich kräftigere Form der uns hier beschäftigenden kritischen Wendung. Der Sinn dieser Wendung ist nun einmal von Haus aus die Negation, und zwar speziell und konkret die Negation der in ihrer Schwäche und

Nicht-Notwendigkeit erkannten und infolge irgendeiner Veränderung der menschlichen Existenzbedingungen überflüssig und verdrießlich gewordenen religiösen Überwelt. Negation in immer neuen Formen und Graden ist ja in ihrem Wesen auch die Mystik. Anders als in Negationen kann sie ja auch von dem Positiven, das sie angeblich meint, von der Herrlichkeit des alles Außen in sich aufnehmenden Innenraumes nicht reden. Und nur damit ihr der Stoff zu diesem Geschäft nicht ausgehe, gibt es bei ihr eine gewisse Schonung, ja Pflege auch der religiösen Positionen. Und auch die Mystik, obwohl sie umfassender zu Werke geht, meint letzten Endes speziell und konkret die Negation der religiösen Überwelt. Diese und nicht der Kosmos und auch nicht das Ich ist das letzte und eigentliche Draußen, das zu verinnerlichen, d. h. zu negieren ist. Mystik ist esoterischer Atheismus. Aber die Fahne und die Lorbeeren des von beiden gemeinsam beabsichtigten Befreiungswerkes trägt doch der Atheismus. Wenn das gemeinsame Programm durchführbar ist, dann hat er bei dem Nachteil der geringeren Weisheit den Vorteil des direkteren und konsequenteren Weges. Wenn nur nicht gerade er gleichzeitig verriete, daß das gemeinsame Programm nicht ausführbar ist! Seine Unausführbarkeit zeigt sich aber in der Unbeantwortbarkeit der Fragen: 1. wohin denn nun eigentlich die Verneinung der religiösen Überwelt als solche letztlich führen, und 2. wie denn nun eigentlich dem Auftauchen neuer, getarnter Überwelten wirksam gesteuert werden soll? Kann die kritische Wendung in der Religion: die den Atheismus meinende Mystik und der die Mystik (die große Interpretationskünstlerin!) interpretierende Atheismus anderswohin als eben — nirgendswohin, und das heißt dann praktisch sicher: doch wieder zur Betätigung der alten oder zur Bildung neuer Religionen führen?

Wenn der Atheist die Gefahr der sterilen Negation, in der er sich befindet, einsieht, dann pflegt er in letzter Stunde ein Anleihen bei seinem zurückhaltenderen und weiseren Partner zu machen. So endigt das große Werk, das F. Mauthner zu Ehren des abendländischen Atheismus geschrieben hat, in seinem 4. Bd. (1923) S. 372 f. mit einem Abschnitt: „Der Friede in gottloser Mystik", in welchem zuguterletzt doch auch wieder von einem „von dem Unrat der Theologen gereinigten Gottesbegriff" die Rede ist, den Mauthner seinen Lesern, vorausgesetzt, daß sie ihn nicht für mehr als für eine „normale Täuschung, eine gesunde Lebenslüge, eine unvermeidliche, lebenslange Illusion" halten, vorausgesetzt, daß sie nicht Ja zu ihr sagen wollen, gestatten will. Dieser Gottesbegriff soll ja auch nur noch in einem „lallenden ‚das'" bestehen dürfen (S. 446). Man kann diese Erlaubnis für allzu dürftig halten. Man kann aber auch der Meinung sein, daß eben mit diesem „lallenden das" noch aller Götzendienst und alle Werkgerechtigkeit ihren Anfang genommen haben. Man kann auch der Meinung sein, daß mit dieser Erlaubnis grundsätzlich, aller Verwahrungen ungeachtet, schon wieder jeder nur denkbaren religiösen Herrlichkeit Tür und Tor geöffnet werde. Denn wenn es der Atheist nicht mehr dabei aushält, reiner Atheist zu sein, wenn er erst einmal wieder Mystiker werden will, dann sehe er zu, ob er nicht nach dem Vorbild des Angelus Silesius mit der Zeit zwangsläufig auch wieder Dogmatiker und Ethiker werden muß! — Und wenn der Atheist seine andere Gefahr einsieht: daß nach wohl vollbrachter Negation

2. Religion als Unglaube

des Gottes der Religion und seines Gesetzes aus der nicht negierten Natur, Kultur und Geschichte und aus der eigenen animalischen und vernünftigen Existenz des Menschen die Häupter neuer Gottheiten erst recht sich erheben könnten? Nun, dann kann er etwa mit Otto Petras (*Post Christum* 1936) folgendes tun: Er kann sich selbst und Anderen (auf irgendeine Geschichtsphilosophie gestützt) ein Machtwort zurufen des Inhalts, daß nicht nur diese und jene, sondern alle Ideologien und Mythologien heute tot, endgültig tot, für alle Zukunft tot seien, daß dem Menschen unserer Zeit nur noch das jedes Traumes von einer Überwelt sich entschlagende Wagnis der nackten, gefährlichen, in jeder Hinsicht abgebrühten, dem Tode konfrontierten Existenz übrigbleibe, die Existenz, wie sie exemplarisch in der Gestalt gewisser Soldaten des Weltkriegs, in der Gestalt des zwischen Himmel und Erde im Unendlichen dahinsausenden Ozeanfliegers oder in der Gestalt dieses und jenes verwegenen modernen Ritters von der Industrie bereits verwirklicht sei: des Mannes, der, aller Illusionen, Hoffnungen und Befürchtungen bar — er weiß nicht, woher, er weiß nicht, wohin—marschiert um des Marschierens willen. Wohl! Aber es entsteht dann das Dilemma: entweder diese neue Existenzform wird von irgendwelchen, die sich diesem Machtwort zu beugen die Freudigkeit haben, nur noch gelebt und gar nicht gepredigt: dann wird der Atheismus eine Privatangelegenheit, und mit seiner kritischen Funktion gegenüber der Religion ist es zu Ende. Oder diese neue Existenzform wird nicht nur gelebt, sondern auch öffentlich verkündigt: dann wird auch sie irgendeiner begründenden und erklärenden Ideologie und Mythologie nicht wohl entbehren können, d. h. dann wird auch zu ihr irgendeine Überwelt hinzugeträumt werden müssen, und aus der kritischen Wendung gegen die Religion ist auch hier die Bildung einer neuen — vielleicht auch die Bestätigung einer alten Religion geworden.

Ich fasse zusammen: Die kritische Wendung gegen die Religion bedeutet allerdings die Aufdeckung von deren Schwäche und bloß relativer Notwendigkeit. Sie kann aber in ihrer mystischen Form nicht umhin, ihre Verneinung mit einer freilich gar nicht naiven Bejahung, aber immerhin mit einer Bejahung der Religion zu verbinden. Und sie kann, wenn sie sich dem in ihrer atheistischen Form entziehen möchte, ungewollt aber faktisch nicht umhin, ein weites Feld für neue Religionsbildungen freizugeben, wenn nicht gar vorzubereiten. Das heißt aber: so radikal und mächtig ist die kritische Wendung gegen die Religion auch in diesen beiden höchst prinzipiellen Gestalten doch nicht, daß sie es auch nur theoretisch klarzumachen verstünde, wie sie denn nun eigentlich die Negation der Religion bezw. ihres Gottes und ihres Gesetzes wirklich zu vollziehen gedenke. Deutlich wird wohl der Wille und die Absicht, deutlich wird aber nicht der Weg dazu. Man wird auch geschichtlich sagen müssen: daß die Religionen mit der ihnen innewohnenden Fähigkeit, konservativ und liberal zu sein, bis jetzt der Mystik wie dem Atheismus gegenüber den längeren Atem, die lebenskräftigere Substanz bewiesen haben. Starb eine Religion, dann starb sie bis jetzt an dem Sieg einer anderen Religion, nicht aber an dem sachlich doch viel prinzipielleren Angriff der Mystik oder des Atheismus. Es wird also faktisch auch jene Schwäche und jene bloß bedingte Notwendigkeit der Religion nicht so verhängnisvoll wirksam, wie es wohl sein könnte. In ihrer Schwäche und in ihrer bloß bedingten Notwendigkeit ist die Religion in wechselnden Formen immer wieder da, und die Mystik und der Atheismus sind schließ-

lich nicht einmal dazu in der Lage, aufzuweisen, daß und inwiefern es
anders sein könnte, weil sie in ihrer eigenen Existenz viel zu sehr an die
Existenz der Religion gebunden sind. — Und wenn wir uns endlich das
Unvorstellbare und nach allen geschichtlichen Erfahrungen ganz Unwahr-
scheinliche vorstellen wollten: die geschichtliche Existenz einer reinen
Mystik, die dann wohl mit der eines reinen Atheismus identisch sein
müßte, so würde diese Reinheit offenbar darin bestehen, daß die Negation, die ja doch angeblich nur Mittel zum Zweck, nur Befreiungswerk sein
soll, die gefährliche — nämlich der Mystik und dem Atheismus selber
so gefährliche Negation — die als solche so geeignet ist, die Religion so
oder so doch wieder auf den Plan zu rufen, nun endlich zu ihrem Ziel gekommen wäre: Der Mensch würde nun also endlich und zuletzt des Gottes und seines Gesetzes wirklich ledig, ledig aller religiösen Werke und
alles religiösen Wirkens, ledig seines ganzen Bemühens um Ausdruck
und Darstellung, in jenem gestaltlosen und werklosen Innenraum wirklich selig sein, selig bei sich selber und so, bei sich selber zugleich selig in der
wirklichen Welt jenseits des Gegensatzes von Innen und Außen. Warum
soll es nicht je und je mystisch oder atheistisch gerichtete Individuen
gegeben haben, die es sich wenigstens einbilden konnten, in dieser
Weise selig zu sein? Sie mögen dann auch wohl gar das große Positive
geschmeckt und gefühlt haben, das wohl bei der ganzen kritischen Wendung gegen die Religion gemeint ist, und von dem her auch ihre Negationen allein ihre relative Kraft haben können, ohne das die Mystik und
der Atheismus immer dem Verrat an die Religion ausgesetzt sein werden.
Aber was ist es um dieses Positive? So entgegengesetzt ist es der Religion
gerade nicht, wie seine sicher wenigen glücklichen und seine zahllosen
unglücklichen Liebhaber zu versichern pflegen. Es ist der Religion wirklich nur so entgegengesetzt wie die Quelle dem Strom, wie die Wurzel dem
Baum, wie das ungeborene Kind im Mutterleib dem ausgewachsenen
Menschen. Es ist der stille religiöse Besitz, es ist die Anschauung des
Universums und die nach ihr greifende schöpferische Kraft des individuellen Gefühls in ihrer namenlosen, gestaltlosen und werklosen Einheit,
es ist das Vermögen, in der Welt und Mensch zu sein, das dem „lallenden
‚das'" immer schon vorangeht, das aber dieses „lallende ‚das'" und nachher irgendeine Religion sicher rasch genug aus sich heraus projizieren
wird. Eben das Vermögen, in der Welt und Mensch zu sein, ist ja als
des Menschen eigenes Vermögen identisch mit dem Vermögen, Götter
zu ersinnen und zu gestalten und sich selbst zu rechtfertigen und zu
heiligen. Die wirkliche Krisis der Religion kann dieses Vermögen und
also das große Positive jenseits aller Negationen und also die Seligkeit,
die uns die Gegenwart und der Genuß dieses Positiven zu verschaffen
vermag und also — wenn es so etwas überhaupt je gegeben hat oder
geben wird — die reine Mystik oder der reine Atheismus niemals sein.

2. Religion als Unglaube

Dieses Vermögen gehört — und zwar als das schöpferische und organisierende Zentrum, als der eigentliche Ursprungspunkt sogar — mit hinein in den Zauberkreis der Religion.

Wer diesen Satz nicht annehmen will, der lese seinen unsterblichen Beweis in Schleiermachers Reden über die Religion („an die Gebildeten unter ihren Verächtern") 1799. Er tat — nicht nur als Apologet, sondern als sachkundiger Darsteller der Religion — wohl daran, den allzu Ungebildeten ihre Verachtung nicht zu glauben, sondern sie kühnlich im Namen des Gottes anzureden, „der in Euch sein wird".

Es müßte eine wirkliche Krisis der Religion auch dieses Vermögen, und zwar zuallererst und entscheidend dieses Vermögen treffen. Sie müßte, nicht zufrieden mit den billigen Erfolgen, die sich gegenüber den Tempelbauten, Zeremonien und Observanzen, gegenüber den Theologien, Ideologien und Mythologien der gestalteten Religion erreichen lassen, in jenen Innenraum hineinschreien: hier ist die *fabrica idolorum*! hier wird gelogen, gemordet, gestohlen, Hurerei getrieben! hier gilt's: *Écrasez l'infâme*! Hier oder nirgends; denn wenn es hier nicht gilt, so müssen von hier aus die Religion und die Religionen nachwachsen wie die Köpfe der lernäischen Schlange, wie eifrig man auch draußen Gott leugnen und sein Gesetz zerbrechen möge. Die, sei es mystische, sei es atheistische Wendung gegen die Religionen, die dieses durchgreifenden Gerichtes über die Religion fähig wäre, ist offenbar darum unmöglich, weil sie mit diesem Gericht auch und gerade sich selbst richten müßte. Sie wird, das kann man mit aller Bestimmtheit sagen, in der zukünftigen Geschichte sowenig wie in der vergangenen jemals auf den Plan treten. Nur von einem Ort außerhalb des Zauberkreises der Religion mit Inbegriff des Ursprungsortes, d. h. aber nur von einem Ort außerhalb des Menschen her könnte diese wirkliche Krisis der Religion hereinbrechen. Nur in einem ganz anderen Gegenüber als dem zwischen der Religion und dem religiösen Vermögen, nur vom Glauben her könnte das Urteil: Unglaube, Götzendienst, Werkgerechtigkeit! diese ganze Sphäre und damit den ganzen Menschen so treffen, daß er nicht mehr von einem Haus in ein anderes fliehen könnte. In Gottes Offenbarung geschieht dies freilich. Unterdessen aber und sofern dies sonst nicht geschieht, hat die Religion und haben die Religionen gute Ruhe. Es ist gesorgt dafür, daß es in gewissem Wandel, aber auch in gewisser Beharrlichkeit immer wieder Religion und Religionen geben wird. Es gehört die gewisse Beunruhigung, die ihnen durch Mystiker und Atheisten gelegentlich und innerhalb gewisser Grenzen — wenn im größeren oder kleineren Bereich wieder einmal eine geschichtliche Umwälzung fällig ist — bereitet wird, ebenso zu ihrem eigensten Leben wie ihre positiven Ausdrücke und Darstellungen, die Gottheiten und Gesetze, gegen die die mystische und atheistische Kritik sich richtet. Es gehört ja die Ebbe ebenso wie die Flut zum eigensten Leben des Ozeans. Und gerade in ihren annähernd reinen Gestalten — soweit es zu solchen überhaupt kommen kann — wird diese kritische Wendung der Religion bestimmt ungefährlich sein.

Denn in dem Maß, als die Reinheit der Mystik und des Atheismus zunimmt, als das Befreiungswerk in bestimmten Individuen seinem Ziel entgegengeht, als diese wirklich oder angeblich und vermeintlich in dem bei der ganzen Sache gemeinten Positiven zum Frieden kommen — in dem Maß wird ihre Aggressivität der Religion und den Religionen gegenüber bestimmt abnehmen. Die ganz großen „Gottesfreunde" und die ganz großen „Gottesleugner" haben sich wohl schließlich alle mindestens zu einer Art Toleranz gegenüber der Religion durchgerungen und eben damit bezeugt, daß die Mutter die Tochter nun einmal nicht ganz verleugnen kann.

Die Aufhebung der Religion aber, die einen wirklichen und gefährlichen Angriff auf diese bedeutet, steht in einem anderen Buch, neben dem die Bücher der Mystik und des Atheismus als reichlich harmlose Bücher zu bezeichnen sind.

3. DIE WAHRE RELIGION

Es ist nach unseren bisherigen Ausführungen darüber entschieden, daß wir von „wahrer" Religion nur in dem Sinne reden können, wie wir von einem „gerechtfertigten Sünder" reden.

Religion ist niemals und nirgends als solche und in sich wahr. Daß sie wahr, d. h. daß sie in Wahrheit Erkenntnis und Verehrung Gottes und Versöhnung des Menschen mit Gott sei, das wird vielmehr jeder Religion durch Gottes Offenbarung abgesprochen: daraufhin und damit, daß Gottes Offenbarung als Gottes Selbstdarbietung und Selbstdarstellung, als das Werk des von Gott selbst geschlossenen Friedens zwischen ihm und den Menschen die Wahrheit ist, neben der es keine andere, der gegenüber es nur die Lüge und das Unrecht gibt. Der Begriff einer „wahren Religion" ist, sofern damit eine einer Religion als solcher und an sich eigene Wahrheit gemeint sein sollte, so unvollziehbar wie der eines „guten Menschen", sofern mit dessen Güte etwas bezeichnet sein sollte, dessen er aus seinem eigenen Vermögen fähig ist. Keine Religion ist wahr. Wahr, d. h. entsprechend dem, als was sie sich gibt und wofür sie gehalten sein will, kann eine Religion nur werden, und zwar genau so, wie der Mensch gerechtfertigt wird, nur von außen, d. h. nicht aus ihrem eigenen Wesen und Sein, sondern nur kraft einer ihrem Wesen und Sein fremd, von ihr selbst aus unbegreiflich, ohne Eignung und Verdienst widerfahrenden Anrechnung, Annahme und Auszeichnung. Die wahre Religion ist wie der gerechtfertigte Mensch ein Geschöpf der Gnade. Die Gnade ist aber Gottes Offenbarung, dieselbe, vor der keine Religion als wahre Religion bestehen kann, dieselbe, vor der kein Mensch gerecht ist, dieselbe, die uns unter das Gericht des Todes beugt. Aber wie sie Tote zum Leben und Sünder zur Buße rufen kann, so kann sie auch mitten auf dem großen Feld, wo es von ihr her gesehen nur falsche Religion gibt, wahre Religion schaffen. Die Aufhebung der Religion durch die Offenbarung braucht nicht bloß zu bedeuten: ihre Negation, nicht bloß das Urteil: Religion ist Unglaube. Die Religion kann in der Offenbarung, obwohl und indem ihr jenes Urteil gilt, wohl aufgehoben, sie kann von ihr gehalten und in ihr geborgen, sie kann durch sie gerechtfertigt und — fügen wir gleich hinzu: geheiligt sein. Offenbarung kann Religion annehmen und auszeichnen als wahre Religion. Und sie kann das nicht nur. Wie kämen wir dazu, zu behaupten, daß sie das könne, wenn sie es nicht schon getan hätte? Es gibt eine wahre Religion: genau so, wie es gerechtfertigte Sünder gibt. Indem wir streng und genau in dieser Analogie bleiben — und sie ist mehr als eine Analogie, sie ist in umfassendem Sinn die Sache selbst, um die es hier geht — dürfen wir nicht zögern, es auszusprechen: die christliche Religion ist die wahre Religion.

Wir haben bei unseren Überlegungen über „die Religion als Unglaube" den Unterschied zwischen christlicher und nichtchristlicher Religion mit Bewußtsein unberücksichtigt gelassen, durchaus in der Meinung, daß von allem, was dort zu sagen war, auch die christliche Religion als solche mitbetroffen sei. Im Rahmen dieser Überlegungen konnte vom Christentum nicht besonders geredet, es konnte dem Christentum nicht eine besondere Stellung, ein jenem Urteil gegenüber gesicherter Ort zugewiesen werden. Es konnten also diese Überlegungen nicht etwa als eine Polemik gegen die nichtchristlichen Religionen verstanden werden, die dann wohl der Vorbereitung des Satzes, daß die christliche Religion die wahre Religion sei, zu dienen gehabt hätte, so daß unsere weitere Aufgabe nur die wäre, nachzuweisen, daß die christliche Religion sich im Unterschied zu den nichtchristlichen des Götzendienstes und der Werkgerechtigkeit nicht schuldig mache, also nicht Unglaube, sondern Glaube und also die wahre Religion oder, was in der Sache auf dasselbe herauskäme: überhaupt keine Religion, sondern im Gegensatz zu allen Religionen mit Einschluß ihrer mystischen und atheistischen Selbstkritik, die in sich rechte und heilige und als solche untadelige und unanfechtbare Form der Gemeinschaft zwischen Gott und Mensch sei. Diesen Weg hätten wir doch nur einschlagen können unter gleichzeitiger Verleugnung gerade dessen, was hier zu behaupten ist. Der Satz, daß die christliche Religion die wahre Religion sei, ist, wenn er ein gehaltvoller Satz sein will, nur im Gehör auf Gottes Offenbarung zu wagen. Ein im Gehör auf Gottes Offenbarung gewagter Satz kann aber nur ein Glaubenssatz sein. Ein Glaubenssatz muß aber sein ein Satz, der im Glauben und vom Glauben aus, d. h. aber in Anerkennung und Respektierung dessen, was uns durch die Offenbarung gesagt ist, gedacht und ausgesprochen wird. Sein expliziter und sein impliziter Inhalt wird durch dieses uns Gesagte ganz und gar bestimmt sein müssen. Das wäre nun aber gerade nicht der Fall, wenn wir

den Satz, daß die christliche Religion die wahre Religion ist, auf einem
Weg erreichen wollten, an dessen Anfang wir das Urteil der Offenbarung,
daß Religion Unglaube ist, als eine uns selbst als Christen nicht angehende
Sache zurücklassen würden, um es nur auf andere Leute, die Nicht-
Christen, anzuwenden und uns selbst mit Hilfe dieses Urteils von ihnen
abzuheben und vor ihnen auszuzeichnen. Vielmehr wird es unsere Sache
gerade als Christen sein müssen, dieses Urteil zuerst und am schärfsten
uns selbst angehen und treffen zu lassen, die anderen, die Nicht-Christen
aber nur insofern, als wir in ihnen uns selbst, d. h. die Wahrheit dieses
uns selbst angehenden und treffenden Urteils der Offenbarung wiedererkennen, in der Solidarität also, in der wir uns, in der Buße wie in der
Hoffnung ihnen vorangehend, unter dieses Urteil beugen, um eben
damit auch der Verheißung der Offenbarung teilhaftig zu sein. Am Ende
des so anzutretenden Weges gibt es nämlich die Verheißung für die,
die sich unter Gottes Gericht beugen, die sich ihres Unglaubens überführen lassen, gibt es den Glauben an diese Verheißung und in diesem
Glauben die Gegenwart und Wirklichkeit der Gnade Gottes, die nun
allerdings unsere Religion, die christliche, hervorhebt aus der Menge der
anderen als die wahre Religion. Anders als auf diesem ganz demütigen
Weg ist dieses ganz hohe Ziel nicht zu erreichen. Und er wäre nicht der
wirklich demütige Weg, wenn wir ihn anders gehen wollten als in dem
Bewußtsein, daß alles „Erreichen" hier nur in dem gänzlich anspruchslosen und dankbaren Hinnehmen eines Sachverhaltes bestehen kann,
den wir nicht erreichen würden, wenn er nicht in Gottes Offenbarung,
bevor wir uns auf den Weg machen, schon erreicht wäre.

Es muß also dabei bleiben, am Anfang der Erkenntnis der Wahrheit
der christlichen Religion steht die Anerkennung, daß auch sie unter
dem Urteil steht: Religion ist Unglaube, und daß sie nicht durch die innere
Würdigkeit, sondern allein durch Gottes, in seiner Offenbarung verkündigte und wirksame Gnade von diesem Urteil freigesprochen ist.
Dieses Urteil bedeutet aber konkret: unsere ganze Betätigung unseres
Glaubens: unsere christlichen Vorstellungen von Gott und den göttlichen Dingen, unsere christliche Theologie, unsere christlichen Gottesdienste, unsere christlichen Gemeinschafts- und Ordnungsformen, unsere
christliche Moral, Poesie und Kunst, unsere Versuche individueller und
sozialer christlicher Lebensgestaltung, unsere christliche Strategie und
Taktik zugunsten unserer christlichen Sache, kurz, unser Christentum,
sofern es eben unser Christentum, das von uns unternommene und diesen
und jenen Nah- und Fernzielen entgegengeführte Menschenwerk ist,
das als solches mit dem Menschenwerk anderer Religionen auf einer Ebene
sichtbar wird — dieses Ganze als solches und in seinen Einzelheiten ist
gerade nicht das, was es sein möchte und zu sein vorgibt: ein Werk des
Glaubens und also des Gehorsams gegen Gottes Offenbarung, sondern

hier ist — in seiner Weise, anders als auf dem übrigen Feld der Religion aber in seiner Weise nicht weniger ernstlich der menschliche Unglaube, d. h. der Widerspruch gegen Gottes Offenbarung und also der Götzendienst und die Werkgerechtigkeit auf dem Plan und in Aktion. In derselben Ohnmacht und Eigenmächtigkeit, in derselben Höhe des Menschentums, die gerade seine tiefe Verlorenheit bedeutet, werden hier an der Selbstdarstellung und Selbstdarbietung Gottes, an der von ihm selbst vollbrachten Versöhnung vorbei und ihr entgegen, unter Mißachtung der göttlichen Tröstungen und Weisungen, große und kleine babylonische Türme errichtet, die als solche ganz gewiß nicht das Wohlgefallen Gottes finden können, wie sie denn auch ganz gewiß nicht zu seiner Ehre errichtet sind.

Um einzusehen, wie selbstverständlich diese Betrachtung der heiligen Schrift ist, muß man nur einmal auf alle diejenigen Zusammenhänge achten, in denen das Volk Israel bzw. die neutestamentliche Jüngergemeinde vorübergehend auch abstrakt in ihrer menschlichen Existenz: gewiß als dieses Volk, als diese Gemeinde, aber auf einen Augenblick sozusagen hinter dem Rücken Jahves bzw. Jesu Christi sichtbar werden. Wir denken an Ex. 32: die Szene, die am Fuß des Sinai unmittelbar auf den Bundesschluß und die Gesetzgebung folgt: Israel, die Jahvegemeinde, das Volk der Offenbarung unter Führung Aarons, des Hauptes seines Priestergeschlechtes, im vollen Vollzug seiner Religion! Nur daß Mose für eine Weile fehlt und mit ihm offenbar doch auch die konkrete Gnadengegenwart Jahves, die diese Religion wahr machen würde. Ergebnis: Es wird zwar, wie es V. 5 ausdrücklich heißt, ein „Fest Jahves" gefeiert, aber siehe da: es besteht in der Anbetung und im Opfer vor einem gegossenen Stierbild. In nicht zu leugnendem hingabebereitem Eifer haben alle ihr Bestes dazu beigetragen. Aaron selber hat es entworfen und gemacht. „Und sie riefen: Das ist der Gott, o Israel, der dich aus Ägypten geführt hat!" (V. 4). „Und Jahve sprach zu Mose: Ich sehe nun wohl, daß dieses Volk ein halsstarriges Volk ist. So laß mich nun, daß mein Zorn gegen sie entbrenne und ich sie vernichte . . ." (V. 10). Das ist die Offenbarungsreligion als solche, die von der Gnade der Offenbarung auch nur einen Augenblick abstrahiert gesehene Offenbarungsreligion in ihrer Wirklichkeit! Ganz ähnlich hat sie dann offenbar vor allem der Prophet A m o s gesehen, wenn er die zu Bethel und Gilgal dargebrachten Jahveopfer mit dürrem Wort „Schandtaten" nennt (4, 4), wenn er geradezu warnt: „Fragt nicht nach Bethel! Gilgal sollt ihr nicht besuchen!" (5, 5), wenn er im Namen Jahves verkündigt: Ich hasse, ich verachte eure Feste und mag nicht riechen eure Festversammlungen, wenn ihr mir Brandopfer und eure Gaben darbringt, so nehme ich sie nicht gnädig auf, und wenn ihr mir ein Heilsopfer von euren Mastkälbern herrichtet, so sehe ich nicht hin. Hinweg von mir mit dem Geplärre deiner Lieder; das Rauschen deiner Harfen mag ich nicht hören!" (5, 21 f.), wenn er im bittersten Ernst die Frage aufwirft: „Brachtet ihr mir etwa in der Wüste 40 Jahre hindurch Schlachtopfer und Gaben dar? (5, 25) und ausdrücklich auch die Israels ganze Existenz in vernichtender Weise relativierende Frage: „Seid ihr mir nicht wie die Kuschiten, ihr Israeliten? ist der Spruch Jahves. Habe ich nicht Israel aus Ägypten hergeführt und die Philister von Kaphtor und die Aramaeer von Kir?" (9, 7). Man versteht es nach dem allen wohl, daß der Priester Amazja diesen Mann als „Meuterer" beim König anzuzeigen und vom Reichstempel von Bethel wegweisen zu sollen glaubt (7, 10 f.), und ebenso bezeichnend ist es, daß Amos es ausdrücklich ablehnt, ein Prophet und von der Prophetenzunft zu sein (7, 14 f.). Zwischen Offenbarung und Offenbarungsreligion scheint sich bei Amos ein unversöhnlicher Widerspruch aufzutun. Dieselbe Aufdeckung der Blöße, des inneren Ungehorsams und in der Wirklichkeit, im menschlichen Vollzug auch der Offenbarungsreligion haben wir auch Jes. 1, 11 f., Jer. 6, 20 f., Ps. 50, 7 f. vor Augen. Sie kann sich Jer. 7, 21 f. zu der schneidenden Entgegensetzung steigern: „Fügt nur eure Brandopfer zu euren Schlachtopfern und freßt Fleisch! Denn ich habe euren Vätern, als ich sie aus Ägypten führte, nichts gesagt und nichts geboten in betreff von Brandopfern und Schlachtopfern, sondern das habe ich ihnen anbefohlen: Gehorcht meinen Befehlen, so will ich euer Gott sein, und wandelt durchaus auf den Wegen, die ich euch verordnen werde, auf daß es euch wohl gehe!" Und Jer. 8, 8 f.: „Wie dürft ihr sprechen: Weise sind wir und verfügen über das Gesetz Jahves! — Jawohl, aber in Lüge hat es der Lügengriffel von Schreibern verwandelt. Schämen müssen sich die Weisen, bestürzt werden und sich fangen; fürwahr, das Wort Jahves haben sie verworfen: welcherlei Weisheit ist ihnen nun geblieben?"

Aber man versteht solche Spitzensätze doch wohl nur dann richtig, wenn man sie im Zusammenhang der prophetischen Kritik, Buß- und Gerichtspredigt überhaupt versteht. Gewiß, diese gehört auch zum Leben der alttestamentlichen Religion als solcher, sie richtet sich auch immanent gegen den Abfall von ihr, gegen ihre Verfälschung und Entartung, gegen kultische Untreue und sittliche Verwilderung. Aber ist die unerhörte Breite ihrer Gestalt und die alle Vergleiche hinter sich lassende Radikalität ihrer Anklagen, Urteile und Drohungen nicht doch erst dann erklärlich, wenn man sieht, wie es sich hier immer auch noch um etwas anderes handelt als um den Gegensatz zu diesen und diesen gewiß auch als solche ernst zu nehmenden konkreten Verirrungen und Sünden Israels, wie hier vielmehr auf der ganzen Linie auch der notwendige Kampf der Offenbarung gegen die Offenbarungsreligion geführt wird, ein Kampf, in welchem die Propheten wahrlich auch die Prophetie selbst nicht geschont haben. Ist es nicht, als ob die ganze Religion Israels zwischen dem Wort Gottes, das sie in ihrer ganzen Bestimmtheit einsetzt, ordnet und gestaltet, und dem Wort Gottes, durch das, man möchte fast sagen: jeder konkrete Gehorsam gegen dieses Gebot mit derselben Bestimmtheit als Unglaube entlarvt wird, wie zwischen zwei Mühlsteinen zerrieben würde? Möchte man nicht fragen, ob diesem offenbar tief und ernst religiösen, seine Religion schließlich trotz aller Irrungen und Wirrungen immerhin durch ein Jahrtausend hindurch unter schwierigsten Umständen zähe festhaltenden Volk in diesem grausamen Vorgang nicht doch Unrecht geschehen sei? Man wird nicht so fragen, man wird den ganzen Vorgang verstehen, wenn man einsieht, daß in ihm — das Alte Testament hat auch in dieser Hinsicht exemplarische Bedeutung — tatsächlich das Gericht der Offenbarung über die Religion als solche nun gerade die Offenbarungsreligion trifft. Eben darum kann, ja muß dieser Vorgang aber auch fast regelmäßig schließen mit der psychologisch und historisch so schwer erklärlichen Heilsverheißung. Sie hat mit einer sentimentalen Abendrötestimmung nach dem Gewitter wirklich nichts zu tun. Sie gehört mit dem Gerichtswort gerade darum so notwendig zusammen, weil das Gerichtswort so aufs Ganze, so in die Tiefe geht. Sie zeigt den unbegreiflichen Freispruch Gottes an. Sie zeigt an, daß hier die gezüchtigt wurden, die Gott lieb hat, die getötet, die leben sollen. Es bleibt ja das Wort und es bleibt der Bund Jahves, oft gebrochen und geschändet, beständig, und so bleibt Israel das Volk und es bleibt seine Religion die Religion der Offenbarung. Bis auf Jesus Christus nämlich, mit dessen Verwerfung Israel nicht nur wie dereinst diese oder jene Sünde beging, mit der es das Wort und den Bund nicht nur brach und schändete, sondern in seiner Substanz leugnete und preisgab. Noch einmal und jetzt umfassend wird Israels Geschick nun exemplarisch: Es ist zwar die Offenbarungsreligion an Gottes Offenbarung, es ist aber Gottes Offenbarung nicht an die Offenbarungsreligion gebunden. Die prophetische Kritik der Religion wird jetzt sichtbar als Weissagung: die Abstraktion, die ein Jahrtausend lang nur als brennende Frage drohend am Horizonte stand, ist jetzt vollzogen; was einst gelegentlich sichtbar wurde, immer wieder überwunden wurde durch den entgegengesetzten Aspekt, das ist jetzt in seiner ganzen Nacktheit allein sichtbar: eine menschliche Religion, einst die von Gott geforderte und geordnete menschliche Antwort auf seine Offenbarung, in ihrem

3. Die wahre Religion 361

Vollzug als Unglaube verklagt und verurteilt und doch immer wieder in Gnaden angenommen, jetzt aber — auch dieses Exempel mußte statuiert werden — eine verworfene, eine entleerte, weil ihres Grundes und Gegenstandes beraubte Religion, jetzt die jüdische Religion, von der Gott sein Angesicht abgewendet hat, eine unter vielen anderen und nicht mehr als sie! Nur gerade Eines hat sie vor ihnen voraus, und das ist etwas Furchtbares: daß sie einst mehr als sie gewesen, aber eben e n d g ü l t i g gewesen ist. So ganz und gar ist auch die wahre Religion nur durch Gottes Gnade die wahre, daß gerade sie sich durch die Gnade als falsche Religion entlarven und verurteilen lassen muß und daß sie, wenn sie die Gnade selbst und damit ihren unverdienten Freispruch verwirft, ganz und gar nur noch falsche Religion, Unglaube, Götzendienst und Werkgerechtigkeit sein kann. Die Kirche darf, wenn sie weiß, was sie tut, indem sie ihre, die christliche Religion als die wahre versteht, dieses Exempel nicht aus den Augen, die Warnungen des Amos und des Jeremia nicht aus den Ohren verlieren.

Es ist doch auch im Neuen Testament nicht anders; wenn die Jünger in ihrer Menschlichkeit sichtbar werden, gleichsam gelöst von ihrem Auftrag und von dem weisenden und haltenden Wort Jesu, die Jünger diesseits von Ostern und Pfingsten, einen Augenblick auf ihre eigenen Füße gestellt — dann treten sie alsbald in grundsätzlich nicht weniger scharfem Übergang als das Israel des Alten Testamentes, sichtlich derselben Ordnung unterworfen, in den eigentümlichen Schatten, wo auch ihre Religion als solche erkennbar, und zwar ebenfalls als Unglaube erkennbar wird. Die exemplarische Gestalt ist hier vor allem der Apostel Petrus. Die römische Kirche hätte recht mit ihrem Anspruch auf die Nachfolge gerade dieses Apostels, wenn sie seine Rolle auch nur ein wenig genauer beachtet hätte. Wenn Petrus auf seinen eigenen Füßen steht, dann ist er eben der, der nicht meint, was göttlich, sondern was menschlich ist (Matth. 16, 23), der Zweifler, der wagt, um alsbald zu versagen (Matth. 14, 28f.), der wohl dem Malchus das rechte Ohr abzuschlagen (Joh. 18, 10), aber dann auch Jesus dreimal zu verleugnen in der Lage ist, dem Jesus einmal sehr unzweideutig sagt: Wenn du dermaleinst dich bekehrest, so stärke deine Brüder! (Luk. 22, 32). Aber was für seltsame Bilder zeigt dauernd auch der übrige Jüngerkreis. Wir denken an die ihn immer wieder bewegende Frage, wer der Größte sei im Himmelreich? (Matth. 18, 1), an die Zebedaiden mit ihrem Wunsch, daselbst Jesus zur Rechten und zur Linken zu sitzen (Mc. 10, 35f,), an das Verzagen der Jünger im Sturm auf dem Meer: „Wie seid ihr so furchtsam? Wie, daß ihr keinen Glauben habt?" (Mc. 4, 35f.), an ihren Schlaf im Garten Gethsemane (Mc. 14, 37f.), an ihren Vorwitz und ihre Ratlosigkeit in so vielen anderen Fällen. „Siehe, der Satanas hat euer begehrt, daß er euch möchte sichten wie den Weizen" (Luk. 22, 31). Kein Zweifel: Es geht auch hier nicht um einzelne, vielleicht sehr häufige Fälle eines Auslassens und Versagens der Jünger, sondern um das höchst Grundsätzliche, daß sie, obwohl und indem Jesus sie berufen hat, obwohl und indem sie ihm nachfolgen, Glieder einer γενεὰ ἄπιστος sind (Mc. 9, 19), ganz und gar draußen, obwohl und indem sie ganz und gar drinnen sind. Wenn und sofern sie auf ihren eigenen Füßen stehen, sind sie, das ist nach den vier Evangelien ganz klar, immer auch ganz und gar draußen. Daß sie Religion haben, ist wohl deutlich, aber ebenso deutlich dies, daß ihre Religion Unglaube ist. Ist es anders, wie es etwa in dem Bekenntnis des Petrus (Matth. 16, 13f.) oder in dem Bekenntnis des Thomas (Joh. 20, 24f.) sichtbar wird, dann wird dieses andere sofort als Gnade gekennzeichnet. Μὴ γίνου ἄπιστος, ἀλλὰ πιστός sagt der auferstandene Jesus zu Thomas, indem er ihn seine Wunden berühren läßt (Joh. 20, 27). Wir haben eine ausdrückliche Darlegung dieses Sachverhalts Joh. 15, 1f.: die Jünger sind Reben an Jesus Christus, dem Weinstock. Bringt eine Rebe keine Frucht, so wird sie abgeschnitten. Bringt sie Frucht, so wird sie gereinigt, um mehr Frucht zu bringen. „Ihr seid schon rein um des Wortes willen, das ich zu euch geredet habe. Bleibet in mir wie ich in euch. Wie die Rebe nicht Frucht bringen kann von sich selbst, wenn sie nicht am Weinstock bleibt, so auch ihr nicht, wenn ihr nicht in mir bleibt. Ich bin der Weinstock, ihr seid die Reben. Wer in mir bleibt, wie ich in ihm, der bringt viel Frucht: ohne mich könnt ihr nichts tun" (χωρὶς ἐμοῦ οὐ δύνασθε ποιεῖν οὐδέν). Wenn einer nicht in mir bleibt, so wird er hinausgeworfen wie die Rebe, die verdorrt und man sammelt sie und wirft sie ins Feuer und muß brennen". Die Apostelgeschichte zeigt uns dann freilich die Taten derselben Jünger, nun als Apostel, nun als fruchtbringende Reben am Weinstock. Aber eben dieses „am Weinstock" darf nicht übersehen und die Erinnerung an das „Ohne mich könnet ihr nichts tun" darf nicht unterschlagen werden, wenn nun die christliche Religion in ihrer Person unzweideutig als die wahre Religion der falschen der Juden und Heiden gegenübertritt. Es ist doch nicht ihre Person, sondern es ist ihr Amt, das in dieser Weise ausgezeichnet wird; es ist die Ausgießung des Heiligen Geistes, die den unumgänglichen Schlüssel zu dieser Geschichte bietet. Daß es nach wie vor möglich ist, daß auch die christliche Religion Unglaube sein kann, wenn sie nicht durch Gottes Gnade Glaube ist, sehen wir etwa in den Gestalten des Ananias und der Sapphira (Act. 5, 1 f.), etwa in der Gestalt des Simon Magus (Act. 8, 13 f.), in etwas anderer Weise auch in den Johannesjüngern von Ephesus (Act. 19, 1 f.). Aus den apostolischen Briefen wird vor allem 1. Kor. 13 auf dieser Linie zu nennen sein (wo man den Begriff der „Liebe" sicher am besten versteht, wenn man sehr schlicht den Namen Jesus Christus dafür einsetzt!). Der ganze Bestand der Religion einer lebendigen christlichen Gemeinde zur Zeit des Paulus wird da aufgezählt: Zungenreden, Prophetie, Erkenntnis der Mysterien, ein Glaube, der Berge versetzt, Hingabe des Eigentums an die Armen bis zum Letzten, das Martyrium in den Flammen endlich — und von dem allem wird gesagt, daß es dem Christen nichts, gar nichts hilft, wenn er die Liebe nicht hat. Denn die Liebe allein hört nimmer auf, während die Prophetie, die Zungenrede, die Gnosis „aufgehoben" werden. Ihr Werk ist Stückwerk, dem das Ganze und damit alles fehlt; es ist Kindergedanke, der aufhören muß, indirekte Anschauung in einem Spiegel. Umfassender könnte mitten im apostolischen Zeugnis (das wahrlich auch der christlichen Religion als der wahren Religion gilt) eben die christliche Religion nicht relativiert werden zugunsten der Offenbarung, die eben die Krisis auch und gerade der Offenbarungsreligion bedeutet.

Es ist nun nicht an dem, daß diese Relativierung der christlichen Religion dies bedeuten könnte, daß der christliche Glaube mutlos, unsicher, schwach gemacht oder daß damit auch nur der Entscheidung für die Wahrheit der christlichen Religion ihre Kraft und Zuversicht genommen würde. Der christliche Glaube lebt nun einmal gerade nicht von dem Selbstbewußtsein, in welchem sich der christliche Mensch von dem nichtchristlichen unterschieden weiß. Es gibt freilich ein solches Selbstbewußtsein, das an seinem Ort sogar sein Recht und seine Notwendigkeit hat. Dieses Selbstbewußtsein hat aber auch seine natürliche Grenze: es kann nämlich unmöglich dies bedeuten, daß der christliche Mensch sich Gott gegenüber in einer ihm eigenen Gerechtigkeit und Heiligkeit behaupten wollen könnte. Es wird, in der Beziehung zu den Menschen ganz ungebrochen, in der Beziehung zu Gott ganz gebrochen, und gerade, weil hier ganz gebrochen, dort ganz ungebrochen sein.

Man wird hier vergleichsweise das heranziehen dürfen, was Paulus über seine Stellungnahme zu der ihm in Korinth widerfahrenen Beurteilung 1. Kor. 4, 2 f. schreibt: Er fürchtet sich nicht nur nicht, von den Korinthern oder von einem anderen menschlichen Gerichtstag angeklagt zu werden; er denkt auch nicht daran, sich selbst anzuklagen: οὐδὲν γὰρ ἐμαυτῷ σύνοιδα — wahrlich, ein ungebrochenes Selbstbewußtsein! „Aber: darin bin ich nicht gerechtfertigt. Denn der mich anklagt, ist der Herr! ... Er wird, was in der Finsternis ist, ans Licht ziehen und die Ratschläge der Herzen offenbar machen; dann wird einem jeden sein Lob von Gott werden." Dieser Brechung unter-

3. Die wahre Religion

steht also auch das den Menschen gegenüber so ungebrochene apostolische Selbstbewußtsein. — Dementsprechend hat Paulus Röm. 4, 1 f. dem Abraham als dem Vater Israels und aller Glaubenden eine „Rechtfertigung aus den Werken" und ein entsprechendes καύχημα nicht einfach abgesprochen, wohl aber darauf hingewiesen, daß es sich dabei nach dem Wort der Schrift um einen Ruhm vor Gott gerade nicht handeln könne, daß Abrahams Rechtfertigung vor Gott vielmehr die Rechtfertigung eines Gottlosen und sein Glaube der Glaube an diese Rechtfertigung und darum nicht sein Vertrauen auf seine Werke, auf Beschneidung und Gesetz, kurz: sein religiöses Selbstbewußtsein gewesen sei.

Eben um diese Begrenzung des religiösen Selbstbewußtseins geht es bei der Erkenntnis der Relativierung auch der christlichen Religion durch Gottes Offenbarung. Im Glauben und durch den Glauben kommt es zu dieser Begrenzung. Wie sollte sie da eine Schwächung des Glaubens bedeuten können? Es wird der Glaube vielmehr seine Kraft darin beweisen, es wird der christliche Mensch gerade darin leben, in der Kraft seines Glaubens, daß der Glaube ihn dauernd nötigt, über sein religiöses Selbstbewußtsein hinaus zu denken und also auch mit der Relativierung seiner christlichen Religion durch Gottes Offenbarung ständig zu rechnen. Und wohlverstanden: eben von hier und nur von hier aus wird dann auch die Entscheidung für die Wahrheit der christlichen Religion mit wirklicher Kraft fallen können. Starke menschliche Positionen sind immer nur die Gott gegenüber völlig preisgegebenen, d. h. die, gemessen an seinem Willen und Gericht, als völlig unhaltbar eingesehenen Positionen. Wir handeln auch im Blick auf unser Sein und Wirken nie klug, sondern immer unklug, wenn wir uns im geringsten Schlupfwinkel unseres Seins und Wirkens Gott gegenüber verschanzen und in Sicherheit bringen zu wollen meinen. Nicht nur unsere Sicherheit vor Gott, sondern gerade auch die Sicherheit unseres Seins und Wirkens und also auch unsere Sicherheit im Verhältnis zu den Menschen beruht schlechterdings darauf, daß wir uns solche Sicherungen im Glauben und durch den Glauben verboten sein lassen.

Der merkwürdigen Stelle 2. Kor. 12, 1 f. wird hier zu gedenken sein. Kein Zweifel: hier redet Paulus nun nicht bloß wie 1. Kor. 13 von der Religion der christlichen Gemeinde, sondern höchst persönlich von seiner eigensten religiösen Erfahrung. Es gibt große Dinge, deren er sich auf diesem Gebiet zu „rühmen" weiß, deren er sich auch, ohne Unsinn zu reden, sondern in Wahrheit rühmen dürfte. Ihm sind ὀπτασίαι καὶ ἀποκαλύψεις zuteil geworden und insbesondere „vor vierzehn Jahren" eine Entrückung bis in den dritten Himmel, in das Paradies, verbunden mit einem Hören „unaussprechlicher Worte", die kein Mensch wiedergeben dürfte. Aber wer ist eigentlich der, der aller dieser Dinge sich rühmen dürfte? Paulus redet von ihm dreimal (V. 2, 3, 5) wie von einem anderen: „Ich kenne einen Menschen...". Er nennt ihn einen „Menschen in Christus". Er meint zweifellos sich selber. Aber — und das ist das Bezeichnende an der Beschreibung dieser Ekstase — er distanziert sich doch auch von ihm, und gerade an dem Ruhm, den dieser Mensch — er selbst! — von jenen hohen Dingen hat, will er sich nur aus dieser Distanz beteiligen. „Zu Ehren dieses Menschen werde ich mich rühmen; aber zu meinen Ehren werde ich mich nicht rühmen, es sei denn der Schwachheiten wegen" (V. 5 nach Schlatter). Vor der Überhebung hinsichtlich jener Erfahrungen ist er aber (V. 7f.) abgehalten, und zu dem paradoxen Ruhm um seiner Schwachheit willen ist er genötigt dadurch, daß ihm, wie ein sein Fleisch festhaltender Pfahl, ein ihn schlagender Engel des Satans zur Seite steht, der durch kein noch so ernstliches Gebet zu Jesus Christus zu verscheuchen ist, den Paulus auch offenbar nicht mehr verscheuchen will, sondern in dessen Gegenwart und Wirksamkeit er nun förmlich die Ordnung erblickt, in deren Kraft er dort außerhalb des Kreises jener Erfahrungen festgehalten wird; dort, wo die Kraft Christi bei ihm wohnt, nämlich in seiner Schwachheit. Die Antwort des Herrn auf sein Gebet lautete ja: ἀρκεῖ σοι ἡ χάρις μου · ἡ γὰρ δύναμις ἐν ἀσθενείᾳ τελεῖται (V. 9). Seiner Schwachheit also und ihrer allein will er sich rühmen: „Denn wenn ich schwach bin, dann bin ich stark." Was ist aber seine Schwachheit? Nun, das, was von seiner christlichen Existenz nach Abzug der religiösen Erfahrung, deren er sich mit Grund und in Wahrheit rühmen könnte, übrigbleibt, d. h. aber: Erniedrigungen, Zwangslagen, Verfolgungen, Bedrängnisse um Christi willen (V. 10). Darin sieht er die Kraft Christi bei sich wohnen, darin weiß er sich stark, darin rühmt er sich. Und man wird ja gerade an Paulus studieren können, wie die wahre Sicherheit seines Seins und Wirkens, wie die Kraft seiner Entscheidung, wie die Festigkeit seiner Position auch nach außen, wie durchaus die Energie seines religiösen Selbstbewußtseins im Verhältnis zu dem anderer darin wurzelt, daß er das alles, die christliche Religion, *in concreto:* seine besonderen „Offenbarungen" durch die Offenbarung, durch den Herrn Jesus Christus, auf das bestimmteste begrenzt sein ließ: „Wenn ich schwach bin, dann bin ich stark."

Es handelt sich hier um eine Ordnung, die nur zum Schaden einer wirklichen Erkenntnis der Wahrheit der christlichen Religion vergessen und verletzt werden kann. Es geschieht zur Unehre Gottes und zum ewigen Verderben der Seelen, wenn das geschieht, daß die beweisende Kraft für diese Wahrheit nun doch wieder dem religiösen Selbstbewußtsein als solchem zugeschrieben wird. Es konnte und es kann sich die Kirche aber gerade auch nach außen, in ihrer Auseinandersetzung mit den nichtchristlichen Religionen nicht mehr schaden, als wenn sie sich der apostolischen Weisung, daß die Gnade uns genügt, entziehen zu müssen meint. Der Ort, wo man dann hinzuschauen vorzieht, ist der Nebel, und der Rohrstab, auf den man sich dann stützen will, wird einem durch die Hand gehen. Man stellt sich dann nämlich, indem man sie widerlegen und überwinden will, mit den anderen Religionen auf denselben Boden. Auch sie alle berufen sich ja auf diese und jene ihnen immanente Wahrheit. Auch sie möchten in der Kraft des religiösen Selbstbewußtseins siegen und haben es z. T. in erstaunlicher Weise auf großen Feldern getan. Das Christentum kann sich an diesem Kampf beteiligen. Kein Zweifel, daß es ihm an der nötigen Ausrüstung dazu nicht fehlt und daß es sich neben den anderen Religionen mit Ehren sehen lassen kann. Aber man vergesse nicht: gerade auf sein Erstgeburtsrecht, auf die ihm als der Religion der Offenbarung eigene einzigartige Kraft hat es dann Verzicht geleistet. Diese Kraft wohnt nur in der Schwachheit. Sie und damit gerade das, womit das Christentum jetzt wirken zu können meint, nämlich die durch Gnade mitten in die Schwachheit hinein geschenkte Kraft auch des religiösen Selbstbewußtseins würde tatsächlich nur dann wirken, wenn das Christentum zuvor sich selbst erniedrigt statt erhöht hätte.

3. Die wahre Religion

Man kann die Not, die das Christentum sich in seiner Auseinandersetzung mit den anderen Religionen durch die Vernachlässigung dieser Ordnung selbst bereitet hat, in drei geschichtlichen Stufen sich entwickeln sehen.

1. Sie war wohl am geringsten bemerkbar in der Zeit der alten Kirche vor Konstantin. Das Christentum hatte damals den hohen Vorzug, als *religio illicita*, als *ecclesia pressa* sozus. mechanisch in die Nähe der apostolischen Situation, d. h. der apostolischen Schwachheit gedrängt zu sein. Die Anhänger der christlichen Religion konnten jedenfalls äußerlich, politisch, gesellschaftlich, kulturell mit ihrer Sache nicht viel Ehre einlegen. Sie befanden sich mit ihrem Glauben allein gegenüber einer hoffnungslosen äußeren Übermacht. Sie kämpften auf einem verlorenen Posten. Der Engel Satans schien wahrlich auch sie zu schlagen, um sie zu verhindern, sich der hohen Offenbarungen zu überheben. Sie schienen fast automatisch darauf angewiesen, sich wirklich nur dieser ihrer Schwachheit zu rühmen, d. h. sich an der Gnade genügen zu lassen. Aber die äußere Übermacht des ihnen entgegenstehenden spätantiken Heidentums war schließlich doch — und das haben die Apologeten, die älteren Kirchenväter und sicher alle einsichtigeren Führer der damaligen Kirche trotz allen Verfolgungsdrucks sehr wohl erkannt — ein Koloß auf tönernen Füßen. Die christliche Lehre und Praxis hatte alle nötigen Eigenschaften, um sich diesem Heidentum gegenüber als die tiefere, die universalere, die ernsthaftere Religion zu empfehlen. Die Versuchung lag nahe, nicht nur Jesus Christus gegen bzw. für die sündigen heidnisch-religiösen Menschen geltend zu machen, wie es die heiligen Bücher der Kirche, das Alte und das Neue Testament, forderten, sondern daneben auch noch (und das eigentlich rasch auf ziemlich breiter Front) die christliche Religion als die bessere gegen die Religionen der Heiden auszuspielen, den christlichen Besitz — er ließ sich, wenn nicht auf allen, so doch auf vielen Gebieten des geistigen Lebens unschwer nachweisen — der heidnischen Armut entgegenzuhalten. Kann man sich bei der Lektüre etwa der Apologetik des zweiten und dritten Jahrhunderts des peinlichen Eindrucks ganz erwehren: hier findet — als ob die Verfolgten sich für den auf ihnen liegenden äußeren Druck auf geistigem Gebiet schadlos halten müßten — weithin ein nicht eben glückliches, ein etwas selbstgerechtes und jedenfalls nicht eben umsichtiges Prahlen mit allerlei an sich nicht zu bestreitenden, aber letztlich doch nicht entscheidenden Vorzügen des Christentums gegenüber der heidnischen Religionswelt statt. Daß die Gnade die Wahrheit des Christentums ist, daß der Christ wie Abraham der als Gottloser Gerechtfertigte, der Zöllner im Tempel, der verlorene Sohn, der arme Lazarus, der mit Jesus Christus gekreuzigte schuldige Schächer ist, das spielt in diesen altchristlichen Selbstempfehlungen eine merkwürdig geringe Rolle. Sondern hier konkurriert — zweifellos siegreich — ein Heilsweg mit anderen, eine Weisheit mit anderen, eine Sittlichkeit mit anderen, eine höhere, durch das Kreuz Christi vollendete und verklärte Humanität mit einer dekadenten, zersetzten, ihrer alten Ideale mit Recht müde gewordenen. Wie seltsam hat ein Mann wie Tertullian die hier drohende Gefahr gesehen und zugleich ganz und gar nicht gesehen, sondern selber noch vergrößern helfen! Und selbst sofern dies: daß die Gnade, daß Jesus Christus die Wahrheit des Christentums ist, in der Lehre und Verkündigung der Kirche nicht ganz verborgen blieb — erschien dann nicht auch dies: das Christentum als die besondere Gnaden- und Erlösungsreligion, leicht wie ein letzter und höchster Vorzug, dem doch damit, daß die Kirche sich ja praktisch doch nicht an der Gnade genügen ließ, sein Sinn und seine überzeugende Kraft genommen war? Und in dem Maß, als hier materiell und formal eine Preisgabe oder doch Zurückstellung des zentral und eigentlich Christlichen stattfand, kam es umgekehrt zu allerhand materiellen und formalen Angleichungen an die Welt, über die man wenigstens geistig zu siegen meinte. Gegen die Macht des Synkretismus, die auch jener untergehenden geistigen Welt sehr wohl eigen war, hätte nur die Macht der geistlichen Armut und in ihr die Kraft der Offenbarung wirksam aufkommen können. Sofern diese Macht immer noch und immer wieder auf dem Plane war, redete und leuchtete die Wahrheit des Christentums. Sofern die alte Kirche groß

war, war sie es durch diese Macht. Wenn nur nicht schon die alte Kirche allzusehr auf andere Mächte vertraut und sich selbst dadurch geschwächt und auf weitere Schwächungen vorbereitet hätte!

2. Der äußere Druck, unter dem die Kirche ursprünglich stand, und damit auch die äußere Ähnlichkeit mit der apostolischen Ausgangssituation, der gewisse Zwang, sich dauernd auf das Letzte und Eigentliche zu besinnen und zurückzuziehen — das alles kam in den Entwicklungen seit Konstantin und in der ganzen von der Idee des *corpus christianum* beherrschten Periode auch noch in Wegfall. Man kann und muß diese Idee der Einheit von Kirche und Reich gewiß auch als ein höchst verheißungsvolles Angebot verstehen, das in dieser Zeit dem Christentum gemacht wurde. Man muß dann aber sofort hinzufügen: es hat sich damals als für dies Angebot durchaus unreif, es hat sich als den mit diesem Angebot verbundenen Versuchungen nicht gewachsen erwiesen. Hatte sich schon die alte Kirche mehr auf ihre geistige als auf ihre geistliche Überlegenheit gegenüber der heidnischen Umwelt besonnen und zurückgezogen, mehr auf ihren Monotheismus, ihre Moral, ihr Mysterium gepocht als auf die Gnade Jesu Christi, so konnte sie nun, als anerkannte Reichskirche, im offenen Bündnis mit den höheren und niederen politischen Faktoren, ihre Größe auch noch darin suchen, daß sie mehr und mehr eine zweite Weltmacht wurde. Sie konnte ihren Ehrgeiz — gewiß unter dem Titel, daß es sich natürlich um die Ehre Gottes handle, darin suchen, aus der zweiten sogar die erste und eigentliche Weltmacht zu werden. Wo war das Wissen um die Gnade als um die Wahrheit des Christentums in den Tagen des Investiturstreites und der Kreuzzüge, in der Welt der Gotik? Inwiefern ging es um sie in der großen Reformbewegung von Clugny und überhaupt im Mönchstum? Inwiefern konnte den Heiden und den Juden in der Kirche des Mittelalters eine wirklich andersartige, eine ihnen neue und unbekannte Kraft: nicht die Kraft, die Menschen anderen Menschen gegenüber zu beweisen allezeit in der Lage waren, sondern die alle Menschen demütigende und so beseligende Kraft Gottes, die Kraft des Evangeliums entgegentreten? Inwiefern hatte die Kirche dem sie im Osten und im Süden bedrängenden Islam etwas wirklich Originales entgegenzustellen? Inwiefern konnten auch nur die christlichen Gegenspieler der Kirche, die kaiserlichen und nationalen Richtungen etwa, oder gar die häretischen Sekten dem Handeln und der Haltung der Kirche entnehmen, daß es sich bei dieser wirklich um Gottes und nicht um ihre eigene Ehre handle? Sie konnten es offenbar um so weniger, als die geistige Entfremdung der Kirche von ihrem eigenen Zentrum und die damit Hand in Hand gehende innere Säkularisierung, die sich schon im Altertum angebahnt hatte, auch in dieser Periode weiter und weiter ging. Es formte sich nun das Christentum zu einer bestimmten universalen intellektuell-moralisch-ästhetischen Weltgestalt, die dann doch komplementär auch die Bildung von allerhand besonderen nationalen Christentümern mit je ihrem besonderen nationalreligiösen Selbstbewußtsein möglich und notwendig machte. Inwiefern war diese Weltgestalt als solche oder in ihren individuellen Abarten ein Zeugnis von der Wahrheit des Christentums? Ein Zeugnis eines eigenartigen und reichen religiösen Selbstbewußtseins, nämlich ein Zeugnis von der Herrlichkeit des durch die Kirche als der (nur allzu legitimen!) Erbin der antiken Kultur erzogenen und geformten oder doch angeregten und beeinflußten abendländischen Menschen war sie gewiß. Aber ein Zeugnis von der überlegenen siegreichen Wahrheit des Christentums konnte sie doch nur insofern sein, als es heimlich und letztlich auch in ihr um die Gnade Jesu Christi ging. Und gerade in dieser entscheidenden Hinsicht hat die Kirche, so eifrig und besorgt sie in anderer Hinsicht tätig war, zu wenig Wachsamkeit und Treue geübt. Ging das Zeugnis von der Gnade nicht einfach unter, bewährte es vielmehr seine stille Kraft, leuchtete die Offenbarung auch in dieser Welt in der geistlichen Armut derer, die sie glaubten, wie sie geglaubt sein will, dann geschah das in der Kirche gegen die Kirche, nämlich gegen die die Kirche beherrschende Richtung, gegen die stolze und doch so trügerische Idee des *corpus christianum*. Auf dem Wege, auf dem sie ihre Stärke suchte, hat die Kirche auch

3. Die wahre Religion

und gerade in dieser Zeit allzuviel getan, was sie an der entscheidenden Stelle schwächen mußte.

3. Die sog. Neuzeit, die nicht ohne Vorbereitung in den Tendenzen des späteren Mittelalters mit der Renaissance anhob, ist hinsichtlich des Christentums dadurch charakterisiert, daß jene Einheit von Reich und Kirche jetzt wieder auseinanderfällt. Die abendländische Menschheit ist mündig geworden oder sie meint es doch. Sie kann des Erziehers — und als solcher hatte sich ja das offizielle Christentum gefühlt und benommen — nun entbehren. Der Mensch entdeckt sich selber als Universum und fühlt sich, wenn er auch die Pietät gegen den Erzieher nicht ohne weiteres fallen läßt, fähig, nun mit erst recht erhobenem Haupte seinen Weg zu gehen. Die Politik, die Wissenschaft, die Gesellschaft, die Kunst wagen es wieder, dankbar für alles Empfangene, aber entschlossen zu profaner Sachlichkeit, auf ihre eigenen Füße zu treten. Die Fluten haben sich verlaufen, und siehe da: viel mehr als nun eben ein bißchen Monotheismus, Moral und Mysterium scheint nach der tausendjährigen angeblichen Herrschaft des Christentums nicht übriggeblieben zu sein. Mehr als das scheint die abendländische Menschheit im Ganzen nicht in der Kirche gefunden und nicht an die Kirche gebunden zu haben, und daß sie um deswillen nicht an die Kirche gebunden bleiben müsse, das ist die freudige Entdeckung, die sie nun macht. Mehr als das scheint auch das die kleine Halbinsel Europa und ihre transmarinen Kolonien umgebende Heidentum und das inmitten der Christenheit zähe weiterexistierende Judentum durch den Mund der Kirche nicht oder doch nicht in eindrucksvoller Weise gehört zu haben. Als etwas mehr denn als eine „Religionsgesellschaft" hat sich die christliche Kirche trotz der so günstigen Bedingungen des Mittelalters dem Weltbewußtsein offenbar nicht einzuprägen gewußt. Indem sie unter jenen günstigen Bedingungen herrschen und binden wollte, hat sie, wie jetzt in der überhandnehmenden Säkularisierung der ganzen Kultur sichtbar wird, faktisch gerade nicht geherrscht und gebunden. Sie ist nun wieder, wie in der alten Zeit, in die Defensive gedrängt. Von äußerer Bedrückung und Verfolgung wird freilich zunächst keine Rede sein. Was für ein Grund dazu läge vor? Man bekämpft sie, wie dies noch bis ins 19. Jahrhundert hinein geschehen ist, sofern es um die Emanzipation ihren mittelalterlichen Ansprüchen gegenüber geht. Aber man gibt ihr Freiheit, sobald sie sich ihrerseits zu einer gewissen Zurückhaltung und Toleranz entschlossen hat. Daß sie gefährlich sein könnte, daß man sie also grundsätzlich verfolgen müßte, wie dies das sterbende antike Kaisertum, wohl wissend, um was es ging, getan hatte, das kommt zunächst nicht mehr in Betracht. In Betracht kommt vielmehr zunächst für Jahrhunderte die Möglichkeit, daß die Kirche, daß das Christentum, in seine Schranken gewiesen, im Dienst der neuen säkularen Herrlichkeit des abendländischen Menschen eine wichtige und bei geeigneter Oberaufsicht nützliche Erziehungs- und Ordnungsmacht sein und als solche gut zu brauchen sein möchte. Und auf demselben Fuß mit dem innerchristlichen Säkularismus, mit einiger Zurückhaltung und Toleranz wohl zufrieden und ihrerseits in milder Gleichgültigkeit stehen dem neueren Christentum auch die nichtchristlichen Religionen, sofern sie mit ihm in Berührung kommen, gegenüber. Gefährlich könnte es ja dem modernen Säkularismus und den nichtchristlichen Religionen erst in dem Augenblick wieder werden, wo seine Wahrheit, wo die Gnade Jesu Christi in ihrer radikalen kritischen Kraft wieder zum Sprechen käme. Es ist bezeichnend, daß der einzige Fall, in dem es nun doch auch in der Neuzeit zu einer Bekämpfung der Kirche als solcher kam, die Verfolgungen, die der alte Protestantismus eine Zeitlang in manchen Ländern zu erleiden hatte, eben damit zusammenhängen, daß diese Wahrheit wieder zum Sprechen kam. Aber das ist lange her. Zunächst hat sich auch der Protestantismus, als der mittelalterliche Traum ausgeträumt war, in die Existenzweise einer dem modernen Menschen letztlich unnötigen und ungefährlichen Religionsgesellschaft fügen müssen und zu fügen gewußt. Und nun hat die neuere christliche Kirche im Ganzen zunächst gar nicht daran gedacht, auf die schon in der alten Zeit angebahnte Fehlentwicklung zurückzukommen und das im Mittelalter offen Versäumte nachzuholen. Wieder stieß

sie bei der ihr auferlegten Besinnung auf sich selbst und ihre Möglichkeiten innerhalb der neuen Lage nicht etwa vor zu jener Schwachheit, in der sie zu allen Zeiten allein stark sein konnte. Sie hat an Stelle dessen vor allem die neue Lage innerlich ebenso bejaht, wie sie zuvor die alte bejaht hatte: sie hat den so energisch auf sich selbst sich stellenden modernen Menschen grundsätzlich anerkannt, um sich dann zu fragen, wie sich das Christentum nun wohl diesem Menschen am besten empfehlen möchte. Sie nahm die ihr zugewiesene Hilfsstellung an und bemühte sich, sich in ihr unentbehrlich zu machen, d. h. zu zeigen und sichtbar zu machen: die Wahrheit der christlichen Religion die auch und gerade in der neuen Zeit gut und nützlich zu hören und zu glauben sei, bestehe darin, daß eben die recht verstandene Lehre von Jesus Christus und die ihr entsprechende Lebensordnung die geheime Kraft habe, den Menschen zum Anstreben und Erreichen seiner im übrigen selbständig erwählten Ziele und Zwecke innerlich fähig zu machen. Im Suchen nach dieser neuen Selbstempfehlung ist das Christentum in den zusammengehörigen Linien des Jesuitismus, des Pietismus und der Aufklärung in derselben Weise säkular-anthropologisch geworden, wie es im Mittelalter säkular-theologisch gewesen war. Und eben im Suchen nach dieser neuen Selbstempfehlung ist es dann u. a. zu jener Entdeckung des Allgemeinbegriffs „Religion" gekommen, deren theologische Geschichte wir uns in Kürze vergegenwärtigt haben. Es kam nun alles darauf an, innerhalb dieses auch von der nichtchristlichen Welt anerkannten anthropologischen Allgemeinbegriffs in zuverlässiger Weise das besondere „Wesen des Christentums" ans Licht zu stellen und darzustellen: auf derselben menschlichen Ebene und unter denselben Gesichtspunkten, auf dem Niveau derselben Argumente, die auch die derer waren, die seiner entraten zu können meinten, nämlich auf dem Feld menschlicher und menschlich einsichtiger Vorzüge und Nachteile, Stärken und Schwächen, Wahrscheinlichkeiten und Unwahrscheinlichkeiten, Hoffnungen und Befürchtungen. Nicht ohne Ähnlichkeit mit der Situation der römischen Kaiserzeit — nur eben ohne das Korrektiv der äußeren Unterdrückung — wurde nun das Christentum als die bessere Begründung von Weltanschauung und Sittlichkeit, als die bessere Befriedigung der letzten Bedürfnisse, als die bessere Aktualisierung der höchsten Ideale des modernen Menschen seinen verschiedenen Konkurrenten gegenübergestellt. Ausgerechnet in dieser Zeit und unter diesen Voraussetzungen, getragen ausgerechnet von den Jesuiten und von den protestantischen Pietisten, ist es nun zu einer umfassenden Neuaufnahme der Missionsaufgabe der christlichen Kirche und damit zu einer neuen Konfrontierung des Christentums mit den außerchristlichen Religionen gekommen. Es konnte nicht anders sein, als daß die Mission und diese Konfrontierung zunächst aufs schwerste darunter zu leiden hatte, daß die sendende Kirche selbst ihre Stärke im ganzen aufs neue anderswo suchte als da, wo sie zu finden gewesen wäre, und es konnte auch die Debatte darüber, ob die Mission sich lieber die Vertretung eines europäisch-amerikanischen oder die Begründung eines autochthon afrikanischen und asiatischen Christentums zur Aufgabe machen solle, der heimlichen Not kein Ende bereiten, daß es so oder so eben doch um den „Ruhm" dieses oder jenes Christentums in seinem Verhältnis zu den Bedürfnissen und Postulaten des Menschen gehen solle. Nun, es hat auch in dieser dritten Zeit im christlichen Abendland und auf den Missionsfeldern nicht daran gefehlt, daß die Wahrheit des Christentums, daß die Gnade Jesu Christi in der geistlichen Armut derer, die auch in dieser Zeit an ihn glaubten, dennoch gesprochen, geleuchtet und sich durchgesetzt hat. Es mußte das aber auch in dieser Zeit im Widerspruch zu den die Kirchengeschichte beherrschenden Richtungen und Tendenzen geschehen. Sofern diese Tendenzen und Richtungen herrschten und die Lage bestimmten, konnte es nicht anders sein, als daß das Christentum seine Wahrheit dem dauernden Gestaltwandel des modernen Menschen auslieferte, daß diese, hin- und hergeworfen von einer unsauberen Hand in die andere, jetzt als absolutistisch autoritäre, jetzt als individuell romantische, jetzt als liberale, jetzt als nationale oder gar rassische Menschenwahrheit erscheinen mußte, nur nicht als die richtende und beseligende Gotteswahrheit, die zu sein sie nach den alten und merkwürdigerweise doch nie

3. Die wahre Religion

ganz verstummenden Urkunden des Christentums immer wieder den Anspruch machte. Das Christentum und die Kirche haben auch auf dieser dritten Stufe ihrer Geschichte viele Siege erlebt — mehr als man es sich auf dem Höhepunkt dieser Zeit im 18. Jahrhundert hätte träumen lassen. Es waren aber, darüber sollte man sich nicht täuschen, Pyrrhus-Siege. Und es waren die mindestens ebenso zahlreichen Niederlagen, die es auf demselben Wege erlitten hat, mehr als jene Siege bezeichnend für den wirklichen Stand der Dinge. Wenn es so sein sollte, daß der moderne Säkularismus seinerseits noch lange nicht am Ende seiner Wege und Möglichkeiten ist, daß aber auch die Kräfte der heidnischen Religionen noch lange nicht erschöpft sind, dann könnte die Frage immer brennender werden, ob das Christentum, gerade auch unter dem Gesichtspunkt seiner Existenz als solcher, seiner Weltgeltung und Weltaufgabe, nicht Anlaß hätte, seinem e i g e n e n Säkularismus und Heidentum zu Leibe zu gehen, d. h. aber — denn alles Andere ist säkular und heidnisch — seine Hoffnung ganz auf die Gnade zu setzen.

Man darf sich nicht verwirren lassen durch die Tatsache, daß eine Geschichte des Christentums immer nur als eine Geschichte dieser Not, die es sich selber bereitet, zu schreiben ist. Es ist eine Geschichte, die hinter der zwischen Jahve und seinem Volk, zwischen Jesus und seinen Aposteln geschehenen Geschichte völlig zurückbleibt. Es ist eine Geschichte, in der das, was ihr Ursprung, ihr Sinn und ihr Ziel ist, nämlich dies, daß der christliche Mensch nur in seiner Schwachheit stark ist, daß er sich an der Gnade wirklich genügen läßt, genau genommen nirgends direkt sichtbar wird. Auch nicht in der Reformationsgeschichte! Was geschichtlich sichtbar wird, das ist der in immer neuen Wendungen unternommene Versuch des christlichen Menschen, seine Religion als ein in sich selbst rechtes und heiliges Werk anzusehen und geltend zu machen; nur daß er sich von Zeit zu Zeit von der heiligen Schrift her, die ihm eben dies nicht erlauben, die auch diese seine christliche Religion unter Kritik stellen zu wollen scheint, als beunruhigt, gehemmt und aufgehalten erweist; nur daß er die Erinnerung daran offenbar nicht loswerden kann, daß er auch und gerade hinsichtlich des Werkes seiner Religion der Gnade Gottes nicht entbehren kann und also unter Gottes Gericht steht. Hier wäre dann allerdings der Reformationsgeschichte besonders zu gedenken; es wäre aber gerade im Lichte der Reformationsgeschichte zu sehen, daß auch die Zeiten vorher und nachher nicht einfach ohne diese Erinnerung gewesen sind. Dennoch: die Geschichte des Christentums im Ganzen zeigt eine Strömung, die dieser Erinnerung gerade entgegenläuft. Es wäre parteiisch, dies verkennen zu wollen und also die Geschichte des Christentums im Unterschied zu der der anderen Religionen in Anspruch zu nehmen als die Geschichte eines Teiles der Menschheit, der im Unterschied zu anderen nun wirklich als ein solcher dastünde, der durch Gnade von Gnade gelebt hätte. Genau genommen wird das auf dem ganzen christlichen Feld nirgends sichtbar sein. Sondern was uns sichtbar wird, das ist jedenfalls zunächst ein Teil der Menschheit, der der Gnade und damit der Offenbarung Gottes darum nicht weniger widerspricht, weil er gerade sie als seine besonderen und heiligsten Güter geltend macht und weil seine Religion insofern Offenbarungsreligion ist. Widerspruch ist Widerspruch. Daß er stattfindet, dürfte hier, dürfte gerade hinsichtlich der Offenbarungsreligion noch weniger geleugnet werden als anderswo, wo man allenfalls mildernd geltend machen könnte, daß er nur faktisch, nicht aber im direkten Gegenüber mit der Offenbarung stattfinde, während hier, in der Geschichte des Christentums, gerade weil es die Offenbarungsreligion ist, sozusagen mit erhobener Hand gesündigt wird. Gesündigt! Denn der Widerspruch gegen die Gnade ist Unglaube, und Unglaube ist Sünde, die Sünde sogar. Es ist also schon an dem, daß wir von der Wahrheit der christlichen Religion tatsächlich nicht anders denn im Rahmen der Lehre von der *iustificatio impii* reden können. Eben das Meer von naivem und vernünftelndem Widerspruch, das sich gegen den Satz erhebt, daß auch die christliche Religion unter die Regel: „Religion ist Unglaube" falle — die ganze Kirchengeschichte ist eine Geschichte dieses Widerspruchs — zeigt am besten, wie wahr und richtig dieser Satz ist. — Eben dieses Widerspruchs werden wir gewiß sowenig ledig werden, wie wir über unseren eigenen Schatten springen können.

Es ist auch auf einer vierten, fünften und sechsten Stufe in der Geschichte des Christentums nicht zu erwarten, daß sie etwas anderes als eine Geschichte jener Not sein werde, die das Christentum sich selbst bereitet. Möchte sie auch in Zukunft nicht ohne Reformationen, d. h. nicht ohne warnende und verheißende Einsprüche von der heiligen Schrift her sein! Nur können wir vor dem Ende aller Dinge nicht erwarten, daß der christliche Mensch trotz aller eingeschalteten Hemmungen sich nicht immer wieder als ein Feind der Gnade erweisen wird.

Wir können und müssen aber trotz dieses Widerspruchs und also trotz unserer eigenen Existenz die Einsicht vollziehen: daß gerade wir selbst mitsamt unserem Widerspruch gegen die Gnade unsererseits unter dem noch viel mächtigeren Widerspruch der Gnade selbst stehen. Wir können und müssen — im Glauben nämlich! Glauben heißt: sich in Erkenntnis seiner eigenen Sünde auf die unsere Sünde unendlich gut machende Gerechtigkeit Gottes verlassen, und also konkret: sich in Erkenntnis seines eigenen Widerspruchs gegen die Gnade an die diesem Widerspruch unendlich widersprechende Gnade Gottes halten. In dieser Erkenntnis der Gnade: in der Erkenntnis, daß sie die Rechtfertigung des Gottlosen, daß sie Gnade auch und gerade für Gnadenfeinde ist, vollzieht der christliche Glaube seine Erkenntnis der Wahrheit der christlichen Religion. Ein immanentes Recht- und Heiligsein gerade dieser Religion kommt also als Grund und Gehalt dieser ihrer Wahrheit so wenig in Betracht, wie irgendeine andere Religion kraft ihrer immanenten Vorzüge den Anspruch erheben kann, die wahre Religion zu sein. Es ist vielmehr gerade die dem christlichen Glauben unvermeidliche Preisgabe dieses Anspruchs, das gerade für den Christen unausweichliche Bekenntnis, daß er auch in seinem besten christlichen Tun ein Sünder ist, zwar nicht der Grund, wohl aber das Symptom der Wahrheit der christlichen Religion. Diese Preisgabe, dieses Bekenntnis kann nämlich anzeigen, daß die christliche Kirche der Ort ist, wo Menschen mit Gottes Offenbarung und Gnade konfrontiert, durch Gnade von Gnade leben. Wäre dem nicht so, wie würden sie denn glauben? Und würden sie nicht glauben, wie würden sie denn dann dieser Preisgabe und dieses Bekenntnisses fähig sein?

Es ist die Stelle Gen. 32, 22 f. von Jakobs Kampf am Jabbok, die uns hier Licht geben kann. Es heißt von diesem Jakob, der ein Erwählter und Berufener Gottes zweifellos schon ist, daß er gegen Gott gekämpft habe bis zur Morgenröte und daß ihn Gott — wohlverstanden! — nicht überwunden habe. Er ist und bleibt also immanent betrachtet schon ein Feind der Gnade. Das zeigt auch der neue Name „Israel" an, den er nachher bekommt: „Du hast mit Gott und mit Menschen gekämpft und bist obgelegen" — eine große, aber sachlich doch niederschmetternde Auszeichnung, bei der wir wohl auch noch einmal an die Geschichte der Religion des Volkes denken dürfen, dessen Ahnherr dieser Jakob war. Aber nicht diese faktisch das Gericht vollziehende Auszeichnung Jakobs mit diesem Namen ist der Sinn und das Ziel dieser Geschichte, sondern 1. dies, daß über diesem Kampf das Gelenk der Hüfte Jakobs von Gott berührt und verrenkt, daß er also, obwohl von Gott nicht überwunden, ein von Gott Geschwächter wird und bleibt, 2. daß Jakob, indem er gegen Gott kämpft, doch von Gott nicht lassen will, weil er von ihm gesegnet zu werden begehrt, 3. daß Gott ihn, diesen seinen beharrlichen Gegner, tatsächlich segnet, und 4. daß Jakob die Stätte dieses Kampfes Pniel heißt: „Denn ich habe Gott von Angesicht gesehen und mein Leben erhalten". — Auch die Stätte der Erkenntnis der Wahrheit der christlichen Religion wird ein solches Pniel sein müssen und nur ein solches Pniel sein können, wo der Mensch ganz und gar wider Gott steht und eben in diesem seinem Widerstand gegen Gott ein von Gott Gezeichneter wird und eben als solcher gar nicht anders kann als bitten: Ich lasse dich nicht, du segnest mich denn! und eben in diesem seinem Gebet erhört und also gesegnet wird und eben als so Gesegneter Gottes Angesicht sieht und in ihm die Wahrheit erkennt.

Wenn wir die siegreiche Gnade Gottes als das Geheimnis der Wahrheit der christlichen Religion bezeichnen. so ist damit — es muß auch das noch einmal ausdrücklich hervorgehoben sein — etwas anderes als dies gemeint, daß das Christentum jedenfalls in seiner reformatorischen Gestalt mit besonderem Nachdruck die Religion der freien Gnade, d. h. eine Religion sein will, deren Lehre und Leben nun gerade auf die in dem Begriff „Gnade" bezeichnete Wirklichkeit konzentriert ist. Es handelt sich bei der Begründung der Wahrheit der christlichen Religion durch die Gnade wirklich nicht um die immanente Wahrheit nun gerade einer Gnadenreligion als solcher, sondern um die Wirklichkeit der Gnade selbst, durch die eine Religion vor anderen als die wahre angenommen und ausgezeichnet wird. Nicht darum, weil sie eine Gnadenreligion ist, geschieht dies, auch nicht darum, weil sie es vielleicht in besonders hervorgehobener und konsequenter Weise ist. Sondern umgekehrt darum, weil dies geschieht, wird sie in hervorgehobener und konsequenter Weise eine Gnadenreligion sein. Es ist ja auch das geschichtliche Gesicht einer Gnadenreligion, auch das einer konsequenten Gnadenreligion in seinen entscheidenden Zügen von dem anderer Religionen nicht verschieden.

Es ist auch sie in ihrem immanenten Bestand an jenem Widerspruch gegen die Gnade durchaus beteiligt; es kann sogar — wir werden hier den Protestantismus wirklich nicht retten wollen können — gerade auch sie den Charakter einer besonders hervorgehobenen Empörung gegen die Gnade annehmen. Es kann auch die Gnadenreligion nur durch die Gnade selbst und gar nicht durch sich selbst gerechtfertigt und zur wahren Religion gemacht sein. Gewiß wird diese ihre Erwählung und Wahrheit sich auch darin manifestieren, daß sie Gnadenreligion ist und immer konsequenter sich als solche versteht und gestaltet. Es wird jenes Symptom der Preisgabe alles menschlichen Anspruchs, es wird jenes Bekenntnis, daß wir immer aufs neue Widersprecher Gottes sind, gewiß nicht ausbleiben. Es wird schon nicht daran fehlen können, daß wir uns, indem wir Widersprecher sind, ganz und gar auf eben den geworfen und in das Flehen zu dem gedrängt wissen, dem wir widersprechen, und der uns noch ganz anders widerspricht, und nicht fehlen an dem Lobpreis seines Segens, dessen wir so ganz unwürdig sind. Es wird schon so sein, daß uns eben in dieser Begegnung mit Gott, deren Stätte wir dann wohl Pniel oder, sei es denn: evangelisch-reformiertes Christentum heißen, Gottes Angesicht offenbar wird und also Pniel oder das evangelisch-reformierte Christentum die wahre Religion. Wir werden dann aber nicht vergessen, daß nicht jene Symptome und also auch nicht diese von uns so benannte Stätte die wahre Religion begründen, sondern daß es die Wahrheit selbst ist, die der Grund jener Symptome ist, die diese Stätte ausgezeichnet hat, so daß wir sie so benennen können, ohne daß sie doch gerade an diese Symptome und an diese Stätte gebunden wäre. Es wird immer der Wahrheit selbst bedürfen, wenn wir uns im Blick auf diese noch so deutlichen Symptome und im Blick auf diese noch so ausgezeichnete Stätte hinsichtlich der Wahrheit der christlichen Religion nicht dennoch täuschen sollen.

Es darf wohl als eine geradezu providentielle Fügung bezeichnet werden, daß die, soweit ich sehe, genaueste, umfassendste und einleuchtendste „heidnische" Parallele zum Christentum, eine Religionsbildung im fernsten Osten in Parallelität nicht etwa zum römischen oder griechischen Katholizismus, sondern nun ausgerechnet gerade zu der reformatorischen Gestalt des Christentums steht und also das Christentum gerade in seiner Form als konsequente Gnadenreligion vor die Frage nach seiner Wahrheit stellt. Es handelt sich um zwei zusammenhängende buddhistische Bildungen im Japan des 12. und 13. Jahrhunderts (also zu Lebzeiten des Franz von Assisi, des Thomas von Aquino, des Dante): die Jodo-Shin („Sekte des reinen Landes", gestiftet von Genku-Honen) und die Jodo-Shin-Shu („Wahre Sekte des reinen Landes", gestiftet von Genkus Schüler Shinran) [Vgl. zum folgenden: K. Florenz, Die Japaner, in: Chantepie de la Saussaye, Lehrb. d. Rel.-Gesch.² Bd. 1, 1925, S. 382 ff., und Tiele-Söderblom, Komp. d. Rel.-Gesch.⁶ S. 197 ff.]. — Der Ausgangspunkt dieser einen Wendepunkt in der japanischen Religionsgeschichte bildenden Bewegungen war Genkus Ansicht, daß die früheren Formen des japanischen Buddhismus, insbes. die Form der im 12. Jahrhundert blühenden Zen-Sekte mit ihrer Forderung einer Erlösung durch des Menschen eigene Kraft, nämlich durch seine Bemühung um eine höhere Sittlichkeit, um mystische Versenkung und kontemplatives Wissen als „Pfad der Heilig-

3. Die wahre Religion

keit" zwar ehrwürdig und an sich richtig, für die große Masse des Volkes aber ganz einfach zu schwer und also ungangbar sei. An seine Stelle wollte Genku eine wesentlich erleichterte Heilsmethode gestellt wissen. Die Gottheit, die er zu diesem Zweck in den Mittelpunkt rückte, war der seit dem 7. Jahrhundert — vielleicht nicht ohne Zusammenhang mit der nestorianischen Mission — in China und seit dem 8. Jahrhundert auch in Japan verkündigte „Amida-Buddha", genannt das „Unendliche Licht" oder das „Unendliche Leben", der wenigstens im Volksglauben auch als höchster persönlicher Gott gedacht wurde. Dieser Amida, so wird gelehrt, ist Schöpfer und Herr eines Paradieses, eines „reinen Landes *(jodo)* im Westen". Dorthin nach dem Tode wiedergeboren zu werden, um von da aus ins Nirwana zu gelangen, ist das menschliche Lebensproblem. „Dort werden wir glückselig mit untergeschlagenen Beinen auf Lotosblumen sitzen und uns im Anschauen Amidas allmählich zur vollen Reife der Erkenntnis entwickeln, um schließlich zum Nirwana einzugehen" (Florenz, S. 387). Aber wie kommen wir zu dieser Wiedergeburt? Nicht durch eigene Kraft, antwortet Genku in scharfem Gegensatz zu den übrigen buddhistischen Sekten. Und nun knüpft er entscheidend an an einen aus der chinesischen Amidatradition übernommenen und von ihm als die „Urverheißung" aufs stärkste unterstrichenen Text, enthaltend ein Gelübde des Gottes Amida selber, laut welches er selber, Amida, die vollkommene Erleuchtung (die Buddhaschaft) nicht annehmen wolle, wenn nicht alle Lebewesen, die aufrichtigen Herzens an ihn glauben und ihn zehnmal mit dem Wunsch nach der Wiedergeburt in sein Land anrufen würden, der Erfüllung dieses Wunsches teilhaftig werden sollten. Also, lehrte Genku, haben wir nicht auf unsere eigene Kraft, sondern auf die dieses anderen, des Amida, unser ganzes Vertrauen zu setzen. Wir haben die alleinige Bedingung, an die er die Erlangung des Heils geknüpft hat, zu erfüllen: wir haben an ihn, der mit allen, auch den Sündern, Erbarmen hat, zu glauben. Wir haben seinen Namen anzurufen, und indem wir dies tun, strömen alle seine guten Werke und verdienstlichen Akte in unseren Mund und werden zu unserem eigenen Besitz, so daß unser Verdienst wird, was Amidas Verdienst ist, und zwischen ihm und uns kein Unterschied mehr besteht. Man hat diese Anrufung so oft als immer möglich zu vollziehen. Man hat insbesondere in der entscheidenden Stunde des Todes unter Anrufung dieses Namens dessen gewiß zu sein, daß Amida auch die größten Sünder nicht verwerfen, sondern ihnen mindestens einen Winkel in jenem die Vorstufe zum Nirwana bildenden Paradies zuweisen wird. Die die Anrufung Amidas zwar vollzogen, aber unter geheimem Zweifel vollzogen haben, werden für 500 Jahre im Kelche einer ebenfalls in einem Winkel des Paradieses befindlichen Lotosblume verschlossen. Und in besonders sinnvoller Weise ist für diejenigen, die es nicht fertig brachten, sich ganz auf den Glauben und also auf die Kraft dieser Anrufung zu verlassen, sondern die sich auch noch auf die Vollbringung sog. guter Werke und religiöser Praktiken stützen wollten, eine im äußersten Westen gelegene Stätte voll himmlischer Genüsse, Gesang, Tanz und Spiel als vorläufiger Unterkunftsort vorgesehen, bis auch sie aus diesem offenbar gerade für ihre Erziehung zweckmäßig eingerichteten Purgatorium in die Gefilde der höchsten Seligkeit eingehen dürfen. — Eben diese Lehre Genkus und der Jodo-Shin ist dann von Shinran, dem Gründer der Jodo-Shin-Shu, nach der Seite der Lehre wie der Praxis systematisch entfaltet und ins Grundsätzliche erhoben worden. Auch hier steht alles auf jener Urverheißung des barmherzigen Erlösers Amida und auf dem Glauben an ihn. Aber während Genku auch noch eine Verehrung anderer Buddhas neben Amida kannte, wird eine solche jetzt geradezu verboten. Sogar der Buddha-Gautama tritt als bloßer Verkündiger der Amidalehre jetzt ganz in den Hintergrund. Verdienstliche gute Werke, deren Möglichkeit Genku nicht ganz bestritten hatte, gibt es nach Shinran überhaupt nicht. Sondern auf den Glauben des Herzens kommt jetzt einfach alles an. Zu tief stecken wir ja in den fleischlichen Lüsten, als daß wir uns durch irgendwelche Selbstbetätigung dem verderblichen Kreislauf von Leben und Sterben entziehen könnten. Was dem Tun des Menschen zukommt, kann nur der Dank für die ohne jede Betätigung seinerseits von Amida gewährte Erlösung sein. Es verliert jetzt die Todesstunde jenen in der Jodo-Shu-Lehre so betonten kritischen Charakter und es verliert jetzt auch die Anrufung Amidas noch den letzten Rest des Charakters einer Leistung oder eines magischen Aktes, um ebenfalls ganz zu einem Zeichen von des Menschen Dankbarkeit zu werden. Genkus Satz: ,,Selbst Sünder sollen zum Leben eingehen; wieviel mehr muß es nicht erst den Guten möglich sein!" hat Shinran in bezeichnender Weise umgekehrt: ,,Wenn schon die Guten zum Leben eingehen, um wieviel mehr noch wird es so mit den Sündern sein!" Es kommt für die erlösende Bedeutung des Glaubens an Amida weder auf das Gefühl, noch auf die Freudigkeit des Herzens, noch auch nur auf die Stärke des Heilsverlangens an. Es gibt zwar Mittel, den Glauben zu erwecken und zu stärken. Man soll z. B. Gebrauch machen von der Möglichkeit, sich in der heiligen Lehre schulen zu lassen; man soll über ihren Sinn nachdenken; man soll mit religiös gesinnten Freunden Unterhaltungen darüber pflegen; man soll mit leiser Stimme das Amida-Gebet sprechen; man soll sich angesichts seiner ganzen Sündhaftigkeit an dem wunderbaren Gedanken stärken, daß man auf Grund der Urverheißung trotzdem nicht verworfen ist. Man muß aber auch wissen, daß eben der Glaube an diese Urverheißung schließlich selber eine Gabe des Gottes ist. Eben dieser Glaube ist nun aber auch der jedermanns, er ist — das war in der Welt des Buddhismus eine unerhörte Neuerung — ein auch den Frauen ohne weiteres offener Weg. Es ist nach dem allem verständlich, daß Jodo-Shin-Shu keine Bittgebete, keine magischen Formeln und Zauberhandlungen, keine Amulette, Wallfahrten, Bußen, Fasten oder sonstige Arten von Askese und also auch kein Mönchstum kennt. Kultobjekt in ihren reichen Tempeln ist allein ein Bild oder eine Statue des Amida. Ihre Priester haben keine heilsmittlerische Bedeutung; ihre Funktion ist die Belehrung der Gläubigen und die Pflege der kirchlichen Bräuche; sie tragen nur im Tempel Ornat, sie sind weder besonderen Speisegesetzen noch auch dem Zölibat unterworfen. Dafür wird auf ihre Betätigung durch Unterricht, Predigt und populäre Erbauungsliteratur großes Gewicht gelegt. Die Wirkung des Glaubens an Amida, auf die bei den Laien gedrungen wird, ist eine sittliche Lebensführung im Rahmen der Familie, des Berufs und des Staates. Sie sollen ,,sich selber in Zucht halten, in Eintracht mit den Anderen leben, Ordnung bewahren, den staatlichen Gesetzen gehorsam sein und als gute Staatsbürger für das Wohl des Staates sorgen" (Florenz, S. 397). Im Unterschied zu den anderen japanischen Sekten hat sich Jodo-Shin-Shu durch die Regierung niemals rechtlich oder finanziell unterstützen lassen, sondern ist von Anfang an eine völlig staatsfreie Kirche gewesen, die sich mit Vorliebe in den Großstädten betätigt hat. — Man wundert sich wirklich nicht, daß der hl. Franz Xavicr, der 1549–51 als erster christlicher Missionar in Japan weilte, in Jodo-Shin-Shu ganz einfach die ,,lutherische Ketzerei" wiederzuerkennen meinte. Die damit gestellte Frage hat aber nicht nur historische, sondern sehr aktuelle Bedeutung, indem (nach Florenz, S. 398) noch heute fast die Hälfte der gesamten Bevölkerung Japans, jedenfalls ein starkes Drittel derselben, eben dieser Kirche angehört.

(Man hat in diesem Zusammenhang wohl auch an die indische Bhakti-Frömmigkeit erinnert. Aber diese Parallele ist, wenn man sie überhaupt als solche gelten lassen will, an Schlagkraft mit der japanischen doch gar nicht zu vergleichen. Bhakti ist der Akt schlechthinniger Hingabe und Ergebung, in welchem das eigene Wollen ganz in den Dienst eines anderen gestellt wird, und der sich dann wohl auch zu einem Akt persönlich herzlicher Neigung und Liebe steigern kann. Der hohe oder höchste Gott, dem Bhakti dargebracht wird, kann diesen oder jenen Namen und Charakter tragen. Es ist der Affekt der Liebe selbst und als solcher, der den Menschen erlöst, der ihn der Gegenliebe des Gottes teilhaftig macht, der ihn aber auch im Irdischen mitfühlend und barmherzig, uneigennützig, geduldig und ruhend in sich selbst werden läßt. Wir hören von einer gewissen Neutralisierung aller sonstigen Heilsmittel. Wir hören — ein nun doch etwas bescheidenes Seitenstück zur protestantischen Rechtfertigungslehre — von einer ,,Katzenregel", nach der die Seele alles Gott überlassen kann und sich selbst nicht zu bemühen braucht, weil Gott sie auf dieselbe Weise zum Heil führt, wie die Katze ihr Junges trägt —

3. Die wahre Religion

im Gegensatz zu einer „Affenregel", nach der das Verhältnis Gottes zur Seele charakterisiert wäre durch das Bild einer Äffin, an die sich ihr Junges, indem es von ihr getragen wird, immerhin festhalten muß. Schon die völlig unsichere Stellung und Rolle des Gottesbegriffs, aber auch der Ersatz des Begriffs des Glaubens durch den der Hingabe und Liebe und dazu das nach allen Seiten völlig Gestaltlose auch dieses Begriffs der Liebe zeigt, daß wir uns hier in einer völlig anderen Welt befinden als bei jener japanischen Gnadenreligion und vollends als im evangelischen Christentum. Es müßte schon eine sehr schlechte Abart modernen evangelischen Christentums sein, das sich in diesen Bhakti-Religionen verwandtschaftlich angesprochen fühlen sollte!)

Wenn ich die Existenz jenes in diesem Zusammenhang allein ernstlich in Betracht kommenden „japanischen Protestantismus" des Genku und des Shinran eine providentielle Fügung genannt habe, so meinte ich damit: daß wir, weit entfernt, uns durch jene frappante Parallelität hinsichtlich der Wahrheit des Christentums auch nur einen Augenblick stutzig machen zu lassen, dankbar dafür sein sollten, daß sie uns so überaus lehrreich vor Augen führt: die christliche Religion in ihrer geschichtlichen Gestalt, als Form der Lehre, des Lebens und der Ordnung als solche kann es nicht sein, der die Wahrheit an sich zu eigen ist — auch dann nicht, wenn diese besondere und reformatorische Gestalt die reformatorische sein sollte. Ihre Gestalt, auch ihre reformatorische Gestalt, ist offenbar nicht als einwandfrei original nachzuweisen. Gewiß von Identität zwischen dem christlichen und jenem japanischen „Protestantismus" wird man besonnenerweise nicht reden wollen. Geradezu gleich pflegen sich ja zwei natürliche oder geschichtliche Gestalten nicht zu sein. Es lohnt sich also wohl, darauf zu achten: 1. daß der Ausgangspunkt der Jodo-Bewegung notorisch die populäre Frage nach einem leichteren und einfacheren Heilsweg gewesen ist; man wird aber weder von Luther noch von Calvin sagen können, daß auch sie gerade von daher gekommen seien. Man vermißt dementsprechend 2. unter den jodoistischen Ideen in Parallele zu den reformatorischen eine Lehre von einem Gesetz und dann auch von einer Heiligkeit, von einem Zorn des Amida; es scheint der Güte und Barmherzigkeit dieses Gottes alles Relief und damit der Erlösung des Menschen durch ihn alle Dramatik, jeder Charakter einer wirklichen Problemlösung zu fehlen. Es scheint darum 3. der jodoistischen Antithese zur kultisch-moralischen Werkgerechtigkeit auch jener Akzent eines Kampfes für die Ehre Gottes gegen die menschliche Eigenwilligkeit und Überheblichkeit zu fehlen, die ihm schon bei Paulus selbst und in der Reformation besonders bei Calvin das eigentliche Gewicht gibt: sie scheint dort ganz in einem seelsorgerlichen Anliegen begründet zu sein, das als solches für offenbar einwandfrei begründet gehalten wird. Es steht und fällt nämlich 4. der Jodoismus mit dem übrigen Buddhismus mit der inneren Kraft und Berechtigung des stürmischen menschlichen Wunsches nach einer Erlösung durch Auflösung, nach dem Eingang ins Nirwana, zu dem ja das allein durch den Glauben zu erreichende „reine Land" nur die Vorhalle bildet, wie der Buddhaschaft, zu deren Vollkommenheit auch der Gott Amida erst unterwegs ist. Dieses menschliche Wunschziel, und nicht Amida oder der Glaube an ihn ist in der Jodo-Religion die eigentlich regierende und bestimmende Macht, zu der sich Amida und der Glaube an ihn und das „reine Land", in das der Glaube den Eingang bildet, nur wie Mittel zum Zwecke verhalten. Es fehlt also, aus der Nähe besehen, nicht an bemerkenswerten immanenten Unterschieden zwischen diesem japanischen und dem christlichen „Protestantismus". Aber das Entscheidende kann mit dem Aufweis dieser Unterschiede — der sich wohl, aus noch größerer Nähe besehen, noch bereichern und vertiefen ließe — nicht gesagt sein. Mindestens mit einem etwas primitiv verstandenen christlichen Protestantismus, wie er doch vom 16. Jahrhundert bis heute im Bewußtsein Unzähliger als der wahre Protestantismus existiert hat, mindestens mit einer bestimmten Selbstauffassung und Selbstdarstellung insbesondere des Luthertums, die doch ein Stück weit auch die Luthers selbst gewesen ist, läßt sich der Jodoismus sehr wohl und ohne Gewaltsamkeit vergleichen. Man denkt unwillkürlich an die Zauberer des Pharao, Ex. 7, die mindestens die Wunder Aarons, der immerhin Mose Bruder war, auch zu tun vermochten: genügend ähnlich, um dem Pharao Anlaß zu geben, sein Herz zu.verstocken. Es könnten doch bei so viel Entsprechungen schließlich auch jene Unterschiede vielleicht in einer noch weiteren — wer weiß, durch die Berührung mit dem Christentum angeregten! — immanenten Fortentwicklung des Jodoismus zu einer noch reineren Gestalt auch noch in Wegfall kommen und damit eine annähernd vollkommene Gleichheit mit dem christlichen Protestantismus, d. h. aber gerade mit der reinsten Form des Christentums als Gnadenreligion doch noch Ereignis werden. Aber selbst wenn dies nicht in Rechnung zu ziehen wäre, hätten wir allen Anlaß, in diesen Unterschieden wohl Symptome, aber auch nicht mehr als Symptome des wirklichen Unterschiedes zwischen der wahren und der falschen Religion zu sehen, Symptome, die als solche keine entscheidende und wirklich unterscheidende Kraft haben, die nicht etwa als solche die Wahrheit gegenüber der Lüge sind, sondern die das Siegel der Wahrheit erst anderswoher empfangen müßten, Symptome, die — wir müssen theoretisch damit rechnen — grundsätzlich auch fehlen könnten, ohne daß wir darum über den Unterschied zwischen Wahrheit und Lüge auch nur im geringsten zweifelhaft sein dürften. Die christlich-protestantische Gnadenreligion ist nicht darum die wahre Religion, weil sie eine Gnadenreligion ist. Wäre dem so, dann müßte dasselbe — wie man auch von jenen Unterschieden denken möge — billigerweise auch vom Jodoismus gelten, und mit etwas stumpfen Sinnen könnte man es dann wohl auch von der Bhakti-Religion sagen, und warum sollte dann dasselbe nicht auch gleich von einer Reihe von anderen Religionen gesagt werden, denen die Gnade unter allerlei Titeln und in allerlei Zusammenhängen auch keine ganz fremde Größe ist? Entscheidend über Wahrheit und Lüge ist wirklich nur Eines. Und darum ist die Existenz des Jodoismus eine providentielle Fügung zu nennen, weil er das mit relativ größter Dringlichkeit so deutlich macht, daß über Wahrheit und Lüge zwischen den Religionen nur Eines entscheidet. Dieses Eine ist d e r N a m e J e s u s C h r i s t u s. Es dürfte methodisch empfehlenswert sein, im Angesicht des Jodoismus, aber grundsätzlich auch im Angesicht aller anderen Religionen zunächst ganz und gar nur diesen Unterschied ins Auge zu fassen und alles Andere, was wir an Unterschieden zu kennen meinen, vorläufig zurückzustellen: nicht etwa nur in der vorsichtigen Erwägung heidnischer Entwicklungsmöglichkeiten, von denen unsere Unterscheidungslehren eines Tages überholt werden könnten, sondern in der klaren Einsicht, daß die Wahrheit der christlichen Religion tatsächlich in dem einen Namen Jesus Christus und sonst in gar nichts beschlossen ist. Wirklich in der ganzen formalen Simplizität dieses Namens als des Inbegriffs der göttlichen Offenbarungswirklichkeit, die ganz allein die Wahrheit unserer Religion ausmacht! Also nicht in ihrer mehr oder weniger ausgeprägten Struktur als Gnadenreligion, also nicht in der reformatorischen Lehre von der Erbsünde, von der stellvertretenden Genugtuung, von der Rechtfertigung allein durch den Glauben, von der Gabe des Heiligen Geistes und von der Dankbarkeit. Das alles können die Heiden, wie Figura zeigt, auch lehren und sogar in ihrer Weise leben und als Kirche darstellen, ohne darum weniger Heiden, arme, gänzlich verlorene Heiden zu sein. Unsre Erkenntnis und unser ihr leidlich entsprechend geordnetes Leben und Kirchentum als solches unterscheidet uns von ihnen nur insofern wirklich, als sie allenfalls Symptome derjenigen Gnade und Wahrheit sind, die ganz allein Jesus Christus selber und also für uns: der Name Jesus Christus ist — nur insofern, als sie schlechthin bedingt sind durch diesen einen und keinen andern Namen, und also schlechthin an ihn gebunden, durch ihn inhaltlich bestimmt, auf ihn hinzielend und durch ihn bestätigt und bewährt. Der christliche Protestantismus ist insofern die wahre Religion, als die Reformation Erinnerung war an die in diesem Namen beschlossene Gnade und Wahrheit und als eben diese Erinnerung in ihm wirksam ist. In dieser Erinnerung, die doch vielmehr ein Erinnertwerden war, formte er sich, wurde er geformt, und mit ihm wenigstens partiell auch das übrige Christentum: zu dem, was wir nun also sein Wesen als eine ausgesprochene Gnadenreligion nennen. In diesem Erinnertwerden kam es zur Rechtfertigungs- und zur Prädestinationslehre, zur evangelischen Lehre von

3. Die wahre Religion

der Kirche, von den Sakramenten, vom christlichen Leben und zu den sonstigen Eigentümlichkeiten, die ihn in mehr oder weniger deutlicher Weise in dieser Richtung auszeichnen mögen. Als Symptome, als Prädikate des Subjektes Jesus Christus — jetzt, im Rückblick mag nun auch von ihnen ernsthaft die Rede sein — bekamen, hatten und haben gewiß auch diese Symptome die Kraft der Wahrheit: die Kraft des Bekenntnisses und des Zeugnisses von der Wahrheit. Wie sollten sie nicht gefordert und dann auch geeignet sein, den Namen Jesu Christi und damit die Wahrheit der christlichen Religion zu verkündigen? Und jetzt: in dieser symptomatischen, in dieser Bekenntnis- und Zeugniskraft mögen dann auch wohl die nicht unbeachtlichen Unterschiede zwischen der christlichen und aller nichtchristlichen Gnadenreligion ernst und gewichtig werden, mögen wir der wohlbegründeten Überzeugung sein, daß auch hinsichtlich der beiderseitigen Struktur eine Verwechslungsmöglichkeit tatsächlich nicht vorliegt, daß es zu einer wirklichen Parallelität oder gar Deckung zwischen der Lehre und dem Leben einer der christlichen und denen einer nichtchristlichen Gnadenreligion (und wäre sie dies noch so konsequent!) tatsächlich auch in Zukunft nicht kommen wird, daß vielmehr irgendwelche symptomatischen Unterschiede hüben und drüben sicher sichtbar bleiben werden, an denen sich der eigentliche, der wesentliche Unterschied auch immer wieder klarmachen lassen wird. Diese Überzeugung wird aber nur dann eine wohlbegründete Überzeugung sein, wenn sie ausschließlich auf den Glauben an den einen und einzigen Jesus Christus begründet ist, weil allein von ihm aus jene relativen Unterschiede ihr relatives Licht haben und immer wieder empfangen können. Es wird sich also der eigentliche und wesentliche Unterschied der christlichen Religion gegenüber der nichtchristlichen und damit ihr Charakter als die Religion der Wahrheit gegenüber den Religionen der Lüge als solcher nur in dem Faktum, in dem Ereignis nachweisen lassen, daß die Kirche nach Anweisung der heiligen Schrift Jesus Christus und keinen anderen als die Gnade und die Wahrheit zu hören, zu verkündigen und zu glauben müde, sondern immer wieder munter wird, und daß es ihm gefällt, sich nach seiner Verheißung zu diesem ihm dargebrachten Dienste zu bekennen und also im Bekenntnis und Zeugnis der Kirche sein eigener Bekenner und Zeuge zu sein. Es ist eben tatsächlich an dem, daß die Kirche schwach sein muß, um stark zu sein.

Daß es eine wahre Religion gibt, das ist Ereignis im Akt der Gnade Gottes in Jesus Christus, genauer: in der Ausgießung des Heiligen Geistes, noch genauer: in der Existenz der Kirche und der Kinder Gottes. Sofern die Kirche Gottes und die Kinder Gottes existieren, insofern gibt es mitten in der Welt menschlicher Religion wahre Religion, will sagen: eine Erkenntnis und Verehrung Gottes und ein ihr entsprechendes Handeln des Menschen, von denen nicht nur zu sagen ist, daß sie verkehrt, ein aus Lüge und Unrecht geborener Versuch mit untauglichen Mitteln sind, sondern von denen zu sagen ist: daß sie (in ihrer Verkehrtheit) tatsächlich zu ihrem Ziel kommen, daß hier (trotz der Lüge und des Unrechts, die auch hier geschehen, trotz der Untauglichkeit der auch hier angewandten Mittel) wirklich Gott erkannt und verehrt wird, wirklich ein Handeln des mit Gott versöhnten Menschen stattfindet. Die Kirche und die Kinder Gottes und also die Träger der wahren Religion leben von der Gnade Gottes, d. h. ihre Gotteserkenntnis, ihre Gottesverehrung, ihr Gottesdienst in Lehre, Kultus und Leben ist bestimmt durch die Einsicht von der allem menschlichen Denken, Wollen und Tun zuvorkommenden und alle menschliche Verkehrtheit zurechtbringenden freien Güte

Gottes, die dem Menschen nur den Glauben und die Dankbarkeit übrigläßt und zuweist — auch diese nicht als sein Werk, sondern als ihre eigene Gabe — die sich aber eben dem glaubenden und dankbaren Menschen unter keinen Umständen versagen wird. Indem die Kirche und die Kinder Gottes unter dieser Ordnung leben, leben sie von Gottes Gnade. Aber daß sie das tun, das ist es nicht, was ihre Existenz als Kirche und Kinder Gottes begründet, und das ist es nicht, was nun gerade ihre Religion zur wahren Religion macht. Auf dieses ihr Tun als solches gesehen, erheben sie sich nämlich nicht entscheidend über das Niveau der allgemeinen Religionsgeschichte, sind sie der göttlichen Anklage auf Götzendienst und Werkgerechtigkeit nicht entzogen. Einmal darum nicht, weil ihr Leben von der Gnade jedenfalls in der Geschichte kaum anders denn als eine je und je eingeschaltete Hemmung gegenüber dem im übrigen auch in ihrem Bereich wirksamen Vollzug des Gesetzes aller Religion sichtbar wird: wäre wirklich das Denken, Wollen und Tun der Christen als solcher, die von Gnade leben, das Kriterium ihrer Existenz als Kirche und Kinder Gottes — mit welchem Mut könnte dann diese ihre Existenz als solche und die Wahrheit gerade ihrer Religion behauptet werden? Man kann das auf Grund dieses Kriteriums aber auch darum nicht behaupten, weil ein angebliches und zum Teil sehr stattliches angebliches Leben von Gnade, weil das Phänomen der Gnadenreligion auch auf den übrigen Feldern der Religionsgeschichte jedenfalls nicht einfach unbekannt ist, ohne daß wir doch, messend mit biblischen Maßstäben, deshalb Anlaß hätten, von Kirche und Kindschaft Gottes, von der Existenz wahrer Religion in diesen Bereichen zu reden. Entscheidend ist für die Existenz der Kirche und der Kinder Gottes und für die Wahrheit ihrer Religion etwas ganz anderes — entscheidend dann auch hinsichtlich ihres an sich so problematischen Lebens von der Gnade: dies nämlich, daß sie durch die Gnade Gottes von seiner Gnade leben. Das macht sie zu dem, was sie sind, das macht ihre Religion wahr, das hebt sie empor über das Niveau der allgemeinen Religionsgeschichte. Durch die Gnade Gottes, d. h. aber: durch die Wirklichkeit dessen, wovon sie angeblich, aber doch so problematisch leben, durch die Wirklichkeit dessen, wovon der Mensch angeblich und sehr problematisch auch auf anderen Feldern der Religionsgeschichte allenfalls leben kann. Durch die Wirklichkeit, will sagen: dadurch, daß Gott jenseits alles menschlichen Angebens, jenseits dessen, was Menschen im Bereich ihrer Religion, auch wenn sie eine Gnadenreligion ist, denken, wollen und tun können, ohne ihr Verdienst und ihre Würdigkeit tatsächlich als der gnädige Gott, der er ist, an ihnen handelt, ihrem Denken, Wollen und Tun tatsächlich in freier Güte zuvorkommt, tatsächlich den Glauben und die Dankbarkeit in ihnen erweckt, sich ihnen tatsächlich nicht versagt. Nicht kraft dessen, daß sie ihn als solchen anerkennen und danach tun, also nicht kraft ihrer Gnadenreligion, sondern kraft dessen, daß Gott sich ihrer in Gnaden angenommen hat, also kraft seiner Barmherzigkeit, trotz ihrer angeblichen und doch so problematischen Gnadenreligion, kraft des Wohlgefallens, das er an ihnen hat, kraft der freien Wahl, deren alleiniges Motiv eben dieses sein Wohlgefallen ist, kraft seines Heiligen Geistes, den er nun eben über sie ausgießen wollte, sind sie, was sie sind, und ist ihre Religion die wahre Religion. Daß die Kirche und die Kinder Gottes durch seine Gnade von seiner Gnade leben und eben dadurch zur Stätte und zu den Trägern der wahren Religion werden, das haben wir aber in seiner konkreten Bedeutung, in seiner Unterschiedenheit von irgendeinem höheren Religionsprinzip, das als solches dem Gericht über alle menschliche Religion mitverfallen wäre, erst dann gesehen, wenn wir uns darüber klar sind, daß „durch die Gnade Gottes" schlechterdings identisch ist mit: „durch den Namen Jesus Christus". Weil er, Jesus Christus, der ewige Sohn Gottes und als solcher der ewige Gegenstand des göttlichen Wohlgefallens ist, weil er als dieser ewige Sohn Gottes Mensch wurde, weil also in ihm nun auch der Mensch nicht aus Verdienst und Würdigkeit, sondern nach der Gnade, die sich in Gottes Sohn des Menschen angenommen, Gegenstand des göttlichen Wohlgefallens geworden ist, weil in diesem Einen die Offenbarung Gottes unter den Menschen, die Versöhnung des Menschen mit Gott, ein für allemal vollzogen ist, weil er den Heiligen Geist gibt — darum und dadurch, in diesem Einen gibt es eine Kirche Gottes, gibt es Kinder Gottes. Sie sind, was sie sind, und sie haben die wahre Religion, weil er an ihrer Stelle steht, und also um seinetwillen. Sie können keinen Augenblick von ihm absehen wollen in der Meinung und Absicht, in sich selbst sein zu wollen, was sie sind, und in sich selbst die wahre Religion haben zu wollen. Aber auch wenn sie tatsächlich von ihm absehen — und eben das tun auch sie dauernd — so wird das zwar zur Folge haben, daß sie ihrer Existenz als Kirche und Kinder Gottes und eben damit auch der Wahrheit ihrer Religion ungewiß werden: es kann aber nichts ändern an dem objektiven Sachverhalt, daß sie in ihm, in dem Namen Jesus Christus, d. h. in der in Jesus Christus geschehenen Offenbarung und Versöhnung (nicht anderswo aber hier wirklich!) sind, was sie sind, und damit Träger der wahren Religion sind. Also: durch die Gnade Gottes gibt es Menschen, die von seiner Gnade leben. Oder konkret gesagt: durch den Namen Jesus Christus gibt es Menschen, die an diesen Namen glauben. Sofern dies das Selbstverständnis der Christen und der christlichen Religion ist, darf und muß von ihr gesagt werden, daß sie und sie allein die wahre Religion ist. — Dieser Satz in dieser seiner eigentümlichen Begründung muß nun unter vier bestimmten Gesichtspunkten entfaltet und erläutert werden.

1. Es handelt sich in dem Verhältnis zwischen dem Namen Jesus Christus und der christlichen Religion zunächst um einen Akt göttlicher

Schöpfung. Das will sagen: ihre Existenz in ihrer geschichtlichen Gestalt und in ihren individuellen Bestimmungen ist keine selbständige, keine in sich gegründete Existenz. Der Name Jesus Christus ganz allein hat die christliche Religion geschaffen, und ohne ihn wäre sie nie gewesen. Aber das darf nicht nur historisch, das muß sofort aktuell und also präsentisch verstanden werden. Der Name Jesus Christus schafft die christliche Religion, und ohne ihn würde sie nicht sein. Denn wenn wir von der christlichen Religion zunächst auch nur als von einer Wirklichkeit reden wollen, dann können wir uns nicht damit begnügen, auf ihr Geschaffensein und also Vorhandensein zurückzublicken, dann müssen wir sie vielmehr wie unsere eigene Existenz und die der Welt als eine heute wie gestern und morgen durch den Namen Jesus Christus zu schaffende und geschaffene Wirklichkeit verstehen. Ohne den Akt ihrer Schöpfung durch den Namen Jesus Christus, der wie die Schöpfung überhaupt als *creatio continua* zu verstehen ist, und also und vor allem ohne ihren Schöpfer hat sie keine Wirklichkeit. Wollten wir von der christlichen Religion abgesehen von dem Namen Jesus Christus reden, dann würden wir tatsächlich nur zweierlei in der Hand behalten: 1. die allgemein-menschliche religiöse Möglichkeit, die allerdings den sog. Christen ebenso zu eigen ist wie allen anderen Menschen, die sich aber als solche auch ebensogut in irgendeiner nicht-christlichen Religion wie in der christlichen realisieren könnte, ja, die sich nach ihrem Wesen als eine allgemein menschliche Möglichkeit sogar bestimmt nur in irgendeiner bekannten oder noch unbekannten nicht-christlichen Religion realisieren könnte: eine leere Möglichkeit übrigens nur und also keine Wirklichkeit! Und 2. die in rascher und völliger Auflösung begriffenen Trümmer eines religionsähnlichen Gebildes, das einmal Christentum hieß und vielleicht auch war, das aber nun, nachdem ihm die Lebenswurzel abgeschnitten ist, nicht einmal mehr die Lebensfähigkeit einer nicht-christlichen Religion hat, sondern eben nur noch verschwinden und durch irgendeine andere, wenigstens existenzfähige Religion ersetzt werden kann. Daß die christliche Religion ohne die im strengsten Sinn verstanden schöpferische Kraft des Namens Jesus Christus gar nie in die Geschichte eingetreten wäre und also nie existiert hätte, braucht nicht besonders bewiesen zu werden. Existiert hätten ohne diesen Namen die damaligen Menschen als Träger jener allgemein menschlichen religiösen Möglichkeit unter den besonderen Bestimmungen, unter denen sie die Möglichkeit nun eben der damaligen Menschen war. Und existiert hätte dann wohl ein etwas ungestörter sich auslebender religiöser Hellenismus jüdischer, orientalischer und okzidentalischer Provenienz und Färbung. Das Christentum aber als missionarische, kultische, theologische, politische und moralische Gestalt ist von Anfang an nicht anders als in unauflöslicher Verbundenheit mit dem Namen Jesus Christus auf dem Plan gewesen. Wir können aber gerade aus der Kirchengeschichte der letzten Jahrhunderte lernen, daß tatsächlich an diesen Namen und an den mit ihm bezeichneten Akt göttlicher Schöpfung und Erhaltung die Existenz der christlichen Religion gebunden ist. Man streiche diesen Namen, so hat man diese Religion nicht nur verstümmelt und geschwächt, so daß sie als „Christentum ohne Christus" allenfalls weiter vegetieren könnte, so hat man ihr vielmehr ihren Existenzgrund genommen, so hat man ihr nur ein eiliges Sterben übriggelassen, wie es aus anderen Gründen über andere Religionen gekommen ist. Es verlöre, wenn wir von dem Namen Jesus Christus auch nur einen Augenblick absehen wollten, die christliche Kirche die Substanz, kraft welcher sie sich im Staat und in der Gesellschaft und ihnen gegenüber als Größe besonderer Ordnung behauptet; es verlöre die christliche Frömmigkeit (ganz gleich, ob sie mehr Frömmigkeit des Kopfes, des Herzens oder der Tat zu sein sich rühmt) die Substanz, kraft welcher sie etwas Eigenes ist neben Moral, Kunst und Wissenschaft; es verlöre die christliche Theologie die Substanz, kraft welcher sie nicht Philosophie, nicht Philologie, nicht Geschichtswissenschaft, sondern wirklich Gottesgelehrsamkeit ist; es verlöre der christliche Gottesdienst seine sakramentale und sakrifizielle Substanz, kraft welcher er mehr als ein feierliches halb übermütiges, halb überflüssiges Spiel ist. Ihre Substanz und damit ihr Lebensrecht und mit ihrem Lebensrecht sicher alsbald auch ihre Lebensmöglichkeit! Die christliche Religion ist Prädikat an dem Subjekt des Namens Jesus Christus. Ohne ihn ist sie nicht nur etwas anderes, sondern gar nichts und wird das nie lange verbergen können. Sie war und ist und wird sein kraft des durch diesen Namen bezeichneten Schöpfungsaktes. Eben kraft dieses Schöpfungsaktes empfängt sie nun aber mit ihrem Sein zugleich ihre Wahrheit: indem sie war und ist und sein wird durch den Namen Jesus Christus, war und ist sie und wird sie sein die wahre Religion: die Gotteserkenntnis, die Gottesverehrung, der Gottesdienst, in welchem der Mensch nicht im Trotz gegen Gott allein bei sich selbst ist, sondern im Frieden mit Gott vor Gott wandelt.

Aber man beachte wohl: Eben weil dieser Name nicht weniger als den Schöpfungsakt und den Schöpfer der christlichen Religion bezeichnet, ist es ganz ausgeschlossen, daß wir ihn, als ob wir über ihn verfügten, unseren vermeintlich christlichen Lehren nachträglich als erläuternden oder verstärkenden Zusatz oder auch als kritischen Vorbehalt hinzufügen, daß wir ihn anläßlich unserer vermeintlich christlichen Unternehmungen nachträglich wie eine Zaubermacht beschwören, daß wir ihn unseren vermeintlich christlichen Institutionen nachträglich als Vorwand und Zweck hinzufügen könnten, wie ein buntes Fenster einer im übrigen vollendeten Kirche nachträglich eingefügt wird. Der Name Jesus Christus ist gerade kein bloßes *nomen* im Sinne des bekannten mittelalterlichen Streites, sondern der Inbegriff und die Quelle aller Realität. Steht er nicht in freier Schöpfermacht am Anfang der christlichen Religion und ihrer Lebensäußerungen, dann ist auch das, was an deren Ende oder Spitze nachträglich von uns geltend gemacht wird, keineswegs der Name Jesus Christus, sondern ein hohler Klang, durch den unsere menschliche Nichtigkeit auf keinen Fall in göttliche Fülle verwandelt werden wird.

Fülle statt Nichtigkeit ist da und nur da, wo der Name Jesus Christus wirklich als der Schöpfer unserer Lehre, unserer Unternehmungen und Institutionen der Anfang aller Dinge ist. — Man versteht das, was hier theoretisch zu verstehen ist, am besten, wenn man die christliche Religion, die ja nichts anderes ist als das irdisch-geschichtliche Leben der Kirche und der Kinder Gottes, als Annex der menschlichen Natur Jesu Christi versteht und sich dessen erinnert, was über deren Existenz nach Joh. 1, 14 zu sagen war: Es gab niemals einen Menschen Jesus als solchen außerhalb der ewigen Wirklichkeit des Sohnes Gottes. Es gab wohl innerhalb der Fülle menschlicher Möglichkeiten, auf der Linie von Abraham zu der Jungfrau Maria auch diese Möglichkeit, die dann in dem Menschen Jesus ihre Verwirklichung fand. Sie fand aber diese Verwirklichung nicht selbständig, sondern kraft des schöpferischen Aktes, in welchem der ewige Sohn Gottes gerade diese menschliche Möglichkeit aufnahm in seine Wirklichkeit und ihr damit, also in seiner eigenen Wirklichkeit, die Wirklichkeit gab, die sie zuvor und an sich nicht hatte und die sie auch indem sie sie bekam, keineswegs außerhalb dieser seiner Wirklichkeit hatte. Die menschliche Natur Jesu Christi hat keine eigene Hypostase, sie hat sie nur im Logos, hörten wir. Eben dies gilt nun auch von dem irdisch-geschichtlichen Leben der Kirche und der Kinder Gottes und also von der christlichen Religion. Sie ist das Leben des irdischen Leibes Christi und seiner Glieder, die aus der schemenhaften bloßen Möglichkeit dadurch in die Wirklichkeit gerufen sind, daß er, das Haupt, sie an sich genommen und versammelt hat als die irdische Gestalt seines himmlischen Leibes. Gelöst von ihm könnten sie nur zurückfallen in jene schemenhafte Möglichkeit, d. h. in jenes Nicht-Sein, aus dem sie hervorgegangen sind. Sie leben in ihm oder sie leben gar nicht. Indem sie in ihm leben, haben sie Anteil an der ewigen Wahrheit seines eigenen Lebens. Sie haben aber nur die Wahl, entweder von diesem Anteil an seinem Leben oder gar nicht zu leben. Ihr Anteil an dem Leben des Sohnes Gottes als des himmlischen Hauptes auch seines irdischen Leibes ist aber eben der Name Jesus Christus.

2. Es handelt sich in dem Verhältnis zwischen dem Namen Jesus Christus und der christlichen Religion um einen Akt der göttlichen Erwählung. Indem die christliche Religion keine eigene Wirklichkeit besaß noch jemals besitzen kann, indem sie sich, für sich betrachtet, reduziert auf eine bloße Möglichkeit unter vielen anderen, hatte und hat sie dem Namen Jesus Christus nichts Eigenes entgegenzubringen, was sie nun etwa dessen würdig machen würde, seine Schöpfung und als solche die wahre Religion zu sein. Wird sie Wirklichkeit, so wird sie es auf Grund freier, in Gottes Erbarmen und unbegreiflichem Wohlgefallen und sonst in gar nichts begründeter Erwählung. Man wird die Notwendigkeit der Entstehung der christlichen Religion zwar nachträglich erläutern können im Blick auf die Entwicklung des Judentums und auf die politischen, geistigen und moralischen Verhältnisse der Mittelmeerländer in der Kaiserzeit. Man wird sie aber in ihrer Wirklichkeit niemals von daher erklären und ableiten können. Ihre allein ernstlich in Betracht kommende geschichtliche Erklärung und Ableitung, aus der Geschichte des mit Israel geschlossenen Bundes kann ja auch nur dann stringent und einleuchtend werden, wenn sie selber ganz und gar von der Erfüllung des alten Bundes eben in dem Namen Jesus Christus, von der geschehenen, erkannten und geglaubten Offenbarung her und also unter Voraussetzung dieses Namens vollzogen wird. Daß es Gott gefiel, sich gerade damals

und dort und in dieser Weise in dem Namen Jesus Christus zu offenbaren, das hatte seine Notwendigkeit in sich selber, nicht in irgendwelchen diesem Namen vorgegebenen Umständen und Bedingungen. Erwählung aus freiem Erbarmen und Wohlgefallen Gottes ist es aber auch seither und bis auf diesen Tag, wenn christliche Religion kraft des Namens Jesus Christus Wirklichkeit und nicht Nichtigkeit ist. Es gibt wie eine *creatio* so auch eine *electio continua*, die wir dann wohl besser als Gottes Treue und Geduld bezeichnen. Der Name Jesus Christus ist nicht etwa mechanisch, unter einem ihm auferlegten Zwang, gebunden an das, was als Christentum, als christliche Lehre, Haltung und Einrichtung, getragen von angeblich christlichen Menschen, von angeblich christlichen Teilen der übrigen Menschheit Wirklichkeit zu haben scheint und in Anspruch nimmt. Wo er daran gebunden ist, da hat er sich selbst daran gebunden, und daß er das getan hat, das wird in jedem einzelnen Fall seine Gnade, und nicht menschliches auch nicht christliches Verdienst sein. Gnade und insofern Erwählung, d. h. freie Gnade ist eben gerade auch Gottes Treue und Geduld. Es ist Erwählung, wenn die Kirche nicht nur eine beliebige Religionsgesellschaft ist, wie es auch andere gibt, sondern Leib Christi, wenn sie nicht nur Aspirationen hat, sondern Inspirationen, wenn ihr Verhältnis zu Staat und Gesellschaft ein Verhältnis echten Gegensatzes und gerade so echter Gemeinschaft ist: auch daß sie das Wort und die Sakramente verwaltet, auch daß sie die Schrift und das Bekenntnis hat, ändert nichts daran, daß dies alles Erwählung, ungeschuldete Gnade ist. Es ist Erwählung, wenn ihr Gottesdienst nicht nur eine wunderlich gemischte Abart des jüdischen Synagogengottesdienstes und des spätantiken Mysterienkultes, sondern Gottesdienst im Geist und in der Wahrheit ist: keine noch so treu gepflegte Tradition und auch kein noch so lebendiges religiöses Gegenwartsbewußtsein vermöchten zu verhindern, daß er doch nur das erste sein könnte. Ist es anders: ist das angeblich Geistliche wirklich geistlich, dann durch den Heiligen Geist, der weht, wo er will, dann auf Grund der freien, barmherzigen Zuwendung Gottes und also durch Erwählung, und nicht durch seine immanente Eignung zu wirklicher Geistlichkeit. Es ist Erwählung, wenn die Theologie keine gegenstandslose Wissenschaft ist, wenn sie nicht nur vermeintlich und angeblich Gottes Wort hört und auslegt und damit der Reinheit der kirchlichen Lehre zu dienen sich bemüht. Es gibt keine Methode, keine Einstellung, keine Orientierung, mittelst derer es sich erzwingen ließe, daß die Theologie etwas anderes ist als rabbinische Schriftgelehrsamkeit oder griechische Spekulation. Ist sie etwas Anderes, ist sie echte kirchliche Wissenschaft, dann auf Schritt und Tritt auf Grund von Erwählung, und nicht sonst. Wir könnten dasselbe sagen von der christlichen Frömmigkeit, von der christlichen Sitte, von der christlichen Liebestätigkeit, von der christlichen Erziehung, von der christlichen Politik. Wir haben überhaupt zu bedenken, daß das gewichtige Adjektiv „christlich" — mit dem wir ja ausdrücklich den Namen Jesus Christus aussprechen — keinen Griff nach unserem eigenen Besitz, sondern nur ein uns Ausstrecken nach dem in diesem Namen beschlossenen Besitz Gottes und also ein Fragen nach unserer Erwählung, eine Bitte darum sein kann; daß Gott sein Angesicht nicht von uns abwende, daß er in seiner unverdienten Treue und Geduld nicht müde werden möchte. Wo dieses Adjektiv wirklich gilt, da hat Erwählung stattgefunden. Und eben die Erwählung macht die christliche Religion zur wahren Religion. Wohlverstanden: eben die Erwählung! Es ist also nicht etwa an dem, daß der Gedanke an Gottes allein entscheidende, an keinen menschlichen, auch an keinen christlichen Besitz gebundene Gnade eine Abschwächung der christlichen Wahrheitsgewißheit bedeuten würde. Vielmehr gerade mit diesem Gedanken, wie erschütternd er auch auf alle Selbstgewißheit hinsichtlich der Wahrheit wirken muß, wird der Blick offen für den Grund wirklicher Gewißheit: die christliche Religion ist darum die wahre Religion, weil es dem Gott, der in dieser Sache allein der Richter sein kann, gefallen hat, nun gerade sie als die wahre Religion zu bejahen. Was ist Wahrheit, wenn es nicht dieses göttliche Ja ist? Und was ist Wahrheitsgewißheit, wenn nicht die, die sich allein auf dieses freie, aber in seiner Freiheit, weil sie die Freiheit Gottes ist, weise und gerechte Urteil gründet?

Auch unter dem Gesichtspunkt der Erwählung ist nun aller Nachdruck darauf zu legen, daß das Verhältnis zwischen dem Namen Jesus Christus und der christlichen Religion nicht etwa umzukehren ist. Wir denken an Ps. 100, 3 in Luthers Übersetzung: „Erkennet, daß der Herr Gott ist! Er hat uns gemacht — und nicht wir selbst — zu seinem Volk und zu Schafen seiner Weide." Und an Joh. 15, 16: „Nicht ihr erwählet mich, sondern ich erwählte euch und setzte euch, daß ihr hingehet und Frucht bringet und eure Frucht bleibe." Beide Worte sind in besonderer Weise an die Religionsgemeinde der Offenbarungsreligion als solche gerichtet. Die Versuchung wird der Kirche und wird den Kindern Gottes immer wieder naheliegen, sich selbst für die Erwählenden in diesem Verhältnis zu halten: ihren Glauben und ihre Liebe, ihr Bekenntnis, ihre Tradition und ihre Hoffnung für dessen eigentliche Substanz, der gegenüber seine Begründung auf den Namen Jesus Christus dann auf einmal wie eine freie Zugabe erscheinen kann, für die man sich zwar vielleicht mit großem Ernst entscheidet, wobei man doch schon damit, daß man meint, sich hier entscheiden zu sollen und zu können, zeigt, daß man nicht mehr weiß, mit welchem Namen man es zu tun hat. In dieser Rolle eines gewählten, immer wieder gewählten, aber schließlich eben doch nur gewählten Königs finden wir den Namen Jesus Christus so ziemlich in der ganzen Theologie und wohl auch Frömmigkeit und Kirchlichkeit des 18.–20. Jahrhunderts. Es meinte die christliche Religion in diesen Jahrhunderten offenkundig entscheidend von einer ihr eigenen Substanz, d. h. von christlicher Erfahrung, Sittlichkeit und Weltordnung als solcher zehren zu können. Das bedeutete gewiß in der Regel nicht, daß man sich des Namens Jesus Christus hätte entledigen oder ihm auch nur die nötige Liebe und Ehrerbietung hätte versagen wollen. *Beneficia Christi* meinte man ja gewiß auch in jener der christlichen Religion eigenen Substanz erblicken zu sollen. Es wirkten die einzelnen Radikalen dieser Zeit, wie etwa Reimarus im 18., Dav. Fr. Strauß im 19., A. Drews im 20. Jahrhundert auch inmitten des liberalen Protestantismus, um vom konservativen und pietistischen nicht zu reden, wie unangenehme Krakeeler inmitten einer leidlich frommen Gesellschaft. Und dem-

3. Die wahre Religion

entsprechend sind sie denn auch von allen Seiten behandelt worden. Aber die Mischung von Mitleid, Zorn und merklicher Angst, mit der das geschah, war doch verräterisch. Und verräterisch war auch der fromme und gelehrte apologetische Eifer, den man von allen Seiten und von der liberalen nicht am wenigsten an den Tag legte, um dem Namen Jesus Christus im Gegensatz zu jenen Radikalen wieder und wieder, jetzt unter diesem, jetzt unter jenem Titel die überlieferte Mittel- und Ehrenstellung zu sichern bzw. wiederzugeben und neu zu begründen. Hätte er sie tatsächlich noch oder schon wieder gehabt, so hätte man sich diese Mühe ersparen können: Luther und Calvin brauchten es auf den Ruhm einer „christozentrischen" Theologie, wie er in der Neuzeit den Ruhm etwa Schleiermachers und dann auch A. Ritschls und seiner Schüler bildete, darum nicht abzusehen, weil ihre Theologie von Hause aus und ohne diese seltsame Absichtlichkeit und Benennung christozentrisch war und es also nicht erst zu werden brauchte. Wie soll aber eine Theologie, Frömmigkeit und Kirchlichkeit christozentrisch werden, wenn sie es nicht von Hause aus ist? Eben die Anstrengungen, der ungesunde Eifer, die historischen und systematischen Künste, deren sie sich in der Neuzeit bedienten, um es zu werden, bezeugten laut und deutlich, daß sie es von Hause aus nicht waren und also gerade auch nicht werden konnten. Sie bezeugten nämlich, daß man genau so wie jene Radikalen, wenn man auch anders als sie wählte, in dieser Sache jedenfalls wählen zu können meinte. Diese Vorstellung von einem Wählenkönnen gegenüber dem Namen Jesus Christus war auch das tief Unglaubwürdige an der Jesulatrie des Pietismus und der Erweckungsbewegungen dieser Zeit. Man kann wohl sagen: gerade die positiven Bemühungen um den Namen Jesus Christus, die in dieser Zeit gemacht wurden, zeigten am deutlichsten den Aufruhr, in dem sich die Kirche im Grunde befand. Denn das war Aufruhr, wenn auch frommer Aufruhr, wenn man zu dem Namen Jesus Christus vom sicheren Port einer sich selbst auf alle Fälle genügenden Religion aus noch besonders meinte Ja sagen, also wählen zu können und zu sollen, wenn man auf eine Diskussion über diese Sache überhaupt einzutreten in der Lage war. Es war natürlich kein Zufall, wenn die Theologie gerade dieser Zeit, wenn und sofern sie sich — entscheidend in apologetischer Absicht — mit Jesus Christus beschäftigte, ein abstrakt betrachtetes irdisch-historisches Leben Jesu zum besonderen Gegenstand ihrer Bemühungen machte. Vergessen war hier natürlich auch das, was der Christologie der älteren Kirche noch selbstverständlich war: daß die menschliche Natur Christi, der man sich jetzt in so unbesonnener Weise zuwandte, nicht nur gar keine selbständige Wirklichkeit war, sondern auch als bloße Möglichkeit, die dann in dem ewigen Sohne Gottes verwirklicht wurde, Gegenstand äußerlich unverdienter, nicht vorauszusehender Erwählung war, während man jetzt in seltsamster Verkennung dessen, was das Neue Testament deutlich genug sagt, irgendeine Frömmigkeit oder Moral oder auch Dämonie des Jesus von Nazareth für das sicher zu Erkennende und unter allen Umständen Vorauszusetzende, sein sog. „Messiasbewußtsein" aber für das Problematische, nach vielen Bedenken nur mit Vorsicht und Zögern zu Bejahende hielt. Man merkte nicht, daß man bei diesem Gang der christologischen Überlegung schließlich doch nur sich selbst, und zwar sich selbst in seiner eigenen Verlegenheit darstellte: die große Sicherheit, in der man ein Christ und im Besitz christlicher Erfahrungen und Gedanken, ein Vertreter christlicher Haltung zu sein meinte — die große Unsicherheit, in der man sich hinsichtlich der Frage, ob dazu denn der Name Jesus Christus nötig sei, endlich und zuletzt in bejahendem Sinne entschied. Schon mit dieser Gewichtsverteilung, schon damit, daß man dort überhaupt keine Frage, hier aber überhaupt eine Frage sehen konnte, schon mit der Naivität, in der man hier seine eigene Christlichkeit bejahte, gegenüber dem Ja-Nein-Ja, mit der man sich schließlich auch für Jesus Christus entschied, war — nicht nur indirekt, sondern ganz direkt — alles verloren, das Bekenntnis zu dem Namen Jesus Christus schon preisgegeben, und es war tragisch, wie aller wissenschaftliche Ernst, alle Aufrichtigkeit und Gründlichkeit, auch alle herzliche und tiefe Frömmigkeit, die zweifellos auch in der Neuzeit gerade an dieses Ja-Nein-Ja gewendet worden sind, diesen Schaden nur immer sichtbarer machen konnten. Es ist darum sicher auch das kein Zufall, wenn die psychologische Struktur besonders der Theologen und Kirchenmänner dieser Zeit (am ausgeprägtesten um die Wende vom 19. zum 20. Jahrhundert) weithin die einer ausgesprochenen Humorlosigkeit, Müdigkeit und Traurigkeit, um nicht zu sagen Schwermut gewesen ist. Konnte es anders sein, wo man bei aller subjektiven Gediegenheit der Bemühung um eine derart verlorene Sache kämpfte? — Man könnte nun freilich einwenden: ob denn nicht eben das Bekenntnis zu dem Namen Jesus Christus doch eine freie Entscheidung des Menschen und also doch ein Wählen dieses Namens sei? Sicher! ist darauf zu antworten; unzweideutig ist es etwa Matth. 16, 13 f., Joh. 6, 67 f. so dargestellt. Man könnte hier auch an Jos. 24, 15 f. denken: „Mißfällt es euch, Jahve zu dienen, so erwählet euch heute, wem ihr dienen wollt: ob den Göttern, denen eure Väter, die jenseits des Stromes gewohnt haben, gedient haben, oder den Göttern der Amoriter, in deren Lande ihr wohnt. Ich aber und mein Haus wollen Jahve dienen." Es dürfte freilich gerade in dieser Stelle der Unterschied beachtlich sein zwischen dem „Wählen" zwischen den mesopotamischen und den kananitischen Göttern, das dem Volke immer noch möglich ist, und dem Gewähltthaben Jahves, das Josua schon hinter sich hat. Sachlich ist es sicher so: wohl findet auch hier ein Wählen statt; es ist aber ein solches Wählen, auf das der Mensch, so gewiß es sein eigenes Wählen ist, immer nur als auf ein schon Geschehenes zurückblicken kann. Im Akte solchen Wählens selbst aber steht der Mensch gerade nicht vor zwei oder drei Möglichkeiten, zwischen denen er auswählen könnte, sondern wählt er die eine, einzige ihm gegebene Möglichkeit, wählt er sein Erwähltsein. Ein solches Wählen ist das Wählen des Namens Jesus Christus. „Herr, wohin sollen wir gehen?" Die den Namen Jesus Christus bekennen und also wählen, wählen die einzige ihnen gegebene, nämlich die von Jesus Christus selbst — „Du hast Worte des ewigen Lebens" — ihnen gegebene Möglichkeit. Sie wählen, aber sie wählen ihr Erwähltsein. Eine eigene, schon vor diesem Wählen vorhandene Substanz christlicher Religion, die nachher als Motiv und Kriterium ihres Wählens des Namens Jesus Christus eine Rolle spielen könnte, kann gerade nicht in Betracht kommen. Sondern ihre Entscheidung ist blank und ausschließlich die Anerkennung einer über sie gefallenen Entscheidung, und eben diese über sie gefallene Entscheidung wird es sein, in der sie dann auch ganz allein die Substanz ihrer mehr oder weniger beträchtlichen Religion erblicken werden. Diese ihre Entscheidung: die Entscheidung des Gehorsams gegenüber der in der Freiheit Gottes gefallenen Entscheidung ist es, was von der heiligen Schrift als Entscheidung des Glaubens und insbesondere des Glaubens an den Namen Jesus Christus beschrieben wird. Die Reformatoren und der alte Protestantismus haben wohl gewußt, was sie taten, wenn sie in einem Atemzug den Menschen zu dieser Entscheidung aufgefordert und insofern zweifellos an seine Freiheit appelliert und nun gerade (mit mehr oder weniger Nachdruck!) immer die Prädestination, d. h. die Wahl im ewigen Ratschluß Gottes, das in Christus geschehene und zu erkennende Erwähltsein als den eigentlichen Gegenstand und Inhalt der Glaubensentscheidung beschrieben haben. In der so geordneten und verstandenen Glaubensentscheidung und in ihr allein geht es real um den Namen Jesus Christus, während er sonst, auch wenn es um ihn zu gehen scheint und angeblich geht, nun doch ein bloßes *nomen* ist, das als solches keine Kraft hat und dann gewiß auch niemals kraftvoll bejaht werden kann. Die Kraft der Bejahung des Namens Jesus Christus ist entweder dessen eigene Kraft oder sie ist Unkraft! Und allein in der so geordneten und verstandenen Glaubensentscheidung kann dann auch die Wahrheit in Sicht kommen und zur Gewißheit werden. Sie leuchtet ein, sie überzeugt, sie behauptet sich, indem sich jene Wahl vollzieht, deren Freiheit und Kraft ganz allein die des Namens Jesus Christus selber ist. Als solche wird sie, als solche macht sie sich selbst zur Wahrheit der christlichen Religion, während wir im angeblichen Besitz einer abstrakten christlichen Religion immer vergeblich nach der Wahrheit des Namens Jesus Christus ausschauen und dann auch der Wahrheit der christlichen Religion gewiß zu werden vergeblich uns bemühen werden.

3. Es handelt sich in dem Verhältnis zwischen dem Namen Jesus Christus und der christlichen Religion um einen Akt göttlicher **Rechtfertigung** oder Sündenvergebung. Wir sagten schon, daß die christliche Religion als solche keine ihr eigene Würdigkeit hat, die nun gerade sie vor anderen dazu ausrüsten würde, die wahre Religion zu sein. Wir müssen nun noch deutlicher sagen: daß sie dessen an sich und als solche ganz und gar unwürdig ist. Wird sie es, so wird sie es durch Erwählung, sagten wir, und müssen nun präzisieren: sie wird es kraft göttlicher Rechtfertigung von Sündern, kraft göttlicher Sündenvergebung. Es hebt sich ja die Struktur dieser Religion (am schärfsten in ihrer protestantischen Gestalt) gewiß von anderen ab, und wir werden auch das als das Werk des Namens Jesus Christus zu verstehen und zu würdigen haben. Sie hebt sich aber gerade nicht so von ihnen ab, daß wir im Blick auf sie dem von Gottes Offenbarung her fallenden Urteil: daß alle Religion Götzendienst und Werkgerechtigkeit ist, nun etwa ausweichen könnten. Es geschieht vielmehr auch die christlich bestimmte Geschichte im ganzen wie im einzelnen, die Geschichte der Kirche und die Lebensgeschichte des einzelnen Kindes Gottes — je genauer man hinsieht, oder vielmehr: je heller das Licht der Offenbarung aus der heiligen Schrift darauf fällt, um so deutlicher zu bemerken — unter diesem Zeichen. Sie ist im Ganzen wie im Einzelnen eine in sich nicht gerechtfertigte, sondern in ihrer Gestalt, aber auch in ihrer menschlichen Wurzel sündige Geschichte, nicht weniger, als dies von der Geschichte des Buddhismus oder des Islam zu sagen ist. Die Hände, in die sich Gott in seiner Offenbarung gegeben hat, sind durchweg unreine, und zwar ernstlich unreine Hände. Wäre unsre Erkenntnis der Wahrheit der christlichen Religion bedingt durch das Leben einer eigenen Reinheit der Kirche Gottes als ihrer Stätte und einer eigenen Reinheit der Kinder Gottes als ihrer Träger, sollte es uns verborgen bleiben: beide sind rein (rein in ihrer Unreinheit!) um des Wortes willen, das zu ihnen geredet ist, dann wäre es um unsere Erkenntnis der Wahrheit der christlichen Religion gewiß geschehen. Denn ausblickend nach der Erlöstheit der Erlösten oder gar — was noch verfehlter ist — nach meiner eigenen Erlöstheit, das Wort nicht hörend, durch das die Kirche und die Kinder Gottes rein sind in ihrer Unreinheit und Erlöste in ihrer ganzen Unerlöstheit, würde ich die Erschaffung und Erwählung gerade dieser Religion zur wahren Religion (selbst wenn ich sie aus irgendeinem Grunde behaupten möchte) doch letztlich nur als eine willkürliche, durch die Tatsachen jedenfalls nicht bestätigte Behauptung empfinden können.

Es gibt nun wohl eine Tatsache, die diese Behauptung gewaltig und entscheidend bestätigt, aller Willkür entnimmt und zu einer schlechterdings notwendigen Behauptung macht. Aber um diese Tatsache zu sehen, müssen wir zunächst — und wir werden auf dieses „zunächst" auch immer wieder zurückkommen müssen — ganz und gar hinwegsehen von dem

Feld der „Tatsachen", die wir oder die irgendwelche menschlichen Betrachter als solche wahrzunehmen und zu beurteilen vermögen, weil sie diesem Feld in der gleichen Weise gegenübersteht wie die Sonne der Erde. Daß die Sonne jetzt nicht jenen, sondern gerade diesen Teil der Erde beleuchtet, diese Tatsache bedeutet für die Erde nicht weniger als dies, daß hier Tag und dort Nacht herrscht, obwohl doch die Erde hier wie dort dieselbe ist, obwohl hier wie dort auf seiten der Erde nichts ist, was sie nun gerade für den Tag disponieren würde, obwohl sie vielmehr ohne die Sonne ebensowohl hier wie dort in ewige Nacht gehüllt sein müßte, obwohl dies, daß sie nun dennoch zu einem Teil am Tage ist, seinen Grund ganz und gar nicht in der Natur dieses bestimmten Teiles der Erde als solchen hat. So und nicht anders fällt das Licht der Gerechtigkeit und des Gerichtes Gottes auf die Welt menschlicher Religion, auf einen Teil dieser Welt, auf die christliche Religion, so daß nun eben diese Religion nicht in der Nacht, sondern am Tage, nicht verkehrte, sondern rechte, nicht falsche, sondern wahre Religion ist. Obwohl sie doch an sich betrachtet nicht weniger menschliche Religion und also Unglaube ist als alle anderen Religionen, obwohl wir weder in der Wurzel noch in der Krone gerade dieses Baumes, weder an der Quelle noch an der Mündung gerade dieses Stromes, weder auf der Oberfläche noch in der Tiefe gerade dieses Stücks Humanität etwas aufweisen können, was es für den Tag der Gerechtigkeit und des Gerichtes Gottes geeignet machen würde. Der Grund, der die christliche Religion zur rechten und wahren Religion macht, liegt also nicht in Tatsachen, die sie selbst oder die ihre Angehörigen aufzuweisen vermöchten, sondern in der Tatsache, die als die Gerechtigkeit und das Gericht Gottes ihr wie allen anderen Religionen gegenübersteht, von der nun aber gerade sie und nicht eine der anderen Religionen als die rechte und wahre bezeichnet und ausgezeichnet ist. Man bemerke: nicht eine Laune und Willkür, sondern die Gerechtigkeit und das Gericht Gottes ist diese gegenüberstehende und entscheidende Tatsache. Es ist schon vollständig in Ordnung, was hier geschieht, gerade weil es die Ordnung Gottes ist, die hier — wie überraschend immer von uns aus gesehen — sichtbar wird und sich auswirkt. Es ergeht hier wohl ein uns völlig unbegreiflicher Freispruch; aber dieser Freispruch ist ein Urteil, und zwar — obwohl wir in seine Motive keine Einsicht haben — ein gerechtes Urteil. Wir werden also nicht etwa sagen dürfen, daß auf Grund jener Gottestatsache ebensowohl irgendeine andere Religion die rechte und wahre Religion hätte werden können; sondern indem wir das in dieser Gottestatsache ausgesprochene Urteil erkennen und anerkennen, werden wir es annehmen müssen, so wie es lautet, ohne mit der Möglichkeit zu rechnen, daß es auch anders hätte lauten können. Aber gerade der Unbedingtheit dieser Erkenntnis würden wir uns sofort wieder berauben, wenn wir sie nicht ganz und gar Erkenntnis des göttlichen Urteils und also

3. Die wahre Religion

Erkenntnis jener Gottestatsache sein lassen, wenn wir statt dessen, an der Gottestatsache vorbeischielend, mit irgendwelchen Bedingtheiten dieses Urteils in der Beschaffenheit der christlichen Religion als solcher rechnen wollten. Auf diese an sich und als solche blickend, würden wir allerdings sagen müssen, daß ohne die laut für sie redende Gottestatsache ebensogut eine andere als die christliche die rechte und wahre Religion sein könnte. Aber wir können ja, nachdem die Gottestatsache einmal da und ihr Urteil einmal ergangen ist, gar nicht mehr auf die christliche Religion an sich und als solche blicken und können also auch jenen nivellierenden Gedanken nur noch nachträglich vollziehen als Ausdruck dessen, daß wir den gerechten Freispruch, der der christlichen Religion in diesem Urteil widerfährt, gänzlich ohne Verdienst und Würdigkeit gegenüberstehen, auf die hinweisend wir ihn bestätigen könnten, sondern daß wir uns, indem wir ihn annehmen und wahr sein lassen, ganz und gar nur an ihn selber bzw. an die ihn verkündigende Gottestatsache und gar nicht an irgendwelche ruhmvollen Tatsachen aus dem Bereich der christlichen Religion als solcher halten können. Eben darum, weil die Rechtfertigung der christlichen Religion ein gerechter, aber ganz und gar in Gottes Gerechtigkeit beruhender und also ganz und gar nicht durch irgendwelche Beschaffenheiten der christlichen Religion bedingter Freispruch ist, kann sie von uns nicht anders denn als ein Akt der Sündenvergebung verstanden werden. Indem sie durch jene Gottestatsache gerechtfertigt wird, werden ihre verschiedenen Beschaffenheiten, weit entfernt davon, daß sie als Grund ihrer Rechtfertigung in Anschlag gebracht würden — gerade nicht angesehen, nicht in Rechnung gebracht, sondern bedeckt. Sie müssen wohl bedeckt, sie dürfen wohl nicht angesehen, nicht angerechnet sein, wenn hier ein Freispruch erfolgen soll. Denn die Summe der Beschaffenheiten auch der christlichen Religion besteht darin, daß auch sie Götzendienst und Werkgerechtigkeit, Unglaube und also Sünde ist. Sie muß uns vergeben sein, wenn sie gerechtfertigt sein soll. Und wir können ihre Rechtfertigung nur verstehen und entgegennehmen, wenn wir sie ganz und gar als Vergebung verstehen und entgegennehmen. Mit jeder anderen Deutung und Aufnahme würden wir ja an der Gottestatsache, von der her die christliche Religion gerechtfertigt ist, schon wieder vorbeischielen und eben damit der Unbedingtheit der Erkenntnis ihrer Wahrheit schon wieder verlustig gehen. Als Vergebung und nur als Vergebung macht sich die Wahrheit die christliche Religion zu eigen, und als Vergebung und nur als Vergebung kann sie als die der christlichen Religion nun wirklich unveräußerlich eigene Bestimmung erkannt werden.

Wir fragen: wie ist denn diese Rechtfertigung in Form von Vergebung ein Akt der Gerechtigkeit und des Gerichtes Gottes? Auf Grund welches Rechtes vergibt Gott und vergibt er nur hier und nicht dort? Und wir werden auf diese Frage gewiß nicht nur mit dem Verweis auf die Freiheit und Unerforschlichkeit des göttlichen Gerichtes antworten dürfen; wir werden uns jedenfalls vor Augen zu halten haben, daß diese Freiheit und Unerforschlichkeit eins ist mit der der offenbaren Gottestatsache des Namens Jesus Christus. Es ist schon in Ordnung, wenn hier vergeben und dort nicht vergeben wird. Es geschieht das nämlich in der Ordnung dieser Gottestatsache, d. h. des Namens Jesus Christus. Er ist es, der der Welt der Religionen gegenübersteht wie die Sonne der Erde. Er bezeichnet aber ein ganz bestimmtes Geschehen, an dem die Welt der Religionen einen ganz bestimmten Anteil bekommt. Er bezeichnet nämlich das Einswerden des ewigen göttlichen Wortes mit menschlicher Natur und damit Zurechtbringung dieser menschlichen Natur — ungeachtet und trotz ihrer natürlichen Verkehrtheit zur Demut und zum Gehorsam gegen Gott. Diese Zurechtbringung menschlicher Natur ist das Werk Jesu Christi von seiner Geburt bis zu seinem Tode, das als solches in seiner Auferstehung von den Toten offenbar geworden ist. Zu der in Jesus Christus zurechtgebrachten menschlichen Natur gehört aber auch das Vermögen des Menschen, aus dem kraft seiner Natur nur Religion als Unglaube hervorgehen kann und tatsächlich hervorgeht. In Jesu Christi menschlicher Natur hat der Mensch Gott, statt ihm mit Götzendienst und Werkgerechtigkeit zu widerstehen, den Gehorsam des Glaubens dargebracht und also der Gerechtigkeit und dem Gericht Gottes wirklich Genüge getan, also seinen Freispruch und also auch und gerade den Freispruch, die Rechtfertigung seiner Religion, wirklich verdient. Geht es nun in der christlichen Religion um das irdische Leben der Kirche und der Kinder Gottes, also um das Leben des irdischen Leibes, an dem Jesus Christus das Haupt ist, d. h. um das Leben derer, die er in die Gemeinschaft mit seiner menschlichen Natur und also in die Anteilnahme an dem Freispruch versetzt hat, den er nach Recht und Gerechtigkeit verdient hat — ist die christliche Religion der Glaube in der Nachfolge des von keinem Menschen nachzuahmenden rechtfertigenden Glaubens Jesu Christi — dann bedarf sie freilich als menschlicher Glaube so gut wie der Glaube irgendeiner anderen Religion der göttlichen Vergebung, aber eben diese Vergebung empfängt und hat sie dann auch. Und die Vergebung, die sie empfängt und hat, ist dann tatsächlich keine Laune und Willkür, sondern ein strenger und gerechter göttlicher Rechtsspruch. Dessen Gegenstand ist freilich zunächst ganz allein Jesus Christus, der ja ganz allein als Mensch jenen Gehorsam des Glaubens bewährt und bewiesen hat. Aber um Jesu Christi willen, d. h. um der von Jesus Christus den Menschen gewährten Gemeinschaft und Anteilnahme, um der von ihm geschenkten Solidarität unserer Menschlichkeit mit der seinen, um des nachfolgenden Glaubens an ihn willen, sind nun doch auch die (und ist nun doch auch die Religion derer!) Gegenstand jenes gerechten göttlichen Rechtsspruchs, die er seine Brüder nennen will, die in jenem nachfolgenden Glauben in ihm

3. Die wahre Religion

ihren erstgeborenen Bruder erkennen und ehren. Dieser Freispruch wird für sie — im Unterschied zu ihm — frei und unbegreiflich gewährte Vergebung sein: Vergebung, die sie nicht verdient haben, Vergebung um seines Verdienstes willen, aber Vergebung mit dem ganzen Ernst und Nachdruck eines gültigen Rechtsspruches, Vergebung, an der nichts zu deuten und zu rütteln ist, und in dieser Unbedingtheit Vergebung auch ihrer Religion, von der sie, könnten und wollten sie sie an sich und als solche betrachten, bekennen müßten, daß sie Unglaube ist, wie der Glaube anderer Religionen. — Die einzige und über alles entscheidende Frage, die an die christliche Religion bzw. an ihre Anhänger und Vertreter hinsichtlich ihrer Wahrheit gestellt ist, ist diese: wer und was sind sie in ihrer nackten Wirklichkeit, so wie sie vor dem alles durchdringenden Auge Gottes stehen? Wirklich seine Kirche, seine Kinder und also die angenommenen Brüder seines ewigen Sohnes? Sind sie es nicht, ist ihre christliche Religion nur eine Maske, dann ist diese, auch wenn sie christliche Religion in vollkommenster und konsequentester Gestalt wäre, Unglaube wie alle anderen Heidentümer, Lüge und Unrecht, ein Greuel vor Gott. Sind sie es, leben sie also durch Gottes Gnade, sind sie teilhaftig der menschlichen Natur seines ewigen Sohnes, werden sie gespeist und getränkt durch seinen Leib und sein Blut als irdische Glieder seines irdischen Leibes in der Gemeinschaft mit ihm als ihrem himmlischen Haupte — dann sind ihnen um dieser Gemeinschaft willen ihre Sünden, dann ist ihnen auch die Sünde ihrer Religion von Rechts wegen vergeben. Dann ist ihre christliche Religion die gerechtfertigte und also die rechte und also die wahre Religion. Die Gottestatsache des Namens Jesus Christus bestätigt dann, jenseits von aller Dialektik und jede Diskussion ausschließend, was keine andere Tatsache bestätigt noch bestätigen kann, die Schöpfung und Erwählung gerade ihrer Religion zur einen, einzigen, wahren Religion. Jene eine entscheidende Frage kann der christlichen Religion und ihren Anhängern und Vertretern freilich nicht erspart bleiben. Sie kann auch nie unaktuell werden; sie kann nie als schon erledigte dahintenbleiben. Indem das Christentum den anderen Religionen, indem ein Christ dem Gläubigen einer anderen Religion gegenübertritt, steht diese Frage wie ein Schwert über ihm. Man kann und muß von da aus wohl sagen, daß die christliche Religion inmitten der Welt der Religionen gefährdeter, wehrloser, ohnmächtiger auf dem Plane steht als irgendeine andere Religion. Sie hat ihre Rechtfertigung entweder in dem Namen Jesus Christus oder sie hat sie gar nicht. Und diese Rechtfertigung muß sich vollziehen in der Wirklichkeit des Lebens, der Kirche und der Kinder Gottes. Der Vollzug dieses Lebens aber ist Gnade, die Gnade des Wortes, das den nachfolgenden Glauben, das sich seine Kirche, seine Kinder erzeugt nach seinem freien, unbegreiflichen Erbarmen. Die Möglichkeit einer negativen Entscheidung jener Frage ist der Abgrund, an dessen

Rande über die Wahrheit der christlichen Religion entschieden wird. Mit ihrer positiven Beantwortung aber ist auch diese Frage positiv beantwortet, ist die christliche Religion der Welt der Religionen und dem über sie gesprochenen Urteil und Gericht entrissen wie ein Brand dem Feuer. Nicht Menschen bekommen da recht gegen andere Menschen, nicht ein Teil der Menschheit gegen andere Teile derselben Menschheit, sondern Gott gegen und für alle Menschen, die ganze Menschheit. Daß sie eben dies annehmen und gelten lassen darf, das ist dann der Vorzug und der Ruhm der Christenheit, das Licht und die Ehre, in die gerade ihre Religion zu stehen kommt. Und wie sie sich dieses Licht und diese Ehre nicht genommen hat, so kann sie ihr auch von niemand genommen werden, so hat sie und nur sie den Auftrag und die Vollmacht zur Mission, d. h. dazu, sich der Welt aller Religionen als die eine wahre Religion gegenüberzustellen, sie mit unbedingtem Selbstvertrauen zur Umkehr von ihren Wegen, zum Einlenken auf den christlichen Weg einzuladen und aufzufordern.

Die christliche Religion wird immer in dem Maße lebensfähig, gesund und stark sein, als ihr dieses Selbstvertrauen eigen ist. Dieses Selbstvertrauen wird ihr aber auch immer nur in dem Maße eigen sein, als ihre Gläubigen und Verkündiger von ihr selbst wegzusehen vermögen auf die sie allein rechtfertigende Gottestatsache. In dem Maß, als sie daneben auch noch an anderen Tatsachen sich aufrichten wollen, wird dieses Selbstvertrauen heimlich einen Sprung nach dem anderen bekommen und schließlich ganz schwinden müssen. Wobei es sehr gleichgültig ist, ob diese anderen Tatsachen in kirchlichen Institutionen, in theologischen Systemen, in inneren Erfahrungen, in moralischen Lebensveränderungen einzelner Gläubiger oder in weltverändernden Auswirkungen des Christentums im ganzen bestehen sollen. Der Seitenblick auf solche Tatsachen wird auf die Dauer immer, und zwar sehr rasch die Unsicherheit hinsichtlich der Wahrheit der christlichen Religion nach sich ziehen. Denn Tatsachen mögen alle diese Dinge wohl sein; sie sind aber samt und sonders Tatsachen, die selber der Rechtfertigung erst bedürfen und also nicht zu ihrer Begründung in Anspruch genommen werden können. Ist der Christ und sind die Christen nach der Wahrheit ihrer Religion fragend, erst mit sich selbst und mit dem Christentum beschäftigt ohne die Erinnerung, daß sie es auf diesem Feld nur mit vergebener Sünde zu tun haben können, dann mögen sie zusehen, wie lange sie sich vor der übermächtig in ihnen selbst aufsteigenden Skepsis hinsichtlich der Wahrheitsfrage schützen wollen. Und wenn sie es können, wenn sie in der Lage sind, jenen Tatsachen eine Glaubwürdigkeit anzudichten, die es auf diesem Felde gar nicht geben kann, so wird gerade das für sie und für die christliche Religion noch schlimmer sein als alle offen ausbrechenden und zugestandenen Zweifel. Und nochmals: die an ihre Kirche und die an ihre Theologie, die an den veränderten Menschen und die an verbesserte Verhältnisse Glaubenden sind hier ganz auf demselben Wege, dem Weg in die Ungewißheit; und daß sie es sind, das wird sich bei ihnen allen darin verraten, daß sie ihre Zuflucht beiläufig aber unverhohlen, und zwar mit der unbelehrbaren Zähigkeit ihrer geheimen Verzweiflung am Glauben jetzt bei der Vernunft, jetzt bei der Kultur, jetzt bei der Humanität und jetzt beim Volkstum suchen müssen, um der christlichen Religion jetzt diese, jetzt jene andere Stütze zu geben. Die christliche Religion könnte aber nicht von außen gestützt werden, wenn sie nicht mehr auf sich selbst stehen sollte. Würde sie auf sich selbst stehen, so würde sie es sich verbitten, von außen gestützt zu werden. Auf sich selber stehend, würde sie ja auf der sie rechtfertigenden Gottestatsache, und zwar allein auf ihr stehen. Alle anderen Stützungsversuche müßten dann als Zeit- und Kraft-

3. Die wahre Religion

verluste, ja als Erneuerung des von Gott nicht angesehenen, nicht angerechneten, sondern bedeckten und vergebenen Unglaubens außer Betracht bleiben. Sie können aber nicht außer Betracht bleiben, wenn der Seitenblick auf andere Tatsachen neben der allein rechtfertigenden Gottestatsache einmal Ereignis geworden ist. Der Unglaube ist dann schon wieder auf dem Plan, führt dann schon wieder das entscheidende Wort, und er wird in solchen Stützungsversuchen nicht Zeit- und Kraftverluste, sondern ernste dringende Notwendigkeiten sehen. Die Verweltlichung des Christentums ist dann in vollem Marsch, und keine subjektive Frömmigkeit wird sie aufzuhalten vermögen. Und gerade um seine Lebensfähigkeit, Gesundheit und Stärke n a c h a u ß e n wird es dann geschehen sein.

4. Es handelt sich in dem Verhältnis zwischen dem Namen Jesus Christus und der christlichen Religion um einen Akt göttlicher H e i l i g u n g. Wir sagten, daß wir zur Begründung der Behauptung von der Wahrheit der christlichen Religion von dieser selbst zunächst nur hinwegsehen können auf die sie begründende Gottestatsache und daß wir auf dieses „zunächst" auch immer wieder zurückkommen müssen. Wir werden nun, wenn wir nach dieser Wahrheit fragen, gewiß nie auch nur vorübergehend anderswohin als auf diese Gottestatsache sehen können. Wir können die Rechtfertigung der christlichen Religion nicht außer in dem Namen Jesus Christus auch noch in anderen Tatsachen, auch noch in irgendeinem inneren oder äußeren Gerechtfertigtsein der christlichen Religion an sich und als solcher suchen wollen. Aber eben diese Rechtfertigung der christlichen Religion allein durch den Namen Jesus Christus bedeutet nun offenbar eine bestimmte positive Beziehung zwischen ihm und ihr, eine Beziehung, in der sie durch ihn von anderen Religionen unterschieden und ausgesondert, durch ihn geformt und gestaltet, für seinen Dienst in Anspruch genommen, zur geschichtlichen Erscheinung und zum geschichtlichen Mittel seiner Offenbarung wird. Wir haben den Namen Jesus Christus mit der der Erde gegenüberstehenden Sonne verglichen. Es muß dabei sein Bewenden haben. Aber die Sonne leuchtet, und ihr Licht als solches bleibt der Erde nicht fern und fremd, sondern es wird, ohne aufzuhören das Sonnenlicht zu sein, ihr, das sie, die Erde, erleuchtende Licht, in welchem nun doch auch die an sich lichtlose Erde selbst hell, keine zweite Sonne zwar, wohl aber die Trägerin des Widerscheins des Sonnenlichtes und also eine erleuchtete Erde wird. In gleicher Weise kann der Name Jesus Christus der christlichen Religion, indem er allein ihre Rechtfertigung ist, nicht transzendent sein, ohne ihr auch immanent zu werden. Indem sie und sie allein durch ihn gerechtfertigt ist, wird sie durch ihn in bestimmter, so nur ihr zukommender Weise bezeichnet und ausgezeichnet, geprägt und charakterisiert. Daß sie gerade diese, die christliche Religion ist und keine andere, das kann nun, im Lichte ihrer Rechtfertigung, ihrer Schöpfung und Erwählung durch den Namen Jesus Christus unmöglich eine neutrale, gleichgültige, nichtssagende, sprachlose Tatsache sein. Das wird nun vielmehr, obwohl sie in sich eine Religion ist

wie alle anderen, bedeutungsvoll, sprechend, ein Zeichen, eine Kundgebung. Es entspricht dem Geschehen auf seiten Gottes — ist sie doch die Seite des fleischgewordenen Wortes Gottes, des Gottes, der sich des Menschen angenommen und sich ihm zu eigen gegeben hat — ein ganz bestimmtes, wenn auch ganz und gar durch das Wort Gottes bestimmtes Geschehen auf seiten des Menschen, ein Sein und eine Gestalt inmitten der Welt der menschlichen Religion, die sich als solche von anderem, was in diesem Bereich ist und Gestalt hat, abhebt. Diese Entsprechung ist das Verhältnis zwischen dem Namen Jesus Christus und der christlichen Religion unter dem Gesichtspunkt ihrer Heiligung. Nicht aus den eigenen Gesetzen und Kräften der menschlichen Religion und also des Menschen, sondern kraft göttlicher Stiftung und Einsetzung wird dieses besondere Sein und diese besondere Gestalt inmitten der Welt menschlicher Religion Ereignis werden. Es wird, was da Ereignis wird, ungerechtfertigt in sich selber, wie es ist, keine selbständige Rolle und Bedeutung, sondern es wird nur dem es allein rechtfertigenden Namen Jesus Christus zu dienen haben. Es wird diesen Namen nie — auch nicht vorübergehend — ersetzen und verdrängen können durch seine eigene Substanz, sondern es wird ihn nur bezeugen, es wird nur die Erinnerung an ihn und die Erwartung seiner erwecken und wachhalten können. Es wird nie den Anspruch erheben können, selber die durch diesen Namen bezeichnete Gottestatsache zu sein; es wird immer nur ihr mahnendes und tröstendes Zeichen sein wollen und können. Es wird an der Wahrheit gerade nur insofern Anteil haben, als es auf sie hinweist und sie verkündigt. Und es wird auch zu diesem Hinweisen und Verkündigen keine eigene Macht und Autorität haben und in Anspruch nehmen, sondern es wird reden aber auch schweigen, wirken aber auch ruhen, erkannt aber auch nicht erkannt werden kraft der in der Ausgießung des Heiligen Geistes wirksamen Macht und Autorität des Namens Jesus Christus. Er und er allein wird die Kraft und das Geheimnis der Kundgebung sein, die der Sinn dieses besonderen Seins und dieser besonderen Gestalt ist. Er und er allein wird dieses Sein und diese Gestalt als das Sein und die Gestalt der wahren Religion zur Sprache bringen. Nicht darum ist sie gerechtfertigt, weil sie an sich heilig wäre — das ist sie nicht — aber weil sie gerechtfertigt ist, darum ist sie auch geheiligt. Und so ist sie auch nicht darum wahr, weil sie an sich heilig wäre — das ist sie nicht und das wird sie auch nicht — aber dazu wird sie geheiligt, um sich nun auch als wahre Religion zu erweisen. Wir treffen hier zusammen mit dem, was wir an früherer Stelle als die der objektiven Offenbarung in Jesus Christus in unserem Bereich entsprechende doppelte subjektive Wirklichkeit der Offenbarung beschrieben haben. Das ist die christliche Religion, der durch den Heiligen Geist geschaffene s a k r a m e n t a l e Raum, in dem Gott, dessen Wort Fleisch geworden ist, durch die Zeichen seiner Offenbarung fort und fort redet, und: die durch denselben

3. Die wahre Religion

Heiligen Geist geschaffene Existenz der Menschen, die diesen Gott in seiner Offenbarung fort und fort reden hören. Die Existenz der Kirche und der Kinder Gottes in ihrer besonderen, ganz anspruchslosen, aber immerhin jedermann sichtbaren und in ihrer Sichtbarkeit bedeutungsvollen, zur Kundgebung des Namens Jesus Christus berufenen und geeigneten Wirklichkeit — das ist die Heiligung der christlichen Religion.

Es bekam der auf Gnade und Erwählung begründete Bund Gottes schon mit seinem Volk Israel sofort dieses Zeugnis einer sichtbaren Gestalt, ein den Gehorsamen wie den Ungehorsamen, Israel selbst wie den Heiden wahrnehmbares Siegel durch die Aufrichtung des Gesetzes. Es sollte und wollte das Gesetz nichts anderes sein als Zeichen der Gnade und Erwählung Jahves. Aber eben als Zeichen der Gnade und Erwählung Jahves, als Zeugnis des Bundes sollte und wollte das Gesetz beachtet, gehalten, Tag und Nacht erforscht sein. Es geschah die Begründung des Bundes nicht durch die Aufrichtung des Gesetzes, geschweige denn dadurch, daß das Gesetz von Israel geehrt, erforscht und gehalten wurde, sondern vor dem Gesetz durch die immer wieder bestätigte Berufung Abrahams, Isaaks und Jakobs, durch die Sendung des Mose, durch die Befreiung Israels aus Ägypten. Sie geschah aber, weil sie als Begründung des Bundes Gottes mit diesem wie alle anderen Völker menschlich geschichtlich existierenden Volk geschah, nicht ohne die Aufrichtung des Gesetzes, nicht ohne die Inanspruchnahme dieses Volkes zum Gehorsam gegen das Gesetz, nicht ohne die an sein Halten oder Nichthalten geknüpfte Verheißung von Fluch und Segen. Daß gerade dieses Volk das Volk des Bundes war, das wollte in der Geltung und im Halten des Gesetzes immer wieder wahrgemacht sein. Es war die Gabe des Gesetzes, die der Gnade Jahves entsprechende, ihrer Offenbarung notwendig auf dem Fuße folgende, als ihre notwendige geschichtliche Form von ihr nicht zu trennende Heiligung dieses Volkes, seine Aussonderung, Abgrenzung und Auszeichnung als dieses Volk. Wie konnte es als menschlich geschichtliches Volk und nun zugleich als das Volk Jahves existieren, wenn ihm nicht zugleich diese sichtbare Aussonderung, Abgrenzung und Auszeichnung widerfuhr? Und wie konnte es die ihn mit seiner Existenz als dieses Volk widerfahrende Gnade erfahren und annehmen, ohne ununterbrochen dieser sichtbaren Aussonderung, Abgrenzung und Auszeichnung eingedenk zu sein, ohne sich ununterbrochen dazu zu bekennen? Nur Zeichen und Zeugnis konnte offenbar auch alles Halten des Gesetzes sein, nur relativ zu der auch mit dem strengsten Halten irgendeines seiner Gebote nicht zu erschöpfenden Dankbarkeit gegenüber der Zusage: Ich bin der Herr, dein Gott! aber in dieser Relation offenbar ein notwendiges Zeichen und Zeugnis, mit dessen Ausbleiben sofort auch jene Dankbarkeit und damit seine Existenz als dieses Volk in Frage gestellt, jene Zusage automatisch in eine Drohung verwandelt war.

Dem entspricht es nun, wenn es auch nach dem Neuen Testament nicht nur die Versöhnung der Welt mit Gott in Jesus Christus gibt, sondern im Zug dieser Versöhnung selbst und als ihren notwendigen Annex sofort auch einen „Dienst der Versöhnung", das Aufrichten eines „Wortes der Versöhnung", ein in und mit der von Gott in Jesus Christus vollbrachten Versöhnung eingesetztes menschliches Bitten: „Seid versöhnt mit Gott!" (2. Kor. 5, 18 f.). Es ist ein Dienst „daraufhin, daß wir Barmherzigkeit empfangen haben" (2. Kor. 4, 1), ein „Dienst des Geistes" (2. Kor. 3, 8), ein „Dienst der Gerechtigkeit" (2. Kor. 3, 9). Er besteht darin, und nur darin, daß Menschen die Herrlichkeit des Herrn „mit aufgedecktem Angesichte spiegeln" dürfen (2. Kor. 3, 18; vgl. 1. Kor. 13, 12). Es bleibt dabei: „Wir verkündigen nicht uns selbst, sondern den Christus Jesus als den Herrn" (2. Kor. 4, 5). Es ist also ein streng untergeordnetes, relatives, durch den göttlichen Rechtfertigungsakt und durch die diesen begründende göttliche Schöpfung und Erwählung schlechterdings gebundenes, von ihm schlechterdings abhängiges Geschehen. Wo bliebe das Spiegelbild auch nur einen Augenblick ohne den dem Spiegel gegenüberstehenden Gegenstand? Wo bliebe der Widerschein der von der Sonne erleuchteten Erde ohne die Sonne selber? Es ist aber ein in dieser Gebundenheit und Abhängigkeit wirkliches und notwendiges Geschehen, das sich in diesem „Dienst der Versöhnung" vollzieht, und ohne „müde zu werden" (2. Kor. 4, 1; 4, 16), in „Freudigkeit" (2. Kor. 3, 12) muß dieser Dienst darum vollzogen werden. Es ist die das alttestamentliche Gesetz ersetzende Heiligung durch Gottes Offenbarung und Versöhnung gebildeten Gemeinde, die in ihm Ereignis wird. Es ist — wir haben in der Heiligung des neutestamentlichen Apostelamtes, wie Paulus sie beschreibt, tatsächlich sofort das Ganze des Problems vor Augen — die im Namen Jesus Christus ein für allemal vollzogene und wieder und wieder zu erkennende und im Gehorsam zu bejahende Heiligung der christlichen Religion. Von hier aus ergibt sich die Notwendigkeit, die Tatsache, daß diese ein konkretes geschichtliches Sein und eine konkrete geschichtliche Gestalt hat, ernst zu nehmen: den Unterschied ihres Seins und ihrer Gestalt von denen anderer Religionen, die Probleme ihres Seins und ihrer Gestalt, die Möglichkeit und die Gefahr, sich hinsichtlich ihrer zu irren, die Aufgabe, sich hinsichtlich ihrer immer wieder zu entscheiden. Im Blick darauf, daß der Name Jesus Christus nicht nur die Rechtfertigung, sondern auch die Heiligung der christlichen Religion ist, ist das alles genau so ernst zu nehmen, wie Israel sein Gesetz ernst nehmen mußte, wollte es das Volk des Bundes sein und bleiben, also ernst zu nehmen im Glauben und im Gehorsam gegen den rechtfertigenden Namen Jesus Christus und damit in dem unentrinnbaren Lichte der immer wieder gestellten und zu beantwortenden Wahrheitsfrage. Der Name Jesus Christus, der die christliche Religion rechtfertigt, ohne daß sie als menschliche Religion je auch nur das geringste zu dieser Rechtfertigung beitragen könnte, dieser Name ist zugleich die sie in ihrer ganzen menschlichen Sündigkeit bewegende und in sich verändernde Autorität und Macht, die in ihrem Bereich dauernd Zeichen aufrichtet und aufrecht erhält und beachtet wissen will, die Autorität und Macht, die durch diese Zeichen: durch das Zeichen der Kirche und durch das Zeichen der Existenz der zur Kirche versammelten Kinder Gottes dauernd als Trost und Mahnung an dieser Religion in ihrer Geschichte handelt, deren Offenbarung nicht nur gewesen ist, sondern die durch den Dienst dieser Zeichen auch heute Offenbarung ist, morgen Offenbarung sein wird. Daß die Christen Sünder und die Kirche eine Kirche von Sündern ist, das ist wohl wahr. Aber gerechtfertigte Sünder — und das sind die Christen — sind eben damit, kraft desselben Wortes und Geistes, der sie rechtfertigt, auch geheiligte, d. h. in Zucht genommene, unter die Ordnung der Offenbarung gestellte Sünder, Sünder, die in ihrer ganzen Sündigkeit nicht mehr frei sind, sondern die sich ihres sie rechtfertigenden Herrn erinnern und die auf ihn warten müssen, Sünder, die insofern, ob sie wohl Sünder sind, für ihn bereit sind und zu seiner Verfügung stehen. Eben dies heißt christliche Religion als geschichtliche Gestalt im Ganzen wie im Einzelnen: Bereitschaft für den Herrn, durch dessen Namen die Bekenner dieser Religion mit ihnen ihre Religion als solche geschaffen, erwählt und gerechtfertigt sind. Und eben damit werden die Probleme des Seins und der Gestalt dieser Religion ernsthafte Probleme: die Frage nach dem Kanon und nach dem Dogma, die Frage nach dem Bekenntnis, nach dem Kultus und nach dem Kirchenregiment, die Frage nach der rechten Theologie, nach der rechten Frömmigkeit und nach der rechten christlichen Ethik. Sie werden nicht darum und in dem Sinn ernsthafte Probleme, weil sich die christliche Religion durch diese oder jene Art ihrer Beantwortung und Lösung, zu der sie sich je und je durchringen mag, als die wahre Religion zu rechtfertigen vermöchte, wohl aber weil es sich immer wieder in der Beantwortung dieser Probleme entscheidet, ob sie für den Herrn, der sie längst gerechtfertigt hat, auch jetzt und hier bereit, ob sie die schon gerechtfertigte und also wahre Religion tatsächlich ist, ob sie an der längst ausgesprochenen und ohne ihr Verdienst und Zutun gültigen Verheißung immer noch und immer aufs neue Anteil hat. Es geht nicht darum, sich einen Vorzug zu erwerben und zu erhalten, wenn die Christen und wenn die Christenheit hinsichtlich des sichtbaren Seins und der sichtbaren Gestalt ihrer Religion nach der Wahrheit fragen und um die schon erkannte Wahrheit leiden und kämpfen. Es bleibt also dabei, daß sie auch mit den höchsten Ergebnissen solchen Arbeitens, Leidens und Kämpfens keinen Vorzug erringen können. Es geht aber in dem allem darum, daß sie, wie sie um ihres animalischen Lebens willen immer wieder atmen müssen, so auch ihre Existenz als die Christen und die Christenheit immer aufs neue betätigen, die sein müssen, die den Vorzug, den Namen Jesus Christus zu kennen und selber nach ihm genannt zu sein, schon haben. Es geht um die Übung und Wiederholung ihrer Existenz als Kirche und Kinder Gottes. Sie wären nicht von Ewigkeit und in Ewigkeit, was sie sind, wenn sie es nicht auch in der Zeit, sie wären es nicht unsichtbar, wenn sie es nicht sichtbar und also in dieser Übung und Wiederholung wären. Es ist aber ihre Heiligung, der sie sich mit dieser Übung und Wiederholung unterziehen, jenseits ihres eigenen Bemühens und seiner Erfolge und Mißerfolge nicht weniger als ihre Rechtfertigung das Werk dessen, um deswillen sie die Christen und die Christenheit heißen.

§ 18
DAS LEBEN DER KINDER GOTTES

Gottes Offenbarung schafft, wo sie im Heiligen Geist geglaubt und erkannt wird, solche Menschen, die ohne Gott in Jesus Christus zu suchen nicht mehr da sein und die es nicht lassen können, zu bezeugen, daß er sie gefunden hat.

1. DER MENSCH ALS TÄTER DES WORTES

Ein weiter Weg liegt hinter uns. Gefragt war nach dem Worte Gottes in seiner ursprünglichen Gestalt, also nach der Offenbarung, die den Gegenstand des Zeugnisses der heiligen Schrift bildet, welche ihrerseits die Quelle und Norm ist, an welcher sich die Verkündigung der christlichen Kirche zu halten hat. Drei jedesmal in ihrer Weise vollständige Antworten sind darauf gegeben worden. Die erste im besonderen Blick auf das in dem Begriff der Offenbarung vorausgesetzte Subjekt: die Lehre von Gott in seiner Einheit und Dreiheit als Vater, Sohn und Heiliger Geist. Die zweite im besonderen Blick auf das in diesem Begriff angezeigte Geschehen: die Lehre von der Fleischwerdung des Wortes Gottes in Jesus Christus. Die dritte im besonderen Blick auf das Ziel und die Wirkung dieses Geschehens: die Lehre von der Ausgießung des Heiligen Geistes. Dieser letzte Kreis hat nun noch eine Lücke. Wir begannen sowohl den christologischen wie den pneumatologischen Abschnitt unserer Lehre von der Offenbarung mit einer Darstellung erst der Wirklichkeit, dann der Möglichkeit der Offenbarung, jetzt nach ihrer objektiven Seite, wie sie von Gott herkommt, jetzt nach ihrer subjektiven Seite: wie sie zum Menschen kommt — anders ausgedrückt: mit einer Entwicklung des Glaubens, dann des diesem Glauben zugewandten Verstehens hinsichtlich der Freiheit, die Gott für uns, und hinsichtlich der Freiheit, die wir für Gott haben, hinsichtlich Jesu Christi also und hinsichtlich des Heiligen Geistes. Es entsprach dann der Untersuchung des Begriffs der Zeit im christologischen Abschnitt pneumatologisch die Untersuchung des Begriffs der Religion, die uns zuletzt beschäftigt hat. Es schloß aber der christologische Abschnitt mit einer positiven Umschreibung des eigentlichen Geheimnisses der Person Jesu Christi als des gottmenschlichen Versöhners und des dieses Geheimnis anzeigenden Wunders. Die entsprechende Überlegung im pneumatologischen Zusammenhang steht nun noch aus. Es ist, da wir es in diesem ganzen Abschnitt mit der Offenbarung in ihrer Zuwendung zum Menschen zu tun haben, klar, daß der Gegenstand dieser letzten Überlegung kein anderer sein kann als nun eben der die Offenbarung empfangende, d. h. glaubende und erkennende Mensch als solcher. Daß in der wahren Menschheit des Sohnes Gottes Alle, die an ihn glauben, aufgenommen in die Einheit mit ihm und in die Einheit seines Leibes auf Erden, der Kindschaft Gottes aus Gnade teilhaftig werden, die ihm von Natur eigen ist, das erst ist ja der volle Inhalt der in Jesus Christus als dem Worte Gottes durch den Heiligen Geist vollzogenen Offenbarung.

Wir sind nun freilich durch alles Vorangehende sehr lebhaft gewarnt davor, nun etwa doch noch lyrisch zu werden, d. h. uns zu einer Betrachtung hinreißen zu lassen, bei der nicht mehr Gottes Offenbarung, sondern ein von ihr abstrahierter christlicher Mensch unser Gegenstand und nicht mehr der durch die heilige Schrift zu unterrichtende Glaube, sondern irgendein direktes Schauen der Weg und die Bedingung unserer Erkenntnis wäre. Wie es keine Psychologie des Versöhners gibt, sondern eben, wenn wir bei der heiligen Schrift bleiben wollen, nur die harte Lehre von seiner wahren Gottheit und Menschheit, so auch keine Psychologie der Versöhnten. Was hier wie dort allenfalls Gegenstand direkter Schau, Gegenstand von Psychologie werden könnte, das ist hier wie dort „Fleisch", und von ihm als solchem gilt Joh. 6, 63: es ist nichts nütze. Wir mußten also dort, in der Christologie, schon bleiben bei dem Wort, das Fleisch geworden ist; und wir werden also — wenn wir nicht plötzlich in ein sehr unsachliches Faseln geraten wollen — hier schon bleiben müssen bei dem Geist, der mit unserem Fleisch in jenem heilsamen Streit liegt. Wir sind in dieser Hinsicht ja auch noch ganz besonders gewarnt durch die Erinnerung an unseren letzten Paragraphen, in welchem es sich gezeigt hat, daß die Offenbarung die Aufhebung aller Religion, auch der christlichen ist, daß diese die wahre Religion nur ist kraft des Namens Jesu Christi, im Akt und in der Verborgenheit der göttlichen Gnade, vermöge göttlicher Schöpfung, Erwählung, Rechtfertigung und Heiligung und gar nicht in sich, also gar nicht so, daß nun doch ein christlicher Mensch als solcher zum Herrn der Wahrheit würde. Wer sich hier nicht warnen lassen, wer hier beharren wollte bei dem Postulat eines christlichen Menschen an sich, außerhalb des Wortes, des Geistes und des Glaubens, der sollte wohl bedenken, ob er nicht, indem er sich diesen christlichen Menschen an sich ganz un-

1. Der Mensch als Täter des Wortes

nötig wichtig werden läßt, etwas notwendig Wichtiges aufs Spiel setzt: Es wäre ja dieser abstrakt betrachtete christliche Mensch kein Sünder oder doch kein eigentlicher und ernsthafter Sünder mehr. Er wäre offenbar in seiner Gegensätzlichkeit als sündiger und begnadigter Mensch schon überschaut und verstanden. Die wirkliche Offenbarung aber, die der Mensch in Jesus Christus durch den Heiligen Geist empfängt, hört nicht auf, ihm zu sagen, daß er ein Sünder, und zwar ein eigentlicher und ernsthafter Sünder und nur in und mit diesem über ihn ergehenden Gericht, nicht in sich selbst, sondern in Jesus Christus mit Gott versöhnt und also begnadigt ist. Die wirkliche Offenbarung kennt den Menschen nicht jenseits des Aktes der Gnade Gottes in einem teilweise schon erreichten Begnadigtsein, sondern nur als Gegenstand gerade dieses Aktes, also nicht in irgendeinem Frieden oder auch nur Waffenstillstand zwischen Geist und Fleisch, in welchem er sozusagen psychologisch photographiert werden könnte, sondern nur mitten in diesem Streit, der in keiner Phase schon das Bild der gefallenen Entscheidung zeigt, der er entgegengeführt. Wer also den christlichen Menschen *in abstracto* zu betrachten versucht oder gar schon betrachten zu können meint, der frage sich wohl, ob er die wirkliche Offenbarung nicht längst aus dem Gesicht verloren hat, und ob es unter diesen Umständen wohl möglich sein wird, den wirklichen christlichen Menschen zu Gesicht zu bekommen? Wo anders als im Gegenüber mit der wirklichen Offenbarung soll denn dieser zu sehen sein?

Aber nachdem wir nun dieser Grenze unseres Themas, der Grenze theologicher Betrachtung überhaupt noch einmal gedacht haben, werden wir doch nicht umhin können, zuzugestehen, daß der die Offenbarung empfangende, glaubende und erkennende Mensch als solcher tatsächlich ein Problem bildet, ohne dessen ausdrückliche Behandlung die Lehre von der Ausgießung des Heiligen Geistes und also die Lehre von der Offenbarung und vom Worte Gottes überhaupt an entscheidender Stelle unvollständig wäre. Offenbarung wäre ja nicht Offenbarung — und gerade indem wir sie nach der heiligen Schrift als Fleischwerdung des ewigen Wortes und als Ausgießung des Heiligen Geistes über das Fleisch verstehen müssen, wird das gewaltig unterstrichen! — wenn der Mensch sozusagen außerhalb ihres allerdings in sich geschlossenen Kreises bleiben, wenn der Kreis seiner eigenen Existenz von diesem Kreis der Offenbarung nicht wirklich geschnitten würde. Dem christlichen Menschen *in abstracto* müssen wir — dem christlichen Menschen *in concreto* können wir nicht aus dem Wege gehen. An ihn ist ja das Wort Gottes gerichtet, ihm schenkt sich ja der Heilige Geist, auf ihn fällt ja das Licht der Offenbarung. Wir können dieses Licht nicht sehen, ohne eben in diesem Licht — das freilich ganz und allein das Licht Gottes ist und bleibt — auch diesen Menschen zu sehen. Sehen wir aber den Menschen, so sehen wir nicht irgendein Wesen, sondern — was das auch im Einzelnen und im weiteren Zusammenhang bedeuten und nicht bedeuten mag — das Wesen, das — wir selbst als seine Betrachter mögen des zunächst Zeugnis sein — seine Existenz in Akten freier Entscheidung und Bestimmung zu verwirklichen dauernd im Begriff steht.

Wir sehen dann, um in der Sprache der Alten zu reden, eine *creatura rationalis*, ein denkendes, wollendes, fühlendes, ein geistiges Geschöpf, neben den Engeln, soviel wir wissen können, das einzige seiner Art. Es heißt auch in der berühmten Stelle in der Konkordienformel (*Sol. decl.* II 19) nicht, daß der Mensch ein *lapis et truncus* sei, sondern daß sein Herz in der heiligen Schrift *duro lapidi, qui ad tactum non cedat, sed resistat, item rudi trunco, interdum etiam ferae indomitae* verglichen werde, und dann fährt die Stelle fort: *non quod homo post lapsum non amplius sit rationalis creatura, aut absque auditu et meditatione verbi divini ad Deum convertatur; aut quod in rebus externis et civilibus nihil boni aut mali intelligere possit, aut libere aliquod agere vel omittere queat.* Der Mensch sei vielmehr in jeder Hinsicht außer der einen „witzig, vernünftig und fast geschäftig", nur eben in *spiritualibus et divinis rebus ... similis (!) trunco et lapidi ac statuae vita carenti, quae neque oculorum oris aut ullorum sensuum cordisve usum habet*, sofern er den Zorn Gottes gegen seine Sünde, seine Bedrohung durch Tod und Hölle nicht sehen, alle Mahnung und Belehrung nicht annehmen kann, *antequam per Spiritum sanctum illuminatur, convertitur et regeneratur* (20–21). Er ist, so heißt es später, ohne den Heiligen Geist in dieser Hinsicht sogar schlimmer als ein Holzblock, *quia voluntati divinae rebellis est et inimicus* (24). Aber: *Ad hanc Spiritus sancti renovationem nullus lapis, nullus truncus, sed solus homo creatus est* (22). Als Mensch und also als *creatura rationalis* wird der Mensch Gegenstand des göttlichen Handelns. Das heißt aber *haec agitatio Spiritus sancti non est coactio, sed homo conversus sponte bonum operatur* (64). *Sic eum trahit, ut ex intellectu caecato illuminatus fiat intellectus, et ex rebelli voluntate fiat prompta et oboediens voluntas* (60). Steht es nicht in unserer Freiheit, uns in diesen Stand zu versetzen, so ist es nichtsdestoweniger unsere Freiheit, die wir in diesem Stande betätigen. Gib es keine *cooperatio voluntatis nostrae in hominis conversione* (44), so kann und soll sie doch stattfinden unter Voraussetzung dieses Werkes des Heiligen Geistes am Menschen: *quantum et quamdiu a Deo per Spiritum sanctum ducitur, regitur et gubernatur* — zöge Gott seine gnädige Hand von uns zurück, dann freilich *ne ad minimum momentum* (66).

Wir sagten an früherer Stelle: eben in seiner Selbstbestimmung, ohne die er nicht der Mensch wäre, wird der Mensch — und darin besteht die Schneidung seines Lebenskreises durch den in sich geschlossenen Kreis der Offenbarung — Gegenstand der göttlichen Vorherbestimmung. Die Gnade der Offenbarung ist nicht bedingt durch seine Humanität, aber eben seine Humanität ist es, die durch die Gnade der Offenbarung bedingt wird. Gottes Freiheit konkurriert nicht mit der menschlichen Freiheit; aber wie sollte sie die Freiheit der dem Menschen zugewandten göttlichen Barmherzigkeit sein, wenn sie die menschliche Freiheit unterdrückte und auslöschte? Daß Gott seine Freiheit betätigt und bewährt gerade an dem freien Menschen, das ist die Gnade der Offenbarung.

Ein Blick auf die in diesem Zusammenhang wichtige Stelle Jak. 1, 21–25 kann hier lehrreich sein. Es geht gerade dort in betonter Weise um den Menschen als Empfänger des Wortes Gottes. Es hat nach V. 21 „die Kraft, eure Seelen zu retten". Nur aus sich selbst, nur von dem her, der es gesprochen hat, nur „von oben" hat es diese Kraft; daran ist auch bei Jakobus kein Zweifel. Aber eben in dieser seiner eigenen Kraft ist dieses

1. Der Mensch als Täter des Wortes

Wort dem Menschen, der es geglaubt und erkannt hat, „eingepflanzt", ihm — als Fremdkörper, als Element einer neuen Ordnung — doch so nahe, wie er sich selbst ist, „auf deinen Lippen und in deinem Herzen" (Röm. 10, 8). Ist es aber wirklich ihm, dem Menschen, nahe, dann heißt das, daß es von ihm „aufgenommen" sein will. Dieses Aufnehmen bedeutet aber eine ganz bestimmte Beugung des Menschen, die Umkehr von der Selbstgerechtigkeit, die seiner alten unreinen Natur entspricht, zur „Sanftmut", die allein tun kann, was vor Gott recht ist. Ist uns das Wort nun wirklich eingepflanzt, dann ist dieses Aufnehmen und also diese Umkehr nur der selbstverständliche und unaufhaltsame Vollzug unserer von Gott her neu gesetzten Existenz. Der Mensch müßte sich selbst betrügen, wenn er bloß ein Hörer und nicht gerade als Hörer ein Täter dieses Wortes sein wollte (V. 22). Als wirklicher Hörer ist er ja von diesem Wort gefangengenommen; er ist ihm verfallen. Es kann nicht anders sein, als daß sein Dasein in seiner Totalität zu einem Zeugnis dessen wird, was er gehört hat. Ein Täter des Wortes ist nach Calvins Erklärung dieser Stelle (C. R. 55, 395): *qui sermonem Dei ex anima complectitur vitaque testatur, serio se credidisse, iuxta hanc Christi sententiam: Beati qui audiunt sermonem Dei et custodiunt eum* (Lc. 11, 28). Ein bloßer Hörer des Wortes sein wollen, das würde ja heißen: das Wort isolieren wollen seiner eigenen Existenz gegenüber, sich in seinem Herzen als Zuschauer daneben und in seinem Gewissen als freier Richter darüber stellen, mit dem Wort erst noch parlamentieren, kurz, sich ihm gegenüber als bloßer Kenner, Interessent, Verehrer und Anbeter noch zurückhalten wollen, wie wir es einem menschlichen Wort gegenüber gewiß können, dem Wort Gottes gegenüber aber gerade nicht können. Das Wort Gottes hören, heißt, weil es das Wort des Herrn ist, dem Wort Gottes gehorchen. Dem Wort Gottes nicht gehorchen, heißt also: sich selbst betrügen. Der Mensch täuscht sich dann doppelt: einmal indem er das eingepflanzte Wort behandelt, als ob es nicht das Herrenwort Gottes wäre, sodann indem er meint, seine Einpflanzung ignorieren, ihm durch diese Mißhandlung seine Kraft nehmen zu können, als ob ihm die Gnade, der er widersteht, nicht mit derselben Kraft, mit der sie ihn segnen könnte, nun eben zum Gericht werden müßte. Sein leibliches Angesicht, so heißt es dann V. 23-24 weiter, kann man im Spiegel beschauen, um wegzugehen und es wieder zu vergessen. Im Spiegel des Wortes Gottes aber wird mir vorgehalten, wer ich vor Gott und also in Wahrheit bin. Von dem, was mir da gesagt wird, komme ich, nachdem es mir einmal gesagt ist, nicht mehr los. Ich kann nun nur noch das sein, was mir da über mich gesagt ist; ich kann also, wenn ich nicht in den Abgrund der Übertretung stürzen will, nur noch ein Täter dieses Wortes sein. Wer, wie Petrus in das leere Grab Jesu (Lc. 24, 12; Joh. 20, 5), gebückt hineinschaut in den Spiegel des Wortes Gottes, der vollzieht, wie wiederum Calvin auslegt: einen *penetrabilis intuitus, qui nos ad Dei similitudinem transformat*. Dieses Wort, dieses Gesetz nimmt, indem es uns selbst in Anspruch nimmt, unsere Freiheit, d. h. unseren freien, eigenen, spontanen Gehorsam in Anspruch. Es fordert nicht diese und jene Werke von uns, sondern es fordert uns selbst als Täter des seinem Inhalt entsprechenden Werkes. Es fordert nämlich unser Bekenntnis, und zwar das Bekenntnis unserer Existenz; es fordert unser Herz; es fordert uns aber aus jeder Reserve einer abstrakten Innerlichkeit heraus in die Entscheidung nicht nur des Gehorchens, sondern des Gehorsamseins, eines Fürwahrhaltens ohne Vorbehalt, unserer Unterwerfung unter die Wahrheit. In diesem Tun des Wortes, das nichts anderes ist als sein wirkliches Hören, sind wir gerettet und selig, Gegenstand des göttlichen Wohlgefallens — niemals daneben: *in ipsa actione sita est beatitudo* (Calvin). — Es dürfte von einem richtigen Verständnis dieser Jakobusstelle aus ohne weiteres einsichtig sein, daß und warum der Begriff des „Werkes", wenn er nur keine Umgehung Jesu Christi und des Glaubens bezeichnen soll, auch bei Paulus eine durchaus positive Bedeutung hat. Es ist auch nach ihm schon an dem, daß Gott einem jeglichen vergelten wird „nach seinen Werken" (Röm. 2, 6), und daß nicht die Hörer, sondern nur die Täter des Gesetzes gerechtfertigt werden (Röm. 2, 13). Auf den einen Grund Jesus Christus baut ein jeder sein Werk, und dieses ist es, das im Endgericht so oder so offenbar werden wird (1. Kor. 3, 13). Wir werden vor dem Richterstuhl Christi empfangen nach dem wir gehandelt haben in diesem Leben (2. Kor. 5, 10). Ausgerechnet im Galaterbrief (6, 3 f.) wird dann eingeschärft, daß ein jeder, um sich keinen Täuschungen über sich selbst hinzugeben, auf sein eigenes Werk schauen solle, an dem er wie seinen eigenen Ruhm, so seine eigene Last haben werde. Paulus kann bekanntlich Phil. 2, 12 f. sogar das Erlangen der ewigen Errettung wenigstens beiläufig (der Akzent liegt nach dem Zusammenhang nicht darauf, sondern auf dem ἐν φόβῳ καὶ τρόμῳ) unter dem Gesichtspunkt des κατεργάζεσθαι sehen, um dann freilich sofort die auffallende Begründung hinzuzufügen: Denn Gott ist es, der in euch wirkt, das Wollen und das Wirken nach seinem Wohlgefallen! Und Paulus kann Eph. 2, 8 f. umgekehrt: nachdem er eben aufs stärkste ausgesprochen hat, daß wir durch Gnade im Glauben, geschenkweise, und nicht vermöge unserer Werke gerettet werden, fortfahren: „Sein Geschöpf sind wir, geschaffen in Christus Jesus zu guten Werken, für welche uns Gott zubereitet hat, daß wir in ihnen wandeln sollen." Paulus kennt nach 1. Thess. 1, 3; 2. Thess. 1, 11 den Begriff des ἔργον πίστεως. Und so kann er sein eigenes Tun als Apostel als ein ἐργάζεσθαι ἔργον κυρίου (1. Kor. 16, 10) und sich selbst als Gottes συνεργός bezeichnen (1. Kor. 3, 9). Und hier müssen hinzugenommen werden alle die Stellen, in denen er die Christen unter den verschiedensten Gesichtspunkten, aber in den unzweideutigsten Imperativen zum Wirken aufgerufen hat. Die Vorstellung einer Konkurrenz des menschlichen Werkes mit dem Werk Jesu Christi oder des Heiligen Geistes liegt in allen diesen Zusammenhängen außerhalb der paulinischen Möglichkeiten. Gerade aus Phil. 2, 12 f. und Eph. 2, 4 f. ist unzweideutig ersichtlich, wie die keinen Augenblick wegzudenkende Voraussetzung des Werkes oder der Werke für Paulus in einem Akt besteht, dessen Subjekt Gott selbst und Gott allein ist, und dessen Kraft durch das Werk oder die Werke weder vermehrt noch vermindert, sondern eben nur bestätigt werden kann. Allein um diese notwendige Bestätigung wird es sich bei dieser paulinischen Lehre vom Wirken des christlichen Menschen auf alle Fälle handeln können. Es kann nun aber bei Paulus nach den nicht zu umgehenden Aussagen des Galater- und Römerbriefes auch eine Konkurrenz zwischen dem menschlichen Werk und dem menschlichen Glauben sicher nicht in Betracht kommen. Es muß schon dabei bleiben, daß der Mensch nach Paulus im Glauben, und zwar allein im Glauben, Gegenstand jenes göttlichen Aktes und also ein vor Gott weil von Gott gerechtfertigter Mensch ist. Und dies darum, weil der Mensch im Glauben Jesus Christus zum Gegenstand hat, auf ihn bezogen und ausgerichtet, ihm übergeben und anbefohlen ist. Im Glauben geschieht es, daß der Mensch jenen göttlichen Akt bestätigt, anerkennt und bejaht als für ihn und an ihm geschehen. Im Glauben, weil er Glaube an Jesus Christus ist, ist es wahr, daß der Mensch ein mit Gott versöhnter Mensch ist. Wir können also sehr wohl den Glauben selbst jenes den göttlichen Akt bestätigende Werk nennen, auf das Paulus so großes Gewicht legt. Und an allen den Stellen, wo er das Werk als das Kriterium des Bestehens oder Nichtbestehens des Menschen vor Gott genannt hat, kann nach seinen sonstigen Aussagen gar nichts anderes gemeint sein als eben das „Werk des Glaubens", d. h. das menschliche Lebenswerk, sofern es letztlich und entscheidend als ein im Glauben geschehendes bestimmt ist. Nicht als menschliches Werk, wohl aber um seines Gegenstandes willen, weil es das Werk des Glaubens an Jesus Christus ist, ist dieses Werk unsere Rechtfertigung vor Gott. Aber das ändert nun wieder nichts daran, daß es dennoch ein menschliches Werk, unser Lebenswerk, ist und sein muß. Der Mensch glaubt. Das rechtfertigt ihn nicht, sondern daß er an Jesus Christus glaubt, das rechtfertigt ihn. Aber der Mensch glaubt. Es ist aber, wenn er glaubt, sein Glaube keine zufällige, sondern eine notwendige, keine bloß teilweise, sondern eine totale Bestimmung seiner Existenz. Er kann ein schwacher, ein kleiner Glaube sein, aber wenn er nicht in seiner Schwachheit und Kleinheit notwendig und total ist, so ist er nicht Glaube, so ist gewiß auch nicht Jesus Christus sein Gegenstand. Nicht um seiner Notwendigkeit und Totalität, sondern um seines Gegenstandes, um Jesu Christi willen rechtfertigt er den Menschen. Er ist aber nicht Glaube, er hat nicht Jesus Christus zum

1. Der Mensch als Täter des Wortes   403

Gegenstand, er rechtfertigt also auch nicht, wenn er nicht diese Notwendigkeit und Totalität hat — wir sagen es nochmals schlichter: wenn es nicht der Mensch, der Mensch selbst, der ganze Mensch ist, der glaubt. Indem wir sagen: der Mensch selbst, der ganze Mensch, erreichen wir das, was nicht nur bei Jakobus, sondern auch bei Paulus tatsächlich — nicht die eigentliche, die mathematische Mitte (die kann nur der Name Jesus Christus und der Glaube an ihn sein), wohl aber den diese Mitte notwendig umschreibenden und bezeichnenden Mittelpunkt bildet: es ist der Mensch, der ἐν Χριστῷ, als der Mensch, der in jenem göttlichen Akt gemeint ist und den er angeht, als der Mensch, der an Jesus Christus glaubt, notwendig und total unter eine neue Bestimmung tritt. Seine Existenz unter dieser neuen Bestimmung, also seine Existenz unter der Bestimmung durch Jesus Christus und durch den Glauben an ihn ist das, was auch Paulus als das Werk oder als die Werke so auffallend auszeichnet. Man sieht: das Werk konkurriert bei Paulus so wenig mit dem Glauben, wie es mit Jesus Christus und dem Heiligen Geiste — so wenig wie bei Jakobus das Tun mit dem Hören des Wortes konkurrieren kann. Es steht nicht als ein Zweites neben dem Glauben. Es ist nur die Auslegung, aber allerdings die richtige und notwendige Auslegung des Glaubens. Es ist in der Tat nichts anderes als der Glaube selbst, aber eben der wirkliche Glaube — mit Jakobus zu reden: im Gegensatz zu einem toten Glauben — wirklich jetzt nicht nach oben, sofern er auf Jesus Christus gerichtet ist und also rechtfertigt, aber wirklich (und das muß er auch sein, um Glaube zu sein!) nach unten, sofern er Glaube des Menschen, des Menschen selbst, des ganzen Menschen ist. Wir könnten auch sagen: das Werk ist der Glaube und der Glaube ist das Werk, sofern er als Schöpfung des freien Gottes und innerhalb der damit angegebenen Grenze notwendig und total auch freie Entscheidung und Tat des Menschen ist.

Der christliche Mensch *in concreto*, den wir nicht umgehen können, wenn wir von der Gnade des Heiligen Geistes vollständig und recht reden wollen, ist also der freie Mensch, an dem Gott seine Freiheit bewährt und bestätigt. Wenn wir das ins Auge fassen, daß menschliche Selbstbestimmung in Jesus Christus durch den Heiligen Geist unter das Zeichen und in die Klammer göttlicher Vorherbestimmung zu stehen kommt, dann haben wir das Problem vor uns, das man als das Problem der theologischen Ethik oder sachlich: des christlichen Lebens zu bezeichnen pflegt. Es kann uns hier nur in einem ersten und allgemeinen Umriß beschäftigen: nur insofern, als mit der Tatsache der Offenbarung Gottes als solcher die Frage: Was sollen wir tun? die Frage nach einer dieser Tatsache entsprechenden Gestaltung des menschlichen Lebens, oder sagen wir besser: das Gebot des Gehorsams gestellt ist. In diesen Grenzen aber muß es uns schon hier beschäftigen. Es soll dies in diesem Paragraphen geschehen unter dem Titel „Das Leben der Kinder Gottes".

Ich verdanke diesen Titel A. v. Harnack. 1925 hatte ich ein letztes ausführliches Gespräch mit ihm: über die Möglichkeit und Aufgabe einer evangelischen Dogmatik. Er sagte mir, daß er sie, wenn er selbst eine solche zu schreiben hätte, unter diese Überschrift stellen würde. Es ist nun nicht zu bestreiten, daß eine evangelische Dogmatik, wenn sie eine besondere Überschrift haben müßte — man wird ihr aber besser keine solche geben! — auch diese Überschrift haben könnte. Auch unter dieser Überschrift würde sie freilich grundlegend und entscheidend von dem einen Sohn Gottes und vom Heiligen Geist handeln, in ihm ihre eigentliche Mitte und in der heiligen Schrift ihre Quelle, in der Kirche ihren festen Ort haben müssen. Und so hat es nun Harnack offenbar nicht gemeint. Sondern es meinte sein Vorschlag, daß an die Stelle der Dogmatik im alten Sinn des Begriffs ein durch die Geschichte des Christentums zentral bestimmtes persönliches Lebensbekenntnis des in gewissen letzten Überzeugungen und geistigen Gewißheiten reif und ruhig gewordenen Menschen zu treten habe. Einen Ersatz für das, was die Dogmatik in der Theologie und in der Kirche zu leisten hat, könnte ich in einem solchen Bekenntnis nun doch nicht sehen. Harnack sprach offenbar für den Neuprotestantismus, dessen eigentlicher Glaubensgegenstand nicht Gott in seiner Offenbarung, sondern der an ein Göttliches glaubende Mensch selber gewesen ist. Unter der heiligen Schrift und in der Kirche denkend und redend, wird die Theologie diesem Menschen solche Würde und Bedeutung nicht zuerkennen können. Es braucht aber das Anliegen, das den Neuprotestantismus auf seinen sonderbaren Weg geführt hat, darum nicht unter den Tisch zu fallen. Im Rahmen der Lehre vom Heiligen Geist hat es seinen legitimen Ort. Ich möchte dem auch äußerlich Rechnung tragen, indem ich Harnacks Vorschlag, ohne ihm in seinem eigenen Sinn gerecht werden zu können, an dieser Stelle zu Ehren bringe. Gottes Offenbarung schafft in der Tat: das Leben der Kinder Gottes. — Nach dem früher Gesagten brauche ich nur darauf hinzuweisen, daß dieser Titel natürlich ohne Veränderung der sachlichen Bedeutung auch lauten könnte: „Das Leben der Kirche".

Die unter die übergreifende Bestimmung der Offenbarung gestellte menschliche Selbstbestimmung und also „das Leben der Kinder Gottes" wurde nun im Leitsatz in doppelter Weise **negativ** bestimmt: Gottes Offenbarung schafft Menschen, die, ohne Gott zu suchen, **nicht** mehr da sein und die es **nicht** mehr lassen können zu bezeugen, daß er sie gefunden hat. Ich versuche durch diese negativen Formulierungen, die nachher durch die entsprechenden positiven ersetzt werden sollen, noch einmal eben jene übergreifende Bestimmung zum Ausdruck zu bringen, unter die die menschliche Selbstbestimmung hier gestellt ist. Was im Vollzug der Offenbarung als Ausgießung des Heiligen Geistes sichtbar wird als menschliche freie Entscheidung, als menschliches Tun und Werk, als Leben von wirklichen Menschen, das hat seinen Charakter als Leben der **Kinder Gottes** nicht in sich selbst, sondern eben in dem Lichte, in das es hier tritt. Keine positive — wir müssen freilich sofort hinzufügen: auch keine negative! — Umschreibung dessen, was der Mensch hier tut oder läßt, kann eindeutig den im strengen Sinn „christlichen" Charakter seines Lebens, seines Tuns und Lassens wiedergeben. Es kommt ihm ja dieser Charakter ganz und gar „von außen", d. h. von Gott her zu. Es kann ja das wesentlich „Christliche" in diesem Leben, Tun und Lassen immer nur die Bekundung sein: Er und nicht ich! Er und nicht wir! Er, der Herr! Er für uns! Er an unserer Stelle! Das ist ja die übergreifende Bestimmung des Menschen durch die Offenbarung, das ist ja der Grund des Lebens der Kinder Gottes, daß dieses „Er" für sie in Geltung steht, tröstlich, mahnend, ordnend, begrenzend — und das alles darum mit unvergleichlichem Nachdruck, weil es die Wirklichkeit ihrer eigenen Existenz ist, die sich in dem allem geltend macht, eine Wirklichkeit, der sie sich sowenig entziehen können, wie sie sich sich selbst entziehen könnten. Sie ist aber die verborgene Wirklichkeit ihrer eigenen Existenz. Er, er ist diese

Wirklichkeit. Er ist nicht ich. Er ist nicht wir. Nur indirekt ist er mit uns, sind wir mit ihm identisch. Denn Er ist Gott und wir sind Menschen. Er ist im Himmel und wir sind auf Erden. Er lebt ewig und wir leben zeitlich. Diese Grenze, die eschatologische, bleibt zwischen ihm und uns. Nur indirekt und darum nicht eindeutig kann also jenes Er und nicht ich, Er und nicht wir! in seiner Bekundung durch menschliches Leben, Tun und Lassen, können die Wirkungen seines Tröstens, Mahnens, Ordnens, Begrenzens in unserem menschlichen Leben wahrnehmbar sein. Die gemeinte Wirklichkeit, von der wir hier im Blick auf menschliches Leben, Tun und Lassen zu reden versuchen, ist darum größer, ja ganz anders als Alles, was davon gesagt werden kann, weil Er diese Wirklichkeit ist. Es ist also klar, daß wir auch mit negativen Formulierungen wie den angegebenen nicht zur direkten Mitteilung übergehen zu können meinen dürfen. Auch sie sagen im Blick auf Ihn zu wenig, im Blick auf menschliches Leben, Tun und Lassen auch wieder zu viel, um mehr als andeuten, bezeichnen, in eine bestimmte Richtung weisen zu können. Es mag aber dieses Weisen als solches und in seiner Begrenzung gerade dadurch kenntlich gemacht sein, daß es zunächst in jener negativen Formulierung geschieht.

Zur Sache ist vorläufig dies zu sagen: Es geht bei dem Leben der Kinder Gottes, wenn wir es als eine Schöpfung des Heiligen Geistes verstehen, um eine Bestimmtheit des als **Sein** und des als **Handeln** verstandenen menschlichen Lebens. Man darf mit der nötigen Vorsicht auch sagen: es geht um eine Bestimmtheit des **Inneren** und des **Äußeren**, oder: der **Einsamkeit** und der **Gemeinsamkeit** des menschlichen Lebens.

Diese vorläufigen, nachher durch die biblischen Begriffe zu ersetzenden Unterscheidungen sind alle relativ genug. Man wird aber zu ihrer Rechtfertigung zunächst auf die biblischen Unterscheidungen von Wiedergeburt und Bekehrung, Rechtfertigung und Heiligung, Glaube und Gehorsam, Kindern und Knechten Gottes verweisen dürfen. Um eine Gegenüberstellung zweier wirklich verschiedener Bestimmungen des Menschen kann es sich nicht handeln, so gewiß der Bestimmende: Jesus Christus und der Heilige Geist nur einer ist. Wir werden auch sehen, daß sich die beiden Linien, die wir hier auseinanderhalten, dauernd überschneiden. Es dürfte aber mit der Indirektheit der ganzen uns beschäftigenden Anschauung zusammenhängen, daß es nicht möglich ist, das, was hier zu sehen und zu sagen ist, auf einen einzigen Nenner zu bringen und mit einem Wort zu bezeichnen. Es gibt im menschlichen Leben außer den Lehnworten „Christ" und „christlich" keine Entsprechung des einen Namens Jesus Christus, in welchem, wie wir sahen, die beiden Linien unseres Denkens in jenem ganz anderen Zusammenhang zur Einheit kommen.

Es wird der Mensch in Gottes Offenbarung einerseits als ein ganz bestimmtes, nicht nur neu qualifiziertes, sondern wirklich neues, weil in der von Gott zu ihm geschaffenen Beziehung selbst neu geschaffenes Subjekt und Wesen angesprochen. Das ist's, was wir unter dem als Sein betrachteten christlichen Leben verstehen. Christliches Leben als Sein — das ist recht eigentlich die Wohltat der Offenbarung. Wir haben aber zu bedenken, daß dieses Sein, so gewiß es das Sein eines Menschen ist, keinen Bestand für sich hat, sondern immer nur in einem bestimmten Handeln dieses Subjekts. Es ist der Anspruch der Offenbarung, der in diesem Handeln in Kraft tritt. Eben in diesem seinem Handeln, aber insofern — weil es ja das Handeln dieses Subjekts und also dieses Seienden ist — doch auch in seinem Sein können wir, dieselbe Unterscheidung wiederholend — ein Inneres, d. h. seine Meinung, Intention und Richtung, einem Äußeren, d. h. seinem eigentlichen Tun und Wirken gegenüberstellen, wobei eines ohne das andere ebensowenig sein kann wie Sein ohne Handeln, Handeln ohne Sein. Wir wiederholen nochmals dieselbe Unterscheidung, wenn wir sagen: Sofern wir das Sein und Innere des in Gottes Offenbarung angesprochenen Menschen für sich ins Auge fassen, sehen wir ihn in seiner Einsamkeit: denn in seinem Sein als neues Subjekt oder in der Intention seines Handelns ist er mitten in der Gemeinsamkeit einsam, mitten in der Kirche der einzelne, in einem Gegenüber mit Gott und nicht mit irgendeinem Anderen, in einem Gegenüber, in dem auch kein Anderer für ihn eintreten kann. Fassen wir aber das Handeln oder das Äußere desselben Menschen für sich ins Auge, dann sehen wir denselben Menschen trotz seiner Einsamkeit in der Gemeinsamkeit als einzelnen vereinigt mit der ganzen Kirche, gewiß Gott, aber nun in Gott auch ganz dem Anderen zugewandt. Die Unmöglichkeit, ihn von der einen oder anderen Seite wirklich und streng genommen „für sich" ins Auge zu fassen, bedeutet, daß diese Kennzeichnungen auf beiden Seiten nicht exklusiv verstanden werden dürfen. In Wirklichkeit ist hier alles ineinander, immer nur relativ auseinander.

Und nun ist also jenes Erste, das Sein, das Innere, die Einsamkeit des christlichen Menschen negativ so bestimmt: er kann nicht mehr da sein, ohne Gott in Jesus Christus zu suchen. Also: ein anderes Sein als das in diesem bestimmten Handeln, im Suchen Gottes, ist ihm abgeschnitten: aus allem anderen Sein ist er verdrängt, zwangsläufig hinübergedrängt in dieses eine Sein des Gott, und zwar Gott in Christus, Suchenden. Hinter ihm ist nur noch das Unmögliche, seine erledigte Sünde, der Abgrund des Todes. Es ist wahr, daß das alles immer noch hinter ihm und daß er insofern immer noch ein Sünder, ein dem Tod Verfallener ist. Nur in Christus ist er gerettet. Es ist aber das alles nur noch hinter ihm. In Christus ist er gerettet. Er ist ein begnadigter Sünder, ein *peccator iustus*. Er lebt in seinem Handeln als Gott Suchender. Das ist seine Neuschöpfung durch den Heiligen Geist. Im Heiligen Geist hört und glaubt er ja das Wort Gottes, und das Wort Gottes ist das ewige Wort, das Fleisch annahm und in seinem Fleisch das unsrige, das Fleisch Aller derer, die dieses Wort hören und glauben, hinaufnahm in die Herrlichkeit des Vaters. Eben damit ist es uns, ist es den Kindern Gottes genommen, können sie es nur noch haben, indem sie das Wort haben, indem sie also

das Wort, Gott in Christus, s u c h e n , indem sie „suchen, was droben ist"
(Kol. 3, 1 f.). Darin, daß sie, nachdem sie gehört und geglaubt, in dieses
Suchen gezwungen sind, sind sie neue Subjekte, wiedergeboren durch den
Heiligen Geist. Und eben dieses Suchen ist das Innere ihres Lebens, die
Intention ihres Handelns, das, was sie in aller Gemeinsamkeit nur einsam
sein und tun können. Und nun können wir den biblischen Begriff nennen,
der eben von diesem Suchen Gottes durch die, die er in seinem Wort gefunden hat, redet. Es ist die L i e b e G o t t e s , transitiv verstanden: die
Liebe des Menschen zu Gott. Sie ist das Sein, das ihm allein übrigbleibt,
nachdem ihm sein sonstiges Sein genommen ist, weil er mit Christus
auferstanden ist.

Es ist nun aber jenes Zweite, das Handeln, das Äußere, die Gemeinsamkeit des christlichen Menschen so bestimmt: e r k a n n e s n i c h t l a s s e n ,
z u b e z e u g e n , d a ß G o t t i n C h r i s t u s i h n g e f u n d e n h a t . Also: ein
bestimmtes Handeln ist ihm durch sein Sein unvermeidlich gemacht. Er
kann eben das, was er ist, nicht unterdrücken, nicht verheimlichen, nicht
für sich behalten. Was ist er? Er ist ein von Gott Gefundener. Nicht er hat
gesucht, aber er ist gesucht worden. Nicht er hat gefunden, aber er ist
gefunden worden. In seinem ewigen Wort war Gott frei für ihn. Und durch
den Heiligen Geist war er, der Mensch, frei für Gott. In der Freiheit Gottes wurde er selbst frei und Gottes Kind. Eben das ist nun das unwiderstehliche Vorwärts! seines Handelns. Eben das muß nun offen sein, sichtbar werden. Eben das muß nun durch seine ganze Existenz bekundet,
bezeugt, gesagt werden. Eben in dieser Entscheidung lebt er nun. Die
Freiheit, sich anders zu entscheiden, liegt hinter ihm. Es ist wahr, daß
sie immer noch hinter ihm liegt. Es ist noch einmal und auch von dieser
Seite gesehen wahr, daß er immer noch ein Sünder, ein dem Tod Verfallener ist. Denn was da immer noch hinter ihm liegt, das ist ja, noch
einmal: das Unmögliche, seine erledigte Sünde, der Abgrund des Todes.
In Christus i s t er gerettet, aber nur in C h r i s t u s ist er gerettet. Und eben
darum: in der Entscheidung für das Zeugnis von ihm. Er kann angesichts
der Sünde und des Todes, von denen er herkommt, als ein rechter *iustus
peccator* nur noch dies leben und also offenbaren und bezeugen wollen:
seine Errettung. In dieses Offenbaren, Bezeugen, Bekennen treibt ihn
derselbe Geist, der ihn neu geboren hat. Und eben dieses unvermeidliche
Bekennen wird nun das Äußere seines Lebens, sein Handeln als Tun und
Werk. Und eben hier findet er sich bei aller Einsamkeit seines inneren
Weges plötzlich und gänzlich in der Gemeinsamkeit der Kirche. Wieder
können wir jetzt den biblischen Begriff für diese Sache nennen. Es ist
dieses Bezeugen und Bekennen unseres Gefunden- und Gerettetseins, das
L o b G o t t e s . Das Lob Gottes ist das Handeln, das uns als Müssen auferlegt ist, nachdem unsere Freiheit zu einem anderen Handeln unter das Urteil
und Gericht Gottes gestellt ist, nachdem wir mit Christus gestorben sind.

In diesen zwei Begriffen: in der Liebe und im Lob Gottes steht, alles wohl überlegt, das christliche Leben, das Leben der Kinder Gottes. Kinder Gottes sind Menschen, die nach Gott fragen und die von Gott Antwort geben. In dieser scheinbar so widerspruchsvollen Einheit sind sie, was sie sind, und tun sie, was sie tun. Es ist tatsächlich beides wahr: sie fragen, weil sie schon Antwort haben; sie antworten, weil sie nun erst recht gefragt sind. In Jesus Christus ist beides wahr. Und eben diese beiden Begriffe bilden nun miteinander auch recht eigentlich das Prinzip dessen, was man theologische Ethik nennt: die Liebe Gottes als das einzige uns verbleibende Sein und das Lob Gottes als unser notwendiges Handeln. Und indem die Dogmatik sich schon in ihrer Anschauung und Lehre von der Offenbarung Rechenschaft darüber gibt: was wird aus dem Menschen, dem Gottes Offenbarung widerfährt? was sollen wir tun, wir, die wir damit rechnen, Gottes Wort gehört zu haben und zu glauben?, indem sie das Problem des christlichen Menschen schon in ihren grundlegenden Überlegungen anerkennt und behandelt als ihr eigenes Problem, nimmt sie die Ethik in sich auf, macht sie also eine besondere theologische Ethik überflüssig, weil sie selber, ohne aufzuhören, Dogmatik, Besinnung auf Gottes Wort zu sein, auch Ethik ist.

2. DIE LIEBE GOTTES

Mit der Liebe fängt das christliche Leben an, mit der Liebe endigt es auch, sofern es als menschliches Leben in der Zeit ein Ende hat. Es gibt nichts Früheres, Vorangehendes, was der Mensch als Christ, oder um Christ zu werden, zuvor sein oder tun müßte oder könnte. Auch der Glaube geht ja der Liebe nicht voran, sondern indem der Mensch zum Glauben kommt, beginnt er auch zu lieben. Begänne er nicht zu lieben, so wäre er auch nicht zum Glauben gekommen. Glaube ist ja Glaube an Jesus Christus. Glaubt der Mensch, dann ist er also eben damit, daß er das tut, in jenen Stand versetzt, in welchem ihm jeder Boden, der nicht der des Seins in der Liebe zu Gott in Christus wäre, unter den Füßen weggezogen ist: er kann nicht mehr da sein, ohne Gott zu suchen. Wäre dem nicht so, dann wäre er auch nicht zum Glauben gekommen. Und indem dem so ist, bewährt es sich, daß sein Glaube keine Einbildung ist, daß wirklich er selbst, der Mensch, glaubt.

Wir erinnern uns an das über das Tun bei Jakobus und über das Werk bei Paulus Gesagte. Der Glaube, von dem Paulus redet, ist kein eingebildeter Glaube, sondern nach Gal. 5, 6 der Glaube, der in der Liebe tätig, d. h. wirksam, d. h. wirklich ist: ἐνεργουμένη. Wer nicht liebt, der hat Gott nicht erkannt (1. Joh. 4, 8). Geht es um den Weg des Glaubens, den Weg des christlichen Menschen, dann ist die Liebe der Weg, ἡ καθ' ὑπερβολὴν ὁδός (1. Kor. 12, 31).

Es gibt aber auch kein Hinauskommen über die Liebe, kein höheres und besseres Sein und Tun, in welchem wir sie auf irgendeiner Stufe hinter uns lassen könnten. Der Mensch wird als Christ immer wieder nach ihr und in allem, was er jemals tun oder lassen kann und wird, entscheidend immer nur nach ihr gefragt sein.

Paulus hat von der Liebe 1. Kor. 13, 8 ausdrücklich gesagt: οὐδέποτε πίπτει, in der Meinung, daß dies auch von dem Sein und Tun des erlösten Menschen in der kommenden Welt gelte. Er wird auch im ewigen Leben, wo er Gott von Angesicht zu Angesicht schauen wird, ein Liebender sein, oder er wird nicht sein.

Die Liebe ist das Wesen des christlichen Lebens; sie ist aber auch in allen denkbaren Beziehungen seine *conditio sine qua non*, das allein Gute in jeder Hinsicht, in der sein Tun oder Lassen vor Gott gut sein kann.

Die Liebe ist nach Röm. 13, 10 das πλήρωμα νόμου, nach 1. Tim. 1, 5 das τέλος τῆς παραγγελίας. Wenn ihr meine Gebote haltet, dann bleibt ihr in meiner Liebe (Joh. 15, 10). Darum Mc. 12, 29 f. die Zusammenfassung des Gesetzes und der Propheten in dem doppelten Gebot: Du sollst lieben — Gott und deinen Nächsten! Die Liebe trägt alles, glaubt alles, hofft alles, duldet alles (1. Kor. 13, 7), in der Liebe kommt die Wahrheit zu Ehren (2. Thess. 2, 10; 1. Kor. 13, 6; Eph. 4, 15), die Liebe baut die Gemeinde (1. Kor. 8, 1; Eph. 4, 16). Rich. Rothe hat also schon recht, wenn er sagt, „daß jede moralische Funktion (alles Tun und Lassen) des menschlichen Einzelwesens (von allem anderen abgesehen) eine normale nur ist, sofern sie, was sie auch außerdem sein möge, ein Akt der Liebe, ein Lieben ist, in der Liebe geschieht". (Theol. Ethik² 1. Bd., 1867, S. 536.)

Aber aus dem Allem dürfte nun doch wohl vor allem dies hervorgehen, daß Liebe als Lebensäußerung der menschlichen Kinder Gottes, Liebe als Selbstbestimmung der menschlichen Existenz weder in ihrem Wesen noch in ihrer Wirklichkeit aus sich selbst, sondern eben nur in jenem Raum oder Licht der göttlichen Vorherbestimmung zu verstehen ist, unter deren Ordnung und Kraft der Mensch, indem er das Wort Gottes hört und glaubt, indem er also als Kind Gottes neu geboren wird, zu stehen kommt. Ist die Liebe der Inbegriff und die Totalität des vom Menschen geforderten Guten, wie soll es dann vom Menschen als solchem aus verständlich sein, daß er liebt? Daß er das wirklich tut, das kann offenbar nur daraufhin von ihm gesagt werden, daß zuerst etwas ganz anderes von ihm gesagt werden darf, dies nämlich: daß er geliebt wird, daß er ein Geliebter ist. Gibt es nichts im christlichen Leben, was der Liebe vorangehen könnte, so muß doch die Liebe Gottes zum Menschen dem christlichen Leben als solchem vorangegangen sein, damit dieses nun wirklich mit der Liebe anfangen könne. Es ist ja nicht an dem, daß wir uns selbst in jenen Stand versetzen könnten, in welchem uns nichts anderes mehr übrigbleibt, als zu suchen, was droben ist. Der Mensch bringt sich selbst freilich in manches Gedränge; er kann sich sogar in Verzweiflung stürzen; aber in dieses Gedränge, in die heilsame und getroste Verzweiflung, in der ihm nur noch die Flucht zu Gott übrigbleibt, kann er sich nicht selber stürzen. Sondern in diese Verzweiflung stürzt ihn Gott, indem er ihm offenbar wird, indem sein Wort Fleisch wird und unserem Fleisch zum Gericht wird durch den

Heiligen Geist, der uns Augen und Ohren auftut und so zum Glauben erweckt. Indem das geschieht, kommt es zum christlichen Leben, zur Geburt und zum Leben der Kinder Gottes und also dazu, daß wirkliche Menschen wirklich lieben. Nur so.

Darum ist's ein seltsam Kraut, welches nicht wächset in unserm Garten, Gott lieben von ganzen Herzen etc. Denn „Gott lieben" und Gottes Ehre suchen, heißt, ihm selbst und der ganzen Welt feind seyn. Wie Christus auch sagt, Luc. 14: „So jemand zu mir kommt, und hasset nicht seinen Vater, Mutter, Weib, Kind, Bruder, Schwester, auch dazu sein eigen Leben, der kann nicht mein Jünger seyn." Solches aber finden wir nicht in uns. Die Buchstaben GOT mögen wir wohl lieb haben; aber was die Buchstaben bedeuten, das können wir nicht lieb haben. Da fluchen und murren wir, sonderlich wenn wir angegriffen werden und etwas leiden sollen. (Luther, Pred. üb. Luc. 10, 23–37, nach Rörer, E. A. 5, 70 f.) Wir haben uns darum vor allem den Zusammenhang vor Augen zu halten, in welchem in der Bibel von der christlichen Liebe die Rede ist: Die Liebe zu Gott ist ausgegossen in unsere Herzen durch den Heiligen Geist, welcher uns gegeben ist (Röm. 5, 5) — und das daraufhin, daß Gott zuvor, da wir noch Sünder waren, im Tode Christi seine Liebe gegen uns bewiesen hat (Röm. 5, 7 f.). Darin steht die Liebe: nicht, daß wir Gott geliebt haben, sondern daß er uns liebte (man beachte dieses historische ἠγάπησεν) und sandte seinen Sohn zur Versöhnung um unserer Sünden willen (1. Joh. 4, 10). Bleibet in meiner Liebe! heißt das Gebot; denn: wie der Vater mich liebte, so liebte ich euch (Joh. 15, 9). „In der großen Liebe, in der er uns geliebt hat", hat Gott uns in jenen neuen Stand versetzt, mit Christus lebendig gemacht, durch Gnade gerettet und also auf jene Bahn der guten Werke gebracht (Eph. 2, 4 f.). Im Glauben des Sohnes Gottes, „der mich geliebt und sich selbst für mich dahingegeben hat", lebt darum Paulus sein Fleischesleben (Gal. 2, 20). Im selben Sinn offenbar ist es Deut. 30, 6 (und das ist zum Verständnis von Deut. 6, 5 wohl zu beachten!) schon zu Israel gesagt: „Jahve, dein Gott, wird dir und deinen Nachkommen das Herz beschneiden, daß du Jahve, deinen Gott, von ganzem Herzen und von ganzer Seele liebest um deines Lebens willen." Also: das Lieben ist wohl unser Sein und Tun, wenn wir lieben. Aber daß wir lieben, daß wir Liebende sind, dieser Inbegriff und diese Totalität des Lebens der Kinder Gottes ist Gottes Gabe und Werk, eine Geburt aus der Jungfrau (jetzt in dem übertragenen Sinn von Joh. 1, 12 f.) nicht weniger als die menschliche Existenz des ewigen Sohnes Gottes. Die Gott lieben, das sind solche, denen bereitet ist, „was kein Auge gesehen und kein Ohr gehört hat und in keines Menschen Herz gekommen ist" (1. Kor. 2, 9). Die Liebe ist von Gott, und wer liebt, der ist von Gott geboren und kennt Gott (1. Joh. 4, 7). — Die Begründung der christlichen Liebe in der Liebe Gottes zu uns ist auf dem *Conc. Araus.* II (529) zum Dogma erhoben worden: *Prorsus donum Dei est diligere Deum. Ipse ut diligeretur dedit qui non dilectus diligit. Displicentes amati sumus, ut fieret in nobis, unde placeremus. Diffundit enim charitatem in cordibus nostris Spiritus Patris et Filii, quem cum Patre amamus et Filio.* (Can. 25, Denz. Nr. 198.) Wie verhält es sich dazu, wenn Thomas v. Aquino nun doch meint sagen zu sollen: *Deus potest a nobis amari naturaliter, etiam non praesupposita fide vel spe futurae beatitudinis?* (*S. theol.* II[1] qu. 65 art. 5, 1). Mit einer solchen natürlichen Liebe zu Gott, die dem Menschen auch abgesehen von Gottes Offenbarung eigen wäre, oder mit einer der Offenbarung vorangehenden natürlichen Fähigkeit dazu ist in allen jenen Bibelstellen nicht gerechnet. Die Kinder Gottes aus Gnade und sie allein sind es, die Gott lieben und lieben können.

Andererseits muß nun aber auch daran festgehalten werden: die Liebe der Kinder Gottes wird Ereignis in einem Akte oder in Akten menschlicher Selbstbestimmung; sie ist kreatürliche Wirklichkeit. Wir werden sagen:

kreatürliche Wirklichkeit, die als solche, als menschliche Selbstbestimmung, im Raum oder Licht der göttlichen Vorherbestimmung durch Gott selbst neu geschaffen und damit etwas anderes, nämlich aus Nicht-Liebe Liebe geworden ist, die aber darum nicht aufgehört hat, menschliche Selbstbestimmung und also kreatürliche Wirklichkeit zu sein. Wir werden also weder sagen, daß sie das Produkt einer Verwandlung kreatürlicher in göttliche Wirklichkeit, noch auch, daß in ihr göttliche Wirklichkeit an die Stelle der kreatürlichen getreten sei. Was dem Menschen durch Gottes Offenbarung widerfährt, und also seine Lebensneuheit, ist ja — in strenger Analogie zur Inkarnation des Wortes in Jesus Christus — dies, daß er, ohne daß seine Menschlichkeit als solche versehrt wird, in dem von ihm gehörten und geglaubten Worte Gottes den Herrn, ja streng genommen das Subjekt seiner Menschlichkeit gefunden hat, weil für ihn in seiner Menschlichkeit Jesus Christus zur Rechten des Vaters steht und gut steht. Eben darum bleibt ihm nichts anderes übrig, als in seiner Menschlichkeit Gott in diesem Jesus Christus zu suchen und also: zu lieben. Es sind, wenn die Kinder Gottes lieben, die irdischen Glieder seines Leibes, die nach ihrem himmlischen Haupt verlangen. Die irdischen Glieder: darum darf ihr Lieben, so gewiß es in der Liebe Gottes begründet ist, nicht in ein himmlisches oder gar göttliches Lieben umgedeutet werden.

Der Satz: ὁ θεὸς ἀγάπη ἐστίν (1. Joh. 4, 8. 16) ist im Unterschied etwa zu den Sätzen Joh. 4, 24: πνεῦμα ὁ θεός oder 2. Kor. 3, 17: ὁ δὲ κύριος τὸ πνεῦμά ἐστιν ein unumkehrbarer Satz. Er sagt nicht, daß Gott in irgendeiner Vollendung das ist, was wir in uns selbst als Liebe kennen, oder daß das, was wir in uns selbst als Liebe kennen, Gott ist; er lehrt nicht die Gottheit der Liebe, sondern die Liebe der Gottheit. Er ist ganz streng zu verstehen. Nicht nur, daß wir lieben sollen, sondern daß wir lieben können, ja lieben müssen, ergibt sich daraus, daß Gott Liebe ist. Die Liebe Gottes offenbart sich nämlich nach 1. Joh. 4, 9 darin, daß Gott seinen eingeborenen Sohn sandte in die Welt, daß wir durch ihn leben sollten. Das ist die unvergleichliche und unerreichbare Liebe Gottes. Von ihr allein kann gesagt werden: Gott ist Liebe, und sie als solche, also gerade in ihrer wesentlichen Unterschiedenheit von allem unserem Lieben, ist die Begründung des Liebens der Kinder Gottes in seiner kreatürlichen Wirklichkeit.

Es hat Petrus Lombardus (*Sent.* I *dist.* 17) die Lehre vertreten, daß die Liebe, mit der wir Gott und den Nächsten lieben, nichts anderes sei als Gott, und zwar der Heilige Geist selber; sei doch der Heilige Geist in der Trinität nach Augustin die Liebe des Vaters zum Sohne, des Sohnes zum Vater, und sei uns doch eben dieser Heilige Geist gegeben. An Stelle eines menschlichen *motus animi* und doch wie ein solcher wirkend, trete im christlichen Leben des Menschen unmittelbar der Heilige Geist selber. Thomas v. Aquino hat diese Anschauung vorsichtig aber sehr bestimmt abgelehnt. Unser Lieben sei doch nur *quaedam participatio charitatis divinae*, in sich aber ein menschlicher Vernunft- und Willensakt mit einem menschlichen *principium*. *Oportet quod si voluntas moveatur a Spiritu sancto ad diligendum, etiam ipsa sit efficiens hunc actum.* Wie könnte unser Lieben sonst verdienstlich sein? (*S. Theol.* II² *qu.* 23 *art.* 2 c). Man wird, abgesehen von diesem letzten Argument, dem Thomas recht geben müssen. Und man wird darüber hinaus sagen müssen, daß die Auffassung des Lombarden vom Wirken des Heiligen Geistes an dieser Stelle in die Nähe des Magischen spielt und jedenfalls unzureichend ist. Als ob dies, daß er dem Menschen gegeben wird, nicht eben dies bedeutete, daß der Mensch selbst das Wort Gottes hören und glauben kann? Als ob das Wunder des Heiligen Geistes sich also nicht eben an dem natürlichen, in sich freien Menschen als solchem ereignete!

Man darf dem Wunder des Heiligen Geistes, dem Wunder der Begründung des Liebens der Kinder Gottes aber auch nicht in der feineren Form zu nahe treten, daß man zwar Gott Gott und den Menschen den Menschen sein läßt, die Entstehung der Liebe im Menschen aber als eine übernatürliche Erweiterung des natürlichen menschlichen Vermögens verständlich zu machen sucht. Fragen wir: wie ist das möglich, daß der Mensch liebt, dann werden wir nach der Heiligen Schrift zunächst auf den Glauben, vom Glauben aber auf dessen Gegenstand, Jesus Christus, zurückgehen müssen. Dies, daß dem Menschen trotz und in der Schranke seines natürlichen Vermögens, dem Menschen, der nach wie vor dieses Geschöpf, ja dieses sündige Geschöpf ist, im Glauben an die Verheißung Jesus Christus begegnet, bekannt wird und einleuchtet als der, der er ist: als wahrer Gott und wahrer Mensch und so als sein Versöhner, das ist das Wunder des Heiligen Geistes und damit auch die Begründung der menschlichen Liebe.

Hier trennt sich unser Weg — die Trennung wurde schon vorhin sichtbar — von dem des Thomas. Er meinte (an derselben Stelle) dem Lombarden nun doch eine Konzession machen zu können, und im Zuge seiner sonstigen Gnadenlehre konnte, ja mußte er sie auch machen: indem er behauptete, zum Vollzug des *actus caritatis* müsse zur menschlichen *potentia naturalis* hinzukommen eine *forma habitualis superaddita, inclinans ipsam ad charitatis actum et faciens eam prompte et delectabiliter operari*. Was soll man zu der Einführung dieses dritten zwischen dem göttlichen und dem menschlichen in der Mitte wirksamen *principium* sagen? Betont man mehr seinen g ö t t l i c h e n Charakter, dann entstehen dieselben Bedenken, die Thomas selbst gegen den Lombarden geltend gemacht hat: wo bleibt dann unter dieser *forma habitualis* der wirkliche Mensch, der doch das Subjekt der Liebe sein soll? Betont man aber mehr seinen m e n s c h l i c h e n Charakter, wo bleibt dann das Geheimnis der Entstehung der Liebe, das Wunder des Heiligen Geistes? Mit welchem Recht aber und mit welchen Konsequenzen würde man hier ein im s t r e n g e n Sinn Drittes in die Debatte einzuführen wagen dürfen? Nein, wenn wir schon Antwort geben wollen auf die Frage nach einer menschlichen, d. h. im Bereich des Menschen liegenden Möglichkeit der Liebe, dann werden wir weder mit dem Lombarden zu einer „doketischen", noch mit Thomas zu einer „ebionitischen" Anthropologie unsere Zuflucht nehmen, dann werden wir nur darauf hinweisen dürfen, daß der Mensch ja im Bereich der Kirche lebt und also getauft ist und also Aussicht hat auf die Erfüllung der Verheißung, daß Jesus Christus auch für ihn gestorben und auferstanden ist. Das ist die wahre *forma habitualis superaddita*, mit der ihm weder eine zauberähnliche Erweiterung seines Vermögens noch unter der Hülle dieser übernatürlichen Qualität nun doch eine die Gnade als Gnade aufhebende Freiheit zugeschrieben wird. Traut man der Kirche, der Taufe, der Verheißung die Kraft des Heiligen Geistes und also die Kraft, die Liebe zu begründen, n i c h t zu, was soll dann das Zutrauen zu jenem übernatürlichen Vermögen? Vertraut man aber auf die Verheißung, wie sollte man dann Bedenken tragen, damit zu rechnen, daß der Mensch, wie er ist, der wirkliche Mensch ohne Abstrich und Zugabe, der Verheißung teilhaftig werden kann, und daß eben darin das Wunder der Ausgießung des Heiligen Geistes besteht, daß dieser Mensch mit seinem natürlichen Vermögen, das in sich lauter Unvermögen ist, der Verheißung teilhaftig wird im Glauben und im Glauben auch zu lieben beginnt? L u t h e r hat weder mit dem Lombarden eine mit dem Heiligen Geist identische, noch mit Thomas eine als übernatürliche Qualität verstandene, sondern eben diese im menschlichen Bereich nur in der Kraft der Verheißung und des Glaubens gegründete Liebe gemeint, wenn er in Auslegung von 1. Joh. 4, 8, 16 von der Liebe zu sagen gewagt hat: Also hat er nu die Liebe gepreiset uber alle ding, so auff erden mogen genennet werden, Denn er machet solch ding draus, das Gott selbst heißt, und wer sie nicht hat, nicht als einen menschen noch einen fursten, König odder Keiser, sonder als einen Gott preisset, Und setzet jn nicht an einen schlechten ort, ja nicht uber Herrn und fursten, auch nicht schlecht jnns Paradis, sondern uber alle creaturn, jnn Gott selbs, das er und Gott ungescheiden sind, Was ist nu kostlichers und herrlichers zu wundschen odder zu dencken denn mit Gott ein ding sein und da bleiben, da die hohe maiestet ist? Was sind alle Cartheuser und Mönche gegen einem solchen menschen? (Pred. üb. 1. Joh. 4, 16 f., 1532, W. A. 36, 441, 30.)

Aber nun kann es nicht wohl anders sein: die Liebe Gottes zu uns ist nicht nur der Realgrund, sondern auch der **Erkenntnisgrund** der christlichen Liebe. Will sagen: was das eigentlich in diesem Zusammenhang heißt: lieben, das dürfen wir nicht irgendeinem willkürlich, wenn auch vielleicht noch so tiefsinnig gewählten Oberbegriff von Liebe im allgemeinen entnehmen, der dann zur Rechten ebensowohl die Liebe Gottes zu uns wie zur Linken unsere Liebe Gottes umfassen würde. Gibt es auch in der Liebe nur jene höchst indirekte Identifikation des glaubenden Menschen mit Gott in Christus, wie kommen wir dann dazu, einen solchen Oberbegriff aufzustellen und anzuwenden? Um zu wissen, was Liebe ist, werden wir vielmehr zuerst nach der einen und einzigartigen **Liebe Gottes zu uns** zu fragen haben. Was aber unser Lieben ist, das wird sich ergeben müssen an Hand der Frage: wie unsere **Antwort** auf diese Liebe Gottes zu uns, wie die Bestätigung und Anerkennung, die wir ihr schuldig sind, beschaffen sein muß. Und erst von hier aus und an Hand des so gewonnenen kritischen Kanons wäre dann das Recht und Unrecht unserer sonstigen, willkürlich gebildeten Begriffe von Liebe zu erwägen.

Man wird es doch als eine mindestens wenig sachnahe Definition der christlichen Liebe bezeichnen müssen, wenn Thomas v. Aquino (*S. theol.* II¹ *qu.* 65 *art.* 5 c) die *charitas* bestimmt als *amicitia quaedam ad Deum, quae quidem super amorem addit mutuam redamationem cum quadam communicatione*. Ist hier nicht alles auf den Kopf gestellt, weil unter christlicher Liebe durchaus ein Spezialfall der allgemeinen Möglichkeit „Freundschaft" verstanden sein soll? Als ob in der christlichen Liebe die *mutua redamatio* zu einem schon vorher verstandenen *amor*, und als ob in ihr zu dieser *mutua redamatio* die *communicatio* zwischen Gott und Mensch erst hinzukäme! Als ob es in der christlichen Liebe nicht geradezu umgekehrt zuginge: zuerst und grundlegend eine höchst einseitige *communicatio* in Gottes Offenbarung, die als solche die göttliche Liebe ist; dann und daraufhin, aber von ihr wohl zu unterscheiden (und nicht mit dem Wort *mutua* mit ihr auf eine Stufe zu stellen!), die menschliche *redamatio*, aus der dann eventuell zu entnehmen wäre, was über den Begriff *amicitia* zu denken ist. — Ich nenne als zweites Gegenbeispiel die Beschreibung, die Hegel (Vorles. üb. d. Phil. d. Rel. III 1 *ed.* Lasson S. 75) von der Liebe gegeben hat: „Liebe ist ein Unterscheiden zweier, die doch füreinander schlechthin nicht unterschieden sind. Das Bewußtsein, Gefühl dieser Identität, dieses, außer mir und in dem anderen zu sein, ist die Liebe: ich habe mein Selbstbewußtsein nicht in mir, sondern im anderen, aber dies andere, in dem nur ich befriedigt bin, meinen Frieden mit mir habe — und ich bin nur, indem ich Frieden mit mir habe; habe ich den nicht, so bin ich der Widerspruch, der auseinanderfällt — dies andere, indem es eben so außer sich ist, hat sein Selbstbewußtsein nur in mir, und beide sind nur dies Bewußtsein ihres Außersichseins und ihrer Identität, dies Anschauen, dies Fühlen, dies Wissen der Einheit. Das ist die Liebe, und es ist ein leeres Reden, das Reden von Liebe, ohne zu wissen, daß sie das Unterscheiden und das Aufheben des Unterschiedes ist. Gott ist die Liebe, d. i. dies Unterscheiden und die Nichtigkeit dieses Unterschieds ein Spiel des Unterscheidens, mit dem es kein Ernst ist, der Unterschied ebenso als aufgehoben gesetzt, d. i. die einfache ewige Idee." Die allgemeine Möglichkeit, die Hegel der Liebe gleichsetzen will, ist offenbar die einer Identität zwischen Identität und Nicht-Identität. Aber was soll die christliche Liebe mit diesem „Spiel des Unterscheidens, mit dem es kein Ernst ist", zu tun haben? In seiner Liebe zu uns handelt Gott in einer Unterscheidung von uns, mit der es sehr ernst ist, ganz und gar ohne sein Selbstbewußtsein in uns zu haben, oder an uns zu verlieren. „Nicht, daß wir ihn geliebt haben, sondern daß er uns liebte" (1. Joh. 4, 10) — so geht es' da zu. Und wenn wir daraufhin Gott wiederlieben, so bedeutet das wiederum nicht, daß wir unser Selbstbewußtsein in Gott haben oder an Gott verlieren. Es ist ernst auch mit unserer Unterscheidung vor Gott, und nur und gerade in dieser Unterscheidung können und werden wir ihn lieben. Es ist das ganze Verhältnis zwischen Gottes Liebe zu uns und unserer Liebe Gottes also keineswegs so beschaffen, daß es schließlich bedeutungslos wäre, ob hier von Gott, dort vom Menschen gesprochen wird, weil ja doch beide dasselbe tun, nämlich ihr Selbstbewußtsein je im anderen haben, so daß beide gleichmäßig es besitzen und verlieren, verlieren und besitzen, eine Bewegung, die nur in der Idee dieser Bewegung, die darum in eminentem Sinn „Gott" zu heißen verdiente, zur Ruhe und doch nicht zur Ruhe käme. Sondern hier waltet eine unumkehrbare Ordnung von oben und unten, Vorherbestimmung und Selbstbestimmung, Gott und Mensch. Und es hat schließlich das ganze Verhältnis keineswegs den Charakter einer kontinuierlichen Hin- und Herbewegung oder eines Kreislaufs bzw. der „einfachen, ewigen Idee" eines solchen. Ihm ist vielmehr wesentlich, daß es keine Idee, sondern ein Drama oder vielmehr eine Geschichte ist. So erweist sich auch die Hegelsche Voraussetzung zu einer Interpretation des Begriffs der christlichen Liebe nach allen Seiten als unbrauchbar. Und es würde wohl umgekehrt bei einer Kritik der landläufigen Vorstellungen von „Liebe" gerade auch gegen den Hegelschen, d. h. den romantischen Begriff des gegenseitigen Sichaneinanderverlierens Einiges zu erinnern sein. — Ich nehme als drittes Gegenbeispiel die Definition von A. Ritschl (Unterricht i. d. chr. Rel., 1875, § 12 Anm. d): „Die Liebe ist der stetige Wille, welcher eine andere geistige, also gleichartige Person zur Erreichung ihrer eigentlichen höchsten Bestimmung fördert, und zwar so, daß der Liebende darin seinen eigenen Endzweck (3. Aufl.: Selbstzweck) verfolgt. Diese Aneignung der Lebensaufgabe eines anderen bedeutet demnach nicht eine Verneinung, sondern eine verstärkende Bejahung unserer selbst." Wieder ist auch hier — nur viel unverhüllter anthropologisch, um nicht zu sagen: bürgerlich — eine allgemeine Möglichkeit, nämlich die der Korrespondenz und des Gleichgewichtes zwischen individueller und sozialer Willensbestimmung der Liebe gleichgesetzt. Daß Gott in seinem Lieben seinen eigenen Selbstzweck verfolge, das ist eine Rede, die Ritschl, wenn er seinen Blick auf die Offenbarung des dreieinigen Gottes und insbesondere auf die Person und das Werk Jesu Christi gerichtet hätte, statt auf jenen Oberbegriff, nimmermehr in den Sinn und in die Feder gekommen wäre. Daß Gott in allem, was er tut, auch seinen eigenen Selbstzweck verfolgt, ist eine Selbstverständlichkeit, deren Hervorhebung und Inbeziehungsetzung zu dem, was er in seiner Liebe zu uns tut, eine Gewaltsamkeit ist, durch die die Anschauung der göttlichen Liebe geradezu zerstört wird. Umgekehrt paßt Ritschls Definition darum auch nicht auf unsere Liebe zu Gott, weil es sich in ihr nun doch wirklich nicht darum handeln kann, daß der Liebende (der Mensch) „eine andere geistige, also gleichartige Person (Gott!) zur Erreichung ihrer eigentlichen höchsten Bestimmung fördert"! Man könnte übrigens auch bei der Liebe Gottes zu uns fragen, ob es sich Gott

2. Die Liebe Gottes

dabei wirklich darum handle? Und umgekehrt bei unserer Liebe zu Gott, ob das „Verfolgen unseres eigenen Selbstzwecks" nun etwa wirklich konstitutiv gerade zu unserem Lieben Gottes gehöre? Kurz, das ganze Verfahren, bei dem man schon zuvor zu wissen meint, was Liebe ist, um dieses Wissen dann gemächlich auf göttliche und menschliche Liebe anzuwenden, hat auch in seiner Ritschlschen Gestalt wirklich nichts zur Nachfolge Einladendes.

Halten wir uns nun zunächst in kürzesten Zügen vor Augen, was das ist: die unsere Liebe zu Gott real begründende und damit auch ihr Wesen im voraus bestimmende Liebe Gottes zu uns. Das ist sicher, daß sie nach der Heiligen Schrift mit einer bloßen Gesinnung, Meinung, Empfindung nichts zu tun hat, sondern in einem bestimmten Sein, Sichverhalten und Handeln besteht. Daß Gott in sich selber die Liebe ist und daß wir also, indem wir von ihm geliebt werden, sozusagen in sein „Herz" blicken dürfen, daß wir ihn, eben indem er uns liebt, erkennen, wie er ist, das ist wohl wahr. Aber diese Bildrede vom „Herzen Gottes" kann, wenn sie gelten soll, von nichts anderem reden als von seinem Sein als Vater, Sohn und Heiliger Geist; sie mag uns daran erinnern, daß Gottes Liebe zu uns eine überschwengliche, überfließende, freie Liebe ist; sie mag uns das Wunder dieser Liebe veranschaulichen. Mehr und etwas Besseres werden wir von dem „Inneren Gottes" nicht sagen können als eben dies: daß Gott Vater, Sohn und Heiliger Geist und also in sich selber die Liebe ist, ohne daß und bevor er uns liebte und ohne daß er es nötig hat, uns zu lieben. Und eben das können wir nur im Blick auf das uns zugewandte „Äußere" Gottes sagen, im Blick darauf, daß er uns tatsächlich liebte, d. h. im Blick auf das Geschehen seiner Offenbarung. Aus dieser Tatsache haben wir zu lernen, was Gottes Liebe zu uns ist.

In diesen geschichtlichen Zusammenhang weisen uns schon im Alten Testament die Aussagen des Hosea, des Jeremia, des Deuteronomium: „Als Israel jung war, gewann ich ihn lieb und rief ihn, meinen Sohn, aus Ägypten" (Hos. 11, 1). „Mit Seilen, wie ein Mensch sie braucht, zog ich sie zu mir, mit Banden der Liebe" (Hos. 11, 4). „Mit ewiger Liebe habe ich dich geliebt, darum habe ich dich zu mir gezogen, um mich deiner zu erbarmen" (Jer. 31, 3). „Weil Jahve euch geliebt hat und um den Schwur zu halten, den er euren Vätern geschworen, hat er euch mit gewaltiger Hand und mit erhobenem Arm ausgeführt und hat dich erlöst aus dem Hause der Knechtschaft" (Deut. 7, 8). „Siehe, der Himmel und der Himmel des Himmels und die Erde und alles, was auf ihr ist, sind Jahves, deines Gottes. Aber nur euren Vätern war Jahve geneigt, sie zu lieben und erwählte ihren Samen, d. h. euch, aus allen Völkern, wie es heute am Tage ist" (Deut. 10, 14 f.). Vielleicht gehören als eigentümliche Verkürzungen derselben Aussage doch auch Stellen wie Ps. 11, 7; 33, 5 hierher, in denen es von Jahve heißt, daß er die „Gerechtigkeit" und das „Recht" liebe, sofern mit diesen Begriffen wiederum sein eigenes heilvolles Handeln in Israel bezeichnet sein kann. Und auf derselben Linie lesen wir im Neuen Testament: „Sehet, welch eine Liebe hat uns der Vater erzeigt, daß wir Gottes Kinder genannt werden und sind" (1. Joh. 3, 1). „Größere Liebe als diese hat niemand: daß er sein Leben hergebe für seine Freunde; ihr seid meine Freunde ..." (Joh. 15, 13f.). „Wandelt in der Liebe, wie auch Christus euch geliebt hat und hat sich selbst für uns dahingegeben" (Eph. 5, 2). „In dem allem überwinden wir weit durch den, der uns geliebt hat" (Röm. 8, 37).

Die Liebe Gottes zu uns spricht nach der heiligen Schrift die Sprache dieser Tatsache — der Tatsache seines Erwählens, Führens, Helfens, Rettens —, und eben in dieser Sprache will sie gehört und verstanden sein. Es treffen aber alle Worte gerade dieser Tatsachensprache zusammen in dem Namen Jesus Christus, in welchem die tatsächliche Zuwendung Gottes zum Menschen schlicht darin besteht, daß Gott — dies ist ja das Geschehen der Offenbarung und Versöhnung in dem einen Wort, das Gottes Sohn ist! — für den Menschen eintritt, seine Sünde, seine Verlorenheit, seinen Tod auf sich selbst nimmt und mit dem allem beladen für ihn gut steht.

Wir gedenken hier statt aller anderen Stellen und in Erinnerung an alle, die dasselbe sagen, an das zentrale Wort Joh. 3, 16: „In der Weise liebte Gott die Welt, daß er seinen eingeborenen Sohn gab, damit jeder, der an ihn glaubt, nicht verloren gehe, sondern das ewige Leben habe." Man versteht von hier aus den Zorn, mit dem Luther dem Erasmus entgegengehalten hat: *Christi ne uno quidem iota mentionem facis, ac si sentias, christianam pietatem sine Christo esse posse, tantum si Deus natura clementissimus totis viribus colatur. Quid hic dicam Erasme?"* (*De servo arb.*, 1525, W. A. 18, 609, 18).

Diese Selbsthingabe Gottes in seinem Sohn ist tatsächlich die Liebe Gottes zu uns. „Er gab ihn" das heißt: er gab ihn in unsere Existenz. In unsere Existenz gegeben, ist er uns gegenwärtig. Uns gegenwärtig fällt die Schande und der Fluch, die auf uns liegen, auf ihn. Als Träger unserer Schande und unseres Fluches trägt er beide weg von uns. Indem er sie wegträgt, stellt er uns als Kinder rein und heilig vor seinen Vater. So versöhnt Gott die Welt mit sich selber (2. Kor. 5, 19). Wir können von der Liebe Gottes zu uns tatsächlich nur reden, indem wir auf diese Tatsache hinweisen. Das ist das Werk und die Gabe des Heiligen Geistes, daß diese Tatsache selber zu uns redet, daß Gott uns in der Sprache dieser Tatsache sagt: „Ich habe dich lieb ... so fürchte dich nun nicht; denn ich bin bei dir" (Jes. 43, 4 f.). Es bedarf darum keines anderen Wortes über die Liebe Gottes, weil dieses eine tatsächlich alles sagt.

„Ist Gott für uns, wer kann wider uns sein? Der seines eigenen Sohnes nicht verschonte, sondern hat ihn für uns alle dahingegeben, wie sollte er uns in ihm nicht alles schenken? ... Christus Jesus, der gestorben, vielmehr der auferweckt ist, dieser ist zur Rechten Gottes und vertritt uns" (Röm. 8, 31 f.). —

Es ist vielleicht gut, an dieser Stelle ausdrücklich anzumerken: Die Liebe Gottes zu uns ist — wie sollte es anders sein? — die Liebe unseres Schöpfers. Indem er in jener Tatsache spricht: Ich habe dich lieb, spricht der, dem wir unsere Existenz verdanken; ohne den wir nicht und ohne den nichts existierte, spricht der, der Himmel und Erde gemacht hat. Hören wir diese Tatsache, dann hören wir also, daß der Schöpfer aller Dinge uns liebt, mit anderen Worten: Wir können uns dann auch angesichts und inmitten seiner Schöpfung, angesichts unserer Existenz als solcher in ihrem Zusammenhang mit dem ganzen natürlichen und geschichtlichen Kosmos, der „unsere Welt" ist, nicht mehr ungeliebt oder nur teilweise geliebt wissen. Ein Akt der Liebe Gottes zu uns war und ist auch der Akt der Schöpfung. Wenn Jesus Christus der „Erstgeborene der ganzen Schöpfung" ist — daraufhin, „daß in ihm alles geschaffen wurde im Himmel und·auf Erden, das Sichtbare und das Unsichtbare"

2. Die Liebe Gottes

(Kol. 1, 15 f.), wie sollte dann der, der in Jesus Christus ein von Gott Geliebter ist, inmitten dieser Schöpfung, im Raum der Natur und der Geschichte ganz oder auch nur teilweise ein Ungeliebter sein? Nein: „Ich bin gewiß, daß weder Tod noch Leben, noch Engel, noch Herrschaften, noch Gegenwärtiges noch Zukünftiges, noch Gewalten, noch Höhe noch Tiefe, noch irgendeine andere Kreatur uns scheiden wird von der Liebe Gottes, die in Christus Jesus unserem Herrn ist" (Röm. 8, 38 f.). Von einem zweiten Real- oder Erkenntnisgrund der Liebe Gottes außerhalb Christus: in der Kreatur, in Natur und Geschichte ist dabei freilich nicht die Rede. Geliebte Gottes auch inmitten der Natur und Geschichte sind wir doch nicht durch irgendwelche der Natur oder der Geschichte eigene Versöhnungs- und Offenbarungskräfte, sondern weil Natur und Geschichte in der Hand ihres Herrn sind, der denen, die er liebt, alles zum Guten dienen läßt (Röm. 8, 28). „Es gefiel der Fülle (Gottes), in ihm (Jesus Christus) zu wohnen und **durch ihn** (im Leben seiner ἐκκλησία) alles zu versöhnen auf ihn hin, indem er Frieden machte durch das Blut seines Kreuzes: **durch ihn** das, was auf Erden, und das, was im Himmel ist" (Kol. 1, 19 f.). Durch ihn und also nicht durch irgendwelche Kräfte und Ordnungen der geschaffenen Welt an sich und als solche! Es ist der Sohn Gottes, der nach Hebr. 1, 3 alle Dinge trägt τῷ ῥήματι τῆς δυνάμεως αὐτοῦ, also in seiner Offenbarung — und als der Versöhner: καθαρισμὸν τῶν ἁμαρτιῶν ποιησάμενος, derselbe, der sich zur Rechten der Majestät in der Höhe gesetzt hat, größer als alle Engel (Hebr. 1, 4). Von einer Liebe Gottes des Schöpfers *in abstracto*, angeblich in der Natur und Geschichte als solcher wirksam und offenbar, kann man also gerade nicht reden; sondern der Heidelberger Katechismus tat wohl daran, in seiner Erklärung des ersten Glaubensartikels (Fr. 26) als Hauptsatz dies vorzutragen: Daß der ewig Vatter unsers Herrn Jesu Christi... **umb seines Sons Christi willen** mein Gott unnd mein Vatter sey — und alles, was über Gottes Wirken als Schöpfer und über die Gott als Schöpfer zu verdankende Wohltat zu sagen ist, als Prädikate an diesen Subjektsatz anzuschließen.

Also: Wir können, wenn wir die Liebe Gottes zu uns beschreiben wollen, tatsächlich nur den Namen Jesus Christus aussprechen und verkündigen. Eben das und nur das heißt ganz konkret von Gottes Liebe reden — konkret gerade im Blick auf die gegenüberstehende Frage: Was sollen wir denn tun? Wobei vielleicht nur eine ausdrückliche Erinnerung noch am Platze sein dürfte. Wir streiften sie vorhin schon: daß Gott uns liebt, das hat er nicht nötig, und darauf haben wir auch keinen Anspruch. Gott ist Liebe, bevor und ohne daß er uns liebt. Er ist es, wie alles, was er ist, als der dreieinige Gott in sich selber. Er würde auch ohne uns und ohne die Welt und ohne ihre Versöhnung in sich selber keinen Mangel an Liebe leiden. Und wie sollten wir unsererseits dazu kommen, es für notwendig zu erklären, daß wir von ihm geliebt werden müßten? Es ist also wirklich Gottes freie Barmherzigkeit und Wohltat, was uns in seiner Liebe widerfährt.

Das ist ein Gedanke, der von Augustin mit Nachdruck vorgetragen worden ist: *Ibi enim gratia amor est, ubi non aestuat indigentiae siccitate, sed ubertate beneficentiae profluit.* Eben darum erweckt Gottes Liebe auch notwendig unsere Gegenliebe: sie widerfährt solchen, die nicht darauf gefaßt sein konnten, daß ihnen solches widerfahre. Sie ist die Liebe des *Deus iudicans* zum *homo peccans (De cat. rud.* 4, 7). Und es wird an anderer Stelle die Frage erwogen, ob Gottes Lieben darin seinen Sinn habe, daß er unserer bedürfe *(frui)* oder darin, daß er uns gebrauche *(uti).* Daß er unserer bedürfe, das komme so wenig in Frage, wie das, daß das Licht den Abglanz des Glanzes nötig hat, den es selbst verbreitet: was wir Gutes haben, das ist Gott selbst oder was von Gott kommt — wie sollte er unserer bedürfen? Dann kommt aber auch ein solches Gebrauchen des Menschen durch Gott nicht in Betracht, das im Dienst eines göttlichen Bedürfens stünde. Gebraucht Gott den Menschen, dann im Dienst seiner gerade dem Menschen zugewendeten Güte: *Ille igitur usus, qui dicitur Dei, quo nobis utitur, non ad eius, sed ad nostram utilitatem refertur, ad eius autem tantum bonitatem (De doctr. chr.* I 31–32). Daß ein Gott seyn soll, und soll die Welt lieb haben, und ihr etwas Guts gönnen, das ist über alle unsere Vernunft, Sinn, Verstand und Kunst. Ich wünschete der Welt das höllische Feuer, und sonderlich thäte ich das, wenn ich Gott wäre, der die Welt inwendig und auswendig kennet und weiß, was Welt ist. Das thäte ich. Aber was tut Gott? Anstatt seines Zorns, den die Welt wohl verdienet hat, hat er die Welt lieb, und überschwenglicher und unbegreiflicher Weise, daß er seinen einzigen Sohn schenket der Welt, seinen ärgsten Feinden. Solcher Rhetor und Redensmeister bin ich nicht, daß ich diess *Artificium* erreichen, und diese *magnificas figuras* genugsam ausstreichen könnte. — Wäre es doch mehr denn genug gewesen, daß Gott der Welt hätte einen guten Morgen geboten. So fähret er zu und hat die Welt lieb, die schändliche Frucht. Das ist doch *omnium odibillissimum et maxime inamabile objectum,* das allerfeindseligste und unholdseligste Gegenbild. Und das ist auch die Welt in der Wahrheit. Ein Stall voll böser schändlicher Leute, die aller Creaturen Gottes auf das allerschändlichste mißbrauchen, Gott lästern, und ihm alle Plage anlegen. Dieselbigen schändlichen Leute hat Gott lieb. Das ist eine Liebe über alle Liebe. Es muß wahrlich ein frommer Gott seyn, und seine Liebe muß ein groß unbegreiflich Feuer seyn, viel größer denn das Feuer, welches Moses im Busch gesehen hat, ja viel größer, denn das höllische Feuer. Wer wollte nun verzweifeln, weil Gott gegen der Welt also gesinnet ist? Es ist zu hoch und über meine Kunst, ich kanns nicht so amplificieren, noch reichlich geben, wie es in der That und Wahrheit ist. (Luther, Pred. üb. Joh. 3, 16–21, 1532, E. A. 4, 124f.)

Wir wenden uns zu der zweiten Frage: nach unserem Lieben, das als Antwort auf die Liebe Gottes zu uns zu verstehen sein möchte. Das soll also der Kanon sein, an dem alles gemessen ist, was nun noch zu sagen ist: es muß dem Verweis auf jene Tatsache gegenüberstehen, es muß Beschreibung der menschlichen Selbstbestimmung sein, die sich im Raum und im Licht jener göttlichen Vorherbestimmung ereignet; es muß menschlich dem entsprechen, was dort von Gott gesprochen ist. Wir können nicht verleugnen und unterdrücken, daß wir — der eine dies, der andere jenes — über menschliches Lieben schon zu wissen und wohl auch angesichts der Tatsache der Liebe Gottes zu uns immer noch zu wissen meinen. Mag es denn, wenn wir nach der christlichen Liebe fragen, zu Worte kommen! Aber nicht anders als innerhalb der Grenzen und unter der Zucht jenes Kanons. In dem Maß, als wir ihn vergessen oder außer acht lassen würden zugunsten irgendeines vorgefaßten Begriffs von Liebe im allgemeinen, würden wir hinsichtlich der Bestimmung der christlichen Liebe sicher eine Fehlerquelle eröffnen. Es gibt hier wie sonst keine absolute Sicherung gegen diese Möglichkeit. Wir können aber auch hier Gebrauch machen von einer relativen Sicherung. Wir können nämlich auch hier ganz konkret exegetisch vorgehen, wie wir dies in § 15, 2 an Hand von Joh. 1, 14, des *Locus classicus* über die Inkarnation getan haben. Das biblische Zeugnis von der Offenbarung und also von der Liebe Gottes zu uns läßt uns ja, weil die Ausgießung des Heiligen Geistes selber ein

Moment dieser Offenbarung ist, auch hinsichtlich der Bezeugung der rechten menschlichen Liebe zu Gott nicht im Stich. Der *Locus classicus*, an den wir uns hier halten können, dürfte aber gewiß ohne allzu große Willkür unserer Auswahl in den Worten des synoptischen Jesus Matth. 22, 37 f., Mc. 12, 29 f., Luc. 10, 27 f. zu finden sein, in welchen er auf die Frage nach dem „ersten" oder „großen" Gebot oder (nach Lukas) auf die Frage: „Was soll ich tun, daß ich das ewige Leben ererbe?" antwortet mit einer Zusammenstellung der alttestamentlichen Sprüche Deut. 6, 5 und Lev. 19, 18.

Diese beiden Sprüche erscheinen bei Matth. und Mc. unterschieden in ein „erstes" oder „großes" und in ein „zweites" (aber nach Matthäus dem ersten „gleiches") Gebot, während sie bei Lukas, wo auch das Verbum ἀγαπήσεις nicht wiederholt wird, offenbar miteinander als ein einziges Gebot verstanden werden können. Tatsächlich soll doch wohl hier wie dort sowohl die Einheit als auch die Verschiedenheit beider zum Ausdruck gebracht werden.

Ihre ausführlichste Form, der wir nun Schritt für Schritt nachzugehen suchen, lautet bei Markus 12, 29-31 folgendermaßen: **das erste (Gebot) ist dieses: Höre Israel! Der Herr unser Gott ist ein einziger Herr; also sollst du den Herrn deinen Gott lieben aus deinem ganzen Herzen, aus deiner ganzen Seele, aus deiner ganzen Vernunft und aus deiner ganzen Kraft. Das zweite aber ist dieses: Du sollst deinen Nächsten lieben wie dich selbst!**

1. Die allein bei Markus nach Deut. 6, 4 überlieferte Anrede und Voraussetzung des Gebotes: Höre Israel! Der Herr unser Gott ist ein einziger Herr — stellt uns in lehrreicher Weise noch einmal in den Zusammenhang. Wir erwägen zunächst die Anrede: Höre Israel! Das Gebot der Liebe richtet sich nicht an die Menschheit, nicht an irgendwelche, in irgendwelchen natürlichen oder geschichtlichen Gemeinschaften stehende Menschen. Die Menschheit oder irgendwelche Menschen kommen als solche als Empfänger dieses Gebotes und als solche, die dieses Gebot erfüllen werden, gar nicht in Betracht. Israel und nur Israel, d. h. aber im Sinn des synoptischen Jesus: die in den 12 Aposteln als den Vertretern der neuen zwölf Stämme dargestellte Gemeinde der Messiasgläubigen aus Juden und Heiden, dieses wahre Israel, die Kirche Jesu Christi ganz allein empfängt dieses Gebot. Wohl ist die Entscheidung, die es fordert, jedermann möglich. Es ist aber schon die Möglichkeit, das Gebot, das diese Entscheidung fordert, zu hören, nicht jedermanns Sache. So sehr ist die christliche Liebe schon in ihrer Wurzel: in der Aufforderung und Einladung, christlich zu lieben, ein Sein! Nicht jedermann ist, was zu sein hier entscheidend ist: Israel, erwählt und geliebt von Gott, irdisches Glied des irdischen Leibes, dessen himmlisches Haupt Jesus Christus ist. Zu dem rettenden Wort Gottes, zu dem eingeborenen Sohn Gottes, der für

uns dahingegeben ist, gehört in unzerreißbarer Einheit Israel, das Volk der Glaubenden. Aber wer ist Israel, wer gehört zu diesem Volk, zu dieser Gemeinde? Das Höre Israel! zeigt, daß darüber immer neu entschieden wird. Israel im völkischen Sinn, Israel „nach dem Fleische" hat schon nach dem Zeugnis des Alten Testamentes als solches keinen Anspruch auf dieses Sein. Ob es das hörende Israel ist, das das Gebot der Liebe angeht, das muß sich in immer neuem Hören bewähren. Kann niemand hören, ohne ein Kind Gottes zu sein, so kann auch niemand ein Kind Gottes sein, ohne zu hören und immer wieder zu hören. Denken wir uns aber einen Augenblick beide Bedingungen erfüllt: Menschen, die darum hören, weil sie Kinder Gottes sind, Kinder Gottes, die als solche hören — menschliche Selbstbestimmung im Raum und Licht der realen göttlichen Vorherbestimmung, in diesem Raum und Licht aber eine ihr entsprechende ebenso reale menschliche Selbstbestimmung — dann ergibt sich schon von hier aus ein ganz bestimmtes Verständnis des Gebotes selber. Du sollst lieben! heißt dann, wie es ja auch sprachlich im Text mitklingt, jedenfalls auch und zwar grundlegend: Du wirst lieben! Lieben wird ein selbstverständliches, ein notwendiges Tun der Geliebten, des hörenden Israel sein. Dieses Gebot hören heißt: seiner Erfüllung entgegengehen. Aber die Kraft, der Ernst und die Würde dieses Erfüllens wird nicht in dem liegen, was die Geliebten, was die Menschen dieses hörenden Israel als solche tun werden, sondern ganz und gar in dem, was sie als die Geliebten, als Menschen des hörenden Israel gehört haben: in der Verheißung, unter der ihr Sein steht, daß Gott für sie ist. Darin, daß das wahr ist, daß sie also Geliebte Gottes sind, ist das Andere wahr: daß ihr Tun Liebe sein wird. Indem sie also das Gebot hören und sich damit als Israel, als Geliebte Gottes bewähren, ergreifen sie gleichzeitig ihre eigene Zukunft als Liebende, aber als solche Liebende, deren Lieben immer in ihrem Geliebtsein und also in dem, der sie liebt: in Jesus Christus und gar nicht in sich selbst kräftig, ernst und würdig sein wird. In Jesus Christus ist ja Gott für sie. In ihm also ergreifen sie, indem sie das Gebot hören, ihre eigene Zukunft als Liebende, ihre Erfüllung des Gesetzes.

2. Dasselbe wird noch deutlicher, wenn wir nun auf die Voraussetzung des Gebotes achten: der Herr unser Gott ist ein einziger Herr. Es ist schon in der alttestamentlichen Stelle merkwürdig genug, daß die Einschärfung des Liebesgebotes gerade an den Hinweis auf die Einzigkeit Jahves angeschlossen wird. Derselbe Herr, der dort Israel durch Mose als „unser Gott", d. h. als der Gott, der sich von den Vätern her mit uns verbündet hat, vorgestellt wird als sein Herr, ist auch nach dem Wort des synoptischen Jesus für die an ihn Glaubenden ein „einziger Herr", d. h. er gehört als ihr Gebieter nicht einem *genus* an, in welchem es auch noch Andere gäbe, die auch noch über sie zu gebieten haben. Mag es außer

dem seinigen noch allerhand anderes sogenanntes, scheinbares, vermeintliches Gebieten und mag es also neben ihm noch allerhand andere sogenannte, scheinbare, vermeintliche Herren geben. So wie er, d. h. aber in Wahrheit und Eigentlichkeit gebietet nur er und ist nur er Herr. Nur er tut nämlich, was er tut: er handelt an ihnen in der Sache, in der nur er handeln kann: in Sachen ihrer Befreiung von der Schande und dem Fluch ihrer menschlichen Existenz, von Sünde und Tod. Und er tut in dieser Sache, was wiederum nur er tun kann: er tritt für sie ein, er gibt sich selbst dahin als Träger dessen, was ihre Schande und ihr Fluch ist; er leidet an ihrer Stelle, damit sie frei und ledig seien. Eben damit wird sein Gebieten ein einzigartiges Gebieten — ein Gebieten nämlich, das entscheidend gar nicht das ist, was man zunächst unter Gebieten und Gebot verstehen möchte: Forderung, Anspruch, Geheiß, sondern an Stelle dessen: Geschenk, Angebot, Verheißung — aber nun freilich, weil es diese Verheißung ist, die dem Menschen da gemacht wird, zugleich Gebot auch als Forderung, Anspruch und Geheiß ohnegleichen! Diesem Herrn gehört der Mensch, so gewiß er laut seiner Verheißung ganz und gar an seine Stelle tritt, so gewiß er die Sache des Menschen, in der es für diesen um Tod und Leben geht, ihm aus der Hand genommen und ganz zu seiner eigenen Sache gemacht hat. Was sind alle Herren neben diesem Herrn? Wirklich nur noch sogenannte scheinbare, vermeintliche Herren! Also: „Der Herr unser Gott ist ein einziger Herr". — In dieser Feststellung ist nun aber tatsächlich erstens auch schon über den Inhalt des Gebotes entschieden: Was wird Gott, der dieser einzige Herr ist, dem Menschen zu gebieten, von ihm zu fordern haben? Sicher nicht das, daß der Mensch jene seine Sache, in der es für ihn um Tod und Leben geht, nun doch wieder ganz oder auch nur teilweise in seine eigene Hand nehme! Sicher nicht das also, daß er nun doch versuche, sich selbst von Schande und Fluch zu reinigen, von Sünde und Tod zu befreien, und als heilig, gerecht und lebendig hinzustellen! Sicher nicht das, daß er irgend etwas unternehme, um Gott das zu vergelten, was er für ihn ist und tut: „Das tat ich für dich; was tust du für mich?" Mit allem, was auf dieser Linie liegt, würde ja der Mensch diesem einzigen Herrn sicher gerade ungehorsam werden, würde er Gott als diesen einzigen Herrn geradezu beleidigen, ja verleugnen, weil er damit die Notwendigkeit und die Genugsamkeit seines einzigartigen Werkes, damit aber auch die Einzigartigkeit seiner Herrschaft und also seines Wesens als Gott in Abrede stellen würde. Er würde damit — weil ihm damit die Erkenntnis der Einzigartigkeit dieses Herrn und also seines Wesens als Gott verloren ginge — bestimmt dem Gedanken Raum geben: es möchte neben ihm doch auch noch andere wirkliche Herren geben. Es könnte von da an die Stunde, da der Mensch andere Götter anrufen und verehren wird, neben dem einen wirklichen Gott, bestimmt nicht mehr ferne sein.

§ 18. Das Leben der Kinder Gottes

Was war die immer wieder sich erneuernde Sünde Israels gegen seinen Gott? Offenbar das immer wieder so naheliegende Vergessen dessen, daß er und er allein es ausgeführt aus dem Diensthaus Ägypten. Immer wieder die Anmaßung, selber über sein Wohl und Wehe verfügen zu wollen, jetzt jauchzen und jetzt murren zu wollen, als wäre es nicht das Volk seines Eigentums, kraft der durch ihn an ihm geschehenen Erlösung. In dieser Emanzipation von Gott als dem einzigen Helfer war die Aufrichtung des Götzendienstes immer schon geschehen, noch bevor sie geschehen war. — Und was war und ist der Abfall in der Kirche Jesu Christi? Doch wohl immer wieder dies, daß man Jesus Christus nicht Jesus Christus sein lassen, sondern ihm eine besondere christliche Gerechtigkeit, Heiligkeit und Lebendigkeit an die Seite und gegenüberstellen wollte: ein scheinbar gehorsames, in Wirklichkeit im Tiefsten ungehorsames Bemühen, das dann immer die Verweltlichung, d. h. die Preisgabe des Glaubens, der Liebe und der Hoffnung, den Verrat der Kirche, ihrer Botschaft und Ordnung an die Herrschaften, Gültigkeiten und Prinzipien der Welt unweigerlich nach sich ziehen mußte.

Das Gebot Gottes als des einzigen Herrn wird offenbar nur da gehört und respektiert, wo es als das Gebot, ihn zu lieben vernommen wird. Lieben und nur Lieben kann die wirkliche Entsprechung der Einzigartigkeit sein, in der er der Herr ist. Und in was immer dieses Lieben bestehen mag — kraft der Einzigkeit Gottes wird es jedenfalls das *diligere*, das Wählen sein, in welchem der Mensch Gott in dem einzigen Sinn wählt als seinen Herrn, in welchem dieser sich selbst gewählt, in welchem er selbst über sein Herrsein entschieden hat — also als den ganz und gar für uns Eintretenden und Gutstehenden, als den, der den Menschen immer schon geliebt hat, bevor er, der Mensch, ihn lieben konnte und wollte, als den, der wirklich alles für ihn getan hat, so daß für ihn, den Menschen, gar nichts zu tun übrig bleibt. Diesen Herrn wählen und also Herrn sein lassen, das heißt ihn lieben und das ist es, was dem Menschen von diesem Herrn geboten ist. Und es ist mit jener Feststellung: „der Herr unser Gott ist ein einziger Herr" tatsächlich zweitens auch darüber entschieden, daß die Erfüllung dieses Gebotes als das Lieben Gottes, so gewiß es vom Menschen verlangt und zu leisten ist, in keiner Weise, weder äußerlich noch innerlich in dem Erfüllung sein wird, was der Mensch von sich aus in dieser Richtung aufzubringen vermag. Noch einmal würde ja die Einzigartigkeit der Herrschaft Gottes damit, daß der Mensch ihm seine Liebe als sein Eigenes entgegentragen wollte, gerade verleugnet und mit Füßen getreten. Es wird die Liebe zu Gott vielmehr entscheidend in der Anerkennung bestehen, daß wir ihm nichts Eigenes, auch keine Liebe zu ihm als Werk unserer Hände oder unseres Herzens anzubieten haben, in der restlosen Anerkennung dessen, daß er für uns eintritt und gutsteht, daß unser Eigenes, auch unser eigenes Lieben zu ihm, als solche immer nur unsere Schande und unser Fluch sein könnte. Immer genau jenseits dessen, was wir als unser eigenes Lieben in Anspruch nehmen können, genau in der Anerkennung, daß wir als die Lieblosen seine Geliebten sind, also wiederum: genau in unserer Anerkennung Jesu Christi und also in Jesus Christus selber wird unser Lieben, mit dem wir auf Gottes Liebe zu uns antworten, seinen Anfang und seinen Fortgang nehmen können. Und eben so wird es nun wirklich — in dem ganzen Ernst unserer Wirklichkeit vor Gott und in Gott als dem einzigen Herrn — unser eigenes Lieben Gottes sein.

3. Das Gebot stellt uns vor ein Du sollst! Daß in dem Du sollst! auch ein Du wirst! steckt und das sogar als Voraussetzung des Du sollst! haben wir gehört. Das bedeutet von ferne keine Abschwächung des Du sollst! Im Gegenteil: wie soll denn das Gebot als solches letzten wirklichen Ernst und Nachdruck haben, wenn es nicht die Vollstreckung des Seins des Menschen fordert, wenn es dem Menschen sozusagen als Fremdkörper gegenübertritt, über dessen Behandlung er sich erst schlüssig werden, dessen Assimilierung er sich noch offen lassen könnte, demgegenüber die Entscheidung noch in seine eigene Wahl und Hand gelegt wäre. Das Gesetz, das nicht im Evangelium, in der Ankündigung der schon geschehenen Offenbarung, Wohltat und Erwählung, der in Jesus Christus schon in Kraft stehenden Gnade Gottes seinen Grund und Sinn hat — dieses Gesetz ist ja nicht wirklich Gesetz. Es ist nicht wahr, daß ein solches abstraktes Gesetz, und wenn es noch so grimmig als Gottes Gesetz aufträte und geltend gemacht würde, den Menschen wirklich in Anspruch nehmen und also richten und also zum Gehorsam nötigen kann. Dem Du sollst!, das nicht in dem Du wirst! des Evangeliums wurzelt, kann man sich in leichtsinniger Verzweiflung oder in verzweifeltem Leichtsinn entziehen. Und wenn nun das Gebot gerade Gottes in dem Du sollst lieben! zusammengefaßt ist, wie soll es dann Gebot sein, wenn es als solches sozusagen in der Luft steht, wenn es von außen an den Menschen herankommt, wenn es nicht eben die Vollstreckung seines eigensten Seins fordert?

Es ist eine seltsame Nachricht, die man in G. Kittels Wörterbuch zum Neuen Testament über den Begriff der Liebe im Alten Testament (1. Bd. S. 25 f.) bekommt: es führe das in das Gewand des Gesetzes gekleidete Liebesgebot das Gesetz *ad absurdum*, indem es die Grenzen zeige, wo jede menschliche und (!) göttliche Gesetzgebung Halt machen müsse, und indem es die Forderung einer über dem Gesetz stehenden sittlichen Lebensführung aufrichte. — *Ad absurdum* geführt wird durch das Liebesgebot keineswegs das Gesetz, wohl aber die Vorstellung eines dem Menschen fremd gegenübertretenden, statt ihm mit seinem Sein im Bunde mit Gott tatsächlich gesetzten und also ihn von innen heraus in Anspruch nehmenden Gesetzes. *Ad absurdum* geführt wird durch das Liebesgebot eine Formulierung, wie die an derselben Stelle (S. 29) sich findende: „Du sollst die Gesamtheit der dir innewohnenden Kraft zur Geltung bringen, um aus dem Liebesaffekt (!) eine deine Lebensführung bestimmende Gesinnung entstehen zu lassen (!); in der Pflege des Verhältnisses zu Jahve hast du deine ganze Persönlichkeit (!) einzusetzen." Wie es dazu kommen soll, daß der Mensch durch eine solche phantastische Forderung wirklich gefordert wird, das ist allerdings nicht einzusehen.

Liebe zu Gott kann gefordert werden und ist gefordert von dem, der Gott — dem Gott, der in jenem einzigen Sinne der Herr ist — schon gehört. Von ihm ist, wie wir sahen, in der Tat Liebe gefordert. Und von ihm ist Liebe gefordert. Er ist ja der, dem dadurch, daß Gott für ihn eintritt, seine eigene Sache, sein Lebensanliegen im eigentlichsten Sinn des Begriffs, aus der Hand genommen, der also mit seiner ganzen Existenz auf Gott geworfen und angewiesen ist, über dessen Wählen, *diligere*, also schon entschieden, dem eine andere Möglichkeit als die Liebe zu Gott gar nicht übrig gelassen ist. Zu diesem ihm allein übrig gelassenen Tun, zu dem, was zu tun ihm selbst notwendig, selbstverständlich, unentbehrlich ist, ist er aufgerufen mit dem Du sollst lieben! Eben ihm ist es als wirkliches Du sollst! als wirklich gebieterische Forderung auf den Leib gerückt. Eben ihm ist es ein echtes Du sollst!, neben dessen gehorsamer Erfüllung der Ungehorsam nur als offenkundige Unmöglichkeit, nur als das Absurde, übrigbleibt.

Daß Liebe den Kindern Gottes geboten und also ein Akt des Gehorsams ist, das ist nicht etwa, wie es auf den ersten Blick aussehen möchte, ein Widerspruch in sich selber. Im Gegenteil: gerade ein wirkliches Gebot, d. h. gerade das wirklich von Gott wirklich an den Menschen ergehende Gebot kann nur Liebe gebieten; es kann wirklicher Gehorsam nur in der Liebe stattfinden. Und es kann umgekehrt wirkliche Liebe, d. h. Liebe Gottes, nur Erfüllung eines Gebotes und also Gehorsam sein. Das wäre doch wohl nicht Gottes Gebot, das, was auch sein sonstiger Inhalt sein möge, nicht entscheidend gerade das Freiwilligste, gerade Liebe, von uns forderte. Und das wäre jedenfalls nicht Liebe Gottes, das wäre nicht unsere Freiwilligkeit für ihn, was den Charakter eines menschlichen Willküraktes hätte.

Is vere demum se Deo in obsequium addicet, qui eum amabit ... Deus coacta hominum obsequia repudiat, vultque sponte et liberaliter coli: discamus interea, sub Dei amore reverentiam, quae illi debetur, notari (Calvin, Komm. zu Matth. 22, 37, C. R. 45, 611). Es hatte darum schon Sinn, wenn Polanus (*Synt. Theol. chr.* 1609, S. 3856 f.) unter den acht Gründen, die uns bewegen sollten, Gott zu lieben, zwar an 2.–8. Stelle aufzählte: weil Gott unser höchstes Gut ist, weil er uns mit seinen Wohltaten überhäuft, weil Liebe zu ihm der notwendige Beweis der Erkenntnis Gottes, weil sie das Zeichen unserer Gemeinschaft mit ihm, weil sie das Zeichen der Liebe Gottes zu uns ist, weil sie dem Beispiel Christi, der Engel und der Heiligen entspricht, weil Gott selbst ihr Lohn ist — an 1. und offenbar entscheidender Stelle aber dies angab: *Quia ipse nobis hoc mandat,* wofür neben unserer Stelle Deut. 11, 1; 30, 16; Jos. 22, 5 usf. angeführt werden. — S. Kierkegaard (Leben und Walten der Liebe 1847, ed. Schrempf S. 29 f.) hat das „Du sollst lieben..." mit Recht auch dahin gedeutet, daß das Christliche „seinen Ursprung in keines Menschen Herz hat", um eben daraus zu folgern: „Nur die Pflicht, zu lieben, schützt die Liebe für ewig gegen jegliche Veränderung, macht sie ewig frei in seliger Unabhängigkeit, sichert ihr Glück für ewig vor aller Verzweiflung." Aber damit sie uns diese beseligende Pflicht werde, müssen wir, mit H. F. Kohlbrügge (Pred. üb. Luc. 10, 25 f., 1854, Schriftausl. Heft 15, 2, S. 507) zu reden, „das ‚Gott lieben' als Gebot ganz aus der Hand geben". „Übergegangen in Christum, übergegangen unter die Herrschaft freier Gnade, so wie wir sind, bleiben wir unter dieser Gnade, an Christo hangen — und indem wir an ihm hangen bleiben, erfahren wir es, daß Sein Joch, d. i.: der Gehorsam des Glaubens, sanft und Seine Last, d. i.: das Bewahren seiner Gebote, das Bleiben bei Seinem Worte, leicht ist." Ein hartes Joch, eine schwere Last im Sinn der

Worte Matth. 11, 29 f., auf die Kohlbrügge hier anspielt, wäre offenbar nicht jene von Kierkegaard gemeinte beseligende Pflicht, und zwar darum nicht, weil sie gar nicht die uns auferlegte Pflicht wäre. Damit sie uns auferlegt sei, müssen wir in der Tat „an Christo hangen", d. h. im Glauben die in ihm Geliebten Gottes sein. Als Sein Joch und Seine Last ist sie aber darum „sanft" und „leicht", weil sie, die ihren Ursprung allerdings nicht in unseren Herzen hat, jetzt dennoch aus einer fremd und von außen an uns herantretenden Forderung die Forderung geworden ist: zu sein, was wir sind. Gerade und erst als solche ist sie Gottes und also nicht ein aus unserem eigenen Herzen hervorgegangenes, sondern von ihm in unser Herz hineingelegtes, unserem Herzen zu eigen gemachtes und uns in seiner Göttlichkeit in jenem von Kierkegaard beschriebenen Sinn beseligendes Gebot. „Hart" und „schwer" aber ist nicht sie bzw. ihre Erfüllung. Sondern hart und schwer, unmöglich und absurd ist für die, die „an Christo hangen", ihre Nichterfüllung, der Ungehorsam, mit dem sie ja ihr eigenes Sein verleugnen müßten. Die durch ein abstraktes „Gesetz" bzw. durch ein abstraktes Pflichtbewußtsein „Mühseligen und Beladenen" werden also durch das „Kommet her zu mir!" Jesu Christi weder noch mehr belastet dadurch, daß jetzt auch noch Liebe von ihnen gefordert wird, noch werden sie mit dieser Forderung der Liebe vom Gehorsam gegen das Gebot freigesprochen und auf irgendeine über dem Gesetz stehende „sittliche Lebensführung" hingewiesen, sondern indem sie, jenem Heilandsruf Glauben schenkend, zu Jesus Christus kommen, werden sie zu solchen, die in allem ihrem Tun sein werden, was sie sind, d. h. die in allem ihrem Tun Liebende sein werden. Was in sie hineingelegt, ihren Herzen zu eigen gemacht ist, indem sie „an Christo hangen", das ist ja er selbst als der, der sie geliebt und also als ihr Retter an ihre Stelle getreten ist. Als die von ihm Geliebten, als die, die ihn zum Herrn haben, können sie keine Zukunft ohne ihn und also keine Zukunft ohne Liebe haben. Du sollst lieben! kann für sie nur heißen: Du sollst deiner Zukunft nicht im Widerspruch zu deiner Gegenwart ausweichen und entrinnen wollen! Du sollst weitergehen! Du sollst leben! Gibt es einen kategorischeren Imperativ als diesen? Er ist kategorisch, nicht obwohl, sondern gerade weil er ein sanftes Joch und eine leichte Last ist.

4. „Du sollst den Herrn deinen Gott lieben". Indem die Kinder Gottes sind, was sie sind und damit das Gesetz erfüllen, hat dieses ihr Lieben in Gott sein Gegenüber, seinen Gegenstand. So ist es, nicht obwohl, sondern gerade weil er sich ihnen im Glauben zu eigen gibt. Wie sollte er ihnen anders gegenständlich werden, wenn er ihnen nicht im Glauben zu eigen würde? Wie sollte aber Er ihnen im Glauben zu eigen werden, wenn er ihnen nicht gegenständlich, also als ein anderer zu eigen würde? So kann nur Gott — weil er Gott und des Menschen Schöpfer ist, dem Menschen als ein anderer gegenübertreten. Sein Gegenübertreten bedeutet aber, daß er sich dem Menschen zu eigen gibt. Und so, in diesem Gegenüber, das nicht die Aufhebung, sondern die Form Seiner Gegenwart in seinem Herzen ist — darf und will er nun von ihm geliebt werden. Es ist ein entscheidendes Moment der Liebe, das eben darin sichtbar wird: Liebe liebt einen Anderen. Nur in der Liebe zu Gott und in der in sie eingeschlossenen, in ihr mitgesetzten Liebe zum Nächsten wird dieses Moment freilich wirklich. Alles andere Lieben ist als solches problematisiert durch die Unsicherheit der Gegenständlichkeit, der Andersheit des Geliebten, durch die Möglichkeit, daß der vermeintlich Liebende dabei vielleicht doch in Wirklichkeit mit sich selbst allein ist. Wo die Andersheit

des Geliebten fehlt, wo der Liebende mit sich allein ist, da liebt er in Wirklichkeit nicht.

Es ist hier der Ort, eine Vorstellung abzuwehren, die schon in der theologischen Begriffswelt der alten Kirche und dann bis in die Gegenwart hinein eine seltsame Rolle gespielt hat: die Vorstellung von einer nicht nur berechtigten, sondern gebotenen „Selbstliebe". Biblischen Grund für diese Vorstellung meinte man natürlich vor allem in dem „Liebe deinen Nächsten wie dich selbst" zu finden. Man berief sich aber auch auf Matth. 7, 12: „Alles, was ihr wollt, das euch die Leute tun sollen, das tut ihr ihnen auch", auf Phil. 2, 12: „Schaffet eure Seligkeit ...", auf 1. Tim. 4, 16: „Wenn du das tust, so wirst du dich selbst erretten und die dich hören" und nicht ohne Humor (so Polanus a. a. O. S. 4183) auch auf Prov. 12, 10: „Der Gerechte erbarmt sich auch seines Viehs". Über das „wie dich selbst" wird noch zu reden sein; so steht dieses „wie dich selbst" jedenfalls nicht neben Gott und dem Nächsten, daß man nicht sagen müßte: Augustin hat sich doch wohl einer Eintragung schuldig gemacht, wenn er von unserer Stelle sagte: *in quibus tria invenit homo, quae diligat: Deum, se ipsum et proximum* (*De civ. Dei* XIX, 14). Ebenso dürfte die Voraussetzung, daß wir nach Matth. 7, 12 allerlei wollen, was uns die Leute tun sollen, nun doch wohl nicht einem Gebot gleichzusetzen sein. Und wenn Phil. 2, 12 sicher keine Selbsterrettung gelehrt wird, dann auch keine Selbstliebe: es dürfte aber auch der Glaube, in welchem der Mensch seine Errettung durch Christus bejaht und ergreift, nun doch gerade etwas sehr anderes sein als ein Akt der Selbstliebe. Nun, Augustin (wie schon vor ihm Tertullian und Chrysostomus) war hier anderer Meinung. *Nihil est tibi te ipso propinquius. Quid id longe? Te habes ante te* — konnte er verkündigen (*Sermo* 387, 2), um dann die Mahnung anzuschließen, daß man zuerst sich selbst, dann den Nächsten, natürlich beide in Gott und in den dadurch angegebenen Grenzen zu lieben habe (*De doctr. chr.* I 22 f.). Thomas v. Aquino hat dieser Anschauung die spekulative Grundlage gegeben: Liebe sei eine *virtus unitiva. Uni cuique autem ad se ipsum est unitas, quae est potior unione ad alium. Unde sicut unitas est principium unionis, ita amor quo quis diligit seipsum, est forma et radix amicitiae* (*S. theol.* II² qu. 25 art. 4 c). So gibt es denn auch bei Polanus (a. a. O. S. 4182 f.) ein Kapitel *De caritate hominis erga seipsum*, anhebend mit dem strahlenden Satz: *Unusquisque sibi ipsi primum proximus est, deinde aliis.* Und im 18. Jahrhundert wird dann in der Kirche gesungen:

> Dein Wille ist's, o Gott! ich soll mich selber lieben,
> O laß mich diese Pflicht nach deiner Vorschrift üben,
> Und schräncke selbst den Trieb, froh und beglückt zu sein,
> Den du mir eingepflantzt, in heil'ge Gräntzen ein.
>
> (Lieder für den öff. Gottesdienst, herausgeg. von J. J. Spalding, 1780, S. 213.)

Es meinte aber doch auch noch Kierkegaard (a. a. O. S. 24 f.), das Gebot von der Liebe zum Nächsten sage recht verstanden auch das Umgekehrte: Du sollst dich selbst auf die rechte Weise lieben! — Zwei aber taten hier nicht mit, nämlich Luther und Calvin. *Igitur credo, quod isto precepto „sicut te ipsum" non precipiatur homo diligere se, sed ostendatur vitiosus amor, quo diligit se de facto, q. d. curvus es totus in te et versus in tui amorem, a quo non rectificaberis, nisi penitus cesses te diligere et oblitus tui locum proximum diligas ... Sicut et Adam est forma futuri i. e. Christi, alterius Adam. Sicut in Adam mali sumus, utique sic in Christo boni esse debemus; comparatio hic, non autem imitatio exprimitur.* (Luther, Röm. Brief, 1515/16 zu Röm. 15, 2; Fi. II 337, 8). Und Calvin hat den Vertretern dieser Anschauung ohne alle Rücksicht auf die Autorität Augustins folgendes zu vernehmen gegeben: *Evertunt non interpretantur verba Domini, qui inde colligunt (ut faciunt omnes Sorbonici) amorem nostri semper ordine priorem esse: quia regulatum inferius sit sua regula. Inprobitas, inscitia* und *fatuitas* verrate sich in solcher Auslegung. *Asini sunt, qui ne micam quidem habent*

2. Die Liebe Gottes

caritatis. Unsere Selbstliebe sei niemals etwas Rechtes, Heiliges und von Gott Anerkanntes, vielmehr ein der Liebe gerade entgegengesetzter Affekt. Gott denke gar nicht daran, in dieses ohnehin schon munter genug brennende Feuer zu blasen, sondern er verlange, daß dieser Trieb „umgekehrt" werde, *evertatur in caritatem.* (Komm. zu Gal. 5, 14 CR 50, 251 f.; vgl. Komm. zu Deut. 6, 5 CR 24, 724; Komm. zu Matth. 22, 39 CR 45, 612.) Man wird den Reformatoren recht geben müssen: es gibt wohl — und das ist in unserer Stelle und Matth. 7, 12 vorausgesetzt — den Menschen, der sich selbst liebt. Es gibt aber kein Gebot, dies zu tun. Selbstliebe findet nicht auf derselben Ebene statt wie die gebotene Gottes- und Nächstenliebe. Sondern wo diese anfängt, da hört jene auf und umgekehrt. Sich selbst liebend, liebt der Mensch noch nicht oder nicht mehr im Sinn der Kinder Gottes; und wir werden, sofern diese Liebe die allein wahre Liebe ist, fortfahren müssen: sich selbst liebend, liebt der Mensch überhaupt noch nicht oder nicht mehr. Denn, sich selbst liebend, ist der Mensch mit sich selbst allein. Das eben ist die Problematik des Allermeisten, was sich „Liebe" nennt, daß der Mensch dabei in Wahrheit mit sich selbst allein ist, daß er vermeintlich liebend, in Wahrheit doch nur sich selbst meint und dann gar nicht liebt. Zur Liebe gehört ein Gegenüber, ein Gegenstand. Daß wir uns selber Gegenstand der Liebe sein oder werden könnten, ist aber eine glatte Illusion. Man könnte hier einwenden, daß es doch auch eine Selbsterkenntnis gibt. Aber gerade in der einzig wirklichen (von dem antiken „Erkenne dich selbst!" abgrundtief verschiedenen) Selbsterkenntnis der Buße werden wir uns selbst keineswegs gegenständlich, sondern es ist der Spiegel des Wortes Gottes, es ist Jesus Christus, durch den uns da Bescheid über uns selbst gesagt wird. Also, was wir lieben — wenn wir lieben! — ist immer ein Anderes oder ein Anderer. Es steht nun viel vermeintliches Lieben eines Anderen unter der Frage nach der echten Andersartigkeit dieses Anderen und also unter der Frage, ob ihm der Gegenstand nicht im Grunde doch fehle, ob sie also vielleicht doch überhaupt keine Liebe sein möchte. Um so mehr war die Erfindung eines Gebotes der Selbstliebe trotz Augustin ein Kardinalirrtum. Sie bedeutete, wie Calvins Zorn ganz richtig empfunden hat: daß man das an sich Nichtige auch noch geradezu zum Prinzip erhob. Es war doch offenkundig der Satz einer „natürlichen" Theologie und Anthropologie, daß es im Menschen — offenbar unbeschadet durch den Sündenfall — jene ursprüngliche *unitas ad se ipsum* als Prinzip alles Lebens gebe, auf Grund dessen nun Selbstliebe eine gute und mögliche, der Nächstenliebe sogar vorzuordnende Sache sein sollte. Hatte man eine solche Anschauung inne, dann wäre es am Platz gewesen, sie an Hand unserer Stelle und der heiligen Schrift überhaupt einer kritischen Untersuchung zu unterziehen, die dann zweifellos zu ihrer Auflösung geführt hätte. Man zog es aber vor, jene „natürliche" Anschauung kritiklos zum Kanon der Erklärung unserer Stelle zu erheben. Es ist am Platz, sich dem Resultat, das dabei erzielt wurde, durch schleunige Flucht zu entziehen.

In der Liebe zu Gott ist der Mensch nicht mit sich selbst allein gelassen. In der Liebe zu Gott hat er es vielmehr mit einem echten Partner zu tun — mit dem, der sich ihm, indem er ihn zuerst liebte, zu eigen gegeben, und also zum echten Partner gemacht hat. Nur von der Liebe zu Gott kann man das sagen: daß sie einen echten Partner hat, weil es auch Liebe zum Nächsten nur in der Liebe zu Gott gibt. Schon darum verdient auch nur die Liebe Gottes wirkliche Liebe genannt zu werden. — Und nun ist es der Herr, der hier als der andere geliebt sein will. Wir vergegenwärtigen uns nochmals, daß das sagen will: der einzige Herr, der Herr aller Herren, der Herr, der, indem er als Offenbarer seiner selbst an den Menschen heran und als sein Versöhner an seine Stelle tritt, Herr nicht nur heißt, sondern i s t, so ist, daß der Mensch seine Herrschaft unter allen

Umständen erfährt: wenn nicht in Güte, dann in Strenge, wenn nicht als Hilfe, dann als Widerstand, wenn nicht in der Gegenwart seines Offenbarseins, dann in den Zeiten seiner Geduld, die auch Zeiten seiner Drohung sein können: Zeiten der Erinnerung und der Erwartung seines Offenbarseins. Er hört in dem allem nicht auf, der Herr zu sein, und zwar der Herr zu sein in jenem eminenten Sinn, in welchem dies nur von dem für uns fleischgewordenen Sohn oder Wort Gottes zu sagen ist. Um die Liebe dieses Herrn, und zwar dieses Herrn als „deines Gottes", geht es. Indem er dieser Herr ist, d. h. indem er als dieser Herr an mir handelt, ist er ja mein Gott. Alles, was ich von Gott weiß, wissen kann, wissen darf, aber auch wissen soll, weiß ich aus der Herrschaftsübung, deren Gegenstand ich bin. Mir ist die Möglichkeit genommen, einen Gott, der nicht dieser Herr wäre, auch nur zu denken. Und wie könnte dieser der Herr sein, der er ist, wenn er nicht als solcher Gott wäre? Seine Herrschaft ist das Handeln der Gottheit. Identisch ist also auch dieser Herr und Gott selber. Und aus der Einzigkeit dieses Herrn, in dessen Hand ich bin, folgt sofort die Einzigkeit Gottes. Die Erkenntnis der Einzigkeit Gottes kann nicht das Ergebnis einer philosophischen Erwägung des Wesens Gottes sein, sondern nur die Antwort auf seine Offenbarung als der Herr. Philosophische Erwägung des Wesens Gottes könnte uns nämlich über die Dialektik der Begriffe Monotheismus und Polytheismus, Pantheismus und Atheismus niemals hinausführen. In der Offenbarung Gottes als des Herrn und nur in ihr fällt die Entscheidung: Ich bin der Herr, dein Gott — ich: nicht die Idee der Einheit Gottes, nicht diese oder jene, die auch Götter sein wollen, nicht Alles und Jedes, was wohl auch göttlich sein könnte, nicht du selbst in deiner eigenen Göttlichkeit, sondern ich — du sollst keine anderen Götter haben neben mir!

Das neutestamentliche κύριος ist gerade in unserer Stelle das Äquivalent für den alttestamentlichen Gottesnamen Jahve. Die Bedeutung der alttestamentlichen Formel „Jahve dein Gott" oder „Jahve euer Gott" ist doch keine andere als die eben entwickelte: Indem Jahve dem Mose seinen Namen offenbart, begründet er (oder begründet er neu) den Bund zwischen sich und Israel, in welchem es entscheidend darum geht, daß dieser Israel offenbare Jahve in der einzigartigen Weise, die ihm eigen ist, zu seinem Heil an ihm handelt, und daß er umgekehrt in diesem seinem Handeln von Israel als Gott und angesichts der Einzigartigkeit seines Handelns faktisch als sein ganz allein als solcher in Betracht kommender, ganz allein als Gott zu respektierender und zu verehrender Herr erkannt werde. Man pflegt dem sog. „Henotheismus" gewisser Schichten der alttestamentlichen Überlieferung als einer früheren und religionsgeschichtlich niedereren Stufe gegenüber einem späteren und angeblich höheren prophetischen „Monotheismus" zu unterscheiden. Aber der Jahveglaube enthielt doch schon als solcher, auch da, wo er sich nicht ausdrücklich darüber aussprach, auch da, wo er, wie es ja (1. Kor. 8, 5) auch Paulus getan hat, mit der Existenz anderer Götter rechnete, prinzipiell die Erkenntnis der Einzigkeit der Gottheit Jahves. Und es ist umgekehrt die Kraft des späteren prophetischen „Monotheismus" — das, worin er sich von allem heidnischen Monotheismus stärker unterschied als von jener sog. henotheistischen Vorstufe im eigenen Raum — die schlichte Kraft des Jahveglaubens, die Kraft der Erkenntnis der einzigartigen Geschichte, in der Israel seinem Herrn begegnet war.

2. Die Liebe Gottes

5. Was aber heißt nun: Lieben — dieses Gegenüber, den Herrn, deinen Gott, lieben? Einige vorläufige Bestimmungen haben wir in unserer bisherigen Überlegung des Textes bereits gefunden. Lieben heißt: werden, was wir als die von diesem Geliebten schon sind. Lieben heißt: Gott wählen als den Herrn, der darin unser Herr ist, daß er für uns einsteht und gut steht. Lieben heißt: dieses Gottes Gebot gehorsam sein. Lieben ist also auf alle Fälle: ein Bejahen, Bestätigen und Ergreifen unserer eigenen Zukunft, wobei eben diese unsere eigene Zukunft identisch ist mit der Wirklichkeit des Gottes, der im prägnantesten Sinn des Wortes „für uns" ist, und wobei eben dieses Bejahen, Bestätigen und Ergreifen Gottes als dessen, der unsere eigene Zukunft ist, in einer von diesem Gott ausgehenden Ordnung und Bindung geschieht und also ein Akt des Gehorsams ist. — Darüber hinaus haben wir nun aus dem zuletzt Gesagten noch folgendes zu lernen. Ist Liebe im Unterschied zu der Illusion einer Selbstliebe die Liebe zu einem Anderen und ist dieser Andere Gott der Herr, dann ist unser Lieben jedenfalls auch zu bestimmen als das Sein und Sichverhalten des Menschen, der sich selbst als einen diesem Gegenstand gegenüber Andersartigen erkennt. Liebe zu Gott geschieht in der Selbsterkenntnis der Buße, in der uns durch den Spiegel desselben Wortes Gottes, das uns frei und selig spricht, das selber Gottes Liebe zu uns ist, über uns selbst Bescheid gesagt wird. Gerade der Gott Liebende wird es sich gesagt sein lassen und wird es auch bekennen, daß er ganz und gar auch als Liebender und in seinem Lieben vor Gott und Gott gegenüber nicht gerecht, sondern ein Sünder ist, der auch mit seinem Lieben Gott nichts darzubringen und zu bieten hat. Daß Gott für ihn als einen solchen, für ihn als einen Unfügsamen, zur Fügsamkeit Unvermögenden und also Unliebenswürdigen einsteht und gutsteht, das ist Gottes Liebe zu ihm. Bejaht, bestätigt und ergreift er nun diese Liebe Gottes zu ihm und in ihr seine eigene Zukunft, in ihr zugleich Gottes Gebot — wie sollte das nicht bedeuten, daß er in die Buße getrieben und aus der Buße auch nicht wieder entlassen wird? Lieben kann und wird er nur, indem er sich das — und zwar auch hinsichtlich seines Liebens — selbst gefallen, und zwar gern gefallen läßt.

Ich möchte hier nochmals H. F. Kohlbrügge das Wort geben: „Das Gefühl von Sünde und Elend beginnt erst recht und wird ein bleibendes in uns, je mehr wir bestrahlt werden von der Sonne der Gerechtigkeit. Wer aus Gott geboren ist, hat nur in Gott sein höchstes Gut; alles andere kann ihn nicht mehr befriedigen. Die Götzen müssen nach und nach alle hinweg. Aber je mehr die Liebe Gottes im Herzen zunimmt, desto mehr ist Erkenntnis da von Unvermögen, ja Unwillen bei dem besten Willen, um Gott seinen Herrn zu lieben, und zwar zu lieben von ganzem Herzen, von ganzer Seele, von ganzem Gemüt und aus allen Kräften. Vom Fleisch will nicht heraus der Geist. Liebe Gottes und des Nächsten ist bei den Menschen, bei dem Fleische nicht zu finden, wohl aber Haß Gottes und des Nächsten. Die Liebe Gottes wird ausgegossen in unsere Herzen durch den uns gegebenen Heiligen Geist. Das ist die Erkenntnis und Erfahrung aller Heiligen; sie finden aber in sich, d. i. in ihrem Fleische, nichts Gutes, also auch keine

Liebe Gottes ... Nur dadurch, daß sie in Christo Jesu vollkommen sind, haben sie die Beruhigung, daß sie vollkommen sind in der Liebe. Aber je mehr Christus ihr Friede geworden ist, um so mehr werden sie anderseits sich vor Gott im Staube demütigen und aller ihrer Lieblosigkeit wegen sich verwerfen ganz und gar und den Grund ihrer Hoffnung nur finden in der Liebe, womit Gott uns zuerst geliebt, hat und in der Gnade Jesu Christi, mit welcher er so reich über uns ist in aller Barmherzigkeit und Geduld." Es gibt nach Kohlbrügge ganz bestimmte „Kennzeichen trauriger Art, woran die Kinder Gottes es wissen können, daß Gottes Liebe in ihnen ist. Und diese sind: Klagen, Stöhnen, Weinen, ein Verlegen- und Bekümmertsein, weil sie nichts als Verkehrtheit und Feindschaft in ihren Herzen entdecken, nichts als Liebe zur Sünde, zur Welt, zum Sichtbaren, und nicht einmal verlangen nach Gott und Seiner Liebe, sondern ein kaltes, träges, hartes, steinernes und von allerlei argen Überlegungen und sonstigen sündigen Gedanken erfülltes Herz. Und so müssen Gottes Kinder sich in allen Stücken vor Gottes Heiligkeit und unter Sein heiliges Gesetz demütigen und hinsichtlich der Liebe Gottes und des Nächsten zerknirscht und in gründlicher Demut das alles von sich anerkennen, was der Apostel Paulus überhaupt von der Sünde, welche die Wiedergeborenen im Lichte des Gesetzes Gottes in sich finden, klagt im 7. Kapitel an die Römer. Denn daß sie deswegen so bekümmert sind, beweist, daß die Liebe Gottes in ihnen ist" (a.a.O. S. 502–04).

Eben die Notwendigkeit dieser Erkenntnis der Andersartigkeit des Liebenden gegenüber dem Geliebten mag nun deutlich machen, daß das Lieben Gottes tatsächlich ein Suchen Gottes ist. Die von Gott gefunden sind in seiner großen Liebe zu uns, gerade die müssen und werden ihn suchen: indem sie ihn suchen, werden sie ihre eigene Zukunft und also ihn selbst bejahen, bestätigen und ergreifen und also seinem Gebot gehorsam sein; indem sie ihn suchen, werden sie ihn lieben. Es wird ja bei der Buße als solcher (gerade wenn sie aufrichtig ist!) — es wird ja bei jener Erkenntnis unsrer selbst (gerade wenn diese Erkenntnis uns keine Beruhigung, sondern eine brennende Not bedeutet!) nicht sein Bewenden haben können. Sondern jenseits unserer uns wohl bewußten Lieblosigkeit und also ganz und gar ohne die Meinung, Gott mit unserer Liebe etwas darbieten zu können, werden wir nun erst recht, nun erst ganz bedürftig, aber auch ganz begierig nach dem fragen, der uns zuerst geliebt hat. Jetzt erst und von da aus: nur als die ganz Bedürftigen, aber auch ganz Begierigen werden wir ja um Gott wissen als um den einzigen Gott — einzig, weil er der einzige Herr ist, einzig in seiner Offenbarung, einzig in seinem Tun für uns, einzig als der, der selber und allein unsere Hoffnung ist. Eben als die ganz Bedürftigen und ganz Begierigen werden wir aber auch wissen, daß dieser einzige Gott auch unsere einzige Zuflucht und Errettung — ja noch mehr: unsere einzige Existenzmöglichkeit ist. Eben ihm (in der ganzen Andersartigkeit, in der er uns gegenübersteht) gehören wir ja — wir in unserer eigenen ganzen Andersartigkeit ihm gegenüber! Ist uns beides ganz klar: seine Herrschaft und also seine Liebe — und unsere eigene Lieblosigkeit und Unliebenswürdigkeit, dann muß uns ja wohl auch einleuchten, daß uns die Eigenständigkeit unserer Existenz genommen ist: er hat sie an sich genommen; er hat uns in unserer eigenen Existenz — ohne daß er sie uns nahm, ohne daß wir aufhörten, wir selbst zu sein, ohne daß wir unfrei wurden, wurzellos, bodenlos, heimatlos gemacht, indem er uns „versetzt hat in das Reich des Sohnes seiner Liebe" (Kol. 1, 13), indem er selbst uns Wurzel, Boden und Heimat wurde. Daß wir in das Reich des Sohnes Gottes versetzt sind, das bedeutet ja von dessen Fleischwerdung und Erhöhung her gesehen: Er hat als der zweite Adam Menschennatur angenommen, Menschennatur mit seiner göttlichen Person vereinigt, damit unser Menschsein, unser Sein in dieser Natur seine Eigentlichkeit nicht mehr in sich selbst, sondern in ihm habe. Und es bedeutet von der in ihm geschehenen Versöhnung und Rechtfertigung her gesehen: Er hat, indem er als Mensch unsere Strafe erlitt, den Gehorsam leistete, den wir nicht leisten, und den Glauben bewährte, den wir nicht bewähren, ein für allemal an unserer Stelle gehandelt. Wir können also unser eigenes Sein und Tun, sofern es uns nach wie vor gelassen ist, nicht mehr in uns selbst, sondern nur noch in ihm suchen. Es kann genau genommen unser Sein und Tun als solches nur noch dieses Suchen sein. Versteht man dieses Suchen als eine besondere Kunst und Bemühung von solchen, die sich dieses Werk nun einmal vorgenommen und aufgeladen haben, oder auch als eine Wunderblume von Frömmigkeit, aufgegangen im Garten solcher, die dafür nun einmal besonders veranlagt und begabt sind — dann hat man es gewiß schon mißverstanden. Es liegen ja die Werke und Wunder etwa der mystischen Liebe zu Gott immer noch innerhalb unseres eigenen Seins und Tuns, das als solches vor Gott gewiß immer und in seiner Totalität als ein liebloses und unliebenswürdiges Wesen preiszugeben ist. Daß eben dieses unser Sein und Tun, indem es in seiner Totalität unter diesem Gericht steht, wiederum in seiner Totalität (also mitsamt den Werken und Wundern, die in seinem Umkreis möglich sind, aber auch in seiner finsteren Trägheit und Wildheit) die Richtung dorthin bekomme, wo wir eigentlich sind und wo alles für uns geschehen ist, die Richtung auf Gott in Jesus Christus, das ist kein besonderes Werk, sondern mehr als das: das Werk aller Werke; das ist kein besonderes Wunder, sondern mehr als das: das Wunder aller Wunder und eben als solches auch wieder die schlichteste Naturnotwendigkeit — naturnotwendiger als unserem Leibe das Atmen — das geschieht dann aber auch ohne Rücksicht auf die allfälligen Werke und Wunder, deren wir fähig sind, aber auch aller unserem Sein und Tun innewohnenden Trägheit und Wildheit zum Trotz, in Einbeziehung unserer Spitzenleistungen ebensowohl wie unserer schlimmsten Rückstände. Es geht nicht einmal entscheidend darum, daß wir suchen; es geht entscheidend darum, daß wir, wenn wir diese Richtung empfangen und annehmen, ganz und gar Suchende sind und immer aufs neue werden. Gewiß werden wir dabei auch suchen, aber dabei — bei allem, was da in Betracht kommen kann — sind wir schon wieder im

Bereich unserer Lieblosigkeit und Unliebenswürdigkeit, könnten wir trotz unseres Suchens auch verworfen sein und bleiben. Unser Suchen als solches wird, wie aufrichtig, wie innig, wie tief es immer sein möge, der Vergebung der Sünden immer bedürftig bleiben. Daß wir suchen als die, die Suchende sind, das allein und also der allein, den wir suchen und der uns zu Suchenden gemacht hat und wieder macht. der uns in unserer Existenz ganz auf die Vergebung der Sünden durch ihn geworfen hat, er allein rechtfertigt unser Suchen. Daß wir ihn Suchende seien und immer wieder werden, das ist's, was das Liebesgebot uns gebietet, das ist die Liebe, die des Gesetzes Erfüllung ist. —

Und nun ist grundsätzlich nur noch eines hinzuzufügen: daß wir Gott Suchende und eben darin und so Gott Liebende sind, das wird sich an den Kindern Gottes in einem Stück ganz bestimmt und unzweideutig beweisen und bewähren: darin nämlich, daß sie es gerne haben — unter allen Umständen und in jeder Beziehung gerne haben, wenn ihr Suchen nicht umsonst ist, wenn also der, den sie suchen, sich von ihnen finden läßt, wenn er ihnen damit bestätigt, daß er sie gesucht und gefunden hat, ehe sie ihn suchten. Wie sollten sie es ungern haben, wenn Gott ihnen nun wirklich begegnet, wenn der, den sie liebten, sie wieder und aufs neue liebt, wie er sie schon zuvor geliebt hatte, wenn er ihnen also in seinem Wort, in Jesus Christus gegenwärtig wird, mit ihnen redet, an ihnen handelt? Ist er nicht darin ein treuer Gott, daß er das tut? Und wie sollten sie es ungern haben, daß er so treu ist? Nun, wir haben wohl Anlaß, zu bedenken, daß es sich nicht von selbst versteht, daß der Mensch das gern hat. Der Mensch sucht vieles, was er dann doch sehr ungern findet — wodurch dann freilich auch sein Suchen als Ohnmacht und Irrtum entlarvt wird. Könnte es ihm nicht, könnte es nicht auch den Kindern Gottes auch mit dem Suchen Gottes so gehen?

Man wird es an Anderen und vor allem an sich selbst oft genug beobachten können, daß man ein scheinbar ganz ordentlicher, ganz ernsthafter und aufrichtiger Gottsucher aus einem leidlich reinen Herzen, auch aus allerlei wirklich empfundenen und erlebten Gewissensnöten und Lebensnöten heraus sein kann, um dann doch — wenn unser vermeintlicher Ernst nun vielleicht plötzlich ernst genommen wird, in einer Situation, wo nun vielleicht aus dem Suchen wirklich ein Finden weil ein Gefundensein werden könnte, merkwürdig zu versagen. Einfach weil der Gott, den man gefunden, der sich zu finden gegeben hatte, nun doch nicht der war, zu dem man sich freudig bekennen konnte: ihn habe ich gesucht. Nein, indem man ihn aus der Ferne geliebt oder doch zu lieben gemeint hatte, konnte man ihn aus der Nähe doch nicht lieben, zog man es vor, sich wieder in jenes vermeintliche Lieben aus der Ferne zurückzuziehen. Aber war dann nicht auch dieses entlarvt und gerichtet als ein Nichtlieben?

Schärfen wir uns ein: den Kindern Gottes kann es nicht so gehen. Sie werden sich darin als das, was sie sind, und also als wirklich Liebende und also als nicht nur subjektiv ehrliche, sondern schlechterdings wahre und wirkliche Sucher Gottes beweisen und bewähren, daß sie nicht zurückweichen, sondern standhalten, und zwar mit Freuden, mit einem Ja aus ganzem Herzen, aus ganzer Seele, aus ganzer Vernunft und aus ganzer Kraft — auch wenn es nun zum Finden Gottes kommt. Kommt es zum Finden Gottes, kommt also die Liebe Gottes zu ihrem Ziel, dann heißt das ja, daß der Mensch es aufs neue zu hören, zu fühlen und zu schmecken bekommt, daß er einen Herrn ohnegleichen hat und daß er nur im Gehorsam gegen ihn frei sein kann. Kommt es zum Finden Gottes, dann begegnet dem Menschen Gnade, dann heißt es also für ihn: annehmen, sich beschenken lassen, gutheißen, was für ihn geschehen ist, damit es an ihm geschehe. Gnade aber deckt ihn auf als einen, der in sich selber arm, unvermögend, leer, noch mehr: ein Widersacher und Rebell ist. Gnade weist ihn von sich selbst weg, scheucht ihn aus sich selbst auf, raubt ihm Wurzel, Boden und Heimat in sich selber, heißt ihn, sich an die Verheißung halten, auf den Stellvertreter sehen, von dem die Verheißung redet, auf ihn sich verlassen, seiner sich rühmen, von ihm und nur von ihm her Rat und Weisung entgegennehmen. Gnade ist die Zucht, die dem Menschen keinen Götzendienst und keine Werkgerechtigkeit mehr erlaubt, die ihm, wenn er alles getan hat, was er zu tun schuldig ist, gebietet, sich als unnützen Knecht zu bekennen. Gnade läßt ihn nicht hochkommen, auch nicht nachträglich; Gnade hält ihn unten. Gnade enthüllt die Trägheit und Wildheit, die auch seinen besten Gedanken und Unternehmungen anhaftet wie ein zentnerschweres Bleigewicht. Gnade will von ihm haben, daß er nur auf Gnade vertraue, nur aus Gnade lebe — und aus Gnade wirklich lebe. Wenn das Gott, Gottes Sohn und Wort ist: wer soll das gern haben? Wer hat denn etwa als Gottsucher gerade das gesucht? Man kann nur antworten: die Kinder Gottes haben tatsächlich gerade das gerne; die Kinder Gottes haben tatsächlich gerade das und nichts Anderes gesucht; die Kinder Gottes sind darum nicht enttäuscht, nicht erbittert; sie wenden sich nicht ab, sie fliehen nicht zurück in ein vermeintliches Lieben aus der Ferne, wenn dies nun der Geliebte ist, wenn er ihnen nun so begegnet. Eben das alles: die Härte des Gesetzes, vor dem es keine Flucht gibt, die Barmherzigkeit, die unser Elend offenbar macht, die Freiheit und Herrlichkeit Gottes, die uns alle unsere Ansprüche aus der Hand nimmt, die Ordnung, die hier gilt und die bis in den Grund unseres Wesens hinein ohne Pause und Aufhören eine Ordnung der Demütigung ist, das Licht, das hier in unsere Finsternis hineinfällt — eben das Alles ist den Kindern Gottes nicht bitter, sondern süß — nicht schmachvoll, sondern höchste Ehre — nicht zu fliehen, sondern mit höchstem Eifer aufzusuchen. Sie verlangen nicht nach mehr, nicht nach etwas Anderem, Vornehmerem, Erhebenderem, sondern sie lieben gerade das; sie können gerade das nicht genug sich sagen lassen, hören, anschauen, in ihr Empfinden, Gewissen und Wollen übergehen lassen. Sie wollen gerade so behandelt und regiert sein. Sie lieben gerade den, der so mit ihnen umgeht.

Und darin zeigt es sich, daß sie wirklich Gott gesucht, wirklich Gott geliebt haben. Es zeigt sich darin, daß sie fortfahren, Gott zu lieben, daß sie ihn, den sie suchten, nun, da sie ihn gefunden, da er sie aufs neue gefunden hat, noch mehr lieben. Gott sieht und weiß, daß sie das wirklich tun. Er kennt die Seinen. Der Mensch ist ein Heuchler von Grund aus, der wohl imstande ist, sich auch hinsichtlich dieser Bewährung der Liebe vor sich selbst und anderen als etwas aufzuspielen, was er nicht ist: Wir werden es vor Gott zu verantworten haben, wenn wir meinen, bekennen zu dürfen, daß wir ihn lieben: nicht nur so, wie wir ihn suchen, sondern so, wie er sich uns zu finden gibt, weil er so ist. Gott sieht und weiß, ob wir ihn so lieben. Aber wenn es vor ihm wahr ist, daß wir ihn so lieben, wenn wir vor Gott sagen dürfen, daß das wahr ist — und die Kinder Gottes dürfen das — dann wird es uns nicht nur erlaubt sein, unseres Liebens und also unserer Erfüllung des Gesetzes sicher zu sein, dann ist es uns vielmehr verboten, daran zu zweifeln. Wer das Wort Gottes an den Menschen, so wie es lautet, gerne hört, der liebt Gott. Eben indem er das **Wort Gottes** gerne hört, wird dafür gesorgt sein, daß diese nicht nur erlaubte, sondern gebotene Gewißheit mit dem verbotenen Übermut des *homo religiosus* wirklich nichts zu tun hat.

6. Man könnte sich fragen: ob mit dem Zusatz: du sollst Gott lieben „**aus deinem ganzen Herzen, aus deiner ganzen Seele, aus deiner ganzen Vernunft und aus deiner ganzen Kraft**" über das bisher Gesagte hinaus noch etwas Besonderes und Neues gesagt wird? Ich denke, daß dem in der Tat so ist: insofern als mit diesen Begriffen, die man freilich nicht einzeln, sondern in ihrem Zusammenhang und Gesamtsinn wird betrachten müssen, offenbar mit Nachdruck daran erinnert wird: daß der Mensch selbst, und zwar der ganze Mensch, durch das Liebesgebot gefordert ist, nicht nur daß er **liebe**, sondern daß er ein **Liebender** und also (im doppelten Sinn des Wortes) ein Gerichteter und also Gottsuchender **sei**, wie wir es vorhin hörten. Die viermal wiederholten Beiworte „dein" und „ganz" werden hier zu beachten sein. Es wird aber weiter durch die vier Hauptwörter: Herz, Seele, Vernunft, Kraft, die offenbar den Bereich des menschlichen Vermögens als solchen umschreiben wollen, zugleich darauf hingewiesen, daß es bei diesem durch das Gebot für die Liebe in Anspruch genommenen Sein schon ganz konkret um das wirkliche und vollständige Sein des Menschen geht. Wir selbst mit Allem, was wir als Menschen sind und haben (auch nicht sind und nicht haben!), sind Liebende oder wir sind es gar nicht. Eine Teilung etwa zwischen dem Menschen, der ich sichtbar in mir selber, und dem Menschen, der ich unsichtbar in Jesus Christus bin, und auf Grund dieser Teilung dann etwa eine Entlassung des ersteren aus der Liebespflicht kommt nicht in Betracht. Eben als der, der ich sichtbar in mir selber bin,

bin ich unsichtbar in Jesus Christus, und gerade, daß ich auch unsichtbar in Jesus Christus bin, stellt mich als den, der ich sichtbar in mir selber bin, unter die Liebespflicht. Erst recht kommt also nicht in Betracht eine Teilung meines sichtbaren Wesens, eine Beschränkung der Liebespflicht etwa auf einzelne Seiten und Vermögen dieses meines Wesens: vielleicht auf mein sog. Inneres, vielleicht umgekehrt auf meine sog. Taten. Indem das Liebesgebot allerdings mein Innerstes fordert, fordert es, daß ich aus der Liebe, für die es mich in Anspruch nimmt, nicht nur denke und fühle, sondern, indem ich das tue, lebe und handle. Und indem es mein Leben und Handeln fordert, fordert es, daß dieses aus meinem Innersten heraus Liebe sei. Es kommt auch weiter nicht in Betracht eine Teilung zwischen verschiedenen Zeiten, Situationen und Aufgaben des menschlichen Lebens; als ob Liebe vielleicht jetzt geboten, jetzt aber nicht geboten, als ob es unserem Ermessen anheimgestellt sei, bald zu lieben, bald auch wieder nicht oder doch weniger zu lieben. Es bedeutet also der Zusatz eine Abwehr gegen alles Teilen und also gegen jeden Vorbehalt, jede Ausnahme in der Liebe. Oder positiv: er bedeutet die Charakterisierung der christlichen Liebe als einer Totalität menschlicher Verfassung und Haltung. Einer ist der Mensch als Begnadigter Jesu Christi und als das sündige Geschöpf, das er in sich selbst ist — einer in seinem Inneren und in seinem Äußeren existierend — einer auf allen Stufen und in allen Umständen und Begegnungen seines Weges. Als dieser Eine ist er ein Liebender oder er ist es gar nicht. Es ist deutlich, daß der Zusatz damit zurückgreift auf die Voraussetzung: „Der Herr unser Gott ist ein einziger Herr." Er macht sozusagen die Probe darauf, daß der in der christlichen Liebe Geliebte wirklich Gott ist. Gott ist der einzige Herr. Daß er der Geliebte ist, zeigt sich darin, daß er ohne Teilung, Vorbehalt und Ausnahme geliebt wird; entweder so oder gar nicht: ein Drittes kommt hier nicht in Betracht. Es lohnt sich, unter diesem Gesichtspunkt noch einmal Rückblick zu halten.

Gerade in seiner Beziehung zu jener Voraussetzung macht uns der Zusatz darauf aufmerksam, daß zwischen der Liebe, mit der Gott uns liebt, und der uns gebotenen Liebe zu ihm eine Ähnlichkeit besteht. Es ist bei aller majestätischen Überordnung der ersten über die zweite schon in Ordnung, daß beide mit demselben Begriff bezeichnet werden können. Es entspricht der Ausschließlichkeit, in der Gott und nur er unser Herr ist, die Ausschließlichkeit, in der unser Sein und Tun ein Suchen Gottes und nur das sein muß. Es kann uns diese Ähnlichkeit nun noch von einer neuen Seite aufmerksam machen auf die Gnade in dem uns auferlegten Gesetz der Liebe. Es ist Gnade, wenn Gott uns nicht nur lieben, sondern von uns wiedergeliebt sein will. Wie er es nicht nötig hat, uns zu lieben, so und noch weniger hat er es nötig, von uns geliebt zu werden. Und doch will er gerade das. Er will also, indem er unser einziger Herr ist, unsere einzige Liebe: dein ganzes Herz, deine ganze Vernunft, deine ganze Kraft für dies Eine: ihn zu lieben. Er will also — und durch sein Wort und seinen Heiligen Geist schafft er: jene Ähnlichkeit zwischen ihm und uns. Was er in seiner Sphäre als Gott, Schöpfer und Versöhner für uns ist, das dürfen wir in unserer Sphäre als sündige Geschöpfe für ihn sein. Wir dürfen auch lieben. Und liebend dürfen wir teilnehmen an seiner Vollkommenheit.

„Ihr sollt vollkommen sein, wie euer Vater im Himmel vollkommen ist" (Matth. 5, 48). Das ist nicht niederschmetterndes, tötendes Gesetz. Das wäre es nur, wenn wir es nicht aus dem Munde Jesu Christi, aus welchem es uns als von ihm erfülltes Gesetz entgegenkommt, hören würden, sondern als eine menschliche Regel, die wir erfüllen müßten. Von ihm gehört, ist es wohl Gesetz, aber Gesetz als Verheißung und Form des Evangeliums, Evangelium im Gesetz. Gibt es frohere und tröstlichere Botschaft als die, daß Gott diese Ähnlichkeit zwischen sich und uns haben will und in Jesus Christus schon geschaffen hat?

Der Zusatz beleuchtet zweitens noch einmal und besonders die Freiwilligkeit des Gehorsams, der in der christlichen Liebe geleistet wird. Ungeteilt und vorbehaltlos, wie das Gebot es fordert, werden wir Gott dann und nur dann suchen, wenn das Gebot, dies zu tun, nicht nur unser Herz, unsere Seele, unsere Vernunft, sondern das alles als unser eigenes Vermögen und das alles ganz erreicht und getroffen hat, so daß das alles in seiner Art und Unart, in der Stärke und Pracht, die ihm an sich vielleicht eigen sein mag, und in der Verkehrtheit und Schande, die ihm vor Gott ganz sicher eigen ist, unser eigenes und ganzes Lieben wird. Liebe als Totalität menschlichen Seins und Tuns schließt aus: gesetzliche Knechtschaft, die den Gehorsam nur aus Furcht darbringt oder die auf Gottes Gaben schielt, statt ihn selbst zu meinen. Liebe als Totalität schließt aus: einen traurigen, bekümmerten, weil heimlich widerstrebenden Gehorsam. Liebe als Totalität kann ja weder eine Furcht vor Gott in uns übriglassen, die auf noch nicht vergebene Sünde hinschauen müßte; sondern die Furcht vor Gott, die, wo Vergebung der Sünden regiert, allerdings unvermeidlich ist, ist hier selber nichts anderes als eine Gestalt der Liebe, das Suchen dessen, ohne den wir nichts tun können. Liebe als Totalität kann auch nicht mit Gott umgehen, als ob er ein Mittel zur Erreichung von allerlei guten Zwecken wäre; wir haben wohl allerhand gute und weniger gute Zwecke, und eine Art von heidnischem Automatismus läßt uns wohl auch Gott oft genug die Rolle des Erfüllers unserer entsprechenden Wünsche zuweisen. Aber müssen diese unsere Wünsche in der Liebe zu Gott nicht von selber zum Wunsch nach dem Geschehen seines Willens werden? Liebe als Totalität kann auch nicht zusammenbestehen mit der Furcht vor der Welt oder vor uns selbst: als gäbe es da doch noch Mächte und Gewalten, um deren willen wir jedenfalls nur mühselig und bedrückt gehorchen könnten. Es gibt wohl solche Mächte und Gewalten; aber was ist die Sorge, die sie uns bereiten, neben der einen

2. Die Liebe Gottes

Sorge, Gott recht zu lieben? Wird die Liebe als die Freiheit, in die uns Gottes Liebe zu uns versetzt hat, nicht auch die Vorbehalte, die von daher sich einstellen könnten und gewiß tatsächlich immer wieder einstellen, aufsaugen, absorbieren, in Gründe für statt gegen einen freudigen Gehorsam verwandeln?

Diese Freiwilligkeit der Liebe war die Seite des Problems, die Calvin — er, der doch wahrlich ein besonderer Prediger gerade der Majestät Gottes, des Gesetzes und des Gehorsams gewesen ist — in allen seinen Erklärungen unserer Stelle in ihren alttestamentlichen und neutestamentlichen Zusammenhängen mit ganz besonderem Nachdruck hervorgehoben hat: *Deum non oblectant extorta et coacta obsequia . . . Nihil Deo placet quod affertur ex tristitia vel necessitate, quia hilarem datorem quaerit . . . Deus se nobis amabilem reddit, ut libenter et qua decet alacritate amplectamur quidquid iubet* (Komm. zu Deut. 10, 12 C.R. 24, 723), . . . *vultque sponte et liberaliter coli* (Komm. zu Matth. 22, 37 C.R. 45, 611). Und wir blicken von diesen Worten Calvins hinüber zu den Texten Röm. 8, 15 und 2. Tim. 1, 7, wo der „Geist der Kindschaft" oder „der Geist der Kraft, der Liebe und der Verständigkeit", den wir empfangen haben, dem „Geist der Knechtschaft zu neuer Furcht", dem „Geist der Verzagtheit", den wir nicht empfangen haben — vor allem aber zu den Stellen 1. Joh. 3, 19 f.; 4, 17 f.: Von unserem uns bald verurteilenden, bald auch nicht verurteilenden Herzen heißt es da, daß wir es, wenn wir aus der Wahrheit sind, damit zu stillen in der Lage sind; daß Gott größer ist als es und alle Dinge erkennt, während wir uns im anderen Fall ebenso schlicht der Zuversicht freuen dürfen, von Gott zu erhalten, was wir von ihm bitten als solche, die seine Gebote halten und tun, was vor ihm wohlgefällig ist. Und es heißt von dem Gericht Gottes, in dem wir stehen, daß die Liebe darin mit uns zu ihrem Ziel komme, daß sie uns auch in dieser Instanz dieselbe Zuversicht bewähren lassen werde: φόβος οὐκ ἔστιν ἐν τῇ ἀγάπῃ ἀλλ' ἡ τελεία ἀγάπη ἔξω βάλλει τὸν φόβον. Furcht kann eben nur die Strafe derer sein, die nicht vollkommen sind in der Liebe. Wir sind vollkommen in der Liebe und also ohne Furcht; denn wir lieben, weil Gott uns zuerst geliebt hat.

Wir lernen aus dem Zusatz drittens dies, daß die Liebe **unverlierbar** ist. Die Ausdrücke: „dein ganzes Herz, deine ganze Seele . . ." weisen zweifellos nicht nur auf einen Querschnitt, sondern auch auf einen Längsschnitt der menschlichen Existenz hin, um von ihr auch unter diesem Gesichtspunkt, also hinsichtlich der einzelnen menschlichen Lebensakte in ihrer zeitlichen Folge zum Menschen zu sagen: das Gebot der Liebe nimmt dich ganz und also unteilbar und vorbehaltlos in Anspruch; mit der Möglichkeit einer Grenze deines Liebens wird nicht gerechnet. Der Zusatz unterstreicht, daß uns das göttliche „Du sollst", weil es wahr und wirklich ist, im Unterschied zu allem nicht eigentlichen oder von uns als nicht eigentlich aufgenommenen Gesetz auf den Leib rückt, so auf den Leib rückt, daß wir unsere eigene Existenz nicht mehr von ihm unterscheiden können. Du wirst lieben! sagt es mit jener Strenge, vor der es darum kein Ausweichen gibt, weil es uns nicht auf irgendwelche zu vollbringende oder auch zu unterlassende Taten, sondern schlicht auf unser zukünftiges Leben verweist. Nehmen wir diesen Verweis an, dann können wir die Liebe nicht als eine Möglichkeit auffassen, neben der es in unserer Zukunft auch noch andere Möglichkeiten geben könnte. Wir können uns dann nur noch als ihre Gefangenen, und zwar als ihre Gefangenen für alle

Zukunft verstehen. Dasselbe ergibt sich, wenn wir noch einmal daran denken, daß in der Liebe eine Ähnlichkeit zwischen Gott und seinen Kindern Ereignis wird; die Ähnlichkeit zwischen der Ausschließlichkeit, in der er der Herr ist, und der Ausschließlichkeit, in der wir ihn darum suchen müssen. Wie sollte es, wo dieser Kreis sich einmal geschlossen hat, wo diese Ähnlichkeit einmal Ereignis und Wirklichkeit ist, ein Zurück, ein Aufhören, eine Grenze geben? Dasselbe ergibt sich aber auch, wenn wir nochmals an die Freiwilligkeit der Liebe denken. Ein Aufhören der Liebe wäre offenbar nur denkbar, wenn in ihr oder neben ihr jene Elemente der Furcht einen Raum hätten, von deren Vorhandensein her sich ergeben würde, daß die Liebe gar nicht freiwillig und also gar nicht Liebe ist. Ist die Liebe ohne diese Elemente der Furcht und also wirkliche Liebe, wie soll sie dann aufhören können? In dem Zusatz: „dein ganzes Herz, deine ganze Seele ..." spiegelt sich ja, und das muß für die ganze Erwägung dieser Frage entscheidend sein, die ein für allemal geschehene Offenbarung und Versöhnung, die als Wort Gottes zu uns gekommen ist, für die uns der Heilige Geist aufgeschlossen, die die Liebe zu Gott in uns begründet, die uns unwiderstehlich zur Liebe aufgerufen, die uns in unserer ganzen Unfähigkeit zur Liebe nun dennoch befähigt hat. Müßten wir nicht den absurden Gedanken denken: es könnte Gott, der dreieinige Gott, in dessen Königreich wir durch den Glauben gesetzt sind, aufhören, Gott zu sein, es könnte dieses Königreich nun doch ein Ende haben? Aufhören kann die Wirkung von menschlich-geschöpflichen Eindrücken und Erfahrungen; aufhören können menschliche Absichten und Unternehmungen; aufhören kann das, was wir die Werke und Wunder der Liebe genannt haben, was innerhalb des menschlichen Seins und Tuns auch der Kinder Gottes geschieht und darum unter Gottes Gericht steht und darum gewiß auch seine sichtbaren Grenzen hat. Wie aber soll die Liebe selbst aufhören, die Richtung menschlichen Seins und Tuns, die dieses Gericht auch über die größten Werke und Wunder, die in seinem Raum möglich sind, schon in sich schließt, in der aber vor allem auch die Vergebung seiner Sünde, die Bedeckung seiner Schande schon vollzogen und schon dankbar angenommen ist? Von wo aus sollte es nun eigentlich möglich werden, daß diese Richtung dem Menschen wieder verlorengeht? Was verlorengehen kann, das ist dann doch wohl niemals die Liebe selbst gewesen.

Man hat gegen die Unverlierbarkeit der Liebe Matth. 24, 12 geltend gemacht, wo es heißt, daß in der Verfolgungszeit wegen des Überhandnehmens der ἀνομία die Liebe der meisten „erkalten" werde (ψυγήσεται). Aber ist die Meinung dabei die, daß es sich dabei um solche handle, die dem Liebesgebot Jesu je wirklich gehorsam waren? Es gibt ja auch allerhand andere Liebe: Verwandten- und Freundesliebe, die sich nach den Reden Jesu in der Anfechtung allerdings in Gleichgültigkeit nicht nur, sondern auch in Haß verwandeln kann. Daß Jesus dasselbe von der gebotenen Liebe Gottes und des Nächsten gemeint und gesagt haben sollte, dürfte doch völlig ausgeschlossen sein. Man hat ferner an Apoc. 2, 4 erinnert: „Ich habe wider dich, daß du deine erste Liebe verlassen hast." Aber redet nicht gerade dieses Sendschreiben von der Beharrlichkeit (ὑπομονή) der dortigen Gemeinde? Kann ἡ ἀγάπη σου ἡ πρώτη — was es auch heißen mag — die christliche Liebe als solche bedeuten? Oder geht es nicht vielmehr, wie die Fortsetzung zeigt, um bestimmte Werke, in denen sie sich offenbar dort nicht mehr zeigt und wieder zeigen sollte? Es wird gut sein, 1. Kor. 13, 8 dagegenzuhalten: ἡ ἀγάπη οὐδέποτε πίπτει. Und Röm. 11, 29: ἀμεταμέλητα γὰρ χαρίσματα καὶ ἡ κλῆσις τοῦ θεοῦ. Und Röm. 6, 14: „Die Sünde wird nicht über euch herrschen; denn ihr seid nicht mehr unter dem Gesetz, sondern unter der Gnade". Dazu die Stellen aus dem 1. Johannesbrief: „Jeder, der in ihm bleibt, sündigt nicht. Jeder, der sündigt, hat ihn nicht gesehen und hat ihn nicht erkannt" (3, 6). „Jeder, der aus Gott geboren ist, tut die Sünde nicht; denn sein Same bleibt in ihm und er kann nicht sündigen, weil er aus Gott geboren ist" (3, 9). Und (besonders nachdrücklich in der Begründung) 5, 18: „Wir wissen, daß jeder, der aus Gott geboren ist, nicht sündigt; sondern der, der aus Gott geboren wurde (Christus!), bewahrt ihn, und der Böse faßt ihn nicht an". Das steht in demselben Brief, in dessen Eingang so stark erklärt wird: „Wenn wir sagen: wir haben keine Sünde, so verführen wir uns selbst und die Wahrheit ist nicht in uns. Wenn wir unsere Sünde bekennen, so ist er treu und gerecht, daß er uns die Sünde vergibt und reinigt uns von aller Ungerechtigkeit. Wenn wir sagen: wir haben nicht gesündigt, so machen wir ihn zum Lügner, und sein Wort ist nicht in uns" (1, 8 f.). Perfektionistische Selbstgerechtigkeit, Unbekümmertheit und Sicherheit kann es also sicher nicht sein, was in jenen anderen Stellen redet und empfohlen wird. Aber was dann? Von der Sünde als Wirklichkeit muß offenbar geredet werden, wenn es gilt, uns auf Grund der Wahrheit und des Wortes Gottes im Rückblick auf das, was wir je bis zum Augenblick unserer jeweiligen Gegenwart waren, zu bekennen. Von der Sünde als Möglichkeit kann aber nicht geredet werden, wenn es gilt, uns auf Grund derselben Wahrheit, desselben Wortes Gottes zu dem zu bekennen, was wir in Erkenntnis des uns gegebenen Gebotes und seiner Verheißung sein werden. Nur als das Unmögliche, das Ausgeschlossene, das Absurde, nur unter der Voraussetzung, daß wir nicht wir sind, ja, daß Jesus Christus nicht Jesus Christus ist, kann Sünde als unsere Zukunft in Betracht gezogen werden. — Um dieselbe Erwägung geht es wohl auch in dem schwierigen Kapitel Hebr. 6. Man muß dort, um zu verstehen, wohl vom Ende des Kapitels (V. 13-20) ausgehen. Wir hören: Gott habe den Erben der Verheißung durch „zwei unwandelbare Dinge" (διὰ δύο πραγμάτων ἀμεταθέτων V.18) „starken Trost" gegeben, einmal durch die Verheißung selbst und als solche, sodann durch den Eid, den er (nach Gen. 22, 16 f.), da er keinen Größeren über sich hatte, bei sich selbst geschworen (V.13). „Der Eid dient zur Bestätigung unter Ausschluß jeder Einrede" (V.16). Auf Grund dieser doppelten Gewißheit — wir haben das Wort Gottes und wir haben es als Gotteswort — dürfen und sollen wir „fliehend die vor uns stehende Hoffnung ergreifen. Sie haben wir wie einen Anker der Seele, der sicher und fest ist und der in das hineingeht, was innerhalb des Vorhangs ist, wohin als Vorläufer für uns Jesus hineinging, daß er nach der Ordnung Melchisedeks zum' Hohepriester würde für ewig" (V.18-20). Auf Grund eben dieser Voraussetzung können wir nun nach dem Anfang des Kapitels (V.1-8) nicht stehenbleiben wollen bei dem λόγος Χριστοῦ τῆς ἀρχῆς, d. h. bei dem Ergreifen einer gleichsam noch leeren unerfüllten Verheißung — als ob sie nicht angesichts des Eides, den Gott bei sich selbst geschworen, angesichts der Gottheit dessen, der sie uns gibt, schon im voraus erfüllt wäre — nicht stehenbleiben wollen bei einer Grundlegung, auf die gar kein Bauen folgen würde. Sondern auf Grund dieser Voraussetzung dürfen und sollen wir uns „zum Vollkommenen bewegen lassen" (ἐπὶ τὴν τελειότητα φερώμεθα). „Und das werden wir tun, sofern Gott es erlaubt" (V.1-3). Dieses Vollkommene ist aber eine Zukunft, aus der es keine Rückkehr gibt. Die das Wort Gottes hören und aufnehmen, sind dem Boden vergleichbar, den der Regen tränkt und der, also von Gott gesegnet, brauchbare Gewächse hervorbringt (V.7). Könnte er nicht auch Dornen und Disteln hervorbringen? Wohl, aber dann ist er eben ein verfluchter Boden, dessen Gewächse verbrannt werden müssen (V. 8). Als Segen Gottes wäre das Wort nicht gehört und nicht aufgenommen, wo das geschehen würde. Keine Rückkehr aus der uns durch das Wort gesetzten Zukunft wäre das, sondern der Erweis, daß uns diese Zukunft gar nicht gesetzt wurde. Der Sohn Gottes würde ja dann durch uns gekreuzigt und geschändet; wir würden dann aufs neue teilnehmen an der Übertretung, in der Israel seine Verwerfung bestätigt hat (V. 6). Diese Übertretung ist nun wohl unsere offen zu bekennende Vergangenheit, und immer wieder werden wir uns hinsichtlich unserer Vergangenheit als dieser Übertretung schuldig erkennen und bekennen müssen. Sie kann aber nicht zugleich unsere Zukunft sein. „Es ist unmöglich, daß die, die einmal erleuchtet wurden und die himmlische Gabe schmeckten und teilhaftig wurden des Heiligen Geistes und das gute Wort Gottes und die Kräfte der kommenden Welt schmeckten" — die Fortsetzung lautet: „als Gefallene wieder neu werden zur Buße"(V. 4–6); es soll also im Zusammenhang des Briefes offenbar gewarnt werden vor der Vorstellung, es könnte für die Zukunft neben der Möglichkeit der Sünde dann immerhin auch die Möglichkeit einer neuen Abkehr von der Sünde ebenso ruhig ins Auge gefaßt werden. Eben diese Vorstellung von einer in sich geteilten Zukunft, von einem Nacheinander und Nebeneinander von Sünde und Buße ist das, was durch jene Voraussetzung — wir können jetzt in unserem Zusammenhang sagen: durch die in jener Voraussetzung begründete Totalität des Liebesgebots ausgeschlossen ist. Die das gute Wort Gottes gehört und die Kräfte der zukünftigen Welt geschmeckt haben, können nicht mit dieser doppellinigen, sie können nur mit der einlinigen Zukunft rechnen: daß sie lieben werden, wie sie geliebt sind. Wie könnten sie jenen sicheren und festen Anker ihrer Hoffnung „innerhalb des Vorhangs" haben, wie könnten sie auf Jesus sehen, der als Hohepriester zur Rechten des Vaters steht, wie könnten sie Genossen seiner Zeit sein, wenn sie gleichzeitig die Wende aller Zeiten und so auch ihrer eigenen Zeit, die seine Zeit bedeutet, durch die Vorstellung einer solchen doppelten Zukunft von Sünde und Buße problematisieren wollten und könnten. Als solche würden sie gewiß weder in der Gegenwart in der Buße stehen noch in der Zukunft jener Buße fällig sein, die gerade den Gott Liebenden im Rückblick auf die Sünde allerdings immer geboten sein wird, die sie als Genossen der vergangenen Weltzeit getan haben, tun und sicher auch immer wieder tun werden. Die Möglichkeit auch künftiger Buße setzt voraus, daß wir Gott aus unserem ganzen Herzen, aus unserer ganzen Seele ... lieben und also ihn allein und in ihm unsere einzige Zukunft bejahen und ergreifen. — Das — im Mittelalter und noch später dem Augustin zugeschriebene — Wort ist also inhaltlich schon richtig: *Charitas, quae deseri potest, nunquam fuit vera (De salutaribus documentis* 7). Es bedeutete demgegenüber eine Abschwächung des biblischen Zeugnisses, wenn Thomas v. Aquino zwar eine Unmöglichkeit des Verlustes der Liebe *ex virtute Spiritus sancti*, eine Unmöglichkeit der Sünde im Akt der Liebe selbst, eine Unverlierbarkeit der *charitas patriae*, d. h. der Liebe, mit der wir Gott von Angesicht zu Angesicht begegnen werden, zugab — um dann doch fortzufahren: *charitas autem viae ... non semper actu fertur in Deum, unde quando actu in Deum non fertur, potest aliquid occurrere per quod charitas amittatur (S. theol.* II^2 *qu.* 24 *art.* 11 c). Mit der Lehre von der Liebe als einem *habitus a Spiritu sancto infusus*, wie sie von späteren Calvinisten demgegenüber gelegentlich (z. B. von Polanus, *Synt. Theol. chr.*, 1609, S. 3867) vertreten wurde, hätte man darauf freilich nicht antworten sollen, weil man mit dem Begriff des *habitus* der unbiblischen Vorstellung einer übernatürlichen Qualifizierung des gläubigen Menschen und damit einer Bedrohung der Erkenntnis von der Freiheit der Gnade auch dem gläubigen Menschen gegenüber zu nahe kam. In und mit der Liebe Gottes zu uns ist auch unser Lieben Gottes eine uns zugesprochene und als solche im Glauben ergriffene Verheißung und also keine übernatürliche Qualität, kein „Habitus". Gemeint war mit diesem bedenklichen Ausdruck doch wohl das Richtige: wir haben die Liebe nicht in jenen „Akten" zu sehen und zu verstehen, in welchen sie Gott bald dargebracht, bald auch nicht dargebracht wird, sondern in dem im Glauben durch das Wort und den Heiligen

Geist bestimmten Sein des Menschen. Dieses müßte aber und es müßte mit ihm indirekt auch das Wort und der Geist Gottes negiert werden, um den Gedanken zu vollziehen, daß es durch die hinsichtlich der „Akte" der Liebe bestimmt vorauszusehenden Schwankungen (durch das Gericht, unter dem diese Akte als solche immer stehen und stehen werden!) aufgehoben und verloren werden könnte. Die christliche Liebe wird, so gewiß sie sich nicht ihrer selbst und ihrer Akte, sondern immer nur ihres Grundes und ihres Gegenstandes tröstet, mit ihrem Aufhören immer nur als mit der unmöglichen (niemals aber als mit einer immerhin auch möglichen) Zukunft rechnen können.

Das vierte, was wir aus dem Zusatz: „aus deinem ganzen Herzen..." zu lernen haben, ist dies: es kann die christliche Liebe sich selbst nicht anders verstehen denn als die Gott in seinem offenbarenden und versöhnenden Handeln von seiten des glaubenden Menschen geschuldete Dankbarkeit. Die Totalität, in der Gott nach seinem Gebot von uns geliebt sein will, schließt aus jeden Selbstruhm, jeden Anspruch, mit dem der Liebende im Blick auf sein Lieben dem Geliebten gegenübertreten könnte. Sofern er das tun würde, würde er ja aufhören zu lieben: sein Herz oder seine Vernunft oder irgendein Teil seines Wesens oder Vermögens würde ihm dann sozusagen den Streich spielen, ihn vom Lieben wenigstens teilweise zu dispensieren, ihm die Erlaubnis geben, zu suchen und sich daneben auch noch über die Schönheit und den Wert seines Suchens erbauliche aber eitle Gedanken zu machen. Er würde dann, statt seinen Blick ganz auf Gott in Jesus Christus zu heften, geteilten Herzens zwischen der Betrachtung Gottes und seiner selbst hin- und herschwanken. Die Ähnlichkeit zwischen seinem Lieben und dem Lieben Gottes wäre dann auch dahin, weil er dann offenbar Gott nicht den einzigen Herrn sein ließe. Von echter Freiwilligkeit seiner Liebe könnte dann offenbar auch nicht mehr die Rede sein. Und wie müßte sie dann nicht heruntersinken in die Art einer nun allerdings verlierbaren Liebe, wenn sie neben dem, daß sie Zuversicht auf Gott ist, teilweise auch noch Zuversicht zu sich selbst, zu der Kraft und Schönheit des Seins und Tuns der Kinder Gottes oder gar zu der der diesem Sein entsprechenden Werke und Wunder sein wollte. Es bleibt ihr nur übrig, sich als Dankbarkeit zu verstehen. Das bedeutet negativ: Die Liebe ist wohl Gnade, aber nicht *gratia gratum faciens;* sie steht zu der Liebe, mit der Gott uns liebt, in dem unumkehrbaren Verhältnis, daß diese ihr Grund, sie selbst aber in dieser begründet ist. Sie kann uns also nicht rechtfertigen. Wie sollte sie schon: ist sie doch eben das Suchen des Anderen, der uns rechtfertigt, und also die Anerkennung, daß wir uns durch unser eigenes Sein und Tun, auch durch unser Sein und Tun als Kinder Gottes, nicht selbst rechtfertigen können. Und das bedeutet positiv: Die Liebe ist nur und kann nur sein wollen die gehorsame Aufrichtung des Zeichens der göttlichen Gnade. Das ist es ja, was Gott in seiner Liebe zu seiner Ehre von uns will: daß unsere Existenz in der Bestimmung, die wir selber ihr geben, ein Zeichen dessen werde, daß wir unter seiner Vorherbestimmung stehen. Das eben ist die Fülle seiner Liebe: daß er uns nicht nur vor der Sünde und dem Tode errettet, denen wir verfallen wären, wenn wir uns selbst in der Bestimmung, die wir uns selbst zu geben vermöchten, überlassen wären, sondern daß er uns für die Verkündigung seiner Ehre in Anspruch nimmt. Das geschieht, indem wir ihn lieben dürfen. Liebe Gottes heißt also — und hier wird der Punkt sichtbar, wo sie in das Lob Gottes übergeht — in unserer eigenen Existenz zum Zeichen dessen werden, was Gott als der einzige Herr an uns getan hat und ist. Wie sollte die Liebe zu Gott untätig sein können? Sie ist ganz Tätigkeit, aber ganz als Antwort des Menschen auf das, was Gott zu ihm gesagt hat. Als solche Antwort ist sie Werk und hat sie auch Werke. Sie ist aber Werk, und sie hat Werke darin, daß sie Zeugnis des Werkes Gottes und eben damit Preisgabe alles Selbstruhms und aller Ansprüche ist.

3. DAS LOB GOTTES

Das letzte und eigentümlich genug hervorgehobene Stück des Textes Mc. 12, das „zweite Gebot": „Du sollst deinen Nächsten lieben wie dich selbst!" gehört nach dem, was eingangs grundsätzlich über das Verhältnis zwischen Liebe und Lob Gottes, aber auch nach dem, was gerade zuletzt in Auslegung des Liebesgebots gesagt wurde, sachlich unter diesen neuen Titel. Das ist, wie wir damit gleich vorwegnehmen, der Sinn und Inhalt des Gebotes der Nächstenliebe: wir sind als Gottes Kinder und also als die ihn aus ganzem Herzen, aus ganzer Seele, aus ganzer Vernunft, aus ganzer Kraft Liebenden zu Gottes Lob als zu dem auf Grund unseres Seins als Liebende unvermeidlichen Handeln und Tun der Dankbarkeit aufgerufen und in Anspruch genommen. Es gibt keinen Sinn und Inhalt dieses „zweiten" Gebotes außer und neben diesem: „Lobe den Herrn meine Seele und was in mir ist, seinen heiligen Namen." Und umgekehrt: Was das ist: das Lob Gottes, was das heißt und in was das besteht: jenes Offenbaren, Bekunden, Bezeugen, Bekennen, jenes Ausleben und Sichtbarmachen der den Kindern Gottes widerfahrenen Herrschaft und Errettung, das erfahren wir pünktlich und erschöpfend durch dieses „zweite" Gebot. Wir werden also mit derselben Schärfe sagen müssen: Es gibt kein ernstliches und ernstzunehmendes Lob Gottes außer und neben dem uns hier gebotenen: „Du sollst deinen Nächsten lieben wie dich selbst!" Was immer unter Lob Gottes zu verstehen sein mag — es wird sich jedenfalls auch als Gehorsam gegen dieses Gebot verstehen lassen müssen.

Vgl. zum folgenden: R. Bultmann, Jesus, 1926, S. 102 f.; E. Fuchs, Was heißt: „Du sollst deinen Nächsten lieben wie dich selbst"? Theol. Bl., 1932, Sp. 129 f.

Wir fahren also zunächst einfach fort in der begonnenen Auslegung und fragen uns: Was haben wir von der merkwürdigen Verdoppelung

3. Das Lob Gottes

oder Wiederholung des Liebesgebots als solcher zu denken? In welchem Sinn gibt es offenbar ein zweites neben dem ersten Lieben der Kinder Gottes? In welchem Sinn kommt offenbar der „Nächste" irgendwie neben Gott zu stehen als Gegenstand dieses ihres Liebens? Man wird nicht vorsichtig genug antworten können — nicht vorsichtig genug hinsichtlich aller vorgefaßten und mitgebrachten Begriffe von Gott, vom Menschen und von der Liebe!

Das Liebesgebot im Sinn unseres bisher erklärten Textes, also als Gebot der Liebe zu Gott, ist nach allem, was wir festgestellt haben, ein Gebot von unzweideutiger Absolutheit und Exklusivität. Es ist, wenn wir uns alles Gesagte nochmals vor Augen halten, geradezu d a s Gebot, das e i n z i g e Gebot, das Gebot aller Gebote und das Gebot in allen Geboten zu nennen. Tritt ihm nun das Gebot der Nächstenliebe unter der ausdrücklichen Bezeichnung als „zweites Gebot" an die Seite, so scheinen zur Erklärung zunächst nur folgende drei Möglichkeiten in Betracht zu kommen. E n t w e d e r : Es tritt hier eine absolute Forderung wirklich und streng genommen als solche neben eine andere. Wir würden dann im Sinn des Textes alles über die Liebe zu Gott Gesagte zu wiederholen und in passender Weise auch auf die Liebe zum Nächsten anzuwenden haben. O d e r : Es handelt sich gar nicht um zwei Forderungen, sondern um die eine absolute Forderung. Gottes und Nächstenliebe sind identisch; es ist die eine je auch als die andere zu verstehen. Wir würden dann im Sinn des Textes zu zeigen haben, daß und wie Gott im Nächsten, der Nächste in Gott zu lieben ist. O d e r : Es bleibt bei der einen absoluten Forderung der Gottesliebe, und die Forderung der Nächstenliebe tritt neben sie als das wichtigste und erste unter den besonderen, relativen, untergeordneten Geboten, in denen dann das Gebot der Gottesliebe, etwa im Sinn des lutherischen Katechismus, den eigentlichen Nerv und Gehalt, das Gebot in den Geboten und das Gebot aller Gebote bilden würde.

Wir werden zunächst die Vorstellung von zwei selbständig nebeneinander stehenden absoluten Geboten ohne weiteres als unmöglich ausscheiden dürfen. Es ist exegetisch nicht erlaubt, das kurze Wort über die Nächstenliebe dem über die Gottesliebe dadurch anzugleichen, daß man die sämtlichen Bestimmungen dieser nun einfach auch auf jene überträgt. Wie es zu vermeiden wäre, daß man den Text bei dieser Erklärung in Wirklichkeit vom Lieben zweier Götter reden ließe, ist nicht abzusehen. Ist Gott der einzige Herr und Gott, dann kann, indem ihn zu lieben, und zwar in jener Totalität und Exklusivität zu lieben, uns geboten ist, unmöglich dieselbe Liebe auch noch als Liebe zum Nächsten gefordert sein.

Es dürfte sich nun aber auch die zweite, an sich so naheliegende und einleuchtende Lösung, Gottesliebe und Nächstenliebe als identisch zu verstehen, bei näherem Zusehen nicht bewähren. Auch sie kann in den Text nur unter schwerstem Druck eingelegt werden: daß wir den Nächsten von ganzem Herzen, von ganzer Seele . . . lieben sollen und den Herrn unseren Gott wie uns selbst, das steht nun einmal nicht da, wie es unter dieser Voraussetzung dastehen müßte. Es steht wohl deutlich da, daß diese beiden Gebote zusammengehören. Es steht aber auch unmißverständlich da, daß das Gebot der Nächstenliebe ein „zweites" Gebot sei. Die letzte und ebenfalls kaum zu vermeidende Konsequenz dieser Lösung würde die heillose Verwirrung und Blasphemie bedeuten: Gott ist der Nächste, der Nächste ist Gott. Man braucht aber gar nicht so weit zu gehen. Wer es unternimmt, die Gottesliebe als Nächstenliebe, die Nächstenliebe als Gottesliebe zu interpretieren, der macht so oder so bestimmte unzulässige, weil aus dem biblischen Offenbarungszeugnis nicht zu begründende, ja ihnen zuwiderlaufende anthropologisch-theologische Voraussetzungen.

Er wird nämlich diese Identität entweder damit begründen, daß er 1. dem Nächsten als Vertreter des Menschengeschlechtes und 2. meiner Beziehung zu ihm als der Erfüllung meiner eigenen Menschlichkeit, dem menschlichen Du und daraufhin dann auch dem menschlichen Ich in seinem Verhältnis zum Du einen nicht weiter abzuleitenden, sondern als gegeben feststehenden Selbstwert zuschreibt, der dann wieder mit Gott oder mit einem Göttlichen in mehr oder weniger direkte Verbindung zu bringen wäre. Um dieses doppelten Selbstwertes, um der in sich begründeten Heiligkeit, Würde und Herrlichkeit des Menschen an sich und der zwischen Mensch und Mensch bestehenden Gemeinschaft als solcher willen muß nach dieser Auffassung Religion auch Humanität, Gottesliebe auch Nächstenliebe (gemeint ist: Menschenliebe) sein. Gewiß wird dann in der Regel auch umgekehrt mehr oder weniger lebhaft betont: Humanität muß auch Religion, Menschenliebe muß auch Gottesliebe sein. Aber wie sollte es anders sein: was die an sich so unanschauliche Gottesliebe nun eigentlich ist, das ergibt sich dann und das muß dann bestimmt werden von der so anschaulichen, angeblich so wohlbekannten Menschenliebe her. Gottesliebe heißt dann eben: höchster Inbegriff und hypostasierter Ausdruck dessen, was wir konkret greifbar und praktisch als Menschenliebe kennen. Gottesliebe ist dann die Idee und höchste Norm dieser bekannten Menschenliebe. Es ist klar, daß die Gottesliebe unter diesen Umständen nicht mehr das sein kann, was sie nach der heiligen Schrift ist: die menschliche Antwort auf das Sein und Tun dessen, der uns zuerst geliebt hat. Die Umkehrung, daß wahre Menschenliebe auch Gottesliebe sein müsse, kommt schon als Umkehrung zu spät. Der Satz kann nicht mehr gewichtig sein, wenn ihm als eigentliches Kardinal- und Interpretationsprinzip der Liebe der Satz vorangegangen ist, daß wahre Gottesliebe auch Menschenliebe sein müsse: zu spät nämlich, als daß die Gottesliebe jetzt noch in jenem biblischen Sinn entschei-

3. *Das Lob Gottes*

dend und verständlich werden könnte. An Stelle des in der Liebe zum Nächsten ausbrechenden Lobes des Gottes, der uns zuerst geliebt hat, ist jetzt das Lob jener Heiligkeit, Würde und Herrlichkeit des Menschen mit der etwas problematischen Liebe zu dem nach dem Bilde dieses Menschen geschaffenen Gott getreten. Die heilige Schrift gibt der Liebe zu Gott einen anderen Sinn und eine andere Stelle. Und eben weil und indem sie das tut, weil sie also vom Menschen durchgängig und ausschließlich unter dem Gesichtspunkt seiner Sünde und seiner Versöhnung redet, weil sie ihn nur im Namen Jesu Christi anredet und nicht anders, darum ist sie an jenem Lob des Menschen nicht beteiligt. Der Mensch als solcher hat nach ihr keinen Selbstwert und die Gemeinschaft von Mensch zu Mensch auch nicht. Was er als Einzelner und in Gemeinschaft ist, das ist er unter dem Gericht und als neue Schöpfung der Liebe Gottes. Es gibt nur diese unsere verlorene und durch das Wort und den Geist Gottes neu begründete, in Jesus Christus offenbarte und im Glauben an ihn zu ergreifende — es gibt aber keine in sich selbst begründete Humanität. Wenn die Annahme einer solchen die Voraussetzung der Identität von Gottesliebe und Nächstenliebe ist, dann ist diese Identität hinfällig. Die Liebe zu Gott im Sinn der heiligen Schrift und d i e s e Nächstenliebe sind Gegensätze, die sich gegenseitig ausschließen. —

Diese Identität kann nun freilich auch anders begründet werden. Nicht der Humanitätsgedanke, also nicht eine Lehre vom Selbstwert des Menschen und der Gemeinschaft zwischen Mensch und Mensch, überhaupt nicht eine allgemeine Lehre von einem, ob als Einzelner oder in Gemeinschaft sozusagen im leeren Raum existierenden Menschen soll jetzt das Gebot der Nächstenliebe begründen und in seiner Identität mit dem Gebot der Gottesliebe deutlich machen. An die Stelle des Humanitätsgedankens tritt jetzt unter rauhen Scheltworten gegen allen Idealismus der Verweis auf die G e s c h i c h t e, d. h. auf die in der Geschichte wirklichen und erkennbaren Ordnungen der Ehe, der Familie, des Berufs, des Volkstums, des Staates, in denen wir alle fraglos existieren und in denen wir mit ebenso fragloser Bestimmtheit die Ordnungen der Schöpfung und also die Ordnungen Gottes zu erkennen und zu respektieren hätten. Ich lebe als menschliches Ich in der Beziehung zum menschlichen Du, indem es kraft meiner Schöpfung so gefügt sei, daß ich in diesen Ordnungen stehe und also Vater, Sohn, Bruder, Ehemann, Volksgenosse, Bürger usw. und als solcher in bestimmter Weise dem Du gegenübergestellt, von ihm her, auf es angewiesen, ihm verpflichtet und schuldig, kurz, an dieses Du ganz und gar gebunden sei. Dieses durch die Schöpfungsordnungen mir gesetzte Du sei mein Nächster. Nicht daß er in sich oder für mich einen Wert darstellt, sondern, daß er mir im Rahmen dieser wertvollen Ordnungen unausweichlich gesetzt ist, begründe das Gebot der Nächstenliebe. Gottesliebe müsse darum auch Nächstenliebe sein, weil ich Gott offenbar nur damit ehren könne, daß ich mich dem, was er als Schöpfer über mich verfügt, unterziehe und also meine Verantwortung vor dem Du im Rahmen seiner Ordnungen auf mich nehme. Sollte diese geschichtliche Begründung der Identität von Gottes- und Menschenliebe von jener ersten, der humanitären, wirklich so verschieden sein, wie sie sich gibt? Sollte der Ordnungsgedanke, der ihr zugrunde liegt, dem Menschheitsgedanken, der dort die entscheidende Rolle spielt, so artverschieden gegenüberstehen, so grundsätzlich überlegen sein, daß man dort, wo die Bibel von Gott redet, zwar um keinen Preis von der Menschheit, wohl aber um so getroster und bestimmter von diesen Ordnungen reden dürfte? Haben der Menschheitsgedanke und der Ordnungsgedanke nicht das gemein, daß sie sich beide auf einen fraglos vorausgegebenen Selbstwert beziehen — mögen sie sich immerhin darin unterscheiden, daß hier die Vorausgegebenheit als solche, dort der Selbstwert mehr betont wird? Könnte denn etwa die Humanität nicht auch als eine Schöpfungsordnung und könnten nicht alle Schöpfungsordnungen auch als Ordnungen der Humanität interpretiert werden? Redet man etwa darum weniger vom Menschen, wenn man zur Abwechslung mehr von den überpersönlichen äußeren Bindungen, in denen er steht, als von der inneren Freiheit seiner Menschlichkeit zu sprechen vorzieht? Müßte nicht auch hier, nur unter etwas anderem Aspekt, statt von Nächstenliebe ebenfalls von Menschenliebe gesprochen werden? Man könnte einwenden, daß die Superiorität des Ordnungsgedankens gegenüber dem Menschheitsgedanken sich in seiner Ableitung aus der göttlichen Schöpfung sichtbar mache. Aber könnten nicht schließlich auch die Verkündiger der Humanität geltend machen, daß sie, indem sie diese Größe als schlechthin gegebene Voraussetzung behandelten, selbstverständlich ebenfalls an die göttliche Schöpfung dächten? Das eben ist ja die Frage, die an die Humanitätstheologen ebenso wie an die Geschichtstheologen zu richten ist: ob uns denn die sogenannte Humanität oder ob uns die sog. Ordnungen im Bereich der geschaffenen Welt tatsächlich irgendwo so gegeben und bekannt sind, daß wir in ihnen die göttliche Schöpfung wiedererkennen können? Ob im Bereich der Sünde und der Versöhnung eine unmittelbare, d. h. an der Offenbarung vorbei unmittelbar an der Schöpfung sich orientierende Erkenntnis Gottes und seiner Gebote überhaupt in Betracht kommen kann? Nur wenn dem so wäre, dürften wir ja offenbar wagen, das, was die Humanität, oder das, was die Ordnungen uns zu gebieten scheinen, dem biblischen Gebot der Nächstenliebe und daraufhin dieses dem Gebot der Gottesliebe gleichzusetzen. Wenn dem nicht so ist, dann führt uns doch wohl der Idealismus der Humanitätstheologen und der Realismus der Geschichtstheologen an denselben löcherigen Brunnen, nämlich zu der Erkenntnis eines Gottes, der unser eigenes Spiegelbild ist, nämlich der Inbegriff und die Idee un-

3. Das Lob Gottes

serer Freiheit und unserer Bindungen. Die Freiheit der Kinder Gottes fängt genau jenseits der Freiheit an, die wir in unserem Menschentum zu erleben meinen, und so auch ihre wirkliche Bindung genau jenseits unserer Bindung an das, was wir als Ordnungen in der Geschichte zu erleben und zu erkennen meinen. Setzen wir die Beziehung zum Mitmenschen, die uns kraft jener angeblich aus der Schöpfung erkannten Freiheit und Bindung geboten scheint, dem biblischen Gebot der Nächstenliebe gleich und dieses wieder gleich dem Gebot der Gottesliebe — in welche Ferne von dem durch Jesus gebotenen und in ihm erfüllten Gebot der Gottesliebe sind wir dann geraten? Und dafür — auf beiden Wegen! — in welche Nähe der (gewiß auf beiden Wegen nicht beabsichtigten) blasphemischen Konsequenz, daß Gott der Nächste, d. h. der Mensch, der Mensch aber Gott sei! —

Noch könnte nun freilich gefragt werden, ob denn der Begriff des Nächsten nicht ganz anderswoher als aus einer idealistischen oder realistischen Philosophie, ob er nicht auch legitim, d. h. vom biblischen Offenbarungszeugnis her, bestimmt und gefüllt werden und ob dann und unter dieser Voraussetzung das Gebot der Gottesliebe und das der Nächstenliebe nicht doch identifiziert werden könnten? Nun, der erste Teil dieser Frage ist sicher zu bejahen: was der Nächste ist, das muß und das kann in der Tat weder vom Humanitätsgedanken noch vom Ordnungsgedanken, sondern von der heiligen Schrift her festgestellt werden. Das aber kann hier schon im voraus gesagt werden, daß der von der heiligen Schrift her gesehene Nächste sicher auf keinen Fall mit Gott zu identifizieren, sondern als Mensch und also als Geschöpf zu verstehen und daß also auch die Liebe zu ihm mit der Liebe zu Gott nicht in eins zu setzen, sondern von ihr zu unterscheiden und nur in dieser Unterscheidung nun allerdings auch in bestimmtestem Zusammenhang mit jener zu bringen sein wird. Gerade mit dem legitimen Begriff des Nächsten wird eine Identität der beiden Gebote am allerwenigsten zu begründen sein.

Fällt nun auch diese zweite Möglichkeit hinsichtlich des Verhältnisses von Gottes- und Nächstenliebe dahin, so scheint logisch nur noch die dritte übrigzubleiben: das Gebot der Nächstenliebe im Unterschied zu dem absoluten Gebot der Gottesliebe nun doch als eines — wenn auch vielleicht als das erste und wichtigste — von den relativen, abgeleiteten und untergeordneten Geboten zu verstehen. Vielleicht als die Zusammenfassung der Gebote der zweiten Tafel, aber eben als solche doch nur als eine kommentierende Wiederholung des ersten Gebotes, des Gebotes der Gottesliebe. Auch diese Lösung ist in ihrer Art einfach und einleuchtend. Das Leben der Kinder Gottes wäre dann letztlich und eigentlich doch mit einem einzigen Wort zu beschreiben. Nur dieses eine wäre im Grunde von ihnen zu sagen, daß sie in der Liebe Gottes und also in der Leistung des Gehorsams gegen das absolute Gebot ihres Vaters leben, ein Leben, neben dessen Fülle ihr Leben in der Liebe zum Nächsten eben nur noch die Bedeutung eines freien Zeichens haben würde. — Kein Zweifel, daß wir nach allem über die Liebe zu Gott Gesagten mit dieser dritten Lösung dem Richtigen, das hier offenbar zu finden ist, näher sind als bei jenen zwei ersten. Dennoch läßt auch sie sich in dieser Form nicht durchführen. Wir stoßen mit ihr zunächst auf die Schwierigkeit, daß das Gebot der Nächstenliebe in der heiligen Schrift keineswegs so vorgetragen wird, als ob wir uns, wenn es um den Nächsten geht, auf einer Art unteren Stufe göttlichen Gebietens, auf einem Feld sekundärer, der Liebe zu Gott bloß nachfolgender oder sie begleitender Entscheidungen befänden. Das Gebot des in der Nächstenliebe ausbrechenden Lobes Gottes erklingt vielmehr in der heiligen Schrift mindestens in demselben Tone zentraler, schlechthin entscheidender Wichtigkeit wie das der Gottesliebe. Hält man sich die Texte unter diesem Gesichtspunkt vor Augen, so könnte man wohl fragen, ob nicht die erste Lösung mit ihren zwei absoluten Geboten dieser dritten mit ihrem Nebeneinander von absolutem und relativem Gebot doch noch vorzuziehen sein möchte, ja ob man nicht vielleicht doch auf die Lehre von der Identität der beiden Gebote zurückkommen müsse.

Wir haben auch in unserem Markustext, in welchem die beiden Gebote als πρώτη und δευτέρα nebeneinandergestellt werden, keinerlei Andeutung, daß mit dieser Numerierung eine Unterordnung des zweiten unter das erste ausgesagt werden solle. Man wird den Satz Mc. 12, 31: μείζων τούτων ἄλλη ἐντολὴ οὐκ ἔστιν vielmehr nur verstehen können, wenn darin ihre Gleichordnung allen anderen Geboten gegenüber vorausgesetzt ist. Und Matth. 22, 38 f. heißt es denn auch ausdrücklich αὕτη ἐστὶν ἡ μεγάλη καὶ πρώτη ἐντολή. δευτέρα ὁμοία αὐτῇ · ἀγαπήσεις τὸν πλησίον σου ὡς σεαυτόν. Und dazu wird hinzugefügt: „In diesen zwei Geboten hängt das ganze Gesetz und die Propheten". Man beachte weiter: Matth. 19, 19 erscheint das „Liebe deinen Nächsten wie dich selbst!" als Abschluß und Zusammenfassung einer Erinnerung an die Gebote der zweiten Tafel (aber ohne das Gebot der Gottesliebe!) als Jesu Antwort auf die Frage: „Was muß ich tun, daß ich das ewige Leben erhalte?" Jak. 2, 8 wird wieder das „Liebe deinen Nächsten wie dich selbst!" ohne das Gebot der Gottesliebe das „königliche Gesetz" genannt und in der Fortsetzung mit jenem bei Jakobus zweifellos das Ganze des göttlichen Gesetzes umschreibenden „Gesetz der Freiheit" gleichgesetzt. Dasselbe steht aber auch bei Paulus zu lesen: θεοδίδακτοι εἰς τὸ ἀγαπᾶν ἀλλήλους nennt er die Christen 1. Thess. 4, 9. „Das ganze Gesetz wird in dem einen Wort erfüllt: Du sollst deinen Nächsten lieben wie dich selbst!" (Gal. 5, 14) und im selben Brief: „Einer trage des andern Last, so werdet ihr das Gesetz Christi erfüllen" (Gal. 6, 2). So ganz unzweideutig auch Röm. 13, 8 f.: „Wer den andern liebt, der hat das Gesetz erfüllt". In diesem Wort von der Liebe zum Nächsten seien nämlich alle Gebote der zweiten Tafel „zusammengefaßt" (ἀνακεφαλαιοῦνται): „Die Liebe tut dem Nächsten nichts Böses. So ist nun die Liebe des Gesetzes Erfüllung" oder nach Kol. 3, 14 der σύνδεσμος τῆς τελειότητος. Sehr bestimmt heißt es aber auch Joh. 13, 34 (vgl. 15, 12, 17): „Ein neues Gebot gebe ich euch: daß ihr einander lieben sollt — dem entsprechend, daß ich euch liebte, damit auch ihr einander lieben möchtet". Dazu endlich eine ganze Reihe höchst nachdrücklicher Aussagen des ersten Johannesbriefs: im Licht und in der Finsternis leben, fällt nach 1. Joh. 2, 8 f. zusammen mit dem Hassen oder Lieben des Bruders. Die Meinung, man könne Gott lieben und den Bruder hassen, ist darum eine Lüge, weil das Nichtlieben des sichtbaren Bruders beweist, daß man auch den unsichtbaren Gott nicht lieben kann (4, 20). Es ist nach 3, 11 f. „die Botschaft, die ihr von Anfang an gehört habt, diese: daß wir einander lieben möchten." Weil wir die Brüder lieben, darum wissen wir, daß wir aus dem Tode in das Leben hinübergegangen sind (3, 14). Erkennen wir die Liebe daran, daß Er sein Leben für uns eingesetzt hat, so sind wir „schuldig", unser Leben für die Brüder einzusetzen" (3, 16; vgl. 4, 11). Das uns gegebene Gebot Gottes lautet: daß wir glauben sollen an den Namen seines Sohnes Jesus Christus und daß wir einander lieben möchten (3, 23; vgl. 4, 21). Könnte man sich nicht fragen, ob das Ergebnis aller dieser Stellen nun nicht doch dahin laute, daß hinsichtlich des Lebens der Kinder Gottes die Liebe zu Gott als bloße Voraussetzung gewissermaßen an den Rand geschoben werde zugunsten der Nächstenliebe als dem wesentlichen und eigentlichen Akte christlicher Entscheidung? Wenn das Leben der Kinder Gottes in einem Wort zu beschreiben wäre, müßte dann dieses einzige Wort nicht statt Gottesliebe vielmehr Nächstenliebe heißen? Nun, diese Folgerung wäre gewiß unbesonnen. Und unbesonnen wäre es gewiß auch, sich von da aus nun doch wieder zu der Annahme zweier absoluter Gebote oder gar zu der so mißlichen Lehre von der Identität der beiden Gebote drängen zu lassen. Unmöglich aber dürfte es von da aus sein, dem Gebot der Nächstenliebe eine in irgendeinem Sinn untergeordnete Stellung gegenüber dem der Gottesliebe zuzuweisen. Sondern wenn von einer Verdrängung dieses Ersten nicht die Rede sein kann, so werden wir offenbar unter allen Umständen damit rechnen müssen, daß dieses Zweite in seiner Weise ebenso ernsthaft, ebenso dringlich, ebenso einschneidend neben jenes Erste tritt.

Man wird sich auch grundsätzlich fragen müssen: ob der Begriff eines untergeordneten, bloß unselbständigen und relativen Gebotes Gottes überhaupt ein vollziehbarer Begriff sein möchte? Ist das Gebot Gottes nicht immer und wie es auch laute, ein absolutes Gebot? Müßte die Vorstellung von zweierlei Geboten Gottes: einem primären, das die Liebe zu ihm fordert, und einem sekundären, das, allerlei einzelne Gebote zusammenfassend, „nur" die Liebe zum Nächsten fordern würde, nicht unvermeidlich die Vorstellung wachrufen: hier hätten wir es nicht im gleichen Sinn mit dem Gebot, mit dem Gericht und mit der Gnade Gottes zu tun, hier seien wir nicht zum Gehorsam aus ganzem Herzen, aus ganzer Seele... verpflichtet, hier befänden wir uns vielmehr auf dem Felde freier menschlicher Deutung und Interpretation des Gesetzes, hier gehe es im Grunde nicht sowohl ums Gehorchen als darum, auf Grund unseres Gewissensurteils und unserer Meinung über die jeweilige Lage das Richtigste zu treffen und zu wählen? Wenn diese Vorstellung sich nun jedenfalls mit keinem der einzelnen Gebote der sog. zweiten Tafel, ja überhaupt mit keinem Gebote Gottes, welches auch sein Anlaß und konkreter Inhalt sein möge, verbinden läßt, um wieviel weniger mit der Zusammenfassung aller einzelnen Gebote (im Unterschied zu dem einen „großen" der Gottesliebe), wie wir sie nach der heiligen Schrift in dem Gebot der Nächstenliebe in der Tat vor uns haben? Nennt Jesus dieses ein „zweites" Gebot, dann weist er uns zwar offenbar auf eine von der ersten verschiedene, nicht mit ihr zu verwechselnde oder zu vermischende, sondern in der Tat andere Weise, auf einen besonderen Raum oder Sinn des gebotenen Liebens hin. Aber um das uns gebotene Lieben geht es doch offenkundig hier genau so wie dort, nicht in einem schwächeren, sondern in dem gleichen nachdrücklichen Sinn des ersten Gebotes, sicher nicht um ein Tun, hinsichtlich dessen wir auch nur teilweise aus dem Gehorsam entlassen und uns selbst überlassen wären. Es gibt nach der heiligen Schrift keine Freiheit außerhalb der Bindung, sondern nur die Freiheit innerhalb der Bindung an Gottes Gebot. Der Gehorsam selbst ist das, was die heilige Schrift unter Freiheit versteht. Haben wir nun, da sie so deutlich von einem „zweiten" Gebot redet, gewiß aufmerksam zu fragen, inwiefern uns das Lieben auch noch in einer zweiten, von jener ersten verschiedenen Weise, in einem zweiten Raum oder Sinn geboten sein möchte, so werden wir dabei doch bestimmt festhalten müssen: ohne Vorbehalt, Unterschied und Abschwächung wird es sich auch hier um die Frage nach dem Gebot und nach dem Gehorsam handeln müssen.

Der Zusammenhang und die Verschiedenheit der beiden Gebote werden sichtbar, wenn wir uns vor Augen halten, daß die Kinder Gottes, daß die Kirche in dem Raum zwischen der Auferstehung und Himmelfahrt Jesu in der uns gelassenen Zeit der Geduld Gottes und des uns auferlegten Wachens und Wartens in Wirklichkeit in zwei Zeiten und Welten leben: in beiden mit unserer einen, ungeteilten, ganzen Existenz, in beiden ganz von Gott in Anspruch genommen, ganz unter sein Gebot gestellt, ganz zum Gehorsam verpflichtet. Ein anderer Herr neben Gott, der hier Liebe von uns forderte und ein anderer Gegenstand neben Gott, der hier geliebt sein wollte, kann nicht in Frage kommen. Es geschieht aber das Leben der Kinder Gottes entsprechend ihrer doppelten Existenz in zwei Zeiten und Welten: sie sind auf Grund der geschehenen Auferstehung und Himmelfahrt Jesu Christi im Glauben an die Epiphanie des Sohnes Gottes in und mit der von ihm angenommenen Menschennatur, in und mit seinem mit seiner Gottheit vereinigten und durch deren Kraft verherrlichten Fleische jetzt und hier schon Angehörige und Genossen der in ihm neu geschaffenen Zeit und Welt, durch ihn vertreten, *peccatores iusti*, in seiner Person jetzt und hier schon versammelt vor dem Throne Gottes, Bürger seines ewigen Reiches, Teilnehmende am ewigen Leben. Sie sind in Christo; und in diesem ihrem als solchem verborgenen Sein in seiner Totalität, das doch kein anderes ist, als ihr wirkliches geschöpflich-menschliches Sein jetzt und hier, sind sie in der beschriebenen Weise unter das Gebot der Liebe zu Gott gestellt, in das Suchen dessen, der sie zuerst gesucht und gefunden hat. Sie sind aber kraft der kommenden, aber noch ausstehenden sichtbaren Herrschaft Jesu Christi, sie sind im Glauben an seine Parusie, indem sie sich der durch das Wort im Fleische und für alles Fleisch ausgesprochenen Verheißung und Zusage der Sündenvergebung trösten, des Trostes und der Mahnung dieser Zusage beständig bedürftig, weil die alte Zeit und Welt, ob zwar als vergangene, immer noch hinter ihnen liegen, nein: hinter ihnen her sind; sie müssen als *iusti peccatores* warten und wachen ihrem Herrn entgegen, müssen ihm dienen in den Verhältnissen, Beziehungen und Ordnungen einer durch seine Auferstehung wohl überwundenen und veralteten, aber noch nicht durch seine Wiederkunft sichtbar aufgehobenen und ersetzten Wirklichkeit, in dem Raum zwischen den Zeiten, wo das, was sie sein werden, noch nicht erschienen ist. Sie „wandeln" im Licht angesichts der Finsternis und in diesem sichtbaren Wandeln in seiner ganzen Hoffnung und Gefahr, das wiederum nichts anderes ist als ihr wirkliches, geschöpflich-menschliches Handeln jetzt und hier in seiner Totalität, sind sie nun von Gott unter das Gebot der Nächstenliebe gestellt. Wir können jetzt die Wahrheitsmomente der vorhin abgelehnten drei Antworten hinsichtlich des Verhältnisses zwischen diesen zwei Geboten zu Ehren zu bringen suchen.

1. Wir haben es (das ist das berechtigte Motiv des ersten Lösungsversuchs) in der Tat mit zwei verschiedenen und nun doch im gleichen Sinn als Gebote Gottes zu verstehenden Forderungen zu tun. Beide sind Gebote des einen einzigen Gottes. Beide richten sich konkret an seine zwischen und in den beiden Zeiten und Welten lebenden Kinder. Beide wollen sie ganz, und zwar ganz für Gott in Anspruch nehmen. Und doch sind es: um der Doppelheit willen, in der sie vor Gott und für Gott existieren, nicht ein Gebot, sondern sind es zwei Gebote. Es meint das erste, das Gebot der Gottesliebe, das Kind Gottes in seinem vollendeten Sein in Jesus Christus als dem himmlischen Haupt seiner irdischen Glieder. Es meint das zweite, das Gebot der Nächstenliebe, das Kind Gottes in seinem noch nicht vollendeten Wandeln und Handeln als irdisches Glied dieses himmlischen Hauptes. Derselbe Gott redet zu demselben Menschen. Er redet in zweifacher Weise mit ihm, weil er in zweifacher Weise existiert. Aber weil der eine einzige Gott hier wie dort redet und ein und derselbe Mensch hier hört, ist hier wie dort des Menschen ganzer Gehorsam gefordert. Zwei absolute Gebote? Nein, aber zwei Gebote des einen absoluten Herrn, die darum für den einen Menschen jedes in seiner von Gott bestimmten Weise und also ohne miteinander konkurrieren zu können, absolute Bedeutung haben.

2. Wir haben es (das ist das berechtigte Motiv des zweiten Lösungsversuchs) in beiden Geboten mit dem einen Anspruch des einen Gottes an den ganzen Menschen zu tun. Es geht hier wie dort um seine Offenbarung in Jesus Christus durch den Heiligen Geist, um die Ordnung der Gnade, unter die seine Kirche, seine Kinder gestellt werden. Eben seine Offenbarung begründet die Doppelwirklichkeit und den Doppelaspekt der menschlichen Existenz; eben durch sie und von ihr aus gesehen gibt es jenen Übergang, jene zwei Zeiten und Welten in der Wende von der einen zur anderen und darum die Doppelheit auch der an den Menschen ergehenden Forderung. In Gottes Offenbarung ist sie in der Tat eine einzige, absolute Forderung, wie Gott, der sie gibt, und der Mensch, der sie

empfängt, einer ist. Wieder in Gottes Offenbarung, indem sie jene Doppelheit unserer Existenz setzt und beleuchtet, ist es aber auch begründet, daß die Forderung auch diese doppelte, in ihrer Einheit wohl zu glaubende, aber nicht zu durchschauende Forderung ist. Auflösung der Gottesliebe in Nächstenliebe, der Nächstenliebe in Gottesliebe würde bedeuten, daß wir uns von Gottes Offenbarung entfernen, daß wir gerade die Einheit, in der uns Gottesliebe und Nächstenliebe geboten sind, wieder verlieren würden. Der Gott, den wir als den Nächsten lieben wollten, wäre nicht der Gott, den zu lieben uns geboten ist. Und der Nächste, den wir als Gott lieben wollten, wäre nicht der Nächste, den zu lieben uns geboten ist. Wir können, wenn wir uns von Gottes Offenbarung nicht entfernen — wir können, gerade wenn wir dem einen Gebot Gottes gehorsam sein wollen, nur Gott und den Nächsten lieben. Der Wunsch nach dem Erlebnis der Einheit dieser Gebote und die ihm entsprechende Einheitsspekulation muß unterdrückt werden gerade um der wahren Einheit des Gebots und des Gehorsams willen. Das Wort und der Geist Gottes sind die gesuchte, wahre Einheit. Wir aber haben, um diese wahre Einheit zu finden, das Wort und den Geist zu hören und also in Gottes Offenbarung das Doppelgebot der Liebe zu hören.

3. Wir haben es (und das ist das berechtigte Motiv des dritten Lösungsversuchs) insofern in der Tat mit einem ersten und mit einem zweiten, mit einem vorangehenden und einem nachfolgenden, mit einem übergeordneten und mit einem untergeordneten, mit einem ewigen und mit einem zeitlichen Gebot zu tun, als das Gebot der Gottesliebe uns auf unsere Existenz in der kommenden und bleibenden, das Gebot der Nächstenliebe dagegen auf unsere Existenz in der gegenwärtigen und vergehenden Zeit und Welt anredet. Daß diese zwei Zeiten und Welten nicht in Symmetrie und Gleichgewicht nebeneinander stehen, daß vielmehr die eine über die andere triumphiert, daß also der kommenden und bleibenden Zeit und Welt die Priorität und Superiorität gegenüber der gegenwärtigen und vergehenden zukommt, das liegt in dem Wesen und in der Natur beider, so wie sie durch Gottes Offenbarung gesetzt sind und beleuchtet werden. Es ist also schon in Ordnung, wenn das Gebot der Gottesliebe im Matthäustext nicht nur als das erste, sondern auch als das „große" Gebot bezeichnet wird. Es ist in der Tat das begründende und umfassende Gebot, der größere Kreis, der den kleineren, das Gebot der Nächstenliebe, in sich schließt. Um der kommenden und bleibenden Zeit und Welt willen, kraft des von ihr geworfenen Schattens des Gerichtes, kraft des von ihr geworfenen Lichtes der Geduld Gottes ist diese unsere Zeit und Welt die gegenwärtige und vergehende. Und so ist uns die Liebe zum Nächsten zweifellos um der Liebe zu Gott willen in und mit dem Gebot der Gottesliebe geboten, ist die Gottesliebe der sachliche Grund und das Auslegungsprinzip der Nächstenliebe, ist die Nächstenliebe in der Tat das Zeichen

3. *Das Lob Gottes*

der Gottesliebe: insofern eben, als das, was uns hinsichtlich unserer Existenz in dieser gegenwärtigen und vergehenden Welt geboten ist, seiner Natur nach nur die Aufrichtung eines Zeichens, nicht aber die Aufrichtung eines vollkommenen und ewigen Werkes sein kann. Nur daß man sich auch hier vor Eigenmächtigkeit zu hüten haben wird. Es ist wiederum in Ordnung, daß das zweite Gebot nun doch neben das „erste" und „große" gestellt wird mit der ausdrücklichen Erklärung, daß es ihm „gleich" sei. Sowenig es, wenn wir uns nicht von der Offenbarung entfernen wollen, unsere Sache sein kann, die Einheit der beiden Gebote vollziehen zu wollen durch eine Identifizierung von Gottes- und Nächstenliebe, sowenig kann es unter der gleichen Voraussetzung unsere Sache sein, jene Priorität und Superiorität des ersten Gebotes, als ob wir über sie verfügten, darin zum Ausdruck zu bringen, daß wir dem zweiten einen geringeren Grad von göttlichem Ernst und Nachdruck zuschreiben, daß wir das durch das zweite Gebot bezeichnete Gebiet nun wohl gar als ein das Gebiet der göttlichen Vorherbestimmung begrenzendes Gebiet freier menschlicher Reflexion und Entscheidung verstehen und behandeln. Nein, indem das Gebot der Nächstenliebe von dem der Gottesliebe umschlossen, in ihm enthalten und insofern ihm untergeordnet ist, hat es in und mit diesem, partizipierend an dessen Absolutheit, den vollen Ernst und Nachdruck des Gebotes Gottes, demgegenüber es keine Willkür, sondern eben nur restlose Verantwortung gibt. Das Zeichen der Nächstenliebe ist das von uns geforderte, keineswegs ein unserer Willkür überlassenes Zeichen, so gewiß die Zeit und Welt, als deren Genossen uns diese zweite Forderung anspricht, als Zeit des Gerichts und der Geduld Gottes nicht minder Gottes Zeit ist als die kommende und bleibende Zeit und Welt, als deren Genossen wir zur Liebe zu Gott aufgerufen werden.

Wir wenden uns auf Grund der so bereinigten Voraussetzungen hinsichtlich des Verhältnisses von Gottes- und Nächstenliebe zu der besonderen Frage: Was heißt Nächstenliebe? Was heißt: „**Du sollst deinen Nächsten lieben wie dich selbst!**"?

1. Wir gehen auch hier am besten Schritt für Schritt vor und beginnen also mit einer Überlegung dessen, was hier das „**Du sollst**" besagen kann. Das ist nach den eben gemachten Feststellungen sicher, daß es auch hier im vollen Umfang des Begriffs das **Gebot** und den **Anspruch Gottes** seinen Kindern gegenüber bedeutet — nun also gegenüber seinen Kindern, sofern sie immer auch noch Genossen der gegenwärtigen und vergehenden Welt sind, sofern noch nicht erschienen ist, was sie sein werden — aber auch so **Gottes** Gebot und Anspruch. Daß sie ihn aus ihrem ganzen Herzen, aus ihrer ganzen Seele ... lieben sollen, daß sie in ihrer Totalität von ihm und für ihn gefordert sind, das hört hier nicht auf wahr zu sein, sondern eben diese Totalität und Absolutheit des Gebots bekommt

nun ihre der gegenwärtigen und vergehenden Welt entsprechende, konkrete Gestalt.

Polan (*Synt. Theol. chr.*, 1609, S. 4187) hat darum an die Spitze der Gründe, die wir haben, den Nächsten *sedulo et libenter* zu lieben, auch hier diesen gestellt: *quia a Deo nobis mandata est.*

Es ist tatsächlich an dem, daß sie es nicht lassen können, inmitten dieser gegenwärtigen und vergehenden Welt zu bezeugen, daß Gott sie gefunden hat, so gewiß sie nicht mehr da sein könnten, ohne ihn als die Genossen der ewigen Zeit und Welt, zu denen er sie gemacht hat, zu suchen. Die doppelte Bestimmung ihrer Existenz: daß sie Genossen der kommenden und der vergehenden Welt sind, kann keine Schranke des Gebots und des Gehorsams bedeuten. Im Gegenteil: weil sie gefunden sind, und also Genossen der kommenden Welt, darum und damit sind sie auch Genossen der vergehenden Welt. Daß sie ihren Nächsten lieben sollen, dieses zweite Gebot erinnert sie an die Einheit und damit an die Totalität ihrer Existenz als Kinder Gottes. Es kann aber, wenn wir die Nächstenliebe in diesem Sinn als begründet in der Gottesliebe und also umschlossen von ihr verstehen, das „Du sollst!" auch hier nicht ohne die Verheißung des „Du wirst" verstanden werden. Um unser Wandeln und Handeln als Gott Liebende geht es, wo der Nächste auf dem Plan ist, um das unvermeidliche Äußere des Inneren, das in der Liebe zu Gott besteht. Zeigt aber das „Du sollst!", wenn die Liebe zu Gott sein Inhalt ist, den Kindern Gottes nur ihre bestimmt vor ihnen stehende Zukunft an: Du wirst das sein, was du als von Gott Geliebter werden mußt; du wirst den suchen, der dich gefunden hat — so kann es offenbar auch jetzt, als zweites Gebot, wenn die Liebe zum Nächsten sein Inhalt ist, nichts anderes als die Zukunft anzeigen, die vor dem steht, der das erste Gebot hört und also als ein Gott Liebender anzureden ist. Dieser Gott Liebende wird seinen Nächsten lieben wie sich selbst, sagt das zweite Gebot. Es ist in nicht geringerem Sinn als das erste Gebot Evangelium. Wäre es das nicht, würde es nicht die Erneuerung unseres Seins in Jesus Christus voraussetzen und damit uns angehen als solche, die es angehen kann, wie könnte es uns sonst Gesetz werden, wie könnte es uns sonst wirklich in Anspruch nehmen? Wir dürfen Jesus Christus als den, der dieses Gebot spricht, sowenig aus dessen Inhalt, sowenig schon von dessen Form als Gebot wegdenken wie beim ersten Gebot. Werden die, die dieses Gebot angeht, nur darum Gott Liebende sein, weil sie von Gott Geliebte sind, so kann auch das, daß sie ihren Nächsten lieben werden wie sich selbst, nur unter dieser Voraussetzung wirklich werden, gesagt und verstanden werden.

Il est certain, que jamais nous n'aimerons nos prochains, sinon que nous ayons aimés Dieu auparavant: car la vraye charité procède de ceste source là (Calvin, Pred. üb. 1. Kor. 10, 15 f., C. R. 49, 668).

3. Das Lob Gottes

Eben unter dieser Voraussetzung muß es aber auch wirklich werden, gesagt und verstanden werden: die Kinder Gottes werden ihre Nächsten lieben wie sich selbst. Wir verstehen dies zunächst in seiner allgemeinen Bedeutung: sie werden auch in ihrer Existenz als Angehörige und Genossen dieser gegenwärtigen und vergehenden Welt ihre Eigenschaft als Bürger der kommenden und bleibenden Welt nicht verlieren, nicht preisgeben oder unterdrücken können. Es ist gesorgt dafür, daß diese ihre Bürgerschaft eine verborgene ist und bleibt, solange diese Welt währt, solange sie diesseits der Wiederkunft und der Auferstehung der Toten im Fleische leben. Sind sie doch nicht Jesus Christus selber, sondern die irdischen Glieder des irdischen Leibes dieses ihres himmlischen Hauptes und Herrn. Das Lob, das Jesus Christus in seiner Auferstehung und Himmelfahrt Gott dargebracht hat, das Evangelium jener vierzig Tage werden sie, wird seine Kirche nicht wiederholen. Sie könnten aber auch nicht sein, was sie sind, wenn ihr Leben nicht unter der Notwendigkeit stünde, von jenem einzigartig und ein für allemal geschehenen Lob Gottes unter den Voraussetzungen und Bedingungen dieser gegenwärtigen und vergehenden Welt, in dem ihnen noch anhaftenden Fleische Kunde zu geben, Zeugnis abzulegen. Sie sind in dieser Welt, sie sind im Fleische; aber damit, daß sie an den auferstandenen und erhöhten Jesus Christus glauben, sind sie auch hier und so in bestimmter Weise gehalten und bewegt durch Gottes Gebot. Dasselbe Gebot, das sie nötigt und treibt, zwar in dieser Welt, aber als Bürger der kommenden, ihres Glaubens zu leben und also Gott in Jesus Christus zu suchen, nötigt und treibt sie offenbar auch zwar als Bürger der kommenden Welt, aber inmitten dieser gegenwärtigen ihres Glaubens zu leben, und nach dieser Seite ist es nun eben das Gebot der Nächstenliebe. Um ein Suchen dessen, ohne den sie nicht mehr da sein könnten, wird es sich hier nicht handeln können. Gegenstand der Liebe in diesem Sinn kann nur der sein, an den sie glauben. Wir können nicht an unseren Nächsten glauben, und das ist es auch nicht, was in diesem zweiten Gebot von uns gefordert ist. Eine Verwechslung oder Vermischung dieser zwei Forderungen, ein Verhalten dem Mitmenschen gegenüber, das bedeuten würde, daß wir an ihn glauben, das also dem gleich wäre, das wir Gott schuldig sind – ein solches Verhalten würde uns vielmehr zur Erfüllung dessen, was uns ihm gegenüber geboten ist, unfähig machen. Wir können aber den, an den wir glauben, den, ohne den wir nicht mehr da sein könnten, nicht suchen, wir könnten Gott nicht lieben, ohne daß eben dieses Lieben gewiß nicht als ein zweites, wiederholtes Offenbarungslicht, wohl aber als das Licht unseres irdisch-menschlichen Zeugnisses von der Offenbarung sozusagen zum Vorschein kommt, in dem uns in unserer Menschlichkeit innerhalb dieser Welt und Zeit angemessenen Lobe Gottes. Stellt uns doch dieses Lieben, weil es unsere Antwort ist auf sein Lieben, als ein Lieben aus unserem ganzen Herzen, aus unserer ganzen Seele ..., wie wir hörten, in den Stand der reinen Dankbarkeit. Stellt es nun wirklich uns selbst in der Totalität unserer Existenz in diesen Stand, können wir uns also nicht etwa erlauben, es und unser Verhältnis zu Gott als eine Herzensangelegenheit, als die Sache einer in sich verkapselten Innerlichkeit zu verstehen und zu behandeln, sondern ist der Mensch, wie er leibt und lebt in den Schranken seiner Menschlichkeit und unter den Voraussetzungen und Bedingungen dieser Welt, dann können wir uns auch nicht flüchten hinter die Ausrede, daß wir nicht Jesus Christus seien und Gott nicht mittels eines Durchbruchs von der Art seiner Auferstehung und Himmelfahrt loben könnten. Dann sind wir vielmehr gerade dadurch und daraufhin, daß Jesus Christus auferstanden und gen Himmel gefahren ist, gebunden und bewegt, an unserem sehr schlichten, in keiner Weise mit dem seinigen zu verwechselnden Ort — der nun doch der Ort ist, an dem wir Kinder Gottes sein sollen und dürfen — unser Wandeln und Handeln ein Wandeln und Handeln von Dankbaren sein zu lassen. Könnten wir das unterlassen, nicht wollen, hintanhalten, so würden wir ja den Stand, in den wir gestellt sind, so müßten wir ja unser Lieben Gottes und damit auch unser Geliebtsein von ihm, ja unsere Kindschaft selbst verleugnen. Können wir das nicht, dann wird unser Zeugnis unvermeidlich. Wir werden dann eben — man könnte wiederum wohl sagen: mit Naturnotwendigkeit — in unserer Existenz zum Zeichen und Zeugnis.

In diesem Sinn offenbar hat Jesus in der Bergpredigt die Seinen angeredet: „Ihr seid das Licht der Welt" mit der ausdrücklichen Erklärung, es könne eine auf dem Berg liegende Stadt nicht verborgen bleiben, und es könne nur als Unsinn verstanden werden, wenn jemand ein Licht unter einen Scheffel, statt auf den Leuchter setzen wollte (Matth. 5, 14 f.).

Dieses Werden ist aber, obwohl und indem es unser eigenstes Werden ist, nicht unserer Willkür überlassen. Sondern Gott in seiner Offenbarung ist es, der dieses Zeugnis bestimmt und ordnet, wo es wirklich das Zeugnis seiner durch das Wort und den Geist neu geborenen Kinder ist. Wie sollte auch das frei ausbrechende Lob unseres Herzens, unserer Seele, unserer Vernunft, unserer Kraft, das Gott angenehme und wohlgefällige Lob sein, wenn nicht auch es im strengen Gehorsam gegen sein Gebot geschähe. Wären wir in dieser Beziehung nun auf einmal uns selbst überlassen, so könnte doch wohl auch der wunderbarste Drang, die unbedingteste Begeisterung und Erhebung, von der wir uns für getrieben halten möchten, wohl zu seltsamen und vielleicht aufsehenerregenden Eruptionen und Explosionen, zu allerlei wunderlichen Geräuschen und Rauchentwicklungen führen — wir würden doch mit allem, was wir dann unternehmen und leisten könnten und würden, der Verkehrtheit und Vergänglichkeit dieser Welt und unseres eigenen durch diese Welt bestimmten alten Wesens verfallen sein. Es könnte dann zu einem Zeugnis

3. *Das Lob Gottes*

von der Auferstehung und Himmelfahrt Jesu Christi, zu einem ernsthaften und als solchem wirksamen Zum-Vorschein-Kommen unserer Gottesliebe sicher nicht kommen. Machen wir uns auch klar, daß alles, auch alles wohlgemeinte Ausbrechen unserer Gottesliebe, dem Gesetz der Verkehrtheit und Vergänglichkeit dieser Welt und unseres alten Wesens tatsächlich unerbittlich unterliegt, sofern es nun eben doch nur ein Ausbrechen unserer Willkür sein oder von einem solchen begleitet oder gefolgt sein sollte. Was aus unseren Erlebnissen und Erfindungen stammt, ist als solches gewiß nicht das Lob, das Gott angemessen und wohlgefällig ist. Es muß, damit es zu einem solchen komme, auch hier die Ordnung der Offenbarung Gottes selber, es muß sein Gebot aufgerichtet sein und in Ehren gehalten werden. Dieses Gebot ist nun eben das Gebot der Nächstenliebe. Es mit seinem „Du sollst!" ist es, das uns nun noch einmal, nun auch in dieser zweiten Dimension, die Zukunft anzeigt, die vor uns steht. Unsere Zukunft in dieser Welt ist es jetzt, unsere Zukunft in der uns unter dem Gericht und unter der Geduld Gottes gelassenen Zeit. Daß uns auch diese Zukunft nicht nur gewiß, sondern daß sie uns verordnet und also eine geordnete ist, das ist es, was uns das zweite Gebot neben dem ersten zunächst allgemein zu sagen hat.

2. Wer und was aber ist der „Nächste", von dem uns dieses Gebot sagt, daß wir ihn lieben sollen wie uns selbst? Wie kommt gerade er dazu, sozusagen das Material des Zeichens und Zeugnisses unserer Dankbarkeit zu bilden? Die Deutung, daß ihm um eines dem Menschen als solchem und der Beziehung zu ihm als solcher zukommenden Selbstwertes willen diese Rolle und Bedeutung zukomme, ist bereits abgelehnt, und ebenso die dieser nur zu verwandte andere Deutung, als sei es die Innehaltung bestimmter ursprünglicher Ordnungen menschlichen Zusammenlebens, um derentwillen wir nun gerade auf den Mitmenschen verwiesen würden. Wir werden, um das Gebot als Gebot richtig zu verstehen, zunächst am besten überhaupt keiner Deutung Raum geben. Einem Gebot gehorchen heißt ja nicht: sich durch dessen Sinn überzeugen lassen, daß es gut sei, um ihm dann daraufhin unseren Beifall und auch wohl unsere tätige Zustimmung zu geben. Wollten wir zunächst ausmachen, warum wir in dieser Zeit und Welt gerade den Nächsten lieben sollen, dann würden wir ihn gewiß überhaupt nie lieben. Wissen wir denn etwa, warum wir gerade Gott lieben sollen? Alles, was wir darüber sagen können, kann doch nur eine nachträgliche Erläuterung dessen sein, daß wir es tatsächlich tun sollen. Stecken bleibend bei der Frage nach dem Sinn dieses ersten Gebotes müßten und würden wir in seiner Übertretung stecken bleiben. Wir werden auch angesichts des zweiten Gebotes nachträglich zu erläutern suchen, was es auf sich hat, daß in ihm gerade den Nächsten zu lieben uns geboten ist. Daß es uns geboten ist, das ist eine von dieser Erläuterung un-

abhängige Offenbarungstatsache, die zuerst und vor allem als solche gesehen und gewürdigt sein will. Was von jenen beiden Deutungen als richtiger Gehalt übrigbleibt und was wir hier als sicher ohne weiteres voraussetzen dürfen, ist dies: es handelt sich bei dem uns durch das Gebot gegenübergestellten Nächsten in einem noch näher zu bestimmenden Sinn um den **Mitmenschen**, den wir uns als solchen nicht erwählt haben, sondern der uns als solcher gesetzt ist.

Das sagen die biblischen Ausdrücke πλησίον, ἕτερος, ἀδελφός und der reziproke Genitiv ἀλλήλων, die offenbar alle zugleich die Nähe und die Unterschiedenheit, aber zugleich eben auch die Gesetztheit der damit bezeichneten Größe uns selbst gegenüber umschreiben wollen und die auf alle Fälle den Mitmenschen meinen. Es begegnet uns aber auch in zahlreichen hier wichtigen Zusammenhängen ausdrücklich die Vokabel ἄνθρωπος: Matth. 6, 14; 7, 12; 10, 32 f.; Luk. 5, 10; Röm. 12, 17 f.; 2. Kor. 3, 2; Kol. 1, 28 usf. Es ist darum nicht zu beanstanden, wenn Calvin den Gehalt des Gebotes gelegentlich dahin zusammenfassen kann: *Ubi ergo cognoscitur Deus, etiam colitur humanitas* (Komm. zu Jer. 22, 16, C. R. 38, 388).

Dieser uns gesetzte Mitmensch als solcher bildet in der Tat sozusagen das Material, die Gelegenheit zu jener notwendigen Bewährung unseres Glaubens im Raume dieser unserer Welt. Ihm gegenüber muß unsere Gottesliebe zum Vorschein kommen.

Von einer *probatio* oder von einem *examen* oder von einem *experimentum* unseres Glaubens hat Calvin in diesem Zusammenhang gerne geredet (z. B. Komm. zu Ps. 15, 2, C. R. 31, 144; Pred. üb. Gal. 5, 4 f., C. R. 50, 680; Komm. zu Gal. 5, 14, C. R. 50, 251).

Wir haben es als Gott Liebende hinzunehmen, daß es sich für uns gerade um d i e s e und keine andere Bewährung handeln wird. Wir haben also nicht nach anderen, vermeintlich besseren und eindrucksvolleren Bewährungen auszuschauen. Wir könnten uns damit von Gottes Offenbarung und Gebot nur entfernen. Wer und was er auch sei, dieser Nächste ist unsere Zukunft und bezeichnet die Ordnung, in der Gott von uns gelobt sein will. Auf alle Fälle ihm gegenüber, unter seinen Augen, in einer Beziehung zu ihm, in der Verantwortung vor ihm wird dieses Lob Gottes stattfinden, wenn und indem es ein Gott angemessenes und wohlgefälliges Lob sein wird. Derselbe Gott, der uns lieben wollte und von uns wieder geliebt sein will, will auch das, daß wir diesen Nächsten lieben sollen. In derselben unerforschlichen Barmherzigkeit will er beides. Wir müßten selber auf seine Barmherzigkeit verzichten, wenn wir uns seinem barmherzigen Willen hinsichtlich des Nächsten entziehen wollten. Er ist uns auch hier unerforschlich. Aber er kann uns hier nicht unerforschlicher sein als dort. Ist das Wunder wirklich, daß wir Gott lieben dürfen, dann muß auch das andere Wunder wirklich sein, daß wir unseren Nächsten lieben dürfen. –

Wenn wir nun zur näheren Beantwortung der Frage schreiten wollen: wer oder was denn dieser Nächste ist, so werden wir uns nicht verwirren lassen dürfen dadurch, daß das Lieben dieses Nächsten in der heiligen

3. Das Lob Gottes

Schrift als ein Dienen, Helfen, Gutes Tun, unser Leben Hergeben, kurz als eine Leistung beschrieben wird, die wir ihm schuldig sind, und daß dementsprechend auch häufig auf seine Armut, Not, Hilfsbedürftigkeit usw. hingewiesen wird. Nicht das macht ihn zu dem Nächsten, den wir lieben sollen, daß er bedürftig ist und etwas von uns zu empfangen hat.

Man wird in dieser Hinsicht auch zurückhaltend umgehen müssen mit der bei Luther so oft begegnenden Weisung, daß wir den Nächsten im Raum der Lebens- und Gemeinschaftsordnungen, in denen wir uns tatsächlich befinden, zu suchen hätten: also der Mann in seiner Frau, die Kinder in ihren Eltern und Geschwistern, der Herr im Knecht, der Untergebene im Vorgesetzten und umgekehrt, der Volksgenosse im Volksgenossen usw. Aus dieser Weisung könnte sich jedenfalls die Vorstellung ergeben, als ob der Nächste derjenige sei, dem wir in bestimmter Weise verpflichtet sind, der auf uns einen Anspruch hat. Den hat er allerdings; wir können aber den Nächsten im Sinn der heiligen Schrift unmöglich verstehen, wenn wir ihn von da aus, wenn wir ihn sozusagen als die Verkörperung des Gesetzes oder vielmehr: eines vom Evangelium gelösten und entleerten Gesetzes verstehen. Es ist richtig, daß das Alte Testament, wenn es vom Nächsten spricht, der zu lieben ist, zunächst den israelitischen Volksgenossen meint. Man beachte aber, daß eben das „Volk" selber im Alten Testament primär nicht die bluthaft völkische Gemeinschaft meint. „Nächster" ist auch der so oft erwähnte und gar keine bloß beiläufige Rolle spielende „Fremdling, der in deinen Toren ist". Und das Volk selbst und als solches ist primär Gottesvolk, Bundesvolk, Kultvolk, und es ist schon im Alten Testament selbst eine sekundäre Bestimmung, daß es dies im Rahmen einer geschlossenen, immerhin eben auch als solches nie ganz geschlossenen — bluthaft völkischen Gemeinschaft ist. Der Nächste im Sinn des Alten Testamentes ist primär der Genosse des Jahvebundes. Erst recht darf jene sekundäre Bestimmung des Nächsten im Lichte des Neuen Testamentes nicht wieder (und noch dazu unter Erweiterung auf allerlei andere Lebens- und Gemeinschaftsordnungen) zur primären gemacht und daraufhin der Nächste als eine Art Inbegriff des Mandats verstanden werden, das die menschliche Gemeinschaft in allerlei Formen uns gegenüber geltend zu machen hat. Dieses Mandat besteht allerdings, aber es verdankt seine Würde und Gültigkeit einer Gestalt des Nächsten, in der er uns keineswegs als Mandatträger, keineswegs als fordernde und verpflichtende Instanz gegenübersteht.

Die ursprüngliche und eigentliche Gestalt des Nächsten ist die, daß er uns gegenüber der Träger und Vertreter der göttlichen Barmherzigkeit ist. Ist er uns bloßes Gesetz, bedeutet er uns also Beschämung, Anklage, Aufdeckung unserer Bosheit und Ohnmacht, Zorn und Gericht, dann sehen wir ihn schon in seiner verhüllten Gestalt. Er könnte uns aber — auch wenn wir ihn vielleicht nie anders als so haben und sehen dürfen — auch in dieser verhüllten Gestalt nicht begegnen, er könnte uns nicht ernstlich in Anspruch nehmen und ernstlich zum Gericht werden, wenn er uns nicht eigentlich, ursprünglich und in Wahrheit ganz anders gesetzt wäre: nämlich als das Werkzeug der uns in dieser Zeit und Welt notwendigen, unentbehrlichen Ordnung, in der Gott von uns um seiner Guttat willen gelobt sein will. Daß es ein solches Werkzeug dieser Ordnung gibt, das ist selber göttliche Guttat, die, bevor wir nach dem daraus gegen uns erwachsenden Anspruch fragen, als solche von uns erkannt und gepriesen sein will.

Es ist der Zusammenhang der lukanischen Version unseres Textes, die Perikope vom Barmherzigen Samariter (Luk. 10, 25–37), der uns in dieser Hinsicht besonderes Licht zu geben geeignet ist. Was uns hier zuerst auffällt, ist dies, daß das Doppelgebot der Liebe nicht als ein Wort Jesu, sondern als ein Wort des Gesetzeslehrers (νομικός), der Jesus „versuchen" will, eingeführt wird. Auf seine Frage: In welchem Tun werde ich zum Erben des ewigen Lebens? (V. 25) hat ihm Jesus geantwortet mit der Gegenfrage: „Was steht im Gesetz geschrieben? Wie liesest du?" (V. 26). Und eben in Beantwortung dieser Gegenfrage rezitiert nun der Gesetzeslehrer (V. 27) das Doppelgebot, wobei — ausgerechnet in diesem Munde — die Einheit der beiden Gebote durch die Weglassung der Unterscheidung in ein erstes und zweites noch stärker betont erscheint als bei Matthäus und Markus, wo das Doppelgebot als eine Formulierung Jesu selber eingeführt wird. Es gibt also nach dem dritten Evangelisten ein Wissen um das Gebotensein dieses zweifachen Liebens bei einem Menschen, der nach dem übrigen Inhalt der Darstellung zu diesem Lieben weder bereit noch fähig ist. Auch er weiß das, was er rezitiert, freilich nicht von Natur und aus sich selber. Er ist ja ein Gesetzeslehrer in Israel; er gehört also jedenfalls scheinbar und äußerlich, er gehört nach seiner Berufung zur Gemeinde Jahves; er lebt jedenfalls — und das sogar in bedeutsamer Funktion — in ihrem Raume, von ihrer Überlieferung, mit dem Anspruch, ihr Glied und sogar ein hervorgehobenes unter ihren Gliedern zu sein, mit dem besonderen Anspruch, an den ihr gewordenen Verheißungen Anteil zu haben. Das Wort des Glaubens ist ihm, wie es Röm. 10, 8 heißt, nahe, in seinem Munde und in seinem Herzen. Es wäre falsche Exegese, anzunehmen, daß er einer subjektiven Unaufrichtigkeit beschuldigt werden müsse. Aber wie es auch mit seiner subjektiven Aufrichtigkeit stehe, eben dieser Mann verrät nun, daß er dieses nahe Wort, daß er die beiden Gebote, die er so treu zu rezitieren weiß, in Wirklichkeit nicht kennt. Jesus hat ihn nämlich gelobt um dieses seines guten Wissens und treuen Rezitierens willen: ὀρθῶς ἀπεκρίθης, um ihn dann aufzufordern, eben das, was er so gut weiß und zu sagen weiß, zu tun und also (danach hat er ja gefragt) in diesem Tun zum Erben des ewigen Lebens zu werden. Warum geht er nicht hin und tut es? Warum hat er ihn überhaupt gefragt, was er tun soll — er, der gerade darüber offenkundig so gut Bescheid weiß? Ja, warum? Der Grund wird sichtbar, indem er nun zu fragen fortfährt: „Wer ist denn mein Nächster?" (V.29). Er hatte auch hinsichtlich der Liebe zu Gott richtig, sehr richtig geantwortet. Er fragt aber nicht: Wer ist denn Gott? Darüber scheint und meint er Bescheid zu wissen. Er fragt nur hinsichtlich des unscheinbaren letzten Teils der von ihm so wichtig vorgetragenen Lehre. Er fragt nur hinsichtlich dieses einen einzigen Begriffs in dem zweiten der von ihm vorgetragenen Gebote, nur hinsichtlich des Begriffs des Nächsten. Nur diesen Begriff möchte er gerne geklärt haben. Lukas, der Arzt, aber hält ihn im Blick auf die Tatsache, daß er diese kleine Frage zu stellen in der Lage ist, für totkrank. Er hält dafür, daß sich in dieser Frage verrate: er, der Gesetzeslehrer, kennt in Wirklichkeit das zweite Gebot gar nicht und darum auch nicht das erste. Lukas drückt sich freilich nicht so aus; er geht weiter zurück; er sieht den Grund dieser Frage darin: der Mann „wollte sich selbst rechtfertigen" (V.29). Er weiß nicht, daß er nur von Barmherzigkeit leben und nur so ein Erbe des ewigen Lebens werden könnte. Er will auch nicht von Barmherzigkeit leben. Er weiß wohl gar nicht, was das ist. Er lebt tatsächlich von etwas Anderem als von Barmherzigkeit, nämlich von seiner eigenen Absicht und Kraft, sich selbst als einen Gerechten vor Gott hinzustellen, oder er meint doch, davon leben zu können: er wollte sich selbst rechtfertigen. Daß es so um ihn steht, das verrät er mit seiner Frage: Wer ist denn mein Nächster? Wer nicht weiß, wer sein Nächster ist, der weiß nicht oder will nicht wissen, was Barmherzigkeit ist, der lebt jedenfalls nicht von Barmherzigkeit, der muß die Absicht haben und den Versuch machen, sich selbst zu rechtfertigen. Wie sollte er aber das zweite Gebot verstehen, wenn es hinsichtlich des Nächsten so um ihn steht? Und wie ohne das zweite das erste? Warum fragt er nicht wenigstens weiter: Wer ist Gott? Was heißt Lieben? Und vor allem — und das läge nach dem ihm zuletzt gewordenen Wort Jesu am näch-

3. Das Lob Gottes

sten —: Was heißt „tun", was diese Gebote fordern? Aber wenn er nach dem Allem fragen würde, wonach hier zu fragen ist, würde er wohl beide Gebote ganz kennen und gar nicht mehr fragen. Eben indem er „nur" nach dem Nächsten fragt, verrät er: er kennt beide gar nicht, obwohl er sie weiß, und eben darum will er sich selber rechtfertigen. Man muß es wohl auch umgekehrt sagen: weil er sich selber rechtfertigen will, kennt er beide Gebote nicht, obwohl er sie weiß. Würde er sich nicht selbst rechtfertigen wollen, dann kennte er die Gebote, dann wüßte er, wer sein Nächster ist, und dann sicher auch alles, was hier sonst zu wissen ist. Und wüßte er, wer sein Nächster ist, kennte er also die Gebote, dann würde er sich sicher nicht selbst rechtfertigen wollen. Was ist das Erste und Eigentliche in dieser seiner Verderbnis: seine Werkgerechtigkeit oder sein Mangel an Offenbarungserkenntnis? Wer will hier entscheiden? Sicher ist, daß beide auch in diesem Mann in gegenseitiger Bestätigung beieinander sind. Nun, auf diese Frage: Wer ist denn mein Nächster? mit diesem Hintergrund: „Er aber wollte sich selbst rechtfertigen" antwortet Jesus nach Lukas (V. 30–35) mit der Geschichte oder dem Gleichnis vom Barmherzigen Samariter: von dem Mann, der unter die Räuber geraten, wund und halbtot am Wege liegt, den der Priester und der Levit sehen, um dann doch an ihm vorüberzugehen, bis der Samariter erscheint, der sich seiner, ohne zu zögern, in rückhaltloser Tatkraft annimmt. Was soll diese Geschichte als Antwort auf jene Frage? Man erwartet — und die gangbare Erklärung des Textes entspricht dieser naheliegenden Erwartung —, daß dem Gesetzeslehrer gesagt werden soll: dieser Samariter hat nicht erst gefragt wie du, sondern er hat in dem unter die Räuber Gefallenen seinen Nächsten gefunden und dementsprechend an ihm gehandelt. Gehe hin und tue desgleichen! Aber die Voraussetzung, unter der es tatsächlich (V. 37 b) zu dieser letzten Aufforderung kommt, ist nach den in sich sehr klaren, von der üblichen Auslegung freilich hartnäckig umgangenen Aussagen des Textes (V. 36–37 a) eine ganz andere. Die Frage, mit der Jesus die Geschichte schließt, lautet nämlich dahin: wer denn nun von den dreien (nämlich Priester, Levit und Samariter) für den unter die Räuber Gefallenen der Nächste gewesen sei? Und der Gesetzeslehrer selbst muß antworten: der die Barmherzigkeit an ihm tat, der Samariter also. Daß dieser als solcher, als der, der Barmherzigkeit tat, der Nächste sei, nach welchem der Gesetzeslehrer gefragt hatte, das und nur das ist die vom Text selbst ganz unzweideutig ausgesprochene Pointe dieser Geschichte. Dem Gesetzeslehrer, der sich selbst rechtfertigen will und darum nicht weiß, wer sein Nächster ist, wird — gerade nicht der arme Verwundete mit seinem Anspruch auf Hilfe, sondern der gar nicht arme und auch gar nicht anspruchsvolle, sondern einfach und schlechthin hilfreiche Samariter gegenübergestellt als Verkörperung dessen, wonach er gefragt hatte. So, wird ihm gesagt, so sieht der Nächste aus, den du nicht kennst. Ein höchst unerwarteter Aspekt: der Gesetzeslehrer müßte also erstens wissen, daß er selbst der unter die Räuber Gefallene und hilflos am Wege Liegende ist; er müßte zweitens bemerken, wie die Anderen alle, der Priester und der Levit, die ihm so wohlbekannten Repräsentanten des Umgangs Israels mit seinem Gott, einer nach dem anderen tun, was hier von ihnen erzählt wird: „er sah ihn und ging vorüber"; drittens und vor allem: er müßte von dem Samariter, dem Fremden, den er hassen zu dürfen glaubt, als Einen, der Gott haßt und von Gott gehaßt ist, gefunden worden sein und müßte von ihm Barmherzigkeit erfahren haben. Dann wüßte er, wer sein Nächster ist, dann müßte er nicht nach seinem Nächsten fragen, als handle es sich um eine beiläufig zu vollziehende Begriffsklärung. Dann kennte er das zweite, dann auch das erste Gebot. Dann würde er sich selbst nicht rechtfertigen wollen, er würde dann eben diesen Nächsten, der Barmherzigkeit an ihm tut, lieben und dann gewiß auch Gott lieben, und in diesem Tun würde er ein Erbe des ewigen Lebens sein. Aber nun bringt der Text noch eine letzte überraschende Wendung. Der Gesetzeslehrer sieht ja in Wirklichkeit weder sich selbst in seiner Hilflosigkeit, noch den Priester und den Leviten, die ihm keine Hilfe bringen, noch den Samariter, der ihm Hilfe bringt. Er weiß wirklich nicht um den Nächsten. Und so auch nicht um das zweite Gebot, so auch nicht um das erste, obwohl er beide so trefflich zu rezitieren weiß. So liebt er nicht, so tut er nicht, was er tun müßte, um ein Erbe des ewigen Lebens zu werden. Wie soll ihm zu raten und zu helfen sein? Die Perikope schließt mit der nach V. 36–37 a noch einmal ganz unerwarteten, von Jesus an ihn gerichteten Aufforderung V. 37 b: „Gehe hin und tue desgleichen!" (ὁμοίως). Man erwartet nach dem Vorangehenden, er werde ihn zu Erkenntnissen in jener dreifachen Richtung einladen. Das geschieht aber nicht, sondern er wird ganz schlicht eingeladen, eben dasselbe zu tun, was der Samariter tat. Er wird also eingeladen, selbst der Nächste zu sein, der Barmherzigkeit tut. Nicht der arme, der hilfsbedürftige Nächste, der für den anderen einen Anspruch, der für ihn das Gesetz bedeutet, sondern der Nächste, der dem Anderen Trost, Hilfe, Evangelium zu bringen hat. Er wird dann, wenn er das ist, bestimmt nicht mehr fragen wollen und müssen: Wer ist denn mein Nächster? Wer Barmherzigkeit tut, der wird — wir dürfen und müssen hier gewiß an Matth. 5, 7 denken — Barmherzigkeit empfangen; der sieht und hat schon den Nächsten, der auch an ihm Barmherzigkeit tut und dem er darum Liebe schuldig ist; er sieht und hat ihn, auch und gerade da, wo er selbst scheinbar ganz allein der Gebende, der andere nur der Empfangende ist; er sieht ihn auch und gerade in dem, der ihm nicht vergelten kann, auch und gerade im Feinde, in denen, die ihn hassen, beleidigen und verfolgen (Matth. 5, 43 f.). Auch der Samariter hat empfangen: von dem unter die Räuber Gefallenen empfangen, indem er ihm gab. Es war dies: daß er ihm der barmherzige Nächste wurde, nur das Zeugnis, daß er selbst in dem Halbtoten den barmherzigen Nächsten gefunden hatte. Und wer es ihm gleichtut, indem er selbst der Nächste ist, der Barmherzigkeit übt — und also solchen Nächsten als den Seinigen auch selber sieht und hat — der kennt das zweite und das erste Gebot. Er kennt sie, indem er sie hält. Sein Plan und Unternehmen, sich selbst rechtfertigen zu wollen, ist zusammengebrochen. Er kann nur noch antworten auf die ihm widerfahrene Barmherzigkeit. Er kann nur noch lieben. Er lobt Gott. Und damit tut er, was er tun muß, um ein Erbe des ewigen Lebens zu werden. Man könnte fragen: ob und wie es denn möglich war, den Gesetzeslehrer — ihn, der offenbar den barmherzigen Nächsten nicht sieht und hat, ihn, dem damit alle Voraussetzungen fehlen — mit dem „Gehe hin und tue desgleichen!" zum Lobe Gottes aufzufordern. Nun, man wird nur auch hier Jesus Christus als den, der diese Aufforderung ausspricht, aus dem, was er ausspricht, nicht wegdenken dürfen. In seinem Munde ist auch dieses „Gehe hin und tue desgleichen!" nur Gesetz, indem es zuerst Evangelium ist. Der barmherzige Samariter, der Nächste als Helfer, der ihn selbst zum Helfer machen will, ist dem Gesetzeslehrer nicht ferne. Er steht — die altkirchliche Exegese des Textes war grundsätzlich doch im Recht — verborgen unter der Gestalt eines solchen, den er hassen zu sollen glaubte, wie die Juden die Samariter haßten, aber leibhaftig vor ihm. Jesus tadelt den Mann mit keinem Wort, obwohl das Gericht offenbar über seinem Kopfe steht. Vor dem Gericht kommt die Gnade. Vor dem Anspruch dieses Nächsten kommt sein Angebot. Gehe hin und tue desgleichen! heißt: Folge du mir nach! Die Perikope ist zu Ende. Wir erfahren nicht, was aus dem Gesetzeslehrer geworden ist, ob das Gesetz endlich in seiner Erfüllung auch von ihm erkannt worden ist oder ob er es fernerhin nur rezitiert hat. Seine Frage aber: Wer der Nächste, wer sein Nächster sei? dürfte hier in einer nicht zu überhörenden Weise beantwortet sein.

Mein Nächster im biblischen Sinn des Begriffs ist durchaus nicht jeder meiner Mitmenschen als solcher, so daß es für mich nur darauf ankäme, mir sagen zu lassen und bewußt zu werden, daß die ganze Menschheit als solche aus lauter Individuen besteht, die alle meine Nächsten sind.

Wir stehen hier vor einem Punkt, wo die Exegese Calvins offenkundig versagt hat. Er meinte, Jesus hätte jenem Gesetzeslehrer, statt ihm das Gleichnis zu erzählen, ebensogut antworten können: *proximi nomen ad quemvis hominem promiscue extendi, quia totum humanum genus sancto quodam societatis vinculo coniunctum sit.* Er meint das

"Liebe deinen Nächsten wie dich selbst!" *clarius* (!) wiedergeben zu können in der Umschreibung: *Dilige unumquemque hominem sicut te ipsum*. Denn: *ut quis nobis sit propinquus, sufficit esse hominem, quia nostrum non est communem naturam delere.* Die Gegenüberstellung des Priesters und des Leviten mit dem Samariter soll bedeuten: *propinquitatem, quae nos ad mutua officia obligat, non restringi ad amicos vel consanguineos, sed patere ad totum humanum genus.* Und das Verhalten des Samariters *demonstrat natura duce et magistra, hominem hominis causa esse creatum: unde colligitur mutua inter omnes obligatio.* (Komm. zu Luk. 10, 30, C. R. 45, 613 f.) Diese mehr stoische als neutestamentliche Lehre hat Calvin denn auch aus dem Text oder aus der übrigen heiligen Schrift nicht im geringsten belegen können und er mußte, um sie vorzulegen, mit so manchem anderen Ausleger an der Tatsache geflissentlich vorbeisehen, daß nach V. 36–37 a dieses Kapitels nun einmal nicht alle jene drei, geschweige denn das ganze übrige *genus humanum*, sondern eben nur der eine Samariter der Nächste dessen war, der unter die Räuber gefallen.

Mein Nächster im biblischen Sinn des Begriffs ist nicht dieser oder jener Mensch als solcher oder als Angehöriger dieser oder jener größeren oder kleineren oder allenfalls die gesamte Menschheit umfassenden Menschengruppe, so daß die Frage: Wer ist mein Nächster? die Frage: Ob dieser und jener zu meinen Nächsten gehöre? überhaupt einen Sinn hätte. Mein Nächster ist vielmehr ein in der Existenz eines bestimmten und in dieser Bestimmtheit von anderen unterschiedenen Menschen sich vollziehendes Ereignis. Mein Nächster ist der in der Funktion als mein Wohltäter an mir handelnde Mitmensch. Jeder Mitmensch kann in dieser Funktion an mir handeln, nicht kraft dessen freilich, daß er ein Mensch oder daß er gerade dieser Mensch ist, wohl aber kraft dessen, daß er den Auftrag und die Vollmacht dazu haben kann. Aber nicht jeder Mitmensch handelt faktisch in dieser Funktion an mir. Und darum ist auch durchaus nicht jeder Mitmensch mein Nächster. Mein Nächster ist immer derjenige, der, aus der Reihe meiner übrigen Mitmenschen hervortretend, dieses Besondere: mein Wohltäter ist. Ich muß freilich selber von Jesus Christus aufgerufen sein und ich muß dem Aufruf Folge geleistet haben, hinzugehen und desgleichen zu tun, d. h. selbst Wohltäter zu sein, um dieses Hervortreten des Mitmenschen als meines Wohltäters als solches zu erfahren, um also den Nächsten in ihm zu sehen und zu haben. Ich bin also selber auch und sehr entscheidend beteiligt an dem Ereigniswerden des Mitmenschen als meines Nächsten. Aber sagen wir damit etwas Anderes als dies, daß es sich hier tatsächlich um ein echtes Ereigniswerden handelt?

Was ist der Sinn und Inhalt dieses Ereignisses und also der mir durch den Nächsten widerfahrenden Wohltat? Wir können zunächst nur antworten: sie besteht darin, daß ich durch den Nächsten in die Ordnung gewiesen werde, in der ich Gott, den ich liebe, weil er mich zuerst geliebt hat, mein Lob, jenes schlechterdings notwendige Lob so darbringen darf und soll, wie es ihm angemessen und wohlgefällig ist. Es versteht sich nicht von selbst, daß die Kinder Gottes mitten in dieser gegenwärtigen und vergehenden Welt in diese Ordnung gewiesen, von ihr getragen und in ihr geborgen sind. Es versteht sich nicht von selbst, daß sie wirklich jetzt und hier wirklich Gott wirklich loben können. Sie könnten in dieser gegenwärtigen und vergehenden Welt solcher Weisung auch entbehren müssen. Sie könnten jetzt und hier auch sich selbst überlassen sein. Was sie als Lob Gottes vorbringen möchten, würde dann, wie wir schon hörten, der gänzlichen Verkehrtheit und Vergänglichkeit dieser Welt und ihres eigenen alten Wesens überliefert sein. Und was würde dann und unter diesen Umständen aus ihrem Glauben, aus ihrer Liebe zu Gott, aus ihrem Bürgerrecht im Himmel? Wären sie dann, indem sie hier verloren wären, nicht auch dort verloren? Könnten und würden sie dann noch glauben, lieben und hoffen in dieser Welt und ebenso jener Welt angehören? Nein, sie wären dann wirklich „unter die Räuber gefallen" und würden halbtot, hilflos am Wege liegen. Und in dieser Not könnte ihnen kein Mensch und, wie es das Gleichnis mit der Erwägung des Priesters und Leviten drastisch andeutet, auch kein Vertreter der Kirche, sofern auch er nur ein Mensch ist, helfen können. Sie könnten dann nur sterben, nur aufhören zu sein, was sie sind. Sein, was sie sind als Kinder Gottes, können sie nur, wenn sie hinsichtlich ihrer doppelten Existenz von der Barmherzigkeit Gottes umfangen und getragen sind. Das sind sie hinsichtlich ihrer Existenz in der kommenden und bleibenden Welt kraft der hohenpriesterlichen Stellvertretung und Fürsprache Jesu Christi. Eben diese Stellvertretung und Fürsprache Jesu Christi ist nun aber nicht ohne Entsprechung auch in dieser gegenwärtigen und vergehenden Welt. Es gibt eine fürsorgende Barmherzigkeit Gottes, die ihnen auch hier nachgeht, die auch hinsichtlich ihres so notwendigen, ihres von ihrem Lieben Gottes und damit von ihrer Existenz als seine Kinder so unzertrennlichen Lobes Gottes ihr Bestes sucht. Der Träger und Vertreter dieser nicht nur ewigen, sondern auch zeitlichen göttlichen Barmherzigkeit ist eben mein Nächster, d. h. der aus der Reihe der anderen als mein Wohltäter hervortretende Mitmensch. Inwiefern als mein Wohltäter? Insofern, als er mir kraft besonderen Auftrags und besonderer Vollmacht jetzt und hier, mitten in dieser Welt Jesus Christus verkündigt und vor Augen hält und damit meinem Lob Gottes Richtung und Bestimmtheit gibt: diejenige Richtung und Bestimmtheit, kraft welcher es ein Gott angemessenes und wohlgefälliges Lob, ein Lob nicht aus meiner Willkür und unter dem Gesetz der Verlorenheit alles dessen, was in dieser Welt geschieht, sondern ein mein Lieben Gottes bestätigendes und bewährendes Lob Gottes werden kann, ein Lob, in dessen Darbringung ich nun wirklich meines Glaubens wirklich leben, mitten in dieser Welt leben kann. Das ist die Samariterhilfe, die mein Nächster mir leistet, der Sinn und Inhalt jenes Ereignisses, in welchem er mir aus einem bloßen Mitmenschen zum Nächsten wird. Ich muß freilich auch dabei sein; ich muß hingehen und desgleichen tun, ich muß selber Näch-

3. Das Lob Gottes

ster und also Träger und Vertreter solcher göttlichen Barmherzigkeit in der Welt, ich muß Gottes Kind sein, damit mir solches durch den Nächsten widerfahre. Aber das ändert wieder nichts daran, daß mir solches durch den Nächsten widerfahren muß, daß ich hinsichtlich der so notwendigen Darbringung meines Lobens Gottes ganz darauf angewiesen bin, nicht allein zu sein, sondern kraft der Gegenwart des Nächsten unter und in der Ordnung zu stehen, in der Gott recht und ihm angenehm gelobt wird.

Wir fahren weiter: Inwiefern gibt es denn ein solches beauftragtes und bevollmächtigtes Hervortreten eines Mitmenschen, in welchem er als Träger und Vertreter der göttlichen Barmherzigkeit an mir zu handeln in die Lage kommt? Darauf ist zunächst allgemein und entscheidend zu antworten: das gibt es, sofern es mitten in dieser Welt Kirche gibt, geschaffen durch Gottes Wort und Geist zum irdischen Leib des himmlischen Hauptes Jesus Christus, das große Zeichen der Offenbarung in der Zeit zwischen Himmelfahrt und Wiederkunft Jesu. Die Kirche ist es, die den barmherzigen Nächsten auf den Plan stellt. Wollen wir dies verstehen, so haben wir zunächst zu bedenken, daß die Kirche ja als solche und in sich nichts anderes ist als das Werk des Dienstes, den Menschen einander wechselseitig leisten: sich gegenseitig Jesus Christus zu verkündigen und vor Augen zu halten. Um des rechten Lobes Gottes mitten in dieser Welt willen ist Kirche, ist dieser Dienst notwendig. In der Kirche wird es wahr, daß der Herr die Seinen in dieser Welt, in diesem Raume des Gerichts und der Geduld Gottes, nicht Waisen sein läßt (Joh. 14, 18), daß er bei uns ist bis an der Welt Ende (Matth. 28, 20). Er ist es durch das Mittel des Dienstes, der in der Kirche geleistet wird. Wer und was der Nächste ist, werden wir immer am besten an den kirchenbegründenden Gestalten der biblischen Propheten und Apostel uns anschaulich machen. Was sie tun, das ist in reinster Form das Werk jener der Kinder Gottes auch in der Zeit sich annehmenden göttlichen Barmherzigkeit. Sie bezeugen Jesus Christus. Damit ordnen sie das Lob der Kinder Gottes; damit ermöglichen sie es als wirkliches Lob des wirklichen Gottes. Eben dies geschieht aber überall, wo Kirche Kirche ist. Wo die Kirche die Gestalt jenes Priesters und Leviten hat, d. h. wo dieser Dienst nicht geleistet wird, da ist sie nicht Kirche. In der Kirche kann man sich nicht selbst rechtfertigen wollen, kann man nicht aus jener Willkür, sondern nur aus Barmherzigkeit leben wollen. Darum flieht man in der Kirche zu dem verkündigten Jesus Christus, d. h. aber zu dem Nächsten, der uns den Dienst der Verkündigung Jesu Christi leistet.

Aber diese allgemeine Antwort, so entscheidend sie ist, genügt nun doch nicht ganz. Sie genügt insofern nicht ganz, als der Dienst des barmherzigen Nächsten nach biblischer Auffassung sicher nicht beschränkt ist auf das Leben der Kirche in sich und als solches, auf ihre schon berufenen und als solche erkennbaren Glieder oder auf ihr besonderes Handeln in dieser Eigenschaft. Eine Beteiligung der Menschheit an diesem Dienst, die Möglichkeit kann schon angesichts des Samariters im Gleichnis nicht bestritten werden: daß auch solche in die Funktion des barmherzigen Nächsten eintreten und sie ausüben können, die nicht wissen, daß sie das tun und was sie damit tun. Die Kirche existiert ja nicht nur für sich, nach innen und für die, die schon bewußt und sichtbar ihre Angehörigen und Glieder sind. Daß es Kirche gibt, das hat seine Bedeutung auch nach außen. Sie bedeutet inmitten der Weltgeschichte, inmitten der Menschheit die Tatsache einer Berufung, einer Begrenzung und Bestimmung, die deren Ganzes und innerhalb dieses Ganzes wirklich jeden Einzelnen angeht. Es gibt kraft der in Jesus Christus geschehenen Versöhnung eine stellvertretende Bedeutung der Existenz auch der Kirche in der Welt, die uns nicht mehr erlaubt, die sie umgebende Menschheit, wenn sie auch nicht zur Kirche gehört, als unberührt und unbeteiligt gegenüber der Sendung zu betrachten, die der Mensch in der Kirche für den anderen Menschen bekommen und übernommen hat. Mit der Existenz der Kirche ist vielmehr eine Berufung auch an die sie umgebende, nicht zu ihr gehörige Menschheit ausgesprochen, ist dem Menschen als solchem ein *character indelebilis* mitgeteilt, in welchem er, auch wenn er nicht einmal um die Kirche wüßte, auch wenn sie ihm gleichgültig, auch wenn er ihr Feind sein sollte, als Draußenstehender und nun doch ihr Gegenüberstehender, an ihrer Existenz in seiner Weise Anteil hat. Nicht als ob jetzt auf einmal jeder Mensch als solcher mein Nächster wäre. Daß er das ist, daß jener Dienst am Menschen geschieht, das ist ja auch innerhalb der Kirche selbst eine Verheißung und in seiner Wirklichkeit ein Ereignis. Unter der Verheißung dieses Ereignisses steht aber, weil und indem es Kirche gibt, in der Tat jeder Mensch. Es gibt der Kirche gegenüber — wir werden noch sehen, warum — kein absolutes Draußenstehen, kein völliges Unbeteiligtsein. Sondern indem der Mensch — was er auch daraus mache oder nicht mache, ob es für ihn Gnade oder Gericht bedeute, ob er selber der Kirche früher oder später angehören wird oder nicht — der Kirche faktisch gegenübersteht dadurch, daß er mit ihr existiert in dem Raume zwischen Himmelfahrt und Parusie Jesu Christi, ist er faktisch einbezogen in die Berufung zu dem Dienst, der in seiner eigentlichen und expliziten Gestalt in der Kirche geleistet wird: in den Dienst der Verkündigung Jesu Christi. Auf diese seine Berufung, daraufhin, daß er so, wie er ist, einfach als Mensch jetzt und hier jeden Augenblick mein Nächster werden kann wie der Samariter für den Schwerverwundeten, daraufhin und nicht auf sein Draußenstehen habe ich ihn gerade von der Kirche aus anzusehen. Ich könnte nicht an die Kirche glauben, wenn mir in ihr und durch sie nicht auch der Mensch als solcher hoffnungsvoll werden würde.

3. Das Lob Gottes

Man könnte dieses Wissen um die Bestimmung des Menschen den christlichen Humanitätsgedanken nennen. Er unterscheidet sich vom stoischen erstens dadurch, daß er sich nicht etwa auf die Erkenntnis und Wertschätzung einer sog. „Natur" des Menschen gründet, zweitens dadurch, daß er mit dem *character indelebilis*, den er dem Menschen als solchem zuschreibt, nicht eine ihm gleichsam statisch eigene Qualität meint, drittens dadurch, daß er ihm nicht nur — das ist zu wenig — eine vielleicht durch Belehrung und Erziehung zu entwickelnde sog. Anlage oder Befähigung zuschreibt. Er meint wirklich und konkret: seine Bestimmung, eine inhaltlich in einer Sendung und Bevollmächtigung bestehende geschichtliche Auszeichnung des Menschen und der Menschheit, vollzogen durch ihre tatsächliche Konfrontierung mit der Kirche Jesu Christi. Im Lichte dieser geschichtlichen Auszeichnung hat besonders nachdrücklich Paulus (hat aber doch wohl die ganze Mission der Urkirche) die Heiden angesehen, die Möglichkeiten von Ordnung und Kultur auch unter ihnen, die darum auch in mehr als einem Zusammenhang ganz ausdrücklich als für die Kirche beachtliche und alles Dankes werte Dienstleistungen in Anspruch genommen werden: nicht im Blick auf eine immer noch ernst zu nehmende und verheißungsvolle „Natur" des Menschen, nicht im Blick auf eine ihm allfällig inskünftig zugute kommende Erziehung, wohl aber im Blick auf die tatsächliche und als solche ernst zu nehmende und verheißungsvolle Begegnung der heidnischen Welt mit der Kirche Jesu Christi. Die Kirche müßte ja sich selbst nicht ernst nehmen, wenn sie die Welt nicht, indem sie ihr gegenübertritt, als eine durch dieses Faktum schon in sich veränderte Welt ansehen, wenn ihr der Mensch nicht wirklich als solcher, noch bevor sie ihn angesprochen hat, einfach daraufhin, daß sie da ist und ihn ansprechen wird, hoffnungsvoll werden würde. Wie sollte sie es denn lassen können, auch ihn zum vornherein im Lichte des großen „Du wirst" zu sehen, von dem sie selber lebt? Wie könnte sie ihm gegenüber stecken bleiben in einem dürren: Du sollst! und also: Du bist nicht!? So ist der christliche Humanitätsgedanke gewiß ein anderer als der stoische. Er wird sich aber von diesem nicht etwa durch eine geringere, sondern vielmehr durch eine unverhältnismäßig viel größere Intensität und Bestimmtheit unterscheiden. Was kann und was wird denn der mit der „Natur" des Menschen und mit den ihr gegenüber in Gang zu bringenden Erziehungsmöglichkeiten rechnende Humanitätsgedanke für eine Kraft haben? Er wird immer wieder angefressen sein und werden von der sehr berechtigten Skepsis sowohl hinsichtlich der menschlichen Natur als auch hinsichtlich alles menschlichen Erziehens. Eine freie, starke, wirklich offene und zutrauliche Erwartung hinsichtlich des natürlichen Menschen, eine ruhige und fröhliche Hoffnung, daß er mein Nächster sein wird, einen in letzter Gewißheit gegründeten Humanitätsgedanken hat es noch nie anderswo als in der Kirche und von der Kirche aus gegeben.

Wie aber kommen wir dazu, innerhalb und dann doch notwendig auch außerhalb der Kirche mit der Möglichkeit dieses hilfreich hervortretenden Mitmenschen und also mit dem Ereignis des Nächsten, wie es im Samaritergleichnis beschrieben ist, überhaupt zu rechnen? Wie wird, hier wie dort, das Vertrauen zum Menschen, daß er mein Nächster sein wird, möglich? Welches ist die reale Sendung und Bevollmächtigung, in der er es tatsächlich hier wie dort werden kann? Wir werden uns zur Beantwortung dieser Frage aufs neue streng an das halten müssen, was uns das biblische Offenbarungszeugnis dazu zu sagen hat. Der Mitmensch wird uns dadurch zum barmherzigen Nächsten, daß er uns sichtbar wird im Widerschein des Zeichens, das dem großen Zeichen der Kirche in seiner ganzen Bedeutung für die Menschheit überhaupt seinen Ursprung, Grund und Bestand gibt: im Widerschein der menschlichen Natur Jesu

Christi. Hier, in der in Jesu Christi Auferstehung und Himmelfahrt geschehenen Verherrlichung des leidenden, gekreuzigten, gestorbenen, zu Grabe gelegten Menschen in seiner Einheit mit der Person des Sohnes Gottes, hier im Evangelium der 40 Tage, ist ja in seiner ursprünglichsten und eigentlichsten Gestalt das Gott angemessene und wohlgefällige Lob Gottes Ereignis geworden. Indem Jesus Christus sich selbst verkündigte, hat er uns die Wohltat erwiesen, die Ordnung des Lobes aufzurichten, ohne die wir in dieser Welt verloren wären. Es ist wirklich eine Ordnung, was hier aufgerichtet, eine Bestimmung des Menschen, die da vollzogen wurde. Daraufhin, daß die menschliche Existenz in diesem Einen einmal und einzigartig zum Zeugnis dessen wurde, daß Gott sich ihrer angenommen, daraufhin darf und soll es ein Loben Gottes auch durch andere Menschen, auch durch solche, die nicht selber Jesus Christus sind, auch durch solche geben, die, wie wir alle, in den Schranken dieser gegenwärtigen und vergehenden Welt und ihres eigenen alten Wesens laufen müssen. Diese ursprüngliche Ordnung, diese neue Bestimmung des Menschen wird wirksam in der Existenz der Propheten und Apostel, durch die Jesus Christus verkündigt wird, und in der Existenz der Kirche, in der diese Verkündigung weitergegeben wird. In diesem Verkündigen wird aufs neue, wird in sekundärer Gestalt Ereignis: eine Verherrlichung des sündigen und dem Tode preisgegebenen Menschen. Der Mensch wird ja nun selber auch Zeichen; er kann und darf nun auch Barmherzigkeit tun; er kann und darf nun auch zum rechten Lob Gottes aufrufen und damit den Kindern Gottes jenen so notwendigen Dienst tun. Er kann und darf nun auch mein barmherziger Nächster sein. Er kann und darf und wird das nicht aus eigenem Vermögen und Willen sein, sondern weil sich der Sohn Gottes in seiner Inkarnation zu seinem Nächsten gemacht und sich in seiner Auferstehung als solcher offenbart hat. Der Dienst der Kirche — da wo Kirche Kirche ist — beruht darauf, daß Jesus Christus solche menschlichen Brüder gewonnen hat, bestimmten Menschen zum Nächsten geworden ist, Menschen, die uns als solche selbst wieder (indem uns Jesus Christus in ihnen gegenwärtig wird, indem wir, sie hörend, ihn hören (Luk. 10, 16), barmherzige Nächste sein können. Kirche heißt Zeugendienst. Aber die Kirche existiert ja — wie sie selber von der Stellvertretung ihres himmlischen Hauptes lebt — mit allem, was in ihr geschieht, ihrerseits nur stellvertretend für die Welt. Es ist wirklich der Mensch — nicht der besondere Kirchenmensch, sondern der Mensch überhaupt, jeder Mensch, der gerade in der Kirche in das Licht der Verheißung kommt: Ihr werdet meine Zeugen sein (Act. 1, 8)! Eben darum haben wir den Zeugen Jesu Christi und also den Nächsten nicht nur in der Kirche, sondern, weil in der Kirche, in jedem Menschen zu erwarten. Gewiß nicht einfach zu sehen: denn um ihn zu sehen, müßte das Ereignis göttlicher Wohltat wirklich sein. Wohl aber zu erwarten: Erkennen wir in den Pro-

3. Das Lob Gottes

pheten und Aposteln Menschen, denen Jesus Christus der Nächste geworden ist, und damit in ihnen selbst unsere hilfreichen, barmherzigen Nächsten, sofern sie uns von ihm Zeugnis geben, ist uns überhaupt in der Kirche die Möglichkeit aufgegangen, daß Menschen diese Funktion haben können, dann müssen wir offenbar darauf gefaßt und dafür bereit sein, daß der Mensch, der Mitmensch überhaupt uns — auch da, wo wir zunächst weit und breit nichts von Kirche wahrzunehmen meinen — zum Nächsten werden, d. h. uns in seiner Menschlichkeit an die Menschheit des Sohnes Gottes erinnern und uns damit Barmherzigkeit erweisen kann, weil er uns damit zum Lobe Gottes aufruft.

Auf diesen verborgenen, außerhalb der sichtbaren Kirche stehenden, aber gerade weil es eine sichtbare Kirche gibt, zu erwartenden Nächsten weist uns offenbar jedenfalls ein Teil der Aussagen hin, die in der heiligen Schrift über die Heiden gemacht werden. Sie sind nicht nur mit ihrem Dienst falscher Götter der dunkle Hintergrund, vor dem sich das heilsame Handeln Gottes mit seinem Volk und mit seiner Kirche abspielt. Sie sind auch nicht nur das der Kirche gegenüberstehende Objekt ihrer Mission und Verkündigung. Und sie sind endlich auch nicht nur als die einst auf dem Berg Zion sich Versammelnden der Inhalt einer der Weissagungen für die Endzeit. Sondern in einzelnen, aber nicht zu übersehenden Gestalten sind sie inmitten der Gegenwart der von der Bibel bezeugten Heilsgeschichte: Fremdlinge, und doch als solche Hinzugehörige, Fremdlinge, die als solche den Kindern des Hauses Wichtigstes und Dringlichstes zu sagen haben, Fremdlinge, die, man weiß nicht, aus welcher Ferne, mitten in dem scheinbar so verschlossenen Kreis göttlicher Erwählung und Berufung und Heiligung auftauchen und daselbst eine Art Auftrag ausführen, ein Amt ausüben, für das es keinen Namen gibt und dessen Inhalt nun doch ganz sichtbar ein Dienst ist, den sie daselbst zu leisten haben. Wir denken an jenen Bileam Num. 22–24, der Israel fluchen soll, statt dessen aber unaufhaltsam segnen muß. Wir denken an jene Hure Rahab, die nach Jos. 2, 12 „Barmherzigkeit tat" an den israelitischen Kundschaftern und darum ebensowohl nach Jak. 2, 25 gerecht war durch ihre Werke, wie nach Hebr. 11, 31 gerettet durch ihren Glauben. Wir denken an die Moabiterin Ruth und ihre Treue gegen die gedemütigte Israelitin Naemi, eine Treue, die mit nichts Geringerem als mit ihrer auch Matth. 1, 5 hervorgehobenen Einsetzung zur Stammutter Davids belohnt wird. Wir denken an die Mitwirkung Hirams, des Königs von Tyrus, bei Salomons Tempelbau (1. Kön. 5, 15 f.) und an die Mitteilungen und Gaben der Königin von Saba (1. Kön. 10, 1 f.). Wir denken an den syrischen Feldhauptmann Naeman (2. Kön. 5, 1 f.) und an die merkwürdige Rolle, die dem Perserkönig Cyrus sowohl bei Deuterojesaia wie im Buch Esra zugeschrieben wird. Und wir denken im Neuen Testament an die Weisen aus dem Morgenland mit ihrer Darbringung (Matth. 2, 1 f.), an den Hauptmann von Kapernaum, der nach Matth. 8, 10 f. einen Glauben hatte, wie Jesus ihn in Israel nicht gefunden, und der jenen Ausblick eröffnet auf die Vielen, die kommen werden vom Morgen und vom Abend und werden mit Abraham, Isaak und Jakob zu Tisch sitzen, an das syrophönizische Weib (Mc. 7, 24 f.), an den Hauptmann unter dem Kreuz mit seinem Messiasbekenntnis (Mc. 15, 39), an den Hauptmann Cornelius in Cäsarea, in dessen Hause Petrus erfährt, „daß in allerlei Volk, wer ihn fürchtet und recht tut, der ist ihm angenehm" (Act. 10, 35). Daß man in diesen biblischen Gestalten so etwas wie die Träger einer allgemeinen Offenbarung zu sehen habe, ist in den Zusammenhängen aller dieser Stellen ausgeschlossen. Die merkwürdigste dieser Gestalten ist jener Melchisedek, König von Salem und zugleich ein „Priester des höchsten Gottes", der Abraham Brot und Wein entgegenträgt, ihn segnet und von diesem den Zehnten empfängt (Gen. 14, 18 f.). Er taucht schon in dem Königspsalm 110, 4 wieder auf, auch hier geheimnisvoll als der Repräsentant einer sonst nicht erwähnten priesterlichen Ordnung, an der doch auch der Erwählte Jahves gemessen zu sein scheint. Eben er ist aber nach Hebr. 5, 6 f.; 6, 20; 7, 1 f. das Vorbild Jesu Christi selbst und seines überlegenen und endgültigen Hohepriestertums. Es dürfte nun nicht nur erlaubt, sondern geradezu geboten sein, eben diese Melchisedek-Gestalt als hermeneutischen Schlüssel für jene ganze biblische Linie zu verstehen. Es ist nicht eine natürliche Gotteserkenntnis und Gottverbundenheit des Menschen, auf Grund derer alle jene Fremdlinge in ihre so auffallende Stellung rücken, sondern es ist Jesus Christus, der sich in ihnen als der große Samariter ankündigt: sozusagen in einem zweiten äußeren, seiner Natur nach nur anzudeutenden Kreise seiner Offenbarung. Man bemerke, eine s e l b s t ä n d i g e Bedeutung kommt allen diesen im weiteren Sinn so zu nennenden Offenbarungszeugen n i c h t zu. Es gibt keinen Melchisedek ohne Abraham, wie es keinen Abraham ohne Christus gibt. Sie haben kein Wort Gottes zu verkündigen; sie sind nicht Zeugen der Auferstehung; sie haben nicht die Vollmacht, zum Lieben Gottes aufzurufen. Darin sind und bleiben sie von den Propheten und Aposteln, bleibt ihre Funktion auch von der der Kirche grundverschieden. Ihr Zeugnis ist ein bestätigendes, nicht ein begründendes Zeugnis. Aber unter der Voraussetzung, daß es Propheten und Apostel, daß es ein Volk Gottes und eine Kirche gibt, unter der Voraussetzung, daß Gott geliebt wird, haben sie die Sendung und Vollmacht, die Gott Liebenden zum Lobe Gottes, so, wie es ihm recht und wohlgefällig ist, aufzurufen. Wissend um die Fleischwerdung des ewigen Wortes und um die Verherrlichung der Menschheit in ihm, werden wir tatsächlich an keinem Menschen vorübergehen können, ohne gefragt zu sein, ob er nicht in seiner Menschlichkeit diese Sendung an uns haben, ob er uns nicht dieser barmherzige Nächste werden möchte.

Die Auszeichnung des Mitmenschen, auf Grund derer er den Kindern Gottes zum bestätigenden Zeugen Jesu Christi wird, wird in der heiligen Schrift durch den starken Namen des B r u d e r s zum Ausdruck gebracht. Er wird im Alten Testament neben dem des Nächsten als Bezeichnung des Volks- oder vielmehr Bundesgenossen gebraucht, um im Neuen Testament mit Ausnahme weniger Stellen geradezu an die Stelle des Namens des Nächsten zu treten. Es ist die Nähe des Nächsten, seine Unentbehrlichkeit, die sozusagen naturhafte Unmöglichkeit, uns ihm zu entziehen, für uns allein und ohne ihn Kinder Gottes sein zu wollen, die ausgesprochen und befestigt wird, indem in der Kirche gerade dieser Name der Name des Mitmenschen wird. Aber gerade dieser Name kann nun, wie die ganze Einsetzung des Nächsten, in seinem biblischen Sinn nur c h r i s t o l o g i s c h, d. h. von der Inkarnation, von der Auferstehung und Himmelfahrt Jesu Christi her verstanden werden. Wie die Vaterschaft Gottes und die Kindschaft des Menschen ursprünglich und eigentlich in Jesus Christus wahr ist und nur übertragen, durch ihn, auch für uns wahr wird, so ist auch die Bruderschaft und Brüderlichkeit unter uns kein Requisit unseres Menschentums, sondern eine neue Schöpfung der Offenbarung und Versöhnung Gottes. Bruderschaft unter uns entstand dadurch, daß Jesus Christus sie zwischen sich und bestimmten Menschen schuf: indem er ihnen seine Nähe schenkte, indem er sie in seine Nähe, eine nun nicht mehr aufzuhebende, nicht zu problematisierende, sondern schlechterdings notwendige und in sich gewisse Nähe von Brüdern rief, ihre Menschlichkeit seiner eigenen blutsverwandt werden ließ, indem er ihnen seinen Vater

§ 18. *Das Lob Gottes* 471

gab als ihren eigenen. So, in sich selbst und nicht anders, machte er sie zu Brüdern auch untereinander und es konnte und kann alle Bestätigung ihrer Brüderlichkeit untereinander nur darin bestehen, daß einer im Anderen den eigentlichen und ursprünglichen Bruder Jesus Christus wiedererkennt und sich dadurch von ihm — genau genommen: von Jesus Christus durch ihn — zum Lobe Gottes aufrufen läßt.

Wie es mit der natürlichen Bruderschaft zwischen uns Menschen steht, d. h. wie wenig von ihrer Proklamation als einer allgemeinen ethischen Wahrheit zu erwarten wäre, zeigt die Geschichte von Kain und Abel Gen. 4, 3 f., an die Matth. 23, 35 und 1. Joh. 3, 12 f. warnend erinnert wird. Wenn diese Geschichte auch Verheißung bedeutet, wenn Abel nach Hebr. 11, 4 durch den Glauben ein größeres Opfer getan hat, durch welches er auch zugunsten seines Mörders noch redet, obwohl er gestorben ist, dann nicht vermöge dessen, daß er und Kain Brüder waren als Söhne Adams und Evas, sondern vermöge der neuen Bruderschaft, die darin begründet ist, daß er mit seinem Opfer Jesus Christus und sein Opfer weissagt. Der Erstgeborene unter den vielen wirklichen Brüdern, der eigentliche und wahre Bruder also ist Jesus Christus (Röm. 8, 29), und nur in ihm und durch ihn können und werden es auch andere sein: sie sind ἀδελφοί ἐν Χριστῷ (Kol. 1, 2) dadurch nämlich, daß er es nicht für Schande hielt, sie Brüder zu heißen (Hebr. 2, 11) und ihnen als solchen in allem gleichzuwerden (Hebr. 2, 17). Er redet von ihnen als von seinen Brüdern (Mc. 3, 34, Matth. 28, 10, Joh. 20, 17). Er ist es, der auch ihrem Verhältnis untereinander diesen Namen gibt (Matth. 23, 8; Luk. 22, 32). Sie sind Brüder als „von Gott geliebte Brüder" (1. Thess. 1, 4): und so wird das ἀγαπητοί auf der ganzen Linie verstanden werden müssen.

Es wird zu beachten sein, daß diese qualifizierte Bezeichnung des Nächsten als des Bruders in der heiligen Schrift nun doch nicht in erkennbarer Weise auf Andere als auf solche angewendet wird, die sich gegenseitig als Genossen des Glaubens, als Glieder der Kirche schon erkannt haben. Das schließt nicht aus, sondern ein, daß wir in jedem Menschen auch den Bruder (denn das heißt ja nur: den Nächsten im Vollsinn des Wortes) zu erwarten haben. Welcher Mensch sollte uns nicht eines Tages auch als Bote des Wortes Gottes, als Zeuge der Auferstehung, begegnen können? Auf diese Begegnung mit ihm würden wir freilich, indem wir ihn „Bruder" nennen, jedenfalls nach dem zurückhaltenden Sprachgebrauch des Neuen Testamentes schon zurückblicken. Daß er mich in seiner Menschlichkeit, ganz abgesehen davon, ob er selbst mit mir an Christus glaubt oder nicht, an die Menschheit Christi erinnert, und mich dadurch zum rechten Lob aufruft, das ist an sich noch nicht die Begegnung, die diesen Namen rechtfertigt. Aber wie sollte sie nicht über sich selbst hinaus auf diese Begegnung hinweisen? Wir werden, wenn wir von der Liebe zum Nächsten reden werden, darauf zurückkommen müssen.

Und nun, also ebenfalls im christologischen Zusammenhang, mag es uns endlich auch verständlich werden, warum der Nächste in der Heiligen Schrift — durchaus nicht immer, aber öfters als der notleidende und also hilfsbedürftige Mitmensch dargestellt wird, den wir damit zu lieben haben, daß wir ihm die Hilfe bringen, derer er in seiner Not bedarf. Es kann, wenn wir uns auch hier streng an das biblische Offenbarungszeugnis selbst halten wollen, nicht an dem sein, daß wir auf diese Frage mit einer Lehre antworten dürften, deren Inhalt etwa dieser wäre: Der notleidende und hilfsbedürftige Mitmensch als solcher zeige eben den Kindern Gottes die ihnen von Gott gestellte Aufgabe. Gott wolle die mannigfachen Nöte, Leiden und Beschwerden nicht, unter denen wir Menschen zu seufzen haben. Er wolle ihre Behebung. Er wolle eine bessere Welt. Also sollten wir diese bessere Welt auch wollen. Also bestehe der rechte Gottesdienst in unserer Mitwirkung an der Behebung jener Nöte. Also sei uns der Nächste in seiner Bedrängnis Erinnerung, Anlaß und Gegenstand dieses unseres rechten Gottesdienstes.

In dieser („religiös-sozialen") Lehre ist zu viel übersehen und zu vieles willkürlich eingetragen, als daß wir sie uns zu eigen machen könnten. Daß Gott die Übel, unter denen wir Menschen zu leiden haben, nicht will, ist insofern, aber auch nur insofern wahr, als er, wie seine Offenbarung als solche beweist, ihren Grund, die Entfremdung des Menschen von ihm und die durch diese Entfremdung gestaltete Welt, die als solche eine Welt voller Übel sein muß, in der Tat nicht will, sondern, indem er den Menschen in Jesus Christus zu sich zieht, eine neue Welt auftut und anbrechen läßt. Dieses Werk der Versöhnung in seiner in Jesus Christus angezeigten und durch ihn zu vollziehenden Vollendung ist die göttliche Behebung dessen, worunter wir uns selbst und andere jetzt und hier leiden sehen. Daß wir an dieser Behebung als solcher mitzuwirken, daß wir in Vollstreckung eines göttlichen Verbesserungsprogramms unserseits für die Verbesserung der Welt zu sorgen und im Mitmenschen darum den Nächsten zu erblicken hätten, weil er uns in seinem beklagenswerten Zustand Anlaß gibt, etwas im Sinne dieser Verbesserung zu tun, das ist uns so nicht gesagt. Uns ist vielmehr gesagt, daß wir an eine andere Behebung der uns und andere quälenden Übel als an die in Jesus Christus schon geschehene nicht zu denken, daß wir sie vielmehr in ihrer in Jesus Christus kommenden Offenbarung unter Absehen von aller durch uns zu vollziehenden Weltverbesserung zu glauben und zu verkündigen haben. Uns ist vielmehr gesagt, daß wir auch den Nächsten damit lieben sollen, daß wir ihm — allerdings nicht nur mit Worten, sondern mit der Tat — diese wahre Weltverbesserung und also Jesus Christus verkündigen.

Der Nächste im Sinn jener Lehre von der Weltverbesserung bedeutete aufs Neue Gesetz (statt zuerst Evangelium und dann und als solches Gesetz) und eben diese Verkehrung hat sich uns in unsern bisherigen Überlegungen als unhaltbar erwiesen. Auch und gerade der notleidende und hilfsbedürftige Mitmensch als solcher stellt uns zunächst durchaus nicht vor eine Aufgabe, sondern er hat uns etwas mitzuteilen, zu geben, zu schenken: Lebenswichtigstes, Unentbehrlichstes sogar; auch und gerade er ist uns, indem er uns als solcher offenbar wird, primär und entscheidend der barmherzige Nächste. Dann und als solcher stellt er uns vor eine Aufgabe und es wird diese Aufgabe von daher und nur von daher verstanden werden müssen, daß er uns zuvor zur Wohltat geworden ist. Die Wohltat, die er uns gerade als leidender und hilfsbedürftiger Mitmensch zu erweisen hat, besteht aber darin, daß er uns eben in seinem Elend die wahre Menschheit Jesu Christi vor Augen stellt, die ja nicht eine triumphierende, sondern eine unterliegende, nicht eine gesunde und starke, sondern eine durch das Tragen unserer Sünde gekennzeichnete, die also Fleisch von unserem Fleisch, die eine der Strafe, dem Leiden und dem Tode preisgegebene gewesen ist. Der Mitmensch in seiner Bedrängnis, Schande und Qual stellt uns vor die Armut und Heimatlosigkeit, vor die Wundmale, vor den Leichnam, an das Grab Jesu Christi. Es ist nicht nötig, daß die Not- und Hilfsbedürftigkeit des Mitmenschen dazu eine besonders schreiende sein müsse. Es ist nicht einmal nötig, daß sie immer das sei, was wir, menschlich betrachtend und redend, Not und Hilfsbedürftigkeit nennen. Des Menschen Elend besteht ja wirklich nicht erst und nicht nur da, wo es unseren Augen als solches offenbar ist. Es kann sich auch hinter einem Aspekt von Gesundheit, Kraft und Sieg verbergen, ebensogut wie es in Krankheit, Schwachheit und Niederlage zum Vorschein kommen kann. Es genügt, daß es so oder so, schreiend oder in leiser Wehklage, offenkundig zu Allen redend oder vor jedermann unter dem Schein des Gegenteils sich verbergend, da ist. Wir könnten, wenn wir die Not und Hilfsbedürftigkeit des Mitmenschen allzu rasch und allzu sicher in dem sehen wollten, was uns als solches anschaut, an seinem faktischen Elend leicht vorübergehen und den Nächsten in ihm gerade nicht erkennen. Wir sagen: an seinem faktischen Elend; denn der Mitmensch ist faktisch elend und kann als Nächster nur in seinem faktischen Elend erkannt werden. Es ist nicht nötig, daß das, was wir bei dieser Erkenntnis empfinden, gerade Mitleid sei. Es kann auch Bewunderung und Schrecken vor seiner menschlichen Größe sein, Ehrfurcht vor seinem Schicksal, Abscheu vor seiner Art oder Unart, Resignation gegenüber seinem Charakter und Weg, wie sie nun einmal sind. Sein faktisches Elend besteht darin, daß er will, leben will und doch — mit oder ohne Maske, offenkundig oder heimlich, vielleicht sogar sich selbst verborgen — nicht kann, nicht leben kann, also in einem dauernd hoffnungslosen und hoffnungslos wiederholten und variierten Lebensversuch begriffen ist. Wenn ich ihn darin erkenne, wenn mir das, unter welchen Empfindungen immer, offenbar ist als seine Bedrängnis, Schande und Qual, dann erkenne ich den Nächsten in ihm. Und eben in diesem seinem faktischen Elend besteht nun seine faktische Ähnlichkeit mit dem gekreuzigten Christus. Wir sagen wieder: seine faktische Ähnlichkeit; sie besteht nämlich, und das unabhängig von seinem Glauben oder Unglauben; sie besteht, ohne daß er dabei nach seiner Stellung zu Christus gefragt ist; er ist ihm ähnlich, auch wenn er sein Feind ist. Denn eben dieses faktische Elend des Menschen, den Fluch eines zum Mißlingen verurteilten Lebensversuchs hat Christus auf sich genommen und getragen, indem er ein Mensch, indem das ewige Wort Fleisch wurde. Um dieses Elends willen, in seiner getreuen Verwirklichung, wurde er arm und heimatlos, gepeinigt, getötet und begraben. Was Jes. 53 vom leidenden Gottesknecht gesagt wird, das gilt ja, sofern es einfach von dessen Leiden redet, in irgendeiner Höhe oder Tiefe von jedem Menschen; es ist im Spiegelbild der Weissagung auf Christus das Spiegelbild meines Nächsten, wenn ich ihn in meinem Mitmenschen zu erkennen die Gnade habe. Und so bin ich, indem ich im Mitmenschen den Nächsten erkenne, faktisch vor Christus gestellt. Wir sagen noch einmal: faktisch. Es ändert nichts an dem Faktischen, ob wir in dem Elend des Mitmenschen die Armut und Heimatlosigkeit, die Wundmale, die Leiden und das Grab Christi wiedererkennen oder nicht. Es ist sogar so, daß wir Christus in ihm zunächst sicher nicht wiedererkennen werden.

Die Rede Jesu vom Weltgericht Matth. 25, 1 f., wo sowohl die zur Rechten wie die zur Linken mit höchster Bestimmtheit erklären, nichts davon zu wissen, daß sie Jesus gespeist, getränkt, beherbergt, bekleidet, besucht oder Jesus das alles nicht getan hätten, muß uns eine Warnung sein vor der Ansicht, als gehe es darum, im Mitmenschen Jesus zu sehen. Nicht daß er in jenen „Geringsten" als in seinen Brüdern zu sehen ist, sondern daß er sich faktisch uns gegenüber mit diesen Geringsten solidarisch, ja identisch erklärt, sagt jener Text. Und er sagt von der Erkenntnis dieser Solidarität und Identität, daß sie denen zur Rechten und denen zur Linken und zwar beiden zu ihrer Überraschung nachträglich durch das Wort Jesu als des Richters vermittelt werde. Die Begegnung mit dem Nächsten und die Entscheidung ihm gegenüber geht dieser Erkenntnis also voran, so gewiß die Bedeutung dieser Begegnung und Entscheidung im Inhalt dieser Erkenntnis besteht, d. h. darin, daß uns im Nächsten faktisch Jesus begegnet und daß wir uns, indem wir uns dem Nächsten gegenüber entscheiden, faktisch für oder gegen Jesus entscheiden.

Uns bietet sich der elende Mitmensch als solcher an und eben als solcher ist er faktisch Jesu Christi Stellvertreter, als solcher faktisch der Träger und Vertreter göttlicher Barmherzigkeit, als solcher faktisch die Weisung zum rechten Lob Gottes. Wir brauchen, damit er uns das sei, nichts über seine Sendung, über den sakramentalen Charakter seiner Existenz zu wissen. Wir werden darüber sogar zunächst gar nichts wissen können. Wir brauchen ihn bloß zu nehmen als das, was er faktisch ist: als den Nächsten, der uns in seinem Elend nahe, *propinquissimus* ist. Eben darin und so erfüllt sich die Absicht, die Gott mit ihm und für uns hat. Eben darin und so haben wir es auch in dieser Welt, auch in der Zeit des Wartens und Wachens mit Jesus Christus selbst zu tun. Wir brauchen es gerade dazu nur mit dem Mitmenschen zu tun zu bekommen. Eben dieser Mitmensch als solcher bestätigt den Kindern Gottes — ganz weltlich, ganz profan, ganz menschlich möchte man sagen — das Wort Gottes, durch das sie gezeugt sind: das Wort von ihrer Versöhnung durch den, der, obwohl er von keiner Sünde wußte, zur Sünde gemacht wurde. Wie sollt ihnen eben dies kräftiger und deutlicher bestätigt werden, als indem sie im Mitmenschen den elenden Menschen, den Sünder und den um seiner Sünde willen Gestraften erkennen dürfen?

3. Wenn wir nun weiterfragen, was das heißen möchte: „Du sollst deinen Nächsten lieben!", so werden wir uns nach allem bisher über das „Sollen" und über den „Nächsten" Gesagten zunächst gewiß keine andere Antwort geben können als diese: lieben heißt hier, im Sinn dieses zweiten Gebotes: hineingehen in die uns von Gott in und mit der Existenz des Nächsten gesetzte Zukunft. Lieben heißt: sich der von Gott in der Gestalt des Nächsten aufgerichteten Ordnung unterziehen. Lieben heißt: die Wohltat annehmen, die Gott uns damit erwiesen hat, daß er uns nicht allein ließ, sondern uns den Nächsten gab. Lieben heißt also: sich die Existenz des Nächsten gefallen lassen, sich darein finden, daß Gott unsere eigene Existenz als seine Kinder so und nicht anders will: in der Koexistenz mit diesem Nächsten, unter der Weisung, die wir von ihm her zu empfangen haben, in der Begrenzung und Bestimmung, die seine Existenz für die unsrige faktisch bedeutet, in Respektierung und Entgegennahme der Sendung, die er uns gegenüber tatsächlich hat. — Sollten wir es etwa lieber anders haben wollen? Regt sich etwa doch so etwas wie ein heimlicher Unwille in uns, daß es nun eben so gemeint und geordnet ist, daß wir wirklich nicht allein, daß wir auch in der Welt nicht auf uns selbst gestellt und uns selbst überlassen sind, daß wir den Nächsten nun eben haben müssen, unentrinnbar, unübersehbar und unentbehrlich? Wir denken an das zuletzt Gesagte. Es könnte wohl Anlaß bestehen zu solchem Unwillen: Der Mitmensch offenbart sich uns ja gerade dann als der Nächste im Sinn des zweiten Gebots, wenn er vor uns steht, wenn wir ihn erkennen als den faktisch elenden Menschen, wenn uns die Eitelkeit und die Ohnmacht seines Lebensversuchs offenbar wird. Der sündige und um seiner Sünde willen gestrafte Mitmensch ist unser Nächster. Solange uns das nicht deutlich ist, wird uns die Möglichkeit jenes Unwillens kein Problem sein. Wie sollten wir uns mit dem Mitmenschen nicht verhältnismäßig leicht und bequem zurechtfinden, solange wir sein faktisches Elend nicht sehen und also in der Lage sind, entweder uns an dem, was wir für seine Kraft, Gesundheit und Sieghaftigkeit halten, oder doch an seiner tragischen Größe zu freuen und zu stärken, oder aber angesichts dessen, was wir für seine Not und Hilfsbedürftigkeit halten, unsere eigenen überschüssigen Kräfte zur Verbesserung seiner Lage zu betätigen und eben darin, im Genuß der überlegenen Stellung, die wir dabei einnehmen, uns selbst erst recht und vielleicht noch viel mehr gütlich zu tun? Der Mitmensch unter Abzug seines faktischen Elends, der Mitmensch, an dem man emporblicken, über den man sich wohl auch ärgern, und vor allem der Mitmensch, an dem man sich selbst in der Rolle des Wohltäters, Erziehers und Verbesserers stärken und in die Höhe arbeiten kann, dieser Mitmensch ist tatsächlich kein ernstes Problem, und es wird das Kopfzerbrechen, das auch er uns gelegentlich bereiten mag, nie lebensgefährlich werden. Aber eben dieser letztlich bequeme Mitmensch ist ja noch gar

nicht der Nächste im Sinn des zweiten Gebotes. Dieser Mitmensch ist noch nicht der, der, von Gott gesendet und bevollmächtigt, Barmherzigkeit an uns tut. Gerade die wichtigste Eigenschaft, in der er das allein tun könnte, nämlich seine faktische Ähnlichkeit mit dem gekreuzigten Christus, fehlt ihm ja offenbar, fehlt ihm jedenfalls in unseren Augen und also in seiner Beziehung zu uns. Darum ist er uns so bequem. Darum kann ein ernstlicher Unwille ihm gegenüber nicht Platz greifen. Darum kann er uns aber auch nicht ernstlich helfen. Zum Lobe Gottes wird uns dieser bequeme Mitmensch nämlich nicht aufrufen. Das kann nur der elende, der sündige Mitmensch. Erst und nur dieser ist mein Nächster im Sinne des zweiten Gebotes. Dieser Nächste aber wird mir lebensgefährliches Kopfzerbrechen verursachen. Er wird mir nämlich ernstlich Anlaß geben, mich unwillig gegen seine Existenz aufzulehnen und damit mich selbst in die höchste Gefahr zu begeben. Diesem Nächsten gegenüber werde ich mir ja gewiß eingestehen müssen, daß ich meine eigene Existenz eigentlich lieber ganz anders haben möchte als in dieser Koexistenz. Ich möchte sie aber darum lieber anders haben, weil von diesem Nächsten her unausweichlich und verheerend ein Schatten auf mich selber fällt. Der elende Mitmensch da neben mir offenbart mir ja in seiner Existenz ganz einfach mein eigenes Elend. Oder kann ich ihn denn sehen in der Eitelkeit und Ohnmacht seines Lebensversuchs, ohne in ihm *mutatis mutandis* sofort mich selber wiederzuerkennen? Sehe ich ihn wirklich, ist er mir als *propinquissimus* so auf den Leib gerückt, daß ich, unverwirrt durch alle die sich kreuzenden Empfindungen, die er mir einflößen mag, sein Elend sehen muß, wie sollte es dann anders sein? Es dürfte dies geradezu das Kriterium sein: ist es anders, kann ich ihn noch sehen, ohne sofort mich selbst zu sehen, dann hätte ich ihn bei aller aufrichtigen Teilnahme, die ich für ihn empfinden mag, bei allem Eifer und aller Hingabe, die ich ihm vielleicht zuwenden mag, tatsächlich noch nicht gesehen. Er ist mir dann immer noch der im Grunde bequeme Mitmensch. Er ist dann noch nicht, immer noch nicht, mein Nächster. Der Nächste offenbart mir, daß ich selber ein Sünder bin. Wie sollte es anders sein, da er ja an Christi Statt steht, da er mich ja an ihn, als den Gekreuzigten, zu erinnern hat? Wie sollte er mir dann nicht als mein eigenes Spiegelbild offenbaren, was Christus auch um meinetwillen auf sich genommen hat? Die göttliche Sendung und Vollmacht, die der Nächste mir gegenüber hat, die Barmherzigkeit, die er an mir tut, ist von dieser Offenbarung nicht zu trennen. Aber eben darum ist es ein Problem, ob ich mir den Nächsten gefallen lassen will. Die ganze Natur der Zeit und Welt, für die die heilsame Ordnung des zweiten Gebotes aufgerichtet ist und gilt, offenbart sich darin, daß uns dieses Problem gestellt ist. Die Kinder Gottes in dieser Zeit und Welt sind ja tatsächlich selber auch noch elende Menschen, auch noch Sünder, der göttlichen Rechtfertigung nicht nur teilhaftig, sondern auch bedürftig, bedürftig gerade indem sie ihrer teilhaftig sind. Da ist keine Tugend, Heiligkeit und Schönheit, die es ihnen erlauben würde, von etwas anderem als von Gnade und also anders als im Glauben an die Gerechtigkeit Jesu Christi zu leben. Da ist vielmehr ein menschliches Sein und Tun, das abgesehen von dem von oben hereinfallenden Licht der Gnade ganz und gar in dieselbe Finsternis gehüllt ist wie das der ganzen übrigen gegenwärtigen und vergehenden Menschenwelt. In jenem eitlen und ohnmächtigen Lebensversuch, der das Elend des Menschen ausmacht, sind tatsächlich jetzt und hier auch die Kinder Gottes begriffen. Als Sündern also muß ihnen geholfen werden, oder ihnen wird gar nicht geholfen. Und eben darum wird ihnen in dieser gegenwärtigen und vergehenden Welt durch den elenden Nächsten geholfen, dementsprechend, daß ihnen hinsichtlich der kommenden und bleibenden Welt allein durch den gekreuzigten Jesus Christus geholfen ist. Darum muß und wird ihnen dieser Nächste aber auch ein Problem bedeuten. Er muß sie, damit ihnen durch ihn geholfen werde, genau dort treffen und anrühren, wo sie wirklich sind und stehen: in ihrem Stand als Angehörige dieser Welt, als Kinder Adams. Jener bequeme Mitmensch, mit dem sie sich ohne Unwillen abfinden könnten, wäre eben in dieser seiner Harmlosigkeit nicht Träger und Vertreter göttlicher Barmherzigkeit, nicht das Messer des Arztes, das jetzt und hier, indem es ihnen Schmerz bringt, die wahre Wohltat für sie ist. Es ist also sehr wohl am Platz, daß wir uns eingestehen, wir möchten uns den Dienst des Nächsten eigentlich lieber nicht gefallen lassen. Es scheint sich, wenn es um die Frage des im Leben der Kinder Gottes so unentbehrlichen Lobes Gottes geht, die ganze Krisis unserer Verlorenheit und Errettung durch Gottes Offenbarung in Jesus Christus wiederholen zu wollen. Wir möchten dann wohl noch einmal, jetzt als die im Glauben schon Geretteten, lieber uns selbst überlassen sein, Gott loben dürfen nach unserer eigenen Phantasie und freien Willkür, in glorreicher Einsamkeit mit dem unsichtbaren Gott aus uns selbst das hervorbringen und darbringen, was wir für das seiner Ehre angemessene Werk der Dankbarkeit halten. Sollte uns das Wort und der Heilige Geist, die wir ja als Kinder Gottes empfangen zu haben denken, dazu nicht in die Lage versetzt haben? Sollten wir im Glauben nicht frei sein und gut sein, vermögend und fähig sein zu solcher Hervorbringung und Darbringung? Und nun erweist es sich, daß noch einmal alles ganz anders ist. Nun gibt es auch für die Kinder Gottes und gerade für sie, nun gibt es auch für die Begnadigten keine Freiheit außerhalb der Ordnung Gottes; nun will Gott auch von ihnen und gerade von ihnen kein eigenmächtiges, sondern nur ein gehorsames Lob; nun ist ihnen eben dazu, damit ihr Lob Gehorsam sei, der Nächste gesetzt. Und der Nächste ist der elende Nächste. Der elende Nächste aber deckt auf, daß auch sie und gerade sie selber elend, Sünder sind wie er. Und daß sie es auch als Kinder Gottes sind, das zeigt sich ja in nichts deutlicher als darin, daß sie es nicht gerne haben, sich auch als Kinder Gottes als solche aufdecken und erkennen zu lassen. Die alte Rebellion Adams, die ganze Heillosigkeit des Götzendienstes und der Werkgerechtigkeit scheint noch einmal Ereignis werden zu wollen. Die Gefahr bricht noch einmal auf, man möchte sagen: furchtbarer als je: daß wir als die schon Geretteten verlorengehen könnten! Das ist das heilsame Messer des Arztes. So kommt Gottes Barmherzigkeit zu seinen Kindern. So hält und trägt und führt er sie. In der Tat: der Nächste muß ihnen zum Problem werden. Nicht zu ihrem Unheil, sondern zu ihrem Heil. Denn nun müssen wir fortfahren: Ein unauflösliches Problem, ein Problem, dem wir ohnmächtig gegenüberstünden, eine Lebensgefahr, in der sie verloren wären, kann ihre Begegnung mit dem Nächsten nicht mehr werden. Ist sie ihnen doch durch Gott bereitet, dessen Kinder sie sind, von dem sie herkommen, der sie geliebt hat, den sie wiederlieben. Um den furchtbaren Ernst der Bewährung geht es. Wären sie gar nicht Gottes Kinder, wäre ihre Liebe zu Gott eine Lüge, dann wäre der Ernst dieser Begegnung allerdings der tödliche Ernst der Nichtbewährung, und wie sollte es anders sein, als daß sich auch die Bewährung der Kinder Gottes im Schatten dieser finsteren Möglichkeit vollzieht? Aber wie hart am Rande dieses Abgrundes ihr Weg sie auch führen mag: mit einer Verwirklichung dieser Möglichkeit kann im Leben der Kinder Gottes sowenig gerechnet werden wie damit, daß ihre Liebe zu Gott einmal aufhören könnte. Können sie es wirklich nicht lassen, zu bezeugen, daß Gott sie gefunden hat, dann können sie sich auch der Ordnung, in der er gelobt sein will, dann können sie sich also dem ihnen von Gott gesetzten Nächsten endlich und letztlich nicht entziehen wollen, wie hart es ihnen fallen mag, sich in die Koexistenz mit ihm zu finden, so gewiß sie es tausendmal lieber anders hätten als so. Sie werden es sich also — und damit fängt die Liebe des Nächsten an — gefallen lassen, daß er als der, der er ist, also als der sündige und elende Mitmensch da ist, wie sie selber da sind, und ihnen jenen Spiegel vorhält, in den sie lieber nicht hineinblicken würden. Daß sie dieser Vorhaltung gegenüber zu der alten Rebellion Adams allerhöchste Lust haben, das wird ihnen bestätigen, wie berechtigt diese Vorhaltung ist; es wird sie dazu antreiben, ihr Vertrauen aufs neue und nun erst recht ganz auf die Gnade zu setzen und sich keinen Illusionen darüber hinzugeben, daß sie ohne ihre neue Geburt aus dem Wort und Geist Gottes verloren wären wie alle anderen. Aber eben damit können sie sich ja nur wiederholen, was sie längst, wenn auch niemals gut genug, wissen; eben damit können sie nur dankbar ihre Existenz als Kinder Gottes bestätigen. Zum Ausbruch kann diese adamitische Rebellion nicht mehr kommen. Es kann die vergebene Sünde wohl noch immer und immer wieder in ihrer ganzen Fluchwürdigkeit und Verderblichkeit da sein; sie kann aber nicht mehr unvergebene und also herrschende Sünde werden.

3. Das Lob Gottes

Es tritt ja der gekreuzigte Jesus Christus nicht wieder zurück aus der Mittlerstellung, die er in seiner Auferstehung und Himmelfahrt eingenommen — und darum auch nicht wieder zurück aus der Solidarität und Identität mit dem sündigen elenden Mitmenschen, in welchem er als der Nächste den Weg der Seinigen kreuzt. Ist er es aber, der ihnen als der Nächste begegnet, dann kann ihnen diese Begegnung wohl noch einmal ihre ganze Gefährdetheit aufdecken, sie noch einmal erinnern an die Verlorenheit, aus der sie gerettet sind — zur Katastrophe aber, zu einem neuen Verlorengehen kann sie dann nicht führen. Zum strafenden Gesetz kann ihnen der Nächste nur noch im Rahmen des Evangeliums, nur noch als Träger und Vertreter der allerdings nie ohne Züchtigung wirksamen Barmherzigkeit Gottes werden. Und darum wird ihnen die Begegnung mit ihm zum Heil ausschlagen. Darum werden sie Gott loben, so wie es Gottes Wille ist, und also ihren Nächsten lieben, und dies wird damit anfangen, daß sie sich seine Existenz — wie ungern immer — gefallen lassen, und zwar jenseits von allem „ungern", endlich und letztlich doch gern gefallen lassen.

Dies wird negativ konkret vor allem folgendes bedeuten: Sie werden vor dem Problem des zu liebenden Nächsten nicht etwa unter dem Titel der Liebe zu Gott die Flucht ergreifen in irgendeine Gottesdienstlichkeit. A. Ritschl hat in seiner bekannten unfestlichen Weise den Satz vertreten: „Die Liebe zu Gott hat keinen Spielraum des Handelns außerhalb der Liebe gegen die Brüder" (Unterricht i. d. chr. Rel., 1875, § 6 Anm. a). Und leider hat R. Bultmann ihm das nachgesagt: „Es gibt ... keinen Gehorsam losgelöst von der konkreten Situation, in der ich als Mensch unter Menschen stehe, keinen Gehorsam, der sich direkt auf Gott richtete ... so kann ich Gott nur lieben, indem ich will, was er will, indem ich den Nächsten wirklich liebe', (Jesus, 1927, S. 106). Das kann doch wohl nur schon darum nicht richtig sein, weil damit der Gemeinde wie dem Einzelnen nicht nur alle meditative, kontemplative und sakrifizielle Betätigung, sondern schließlich ganz einfach das Gebet, die gottesdienstliche Liturgie und der Sonntag als Tag des Herrn verboten wären. Zwischen der Liebe zu Gott und der Liebe zum Nächsten besteht nicht dieses Verhältnis, daß die Nächstenliebe als die einzig mögliche Gestalt der Gottesliebe diese sozusagen resorbieren bzw. in die Unsichtbarkeit verdrängen würde. In Wirklichkeit haben vielmehr die beiden Beziehungen, in denen die Kinder Gottes existieren: die zu dem unsichtbaren Gott und die zu dem sichtbaren Bruder ihre Entsprechungen in besonderen konkreten Betätigungen, deren Kreise sich nicht einfach decken, von denen man also nicht die eine zugunsten der anderen leugnen darf. Aber das ist allerdings richtig: daß alles Tun der Kinder Gottes in dieser gegenwärtigen und vergehenden Welt unter dem Gesetz des Gehorsams und also unter dem Gesetz der Nächstenliebe steht. Das gilt für das Gebet wie für die Arbeit, für den Sonntag wie für den Werktag, für die Einsamkeit wie für die Gemeinsamkeit unseres Existierens. Es gibt also kein Tun, bei welchem wir nicht auch nach seiner Beziehung zu dem uns gesetzten Nächsten gefragt wären (sowenig es ein solches gibt, bei dem die Frage, ob es in der Liebe Gottes geschehe, nun etwa irrelevant wäre). Es kann also nicht in Betracht kommen, daß wir uns vor dem Problem des zu liebenden Nächsten zurückziehen auf die Liebe zu Gott. Meditation und Kontemplation, auch Beschäftigung mit Theologie und dergleichen können nicht vorgeschoben werden zur Entschuldigung unseres Versagens dem Nächsten gegenüber, zur Erleichterung oder gar zur Beseitigung der Verlegenheit, die er uns bereitet. Es kann dies darum unmöglich geschehen, weil wir ja auch in jenem anderen Bereich keinen Augenblick sinnvoll und ernstlich tätig sein könnten, ohne sofort gerade an das aufs neue erinnert zu werden, wovor wir uns flüchten möchten. Könnten wir uns wirklich von hier nach dort flüchten: in eine gegenüber der uns durch den Nächsten bereiteten Not und Aufgabe abgesonderte und gesicherte Sphäre von Gottesdienstlichkeit, Erbauung und Theologie, dann würde das nur ein Anzeichen sein, daß uns auch hier eine sinnvolle und ernsthafte Tätigkeit in Wirklichkeit versagt, daß uns auch diese Sphäre bereits zu einem Götzentempel geworden ist, der dann seinerseits nur abgebrochen werden könnte. Das Wort Hosea 6, 6: „Barmherzigkeit will ich und nicht Opfer", in der Auslegung, die es Matth. 9, 13; 12, 7 gefunden hat, tritt dann in Kraft: nicht um uns — wie dann eine überstürzte Folgerung zu lauten pflegt — vom rechten Opfer, von der rechten Gottesdienstlichkeit, Erbauung und Theologie abzurufen, sondern um uns aus jenem Götzentempel weg in den wirklichen Gehorsam gegen das doppelte Gebot in seiner Einheit und also gerade auch zum rechten Opfer zurückzurufen. Es könnte ja auch eine ebenso willkürliche und unvollziehbare Flucht aus der Gottesliebe in eine dann gewiß ebenso falsch verstandene Nächstenliebe geben. Die Kinder Gottes verzichten auf alle derartigen Fluchtbewegungen. Das Leben der Kinder Gottes vollzieht sich nun einmal in einem Rhythmus dieser zweifachen Liebe, und es gibt nichts Unsinnigeres und Unmöglicheres, als die eine gegen die andere auszuspielen. Die Kinder Gottes „bleiben" in der Liebe; sie halten hier wie dort aus, weil sie wissen, daß es, nachdem sie einmal zu Gott geflohen sind, einen weiteren Ort, an den sie fliehen könnten, nicht mehr geben kann.

Daß sie sich die Existenz des Nächsten gefallen lassen, und zwar gern gefallen lassen, das kann nun aber offenbar nicht das letzte Wort in dieser Sache sein. Daß ich mir den Nächsten gern gefallen lasse, das muß ja bedeuten, daß ich mir seinen Dienst gefallen lasse. Er dient mir, wie wir sahen, wenn ich ihn wirklich als meinen Nächsten erkenne, damit, daß er mir meine eigene Sünde, mein eigenes Elend und darin die Herablassung Gottes, die Menschheit Jesu Christi des Gekreuzigten in seiner Person vor Augen führt. Wir mußten alles Gewicht darauf legen, daß dies der faktische Gehalt meiner Begegnung mit dem Nächsten als solchem ist. Jesus Christus wird uns ja im Nächsten immer verborgen sein. Der Nächste ist keine zweite Offenbarung Jesu Christi neben der ersten. Der Nächste ist, indem er mir begegnet, für mich ganz und gar nicht ein zweiter Christus, sondern eben nur mein Nächster, nur als solcher und in seiner Verschiedenheit von Christus, nur als von Christus aufgerichtetes Zeichen mit Christus solidarisch und identisch. Den Nächsten lieben muß also wieder einfach das Faktische bedeuten: wir lassen ihn, so wie er ist und wie wir ihn sehen, den Dienst tun, den er an uns zu tun hat. Das wird dann wieder zunächst dies bedeuten: wir lassen uns von ihm zur Ordnung rufen, an unseren Ort erinnern. Unser Ort ist nicht der von solchen, die sich eines Besitzes zu rühmen und also einen Anspruch geltend zu machen hätten. Durch Vergebung und nicht anders sind die Kinder Gottes dem Gericht entnommen. Daß sie Vergebung empfangen haben, das ist ihre neue Geburt, das an ihnen geschehene Werk des göttlichen Wortes und Geistes. Daß sie von Vergebung leben dürfen, das ist das neue Leben, das ihnen gegeben ist mit allen Gaben des Glaubens, der

3. Das Lob Gottes

Erkenntnis, der Heiligkeit, der Freude, der Demut und auch der Liebe, die in diesem Leben beschlossen sind. Der Nächste kann uns nicht an diesen Ort stellen; wie sollte er schon? Wenn uns nicht vergeben ist, dann hat uns der Nächste, indem er uns unsere Sünde und unser Elend vor Augen hält, gewiß nichts zu sagen. Aus der Begegnung mit ihm könnte dann nichts werden als ein weiterer Akt der großen adamitischen Rebellion: Wir würden uns dann eben das, was er uns zu sagen hat, nicht sagen lassen; wir würden ihn dann gewiß schon wegen der Ahnung, er könnte uns gerade das sagen wollen, sicher nicht lieben. Wenn uns aber vergeben ist und wenn uns also selber daran gelegen sein muß, eben an diesem Ort und keinem anderen stehenbleiben zu dürfen, wenn wir ferner wissen: wie nahe es uns beständig liegt, diesen Ort nun heimlich doch zu verlassen und mit irgendeinem scheinbar nobleren zu vertauschen, wenn wir die Gefährdetheit unserer Existenz als Kinder Gottes vor Augen haben und wissen, daß es nicht in unserer Hand liegt, uns selbst in dieser Existenz, die wir ja auch nicht selbst begründet haben, zu erhalten, dann werden wir offenbar dankbar sein für jede faktische Erinnerung: dieser und kein anderer ist unser Ort, dankbar für jede Schranke, die uns gesetzt ist, um uns am Verlassen dieses Ortes zu hindern. Und diese faktische Erinnerung und Schranke ist nun eben der Nächste. Der Nächste kann mir nicht meine Sünde vergeben. Der Nächste kann mir aber, wenn mir meine Sünde vergeben ist, sagen, daß ich solche Vergebung nötig habe, daß ich nicht die Wahl habe zwischen einem Leben aus der Vergebung und irgendeinem mir vielleicht besser einleuchtenden anderen Leben. Der Nächste kann mich dabei behaften, daß die Wahl und Entscheidung über mich in dieser Hinsicht schon gefallen ist. Der Nächste kann mich anreden auf mein eigenes Sündenbekenntnis. Er kann mich fragen, ob ich nun eigentlich dazu zu stehen und als der, als der ich mich selbst vor Gott bekannt habe, faktisch zu leben gesonnen und bereit sei. Er kann mich fragen, ob dieses mein Bekenntnis ein wirkliches Bekenntnis, d. h. eine nicht wieder zurückzunehmende Entscheidung sei. Er fragt mich das, indem er mir jenen Spiegel vorhält. Diese Frage werde ich aber nicht nur über mich ergehen lassen, ohne mich dagegen aufzulehnen, sondern für diese Frage werde ich dankbar sein. Ich werde mir ja sagen, daß ich gar nicht genug und gar nicht ernst und dringlich genug gerade danach gefragt werden kann. Eben das, wonach ich hier gefragt bin, vergesse ich ja so leicht. Und eben dieses Vergessen würde ja, wenn es wirklich dazu käme, die Katastrophe meiner Existenz als Kind Gottes bedeuten. Ich werde also die Vorhaltung, die der Nächste mir zu machen hat, darum willig und freudig annehmen, weil ich sie tatsächlich brauche. Es bekommt der Nächste, indem er mir diese Vorhaltung macht, ob er es will und weiß oder nicht, für mich tatsächlich eine sakramentale Bedeutung; wird und ist er doch in dieser Funktion ein sichtbares Zeichen der unsichtbaren Gnade, ein Beweis, daß ich auch in dieser Welt nicht alleingelassen, sondern von Gott geführt und getragen bin. Schon damit werde ich aber diesem Nächsten nun auch tatsächlich verbunden sein. Indem er mir den Dienst tut, mich an meinen Ort zu erinnern, mir damit, daß er meine Verlorenheit aufdeckt, indirekt aber bestimmt zu sagen, daß ich nur von Gnade leben kann, eben damit tritt er sozusagen in meine eigene Existenz hinein. Es verliert seine Koexistenz mit mir den Charakter des bloß Äußerlichen, Zufälligen, Nicht-Notwendigen. Er ist jetzt da, indem ich und wie ich selbst da bin. Wie sollte ich den nicht lieben müssen, der mir diesen Dienst erweist? Dasselbe ergibt sich nun aber auch aus dem besonderen Inhalt seines Dienstes. Was ich bin und an welchen Ort ich gehöre, das sagt er mir ja durch das, was er selber ist. Er ruft mich zur Ordnung, indem er mich in eine Reihe ruft, und zwar zunächst einfach in die Reihe mit sich selber. Er sagt mir, daß ich auch so einer bin, wie er ist. Er nimmt mich also, zunächst mindestens ihm persönlich gegenüber, heraus aus der Privatexistenz, die ich mir vielleicht glaubte leisten zu dürfen. Er stellt mir vor Augen, daß es eine Gemeinschaft der Sünde und des Elends gibt: einen Ort, wo es zwischen Menschen konkret wahr wird: wir haben uns gegenseitig nichts vorzuhalten; wir haben gegenseitig keine Vorzüge, kein Bessersein und kein Besserdransein anzumelden; wir müssen vielmehr gemeinsam unseren Bankerott anmelden.

Das ist an sich noch nicht die Gemeinschaft der Gnade und der Vergebung. Ich werde aber, wenn ich mich mit einem Mitmenschen in diese Gemeinschaft, die Gemeinschaft der Sünde und des Elends, versetzt sehe, nicht umhin können, diese mindestens als Hinweis auf die Gemeinschaft der Gnade und der Vergebung zu verstehen und sie also schon um dieses Hinweises willen ganz ernst zu nehmen. Die Realität der gemeinsamen Not, in der ich ihn und mich, mich und ihn sehe, ist ja um nichts geringer, auch wenn die Frage noch offen sein sollte, ob ihr nun auch die Realität einer gemeinsamen Hilfe gegenübersteht. Daß ich um die Realität einer Hilfe in der Not weiß, das kann mich nicht trennen von dem, der darum nicht zu wissen, der nur um seine Not und vielleicht nicht einmal um seine Not richtig zu wissen scheint. Es genügt wirklich, daß ich um meine eigene Not weiß und daß ich einen anderen in derselben Not sehe, um mich ihm nahezurücken, zu verbinden, zu verpflichten. Gerade weil ich um Gottes Hilfe weiß, werde ich ja auch wissen, daß diese Not, in der Gott hilft, Gottes Gericht ist. Und unter Gottes Gericht werde ich mich von dem Andern nicht getrennt, sondern mit ihm verbunden sehen, auch wenn ich nicht weiß, ob er mit mir um Gottes Hilfe weiß. Wie sollte ich den nicht lieben müssen, den ich mit mir unter Gottes Gericht gestellt sehe? Ist diese Realität, auf die ich da gemeinsam mit ihm gestoßen bin, nicht schon stark genug, jedenfalls eine starke Gemeinschaft zwischen ihm und mir zu begründen? Daß sie letzte und eigentliche, daß sie selbständige Stärke habe, das können wir von dieser Gemeinschaft als solcher, wenn wir sie rein als solche überhaupt betrachten können, freilich nicht sagen. Ist sie wirklich und dauernd stark, dann ist sie es schon in der Stärke der Gemeinschaft, auf die sie hinweist. Gemeinschaft der Sünde und des Elends rein als solche pflegt ja nicht eben eine wirkliche und dauernde und also letztlich und eigentlich starke Gemeinschaft zu sein, sondern sich, auch wo es zu ihr kommt, rasch und bestimmt in ihr Gegenteil aufzulösen. Das Gericht Gottes, rein als solches betrachtet, müßte die Menschen, die es in der Not zusammenführt, alsbald auch wieder zu ihrer noch größeren Not auseinanderreißen und gegeneinanderstellen. Und es ist dieses Auseinandergerissensein und Gegeneinanderstehen, es ist ein Meer von Einsamkeit und Zwiespalt bezeichnender für die unter Gottes Gericht stehende Menschenwelt als die Solidarität der Torheit und Bosheit, des Kummers und der Qual, die ihrem Bilde ja auch nicht ganz abgeht und in deren Betätigung sie sich wohl auch immer wieder ein Stück weit helfen zu können meint. Indem das Kind Gottes sich durch seinen Nächsten allen Ernstes und ohne allen Vorbehalt in diese Gemeinschaft, die Gemeinschaft der Sünde und des Elends, versetzt sieht, indem es seinen Nächsten auch in dieser Gemeinschaft liebt, hat diese heimlich schon aufgehört, nur diese zu sein. Es kann ja das Lieben des Nächsten, wenn ein Kind Gottes der Liebende ist, auch in dieser Gemeinschaft der Sünde und des Elends unmöglich dies bedeuten, daß er sich damit begnügen und dabei beruhigen könnte, vom Anderen als „auch so einer" gekennzeichnet zu werden und seinerseits in ihm „auch so einen" zu erkennen. Sondern dieses Ergebnis seiner Begegnung mit dem Nächsten wird zunächst für ihn selber unweigerlich die Folge nach sich ziehen, daß er sich aufs neue zum Lieben Gottes, des Gottes, der ihn in seiner Sünde und in seinem Elend zuerst geliebt hat, aufgerufen weiß. Ihm selbst hat ja diese Begegnung sicher den Dienst geleistet, ihn, indem sie ihn an seine Verlorenheit erinnerte, aufs neue auf Gottes Gnade hinzuweisen. Ihn selbst wird sie also veranlassen, aufs neue den zu suchen, ohne den er nicht sein kann. Indem es aber der Nächste war, der ihm diese Erinnerung vermittelte, indem dieser Nächste mit dieser Wohltat in sein Leben hineingetreten ist, wird es ihm unmöglich sein, diese Bewegung der neuen Liebe zu dem gnädigen Gott allein, also unter Zurücklassung dieses Nächsten, zu vollziehen. Auch die Aufhebung seiner Privatexistenz durch die erkannte Solidarität der Not kann jedenfalls für ihn, für das Kind Gottes, nicht mehr rückgängig gemacht werden. Er wird den, mit dem er sich einmal in gleicher Verdammnis gesehen hat, nicht mehr vergessen, nicht mehr sich selbst überlassen können.

Es ist für ihn, der nicht nur um die Not, sondern um die Hilfe in der Not weiß, aus der Notgemeinschaft mit dem Nächsten eine ganz bestimmte **Verpflichtung** ihm gegenüber entstanden. Man bemerke: jetzt und erst jetzt kann und darf das Verhältnis auch unter diesem Gesichtspunkt, dem Gesichtspunkt des Gesetzes, betrachtet, kann sinnvoll und ernsthaft vom Anspruch des Nächsten und von unserer Schuldigkeit ihm gegenüber geredet werden. Sein Anspruch und unsere Schuldigkeit ergeben sich geradlinig daraus, daß er uns als ein lebendiges Zeichen der Gnade Gottes einen Dienst und eine Wohltat erwiesen hat. Der Weg führt also auch hinsichtlich des Nächsten nicht, wie man es oft hört, vom Gesetz zum Evangelium — dieser Weg ist überhaupt kein Weg! — sondern vom Evangelium zum Gesetz. Nun allerdings wird auch vom Nächsten als einem Zeichen des Gesetzes, von seinem Anspruch und von unserer Schuldigkeit ihm gegenüber sehr bestimmt geredet werden müssen. Es kann ja keine Rede davon sein, daß wir uns mit unserem eigenen neuen Aufgerufensein zur Gottesliebe zufrieden geben könnten. Könnten wir es, dann hätte wohl die Begegnung mit dem Nächsten in Wahrheit noch gar nicht stattgefunden; dann wäre uns wohl sein Dienst und seine Wohltat in Wahrheit noch gar nicht zuteil geworden; dann wäre wohl die Solidarität der Not zwischen ihm und mir in Wahrheit noch gar nicht hergestellt worden. Ist das alles in Wahrheit geschehen, bin ich also in eine nicht mehr aufzuhebende Verbindung mit ihm getreten, dann wird diese Verbindung in dem Augenblick, wo ich für mich jene Konsequenz ziehe, Gott nun erst recht und ganz neu zu lieben, unvermeidlich zu der Frage werden: was denn nun dabei aus ihm, dem Andern, werden soll? Und nun wird die Tatsache zur Schwierigkeit, daß die Gemeinschaft der Sünde und des Elends noch nicht als solche auch die Gemeinschaft der Gnade und Vergebung ist. Ich weiß nicht, ob der Nächste, der mir mit seiner Not meine Not aufgedeckt und mir damit jenen Dienst geleistet hat, um die Hilfe in der Not auch weiß. Wüßte ich es, könnte ich ohne weiteres annehmen, daß ich mit ihm auch in der Gemeinschaft der Gnade und der Vergebung stehe, dann könnte ich ihn wohl unbekümmert sich selbst überlassen. Er hätte dann keinen Anspruch an mich, und ich keine Schuldigkeit ihm gegenüber. Ich wüßte dann zum vornherein, daß er jetzt, ohne daß ich mich zu rühren brauche, denselben Trost hat, den ich auch habe, und also dasselbe tun wird, was ich selbst tue. Ich wüßte dann von ihm, daß auch er nun erst recht und ganz neu zum Lieben Gottes aufgerufen ist, und durch dieses Wissen würde jede Bekümmerung um ihn ausgeschlossen sein.

Man darf vielleicht die Vermutung wagen, daß die Engel in dieser vom Gesetz endgültig und gänzlich befreiten Gemeinschaft umeinander wissen und also gänzlich unbekümmert umeinander und gerade so in realster Verbundenheit vor Gott leben und weben, und daß wohl auch uns selbst in der kommenden Welt des ewigen Lebens eine entsprechende ganz gelöste und gerade so ganz gebundene Beziehung zueinander bevorsteht.

Es gehört aber zu den Bedingungen der gegenwärtigen und vergehenden Welt, deren Genossen wir auch als Kinder Gottes sind, daß wir jetzt und hier nicht in dieser Weise umeinander wissen und uns also jene Unbekümmertheit nicht leisten können. Wissen wir doch auch um unser eigenes Gerettetsein in der Not nur im Blick auf Gott in Jesus Christus, im Hören auf sein Wort und nicht im Blick auf unser eigenes Sein und Tun als solches. Und wir wissen von uns selbst, daß uns jener Blick und jenes Hören immer wieder not tun; wir wissen gerade als Kinder Gottes, daß dieser Blick und dieses Hören nie als erledigt hinter uns, sondern immer als ein neu zu vollziehendes Tun vor uns steht. Daß wir in der Not auf Gott in Jesus Christus blicken und sein Wort hören und daraufhin Gott erst recht und aufs neue lieben, das werden wir, wenn es geschieht, selber nur als Gnade in Empfang nehmen können. Ebenso stehen wir aber jetzt und hier auch dem Nächsten gegenüber, nur mit dem Unterschied, daß wir wohl für uns selbst, nicht aber für ihn Gnade empfangen können. Wir können wohl wissen, daß Gott auch ihn liebt und daß sein Wort auch ihm gilt. Wir können aber nicht wissen, ob er in seiner Not jetzt auch auf Gott blickt und sein Wort hört und also getröstet ist. Wir können nicht wissen, ob wir mit ihm auch in der Gemeinschaft der Gnade und der Vergebung stehen. Auch die nächste persönliche Bekanntschaft mit ihm wird uns in dieser Hinsicht keine Unbekümmertheit ihm gegenüber erlauben. Und selbst die stärksten Vermutungen, die wir im Blick auf ihn hinsichtlich jener Gemeinschaft haben könnten, würden die bestimmte Annahme nicht entkräften können, daß er jenen Blick und jenes Hören sicher eben jetzt so gut wie wir selbst aufs neue nötig hat. Eben darum kann ich nun aber meine Verpflichtung ihm gegenüber nicht etwa damit einlösen, daß ich ihn auffordere, mit mir Gott zu lieben.

Es war Augustin, der (z. B. *De doctr. chr.* I 22; *De civ. Dei* X 3, 2) aus dem *diliges proximum sicut te ipsum* den Schluß gezogen hat, das *diligere* müsse darin bestehen, daß man den Nächsten dazu bewege *(hoc cum eo debet agere ..., ut ei quantum potest commendet ...)* Gott auch zu lieben. Wenn man von der bei Augustin vorausgesetzten Lehre von der Selbstliebe keinen Gebrauch machen kann, dürfte es doch kaum möglich sein, der Nächstenliebe diesen Inhalt zu geben.

Auch ich selbst liebe Gott ja weder aus eigener Willkür, noch daraufhin, daß mir jemand gesagt hat, daß ich das tun solle. Auch ich selbst kann ja nicht etwa meinen, mir damit in meiner Not zu helfen, daß ich Gott liebe. Sondern wenn ich Gott liebe in meiner Not, dann tue ich es, weil ich es muß. Ich muß es aber, weil Gott mir durch seine Liebe in der Not schon geholfen hat. Gilt es nicht auch von meinem Nächsten, daß er Gott liebt, weil er ihn lieben muß — und ich kann nicht wissen, ob das auch von ihm gilt; ich muß also damit rechnen, daß es von ihm noch nicht gelten könnte — dann könnte ihn die Aufforderung, daß er Gott lieben solle, nur irreführen. Sie müßte ihn zu der Annahme verleiten, als könne ich etwas, was er nicht kann, als sei also ein Kind Gottes so etwas wie ein Techniker, dem er bloß fleißig auf die Hände zu schauen brauche, um dasselbe zu werden. Sie müßte ihm ein Gesetz werden, in dessen Erfüllung er es bestimmt nicht weiter als zur Liebe, zu allerhand schrecklichen Göttern und Götzen bringen würde. Sie müßte die falsche Hoffnung in ihm erwecken, ein Mittel gefunden zu haben, mit dem er sich in seiner Not nun doch selber helfen könne. Also mit solcher Aufforderung kann ich dem Anspruch, den mein Nächster auf mich hat, gewiß nicht Genüge tun. Es wäre der Versuch, das zu tun, vielmehr gleichbedeutend mit einem Versuch, mich diesem Anspruch zu entziehen, ein deutliches Anzeichen dafür, daß ich ihm im Grunde immer noch unbekümmert gegenüberstünde. Indem ich ihn auffordere, etwas zu tun, was, wie ich wohl weiß, nur geschehen kann, nachdem zuvor etwas für ihn getan ist, würde ich die Verantwortung dafür, daß dies letztere geschehe, von mir abwälzen; ich würde die Gemeinschaft mit ihm gerade im entscheidenden Punkt aufheben, nämlich bei der Beantwortung der Frage: Wie er denn dazu kommen solle, Gott zu lieben? Inwiefern ihm denn so geholfen sei, daß er Gott lieben müsse, so wie ich selbst ihn lieben muß? Und wenn ich die Gemeinschaft mit ihm gerade hier abbrechen könnte, wie stünde es dann wohl um mich selber? Wie wenig dankbar wäre ich dann offenbar für den Dienst und die Wohltat, die der Nächste mir erwiesen? Wie oberflächlich müßte ich mit ihm verbunden sein in der Tiefe der Not! Und wie dunkel müßte mein eigener Weg mir vor Augen stehen! Wie problematisch wäre auf einmal mein eigenes Lieben Gottes, wenn ich es wagen könnte, es meinem Nächsten gegenüber als eine Forderung geltend zu machen, es zu einem Gesetz werden zu lassen!

Man wird sich sehr klar sein müssen, daß viel wohlgemeinte und auch christlich gemeinte Bemühung um den Nächsten sich tatsächlich schlechterdings auf dieser verbotenen Linie des Gesetzes bewegt. Was man dem Nächsten zu bieten hat und zu bieten meint in vermeintlicher Pflichterfüllung ihm gegenüber, ist ein offenes oder heimliches „Du sollst", ein an ihn erhobener Gegenanspruch. Er braucht gar nicht ein bloß moralischer Anspruch zu sein. Er kann auch als religiöser und christlicher Anspruch bloßes Gesetz sein: die Zumutung, daß der Andere glauben, in sich gehen, sich bekehren, sich Gott unterwerfen und also in seiner Not Gott lieben solle. Und wie rasch pflegt dieser Zumutung, wenn sie keine oder keine genügende Erfüllung findet, die Feststellung zu folgen, daß der Andere sich eben nicht oder nicht recht helfen lassen wolle. Wo wir ihm zu helfen in Wirklichkeit noch gar nicht begonnen haben! Wo wir wahrscheinlich noch gar nicht gemerkt haben, daß er uns helfen wollte und geholfen hat und daß es für uns darum und nur darum gehen würde, darauf wirklich zu antworten: die durch seinen Dienst zwischen ihm und uns geschaffene Gemeinschaft zu realisieren! Wo wir wahrscheinlich über uns selbst noch im tiefsten Irrtum sind, indem auch wir selbst meinen uns selbst helfen zu können in der Weise, die wir nun dem Anderen so getrost glauben empfehlen zu sollen! Wo diese Empfehlung — von der wir selbst irgendwo recht gut wissen, daß es faktisch so nicht geht — faktisch nur dies bedeuten kann, daß wir den Nächsten, indem wir scheinbar das Beste für ihn tun, loswerden wollen! Kann man sich wundern, wenn so viel scheinbare Nächstenliebe bei aller Herzlichkeit ihrer Bemühung nicht zu ihrem Ziel kommt, sondern auf Verkennung, Undank und Feindseligkeit stößt? Wäre sie wirkliche Nächstenliebe, so könnte und würde das nicht geschehen. Wirkliche Nächstenliebe würde es eben bis ins Feinste und Kleinste hinein unterlassen, den Nächsten unter das Gesetz zu stellen.

3. Das Lob Gottes

Kommt nun dieser Weg nicht in Betracht, so werde ich mich darum gewiß nicht etwa hinreißen lassen zu der Entschuldigung, daß ich ja nicht Gott und also nicht in der Lage sei, meinem Nächsten die Gnade des Wortes und des Geistes zuteil werden zu lassen und damit die Hilfe in der Not zu bringen, die er braucht, und damit die Liebe zu Gott in ihm zu erwecken, die da unvermeidlich ist, wo diese Hilfe Wirklichkeit ist. In der Tat, ich bin nicht Gott, sondern nur ein Mensch. In der Tat, ich kann keinem Andern helfen mit dem, was allein Hilfe zu heißen verdient. Aber bin ich darum entlassen aus der Verpflichtung diesem Anderen gegenüber? Entlassen aus der Verantwortung dafür, daß ihm diese wirkliche Hilfe zuteil wird? Bleibt mir darum, weil ich nur ein Mensch bin, nur das „Sollt' ich meines Bruders Hüter sein?" übrig oder eben doch der Gesetzesweg? Mir bleibt faktisch etwas Anderes übrig, und eben dieses Andere ist es, was ich dem Nächsten — nicht als ein Gott, der ich nicht bin, sondern als der Mensch, der ich bin — schuldig bin, worauf er mir gegenüber den bestimmtesten Anspruch hat. Dieses Andere besteht aber darin, daß ich Gott lobe, d. h. meinem Nächsten von der Liebe, mit der Gott in Jesus Christus mich und ihn geliebt hat, Zeugnis gebe. Den Nächsten lieben heißt also schlicht und einfach: dem Nächsten ein Zeuge Jesu Christi werden. Daß die Liebespflicht die Zeugnispflicht ist, ergibt sich aber daraus, daß ich durch meine Begegnung mit dem Nächsten aufgefordert bin zu der Erwartung, in ihm einen Bruder Jesu Christi und also meinen eigenen Bruder zu finden. Eben das, was ich in keiner Weise wissen, was ich also dem Nächsten auch nicht ansehen kann, muß ich von ihm, der mir faktisch die Gnade Gottes verkündigt, der also als ein Diener Gottes an mir gehandelt, der jene sakramentale Bedeutung für mich gewonnen hat, um so bestimmter glauben. Hat er mich daran erinnert, daß ich aus der Vergebung leben darf, wie sollte ich nicht aufgerufen sein, dasselbe von ihm anzunehmen? Wie sollte ich für ihn mit einer anderen Zukunft rechnen dürfen als für mich selber? Wie sollte ich nicht auch im Blick auf ihn damit rechnen: als ein von Gott Geliebter wird auch er Gott wiederlieben? Eben diesen Glauben ihm gegenüber werde ich nun aber auch leben müssen. Und eben das Leben dieses Glaubens ist das Zeugnis, auf das er Anspruch hat und das ich ihm schuldig bin. Man wird gut tun, den Begriff des Zeugnisses — gerade weil es darum geht, daß dem Nächsten geholfen werden soll — von Grund aus nicht mit der Vorstellung eines Zweckes oder einer Absicht zu verbinden. Das Zeugnis im christlichen Sinn des Begriffs ist der Gruß, mit dem ich, wenn und indem ich glaube, meinen Nächsten zu grüßen habe, die Bekundung meiner Gemeinschaft mit dem, in welchem ich einen Bruder Jesu Christi und also meinen eigenen Bruder zu finden erwarte. Ich will nichts und ich darf nichts wollen, indem ich Zeugnis ablege. Ich lebe nur das Leben meines Glaubens im konkreten Gegenüber mit dem Nächsten. Die Kraft des christlichen Zeugnisses steht und fällt damit, daß ihm bei aller Dringlichkeit auch diese Zurückhaltung eigen ist. Ich kann es ja weder mir selbst noch einem anderen verschaffen und geben, daß ihm in seiner Not geholfen wird. Ich kann also mit meinem Zeugnis nicht den Plan verfolgen, verändernd in sein Leben eingreifen zu wollen. Ein Zeuge ist weder ein Fürsorger noch ein Erzieher. Ein Zeuge wird seinem Nächsten gerade nicht zu nahe treten. Er wird ihn nicht „behandeln". Er wird sich ihn nicht zum Gegenstand seiner Tätigkeit machen, auch nicht in der besten Absicht. Zeugnis gibt es nur im höchsten Respekt vor der Freiheit der göttlichen Gnade und darum auch im höchsten Respekt vor dem Anderen, der von mir gar nichts, sondern Alles von Gott zu erwarten hat. Gerade in ernster Anerkennung seines Anspruchs und unserer Schuldigkeit werden wir diesen doppelten Respekt nicht verletzen. Ich werde dem Anderen nur bekunden, daß ich auch im Blick auf ihn an Jesus Christus glaube, daß ich ihm also nicht als einem Fremden, sondern als meinem Bruder entgegengehe, auch ohne zu wissen, daß er das ist. Ich werde ihm nur das Lob, das ich Gott schuldig bin, nicht vorenthalten. Eben damit erfülle ich meine Schuldigkeit auch ihm, dem Nächsten, gegenüber.

Und nun gibt es drei entscheidende Formen dieses Zeugnisses. Eine Rangordnung und Verhältnisbestimmung zwischen ihnen läßt sich nicht allgemein angeben. Man kann nur sagen, daß sie, wenn ich den Anderen — ohne mich ihm zu entziehen, aber auch ohne mich ihm aufzudrängen — wirklich liebe, alle drei in sich gleich vollkommen und genügend, aber auch alle drei gleich unentbehrlich sind, und daß also meine Liebe und also mein Zeugnis grundsätzlich in jeder dieser drei Formen sich erfüllen, daß sie aber grundsätzlich immer zugleich diese drei Formen werden haben müssen.

a) Die erste Form des Zeugnisses besteht darin, daß ich meinem Nächsten hinsichtlich der Hilfe in seiner und meiner Not das Wort gönne. Ist mir selber wirklich geholfen und finde ich mich nun mit einem Anderen in jener Gemeinschaft der Sünde und des Elends, dann werde ich ihm über die andere Seite, die diese Not für mich hat, etwas zu sagen haben und etwas sagen müssen. Ich wäre ja nicht der, der ich bin, wenn ich darüber nichts wüßte, und ich würde ihn nicht grüßen als der, der ich bin, wenn ich mit diesem meinem Wissen hinter dem Berge halten wollte. Es wird freilich nur das ein Wort wirklichen Zeugnisses sein, was wirklich eine Kundgebung dieses Wissens ist. Wie unsicher man hinsichtlich dieses Wissens tatsächlich ist, auch wenn man meint, seiner noch so sicher zu sein, das empfindet man vielleicht erst in dem Augenblick, wo man sich zu einem solchen Wort wirklichen Zeugnisses aufgerufen sieht. Wäre das Herz voll von Erkenntnis der Gnade Jesu Christi, dann würde uns von selbst auch der Mund übergehen. Wenn nun beides nicht der Fall ist, dann liegt die Versuchung allzu nahe, von der Sache, von der da geredet werden müßte, abzukommen und, um nur überhaupt etwas zu sagen, von Dingen zu reden, die nicht zur Sache gehören.

Zweierlei kommt hier vor allem in Betracht, was bestimmt k e i n Zeugnis ist: — Einmal das Reden von der eigenen Sünde und Not als solcher. Es ist freilich nicht zu bestreiten, daß beim Zeugnis auch von unserer Sünde und Not die Rede sein muß, weil, wenn es darum geht, in der Hoffnung der Gemeinschaft der H i l f e zu reden, auch das Bekenntnis der Gemeinschaft der N o t nicht schweigen kann. Aber mit diesem nicht zu Verschweigenden hat dann doch das Zeugnis noch nicht begonnen. Es wird sich dieses nicht zu Verschweigende also nicht vordrängen, es wird nicht zum Thema werden dürfen. Damit habe ich ja wahrlich noch nicht Gott gelobt und damit sage ich auch dem Nächsten noch nichts Hilfreiches, ja nicht einmal etwas absolut Neues, daß ich ihm gestehe, wie schlimm auch ich dran bin, daß und inwiefern ich auch so einer bin, wie er selber ist. Die Geschichte meines Elends, die ich ihm erzählen kann, wird im besten Fall eine interessante Geschichte sein. Und es ist mehr als wahrscheinlich, daß ich als Erzähler dieser Geschichte meiner Eitelkeit frönen und eine entsprechende Eitelkeit hinsichtlich der Geschichte seines eigenen Elends auch im Anderen hervorrufen werde. Werde ich das Wissen um mein Elend gewiß nicht unterdrücken können und auch nicht unterdrücken dürfen, so ist doch, solange ich dabei verweile, mein Wissen um meine Rettung noch nicht zu Worte gekommen und darum auch noch kein Zeugnis erfolgt. — Und k e i n Zeugnis ist zweitens das Reden von denjenigen Erfahrungen, Zuständen und Ereignissen meines Lebens, in denen ich angeblich etwas von einer Besserung oder gar Beseitigung meiner Not zu sehen meine. Auch hier ist zu sagen: wie sollte es anders sein, als daß unsere eigene Erfahrung von Hilfe in der Not mitredet, wenn wir von der Hilfe selbst reden wollen? Wie sollte diese mitredende Stimme unterdrückt werden müssen oder auch nur dürfen? Es ist aber auch diese Stimme als solche bestimmt noch nicht die Stimme des Zeugnisses, das wir dem Nächsten schuldig sind. Ich werde ihm ja auch mit einem Bericht über meine positiven Erfahrungen nur relative Neuigkeit mitzuteilen haben, weil auch er von solchen Erfahrungen in seiner Weise sicher nicht völlig entblößt sein dürfte. Und wenn ich ihm damit trotzdem Eindruck mache, so ist es wieder mehr als wahrscheinlich, daß dieser Eindruck ein gesetzlicher sein wird, der ihn, statt ihm zu helfen, in die Irre führen wird. Kann und darf ich also gewiß nicht verschweigen, daß ich die Hilfe, von der ich zu zeugen habe, aus eigener Erfahrung kenne, so wird sich doch auch diese meine Erfahrung auf keinen Fall in die Mitte drängen, sie wird nicht selbständiges Thema meines Wortes werden dürfen, wenn dieses Wort den Charakter des Zeugnisses nicht verlieren soll. — Die Versuchung nach diesen beiden Seiten ist nicht nur darum so groß, weil es sich nach beiden Seiten um Elemente unseres Wissens handelt, die zur Sprache zu bringen gar nicht vermieden werden kann und darf — sondern auch darum, weil es uns dabei: sobald wir auf unsere Sünde und auch auf unsere positive Erfahrungen zu reden kommen, an Worten gewiß nicht fehlen wird. Nach beiden Seiten haben wir nämlich bei Licht besehen ein ziemlich reiches und sicheres Wissen. Wie leicht ist dieses Wissen um uns selbst mit dem so viel weniger naheliegenden und griffbereiten Wissen um die Hilfe selbst zu verwechseln, und wie leicht darum das Reden von diesen Dingen mit dem von uns geforderten Zeugnis! Um so dringlicher ist die Aufgabe, hier zu unterscheiden und zu scheiden. — Man wird sich dazu schließlich vor Augen zu halten haben: Wenn ich ein wirklicher Sünder b in und auch wirkliche Erfahrung von Gottes Hilfe h a be, dann ist das eben w a h r, und dann wird das auch in seiner schlichten Wahrheit für sich selber reden, als Hinweis auf die Hilfe selbst die Kraft eines Zeichens haben: genau so wie ein anderer mir rein faktisch durch seine Existenz zum Zeichen der Gnade Gottes werden kann. Es kann auch meinem Wissen um beides das Mitspracherecht in dem von mir geforderten Zeugnis nicht verweigert werden. Es wird aber auch dieses mitsprechende Wissen um mich selbst nicht insofern Gewicht haben, als ich darüber rede, sondern nur insofern, als es so ist, wie ich sage, und als man es ganz abgesehen von meinen Worten merken wird, daß es so ist. Es wird aber gerade dann so sein, wie ich es sage, und es wird gerade dann auch bemerkt werden, daß es so ist, wenn ich, wissend um mich selbst — und, sei es denn: beiläufig auch von mir selbst redend — thematisch und eigentlich gar nicht von mir selbst, weder von meiner Sünde noch von meinen positiven Erfahrungen, sondern ganz und gar nur von der Hilfe selbst und als solcher zu reden bemüht bin.

Die Sache, die, wenn es darum geht, Zeugnis abzulegen, allein in der Mitte stehen und Thema meines Wortes sein kann, ist der Hinweis auf den Namen Jesus Christus als das Wesen und die Existenz der Güte, in der sich Gott des sündigen Menschen angenommen hat, damit er nicht verloren, sondern durch ihn gerettet sei. Dieser Name, und genau genommen er ganz allein, der Name des Helfers, ist das, was wir über die Hilfe in der Not wissen und also sagen können und sagen müssen. Dieser Name ist das Wort, das wir dem Nächsten gönnen, mit dem wir ihn als künftigen Bruder grüßen müssen. Mit diesem Namen wird, wo Liebe zum Nächsten in Kraft steht, auf keinen Fall hinter dem Berg gehalten werden können und dürfen. Kein Wort ist ein Lob Gottes und ein Zeugnis für den Nächsten, wenn es nicht ein Lob Jesu Christi und ein Zeugnis von ihm ist. Und jedes Wort, das das ist, ist ein rechtes Lob Gottes und damit auch ein rechtes Zeugnis für den Nächsten. Ein solches Reden vom Namen Jesu Christi wird ja voll Erkenntnis dessen sein, was Jesus Christus ist und was durch ihn geschehen ist. Ein kritisches Wort wird es sein,

3. Das Lob Gottes

beunruhigend, hinwegweisend, abgrenzend gegenüber den Ansprüchen aller anderen Namen, bei denen der Mensch seine Zuflucht suchen möchte. Ein Wort der dankbaren An be tu n g vor der in diesem Namen offenbaren Majestät der freien Gnade wird es unter allen Umständen sein, aber notwendig auch ein Wort des Bekenntnisses, d. h. ein Wort, in welchem unsere Anerkennung dieses Namens als des Namens des Herrn in einer verbindlichen Weise sichtbar gemacht wird. Es wird sich aber auf diejenige Geltung dieses Namens stützen und es wird auch diejenige Geltung dieses Namens behaupten, die er sich selber unter den Menschen verschafft hat, und das wird bedeuten: daß es ein kirchliches, d. h. ein von der Kirche ausgehendes und zur Kirche rufendes Wort sein wird. Und es wird eben dieser sein kirchlicher Charakter konkret darin bestehen, daß es grundsätzlich ein Wort der Auslegung, der Erklärung und Anwendung der heiligen Schrift als des die Kirche begründenden und erhaltenden Urzeugnisses von Jesus Christus sein wird. Indem ich meinem Nächsten ein solches Wort sage, tue ich meine Schuldigkeit an ihm. Ich sage ihm dann nämlich, was ich weiß über die andere Seite meiner und, wie ich hoffe, auch seiner Not. Diese andere Seite der Not — wenn unsere Not eine solche andere Seite nämlich hat, d. h. wenn Gott dem Menschen offenbar wird — heißt ja eben: Jesus Christus. Daß Gott auch ihm, dem Nächsten, in seiner Not offenbar wird, daß auch seine Not diese andere Seite hat, das kann ich nicht schaffen und vorwegnehmen. Es kann sich aber Gott meines Dienstes bedienen dazu, daß dies wahr werde. Zu diesem Dienst habe ich mich dadurch bereit zu erklären und bereitzustellen, daß ich dem Nächsten das Wort meines Zeugnisses nicht versage. Ich würde es ihm versagen, wenn ich schweigen oder wenn ich von den Dingen reden würde, die nicht zur Sache gehören. Es würden in diesem letzteren Fall meine Worte bloße Worte sein: ich würde dann den Nächsten nicht in Wahrheit und mit der Tat lieben. Ist mein Zeugnis ein Zeugnis von dem Namen Jesus Christus, dann ist es bestimmt kein bloßes Wort, sondern vielmehr als Wort zugleich die konkreteste Tat, das in wörtlichstem Sinn „ausgesprochene" Werk des Lobes Gottes und der Liebe zum Nächsten. Daß es nicht in meiner Hand liegt, diesem Werk die Wirksamkeit zu geben, vermöge derer es für den Nächsten zum Vollzug der Offenbarung, zur Mitteilung des Wortes und Geistes Gottes würde, vermöge derer also auch seine Not jene andere Seite bekäme, diese Schranke liegt in seinem Wesen als Zeugnis. Wir könnten diese Schranke nicht überrennen wollen, ohne es als Zeugnis zu zerstören. Wir haben sie zu respektieren, gerade wenn wir aus der Liebe zum Nächsten nicht wieder heraustreten wollen. Innerhalb dieser Schranke darf dann aber auch nicht daran gezweifelt werden, daß wir dem Nächsten gegenüber nicht nur das Rechte reden, sondern, indem wir das Rechte reden auch das Rechte tun, wenn wir ihm — eben so wirklich bekümmert um ihn — unbekümmert von dem Namen Jesus Christus reden.

b) Die zweite Form des Zeugnisses besteht darin, daß ich dem Nächsten als Zeichen der auch ihm verheißenen Gotteshilfe Beistand leiste. Wir berühren hier den Bereich, wo eine weitverbreitete Anschauung die Nächstenliebe oder doch die Nächstenliebe der Tat vornehmlich oder gar ausschließlich zu suchen pflegt. Von einer solchen Hervorhebung oder gar Ausschließlichkeit gerade dieses Bereichs kann nun keine Rede sein. Eine Begrenzung oder gar Aufhebung meiner Verpflichtung, zu meinem Nächsten zu reden durch die Verpflichtung, ihm auch beizustehen — als ob das eine andere Verpflichtung wäre! — kann gar nicht in Betracht kommen. Sie könnte nur in Betracht kommen — und auch die Vorstellung, als ob hier erst das Zeugnis der Tat anfange, könnte nur dann Platz greifen — wenn ich meiner Verpflichtung, zu meinem Nächsten zu reden, nicht recht nachkommen würde. Es wäre dann aber schon im voraus darüber entschieden, daß ich gewiß auch meiner Verpflichtung, meinem Nächsten beizustehen, nicht recht nachkommen, daß auch meine vermeintlichen Taten in diesem neuen Bereich gerade keine ordentlichen Taten sein würden. In Wahrheit geht es hier um eine allerdings notwendige Form derselben Verpflichtung! Die Not des Mitmenschen, die Not seines eigenmächtigen Lebensversuchs, in deren Offenbarung er mein Nächster wird, zeigt sich wie meine eigene in bestimmten Erkrankungen, Zerstörungen, Verwirrungen seiner seelisch-leiblichen Existenz. Es zeigt sich, daß sein Lebensversuch zum Scheitern verurteilt ist, dem Tode entgegengeht. Ich kann diesen Prozeß weder in seiner inneren Notwendigkeit noch in seinen Erscheinungen wirklich aufhalten. Ich kann meinem Nächsten insofern nicht helfen, als ich ihn dem Tode sowenig entreißen kann wie mich selber. Eben in dieser Hilflosigkeit, in der wir uns gegenüberstehen, besteht ja die Gemeinschaft der Sünde und des Elends, in die ich mich durch ihn und mit ihm hineingestellt sehe. Eben darum werde ich ja auch nicht von mir, sondern von Jesus Christus zu ihm reden: von Jesus Christus als dem Helfer, der das Ende dieses Prozesses ist, von Jesus Christus als dem Leben im Tode und über dem Tode. Wie könnte ich aber das Wort dieses meines Zeugnisses sagen, ohne zu diesem meinem Wort auch damit zu stehen, es auch darin mein Wort sein zu lassen, daß ich mich als ein an den Erkrankungen, Zerstörungen und Verwirrungen seiner seelisch-leiblichen Existenz Beteiligter erweise: beteiligt nicht nur als Mit-Leidender — der Begriff des Mitleids sagt hier, wie es Manche in der Welt oft richtiger empfunden haben als Manche in der Kirche, zu wenig — sondern beteiligt als Wissender um die Hilfe: wissend, weil mir selber tatsächlich, wie es auch um meine eigenen Leiden stehe, in Jesus Christus schon geholfen ist. Kann ich dem Anderen sowenig helfen wie mir selber, so kann mir doch auch nicht geholfen sein, wie mir geholfen ist, ohne daß ich auf Grund und in Kraft dessen in Anspruch genommen wäre, dem Nächsten anzuzeigen, was (im Gegensatz zu der Sünde und dem Elend seines eigenmächtigen Lebensversuchs!) fremde Hilfe, Hilfe von außen, Bruderhilfe sein könnte, daß er solche nötig hat und brauchen kann, und daß es solche tatsächlich gibt. Ich bin nicht der Fremde, der von außen Kommende, der Bruder, der ihm wirklich helfen kann. Christus allein ist dieser Bruder; ich kann es nur werden in seinem Auftrag. Aber wie könnte ich diesen Auftrag haben, wie könnte ich zu meinem Nächsten eben von Jesus Christus reden, ohne ihm diesen wirklichen und helfenden Bruder auch durch meine Stellungnahme zu der seelisch-leiblichen Erscheinung seiner Not zu bezeugen? Das Wort meines Zeugnisses wäre ja eine Lüge, wenn ich nicht in der Weise dazu stehen würde, daß auch meine Stellungnahme zu einer Anzeige des Bruders Jesus Christus wird. Ich würde ja dann mit meiner Existenz sozusagen hinter meinem Wort zurückbleiben; ich würde, wenn meine Stellungnahme nicht eine Bestätigung dessen wäre, was ich zu ihm sage, reden ohne zu glauben, d. h. ohne selbst zu bejahen, was ich sage; was wäre das für ein Lob Gottes? Glaube ich, bejahe ich selbst, was ich sage, bejahe ich Jesus Christus als den wirklichen und helfenden Bruder des notleidenden Nächsten, dann muß ich selbst als zwar nur Beauftragter, zwar zu eigener wirklicher Hilfe nicht fähiger, aber nun immerhin zu einem bestimmten Tun aufgerufener Bruder dieses Nächsten handeln. Nur eine Anzeige wird diese meine Brüderlichkeit, wird dieses mein Handeln sein können, aber immerhin — gerade weil und indem ich ihm dieses Wort zu sagen habe — ein Handeln, und zwar ein brüderliches Handeln. Zu diesem meinem Wort an den Nächsten stehen wird dies bedeuten müssen: daß ich ihm wie ein Bruder dem anderen beistehe, daß mein Handeln ein Handeln für ihn wird. Die Schranke, innerhalb derer ich für ihn handeln kann, ist klar: ich kann nichts für ihn tun, was als mein Tun identisch wäre mit dem allein wirklich helfenden Beistand Gottes in Jesus Christus. Ich kann, indem ich ihm beistehe, nur ein Zeichen dieses Beistandes aufrichten. Aber eben in diesem beschränkten Sinn kann und darf und muß ich für ihn handeln. Zeichen dieses wirklichen Beistands wird nun aber für den Nächsten alles das werden können, was ihm zeigen, was ihn daran erinnern kann, daß seine Lebensnot, in der er sich nicht und in der ihm auch sonst kein Mensch helfen kann, dennoch eine Grenze hat. Wir können seiner Not diese Grenze nicht setzen, wir können und müssen aber — wir, die wir selbst um ihre Begrenztheit durch Jesus Christus wissen — so handeln, daß dem Nächsten in seinem eigenen Leben anschaulich wird, daß es dieses Dennoch, diese Grenze, gibt. Wie soll ihm das anschaulich werden? Offenbar damit, daß ihm gewisse, wenn auch sicher vorübergehende und bloß teilweise Erleichterungen und Linderungen seiner in die Erscheinung tretenden Not zuteil werden, wenn der in die Erscheinung tretenden Not an bestimmter Stelle und in bestimmtem Maß ein Halt geboten wird. Daß dies geschehe, darum kann ich mich jedenfalls sinnvoll, d. h. mit Aussicht auf Erfolg, bemühen. Und wenn ich das tue, dann ist eben dies der Beistand, das brüderliche Handeln, das Handeln für ihn, das innerhalb der klaren Grenze meines Auftrags und Vermögens von mir gefordert ist. Bleibe ich ihm diesen Beistand schuldig und mache ich eben damit das Wort, das ich ihm vielleicht zu sagen versuche, zur Lüge, dann werde ich mich nicht damit entschuldigen können, daß Unmögliches von mir gefordert worden sei. Leiste ich ihm diesen Beistand, dann bleibe ich ihm zwar die eigentliche Hilfe, deren er bedürfte, ebenfalls schuldig und werde darum keinen Augenblick in die Lage kommen, mir auf mein Tun etwas einzubilden. Innerhalb dieses Schuldigbleibens habe ich dann aber meine Schuldigkeit insofern getan, als ich, ein Zeichen der wirklichen Hilfe aufrichtend, getan habe, was auch von mir als dem Schuldigbleibenden gefordert ist, und was ich tatsächlich auch als Schuldigbleibender tun kann. Daß ich es wirklich getan habe, daß mein Bemühen in dieser Richtung als das geforderte Aufrichten eines Zeichens angenommen ist, das werde ich mir freilich nicht selbst zusprechen können; das wird Gnade sein, die ich als solche nur empfangen und glauben kann. Und daß ich, was ich getan hinsichtlich des Nächsten, mit Erfolg getan habe, d. h. daß das Zeichen ihm wirklich gezeigt hat, was es ihm in seiner Not zeigen sollte, das liegt auch nicht in meiner Hand und letztlich auch nicht im Bereich meines Wissens; ich kann auch hier mit meiner Brüderlichkeit nur zum Dienst bereit stehen, damit der wirkliche und helfende Bruder Jesus Christus sich meiner bediene, wenn und wie es sein Wille ist. Das sind zwei weitere Gesichtspunkte, die uns auch mitten im eifrigsten und aufrichtigsten Handeln für den Anderen in der Demut erhalten werden. Sie können aber die klare Notwendigkeit und auch Möglichkeit solchen Handelns nicht zerstören.

Nehmen wir den sichtbarsten und einleuchtendsten Fall möglichen Beistandes, den einer dem Anderen in diesem Bereich leisten kann: er ist in der Lage, einem Anderen, indem er sich selbst opfert, das physische Leben zu retten. (Eben dieser Fall wird ja als Bewährung der Liebe zum Bruder auch 1. Joh. 3, 16; vgl. Joh. 15, 13, hervorgehoben.) Kann er ihm damit, daß er das tut, wirklich helfen? Nein, vom Tode hat er ihn gewiß nicht gerettet; denn früher oder später wird der Tod den jetzt Geretteten doch erreichen. Kann er seiner Tat den Charakter eines Zeichens der wirklichen Hilfe vom Tode geben? Nein, denn auch die reinste Intention, die er bei dieser ausdrucksvollen Tat haben mag, wird ihr diesen Charakter nicht verschaffen können, wenn er ihr nicht, wie es auch mit seinen Intentionen stehen mag, schon gegeben ist. Kann er dieser seiner so ausdrucksvollen Tat die Wirkung geben, daß der Gerettete das Zeichen der wirklichen Hilfe vom Tode, das Zeugnis von Jesus Christus, das ihm durch sie gegeben ist, nun auch wirklich erkennt? Nochmals: Nein, er kann auch das nicht. Es ist schon Manchem durch einen Anderen das Leben gerettet worden, ohne daß er in diesem Ereignis das Zeugnis von dem Retter vom Tode empfangen und angenommen hätte. Er wird den Geretteten wahrlich nicht dazu zwingen können, zu sehen, was in seinem Handeln zu sehen wäre. Es muß also selbst in diesem einfachsten und klarsten Fall eines Beistands, eines menschlichen Handelns für einen Anderen, ein mindestens dreifaches göttliches Wunder geschehen, damit hier durch den Dienst des einen am Anderen Zeugnis abgelegt und damit dieses

Zeugnis zum wirklichen Beistand werde. Aus der Demut wird also auch ein Lebensretter nicht herauskommen: was hat er getan, wenn dieses dreifache Wunder nicht eintritt? Aber wie sollte es darum zu bestreiten sein, daß die Rettung des physischen Lebens, die Einer dem Anderen widerfahren lassen kann, für diesen Anderen tatsächlich bedeuten kann: die Erkenntnis der Grenze seiner Not, eine Erlösung, auf die hin er an die Erlösung glauben lernt, ein Trost, der auch, wenn der augenblicklich verscheuchte Tod später doch eintritt, nicht versagen wird? Wie sollten wir nicht gegebenen Falles aufgefordert sein, dem Nächsten diesen so verheißungsvollen Dienst jedenfalls anzubieten? Wie sollten wir auf seine Wirksamkeit nicht vertrauen, wenn er uns eben gegebenenfalls einfach geboten ist? Wir werden uns klar sein müssen, daß wir über das entscheidende Wunder mit unserem Handeln nicht verfügen können; wir werden aber, indem wir mit dem entscheidenden Wunder als einem Gotteswunder rechnen, erst recht handeln und gerade dann mit der Verheißung, daß es ein brüderliches Handeln sein wird. — Das alles wäre nun sinnvoll anzuwenden auf alle die anderen, weniger sichtbaren und einleuchtenden Möglichkeiten, wo es „nur" darum geht, dem kranken Leben des Anderen zu etwas mehr Gesundheit zu verhelfen, ihm die Last, die er zu tragen hat, ein wenig zu erleichtern, ihn in dem Kummer, der ihn plagt, ein Stück weit zu trösten, in seine Traurigkeit hinein ein bißchen Freude zu bringen, ihn im Kampf mit der ihm eigenen Lebensschwere oder gegenüber den Hemmungen von außen, denen er unterliegt, in dieser oder jener Teilbeziehung zu fördern. „Nur"? Es gibt hier keine Größenunterschiede! Die Liebe kann in der größten Tat für den Anderen klein oder nichtig, und sie kann in der kleinsten wirklich und gewaltig sein. Ich kann nach 1. Kor. 13, 3 alle meine Habe den Armen geben und meinen Leib brennen lassen, ohne daß mir das etwas nütze ist, weil ich die Liebe trotz allem nicht habe. Aber: „Wer dieser Geringsten einen nur mit einem Becher kalten Wassers tränkt seines Namens wegen, weil er ein Jünger ist, wahrlich ich sage euch, es wird ihm nicht unbelohnt bleiben" (Matth. 10, 42). Und: „Ein reiner und unbefleckter Gottesdienst vor Gott dem Vater ist der: die Witwen und Waisen in ihrer Trübsal besuchen..." (Jak. 1, 27). Die Liebe zum Nächsten wird gewogen, nicht gemessen. Wir sind nach allen Seiten weder vom Großen — wenn es um das Große geht — noch vom Kleinen — wenn es nun eben darum geht, im Kleinen getreu zu sein — dispensiert. Es will Alles zu seiner Stunde und in seiner Situation von uns getan sein: alles in der Klarheit, daß wir unvermögend sind, auch nur das Zeichen als solches auf den Plan zu stellen, geschweige denn ihm Kraft zu geben, geschweige denn die Hilfe herbeizuführen, von der das Zeichen zeugt — aber auch Alles in der noch größeren Klarheit, daß uns eben solche Zeichengebung, und zwar eine Zeichengebung wie durch unser Wort so auch durch unsere Tat, geboten ist, daß wir uns an der Verheißung aus dem einzigen Motiv wirklichen Gehorsams genügen lassen sollen, und also: daß das Helfen, Erleichtern, Trösten, Freude bringen, Fördern, so gut wir es verstehen und können, nun eben geschehen muß und unsere Aufgabe ist. Wird es geschehen, und zwar in völliger Gelöstheit von allem Anspruch geschehen, sind wir in der Lage, es so geschehen zu lassen, wie sollten wir dann eigentlich die Zuversicht nicht haben, dem Nächsten nun auch in dieser zweiten Form, in der Form unseres bißchen Beistands, Zeugen Jesu Christi und also dem Gebot, ihn zu lieben, gehorsam zu sein? Es ist nicht nötig, zu sagen, daß sowohl der Gehorsam, in dem das allein geschehen kann, als auch die Gelöstheit, in der wir allein gehorsam sein können, nur im Glauben möglich und wirklich sein werden.

c) Die dritte Form des Zeugnisses besteht darin, daß ich dem Nächsten gegenüber durch meine Haltung bewähre, was ich ihm durch Wort und Tat zu sagen habe. Es kann auch hier nicht um ein Drittes gehen, das nun zu einem Ersten und Zweiten noch hinzukommen müßte. Müßte es erst hinzukommen, dann wären auch jenes Erste und Zweite, dann wären auch mein Wort und meine Tat das Zeugnis sicher nicht gewesen, das ich dem Nächsten schuldig bin. Wiederum könnte es kein vom Wort und von der Tat irgendwie zu lösendes Zeugnis meiner Haltung geben. Es geht um das Zeugnis einer Haltung in Wort und Tat und um das Zeugnis des Wortes und der Tat, die in einer bestimmten Haltung Ereignis werden. Unter „Haltung" im Unterschied zu Wort und Tat ist zu verstehen: die Gesinnung und Stimmung, in der ich dem Nächsten gegenübertrete, das Bild, in welchem ich mich ihm, indem ich zu ihm rede und etwas für ihn tue, einpräge. Diejenige Haltung, die als zeugnismäßig allein in Betracht kommen kann, ist die evangelische Haltung. Sind meine Worte und Taten wirkliches Zeugnis von Jesus Christus, dann läuft in, mit und unter ihnen als schlechterdings Entscheidendes etwas mit und über von meiner eigenen Unterwerfung unter die Herrschaft Jesu Christi, von dem Trost der Vergebung, von dem ich selbst lebe, von der Freiheit der Kinder Gottes, in der ich selbst mich bewege. Es läuft mit und über, d. h. es spricht in meinen Worten und Taten als solchen auch meinen Nächsten an. Es wird eine ihn berührende und umgebende Atmosphäre. Der Nächste bekommt nicht nur meine paar Worte zu hören und mein bißchen Beistand zu erfahren, sondern er bekommt zu merken, daß ich selber dorthin blicke und dorthin höre, wohin zu blicken und zu hören meine Worte und Taten ihn einzuladen scheinen. Was ich ihm zu sagen habe, könnte vielleicht in sich sehr klar und wahr sein, ein sehr klarer und strenger Hinweis auf das eine, was not tut. Und es könnte gleichzeitig meine praktische Stellungnahme eine solche sein, die in sich ganz die Art und die Möglichkeiten eines ehrlichen und erleuchtenden Beistandes hätte. Wie aber, wenn das Bild, das der Andere dabei von mir selbst gewinnt, nun nicht im Sinn des Zeugnisses mitredet in jenen Äußerungen, wenn ich mit meiner Person nun vielleicht doch etwas ganz anderes sage als mit meinem Wort und mit meiner Tat? Habe ich, indem ich rede und handle, mitbedacht, daß beides nur in dem Maß Zeugnis sein kann, als es das Zeugnis meiner Person ist? Wohlverstanden: meine Person kann nicht den Anspruch erheben, dem anderen die allein überzeugende und hilfreiche Person Jesu Christi zu ersetzen, und es steht nicht in meiner Macht, mit meiner Person auch nur ein Zeuge Jesu Christi zu sein. Und es steht auch hier erst recht nicht in meiner Macht, dem Zeugnis meiner Person Eindruck und Nachdruck zu verschaffen. Aber das alles hebt nicht auf, daß ich aufgerufen bin, dem Nächsten mein Zeugnis als ein Zeugnis meiner Person und Haltung zu geben, und daß es, wenn es das nicht ist, wiederum überhaupt kein Zeugnis ist. Es ist kein Zeugnis, wenn das Bild, das ich ihm in meinen Worten und Taten biete, endlich und letztlich doch das eines Gleichgültigen, eines mit seinen eigenen Leiden und Freuden Beschäftigten, eines durch sein eigenes Dransein Gefangenen sein sollte. Wo bleibt dann der Hinweis auf die Herrschaft Jesu Christi? Wie sollte ich, indem ich dieses Bild biete — und mein ernsthaftestes Wort, meine teilnahmsvollste Tat können an sich nicht verhindern, daß ich vielleicht dieses Bild biete –, wie sollte ich in einer endlich und letztlich heidnischen Haltung Gott loben und meinen Nächsten lieben? Wie darf ich mich wundern, wenn mein Opfer, und wäre es noch so gewaltig, unter diesen Umständen weder von Gott angenommen noch von den Menschen respektiert werden kann? Wiederum ist mein Zeugnis kein Zeugnis, wenn ich zwar dem Anderen gegenüber hervorbreche in gewaltiger und scheinbar ganz selbstloser Zuwendung, aber nun wieder nicht in der Geduld, die ihn in Gottes Hand sieht, sondern in der Ungeduld, die ihn in die eigene Hand bekommen möchte, nicht im Glauben an die auch für ihn bereite Vergebung Gottes, sondern in dem Irrglauben, ich sei der Mann, der ihm zu vergeben habe (was dann sicher mit der Erkenntnis endigen wird, daß ich ihm nicht vergeben kann!), nicht in der Hoffnung auf Christus, in der ich ihn mir gegenüber ganz frei zu geben in der Lage bin, sondern in der trügerischen Zuversicht auf das, was ich ihm sagen und was er von mir hören, was ich für ihn tun und was er von mir annehmen soll. Das Bild, das ich in dieser Haltung biete, wird bei der besten Absicht kein Zeichen der in Jesus Christus geschehenen Versöhnung, sondern nur ein Zeichen des Gesetzes sein, das nicht Christi Gesetz ist; es wird dann kein Zeugnis von ihm sein, kein Lob Gottes, keine Liebe meines Nächsten, wie klar und wahr auch mein Wort und wie hilfreich auch meine Tat an sich sein mögen.

Es ist sicher so, daß gerade eine Überlegung dieser dritten Form des von uns geforderten Zeugnisses die ganze Möglichkeit, unseren Nächsten zu lieben, indem wir ihm Zeugen Jesu Christi werden, noch einmal problematisieren muß. Daß wir mit dem Nächsten reden von Jesus Christus und daß wir ihm unseren brüderlichen Beistand erweisen, das scheinen auf den ersten Blick realisierbare Möglichkeiten zu sein. Was kann ich aber tun dafür, daß das Bild, das ich in meiner Person biete, ein evangelisches und weder ein heidnisches noch ein gesetzliches sei? Was vermag ich über meine Gesinnung und Stimmung und gar über die Atmosphäre, die ich verbreite? „Erlöster müßten mir die Erlösten aussehen!" Aber kann denn irgend jemand irgend etwas tun, damit dies geschehe? Nun, man wird ja nicht leugnen können, daß es grundsätzlich auch hier um Dinge geht, die nicht einfach außerhalb des Bereichs menschlicher Möglichkeit und Entscheidung liegen. Wenn von uns verlangt ist, daß wir uns nicht nur mit Worten und Taten, sondern auch mit der Haltung, die wir dabei einnehmen, für den Dienst, zu dem wir bestimmt sind, bereithalten sollen, so ist damit an sich nicht zu viel von uns verlangt. Die Grenzen unserer Verantwortung fallen ja nicht etwa zusammen mit den Grenzen unseres Verantwortungsbewußtseins, auf die man sich hier vielleicht berufen möchte. Wir können, einmal darauf aufmerksam geworden, in Sachen unserer inneren und äußeren Haltung sehr wohl etwas tun; wenn nicht

§ 18. *Das Leben der Kinder Gottes*

Alles, so doch Einiges und vielleicht Wichtigstes. Die Erlösten könnten sehr wohl auch etwas erlöster aussehen! Aber das ist wahr: Deutlicher als bei der Frage des Wortes und der Tat werden wir hier, bei der Frage der Haltung, daran erinnert, daß mit der uns in dieser Zeit und Welt gestellten Aufgabe, Gott zu loben und den Nächsten zu lieben, nicht ein einzelnes Tun und Lassen, sondern eben wirklich unser ganzes Leben von uns gefordert ist. Deutlicher als dort werden wir hier — und schon darum ist es so wichtig, diese dritte Frage besonders zu stellen — daran erinnert, daß wir, die wir den Nächsten lieben sollen, dieselben sind, die Gott lieben sollen von ganzem Herzen, aus ganzer Seele, aus ganzer Vernunft und aus allen unseren Kräften. Die Frage nach unserer Haltung, nach dem Bild, das wir bieten, nach dem Eindruck, den wir machen, ist zwar nicht identisch mit der Frage nach dieser Totalität unseres Gehorsams. Was von uns gefordert ist, das läßt sich ja wahrlich nicht etwa auf die Begriffe Gesinnung, Stimmung, Atmosphäre, Persönlichkeit usw. bringen. Und andererseits haben wir ja auch die Aufgaben des Wortes und der Tat nicht verstehen können, ohne daß dabei sichtbar wurde: es geht um die Aufgabe des Einsatzes unserer Existenz, ohne den weder unser Wort noch unsere Tat Zeugnis von Jesus Christus sein könnten. Dennoch wird offenbar mit der Frage nach unserer Haltung in besonderer Weise gerade die umfassende Frage nach unserer **Existenz als solcher** angerührt. Gibt es auch in diesem dritten Bereich Möglichkeiten, Freiheit, Entscheidung, können wir nicht leugnen, daß wir unsere Haltung so gut wie unsere Worte und Taten zum Gegenstand unserer Besinnung machen, daß wir uns auch hinsichtlich unserer Haltung etwas sagen lassen, daß wir auch unsere Haltung wissentlich und willentlich verändern, korrigieren können, so blicken wir doch von hier aus aus größerer Nähe von dem ganzen Bereich unseres Tuns hinüber und zurück auf dessen Voraussetzung in unserem Sein vor Gott. Wir werden wohl unser bißchen Haltung, so gut wie unser bißchen Wort und Tat, noch einmal von diesem unserem Sein vor Gott **unterscheiden** müssen und dürfen: sofern das alles eben nur unser Tun als Kinder Gottes in dieser gegenwärtigen und vergehenden Welt bezeichnet, während unser Sein vor Gott unser Sein in Jesus Christus und in unserer Zugehörigkeit zu dem kommenden, bleibenden Äon ist. Aber diese Unterscheidung gilt doch nur innerhalb der **Einheit** gerade unserer Existenz als Kinder Gottes. Um uns selber geht es hier wie dort. Und eben an diese unsere Identität in unserem Sein und Tun und insofern an unser Sein vor Gott erinnert uns die Frage nach unserer Haltung. Wer sind wir — wir, die wir für das Lob Gottes, für die Liebe zum Nächsten zum Einsatz unserer Existenz in ihrer Totalität aufgerufen sind? Was haben wir hier einzusetzen und anzubieten? Was ist denn das, was wir in unserem Wort und in unserer Tat und schließlich entscheidend in unserer Haltung dem Nächsten zuwenden können? Wenn diese Zuwendung sich offenbar nicht darin erschöpfen kann, daß wir ihm ein gleichsam von uns selbst gelöstes Zeugnis geben, wenn es vielmehr so steht, daß das Zeugnis in Wort, Tat und Haltung wir selbst, die Zeugen sein müssen? — Wir haben nun bereits darauf hingewiesen, daß die Wirklichkeit, das Werk und die Wirksamkeit dieses unseres Zeugnisses auf keinen Fall in unserer Macht und Verfügung stehen, sondern daß ein Handeln Gottes selbst, dem wir mit unserem Tun nur d i e n e n können, und das von unserem Tun her gesehen nur den Charakter eines Wunders haben kann, Ereignis werden muß, wenn es in unserem Tun zu einem wirklichen Lob Gottes, zu einer wirklichen Liebe des Nächsten kommen soll. Eben dieses Verhältnis zwischen Gott und uns, seinem Handeln und dem unsrigen, in dem Dienst, zu dem uns das Gebot der Nächstenliebe aufruft, muß nun zum Schluß noch in einigen zusammenfassenden Sätzen geklärt werden.

4. Wir tun das, unter gleichzeitiger Aufnahme des letzten, bisher noch nicht erörterten Elementes aus dem Text Mc. 12. Was heißt: „Du sollst deinen Nächsten lieben w i e d i c h s e l b s t !"? Wir haben die Auslegung, als ob damit neben das Gebot der Gottes- und das der Nächstenliebe indirekt ein drittes Gebot, das der Selbstliebe, gestellt und daß diese Selbstliebe dann zum Maß und Prinzip der Nächstenliebe erhoben werde, bereits zurückgewiesen. Daß wir uns selbst lieben, das ist allerdings wahr und wird auch in diesem zweiten Gebot — man beachte, daß es nur und erst hier geschieht — als wahr vorausgesetzt. Es wird uns aber nicht geboten, daß wir uns selbst lieben sollen. Und es wird diese Selbstliebe auch nicht in dem Sinn erwähnt, als sei sie sozusagen das ordentliche Schema und Vorbild für die Liebe zum Nächsten. Selbstliebe heißt ja, muß ja heißen: mit sich selbst allein sein, sich selbst suchen, sich selbst dienen, sich selbst meinen. Daß wir das tun, daß wir es auch dann tun, wenn wir unseren Nächsten lieben, daß solche Selbstliebe die sicht- und greifbare Wirklichkeit auch des seinen Nächsten Liebenden ist, das ist wahr, und eben dies wird durch das Gebot als wahr genug anerkannt und festgestellt. Das Gebot: Du sollst deinen Nächsten lieben! ist aber keine Legitimierung, sondern eine B e g r e n z u n g dieser Wirklichkeit. Liebe ich meinen Nächsten, so ist dies eben das Gericht über meine Selbstliebe, und nicht ihre indirekte Rechtfertigung. Weit entfernt davon, daß ich meinem Nächsten, indem ich ihn liebe, dieselbe gute Sache zuwendete, die ich, mich selbst liebend, mir selber zuwende, bekenne ich, indem ich meinen Nächsten liebe, vielmehr dies, daß meine Selbstliebe keine gute Sache, daß sie überhaupt keine Liebe ist, fange ich jetzt erst, indem ich meinen N ä c h s t e n liebe, an, ü b e r h a u p t zu lieben. Was kann nun anders die positive Bedeutung des „wie dich selbst" sein, als dies: uns ist a l s denen, die sich selbst lieben, d. h. als denen, die in Wirklichkeit nicht lieben, a l s den Sündern, die wir sind, geboten, den Nächsten zu lieben. Eben als die, die in Wahrheit von

Haus aus und dauernd sich selbst suchen, sich selbst dienen, sich selbst meinen, eben in dieser unserer Wirklichkeit sind wir durch Gottes Offenbarung und Gebot und also konkret durch das Gebot der Nächstenliebe angesprochen und in Anspruch genommen. Eben diese Wirklichkeit der Selbstliebe und also der Sünde ist ja in dieser gegenwärtigen und vergehenden Welt und also hinsichtlich ihres Tuns auch die Wirklichkeit des Lebens der Kinder Gottes. Wir fragten uns vorhin: Wer sind wir denn, wir, die zur Liebe des Nächsten Aufgerufenen? Was haben wir denn etwa, wir, die wir nicht nur Zeugnis geben, sondern Zeugen sein sollen, mit unserem Wort, mit unserer Tat, durch unsere Haltung, einzusetzen und darzubieten? Die Antwort liegt nun — und das Gebot selbst gibt sie uns — auf der Hand: Wir können uns selbst nur als Sünder einsetzen und darbieten. Es wird, indem wir unseren Nächsten lieben, immer auch wahr sein, daß wir uns selbst lieben, daß also überhaupt keine Liebe in uns ist. Unsere Existenz ist die von solchen, die sich von Haus aus und dauernd gegen die Liebe vergehen. Das und also daß wir unter dem Gericht des Gebots stehen, ist die Antwort, die wir uns auf jene, vielleicht gerade durch das Problem unserer Haltung besonders dringlich werdende Frage geben müssen.

Es ist nun gewiß nicht zu übersehen, daß das Gebot auch in dieser letzten Wendung voll Evangelium ist. Gerade in dieser Wendung, gerade indem es uns kennzeichnet als die, die wir sind, und uns nun doch gerade als solche in Anspruch nimmt, sagt es uns ja, daß wir uns nicht etwa einer Überheblichkeit hingeben, wenn wir es wagen, dem Nächsten nicht nur als Genossen seiner Not, sondern als Wissende um die Hilfe in seiner und unserer Not entgegenzutreten. Wir nehmen uns nichts, was uns nicht gehört, wenn wir es wagen, das zu tun. Daß wir Sünder sind, daß keine Liebe in uns ist, das ist uns durch das Gebot selber gesagt; das übernimmt der, der uns gebietet, sozusagen auf seine eigene Verantwortung. Er will uns in dieser gegenwärtigen und vergehenden Welt haben für den Gehorsam gegen sein Gebot. Er will uns also haben als die, die wir sind, also in und mit unserer Selbstliebe und also Lieblosigkeit. Indem das Gebot das Gericht über uns vollzieht, schließt es uns doch nicht aus, sondern ein, nimmt es uns als Kinder Gottes, als Wissende um die Hilfe in der Not, als solche, die einen Auftrag von Gott bekommen und die ihn ausführen können, nun dennoch ganz ernst. Indem es uns als die Lieblosen zur Liebe aufruft und in den Stand von Zeugen versetzt, schneidet es uns alle müdemachende, vom Wagnis des Gehorsams zurückhaltende oder abrufende Reflexionen hinsichtlich der Würdigkeit unserer Worte, unserer Taten, unserer Haltung gerade ab, um uns ganz freizugeben. Wir sind schon gerichtet; daß wir uns selbst lieben und also lieblos sind, darüber ist schon entschieden in dem Augenblick, wo uns gesagt wird, daß wir lieben sollen. Gott weiß Bescheid über unser Sein, und zwar besser und radikaler, als wir uns jemals auch mit den gründlichsten Reflexionen selber Bescheid sagen könnten. Daß wir uns besinnen hinsichtlich des Wagnisses, dem Nächsten nun wirklich als Zeugen — als Zeugen von dem, was größer ist als seine und unsere Not — zu begegnen, diese Besinnung kann doch nur darin bestehen, daß wir uns des Bescheides erinnern, der uns durch Gottes Gebot selbst gesagt ist. Besser, strenger und gründlicher, als es durch dieses kritische „wie dich selbst" geschieht, könnten wir es mit unseren Reflexionen über uns selbst doch nicht machen. Es steht vielmehr zu befürchten, daß unsere Reflexionen entweder mit einem optimistischen Resultat endigen würden, auf Grund dessen unser vermeintlicher Gehorsam gegen das Gebot in der Wurzel dadurch vergiftet wäre, daß wir uns jetzt nicht mehr ganz auf die Verheißung, sondern doch auch auf uns selbst verlassen würden. Oder aber wir würden pessimistisch endigen und würden uns dann wohl als Leute, von deren Wort, Tat und Handlung zu viel verlangt werde, von weiteren Versuchen, gehorsam zu sein, für dispensiert halten. Das „wie dich selbst", mit dem uns gesagt ist, daß unser Gehorsam zum vornherein gar nicht anders gedacht ist, denn als ein Gehorsam von Sündern, schneidet uns den einen wie den anderen Irrweg ab. Eben dieses vernichtende „wie dich selbst" ladet uns ein, unser Vertrauen einfach darauf zu setzen, daß uns das Gebot gegeben ist. Eben dies, das Haben des Gebotes, ist unser wahres Sein, an dem wir uns genügen lassen sollen und können, um es Gott zu überlassen, was denn angesichts der uns gleichzeitig offenbaren Tatsache, daß es ein Sein von Sündern ist, aus unserem Tun und Erfüllen des Gebotes werden soll. Wir haben darüber wirklich außer in Jesus Christus keine Voraussicht. Wir müssen dafür, für die Rechtfertigung unseres Tuns, für die Annehmbarkeit des bißchen Lobes, das wir Gott darbringen, für die Wahrheit der Liebe, die wir dem Nächsten zuwenden, wirklich Gott sorgen lassen. Daß wir das dürfen, daß wir, indem uns die Liebe geboten wird, eben dazu eingeladen werden, unsere Sorge hinsichtlich der Erfüllung dieses Gebotes ganz auf Gott zu werfen, das ist noch einmal und nun auch in diesem Zusammenhang das Evangelium in diesem Gebot. — Aber eben von hier aus ergibt sich nun auch mit unzweideutiger Bestimmtheit, daß die Wirklichkeit, das Werk und die Wirksamkeit unseres Zeugnisses — wenn wir Zeugnis ablegen, wenn wir Zeugen sind — nicht in unserer Macht und Verfügung stehen, daß es also tatsächlich ein Wagnis bedeutet, bei welchem wir außer dem Gebot selbst und der in ihm beschlossenen Verheißung keine Sicherung haben, bei welchem wir abgesehen von unserem Glauben an Jesus Christus einfach jedes Risiko auf uns nehmen, wenn wir uns getrauen, dem Nächsten, von dem wir nur wissen können, daß er in der Not, und zwar in derselben Not ist wie wir selber, in Wort, Tat und Haltung entgegenzutreten als solche, die ihm etwas zu sagen, zu zeigen, zu geben haben, die ihm etwas sein können. Was werden wir ihm denn schon sein können? Wir werden ihn ja doch nur lieben wie uns selbst, d. h. als die sich selbst Liebenden und also Lieblosen. Wir haben wirklich — außer der einen — keine Garantie dagegen: daß nicht all unser Reden, Tun und Sein ihm gegenüber schlechterdings bloß unsere Selbstliebe und Lieblosigkeit verraten möchte. Sollen wir damit rechnen und darauf hoffen, daß der Andere dessen in einer wohltätigen Täuschung nicht gewahr werde? Sollen wir vielleicht unser Bemühen darauf richten, diese Täuschung zu unterstützen? Es besteht leider kein Zweifel darüber, daß sehr viel vermeintliche Bemühung um den Nächsten im Grunde nur dieses Bemühen ist: das Gericht, unter dem ein jeder von uns steht, vor den Augen der Anderen so gut als möglich zu verdecken. Daß wir ihn damit — und wenn das noch so gut und heilsam gemeint wäre — erst recht nicht lieben, daß unsere Worte, unsere Taten und unsere Haltung unter diesen Umständen erst recht kein Zeugnis sein können, braucht jetzt nicht mehr bewiesen zu werden. Wenn wir uns dem Gericht des Gebotes wirklich unterwerfen, wenn es uns klar ist, daß wir dem Gebot nur als die durch das Gebot Gerichteten gehorchen können und daß dies eben das Evangelium im Gebot ist, daß wir ihm gerade als die durch das Gebot Gerichteten gehorchen dürfen, dann werden wir dieses Bemühen, uns vor dem Anderen zu verbergen, einstellen. Hier ist nichts zu verbergen: wir können und sollen den Nächsten nur lieben als die, die wir sind, und also „wie uns selbst". Wir können ihm nicht in einer selbsterfundenen Maske von Liebe gegenübertreten, sondern wir können es nur wagen als die, die wir sind, zu tun, was uns als Wort, Tat und Haltung ihm gegenüber befohlen ist, ganz und gar o h n e die Voraussicht, ja ganz und gar g e g e n die Voraussicht, daß unser Tun diesem Befehl genügen werde, ganz und gar darauf uns verlassend, daß eben der, der uns — uns, den Lieblosen, befiehlt, daß wir lieben sollen, dafür sorgen wird, daß unser Tun wirkliches Lieben sein wird. Es kann keine Frage sein: wir müssen uns (es gehört diese Treue gegenüber dem Evangelium im Gebot mit zu unserem Gehorsam gegen das Gebot als solches!) auf das Wunder, auf die f r e i e G n a d e G o t t e s verlassen: daß sie gut mache, was wir nach unserer eigenen Voraussicht nur schlecht machen können. Wir müssen vertrauen darauf, Jesus Christus wird zugegen sein in dieser meiner Begegnung mit meinem Nächsten: um seine und nicht um meine Sache wird es dabei gehen, und er wird seine Sache recht und siegreich führen, auch wenn ich meinen Teil dabei noch so schlecht mache. Wir müssen vertrauen darauf: Jesus Christus ist es, der mir hier einen Anteil an seiner Sache übertragen hat; er wird das nicht umsonst getan haben; er wird sich meines Dienstes bedienen und ihn damit zu einem wirklichen Dienst machen, obwohl ich nicht sehe, wie mein Dienst ein wirklicher Dienst sein kann. Wir müssen vertrauen darauf: Jesus Christus ist der Herr, in dessen Hand auch der andere der Nächste ist; er ist auch für ihn

Mensch geworden und gestorben; meine Lieblosigkeit kann und wird für ihn kein Hindernis sein, diesen Anderen durch mich zu ihm zu rufen. Das alles können keine Sicherungen sein. Das alles wird immer wieder bloßes Vertrauen sein können. Aber eben dieses bloße V e r t r a u e n ist es, was von uns gefordert ist, wenn uns geboten wird: du sollst deinen Nächsten lieben wie dich selbst! — Und nun können wir eben dieses bloße Vertrauen, in welchem hier allein gehorcht werden kann, zum Schluß noch auf folgende doppelte Bestimmung bringen:

a) Der Mut, mit dem sich ein Mensch, dem Gebot gehorsam, ohne die Voraussicht, ja gegen die Voraussicht auf eine Erfüllung des Gebotes durch das, was er tun wird, dem Nächsten zuwendet, um ihm durch Wort, Tat und Haltung ein Zeuge zu sein — dieser Mut kann nur der Mut der Demut sein, in welchem er sich dem Dienst der K i r c h e, ihrer Sendung und ihrem Auftrag zur Verfügung stellt. Der Auftrag zum Zeugnis ist ja der Auftrag der Kirche. Und auch die Verheißung dieses Auftrags: die Gegenwart Jesu Christi, sein Regiment inmitten der menschlichen Verkehrtheit, die Kraft der von ihm ausgesprochenen Sündenvergebung, die Kraft eines Handelns in seinem Namen — auch diese Verheißung ist die der Kirche gegebene Verheißung. Durch die Kirche in der heiligen Taufe unter die Verheißung des Heiligen Geistes gestellt, durch die Kirche belehrt, getröstet und angeleitet, durch die Kirche im heiligen Abendmahl gespiesen und getränkt zum ewigen Leben mit dem wahren Leib und Blut Christi — in dieser sakramentalen Stellung und Ordnung meiner Existenz werde ich jenes bloße Vertrauen fassen und in die Tat setzen. Indem ich diese sakramentale Bestimmung meiner Existenz in ihrer ganzen Konkretheit annehme, habe ich den wiederum ganz konkreten Mut zu jenem bloßen Vertrauen und also zu jenem Gehorsam, dessen Ergebnis ich nicht vorhersehen kann, und also zur Liebe meines Nächsten. Wir wissen ja: das Leben der Kinder Gottes ist nichts anderes als das Leben der Kirche Gottes.

b) Jenes bloße Vertrauen fassen und in die Tat setzen, das bedeutet Anrufung Gottes im G e b e t. Die der Kirche gegebene Verheißung will doch von jedem Einzelnen unter ihren Gliedern immer wieder empfangen sein. Die heilige Kirche mit ihrem Auftrag und mit ihrer Verheißung lebt ja in ihren sündigen Gliedern. Und wie die Kirche den Herrn und die freie Gnade, in der er zu jedem Einzelnen einzeln redet, um ihrer selbst willen nicht verdrängen und ersetzen wollen kann, so kann sie auch, wiederum um ihrer selbst willen, dem Einzelnen die Anrufung dieses Herrn, den direkten Appell an dessen freie Gnade, nicht abnehmen. Das Gebet ist die subjektive Bestimmung des Vertrauens, in welchem wir den Nächsten lieben dürfen wie die Kirche, wie Taufe und Abendmahl seine objektive Bestimmung ist. Beten heißt eben jenes Entscheidende, was uns dieses Vertrauen von uns aus möglich macht: daß wir unsere Sorge auf Gott werfen dürfen, die Sorge um uns selbst: wie es mit unserem Lieben werden möchte, und die Sorge um den Anderen: ob ihn unsere Liebe wohl erreichen möchte. Wir können den Nächsten letztlich nur damit lieben, daß wir für uns und für ihn beten: für uns, daß wir ihn recht lieben möchten, für ihn, daß er sich lieben lassen möchte. Wobei der Sinn des Gebetes nach beiden Seiten nur der sein kann, daß Jesus Christus nach seiner Verheißung für uns und für ihn, an uns und an ihm sein Werk geschehen sein lassen möge. Beten, die Bitte, die wir an Gott richten, kann ja nur darin bestehen, daß wir in Empfang nehmen, was Gott uns bereitet hat, bevor und ohne daß wir die Hände danach ausstrecken. In diesem Lobe Gottes leben die Kinder Gottes, die Gott lieben, weil er sie zuerst geliebt hat.

DRITTES KAPITEL

DIE HEILIGE SCHRIFT

§ 19
GOTTES WORT FÜR DIE KIRCHE

Gottes Wort ist Gott selbst in der heiligen Schrift. Denn nachdem Gott als der Herr einmal zu Mose und den Propheten, zu den Evangelisten und Aposteln geredet hat, redet er durch deren geschriebenes Wort als derselbe Herr zu seiner Kirche. Die Schrift ist heilig und Gottes Wort, indem sie der Kirche durch den Heiligen Geist zum Zeugnis von Gottes Offenbarung wurde und werden wird.

1. DIE SCHRIFT ALS ZEUGNIS VON GOTTES OFFENBARUNG

Die Aufgabe der Dogmatik (vgl. Kirchl. Dogm. I 1 § 7, 1) ist die Frage nach dem Wort Gottes in der Verkündigung der christlichen Kirche, oder konkret: die Frage nach der Übereinstimmung dieser Verkündigung mit der heiligen Schrift als dem Worte Gottes. Zur Klärung dieser Frage als solcher haben wir zunächst nach der sowohl der kirchlichen Verkündigung als auch der heiligen Schrift vorgeordneten Gestalt des Wortes Gottes, d. h. nach Gottes Offenbarung fragen müssen. Weil und indem Gott sich offenbart hat, gibt es ein Wort Gottes, gibt es auch heilige Schrift und kirchliche Verkündigung als Wort Gottes, gibt es eine Beziehung und Korrespondenz zwischen beiden, wird die Frage nach ihrer Übereinstimmung möglich und notwendig. Auf die Frage nach diesem in beiden anderen Gestalten des Wortes Gottes vorausgesetzten Begriff der Offenbarung haben wir nun Antwort bekommen. Wir haben diese Antwort nicht frei gesucht und gefunden, sondern wir haben sie der Bibel entnommen, weil diese ein Zeichen ist, das, wie niemand bestreiten kann, auf eine der Verkündigung der Kirche gegenüberstehende überlegene Instanz jedenfalls hinweist. Wir meinten, im Widerspruch gegen den römischen Katholizismus und gegen den protestantischen Modernismus dieses Zeichen ernst nehmen zu sollen. Darum haben wir uns die Antwort auf die Frage nach der Offenbarung in allen entscheidenden Stücken durch die Bibel geben lassen. Und nun hat uns die Bibel Antwort gegeben. Sie hat uns die Herrschaft des dreieinigen Gottes in dem fleischgewordenen Worte durch den Heiligen Geist bezeugt.

Eben damit hat uns die Bibel nun aber auch, ohne daß zunächst danach gefragt war, eine Antwort hinsichtlich ihrer selbst gegeben. Wir wissen jetzt, inwiefern sie auf eine der Verkündigung der Kirche gegenüberstehende überlegene Instanz hinweist: eben insofern offenbar, als sie **Zeugnis von Gottes Offenbarung ist**. Wir haben nicht umsonst auf dieses Zeichen geachtet. Es hat sich als solches bewährt, es hat uns etwas gezeigt, und zwar tatsächlich eine gegenüber aller in der Kirche sich ereignenden, auf Kirchlichkeit Anspruch erhebenden Verkündigung überlegene, richterliche, entscheidende Instanz gezeigt. Anerkennt die Kirche diese Instanz und anerkennt sie also die konkrete Bedeutung der Bibel als das auf diese Instanz hinweisende Zeichen? Anerkennt sie, daß die Frage der Dogmatik ihre eigene Frage sein muß: die Frage nach der Übereinstimmung ihrer Verkündigung eben mit diesem Zeichen, weil ihr in mit und unter diesem Zeichen das Wort Gottes gegenübergestellt ist, mit dem sie übereinstimmen muß, wenn sie selber Wort Gottes sein will? Die Dogmatik kann diese Frage nicht für die Kirche beantworten. Sie kann das nur an ihrem bestimmten Ort in der Kirche tun. Ist sie eine **kirchliche** Dogmatik, wie sollte sie sie dann anders als positiv beantworten?

Wir verstehen, nachdem uns der Inhalt des biblischen Zeugnisses vor Augen steht, besser als vorher, daß die tatsächliche Anerkennung dieses Zeugnisses und die Willigkeit, ihm Folge zu leisten, immer ein zugleich ganz wunderbares und ganz schlichtes, ganz anspruchsloses Geschehen sein wird. Wenn das biblische Zeugnis in der Kirche Gehorsam findet, dann ist es eben so: in aller Unscheinbarkeit, ohne allen Schmuck besonderer Gründe und Rechtfertigungen, ohne Berufung auf prophetische Sendung, Erfahrung und Erleuchtung. Wir können jetzt rückblickend auf den Inhalt dieses Zeugnisses sagen: die Herrschaft des dreieinigen Gottes hat sich dann eben als **Tatsache** erwiesen. Wenn dem so ist, wenn also auch der Gehorsam gegen dieses Zeugnis Tatsache ist, wenn also die kirchliche Verkündigung tatsächlich diesem Zeugnis unterworfen, an ihm gemessen und nach ihm ausgerichtet wird, dann wird man nach äußeren und inneren Gründen und Rechtfertigungen: warum gerade die Bibel? gar nicht fragen. Gerade der Bibel wird man es ja, wenn man ihr je gehorsam werden sollte, überlassen, sich in dem, was dann geschehen wird, selbst zu beglaubigen, d. h. ihr Zeugnis von Gottes Offenbarung, das man dann wohl gehört hat, selbst zu wiederholen, so daß es dem Gehorsamen selbst und allen Anderen wieder vernehmbar wird. Jede Berufung, durch die der Gehorsame — als ob das nötig wäre — seinen Gehorsam auch noch begründen wollen könnte, würde ja dessen Charakter als Gehorsam sofort wieder in Frage stellen müssen. Wo die Herrschaft des dreieinigen Gottes Tatsache ist, da ist sie selbst Grund, und Grund genug, zum Gehorsam.

Was es unter Voraussetzung solchen Gehorsams für die kirchliche Verkündigung bedeutet, dem biblischen Zeugnis unterworfen, an ihm gemessen, nach ihm ausgerichtet zu werden, darüber kann und muß freilich

1. Die Schrift als Zeugnis von Gottes Offenbarung

nachgedacht und geredet werden: wir werden dieser Frage im letzten Kapitel dieser Prolegomena nachgehen, wo die Aufgabe der Dogmatik ihre letzte konkrete Formulierung bekommen soll. — Bevor wir an diese Frage herantreten können, bedarf es offenbar einer besonderen Besinnung darüber, was es — wiederum unter Voraussetzung jenes unscheinbaren Gehorsams — nun eben mit der Bibel als solcher auf sich hat: mit ihrem Wesen als zeigendes Zeichen und in ihrem Verhältnis zu dem von ihr Gezeigten, mit ihrem normativen und kritischen Charakter gegenüber der kirchlichen Verkündigung, mit ihrer begrenzenden und bestimmenden Bedeutung für das Leben der Kirche im Ganzen und in ihren einzelnen Gliedern. Darüber müssen wir uns ja klar sein: in jenem unscheinbaren Gehorsam dem biblischen Zeugnis gegenüber steckt, ausgesprochen oder unausgesprochen, eine ganz bestimmte Erkenntnis hinsichtlich dieses Zeugnisses. Schon der bereits ausgesprochene Satz: daß es das Zeugnis von der Offenbarung ist, ist gewichtig und gehaltvoll genug. Er bedarf aber der Umschreibung und Erläuterung. Und er dürfte der einzige Satz, der hier auszusprechen ist, nicht sein. Ist es das Zeugnis von der Offenbarung und gibt es in aller Unscheinbarkeit einen echten und notwendigen Gehorsam gegen dieses Zeugnis, dann muß dieses Zeugnis selbst und als solches — nicht weniger als die Offenbarung, von der es zeugt — in Kraft der von ihm bezeugten Offenbarung Gottes Wort sein, und es muß ihm in der Kirche im Unterschied zu allen anderen Worten und Zeichen die Würde und Geltung des Wortes Gottes zukommen. Es kann nicht überflüssig sein, das alles durchzudenken und auszusprechen, schon darum nicht, weil unsere Stellung zu diesem Zeugnis sicher immer wieder der Prüfung bedarf, der Nachfrage: ob sie jener unscheinbare, aber echte und notwendige Gehorsam denn auch wirklich sei. Die Voraussetzung dieses Gehorsams — den wir freilich nicht schaffen, sondern den wir nur als Tatsache voraussetzen können, muß bei der Beantwortung jener nachher aufzuwerfenden Frage nach der konkreten Aufgabe der Dogmatik gegenüber der Verkündigung in sich geklärt sein. Diese Klärung ist aber nicht wohl anders zu vollziehen als dadurch, daß wir die in dem echten und notwendigen Gehorsam gegen das biblische Zeugnis enthaltene Erkenntnis hinsichtlich des Charakters und der grundsätzlichen Bedeutung dieses Zeugnisses ans Licht zu stellen suchen. Es ist also die Lehre von der heiligen Schrift, der wir uns nun zuzuwenden haben.

Wir haben damit den Punkt erreicht, dessen ausdrückliche Fixierung und Hervorhebung für das Bekenntnis und für die Lehre der Reformationskirchen des 16. Jahrhunderts in ihrem Gegensatz gegen die römische Kirche wie gegen die Schwärmer und Spiritualisten nach ihrem eigenen Bewußtsein und Empfinden so wichtig war, daß sich die Regel bald und mit der Zeit immer bestimmter durchsetzte, die kirchlichen Erklärungen über das Bekenntnis und dann auch die theologischen Darstellungen der evangelischen Lehre mit einer Darlegung gerade dieser Erkenntnis: der Erkenntnis hinsichtlich des Charakters und der Bedeutung der heiligen Schrift zu eröffnen. *Fallitur quisquis aliunde christianismi formam petit, quam e sacra scriptura*, hatte Melanchthon schon in der Vorrede seiner *Loci* von 1521 geschrieben. Bezeichnend für diese Entwicklung war die Einladung, die der Rat der Stadt Zürich Anfang 1523 zu jener entscheidenden Disputation ausgehen ließ. Es heißt darin nicht nur, daß die „göttliche geschrifft" sozusagen geschäftsordnungsmäßig die entscheidende, und zwar die allein entscheidende, gemeinsame Voraussetzung der beabsichtigten Verhandlung über die in der Kirche entstandene Entzweiung sein solle, sondern es wird hinsichtlich der zu erwartenden Ergebnisse dieser Verhandlung nicht ohne drohenden Beiklang festgestellt: Und nochdem sich mit göttlicher schrifft und worheidt erfindt, werdent hyeruff wir ein jeden heym schicken, mit befelch fürzufaren, oder abzestan, dadurch nit für und für ein jeder alles das jn gut bedunckt, on grundt der rechten göttlichen schrifft an der Cantzel predige. ... Und so ferr über solichs yemants widerwertig, und nit mit rechter göttlicher leer erschinne, mit dem würden wir nach unser erkanntnüss weitter handlen das, des wir lieber enthalten sein wolten. Dementsprechend beginnen die von Zwingli verfaßten Thesen für die Berner Disputation von 1528 mit dem lapidaren Satz: Die heylig Christenlich Kilch, deren eynig houpt Christus, ist uss dem wort Gotts geborn, im selben belybt sy, und hört mit die stimm eines frömbden. Dass die Augsburger Konfession der Kirchen lutherischer Herkunft von 1530 im Unterschied zu der gleichzeitig eingereichten zwinglisch orientierten *Confessio tetrapolitana* das Schriftprinzip nicht ausdrücklich ausspricht, sondern nur stillschweigend voraussetzt, ist oft bemerkt worden; man muß aber beachten, daß Zwingli selbst, der damals ebenfalls eine Eingabe *(Fidei ratio)* an den Kaiser richtete, es darin auch nicht anders hielt, daß auch noch die Zürcher „Einleitung" von 1523, der Berner Synodus von 1532 und das Basler Bekenntnis von 1534 eine hervorgehobene Aufstellung über das Schriftprinzip ebenfalls vermissen lassen. Und wenn Luther sie in seinen Katechismen von 1529 unterlassen hat, so ist dasselbe doch auch von dem Calvins von 1545 zu sagen. Es handelt sich also nicht etwa um eine spezifisch reformierte Angelegenheit; das zeigt sich auch nachher, als die Hervorhebung des Schriftprinzips in allgemeine Aufnahme kam. Wird sie, seit der *Conf. helv. prior* und der Genfer *Confession de la foy* (beide 1536) als Eingangsartikel der reformierten Bekenntnisschriften allerdings typisch und ist auch der berühmte Eingang der *Institutio* Calvins nur zu verstehen, wenn man sieht, daß ihr Skopus eben die Behauptung des Schriftprinzips im Gegensatz zu allen durch den Sündenfall verschütteten sonstigen Quellen der Gotteserkenntnis ist, so steht diese doch auch am Anfang von Melanchthons *Examen ordinandorum* (1559), am Anfang des *Examen concilii Tridentini* des Martin Chemnitz (1565), am Anfang der beiden Teile der Konkordienformel (1579). Und es ergibt ein Vergleich zwischen den älteren dogmatischen Werken der Orthodoxie: etwa zwischen den *Loci* des Joh. Gerhard (1610 f.) und dem *Compendium* des Leonhard Hutterus (1610) auf der einen, den *Loci* des Petrus Martyr (1576), den *Institutiones theologicae* des W. Bucan (1602), dem *Syntagma* des Polanus (1609), dem *Compendium* des J. Wolleb (1626) auf der anderen Seite: daß das Schriftprinzip bei den Lutheranern jetzt womöglich noch beflissener und sichtbarer als bei den Reformierten an die Spitze des theologischen Systems gerückt wurde. Bei diesem seinem Charakter als der formalen Grundlehre der evangelischen Kirche ist es denn auch geblieben, bis es als solche durch das neue Dogma *De religione* erst konkurrenziert, dann faktisch, dann weithin auch theoretisch verdrängt wurde. Für die Theologie des 18. und 19. Jahrhunderts war es im ganzen zu einer ehrwürdigen historischen Reminiszenz und zu einer Verlegenheit geworden. Man darf aber seine latente Fortexistenz auch in dieser Zeit nicht übersehen: Aus der Kirche ist ja die Bibel als die ordnungsmäßige Textgrundlage der Verkündigung nie verschwunden, und von ihrer faktischen Geltung gibt die Bibelkritik und später die Bibelwissenschaft, in der die Theologie sich nun erst recht betätigte, ein indirektes, aber um so eindrucksvolleres Zeugnis. Und als in den letzten Jahren zunächst der Protestantismus in Deutschland zu einer Besinnung, Rechenschaftsablage und Abwehr aufgerufen wurde durch eine innere Bedrohung, in der seine ganze schleichende Erkrankung der letzten Jahrhunderte auf einmal akut geworden sein dürfte, da war es weder Zufall noch Willkür, wenn schon im Mai 1933 an der Spitze der sog. Düsseldorfer Thesen jener Satz Zwinglis von 1528 wörtlich wieder auftauchte und wenn im Januar 1934 die Freie Reformierte Synode von Barmen-Gemarke als erste von den Freien Synoden, in denen sich die Bekennende Kirche konstituierte, aber nachher im Mai 1934 auch die Reichssynode von Barmen aufs neue und in bestimmter polemischer Abgrenzung mit einer gewissen automatischen Notwendigkeit eben das reformatorische Schriftprinzip geltend machte und bekenntnismäßig zum Ausdruck brachte. Es scheint schon so zu sein, daß der in diesem Prinzip enthaltene Spruch und Widerspruch, die diesem Prinzip entsprechende Gehorsamsstellung dem Protestantismus als solchem wesentlich ist: ob das Prinzip nun ausdrücklich als solches formuliert wird oder nicht. Wenn er einmal n i c h t mehr so reagieren könnte, wie er es in der Zeit der Gegenreformation und dann doch auch in unseren Tagen getan hat, wenn die Kirche es einmal wagen würde, das Zeichen der ihren Gottesdienst und Unterricht beherrschenden Bibel einfach zu e n t f e r n e n, das wäre allerdings das E n d e des Protestantismus. Er würde dann damit — eben um diesen und nur um diesen Protest muß es ihm ja gehen — aufhören zu protestieren. In dem Maß, als er protestieren muß und will, nach dem Gesetz des konkreten, doppelten Gegensatzes, nach dem er angetreten, wird auch die Formulierung dieses Prinzips immer wieder unvermeidlich werden.

Es handelt sich also bei der L e h r e von der heiligen Schrift als solcher um das B e k e n n t n i s, in welchem die Kirche die der rechten und notwendigen Gehorsamsstellung gegenüber dem Zeugnis von der Offenbarung entsprechende E r k e n n t n i s sich klarmacht und damit in erster Linie sich selbst bei dieser Stellung behaftet und festlegt. Es dürfte wichtig sein, sich zum vornherein dagegen zu verwahren, als könnte es nun etwa doch noch zu einer Begründung und Rechtfertigung dieser Stellung kommen. Wo die Bibel als Zeugnis von Gottes Offenbarung gesprochen hat und als solche vernommen und anerkannt worden ist, da i s t der Mensch in diese Stellung gedrängt, da hat er alle Hände voll mit dem zu tun, was in dieser Stellung getan werden muß, da hat er keinen Raum und keine Zeit, sich zu fragen, ob und warum er auch in Zukunft in ihr verharren könne und wolle, da hat er schon für den Gedanken, daß er vielleicht auch nicht in ihr verharren könnte oder wollen könnte, gar nicht die Freiheit, und also auch nicht die Möglichkeit, sich nach Begründungen und Rechtfertigungen für seine Stellungnahme umzusehen. Die Lehre von der heiligen Schrift kann also nur bestätigen: wir s i n d durch das Zeugnis von der Offenbarung in diese Stellung versetzt; wir bekennen uns dazu und also zu der Notwendigkeit alles dessen, was in dieser Stellung geschehen muß.

Man könnte fragen: Ist ein solches Bekenntnis nötig? Genügt nicht die Tatsache, daß wir in diese Stellung versetzt sind, und also der daselbst zu leistende Gehorsam selbst und als solcher? Ist nicht jede Lehre von der heiligen Schrift als solche ein überflüssiges Herr-Herr-Sagen? Und man könnte weiter fragen, ob denn solches Bekenntnis als eine Bestätigung unserer eigenen Stellungnahme nicht gefährlich sein, nicht doch wieder auf eine Begründung und Rechtfertigung hinauslaufen möchte, mit der wir unseren Gehorsam nur in Frage stellen könnten?

Auf die erste dieser Fragen ist zu antworten: Das Bekenntnis zur
heiligen Schrift als dem Zeugnis von Gottes Offenbarung ist nötig, wenn
und sofern wir nach unserer Stellung zu ihr gefragt sind. Wir sind aber
tatsächlich immer wieder nach ihr gefragt: von der Schrift selbst, die ja
wirklich auch das von uns haben will, daß wir wissen, was wir tun, wenn
wir ihr gehorchen — von anderen Menschen, die uns nahelegen möchten,
eine andere Stellung als diese zu beziehen, die in aufrichtiger oder un-
aufrichtiger Meinung von uns wissen möchten, ob wir uns denn des Sinnes
und der Konsequenzen dessen, was wir tun, bewußt seien? — endlich von
uns selbst, sofern Gehorsam und Ungehorsam sich doch auch, und genau
gesehen vor allem: in uns selbst, im Gespräch gegenüberstehen. Also: als
die sichtbar zu machende Grenze des Gehorsams gegenüber dem Ungehorsam ist das Bekenntnis zur Schrift selber ein notwendiger Bestandteil des Gehorsams gegen die Schrift.

Wenn Jesus nach Matth. 7, 21 f. gesagt hat, daß nicht alle, die Herr Herr zu ihm sagen,
in das Himmelreich kommen, sondern die den Willen tun seines Vaters im Himmel, so ist
damit nicht gesagt, daß, wo der Wille dieses Vaters getan wird, das Herr-Herr-Sagen
unterbleiben solle oder auch nur könne. Daß das Bekenntnis nur das Bekenntnis des
Gehorsams sein kann, hebt nicht auf, daß eben der Gehorsam sich dem eigenen und
fremden Ungehorsam gegenüber, in Anerkennung und Überwindung der ständig drohenden Versuchung, als Gehorsam auch bekennen muß.

Auf die zweite Frage ist zu antworten: Um eine Bestätigung unserer
eigenen Stellung kann es bei dem Bekenntnis zur heiligen Schrift nur
insofern gehen, als wir uns durch dieses Bekenntnis, d. h. durch die Klar-
stellung und Aussprache des Charakters und der Würde, die dem Offenbarungszeugnis als solchem eigen sind, in unserer Stellungnahme ihm
gegenüber selbst zur Ordnung rufen, uns selbst bei ihr behaften und festlegen. Es wird, wenn das recht geschieht, dafür gesorgt sein, daß es dabei
nicht zu einer Begründung und Rechtfertigung unserer Stellungnahme,
sondern nur zu einem wiederholten Aufweis ihrer Notwendigkeit kommt.
Das eben wird ja der Inhalt der rechten Lehre von der heiligen Schrift
sein müssen: die Entwicklung unserer Erkenntnis des in sich begründeten
und gerechtfertigten Gesetzes, unter dem wir stehen, wenn wir es wirklich
mit dem Zeugnis der Offenbarung zu tun haben. Der Infragestellung
durch die Erkenntnis dieses Gesetzes, die damit unserem Gehorsam in der
Tat wiederfahren wird, bedarf er aber, so gewiß wir gerade durch diese
Infragestellung zu einem reinen, von allen Begründungen und Rechtfertigungen absehenden Gehorsam aufgerufen werden.

Wir werden aber als den echten Gehalt dieser beiden Fragen die Erinnerung gewiß
gerne festhalten, daß das Bekenntnis zur heiligen Schrift, d. h. die Explikation der im
Gehorsam gegen sie enthaltenen Erkenntnis ihrer Wirklichkeit und ihres Wesens in der
Tat eine überflüssige und gefährliche und dann gewiß trotz aller Genauigkeit und Vollständigkeit unglaubwürdige Beteuerung wäre, wenn uns der dabei vorausgesetzte Gehorsam selbst etwa fremd sein sollte. Ist die Lehre von der heiligen Schrift nichts anderes
als der notwendige Exponent ihrer rechten Exegese, so werden wir uns umgekehrt gerne

1. Die Schrift als Zeugnis von Gottes Offenbarung

daran erinnern lassen, daß die rechte Lehre von der heiligen Schrift keine abstrakte Gültigkeit beanspruchen kann, sondern ihre Bewährung immer wieder in der Exegese und also in der heiligen Schrift selber wird suchen und finden müssen.

Der grundlegende Satz dieser Lehre, der Satz: daß die Bibel das Zeugnis von Gottes Offenbarung ist, ist selber schlicht darin begründet, daß die Bibel auf unsere Frage nach Gottes Offenbarung tatsächlich Antwort gegeben, daß sie uns die Herrschaft des dreieinigen Gottes vor Augen gestellt hat. Gewiß hätten wir diese Antwort nicht vernehmen können, wenn wir nicht als Glieder der Kirche beständig auf die Stimme der Kirche gehört, d. h. wenn wir nicht die Auslegung der Bibel durch die, die vor uns und mit uns Glieder der Kirche waren und sind, respektiert und, so gut wir es konnten, fruchtbar gemacht hätten. Über diese wichtige Bestimmung des rechten Gehorsams gegen die Schrift, in welcher auch eine Bestimmung der Schrift selber zum Vorschein kommt, wird in § 20 noch ausführlich zu reden sein. Und gewiß hätten wir diese Antwort auch dann nicht vernehmen können, wenn wir die Bibel nicht auch mit unseren eigenen Augen gelesen, erforscht und bedacht, wenn wir die Verantwortung für ihre rechte Auslegung nicht auch selber mit übernommen hätten. Das ist die andere Bestimmung des Gehorsams gegen die Schrift, die wiederum auf eine Bestimmung der Schrift selber zurückweist, von der in § 21 zu handeln sein wird. Aber so gewiß die Frage nach Gottes Offenbarung umsonst an die Schrift gerichtet würde, wenn man dabei an der Auslegung der Kirche vorbeigehen oder wenn man sich die eigene Auslegung der Schrift ersparen wollte, ebenso gewiß und noch gewisser ist das andere, daß es die Schrift war, die uns hier geantwortet hat und die uns hier allein antworten konnte. Die Kirche kann nur auslegen, und auch wir selbst können nur auslegen daraufhin, und es gibt auch eine Autorität und eine Freiheit in der Kirche nur daraufhin, daß uns in der Schrift zuvor das gesagt ist, wonach wir fragen, wenn wir nach Gottes Offenbarung fragen. Der Satz, daß die Bibel das Zeugnis von Gottes Offenbarung ist, wird also dadurch, daß es auch ein notwendig zu hörendes Zeugnis der Kirche gibt und daß außerdem auch unser eigenes Zeugnis von uns gefordert ist, nicht begrenzt. Begründet sich doch die Möglichkeit sowohl des Zeugnisses der Kirche als auch unseres eigenen Zeugnisses auf die Wirklichkeit, von der jener Satz redet. Können doch alle noch zu formulierenden Sätze über jene sekundären Bestimmungen unseres Gehorsams gegen die Schrift, alle Sätze über die notwendige Autorität und über die ebenso notwendige Freiheit in der Kirche selber nur Auslegungen des Grundsatzes sein, daß es ein Wort Gottes für die Kirche gibt: darin, daß sie in der Bibel das Zeugnis von Gottes Offenbarung empfängt. Also: die Wahrheit dieses Grundsatzes ist es, die sich uns darin bewiesen und erprobt hat, daß wir, in der Bibel suchend, in der Bibel Antwort auf unsere Frage nach Gottes Offenbarung gefunden haben.

Wenn wir diesem Grundsatz nun nähertreten, wird es gut sein, auf die besondere Bestimmung zu achten, die darin liegt, daß wir die Bibel gerade ein Zeugnis von Gottes Offenbarung nennen müssen. Darin liegt zweifellos eine Einschränkung: wir unterscheiden damit die Bibel als solche von der Offenbarung. Ein Zeugnis ist ja nicht einfach identisch mit dem von ihm und in ihm Bezeugten. So entspricht es ja auch den Tatsachen, auf die die Wahrheit des ganzen Satzes gegründet ist: wir stießen in der Bibel auf in menschlicher Sprache von Menschen geschriebene Worte, wir haben in diesen Worten und also durch ihr Medium gehört von der Herrschaft des dreieinigen Gottes. Wir haben es also, wenn wir es mit der Bibel zu tun haben, zunächst mit diesem Medium, mit diesen Worten zu tun, mit dem Zeugnis, das als solches nicht selbst die Offenbarung, sondern eben, und darin liegt die Einschränkung, nur ihr Zeugnis ist. Aber der Begriff des Zeugnisses sagt nun doch, gerade wenn wir uns diesen seinen einschränkenden Sinn deutlich vor Augen stellen, auch das höchst Positive: in dieser Einschränkung ist die Bibel von der Offenbarung gerade auch nicht unterschieden, ist die Bibel vielmehr nichts Anderes als die zu uns kommende, sich uns vermittelnde und also uns angemessene Offenbarung — uns, die wir nicht selber Propheten und Apostel und also unmittelbare, direkte Empfänger der einmaligen Offenbarung, Zeugen der Auferstehung Jesu Christi sind. Dennoch ist sie auch für uns Offenbarung: nämlich durch das Medium der in der Bibel geschriebenen Worte der Propheten und Apostel, in welchen sie als die unmittelbaren direkten Empfänger der Offenbarung für uns weiterleben, durch welche sie auch zu uns reden. Ein wirkliches Zeugnis stellt ja das von ihm und in ihm Bezeugte, obwohl es nicht mit ihm identisch ist, gegenwärtig auf den Plan. Und so entspricht es wieder den Tatsachen, auf die die Wahrheit des ganzen Satzes gegründet ist: Haben wir die biblischen Worte in ihrer ganzen Menschlichkeit wirklich gehört, haben wir sie als Zeugnis angenommen, dann haben wir offenbar von der Herrschaft des dreieinigen Gottes nicht nur gehört, sondern dann wurde sie durch dieses Medium für uns selbst Gegenwart und Ereignis. — Wollen wir die Bibel als ein wirkliches Zeugnis von Gottes Offenbarung verstehen, dann müssen wir offenbar dauernd beides vor Augen haben und gelten lassen: die Einschränkung und das Positive, ihre Unterschiedenheit von der Offenbarung, sofern sie nur menschliches Wort von ihr ist, und ihre Einheit mit ihr, sofern die Offenbarung der Grund, Gegenstand und Inhalt dieses Wortes ist.

Es würde also, um das gleich vorwegzunehmen, nicht etwa empfehlenswert sein, um der Heiligkeit der heiligen Schrift willen an ihrer Schriftlichkeit, um ihrer Göttlichkeit willen an ihrer Menschlichkeit vorbeizusehen. Wir haben nicht an ihr vorbeizusehen, an ihr sowenig wie an der Menschlichkeit Jesu Christi selber, sondern wir haben sie anzusehen, denn

1. Die Schrift als Zeugnis von Gottes Offenbarung

wir werden ihre Göttlichkeit entweder hier oder aber gar nicht zu sehen bekommen. Eben darin ist ja die Bibel ein uns wirklich gegebenes, ein uns wirklich angehendes, ein von uns wirklich entgegenzunehmendes Zeugnis von der Offenbarung, daß sie ein schriftliches, und zwar ein von Menschen wie wir selbst geschriebenes Wort ist, das wir als solches lesen, hören und verstehen können. Eben als solches müssen wir sie aber auch lesen, hören und verstehen, wenn es dazu und also zu einem Vernehmen der Offenbarung überhaupt kommen soll.

Die Forderung, daß man die Bibel historisch lesen, verstehen und auslegen müsse, ist also selbstverständlich berechtigt und kann nicht ernst genug genommen werden. Die Bibel selbst stellt diese Forderung: sie ist auf der ganzen Linie, auch da, wo sie sich ausdrücklich auf göttliche Aufträge und Eingebungen beruft, in ihrem tatsächlichen Bestand menschliches Wort, und dieses menschliche Wort will offenbar eben als solches ernst genommen, gelesen, verstanden und ausgelegt sein. Alles Andere hieße an der Wirklichkeit der Bibel und damit auch an der Bibel als Zeugnis der Offenbarung vorbeisehen. Die Forderung „historischen" Verständnisses der Bibel muß ja sinnvollerweise dies bedeuten: daß man sie als das nehmen soll, was sie unzweideutig ist und sein will: eine durch bestimmte Menschen zu bestimmten Zeiten in bestimmter Lage, in bestimmter Sprache und Absicht geschehene menschliche Rede, daß ihr Verständnis redlich und rückhaltlos ein durch alle damit angedeuteten Gesichtspunkte geleitetes Verständnis sein soll. Wenn das Wort „historisch" ein modernes Wort ist, so ist doch die Sache wirklich nicht erst in der Neuzeit erfunden worden. Und wenn die nähere Bestimmung des in diesem Sinn „Historischen" wandelbar ist und sich in den Zeiten in der Tat stark gewandelt hat, so ist es doch klar, daß die Bibel, wann und wo immer sie wirklich gelesen, verstanden und ausgelegt wurde, in diesem Sinn „historisch" und nicht unhistorisch, d. h. nicht unter Vorbeisehen an ihrer konkreten Menschlichkeit gelesen wurde. Sofern das letztere doch geschah, ist sie eben überhaupt nicht wirklich gelesen worden. Wir haben also wirklich nicht nur keinen Anlaß, uns dieser Forderung zu entziehen, sondern wir haben allen Anlaß, sie gerade theologisch ganz streng geltend zu machen.

Aber nun werden wir, gerade wenn wir die Menschlichkeit der Bibel ganz ernst nehmen, auch damit ganz ernst machen müssen, daß sie eben als menschliches Wort etwas Bestimmtes sagt, daß sie also als menschliches Wort über sich selbst hinausweist, daß sie als Wort auf eine Sache, auf einen Gegenstand hinweist. Auch darin ist sie echtes, menschliches Wort. Welches menschliche Wort täte dies nicht? Wir reden nicht um des Redens, sondern um des durch unser Reden zu vollziehenden Hinweises, wir reden um des mit unserer Rede Bezeichneten oder Gemeinten willen. Auf ein uns gesagtes menschliches Wort hören kann also nicht etwa nur das heißen, daß wir dieses Wort als solches zur Kenntnis nehmen. Es kann sein Verständnis nicht etwa bloß darin bestehen, daß wir ergründen, aus welchen Voraussetzungen und in welcher Lage, in welchem sprachlichen Sinn und in welcher Absicht, in welchem konkreten Zusammenhang — und in diesem Sinn: in welcher Meinung der Andere uns nun eben dies oder das gesagt haben möchte. Und es kann die Auslegung seines Wortes unmöglich nur in der Auslegung bestehen, die ich mir, indem ich ihn anhöre, unwillkürlich oder auch bewußt, von ihm selbst, dem Redenden, zu machen versuche. Mit all dem wäre ich ja an sein Wort als solches gerade noch nicht herangekommen. Ich hätte mich mit dem Allen bestenfalls auf das Hören, Verstehen, Auslegen vorbereitet. Würde ich diese Vorbereitung schon für das Hören, Verstehen, Auslegen selbst halten und also dabei stehenbleiben, mich mit dem Wort als solchem und seinem Sprecher zu beschäftigen, wie würde ich mich da täuschen! Wie gänzlich vergeblich würde der andere dann für mich geredet haben. Gerade vom Hören eines menschlichen Wortes kann doch sinnvollerweise nur da die Rede sein, wo es uns nicht nur in seiner Funktion des Hinweisens auf ein durch das Wort Bezeichnetes oder Gemeintes deutlich wird, sondern wo diese seine Funktion uns gegenüber Ereignis wird, wo es also geschieht, daß wir durch das Mittel des menschlichen Wortes dieses Bezeichneten oder Gemeinten in irgendeinem Maß selber ansichtig werden. Dann und nur dann hat ein Anderer mir etwas gesagt, und dann und nur dann habe ich von ihm etwas gehört. Alles andere, was man sonst Reden und Hören zu nennen pflegt, kann man, wenn man sich exakt ausdrücken will, nur als mißglückte Versuche, zu reden und zu hören, bezeichnen. Sollte mir ein mir gesagtes menschliches Wort wirklich nichts zu zeigen haben oder sollte ich wirklich nicht in der Lage sein, des mir durch dieses Wort Gezeigten ansichtig zu werden, dann haben wir es eben mit einem solchen mißglückten Versuch zu tun. Das Verstehen eines menschlichen Wortes setzt voraus, daß der Versuch, zu reden und zu hören, nicht mißglückt ist. Ich weiß dann, wovon die Rede ist. Auf Grund des Wortes und von ihm aus verstehe ich, was zu mir gesagt ist. Das Verstehen als solches wird nun allerdings eine Rückkehr zum Wort, ein Erforschen des Wortes selbst sein: des Wortes mit allen seinen sprachlichen und sachlichen Voraussetzungen, ein Erforschen, bei dem ich aber, indem ich mich dem Wort und dem redenden Subjekt aufs neue zuwende, meinen Standpunkt gerade außerhalb des Wortes und des redenden Subjektes einnehme: nämlich in der mir durch das Hören seines Wortes vermittelten Anschauung von der mit seinem Wort bezeichneten oder gemeinten Sache. Nochmals: hat mir sein Wort keine solche Anschauung vermittelt, ist mir die in seinem Wort bezeichnete oder gemeinte Sache nach wie vor unbekannt, dann habe ich sein Wort überhaupt nicht gehört, und wie sollte ich es dann verstehen können? Habe ich es aber gehört, wie soll ich es dann anders verstehen als von dem her, was er mir gesagt, also von der Sache, von der Anschauung her, die er mir vermittelt hat? Gewiß wird dieses Verstehen nun konkret darin bestehen, daß ich von der Sache zurückkehre zum Wort und seinen Voraussetzungen, zum redenden Subjekt in seiner ganzen konkreten Gestalt. Aber nur von der mir gesagten und von mir gehörten Sache her und gerade nicht aus sich selbst werde ich das Wort und das redende Subjekt zu erforschen versuchen. Das Ergebnis meiner so angestellten Forschung wird dann mein Auslegen dieses menschlichen Wortes sein.

1. Die Schrift als Zeugnis von Gottes Offenbarung

Unmöglich wird meine Auslegung in einer Darstellung des zu mir redenden Menschen bestehen können! Hat er denn etwa dazu zu mir geredet, um mir sich selbst darzustellen? Welcher gewissenlosen Gewalttat würde ich mich ihm gegenüber schuldig machen, wenn der Ertrag meiner Begegnung mit ihm nun etwa nur der sein sollte, daß ich ihn jetzt kenne oder etwas besser kenne als zuvor? Welche Lieblosigkeit! Hat er denn nicht etwas gesagt zu mir? Wollte er also nicht das von mir, daß ich ihn gerade nicht *in abstracto*, sondern in seiner besonderen konkreten Beziehung zu der in seinem Wort bezeichneten oder gemeinten Sache, daß ich ihn von dieser Sache her und im Lichte dieser Sache sehe? Wieviel Unrecht tut man sich dauernd an, wieviel unleidliche Verstopfung der menschlichen Beziehungen, wieviel Abgeschlossenheit und Armut, in der infolgedessen die Einzelnen leben müssen, hat nur darin seinen Grund, daß man diesen doch in sich eigentlich sonnenklaren Anspruch, den jedes vom Einen an den Anderen gerichtete Wort bedeutet, nicht ernst nimmt.

Es könnte hier getragt werden: Woher haben wir diese eben skizzierte hermeneutische Prinzipienlehre? Nun, schon die Tatsache, daß sie, so sonnenklar sie in sich selbst sein dürfte, nun doch nicht eben allgemeine Anerkennung genießt, weist darauf hin, daß sie schwerlich aus allgemeinen, d. h. aus im Allgemeinen möglichen Überlegungen über das Wesen des menschlichen Wortes usw., also aus einer allgemeinen Anthropologie hervorgegangen sein kann. Warum pflegen die im allgemeinen möglichen Überlegungen über das Wesen des menschlichen Wortes nicht zu den eben aufgestellten Sätzen zu führen? Ich würde antworten: darum nicht, weil man sich gerade seine hermeneutische Prinzipienlehre nicht, wie es hier allerdings geschehen ist, von der heiligen Schrift diktieren läßt. Fragt man sich nämlich. wie man sich als Leser der heiligen Schrift fragen muß: was Hören, Verstehen, Auslegen bedeuten kann unter der Voraussetzung, daß das durch das menschliche Wort Gesagte, Bezeichnete, Gemeinte nun eben Gottes Offenbarung ist, dann drängt sich die eben gegebene Antwort von selbst auf. H ö r e n heißt dann zweifellos: durch das menschliche Wort die Offenbarung zu Gesicht bekommen — V e r s t e h e n : das menschlich konkrete Wort von der Offenbarung her erforschen — A u s l e g e n : das Wort in seiner Beziehung zur Offenbarung erklären. In Erinnerung an die allein mögliche Erklärung der heiligen Schrift haben wir die eben angegebenen Erklärungsgrundsätze aufgestellt. Allerdings nicht in der Meinung, daß sie n u r für die Bibelerklärung, sondern durchaus in der Meinung, daß sie, w e i l für die Bibelerklärung, für die Erklärung des menschlichen Wortes ü b e r h a u p t Gültigkeit, daß sie also allerdings Anspruch auf a l l g e m e i n e Anerkennung habe. Weit entfernt davon, daß das menschliche Wort in der Bibel etwa eine anormale Bedeutung und Funktion hätte, zeigt es sich vielmehr gerade in der Bibel in seiner normalen Bedeutung und Funktion. Gerade am Menschenwort der Bibel muß das gelernt werden, was hinsichtlich des menschlichen Wortes im Allgemeinen zu lernen wäre. Daß dies nicht allgemein anerkannt, daß es vielmehr üblich ist, gewisse anderweitig gewonnene falsche Meinungen über die Bedeutung und Funktion des menschlichen Wortes unbesehen auch auf die Bibel anzuwenden — diese Tatsache darf uns nicht verwirren darin, daß gerade der umgekehrte Weg der richtige ist. Es gibt keine besondere biblische Hermeneutik. Aber gerade die allgemein und allein gültige Hermeneutik müßte an Hand der Bibel als Offenbarungszeugnis gelernt werden. Wir kommen also mit der angegebenen Regel nicht von einer allgemeinen Anthropologie, sondern von der Bibel her, um sie als die allgemein und allein gültige Regel nun selbstverständlich auch und erst recht auf die Bibel anzuwenden.

§ 19. *Gottes Wort für die Kirche*

Daß wir die Bibel als ein menschliches Wort zu hören, zu verstehen und auszulegen haben, das ist nun also näher dahin zu erklären: wir haben zu hören, w a s sie uns als menschliches Wort s a g t. Wir haben sie als menschliches Wort v o n d i e s e m G e s a g t e n her zu verstehen. Wir haben sie als menschliches Wort in ihrer B e z i e h u n g zu diesem Gesagten auszulegen.

Wir würden es uns also allerdings verbitten müssen, wenn uns etwa unter dem Titel eines wahrhaft „historischen" Verständnisses der Bibel ein solches Verständnis empfohlen werden sollte, das der eben angegebenen Regel nicht entsprechen würde: ein Hören, bei dem wohl auf die biblischen Worte, aber gerade nicht auf das, worauf diese Worte hinweisen, geachtet, bei dem gerade das, was gesagt wird, nicht gehört oder überhört würde; ein Verstehen der biblischen Worte a u s ihrem immanenten sprachlichen und sachlichen Zusammenhang, statt i n diesem Zusammenhang von dem aus, was sie sagen und was als von ihnen gesagt zu hören ist; eine Auslegung der biblischen Worte, die schließlich nur in einer Auslegung der biblischen Menschen in ihrer geschichtlichen Wirklichkeit bestehen würde. Wir müßten dazu sagen, daß dies gerade kein ehrliches und vorbehaltloses Verstehen des biblischen Wortes als eines menschlichen Wortes, wir müßten also sagen, daß dies gerade k e i n historisches Verständnis der Bibel ist. Die Bibel in einem solchen Verständnis könnte allerdings kein Zeugnis sein. Wäre ihr doch durch dieses Verständnis, in welchem sie als menschliches Wort so wenig, ja so gar nicht ernst genommen würde, die Möglichkeit, Zeugnis sein zu können, zum vornherein abgeschnitten. Die Philosophie, die hinter dieser Art Verständnis steht und die es uns wohl gar als das wahrhaft und allein historische Verständnis aufdrängen möchte, ist gewiß keine sehr tiefsinnige und respektable Philosophie. Aber selbst wenn wir sie höher oder aufs höchste schätzen und also ihrem Diktat größtes Vertrauen entgegenzubringen geneigt sein sollten: wissend um das, worum es beim Verständnis der Bibel geht, würden wir diese Art Verständnis der Wirklichkeit eines menschlichen Wortes als eine solche bezeichnen müssen, die ihrem Gegenstand nimmermehr gerecht zu werden vermag. Wir müßten es also nötigenfalls auch gegen das Votum der tiefsinnigsten und respektabelsten Philosophie auf das bestimmteste ablehnen müssen, irgendein menschliches Wort und nun erst recht das Wort der Bibel diesem Verständnis zu unterwerfen. Die Bibel kann nicht u n b i b l i s c h und das heißt in diesem Fall: sie kann nicht unter solcher Mißachtung ihres Charakters gerade als eines menschlichen Wortes, sie kann nicht so u n h i s t o r i s c h gelesen werden.

Auch die besten und schönsten Resultate, die mittelst der auf dieses Verständnis begründeten Methode zu erzielen und tatsächlich schon erzielt worden sind, werden uns in dieser Ablehnung nicht irremachen, sondern nur bestärken können. Diese besten und schönsten Resultate dieser Methode pflegen ja, entsprechend der Auslegungsmöglichkeit, die hier zuletzt allein übrigbleibt, zu bestehen in einer gewissen anschaulichen Erkenntnis nun eben der biblischen Menschen in ihrem konkreten Sosein, ihrer Persönlichkeit und ihrer Frömmigkeit im Zusammenhang mit ihrer Stellung und Rolle inmitten ihrer geschichtlichen Umwelt, ihrer besonderen mikrokosmisch und makrokosmisch so und so bestimmten Sprache und Sachlichkeit, Größe und Grenze, Bedeutsamkeit und Problematik. Solche Erkenntnis soll gewiß nicht als wertlos verachtet sein. Hätte ein Hören ihres Wortes und in diesem Hören ein Achten auf das in ihrem Wort Bezeichnete und Gemeinte stattgefunden und dann ein Verstehen ihrer Menschlichkeit in jenem ganzen Sinn und Umfang von diesem Gegenstand ihres Wortes her, dann könnte jetzt eine rechte Auslegung ihres Wortes diese ihre ganze Menschlichkeit ebenfalls in dem ganzen eben angedeuteten Sinn und Umfang zur Darstellung bringen, nur eben nicht *in abstracto*, sondern in ihrer Beziehung zu dem in ihrem gehörten und verstandenen Wort sichtbar gewordenen Gegenstand. Eine Darstellung ihrer Menschlichkeit *in ab-*

1. Die Schrift als Zeugnis von Gottes Offenbarung 517

stracto aber — und wenn sie geschichtlich noch so gefüllt, und wenn sie von größtem Verständnis auch für ihre Religion durchaus getragen und durchgedrungen, auch wenn der Ernst einer solchen Darstellung noch so groß wäre — nein, eine solche Darstellung wäre als Auslegung der Bibel dennoch abzulehnen, und zwar aus dem Grunde, weil sie das menschliche Wort der Bibel als solches nicht ernst genommen hat in der Weise, wie es jedenfalls nach der Bibel selbst ernst genommen sein will. Calvin hat also wirklich schon unter diesem, dem historischen Gesichtspunkt (von allem anderen zunächst ganz abgesehen!) recht, wenn er durch die Bibel selbst eine solche Erklärung der Bibel für ausgeschlossen hält, die den biblischen Menschen in den Mittelpunkt der Betrachtung rückt, und er dürfte auch darin recht haben, wenn er eine solche Bibelerklärung mit den falschen Intentionen der Lehre der Papstkirche in Verbindung bringt: *Retenons bien que saint Paul en ce passage, pour monstrer que nous devons tenir l'Escriture saincte indubitable, ne dit pas, Moyse a esté un homme excellent: il ne dit pas, Isaie avoit une eloquence admirable: il n'allegue rien des hommes pour les faire valoir en leur personnes: mais il dit qu'ils ont esté organes de l'Esprit de Dieu, que leurs langues ont esté conduites en sorte qui'ls n'ont rien advancé de leur propre, mais que c'est Dieu qui a parlé par leur bouche, qui'l ne faut point que nous les estimions comme creatures mortelles, mais que nous sachions que le Dieu vivant s'en est servi, et que nous ayons cela pour tout conclu, qu'ils ont esté fideles dispensateurs du thrésor qui leur estoit commis. Or si cela eust esté bien observé, on ne fust pas venu en telle et si horrible confusion comme encores sont tous les povres Papistes. Car sur quoy est fondee leur foy, sinon sur les hommes? . . . Il est vray qui'ls allegueront bien le nom de Dieu: mais cependant ils mettront en avant leurs songes et resveries, et puis c'est tout. Or au contraire, voici sainct Paul qui nous dit qui'l nous faut tenir a L'Escriture saincte. Voilà pour un item. Et à quelles enseignes? Pource que Dieu parle là, et non point les hommes. Nous voyons donc comme il exclud toute authorité humaine, qu'il faut que Dieu ait sa preeminence par dessus toutes ses creatures, et que grans et petis s'assuiettissent à luy, et que nul ne presume de s'ingerer pour dire, Je parleray . . .* (Pred. üb. 2. Tim. 3, 16f. C. R. 54, 286). Und mit demselben Recht hat Luther darauf aufmerksam gemacht, daß Paulus in dem berühmten Wort: „So Jemand euch Evangelium predigen würde anders denn das ihr empfangen habt" zweifellos auch sich selbst dem von ihm verkündigten Wort schlechterdings unterordnet: *Paulus simpliciter seipsum, Angelum e coelo, doctores in terra et quicquid est Magistrorum, hoc totum rapit et subiicit sacrae scripturae. Haec Regina debet dominari, huic omnes obedire et subiacere debent. Non eius Magistri, Judices seu Arbitri, sed simplices testes, discipuli et confessores esse debent, sive sit Papa, sive Lutherus, sive Augustinus, sive Paulus, sive Angelus e coelo. Neque alia doctrina in Ecclesia tradi et audiri debet quam purum verbum Dei, vel doctores et auditores cum sua doctrina Anathema sunto.* (Komm. zu Gal. 1, 9, 1535, W. A. 40¹ 120, 18.) Denn: *Hoc vitium insitum est nobis, quod personas admiramur et plus respicimus quam verbum, Cum Deus velit nos inhaerentes et affixos esse tantum in ipsum verbum. Vult, ut nucleum, non testam eligamus, ut plus curemus patremfamilias quam domum. In Petro et Paulo non vult nos admirari vel adorare Apostolatum, sed Christum in eis loquentem et ipsum verbum Dei, quod de ore ipsorum egreditur* (zu Gal. 2, 6 ib. 173, 18). — Alle im Rahmen jenes anderen Verständnisses angewandte Aufmerksamkeit und Liebe gegenüber den biblischen Texten vermag doch nichts daran zu ändern, daß jenes Verständnis als solches ungenügend ist. Luther und Calvin dagegen haben gerade an diesem Punkt gerade auch historisches Verständnis für die Bibel bewiesen.

Es ist nicht nur kein Mißbrauch und keine Vergewaltigung, sei es des menschlichen Wortes überhaupt, sei es des biblischen Menschenwortes im besonderen, sondern es hat geradezu exemplarische Bedeutung, wenn die christliche Kirche ihr Verständnis dieses Wortes oder also der beiden von

Menschen verfaßten und ausgewählten Schriftensammlungen, die wir die Bibel nennen, sowohl hinsichtlich des Hörens wie hinsichtlich des Verstehens, wie hinsichtlich der Auslegung dieses Wortes auf das in diesem Wort Gesagte begründet. Daß sie diesen hermeneutischen Grundsatz aus der Bibel selbst gewonnen, bzw. daß die Bibel selbst, infolge der allerdings so außergewöhnlichen Präponderanz des in ihr Gesagten über das Wort als solches, ihr diesen Grundsatz aufgezwungen hat, ändert nichts daran, daß eben dieser Grundsatz der Grundsatz jeder Hermeneutik sein müßte und daß darum jener Grundsatz ihrer Lehre von der heiligen Schrift: die Bibel ist das Zeugnis von Gottes Offenbarung, nichts anderes ist als die besondere Gestalt jenes allgemeingültigen hermeneutischen Grundsatzes. Die Kirche darf es nicht nur hinsichtlich des Bibelverständnisses selber so halten, sondern sie muß, gerade indem sie die Forderung historischen Verständnisses der Bibel aufstellt, verlangen — und zwar wohlverstanden: von jedem Leser der Bibel verlangen — daß sein Verständnis sich auf das in der Bibel Gesagte und also auf Gottes Offenbarung begründe. Es ist also keineswegs zuzugeben, daß es neben dem so begründeten etwa auch noch ein anderes legitimes Verständnis der Bibel gebe, daß es also z. B. in seiner Weise auch recht und möglich sei, sich beim Hören, Verstehen und Auslegen der Bibel an die in ihr zu Worte kommende Menschlichkeit als solche zu halten. In der Tat: hier kommt eine ganz bestimmte Menschlichkeit zu Worte, sagen wir also z. B. die des Apostels Paulus; aber indem sie zu Worte kommt und indem ein Leser der Bibel sie ehrlich und vorbehaltlos zu Worte kommen läßt, redet sie, wie die Reformatoren gerade historisch richtig empfunden und gesehen haben, nicht von sich selbst, sondern von Gottes Offenbarung, und an dieser historischen Bestimmtheit ihres Wortes wird ein ehrlicher und vorbehaltloser Leser der Bibel gerade nicht vorübergehen dürfen. Daß die biblischen Schriftsteller von ihnen selbst her gesehen — und darauf muß es ja beim Verständnis ihres Wortes als eines menschlichen Wortes ankommen — nichts sagten, daß also das Problem des in ihrem Wort Gemeinten oder Bezeichneten, das Problem der Sache oder des Gegenstandes gar nicht existiere, das hat ja noch niemand zu behaupten gewagt. Und ebenso kann kaum eine Kontroverse darüber bestehen, daß das von ihnen Gesagte, daß das, was, jedenfalls von ihnen her gesehen, den Charakter einer Sache, eines Gegenstandes hat, nähere Bestimmung vorbehalten, eben dies ist: Gottes Offenbarung. Das allerdings ist zuzugeben, wie es hinsichtlich jedes menschlichen Wortes zuzugeben ist, daß es zwischen dem biblischen Wort und seinem Leser gleich bei dem Versuch des Redens und Hörens zu jenem Unglücksfall kommen kann: daß das Gesagte dem Hörer bzw. Leser in seiner Gegenständlichkeit nicht sichtbar wird, daß es nichts mit ihm anfängt und daß er seinerseits dann auch mit ihm nichts anzufangen weiß. Ist dem so, dann wird er dem Wort gegenüber sozusagen in der Luft stehen, er wird es dann gewiß nicht verstehen können, weil er keinen Ort hat, von dem aus er es verstehen könnte und er wird es dann selbstverständlich auch nicht auslegen können. Die Gültigkeit des allgemeinen hermeneutischen Grundsatzes kann aber durch die Möglichkeit solchen Unglücksfalles nicht aufgehoben oder durchbrochen werden. Wäre es wirklich an dem, daß ein Leser der biblischen Schriften dem Problem des in diesen Schriften Gesagten, Gemeinten, Bezeichneten der Offenbarung Gottes also völlig ratlos gegenüberstünde, daß er dort, wo die biblischen Schriftsteller hinzeigen, wirklich nur einen leeren Fleck sehen würde, dann würde das allerdings einerseits die Außergewöhnlichkeit des Inhalts der Aussagen dieser Schriftsteller, andererseits auch den Stand und Zustand dieses Lesers in eigentümlicher Weise beleuchten; es wäre dann aber sicher zunächst nur darüber entschieden, daß von einem legitimen Verständnis der Bibel durch diesen Leser nicht die Rede sein kann, daß dieser Leser als ernst zu nehmender Leser und Interpret der Bibel vorläufig, d. h. bis sein Verhältnis zu dem in der Bibel Gesagten vielleicht ein anderes geworden ist, ausscheidet. Eine Gleichberechtigung seiner Exegese mit einer auf die Sache, auf Gottes Offenbarung begründeten kann gar nicht in Frage kommen.

Und die Vorstellung, als ob wohl gerade eine solche völlige Teilnahmlosigkeit, weil sie völlige „Unbefangenheit" verspreche, die geeignetste, ja die eigentlich normale Disposition zur rechten Bibelexegese sei, wird man, nachdem sie einen Augenblick lang, etwa um 1910, in der protestantischen Theologie schon beinahe kanonisch zu werden drohte, wohl ruhig als geradezu drollig bezeichnen dürfen.

Es kann nun auch das keine Durchbrechung und Aufhebung jenes hermeneutischen Grundsatzes bedeuten, daß es dem in der Bibel Gesagten, Gemeinten und Bezeichneten wiederum im Sinn derer, die es gesagt haben, eigentümlich ist, daß es sich als Sache und Gegenstand, wenn überhaupt, dann durch sich selber, sichtbar und geltend machen muß. Wie sollte es anders sein, da ja eben Gottes Offenbarung, die Herrschaft des dreieinigen Gottes in seinem Wort durch den Heiligen Geist dieses Gesagte ist? Diesem Gesagten eignet — und eben das bezeugen die biblischen Zeugen selber, indem sie von ihm reden — souveräne Freiheit gegenüber dem Redenden wie gegenüber dem Hörenden. Daß es gesagt und gehört werden kann, das bedeutet nicht, daß es in das Vermögen und in die Verfügung derer gestellt ist, die es sagen und hören, sondern das bedeutet, daß es, indem es von ihnen gesagt und gehört wird, sich selber sagen und sich selber hören lassen kann. Offenbarung kann nur durch Offenbarung in der Bibel gesagt und als die von der Bibel gesagte Sache gehört werden. Es bedarf das biblische Zeugnis, um überhaupt Zeugnis zu sein und um als Zeugnis vernommen zu werden, der Bezeugung durch das von ihm Bezeugte. Wir werden auf diese Eigenart des biblischen Zeugnisses im zweiten Abschnitt dieses Paragraphen unter dem Titel

„Die Schrift als Gottes Wort" ausführlich zurückkommen. Wir können und müssen aber schon hier feststellen, daß auch diese Eigenart des biblischen Zeugnisses uns keineswegs die Erlaubnis gibt, von dem im beschriebenen Sinn historischen Verständnis dieser Texte nun etwa abzugehen oder ein anderes von diesem abweichendes als ein neben diesem allenfalls auch mögliches und berechtigtes gelten zu lassen. Es gibt auch in der Exegese — und zuerst und gerade in der Exegese — nur e i n e Wahrheit. Sind wir ihr gegenüber nicht entschuldigt durch die Möglichkeit jenes Unglücksfalls, daß uns die Sache, von der das Wort redet, fremd sein könnte — gibt uns diese Möglichkeit nicht die Erlaubnis, uns statt an die Sache und von da aus an das Wort nun an das Wort bzw. an die Menschlichkeit der Sprechenden als solcher zu halten, so erst recht nicht das Geheimnis, in welchem diese fatale Möglichkeit offenbar ihren Grund hat: das Geheimnis der souveränen Freiheit dieser Sache. Ganz im Gegenteil: Das Wissen um dieses Geheimnis wird uns als Leser der Bibel, schon wenn es nur um das H ö r e n als solches geht, dazu aufrufen, in einer Weise zu hören, wirklich hinzuhören, wie wir es sonst wahrscheinlich nicht tun würden. Nicht wissend um dieses Geheimnis würden wir ja gewiß, wie wir es sonst zu tun pflegen, auch hier hören, als wüßten wir schon, als könnten wir uns mindestens teilweise auch selber sagen, was wir ja eben erst hören sollen. Unser vermeintliches Hören würde in Wahrheit ein wunderliches Gemisch von Hören und eigenem Reden sein und in diesem Gemisch würde wahrscheinlich, wie es sonst ebenfalls die Regel ist, unser eigenes Reden das eigentlich entscheidende Ereignis werden. Wir müssen wissen um das Geheimnis dieser Sache, um ihr sachlich gegenüberzutreten, um wirklich offen und bereit zu sein, um uns wirklich an sie hinzugeben, wenn sie uns gesagt wird, damit sie uns also wirklich als Sache begegnen könne. Und es wird uns das Wissen um dieses Geheimnis, wenn es nun um das V e r s t e h e n geht, in eine eigentümliche Scheu und Zurückhaltung versetzen, die uns sonst ebenfalls nicht geläufig ist. Wir werden ja dann wissen, daß es dieser Sache gegenüber nicht, wie wir es uns anderen Sachen gegenüber meinen leisten zu dürfen, um jenes kecke, die Sache meisternde und hinter sich bringende Zugreifen gehen kann, daß hier vielmehr das Ergriffensein von der Sache — nicht ein psychisches Ergriffensein, nicht ein mit ihr zu machendes Erlebnis und dergleichen, obwohl es das (o Humor!) auch geben darf, sondern das sachliche Ergriffensein-Alles ist, daß wir nur als die von der Sache Gemeisterten, als die, die sie immer vor sich, nie hinter sich haben, das Wort und die Menschlichkeit des Wortes erforschen können, durch das sie uns gesagt ist. Die souveräne Freiheit dieser Sache, sich selber zu sagen, wird uns dem gesagten Wort als solchem und in seiner Historizität gegenüber eine ἐποχή auferlegen, von der man unter Voraussetzung jener drolligen Lehre von der Voraussetzungslosigkeit des wahren Exegeten keine Ahnung hat, gegen die man sich vielmehr unter Voraussetzung jener Lehre dauernd aufs gröbste versündigen wird. Und es wird gerade das Wissen um dieses Geheimnis dafür sorgen, daß das Werk des Auslegens, auf das ja alles Hören und Verstehen hinzielt, mindestens in das Stadium der Genesung von jener Krankheit treten wird, an der alle Auslegung fast unheilbar zu leiden pflegt, von der Krankheit des eigenmächtigen und willkürlichen Einlegens. Besteht die Auslegung eines menschlichen Wortes in der Darstellung der Beziehung dieses Wortes zu der von ihm gemeinten oder bezeichneten Sache, wissen wir aber um die souveräne Freiheit, um die Selbstherrlichkeit dieser Sache gegenüber dem uns vorliegenden Wort, wie auch uns selbst gegenüber, dann werden wir in dem üblichen selbstgewissen Disponieren über diese Beziehung: als wäre sie von uns in ihrem Gehalt schon durchschaut, als könnte unsere Darstellung etwas anderes geben als Andeutungen in der Richtung dieses ihres Gehaltes — wir werden dann gerade in dem üblen Verfügen über den Text (wenn wir es auch in diesem Aeon sowenig loswerden können wie unseren alten Adam überhaupt) mindestens in heilsamster Weise gehemmt, es wird dann der Weg zu einer sachlichen Darstellung dieser Beziehung mindestens nicht mehr grundsätzlich verschlossen sein. Also: es ist nicht an dem, daß wir durch das Wissen um das Geheimnis der in der Bibel gesagten Sache nun etwa Urlaub bekämen, uns nun dennoch einem anderen als dem auf diese Sache und also auf Gottes Offenbarung begründeten Verständnis der Bibel zuzuwenden. Es ist vielmehr so, daß gerade dieses Wissen uns dieses Verständnis, und zwar dieses als das allein mögliche, erst nahelegen und auch allein möglich machen wird. Wird uns doch erst damit, daß uns die souveräne Freiheit der in der Bibel gesagten Sache vor Augen steht, ihr Charakter als Sache, als Gegenstand unerschütterlich und unzweideutig gewiß werden, so daß wir sie nun nicht mehr mit dem Wort und mit der Menschlichkeit der Sprechenden und noch weniger mit uns selbst verwechseln können. Gekennzeichnet als die sich selbst sagende Sache werden wir sie respektieren als die um ihrer selbst willen unser Interesse in Anspruch nehmende Sache.

Wir haben das Geheimnis, um das hier zu wissen ist, als die Eigenart des biblischen Wortes bzw. als die Eigenart des Gegenstandes des biblischen Wortes bezeichnet. Wir müssen nun aber hinzufügen, daß es sich hier nicht um eine Eigenart des biblischen Wortes bzw. seines Gegenstandes handelt, neben der anderen menschlichen Worten oder ihren Gegenständen normalerweise eine andere Eigenart zuzuschreiben wäre. Gerade hier geht es vielmehr um die exemplarische Eigenart der Bibel, d. h. gerade hier wäre zu lernen, was hinsichtlich der Eigenart des menschlichen Wortes überhaupt zu lernen ist. Ist das in einem menschlichen Wort Gesagte als solches nicht immer in ein Geheimnis, und zwar gerade in dieses Geheimnis gehüllt, auch wenn es keineswegs Gottes Offenbarung ist, aber daraufhin, daß das im biblischen Menschenwort Gesagte nun eben Gottes Offenbarung ist und als solches *analogia fidei*, alles durch menschliches Wort Gesagte in das Dunkel und in das Licht seines Geheimnisses rückt? Ist es nicht so: Was immer uns von Menschen gesagt wird, das möchte offenbar — und mit diesem Anspruch steht es vor uns als ein uns Gesagtes — für sich selber sprechen und sich selber hören lassen. Es möchte uns eben damit zur Sache, zum Gegenstand, werden. Es möchte von uns, daß wir ihm unsererseits Sachlichkeit, d. h. Interesse um seiner selbst willen entgegenbringen. Es möchte also das menschliche Wort, durch dessen Medium es uns gesagt wird, offen und d. h. gerade nicht in jenem Gemisch von Hören und eigenem Mitreden und Dreinreden gehört sein. Es möchte, um von uns verstanden zu werden, nicht von uns gemeistert werden, sondern es möchte uns ergreifen dürfen. Es möchte gewürdigt sein in seiner Beziehung zu dem, was in ihm gesagt ist, nachdem dieses als solches zu uns gesprochen, sich uns vernehmbar gemacht hat. Kurzum: was immer uns von Menschen gesagt wird, das möchte eben dies von uns haben, was Gottes Offenbarung im Menschenwort der heiligen Schrift — aber sie ganz allein — uns gegenüber tatsächlich zu erreichen vermag. Gottes Offenbarung im Menschenwort der heiligen Schrift möchte nicht nur, sondern sie kann für sich selber sprechen und sich selber hören lassen. Sie kann uns zur Sache werden und uns selber zur Sachlichkeit zwingen. Und indem sie das tut, kann das menschliche Wort, durch das sie uns gesagt wird, offen gehört, ungemeistert verstanden, recht, d. h. in seiner Beziehung zu ihr ausgelegt werden. Gottes Offenbarung im Menschenwort der heiligen Schrift unterscheidet sich dadurch von dem, was uns sonst von Menschen gesagt wird, daß jenem die Majestät eignet, die diesem offenkundig radikal abgeht und ohne die es zur Sinnlosigkeit verurteilt wäre, wenn jenes einfach als eine Ausnahme neben ihm stünde und nicht vielmehr das Gesetz, die Verheißung, das Zeichen der Erlösung wäre, das nun mitten im Bereich aller anderen menschlichen Worte und alles dessen, was durch sie gesagt wird, aufgerichtet ist. Wie sollten wir in der Lage sein, den Unterschied zwischen dem, was das von anderen Menschen Gesagte bloß möchte, und dem, was Gottes Offenbarung im Menschenwort der heiligen Schrift tatsächlich kann, zu leugnen oder gar aufzuheben. Es bleibt schon bei diesem Unterschied. Aber wie sollten wir, eben indem wir dieses Unterschiedes gewahr werden, das falsche Hören, Verstehen und Auslegen des menschlichen Wortes und also die Sinnlosigkeit, der dieses damit überliefert ist, weil sie allerdings die Regel ist, unter der alle unsere Worte leiden, darum auch für deren Norm und Gesetz, die Kraft der Offenbarung Gottes im Menschenwort der heiligen Schrift aber einfach für eine danebenstehende Ausnahme halten dürfen? Mag sie als Ausnahme jene Regel bestätigen, so kann es doch nicht anders sein, als daß sie sie zugleich durchbricht und ihrerseits als Norm und Gesetz sichtbar wird, in deren Licht nun wirklich alle menschlichen Worte zu stehen kommen. Was sie alle wollen und meinen, das kann uns ja, wenn wir vom Hören, Verstehen und Auslegen des biblischen Menschenwortes herkommen, unmöglich ganz verborgen bleiben. Sie werden uns damit keineswegs — es ist gesorgt dafür! — selber zu Offenbarungszeugnissen werden. Wir werden aber, von den Offenbarungszeugnissen herkommend, auch an alle anderen menschlichen Worte mindestens mit der Frage herantreten müssen, was in ihnen, wie ohnmächtig und unwirksam immer, gesagt sein und als Gesagtes für sich selber sprechen und sich selber hören lassen möchte. Mit der Sicherheit einer auf die Notwendigkeit der Unsachlichkeit begründeten Hermeneutik wird es dann jedenfalls auch im allgemeinen vorbei sein, im selben Maß aber auch mit der Sinnlosigkeit, zu der das menschliche Wort im allgemeinen in der Tat verurteilt wäre, wenn es das menschliche Wort der heiligen Schrift nicht so verheißungsvoll neben sich hätte, wenn ihm durch dieses menschliche Wort nicht seine eigene Zukunft angezeigt wäre. Im Blick auf diese in der heiligen Schrift schon gegenwärtige Zukunft jedes menschlichen Wortes wird man wohl auch Homer, auch Goethe, ja auch die Zeitung etwas anders lesen, als wenn man um diese Zukunft nicht weiß. Es ist hier nicht unsere Aufgabe, diese Linie auszuziehen. Worauf es hier ankommt, ist die Feststellung: Wir haben mit dem, was über die Offenbarung als den Inhalt des biblischen Wortes und über die durch diesen Inhalt vorgeschriebene Hermeneutik gesagt wurde, keineswegs ein mysteriöses Separatvotum zugunsten der Bibel ausgesprochen. Die biblische Hermeneutik muß sich gegen den Totalitätsanspruch einer allgemeinen Hermeneutik gerade darum wehren, sie muß gerade darum diese besondere Hermeneutik sein, weil die allgemeine Hermeneutik so lange totkrank ist, als sie sich nicht durch das allerdings höchst besondere Problem der biblischen Hermeneutik auf ihr eigenes Problem mindestens hat aufmerksam machen lassen. Sie muß also gerade um einer besseren allgemeinen Hermeneutik willen es wagen, diese besondere Hermeneutik zu sein.

2. DIE SCHRIFT ALS GOTTES WORT

Hören wir in der heiligen Schrift das Zeugnis, eine menschliche Aussage von Gottes Offenbarung, dann hören wir nach dem bisher Ausgeführten im Zeugnis selber mehr als ein Zeugnis, in der menschlichen Aussage mehr als eine menschliche Aussage: wir hören dann die Offenbarung, wir hören dann also das Wort Gottes selber. Ist dem wirklich so? Wie kann dem so sein? Wie kommt es dazu, daß dem so ist? Wir stellen die Antwort auf diese Frage noch etwas zurück — ihr sollen die beiden folgenden Paragraphen dieses Kapitels gewidmet sein — um zunächst den Sinn und Umfang der Frage als solcher: den Sinn und Umfang der positiven Seite unseres Grundsatzes, daß die Schrift das Zeugnis von Gottes Offenbarung ist, durch einige Näherbestimmungen klarzustellen.

1. Wenn wir sagen, daß die Schrift dieses Zeugnis ist, oder wenn wir sagen, daß dieses Zeugnis die Schrift ist, dann sagen wir das in der Kirche und mit der Kirche, d. h. wir sagen das von der von der Kirche als heilige Schrift entdeckten und anerkannten, von der kanonischen Schrift. Indem wir es in dieser Bestimmung und Einschränkung sagen, sagen wir, daß es nicht unsere eigene, überhaupt nicht menschliche Sache sein kann, irgendeine Schrift als heilige Schrift, als Zeugnis von Gottes Offenbarung einzusetzen, sie aus vielen anderen als solche auszuwählen, sondern daß es, wenn es ein solches Zeugnis und das Annehmen eines solchen Zeugnisses gibt, nur darum gehen kann, daß es als solches schon eingesetzt und ausgewählt ist, und bei seiner Annahme nur um die Entdeckung und Anerkennung dieser seiner schon geschehenen Einsetzung und Auswahl. Wenn wir uns nun gerade an die im Kanon der Kirche vollzogene Bestimmung und Einschränkung hinsichtlich dessen, was wir als heilige Schrift annehmen, halten, so kann dies nicht in der Meinung geschehen, als ob jenes Einsetzen und Auswählen zwar nicht die Sache eines einzelnen Christen von heute sein könne, wohl aber irgend einmal, etwa ums Jahr 400 die Sache der Kirche gewesen sei. Kanon heißt Regel, nämlich „Regel der Wahrheit," und es bezog sich dieser Begriff ursprünglich sehr bezeichnenderweise ebensowohl auf das Dogma wie auf den Bestand der als heilig anerkannten Texte. Gerade die Kirche konnte und kann sich den Kanon in keinem Sinn dieses Begriffs selber geben. Sie kann ihn nicht „schaffen", wie theologisch unbedachte Historiker wohl gelegentlich gesagt haben. Sie kann ihn nur als schon geschaffenen und ihr gegebenen Kanon nachträglich nach bestem Wissen und Gewissen, im Wagnis und im Gehorsam eines Glaubensurteils, aber auch in der ganzen Relativität einer menschlichen Erkenntnis der den Menschen von Gott eröffneten Wahrheit feststellen. Eine solche Feststellung ist das Werk der Kirche in Sachen des Bestandes der heiligen Schrift wie in Sachen des Dogmas.

Diese Feststellung hat bekanntlich eine lange und verwickelte Geschichte, und man wird grundsätzlich nicht einmal sagen können, daß diese Geschichte schon abgeschlossen sei. Man wird aber bei der Würdigung dieser Geschichte die Mittel, Motive und Kriterien der Feststellung, um die es ging, von deren Gegenstand wohl unterscheiden müssen. Daß die Kirche sich bei der Frage nach der Regel der Wahrheit *in concreto* dauernd auch an antiquarisch gelehrten, an theologischen, sogar an kirchenpolitischen Gesichtspunkten orientierte, das ist wohl richtig und das charakterisiert ihr Urteil ganz ähnlich wie ihre Urteile hinsichtlich des Dogmas als ein menschliches Urteil. Die Frage selbst, die unter diesen Gesichtspunkten diskutiert und schließlich in verschiedenen Entwicklungsstufen vorläufig entschieden wurde, war doch schlicht die Glaubensfrage nach denjenigen Schriften, in denen die Regel der Wahrheit zu erkennen ist. Diesen Gegenstand

2. Die Schrift als Gottes Wort

als solchen konnte die Kirche weder selbst schaffen noch auch sich selbst auf dem Wege der unter jenen Gesichtspunkten geführten Diskussionen offenbaren. Sie konnte sich in jenen Diskussionen nur darüber klar werden, daß und inwiefern die Regel der Wahrheit schon geschaffen und ihr schon offenbart sei. Der erkennbare Kern der Kanonsgeschichte ist denn auch der, daß bestimmte Bestandteile der ältesten Überlieferung sich in der Schätzung und Geltung der Christenheit innerhalb der verschiedenen Kirchen allmählich unter allerhand Schwankungen faktisch vor anderen ausgezeichnet und durchgesetzt haben, ein Vorgang, den die eigentliche und formelle Kanonisierung durch Synodalbeschlüsse und dergleichen dann nur nachträglich bestätigen konnte. Irgendeinmal und in irgendeinem Maß (neben allem Zufälligen, das diese Schätzung und Geltung verstärkt haben mag) haben gerade diese Schriften kraft dessen, daß sie kanonisch waren, selbst dafür gesorgt, daß gerade sie später als kanonisch auch anerkannt und proklamiert werden konnten.

Wir hören also wohl das Urteil der Kirche, wir gehorchen aber nicht ihrem Urteil, wenn wir uns jener allerdings von der Kirche vollzogenen Feststellung anschließen, sondern wir gehorchen in und mit der Kirche dem Urteil, das schon gefällt war, bevor die Kirche ihr Urteil fällen, das die Kirche mit ihrem Urteil nur bestätigen konnte. Wie die Frage nach dem Zeugnis der Offenbarung nur eine Glaubensfrage sein kann, so auch ihre Beantwortung nur eine Glaubenserkenntnis. Wir sagen, indem wir den kirchlichen Kanon annehmen: daß nicht die Kirche, sondern die die Kirche begründende und regierende Offenbarung selbst gerade diese Zeugnisse und keine anderen als Offenbarungszeugnisse und also als für die Kirche kanonisch bezeugt.

Nous cognoissons ces livres estre canoniques et reigle trescertaine de nostre foy: non tant par le commun accord et consentement de l'eglise, que par le tesmoignage et interieure persuasion du sainct esprit, qui les nous faict discerner d'avec les autres livres Ecclesiastiques. Sur lesquels (encores qu'ilz soyent utiles) on ne peut fonder aucun article de foy. (Conf. Gallic., 1559, Art. 4). *Non potest ecclesia ex libris non canonicis canonicos facere, sed efficit tantum ut ii libri pro canonicis recipiantur, qui revera et in sese sunt canonici. Ecclesia inquam, non facit scripturam authenticam, sed tantum declarat. Illud enim authenticum dicitur, quod se commendat, sustinet, probat et ex se fidem et autoritatem habet* (W. Bucan, *Instit. theol.*, 1602, loc. 43 qu. 15). *Divino instinctu ... (hi libri) acceptati sunt, idque non libero aliquo actu ecclesiae sed necessaria susceptione* (Syn. pur. Theol., Leiden 1624, disp. 3, 13). — Ist dies auch die römisch-katholische Lehre vom Kanon? Im *V*atikanischen Konzil ist in der Tat dekretiert worden: *Eos (libros) vere ecclesia pro rectis et canonicis habet ... propterea quod Spiritu sancto inspirante conscripti Deum habent autorem atque ut tales ipsi ecclesiae traditi sunt* (Const. dogm. de fide cath., cap. 2). Und so schreibt B. Bartmann (Lehrb. d. Dogm.[7] 1928, I, S. 14): „Die Bücher sind kanonisch *in actu primo* und *quoad se*, weil sie inspiriert sind, *in actu secundo* und *quoad nos*, weil sie durch die Kirche als inspirierte in den Kanon aufgenommen wurden. Durch den göttlichen Akt wurden sie geeignet zur Kanonizität, durch den kirchlichen wird ihnen diese formell zuerkannt". Man sollte gewiß meinen, dieses Zuerkennen könne in nichts anderem bestehen als in einem Anerkennen jener Eignung, es könne die Kirche, indem sie diese und diese Schrift in den Kanon „aufnimmt" nichts Anderes tun, als im Blick auf ihre Inspiration und ihrer Inspiration sich beugend (oder könnte sie dies etwa auch unterlassen?) bestätigen, daß sie dem Kanon schon angehören. Man sollte nicht meinen, daß die Kirche einer heiligen Schrift eine Autorität zu geben, daß sie etwas anderes zu tun vermöge, als deren Autorität festzustellen. Aber in der Reformationszeit konnte Sylvester Prierias (in seinem gegen Luther gerichteten *Dialogus de potestate Papae*, 1517, S. 15) doch sagen, die Lehre der römischen Kirche und des römischen Papstes sei die *regula fidei infallibilis, a qua etiam sacra scriptura robur trahit et auctoritatem*. Es konnte damals J o h. E c k (*Enchir.*, 1529, *De ecclesia, c. objecta* 3) kühnlich und lange nicht als Einziger erklären: *Scriptura non est authentica sine autoritate ecclesiae*. Und es gab Polemiker, die sogar die Meinung aussprachen, die Fabeln des Äsop hätten ebensoviel oder mehr Gewicht als eine Bibel ohne die ihr von der Kirche verliehene Autorität. Immer wieder ist in diesem Sinn das Wort des A u g u s t i n angeführt worden: *Ego vero evangelio non crederem, nisi me catholicae ecclesiae commoveret auctoritas* (*C. ep. Manich.* 5, 6). Nun, es gab auch schon damals römisch-katholische Autoren, die in dieser Hinsicht nicht mittaten, so daß es nicht angebracht sein dürfte, in jenen Äußerungen d i e Lehre der römisch-katholischen Kirche zu erblicken. Wie es sich auch mit dieser verhalten möge, die rechte Lehre vom Kanon ist jedenfalls mit den Worten des J o h. G e r h a r d so wiederzugeben: *Non est duplex, sed una scripturae auctoritas, eademque divina, non dependens ab ecclesiae auctoritate, sed a solo Deo. Auctoritas scripturae quoad nos nihil aliud est quam manifestatio et cognitio unicae illius divinae et summae auctoritatis, quae scripturae est interna atque insita. Ecclesia igitur non confert scripturae novam aliquam auctoritatem quoad nos, sed testificatione sua ad agnitionem illius veritatis nos deducit. Concedimus ecclesiam esse scripturae sacrae 1. testem, 2. custodem, 3. vindicem, 4. praeconem, 5. interpretem, sed negamus ex eo effici, quod auctoritas scripturae sive simpliciter sive quoaänos ab ecclesia pendeat* (*Loci theol.*, 1610 f., L I c. 3. 39). Oder mit den Worten des J o h. W o l l e b : *Ecclesiae testimonium prius est tempore*; *Spiritus sancti vero prius est natura et efficacia. Ecclesiae credimus, sed non propter ecclesiam*; *Spiritui autem sancto creditur propter seipsum. Ecclesiae testimonium* τὸ ὅτι *demonstrat, Spiritus sancti vero testimonium* τὸ διότι *demonstrat. Ecclesia suadet, Spiritus sanctus persuadet. Ecclesiae testimonium opinionem, Spiritus sancti vero testimonium scientiam ac fidem firmam parit* (*Comp. Christ. Theol.*, 1626, *Praecogn.* 9). Es ist die Kirche, wie die protestantischen Theologen damals gerne ausführten, jenem samaritanischen Weibe zu vergleichen, von dem es Joh. 4, 39 zuerst heißt, es hätten viele in jener Stadt an Christus geglaubt um ihres Wortes willen, nachher aber V. 42 sagen sie ihr: „Wir glauben nun hinfort nicht um deiner Rede willen; wir haben selber gehört, daß dieser ist wahrlich Christus, der Welt Heiland." Daß dies die Lehre der katholischen Kirche vom Kanon sei, wird man nun freilich auch nicht vermuten können.

Die heilige Schrift ist Gottes Wort an die Kirche und für die Kirche. Darum sind wir bereit, schon dies: was heilige Schrift ist, in der K i r c h e und mit der Kirche zu erkennen. Wir halten uns auch in dieser Sache nicht für ungebunden oder für allein an unsere eigene und unmittelbare Erkenntnis der Regel der Wahrheit gebunden. Wir wissen also, daß wir die Kirche in Sachen des Kanons zu h ö r e n haben, wie sie auch in Sachen der Auslegung der heiligen Schrift, auch in Sachen des Dogmas und der Ordnung auf der ganzen Linie zu hören ist. Aber gerade indem wir in und mit der Kirche fragen: was heilige Schrift, welches der in der Kirche gegebene, durch seine Inspiration sich selber als solcher aufdrängende Schriftkanon ist, werden wir uns die Antwort nicht von der Kirche, sondern von der heiligen Schrift selber geben lassen, werden wir nicht der Kirche, sondern dem Worte Gottes und gerade damit im rechten Sinn auch der Kirche g e h o r s a m sein.

Diese A n t w o r t ist an sich eine g ö t t l i c h e und also untrügliche und definitive Antwort. Das menschliche H ö r e n dieser Antwort aber, das Hören

2. Die Schrift als Gottes Wort

der Kirche einst und unser eigenes Hören heute ist ein **menschliches** und also der Möglichkeit des Irrtums nicht einfach entzogenes, nicht ein als solches über jede Verbesserung erhabenes Hören. Das gilt von unseren Antworten auf die Frage nach dem Dogma und nach der Ordnung; das gilt auch von unserer Antwort auf die Frage nach dem Kanon. Wir haben das Recht und die Pflicht, diese Antwort, indem wir sie uns, in und mit der Kirche glaubend, geben, indem wir also in und mit der Kirche diese und diese Schriften (z. B. die 66 der Lutherbibel) als kanonisch erkennen, für eine gute, genügende Antwort zu halten und an Hand dieser heiligen Schriften allen Ernstes nach dem Zeugnis von Gottes Offenbarung, nach dem Worte Gottes selbst zu fragen. Jeder Bruchteil wirklichen Zeugnisses von Gottes Offenbarung — und das Vorhandensein eines solchen etwa unter diesen 66 Büchern wird man ja ohne Irrsinn nicht leugnen können — würde auch als Bruchteil Gottes Wort sein und für das Leben der Kirche und für unser eigenes Leben in Zeit und Ewigkeit völlig genügen. Eine absolute Gewähr für die Abgeschlossenheit der Kanonsgeschichte und also dessen, was wir als Kanon erkennen, kann doch auch nach den besten und befriedigendsten Antworten auf jene Frage weder der Kirche noch dem einzelnen in der Kirche gegeben sein. Eine Verengerung oder Erweiterung der menschlichen Erkenntnis hinsichtlich dessen, was als kanonische Schrift gelten sollte, ist in der Vergangenheit tatsächlich mehr als einmal vorgekommen, und wenn es nicht dazu kam, mindestens in ernsthafte Erwägung gezogen worden. Es wird die Einsicht, daß die konkrete Gestalt des Kanons keine absolut, sondern immer nur eine in höchster **Relativität** geschlossene sein kann, auch im Blick auf die Zukunft nicht einfach zu leugnen sein.

Wenn wir von den heftigen Schwankungen der ersten vier Jahrhunderte hier absehen wollen, so ist es doch bemerkenswert, daß noch das Florentiner Konzil im Jahre 1441 — tausend Jahre, nachdem unser heutiges Neues Testament sich im ganzen durchgesetzt hatte — zum Zweck der damals versuchten Verständigung mit den Ostkirchen — es für nötig hielt, eine ausdrückliche Aufzählung der als kanonisch anerkannten alt- und neutestamentlichen Schriften zu proklamieren (Denz. Nr. 706). Dieser Akt mußte dann 1546 vom Tridentiner Konzil (*Sess.* IV Denz. Nr. 784) wiederholt werden, nachdem inzwischen durch die Reformation das Kanonsproblem aufs neue in Bewegung gekommen war. Hatten es doch die protestantischen Kirchen — sehr bestimmt die reformierten, aber grundsätzlich entschieden auch die lutherischen — für richtig gehalten, eine ganze Reihe der seit tausend Jahren in aller Form als kanonisch anerkannten alttestamentlichen Schriften (die Bücher Judith, Weisheit Salomos, Tobias, Jesus Sirach und die beiden Makkabäer) als „Apokryphen" vom Kanon auszuschließen. Aber auch der neutestamentliche Kanon schien damals noch einmal in Bewegung zu kommen. Wie Luther über den Hebräer-, Jakobus- und Judasbrief und über die Apokalypse dachte und daß er sie, ohne sie jemandem nehmen zu wollen, für seine Person nicht unter die „rechten gewissen Hauptbücher" rechnen wollte, ist bekannt. Weniger bekannt ist, daß er sie im Inhaltsverzeichnis seiner Septemberbibel von 1522 nun doch ganz sichtbar außerhalb der Zählung der 23 anderen, nach ihm eigentlichen neutestamentlichen Schriften aufführte und damit augenfällig als deuterokanonisch charakterisiert hat. Und Luther stand nicht allein. Vor dem Tridentiner Konzil mit seiner neuen Einschärfung der Überlieferung konnte nicht nur Erasmus, sondern auch der Kardinal Cajetan gegenüber der Echtheit und Autorität des Hebräer-, des Jakobus- und des Judasbriefes sowie des 2. und 3. Johannesbriefes offene Zweifel aussprechen. Zwingli meinte insbesondere die Apokalypse ablehnen zu müssen. Und daß Calvin sie bei seiner im übrigen vollständigen Erklärung des Neuen Testamentes stillschweigend übergangen hat, ist mindestens auffällig; daß auch er nicht nur gegen die von Luther genannten Schriften, sondern auch gegen den zweiten Petrus- und gegen den zweiten und dritten Johannesbrief Bedenken hatte, geht aus seinen Einleitungen zu den betreffenden Kommentaren deutlich hervor. In der *Apol. Conf. Württ.* 1555 hat Joh. Brenz alle diese sieben Schriften in derselben milden, aber entschiedenen Weise als zwar erbaulich und heilsam, aber nicht normativ zu lesen auf die Seite gestellt, wie es in Luthers bekannter Formel gegenüber jenen alttestamentlichen Apokryphen geschehen war. Und wie er dachte und lehrte bei den Reformierten der Berner W. Musculus (vgl. H. Heppe, Dogm. d. ev. ref. Kirche, Neuausg. 1935, S. 15). So konnte es einen Augenblick scheinen, als werde der Ausscheidung der alttestamentlichen Apokryphen auf neutestamentlichem Gebiet jetzt ganz einfach eine Rückkehr zum Eusebianischen Kanon mit seiner Unterscheidung von Homologumena und Antilegomena entsprechen, zu denen dann also alle jene sieben Schriften zu rechnen gewesen wären. Noch Joh. Gerhard (*Loci theol.*, 1610 f.) redet (in cap. 9 u. 10 seines *Locus de scriptura*) ganz offen *De libris Novi Testamenti canonicis primi et secundi ordinis* und versteht unter den *libri secundi ordinis* eben die sieben eusebianischen Antilegomena. Nun, im ganzen hat die Sache trotz der Autorität vor allem Luthers selbst doch den Charakter einer Privatansicht behalten. Und diese Privatansicht ist in der Auseinandersetzung mit der römischen Kirche und Theologie schon ziemlich bald als peinlich empfunden, dann freilich doch auch aus inneren Gründen abgelehnt worden. Auch Joh. Gerhard hatte für jedes einzelne der von ihm als *libri canonici secundi ordinis* den Beweis geführt, daß und warum sie nun immerhin als *canonici* zu gelten hätten. Auf Grund dieser Einsicht, in der man jenen älteren Beanstandungen widersprechen mußte, lag es nahe genug, die eusebianische Unterscheidung nun doch wieder fallen zu lassen. Und so geschah es denn auch. Schon das Zürcher Bekenntnis von 1545 polemisiert folgendermaßen gegen Luther: In gemelten büchern dess Nüwen testaments, irrt uns kein herter knotten, habends ouch nit dafür, dass ützid ströuwis in jnen sye, oder unordig eins ins ander vermischt. Und ob sich glych der menschen geist in die offenbarung oder andere bücher nit schicken wil, achtend wir doch dess schickens nüt. Dann wir wol wüssend, dass wir menschen uns in die geschrifft richten söllend, und die gschrifft sich nit in uns (bei K. Müller, Bek. Schr. der ref. Kirche, S. 155). Die *Conf. Gallic.* (1559 Art. 3) und die *Conf. Belgica* (1561 Art. 4) bringen, dem Beispiel des Tridentinums folgend, eine solenne Aufzählung der 66 kanonischen Schriften, in der irgendeines Unterschiedes unter den neutestamentlichen Büchern nicht gedacht wird. Und der reformierte Zeitgenosse des Joh. Gerhard: Polanus erklärt kurz und gewichtig: *Novi Testamenti (libri) omnes sunt vere, univoce et proprie divini et canonici, nullo excepto*. Es gebe zwar unter den Evangelischen einige (*quidam*!), die die Kanonizität jener sieben Schriften bestritten. Aber die Meinung dieser *quidam* wird nun schon als *pudendum* empfunden: *Horum opinio erronea, quia paucorum est, communitati ecclesiae evangelicae seu reformatae impingi non debet*. (*Synt. Theol. chr.* 1609, S. 283 u. 307.) Immerhin gibt sich auch Polanus noch die Mühe, hinsichtlich jedes einzelnen der beanstandeten Bücher einen ausführlichen Gegenbeweis anzutreten. Am Ende des 17. Jahrhunderts ist die ganze Angelegenheit bei den Reformierten schon zu einer historischen Erinnerung geworden, die etwa bei F. Turrettini (*Instit. Theol. el.*, 1679, *Loc.* 2 *qu.* 9, 13) gerade noch erwähnt wird, während bei den Lutheranern Quenstedt die Unterscheidung von *libri primi et secundi ordinis* im Neuen Testament (er nennt sie auch *protocanonici* und *deuterocanonici*) immerhin noch kennt und, wenn auch viel weniger sichtbar als einst Joh. Gerhard, anerkennt. Er will aber die letzteren nur als solche charakterisiert wissen, die von einigen zeitweilig hinsichtlich ihres menschlichen

2. Die Schrift als Gottes Wort

— nicht ihres göttlichen! — Autors angezweifelt worden seien. Uneingeschränkt soll der Charakter als heilige, inspirierte Schrift auch ihnen zukommen. Und er gibt sich darum alle Mühe, gewisse Spuren Luthers, die nun doch entschieden auch in andere Richtung weisen konnten, möglichst unsichtbar zu machen. (*Theol. did. pol.*, 1685, P I *cap. 4 sect.* 2, *qu.* 23, *th.* 2, *dist.* 5 und *font. sol. obs.* 23 f.) Der ganze Vorgang blieb praktisch ein Zwischenspiel. Aber daß er möglich war, ist von grundsätzlicher Bedeutung: denn daß nach dem Bestand des Kanons überhaupt gefragt werden konnte, wie im 16. Jahrhundert danach gefragt worden ist, das haben eigentlich auch die Späteren, die die Bedenken der Früheren nicht mehr teilten, nicht formell bestritten, sondern durch die ausdrückliche Aufzählung des gelten sollenden Bestandes der biblischen Bücher haben faktisch (im Tridentinum) auch die römische und (in der *Gallicana* und *Belgica*) auch die reformierten Kirchen die Legitimität dieses Fragens anerkannt. Und einen Rest von dieser Anerkennung wird man auch in der zähen Erhaltung der formellen Unterscheidung von protokanonischen und deuterokanonischen Schriften bei den späten Lutheranern erkennen dürfen. — Und nun wird man hier ja auch eines in dieselbe Richtung weisenden allgemeinen Phänomens gedenken müssen: Auch da, wo von einer direkten Anfechtung des überlieferten Kanonsbestandes nicht die Rede war, haben nicht nur einzelne Privatleser der Bibel, sondern hat auch die Kirche im Ganzen, wie sie sich in ihren Symbolen und Bekenntnisschriften, in ihrer Theologie, Predigt und Erbauungsliteratur aussprach, dem Kanon faktisch und praktisch wohl nie ganz gleichmäßig, d. h. nie ganz ohne stillschweigende Fragen hinsichtlich mancher seiner Bestandteile gegenübergestanden. Die heilige Schrift ist in der Kirche tatsächlich immer in sehr ungleichen Gewichtsverteilungen hinsichtlich ihrer einzelnen Bestandteile zu Worte gekommen. Das berühmte Kriterium Luthers: man habe bei allen heiligen Schriften zu prüfen, ob sie „Christum treyben odder nit" — Was Christum nicht leret, das ist nicht Apostolisch, wens gleich Petrus odder Paulus leret. Widerumb was Christum predigt, das ist Apostolisch wens gleych Judas Annas, Pilatus und Herodes thett (Vorr. auf. d. Ep. S. Jakobi und Judas, 1522) — dieses Kriterium ist, bei verschiedener Einsicht hinsichtlich dessen, was nun „Christus" heißen möchte, von der Kirche mehr oder weniger aller Zeiten und natürlich in ihrer Weise auch von den jeweiligen Häretikern dem Kanon gegenüber zur Anwendung gebracht worden, ohne daß es deshalb zu Folgerungen und Forderungen hinsichtlich einer Veränderung seines öffentlichen Bestandes kommen mußte. Am allerwenigsten war es gewiß — trotz der 1000 Jahre und trotz Florentinum und Tridentinum! — die römische Kirche (man denke nur an ihre im *Missale* so sichtbare Überordnung des Evangeliums über die Propheten und Apostel), die sich faktisch und praktisch gleichmäßig an den ganzen überlieferten Kanon gehalten hätte. Muß die Kirche, muß auch die römische Kirche, muß aber auch Luther sich von der überlieferten Ganzheit des Kanons her fragen lassen, ob die jeweils vorgenommenen Bevorzugungen und Geringschätzungen wohlgetan sein möchten, ob damit nicht unentbehrliche Bestandteile des Offenbarungszeugnisses zum Schaden unserer Erkenntnis des Wortes Gottes vernachlässigt wurden, so darf und muß doch die Kirche auf Grund der Erkenntnis des Wortes Gottes, die sie vielleicht aus bestimmten Bestandteilen des Offenbarungszeugnisses im Unterschied zu anderen gewonnen, auch immer wieder nach dem Recht der überlieferten Ganzheit des Kanons fragen. Und wenn sie das darf und muß, wie sie es ja faktisch und praktisch auch auf der ganzen Linie tut, dann kann auch die Erwägung der Möglichkeit einer öffentlichen Veränderung dieses Bestandes, sei es wie im 16. Jahrhundert im Sinne einer Verengerung, sei es im Sinn einer Erweiterung, keine einfach verbotene Erwägung sein. Wir wissen, daß ein uns unbekannter Brief des Paulus an die Laodicener und zwei ebenfalls nicht mehr bekannte weitere Briefe an die Korinther einmal existiert haben. Nicht unbekannt sind uns gewisse „ungeschriebene", d. h. wohl geschriebene, nur eben nicht in den kanonischen Evangelien geschriebene Jesusworte. Und was wissen wir — nach gewissen Funden der letzten Jahre muß man sich ja wirklich auf allerhand gefaßt machen — ob im Sande Ägyptens nicht noch Dinge auf uns warten, angesichts derer es vielleicht eines Tages — nämlich an dem vielleicht einmal anbrechenden Tage ihrer Entdeckung — nicht einmal die römische Kirche verantworten könnte, sich auf den Begriff eines geschlossenen Kanons dogmatisch festgelegt zu haben. — Aber nicht die Erwägung solcher Möglichkeiten, sondern die grundsätzliche Erwägung des positiven Wesens und Sinnes des Kanons muß es uns nahelegen, uns an den Gedanken, daß der Kanon nicht absolut geschlossen ist, wieder zu gewöhnen.

Es ist klar, daß eine solche Veränderung des Kanonbestandes, wenn sie je praktisch in Frage kommen sollte, sinnvoll und legitim nur als ein kirchlicher Akt, d. h. in Form einer ordentlichen und verantwortlichen Entschließung eines verhandlungsfähigen Kirchenkörpers Ereignis werden könnte. Was Einzelne aus theologischen oder historischen Gründen hier denken und auch wohl aussprechen mögen, wird, auch wenn es noch so ernst gemeint und begründet ist, nur den Charakter einer privaten und unverbindlichen Vorauserwägung eines solchen kirchlichen Aktes tragen können, wobei dessen echte Kirchlichkeit wieder ganz von der Frage abhängen wird, ob es sich dabei heute wie einst um eine *necessaria susceptio*, d. h. um eine tatsächlich stattfindende Belehrung der Kirche durch die als kanonisch sich selbst bestätigende bzw. nicht bestätigende Schrift handeln wird. Solange es zu einer solchen neuen Entscheidung der Kirche nicht offenkundig gekommen ist, wird man ihre einst gefallenen Entscheidungen wie hinsichtlich des Dogmas so auch hinsichtlich des Kanons als in Kraft und Geltung stehend ansehen müssen. Die Kirche sagt uns in Form dieser ihrer einst gefallenen Entscheidungen noch heute: das und das, dieser bestimmte Bestand von Schriften ist die heilige Schrift. Kann und darf der Einzelne in der Kirche sie gewiß nicht daraufhin als heilige Schrift anerkennen, daß die Kirche das tut, kann und darf jeder Einzelne vielmehr nur der heiligen Schrift selber gehorsam sein, die sich ihm als solche offenbart und damit aufdrängt, die ihm diese Anerkennung abzwingt, so wird er doch zu bedenken haben, daß die Schrift das Wort Gottes für und an die Kirche ist, daß er also nur in und mit der Kirche der Schrift gegenüber sinnvoll und legitim Stellung nehmen kann. Er hat die Kirche auf alle Fälle, welches auch sein vielleicht abweichendes persönliches Urteil, auch sein persönlich abweichendes Glaubensurteil sein möge, zu hören. Das bis jetzt nicht veränderte Urteil der Kirche geht als solches dem Urteil des Einzelnen, auch wenn es das Urteil noch so vieler und noch so ernst zu nehmender Einzelner in der Kirche wäre, grundsätzlich voran: nicht als ein absolutes Gottesurteil, wohl aber als das Urteil der *majores*, der πρεσβύτεροι (Irenäus!), als das Urteil derer, die vor uns berufen waren und geglaubt haben, und das als solches, sofern es nicht durch die Kirche überholt, d. h. vertieft und ergänzt ist, zu respektieren ist, das als solches den Charakter einer Weisung hat, über die sich niemand einfach hinwegsetzen darf. Wir haben bis auf eintretende bessere Belehrung der Kirche selber heilige Schrift, Schrift als Zeugnis von Gottes Offenbarung, Schrift als Gottes Wort da zu erwarten, wo die

2. Die Schrift als Gottes Wort

Kirche laut ihrer bisherigen Entscheidung sie gefunden hat. Wir haben sie nur da zu erwarten, d. h. wir sind nicht ermächtigt, auf Grund eigener Entscheidung andere Schrift als diese, auch wenn wir persönlich sie dafür halten sollten, in der Kirche als heilige Schrift geltend zu machen, als ob wir eben doch anders als in und mit der Kirche reden, als ob wir reden dürften, ohne die Kirche gehört zu haben. Und wir haben da, wo die Kirche heilige Schrift gefunden zu haben erklärt, heilige Schrift tatsächlich zu erwarten, d. h. wir haben an die von der Kirche als heilig, als Offenbarungszeugnis bezeichnete Schrift, welches auch unsere bisherigen Erfahrungen mit diesem oder jenem ihrer Bestandteile sein oder nicht sein mögen, immer wieder unter der Weisung heranzutreten, gerade hier aufmerksam zu sein darauf, ob das Wort Gottes, das hier einst, vielleicht noch nicht von uns selber, wohl aber von den *majores* gehört worden ist, nicht auch zu uns sprechen möchte.

Der Begriff des Kanons ist also in einer differenzierteren Weise geltend zu machen, als dies im Protestantismus des 17. Jahrhunderts geschehen ist. Man kann nämlich nicht die Begründung der göttlichen Autorität der in diesem und diesem Umfang vorliegenden Schrift durch die Kirche so bestimmt ablehnen, man kann der Kirche in Sachen des Kanons nicht so bestimmt die Rolle eines bloßen, wenn auch höchst ehrwürdigen Zeugen und Wächters zuschreiben und die eigentliche und bindende, die göttliche Autorität, die über den Kanon entscheidet, so ganz der Schrift als dem Worte Gottes selbst zuschreiben, wie es die altprotestantische Orthodoxie mit Recht getan hat, um dann doch den Einzelnen in der Kirche zu sagen, daß — als ob es hier für Luther und Calvin keine Fragen gegeben hätte — in diesen und diesen Schriften, hinsichtlich deren Umfang sie nun doch zunächst nur auf das Zeugnis der Kirche angewiesen sind, gleichmäßig das Wort Gottes zu ihnen spreche. Ist dem so, dann ist dem eben so, d. h. dann wird das Wort Gottes eben wirklich gerade in diesen Schriften zu ihnen sprechen. Die Kirche darf aber, wenn jene negativen und positiven Voraussetzungen gelten, wenn es ihr selbst ernst ist mit der Versicherung, daß über die Offenbarung des Wortes Gottes allein das Wort Gottes selbst verfügen und entscheiden könne, nicht so von ihrem Kanon reden, als habe sie mit ihrer Entscheidung die Entscheidung des Heiligen Geistes selbst vollzogen und also für alle Zeiten und allen einzelnen in der Kirche gegenüber in ihrer eigenen Macht. Sie kann ihre eigene Entscheidung nur als eine ernst gemeinte und ernst zu nehmende Weisung, sie kann sie aber nicht — wenn sie nämlich die Herrschaft Jesu Christi und des Heiligen Geistes, wenn sie also die Offenbarung und damit ihr eigenes Sein nicht in Frage stellen will — als ein göttliches Gesetz verstehen und geltend machen. Sie wird sich selbst auch hinsichtlich des Kanons für weitere Belehrung offenhalten und sie wird den Einzelnen in ihrem Raum gegenüber hinsichtlich ihres praktischen Verhältnisses zum Kanon Geduld beweisen müssen. Sie darf und sie muß für ihre Weisung Respekt von ihnen verlangen. Sie darf und sie muß dem Wechsel der Zeiten und der Zeitströmungen und den besonderen Gaben und Erleuchtungen, aber doch auch den drohenden Willkürlichkeiten der einzelnen Individuen und Gruppen gegenüber die Ganzheit des Kanons und nun gerade dieses von ihr als solchen erkannten Kanons bezeugen. Sie darf und muß darüber wachen, daß es nicht etwa unter dem Titel und in Anwendung jenes Luther'schen Kriteriums zu Vernachlässigungen bestimmter Seiten des biblischen Zeugnisses, zu häretisierenden Einseitigkeiten und Überbetonungen komme. Sie darf und muß es sich verbitten, daß in ihrem Raum willkürliche Veränderungen des Kanons in dem ihr anvertrauten Umfang vorgenommen oder daß einzelne von dessen Bestandteilen nun wirklich im Gegensatz zu anderen allein als kanonisch behandelt werden. Sie kann und darf sich aber gegen weitere Belehrung auch hinsichtlich des Umfangs dessen, was ihr als Kanon tatsächlich anvertraut ist, nicht zum vornherein verschließen und sie kann und darf mit ihrem Zeugnis hinsichtlich dieses Umfangs dem Zeugnis des Heiligen Geistes den Einzelnen in ihrem Raum gegenüber nicht vorgreifen. Sie kann und darf ihm nur sagen, daß er in dem von ihr bezeugten Umfang das Zeugnis des Heiligen Geistes zu e r w a r t e n habe, um dann selber mit i h m zu erwarten, daß diese Verheißung, die ihm zu geben sie berechtigt und verpflichtet ist, sich auch an ihm b e w a h r h e i t e n werde. Diese Differenzierung hinsichtlich der Wahrheit über den biblischen Kanon ist es, die in der Kanonslehre der protestantischen Orthodoxie verdunkelt worden ist. Sie durfte wohl faktisch und praktisch im Gegensatz zu Luther und Anderen für die volle Kanonizität jener sieben Antilegomena eintreten, wenn sie aus inneren Gründen und entscheidend im Gehorsam gegen die Schrift selbst das Bewußtsein hatte, dies tun zu müssen. Sie durfte aber die grundsätzliche Bedeutsamkeit der Tatsache nicht übersehen und unterdrücken, daß der Kanon sich im 16. Jahrhundert hinsichtlich der Erkenntnis seines Bestandes als eine bewegliche Größe erwiesen hatte. Sie griff zu hoch, wenn sie den von ihr erkannten Kanon mit dem von Gott offenbarten einfach gleichsetzte, um eben damit zu tief zu greifen. Sie durfte die Kirche nicht veranlassen, hinsichtlich ihres Kanons nun doch wieder (sehr im Widerspruch zu dem gegen die römische Kirche erhobenen Vorwurf!) eine ganz andere Stellung als die eines Zeugen und Wächters, nämlich die eines Garanten seiner göttlichen Autorität, einzunehmen. Soweit dies geschehen ist, hat die Orthodoxie mit ihrer Schriftlehre, wie sich auch noch an einem anderen Punkte, nämlich in der Frage des Begriffs der Inspiration, zeigen wird, ganz einfach dem Neuprotestantismus vorgearbeitet, indem sie der Kirche, d. h. den Menschen in der Kirche eine Vollmacht und eine Sicherheit in die Hände spielte, die nach ihren eigenen Voraussetzungen die Vollmacht und Sicherheit Gottes gegenüber allen Menschen, auch gegenüber den Menschen in der Kirche, sein und bleiben mußte. Hatte man nicht gesagt, daß die göttliche Autorität der Schrift für sich selber sprechen und auch ganz allein als selbst für sich selbst sprechende zu hören sei? Warum blieb man nicht dabei, diese ihre g e i s t l i c h e Autorität zu bezeugen? Gerade indem man aus der kirchlichen Glaubensentscheidung willkürlich ein göttliches Gesetz machte, statt sie im Glauben als kirchliches und also als geistliches Gesetz zur Geltung zu bringen: zu einem göttlichen Gesetz, mit dem man sich weiterer Belehrung verschloß und das man als solches den Menschen als ein Joch auf den Hals legen zu können meinte, hat man deren Widerspruch gegen das wirkliche Gesetz Christi und des Heiligen Geistes — man war ja heimlich selbst schon in diesem Widerspruch begriffen — herausgefordert, hat man die Perlen vor die Säue geworfen und durfte sich nicht wundern, wenn die kirchliche Weisung hinsichtlich des Kanons nun zunächst für längste Zeiten auch als Glaubenszeugnis, auch als kirchlich-geistliches Gesetz weithin nicht mehr angenommen, wenn die Lehre von der Schrift nun zunächst von der soviel näher liegenden Lehre von der Religion verdrängt und abgelöst wurde. Also: um der wirklichen Autorität des biblischen Kanons willen müssen wir es wieder lernen, seine Feststellung als ein G l a u b e n s z e u g n i s , seine Anerkennung als G l a u b e n s g e h o r s a m und also seinen tatsächlichen Bestand, auch wenn wir gar keinen Anlaß haben sollten, ihn zu beanstanden, als u n a b g e s c h l o s s e n zu verstehen.

2. Wenn wir die Schrift und nun also die kanonische, d. h. die von der Kirche als kanonisch bezeichnete und von uns in und mit der Kirche als kanonisch zu erkennende Schrift als heilige Schrift, als Zeugnis und zwar als das Zeugnis von Gottes Offenbarung entgegennehmen, so nehmen wir entgegen: das Zeugnis des M o s e und der P r o p h e t e n , der E v a n g e l i s t e n und der A p o s t e l. Gemeint ist (wir wiederholen ja mit dieser

Formulierung nur gewisse biblische Zusammenfassungen) das Zeugnis des Alten und des Neuen Testamentes, das Zeugnis von der Erwartung und das Zeugnis von der Erinnerung, das Zeugnis der Vorzeit und das Zeugnis der Nachzeit der in Jesus Christus geschehenen Offenbarung. Über die Offenbarung als Zeit und zwischen diesen beiden Zeiten haben wir in der Lehre von der Offenbarung selbst (§ 14) ausführlich gesprochen. Wir reden jetzt von ihrer Bezeugung, von ihren Dokumenten als solchen und haben von ihnen im Rückblick auf das über ihren Inhalt Ausgeführte zu sagen: daß sie in dem durch ihren Inhalt gegebenen Zusammenhang und in der durch ihr verschiedenes Verhältnis zu diesem Inhalt bedingten Verschiedenheit darin alle zusammengehören, darin alle im gleichen Sinn heilige Schrift sind, daß sie eben alle diesen Inhalt haben. Es hat das Alte und es hat das Neue Testament je darin seine Besonderheit, daß jenes den kommenden, dieses den gekommenen Messias bezeugt. Es ist im Alten Testament das Gesetz von den Propheten darin unterschieden, daß im Gesetz die Berufung Israels, in den Propheten die Leitung und Zucht des schon berufenen durch das Wort Jahves das Material der in beiden vorliegenden Weissagung bildet. Und so im Neuen Testament die Evangelien von den Apostelschriften darin, daß die Evangelien auf die der Auferstehung entgegenweisenden Worte und Taten Jesu, die Apostelschriften dagegen von der Auferstehung her auf die durch diese beleuchtete und veränderte menschliche Lebenssituation zurückblicken. Aber wie sich die beiden Linien dort des alttestamentlichen hier des neutestamentlichen Zeugnisses je in einem Punkte schneiden, so wiederum die alttestamentliche und die neutestamentliche Linie je als ganze. Man wird ja auch im einzelnen diese Unterschiede oft genug aufgehoben finden: es gibt Gesetzliches bei den Propheten und Prophetisches im Gesetz, Evangelisches in den Apostelschriften und Apostolisches in den Evangelien. Unbeweglich sind eigentlich nur zwei Unterschiede: Der erste besteht darin, daß Christus im Alten Testament noch nicht als der schon erschienene, im Neuen Testament nicht mehr als der noch nicht erschienene bezeugt wird; aber in den ersten Kapiteln des Matthäus- und Lukasevangeliums und in den Täufer- und Mariaperikopen wird man wenigstens auf seiten des Neuen Testamentes, sofern es hier selber noch alttestamentlich redet, eine Ausnahme doch auch von dieser Regel konstatieren müssen. Und gerade dieser in der Hauptsache unverrückbare Unterschied beider Zeugnisse wird durch die Einheit ihres Gegenstandes auch wieder völlig relativiert. Innerhalb aller dieser Gruppen besteht dann noch als zweiter unverrückbarer Unterschied der zwischen den verschiedenen Individualitäten der bekannten und unbekannten Schriftsteller, mit denen wir es im biblischen Zeugnis zu tun haben. Jesaja ist nicht Kohelet, und Paulus ist nicht Jakobus. Aber wie wird auch dieser Unterschied, so unaufhebbar er offenbar ist, relativiert durch die Einheit dessen, was durch alle diese Individuen gesagt wird! Dieses Zeugnis in seiner Ganzheit ist gemeint, wenn wir vom biblischen Zeugnis reden. Eine Verschiedenheit innerhalb dieses Zeugnisses wird durch die erwähnten Unterschiede seines Inhalts nicht begründet. Die Kirche entstand, indem dieses Zeugnis in dieser seiner Ganzheit auf den Plan trat. Denn die Kirche entstand durch die Erzählung von Jesus Christus und durch die Botschaft von der Kraft seiner Auferstehung, und beide, die Erzählung und die Botschaft, gaben sich offenbar schon vor ihrer schriftlichen Fixierung, und in ihrer schriftlichen Fixierung erst recht, auf Schritt und Tritt als Auslegung des Gesetzes und der Propheten. Eines greift hier mit Notwendigkeit ins Andere. Man kann weder das Gesetz und die Propheten, noch die Evangelien und die Apostelschriften, noch das Alte und das Neue Testament im Ganzen auseinanderreißen, ohne jedesmal beide zu entleeren und zu zerstören. Hätte die Kirche nicht von Anfang an dieses Ganze gehört, so hätte sie gar nicht gehört, was sie gehört hat, so wäre sie als Kirche gar nicht entstanden. Nur in diesem Zusammenklang ist das biblische Zeugnis das Zeugnis von Gottes Offenbarung. Und in Erinnerung an diesen seinen Zusammenklang hält die Kirche fest an diesem Zeugnis, erkennt sie in ihm die regierende göttliche Autorität, bemüht sie sich um seine Auslegung, existiert sie, indem sie selber bezeugt, was sie in ihm bezeugt findet. Die Kirche verfügt nicht einmal über den Klang dieses Zeugnisses: in ihrer Macht ist es nicht, obwohl sie es hat, daß es das Zeugnis von Gottes Offenbarung ist. Wie sollte sie über seinen Zusammenklang verfügen? Wie sollte es in ihrer Macht liegen, daß dieses Zeugnis, obwohl und indem sie es hat, in seiner Ganzheit das Zeugnis von Gottes Offenbarung ist? Was sie hat, kann außer dem Zeugnis selbst nur die an dieses Zeugnis geknüpfte Erinnerung sein und darum: die wiederum an dieses Zeugnis geknüpfte Erwartung. In ihrer Erinnerung und in ihrer Erwartung ist es das Zeugnis von Gottes Offenbarung, ist die Schrift heilige Schrift. Über das, was dazwischen liegen kann: über das Ereignis, daß dieses Zeugnis nicht nur in Erinnerung und Erwartung, sondern heute und hier Zeugnis von Gottes Offenbarung ist — über dieses Ereignis hat die Kirche weder Verfügung noch Macht. Das Alles gilt auch von der Ganzheit, vom Zusammenklang dieses Zeugnisses. Aber wie die Erinnerung überhaupt genügt, die Erwartung überhaupt zu wecken, zu begründen und zu rechtfertigen, so erlaubt sie der Kirche keine andere Erwartung als die Erwartung der Ganzheit, des Zusammenklangs dieses Zeugnisses. In dieser Meinung lehrt die Kirche die Heiligkeit und darum die Einheit der Schrift. Sie meint die Heiligkeit und Einheit Gottes in seiner Offenbarung, wie sie sich einst in der Begründung der Kirche und dann immer wieder in der menschlichen Mannigfaltigkeit dieses Zeugnisses erwiesen und bewährt hat. Und sie meint wieder die Heiligkeit und Einheit Gottes in seiner Offenbarung, die sie, im Besitz dieses Zeugnisses, von ihm zu erwarten aufgerufen und berechtigt ist. So gehalten vom Gestern und vom Morgen her wird ihr Heute nur ein ganz demütiges, ganz anspruchsloses, aber auch ganz ungebrochenes Ja zu diesem Zeugnis, und zwar zu der Fülle dieses Zeugnisses in seiner Einheit sein können. Sie nimmt damit nicht vorweg, was nur Gott selbst in seiner Offenbarung schaffen und geben kann: das Ereignis der Erkenntnis dieser Einheit. Sie bejaht aber, daß Gott in seiner Offenbarung eben diese Erkenntnis schaffen und geben kann, wie er sie einst schon geschaffen und gegeben hat. In diesem Sinn wird sie festhalten am ganzen biblischen Zeugnis, also am Gesetz und an den Propheten, am Evangelium und an den Apostelschriften, am Alten und am Neuen Testament. In diesem Sinn wird sie sich um die Auslegung und Verkündigung dieses Ganzen mühen. In diesem Sinn wird sie jedes ihrer Glieder vor die Verheißung und vor die Aufgabe stellen, in diesem Ganzen das Wort Gottes zu hören. In diesem Sinn wird sie sich, wie wir schon bei der Untersuchung des Begriffs des Kanons sahen, gegen alle Abtrennungen nicht nur, sondern auch gegen alle die Einheit des Zeugnisses in Frage stellenden Bevorzugungen dieser oder jenes seiner Bestandteile, aber auch gegen alle den Teil gegenüber dem Ganzen isolierende Abwertungen zur Wehr setzen. Sie weiß, wenn sie es auch nur in der Erinnerung und in der Erwartung weiß, um den Frieden, in welchem dieses Zeugnis seinen Ursprung und sein Ziel hat; und eben in der Willigkeit, sich selbst diesen Frieden mitteilen zu lassen, stellt sie sich selbst unter dieses Zeugnis und also unter dieses ganze Zeugnis.

Die Folgerung und Forderung, die sich aus der recht verstandenen Einheit der heiligen Schrift ergibt und über deren Beachtung die Kirche zu wachen hat, kann also gerade nicht etwa dahin lauten, daß wir ein verborgenes geschichtliches oder begriffliches System, eine Heilsökonomie oder eine christliche Weltanschauung aus der Bibel zu erheben hätten. Eine biblische Theologie in diesem Sinn kann es nicht geben: weder eine solche des Alten noch eine solche des Neuen Testamentes, noch eine solche der ganzen Bibel. Die Voraussetzung, das organisierende Zentrum eines solchen Systems müßte ja wohl der Gegenstand des biblischen Zeugnisses, nämlich die Offenbarung sein. Nun ist die Offenbarung aber nicht mehr und nicht weniger als das uns zugewandte Leben Gottes selber, das durch den Heiligen Geist zu uns kommende Wort Gottes, Jesus Christus. Eben Jesus Christus können wir aber in unserem Denken, auch in unserem Nachdenken der biblischen Texte, immer nur uneigentlich, d. h. nur in Form unserer Erinnerung und Erwartung „voraussetzen", um dann unsere weiteren Gedanken, auch unsere in Form von Auslegung jener Texte gewonnenen Gedanken an diese Voraussetzung anzuknüpfen. Eigentlich, und das heißt: gegenwärtig kann gerade die Offenbarung nur durch die Offenbarung selbst unseren Gedanken, auch unseren Auslegungsgedanken vorausgesetzt bzw. zu ihrem organisierenden Mittelpunkt gemacht werden. Eine biblische Theologie wird also immer nur in einer Gruppe von Annäherungsversuchen, in einer Sammlung und Zusammenfassung von Einzelexegesen bestehen können, bei der es auf eine Systematik im Sinn der platonischen, aristotelischen oder hegelschen Philosophie darum nicht abgesehen sein kann, weil der dazu nötige Grundgedanke nicht nur, wie es ja auch die Philosophen sagen, der Gedanke eines letzten, unbegreiflichen Wirklichen ist, sondern auch eben als solcher — und hier unterscheidet sich das theologisch vom philosophisch Unbegreiflichen — gar nicht zu unserer Verfügung steht, als Gedanke eines eigentlich, d. h. gegenwärtig Wirklichen gar nicht, oder eben nur uneigentlich, d. h. nur in Form von Erinnerung und Erwartung vollzogen werden kann. Auch die biblischen Zeugen selbst können und wollen ja die Offenbarung nicht selbst auf den Plan stellen, sondern gerade darin erweisen sie sich als ihre echten Zeugen, daß sie nur auf sie hinblickend und auf sie zurückblickend von ihr reden. Wie könnten wir die Ganzheit ihres Zeugnisses dadurch ergänzen wollen, daß wir mit der Offenbarung umgingen wie mit einer uns verfügbaren Voraussetzung? Wie könnten wir sie anders auslegen, als indem wir uns mit ihnen der Erinnerung, ihrer Erinnerung und der Erwartung, ihrer Erwartung hingeben? Eben in dieser Hingabe und allein in ihr — nicht in einem eigenmächtigen Tun dessen, was sie unterlassen haben — wird sich unsere Auslegung jenes Zeugnisses als echt bewähren und entzünden zu unserem eigenen Zeugnis. Alle biblische Theologie (und selbstverständlich auch und erst recht alle Dogmatik) wird also nur in einer Übung in dieser Hingabe, nicht aber in einem Versuch, das Ganze des biblischen Zeugnisses auf den Plan zu führen, bestehen können. —

Man wird wohl auch an dieser Stelle fragen müssen, ob die altprotestantische Theologie des 17. Jahrhunderts nicht zu viel tat, um eben damit zu wenig zu tun. Es war gewiß nicht an sich verwerflich, daß sie sich bei ihrer Auslegung so lebhaft des Handwerkszeugs der aristotelischen und später der kartesianischen Philosophie bediente. Wie sollte die umfassende Gründlichkeit und Genauigkeit, die sie damit offenbar anstrebte und auch in erstaunlichem Maße bewiesen hat, verwerflich und nicht vielmehr höchst vorbildlich sein? Wenn sie sich nur freier gehalten hätte von der Neigung, sich von dorther nun auch zu dem theologisch unmöglichen Unternehmen einer Systematik der Offenbarung, eines Systems, in welchem die Offenbarung zur verfügbaren Voraussetzung wurde, inspirieren zu lassen. Sie hat das Offenbarungszeugnis nun doch als solches in seiner Einheit und Ganzheit auf den Plan führen wollen. Damit wurde sie ihm aber gerade nicht gerecht. Und daran hat sie, als im 18. Jahrhundert die Philister über sie kamen, wie einst über Simson, scheitern müssen. — Wir werden es der Offenbarung schon selbst überlassen müssen, sich wie überhaupt, so auch in ihrer Einheit und Ganzheit auf den Plan zu führen. Wir haben sie nie hinter uns, wir können ihr immer nur nachgehen. Wir können sie nicht denken, wir können sie nur bedenken. Wir können sie nicht behaupten und beweisen, wir können sie nur glauben, in Erinnerung und Erwartung glauben, damit sie, wenn unser Glaube recht und Gott wohlgefällig ist, in dem, was wir dann denken und sagen, sich selber behaupte und beweise. Eben das ist also die Folgerung und Forderung, die sich aus der recht verstandenen Einheit der heiligen Schrift ergibt, und eben darüber hat also die Kirche zu wachen: Es darf nie in Vergessenheit geraten, daß wir es bei der kanonischen Schrift vermöge ihres uns allerdings unverfügbaren Inhalts und Gegenstandes mit einem einzigen, d. h. mit einem in eine einzige Richtung weisenden, eine einzige Wahrheit bezeugenden Zeugnis zu tun haben. Nehmen wir es in und mit der Kirche auf, der es gegeben ist, dann ist das die Erinnerung, und dann ist das auch die Erwartung, in der wir es zu lesen haben. Es kann und darf die Hingabe, das Nachgehen, das Bedenken, das Glauben in dieser Richtung nicht aufhören, nicht durch ein willkürliches Fragen, Suchen und Streben nach allen möglichen anderen Richtungen ersetzt werden. Luther hat über die Einheit der Heiligen Schrift einmal folgendes gesagt: Denn die heylige Schrifft ist das kleyd, das unser Herr Christus angezogen hat und sich drinn sehen und finden lest. Solches kleyd ist durchauss gewürcket und in einander dermassen gefasset, das mans nicht schneyden noch teylen kan. Es nemen sich aber die Kriegsknechte drumb an die Christum creutzigen, das ist: die Ketzer und Rotten. Die haben sonderlich dise unart, das sie den rock wöllen gantz haben und yederman über reden, die gantz schrifft stymme mit jnen und sey jr meynung ... fassen jn ein sondere meynung, one und ausser dem wort, die selbe meynung fladdert jn ymmerdar für den augen und wie ein blowes glass was sie darnach sehen, dunkt sie alles blow und jre meynung sein. Aber es sind spitzbuben, wies Paulus nennet, Ephe. 4, da er vermanet, sie sollen sich nicht ein yeden wind der lehre treyben lassen durch schalkheyt der menschen. Da heyst das wörtlein schalckheit in Griechischem *kybia*, auff deutsch würffelspiel oder spitzbüberey. Denn gleych wie die spitzbuben den würffel meystern, er muss jnen tragen, was sie wöllen, also thun die Rotten und schwirmer auch mit der Schrifft, ein yeder wils gantz haben, und brauchen den würffel dazu. (Pred. üb. Matth. 26, 33 f., Hauspostille, 1545, W. A. 52, 802, 1.) Nun, die Frage, die damit ausgesprochen ist, dürfte doch wohl in aller Ehrfurcht auch an Luther selbst gerichtet werden. Sollte er, etwa in seiner Lehre von Gesetz und Evangelium, die Würfel nicht in besten Treuen auch etwas gemeistert und das Kleid Christi nicht auch geteilt haben? Auch an die später aufgekommene Lehre von einer in verschiedenen, tiefer und höher liegenden Stufen verlaufenden Heilsgeschichte, an die Vorstellung einer Entwicklung der Offenbarung, die in die einer Entwicklung der biblischen Religion so leicht umschlagen konnte und mußte, an die der Einseitigkeit Luthers entsprechende Höherschätzung der Synoptiker gegenüber Johannes, der Evangelien gegenüber den Apostelschriften, auf alttestamentlichem Gebiet an die lange übliche Bevorzugung der Propheten im engeren Sinn des Begriffs wäre hier zu denken. In allen diesen Fällen hat die Verkennung der Einheit der Schrift noch immer ihre Verkennung als heilige Schrift früher oder später nach sich gezogen und nach sich ziehen müssen; denn schon mit solch eigenmächtiger Bevorzugung hat man auch die jeweils bevorzugten Stücke schon nicht mehr als heilige Schrift gelesen. Ähnlich steht es aber mit diesem Bevorzugen auch im Einzelnen und Einzelsten. Es dürfte grundsätzlich wohl so sein — und es dürfte dieses Kriterium auch auf die anerkannteste, auch auf die in den Bekenntnisschriften niedergelegte Lehre der Kirche als solche, erst recht aber auf die ihrer einzelnen Lehrer als solcher, und wären sie die größten, anzuwenden sein: wo bei der Auslegung der Schrift auch nur etwas übersehen wird, was eben auch geschrieben steht, wo man genötigt ist, zur Durchführung seiner Auslegung auch nur etwas, was auch geschrieben steht, abzuschwächen oder gar fallen zu lassen, da droht die Möglichkeit, daß die Auslegung das Eine, von dem die Schrift in ihrer Ganzheit zeugt, auch da, wo sie es gefunden zu haben meint, in Wirklichkeit verfehlt hat. Eine Auslegung ist in dem Maß vertrauenswürdig, als sie nicht nur den gerade vorliegenden Text, sondern mindestens implizit auch alle anderen Texte auslegt, in dem Maß, als sie mindestens den Ausblick auf die Auslegung auch aller anderen Texte eröffnet. — Es gab unter den altprotestantischen Theologen solche (z. B. Bucan, *Inst. theol.*, 1602, Loc. 4, 11; *Syn. pur. Theol.*, Leiden 1624, *Disp.* 3, 20), die die These vertraten, daß das Hinzutreten der Propheten zum Gesetz, das ursprünglich allein die Heilige Schrift bildete, diese als solche, d. h. als Wort Gottes, nicht etwa vollkommener, sondern eben nur als die Erklärung und Bestätigung des ersten Zeugnisses durch ein zweites deutlicher machte. Dasselbe sei aber auch von dem Hinzutreten des Neuen Testamentes zum Alten zu sagen. Es sei tatsächlich das ganze Heil schon im Pentateuch als solchem verkündigt und zu vernehmen. Man kann diese These für allzu kühn und vor Allem, weil wir es nun einmal nicht nur mit dem Pentateuch zu tun haben, für überflüssig erklären. Ich wüßte aber nicht, von woher man ihr sachlich Unrecht geben wollte. Bezeugt wirklich die ganze Schrift Eines, dann ist nicht abzusehen, inwiefern sie es nicht, wären wir nur mit einem Bruchteil von ihr bekannt, auch in einem solchen Teil des Ganzen vollkommen bezeugen sollte. Da sie nun einmal nicht aus einem solchen Teil, sondern aus dem Ganzen besteht, so kann uns jene Erwägung gewiß nicht davon dispensieren, sie als Ganzes ernst zu nehmen. Sie mag uns aber immerhin daran erinnern, daß wir, belehrt und in Schranken gehalten durch das Ganze, tatsächlich auch im Einzelnen nach dem Einen zu fragen haben.

3. Man hat oft gefragt: ob und inwiefern die Lehre von der heiligen Schrift, insbesondere der Satz, daß wir unter der ganzen Weltliteratur

alter und neuer Zeit nun gerade in diesen Schriften heilige Schriften zu erkennen hätten, in der Bibel selber begründet sei?

Daß dieser Satz in der Tat dem entspricht, was die heilige Schrift von sich selber lehrt, das ergibt sich zunächst allgemein und indirekt aus der Einmaligkeit und Kontingenz der in ihr bezeugten Offenbarung. Man kann auch schlichter sagen: es ergibt sich aus der wahren Menschheit der Person Jesu Christi als des Gegenstandes ihres Zeugnisses. Was ist die Bibel anderes als der Existenzbeweis der geschichtlichen Umgebung dieser Wirklichkeit und insofern der Geschichtlichkeit dieser Wirklichkeit selber? Diesen Existenzbeweis liefert eben in der ganzen Weltliteratur nur die Bibel oder liefert ein Teil der übrigen Weltliteratur nur daraufhin, daß er zuvor durch die Bibel geliefert ist. Das Zeugnis der heiligen Schrift von sich selber besteht also allgemein einfach in ihrem Wesen als Zeugnis von Jesus Christus. Und es steht und fällt die Erkenntnis der Wahrheit dieses ihres Selbstzeugnisses, es steht und fällt die Erkenntnis ihrer einzigartigen Maßgeblichkeit mit der Erkenntnis, daß Jesus Christus der fleischgewordene Sohn Gottes ist. Weil aber diese Erkenntnis zusammenfällt mit der Erkenntnis des Glaubens an seine Auferstehung von den Toten, muß man sagen: die Schrift zeugt damit von sich selber, daß sie in ihrer entscheidenden Mitte die Auferstehung Jesu Christi von den Toten bezeugt. Die den Glauben und seine Erkenntnis erweckende Bezeugung der Auferstehung Jesu ist aber selber wieder nichts anderes als die Selbstbezeugung Gottes durch den Heiligen Geist, so daß man endlich und zuletzt sagen muß: die heilige Schrift zeugt damit von und für sich selbst, daß der Heilige Geist von Christi Auferstehung und also davon zeugt, daß dieser der in das Fleisch gekommene Sohn Gottes ist.

Diesem allgemeinen und impliziten Selbstzeugnis entspricht nun aber doch auch ein besonderes und explizites. Die Bibel redet auf der ganzen Linie nicht nur von Gottes Offenbarung in Jesus Christus in ihrem Gegenüber zu allen Menschen, zum Menschen und zur Menschheit überhaupt. Das tut sie freilich auch, ja man muß sagen, daß dieses Gegenüber der eigentliche Inhalt der Bibel ist. Wir sahen an früherer Stelle: der in der Offenbarung angeredete und in Anspruch genommene Mensch gehört als solcher mit zu ihrem Inhalt, mit in die Offenbarung selbst hinein. Aber nun müssen wir konkreter fortfahren: eben der in diesem Umfang verstandene Inhalt der Bibel hat eine von ihm als diesem Inhalt gar nicht zu lösende bestimmte Form. Daß die Bibel als Zeugnis von Gottes Offenbarung jeden Menschen, alle Menschen angeht, ja gewissermaßen schon in sich schließt, daß recht verstanden die ganze Menschheit, ob sie es weiß oder nicht, ganz real in der Bibel steht und also sich selber zum Zeugnis von Gottes Offenbarung gesetzt ist — das ist dadurch ermöglicht und bedingt, daß zunächst nun doch gar nicht alle, sondern

2. Die Schrift als Gottes Wort

nur ganz bestimmte, besondere Menschen in der Bibel stehen: diejenigen nämlich, die der einmaligen und kontingenten Offenbarung gegenüber die wesensmäßig ebenfalls einmalige und kontingente Funktion von ersten Zeugen hatten. Daraufhin, daß es diese ersten Zeugen gab und noch gibt, konnte und kann es zweite und dritte Zeugen geben. Man kann eben nicht von Jahves Bund mit Israel reden, ohne sofort auch von Mose und den Propheten zu reden. Und so sind im Neuen Testament von Jesus Christus nicht zu trennen die Gestalten seiner Jünger, seiner Nachfolger, seiner Apostel, der von ihm Berufenen, der Zeugen seiner Auferstehung, derer, denen er selbst und unmittelbar seinen Heiligen Geist verheißen und gegeben hat. Alles, was die Kirche über das Geschehen von Gott und Mensch überhaupt zu sagen hat, sagt sie daraufhin, daß zwischen Gott und diesen bestimmten besonderen Menschen ein für allemal etwas geschehen ist und daß diese uns in dem, was sie geschrieben haben oder was von ihnen geschrieben wurde, als lebendige Dokumente jenes ein für allemal Geschehenen gegenüberstehen. Wollten wir an ihnen vorbeisehen, dann würden wir an diesem ein für allemal Geschehenen vorbeisehen. Die Existenz jener besonderen bestimmten Menschen ist die Existenz Jesu Christi für uns, für alle Menschen. Eben darin, in dieser Funktion, sind sie von uns und von allen anderen Menschen, denen sie in allem Übrigen gleich sind, unterschieden. Das besondere und explizite Selbstzeugnis der Schrift besteht also darin, daß sie, auf die Form gesehen, in der sich uns ihr Inhalt darbietet, und zwar allein darbietet, das Zeugnis von der Existenz dieser bestimmten, besonderen Menschen ist.

Es ist das einmalige und kontingente Faktum des neutestamentlichen Apostolats, von dem man, um hier zu hören und zu verstehen, was die Bibel mit diesem Zeugnis meint, am besten ausgeht. (Vgl. zum Folgenden: E. Fuchs, Die Auferstehung Jesu Christi und der Anfang der Kirche, Zeitschr. für Kirchengesch. 1932 Heft I/II S. 1 f.) Die Tatsache, daß Jesus Christus als Gottes Offenbarung nicht allein und also nicht ungeschichtlich bleibt und also zu uns und allen Menschen kommen kann, die Tatsache, daß er erste Zeugen hat, auf die hin es dann auch zweite und dritte geben kann — diese Tatsache, wesensmäßig so einmalig wie die Offenbarung selbst, wird einmal ganz ausdrücklich als eine besondere Schöpfung Jesu Christi bezeichnet: καὶ ἐποίησεν δώδεκα ἵνα ὦσιν μετ' αὐτοῦ καὶ ἵνα ἀποστέλλῃ αὐτοὺς κηρύσσειν (Mc. 3, 14). Man wird diese Aussage wie so manche in den der Passionsgeschichte zeitlich vorgelagerten evangelischen Berichten als eine proleptische, nämlich als eine solche, die ihre Eigentlichkeit erst durch die Auferstehungsbotschaft gewinnt, verstehen müssen. Ein schöpferisches, aber eben darum in seinem eigentlichen Gehalt ebenfalls nur von Ostern her zu verstehendes Wort ist es ja immer auch, wenn Jesus (etwa Mc. 2, 14) einem Menschen jenes ἀκολούθει μοι· zuruft. Von einer Schöpfung des Auferstandenen ist jedenfalls auch Eph. 4, 11 die Rede, wo es heißt αὐτὸς ἔδωκεν τοὺς μὲν ἀποστόλους, τοὺς δὲ προφήτας, τοὺς δὲ εὐαγγελιστάς ... „Durch Jesus Christus, ja durch Gott den Vater, der ihn auferweckt hat von den Toten" ist ja auch Paulus Apostel, und zwar „ausgesondert von Mutterleibe an" (Gal. 1, 1, 15 vgl. Jer. 1, 5). Apostel sind die, die Jesus „durch den Heiligen Geist" dazu erwählt hat (Act. 1, 2). Von hier aus werden die außerordentlichen Qualifikationen verständlich, in denen wirklich nicht nur und nicht erst Paulus von seinem Apostolat geredet hat, sondern die schon dem evangelischen Teil des Neuen Testamentes durchgängig eigentümlich sind. „Wer euch hört, der hört mich" (Luk. 10, 16). „Wer euch aufnimmt, der nimmt mich auf" (Matth. 10, 40). Man wird hier nicht abschwächen dürfen, als hieße es: der hört auch mich, der nimmt auch mich auf, sondern die Meinung ist schon die: sie, die Jünger, hören und aufnehmen heißt ihn, Christus, hören und aufnehmen. Es gibt kein Hören und Aufnehmen Christi, das in seiner Form nicht ein Hören und Aufnehmen seiner Jünger wäre. Denn: „Wie mich der Vater gesandt hat (ἀπέσταλκεν), so schicke (πέμπω) ich euch" (Joh. 20, 21). „Die Worte, die du mir gegeben hast, gab ich ihnen, und sie nahmen sie auf und erkannten in Wahrheit, daß sie von dir ausgingen und glaubten, daß du mich gesandt hast" (Joh. 17, 8). In dem Verhältnis zwischen Jesus Christus und den Aposteln wiederholt oder spiegelt sich also gewissermaßen die Ökonomie der Fleischwerdung des Wortes selber. Darum betet Jesus in einem Atemzug für sie, aber nicht nur für sie allein, sondern für die, die durch ihr Wort an ihn glauben (Joh. 17, 20). Darum sein Wort an Petrus als den, der sich durch sein Bekenntnis auf Grund der ihm zuteil gewordenen Offenbarung des Vaters im Himmel erwiesen hat als der Felsen, auf den Jesus seine Kirche bauen will, als den Menschen, dem er die Schlüssel des Himmelreichs geben will zu einem menschlichen Binden und Lösen auf Erden, mit dem das göttliche Binden und Lösen im Himmel schlechterdings identisch sein soll (Matth. 16, 18 f.), eine Vollmacht, von der wir aus Matth. 18, 18, Joh. 20, 23 wissen, daß sie nicht nur (wie die bekannte römisch-katholische Auslegung lautet) dem Petrus, sondern in der Person des Petrus dem ganzen Apostelkreis, den ersten Zeugen als solchen, zugedacht und zugesprochen war. Und darum wird diesen ersten Zeugen gesagt, daß sie, von der Welt zur Rechenschaft aufgefordert, nicht sorgen sollen, wie und was sie reden möchten: „Denn es wird euch in jener Stunde gegeben werden, was ihr reden sollt. Denn nicht ihr seid die Redenden, sondern der Geist eures Vaters ist der durch euch Redende" (Matth. 10, 19 f.). „Ihr werdet die Kraft des Heiligen Geistes empfangen, welcher auf euch kommen wird, und werdet meine Zeugen sein" (Act. 1, 8). Denn: „Der Tröster, der Heilige Geist, den der Vater in meinem Namen schicken wird, der wird euch alles lehren, ja er wird euch alles in Erinnerung rufen, was ich euch sagte" (Joh. 14, 26). Er wird euch als der Geist der Wahrheit „in alle Wahrheit führen" (Joh. 16, 13). Die Erfüllung dieser Verheißung ist dann der besondere Gegenstand der Pfingstperikope Act. 2, 1 f., und sie ist und bleibt die Voraussetzung der ganzen nun einsetzenden apostolischen Tätigkeit und Verkündigung. „Sieh uns an!", kann und muß jetzt Petrus zu dem Lahmen vor der schönen Tür des Tempels sagen, obwohl und indem er ihm nichts zu geben hat als das Wort im Namen Jesu Christi von Nazareth (Act. 3, 4 f.). Daß sie eben dieses Wort, d. h. also: daß sie in Vollstreckung der in Jesus Christus von Nazareth geschehenen Offenbarung zu sprechen haben: so, daß er selbst bei ihnen ist alle Tage (Matth. 28, 20), das ist's, was sie jetzt in der Tat auszeichnet, sodaß man jetzt in der Tat sie, gerade sie ansehen muß. Von einem außerordentlichen Amts- und Sendungsbewußtsein gerade des Paulus wird man angesichts aller dieser Zusammenhänge nicht wohl reden können. Es lag in der Linie des ganzen Neuen Testamentes, wenn er etwa 2. Kor. 5, 18 die geschehene Versöhnung durch Christus und die „Gabe" des „Dienstes der Versöhnung" wie zwei Seiten einer und derselben Sache dargestellt hat. In der *analogia fidei* findet hier tatsächlich wieder Ähnlichkeit statt zwischen Gott und Mensch, zwischen himmlischer und irdischer Wirklichkeit. „An Christi Stelle sind wird Botschafter, indem Gott durch uns mahnt. Wir bitten an Christi Stelle: lasset euch mit Gott versöhnt sein!" (2. Kor. 5, 20). Man könnte ruhig gerade in diesem Wort die ganze biblische Begründung des Schriftprinzips zusammengefaßt ausgesprochen finden.

Und nun war es nicht so, daß die alte Kirche das evangelisch-apostolische Zeugnis von Jesus Christus willkürlich ergänzt hätte, indem sie ihm aus irgendeinem Pietätsempfinden gegen die heiligen Urkunden des alten Gottesvolkes oder aus dem Bedürfnis, sich selbst durch den Anschluß an diese Überlieferung zu legitimieren, den Kanon

2. Die Schrift als Gottes Wort

der Synagoge voransetzte. Es ist in alter und neuer Zeit oft vorgeschlagen und versucht worden, das sogen. Alte Testament entweder ganz abzuschütteln oder doch auf die Stufe einer Art gut und nützlich zu lesender deuterokanonischer Einleitung zur eigentlichen, nämlich der neutestamentlichen Bibel herunterzudrücken. Man wird sich demgegenüber nicht klar genug machen können, daß für die älteste Kirche selbst, und zwar für die unter den Heiden sowohl wie für die unter den Juden, nicht das Alte, sondern das Neue Testament das Hinzugekommene, die Ergänzung und Erweiterung des Kanons, daß nicht die Evangelien und Apostelschriften, sondern gerade der Kanon der Synagoge: Mose, die Propheten und Psalmen (Luk. 24, 44) den selbstverständlichen Grundstock ihrer heiligen Schrift bildeten. Wir finden weder im Neuen Testament noch in den Dokumenten der nachapostolischen Zeit des zweiten Jahrhunderts auch nur eine Spur davon, daß jemand ernstlich und verantwortlich den Versuch gemacht hätte, an Stelle der heiligen Schriften Israels nun etwa irgendwelche Überlieferungen anderer Völker, all der Völker, in deren Raum die jungen Kirchen entstanden, als Weissagungen auf Christus und also als die für sie passendere Einleitung in die neutestamentliche Bibel geltend zu machen: trotz der ungeheuren Erleichterung, die das für die Mission hätte bedeuten können, trotz der Apologetik, trotz der Gedanken ja oft genug, aber doch kaum je unter Anwendung auf das Problem des Kanons, in dieser Richtung liegen. Selbst Marcion, dem das doch nahe genug liegen konnte, ist tatsächlich nicht in dieser Richtung vorgestoßen. Man kann nicht in dieser Richtung vorstoßen, man kann aber schon das, was Marcion und nach ihm die Sozinianer, Schleiermacher, Ritschl, Harnack wollten, nicht wollen, ohne an die Stelle des Grundes, auf den die christliche Kirche gebaut ist, einen anderen Grund zu setzen. Wer das Alte Testament zu einer allenfalls entbehrlichen oder auswechselbaren Vorstufe der eigentlichen, der neutestamentlichen Bibel machen oder wer nun gar nachträglich die Streichung des Alten Testamentes oder dessen Auswechslung gegen die Urkunden der religiösen Vorzeit anderer Völker vollziehen will, wie dies Rich. Wilhelm für China, in gewissem Sinn doch auch B. Gutmann für Afrika und nun neuerdings zahlreiche Unbesonnene für Deutschland zu tun vorgeschlagen haben, der setzt sich tatsächlich nicht etwa mit einem vielleicht diskutablen Beiwerk, sondern mit der Entstehung und mit dem Sein der christlichen Kirche in Widerspruch, der begründet eine neue Kirche, die nicht mehr eine christliche Kirche ist. Denn die kanonische Geltung des Alten Testaments ist nicht nur keine willkürliche Ergänzung des evangelisch-apostolischen Christuszeugnisses durch die alte Kirche, sondern sie war, bevor und indem die älteste Kirche entstand, eben in dem evangelisch-apostolischen Christuszeugnis selbst, das man jetzt als das Zeugnis der Erinnerung mit Recht neben jenen ursprünglichen Kanon als das Zeugnis der Erwartung stellte, sie war also eben in der neutestamentlichen Bibel selbst so begründet, daß diese, nur wenn man sie völlig unleserlich machen wollte, ohne jenen ursprünglichen Kanon als Zeugnis von Gottes Offenbarung gewürdigt und verstanden werden könnte. Ob es uns gefällt oder nicht: der Christus des Neuen Testamentes ist der Christus des Alten Testamentes, der Christus Israels. Wer das nicht wahrhaben will, zeigt damit nur, daß er auch an die Stelle des Christus des Neuen Testamentes in Wahrheit schon einen anderen Christus geschoben hat. Nicht um das Gesetz und die Propheten aufzulösen, sondern um sie zu erfüllen, ist der wirkliche Christus des Neuen Testamentes gekommen (Matth. 5, 17; vgl. Joh. 10, 35). Man vergewissere sich, was darüber gerade in dem von Marcion so bevorzugten, aber auch so fleißig korrigierten Lukas-Evangelium zu lesen steht. Heute, so sagt dort Jesus gleich bei seinem ersten Auftreten, ist „die Schrift erfüllt vor euren Ohren" (Luk. 4, 21). Es wird durch das Leiden Jesu „Alles vollendet werden, das geschrieben ist durch die Propheten von des Menschen Sohn" (Luk. 18, 31). Es besteht die Offenbarung des auferstandenen Christus nach der Perikope von den Emmaus-Jüngern (Luk. 24, 13 f.) in nichts Anderem als in einer Eröffnung, Auslegung und Bestätigung dessen, was Mose, die Propheten und alle Schriften vorhergesagt haben. Und darum heißt es Joh. 1, 45: „Wir haben den gefunden, von welchem Mose im Gesetz und die Propheten geschrieben haben." Darum wird Joh. 5, 39 den Juden vorgeworfen: „Ihr sucht in der Schrift in der (richtigen!) Meinung, in ihr das ewige Leben zu haben, und sie ist's, die von mir zeugt." „Wenn ihr Mose glauben würdet, so würdet ihr mir glauben; denn er hat von mir geschrieben" (Joh. 5, 46). Man kann sich wirklich den Tenor des neutestamentlichen Christuszeugnisses klar machen an dem Hebr. 10, 7 zitierten Psalmwort: „Siehe, ich komme, im Buch steht von mir geschrieben, daß ich tue, Herr, deinen Willen". Es ist das „Evangelium Gottes", das auch Paulus und gerade er verkündigt, kein anderes als das, das Gott „zuvor verheißen hat durch seine Propheten in der Heiligen Schrift" (Röm. 1, 2; 3, 21; 16, 26). Gerade Paulus betont immer wieder (Röm. 4, 23 f.; 15, 4; 1. Kor. 9, 10; 10, 11), daß, was im Raum des Alten Testamentes geschehen ist und geschrieben steht, „auch um unseretwillen" und also in unverminderter, ja in jetzt erst recht erwiesener Aktualität geschehen sei und geschrieben stehe. Gerade für ihn ist es entscheidend, daß das Sterben und Auferstehen Christi κατὰ τὰς γραφάς und nicht anders Ereignis wurde (1. Kor. 15, 3 f.). Gerade er kann an Stellen, wo man das Wort „Gott" erwartet, das Wort „die Schrift" einsetzen: „Die Schrift sagt zu Pharao..." (Röm. 9, 17), „die Schrift hat alles beschlossen unter die Sünde" (Gal. 3, 22, vgl. Röm. 11, 32!). Und so wollen denn auch die Evangelisten und Apostel selbst offenkundig nichts anderes als eben Ausleger der alten heiligen Schrift sein. Nichts außer dem (οὐδὲν ἐκτός), was die Propheten als zukünftig geredet haben und Mose, will Paulus nach Act. 26, 22 selber sagen. Und eben dazu haben sie offenkundig, wie uns etwa der Bericht über die Christen von Beröa (Act. 17, 11) oder der über die Bekehrung des Juden Apollos (Act. 18, 24 f.) oder Stellen wie 1. Tim. 4, 13, 2. Tim. 3, 15 f. belehren können, auch ihre Nachfolger unterwiesen. Wir haben „das feste prophetische Wort". Und: „Ihr tut wohl, wenn ihr darauf achtet als auf ein Licht, das an einem finstern Ort scheint, bis der Tag anbricht und der Morgenstern aufgeht in eurem Herzen (2. Pet. 1, 19).

Und nun bliebe uns nur noch die Frage, ob sich denn auch die alttestamentlichen Zeugen selbst so, d. h. als die ausgesonderten und berufenen Zeugen der einen Offenbarung des einen Gottes in Jesus Christus verstanden haben, wie sie von den Menschen des Neuen Testamentes zweifellos verstanden worden sind. Sie ist die Entscheidungsfrage zwischen der Kirche und der Synagoge. Die Synagoge leugnet die eine Offenbarung des einen Gottes, indem sie Christus leugnet, und muß darum die Frage verneinen. Die Kirche bejaht sie, wie sie durch das Neue Testament bejaht ist: daraufhin, daß Christus von den Toten auferstanden und die Erfüllung der Schrift und eben damit ihren wirklichen Sinn offenbart hat. Wie sollte sie von da aus die alttestamentlichen Zeugen anders denn als Christuszeugen verstehen können? Ein von der Offenbarung des auferstandenen Christus abstrahierendes religionsgeschichtliches Verständnis des Alten Testamentes würde eben nur die Preisgabe des Neuen Testamentes und damit des Raumes der Kirche zugunsten des Raumes der Synagoge und also zugunsten eines ohne seinen Gegenstand und Inhalt verstandenen Alten Testamentes bedeuten können. Wir haben die grundsätzlichen Überlegungen, die hier anzustellen sind, in früherem Zusammenhang angestellt und können nur noch einmal darauf verweisen, daß die Frage nach dem Selbstverständnis der alttestamentlichen Zeugen letztlich mit der Glaubensfrage selber identisch ist. Ist Christus auferstanden von den Toten, dann ist das Verständnis des Alten Testamentes als eines Christuszeugnisses keine spätere Deutung, sondern das Verständnis seines ursprünglichen und allein legitimen Sinnes, dann gehören Mose und die Propheten nicht nur darum, weil das Neue Testament es unzweideutig so sagt, sondern — nachdem das Neue Testament auf Grund der Auferstehung Jesu es unzweideutig so gesagt hat — nicht als die Vertreter einer älteren Religion vor, sondern als die vorwärtsblickenden Verkündiger Jesu Christi neben die Evangelisten und Apostel. Dann kann die Kirche von der Aufgabe der Auslegung und Anwendung auch des alttestamentlichen Zeugnisses, von der Respektierung auch seiner Autorität als Wort Gottes nicht entbunden sein.

2. Die Schrift als Gottes Wort

Indem uns nun die Schrift nicht nur das Objektive der geschehenen Offenbarung, ihrer Erwartung und ihrer Erinnerung, sondern zugleich sich selbst in der Existenz dieser bestimmten besonderen Menschen: des Mose und der Propheten, der Evangelisten und Apostel bezeugt, meint sie — und das ist nun hervorzuheben — die **Funktion**, in der diese Menschen passiv und aktiv waren, was sie waren, und in ihrer Schrift sind, was sie sind. — **Passiv**: sie waren im Unterschied zu uns und allen anderen Menschen diejenigen, die die einmalige Offenbarung als solche und also ebenfalls in einmaliger Weise **gesehen und gehört**, die ihre geschichtliche Umgebung gebildet haben.

„Was von Anfang war, was wir gehört haben, was wir mit unseren Augen gesehen haben, was wir geschaut und was unsere Hände betastet haben, περὶ τοῦ λόγου τῆς ζωῆς (vielleicht: rings um das Wort des Lebens)... Das Leben ist ja erschienen, und wir haben es gesehen (1. Joh. 1, 1 f.). Man darf hier aber auch an die merkwürdige Stelle Num. 12, 1–16 erinnern, wo von einer Auflehnung der Mirjam und des Aaron gegen Mose berichtet wird: „Hat denn Jahve bloß mit Mose geredet? Hat er nicht auch mit uns geredet?" Ihnen wird folgendes geantwortet: „Wenn unter euch ein Prophet ist, so offenbare ich mich ihm durch Gesichte oder rede durch Träume mit ihm. Nicht so steht es mit meinem Diener Mose; er ist betraut mit meinem ganzen Hauswesen. Von Mund zu Mund rede ich mit ihm, offenbarlich und nicht in Rätseln, sondern er schaut die Gestalt Jahves. Warum habt ihr euch da nicht gescheut, von meinem Diener, von Mose, übel zu reden?" Aber bei einer anderen etwas strengeren Fassung des Begriffs der Prophetie wird dann offenbar doch dieselbe Unmittelbarkeit der Begegnung mit Gott in anderen Zusammenhängen auch den Propheten zugeschrieben. Die Propheten sind, indem sie mit allen anderen Israeliten Zeugen von Israels innerer und äußerer Geschichte sind, zugleich — und das hebt sie aus der Masse des Volkes heraus — Zeugen des in dieser Geschichte verborgenen fordernden und regierenden, verheißenden und drohenden Wollens Jahves. „Der Herr Jahve tut nichts, ohne daß er seinen Entschluß seinen Knechten, den Propheten, geoffenbart hat." (Amos 3, 7). Insofern gehören offenbar auch sie zu den Sehenden und Hörenden von 1. Joh. 1, 1 f.

Die Funktion dieser Menschen hat dann aber sofort und unvermeidlich noch eine andere, **aktive** Seite: sie waren im Unterschied zu uns und allen anderen Menschen diejenigen, die die Offenbarung, so wie sie ihr begegneten, den übrigen und damit uns und allen anderen Menschen zu **verkündigen** haben.

Wir lesen weiter 1. Joh. 1, 3 f.: „Was wir gesehen und gehört haben, das verkündigen wir euch, damit ihr Gemeinschaft mit uns habt. Es ist aber unsere Gemeinschaft die mit dem Vater und mit seinem Sohne Jesus Christus. Und dies schreiben wir euch, damit unsere Freude vollkommen sei." Und nun denken wir daran, wie durch das ganze Alte Testament hin Jahve denen, zu denen er geredet hat und indem er mit ihnen redet, Sendung und Vollmacht, Auftrag und Befehl gibt, ihrerseits zu reden. Wir denken daran, wie das Alte Testament in allen seinen Teilen darum mit Autorität reden zu dürfen meint, weil es in menschlichen Worten wieder sagt, was Jahve selbst zuerst gesagt hat. Nicht jeder Mensch kann das wieder sagen, kann Gottes Wort sagen, weil nicht jeder es gehört hat. Der es aber gehört hat, muß und kann es wieder sagen. Dieses **Sagen** des Wortes Gottes ist das Andere, was die Propheten zu Propheten macht. Und nun zeigt sich gerade hier frappant die Einheit zwischen dem Alten und dem Neuen Testament: Wie Jahve seine Propheten, so beruft, sendet und beauftragt Jesus seine Jünger, um vom

Reiche Gottes, d. h. von seiner eigenen Gegenwart als der Gegenwart des Messias, zu reden. Kein alttestamentlicher Zeuge hatte davon geredet. Und so übte auch im Alten Testament kein Mensch, auch nicht Mose, solche Sendung: alle, auch Mose selbst und die größten Propheten, sind dort selber Gesendete. Subjekt der Sendung ist dort Jahve ganz allein. Jm Neuen Testament ist Jesus ganz allein das Subjekt dieser Sendung, ihm gegenüber sind alle Anderen die von ihm Gesendeten. Abgesehen von dieser allerdings unerhörten Neuerung bleibt doch alles beim Alten. Es liegt im Begriff des εὐαγγελιστής ebenso wie in dem des ἀπόστολος, wie es im Begriff des Propheten lag: daß beide nicht in ihrem eigenen Namen, sondern allein im Namen, d. h. aber in Vollstreckung der Offenbarung Jesu zu reden haben: zu reden von Ihm, zu reden in Seinem Auftrag, zu reden nach Seiner Anordnung, zu reden in der von Ihm zu erwartenden Fähigkeit. Wenn man diese Menschen als freie religiöse Denker interpretiert, so macht man sich zum vornherein einer Deutung schuldig, zu der die Texte nicht nur keinen Anlaß geben, sondern der sie offen widersprechen: man hat sie dann sofort an entscheidender Stelle so verstanden, wie sie sich selber gerade nicht verstanden und um keinen Preis verstanden wissen wollten. „Wir haben aber eine solche Zuversicht zu Gott durch Christus. Nicht als ob wir von uns selbst aus fähig wären, etwas zu denken als von uns aus. Sondern unsere Fähigkeit dazu kommt von Gott, der uns fähig gemacht hat zu Dienern des Neuen Bundes" (2. Kor. 3, 4 f.). „Ich wage es nicht, etwas zu sagen von Dingen, die nicht Christus durch mich gewirkt hätte, um die Heiden zum Gehorsam zu bringen" (Röm. 15, 18). „Das Predigen kommt durch das Wort Gottes" (Röm. 10, 17). Ja: „Christus redet in mir!" (2. Kor. 13, 3). Daraufhin muß Paulus sagen: „Wehe mir, wenn ich das Evangelium nicht verkündigte!" (1. Kor. 9, 16). Daraufhin kann denn auch die Predigt der Apostel in der Apostelgeschichte und in den Briefen häufig als gleichbedeutend mit dem Worte Gottes selbst verstanden werden. Es will die aktive Seite der Funktion dieser Menschen eben ganz von ihrer passiven Seite her gesehen werden.

Und nun dürfte eine Abgrenzung selbstverständlich sein: in dieser Funktion, aber auch nur in dieser Funktion, in Ausübung ihres Amtes allein sind diese Menschen heilige Menschen und Verfasser heiliger Schriften. Sie sind es also nicht als Denker, nicht als religiöse Persönlichkeiten oder Genies, nicht als moralische Heroen, obwohl sie das alles recht verstanden und in verschiedenem Maß wohl auch waren. Was sie als Zeugen der Offenbarung und also als Sehende, Hörende, Gesendete, Beauftragte und Bevollmächtigte waren, das wurde durch das, was sie intellektuell, religiös, moralisch waren oder nicht waren, weder größer noch kleiner, weder besser noch schlechter.

Die Bibel selbst hat hinsichtlich verschiedener ihrer Wortführer unabsichtlich und oft genug auch absichtlich deutlich gemacht, daß es wenig Ertrag verspricht, ihre Bedeutung etwa auf dieser Ebene suchen zu wollen. Auf dieser Ebene sind sie mit uns und allen Menschen beisammen. Es kann bestimmt klügere, frömmere, bessere Menschen gegeben haben, als es gerade diese Propheten und Apostel gewesen sind. Joh. Wichelhaus hat sogar in dürren Worten zu sagen gewagt: „Als Menschen verdienen Paulus und Petrus gar keinen Glauben" (Die Lehre der Heiligen Schrift[3] 1892, S. 221). Nun, warum sollten sie nicht auch als Menschen mindestens ebensoviel Glauben verdienen, als wir anderen Menschen normalerweise entgegenzubringen pflegen? Aber sicher nicht mehr, sicher keinen anderen Glauben!

Ihre entscheidende Beglaubigung, nämlich die Beglaubigung dessen. was sie sagen, werden sie sich mit dem, was als ihre Menschlichkeit bei läufig sichtbar wird, sicher nicht verschaffen können, sondern es wird umgekehrt nur das, was sie sagen, durch seine eigene Glaubwürdigkeit ihre Menschlichkeit beglaubigen können, wobei es freilich notwendig — und das dürfte von ihnen allen gelten — auch das Gericht über ihre Menschlichkeit bedeutet. Sie ansehen, wie es Act. 3, 4 gefordert wird, wird eben immer heißen müssen: Den ansehen, der sie gesandt hat!

4. Weil dem so ist, daß die Bibel, indem sie Gottes Offenbarung bezeugt, zugleich die Einsetzung und Funktion der Propheten und Apostel und damit sich selbst als Heilige Schrift, als die notwendige Form jenes Inhalts bezeugt, darum hat sich die Kirche, darum hat sich in und mit der Kirche die Theologie bei der Frage nach Gottes Offenbarung an diese Einheit von Inhalt und Form zu halten. Die Unterscheidung von Form und Inhalt darf auch hier keine Trennung nach sich ziehen, als könnten wir die Offenbarung nun doch, wenn auch auf Grund des biblischen Zeugnisses, auch noch anderswie als durch das Medium dieses Zeugnisses, auch noch in irgendeinem An-sich zu Gesichte bekommen, zu dessen Erreichung uns das biblische Zeugnis dann bloß gedient und nach dessen Erreichung es dann etwa ausgedient hätte. Gewiß: die Offenbarung ist der Gegenstand des biblischen Zeugnisses, und wir sahen schon, daß dessen Erkenntnis als solche für die Lesung, das Verständnis und die Auslegung des biblischen Zeugnisses schlechterdings entscheidend ist. Er ist und bleibt aber der Gegenstand dieses, des biblischen Zeugnisses. Wir haben ja kein Zeugnis von ihm als dieses. Wir haben also keine Vergleichspunkte, die es uns ermöglichen würden, uns auch nur teilweise von diesem Zeugnis frei zu machen, uns in ein direktes Verhältnis zu seinem Gegenstand zu versetzen. Und es entspricht ja der Natur dieses Gegenstandes, daß er sich (in Form der Berufung, Erleuchtung, Bevollmächtigung jener besonderen bestimmten Menschen) mit seinen Zeugen bzw. mit deren Zeugnis in einer nicht wieder aufzulösenden Weise vereinigt hat. Damit ist es uns verboten, uns bei der Frage nach der Offenbarung von den Texten, in denen uns ihre Erwartung und ihre Erinnerung bezeugt ist, nun doch wieder zu lösen. Damit sind wir an diese Texte gebunden und können uns die Frage nach der Offenbarung nur stellen, indem wir uns der in diesen Texten bezeugten Erwartung und Erinnerung unsererseits hingeben.

Sie fasset gottis wortt, hat Luther einmal von der Bibel gesagt (Pred. üb. Röm. 15, 4 f., 1522, W. A. 10^{1,2} 75, 6). Also: sie „fasset", sie umschließt, sie begrenzt, sie umgibt es nur; das ist die Indirektheit der Identität von Offenbarung und Bibel. Aber sie und sie allein „fasset" es wirklich: sie begreift und beschließt es in sich, so daß man es nicht ohne sie haben kann; darum ist hier von einer indirekten Identität zu reden. — Die Vorstellung, gegen die wir uns abzugrenzen haben, ist die im Zusammenhang mit dem modernen Historismus in der Theologie weithin heimisch gewordene. als könne und müsse es beim Lesen, Verstehen und Auslegen der Bibel darum gehen, über die biblischen Texte hinaus zu den irgendwo hinter den Texten stehenden Tatsachen vorzustoßen, um dann in diesen (in ihrer Tatsächlichkeit nun auch unabhängig von den Texten feststehenden!) Tatsachen als solchen die Offenbarung zu erkennen. So entdeckte man denn hinter dem kanonischen Alten Testament eine Geschichte Israels und eine Geschichte der alttestamentlichen Religion, hinter den kanonischen Evangelien eine Geschichte des Lebens Jesu und später auch wohl einen Christusmythus, hinter der kanonischen Apostelgeschichte und den kanonischen Briefen eine Geschichte des apostolischen Zeitalters bzw. eine urchristliche Religionsgeschichte. Man meinte an den biblischen Kanon die Wahrheitsfrage, und zwar die im Sinn des modernen Historismus formulierte Wahrheitsfrage stellen, man meinte ihn also lesen zu müssen, wie man eine Quellensammlung liest. Es geschah dies alles zunächst auch kirchlich-theologisch in guten Treuen. Man war ja so überzeugt von der Güte und Fruchtbarkeit der im Sinn des modernen Historismus gestellten Wahrheitsfrage, daß man zunächst der Meinung sein konnte, der Bibel die größte Ehre und sich selbst bzw. der Christenheit die größte Wohltat zu erweisen, indem man sich, nachdem man die Texte studiert hatte, von den Texten abwandte und entfernte, um mit Hilfe der aus ihnen gewonnenen Beobachtungen ein Bild bzw. Bilder des Eigentlichen und Wirklichen, eine Gestalt des Geistes jenseits des Buchstabens zu schaffen. Die redliche wissenschaftliche Mühe nicht nur, sondern auch der fromme Ernst, mit dem man an der Errichtung dieser Bilder arbeitete, der Eifer, mit dem man sie der Kirche präsentieren zu sollen glaubte: „Das sind deine Götter, Israel!"— das Alles soll hier in seiner menschlichen Bedeutsamkeit wirklich nicht verkannt werden. Es kann aber auch nicht verschwiegen werden, daß es sich hier, sachlich betrachtet, von Hause aus um einen **Irrweg** handelte. Von Hause aus: also nicht erst von dem Augenblick an, wo man den als Quellensammlung verstandenen Kanon kritisch, d. h. mit Vorsicht, mit **Mißtrauen** hinsichtlich der Frage, ob denn auch Alles so gewesen sein möchte, wie man es liest, mit **Urteilen** hinsichtlich des verschiedenen sogen. „Wertes" der verschiedenen Quellen, mit **Disqualifizierungen** dieser und jener seiner Bestandteile, mit **Vermutungen** über die wahren Zusammenhänge des in Wirklichkeit Geschehenen an Stelle der in den Texten angegebenen oder auch zu vermissenden, mit mehr oder weniger umfassenden **Korrekturen** der biblischen zugunsten einer „historischen" Wahrheit, endlich mit partiellen oder totalen **Neukonstruktionen** der Wirklichkeit, wie man sie über die Schultern und Köpfe der biblischen Autoren hinweg besser als diese selbst zu sehen glaubte. Daß es auf dem langen Wege von Zachariä bis zu Gunkel und von Reimarus bis zu Wrede gelegentlich zu Ergebnissen kam, deren Radikalität in der Kirche peinliches Aufsehen erregte, das war, nachdem man diesen Weg einmal angetreten, nicht zu verwundern, konnte auch nicht wohl verboten und unterdrückt werden, und nicht etwa um dieser Ergebnisse willen, denen ja zu allen Zeiten auch harmlosere, d. h. konservativere gegenüberstanden, ist dieser Weg als ein Irrweg zu bezeichnen. Er ist es darum, weil er grundsätzlich das Erliegen gegenüber der Versuchung bedeutet, den biblischen Kanon anders zu lesen, als er selber gelesen sein will und als er — denn das fällt hier zusammen — gelesen werden **kann**. Gilt die allgemeine hermeneutische Regel, daß ein Text nur im Wissen um seinen Gegenstand und von diesem Gegenstand her recht gelesen, verstanden und ausgelegt werden kann, dann mußte von diesem Gegenstand her — gar nicht apriorisch, sondern aus diesem Text selbst — die Beziehung zwischen Gegenstand und Text als eine wesensmäßige und unauflösliche erkannt, dann durfte also jene Trennung von Form und Inhalt nicht vollzogen, es durfte nicht unter Absehen von der Form nach dem Inhalt gefragt werden. Man durfte die Wahrheitsfrage also gerade nicht so stellen, wie man sie ganz willkürlich meinte stellen zu sollen: wie es denn nun eigentlich, nachdem wir die Genesis und die Synoptiker als leider einzige Quellen zu Rate gezogen, irgendwo hinter der Genesis und den Synoptikern hinsichtlich der israelitischen Urgeschichte oder hinsichtlich des Lebens Jesu historisch, d. h. welthistorisch, kulturhistorisch, religionshistorisch gewesen sein möchte. Man durfte — das wäre nun gerade historisch, nämlich literarhistorisch zu sagen — diese Literatur nicht als **Quellen**literatur lesen wollen. Wollte und will jemand etwa mit einem Sonderinteresse an Antiquitäten das dennoch tun, so mochte und mag er das auf eigene Gefahr, nämlich auf die Gefahr, dabei sehr wenig auf seine Rechnung zu kommen und am Wesen dieser Literatur jedenfalls vorbeizusehen, immerhin tun. Warum sollten nicht beiläufig auch gewisse Auskünfte dieser Ordnung in der Bibel zu erhalten sein? Daß man, indem man eigensinnig j e n e Wahrheitsfrage stellte, indem man so tat, als ob das Interesse an Antiquitäten nun gerade das einzig legitime Interesse überhaupt sei, nun doch allgemein an dem Wesen dieser Literatur jahrhundertelang so vorbeisehen konnte, das dürfte man — wenn über die Gültigkeit jener hermeneutischen Regel mehr Einverständnis herrschte, als es der Fall ist — wohl auch von dem berühmten „rein wissenschaftlichen" Standpunkt aus als einen S k a n d a l bezeichnen. Ein k i r c h l i c h e r Skandal war es auf alle Fälle: wohlverstanden, n i c h t daß D. Fr. Strauß und Wellhausen zu allerlei extremen Resultaten kamen, sondern daß die Theologie (ohne übrigens auch nur den Vorgang namhafter nicht-theologischer Wissenschaft zu ihrer Entschuldigung geltend machen zu können) grundsätzlich auf diese Fährte sich locken ließ. Mindestens die Theologie, und zwar auch und gerade die historische, die speziell den biblischen Texten zugewandte Theologie hätte — sagen wir einmal: den Takt und Geschmack haben müssen, angesichts der Verklammerung von Form und Inhalt der biblischen Texte, um die sie doch wissen mußte, vor jener Versuchung zurückzuweichen, die neugierige Frage nach dem, was hinter den Texten stehen möchte, zu unterlassen und sich dafür mit um so mehr Aufmerksamkeit, Genauigkeit und Liebe den Texten als solchen zuzuwenden. Indem sie dem eigenmächtigen Entwerfen und Gestalten jener Bilder nachging, unterließ sie weithin die Arbeit, die ihr hier eigentlich gewiesen war. Merken wir es doch erst heute, wie wenig etwa auf dem scheinbar längst nach allen Seiten aufs Tiefste durchpflügten Feld der neutestamentlichen Literatur zur Erklärung auch nur der einfachsten Einzelbegriffe, geschweige denn zur Kommentierung der Texte in ihrem vorliegenden Bestand und Zusammenhang bisher wirklich geleistet ist. Es wird kein Zufall sein, daß es in der protestantischen Theologie etwa um 1920 ziemlich genau gleichzeitig zu einer Art Wiederentdeckung der G e g e n s t ä n d l i c h k e i t des neutestamentlichen und überhaupt des biblischen Zeugnisses und — im Aufkommen der sogen. „formgeschichtlichen Methode", wie sie (nicht ohne Vorgang bei Fr. Overbeck) zuerst durch M. Dibelius, R. Bultmann, K. L. Schmidt eingeführt wurde — wenigstens auf neutestamentlichem Gebiet auch zu einer Neubesinnung auf die jener Gegenständlichkeit entsprechende G e s t a l t dieses Zeugnisses gekommen ist und daß es in unseren Tagen gerade ein biblisch-theologisches Wörterbuch ist, zu dessen Bearbeitung sich die wichtigsten Kräfte der biblischen Forschung zusammengefunden haben, wenn man auch leider nicht sagen kann, daß der Fortschritt, um den es heute gehen müßte, allen Mitarbeitern an diesem Unternehmen schon gleichmäßig deutlich wäre. Die eigentliche Entscheidung darüber, daß wir uns auf diesem Feld in einer wirklichen Bewegung zum Besseren befinden, wird davon abhängen, ob nicht nur die a l t t e s t a m e n t l i c h e Wissenschaft zu ähnlichem Interesse erwachen, sondern ob dort wie hier die Zeit mehr oder weniger willkürlich gewählter Themastellungen vorbei ist und die E x e g e s e der kanonischen Schrift als solcher, also die zusammenhängende Auslegung der Genesis, des Jesaja-Buches, des Matthäusevangeliums usw. in ihrem nun einmal vorliegenden Bestand und Umfang als das schließlich a l l e i n mögliche Ziel der biblischen Wissenschaft wieder anerkannt und neu in Angriff genommen werden wird. Als Material zur Bearbeitung dieser eigentlichen und lange genug vernachlässigten Aufgabe werden dann die unter dem verkehrten Vorzeichen der bisher geübten biblischen Quellenforschung gewonnenen Gesichtspunkte ihrerseits nicht vernachlässigt werden müssen und auch nicht vernachlässigt werden dürfen. Es kann sich also keineswegs etwa darum handeln, die sogen. „Kritik", wie sie für diese Forschung bezeichnend gewesen ist, auszuschalten bzw. inskünftig zu unterlassen. Die sämtlichen in Betracht kommenden historischen Fragen sind ja auch an die ihrem literarischen Wesen entsprechend als Zeugnisse zu würdigenden biblischen Texte zu stellen, und es werden die aus ihrer Beantwortung sich ergebenden Differenzierungen der Auslegung dieser Texte nur zugute kommen können, sobald die Kritik klar in den Dienst dieser Aufgabe gestellt wird, sobald sie nicht mehr dem unsinnigen Ziel der Ermittlung einer hinter den Texten liegenden historischen Wahrheit zu dienen hat. Die historische Wahrheit, die in ihrer Art in der Tat auch die biblische Wissenschaft zu ermitteln hat, ist der wahre Sinn und Zusammenhang der biblischen Texte als solcher. Sie ist also von der zu ermittelnden biblischen Wahrheit gerade nicht verschieden. Ist das begriffen und verstanden, ist die törichte Jagd nach einer historischen Wahrheit *supra scripturam* einmal wirklich abgeblasen zugunsten einer nach allen Seiten aufgeschlossenen Erforschung der *veritas scripturae ipsius*, dann kann und soll dem kritischen Fragen und Antworten, wie es durch den Charakter des biblischen Zeugnisses als eines menschlichen Dokumentes und also als einer historischen Größe nun einmal gefordert ist, freiester Lauf gelassen werden. Es kann und es wird dann dieses Fragen und Antworten nur der Ausdruck dessen sein, daß die Schrift in ihrem tatsächlichen Bestand Ernst genommen wird. Und es kann und wird dann dieses Fragen und Antworten dazu dienen, die Lektüre, das Verständnis und die Auslegung der Schrift der Willkür zu entziehen, von der sie in den älteren Zeiten der Kirche, die dieses Fragen und Antworten noch nicht kannte, dauernd bedroht war, ihre konkrete Gestalt plastisch sichtbar zu machen und damit auch die Frage nach ihrem objektiven Gehalt, die Frage nach Gottes Offenbarung in bestimmte Bahnen zu weisen und darin zu halten. Es ist also m. e. W. nicht die Annulierung der bibelwissenschaftlichen Arbeitsergebnisse der letzten Jahrhunderte, es ist auch nicht der Abbruch und die Vernachlässigung der in ihrer Linie liegenden Bemühungen zu fordern, wohl aber eine radikale Neuorientierung hinsichtlich des dabei zu verfolgenden Zieles auf Grund der Erkenntnis, daß die biblischen Texte insofern um ihrer selbst willen erforscht sein wollen, als die Offenbarung, von der sie zeugen, nicht hinter oder über ihnen, sondern in ihnen steht, geschieht und zu suchen ist. — Will man darauf antworten mit der Frage, ob das Christentum denn wirklich eine „Buchreligion" sei, so ist zu antworten, daß das Christentum merkwürdigerweise noch immer dann und nur dann eine lebendige Religion gewesen ist, wenn es sich nicht schämte, in der Tat allen Ernstes eine Buchreligion zu sein. Calvin hat in Auslegung des Wortes 2. Kor. 5, 7 („Wir wandeln im Glauben und nicht im Schauen") und unter Beziehung auf 1. Kor. 13, 12 den Satz geprägt: *Videmus enim, sed in speculo et aenigmate; hoc est loco rei in verbo acquiescimus* (C. R. 50, 63). Die biblische Theologie wird so kritisch sein dürfen, wie sie will und muß — in Ausführung des in diesem Satz angedeuteten Programms wird sie als kirchliche Wissenschaft bestimmt gute Arbeit tun: bessere, als es in den letzten Jahrhunderten trotz alles angewandten Ernstes und Fleißes geschehen ist, und wird sie dann gewiß auch als Wissenschaft überhaupt erst recht in Ehren dastehen.

5. Indem wir die Propheten und Apostel als Zeugen von Gottes Offenbarung verstehen, schreiben wir ihnen, wie unter 3. geschehen ist, in dieser ihrer Funktion als Zeugen eine ganz bestimmte Aussonderung, eine einmalige und einzigartige Stellung und Bedeutung uns und allen anderen Menschen gegenüber zu. Der Begriff dieser Aussonderung wird nun offenbar noch verschärft, wenn uns deutlich ist, daß wir zwischen Form und Inhalt dieses Zeugnisses nicht scheiden können, daß wir, um zur Offenbarung zu kommen, nicht über die Propheten und Apostel, nicht über ihr Erwarten und Erinnern hinaus, zu der Pseudogegenwart einer Offenbarung an sich vorstoßen sollen und können. Unter den vielen anderen Größen und Faktoren, die zusammen den Bestand unseres mensch-

2. Die Schrift als Gottes Wort

lich-geschichtlichen Kosmos bilden, sieht die Kirche gerade diese Menschen, gerade diese Schriftensammlung (und das nicht einmal in erster Linie und direkt der sog. Welt gegenüber, sondern entscheidend und in erster Linie ihr selbst, der Kirche, gegenüber) hervorgehoben, ausgezeichnet, eingesetzt zu einer nur ihr eigentümlichen Würde und Rolle.

„Sie haben die Gabe der Wunder und der Unterweisung empfangen im Unterschied zu uns, denen es nur zukommen kann, zu besprechen, was uns von dieser Erklärung der Gnade überliefert worden ist" (Joh. Damascenus, *Ekd.* 1, 3). *Hoc esse,* schreibt Calvin, *rectae intelligentiae initium, cum fidem, quae Deo debetur, tribuimus sanctis eius prophetis.* Als „heilige Menschen Gottes" seien sie darum zu bezeichnen, weil sie *iniunctum sibi munus fideliter exsequentes, divinam in suo ministerio personam sustinuerunt* (Komm. zu 2. Petr. 1, 20 C. R. 55, 458).

Diese Aussonderung und Auszeichnung wird ihnen aber durch die Kirche zugeschrieben daraufhin, daß sie ihnen zu eigen ist und daß sie sich der Kirche gegenüber, wie wir schon bei der Erörterung des Kanonsbegriffs gesehen haben, in dieser Aussonderung und Auszeichnung selbst dargestellt und durchgesetzt haben. Es liegt in der Natur dieser Auszeichnung und Aussonderung, daß sie ihre Grenze hat. Als Zeugnis von Gottes Offenbarung ist die Schrift heilige Schrift, in jener passiven und aktiven Funktion der in ihr redenden Menschen, im Ereignis dieser Funktion, d. h. so, daß in ihrem Zeugnis Gottes Offenbarung offenbar wird, als Wort Gottes Gehorsam verlangt und Gehorsam erlangt. So und nicht anders! Wir wiesen schon darauf hin, daß die intellektuellen, moralischen, religiösen Qualitäten dieser Menschen ihre Auszeichnung weder begründen noch in Frage stellen können. Wir müssen nun fortfahren: es besteht zwischen der Bibel und anderen Größen und Faktoren unseres menschlichen Kosmos kein Unterschied, sofern die Bibel beiläufig auch als geschichtliches Dokument für die Geschichte des alten Israel und seiner Religion, sofern sie auch ein Dokument für eine bestimmte Linie der Religionsgeschichte des Hellenismus ist und also — wenn auch wegen ihrer eigentümlichen literarischen Form mit wenig Aussicht — als historische Quellensammlung zu benützen ist. Auch als zeitloses Dokument menschlichen Sehnens und Suchens nach dem Unbedingten, kann sie, wenn man will, neben anderen Dokumenten ähnlicher Art gelesen werden, und man wird dann finden, daß sie von anderen Dokumenten dieser Art jedenfalls nicht grundsätzlich ausgesondert ist: man wird sich dann durchaus nicht wundern, feststellen zu müssen, daß man in anderen Dokumenten dieser Art vielleicht mehr Erbauung, d. h. stärkere Anregung zu solchem Sehnen und Suchen findet, daß man in Goethes Faust oder auch in den heiligen Schriften gewisser Fremdreligionen in dieser Hinsicht vielleicht tatsächlich viel mehr auf seine Rechnung kommt. Man kann ferner den Begriff des Gottesmannes oder des Propheten, vielleicht auch den des Apostels, auf eigene Rechnung und Gefahr erweitern und darüber hinaus unter allerlei Titeln (nicht ohne Annäherung, ja vielleicht Angleichung an das katholische Traditionsprinzip) den Begriff des Offenbarungszeugnisses erweitern auf alle diejenigen Wirklichkeiten, in denen man eine Vermittlung Christi oder auch allgemein: einen göttlichen Anstoß von Mensch zu Mensch stattfinden zu sehen meint.

Ich zitiere der Anschaulichkeit halber, was Horst Stephan (Glaubenslehre[2] 1928) über die „Stufenordnung" innerhalb dessen, was er als Inbegriff der Quellen christlicher Glaubenslehre das „Wort Gottes" nennt, geschrieben hat: „Geben wir Jesus die ihm gebührende Sonderstellung, so nehmen die erste Rangstufe die gottgesandten Gestalten ein, die wir Propheten nennen. Sie führen von den großen Zeiten Israels über Paulus bis herab in die Begründung des Protestantismus; wir werden vorläufig Luther als letzten Propheten bezeichnen dürfen. Schon diese Reihe der Propheten fordert im einzelnen eine genauere Unterscheidung ihrer Art und Bedeutung. Weit mehr noch aber bedarf die zweite Rangstufe der Sonderung und Einzelgruppierung. Sie umfaßt die Fülle der Frommen, die für bestimmte Zeiten maßgebend geworden sind, vor allem solche, die dem christlichen Glauben innerhalb bestimmter Kulturperioden zur klassischen Formung verholfen haben: Gestalten wie Origenes und Augustin in der Spätantike; der heilige (!) Thomas oder Meister Eckart im Mittelalter; Melanchthon, Zwingli und Calvin im Altprotestantismus (neben Luther, der sich in den Hauptmotiven seines Wirkens in die Höhe der Prophetie erhebt . . .), Herder und Schleiermacher im deutschen Neuprotestantismus. An dritter Stelle könnte man solche nennen, die in ihrem Christentum Kinder ihrer Zeit sind, aber auf gewissen Seiten des Glaubens über sie hinausführen: etwa der heilige (!) Franz im Mittelalter, in der Neuzeit ein Zinzendorf oder John Wesley oder auch (in erheblichem Abstand) ein Wichern und Kierkegaard. Erst um die Gestalten der zweiten und dritten Reihe kreist dann die Fülle der übrigen Geister, die mehr Vorbereitung oder Kleinarbeit leisten, aber zuweilen doch gewisse Erkenntnisse besonders klar und eindrucksvoll formulieren; so zahlreiche religiöse Dichter oder große Theologen" (S. 28). An späterer Stelle des Buches (S. 217) erfahren wir dann noch, daß auch „die Kunst eines Paul Gerhardt, Bach oder Dürer" in diesem Sinn „in Betracht" komme, und hören grundsätzlich: „Lebendiger Glaube weiß sich von der Anrede Gottes durchaus nicht nur in der Bibel getroffen" (S. 216). „Der lebendige Gott redet seine Menschen an wo und wie er will; und so kann gar manches zum ‚Gotteswort' werden, was dem Vordergrundsblick rein weltlich zu sein scheint. Ist die gegenwärtige Gemeinde die Führerin zu Jesus Christus, kann ein Mensch der Gegenwart dem anderen zum Christus werden und Anteil an der göttlichen Natur gewinnen, so kann auch jede Art von Menschensprache, wie die der Verkündigung so die des Begriffs oder des anschaulichen Zeichens oder der Handlung, die göttliche Rede in sich tragen; ja, es muß die Geschichte des Glaubens voll von Gottes Wort sein" (S. 217). In der Tat: wenn man sich herausnimmt, Offenbarung und Wort Gottes unter Anbringung von allerlei Stufenunterschieden Alles das zu nennen, worin man nach seinem persönlichen Urteil und Geschmack die Offenbarung und das Wort des sogen. „lebendigen" Gottes für einen sogen. „lebendigen" Glauben zu sehen meint, dann kann von einer Aussonderung gerade der Bibel keine Rede sein. Man wird dann nur fragen können: Wollen die Vertreter dieser Ansicht etwa im Ernst leugnen, daß es um Offenbarung und Gottes Wort, um den lebendigen Gott und um einen lebendigen Glauben im Bereich der christlichen Kirche doch allein da gehen kann, wo es nicht um willkürliche menschliche Wertung und Auswahl, sondern um göttlichen Befehl und unsererseits um Gehorsam geht? Oder halten sie alle jene Stimmen der Völker und der Jahrhunderte für Gehorsam fordernde Befehle? Und wollen sie dann im Ernst behaupten, daß zwischen dem göttlichen Befehl, der bei dem „Propheten" Luther oder bei dem „heiligen" Thomas und bei dem „heiligen" Franz und dem, der bei dem Apostel Paulus und, in der „ihm gebührenden Sonderstellung", bei Jesus zu hören ist, nur ein Gradunterschied bestehe? Wenn sie jenes ernstlich leugnen oder dieses ernstlich behaupten wollen, und unter dieser Voraussetzung die Bibel sachgemäß lesen, verstehen und erklären zu können meinen, dann ist auch ihnen zuzugestehen: die Bibel ist nicht ausgesondert. Es hat dann nur rhetorischen Wert, gerade sie „heilige" Schrift zu nennen.

Schreiben wir ihr den Charakter heiliger Schrift zu, dann kann das nur daraufhin geschehen, daß wir ihr Zeugnis von Gottes Offenbarung, daß wir das Ereignis der prophetisch-apostolischen Funktion mindestens in Erinnerung haben und uns darum der in ihr wirksamen und von uns in ihrer Wirksamkeit erkannten und anerkannten Befehlsgewalt fügen, und zwar nicht nur als der einer der in der christlichen Geschichte lebendigen Mächte und Gewalten, sondern als der Macht und Gewalt, die die Kirche und mit ihr die ganze christliche Geschichte geschaffen hat, trägt und regiert, darum aber auch der ganzen Kirche und allen in ihrem Raum wirksamen Kräften — all dem, was wir nach unserem persönlichen Urteil und Geschmack ebenfalls für ein Offenbarungszeugnis und Gotteswort halten möchten — als kritische Norm gegenübersteht. Allein kraft dieser Selbstaussonderung kann die Bibel ausgesondert sein; kraft ihrer ist sie es aber auch wirklich, radikal und gültig. Der Einwand liegt auf der Hand: Inwiefern kann und darf denn eine geschichtliche Größe, wie sie die Bibel doch auch ist, allen anderen geschichtlichen Größen in dieser grundsätzlichen Priorität gegenübergestellt werden? Geschieht in der Erinnerung und in der ihr entsprechenden Fügsamkeit, in der die christliche Kirche der Bibel die Autorität heiliger Schrift zuerkennt, in der sie in der Bibel und nur in der Bibel Gottes Wort zu hören erwartet, nun nicht doch etwas, was sich mit der Majestät Gottes nicht vereinigen läßt: die Verabsolutierung eines Relativen, nämlich eines immerhin menschlichen Wortes, das in dieser Verabsolutierung neben dem, der selber ganz allein Gott ist und sein will, nicht bestehen kann? Und wenn es das nicht kann, gehört es dann nicht doch als Relatives zu den anderen Relativitäten unseres menschlichen Kosmos? Gehört es dann nicht in der Tat, vergleichbar, wenn auch vielleicht bis heute unüberboten, in jene Reihe, in der der Neuprotestantismus und in anderer Weise der römische Katholizismus es sehen möchte? Wird durch das protestantische Schriftprinzip der Bibel nicht etwa zu viel und Gott selbst auf der einen, allen übrigen Zeugnissen seiner Offenbarung auf der anderen Seite zu wenig Ehre angetan? — Darauf ist zu antworten: Es gibt in der Tat nur eine einzige absolute grundsätzliche und unzerstörbare Priorität, und das ist die Priorität Gottes als des Schöpfers vor der Totalität und vor ausnahmslos jedem seiner Geschöpfe. Aber wie seltsam, daß wir gerade über diese Priorität (im ernsten Sinn, im vollen Umfang und in der ganzen Kraft dieses Begriffs) nun doch nur durch die Bibel, und zwar durch die als Offenbarungszeugnis und also selber als Gottes Wort gelesene, verstandene und erklärte, also gerade durch die angeblich verabsolutierte Bibel unterrichtet werden! Die

Unterscheidung zwischen Absolutem und Relativem scheint ja so leicht, und kinderleicht scheint dann auch die Feststellung: Gott allein ist absolut, alles übrige relativ, und ein Gemisch von beiden oder ein Drittes zwischen Gott und allem übrigen gibt es nicht. Wir haben uns aber zu fragen: wie wir denn ü b e r h a u p t d a z u k o m m e n, diese Unterscheidung zu machen, wie menschliches Denken den Gedanken der Priorität des Absoluten gegenüber dem Relativen überhaupt vollziehen kann, ohne entweder das angebliche Absolute doch relativ oder aber das Relative dem Absoluten gegenüber als gar nicht wirklich, sondern als nichtig zu setzen? Wir haben weiter zu fragen: wie kommen wir dazu, diese Unterscheidung nicht nur zu denken, d. h. als Anschauung und Begriff zu vollziehen, sondern — und damit wird sie doch erst ein ernster Gedanke — uns so zu eigen zu machen, daß sie nicht etwa eine bloße *theoria*, ein uns gegenüber sich abspielendes Drama bleibt, sondern daß wir selbst sie mit unserem Leben, in unserer Existenz vollziehen, daß ihre Dramatik wirklich unsere eigene Dramatik wird? Denn was wäre eine Erkenntnis der Priorität des Absoluten, wenn sie nicht unsere Anerkenntnis wäre, wenn sie nicht die Autorität des Absoluten und unseren Gehorsam ihm gegenüber in sich schlösse, ja wenn sie nicht in dieser offenbar gar nicht selbstverständlichen Anerkenntnis, Autorität und Gehorsamsleistung begründet wäre? Und wir haben weiter zu fragen: wie können wir denn diese Unterscheidung vollziehen, ohne in ihr auf die Wirklichkeit des Gerichtes zu stoßen, in welchem unsere Existenz und mit unserer Existenz unser Denken zunichte wird? Wer kann denn die Priorität Gottes des Schöpfers sehen und leben? Wer oder was sollte denn, in diese Dramatik hineingezogen, nicht vergehen müssen? Jene Unterscheidung, auf Grund derer man die Auszeichnung und Aussonderung der Bibel in Frage stellen könnte und möchte, ist also in Wirklichkeit gar nicht so leicht zu vollziehen. Und wenn sie nun gerade in der Bibel tatsächlich vollzogen, und zwar in klarer Beantwortung jener drei Fragen vollzogen wird, dann muß uns das hinsichtlich des Wesens und der Stellung der Bibel selbst jedenfalls zu denken geben. Nach der Bibel ist ja das an sich wirklich nicht denkbare Nebeneinander des Absoluten und des Relativen dadurch möglich gemacht, daß sie nicht vom Absoluten, sondern von der Güte und Geduld des uns in Jesus Christus offenbarten Schöpfers aller Dinge und nicht vom Relativen, sondern von den Geschöpfen dieses Schöpfers redet; dieser Gott ist und bleibt der Herr einer in ihrer Art wahrhaft seienden Schöpfung. Die Bibel bietet uns weiter sicher keine bloße *theoria*, sondern was in ihr geschieht, das ist als Proklamation des göttlichen Gesetzes der Angriff auf unsere Existenz, der Akt, in welchem wir selbst zur Anerkennung der Priorität Gottes gezwungen werden, in welchem seine Autorität aufgerichtet und unser Gehorsam gegen sie Ereignis und mit dem allem jene Unterscheidung Wirklichkeit wird. Eben dieser Angriff ist aber nach der Bibel nicht

2. Die Schrift als Gottes Wort

einfach und an sich das Gericht über unsere Existenz, sondern als die Proklamation des Evangeliums im Gesetz unsere Begnadigung im Gericht, die Verheißung, daß wir leben dürfen und leben werden, unsere Erhaltung mitten in dem uns allerdings von allen Seiten umgebenden Tode zur Auferstehung des Fleisches und zum ewigen Leben. Die Erkenntnis der Priorität Gottes, wie sie in der Bibel vollzogen wird, ist die Erkenntnis der göttlichen Wohltat, die uns nun wieder — und hier schließt sich der Kreis — erlaubt und gebietet, den undenkbaren Gedanken des Zusammenseins von Absolutem und Relativem, nein: des gnädigen Gottes und der durch seine Gnade geretteten Menschen im Gedanken des Schöpfers und des Geschöpfs in ruhiger Klarheit zu vollziehen. Wie sollte nun gerade die ausgezeichnete Stellung und Bedeutung der Bibel, der wir diese Erkenntnis verdanken, durch diese Erkenntnis in Frage gestellt sein können? Ausgeschlossen wäre gewiß, daß wir ihr diese Stellung und Bedeutung eigenmächtig, d. h. in irgendeinem Akt freier Wertung uns zuschreiben würden. Aber eben darum, also eben um eine „Verabsolutierung" einer eigentlich und an sich relativen Größe, um eine Vergöttlichung oder Quasivergöttlichung von Menschen hat es sich für die ernsthaften Vertreter des evangelischen Schriftprinzips niemals auch nur von ferne handeln können. Hier wurde nichts verabsolutiert und niemand vergöttlicht. Hier war das Absolute, nein, hier war Gott in seinem Wort als der Herr, als der Gebieter und als der Barmherzige so auf dem Plan wie es eben in dem Menschenwort der Bibel der Fall ist und indem nun — und nun erst in Wahrheit und im Ernst — die Unterscheidung zwischen Absolutem und Relativem vollzogen wurde, kam die Bibel in der Erkenntnis ihres Wesens nicht erst nachträglich und willkürlich auf die erste Seite zu stehen, sondern dort stand sie schon, von jener ersten Seite her redete sie schon, eben von ihr her wurde ja jene Unterscheidung in Wahrheit und im Ernst vollziehbar, indem sie vollzogen wurde. Und es konnte das sog. Schriftprinzip, laut dessen sie allerdings einmalig und einzigartig auf dieser ersten Seite steht, laut dessen sie Gottes Wort ist, nur die nachträgliche Feststellung dieses durchaus ursprünglichen Sachverhaltes sein wollen. Ausgeschlossen wäre nun gewiß auch dies: daß zwischen dem Menschenwort der heiligen Schrift und dem Worte Gottes und also zwischen dieser geschöpflichen Wirklichkeit an sich und als solcher und der Wirklichkeit Gottes des Schöpfers eine direkte Identität bestünde, eine Verwandlung der einen in die andere oder eine Vermischung der einen mit der anderen stattgefunden hätte. Um eine solche handelt es sich ja auch in der Person Jesu Christi nicht, sondern es ist schon hier die Identität zwischen Gott und Mensch bei aller Ursprünglichkeit und Unauflöslichkeit, in der sie uns hier gegenübersteht, eine angenommene, eine von Gott besonders gewollte, geschaffene und gewirkte und insofern eine indirekte, d. h. eine weder im Wesen Gottes noch in dem des Menschen, sondern in einer Entscheidung und Tat Gottes am Menschen beruhende Identität. Genau so verhält es sich, wenn man auch die in der Sache liegenden Unterschiede berücksichtigen muß, mit der Einheit von göttlichem und menschlichem Wort in der heiligen Schrift.

Man kann, was Calvin von der Gegenwart Gottes im Fleische Christi gesagt, *mutatis mutandis* ohne weiteres auch auf die Gegenwart Gottes im Wort der Propheten und Apostel anwenden: *Sacramenta . . . iustitiae et salutis materiam in eius carne residere docent, non quod a se ipso iustificet aut vivificet merus homo, sed quia Deo placuit, quod in se absconditum et incomprehensibile erat, in mediatore palam facere (Instit. III, 11, 9).*

Das Menschliche hört auch hier nicht auf, menschlich zu sein, und ist als solches und an sich gewiß nicht göttlich. Und es hört ganz gewiß auch hier Gott nicht auf, Gott zu sein. Es besteht auch — dies im Unterschied zu der Menschheit Jesu Christi — keine Personeinheit zwischen Gott und der Menschlichkeit der Propheten und Apostel. Es ist wiederum im Unterschied zu der Menschheit Jesu Christi die Menschlichkeit der Propheten und Apostel keine zu der Herrlichkeit Gottes erhobene Menschlichkeit. Sie kann nicht selbständig selber offenbaren, sondern nur die in der Menschheit Jesu Christi geschehene und geschehende Offenbarung bezeugen. Aber in dieser Distanz und Unterscheidung, als solches Zeugenwort, als das Zeichen geschehener und geschehen werdender Offenbarung, und zwar, wie wir sahen: als das in und mit der Offenbarung selbst eingesetzte Zeichen, als das Zeugnis der unmittelbar in und mit der Offenbarung selbst berufenen Zeugen, steht nun doch auch die Schrift in jener indirekten, weder durch Gottes noch durch des Menschen Wesen bedingten, wohl aber durch Gottes Entscheidung und Tat herbeigeführten Identität menschlichen Seins mit Gott selber, kann und muß auch sie — nicht als ob sie Jesus Christus wäre, aber im gleichen ernsten Sinn wie Jesus Christus — Gottes Wort genannt werden: Gottes Wort im Zeichen des Menschenwortes, so werden wir genau sagen müssen.

Es gibt noch eine dritte Größe, von der in ihrer Beziehung zur heiligen Schrift d a s selbe zu sagen sein wird, wie wir es hier von der heiligen Schrift in ihrer Beziehung zu Jesus Christus sagen: die Verkündigung der christlichen Kirche durch Wort und Sakrament. Und es gibt noch andere Zeichen der Offenbarung, von denen nicht oder doch nur uneigentlich zu sagen sein wird, daß sie Gottes Wort seien. Die Kirche als solche z. B. ist wohl ein einziges, großes Zeichen der Offenbarung, aber darum doch nicht selber Gottes Wort, sondern — und das ist etwas Anderes — sie ist geschaffen durch das Wort Gottes und sie lebt von ihm. Auch die Dogmen der Kirche, auch der jeweils erkannte und anerkannte Bestand des Kanons als solcher, auch die Existenz wegweisender Lehrer der Kirche bzw. deren Lehre, auch die Handlungen und Erfahrungen der Kirche oder der Christen in der Welt sind wohl Zeichen der Offenbarung, aber darum nicht in einem eigentlichen und selbständigen Sinn Gottes Wort zu nennen. Sie sind es, sofern sie Verkündigung sind und sofern sie als Verkündigung das Zeugnis der heiligen Schrift und damit selber die Offenbarung bezeugen. Die heilige Schrift unterscheidet sich andererseits als Zeichen der Offenbarung dadurch auch von dem Zei-

2. Die Schrift als Gottes Wort

chen der wahren Menschheit Christi, daß diese als solche uns vermöge der Einmaligkeit und also der zeitlichen Begrenztheit der Offenbarung, vermöge ihres Endes in der Himmelfahrt Christi verborgen ist, bzw. nur in ihrer Bezeugung durch die Schrift und durch die Verkündigung der Kirche und im Glauben daran offenbar werden kann. Aber eben indem die heilige Schrift die ursprüngliche Gestalt ihrer Bezeugung ist, eben indem sie, im Unterschied zu der Verkündigung der Kirche, die Offenbarung gerade in ihrer Einmaligkeit und zeitlichen Begrenztheit bezeugt, gehört sie mit jenem ersten und ursprünglichen Zeichen, mit der wahren Menschheit Christi zusammen. Die Schriftwerdung des Wortes ist nicht ein und dasselbe wie seine Fleischwerdung. Aber eben die Fleischwerdung in ihrer Einmaligkeit und gleichzeitig allgemeinen Tragweite mußte die Schriftwerdung unweigerlich nach sich ziehen. Das göttliche Wort wurde Propheten- und Apostelwort, indem es Fleisch wurde. Indem der Mensch Jesus für diese Menschen das Wort Gottes war und eben damit zu diesen Menschen gesagt hat: Nehmet hin den Heiligen Geist! und: Wer euch hört, hört mich! und: Siehe, ich bin bei euch alle Tage bis an der Welt Ende! treten sie in die durch die Einmaligkeit und zeitliche Begrenztheit der Offenbarung geschaffene Lücke, stehen sie der durch ihn, *in concreto* aber durch ihr Wort begründeten Kirche — mittelbar, als Träger seines Auftrags, als Herolde seiner Herrschaft — nun dennoch in der ihm selbst eigenen Ursprünglichkeit gegenüber, kommt ihnen *ministerialiter* die Ehre zu, die ihm *principaliter* eigen ist, entscheidet es sich ganz und gar an ihnen, ob die Verkündigung der Kirche, dem durch sie der Kirche anvertrauten ursprünglichen Wort Gottes entsprechend, aktuelles Wort Gottes sein wird, kann die Kirche, wenn sie wirklich von Gottes Wort leben und also wirklich Kirche sein will, an ihnen sowenig vorbeisehen und vorbeigehen wie an Jesus Christus selber. — Wir erinnern uns nochmal an das calvinische *loco rei in verbo acquiescimus*. Calvin hat dieselbe Erkenntnis einmal so formuliert: *Mysteria Dei enim, cuiusmodi sunt, quae ad salutem nostram pertinent, in se, suaque (ut dicitur) natura cerni non possunt: verum ipsa in eius verbo duntaxat intuemur: cuius veritas sic persuasa esse nobis debet, ut pro facto impletoque habendum sit quicquid loquitur* (*Instit*. III 2, 41). Es dürfte nun wohl deutlich sein: daß das Wort (d. h. das Schriftwort) an die Stelle der Sache (d. h. des Wortes Gottes) tritt, das heißt nicht, daß nun „nur" das Schriftwort, nicht aber das Wort Gottes zugegen sei, sondern das heißt: daß das Wort Gottes nun eben im Schriftwort als seinem Zeichen, oder also allgemein ausgedrückt: die Sache im Wort gegenwärtig und wirksam sei.

Als Wort Gottes im Zeichen dieses prophetisch-apostolischen Menschenwortes ist die heilige Schrift sowenig nur göttlich und sowenig nur menschlich, sowenig ein Gemisch von Göttlichem und Menschlichem und sowenig ein Drittes zwischen Gott und Mensch wie die Einheit von Gott und Mensch in Jesus Christus. Sondern sie ist in ihrer Weise und auf ihrer Stufe wie Jesus Christus selber **wahrer Gott und wahrer Mensch**, d. h. Zeugnis von der Offenbarung, das selber zur Offenbarung gehört, und historisch literarisches Dokument einer bestimmten Menschlichkeit. — Sie tritt damit der Majestät des einen Gottes in seiner Unterschiedenheit gegenüber Allem, was nicht er selber ist, wahrlich nicht zu nahe. Gerade sie bezeugt vielmehr in ihrer Existenz, d. h. schon in ihrer (freilich ganz in ihrem Inhalt begründeten) Form: als dieses, das allein so ausgezeichnete und ausgesonderte Menschenwort, die Einzigkeit der göttlichen Majestät. Die Sorge, als ob die Heiligkeit der Schrift der Heiligkeit Gottes Eintrag tun könnte, wird sich sicher gerade da, wo die Heiligkeit der Schrift geglaubt und respektiert wird, als eine sehr überflüssige Sorge erweisen. — Die Schrift tritt aber in ihrer Einzigartigkeit tatsächlich auch der Würde und Bedeutung der anderen Zeichen und Zeugnisse der Offenbarung nicht zu nahe. Einmal darum nicht, weil es auch abgesehen von Jesus Christus selbst noch jene andere Gestalt des Wortes Gottes gibt, dessen die Schrift ebenso bedarf, um Wort Gottes zu sein, wie jene ihrer bedarf. Es bedarf zwar die Predigt und das Sakrament der Kirche des Vorgangs, der Autorität und Geltung des ursprünglichen Wortes Gottes in der Schrift, um selber Wort Gottes sein zu können. Es bedarf aber ebenso die Schrift auch der Verkündigung durch Predigt und Sakrament, so gewiß sie gelesen, verstanden und ausgelegt sein, so gewiß das in ihr bezeugte ursprüngliche Wort Gottes Aktualität haben will. Die heilige Schrift kann und will also als Wort Gottes gerade nicht allein bleiben in der Kirche. Und weit entfernt davon, daß die Stimme und die Stimmen der Kirche, ihrer Lehrer, ihrer Erfahrungen und Entscheidungen, ihrer Geschichte und Überlieferung in der Mannigfaltigkeit ihrer verschiedenen Zeiten und Gaben durch die Existenz der Schrift als der allerdings vorgeordneten, normativen und regierenden Gestalt des Wortes Gottes unterdrückt würden, ist es vielmehr die Existenz dieser ursprünglichen Gestalt des Wortes Gottes, die dafür sorgt, daß die Stimme der Kirche und alle diese Stimmen in der Kirche einmal überhaupt als Stimmen laut werden, sodann überhaupt etwas zu sagen haben, sodann Grund und Anlaß genug bekommen, immer aufs neue sich zu erheben, sodann eine ständige Leitung und Ordnung empfangen, die sie vor dem Chaos und vor der Kakophonie trotz aller menschlichen Irrtümer und Torheiten zu bewahren geeignet ist, und die endlich der Kirche, indem sie sie vor die Erinnerung an ihr Sein in Jesus Christus stellt, die Verheißung, unter der sie lebt, in konkreter Wirklichkeit vorhält. Wenn die Kirche ernstlich und d. h. nicht von außen, sondern innerlich und wesentlich zu leiden hatte, dann war es wirklich nie deshalb, weil sie allzu sehr, sondern immer deshalb, weil sie allzu wenig unter dem Wort der Schrift lebte. Die Kirche wurde aber noch immer stark, selbstbewußt und kühn, erzeugte Helden, Wissende und Wohltäter, wurde zur Stätte der Aufrichtung des Trostes und der Hoffnung für alles Volk, nicht nur innerhalb, sondern auch außerhalb ihrer Mauern, erzwang sich realen Respekt auch in der Welt, wenn sie den Mut zur Demut faßte, wenn sie nicht über und neben, sondern unter dem Wort zu leben sich angelegen sein ließ. Gerade die Existenz der in einem ernsthaften Sinn lebendigen Kirche aller Zeiten dürfte also faktisch die konkrete Widerlegung des Einwandes sein, als ob die Anerkennung der Priorität der Bibel in der Kirche eine Beeinträchtigung des lebendigen Gottes und eines lebendigen Glaubens bedeutete. Das Gegenteil ist richtig. Der Tod pflegt in der Kirche da zu herrschen, wo man dieser Anerkennung aus dem Wege gehen zu müssen meint.

6. Wir glauben in und mit der Kirche, daß die heilige Schrift diese Priorität vor allen anderen Schriften und Instanzen, auch vor denen der Kirche selbst hat. Wir glauben in und mit der Kirche, daß die heilige Schrift als das ursprüngliche und legitime Zeugnis von Gottes Offenbarung das Wort Gottes selber ist. Die dasselbe besagenden Worte „hat" und „ist" in diesen beiden Sätzen bedürfen nun noch einer näheren Erläuterung und Abgrenzung. Ihr Ergebnis soll der Übersichtlichkeit halber gleich vorweggenommen sein: dieses „hat" und „ist" sind Aussagen über eine göttliche Verfügung, Tat und Entscheidung, auf die als solche wir, wenn wir diese Sätze bilden, einerseits als auf eine schon geschehene zurückblicken, auf die wir andererseits als auf eine künftige hinblicken. Sie sind also nicht: Aussagen über einen uns übersichtlichen und verfügbaren Sachverhalt. Sie sagen nicht, daß wir die Fähigkeit und Kompetenz haben, der Bibel diese ihre Priorität, diesen ihren Charakter als Gottes Wort zuzuschreiben, und daß die Bibel ihrerseits uns in dieser ihrer Priorität und in diesem ihrem Charakter ohne weiteres einsichtig wäre. Wagen wir diese Aussagen, so wagen wir sie im Gehorsam und also nicht auf Grund und nach Maßgabe eines von uns selbst mitgebrachten und an diesen Gegenstand (als wäre seine Heiligkeit eine unsrer Beobachtung und Beurteilung zugängliche Eigenschaft!) herangebrachten Vorverständnisses und Vorurteils, sondern im Gehorsam gegen ein von diesem Gegenstand her schon gefallenes und in der Bereitschaft gegen ein von diesem Gegenstand her wieder und aufs neue fallendes Urteil Gottes. Wir wagen sie in Dankbarkeit gegenüber dem, was wir in der Schrift schon gehört zu haben uns erinnern, und in Hoffnung gegenüber dem, was wir wiederzuhören erwarten dürfen. Sagen wir: die Bibel hat jene Priorität, sie ist Gottes Wort, dann ist also dieses „hat" zunächst auseinanderzulegen in ein: „sie hatte" und in ein „sie wird haben", und dieses „sie ist" in ein „sie war" und „sie wird sein". In dieser und nur in dieser Auslegung entsprechen die beiden Worte dem, was wir hier faktisch wissen und sagen können: wir, die wir nicht in der Lage sind, jene göttliche Verfügung, Tat und Entscheidung zu vollziehen oder mit ihr umzugehen, als ob sie unsere eigene wäre. Wiederum darf aber über dieser unserer Auslegung der ausgelegte Text — und dieser lautet: „hat" und „ist" — nicht aus den Augen verloren und vergessen oder gar in seiner diese Auslegung fordernden, aber auch aller Auslegung spottenden Überlegenheit und Kraft abgeschwächt, es darf die Wahrheit dieses „hat" und „ist" unter keinen Umständen durch Auflösung in ein Präteritum und Futurum geleugnet werden. Auch und gerade das „hatte" und „war" und das „wird haben" und „wird sein" lebt ja durchaus von seiner Mitte, von der Gegenwart des „hat" und „ist". Und nur dann können unsere auslegenden Aussagen über die Erinnerung und Erwartung, in der wir von dieser Gegenwart allein etwas wissen und sagen können, echte Auslegung sein, wenn sie sich

durchaus auf diese Mitte, auf die Gegenwart beziehen, von der wir kein Wissen, für die wir kein Wort, über die wir keine Macht haben, von der als solcher wir nichts sagen können als eben dieses überschwengliche „hat" und „ist", weil sie das Ereignis dessen ist, was Gott in göttlicher Freiheit und Überlegenheit und Kraft selber und allein beschließt, will und tut. In der Wirklichkeit und Wahrheit dieses Ereignisses ist nichts schon vergangen oder erst zukünftig, nichts bloße Erinnerung und nichts bloße Erwartung, in ihr ist nichts problematisch und nichts ungewiß, nichts nachträglich oder vorläufig, nichts der Wiederholung, nichts der Bestätigung bedürftig. Um dieses Ereignis kreist die ganze Lehre von der heiligen Schrift, kreist mit ihr die ganze kirchliche Dogmatik, kreist auch die Predigt und das Sakrament der kirchlichen Verkündigung. Hören wir auf, mit unserem Denken und Reden um dieses Ereignis zu kreisen, lassen wir uns darauf ein, bloß historisch oder auch bloß eschatologisch und so oder so: bloß problematisch und ungewiß von Gottes Wort in der heiligen Schrift zu denken und zu reden, dann denken und reden wir sicher nicht in und mit der Kirche, nicht im Glauben und überhaupt nicht mehr vom Wort Gottes in der heiligen Schrift, sondern von irgendeinem Surrogat, das sich uns bewußt oder unbewußt an dessen Stelle geschoben hat. Aber gerade wenn wir dies vermeiden wollen, haben wir uns klarzumachen, daß wir um jenes Ereignis tatsächlich nur kreisen, daß wir es aber sowenig wie — wie wir früher sahen — die Einheit der Schrift von uns aus auf den Plan führen können. Will und wird es sich selber auf den Plan führen, indem es inmitten unseres es umkreisenden Auslegens tatsächlich geschieht — nun, dann wird es eben geschehen, und um so gewaltiger und herrlicher geschehen, je weniger wir etwa mit unseren plumpen und frechen Experimenten, mit denen wir es wohl herbeiführen möchten, dazwischengetreten sind. Gerade weil und wenn es uns deutlich ist, daß wir mit allem unserem Auslegen nur dieses Ereignis meinen und auslegen können, muß es uns ebenso deutlich sein, daß wir unsererseits dieses Ereignis immer nur meinen und auslegen können. Es haben die sämtlichen möglichen Leugnungen und Auflösungen jenes Präsens in allerlei Präterita und Futura ihre Wurzel darin, daß man jenes Präsens nicht respektieren wollte als das göttliche Präsens, daß man es im handkehrum als ein uns verfügbares und griffbereites geschöpflich-menschliches Präsens behandeln zu sollen und zu können glaubte, daß man nicht verharren wollte in einem beständigen Kreisen um jene Mitte, in einem treuen Auslegen und also in der Erinnerung und Erwartung, die dieser Gegenwart gegenüber — gerade weil sie diese Gegenwart ist — unser Ort, unser Teil, unsere Aufgabe und doch auch unser Trost ist. Das ist die Einsicht, die wir nun noch im Einzelnen zu erwägen und zu verteidigen haben.

2. Die Schrift als Gottes Wort

Es wird am Platze sein, uns an dieser Stelle zunächst die beiden wichtigen und von jeher viel beachteten Aussagen vor Augen zu halten, in denen im Neuen Testament selber etwas ausführlicher von der Priorität und vom Charakter der heiligen Schrift als solcher die Rede ist. Es geht in beiden Stellen zunächst um das Alte Testament, aber die Aussagen können, dürfen und müssen in ihrer Grundsätzlichkeit gerade im Sinn der beiden Autoren, bei denen sie sich finden, ohne weiteres auf das Ganze, also auch auf das neutestamentliche Offenbarungszeugnis selbst angewendet werden.

Da ist zunächst 2. Tim. 3, 14–17: Paulus fordert den Timotheus — man meint zu merken, daß wir uns hier dem Rande des Kanons nähern — auf, zu „bleiben" in dem, was er gelernt und im Glauben aufgenommen hat (ἔμαθες καὶ ἐπιστώθης). Er soll derer gedenken, von denen er es gelernt hat, und dessen, daß er selbst von Kind auf die heilige Schrift (die ἱερὰ γράμματα) kennt, die die Kraft hat (τὰ δυνάμενα...), ihn „für die Errettung weise zu machen durch Glauben in Christus Jesus". Was bis hierher gesagt ist, ist deutlich und ausdrücklich im Rückblick darauf gesagt, daß die Schrift im Leben des Angeredeten eine bestimmte, entscheidende Rolle schon gespielt, daß sie den Beweis für das, was sie zu sein beansprucht, schon geführt, sich in ihrer Dynamik, und zwar in dieser bestimmten Dynamik, einer Unterweisung zu dem ihn errettenden Glauben, und zwar konkret: zu dem in Jesus Christus begründeten, auf ihn gerichteten und durch ihn wirklichen Glauben, schon bewährt hat. Nachher aber fährt Paulus fort mit der Zusicherung: eben diese Schrift wird dir auch nützlich sein „zur Belehrung, zur Überführung, zur Aufrichtung, zur Erziehung in der Gerechtigkeit" (offenbar alles sowohl für ihn selbst wie durch ihn für andere), „damit der Mensch Gottes fertig werde, gerüstet zu jedem guten Werk". Nun ist dieselbe Schrift also zum Gegenstand der Erwartung geworden, wobei doch der Jnhalt der Erwartung kein anderer ist als der der Erinnerung, von der vorher die Rede war, nur daß jetzt eben das Ganze, was vorher als Gabe dargestellt war, den Charakter einer künftig zu ergreifenden und auszuführenden Aufgabe bekommt. Es entspricht doch das ὠφέλιμος aufs genaueste dem δυνάμενα: die Schrift konnte und sie wird können, was vorher und nachher von ihrer Bedeutung für das Leben und Handeln des Angeredeten gesagt ist. Inmitten dieser beiden Aussagen steht nun, nach rückwärts und vorwärts erleuchtend, der Satz: πᾶσα γραφὴ θεόπνευστος, alle, die ganze Schrift ist — wörtlich: „gottesgeistlich" d. h. von Gottes Geist eingegeben, erfüllt, beherrscht, und aktiv: Gottes Geist atmend, verbreitend, erkennen lassend. Es ist klar, daß dieser Satz für das Ganze entscheidend ist. Deshalb, d. h. in der Kraft der Wahrheit dessen, daß der Geist Gottes vor, über und in der Schrift ist, deshalb konnte sie und deshalb wird sie können, was vorher und nachher von ihr gesagt wird. Es ist aber ebenso klar: in dieser Mitte der Stelle wird eine Aussage über eine Beziehung zwischen Gott und der Schrift gemacht, die nur als eine Verfügung, Tat und Entscheidung Gottes selbst verstanden und die darum als solche nicht weiter entfaltet, auf die vielmehr nur — und nicht umsonst so kurz — Bezug genommen werden kann. Alles, was dazu zu sagen ist, wird im entscheidenden Punkt nur in der Unterstreichung und Abgrenzung des uns unzugänglichen Geheimnisses der freien Gnade bestehen können, in der der Geist Gottes vor, über und in der Bibel gegenwärtig und wirksam ist.

Die andere hier in Betracht kommende Stelle ist 2. Petr. 1, 19–21. Neben seine Augenzeugenschaft für die „Größe" (μεγαλειότης) Jesu Christi, von der hier vorher (V. 16–18) die Rede war, stellt hier der Verfasser mit einem sehr merkwürdigen Komparativ (βεβαιότερον) das „prophetische Wort" und nennt es ein Licht, das an einem finsteren Ort scheint, bis der Tag anbricht und der Morgenstern in euren Herzen aufgeht. Daß wir dieses Wort haben (ἔχομεν) und daß wir auch inskünftig darauf achten sollen (προσέχοντες), wird von ihm gesagt. Wir stehen also auch hier, wenn auch hinsichtlich des „prophetischen Wortes" als solchen etwas weniger deutlich, zwischen den beiden Zeiten. Gerade der jener Erinnerung an die Augenzeugenschaft entsprechende Hinweis auf den kommenden Tagesanbruch stellt doch auch das in dieser Stelle Gesagte zweifellos in diesen Rahmen. Und nun wird auch hier, und hier nun sogar deutlicher als 2. Tim. 3, die Mitte gekennzeichnet, von der aus rückwärts und vorwärts zu blicken ist: die „Prophetie der Schrift" wird dann richtig gelesen, im Sinn des Vorangehenden: sie ist dann unser Licht in der Finsternis, wenn sie nicht zum Gegenstand einer ἰδία ἐπίλυσις gemacht wird, d. h. doch wohl: wenn wir sie selbst sich auslegen, bzw. wenn wir unsere Auslegung durch sie selbst beherrschen und bestimmen lassen. Und das darum, weil sie, wie nun die Fortsetzung lautet, nicht durch den Willen des Menschen gegeben ist, sondern weil in ihr Menschen „vom Heiligen Geist bewegt", ὑπὸ πνεύματος ἁγίου φερόμενοι, weil in ihr Menschen „von Gott her" (ἀπὸ θεοῦ) geredet haben.

Die entscheidende Mitte, die in diesen beiden Stellen sichtbar wird, wird also beide Male durch einen Hinweis auf den Heiligen Geist gekennzeichnet und zwar beide Male in der Weise, daß er als der eigentliche Urheber des in der Schrift Gesagten bzw. Geschriebenen bezeichnet wird. Es muß bemerkt werden: die in diesen Stellen verwendeten Ausdrücke bestätigen doch nur, was wir über die Aussendung und Bevollmächtigung der Propheten und Apostel bereits gehört haben. Sie reden in ihrer Funktion als Offenbarungszeugen an Stelle und im Auftrag dessen, der sie gesandt hat: Jahves bzw. Jesu Christi. Sie reden als *auctores secundarii*. Aber von einer Beseitigung oder Beeinträchtigung ihrer *auctoritas* und damit ihrer Menschlichkeit ist darum doch keine Rede. Auch was wir sonst über das Werk des Heiligen Geistes am Menschen im Allgemeinen und an solchen Zeugen im Besonderen erfahren, auch die Erinnerung an das *conceptus de Spiritu sancto* der Christologie läßt uns ja nicht vermuten, daß wir das, was hier hinsichtlich der Verfasser der heiligen Schriften gesagt wird, so zu deuten hätten, als wären sie nicht wirkliche *auctores* gewesen, als hätten sie bei dem, was sie als solche geredet bzw. geschrieben, nicht auch ganz und in vollem Umfang dessen, was diese Anschauung und dieser Begriff enthalten, von ihren menschlichen Möglichkeiten Gebrauch gemacht. Calvin hat sicher exegetisch recht, wenn er zu 2. Petr. 1, 21 bemerkt: *Impulsos fuisse dicit, non quod mente alienati fuerint (qualem in suis prophetis ἐνθουσιασμὸν fingunt gentiles), sed quia nihil a se ipsis ausi fuerint: tantum obedienter sequuti sint Spiritum ducem, qui in ipsorum ore tamquam in suo sacrario regnabat* (C. R. 55, 458). Theopneustie kann im Umkreis des biblischen Denkens gar nichts anderes bedeuten als die besondere Gehorsamstellung der zu diesem allerdings besonderen Dienst auserwählten und berufenen Menschen. Es lag das Besondere dieser Gehorsamstellung in der Besonderheit, nämlich in der Unmittelbarkeit ihres Verhältnisses zu der einmaligen und zeitlich begrenzten Offenbarung und also in der Besonderheit dessen, was sie als Augen- und Ohrenzeugen, als die Erstlinge der Kirche zu sagen und zu schreiben hatten. Es war aber ihre Gehorsamstellung kein in sich anderes Sein und Verhalten als eben — äußerlich und innerlich — das von echten und rechten Menschen. Es war insbesondere keine Aufhebung ihrer Freiheit, ihrer Selbstbestimmung. Wie sollte ihr Gehorsam Gehorsam gewesen sein, wenn er nicht in Freiheit geschehen wäre? Geschah er aber in Freiheit, dann müssen wir sagen: sie haben wirklich selber und von sich aus als echte *auctores* gedacht, geredet und geschrieben, was sie gedacht, geredet und geschrieben haben. Sie taten es ein Jeder im Umkreis seiner psychologischen, biographischen und geschichtlichen Möglichkeiten. Sie taten es ein Jeder auch in den ihm damit gesetzten Schranken. Ihr Tun war wie alles menschliche Tun ihr eigener, ein in sich und durch ihre zeitliche und räumliche Umwelt bedingter und diese wiederum bedingender Lebensakt. Daß er als solcher diese besondere Funktion bekam, als solcher unter die *auctoritas primaria*, unter die Herrschaft Gottes gestellt, als solcher vom Heiligen Geist umschlossen, regiert und getrieben, als solcher zur Gehorsamsstellung wurde kraft ihres unmittelbaren Gegenübers zu Gottes Offenbarung — das war ihre Theopneustie. Man wird zum Verständnis dieses biblischen Begriffs zwischen dem Denken und Reden der Propheten und Apostel und ihrem Schreiben keinen wesentlichen Unterschied machen dürfen: weder in dem Sinn, wie es in neuerer Zeit manchmal versucht worden ist, die Theopneustie auf ihr Denken und Reden oder wohl gar auf ihr

2. Die Schrift als Gottes Wort

ihrem Denken und Reden vorangehendes und zugrunde liegendes prophetisches Erlebnis beschränkt — noch auch in dem Sinn, daß man sie in ausgezeichneter Weise nun gerade in ihr Schreiben verlegt. Was wir im Alten und Neuen Testament überhaupt und was wir speziell 2. Tim. 3 und 2. Petr. 1 von dieser Sache hören, gibt uns weder zu der einen noch zu der anderen Deutung Anlaß. Als die, die dort und damals und nicht hier und jetzt gelebt haben, existieren ja die Propheten und Apostel für uns überhaupt nur in dem, was sie geschrieben haben. Aber eben in dem, was sie geschrieben haben, existieren sie selber für uns. Daß sie in dem, was sie geschrieben haben, in voller Menschlichkeit vor unseren Augen und Ohren existieren als erwählte und berufene Offenbarungszeugen, von Gott beansprucht und Gott gehorsam, wahre Menschen, redend im Namen des wahren Gottes daraufhin, daß sie seine Stimme gehört hatten, wie wir sie nicht direkt, wie wir sie nur durch ihre Stimme hören können, dies ist ihre Theopneustie, dies das Geheimnis der Mitte, vor der wir immer wieder stehen, wenn wir sie hören und lesen: eingedenk dessen, daß es einmal so war (die Erinnerung der Kirche und unsere eigene Erinnerung bezeugen es uns!), daß ihre Stimme die Stimme Gottes wiedergab, und daraufhin in der Erwartung, daß dies wieder geschehen werde. Es verweist uns also der biblische Begriff der Theopneustie allerdings auf die Gegenwart, auf das an uns selbst sich ereignende Ereignis: die Schrift hat jene Priorität, die Schrift ist Gottes Wort. Er verweist uns aber doch nur darauf. Er ersetzt es nicht. Er verschafft es uns auch nicht. Wie sollte er schon, da er ja eben die Beschreibung dessen ist, was Gott tut in der Menschlichkeit seiner Zeugen. Er verweist uns also, wie es auch in diesen beiden Stellen geschieht, auf das, was die heilige Schrift war, und auf das, was sie sein wird. Aber eben auf diesem Umweg verweist er uns auf das, was sie ist. Es wird sich, wenn die Schrift als Gottes Wort gelesen, verstanden und ausgelegt werden soll, immer darum handeln müssen, diesen von ihr selbst angegebenen Weg zu gehen.

Wir werden in dem Satz: Wir glauben, daß die Bibel Gottes Wort ist, zunächst das Wort Glauben zu unterstreichen und wohl zu bedenken haben. Glauben heißt freilich auch Erkennen und Wissen. Glauben ist kein dunkles, gestaltloses Fühlen, sondern ein klares Hören, Apperzipieren, Denken und dann auch Reden und Tun. Auch Glauben ist ein freier, d. h. ein durch keine Magie zerstörter oder gestörter menschlicher Lebensakt. Aber freilich ein freier Lebensakt, der als solcher bedingt und bestimmt ist durch eine Begegnung, durch einen Anruf, durch einen dem Menschen widerfahrenden Herrschaftsakt, dessen Geschehen dieser sich nicht selber verschaffen kann, der entweder Ereignis ist oder eben nicht ist. Glauben ist also kein eigenmächtiges, d. h. kein seines Gegenstandes mächtiges, sondern ein von seinem Gegenstand bemächtigtes Erkennen, Wissen, Hören, Apperzipieren, Denken, Reden und Tun. Glauben, daß die Bibel Gottes Wort ist, das setzt also voraus, daß diese Bemächtigung schon stattgefunden, daß die Bibel sich als Gottes Wort schon erwiesen hat, so daß wir sie daraufhin als solche erkennen können und müssen. Dieser Erweis muß nun aber, wenn und wo er stattfindet, die Sache des Wortes Gottes selber sein. Wir haben zunächst festzustellen: das bloße Vorhandensein der Bibel und unser eigenes Vorhandensein ihr gegenüber mit unseren Fähigkeiten, einen Gegenstand zu erkennen, bedeutet als solches noch nicht und bedeutet als solches auch niemals die Wirklichkeit oder auch nur die Möglichkeit des Erweises, daß die Bibel

Gottes Wort ist. Es muß vielmehr anerkannt werden, daß diese Situation als solche, d. h. abgesehen vom Glauben, geradezu die Unmöglichkeit dieses Erweises bedeutet und daß also der Glaube als der Durchbruch in seine Wirklichkeit und Möglichkeit die Niederlegung einer Mauer bedeutet, in der man nur ein W u n d e r und immer wieder ein Wunder wird erblicken müssen, zu dessen Verständnis es außer dem Glauben selbst oder vielmehr außer dem Worte Gottes, das der Glaube glaubt, keine Erklärung gibt, dessen Wirklichkeit und Möglichkeit also außerhalb des Glaubens und des Wortes in keiner Weise behauptet oder verteidigt werden, hinsichtlich dessen man sich außerhalb des Glaubens und des Wortes keine Sicherungen verschaffen kann. Es steht ja nicht nur so, daß wir uns selbst keine Fähigkeit und kein Organ zur Erkenntnis des Wortes Gottes, sei es in der Bibel, sei es anderswo, zuschreiben können. Es steht, wenn wir mit der wahren Menschlichkeit der Bibel ernst machen, offenbar mit der Bibel selbst so, daß wir ihr nicht etwa als solcher die Fähigkeit zuschreiben können — darin unterscheidet sie sich, wie wir sahen, von der erhöhten und verherrlichten Menschheit Jesu Christi — Gottes Wort so zu offenbaren, uns durch ihr bloßes Vorhandensein, dadurch, daß sie von uns gelesen werden kann, den Glauben an das in ihr gesprochene Wort Gottes ins Herz zu geben. Als Zeichen, als menschlich zeitliches Wort — und damit ist gesagt: bedingt und auch beschränkt — steht sie ja zunächst und steht sie doch auch immer wieder vor uns. Daß sie von Gottes Offenbarung zeugt, das bedeutet ja nicht, daß Gottes Offenbarung nun in irgend einer göttlichen Offenbartheit vor uns läge. Die Bibel ist kein Orakelbuch; sie ist kein Organ direkter Mitteilung. Sie ist wirklich Z e u g n i s. Und wie könnte sie Zeugnis von Gottes Offenbarung sein, wenn gerade die Entschließung, die Tat, die Entscheidung Gottes in seinem eingeborenen Sohn, wie sie von den Propheten und Aposteln in diesem selbst gesehen und gehört wurde, in der Bibel aufgelöst wäre in eine Summe von aus dieser Entscheidung abstrahierten Wahrheiten — und wenn diese sich uns als Glaubens-, Heils- und Offenbarungswahrheiten darstellen würden? Würde sie uns dann, wenn sie mehr sein wollte als Zeugnis, würde sie uns als Organ direkter Mitteilung nicht gerade das Beste, das Eigentliche, das, was Gott uns sagen und geben will und was wir nötig haben, vorenthalten? Tut sie das aber nicht, ist sie wirklich Zeugnis, dann müssen wir uns in allen Konsequenzen klarmachen, was das heißt, daß sie an sich nun eben doch n u r Zeugnis ist. Das bedeutet dann eben die Existenz jener Mauer, die nur durch das W u n d e r niedergelegt werden kann. Die Menschen, die wir hier als Zeugen reden hören, reden als fehlbare, als irrende Menschen wie wir selber. Was sie sagen und was wir als ihr Wort lesen, könnte an sich und durch sich selbst den Anspruch, Gottes Wort zu sein, wohl erheben, aber nimmermehr siegreich durchsetzen. Man kann ihr Wort auch als bloßes Menschenwort lesen und zu würdigen versuchen. Man kann es allerlei immanenter Kritik unterziehen, und zwar nicht nur hinsichtlich seines weltanschaulichen, geschichtlichen und moralischen, sondern auch hinsichtlich seines religiösen und theologischen Gehaltes. Man kann Lücken, Rätsel und Einseitigkeiten ihres Zeugnisses feststellen. Man kann durch eine Gestalt wie die des Mose befremdet sein. Man kann mit Jakobus, man kann aber auch mit Paulus diskutieren. Man kann sich eingestehen müssen, daß man mit weitesten Partien der Bibel, wie es uns mit den Kundgebungen auch anderer Menschen zu gehen pflegt, nichts oder nicht viel „anzufangen" weiß. Man kann sich an der Bibel ärgern. Und im Lichte des Anspruchs oder der Behauptung, daß die Bibel Gottes Wort sei, wird man sich — vorausgesetzt, daß jenes Wunder des Glaubens und des Wortes nicht dazwischengetreten ist — an der Bibel sogar ärgern müssen. Eben dieses Wunder können wir aber nicht voraussetzen. Wir können seiner gedenken. Wir können seiner warten. Wir können es aber nicht als eine Schachfigur neben anderen aufstellen, um dann im gegebenen Moment mit ihr zu „ziehen". Und also müssen wir uns eigentlich im Lichte jenes Anspruchs an der Bibel ärgern. Tun wir es nicht, so ist uns wohl das Gewicht jenes Anspruchs noch nicht bewußt. Nur das Wunder des Glaubens und des Wortes könnte uns eigentlich und ernstlich davor bewahren, uns an der Bibel ärgern zu müssen. Die Theopneustie der Bibel aber, die Gehorsamstellung, in der sie geschrieben ist, die zwingende Tatsache, daß hier wahre Menschen im Namen des wahren Gottes zu uns reden, sie — und in ihr besteht dieses Wunder — liegt nicht vor uns, indem die Bibel vor uns liegt und indem wir die Bibel lesen. Die Theopneustie ist der Akt der Offenbarung, in welchem die Propheten und Apostel in ihrer Menschlichkeit wurden, was sie waren, und in dem allein sie in ihrer Menschlichkeit auch uns werden können, was sie sind.

Luther hat in *De servo arb.* das gewichtige Wort geschrieben: *Duae res sunt Deus et scriptura Dei, non minus quam duae res sunt creator et creatura Dei* (W. A. 18, 606, 11). Und ein anderes Mal: Darum ist die Schrift ein solch Buch, dazu gehöret nicht allein das Lesen, sondern auch der rechte Ausleger und Offenbarer, nämlich der Heilige Geist. Wo der die Schrift nicht öffnet, da bleibet sie wohl unverstanden" (Pred. üb. Luk. 24, 13f. 1534, nach Rörer E. A. 3, 334). Wer aber Christus nicht erkennet, der mag das Euangelium hören oder das buch wol ynn den henden tragen, aber seynen vorstand hatt er noch nit, denn Euangelium on vorstand haben ist keyn Euangelium haben. Und die schrifft haben on erkenntniss Christi ist keyn schrifft haben, und ist nit anders, denn dissen sternen leuchten lassen und doch nit ersehen (Pred. üb. Matth. 2, 1–12, Kirchenpostille 1522, W. A. 10¹, 1, 628, 3). Der eine in Betracht kommende Grund solchen Unverstandenbleibens der Schrift ist aber nach Augustin dieser: *Nam dicere ut est, quis potest? Audeo dicere fratres mei, forsitan nec ipse Joannes dixit ut est, sed et ipse ut potuit! quia de Deo homo dixit: et quidem inspiratus a Deo sed tamen homo. Quia inspiratus, dixit aliquid; si non inspiratus esset, dixisset nihil; quia vero homo inspiratus, non totum quod est, dixit, sed quod potuit homo dixit* (*In Joann. tract.* 1, 1). Augustin hat damit auf einen Sachverhalt hingewiesen, der später in der altprotestantischen Orthodoxie, besonders in ihrer Lehre von der *perspicuitas* und von der *perfectio* der heiligen Schrift fast ganz übersehen worden ist: Man weiß doch wohl erst dann, was man sagt, wenn man die Bibel Gottes Wort nennt, wenn man dieser ihrer **göttlichen Vollkommenheit** gegenüber auch ihre **menschliche Unvollkommenheit** vorbehaltlos anerkannt und dann jene dieser zum Trotz erkannt hat. In bezug auf die gewisse Unsicherheit der Überlieferung des Kanons sowohl hinsichtlich seines Umfangs wie der Textgestalt konnte dies zwar von manchen zugegeben werden. So konnte Fr. Burmann im Blick auf diese Dinge schreiben: *Doctrina ipsa et hoc verbum Dei vivum sese ipsum ostendit et cordibus electorum per operationem Spiritus sancti potenter insinuat, non obstante defectu vel vitio quocunque in organis istis externis. Non enim ab illis fides vel salus nostra pendet sed a doctrina ipsa iis contenta. . . . Doctrina sacra vi sua propria pollet et defectum organorum superat et licet per homines fallibiles praedicata, tamen plenam sui fidem in cordibus fidelium facit* (Syn. Theol., 1678, I 5, 21). Eben diese Unterscheidung zwischen der Inspiration und also der göttlichen Infallibilität der Bibel und ihrer menschlichen Fallibilität muß nun aber **grundsätzlich** durchgeführt werden.

Es handelt sich zunächst um die Binsenwahrheit, daß man nicht erwarten und postulieren darf, es möchte den Propheten und Aposteln in und mit ihrer Begegnung mit Gottes Offenbarung zugleich ein Kompendium salomonischen, ja göttlichen Wissens um alle Dinge zwischen Himmel und Erde, um Natur, Geschichte und Menschentum vermittelt sein, in Besitz dessen sie sich nicht nur von ihrer Zeit, sondern von allen Zeiten als die Inhaber und Vertreter einer idealen Kultur und also als die irrtumslosen Verkünder aller und jeder Wahrheit abgehoben hätten. Sie waren faktisch nicht im Besitz eines solchen Kompendiums, sondern sie hatten, ein jeder in seiner Weise und nach seinem Maß, die Kultur ihrer Zeit und Umgebung, deren Gestalt und Gehalt darum von der anderer Zeiten und Umgebungen her angefochten werden konnte, deren Gestalt und Gehalt sich auch uns auf Schritt und Tritt als anfechtbar erweisen muß. *Quod potuit homo dixit.* Das heißt: Wir können es nicht übersehen, nicht leugnen und auch nicht ändern. Wir stoßen in der Bibel hinsichtlich alles dessen, was ihr **Welt- und Menschenbild** betrifft, beständig auf Voraussetzungen, die nicht die unsrigen sind, und auf Feststellungen und Urteile, die wir uns nicht zu eigen machen können. Es kann sich nicht darum handeln, die hier entstehenden Anstöße grundsätzlich zu beseitigen. Man kann wohl damit rechnen, daß dies praktisch im Einzelnen manchmal möglich wird und man wird sich dafür auch offenhalten müssen; man wird deshalb statt von „Irrtümern" der biblischen Autoren schon auf diesem Gebiet, wenn man grundsätzlich reden will, besser nur von ihrer „Irrtumsfähigkeit" reden, weil die Sicht und das Wissen gerade unserer Zeit schließlich auch hinsichtlich des allgemeinen Welt- und Menschenbildes weder göttlich noch auch nur salomonisch sein dürfte. Es muß sich aber sicher grundsätzlich darum handeln, dem hier entstehenden Anstoß ins Gesicht zu sehen und darum um die Frage des Glaubens **trotz** dieses Anstoßes!

Es gehört zu diesem, nicht für alle Zeiten und Räume, aber sicher für uns bestehenden Anstoß, daß die Bibel des Alten und des Neuen Testamentes mit der ganzen Literatur des sog. Altertums den für uns bedeutsam gewordenen Sach- und Wertunterschied zwischen **Historie** auf der einen, **Sage und Legende** auf der anderen Seite, so nicht kennt. Wir werden uns darüber klar sein müssen, daß dieser Unterscheidung in letzter Ernst und also den von daher sich erhebenden Einwänden eine letzte Schwere nicht zukommen kann. Aber wenn wir nicht leugnen können, daß diese Unterscheidung zu unserem Apperzeptionsapparat nun einmal gehört, dann werden wir die von daher sich erhebenden Bedenken weder niederschlagen noch künstlich aus dem Wege räumen wollen. Wir haben dann auch ihnen ins Gesicht zu sehen und uns also deutlich zu machen, daß es in der Bibel durchaus auch darum gehen kann, das Wort Gottes zu glauben, obwohl es uns nicht in der Gestalt dessen, was wir Geschichte nennen, sondern in der Gestalt dessen, was wir Sage oder Legende nennen zu müssen meinen, begegnet.

Die Anfechtbarkeit bzw. Irrtumsfähigkeit der Bibel erstreckt sich aber auch auf ihren religiösen bzw. theologischen Gehalt. Das Gewicht einer schon dem kirchlichen Altertum wohlbekannten Tatsache drückt uns heute schwerer als es in früheren Zeiten der Fall war: daß die biblischen Autoren, indem sie Gottes Offenbarung bezeugten, religionsgeschichtlich betrachtet, die Anschauung ihrer Umwelt teilten und deren Sprache — und also, ob es uns gefällt oder nicht, keine von dieser grundsätzlich verschiedene besondere Offenbarungssprache sprachen. Wir finden sie vielmehr wiederum auf Schritt und Tritt in den Spuren ihrer an ihrer Erfahrung und ihrem Zeugnis nicht beteiligten Zeit- und Raumgenossen, ihnen manchmal ähnlich bis zur Ununterscheidbarkeit. Nicht nur Einiges sondern Alles, was sie sagen, ist religionsgeschichtlich verhängt und bedingt, scheint abgeschwächt und seines Charakters als Offenbarungszeugnis entkleidet dadurch, daß es gar so viele „Parallelen" hat. Daß sie von Jahve und von Jesus Christus und nicht von irgendwelchen anderen Größen reden, das müssen wir aus ihrem Sprachgebrauch, verglichen mit dem ihrer Umwelt, mit Mühe — und das können wir aus ihrem Sprachgebrauch wohl nirgends mit lückenloser Evidenz, sondern letztlich eben nur unter Voraussetzung unseres Glaubens herausschälen und nachweisen. Es kommt dazu, daß manche Bestandteile, insbesondere des Alten Testamentes nach unseren Begriffen gar nicht als religiös-theologische Literatur, sondern als Dokumente profaner Gesetzgebung, Geschichtsschreibung, Lebensweisheit und Poesie anzusprechen sind, obwohl doch die Synagoge und nachher auch die Kirche auch in ihnen Offenbarungszeugnis zu erkennen meinte. Es kommt dazu, daß kein einziger unter den biblischen Autoren der Kirche und uns den Gefallen getan hat, seinem Zeugnis von Gottes Offenbarung nun etwa die Form eines auch nur einigermaßen vollständigen und durchsichtigen theologischen Systems zu geben, daß wir sogar hinsichtlich der Theologie eines Paulus und Johannes nur nachträglich und in mühsamer Konstruktion zu einer gewissen hypothetischen Anschauung vorstoßen können. Es kommt dazu, daß die biblischen Autoren von den denkbar verschiedensten geschichtlichen und individuellen Standorten und unter den denkbar verschiedensten Gesichtspunkten mit allen damit gegebenen Schranken ihrer Aussagen geschrieben haben, so daß der Inhalt ihres Schrifttums auch im Ganzen, auch in seinem früher schon berührten „Zusammenklang" keineswegs ein System bildet. Sondern da sind, je nachdem wie man sie sehen kann und will: Unterschiede höherer und niederer Stufen, zentralerer und beiläufigerer Aussagen, mehr oder weniger wörtlich, mehr oder weniger bildhaft zu verstehender Zeugnisse. Da ergeben sich offenkundige Überschneidungen und Widersprüche (etwa zwischen Gesetz und Propheten, zwischen Johannes und den Synoptikern, zwischen Paulus und Jakobus). Da wird uns gerade nirgends auch nur eine Regel angegeben, die nun doch eine Zusammenordnung, vielleicht eine Stufenordnung, die nun doch eine Synthese dieses in sich so mannigfaltigen Ganzen enthielte, die uns nun doch in den Stand setzte, den Griff zu vollziehen, mittelst dessen wir aus den Unterschieden organische Teile zu machen, mittelst dessen wir die Widersprüche als solche zu beseitigen vermöchten. Sondern da werden wir jetzt hierhin, jetzt dorthin geführt — jeder einzelne der biblischen Autoren hat nun einmal offenkundig nur gesagt *quod potuit homo* — um jetzt hier, jetzt dort, unter Führung jetzt dieses, jetzt jenes der biblischen Menschen vor die eine Frage des Glaubens gestellt zu werden. Wieder wird man sich vorsichtigerweise nicht zu Parteinahmen, nicht zum Ausspielen des Einen dieser biblischen Menschen gegen den Anderen, nicht zu der Feststellung, dieser und jener habe „geirrt", hinreißen lassen. Von wo aus wollten denn wir eine solche Feststellung machen? Aber daß sie alle miteinander innerhalb gewisser Schranken und also relativ anfechtbar und also irrtumsfähig geredet haben auch in religiös-theologischer Hinsicht, das kann man angesichts des tatsächlichen Bestandes des Alten und des Neuen Testamentes unmöglich leugnen, wenn man ihnen ihre Menschlichkeit nicht doch wieder nehmen, wenn man sich nicht des Doketismus schuldig machen will. Wie sollten sie denn noch Zeugen sein, wenn es anders wäre? Ist es aber nicht anders, dann ergibt sich auch von hier her der nicht zu beseitigende oder nur im Glauben zu beseitigende Anstoß.

Zu dem allem ist nun aber als eine Sache für sich noch hinzuzunehmen ein Moment, dessen Gewicht der Kirche wohl ebenfalls erst in unseren Tagen in seinem ganzen Ernst bewußt zu werden beginnt, obwohl es faktisch sicher zu allen Zeiten seine bestimmte Wirkung ausgeübt hat. Die Bibel als Zeugnis von Gottes Offenbarung ist in ihrer Menschlichkeit zugleich ein Erzeugnis des israelitischen oder sagen wir es gleich deutlicher: des jüdischen Geistes. Der Mensch, der in diesen Schriften gesagt hat, *quod potuit*, ist der *homo Judaeus*. Es gilt das wirklich — da helfen keine Künste, denn das hängt zu genau mit ihrem Inhalt zusammen — von der ganzen, auch von der ganzen neutestamentlichen Bibel. Es ist nun einmal so, daß der Inhalt dieser Schriften die Geschichte der göttlichen Erwählung, Berufung und Regierung Israels, die Geschichte und die Botschaft von dem Messias Israels, die Geschichte von der Begründung der Kirche als des wahren Israel ist. Und es sind Israeliten — und weil, wie wir hörten, die Zeugen der Offenbarung zur Offenbarung selbst gehören, ist es sogar notwenig so, daß es gerade Israeliten sind — die uns in diesen Schriften das alles bezeugen. Wollten wir es anders haben, so müßten wir nicht nur das Alte Testament, sondern auch das ganze Neue Testament streichen und durch irgend etwas Anderes, das dann eben nicht mehr das Zeugnis von Gottes Offenbarung wäre, ersetzen. Das heute so gewaltig ertönende Jammergeschrei hat sachlich ganz recht: hier wird uns, hier wird den Menschen aller Völker durch Juden zugemutet, nicht nur sich auf jüdische Dinge einzulassen, sondern in einem gewissen, aber letztlich geradezu entscheidenden Sinn selbst Juden zu werden. Und nun könnte man wohl fragen, ob nicht alle anderen Anstöße, die man sonst an der Bibel nehmen kann und ohne den Glauben wohl nehmen muß, nicht Kleinigkeiten sind, neben diesem Anstoß, ob es eine härtere Probe des Glaubens gibt als die, deren wir hier ansichtig werden? Denn die Bibel selbst verhüllt ja nicht, sondern sie enthüllt vielmehr aufs schonungsloseste, daß das wirklich eine Zumutung ist, daß das Volk Israel tatsächlich ein böses, halsstarriges, weil ein seinem, dem lebendigen Gott widerstehendes Volk ist. Sie charakterisiert es auf ihrem Höhepunkt als das Volk, das mit seinem eigenen Messias zugleich den Heiland der Welt verworfen und gekreuzigt, das sich also der Offenbarung Gottes endgültig verweigert hat. Gerade so ist also die Bibel ein jüdisches, das jüdische Buch. Was hat denn aller spätere Antisemitismus noch zu sagen neben der Anklage, die hier gegen die Juden erhoben wird? Und was kann er gegen sie ausrichten neben dem Gericht, unter das sie, nach dem was hier gesagt wird, längst von Gott selber her gestellt sind? Aber eben der Antisemitismus in seiner ganzen Torheit und Bosheit, er, der so alt ist wie das jüdische Volk selbst, beruht nun doch nicht, wie seine liberalen Kritiker meinen, auf einer bloßen, seltsamerweise nicht ganz zu überwindenden, sondern immer wieder auftauchenden Laune und Willkür, die durch ein bißchen Ermahnung zur Humanität jeweilen auch wieder in ihre Schranken zu weisen wäre. Der Antisemitismus — stark genug, daß er heute eine ganze, feierlich als Wissenschaft sich gebende und doch schließlich ganz naiv nur auf die Juden zugespitzte Rassentheorie aus dem Boden stampfen und sogar ein ganzes Staatswesen auf diesen Boden, einen schließlich doch nur antijüdischen Boden stellen konnte — dieser Antisemitismus sieht und meint schon etwas ganz Reales, das der ganze Liberalismus tatsächlich nicht gesehen hat. Dieses Reale ist natürlich nicht identisch mit dem, wogegen er eifert und losschlägt. Wüßte er, was dieses Reale ist, so würde er dagegen weder eifern noch losschlagen und das schon darum — nicht nur darum, aber auch darum — weil er dann wüßte, daß keine Macht der Welt mit dem, was ihm hier begegnet, fertig werden kann. Das jüdische Blut und die jüdische Rasse, um die es wenigstens dem deutschen Antisemitismus heute geht, sind bestenfalls Zeichen des Realen, das hier der Menschheit unerkannt und unverstanden genug in den Weg tritt. Das Reale selbst ist aber der in der Existenz des jüdischen Volkes in der Mitte aller anderen Völker von Gott geführte einzige natürliche Gottesbeweis. Hier zeugt tatsächlich ein Stück Weltgeschichte aufs direkteste, wenn auch von Antisemiten und Liberalen gleich wenig gesehen, für das biblische Offenbarungszeugnis und damit für den Gott, der in der Bibel bezeugt wird: Israel ist eben bis auf diesen Tag noch vor unseren Augen das Gottes-Volk, das Gott verworfen hat. Israel führt uns als Volk bis auf diesen Tag vor Augen, daß Gott nur im Gericht Gnade übt und daß es sein freies Ermessen ist, wenn er im Gericht Gnade übt. Israel erinnert die Welt daran, daß sie Welt ist, und es erinnert die Kirche daran, woher auch sie genommen ist. Darum, weil es dieses Volk ist, müssen sich die Völker immer wieder vor seiner Existenz entsetzen, sich gegen sie auflehnen, sie wegwünschen aus ihrer Mitte. Darum regt sich etwas von Befremden in jedem Nichtjuden gegenüber ausnahmslos jedem, auch dem besten, dem feinsten, dem edelsten Juden. Und das wirklich jenseits von allen moralischen wie von allen biologischen Erwägungen und Empfindungen. Das Befremden kann wirklich nicht dem fremden Blut und seiner Art gelten. Müßte uns alles fremde Blut, das uns in dem Völkergemisch der heutigen abendländischen Welt täglich begegnet, Befremden erregen, so könnten wir aus dem Befremden gar nicht herauskommen. Ist die Welt dem jüdischen Blut gegenüber befremdet, so beweist sie damit nur, daß sie Welt ist: blind und taub und stumpf gegenüber den Wegen Gottes, die in der Existenz dieses Volkes auch von ihren Augen sind. Und wenn nun gar auch die Kirche mittun wollte bei diesem Befremden gegenüber dem jüdischen Blut, so würde sie damit nur beweisen, daß sie selbst blinde, taube, stumpfe Welt geworden ist. Sich selbst müßte ja der Nichtjude wiederkennen im Juden, seinen eigenen Abfall, seine Sünde, die er sich nicht selber vergeben kann. Und Christus, den Messias Israels, müßte er wiedererkennen im Juden als den, der ganz allein seinen Abfall gut gemacht und seine Sünde getilgt hat. Vor Gottes Strenge und Güte also müßte er befremdet sein durch die Existenz des Juden, und es bedeutet eine geradezu dämonische Verrücktheit, wenn er sich an Stelle dessen einem biologischen und moralischen Befremden hingibt und sein so pervertiertes Befremden damit abreagiert — wie alle Perversionen abreagiert werden müssen — daß er gegen den Juden um seiner Volksfremdheit willen eifert und losschlägt. Er beharrt damit in seinem eigenen Abfall. Er gebärdet sich, als ob er in der Lage wäre, sich selber seine Sünde zu vergeben. Er verwirft Gott, indem er den Juden verwirft. Aber gerade damit ist ja gesagt, daß es in dieser Perversion nicht nur um ein Reales, sondern um das Allerrealste geht. Und daß es kein Zufall sein kann, wenn wir gerade da, wo es um das Allerrealste geht, nämlich in der Bibel, haarscharf vor die Frage gestellt sind, ob wir dieser Perversion verfallen sind oder nicht. Indem die Bibel als das Zeugnis von Gottes Offenbarung in Jesus Christus ein jüdisches Buch ist, indem sie gar nicht gelesen, verstanden und erklärt werden kann, wenn wir uns nicht auf die Sprache, das Denken, die Geschichte der Juden in gänzlicher Offenheit einlassen wollen, wenn wir nicht bereit sind, mit den Juden Juden zu werden, damit fragt sie uns, wie wir uns zu dem in der Weltgeschichte geführten natürlichen Gottesbeweis durch die Existenz der Juden bis auf diesen Tag zu stellen, ob wir ihn zu bejahen, oder ob wir ihm gegenüber mit den Wölfen zu heulen gedenken. Und diese Frage kann, wenn wir uns einmal darüber klar geworden sind, daß die liberale Lösung, d. h. das liberale Übersehen des Judenproblems uns keinen Schritt weiterhelfen kann, nur eine sehr harte Frage sein. Der Mensch möchte nun einmal nicht durch die Güte und Strenge Gottes befremdet sein. Eben dieses Befremden verschafft ihm aber, mitten im heutigen Leben der Völker und der Gesellschaft und nun also offenkundig auch in der Bibel, der Jude. Das Heil bedeutet Befremden und „das Heil kommt von den Juden" (Joh. 4, 22). Und weil der Mensch nicht, auch und gerade nicht zu seinem Heil befremdet sein möchte, darum wälzt er das Befremden ab auf den Juden. Es wird dann alles so einfach. Man kann ja gegen die Juden so vieles auf dem Herzen haben. Man kann, wenn man dem Antisemitismus auch nur den kleinen Finger gegeben hat, sofort so vitale und tiefsinnige Gründe für ihn ins Feld führen, und jeder von ihnen wird dann auch der Bibel, und zwar nicht nur der des Alten, sondern auch der des Neuen Testamentes, nicht nur dem Rabbi Paulus, sondern wirklich auch dem Rabbi Jesus von Nazareth der drei ersten Evangelien gegenüber aufs schwerste ins Gewicht fallen. Und nun sei noch einmal gefragt: Welcher Anstoß, den man an der Bibel nehmen kann, liegt näher, greift tiefer, wirkt sich allgemeiner aus als der Anstoß, den sie von daher bietet. Denn wie kann der Mensch, wenn die liberale Lösung, die keine ist, ausfällt, nicht Antisemit sein? Es bedarf gerade von dieser Seite gesehen wirklich des Wunders des Wortes und des Glaubens dazu, daß der Anstoß falle, die Perversion überwunden, der Antisemit in uns Allen erledigt, das Menschenwort, das Judenwort der Bibel als Gotteswort gehört, zu Herzen genommen werde.

Von Luthers Wort: *Duae res sunt Deus et scriptura Dei* sind wir ausgegangen. Wir haben uns durch Augustin darauf aufmerksam machen lassen, was jedenfalls der eine Grund ist, vermöge dessen dem so ist: Luther hat darum recht, weil die Bibel anfechtbar — auf der ganzen Linie anfechtbares Menschenwort ist. Gerade Luther ist bei diesem Satz wahrlich nicht stehen geblieben. Dem Glauben sind Gott und die Schrift nicht zwei Dinge, sondern eines. Wir glauben, daß die Schrift Gottes Wort ist. Aber wenn wir das sagen, dann sagen wir mehr, als wir im Blick auf unsere eigene Gegenwart sagen können; dann blicken wir in Erinnerung und Erwartung hin auf die Gegenwart eines Ereignisses, das Gott allein auf den Plan führen kann. Nicht nur hinsichtlich der schließlich harmlosen Überlieferungsfrage, sondern auf der ganzen Linie muß gelten — und als Hinweis auf das von uns nicht auf den Plan zu stellende Wunder Gottes gelten: *Doctrina sacra vi sua propria pollet et defectum organorum superat et licet per homines fallibiles praedicata, tamen plenam sui fidem in cordibus fidelium facit.* Weniger, etwas Anderes als das, kann die Entscheidung, um die es hier geht, nicht herbeiführen.

Aber nun werden wir, um das Problem in seiner vollen Schärfe zu Gesicht zu bekommen, in dem Satz: Wir glauben, daß die Bibel Gottes Wort ist, auch den Begriff **Wort Gottes** zu unterstreichen und besonders zu bedenken haben. Die Meinung des bisher Gesagten kann nicht die sein, das eben wieder berührte Wunder bestehe darin, daß wir uns in einer Art von enthusiastischem Aufschwung durch die Mauer von Anstoß, von der die Bibel umgeben ist, hindurchzuglauben hätten. Gewiß beruht das ganze Geheimnis dieses Satzes auch darin, daß der Glaube nicht jedermanns Ding und daß er, auch wenn wir ihn haben, immer ein kleiner, ein schwacher, ein ungenügender, weil uneigentlicher Glaube ist, so daß das Wunder, das geschehen muß, damit uns die Bibel aufgehe und als Wort Gottes zu uns rede, immer auch in einer Erweckung und Stärkung unseres Glaubens bestehen muß. Aber die eigentliche Härte jenes Satzes beruht doch nicht in seiner uns, den Menschen, sondern in seiner Gott selbst zugewandten Seite und also nicht in der Härte der Anstöße, die uns durch die Menschlichkeit der Bibel bereitet werden. Die **Glaubensfrage**, von der wir bis jetzt sprachen, ist, so zentral sie ist, gewissermaßen doch nur die **sekundäre** Gestalt der Frage, die in diesem Zentrum zur Entscheidung kommt. Der Glaube kann ja nur Gehorsam sein und am Wort hängen, als eigene freie Entscheidung des Menschen, aber daraufhin, daß das Wort zu ihm gekommen und ihn als Glauben geschaffen und auf den Plan gestellt hat. Der Glaube kann also nicht bloß nach der Bibel greifen, als käme mit der Energie, vielleicht mit

2. Die Schrift als Gottes Wort

einer aufs höchste, mit einer zum Enthusiasmus gesteigerten Energie dieses Greifens quer hindurch durch alle Anstöße (die dann eben durch diesen Enthusiasmus überwunden würden) das Wort Gottes zu ihm. Vielmehr kommt es ja erst auf Grund des Kommens des Wortes Gottes zu der Energie dieses Greifens. Nicht von dieser seiner eigenen Energie und auch nicht erst von seiner Erweckung und Stärkung durch das Wort Gottes lebt der Glaube, sondern von der Energie der Bewegung, in der das Wort Gottes in der heiligen Schrift quer hindurch durch alle Anstöße, die wir an dieser nehmen mögen, zu uns gekommen ist und unseren Glauben al ererst geschaffen hat. Ob dies geschehen oder nicht geschehen ist, das ist das der Glaubensfrage gegenüberstehende und ihr vorangehende objektive Geheimnis des Satzes, daß die Bibel Gottes Wort ist. Wir können in dem Satz: „Die Bibel ist Gottes Wort" nicht etwa plötzlich ein anderes, geringeres, weniger gewaltiges und unzugängliches, weniger herrliches Wort Gottes meinen als das, das uns in der Trinitätslehre, in der Lehre von Christus und vom Heiligen Geist beschäftigt hat. Es gibt nur ein Wort Gottes und das ist das ewige Wort des Vaters, das, Fleisch geworden wie wir, um unserer Versöhnung willen wieder zum Vater gegangen ist, um durch den Heiligen Geist seiner Kirche gegenwärtig zu sein. Um dieses Wort und seine Gegenwart geht es auch in der heiligen Schrift, im Menschenwort seiner Zeugen. Das heißt aber: Es geht bei jener Gleichung um das Wunder der göttlichen Majestät in ihrer Herablassung und Barmherzigkeit; es kann, wenn wir diese Gleichung in unseren Mund nehmen, nur um einen Appell an die Verheißung gehen, laut welcher dieses Wunder in Jesus Christus wirklich war und für uns im Wort seiner Zeugen wieder wirklich werden soll; es geht bei jener Gleichung um die freie Gnade und um die gnädige Freiheit Gottes. Daß die Bibel Gottes Wort ist, dieser Satz kann nicht besagen: die Bibel hat neben einigen anderen Eigenschaften auch die Eigenschaft, Gottes Wort zu sein. Damit würden wir Gottes Wort, das Gott selber ist — damit würden wir nämlich der Freiheit, der Souveränität Gottes zu nahe treten. Gott ist keine Eigenschaft eines Anderen und wenn dieses Andere die Bibel wäre! Gott ist Subjekt, Gott ist Herr. Er ist Herr auch über die Bibel und in der Bibel. Der Satz, daß die Bibel Gottes Wort ist, kann also nicht besagen, daß Gottes Wort an die Bibel, sondern er muß umgekehrt besagen, daß die Bibel an Gottes Wort gebunden ist. Das heißt aber: daß wir mit diesem Satz auf eine freie Entscheidung Gottes hinblicken — nicht in Ungewißheit, sondern in Gewißheit, nicht ohne Grund, sondern auf Grund der Verheißung, die die Bibel selbst ausspricht und die wir in und mit der Kirche entgegennehmen dürfen. Ihr Inhalt ist und bleibt aber eine freie Entscheidung Gottes, der wir nicht dadurch vorgreifen können, daß wir — und wenn es im größten Glauben geschehen würde, dessen wir fähig sind — nach der Bibel greifen, sondern deren

Freiheit wir gerade, wenn wir in der rechten Weise nach der Bibel greifen, werden anerkennen müssen. Die Bibel ist eben nicht in derselben Weise Gottes Wort auf Erden wie Jesus Christus, wahrer Gott und wahrer Mensch, es im Himmel ist. Es bedarf ja das Sein Jesu Christi als des Wortes Gottes auch nach seiner wahren Menschheit weder der Verheißung noch des Glaubens. Es bedarf der Akt, in welchem er auch nach seiner Menschheit das Wort Gottes wurde, weder der Wiederholung noch der Bestätigung. Aber in dieser seiner ewigen Gegenwart als das Wort Gottes ist er uns auf Erden, uns in der Zeit Lebenden, verborgen, offenbar nur in dem Zeichen seiner Menschheit und also vor allem im Zeugnis seiner Propheten und Apostel. Diese Zeichen sind aber wie wir selbst nicht himmlisch-menschlicher, sondern irdisch- und zeitlich-menschlicher Natur, darum bedarf der Akt ihrer Einsetzung zum Worte Gottes der Wiederholung und Bestätigung; darum bedarf ihr Sein als Wort Gottes der Verheißung und des Glaubens — und das Alles gerade darum, weil sie Zeichen der ewigen Gegenwart Jesu Christi sind. Damit sie als Zeichen zeigen und damit uns also die ewige Gegenwart Christi in der Zeit offenbar werde, dazu bedarf es des fortgehenden, in immer neuen Akten sich ereignenden Werkes des Heiligen Geistes in der Kirche und an ihren Gliedern. Wenn die Kirche von der Bibel lebt, weil die Bibel das Wort Gottes ist, dann heißt das also: sie lebt von dem Offenbarwerden Christi in der Bibel durch das Werk des Heiligen Geistes. Wobei sie über dieses Werk keine Macht und keine Verfügung hat. Sie kann wohl nach der Bibel greifen; sie kann sie wohl in Ehren halten; sie kann sich ihre Verheißung wohl zu Herzen nehmen; sie kann sich wohl offen halten und bereit machen, sie als Gottes Wort zu lesen, zu verstehen und zu erklären. Das Alles kann sie, das Alles soll sie auch tun. In dem Allem besteht recht eigentlich die menschliche Seite des Lebens der Kirche mit der Bibel. Darüber hinaus aber kann diese menschliche Seite ihres Lebens mit der Bibel nur noch darin bestehen, daß sie um das Sein der Bibel als Wort Gottes heute und hier, also um das Geschehen jenes Werks des Heiligen Geistes, also um die freie Zuwendung der freien Gnade Gottes betet. Was darüber ist: die Erfüllung dieser Bitte, das Sein der Bibel als Wort Gottes heute und hier kraft der ewigen, jener verborgenen, jener himmlischen Gegenwart Christi — das ist die göttliche Seite des Lebens der Kirche. Ihre Realität kann nicht in Frage stehen: die Fülle der Realität des Lebens der Kirche mit der Bibel liegt in dieser seiner göttlichen Seite. Auch die Gewißheit ihrer Erkenntnis kann nicht in Frage stehen: in der Verheißung ist sie uns vermittelt, im Glauben kann sie ergriffen werden. Aber eben daß dies geschehe, daß die Verheißung zu uns rede und daß wir ihr im Glauben gehorsam werden, das steht als die durch das Werk des Heiligen Geistes immer wieder zu beantwortende Frage immer wieder vor uns. Das ist das Ereignis, auf das wir hinblicken, wenn wir — wir hier auf Erden, in der noch nicht triumphierenden, sondern streitenden Kirche — bekennen, daß die Bibel Gottes Wort ist. So gewiß wir uns damit zu Gott bekennen, so gewiß zu seiner Gnade, so gewiß zur Freiheit seiner Gnade.

An Hand dieses Kriteriums wird nun zu prüfen sein, was in der Kirche im Anschluß an jenes Wort 2. Tim. 3, 16 und 2. Petr. 1, 20 f. über die Inspiration der heiligen Schrift gesagt worden ist. In der sog. Inspirationslehre ging und geht es ja darum, inwiefern, d. h. auf Grund welcher Beziehung zwischen dem Heiligen Geist als dem den Menschen für sein Wort die Ohren und den Mund öffnenden Gott und der Bibel diese als menschliches Zeugnis von seiner Offenbarung als Gottes Wort und in diesem strengen Sinn als heilige Schrift zu lesen, zu verstehen und zu erklären ist. Das Kriterium wird auf Grund des zuletzt Ausgeführten so lauten müssen: die Inspirationslehre muß das Verhältnis zwischen dem Heiligen Geist und der Bibel auf alle Fälle so beschreiben, daß die ganze Realität der Einheit zwischen beiden ebenso zur Geltung kommt, wie dies, daß diese Einheit eine freie Tat der Gnade Gottes und also für uns immer der Inhalt eine Verheißung ist.

Wir veranschaulichen uns zunächst noch einmal die Notwendigkeit dieses Kriteriums an zwei neutestamentlichen Stellen.

Paulus hat 2. Kor. 3, 4–18 deutlich gemacht, wie er zunächst die Lesung des Alten Testamentes als eines Zeugnisses der Offenbarung Jesu Christi durch die christliche Gemeinde verstanden wissen wollte. Die alttestamentliche Schrift als solche wird von Paulus (V. 6) charakterisiert als γράμμα d. h. als das bloß Geschriebene, und zwar als heilig und heilsnotwendig Vorgeschriebene. Eine Disqualifizierung der Schrift liegt an sich nicht in dieser Bezeichnung. Sie liegt auch nicht in dem, was Paulus weiter von ihr sagt: das γράμμα tötet, der Geist aber macht lebendig. Für den Geist, aber nicht gegen die Schrift oder eben nur gegen eine ohne den Geist empfangene und gelesene Schrift ist das gesagt. Man darf und soll von hier aus ruhig hinüberblicken auf Matth. 5, 17 f., wo es heißt, daß kein Jota und kein Strich vom Gesetz vergehen werden, bis es ganz erfüllt sei, und daß darum auch das kleinste seiner Gebote nicht „aufgelöst" werden dürfe. Paulus nimmt den Dienst des Neuen Bundes (V. 6), den Dienst des Geistes (V. 8), den Dienst, der unvergleichlich viel größere „Herrlichkeit" hat (V. 9), für sich in Anspruch. Er bestreitet aber nicht, sondern er setzt ausdrücklich voraus, daß auch der Dienst des γράμμα als solcher seine „Herrlichkeit" hat (V. 9 f.). Und daß er seinen eigenen Dienst, den Geistesdienst des Neuen Bundes, dem Dienst der Schrift nicht einfach ausschließend gegenüberstellt, sondern vielmehr als den wirklichen, nämlich zum Ziel führenden Dienst auch der Schrift versteht, das beweist er doch wohl durch die Tat darin, daß er gerade in diesem Abschnitt das Kapitel Ex. 34 kommentiert. Daß das Geschriebene als solches und ohne das Werk des Heiligen Geistes nicht nur nicht zum Leben, sondern vielmehr zum Tode dient, das ändert nichts daran, auch das beweist vielmehr in seiner Weise, daß es das mit göttlicher Autorität Vorgeschriebene ist und bleibt. Paulus wird die Theorien des talmudischen und des alexandrinischen Judentums über die gottmenschliche Entstehung der Thora bzw. des ganzen alttestamentlichen Kanons gekannt haben. Wenn er, wie man sicher annehmen kann, eine besondere Eingebung der Schrift durch Gott seinerseits bejaht hat, dann doch sicher nur im Zusammenhang mit seiner Anschauung von der gegenwärtigen Bezeugung desselben Gottes durch das Werk des Heiligen Geistes. Denn darauf kommt ihm 2. Kor. 3 alles an: ohne dieses Werk des Geistes ist und bleibt die Schrift, wie groß auch ihre Herrlichkeit, und wie sie auch entstanden sein möge, verdeckt. Dies ist der Fall bei der durch die Verhüllung des Angesichts des Mose (Ex. 34) vorgebildeten Lesung der Schrift durch die Synagoge (V. 13-15): das göttlich Vorgeschriebene ist da, die Menschen, die es lesen, sind auch da; aber über ihren Herzen hängt eine Decke. Ihr Denken ist verstockt, das offene Buch ist für sie faktisch ein verschlossenes Buch. Nur die Umkehr zum Herrn könnte die Decke beseitigen und ihnen also den Zugang zur Schrift eröffnen. Der Herr, durch dessen Anwesenheit es zu dieser Freiheit käme, nachdem sie „in Christus" objektiv schon geschaffen ist (V. 14), ist aber der Geist (V. 17). Wenn wir, wir Christen alle und als solche, ohne jene Decke Spiegel der Herrlichkeit des Herrn sind und also zu lesen, in uns aufzunehmen wissen, was die Juden lesen und doch nicht zu lesen, doch nicht sich anzueignen wissen, dann geschieht das nicht auf Grund eines uns im Gegensatz zu jenen eigenen Vermögens, sondern vom Herrn her, der der Geist ist — oder vom Herrn des Geistes her (V. 18), nicht als ob wir selbst uns dazu fähig gemacht hätten, sondern weil Gott uns dazu fähig gemacht hat, wie es V. 4–6 zunächst im Blick auf den persönlichen Dienst des Paulus geheißen hatte. Man kann wohl nicht deutlicher sagen, daß die Heiligkeit und Heilsamkeit der Schrift als solcher ein Vorläufiges ist, bei dem die christliche Gemeinde nicht stehen bleiben kann, durch dessen Wirklichkeit ihr so wenig geholfen wäre wie der Welt oder der Synagoge, ja durch dessen Wirklichkeit sie wie jene bloß unter das Gericht gestellt wäre. Die Erfüllung und Vollendung dieses Vorläufigen kann sie sich aber auch nicht selber verschaffen. Daß sie da das Leben findet, wo die Synagoge nur ihrer Verurteilung begegnen kann, das ist die Gnade des Heiligen Geistes, ein Ereignis, für dessen Geschehen eben nur Gott gepriesen werden kann.

Und nun bietet 1. Kor. 2, 6–16 insofern eine interessante Parallele, als wir hier Paulus unter demselben Gesichtspunkt nun von seinem eigenen Reden und damit doch wohl auch von dem von ihm als Apostel Geschriebenen sprechen hören. Paulus ist sich bewußt, Weisheit, und zwar „Weisheit Gottes im Geheimnis" zu reden, die verborgene, die von Gott vor allen Zeiten zu unserer Herrlichkeit vorherbestimmte, die von den Gewaltigen dieses Äons verkannte und darum ans Kreuz geschlagene Weisheit: das, was an sich keinem menschlichen Auge, Ohr oder Herzen zugänglich ist, was aber Gott denen bereitet hat, die ihn lieben (V. 6–9). Von dieser „Weisheit im Geheimnis" d. h. von der in Jesus Christus geschehenen Gottesoffenbarung sagt er nun nicht mehr und nicht weniger als dies, daß er, Paulus, sie rede, sage, ausspreche! Λαλοῦμεν σοφίαν. Wie sollte er dazu kommen, das zu tun, wenn Gott ihm nicht den Zugang dazu eröffnet, wenn Gott es ihm nicht allererst offenbart, und zwar durch den Geist offenbart hätte? Wie der menschliche Geist die menschlichen, so erkennt der göttliche Geist — er allein, er aber auch völlig und gewiß — die göttlichen Dinge. Diesen Geist hat er, Paulus, empfangen, nämlich dazu, die göttlichen Wohltaten der göttlichen Weisheit (τὰ ὑπὸ τοῦ θεοῦ χαρισθέντα ἡμῖν) als solche zu erkennen (V. 10–12). Aber darin sieht er das Werk des Heiligen Geistes noch nicht erschöpft. Genau entsprechend dieser Erkenntnis der uns durch Gottes Weisheit erwiesenen Wohltaten glaubt er sie nun auch aussprechen zu können und zu dürfen: οὐκ ἐν διδακτοῖς ἀνθρωπίνης σοφίας λόγοις, ἀλλ' ἐν διδακτοῖς πνεύματος: nicht in Worten, die menschliche Weisheit, sondern in Worten, die ihn der Geist gelehrt, πνευματικοῖς πνευματικὰ συγκρίνοντες: in geistlichen Worten jene geistliche Wirklichkeit messend und umfassend (V. 13). Man wird gerade angesichts dieser Selbstaussage nicht annehmen können, daß Paulus nicht auch mit einer Inspiration, und zwar mit einer Real- und Verbalinspiration auch der alttestamentlichen Hagiographen gerechnet habe; man wird gerade von da aus das θεόπνευστος 2. Tim. 3, 16 nicht als unpaulinisch verdächtigen können. Sich selber jedenfalls beschreibt Paulus entschieden nicht etwa nur als Zeugen der göttlichen Wohltaten, so daß seine Worte darüber den Wert einer historischen Urkunde hätten, sondern darüber hinaus: als durch den Geist zur Erkenntnis dieser Wohltaten als solcher Befähigten und Geführten, und noch einmal darüber hinaus: als durch denselben Geist zum angemessenen Reden von diesen Wohltaten Ermächtigten und Angeleiteten. Und nun folgt erst die für unseren Zusammenhang entscheidende Aussage: Paulus weiß, daß der Mensch an sich und als solcher, das Lebewesen Mensch, der ψυχικὸς ἄνθρωπος, das in der beschriebenen Weise auf Grund des Werks des Geistes von den Wohltaten Gottes Ge-

2. Die Schrift als Gottes Wort

sagte (τὰ τοῦ πνεύματος τοῦ θεοῦ) nicht annimmt; es ist für ihn Torheit, weil er es nicht erkennen kann. Geistlich, d. h. offenbar: nur auf Grund desselben Werkes desselben Geistes, auf Grund dessen er in Erkenntnis dieser Wohltat stehen und angemessen von ihr reden kann — geistlich allein könnte es auch erkannt und also aufgenommen werden: πνευματικῶς ἀνακρίνεται (V. 14). Es gibt also einen Stand des Menschen — von dem des ψυχικὸς ἄνθρωπος allerdings radikal verschieden — den Stand des πνευματικός: des selber mit dem Geist Begabten, durch den Geist Erleuchteten und Geführten. Was aber ist die Besonderheit dieses Standes? Schlicht und doch gewaltig dies: er vernimmt und versteht als Mensch das, was der Andere, selber vom Geiste belehrt und geleitet, sagt: ἀνακρίνει τὰ πάντα. Der Kreis, der von den durch den Geist offenbarten Wohltaten Gottes zu dem vom Geist belehrten und durch den Geist zum Reden ermächtigten Apostel führte, schließt sich nun bei dem Hörer des Apostels, der wieder durch den Geist zu dem hier nötigen Aufnehmen befähigt ist. Auch er, dieser Hörer, gehört in seiner Existenz in das Wunder hinein, das hier Ereignis ist. Nicht weniger als der Apostel, ja nicht weniger als die von diesem Äon verkannte, dem Apostel aber offenbare Weisheit selbst ist auch der Hörer des apostolischen Wortes, der Pneumatiker Allen (und im Sinn des Paulus doch wohl vor allem sich selbst!) ein Geheimnis: er selbst als solcher wird von niemand verstanden. αὐτὸς δὲ ὑπ' οὐδενὸς ἀνακρίνεται (V. 15). Es geht eben, so schließt Paulus: auf der ganzen Linie um die Gedanken des Herrn, dem keiner Rat zu geben hat, d. h. dem niemand als seinesgleichen und also als kompetent, mit ihm zu denken, und also niemand als kompetent, seine Gedanken zu erkennen, zur Seite steht: τίς γὰρ ἔγνω νοῦν κυρίου, ὃς συμβιβάσει αὐτόν; Es gibt drei Schlüssel, die zu seiner Erkenntnis nötig sind: Paulus ist sich bewußt, zwei davon zu haben, ja sie in seiner Existenz als Apostel selbst darzustellen — in der Mitte zwischen der verborgenen Weisheit Gottes bezw. der Wohltat ihrer Offenbarung und dem „geistlichen Menschen" steht der, der die „Gedanken Christi" hat, der Apostel, selber durch den Geist ermächtigt, das Verborgene zu erkennen und angemessen von ihm zu reden: ἡμεῖς δὲ νοῦν Χριστοῦ ἔχομεν (V. 16); ihm gegenüber — nun fragt es sich, ob auch der dritte Schlüssel zur Stelle ist — fällt für den Hörer die Entscheidung: wird er als ψυχικὸς ἄνθρωπος nicht annehmen, nicht erkennen, sondern für Torheit halten? — oder wird er vermöge desselben Geistes, der zum Apostel und durch den Apostel geredet hat, selber ein geistlicher Mensch, hören, was ihm der Apostel zu sagen hat?

Hält man die beiden Stellen nebeneinander, so dürfte sich ein ziemlich vollständiges Bild davon ergeben, wie sich die Funktion des Offenbarungszeugen jedenfalls dem Paulus in ihrem Wesen und mit ihren Grenzen nach beiden Seiten dargestellt hat. Mit allen anderen Menschen steht auch der Zeuge vor dem Geheimnis Gottes und der Wohltat seiner Offenbarung. Daß dies Geheimnis sich ihm erschließt, das ist das Erste, daß er davon reden kann, das ist das Zweite im Wunder seiner Existenz als Zeuge. Aber noch einmal müßte das Geheimnis Gottes, jetzt als das dem menschlichen Zeugen anvertraute, Geheimnis bleiben, wie es der Synagoge widerfährt, die nur das γράμμα hat und liest, und wie es dem Lebewesen Mensch widerfährt, dem das Wort des Apostels Torheit ist und bleibt — wenn seine Selbsterschließung nicht weiter geht, nun auch in seiner Gestalt als menschliches Zeugnis, wenn nicht derselbe Geist, der dieses Zeugnis als solches geschaffen, den Menschen, den Hörern und Lesern Zeugnis gibt von dessen Wahrheit. Diese Selbsterschließung in ihrer Totalität ist die Theopneustie, die Inspiration des Propheten- und Apostelwortes. Es dürfte berechtigt sein, den Inhalt dieser beiden Stellen als Kommentar auch zu dem den kurzen Angaben, die 2. Tim. 3, 16f. und 2. Petr. 1, 19f. über diese Sache gemacht werden, anzusehen. Und es dürfte berechtigt sein, am Inhalt dieser Stellen auch das zu messen, was später in der Kirche in dieser Sache gesagt worden ist.

Da muß uns nun aber schon in der altkirchlichen Literatur ein Dreifaches auffallen: 1. Es zeigt sich bald eine auffallende Neigung, das Interesse an der Inspiration der Schrift auf einen ganz speziellen Punkt jenes Kreises zu konzentrieren, ja zu beschränken:

nämlich auf die Geisteswirkung speziell beim Zustandekommen des gesprochenen bzw. geschriebenen prophetisch-apostolischen Wortes als solchem. Wir sahen, daß auch Paulus allen Ernstes um ein heiliges γράμμα, um ein mit göttlicher Autorität im Kanon des Alten Bundes Vorgeschriebenes weiß und daß er auch seine eigenen Worte als „vom Geist gelehrte" betrachtet. Wie sollte dieser Punkt in jenem Kreislauf des Werks des Geistes zu leugnen oder unwichtig sein? Wie sollte der Weg der Inspiration nicht tatsächlich auch durch diese Phase hindurchführen? Aber was bedeutete es, wenn das Interesse der Kirche sich nun einseitig gerade auf diesen Punkt richtete? Kann man verstehen, was das heißt: daß die Propheten und Apostel durch den Heiligen Geist geredet und geschrieben haben, wenn man sich nicht gleichzeitig vor Augen hält, daß ihnen schon das, wovon sie geredet und geschrieben haben, der Gegenstand ihres Zeugnisses, die wohltätige Offenbarung des Geheimnisses Gottes, allein durch den Geist vermittelt war und daß es auch für die Hörer und Leser des von ihnen Geredeten und Geschriebenen der Gabe und des Werks desselben Geistes bedarf, wenn sie wirklich von diesem Gegenstand lesen und hören sollen? Muß die Anschauung von einer Tat der freien Gnade Gottes, um die es sich bei Paulus so deutlich handelt, nicht in dem Maß verdunkelt werden, als dieses Eine sozusagen als griffbereites Resultat und Datum in den Vordergrund geschoben wird: es war einmal und ist nun einmal so, daß diese Menschen das, was sie geredet und geschrieben haben, aus dem Heiligen Geist geredet und geschrieben haben? Das haben sie freilich so und nicht anders getan. Wir werden das, gerade von Paulus herkommend, unmöglich in Abrede stellen können. Aber ist die Gnade und das Geheimnis, die man mit Recht auch darin zu sehen hat, wirklich noch die Gnade und das Geheimnis Gottes, des Wortes Gottes im biblischen Vollsinn des Begriffs, wenn es etwa als auf diesen Akt des Redens reduziert vorgestellt wird? In welchem Raum befinden wir uns nun eigentlich? Ist es ein Zufall, daß wir zunächst gerade die Apologeten des zweiten Jahrhunderts in dieser Richtung vorstoßen sehen? Wird und soll nun das Wunder Gottes in den Zeugnissen von seiner Offenbarung nicht doch übersichtlich gemacht werden, begreiflich in seiner Unbegreiflichkeit, natürlich bei aller betonten Übernatürlichkeit, ein Faktor, mit dem man rechnen kann, obwohl man ihn doch dem Heiligen Geist zuschreibt, wie schließlich doch auch die Juden mit ihrer inspirierten Thora und wie die Heiden etwa mit ihren Sibyllinischen und ähnlichen Büchern als mit gegebenen Faktoren gerechnet haben? Was soll man davon denken, wenn Theophilus von Antiochien (*Ad Autol.* 2, 9) und Pseudo-Justin (*Coh. ad Graecos* 37) dieselbe Inspiriertheit tatsächlich den Propheten und den Sibyllinischen Büchern zugeschrieben haben?

2. Es zeigt sich schon in alter Zeit die Neigung, hervorzuheben, daß die Wirkung des Heiligen Geistes in der Inspiration der biblischen Schriftsteller sich durchaus bis auf die einzelnen von ihnen gebrauchten Wörter im grammatikalischen Sinn des Begriffs erstreckt habe. Man findet die erste ausdrückliche Äußerung in dieser Richtung, wenn ich recht sehe, im *Protrepticus* des Clemens Alexandrinus (IX. 82, 1): daß nach Matth. 5, 18 kein Strichlein der Schrift vergehen könne, das sei darin begründet, daß der Mund des Herrn, der Heilige Geist das Alles geredet habe. Es habe, so heißt es im Psalmenkommentar des Origenes (zu Ps. 1, 4): die Weisheit Gottes jedem einzelnen Buchstaben der Diener seines Wortes ihre Spuren eingeprägt. Es sei, so schreibt 100 Jahre später Gregor von Nazianz (*Orat.* 2, 105) jedes Strichlein und jede Linie der Schrift kraft der Akribie des Geistes zustande gekommen, auch die geringste Wendung der Schreibenden habe nicht umsonst stattgefunden und sei nicht umsonst uns erhalten. Man wird sich auch hier, schon im Blick auf Matth. 5, 17 f., wohl hüten, etwas Anderes sagen zu wollen! Gehören die Zeugen der Offenbarung in ihrer konkreten Existenz und also auch in ihren konkreten Reden und Schreiben selber mit zur Offenbarung, haben sie durch den Geist geredet, was sie durch den Geist erkannt haben, haben wir sie wirklich zu hören und also ihre Worte zu hören — dann ist nicht abzusehen, inwiefern wir nicht in der Tat alle ihre Worte mit dem gleichen Respekt zu hören haben sollten.

2. Die Schrift als Gottes Wort

Es wäre dann willkürlich, ihre Inspiration nur auf diese und jene uns vielleicht wichtig scheinenden Bestandteile ihres Zeugnisses oder wohl gar überhaupt nicht auf ihre Worte als solche, sondern nur auf die sie dabei bewegenden Meinungen und Gedanken zu beziehen. Ist die Inspiration nur eingeordnet in jenen Kreislauf von Gottes Offenbarwerden durch den Geist bis zu unserem eigenen Erleuchtetwerden durch denselben Geist, dann mag und dann muß die zwischen dort und hier, zwischen Gott und uns vermittelnde Inspiration der biblischen Zeugen sehr bestimmt als Realinspiration nicht nur, sondern wirklich als Verbalinspiration verstanden werden. Aber eben das fragt sich: ob man sie nicht schon früh aus diesem Kreislauf gelöst und als eine zwar der Gnade Gottes zu verdankende, aber nun doch gar nicht mehr als Gnade, sondern als ein Stück höherer Natur verstandene Verbalinspiriertheit aufgefaßt hat? Was jene Kirchenväter sagten, war also an sich schon richtig; aber wo bleibt bei ihnen jener Zusammenhang, in welchem Paulus von der Sache geredet, in welchem sicher auch Paulus implizit von Verbalinspiration geredet hat? Von einer Verbalinspiriertheit hat er jedenfalls nicht geredet — er müßte sonst sowohl 2. Kor. 3 von der Schrift des Alten Testamentes wie 1. Kor. 2 von seinem eigenen Wort sehr anders geredet haben — und von Verbalinspiriertheit dürfte auch im Raum der Kirche nicht geredet werden, wenn sie sich des Wortes Gottes nicht irrtümlicherweise in der Weise versichern will, wie es die Juden und Heiden allerdings tun, um doch gerade dadurch zu verraten, daß ihnen das wirkliche Wort Gottes fremd ist.

3. Es zeigt sich schon früh die Neigung, sich den Vorgang der Inspiration der biblischen Schriftsteller in einer Weise anschaulich zu machen, die darauf hinweist, daß man dem eigentlichen Geheimnis dieser Sache: daß hier wirkliches Menschenwort das wirkliche Wort Gottes ist, indem man es behaupten wollte, heimlich schon wieder aus dem Weg zu gehen bemüht war, indem man seine wirkliche Menschlichkeit durch eine unbesonnene Charakterisierung seiner Göttlichkeit mehr oder weniger bestimmt in Frage stellte. Wieder ist gewiß nichts dagegen, sondern Alles dafür zu sagen, wenn Irenäus (C. o. h. II 28, 2) die Vollkommenheit der heiligen Schriften damit begründet, daß sie *a verbo Dei et Spiritu eius dictae* seien. Daß Gott selbst sagt, was seine Zeugen sagen, daß, wer sie hört, ihn hört, das lesen wir ja auch in der Bibel selber oft und offen genug; das ist an sich der rechte Ausdruck für das Geheimnis ihrer Rede. Es geht aber offenbar zu weit oder vielmehr angesichts der Größe des Geheimnisses gerade zu wenig weit, wenn Gregor der Große (*Moralia, praef.* 1, 2) die menschlichen Verfasser der heiligen Schriften überhaupt nicht mehr als deren Autoren gelten lassen, sie als solche überhaupt nicht mehr beachtet wissen will: sei es doch für den Empfänger des Briefes eines großen Mannes ganz gleichgültig, in wessen Feder er den Brief diktiert habe. *Ipse igitur haec scripsit, qui scribenda dictavit.* Droht die Inspirationslehre mit dieser Vorstellung von einem „Diktat" der heiligen Schriften durch Christus oder den Heiligen Geist nun nicht doch in der Richtung des Doketismus abzugleiten? Wenn ich recht sehe, war es Augustin (*De consensu evang.* I 35, 54), der zuerst deutlich von einem solchen göttlichen Diktat bzw. von der Entgegennahme eines solchen durch die biblischen Schriftsteller geredet hat: *Quidquid enim ille* (Christus) *de suis factis et dictis nos legere voluit hoc scribendum illis tamquam suis manibus imperavit.* Gewiß konnte und kann das auch als nicht doketisch, sondern eben als Bild für die Strenge der Regierung, unter der die Hagiographen standen und für die Strenge ihres Gehorsams verstanden werden. War es aber nicht doketisch gemeint, wie konnte es dann anders denn als — wiederum jüdisch und heidnisch — eine mantisch-mechanische Einwirkung verstanden werden? Und ist es nicht mantisch-mechanisch zu verstehen, inwiefern dann nicht doketisch? Dieselbe Alternative stellt sich noch dringlicher, wenn wir schon im 2. Jahrhundert bei Athenagoras (*Leg. pro Chr.* 7 u. 9) hören, es habe der Heilige Geist die Münder der Propheten bewegt als seine Organe, und zwar indem er sie ihren eigenen Gedanken entrückte (κατ' ἔκτασιν τῶν ἐν αὐτοῖς λογισμῶν), indem er sie gebrauchte, wie ein Flötenbläser auf seiner Flöte bläst, oder bei Pseudo-Justin (*Coh.*

ad. Graecos 8) und später bei Hippolyt (*De Antichristo* 2): Es sei der Logos das Plektrum gewesen, mittels dessen der Heilige Geist auf ihnen gespielt habe wie auf einer Zither oder Harfe. Eine Stabilisierung des Menschenwortes als des Wortes Gottes selber und damit eine Vergewisserung hinsichtlich des Wortes Gottes wollte man mit dem allem offenbar erreichen. Aber der Preis, den man für diesen vermeintlichen Gewinn bezahlte, war allzu hoch! Indem man das Menschenwort als solches sozusagen verdampfen ließ, indem man es umdeutete in ein nur noch scheinbar wirkliches Menschenwort, in ein in menschlicher Sprache griffbereit vorliegendes Gotteswort, verlor sich doch wohl das Geheimnis, nämlich das Geheimnis der Freiheit seiner Gegenwart sowohl im Munde der biblischen Zeugen als auch in unseren Ohren und Herzen. Und es konnte das an seine Stelle getretene Mirakel, das man sich in dieser oder jener Form von den biblischen Schriftstellern erzählte und dessen Resultat man im Bibelbuch bestaunte, mit dem Wunder der Gegenwart des Wortes Gottes doch wohl nur noch den Namen gemein haben.

Es lag in der Linie schon der Inspirationslehren der alten Kirche eine gewisse naive Verweltlichung des ganzen Offenbarungsbegriffs. Wohl erscheint die Existenz der Propheten und Apostel, wohl erscheint die Existenz der Bibel als ein höchst erstaunliches und ehrwürdiges Faktum. Aber dieses Faktum ist nun auf einmal statt in die Reihe jenes von der Offenbarung des dreieinigen Gottes bis zur Erleuchtung unserer Herzen hier und heute ununterbrochen fortgehenden Geheimnisses gewissermaßen in eine Weltanschauung eingeordnet, in der es neben allerlei Anderem nun eben auch die Anschauung von Inspirationen, Inspirierten und Inspiriertheiten gibt: im Bibelbuch nämlich, zu dem dann doch in mehr oder weniger wohl umfriedetem Bezirk das hinzutritt, was man gewissen von der Kirche anerkannten Heiligen und außerdem dem Lehramt der Kirche selbst zugestehen will. Man versteht schon von hier aus, wie es möglich wurde, daß die einzigartige Autorität der Schrift gegenüber der Tradition der Kirche in der Lehre des Katholizismus so relativiert werden konnte, wie es der Fall gewesen und auf dem Trienter Konzil offiziell anerkannt worden ist. Eben in dieser säkularen Abkapselung der Inspiration, auf der sie beruht, gegenüber der Inspiration, in der sie erkennbar wird, konnte sie offenbar nicht mehr als eine gegenüber ähnlichen Phänomenen außerhalb und innerhalb der Kirche einzigartige Wirklichkeit verstanden werden. Es hat wahrscheinlich der Kampf und die Reaktion gegen den Montanismus schon in früher Zeit zu dieser säkularen Abkapselung der Inspiration auf die objektive Bibelinspiration und ihre kirchlich legitimierten Fortsetzungen wesentliches beigetragen. Aber wie es auch gekommen sein mag: in dieser Abkapselung, in dieser Verwandlung in eine Inspiriertheitslehre mußte doch auch die Lehre von der objektiven Bibelinspiration ihres Sinnes als eines Momentes der Lehre vom Worte Gottes, bzw. es mußte die Lehre vom Worte Gottes selbst ihres ursprünglichen umfassenden Sinnes verlustig gehen. Daß die Lehre von der Schrift alsbald den Charakter einer Beschreibung eines zwar wunderbaren, aber immerhin neutral feststellbaren und zu betrachtenden Natur- und Geschichtsphänomens annimmt, das als solches schließlich doch auch das Phänomen der Entstehung der Dokumente irgendeiner anderen Religionsgründung sein könnte — das ist die Bedenklichkeit dessen, was nun als kirchliche Lehre von der Inspiration üblich und maßgebend wurde. Man lese dazu etwa die sehr scharfsinnigen, sehr umsichtigen, aber in ihrem rein phänomenologischen Charakter doch auch sehr unheimlichen Darlegungen über das Wesen der Prophetie, die Thomas von Aquino (*S. theol.* II² qu. 171 ff.) gegeben hat. Wie dunkel ist es schon da geworden, daß es der Heilige Geist Gottes ist, der in der Offenbarung Jesu Christi die Propheten zu Propheten gemacht hat und der allein auch uns zur Erkenntnis der Propheten als Propheten führen und erleuchten kann! Man kann und darf sich zwar bestimmt dessen trösten, daß die Bibel faktisch auch in der alten und mittelalterlichen Kirche noch unter anderen Voraussetzungen gelesen worden ist, als es in der Lehre von der Bibel als solcher sichtbar wird. Aber wenn wir etwa bei Augustin (*De civ. Dei* XI, 4) dem schönen

2. Die Schrift als Gottes Wort

Gedanken begegnen, der Verfasser von Gen. 1, 1 erweise sich schon darin als ein rechter Zeuge Gottes, daß er kraft desselben Geistes, in welchem er selbst Gottes Offenbarung erkannte, auch unseren künftigen Glauben weissagte, wenn wir ihn (*Conf.* XI 3, 5) beten hören: *Qui illi servo tuo dedisti haec dicere, da et mihi haec intelligere!* und wenn die Erinnerung an die aktuellen Zusammenhänge der Bibelinspiration nach rückwärts und vorwärts auch sonst durchaus nicht ausgestorben ist, so fragt man sich doch mit Sorge: warum sie nicht stark genug war, um in der Lehre von der Bibel selbst Gestalt und von da aus neue Einwirkung auf das tatsächliche Verhältnis der Kirche zur Bibel zu gewinnen?

Was im 16. Jahrhundert geschehen ist, hat sich als Reformation der Kirche auch dadurch ausgewiesen, daß es jetzt mit der Wiederherstellung der Geltung und Herrschaft der Schrift in der Kirche auch zu einem dieser Geltung und Herrschaft entsprechenden neuen Lesen, Verstehen und Erklären der Schrift gekommen ist. Im gleichen Zug nun aber auch zu einer der Schrift selbst entsprechenden Lehre von der Schrift und ihrer Inspiration im Besonderen (vgl. zum folgenden Paul Schempp, Luthers Stellung zur heiligen Schrift 1928. Eine unter Voraussetzung derselben grundsätzlichen Einsichten geschriebene Darstellung der Lehre Calvins, mit der dann die Luthers zusammenzuhalten wäre, fehlt uns noch!). — Es dürften für die reformatorische Lehre von der Inspiration folgende Punkte entscheidend sein:

1. Die Reformatoren haben sich den Satz von der Inspiration, und zwar von der Verbalinspiration der Bibel, wie er ja auch in den von uns zugrunde gelegten Paulusstellen explizit und implizit enthalten ist, unbedenklich und vorbehaltlos, auch mit der Formel, daß Gott der Autor der Bibel sei, gelegentlich auch mit Verwendung der Vorstellung von einem den biblischen Schriftstellern widerfahrenen Diktat zu eigen gemacht. Wie sollte es anders sein? Nicht mit geringerem, sondern mit größerem, mit grundsätzlicherem Ernst wollten sie ja die Beugung der Kirche unter die Bibel als Gottes Wort und also deren Autorität als solche verkündigen. Luther forderte schon in seiner Frühzeit *ut omne verbum vocale, per quemcunque dicatur, velut Domino ipse dicente suscipiamus, credamus, cedamus et humiliter subiiciamus nostrum sensum. Sic enim iustificabimur et non aliter* (Komm. zu Röm. 3, 22, 1515/16, Fi. II 89, 31). Und zur selben Stelle (übrigens ausgerechnet unter Berufung auf Jak. 2, 10! Fi. II, 86, 10): *Fides enim consistit in indivisibili, aut ergo tota est et omnia credenda credit aut nulla, si unum non credit.* Luther ist also jedenfalls auch sich selbst nicht etwa untreu geworden, wenn wir ihn am Ende seines Lebens polemisch donnern hören: Darumb heißts, rund und rein gantz und alles geglaubt, oder nichts gegleubt, Der heilige Geist leßt sich nicht trennen noch teilen, das er ein stück solt warhafftig und das ander falsch leren oder gleuben lassen. ... Denn alle Ketzer sind dieser art, das sie erstlich allein an einem Artikel anfahen, darnach müssen sie alle hernach und alle sampt verleugnet sein, gleich wie der Ring, so er eine borsten oder ritz kriegt, taug er gantz und gar nicht mehr. Und wo die Glocke an einem ort berstet, klingt sie auch nichts mehr und ist gantz untüchtig. (Kurzes Bekenntnis vom heil. Sakrament 1544 W. A. 54, 158, 28.) Und so hat sich denn auch Calvin jedenfalls keiner Untreue gegenüber dem reformatorischen Ansatz schuldig gemacht, wenn er von der Heiligen Schrift sagt, ihre Autorität sei erst da erkannt, wo erkannt sei, daß sie *e caelo fluxisse acsi vivae ipsae Dei voces illic exaudirentur* (*Instit.* I 7, 1), wo erkannt sei: *autorem eius esse Deum. Itaque summa Scripturae probatio passim a Dei loquentis persona sumitur* (ib. 7, 4). *Constituimus (non secus acsi ipsius Dei numen illic intueremur) hominum ministerio ab ipsissimo Dei ore ad nos fluxisse* (ib. 7, 5). In Calvins Predigt über 2. Tim. 3, 16 f. (C. R. 54, 283 f.) kehrt die Bezeichnung Gottes als des *autheur* der Heiligen Schrift immer wieder und in seinem Kommentar zu derselben Stelle meinen wir ganz das Echo jener Stimme aus der alten Kirche zu hören, wenn wir lesen: *Hoc principium est, quod religionem nostram ab aliis omnibus discernit, quod scimus Deum nobis loquutum esse, certoque persuasi simus, non ex suo sensu loquutos esse prophetas, sed, ut erant Spiritus sancti organa tantum pro-*

tulisse, quae coelitus mandata fuerunt; quisquis ergo vult in scripturis proficere, hoc secum inprimis constituat, legem et prophetas non esse doctrinam hominum arbitrio proditam, sed a Spiritu sancto dictatam (C. R. 52, 383). — Es ist klar daß die Fragen, die wir angesichts der entsprechenden Sätze Augustins und Gregor des Großen aufgeworfen haben, an sich auch hier aufgeworfen werden könnten. Wir werden aber gleich sehen, daß sie hier in einem Zusammenhang stehen, der sie faktisch ungefährlich macht. Eine mantisch-mechanische ebenso wie eine doketische Auffassung der Bibelinspiration liegen tatsächlich trotz der Verwendung jener Begriffe nicht im Bereich des calvinischen Denkens. Womit freilich nicht darüber entschieden ist, daß diese nicht ebenso wie die Aussagen Luthers später jenen Zusammenhang nicht doch wieder verlieren und aufs neue in das Licht jener Fragen rücken konnten.

2. Die Reformatoren haben wieder eingesehen und ausgesprochen, daß die Inspiration der Bibel als Inspiration durch den Heiligen Geist Gottes darum nicht irgendein Mirakel, darum nicht mit irgendwelcher anderen angeblichen oder wirklichen Inspiration vergleichbar ist, weil sie auf dem Verhältnis der biblischen Zeugen zu dem höchst bestimmten I n h a l t ihres Zeugnisses beruht, weil es recht eigentlich dieser Inhalt ist, der sie inspiriert, d. h. in ihrem Reden und Schreiben des Heiligen Geistes teilhaftig und also ihre Schrift zur Heiligen Schrift gemacht hat. Nicht aus sich selbst, sondern — so hat besonders L u t h e r immer wieder hervorgehoben — von Christus als ihrem Herrn und König her hat die Schrift ihre Klarheit als göttliches Wort und muß sie es auch für uns immer wieder bekommen. Andere haben seltzame gedancken und füren sich von Christo, wollen etwas newes haben, Aber die hl. Schrift wil von nichts anders wissen noch uns fürlegen, denn Christum, Und wer die Schrifft also füret oder durch die Schrifft also zu Christo geführet wird, der bleibt wol und gehet auff richtiger ban. (Pred. üb. 2. Buch Mose 1524 zu Ex. 7, 3, W. A. 16, 113, 22). Von der Auferstehung her empfängt die ganze Schrift ihr Licht: *Quid enim potest in scripturis augustius latere reliquum, postquam fractis signaculis et voluto ab hostio sepulchri lapide, illud summum mysterium proditum est, Christum filium Dei factum hominem, Esse Deum trinum et unum, Christum pro nobis passum et regiturum aeternaliter? . . . Tolle Christum e scripturis, quid amplius in illis invenies?* (*De servo arb.* 1525, W. A. 18, 606, 24). Eben damit wird aber die Lehre von der Bibelinspiration wiederhergestellt als die Lehre von einem unserem Zugriff entzogenen und gerade so wahrhaften und heilsamen göttlichen Geheimnis. Denn: *Deus incomprehensibilis.* Christus ist vnzvverstehen, *quia est Deus.* Er ist vnausgelernt vnd vnbegreiflich, weil wir hie leben (W. A. Ti. 2, 125, 4). Kein Mensch, er sei Apostel oder Prophet, viel weniger ich oder meines Gleichen kann Christum in diesem Leben auslernen, daß er recht wüßte und verstünde, wer und was er wäre. Denn er ist wahrer, ewiger, allmächtiger Got, und hat doch sterbliche Natur an sich genommen, den höhesten Gehorsam und Demuth erzeiget bis in den Tod; daher er selbst spricht: „Ich bin sanftmüthig und von Herzen demütig." Nu kann ich nicht gnugsam ausreden, wie mir zu Sinn und Muth ist, wenn ich recht fröhlich oder traurig bin; wie solt ich denn die hohen Affectus und Bewegungen von Christo ausreden? (W. A. Ti. 6, 65, 36). Es ist festzustellen, daß C a l v i n von dieser rückwärtigen Seite der Sache etwas w e n i g e r deutlich und eindringlich geredet hat als Luther. Immerhin weiß auch er: *hoc animo legendas esse scripturas ut illic inveniamus Christum. Quisquis ab hoc scopo deflectet, utcunque discendo se fatiget tota vita, nunquam ad scientiam veritatis perveniet. Quid enim sapere absque Dei sapientia possumus* (Komm. zu Joh. 5, 39 C. R. 47, 125). Es geht auch nach Calvin der Inspiration der biblischen Schriftsteller als Ausrüstung zum Reden bzw. Schreiben des Wortes Gottes v o r a n eine ihrem Herzen eingetragene *firma certitudo* hinsichtlich der Göttlichkeit der Erfahrungen, auf die hin sie dann redeten und schrieben. *Semper enim Deus indubiam fecit verbo suo fidem.* Es ist klar, daß auch unsere Erkenntnis ihrer Inspiration sich ursprünglich und eigentlich auf diesen Grund, auf dem sie selber standen, begründen muß. (*Instit.* I 6, 2). Es war also die Frage nach dem inspirierten Wort bei den Refor-

matoren als solche immer zugleich die Frage nach der das Wort inspirierenden und regierenden Sache. Es war ihnen gerade die wörtlich inspirierte Bibel durchaus kein offenbartes Orakelbuch, sondern ein von seinem Gegenstand her und auf seinen Gegenstand hin und in Gemäßheit dieses Gegenstandes zu interpretierendes Zeugnis der Offenbarung.

3. Die Reformatoren haben auch nach der anderen Seite den Zusammenhang wieder hergestellt, in welchem die Bibelinspiration verstanden werden muß. Es kann, wie Luther an unzähligen Stellen eingeschärft hat, das durch den Geist eingegebene Schriftwort nur dadurch als Wort Gottes erkannt werden, daß das in ihm geschehene Werk des Geistes wieder geschieht und weitergeht, d. h. auch an seinen Hörern oder Lesern Ereignis wird. Wie wollte Gott anders denn als durch Gott selbst erkannt werden? *Spiritus solus intelligit Scripturas recte et secundum Deum. Alias autem, etsi intelligunt non intelligunt*, (Komm. zu Röm. 7, 1, Fi. II, 165, 25). Was das Wesen des Häretikers ist, läßt sich von hier aus verstehen: *haereticus est, qui scripturas sanctas alio sensu quam Spiritus flagitat, exponit (Ad librum... Ambr. Catharini* 1521, W. A .7, 710, 16). Und hier ist nun der Punkt, an welchem auch Calvin besonders lebhaft wurde. Seine (*Instit.* I, 7, 4 und im Kommentar zu 2. Tim. 3, 16, C. R. 52, 383 entwickelte) Anschauung war diese: Es besteht eine genaue Entsprechung zwischen der Gewißheit, in der das Wort der Apostel und Propheten in sich bzw. für sie selbst Gottes Wort war, und der Gewißheit, in der es als solches auch uns einleuchtet. Hier wie dort kann nur Gott für Gott zeugen: *Deus solus de se idoneus est testis — in suo sermone* zunächst und dann auch *in hominum cordibus*. Und eben dieser dort und hier sich selbst bezeugende Gott ist der Geist: kein anderer hier und dort, sondern hier und dort derselbe Geist; *idem ergo Spiritus, qui per os prophetarum loquutus est, in corda nostra penetret necesse est*. In derselben Kraft, in der das Wort Gottes im Menschenwort der biblischen Schriftsteller wohnt, und in der es von ihm ausgeht, muß es zu uns kommen, d. h. von uns als Gottes Wort erkannt und aufgenommen werden, muß es uns deutlich werden: Gott hat sich der Propheten bedient zu unserer Belehrung (*eorum se ministerio usum esse ad nos docendum*) und sie gaben treulich weiter, was ihnen befohlen war (*fideliter protulisse quod divinitus erat mandatum*). So öffnet und schließt sich der Inspirationsbegriff auch nach dieser Seite. So wenig wir von der Bibelinspiration reden können unter Absehen von dem Majestätsakt der ursprünglichen Inspiration, in welchem der auferstandene Christus die Seinigen seines eignen göttlichen Geistes teilhaftig machte, so wenig können wir es unter Absehen von dem anderen Majestätsakt der uns selbst zuteilwerdenden Inspiration — der doch nur die Fortsetzung jenes ersten ist! — in welchem wir heute und hier aus der Zuschauerstellung gegenüber dem Wort und Werk der biblischen Schriftsteller herausgeholt werden, in welchem die Berufung der Propheten und Apostel durch den Dienst ihres Wortes und Werkes an uns selbst zum Ereignis wird. Denn: *Mutuo quodam nexu Dominus Verbi Spiritusque sui certitudinem inter se copulavit, ut solida Verbi religio animis nostris insidat, ubi affulget Spiritus, qui nos illic Dei faciem contemplari faciat, ut vicissim nullo hallucinationis timore Spiritum amplexemur, ubi illum in sua imagine, hoc est in Verbo, recognoscimus. Ita est sane ... Eundem Spiritum, cuius virtute Verbum administraverat, submisit, qui suum opus efficaci Verbi confirmatione absolveret* (*Instit.* I, 9, 3).

Hält man Luther und Calvin zusammen, so wird man wohl sagen dürfen: der Weg zu jener universalen und bewegten, der Majestät des Wortes Gottes entsprechenden Anschauung von der Inspiration, wie sie uns in der Schrift selber begegnet, ist durch die Reformation aufs neue gebahnt worden. Die Inspirationslehre der Reformatoren ist ein Lobpreis Gottes, und zwar der freien Gnade Gottes. Der Satz, daß die Bibel Gottes Wort ist, ist in ihrem Verständnis keine Einschränkung, sondern die Entfaltung der Erkenntnis von der Souveränität, in der Gottes Wort sich herabgelassen hat, in Jesus Christus für uns Fleisch und im Zeugnis der Propheten und Apostel als der Zeugen seiner Fleischwerdung nun auch menschliches Wort für uns zu werden. In ihrem Mund

und Verständnis ist er der w a h r e Satz über die Bibel, dessen die Kirche niemals entbehren können wird.

Die Zeit nach der Reformation aber hat es zunächst unterlassen, den neugebahnten Weg zum Sinn und Verständnis dieses Satzes nun auch wirklich zu gehen. Und noch etwas später ist dann deutlich erkennbar ein anderer, und zwar ein verkehrter Weg angetreten worden: verkehrt darum, weil er das Geheimnis dieses Satzes zerstörte, weil er auf die L e u g n u n g der Souveränität des Wortes Gottes und damit notwendig des Wortes Gottes selbst hinauslaufen mußte. Man wird hier eine merkwürdige Parallelität nicht genug beachten können: Die in der sog. Orthodoxie anhebende und um 1700 sichtbar werdende Entwicklung des ursprünglichen reformatorischen Protestantismus zum sog. Neuprotestantismus ist bekanntlich gekennzeichnet durch das allmähliche U n s i c h e r w e r d e n der Erkenntnis hinsichtlich der S ü n d e und der R e c h t f e r t i g u n g des Menschen, hinsichtlich des Gerichtes und der Gnade Gottes: ein Unsicherwerden, dem hinsichtlich der Offenbarungsfrage ein erst leises, dann immer offeneres und direkteres Einströmen der n a t ü r l i c h e n T h e o l o g i e sozusagen auf dem Fuße folgte. Eben dieser Entwicklung entsprach nun aber seltsamerweise eine ebenso leise anhebende und ebenso bestimmt sich durchsetzende Versteifung hinsichtlich des Verständnisses der Bibelinspiration. Der streng s u p r a n a t u r a l i s t i s c h e Charakter der Sätze, zu denen man auf dem Wege dieser Versteifung zuletzt kam, ist geeignet, eine o p t i s c h e T ä u s c h u n g hervorzurufen: vor einem Widerspruch meint man ja zunächst zu stehen, wenn man sieht, wie die Orthodoxie hinsichtlich der natürlichen Theologie und heimlich auch hinsichtlich der Gnadenlehre immer laxer und hinsichtlich der Bibelinspiration immer strenger wurde. In Wirklichkeit hängt beides aufs genaueste zusammen: Es war gerade auch das allmählich sich durchsetzende neue Verständnis der Bibelinspiration nur ein Exponent, und zwar gerade um seines in der Tat höchst supranaturalistischen Charakters willen vielleicht der bedeutungsvollste Exponent des großen S ä k u l a r i s i e r u n g s p r o z e s s e s, in den der Protestantismus nach der Reformation zunächst eintrat. Bedeutete dieses neue Verständnis der Bibelinspiration doch nichts anderes, als daß der Satz, daß die Bibel Gottes Wort ist, jetzt (in den Spuren der bedenklichen Ansätze, wie sie schon in der alten Kirche begegnet sind) aus einem Satz über Gottes freie Gnade zu einem Satz über die N a t u r der der Einsicht des Menschen unterbreiteten und seiner Verfügung anheimgestellten B i b e l verwandelt wurde. Es wurde die B i b e l als Gottes Wort unter der Hand gewissermaßen selbst zu einem Element n a t ü r l i c h e r, d. h. vom Menschen ohne Gottes freie Gnade, kraft eigenen Vermögens, in direkter Einsicht und Vergewisserung zu vollziehender G o t t e s e r k e n n t n i s. Daß die höchst supranaturalistische Form, in der sich dieser Fortschritt vollzog, wirklich nur die Form war, nach der man griff, weil man eine bessere zunächst noch nicht hatte, das beweist die Eile, mit der man sich ihrer, kaum daß man sich darauf festgelegt hatte, alsbald auch wieder entledigen konnte. Die Aufklärung und die ganze ihr folgende „geschichtliche" Betrachtung und Behandlung der Bibel, d. h. die ganze nun einsetzende Umdeutung des Charakters der Bibel als Wort Gottes in den einer höchst relevanten geschichtlichen Urkunde brachte doch nur an den Tag, was, verborgen unter jener supranaturalistischen Form, schon die Hochorthodoxie gewollt und erreicht hatte: das Verständnis und den Gebrauch der Bibel als eines der freien Gnade Gottes entwundenen und in die Hände des Menschen gelegten Instrumentes. Wenn es heute darum gehen sollte, wieder zu dem anderen besseren Verständnis der Bibel zurückzukehren, auf das wir durch die Reformatoren und zuerst und noch mehr durch die Bibel selbst aufmerksam gemacht sind, dann wird es sich also gerade n i c h t darum handeln können, im Gegensatz zur Aufklärung und der ihr folgenden Entwicklung d i e I n s p i r a t i o n s l e h r e d e r H o c h o r t h o d o x i e z u e r n e u e r n! Es wird dann vielmehr schon der Fehler dieser Orthodoxie — der um so gefährlicher ist, weil er vermöge seiner supranaturalistischen Gestalt wie ein Vorzug aussehen kann — sorgfältig und konsequent zu vermeiden sein. Anders als in dieser Wurzel läßt sich nämlich das später zum Ausbruch gekommene Übel nicht wirklich angreifen.

2. Die Schrift als Gottes Wort

Wir vergegenwärtigen uns kurz die geschichtlichen Tatsachen. — Studiert man die Lehre *De Scriptura sacra* in den Bekenntnisschriften des 16. Jahrhunderts und in den Werken der älteren protestantischen Lehrer, so stößt man an unserer Stelle, d. h. bei der Frage: warum und inwiefern die Bibel Gottes Wort sei? zunächst fast durchgängig auf die allgemeinen Aussagen, die uns auch bei den Reformatoren begegnen: Gott bzw. der Heilige Geist ist ihr *autor primarius*, ihr Inhalt ist den Propheten und Aposteln „eingegeben" (so *Conf. helv. prior* 1536 Art. 1); sie ist durch göttlichen „Impuls" *mandata, inspirata, dictata* usw. Nur daß eine mindestens zweideutige Redensart jetzt üblich zu werden beginnt: die Propheten und Apostel seien bei der Abfassung ihrer Schriften als *amanuenses* (W. Bucan, *Instit. theol.* 1602 L IV 2; *Conf. Bohem.* 1609 I 2) oder als *librarii* (A. Hyperius, *De theol.* 1582 II 10) oder als *actuarii* (*Syn. pur. Theol.* Leiden 1624 *Disp.* 2, 3) tätig gewesen. Ist das noch im selben Sinn zu verstehen, wie wenn Calvin (Pred. üb. 1. Tim. 4, 1 f. C. R. 53, 338) sie als *ministres* bezeichnet hatte? Oder sind wir hier schon auf dem Rückweg zu der Vorstellung, wonach sie bloße Flöten am Munde des Heiligen Geistes gewesen wären? Sicher ist, daß der ganze Blickpunkt der Lehre sich jetzt wieder merklich verengert auf das besondere Problem der Bibelinspiration, daß jetzt von der Göttlichkeit der Bibel bereits wieder ohne jene Bezugnahmen nach rückwärts und vorwärts geredet werden kann, daß auch das *testimonium Spiritus sancti internum*, von dem man freilich die entscheidende Erkenntnis in dieser Sache nach wie vor erwartet, entweder von dem in der Schrift selbst lebendigen Geisteszeugnis merkwürdig — als wäre es ein anderes und zweites — abgerückt oder aber in eine ebenso merkwürdige Nähe zu allerhand anderen überzeugenden Eigenschaften der Bibel gerückt wird. Gewiß fehlt es auch in dieser Zeit nicht an blitzartig auftauchenden Lichtern, in welchen man noch zu erkennen meint, wohin der Weg eigentlich hätte gehen können und sollen. Noch will z. B. die Leidener Synopse (Disp. 3, 7) daran festhalten, daß die biblischen Schriftsteller sich wenigstens teilweise nicht passiv, sondern aktiv verhalten hätten: *commentantium et autorum rationem habuerunt*. Noch liest man in demselben Werk (*Disp.* 2, 33): *Scriptura ... non nisi a Deo, qui eam dedit et a propria sua luce, quam ei indidit, pendere potest*. Noch unterscheidet Abr. Heidan (*Corp. Theol. christ.* 1636 *L* I S. 24 f.) sehr schön die *vis persuadendi verbi intrinseca et nativa a Dei verbo indita* und die *testificatio et obsignatio Spiritus in cordibus fidelium*, um dann von der letzteren zu sagen: *hoc testimonium non est citra aut extra verbum quaerendum, in immediatis afflatibus et raptibus, sed in et cum scriptura est coniunctissimum, ita ut una numero sit actio Verbi ei Spiritus sancti. Ut non sit aliud quam illuminatio intellectus, qua capax redditur ad intelligendum et persuadetur*. Das Verlangen nach Sicherheit, wie man ihrer im Kampf gegen Rom und die Spiritualisten, aber auch in der Auseinandersetzung zwischen Lutheranern und Reformierten und vor allem in der positiven kirchlichen Verkündigung mit Recht zu bedürfen meinte, hätte wohl auch und besser auf diesen Linien und auf denen des reformatorischen Inspirationsbegriffes befriedigt werden können. Aber immer deutlicher und bestimmter suchte und fand man jetzt eine ganz andere als die geistliche Sicherheit, mit der man sich auf diesen Linien hätte zufrieden geben, die man auf diesen Linien als die einzige, aber auch als die wirkliche Sicherheit hätte erkennen müssen. Man wollte eine greifbare und nicht eine geschenkte und wieder zu schenkende, man wollte menschliche und nicht göttliche Sicherheit, eine Sicherheit des Werks und nicht allein des Glaubens. Im Zeichen dieser Verschiebung entstand die Inspirationslehre der Hochorthodoxie des 17. Jahrhunderts. Wenn die biblischen Schriftsteller bisher immerhin noch *amanuenses* gewesen waren, so wurden sie jetzt zu bloßen *manus Dei*, ja zu *calami viventes et scribentes* (Abr. Calov *Syst. Loc. theol.* I 1655, S. 453, 551, 556). Auch der Flötenspieler des Athenagoras taucht jetzt in der Tat wieder auf (H. Heidegger, *Corp. Theol.* 1700 II 34 zit. nach A. Schweizer, Glaubenslehre der ev.-ref. Kirche 1844 I. Bd. S. 202). Hatte man sich bis jetzt mit dem allgemeinen Satz von Gott als dem *auctor primarius* der heiligen Schrift und mit der allgemeinen

Vorstellung des „Diktats" begnügt, so formulierte man jetzt mit juristischer Genauigkeit das, was man die „extensive Autorität" der heiligen Schrift nannte (Gisbert Voetius, *Sel. Disp. theol.* 1648 I S. 29). *Tenendum est, Spiritum sanctum immediate et extraordinario dictasse omnia scribenda et scripta, tum res, tum verba, tum quae antea ignorabant aut recordari non poterant scriptores, quam quae probe noverant, tum historica seu particularia, tum dogmatica universalia theoretica et practica, sive visu, sive auditu, sive lectione, sive meditatione ea didicissent* (*ib.* S. 32). Und nicht erst die Helvetische Consensformel von 1675 (*can.* 2), sondern schon Polanus (*Synt. Theol. chr.* 1609 S. 486) und wieder G. Voetius (*ib.* S. 33) haben diese Bestimmung ausdrücklich auch auf die Vokalzeichen — und es hat sie, was von den Späteren allerdings meist abgelehnt wurde, Polanus (S. 479 f.) sogar auf das *Keri* des hebräischen Textes ausgedehnt. Die Schriften des Neuen Testamentes sind ihren Verfassern nach G. Voetius (S. 44) nicht etwa in ihrer aramäischen oder syrischen Muttersprache, sondern in hellenistischem Griechisch inspiriert worden. Es haben die biblischen Schriftsteller auch die Dinge, um die sie auf Grund eigener Erfahrung, Überlegung und Beurteilung auch sonst wußten, nicht auf Grund dieses ihres menschlichen Wissens, sondern auf Grund göttlicher Inspiration niedergeschrieben (S. 46). Sie bedurften zur Abfassung ihrer Schriften keiner vorangehenden *studia, inquisitiones et praemeditationes* (S. 47). Inspiriert ist auch jener Gruß des Tertius Röm. 16, 22 (S. 46) und selbstverständlich auch ein Wort wie das von dem in Troas gelassenen Mantel des Paulus 2.Tim. 4, 13 (Calov, S. 560). Indem Gott sein Wort einem Propheten in den Mund legt, ist es wie Calov (S. 565) ausdrücklich feststellt, nicht des Propheten, sondern Gottes eigenes Wort, *in quibus nihil humani sit praeter organum oris*. Die heiligen Schriftsteller hatten nicht die Freiheit, etwas Anderes als das — und etwas anders als so, wie es ihnen vom Heiligen Geist diktiert wurde, niederzuschreiben (S. 565 u. 570). Es ist auch dies, daß sie offenbar ein jeder in seiner Sprache und in der seiner Zeit geschrieben haben, nur auf eine besondere Kondeszendenz des Heiligen Geistes, nicht aber auf ihre menschliche Mitwirkung zurückzuführen (S. 575). Fragt man aber, warum dies Alles nun auf einmal mit dieser fast grausamen Pedanterie ausgesprochen und allen möglichen Abschwächungen gegenüber ausdrücklich festgelegt werden mußte, dann stoßen wir immer wieder auf das Postulat: die heilige Schrift muß uns sein: eine *divina et infallibilis historia*. Wahrheit muß über sie als Ganzes und in allen ihren Einzelheiten ausgebreitet sein (*infallibilis et θεόπνευστος veritas per omnes et singulas eius partes diffusa est*, Voetius S. 31) Schon Polan hat die Inspiration der hebräischen Vokalzeichen damit begründet: *quia si a Massoritis demum vera lectio et pronuntiatio prophetarum esset ostensa, essemus aedificati super fundamentum Massoritarum et non super fundamentum prophetarum* (S. 487). *Nullus error vel in leviculis, nullus memoriae lapsus, nedum mendacium ullum locum habere potest in universa sancta scriptura* (Calov, S. 551). Fände sich auch nur der kleinste Irrtum in der Bibel, dann wäre sie ja nicht mehr ganz Gottes Wort, dann wäre es um die Unverbrüchlichkeit ihrer Autorität geschehen (S. 552), ebenso wenn auch nur ein kleinster ihrer Teile aus menschlichem Wissen, Überlegen und Erkennen stammte (S. 555). „Alle Schrift von Gott eingegeben..." heißt es 2. Tim. 3,16, also darf sich kein Wörtlein in ihr finden, das nicht von Gott eingegeben und also irrtumsfreie Wahrheit wäre (S. 563). Wäre es anders, so gäbe es weder für die Theologie noch für den Glauben Gewißheit, keine Gewißheit der Gnade und der Sündenvergebung, keine Gewißheit von der Existenz und von der Gottessohnschaft Jesu Christi. *Quid vero inde, nisi merus Pyrrhonismus, mera* σκεπτική *et academica dubitatio, immo merus atheismus?* Gott selbst würde, indem er dann nicht besser für seine Offenbarung gesorgt hatte, die Ursache des menschlichen Unglaubens sein. *Principium debet esse certum, indubitatum, infallibile* (S. 579). *Si enim unicus scripturae versiculus, cessante immediato Spiritus sancti influxu, conscriptus est, promptum erit satanae, idem de toto capite, de integro libro, de universo denique codice biblico excipere et per consequens omnem scripturae autoritatem elevare* (Quenstedt, *Theol. did. pol.* 1685 I c 4 sect. 2

qu. 3 beb. 7). *Si verba singula non fuissent scriptoribus sacris suggesta per* θεοπνευστίαν, *scriptura sacra non proprie, non absolute et simpliciter . . . esset dicique posset* θεόπνευστος (Hollaz, *Ex. Theol. accroam.* 1707 Prol. 2, 27). H. Cremer (PRE³ 9, 192) hat wohl recht: „Diese Inspirationslehre war ein schlechthinniges Novum." Sie war es aber nicht wegen ihres Inhalts, der ja nur eine Durchführung und Systematisierung von Sätzen bedeutete, die man in der Kirche von den ersten Jahrhunderten an längst gehört hatte, sondern in der Intention, die hinter dieser Durchführung und Systematisierung stand. Diese Sätze waren, wie wir sahen, von jeher nicht ohne Zweideutigkeit, nicht außerhalb der Gefahr einer doketischen Auflösung oder einer mantisch-mechanischen Verdinglichung des Begriffs des biblischen Offenbarungszeugnisses gewesen. Es ist klar, daß die „moderne" Inspirationslehre des 17. Jahrhunderts mit ihrer Durchführung und Systematisierung dieser Sätze jene Gefahr noch vergrößerte. Es würde aber keinen Sinn haben, sie von dieser Seite aus angreifen zu wollen: wir sahen ja am Beispiel der Reformatoren, daß jene Sätze als solche, wenn sie nur im rechten Zusammenhang nach rückwärts und vorwärts standen, faktisch auch außerhalb jener Gefahr ausgesprochen werden konnten; wie denn überhaupt bloße „Gefahren" einer Lehre noch nicht dazu berechtigen, sie als Irrlehre zu bezeichnen. Und erst recht würde es keinen Sinn haben, die Inspirationslehre des 17. Jahrhunderts, mit den Wölfen des 18. und 19. Jahrhunderts heulend, wegen ihres zugespitzten Supranaturalismus angreifen zu wollen. Angreifen muß man sie vielmehr deshalb, weil ihr Supranaturalismus nicht grundsätzlich genug, ihre Intention schließlich ein einziges, in seiner Weise höchst „naturalistisches" Postulat war: die Bibel muß uns eine *divina et infallibilis historia* bieten; sie darf in keinem Vers menschlichen Irrtum enthalten; sie muß in allen ihren Teilen, in ihrem ganzen uns vorliegenden Bestand ihrer Worte und Buchstaben feststellbare und griffbereite göttliche Wahrheit aussprechen; sie muß uns in der Form menschlicher Worte das Wort Gottes so sagen, daß wir es ohne weiteres, in derselben Selbstverständlichkeit und Direktheit als solches hören und lesen können, wie wir sonst menschliche Worte hören und lesen; sie muß ein Kodex von Axiomen sein, die sich als solche mit der gleichen formalen Dignität neben denen der Philosophie und der Mathematik sehen lassen können. Die Profanität dieses Postulats verrät sich deutlich genug darin, daß man dem lieben Gott für den Fall seiner Nichterfüllung ungeniert genug Vorwürfe zu machen, ihm mit Mißtrauen, Skeptizismus und Atheismus drohen zu dürfen glaubte — eine Drohung, die dann durch die nächsten Generationen, als man sich überzeugen mußte, daß dieses Postulat unerfüllbar war, ebenso ungeniert wahr gemacht wurde. Um dieser nicht nur als Gefahr drohenden, sondern offen vorliegenden Profanität willen muß man die Inspirationslehre des 17. Jahrhunderts als Irrlehre angreifen und ablehnen. Ihre Durchführung und Systematisierung der überlieferten Sätze über die göttliche Autorschaft der Bibel bedeutete eine Vergegenwärtigung des Wortes Gottes unter Streichung der Erkenntnis, daß dessen Vergegenwärtigung nur seine eigene Entscheidung und Tat sein und daß unser Teil an ihr nur in der Erinnerung und Erwartung seiner ewigen Gegenwart bestehen kann. In dieser eigenmächtigen, weil trotzig postulierten und behaupteten Vergegenwärtigung konnte das Wort Gottes nicht mehr das Wort Gottes sein und darum auch nicht mehr als solches erkannt werden. Ohne das Geheimnis Christi und ohne das Geheimnis des Heiligen Geistes in sich selbst feststehend, ein „papierener Papst", der nun doch, im Unterschied zu dem immerhin lebendigen Papst in Rom, gänzlich in die Hand seiner Ausleger gegeben war, keine freie, keine geistliche Macht, sondern ein Instrument menschlicher Macht — in dieser Gestalt war die Bibel den heiligen Büchern anderer Religionen, von denen ja längst Entsprechendes behauptet worden war, allzu ähnlich geworden, als daß die Überlegenheit ihres Anspruchs ihnen und überhaupt den vielen Erfindungen des menschlichen Geistes gegenüber noch hätte zur Geltung kommen können. Hinter welchem Produkt menschlicher Erfindung stünde schließlich nicht derselbe Infallibilitätsanspruch? Welches könnte nicht in ähnlicher Weise damit umkleidet werden? Gerade dem geschichtlichen Relativismus, dem man, indem man die Autorität der Bibel in dieser Weise festlegen wollte, zu wehren gedachte, hat man eben damit Tür und Tor geöffnet, durch welche in die Theologie und in die Kirche einzuziehen er denn auch keinen Augenblick gezögert hat. Daß die Inspirationslehre des 17. Jahrhunderts inhaltlich Dinge behauptete, die sich gegenüber einer ernsthaften Lesung und Auslegung dessen, was die Bibel selber von sich selber sagt, und gegenüber einer ehrlichen Kenntnisnahme der Tatsachen ihrer Entstehung und Überlieferung nicht halten ließen, m. a. W.: daß jenes Postulat, auf dessen Karte man im 17. Jahrhundert alles gesetzt hatte, sich als unerfüllbar erwies — das ist w i c h t i g , aber schließlich doch nur sekundär wichtig, weil immerhin diskutabel. W i c h t i g e r ist die theologiegeschichtliche Tatsache, daß diese Lehre, nachdem sie einmal auf den Plan getreten war, zwar nur kurze Zeit in einer Art von Glaubwürdigkeit, wohl aber für längste Zeiten und zum Teil noch bis in die Gegenwart hinein als t h e o l o g i s c h e r K i n d e r s c h r e c k , als die in ihrer Konsequenz angeblich unvermeidliche Interpretation des Satzes, daß die Bibel Gottes Wort ist, sich durchgesetzt und ganzen Generationen und unzähligen Einzelnen unter den Theologen und in der Gemeinde den Blick für den wirklichen, den geistlichen, den biblischen und reformatorischen Sinn jenes Satzes verbaut hat, indem er sie veranlaßte, um nur nicht mit Voetius und Calov gehen zu müssen, lieber gleich auch an Luther und Calvin und vor allem auch an Paulus vorüberzugehen. E n t s c h e i d e n d aber ist dies: diese Inspirationslehre hat es mit sich gebracht, daß der Blick auf die Bibel, der bei den Reformatoren, indem er wirklich und streng der Blick auf die Bibel war und blieb, sofort zum Blick auf Christus hier und den Heiligen Geist dort und damit zum Blick auf Gottes Souveränität und freie Gnade wurde, sich nun für lange Zeiten und für große Teile der evangelischen Kirchen einschränkte auf die biblischen Dokumente a l s s o l c h e und in ihrer historisch-literarischen G e g e b e n h e i t , von der jene Inspirationslehre so wunderbare Dinge behauptet hatte. Folgte man ihr nicht mehr in diesen Behauptungen — und nicht das war schlimm, daß man das nicht mehr tat, das war vielmehr recht und unvermeidlich — so folgte man ihr doch um so intensiver und hartnäckiger in dieser Einengung des Gesichtspunktes. Eine neue Erweiterung des Gesichtspunktes war es nämlich wirklich nicht, als man nun die Bibel als Dokument einer bestimmten G e s c h i c h t e und den sogen. Geist der Bibel als Geist dieser bestimmten Geschichte zu interpretieren begann, wie es nacheinander in verschiedener Weise die Rationalisten des 18. Jahrhunderts, Herder, Schleiermacher, und die konservativen und liberalen Schulen des 19. Jahrhunderts bis auf Ritschl und die Religionsgeschichtler versucht haben. Allerlei scheinbar und wirklich konkretere Anschauungen der menschlichen Gestalt der Bibel sind auf diesen Wegen zweifellos gewonnen worden. Aber wenn man sich jetzt einredete, in der historisch-literarisch zu erforschenden Geschichte, deren Quellen man in der Bibel in der Hand zu haben meinte, das Wort Gottes zu erkennen, so war man zwar dem Doketismus der Alten, die sich vor der Menschlichkeit der Schrift die Augen zuhalten wollten, entronnen, aber doch nur, indem man so schwerer einem komplementären Ebionitismus verfiel. Und eine höhere M a n t i k dürfte doch wohl tatsächlich auch mit dem Geheimnis des nun einsetzenden Kultes des ,,Gottes in der Geschichte" getrieben worden sein! Sicher ist dies, daß der Ausblick auf den Zusammenhang des Wortes Gottes in der Bibel mit dem Werk Jesu Christi f ü r u n s und mit dem Werk des Heiligen Geistes a n u n s , der durch die Inspirationslehre des 17. Jahrhunderts versperrt worden war, jetzt, nachdem man diese aus sekundären Gründen nicht mehr aufrechterhalten konnte, ohne sich doch von ihrer Verengerung des Gesichtspunktes frei machen zu können, hermetisch verschlossen war. Die Erkenntnis der f r e i e n G n a d e Gottes als der Einheit von Schrift und Offenbarung war verloren gegangen. Kein Wunder, daß, als die Sonne d i e s e n Verlust an den Tag gebracht hatte, auch die Erkenntnis jener Einheit überhaupt verlorenging. Kein Wunder, daß man des Satzes, daß die Bibel Gottes Wort ist, jetzt als eines ,,unwahrhaftigen" Satzes überdrüssig wurde. Kraft der glücklichen Inkonsequenz, die zu allen Zeiten das Beste in der Kirchengeschichte gewesen ist, hat dieser Satz trotzdem weitergelebt und mit ihm die evangelische Kirche.

2. Die Schrift als Gottes Wort

Ohne seine offene oder heimliche Geltung hätte sie ja wahrlich keinen Augenblick weiterleben können. Aber das steht in einem anderen Buch. Von der Geschichte der Inspirationslehre als solcher muß doch wohl gesagt werden, daß sie in der evangelischen Kirche zunächst damit endigte, daß dieser Satz nicht mehr verständlich war, wie sie denn nach einem verheißungsvollen Anfang überhaupt eine Geschichte von Unglücksfällen gewesen ist.

Wir versuchen es nun noch, belehrt durch den Blick auf die Wege, die dabei zu gehen und zu vermeiden sein werden, thetisch klarzustellen, was von der Inspiration, von der „Gottgeistlichkeit" der Bibel und also von dem Satz, daß die Bibel Gottes Wort ist, im Besonderen vom Begriff des Wortes her zu halten ist.

1. Wer „Wort Gottes" sagt, der sagt Wort Gottes, der redet also von einem menschlicher Verfügung und menschlicher Voraussicht entzogenen Sein und Geschehen. Daß wir um dieses Sein und Geschehen wissen, das berechtigt uns nicht, von ihm zu denken und zu reden, als wäre es nun doch unserer Verfügung und Voraussicht unterstellt. Eben um seine uns nicht verfügbare und von uns nicht vorauszusehende Göttlichkeit wissen wir, wenn wir um dieses Wort wissen, wenn wir also wissen, was wir sagen, wenn wir sagen, daß die Bibel Gottes Wort ist. Daß wir die Bibel als Gottes Wort haben, das berechtigt uns nicht, den Satz, daß die Bibel Gottes Wort ist, aus einem Satz über Gottes Sein und Walten in der Bibel und durch die Bibel in einen Satz über die Bibel als solche umzudeuten. Eben indem wir die Bibel als Gottes Wort haben, eben indem wir ihr Zeugnis annehmen, werden wir ja aufgerufen, des Herrn der Bibel zu gedenken und ihm selber die Ehre zu geben. Das wäre gerade nicht Bibeltreue, gerade nicht Dankbarkeit für das in ihr geschenkte und wieder zu schenkende Wort Gottes, wenn wir uns nicht durch sie die Ohren öffnen lassen wollten für das, was nicht sie, sondern er, Gott selbst, uns als sein Wort in ihr und durch sie zu sagen hat. Mit der Anerkennung und Anbetung der Souveränität dessen, dessen Wort die Bibel ist, wird also die Erkenntnis ihrer Inspiration, ihres Charakters als Gottes Wort immer wieder anfangen müssen.

2. Wer „Wort Gottes" sagt, der sagt Werk Gottes, der betrachtet also nicht einen Zustand oder Sachverhalt, sondern der blickt hin auf ein Geschehen, und zwar auf ein ihn angehendes Geschehen, und zwar auf ein solches, das ein Handeln Gottes, und zwar ein auf freier Entscheidung beruhendes freies Handeln Gottes ist. Daß Gottes Wort von Ewigkeit und in Ewigkeit ist, das erlaubt uns nicht, mit ihm umzugehen, als wäre es für uns in der Zeit lebende Menschen nicht das Ereignis seiner Gegenwart, seiner Gemeinschaft mit uns, seiner Verheißung unseres eigenen ewigen Lebens. Eben der Ewigkeit seines Wesens entspricht in seiner Offenbarung für uns notwendig dies, daß es für uns und an uns nicht sowohl da ist wie das, was nicht Gottes Wort ist, da ist, sondern

geschieht, und zwar geschieht so wie nichts anderes geschieht: als ein Neues gegenüber allem, was wir waren, sind und sein werden, ja gegenüber Allem, was die ganze Welt war, ist und sein wird. Auch daß die Bibel da ist als Gottes Wort erlaubt uns keine andere Ansicht; gerade sie gebietet uns vielmehr diese Ansicht. An die ein für allemal geschehene Tat Gottes erinnert sie uns ja. Geht uns diese Erinnerung an, ist die Bibel also wirklich da für uns, dann können wir das Wort Gottes, das sie uns sagt, unmöglich anders als die nunmehr auch von uns zu erwartende Tat Gottes verstehen. Unsere Erkenntnis ihres Charakters als Gottes Wort und also ihrer Inspiration wird dann darin bestehen, daß wir dem in ihr verheißenen Worte Gottes bereitwillig entgegengehen: bereitwillig, uns das Neue gefallen zu lassen, das, wenn wir es hören werden, in unserem Leben und im Leben der ganzen Welt Ereignis werden wird.

3. Wer „Wort Gottes" sagt, der sagt Wunder Gottes, der hält also das Neue, mit dem er es im Worte Gottes zu tun bekommt, nicht heimlich doch wieder für ein Altes, d. h. für gebunden an die Voraussetzungen und Gesetze, an die Gewohnheiten und Überlieferungen des sonstigen Geschehens in seinem Leben und im Leben seiner Welt. Er rechnet damit, daß das Ereignis des Wortes Gottes nicht eine Fortsetzung, sondern das Ende alles dessen sein wird, was er sonst als Ereignis kennt. Er rechnet mit dem Anfang einer neuen Reihe von Ereignissen. Wieder wird ihm die an sich so gar nicht wunderbare Gegebenheit der Bibel als Gottes Wort, ihre Existenz inmitten der übrigen Gegebenheiten unseres Kosmos nicht zu einer anderen Sicht, sondern gerade sie selbst wird ihn zu dieser Sicht veranlassen. Redet sie doch, indem sie von der Tat Gottes in Jesus Christus redet, selber von Gottes Gnade als von einer im Zusammenhang der uns bekannten menschlichen Existenz unableitbaren und unbegreiflichen, von der ein Ende aller sonstigen Ereignisse setzenden und eine neue Reihe von Ereignissen eröffnenden Wirklichkeit. Daß Gottes Wort so gar nicht zu unserer Verfügung und so gar nicht in unserer Voraussicht steht, das ist darin begründet, daß sein Inhalt — aber nicht nur sein Inhalt, sondern schon seine Wirklichkeit als solche — Gottes Gnade ist, die wir nicht verdient haben, auf deren Ereigniswerden wir keinen Anspruch und über deren Ereigniswerden wir auch keine Macht haben, die wir uns nur gefallen lassen können daraufhin, daß Gott es sich gefallen läßt, uns gnädig zu sein. Lassen wir uns dies und eben damit Gottes Wort durch die Bibel sagen, wie sollten wir dann diesem Worte Gottes in der Bibel anders denn als einem Wunder entgegensehen? Wie sollten wir dann den Charakter der Bibel als Gottes Wort noch anders, noch besser kennzeichnen, wie sollten wir ihr dann noch eine höhere Würde und Autorität zuschreiben als die, daß wir in ihr die Stätte sehen, an welcher wir das Wunder des Wortes Gottes zu erwarten haben? Kein Wort über sie wird zu hoch sein, sofern es eine

Beschreibung dieses Wunders und ein Bekenntnis zu seiner Wahrheit sein wird. Es würde aber jedes noch so fromme, noch so hochgegriffene Wort, das dieses Wunder eliminieren, das das Wort Gottes in der Bibel zu einem Stück höherer Natur, zu einer wunderbaren Eigenschaft eines Stücks unseres alten Wesens machen, das die Bibel als Gottes Wort in den Bereich unserer eigenen Macht bringen würde, ihre wirkliche Würde und Autorität gerade zerstören, den Satz, daß sie Gottes Wort ist, gerade leugnen.

4. Reden wir aber von einem Wunder, wenn wir sagen, daß die Bibel Gottes Wort ist, dann dürfen wir die Menschlichkeit ihrer Gestalt und die Möglichkeit des Anstoßes, den man an ihr nehmen kann, weder direkt noch indirekt in Abrede stellen. Es würde der Versuch dazu gleichbedeutend sein mit dem Versuch, uns bei der Exegese des Neuen Testaments dadurch ein Verständnis der dort erzählten Wunder zu verschaffen, daß wir uns einreden würden, die nach diesen Erzählungen geheilten Kranken möchten gar nicht so ernstlich krank, es möchte wohl auch der am dritten Tage auferstandene Jesus am Kreuz gar nicht wirklich gestorben sein. So gewiß Jesus am Kreuz, so gewiß Lazarus Joh. 11 wirklich gestorben ist, so gewiß jene Lahmen lahm, jene Blinden blind, jene Hungrigen bei der Speisung der Fünftausend wirklich hungrig waren, so gewiß das Meer, auf dem Jesus ging, wirkliches klaftertiefes Meer war — so gewiß waren die Propheten und Apostel auch als solche, auch in ihrem Amt, auch in ihrer Funktion als Zeugen, auch im Akt der Niederschrift ihres Zeugnisses wirkliche, geschichtliche und also in ihrem Tun sündige und in ihrem gesprochenen und geschriebenen Wort irrtumsfähige und tatsächlich irrende Menschen wie wir Alle. Geschah an ihnen das Wunder, daß sie berufen wurden zu Zeugen der Auferstehung und daß sie den Heiligen Geist empfingen, so geschah dieses Wunder an ihnen selbst und also an ihnen im vollen Gebrauch ihrer menschlichen Freiheit, ohne Aufhebung der Schranken, die eben damit für sie wie für uns alle gesetzt waren. Es bedeutet ihre Existenz als Zeugen, wie sie in der Heiligen Schrift vor unseren Augen und Ohren Ereignis ist, gerade die Existenz wirklicher (und also keineswegs durch die Existenz Gottes verdrängter und auch keineswegs durch irgendeine Magie im Vollzug ihrer Existenz gehemmter) Menschen, die uns als solche: im vollen Gebrauch ihrer Freiheit und innerhalb der damit gesetzten Schranken Gottes Wort zu sagen haben. Daß die Lahmen gehen, die Blinden sehen, die Toten auferstehen, daß sündige und irrende Menschen als solche das Wort Gottes sagen, das ist das Wunder, von dem wir reden, wenn wir sagen, daß die Bibel Gottes Wort ist. Es gehört also zur Erkenntnis dieses Satzes die Anerkennung, daß seine Wahrheit in der durch die Kraft des Wortes Gottes Ereignis werdenden Aufhebung eines jeden Augenblick und auf der ganzen Linie gegebenen Anstoßes besteht. Dieser An-

stoß ist wie der Anstoß des Kreuzes Christi darin begründet, daß das Wort Gottes Fleisch ward und darum mitten im Fleisch seine Kirche begründet hat, beruft, sammelt, erleuchtet und heiligt bis auf diesen Tag. Dieser Anstoß ist also ebenso wie seine Überwindung in der Barmherzigkeit Gottes begründet. Eben darum darf er nicht geleugnet, eben darum kann er auch nicht von uns beseitigt werden. Eben darum ist jede Umdeutung des Wortes Gottes in ein unfehlbares biblisches Menschenwort oder jede Umdeutung des biblischen Menschenwortes in ein unfehlbares Gotteswort eine Auflehnung gegen das, wogegen man sich unter keinen Umständen auflehnen dürfte, nämlich gegen die Wahrheit des Wunders, daß hier fehlbare Menschen in fehlbaren Menschenworten Gottes Wort sagen — und damit eine Auflehnung gegen die Souveränität der Gnade, in welcher Gott selber in Christus Mensch wurde, um sich selber in seiner Menschheit zu verherrlichen. Wer sich zu diesem harten Gedanken nicht entschließen kann, der sehe wohl zu, ob er sich nicht gerade gegen das Tröstliche verschließt, das uns durch die Existenz der Bibel als solcher gesagt ist. Und wer hier einen vermeintlich strengeren Begriff von der Würde und Autorität der Bibel geltend machen möchte, der sehe wohl zu, ob er nicht unterwegs ist, sich gerade der Strenge ihrer wirklichen Würde und Autorität zu entziehen. Sind die Propheten und Apostel keine wirklichen und also fehlbaren, auch in ihrem Amt, auch wenn sie von Gottes Offenbarung reden und schreiben, fehlbaren Menschen, dann ist es kein Wunder, daß sie Gottes Wort reden. Ist es aber kein Wunder, wie soll es dann Gottes Wort sein, was sie reden, wie soll dann ihr Reden und unser Hören ihrer menschlichen Worte als das Wort Gottes den Charakter von Offenbarung haben? Wir stellen also dem trotzigen Postulat, sie dürften, wenn ihr Wort Gottes Wort sein sollte, in keinem Wort gefehlt haben, noch trotziger die Feststellung gegenüber: Nach dem Zeugnis der Schrift vom Menschen, das auch von ihnen gilt, konnten sie in jedem Wort fehlen und haben sie auch in jedem Wort gefehlt, und nach demselben Zeugnis der Schrift haben sie, gerechtfertigt und geheiligt allein durch Gnade, eben mit diesem ihrem *fehlbaren* und *fehlenden* Menschenwort Gottes Wort geredet. Daß wir in der Bibel dieses wirklichen Wunders, des Wunders der Gnade Gottes an Sündern, teilhaftig werden, das und nicht das müßige Mirakel von Menschenworten, die gar keine wirklichen Menschenworte gewesen wären, begründet die Würde und Autorität der Bibel.

5. Ist es nun aber ernst mit dem Ereignischarakter dieses Wunders, dann können wir die Gegenwart des Wortes Gottes in der Bibel nicht als eine diesem Buch als solchem und in seinem uns vorliegenden Bestand von Büchern, Kapiteln und Versen nun einmal inhärierende Eigenschaft ansehen. Vom Buch als solchem in seinem uns vorliegenden Bestand können wir nur sagen: Wir erinnern uns, da und dort in diesem Buch das

Wort Gottes gehört zu haben; wir erinnern uns, in und mit der Kirche, daß das Wort Gottes auch schon in diesem ganzen Buch, in allen seinen Bestandteilen gehört worden ist; und daraufhin erwarten wir, das Wort Gottes in diesem Buch wiederzuhören, es selber auch da zu hören, wo wir es wohl bisher für unsere Person noch nicht gehört haben. Die Gegenwart des Wortes Gottes selbst aber, sein wirkliches, gegenwärtiges Geredet- und Gehörtwerden ist nicht identisch mit der Existenz des Buches als solcher. Sondern in dieser Gegenwart geschieht etwas in und mit dem Buch, wozu das Buch als solches zwar die Möglichkeit gibt, dessen Wirklichkeit aber durch die Existenz des Buches weder vorweggenommen noch ersetzt sein kann. Es fällt dann eine freie göttliche Entscheidung. Es ereignet sich dann, daß die Bibel, und zwar *in concreto:* dieser und dieser biblische Zusammenhang, d. h. die in dieser und dieser bestimmten Breite auf uns zukommende Bibel als Instrument in Gottes Hand genommen und von Gottes Hand gebraucht wird, d. h. als authentisches Zeugnis von Gottes Offenbarung zu uns redet und von uns gehört wird und also als Gottes Wort gegenwärtig ist. Es ist ein unfaßbares Gegenwärtigsein: keine dritte Zeit zwischen Vergangenheit und Zukunft, zwischen Erinnerung und Erwartung, sondern die als Zeit unbegreifliche Mitte zwischen beiden, für die Reflexion alsbald wieder auseinandertretend in ein Vorher und Nachher und gerade so das Gegenwärtigsein des ewigen Wortes, konstitutiv für seine Erwartung und für seine Erinnerung, unsere Zeit begründend, wie die Inkarnation und Auferstehung Jesu Christi als Mitte der Zeit die Zeit überhaupt begründet. Wirkliches fehlbares Menschenwort ist in dieser Mitte: nicht kraft seiner eigenen Vortrefflichkeit, nicht kraft seiner Ersetzung durch ein als Menschenwort verhülltes Gotteswort und noch weniger kraft irgendeiner mirakulösen Verwandlung, wohl aber kraft des Vorzugs, jetzt und hier von Gott selbst in Dienst genommen und gebraucht zu werden, wie das Wasser des Teiches Bethesda, Gottes Wort.

6. Darüber, wann, wo und wie die Bibel sich uns in solchem Ereignis als Gottes Wort bewährt, darüber entscheiden nicht wir, darüber entscheidet Gottes Wort selber, indem es in dieser und dieser Zeit der Kirche diesen und diesen Menschen gegenüber das Ereignis der Einsetzung und Inspiration der Propheten und Apostel zu seinen Zeugen und Dienern bestätigt und erneuert, so daß sie in ihrem geschriebenen Wort vor unseren Augen und Ohren aufleben, nun nicht nur als die Menschen, die einst, in Jerusalem und Samarien, zu den Römern und Korinthern geredet haben, sondern nun als die Menschen, die in der ganzen Konkretheit ihrer damaligen Situation und Aktion heute und hier auch zu uns reden. Wir können wohl wissen: um diese Entscheidung und Tat Gottes oder vielmehr um diese Vergegenwärtigung seiner ein für allemal geschehenen Tat in Jesus Christus geht es im Leben der Kirche, und zwar

im Leben der Kirche mit der Bibel; um diese Tat geht es in der ganzen Bibel. Wir können dessen gedenken, daß die Bibel uns selbst und Anderen die Stätte solcher Tat wirklich schon gewesen ist. Wir können und sollen solche Tat aufs neue erwarten. Wir können und sollen uns an das geschriebene Wort halten, wie Jesus es den Juden empfohlen hat und wie die Leute von Beröa es getan haben. Wir können und sollen die Schrift erforschen mit der Frage nach ihrem Zeugnis. Wir können und sollen beten darum, daß dieses Zeugnis auch uns geschenkt werde. Es liegt aber — und eben darum muß hier das Gebet das letzte Wort haben — nicht in unserer, sondern allein in Gottes Macht, daß jenes Ereignis eintritt und also dieses Zeugnis der Schrift auch uns geschenkt wird. Wir sind also wirklich dispensiert von dem Versuch, uns das Geschehen dieses Ereignisses nun etwa erzwingen zu wollen. Keine Erlaubnis der Untreue und Trägheit ist mit diesem Dispens ausgesprochen. Gerade der wird im Forschen, Fragen und Beten treu sein, der weiß, daß hier die Treue Gottes und nicht seine eigene Treue entscheidet. Wir sind aber gänzlich dispensiert davon, innerhalb der Bibel auszusondern das Göttliche vom Menschlichen, den Gehalt von der Gestalt, den Geist vom Buchstaben, um dann das Erstere bedächtig zu wählen, das Letztere hochmütig zu verwerfen. Mag uns auf der ganzen Linie in der Bibel wie in allen sonstigen menschlichen Worten immer Beides begegnen, mögen wir auch Beides unterscheiden, wie es zum Verstehen eines menschlichen Wortes nun einmal gehört — das Ereignis, in welchem sich das biblische Menschenwort als Gotteswort bewährt, werden wir uns mit diesem Unterscheiden doch nicht verschaffen. Gottes Wort ist so gewaltig, daß es durchaus nicht an das gebunden ist, was wir als das Göttliche, den Gehalt und Geist der Bibel meinen ermitteln und schätzen zu können. Und es ist wiederum nicht zu gewaltig, um sich nicht auch ganz an das zu binden, was wir als das Menschliche, die Gestalt, den Buchstaben der Bibel meinen gering schätzen zu dürfen. Wir sind davon dispensiert, das Wort Gottes in der Bibel von anderen Inhalten, also irrtumsfreie Bestandteile und Worte von allerlei irrtümlichen, unfehlbare von fehlbaren zu trennen und uns einzureden, daß wir uns mittels solcher Entdeckungen die Begegnungen mit dem echten Wort Gottes in der Bibel verschaffen könnten. Hat Gott sich der Fehlbarkeit all der menschlichen Worte der Bibel, ihrer geschichtlichen und naturwissenschaftlichen Irrtümer, ihrer theologischen Widersprüche, der Unsicherheit ihrer Überlieferung und vor allem ihres Judentums nicht geschämt, sondern hat er sich dieser Worte in ihrer ganzen Fehlbarkeit angenommen und bedient, dann brauchen wir uns dessen auch nicht zu schämen, wenn er sie in ihrer ganzen Fehlbarkeit als Zeugnis auch an uns erneuern will, dann wäre es Eigenwilligkeit und Ungehorsam, in der Bibel auf die Suche nach irgendwelchen unfehlbaren Elementen ausgehen zu wollen. Wir sind aber endlich auch davon dispensiert, das Ereignis oder die Ereignisse, in welchen sich uns die Schrift als Wort Gottes bewährt und bestätigt, als solche kennen und namhaft machen zu müssen. Wir sahen ja: gerade als die Ereignisse ewiger Gegenwart des Wortes, gerade als die Stunden Gottes, können sie in der Zeit nie faßbar oder eben nur in ihrem Vorher und Nachher, nur in Erinnerung und Erwartung faßbar sein. Es genügt vollständig — und dies ist es, was von uns gefordert ist — daß wir immer wieder auf diese Ereignisse zugehen und immer wieder von ihnen herkommen. Können wir doch auch unseren Glauben nicht in seiner ewigen Gestalt, sofern er unsere Rechtfertigung vor Gott ist, sondern immer nur als das als solches gewiß nicht gerechtfertigte Wandern ἐκ πίστεως εἰς πίστιν (Röm. 1, 17) kennen. Wir können uns selber und Andern Rechenschaft geben von unserm Glauben; wir können das aber nur tun in der Dankbarkeit und in der Hoffnung, ohne doch den Grund unseres Glaubens auf den Plan stellen zu können. So stehen wir auch der heiligen Schrift gegenüber. Wir können und sollen uns durch sie zur Dankbarkeit und zur Hoffnung aufrufen lassen. Im Gehorsam gegen diesen Aufruf wird es sich in der Wirklichkeit und im Urteil Gottes zeigen, ob und inwiefern wir des Ereignisses der Gegenwart seines Wortes teilhaftig sind. Ein Bewußtsein von dieser Gegenwart als solcher oder gar ein Aufweis dieser Gegenwart Anderen gegenüber liegt nicht im Bereich menschlicher Möglichkeit und kann darum auch nicht von uns gefordert werden. „An ihren Früchten sollt ihr sie erkennen." Die Gegenwart des Wortes Gottes ist also kein Erlebnis, gerade weil und indem sie die göttliche Entscheidung über uns ist.

7. Wenn wir von der Inspiration der Bibel reden oder wenn wir bekennen: die Bibel ist Gottes Wort, so haben wir also einerseits, im Raume der Zeit und der Sichtbarkeit, im konkreten Leben der Kirche und unseres eigenen Lebens als Glieder der Kirche, an eine doppelte Wirklichkeit zu denken. Es geht nämlich einmal um den Text des biblischen Zeugnisses oder vielmehr: je um einen bestimmten Bestandteil dieses Textes, der in bestimmter Zeit und Lage die Aufmerksamkeit bestimmter Menschen oder eines bestimmten Menschen in Anspruch nimmt. Wird es jetzt wahr in der Zeit, wie es in Ewigkeit wahr ist, daß die Bibel Gottes Wort ist, dann heißt das nach dem bis jetzt Gesagten: Gott redet jetzt, was dieser Text redet. Gottes Werk geschieht durch diesen Text. Gottes Wunder ereignet sich jetzt an diesem aus Menschenworten geformten Text. Dieser Text in seiner ganzen Menschlichkeit mit aller Fehlbarkeit, die dazu gehört, ist Gegenstand dieses Werks und Wunders. Durch Gottes Entscheidung wird jetzt dieser Text in Dienst und Gebrauch genommen. Und in Gottes Geheimnis vollzieht es sich jetzt, daß dieser Text jetzt und hier diese Bestimmung bekommt. Dennoch ist es nun eben dieser Text als solcher, von dem das alles zu sagen ist.

Er als solcher will reden und zeugen, gelesen und gehört sein; in ihm und durch ihn das Wort Gottes, nicht irgendwo neben oder hinter ihm, nicht in irgendeinem Raum, den wir jenseits des Textes erst zu erobern oder gar zu schaffen hätten. Spricht jetzt Gott zum Menschen, dann spricht er jetzt wirklich die Sprache dieses konkreten Menschenwortes. Das ist das gute und notwendige Recht des Begriffs der Verbalinspiration. Ist das Wort nicht von der Sache zu trennen, gibt es also keine Verbalinspiriertheit, so ist doch auch die Sache nicht vom Wort zu trennen, gibt es also Realinspiration:·Hören des Wortes Gottes, nur in der Form von Verbalinspiration: Hören des Wortes Gottes in der konkreten Gestalt des biblischen Wortes. Verbalinspiration bedeutet nicht: Unfehlbarkeit des biblischen Wortes in seinem sprachlichen, geschichtlichen, theologischen Charakter als menschliches Wort. Verbalinspiration bedeutet: das fehlbare und fehlende menschliche Wort ist jetzt als solches von Gott in seinen Dienst genommen und ungeachtet seiner menschlichen Fehlbarkeit als solches anzunehmen und zu hören. Wie es auch mit der eigenen Würde des Beauftragten und seines Wortes stehen möge, er hat jetzt uns gegenüber die Würde seines Auftrags. In dieser Würde ist er zu respektieren, und ist auch sein Wort zu respektieren. Daß wir nicht nur ihn und sein Wort, daß wir nicht nur den biblischen Text, sondern in ihm und durch ihn Gottes Wort haben, dafür haben wir Gott sorgen zu lassen. Eben in diesem Vertrauen, das uns dem menschlichen Wort als solchem gegenüber auch in die rechte Freiheit versetzen wird, haben wir uns nun tatsächlich an dieses menschliche Wort zu halten. Es geht nämlich — und das ist das Andere, was hier zu beachten ist — dem konkreten Text gegenüber ebenso konkret um uns selbst: um das Ereignis, um Ereignisse der Gegenwart des Wortes Gottes in unserer eigenen Gegenwart. Nicht um das Erlebnis seiner Gegenwart, aber allerdings um seine Gegenwart! Um seine Gegenwart, über die Gott entscheidet, die wir weder machen noch voraussehen können, aber um seine Gegenwart, die gerade als die unfaßbare, freie Gegenwart Gottes selbst über unsere Vergangenheit und über unsere Zukunft entscheidet, die unsere Erinnerung bestimmt als Dankbarkeit und unsere Erwartung als Hoffnung. Wir sind dem biblischen Text gegenüber nicht verpflichtet, uns die Gegenwart des Wortes Gottes einzureden. Wir sind zu keinerlei Künsten aufgerufen, um sie herbeizuführen. Wir sind aber dem biblischen Text gegenüber in die Klammer oder Zange der Dankbarkeit und der Hoffnung genommen und dieser Klammer oder Zange sollen wir uns nicht entziehen wollen. Gefangen in Dankbarkeit und Hoffnung müssen wir es wagen, der Menschlichkeit der biblischen Texte und also auch ihrer Fehlbarkeit ohne das Postulat, daß sie eigentlich unfehlbar sein müßten, aber auch ohne den Aberglauben an irgendeine von uns erst auf den Plan zu stellende unfehlbare Wahrheit neben oder hinter dem

Text von vorne ins Gesicht zu sehen — aber nun eben wirklich ins Gesicht zu sehen, d. h. den Text in seiner tatsächlichen Beschaffenheit zu uns reden, und zwar in seinem Wortlaut und in seinem Zusammenhang zu Ende reden zu lassen, es zuzulassen, daß die Propheten und Apostel eben das, was sie dort und damals gesagt haben, heute und hier wieder und nun zu uns selbst sagen. Darum wird es ja auf alle Fälle gehen, wenn sie uns, was wir nicht erzwingen können, in ihren menschlichen Worten Gottes Wort sagen. Es kann sich das Tor der biblischen Texte nur von innen öffnen. Es ist aber etwas Anderes, ob wir vor diesem Tor verharren oder ob wir von ihm weglaufen zu anderen Toren. Es ist etwas Anderes, ob wir Einlaß begehrend an dieses Tor anklopfen oder ob wir ihm träge gegenüber sitzen bleiben. Zu dieser Treue des Ausharrens und Anklopfens sind wir aufgerufen durch die Existenz der biblischen Texte. Wir sind durch ihre konkrete Gestalt zu konkreter Bemühung um sie aufgerufen. Man kann alles, was hier zu sagen ist, zusammenfassen in den Satz: der Glaube an die Inspiration der Bibel steht und fällt damit, daß das konkrete Leben der Kirche und der Glieder der Kirche ein wirklich von der Exegese der Bibel beherrschtes Leben ist. Zwingt uns der biblische Text nicht in seiner Wörtlichkeit als Text zur Aufmerksamkeit, oder haben wir die Freiheit, uns der durch ihn geforderten Aufmerksamkeit von Wort zu Wort zu entledigen, was für einen Sinn sollte es dann haben, wenn wir die Bibel für inspiriert und für Gottes Wort halten? Hier gilt wirklich kein Herr Herr sagen, hier gilt es den Willen Gottes zu tun, um seine Gnade und Wahrheit — denn das ist die Inspiration der Bibel — zu erkennen.

8. Wir haben nun aber — und damit können wir diese Erwägungen zum Abschluß bringen — wohl zu bedenken, daß die Inspiration der Bibel nicht aufgeht in unserem Glauben an sie, auch dann nicht, wenn wir diesen Glauben als Gottes Gabe und Werk an uns verstehen. Was im Raume der Zeit und der Sichtbarkeit, im konkreten Leben der Kirche und unseres eigenen Lebens als ihrer Glieder geschieht, jenes Ereigniswerden der Gegenwart des Wortes Gottes im Menschenwort der Propheten und Apostel, das ist ja nur zu verstehen als eine Wiederholung, eine sekundäre Verlängerung und Fortsetzung des einmaligen und primären Geschehens der Offenbarung selber. Es war schon nicht umsonst, und es war kein Irrtum, wenn die alte Kirche die Würde und Autorität der Bibel als des Wortes Gottes gesichert wissen wollte gegenüber dem Zufall und der Willkür, der sie in ihrer Lesung, in ihrem Verständnis und in ihrer Auslegung um ihrer Menschlichkeit willen offenbar ausgesetzt ist. Wir haben die Gottgeistlichkeit der Bibel als eine als Gottes Werk und Wunder und in seinem Geheimnis fallende, im Glauben und im Gehorsam und in treuer Exegese zu bedenkende und zu erwartende ereignishafte Entscheidung verstanden. Das Bedenken liegt nahe, ob damit der Objek-

tivität der Wahrheit, daß die Bibel Gottes Wort ist, Genüge getan sei, ob diese Beschreibung nicht mindestens in Gefahr stehe, nun vielleicht doch dahin gedeutet zu werden, als ob unser Glaube die Bibel zu Gottes Wort mache, als ob ihre Inspiration letztlich Sache unseres eigenen Ermessens, Empfindens und Befindens sei. Wir werden vor dieser Gefahr nicht die Augen verschließen. Wir werden uns aber fragen müssen, wie ihr zu begegnen, wie denn jener Objektivität der Inspiration der Bibel Genüge zu leisten ist. Ihr kann nun aber offenbar nur damit Genüge geleistet werden, daß wir darauf verzichten, ihr Genüge leisten zu wollen. Ihr ist damit Genüge geleistet, daß wir daran glauben und darauf vertrauen, daß Gottes Handeln in der Begründung und Erhaltung seiner Kirche, mit dem wir es in der Inspiration der Bibel zu tun haben, objektiv genug ist, um sich den Einbrüchen und Ausbrüchen der menschlichen Subjektivität gegenüber immer wieder siegreich durchzusetzen. An die Inspiration der Bibel glauben, das heißt: auf Grund und entsprechend ihrem Zeugnis an den Gott glauben, dessen Zeugnis sie ist. Tun wir das nicht, was hülfe uns dann die sicherste Sicherung hinsichtlich der Göttlichkeit dieses ihres Zeugnisses? Tun wir es aber, wie sollten wir dann noch nach einer besonderen Sicherung dieser Göttlichkeit verlangen? Würden wir nicht glauben ohne zu glauben, wenn wir eine solche Sicherung für unentbehrlich erklären wollten? Unser Glaube ist es gewiß nicht, der die Bibel zu Gottes Wort macht. Aber eben die Objektivität der Wahrheit, daß sie Gottes Wort ist, können wir nicht besser sicherstellen als durch die Feststellung, daß sie unseren Glauben fordert, unseren Glauben begründet, die Substanz und das Leben unseres Glaubens ist. Eben damit stellen wir ja fest, daß sie die Wahrheit des lebendigen Gottes ist, über der es keine höhere gibt, an deren Macht gegenüber den Mächten der menschlichen Subjektivität zu zweifeln uns nicht erlaubt sein kann und die wir darum als solche erkennen und anerkennen müssen. Hat es aber mit dieser Feststellung seine Richtigkeit, dann muß es dabei bleiben, daß wir die Inspiration der Bibel als eine im Leben der Kirche und im Leben ihrer Glieder immer wieder fallende göttliche Entscheidung zu verstehen haben. Daß sie in der Auferstehung Jesu Christi und in der Ausgießung des Heiligen Geistes als in der Gründung der Kirche ein für allemal gefallen ist, das wird nicht in Frage gestellt, sondern eben das wird in seiner Objektivität erkannt und anerkannt dadurch, daß wir auch hinsichtlich der Erhaltung der Kirche, auch hinsichtlich unserer eigenen Gemeinschaft mit Jesus Christus und im Heiligen Geist derselben göttlichen Entscheidung gedenken, dieselbe göttliche Entscheidung erwarten. Daß die Bibel Gottes Wort ist, das ist nicht dem Zufall und nicht dem Lauf der Geschichte und nicht unserer eigenen Willkür überlassen, sondern dem Gott Abrahams, Isaaks und Jakobs, dem dreieinigen Gott als dem, dessen Selbstzeugnis allein dafür sorgen kann, dessen Selbst-

2. Die Schrift als Gottes Wort

zeugnis aber auch mit letzter Bestimmtheit dafür sorgt, daß dieser Satz wahr ist, daß die biblischen Zeugen nicht umsonst geredet haben und nicht umsonst gehört werden.

Wir schließen gerade im Blick auf das zuletzt Gesagte mit einem Eingeständnis von, wenn man so will, rein formaler Natur, das nun doch gerade als solches den Hinweis auf den Bekenntnisakt bedeutet, um den es in der Lehre von der heiligen Schrift, wo ihr Inhalt recht verstanden ist, allein gehen kann: Wir haben uns selbst und wir haben auch jedem Anderen, der uns danach fragen sollte, einzugestehen, daß der Satz, daß die Bibel Gottes Wort ist, ein **analytischer** Satz ist, ein Satz, dessen Begründung immer nur in seiner Wiederholung, Umschreibung und Erläuterung, nicht aber in seiner Ableitung aus irgendwelchen übergeordneten Sätzen bestehen kann. Er kann nur als in sich selbst begründeter, allen anderen Sätzen vorangehender Satz oder er kann gar nicht verstanden werden. Es will die Bibel als **Gottes Wort erkannt** sein, um als Gottes Wort **erkannt** zu werden. Die Lehre der evangelischen Kirche von der heiligen Schrift lautet dahin, daß eben dieser logische Zirkel der Kreis der Wahrheit ist, die sich selbst als solche behauptet und bezeugt, in den erst hineinzutreten eben so unmöglich ist, wie wieder aus ihm herauszutreten: der Kreis unserer Freiheit, der als solcher auch der Kreis unserer Gebundenheit ist.

Als die evangelischen Kirchen in der Reformationszeit und nachher von ihren römischen Gegnern gefragt wurden, wie denn die göttliche Autorität der Schrift den Menschen kenntlich und glaubwürdig werden könne, ohne durch die Autorität der Kirche garantiert zu sein, da haben die evangelischen Theologen die harte, aber allein mögliche Antwort gegeben, daß die Autorität der Schrift allein in sich selbst und nicht durch das Urteil der Menschen begründet sei: *Credimus et confitemur, scripturas canonicas sanctorum prophetarum et apostolorum utriusque testamenti ipsum verum esse Verbum Dei et autoritatem sufficientem ex semetipsis, non ex hominibus habere. Nam Deus ipse loquutus est patribus, prophetis et apostolis et loquitur adhuc nobis per scripturas sanctas* (Conf. helv. post. 1562 Art. 1). Ebensogut könnte man fragen, woher wir die Unterscheidung des Lichtes von der Finsternis, des Weißen vom Schwarzen, des Süßen vom Bitteren begründen könnten (Calvin, Instit. I, 7, 2). *Quaestio, an scripturae seu sacra biblia sint Dei verbum? homine christiano indigna est. Ut enim in scholis contra negantem principia non disputatur, ita indignum iudicare debemus, qui audiatur, si quis christianae religionis principium neget* (J. Wolleb, Chr. theol. comp. 1626. praecogn. 7). Das waren keine Verlegenheitsauskünfte, das war die Antwort der Schlangenklugheit und der Taubeneinfalt, kein Ausweichen vor der sachlichen Diskussion, wohl aber ihre Zurückführung auf die allein mögliche Sachlichkeit. Wäre man doch nur auf diesem Boden geblieben und weitergegangen!

Für den Satz, daß das Menschenwort der Bibel Gottes Wort ist, kann es offenbar nur einen einzigen und unvergleichlichen Grund geben, nämlich den, daß er wahr ist, den Grund, der entweder sich selbst setzt oder gar nicht besteht, der entweder schon erkannt und anerkannt ist oder gar nicht wahrgenommen wird.

Auctoritas scripturae quoad nos nihil aliud est quam manifestatio et cognitio unicae illius divinae et summae auctoritatis, quae scripturae est interna et insita. (J. Gerhard, *Loci theol.* 1610 f. *L* I *cap.* 3, 38.)

Indem dieser eine Grund sich selber setzte, erkannt und anerkannt wurde, wurde er der Grund der Kirche, und indem er sich in derselben Selbstherrrlichkeit wieder setzt und eben in dieser seiner Selbstherrlichkeit wieder erkannt und anerkannt wird, ist er und er allein auch die Kraft ihrer Erhaltung. Die Kirche hat ihn nicht zu beglaubigen, sie hat sich immer wieder von ihm beglaubigen zu lassen. Und es wird Alles, was man an anderweitigen Gründen für die Autorität der Schrift etwa vorbringen kann, diesen einen Grund und also ihre Göttlichkeit nicht begründen, sondern bestenfalls durch diesen einen Grund begründet sein und also bestenfalls unter Voraussetzung dieses einen Grundes und als Hinweis auf ihn geltend gemacht werden können.

Das 16. Jahrhundert kannte vom kirchlichen Altertum und Mittelalter her sehr wohl und bejahte sogar — ebenso wie es ja auch eine der Schrift untergeordnete Autorität der Kirche bejahte — eine jenem einen Grund untergeordnete, aber ihn sozusagen illustrierende Apologetik: *argumenta, testimonia*, menschliche Gesichtspunkte, unter denen man sich die Göttlichkeit der Schrift nachträglich mehr oder weniger klar machen zu können glaubte. Auf das Alter der Bibel pflegte man hinzuweisen, auf ihre Wunder und Weissagungen, auf die Harmonie ihrer Bestandteile, auf die Majestät und Gewalt ihrer Sprache und ihres Inhalts, auf ihre kritische und siegreiche Rolle in der Kirchengeschichte. Calvin hat der Beleuchtung der Existenz der Bibel unter solchen Gesichtspunkten ein ganzes Kapitel seiner *Institutio* widmen zu müssen gemeint (I 8: *Probationes, quatenus fert humana ratio satis firmas suppetere ad stabiliendam scripturae fidem*). Aber er selbst nennt sie *secundariae nostrae imbecillitatis adminicula* und warnt in aller Form davor, sie als Begründungen des Glaubens ansehen und verwenden zu wollen: *inepte faciunt, qui probari volunt infidelibus, scripturam esse verbum Dei, quod nisi fide cognosci nequit* (I 8, 13). Das Urteil, daß die Schrift Gottes Wort sei, ist kein menschliches Urteil, sondern ein göttliches, und nur als solches kann es von uns angenommen und geglaubt werden: *illius ergo virtute illuminati iam non aut nostro aut aliorum iudicio credimus a Deo esse scripturam. ... Non argumenta, non verisimilitudines quaerimus, quibus iudicium nostrum incumbat; sed rei extra aestimandi aleam positae, iudicium ingeniumque nostrum subiicimus ... quia inexpugnabilem nos veritatem tenere, probe nos conscii sumus. ... quia non dubiam vim numinis illic sentimus videre ac spirare, qua ad parendum, scientes quidem ac volentes, vividius tamen et efficacius quam pro humana aut voluntate aut scientia trahimur et accendimur. ... Talis ergo est persuasio quae rationes non requirat, talis notitia, cui optima ratio constet, nempe in qua securius constantiusque mens quiescit, quam in ullis rationibus, talis denique sensus, qui nisi ex caelesti revelatione nasci nequeat. Non aliud loquor quam quod apud se experitur fidelium unusquisque, nisi quod longe infra iustam rei explicationem verba subsidunt* (I 7, 5). In der Aufzählung und Entfaltung jener sekundären Gründe hat Calvin nun leider in der Folgezeit viele Nachahmer gefunden, nicht aber in seinem so bestimmt ausgesprochenen Wissen um die abgrundtiefe Verschiedenheit dieser Gründe von dem einen primären und wirklichen Grund, nicht in seinem Wissen um die Überlegenheit und Selbstgenügsamkeit dieses einen Grundes. Das *testimonium Spiritus sancti internum*, auf das er mit der ganzen Reformation den Glauben an die Bibel als an Gottes Wort allein gründen wollte, wurde in der Folgezeit ganz allmählich, aber unaufhaltsam zu einem Grund neben den anderen Gründen, und die anderen Gründe gewannen ein Interesse

2. Die Schrift als Gottes Wort

und bekamen ein Gewicht, als ob sie nun doch selbständige Gründe zu sein vermöchten. Die wehrlose Kraft des einen Grundes, daß in der Bibel Gott selber für Gott gezeugt hat und noch zeugt, wurde immer mehr so verstanden, wie man sie im 16. Jahrhundert gerade nicht verstanden haben wollte: nämlich als die Kraft einer besonderen seelischen Erfahrung, eines Erlebnisses, das der Mensch einmal mit der Bibel gemacht haben müsse. Eben in diesem Verständnis konnte sie dann aber auch nicht mehr lange die Kraft eines wirklichen Grundes haben, mußte sie, in der Calvin die allein objektiv beweisende Kraft gesehen hatte, nun in den Verdacht geraten, eine doch nur subjektiv und also streng genommen gar nicht beweisende Kraft zu sein, mußte das Zeugnis des Heiligen Geistes hinter jenen vernünftigen Argumenten, die bei Calvin gerade die Rolle eines schönen Luxusartikels haben spielen dürfen, schließlich völlig zurücktreten und verschwinden. Dies war der Stand der Dinge am Ende des 17. Jahrhunderts. Und so finden wir das Zeugnis des Heiligen Geistes bei S. Werenfels (*De triplici teste*, *Opusc.* I S. 179 f.) ganz schlicht umgedeutet in die menschliche Überzeugung, die man sich als Leser der Schrift vom Sinn und von der Glaubwürdigkeit des Gelesenen nach bestem Wissen und Gewissen zu bilden vermag. Und so lesen wir etwas später bei J. D. Michaelis (*Comp. theol. dogm.* 1760, § 8) die offene Erklärung, er habe ein solches Zeugnis des Heiligen Geistes seiner Lebtage nie vernommen, er beneide niemanden, der da meine, ein solches vernommen zu haben, und gedenke sich für seine Person durchaus zu halten an *illa quae in codice sacro insunt divinitatis indicia et argumenta*. Die Schlacht war für einmal auch auf diesem Punkt verloren. Es hat in der Neuzeit nicht ganz an Stimmen gefehlt, die uns verraten, daß wenigstens das historische Verständnis der ursprünglichen Position nicht ganz verlorengegangen ist. Wir dürfen dafür A. Ritschl als Zeugen anrufen, der vom *testimonium Spiritus sancti* einmal schreiben konnte: „Mag auch dieser Begriff alles dasjenige umfassen, was man unter religiöser Erfahrung versteht, so ist er doch formell ganz anders beschaffen als der Begriff der Erfahrung, ja er ist demselben geradezu entgegengesetzt. Als Erfahrung bezeichnet man eine Bewegung, deren Subjekt das menschliche Ich ist; im *testimonium Spiritus sancti* aber wird das Ich als Objekt und seine Heilserfahrung und Wahrheitsüberzeugung als Wirkung einer anderen Kraft gedacht" (Rechtfert. u. Versöhnung"[4] 2. Bd. S. 6). Aber eben in diesem richtigen Verständnis hat auch Ritschl diesen Begriff als „unbrauchbar" erklärt!!

Die Schrift wird als Gottes Wort daran erkannt, daß sie Gottes Wort ist. Das sagt die Lehre vom Zeugnis des Heiligen Geistes. Vom Heiligen Geist ist Jesus Christus nach seiner Menschheit empfangen, um für uns geboren zu werden aus Maria der Jungfrau. Durch den Heiligen Geist ist er wiederum nach seiner Menschheit heilsam gegenwärtig im Abendmahl. Durch den Heiligen Geist wurden und sind die Zeugen seiner Menschheit Zeugen auch seiner ewigen Gottheit, wurde seine Offenbarung von ihnen und wird seine Offenbarung durch sie von uns vernommen. Sagen wir „durch den Heiligen Geist" so sagen wir: durch Gott im freien gnädigen Akt seiner Zuwendung zu uns. Sagen wir „durch den Heiligen Geist" so sagen wir: daß wir auch in der Lehre von der heiligen Schrift uns wohl damit zufrieden geben, Gott und nicht uns selbst die Ehre zu geben.

Heinr. Alstedt (*Theol. schol.* 1618 S. 27 zit. nach H. Heppe, Dogm. d. ev. ref. Kirche 1861 Neuaufl. 1935 S. 24) hat geschrieben: *Auctoritas et certitudo scripturae pendet a testimonio Spiritus sancti et haec est demonstratio demonstrationum maxima. Auctoritas namque dicti vel scripti cuiuscumque pendet ab ipso eius auctore. Multam situm est in hac regula, quippe basi totius theologiae.* D. Fr. Strauß hatte wohl recht, wenn er diese Regel kritisiert hat mit den Worten: „Wer zeugt nun von der Göttlichkeit dieses Zeugnisses? Entweder nur wieder es selbst, das heißt Niemand; oder irgend etwas, sei es Gefühl oder Denken im menschlichen Geiste — hier ist die Achillesferse des protestantischen Systems" (Die chr. Glaubenslehre 1. Bd. 1840 S. 136). Ja, wer zeugt nun von der Göttlichkeit dieses Zeugnisses?! Strauß dürfte nur übersehen haben, daß es kein protestantisches „System" gibt, daß aber die protestantische Kirche und Lehre sich seine Frage nicht nur gefallen lassen muß, sondern von Herzen gern gefallen läßt, weil sie gerade an dieser ihrer schwächsten Stelle, wo ihr nur dieses Zugeständnis und Bekenntnis übrig bleibt, auch ihre ganze und unvergängliche Stärke hat.

§ 20
DIE AUTORITÄT IN DER KIRCHE

Unmittelbare, absolute und inhaltliche Autorität nimmt die Kirche nicht für sich selbst, sondern allein für die heilige Schrift als Gottes Wort in Anspruch. Eben der Gehorsam gegen das autoritäre Wort Gottes in der heiligen Schrift ist aber objektiv bestimmt dadurch, daß die, die in der Kirche miteinander das Zeugnis der Schrift anzunehmen bekennen, bei dessen Auslegung und Anwendung gegenseitig aufeinander zu hören, willig und bereit sein werden. Die Autorität in der Kirche ist durch die Autorität der heiligen Schrift, in der sie begründet ist, begrenzt als mittelbare, relative und formale Autorität.

1. DIE AUTORITÄT DES WORTES

Die heilige Schrift bezeugt der Kirche (und durch die Kirche der Welt) Gottes Offenbarung, Jesus Christus, das Wort Gottes. Die Kraft, in der sie dies tut, ist die Kraft des Gegenstandes, von dem sie Zeugnis gibt und der sie auch zu seinem Zeugnis geschaffen und gestaltet hat. Das Zeugnis der heiligen Schrift ist also das Zeugnis des Heiligen Geistes. Er ist ja die Kraft des Gegenstandes der heiligen Schrift. Durch ihn wurde sie heilige Schrift; durch ihn und nur durch ihn redet sie als solche. Indem sie dies tut, vermittelt sie die Offenbarung, vergegenwärtigt sie Jesus Christus, redet sie selber, in der dienenden Gestalt menschlichen Wortes, das Wort Gottes. Wer sie hört, hört ihn. Wer ihn hören will, muß sie hören. Dies ist das evangelische Schriftprinzip als solches: das Allgemeine, Grundsätzliche und in sich Feststehende, was über die Bezeugung und Vermittlung der Offenbarung zu sagen ist — von dieser Erkenntnis und von diesem Bekenntnis abhängig ist nun die Beantwortung der Frage, wie es für uns, für die Kirche (und durch die Kirche für die Welt) dazu kommt, daß das Zeugnis der heiligen Schrift in der Kraft des Zeugnisses des Heiligen Geistes vernommen und angenommen wird. Wie kommt es zum Gehorsam gegen das Wort Gottes in der heiligen Schrift? Die Frage steht in Analogie zu der grundlegenden Frage:

1. Die Autorität des Wortes

Wie kommt es zum Vollzug der Offenbarung des dreieinigen Gottes? Und wenn dort in näherer Erklärung eben dieser Offenbarung selbst zu antworten war: es kommt dazu objektiv durch die Fleischwerdung des göttlichen Wortes in Jesus Christus und subjektiv durch die Ausgießung des Heiligen Geistes Gottes, so wird jetzt auch hinsichtlich des Gehorsams gegen die Bezeugung und Vermittlung dieser Offenbarung, gegen das Wort Gottes in der heiligen Schrift ein objektives und ein subjektives Moment, d. h. eine äußere und eine innere Bestimmung dieses Gehorsams zu unterscheiden sein. Es handelt sich hier wie dort um Bestimmungen, deren Subjekt Gott ist. Ist doch die Wirklichkeit der Bezeugung und Vermittlung seiner Offenbarung im gleichen Sinn und Ernst sein eigenes Werk wie seine Offenbarung selbst und als solche. Aber eben um das Verstehen der Wirklichkeit dieser Bezeugung und Vermittlung an uns geht es jetzt. Und wie wir zum Verständnis der Wirklichkeit der Offenbarung selbst und als solcher von der Lehre vom dreieinigen Gott aus einen doppelten Weg einschlagen mußten in der Lehre von der Fleischwerdung des Wortes und in der Lehre von der Ausgießung des Heiligen Geistes, so nun auch zum Verständnis der Wirklichkeit ihrer Bezeugung und Vermittlung durch die heilige Schrift. Die Wahrheit und Kraft der heiligen Schrift in ihrer sich selbst bezeugenden Glaubwürdigkeit ist in sich — und das werden wir auch hier nie aus den Augen verlieren dürfen — ein einziger gleichzeitiger Herrschaftsakt des dreieinigen Gottes, der in seiner Offenbarung der Gegenstand und als solcher auch der Ursprung der heiligen Schrift ist. Fragen wir aber, wie diese Wahrheit sich an uns bewähre, wie diese Kraft in uns kräftig werde — fragen wir, wie die Selbstevidenz der heiligen Schrift als Gottes Wort der Kirche (und durch die Kirche der Welt) einleuchtend werden kann, dann müssen wir, ohne die Einheit des göttlichen Wortes in Frage zu stellen, das, was hier jemandem einleuchtet, und den, dem hier etwas einleuchtet und also ein Objektives und ein Subjektives, ein Äußeres und ein Inneres oder ganz konkret: die Möglichkeit Gottes für den Menschen und die Möglichkeit des Menschen für Gott zunächst auseinanderhalten. Nur indem wir sie auseinanderhalten, können wir sie, wie es hier nötig ist, zusammensehen und also die Wirklichkeit des Offenbarungszeugnisses in der heiligen Schrift verstehen, will sagen: begreifen in den Möglichkeiten, die in ihr wirklich werden. Indem wir diese Möglichkeiten als solche zu begreifen versuchen, wiederholen wir sozusagen auf einer unteren Stufe jenen doppelten Weg der Lehre von der Fleischwerdung des Wortes und der Lehre von der Ausgießung des Heiligen Geistes. Diese Möglichkeiten sind — objektiv: die in der Kirche aufgerichtete Autorität der heiligen Schrift, durch die dann auch eine bestimmte Autorität der Kirche selbst begründet ist und begrenzt wird, und subjektiv: die in der Kirche waltende Freiheit der heiligen Schrift, in der dann wiederum auch eine bestimmte Freiheit der Kirche und ihrer Glieder ihren Grund und ihre Grenze hat. Beides, die Autorität und die Freiheit, will beachtet sein, wenn wir Antwort haben wollen auf die Frage, wie es zum Gehorsam gegen Gottes Wort in der heiligen Schrift kommt. Autorität ist die äußere Bestimmung, unter der dies von Gott her für den Menschen — Freiheit ist die innere Bestimmung, die Bestimmung, unter der dies vom Menschen her für Gott möglich wird. Es geht hier wie dort zuerst und eigentlich um die Autorität und Freiheit, die der heiligen Schrift selbst in der Kirche eigen ist. Es geht dann aber hier wie dort auch um die Autorität und Freiheit der Kirche als solcher unter der heiligen Schrift. Die heilige Schrift begründet und begrenzt ja die Kirche; eben damit konstituiert sie sie aber auch. Indem sie in der Kirche Autorität und Freiheit hat, verleiht sie ihr auch Autorität und Freiheit. Wir werden das Alles in Betracht zu ziehen haben. Denn nur in dem das Alles geschieht, kommt es dazu, daß die heilige Schrift als Wort Gottes in der Kirche (und durch die Kirche in der Welt) Gehorsam findet. Wir fragen jetzt nicht mehr: warum das geschieht? Denn auf diese Frage ist die Antwort bereits gegeben: es geschieht darum, weil sie das Wort Gottes ist und sich als solches zu erkennen gibt. Wir fragen jetzt genetisch: wie das geschieht? Genau so, wie wir in der Lehre von der Fleischwerdung des Wortes und von der Ausgießung des Heiligen Geistes nicht das Warum?, sondern, auf dem Hintergrund der Trinitätslehre, nur das Wie? der Offenbarung erörtern konnten. Auf dieselbe Frage nach dem Modus nunmehr der Vermittlung und der Bezeugung der Offenbarung antworten wir in diesem und im nächsten § mit der Lehre von der Autorität und von der Freiheit in der Kirche.

Wenn wir von „Autorität" in der Kirche reden, so sagen wir damit zunächst allgemein: daß es in der Kirche eine Instanz gibt, die anderen Instanzen gegenüber in einem näheren Verhältnis zu Grund und Wesen der Kirche steht, die mehr Anteil hat an ihrem geschichtlichen und sachlichen Ursprung und die darum Anspruch darauf hat, jenen anderen Instanzen gegenüber in der Kirche mehr und intensiver gehört und als maßgeblicher beachtet zu werden. Autorität in der Kirche ist grundsätzlich und allgemein eine durch ihre höhere Ursprünglichkeit vorgeordnete kirchliche Instanz. Solche Autorität in der Kirche ist nun auf alle Fälle auch die heilige Schrift. Sie ist es in diesem allgemeinen Sinn, weil sie ein Dokument, und zwar das geschichtlich älteste aufweisbare Dokument der Entstehung und insofern des Grundes und Wesens der Kirche ist. Daß es auch andere Instanzen in der Kirche gibt, die zu deren Grund und Wesen in einem bestimmten Verhältnis stehen, die an ihrem Ursprung geschichtlich und sachlich Anteil und die also an ihrem Ort den Anspruch haben, gehört und beachtet zu werden und also in ihrer Art als Autoritäten zu gelten, das wird durch die Existenz der heiligen

1. Die Autorität des Wortes

Schrift nicht grundsätzlich verneint. Es haben aber nicht alle von diesen anderen Instanzen den Charakter von Dokumenten und es hat keine von ihnen den Charakter des ältesten Dokumentes. Die heilige Schrift hat also auf alle Fälle eine eigene, und zwar eine in ihrer Art singuläre Autorität in der Kirche. — Aber eben in dem in diesem allgemeinen Sinn verstandenen Autoritätscharakter kann sich nun die autoritative Bedeutung der heiligen Schrift für die Kirche nicht erschöpfen.

Der Hinweis auf die Schriftlichkeit und auf das Alter der Bibel hat denn auch in der Reformation auf lutherischer wie auf reformierter Seite nie eine entscheidende Rolle gespielt. Er findet sich beiläufig in der *Conf. Helv. prior* 1536 Art. 1 und bei Calvin, *Instit.* I 8, 3 f. Das *Ad fontes!* der Humanisten hat im Mund der Reformatoren, auch wenn sie sich wie Zwingli in nicht allzu großer Ferne von Erasmus befanden, sofort einen ganz anderen Sinn bekommen.

In diesem allgemeinen Sinn verstanden, könnte auch die heilige Schrift zwar eine eigene und singuläre, aber doch nur eine mittelbare, relative und formale Autorität in der Kirche haben. Mittelbar: das heißt zeitlich, geschichtlich, menschlich. Sie wäre dann so Autorität, wie es auf Erden auch auf anderen Gebieten Autorität gibt, *iure humano*, unter Vorbehalt besserer Belehrung, unter Vorbehalt ihrer Korrektur oder doch Interpretation durch die bekannten anderen Autoritäten ähnlicher Art, unter Vorbehalt des Widerspruchs einer vielleicht auf derselben Ebene einmal auftauchenden und dann auch zu respektierenden noch höheren Autorität, unter Vorbehalt vor Allem eines *ius divinum*, von dem her sie ihre Beglaubigung erst empfangen müßte. Relativ: sie könnte dann wie alle anderen autoritativen Instanzen in der Kirche die göttliche Autorität nur repräsentieren. Es wäre dann nicht nur möglich, sondern notwendig, von der Schrift (bei aller Anerkennung der ihr eigentümlichen Würde) zu appellieren an ein anderweitig zu vernehmendes, eigentliches und ursprüngliches Wort Gottes. Es dürfte und müßte dann die Kirche an dem stellvertretenden und vorläufigen Urteil der Schrift vorbei auch noch direkt mit dem höchsten und wirklichen Richter und Herrn verkehren. Formal: die heilige Schrift würde dann mit anderen Zeugnissen von Gottes Offenbarung grundsätzlich und praktisch in einer Reihe stehen als bloßes Zeugnis, als reine Form und Gestalt. Sie wäre dann nicht der Erkenntnisgrund der Verheißung, daß Gottes Offenbarung selbst in ihrer Bezeugung gegenwärtig sein will und kann, sondern diese Verheißung, von der in der Tat alles Zeugnis lebt, bedürfte dann eines anderen Erkenntnisgrundes, nach welchem wir uns, wenn wir ihn in der Schrift nicht hätten, nach eigener Willkür und aus eigener Vollmacht umschauen müßten.

Es wäre dann mit Schleiermacher zu sagen, daß der Glaube an Christus „schon vorausgesetzt werden muß, um der heiligen Schrift ein besonderes Ansehen einzuräumen" (Der chr. Glaube, § 128).

Es ist nun wohl wahr, daß die heilige Schrift auch in diesem allgemeinen Sinn, also als ältestes Dokument, Autorität ist.

Man kann also mit S c h l e i e r m a c h e r, der hier Gewicht legte auf das, was für die Reformatoren kein Gewicht hatte (Der chr. Glaube § 129, Kurze Darstellung § 105), die Autorität der heiligen oder wenigstens der neutestamentlichen Schrift darin sehen, daß sie die geschichtlich ersten Dokumente des kirchlichen Lebens enthält.

Die heilige Schrift ist ja in der Tat a u c h ein menschlich geschichtliches Dokument und also in ihrem Verhältnis zu Gottes Offenbarung a u c h vergleichbar mit anderen Zeugnissen; sie ist a u c h eine mittelbare, eine relative, eine formale Größe. Sie will und sie muß a u c h immer als solche gewürdigt werden. Nur daß, sofern das nun Alles sein sollte, die Frage, wie es zum Gehorsam gegen sie kommen soll, letztlich unbeantwortet bleiben müßte. Der eigentliche Gehorsam der Kirche gilt dann einer von der heiligen Schrift zu unterscheidenden Instanz, einem Unmittelbaren, Absoluten, Inhaltlichen, das irgendwo neben oder über der heiligen Schrift zu suchen ist oder schon gefunden ist.

Der Gehorsam der Kirche gilt denn auch nach S c h l e i e r m a c h e r nicht dem geschichtlich Ältesten und Ursprünglichen als solchem, sondern diesem nur sofern ihm eine „normale Dignität" eignet, über deren Vorhandensein in der heiligen Schrift aus anderweitiger Erkenntnis zu entscheiden ist.

Es wird sich dann auch fragen, inwiefern diese anderweitige Erkenntnis Anspruch darauf erheben kann, Erkenntnis von Gottes Offenbarung zu sein, inwiefern also jenes Unmittelbare, Absolute, Inhaltliche neben oder über der heiligen Schrift mit Recht mit Gott oder mit Christus oder mit dem Heiligen Geist gleichgesetzt und also zum Gegenstand des eigentlichen Gehorsams der Kirche erhoben wird. Sicher ist dies, daß die Kirche sich bei dieser Bestimmung ihres Gehorsams letztlich auf ihr eigenes Urteil verlassen würde und müßte. Sie selbst wäre es, die dann jener unmittelbaren, absoluten, inhaltlichen Instanz abseits oder oberhalb der heiligen Schrift, von der her diese ihre mittelbare, relative, formale Autorität erst zu empfangen hätte, den Charakter als Gottes Offenbarung zuschreiben würde und müßte. Sie selbst müßte sie ausfindig machen; sie selbst müßte ihr diese höchste Würde zuerteilen. Um das zu können, müßte sie aber ihrerseits der Offenbarung Gottes schon mächtig sein, sie zuvor schon erkannt haben, ihrer also zuvor selber schon teilhaftig sein. Gottes Offenbarung müßte ein ursprünglicher Besitz der Kirche sein, der es ihr ermöglichte, gesichert festzustellen, wo und was Offenbarung und wo und was dann auch Zeugnis von Offenbarung ist.

Einen solchen ursprünglichen Offenbarungsbesitz der Kirche zuzuschreiben, war S c h l e i e r m a c h e r, der Normaltheologe des Neuprotestantismus, bei s e i n e r Lehre von der heiligen Schrift in der Tat in der Lage. Und in derselben Lage war und ist auch der römische Katholizismus.

Wäre dem wirklich so, dann wäre die Kirche tatsächlich sich selber eine unmittelbare, absolute und inhaltliche Autorität. Immer wäre es ja sie selber, die diese Instanz als solche einsetzte und immer würde und müßte sie in ihr sich selbst wiedererkennen. Immer wäre also ihr Gehorsam dieser Instanz gegenüber in Wirklichkeit die Ausführung ihres eigenen Strebens und Willens. Inwiefern er Gehorsam und nicht Selbstregierung, inwiefern die in der Kirche geltende Autorität Autorität über der Kirche und für die Kirche wäre, würde dann unerkennbar.

Dieser Möglichkeit stellen wir zunächst entgegen die Feststellung, daß die Kirche, wo sie wirklich Kirche ist, als Kirche Jesu Christi sich demgegenüber, was ihr Sein, ihren Grund und ihr Wesen ausmacht, also gegenüber Jesus Christus, dem Worte Gottes, in einem erkennbaren und als solches immer wieder vollziehbaren Gehorsamsverhältnis befindet. Ein Gehorsamsverhältnis ist aber ein Verhältnis in einem Gegenüber, und zwar in einem Gegenüber, in welchem es ein erkennbares und jederzeit aktuelles Oben und Unten gibt. Zu einem Gehorsamsverhältnis gehören zwei gewiß in einer bestimmten Einheit zusammengehörige, aber in dieser Einheit auch bestimmt unterschiedene, zwei in einer bestimmten und unumkehrbaren Ordnung sowohl vereinigte als auch unterschiedene Partner, von denen der Eine und nur der Eine befiehlt, der Andere aber diesem Befehl sich zu fügen und eben nur zu fügen hat. In einem solchen Gehorsamsverhältnis zu Jesus Christus finden wir die Kirche sofort in dem von der heiligen Schrift bezeugten ursprünglichen Akt der Offenbarung, in dem Gegenüber der Apostel mit dem Gekreuzigten und Auferstandenen, das in dem Gegenüber der Propheten Israels mit Jahve sein alttestamentliches Vorbild hat. Wir finden weder im Alten noch im Neuen Testament auch nur eine Spur von der Möglichkeit, daß dieses Gehorsamsverhältnis, in welchem die biblischen Zeugen wurden, was sie waren: Empfänger der Offenbarung, sich nachträglich etwa aufgelöst und verwandelt hätte in ein solches, in welchem diese Menschen Jesus Christus oder Jahve gegenüber als Träger einer ihnen nunmehr zu eigen gewordenen Mächtigkeit über das ihnen Offenbarte dastehen würden, in welchem also die Kirche sich auch nur teilweise nunmehr selbst zu regieren in der Lage wäre. Es gibt in der heiligen Schrift kein solches Nachher eines gesicherten Offenbarungsbesitzes, das dann von diesen Menschen her gesehen, der Offenbarung gegenüber auch ein Vorher, einen Offenbarungsstandpunkt neben oder gar über der Offenbarung bedeuten könnte. Empfänger der Offenbarung werden sie nicht, indem sie sich die Offenbarung irgendwie aneignen, um nun inskünftig in der Lage zu sein, Offenbarung von sich aus als solche zu erkennen und zu würdigen, sondern Empfänger der Offenbarung werden und sind sie, weil und indem ihnen Offenbarung gebieterisch begegnet und weil und indem sie ihr gehorsam werden. Als Gehorchende sind sie Propheten und Apostel.

Als Gehorchende haben sie den Heiligen Geist. Als Gehorchende werden sie auch eingesetzt und beauftragt als Zeugen Christi den Anderen, der werdenden Kirche und der Welt gegenüber. Kirche Jesu Christi kann also jedenfalls nur da sein, wo es zu einer Wiederholung dieses Gehorsamsverhältnisses kommt. Eine Offenbarung, die die Kirche auf Grund eines ihr eigenen Offenbarungsbesitzes und von einem selbständigen Offenbarungsstandpunkt aus als solche erkennen und würdigen würde, wäre, auch wenn sie Offenbarung Gottes oder Christi oder des Heiligen Geistes genannt würde, als solche nicht die Offenbarung, auf die die Kirche Jesu Christi gegründet ist. Und es wäre die Kirche, die in solchem Verhältnis zur Offenbarung unmittelbare, absolute und inhaltliche Autorität sich selbst zuschriebe, als solche nicht die Kirche Jesu Christi, auch wenn sie sich noch so ernstlich christliche Kirche nennen wollte. Die Existenz der Kirche Jesu Christi steht und fällt damit, daß in ihr gehorcht wird, wie die Apostel und Propheten ihrem Herrn gehorcht haben. Sie steht und fällt mit dem erkennbaren und jederzeit aktuellen Gegenüber von Mensch und Offenbarung, das keine Umkehrung zuläßt, in welchem der Mensch empfängt, lernt, sich fügt und sich richtet, in welchem er einen Herrn hat und ganz und gar diesem Herrn gehört.

Aber nun ist ja das Gehorsamsverhältnis zwischen den Propheten und Aposteln und ihrem Herrn als solches ein **einmaliges** Verhältnis. So einmalig wie die Fleischwerdung des göttlichen Wortes, wie die Ausgießung des Heiligen Geistes, wie die Versöhnung des Menschen mit Gott im Tode Christi und wie deren Offenbarung in seiner Auferstehung, wie die 40 Tage nach Ostern in der Mitte der Zeiten. Diese Mitte der Zeiten ist eine in sich abgeschlossene Zeit, die so nicht, oder vielmehr: erst in und mit der Wiederkunft Jesu Christi selbst wiederkehrt. Die Zeit der Kirche, unsere Zeit, ist eine andere Zeit. Und diese Zeit ist nicht einfach eine Verlängerung und Fortsetzung jener Zeit. Es bedeutet also die Existenz der Kirche nicht die Existenz von immer neuen Propheten und Aposteln, die in derselben direkten Weise Gottes Offenbarung empfangen würden, in derselben direkten Weise als deren Zeugen beauftragt und bevollmächtigt wären. Ist nun Kirche Jesu Christi nur da, wo es zu einer Wiederholung jenes Gehorsamsverhältnisses kommt, dann werden wir sagen müssen: **Entweder** es existiert außerhalb jener Mitte der Zeiten überhaupt keine Kirche Jesu Christi mehr; es hat die Kirche Jesu Christi überhaupt nur einmal gegeben, nämlich in den Propheten und Aposteln selbst, genau genommen: in den 40 Tagen nach Ostern, in denen die Apostel die Verheißung der Propheten erfüllt sahen vor ihren Augen; die Welt ist seit dem Erscheinen dieses Lichtes wieder zurückgekehrt in ihre ursprüngliche Finsternis, und die Erinnerung an jenes Licht ist eine bloße, leere Erwartung geworden. **Oder:** die Verheißung gerade der 40 Tage ist wahr und ebenso erfüllt vor unseren Augen wie die alttestamentliche Weissagung in den 40 Tagen selber: Ihr sollt meine Zeugen sein! und: Siehe, ich bin bei euch alle Tage! Die einmalige Offenbarung ist nicht umsonst geschehen, und auch jenes einmalige Gehorsamsverhältnis ist nicht umsonst zustande gekommen. Beide: die Offenbarung und der Gehorsam der Propheten und Apostel existieren weiter: indirekt, aber in voller ungebrochener Wirklichkeit, ein Abbild der Offenbarung, in welchem doch diese selbst für alle Zeiten wahr und gültig gegenwärtig ist, und ein Urbild des Gehorsams, wie er in allen Zeiten, auch ohne daß es weitere Propheten und Apostel gibt, in vollem Ernst wiederholt werden kann und soll. **Dieses authentische Abbild der Offenbarung und dieses authentische Urbild des Gehorsams gegen sie ist dann der Inhalt des Zeugnisses der Propheten und Apostel in der heiligen Schrift.** Es ist dann wahr, daß die heilige Schrift Gottes Wort für die Kirche ist, Jesus Christus für uns, wie er es in den 40 Tagen für die Propheten und Apostel selbst war. In ihrem Zeugnis hat es dann die Kirche mit ihrem Herrn, und sie hat es also in der an sich mittelbaren, relativen und formalen Größe der Schrift, in der uns deren Zeugnis vorliegt, mit der sie selbst begründenden und erhaltenden unmittelbaren, absoluten und inhaltlichen Autorität, mit ihrem Sein, Wesen und Grund selber zu tun. Die Kirche kann dann nicht an der Schrift vorbeisehen. Sie kann dann nicht an ihr vorbei direkt an Gott, an Christus, an den Heiligen Geist appellieren wollen. Sie kann dann die Schrift nicht von einem abseits von der Schrift gewonnenen und bezogenen Offenbarungsstandpunkt aus messen und beurteilen. Sie weiß dann um keine „normale Dignität", die die Schrift als das älteste Dokument ihres eigenen Lebens erst heiligen und zu dessen Norm erheben müßte. Sie kann dann nicht aus irgendeinem Besitz von Offenbarung heraus konstatieren, daß und inwiefern auch die Schrift Offenbarungsquelle ist. Die Schrift tritt ihr dann gebieterisch als heilige Schrift gegenüber, und sie empfängt dann von ihr die Offenbarung in einer ebenso konkreten und konkret geordneten Begegnung, wie dies nach der Schrift zwischen dem Herrn und seinen Zeugen ursprünglich geschehen ist. Sie gehorcht dann der heiligen Schrift. Nicht als ob sie irgendwelchen längst verblichenen Menschen, ihrer Humanität, ihrer Theologie gehorchte, sie gehorcht aber dem, dem es gefallen hat, diesen längst verblichenen Menschen in und mit und trotz ihrer Humanität, Frömmigkeit und Theologie Auftrag und Vollmacht zu geben. Sie dient dann dem Wort Gottes im Zeichen und Gewand des Wortes dieser Menschen. Indem sie sie hört, hört sie ihn. Und indem sie sie hört, hört sie ihn. Die Fleischwerdung des Wortes Gottes und die Ausgießung des Heiligen Geistes **ist geschehen, geschieht und wird geschehen** für die Kirche (und durch die Kirche für die Welt) aller Zeiten.

weil und indem die Kirche sich angesichts der Einmaligkeit der Offenbarung bescheidet, deren authentisches Z e u g n i s anzunehmen und in seiner Authentie aufzunehmen und weiterzugeben.

Es wird gut sein, sich dieses Entweder-Oder in voller Schärfe vor Augen zu halten! — Ist die Verheißung: Ihr sollt meine Zeugen sein! und: Siehe, ich bin bei euch alle Tage! nicht erfüllt, ist also die Schrift nicht Gottes Wort für die Kirche, dann ist und bleibt Gottes Offenbarung eine bloße Erinnerung, dann gibt es keine Kirche Jesu Christi. Es mag dann wohl eine menschliche Gemeinschaft geben, die sich aufbläht in der Illusion, daß in ihr das Leben und Wirken der Propheten und Apostel seinen Fortgang nehme und daß sie also mit diesen in einer direkten Beziehung zu der unmittelbaren, absoluten und inhaltlichen Autorität Gottes, Christi und des Heiligen Geistes sich befinde. Diese Illusion, das Vergessen der Einmaligkeit der Offenbarung und mit ihr der prophetisch-apostolischen Situation wird sich rächen: indem die Kirche an sich reißt, was ihr nicht gehört, wird es sich sofort zeigen, daß sie zu dem Gehorsamsverhältnis, in welchem die Propheten und Apostel der Offenbarung gegenüber standen, unfähig ist. Sie wird dieses Gehorsamsverhältnis verfälschen in ein Verhältnis, in welchem sie als Besitzende, Wissende und Mächtige mit Gott, Christus und dem Heiligen Geist meint umgehen zu dürfen, in welchem sie nicht nur zu gehorchen, sondern auch zu verfügen hat. Und es kann nicht anders sein: immer mehr wird sie selbst die wahrhaft Verfügende in diesem Verhältnis werden. Sie wird zwangsläufig immer mehr sich selbst in die Nähe jener unmittelbaren, absoluten und inhaltlichen Autorität schieben und sich schließlich mehr oder weniger direkt mit ihr identisch erklären. Sie wird zwangsläufig zu einer unter dem Vorwand des Gehorsams gegen die Offenbarung sich selbst regierenden Kirche werden. Und es könnte ja dann wohl, wenn etwa diese Illusion als solche mehr oder weniger deutlich empfunden und durchschaut werden sollte, auch eine andere menschliche Gemeinschaft geben, die sich, solcher Überhebung müde geworden, nur noch die Pflege jener schönen Erinnerung als solcher zum Zweck machen würde. Möglich wäre ja auch ein Kultus und eine Theologie der laut heiliger Bücher vor Zeiten einmal geschehenen Offenbarung als solcher, einer Offenbarung, die uns zwar im Grunde nichts anginge, weil sie Offenbarung an uns doch nicht werden könnte, die man aber immerhin von weitem nicht ohne Andacht und Genuß bestaunen, besprechen und feiern könnte. Möglich wäre, wenn die heilige Schrift nicht Gottes Wort wäre, wenn sie bloß mittelbare, relative und formale Autorität hätte, auch eine Kirche bloßer, für die Gegenwart zwar unfruchtbarer, aber immerhin korrekter Gläubigkeit. Also: einmal die katholische Kirche ist möglich und die verschiedenen neuprotestantischen Anwendungen und Abwandlungen des katholischen Kirchenbegriffs: alle unter Voraussetzung der großen Illusion hinsichtlich der Einmaligkeit der Offenbarung, alle auf dem Wege zu einer pantheistischen Identifikation von Kirche und Offenbarung. Und es ist andererseits ebenfalls in katholischer wie in protestantischer Form möglich das Schattenbild dieses immerhin stattlichen Vorbildes: die tote, die um die Offenbarung wie um ein lebloses Götzenbild versammelte, die die Einmaligkeit der Offenbarung irgendwie einsehende und gerade darum im Grunde an sich selbst verzweifelnde Kirche. Aber diese beiden Kirchen sind wohl im Grunde gar nicht zwei Kirchen, sondern nur die beiden Pole, zwischen denen sich das Leben der einen Kirche in einer höchst unnützen und verderblichen Spannnung notwendig hin und her bewegen müßte, wenn die heilige Schrift nicht Gottes Wort wäre — zwischen denen sich das Leben der einen Kirche, ob sie katholisch oder protestantisch sich nenne, tatsächlich hin und her bewegen muß, wenn sie den Glauben nicht hat, daß in der heiligen Schrift Gott selber mit ihr redet. Sie wird sich dann notwendig abwechselnd jetzt übermütig aufblähen, jetzt schwachmütig in sich selbst zusammensinken lassen. Sie wird dann vor ihren eigenen Augen und vor denen der Welt abwechselnd jetzt groß und prächtig, jetzt klein und häßlich dastehen, nicht in der Herrlichkeit und nicht in der Armut Christi, sondern das Eine wie das Andere, indem sie wie alle anderen weltlichen Gebilde ein Exponent ist der Finsternis, in der die Welt liegen müßte, wenn Gott sich nicht offenbart oder seltsamerweise einmal, für alle anderen Zeiten aber umsonst offenbart hätte.

Ist diese Kirche in der einen wie in der anderen Gestalt nicht die Kirche Jesu Christi, gibt es in ihr — im Unterschied zu dieser Kirche — wenn auch vielleicht nur als das Geheimnis Gottes, das sich in dieser Kirche beständig zum Wort meldet, eine wirkliche Kirche Jesu Christi, dann darum, weil es wortwörtlich wahr und erfüllt ist: Ihr sollt meine Zeugen sein! und: Siehe, ich bin bei euch alle Tage! Ist das wahr und wird das, weil es wahr ist, geglaubt, dann ist die Offenbarung so hoch über der Kirche beschlossen in dem Wort der Propheten und Apostel, zu denen dies gesagt wurde: nicht ihr, der Kirche eigenes, sondern das zu ihr gesprochene fremde Wort, daß sie es wohl unterlassen wird, nach ihr zu greifen, sie zu ihrem Besitz zu machen und also in ihre Macht zu bringen. Beugen wird sie sich dann immer aufs neue vor ihr. Lernen wird sie dann von ihr. In echtem Gehorsam wird sie dann an ihr Anteil haben. Gerade dann, gerade in dieser Höhe wird sie ihr ja auch nicht ferne, sondern in ihrem Gewand als menschliches Wort, mit dem man heute und alle Tage menschlich umgehen kann, nahe sein. Die Kirche wird dann, wenn ihr im menschlichen Zeugnis der bezeugte Gott gegenwärtig, wenn die Schrift Gottes Wort ist, leben von Gottes Offenbarung, zwischen Übermut und Verzweiflung mitten hindurchgehen, nun wirklich in der Armut, aber auch wirklich in der Herrlichkeit Christi und nicht in einem eigenmächtig erwählten Prunk- oder Bettlergewand wirklich und legitim in unserer Gegenwart seine Gegenwart erfahrend und verkündigend, in unserer Zeit die Genossin seiner Zeit.

In diesem Entweder-Oder wird die Kirche immer wieder wählen müssen. Will und kann sich die Kirche dabei bescheiden, Gottes Offenbarung zu empfangen, indem sie deren authentisches Zeugnis als solches an- und aufnimmt? Ist sie also wirklich entschlossen, unmittelbare, absolute und inhaltliche Autorität nur der heiligen Schrift und sonst niemandem, auch nicht sich selbst zuzuschreiben? — Wir befinden uns mit dieser Frage im Angesicht eines der schwersten Konflikte ihrer Geschichte. Vorhanden, wenn auch noch nicht in seiner Schwere empfunden, seit den ersten Jahrhunderten, kam er in der Reformation und Gegenreformation des 16. Jahrhunderts zum offenen Ausbruch und bezeichnet seither im Zusammenhang mit den bekannten anderen Gegensätzen die Grenze, die die römisch-katholische Kirche von der wahren, der evangelischen Kirche trennt und so lange unerbittlich trennen wird, als nicht die eine oder die andere aufgehört haben wird, zu sein was sie ist. Wobei doch der nächste und bedrängendste Gegner und Gesprächspartner der evangelischen Kirche nicht der als solcher manifeste Katholizismus, sondern die in ihrer eigenen Mitte aufgebrochene Häresie des Neuprotestantismus ist, der sich auch in dieser Angelegenheit in der Hauptsache sehr schlicht als der verlängerte Arm der irrenden Papstkirche erwiesen hat. — Es steht und fällt die evangelische und mit ihr die wahre Kirche damit, daß sie den Satz: die Bibel ist Gottes Wort (von dem mit der Schrift identischen offenbarten und verkündigten Wort Gottes selbstverständlich abgesehen) exklusiv versteht, daß sie also unmittelbare, absolute und inhaltliche Autorität weder für irgendeine dritte Instanz noch auch für sich selber in Anspruch nimmt, und eben damit, mit dem Bekenntnis zu der Neuheit, Einzigartigkeit und Göttlichkeit der in der Schrift bezeugten Offenbarung, mit der Anerkennung, daß die Kirche dieser konkreten Gehorsam schuldig ist, schroffen und, wenn man ihr das wirklich vorwerfen will, „borniertenˮ Ernst macht. Es ist demgegenüber für das römisch-katholische System ebenso wesentlich und bezeichnend, daß es diese angebliche Einengung der Offenbarung auf ihre biblische Bezeugung ablehnt und an Stelle dessen zunächst ein bestimmtes, ebenfalls als göttliche Offenbarung qualifiziertes Moment des kirchlichen Lebens, die sog. Tradition, neben die heilige Schrift stellt, dann dieses Moment mehr und mehr erweitert, bis das Ganze des kirchlichen Lebens gerade in ihm beschlossen scheint, dann die heilige Schrift diesem Ganzen unter- und einordnet und endlich dieses Ganze und damit sich selbst für mit Gottes Offenbarung identisch erklärt. Dieselbe Relativierung der heiligen Schrift zunächst gegenüber gewissen Momenten, dann gegenüber der Totalität der christlichen Geschichte, dann dieselbe Einbeziehung der heiligen Schrift in diese Geschichte und schließlich dieselbe Gleichsetzung dieser Geschichte als solcher mit Gottes Offenbarung ist aber auch das Wesen und Merkmal der neuprotestantischen Lehre von der Schrift. Der Unterschied zwischen diesen beiden besteht darin, daß die mit der Offenbarung gleichgesetzte kirchliche Wirklichkeit im Katholizismus in der Gestalt der römischen Hierarchie eine theoretische und praktische Geschlossenheit und Manövrierfähigkeit hat, die der in keiner sichtbaren Gestalt verkörperten neuprotestantischen „Geschichte" des Christentums so nicht eigen sein kann. Beide treffen aber darin zusammen, daß hinter beiden die Möglichkeit steht, die lange Linie jener Gleichsetzungen gleich noch um ein Glied zu erweitern, d. h. nicht nur die christliche Geschichte, sondern gleich die Religionsgeschichte, ja letztlich die Geschichte oder die menschliche Wirklichkeit überhaupt mit der Offenbarung zu identifizieren. Man wird also schon sagen müssen, daß es in diesem Konflikt um eine Entscheidung von letzter Tragweite geht. — Eine geschichtliche Besinnung über das Verhältnis von Schrift und Tradition wird hier unerläßlich. (Vgl. zum Folgenden: H. J. Holtzmann, Kanon und Tradition 1859; Josef Ranft, Der Ursprung des katholischen Traditionsprinzips, 1931.)

Das Vorurteil ist auch heute noch nicht beseitigt, als ob die konkrete polemische Zuspitzung des reformatorischen Schriftprinzips, die bedingungslose Ablehnung einer mit der heiligen Schrift als Offenbarungsquelle konkurrierenden kirchlichen Tradition eine Eigentümlichkeit der reformierten Kirche sei. Und dasselbe gilt von der auf dieses Vorurteil gegründeten Meinung, als ob es vom Standpunkt des Luthertums aus allenfalls doch nicht ganz ausgeschlossen sein möchte, mit dem Katholizismus in dieser Sache zu einem Einverständnis zu kommen. Jenes historische Vorurteil hat einen Anhalt in der bekannten Tatsache, daß das Schriftprinzip zwar an der Spitze der sämtlichen wichtigeren Bekenntnisschriften der reformierten Kirchen mit mehr oder weniger Schärfe und Ausführlichkeit ausgesprochen ist, während es in dem Grundbekenntnis der Lutheraner, in der Augsburgischen Konfession und in Luthers Katechismen überhaupt nicht explizit genannt wird. Hören wir zunächst, beispielsweise herausgegriffen, aus der *Conf. Gallic.* 1559 Art. 5, was die reformierte Kirche in dieser Sache bekannt und verworfen hat: *Nous croyons que la parole de Dieu qui est contenue en ces livres est procedee de Dieu, duquel elle seule prend son authorité et non des hommes. Et d'autant qu' elle est reigle de toute vérité contenant tout ce qui est necessaire pour le service de Dieu et nostre salut, il n'est loysible aux hommes, ne mesmes aux Anges d'y adiouster, diminuer ou changer. Dont il s'ensuit que ne l'antiquité, ne les coustumes, ne la multitude ne la sagesse humaine, ne les iugements, ne les arrestz, ne les edicts, ne les decrets, ne les conciles, ne les visions, ne les miraclez, ne doivent estre opposez à icelle Escripture saincte, ains au contraire toutes choses doivent estre examinees, reiglees, et reformees selon icelle.* Man darf aber angesichts solcher und ähnlicher Texte einmal nicht übersehen: es gibt auch reformierte Bekenntnisschriften wie der Berner Synodus von 1532, die Basler Konfession von 1534 und vor allem der Heidelberger Katechismus, in denen man das Schriftprinzip ebenso mit der Lupe suchen muß wie in jenen älteren Dokumenten des Luthertums. Sodann: Daß die Sache auf der reformierten Seite in der Tat in ausgesprochenerer Weise sichtbar wird als auf der lutherischen, hat seinen guten Grund darin, daß das reformierte Bekenntnis die gemeinsame evangelisch-kirchliche Substanz hier wie anderwärts im ganzen in einem späteren Stadium, nämlich im Stadium ihrer vorläufig abschließenden Abgrenzung und darum in einer Klarheit zeigt, die sich zwar praktisch von Anfang an auf der ganzen Linie anbahnte, die aber theoretisch im dritten Jahrzehnt jenes Jahrhunderts — der hohen Zeit der lutherischen Reformation — wenigstens noch nicht bekenntnisreif geworden war. Daß die lutherische Kirche am Ende des Reformationszeitalters sich selbst nicht anders verstand und also auch nichts anderes zu bekennen hatte als die reformierte, zeigt ganz unzweideutig der Eingang der Konkordienformel in ihren beiden Teilen, wo die Heilige Schrift, „die prophetischen und apostolischen Schriften Alten und Neuen Testamentes", als „der einig Richter, Regel und Richtschnur", als der „reine, lautere Brunnen Israels" angegeben wird, „nach welchem als dem einigen Probierstein sollen und müssen alle Lehrer erkannt und beurteilt werden, ob sie gut oder bös, recht oder unrecht sein". „Wenn ein Engel vom Himmel käme und predigte anders, der soll verflucht sein" wird aus Gal. 1, 8 zitiert. „Andere Schriften aber der alten und neuen Lehrer, wie sie Namen haben, sollen der heiligen Schrift nicht gleichgehalten, sondern alle zumal miteinander derselben unterworfen und anders oder weiter nicht angenommen werden denn als Zeugen..." Und die lutherische Kirche war wirklich weit davon entfernt, sich mit diesen Sätzen etwa nachträglich korrigieren und ergänzen zu müssen. Sprachen sie doch nur explizit aus, was jedenfalls Luther selbst nicht nur faktisch betätigt, sondern auch hundertfach implizit und explizit gesagt hatte. Stund es nicht in den Schmalkaldischen Artikeln, die ja nun ebenfalls zur öffentlichen Bekenntnisschrift erhoben wurden, in seinen eigenen Worten: „Es gilt nicht, daß man aus der heiligen Väter Werk oder Wort Artikel des Glaubens macht.... Es heißt, Gottes Wort soll Artikel des Glaubens stellen und sonst niemand, auch kein Engel." (Bek.Schr. d. ev.-luth. Kirche 1930, 421, 18.) Es ist nicht erfindlich, inwiefern die damit vollzogene Entscheidung weniger gründlich und unwiderruflich gewesen sein sollte als die der reformierten Bekenntnisse. Mit gutem Gewissen sollte in dieser Sache tatsächlich ein Lutheraner ebensowenig wie ein Reformierter der katholischen Position gegenüber auch nur die geringste Konzession machen können.

Wir stellen dieser evangelischen Entscheidung unmittelbar gegenüber die römisch-katholische, wie sie in ihrer grundlegenden Form am 8. April 1546 in der vierten Session des Tridentiner Konzils beschlossen und vollzogen worden ist: Die *puritas ipsa evangelii*, die Wahrheit und Ordnung (*veritas et disciplina*), die, von den Propheten verheißen, von Christus selbst ausgesprochen, von den Aposteln auf sein Geheiß verkündigt wurde, sie ist enthalten in *libris scriptis et sine scripto traditionibus, quae ab ipsius Christi ore ab apostolis accepta aut ab ipsis apostolis Spiritu sancto dictante quasi per manus traditae ad nos usque pervenerunt*. Und dann erklärt das Konzil, daß es die Bücher des Alten und Neuen Testamentes *nec non traditiones ipsas, tum ad fidem, tum ad mores pertinentes, tanquam vel oretenus a Christo, vel a Spiritu sancto dictatas et continua successione in ecclesia catholica conservatas, pari pietatis affectu ac reverentia suscipit et veneratur* (Denz. Nr. 783). Also: die heilige Schrift ist zwar eine, aber nicht die einzige Quelle unserer Erkenntnis der Offenbarung. Außer dem, was wir aus der heiligen Schrift kennen, hat Christus, hat aber auch der Heilige Geist den Aposteln noch Anderes ebenfalls als „Wahrheit und Ordnung" zu Hörendes und zu Verehrendes gesagt. Dieses Andere ist die Überlieferung, die, von Hand zu Hand weitergegeben, von ihnen auf uns gekommen ist. Ihre Trägerin und Hüterin war die katholische Kirche in ihrer geschichtlichen Kontinuität. Also haben wir dieser vor unseren Augen strömenden zweiten Erkenntnisquelle dieselbe Autorität zuzuschreiben wie der ersten. — Diese Entscheidung ist auf dem Tridentiner Konzil nicht ohne Schwierigkeiten und Kämpfe zustande gekommen. Es haben insbesondere drei Bischöfe, der von Fiesole, der von Astorga und der von Chioggia, bei diesem Anlaß nach katholischer Lesung „wiederholt teils durch Taktlosigkeiten, teils durch Widerstand gegen die offensichtliche Stellungnahme der Mehrheit (!), besonders als es sich um das *pari pietatis affectu* handelte, das Mißfallen der Konzilsleitung und der übrigen Väter hervorgerufen" und mußten sich nicht ohne Drohungen zum Schweigen bringen lassen (Ranft S. 7). Sie hatte die Konsequenz der vorangegangenen Entwicklung in der Tat nicht für sich und mußten mit ihren Bedenken und Abschwächungsvorschlägen ein Konzil, das sich die Bekämpfung der Reformation zur Aufgabe gestellt hatte, notwendig gegen sich haben. War die reformatorische Entscheidung allerdings kein Novum in der Kirche, so war es die tridentinische tatsächlich auch nicht, und man wird sogar zugestehen müssen, daß sich die Waage längst in dieser letzteren Richtung gesenkt hatte. Wäre es anders gewesen, so hätte sich die Reformation nicht in der schmerzlichen aber unvermeidlichen Form einer Kirchenspaltung durchsetzen müssen.

Wir finden schon bei Irenäus die „wahre Gnosis" definiert als ἡ τῶν ἀποστόλων διδαχὴ καὶ τὸ ἀρχαῖον τῆς ἐκκλησίας σύστημα κατά παντὸς τοῦ κόσμου. (*C. o. h.* IV, 33, 8) und bei Origenes die *credenda veritas* als diejenige, *quae in nullo ab ecclesiastica et apostolica traditione discordat* (Περὶ ἀρχῶν I *praef.* 2). Es hat Basilius unter den kirchlichen Lehren unterschieden: τὰ μὲν ἐκ τῆς ἐγγράφου διδασκαλίας — τὰ δὲ ἐκ τῆς τῶν ἀποστόλων διαδοθέντα ἡμῖν ἐν μυστηρίῳ. Mit der mündlichen Überlieferung — Basilius hat sie sich als eine Geheimtradition vorstellig gemacht — würden wir unbesonnenerweise Wichtigstes aus dem Evangelium selbst vernachlässigen (*De Spiritu sancto* 27, 66). Wir finden bei ihm und dann bei Epiphanius die Notwendigkeit der παράδοσις neben der Schrift begründet mit der leisen Klage über die Unvollständigkeit der in der Schrift enthaltenen apostolischen Überlieferung: οὐ γὰρ πάντα ἀπὸ τῆς θείας γραφῆς δύναται λαμβάνεσθαι. (*Adv. haer.* 61, 6). Noch offener hatte sich dann bereits Tertullian hinsichtlich der Vieldeutigkeit der Schrift ausgesprochen: *Non ergo ad scripturas provocandum, nec in his constituendum certamen, in quibus aut nulla aut incerta est victoria* (*De praescr.* 19). Es hat schon Chrysostomus die von der späteren katholischen Polemik gerne benützte Stelle 2. Thess. 2, 15 fruchtbar zu machen gewußt: wir lernten daraus, daß die Apostel vieles auch ohne Schrift überliefert hätten: ὥστε καὶ τὴν παράδοσιν τῆς ἐκκλησίας ἀξιόπιστον ἡγώμεθα. παράδοσίς ἐστιν, μηδὲν πλέον ζήτει (*In ep.* II *ad Thess. hom.* 4, 2). Und auf dem zweiten nicänischen Konzil 787 ist es dann auch bereits zu einer ausdrücklichen Anathematisierung derer gekommen, die die παράδοσις ἐκκλησιαστικὴ ἔγγραφος ἢ ἄγραφος ablehnen. (Denz. Nr. 308). — Was aber ist diese neben der Schrift gültige und zu hörende apostolische Tradition? Man hat jenem Dekret des Tridentiner Konzils schon im 16. Jahrhundert den Vorwurf gemacht, daß es wohl von apostolischen Traditionen rede ohne, doch zu sagen, was es konkret als solche verstanden wissen wolle. Dieser Vorwurf ist doch nur insofern begründet, als das Konzil sich in der Tat zunächst damit begnügt hat, mit jenem Hinweis auf die historische Kontinuität der katholischen Kirche die Antwort zu wiederholen, die hier schon in der alten Kirche mit wachsender Bestimmtheit gegeben wurde. Sie lautet schlicht dahin, daß die kirchliche Anerkennung, und zwar die allgemeine kirchliche Anerkennung eine bestimmte Überlieferung als apostolisch und also als legitim und also als Offenbarung erweist. Wir hörten diese Antwort schon in jenem Wort des Irenäus. Und so lesen wir bei Hieronymus, es gebe vieles, was in der Kirche nur auf Grund von Überlieferung Geltung besitze und dennoch die *auctoritas scriptae legis* gewonnen habe (*usurpaverunt*). Wer entscheidet darüber, was ein, was gelten soll? Der *consensus totius orbis* (*Dial. c. Luciferianos* 8). *Quod universa tenet ecclesia nec conciliis institutum, sed semper retentum est, non nisi auctoritate apostolica traditum rectissime creditur* (Augustin, *De bapt.* IV, 24, 31, vgl. II 7, 12 u. V. 23, 33). Die Allgemeinheit als Kennzeichen des Apostolischen und also des Kirchlichen konnte sowohl zeitlich (also im Blick auf das Alter einer bestimmten Überlieferung) als auch räumlich (im Blick auf ihre geographische Verbreitung) verstanden werden. Im ersten Sinn hat Tertullian den Präskriptionsbeweis verstanden und gehandhabt: *id esse dominicum et verum, quod sit prius traditum, id autem extraneum et falsum, quod sit posterius immissum* (*De praescr.* 31), während in den Äußerungen besonders Augustins der Nachdruck mehr auf die räumliche Allgemeinheit zu fallen scheint. Zusammenfassend wäre also die Antwort auf jene Frage dahin zu formulieren: was die in diesen beiden Dimensionen allgemeine, katholische Kirche als solche anerkannt, das ist apostolische und insofern legitime Überlieferung. Was nun die Kirche als solche neben der heiligen Schrift, wenn auch in ergänzender und bestätigender Erklärung derselben zu sagen hat, das hat schon um die Wende vom 4. zum 5. Jahrhundert ein solches Eigengewicht, daß jetzt jenes schon einmal angeführte Wort

1. Die Autorität des Wortes

Augustins — man hat es wohl in der Reformationszeit vergeblich in *meliorem partem* zu deuten versucht — möglich wird: angesichts der Frage, was zu einem Menschen zu sagen sei, der noch nicht an das Evangelium glaubt, müsse er, Augustin, offenbar auf Grund seiner persönlichen Erfahrung, bekennen: *Ego vero evangelio non crederem, nisi me catholicae ecclesiae commoveret auctoritas* (*C. ep. Man.* 5, 6). Daß ich das Evangelium habe und ihm glauben kann, das ist ja, so meint Augustin offenbar und so ist es wohl von der späteren katholischen Polemik richtig verstanden worden, selber eine Gabe kirchlicher Überlieferung. Es ist also bereits die viel später ausdrücklich vollzogene Einordnung der Schrift selber in die Überlieferung, was sich in diesem Wort ankündigt.

Eindeutig ist nun freilich die Stellungnahme der Kirchenväter in dieser Sache trotz aller auf dieser Linie laufenden Zeugnisse nicht gewesen. Einigen Anlaß zur Berufung auf die alte Kirche hatten doch auch die Reformatoren. Der Satz: *quia non possit ex his* (*sc. Scripturis*) *inveniri veritas ab his qui nesciant traditionem; non enim per literas traditam illam, sed per vivam vocem* wird bei Irenäus (*C. o. h.* III 2, 1) als ein gnostischer, als ein häretischer Satz zitiert! Gegen die Vorstellung, als ob das Alter als solches eine Überlieferung legitimiere, hat besonders Cyprian in seinen Briefen an mehr als einer Stelle Einspruch erhoben (63, 14; 71, 3; 73, 13, 23) gipfelnd mit dem bekannten Wort: *consuetudo sine veritate vetustas erroris est* (74, 9). Im selben Sinn und noch prägnanter hatte schon Tertullian, der Vater des Präskriptionsbeweises, trotzig genug geschrieben: *Dominus noster Christus veritatem se, non consuetudinem cognominavit* (*De virg. vel.* 1). Man findet bei Athanasius eine deutliche Unterscheidung zwischen den „heiligen und inspirierten Schriften", die zur Verkündigung der Wahrheit an sich genügend (αὐτάρκεις) seien und den als Kommentar zu jenen zu benützenden Schriften der übrigen Lehre (*Adv. gentes* 1). Und so konnte auch Augustin erklären: *In iis, quae aperte in scripturis posita sunt, inveniuntur illa omnia, quae continent fidem moresque vivendi, spem scilicet et caritatem* (*De doctr. chr.* II 9). Man wird aber bemerken müssen, daß es in allen derartigen Äußerungen, so widerspruchsvoll sie jenen anderen gegenüberstehen mögen, doch nirgends zu jener klaren, kritischen Gegenüberstellung von Schrift und Tradition im Sinn der reformatorischen Entscheidung kommt. Es hat die Anführung jenes „häretischen" Satzes bei Irenäus doch nur dialektische Bedeutung. Gerade Irenäus ist im übrigen (vgl. *C. o. h.* II, 4, 1—2; IV 24, 3) einer der Ersten von den Vielen, die die Schrift der Tradition förmlich ein- und untergeordnet haben. Was bei Cyprian der *consuetudo* gegenübersteht, ist der vieldeutige Begriff einer kirchlichen *ratio* und so war wohl auch schon bei Tertullian die der *consuetudo* so eindrucksvoll gegenübergestellte *veritas* nicht sowohl die *veritas scripturae* der Reformatoren, als vielmehr eine in der Geschichte mit immanenter Folgerichtigkeit aus ihrem ursprünglichen Keim sich entfaltende, der Kirche mitgeteilte Wahrheitssubstanz gemeint, deren eigentliche und maßgebende Erscheinung dann ebensowohl und in bestimmter Hinsicht noch mehr — der Präskriptionsbeweis hat schon bei ihm auch eine der Zukunft zugewandte Form! — das Spätere als das Frühere sein konnte, so daß er gelegentlich in einem gewiß nur dialektisch zu verstehenden Widerspruch zu sich selber sagen konnte: *In omnibus posteriora concludunt et sequentia antecedentibus praevalent* (*De bapt.* 13). Mehr als dies, daß es inmitten der Entwicklung des katholischen Systems an der Erinnerung an seinen Gegensatz und also an einem retardierenden Moment nicht gefehlt hat, würde ich den in jene andere Richtung weisenden Äußerungen der Kirchenväter nicht zu entnehmen wagen.

Die klassische und für die Zeit bis zur Reformation und Gegenreformation zunächst maßgebende Darstellung der katholischen Konzeption haben wir vor uns in einer Schrift, für die man es wohl bezeichnend finden darf, daß sie von einem erklärten Semipelagianer verfaßt ist und daß sie sich ursprünglich indirekt gegen die augustinische Prädestinations- und Gnadenlehre richtet: in dem *Commonitorium* des Vinzenz von Lerinum von 434. Der Weg zur Erkenntnis der *veritas catholicae*

§ 20. Die Autorität in der Kirche

fidei ist, so lesen wir hier (2), ein doppelter: *Prima scilicet divinae legis auctoritate, tum deinde ecclesiae catholicae traditione.* Warum muß die zweite neben die erste treten? Darum, erklärt Vinzenz, weil die heilige Schrift, obwohl an sich Autorität genug, um ihrer Erhabenheit (*altitudo*) willen nicht von Allen in demselben Sinn verstanden werden kann, weil faktisch die gleichen Bibelstellen von Anderen immer wieder anders erklärt werden. Es ist aber nötig und es muß dafür Sorge getragen werden, daß die Erklärung der Propheten und Apostel eine kirchliche und also allgemeine, eine katholische sei: *ut id teneamus, quod ubique, quod semper, quod ab omnibus creditum est.* Damit es dazu komme, muß aber danach g e f r a g t , müssen also als Kriterien beachtet werden ⟩ die *universitas*, die *antiquitas*, die *consensio*. *Universitas* eignet einer bestimmten, als kirchlich sich ausgebenden Position dann, wenn sie räumlich-geographisch überall die der Kirche ist, *antiquitas* dann, wenn sie schon die der Vorfahren und Väter gewesen ist, *consensio* endlich dann, wenn sie von allen oder doch fast von allen jeweiligen Trägern des Lehramtes (den *sacerdotes et magistri*) vertreten wird. Mit dem *ubique* und mit dem *semper* hat Vinzenz offenbar nur wiederholt und zusammengefaßt, was die vorangehenden Jahrhunderte über das Wesen der von der Schrift zu unterscheidenden Tradition herausgearbeitet hatten. Er hat aber zugleich, und darin dürfte die selbständige Bedeutsamkeit seiner Sätze zu sehen sein, mit der Hinzufügung des dritten Kriteriums, des *ab omnibus*, das keine bloße Tautologie zu dem *ubique* ist, das Problem jedenfalls bezeichnet, das auch nach der Feststellung der *universitas* und *antiquitas* als der Merkmale des Katholischen und also Apostolischen offenbar zu beantworten blieb, die Frage: Wer denn nun über das Vorhandensein des Merkmals des räumlich und zeitlich Allgemeinen *in concreto* zu entscheiden haben möchte? Diese Frage hat in der Tat auch das Trienter Konzil in seiner Erklärung über das Traditionsprinzip wenigstens theoretisch offen gelassen, wenn auch praktisch ein Zweifel hinsichtlich seiner Meinung kaum bestehen konnte. Noch in diesem Instrument der Gegenreformation scheint also jenes retardierende Moment nicht ganz unwirksam gewesen zu sein. Bei Vinzenz ist es doch grundsätzlich bereits überwunden. Er gibt auch die theoretische Antwort auf jene Frage, und wenn man auch vom Standpunkt der neueren Entwicklung aus sagen kann, daß sie auch bei ihm ihrer letzten Bestimmtheit noch entbehrt, so ist sie doch in ihrer Weise klar genug. Es gibt über dem konstitutiven *ubique* und *semper* ein regulatives *ab omnibus*, will sagen: Es ist die Deutung der Tradition und — weil die Tradition ihrerseits die legitime Deutung der heiligen Schrift ist — die Deutung der heiligen Schrift die Sache des jeweiligen kirchlichen Lehramtes in seiner *consensio*. Das Dunkel, in welchem einst Tertullian sowohl das Frühere über das Spätere, als auch das Spätere über das Frühere gestellt hatte, lichtet sich nun. Es ist die *veritas catholicae fidei*, die der ihrem Gegenstand entsprechenden wahrhaft katholischen und also im Rahmen der Tradition zu vollziehenden Auslegung der heiligen Schrift zu entnehmen ist, einerseits nach 1. Tim. 6, 20 ein *depositum: quod tibi creditum est, non quod a te inventum, quod accepisti, non quod excogitasti, rem non ingenii sed doctrinae, non usurpationis privatae, sed publicae traditionis, rem ad te perductam, non a te prolatam, in qua non auctor debes esse, sed custos, non institutor sed sectator, non ducens sed sequens.* Zum Hüten, Bewahren und Erhalten also ist der *Timotheus,* der *sacerdos,* der *magister,* der *tractator,* der *doctor* der jeweiligen Gegenwart berufen: *quae didicisti doce, ut cum dicas nove, non dicas nova.* Aber eben mit diesem *nove* ist schon das Zweite gesagt, daß sein Gesicht nicht nur nach rückwärts, sondern auch nach vorwärts gerichtet sein soll: *preciosas divi dogmatis gemmas exculpa, fideliter coapta adorna sapienter, adice splendorem, gratiam, venustatem, intelligatur te exponente illustrius quod ante obscurius credebatur. Per te posteritas intellectum gratuletur quod ante vetustas non intellectum venerabatur.* Seine Tätigkeit ist also nicht nur eine konservierende, sondern, im Dienste des Konservierten, eine produzierende. Es gibt, so erklärt Vinzenz, einen kirchlichen Fortschritt. Es gibt keine *permutatio* zwar: *ut aliquid ex alio in aliud transvertatur,* wohl aber einen *profectus religionis: ut in*

1. Die Autorität des Wortes

semetipsum res amplificetur. Crescat igitur oportet et multum vehementerque proficiat tam singulorum quam omnium, tam unius hominis quam totius ecclesiae, aetatum ac saeculorum gradibus, intelligentia, scientia, sapientia, sed in suo dumtaxat genere, in eodem scilicet dogmatae eodem sensu, eademque sententia. Imitetur animarum religio rationem corporum, quae, licat annorum processu numeros suos evolvant et explicent, eadem tamen quae errant permanent (22–23). Also: die Überlieferung ändert sich zwar nicht, aber sie wächst, im selben Sinn wie ein natürlicher Organismus nach Wesen und Art derselbe bleibt und nun doch wächst und insofern ständig mit sich selber identisch ständig neu wird. Es liegt aber die konservierende und die produzierende Pflege der Überlieferung in einer Hand, sie untersteht einer Führung und Verantwortung, und diese Hand, Führung und Verantwortung ist die des von Vinzenz angeredeten Timotheus, d. h. der Träger des jeweiligen kirchlichen Lehramtes in ihrer *consensio* untereinander. Welche *consensio* offenbar dafür bürgen muß, daß das Konservieren sowohl, also das Achten auf das *ubique* und auf das *semper*, als auch das Produzieren in dem der Zukunft zugewandten Dienst dieser echten Überlieferung vor Zufall und Willkür bewahrt bleibe. Man wird das Verdienst des Vinzenz von Lerinum hinsichtlich der theoretischen Klärung dieser Sache nicht leicht hoch genug anschlagen können, auch wenn man in Rechnung stellt, daß er nur formuliert hat, was sich praktisch in seiner kirchlichen Umgebung bereits durchgesetzt hatte und im Lauf des Mittelalters praktisch immer mehr durchsetzte, was aber offenbar selbst das Trienter Konzil noch nicht in dieser Bestimmtheit zu formulieren und als Dogma zu verkündigen wagte. Indem Vinzenz, die Fäden straffer anziehend als alle Älteren, aus dem ungeklärten Nebeneinander der auslegungs- und ergänzungsbedürftigen Schrift einerseits und der auslegenden und ergänzenden Überlieferung andererseits das einheitliche *corpus* des *depositum* werden ließ, indem er dieses *corpus* in seiner Ganzheit als ein Lebewesen verstand, das, indem es erhalten bleibt, auch wachsen darf und muß und vor allem, indem er beides, die Erhaltung und das Wachstum in die Hand des krichlichen Lehramts legte und damit dieses letztere zum sichtbaren Subjekt der Überlieferung machte, hat er gezeigt, wohin die Fahrt ging und nachdem die ersten Schritte schon viel früher getan worden waren, in der Tat gehen mußte. Man wird gerade im Blick auf Vinzenz von der gegenreformatorischen Entscheidung des Tridentinums nicht sagen können, daß sie übereilt und übertrieben war. Die Väter von Trient haben vielmehr mit fast übergroßer Besonnenheit und Mäßigung eine Erkenntnis zum Bekenntnis erhoben, die in der Papstkirche faktisch längst lebendig war und zu der sie sich schon sehr viel früher hätte bekennen können, wenn sie nicht durch eine (von der neueren Entwicklung her gesehen) rätselhafte Scheu daran gehindert gewesen wäre. Sie war tatsächlich, ohne daß man sagen könnte, warum es notwendig so sein mußte, lange daran verhindert, auch nur die Lehre von den zwei Quellen, die ja wahrlich selber nur ein vorletztes Wort ist, offen zum Dogma zu erheben. Es bedurfte der Proklamation der Wahrheit durch die Reformation, um die Lüge auch nur in dem Maß, wie es zu Trient geschehen ist, zur Reife zu bringen.

Eine komprimierte Andeutung des eigentlich Gemeinten: der Identifikation von Schrift, Überlieferung, Kirche und Offenbarung, wie sie hinter dem Dekret über die Tradition stand, und wie sie dem Sinn der bisherigen Entwicklung entsprechend, schon damals hätte ausgesprochen werden können, kann man immerhin schon im Tridentinum selber finden, sofern es in die mehr als praktische Anweisungen gedachten Bestimmungen über Bibelübersetzung und Bibelerklärungen einen Satz aufgenommen hat, der dann auch Bestandteil der 1564 formulierten *Professio fidei Tridentina* würde, laut welchem es verboten ist, die heilige Schrift auch nur *privatim* zu erklären *contra eum sensum, quem tenuit et tenet sancta mater ecclesia, cuius est iudicare de vero sensu et interpretatione Scripturarum sanctarum, aut etiam contra unanimem consensum patrum* (Denz. Nr. 786).

Die katholische These in ihrer im Tridentinum niedergelegten Form ist im 16. Jahrhundert und von da bis in die Gegenwart in der Hauptsache mit folgenden einzelnen

Gründen behauptet und verteidigt worden: Man wies darauf hin, daß Christus selbst wohl geredet aber weder geschrieben noch zum Schreiben Auftrag gegeben habe, daß die Schrift auch sonst jünger sei als die Kirche mit ihrer mündlichen Überlieferung und nicht nur jünger, sondern geradezu auf diese begründet, ein Werk der ältesten Kirche und in ihrer kanonischen Geltung abhängig von deren Entscheidung. Man wiederholte, was schon in der alten Kirche so oft gesagt worden: den Satz von der dogmatischen Insuffizienz der Bibel. Es gebe viele, übrigens auch von den Protestanten anerkannte kirchliche Sätze und Einrichtungen: etwa die Formeln der Trinitätslehre, etwa die Kindertaufe und die Sonntagsfeier, die nur in der Tradition der Kirche, nicht aber in der Schrift begründet seien. Man betonte — und konnte es angesichts der innerprotestantischen Streitigkeiten mit neuem und besonderem Nachdruck tun — die Schwierigkeit der Erklärung der Bibel, die Gefahr eines willkürlichen Subjektivismus bei ihrer Lektüre und die daraus sich ergebende Notwendigkeit einer das Schriftverständnis regulierenden zweiten Autorität. Man brachte weiter eine Reihe von Stellen aus der Schrift selbst auf, die das Vorhandensein und gute Recht einer solchen zweiten Autorität zu begründen schienen. Ich zitiere beispielsweise diejenigen, die der größte katholische Polemiker des 16. Jahrhunderts, der Kardinal Bellarmin für besonders beweiskräftig gehalten hat (nach Ranft S. 29) Joh. 16, 12: „Ich habe euch noch viel zu sagen; aber ihr könnt es jetzt nicht tragen"; Joh. 21, 25: „Es sind noch viele andere Dinge, die Jesus getan hat. Wenn eins nach dem anderen aufgeschrieben würde, so würde, meine ich, die Welt die geschriebenen Bücher nicht fassen können"; Act. 1,3: „Diesen zeigt er sich durch viele Erweisungen als lebendig"; 1. Kor. 11, 2: „Ich lobe euch aber, daß ihr in allen Dingen meiner gedenkt und die Überlieferungen, wie ich sie euch übergeben habe, festhaltet"; 1. Kor. 11, 23: „Ich habe vom Herrn her empfangen, was ich euch auch überliefert habe ..."; 1. Kor. 11, 34: „Das Übrige werde ich anordnen, wenn ich komme"; 2. Thess. 2, 15: „So stehet nun, Brüder, und haltet die Überlieferungen fest, wie ihr gelehrt worden seid, sei es durch ein Wort, sei es durch einen Brief von uns"; 2. Tim. 1, 13: „Halte fest am Vorbild der gesunden Worte, die du von mir gehört hast"; 2. Tim. 2, 2: „Was du von mir gehört hast im Beisein vieler Zeugen, das vertraue treuen Menschen an, die tüchtig sein werden, auch Andere zu lehren." Und es wurde endlich und nicht zuletzt für das Recht der Überlieferung die Stimme der Überlieferung selbst, d. h. jene uns bekannten Zeugnisse der alten Kirche, ins Feld geführt.

Der reformatorische Protestantismus brauchte diesen Einwänden gegenüber nicht in Verlegenheit zu sein. Welche grundlegende Verwechslung zwischen der Offenbarung Gottes und ihrer Bezeugung und damit welche verhängnisvolle Unklarheit hinsichtlich der göttlichen Regierung der Kirche und dem menschlichen Dienst in ihr zeigt sich gleich in jenem Argument, das Christus selbst wohl geredet aber nichts geschrieben habe! Natürlich gibt es eine Überlieferung, die älter ist als die heilige Schrift und auf die die heilige Schrift als solche sogar begründet ist: sie ist der Weg von der Offenbarung als solcher zu ihrer schriftlichen Bezeugung. Dieser Weg war der Weg, der durch ihre unmittelbare Begegnung mit Jesus Christus selbst ausgezeichneten Propheten und Apostel. Er war aber gerade nicht der Weg der auf ihr Zeugnis begründeten und sich begründenden Kirche. Er ist mit dem Zustandekommen der Schriftlichkeit ihres Zeugnisses der späteren Kirche gegenüber abgeschlossen und es beginnt mit diesem Zeugnis in seiner Schriftlichkeit der Weg dieser späteren Kirche, der insofern ein neuer Weg ist, als sie nur insofern Trägerin der Offenbarung sein kann, als sie Trägerin und Verkündigerin jenes Zeugnisses ist. Jenes Zeugnisses in dem Bestand, in welchem sie es konkret aufweisbar besitzt, nicht — das ist zu allen jenen neutestamentlichen Stellen zu bemerken — in einem Bestand, zu dessen Aufweis das Weiterleben der Propheten und Apostel, bzw. die Fortdauer der unmittelbaren Offenbarung erforderlich wäre! Nicht die Kirche hat jenes Zeugnis hervorgebracht, sondern jenes Zeugnis hat die Kirche hervorgebracht: gewiß vor seiner schriftlichen Niederlegung; aber in dieser ersten Form seiner Wirksamkeit, auf jenem ursprünglichen Wege bis zu seiner Schriftlichkeit ist es der Kirche unsichtbar. Sie kennt es nicht anders denn in dieser seiner Schriftlichkeit. Oder kraft welcher Einsicht und Vollmacht könnte sie etwa hinter seine Schriftlichkeit zurückgreifen? Hat sie seine Kanonizität als Gottes Wort erkannt und anerkannt, so ist diese doch in sich selbst bzw. in der ihr bezeugten Offenbarung, in der Erscheinung Jesu Christi und in der Einsetzung der Propheten und Apostel und nicht in dem diesen Tatbestand nachträglich anerkennenden Urteil der Kirche begründet. Hätte die Kirche dieses ihr eigenes Urteil ernst genommen, hätte sie die Schrift wirklich als kanonisch, als Gottes Wort anerkannt, wenn sie daraus das Recht ableiten würde, sich selbst auch abgesehen von ihrer Funktion im Dienste der Schrift als Trägerin eines besonderen Wortes Gottes auszugeben und aufzuspielen? Hat sie ihr Urteil aber ernst genommen oder vielmehr: hat sie das ernst genommen, was sie mit diesem Urteil anerkannt hat, dann kann keine noch so alte und allgemeine Überlieferung beweisen, daß es neben der Schrift auch noch eine im selben Sinn als Autorität zu hörende Überlieferung gibt. Die Gleichstellung dieser Autoritäten und die hinter dieser Gleichstellung verborgene Gleichsetzung der Kirche selber mit der Offenbarung ist dann eben schon im Munde des Irenäus und des Augustin eine Lüge und ein Irrtum gewesen. Gewiß hat auch die Kirche zu verkündigen, zu lehren, zu urteilen, zu entscheiden, und das mit Autorität, und das nicht nur in Wiederholung biblischer Texte, sondern in der ihr gebotenen Freiheit, d. h. in Auslegung und Anwendung dieser Texte und also notwendig: hinausgehend über deren Wortlaut. Aber daß die Verkündigung der Kirche mehr sein wollen darf als Auslegung und Anwendung der Schrift, daß sie, auf eine unmittelbare und unkontrollierbare apostolische Geheimüberlieferung sich berufend und begründend, selber und selbständig den Anspruch auf den Besitz von Offenbarung erhebt, daß sie der Zucht und Kritik der heiligen Schrift, der Möglichkeit von ihrer mittelbaren an diese unmittelbare Autorität zu appellieren, sich entzieht, daß sie sich eine andere Stellung als die eines sekundären Zeugendienstes zuschreiben darf — das ist unmöglich, wenn sie sich selbst in jenem ihrem Urteil über die Kanonizität der Schrift recht verstanden hat. Von da aus wird aber zu der so viel beklagten Schwierigkeit der Erklärung der Bibel und zu der Tatsache der Mannigfaltigkeit und des Widerspruchs der Erklärungen, die sie gefunden hat, zu sagen sein: Was die Geister in der Auslegung und Anwendung der heiligen Schrift tatsächlich zu allen Zeiten so weit auseinandergerissen hat, das war nicht eine zu große, sondern eine zu kleine Treue in der Erkenntnis, daß die Kirche in ihr und nur in ihr Gottes Wort zu hören hat. Gerade wo man, wie es der Katholizismus im Großen und in einer für alle Häresien geradezu klassischen und vorbildlichen Weise getan hat, bei der Auslegung und Anwendung der Schrift außer Christus und dem Heiligen Geist, wie sie in der heiligen Schrift selbst sich bezeugen, auch noch einen direkt erkennbaren Christus, einen d i r e k t zu empfangenden und wirksamen Heiligen Geist für sich in Anspruch nehmen zu dürfen glaubt — er kann ja dann auch allerhand andere, profanere Namen tragen, er kann auch mit der eigenen Vernunft oder mit dem eigenen Lebensgefühl oder Natur oder Geschichtsbewußtsein identisch sein — gerade da wird die an sich und von ihrem Gegenstand her helle Schrift dunkel, die gebotene Freiheit ihrer Auslegung und Anwendung zur Willkür, das Auseinandergehen der verschiedenen Auslegungen und Anwendungen unvermeidlich. Es gibt keinen gefährlicheren Subjektivimus als den, der in der Anmaßung einer falschen Objektivität begründet ist. Nicht daß die heilige Schrift als Wort Gottes dunkel und vieldeutig, sondern daß die heilige Schrift das Wort Gottes für die Kirche a u f E r d e n ist und also der Lehrer für Schüler, die allesamt verlorene S ü n d e r sind, das macht jene beklagte Zersplitterung ihres Verständnisses möglich, und wenn nicht das Wunder der Offenbarung und des Glaubens dazwischen tritt, sogar unvermeidlich. Diese Zersplitterung kann aber eben nur durch dieses Wunder und gerade nicht dadurch gut gemacht werden, daß dieses Wunder im voraus geleugnet wird, daß jene Schüler statt im Glauben zu der ihnen in der Schrift begegnenden Gnade nun vielmehr zu ihrer eigenen Sünde ja sagen und also das Schülerverhältnis, in welchem sie ihre ganze Hoffnung erkennen müßten, verlassen, um ein Jeder sich selbst zum Lehrer oder doch zum ebenbürtigen Gesprächspartner der Schrift gegenüber einsetzen. Und wenn sie sich dabei auf Christus und den Heiligen Geist beriefen, und wenn sich noch so Viele von ihnen der schönsten *consensio* untereinander erfreuen dürften — auf diesem Weg können sie die Zersplitterung nur vermehren und unheilbar machen.

Nicht zu wenig, sondern immer noch viel z u v i e l T r a d i t i o n a l i s m u s, d. h. enthusiastischer Glaube an einen der Kirche gestatteten direkten Zugang zur Offenbarung, hat sich alsbald auch im Bereich des a l t e n P r o t e s t a n t i s m u s geltend gemacht. Man denke dabei an die Schwärmer, Spiritualisten und Mystiker des 16. Jahrhunderts, aus deren Aussaat dann die von der römischen Polemik so oft verhöhnte protestantische Sektiererei hervorgegangen ist! Man denke aber ja nicht nur an sie! Man hat auch auf seiten der beiden großen, offiziellen evangelischen Konfessionskirchen mit dem Schriftprinzip nicht zu viel, sondern zu wenig Ernst gemacht, zu viel angeblich unmittelbare Gewißheiten und Selbstverständlichkeiten teils aus dem Mittelalter übernommen, teils durch die Renaissance sich diktieren, teils auch neu und frei sich entfalten lassen und als unerschütterlichen Besitz der Kirche mit dem ausgesprochenen oder unausgesprochenen Charakter einer zweiten Offenbarungsquelle der heiligen Schrift gegenüber vorausgesetzt. Man denke nur etwa an das angebliche Naturrecht, an den trotz Luthers Protest alsbald in seine Rechte als „d e r" Philosoph wieder eingetretenen Aristoteles (an dessen Stelle und Funktion später mit gleichem Recht auch andere Philosophen gesetzt werden können), an die für die Stellung der Reformationskirchen in Staat und Gesellschaft so entscheidend wichtige Idee des *corpus christianum*, aber vor Allem auch an die alsbald nahezu oder ganz absolut gesetzte Wirklichkeit der Konfessionskirchen als solcher. Man denke an den Zauber und an die praktischen Auswirkungen des Zaubers, den der Name Luthers und teilweise auch der Calvins als solche weithin ausübten. Man denke an die fast magische Autorität, die das vor Kaiser und Reich abgelegte Augsburger Bekenntnis für das Luthertum gewonnen hat. Waren das nicht alles schriftfremde Instanzen so gut wie jene angeblich apostolischen Traditionen des Tridentinums? Mit welchem Grund und Recht wurden sie — sie alle schon im 16. Jahrhundert! — sichtlich ebenso ernst genommen wie die Schrift? Und sie waren es, die nun auch im Protestantismus jene Sprengwirkung ausübten. Nicht in der Schule der heiligen Schrift, in der er sich seinem Programm gemäß befinden sollte, sondern in der Schule dieser anderen Autoritäten, die man unbemerkt *pari pietatis affectu et reverentia* neben der heiligen Schrift und in gleicher Würde mit ihr gelten und zu Worte kommen ließ und also gar nicht in der Schule Luthers und Calvins, sondern heimlich gar sehr in der Schule des Vinzenz von Lerinum und im Geiste des vermeintlich bekämpften Tridentinums ist auch die protestantische Auslegung und Anwendung der Schrift so subjektiv und so widerspruchsvoll geworden. Man hatte darum im 16. und im 17. Jahrhundert ganz recht, wenn man sich dagegen verwahrte, daß mit dem billigen Hohn der Gegner über diesen Subjektivismus und Widerspruch auch nur das Geringste gegen die *perspicuitas scripturae sanctae* gesagt sei, wenn man sich grundsätzlich darüber einig war, daß der Ausweg aus dieser allerdings offenkundigen Verlegenheit nicht nach rückwärts, nicht zu Konzessionen gegenüber dem katholischen Traditionsprinzip, sondern nur nach v o r w ä r t s: zu einem energischeren Geltend- und Fruchtbarmachen des evangelischen Schriftprinzips führen könne. Hätte man ihn nur ernstlicher gesucht und wäre man ihn nur ernstlicher gegangen! Daß dies nicht mit ganz anderer Bestimmtheit geschehen ist, d a s ist die wirkliche Schwäche der altprotestantischen Position. Ihre Schwäche war hier wie anderwärts die, daß sie selber von Anfang an schon zu viel Neuprotestantismus in sich enthielt, um dem Katholizismus nicht nur mit Worten, sondern mit Taten wirksam gegenüberstehen zu können.

Diese Schwäche verriet sich darin, daß schon im 17. Jahrhundert nun doch auch Versuche gemacht wurden, den Ausweg nicht nur praktisch, sondern auch grundsätzlich im Widerspruch zu der reformatorischen Entscheidung und unter mehr oder weniger offenen Konzessionen an das Dogma von Trient und also nach rückwärts zu suchen.

Es waren nicht die ersten Besten, die in dieser Richtung vorgingen. Der große holländische Jurist und Geschichtsschreiber Hugo Grotius ist der Eine, dessen wir hier zu gedenken haben (vgl. Holtzmann S. 41 f.). Daß er Arminianer war, ist in diesem Zusammenhang ebenso charakteristisch, wie einst der Semipelagianismus des Vinzenz von Lerinum: es ist der Kampf gegen die Freiheit der Gnade, der ebenso die Wurzel des Neuprotestantismus wie die des römischen Katholizismus bildet! Tief beeindruckt von den uns bekannten Argumenten der katholischen Polemik hat Grotius grundsätzlich zugegeben: *stat omne verbum in duobus testibus, in scriptura et traditione, quae mutuo facem sibi allucent*. Gewiß war Grotius nicht der Meinung, mit diesem Satz dasselbe zu sagen wie das Tridentinum. Was er wollte, waren zwei wirklich gleich ernst zu nehmende, gegenseitig sich erklärende Quellen der Offenbarung. Und unter Tradition wollte er verstanden wissen den von den Scholastikern entstellten *antiquus et universalis consensus veteris ecclesiae*, wie er ihn in den wesentlichen und übereinstimmenden Zeugnissen der Kirchenväter und als Kern der offiziellen römischen Tradition zu erkennen meinte. Man wird fragen müssen: Wie läßt sich diese „alte" Kirche von der mittelalterlichen abgrenzen? Aber selbst wenn dies zu beantworten wäre, wie kommt nun gerade das Votum dieser alten Kirche dazu, in gleicher Würde neben das der heiligen Schrift zu treten? Und hat die Kirche, indem sie in ihrer eigenen Vergangenheit eine solche zweite Quelle neben der ersten zu sehen meint und erklärt, sich nicht *eo ipso* als Richter über beide und also auch über die heilige Schrift gestellt? Und mit welchem Rechte hat sie dies dann getan? Wenn Grotius sich gerade diese beiden letzten Fragen noch weniger gestellt hat, als es die Väter von Trient getan haben, so kann doch kein Zweifel sein, daß seine geschichtliche Zusammenschau von Bibel und ältester Überlieferung ebenso wie das den Begriff der Überlieferung bis auf die Gegenwart ausdehnende Dogma von Trient notwendig auf die Vorstellung eines der Kirche der Gegenwart verfügbaren Offenbarungsbesitzes hindrängte, eine Vorstellung mit der dann die reformatorische Entscheidung offenkundig aufgehoben sein mußte.

Der Seitenmann des Grotius im lutherischen Deutschland war der viel umstrittene Georg Calixt in Helmstedt (vgl. Holtzmann S. 43 f.; W. Gaß, Geschichte der protestantischen Dogmatik, 2. Bd. 1857, S. 68–216). Er ist darum noch interessanter als Grotius, weil bei ihm einerseits die Hintergründe der ihm mit jenem gemeinsamen These noch deutlicher sichtbar werden und weil andererseits die ihm mit jenem gemeinsame These zugleich vorsichtiger und doch bestimmter als bei jenem herausgearbeitet ist. Calixt konnte insofern meinen, ein guter Lutheraner zu sein, als er die Lehre von der Rechtfertigung allein durch den Glauben als das besondere und überaus wichtige Erkenntnis- und Bekenntnisgut seiner Kirche zweifellos hochgeschätzt und auch leidlich korrekt im Sinn der Reformation vertreten hat. Er gehört aber zugleich zu den vom 17. Jahrhundert ab immer zahlreicher werdenden evangelischen Theologen, die insbesondere das Gewicht und den Gehalt des Begriffs des Glaubens in dieser Lehre nicht mehr recht ernst nahmen, sondern in einer merkwürdigen Unsicherheit zugaben, daß unter Glauben bedauerlicherweise auch ein bloß untätiges und unfruchtbares intellektuelles Fürwahrhalten verstanden werden könne und daß es darum zu einer vollständigen Darstellung des Weges, auf dem der Mensch des Heils teilhaftig wird, nötig sei, der Lehre von der Rechtfertigung, ohne sie in sich zu verändern, besondere Bestimmungen über die notwendige Werktätigkeit des Glaubens, über ein zur Seligkeit unentbehrliches Minimum von sittlicher Unbescholtenheit des Glaubenden hinzuzufügen. Es hing bestimmt zusammen mit einem Auftauchen oder Wiederauftauchen der Vorstellung einer Ergänzungsbedürftigkeit der Gnade vom Menschen her, mit diesem Wiederauftauchen einer den Reformatoren fremden Selbständigkeit des moralischen Anliegens und Pathos, wenn die Bedeutung der Rechtfertigungslehre bei Calixt nun faktisch doch verblaßt neben der des gemeinsamen Dogmas der alten Kirche, auf dessen Hintergrund und in dessen Konsequenz er sie übrigens mit Recht verstehen will. Die Liebe des Calixt gilt entscheidend nun doch nicht der Rechtfertigungs-, sondern zunächst der allgemeinen Trinitäts- und Menschwerdungslehre und insofern nicht der lutherischen, sondern der alten christlich-katholischen Kirche, aus der die lutherische mit ihrer Rechtfertigungslehre hervorgegangen ist. Calixt konnte insofern auch meinen, ein guter Protestant zu sein, als er sich gegenüber dem neueren, d. h. dem mittelalterlichen und besonders gegenüber dem neuesten, dem jesuitisch-kurialen Katholizismus, wie er sich auf der Grundlage von Trient alsbald herauszubilden begann, aufs Schärfste abzugrenzen wußte. Er tat es aber wiederum zugunsten jenes alten, jenseits des Zwiespalts des 16. Jahrhunderts und auch jenseits der mittelalterlichen Verderbnis vermeintlich sichtbaren christlichen Katholizismus, von dem aus er nun doch auch die lutherische und die reformierte Kirche maß, kritisierte, verglich und auf ihre wahre Einheit hinzuweisen versuchte. Es gibt nach Calixt einen *consensus quinquesaecularis*, eine wesentliche Übereinstimmung der Lehrer, der Glaubensbekenntnisse und Konzilsbeschlüsse der ersten 5 Jahrhunderte unter sich und mit der selber als ein Bestandteil dieses ursprünglichen Überlieferungskorpus zu verstehenden heiligen Schrift. In dieser Zeit hat nämlich die Kirche die ihr unentbehrliche Lehrsubstanz aus dem Worte Gottes empfangen, aber eben indem sie sie wirklich empfangen hat, auch sich selber gegeben und angeeignet (Gaß, S. 110). Eben die heilige Schrift bezeugt die Rechtmäßigkeit und darum die Normativität der Übereinstimmung der Kirche dieser Zeit, ebenso wie umgekehrt die Kirche dieser Zeit in ihrer Übereinstimmung die Perspikuität und Suffizienz der heiligen Schrift bezeugte (Gaß, S. 126). Es ist darum und insofern die Kirche dieser Zeit das Kriterium für die Kirche und die Kirchen aller späteren Zeiten, in welchen durch das Auftauchen besonderer und fremder Lehren jene Übereinstimmung teilweise verloren ging, das Gericht über die neuere Papstkirche, aber auch die überlegene, richterliche und einigende Instanz gegenüber der Papstkirche einerseits und dem Protestantismus andererseits sowie gegenüber den innerprotestantischen Trennungen. Sie bildet sozusagen den gesunden natürlichen Stamm des ganzen historischen Christentums, den Wahrheitskern, der auch in allen seinen Auswüchsen und Wucherungen enthalten und auch zu erkennen ist und durch dessen Wiederentdeckung und allseitige Geltendmachung überall Gesundheit und damit auch die Einheit der Kirche wiederzugewinnen wäre. Man wird bei aller Anerkennung des Reichtums und der Geschlossenheit und auch der guten, d. h. human sehr einleuchtenden Absichten dieser Konzeption nicht verkennen können: hier ist gegenüber der reformatorischen Erkenntnis hinsichtlich der heiligen Schrift ein entscheidender und offener Rückschritt vollzogen. Wie bei Grotius, so wird man auch bei Calixt zunächst fragen müssen, ob jene Lehre vom *consensus quinquesaecularis* in seinem Gegensatz zu der späteren Kirche nicht auf einer großen Illusion beruhe? ob jene alte Kirche sich nicht tatsächlich schon unter sich in sehr entscheidender Weise widersprochen hat? ob sie nicht auch in manchen ihrer Übereinstimmungen der heiligen Schrift in entscheidender Weise gegenüberstand? ob es also römischen Katholizismus und allerlei andere, später als solche sichtbar gewordene Häresie nicht schon seit dem nachapostolischen Zeitalter und erst recht in den folgenden ersten Jahrhunderten gegeben hat? ob also die Kirche jener Zeit nicht ebenso wie die Kirche späterer Zeiten von der heiligen Schrift her gesehen reformationsbedürftig und also keineswegs mit jener zusammengehörig oder gar eins, sondern zu ihrer Beschämung und zu ihrem Heil ihr gegenübergestellt und untergeordnet war? Aber selbst wenn dem so wäre, wie Calixt es voraussetzte: läßt sich wirklich in einem Atemzug sagen, daß die Kirche das Wort Gottes aus der heiligen Schrift empfangen und daß sie es sich selbst gegeben und angeeignet habe, selbst wenn dies letztere in der vollkommensten Weise geschehen wäre? Müßte den Zeugen ersten Grades nicht das erste Wort, und zwar das grundsätzlich, überlegen erste Wort auch gegenüber den vollkommensten Zeugen zweiten Grades zugebilligt werden? Ginge es an, die Kirche in gleicher Weise an diese wie an jene zu binden? Und nun weiter: Hat die

Kirche sich wirklich einmal in jener Übereinstimmung mit der heiligen Schrift befunden und folgte daraus damals wirklich eine derartige Reziprozität ihres Verhältnisses zu jener, dann ist nicht einzusehen, daß ihr beides: die Übereinstimmung und ihre eigene daraus folgende Würde wieder grundsätzlich verlorengehen bzw. inwiefern etwa eine volle und offene Wiederherstellung beider grundsätzlich unmöglich sein sollte? Gerade dies: die latente Fortexistenz jenes gesunden Stammes auch in der späteren Kirche hat Calixt aber auch tatsächlich behauptet, und gerade eine allgemeine Reformation der Kirche in Herstellung bzw. in neuer Sichtbarmachung ihrer Kontinuität zu jener latent fortexistierenden normativen Urkirche hat er denn auch tatsächlich gefordert und geweissagt. Eben in dieser heimlich vorhandenen und wieder sichtbar und wirksam zu machenden normativen Urkirche stellt sich also die Kirche nicht unter die Schrift, sondern, indem sie das Wort Gottes ebenso von ihr empfängt, wie auch sich selber gibt, neben jene. Der historische Standpunkt, von dem aus Calixt die Normativität jener Urkirche bzw. jene Urkirche als Norm feststellt und proklamiert, ist faktisch der Standpunkt eines selbständigen kirchlichen Offenbarungsbesitzes. Daß Calixt einen unfehlbaren Papst als offiziellen Vertreter und Verwalter dieses Offenbarungsbesitzes auf das bestimmteste ablehnt, macht seinem Willen zum Protestantismus alle Ehre. Aber was ist es grundsätzlich Anderes, wenn an die Stelle eines Papstes zunächst der Kenner der alten Kirchengeschichte, der warmherzige Unionspolitiker tritt, wenn dieser solchen Urteils fähig ist? Irgendwo hinter den fehlbaren Professoren, Kirchenpolitikern und anderen Vertretern der Kirche der Gegenwart steht dann doch auch eine Unfehlbarkeit dieser Kirche als solcher. Irgendwo in dieser Kirche der Gegenwart weiß man, wenn der *consensus quinquesaecularis* wirklich kirchliche Norm und als solche erkennbar ist, in gleicher Weise *a priori* um die Offenbarung wie man sich durch die heilige Schrift darüber unterrichten läßt. Irgendwo befindet man sich mit der heiligen Schrift selbst in jenem ursprünglichen Konsensus, der dann jene Reziprozität des Empfangens und Gebens möglich macht. — Wir sind ausgegangen von der bei Calixt sichtbaren Unsicherheit hinsichtlich der Rechtfertigungslehre. Es konnte nicht anders sein: Wer sie für ergänzungsbedürftig hielt durch eine besondere Lehre von der zum Heil notwendigen Werktätigkeit des Glaubens, der hatte ihre Voraussetzungen und damit ihren Sinn, auch wenn er sie noch so korrekt vortrug, nicht verstanden. Calixt konnte bei seiner Behauptung der Einheit der lutherischen Kirche mit der des Mittelalters und Altertums nicht zum Wenigsten darum guten Glaubens und Mutes sein, weil er sich die Rechtfertigungslehre nur in dieser Ergänzungsbedürftigkeit und mit dieser Ergänzung zu eigen machte, weil er die reformatorische Lehre von der Erbsünde dahin richtigstellen zu dürfen glaubte, daß es sich bei der Folge der Erbsünde um eine bloße, wenn auch schwere Ohnmacht, nicht aber um eine positive Verderbnis der menschlichen Natur handle (Gaß, S. 133) und weil er das Handeln des wiedergeborenen Menschen als ein in der Einwohnung des Heiligen Geistes begründetes Zusammenwirken natürlicher und übernatürlicher Akte verstanden wissen wollte (Gaß, S. 101). Und es konnte nicht anders sein: eine vermittelnde Stellung hat Calixt auch in der Erkenntnisfrage, auch hinsichtlich des allerdings schon bei den Reformatoren nicht grundsätzlich geklärten Verhältnisses von Vernunft und Offenbarung eingenommen: „Die Offenbarung braucht sich nicht gewaltsam in ihre Rechte einzudrängen, es gibt im Bereich der gesamten Geistestätigkeit eine Stelle, die sie einzunehmen, Anknüpfungspunkte, die sie zu ergreifen hat, Kennzeichen, an denen das Bewußtsein ihrer Wahrheit erstarkt. ... Beide Arten intellektueller Aneignung (Vernunft und Offenbarung) bestehen nach göttlicher Anordnung nebeneinander" (Gaß, S. 88). Man wird angesichts aller dieser Stellungnahmen sagen müssen, daß die neuprotestantische Parallele zum katholischen Traditionsprinzip, die bei Calixt zuerst feste Form angenommen hat, nicht nur möglich, sondern innerlich notwendig war. Die Theologie des „und" wächst in allen ihren Trieben aus einer Wurzel. Wer „Glaube und Werke" „Natur und Gnade", „Vernunft und Offenbarung" sagt, der muß an seiner Stelle folgerichtig und notwendig auch „Schrift und Tradition" sagen. Das „und", durch das die Autorität der heiligen Schrift im römischen Katholizismus wie im Neuprotestantismus relativiert wird, ist nur der Ausdruck, ein Ausdruck dafür, daß zuvor die Hoheit Gottes in seiner Gemeinschaft mit dem Menschen relativiert worden ist. Und eben in dieser primären Relativierung stehen beide der reformatorischen Entscheidung gleich ferne.

Während der Protestantismus infolge seiner Schwäche in der Durchführung des Schriftprinzips in die große Krisis geriet, in deren Verlauf er sich wenigstens in seiner neuprotestantischen Gestalt zu einer dem Katholizismus nur zu ähnlichen Pseudokirche entwickelte, nämlich zu einer Kirche, die sich selbst in ihrer Geschichte und Gegenwart Offenbarung ist — eine Entwicklung, die durch die Erinnerung an die reformatorische Entscheidung doch dauernd gehemmt sein mußte — brauchte der Katholizismus sich nur immer entschiedener und deutlicher auszusprechen in der Richtung, die spätestens bei Vinzenz von Lerinum unzweideutig sichtbar geworden, die ihm aber wohl von seinen Anfängen an innewohnte und der er — im Unterschied zu der Unsicherheit des Protestantismus hinsichtlich seines Prinzips! — vorsichtig aber zäh durch alle Jahrhunderte hindurch treu geblieben war. Die Kinder der Welt waren wirklich auch hier klüger als die Kinder des Lichts! — Wir hörten, wie schon im Tridentinum außer der Nebeneinanderstellung von Schrift und Tradition die Unterordnung aller Bibelauslegung unter das Lehramt der Kirche dekretiert wurde. Aber war nicht, wie man es ja polemisch oft genug geltend machte, auch die Kanonisierung und Überlieferung der Bibel ein Werk der Kirche und ergab sich eine Überordnung der Kirche nicht auch von dieser Seite? In der Tat: schon vor dem Tridentinum hatte Johann Eck (Enchir. 1529 de eccl. resp. 3) geschrieben: *Scriptura non est authentica sine autoritate ecclesiae. Scriptores enim canonici sunt membra ecclesiae* und hatte dieses Argument den *Achilles pro catholicis* genannt, ja es hatte schon 1517 Sylvester Prierias den damals auch von Katholiken als gewagt empfundenen Satz zu Papier gebracht: *Quicumque non innititur doctrinae romanae ecclesiae ac romani pontificis tamquam regulae fidei infallibili, a qua etiam sacra scriptura robur trahit et auctoritatem, haereticus est* (*Dial.* 15). Dem entspricht es nur zu sehr, wenn in der *Professio fidei Tridentinae* (1564 Denz. Nr. 995) die Überlieferung — jetzt ausdrücklich als *apostolicae et ecclesiasticae traditiones* definiert — vor der heiligen Schrift erwähnt wird. Und so entwickelte jetzt, nach dem Tridentinum, der *Cat. Rom.* (1566 I c. 10 qu. 14) die Lehre, es bestehe die Apostolizität der Kirche darin, daß ihre Verkündigung wahr sei als die nicht gestern oder heute entstandene, sondern schon von den Aposteln vorgetragene. Der Lehre der Kirche sich widersetzen, heiße unmittelbar sich der Lehre der Apostel selbst widersetzen und also sich vom Glauben trennen, dem Heiligen Geist widerstehen. *Qui Spiritus primum quidem apostolis tributus est, deinde vero summa Dei benignitate semper in ecclesia mansit.* Es kann darum nicht verwundern, wenn im nächsten Jahrhundert (vgl. Holtzmann S. 55 f.) einerseits der Begriff der Überlieferung immer bestimmter auf die ganze kirchengeschichtliche Entwicklung (mit Einschluß der heiligen Schrift am Anfang, der jeweiligen expliziten und impliziten kirchlichen Entscheidungen der Gegenwart am Ende) erweitert wird, während andererseits immer bestimmter auf das im Papsttum zusammengefaßte kirchliche Lehramt der Gegenwart als auf den Mund dieser Überlieferung hingewiesen wird. Daß die Kirche im Dienst der apostolischen Tradition nicht nur eine konservierende (wie es im Tridentinum heißt), sondern (wie schon bei Vinzenz zu lesen steht) eine produzierende Funktion habe, das wird jetzt immer lauter ausgesprochen. Es wird (besonders in der jesuitischen Literatur) gelegentlich bereits unter Äußerungen der Geringschätzung auch von dem den Protestanten gegenüber so hoch gepriesenen kirchlichen Altertum als solchem gesprochen. Die jeweilige kirchliche Gewohnheit eines Jahrhunderts kann, so heißt es jetzt, auch direkt, d. h. auch ohne den Umweg über das kirchliche Altertum auf den Heiligen Geist zurückgeführt werden. Ja, es erlebt jetzt die der Zukunft zugewandte Seite des Tertullianischen Präskriptionsbeweises ihre Auferstehung in dem Ausspruch des Jesuiten Salmeron:

1. Die Autorität des Wortes

quo iuniores eo perspicatiores esse doctores. Man weiß jetzt auf einmal und sagt es auch offen heraus, daß es genug alte Konzilbeschlüsse und bischöfliche Konstitutionen, also feierliche Verlautbarungen jener alten Kirche gebe, die heute praktisch ohne alle Bedeutung und Autorität sind, ja noch mehr: daß die Kirchenväter sich nicht weniger Heterodoxien und Irrtümer schuldig gemacht haben. Man hat im Barockjesuitismus insbesondere von Augustin ganz ungescheut Abstand genommen. Gerade von der Dunkelheit dieses für die alte Kirche nun wirklich nicht unwichtigen Vaters wird jetzt ganz ähnlich geredet, wie die katholische Polemik sonst von der Dunkelheit der heiligen Schrift zu reden pflegte: seine eigentlichen Ansichten seien so abstrus und verworren, daß man annehmen müsse, er habe entweder nicht verstanden werden wollen oder es sei ihm die Sprache nicht hinlänglich zu Gebote gestanden; überdies sei er ein heftiger Mensch und zu Extremen geneigt gewesen, schwankend zwischen Ebbe und Flut wie der Ozean. Es konnte in den jansenistischen Streitigkeiten schließlich geradezu erklärt werden, das Ansehen des Augustin sei für die Kirche mehr schädlich als nützlich gewesen. Und es konnte sich Brisacier (ebenfalls im Kampf gegen den Jansenismus) sogar allgemein zu dem Satz versteigen: es seien die alten Väter und Konzilien tote Regeln, die für die jetzt brennenden Kirchenfragen alle Anwendbarkeit verloren hätten, die nur noch dazu dienten, mit dem Schein des Altertum zu imponieren; sie seien Stricke, an die man nicht die Menschen, sondern das Vieh anbinde! Solche Äußerungen sind nun gewiß Extravaganzen gewesen, deren sich die spätere katholische Theologie nicht mehr schuldig gemacht hat und die selbstverständlich auch nirgends offiziell ausgesprochene kirchliche Ansicht geworden sind. Es ist aber doch eine lehrreiche Sache, daß im selben Jahrhundert, in welchem wir auf protestantischer Seite einen Grotius und Calixt die Relativierung der Schriftautorität auf dem Wege einer allzu feierlichen Proklamation der Autorität der alten Kirche vollziehen sehen, die römischen Träger desselben Unternehmens, die berufensten Vertreter des modernen, vorwärtsdrängenden Katholizismus eben die Autorität dieser alten Kirche in dieser Weise in Frage gestellt haben. Zu Ehren eines angeblichen Offenbarungsbesitzes der gegenwärtigen Kirche konnte tatsächlich das Eine wie das Andere geschehen. Keine Extravaganz war es dagegen, sondern kirchlicher Stil ist es damals geworden und bis auf die katholischen Dogmatiken der Gegenwart geblieben, statt mit dem Wortlaut des Tridentinums von zwei, ausdrücklich von drei Quellen der christlichen Erkenntnis zu reden: Schrift, Tradition und Kirche. Es konnten aber — hier handelt es sich nun wieder um eine Extravaganz, aber sicher um eine charakeristische Extravaganz — auch geradezu neun koordinierte Erkenntnisquellen genannt werden: Schrift, Tradition, Kirche, Konzilien, *sedes apostolicae*, Väter, orthodoxe Theologen, Vernunft, Philosophie, Geschichte. Daß die katholische Dogmatik und Verkündigung tatsächlich bis auf diesen Tag *pari pietatis affectu* auf alle diese Instanzen hört, genau so wie in ihrer Weise die neuprotestantische, das ist ja nicht zu bezweifeln. Unter Tradition jener zweiten Quelle ist in Wahrheit das Ganze jener acht der Schrift gegenüber gestellten Instanzen zu verstehen, wobei die Hervorhebung gerade der Kirche, nämlich der jeweils gegenwärtigen Kirche, in jener üblich gewordenen Trias eben den Mund anzeigt, auf den man zu hören hat, um *in concreto* zu wissen, was Tradition in diesem umfassenden Sinn ist, auf den man aber ebenso zu hören hat, um *in concreto* zu wissen, was heilige Schrift und was der Sinn und Inhalt der heiligen Schrift ist. Es fehlte nun, damit der Kreis sich schließe, nur noch eine ausdrückliche Entscheidung darüber, wo denn dieser Mund der jeweils gegenwärtigen Kirche zu suchen und zu hören sei. Auch diese Entscheidung ist nicht ausgeblieben. —

Erwähnen wir schließlich als interessante Tatsache aus demselben Jahrhundert noch dies, daß nicht etwa ein Protestant, sondern der französische Oratorianer Richard Simon damals zum Bahnbrecher für eine historisch-kritische biblische Einleitungswissenschaft geworden ist, dem dann auf protestantischer Seite im 18. Jahrhundert ein Joh. Salomon Semler u. a. erst folgten. Die Sache stand für Simon selbst bewußt und ausgesprochen in unmittelbarem Zusammenhang mit dem tridentinischen Traditionsprinzip. „Die Katholiken, welche überzeugt sind, daß ihre Religion nicht einzig vom Texte der heiligen Schrift abhängt, sondern ebensosehr von der Tradition der Kirche, können keinen Anstoß daran nehmen, wenn sie sehen, daß die Ungunst der Zeiten und die Nachlässigkeit der Abschreiber die gleichen Veränderungen wie bei den profanen Schriften so auch bei den heiligen herbeigeführt hat. Nur befangene oder unwissende Protestanten können sich daran stoßen" (*Histoire critique du vieux test*. 1678 1, 1). Auch durch die bloße Überlieferung, auch ohne alle Schrift hätte nach Simon die christliche Religion sich erhalten können (1, 4). Die Freiheit der Forschung gegenüber der menschlichen Gestalt der Bibel, die Simon aus dieser echt katholischen Erkenntnis ableitete, schien damals doch sogar Katholiken wie Bossuet neu und gefährlich. Sehr zu Unrecht! Gefährlich hätte die historisch-kritische Bibelforschung dem katholischen System dann werden können, wenn sie ihren Weg angetreten hätte als freie Wahrheitsforschung und also als freies Fragen nach der ursprünglichen Gestalt des biblischen Offenbarungszeugnisses. Es wäre dann dieses gerade in seiner unbefangen dargestellten Menschlichkeit von selber in seiner Hoheit gegenüber der Kirche der Gegenwart und der ganzen Vergangenheit, gegenüber allen angeblichen anderen Offenbarungsquellen, gegenüber allem vermeintlichen Offenbarungsbesitz sichtbar geworden. Das war aber gerade nicht die Meinung Simons, wie es auch nicht die Meinung Semlers und der ihm folgenden neuprotestantischen Bibelkritik gewesen ist. Es war die Freiheit zur Bibelkritik, die Simon so bahnbrechend für sich in Anspruch nahm — Bossuet hätte wirklich nicht so eifrig für die Unterdrückung seiner Bücher zu wirken brauchen — gerade nicht die in der Freiheit der Offenbarung begründete Freiheit des Glaubens. Gerade Simon hat „das letzte Wort aller jesuitischen Fortbildungen des Traditionsprinzips" (Holtzmann S. 60) offen und rückhaltlos ausgesprochen: *l'écriture, soit qu'elle ait été corrompue, ou qu'elle ne l'ait point été, peut être citée comme un acte authentique, lorsqu'elle est renfermée dans les bornes, que nous avons marquées ci-dessus; c'est à dire, lorsqu'elle se trouve conforme à la doctrine de l'église* (3, 22). Also nicht etwa die kritische Forschung, sondern die Lehre der Kirche hat schließlich über die Authentizität der Bibel zu entscheiden. Die kritische Forschung ist gerade gut genug, der Lehre der Kirche dadurch Raum zu schaffen, daß sie nachweist, inwiefern der Bibel keine selbständige Authentizität zukommen kann! Als kritische Forschung kann sie — weil sie ja doch nicht gebunden und damit nicht wirklich befreit ist durch die Frage nach der Offenbarung — immer auch anders. Die biblische Überlieferung kann „verdorben" sein oder auch nicht. Die Kritik wird sich gegebenenfalls, wenn sie mit der Lehre der Kirche in Konflikt kommt, auch löblich zu unterwerfen wissen. So stand es mit dem römisch-katholischen Ursprung der modernen Bibelkritik. Der Neuprotestantismus kennt keine *doctrine de l'église* und keine päpstliche Bibelkommission, die seine Bibelkritik sichtbar dirigierte und in Schranken hielte. Er kennt aber jenseits aller angeblichen kritischen Forschungsfreiheit um so besser die nicht minder mächtige Tradition des menschlichen Selbst- und Geschichtsbewußtseins, von dem aus nach ihm mit nicht geringerer Sicherheit als von einem sichtbaren Rom aus, darüber entschieden wird, in welchen Grenzen die Bibel Autorität ist und nicht ist, an dessen Spruch sich die Forschung als solche noch immer ebenso treu gehalten und dessen Urteil sie sich auch noch immer in derselben löblichen Weise unterworfen hat, wie die „freie" Forschung des äußerlich erkennbaren „Katholizismus". Die tiefe Gemeinsamkeit des Kampfes gegen die Autorität des Wortes, der in Wahrheit der Kampf gegen die Freiheit der Gnade ist, ist auch in dieser Beziehung wirklich mit Händen zu greifen.

Wir schließen unsere geschichtliche Übersicht mit einem Blick auf die beiden unser Problem einer letzten Zuspitzung entgegentreibenden Ereignisse der Geschichte des Katholizismus im 19. Jahrhundert.

Das erste dieser Ereignisse ist die nicht genug zu beachtende Existenz der katholischen sog. Tübinger Schule. Man kann die Bedeutung dieser Schule dahin zusammenfassen: die katholische Theologie wird jetzt aufmerksam auf die in Fortsetzung und Erneuerung der humanistischen, spiritualistischen und mystischen Seitenbewegungen des 16. Jahrhunderts schließlich herausgebildete idealistisch-romantische Philosophie und Theologie der Wende vom 18. zum 19. Jahrhundert, in welcher der Neuprotestantismus seinen Höhepunkt erreicht und wohl auch bereits überschritten hatte. Sie erkennt die innere Verwandtschaft des Katholizismus mit diesem akatholischen System und macht sich seine Errungenschaften zu eigen. Sie findet sich so bereichert in der Lage, die Ergebnisse der bisherigen innerkatholischen Entwicklung theoretisch zusammenzufassen und in einer dem modernen Menschen ganz neuen Leuchtkraft darzustellen. (Vgl. zum Folgenden Ranft, S. 46 f.) — Schon im Verlauf jener besonders von den Jesuiten geförderten Fortbildung des Traditionsprinzips im 17. Jahrhundert war gelegentlich der Ausdruck gefallen: *Traditio successione continua vivit in animis fidelium semper* (Holtzmann S. 89). Und nun war, nach einem Jahrhundert, in welchem sichtbare Fortschritte sich nicht ereignet haben, am Ausgang der Aufklärungszeit und im Zusammenhang mit deren wirklicher oder vermeintlicher Überwindung durch „Sturm und Drang", Idealismus und Romantik im Kreis des Joh. Mich. Sailer (den Clemens Brentano „den weisesten, treusten, frömmsten, geweihtesten Bayern" genannt hat) die Idee einer „lebendigen" Überlieferung aufs neue mächtig geworden. Gemeint war: die Überlieferung des Christentums in der Kontinuität der Innerlichkeit des gottvernehmenden Gemütes, in welchem jenes ja sein Wesen habe, während seine historische und kirchliche Objektivität, so gewiß sie in Ehren zu halten sei, eigentlich mehr als ein Zugeständnis an den Menschen, wie er nun einmal ist, zu verstehen sei. Diese Position mit ihrer deutlichen Affinität zu der Religionsphilosophie Lessings und Kants, konnte natürlich nur ein erster Versuch in dieser Richtung sein. Den Neuprotestantismus in dieser Form: in der der älteren Aufklärung, sich zu assimilieren, war für die katholische Theologie eine allzu harte Aufgabe. In noch offenerem Anschluß an den Neuprotestantismus, nun aber an den Neuprotestantismus Hegels und Schleiermachers, und nun auch fähig zugleich zu besserer Wahrung der spezifisch katholisch-kirchlichen Interessen hat dann der Tübinger Joh. Seb. Drey den Sailerschen Ansatz zu wiederholen und seine Schwäche zu überwinden versucht durch seine Anschauung von der Kirche bzw. der Offenbarung als eines lebendigen Organismus, der sich aus dem ihm innewohnenden Lebensprinzip unter Leitung des göttlichen Geistes entwickelt habe und weiter entwickele, so jedoch, daß in seinem Leben das statische Prinzip, d. h. das ursprünglich göttliche Gegebene durch das dynamisch lebendige Prinzip — und dieses ist eben die Tradition — bewegt und im Fortschritt erhalten werde. Drey verwahrt sich gegen eine Auffassung, nach welcher die Schrift selbst ein in sich unbewegtes System und nicht vielmehr selber schon ein in sich bewegtes, deutliche Fortschritte (z. B. von den Evangelien zu den Briefen) sichtbar machendes Stück Leben, nach welcher dann die Tradition eine bloße Ergänzung, ein Supplement oder Nachtrag zur Schrift aus mündlicher Überlieferung und nach welcher schließlich Christentum und Theologie der stereotype Abdruck des in Schriftzeichen unbeweglich ruhenden, bzw. mechanisch von einer Hand in die andere hinübergebotenen *corpus* jenes Ganzen von Schrift und Tradition wäre. Nein, Schrift, Tradition und Theologie sind vielmehr die lebendige Bewegung und Entfaltung des christlichen Geistes in der Kirche, die darum, weil eben in ihr diese Bewegung und Entfaltung stattfindet, zu hören, und zwar zuerst und entscheidend in dem jeweils letzten Stadium der Entfaltung jenes Geistes zu hören ist: in der Objektivität ihres in der Gegenwart lebendigen Glaubens und in der Subjektivität des begrifflichen Ausdrucks, den dieser sich in seiner jeweiligen zeitgeschichtlichen Antithetik geschaffen hat. Man kann auch in der Dreyschen Unterscheidung zwischen dem statischen und dem dynamischen Prinzip der Offenbarung einerseits und zwischen dem subjektiv-äußerlichen und dem objektiv-innerlichen Moment in der Theologie andererseits eine Nachwirkung der Aufklärung sehen, die von dem Gesetz katholischen

Denkens aus gesehen überbietungsbedürftig war und denn auch tatsächlich überboten worden ist. Aber hat der Katholizismus nicht auch diese aufklärerischen Unterscheidungen in sich? Konnten und mußten sie ihm nicht zu seinem Selbstverständnis und zu seiner Selbsterklärung ebenfalls dienlich sein? Die Tübinger Schule ist diese Unterscheidungen von ihrem Ursprung her nie ganz los geworden; indem sie es aber immer besser verstanden hat, das bei Sailer und auch noch bei Drey gestörte Gleichgewicht der beiden unterschiedenen Momente, die echte Dialektik zwischen dem Statischen und dem Dynamischen, dem Objektiven und dem Subjektiven wiederherzustellen und aufrechtzuerhalten, indem aber alle ihre Wege auch immer wieder bei jener bei Drey so betonten Feststellung endigten, daß die Kirche, und zwar die Kirche der Gegenwart zu hören sei, wenn man die Offenbarung hören wolle, wurde sie in ihrem Wesen eine echt katholische Schule, deren idealistische Interpretationen der Offenbarung (ähnlich wie in anderer Beziehung die von Richard Simon inaugurierte katholische Bibelkritik) trefflich dazu diente, die tridentinische Relativierung der Bibelautorität in einer dem modernen Bewußtsein einleuchtenden Weise zu wiederholen, ohne daß sie doch am entscheidenden Punkt — wie sollte sie schon? — anderswo endigen konnte und wollte als bei einer neuen Feststellung der heute Gehorsam fordernden Kirchenautorität. — Die klassische Gestalt dieser die schönsten Früchte des Neuprotestantismus in die katholischen Scheunen führenden Theologie wurde dann nach Drey der mit Recht als der Vater des neueren deutschen Katholizismus verehrte Joh. Adam Möhler (Die Einheit der Kirche 1825; Symbolik 1832). Auch Möhler, ein guter Kenner insbesondere Schleiermachers, ging aus von jener Unterscheidung zwischen Glauben und Lehre, Geist und Buchstabe, verborgener Wurzel und sichtbarem Auftrieb, zwischen frommem Selbstbewußtsein und äußerem Kirchentum im Leben der Kirche, bzw. der Offenbarung. Aber deutlicher als Drey und in bestimmter katholischer Verbesserung gerade Schleiermachers werden nun bei ihm diese beiden Momente als ursprünglich aufeinander hingeordnet gesehen und damit das katholische Endergebnis des Hörens auf die Kirche zum vornherein innerlich verständlicher gemacht. Es entspricht nach Möhlers erster großer Schrift der Einheit des Geistes der Kirche die Einheit ihres Körpers, der mystisch-geistigen und lehrhaften inneren Einheit, in der doch auch die Individualität des Gläubigen ihren Raum hat, ihre äußere, aufsteigend dargestellt im Bischof als der Einheit der Gemeinde, in der (in der Metropolitan-Synode und im universalen Konzil sich darstellenden) Einheit des Episkopats und schließlich in der Einheit des römischen Stuhles. Diese, die Gegensätze von Idee und Geschichte, Lehre und Tat, innerer und äußerer Wahrheit, inwendigem und auswendigem Zeugnis übergreifende und organisch zusammenfassende Entsprechung und höhere Einheit jener beiden Einheiten beruht aber darauf, daß, wie der menschliche Geist überall derselbe, so auch Christus nur einer und sein Werk eines ist (Symbolik³ S. 342). Diese Einheit Christi kommt aber der Kirche darum zugute, weil sie die von ihm gestiftete Gemeinschaft ist, „in welcher die von ihm während seines irdischen Lebens ... entwickelten Tätigkeiten unter der Leitung seines Geistes bis zum Weltende vermittelst eines von ihm angeordneten, ununterbrochen währenden Apostolates fortgesetzt werden" (S. 334). Ja noch mehr: Die Kirche ist, „der unter den Menschen in menschlicher Form fortwährend erscheinende, stets sich erneuernde, ewig sich verjüngende Sohn Gottes, die andauernde Fleischwerdung desselben" (S. 335), „seine sichtbare Gestalt, seine bleibende, ewig sich verjüngende Menschheit, seine ewige Offenbarung" (S. 360). Schon was zwischen Christus und den Aposteln geschah, ist ja folgendermaßen zu beschreiben: „Der Aktion des Heilandes in Verkündigung seines Wortes kam die der Apostel entgegen: das Wort wurde sofort in ihrem Munde zum Glauben, zum menschlichen Besitze und war nach seiner Himmelfahrt für die Welt in keiner anderen Weise mehr als in eben diesem Glauben der Jünger des Herrn vorhanden." Das göttliche Wort war menschlicher Glaube geworden und damit, ohne aufzuhören das göttliche Wort zu sein, übergegangen in den Bereich menschlichen Erfassens, Zergliederns, Bedenkens und Beurteilens (S. 374).

Dasselbe widerfährt ihm dann, indem es als das apostolische Wort zum Glauben der ersten nachapostolischen Generation wird: aus der Schriftlehre wird nun Kirchenlehre, wiederum ohne daß ihr dadurch ein Abbruch widerführe, im Gegenteil, indem sie dadurch, in fortschreitendem Maß verstanden, in der Auseinandersetzung mit den Irrtümern zu immer größerer Klarheit kommt (S. 375 f.). So lebt, wächst und wirkt es nun, immer dasselbe und doch immer neu weiter. Wie die Welt in ihrer einmal durch Gott gesetzten Wirklichkeit und kraft der in und mit der Schöpfung von Gott ihr mitgeteilten Lebenskraft in der Weise fort und fort erhalten, d. h. neu geschaffen wird, daß fort und fort eine Mitteilung von seiten des schon Lebenden an das künftig Lebende stattfindet — so ist die Tradition die fortgesetzte Selbstmitteilung der ursprünglichen mit der Stiftung der Kirche einmal gesetzten göttlich geistigen Lebenskraft (Einh. d. Kirche S. 11 f.). „Der wesentliche Inhalt der heiligen Schrift ist der Kirche ewig gegenwärtig, weil er ihr Herzblut, ihr Odem, ihre Seele, ihr Alles ist." (Symbolik[3] S. 383). Die Kirche ist also „die objektiv gewordene christliche Religion". „Indem das von Christus gesprochene Wort ... mit seinem Geist in einen Kreis von Menschen einging und von demselben aufgenommen wurde, hat es Gestalt, hat es Fleisch und Blut angenommen, und diese Gestalt ist eben die Kirche. ... Indem der Erlöser durch sein Wort und seinen Geist eine Gemeinschaft stiftete, in welcher er sein Wort lebendig werden ließ, vertraute er ihr dasselbe zur Bewahrung und Fortpflanzung an, er legte es in ihr nieder, auf daß es aus ihr als immer dasselbe und doch auch ewig neu und in immer frischer Kraft hervorgehe, wuchere und um sich greife. Sein Wort ist von der Kirche und seine Kirche vom Wort nimmermehr ablösbar" (S. 336 f.). Die Offenbarung in Jesus Christus hätte ja ihren Zweck entweder gar nicht oder nur höchst unvollständig erreicht, wenn sie nur eine momentane Verkörperung der Wahrheit gewesen, „wenn die persönliche Erscheinung des Wortes nicht kräftig genug gewesen wäre, seinem Laute den höchsten Grad der intensivsten Bewegung zu geben und die denkbar vollkommenste Wirksamkeit zu verschaffen, d. h. ihm den Odem des Lebens einzuhauchen und einen Verein schöpferisch hervorzubringen, der die Wahrheit abermals lebendig darstellte und nachbildlich für alle Zeiten die zureichende Autorität bleibe, oder: Christus selbst repräsentierte" (S. 343 f.). Die Autorität der Kirche vermittelt Alles, was in der christlichen Religion auf Autorität beruht, und Autorität ist, d. h. die christliche Religion selbst, so daß uns Christus selbst nur insofern die Autorität bleibt, als uns die Kirche Autorität ist" (S. 345). Eben daraus folgt: „Sie muß irrtumslos sein" (S. 339). „Ist das Göttliche der lebendige Christus und sein Geist in ihr allerdings das Unfehlbare, das ewig Untrügliche, so ist doch auch das Menschliche unfehlbar und untrüglich, weil das Göttliche ohne das Menschliche gar nicht für uns existiert; das Menschliche ist es nicht an sich, aber wohl als das Organ und als die Erscheinung des Göttlichen" (S. 336). „Der göttliche Geist, welchem die Leitung und Belebung der Kirche anvertraut ist, wird in seiner Vereinigung mit dem menschlichen ein eigentümlich christlicher Takt, ein tiefes, sicher führendes Gefühl, das, wie es in der Wahrheit steht, auch aller Wahrheit entgegengeführt, ... ein tief innerlicher Sinn, der zum Vernehmen und Aufnehmen des geschriebenen Wortes einzig geeignet ist, weil er mit jenem, in dem die heiligen Schriften selbst verfaßt wurden, zusammenfällt" (S. 359). „Was also ist die Tradition? Der eigentümliche, in der Kirche vorhandene und durch die kirchliche Erziehung sich fortpflanzende christliche Sinn, der jedoch nicht ohne seinen Inhalt zu denken ist, der sich vielmehr an seinem und durch seinen Inhalt gebildet hat, so daß er ein erfüllter Sinn zu nennen ist. Die Tradition ist das fortwährend in den Herzen der Gläubigen lebende Wort. Diesem Sinne als Gesamtsinne ist die Auslegung der heiligen Schrift anvertraut; die durch denselben ausgesprochene Erklärung ... ist das Urteil der Kirche und die Kirche darum Richterin in den Angelegenheiten des Glaubens" (361 f.). Und: „Alle dogmatischen und moralischen Entwicklungen, die als Ergebnisse förmlicher Universaltätigkeiten (der Kirche) betrachtet werden können, sind als Aussprüche Christi selbst zu verehren" (S. 364). „Die Kirche erklärt die heilige Schrift" (S. 360).

So ist und bleibt ihr Leben tatsächlich eines: in der Vertikale des zeitlichen Nacheinanders sowohl wie in der Horizontale des jeweiligen zeitlichen Nebeneinanders, während die Häresien sich als solche verraten und richten, indem sie Neuerungen und Vereinzelungen abseits von dieser Einheit sind und aufrichten. — „Nichts Schöneres schwebt der Einbildungskraft des Katholiken vor und nichts spricht seine Gefühle wohltuender an, als die Vorstellung der harmonischen Ineinanderbewegung zahlloser Geister, welche zerstreut auf dem ganzen Erdboden, frei in sich ermächtigt, in jegliche Abweichung nach der rechten und linken Seite hin einzugehen, dennoch, und zwar mit Bewahrung ihrer verschiedenen Eigentümlichkeiten einen großen Bruderbund zu gegenseitiger Lebensförderung bilden, eine Idee darstellend, die der Versöhnung der Menschen mit Gott, welche eben deshalb auch unter sich versöhnt und eins geworden sind" (S. 339 f.). Möhler hat Gewicht darauf gelegt — und diese seine Ansicht ist in der Neuzeit in dem Buch von J. Ranft durch einen ausführlichen geschichtlichen Nachweis unterbaut worden — daß das von ihm dargestellte Gesetz der organischen Einheit von Offenbarung und Kirche, Schrift und Tradition identisch sei mit dem für alle Ordnungen des menschlichen Lebens gültigen Gesetz. So wie Christus in seiner Kirche lebt in der Geschichte jedes Volkes — solange dieses Volk selbst lebt, solange Pan nicht tot ist — sein Eigenes behauptend, das ihm Fremde ausstoßend, in den mannigfachsten Äußerungen sich selbst gleich bleibend: sein Nationalgeist, d. h. dieses Volkes besonderer, in sein tiefstes, geheimstes Dasein eingeprägter Charakter, welcher es von allen übrigen Völkern unterscheidet: so zeigt die Geschichte auch der heidnischen Religionen, wie eine ursprüngliche religiöse Grundanschauung sich in ihrer späteren Entwicklung zugleich folgerichtig durchsetzte und lebendig durchbildet und ausbildet. Es ist das Gesetz, dem auch die christlichen Häresien unterworfen sind: oder hat sich die Gemeinde, die der Reformator von Wittenberg bildete, hat sich das Luthertum etwa nicht ganz in seinem Geiste entwickelt? Hat es sich nicht als die untrügliche Auslegerin seines Wortes erwiesen? „Nach demselben Typus ist nun auch die Untrüglichkeit der Kirche in ihrer Auslegung des göttlichen Wortes gestaltet und von uns zu beurteilen" (S. 362 f.). — Eine katholische Zusammenfassung der Leistung Möhlers lautet folgendermaßen: „Das Wesen der Kirche in der Union ihrer ewigen göttlichen Grundlegung und zeitlichen menschlichen Entwicklung erfährt grundsätzliche Deutung. Die Berufung auf das Traditionsprinzip, die äußerlich hemmende, retrospektive Betrachtungsweise schien, war mit einem Male die Würdigung des immerfort lebendigen zeugenden Geheimnisses Christi selbst. In einem überaus wichtigen Punkt war es so Möhler gelungen, das verdunkelte Bild der kirchlichen Lehre aufzuhellen. Was das Tridentinum noch in schlichte Formeln gekleidet hatte, ... was die nachtridentinischen Theologen in hartem Kampf der Theologie gerettet, hat erst er unter Zuhilfenahme des idealistischen Verständnisses für geistige Bewegungen voll erfaßt" (Ranft, S. 60). Wir können das mißvergnügte Urteil von Dav. Fr. Strauß unmittelbar danebenstellen: „So wußte Möhler die alleinseligmachende Papstkirche um kein Haar schlechter aus dem christlichen Bewußtsein abzuleiten als Schleiermacher seinen Erlöser, wußte dem katholischen Traditionsprinzip eine Gestalt zu geben, in welcher es dem modernen Prinzip des Fortschritts zum Verwechseln ähnlich sah" (Ges. Schriften II S. 222). Woher die Möglichkeit — so wird man doch fragen müssen — der katholischen Theologie gerade mit Hilfe von Hegel und Schleiermacher solche Dienste zu leisten bzw. (im Sinn von Strauß:) deren Errungenschaften zu diesem Dienste so schlimm zu mißbrauchen, wie Möhler es getan hat? Strauß hat darüber wohlweislich und gerade darum unweise keine Überlegungen angestellt. Wohl aber hat der katholische Autor das Geheimnis fröhlich und siegesgewiß ausgeplaudert: „Möhler war deswegen imstande, die besten Erkenntnisse der idealistischen Philosophie sich zunutze zu machen, weil sie irgendwie eine Deutung der vitalsten Erscheinung der christlichen Dogmengeschichte, des Fortschritts der christlichen Lehrentwicklung waren" (Ranft, S. 52). Es war wirklich verlorene Mühe, wenn die protestantischen Kritiker der Möhlerschen Konstruktion sich dabei aufhielten, ihm sein „Schleiermacherianisieren" vorzuhalten und ihm deshalb eine Umdeutung der wirklichen katholischen Lehre zur Last zu legen. Möhler selbst schon hat darauf geantwortet: Warum man nicht lieber von einem Katholisieren Schleiermachers reden wollte? (Ranft, S. 52). Das heißt, ob die Möglichkeit nicht zu erwägen sei, daß er, Möhler, der Schleiermacherschen Ideen und Formeln sich bedienend, sehr wohl die echte katholische Lehre vorgetragen und eben damit auch Schleiermacher im Tiefsten verstanden und also mit Recht in dieser Weise fruchtbar gemacht haben möchte? Ist ihm nicht einfach recht zu geben? Es geht die katholische und es geht die idealistische Interpretation der christlichen Geschichte tatsächlich auf dieselbe Konzeption zurück. Sie sind einig gerade in dem, was bei Möhler nun endgültig an den Tag gekommen und ausgesprochen worden ist: in der Gleichsetzung der Kirche, ihres Glaubens und ihres Wortes, mit der sie begründenden Offenbarung. Nur daß die katholische die ursprüngliche und eigentliche, die idealistische aber die abgeleitete und (in einem vorläufigen Selbstmißverständnis!) zu jener ersten in Widerspruch geratene Form dieser Konzeption ist. Die sich mit Christus identisch wissende katholische Kirche kann in der Tat letztlich, wenn überhaupt, dann nur idealistisch gedeutet werden. Und die besten Erkenntnisse der idealistischen Philosophie sind in der Tat nichts anderes als „irgendwie eine Deutung" des mit katholischen bzw. kryptokatholischen Augen gesehenen Phänomens der Bewegung der christlichen Geschichte. Daß Möhler als guter Katholik fähig war, in jener sekundären, der idealistischen Form jener Konzeption ihre primäre, die katholische, wiederzuerkennen und also jene, statt sie abzustoßen, in das katholische Denken aufzunehmen — und gleichzeitig als guter Idealist fähig, jenes idealistische Selbstmißverständnis aufzulösen, dem modernen Bewußtsein zur Erfüllung seiner tiefsten Intention, d. h. auf den Weg zur Heimkehr nach Rom zu verhelfen — das ist seine wahrlich beachtenswerte geschichtliche Leistung in dieser Sache gewesen. Er hat in dieser Personalunion, gerade indem er bei der Autorität der Kirche endigte bei dem letzten Wort, das auch das erste gewesen war, die Sache beider Partner aufs beste vertreten. Und er hat darum wohl daran getan, sich auf diesem seinem Weg weder durch die Bedenken ängstlicher Katholiken noch erst recht durch den allzu wenig begründeten Spott seiner protestantischen Gegner irremachen zu lassen. — In der Richtung und in verschiedener Nuancierung der Gedanken von Drey und Möhler haben nach ihnen Joh. Kuhn und Franz Anton Staudenmaier in Tübingen gelehrt. Die entscheidenden Positionen dieser Schule sind gemeinsamer Besitz der katholischen Theologie geworden, obwohl diese in der zweiten Hälfte des 19. Jahrhunderts viel stärker als in der ersten in eine neue Beziehung zur „Theologie der Vorzeit" und das heißt vor allem: zu Thomas v. Aquino trat: eine Entwicklung, über die die aus dem deutschen Idealismus übernommenen Elemente als stilfremd äußerlich wieder mehr in den Hintergrund treten mußten. Es ließ und läßt sich aber das, was mit der Existenz jener Schule geschehen bzw. offenbar geworden war, nicht wieder rückgängig machen noch verbergen. Darf man sich nicht wundern, bei den späteren katholischen Dogmatikern zunächst wieder viel abstrakter und altmodischer, viel mehr in der Art der nachtridentinischen Theologie von Schrift und Tradition als von zwei getrennten Offenbarungsquellen und beiden gegenüber ganz anderswo von Christus und seiner Offenbarung reden zu hören, vermißt man auf den ersten Blick den kühnen Ansatz und Schwung, in welchem Möhler das Alles in Beziehung und letztlich in eins gesetzt hatte, so würde man sich doch sehr täuschen, wenn man darin einen sachlichen Rückschritt erblicken, wenn man übersehen wollte, daß jene Ineinssetzungen (die ja in der Sache wahrlich nicht Möhlers Erfindung waren!) inzwischen auf der ganzen Linie so sehr Gemeingut des katholischen theologischen Bewußtseins geworden waren, daß die idealistische Konstruktion, mit der die Tübinger sie neu begründet und gerechtfertigt hatten, nachdem sie ihren Zweck erfüllt, jetzt auch wieder abgebrochen bzw. ins Museum gestellt werden konnte. Nicht ohne daß sie übrigens von da zu apologetischen Zwecken bis in unsere Tage hinein (etwa von Karl Adam, aber auch von Erich Przywara) gelegentlich auch wieder ans Licht gezogen und direkt fruchtbar gemacht worden wären! Man konnte jetzt, nachdem die gerade für eine d e u t s c h e katholische Theologie unentbehrliche Synthese einmal vollzogen war, und diese Synthese im Rücken, auch wieder analytisch denken und vorgehen, den entscheidenden, vom Idealismus unabhängigen Gehalt der Möhlerschen Einsichten als Ausgangspunkt hinter sich und als Zielpunkt vor sich, ohne doch seine Identifizierungen auf Schritt und Tritt begrifflich sichtbar machen zu müssen. In diesem Sinn steht denn auch der zweite neuere deutsche katholische Theologe von großem Format: M a t t h i a s J o s e p h S c h e e b e n, im übrigen charakteristisch für die nun einsetzende Repristination des Thomas und überhaupt einer katholischen Theologie alten und strengen Stiles, durchaus auf den Schultern von Möhler.

Er war, jedenfalls auf deutschem Sprachgebiet, d e r Theologe des Pontifikats Pius IX., der Theologe insbesondere der Zeit des V a t i k a n i s c h e n K o n z i l s, auf welchem — und damit kommen wir zu dem zweiten für das uns beschäftigende Problem entscheidenden Ereignis — seitens des kirchlichen Lehramtes selber der Schlußstrich unter die ganze Entwicklung gesetzt wurde. — Wenn die katholische Theologie Schrift und Tradition als Offenbarungsquellen zusammenstellte, um sie dann mehr oder weniger deutlich als einen einzigen Überlieferungszusammenhang darzustellen, dann mündeten ihre Überlegungen und Behauptungen schon seit den Tagen des Irenäus fast immer in dem mehr oder weniger deutlichen Hinweis auf jene dritte, neben S c h r i f t und T r a d i t i o n oder vielmehr als der berufene Mund, als der authentische Ausleger dieser beiden zu hörende Instanz: bei der K i r c h e s e l b e r, nämlich der Kirche der jeweiligen Gegenwart, sichtbar und vertreten durch ihr autoritativ redendes Lehramt. So lag denn auch die eigentliche Wucht der Möhlerschen Gedankengänge nicht darin, daß er den Komplex Schrift und Tradition, endgültig als solchen zusammenfaßt, mit der Offenbarung, mit der Fleischwerdung des Wortes, mit Jesus Christus identifizierte, sondern darin, daß er die ganze diesem Komplex damit zugesprochene göttliche Würde und Vollmacht nun doch nur als ein Prädikat eben der Kirche, der Kirche der Gegenwart als der lebendigen Trägerin des Apostolates, als den Repräsentanten Jesu Christi selbst verstanden wissen wollte. Sie ist es, in deren Glauben das Wort Gottes e i n g e g a n g e n, in deren Glauben es faktisch a u f g e g a n g e n ist. Sie hat es; sie legt es aus; sie ist *in concreto* die Offenbarung, keine neue zwar, sondern die eine alte, in sich abgeschlossene aber gerade so die volle und ganze Offenbarung. Sie ist der heute redende, regierende, handelnde, entscheidende Jesus Christus. Nochmals: diese Identifikation war alt, ja uralt. Eben in dieser Identifikation hatte sich schon im zweiten Jahrhundert die römisch-katholische Kirche als solche begründet und immer auf dieser Linie, die von da ab keine neue mehr sein konnte, bewegte sich aller römisch-katholische Fortschritt. Es hatte Möhler als Katholik wirklich nur systematisiert, was alle Wissenden und Vorwärtsdrängenden in dieser Sache immer gemeint und gesagt hatten. Und es hatte Möhler als Idealist wirklich nur den Zusammenhang zwischen diesem römisch-katholischen Fortschritt und dem Fortschritt im Sinn des der Reformation von der anderen Seite widerstehenden Neuprotestantismus offenbar gemacht. Es bedurfte nun nur noch einer letzten Klärung, die bei Möhler allerdings noch nicht explizit vollzogen ist, wie sie sich auch in der übrigen römisch-katholischen Entwicklung erst angebahnt und angekündigt — aber immerhin deutlich und konsequent genug angebahnt und angekündigt hatte. Man konnte ihren Vollzug, zu dem es nun kam, unmöglich, wie es auch innerhalb der katholischen Kirche zunächst teilweise geschehen ist, als eine Neuerung verstehen, und sie durfte auch vom Neuprotestantismus her nur auf Grund jenes immer noch andauernden Selbstmißverständnisses, nur weil er den Weg zur Heimkehr noch immer nicht gefunden hatte, mit jenem Entsetzen aufgenommen werden, das ihr, als sie erfolgte, zuteil geworden ist. Auch bei Möhler war noch nicht endgültig geklärt die Frage, wo denn nun die mit der Offenbarung identische Kirche bzw. wo denn nun ihr Offenbarung redender Mund, wo denn also die mit der Autorität des Wortes Gottes identische Autorität der

1. Die Autorität des Wortes

Kirche *in concreto* zu suchen und zu hören sei. Noch Möhler hatte auf diese Frage die überkommene, korrekte aber unvollständige Antwort gegeben: sie sei zu hören in der Stimme des gesamten, mit seiner päpstlichen Mitte vereinigten Episkopates als dem durch ununterbrochene Sukzession erwiesenen Rechtsnachfolger und Träger des Apostolates, als dem sichtbaren Stellvertreter Jesu Christi. Noch Möhler hatte also das in dieser Antwort enthaltene Problem offen gelassen; er hatte nebeneinander gestellt den Konziliarismus und den Curialismus, das Episkopal- und das Papalsystem, „von welchem dieses, ohne die göttliche Institution der Bischöfe zu verkennen, die Kraft der Mitte besonders hervorhebt, jenes aber, ohne die göttliche Einsetzung des Primates zu leugnen, die Kraft vorzüglich nach der Peripherie zu lenken sucht. Indem hiernach jedes das Wesen des anderen als göttlich anerkennt, bilden sie für das kirchliche Leben sehr wohltätige Gegensätze, so daß sie durch ihre Bestrebungen sowohl die eigentümliche freie Entwicklung der Teile bewahren als auch die Verbindung derselben zu einem unteilbaren und lebendigen Ganzen festgehalten wird" (Symbolik[3] S. 399). Bei dieser dialektischen Fassung des Begriffs der Kirchenautorität wären nun viele treue Katholiken gerne stehen geblieben. Aber hatten diese treuen Katholiken den Sinn der bisherigen katholischen Entwicklung und damit deren Ansatz und Ursprung richtig verstanden? Hatte nicht Möhler selbst eine Seite vorher geschrieben: „Die ganze Anschauung, welche die katholische Kirche von sich selbst als einer sichtbaren, die Stelle Christi vertretenden Anstalt hat, verlöre sich, oder wäre vielmehr gar nicht entstanden ohne ein sichtbares Haupt. Mit einer sichtbaren Kirche ist ein sichtbares Haupt notwendig gegeben." Konnte, durfte die Beschreibung dieses notwendigen Hauptes, dieser konkreten Spitze der Kirchenautorität bei jenem dialektischen Nebeneinander von Konzil und Papst stehen bleiben? Daß das Konzil als Repräsentant der kirchlichen „Peripherie" nicht ohne den Papst als den Repräsentanten der „Mitte" heute als Stimme der Kirche und also als der lebendige Jesus Christus reden und entscheiden könne, das war bis tief in das erste Jahrtausend hinauf nicht nur der Anspruch der Päpste gewesen, sondern faktisch anerkannt und auch von der überwiegenden Mehrzahl der maßgebenden Theologen theoretisch vertreten worden. Eben in dieser einzigartigen Stellung eines obersten Lehrers und Richters war er, was nicht nur Möhler, sondern auch die Vertreter gewisser zentrifugaler Richtungen wie etwa die des Gallikanismus im 17. und 18. Jahrhundert ihm immer zugebilligt hatten: die „Mitte" des kirchlichen Lebens gegenüber ihrer episkopalen „Peripherie". Konnte und durfte da nun etwa auch das Umgekehrte gelten: daß der Papst nicht ohne die tatsächliche und ausdrückliche Mitwirkung, sondern nur unter der ausgesprochenen Zustimmung der Bischöfe autoritativ reden und entscheiden könne? Sollte dem Wort und der Entscheidung des Papstes jene der göttlichen Autorität der sichtbaren Kirche und also ihrem sichtbaren Haupte zukommende Unfehlbarkeit nur zukommen, wenn und insoweit er aus dem im Episkopat vertretenen Gesamtbewußtsein der Kirche heraus sprechen würde, d. h. aber unter Vorbehalt des Votums der im Konzil vereinigten Bischöfe? Konnte, durfte man es darauf ankommen lassen, daß jene nach Möhler „sehr wohltätigen Gegensätze" sich faktisch nie anders denn eben als wohltätig auswirken würden? War bei Aufrechterhaltung jenes Gleichgewichts zwischen Papst und Konzil nicht immer noch mit der Möglichkeit einer Uneinigkeit innerhalb jenes „sichtbaren Hauptes" gerechnet? Und war es dann ein Haupt? Hatte dann die Kirche einen Mund, durch den sie mit Autorität, und zwar mit unfehlbarer, unüberbietbarer, absoluter Autorität und also endgültig reden, in dessen Besitz sie also ihre Identität mit dem lebendigen Jesus Christus bewähren konnte? Ist das erste Wort: daß die sichtbare römisch-katholische Kirche darum an der Stelle Jesu Christi steht und redet, weil sie selber der fortlebende Jesus Christus ist — ist dieses erste Wort ein letztes, ist es wirklich und vernehmbar und glaubwürdig gesprochen, wenn es nicht vorbehaltlos auf das amtliche Stehen und Reden dessen übertragen und angewandt wird, der zugestandenermaßen ihre organisierende Mitte, nämlich die Mitte ihres Lehramtes, ihres Episkopates bildet? War die ganze Verwandlung der Schriftautorität in Kirchenautorität, die der Sinn der Entwicklung von Irenäus bis auf Möhler gewesen war, nicht umsonst, weil in ihrem Sinn immer noch vieldeutig und letztlich unanschaulich, solange nicht als letzte, nunmehr ganz konkrete Spitze der Fleischwerdung des Wortes ein Mensch als der lebendige Träger der mit der Offenbarung identischen Überlieferung und also selber als die heute zu hörende Offenbarung die Kirche, d. h. die in den Besitz der Offenbarung gelangte christliche Menschheit repräsentierte und ihre Selbstregierung faktisch vollzog? Durfte die längst zur Aussprache reif gewordene Erkenntnis länger unausgesprochen bleiben, daß dies eben das Wesen und die Funktion des römischen Papstes in Wahrheit sei? Durfte es unausgesprochen bleiben: das amtliche Votum des Papstes steht unter keinem Vorbehalt und es bedarf keiner Bestätigung; es ist als solches und für sich auch das Votum des gesamten Episkopates und also das Votum der unfehlbaren Kirche, das unfehlbare Votum der Schrift und der Tradition, die unfehlbare Erklärung der Offenbarung und also selbst die unfehlbare Offenbarung für die Gegenwart: der Papst wird kraft seiner Vollmacht und apostolischen Lehrgewalt der Verheißung des Herrn gemäß und von der göttlichen Vorsehung geleitet, nie anders als aus dem Gesamtbewußtsein der unfehlbaren Kirche, er wird also, in seinem Amte redend, nie etwas Anderes reden als die unfehlbare Offenbarung für die Gegenwart? Konnte, durfte dies länger verschwiegen bleiben, nachdem es von Anfang an wahr gewesen und schon so lange, wenn auch erst teilweise, als wahr erkannt worden war? Das war die Frage, vor die sich die katholische Kirche unter dem Pontifikat Pius IX. gestellt sah (es war derselbe Papst, der 1854 die unbefleckte Empfängnis der Maria und der auf demselben Konzil, auf dem über die Unfehlbarkeit entschieden wurde, die thomistische Lehre über Vernunft und Offenbarung zum Dogma erhoben hat!). Die Antwort, die die katholische Kirche, redend durch den Mund des vatikanischen Konzils, und dieses wiederum redend durch den Mund des Papstes selber, in der *Constitutio dogmatica* I *de eccl. Christi* vom 18. Juli 1870 gegeben hat, lautet an der entscheidenden Stelle cap. 4 am Ende; Denz. Nr. 1839) folgendermaßen: *Itaque Nos traditioni a fidei christianae exordio perceptae fideliter inhaerendo, ad Dei Salvatoris nostri gloriam, religionis catholicae exaltationem et christianorum populorum salutem, sacro approbante Concilio, docemus et divinitus revelatum dogma esse definimus: Romanum Pontificem, cum ex cathedra loquitur, id est, cum omnium Christianorum pastoris et doctoris munere fungens pro suprema sua Apostolica auctoritate doctrinam de fide vel moribus ab universa Ecclesia tenendam definit, per assistentiam divinam ipsi in beato Petro promissam, ea infallibilitate pollere, qua divinus Redemptor Ecclesiam suam in definienda doctrina de fide vel moribus instructam esse voluit; ideoque eiusmodi Romani Pontificis definitiones ex esse, non autem ex consensu Ecclesiae, irreformabiles esse. — Si quis autem huic Nostrae definitioni contradicere, quod Deus avertat, praesumpserit: anathema sit.* Man bemerke zum Verständnis: Nicht im Bewußtsein einer Neuerung, sondern im Bewußtsein der Treue gegen ihre bis auf den Anfang zurückgehende Überlieferung und Entwicklung gibt die Kirche diese Erklärung. Der Papst selbst ist es, der sie gibt: mit Zustimmung des Konzils, die er nach deren Inhalt nicht nötig hätte, die er aber, ohne seiner eigenen Autorität zu nahe zu treten, ja vielmehr als Bestätigung der Fülle seiner Autorität gerade in dieser Sache gerne zu Worte kommen läßt. Die Erklärung spricht eine kirchliche bzw. eine päpstliche Lehre aus und bezeichnet diese Lehre gleichzeitig als göttlich offenbartes Dogma, d. h. als Offenbarungsinterpretation mit der Autorität der Offenbarung selber. Sie nimmt also in ihrer Form schon voraus, was sie inhaltlich sagt. Sie spricht nämlich in der so beschaffenen Lehre den Satz aus, daß der römische Papst im Besitz derjenigen Unfehlbarkeit sei, mit der Christus die Lehrentscheidungen seiner Kirche ausgestattet habe. Nicht der zum Papst gewählte Mensch als solcher besitzt diese Unfehlbarkeit, wohl aber dieser Mensch sofern er in seinem Amt als Hirte und Lehrer der Kirche, und zwar als solcher Gebrauch machend von seiner apostolischen Autorität, nämlich in Sachen des Glaubens und der Sittlichkeit redet und entscheidet: es ist aber der

Papst selber, der letztinstanzlich über das Gegebensein dieser drei Bedingungen zu entscheiden hat. Nicht aus sich selber besitzt er Unfehlbarkeit, sondern auf Grund des göttlichen Beistandes, der ihm in der Person des Petrus verheißen wurde. Nicht nur der Papst besitzt sie, wohl aber ist sie ihm in seinem Amte im Besonderen, und zwar direkt und unabhängig dem übrigen Lehramt gegenüber, zu eigen. In diesen Grenzen, die alle keine Vorbehalte, sondern nur Erläuterungen bedeuten, besitzt er Unfehlbarkeit und sind also seine Entscheidungen als solche und nicht erst auf Grund der Zustimmung der Kirche autoritative und darum endgültige Entscheidungen. Verneinung dieser Lehre bedeutet Trennung von der Kirche. Diese Erklärung des Vatikanums hat eine besondere Vorgeschichte in der Geschichte der Lehre vom Primat des Petrus und vom Primat des römischen Stuhles. Ihre Vorgeschichte ist aber auch: die Geschichte der Lehre von Schrift und Tradition und eigentlich und entscheidend ist sie sogar nur von hier aus zu verstehen. Sie ist der Abschluß des Kreises, für dessen Eröffnung die im Tridentinum wiederkehrende dualistische Formel des Irenäus, für dessen Fortsetzung die Trias des Vinzenz von Lerinum, für dessen Kulminieren die Synthetik Möhlers charakteristisch ist. Seit dem Vatikanum kann man wissen, was man nach alledem noch nicht wußte: wo und wer *in concreto* die echte Offenbarung lehrende Kirche ist. Daß es des Primates des Petrus und der Päpste bedarf, damit die mit der Offenbarung identische Kirche eine solche konkrete Spitze haben kann, ist interessant, aber interessanter ist das längst sichtbare und jetzt konstatierte Faktum: die mit der Offenbarung identische Kirche hat eine solche Spitze; es gibt bis auf diesen Tag in der Anschaulichkeit jedes anderen Ortes und jedes anderen Menschen einen solchen Ort und einen solchen Menschen, in welchem Himmel und Erde sich berühren, Gott und Mensch, von Christus vernommenes und im Glauben an ihn gesprochenes Wort direkt Eines sind, „eine lebendige Autorität auf göttlicher Einwirkung beruhend inmitten der Streitigkeiten der Welt" (Leopold v. Ranke, Die röm. Päpste, Meisterwerke Bd. 8 S. 299), wobei doch dieser eine Ort und dieser eine Mensch in ihrer Besonderheit nur die Herrlichkeit anschaulich machen, die tatsächlich der ganzen Kirche als solcher mitgeteilt und zu eigen ist. Daß es einen solchen Menschen und einen solchen Ort, daß es eine solche lebendige Autorität gibt, daß sie Faktum ist, das hat das Vatikanum ausgesprochen — nicht in der unmöglichen Meinung, dem Papst oder der Kirche etwas zu geben, was sie vorher noch nicht gehabt hätten, sondern definierend und als heilsnotwendiges Dogma proklamierend, was sie in aller Fülle immer hatten, *quod ubique, quod semper, quod ab omnibus creditum est.* Es war immer und überall so, und zwar als offenbare Wahrheit so, daß die Kirche, redend durch den Mund des Papstes, die Offenbarung der Wahrheit war. Eben in dieser Autorität, die die Kirche hat, bestätigt sie nun — das ist die ganz singuläre Bedeutung dieser vatikanischen Erklärung auch in formeller Hinsicht — sich und der Welt, daß sie diese Autorität hat: nämlich hat in der unüberbietbaren Konkretheit des Faktums des Amtes, das jetzt eben diese Erklärung über sie und damit über sich selber abgibt, des Amtes, das — in formal wirklich allerhöchster Ähnlichkeit zum Christus des Johannesevangeliums — zugleich das Subjekt und das Objekt dieser Erklärung ist. Jener Kreis ist nun tatsächlich geschlossen. Man kann nun wissen, wo und wer die mit der Autorität des Wortes Gottes identische Autorität der Kirche ist. — Die vatikanische Erklärung ist nicht ohne starken Widerspruch auch innerhalb der katholischen Kirche, ja auch innerhalb des zum Konzil vereinigten Episkopates selbst zustande gekommen. Eine Gruppe besonders von deutschen, aber auch von französischen und orientalischen Bischöfen machte sich am Konzil zur Trägerin dieses Widerspruchs. Seine Schwäche bestand doch zum vornherein darin, daß er nicht grundsätzlich war, d. h. daß seine Vertreter immer wieder erklären mußten, in der Sache, d. h. in der Anerkennung der offenbarungsmäßigen Wahrheit jener Erklärung mit dem Papst und mit der Mehrheit des Konzils einig zu sein, daß sie aber aus ernsten Gründen der sog. Opportunität ihrer Proklamation als Dogma nicht zustimmen könnten. Man führte an, diese sei nicht nötig, weil die entsprechende Überzeugung ohnehin allgemein und direkt und indirekt schon durch die Konzilien von Florenz und Trient ausgesprochen worden seien. Es könnte die Erklärung mißverständlich sein hinsichtlich der nach wie vor zu behauptenden Unfehlbarkeit auch des Gesamtepiskopats als solchen. Sie bedeute eine Erschwerung der Wiedervereinigung mit der Ostkirche und für die Rückkehr der Protestanten. Sie könne Uneinigkeit unter den Bischöfen und in der katholischen Welt überhaupt hervorrufen. Sie bedrohe die lokale Autorität der Bischöfe. Sie sei geeignet, das Leben der katholischen Kirche in ungesunder Weise zu zentralisieren. Unausgesprochen stand hinter diesen Argumenten auch die auf der Höhe des 19. Jahrhunderts wahrhaftig begründete Sorge — Warnungen in dieser Richtung erschollen aus ganz Europa und auch aus Amerika — es möchte diese Erklärung Wasser auf die Mühle aller Kirchengegner leiten, sie möchte die Kirche in neue Konflikte mit den Trägern der modernen Kultur und insbesondere mit den mehr oder weniger liberalen Staatsgewalten bringen. Kann man das alles menschlich verständlich finden, so kann man sich doch nicht wundern darüber, daß eine wirksame Opposition auf dieser Basis nicht möglich war. Die Anhänger des neuen Dogmas konnten mit dem vollen Schein kirchlicher Sachlichkeit und Sauberkeit antworten: die Erklärung muß erfolgen. eben weil ihr Inhalt zwar längst in Geltung steht und doch trotz dessen, was schon frühere Konzilien in dieser Richtung gesagt, immer noch da und dort bezweifelt und angefochten wird und werden kann nur darum, weil es noch nicht eindeutig als Dogma definiert und proklamiert worden ist. Die unbestreitbar nach wie vor zu behauptende Unfehlbarkeit auch des Episkopats kann durch die des Papstes nicht in Frage gestellt, sondern, da der Papst dessen Haupt ist, durch sie nur bestätigt werden. Die Vereinigung mit der Ostkirche und die Rückkehr der Protestanten kann nicht dadurch gefördert werden, daß man ihre Bedingungen wie bei einem Handelsgeschäft auf ein Minimum herabsetzt, sondern nur dadurch, daß man beiden so deutlich als möglich zu erkennen gibt, daß sie es in der römisch-katholischen wirklich mit der unfehlbaren Kirche zu tun haben. Aller Uneinigkeit unter den Bischöfen und unter den Katholiken überhaupt wird gerade durch diese Erklärung der Boden entzogen werden. „Wo die Kirche gesprochen hat, sind die Gläubigen der Verführung nicht zugänglich. Während die Kirche schweigt, toben die Geister des Irrtums" (Erzbischof Manning, in: Das Ökumenische Konzil 1869 f. Bd. 2, S. 37). Verschweigung einer geoffenbarten Wahrheit aus Furcht vor dem Ärgernis, das sie erregen könnte, wäre gleichbedeutend mit dem stillschweigenden Eingeständnis, daß sie geoffenbarte Wahrheit wohl gar nicht sei. Nicht vermindern, sondern vermehren wird diese Erklärung auch die Autorität der Bischöfe in ihren lokalen Bereichen, und es kann ihr Inhalt, da er sich nur auf die kirchliche Autorität höchsten und letzten Grades bezieht, auch jene störende zentralisierende Wirkung auf das kirchliche Leben nicht ausüben, wohl aber wird sie den Entscheidungen auch der episkopalen Instanzen überall Gewißheit und Festigkeit verleihen. Fügen wir hinzu, daß gegenüber jener stillen Sorge hinsichtlich der zu erwartenden Anfechtungen seitens der modernen Gesellschaft und Staatsgewalt Pius IX. und die Konzilsmehrheit vielmehr der Meinung waren, die Kirche gerade durch diese Erklärung mit ihrer neuen Sanktionierung der alten Voraussetzungen des Papsttums allen feindlichen und neutralen Gewalten äußerer und innerer Art gegenüber als Kirche ganz neu zu befestigen und gleichsam im Gegenangriff wirksam zu verteidigen, eine Haltung, in der auch L. v. Ranke „etwas Großartiges" zu sehen nicht umhin konnte (a. a. O. S. 267 f.). „Was wahr ist", so argumentierten die Freunde des neuen Dogmas, „das muß in der Kirche auch als wahr definiert werden. Was Jesus Christus für der Offenbarung wert gehalten hat, das muß für uns auch der Erklärung wert sein." „In der Kirche Gottes und in der Wahrheit der Offenbarung ist es immer an der Zeit, das zu erklären, was Gott den Menschen kundgetan haben will" (Manning, S. 39), ganz besonders aber dann, wenn es geleugnet wird, wie es seit dem Tridentinischen Konzil mannigfach geschehen ist. Man kann sich auch als Protestant dem Eindruck nicht entziehen, daß die auf dem Konzil siegreich gewordene Richtung auch inner-

1. Die Autorität des Wortes

lich stärker war, sofern sie, indem sie — wie wir allerdings urteilen müssen — den Irrtum und die Lüge auf den Gipfel führte, die Folgerichtigkeit der ganzen katholischen Entwicklung für sich hatte, innerhalb derer — wollte man sie nicht von der reformatorischen Erkenntnis her in ihrer Wurzel und damit in ihrer Gesamtheit ablehnen — ein Aufhalten — und nun gar schon ein Aufhalten aus bloßen Opportunitätsgründen unmöglich war. Man wird vielmehr den Freunden des neuen Dogmas sogar das Zeugnis nicht versagen können, daß sie — immer innerhalb des einmal bezogenen antichristlichen Raumes — geistlicher zu denken und zu handeln gewußt haben als ihre Gegner. Man wird es vor Allem auch verstehen müssen, daß es keineswegs Mangel an Überzeugungstreue und Charakterstärke war, wenn die Bischöfe der unterlegenen Minderheit — unter ihnen besonders auch die deutschen — alsbald nach dem Konzil als Anhänger und Verteidiger von dessen Erklärung auf den Plan traten. Ihre Opportunitätsgründe konnten sie eben nicht und — nachdem die Kirche gesprochen hatte — durften sie sie nicht binden. Hat man die innere Notwendigkeit des vatikanischen Dogmas einmal verstanden, dann wird man sich auch über gewisse äußere Eigentümlichkeiten jenes Konzils nicht so maßlos verwundern, wie es damals innerhalb und außerhalb der katholischen Kirche manche getan haben. Das Konzil fand im Unterschied zu den meisten früheren ohne direkte Mitwirkung der katholischen Staatsregierungen statt, obwohl besonders das Frankreich Napoleons III. sich eine solche gerne verschafft hätte. Aber war jene frühere Mitwirkung der politischen Gewalt nicht auf die unterdessen längst in die Brüche gegangene Wirklichkeit oder Scheinwirklichkeit des *Corpus christianum* begründet gewesen? Hatten sich nicht alle modernen Staaten längst auf den Grundsatz der religiösen Neutralität festgelegt? War es also nicht auch von jenen her gesehen in Ordnung, wenn die Kirche ihre Angelegenheiten nun selber in die Hand nahm? Ferner: die Konvokation zu diesem Konzil ging einseitig vom Papst, nicht aber von dem bei früheren Konzilien neben ihm in die Erscheinung tretenden Kardinalskollegium aus. Ferner — eine Sache, die schon auf dem Tridentinum Anlaß zu Klagen gegeben hatte: die dem Konzil vom Papst gegebene Geschäftsordnung bestimmte, daß die Proposition der zur Verhandlung kommenden Gegenstände grundsätzlich allein Sache des Papstes sei, daß die Bischöfe ihre Vorschläge zuerst dem Papst bzw. einer päpstlichen Kongregation einzureichen hätten, in deren Vollmacht es dann liegen sollte, sie an das Konzil weiterzugeben oder nicht weiterzugeben. Es scheint dann weiter auch praktisch die Präsidialgewalt mit etwas problematischer Loyalität und jedenfalls nicht immer so gehandhabt worden zu sein, wie manche es sich wohl im Sinn einer parlamentarisch verstandenen Verhandlungs- und Redefreiheit des Konzils gewünscht hätten. Aber ein Konzil ist nun einmal kein Parlament. Man wird von jenen Anordnungen sagen müssen, daß sie schließlich nur das Resultat des Konzils vorweggenommen haben, indem sie diesem eine Form gaben, in welchem es selber zum Zeugnis wurde für das, was es nachher erklärte. War diese Erklärung ein Zirkel, darin bestehend, daß mit päpstlicher Autorität die päpstliche Autorität verkündigt wurde — wie konnte es anders sein, als daß das Konzil in sich selbst, indem es sich jenen Anordnungen unterzog, nur die päpstliche Autorität darstellen wollte? Wäre an sich außer dem Parlamentarismus, dem man schließlich in der Kirche mit Recht keinen Raum geben wollte, auch noch der Möglichkeit eines brüderlichen Gesprächs und gemeinsamen Entscheidens zu gedenken gewesen, zu dem es nach der „Geschäftsordnung" einer evangelischen Synode bei solchem Anlaß kommen mußte, so ist zu sagen, daß die ganze katholische Kirche, die auf dem Vatikanum angeblich „unterdrückte" Minderheit eingerechnet, auf diese Möglichkeit längst verzichtet hatte. Es wäre so oder so eine μετάβασις εἰς ἄλλο γένος gewesen, wenn das Konzil sich nicht auch formal gerade die Gestalt gegeben hätte, bzw. hätte geben lassen, die es tatsächlich hatte. Mit jeder anderen Gestalt würde es das, was es hinsichtlich der Unfehlbarkeit des Papstes sagen wollte und gesagt hat, im voraus desavouiert haben. Jener der Konzilsminorität angehörige Bischof hatte sachlich ganz recht, wenn er nachher schrieb: *Concilium Vaticanum apertissima principis petitione et circuli vitiosi errore illud tandem definivit, quod ab omni initio definitum stabilitumque praesupposuit. Pontifex semet personaliter infallibilem ab initio usque ad finem gessit, ut semet personaliter infallibilem tandem definiat* (nach PRE³ 20, 472). Unrecht hatte der Mann nur darin, daß er sich als römisch-katholischer Bischof über den so beschriebenen Vorgang meinte beklagen zu dürfen!

Der innerkatholische Widerstand gegen das Vatikanum hat sich bekanntlich nachher, soweit er aufrechterhalten wurde, zu der sogenannten altkatholischen Bewegung und Kirchenbildung verdichtet. Sie konnte insofern von Anfang an keine große Hoffnung haben, als sie von etwas wesentlich Anderem als von jenen gegen die Erklärung vorgebrachten Opportunitätsgründen nicht lebte und auch nicht leben konnte, und auch dies nur, indem und sofern ihr dabei von seiten der außerhalb der Kirche stehenden und wirksamen Mächte Hilfsstellung geleistet wurde. Altkatholizismus als solcher bedeutet das Stehenbleiben bei dem noch bei Möhler offengelassenen Dualismus. Er bedeutet praktisch entweder die Rückkehr zu einem episkopal-konziliaren System, das in der bisherigen katholischen Entwicklung immer nur die Rolle einer ausgeschlossenen Grenzmöglichkeit hatte spielen können, das die Kirchenautorität der Schriftautorität grundsätzlich ebenso überordnet, wie dies im papalen System der Fall ist, nur daß es im Gegensatz zu diesem die Frage: wo und wer diese Kirchenautorität ist? nicht konkret zu beantworten weiß. Oder aber er bedeutet praktisch den Übergang zu dem Parlamentarismus der modernen Religionsgesellschaften, wie er auch in den protestantischen Kirchen weithin eingerissen ist, mit welchem nun wirklich dem Papstsystem gegenüber auch nichts grundsätzlich besser zu machen ist. Innere Kraft hat der Altkatholizismus in neuerer Zeit da gewonnen, wo er grundsätzlich den Anschluß an das evangelische Schriftprinzip gesucht und gefunden hat. Er ist aber gerade da schwer belastet dadurch, daß er dies nur grundsätzlich tun kann, praktisch aber einen ganzen, etwas willkürlich zusammengestellten Komplex von schriftfremder kirchlicher Tradition anerkennen und selber mitführen muß und gleichzeitig auf Grund jenes Anschlusses doch aufgehört hat, Katholizismus und also auch Altkatholizismus zu sein. Altkatholizismus heißt Unentschiedenheit in der Mitte zwischen zwei Entscheidungen, die beide nur in einem grundsätzlichen und praktischen Ja oder aber in einem grundsätzlichen und praktischen Nein vollzogen werden können.

Völlig unmöglich war und ist aber erst recht der Widerspruch der sich in der akatholischen modernen Bildungswelt mit Einschluß der neuprotestantischen Kirchlichkeit gegen das vatikanische Dogma erhoben hat. Echte Legitimation zum Protest gegen den nunmehr endgültig geschlossenen Kreis der römisch-katholischen Offenbarungslehre konnte im Jahr 1870 und nachher nur eine einzige Instanz haben, nämlich eine evangelische Kirche, die hinsichtlich ihrer eigenen Treue gegenüber dem reformatorischen Schriftprinzip ein gutes Gewissen hatte, eine Kirche, deren Autorität unter und nicht über dem Wort stand, deren Lehre und Verkündigung sich nicht nach dem Selbst- und Geschichtsbewußtsein des modernen Menschen, sondern nach wie vor nach dem Zeugnis der Propheten und Apostel und nur nach ihm richtete. Wir dürfen ruhig annehmen, daß damals und seither im Verborgenen auf vielen protestantischen Kanzeln im Namen dieser Kirche die rechte Antwort auf das Vatikanum gegeben worden ist, die dann sicher auch ein Bekenntnis der Buße im Namen des ganzen modernen Protestantismus sein mußte. Ein solche Stimmen zusammenfassendes Sprechorgan, das dem evangelischen Urteil über den vatikanischen Frevel im Verhältnis zu dessen Ausmaß Ausdruck und Gehör verschafft hätte, eine einmütig bekennende protestantische Kirche gab es damals nicht. Die Stimmen, die damals und in den Jahren des Kulturkampfes im protestantischen Bereich wirklich laut wurden, waren, so laut sie riefen, gebrochene Stimmen und ihren Trägern fehlte nun eben jene Legitimation, deren es bedurfte, um zum Vatikanum mit Vollmacht Nein zu sagen. Ohnehin traf der römische Schlag — Pius IX. hatte wirklich die richtige Stunde abgewartet — die moderne Bildungswelt

1. Die Autorität des Wortes

in jenem Stadium völliger innerer Auflösung, in das sie, nachdem sie des klassischen Idealismus müde geworden, in der zweiten Hälfte des Jahrhunderts eingetreten war. Von woher wollte man diese sich mit der Offenbarung in eins setzende Papstkirche schon angreifen? Von der aus dem 18. Jahrhundert überkommenen Vorstellung einer in sich und zugleich mit der höchsten Wahrheit identischen allgemeinen Menschenvernunft her? Gerade der neuen oder vielmehr uralten päpstlich-kirchlichen Identitätslehre gegenüber mußte jene ohnehin längst blaß gewordene Idee, so sehr sie auch dem gesunden Menschenverstand immer noch einleuchten mochte, bestimmt der an Vitalität unterlegene, der schwächere Partner sein. Von dem ebenfalls noch umgehenden romantischen Individualismus her? Auch er war durch das vatikanische Dogma bzw. durch die alte katholische Idee von dem repräsentativen Individuum, das in der Fülle seiner Kompetenz und Autorität die Kirche verkörpert, an Tiefsinn und zugleich an Anschaulichkeit von vornherein überboten? Von dem inzwischen modern gewordenen positivistischen Wissenschaftsbegriff her? Gewiß, der Empirismus der neuzeitlichen Natur- und Geschichtswissenschaft schien wie geschaffen, dem Mysterium des neu verjüngten alten Kirchentums gegenüber eine eherne Mauer aufzurichten, und wer von den in diesem Sinn modern Gebildeten hätte damals nicht gewähnt, von Pius IX. und seinem Konzil durch wahre Abgründe prinzipiellen Gegensatzes getrennt zu sein? Aber ließ diese Wissenschaft nicht zu viel offen, um nicht trotz alles Agnostizismus, ja Atheismus und gerade in ihrem Agnostizismus und Atheismus das Mysterium widerwillig aber faktisch zu bejahen und arbeitete sie andererseits nicht hinsichtlich ihrer eigenen Prinzipien selbst viel zu offen mit einer Unfehlbarkeitslehre, die bei allem Widerspruch gegen Rom indirekt wie eine Bestätigung des päpstlichen Unfehlbarkeitsanspruchs wirken mußte? Oder vom Gedanken des modernen National-, Rechts- und Wohlfahrtsstaates aus? In der Tat, gerade von dieser Seite ist die Kirche im 19. Jahrhundert vor und nach 1870 in besonders schmerzlicher Weise angegriffen und in ihrer Autorität gekränkt worden. Was mußte sie sich von Napoleon I. und nachher von dem neuen Italien in den verschiedenen Stadien seines Werdens, schließlich vom Bismarck'schen Deutschland und doch auch von den radikalen schweizerischen Kantonsregierungen Alles gefallen lassen? Wenn nur die modernen Staaten nicht bei aller Eifersucht, mit der sie ihr Prestige gegenüber dem Vatikan zu wahren suchten, gleichzeitig ein so tiefes Bedürfnis gehabt hätten, ihre von ihrer revolutionären Herkunft her etwas schwankende Autorität gegenüber den Mächten des Umsturzes durch Anlehnung an die kirchliche Autorität zu stützen! Und wenn sie nur nicht heimlich in ihren nationalistischen ebenso wie in ihren sozialistischen Entwicklungstendenzen selber schon auf dem Wege zu einem politisch-kulturellen Totalitarismus gewesen wären, der, wenn er erst offen auf dem Plane war, dem Absolutismus des römischen Offenbarungsinstitutes allzu strukturverwandt gegenüberstehen mußte, als daß — alle zeitweiligen Mißverständnisse hin und her — von ihm her etwas Triftiges gegen jenes eingewendet werden konnte! Von der Freiheit des protestantischen Gewissens her schließlich? Nun, „Luther in Worms" ist in jener zweiten Hälfte des vorigen Jahrhunderts eine besonders beliebte Gestalt gewesen und das Motiv eines religiös gefärbten Trotzes gegenüber dem neuen hierarchischen Anspruch Roms ließ man sich als tiefste Note in dem allgemeinen Chor des Protestes auch außerhalb der protestantisch-kirchlichen Kreise gerne gefallen. Wobei man nur übersah, daß Luthers Freiheit und Trotz in einer Bindung an das konkrete Wort der Schrift beruht hatte, während das, was man selbst betätigte, eine Freiheit und ein Trotz an sich waren, das „Es ist mir so!" eines autonomen Gewissens, kraft dessen man sich dauernd ebenso eigenmächtig zum Herrn der Schrift machte, wie es der Katholizismus immer und jetzt eben wieder in abschließender und demonstrativer Klarheit getan hatte. Daß es auf den Schall der Posaunen etwa des „Evangelischen Bundes" zu einem Einsturz der Mauern von Jericho kommen würde, das hatten dessen Einwohner nicht zu befürchten. Auf den Gebrauch dieser Art von Gewissensfreiheit hatten sich die Jesuiten nun wirklich schon seit Jahrhunderten ungleich besser verstanden. Weiter als bis zu einem blinden Lärm konnte es die Opposition der akatholischen modernen Welt gegenüber dem nun geschlossenen Kreis des katholischen Systems tatsächlich nicht bringen. Das gleichzeitig mit dem Vatikanischen Konzil nach Neapel einberufene Freidenkerkonzil mußte nicht ohne Grund als eine klägliche Farce enden. Diese Welt war — anders als wenn das vatikanische Dogma etwa in der Zeit Kants und Goethes, Schleiermachers und Hegels auf den Plan getreten wäre — eine in sich höchst uneinige Welt, deren Argumente sich dauernd überkreuzen und gegenseitig aufheben mußten. Sie war aber auch in dem, worin sie von ihrem Ursprung in der Renaissance und von jener ihrer letzten hohen Zeit her im Letzten einig war, dem nunmehr endgültig konsolidierten Katholizismus viel zu artverwandt, als daß sie in der Lage gewesen wäre, ihr einen wirklich unbeugsamen und wirklich gefährlichen Widerstand entgegenzusetzen. Hatte Möhler nicht längst gezeigt, daß es durchaus und mit verhältnismäßig geringer Mühe möglich war, ihre intimsten Intentionen nicht nur nachträglich ins Katholische zu übersetzen, sondern sie in ihrem katholischen Kern lebendig und fruchtbar zu machen? So war es bestimmt nicht nur diplomatische Höflichkeit und auch nicht nur Hohn, wenn der deutsche Kulturkampf damit endigte, daß Bismarck, der einige Jahre lang jenen akatholischen modernen Widerspruch in sich zu verkörpern schien, zum Ritter des päpstlichen Christusordens erhoben wurde. Wenn Pius IX. auf einem der Höhepunkte des Vatikanischen Konzils einem Vertreter der Minderheit, der es wagte, die kirchliche Tradition gegen die Opportunität des neuen Dogmas geltend zu machen, das berühmt gewordene Wort zurief: „Die Tradition bin ich!", so war das doch nur eine Variante des ebenfalls berühmten Wortes Ludwigs XIV., laut dessen er, der König, der Staat gewesen wäre. So gewiß dieses letztere Wort ein echt „modernes", nur auf dem Hintergrund der Renaissance denkbares Wort ist, so gewiß ist es auch jene päpstliche Variante. Und so gewiß jenes Wort Ludwigs XIV. schon die ganze Französische Revolution in sich enthielt, so gewiß umgekehrt die liberalpolitische Parole, mit der ihr eigentümlichen Begünstigung des Individuums notorisch dem Umschlag in einen Absolutismus ausgesetzt ist, in welchem das Individuum nun doch wieder im Sinne Ludwigs XIV. der Staat sein darf — so gewiß enthielt das Diktum Pius IX. den ganzen theologisch-kirchlichen Liberalismus in sich — als Gegensatz, aber doch nur als dialektischen, als umschlagsfähigen Gegensatz — so gewiß kann umgekehrt vom theologischen Liberalismus aus eine Anerkennung der Zusammenfassung der christlichen Tradition und Autorität in einem einzigen repräsentativen Individuum jedenfalls nicht als grundsätzlich unmöglich verstanden werden. Wenn der Wiener Theologieprofessor E.Commer (in einer Rede zum 25. Jubiläum von Leo XIII., PRE.³ 20, 474) doziert hat: *Affirmamus, ecclesiae esse unum caput in duabus personis distinctis, Christo scilicet et Petro. Sicut humanitas Christi est quasi instrumentum animatum coniunctumque divinitatis, quae propria filii est, simili quoque modo pontifex maximus dici potest primarium instrumentum humanum animatumque ipsius verbi incarnati ac divinitatis, quacum coniunctus est auctoritate vicarii universa. Recte igitur papa ... alter Christus appellabatur"* — so lese man, bevor man sich über solche Blasphemie legitim entrüsten darf, nach, was etwa A. E. Biedermann (Chr. Dogm. 1869 § 792 f.) über das allgemeine Prinzip der Gotteskindschaft als den wahren Sinn der biblischen und kirchlichen Lehre von der Gottheit und Menschheit Christi herausgearbeitet hat. Erkennen wir in dem in seinem Amte handelnden römischen Papst den *alter Christus*, das menschliche Instrument der mit ihm verbundenen Gottheit, dann ist nicht abzusehen, wieso in den biblisch-kirchlichen Personalbestimmungen des Gottmenschen nicht auch allgemein die Bestimmungen des Verhältnisses zwischen Gott und Mensch, zwischen dem absoluten und endlichen Geist wiederzuerkennen sein sollten. Und wenn das letztere möglich ist, warum soll dann das erstere grundsätzlich unmöglich sein? Zwischen der mythologisch-singulären und der spekulativ-allgemeinen Identifikation des Menschen mit Gottes Offenbarung kann ein letzter und ernstlicher Widerspruch nicht stattfinden. Wenn die eine möglich ist, so ist es grundsätzlich auch

1. Die Autorität des Wortes

die andere und wenn die eine falsch ist, so ist es grundsätzlich auch die andere. Wer die eine bejaht, kann also die andere nicht grundsätzlich verwerfen und es ist wiederum die Verwerfung der einen nur möglich, wenn sie mit der grundsätzlichen Verwerfung auch der anderen verbunden ist. Den Ort, von dem aus beide als falsch einzusehen und zu verwerfen wären, der Ort, von dem aus Jesus Christus in seiner unvergleichlichen Ehre als der Herr des Menschen zusehen wäre — diesen Ort hatte die römisch-katholische Kirche ebenso verlassen wie die gegen ihr Dogma sich auflehnende akatholische moderne Welt und diese Welt ebenso wie die römisch-katholische Kirche. Wozu nur noch zu bemerken ist, daß in dem zwischen beiden bestehenden Familienzwist die römisch-katholische Kirche insofern immer in jenem relativen Vorsprung sich befinden wird, dessen sie sich schon in der dem Vatikanum folgenden Zeit des Kulturkampfes erfreuen durfte, als ihr Heidentum viel umfassender christlich verkleidet ist, als sie viel ausgesprochener antichristlichen Charakter trägt, viel bestimmter in einer Verkehrung der Wahrheit besteht, viel stärker also an der Lebenskraft des von ihr verfälschten Wortes Gottes Anteil hat, als dies bei ihrem familiären Widerpart der Fall ist, der sich neben einigen Fragmenten christlicher Erkenntnis in der Hauptsache von unverhülltem Heidentum nähren muß, dessen antichristlicher Charakter jedenfalls erst reif werden müßte, bevor er sich mit der römischen Kirche mit gleichen Waffen messen und überhaupt auf dem gleichen Niveau begegnen könnte. Aber wie es auch damit stehe: die eigentliche Entscheidung fällt nicht in diesem Familienzwist, sondern auf der Front, wo dem Katholizismus und der modernen Welt eine unter der heiligen Schrift stehende evangelische Kirche gegenübertritt — gegenübertreten wird.

Es bleibt uns nur noch übrig, das Wesen und den Sinn der evangelischen Entscheidung in dieser Sache, wie sie in der Reformation gefallen ist und wie sie, wo evangelische Kirche ist, was sie heißt, immer wieder fallen muß, positiv und negativ zu umschreiben.

Daß Gottes Wort in seiner in der heiligen Schrift bezeugten Offenbarung sich nicht auf seine Zeit, die Zeit Jesu Christi und seiner alt- und neutestamentlichen Zeugen beschränkt, sondern daß es im Raum der Kirche Jesu Christi allen Zeiten gegenwärtig ist und durch ihren Mund allen Zeiten gegenwärtig werden will und werden wird, eben das ist auch evangelisches Glaubensbekenntnis. In diesem Bekenntnis zu der Lebendigkeit und also zu der je und je wirklichen und immer wieder wirklich werdenden Gegenwart des Wortes Gottes ist also eingeschlossen ein Bekenntnis der Kirche zu sich selbst, das heißt zu ihrer Begründung und Erhaltung durch das Wort Gottes zu der ihr übertragenen Vollmacht und zu der ihr aufgetragenen Sendung.

In diesem Bekenntnis ist erstens eingeschlossen das Bekenntnis zu der Wirklichkeit einer kirchlichen Gemeinschaft im Raum sowohl wie in der Zeit, d. h. zu einer durch das Wort begründeten Einheit, in der sich die Kirche da und dort, einst, heute und inskünftig mit sich selber befindet: einer Einheit im Glauben und in der Verkündigung, einer Einheit dessen, was sie empfängt in der sie konstituierenden Gabe und dessen, was sie tut in Erfüllung dessen, was ihr befohlen ist. In jenem Bekenntnis ist also auch eingeschlossen das Bekenntnis: wo Kirche ist, da gibt es auch Väter, da gibt es auch Brüder im Glauben und in der Verkündigung; da dürfen und müssen die gegenwärtigen Zeugen des Wortes Gottes zurückblicken auf die ihnen vorangegangenen und hinüberblicken zu den ihnen gleichzeitigen Zeugen desselben Wortes; da wird nicht geredet, ohne zuvor gehört zu haben; da ist alles Reden eine Verantwortung jenen Vätern und Brüdern gegenüber, da wird diesen Vätern und Brüdern also eine bestimmte Autorität, die Autorität von vorgeordneten und als solche zu respektierenden Zeugen des Wortes Gottes zuerkannt. So gewiß das evangelische Bekenntnis das Bekenntnis zu der Lebendigkeit und zu der je und je Ereignis werdenden Gegenwart des Wortes Gottes ist, so gewiß ist es Bekenntnis zur Gemeinschaft der Heiligen und also zu einer in bestimmtem Sinn autoritativen Überlieferung des Wortes Gottes, das heißt zu einer menschlichen Gestalt, in der es im Raum der Kirche und durch ihren Mund an jeden, den es zum Glauben und zum eigenen Zeugnis aufruft, herantritt — zu einer menschlichen Gestalt, die ihm im Zeugnis jener Väter und Brüder eigen ist, bevor er selbst zum Glauben gekommen und zum Zeugen geworden, die also insofern seinem Glauben und seinem Zeugen vorgeordnet ist — zu einer menschlichen Gestalt, mit der er sich auf alle Fälle auseinandersetzen, und zwar kraft jener Verordnung in bestimmtem, in dem dem Zeugnis der Kirche als solchen angemessenem Respekt auseinanderzusetzen hat.

Und es ist in jenem Bekenntnis zweitens eingeschlossen das Bekenntnis, daß das Zeugnis der Kirche der Gegenwart selber, sofern es Zeugnis von dem lebendigen und gegenwärtigen Worte Gottes ist, sofern es also auch in jener Verantwortung gegenüber seiner Überlieferung und in Anerkennung ihrer bestimmten Autorität geschieht, selber eine bestimmte Autorität besitzt. Wo in der Kirche kirchlich d. h. im Vollzug jenes Zeugnisses gesprochen wird und wo insofern die Kirche selbst spricht, da geschieht es unter neuer Aufrichtung und Geltendmachung jener Vorordnung, da wird aufs neue jenes Hören und zwar jenes in bestimmtem Sinn respektvolle Hören vorausgesetzt und gefordert, da entsteht für die Hörenden aufs neue jene Verantwortlichkeit, ohne die die Kirche freilich selbst nicht reden könnte, die aber, indem sie selbst in Verantwortlichkeit redet, nun doch auch Sache der sie Hörenden wird. Wieder entsteht ja jetzt, indem die Kirche redet, eine menschliche Gestalt des Wortes Gottes, die als solche dem Glauben und dem eigenen Zeugnis der Hörenden auf alle Fälle vorangeht und mit der diese sich in der Weise auseinanderzusetzen haben, wie man sich in der Gemeinschaft der Heiligen im Glauben an die Lebendigkeit und Gegenwart des Wortes Gottes mit einem solchen vorangehenden väterlichen und brüderlichen Zeugnis auseinanderzusetzen hat. Wieder entsteht jetzt also eine in bestimmtem Sinn autoritative Überlieferung des Wortes Gottes.

In dieser doppelten Form ist also auch im evangelischen Bekenntnis zum Worte Gottes eingeschlossen das Bekenntnis zu einer Autorität der Kirche. Wir werden auf den Sinn und Inhalt dieses Bekenntnisses im zweiten Teil unseres Paragraphen zurückkommen. Es muß aber — und hier trennen sich nun die Wege, hier fällt nun unausweichlich und unaufgebbar die evangelische Entscheidung — bevor von dieser Autorität der Kirche auch nur ein Wort laut werden darf, feststehen, daß es eine Autorität in der Kirche gibt, die zugleich eine Autorität über der Kirche ist: eine Autorität, die alle Autorität der Kirche selbst erst begründet, von der her sie ihre bestimmte Würde und Geltung hat und ohne die sie sie nicht hätte, ohne die sie sie nie und nirgends wirklich ausgeübt hat und nie und nirgends wirklich ausüben wird — eine Autorität, die die Autorität der Kirche selbst aber auch begrenzt, d. h. nicht durchstreicht, wohl aber bestimmt, von der her sie, indem sie aufgerichtet wird, auch gerichtet wird, die, wenn und indem die Autorität der Kirche gehört wird, unter allen Umständen zuerst und zuletzt und als entscheidend immer mitzuhören ist. — Es gibt eine Autorität in der Kirche, die auf die Gefahr der völligen Zerstörung der Autorität der Kirche selber hin nicht in diese Autorität der Kirche selber umgedeutet und aufgelöst, die um keinen Preis mit dieser identifiziert werden darf. Wie kommt es denn zu einer Autorität der Kirche selber in jenem doppelten Sinn? Wie kommt es dazu, daß es in der Gemeinschaft der Heiligen eine auf Verantwortlichkeit beruhende und Verantwortlichkeit fordernde und erzeugende Überlieferung des Wortes Gottes gibt? Das dem Katholizismus und dem Neuprotestantismus entgegenzustellende evangelische Bekenntnis lautet: dazu kommt es, indem die Existenz der Kirche, die solche Autorität hat und ausübt, ein einziger Akt des Gehorsams, also selber ein Akt der Unterwerfung unter eine höhere Autorität ist. In diesem Akt des Gehorsams ist sie, was sie ist, Kirche, ἐκκλησία, *evocatio*. Sie ist es nicht außerhalb dieses Aktes; sie ist es also nicht, wenn und sofern sie sich diesem Gehorsam entzieht. Ihm entzieht sie sich aber, wenn ihr die Autorität, der sie sich unterwirft, nicht wirklich eine höhere, eine von ihrer eigenen Autorität unterschiedene und ihr überlegene Autorität ist. Sie entzieht sich ihm also, wenn sie sich einer nicht sowohl in ihr, sondern von ihr selbst aufgerichteten und also ihr immanenten Autorität — sie entzieht sich ihm, wenn sie sich ihrer eigenen Autorität unterwirft. Gehorsam gegen die eigene Autorität ist — und wenn diese die Fülle aller Autorität hätte und selbst wäre, ja je gefüllter diese eigene Autorität ist, um so mehr! — das Gegenteil von Gehorsam, nämlich Selbstregierung. Selbstregierung ist aber eine — ja sie ist geradezu die große Prärogative Gottes. Selbstregierung im geschöpflichen Raum kann nur Anmaßung dieser Prärogative Gottes und also ausgesprochenen Ungehorsam des Geschöpfs bedeuten. Solche Selbstregierung der Kirche ist aber das erklärte Wesen des Katholizismus ebenso wie des Neuprotestantismus, sofern dort das die Schrift und die Tradition in sich zusammenfassende und mit unüberbietbarer Autorität auslegende, sich selbst mit der Offenbarung identifizierende kirchliche Lehramt und hier die weniger greifbare aber nicht minder unfehlbar sich gebende Instanz des menschlichen Selbst- und Geschichtsbewußtseins und so oder so die Kirche selbst das letzte Wort spricht, dem dieselbe Kirche dann zu gehorchen vorgibt. Indem sie das tut, indem sie von keiner höheren Autorität weiß als von ihrer eigenen, indem sie ihre eigene Autorität mit allen Merkmalen einer höheren, einer ihr selbst als Kirche transzendenten Autorität umgibt, um jeder ihr transzendenten Autorität, die nicht mit ihrer eigenen identisch wäre, um so sorgfältiger auszuweichen, indem sie schon die Möglichkeit des Gehorsams gegen eine solche mit ihrer eigenen nicht identischen, sondern ihr transzendenten Autorität mit ihrem Anathema, mit ihrer Verachtung belegt und als Trennung von der Kirche qualifiziert — eben indem sie das alles tut, verweigert sie den Gehorsam, stellt sie sich selbst Gott gleich und hört eben damit auf, Kirche zu sein, verliert sie auch, wie hoch sie sie immer schätzen und preisen, in welcher Fülle sie sie auch scheinbar besitzen möge, ihre eigene Autorität. Eine höhere Autorität, die in ihre eigene Autorität umgedeutet und aufgelöst, die in dieser auf- und untergegangen und verschwunden ist, ist eben keine höhere Autorität und es kann der Gehorsam gegen sie kein wirklicher Gehorsam sein — auch dann nicht und gerade dann nicht, wenn die Autorität der Kirche selbst, in der sie verschwunden ist, sich nun ihrerseits mit allen Prädikaten göttlicher Offenbartheit schmückt und auch dann nicht und gerade dann nicht, wenn der Gehorsam gegen die so geschmückte Autorität der Kirche alle Merkmale tiefster und ernstester Frömmigkeit trägt. Kirche ist nicht mehr Kirche, wo sie tatsächlich keine höhere Autorität kennt als ihre eigene und keinen anderen Gehorsam als einen solchen, der tatsächlich darin besteht, daß sie sich selbst regiert. Und es wird einer Kirche, die eine von ihrer eigenen Autorität verschiedene Autorität nicht hat, auch die Autorität, die sie hat, notwendig genommen werden. Im Ungehorsam stehend, kann sie die Empfängerin und das Subjekt einer autoritativen, d. h. einer auf Verantwortlichkeit beruhenden und Verantwortlichkeit fordernden und erzeugenden Überlieferung des Wortes Gottes nicht mehr sein. Sie kann nicht mehr Gemeinschaft der Heiligen sein. Selber an keine ihr vorgeordnete menschliche Gestalt des Wortes Gottes gebunden, wird sie auch ohnmächtig sein, selber eine vorgeordnete menschliche Gestalt des Wortes zu bleiben und also selber zu binden, wird sie auch nicht zu jenem respektvollen Hören auf ihr Zeugnis aufrufen können.

Die Entscheidung für eine Kirche des Gehorsams gegen eine Kirche der Selbstregierung wird nun aber faktisch dadurch gebieterisch und unausweichlich, daß die christliche Kirche sich auf ihr eigenstes Sein gar nicht besinnen, daß sie gar nicht aus ihrem eigensten Sein heraus leben kann, ohne sich mit ihrem H e r r n konfrontiert zu sehen, der ihr gegenwärtig, aber als ihr wirklicher Herr in wirklicher und also in einer ihre eigene Autorität transzendierenden Autorität gegenwärtig ist. Ihr Herr ist J e s u s C h r i s t u s ; er hat sie ins Leben gerufen und er erhält sie am Leben; an ihn glaubt sie, ihn verkündigt sie; ihn betet sie an. Zu ihm verhält sie sich wie die von ihm angenommene menschliche Natur sich zu seiner Gottheit verhält. Zu ihm blickt sie, indem er ihr gegenwärtig, indem sie seines Heiligen Geistes teilhaftig wird, empor als der irdische Leib zu seinem himmlischen Haupte. Er und er allein mit dem Vater und dem Heiligen Geist kann göttliche Herrlichkeit und Autorität in der Kirche haben. Er aber hat sie. Die Kirche wäre nicht ohne ihn, wie das Geschöpf nicht wäre ohne den Schöpfer. Es ist tatsächlich dieses Verhältnis zwischen Schöpfer und Geschöpf, das auch zwischen ihm und seiner Kirche besteht. In dieser seiner Unterschiedenheit von ihr ist er eins mit ihr und in dieser ihrer Unterschiedenheit von ihm ist sie eins mit ihm. Das Verhältnis zwischen Jesus Christus und seiner Kirche ist also ein unumkehrbares Verhältnis. Welches auch die Herrlichkeit und Autorität der Kirche selber sein möge, Jesu Christi Herrlichkeit und Autorität ist und bleibt ihr gegenüber die s e i n e . Und so gewiß in der Herrlichkeit und Autorität Jesu Christi, wie sie in der Kirche aufgerichtet, wie sie geradezu das Sein der Kirche ist, eine Herrlichkeit und Autorität auch der Kirche selbst begründet ist, so gewiß wird diese durch jene begrenzt, kann also jene in dieser gerade nicht auf- und untergehen, muß vielmehr jene Begründung sich immer wieder vollziehen und bewähren in einer E n t g e g e n s t e l l u n g der Jünger mit dem Meister, des Leibes und seiner Glieder mit ihrem gemeinsamen Haupte. Es hebt die Begründung der Kirche, es hebt ihre Beauftragung und Bevollmächtigung, es hebt auch die persönliche Gegenwart Jesu Christi in seiner Kirche die Möglichkeit und Notwendigkeit solcher Entgegenstellung zwischen seiner und ihrer Autorität n i c h t auf. Sondern gerade in solcher Entgegenstellung und nur in ihr entsteht und besteht die Einheit Christi mit seiner Kirche und seiner Kirche mit ihm. Lebt sie als seine Kirche und hat sie als solche auch ihre eigene Autorität, so lebt sie im Gehorsam gegen ihn, in einem Gehorsam, der weder offen noch heimlich zur Selbstregierung werden kann.

Wir müssen aber allen diesen Feststellungen eine noch eindeutigere Form geben, wenn sie hinsichtlich der evangelischen Entscheidung in Sachen der Autorität des Wortes ein ganz klares Bild geben sollen. Wer weiß, ob nicht manche klügere und insofern bessere Vertreter katholischer und neuprotestantischer Theologie der Meinung sein könnten, uns unbeschadet ihrer ganz anderen These bis hierher immer noch folgen und zustimmen zu können? Gewiß, könnte man uns sagen, steht über der Autorität der Kirche als ihr Grund und ihre Grenze die unmittelbare, die inhaltliche, die absolute Autorität Gottes selbst, die Autorität Jesu Christi als des Herrn der Kirche, dem diese zu gehorchen hat. Gewiß ist dieses Verhältnis an sich nicht umkehrbar. Gewiß gibt es in diesem Verhältnis an sich einen unaufhebbaren Unterschied zwischen oben und unten, zwischen göttlicher und kirchlicher Herrlichkeit und Autorität. Gewiß bedarf diese immer wieder der Bewährung durch jene und also der Entgegenstellung mit ihr. Aber wie ist es, so könnte in Fortsetzung solcher Zustimmung gefragt werden, wenn es nun gerade in dieser Entgegenstellung zu solcher Bewährung kommt, wenn die Kirche nun wirklich gehorsam, wenn Gottes Wort nun wirklich lebendig und gegenwärtig ist in ihr? Darf man, muß man damit nicht auch rechnen? Sollte es zum vornherein unmöglich sein, daß das Lehramt der Kirche durch seinen päpstlichen Sprecher in Kraft der göttlichen Gnade, wie sie seiner Kirche verheißen ist — selbstverständlich in Unterordnung unter die Autorität Gottes, selbstverständlich im Dienste Jesu Christi — faktisch nun doch die reine, göttliche und unfehlbare Wahrheit redet? Und könnte dasselbe nicht auch der Fall sein, wenn im Neuprotestantismus das moderne Selbst- und Geschichtsbewußtsein das Wort ergreift? Darf und muß man aber mit dieser Möglichkeit rechnen, dann offenbar auch damit, daß faktisch in und mit der Herrlichkeit und Autorität der Kirche die Herrlichkeit und Autorität ihres Herrn Jesus Christus auf dem Plan und sichtbar ist, daß die Kirche, ohne an sich mehr als die Kirche zu sein, faktisch die Überlieferung des Wortes Gottes und also die gegenwärtige Offenbarung und also Jesus Christus selber ist? Ist aber mit dieser Möglichkeit zu rechnen — durch wen oder durch was sollte dann ihr Anspruch, das alles faktisch zu sein, zu widerlegen sein? Wir antworten sofort auf diese letzte Frage: die Widerlegung dieses Anspruchs liegt in der Tatsache, daß er erhoben wird. Gerade die Kirche, deren Autorität sich in der Entgegenstellung mit der göttlichen Autorität be währt, gerade die Kirche, die ihrem Herrn gehorsam, in der das Wort Gottes lebendig und gegenwärtig ist, wird jenen Anspruch bestimmt nicht erheben. Jawohl, sie wird sein: die Überlieferung des Wortes Gottes und also die gegenwärtige Offenbarung und also tatsächlich — als des himmlischen Hauptes irdischer Leib — Jesus Christus selber. Aber das wird wahr sein als Jesu Christi eigene Tat und Wahrheit in der Kraft und im Geheimnis des Heiligen Geistes. Es wird die Herrlichkeit und Autorität der Kirche dann ein Prädikat sein seiner göttlichen Herrlichkeit und Autorität, wie einst in der Fleischwerdung des Wortes die menschliche Natur ein Prädikat seiner ewigen Gottheit und darum die Gottheit nach Joh. 1, 14 im Fleische zu schauen war. Es wird aber dann die Herrlichkeit und Autorität Gottes kein Prädikat der Kirche werden — sie so wenig, wie einst das ewige Wort ein Prädikat des Fleisches wurde! — und es wird also gerade dazu, daß die Kirche den **Anspruch** erhebt, als solche die Überlieferung des Wortes, die Offenbarung, Jesus Christus selber, zu sein, es wird zu dieser Verwandlung der der Kirche zugewandten Gnade in einen der Kirche eigenen **Besitz** und **Ruhm** gerade nicht kommen können. Gerade wenn und wo der Kirche in jener Entgegenstellung die Gnade Gottes in ihrer Fülle zugewandt ist, gerade da wird sie unmöglich das von sich selber sagen können und wollen, was das katholische und das neuprotestantische Kirchentum von sich selber sagen zu müssen meint. Sie wird empfangen, was ihr an göttlicher Herrlichkeit und Autorität tatsächlich gegeben wird, sie wird dafür dankbar sein, sie wird es wahr sein und gelten und wirken lassen, sie wird leuchten in diesem ihr verliehenen Lichte. Sie wird es aber unterlassen, darauf zu pochen, als ob es ihr Besitz wäre; sie wird es unterlassen, sich zu schmücken und aufzuspielen, als ob sie einen Anspruch und Verfügung darüber hätte. Sie wird daraus, daß Jesus Christus sich faktisch zu ihr bekennt, keinen Eigenruhm, keine Selbstempfehlung, sie wird daraus gerade kein Dogma machen. Sie wird vielmehr eben in der Stellung verharren, sie wird immer wieder in die Stellung zurückkehren, in der sich ihr die Gnade Gottes zugewandt hat, d. h. aber in die Gehorsamsstellung, in die Entgegenstellung zwischen ihrer eigenen, der kirchlichen Autorität und der Jesu Christi selber. Nicht in Leugnung dessen, daß sie durch das lebendige und gegenwärtige Wort Gottes aufgenommen ist in die Einheit mit ihm selber, sondern gerade in Anerkennung dieser ihrer Erhebung und dankbar dafür wird sie in jener Stellung verharren, wird sie immer wieder in sie zurückkehren, wird sie nicht vorbrechen zu dem Anspruch, selber unmittelbare, inhaltliche, absolute Autorität zu haben und zu sein. Gerade in Erkenntnis des ewigen Jesus Christus und in der Gemeinschaft mit ihm wird sie sich bescheiden dabei, daß er in ihr und sie in ihm ist in dem unendlichen Unterschied des Schöpfers vom Geschöpf, des himmlischen Hauptes von seinem irdischen Leibe. Gerade in dieser Stellung gedenkt sie seines Segens und erwartet sie ihn. Diese gerade in der Fülle dessen, was sie empfängt und hat, immer wieder dem Ursprung und Gegenstand des Glaubens sich zuwendende Demut ist das Wesen der evangelischen im Unterschied zu der katholischen und zu der neuprotestantischen Entscheidung.

Aber nun fehlt unserer Beschreibung dieser evangelischen Entscheidung immer noch die letzte Spitze und Schärfe. Wo trennen sich eigentlich die Wege einer Kirche, die aus der Gegenwart und Gnade Jesu Christi einen Anspruch auf eine ihr selbst eigene unmittelbare, inhaltliche und absolute Autorität ableitet — und einer Kirche, die in der Entgegenstellung, in welcher ihr Jesus Christus gegenwärtig und gnädig ist, verharren, die eben in diese Entgegenstellung immer wieder zurückkehren möchte? Die Dialektik, kraft welcher sich dort der Umschlag vom dankbaren Empfangen zum eigenmächtigen Besitzenwollen, von der Anerkennung der göttlichen Autorität Gottes zur Beanspruchung eigener göttlicher Autorität, vom Gehorsam zur Selbstregierung vollzieht — diese Dialektik scheint immer noch so merkwürdig unaufhaltsam. Wie sollte es in einem Gegenüber zwischen Gott und Mensch, wenn es zugleich von Gott begründete Gemeinschaft, ja, wenn es geradezu die Selbsthingabe Gottes an den Menschen bedeutet, wenn Gottes Offenbarung an den Menschen nun eben wirklich wird — wie sollte es da nicht notwendig zur Aufhebung des Gegenüber, wie sollte es durch dieses Geben Gottes nicht zu einem Haben des Menschen kommen, auch wenn diesem die Fähigkeit zu einem solchen Haben von sich aus noch so radikal abginge? Wird sie ihm nicht eben durch jenes göttliche Geben wunderbar mitgeteilt? Wer weiß, es könnte im Zug dieser Dialektik der evangelischen Entscheidung vorgeworfen werden — es ist dies tatsächlich schon geschehen! — daß sie auf einem unkindlichen, undankbaren Trotz gegen die Gnade beruhe, auf einem eigenmächtigen Beharren im Abstand von Jesus Christus, in der menschlichen Gottesferne, die durch Jesus Christus doch gerade aufgehoben sei! Es könnte ihr entgegengehalten werden — und es wird ihr entgegengehalten — daß die wahre Demut des Glaubens gerade darin bestehe, daß die Kirche die ihr durch Jesus Christus verliehene göttliche Herrlichkeit und Autorität annehme und insofern tatsächlich beanspruche und ausübe. Also: was ist es nun eigentlich, was jenen Umschlag konkret aufhält und unmöglich macht? Was ist nun eigentlich die nach evangelischer Sicht der Kirche konkret auferlegte Notwendigkeit, in jener Entgegenstellung und also in der Unterscheidung zwischen ihrer Autorität und der Autorität Christi und also in der Unterordnung jener unter diese zu verharren und also das *Eritis sicut Deus* auch in dieser Form — auch wenn es im Gewand der Verheißung und der Gnade Jesu Christi selbst an sie herantritt — als eine Versuchung von sich zu weisen? Die Antwort kann nur ganz schlicht sein: Diese konkrete Notwendigkeit ist das Faktum der heiligen Schrift. Es ist nicht Eigenmächtigkeit, wenn die evangelische Kirche verharrt in jener Entgegenstellung, wenn sie Schule bleiben will, in der Jesus Christus der Meister, Herde, in deren Mitte er der Hirte, das Reich, dessen König er und er allein ist, wenn sie sich dagegen wehrt, diese Ordnung zu ihren eigenen Gunsten in ihr Gegenteil zu verkehren. Die Kirche ist nicht in der Lage, es so oder vielleicht auch anders zu halten. Sie kann nicht wählen zwischen dieser Möglichkeit und der anderen, in der sie auch noch selber Meister, Hirte und König wäre. Diese letztere Möglichkeit ist ihr tatsächlich verschlossen. Sie ist ihr dadurch verschlossen, daß Jesus Christus ihr gnädig und gegenwärtig ist in seinem Wort. Gewiß durch die Kraft und das Leben seines Heiligen Geistes. Aber eben dieser sein Geist ist kein anderer als der Geist seines Wortes. Und sein Wort, in welchem er selbst seiner Kirche gegenwärtig und gnädig ist — ist nicht zu verwechseln und nicht zu vermischen mit dem Wort, das die Kirche selbst hat und zu sagen hat — das Wort der biblischen Zeugen, das Wort, das er selbst seinen Propheten und Aposteln in den Mund gelegt hat. Sein Wort steht also dem menschlichen Wort der Kirche aller Zeiten selbst in der Gestalt eines menschlichen Wortes, nämlich des prophetisch-apostolischen Wortes, gegenüber. Sein Wort (und also seine Gegenwart und Gnade!) ist keine Idee, die, nachdem sie der Kirche einmal eingeleuchtet, nachdem die Kirche sie sich einmal angeeignet, nunmehr die Idee der Kirche selbst geworden wäre. Und es kann die Autorität seines Wortes von der Kirche nicht assimiliert werden, um dann auf einmal als die göttliche Autorität der Kirche selbst wieder sichtbar zu werden. Sein Wort — dasselbe Wort, durch welches er sich selbst der Kirche mitteilt, in welchem er selbst in der Kirche lebendig ist, in welchem er selbst seine Autorität in der Kirche aufrichtet — ist ihr vielmehr so gegeben, daß es ihrem Wort gegenüber sein Wort ist und bleibt: das Wort, das sie zu hören, zu verkündigen, dem sie zu dienen hat, von dem sie lebt, das aber eben dazu, damit dies Alles geschehen kann, geschützt ist und bleibt davor, im Wort der Kirche auf- und unterzugehen, das sich vielmehr ihr gegenüber behauptet als ein selbständiges, als ein der Kirche aller Zeiten immer wieder neues und von ihr neu entgegenzunehmendes Wort. Seine Gestalt als Propheten- und Apostelwort ist dieser Schutz seiner Selbständigkeit und Neuheit. Sie verkleidet es mit jener heilsamen Fremdheit, deren es bedarf, um der Kirche aller Zeiten gesagt zu sein als das Wort ihres Herrn. Sie schafft und erhält den heilsamen Abstand, dessen es für die Kirche aller Zeiten bedarf, damit sie es höre, bevor und indem sie selbst redet, damit sie ihm diene, bevor und indem sie es gebieterisch und verheißend in ihren eigenen Mund nimmt, damit sie von ihm lebe, bevor und indem sie ihr Leben lebt als ihr eigenes. Diese seine Gestalt als Propheten- und Apostelwort erzwingt jene Entgegenstellung, in welcher die Kirche aller Zeiten allein Offenbarung empfangen und selber die Trägerin von Offenbarung werden kann. Die Autorität Jesu Christi ist, indem er sein Wort seinen Propheten und Aposteln anvertraut und aufgetragen hat, indem er diese zu dem Felsen gemacht hat, auf den er seine Gemeinde baut: **konkrete Autorität**. Sie steht der Autorität der Kirche gegenüber und kann von ihr nicht angeeignet und assimiliert, sie kann weder allmählich noch plötzlich und weder mit der Gebärde des Hochmuts noch auch mit der der Demut in Kirchenautorität verwandelt werden. Sie steht immer wieder für sich, so gewiß die Männer des Alten und des Neuen Testamentes mit ihrem menschlichen Wort immer wieder für sich stehen gegenüber den sämtlichen Männern der Kirche, die ihr Zeugnis aufgenommen und weitergegeben, erklärt und verkündigt haben. Jenseits alles dessen, was die Kirche mit Recht und Unrecht, in Treue und Untreue selber gesagt hat und sagen kann, stehen jene Zeugen und sagen in allen Zeiten der Kirche das, was sie damals gesagt haben: keineswegs bloß als die ersten einer langen Reihe, denen also die, die später auch in dieser langen Reihe stehen, in gleicher Würde und mit gleichem Anspruch, an die Seite treten könnten, sondern, indem sie freilich diese lange Reihe eröffnen, als die von Jesus Christus selbst in der ganzen Einmaligkeit seiner eigenen Wirklichkeit Eingesetzten — als ein menschliches Zeichen freilich, aber als das Zeichen, das allen anderen Zeichen erst gerufen hat und nach welchem darum alle anderen Zeichen ausgerichtet sein und immer wieder ausgerichtet werden müssen, als die Ersten, mit denen die Reihe nicht nur im Ganzen einmal angefangen hat, sondern mit welchen sie in jedem einzelnen Glied, sofern es legitim zu dieser Reihe gehört, neu anfangen muß. Es ist ja wirklich das Wort Jesu Christi selbst, das sie als berufene und eingesetzte Zeugen der Kirche zu sagen haben. Sie haben es ihr also so zu sagen, wie die Kirche es sich selbst nie und nimmer sagen könnte. Sie kann es sich selbst und der Welt nur in der Wiederholung ihres Wortes sagen. Sie kann nach Eph. 2, 20; 3, 5 nur auf ihren Grund, den Grund der Apostel und Propheten erbaut werden, nicht neben diesem Grund. Es gibt also keinen unmittelbaren Anschluß der Kirche an Jesus Christus und kein unmittelbares Leben aus seinem Geist — oder vielmehr: dies eben ist der unmittelbare Anschluß der Kirche an Jesus Christus und dies eben ist das unmittelbare Leben aus seinem Geist: daß die Kirche sich auf dem Grund aufbaue, den er selbst durch die Einsetzung und Berufung seiner Zeugen gelegt hat, d. h. aber, daß sie sich halte an ihr Wort als an sein Wort. Sie und nur sie können in der Kirche unmittelbare, inhaltliche und absolute Autorität, die Autorität des mit der Offenbarung selbst gegebenen Zeichens haben. Sie brauchen sie auch nicht erst zu beanspruchen; ihnen braucht sie auch nicht zugesprochen zu werden. Sie haben sie. Denn ohne sie wäre die Kirche nicht. Ihr Sein ist die konkrete Gestalt des Seins Jesu Christi selber, in welchem die Kirche den Grund ihres Seins hat. Was in der Kirche Überlieferung des Wortes Gottes, Gehorsam gegen Jesus Christus, Unterwerfung unter seine Autorität heißt, das ist keine offene Frage, das ist vielmehr durch die Existenz der Apostel und Propheten im voraus und für alle Zeiten geordnet und geregelt. Es wird sich das Leben der Kirche unter allen Umständen in Form einer immer neuen Unterordnung unter das prophetisch-apostolische Wort, in Form einer immer neuen Ausrichtung nach jenem ersten grundlegenden Zeichen vollziehen müssen: einer Unterordnung und Ausrichtung, wie sie sonst gegenüber keiner Instanz in der Kirche in Betracht kommen kann, weil die Autorität aller anderen kirchlichen Instanzen selber dadurch bedingt ist, daß sie jenem Wort als der konkreten Gestalt des Wortes Christi untergeordnet und nur insofern kirchliche Instanzen sind.

1. Die Autorität des Wortes

Hier also trennen sich die Wege zwischen der evangelischen Kirche auf der einen und den katholischen und neuprotestantischen Kirchentümern auf der anderen Seite. Es ist im 16. Jahrhundert — nicht als eine Neuerung, aber in Wiederentdeckung und Wiederherstellung einer allerdings schon in ältester Zeit verschütteten Ordnung — die evangelische Entscheidung dahin gefallen, daß die Kirche das Wort und die Autorität Jesu Christi nicht anderswo zu suchen habe und finden könne als da, wo er selber sie aufgerichtet hat, daß sie also mit ihrem Wort und mit ihrer eigenen Autorität nur immer aufs neue von dem Wort und von der Autorität der biblischen Zeugen herkommen könne, daß ihr Wort und ihre Autorität mit denen dieser biblischen Zeugen für alle Zeit konfrontiert, an ihnen gemessen und von ihnen her zu beurteilen seien. Dies ist es, was die Reformation mit ihrem Satz, daß allein die heilige Schrift in der Kirche göttliche Autorität habe, sagen wollte und gesagt hat. Es war wirklich nicht das Buch als Buch und der Buchstabe als Buchstabe, den sie damit — wer weiß in welchem finsteren Gegensatz zu Geist, Kraft und Leben — eine gottgleiche Würde hätte zuschreiben wollen. Wohl aber wollte sie Jesus Christus erkannt und anerkannt wissen als den Herrn der Kirche, dessen Offenbarung nicht Offenbarung gewesen wäre, wenn sie nicht Apostel und Propheten geschaffen hätte und die auch in der Gegenwart der Kirche nicht anders Offenbarung sein kann als in diesem ihrem ersten Zeichen. Dieses erste Zeichen der Offenbarung, die Wirklichkeit der Apostel und Propheten, hat aber allerdings — und dessen wird man sich nun nicht im geringsten zu schämen haben, das streitet nicht gegen Geist, Kraft und Leben, das ist aber die enge Pforte, an der wir nicht vorbeikommen, wenn wir der Wirklichkeit des Geistes, der Kraft und des Lebens Gottes nicht ausweichen wollen — die Gestalt des Buches, die Gestalt des Buchstabens, in welcher die Apostel und Propheten für die Kirche weiterleben und in welcher mit dem Wort Jesu Christi selbst nun auch sie — zum Heil der Kirche! — davor geschützt sind, im Geist, in der Kraft und im Leben der Kirche auf- und unterzugehen, in welcher Gestalt sie ihr vielmehr als konkrete Autorität und gerade so als Quelle von deren eigener Autorität immer wieder entgegentreten können.

Daß das erste Zeichen der Offenbarung, die Existenz der Propheten und Apostel, für die Kirche Buch und Buchstaben ist, das nimmt ihm ja nicht die Kraft des Zeugnisses. Geht das Buch auf und reden die Buchstaben, wird das Buch gelesen und werden die Buchstaben verstanden, dann stehen ja eben damit die Propheten und Apostel und in ihnen der, von dem sie zeugen, auf, um der Kirche lebendig gegenüber zu treten. Nicht das Buch und die Buchstaben, sondern die Stimme der Menschen, die durch das Buch und die Buchstaben vernehmlich werden, und in der Stimme dieser Menschen die Stimme dessen, der sie einst reden hieß, ist die Autorität in der Kirche. Warum sollte sie eine tote Autorität sein deshalb, weil sie im Buch und in den Buchstaben steht? Als ob sie deshalb nicht reden, als ob sie deshalb ihre Autorität nicht in der lebendigsten, mannigfachsten und bewegtesten Weise bewähren und ausüben könnte und tatsächlich in allen Jahrhunderten bewährt und ausgeübt hätte! Es kann die Schriftlichkeit dieses ersten Zeichens wirklich nicht hindern, daß es in der Kirche aller Zeiten ein zeigendes, ein ebenso kräftig und bestimmt zeigendes Zeichen ist, wie einst die persönliche Existenz der lebenden Propheten und Apostel der werdenden Kirche ihrer Zeit. Es ist aber gerade seine Schriftlichkeit auch sein Schutz gegen die Willkür und den Zufall, denen es ohne sie ausgesetzt wäre. Es macht seine Schriftlichkeit dieses Zeichen zu einem solchen, das, so mannigfach es gesehen und verstanden und dann gewiß auch übersehen und mißverstanden werden mag, doch an sich auch allen seinen Verkennungen und falschen Interpretationen gegenüber unveränderlich da ist, unveränderlich eines und dasselbe bleibt, das immer wieder für sich selber sprechen, das aber zur Kontrolle und Korrektur aller seiner Interpretationen auch immer wieder in seiner eigenen Gestalt aufgesucht und befragt werden kann. Gerade seine Schriftlichkeit sichert ihm seine Freiheit gegenüber der Kirche und verschafft damit auch der Kirche Freiheit sich selbst gegenüber. Bleibt die Möglichkeit des Irrtums und des Mißverständnisses diesen Zeichen gegenüber, so bleibt doch kraft seiner Schriftlichkeit auch die Möglichkeit, sich von ihm selbst zur Wahrheit zurückrufen zu lassen, die Möglichkeit zur Reformation einer vielleicht in den Irrtum und das Mißverständnis hineingeratenen Kirche. Woher sollte diese kommen, welchen Weg sollte die Kirche einschlagen, um sich je und je aufs neue auf ihr Sein als Kirche zu besinnen und nach diesem auszurichten, wenn sie die Stimme der ersten Zeugen und in ihnen die Stimme Jesu Christi selber etwa nur durch das Medium einer ungeschriebenen Tradition hören, oder wenn sie das eben in seiner Schriftlichkeit eigene, selbständige Reden Christi durch seine Zeugen übertäuben würde durch eine ein für allemal festgelegte und an eine bestimmte Instanz gebundene Interpretation? Wäre sie dann nicht ohne Möglichkeit einer Reformation von ihrem Ursprung und Gegenstand her auf sich selbst angewiesen? Gibt es aber jenseits aller angeblichen oder wirklichen mündlichen Tradition, oberhalb aller kirchlichen Instanzen eine heilige Schrift und ist diese heilige Schrift als solche anerkannt als der Richter, von dem aus alle kirchliche Tradition zu beurteilen ist, auf den auch alle kirchlichen Richter selber immer wieder zu hören haben, dann bedeutet eben dies: daß die Kirche nicht auf sich selbst angewiesen ist, daß die Quelle ihrer Erneuerung offen ist und offen auch sie selber, sich von ihrem Ursprung und Gegenstand her erneuern, reformieren zu lassen. — Man kann es verstehen, daß man gerade im 16. Jahrhundert, wo man im Zeugnis der Propheten und Apostel diese Quelle der Erneuerung wieder entdeckte, wo die Kirche wieder offen dafür wurde, sich durch dieses Zeugnis erneuern zu lassen, in der Schriftlichkeit dieses Zeugnisses eine besonders dankbar aufzunehmende Gabe der über der Kirche waltenden Vorsehung erblickte und daß darum nicht das eigentlich Gemeinte: *De prophetarum et apostolorum testimonio* oder schließlich: *De verbo Domini*, sondern: *De sacra scriptura* das Thema und der Titel der grundsätzlichen Erklärungen wurde, in denen man die evangelische Entscheidung für die Autorität Jesu Christi gegen eine ihr gleichzustellende Autorität der Kirche ausgesprochen hat. Eben in der Schriftlichkeit des prophetisch-apostolischen Zeugnisses erschien ja die Hebelkraft, die dieses Zeugnis jetzt auf einmal wieder dem ganzen Gewicht der Kirche, ihrer Tradition und ihres Lehramtes gegenüber bewies. In seiner Schriftlichkeit konnte dieses Zeugnis neben allen seinen kirchlichen Interpretationen jedenfalls auch direkt auf dem Kampfplatz erscheinen und daselbst direkt als Zeuge und Richter angerufen werden. In seiner Schriftlichkeit war es, mochten immerhin seine Interpretationen unter sich streitig sein und aufs neue streitig werden, das Kriterium oberhalb der widereinander streitenden Meinungen. In seiner Schriftlichkeit tauchte es damals gegenüber der ganzen Kirche auf aus seiner Verborgenheit in der Masse der Tradition, in dem Chor der Stimmen der späteren und der gegenwärtigen Kirche. In seiner Schriftlichkeit behauptete es ihr gegenüber jene Neuheit, Fremdheit und Überlegenheit einer höheren Autorität.

Dieser Vorgang ist aber von exemplarischer Bedeutung. Es war nicht nur für das 16. Jahrhundert, sondern für die Kirche aller Zeiten die heilige Schrift als solche die letzte Spitze und Schärfe jener Tatsache, die die evangelische Entscheidung unausweichlich notwendig macht und es wird darum die evangelische Entscheidung in allen Zeiten der Kirche notwendig die Entscheidung für die heilige Schrift als solche sein müssen. Gewiß ist sie als solche nur Zeichen, und zwar selber nur Zeichen des Zeichens, nämlich des prophetisch-apostolischen Offenbarungszeugnisses als des ersten Zeichens Jesu Christi. Gewiß kann die Kirche die Schrift nur lesen, um die Propheten und Apostel zu hören, wie sie auch diese nur hören kann, um mit ihnen Jesus Christus zu sehen und in ihm — eigentlich, letztlich und entscheidend nur in ihm die ihr vorgeordnete unmittelbare, inhaltliche und absolute Autorität, von der ihre eigene Autorität abhängig, in der sie begründet, an der sie überall und allezeit gemessen ist. Sie kann aber wiederum zwischen dem Sehen Jesu Christi, dem Hören seiner Propheten und Apostel und dem Lesen ihrer Schriften wohl unterscheiden, sie kann das Alles aber nicht voneinander trennen, sie kann das eine nicht ohne das andere haben wollen. Sie kann nicht sehen, ohne zu hören und sie kann nicht hören, ohne zu lesen. Sie ist also, wenn sie Jesus Christus sehen will, an sein erstes Zeichen und damit auch an das Zeichen dieses Zeichens — sie ist also, wenn sie Jesus Christus sehen will, in der Tat an die heilige Schrift gewiesen und gebunden. In ihr bekommt und hat seine Autorität als die der Kirche gegenüber höhere diejenige Konkretheit, die jenem scheinbar unaufhaltsamen Umschlag vom Gehorsam zur Selbstregierung Einhalt gebietet. Man kann Gott im Allgemeinen, man kann auch Jesus und den Heiligen Geist im Allgemeinen, man kann aber sogar das prophetisch-apostolische Zeugnis im Allgemeinen sich zu eigen machen und nachher doch unter dem Namen und im Schmuck ihrer göttlichen Autorität faktisch die Autorität der Kirche auf den höchsten Thron erheben. In der Gestalt der heiligen Schrift aber widersteht Gott, widersteht Jesus Christus und der Heilige Geist, widerstehen die Propheten und Apostel solcher Verwandlung. Ihre göttliche Autorität in dieser Gestalt widersteht dem Zugriff, den die Kirche mit ihrer Autorität sich ihr gegenüber immer wieder erlauben möchte. Immer, wenn dieser Zugriff erfolgt und schon gelungen scheint, entzieht sie sich ihm wieder. Mag die Kirche mit Recht und Unrecht, in Treue und Untreue tausend Dinge sagen zur Auslegung und in Anwendung der Schrift, immer steht sie selbst, die Schrift, all dem Gesagten auch wieder selbständig und unabhängig gegenüber, immer wieder kann sie andere, neue, von ihr her gesehen: bessere Leser finden und bei diesen Lesern Gehorsam inmitten einer vielleicht auf weiteste Strecken zur Selbstregierung übergegangenen Kirche und durch diese Leser dann die Einbruchsstelle für eine Reformation der ganzen Kirche, für ihre Erneuerung, für ihre Zurücklenkung aus der Selbstregierung zum Gehorsam. Bedeutet die Reformation des 16. Jahrhunderts die Entscheidung für die heilige Schrift, so wird man auch umgekehrt sagen müssen, daß die Entscheidung für die heilige Schrift zu allen Zeiten der Kirche die Entscheidung für die Reformation der Kirche bedeutet: für ihre Reformation durch ihren Herrn selber durch das Mittel des von ihm selbst eingesetzten prophetisch-apostolischen Zeugnisses, dessen Hebelkraft gerade vermöge seiner Schriftlichkeit immer wieder sichtbar und wirksam werden kann. Die Kirche entferne sich nur von der heiligen Schrift als solcher! Sie setze nur an ihre Stelle ihre Traditionen, ihr eigenes indefinites Bewußtsein um ihren Ursprung und ihr Wesen, ihren eigenen vermeintlich unmittelbaren Glauben an Jesus Christus und den Heiligen Geist, ihre eigenen Auslegungen und Anwendungen des Propheten- und Apostelwortes! Sie wird im selben Maße, als sie dies tut, jene Einbruchstelle, auf der ihr ganzes Leben und Heil beruht, verstopfen, jener Hebelkraft des Wortes Gottes sich entziehen und also der Reformation sich grundsätzlich verweigern. „Leben" in allerlei Form, Evolutionen und Revolutionen, sind wohl auch dann in der Kirche möglich. Der konservative und der fortschrittliche Gedanke, sie mögen sich dann immerhin in ihrem Raume entfalten, in Aktion und Reaktion gegenseitig sich ablösen. Unverkennbare Spannungen, Parteikämpfe, wie die zwischen dem Katholizismus und dem Neuprotestantismus, oder wie die innerkatholischen zwischen Realisten und Nominalisten, zwischen Episkopalisten und Kurialisten, zwischen Benediktinern und Jesuiten oder wie die innerneuprotestantischen zwischen Orthodoxen und Pietisten, zwischen „Positiven" und „Liberalen" mögen dann immer noch vorkommen und in ihrer Bewegung den täuschenden Schein erwecken, als ob die Kirche lebe. Eben in der inneren Bewegung solcher Spannungen lebt sie aber keineswegs. Man wird in ihr vielmehr die Bewegung des Verwesungsprozesses erkennen müssen, der die Kirche alsbald automatisch verfällt, wenn sie aufgehört hat, vom Worte Gottes und das heißt von der heiligen Schrift zu leben. In diesen Spannungen, bei welchen es ja doch nur um den letztlich sehr säkularen Gegensatz verschiedener menschlicher Prinzipien geht, die sich ja alle auch so trefflich auf den Nenner dieser und jener philosophischen Dialektik bringen lassen, in denen sich letztlich nichts anderes spiegelt als die tiefe Uneinigkeit des Menschen mit sich selbst, befindet sich die Kirche offenkundig bloß im Gespräch mit sich selbst, ein Gespräch, in welchem genau besehen immer beide Partner recht und beide unrecht haben, in einem Gespräch, das je nach der Gunst oder Ungunst der geschichtlichen Stunde jetzt so und jetzt so auslaufen mag, in welchem aber niemand, auch nicht der jeweilige Sieger, dazu kommt, aus letzter Gewißheit und Verantwortlichkeit heraus Amen zu sagen, weil es ja doch weder hüben noch drüben um ein Bekenntnis, das heißt um eine Verantwortung vor einer in konkreter Autorität den Partnern gegenüberstehenden höheren Instanz geht noch gehen kann. Diese Gespräche in der Kirche werden in Abwesenheit des Herrn der Kirche geführt. Aber werden sie dann wirklich in der Kirche geführt? Hat sie nicht aufgehört, die Kirche zu sein, mit dem Augenblick, wo sie anfing, mit sich selbst allein sein zu wollen? Und will sie nicht mit sich selbst allein sein, wenn sie mit ihrer Autorität nicht unter dem Wort im konkreten Sinn des Begriffs und also unter der heiligen Schrift stehen will?

Eben hier stehen wir nun vor dem letzten positiven Sinn der evangelischen Entscheidung: sie fällt in der dankbaren Anerkennung, daß die Kirche nicht allein, nicht ihren Selbstgesprächen und überhaupt nicht sich selbst überlassen ist. Das wäre sie in dem Augenblick, wo jene Entgegenstellung zwischen ihrer eigenen und der göttlichen Autorität zunichte würde. Die Kirche müßte dann, mit göttlicher Würde bekleidet, wie Gott auf sich selber stehen und aus sich selber leben. Das bedeutet aber, wie groß und stattlich es sich in seiner Gottähnlichkeit scheinbar ausnehmen mag, für die von Gott unterschiedene Kreatur ganz einfach Elend, und zwar das Elend der Sünde und des Todes. Diesem Elend des Alleinseins der der Sünde und dem Tod verfallenen Kreatur ist die Kirche dadurch entrissen, daß Gott ihr in Jesus Christus gegenwärtig und gnädig ist in konkreter und das heißt in einer von der ihrigen verschiedenen, ihr überlegen gegenübertretenden Autorität. Es ist das Wort Gottes als heilige Schrift, das diesem Elend ein Ende macht. Weil die heilige Schrift die Autorität Jesu Christi in seiner Kirche ist, darum braucht die Kirche ihre Sorgen, Nöte und Fragen nie und nirgends mit sich selbst auszumachen, darum braucht sie sich nicht zu beladen mit der unmöglichen Aufgabe, sich selbst regieren zu wollen, darum darf sie gehorchen, ohne die Verantwortung für das Ziel und den Erfolg selber tragen zu müssen. Weil die heilige Schrift die in ihr aufgerichtete höhere Autorität ist, darum hat die Kirche eine höhere Aufgabe als die, um die es in jenen Parteikämpfen gehen kann, nämlich die Aufgabe des Bekenntnisses, das doch selber wieder nur die dankbare Bestätigung dessen sein kann, daß ihr Herr in seinem Zeugnis mitten unter ihr ist. Unter dem Wort und das heißt unter der heiligen Schrift darf und kann die Kirche leben, während sie über oder neben dem Wort nur sterben könnte. Diese ihre Errettung vom Tode ist es, was sie bezeugt, indem sie nicht die katholische und nicht die neuprotestantische, sondern die evangelische Entscheidung vollzieht.

2. DIE AUTORITÄT UNTER DEM WORT

Wir können Alles, was nun noch von der Autorität der Kirche selbst zu sagen ist, von dem Gebot Ex. 20, 12 her verstehen: „Du sollst deinen Vater und deine Mutter ehren!" Dieses Gebot kann offenbar nicht kollidieren mit dem ersten: „Ich bin der Herr dein Gott, der ich dich aus Ägyptenland dem Dienstaus geführt habe; du sollst keine anderen Götter neben mir haben!" Was es fordert, das hat in diesem ersten Gebot seine selbstverständliche Grenze. Es kann aber die eigene Würde dessen, was es fordert, durch die Forderung des ersten Gebotes auch nicht geschmälert und gemindert sein. Im Gegenteil: weil und indem das erste Gebot gilt, gilt in seinem Bereich auch dieses, Vater und Mutter zu ehren. Gerade in dem Volk, das neben dem Gott, der es aus Ägypten geführt, keine anderen Götter hat, werden Vater und Mutter von den Kindern geehrt als die sichtbaren Träger und Repräsentanten ihrer eigenen Zugehörigkeit zu diesem Volk. Der Zusammenhang dieses Gebots mit dem das Volk Israel als solches konstituierenden Grundgebot und zugleich der umfassende Sinn, in welchem jenes verstanden sein will, wird sichtbar in dem Wort Lev. 19, 32: „Vor einem grauen Haupt sollst du aufstehen und die Alten ehren; denn du sollst dich fürchten vor deinem Gott; denn Ich bin der Herr." Dieselbe Ordnung nehmen wir wahr in dem, was das Alte Testament über den Segen sagt, den die Väter ihren Kindern, den aber auch die Priester dem ganzen Volk spenden dürfen und sollen: daß hier Menschen segnen, das bedeutet nicht die Leugnung, sondern vielmehr die Bestätigung des eigentlichen: Jahve segnet und behütet, Jahve läßt sein Angesicht leuchten und ist gnädig, Jahve hebt sein Angesicht auf die Gesegneten und gibt ihnen Frieden (Num. 6, 22 f.); wiederum daß Jahve segnet, behütet und gnädig ist, das bedeutet nicht die Negation, sondern gerade die Einsetzung und Bestätigung auch des menschlichen, des in seinem Volk gespendeten väterlichen und priesterlichen Segens. Und man darf und muß hier wohl auch des prophetischen Wortes Jer. 6, 16 gedenken: „So spricht der Herr: Tretet auf die Wege und schauet und fraget nach den vorigen Wegen, welches der gute Weg sei und wandelt drinnen, so werdet ihr Ruhe finden für eure Seele." Aber auch das Wort Bildads Hiob 8, 8 zeigt in diese Richtung: „Frage doch die, die vor dir gewesen sind und achte auf das, was die Väter erforscht." Eben das neue, das fremde Wort des im Namen Jahves redenden Offenbarungszeugen wird hier zum Hinweis auf einen irdisch-geschichtlichen Weg, den das Volk dank der in seiner Mitte wirklichen Offenbarung von jeher geführt worden ist—„ich denke der alten Zeit, der vorigen Jahre" (Ps. 77, 6) — und der ihm als solcher etwas zu sagen, in welchem es den „guten Weg" wieder zu erkennen hat. Gewiß nicht als ein selbständiges Wort, gewiß nicht gelöst von Jahves gegenwärtiger Offenbarung, gewiß nicht als eine Instanz neben dem Prophetenwort ist dieser „vorige Weg" zu beachten. Es kann und soll aber auch die Offenbarung, auch das Prophetenwort nicht gesprochen und gehört werden ohne die Erinnerung an diesen vorigen Weg Jahves mit seinem Volke. — Wir werden von da aus einem Wort des Cyprian grundsätzlich und allgemein recht geben müssen: *disciplinam Dei in ecclesiasticis praeceptis observandam esse (Ad Quir.* III 66). Wir verstehen es dahin: es gibt eine Autorität der Kirche, die keinen Widerspruch und keine Anmaßung bedeutet gegenüber der Autorität Jesu Christi, die die *disciplina Dei* nur bestätigen kann und die ihrerseits durch die Autorität Jesu Christi, durch die *disciplina Dei* nicht zunichte gemacht, sondern begründet, bestätigt, aber freilich auch bestimmt und begrenzt wird. *Ut sacrilega esset partitio, si fides vel in minimo articulo separatim ab homine penderet, sic ludibrio Deum palam habent, qui praeteritis ministris, per quos loquitur, illum se magistrum recipere simulant* (Calvin, Komm. zu Act. 15, 28, C. R. 48, 362). Es gibt echte kirchliche Autorität.

Gerade die Kirche unter dem Wort und also unter der heiligen Schrift hat und übt echte Autorität. Sie hat und übt sie, indem sie gehorsam, und zwar konkret gehorsam ist, indem sie also für sich keine unmittelbare, sondern nur mittelbare, keine inhaltliche, sondern nur formale, keine absolute, sondern nur relative Autorität in Anspruch nimmt. Sie hat und übt sie, indem sie es unterläßt, sich für die Geltung ihrer Worte, Haltungen und Entscheidungen direkt auf Jesus Christus und den Heiligen Geist zu berufen und also unfehlbar und unüberbietbar reden und dastehen zu wollen, sondern indem sie sich Jesus Christus und dem Heiligen Geist unterordnet in der Gestalt, in der ihr Jesus Christus und der Heilige Geist tatsächlich gegenwärtig und gnädig ist, das heißt aber in seiner Bezeugung durch die Propheten und Apostel, in der durch deren Schriftlichkeit bedingten Unterschiedenheit von ihrem eigenen Zeugnis. Sie hat und übt sie also in der konkreten Demut, die in der Anerkennung besteht, daß sie in der heiligen Schrift überall und allezeit und in jeder Hinsicht ihren Herrn und Richter über sich hat: in der damit gegebenen Unabgeschlossenheit ihres eigenen Erkennens, Handelns und Redens, in der Aufgeschlossenheit für ihre eigene Reformation durch das ihr in der heiligen Schrift immer neu entgegentretende Wort Gottes. Gerade so, gerade in dieser konkreten Unterordnung unter das Wort Gottes hat und übt sie echte Autorität. Gemeint ist: echte, menschliche Autorität, d. h. ein echtes Vermögen, mit ihren Worten, Haltungen und Entscheidungen, mit ihrer ganzen Existenz menschliche Vorordnungen zu vollziehen und geltend zu machen: nicht wie die Vorordnung zwischen Himmel und Erde, zwischen Ewigkeit und Zeit, zwischen Gott und Mensch, wohl aber wie die zwischen Eltern und Kindern auf Erden und diese nun doch nicht nur im Sinn und Kraft einer Naturordnung, sondern, wie es jenem alttestamentlichen Gebot entspricht, im Sinn des Zeichens, zu dem dort, im Raum des Volkes Gottes, die Naturordnung geweiht und erhoben wird. So also, daß die menschliche Vorordnung, die sie selber vollzieht und geltend macht, jene Vorordnung zwischen Himmel und Erde, zwischen Ewigkeit und Zeit, zwischen Gott und Mensch abbildet. So also, daß jene Vorordnung sich in der, die sie selber vollzieht und geltend macht, reflektiert wie das Licht der Sonne im Wasser. Wie könnte das Wasser behaupten wollen, selber die Sonne zu sein? Wie könnte es auch nur den Reflex der Sonne als eine ihm immanente Eigentümlichkeit ausgeben wollen? Und wann und wo wäre das Wasser ein reiner, ein unfehlbarer und unüberbietbarer Reflex der Sonne? Aber daß es, wenn die Sonne scheint, ihr Licht reflektiert, das ist darum doch nicht zu bestreiten. In diesem Sinne hat und übt die Kirche echte, menschliche Autorität. Echt also nicht nur darin, daß sie in derselben Weise da ist und Platz greift, wie sie unter Menschen auch sonst im Verhältnis von Eltern und Kindern, von Vorgesetzten und Untergebenen, da ist und Platz greift, sondern — und darin entzieht sie sich diesen geschöpflichen Analogien — echt darin, daß sie im Rahmen einer solchen geschöpflichen Unterordnung und insofern allerdings in jener Analogie — zugleich Zeichen (nur Zeichen, aber immerhin ausgewähltes und eingesetztes Zeichen) jener Unterordnung unter Gottes Wort ist, in der sie selbst lebt und die zu bezeugen sie gerade kraft dieser Ordnung ihres eigenen Lebens beauftragt und auch vermögend ist. Man wird hinsichtlich dieser echten menschlichen Autorität der Kirche sogar weitergehen und sagen müssen: weit entfernt davon, daß sie etwa nur ein etwas merkwürdiger und problematischer Spezialfall menschlicher Autorität überhaupt wäre, weit entfernt davon, daß es etwa zuerst menschliche Autorität überhaupt: in der Idee der Autorität oder in der Wirklichkeit dieser und jener natürlichen oder geschichtlichen Ordnungen gäbe — ist vielmehr gerade die kirchliche Autorität als Reflex der Autorität Gottes in seiner Offenbarung im Verhältnis zu allen anderen Autoritäten des menschlichen Bereiches, die eigentliche, die ursprüngliche, die ur- und vorbildliche Autorität. Dies so gewiß als es Vaterschaft nicht zuerst auf Erden, sondern zuerst im Himmel, nicht zuerst unter Menschen, sondern zuerst in Gott selbst gibt und so gewiß die Autorität der Kirche der Reflex dieser in Jesus Christus offenbarten himmlischen göttlichen Vaterschaft und nicht der Reflex irgendeiner geschöpflichen Vaterschaft ist. Weil es Offenbarung und Kirche gibt, darum gibt es Familie und Staat, nicht umgekehrt. Es kann also Familien- und Staatsordnung, will sie ihrerseits echte Autorität sein und haben, nur Nachahmung der Autorität der Kirche sein, nur davon leben, daß es zuerst kirchliche Autorität gibt. Problematisch ist nicht die kirchliche, problematisch ist alle diese anderweitige Autorität. Aber vergessen wir nicht: das Alles hängt daran, daß diese kirchliche Autorität echt ist. Und daß sie echt ist, hängt daran, daß die Kirche selbst gehorsam, und zwar konkret gehorsam ist und also ihrerseits nicht über oder neben, sondern unter dem Worte Gottes steht. Kirchliche Autorität müßte sofort in sich selbst zusammenbrechen und sofort aufhören, jene vor- und urbildliche Bedeutung gegenüber allen anderen Autoritäten zu haben, wenn die Kirche etwa jenen Gehorsam verlassen wenn sie etwa doch statt zeichenhafter menschlicher Autorität wesenhafte göttliche Autorität sein und ausüben wollte.

„Das heißen allein geistliche Väter, die uns durch Gottes Wort regieren und fürstehen" (Luther Gr. Kat., Bek. Schr. d. ev.-luth. K. 1930, 601, 29). *Certe nemo erit in ecclesia idoneus doctor, qui non filii Dei ante fuerit discipulus ac rite institutus in eius schola: quando sola eius autoritas valere debet* (Calvin, Komm. zu 1. Joh. 1, 1 C. R. 55, 300).

Wir fragen uns zunächst, wie solche echte kirchliche Autorität, die Autorität der Kirche unter dem Wort, zustande kommt. Wir gehen zur Beantwortung dieser Frage davon aus, daß die Kirche als Kirche sich konstituiert in einem gemeinsamen Hören und Annehmen des Wortes Gottes. Die Gemeinsamkeit dieses Hörens und Annehmens ist zum Teil eine gleichzeitige: sie findet statt zwischen denen, die kirchliche Zeitgenossen, Genossen derselben kirchlichen Gegenwart sind. Sie ist aber zum viel größeren Teil auch eine ungleichzeitige: stattfindend zwischen denen, die früher und denen, die später in der Kirche waren, zwischen der jeweiligen kirchlichen Gegenwart und ihren kirchlichen Vorzeiten. Um ein gemeinsames Hören und Annehmen muß es sich nach beiden Seiten handeln, wo Kirche Kirche ist. Das Leben der Kirche ist das Leben der Glieder eines Leibes. Wo man aus der Gemeinsamkeit des Hörens und Annehmens, die notwendig eine Gemeinsamkeit in diesen beiden Richtungen sein muß, ausbrechen, wo man das Wort Gottes — und wäre es das Wort Gottes in Gestalt der heiligen Schrift — sozusagen auf eigene Faust hören und annehmen wollte, da wäre nicht mehr Kirche, da käme es auch nicht zum Hören und Annehmen des Wortes Gottes; denn das Wort Gottes ist nicht zu diesen und jenen, sondern zur Kirche Gottes und zu diesem und jenem nur in dieser Kirche gesagt. Das Wort Gottes fordert also selber jene Gemeinsamkeit des Hörens und Annehmens. Wer es wirklich hört und annimmt, der tut es in jener Gemeinsamkeit. Er würde es nicht hören und annehmen, wenn er sich jener Gemeinsamkeit entziehen wollte.

Eben diese Gemeinsamkeit wird aber konkret im kirchlichen Bekenntnis. Wir verstehen diesen Begriff zunächst in seinem allgemeinsten Sinn. Kirchliches Bekenntnis im allgemeinsten Sinn ist die Rechenschaft und Verantwortung, die in der Kirche einer dem anderen schuldig ist und die in der Kirche einer vom andern auch entgegenzunehmen schuldig ist hinsichtlich seines Hörens und Annehmens des Wortes Gottes. Indem ich bekenne, betätige ich jene Gemeinsamkeit. Ich bestätige damit, daß ich nicht allein und für mich gehört und angenommen, sondern daß ich das als Glied an dem einen Leib der Kirche getan habe. Indem ich bekenne, mache ich meinen Glauben, wie ich ihn durch das Wort und aus dem Wort Gottes empfangen habe, in der Kirche bekannt. Indem ich bekenne, erkläre ich, daß ich meinen Glauben nicht für mich behalten kann und will, als wäre er meine Privatsache; ich anerkenne vielmehr den allgemeinen, den öffentlichen Charakter meines Glaubens, indem ich ihn vor der Allgemeinheit, vor der Öffentlichkeit der Kirche ausbreite. Nicht etwa um ihn in meiner ihm notwendig anhaftenden Eigenart der Kirche aufzudrängen; nicht als ob ich mir anmaßte, mit dem Glauben, wie er nun gerade der meinige ist, in der Kirche herrschen zu wollen und zu können. Im Gegenteil: um ihn dem Urteil der Kirche zu unterbreiten, um über den gemeinsamen Glauben der Kirche mit der übrigen Kirche ins Gespräch zu kommen, in ein Gespräch, in welchem ich mich vielleicht zurechtweisen, vielleicht sogar widerlegen, sicher aber korrigieren lassen muß, in ein offenes Gespräch also, in welchem ich mein Wort des Glaubens gerade nicht dem Worte Gottes gleichsetzen, in welchem ich mein Wort vielmehr nur als eine der gemeinsamen Überlegung anheimgestellte Frage nach dem der Kirche gemeinsam geschenkten Wort Gottes verstehen darf. Ich darf aber deshalb, weil mein Bekennen unter diesem Vorbehalt steht, das Bekennen nicht etwa unterlassen, meine empfangenen Pfunde nicht etwa vergraben wollen. Ich bin — ganz gleichgültig, was dabei herauskomme, ganz gleichgültig, ob es sich nachher herausstellen möge, daß ich zehn Pfunde oder auch nur eines empfangen habe — der Kirche schuldig, ihr meinen Glauben, der ja nur in Gemeinsamkeit mit dem ihrigen der rechte Glaube sein kann, nicht vorzuenthalten. Wie es umgekehrt auch für die Kirche nicht zu gering sein kann, um sich des rechten Glaubens in seiner Gemeinsamkeit aufs neue zu versichern, um dem Worte Gottes gegenüber nur ja nichts zu versäumen, auch mein Glaubensbekenntnis entgegenzunehmen und auch mit mir ein auch ihrerseits offenes Gespräch zu führen.

Aber nun ist es doch offenbar so: bevor ich selber kirchlich bekennen kann, muß ich selber das kirchliche Bekenntnis, d. h. aber das Bekenntnis der übrigen Kirche gehört haben. Ich kann mich schon hinsichtlich meines eigenen Hörens und Annehmens des Wortes Gottes nicht trennen von der Kirche, zu der es gesprochen wird. Ich kann mich in das Gespräch über den rechten Glauben, das in der Kirche geführt wird, nicht einschalten, ohne zuvor zugehört zu haben. Gewiß nur unter der Voraussetzung, daß ich zugleich selber und direkt das Wort Gottes höre und annehme, aber nicht so, daß ich mich mit diesem direkten Hören und Annehmen nun etwa beruhigen und zufrieden geben könnte. Höre ich nicht zugleich auch indirekt, habe ich nicht als Glied der Kirche auch das Bekenntnis ihres dem meinigen vorangehenden Glaubens gehört und angenommen — gehört und angenommen, wie es dem Zeugnis von Menschen zukommt, die nicht selber Jesus Christus aber nun immerhin vor mir die anderen Gliedern seines irdischen Leibes sind — wie wäre ich dann fähig zu einem Hören und Annehmen des Wortes Gottes? wie wäre ich dann legitimiert zum Bekenntnis und also legitimiert dazu, in jenem Gespräch mitzureden und gehört zu werden. Soll mein eigenes Bekennen kirchliches Gewicht haben, so muß es dadurch belastet sein, daß ich selber die Kirche gehört habe. Habe ich sie nicht gehört, dann werde ich auch nicht zu ihr reden können. Ich habe mich dann von der Gemeinsamkeit des kirchlichen Bekenntnisses, die ja das Ziel jenes in der Kirche geführten Gespräches ist, zum vornherein ausgeschlossen. Will ich gemeinsam mit der ganzen Kirche meinen Glauben bekennen dürfen und in solchem Bekenntnis gewiß sein, daß mein Glaube der rechte Glaube ist, dann muß ich mit der Gemeinsamkeit des Glaubens schon anfangen und also das Glaubensbekenntnis der Kirche, wie es mir von den anderen Glieder der Kirche her entgegentritt, zuvor zu mir selbst reden lassen. Eben damit anerkenne ich aber eine Autorität, eine Vorordnung in der Kirche: Das kirchliche Bekenntnis der Anderen derer, die vor mir in der Kirche waren und derer, die neben mir in der Kirche sind, ist meinem kirchlichen Bekenntnis, so gewiß dieses wirklich Rechenschaft und Verantwortung hinsichtlich meines Hörens und Annehmens des Wortes Gottes, so gewiß es mein Bekenntnis als das eines Gliedes am Leibe Christi ist, überlegen: nicht in unmittelbarer aber in mittelbarer, nicht in inhaltlicher, aber in formaler, nicht in absoluter, wohl aber in relativer Hoheit. Im Zeichen dieser Hoheit, in dem dem meinigen vorgeordneten kirchlichen Bekenntnis, derer, die vor mir und mit mir Glieder am Leibe des Herrn sind, erkenne ich den Reflex der Hoheit des Herrn selber. Nur den Reflex, aber den Reflex seiner Hoheit! Und indem ich in diesem Zeichen die Kirche ehre und liebe — ehre und liebe ich wieder zeichenhaft, aber darum nicht minder wirklich den Herrn der Kirche. Sein Werk und sein Reich ist ja die Kirche, in welcher ich meinen Glauben bekennen soll. Von seinem Wort hat sie gelebt und mit seinem Wort hat er sie regiert bis auf diesen Tag. Ich werde wohl zu bedenken haben, daß dieses sein Regiment in der Kirche ein Regiment unter Sündern war und bis heute ist. Ich werde also bei dem, was ich als Bekenntnis der Kirche zu hören bekomme, gewiß auch mit der Möglichkeit der Lüge und des Irrtums zu rechnen haben. Ich werde die Stimme der Kirche nicht gefahrlos hören können, ohne zugleich das untrügliche Wort Gottes selber zu hören. Aber es wird dieser Gedanke doch nur ein notwendig einzuschaltendes Korrektiv, nicht aber mein erster Gedanke über die Kirche und ihr Bekenntnis sein dürfen. Es darf und muß mein erster

Gedanke in dieser Hinsicht ein Gedanke des Vertrauens und der Ehrfurcht sein, die ich den in der Kirche vereinigten Menschen als solchen vielleicht nicht entgegenbringen könnte, die ich aber dem Wort Gottes, von dem sie gelebt und durch das Jesus Christus sie regiert hat, nicht verweigern kann. Wie könnte ich Jesus Christus als den Herrn erkennen, der mich selbst durch sein Wort berufen hat, wenn ich nicht auch hinsichtlich der übrigen Kirche von dem Gedanken ausgehen würde, daß er sie trotz und in aller Sünde der in ihr vereinigten Menschen durch dasselbe Wort ebenfalls berufen und bis heute regiert hat? Habe ich auf Grund dessen, daß mir meine Sünden vergeben sind, den Mut, zu glauben und meinen Glauben trotz meiner mir wohl bewußten Sünde zu bekennen als in mir geschaffen durch das Wort Christi, dann kann ich der übrigen Kirche und ihrem Bekenntnis gegenüber unmöglich mit dem Mißtrauen und mit der Auflehnung anfangen. Wie man auch seinen Eltern gegenüber, seien sie wer und wie sie wollen, jedenfalls nicht mit dem Mißtrauen und mit der Auflehnung anfängt und nicht einmal mit der Feststellung, daß man Gott mehr gehorchen muß als den Menschen, sondern mit dem Vertrauen und mit der Ehrfurcht und darum, in den ihnen als Menschen gesetzten Schranken, mit Gehorsam. Eben indem ich in und mit dem Bekenntnis der Kirche zugleich das untrügliche Wort Gottes höre, muß ich zuerst und vor allem mit der Herrschaft Jesu Christi in seiner Kirche und mit der in der Kirche mächtigen Vergebung der Sünden, nicht aber zuerst mit der Sünde und also mit der Möglichkeit der Lüge und des Irrtums der in ihr vereinigten Menschen rechnen. Das bedeutet dann aber, daß ich ihr Bekenntnis, wie es mir entgegentritt, als das Bekenntnis derer, die vor mir in der Kirche waren und mit mir in der Kirche sind, nicht vor allem kritisieren, sondern — zum Kritisieren wird sich die Zeit und der Anlaß immer noch finden — vor Allem als das Zeugnis meiner Väter und Brüder ehren und lieben werde. Und so, in seiner damit gesetzten Überlegenheit, werde ich es hören. Indem ich das tue, indem ich der Kirche vor mir und neben mir diese Vorordnung zuerkenne wird sie mir zur Autorität. So also kommt kirchliche Autorität zustande. Sie kommt immer so zustande, daß es in der Gemeinsamkeit des Hörens und Annehmens des Wortes Gottes, das die Kirche konstituiert, solche Vorordnung des Bekenntnisses der Einen vor dem der Anderen gibt, solches Ehren und Lieben, solches Hören des Bekenntnisses der Einen durch die Anderen, bevor diese selber zum eigenen Bekennen übergehen. Vor beiden und damit über beiden ist der Herr der Kirche mit seinem Wort. Nur unter seinem Wort können die Einen bekennen und können die Anderen hören auf ihr Bekenntnis, bevor sie selbst bekennen. Aber eben unter seinem Wort entsteht nun auch die Vorordnung und Überlegenheit der Einen den Anderen gegenüber, entsteht die Notwendigkeit, daß in der Kirche von Mensch zu Mensch zu hören ist, bevor man selber zum Reden übergeht. Eben unter seinem Wort gibt es also echte, kirchliche Autorität.

Wir fragen nun weiter: in was besteht die so zustande gekommene kirchliche Autorität? Wir müssen diese Frage nach dem eben Ausgeführten offenbar folgendermaßen präzisieren: in was besteht, was ist das kirchliche Bekenntnis in dem nun erreichten engeren Sinn des Begriffs, das kirchliche Bekenntnis, das ich mit Vertrauen und Ehrfurcht aufzunehmen habe, das kirchliche Bekenntnis der Einen, das die Anderen zu hören haben, bevor sie selber bekennen? Man könnte darunter zunächst verstehen die Gesamtheit der Stimmen, die miteinander den Chor oder die Chöre der Einen: der Väter und Brüder bilden, die als solche den Anderen bezeugen, wie das Wort Gottes bisher und sonst in der Kirche gehört und aufgenommen wurde und wird. Es muß aber offenbar ein Chor oder es müssen Chöre vorhanden, es darf nicht ein Gewirr von so und so viel unabhängigen Einzelstimmen sein, wenn wir nicht ein kakophonisches Chaos, sondern jene Gesamtheit und in ihr das Bekenntnis der Kirche hören sollen. Aber auch in einer Einzelstimme, die uns als solche vielleicht zu erreichen und sich uns verständlich zu machen vermöchte, könnten wir das Bekenntnis der Kirche unmöglich hören. Können wir doch die Kirche nur da hören, wo aus einer Gemeinsamkeit des Hörens und Annehmens des Wortes Gottes heraus und also in Gemeinsamkeit zu uns geredet wird. Zwei oder drei werden es also nach dem Wort Jesu schon sein müssen, damit wir, mit ihnen unter sein Wort gebeugt, kirchliches Bekenntnis aus ihrem Munde hören können. Ein Einzelner als solcher in seiner Vereinzelung kann uns in der Kirche nicht Vater und Bruder sein. Ist es aber ein Chor oder sind es Chöre, die in dem vorgeordneten Bekenntnis der Kirche zu Worte kommen, so daß dieses Wort hörbar und in seiner Kirchlichkeit hörbar werde, dann wird unsere Frage offenbar noch genauer so zu lauten haben: wie es zur Bildung solcher Chöre, d. h. zu einem solchen gemeinsamen Reden aus der Gemeinsamkeit des Hörens und Annehmens des Wortes Gottes kommt? Wir haben nun das Leben der Kirche unter dem Wort bereits beschrieben unter dem Gesichtspunkt eines Gesprächs, das dadurch in Gang kommt, daß die Glieder der Kirche einander gegenseitig Rechenschaft, Verantwortung und Zeugnis von ihrem Glauben schuldig sind und ablegen, aber auch abnehmen. Wenn dieses Gespräch nicht ein müßiges Geschwätz ist, wenn es wirklich auf dem Grunde und auf Veranlassung des gemeinsam gehörten und angenommenen Wortes Gottes Ereignis wird, dann hat es auch ein gemeinsames Ziel. Und welches könnte dieses Ziel sein, wenn nicht die gemeinsame Verkündigung des gehörten und angenommenen Wortes Gottes, die mit dieser Gabe die Aufgabe der Kirche ist? Um dieser Aufgabe willen muß in der Kirche über den Glauben, über das Hören und

Annehmen des Wortes Gottes in Frage und Antwort gesprochen, muß immer wieder gemeinsam nach dem rechten Glauben und insofern nach dem recht gehörten und angenommenen Wort Gottes gesucht werden. Es ist diese Aufgabe der zwingende praktische Grund, der dem Glauben des Einzelnen seinen scheinbaren Charakter als Privatsache nimmt, der den Einzelnen mit seinem Glauben verantwortlich macht, der ihn in die kirchliche Öffentlichkeit nötigt, der ihn dazu führt, sich vor den Anderen auszubreiten, sich ihrem Urteil zu unterbreiten, um dann auch seinerseits in legitimer Weise aktiv an jenem gemeinsamen Suchen nach dem rechten Glauben teilzunehmen. Der Sinn und die Absicht des in der Kirche geführten Gesprächs ist aber selbstverständlich nicht das Gespräch als solches, die Begegnung und Berührung, der noch so anregende und lehrreiche Austausch über die Aufgabe der kirchlichen Verkündigung. Noch einmal würde es sonst zum Geschwätz oder mindestens auf die Stufe eines bloß vorbereitenden akademischen Gesprächs, wie es etwa in einem schlechten theologischen Seminar geführt wird, heruntersinken. Die Kirche ist aber kein schlechtes theologisches Seminar und sie ist noch weniger ein religiöser Debattierklub. Das in ihr geführte Gespräch steht unter einer verbindlichen Absicht und diese Absicht besteht in der **Einigung** oder doch in Einigungen hinsichtlich des rechten Glaubens. Schon ihr nächstes Ziel kann nicht sein ein Stehenbleiben im Nebeneinander, sondern muß sein ein Zusammentreten und Zusammenstehen im Blick auf das wirkliche Zusammengehen in der **Verkündigung**. Nächstes Ziel und notwendiger Ertrag eines in der Kirche geführten Gesprächs über den rechten Glauben ist das den Gesprächspartnern gemeinsame **Bekenntnis** ihres Glaubens.

Die bisherigen ökumenischen Kirchenkonferenzen, auch die des Sommers 1937, teilten mit den in allen protestantischen Kirchen üblichen Pfarrerkonferenzen die (hier durch die Solennität und Publizität des Anlasses immerhin hervorgehobene) Eigentümlichkeit, daß bei aller ehrlichen Beteuerung der Kirchlichkeit ihres Handelns eben dieses nächste Ziel und eben dieser notwendige Ertrag eines in der Kirche geführten Gesprächs der Mehrzahl ihrer Teilnehmer und doch wohl auch den leitenden Organen nicht eben deutlich vor Augen zu stehen schien. Was soll man von kirchlichen Gesprächs- und Einigungsversuchen halten, bei denen es auf ein kirchliches Bekenntnis nicht wenigstens abgesehen, bei denen dieses sogar grundsätzlich nicht beabsichtigt ist? (Vgl. dazu Eduard Thurneysen, Oxford 1937, Kirchenbl. f. d. ref. Schweiz 1937 Nr. 19.)

Als ein menschliches Werk wird dieses Bekenntnis freilich von mehr als einem Vorbehalt umgeben sein. Es wird die Einigung, auf der es beruht, immer nur eine **teilweise** Einigung, eine Einigung in bestimmten, in der Kirche der jeweiligen Zeit gerade wichtigen und kontroversen Punkten der Erkenntnis des Wortes Gottes sein können, bei der andere Punkte offen, bzw. der Einigung späterer oder anderer derartiger Gespräche vorbehalten bleiben müssen. Es wird eine solche Einigung grundsätzlich immer nur **vorläufige** Bedeutung beanspruchen können:

es kann der Kirche gerade in der Freude und Dankbarkeit über solche Einigungen nicht einfallen, sich gegen die Möglichkeit zu verschließen, daß diese in später notwendig werdenden Gesprächen durch das neugelesene und verstandene Wort Gottes auch wieder in Frage gestellt, überboten und korrigiert werden könnten; es wird sogar die Möglichkeit irriger Einigungen und die Notwendigkeit, solchen in späterer Zeit ihre Autorität abzusprechen, nicht grundsätzlich geleugnet werden können. Es wird eine solche Einigung darum nicht beanspruchen können, mehr zu sein, als eine im Glauben und unter Anrufung des Heiligen Geistes stattfindende teilweise und einstweilige, als eine menschliche Einigung im Blick auf das Wort Gottes; man wird auf Grund einer solchen Einigung ein gemeinsames Wort, aber ein gemeinsames menschliches Wort, nicht etwa gemeinsam das Wort Gottes, man wird also auch in solcher Einigung nicht vom Himmel herunter, man wird nicht Offenbarung sprechen können.

Es dürfte also bei solchen Einigungen in der Kirche besser sein, das prophetische: „So spricht der Herr" und das apostolische: „Es gefällt dem Heiligen Geist und uns" (Act. 15, 28) gerade nicht für sich selbst in Anspruch zu nehmen. So durften und mußten die Propheten und Apostel, so kann aber nicht die ihr Offenbarungszeugnis nur anwendende und auslegende Kirche reden!

Alle diese Vorbehalte ändern aber nichts daran, daß wo immer solche Einigung Ereignis wird und also ein in der Kirche geführtes Gespräch über den rechten Glauben zu seinem Ziel und also ein kirchliches Bekenntnis zustande gekommen ist: menschlich, teilweise, vorläufig, aber kirchlich, hörbar, und also hörbar als der Ausdruck eines gemeinsamen Hörens und Annehmens des Wortes Gottes! Sie ändert nichts daran, daß solches Bekenntnis kirchliche Autorität hat, d. h. den Anspruch, von den Anderen, bevor sie selbst bekennen, gehört zu werden. Wo zwei oder drei, versammelt im Namen des Herrn, „nachdem sie sich lange gestritten" (Act. 15, 7), ihren Glauben im Chor bekennen, da habe ich als Glied der Kirche Anlaß, dies auf alle Fälle zu beachten, bevor ich mich selbst in das kirchliche Gespräch einschalte. Daß diese zwei oder drei wirklich im Namen des Herrn, d. h. wirklich in gemeinsamem Hören und Annehmen des Wortes Gottes versammelt waren, das werde ich ihnen aus den angegebenen Gründen — entscheidend weil ich an eine Vergebung der Sünden glaube und darum auch die Kirche unter der Vergebung der Sünden sehe und verstehe — jedenfalls nicht zum vornherein absprechen. Ob ich ihnen das Vorhandensein jener Grundvoraussetzung kirchlichen Bekennens bei näherem Zuhören vielleicht nicht oder nur teilweise zuerkennen, ob ich das Resultat ihrer Einigung für mehr oder weniger irrig und darum ihre Autorität ganz oder teiweise für nichtig erklären muß, das kann ich jedenfalls nicht im voraus wissen. Im voraus kann und darf und muß ich vielmehr annehmen — die Tatsache ihrer Einigung bestätigt jedenfalls dieses Vorurteil — daß jene

Voraussetzung erfüllt sei, daß sie also das, was sie nun gemeinsam sagen, mit kirchlicher Autorität sagen und daß ich also unter allen Umständen darauf zu hören habe. Wollte ich es anders halten, wollte ich ihnen diese Ehre und Liebe nicht entgegenbringen, wo bliebe dann die Ehre und Liebe, die ich ihrem und meinem Herrn schuldig bin, wie wäre es mir dann ernst mit der Pflicht, das Wort Gottes in der Kirche und also in der Gemeinsamkeit mit den anderen zu hören und anzunehmen und selber zu glauben und zu bekennen.

Wir fassen also zusammen: kirchliche **Autorität** ist das kirchliche **Bekenntnis**, in dem nun enger verstandenen Sinn des Begriffs, d. h. die in bestimmten Einigungen und gemeinsamen Erklärungen an mich herantretende und als solche meinem eigenen Glauben und seinem Bekenntnis vorangehende Stimme der Anderen in der Kirche. Kirchliche Autorität besteht immer im dokumentierten Vorhandensein solcher Einigungen. Liegen bestimmte Einschränkungen im Wesen solcher Einigungen und ihrer Ergebnisse, so hindert das nicht, daß sie in dieser Eingeschränktheit Autorität sind und haben, daß sie von den Anderen zu hören, und zwar zuerst zu hören sind: bevor diese Anderen selbst reden — also vor Allem auch bevor sie jene Einigungen, ihre Ergebnisse und ihre Autorität teilweise oder ganz in Frage stellen. Es genügt zunächst vollständig, ihre grundsätzliche Infragestellung vom Worte Gottes her. Aber dieser Infragestellung unterliegen ja auch die Anderen, unterliegt die ganze Kirche. Innerhalb dieser gemeinsamen Infragestellung besteht jener — menschliche, teilweise, vorläufige, aber als Zeichen jener grundsätzlichen Infragestellung der **ganzen** Kirche **innerhalb** der Kirche aufgerichtete — **Vorrang** des kirchlichen Bekenntnisses vor dem Glauben und vor den Glaubensbekenntnissen der Anderen.

Wir kommen nun, und damit müssen wir uns dem konkreten geschichtlichen Leben der Kirche zuwenden, zu der Frage nach der **Gestalt**, in der die kirchliche Autorität diesen ihren Bestand hat. Davon kann nach dem Gesagten keine Rede sein, daß etwa die Gestalt des kirchlichen Lebens in Geschichte und Gegenwart als solche, in ihrer Totalität, als ungeordnet buntes Nebeneinander von vielen sich gegenseitig neutralisierenden verschiedenen Faktoren und Bildungen, Überlieferungen und Gewohnheiten, persönlichen oder auch gemeinsamen Aus- und Einwirkungen, von innerkirchlich oder außerkirchlich bedingten Bestimmtheiten, als solche kirchliches Bekenntnis und also kirchliche Autorität besäße. Die Geschichte als solche, auch die Kirchengeschichte als solche, hat keine göttliche, sie hat aber auch nicht einmal kirchliche Autorität. Die Gestalt eines kirchlichen Bekenntnisses und also die Gestalt kirchlicher Autorität ist immer die Gestalt einer **Entscheidung**. Der Fluß der kirchlichen Dinge als solcher, die Wirklichkeit christlichen Glaubens, sofern er noch keine Fragen und darum noch kein Bedürfnis nach Antworten und also auch kein Bedürfnis nach Einigungen kennt, aber auch das Auftreten von allerhand Fragen und Antworten und die Entstehung von Kontroversen, aber auch das unabgeschlossene kirchliche Gespräch als solches kann, so wichtig und bedeutsam es auch in anderer Richtung sein mag, noch nicht die Gestalt kirchlichen Lebens sein, in der dieses kirchliche Autorität wird. Hörbar und respektabel als kirchliches Bekenntnis kann das alles in seiner Unentschiedenheit noch nicht sein. Hörbar und respektabel als kirchliche Autorität wird die Kirchengeschichte vielmehr nur dann und nur da, wo es auf Grund gemeinsamen Hörens und Annehmens des Wortes Gottes zum Gespräch und in solchem Gespräch zu einer jener Einigungen und in Dokumentierung solcher Einigungen zum gemeinsamen Bekenntnis hinsichtlich des Glaubens kommt. Nur da also, wo auf dem dazu gewiesenen Weg der Rede und Gegenrede, der Einigung und der gemeinsamen Aussprache im Angesicht der heiligen Schrift Antworten auf die Frage nach dem rechten Glauben gegeben werden. Es ist keineswegs so, daß ein solches Ereignis sich von anderen nicht unterscheiden lassen und also doch wieder in der Reihe aller anderen verschwinden würde. Oder kann man etwa in jedem beliebigen Ereignis der Kirchengeschichte eine solche Antwort, Einigung und Entscheidung sehen? Nun, das kann man allerdings, wenn „man" nämlich entweder Gott selbst oder aber als Mensch ein unbeteiligter, d. h. ein am Glauben der Kirche unbeteiligter Zuschauer und Betrachter der Kirchengeschichte ist. Was der allwissende Gott in der Kirchengeschichte wahrnimmt, das ist allerdings überall und in jedem Augenblick — im Guten und im Bösen, zum Heil und zum Unheil — Antwort, Einigung und Entscheidung im Angesicht seines der Kirche in der heiligen Schrift anvertrauten Wortes. Weil und sofern er der Herr und Richter über Allen ist, gibt es für ihn keine kirchliche Autorität. Und so werden sich, wenn auch ganz anders, auch vor den Augen des unbeteiligten Zuschauers und Betrachters des kirchlichen Lebens dessen Unterschiede einebnen: er wird überall dasselbe sehen, überall Versuche, auf die Frage nach dem Wesen des Christentums Antwort zu geben, überall zwei oder drei, die dabei zu gewissen Einigungen kommen, überall vorläufige Entscheidungen. Alles wird ihm gleich wichtig, gerade darum wird ihm freilich auch alles gleich unwichtig erscheinen. Auch für ihn, den unparteiischen Kirchen- und Ketzerhistoriker in seiner großen Gottähnlichkeit wird es schließlich nur die Kirchengeschichte im Ganzen, wird es also keine kirchliche Autorität geben. Kirchliche Autorität gibt es nur für die Kirche, und Kirche ist nur da, wo im Sinn der Kirche, d. h. im Gehorsam gegen das Wort Gottes, geglaubt wird. Wo geglaubt wird, da steht man nicht wie Gott und wie in seiner Weise der unbeteiligte Historiker über — da steht man selber in der Kirchengeschichte.

Da wird die Kirchengeschichte **gelebt**. Da ist man für die Aufgabe des gemeinsamen Hörens und Annehmens des Wortes Gottes, für die Aufgabe seiner gemeinsamen Verkündigung und also für das Gespräch über den rechten Glauben konkret in Anspruch genommen, weil unter allen Umständen selber zum Bekennen aufgerufen. Da wird man also gegenüber den schon vorliegenden Einigungen und kirchlichen Bekenntnissen unter allen Umständen offen sein, ja geradezu nach solchen Umschau halten. Da werden sich aus der unabsehbaren Menge der kirchlichen Ereignisse bestimmte Ereignisse von selber herausheben, vermöge ihres Inhalts, das heißt vermöge dessen, was sie uns an unserem Ort in der Kirche, in unserer Bekenntnissituation, angesichts unserer eigenen Begegnung mit Gottes Wort und angesichts unserer eigenen daraus erwachsenden Aufgabe zu sagen haben. Wie es auch mit anderen, die sich an einem anderen Ort und in einer anderen Situation befinden, stehen möge — wir werden in diesem und diesem Ereignis und nicht in jenen vielen anderen auf kirchliches Bekenntnis und damit auf kirchliche Autorität stoßen. Mögen es Andere verantworten, an diesem Ereignis vorüberzugehen, ohne daß sie in ihm das Bekenntnis der Kirche hören, ohne die Autorität zu anerkennen, die wir daselbst wahrzunehmen meinen. Und mögen wir selbst es verantworten müssen, an Ereignissen vorüberzugehen, in denen nun eben Andere kirchliches Bekenntnis zu hören und kirchliche Autorität wahrzunehmen meinen. Wo wir an unserem Ort und in unserer Situation angesichts der heiligen Schrift Antwort, nämlich ebenfalls im Angesicht der heiligen Schrift gegebene Antwort auf die Frage unseres Glaubens vernehmen, da **müssen** wir das Bekenntnis der Kirche hören und seine Autorität bejahen, da, aber auch nur da **können** wir es auch. Entscheidung ist also nicht nur das kirchliche Bekenntnis als solches, wie es in der Kirche abgelegt wird, sondern auch seine Anerkennung in der übrigen Kirche und die ihm in solcher Anerkennung zuerkannte Gültigkeit als kirchliche Autorität. Entscheidung ist also die Aufrichtung und das Bestehen kirchlicher Autorität im **ganzen** Umfang dieses Geschehens: gemeinsame Entscheidung der Redenden — der vielleicht in längst vergangenen Jahrhunderten Redenden — und der heute Hörenden. In solchen gemeinsamen Entscheidungen, in denen hier ein Wort gesprochen, dort dieses selbe Wort als respektables Wort vernommen wird, im Entstehen solcher Einheiten leben wir die Kirchengeschichte und lebt dort und hier, einst und jetzt, in Jenen und in uns, die eine Kirche Jesu Christi: vielleicht irrend, krank und unter dem Gericht — wann wäre es anders gewesen? waren doch diese gemeinsamen Entscheidungen dort und hier, einst und jetzt als die Entscheidungen Jener und als unsere eigenen menschliche Entscheidungen, in denen die Sünde nie fehlte — aber hüben und drüben, heute und einst, im Angesicht der heiligen Schrift und darum in aller

Sünde nicht ohne Gnade, weil nicht ohne das Regiment des Herrn der Kirche, nicht ohne seinen Freispruch vollzogen. Glauben wir das — und wie sollten wir überhaupt glauben, wenn wir das nicht glaubten? — dann werden wir, in solchen gemeinsamen Entscheidungen begriffen, als h ö r e n d e Kirche hier, gegenüber der l e h r e n d e n Kirche dort und mit ihr zusammen als b e k e n n e n d e Kirche in solchen Entscheidungen das Leben der Kirche Jesu Christi und in ihm sein eigenes Regiment, seine Rechtfertigung und Heiligung des sündigen Menschen erkennen, ehren und lieben und das heißt konkret: die Kirche d o r t uns als der Kirche h i e r Autorität sein lassen, ihr jenen Vorrang, jenes Recht zuerst gehört zu werden, zubilligen, unser eigenes Bekenntnis nicht anders als in Verantwortung gegenüber ihrem Bekenntnis vollziehen wollen.

Und es hat nun, in und kraft dieser gemeinsamen Entscheidung das der Kirche hier vorgeordnete Bekenntnis der Kirche dort eine bestimmte geschichtliche Gestalt: die Gestalt jenes Ereignisses, das der Kirche hier an ihrem Ort und in ihrer Situation Antwort auf ihre eigene Frage gibt. Es hat also dieses Bekenntnis geschichtlichen Sinn und Inhalt, es hat Konturen und Formen. Es existiert in Buchstaben, Worten und Sätzen. Es ist von so und so viel anderen Instanzen, die der Kirche hier an sich ebenfalls Autorität sein könnten, aber faktisch nicht sind, dadurch ausgezeichnet, daß nach dem Willen des Herrn der Kirche nun eben d i e s e s Bekenntnis zu ihr geredet und daß sie nach dem Willen desselben Herrn nun eben d i e s e s Bekenntnis gehört hat. Ist es und hat es Gott gegenüber an sich gewiß so wenig Autorität wie irgendeine andere im Raum seiner Kirche zustande gekommene menschliche Antwort, Einigung und Entscheidung, so ist es nun doch gerade von Gott als der die Kirche regierenden Macht, durch sein Wort, angesichts dessen es zustande gekommen und angesichts dessen es Anerkennung gefunden hat, in den ihm gesetzten Grenzen zur Autorität, zum vorgeordneten, zum respektablen Wort e r h o b e n, eine Erhebung, die dann wohl auch der gottähnliche Historiker, in dessen Augen es eine solche Erhebung ja auch nicht geben dürfte, nachträglich kopfschüttelnd wenigstens als Faktum anerkennen muß. Würde er nicht abseits stehen, sondern seinen Ort in der Kirche beziehen und sich zu seiner Situation und Aufgabe in der Kirche bekennen, dann würde er das Faktum nicht nur als solches hinnehmen müssen, dann würde er wenigstens grundsätzlich und vielleicht dann auch praktisch seine Notwendigkeit erkennen: die Notwendigkeit, sich in der Kirche hier zum Bekenntnis der Kirche dort in seiner bestimmten geschichtlichen Gestalt zu bekennen, weil es als Auslegung und Anwendung der heiligen Schrift zu der Kirche hier so gesprochen hat, daß diese es unter allen Umständen hören und respektieren muß.

Wir fassen zusammen: Es ist die Gestalt kirchlicher Autorität auf beiden Seiten: auf seiten ihrer Träger wie auf seiten derer, die sie als solche anerkennen, durch eine Entscheidung bestimmt, kraft welcher dort im Angesicht der heiligen Schrift gesprochen, hier wieder im Angesicht der heiligen Schrift das dort Gesprochene gehört wird. Je dieses Gesprochene und Gehörte im Unterschied zu vielem Anderem, was, auch gesprochen und gehört, doch nicht in dieser Einheit von dort und hier gesprochen und gehört ist, bildet, bestimmt und bedingt die Gestalt kirchlicher Autorität.

Aus dem Allem folgt nun, daß es theologisch nicht etwa möglich ist, eine Bezeichnung und Aufzählung derjenigen Instanzen zu geben, die kirchliche Autorität in diesem Sinn sind und haben. Kirchliche Autorität ist geistliche Autorität: sie beruht in jeder ihrer Gestalten darauf, daß je dort und hier, einst und jetzt, zwei Entscheidungen im Gehorsam gegen Gottes Wort zusammentreffen und eine jener Einheiten gemeinsamen Bekennens bilden. Solche Einheiten können dann wohl geschichtlich festgestellt und morphologisch beschrieben werden. Sie können auf Grund von Gewohnheit, Verabredung und Beschluß Kirchenrecht werden. Es ist aber gerade wegen des geistlichen Charakters dieser Einheiten nicht möglich, diese und jene von ihnen, mag sie geschichtlich noch so deutlich feststehen, mag sie kirchenrechtlich noch so bestimmt festgelegt sein, nun auch theologisch als kirchliche Autorität zu fixieren, sie sozusagen als solche in einem Katalog kirchlicher Autoritäten aufzuführen. Gerade theologisch muß ja das Geheimnis der doppelten Entscheidung, das Geheimnis des Gehorsams gegen Gottes Wort, in welchem eine Instanz zur kirchlichen Autorität wird und in der sie als solche Bestand hat, als Entscheidung respektiert — gerade theologisch kann das Kontingente dieser Entscheidung: daß es sich gerade um diese und diese Instanz handelt, nicht zum Prinzip erhoben werden. Würde das letztere geschehen, dann würde ja diese Instanz der heiligen Schrift, bzw. dem Worte Gottes gleichgestellt und das ist es, was gerade nicht geschehen darf. Theologisch läßt sich streng genommen nur zeigen: 1. daß es überall, wo Kirche ist und lebt, kirchliche Autorität, und zwar kirchliche Autorität in bestimmter, geschichtlicher Gestalt gibt und geben muß und 2. daß und wie solche kirchliche Autorität, vorausgesetzt, daß sie in bestimmter geschichtlicher Gestalt existiert, als solche zu respektieren ist. Dieser zweiten Aufgabe haben wir uns nun noch zuzuwenden. Es geht dabei also darum, alles bisher Gesagte nun noch an Hand von einigen Beispielen durchzudenken.

1. Wir setzen voraus, daß zwischen der Kirche heute und hier und der Kirche von einst und anderwärts eine Einheit des Bekenntnisses bestehe hinsichtlich des Umfangs der heiligen Schrift, also hinsichtlich des sog. biblischen Kanons. Wir haben diese Frage bereits in einem früheren Zusammenhang berührt; sie muß aber hier nochmals aufgenommen werden, weil gerade die Feststellung des Kanons der grundlegende Akt kirch-

lichen Bekenntnisses und damit auch die grundlegende Aufrichtung kirchlicher Autorität bedeutet. Daß es einen Kanon heiliger Schrift, d. h. ein allem Verkündigen, Lehren und Entscheiden der ganzen Kirche prinzipiell vorgeordnetes prophetisch-apostolisches Zeugnis von Gottes Offenbarung in Jesus Christus gibt, das ist in und mit der Offenbarung selbst als wirklich gesetzt. Welches dieser Kanon ist, darüber ist freilich mit der Offenbarung selbst von Gott her und insofern: im Himmel auch entschieden, aber nun nicht so, daß es der Kirche auf Erden erspart wäre, sich ihrerseits zu entscheiden, d. h. selbst zu erkennen und entsprechend zu bekennen, welches *in concreto* der mit der Offenbarung selbst von Gott her gesetzte Umfang jenes Zeugnisses ist. Dieses Zeugnis wartet, sofern es auch ein menschliches Dokument ist, auf menschlichen Glauben an seinen Zeugnischarakter und auf das Gegenzeugnis dieses menschlichen Glaubens. Von Gott her und also in sich ausgezeichnet, wartet es darauf, in dieser seiner Auszeichnung begriffen und verstanden und so zum göttlich-menschlichen Grund und Gesetz der Kirche zu werden. Nur indem es das wird, nur in dieser Entscheidung kann es das sein. Nur indem seine Auszeichnung begriffen, verstanden und bezeugt, nur indem sie geglaubt, erkannt und bekannt wird, ist es für uns ausgezeichnet, übt es seine Funktion als erstes und beherrschendes Zeichen der göttlichen Offenbarung. Hat also der Kanon von Gott her und in sich göttliche Autorität, so ist doch seine Feststellung als Kanon, seine Bezeichnung und Abgrenzung als solche ein Akt der Kirche, ein Akt ihres Glaubens, ihrer Erkenntnis und ihres Bekenntnisses. Ist die göttliche Autorität des Kanons darum der menschlichen Willkür preisgegeben? Das wäre doch nur dann zu sagen, wenn wir dem prophetisch-apostolischen Zeugnis die Kraft, mit göttlicher Autorität für sich selber zu sprechen und also ein entsprechendes kirchliches Gegenzeugnis seiner Echtheit zu erwecken, nicht zutrauen, wenn wir die Kirche also trotz dessen, daß ihr jenes Zeugnis gegeben ist, hoffnungslos für einen Tummelplatz menschlicher Willkür, statt für das Herrschaftsgebiet Jesu Christi halten wollten. Halten wir den Herrn für mächtiger als die in der Kirche unleugbar herrschende Sünde, halten wir ihn für den Sieger über den unzweifelhaft auch und gerade in der Kirche sich breit machenden Streit gegen die Gnade, dann rechnen wir damit, daß echte Erkenntnis und echtes Bekenntnis hinsichtlich des Kanons und also Erkenntnis und Bekenntnis des echten Kanons in der Kirche jedenfalls nicht unmöglich ist. Nicht weil wir das den Menschen, wohl aber weil wir das, wenn wir selbst den Glauben nicht verlassen wollen, dem Wunder der Gnade zutrauen müssen. Rechnen wir aber damit, dann können wir in dem, was in der Kirche bisher hinsichtlich des Umfangs und Textes des Kanons geglaubt, erkannt und bekannt worden ist, jedenfalls nicht grundsätzlich und ausschließlich ein Werk menschlicher Willkür sehen.

Sind die in dieser Hinsicht gemachten Feststellungen der alten und älteren Kirche als solche nicht im Himmel, sondern auf Erden vollzogen, so werden sie uns doch, sofern wir ihnen nicht ein anderes Zeugnis kraft unseres eigenen Glaubens, Erkennens und Bekennens entgegenzustellen haben, sofern wir ihnen, indem wir Gottes Wort selber hören und annehmen, nicht widersprechen müssen — als auf Erden vollzogene Hinweise auf die im Himmel vollzogene Feststellung angehen, interessieren, Weisung geben; sie werden uns mit der Kraft kirchlicher Autorität binden. Es könnte auch unser Widerspruch, auch unser anderslautendes Zeugnis nur ein Späteres, nur eine Befreiung aus einer zunächst eingegangenen, dann als unrechtmäßig sich herausstellenden Bindung sein. Wir müßten auch dann zuerst gehört, die Kirche, d. h. die Anderen, die Älteren in der Kirche, gehört haben, um selber legitim reden zu können. Zunächst habe ich mir von der Kirche sagen zu lassen, welche Schrift heilige Schrift ist. Sie hat darüber vor Zeiten mehr als ein Gespräch geführt, sie ist sich darüber Schritt für Schritt einig geworden; sie hat diese Einigung später teils ausdrücklich, teils stillschweigend gegenüber gewissen Anzweifelungen wiederholt und bestätigt, sie legt tatsächlich gegenüber jeder neuen Generation, die in ihr getauft und unterrichtet wird, die ihre Predigt hört und die in ihr selber zum Predigtamt berufen wird, das Bekenntnis ab: dies und dies gehört und dies und dies gehört nicht zum Kanon heiliger Schrift. Nur mit menschlicher, nicht mit göttlicher Autorität kann dies der jüngeren von der älteren Kirche gesagt werden. Ebenfalls nur mit menschlicher, nicht mit göttlicher Autorität kann in dieser Sache seitens der evangelischen Kirche gegen die anderslautende römisch-katholische Angabe, gegen ihre Einbeziehung der sog. alttestamentlichen Apokryphen in den Kanon protestiert werden. Es ist aber dieses Bekenntnis und dieser Protest das Bekenntnis und der Protest der Kirche, in deren Gemeinschaft uns das Wort Gottes erreicht haben muß, wenn wir es selbst glauben und bekennen sollen. Kann die Kirche dem Worte Gottes nur dienen und ist dieser Dienst nur ein menschlicher und als solcher fehlbarer Dienst, so können wir uns doch diesem ihrem Dienst nicht entziehen, so hat doch das, was sie uns in diesem Dienste sagt, Autorität, so haben wir es doch als zunächst und bis auf Weiteres auch für uns maßgeblich anzunehmen und also bis auf bessere Belehrung an die uns von ihr vorgelegte heilige Schrift — an diese und an keine andere und an diese in ihrem ganzen uns vorgelegten Umfang, also ohne Zutat und ohne Abstrich — heranzutreten als an die Sammlung derjenigen Dokumente, in welchen auch wir das Zeugnis von Gottes Offenbarung zu suchen haben. Die Kirche mit ihrem bisherigen und bisherig bezeugten Glauben verheißt uns, daß wir jenes Zeugnis daselbst nicht umsonst suchen werden. Die Kirche kann es uns nicht — oder eben nur in dienender Funktion, nur in menschlicher Weise: durch ihre

2. Die Autorität unter dem Wort   669

Predigt und ihren Unterricht auf der Basis gerade dieses Kanons — verschaffen und garantieren, daß wir jenes Zeugnis gerade in diesem Kanon finden werden. Finden werden wir dieses Zeugnis nur kraft seines Selbstzeugnisses, also kraft der Autorität des Heiligen Geistes. Die Kirche kann uns auf die hinsichtlich des echten Kanons im Himmel gefallene Entscheidung nur auf Erden und irdisch hinweisen, das heißt nur vermöge und im Rahmen ihres Glaubens und ihrer Einsicht. Ihr Hinweis bzw. ihre Entscheidung bedarf also, damit wir sie (vermöge und im Rahmen unseres eigenen Glaubens und unserer eigenen Einsicht) bejahen und also wiederholen können, damit zwischen ihr und uns jene Einheit des Bekenntnisses entstehe, jener direkten Bestätigung durch das Selbstzeugnis des von ihr Bezeugten, die nur in unserer eigenen Begegnung mit Gottes Wort in der heiligen Schrift stattfinden kann. Aber eben diese direkte Bestätigung **haben** wir doch wenigstens teilweise bereits empfangen, indem wir als Glieder der Kirche zu glauben begannen. Wem anders als Gottes Wort in der von der Kirche als heilig bezeichneten Schrift haben wir dann schon Glauben geschenkt? Und eben um diese direkte Bestätigung **weiter** zu empfangen, werden wir uns zunächst an den uns durch die Kirche in ihrem Bekenntnis zu dieser und dieser Gestalt des Kanons gegebenen Hinweis halten müssen, wenn wir unsere eigene Gliedschaft am irdischen Leibe des himmlischen Herrn nicht gleich wieder verleugnen und preisgeben wollen. Wir würden auch mit unserem vielleicht anderslautenden Bekenntnis diesen Zusammenhang auf keinen Fall zerreißen, die Ehre und Liebe, die wir den Älteren und Anderen in der Kirche schuldig sind, auf keinen Fall verleugnen dürfen. Zunächst aber und bevor wir überhaupt zustimmend oder abweichend, unsererseits in der Kirche bekennen können, werden wir immer wieder in der Kirche und also auf der uns durch das Bekenntnis dieser Älteren und Anderen in der Kirche vorgeschlagenen Basis glauben müssen.

Der Verlauf der Dinge wird dann praktisch für uns als Einzelne, als die zur Kirche heute hinzukommenden Neulinge etwa folgender sein: Ausgehend von einer bestimmten Übereinstimmung mit dem uns von der älteren und übrigen Kirche gemachten Vorschlag, in welcher wir uns, indem wir an Gottes Wort in der heiligen Schrift glauben, zum vornherein befinden, werden wir den übrigen Inhalt dieses Vorschlags zunächst sicher nur teilweise, sehr teilweise brauchbar finden, d. h. wir werden das uns von der Kirche verheißene weitere Offenbarungszeugnis nur in bestimmten Teilen des uns bezeichneten Kanons tatsächlich finden, in anderen aber nicht finden. Es wird vielleicht, es wird sehr wahrscheinlich so sein, daß wir es in einem viel größeren Teil des uns bezeichneten Kanons zunächst nicht zu finden vermögen. Nehmen wir an, es stehe so, so wird es zunächst doch viel wichtiger sein, das Positive festzustellen: daß wir es in einem, sei es denn kleinen Teil jenes Vorschlags tatsächlich schon gefunden haben. Ist dies wirklich der Fall: meinen wir also eine direkte Bestätigung wenigstens hinsichtlich eines kleineren Teils jenes Vorschlags (sagen wir: hinsichtlich einiger Psalmen, einiger Evangelien und Briefe oder wenigstens hinsichtlich bestimmter Stellen in diesen Büchern) tatsächlich empfangen zu haben, so könnte das immerhin ein günstiges Vorurteil auch hinsichtlich des übrigen Inhalts jenes Vorschlags in uns erwecken. — Dieses

Vorurteil wird dann sofort praktische Bedeutung bekommen, wenn es sich dabei nicht bloß um unsere Meinung handelt, wenn wir in jenen paar Teilen des kirchlichen Kanons oder auch nur in jenen paar Stellen nicht etwa bloß das vermeintliche Echo unseres eigenen Empfindens und Gutdünkens, sondern objektiv wirklich das Zeugnis von Gottes Offenbarung und also das Wort Gottes als das Wort unseres Herrn und des Herrn seiner Kirche vernommen haben, wenn wir, indem wir sie hören, wirklich zum Gehorsam des Glaubens gekommen sind. In diesen Gehorsam gestellt und *ipso facto* in eine wenn auch nur teilweise Übereinstimmung mit dem Zeugnis der Kirche versetzt, werden wir bestimmt bereit sein, dieses Zeugnis hinsichtlich des Kanons weiterzuhören und also das Suchen nach dem Zeugnis von Gottes Wort auch in den uns bisher verschlossenen anderen Teilen des uns vorgeschlagenen Kanons nicht etwa einzustellen, sondern fortzusetzen. Wir werden dann, wir werden auf Grund jener noch so beschränkten aber wirklichen Zustimmung zum Bekenntnis der Kirche grundsätzlich bereit sein, damit zu rechnen, daß, wenn immer noch ein viel größerer Teil des uns vorgeschlagenen Kanons für uns stumm sein sollte, der Fehler nicht notwendig in diesem Vorschlag, sondern mindestens ebensoleicht in uns selbst liegen könnte. Gewiß kann er auch in diesem Vorschlag liegen, ist er doch ein menschlich fehlbarer Vorschlag. Aber warum sollte er nicht ebensogut in uns selbst liegen können? Und haben wir ihm auch nur an einer Stelle vermöge eigenen Glaubens und eigener Einsicht zustimmen müssen, hat sich der Herr der Kirche uns gegenüber auch nur an einer Stelle zu dem menschlich fehlbaren Dienst seiner Kirche bekannt, wie sollte es uns dann nicht mindestens näher liegen, den Fehler auch in Zukunft lieber bei uns selbst zu suchen und also dem Bekenntnis der Kirche gegenüber offenzubleiben und also auf dieses Bekenntnis und seine Autorität hin unsere Nachfrage nach dem Zeugnis von Gottes Offenbarung auch im übrigen Umfang des uns im Kanon gemachten Vorschlags fortzusetzen? Wieder wird es nun praktisch wohl so sein, daß kein Einzelner mit dieser Nachfrage so zu Ende kommen wird, daß sein Bekenntnis auf Grund seines eigenen Glaubens und seiner eigenen Einsicht sich mit dem Bekenntnis der Kirche eines Tages restlos decken würde. Wir werden vielmehr wohl Alle damit rechnen müssen, daß uns bestimmte und vielleicht immer noch sehr große Teile des kirchlichen Kanons in dem Sinn bis an unser Lebensende verschlossen bleiben, daß es uns schwer oder unmöglich bleibt, das uns auch hinsichtlich dieser Teile verheißene Offenbarungszeugnis vermöge unseres eigenen Glaubens und vermöge unserer eigenen Einsicht wirklich zu hören. Wir werden aber ebenso bestimmt damit rechnen können, daß uns die Lust, die Schuld an diesem gewiß abnormalen Zustand statt bei uns selbst bei dem uns gemachten Vorschlag zu suchen, bis dahin mindestens noch kleiner gemacht sein dürfte. Und nehmen wir nun sogar an, daß wir uns einer eigene Schuld in dieser Sache bei aller Aufrichtigkeit nicht bewußt werden könnten — warum sollten wir uns schließlich nicht unsere negative Privatansicht hinsichtlich dieses und jenes uns in dieser Weise verschlossenen Teiles des Kanons bilden dürfen? Aber warum sollten wir in unserer negativen Einstellung dann mehr als eben unsere Privatansicht erblicken wollen? Sind wir ihrer Richtigkeit so sicher und ist sie uns so gewichtig, daß wir deshalb in einen Streit gegen das Bekenntnis der Kirche eintreten müßten? Können wir dieses nicht als solches stehen und gelten lassen, auch wenn wir selbst nicht in der Lage sind, ihm nun auch vermöge unseres eigenen Glaubens und Verstehens in allen Teilen unsere Zustimmung zu geben? Sind wir von der Richtigkeit und Wichtigkeit unserer teilweise negativen Einstellung — vorausgesetzt daß wir selbst sie wirklich nicht mehr zu ändern vermöchten — so überzeugt, daß wir auch hinsichtlich der übrigen, der späteren Kirche gewiß sein dürfen: hier, hinsichtlich dieser von uns beanstandeten Teile des kirchlichen Kanons ist eine Erfüllung jener Verheißung, wie sie uns selbst hinsichtlich einiger anderer seiner Bestandteile immerhin zuteil geworden ist, nun geradezu ausgeschlossen? Können wir es verantworten mit unserer Ablehnung dieser Bestandteile im Namen der Kirche selber der Kirche bzw. ihrem bisherigen Bekenntnis entgegenzutreten? Sind wir dessen nicht gewiß, haben wir also im Grunde bloß Fragen an das kirchliche Bekenntnis zu stellen, von woher wollen wir ihm dann eigentlich seine kirchliche Autorität geradezu abstreiten? Ernsthaft würde unser Einspruch gegen den kirchlichen Kanon erst dann, wenn wir seiner inhaltlich so gewiß wären, daß wir uns getrauen müßten, ihn dem Urteil der Kirche zu unterbreiten, nicht nur als unsere Privatansicht, sondern in der verantwortlichen Absicht, das alte Bekenntnis der Kirche hinsichtlich des Kanons durch ein neues zu ersetzen, zu überbieten und zu korrigieren. Das ist keine ausgeschlossene Möglichkeit. Aber wie ernst und schwer sie ist, mag man immerhin daraus ersehen, daß Luther hinsichtlich seiner bekannten Einstellung zum Jakobusbrief, daß überhaupt jene Gegner der eusebianischen Antilegomena im 16. Jahrhundert keinen Gebrauch von ihr gemacht, sondern sich damit begnügt haben, ihre Bedenken nun eben als Privatansichten eine Zeitlang vorzutragen und geltend zu machen. Luther hat auch keinen Versuch gemacht, seine Meinung, daß die *Loci* des Melanchthon ein *libellum non solum immortalitate, sed canone quoque ecclesiastico dignum* sei (*De servo arb.* 1525 W. A. 18, 601, 5) zum kirchlichen Bekenntnis erheben zu lassen! Und es dürfte auch dies bemerkenswert sein, daß auch aus der im Rahmen von Privatansichten und Privatdiskussionen so radikalen modernen Bibelkritik der Wille zu einem neuen kirchlichen Bekenntnis hinsichtlich des Kanons jedenfalls nicht so hervorgegangen und an die Kirche herangetreten ist, daß diese sich auch nur ernstlich mit der Frage einer neuen Bestimmung des Kanons hätte beschäftigen müssen.

Ist die Frage nach dem echten Kanon durch die Existenz des kirchlichen Kanons nicht grundsätzlich abgeschlossen, kann sie tatsächlich von Einzelnen auch angesichts des kirchlichen Kanons mit gutem Recht aufgeworfen werden, wird es praktisch sogar die Regel sein, daß sie dem Einzelnen eine offene Frage ist, so ist mit dem Allem an der Existenz und Geltung dieses kirchlichen Kanons noch gar nichts geändert. Es bleibt, so lange er nicht aufgehoben und ersetzt ist, bei diesem Vorschlag, bei seiner kirchlichen Autorität, Würde und Geltung, bei der Notwendigkeit, ihn ernst zu nehmen. Vertrauen zu seiner Verheißung zu fassen, bzw. immer wieder auf ihn zurückzukommen. Künftige Belehrung vorbehalten! Es könnte ja tatsächlich der Fehler nicht bei uns, sondern bei jenem Vorschlag liegen. Es müßte aber diese künftige Belehrung wie die bisherige als eine Belehrung der Kirche durch die Kirche, nicht bloß als eine Privatbelehrung von Einzelnen sich zu erkennen geben. Es müßten diese Einzelnen, und wenn ihrer noch so viele wären, nicht nur wissen, was sie wollen, sondern auch wollen, was sie wissen, d. h. sie müßten die kirchliche Legitimität ihrer Absicht, die zunächst bloß den Charakter einer Privatabsicht auf Grund einer Privatansicht haben kann, damit unter Beweis zu stellen sich getrauen, daß sie mit der lauten und verantwortlichen Forderung eines neuen Bekenntnisses vor die Kirche treten würden: eines Bekenntnisses das eine Verengerung oder Erweiterung des kirchlichen Kanons oder gar seinen Ersatz durch einen ganz anderen Kanon aussprechen würde. Sie müßten sich getrauen, den Heiligen Geist der Schrift als des Wortes Gottes zum Zeugen für die Notwendigkeit dieser ihrer Absicht anzurufen und sie müßten sich getrauen, zu erwarten, daß dieser Heilige Geist auch der übrigen Kirche im selben Sinn sein Zeugnis geben werde. Solange sie dazu den Mut nicht haben, solange sie diese Verantwortung nicht übernehmen wollen, solange sie vielleicht nicht einmal den ernstlichen Willen dazu haben, und solange sich ihr neues Bekenntnis dann nicht wirklich an Stelle des alten als das Bekenntnis der Kirche durchgesetzt hat, kann ihre Auflehnung gegen das alte Bekenntnis — wie bemerkenswert und nachdenkenswert sie übrigens sachlich sein mag — gemessen an der Autorität des alten Bekenntnisses doch keine andere Bedeutung als die eines Rumors haben. Dieser Rumor mag und muß dann die Kirche daran erinnern, daß ihre Autorität eine beschränkte und vorläufige, eine menschliche Autorität ist, der gegenüber neben allerlei Rumor auch ernster Einspruch immerhin möglich ist. Er mag und muß die Kirche vor die Frage stellen, ob ihr bisheriges Bekenntnis hinsichtlich des Kanons wirklich noch immer ihr Bekenntnis ist und auch künftig sein und bleiben kann und darf. Er mag und muß sie auffordern, sich im Blick auf ihr bisheriges Bekenntnis zu prüfen, um dann entweder in Forschung und Lehre, in Predigt und Unterricht faktisch aufs Neue zu bestätigen, daß eben dies ihr Bekenntnis noch heute ist, oder um dann neu und besser zu bekennen. Immer bleibt doch, solange der alte Vorschlag in Kraft, solange ein neuer Vorschlag nicht verantwortlich gemacht und verantwortlich angenommen und auf Grund neuen Gesprächs und neuer Einigung als neue kirchliche Entscheidung verkündigt ist, die Auflehnung gegen jenen ein bloßer Rumor, dessen Geräusch neben der unveränderten Stimme der Kirche nicht etwa mit gleichem, sondern nur mit höchst ungleichem Respekt zu hören ist. Immer behält diese und behält also der bisherige kirchliche Kanon den Vorrang, zuerst beachtet, zuerst nach seinem Gehalt befragt, zuerst in seinen Möglichkeiten erschöpft zu werden.

Man kann sich fragen, wie es in dieser Hinsicht mit dem biblischen Text bestellt ist. Können und müssen wir auch hier mit einer Einheit des Bekenntnisses rechnen und also mit einer im selbem Sinn wie der von der Kirche bezeichnete Kanon zu respektierenden kirchlich autoritativen Gestalt des Grundtextes und vielleicht auch der Übersetzungen der heiligen Schrift? Die römisch-katholische Kirche bejaht diese Frage, merkwürdiger- und bezeichnenderweise freilich nicht im Blick auf eine Normalgestalt des hebräischen und griechischen Grundtextes, sondern hinsichtlich einer lateinischen Normalübersetzung. Als solche bezeichnet das Tridentiner Konzil (*Sess.* IV, 1546 Denz. Nr. 785) die *vetus et vulgata editio, quae longo tot saeculorum usu in ipsa ecclesia probata est* und fordert im Blick auf sie: *ut ... in publicis lectionibus, disputationibus, praedicationibus et expositionibus pro authentica habeatur et quod nemo illam reicere quovis praetextu audeat vel praesumat.* Man sieht in diesem Edikt noch einmal die ganze Selbstherrlichkeit, in der im Katholizismus die Kirche über das Zeugnis von Gottes Offenbarung verfügt und ihre eigene lateinische Stimme der Stimme dieses Zeugnisses übergeordnet hat. Der Vorgang ist nicht geeignet, zur Nachahmung einzuladen und es ist gut, daß er auf evangelischer Seite tatsächlich weder hinsichtlich einer Übersetzung noch auch hinsichtlich des Grundtextes Nachahmung gefunden hat, daß wir also mit einer Einheit des Bekenntnisses in dieser Sache nicht zu rechnen haben. Gewiß meint die Legende von der Entstehung der Septuaginta (Irenäus, *C. o. h.* III 21, 2) etwas, was damit, daß sie Legende ist, nicht erledigt ist: die legitime Frage nach dem einen und echten Text der heiligen Schrift. Und man wird auch gewiß nicht sagen können, daß diese Frage, sei es hinsichtlich des Grundtextes, sei es hinsichtlich seiner Übersetzungen eindeutig und ausschließlich eine historisch-philologische Frage sei. Die Entscheidung darüber wird vielmehr weithin — es gilt dies besonders hinsichtlich der Übersetzungen, es gilt aber gelegentlich auch hinsichtlich des Grundtextes — auch eine Frage des Glaubens bzw. der theologischen Einsicht sein. Es hat darum seinen guten und notwendigen Sinn, daß die Kirche sich für die Frage nach dem biblischen Text nach beiden Richtungen interessiert, daß sie sich in den bei neuen Bibelausgaben notwendigen Entscheidungen nicht etwa unbesehen dem Urteil irgendwelcher Quellen- und Sprachkundigen anvertraut und ausliefert, das ja vermöge seiner theologischen bzw. untheologischen Hintergründe ein höchst befangenes Urteil sein könnte. Es dürfte aber — ich entferne mich hier von dem Prolegomena 1927 S. 371 f. Vorgetragenen — der Sache entsprechen, wenn sich die Kirche durch das Problem der Textgestalt zwar zu einer immer neu einsetzenden Arbeit auffordern läßt, nicht aber in der Art der Fixierung des Kanons dazu übergeht, irgendwelche Ergebnisse dieser Arbeit bekenntnismäßig festzulegen. Gehört doch die gewisse Beweglichkeit schon des Grundtextes, die Tatsache, daß er uns nur in verschiedenen Überlieferungen, nicht aber in einer als solche unzweideutig festzustellenden Urgestalt bekannt ist, gehört doch die gewisse Offenheit der Frage nach dem echten Text geradezu zum menschlichen und damit auch zum göttlich autoritativen Wesen und Charakter der heiligen Schrift, zur Freiheit des Wortes Gottes gegenüber seinen Lesern und Auslegern, der wir mit einer bekenntnismäßigen Entscheidung offenbar zu nahetreten würden. Es gilt dies besonders hinsichtlich der Übersetzungen. Jede Übersetzung ist bekanntlich als solche schon eine Erklärung, und zwar ihrer Natur nach — anders als dies in der Regel bei einem Glaubensbekenntnis der Fall ist — eine Erklärung, für die jeweilen in der Hauptsache ein Einzelner die Verantwortung übernehmen muß. Kann nun eine solche Übersetzung, wie es etwa mit der Luthers geschehen ist, faktisch eine gewisse unausgesprochene Geltung in der Kirche erlangen, so wäre es doch nicht geraten, solche faktische Geltung durch eine förmliche kirchliche Entscheidung und Erklärung zu unterstreichen, die Kirche ausdrücklich auf eine solche Privatarbeit eines Einzelnen festzulegen und damit die Weiterarbeit an der Übersetzungsaufgabe lahmzulegen. Man wird vielmehr hinsichtlich der Übersetzungen nur wünschen können, daß deren möglichst viele in der Kirche entstehen und verbreitet werden möchten, um die der Sprache nicht Kundigen gerade in ihrem Nebeneinander gemeinsam und in gegenseitiger Ergänzung an der Aufgabe der Übersetzung zu beteiligen. Und man wird hinsichtlich des Grundtextes nur wünschen können, daß er der Kirche dauernd unter möglichst vollständiger Heranziehung der Varianten, d. h. des Angebotes der Überlieferung in ihrer Verschiedenheit bekannt gemacht werde, und daß die dadurch ermöglichte kritische Würdigung dieses Angebots — unter historisch philologischem und unter theologischem Gesichtspunkt! — dann auch wirklich stattfinden und in nicht zu vernachlässigender Übung bleiben möchte. Ein *textus receptus* ist uns nun einmal durch kein kirchliches Bekenntnis, durch keine Instanz, in der wir Autorität zu erblicken vermöchten, angeboten. Es hat seine Gründe, daß dem so ist. Und es ist — wenn wir nicht mit neuen, d. h. mit heute noch unbekannten Tatsachen, wenn wir nicht mit der künftigen Entdeckung einer als solchen überzeugenden und dann als normativ sich geradezu aufdrängenden Urgestalt des biblischen Textes rechnen wollen — nicht abzusehen, wie die Kirche der Gegenwart dazu kommen sollte, in dieser Sache ihrerseits zum Bekenntnis, d. h. zuhanden der zukünftigen Kirche zur Herstellung oder Proklamierung eines *textus receptus* überzugehen.

2. Wir setzen voraus, daß zwischen der Kirche heute und hier und der Kirche von einst und anderwärts eine Einheit des Bekenntnisses bestehe hinsichtlich der Geltung des Wortes bestimmter kirchlicher Lehrer,

d. h. bestimmter Ausleger und Verkündiger der Bibel, deren Wort rein faktisch aus der Menge der Worte anderer Ausleger und Verkündiger hervortretend, ebenso rein faktisch zu der Kirche ihrer eigenen Zeit und zu der späteren Kirche geredet hat und zur Kirche der Gegenwart noch redet, wie es andere Lehrer ihrer oder sonstiger Zeiten nun eben nicht getan haben noch tun. Indem die Kirche jener und der seitherigen Zeit gerade auf diese und diese Lehrer besonders gehört, gerade ihr Wort besonders aufmerksam und dankbar angenommen hat, hat sie ein Bekenntnis abgelegt, und wieder finden wir uns als Kirche der Gegenwart aufgefordert, diesem ihrem Bekenntnis hinsichtlich der besonderen Beachtlichkeit gerade dieser Lehrer auch u n s e r e Zustimmung zu geben. Es ist eine Tatsache, deren Notwendigkeit nicht theologisch zu begründen, die also nicht zu postulieren, deren Wirklichkeit auch nicht theologisch zu beweisen, die aber in Voraussetzung ihrer Tatsächlichkeit theologisch zu e r l ä u t e r n ist: es gibt „Kirchenväter" und es gibt eine bestimmte kirchliche Autorität dieser Kirchenväter.

Ecce quo te introduxi: conventus sanctorum istorum non est multitudo popularis; non solum filii sed et patres ecclesiae sunt. (A u g u s t i n, *C. Jul.* I 7, 31). *Talibus post apostolos sancta ecclesia plantatoribus, rigatoribus, aedificatoribus, pastoribus, nutritoribus crevit* (*ib.* II 10, 37). „Kirchenväter" sind nach dieser Angabe eines, der selber einer war, solche Glieder der Kirche, die sich einmal in hervorgehobener, von dem Tun der ersten Besten so merkwürdig verschiedener Weise aktiv am Leben der Kirche beteiligt haben, daß sie als solche, also als ein besonderer „Konvent der Heiligen" sichtbar und beachtlich sind. Spätere Zeiten haben dann noch genauer anzugeben gewußt, was einen „Kirchenvater" als solchen auszeichnet. „Kirchenväter" (*patres ecclesiastici*) sind nach römisch-katholischer Lehre „diejenigen Schriftsteller der kirchlichen Vergangenheit, die sich auszeichneten durch hohes Alter, Heiligkeit des Lebens, Reinheit der Lehre und kirchliche Anerkennung" (B. Bartmann, Lehrb. d. Dogm.[7] 1928, Bd. 1, S. 30). Sie sind zu unterscheiden von den bloßen „Kirchenschriftstellern" (*scriptores eccl.*), denen jene Prädikate nicht oder nur teilweise zukommen, zu denen etwa ein Origenes und Laktanz zu rechnen sind, und sie bilden in dieser Hervorgehobenheit eine von den Quellen der kirchlichen Tradition. Unter ihnen, aber auch unter den Theologen späterer Zeiten sind dann durch päpstliche Proklamation noch einmal hervorgehoben die „Kirchenlehrer" (*doctores ecclesiae*), von denen man zu wissen meint, daß sie im Himmel zusammen mit den heiligen Märtyrern und Jungfrauen Träger einer Aureole sein werden. Als solche gelten: Ambrosius, Augustin, Hieronymus, Gregor der Große — Athanasius, Basilius, Gregor v. Nazianz, Chrysostomus, Anselm v. Canterbury (erst seit 1720), Thomas von Aquino (seit 1567), Bonaventura (seit 1588), Bernhard von Clairvaux (seit 1830) u. a.

Die Reformation hat diese theologische Hierarchie und ihre Bedeutung als eine zweite Offenbarungsquelle selbstverständlich n i c h t anerkannt. Von einer kritiklosen Unterwerfung auch unter den sog. *consensus patrum*, der nach katholischer Lehre das Kriterium eines vollgültigen Väterbeweises bildet, geschweige denn unter die Autorität eines Einzelnen auch von den älteren jener Lehrer, konnte auf dem Boden der evangelischen Kirche und ihres Schriftprinzips keine Rede mehr sein. Daß die Reformation dennoch mit bestimmten Vätern in der Kirche und mit einer ihnen zuzuerkennenden Maßgeblichkeit als *testes veritatis:* unter der Maßgeblichkeit der heiligen Schrift faktisch gerechnet hat, würde sich aus Luther wie aus Calvin (vor allem hinsichtlich ihres Verhältnisses zu Augustin) unschwer belegen lassen. Wo nun die heiligen vätter und allten leerer, die die geschrifft erclert und ussgeleyt, über disse richtschnur nit gehouwen

2. Die Autorität unter dem Wort 675

haben, wollen wir sy nit allein für ussleger der gschrifft, sonder für usserwelte werckzüg, durch die gott geredt und gewürckt hat, erkennen und halten (*Conf. helv. prior.* von 1536, Art. 3). *Quia enim Ecclesia est Catholica, Deus semper excitavit in diversis locis aliquos, qui consentientem confessionem de sano verae doctrinae intellectu ad confirmationem posteritatis ediderunt. Et bonae mentes valde confirmantur, quando vident, eandem vocem doctrinae omnibus temporibus in Ecclesia sonuisse* (M. Chęmnitz, *Loci* 1591 *Hypomn.* 6). Es entsprach denn auch nicht der Praxis der protestantischen Theologie im Zeitalter der Orthodoxie, wenn gelegentlich (etwa von G. Voetius, *Disput.* I 1648 S.74 ff.) der Unterschied von Kirchenvätern und Kirchenschriftstellern theoretisch völlig verwischt und behauptet wurde, daß etwas Anderes als ein gleichmäßiges Anhören aller Stimmen des kirchlichen Altertums, daß eine besondere Autorität besonderer Väter im Raum der evangelischen Kirche und Theologie nicht in Betracht komme.

Diese theoretische Reinlichkeit war nur schon darum nicht am Platz, weil unterdessen gerade im Raum der evangelischen Kirche und Theologie längst das Bekenntnis zu eigenen neuen Vätern und „auserwählten Werkzeugen", nämlich zu den Reformatoren selbst faktisch Platz gegriffen hatte. Es wird nicht unnütz sein, sich gleich auch der Exzesse solchen Bekenntnisses, wie sie schon im Reformationsjahrhundert vorgekommen sind, zu erinnern. Man kann wohl staunen,. wenn Nik. Amsdorf kaum 10 Jahre nach Luthers Tod anzeigt: *neminem tanta praeditum sapientia, fide, constantia post apostolos fuisse aut deinceps futurum esse, quantum in reverendo viro D. M. Luthero non sine ingenti administratione donorum Dei conspeximus.* (Vorrede zu der Jenenser Ausgabe von Luthers Werken, E. A. *Op. lat.* v. a. I S. 12.) Oder wenn man Michael Neander (1567) nach W. Gaß, Gesch. d. prot. Dogm. 1. Bd., 1854, S. 228 f. deklamieren hört: *Non itaque fervet zelo pietatis, qui huius viri (sc. Lutheri) historiam, labores, pericula, certamina ac plane coelestia dona non saepe cogitat, admiratur ac pro hoc viro Deo agit saepius gratias et qui post Biblia sacra Lutheri libris non primum locum tribuit et magnificat ut coelestem divinum ac preciosum thesaurum ... Lutherus suam theologiam a priori habuit i. d. ex coelesti quadam revelatione.* Oder wenn Andreas Fabricius (1581, *ib.* S. 228) ihn rühmt als *theander, megalander*, φωσφόρος θεολόγων, φωστήρ τε καὶ μέγα θαῦμα οἰκουμένης als Propheten und Elias von Deutschland, ebenso einzig wie Paulus und Johannes der Täufer, wenn Joh. Gerhard (*Loci* 1610 f. *L* XIV 32) allen Ernstes Apoc. 14, 6: die Weissagung von dem *angelus volens per medium coeli habens aeternum evangelium* in Luther erfüllt sieht, und wenn auf einem wittenbergischen Ofen der Spruch zu lesen war: „Gottes Wort und Luthers Lehr vergehen nie und nimmermehr." Es haben aber doch auch die Reformierten in dieser Sache gelegentlich mitgetan und etwa die *Institutio* Calvins besungen:

> *Praeter apostolicas, post Christi tempore, chartas*
> *Huic peperere libro saecula nulla parem.* (P. Thurius).

Nun, hinter allen diesen und derartigen Exzessen steht die ernste Tatsache, daß die Kirche jener Zeit in und mit ihrer Reformation durch das Wort Gottes und im Dienste dieser göttlichen Reformation zugleich das menschliche Wort Luthers und Calvins so gehört hatte, daß sie sich ihre irdisch-geschichtliche Existenz als Kirche fortan wie ohne das Wort Gottes so auch ohne dieses menschliche Wort, ohne die Belehrung und den Unterricht dieser Reformatoren nicht mehr denken konnte. Sie war, als durch Gottes Wort reformierte Kirche *eo ipso* Kirche in der Schule Luthers, Kirche in der Schule Calvins geworden. Beide Männer, und manche ihrer Genossen in ihrer Weise neben ihnen, haben schon zu ihren Lebzeiten rein faktisch (als „Doktoren der heiligen Schrift" und damit als geistliche — aber weil geistliche, nicht nur geistliche! — Führer ihrer Kirche) eine Autorität besessen und ausgeübt, die weit über die Autorität hinausging, die ihnen in ihren lokalen kirchlichen und akademischen Ämtern zukam. Eben diese kirchliche Autorität haben sie dann aber, jeder in seinem Bereich, bis zum Anfang des 18. Jahrhunderts ganz eindeutig besessen und ausgeübt. Hätte sie in ihrer Kirche je vergessen werden können, so hätte schon die Polemik der katholischen Gegner dafür gesorgt, daß sie ihnen immer wieder lebendig vor Augen trat. — In Abwehr dieser Polemik, insbesondere des Vorwurfs der Illegitimität der Reformation und der Reformationskirchen, hat die lutherische Orthodoxie einen richtigen Artikel *De vocatione beati Lutheri* in ihre Dogmatik eingeführt (vgl. Joh. Gerhard, *Loci* 1610 f. *L.* XXIII 118 f.; A. Calov, *Systema loc. theol.* 1677 VIII *art.* 3, *c.* 2, *qu.* 2; A. Quenstedt, *Theol. did. pol.* 1685 IV *c.* 12, *sect.* 2, *qu.* 3; D. Hollaz, *Ex. theol. acr.* 1707 IV *c.* 2, *qu.* 10), in welchem eingehend 1. die ordentliche Priesterweihe und Doktorierung Luthers, aber 2. auch die Tatsache seiner außerordentlichen Berufung bewiesen wird: man findet jetzt in der Schrift allerlei *vaticinia de opere reformationis, quae licet disertam et specialem nominis Lutheri mentionem non faciant, implicite tamen organi, per quod opus illud perficiendum erat, denotationem continent* (J. Gerhard, XXIII, 124). Man führt jetzt nicht rhetorisch, sondern argumentierend ins Feld: Luthers tiefe und gewaltige Schriftauslegung, seinen *animus heroicus et in periculis etiam maximis imperterritus*, seine in Erfüllung gegangenen Weissagungen, seine Haltung und seine Erfolge als Verkündiger des Worts im Kampf gegen den Antichrist. Das erste Subjekt der Lehre der lutherischen Kirche ist offenbar im Begriff, mit zu deren Objekt zu werden. Es ist nun gewiß kein Zufall, daß es in der reformierten Dogmatik derselben Zeit trotz äußerlich ähnlicher Lage zu einem Artikel *De ministerio Calvini* oder dgl. nicht gekommen ist, daß es einen Calvinismus oder gar eine calvinische Kirche in dem Sinn, wie es bis heute ein Luthertum und eine lutherische Kirche gibt, nicht geben konnte und — gerade wenn die Reformierten Calvin treu bleiben wollen — nie wird geben können. Es ist das bestimmt nicht etwa nur mit einer theologischen Abneigung gegen allen Menschenruhm zu erklären, sondern entscheidend nur damit, daß die Autorität Calvins — in seinem Bereich nicht minder mächtig als die Luthers in dem seinigen — insofern von Hause aus anders beschaffen war, als sie weniger als die Luthers auf den Eindruck seiner Person und seines Lebens, sondern viel ausgesprochener auf seinem kirchlichen Unterricht als solchem beruhte. Man wird ja nicht verkennen können, daß das lutherische Bekenntnis zu Luther der Proklamation einer prinzipiellen kirchlichen Autorität und damit einer göttlichen Autorität dieses Mannes und damit einer Bedrohung des Schriftprinzips damals und bis heute manchmal bedenklich nahe gekommen ist. Dasselbe Phänomen wird uns bei Erwägung des Problems der kirchlichen Konfession noch einmal begegnen. Calvin ist insofern in einem reineren Sinn Lehrer der Kirche gewesen, als es ihm mehr als Luther gegeben war, die Kirche durch seine Lehre trotz und in aller ihrer calvinischen Eigenart zur heiligen Schrift selbst zu führen, sie an die Sache und nur in der Bemühung um die Sache dann auch an sich selbst zu binden. In diesen Grenzen hat er aber zweifellos in der reformierten Kirche und Theologie sachlich dieselbe Funktion ausgeübt wie Luther in der nach seinem Namen genannten. Eine Stimme aus dem 17. Jahrhundert mag dafür, da sie auch inhaltlich lehrreich ist, an Stelle vieler anderer zeugen: die des Abraham Heidan, der in den Prolegomena seines *Corpus Theol. chr.* 1676 im Zusammenhang einer Übersicht über die wichtigste dogmatische Literatur, die er seinen Studenten empfehlen möchte, nach einer ehrenvollen Erwähnung des Melanchthon so fortfährt: *Sed sublimitatis characterem et verum* ὕψος *in Calvino miror, qui ita me quandoque attollit et sublimen rapit, ut non sim amplius apud me. Si ab ullo a Calvino me* θεολογεῖν *didicisse gloriari possum.... Hic aliquid dicam, iuvenes, quod velim vos memori mente recondere: non ab alio autore melius disci, quomodo et in explicationibus et in disputationibus utendum sit verbo Dei: hic solus concionari docet.*

Zusammen mit der Autorität des reformatorischen Bekenntnisses (und zusammen mit der Geltung des evangelischen Schriftprinzips, also zusammen mit der göttlichen Autorität des biblischen Offenbarungszeugnisses!) ist dann seit Beginn des 18. Jahrhunderts auch die kirchliche Autorität der Reformatoren in der evangelischen Kirche zunächst verblaßt und

2. Die Autorität unter dem Wort

ins Schwinden gekommen. Eine von Luthers „Weissagungen" ist bestimmt in Erfüllung gegangen: *Tum enim multi volentes esse magistri surgent, qui praetextu pietatis perversa docebunt et brevi subvertent omnia, quae nos longo tempore et maximo labore aedificavimus. Manebit tamen Christus regnans usque ad finem mundi, sed mirabiliter, ut sub papatu* (Komm. zu Gal. 4, 9 W. A. 40 I 611, 17). Es wird ja die gewisse Volkstümlichkeit, die der Figur Luthers durch alle Entwicklungen auch der Neuzeit hindurch eigen geblieben ist, es wird insbesondere die Schätzung als Apostel der Gewissensfreiheit oder als religiöse Persönlichkeit oder als deutscher Mann, die ihm auch in diesen Jahrhunderten von allen möglichen und unmöglichen Seiten zuteil geworden ist, mit einer Anerkennung seiner kirchlichen Bedeutung als Reformator und Kirchenlehrer gerade nicht verwechselt werden dürfen. Dasselbe gilt natürlich auch von den verschiedenen Spielarten eines „historischen Calvinismus"! Kirchliche Autorität haben die R e f o r m a t o r e n immer nur dann und da gehabt und werden sie nur da wieder gewinnen können, wo es eine Autorität des reformatorischen B e k e n n t n i s s e s gibt; diese selbst steht und fällt aber mit der Geltung des evangelischen S c h r i f t p r i n z i p s oder sachlich: mit der göttlichen Autorität der heiligen Schrift. Wo diese anerkannt ist, da wird dann freilich für die Anerkennung der kirchlichen Autorität der Reformatoren als Ausleger und Verkündiger der heiligen Schrift und also für die Zustimmung zu dem alten Bekenntnis der Kirche auch in dieser Hinsicht von selbst gesorgt sein.

Das ist sicher, daß die Autorität der Reformatoren in der evangelischen Kirche zu der Autorität der „Kirchenväter" bzw. „Kirchenlehrer" im römischen Katholizismus in einer Analogie steht, die uns nicht erlaubt, weil diese Sache dort in dem falschen Zusammenhang der Lehre von der Tradition als einer zweiten Offenbarungsquelle steht, das auch uns tatsächlich gestellte Problem zu übersehen und so zu tun, als ob es für uns keine „auserwählten Werkzeuge", sondern nur eine gleichmäßig bedeutungsvolle oder bedeutungslose Menge von „Kirchenschriftstellern" gebe. Es gibt schon auch im Bereich der wahren, der evangelischen Erkenntnis des Wortes Gottes hervorgehobene Lehrer der heiligen Schrift, die dann als solche auch als hervorgehobene Lehrer der Kirche zu würdigen sind. Es fragt sich, wie und in welchen Grenzen sie als solche zu würdigen sind. Es wäre aber wohl zu überlegen, ob sie nicht gerade in diesen Grenzen in viel strengerem Sinne als das, was sie sind, verstanden werden als die Kirchenväter des Katholizismus!

Man wird sich, um hier das Grundsätzliche zu verstehen, vor allem folgendes klar machen müssen: Wie die heilige Schrift in ihrer göttlichen Autorität zu jeder Generation in der Kirche in der Gestalt des bestimmt umschriebenen Kanons und insofern auch mit menschlicher Autorität, mit der Autorität der vorangehenden Kirche redet, so redet sie auch zu keiner Generation und zu keinem Einzelnen in der Kirche allein, nie bloß als das nackte, geschriebene Wort von damals. Sie redet vielmehr zu uns als zu solchen, die der kirchlichen Gemeinschaft angehören und in ihrer Geschichte stehen. Sie redet ja wahrscheinlich schon äußerlich allermeist nicht als geschriebenes und gelesenes, sondern als verkündigtes Wort. Wir können aber auch als direkte Leser nicht abstrahieren von unserem besonderen Ort in der Kirche, die uns getauft und unterrichtet hat, nicht abstrahieren von ihrem Zeugnis hinsichtlich des Verständnisses dessen, was nun auch wir zu lesen und zu verstehen unternehmen. Ist die heilige Schrift allein der göttliche Lehrer in der Schule, in der wir uns befinden, wenn wir uns in der Kirche befinden, so können wir uns doch auch nicht in dieser Schule der Kirche befinden wollen ohne unsere Mitschüler, nicht ohne die Zusammenarbeit mit ihnen und besonders nicht ohne die Bereitschaft, uns von unseren älteren und erfahreneren Mitschülern belehren zu lassen: als von Mitschülern, aber belehren zu lassen. Der Inbegriff dieses älteren und erfahreneren Mitschülers ist eben der Begriff des Kirchenlehrers. D a ß er älter und erfahrener in einem qualifizierten Sinn dieser Worte, daß er nicht nur irgendein Sohn, sondern ein Vater in der Kirche ist, daß wir uns also durch ihn belehren zu lassen haben, das kann nur E r e i g n i s sein, das können wir also hier nur als V o r a u s s e t z u n g behandeln. Wir könnten also dem, der uns fragen sollte: wie wir dazu kämen, mit der Existenz solcher kirchlichen Lehrer zu rechnen? nur antworten mit der Gegenfrage: wie er wohl als Glied der Kirche und im Gehorsam gegen Gottes Wort dazu komme, dies nicht zu tun? Das ist sicher: die K i r c h e hört — und nur als ihre Glieder, nicht als raum- und zeitlose Monaden hören wir das Wort Gottes in der Schrift. Hören wir es aber als Glieder der Kirche, dann hören wir auch die Kirche und also gerade nicht nur und nicht zuerst das Echo des Wortes Gottes in unserer eigenen Stimme, sondern sein Echo in der Stimme der Anderen, der Früheren in der Kirche. Aller Anderen und Früheren? Nein, nicht aller, sondern derjenigen, die nach dem Bekenntnis der Kirche so geredet haben und noch reden, daß die Übrigen auf sie hören mußten und noch hören müssen, derjenigen Anderen und Früheren also, in deren Stimme wir laut des Bekenntnisses der übrigen Kirche deren eigene Stimme zu vernehmen, die wir also mit kirchlicher Autorität zu uns reden zu lassen haben. Kann man die Existenz solcher in diesem Sinn älterer und erfahrener Mitschüler und also die kirchliche Autorität bestimmter Lehrer grundsätzlich in Abrede stellen? Grundsätzlich sicher nicht! Es wird aber auch praktisch nicht außerhalb der Gefahr und des Verdachtes geschehen können, es könnte eine verborgene Emanzipation vom wirklichen Hören des Wortes Gottes an solcher Selbstherrlichkeit, deren wir uns dann, allein auf die heilige Schrift hörend, erfreuen dürften, mehr beteiligt sein als die vielleicht sehr ostentativ zur Schau getragene Bestätigung des evangelischen Schriftprinzips.

Es gibt als interessantes Randphänomen des Neuprotestantismus das eigentümliche Verfahren des sog. B i b l i z i s m u s, für dessen Existenz und Wesen der in der Theologiegeschichte viel zu wenig beachtete G o t t f r i e d M e n k e n (1768–1831) in Bremen vor Anderen bezeichnend ist. Man hat über diesen Mann schon in seiner Jugendzeit mit charakteristischem Ausdruck geklagt, daß er „sich entêtiere, sein Christentum nur aus der Bibel schöpfen zu wollen" (Gildemeister, Leben und Werke des Dr. G. Menken, 1861 II, 7). Das ist, deutlicher oder weniger deutlich ausgesprochen, das Programm dieses modernen Biblizismus. „Mein Lesen ist sehr eingeschränkt und doch sehr ausgedehnt; es fängt bei Moses an und hört bei Johannes auf. Die Bibel und die ganz allein lese ich, studiere ich" (*ib.* I, S. 21). Ihm geht es „weder um altes noch um neues, weder um Vertheidigung noch Anfeindung, nicht um Harmonie mit der Dogmatik irgendeiner Kirchenpartei, nicht um Orthodoxie noch Heterodoxie, sondern allein um echte reine Bibellehre" (Schriften 1858 f. VII, S. 256). Und die Kirche? Menken geht schon diesem Wort am liebsten aus dem Wege: um das „Christentum", um die „Sache", um die „Wahrheit", um das „Reich Gottes" geht es ihm und geht es allen modernen Biblizisten. Ist doch die Kirche nicht „die ewig keusche Inhaberin und Bewahrerin des Göttlichen". Hat doch ihre Lehre allzuoft „unter dem Einfluß einer Zeitphilosophie oder einer abergläubisch verehrten Kirchenvätertheologie gestanden" (Schriften VII, S. 264). „Überhaupt: Wo ist die Kirche? Ist sie im Morgen- oder im Abendlande? Sammelt sie sich unter dem Hirstenstabe des ökumenischen Patriarchen zu Konstantinopel oder um die dreifache Krone des Papstes zu Rom? Ist sie vor langen Jahrhunderten, in der Welt keine Ruhe und keine Stätte findend, mit den alten syrischen Christen entwichen in das Innere des südlichen Indiens oder mit den Waldensern in die Täler von Piemont? Hat sie in der Gemeinschaft des Heiligen Geistes untrüglich und für alle Zeiten entscheidend sich ausgesprochen auf dem Reichstage zu Augsburg oder auf dem Konzilium zu Trient oder auf der Nationalsynode zu Dortrecht? Oder hat zuletzt die *Idea fidei Fratrum* zuallererst die wahrhaftige und vollkommene Idee christlicher Wahrheit und Lehre gegeben? Diese wenigen Fragen deuten schon auf vieles hin und umfassen einen großen Teil der Christenheit; aber viele und mannigfaltige Begebenheiten, Verfassungen, Bekenntnisse und Millionen Christen liegen außer ihrem Bereich: Nestorianer, Monophysiten, Mennoniten, Arminianer, Jansenisten, Mystiker und Quäker und viele andere, die alle auf den Namen der christlichen Kirche Anspruch machen und das Kleinod christlicher Rechtgläubigkeit für sich in Anspruch nehmen. Diese wenigen Fragen reichen schon hin, zu zeigen, daß, wenn man nicht unwissend ist, oder in der zur anderen Natur gewordenen Gewöhnung an die Weise und Sprache des Sektenwesens bei dem Worte Kirche immer nur an die väterliche Konfession und die Gesamtheit der Genossen derselben für die einzige Christengesellschaft hält, bei der allein die wahre Lehre sich findet und der also auch eigentlich allein oder doch vor allen anderen der Name der Kirche zukomme, es nicht leicht ist, es auch nur zu wissen, was die Kirche glaubt und lehrt. Bei einem kundigen Blick aber auf so viele Zeiten, Länder, Sprachen, Verfassungen, Kleidertrachten und Gebräuche, auf das Gewirre und Getöne so mannigfaltig verschiedener, sich widersprechender und bekämpfender Sekten, auf die Menge dieser verschiedenen Symbole und Katechismen dünkt es einen schwer und fast unglaublich, daß man einen Standpunkt werde finden können, auf welchem man mit Einsicht und mit Wahrheit in der Sache selbst werde sagen dürfen: Ich glaube und lehre, was die Kirche glaubt und lehrt" (Schriften VII, S. 238). Wie könnte die Kirche unter diesen Umständen Autorität haben? „Was ihr mir als alt bietet, wird nur darum von euch als ein solches verehrt, weil es in einem pfälzischen oder sächsischen Katechismus des 16. Jahrhunderts steht oder weil im 11. Jahrhundert ein Erzbischof von Canterbury oder im 5. Jahrhundert ein Bischof von Hippon so gedacht und die Sache so gefaßt und bestimmt hat. Wenn ihr aber auch diesen menschlichen Autoritäten noch eine größere in den Aussprüchen eines Bischofs von Lyon im 2. Jahrhundert hinzufügen könntet, was ihr indes nicht könnt, so würde es in der Sache selbst nichts ändern. Denn mir ist es nicht darum zu tun, zu erfahren, wir Ursinus oder Luther oder Anselmus oder Augustinus oder Irenäus sich die Sache gedacht und dieselbe gefaßt und bestimmt haben — sie und ihre Bestimmungen sind zu neu; ich will das Alte, das Ursprüngliche, das allein Geltende — die heilige Schrift selbst" (Schriften VII, S. 263 f.). Wären uns solche Äußerungen und Argumentationen namenlos und dem Zusammenhang entnommen überliefert, so könnte man als ihren Urheber doch wohl ebensogut einen Aufklärer, wie den leidenschaftlichen Bekämpfer der Aufklärung vermuten, der Menken tatsächlich gewesen ist. Ein ähnliches Zusammentreffen mit dem neuprotestantischen Antikonfessionalismus kann man aber später auch bei J. T. Beck, aber teilweise auch bei dem Erlanger Hofmann und doch gelegentlich auch noch bei A. Schlatter feststellen. Was bedeutet dieses Zusammentreffen? Man muß offenbar fragen: ob hier nicht mit derselben Souveränität, mit der in der Neuzeit Andere die Vernunft, das Gefühl, die Erfahrung, die Geschichte zum Prinzip der Theologie erhoben haben, nun die mit höchst eigenen Augen gelesene und höchst selbstherrlich verstandene und ausgelegte Bibel eingesetzt wird? Ob in diesem Zusammenhang nicht auch die Ausnahmebehandlung gerade der Bibel — sofern man ihr gegenüber den Relativismus, mit dem man die Kirche betrachtet, nun auf einmal nicht mehr gelten läßt — etwas eigentümlich Selbstherrliches bekommt? ob wir es hier nicht mit einem frommen, aber in seiner Keckheit doch ebenfalls ausgesprochen m o d e r n e n Sprung in die Unmittelbarkeit zu tun haben, mit einem Griff nach der Offenbarung, der, indem er mit einer solchen Abschüttelung der Väter verbunden ist, nun doch, obwohl und indem er sich als Griff nach der Bibel zu erkennen gibt, auch etwas sehr Anderes sein könnte als der Glaubensgehorsam, der dann Ereignis wird, wenn die Offenbarung durch das Wort der Bibel nach uns gegriffen hat? Ob solcher Bibelabsolutismus in seinem Wesen etwas Anderes ist als der sonstige Absolutismus, der das entscheidende Merkmal des Geistes und des Systems des in der Aufklärung gipfelnden 18. Jahrhunderts bildete und ob er in seinen Auswirkungen so ganz von diesem verschieden sein kann? Wird der, der die Bibel allein zum Meister haben will, als ob die Kirchengeschichte mit ihm noch einmal anfangen müßte, die Bibel nun wirklich ungemeistert lassen? Wird es in dem so geschaffenen leeren Raum eigenen Befindens vielleicht zu einem besseren Hören der Schrift kommen als im Raum der Kirche? Es hat tatsächlich doch noch keinen Biblizisten gegeben, der, indem er den Vätern und der kirchlichen Überlieferung gegenüber sehr großzügig direkt an die Schrift appellierte, sich nun auch dem Geist und der Philosophie seiner eigenen Zeit und vor Allem seinen eigenen religiösen Lieblingsideen gegenüber als so unabhängig erwiesen hätte, daß er in seiner Lehre vermöge oder trotz seines Antitraditionalismus nun etwa in zuverlässiger Weise die Bibel und nur die Bibel hätte zu Worte kommen lassen. Im Gegenteil: man wird an den in der Sache sehr neuprotestantischen Absonderlichkeiten, die sich gerade Menken, aber auch J. T. Beck an zentralsten Stellen geleistet haben, studieren können, daß es auch dem ernstesten Schriftforscher nicht zu raten ist, an jenem sächsischen und pfälzischen Katechismus des 16. Jahrhunderts und auch an jenem Bischof von Hippon des 5. Jahrhunderts so unbesorgt vorüberzugehen, sich der durch die Existenz von kirchlichen Vätern gegebenen Führung und Korrektur in der Weise zu entziehen, wie es nach dem Programm des Biblizismus zu geschehen hätte. Er könnte sich sonst leicht in allzu nahe Nachbarschaft mit allerlei anderen modernen Titanismen begeben. Der Biblizismus der R e f o r m a t o r e n befand sich im Unterschied zum Biblizismus der Neuzeit nicht in dieser Nachbarschaft, weil er sich nicht trotz, sondern in Anwendung des evangelischen Schriftprinzips von jenem Antitraditionalismus frei gehalten hat. Es hat aber auch ein J. A. B e n g e l, dessen Name ja oft auch in diesem Zusammenhang genannt wird, hier viel größere Weisheit an den Tag gelegt als seine neueren Nachfolger. Nun: die relative Opposition zum übrigen Neuprotestantismus, in der sich doch auch dieser moderne Biblizismus befand, die notwendige Erinnerung an das evangelische Schriftprinzip, die er mitten in der Neuzeit in seiner Weise kräftig geltend gemacht hat, die wichtigen und richtigen exegetischen Entdeckungen, die auf seinen Wegen tatsächlich auch gemacht worden sind, und die große persönliche Würde, die gerade seinen hervorragendsten Vertretern eigen war — das alles soll nicht verkannt, sondern gebührend gerühmt werden. Das kann aber wieder nicht hindern, daß wir sein Verfahren gerade hinsichtlich des Problems der „Väter" als ein im Grunde l i b e r a l e s Unternehmen ebenso bestimmt ablehnen müssen, wie die Unbesonnenheiten und Ehrfurchtslosigkeiten, deren sich der übrige Neuprotestantismus in dieser Hinsicht schuldig gemacht hat.

Kann man nun die Existenz der kirchlichen Autorität bestimmter Lehrer der Kirche weder grundsätzlich noch praktisch in Abrede stellen, so wird man zunächst auch die Tatsache, daß es in den evangelischen Kirchen gerade die R e f o r m a t o r e n waren, die den Charakter solcher Autorität gewonnen haben — die Tatsächlichkeit dieses Vorgangs vor-

2. Die Autorität unter dem Wort 681

ausgesetzt — theologisch in sich verständlich finden müssen. Erkennen sich unsere Kirchen als durch Gottes Wort und nicht etwa als durch Luther und Calvin reformierte Kirchen, so geschah ihre Reformation nun doch durch das ihnen gegebene Zeugnis Luthers und Calvins. Es ist also dieses Zeugnis Luthers und Calvins für ihre Existenz als diese Kirche, als die so reformierten Kirchen, also für die ganze Kontingenz ihrer Existenz als Kirche Jesu Christi entscheidend und wesentlich geworden: wenn nicht als konstitutives, so doch als regulatives Prinzip. Von diesem Zeugnis sich emanzipierend, würden diese Kirchen nicht mehr diese, nicht mehr evangelische Kirchen und also auch nicht mehr kontingent Kirche Jesu Christi sein. Es wäre denn, daß sie durch ein neues kontingentes Faktum über jene Reformation hinausgeführt und insofern von der Autorität der Reformatoren gelöst worden wären und daß sie sich zu diesem Faktum ebenso bewußt und bestimmt bekannt hätten, wie sie sich bisher wie damals zur Reformation und also zu der Autorität der Reformatoren bekannt haben. Wie sollte eine solche Wendung an sich unmöglich sein?

Daß es so weit sei, ist im Lauf der letzten vierhundert Jahre bekanntlich mehr als einmal behauptet worden. Zuerst schon im 16. Jahrhundert selber und noch zu Lebzeiten der Reformatoren von den verschiedensten schwärmerischen Richtungen, die im Werk Luthers und Calvins eine bloße Vorbereitung und bereits überwundene Vorstufe des unterdessen laut ihrer eigenen Erkenntnisse angebrochenen dritten Reiches des Geistes erblicken wollten. Und dieser Vorgang: das Auftauchen der Überzeugung vom Anbruch eines Neuen, durch das die Reformation und die Autorität der Reformatoren antiquiert sei, wiederholte sich, als die englischen Independenten des 17. Jahrhunderts zu ihrem Werk der Radikalisierung des kirchlichen Lebens antraten, als der Pietismus am Anfang des 18. Jahrhunderts seine erste Blütezeit erlebte, als Schleiermacher den ganzen theologischen Ertrag jenes Jahrhunderts in der ihm eigenen genialen Weise zusammenfaßte und in Form brachte, als am Anfang des 19. Jahrhunderts die große Erweckung durch das evangelische Europa ging. Er wiederholte sich auch in gewissen religiös-kirchlichen Begleiterscheinungen der politischen Umwälzung im neuesten Deutschland. Das Merkwürdige ist nur, daß es in diesen Jahrhunderten in den evangelischen Kirchen zwar zu großen und tiefen Entfremdungen gegenüber ihrem reformatorischen Ursprung, daß es aber bis jetzt zu einem eigentlichen und entschiedenen Losreißen dieser Kirchen von der Autorität jenes ihres Ursprungs faktisch nicht gekommen ist. Diese hat sich vielmehr, wenn auch oft genug weniger verstanden als mißverstanden, immer wieder behauptet und durchgesetzt. Es war mehr als einmal — es war jedenfalls im Pietismus und in der Erweckung — so, daß gerade das Beste und Lebenskräftigste in diesen vermeintlichen Neuerungen ihrem ursprünglichen Ansatz entgegen in einer teilweisen Wiederentdeckung und Erneuerung des reformatorischen Erbes bestand. Kirchenbildende Kraft hat eigentlich nur eine von den im 16. Jahrhundert von Rom getrennten und nun doch auch von den Reformatoren sich distanzierenden Gemeinschaften bewiesen, nämlich die „Kirche von England", die nun freilich schon in ihrer Entstehung mehr eine unter Benützung lutherischer und calvinischer Anregungen vollzogene letzte Realisierung des großen spätmittelalterlichen Reformversuchs als eine evangelische Kirche dargestellt hatte. Alle anderen Bildungen auf Grund solcher Distanzierungen standen früher oder später vor der Wahl: entweder sich etwa wie die Unitarier in Polen und Siebenbürgen zu einem kümmerlichen Sonderdasein zu verurteilen, oder aber jene Distanzierung, so gut es ging, rückgängig zu machen und also die Autorität der Reformatoren in irgendeinem Sinn und Umfang, vielleicht auch unter allerlei Umdeutungen und Abschwächungen, doch anzuerkennen. Gewiß bedeutet der reine Neuprotestantismus den Bruch mit der Reformation. Es hat aber in diesen vier Jahrhunderten nur sehr wenig reinen Neuprotestantismus gegeben. Hätte sich die evangelische Kirche und Theologie im 19. Jahrhundert wirklich auferbaut auf der Grundlage von Schleiermachers Reden über die Religion und seiner Glaubenslehre, dann wäre sie allerdings rein neuprotestantisch geworden, dann würden sie tatsächlich in Vollendung der Absichten der Humanisten und Schwärmer des 16. Jahrhunderts mit der Reformation gebrochen haben. Die Kirche hat sich aber wohlweislich, so tief die neuprotestantische Infektion immer gegangen ist, gerade nicht auf Schleiermacher begründet und also neu begründen lassen. Es war ein Literateneinfall, als um 1900 jemand es riskierte, mir nichts dir nichts eine Schrift über Schleiermacher als den „Kirchenvater des 19. Jahrhunderts" zu schreiben. Schleiermachers Theologie ist faktisch trotz der Größe seiner Leistung und trotz der Intensität seines Einflusses zwar zum Ursprung und Mittelpunkt einer esoterischen Geheimtradition in der evangelischen Kirche, sie ist aber nicht zu dem kontingenten Faktum geworden, daß die evangelischen Kirchen nun wirklich von ihrem reformatorischen Ursprung gelöst und auf eine neue Bahn gedrängt hätte. Schleiermacher hat gerade in seinen tiefsten Intentionen, wie er sie zuletzt — alle Täuschungen über seinen Zusammenhang mit der Reformation nun wirklich zerstörend — etwa in den Sendschreiben an Lücke verraten hat, unter den führenden Theologen des 19. Jahrhunderts keinen Nachfolger gefunden. Sondern es haben es sich gerade seine relativ getreusten persönlichen Schüler: August Twesten und Alexander Schweizer zur Lebensaufgabe gemacht, Schleiermachers Theologie, der eine im lutherischen, der andere im reformierten Sinn als die wahre Erfüllung und Fortsetzung des Werks der Reformatoren zu interpretieren. Daß ihnen dies nicht gelungen ist und auch nicht gelingen konnte, ist eine Sache für sich. Indem sie eben dies anstrebten, hatten sie jedenfalls zugestanden: Schleiermachers Theologie war ein die Kirche neu begründendes Faktum nicht gewesen, waren sie jedenfalls — unter wieviel Mißverständnissen immer — zur Anerkennung der überlegenen Autorität der Reformatoren zurückgekehrt. Hatte schließlich nicht schon Schleiermacher selbst mit seiner Beteiligung an den Reformationsfeiern von 1817 und 1830 — jenen seinen tiefsten Intentionen zum Trotz — diese Rückkehr angebahnt? Gerade in dieser Form hat sich dann die Anerkennung der Reformatoren im 19. Jahrhundert in steigendem Maße neu durchgesetzt. Ging man faktisch weithin ganze andere Wege als sie, so wollte man es doch durchaus nicht wahr haben, daß man nicht auch an diesen Wegen durch ihren Schatten gedeckt und gerechtfertigt sei. Mußte man sie zu diesem Zweck auf das Künstlichste umdeuten, wie es ganz besonders durch A. Ritschl und seine Schüler geschehen ist, so wollte doch je länger desto weniger jemand darauf verzichten, sich nun doch unter allen Umständen auf sie zu berufen, ja womöglich sich selbst als ihren allergetreuesten Nachfolger auszugeben. Paul de Lagarde, den man neben Schleiermacher als einen der wenigen reinen Neuprotestanten ansprechen darf, war mit seiner grimmigen Abneigung gegen Luther ein sehr einsamer Mann. Und es haben sich auch seine Schüler, es hat sich die sog. religionsgeschichtliche Schule seinem Urteil nur in jener gedämpften Form angeschlossen, wie es etwa in der Geschichtskonstruktion von E. Troeltsch geschehen ist, im übrigen aber sich beeilt — nunmehr unter den Zeichen der Carlyleschen Heroenverehrung — in das allgemeine Lob der Reformatoren in ihrer Weise miteinzustimmen. Man kann das ganze Verhalten der neueren evangelischen Theologie den Reformatoren gegenüber sachlich sehr problematisch finden. Und dasselbe gilt von dem Verhalten der neueren evangelischen Kirchen: von der Rolle, die der Bezug und die Berufung auf die Reformatoren, die Erweckung und die Feier ihres Gedächtnisses, die Benützung ihrer Schriften und einzelner Gedanken in der modernen Verkündigung gespielt hat. Kein Zweifel, daß man sich dabei weithin entweder schwersten Illusionen hinsichtlich der eigenen Übereinstimmung mit jenen hingeben oder aber die Ehrung und Feier ihrer Personen mit Distanzierungen in

2. Die Autorität unter dem Wort

der Sache jenen gegenüber verbinden mußte, die die Treue, die man ihnen durchaus halten wollte, in ein sehr seltsames Licht stellten. Kein Zweifel, daß die Konstruktion, mit der man sich dabei in der Regel zu helfen suchte: Bejahung der Reformatoren unter gleichzeitiger heftiger Verneinung der künstlich mit allen Eigenschaften eines Schreckgespenstes ausgestatteten „Orthodoxie des 17. Jahrhunderts" historisch und sachlich unmöglich war. Es bleibt doch die merkwürdige Tatsache, daß man sich zu dieser Treue gerade den Reformatoren gegenüber verpflichtet fühlte, daß man sich also zu dem mit dem 18. Jahrhundert offensichtlich gewordenen Riß zwischen ihnen und der eigenen Gegenwart, daß man sich zu einem wirklich neuen Protestantismus keineswegs zu bekennen wagte, daß vielmehr öfters gerade die ausgesprochensten Neuprotestanten in der Betonung ihres Luthertums, aber (z. B. zur Zeit des Calvinjubiläums von 1909) auch ihres Calvinismus die Eifrigsten waren. Wieviel leichter hätte man es sich doch machen können, wenn man sich von dieser historischen Belastung befreit und mit der Orthodoxie auch Luther und Calvin entschlossen hinter sich gelassen hätte! Aber gerade diesen Bruch nun wirklich zu vollziehen, war offenbar nicht so einfach und es wäre angesichts der Schwierigkeit, die hier im Wege stand, wirklich sinnlos, gegen alle diese Generationen nun etwa den Vorwurf der Unwahrhaftigkeit und Inkonsequenz zu erheben. Daß das Gesetz, nach dem die evangelische Kirche im 16. Jahrhundert angetreten war, faktisch stärker war als die sämtlichen Abirrungen, deren man sich in dieser Kirche in den neueren Jahrhunderten schuldig machte, daß ihr ein neues Gesetz, nach dem sie neu antreten mußte, in diesen neueren Jahrhunderten trotz alles Neuprotestantismus faktisch nicht offenbar geworden ist, daß sie, ob sie wollte oder nicht, immer noch die Kirche Luthers und Calvins war, das ist doch wohl das Geheimnis des seltsamen Bildes, das sie in dieser Zeit gerade in ihrem Verhältnis zu den Reformatoren geboten hat. Ist es nicht fast rührend, festzustellen, mit welcher Zähigkeit man auch noch in der neuesten Gestalt des Neuprotestantismus: in der Konzeption der sog. „Deutschen Christen" die Beziehung wenigstens zu Luther, aber teilweise auch zu Calvin meinte aufrechterhalten zu sollen und zu können, obwohl man doch hier mit einem Nachdruck wie nie zuvor auf inzwischen eingetroffene neue Offenbarungen sich glaubte berufen zu dürfen? Ob eine wirklich kommende „deutsche Nationalkirche" es wirklich wagen wird, sich von dem Anspruch, in dieser Kontinuität zu stehen, und von dem Anspruch, den das dann auch für sie bedeuten würde, wirklich frei zu sprechen? und ob sie in dieser endlich gewonnenen Freiheit mehr als eine neue Sekte zu werden vermögen wird? Die kirchliche Autorität der Reformatoren ist bis jetzt stärker gewesen als alle derartigen Befreiungsversuche. — Und nun übersehe man angesichts dieser ganzen seltsamen Entwicklung vor allem Eines nicht: die ganze merkwürdige Sorge des neueren Protestantismus um seinen Anschluß an die Reformatoren hatte die notwendige Begleiterscheinung, daß man sich mindestens historisch immer wieder mit diesen beschäftigen mußte. Dasselbe 19. Jahrhundert, das, belastet mit der Schleiermacherschen Geheimtradition, den Neuprotestantismus zur vollen Blüte brachte, war doch auch durch die Erinnerung an die Reformatoren immerhin so belastet, daß es sich durch umfassende Neuausgaben ihrer Schriften und durch eine nachhaltige geschichtliche Untersuchung ihres Lebens und ihres Werkes ganz ausgezeichnet um die Lebendigerhaltung, ja zum Teil erst um das Lebendigwerden ihrer ursprünglichen Gestalt verdient machen, daß es damit ungewollt gegen seine eigenen Deutungen und Mißdeutungen die Reformatoren selbst in einer Weise auf den Plan stellen mußte, wie es etwa im Zeitalter der Orthodoxie so lange nicht der Fall war. Es war und ist gerade durch die Arbeit dieser Generationen dafür gesorgt, daß die kirchliche Autorität der Reformatoren — konnten sie doch nun wieder ganz neu selbst das Wort ergreifen und gehört werden — kein bloßes Schemen einer fernen Vergangenheit bleiben mußte, daß sie wieder aktuellste Bedeutung gewinnen konnte. Lag das ganz gewiß nicht in der Absicht z. B. der Straßburger Herausgeber des Werke Calvins, so ist es nun eben ohne und gegen ihre Absicht doch so gekommen. Man hat nun besonders im Blick auf die letzten 15 Jahre von einer in den evangelischen Kirchen und in ihrer Theologie Ereignis gewordenen Lutherrenaissance und dann auch von einer entsprechenden Calvinrenaissance gesprochen. Beide Phänome sind bis auf diesen Tag zweideutig; wiederum kann man sie nicht leugnen, und wenn man sie in gebührendem Zusammenhang mit den vorangehenden Entwicklungen sieht und versteht, wird man jedenfalls auch in ihnen ein letztes Symptom dafür sehen können, daß es bis auf Weiteres auch heute noch nicht an dem ist, daß mit einer Wendung von der Autorität der Reformatoren weg zur Autorität eines neuen kirchenbegründenden Faktums heute ernsthaft gerechnet werden müßte.

Ist eine solche Wendung gewiß nicht grundsätzlich unmöglich, so werden wir uns doch durch den Blick auf die seitherige Geschichte darüber belehren lassen müssen, daß es sehr großer Dinge bedürfte, um sie Ereignis werden zu lassen. Der Neuprotestantismus war dessen bisher bestimmt nicht mächtig. Bloße Einfälle Dieses und Jenes in der Kirche, bloße kirchliche Bewegungen, die bloße Entstehung noch so starker Gegenströmungen können eine kirchenbegründende Tatsache wie das Zeugnis Luthers und Calvins nicht aus der Welt schaffen, können die Kirche zu einem neuen Bekenntnis noch nicht veranlassen. Ist aber ein solches Ereignis nicht eingetreten und das entsprechende neue Bekenntnis nicht sichtbar geworden, sieht sich faktisch niemand ermächtigt, auch nur die F o r d e r u n g des Ersatzes der Autorität der Reformatoren durch eine andere ernsthaft zu erheben, geschweige denn, daß die Kirche als solche sich eines solchen Ersatzes b e w u ß t geworden wäre und sich darüber a u s g e s p r o c h e n hätte, kehrt die Kirche und die Theologie vielmehr willig-widerwillig faktisch doch immer wieder zu dieser Autorität zurück, dann besteht — genau so, wie hinsichtlich des Problems des Kanons — Anlaß, das bisherige Bekenntnis der Kirche jedenfalls als Hypothese, das heißt als den Boden, auf den man sich zunächst zu stellen hat, anzuerkennen, m. a. W.: die Schule Luthers und Calvins jedenfalls zunächst und bis auf bessere Belehrung nicht zu versäumen, sondern in ihr zu lernen, was in ihr zu lernen ist. Um den U n t e r r i c h t im V e r s t ä n d n i s d e r h e i l i g e n S c h r i f t handelt es sich ja, wenn und sofern die Reformatoren echte Lehrer der Kirche sind. Dieser Unterricht darf unter keinen Umständen versäumt werden auf Grund der Erwägung, daß es schließlich auch einmal andere geben k ö n n t e, die uns diesen Unterricht besser zu geben vermöchten. Solange diese anderen Lehrer nicht auf dem Plan s i n d, haben wir Anlaß, uns an die zu halten, die auf dem Plane s i n d. Unmöglich ist ja auch das nicht, daß eben diese Lehrer — bis jetzt durch keine anderen ersetzt — bestätigt durch die heilige Schrift selber auf dem Plane b l e i b e n könnten, wie sie es bisher geblieben sind.

Wir werden uns nun aber fragen müssen, ob und in welchem Sinn neben der der Reformatoren auch noch die Autorität anderer Lehrer in der Kirche ernsthaft in Betracht kommen möchte: die Autorität s p ä t e r e r Lehrer innerhalb der evangelischen Kirche selber, aber vielleicht auch die Autorität gewisser v o r r e f o r m a t o r i s c h e r Zeugen. Man wird beides nicht grundsätzlich in Abrede stellen können; man wird aber praktisch, d. h. bei der Beantwortung der Frage, wo und in wem die Kirche solche weitere Lehrer zu finden haben möchte, nicht vorsichtig genug sein können. Nicht jeder in irgendeiner Richtung und Zeit für irgendwelche Glieder der Kirche vorbildliche und anregende kirchliche Zeuge ist darum auch ein Vater, welchem sich die Kirche in dem Sinn anvertrauen darf und muß, daß die von ihm innegehaltene Linie Richtlinie für sie selber bedeutet. Solche wirkliche Führung der Kirche, wie Luther und Calvin sie ausgeübt haben, ist eine seltene Sache. Man sehe darum wohl zu, was man sich selbst und vor allem der Kirche zumutet, wenn man unter irgendeinem starken Eindruck da und dort eine solche väterliche Autorität entdeckt zu haben meint. Man kann als Einzelner von Vielen lernen, auch von unbedeutenden oder beschränkt bedeutenden, auch von schwankenden und irrenden Gestalten, ohne daß es darum wohl getan wäre, diejenigen, denen man dies und das zu verdanken hat, nun gleich auch als Lehrer der Kirche zu betrachten und womöglich der übrigen Kirche aufdrängen zu wollen. Man treibt Raubbau mit dem Vertrauen der Kirche und man richtet Verwirrungen an, wenn man in dieser Hinsicht zu Proklamationen schreitet, die ihrer Natur nach nur Sache der Erfahrung und des Bekenntnisses der ganzen Kirche, nicht aber Sache irgendwelcher individueller Liebhaberei sein können. Die Fragen, die in dieser Sache zu stellen sind, dürften die folgenden sein:

a. Ist der und der ein **Ausleger der Schrift** gewesen, der der Kirche, wie es die Reformatoren getan haben, dazu geholfen hat und weiter helfen kann, das Wort Gottes recht zu verstehen? Es gibt Manchen, von dem das bestimmt nicht zu sagen ist, obwohl seinem christlichen Denken, Reden und Schreiben Tiefe, Ernst und Kraft durchaus nicht abzusprechen ist, obwohl er vielleicht ein sehr gottesfürchtiges und liebevolles Leben geführt hat. Man bedenke, daß beide Phänomene: das intellektuelle und das religiös-moralische an sich zweideutig sind, beide sich auch bei notorischen Irreführern finden können. Ob einer die Schrift ausgelegt und das Wort Gottes verkündigt, und zwar recht ausgelegt und verkündigt hat, danach und danach allein ist — natürlich in Blick auf die Schrift selber — zu fragen. Nicht der Scharfsinn und Tiefsinn und auch nicht die Heiligkeit der Christen, sondern allein das Wort Gottes baut die Kirche, und so wird bei der Frage: ob und inwiefern jemand in der Kirche Autorität haben kann? die Frage: ob er dem Worte Gottes gedient hat? letztlich allein entscheidend sein dürfen.

b. Soll es dabei bleiben, daß wir zunächst in den Reformatoren — eben darum, weil sie das Wort Gottes recht ausgelegt haben — solche Autorität zu erkennen haben, dann wird eine zweite Frage, die an alle Lehrer vor und nach ihrer Zeit zu richten ist, die sein: wie sich ihre **Lehre zum Bekenntnis der Reformation** verhält? Die katholische

Kirche des Altertums und des Mittelalters, die zwar noch nicht die durch Gottes Wort reformierte Kirche war, die aber im Unterschied zu der nachtridentinischen Kirche die Reformation auch noch nicht verweigert hatte, ist für uns die eine Kirche Jesu Christi, deren Zeugnis also auch wir zu hören grundsätzlich bereit sein müssen. Wir werden uns aber auch nicht weigern können, zu glauben, daß es eine, wenn auch verborgene Gemeinschaft der Heiligen und also Kirche Jesu Christi auch im nachtridentinischen Katholizismus und auch in der neuprotestantischen Abirrung geben kann. Wir haben also keinen Anlaß, uns bei unserer Frage nach den Vätern der Kirche die Ohren nach irgendeiner Richtung zum vornherein zu verstopfen.

Ein Athanasius und Augustin sind für die Reformatoren selbst so offensichtlich Väter in jenem hervorgehobenen Sinn gewesen und die Kämpfe und Errungenschaften ihres Lebens waren so offenkundig die Voraussetzungen gerade des reformatorischen Bekenntnisses, daß es wohlgetan sein dürfte, wenn auch wir sie so hören, wie sie im 16. Jahrhundert und später auch in der evangelischen Kirche gehört worden sind. Man wird freilich bei ihnen wie bei all den Anderen bis hinauf zu den Ältesten hinzufügen müssen: sie sind auch nicht zu hören, sofern sie nämlich nicht sowohl Väter der Reformation als vielmehr nun doch des nachtridentinischen Katholizismus werden konnten und geworden sind. Die Reformation und die Autorität der Reformatoren bedeutet zweifellos auch nach rückwärts eine Auswahl und Entscheidung, und zwar eine solche, die uns wohl in keinem einzigen Fall erlaubt, vorbehaltlos mit der Autorität dieses und dieses jener älteren Väter zu rechnen.

Das römisch-katholische Kriterium vom *consensus patrum* muß bei uns sinngemäß dahin interpretiert werden, daß die Lehrer der alten Kirche für uns insofern Autorität sind, als ihre Lehre nicht selber reformationsbedürftig war, sondern als rechte Auslegung der heiligen Schrift im voraus die Reformation bezeugte. In diesen Schranken wird die evangelische Kirche und ihre Theologie, will sie selber die eine Kirche Jesu Christi wirklich sein, gar nicht genug auf das Zeugnis der alten und auch der mittelalterlichen Kirche hören können. Es gibt Momente in diesem Zeugnis, die überhaupt nur von der Reformation her richtig gesehen und gewürdigt werden können, die erst in der Reformation wirklich zur Geltung gekommen sind. Und es sind umgekehrt gewisse entscheidende Momente im Zeugnis der Reformatoren nur in dessen positivem Zusammenhang mit dem Zeugnis der alten und mittelalterlichen Kirche verständlich zu machen. Wenn das wirkliche oder vermeintliche Wissen um diesen Zusammenhang noch im 17. Jahrhundert so stark war, daß in Straßburg ein umfangreiches Werk unter dem Titel *Thomas Aquinas veritatis evangelicae confessor* erscheinen konnte, so mochte dabei Wichtigstes optimistisch übersehen sein, was den Thomas — den übrigens weder die Reformatoren noch ihre zeitgenössischen Gegner genauer gekannt haben — nun gerade in seiner Prinzipienlehre als den typischen Vater des nachtridentinischen Katholizismus erscheinen läßt. Es ist doch so, daß man auch bei Thomas bei aufmerksamer Lektüre auf Linien stößt, die, wenn nicht auf die Reformation, so doch sicher auch nicht auf das jesuitische Rom hinweisen, und daß man bei ihm schon als in einem wohlgesichteten Kompendium der ganzen vorangehenden Überlieferung auch als evangelischer Theologe genug zu lernen hat. Das gilt erst recht von einem Anselm von Canterbury oder in anderer

Weise von einem Bonaventura. Ein vorbehaltloses Anknüpfen bei solchen vorreformatorischen Autoritäten wird freilich, wenn man nicht rettungslos auf die römisch-katholische Bahn geraten will, nirgends in Frage kommen können.

Dieselbe Frage wird dann noch verschärft an die nachtridentinischen katholischen Theologen und an die des Neuprotestantismus zu richten sein. Auch neuzeitlich katholische, auch neuprotestantische Lehre kann gewollt oder ungewollt evangelische Wahrheit aussprechen und einschärfen. Tut sie uns diesen Dienst, warum soll das dann nicht dankbar anerkannt, warum soll dann nicht auch da die Stimme der Väter gehört werden? Es gibt eine rechte Auslegung der heiligen Schrift und damit eine Bezeugung des Bekenntnisses der Reformation auch inmitten der die Reformation verweigernden, auch inmitten der sie nachträglich wieder verleugnenden Kirche. Sofern sie dies ist, wird sie zu hören sein, woher sie auch komme. Man wird diese Frage aber auch innerhalb der die reformatorische Voraussetzung festhaltenden evangelischen Kirche nicht scharf genug stellen können.

In den in ihrer Weise zum Teil großen Männern des Zeitalters der Orthodoxie in einem besonderen Sinn kirchliche Väter zu erblicken, ist insofern berechtigt und sinnvoll, als die Theologie jener Generationen jedenfalls nach ihrem eigenen Bewußtsein und nach ihrer Absicht kirchliche Wissenschaft, umfassende Auslegung der heiligen Schrift und umfassende Entfaltung des reformatorischen Bekenntnisses sein wollte. Ohne Vorsicht ist freilich auch die Autorität dieser orthodoxen Theologen nicht zu würdigen, weil die Anfänge späterer Willkür sich tatsächlich schon in ihren Systemen bemerkbar machen. Bei den Späteren unter ihnen wird man, auch wenn es sich nicht um Neuprotestanten im engeren Sinn des Begriffs handelt, darauf zu achten haben, daß sie sich häufig genug in Oppositions- und Reaktionsstellungen befinden, die als solche geschichtlich notwendig und heilsam waren, die aber in der gewissen Zufälligkeit und Einseitigkeit ihrer Gegensätze, oft genug auch in ihren schon im Ansatz gemachten Konzessionen an den Gegner, auch ihre Schranken hatten. Man ehrt gerade diese Späteren sicher dann am besten, wenn man ihre Autorität genau insofern gelten läßt, als sie das Zeugnis der Reformatoren wiederholt und zeitgemäß erneuert haben.

c. Es wird ein wirklicher und ernstlich als solcher geltend zu machender Lehrer der Kirche bestimmt erkennbar sein an der Verantwortlichkeit gegenüber der Kirche, die seinem Zeugnis eigen ist. Es hat zu allen Zeiten eine rechte Schriftauslegung im Sinn der Reformatoren gegeben, der doch dieses Merkmal fehlte, sofern sie sozusagen auf eigene Faust und Gefahr geschah, sofern nämlich ihre Urheber weder als selber Hörende und Lernende noch als Redende und Lehrende die ganze Kirche, die Universalität ihrer Not und ihrer Hoffnung, ihrer Irrtümer und ihrer echten Erfahrungen, ihrer Erkenntnis und ihres Bekenntnisses, sondern von dem Allem nur einen bestimmten Ausschnitt, die Problematik gerade ihres eigenen Lebens und ihrer nächsten zeitlichen, örtlichen oder geistigen Umgebung vor Augen hatten. Das braucht nicht in jeder Hinsicht ein Mangel zu sein; das kann in bestimmter Hinsicht ein Vorteil sein. Solche Schriftauslegung und Lehre hat oft Wichtigstes zutage gefördert. Zum Lehrer der Kirche aber ist doch nur derjenige geeignet, der wesentlich gerade nicht Improvisator und gerade nicht Solist ist, sondern dem die Aufgabe vor Augen steht, gegenüber der ganzen ihm vorangehenden Kirche und auch gegenüber der ganzen ihm künftigen Kirche Rechenschaft und Zeugnis abzulegen, der also gerade nicht nur mit Gott und auch nicht nur mit der Bibel und auch nicht nur mit den Schriften der Reformatoren allein gewesen ist, sondern mit Gott, mit der Bibel und mit den Reformatoren zusammen der ganzen Kirche gegenüber gestanden hat und der nun auch nicht nur mit sich selbst oder zu einem zufälligen oder auserwählten Kreis, sondern verständlich, verantwortlich und bindend wiederum zur ganzen Kirche zu reden sich getraut und fähig ist.

Gerade diese U n i v e r s a l i t ä t nach rückwärts und vorwärts war ein besonders Merkmal des Zeugnisses der Reformatoren selber, aber auch noch des Zeugnisses der orthodoxen Väter, während es der neueren Theologie, die viel zu viel den Charakter bloßer Tagesliteratur hatte, weithin abging. Man wird aber sagen müssen, daß, an diesem Kriterium gemessen, Schleiermachers Glaubenslehre, aber auch noch die Werke mancher seiner nächsten Nachfolger, wie etwa das von A. S c h w e i z e r, J. A. D o r n e r, A. E. B i e d e r m a n n, F. H. R. F r a n k und in seiner Weise das von H. L ü d e m a n n und aus der Ritschlschen Schule die Dogmatik von J u l i u s K a f t a n wohl bestehen könnten und wenigstens teilweise so etwas wie kirchliche Autorität in ihren bestimmten Kreisen auch tatsächlich gewonnen haben. Wird das Genie häufig andere Wege bevorzugen, so ist zu bemerken, daß bloß kraft seines Genies noch niemand zum Lehrer der Kirche geworden ist, und wiederum: daß die Bevorzugung anderer Wege als solche noch niemanden als Genie ausgewiesen hat.

d. Es fragt sich, ob der und der als Ausleger der Schrift, in Übereinstimmung mit dem Zeugnis der Reformatoren und in Verantwortung gegenüber der Kirche ein Wort gesagt hat und noch zu sagen hat, das für die spätere Kirche aktuelle Entscheidung bedeutet. Es ist in alter und neuer Zeit Vieles richtig und wichtig und auch verantwortlich und universal gesagt worden, was später diese Bedeutung nicht mehr hatte, vielleicht auch gar nicht mehr haben konnte, vielleicht freilich eines Tages auch wieder gewinnen kann. Es gibt in der Kirche und für die Kirche gesprochene Worte, die uns erreichen, und andere, die uns aus diesen oder jenen Gründen faktisch nicht erreichen. Ein Lehrer der Kirche ist derjenige, der uns in Auslegung der heiligen Schrift heute etwas uns Angehendes zu sagen hat. Damit ist aber schon gesagt, daß wir mit der Existenz l a t e n t e r Lehrer der Kirche rechnen müssen. Viele von denen, die wir heute nicht mehr hören, werden nie mehr zu hören sein. Es kann aber auch Andere geben, die, heute nicht gehört, sich wieder hören lassen werden. Was von ihrer Autorität übrig geblieben ist, ist zunächst nur eine Erinnerung: die neutrale Erinnerung an einen großen Namen, verbunden mit Tatsachen und Verhältnissen und mit seinen Stellungnahmen dazu, die für uns ebenfalls neutral geworden sind. Ihre Autorität r u h t dann sozusagen. Sie künstlich geltend zu machen, könnte ein sehr eigenwilliges Unternehmen sein. Wird sie in Kraft der heiligen

Schrift, um deren Auslegung es ja geht, wieder lebendig werden, dann wird sie für ihre Autorität schon selber sorgen. Aber eben mit dieser Möglichkeit wird zu rechnen sein. Man wird also auch an solchen zunächst neutral gewordenen Erinnerungen an einstige Autorität nie ohne Aufmerksamkeit vorübergehen dürfen. Ihre Stunde könnte plötzlich wieder da sein. Die jetzt Schweigenden könnten auf einmal wieder reden, wie sie nach dem Bekenntnis der Kirche ihrer Zeit einst geredet haben. Es könnten sich die Tatsachen und Verhältnisse, in Beziehung zu denen ihre Namen, ihre Stellungnahme und ihr Wort einst Bedeutung hatte — so gewiß es nichts Neues gibt unter der Sonne — morgen schon wiederholen, die Entscheidung ihnen gegenüber aufs neue aktuell werden. Wir könnten etwas versäumt haben, wenn dies nicht längst geschehen ist. Die Reformatoren selbst sind ja in der Neuzeit lange genug in dieser Latenz Lehrer der Kirche gewesen. Und zum Heil der Kirche hat diese es doch auch in dieser Zeit nicht unterlassen, sie mit jener Aufmerksamkeit zu umgeben. Man sehe zu, daß man nach allen Seiten offen und bereit bleibe. Alte Kirchengeschichte ist oft schon an den unerwartetsten Stellen zur kirchlichen Tagesgeschichte geworden. Irgendein vermeintlich bloß Gestriges will vielleicht eben jetzt heutig werden. Und der Fehler liegt vielleicht wie beim Kanon an uns, wenn uns so viele, die uns Väter sein könnten und müßten, bloße Verstorbene sind und als solche nichts zu sagen haben.

Welches kann nun die praktische Tragweite und Bedeutung der Autorität eines solchen Lehrers der Kirche sein? Das ist sicher, daß seine Gestalt die Gestalten der Propheten und Apostel in keiner Weise verdecken, daß seine Schriften die ihrigen, sein Zeugnis ihr Zeugnis auch nicht von ferne verdrängen und ersetzen wollen kann. Aber auch darum kann es nicht gehen, daß die Kirche außer dem, daß sie an die heilige Schrift gewiesen und gebunden ist, nun auch noch verpflichtet wäre, der ἐξουσία „Luthertum" oder der ἐξουσία „Calvinismus" irgendeine besondere Verehrung und Treue entgegenzubringen. Hält eine Kirche es für richtig und wichtig, ihre Geschichte und ihre geschichtlich gewordene Form als solche und also das Gedächtnis ihrer Lehre als das der Helden und Gestalter dieser Geschichte zu pflegen, dann mag ihr das im weltlichen Raum unbenommen, dann mag sie dafür unter humanen Gesichtspunkten sogar belobt sein; aber mit der Anerkennung der kirchlichen Autorität ihrer Lehrer hat dies dann gerade nichts zu tun. Es ist „Luthertum" und es ist „Calvinismus" eine Hypostase, wie es deren in der Welt noch mehr gibt, und es steht der Eifer um sie, sowenig er an sich zu verdammen ist, wie noch mancher ähnliche Eifer in der Welt mindestens unter der Frage: ob er nicht längst so etwas wie jener Gal. 4, 8 f., Kol. 2, 8, 20 f. so dringend verpönte Engeldienst geworden sei, d. h. den Gottesdienst im Geist und in der Wahrheit, der die Kirche zur Kirche macht, nun doch verdrängt haben möchte. Es kann ja der Lehrer der Kirche, seine Persönlichkeit und sein bestimmender Einfluß, seine Konzeption von Christentum und von der kirchlichen Vergangenheit und Zukunft, es können seine positiven und negativen geschichtlichen Beziehungen, zu einem der menschlichen Vernunft nur zu greifbaren und als Ideal offenkundig auch realisierbaren Gesetz und als solches zu einer erstrangigen Erkenntnisquelle natürlicher Theologie werden. Ist dieses Gesetz einmal aufgerichtet, hat die Kirche es sich einmal vorgesetzt, außer dem, daß sie christliche, evangelische Kirche sein muß, auch noch lutherische oder calvinische Kirche sein zu wollen, dann ist damit zu rechnen, daß es gehen kann, wie es immer geht, wenn man der natürlichen Theologie auch nur den kleinen Finger gibt, sie greift den Arm, sie will das Ganze; die Kirche wird dann alsbald immer lutherischer, immer calvinischer und im selben Maß immer weniger christlich und evangelisch werden. Die entsprechende Abweichung droht aber überall, wo die Nachfolge eines Lehrers der Kirche auch nur von ferne den Charakter eines selbständigen Anliegens bekommt. Es kann die Autorität eines solchen Lehrers wirklich nur mittelbare, nur formale, nur relative Autorität sein, d. h. aber, sie kann nur sein, was der Begriff besagt: die Autorität eines menschlichen Doktors der heiligen Schrift, dessen Aufgabe es ist, seine Schüler nicht sowohl mit sich selbst als vielmehr mit dem ihn und sie gemeinsam beschäftigenden Gegenstand bekannt zu machen, sie also nicht sowohl an sich als an diesen Gegenstand zu weisen und zu binden. Geschieht nun zwischen einem kirchlichen Lehrer und seinen Schülern etwas Anderes als das, drängt sich der Lehrer — durch seine eigene Schuld oder durch die seiner Schüler — neben den durch ihn bekannt und bindend zu machenden Gegenstand, dann bedeutet das nicht nur einen Übergriff, dann bedeutet das vielmehr und vor Allem, daß das, was in diesem Verhältnis sinnvoll geschehen könnte und sollte, nicht geschieht. Erträgt doch dieser Gegenstand keinen zweiten neben sich; kann man doch nicht ein Schüler der heiligen Schrift und dann auch noch ein Schüler der Person und des Systems eines zweiten Meisters sein. Die Kirche und damit auch die Schule der Kirche ist dann gesprengt. Die Schüler haben nun nicht mehr von diesem Lehrer zu lernen; sie haben sich vielmehr gründlich vor ihm in acht zu nehmen. Da sind nicht die wirklichen Meister oder da ehren wir nicht die wirklichen Meister, wo es zu solchen Katastrophen kommt. Sondern da sind die wirklichen Meister, und da werden sie geehrt, wie es ihnen zukommt, wo durch ihre Person und ihr System der Schüler ganz und gar nur zum Schüler der heiligen Schrift erzogen und geformt wird. Das ist also die Ehre, die man diesen wirklichen Meistern schuldig ist, daß man sie diesen ihren Dienst ausrichten, daß man also sich selber in diesem Sinn erziehen und formen lasse, wogegen man ihnen Unehre antut, wenn man aus der Ehrung ihrer Person und ihres Systems ein selbständiges Anliegen werden läßt. Es ist dann aber weiter auch dies zu bedenken: wo es um die Autorität eines kirchlichen Lehrers geht, da geht es wie beim Kanon und wie bei der Konfession um das Bekenntnis der Kirche. Nicht für und nicht zu sich selbst hat ein wirklicher Lehrer der Kirche geredet, sondern für die Kirche und zu der Kirche seiner Zeit und so ist es nicht seine individuelle Stimme als solche, sondern in seiner individuellen Stimme die der Kirche seiner Zeit, die ihm auch für uns die Autorität eines Lehrers gibt. Mag es uns wiederum nicht verboten sein, ihn auch als Privatperson, seine Lehre auch als seine Privatlehre, also z. B. in Luther auch den Heros, den Gelehrten, den Dichter, das theologische Genie und dergleichen zu schätzen, so ist doch mit dieser Schätzung, wie groß und wie begründet sie immer sei, für seine Anerkennung als Lehrer der Kirche noch gar nichts geschehen. Wieder könnte solche Schätzung vielmehr geradezu ein Hindernis seiner Anerkennung als Lehrer der Kirche bedeuten. Verliebt in seine private Gestalt würden wir ihn dann nicht lieben in seiner Sendung und Funktion. Lieben wir ihn als Lehrer der Kirche, dann hören wir die Kirche, indem wir ihn hören. Wieder bedeutet das dann vor allem dies: daß wir uns — als einem Diener des Wortes Gottes gibt ihm ja die alte Kirche ihr Zeugnis — seinen Unterricht in der heiligen Schrift als solchen gefallen lassen. Es muß aber auch dies bedeuten: daß wir ihn wie an der von ihm ausgelegten Schrift, so auch an dem Bekenntnis der Kirche, dessen Stimme er ist und das heißt dann konkret: an der Konfession der ihm gleichzeitigen Kirche zu messen haben. Wir haben also im Zweifelsfall die Schrift und die Konfession nicht nach Maßgabe dieses und dieses Lehrers, sondern wir haben jeden Lehrer nach Maßgabe der Schrift und der Konfession zu verstehen und zu beurteilen; wir haben den Sokrates nicht über die Wahrheit, sondern wir haben die Wahrheit über den Sokrates zu stellen. Und das alles gerade, um Sokrates die ihm gebührende Ehre zu erweisen! Gerade der wirkliche Lehrer der Kirche kann und will unter keinen Umständen anders als so von uns aufgenommen und behandelt sein.

Es verhält sich also so, daß die Anerkennung der kirchlichen Autorität eines Lehrers eine kritische, vielleicht weitgehend kritische Stellungnahme ihm gegenüber nicht nur nicht ausschließt, sondern grundsätzlich geradezu fordert. Wenn wir ihn hören, so bedeutet das, daß wir auf die Linie seiner Auslegung achten und sie zu unserer eigenen Linie werden lassen. Aber eben indem wir das tun, werden wir sie keineswegs einfach so, wie er sie gezogen hat, wiederholen können, sondern wir werden sie unter eigener Verantwortung gegenüber der Schrift und gegenüber der Konfession, die durch ihn zu uns geredet haben, nachzeichnen und das heißt ausziehen und fortsetzen müssen. Und das wird dann weithin bedeuten müssen, daß wir ihn auch nicht hören dürfen: überall da nämlich, wo wir seine Stimme mit der Stimme der Schrift und mit der in der Konfession unabhängig von ihm redenden Stimme der Kirche, alles wohl überlegt, nicht vereinbar finden können. Sowenig wie um eine Repristination der Orthodoxie des 17. Jahrhunderts, sowenig kann es, wenn es heute zu einer Wiederentdeckung und Wiederanerkennung der Autorität der Reformatoren kommen sollte, um eine Repristination der Lehre Luthers oder Calvins gehen. Wir würden ihnen damit die ihnen gebührende Ehre nicht geben, sondern verweigern. Nicht die ihre Lehre am getreusten nachreden, sondern die ihr am getreusten nachdenken, um sie dann und daraufhin als ihre eigene Lehre vorzutragen, sind ihre getreusten Schüler. Ihrer Lehre nachdenken heißt aber: die in ihr vorgezeichnete Linie heute so auszuziehen, wie sie nach erneuter Prüfung von Schrift und Konfession in Beantwortung der heute gestellten Fragen heute ausgezogen werden muß. Als durch das Bekenntnis der damaligen Kirche beglaubigte Zeugen für die heutige Kirche haben sie ja kirchliche Autorität. So muß die heutige Kirche mit all ihren inzwischen gewonnenen Erfahrungen und in der ganzen Verantwortung, in der sie selber steht, sie hören. Das kann dann Abweichung und Widerspruch gegenüber der historischen Gestalt ihrer Lehre bedeuten. Die heutige Kirche würde sie gar nicht annehmen, wenn sie sie einfach in ihrer historischen Gestalt annehmen bzw. reproduzieren würde. Sie würde sie ja dann nicht als die heutige, nicht als die auf der Linie der Reformation ihrer eigenen Berufung gehorsame Kirche, sondern als ein Institut für Altertumskunde annehmen — die schwerste Verunehrung, derer sie sich ihnen gegenüber bei aller wohlgemeinten Verehrung schuldig machen könnte.

Es besteht die positive Bedeutung der kirchlichen Autorität eines Lehrers also darin, daß die Kirche in seiner Existenz ein „Vorbild der Lehre" hat, das freilich in seiner menschlichen Bedingtheit selber nur ein Zeichen und Abbild dessen sein kann, was Röm. 6, 17 so genannt wird, das nun aber doch als Zeichen und Abbild seine berechtigte und notwendige Funktion hat. Die Existenz von hervorgehobenen Lehrern der Kirche schafft eine konkrete Ungleichheit in der Kirche: Gibt es viele Lehrer in der Kirche, so ist darum doch nicht jeder zum Lehrer der Kirche berufen, sondern innerhalb desselben Amtes sind die Einen vor-, die Anderen nachgeordnet, haben die Einen die kirchliche Linie vor-, die Anderen aber sie nachzuzeichnen. Ist damit eine kirchlich-theologische Hierarchie begründet? Würde sich von da aus vielleicht auch so etwas wie ein besonderes Bischofsamt oder gar Papsttum rechtfertigen lassen? Doch wohl gerade nicht, wenn der Lehrer der Kirche in seinem Charakter als Abbild und Zeichen des uns gegebenen Vorbilds der Lehre, das nur Jesus Christus bzw. die heilige Schrift selber sein kann, richtig verstanden ist. Es kann dann jene mit seiner Existenz allerdings gesetzte kleine Ungleichheit in der Kirche die große Ungleichheit zwischen dem Haupt und den Gliedern in der Kirche — gerade nicht wie es die Meinung bei der Aufrichtung eines besonderen Bischofsamtes zu sein pflegt — verwirklichen, sondern eben nur bezeichnen. Sie wird sie aber — und das ist die besondere Dynamik der Existenz eines kirchlichen Lehrers — bezeichnen auf Grund eines im Leben der Kirche wirklich vorgefallenen Ereignisses und auf Grund des entsprechenden Bekenntnisses der Kirche selber. Was bedeutet daneben die Existenz eines mit noch so hohen Prärogativen ausgestatteten Bischofsamtes? In der Existenz eines wirklichen Lehrers der Kirche ist menschliche Führung der Kirche Tatsache geworden, während die Forderung eines besonderen Bischofsamtes immer auf das Postulat sich begründet und hinausläuft, daß solche Führung eine gute Sache sei und daß es sie darum eigentlich geben müßte, seine Existenz in ihrer Wirksamkeit aber immer gebunden ist an die charismatische Begabung seiner Träger. Eben als Ereignis und Tatsache gewordene und von der Kirche selbst anerkannte und bekannte Führung hat die Existenz eines Lehrers der Kirche, sofern sie selbst als eine Sendung und Beauftragung Jesu Christi verstanden wird, unabhängig von der einem Bischof gegenüber unvermeidlichen Frage nach der charismatischen Begabung, die Kraft, die eigentliche und letzten Grundes einzige Führung der Kirche durch Jesus Christus bzw. durch die heilige Schrift selbst zu bezeichnen, zu veranschaulichen und einzuschärfen. Solche Bezeichnung, Veranschaulichung und Einschärfung wird die Kirche aber auch immer wieder nötig haben. Es kann nicht gleichgültig sein, ob sich die Kirche und besonders die Träger des Lehramts in der Kirche in ihrer Denk- und Lehrweise dauernd auf das menschliche Vorbild der Haltung und Richtung Luthers und Calvins, aber auch der Väter der alten Kirche hingewiesen sehen oder ob sie, mit Gott und der Bibel allein gelassen, darauf angewiesen sind, irgendwelche individuellen Ideale von Prophetie, Priestertum und Pastorat sich selber zu bilden und zu verwirklichen oder vielleicht auch angewiesen sind auf das zufällige Vorbild, das ihnen durch die jeweiligen Träger eines vorgeordneten Bischofsamtes gerade geboten werden mag. Die Autorität eines Reformators kann offenbar weder durch die Autorität, die man sich auf Grund eigener Schriftforschung selber zu werden vermag, noch auch durch die Autorität der wechselnden Träger eines solchen Amtes ersetzt werden. Die Autorität eines kirchlichen Lehrers wird gerade als geistliche Autorität, gerade in ihrem eingeschränkten Charakter als Abbild und Zeichen des wirklichen „Vorbilds der Lehre" menschlich wirkliche, effektive und nicht fiktive Autorität sein, fähig: mit dem Kanon und der Konfession der Kirche zusammen die konkrete Zucht insbesondere innerhalb der lehrenden Kirche auszuüben, um derentwillen es kirchliche Autorität überhaupt geben muß.

3. Wir setzen voraus, daß zwischen der Kirche heute und hier und der Kirche von einst und anderwärts eine Einheit des Bekenntnisses bestehe hinsichtlich bestimmter Erklärungen des gemeinsamen Glaubens, also hinsichtlich des Bekenntnisses nunmehr im engsten Sinn des Begriffs, oder: hinsichtlich der kirchlichen Konfession. Eine kirchliche Konfession ist eine auf Grund gemeinsamer Beratung und Entschließung zustande gekommene Formulierung und Proklamation der der Kirche in bestimmtem Umkreise gegebenen Einsicht in die von der Schrift bezeugte Offenbarung. Wir geben zunächst eine Erläuterung der entscheidenden Elemente dieser Definition.

a. Es geht in der kirchlichen Konfession um die Formulierung und Proklamation eines bestimmten kirchlichen Verständnisses der in der heiligen Schrift bezeugten Offenbarung. Die Konfession stellt sich also mit ihrer Autorität zum vornherein nicht über und auch nicht neben, sondern als kirchliche Konfession unter die heilige Schrift. Sie redet also einmal nicht auf Grund unmittelbarer Offenbarung, und ihre Aussage kann für die sie hörende Kirche nicht Offenbarungsquelle werden.

Es hat ein Konzil auch im Glauben an die Gegenwart und den Beistand des Heiligen Geistes „keine macht, neue Artickel des glaubens zu stellen" (Luther, von den Konziliis und Kirchen 1539, W. A. 50, 607, 7). „Denn die Artickel des glaubens müssen nicht auff erden durch die Konzilia als aus neuer heimlicher eingebung wachsen Sondern vom Himel durch den Heiligen Geist öffentlich gegeben und offenbart sein, Sonst sinds nicht Artickel des glaubens" (ib. 551, 28). Die Konzilien „sollen wider die neuen Artickel des glaubens den alten glauben bekennen und verteidigen" (ib. 618, 11). Es hat also z. B. das nicänische Konzil den Artikel von der Gottheit Christi „nicht auffs neu erfunden oder gestellet, als wäre er zuvor nicht gewest in der Kirchen" (ib. 551, 15). Es ist diese von Anfang an offenbarte Wahrheit vielmehr nur gemäß den Erfordernissen jener Zeit, nämlich gegenüber der Ketzerei des Arius durch das Konzil verteidigt, bestätigt und bekannt worden.

Es kann die kirchliche Konfession selbstverständlich auch nicht etwa auf Grund angeblicher anderer, mit der in der heiligen Schrift bezeugten, nicht identischen, mittelbaren Offenbarung reden. Sie bekennt weder Gott in der Geschichte noch Gott in der Natur, wie ihn diese und jene, und wären ihrer noch so viele, in der Kirche zu erkennen meinen. Sie bekennt auch nicht dieses oder jenes Element kirchlicher Tradition und Gewohnheit; sondern sie bekennt Jesus Christus und diesen in seiner prophetisch-apostolischen Bezeugung. Sie bekennt das eine Wort Gottes, neben dem es kein anderes gibt. Das schließt nicht aus, daß sie in bestimmter geschichtlicher Situation, daß sie also antwortend auf bestimmte Fragen, widersprechend und erklärend in bestimmtem Gegensatz bekennt. Das schließt aber aus, daß sie anderswoher als von der heiligen Schrift her und daß sie etwas Anderes als die in der heiligen Schrift bezeugte Wahrheit redet.

Non alibi quaeramus Deum quam in eius verbo, nihil de ipso cogitemus nisi cum eius verbo, de ipso nihil loquamur nisi per eius verbum. Diese allgemeine Regel ist mit besonderer Sorgfalt zu beachten, wenn es sich um eine *publica confessio* handelt. Man sehe zu, *ut nihil in ea deprehendatur, quam ipsissima scripturae veritas ... ut non ex variis hominum placitis consarcinata, sed ad rectam scripturae normam diligenter exacta sit.* Daß sie eine *conceptae intus fidei testificatio* ist, darf wiederum nicht hindern, *ut solida sit et sincera* und darum muß sie *e puris scripturae fontibus* geschöpft werden (Calvin, *Adv. P. Caroli calumnias*, 1545 C. R. 7, 311 f.). *Si hodie suos consessus haberent sancti patres, uno ore clamarent, nihil sibi minus licuisse, vel etiam fuisse in animo, quam tradere quidquam, nisi Christo praeeunte, qui illis unicus, sicut et nobis, magister fuit* (Komm. zu Act. 15,2 C. R. 38, 341).

Die kirchliche Konfession erklärt die Schrift, sie legt sie aus, sie wendet sie an. Sie ist also Kommentar. Sie kann sich nicht etwa damit begnügen, bestimmte biblische Texte zu wiederholen. Sie kann auf solche hinweisen, um die Beziehung, in der sie die Schrift erklären will, deutlich zu machen. Sie muß aber grundsätzlich in eigenen Worten, in den Worten und also auch in der Sprache ihrer Zeit reden.

Neque vero confessionem duntaxat eam recipimus, quae ex solis scripturae verbis superstitiose contexta sit et consuta, sed iis verbis conscribendam esse contendimus, quae et sensum habeant intra scripturae veritatem limitatum et quam minimum habeant asperitatis (Calvin, C. R. 7, 312).

Sie kann aber gerade weil die Kirche selbst in ihr, hörend auf die Schrift und ihrer Wahrheit ihr eigenes Zeugnis gebend, das Wort führt, auch nicht mehr als Kommentar der Schrift sein, sie kann sich also jener nicht in der gleichen Würde an die Seite stellen wollen.

Die anderen Symbola aber und angezogenen Schriften sind nicht Richter wie die heilige Schrift, sondern allein Zeugnis und Erklärung des Glaubens, wie jederzeit die heilige Schrift in streitigen Artikuln in der Kirche Gottes von den damals Lebenden vorstanden und ausgelegt und derselben widerwärtige Lehren vorworfen und vordambt worden (Konk.-Formel, Epit., Von dem summar. Begriff . . 8). *Interpretationis autem humanae seu Ecclesiasticae autoritas est Ecclesiastica tantum, non divina et Canonica: quia non immediate ab ipso Deo dictata est, sed hominum deliberatione et consilio tradita, quorum alii plus, alii minus habent lucis, alii maiora, alii minora dona intelligendi et explicandi res divinas. Proinde interpretatio Scripturae Ecclesiastica atque ita et Ecclesiastica Confessio seu expositio fidei quaecunque, item et Catechesis et quaecunque piorum hominum scriptio seu tractatio . . . non est simpliciter probanda, admittenda atque acceptanda, sed cum hac exceptione et conditione, quatenus cum Scriptura Sacra, tanquam cum unico fonte veritatis caelestis et salvificae, fundamento immoto et regula fidei et bonorum operum nunquam fallente, consentit* (Polanus, Synt. Theol. chr. 1600, S. 711).

b. Es geht in der kirchlichen Konfession um die Aussprache einer der Kirche gegebenen Einsicht. Der Kirche ist ja die heilige Schrift gegeben als Quelle ihrer Erkenntnis von Gottes Offenbarung. Sie ist es und nicht irgendwelche Einzelne als solche oder irgendeine Anhäufung von Einzelnen, die, vertreten durch solche, die in ihrem Namen reden dürfen und müssen, in der kirchlichen Konfession sich selbst und der Welt von ihrem Glauben Rechenschaft gibt. Die kirchliche Konfession redet für die eine und allgemeine Kirche und sie redet zu ihr. Man kann und darf diese Kirchlichkeit der Konfession selbstverständlich in keinem einzigen Fall juristisch-statistisch, man kann und darf sie immer nur geistlich verstehen. Juristisch-statistisch betrachtet ist noch keine Konfession (auch nicht die der sog. „allgemeinen" Konzilien!) als die Konfession der ganzen für die ganze Kirche entstanden und proklamiert worden; juristisch-statistisch betrachtet war vielmehr noch jede nur eine Konfession in der Kirche, ausgehend von einem Teil, gerichtet an die anderen Teile der Kirche. Ihre Berufung, im Namen der einen allgemeinen zu der einen allgemeinen Kirche zu reden, gründet sich allein auf die der einen allgemeinen Kirche gegebene heilige Schrift als das Zeugnis von der einen, allen gegebenen

Offenbarung. So läßt sich denn auch kein letztlich entscheidender Rechtsgrund für die Zusammenberufung und für das Zusammentreten, für die besondere Legitimation gerade dieser und dieser Glieder der Kirche als der „Autoren" einer Konfession angeben als wiederum die heilige Schrift selber. Die zu gemeinsamer Abfassung und Ablegung einer Konfession sich zusammen Findenden werden es den Anderen gegenüber (mögen sie immer kraft ihres Amtes als Vertreter einer Anzahl von Gemeinden als „Synode" oder „Konzil" mehr oder weniger legitimiert sein) jeweils wagen müssen, als ihren Auftrag und als ihre Vollmacht nur dies angeben zu können, daß sie im Gehorsam gegen Gottes Wort zusammen gekommen seien und nun das und das zu bekennen hätten. Es ist ganz klar, daß sie sich damit auch selbst unter das Gericht des Wortes Gottes stellen, daß sie die Gefahr auf sich nehmen müssen, durch das Wort Gottes, auf das sie sich berufen, dem sie gehorsam zu sein meinen und erklären, angesichts der ganzen Kirche desavouiert und Lügen gestraft zu werden. Es gibt keine Konfession ohne dieses Wagnis und ohne diese Gefahr. Und es geht für die, die es wagen, mit einer Konfession in der Kirche hervorzutreten, darüber hinaus selbstverständlich auch nicht ab ohne die Gefahr, zwar das Zeugnis der heiligen Schrift für sich zu haben, bei der übrigen Kirche aber nun dennoch auf taube Ohren zu stoßen und also, alleingelassen mit Gottes Wort, in seiner Kirche als Ketzer oder als Sonderlinge, als unbefugte Neuerer oder auch als unbelehrbare Reaktionäre dastehen zu müssen. Das alles kann nun aber nicht hindern, daß sie es, wenn über den Anspruch ihrer Konfession als kirchliche Konfession gehört zu werden, auch nur diskutiert werden soll, wagen müssen, im Namen der ganzen Kirche zu der ganzen Kirche zu reden. Wie sollte es anders sein, wenn sie wirklich von der heiligen Schrift her reden, wirklich Gottes Wort bezeugen wollen? Der Mut, die damit verbundene Gefahr auf sich zu nehmen, wird wenigstens ein Kriterium der Echtheit ihres Vorhabens und Tuns sein. Eine Konfession, die bloß die Belange irgendeiner Gruppe in der Kirche vertreten, die bloß die Gleichberechtigung irgendwelcher partikularer Anliegen anmelden, die vielleicht nur irgendeine vermeintlich gottgewollte lokale oder nationale Eigenart eines Teiles der Kirche darstellen und zur Geltung bringen wollte, wäre also keine kirchliche Konfession. Wie beschränkt und verdrängt immer die Urheber einer Konfession in der Kirche existieren mögen: haben sie wirklich zu bekennen, d. h. Gottes Wort zu bekennen, dann können sie unmöglich nur von sich, von ihrem besonderen Winkel her und bloß zum Zweck der Anerkennung ihrer selbst und dieses ihres Winkels, dann müssen sie vielmehr — den unerhörten Anspruch, den das bedeutet, nicht scheuend — von der einen allgemeinen Kirche her und zu ihr hin zu reden sich getrauen. Sie müssen die Verantwortung auf sich nehmen, der Stimme der *una sancta catholica* Ausdruck zu geben. Sonst sollen sie

2. Die Autorität unter dem Wort

eben schweigen oder ihr Reden mindestens nicht für kirchliches Bekenntnis halten. Konfession bedeutet innerkirchliche (und außerkirchliche!) Mission. Wer sich keiner solchen Mission bewußt ist, wer etwa nur mit irgendwelchen Besonderheiten auch da sein und gehört und geduldet werden möchte, der kann keine beachtliche, d. h. keine kirchliche Konfession ablegen.

Eben in dieser nicht juristisch-statistischen aber geistlichen Kirchlichkeit waren gewisse Konzilsbeschlüsse der alten Kirche echte Konfession, abgelegt in der letztlich einzig im Wagnis des Gehorsams gegen die Schrift zu erlangenden und sich bewährenden Sicherheit, aber eben in dieser Sicherheit nun auch abgelegt mit dem bestimmten Anspruch im Namen der ganzen Kirche zu der ganzen Kirche zu reden. Ebenso haben — obwohl es äußerlich zunächst deutlich im Namen eines Bruchstücks der damaligen Kirche geschehen konnte — auch die reformatorischen Bekenntnisse geredet. Darum der in ihnen sorgfältig geführte Nachweis ihres Zusammenhangs und ihrer Übereinstimmung mit dem Bekenntnis der alten Kirche. Ihre Meinung war wirklich nicht die, einen Glauben darzustellen, der erst 1517 entstanden wäre und der nun nur der Glaube der Angehörigen dieser und dieser Territorien oder dieser und dieser geistigen Gemeinschaft wäre. Was sie neu bekennen wollten, war der eine alte Glaube d e r Kirche und eben darum muteten sie mit ihrem neuen Bekenntnis der g a n z e n Kirche zu, diesen Glauben nicht nur zu dulden, sondern ihn, hörend auf ihr neues Bekenntnis, sich neu zu eigen zu machen. Und wir können hier aus unseren Tagen hinzufügen: Es konnte das für die Gegenwart notwendig gewordene Bekenntnis der evangelischen Kirche in Deutschland trotz höchster Fragwürdigkeit des juristisch-statistischen Fundamentes sich keineswegs begnügen, mit dem Charakter einer Partei- oder Richtungserklärung, einer theologischen Rechtfertigung des Standpunktes derer, die auch heute bei einem biblisch-reformatorischen Christentum bleiben wollten. Es mußte vielmehr ohne Rücksicht auf die äußere und innere Gefahr dieses Wagnisses sofort im Namen d e r deutschen evangelischen Kirche und „vor der Öffentlichkeit aller evangelischen Kirchen Deutschlands", also im Bewußtsein einer Mission und also im Angriff geredet werden. Es schließt darum die Barmer Erklärung vom Mai 1934 mit den Worten: „Die Bekenntnissynode der deutschen evangelischen Kirche erklärt, daß sie in der Anerkennung dieser Wahrheiten und in der Verwerfung dieser Irrtümer die unumgängliche theologische Grundlage der deutschen evangelischen Kirche .. sieht. . . Sie bittet alle, die es angeht, in die Einheit des Glaubens, der Liebe und der Hoffnung zurückzukehren. *Verbum Dei manet in aeternum.*" Erklärungen, die unter dieser Linie bleiben würden, könnten bei aller sonstigen Bedeutung die Bedeutung einer kirchlichen Konfession und den Anspruch, als solche gehört zu werden, nicht haben. — *Confessio fidei traditur in symbolo quasi ex persona totius ecclesiae, quae per fidem unitur* (Thomas von Aquino, S. theol. II² qu. 1 art. 9, ad. 3).

c. Es geht in der kirchlichen Konfession um eine der Kirche g e g e b e n e geschenkte Einsicht. Auch das hängt damit zusammen, daß sie ihren Inhalt nicht erfunden, sondern in der heiligen Schrift und in ihr allein und also als Gabe des Heiligen Geistes gefunden hat. Aber eben dieses Finden ist nun noch einmal abzugrenzen gegenüber einem solchen Finden, wie es allenfalls jederzeit auch das Ergebnis des immer gebotenen Suchens in der heiligen Schrift sein könnte. Eine Konfession unterscheidet sich dadurch von einer Zusammenstellung der Resultate irgendwelcher theologischer Arbeit, daß ihre Urheber nicht etwa danach ausgegangen sind, die Bibel zu kommentieren oder das Wesen des Christentums zu verstehen oder auch praktisch wieder einmal zu predigen, nur daß die Predigt sich diesmal an alle wendete! Das alles kann und soll jederzeit geschehen. Es ist aber nicht jede Zeit, in der das Alles geschehen kann und soll, auch die Zeit kirchlicher Konfession.

Das Alles hat man in der Neuzeit bis in die letzte Vergangenheit reichlich und gewiß auch nicht einfach ohne die Gabe des Heiligen Geistes getan, ohne daß es deshalb zu einem neuen Bekenntnis kommen mußte und konnte. Man hat dies Letztere als einen Mangel empfunden; man hat ihn wohl auch versuchsweise zu beheben versucht. Eben solche Versuche konnten und können aber bloß auf jenem Hintergrund nicht gelingen. Bekennen kann man nicht, weil man bekennen möchte in der Meinung, daß Bekennen eine gute Sache wäre. Bekennen kann man nur, wenn man bekennen muß. Theologische Arbeit theoretischer oder praktischer Art ist noch nicht die Gewähr solchen Müssens. Theologische Arbeit als solche ist sogar völlig unfähig, eine kirchliche Konfession hervorzubringen, so gewiß sie, wenn eine solche entsteht, zu ihrer Gestaltung unentbehrlich ist und so gewiß ihr Ziel, so sie ernsthaft getan wird, letztlich immer die kirchliche Konfession sein muß.

Kirchliche Konfession ist ein kirchliches Ereignis, sie ist das Ergebnis einer Begegnung der Kirche mit der heiligen Schrift, die in ihrer Kontingenz durch keine noch so ernste theologische Arbeit herbeigeführt werden kann. Wenn die heilige Schrift in einer besonderen Lage der Kirche zu Kirche redet: wenn nämlich angesichts bestimmter drängender Fragen gar nichts übrig bleibt als das, was die Schrift dazu zu sagen hat, wenn man auf der Flucht vor bestimmten Irrtümern nur noch zu der ihnen entgegenstehenden Wahrheit der Schrift fliehen kann, wenn man sich also in der Kirche die Wahrheit der Schrift gar nicht mehr nehmen, sondern nur noch geben lassen kann, wenn also nicht die Kirche diese Wahrheit, sondern diese Wahrheit die Kirche gefunden hat — dann und nur dann kann es zur kirchlichen Konfession kommen. Aus einer Not der Kirche, aus einem der Kirche in dieser Not durch Gottes Wort auferlegten Zwang und aus der diesem Zwang sich fügenden Glaubenserkenntnis wird das echte Credo geboren. Credo im Sinn der kirchlichen Konfession sagt die Kirche erst, wenn alle ihre anderen Möglichkeiten erschöpft sind, wenn man, auf den Mund geschlagen, nichts anderes mehr sagen kann als eben Credo. Eben dann wird sie es nun aber auch gewiß und gewichtig sagen dürfen und müssen. Geht es in der kirchlichen Konfession um eine der Kirche gegebene Einsicht, dann kann die Konfession sich nicht verstehen und nicht rechtmäßig verstehen lassen als eine Darstellung beliebiger menschlicher Meinungen, Überzeugungen und sog. Glaubensgedanken. Wird sie gewiß auf Exegese beruhen, so wird sie doch mehr sein als biblische Forschung. Wird sie gewiß nicht ohne dogmatische Besinnung zustande kommen, so wird sie doch mehr als bloße Theologumena vortragen. Wird sie gewiß Verkündigung sein, so wird sie ihre Kraft doch keineswegs in ihrer Erbaulichkeit haben. Und wenn das gläubige Gemüt ihrer Urheber gewiß in ihr hörbar sein wird, so wird es doch nicht etwa diese subjektive Gläubigkeit sein, um deretwillen sie den Anspruch erheben kann, gehört zu werden. Weil und sofern sie auf einer der Kirche gegebenen Einsicht beruht, darf und muß eine echte kirchliche Konfession verbindlich reden, kann sie also ihre Aussagen nicht bloß bekanntgeben, nicht bloß zur Diskussion und freien Auswahl stellen. Was die Konfession formuliert und proklamiert, das erhebt den Anspruch, kirchliches Dogma zu sein. Credo hat sie ja gesagt und eben damit ihre Aussagen als solche charakterisiert, deren Inhalt sie zwar niemandem aufdrängen kann noch will, mit denen sie aber auch jedermann zur Stellungnahme, zur Entscheidung auffordert: zu der Entscheidung nämlich, ob er sie als mit dem Worte Gottes nicht übereinstimmend ablehnen könne oder aber als mit dem Worte Gottes übereinstimmend sich selber zu eigen machen müsse. Wieder taucht hier also: als Grund der Gewißheit der Konfession und als der ihr übergeordnete Richter die heilige Schrift auf. Sie ist es — und sie ist es in diesem doppelten Sinn — die hinter dem Dogma steht.

Würde ihr Richteramt vergessen oder geleugnet, dann würde die Konfession insofern unecht und unverbindlich, als sie dann, wie es das römisch-katholische Dogma tut, selber die Offenbarung zu sein in Anspruch nehmen würde. Sie ist es — und sie ist es in diesem doppelten Sinn — die der Konfession Echtheit verleiht und die sie damit verbindlich macht. Würde die in ihr begründete Gewißheit geleugnet, dann würde die Konfession insofern unecht und unverbindlich, als sie dann — wie es in dem überspitzt anthropozentrischen Bekenntnisbegriff des alten und neuen Kongregationalismus der Fall ist, zu einer belanglosen Darstellung menschlicher Konzeptionen heruntersinken würde.

d. Es kann in der kirchlichen Konfession immer nur um die Festlegung und Aussprache der der Kirche in bestimmtem Umkreis gegebenen Einsicht gehen. Diese Einschränkung widerspricht weder der intendierten kirchlichen Universalität des Bekenntnisses noch der ihm eigenen Gewißheit als kirchliches Dogma. Im Gegenteil: Gerade in dieser Einschränkung hat es kirchliche Universalität, ist es kirchliches Dogma, hat es also kirchliche Autorität. Die Würde und Geltung kirchlicher Konfession kann ja mit der Würde und Geltung der göttlichen Autorität nicht konkurrieren; sie würde vielmehr zerstört, wenn sie mit jener konkurrieren wollte; sie ist geradezu darin begründet, daß sie durch jene eingeschränkt ist. Ist doch das, was sie letztlich und entscheidend legitimiert, die heilige Schrift, auf deren Zeugnis die Kirche in der Konfession mit ihrem eigenen Zeugnis antwortet. Von diesem ihrem Ursprung und Gegenstand eingeschränkt zu werden, kann keine Minderung, kann vielmehr nur die Aufrichtung und Bestätigung ihrer Autorität als einer kirchlichen Autorität bedeuten. Der Antrieb und der Mut, Bekenntnis abzulegen, die Zuversicht, die Verantwortlichkeit für den damit erhobenen Anspruch auf sich zu nehmen und mit diesem Anspruch durchzuhalten, die Fähigkeit zu einer strengen, keine Konsequenzen scheuenden theologischen Haltung, die Freudigkeit, die das Geheimnis der Kraft einer kirchlichen Konfession ist — das alles wurzelt geradezu darin, daß sie die Festlegung und Aussprache der der Kirche in bestimmtem Umkreis gegebenen Einsicht. Nicht mehr als dies, aber — gerade in dieser Negation aller doch nur eingebildeten und darum ohnmächtigen Unendlichkeit — im endlichen Raum der Kirche um so konkreter und wirklicher nun eben dies! Daß wir es in der Konfession immer mit einem bestimmten Umkreis von Einsicht zu tun haben, das wird zunächst sichtbar in ihrer bereits erwähnten juristisch-statistischen Ungesichertheit: es ist offenkundig immer nur ein Teil der Kirche, der hinter einer kirchlichen Konfession steht. Ein Teil der Kirche hat in bestimmter Not und in bestimmtem Glauben in dieser Not etwas Bestimmtes als Zeugnis der heiligen Schrift vernommen und gibt darauf mit seinem Zeugnis angesichts der anderen Teile der Kirche eine bestimmte Antwort. Mit dem Allem ist, weil und sofern die heilige Schrift in dem allem das Bestimmende ist, eine Einschränkung, aber eben damit auch eine Aufrichtung und Bestätigung der Autorität der kirchlichen Konfession gegeben.

Der so bestimmte Umkreis kirchlicher Konfession wird wunderlicherweise zunächst auch mit einem geographischen Umkreis zusammenfallen.

In den schließlich im sog. Apostolikum zusammengefaßten und präzisierten Urformen eines allgemeinen christlichen Glaubensbekenntnisses redet zweifellos zunächst der um die Kirche von Rom versammelte, vom Osten her freilich dauernd mitbestimmte europäische Westen. In den nicaenischen und nicaeno-konstantinopolitanischen Bekenntnissen des trinitarischen Gottesglaubens und in den auf diesen Bekenntnissen aufgebauten christologischen Definitionen von Ephesus und Chalcedon haben wir es dann umgekehrt in der Hauptsache mit dem — wenn auch nicht ohne kräftige Mitwirkung des Westens zustande gekommenen — Votum des Ostens zu tun, während wiederum das wichtige *Arausicanum* II (529), auf dem die Kirche sich mit den Anregungen Augustins auseinandersetzte, eine charakteristisch westliche Konfession darstellt. Es können und müssen die reformatorischen Bekenntnisse jedenfalls auch als eine Kundgebung des — übrigens in sich wieder landschaftlich gegliederten, bzw. verschiedenen — Glaubens des europäischen Nordens und es kann und muß dann das Tridentinum (und noch das Vatikanum mit seiner wesentlich italienischen Mehrheit) jedenfalls auch als die entsprechende Antwort des europäischen Südens verstanden werden. Und es ist endlich, seit es afrikanische und asiatische Missionskirchen mit einem immer mehr erwachenden Selbständigkeitsbewußtsein gibt, und seit andererseits das amerikanische Christentum und Kirchentum trotz aller Zusammenhänge mit der europäischen Mutterkirche sich immer mehr zu einer Größe *sui generis* zu entwickeln beginnt, das ganze in der alten Kirche und in der Reformation entstandene Konfessionsgut automatisch auch *in globo* eine europäische Angelegenheit geworden bzw. jenseits der Meere als solche empfunden worden. Es wäre unnütz, zu leugnen, daß die Bestimmtheit dieser je und je sich zeigenden Umkreise der Konfessionen mit politisch-kulturell-wirtschaftlichen Verhältnissen und Bewegungen in allerlei Wechselbeziehungen steht. Ein erschöpfendes Verständnis dieser Umkreise ist von da aus und überhaupt unter geographischem Gesichtspunkt selbstverständlich nicht zu gewinnen. Es besteht aber kein Zweifel, daß das Problem auch unter diesem Gesichtspunkt gesehen werden muß. Es kann die Autorität einer Konfession eigentümlich verstärken, aber auch abschwächen, daß sie nun eben die Konfession derer dort oder derer hier ist.

Der bestimmte Umkreis kirchlicher Konfession kann dann weiter auch zeitlichen Charakter haben.

Wir reden von alten und neuen Bekenntnissen und beides kann ebenso Unterstreichung wie Problematisierung ihrer Autorität bedeuten. Die zeitliche Bestimmtheit der kirchlichen Konfession ist sehr richtig und klar ausgesprochen im lateinischen Text der schon zitierten Stelle aus der Konkordienformel: *explicant et ostendunt, quomodo singulis temporibus sacrae literae in articulis controversis in ecclesia Dei a doctoribus, qui tum vixerunt, intellectae et explicatae fuerint.* Gerade in dieser ihrer zeitlichen Bestimmtheit sind sie aber wieder nach der Konkordienformel echte *testes veritatis*, kann z. B. (nach der Vorrede zum Konkordienbuch, Bekenntnisschr. d. ev.-luth. Kirche 1930, 761, 16) von der Augsburger Konfession gesagt werden: *ne latum quidem unguem vel a rebus ipsis vel a phrasibus quae in illa habentur, discedere, sed iuvante nos Domini spiritu summa concordia constanter in pio hoc consensu perseveraturos esse decrevimus.* Ist aus der Gegenwart einer solchen Konfession Vergangenheit geworden, so kann nämlich gerade das Alter, das sie damit bekommt, für ihre Würde sprechen; die Kirche späterer Zeit kann dann besonderes Gewicht darauf legen, sich dieser Konfession gerade darum anzuschließen, weil sie sich damit zu dem einen unveränderlichen Glauben aller Zeiten bekennt. Sie kann es dann geradezu mit Entrüstung ablehnen, mit ihrem dem alten vielleicht an die Seite gestellten eigenen Bekenntnis ein „sunderliche oder neue Bekenntnus unseres Glaubens machen oder annehmen zu wollen" (Konk.-Formel *ib.* 833, 25). Es wollte aber ursprünglich, wie aus der gleichzeitigen Korrespondenz Melanchthons, Luthers u. A. hervorgeht, schon die *Confessio Augustana* gar keine *confessio*, sondern nur eine *apologia* sein; *symbolum* gar wird sie erst in der Vorrede zu Konkordienformel (Bekenntnisschr. d. ev. luth. K. 1930, 741, 13) genannt. Aus derselben Empfindung heraus hat man es noch in der deutschen Kirche der Gegenwart bei allem formellen und ausdrücklichen Bekennen vermieden, die Bezeichnung „Bekenntnis" auf die neu formulierten und proklamierten Sätze etwa jenes Votums von Barmen anzuwenden, sondern sich damit begnügt, die Sache eine „Theologische Erklärung" oder wie auf der ersten freien reformierten Synode vom Januar 1934 eine „Erklärung über das rechte Verständnis des reformatorischen Verständnisses in der deutschen evangelischen Kirche der Gegenwart" zu nennen. Obwohl doch kein Zweifel daran bestehen kann, daß sowohl die *Augustana* als auch die Konkordienformel als auch diese modernen Dokumente an sich mindestens viele Merkmale von Bekenntnissen und also im Verhältnis zu jenen früheren von neuen Bekenntnissen tragen. Neues Bekenntnis wollte ja auch die *Augustana* und die anderen reformatorischen Bekenntnisse selber nicht sein, sofern sie keinen neuen Glauben zu bekennen hatten — und waren es doch, sofern sie den alten Glauben faktisch neu bekannten. Die Notwendigkeit und das Recht neuer Festlegung und Aussprache des alten Glaubens, das unter Umständen nicht abzuweisende Bedürfnis, im Blick auf neu auftretende Fragen und im Blick auf die Vieldeutigkeit des alten Bekenntnisses hinsichtlich dieser neuen Situation neue Entscheidungen zu treffen, das Recht und die Pflicht, heute eindeutig zu sagen, in welchem Sinn man mit dem alten Bekenntnis zum Worte Gottes sich zu bekennen genötigt sehe — das ist die besondere Würde eines neuen Bekenntnisses, ganz gleichgültig, ob es sich selbst diesen Namen gebe oder nicht. So ist neben das Apostolikum das Nicaenum, neben dieses das Nicaeno-Konstantinopolitanum, neben diese das Ephesinum und Chalcedonense getreten; so haben die Reformationskirchen bekannt im Rückblick auf das Bekenntnis der alten Kirche und indem sie dieses ausdrücklich wiederholten; so ist in unseren Tagen bekannt worden im Rückblick auf die reformatorischen Bekenntnisse und unter Erklärung und Bestätigung derselben. Immer **bedurfte es neuen** Bekenntnisses, das doch kein neues, sondern nur die neue Präzisierung des **alten** sein konnte, immer galt das **alte** Bekenntnis, das doch nicht mehr anders wirklich **gelten** konnte, denn in neuer Präzisierung und also ergänzt durch **neues** Bekenntnis. Deutlicher als die geographischen zeigen also die zeitlichen Bestimmtheiten der kirchlichen Konfessionen ihre gegenseitige Bedingtheit, können und müssen altes und neues Bekenntnis einander ihre Autorität gegenseitig verschaffen und bestätigen. Aber daß es sich auch hier um bestimmte Umkreise der Einsicht handelt, daß die alte durch die neue, die neue durch die alte Konfession eingeschränkt wird — die alte durch die neue, sofern sie interpretiert werden muß, die neue durch die alte, sofern sie nur deren Interpretation sein kann — das ist offenkundig und auch hier nicht zu leugnen.

Die Bestimmtheit des Umkreises kirchlicher Konfession wird aber weiter und vor allem immer auch **sachlichen** Charakter haben. Eine Konfession entsteht ja nicht in der Absicht einer freien und umfassenden Darstellung des Glaubens der christlichen Kirche, so daß die verschiedenen Konfessionen sich als verschiedene Darstellungen einer und derselben Thematik gegenüberstehen würden.

Wenn eine Kirche oder kirchliche Gemeinschaft ihren Glauben als solchen, etwa an der Spitze ihrer Verfassung zur Verständigung über ihr Wesen gegenüber der Umwelt darstellen will, so mag das geschehen, obwohl sie dann eigentlich nur den Namen Jesus Christus als den Gegenstand ihres Glaubens und die heilige Schrift als die Quelle ihrer Erkenntnis nennen und sich auf eine wirkliche Konfession **beziehen** dürfte. Eine kirchliche Konfession mit kirchlicher Autorität wird auf Grund von solch harmloser Absicht niemals entstehen.

Kirchliche Konfession mit kirchlicher Autorität ist noch immer in einem bestimmten **Gegensatz** und **Kampf** entstanden. Sie hat immer eine Vorgeschichte, die gar nicht in der Erörterung des akademischen oder gar bloß des kirchenpolitischen Wunsches, wieder einmal den gemeinsamen Glauben zu bekennen, bzw. in der Erörterung der Ausführung dieses Wunsches besteht, sondern vielmehr in Auseinandersetzungen, in denen das bisherige Bekenntnis des gemeinsamen Glaubens und also die bisherige Auslegung und Anwendung der heiligen Schrift dadurch in Frage gestellt ist, daß die Einheit des Glaubens verschieden aufgefaßt, daß auf dem Boden bisheriger Einheit verschieden, so verschieden gelehrt wird, daß die Einheit als solche verdunkelt und also erst wieder zu entdecken ist. Ihr bisher gültiger Ausdruck, der einst wirklich der Ausdruck von Einheit war, genügt jetzt gerade als solcher nicht mehr. Will die Kirche ihre Einheit wahren, dann muß sie ihr jetzt einen genaueren Ausdruck geben: eine solchen Ausdruck, in welchem in Sachen jener Lehrverschiedenheit ein Urteil gefällt und eine Entscheidung vollzogen wird, ein Ausdruck, der die eine oder die andere oder vielleicht auch eine dritte, die Gegensätze vermittelnde Lehre als die Lehre der Kirche anerkennt und also von der Kirche bestätigt und bekannt wird. Auf Grund solcher Vorgeschichte bekommt und hat jede Konfession ihr besonderes Gesicht. Es ist gerade nicht das Gesicht einer abgekürzten *summa theo-*

logiae. Es ist auch nicht — nicht einmal, wenn sie die Form eines Katechismus hat — das Gesicht einer populären biblischen Theologie oder Dogmatik. Es ist vielmehr das Gesicht der Kirche in ihrer Selbstdarstellung im Akt jener bestimmten Entscheidung, deren Notwendigkeit die Konfession nötig machte. Wenn die Kirche bekennt oder wenn in der Kirche bekannt wird, dann steht die Kirche oder es stehen die in der Kirche Bekennenden einer bestimmten, vielleicht neu aufgetauchten, vielleicht schon seit längerer Zeit die Kirche beunruhigenden angeblichen Schriftauslegung oder einer angeblich aus der Schrift sich ergebenden oder doch angeblich mit ihr vereinbarten Lehre gegenüber. Diese G e g e n l e h r e bildet den Anlaß des Bekenntnisses, sofern diese ihrerseits den Anspruch erhebt, der Ausdruck oder doch ein möglicher und neben anderen gleichberechtigter Ausdruck der bisherigen kirchlichen Glaubenseinheit zu sein.

Man muß sich klar machen, daß z. B. der Arianismus und Semiarianismus, der in dieser Weise den Anlaß der Bekenntnisse des 4. Jahrhunderts bildete, nicht nur mit dem Anspruch auf Duldung, sondern mit dem Anspruch, der alleinberechtigte Ausdruck der bisherigen Glaubenseinheit zu sein, auf den Plan trat. Ebenso hat es das reformatorische Bekenntnis mit einem seine Lehre exklusiv verstehenden und vertretenden Gesprächspartner zu tun. Ebenso wollte das Dogma der „Deutschen Christen" wenigstens zu Anfang durchaus nicht das Dogma einer Richtung in der Kirche neben anderen, sondern d a s neue Dogma d e r deutschen evangelischen Kirche sein. Etwas anders verhielt es sich auf den ersten Blick mit dem Liberalismus des 18. und des 19. Jahrhunderts, dessen Anspruch jedenfalls explizit und vorläufig nur auf Gleichberechtigung lautete, der sogar in der Regel so weit ging, die Existenz einer ihm widersprechenden konservativen Gegenrichtung als dialektisches Komplement seiner eigenen Existenz förmlich zu postulieren, eine Sache, die z. B. in der Schweiz in Form der Lehre von der Notwendigkeit und Heilsamkeit der zwei bzw. drei „kirchlichen Richtungen" teilweise selber geradezu die Dignität eines Dogmas gewonnen hat. Gegenüber einer Bestreitung dieser — natürlich selbst höchst liberalen — Ansicht pflegt dann freilich auch die liberale Toleranz schleunigst in eine ziemlich nervöse Intoleranz umzuschlagen. Wie sollte es auch anders sein, als daß hinter der Anmeldung der Gleichberechtigung einer Lehre irgendwo immer auch die Anmeldung ihrer Alleinberechtigung steht? Wie sollte es anders sein, als daß auch die Haeresie und wäre es nur in der abgeblaßten Form einer allgemeinen Toleranzlehre, nicht nur irgendeine Meinung, sondern Lehre der Wahrheit, Ausdruck der kirchlichen Einheit sein möchte und also intolerant werden muß, ob sie es will oder nicht? Es ist also auch da, wo es sich scheinbar nur um den Anspruch auf Duldung handelt, damit zu rechnen, daß eine solche Gegenlehre die bisherige Glaubenseinheit nicht nur zu erweitern, sondern aufzuheben und durch eine andere zu ersetzen versucht, daß der Kampf des Bekenntnisses also wirklich als ein Kampf für die Substanz, als ein Kampf um Leben und Tod der Kirche geführt werden muß.

Einer solchen Gegenlehre gegenüber rekurriert nun das Bekenntnis von dem vieldeutig gewordenen Ausdruck der bisherigen Glaubenseinheit, wie er etwa in einem älteren Bekenntnis vorliegen mag, auf die heilige Schrift als auf den R i c h t e r der entstandenen Kontroverse. Vielmehr: es sehen sich die Urheber des Bekenntnisses durch die heilige Schrift in einer anderen Weise und Richtung gebunden als ihre Gesprächspartner; sie müssen also auch den bisherigen, durch das Auftreten der

Gegenlehre zweideutig gewordenen Ausdruck der Glaubenseinheit anders verstehen als jene; sie können aber nicht hindern, daß auch jene. sich auf diesen bisherigen Ausdruck der Glaubenseinheit berufen. In Form einer Entscheidung muß jetzt also ein **neuer Ausdruck der alten Glaubenseinheit** gesucht und gefunden werden: ein solcher Ausdruck, der die andere Weise und Richtung, in der man sich (im Unterschied zu den Vertretern der Gegenlehre) durch die heilige Schrift gebunden findet, sichtbar macht, ein solcher Ausdruck, der das Urteil der heiligen Schrift in der vorliegenden Kontroverse, so wie die Bekenner es gehört zu haben meinen, zur Darstellung bringt.

Auf das Apostolikum beriefen sich im 4. Jahrhundert die Arianer ebenso wie die Athanasianer, auf das Nicaeno-Konstantinopolitanum im 5. Jahrhundert die Antiochener ebenso wie die Alexandriner, auf alle großen Konzilien des Altertums im 16. Jahrhundert die Katholiken ebenso wie die Evangelischen, und wiederum auf die reformatorischen Bekenntnisschriften 1933 die Deutschen Christen ebenso wie ihre Gegner. Das Bekenntnis bedeutete dann jedesmal den Versuch der Klärung der so entstandenen unklaren Lage. — Die Anfangsworte der Konkordienformel: *Credimus, confitemur, docemus* sind kennzeichnend für den Ernst und für die Verantwortlichkeit eines solchen Klärungsversuches. *Credimus:* der durch die heilige Schrift aufgerufene christliche Glaube, die Einheit der Kirche steht auf dem Spiel und wird aufs neue geltend gemacht; es denke also niemand, daß der Streit und seine Entscheidung eine beiläufige, eine vielleicht auch anders, auch weniger gewichtig zu erledigende Angelegenheit sei. *Confitemur:* es geht nicht um einen vielleicht auch *in abstracto* möglichen und wirklichen freien Herzensglauben Einzelner, sondern um den Glauben der Kirche, der als solcher in der Kirche und durch die Kirche der Welt bezeugt und bekanntgegeben werden muß, wenn sie mit dem Gehorsam gegen ihren Herrn nicht sich selbst preisgeben will. *Docemus:* es geht nicht um die Entscheidung einer akademischen Frage; es geht auch nicht um eine einmalige Entscheidung; sondern vor und hinter dem Bekenntnis steht das wirkliche Leben der Kirche; entsprechend dem Bekenntnis wird gepredigt und unterrichtet; es ist also ein ganzes Stück des sich schon ereignenden und wieder ereignenden kirchlichen Gottesdienstes und Gemeindelebens, das sich in dem Bekenntnis zu Worte meldet.

Es ist nun aber der Sinn und die Meinung einer in dieser Weise zum Inhalt der kirchlichen Konfession gewordenen Lehrentscheidung dies, daß mit dem in ihr gesprochenen Ja, d. h. mit der in ihr positiv vorgetragenen Schriftauslegung und Lehre zugleich **ein bestimmtes Nein** hinsichtlich der sie veranlassenden Gegenlehre ausgesprochen, daß diese also als Ausdruck der kirchlichen Einheit abgelehnt und als unkirchlich verworfen wird. Wollte sie dies nicht tun, was wollte sie dann überhaupt? Ohne dieses Nein würde offenbar auch ihr Ja kein Ja, sondern ein Ja und Nein oder ein: vielleicht Ja, vielleicht Nein, jedenfalls nicht das Ja eines *credere, confiteri, docere*, nicht das Ja einer durch die heilige Schrift gebundenen, vor Gott, der Kirche und der Welt abgelegten Verantwortung sein. Es ist offenbar gerade das Nein, durch das, indem es die vollzogene Entscheidung durch Nennung und Ablehnung der Gegenentscheidung als Entscheidung charakterisiert, in besonderer Weise

2. Die Autorität unter dem Wort

die Klärung der unklar gewordenen Situation, wie sie durch die Konfession herbeigeführt werden soll.

Dieser Klärung dient das in der römisch-katholischen Symbolsprache üblich gewordene: *Si quis dixerit ... anathema sit.* *Anathema sit*, heißt nicht (oder jedenfalls nicht mit dem Akzent unseres modernen Sprachgebrauchs): der sei verflucht! sondern: der befinde sich der Wirklichkeit entsprechend in den Augen der ganzen Kirche mit dieser seiner Gegenlehre außerhalb der kirchlichen Einheit! der erhebe nicht weiterhin den Anspruch, mit dieser seiner Lehre die Lehre des christlichen Glaubens vorzutragen! der sei sich klar darüber, daß er diese seine Gegenlehre nur als eine dem christlichen Glauben fremde Lehre vertreten kann! Eben dies besagen auch die in den reformatorischen Bekenntnissen vorkommenden Formeln: *Reprobamus, reiicimus, exsecramus, damnamus ... secus docentes.* Die Erklärung der Ersten Freien Reformierten Synode von 1934 sagte an derselben Stelle: „Damit (mit dem zuvor positiv Gesagten) ist abgelehnt die Ansicht ..." und die Barmer Erklärung 1934: „Wir verwerfen die falsche Lehre...." Daß solche Formeln für die Vertreter der durch sie betroffenen Sätze nicht angenehm zu hören sind, ist natürlich. Daß sie nicht mutwillig in Anwendung zu bringen sind, ist wohl zu bedenken. Und daß der Neuprotestantismus sie grundsätzlich für hierarchisch, lieblos und verabscheuungswürdig hält, ist geschichtlich verständlich. Man mache sich aber gegenüber allen auf dieser Linie möglichen Anwandlungen klar, daß das Bekenntnis etwas Bestimmtes sagen muß, daß es das aber nicht tun kann, ohne deutlich zu machen, welches andere Bestimmte es damit nicht sagen will. Der Andere und mit ihm die ganze Kirche soll im Bekenntnis nicht nur dieses Nein, er und die ganze Kirche sollen aber allerdings auch dieses Nein zu hören bekommen. Und nun ist es nicht so, daß dieses Nein eine vorhandene Einheit aufheben und zerstören wollte und könnte und also als eine Sünde gegen die Liebe zu verurteilen wäre. Es ist vielmehr so, daß dieses Nein die verdunkelte kirchliche Einheit wieder sichtbar machen, die bedrohte Einheit wieder herstellen will und kann, daß es also vielmehr als ein ausgezeichnetes Werk gerade der Liebe zu würdigen ist. Es ist ja selbstverständlich, daß die Konfession mit ihrer Darlegung der der Schrift gemäßen Lehre wie der ganzen Kirche gegenüber den Ruf zu erneuter Sammlung, so insbesondere dem Vertreter der Gegenlehre gegenüber die Einladung bedeutet, zu der nun erneut und präziser zum Ausdruck gebrachten Glaubenseinheit zurückzukehren. Eben um dieser Einladung willen muß ihm aber auch deutlich gesagt werden, daß er ihrer bedarf, weil er sich nämlich zunächst außerhalb dieser Einheit befindet, weil er in Vertretung seiner Gegenlehre *anathema* ist. Damit der Kranke sich der Behandlung des Arztes unterziehe, wird er wohl darum wissen und es für wahr annehmen müssen, daß er krank ist. Diesen Dienst tut ihm die Konfession, insbesondere mit ihrem *anathema* oder *damnamus*. Das ist nun freilich nicht zu bezweifeln, daß das ganze Wagnis einer Konfession gerade in diesem *damnamus* sichtbar wird. Es kann nur gut sein, wenn man sich diese Sache überall da, wo man meint, zum Bekenntnis schreiten zu sollen und zu können, sehr unerbittlich zum Prüfstein nimmt: Getraut man sich nicht (oder getraut man sich doch nicht ausdrücklich) *damnamus* zu sagen, dann möge man das *credimus, confitemur, docemus* fürs erste nur fein unterlassen und statt dessen fernerhin Theologie studieren, wie man es zuvor getan hatte. Die Sache ist dann gewiß nicht bekenntnisreif! Die Angst vor dem *damnamus* ist dann nämlich das sichere Zeichen: man ist dessen gar nicht sicher, daß die zu bekennende Lehre wirklich schriftgemäß und Ausdruck der kirchlichen Einheit ist, den man als solchen gegenüber seinem Gegensatz mit dem Ernst und der Verantwortlichkeit des *credimus, confitemur, docemus* zu behaupten und zu verteidigen sich getrauen würde, weil man es müßte. Man wollte dann doch wohl nur einer Meinung und Überzeugung oder gar einem bloßen Gefühl Ausdruck geben, gegen deren Widersprecher gleich mit dem *damnamus* vorzugehen in der Tat im höchsten Grade unbillig und unbesonnen wäre. Die Gefahr besteht — und wie sollte sie nicht als Schwert über jeder Konfession hängen? — daß man entweder in einem bloßen Streit von Meinungen und Gefühlen mit dem *damnamus* nun doch an einer bestehenden Glaubenseinheit sich versündigen, oder aber, auf bloße Meinungen und Gefühle sich gründend, mit dem *damnamus* sich selber von der wirklichen Glaubenseinheit trennen könnte, deren Vertreter in Wirklichkeit gerade der mit dem *anathema* belegte Gegner gewesen wäre. Es kann die Tatsächlichkeit dieser Gefahr gerade des *damnamus* — mit dem man sich leicht so oder so selber das Urteil sprechen könnte — nicht genug den Ernst und die Verantwortlichkeit einschärfen, in welcher allein das *credimus, confitemur, docemus* legitim gesagt werden kann. Wiederum kann aber diese Gefahr kein Anlaß sein, jenes mit dem im Gehorsam gegen Gottes Wort ausgesprochenen Bekenntnis so untrennbar verbundene Nein nun etwa zu verschweigen. Ernst, verantwortlich und gefährlich ist eben schon die Lehrentscheidung und ihre Aussprache als solche und in ihrem positiven Gehalt. Als anmaßlich, lieblos und unerträglich werden die Vertreter des entgegenstehenden Satzes schon das *credimus, confitemur, docemus* als solches empfinden: Man wiederhole z. B. ganz harmlos, rein positiv die Klauseln aus dem Apostolikum: *conceptus de Spiritu sancto, natus ex Maria virgine . . . tertia die resurrexit a mortuis* und sehe zu, wie sich die Leugner dieser Klauseln allenthalben angegriffen und beleidigt fühlen, auch wenn von *anathema* gar nicht geredet wird. In dem Maß, als der Widerpart das bekennende Ja versteht, wird er den dahinter stehenden Anspruch, wird er mit dem Ja auch das im Ja noch so verborgene Nein zu seiner Gegenlehre hören. Würde er das Nein nicht hören, dann hätte er eben auch das Ja noch nicht verstanden. Enthielte das Ja das Nein etwa gar nicht, dann wäre es gar nicht das Ja eines Bekenntnisses. Und wollte man es etwa — wie listige Bekenner, die in Wirklichkeit keine Bekenner waren, es gelegentlich versuchten — darauf absehen, das Ja so auszusprechen, daß das in ihm verborgene Nein nur möglichst Vielen verborgen bleibe, daß möglichst Viele sich um die Fahne eines möglichst allgemeinen Ja versammeln möchten, so könnte auch das nur auf Kosten des Ja im Sinn des notwendigen Bekenntnisses geschehen. Wollte man sich der Liebe rühmen, die in solchem Tun liege, so würde man vergessen haben, daß man doch, indem man bekennen wollte, um der Wahrheit willen präzisieren und gerade nicht verallgemeinern wollte und daß der nun eingetretene Verzicht auf die Wahrheit ganz gewiß nicht im Dienste der Liebe stattgefunden haben kann.

Eben das Nein und also die Abgrenzung gegenüber anderer vermeintlicher Einsicht gibt dem Gesicht der Konfession seine bestimmten Züge, zeigt diese Konfession in ihrem sachlichen Unterschied und in ihrem sachlichen Gegensatz zu anderen Konfessionen. In ihrem sachlichen **Unterschied** zu solchen Konfessionen, die ihr vorangegangen sind und die nun durch sie erklärt und präzisiert werden oder die ihr nachfolgen als ihre eigenen Erklärungen und Präzisierungen. In ihrem sachlichen **Gegensatz** zu solchen anderen Konfessionen, gegen deren Inhalt sie selbst Protest erhebt oder in denen umgekehrt gegen ihren eigenen Inhalt Protest erhoben wird. Eben dieses jeder Konfession im Unterschied und Gegensatz zu allen anderen eigene **Gesicht** besagt nun aber auch, daß wir es in ihr nur mit einem **bestimmten Umkreis** der der Kirche gegebenen Einsicht zu tun haben. Noch deutlicher als die örtliche und zeitliche zeigt die sachliche Bestimmtheit der kirchlichen Konfessionen diese in einem Nebeneinander und Wiedereinander, das schon als solches jede einzelne hinsichtlich des Umfangs der in ihr zu Worte kommenden Einsicht in Frage stellt. Dieses Nebeneinander und Widereinander ist ja weithin das einer gegenseitig geltend gemachten Ausschließlichkeit: es zeigen die Konfessionen mit ihren so ganz entgegengesetzten Bestimmungen der Glaubenseinheit, mit ihrer so verschiedenen Schriftauslegung, mit ihrem gegenseitigen *damnamus* die ganze Zerrissenheit der Kirche selber. Fehlt es nirgends an der Beziehung zu Jesus Christus und an dem Appell an die heilige Schrift und auch an gewisse Dokumente früher vorhandener Glaubenseinheit, so ist doch diese Beziehung und dieser Appell dadurch weithin kraftlos geworden, daß man in den seither nötig gewordenen Entscheidungen gerade im Glauben an Jesus Christus, gerade in der Auslegung der heiligen Schrift und gerade im Verständnis jener Dokumente früherer Glaubenseinheit nicht einig geht, so wenig einig, daß man je von der Gegenseite her das eine Bekenntnis des christlichen Glaubens wohl in der Tatsache jener Berufung und jenes Appells, in der Tatsache der Verkündigung des Namens Jesus Christus, im Gebrauch seiner Sakramente und vielleicht in den Bekenntnissen einzelner Christen oder in einzelnen kirchlichen Lebensäußerungen, aber gerade nicht in der drüben abgelegten Konfession wiederzuerkennen vermag. Und nun gibt es keinen überkonfessionellen und angeblich ökumenischen Standpunkt, von dem aus die Dialektik dieser kirchlichen Auseinandersetzung zu überblicken, womöglich als die organische Entwicklung eines Ganzen in seinen einzelnen Teilen zu verstehen und also die Gegensätze der Konfessionen aufzuheben wären. Man müßte seinen Ort schon außerhalb der Kirche nehmen und also sich der Notwendigkeit, zu dem Inhalt der in der Kirche so oder so gefallenen Entscheidungen Stellung zu nehmen, entziehen, man müßte schon konfessionslos werden, um überkonfessionell zu denken und urteilen zu können und würde bei solchem Denken und Urteilen sofort alle Konfessionen gegen sich haben, die (mit Einschluß des Neuprotestantismus!) ihr Ja und ihr Nein durchaus nicht als ein in einer höheren Einheit aufzuhebendes dialektisches Zwischenglied, sondern als den rechten, und zwar allein rechten Ausdruck der kirchlichen Einheit verstanden wissen wollen.

Es ändert nichts an diesem — den Ernst und die Verantwortlichkeit wirklichen Bekenntnisses vorausgesetzt, unvermeidlichen — Selbstzeugnis aller Konfessionen, wenn eine im Luthertum des 19. Jahrhunderts sehr beliebte Theorie das lutherische Bekenntnis als die organische Mitte zwischen den relativen Abirrungen der römisch-katholischen und der reformierten Kirche darstellte oder wenn die Kirche von England wiederum sich selbst als die organische Mitte zwischen Katholizismus und Protestantismus ausgibt. Von einer Überwindung der konfessionellen Gegensätze, von einer Annäherung an einen ökumenischen Standpunkt dürfte nur da geredet werden — da dürfte und müßte dann freilich davon geredet werden — wo der Gegensatz früherer Konfessionen zweier Kirchen durch die Tatsache neuen gemeinsamen Bekennens als Gegensatz antiquiert und zu einem bloßen Unterschied der theologischen Schule geworden, wo also das frühere *damnamus* hinsichtlich des gegenwärtigen gegenseitigen Verständnisses zweier Konfessionen faktisch zurückgenommen wäre. Wo und solange solche neuen Tatsachen nicht entstehen, wird man der anderen Tatsache ins Gesicht sehen müssen, daß die Konfessionen einander weithin gegenseitig überschneiden und begrenzen.

Ist man sich des Ernstes und der Verantwortung der eigenen Schriftauslegung und Lehre und also Konfession bewußt, darf man im Glauben gewiß sein, mit seinem Ja und mit seinem Nein im Gehorsam gegen Gottes Wort zu stehen, dann wird man diese Tatsache in ihrer ungeschwächten Gewalt als solche hinnehmen müssen und auch willig hinnehmen. Wie sollte das freilich auf irgendeiner Seite geschehen, ohne daß die eigene Konfession sehr ernsthaft als eine Einladung an alle vorhandenen Gegenseiten verstanden und gehandhabt wurde? Wo stünde man dann aber nicht vor der weiteren Tatsache der großen Machtlosigkeit solcher Einladung? Wo wäre also kein Anlaß zu dem Gebet, daß der Herr der Kirche selbst die Einigkeit in seiner Kirche herstelle, die wir ohne Untreue gegen ihn herzustellen unvermögend sind? Wo stünde man also nicht vor der weiteren Tatsache des Unvermögens, der offenkundigen Beschränktheit der in der eigenen Konfession ausgesprochenen Einsicht? Oder sollte, was offenkundig nur so beschränkt Gehör und Zustimmung sich zu verschaffen vermag, nicht mindestens auch an der Beschränktheit der darin ausgesprochenen Erkenntnis zu leiden haben, so aufrichtig die Bekenner dabei im Gehorsam gegen Gottes Wort zu stehen meinen und so wenig sie um der Treue willen — da ihnen ein anderes als ihr Schriftverständnis nun eben nicht gegeben ist — in der Lage sein mögen, dessen Beschränktheit von sich aus zu durchbrechen? Eben diese Beschränktheit jeder Konfession wird ja auch nicht nur an ihrem sachlichen Neben- und Widereinander sichtbar. Ist es nicht bei aller Notwendigkeit auch eine belastende Sache, daß jede Konfession zwar ihren Grund in der heiligen Schrift hat oder doch zu haben behauptet, ihren Anlaß aber immer im Auftauchen eines Irrtums, bzw. einer in der Kirche entstandenen Verwirrung des Glaubens und der Erkenntnis? Damit ist doch gesagt, daß jede Konfession nicht etwa, wie sie es als Darstellung einer wahrhaft umfassenden christlichen Einsicht tun müßte, überlegen und siegreich dem Irrtum und der Verwirrung vorangeht, um sie gar nicht erst aufkommen und sich entfalten zu lassen, sondern um sie im Keim zu ersticken. Nein, die Konfession kommt leider regelmäßig zu spät. Sie ist immer nur ein Versuch, den Brunnen zuzudecken, nachdem mindestens einige Kinder schon ertrunken sind, nachdem große Verwüstung der Kirche bereits stattgefunden hat.

Wie breit haben sich die meisten großen Irrlehren in der Kirche entfalten dürfen, wie lange hat man den Widerspruch gegen sie zunächst fast immer Einzelnen überlassen, ohne in deren einsamer Stimme die Stimme der Kirche zu erkennen, ohne die Einseitigkeit, in der diese ihren Widerspruch vielleicht erhoben, zurechtzurücken durch das gemeinsame Zeugnis der Gemeinschaft der Heiligen — bis es dann endlich so weit war, daß diese Vorläufer zu ihrem Recht kamen, daß allgemeine Verständigungen und Entschlüsse möglich wurden, daß ein Wort der Kirche oder doch ein deutlich im Namen der Kirche gesprochenes Wort in der Kirche als Konfession dem Irrtum und der Verwirrung entgegentrat!

Gewiß: besser zu spät als gar nicht! Es charakterisiert aber dieses „zu spät" die Konfession doch deutlich als ein Dokument menschlicher und also beschränkter Einsicht. Dazu kommt dann noch das Weitere: weil und indem die Konfession durch den Irrtum und die Verwirrung in der Kirche veranlaßt ist, ist sie inhaltlich Antwort auf diese, ist sie also neben ihrem Grund in der heiligen Schrift schon hinsichtlich der Auswahl ihrer Themata mindestens auch bestimmt durch die ihr von zugestandenermaßen sehr inkompetenter Weise gestellte Frage. Aber doch nicht nur hinsichtlich der Themata: Bekennen heißt Reagieren; wo aber reagiert wird, da besteht nicht nur die Gefahr, da ist es ganz unvermeidlich, daß man sich in seiner These an der abzuweisenden Gegenthese orientiert, daß man mit seinem Ja und Nein auch sie — wenngleich nur im Spiegelbild — am Leben erhält. In der eigenen These der Konfession steckt dann noch irgendwo — und wäre es nur in Gestalt der Fragestellung, auf die sie sich einlassen muß — die abgelehnte Gegenthese. Wie sollte das nicht eine Schranke der in ihr ausgesprochenen Einsicht bedeuten? Nicht zu reden von der menschlichen Irrtumsfähigkeit ihrer Urheber, von der Zeitgebundenheit ihrer exegetischen und dialektischen Methoden, von den Schranken der Ausdrucksfähigkeit ihrer Sprache! — Hält man nun alles zusammen: die räumliche, die zeitliche, die sachliche Begrenzung jeder Konfession, so möchte man sich wohl fragen, wie es unter diesen Umständen eine Autorität irgendeiner Konfession geben soll?

Wir haben aber umgekehrt behauptet, daß die Autorität einer Konfession gerade entscheidend in ihrer Begrenzung beruht. Dies ist es, was wir jetzt noch zu erklären haben. Es ist wahr: die aufgezeigte Begrenzung einer jeden Konfession ist das unverkennbare Merkmal ihrer Menschlichkeit. Aber nun haben wir bisher doch erst von der Erscheinung, von der sichtbaren Gestalt dieser Begrenzung gesprochen. Wir mußten von ihr sprechen, denn wenn wir sie überhaupt sehen wollen, dann müssen wir sie in dieser ihrer sichtbaren Gestalt sehen. Eine ganz andere Frage ist aber die: ob sie von dieser ihrer sichtbaren Gestalt als solcher her zu verstehen ist, will sagen: ob die Tatsache, daß es immer wieder Konfession gegeben hat und noch gibt — Konfession mit all den Gefahren, mit denen dies Unternehmen verbunden ist, Konfesssion unter der ganzen Last der Verantwortlichkeit, die dieses Unternehmen bedeutet und nun doch Konfession mit dem Mut, diese Verantwortung zu übernehmen und jenen Gefahren zu trotzen, obwohl doch die Menschen in der Kirche, die solche Konfession ablegten, nie im Unklaren sein konnten weder über die räumliche noch über die zeitliche noch auch über die sachliche Bedingtheit ihres Tuns — ob diese Tatsache damit zu erklären ist, daß diese Menschen die Bedingtheit ihres Tuns nun eben merkwürdigerweise doch in einer Art von Rausch übersehen und vergessen haben sollten, so daß als das Reale, das nach Abzug aller Illusionen und Phantasien übrig bliebe, doch nur etwas Geographie und Politik, einige alte und neue Zeitbedingtheiten und schließlich eine Reihe von dialektischen Situationen im Entwicklungsprozeß des durch seine Umwelt bestimmten christlichen Denkens und Sprechens übrig bleiben würde? Das würde etwa heißen: die Begrenzung der Konfession von ihrer sichtbaren Gestalt als solcher her verstehen. Das ist klar: daß die Konfession, deren Begrenzung damit erschöpfend verstanden wäre, zwar u. U. immer noch interessant und historisch ehrwürdig, daß sie aber nicht kirchliche Autorität in einem ernsthaften theologischen Sinn sein könnte. Aber eben das fragt sich: ob nicht die zu leugnende, sondern hervorzuhebende Begrenzung der kirchlichen Konfession so und nur so, ob sie in dieser Richtung erschöpfend verstanden ist? Als Merkmal der allgemeinen Menschlichkeit der Konfession haben wir diese Begrenzung dann gewiß verstanden und es ist wichtig, daß sie auch als das verstanden wird. Als Merkmal der besonderen Menschlichkeit der kirchlichen Konfession ist ihre Begrenzung damit doch noch nicht verstanden. Die besondere Menschlichkeit der kirchlichen Konfession besteht in der Parrhesie, in der Verantwortungsfreudigkeit, in der Gewißheit und in der Liebe, in der sie trotz aller den Bekennern gesetzten Schranken immer wieder Ereignis geworden ist. Ist nun diese ihre besondere Menschlichkeit damit erklärt, daß man sie als ein Vergessen dieser Schranken, als eine enthusiastische Begleiterscheinung deutet, die zur Feststellung des Realen, um das es da geht, nicht weiter zu berücksichtigen wäre? Eben diese ihre besondere Menschlichkeit kann doch offenbar auch einen ganz anderen Sinn haben, der nun freilich nicht wieder vom Allgemeinen her: daß sie Menschen des Westens oder Ostens, Menschen dieser und dieser Zeit, Menschen in dieser oder dieser Auseinandersetzung waren, aber auch nicht als ein enthusiastisches Übersehen und Überspringen dieses Allgemeinen verstanden werden kann. Sie können ja auch in einem besonderen Gehorsam bekannt haben, was und wie sie bekannten und es kann ja die menschliche Beschränktheit dieses ihres Bekennens auch die konkrete Form dieses ihres Gehorsams gewesen sein. Nicht nur von ihrer örtlichen, zeitlichen und sachlichen Beschränktheit her wäre dann also die Konfession zu erklären — von da aus ist sie freilich auch zu erklären; es handelt sich nicht darum, jene „historische" Deutung auszuschalten! auch jener Enthusiasmus hat sicher in jeder Konfession seine bestimmte Rolle gespielt — sondern auch das Umgekehrte kann gelten: von der Konfession her ist die örtliche, zeitliche und sachliche Beschränktheit zu erklären, sofern nämlich die Konfession selbst (mit oder ohne ein bißchen Enthusiasmus) Gehorsam gegen Gottes Wort war, sofern sie gerade in dieser und dieser bestimmten Gestalt dem Willen Gottes entsprach. Was kann man eigentlich gegen die Möglichkeit dieser zweiten Deutung einwenden, wenn man das Wort und den Willen Gottes als die die Kirche regierende Macht und mit ihr die Möglichkeit eines Gehorsams gegen sie nicht aus der Reihe sinnvoller Erwägungen streichen will, wenn man vielmehr darin einig ist, daß Gottes Wort und Wille das eigentliche Subjekt des kirchengeschichtlichen Geschehens ist? Ist man darin einig, dann wird man zwar die Tatsache der vielfachen Begrenzung aller kirchlichen Konfessionen nicht leugnen, man wird dann aber auch damit rechnen, daß sie nicht nur einen Sinn von unten, sondern auch einen Sinn von oben haben kann: darin, daß Gottes Wort und Wille und nicht irgendwelche geschöpflichen Mächte und Gewalten den Konfessionen diese ihre vielfachen Grenzen gezogen haben. Weil und indem die heilige Schrift, die zu der Kirche redete, da und dort, damals und später, diesen und jenen je ihr bestimmtes Maß des Geistes und des Glaubens mitteilte, begnadigte aber auch richtete, Licht aber auch Finsternis verbreitete nach dem freien, gerechten und guten Willen Gottes, darum mußte in der Kirche immer wieder bekannt, darum freilich auch so verschieden und so gegensätzlich bekannt werden, darum und von daher gibt es einen kirchlichen Osten und einen kirchlichen Westen, gibt es ein kirchliches Altertum und eine kirchliche Neuzeit in ihrer gegenseitigen Bestätigung, darum und von daher auch Bekenntnis in schmerzlicher sachlicher Auseinandersetzung mit anderem Bekenntnis. Alles, was von unten, von der sichtbaren Gestalt als solcher her zu sagen ist, mag und muß gesagt werden. Es ist aber dieses von oben: von der Verfügungsgewalt des Wortes und Willens Gottes her zu Sagende das Letzte und Entscheidende, was hier zu sagen ist. Es ist also in der sichtbaren Gestalt gerade nur ihr geschöpfliches Material, und es ist in diesem geschöpflichen Material die formende Hand des so und so beschließenden und verfügenden Herrn der Kirche zu erkennen. Rechnet man auch mit dieser zweiten Deutung — es ist klar, daß man an das Wort und den Willen Gottes, daß man an den Herrn der Kirche glaubt, wenn man auch mit dieser zweiten Deutung rechnet — dann ist es jedenfalls nicht mehr unbegreiflich, daß die kirchliche Konfession kirchliche Autorität haben kann und daß sie unter allen Umständen gerade in dem, was sie in Frage zu stellen scheint, nämlich in ihrer ihre Menschlichkeit verratenden Begrenzung Autorität hat. Eben in dieser Begrenzung und also Menschlichkeit ist ja die einmal abgelegte kirchliche Konfession jedenfalls ein greifbares und authentisches geschichtliches Dokument, das der übrigen und der späteren Kirche als konkreter Gesprächspartner gegenübertreten und gegenüberstehen kann als Fleisch von deren eigenem Fleische. Wird, wenn es zu diesem Gespräch kommt, die örtliche, zeitliche und sachliche Bestimmtheit der Konfession für oder gegen deren Autorität sprechen? Es kann doch offenbar beides geschehen: es können ihr Ursprung da oder dort, ihr Alter oder ihre Neuheit, es kann ihre konkrete sachliche Stellungnahme sowohl für wie gegen ihre Würde und Geltung ins Gewicht fallen. Eine endgültige Entscheidung wird im Blick auf ihre Begrenzung als solche nicht herbeizuführen sein. Wohl aber kommt es zu dieser Entscheidung, wenn und indem als der Grund dieser Begrenzung die Wege und Gerichte Gottes erkannt werden, m. a. W. wenn die Konfessionen im Lichte der über und in der Kirche wirksamen Herrschaft des Wortes Gottes durch das Instrument der heiligen Schrift gesehen und wenn sie in diesem Licht gehört und geprüft werden. In diesem Lichte gesehen und geprüft, bekommt die kirchliche Konfession einen Charakter, der ihr nicht kraft ihrer Begrenzung, wohl aber gerade in ihrer Begrenzung eigen ist. Vielleicht den Charakter eines Dokumentes von Gottes Zorn, Gericht und Verstockung und also den Charakter einer negativen Autorität, eines Dokumentes, das der Kirche als Kodifizierung des Irrtums und der Lüge zur Warnung und Abschreckung dienen muß. Vielleicht aber doch vielmehr den Charakter eines Dokumentes, in dessen menschlicher Beschränktheit wir zwar auch, aber doch nicht nur die Spuren von Gottes Zorn, Gericht und Verstockung, nicht nur den allgemeinen menschlichen Ungehorsam gegen sein Wort, die allgemeine Blindheit alles menschlichen Denkens über ihn, das allgemeine Unvermögen, recht von ihm zu reden, sondern darüber hinaus seine sündenvergebende Gnade, die die Kirche sammelnde und neu begründende Kraft seines Wortes und also mitten im Bereich menschlichen Irrens und Lügens eine bestimmte Erkenntnis der Wahrheit wahrnehmen. Diesen Charakter tragend, bekommt und wird die kirchliche Konfession kirchliche Autorität gerade in ihrer Begrenzung, gerade als dieses, wie wir wohl wissen und uns keineswegs verbergen, östliche oder westliche, alte oder neue, dieser und dieser kirchlich theologischen Situation entsprechende, nur zu sehr entsprechende Dokument gerade mit den Spuren der raum-zeitlichen Geschöpflichkeit, gerade mit den Wunden des geschichtlichen Kampfes, die es an sich trägt. Und wenn auch in diesem Lichte gesehen das, was man den mit der Entstehung jeder Konfession verbundenen Enthusiasmus nennen kann, wenn das ganze so gefährdete menschliche Wagnis des in der Konfession gesprochenen Ja und Nein als solches auch in diesem Lichte keineswegs unsichtbar wird, so kommt jetzt doch auch diese ihre besondere Menschlichkeit unter ein anderes Vorzeichen zu stehen. Begleiterscheinung ist sie auch in diesem Licht gesehen. Wichtig und Autorität begründend ist die Parrhesie der Bekenner ebensowenig wie ihre in ihrer Beschränktheit sichtbare allgemeine Menschlichkeit. Trägt aber ihre Konfession, von der Prüfung an der heiligen Schrift und also vom Wort und Willen Gottes her geurteilt, jenen Charakter des Gehorsams oder vielmehr der sündenvergebenden Gnade und also der das menschliche Irren und Lügen durchbrechenden Erkenntnis der Wahrheit, dann wird auch ihr Enthusiasmus verständlich als Außenaspekt der Tatsache, daß sie unter dem Druck einer Notwendigkeit entstanden ist, die als solche zugleich eine Erlaubnis bedeutete, daß die Grenze ihrer Einsicht zugleich die ihr durch Gottes Wort gesteckte Grenze und also nicht nur die Demütigung der Bekenner, sondern zugleich ihre Festigung und Ermutigung hinsichtlich des menschlichen Wagnisses ihres *credimus, confitemur, docemus,* aber auch ihres *damnamus* bedeutet. Geschah dieses Wagnis der Konfession in der so begründeten Freudigkeit des Gehorsams, wie sollte es dann eine Minderung ihrer Autorität bedeuten? Wie sollte es dann nicht vielmehr zu ihrer Bestätigung dienen?

e. Wir haben die kirchliche Konfession als eine „auf Grund gemeinsamer Beratung und Entschließung zustande gekommene Formulierung und Proklamation" bezeichnet und damit den Modus ihrer Entstehung und ihres Bestandes angegeben.

Den Modus ihrer Entstehung zunächst. Subjekt eines kirchlichen Bekenntnisses ist die Kirche, müssen also unter allen Umständen Mehrere sein. Es ist nicht nötig, daß sie gemeinsam die Verfasser des Bekenntnisses seien. Es ist auch nicht nötig, daß sie sozusagen parlamentarisch beraten und beschlossen haben. Man wird den Begriff der Synode oder des „Konzils" und den Begriff vom normalen Funktionieren einer solchen Versammlung zwar hinsichtlich des entstehenden Bekenntnisses nicht leicht streng genug, man wird ihn aber hinsichtlich des einmal entstandenen Bekenntnisses sehr weitherzig interpretieren müssen. Immerhin wäre da nicht kirchliches Bekenntnis, wo nicht eine Mehrzahl von Gliedern der Kirche verantwortlich dafür einständen und an der Beratung und Beschlußfassung über seinen Inhalt mindestens ideell — kraft der Tatsache ihres schon vorher offenkundigen Glaubens- und Bekenntnisstandes oder in Form nachträglicher ausdrücklicher Zustimmung — mitgewirkt hätten. Wie wäre es anders möglich, als daß die ersten Anreger und Urheber eines kirchlichen Bekenntnisses alle Anstrengungen machten, die Kirchlichkeit ihres Unternehmens nicht etwa nur zu beweisen, sondern nach Menschenmöglichkeit real zu sichern dadurch, daß sie die Beratung und Beschlußfassung darüber auf einen möglichst breiten Boden zu stellen versuchen, also nach möglichst vielen bewußten und erklärten Mitbekennern sich umsehen und dem ganzen Geschehen die höchst mögliche Ordentlichkeit und Kontrollierbarkeit zu verschaffen suchen werden? Es ist, auch wenn faktisch nur ein Einzelner der Verfasser des Bekenntnisses sein sollte, nötig, daß er ebenso faktisch gerade nicht etwa allein ist und nur für seine eigene Person redet, daß vielmehr Mehrere, daß möglichst Viele mitverantwortlich hinter und neben ihm stehen. Im Namen der Kirche und zur Kirche soll ja im Bekenntnis geredet werden. Zwei oder drei müssen also — und das in irgendeiner Form ordentlich, freiwillig und übersichtlich — versammelt sein, wo bekenntnismäßig geredet werden soll.

In Voraussetzung und Feststellung dieses Sachverhaltes beginnt darum die Augsburger Konfession mit den Worten: *Ecclesiae magno consensu apud nos docent*.... Man darf diesen Ausdruck nicht pressen: die sächsischen Gemeinden und die überwiegende Mehrzahl der dortigen Prediger sind selbstverständlich bei dem, was Melanchthon und einige andere Theologen unter Fernmitwirkung Luthers damals in Augsburg erarbeiteten, nicht direkt beteiligt gewesen. Dennoch konnte, durfte und mußte in ihrem Namen mit vollem Gewicht so geredet werden: *Ecclesiae* ... *docent*. Nicht viel anders ist es etwa bei der Entstehung der Basler Konfession von 1534 zugegangen. Verfaßt von Oswald Mykonius trägt sie doch die Überschrift: „Bekanthnuß unsers heiligen Christenlichen gloubens, wie es die kylch von Basel haldt". Sie ist (wie zwei Jahre später die von Farel und Calvin verfaßte von Genf) von der versammelten Basler Bürgerschaft öffentlich beschworen worden und es wurde die Vorstellung, daß die ganze Gemeinde ihr Subjekt sei, noch bis 1821 dadurch lebendig erhalten, daß sie alljährlich einmal in der Karwoche solenn im Gottesdienste verlesen wurde. Die *Conf. helv. post.* von 1561 war ursprünglich eine reine Privatarbeit von Heinrich Bullinger; sie erschien dann zunächst als Bekenntnis der Prediger von Zürich, Bern, Schaffhausen, St. Gallen, Chur, Mülhausen, Biel und Genf, fand in der Folgezeit die ausdrückliche Zustimmung fast aller damaligen reformierten Kirchen, um schließlich neben dem Heidelberger Katechismus geradezu die reformierte Bekenntnisschrift zu werden und besonders in Osteuropa bis auf diesen Tag zu bleiben. So hat selbstverständlich auch die *Conf. Gallic.* von 1559 nicht etwa als Arbeit Calvins, sondern als *Confession de foi des églises reformées du royaume de France*, so hat der Heidelb. Kat. von 1563 nicht als Werk des Ursinus und Olevianus, sondern als „Christlicher underricht, wie der in Kirchen und Schulen der Churfürstlichen Pfaltz getrieben wirdt" und nachher und noch mehr auf Grund der freudigen Zustimmung der anderen reformierten Kirchen den Charakter einer kirchlichen Konfession gewonnen. Bestimmt nicht dieser Charakter ist dagegen Schriften wie dem sog. Staffortschen Buch des Markgrafen Ernst Friedrich von Baden-Durlach von 1599 oder wie der sog. *Confessio Sigismundi* von 1614 zuzuschreiben. Wenn es zu Beginn der letzteren heißt, daß „S. churf. Gn. sich gnedigst unnd Christlich erinnert, was der H. Geist ... aufzeichnen lassen", so war das, was dabei herauskommen konnte, trotz der wohlgemeinten Absicht: „daß seine Churf. Gn. dem Könige der ehren die Toren in ihrem lande weit und breit eröffnen" wollte, nun eben doch eine kurfürstliche Privatsache, bzw. eine landesherrliche Willenserklärung, aber nimmermehr eine Bekenntnisschrift der reformierten Kirche und hätte darum auch nie als solche aufgeführt werden sollen. Fehlt der *consensus ecclesiae*, dann fehlt auch die *ecclesia* selbst, dann handelt es sich auch nicht um eine *confessio ecclesiastica*. Die brandenburgisch-preußische Kirche hatte bis auf unsere Tage nur zu sehr darunter zu leiden, daß man dem König der Ehren die Tore damals in dieser Weise zu eröffnen gedachte.

Irgendwie problematisch und anfechtbar war nun freilich sowohl die theologische Vorbereitung als auch das Zustandekommen des Beschlusses so ziemlich aller kirchlichen Konfessionen.

Am meisten vielleicht gerade da, wo, wie etwa auf dem Konzil von Trient oder auf der Synode von Dordrecht, die Zusammensetzung der beratenden und beschließenden Körperschaften, wo deren Geschäftsordnung, wo die Förmlichkeit und Ausführlichkeit der theologischen Aussprache die kontrollierbarste und feierlichste war. Wie es in Nicaea zuging, ist oft genug dargestellt und bejammert worden und auch sonst war es wohl nie so, daß die bei solchen Beratungen und Beschlußfassungen anwesende oder auch abwesende Gegenpartei nicht Grund gehabt hätte, sich über die Zusammensetzung des betr. Gremiums oder über mangelhafte theologische Vorbereitung oder auch über allerlei geschäftsordnungsmäßige Willkür und Vergewaltigung zu beklagen und die formale Gültigkeit der gefaßten Beschlüsse unter irgendeinem nur teilweise widerlegbaren Gesichtspunkt anzufechten.

Maßgebend für die Autorität einer Konfession ist aber weder das Niveau und der Gehalt der ihrer Proklamation unmittelbar vorangehenden theologischen Debatten — auch sie befanden sich häufig genug notorisch nicht auf der Höhe, die man ihnen hätte wünschen mögen — noch die juristische Korrektheit, noch auch nur die menschliche „Anständigkeit", die bei der Beschlußfassung zur Anwendung oder auch nicht zur Anwendung kamen, so sehr man es bedauern wird, wenn das Letztere gelegentlich nicht der Fall war. Maßgebend für ihre Autorität ist letztlich ganz allein ihr Inhalt als Auslegung der Schrift, der wiederum von der Schrift her seine Bestätigung oder auch sein Gericht empfangen muß. Dieser Inhalt kann auch einer formal fragwürdigen Konfession etwas von seiner eigenen Würde und Bedeutung mitteilen. Eine Konfession, die sich in jener Krisis bewährt, hat Autorität und wenn sie mitten im unordentlichsten Tumult zustande gekommen wäre. Wogegen eine in jeder Hinsicht aufs Sauberste zustande gekommene Konfession keine oder nur jene negative Autorität einer göttlichen Warnung und Abschreckung haben kann, wenn sie sich in dieser Krisis nicht bewährt. Gibt es keine Konfession, deren Autorität im Licht ihrer Entstehungsgeschichte nicht gefährdet erscheinen könnte, so gibt es auch keine, deren Autorität nicht trotz ihrer Entstehungsgeschichte das Zeugnis des Heiligen Geistes für sich haben könnte. Das bedeutet keine Entschuldigung der bei ihrer Beratung und bei ihrem Beschluß vorgekommenen Fehler: war man in der Sorge um die Kirchlichkeit schon der Entstehung einer Konfession nachlässig, dann hat sich das in ihrer Geschichte trotz des sündenvergebenden Zeugnisses des Heiligen Geistes bestimmt noch immer gerächt; wieviel Kraftlosigkeit manches an sich guten Bekenntnisses mag auf solche bekannten und unbekannten Sünden seiner Entstehungsgeschichte zurückzuführen sein. Nochmals: wo eine Konfession im Entstehen ist, da wird man auf höchstmögliche Allgemeinheit, Ordentlichkeit und Billigkeit des ganzen Vorgehens nicht genug bedacht sein können. Im Namen der ganzen Kirche zur ganzen Kirche redend, ist man dies — nicht etwa irgendwelcher moralischen Ängstlichkeit, sondern der Sache ganz einfach schuldig. Man wird aber, wenn man Alles getan hat, was man um der Sache willen zu tun schuldig war, sicher immer noch bekennen müssen, daß man ein unnützer Knecht ist. Es wird der Erfolg der dahin gehenden Bemühungen immer seine offenkundigen und heimlichen Grenzen haben. Wenn aber diese Begrenztheit sicher nicht ungestraft bleiben wird, so haben doch die, an die die entstandene Konfession nun tatsächlich ergeht, die also durch sie, nämlich durch ihren Inhalt zur Entscheidung aufgerufen sind, kein Recht, auf diese Begrenztheit hinzuweisen, um sich der Entscheidung zu entziehen, statt nach dem zu fragen, worauf es allein ankommen kann, nämlich danach, ob die in dieser Begrenztheit — und wäre diese noch so bedauerlich — entstandene Konfession das Urteil der heiligen Schrift und das heißt: das Zeugnis des Heiligen Geistes für sich oder gegen sich hat. — Und nun ist zum Modus des Bestandes einer kirchlichen Konfession noch folgendes zu sagen: Ein Bekenntnis ablegen, *confiteri*, heißt: den Inhalt proklamieren, veröffentlichen, bekannt-, und zwar möglichst allgemein bekanntmachen. Das Bekenntnis verlangt Publizität. Das ergibt sich aus seinem Wesen als Wort der ganzen Kirche an die ganze Kirche. Das ergibt sich aus seiner Absicht, Antwort zu geben auf die in der Kirche durch das öffentliche Auftreten der Gegenlehre aufgeworfene Frage. Das ergibt sich aber vor Allem aus seinem Grund und Gegenstand: dem an die Kirche und durch die Kirche an die Welt gerichteten göttlichen Offenbarungszeugnis. Was das Bekenntnis zu sagen hat, das läßt sich weder ganz noch teilweise verschweigen. Ein Bekenntnis kann nicht halblaut, es kann nicht bloß zu Einigen gesagt werden. Ein Bekenntnis ist vor Allem etwas ganz anderes als ein Programm oder Richtlinien, mittelst derer sich die Angehörigen einer Gruppe über ihr eigenes Wollen verständigen würden, ohne damit den außerhalb dieser Gruppe Stehenden zunahe treten zu wollen, die sie vor jenen womöglich mehr oder weniger geheim halten könnten. Ein Bekenntnis kann nur laut und in der Absicht, von Allen gehört zu werden, gesprochen werden. Ist der Anspruch, der darin liegt, bedingt durch die rechte Erkenntnis des Wortes Gottes, dann ist er keine Anmaßung, dann bewährt sich vielmehr die tiefste, die wirkliche Demut darin, daß dieser Anspruch ungescheut erhoben wird. In dem Öffentlichkeitswillen des Bekenntnisses, der sich ja nur auf den sichtbaren Raum der menschlichen Gemeinschaft beziehen kann, wird bildhaft sichtbar sein Bewußtsein, vor Gott und seinen heiligen Engeln, aber auch vor den Augen und Ohren des Teufels und aller Dämonen abgelegt zu sein, dort dankend, lobend und anbetend, hier Trotz bietend und triumphierend. Eben darum stehen wir gerade hier noch einmal vor dem ganzen verantwortlichen Ernst des Unternehmens, Bekenntnis abzulegen. Ob man es habe hinauszuführen, oder ob es nicht besser wäre, zuvor Frieden zu schließen und umzukehren? diese Frage stellt sich hier nochmals mit ihrem ganzen Gewicht. Aber wo das Bekenntnis Gehorsam ist, da ist die in dieser Frage eingeschlossene Sorge aufgehoben, da ist die Publizität des Bekenntnisses selbstverständlich.

In diesem Sinn sind gerade die reformatorischen Bekenntnisschriften in ihrer Mehrzahl weniger als theologische Kirchenordnungen denn als Heroldsrufe zu verstehen, die man ausgehen ließ, um die durch dieselbe Erkenntnis Gebundenen allenthalben in der Kirche aufs Neue zu sammeln und zugleich dem Widerpart gegenüber aufs Neue Rechenschaft abzulegen, aufs Neue jene missionarische Einladung auch an ihn ergehen zu lassen. — Eine Sonderstellung kommt hier der Augsburger Konfession zu. Die Dignität dieses Bekenntnisses hat nicht nur in der Phantasie, sondern sehr real auch in der kirchlichen und konfessionellen Politik des alten, neueren und neuesten Luthertums eine Rolle gespielt, die mit dem Gewicht bzw. mit der Schriftgemäßheit seines Inhalts allein unmöglich zu erklären ist. Theologisch konnte es ja den Bedürfnissen schon des Luthertums des 16. Jahrhunderts notorisch sehr bald nicht mehr genügen. Es mußte aber trotz aller Mühe, die man mit ihm hatte, darum das lutherische Bekenntnis sein und bleiben — es konnte insbesondere als „*Invariata*" jenen Duft heiliger Unberührbarkeit und Unüberbietbarkeit bekommen, den es sich teilweise bis heute erhalten hat — weil man es unter das Wort Ps. 119, 46 stellen konnte: *Et loquebar de testimoniis tuis in conspectu regum et non confundebar*, weil es nämlich, wie die Vorreden zum Konkordienbuch und zur Konkordienformel hervorzuheben nicht müde wurden, auf dem Reichstag zu Augsburg im Jahr 1530 dem Kaiser Karl V. und den Reichsständen vorgelegt und übergeben worden war. Warum ist das so wichtig? Die Antwort kann nicht eindeutig sein, und die modernen Lutheraner würden wohl gut tun, dies zu bedenken: indem man sich zur Augsburger Konfession bekannte, stellte man sich in den Schutz und Schatten des den Protestanten augsburgischer Konfession 1555 zugesagten Religionsfriedens. Von da aus gesehen ist die *Augustana* also sehr einfach und nüchtern das Wahrzeichen des den Lutheranern durch Kaiser und Reich garantierten äußerlichen Daseinsrechtes, aber leider — wohlverstanden — auch das Wahrzeichen ihres Verzichtes auf die Evangelisierung des übrigen Reiches und damit auf den missionarischen Charakter ihres Bekenntnisses. Aber es wäre doch unrecht, nicht auch die andere Seite des Sache zu sehen, an der auch das Luthertum der Konkordienformel wenigstens ideell ausdrücklich festgehalten hat. Die in der Vorlage und Übergabe an Kaiser und Reich begründete besondere Dignität der *Augustana* besteht nämlich nach den Aussagen der Vorrede zur Konkordienformel (Bekenntnisschriften der ev.-luth. Kirche 1930, 741, 8) darin, daß gerade dieses Bekenntnis bei diesem Anlaß *publice ad omnes homines Christianam doctrinam profitentes adeoque in totum terrarum orbem sparsa ubique percrebuit et in ore et sermone omnium esse coepit*. Man muß zum Verständnis hinzunehmen, daß die Verfasser der Konkordienformel einmal nicht nur die Reformation als solche, sondern auch im besonderen die Augsburger Konfession als ein direktes Werk Gottes selbst verstanden (*ib*. 740, 5, 14), und sodann, daß sie mit Luther selbst die Reformation als den letzten Gnadenerweis Gottes unmittelbar vor dem bevorstehenden Weltuntergang (*postremis temporibus et in hac mundi senecta, ib*. 740, 6) aufgefaßt haben. So haben sie — man wird diese Stelle in ihrer Bedeutung für die Geschichte des Missionsgedankens würdigen müssen — in der Kaiser und Reich übergebenen und damit einer qualifizierten Öffentlichkeit teilhaftig gewordenen *Augustana* den von Gott selbst bewirkten Akt des letzten, notwendigen Rufes an alle als schon geschehen verstanden. In der kurzen Zwischenzeit von da bis zum Weltende erfreut man sich der Vorteile des ebenfalls durch die Augsburger Konfession gesicherten Religionsfriedens! Das ist nun gewiß eine merkwürdige und in ihrem etwas bequemen Gleichgewicht von Eschatologie und Kirchenpolitik etwas bedenkliche Konzeption. Immerhin: sie hat auch diese eschatologische Seite und von hier aus gesehen ist nach lutherischer Ansicht das vollzogene Bekenntnis geradezu identisch mit der schon vollzogenen Weltmission. In diesem wahrhaft überschwenglichen Sinn einer Art letzter oder doch vorletzter Posaune — mächtig genug, alle weitere Mission überflüssig zu machen und darüber hinaus den Bekennern noch eine letzte irdische Sicherung zu verschaffen — hat also auch das Lutherthum seine Konfession verstanden wissen wollen.

Aus der notwendigen Publizität des Bekenntnisses ergeben sich zweifellos auch gewisse Kriterien hinsichtlich seiner Form und seines Inhalts. Was zum Inhalt eines Heroldsrufes bestimmt ist, das muß nicht nur richtig, sondern auch wichtig sein: es muß sich verantworten lassen und es muß sich lohnen, damit vor die Öffentlichkeit der ganzen Kirche und Welt zu gehen und also das Gehör und die Aufmerksamkeit aller zu beanspruchen. Es gibt richtige und nötige Entscheidungen, die die Kirche oder die man in der Kirche in aller Stille fällen muß, ohne sie darum *urbi et orbi* bekannt geben zu müssen. Was in diesem Sinn wichtig und unwichtig ist, das wird sich freilich nicht allgemein angeben lassen: scheinbar Unwichtiges kann in *statu confessionis* plötzlich wichtig und also notwendiger Gegenstand öffentlicher Aussprache werden; scheinbar Wichtiges kann in bestimmter Situation unwichtig und seine feierliche Aussprache eine Flucht vor der wirklich nötigen Entscheidung sein. Alle müssen im Bekenntnis das hören, was Alle in die Entscheidung ruft. Es können darum im Bekenntnis keine bloß lokal oder regional bestimmten und einleuchtenden Sätze, es können in ihm keine den Glauben gar nicht erkennbar berührenden Entscheidungen, es können in ihm auch nicht die Theoreme einer individuellen Theologie zur Aussprache kommen — es wäre denn (was ja im Blick auf Athanasius, Augustin und Luther auch nicht auszuschließen ist) daß die Kirche als solche derartige besondere Elemente als ihr eigenes Zeugnis auf ihre eigene Verantwortung übernehmen könnte und müßte. Wiederum hat ein Bekenntnis seine Sätze zwar so vorzutragen, daß ihre Begründung und ihr innerer Zusammenhang sichtbar wird, kann es also kein Bekenntnis ohne den Hintergrund solider theologischer Arbeit geben; es kann sich aber das Bekenntnis um seiner Publizität willen nicht etwa zu einer kurz gefaßten Dogmatik entwickeln; es muß lapidar und in Thesenform und es muß auch in der Sprache so reden, daß es ohne Kenntnis der speziell theologischen Technik grundsätzlich Allen in der Kirche verständlich ist.

Man kann sich besonders angesichts mancher reformierter Bekenntnisschriften — allerdings mehr solcher zweiten und zweifelhaften Ranges — fragen, ob diese mit der Publizität des Bekenntnisses zusammenhängenden Regeln bei ihrer Entstehung genügend beobachtet worden sind. Man findet etwa in den Konfessionen ungarischer Herkunft wunderliche Abgrenzungen gegenüber allerlei Aberglauben und Landesbrauch, in den deutsch-reformierten Konfessionen unheimlich spezielle theologische und kultische Abgrenzungen gegenüber dem Luthertum und gerade hier auch ein erstaunliches Sich-vor-Drängen der theologischen Schulsprache, in der helvetischen Konsensformel von 1675 Distinktionen, von denen man meinen möchte, sie könnten bestimmt nur die verschiedener Schulen, nicht aber Sache des Glaubens oder Irrglaubens der Kirche gewesen sein. Aber man wird gut tun, solche Urteile mit Zurückhaltung zu fällen. Lange genug hat man bekanntlich auch gewisse Bestimmungen der altkirchlichen Symbole, bei denen es nicht nur damals, sondern bis auf diesen Tag um Leben und Tod der Kirche ging, als unnötigen Ballast angesehen. Muß man damit rechnen, daß Fehler in dieser Hinsicht tatsächlich vorgekommen sind, so muß man doch auch damit rechnen, daß sehr spezielle Entscheidungen in einer vielleicht sehr technischen Sprache ausgedrückt einst doch einen Ruf an Alle bedeutet haben, und daß sie in dieser Eigenschaft, auch wenn diese uns jetzt nicht einsichtig ist, eines Tages wieder aufleben könnten.

Wiederum mit der Publizität hängt nun auch dies zusammen: jedes Bekenntnis bedeutet die Ausübung eines Drucks auf die übrige Kirche und durch diese auch auf die Welt, jedes Bekenntnis wird also mit einer von der Kirche oder von der Welt oder von beiden her erfolgenden

Reaktion zu rechnen haben. Ist es echtes Bekenntnis, dann ruft es ja zur Entscheidung auf, das heißt: es fordert die Anderen auf, sein Zeugnis von einem bestimmten Schriftverständnis zu hören und damit auch ihr eigenes Schriftverständnis auf seine Rechtmäßigkeit zu prüfen, bzw. neu zu prüfen, vielleicht erst wieder sich darüber klar zu werden, daß Lehre und Leben der Kirche an der Schrift geprüft werden muß, ja daß es überhaupt eine heilige Schrift gibt, deren Zeugnis das Gericht über das Denken, Reden und Leben der ganzen Welt bedeutet. Das Bekenntnis erläßt diese Aufforderung in Form eines lauten Ja und Nein, mit dem es das Ja und Nein der Anderen in Frage stellt, und zwar nicht nur beiläufig, sondern in der bestimmtesten Weise, nicht nur *disputandi causa*, sondern indem es ihr Ja und Nein beurteilt hinsichtlich ihrer Kirchlichkeit, also hinsichtlich der Rechtmäßigkeit seiner Berufung auf Gottes Offenbarung. Solche Infragestellung bedeutet Druck. Und solcher Druck erzeugt Gegendruck. Das müßte ein allzu billiges und bedeutungsloses Bekenntnis sein oder da müßten die Bekenner eines wirklich gewichtigen Bekenntnisses sich selbst und den Menschen überhaupt allzuschlecht kennen, wo etwa die Erwartung bestehen sollte, daß das Bekenntnis eitel freudigen Beifall finden werde. Gerade dies: daß das Bekenntnis „nur" Entscheidung fordert, daß es die Anderen „nur" vor den Richterstuhl der heiligen Schrift fordert — vor diesen aber unerbittlich — gerade dies macht das Bekenntnis notwendig drückend. Der Mensch, auch der Mensch in der Kirche, möchte die Frage, wie er vor diesem Richterstuhl bestehen soll, lieber offen lassen, seine Rechenschaft vor diesem Richterstuhl lieber auf eine unbestimmte Zukunft verschieben. Kommt eine neue Lehre oder Bewegung in der Kirche auf oder regiert in ihr eine bereits alt gewordene, dann möchten deren Vertreter und Anhänger nicht gestört sein in der Voraussetzung, daß sie durch die heilige Schrift bestätigt und geschützt oder doch nicht angegriffen seien. Und es möchte dann wohl auch die weniger beteiligte Allgemeinheit in und außerhalb der Kirche lieber die Ruhe einer offenen Frage als die Unruhe einer Wahl zwischen Wahrheit und Unwahrheit haben. Ihnen Allen erscheint die Gefahr, vielleicht auf einem Boden und in einer Luft zu leben, wo man nur scheinbar lebt, in Wirklichkeit aber dem Tode verfallen ist, viel geringer als die andere Gefahr, die dann droht, wenn man vielleicht zu einer völligen Boden- und Luftveränderung genötigt würde. Und gerade mit dieser Gefahr wird die Kirche und wird die Welt durch das Bekenntnis bedroht. Es droht ihnen damit, daß über den Boden und die Luft, wo man leben kann, durch den, der dazu als Herr über Leben und Tod das Wissen und die Macht hat, ganz anders entschieden sein könnte, als es ihren Voraussetzungen entspricht. Das Bekenntnis verlangt also von ihnen, daß sie auf diese Voraussetzungen zurückkommen, nach ihrer Rechtmäßigkeit noch einmal fragen, noch einmal wählen müßten, wo sie längst richtig und befriedigend gewählt zu haben glauben. Darum ist das Bekenntnis bedrückend und darum erzeugt es Gegendruck: einen dem Gewicht des Druckes entsprechenden Gegendruck. Wäre das Bekenntnis eine bloße Meinungsäußerung, dann könnte es wohl auch von den Vertretern anderer Meinungen mit freundlichem Interesse aufgenommen, vielleicht sogar als willkommene Bereicherung der Reihe der vielen anderen offenen Möglichkeiten angesehen werden. Nun sagt es aber Ja und Nein — nicht so wie Gott selbst Ja und Nein sagt, sondern im menschlichen Raum und Gegenüber, aber hier immerhin unter Berufung auf Gott selbst, hier also immerhin unter bestimmter Behauptung und Verneinung der kirchlichen Einheit, hier immerhin unter der bestimmten Anzeige, in welchem Sinn und Rahmen es Gemeinschaft in Gott gibt und nicht gibt. Kann und will es damit dem Urteil Gottes nicht vorgreifen, so sagt es damit doch in unüberhörbarer Weise, daß es ein Urteil Gottes gibt, so fordert es doch ganz unabweisbar dazu auf, sich diesem Urteil Gottes zu unterwerfen. Nicht weil es menschlichen Sätzen andere menschliche Sätze entgegenstellt, sondern weil es, indem es das tut, diese Forderung stellt, muß das Bekenntnis zur Herausforderung, zur Beunruhigung, zur Beleidigung der Umwelt werden, muß in dieser der Wunsch und die Absicht entstehen, seine Stimme so oder so zum Schweigen zu bringen. Und es muß darum das Bekenntnis dieser Bekenner um seiner Publizität willen dies bedeuten, daß sie durch die Umwelt in die Anfechtung in den Kampf, ins Leiden und damit in Versuchung geführt werden. Es kann nicht nur, sondern es muß so sein. Die Menschen in der Kirche und in der Welt können sich zwar, indem sie der durch das Bekenntnis geforderten Entscheidung ausweichen wollen, so stellen, als ob sie seine Gefährlichkeit nicht bemerkten. In Wirklichkeit zeigen sie gerade damit, daß sie sie sehr wohl bemerkt haben. Wie es auch im Einzelnen stehe, grundsätzlich und allgemein ist sie immer bemerkt. In irgendeinem Sinn wird das Bekenntnis die Bekenner tatsächlich — solange die Kirche nicht vollendet, Himmel und Erde nicht neu geworden, die in Jesus Christus begründete Neuordnung des Verhältnisses von Gott und Mensch nicht von ihm in eigener Person durchgeführt ist — immer unter Gegendruck stellen und damit in Versuchung führen.

Wir stehen hier vor dem altkirchlichen Zusammenhang der Begriffe *confiteri, confessio, confessor* mit dem leidvollen, gefährlichen, versuchlichen und doch so verheißungsvollen Streit der Kirche mit der sie verfolgenden, mit der sie unterdrückenwollenden heidnischen Weltmacht, die dann in der Reformationszeit identisch wurde mit der Macht einer die wahre Kirche ausstoßenden, weil von der wahren Kirche abgefallenen Weltkirche. Dieser Streit ist dann in demselben Maß, als das Bekenntnis aufhörte, von seiner Publizität Gebrauch zu machen, zunächst latent geworden und lange Zeit nur in gewissen Randerscheinungen und etwa auf den Missionsfeldern sichtbar gewesen. Es sieht so aus, als ob heute, indem das Bekenntnis wieder auflebt, auch dieser Streit wieder aufleben wolle. *Confiteri* heißt jedenfalls in diesen Streit eintreten, seine Not, aber auch seine Verheißung auf sich nehmen. Es gibt viele Formen dieses Streites. Er wird nicht etwa erst dann ernsthaft, wenn es der Gegenseite darum geht, das Bekenntnis mit physischer Gewalt zum Schweigen zu bringen, d. h. den Bekennern irgendwie ans Leben oder doch an die äußere Freiheit zu gehen. Dann wird er freilich dramatisch. Die Publizität des Bekenntnisses fordert, daß es auch mit dieser Form des Gegendrucks rechne, daß es auch davor nicht zurückweiche, sich gegebenenfalls auch in dieser Dramatik zu bewähren. Man kann aber mit Bestimmtheit damit rechnen, daß der Streit gegen das Bekenntnis sich entweder noch in einem unreifen und ohnmächtigen Stadium befindet, auf das Schlimmeres erst folgen wird, oder aber schon seinem Ende, und zwar seinem Ende in der Niederlage seiner Feinde entgegengeht, wenn diese zu der *prima* oder *ultima ratio* der Gewalt meinen greifen zu müssen. Vom Bekenntnis selbst her gesehen gibt es größere und intensivere Gefahren als die, daß die Feinde den Leib töten könnten. Ist es an dem, dann haben sie zu dem Schlimmen, was sie dem Bekenntnis und den Bekennern antun könnten, noch nicht oder schon nicht mehr die Fähigkeit. Man wird dann vom Bekenntnis her immer noch auf der Hut sein müssen oder schon wieder getrost sein dürfen. Die schlimmsten Versuche, das Bekenntnis zum Schweigen zu bringen, bestehen darin, es auf seinem eigenen, nämlich auf geistigem und geistlichem Boden unmöglich zu machen. Ihm kann mit vollem, mit vielleicht viel größerem Pathos, mit überlegener theologischer Technik, mit viel größerem Anschein von juristischer Rechtmäßigkeit ein anderes und auf Grund aller dieser Auszeichnungen viel eindrucksvolleres Bekenntnis gegenübergestellt werden. Ihm kann es widerfahren, daß es in den Raum einer Weltanschauung und eines Lebensgefühls hinein ertönen muß, in welchem es in seinen ganzen Voraussetzungen und dann auch Folgerungen gar nicht verstanden werden kann, in welchem es dem Gegner nur zu leicht fällt, es als eine willkürliche Neuerung oder auch als starre Reaktion, als Exponenten eines unfriedlichen Geistes, als Angriff auf irgendwelche allgemein anerkannten heiligsten Güter zu diffamieren und lächerlich zu machen. Ihm kann es auch widerfahren, daß jene ganze juristisch-statistische Unsicherheit, in der es ja auftreten muß, bemerkt und ausgenützt, daß es also von allen Seiten triumphierend „durchschaut" wird, und preisgegeben werden kann in der Nichtigkeit seines Anspruchs, im Namen der ganzen Kirche zur ganzen Kirche reden zu wollen, in der Anmaßlichkeit seiner Berufung auf Gottes Wort, in dem hierarchischen Hochmut seines Wagnisses, die Alleinberechtigung dieser und dieser Erkenntnis behaupten und aussprechen zu wollen, in der lieblosen Härte seines Nein, seines *anathema* und *damnamus*. Ihm kann es widerfahren, daß die Umgebung, gegen Bekenntnisse jeder Art längst abgestumpft und gleichgültig, gar keine Ohren hat für sein Ja und Nein, daß die Wahrheitsfrage in seiner Umgebung tot oder doch scheintot ist, daß die praktischen Scheineffekte irgendeiner billig arbeitenden Religionsunternehmung das Interesse an der von ihr geforderten Entscheidung mühelos zu ersticken vermögen. Ihm kann es aber auch widerfahren, daß es seines Charakters als Ruf und Herausforderung dadurch entkleidet wird, daß ihm freundliche Anerkennung und Duldung zuteil wird: daß es als das Manifest der Entscheidung einer als solche anerkannten Gruppe, Richtung oder Partei in der Kirche oder als die Prinzipienerklärung einer selbst nur als Gruppe, Richtung oder Partei verstandenen und als solche anerkannten Kirche durch irgendeinen Religionsfrieden, durch irgendein Konkordat gesichert, aber auch eingeschränkt und damit im Grunde erledigt wird. Und ihm kann das Allerschlimmste widerfahren: irgend Jemand oder Irgendwelche haben den Instinkt, daß es besser wäre, sich ihm nicht offen und überhaupt nicht direkt zu widersetzen, es auch nicht nur in irgendeinem Winkel sich selbst und seinen Bekennern zu überlassen; es wird jetzt also aufgenommen und bejaht; die Großen und vielleicht auch die Massen in der Kirche (vielleicht sogar in der Welt!) erkennen jetzt irgendeinen Vorteil darin, es sich zu eigen oder wenigstens offiziell zu eigen zu machen, und nun kommt es auf einmal in einen Zusammenhang zu stehen, nun wird es von seiten der übrigen Kirche und vielleicht auch von seiten der übrigen Welt in einer Weise eingerahmt, von Voraussetzungen umgeben und überboten, durch die es zwar nicht „angetastet" wird, die ihm vielleicht vielmehr einen ganz neuen kirchlichen und weltlichen Glanz geben, nur daß es freilich — und das ist dann des Teufels größte List — gerade so, gerade dadurch, daß Staat und Gesellschaft, Schule und Universität jetzt auf einmal auch sagen, was es sagt, als Anrede, auf die man antworten muß, zum vornherein steril gemacht worden ist. Was sind alle Waffen der Gewalt neben dieser geistig-geistlichen Umklammerung und Unterdrückung, die dem Bekenntnis von der Kirche und von der Welt her widerfahren kann?

Und nun wird für den Bestand des Bekenntnisses Alles darauf ankommen, daß die durch diesen Gegendruck (indirekt also durch seinen eigenen Druck!) erzeugte Versuchung als solche erkannt und überwunden wird. Die Versuchung besteht natürlich in der Möglichkeit, vom Bekenntnis zu weichen. Und die Grundform dieses Weichens wird immer die sein: man verleugnet vor den Anderen und vor sich selbst jenen Charakter des Bekenntnisses als Anruf, Frage und Angriff der Umgebung gegenüber; man verzichtet auf seine Proklamation; man zieht sich zurück auf seinen Charakter als Theorie und Satzgefüge. Mit der Treue, die man ihm in diesem seinem immanenten Charakter nach wie vor und jetzt vielleicht erst recht erweisen möchte, mit dem Eifer um die Integrität der Theorie und des Satzgefüges als solcher, verbindet sich jetzt auf einmal der andere Eifer, der Umgebung die auf dem transzendenten Charakter des Bekenntnisses beruhende Kollision mit ihm zu ersparen. Und dieser zweite Eifer ist es, der nun — während das Bekenntnis „unangetastet" bleibt — die praktische Haltung in Wort und Handlung, in der eigenen Initiative und in dem Verhalten zu der Initiative der Umwelt bestimmt. In dieser ihrer praktischen Haltung stehen die Bekenner auf einmal nicht mehr dort, wo sie stehen müßten, wenn es ihr Bekenntnis wirklich wäre: nämlich in dem Wagnis und in der Verantwortung seines transzendenten Charakters. Seine Publizität ist ihnen jetzt auf einmal (nachdem sie erfahren, was es bedeutet, daß sein Druck Gegendruck erzeugt) unerwünscht geworden. Ohne diese Publizität möchten sie es ihr Bekenntnis sein lassen. Das alles bedeutet nun aber ganz schlicht, daß die Bekenner sich faktisch selbst auf den Standpunkt der Feinde des Bekenntnisses begeben haben. Bekenntnis ohne Öffentlichkeitswillen, Bekenntnis ohne die ihm entsprechende praktische Haltung ist selber schon Bestreitung des Bekenntnisses, wie unangetastet dieses als Theorie und Satzgefüge auch immer noch dastehen, wie groß der Eifer um die Erhaltung dieses seines immanenten Charakters immer noch sein möge. Was meint und was will denn die Feindschaft und der Streit gegen das Bekenntnis? Als Theorie und Satzgefüge würde es, welches auch sein Inhalt sei und wie bestimmt es auch als solches dastehen und bejaht werden möge, sicher keine Anfechtung zu erleiden haben. Als Theorie übt es keinen Druck aus; als Theorie ist es harmlos, ja geradezu beruhigend für die, die ihm nicht zustimmen. Hinter den Unterdrückungsabsichten seiner Gegner steht entscheidend keineswegs ihr Unwille über die ihren eigenen Sätzen entgegenstehenden Sätze des Bekenntnisses als solche, steht vielmehr schließlich nur eben dieser Wunsch: es möchte das Bekenntnis eine bloße Theorie sein, es möchte nicht die Frage nach der Rechtmäßigkeit ihrer eigenen Voraussetzungen aufwerfen, es möchte sie nicht vor den Richterstuhl der heiligen Schrift und Gottes selbst ziehen und damit in die Entscheidung stellen. Eben dies geschieht ja vermöge seiner Publizität. Seine Publizität wird aber darin Ereignis, daß es mitten in der Kirche und in der Welt Bekenner gibt, die das Wagnis und die Verantwortung seines transzendenten Charakters als Anruf, Frage und Angriff in ihrer Person und also in ihrer praktischen Haltung verkörpern, die in ihrer Existenz das darstellen, was das Bekenntnis in Worten sagt, und eben damit seine Proklamation vollziehen. Geschieht das nicht oder nicht mehr, dann übt auch das beste Bekenntnis keinen Druck mehr aus. Der Wille seiner Feinde ist dann erfüllt. Seine Bekenner haben dann keinen Gegendruck mehr zu erleiden. Aber das Bekenntnis selber ist dann zum bloßen Papier geworden. Eben daß es das nicht ist, ist der Grund aller Feindschaft gegen das Bekenntnis, und eben daß es dazu werde, ist der Sinn alles Streites dagegen. Diesem Streit dient man also, an ihm beteiligt man sich in der aktivsten Weise, wo man sich jenen Rückzug erlauben zu dürfen meint. Das Nicht-Ereignis des Einsatzes für das Bekenntnis ist als solches schon das Ereignis des Einsatzes — der Bekenner! — gegen das Bekenntnis. Um den Verrat und nur um den Verrat am Bekenntnis geht es, wenn man jeweilen wieder einmal mit jener Unterscheidung seines immanenten und seines transzendenten Charakters beschäftigt ist. Es wäre dann immer schon viel gewonnen, wenn diese Unterscheidung in diesem ihrem Wesen als Verrat: also als Weichen nicht nur, sondern als Übereinkunft und Zusammenwirkung mit dem Feinde nüchtern erkannt wäre, wenn man sich zu ihrer Rechtfertigung also nicht mehr auf die Demut vor den Geheimnissen Gottes, denen doch kein Bekenntnis zu genügen vermöge, nicht mehr auf die Liebe, mit der man die Schwachen schonen und tragen müsse, nicht mehr auf die notwendige Erhaltung der Kirche in ihrem bisherigen Bestand, sondern — etwas Anderes bleibt ja dann nicht übrig — offen und ehrlich nur noch auf die Furcht vor dem erwarteten oder schon erfolgten Gegendruck berufen würde. Diese Furcht ist in Wahrheit die mit der Publizität des Bekenntnisses unvermeidlich verbundene Versuchung, und deren Überwindung kann nur erfolgen in der Auseinandersetzung zwischen dieser Furcht und der anderen Furcht, ob Gottes Wort — dasselbe, an das die Bekenner mit ihrem Bekenntnis ja appelliert haben — ihnen jetzt gebieten oder erlauben möchte, um jener ersten Furcht willen selber zu Feinden des Bekenntnisses zu werden. Wo die Furcht vor Gott größer ist als die Furcht vor den Menschen, da ist die Versuchung schon überwunden. Daß das Bekenntnis eine Zumutung vor allem an die Bekenner selbst ist, ist dann schon wieder anerkannt, und ihr wird nun notwendig auch wieder Rechenschaft getragen, d. h. es wird dem erwarteten oder schon erfolgten Gegendruck nun nicht mehr nachgegeben, sondern — denn das ist die an die Bekenner gerichtete Zumutung — widerstanden werden. Dieser Widerstand ist recht eigentlich der Bestand des Bekenntnisses! Das Weichen vom Bekenntnis auf dem eben beschriebenen Weg des Verzichtes auf die das Bekenntnis betätigende praktische Haltung hat noch immer die Folge gehabt, daß das Bekenntnis früher oder später auch als Theorie und Satzgefüge unglaubwürdig wurde, in sich zusammenbrach und obsolet wurde. Das waren und das sind die großen Niederlagen der Kirche: wenn sie ihr Bekenntnis zwar theoretisch aber nicht praktisch in Ehren halten wollte und wenn sie es dann naturgemäß eines Tages auch theoretisch nicht mehr in Ehren halten konnte, wenn zuerst die lebendige Form zur Mumie und dann die Mumie zum lästigen Gerümpel und so eine Gabe Gottes zuschanden wurde, wenn die Kirche, bekenntnislos geworden, allen möglichen Mächten ausgeliefert, Gottes Wort nicht mehr hörte und dann auch von Gottes Wort nichts mehr zu sagen hatte. Das ist die Gefahr des unvermeidlichen Streites gegen das Bekenntnis der Kirche: es kann ihr, wenn sie der Versuchung erliegt, wenn sie also weicht, genommen werden. Aber dieser Streit hat auch und er hat eine noch größere Verheißung. Auch der geringfügigste, bescheidendste Widerstand, in welchem dem Gegendruck einer dem Bekenntnis feindseligen Kirche und Welt nicht nachgegeben, sondern mit neuem Druck oder vielmehr: mit dem alten Druck des alten Bekenntnisses begegnet wird — jeder solche Widerstand bedeutet den Bestand des Bekenntnisses und hat die Verheißung, daß ein Sieg des Bekenntnisses und damit neues Leben der Kirche durch ihn Ereignis werden wird.

Das Bekenntnis des Glaubens ist immer stärker als das rechtmäßigste, tiefsinnigste und frömmste Bekenntnis des Irrglaubens. Das Bekenntnis des Glaubens wird früher oder später im Raume jeder Weltanschauung und jedes Lebensgefühls trotz aller ihm begegnenden Mißverständnisse und Verdächtigungen in seiner Überlegenheit sehr wohl vernommen werden. Das Bekenntnis des Glaubens erträgt es durchaus, von den neunmal Weisen in der Nichtigkeit seines Anspruchs „durchschaut" und von den zehnmal Gerechten wegen seiner Anmaßlichkeit, Lieblosigkeit usw. verklagt zu werden. Das Bekenntnis des Glaubens hat die Macht, die tote oder scheintote Wahrheitsfrage wieder ins Leben zu rufen und die billigen Lösungen, die ihm zur Seite und entgegengestellt werden, als solche zu entlarven. Das Bekenntnis des Glaubens kann sich auch dulden lassen; seine Stimme kann sich auch im Rahmen eines Konkordats oder Religionsfriedens sehr wohl vernehmbar machen. Das Bekenntnis des Glaubens kann schließlich auch da durchbrechen und sich in der Kraft bewähren, die nur ihm eigen ist und keiner seiner Nachahmungen, wo Kirche und Welt es damit gefangen nehmen und unterdrücken wollen, daß sie es scheinbar annehmen und sich selbst zu eigen machen. Und erst recht hat das Bekenntnis des Glaubens gerade da auf die Dauer noch immer gesiegt, wo man ihm gegenüber zur Gewalt meinte greifen zu müssen. Wenn es nur wirklich das Bekenntnis des Glaubens — nicht notwendig eines heroischen und begeisterten, aber schlicht eines in praktischen Entscheidungen gelebten und sichtbaren

2. Die Autorität unter dem Wort

Glaubens war. Es bedarf dieser Glaube keiner besonderen Werke und Leistungen und keiner besonderen inneren Qualitäten. Es bedarf nur dessen, daß er das Bekenntnis nicht nur formuliert habe, sondern auch immer wieder proklamiere. Es bedarf nur dessen, daß er sich nicht abdrängen lasse in den Bereich einer bloß theoretischen Zustimmung zum Bekenntnis. Es bedarf nur dessen, daß die Furcht vor Gott immer gerade noch um ein Weniges größer sei als die Furcht vor den Menschen. In diesem Wenigen dauert der Druck des Bekenntnisses an auch unter dem überwältigendsten Gegendruck. Und das ist's, was geschehen muß. In diesem andauernd ausgeübten Druck lebt dann die Kirche in der Kirche: auch in einer zerstörten und abgefallenen Kirche — und die Kirche in der Welt: auch in einer mit allen Mitteln widerstrebenden Welt.

Von der unter den genannten Bedingungen existierenden kirchlichen Konfession wird nun zu sagen sein: sie hat kirchliche Autorität, d. h. sie darf und sie muß in der Kirche als die in ausgezeichneter Weise laut gewordene Stimme der Väter und Brüder im Glauben in ausgezeichneter Weise gehört werden. Wir formulieren damit nicht ein Postulat, sondern wir beschreiben damit eine Wirklichkeit: wo Kirche wirklich lebt, da wird wirkliche kirchliche Konfession in dieser ausgezeichneten Weise gehört. Oder negativ ausgedrückt: die Kirche lebt da nicht wirklich, wo wirkliche kirchliche Konfession nicht in dieser ausgezeichneten Weise gehört wird. Es ist nicht möglich, daß man, wo kirchliche Konfession einmal Ereignis geworden ist, an diesem Ereignis achtlos, nämlich achtlos gegenüber seinem bindenden, verpflichtenden maßgeblichen Charakter vorübergehe. Es wäre denn, daß die Kontinuität zwischen der Kirche einst und jetzt, der Zusammenhang zwischen der Kirche dort und hier verdunkelt und zerbrochen wäre. Das wird nun allerdings in der Wirklichkeit häufig genug der Fall sein. Nicht jede irgendwo irgendeinmal zustande gekommene kirchliche Konfession hat überall und immer jenen Charakter. Was über die örtliche, zeitliche und sachliche Beschränktheit jeder Konfession gesagt wurde, das wirkt sich aus in der tatsächlichen Beschränktheit auch der Autorität jeder Konfession. Aber es gibt neben aller gegenseitigen Fremdheit und neben aller Zerspaltung in der Kirche, wo immer wirkliche Kirche ist, auch ununterbrochene Kontinuität zwischen der Kirche einst und jetzt und ununterbrochenen Zusammenhang zwischen der Kirche dort und hier. Da wäre bestimmt nicht Kirche, wo die Gemeinschaft auch nur in einer von diesen beiden Dimensionen ganz fehlte, wo man in einem kirchlichen Gebilde wirklich gar keine Väter hinter sich oder gar keine Brüder neben sich hätte. Indem man aber beides hat, hört man in beiden Richtungen sicher auch die Stimme einer kirchlichen Konfession, nimmt man in bestimmten Schranken und auf einem bestimmten Wege teil an der Geschichte der Auslegung und Anwendung der heiligen Schrift, befindet man sich also bestimmten in der Kirche früher und anderswo gefällten Entscheidungen gegenüber in einer bestimmten Verantwortung. Diese Verantwortung kann kirchenrechtlich bestätigt und fixiert werden. Sie entsteht aber nicht durch die Aufrichtung einer entsprechenden kirchenrechtlichen Bestimmung und sie kann durch deren Fehlen oder durch deren Beseitigung nicht aufgehoben, ja nicht einmal geschwächt werden. Die Autorität einer kirchlichen Konfession ist eine **geistliche**, d. h. eine in ihrem Charakter als rechte Auslegung der Schrift begründete und als solche sich selbst bezeugende Autorität, zu der kirchenrechtlich nichts hinzugetan, von der kirchenrechtlich aber auch nichts weggenommen werden kann.

Es lebte also das altkirchliche Trinitätsdogma keineswegs von der Autorität, die ihm durch das dem *Codex Justiniani* einverleibte Edikt der Kaiser Gratian, Valentinian und Theodosius von 380 für die römische Staatskirche verliehen wurde. Es lebte die Augsburger Konfession doch wohl nicht nur von der ihm durch den Religionsfrieden von 1555 für die lutherischen Territorien zugeschriebenen Autorität. Es lebte das Bekenntnis aber auch da, wo seine kirchenrechtliche Fixierung unabhängig von politischen Gewalten allein durch die freie Entschließung der Kirche selbst zustande kam, nicht von der ihm durch solche Fixierung verschafften Autorität. Umgekehrt kann die Autorität der Bekenntnisse, mit deren Formulierung und Proklamation im 16. Jahrhundert die schweizerischen Kirchen neu gegründet wurden, dadurch weder aufgehoben noch abgeschwächt sein, daß der liberale Staat des 19. Jahrhunderts ihre kirchenrechtliche Geltung beseitigte, daß diese Kirchen damals die innere Kraft nicht hatten, sie etwa von sich aus wieder zur Geltung zu bringen und daß sie darum heute kirchenrechtlich unsichtbar geworden sind. Was einmal und irgendwo so erkannt und bekannt worden ist wie der trinitarische Gottesglaube in der Kirche des 4. Jahrhunderts oder wie das Schriftprinzip und die Rechtfertigungslehre der Reformation, das kann nachträglich und anderswo wohl zu leiden haben unter allerlei ungeistlicher Empfindungslosigkeit und Widersetzlichkeit, das kann also in weiten räumlichen und zeitlichen Bereichen der Kirche verkannt und mißdeutet oder auch überhört und vergessen werden — seinen Anspruch, Autorität zu sein und die Kraft, ihn geltend zu machen, hat es darum doch nicht von seiner allfälligen kirchenrechtlichen Fixierung her und verliert es auch nicht, indem diese hinfällig wird. Sondern wo immer Kirche und also jene Kontinuität und jener Zusammenhang kirchlichen Lebens ist, da redet echte Erkenntnis durch das echte Bekenntnis, da wird es mit oder ohne Kirchenrecht auch immer wieder als Autorität gehört werden. Keine kirchenrechtliche Ungesichertheit hat es verhindern können, daß sowohl die trinitarische Bekenntnis der alten Kirche als auch die reformatorischen Bekenntnisse in unseren Tagen wieder geredet haben und auch gehört worden sind, mächtiger vielleicht, als wenn sie die alten kirchenrechtlichen Sicherungen noch besitzen würden. Es konnte und es kann die jedenfalls innerhalb Deutschlands nicht zu leugnende faktische Bedeutsamkeit des eigentümlichen Zeugnisses der sog. **renitenten Kirche in Hessen** in Sachen des rechten Verhältnisses von Kirche und Staat nicht abschwächen, daß es das Zeugnis einer äußerlich kaum zu beachtenden kleinen Freikirche ist. Und es wäre wiederum wenig wohlgetan, wenn man heute außerhalb Deutschlands das faktische Gewicht der dort seit 1934 gefallenen bekenntnismäßigen Entscheidungen deshalb ignorieren wollte, weil sie formell nur die Entscheidungen der **deutschen** evangelischen Kirche, bzw. eines kleinen Bruchteils dieser Kirche sind. Über die Autorität eines Bekenntnisses und also über die notwendige Verantwortung ihm gegenüber entscheidet es selbst: nicht auf Grund irgendeiner äußeren Legitimation, sondern innerhalb der faktischen Kontinuität und des faktischen Zusammenhangs zwischen Kirche und Kirche vermöge seines eigenen Gewichtes, vermöge der Erkenntnis, die in ihm zum Bekenntnis wurde.

Wo Kirche ist, da steht sie faktisch in solcher Verantwortung, da ist sie insofern konfessionelle, d. h. durch ihre Verantwortung gegenüber kirchlicher Konfession bestimmte Kirche. ,,Konfessionslos'' wäre sie nur dann, wenn sie jede solche Verantwortung abzulehnen und auch faktisch zu verleugnen vermöchte. Wo dies nicht der Fall ist, da wird man nur zwischen so oder so und zwischen mehr oder weniger konfessionellen Kirchen unterscheiden können. Und nun dürfte es so sein, daß mit dem Begriff der Verantwortung bereits auch das umschrieben und bezeichnet ist, was wir den bindenden, verpflichtenden und maßgeblichen Charakter der kirchlichen Konfession genannt haben. Wir sahen: das Bekenntnis kann in keinem Sinn neben die heilige Schrift treten und also deren göttliche Autorität, deren Charakter als Quelle und Norm der kirchlichen Verkündigung für sich in Anspruch nehmen. Keine ausdrückliche oder stillschweigende Verpflichtung auf das Bekenntnis kann sachlich etwas Anderes bedeuten als eine Verpflichtung auf die heilige Schrift. Eben diese Verpflichtung auf die heilige Schrift wird aber überall, wo wirklich Kirche ist, eine durch die besondere Führung und Geschichte dieser Kirche (durch ihre Kontinuität zu früherer, durch ihren Zusammenhang mit anderweitiger Kirche) bestimmte Form haben. In der Verantwortung gegenüber den Vätern und Brüdern geschieht die Verantwortung vor Gott. Um die Verantwortung vor Gott und nur um sie geht es: aber wie sollte es gerade um sie gehen können, wo man sich der Verantwortung vor den Vätern und Brüdern entziehen wollte? Kann man sie hören, wie man Gott selbst hört in den Zeugnissen seiner Offenbarung: also in allen ihren Worten und Sätzen mit der Bereitschaft zu unbedingter Unterwerfung? Sicher nicht. Man kann sie aber offenbar auch nicht in der Unvoreingenommenheit und Neutralität hören, in der man irgendwelche anderen menschlichen Stimmen hört. *Tertium datur.* Dieses Dritte — nicht als ein Mittleres zwischen Gotteswort und Menschenwort, wohl aber als ein anderen Menschenworten gleichnishaft vorgeordnetes Menschenwort — ist die Konfession oder das Dogma der Kirche.

Kirchliche Konfession ist in dem Bereich, in welchem sie Geltung hat, eine Instanz, die man unter allen Umständen und vor allem kennen muß. Ihre Autorität besteht zunächst (und im Grunde entscheidend) darin, daß sie für die verantwortlichen Träger des kirchlichen Lebens nicht zu den vielen alten und neuen Texten gehören will, die man gelesen oder auch nicht gelesen, gründlich oder auch flüchtig, öfters oder auch nur einmal und dann nicht wieder gelesen haben kann, sondern die gelesen, und zwar ernstlich und immer wieder gelesen sein will.

Man sieht: um ein *sacrificium intellectus* geht es gerade in dieser Grundform der Anerkennung ihrer Autorität — Entsprechendes ließe sich ja auch hinsichtlich der Autorität des kirchlichen Kanons und der kirchlichen Väter sagen — keineswegs. Man kann die hier geforderte Disziplin als verbindlich annehmen und befolgen, ohne sich damit irgendeiner Vernachlässigung der Verantwortlichkeit eigenen Denkens und Entscheidens schuldig zu machen. Wie sollte dieser Verantwortlichkeit damit zu nahe getreten sein, daß gerade diese Texte zu besonders eingehender und anhaltender Kenntnisnahme empfohlen werden?

Aber wozu diese besondere Kenntnisnahme? Die kirchliche Konfession will — und das ist die zweite Form, in welcher ihre Autorität zu respektieren ist, als **erster Kommentar** zur heiligen Schrift gelesen sein. Wir sagen hier nochmals: als Kommentar. Sie kann also nicht an die Stelle der heiligen Schrift selber, sie kann aber auch nicht an die Stelle unserer eigenen Auslegung und Anwendung der heiligen Schrift treten; sie kann auch unmöglich der einzige Kommentar sein, den wir — weil wir sie in der Kirche zu lesen haben — zwischen uns und die heilige Schrift hineintreten lassen müssen. Wohl aber will und kann sie als die Stimme unserer Väter und Brüder unter allen Kommentaren zuerst gehört werden, will und kann sie in deren Reihe sozusagen Chorführer oder Kronzeuge sein.

Man wird auch dagegen kaum als gegen eine Vergewaltigung der heiligen Schrift oder des eigenen Gewissens Einspruch erheben können. Nur mit seinen eigenen Augen hat noch niemand die Bibel gelesen und soll sie auch niemand lesen. Die Frage kann nur die sein, welche Mittelglieder und in welcher Rangordnung wir diese zu Worte kommen lassen. Daß etwa die Systematik einer sog. historisch-kritischen Theologie als solche eine größere Affinität zur heiligen Schrift selbst habe und also gewissenhafter Weise vor dem Apostolikum oder vor dem Heidelberger Katechismus mit dem Vorurteil größerer Glaubwürdigkeit hinsichtlich ihrer Darstellung des biblischen Zeugnisses zu hören sei, ist reiner Aberglaube. Um den Kommentar irgendeiner Theologie, wenn nicht gar Mythologie geht es auch dort. Nur daß diesem Kommentar die kirchliche Beglaubigung fehlt, nur daß diese Theologie oder Mythologie wohlweislich bis jetzt noch nicht den Anspruch auf den Charakter einer wirklichen Entscheidung zu erheben gewagt hat. Die Wahl zwischen dem biblischen Text und der kirchlichen Konfession steht uns zwar nicht offen: selbstverständlich sind wir entscheidend an den Text und nicht an den Kommentar gewiesen und gebunden. Nicht offen steht uns ferner die Wahl zwischen der Möglichkeit, zum Verständnis des Textes alle uns erreichbaren Kommentare und also bestimmt auch den der historisch-kritischen Theologie — oder aber nach Bequemlichkeit nur einige und darunter dann wohl auch die kirchliche Konfession heranzuziehen. Wohl aber steht uns weit offen die Möglichkeit, unter den zu hörenden Stimmen der Stimme der kirchlichen Konfession **die erste Stelle** zu geben, d. h. sie zunächst mit dem Vorurteil anzuhören, daß sie uns als der solenn gesammelte Ertrag wichtiger bisheriger Erfahrung der Kirche mit der heiligen Schrift Besonderes zu sagen habe. Für Berichtigungen ihres Votums durch andere Stimmen oder durch unsere eigene Einsicht werden wir uns dann immer noch bereit halten müssen. Es ist aber nicht abzusehen, warum ihr Votum nicht mit der gerade ihr gebührenden Aufmerksamkeit gehört werden dürfte, ohne daß durch die Objektivität unser Verhältnis zur heiligen Schrift als solches gestört oder gar zerstört werden müßte.

Nach dieser sozusagen privilegierten Anhörung der kirchlichen Konfession werden wir unseren Weg im Verständnis, in der Auslegung und Anwendung der heiligen Schrift nun freilich als unseren eigenen Weg antreten und gehen müssen. Die Konfession kann und will uns die eigene Verantwortlichkeit gegenüber der Schrift nicht abnehmen. Wir werden jenen Weg nun „konfessionell bestimmt" antreten. Aber das kann grundsätzlich nur dies bedeuten: daß wir uns mit der Konfession als mit einer Instanz ersten Ranges auseinandergesetzt und daß wir die uns durch sie gewiesene Richtung eingeschlagen haben.

2. Die Autorität unter dem Wort

Wenn das Letztere für uns gar nicht in Frage käme, wenn wir die uns von der Konfession gewiesene Richtung als schriftwidrig ablehnen müßten, dann würden wir eben vor das schwere Problem eines Konfessionswechsels, d. h. einer Veränderung unseres ganzen kirchlichen Ortes stehen. So kann die Auseinandersetzung mit der Konfession allerdings endigen. Nur angesichts der heiligen Schrift kann sie legitim so endigen. Sie kann aber auch damit endigen, daß wir uns in aller Freiheit tatsächlich in der von ihr gewiesenen Richtung weiter bewegen dürfen und müssen.

Das bedeutet keineswegs, daß wir sie uns in allen ihren Bestandteilen, daß wir uns ihre besondere Theologie und die Einzelheit ihrer Bibelauslegung zu eigen zu machen hätten. Man kann ihrer Richtung treu sein und dabei doch denken, daß man sie im Einzelnen und sogar im Ganzen, damit sie auch unser Bekenntnis sei, gerne recht anders gestellt sähe. Man kann auch von einzelnen und vielleicht gar nicht von ganz unwichtigen jener Sätze sehr bestimmt Abstand nehmen zu müssen glauben. Auch die positive Stellung zur Konfession kann also sehr wohl eine recht kritische sein. Und das Weitergehen in ihrer Richtung und also die positive Stellung zu ihr bedeutet noch weniger, daß wir uns etwa den Inhalt der Konfession zum Inhalt unserer eigenen Verkündigung zu machen hätten. Nochmals: die Konfession darf das uns in der Schrift bezeugte Wort Gottes, das als solches allein Inhalt unserer Verkündigung sein will und kann, in keiner Weise verdrängen.

Es entspräche ja auch eine in diesem Sinn konfessionelle Verkündigung gar nicht dem Sinn der Konfession selber, von der wir hörten, daß sie gerade keine Darstellung des christlichen Glaubens *in abstracto*, sondern ein einzelne konkrete Entscheidungen vollziehendes Kampfinstrument des dem Irrglauben gegenübertretenden Glaubens ist. Es kann nun gewiß nicht etwa verboten sein, im Sinn und in der Absicht einer besonderen Unterrichtung der Gemeinde gerade über die Gegensätze von Glauben und Irrglauben, beiläufig auch die Konfession als solche zum direkten Leitfaden der Schriftauslegung zu machen, wie es bekanntlich mit dem Heidelberger Katechismus, der durch seine Einteilung in 52 Sonntage sogar selber dazu die Hand bietet, Jahrhunderte lang geschehen ist und zum Teil noch heute geschieht. Die Konfession hat aber auf keinen Fall die Prätention, das Thema der kirchlichen Verkündigung werden zu wollen, das sich diese vielmehr grundsätzlich allein durch die heilige Schrift geben zu lassen hat.

Und nun muß der Weg des Bibelverständnisses als unser eigener Weg weitergegangen werden: ohne daß wir uns dieses Verständnis einfach durch die Konfession vorschreiben, ja ohne daß wir uns durch die Konfession wie durch ein Gesetz binden lassen dürfen. Ist ihre Autorität und deren Respektierung damit zu Ende? Doch nicht — man könnte vielmehr wohl sagen, daß sie an dieser Stelle eigentlich erst anfängt. Hier nämlich nimmt sie nun eine dritte, ihre eigentlich geistliche Form an: nun wird sie einfach zu dem uns unter allen Umständen gesetzten Gegenüber, zum Horizont unseres eigenen Denkens und Redens. Wohlverstanden: um unser eigenes, freies, von uns selbst zu verantwortendes, um unser durch kein anderes Gesetz als das seines Gegenstandes, also nur durch die heilige Schrift gebundenes Denken und Reden geht es diesseits, geht es innerhalb jenes Horizontes. Die Kenntnisnahme von der Konfession, ihre Anhörung als Chorführer und Kronzeuge unter den Kommentaren liegt hinter uns. Wir müssen nun selber das Wort nehmen — aber im Raume der Kirche, und dieser Raum ist uns nach wie vor durch die in unserem Bereich gültige Konfession bezeichnet. Noch ist er — und immer wieder ist er (wenn keine neuen Ereignisse eingetreten sein sollten) der durch das trinitarische Zeugnis der alten Kirche und durch das reformatorische Zeugnis von Gottes Herrschaft in seinem Wort und von Gottes freier Gnade bestimmte Raum. Noch reden in diesem Raum nicht nur wir selbst, sondern auch die Väter und Brüder. Noch sind wir also in diesem Raum nicht souverän in dem Sinn, daß wir allein wären, daß wir nicht ein Gegenüber, einen Horizont hätten. Noch werden wir also nicht etwa in Abwesenheit, sondern nur in Anwesenheit der kirchlichen Konfession denken und reden können.

Man kann sich das sinnenfällig klar machen an der äußerlichen Tatsache, daß sich der christliche Gottesdienst, in welchem unsere eigene Auslegung und Anwendung der heiligen Schrift verantwortlich zur solennen Darstellung kommen soll, nun einmal in der Regel nicht im Freien oder in irgendeiner neutralen, sondern in einem solchen Lokal abspielt, das als „K i r c h e" die in ihr Versammelten: die Gemeinde mit Einschluß ihres das Wort führenden Gliedes schon in seiner Architektur und Ausstattung mehr oder weniger direkt und getreu an ihren „Konfessionsstand" erinnert. Es konfrontiert uns schon die „Kirche" — auch dann, wenn sie hauptsächlich ein Zeugnis der Hilflosigkeiten des 19. Jahrhunderts sein sollte — mit der Kirchengeschichte, und was in diesem Lokal geschieht, das geschieht nicht nur in der Gegenwart Gottes und seiner Engel und auch nicht nur in der Gegenwart irgendwelcher abgeschiedener Geister der Vergangenheit, das geschieht vielmehr — in welcher eigenen Freiheit und Verantwortlichkeit es immer geschehe — augenfällig auch in Gegenwart der Konfession, durch die unsere „Kirche" in Kraft oder Schwachheit, in Treue oder Abfall, nun eben zu dieser „Kirche" geworden ist. Im selben Sinn sind wir aber gerade im Gottesdienst auch durch das in aller Hände befindliche gute oder schlechte G e s a n g b u c h mit der Kirchengeschichte konfrontiert. Neben dem Bibeltext und neben unserer eigenen Auslegung und Anwendung steht als dritter trigonometrischer Punkt das Wort des kirchlichen Liedes und hinter ihm in irgendeiner Nähe oder Ferne sicher wieder die kirchliche Konfession. Und dieselbe Rolle wird schließlich, wieder mehr oder weniger bestimmt, auch die A g e n d e spielen können.

Vor der Tatsache der — bemerkten oder unbemerkten — Anwesenheit der kirchlichen Konfession in aller Gegenwart kirchlichen Lebens gibt es kein Ausweichen. Man halte sich für noch so ungebunden oder für noch so verpflichtet, nach Anhörung der Konfession unabhängig von ihr seinen eigenen Weg zu gehen, so hört doch die Konfession nicht auf, direkt oder indirekt — und nun doch nicht nur als irgendeine, sondern als die unserer Kirche von deren Entstehung her eigentümliche, sie in ihrem Sosein bis auf diesen Tag charakterisierende Stimme — weiterzureden, unser Wort stillschweigend auch ihr Wort gegenüberzustellen. Was kann der extremste Freisinn oder auch das tollste Katholisieren, die man sich in der Kirche erlauben mag, an der Tatsache ändern, daß der Raum, in dem sie sich ausbreiten möchten, immer noch und immer wieder der geistige Raum der evangelischen, der lutherischen oder der reformierten Kirche ist, der allen Extravaganzen, ob man es gerne habe oder nicht, faktisch das evangelische Bekenntnis entgegenhält. Gerade in diesem unaufhebbaren, wenn auch so ganz unverbindlichen Gegenüber, in einer Konfrontierung, in der sie sozusagen zum stummen Gesprächspartner geworden ist, redet die kirchliche Konfession vielleicht am allernachdrücklichsten, und wäre es nur in Form einer immanenten aber gerade so höchst unwiderlegbaren Kritik derer, die sich vor ihr die Ohren verstopfen möchten. Eben in diesem Gegenüber wird ihre eigentliche, ihre geistliche Autorität zu erkennen und zu respektieren sein. Wie wir selbst ihr hier in pflichtschuldiger Freiheit gegenüberstehen, so nimmt sie sich hier nun auch ihre eigene volle Freiheit zurück. Meinten wir ihr gegenüber mit Recht oder Unrecht diese und jene Vorbehalte und Abstriche vornehmen zu müssen, interpretierten wir sie kritisch nach Anleitung derselben heiligen Schrift, auf die sie uns ja nachdrücklich genug hinwies — so hat sie sich neben der Gestalt, in der wir sie uns, so oder so verarbeitet, zu eigen machten, nun doch auch ihre eigene, ursprüngliche Gestalt, die Integrität ihrer Sätze, die Eigenart ihrer Theologie und Sprache, die geschichtliche Bedingtheit aber immerhin auch die eigentümliche Größe ihres Ursprungs, ihre eigene unmittelbare Berufung auf die heilige Schrift erhalten — und ebenso frei wie wir ihr, steht sie uns gegenüber, redend und Gehör verlangend, nach wie vor in i h r e m Bestand und i h r e r Art mit Einschluß alles dessen, wovon wir uns ihr gegenüber mit Recht oder Unrecht frei gemacht, was wir so oder so zurechtgerückt oder auch abgestrichen hatten. Das ist die geistliche Autorität, die sie ausübt, daß sie in ihrer eigenen Gestalt immer wieder da ist und uns, wie wir uns immer im Ganzen und Einzelnen zu ihr stellen mögen, weil sie nach wie vor die Stimme der Väter und der Brüder in der Kirche ist, nicht erlaubt mit ihr fertig zu sein. Und das ist die geistliche Respektierung ihrer Autorität, daß wir uns dieses Gegenübers bewußt sind und es uns gefallen lassen, unsere eigene Freiheit nur in diesem Gegenüber, nur innerhalb dieses Horizontes zu verwirklichen: daß die Verwirklichung unsrer Freiheit dauernd eine Rechenschaftsablage oder eben: eine Verantwortung auch ihr gegenüber sei. Sie sei denn eine kritische, eine vielleicht sehr weitgehend kritische Verantwortung; sie bleibe aber V e r a n t w o r t u n g !

Es stehe uns auch und gerade dann, wenn wir etwas einem Satz der Konfession scheinbar oder wirklich Widersprechendes meinen vertreten zu sollen, dieser Satz selbst in seinem ganzen Gewicht als das Bekenntnis der Väter und Brüder und in seiner ganzen uns noch so ärgerlichen Bestimmtheit vor Augen! Er gerate nicht etwa in Vergessenheit, obwohl und indem wir ihn zur Zeit nicht gutheißen und nachsprechen können; er bleibe uns als seinerseits gegen uns erhobener Widerspruch ehrwürdig, auch wenn wir diesem Widerspruch nicht recht geben können; er höre nicht auf, uns zu beschäftigen! Es bleibe dabei, daß wir nicht fertig sind mit ihm, weil er als Satz der kirchlichen Konfession bestimmt auch mit uns nicht fertig ist!

Das und wirklich nur das ist die verpflichtende, verbindliche und maßgebliche Autorität einer kirchlichen Konfession. Mehr als das: eine Erhebung des Dogmas zur Offenbarung und also zum Lehrgesetz oder Inhalt der kirchlichen Verkündigung würde uns unweigerlich zu der römisch-katholischen Immanenztheologie der Gleichsetzung von Kirche und Offenbarung zurückführen, würde der göttlichen Autorität der heiligen Schrift zu nahe treten und würde damit die Kirche in jene Einsamkeit mit sich selbst zurückführen, in welcher es letztlich wie überhaupt kein kirchliches Leben, so auch keine echte kirchliche Autorität geben kann. Echte kirchliche Autorität hat das Dogma gerade als solches streng geistlich autoritatives und geistlich zu respektierendes Väter- und Brüderwort. Man müßte ja der Macht des Heiligen Geistes mißtrauen, wenn man diese Autorität und diesen Respekt für ungenügend halten wollte. Tritt die Konfession, tritt das Dogma als solch geistlich autoritatives und zu respektierendes Väter- und Brüderwort keinem berechtigten Freiheitsanspruch entgegen, kann sein Anspruch, als solches gehört zu werden, in keiner berechtigten Freiheit abgelehnt werden, so gibt es auch seinerseits keinen berechtigten Anspruch auf Beachtung, Gehör, Zustimmung und Gehorsam, den es nicht als solches anzumelden und auch durchzusetzen vermöchte in dem Maß, als es selber echtes Zeugnis: echtes kirchliches Gegenzeugnis von Gottes Offenbarung und insofern ein wahrhaft geistliches Wort ist. Ist es das — wir können auch einfach sagen: ist es wirkliches Glaubensbekenntnis — dann hat es bestimmt die Macht, auch in großer Ferne von seinem eigenen geographischen, zeitlichen und geschichtlichen Ort in der Kirche weiter zu reden, sich trotz und in der ganzen eigenartigen Bestimmtheit seiner Sätze, seiner Positionen und Negationen, in seiner Richtung dem Glauben auch der Kirche eines ganz anderen Ortes unmittelbar verständlich und einleuchtend zu machen oder auch den toten Glauben in der Kirche eines solchen ganz anderen Ortes zu neuem Leben zu erwecken. Es ist offenbar nicht die Macht eines nach allen Seiten so begrenzten und fehlbaren menschlichen Wortes als solchen, es ist auch nicht die kirchenrechtliche Auszeichnung, die ihm vielleicht zu eigen ist, es ist aber auch nicht dies, daß es göttliche Offenbarung wäre, was in solchem Geschehen wirksam ist. Was sollte hier anderes wirksam sein als dies: daß es **ein Dokument des Gehorsams gegen den Heiligen Geist des Wortes Gottes** ist und deshalb **ein Instrument seiner Macht und seiner Regierung**? Wie sollte es als solches nicht Autorität haben und sein und wie sollte es anders als so dazu kommen, Autorität zu haben und zu sein? Eben damit es in diesem Sinn Autorität habe und sei und also seinen verpflichtenden, bindenden und maßgeblichen Charakter bestätige, braucht es tatsächlich nur — dies aber sehr ernstlich als das stumm anwesende Gegenüber des kirchlichen Lebens der Gegenwart, als der Horizont, innerhalb dessen dieses — immer unter der Oberherrschaft des Wortes Gottes — sich abspielt, gesehen und verstanden zu werden. Eben in solchem freien Gegenüber redet der Glaube zum Glauben und weckt der Glaube neuen Glauben, handelt und wirkt im Zeugnis, das Menschen anderen Menschen geben, der Heilige Geist selber.

Man wird zur rechten Würdigung der Autorität der kirchlichen Konfession das, was wir ihre Richtung nannten, und ihre einzelnen Sätze als solche sowohl auseinanderhalten als auch zusammensehen müssen. Es kann wohl so sein, daß die Sätze des Irrglaubens, gegen den sich die Konfession dort und damals richtete, der Kirche jetzt und hier in ihrer ursprünglichen Gestalt nicht mehr oder noch nicht bekannt oder doch nicht mehr oder noch nicht in ihrer aktuellen Bedeutung bekannt sind.

Was bedeuten uns die Sätze des Arius oder des Nestorius, auf die das christologische Dogma der alten Kirche antwortete? Was bedeuten uns die Sätze der spätmittelalterlichen Bußlehre, der die Reformatoren mit ihrer Lehre von der Rechtfertigung allein durch den Glauben begegneten? Wiederum könnte man heute fragen: Was bedeuten uns in der Schweiz, was bedeuten in Holland und England die von da aus gesehen höchst partikularen, höchst fremdartigen Sätze der Deutschen Christen, denen in Deutschland die bekennende Kirche mit ihren Sätzen entgegengetreten ist? Wiederum könnte in den Missionskirchen Indiens und Chinas gefragt werden: was sie zu tun hätten mit all den Häresien, auf die das Dogma der europäischen Kirchen in seiner Gesamtheit geantwortet hat?

Dementsprechend kann es dann gewiß so sein, daß auch die in der Konfession niedergelegten antwortenden Sätze des Glaubens der Kirche von damals und dort der Kirche heute und hier nicht ohne weiteres als notwendiger Ausdruck auch ihres eigenen Glaubens einleuchten. Daß es nun nur dabei bleibe: die Konfession von damals und dort bildet auch so das aufmerksam anzuhörende Gegenüber und den wohl zu beachtenden Horizont unseres kirchlichen Lebens. Man warte doch ruhig ab, was sich in dieser Konfrontierung ereignen wird! Es gibt nämlich notorisch einen Zusammenhang, ja eine Einheit des Irrglaubens aller Zeiten und Gegenden.

Die Behauptung, daß die Gnosis des zweiten Jahrhunderts, daß Arius und Nestorius, daß der Okkamismus uns nichts angingen, könnte ja, obwohl ihre Sätze für uns nicht den geringsten Klang haben mögen, obwohl wir vielleicht tatsächlich mit ganz anderen Gegensätzen beschäftigt sind, darum eine sehr kurzsichtige Behauptung sein, weil der Irrglaube vielleicht unterdessen wohl seine Gestalt aber gar nicht seinen Gehalt verändert hat und es wäre dann ebenso voreilig, das jener fremdartigen Gestalt des Irrglaubens begegnende Dogma der Kirche von damals und dort darum für bedeutungslos zu halten, weil es in seiner Gestalt jenem uns zunächst nicht mehr oder noch nicht bewegenden Gegensatz entspricht.

Es könnte sich bei der Behauptung von der gegenwärtigen Bedeutungslosigkeit der im Dogma vorausgesetzten und ausgesprochenen Sätze und Gegensätze auch um eine sehr fatale Einflüsterung handeln, um den von Seiten des gegenwärtigen Irrglaubens unternommenen Versuch, der Kirche ihre ihm in seiner früheren und anderweitigen Gestalt gegenüber bereits gewonnenen Erfahrung und gefallenen Entscheidung zu verheimlichen und vorzuenthalten, um sich ihr in neuer und eigener Gestalt um so sicherer aufdrängen zu können.

Die Theologie der vernünftigen Orthodoxie um 1700 wußte wohl, was sie tat, wenn sie der Kirche ihrer Zeit die reformatorische Prädestinations- und Rechtfertigungslehre zunächst als überflüssig gewordenes Relikt der Scholastik eines vergangenen Zeitalters verdächtig machte und darum die Bekenntnisschriften als den Horizont auch der kirchlichen Gegenwart nicht mehr gerne gelten lassen wollte. Kampf gegen die Scholastik sagte man, Einführung eines halb stoischen, halb pietistischen Semipelagianismus meinte man: man wußte wirklich wohl, warum man Luther und Calvin lieber nicht mehr zum Zeugen dessen haben wollte, was man selber, wenn auch gewiß nicht in den Formeln und Worten des spätmittelalterlichen Nominalismus, zu sagen im Schilde führte. Und so konnte es zunächst nicht übel klingen, wenn im 19. Jahrhundert die Schule Ritschls, die dem altkirchlichen Dogma eigenen Hintergründe griechisch-philosophischen Denkens als solche zu durchschauen und enthüllen zu können vorgab, wenn damals eine ganze Zeit anbrach, in der man sich nicht genug über das Jota von Nicaea und über die Spinosität und Starrheit der Formel von Chalcedon wundern, nicht genug den Abstand unserer eigenen „Frömmigkeit", Sittlichkeit und Denkweise von der jener fernen kirchlichen Zeiten und Streitigkeiten betonen und darum die Bedeutung des trinitarisch-christologischen Dogmas nicht genug relativieren konnte. Historisch war dabei gewiß vieles ganz richtig gesehen. Aber kann man sich heute darüber täuschen, daß das objektiv gesehen alles nur ein Vorwand war, um einem Denken und Lehren über Gott, Christus und den Heiligen Geist freie Bahn zu schaffen, das nicht in den Worten und Sätzen, aber um so mehr in der Sache mit dem der altkirchlichen Irrlehrer nur zu genau zusammentraf und gegen das eben die immer noch nicht aufgehobene Anwesenheit des altkirchlichen Dogmas einen sehr unerwünschten Wall bildete. Weil Jesus Christus nach Ritschl ein auf Grund unseres Werturteils als Gottes Sohn erfundener großer Mensch gewesen sein sollte, darum mußte das alte Dogma nach Harnack eine Selbstdarstellung des griechischen Geistes auf dem Boden des Evangeliums heißen. Und nun sehe man wohl zu, was gespielt wird, wenn uns heute wieder versichert wird, das Bekenntnis der Reformation habe seine Zeit gehabt im Gegensatz zu dem Sakramentalismus und der Mönchsmoral des damaligen Katholizismus, wir aber: die Kirche der Gegenwart, hätten es mit ganz anderen Fragen und Aufgaben zu tun! Uns interessiere nicht die Frage nach dem gnädigen Gott, sondern die Frage: ob es überhaupt einen Gott gebe? wie man vor 30 Jahren gerne sagte. Wichtiger als das Schriftprinzip und die Rechtfertigungslehre sei uns die christliche Beantwortung der sozialen und der nationalen Frage, der Kriegsfrage, der Frauenfrage usw., so sagte man später. Und nun heute: nicht die Werkgerechtigkeit sei der Feind des Evangeliums, sondern die Indifferenz und der Säkularismus der nur dem Namen nach christlichen Massen. Warum sollte an solchen Feststellungen an sich nicht allerhand Richtiges sein? Man sehe aber, wenn sie sich direkt oder indirekt gegen das Bekenntnis richten, wenn ihre Absicht die ist, das Bekenntnis als Horizont der kirchlichen Gegenwart unsichtbar und wirksam zu machen — man sehe dann wohl zu, ob das alles nicht einfach wiederum die Kulisse ist, hinter der eben der alte Feind, gegen den die Reformation ihr Bekenntnis ablegte, in neuer Gestalt um so triumphierender seinen Wiedereinzug in die Kirche halten will. Im gleichen Sinn könnte es ja eine sehr fatale Bedeutung haben, wenn man in den jungen asiatischen Missionskirchen etwa der Meinung werden sollte, das Apostolikum darum hinter sich lassen zu können, weil es ja doch nur das Dokument des Kampfes der Kirche gegen eine selbst in Europa längst nur noch historisch bekannte Gnosis sei, dessen Ergebnisse für die japanischen und chinesischen Christen von heute kein Interesse haben könnte. Lauert etwa die Gnosis nicht gerade da überall, wo das Evangelium sich in seiner Neuheit zum erstenmal von dem Hintergrund

2. Die Autorität unter dem Wort

eines von Jahrtausenden her überlieferten Heidentums abzuzeichnen beginnt? Wird es nicht gerade da immer und überall angebracht sein, ihm die Tore zu verschließen mit der Formel: *Credo in Deum patrem, omnipotentem creatorem coeli et terrae, et in Jesum Christum, filium eius unicum, Dominum nostrum?* Wäre es nicht ein bedenklicher Vorgang, wenn man dort diese Tore unter dem Vorwand, daß sie allzu westlich seien, nun etwa schleifen wollte?

Es ist ja in der Tat, jedenfalls zunächst und entscheidend, nicht der Wortlaut der kirchlichen Konfession, nicht ihre orts- und zeit- und geschichtsgebundene Gestalt, sondern es ist ihre (freilich nur in ihren Sätzen, nur in dieser ihrer Gestalt wirkliche und erkennbare) Richtung, in deren Darstellung sie den notwendigen Horizont kirchlicher Gegenwart bilden und als solcher kirchliche Autorität haben und sein kann. Indem die Konfession der Kirche von damals und dort der Kirche von heute und hier mit ihren Sätzen gegenübertritt, fragt sie sie nach ihrem Glauben, nach dem Gehorsamscharakter ihrer Auslegung und Anwendung der Schrift. Wie es einen Zusammenhang, ja eine Einheit alles Irrglaubens gibt, so gibt es ja auch einen Zusammenhang und eine Einheit des Glaubens. Auf diese Einheit des Glaubens redet uns die Konfession an. Was sie von uns will, das ist dies, daß wir uns mit ihr in der Einheit des Glaubens befinden sollen. Ihre Sätze geben uns die Richtung an, in der sie selbst, die Kirche von damals und dort, diese Einheit des Glaubens gesucht und gefunden hat. Nicht indem wir ihren Sätzen zustimmen und sie uns zu eigen machen, sondern indem wir uns durch diese Sätze diese Richtung weisen lassen, respektieren wir die Autorität der Konfession. Eben darum kann es wohl sein, daß wir, indem wir uns von ihr diese Richtung weisen lassen, einzelnen oder auch vielen ihrer Sätze kritisch gegenübertreten müssen.

Diese Kritik wird dann den Sinn haben, daß wir, in der gewiesenen Richtung gehend und also die Autorität der Konfession respektierend, andere Sätze als bessere Verwirklichung derselben Richtung den Sätzen der Konfession selbst vorziehen zu müssen meinen. Eine gewisse positive Kritik an der Konfession wird gar nicht zu vermeiden sein, wo man ihre Autorität respektiert, wo man also in der von ihr gewiesenen Richtung selber und also im Blick auf die Kirche jetzt und hier in eigener Verantwortung weitergeht. Ihre Sätze müssen dann, auch wenn ihnen direkt zu widersprechen kein Anlaß vorliegt, auf Schritt und Tritt extensiv interpretiert, sie müssen mit Unterstreichungen und Betonungen und Zuspitzungen gelesen werden, die sie dort und damals, die sie also „historisch" gesehen nicht hatten, die sie aber notwendig bekommen, indem sie das Gegenüber und der Horizont der kirchlichen Gegenwart werden. Es kann die Notwendigkeit solcher positiven Kritik an der Konfession sogar zur Entstehung einer neuen, d. h. einer die alte Konfession entsprechend der neuen Erkenntnis der Kirche der Gegenwart wiederholenden Konfession führen. Das alles ist mit der Autorität der Konfession nicht nur vereinbar, sondern kann durch die recht verstandene Autorität der Konfession so oder so geradezu gefordert sein, so gewiß diese uns nicht auf sich selber, sondern auf die heilige Schrift verpflichtet, so gewiß sie uns nicht zuerst zur Zustimmung zu ihren Sätzen, sondern zum Verbleiben in der Einheit des Glaubens und nur deshalb und in diesem Sinn dann auch zur Zustimmung zu ihren Sätzen aufruft.

Man vergesse nur nicht, daß sie eben dies nun doch nicht formlos, sondern in der sehr bestimmten Form ihrer Sätze tut. Ihre Sätze bilden den Horizont, innerhalb dessen wir uns in der Kirche befinden. Sie geben uns die Richtung auf die Einheit des Glaubens an. Sie mit ihrem Ja und Nein bilden die konkrete Gestalt, die uns nach unserem Glauben fragt. So ist es also nicht etwa, daß wir die Konfession als Bezeugung irgendeines Glaubens und damit eines Glaubens im Allgemeinen andächtig hören könnten, um uns dann unsererseits eines Glaubens im Allgemeinen und also irgendeines Glaubens erfreuen zu dürfen und der Meinung zu sein, damit ihrem Ruf in der Richtung auf die Einheit des Glaubens Genüge zu tun. Nein, dieser ihr Ruf erfolgt in Form von Sätzen. Und eben in dieser Form ist er Gegenstand unserer Auseinandersetzung mit ihm oder er ist es gar nicht. Wer der Konfession widersprechen zu müssen meint, der widerspreche ihren Sätzen. Wer sie extensiv interpretieren zu sollen meint, der interpretiere ihre Sätze. Er tue es im Gehorsam gegen die Schrift, auf die sie selber uns hinweist. Er tue es, indem er in der Richtung weitergeht, für die sie uns in Anspruch nehmen will. Er sehe also zu, daß seine Kritik oder Interpretation ihn nicht vielleicht in eine ganz andere Richtung und damit vielleicht aus seiner Kirche herausführe, oder ob sie nicht vielleicht ganz anders als im Gehorsam gegen die Schrift begründet sei und erfolge. Alle Kritik und alle Interpretation des Dogmas ist nach diesen beiden Seiten hin gefährlich, so unvermeidlich sie ist. Rechenschaft fordernd steht das Dogma, nachdem wir uns so oder so mit ihm auseinandergesetzt haben, aufs neue vor uns. Sehen wir zu, wie wir ihm Rechenschaft geben! Und doch wäre auch der schlimmste Mißgriff, der uns in dieser Hinsicht unterlaufen könnte, wenigstens sachgemäßer als ein solches Verhältnis zum Dogma, in welchem seine Sätze als solche nicht mehr gehört würden, nicht mehr ihr konkretes Wort sagen könnten, nicht mehr so oder so eingriffen in die Sätze unseres eigenen Denkens und Redens. Daß es ein Dogma gibt als Zeugnis des anderen kirchlichen Glaubens der Väter und Brüder, das wird damit und erst damit bedeutungsvoll, daß dieser andere kirchliche Glaube im Dogma redet. Das tut er aber in den Sätzen des Dogmas. Würden uns seine Sätze als solche fremd bleiben oder werden, wie sollten wir dann in der Richtung uns befinden, in die es uns weisen will. Befinden wir uns in dieser Richtung, dann befinden wir uns notwendig auch in einer bestimmten, trotz und in aller Kritik und Interpretation sich bewährenden Übereinstimmung mit seinen Sätzen. Wir sind dann in der Lage, diese Sätze als Sätze des Glaubens zu verstehen und sie als solche in aller Freiheit nachzusprechen. In aller Freiheit: das heißt als unsere eigenen Sätze, in demjenigen Sinn und Verständnis, in welchem sie sich uns heute als wahr aufgedrängt haben, unter den Vorbehalten gegenüber früheren Deutungen (vielleicht sogar gegenüber seinem ursprünglichen Verständnis), die sich aus unserem eigenen Verhältnis zur heiligen Schrift als notwendig ergeben haben, aber eben so als das Bekenntnis nun auch unseres eigenen Glaubens. Wir haben dann in den Fragen, auf die es damals und dort antwortete, die uns selbst beschäftigenden Fragen aber auch in seinen Antworten das wiedererkannt, was wir heute und hier im Gehorsam gegen die Schrift zu sagen haben. Vielleicht könnten wir es anders sagen, als es dort gesagt wurde. Wir müssen es aber nicht anders sagen. Und wir könnten es vielleicht nicht besser sagen. Was dort und damals gesagt wurde, ist vielleicht tatsächlich in seiner eigenen und unveränderten Gestalt zugleich das Bestimmteste und Klarste, was auch heute und hier, ja was nach unserer Einsicht überhaupt gesagt werden kann. Und schon um unsererseits auf die Einheit des Glaubens hinzuweisen, werden wir es, wenn keine entscheidenden Gründe dagegen vorliegen, gerne genau so sagen, wie es damals und dort gesagt wurde, werden wir uns also das Dogma nicht nur in seinem Inhalt, sondern auch in seiner F o r m, werden wir uns also nicht nur die von ihm angegebene Richtung, sondern mit der Richtung auch seine S ä t z e zu eigen machen, werden wir uns also nicht nur auf den Glauben im allgemeinen, sondern auf den besonderen, in seinem W o r t l a u t bestimmten Glauben des Dogmas behaften lassen. Nur so bleiben wir ja auch wirklich im Gespräch mit ihm, behält es seine kritische Macht uns gegenüber, bleibt die Möglichkeit offen, daß der Sinn und das Verständnis, in denen wir es bejaht haben, von ihm selbst her korrigiert werden können: daß der andere Glaube der Väter und Brüder unserem eigenen Glauben noch mehr als bisher zu sagen hat.

Wir kommen damit zum letzten Punkt unserer Überlegungen: Auch die Autorität der Konfession ist als kirchliche Autorität keine absolute, sondern eine relative und so kann auch ihre Respektierung nicht absolut, sondern nur relativ sein. Die u n f e h l b a r e und also unüberbietbare und unveränderliche Konfession ist der Lobpreis, den die Kirche als der mit seinem Haupte auf ewig vereinigte Leib ihrem Herrn in dieser ihrer eigenen ewigen Vollendung darbringen wird; sie ist also ein eschatologischer Begriff, dem jetzt und hier keine Verwirklichung entspricht, dem alle Wirklichkeit kirchlicher Konfession, dem Alles, was wir jetzt als altes oder neues Dogma kennen, nur entgegeneilen kann. Was wir als Dogma kennen, das ist grundsätzlich f e h l b a r und also überbietbar und veränderlich.

Die Wege der römisch-katholischen und der evangelischen Lehre vom Dogma gehen hier selbstverständlich noch einmal auseinander. Dogma im römisch-katholischen Sinn ist Offenbarungszeugnis wie die heilige Schrift selber. Dogma im evangelischen Sinn ist kirchliches Gegenzeugnis zu diesem Offenbarungszeugnis. Damit ist gesagt, daß es kein letztes, sondern nur ein bis auf weiteres verpflichtendes, bindendes und maßgebendes Wort sein kann. Indem die Kirche bekennt und auch indem sie sich früheres oder anderweitiges Bekenntnis zu eigen macht, hält sie sich offen für die Möglichkeit, dereinst durch Gottes Wort besser belehrt, besser zu erkennen und dann auch besser zu bekennen. Gerade weil ihr bei ihrem Bekennen jenes Eschaton des Lobpreises Gottes in der Vollendung vor Augen steht, muß sie sich auf Erden und also in Erkenntnis ihrer

Unvollendetheit für solche bessere Belehrung durch Gottes Wort offen halten. Es waren im 16. Jahrhundert besonders die reformierten Kirchen, die sich über diese Vorläufigkeit ihrer Konfessionen und aller Konfession sehr deutlich ausgesprochen haben. Man bekennt sich zu den altkirchlichen Symbolen nur unter dem Vorbehalt: *pource qu'ilz sont conformes à la Parole de Dieu (Conf. Gallic.* 1559 *Art.* 5). In der obrigkeitlichen Einleitung zum Berner Synodus von 1532 heißt es dann auch vom reformatorischen Bekenntnis selber: „Wo aber etwas uns vorgebracht würde von unseren Pfarrern oder anderen, das uns näher zu Christo führt, und laut Gottes Wort gemeiner Freundschaft und christlicher Liebe zuträglicher als die jetzt verzeichnete Meinung, dasselbige wollen wir gerne annehmen und dem Heiligen Geist seinen Lauf nicht sperren, der nicht zurück auf das Fleisch, sondern allewege vordringt auf das Ebenbild Christi Jesu unseres Herrn." Und in der Einleitung zur *Conf. Scotica* 1560: *protestantes, quod si quis in hac nostra confessione articulum vel sententiam repugnantem sancta Dei verbo notaverit ... promittimus Dei gratia ex Dei ore id est ex sacris scripturis nos illi satisfacturos aut correcturos si quis quid erroris inesse probaverit.* Daß auch Konzilien irren können und daß Gott dann seine Wahrheit auch gegen den Irrtum eines Konzils behaupten muß und wird (Calvin, *Instit.* IV 9, 13), das war die aus der Erkenntnis der alleinigen göttlichen Autorität der Schrift folgende Voraussetzung der Lehre aller Reformationskirchen. Nicht immer und überall, besonders nicht im lutherischen Bereich hat man sich dann freilich ebenso bestimmt die Relativität auch der eigenen kirchlichen Entscheidungen der Gegenwart und also auch der reformatorischen Bekenntnisschriften so klar gemacht, wie es in Bern und in Edinburgh geschehen ist oder wie es wieder Calvin in seiner Schrift gegen Pighius (C. R. 6, 250) im Blick auf Luther, Melanchthon und sich selbst getan hat. Man kann wenigstens den deutschen Text jener schon zitierten Stelle aus der Vorrede zur Konkordienformel über die *Augustana* kaum anders als dahin verstehen: es habe Gott der Allmächtige selber in diesen letzten Zeiten (nachdem er die Reformation hat Ereignis werden lassen) „aus göttlicher, prophetischer und apostolischer Schrift" jenes Bekenntnis „zusammengefasset", das dann 1530 Kaiser und Reich vorgelegt wurde. Und es finden sich jedenfalls in der späteren lutherischen Dogmatik (vgl. z. B. Hollaz, *Ex. theol. acroam.* 1707 *Prol.* II *qu.* 27) Äußerungen über den *specialis concursus Dei,* unter dem die symbolischen Bücher der lutherischen Kirche zustande gekommen seien, über die Göttlichkeit ihres Inhalts usw., die nahe an die Behauptung ihrer Inspiration und Kanonizität heranzukommen scheinen. Aber bei näherem Zusehen wird man gerechterweise doch von mehr als von einem Schein, von mehr als einer besonderen Emphase der Unterstreichung der kirchlichen Autorität dieser Bücher auch im Luthertum nicht reden können. Der zugespitzteste Satz des Hollaz lautet an dieser Stelle: *periculosum est, sine adiecta declaratione libros symbolicos humana scripta appellare.* Man wird doch auch diesen Satz *in meliorem partem* interpretieren dürfen: es ist in der Tat bedenklich, das Dogma der Kirche ein bloßes Menschenwort zu nennen ohne den Zusatz, daß es als Wort der uns von Gott vorgeordneten Väter und Brüder in der Kirche als verpflichtendes, verbindliches und maßgebliches Zeugnis vom Worte Gottes gehört und aufgenommen werden will. Die Reformation hätte ja grundsätzlich preisgegeben werden müssen, wenn man hier die Linie zwischen Gotteswort und Menschenwort wirklich hätte verwischen oder aufheben wollen. Die Frage, die man in diesem Zusammenhang an das Luthertum richten kann, kann nur die sein, ob es nicht, ohne sich theoretisch etwas zu vergeben, schon indem es so sakral von „symbolischen Büchern" redete, in jenen seltsamen Phantasien besonders über die *Augustana* und überhaupt in der merkwürdigen Verherrlichung seiner eigenen geschichtlichen Gestalt in jener Emphase zu weit gegangen ist? ob es sich nicht bei aller ungeschwächten theoretischen Vertretung des Schriftprinzips, die man ihm nicht absprechen kann, erlaubt hat, praktisch sich selbst in seinem Ursprung und in der Normgestalt seines Bestandes zu einer zweiten Offenbarungsquelle zu erheben und dann (neben der Person Luthers) insbesondere auch seine Konfession als solche zu behandeln? Soweit das geschehen sein sollte, wäre allerdings zu sagen, daß es damit die Reformation praktisch preisgegeben und sich selber mit einer gewissen Unbeweglichkeit und Verschlossenheit gegenüber neuen Erkenntnissen, wie sie sich aus solcher Praxis unvermeidlich ergeben mußte, gestraft hätte. Man muß dann freilich bedenken, daß es sich dabei nur um eine der spezifisch lutherischen Formen dessen handelte, was in anderen Formen die Schuld und das Schicksal des ganzen Protestantismus gewesen ist.

Kommt nun göttliche Unfehlbarkeit tatsächlich keiner kirchlichen Konfession zu, dann muß praktisch anerkannt werden: jede kirchliche Konfession kann nur als eine Etappe auf einem Weg verstanden werden, die als solche durch eine weitere Etappe in Gestalt einer veränderten Konfession relativiert und überboten werden kann. Es muß sich also auch die Respektierung ihrer Autorität notwendig verbinden mit der grundsätzlichen Bereitschaft, einer solchen möglichen Veränderung entgegenzusehen.

Indirekt hat das auch die römisch-katholische Kirche anerkannt, indem sie zwar keine Perfektibilität des Dogmas, wohl aber eine Perfektibilität der kirchlichen Proklamation des Dogmas zugibt und durch ihre Geschichte und Praxis bestätigt, in der es faktisch sehr wohl auch überholte, veraltete, deutlich korrigierte und andererseits neue, offenkundig klarere und bestimmtere Dogmen gibt.

Es gilt aber von einer solchen Veränderung der Konfession dasselbe, wie von einer Veränderung des kirchlichen Urteils hinsichtlich des Kanonsumfangs und hinsichtlich der Feststellung, wer die „Väter" der Kirche sind: Man stelle sich den Vorgang jedenfalls nicht als leichter und nicht als weniger verantwortlich vor als den der Entstehung einer Konfession. Es müßte dabei nicht auf Grund irgendeines abstrakten Gutfindens, sondern in Erkenntnis des Wortes Gottes in der heiligen Schrift so geredet werden, wie man nun — und nun also anders als die Väter und Brüder — reden möchte. Es müßte ein Anlaß vorliegen, der gewichtig genug wäre, um das Unternehmen, nunmehr anders zu reden als jene, als Notwendigkeit rechtfertigen würde. Es müßte das, was man bei diesem Anlaß zu sagen hat, so neu und verschieden sein gegenüber dem von jenen Gesagten, daß es sich ohne Störung der Einheit des Glaubens lohnen würde, nunmehr wirklich anders als sie zu reden. Es müßte in irgendeiner erkennbaren und sich aufdrängenden Weise — entscheidend vermöge des inneren Gewichtes des Ausgesagten, laut seiner Übereinstimmung mit der Schrift — die Kirche sein, die es unternähme, nunmehr anders zu reden. Es müßten, bevor zum Werk geschritten wird, neben der heiligen Schrift auch die Stimmen der bisher in Kraft stehenden Konfession noch einmal allen Ernstes angehört werden, damit nur ja nichts verlorengehe von dem, was sie uns vielleicht trotz und in unserer neuen Lage und Aufgabe zu sagen haben. Es müßte sich dann unser eigenes Unternehmen in seiner Echtheit bewähren durch den Mut, es der übrigen Kirche vorzutragen, wie man eine Entscheidung vorträgt, die man selber für in einer göttlichen Entscheidung begründet hält und also wiederum mit dem Anspruch, daß man sich ihr gegenüber entscheiden müsse und also ohne Furcht vor einem bestimmten Ja und einem bestimmten Nein. Und dann müßte eine entsprechende praktische Haltung die neue, die veränderte Konfession von ihrem Ursprung her begleiten, als das unentbehrlichste Mittel ihrer Proklamtion.

Sie müßte in letzter menschlicher Gewißheit und aus letzter menschlicher Notwendigkeit daherkommen und es müßte also von ihr geredet werden können wie Luther es im Blick auf die Schmalkaldischen Artikel getan hat: „Dies sind die Artikel, darauf ich stehen muß und stehen will bis in meinen Tod, ob Gott will und weiß darinne nichts zu ändern noch nachzugeben. Will aber imand etwas nachgeben, das tu er auf sein Gewissen" und speziell im Blick auf die Lehre von der Rechtfertigung (am Anfang des 2. Teiles): „Von diesem Artikel kann man nichts weichen noch nachgeben, es falle Himmel und Erde oder was nicht bleiben will: denn es ist kein ander Name, dadurch wir konnen selig werden, spricht S. Petrus Act. 4. Und durch seine Wunden sind wir geheilet. Und auf diesem Artikel stehet alles, das wir wider den Bapst, Teufel und Welt lehren und leben. Darum müssen wir des gar gewiß sein und nicht zweifeln. Sonst ists alles verloren und behält Bapst und Teufel und Alles wider uns den Sieg und das Recht."

Billiger als zu diesen Bedingungen — von denen keine einzige fehlen darf — ist eine neue Konfession nicht zu haben. Sind diese Bedingungen gegeben, dann darf nicht nur, dann muß eine neue Konfession gewagt werden. Man kann aber alle diese Bedingungen auch verstehen als die Voraussetzungen, unter denen eine neue Konfession gewagt werden muß, unter welchen also das Problem des Dürfens kein Problem mehr ist. Dann, unter diesen Voraussetzungen gewagt, wird sie sich bestimmt auch Autorität und Respekt verschaffen.

Wir können nun nur schließen mit der Feststellung, daß eine neue Konfession im Bereich des Protestantismus (wenn wir die letzten Ereignisse, deren Tragweite noch abzuwarten ist, zunächst einklammern wollen) seit der Reformation und der ihr unmittelbar folgenden Zeit nicht auf den Plan getreten ist, obwohl es doch an umwälzenden Entwicklungen in diesem Bereich nicht gefehlt hat. Der Neuprotestantismus insbesondere, dem doch genug Selbstbewußtsein gegenüber der ganzen vorangehenden Entwicklung bis hinauf zur Bibel selber eigen war, hat eine neue Konfession nicht hervorgebracht. Nicht einmal ein Bekenntnis zu der von ihm gelehrten und geforderten Akonfessionalität, nicht einmal eine Entscheidung zugunsten der doch angeblich allein selig machenden Entscheidungslosigkeit hat er der Kirche ernstlich und konsequent vorzulegen und abzufordern sich getraut! Weiter als bis zur theologischen Verdunkelung und teilweise zur kirchenrechtlichen „Abschaffung" der alten Konfession hat er es notorisch nicht gebracht. Die unitarische Kirche in Ungarn, Siebenbürgen und Polen ist eine — ehrenvoll zu erwähnende — Ausnahme geblieben. Noch die Frage von Julius Kaftan: „Brauchen wir ein neues Dogma?" (1890) verhallte ungehört oder doch unwirksam. Es blieb trotz viel Seufzen und Geschrei durch alle theologischen Entwicklungen hindurch beim alten Dogma, wie es trotz aller Kanonkritik beim alten Kanon blieb, und es blieb auch für den Neuprotestantismus beim Kompromiß mit dem alten Dogma. Warum wohl? Vermutlich einfach darum, weil der Neuprotestantismus die Bedingungen eines neuen Dogmas allerdings nicht zu erfüllen, weil er für seine Dogmen kirchliche Autorität wirklich nicht in Anspruch zu nehmen vermochte, und darum in richtiger Einsicht auch nicht in Anspruch zu nehmen wagte.

§ 21
DIE FREIHEIT IN DER KIRCHE

Unmittelbare, absolute und inhaltliche Freiheit nimmt ein Glied der Kirche nicht für sich, sondern allein für die heilige Schrift als Gottes Wort in Anspruch. Eben der Gehorsam gegen das freie Wort Gottes in der heiligen Schrift ist aber auch subjektiv bestimmt dadurch, daß jeder Einzelne, der das Zeugnis der Schrift anzunehmen bekennt, die Verantwortung für dessen Auslegung und Anwendung selber mit zu übernehmen willig und bereit sein wird. Die Freiheit in der Kirche ist durch die Freiheit der heiligen Schrift, in der sie begründet ist, begrenzt als mittelbare, relative und formale Freiheit.

1. DIE FREIHEIT DES WORTES

Wir können nicht nur an die Autorität, wir müssen auch an die Freiheit der Kirche denken, wenn wir verstehen wollen, was das bedeutet, daß es ein Wort Gottes für die Kirche gibt. Die durch das Wort Gottes berufene und begründete Kirche ist *communio sanctorum* nicht nur in dem Sinn, daß hier Menschen zur *communio* versammelt, als solche regiert und bestimmt werden durch die *sancta*, d. h. durch das in ihrer Mitte aufgerichtete Heiligtum des Evangeliums und des Glaubens, sondern — weil in diesem Sinn! — darum auch in dem anderen Sinn: daß hier Menschen an diesem Heiligtum Anteil bekommen, daß es also in ihre Hände gelegt, ihnen anvertraut wird, daß sie selbst jetzt kraft der in dieser *communio* stattfindenden *communicatio* der *sancta* zur *communio* der *sancti* werden, aufgerufen nicht nur Hörer, sondern auch Täter des Wortes zu sein. — Autorität und Respektierung von Autorität ist nur die o b j e k t i v e Bestimmung des von Gottes Wort in der Kirche geforderten, geschaffenen und eingepflanzten Gehorsams. Nur von Autorität redend, hätten wir noch zweideutig geredet von der Herrschaft des Gottes Abrahams, Isaaks und Jakobs, der kein Gott der Toten, sondern der Lebendigen ist. Seine Autorität ist gerade darin göttlich majestätische Autorität, daß sie nichts gemein hat mit Tyrannei, daß ihr Bild nicht die Gewalt einer die menschliche Gegenseite vernichtenden Naturkatastrophe, sondern vielmehr die Gewalt eines die menschliche Gegenseite nicht nur anerkennenden, sondern als solche konstituierenden Zurufs, Befehls und Segens ist. Ihr gehorchen heißt nicht: von ihr überrannt, in seiner Eigenständigkeit als Mensch unterdrückt und aufgehoben werden. Gehorsam gegen Gott ist gerade darin echter Gehorsam, daß er ebenso spontan wie rezeptiv, daß er nicht nur u n b e d i n g t e r Gehorsam, sondern eben als solcher Gehorsam von H e r z e n ist. Gottes Autorität wird nur respektiert in der Sphäre der Freiheit: nur da, wo es ein Gewissen gibt, ein Mitwissen um ihre Hoheit und Rechtmäßigkeit und eine Zustimmung zu ihrer Stimme — nur da, wo jemand sich durch ihre Stimme beugen und aufrichten, trösten und mahnen lassen will. Ganz dasselbe gilt aber auch von den verschiedenen Gestalten kirchlicher Autorität und ihrer Respektierung. Will man die ebenso notwendige **subjektive** Bestimmung des Gehorsams als Freiheit nicht sehen, oder nur beiläufig sehen, entzieht man sich der Aufgabe, dieser Seite des Problems ebenso gerecht zu werden wie der anderen, dann sehe man wohl zu, ob man sich nicht bereits im Bereich einer weltanschaulich-politischen Versteifung einer an sich richtigen theologischen Teilerkenntnis befindet, die doch als Teilerkenntnis nicht für sich bleiben und gerade nicht, als wäre sie das Ganze, systematisiert werden dürfte. Sie verliert sonst nicht nur ihren Charakter und ihre Kraft als theologische Wahrheit, sie stört und hindert dann, wird sie nun wirklich als das Ganze christlicher Erkenntnis vertreten und vorgetragen, die Anerkennung und den Sieg der Wahrheit durch ihre nicht im Geheimnis Gottes, sondern nur im Geheimnis menschlicher Willkür begründete Einseitigkeit. Sie ruft dann Reaktionen hervor, von denen sie in ihrer weltanschaulich-politischen Versteifung ganz mit Recht betroffen wird, die dann aber gleichzeitig auch die in ihr verkürzte und mißbrauchte Wahrheit selbst zu treffen pflegen. Der bloß beherrschte und bezwungene Mensch wäre gar nicht der durch Gottes Wort erreichte und wiedergeborene Mensch; er wäre nicht so beherrscht und gezwungen, wie das Wort Gottes beherrscht und bezwingt. Bloß beherrscht und bezwungen wird er auch von ganz anderen Mächten bis und mit der des Todes, ohne daß es unter allen diesen Mächten auch nur eine einzige gäbe, die ihn so in ihre Gewalt brächte, daß ihm die Rebellion des vom Fatum überwältigten Stoikers: *si fractus illabatur orbis, impavidum ferient ruinae* nun wirklich abgeschnitten, daß er ihnen also wirklich gehorsam würde. In der Kirche unter dem Worte Gottes geht es anders zu als so. Die über ihr stehende göttliche Autorität sowohl wie die in ihr geltende kirchliche Autorität ist keine von jenen bloß beherrschenden und bezwingenden Mächten. Immer nur im menschlichen Mißverständnis und Mißbrauch könnten sie das werden. Eben darum sind in der Kirche dann auch jene Reaktionen überflüssig, weil gegenstandslos. Der hier beherrschte und bezwungene Mensch ist ja gerade der von Gott geliebte und also auf seine eigenen Füße gestellte, der verantwortlich gemachte Mensch. Autorität anerkennen und respektieren als ein Glied der Kirche, das bedeutet: Gott wieder lieben und also willig und bereit sein, Verantwortung — Mitverantwortung, aber eben so wirkliche Verantwortung übernehmen. Der Christ ist kein geschobener Stein und keine ins Rollen gebrachte Kugel. Der Christ ist der durch das Wort und die Liebe Gottes lebendig gemachte wirkliche, Gott wieder liebende Mensch, sich aufrichtend gerade indem er gebeugt wurde, sich beugend gerade indem er aufgerichtet wurde. Eben darum, weil es in der Kirche kein bloßes Beherrschen und Bezwingen gibt, gibt es in ihr ein wirkliches Beherrschen und Bezwingen, und gerade weil es in der Kirche Autorität gibt, gibt es in ihr auch Freiheit. Diese Seite des Problems will auch gesehen und sie will nicht nur beiläufig, sondern ernstlich gesehen sein.

Es besteht Anlaß, dies heute besonders nachdrücklich zu sagen. Die evangelische Kirche und Theologie steht heute in allen Ländern, wo sie sich ihres Lebens und ihrer Aufgabe überhaupt wieder bewußt zu werden beginnt, in der Auseinandersetzung mit dem Neuprotestantismus als der Zwischenform, in die sie bald nach der Reformation zunächst eingegangen, der sie dann ziemlich vollständig verfallen ist, deren letzte Entwicklungsstadien, wenn nicht alles täuscht, heute hinter uns liegen und die dem Sein und Sollen dieser Kirche und Theologie jedenfalls (von der Schrift und von der Reformation selbst her gesehen) heute nicht mehr zu genügen vermag. In dieser Auseinandersetzung spielt nun die Wiederentdeckung der Wirklichkeit und des Begriffs der göttlichen sowohl wie der kirchlichen Autorität auf der ganzen Linie eine wichtige Rolle. Daß Gott im Himmel und der Mensch auf Erden ist, daß Gott regiert und der Mensch zu gehorchen hat, daß das Wort Gottes einen Totalanspruch an den Menschen bedeutet, an diese einfachen Wahrheiten haben wir uns wieder ganz neu gewöhnen lernen müssen: unter dem Widerspruch eines theologischen Liberalismus, der eben diese einfachen Wahrheiten nicht wahrhaben wollte. Eben bei diesem Hinweis auf die Autorität Gottes ging und geht es nun aber auch nicht ab ohne den Hinweis vor Allem auf deren Konkretheit in ihrer Gestalt als Autorität des kirchlichen Kanons, auf die Autorität der Reformation, als des die Kirche neu begründenden Faktums, auf die Autorität der Konfession als des Dokumentes dieser Neubegründung; und es konnte das Alles nun erst recht nicht gesagt, bzw. neu gesagt werden, ohne denselben theologischen Liberalismus, gegen den es in der Tat gesagt werden mußte, nun erst recht zu leidenschaftlichem Widerspruch zu reizen. Aber eben diese theologische Auseinandersetzung war von Anfang an und ist heute erst recht schwer belastet und kompromittiert durch die Tatsache, daß wir ja gleichzeitig auch in einer weltanschaulich-politischen Auseinandersetzung stehen, in welcher es ebenfalls um Autorität und Freiheit geht oder doch zu gehen scheint. Weit weg von der Frage nach göttlicher und kirchlicher Autorität ist gleichzeitig in der Welt der große Versuch unternommen worden, dem Absolutismus einer angeblich autonomen Vernunft und damit dem Absolutismus des Einzelnen und der Masse den Absolutismus einer den Menschen und die Menschen nach Leib und Seele regierenden Staatsgewalt entgegenzusetzen, deren neue Begründung und Legitimation man besonders eindrucksvoll in der Idee des Volkstums gefunden zu haben meint. „Autorität" ist also auf einmal ein weltliches Lieblingslosungswort und „Liberalismus" ist auf einmal ein weltliches Schimpfwort geworden. Eine schlimmere Störung jener kirchlich-theologischen Auseinandersetzung und Arbeit als gerade diese hätte sich gar nicht denken lassen. Oder wie könnte das Leben der Kirche etwa schlimmer gestört werden als dadurch, daß es — man könnte auch hier an die Geschichte von den Zauberern des Pharao denken — einen solchen Doppelgänger bekommt, der in einer bis in die Einzelheiten gehenden Parallelität eben das, was sie tut, auch zu tun scheint. So mußte einst schon die Reformation sich stören lassen durch die Tatsache, daß es neben ihr gleichzeitig im Kampf gegen die Kultur des Mittelalters auch einen Renaissancehumanismus gab, gleichzeitig auch ein mächtiges Selbständigkeitsbestreben der nationalen Königstümer, Fürsten und Reichsstädte gegenüber der Kaisermacht, gleichzeitig auch eine Erhebung der Bauernschaft gegen die Feudalherren, gleichzeitig auch ein allgemeines Greifen nach dem kirchlichen Großgrundbesitz. Wie Viele mögen damals gelebt haben, die die Reformation nicht vor Allem von irgendeiner dieser Gleichzeitigkeiten aus verstanden haben? Wie nahe lag es, sie von irgendeiner dieser säkularen Bewegungen her zu bejahen und zu unterstützen und damit sicher fremdes Feuer auf ihren Altar zu bringen! Und wie nahe lag es umgekehrt da, wo man zu einer dieser säkularen Bewegungen im Gegensatz stand, die Reformation in der Zusammenschau mit diesen abzulehnen und zu bekämpfen! So muß man heute damit rechnen, daß die theologisch-kirchliche Erneuerung mit der nationalistisch-autoritären Zeitbewegung zusammengesehen, in ihren Motiven aus jener abgeleitet oder auch umgekehrt als deren religiöser Ursprung angesehen oder auch auf irgendeine gemeinsame Wurzel mit jener zurückgeführt wird. Und es ist dann offenbar auch für sie gleich fatal, ob sie in dieser Zusammenschau bejaht und unterstützt oder verneint und bekämpft wird. Jedes Wort, das in Kirche und Theologie für die rechte Autorität und gegen den Mißbrauch der Freiheit gesagt werden kann und gesagt werden muß, kann offenbar sofort grundfalsch gemeint sein und grundfalsch verstanden werden, wenn es mit den gleichlautenden Schlagworten der Zeitbewegung auch nur in die fernste Beziehung gebracht wird. Natürlich beruhen solche Gleichzeitigkeiten zwischen Kirchengeschichte und Weltgeschichte nie auf Zufall. Kirche und Welt gehören nahe genug zusammen: Kein Wunder, wenn das Geschehen in der Kirche wohl heimlich oder offen immer begleitet ist von solchen Schattenbildern weltgeschichtlichen Geschehens. Es ist aber Gottes Weisheit und Macht, in deren Walten Kirche und Welt zusammengehören und die uns durch das Sichtbarwerden solcher Gleichzeitigkeiten an diese Zusammengehörigkeit und damit an sich selber erinnert. Glauben wir an Gottes Vorsehung, so kann das gerade nicht bedeuten, daß wir uns selbst auf einen Standpunkt stellen, von dem aus wir diese Zusammengehörigkeit und dann auch solche Gleichzeitigkeiten systematisch zu durchschauen und meistern zu können meinen würden. Glauben wir an Gottes Vorsehung, dann werden wir also den Weg, den die Kirche im Gehorsam gegen ihren Auftrag und im Achten auf das Wort Gottes gehen muß, gerade nicht rechtfertigen und begründen von den Wegen her, die wir die Welt gehen sehen. Und wiederum werden wir dann die Wege der Welt, über deren Sinn und Ziel wir ja doch bestenfalls nur Vermutungen haben können, nicht von den Wegen der Kirche her rechtfertigen und begründen wollen. Eben die so oder so naheliegende Systematik, eben die so oder so naheliegende Verbindung zwischen dem oft scheinbar so gleichartigen Geschehen und Handeln dort und hier ist die Störung, die immer wieder als solche erkannt und abgewehrt werden muß. Wird sie nicht erkannt und abgewehrt, dann wird die Kirche hineingerissen in Bestrebungen, Gegensätze und Schicksale, denen sie, gerade weil sie eine Botschaft an die ganze Welt hat, überlegen gegenüberstehen müßte; dann verliert sie ihre Glaubwürdigkeit; denn eben damit, daß sie diese Störung nicht als solche erkannte, und abwehrte, daß sie den Allotria nachging, statt sich an ihren Auftrag und an das Wort Gottes zu halten, hat sie dann gezeigt, daß sie nicht im Gehorsam stand, der doch nichts als Treue auf ihrem eigenen Weg von ihr gefordert hätte. In solcher Treue gegen den eigenen Weg der Kirche war, wenn nicht alles täuscht, Luthers Haltung im Bauernkrieg begründet. In anderen Punkten hat doch wohl auch er, haben auch die anderen Reformatoren die drohende Störung nicht immer und nicht deutlich genug als solche erkannt und abgewehrt. Und wo und in welcher Hinsicht dies nicht geschah, ist es der Kirche der Reformation prompt genug zum Fluch geworden. So haben wir allen Grund, heute unerbittlich festzustellen: Welches immer im göttlichen Ratschluß der Zusammenhang sein mag zwischen der Auseinandersetzung über Autorität und Freiheit, die heute in der Kirche und in der Theologie, und der anderen, die heute eindrucksvoll genug auch auf den Gebieten der Politik und der Weltanschauung stattfindet — wir können und dürfen weder jene durch diese noch diese durch jene interpretieren. Und das bedeutet nun praktisch in unserem Zusammenhang: Wir haben, wenn es uns um ein neues Geltendmachen der Autorität Gottes und auch der Autorität der Kirche geht, mit der heute im Gang befindlichen Proklamation eines säkulären Autoritarismus nichts zu schaffen. Wir erwarten von ihr so wenig, wie wir von einer neuen Proklamation eines säkularen Liberalismus erwarten würden. Wir danken auf das Bestimmteste für jeden Beifall und für jede Hilfeleistung, die uns etwa von daher zuteil werden könnten. Wir machen keinen Gebrauch von den Argumenten und von dem Pathos, die uns von

1. Die Freiheit des Wortes

daher geliehen werden könnten. Wir haben aber auch unsererseits keinen Anlaß, uns von der Kirche her für jene Bestrebungen einzusetzen, kirchliche Argumente und kirchliches Pathos zu Waffen in jenem Streit herzugeben. Wenn die heute ausschlaggebende Staatsphilosophie der Meinung ist, in dem Geist von 1789 und 1848 und im Marxismus den Feind des Menschengeschlechts bekämpfen zu müssen, so mag sie damit recht oder unrecht haben: der Gegensatz, in dem sich das Evangelium zu einer falschen Freiheitslehre befindet, ist auf keinen Fall dieser Gegensatz. — Es kann vielmehr keine Frage sein, daß von dem Widerspruch des Evangeliums auch diese moderne Staatsphilosophie betroffen wird, daß auch sie mit ihrem ganzen Autoritarismus zu der durch das Evangelium bestrittenen Freiheitslehre gehört, genau so, wie sich auch der Idealismus von gestern eben dessen schuldig machte, was vom Evangelium her als Tyrannei zu bestreiten ist. Es wird vielmehr so sein, daß die Kirche in ihrem Verhalten und Reden der Welt gegenüber sich heute des im Raum der Welt unterdrückten und verfolgten F r e i h e i t s gedankens anzunehmen, die relative Berechtigung seines Anliegens zu schützen hat: nicht um seiner selbst willen, nicht weil das Evangelium mit einer Metapyhsik der Freiheit zu verwechseln wäre, wohl aber damit es — in der kompromittierenden Nachbarschaft, in der es sich heute befindet — nicht mit einer Metaphysik der Autorität verwechselt werde. Ist die Kirche im Zeitalter des Liberalismus mit Recht nicht einfach liberal geworden, sondern blieb sie — wenn auch mit genug bedauerlichen Konzessionen an den Zeitgeist und weithin gegen ihren eigenen Willen — unter beständiger Anfechtung seitens der damals liberalen Welt faktisch der Hort des Autoritätsgedankens, so gehe sie nun auch heute nur ja nicht mit dem Zeitgeist, so versäume sie auch heute nur ja nicht, die Freistätte der heute in der Welt zu kurz kommenden Wahrheit — und das ist eben: der Wahrheit des Freiheitsgedankens — zu sein. Die Kraft und Glaubwürdigkeit ihres Kampfes gegen den falschen Freiheitsgedanken hängt ganz und gar daran, daß sie sich an der säkularen Hetze gegen den säkularen Liberalismus gerade nicht beteiligt, daß sie durch das, was von seiten dieses Liberalismus gegen den ihm gegenüberstehenden säkularen Autoritarismus mit relativem Recht einzuwenden ist, nicht etwa mitbetroffen wird, daß von ihr aus, sofern sie zu der in ihre Parteikämpfe verstrickten Welt zu reden hat, vielmehr auch heute das G e g e n g e w i c h t in die Waagschale geworfen und also Ausgleich zugunsten der Freiheit und damit G e r e c h t i g k e i t geschaffen werde. Ihr eigener Kampf ist zu ernst und zu schwer, als daß sie ihn anders denn legitim, mit freiem Rücken und gutem Gewissen kämpfen könnte. Die Legitimität, der freie Rücken und das gute Gewissen sind aber dadurch bedingt, daß sie sich bei aller Aufgeschlossenheit und Aufmerksamkeit für das, was in der Welt geschieht, „von der Welt unbefleckt" hält, d. h. daß sie nicht zur Parteigängerin wird, daß sie dem Evangelium seine Überlegenheit gegenüber den säkularen Gegensätzen erhält. Eben darum kann und darf nun aber ihr eigener Kampf, der Kampf gegen den Neuprotestantismus auf keinen Fall innerhalb irgendeiner allgemeinen Front „für die Autorität" geführt werden. Er darf also, damit er legitim sei, überhaupt nicht einseitig als Kampf „für die Autorität" geführt werden. Die Reformation war überall da geistlich umsonst und verloren, sie wurde überall da zur milden oder zur wilden Schwärmerei, wo sie sich den allgemeinen Gegensatz: gegen Papsttum, Scholastik und Mittelalter zu eigen und zunutze machte, wo sie sich selbst einseitig in diesem Gegensatz verstand und darstellte. Genau so würden wir uns heute geistlich sofort entmächtigen, wenn wir uns auch nur auf Fingersbreite auf die Linie des zeitgenössischen Autoritarismus begeben oder aber uns selber nur auf der Linie bewegen würden, auf der wir uns mit ihm scheinbar in Parallele befinden. — Eben darum ist es so entscheidend wichtig, auch die andere Seite unseres Problems zu sehen: auch dies, daß es in der Kirche wie Autorität so Freiheit gibt. Würden wir dies nicht sehen, wie hätten wir dann die gewaltige Störung erkannt und abgewehrt, die uns heute durch jene Nachbarschaft bereitet ist? wie wären wir dann frei von dem Verdacht, dem neuen Zeitgeist mehr als dem Heiligen Geist zu dienen? Wie könnten wir dann glaubwürdig sein? Wohlverstanden: nicht um glaubwürdig zu werden, müssen wir auch diese andere Seite des Problems sehen. Gefordert ist dies von unserem Gegenstand her. Gefordert ist dies entscheidend dadurch, daß Gottes Offenbarung seine Offenbarung im Wort aber auch seine Offenbarung durch den Geist ist. „Im Wort": das bedeutet bestimmt, daß Kirche und Theologie sich keinem System des Subjektivismus verschreiben können; „im Wort": das bedeutet allerdings Autorität in der Kirche. Es bedeutet aber „durch den Geist" ebenso bestimmt die Unmöglichkeit eines Systems nun auch des Objektivismus. Auch das Andere ist zu sehen: die Freiheit in der Kirche. Von Gottes Wort und also von Gottes Offenbarung her denkend befinden wir uns tatsächlich jenseits dieser Gegensätze, können wir die Freiheit nicht mehr gegen die Autorität, können wir aber auch die Autorität nicht mehr gegen die Freiheit ausspielen, darf es uns weder um das eine noch um das andere dieser beiden Prinzipien als solches gehen, sondern hier wie dort nur um den Willen Gottes — müssen wir also gewiß beständig bereit sein, jedem menschlichen Freiheitsbegriff die göttliche Autorität entgegengestellt, ebenso bereit dann aber auch dazu, jeden menschlichen Autoritätsbegriff durch die Freiheit Gottes in seine Schranken gewiesen zu sehen. Es zwingt uns also eine sachliche und nicht nur eine taktische Notwendigkeit, nun auch diese zweite Feststellung zu machen. Es kann uns aber eben dies eine nützliche Erinnerung sein: daß es in der heutigen Lage (um der Glaubwürdigkeit der Kirche und ihrer Botschaft willen) auch taktisch geboten ist, sachlich zu sein und also wirklich auch diese zweite Feststellung zu machen.

Daß es in der Kirche auch Freiheit gibt, das will darum ernstlich gesehen sein, weil es auch hier, auch auf dieser Seite, schlechterdings ums Ganze geht. Wenn wir auf die Frage: wie Gottes Wort in der heiligen Schrift zu uns Menschen kommt und wie es regiert in der Kirche Jesu Christi? diese zweite Antwort geben: daß dies Ereignis wird in einem freien Gehorsam, so haben wir auch mit dieser zweiten Antwort vollständig gesagt, was zu jener Frage zu sagen ist. Wie Gott in seiner Offenbarung nicht weniger der Heilige Geist als der Sohn ist, so ist Gottes Wort in der Schrift nicht weniger Geist als es Wort ist. Und nicht weniger würden wir uns irren, wenn wir es in seiner Freiheit nicht verstehen wollten, als wenn uns seine Autorität verborgen bleiben sollte. Vielmehr verhält es sich so, daß hier, wie der Sohn nur durch den Geist und wie im Geist nur der Sohn offenbar werden kann, Autorität notwendig durch Freiheit, Freiheit notwendig durch Autorität interpretiert werden muß. In der Kirche kann weder die Autorität noch die Freiheit beanspruchen, ein Prinzip von letzter Gültigkeit und Gewalt zu sein. In der Kirche können beide nur als Prädikate des Wortes Gottes und also in der Beleuchtung von diesem ihrem Subjekt her und eben darum nur in gegenseitiger Beleuchtung verstanden und behandelt werden.

Man wird sich dies besonders im polemischen Gebrauch dieser Begriffe wohl vor Augen halten müssen. — Es liegt nahe, aber es liegt allzu nahe, zu sagen, daß wir im Blick auf die Freiheit auf die spezifisch protestantische, in besonderem Gegensatz zum Katholizismus zu gebende Antwort auf jene Frage zu reden kommen. Man kann vor dieser Auffassung nur warnen. Es stünde schlimm um die protestantische Kirche, wenn es protestantischer wäre, von der Freiheit als von der Autorität zu reden, wenn also das demagogische Gerede recht hätte, laut dessen die Sorge der Reformatoren im letzten Grunde die gewesen wäre, das Gewissen und die Vernunft des Individuums gegenüber dem Ansehen und Urteil der Kirche ins Recht und auf den Thron zu setzen, laut dessen sie also die Vorläufer des Pietismus, der Aufklärung und des Idealismus gewesen wären. Es ist wahr, daß sie gegenüber einer Autorität, die gar keine wirkliche, keine göttliche und keine echte kirchliche Autorität mehr war, die Freiheit des Christenmenschen verkündigt haben, der ein freier Herr aller Dinge ist und niemand untertan. Aber wie kann man übersehen, daß sie eben mit dieser Verkündigung faktisch auch in der genau umgekehrten Front kämpften? Als ob Luther in dem Enthusiasmus seiner Zeit, auf den alle jene späteren Liberalismen zurückgehen, nicht denselben Feind gesehen hätte wie im Papsttum! Wie kann man überhören, daß derselbe Christenmensch nach Luther ein Knecht aller Dinge ist und jedermann untertan? Als ob Calvin für die Erkenntnis der Autorität Gottes u n d der Kirche nicht mehr getan hätte, als alle mittelalterlichen Päpste und Scholastiker miteinander! Die Kirche der Reformation hat es wirklich, wenn sie sich nur nicht durch jene demagogische Apologetik das Heft verwirren läßt, nicht nötig, sich erst durch die römisch-katholische Polemik daran erinnern zu lassen, daß sie durch unbesonnene Bejahung des Freiheitsprinzips der Häresie verfallen und zur Sekte werden müßte. Sie befand sich in ihrem Ursprung und sie befindet sich in ihrem Wesen keineswegs in der Sackgasse, in welcher auf einmal das freie menschliche Individuum das Maß aller Dinge sein soll. Wie würde sich dieser Optimismus schon mit der reformatorischen Erkenntnis vom Elend des Menschen, von seinem Unvermögen Gott zu erkennen und das Gute zu tun, vereinigen lassen? Man hat diese Erkenntnis später wohlweislich streichen müssen, um die Reformatoren als die Väter jener modernen Freiheitsbestrebungen hinstellen und feiern zu können. Es ist aber noch viel grundsätzlicher schon durch die evangelische Anschauung von der alleinigen Herrlichkeit und Heilsamkeit des göttlichen Wortes ganz ausgeschlossen, den Protestantismus auch nur auf die Intention und Vorbereitung jener Freiheitsbestrebungen festzulegen. Man lasse also immerhin den Katholizismus in seinem Gegensatz zu allerlei anderen Häresien für die Autorität gegen die Freiheit kämpfen. Man wehre sich aber ihm gegenüber gerade nicht in erster Linie der Freiheit, sondern in erster Linie der Autorität an und dann erst und von da aus auch der Freiheit. Daß er mit seiner Lehre von der Einheit von Kirche und Offenbarung (im Zusammenhang mit seiner Lehre von Natur und Gnade) dem Menschen eine Freiheit, eine Mächtigkeit neben Gott und über Gott zugeschrieben und damit alle jene anderen Häresien, wie feindselig er ihnen immer gegenüberstehen mag, recht eigentlich erzeugt, als Gegenspieler auf seiner eigenen Ebene notwendig gemacht, daß er die Anschauung von der Autorität Gottes und damit — trotz alles Klerikalismus — auch die von einer echten kirchlichen Autorität z e r s t ö r t hat, das ists, was wir ihm entscheidend vorzuhalten haben. Daß er mit dieser Zerstörung der Autorität auch die Freiheit des Geistes und des Gewissens, die notwendige und gebotene Freiheit des einzelnen Gliedes der Kirche zerstört hat, das ist auch wahr. Aber wie soll das anders verstanden und ernstlich gesagt werden können, wenn nicht zuerst dies gesehen und gesagt wird: römischer Katholizismus ist R e b e l l i o n gegen die Autorität des Wortes Gottes, Rebellion gegen die kanonische Schrift, Rebellion auch gegen die Väter und gegen alles echte Bekenntnis. Als das Wort Gottes in der Reformation seine Herrschaft wieder aufrichtete in der zerstörten Kirche, da verweigerte ihm der „Katholizismus" den Gehorsam, da fuhr er fort, die Kirche zu zerstören: nicht indem er zuviel, sondern indem er z u w e n i g von Autorität wußte, indem er der menschlichen Willkür neuen Raum und neue Formen schuf, mit dem Worte Gottes umzugehen, wie es ihr paßte. Und darum stelle sich die evangelische Kirche nur ja nicht dorthin, wo sie nach der römisch-katholischen Theorie stehen müßte! Auch und gerade dann nicht, wenn sie ihr gegenüber tatsächlich die evangelische Freiheit zu vertreten hat! Sie beschreibe diese *libertas christiana* dann also nur ja nicht als jene innere Unabhängigkeit der unmittelbar und ausschließlich an Gott gebundenen Seele, als wüßte sie nicht, wie kurz der Weg ist von diesem Independentismus zu seinem Gegenstück in Gestalt einer päpstlichen Unfehlbarkeit, sondern sie beschreibe sie, wie es der Wahrheit entspricht, als die wirkliche Gebundenheit des Menschen an den Gott, der m i t t e l b a r zu uns geredet und an uns gehandelt hat; sie beschreibe sie als die Treue, in der der Mensch den göttlichen Zeugnissen nachgehen darf und soll; sie beschreibe sie als das Hängen an der kanonischen Schrift, an den Vätern, an der Konfession, als das Hängen an der kirchlichen Autorität also! Sie beschreibe sie als die unvergleichliche trotzige Selbständigkeit, die gerade als wirkliche Unterwerfung unter wirkliche Autorität jedem einzelnen Glied der Kirche zugemutet — nein, durch den Heiligen Geist des Wortes Gottes gegeben ist. So und nur so: also in völliger Umkehrung der Front, in der der Katholizismus uns gerne stehen sähe und in die uns auch die modernen Häresien immer wieder drängen möchten, kann die Gegensätzlichkeit zwischen ihm und uns rein und streng, so wie es nötig und so wie es dann auch hoffnungsvoll ist, sichtbar gemacht werden. Es muß wiederum um der Sache willen so sein. Es ist aber auch gar nicht zu verkennen, daß der römische Katholizismus erst von dem Augenblick an auf uns zu hören vermag, daß es zwischen ihm und uns erst von dem Augenblick an wieder zu einem Gespräch und damit wenigstens zu einem gemeinsamen Ausblick auf die *una sancta catholica* kommen kann, wo er sieht, daß er unsererseits hinsichtlich der Erkenntnis und Geltendmachung der Autorität wirklich nicht unterboten, sondern überboten wird, daß wir mit der Verkündigung der evangelischen Freiheit wirklich nicht auf einen schlechteren, sondern auf einen besseren Gehorsam zielen.

Es liegt nun aber auch umgekehrt auf der anderen Front, nämlich gegenüber dem Neuprotestantismus, allzu nahe, sich unsererseits auf den Begriff und die Wirklichkeit der Autorität festzulegen. Eine Warnung ist auch hier am Platz. Es ist wiederum wahr und wurde bereits gesagt, daß es nach dieser Seite in der Tat um die Autorität geht: um die Gottesautorität, um die Bibelautorität, um die Autorität des Bekenntnisses. So war es schon in dem Kampf der Reformatoren gegen die Schwärmer und Humanisten, die die Väter des Neuprotestantismus waren. Aber nun darf man auch auf dieser Seite nicht übersehen, wie nahe für die Reformatoren dieser Feind zur Linken mit dem zur Rechten, d. h. aber gerade mit dem Papsttum zusammenstand. Gerade Gesetzlichkeit, Möncherei, Gewissensknechtung haben sie, aller Berufung auf den Geist, auf das Gewissen, auf unmittelbare Offenbarung zum Trotz, jenem nicht weniger als diesem vorgeworfen. Sie taten recht daran. Und sie taten recht daran, seiner Freiheitsbotschaft, die von ihm verworfene Autorität in der Gestalt der wahren, von ihm erst recht verworfenen Freiheitsbotschaft entgegenzuhalten. Was wußte denn ein Erasmus oder Karlstadt oder später ein Servet oder ein Sebastian Franck von der wirklichen Freiheit eines Christenmenschen? Was hat die Tragik, mit der wir alle diese Gestalten — sich selber ernst nehmen sehen, was hat die Feierlichkeit mit der nachher im ganzen Neuprotestantismus der Mensch die Tiefe seines Wesens und Erlebens als Letztwirklichkeit und höchstes Gesetz ernst genommen wird — was hat sie mit der evangelischen, mit der wirklichen Freiheit der Kinder Gottes zu tun? Hat der denn derselbe Calvin mit seiner unerbittlichen Autoritätsverkündigung nicht etwa doch auch für die Sache der Freiheit mehr getan als die sämtlichen damaligen Vorläufer der modernen Freiheitslehren? Wieder braucht sich die Kirche der Reformation, wenn sie sich selber recht versteht, wirklich nicht erst durch den Neuprotestantismus daran erinnern zu lassen, daß es auch eine unbesonnene Bejahung des Autoritätsprinzips geben könnte, durch die die Kirche ebenfalls der Häresie verfallen und zur Sekte werden müßte. Auch in der Sackgasse, wo der Mensch nun auf einmal des Menschen Herr und Gesetz werden möchte, war sie in ihrem Ursprung und ist sie in ihrem Wesen keineswegs zu finden. Geht ein absolut gesetztes Autoritätsprinzip nicht etwa mit einem absolut gesetzten Freiheitsprinzip auf dieselbe Wurzel zurück, nämlich auf einen Optimismus, der da unmöglich ist, wo das Dichten und Trachten des menschlichen Herzens erkannt ist als böse von Jugend an, unmöglich da, wo des göttlichen Wortes Regierungsgewalt erkannt und anerkannt ist? Eben ein solches absolut gesetztes und also falsches Autoritätsprinzip haben die Reformatoren nicht nur dem Feind zur Rechten, sondern auch und gerade dem Feind zur Linken, also den Vätern des Neuprotestantismus schuld gegeben! Man lasse also wiederum diesen Gegner zur Linken immerhin für die Freiheit gegen die Autorität streiten! Man lasse sich aber auch durch ihn nicht die eigene Stellung vorzeichnen. Es ist auch ihm gegenüber sicherer und hoffnungsvoller, sich gerade des Anliegens anzunehmen, für dessen Vertreter er sich selber hält. Es ist nämlich — wie laut und heftig er immer für die Sache der Freiheit einzutreten scheint — nicht so, daß dieses Anliegen bei ihm nun etwa gut aufgehoben wäre. Oder gibt es eine schlimmere Bedrohung gerade der Freiheit als jene Einsetzung des Menschen zu seinem eigenen Herrn und Gesetzgeber? Wer kann uns etwa schlimmer tyrannisieren als der Gott in unserer eigenen Brust? Und welche weiteren Tyranneien zieht diese erste und entscheidende nicht nach sich? Wie sollte es anders sein, als daß der angeblich unmittelbar mit Gott verbundene, der aller konkreten Autorität ledige Mensch um so sicherer ausgeliefert wird an die Mächte des Natur- und Geschichtslaufes, an die Zeitgeister und Zeitbewegungen, an die Dämonen seiner Situation und Umgebung? Wenn man den Menschen gefangen sehen will, dann befreie man ihn nur auf der Linie, auf der ihn einst Erasmus und Karlstadt frei sehen wollten! Und wenn man eine wilde Sehnsucht nach einem wenigstens scheinbaren Ausgleich, nach einer wenigstens scheinbaren Autorität in ihm erwecken, wenn man ihn zum Konvertiten reif machen will, dann erziehe man ihn zu der Freiheit, wie wir sie im Neuprotestantismus uns gepredigt wird! Die katholische Autorität ist das unvermeidliche Komplement zu dieser Freiheit. Und das eben ist die Anklage, die nach dieser Seite zu erheben ist: wir befinden uns auch hier auf der Ebene, auf der es wie keine echte Autorität so auch keine echte Freiheit gibt, sondern nur ein Agieren und Reagieren hin und her zwischen einem eigenmächtigen Hochmut und einer ebenso eigenmächtigen Verzweiflung; wir haben es auch hier mit dem U n - g e h o r s a m zu tun, der sich der Reformation der Kirche durch das Wort Gottes entziehen wollte und entzieht, um desto sicherer der Knechtschaft zu verfallen, die so oder so außerhalb der Herrschaft des Wortes Gottes unvermeidlich ist. Und darum stellen wir nun auch dem Neuprotestantismus gerade das entgegen, was er zu h a b e n meint, und was ihm in Wirklichkeit fehlt: d. h. aber gerade die F r e i h e i t in der Kirche. Also gewiß die Autorität in der Kirche, also gewiß Gott und die Bibel und das Bekenntnis - man sehe aber zu, daß man das Alles nicht etwa geltend macht als eine von den Inventionen des Menschengeistes, die der Neuprotestantismus aus seinem eigenen Bereich nur zu gut kennt und denen er nur mit Verstocktheit begegnen wird, sondern das Alles als die Macht, die den Menschen im Gegensatz zu dem, was er über sich selbst vermag, nicht von einer Tyrannei in die andere führt, sondern endlich auf seine eigenen Füße stellt, endlich ihn in eine Luft hebt, in der er atmen kann. Man darf auch dem Neuprotestantismus nicht den Gefallen tun, sich dahin zu stellen, wohin seine Schlagworte zielen. Gerade ihm gegenüber ist — auch hier in völliger Verkehrung der Front — die Botschaft von der von ihm so wunderlich mißverstandenen F r e i h e i t eines Christenmenschen die siegreiche Wahrheit. Auch hier muß es nicht um irgendeiner Taktik, sondern um der Sache willen so sein. Aber auch hier ist damit zu rechnen, daß Gehör und Gespräch und Aussicht auf Verständigung dann und erst dann möglich werden, wenn es klar ist, daß ihm nicht ein Zuviel, sondern ein Z u w e n i g an Freiheit vorgeworfen wird, daß er in der Vertretung seines eigenen Anliegens nicht unterboten, sondern ü b e r b o t e n wird.

Von der Freiheit in d e r K i r c h e haben wir zu handeln, d. h. aber primär und eigentlich von der Freiheit des W o r t e s G o t t e s. Wohlverstanden: gerade darum, weil zu zeigen ist, daß es nicht nur eine Autorität, sondern auch eine Freiheit gibt in der Kirche und also wie eine Autorität so auch eine F r e i h e i t unter dem Wort: eine echte, den Menschen in der Kirche zukommende, eine ihnen nicht nur gelassene, sondern geschenkte, nicht nur erlaubte, sondern gebotene, eine ihnen nicht nur zufällige, sondern notwendige Freiheit — gerade darum müssen wir die Freiheit primär und eigentlich **konkret** verstehen: als Freiheit des Wortes Gottes. Als solche und nur als solche ist sie ernstlich, ist sie unmittelbare, absolute und inhaltliche Freiheit. Durch sie wird die Freiheit, die uns Menschen in der Kirche zukommt, begründet: als menschliche Freiheit gerade in der Weise echt, daß sie durch jene auch begrenzt wird als mittelbare, relative und formale Freiheit. Menschliche Freiheit wäre nichts, wie menschliche Autorität auch nichts wäre, wenn nicht zuerst und grundlegend das Wort Gottes wäre und Autorität wie Freiheit in sich selber hätte und durch sich selber ausübte. Weil das Wort Gottes in sich selber auch **Freiheit** hat und durch sich selber auch **Freiheit** ausübt, darum und daraufhin gibt es dann, wo es gehört wird, und also in der Kirche, indem Gleiches Gleiches hervorruft, auch eine menschliche Freiheit. So hervorgerufen wird diese menschliche Freiheit sich der Freiheit des Wortes nicht entziehen, sie wird nicht Freiheit abseits vom Wort, ohne das Wort oder gegen das Wort, sondern nur Freiheit unter dem Wort sein können und nochmals: gerade als solche und nur als solche wird sie echte menschliche Freiheit sein.

Wenn wir von Freiheit in der Kirche reden, so sagen wir damit zunächst allgemein, daß es in der Kirche — unbeschadet dessen, daß es da Autorität, d. h. Verordnung, Maßgeblichkeit, Leitung und Führung gibt — jedenfalls auch gibt: eigene **Wahl und Entscheidung**, eigenes **Beschließen und Bestimmen**. Indem die Kirche aus Menschen besteht, gibt es Freiheit in der Kirche. Wo nicht Wahl und Entscheidung, wo kein Beschließen und Bestimmen stattfände, da wären auch keine Menschen. Auch indem wir sofort voraussetzen, daß diese Freiheit primär und eigentlich nur die Freiheit des Wortes **Gottes** sein kann, müssen wir doch auch bei diesem primären und eigentlichen Sinn des Begriffs zunächst allgemein an die **Menschen** in der Kirche denken. In ihnen und für sie hat das Wort Gottes seine Freiheit, obwohl ihre menschliche Freiheit von dieser Freiheit des Wortes Gottes selbst dann noch einmal bestimmt zu unterscheiden sein wird. Nicht von dem ewigen Logos als solchem, sondern konkret von dem fleischgewordenen und von Menschen geglaubten und bezeugten Wort Gottes reden wir ja. Wo das Wort Gottes von Menschen geglaubt und bezeugt wird, da sind diese ihm nicht nur unterworfen und gehorsam, da nehmen sie, indem sie ihm unterworfen und gehorsam sind, auch teil an seiner Freiheit.

Wir denken, wenn wir an diese Menschen in der Kirche denken, auch hier zunächst an die Propheten und Apostel selber. Gehören sie doch — und das sogar als die Ältesten und Ersten — in die Reihe der Menschen, die das Wort Gottes geglaubt und bezeugt haben und also, indem sie sich ihm unterwarfen und gehorsam wurden, an dessen Freiheit Anteil bekamen. Sie stehen als Propheten und Apostel **nicht nur** in einer Reihe mit all den

1. Die Freiheit des Wortes

anderen Menschen, von denen allgemein dasselbe zu sagen ist. Sie stehen dieser Reihe als Propheten und Apostel mit ihrem Wort, dem Wort der heiligen Schrift auch gegenüber. Sie sind insofern auch Träger des Wortes Gottes selbst mit der unmittelbaren, absoluten und inhaltlichen Freiheit, die diesem als solchem eigen ist. Aber wie könnten sie uns als solche einsichtig werden, wenn sie nicht zugleich und als solche auch in der Reihe stehen würden, in der wir Anderen als Glieder der auf ihr Wort, auf die heilige Schrift gegründeten Kirche mit ihnen stehen dürfen? Eben in der mittelbaren, relativen und formalen Freiheit, die ihrem Glauben und Zeugnis auch eigen ist, muß uns einsichtig werden, daß ihrem Wort, daß der heiligen Schrift nicht nur diese Freiheit eigen ist, muß uns die unmittelbare, die absolute, die inhaltliche Freiheit des Wortes Gottes einsichtig werden. Sonst wird sie uns gar nicht einsichtig. Wir stellen also zunächst fest: es hat das Verhältnis der Propheten und Apostel zu Jesus Christus, indem es den Charakter eines Gehorsamsverhältnisses hat, auch den Charakter einer Wahl und Entscheidung. Keiner solchen Wahl und Entscheidung, in welcher diese Menschen über das, was sie wählten und wofür sie sich entschieden, mächtig gewesen wären oder durch die sie darüber mächtig geworden wären. Das ist dadurch ausgeschlossen, daß Jesus Christus, der Herr, ihr Gegenüber war und ihr Verhältnis zu ihm ein Gehorsamsverhältnis, in welchem es keine Umkehrung geben konnte. Aber wenn es in diesem Verhältnis auch keine Umkehrung gab, so war es darum doch ein Verhältnis, in welchem auch Jesus Christus in diesen Menschen ein reales Gegenüber hatte, in welchem sich diese Menschen ihm gegenüber verantworteten, in welchem er, indem sie ihm ihren Glauben schenkten und ihr Zeugnis gaben, von ihnen gewählt wurde, in welchem sie sich für ihn entschieden. Eben Gehorsam ist ja Wahl und Entscheidung, wenn sie auch wesensmäßig gerade die Wahl und Entscheidung ist, in welcher sich der Gehorchende seiner eigenen Macht dem gegenüber begibt, dem er gehorcht. Eben Gehorsam ist also Freiheit. In diesem Sinn steht ebensosehr die Freiheit wie der Gehorsam der Propheten und Apostel am Anfang der Kirche: die Freiheit, die nur in der Bindung des Gehorsams, die also nur auf Grund der überlegenen Freiheit Jesu Christi Ereignis wurde — aber die Freiheit! Kirche Jesu Christi könnte da nicht sein, wo es nicht auch zu einer Wiederholung dieser Freiheit käme. Die Existenz Jesu Christi steht und fällt damit, daß Jesus Christus sich immer wieder in solchen Menschen ein reales Gegenüber schafft: Menschen, die sich ihm gegenüber verantworten indem sie ihn wählen, wie er sie gewählt hat, die sich für ihn entscheiden, wie er sich für sie entschieden hat — Jünger, die ihm nachfolgen, daraufhin, daß sie von ihm gerufen sind.

Aber nun müssen wir weiter feststellen: Auch als Freiheit verstanden ist das Verhältnis zwischen den Propheten und Aposteln und ihrem Herrn ein **einmaliges** Verhältnis — so einmalig wie die Offenbarung selbst in der Mitte der Zeiten — und es bedeutet die Existenz der Kirche, obwohl sie ohne Wiederholung jener Freiheit nicht möglich ist, nicht die Existenz weiterer und immer neuer Propheten und Apostel. In der Direktheit ihrer Begegnung mit Jesus Christus ist jene Freiheit, ist die Nachfolge von Jüngern Jesu eben nicht wiederholbar. Wieder hängt nun Alles davon ab, ob die einmalige Offenbarung Gottes in Jesus Christus und die prophetisch-apostolische Begegnung mit ihm in ihrer Einmaligkeit umsonst geschehen ist oder ob die Verheißung: Ihr sollt meine Zeugen sein! und: Siehe, ich bin bei euch alle Tage! wahr und erfüllt ist. Ist sie wahr und erfüllt, dann sind die Propheten und Apostel in der Freiheit ihres Glaubens und Zeugnisses, indem sie **abbildlich** die Freiheit Jesus Christi selbst bezeugen, zugleich **urbildlich** die Zeugen für alle Freiheit menschlichen Glaubens und menschlichen Zeugnisses in der durch ihr Wort begründeten Kirche. Eben in ihrer Freiheit hat die Kirche dann die Freiheit ihres Herrn zu erkennen und zu ehren, in der die Freiheit ihrer Glieder — als der Glieder an seinem Leibe — begründet ist. Die Kirche kann nun auch nach dieser Seite nicht an der Schrift vorbeisehen. Die Schrift kann ihr nun wirklich nicht Autorität sein, ohne daß sie, indem sie ihr Autorität ist, teilnähme an ihrer Freiheit, d. h. an jenem Wählen und Entscheiden, in welchem die Propheten und Apostel auf Grund der über sie selbst gefallenen Wahl und Entscheidung Propheten und Apostel wurden und waren. Die Schrift wird der Kirche und denen, die in der Kirche sind, nun zur Gebieterin, indem sie — die Kirche und die, die in der Kirche sind — selbst die **Bewegung** mitmachen, in welcher die Schrift entstand und kraft welcher die Schrift noch heute nicht bloß Schrift, sondern in ihrer Schriftlichkeit Geist und Leben ist: zunächst in dem engeren Sinn dieser Begriffe, in welchem sie eben die **Bewegung** des Glaubens und des Zeugnisses bezeichnen, in welcher das biblische Wort unter der Leitung des Heiligen Geistes möglich wurde, zustandekam und ausgesprochen wurde — nicht nur in Bindung, sondern in der Bindung auch in Freiheit. Die Schrift ist nicht nur das Dokument des Gehorsams an sich, sondern des in dieser **Bewegung** vollzogenen Gehorsams der Propheten und Apostel. Und in diesem Dokument ist, wenn jene Verheißung wahr und erfüllt ist, die Bewegung unterdessen nicht etwa eingeschlafen und erstarrt, sondern eben in jener im Gehorsam vollzogenen **Bewegung** existiert dieses Dokument als Zeugnis der Offenbarung. In wirklicher Beugung unter seine Autorität wird also die Kirche, die durch die Schrift bezeugte Offenbarung nicht über sich ergehen lassen können wie ein Felsblock einen Wasserfall. Sie muß sich vielmehr, gerade weil Gottes Offenbarung durch die Schrift bezeugt ist, und weil die Schrift auch das Dokument dieser Bewegung ist, und als solches selber nur in dieser Bewegung existiert, ihrerseits durch die Schrift in Bewegung setzen lassen.

1. Die Freiheit des Wortes

Luther hat die Schrift „Meister" und „Richter" genannt. „Die heilige Schrift und Gottes Wort soll Kaiserin seyn, der man stracks folgen und gehorchen soll, was sie sagt" (W. A. Ti. 1, 186, 20), „... die do wahrlich Christus geystlicher leyb ist" (Grund und Ursach aller Artikel 1521, W. A. 7, 315, 24). Es gehört bestimmt nicht bloß zur Bildhaftigkeit, sondern zum sachlichen Sinn dieser Wendungen, wenn sie der Schrift offenbar ein eigentümliches selbständiges ja persönliches Leben in der Ausübung ihrer Funktion der Kirche gegenüber zuschreiben.

Es kann sich, wenn wir nicht nur von der Autorität, sondern auch von der Freiheit in der Kirche reden müssen, nicht etwa darum handeln, nun doch ein zweites Prinzip neben die heilige Schrift zu stellen, für eine zweite Stimme neben der ihrigen auch noch Gehör zu verlangen. Sondern darum geht es, die eine heilige Schrift, die in der Kirche allein zu hören ist, als das Prinzip und die Stimme wie der Autorität so auch der Freiheit zu hören, weil sie tatsächlich ungetrennt und untrennbar beides hat: Autorität als Gottes Wort, Freiheit als menschliches Zeugnis von Gottes Wort, wobei doch auch die Freiheit nicht etwa von unten, aus der Menschlichkeit der biblischen Zeugen herstammt, sondern wie die Autorität von oben, aus Gottes Wort, durch das diese Menschen zum Glauben und zum Zeugnis erweckt wurden. Weil sie Gottes Wort bezeugen sollten, darum wurden sie mit Autorität, weil sie das als Menschen tun sollten, darum wurden sie mit Freiheit beschenkt und ausgerüstet. Und so begegnet uns ihr Zeugnis in der heiligen Schrift wohl — weil es Zeugnis von Gottes Wort ist — mit dem Anspruch, als authentisch gehört und aufgenommen zu werden; es ist aber diese Authentie nicht etwa die einer starren, sozusagen in einer steinernen Tafel eingeschriebenen Vorschrift, die die Kirche und die Menschen in der Kirche mechanisch abzulesen und in ihr eigenes Denken und Sprechen zu übertragen hätten, sondern sie ist eine lebendige Authentie; es ist die Schrift selbst tatsächlich ein lebendiges, ein handelndes Wesen, ein redendes Subjekt, das von der Kirche und in der Kirche nur als solches wirklich gehört und aufgenommen werden kann. Daß uns in der Schrift die Bewegung sichtbar werde, in der die Propheten und Apostel geglaubt und ihr Zeugnis abgelegt haben, daß wir diese Bewegung verstehen als das Leben und Handeln des Wortes Gottes selber, daß wir dieser in der Schrift stattfindenden Bewegung des Wortes Gottes nachgeben und folgen, daß wir mithin selber bewegt werden und uns bewegen in eigenem Glauben und eigenem Zeugnis — das ist das Problem, das neben dem der Autorität der Schrift — nicht als ein zweites, sondern als das Problem des konkreten Verständnisses ihrer Autorität gesehen sein will. Es geht also wirklich um die Freiheit des Wortes und dann erst und von da aus und allein um des Wortes willen um die ihr entsprechende, durch sie geforderte ja geschaffene und geschenkte menschliche Freiheit in der Kirche, die Freiheit unter dem Wort. Die Freiheit des Wortes kann keine Einschränkung der Autorität des Wortes bedeuten, ganz im Gegenteil: wir hätten offenbar seine Autorität und also seine Hoheit, seine Würde, seine Geltung, seine Vollmacht nicht verstanden, wir würden sie nicht ehren, wie sie geehrt sein will, wenn wir sie nicht als eine von der Schrift als dem nach jener wahren und erfüllten Verheißung lebendig gegenwärtigen Wort Gottes ausgeübte Aktion, d. h. als ein in der Kirche in der Tat stattfindendes Beschließen, Wollen, Führen, Regieren, Bestimmen, dessen konkretes Subjekt eben die Schrift ist, verstehen und ehren würden. Es ist also die Überlegenheit der heiligen Schrift gegenüber der Kirche nicht die götzenhafte Ruhe eines oberhalb eines blühenden Tales unbeweglich tronenden Eisgebirges. Es kann das Argument des Lebens gerade nicht gegen die Autorität der Schrift ausgespielt werden; es kann diese gerade nicht unter den Titel des Kampfes für den Geist gegen den Buchstaben bezweifelt und angefochten werden. Das Alles eben darum nicht, weil sie selber Geist und Leben ist — nun auch in dem umfassenden und tieferen Sinn dieser Begriffe: Geist und Leben des wirkenden Gottes selber, der uns in ihrem Glauben und in ihren Zeugnissen nahe ist, der nicht etwa darauf zu warten braucht, daß dem Dokument seiner Offenbarung nachträglich Geist und Leben eingehaucht werde kraft der Aufnahme die ihm in der Kirche bereitet wird, kraft des Verständnisses, der Nachfühlung, der Kongenialität, die ihm von den Bibellesern entgegengebracht wird, sondern der in diesen Dokumenten dem Eigenen aller Bibelleser allezeit vorangeht mit seinem Geist und Leben, der in diesem Dokument faktisch und praktisch das Kirchenregiment ausübt, dem alles menschliche Kirchenregiment nur folgen kann als Auslegung und Anwendung seines Wortes, als Anerkennung der von ihm geschaffenen Tatsachen, als Verkündigung der von ihm proklamierten Wahrheit, als Dienst gegenüber seinem offenbarten Willen. In dieser Nachfolge gegenüber dem in der heiligen Schrift Allen allezeit vorangehenden Gott, in dem Anschluß an seine durch die Schrift ausgeübte Aktion besteht dann die echte menschliche Freiheit in der Kirche, die Freiheit unter dem Wort. — Die Freiheit des Wortes selbst und als solche haben wir uns zunächst anschaulich und verständlich zu machen.

1. Die Freiheit des Wortes Gottes und also der heiligen Schrift besteht zunächst schlicht darin, daß diese allen anderen Faktoren und Elementen im Leben der Kirche, aber auch im Leben der Welt gegenüber als direktes Zeugnis von der Offenbarung Gottes in Jesus Christus ein Thema von nicht aufzuhebender Eigenheit und Einzigartigkeit hat. Dieses ihr Thema konstituiert die Schrift — weil und indem es ihr als dieses Thema von Gott selbst aufgegeben ist, weil und indem ihre Zeugnisse also Gottes eigene Zeugnisse sind — als Subjekt, das sich von anderen Subjekten unterscheidet, ihnen gegenüber Stellung nimmt und handelt.

1. Die Freiheit des Wortes

Man wird hier sofort an Matth. 16, 16–19 denken dürfen und müssen: Petrus — in der nicht einzuebnenden und doch repräsentativen Singularität seiner Existenz als dieser Mensch Petrus — hat das Messiasbekenntnis (und damit das A und O alles biblischen Zeugnisses) ausgesprochen. Wie kam er dazu? Er kam gar nicht dazu — Fleisch und Blut haben ihm den Inhalt dieses Bekenntnisses nicht offenbart — sondern er ist selig zu preisen deshalb, weil ihm die Erkenntnis, die er bekennt, durch unmittelbare Offenbarung, durch Jesu Vater im Himmel zuteil geworden ist. Eben als der deshalb selig Gepriesene, empfängt er nun auch sofort die Verheißung: „Auf diesen Felsen werde ich meine Kirche bauen," wird er also — wohlverstanden: in jener Singularität als dieser Mensch Petrus, die gerade als solche repräsentativ ist für die Stellung und Funktion aller direkten Offenbarungszeugen — ein einerseits von Jesus Christus, andererseits auch von dessen Kirche verschiedenes, zwischen beiden vermittelndes Subjekt, bekommt er Selbständigkeit und eine eigene Funktion, offenbar eben die Funktion, in der er sich in seinem Bekenntnis bereits (den Inhalt der Verheißung sozusagen vorwegnehmend) betätigt hatte. Man bemerke, wie hier, in eigentümlicher Umkehrung auftretend, alle wichtigen Elemente sichtbar werden: Gottes Offenbarung, ein konkreter Mensch, dessen Einsetzung zum Dienst der Offenbarung, seine Funktion in diesem Dienst und wie streng hier die beiden letzten Elemente: die Einsetzung und Funktion des Menschen auf das erste: auf Gottes Offenbarung bezogen und von diesem abhängig ist. Ganz analog verhält es sich aber auch bei Paulus: nicht von Menschen dazu eingesetzt (Gal. 1, 1) aber auch in sich nicht geeignet dazu, einen Apostel zu heißen — man kann ja auch bei Petrus nicht sagen, daß er geeignet war, jener Felsen zu sein! — ist er durch Gottes Gnade, was er ist (1. Kor. 15, 10) Jesus Christus selbst hat ihn dazu gemacht: Gott, der Jesus Christus von den Toten auferweckte (Gal. 1, 1) derselbe, der ihn, Paulus, vom Mutterleibe ausgesondert, indem es ihm gefiel, ihm seinen Sohn zu offenbaren, damit er ihn verkündige unter den Heiden (Gal. 1, 15–16). Diese Gnade muß ihm genügen (2. Kor. 12, 9). Diese Gnade ist aber auch nicht umsonst auf ihn gekommen (1. Kor. 15, 10). Christus ist der, der in ihm lebt (Gal. 2, 20), der in ihm kräftig ist (Phil. 4, 13): eben die Gnade, eben der Christus, die nun auch der Inhalt seines Apostolats sind. Gerade Paulus kann nach allen seinen Briefen gar nicht Apostel sein und sein Apostolat gar nicht ausüben, ohne dauernd dessen zu gedenken, wie er dazu gekommen: vielmehr wie der Apostolat von Jesus Christus her, als die „ihm gegebene Gnade" (1. Kor. 3, 10) zu ihm gekommen ist. So, durch sein Thema, wird der Apostel — und so, durch ihr Thema, wird alle heilige Schrift konstituiert als eigentümliches, von anderen verschiedenes, anderen entgegengestelltes Subjekt. Man versteht, daß es in diesem Zusammenhang keinen Sinn hätte, darauf Gewicht zu legen, daß es innerhalb der heiligen Schrift natürlich viele menschliche Subjekte gibt. Das ist richtig, aber wichtiger ist dies, daß kraft der Einheit ihres Themas die vielen menschlichen Subjekte der Schrift unter sich und nach außen — aus seiner Fülle haben wir alle empfangen (Joh. 1, 16) — wie ein einziges Subjekt sichtbar werden und wirken.

Die Freiheit des Wortes Gottes erkennen, heißt also vor Allem: dieses durch Gottes Offenbarung geschaffene Subjekt erkennen, den biblischen Zeugen, der uns in mannigfachster Gestalt als ein einziges und einheitliches Wesen, in einer einzigen und einheitlichen Richtung und Weise Gehör verlangend, gegenübertritt, ein menschliches Wesen — *in concreto* ist es ja auch immer je ein einzelner Mensch, ein Petrus oder Paulus — aber nun eben als menschliches Wesen ganz durch das Eine bestimmt und charakterisiert, was ihm gesagt ist und was es zu sagen hat. Die Freiheit des Wortes Gottes ist zunächst darin zu respektieren, daß uns dieses Subjekt als solches unverwischbar und unvergeßlich vor Augen tritt und vor Augen bleibt.

2. Die nächste und eigentlich entscheidende Einsicht ist umfassend zu bezeichnen als die Einsicht in die eigentümliche **Macht** dieses Subjektes in seiner Entgegenstellung und Auseinandersetzung mit allen anderen Subjekten. Freiheit heißt ja Können, Möglichkeit, Macht: Macht in ihrer Uneingeschränktheit oder doch Ebenbürtigkeit gegenüber anderen Mächten. Solche Macht hat nun auch das Subjekt, das wir in der heiligen Schrift durch deren Thema, durch die Offenbarung Gottes in Jesus Christus, konstituiert finden. Es hat, weil es das durch dieses Thema konstituierte Subjekt ist, die Macht des Wortes Gottes.

Erläutern wir sofort, daß unter dieser Macht nicht zu verstehen ist die Macht der religiösen, der kultischen, der moralischen, der ästhetischen, der theologischen Dämonie, die den einzelnen biblischen Subjekten und die dem biblischen Subjekt als ganzem natürlich, d. h. in seiner Menschlichkeit und zwar in der besonderen, durch sein Thema bestimmten Menschlichkeit, zweifellos auch zu eigen ist. Es gibt im Alten und im Neuen Testament einen Zauber des biblischen Denkens und der biblischen Sprache, der biblischen Anschaulichkeit und Argumentation, für den man keineswegs unempfindlich sein soll, den man vielmehr durchaus auf sich wirken lassen darf und muß. Es gibt als notwendiges Requisit einer nicht im Grammatikalisch-Historischen stecken bleibenden biblischen Exegese eine Intuition, ein Erspüren gerade dieser Dämonie, dieses Zaubers der Bibel. Aber man vergesse nicht: dies ist noch nicht die Macht, noch nicht die Freiheit des Wortes Gottes, so gewiß es von ihm in seiner menschlichen Gestalt nicht zu trennen, so gewiß es also nicht zu übersehen ist. Matth. 11, 9 wird hier zu bedenken sein: „Was seid ihr hinausgegangen zu sehen? Wolltet ihr einen Propheten sehen? Ja, ich sage euch: Einen, der mehr ist als ein Prophet". Dazu die ebenfalls Johannes den Täufer betreffende Warnung; Joh. 5, 35: „Er war ein brennendes und scheinendes Licht; ihr aber wolltet euch eine kleine Weile ergötzen an seinem Licht". Dazu die Warnung des Paulus im Blick auf sich selbst 1. Kor. 2, 1: οὐ καθ' ὑπεροχὴν λόγου ἢ σοφίας sei er zu ihnen gekommen, um ihnen das Zeugnis Gottes zu verkündigen. Dämonie und Zauber als solche sind eine Macht, die der heiligen Schrift allerdings eigen ist, die sie nun aber doch mit anderen Schriften grundsätzlich gemein hat, die also dieses Subjekt gerade nicht grundsätzlich vor anderen auszeichnet. Dieser Macht erliegen, heißt noch nicht die Freiheit des Wortes Gottes erkennen. Sondern da erst wird diese Freiheit erkannt — da erst werden übrigens auch die Dämonie und der Zauber der heiligen Schrift richtig gewürdigt — wo in diesen Symptomen ihrer menschlichen und insofern nicht einzigartigen Macht (übrigens ohne alle Askese und Borniertheit in dieser Hinsicht!) wiederum die Macht des Themas, also die Macht der Offenbarung Gottes in Jesus Christus erkannt wird. Ist die ganze Mächtigkeit, die den biblischen Zeugen von ihrem Thema her eigen ist, nicht zu übersehen, ist da wahrlich anregende und aufregende Kraft, Würde und Tiefe, ist da wahrlich „Geist" auch im humanen Sinn aller dieser Begriffe, so steht doch diese ganze Mächtigkeit unter dem Gesetz: „Ohne mich könnt ihr nichts tun" (Joh. 15, 5) und unter dem Selbstbekenntnis des Paulus: „Nicht daß wir von uns selbst aus geeignet wären, etwas zu denken als von uns selbst aus, sondern unsere Eignung ist aus Gott, der uns geeignet gemacht hat (ἱκάνωσεν) zu Dienern des neuen Bundes." (2. Kor. 3, 5 f.). Auf die Erkenntnis dieses ἱκανοῦν wird alles ankommen, während eine Auslegung, Anpreisung und Verteidigung der Bibel unter dem Gesichtspunkt jener ihr immanenten, jener humanen Mächtigkeit, sobald diese *in abstracto* ins Auge gefaßt werden sollte, notwendig noch einmal stecken bleiben müßte auf einer Ebene, auf der die eigentümliche Macht dieses Subjektes nicht unzweideutig sichtbar werden kann, auf der sie von anderen ähnlichen Mächtigkeiten konkurrenziert, wenn nicht überboten werden kann.

1. Die Freiheit des Wortes

Um die Macht des Wortes Gottes geht es. Aber nun freilich: um die Macht des **fleischgewordenen** und von Menschen geglaubten und bezeugten Wortes Gottes. Also nicht — auch das nicht *in abstracto* — um die Macht, die das Wort Gottes in sich selber, in seiner Herrlichkeit als der ewige Logos des Vaters hat, wo es keine Mächte neben ihm gibt, wo es vor allen und jenseits aller Mächte der Herr schlechthin ist. Nein, es geht um das Wort Gottes in der **Erniedrigung** seiner Majestät, um das Wort Gottes in der Welt, und also da, wo es Mächte neben sich und gegen sich hat, wo es bis zum Ende der Zeit in der Auseinandersetzung, im Streit liegt mit diesen anderen Mächten. Viele andere himmlische und irdische Hebel werden dauernd wirksam bewegt im Raum unserer menschlichen Welt und Existenz. Viel Macht und viel Freiheit scheint es da zu geben. Erkenntnis der Freiheit des Wortes Gottes wird zunächst schlicht in der gar nicht selbstverständlichen Erkenntnis bestehen, daß inmitten all der anderen Subjekte tatsächlich auch dieses, die heilige Schrift, reale und also jedenfalls konkret begrenzende, konkret mitkonkurrierende Macht hat. Eben dies, daß das Wort Gottes sich nicht mit seiner ewigen und in Ewigkeit unangefochtenen und unanfechtbaren Macht über Alles begnügte, sondern hineingetreten ist in die furchtbare Dialektik dieses „Alles", eben dies, daß es ein Subjekt unter anderen geworden ist, bedeutet ja jedenfalls auch, daß diese anderen Subjekte nun nicht sich selbst überlassen sind, daß sie sich nicht nur unter sich, sondern nun auch mit diesem neuen Subjekt, mit der ihnen real konfrontierten heiligen Schrift auseinanderzusetzen haben.

An Jer. 23, 28 f. ist hier zu erinnern, wo den Propheten, die Träume haben und zu erzählen haben, das Wort Jahves gegenübergestellt wird, das wie ein Feuer ist und wie ein Hammer, der Felsen zertrümmert. Und an Hebr. 4, 12 f., wo es vom Wort Gottes heißt, daß es lebendig und kräftig sei, schärfer als ein zweischneidiges Schwert, kritisch hindurchgehend durch die ganze, auch durch die verborgenste Existenz des Menschen, „und nichts, was geschaffen ist, kann sich vor ihm verbergen, sondern alles ist bloß und festgehalten vor seinen Augen". „Mit ihm haben wir es zu tun" fügt der Verfasser ausdrücklich hinzu. Der Gegensatz zu diesem Wort wäre offenbar ein geträumtes, wenn auch noch so wach und wahr geträumtes, aber als bloßer Traum der wirklichen Welt und Existenz des Menschen jenseitig bleibendes Wort Gottes, das die anderen Subjekte im Raum unserer Welt und Existenz unbehelligt, aber auch unerhellt und ungetröstet in der Tiefe ihres geschöpflichen Wesens unter sich lassen würde. Nun aber ist Gott Mensch und also selber geschöpfliches Wesen geworden in seinem Sohn und nun lebt dieser sein Sohn im Raum dieser unserer wirklichen Welt und Existenz weiter in der Gestalt seiner Zeugen und ihres Zeugnisses. Nun ist also seine Macht in diesem Zeugnis auch konkrete, tröstende und heilende, aber auch richtende und angreifende Macht mitten in diesem Raum. Nun ist also jenes geträumte, jenes jenseitig bleibende Wort Gottes, wie wach und wahr wir es auch träumen wollten, als solches nicht das wirkliche Wort Gottes. Nun haben wir das wirkliche Wort Gottes unter allen Umständen als eines von den Subjekten zu verstehen, die so Freiheit und Macht haben, wie es in diesem Raum Freiheit und Macht auch sonst gibt.

Das neue Subjekt, das in der heiligen Schrift den anderen Subjekten gegenübertritt, bedeutet aber — so müssen wir seine Macht sofort umschreiben — die grundsätzliche Problematisierung der Macht aller anderen Subjekte. Mehr können wir nicht sagen. Sie bedeutet also nicht ihre Aufhebung im Sinn von Vernichtung. Es ist nicht an dem, daß der Macht der heiligen Schrift nicht dauernd und nicht immer aufs Neue auch andere Mächte real gegenüberstünden. Es ist nicht an dem, daß da nicht immer noch und immer wieder Auseinandersetzung und Kampf stattfinden müßte. In Gottes Offenbarung als solcher, im Tode und in der Auferstehung Jesu Christi ist jene Aufhebung und Vernichtung allerdings vollzogen und das ein für allemal. Unsere Zeit ist aber nicht selbst die Zeit dieser Offenbarung, sondern die Zeit, die von ihrem Anfang und von ihrem Ende, d. h. von der Himmelfahrt und von der Wiederkunft Jesu Christi her, von der Zeit dieser Offenbarung und also von dem abgeschlossenen Sieg des Wortes Gottes und also von dem Erledigtsein aller anderen Mächte umgeben ist. Unsere Welt und Existenz steht im Lichte dieses Sieges, weil wir dessen Zeugnis haben, ohne daß sie doch in sich selbst Träger dieses Lichtes wäre. Träger dieses Lichtes ist vielmehr Jesus Christus selbst und er ganz allein. Die Macht des Zeugnisses von diesem Sieg und also von Gottes Offenbarung steht in der Auseinandersetzung und im Kampf mit der Macht der anderen Subjekte unseres Welt- und Existenzraumes, die ihnen jetzt und hier noch gelassen ist, wenn sie auch durch die Offenbarung bereits mit ihrer Aufhebung und Vernichtung bedroht ist. Es würde wieder den Rückfall in einen bequemen Quietismus bedeuten, wenn wir es anders sehen, wenn wir etwa im Blick auf den Tod und die Auferstehung Jesu Christi so tun wollten, als stünden der Herrschaft des Wortes Gottes keine anderen Herrschaften und also keine Versuchungen, keine Hindernisse, keine Feindschaften und keine Gefahren gegenüber.

Man kann gerade den Absolutismus nicht verstehen, mit dem das Neue Testament den in Jesus Christus schon offenbarten und künftig zu offenbarenden Sieg der Macht Gottes über alle anderen Mächte proklamiert, wenn man nicht unmittelbar daneben hält, daß eben diese Botschaft aufs Nachdrücklichste inmitten der Relativität dieser Welt, im ständigen Bewußtsein der aktuellen Gegenwart ihrer Mächte, im vollen Bewußtsein ihrer Gefährlichkeit ausgerichtet wird. Gerade durch jenen Sieg sind denen, die seine Boten sind, auch die Augen geöffnet für die Vorläufigkeit, für die Angefochtenheit und Bedrohtheit des Wortes Gottes in ihrer eigenen menschlichen Zeit und Situation, für die Wirklichkeit des Kampfes, in welchem es jetzt und hier steht. Vollendet hinsichtlich seines Inhalts, der göttlichen Offenbarung, ist es ebenso sicher unvollendet hinsichtlich seiner Macht als der eines in der Zeit von Menschen an andere Menschen gerichteten Wortes. Gerade vermöge des absoluten Inhalts dieses Zeugnisses kann es im Bereich der heiligen Schrift keinen Quietismus geben. Ist doch dieser Inhalt identisch mit der Zeit, der Tat und der Person Jesu Christi, die sich als solche von allen anderen Zeiten, Taten und Personen abhebt, sodaß es nicht anders sein kann, als daß das Zeugnis, das diesen Inhalt hat, ein inmitten aller anderen Zeiten, Taten und Personen beunruhigtes und beunruhigendes, ein leidendes und kämpfendes Zeugnis ist. Nur von einer nicht mit Jesus Christus identischen und also nicht in ihm und durch ihn und zwar allein in ihm und durch ihn verwirklichten sondern etwa auf einem der Wege der Mystik erschlichenen Absolutheit aus könnte die Existenz des Wortes Gottes — oder dessen, was man dann wohl „Wort Gottes" nennen würde — in der Welt quietistisch verstanden werden, könnte es zu einem Rückfall in die Anschauung kommen, nach der es eine der Dialektik der Wirklichkeit jenseitige und also entzogene Instanz, nach der es im Sinne jenes Prophetenwortes kein Feuer und kein Hammer sondern die Erzählung eines Traumes wäre.

Gehört es also zur Erkenntnis der Freiheit des Wortes Gottes, daß wir es in seiner Angefochtenheit sehen, daß wir die Schrift verstehen als das Zeichen, dem widersprochen werden kann und wiedersprochen wird, so gehört es doch noch viel mehr zu dieser Erkenntnis zu sehen, daß die Anfechtung, die es seinerseits bereitet, größer (und zwar qualitativ unendlich viel größer) ist, als die Anfechtung, die ihm bereitet wird und die es zu erdulden hat. Ist es wahr, daß es im Raum unserer Welt und Existenz faktisch problematisiert wird, so ist es noch viel wahrer, daß es selbst die grundsätzliche Problematisierung der in diesem Raum auf dem Plan befindlichen Subjekte und Mächte ist, d. h. daß, indem es ihnen gegenübertritt, manches vorletzte Wort jenen gegenüber zwar noch nicht, das letzte Wort aber bereits gesprochen ist, so daß Alles, was noch gesprochen werden kann und muß, so ernst und schwer das angesichts des erhobenen Widerspruchs immer sein mag, doch nur sozusagen im Rückblick, doch nur rekapitulierend gesprochen werden kann. Selbstverständlich ist es wieder der Inhalt der Schrift, vermöge dessen sie als das Zeichen, dem widersprochen wird, doch zugleich auch das Zeichen ist, dem wirksam und kräftig gerade nicht widersprochen werden kann, das in seiner ganzen Niedrigkeit und Angefochtenheit allen anderen Zeichen in entscheidender, weil qualitativer Überlegenheit gegenübertritt. Die Freiheit des Wortes Gottes besteht in dieser seiner heimlichen aber entschiedenen Überlegenheit gegenüber den sämtlichen Weltprinzipien und es besteht die Erkenntnis seiner Freiheit in dem ruhigen und beharrlichen Wissen um diese Überlegenheit. Der Außenaspekt des Verhältnisses zwischen der Macht der heiligen Schrift und den anderen Mächten wird ja diese Überlegenheit nie verraten.

Es wird die heilige Schrift im Großen wie im Kleinen immer und überall nur zu sehr jenem Sauerteig gleichen, der in der Masse der drei Scheffel Mehl wirklich verborgen wird (Luk. 13, 21). Man bemerke wohl: verborgen wird; es ist nicht ein schmerzliches und womöglich „tragisches" Schicksal, das dem Worte Gottes damit widerfährt, daß es in der Welt immer und überall, gegenüber seinen Feinden und vielleicht noch viel mehr bei seinen eigenen Freunden, den Kürzeren ziehen, als das schwächere Prinzip sich in den Winkel drängen, sich verstoßen, verleugnen, entstellen und verwerfen lassen muß. Sondern hier ist, wie in dem Leiden und Sterben Jesu Christi selbst, göttlicher Plan und Wille: Jesus selber hat es so angeordnet, daß seine Jünger kein Gold und Silber zu verteilen haben (Act. 3, 6, vgl. Matth. 10, 9). „Siehe, ich sende euch wie die Schafe mitten unter die Wölfe" (Matth. 10, 16). „Der Jünger ist nicht über seinen Meister noch der Knecht über den Herrn" (Matth. 10, 24). „Und wer nicht sein Kreuz auf sich nimmt und folgt mir nach, der ist mein nicht wert" (Matth. 10, 38). Es wird also keinen Sinn haben, der Welt zu grollen, es ihr sozusagen zum Vorwurf zu machen, daß sie der heiligen Schrift gegenüber die größere, die siegreiche Macht zu besitzen und auszuüben scheint.

Aber jener Außenaspekt zeigt doch noch nicht die ganze Wahrheit. Die ganze Wahrheit ist, daß die heilige Schrift in ihrer ganzen Unscheinbarkeit mehr Macht hat als die ganze übrige Welt zusammen. Die ganze Wahrheit ist, daß die sämtlichen Weltprinzipien in der heiligen Schrift schon durchschaut und eingeklammert, in ihrer vermeintlich letzten und absoluten Gültigkeit schon widerlegt, in ihrer Kraft schon überboten, in ihren Triumphen schon überholt sind.

Die ganze Wahrheit — die heimliche Wahrheit, aber die ganze Wahrheit! — ist immer wieder die Geschichte (1. Sam. 17, 23 f.) des jungen David, der gerade nicht im Helm und Panzer des Saul, sondern mit seiner Hirtenschleuder des Goliath mächtig wird, indem er ihm — menschlich gesehen ganz aussichtslos — im Namen des Jahve Zebaoth gegenübertritt. „Denn die göttliche Torheit ist weiser als die Menschen sind und die göttliche Schwachheit ist stärker als die Menschen sind" (1. Kor. 1, 25 f.). Und darum: „Wer sich unter euch für weise hält, der werde ein Narr in dieser Welt, damit er weise sei" (1. Kor. 3, 18 f.). Die ganze Wahrheit ist das, was jene „lauten Stimmen" im Himmel sprechen bei der Posaune des siebenten Engels: „Die Reiche der Welt sind unseres Herrn und seines Christus geworden und er wird regieren von Ewigkeit zu Ewigkeit" (Apoc. 11, 15).

Die Erkenntnis dieser ganzen, der heimlichen Wahrheit ist die Erkenntnis der Freiheit des Wortes Gottes. Es dürfte ohne weiteres einleuchten, daß sie nicht anders vollziehbar ist als im Glauben an die Auferstehung Jesu Christi. Es dürfte auch einleuchten, daß man nicht an die Auferstehung Jesu Christi glauben kann, ohne die Erkenntnis zu vollziehen, daß angesichts und trotz aller widersprechenden Außenaspekte nicht die Welt über die Schrift, sondern die Schrift über die Welt mächtig ist. In diesem Glauben und in dieser Erkenntnis lebt die Kirche. Sie kann das aber nur tun unter dem Gesetz der Offenbarung: daß der auferstandene Jesus Christus der ist, der zuvor *sub Pontio Pilato* in dieser unserer Welt gelitten hat, gekreuzigt, gestorben und begraben ist. Die Kirche wird gerade dann in diesem Glauben und in dieser Erkenntnis wirklich leben, wenn sie weiß, daß es um die Freiheit und also Überlegenheit des Wortes Gottes geht, wenn sie also die Wahrheit jenes verborgenen Reiches nicht etwa sucht und nicht etwa zu finden meint in der Wirklichkeit ihres eigenen Daseins als Kirche.

Es war eine tiefe Schau und ein gewaltiger Entwurf, die in jener augustinischen Gegenüberstellung von *civitas terrena* und *civitas Dei* vollzogen und dann für viele Jahrhunderte christlicher Geschichtsauffassung vorbildlich und maßgebend wurde. Wäre sie nur freier gewesen von dem klerikalen und säkularen Beigeschmack, den sie dadurch bekommen hat, daß die siegreiche *civitas Dei* nun eben doch mit der leidenden, kämpfenden und siegreichen katholischen Kirche in eins gesetzt und daß damit aus der Überlegenheit des Wortes Gottes ein Element und Argument einer bestimmten Weltanschauung und Politik, die angebliche Herrlichkeit der Sache einer menschlichen Partei gegenüber der einer anderen gemacht wurde. Der Trost, die Ermunterung, die Hoffnung, die die Kirche daraus schöpfen darf und soll, daß das Wort Gottes bleibt

1. Die Freiheit des Wortes

in Ewigkeit, — das Alles ist dahin, wenn sie der Meinung wird und wenn sie die Absicht hat, dieses Bleiben sozusagen in sich selbst verwirklichen und darstellen zu wollen, wenn sie es im Blick auf sich selbst be haup tet, statt im Blick auf das Wort Gottes schlicht daran zu glauben. Das Kreuz Jesu Christi fehlt in der augustinischen Konzeption und eben darum fehlt ihr die wirkliche, die göttliche Glaubwürdigkeit. Die wirkliche, die unüberwindliche und darum auch glaubwürdig zu verkündigende *civitas Dei* auf Erden ist nicht das Regiment der Kirche, sondern das Regiment dessen, der in dieser Welt ans Kreuz geschlagen werden mußte, und in seiner Verlängerung: das Regiment der Schrift und der Glaube, in welchem dieses Regiment Gehorsam findet. Gehorsam gegen dieses Regiment wird aber nicht in einem Triumphieren bestehen können an der Stelle, wo die Propheten und Apostel unterlagen und getötet wurden, wo Jesus Christus am Kreuze starb. Jener Glaube wird also gerade nicht auf seine Werke sich stützen, nicht auf seine Werke und also auch nicht auf den menschlichen Bau der Kirche verweisen, als ob dieser als solcher das Reich Gottes gegenüber den Weltreichen und im Unterschied zu diesen unüberwindlich und also die Erscheinung der Überlegenheit des Wortes Gottes wäre. Der Glaube wird vielmehr damit rechnen, daß dieser Bau jederzeit gefährdet ist, jederzeit abgebrochen werden kann und zuletzt sogar bestimmt abgebrochen werden muß wie der Tempel Israels, so gewiß der Leib Christi, um zu seiner Herrlichkeit einzugehen, sterben und begraben werden mußte. Die Kirche muß wirklich dabei bleiben, die heimliche Wahrheit der Freiheit und Überlegenheit des Wortes Gottes zu erkennen, sie in der Sichtbarkeit zu glauben in ihrer Unsichtbarkeit. Als solche und nicht anders ist sie der Trost der Kirche und die unerschöpfliche Quelle ihres Lebens.

Wiederum darf nun aber diese Heimlichkeit, in der das Wort Gottes frei und überlegen ist, nicht etwa doch wieder quietistisch gedeutet werden. Dürfen wir nicht erwarten, seinen Sieg in eindeutig in diesem Sinn erkennbaren Ereignissen, Gestalten und Ordnungen zu sehen, wird der Sauerteig wirklich verborgen, muß das Weizenkorn wirklich sterben, wird alles, was menschlich sichtbar wird, immer ein Bild dieses Sterbens sein und nicht das Bild eines triumphierenden göttlichen Weltprinzips und wird insofern wirklich unser Glaube allein der Sieg sein, der die Welt überwunden hat (1. Joh. 5, 4) — so darf nun doch nicht vergessen werden, daß wir mit diesem unserem Glauben mitten in der Welt stehen, daß auch die Schrift in der Welt ist, daß also zwischen dem Wort Gottes und den Mächten dieser Welt konkrete Verhältnisse und Beziehungen bestehen, konkrete Berührungen und Auseinandersetzungen stattfinden, in denen sich die Freiheit des Wortes Gottes, die wir im Glauben erkennen, als solche bewähren und geltend macht. Entspricht es der Ordnung der Offenbarung und wird dafür gesorgt sein, daß der Kampf, der der Welt durch das Zeugnis von Jesus Christus angekündigt ist, in der Sichtbarkeit immer wieder in Form von menschlichen Niederlagen, von menschlichem Sündigen und Versagen, von menschlichem Leiden und Sterben verlauten wird, so ist dieses Zeugnis darum doch eine Kampfansage und nicht eine Traumerzählung, deren Pointe die wäre, daß in der wirklichen Welt Alles beim Alten bleiben könne und wohl gar müsse.

Ist der Jünger nicht über seinen Meister, dürfen wir nicht erwarten, kraft der Überlegenheit des Wortes in dieser Welt einen anderen Weg geführt zu werden als den, der uns in dem Wege Jesu Christi vom Kreuz zur Auferstehung endgültig vorgeschrieben ist, hatten die Propheten und Apostel und haben erst recht wir als ihre Schüler nichts weniger zu erwarten als etwa dies: wir könnten als begnadete und entschlossene Bürger einer sichtbaren *civitas Dei* dazu bestimmt sein, die Mächte dieser Welt plötzlich oder auch allmählich aufzurollen, zu überwinden und zu erledigen — so bleibt es jenseits aller chiliastischen Irrtümer doch dabei, daß — offenbar nicht im Widerspruch zu jener Ordnung — auch das Andere gesagt ist und gilt: „Ihr sollt nicht meinen, daß ich gekommen sei, den Frieden zu senden auf die Erde. Ich bin nicht gekommen, Frieden zu senden, sondern das Schwert" (Matth. 10, 34). Und: „Ich bin gekommen, ein Feuer anzuzünden auf der Erde und was wollte ich lieber, als es brennte schon" (Luk. 12, 49 f.). Gerade hier lautet ja die Fortsetzung: „Ich muß aber mit einer Taufe getauft werden und wie bin ich bedrängt, bis sie vollendet ist." Diese Fortsetzung zeigt, daß die große Schranke des Kreuzes bei dem Worte vom Feuer auf Erden nicht vergessen, sondern bedacht und einbezogen ist. Indem sie die Fortsetzung gerade dieses Wortes ist, zeigt sie aber auch, daß die Schranke des Kreuzes nicht zum Vorwand des Quietismus werden kann.

Die wirkliche Welt ist angegriffen durch Jesu Christus und durch das Zeugnis von ihm. Sie ist also überlegen angegriffen. Wir können auch positiv sagen: sie ist unter eine Verheißung gestellt, die nicht trügen kann; sie ist dunkel in sich selber und darum der Schauplatz der Kreuzigung Christi; sie ist aber auch in das Licht seiner Auferstehung gestellt. Sie ist dieselbe und nicht mehr dieselbe Welt. Dieselbe in sich, nicht dieselbe, sofern sie im Wort Gottes ein überlegenes Gegenüber bekommen hat. Dieselbe, sofern ihre Mächte ihrer Natur gemäß der Macht des Wortes widerstehen müssen, sofern das Wort in ihr leiden muß. Nicht dieselbe, sofern das Wort ihren Mächten seinerseits Widerstand entgegensetzt, ihren Charakter als göttliche Mächte in Frage stellt und bestreitet, ihr Ende ankündigt und vorbereitet, einen neuen Himmel und eine neue Erde als die letzte Wahrheit real geltend macht. Indem die Schrift der Welt gegenübertritt im Glauben an Gottes Offenbarung in Jesus Christus, kann sie die Welt nicht bloß behandeln, als ob sie immer und überall dieselbe wäre. Damit, mit diesem Außenaspekt, rechnet sie allerdings aufs Nüchternste. Und die Ereignisse werden es gewiß immer aufs neue bestätigen, daß sie daran recht tut, daß die Welt die Welt ist und bleibt. Es wird also der Weg der Schrift durch die Welt zweifellos und unter allen Umständen der Weg sein, auf dem die Jünger in der Nachfolge des Meisters das Kreuz zu tragen haben. Sie werden aber darüber hinaus wissen, daß Gott Gott ist und also die Welt wohl dieselbe und nun, im Licht der Auferstehung Jesu Christi, doch auch gar nicht dieselbe ist. Sie werden wissen, daß dem Widerspruch der Welt widersprochen, daß ihre angemaßte Göttlichkeit bestritten, daß ihr Ende nahe ist. Es wird also der Glaube an die Auferstehung Jesu Christi durchaus kein gegenstandsloser, kein illusionärer sein, er wird gerade als eschatologischer, d. h. als der in Jesus Christus den Anfang und das Ende unserer Zeit und ihrer Inhalte sehender Glaube ganz konkrete Gehalte haben, die sich gerade hinsichtlich der heiligen Schrift als des Zeugnisses von diesem Anfang und Ende sehr wohl konkret angeben und beschreiben lassen.

1. Die Freiheit des Wortes

Das Wort Gottes erweist sich inmitten der Welt als frei und überlegen einmal darin: daß es die Kraft hat, sich selbst gegenüber den offenen und heimlichen den direkten und indirekten Angriffen, denen es in der Welt ausgesetzt ist, zu **behaupten**.

Die Menschen mit ihren verschiedenen (und von Natur doch einhelligen, nämlich einhellig feindseligen) Stellungnahmen und Haltungen ihm gegenüber kommen und gehen; ihre politischen und geistigen Reiche (die als solche in irgendeinem Maß alle antichristlichen Charakter tragen) stehen und fallen, die Kirche selbst (in der irgendwo immer auch die Kreuzigung Jesu Christi wiederholt wird) ist heute treu und morgen untreu, heute stark und morgen schwach. Die Schrift aber, verworfen von ihren Feinden, verleugnet und verraten von ihren Freunden, hört durch das Alles hindurch nicht auf, sich selbst gleich zu bleiben, nach allen Seiten und in allen Situationen dasselbe zu sagen: immer wieder die Botschaft auszurichten, daß Gott die Welt in der Weise geliebt hat, daß er seinen eingeborenen Sohn dahingab. Wird sie heute übertönt, so wird sie morgen wieder laut sein. Wird sie hier mißverstanden und entstellt, so wird sie dort aufs Neue ihren eigenen Sinn bezeugen. Verliert sie in diesem örtlichen oder zeitlichen Bereich der Geschichte scheinbar allen Boden, alle Menschen, alle Gestalt, so schafft sie sich das Alles neu in ganz anderen Bereichen. Die Verheißung ist wahr und erfüllt in der Existenz der biblischen Propheten und Apostel vermöge dessen, was ihnen gesagt ist und was sie zu sagen haben: „Oh Jerusalem, ich will Wächter auf deine Mauern bestellen, die den ganzen Tag und die ganze Nacht nimmer stille schweigen sollen und die des Herrn gedenken sollen, auf daß bei euch kein Schweigen sei und ihr von ihm nicht schweigt, bis daß Jerusalem zugerichtet und gesetzt werde zum Lobe auf Erden" (Jes. 62, 6 f.). Die Behauptung des Wortes Gottes gegenüber den Angriffen, denen es ausgesetzt ist und also auch die Sorge darum kann nicht unsere Sache sein. Die Wächter sind bestellt und sie warten ihres Amtes. Die Behauptung des Wortes Gottes vollzieht sich als seine Selbstbehauptung, die wir nur immer wieder zu unserem Trost und zu unserer Beunruhigung als solche anerkennen können. Man kann um das Christentum und um die Christen, man kann um die Zukunft aller Kirche und Theologie, man kann um die Geltung der christlichen Weltanschauung und Moral in ernstester Sorge sein. Es gibt aber nichts, um dessen Konsistenz man weniger in Sorge zu sein brauchte, als um die Zeugnisse Gottes in der heiligen Schrift — einfach darum, weil eine Macht, die diese Zeugnisse aufheben könnte, gar nicht denkbar ist. „Wo diese schweigen werden, so werden die Steine schreien!" (Luk. 19, 40).

Weiter: das Wort Gottes erweist sich als frei und überlegen darin, daß es die Kraft besitzt, die sich ihm von der Welt her aufdrängenden und anhängenden Fremdelemente immer wieder **fernzuhalten** und **auszuscheiden**.

Die Geschichte des Wortes Gottes in der Welt ist nicht nur die Geschichte der ihm widerfahrenden **Angriffe**, sondern vor allem auch die Geschichte der ihm widerfahrenden **Versuchungen**. In seiner Menschlichkeit als Propheten- und Apostelwort ist es ja — wie die Propheten und Apostel selbst vor dem Irrtum nicht mechanisch gesichert waren — nicht unversuchlich, d. h. nicht absolut gesichert gegen die Gefahr, die schlimmer ist als Bekämpfung und Verwerfung: die Gefahr der Umdeutung und damit der Verfälschung durch die Macht menschlicher und also ihm fremder Ideen. Daß es auch in diesem Sinn im Kampf liegt, solange es das Wort Gottes in dieser Welt und an diese Welt ist, ist nicht zu bestreiten. Jede neue Sprache, in die es übersetzt wird, jede neue Denkweise und Methode, in deren Rahmen und nach deren Weise es bejaht und aufgenommen wird, der neue Geist jeder neuen Zeit, der es nach seiner Art zu vernehmen versucht und zu verkündigen unternimmt, jedes neue Individuum, das sich seiner so oder so bemächtigt — das alles sind Phasen und Probleme dieses gefährlichen Kampfes, in welchem es um seine Reinheit und damit um seine Kraft und damit um das Heil der Menschen geht, in welchem es sich der Überfremdung von seiten des Menschen zu erwehren hat, dem es sich zu eigen gibt und demgegenüber es nun doch — soll es ihm zu seinem Heil zu eigen werden — sich selbst gleich und treu bleiben muß. Die Kirchengeschichte ist die Geschichte der Auslegung und damit der immer neu drohenden Vergewaltigung des Wortes Gottes. Sie ist aber auch und noch viel mehr die Geschichte der Kritik, mit der es selbst seinen sämtlichen Auslegern immer wieder gegenübergetreten ist und immer wieder gegenübertreten wird. Die heilige Schrift hat, wie die protestantischen Orthodoxen gerne sagten: die *facultas semetipsam interpretandi*, die jedenfalls auch darin besteht, jeden ihr unterlegten fremden Sinn früher oder später aus eigener Kraft von sich abzustreifen, ihn als ihr fremd zu charakterisieren und bloßzustellen, sich ihm gegenüber in ihrem eigenen Sinn darzustellen. Wenn dies tatsächlich Sache einer Geschichte, eines Kampfes ist, in welchem der Sieg immer wieder Ereignis werden muß, so besteht doch kein Anlaß zu jenem Skeptizismus, nach welchem aus der Bibel Alles und Jedes zu machen und zu beweisen wäre, etwa nach dem Epigramm des S. Werenfels:

Hic liber est, in quo sua quaerit dogmata quisque
Invenit et pariter dogmata quisque sua.

Ist damit ganz richtig angegeben, was man das Naturgesetz aller, auch der ehrlichsten und besten Bibelauslegung nennen könnte, so wird man doch noch viel mehr beachten müssen, wie merkwürdig selbständig dieses Buch durch die ganze Geschichte seiner besseren und schlechteren Auslegung immer wieder hindurchgeht, wie sehr dafür gesorgt ist, daß seine großen Mißdeutungen sich gegenseitig begrenzen und problematisieren müssen, wie auch beiläufige Willkürlichkeiten und Einseitigkeiten seiner Auslegung gewöhnlich kurze Beine haben, wie rasch und gründlich diese Texte sich auch aus den übelsten Gefangenschaften, in die man sie werfen möchte, in der Regel zu befreien wissen. Man wird also wohl Anlaß haben, sich zu fragen, ob es nicht neben und über jenem fatalen Naturgesetz auch ein ganz anderes, ein Geistesgesetz der Bibelauslegung geben möchte, diktiert von der Bibel selber und durch die Bibel selber in Kraft gesetzt und in Kraft erhalten, dem schließlich alle gute und auch alle schlechte Bibelauslegung unterworfen ist, dem man sich als guter oder schlechter Ausleger doch noch viel weniger entziehen kann als jenem Naturgesetz, das ja doch nur das Gesetz der menschlichen Trägheit und des menschlichen Hochmuts nicht aber das Lebensgesetz der Bibel selber sein dürfte. Die Schrift ist dem Verständnis und Mißverständnis der Welt ausgesetzt, aber darum nicht ausgeliefert. Die Schrift ist in der Hand, sie ist aber nicht in der Macht der Kirche. Sie redet, indem sie übersetzt, ausgelegt, angewendet wird; aber sie redet in und auch immer wieder trotz aller dieser menschlichen Bemühungen.

Weiter: das Wort Gottes erweist sich als frei und überlegen darin, daß es über die Kraft des Widerstandes und der Kritik hinaus die Kraft hat, sich die ihm begegnenden Fremdelemente zu assimilieren und dienstbar zu machen.

Fremdelemente und also entweder offene Feinde oder heimliche Versucher sind zunächst und als solche alle geschichtlichen Elemente, mit denen sich die heilige Schrift als das Zeugnis von Gottes einmaliger Offenbarung inmitten einer sündigen Welt auseinanderzusetzen hat: die Völker und ihre Sprachen, die politischen und geistigen Systeme, die kommenden und gehenden Zeitbewegungen, die so oder so geschaffenen Situationen, die menschlichen Individuen mit ihren Geheimnissen samt und sonders. Aber wie es in diesem Kosmos nichts gibt, was nicht an sich feindlich und versucherisch wäre, so auch nichts, das an sich die Kraft hätte, sich der Verfügung, die von der Schrift aus darüber ergehen kann, zu entziehen. Der Schrift ist nichts Menschliches fremd. Sie kann in jeder Sprache original reden. Sie kann sich auch in der Sprache der verschiedensten politischen und geistigen Systeme ausdrücken und zu Gehör bringen. Sie kann die verschiedensten Situationen und Bewegungen fruchtbar und brauchbar und sie kann sich die verschiedensten Volkstümer und menschlichen Individuen zu eigen machen. Man bemerke wohl: es handelt sich nicht darum, daß diese Weltelemente, die sich das Wort Gottes im Lauf seiner Geschichte assimiliert und dienstbar macht, etwa als solche, d. h. in ihrer natürlichen Art eine heimliche Affinität und Eignung zu diesem Zweck hätten, so daß das Wort Gottes sich ihrer bedienen würde wie schon bereitliegender Instrumente. Es handelt sich vielmehr darum, daß ihnen allen ihr ursprünglicher Charakter als Fremdelemente erst genommen werden muß, daß sie eine neue Natur bekommen, daß sie sozusagen zu diesem Dienst erst erweckt, ja neu geschaffen werden müssen. Es handelt sich also nicht um das ihnen eigene Wesen sondern um die ihnen widerfahrende Erwählung, um die ihnen begegnende Gnade, die aus ihnen macht, was sie aus sich selbst nicht sein können. Aber eben dies ist die Geschichte des Wortes Gottes in der Welt auch: nicht nur eine Geschichte des Kampfes sondern auch eine Geschichte der Erwählung und der Gnade, eine Geschichte merkwürdiger Wandlungen, vermöge deren es mitten in der feindseligen und versucherischen Welt — und gewiß nie ohne deren fatale Spuren! — doch auch echte Übersetzung, echte Auslegung und Anwendung der Schrift gibt, bei der die Behauptung und Entfaltung des Eigen-Sinnes der Schrift sich gerade in der Weise vollzieht, daß menschliche Sprache, Verfassung und Individualität, zwar nicht kraft ihrer Eigenart, aber auch weit entfernt davon, in ihrer Eigenart verwischt und unterdrückt, sozusagen in eine Uniform gesteckt zu werden, man möchte sagen: jetzt erst, gerade in diesem Gebrauch und Dienst — zu ihrer Geltung kommen. Es ist keine Vergottung, die diesen Weltelementen dabei widerfährt, — eine solche kommt ja auch bei dem Menschenwort der Bibel, wie kommt ja auch bei der menschlichen Natur Jesu Christi selbst nicht in Frage! — wohl aber eine Mitteilung der Zeichenhaftigkeit des biblischen Menschenwortes und der menschlichen Natur Jesu Christi, eine Einbeziehung in deren eigentümliche Funktion und damit eine Erweiterung, Differenzierung und Bereicherung, eine Ausdehnung der Wirksamkeit der geschichtlichen Gestalt des Wortes Gottes. Es ist aber umgekehrt auch keine Bindung, die dem Worte Gottes in diesem Prozeß widerfährt. Es bleibt gesorgt dafür, daß dieses mit keinem seiner Zeichen identisch, daß es nicht selbst in ein Weltelement verwandelt wird. Es gibt keine Zwangsläufigkeit, auf Grund derer es in irgendeiner erkennbaren Allgemeinheit gerade diese und diese Wandlungen vollziehen, gerade diese und diese Verbindungen eingehen müßte. Es haben jene Wandlungen und Verbindungen auch da, wo sie stattfinden, immer den Charakter besonderer Ereignisse und nicht allgemeiner Verhältnisse. Sie haben immer nur lokal und temporär begrenzte Bedeutung. Zeichenhaftigkeit, die einem bestimmten Weltelement hier eignet, kann ihm dort fehlen und die ihm heute eignet, kann ihm morgen wieder entzogen werden. Es gibt Dissimilation wie es Assimilation, Entlassung aus dem Dienst wie es Indienststellung, Gerichte über die verschiedenen Häuser Gottes, wie es Segnung und Weihe solcher Häuser gibt. Es bleibt aber dabei, daß die Freiheit des Wortes Gottes — die ja nicht Freiheit wäre, wenn sie nicht auch diese negative Bedeutung hätte — jedenfalls auch diese positive Bedeutung hat, daß sie nicht nur Freiheit abzustoßen, sondern auch Freiheit anzuziehen und anzunehmen ist, daß der beunruhigende Kontakt des Wortes Gottes mit der Welt nicht nur kritischen, sondern auch verheißungsvollen und versöhnenden Charakter trägt: indem er so oder so auf den Anfang und auf das Ende der Welt hinweist, deren Zeugnis in der heiligen Schrift mitten in dieser Welt aufgerichtet ist.

Endlich und vor allem: Das Wort Gottes erweist sich als frei und überlegen darin, daß es seine eigene Gestalt und damit seine Wirkung auf die Welt wandeln kann.

Man würde die heilige Schrift falsch, man würde sie nicht als heilige Schrift verstehen, wenn man sie als eine in sich selbst abgeschlossene, erstarrte und unbewegliche Größe verstehen würde. So gewiß der Gott lebt: von Ewigkeit zu Ewigkeit und darum auch als der Herr unserer zeitlichen Welt, der sich den Propheten und Aposteln einst offenbart, der ihnen einst seine Zeugnisse in den Mund gelegt, so gewiß ist er nicht sozusagen begraben in diesem „Einst" und also in den Schriften dieser Menschen wie in einem steinernen Mausoleum, in welchem er nun (solange dieses nicht etwa zerfallen und vom Erdboden verschwunden ist, wie es solchen steinernen Häusern schließlich zu gehen pflegt) durch die Geschichtsverständigen zu erkennen und von den übrigen Menschen nach Anleitung der Geschichtsverständigen zu verehren wäre. Ist es wahr, daß die heilige Schrift Alten und Neuen Testamentes nur als Wort Gottes und das heißt nur als vorwärts und rückwärts blickendes Zeugnis von Jesus Christus zu verstehen ist, und ist es andererseits wahr, daß Jesus Christus der lebendige Herr der Kirche und der Welt ist, dann ist die Gestalt des Wortes Gottes im Menschenwort der Propheten und Apostel nicht sein Grab, sondern das, von der lebendigen Hand seines Geistes bewegte und insofern selber lebendige Organ seiner Regierung. Wir haben dann also nicht nur damit zu rechnen, daß durch tiefere und genauere, ernstere und gläubigere Erforschung der Schrift unsererseits noch mancher uns jetzt verborgene Sinn und Zusammenhang dieser Dokumente ans Licht gefördert werden möchte: so wie etwa auf Grund von Ausgrabungen noch manche wichtige und interessante Aufschlüsse über das Leben derer, die in der Nähe oder in der Ferne vor uns waren, zu erwarten sind — eine Erwartung, die doch überall ihre natürliche Grenzen darin hat, daß mehr als das, was einmal gewesen ist, beim besten Bemühen auch nicht ausgegraben werden kann! Die Erforschung der Bibel hat mit dieser natürlichen Grenze darum nicht zu rechnen, weil die Bibel ein lebendiges und zwar auf ihren Inhalt gesehen: ein ewig lebendiges Wesen ist, bei dessen Erforschung wir immer auch damit zu rechnen haben, daß uns neue, d. h. gestern und vorgestern auch der gewissenhaftesten Forschung noch nicht zugängliche, weil von diesem Wesen selbst noch nicht ans Licht gestellte Elemente begegnen möchten. Was vom Inhalt der Schrift gilt: daß er ein für allemal gewesen ist, das gilt auch von ihrer Form: es kann ihre Einmaligkeit als das Propheten- und Apostelwort von damals kein Hindernis bedeuten, daß sie nicht, sich selber gleichbleibend, ihre Gestalt und damit auch ihre Tragweite und Wirkung ändere und erneuere, den verschiedenen Zeiten und Menschen je und je von ganz neuen Seiten, in ganz neuen Dimensionen, mit einem ganz neuen Gesicht sich selbst darstelle. Was wir Erforschung der heiligen Schrift und was wir deren Ergebnisse nennen, das sind im Grunde gerade nicht unsere Bemühungen und deren Früchte, an die wir dabei zunächst zu denken pflegen, sondern das sind die eigenen Bewegungen des Wortes Gottes selber. Wenn die alte Kirche in Abwehr der Gnosis sich durchrang zur gleichzeitigen Erkenntnis der Einheit Gottes und der Gottheit Christi und des Heiligen Geistes, wenn in der Reformation die Erkenntnis des Menschen als des allein durch Gnade gerettesten Sünders erkämpft wurde, wenn wir in der Gegenwart die Kontingenz der göttlichen Offenbarung und das heißt *in concreto:* den Offenbarungscharakter des Alten Testamentes einerseits und die Selbständigkeit der Kirche und ihrer Botschaft andererseits gegen die Barbaren zu verteidigen und zugleich und vor Allem selber neu zu erkennen haben — so sind das alles Vorgänge, zu denen die jeweilige kirchliche und außerkirchliche Geistesgeschichte in ihrer immanenten Entwicklung die Begleitmusik machte, die aber unerklärlich bleiben müßten ohne die Initiative, die von der Bibel selbst ausging und immer wieder ausgeht. Man wird das auch von den Zeiten und Situationen sagen müssen, in denen man mehr von einem Leiden als von einem Wirken des Wortes Gottes: nämlich von seiner Vernachlässigung und Zurückstellung, Verkennung und Verfälschung reden möchte. Die Sünde und der Irrtum des Menschen sind in solchen Zeiten und Situationen gewiß ebenso auf dem Plan wie in jenen anderen ihr Glaube und ihr Aufgeschlossenheit für die Wahrheit. Es wird aber auch dann angebracht sein, die eigentlich bewegende Macht im Worte

Gottes selbst, nämlich in den in solchen Zeiten und Situationen von ihm vollzogenen
G e r i c h t e n und nicht in der es umgebenden Welt zu suchen. Das Wort Gottes s e l b s t
verbirgt und entzieht sich der Kirche, wenn diese neben ihm und über ihm sich selbst
und ihre Tradition oder die Natur oder das Wesen und die Geschichte des Menschentums als Quelle ihrer Erkenntnis Gottes zu betrachten und zu behandeln sich erlaubt.
Das Wort Gottes s e l b s t schweigt — und redet nun durch sein Schweigen — wenn die
Kirche nur noch das Menschenwort der Propheten und Apostel als solches und also
die Stimme einer fernen, sie in Wahrheit nicht angehenden und zu nichts verpflichtenden
historischen Instanz hören will. Das Wort Gottes s e l b s t verhüllt sich in Dunkelheit,
wo die Bibel gewaltsam, einseitig, willkürlich interpretiert wird nach den Eingebungen
irgendwelcher Geister an Stelle der Führung ihres eigenen, des Heiligen Geistes. Man
würdigt beide: das Licht, das die Kirche aus der Bibel empfängt, und die Finsternis, die ihr
in ihr entgegentritt, erst dann richtig, wenn man in beiden — jenseits alles dessen, was
als menschliche Bemühung und menschliches Versagen a u c h zu sehen ist — die regierende, jetzt erhöhende, jetzt stürzende Gewalt des Wortes Gottes s e l b s t erkennt.
Erst dann weiß man ja, daß man die heilige Schrift wirklich nicht ohne Gebet,
d. h. ohne Anrufung der Gnade Gottes lesen und verstehen kann. Und erst unter der
Voraussetzung des Gebets wird ja dann auch alle menschliche Bemühung in dieser
Sache und die Buße angesichts des menschlichen Versagens in dieser Bemühung ernsthaft und fruchtbar werden. Indem das Wort Gottes sein menschliches Gesicht wandeln
kann, indem es in verschiedenen Zeiten und Situationen dasselbe und doch nicht dasselbe ist, dieselbe Wirkung in immer neuen Formen ausübt, wird die Begegnung und
der Verkehr mit ihm zu einer Geschichte, die wirklich nicht die Geschichte des einsam
auf sich selbst stehenden Menschen, die auch nicht die Geschichte einer auf sich selbst
beruhenden und auf sich selbst angewiesenen Kirche ist, sondern eine Geschichte,
die auf seiten der Kirche und der einzelnen Menschen in der Kirche den Charakter
einer Verantwortung trägt, in welcher aber als der zuerst und eigentlich Handelnde
immer das Wort Gottes selber den Vortritt hat. Es sind keine bildlichen Redensarten,
wenn wir sagen: das Wort Gottes redet, handelt, regiert, sondern eben damit bezeichnen wir das Eigentliche und Wesentliche des ganzen Geschehens, das wir Kirchengeschichte
nennen, das Eigentliche und Wesentliche, auf das dann das Leben, die Taten und die
Meinungen der in Kraft oder Schwachheit in der Kirche versammelten Menschen, aber
auch der in Wohlwollen oder Haß oder Gleichgültigkeit um die Kirche versammelten
Welt, ihre Erkenntnisse und Irrtümer, ihre Wege und Abwege sich nur beziehen, nur
antworten können. Das Wort Gottes in der Gestalt der heiligen Schrift ist also wohl
auch das Objekt des Handelns, Denkens und Redens der Kirche und der Welt — aber
doch immer nur, nachdem es und sofern es jenen V o r t r i t t hatte, nachdem es und sofern
es das eigentliche Subjekt dieses Handelns, Denkens und Redens gewesen ist. Man versteht wohl auch alles zuvor Gesagte: die Kraft der Selbstbehauptung, die kritische
Kraft, die Assimilationskraft des Wortes Gottes konkret erst von hier aus, wenn man
versteht, daß es immer zuerst Subjekt und dann erst Objekt der Geschichte ist.

Wir erinnern uns: das alles sind Gehalte des Glaubens an die Auferstehung Jesu Christi als an das Offenbarwerden des beherrschenden
Anfangs und Endes der Kirche und der Welt. Als Aussage einer Philosophie der Kirchengeschichte und Weltgeschichte könnten alle diese
Dinge gesagt oder auch nicht gesagt, behauptet oder auch bestritten
werden. Wir hätten dann nicht mehr gesagt als was man phänomenologisch auch von der Geschichte der Ilias oder der platonischen Dialoge
sagen könnte. Wir haben aber keine phänomenologische Feststellungen
gemacht, sondern wir haben die Verheißung bejaht und entwickelt:

Ihr sollt meine Zeugen sein! Und: Siehe, ich bin bei euch alle Tage! Wir haben gesagt, was wahr ist, weil Jesus Christus auferstanden und also diese Verheißung wahr ist. Von da aus ist das alles über die Freiheit und Überlegenheit des Wortes Gottes zu sagen und zu hören. Aber von da aus ist es zu sagen und zu hören.

3. Wir hörten, wie die Schrift kraft ihres Themas zu einem Subjekt wird. Und wir hörten von ihrer Macht als solches. Diese seine Macht hat aber einen besonderen Raum und Bereich ihres Wirkens: die Kirche. Das bedeutet nicht eine Beschränkung ihrer Macht, wohl aber ihre Charakterisierung als freie Macht im Unterschied zu einer blind und allgemein und notwendig wirkenden Naturgewalt. Ihre Wirkung ereignet sich auf Grund von Wahl, nicht auf Grund von Notwendigkeit und also in Form eines unterscheidenden und nicht in Form eines allgemeinen Geschehens. Solange Gott nicht Alles in Allem ist — und das ist das negative Kennzeichen dieser unserer Welt, daß Gott noch nicht Alles in Allem ist — solange wäre es gerade kein Kennzeichen der Göttlichkeit der heiligen Schrift, wenn ihre Macht die einer allgemein wirksamen Notwendigkeit, wenn also der Raum und Bereich ihres Wirkens unendlich bzw. mit dem Raum und Bereich dieser Welt identisch wäre. Kennzeichen ihrer Göttlichkeit ist es vielmehr, daß ihre Macht innerhalb dieser Welt ihren besonderen Raum und Bereich hat: nicht einen ihr schöpfungsmäßig zugewiesenen oder überlassenen, nicht einen ihr von der Welt sozusagen konzedierten, sondern den von ihr selbst gewählten, bezeichneten, in Anspruch genommenen und eroberten Raum und Bereich der Kirche — neben dem es immer auch den der Nichtkirche gibt. Die Unterscheidung ist vorläufig in einem doppelten Sinn: nicht nur kraft der Vorläufigkeit des ganzen jetzigen Zustandes der Welt, in welchem diese mit dem Reich Gottes noch nicht identisch, sondern durch das nahe herbeigekommene Reich Gottes erst begrenzt und relativiert ist — sondern auch innerhalb dieses Weltzustandes kraft der Vorläufigkeit der jeweils bestehenden, bzw. sichtbaren Abgrenzung zwischen Kirche und Nichtkirche. Nicht um ihrer selbst willen, sondern um Gottes und (im Dienste Gottes) um der Welt willen wählt, bezeichnet, beansprucht und erobert das Wort Gottes die Kirche als diesen besonderen Bereich seiner Macht. Und nicht mit absoluter, nicht mit starrer, sondern mit beweglicher Grenze grenzt es sich ab von der Nichtkirche. Redet Gott in seinem Wort zur Kirche und in der Kirche, so tut er es, um durch die Kirche — in dem konkreten Gegenüber, das dadurch entsteht, daß er zunächst zur Kirche und in der Kirche redet — zur Welt zu reden und seine Kirche in der Welt wachsen zu lassen. Und Gott ist auch nicht gebunden an den durch sein Wort jeweils geschaffenen Raum, sondern dieser Raum ist an ihn und sein Wort gebunden: es können seine Gren-

1. Die Freiheit des Wortes

zen hier zurückgehen, so daß wieder nicht Kirche ist, wo zuvor Kirche war; und sie können sich erweitern, so daß jetzt Kirche ist, wo zuvor nicht Kirche war. Das konkrete Gegenüber von Kirche und Nichtkirche als solches aber ist, solange diese Welt währt, so wenig aufhebbar wie, trotz aller Bewegtheit des Verhältnisses, das Verhältnis von Israel zu den anderen Völkern. In diesem Gegenüber zweier Völker redet Gott mit der Welt. Er redet so mit ihr, daß sein Wort zuerst Kirche schafft, um dann, durch den Dienst der Kirche, Wort an die Welt zu werden.

Es besteht also kein Anlaß zu jener Ungeduld, die die Kirche verachten und sozusagen überspringen möchte um des Reiches Gottes willen, oder die von der Kirche verlangen möchte, was man nur vom Reich Gottes verlangen könnte, wenn Menschen vom Reiche Gottes überhaupt etwas zu verlangen hätten. Wohl kann und soll sich die Kirche jener Relativität ihrer Grenzen und damit ihrer ganzen Existenz in ihrem Gegenüber zur Nichtkirche bewußt sein und immer wieder bewußt werden. Wohl kann und soll sie sich bewußt sein und immer neu bewußt werden, daß sie innerhalb ihrer Grenzen und in ihrer Sonderexistenz dazu berufen ist, nicht sich selbst, sondern Gott und im Dienste Gottes der Welt zu dienen. Wohl kann die Kirche das Alles nicht tun, ohne innerhalb ihrer Grenzen und in ihrer Sonderexistenz auf das Reich Gottes und seine Erfüllungen zu hoffen und eben darum ihren Dienst in der Welt wirklich und selbstlos auszurichten. Sie kann aber die Grenzen, die sie von der Nichtkirche trennen, ihre Grenzen gegenüber Staat und Gesellschaft z. B. oder ihre Grenzen gegenüber allem alten und neuen Heidentum nicht kraft eigener Einsicht und Vollmacht verändern oder gar aufheben wollen. Ist sie doch auch nicht kraft ihrer eigenen Einsicht und Vollmacht als Kirche erwählt, bezeichnet, in Anspruch genommen und erobert worden, sondern durch das freie Wort Gottes, das sie aus dem Nichts ins Dasein (und zwar in dieses bestimmte Dasein als Kirche) rief nach seinem eigenen Wohlgefallen. Diesem Wort, dem sie ihre Existenz verdankt und dem sie nur dienen kann, muß sie es nun auch überlassen, die Grenzen zwischen Kirche und Nichtkirche jetzt enger oder weiter zu stecken und dereinst, wenn Gott alles in allem sein wird, ganz aufzuheben. Das Reich Gottes ist wirklich das Reich Gottes und es ist seine Aufrichtung darum nicht in die Macht und Verfügung der Menschen gegeben. Es kann auch der stürmischste Missionswille und es kann auch die tiefste Aufgeschlossenheit für die Not und Sehnsucht der Welt nichts ändern an der Grenze zwischen Glaube und Unglaube, Gehorsam und Ungehorsam, die in dieser Welt den Herrschaftsbereich Gottes von der noch nicht mit ihm versöhnten Welt trennt — nichts ändern auch daran, daß diese Grenze für unsere menschlichen Augen bezeichnet ist durch den Unterschied zwischen Dienst und Verachtung des Evangeliums, zwischen reiner und verkehrter Ausrichtung, zwischen einem willigen und einem verstockten Hören seiner Botschaft, die also für unsere menschlichen Augen allerdings durch die Grenzen der Kirche bezeichnet ist. Wollten wir diese Grenze für nichtig erklären, wollten wir die Welt in anderer Weise mit der Kirche zusammenschließen, als indem wir selber das Evangelium nicht verachten, sondern ihm dienen, besorgt darum, seine Botschaft selber willig zu hören und rein auszurichten, wollten wir also um des Reiches Gottes, um unseres Missionswillen und um unseres Verständnisses der Not und Sehnsucht der Welt willen etwas Anderes wollen als eben dies: daß Kirche sei und daß wir selber Kirche seien — wie könnte das anders als in Eigenmächtigkeit geschehen: unter heimlicher oder offener Bestreitung der Freiheit des Wortes Gottes? und wie könnte mit solcher Eigenmächtigkeit und Bestreitung nun gerade dem Reiche Gottes wirklich gedient sein? Die Freiheit des Wortes Gottes, der wir uns (gerade wenn wir wirklich auf das Reich warten, in welchem Gott Alles in Allem sein wird!) unterwerfen werden, ist nun einmal nicht eine allgemeine oder eine von uns zu erwählende Möglichkeit: der Inbegriff dessen oder ein Ausschnitt aus dem, was wir für möglich halten, sondern die Freiheit, die Gott in seiner Offenbarung sich tatsächlich genommen und hinsichtlich derer er uns auch Bescheid gesagt hat, daß er sie sich tatsächlich genommen hat. Von einer anderen Grenze zwischen Glauben und Unglauben, zwischen Gehorsam und Ungehorsam und also zwischen Gottesreich und Weltreich als der, die er selbst durch seine Offenbarung in Jesus Christus und durch deren apostolische Bezeugung gezogen hat, wissen wir nun einmal nicht, können wir nur zu wissen meinen auf Grund von allerhand eigenmächtigen Einfällen. Wissen wir aber um keine andere, dann haben wir uns an diese auch für unsere menschlichen Augen deutlich bezeichnete Grenze zu halten, wissend um ihre Veränderlichkeit, wissend auch um ihre endliche Aufhebung, aber auch wissend um ihre vorläufige Gültigkeit, wissend, daß wir diesseits ihrer endlichen Aufhebung und auch vor allen ihren möglichen Veränderungen im Einzelnen innerhalb und an dieser Grenze Gott zu dienen haben, wenn wir ihm überhaupt dienen dürfen und wollen.

Die Freiheit des Wortes Gottes ist seine Freiheit, sich selbst eine Kirche zu gründen. Das heißt: Menschen aller Zeiten und Weltgegenden, Menschen von allerlei Art, Schicksal und Führung, Menschen von allerlei natürlich-geistiger Richtung und in dem Allem: Menschen von allerlei Sündigkeit und Todverfallenheit darin und so mit sich selbst und unter sich zu vereinigen, daß es sich selbst bei ihnen Gehör verschafft, das Gehör des Gehorsams, d. h. das Gehör, durch das sie auf Gedeih und Verderb, auf Gnade und Ungnade, für Leben und Tod, an Jesus Christus gebunden werden in der Weise, daß sie in ihrer ganzen und unter sich so verschiedenen Sündigkeit und Todverfallenheit in ihm ihren Herrn erkennen müssen. Dieses Gehör des Gehorsams ist der christliche Glaube, und der Raum und Bereich dieses christlichen Glaubens ist der Raum und Bereich, in welchem das Wort Gottes seine Macht ausübt. Auch wenn dieser sich nach außen, nach der Welt hin, verändert, verengt oder erweitert, wird er unter allen Umständen immer der Raum und Bereich dieses christlichen Glaubens sein. Auch seine Aufhebung als gesonderter Raum und Bereich wird nur das bedeuten können, daß es dann einen anderen Raum und Bereich als eben den des nun zum Schauen erhobenen christlichen Glaubens nicht mehr geben wird. Wir wissen von keiner anderen Freiheit des Wortes Gottes als von der, uns zum christlichen Glauben aufzurufen: Es gehört sogar zum Inhalt dieses Wortes Gottes, daß es sich tatsächlich diese und nur diese Freiheit genommen hat: die Freiheit, sich selber das Gehör des Gehorsams zu verschaffen. Frei ist die Betätigung des Wortes Gottes in dieser seiner Begründung der Kirche in dem doppelten Sinn: Es ist frei d. h. es ist mächtig gegenüber der Sündigkeit und Todverfallenheit des Menschen, die ihm das Gehör des Gehorsams und also den christlichen Glauben an sich unmöglich machen. Und es ist frei, d. h. es ist mächtig gegenüber der natürlichen und durch Sünde und Tod verderblich gewordenen Verschiedenheit der Menschen, die es ihnen an sich unmöglich macht, im Glauben mit Gott und unter sich eins zu werden. Das Wort Gottes ist frei — und in der Begründung der Kirche betätigt es diese Freiheit — die doppelte Schranke dieser Unmöglichkeit aufzuheben und uns die Möglichkeit des Glaubens mitzuteilen.

„Der Geist weht, wo er will" (Joh. 3, 8). „Der Sohn macht lebendig, welche er will" (Joh. 5, 21). „Vater, ich will, daß dort, wo ich bin, auch die seien mit mir, die du mir gegeben hast" (Joh. 17, 24). Auf diesem die vorhandenen Hindernisse nicht beachtenden Willen beruht die Kirche, in ihm haben wir zunächst die Freiheit des Wortes Gottes zu erkennen. Sie wäre näher zu beschreiben, als seine Freiheit, sich und das heißt den biblischen Zeugen Aufmerksamkeit, Glaubwürdigkeit, Zutrauen und damit Schüler und Nachfolger unter den Menschen zu erwecken. Kirche entsteht, indem dieses Zeugnis auf- und angenommen wird: seiner Fremdheit zum Trotz, die zugleich die Fremdheit seines jedem Menschen widerstrebenden Inhalts und die Fremdheit gerade dieser alle Menschen in Anspruch nehmenden Form seines Inhalts ist. Es versteht sich von selbst, daß die Menschen den Propheten und Aposteln glauben werden und es versteht sich nicht von selbst, daß sie gerade ihnen glauben werden. Die Wirklichkeit und die Einheit des Glaubens, den dieses Zeugnis fordert, die Kraft der Erleuchtung zum Glauben und die Kraft der Sammlung im Glauben — das ist das erste Geheimnis der Freiheit des Wortes Gottes.

Aber diese Freiheit geht weiter: es ist nicht so, daß, nachdem das Wort Gottes in den biblischen Zeugnissen der Kirche einmal übermittelt und dann überlassen ist, die Kirche wie die Erbin eines Verstorbenen mit dessen hinterlassenem Vermögen allein gelassen würde.

Mit aus dieser falschen Vorstellung, wonach die biblische Offenbarung ein der Kirche anvertrautes und zur Verfügung überlassenes „Depositum" wäre, dürfte der römisch-katholische Irrtum hinsichtlich der sich selbst aus sich selbst heraus regierenden Kirche entstanden sein. Es ist klar, daß man bei jener Auffassung sowohl die Möglichkeit wie das Bedürfnis haben konnte, der Schrift in der Tradition zunächst ein zweites angebliches Depositum an die Seite zu stellen. Und es ist klar, daß es dann unvermeidlich wurde, der Kirche als der Verwalterin dieser Deposita in ihrem Lehramt und dessen Spitze einen möglichst vollmächtig redenden Mund zu geben. Dabei ist offenbar übersehen die ganze Außerordentlichkeit der Auszeichnung, Ausrüstung und Bevollmächtigung, in der die am Anfang der Kirche stehen, von denen gesagt ist: „Einige von denen, die hier stehen, werden den Tod nicht schmecken, bis daß sie sehen des Menschen Sohn kommen in seinem Reich" (Matth. 16, 28) und „Dieses Geschlecht wird nicht vergehen, bis daß dies alles geschehe. Himmel und Erde werden vergehen, meine Worte aber werden nicht vergehen" (Matth. 24, 34 f.). Sie haben offenbar eine Funktion, die nicht einfach übergeht in die der Kirche, indem diese durch ihr Zeugnis geschaffen, indem ihr Zeugnis von dieser auf- und angenommen wird, sondern die allen Funktionen der Kirche gegenüber eine eigene selbständige Funktion bleibt. Ihr Zeugnis wird nicht „Depositum", sondern es geht als Ereignis weiter und in und mit diesem Ereignis betätigt das Wort Gottes seine Freiheit.

Das Wort Gottes wirkt tatsächlich nicht nur die Begründung, sondern in jedem Augenblick auch die Erhaltung der Kirche. Die Freiheit der Schrift erweist sich auch darin als göttliche Freiheit, als die Souveränität des Schöpfers: daß durch sie und nur durch sie die Kirche ist, was sie ist, während sie ohne die Schrift sofort in nichts zergehen, an jener Unmöglichkeit der Wirklichkeit und Einheit des Glaubens sterben müßte. Die Kirche lebt wie die geschaffene Welt überhaupt durch göttliche *creatio continua*, nur daß unter dieser im Blick auf die Kirche nicht die Geduld zu verstehen ist, in der das Wort Gottes die geschaffene Welt als solche im Dasein erhält, in das es sie gerufen hat, sondern die Gnade des mitten in der geschaffenen Welt gesprochenen Wortes der Wiedergeburt und Neuschöpfung, bzw. die Wirksamkeit dieses Wortes, in dessen fortgehender Bezeugung aus dem Glauben der Propheten und Apostel zum Glauben der Kirche. Ohne dieses Wort bzw. ohne seine fortgehende Bezeugung können wohl die menschlichen Religionen, Weltanschauungen, Systeme und die auf sie gegründeten menschlichen Institutionen und Gemeinschaften leben, wie sie es ja auch tatsächlich tun: auf Grund der allgemeinen göttlichen Erhaltung alles Geschaffenen, wenn auch im Schatten des Todes, dem alles Geschaffene als solches entgegeneilt. Auf demselben Grund kann auch ein verirrtes und entartetes, d. h. der Art jener menschlichen Bildungen sich annäherndes Christentum ohne das Wort leben: in dem Maß sogar um so mehr, als es, in jener Annäherung begriffen, verirrt und entartet ist. Gerade die wahre Kirche als der Raum und Bereich der Offenbarung und des Glaubens an diese Offenbarung entbehrt als solche dieser natürlichen Vitalität. Durch das Wort der Wiedergeburt und Neuschöpfung ins Dasein g e r u f e n, kann sie anders als durch dieses Wort auch nicht im Dasein e r h a l t e n bleiben. Was hülfe ihr aller natürliche Wille und alle natürliche Kraft zum Dasein, was hülfe es ihr, wenn diese so groß wären, daß sie mittelst ihrer die ganze Welt gewönne? Als eines von jenen dem Tod entgegeneilenden menschlichen Gebilden vermöchte sie sich damit wohl ein Leben zu erhalten. Als Kirche der Wahrheit und des ewigen Lebens wäre sie doch mitten in der blühendsten Entwicklung, die sie auf dieser Ebene haben könnte, schon tot, wenn das Wort der Wahrheit sich von ihr zurückziehen würde.

Es sollte kaum gesagt werden müssen und es gehört doch zum Nötigsten, was gesagt werden muß, daß von daher gesehen das G e b e t um die Erhaltung der Kirche eigentlich nie abreißen dürfte. Die Kirche steht und geht tatsächlich allein auf dem Grunde, der ihr durch das lebendige Wort fort und fort dargereicht werden muß. Abseits von diesem Grunde würde sie wohl in der Weise jener anderen Gebilde, würde sie aber gerade als Kirche der Wahrheit unmöglich leben können. Und eben die Sorge um das Erhaltenwerden auf diesem einzigen Grunde und also um dessen immer neue Darreichung wird immer auch der Maßstab alles kirchlichen Handelns, alles Aufbauens und Verteidigens der Kirche, aller apologetischen und kirchenpolitischen Maßnahmen bilden müssen. Es gibt keine Sorge um die Kirche, die dieser Sorge übergeordnet werden dürfte, die nicht zurückgestellt werden müßte, wenn sie etwa bedeuten sollte, daß die Kirche sich damit dem lebendigen Wort entziehen würde. Und es gibt keine Sorge um die Kirche, die man dieser Sorge nicht getrost unterordnen, die man nicht getrost in dieser Sorge aufgehen lassen dürfte. Vertraut sich die Kirche ganz dem Wort der Wahrheit an, dann — nur dann, aber dann bestimmt und legitim! — darf sie darauf vertrauen, daß die allgemeine Gnade und Geduld Gottes gegenüber seiner Schöpfung so oder so auch ihr zugute kommen werde.

Die Erhaltung der Kirche durch das Wort Gottes vollzieht sich aber einfach darin, daß dieses in ihr in der schon beschriebenen Weise seine

1. Die Freiheit des Wortes

eigene **Freiheit** betätigt: also indem es in der Kraft der Auferstehung Jesu Christi mächtig ist, sich selbst in dieser Welt zu behaupten, mächtig, sich von der Welt unbefleckt zu erhalten, aber auch mächtig, sich die Welt zu eigen zu machen, mächtig schließlich, sich selbst neu darzustellen und zu geben. Dieses innere Leben des Wortes selbst wirkt das Leben der Kirche. Die Kirche lebt, indem sie der Schauplatz dieses Lebens des Wortes ist, indem sie an den Bewegungen dieses Lebens selbst Anteil bekommt, indem sie im Glauben zu diesen Bewegungen Ja sagt, d. h. ihr eigenes Heil darin und nur darin sucht, daß diese Bewegungen geschehen und ihnen insofern folgt, als ihr Gottesdienst und ihr Gemeinschaftsleben, ihre Predigt und ihr Bekenntnis in der Nachfolge dieser Bewegungen Ereignis werden. Indem dies geschieht, kann die Kirche so wenig untergehen wie das Wort Gottes selber: sie nimmt in dieser Nachfolge inmitten der vergänglichen Welt teil an dessen eigenem ewigem „Bleiben".

Es hängt also die Erhaltung der Kirche menschlich gesehen an der selbstlosen Aufmerksamkeit, in der die Kirche den eigenen Lauf des Wortes Gottes zu begleiten hat. Es kann nicht ihre Sache sein, sich selbst als Kirche behaupten zu wollen. Sie behaupte sich, indem sie der Selbstbehauptung des Wortes assistiere! Sie erlaube sich keine Kritik der Welt auf Grund eigener polemischer Einsicht und sie erlaube sich keine Assimilationen weltlicher Elemente auf Grund eigener synthetischer Weisheit, sie glaube und verkündige aber die durch das Wort Gottes selbst vollzogenen Kriegserklärungen und Friedensschlüsse! Sie erlaube sich nicht, sich an irgendein Altes zu klammern und sie erlaube sich keine Neuerungen, es wäre denn, daß sie vermöge des Gestaltwandels des ihr vorangehenden Wortes Gottes zu jenem oder zu diesem aufgefordert und genötigt sei! Jeder Schritt seitwärts von diesem Weg wär der Schritt in den Abgrund des Todes. Nicht daß er sich sofort als solcher zeigen und rächen würde. Es wird vielmehr oft genug so aussehen, daß es nur eines kleinen Schrittes seitwärts von diesem Wege, nur einer kleinen kirchlichen Eigenmächtigkeit bedürfe, damit es der Kirche — nach langer schwerer Bedrängnis vielleicht — wunderbar wohlgehe, damit ihre Erhaltung in der Welt zur Ehre Gottes und zum Heil der Menschen nun wirklich garantiert sei. Links und rechts von ihr existieren ja in offenkundiger Gesundheit und Fülle alle die anderen menschlichen Gebilde, denen jene selbstlose Aufmerksamkeit nicht zugemutet scheint, deren Leben nicht auf der Gnade der Wiedergeburt und der neuen Schöpfung beruht, deren Leben also menschlich gesehen um billigere Preise als um den des Glaubens allein zu haben ist. Für die Kirche der Wahrheit allein ist eben das, was für die ganze Welt Leben heißt, der Abgrund des Todes. Wird sie das sehen, obwohl es doch nicht zu sehen ist? Wird sie den Tod in dem erkennen, was für die ganze Welt Leben heißt? Wird sie das Leben wählen, das der ganzen Welt unvermeidlich als Tod erscheinen muß? Schlechterdings Alles wird jetzt darauf ankommen, ob die Kirche ist, was sie ist: der Raum und Bereich, in welchem der Mensch Zutrauen hat zum Wort allein und also zum Glauben allein und in diesem Zutrauen die Fähigkeit jener selbstlosen Aufmerksamkeit, die die ganze Welt mit ihrem Lebenswillen, mit ihrer Kampflust und Weisheit, mit ihrem Konservativismus und Radikalismus nicht hat. Aber eben dies: daß die Kirche ist, was sie ist, hängt an ihrer Erhaltung durch das Wort selber, hängt daran, daß das Wort in ihrer Mitte kraft seiner eigenen Macht weiterlebe, hängt also an der Wirklichkeit der **Freiheit** des Wortes, um die die Kirche nur bitten, für die sie nur danken kann.

Die Erhaltung der Kirche durch die Betätigung der Freiheit des Wortes Gottes ist aber konkret ihre dauernde Inanspruchnahme durch die Schrift, die Geschichte des fortgehenden Zeugnisses, das ihr durch diese gegeben wird, das sie aus dieser zu empfangen hat. An die Stelle des erhaltenden Wortes Gottes könnte, wenn es nicht identisch wäre mit der Schrift oder wenn die Schrift ein bloßes „Depositum" und nicht ein fortgehendes Zeugnis wäre, allzu leicht das treten, was die Kirche sich selber und der Welt zu sagen hat: die christliche Idee, Weltanschauung und Moral, das „Christentum" oder das „Evangelium" in irgendeiner komplizierten oder auch vereinfachten Gestalt, in der man es sich wieder einmal zurecht gedacht und zurecht gemacht hat. Der Inhalt einer guten oder schlechten Dogmatik und Ethik vielleicht! Es ist klar, daß dieses sog. „Wort Gottes" nicht frei, sondern eben an die betreffenden kirchlichen und also menschlichen Konzeptionen gebunden wäre. Ihm würde diejenige bewegende, begeisternde, erbauliche Kraft eignen, die solchen Konzeptionen wenigstens zu bestimmten Zeiten und in bestimmten Situationen eigen sein kann und tatsächlich eigen ist. Ihm würde aber gerade die Kraft, die Kirche zu erhalten: nämlich durch den Wechsel der Zeiten und Situationen, durch die in diesem Wechsel unvermeidlichen Desillusionierungen und Enttäuschungen hindurch zu erhalten, nicht eignen. Ihm würde ja die Verheißung, die der Schrift und so nur der Schrift gegeben ist, abgehen. Es wäre nicht das Wort der Wahrheit, das allein die Kirche der Wahrheit vor dem Tode zu bewahren vermag. Die Kirche lebt — sie lebt auch mit dem, was sie selber zu sagen hat — von dem ihr Gesagten, von dem ihr immer neu von außen entgegentretenden Wort, das sie in der Schrift hört. Indem das Wort Gottes die **Schrift** ist, übt es jene konkrete Führung, Regierung und Erziehung der Kirche aus, kraft welcher diese nicht sich selbst überlassen, sondern immer wieder von der heilsamen Wahrheit angerührt und lebendig gemacht wird.

Es hängt also die Erhaltung der Kirche menschlich gesehen daran, daß in der Kirche die Schrift gelesen, verstanden, ausgelegt und angewendet wird, daß das ohne Ermüden immer wieder geschieht, daß der ganze Weg der Kirche der Weg ihrer Bemühung um das Hören dieses konkreten Zeugnisses sei. Der Schritt seitwärts, der den Schritt in den Abgrund des Todes bedeutet, der tötliche Mangel an jener selbstlosen Aufmerksamkeit wird sich in der Regel schwerlich so bald als solcher verraten. Er wird in der Regel vielmehr gewiß in großer Treue (nämlich gegenüber dem, was die Kirche gesagt hat) und in großem Eifer (nämlich für das, was die Kirche selber sagen zu müssen meint) geschehen und so scheinbar das Siegel göttlicher Berechtigung und Notwendigkeit tragen. Wenn jeweils wieder einmal das Leben mit dem Tod und der Tod mit dem Leben verwechselt wird in der Kirche, dann pflegt immer solche Treue und solcher Eifer am Werk zu sein: viel guter Wille, viel ernste Frömmigkeit, große Visionen, tiefe Bewegungen und in dem allem die ehrliche Meinung, keineswegs eigenmächtig, sondern dem Worte Gottes gehorsam zu sein. Nur daß nicht bemerkt ist: dieses sog. „Wort Gottes" ist nur eine Konzeption vom Wort Gottes, vielleicht frei gebildet, wahrscheinlich und häufiger: gebildet in Form einer nicht mehr neu geprüften alten oder in Form einer noch nicht ernstlich geprüften neuen Interpretation der Schrift selber, so oder so: nicht das Wort Gottes, wie es sich in der heiligen Schrift selbst wirklich zu hören gibt. Konzeptionen vom Worte Gottes als solche, auch wenn sie gut sind, also z. B. auch anerkannte Dogmen und Konfessionen, lichtvolle und hilfreiche theologische Systeme, tiefe, kühne und anregende Einsichten biblischer Wahrheiten — sie alle sind aber nicht das Wort Gottes, sie alle können also auch die Kirche nicht erhalten. Und es können Konservativismus und Radikalismus, sofern sie das vorspiegeln und für ihre Konzeptionen in Anspruch nehmen möchten, die Kirche nur gleich sehr betrügen und gefährden. Das Kriterium in der Frage, ob sie dem Worte Gottes in jener selbstlosen Aufmerksamkeit folgt, liegt darin, ob sie fähig und willens ist, durch Alles das hindurch, was sie selber sagt, was sie aus der Schrift schon vernommen zu haben oder eben jetzt aus der Schrift erheben zu können meint, die Schrift selbst zu hören als die Instanz, die ihr über den wahren Tod und das wahre Leben Bescheid sagt. Es hängt also die Erhaltung der Kirche daran, daß die Schrift vor ihren Augen offen bleibt, daß alle, auch die besten Konzeptionen von ihrem Inhalt durchsichtig bleiben, damit sie selbst diese bestätigen und legitimieren oder auch korrigieren oder auch gänzlich beseitigen kann. Anders als in dieser Freiheit kann sie das Leben der Kirche nicht sein. Ist die Kirche, was sie ist, dann wird sie der Schrift diese Freiheit lassen, sie wird von der Schrift ausgehend, immer aufs neue zur Schrift zurückkehren müssen. Wir müssen aber wieder schließen: eben dies, daß die Kirche ist, was sie ist, hängt daran, daß die Schrift sich selbst diese Freiheit verschafft und erhält in ihrer Mitte, daß die Schrift selbst die Kirche nötigt, immer wieder zur Schrift zurückzukehren. Wie sollten wir ihr diese Freiheit geben können auch bei der größten Schrifttreue? Wieder stehen wir hier vor der Wirklichkeit, für deren Gegebensein wir nur danken können, um deren Gegebenwerden wir immer wieder bitten müssen.

Wir betrachten dieselbe Sache noch einmal von einer anderen Seite, indem wir zum Schluß feststellen: die Freiheit des Wortes Gottes ist seine Freiheit, die Kirche zu regieren. Nicht umsonst ist diese ja begründet, nicht umsonst wird sie erhalten. Beides geschieht, damit sie diene, und zwar der göttlichen Offenbarung und also der Ehre Gottes und dem Heil der Menschen diene. Die Kirche als die Versammlung und Einheit der durch das Wort Aufgerufenen und dem Wort Glauben Schenkenden ist in der Zeit zwischen Himmelfahrt und Wiederkunft das Zeichen der göttlichen Offenbarung, das Zeichen der geschehenen Menschwerdung des Sohnes Gottes und zugleich das Zeichen der im kommenden Reiche Gottes durch den Sohn Gottes erlösten neuen Menschheit. Als solches Zeichen hat die Kirche zu dienen. Sie hat inmitten dieser Welt ihrer eigenen Glieder und aller Menschen auf die geschehene Versöhnung und auf die kommende Erlösung hinzuweisen durch die Bezeugung Jesu Christi als ihres Herrn, der auch der Herr über alles ist. Eben dies darf und kann sie aber nicht in eigener Vollmacht tun. Es ist nicht an dem, daß die Zeit zwischen Himmelfahrt und Wiederkunft gewissermaßen das Reich des glaubenden, des in seinem Glauben und kraft seines Glaubens autonomen Menschen wäre.

Man wird sagen müssen, daß dies die irrige Vorstellung besonders des Neuprotestantismus ist, sofern er den Menschen auf einer Ebene sieht, die des Horizontes der geschehenen Versöhnung und der kommenden Erlösung entbehrt, wo aus der ersten eine ferne historische Erinnerung und aus der zweiten das ebenso ferne Ziel eines allmählichen Fortschritts im Sinn jener Erinnerung geworden ist: beide ohne aktuelle Bedeutung für den in der Mitte existierenden Menschen, dem wohl sein Glaube, aber

§ 21. *Die Freiheit in der Kirche*

eben nur sein Glaube bleibt, ein Glaube, der ohne diese doppelte Beziehung auf den Herrn als auf seinen Gegenstand, allein gelassen ohne die Kraft des „Allein Gott in der Höh sei Ehr", nun doch nur eine besondere Gestalt menschlichen Vermögens, Wollens und Wirkens und also, gemessen am christlichen Glauben nur ein falscher Glaube sein kann. Glaube kann jetzt nur noch als Religion verstanden werden: als die Religionsform, in welcher der Mensch zwar von jener historischen Erinnerung und von jener bestimmt gefärbten Fortschrittserwartung beeinflußt, aber eben doch nur beeinflußt, im Zentrum und Grunde aber, jenes Horizontes entbehrend, wie in aller Religion sein eigener Herr, Herr auch seiner tiefsten Gemütsbewegung ist und in welcher Religionsform auch die Gemeinschaft der Religiösen, das, was dann Kirche heißt, nur ein Zweckverband, ein Klub sein kann, zu welchem sich die einzelnen glaubenden Herren unter möglichster gegenseitiger Schonung der Wünsche und Ansprüche jedes Einzelnen zu gewissen Übereinkünften und gemeinsamen Bestrebungen zusammenschließen. Der Irrtum in dieser Vorstellung ist ein doppelter: er besteht in der optischen Täuschung als ob die Ebene, auf der der glaubende Mensch existiert, eine unbegrenzte, eine Ebene ohne Horizont wäre; nicht gesehen ist hier die unmittelbare Nähe der Berge hinter ihm und vor ihm, von denen ihm Hilfe kommt. Und er besteht in der akustischen Täuschung, als ob das Wort „Glaube" noch immer den christlichen Glauben bezeichnete, wenn das damit gemeinte Trauen, Wagen und Hoffen des menschlichen Herzens seine Richtung auf diese Berge verloren hat, statt gerade in dieser Richtung ein verheißungsvolles Trauen, Wagen und Hoffen zu sein. — Der hier vorliegende Irrtum dürfte in der Sache derselbe sein wie der der Irrlehrer des zweiten Petrusbriefs, der ja auch entscheidend darin bestanden zu haben scheint, daß sie nicht mehr verstanden, daß ein Tag vor dem Herrn ist wie tausend Jahre und tausend Jahre wie ein Tag (2. Petr. 3, 8), um daraufhin frech und eigensinnig, respektlos gegenüber den Herrlichkeiten Gottes, über die Engel sich erhebend, „die Herrschaft zu verachten" (κυριότητος καταφρονοῦντες 2, 10 f.). Die Instanz, die diesen Irrlehrern entgegengehalten wird, sind: „die zuvor von den heiligen Propheten gesprochenen Worte und das Gebot der Apostel des Herrn und Heilandes" (3, 2).

Der glaubende Mensch in der Zeit zwischen Himmelfahrt und Wiederkunft ist wohl verantwortlich aber nicht autonom. Er ist als glaubender Mensch ein Glied am Leibe Christi. Und der Leib Christi, die Kirche, hat ihr Haupt im Himmel, ist also auch auf Erden nicht der Einsicht und Willkür der in ihr versammelten Menschen überlassen. Die Kirche ist, obwohl ganz und gar aus Menschen bestehend, kein menschliches Reich, weder ein monarchisches, noch ein aristokratisches, noch ein demokratisches, in welchem die Ausführung der ihr aufgetragenen Bezeugung Jesu Christi dem Gutfinden dieser Menschen anheimgestellt wäre. Sondern die Kirche wird regiert. Und sie wird, wie sie durch das Wort Gottes geschaffen ist und erhalten wird, so auch durch das Wort Gottes regiert: durch das Wort Gottes in der Gestalt der in der Schrift niedergelegten Bezeugung der Offenbarung Gottes in Jesus Christus. Wir sagen dasselbe, wenn wir sagen: Jesus Christus regiert die Kirche — wie wenn wir sagen: die heilige Schrift regiert die Kirche. Eines erklärt das Andere, eines kann nur durch das Andere verstanden werden. Wie der Sohn Gottes in seiner menschlichen Natur und also als der uns offenbare Gott dieses sein Offenbaren, sein eigenes prophetisches Amt fortgehen läßt im prophetisch-apostolischen Zeugnis von seiner Herrschaft, so widerfährt seine Herrschaft und also die Herrschaft Gottes selbst der Kirche in diesem und durch dieses Zeugnis. Auch der Heilige Geist ist ja eben der Geist dieses Zeugnisses, der Geist, der dieses Zeugnis als wahr bezeugt, der Geist, durch den dieses Zeugnis die Herzen gewinnt. Welche andere Regierung der Kirche als die durch dieses Zeugnis sollte denn in Betracht kommen? Jede andere Regierung könnte die Kirche nur zur Nicht-Kirche machen. Jede andere Regierung der Kirche könnte sie ja nur zu der Herrschaft des kraft seines falschen Glaubens autonomen Menschen zurückführen, könnte nur in einer Verleugnung der Bestimmung unserer Zeit als der Zwischenzeit zwischen Himmelfahrt und Wiederkunft bestehen. Wir haben aber keine andere Zeit als diese: es wäre denn die mit dem Anbruch dieser Zeit überwundene Zeit der Sünde und des Todes. Wollen wir nicht wiederum in dieser Zeit leben, soll das Salz der Kirche, das das Salz der Erde ist, nicht dumm werden, dann darf der Charakter ihrer Zeit als jener Zwischenzeit nicht verleugnet werden. Die Zwischenzeit ist aber die durch das Wort Gottes im prophetisch-apostolischen Zeugnis bestimmte Zeit und es muß als die Regierung der Kirche in dieser Zeit Sache dieses Wortes sein.

Jede Bestimmung des Kirchenregiments ist also falsch, in welcher entweder das Regiment Jesu Christi selbst nur die Rolle einer schmückenden Floskel spielt, während in Wahrheit der falsche, nämlich der horizontlose Glaube der in der Kirche vereinigten Menschen im Regimente sitzt, oder in welchem das Regiment Jesu Christi zwar formell ernstlich anerkannt, aber in Gestalt einer unmittelbaren Geistesleitung vorstellig gemacht wird, wobei es eine Frage zweiter Ordnung ist, ob als die Stelle, wo diese Geistesleitung die Kirche berührt und erfaßt, ein unfehlbarer Papst oder ein unfehlbares Konzil oder das Amt eines autoritären Bischofs oder das Amt eines hypostasierten Pastors oder irgendein freies Führertum oder einzelne Inspirierte in der Gemeinde oder schließlich die ganze Gemeinde als solche angegeben wird. Falsch an allen diesen Bestimmungen des Kirchenregiments ist die Zweideutigkeit, in der dabei — und geschähe es noch so ernstlich — das Regiment Jesu Christi geltend gemacht wird, das Vorübereilen an der Schrift als wäre nicht sie die für die Zwischenzeit maßgebende Gestalt dieses Regiments. Wer nur von der Herrschaft Jesu Christi im Himmel und dann von einer jener irdischen Einbruchsstellen seiner Herrschaft redet, der redet faktisch enthusiastisch, der redet letztlich doch von der Autonomie des menschlichen Glaubens und darum nicht von der Kirche Jesu Christi.

Der Horizont, innerhalb dessen die Kirche Jesu Christi existiert, ist erst dann gesehen und bedacht — von der Kirche Jesu Christi ist also erst dann die Rede — wenn als konkreter Träger des Kirchenregiments die heilige Schrift gesehen und bedacht ist. Weit entfernt davon, daß damit die Unmittelbarkeit der Beziehung zwischen dem Herrn und seiner Kirche in Frage gestellt würde, ist vielmehr gerade diese Mittelbarkeit weil sie durch ihn selbst eingesetzt und durch seine Auferstehung in Kraft gesetzt ist, die wahre Unmittelbarkeit dieser Beziehung. Und weit entfernt davon, daß aus dieser ihrer Mittelbarkeit irgendeine gesetzliche Verhärtung dieser Beziehung folgen würde, ist vielmehr gerade sie die

Garantie dafür, daß in dieser Beziehung Freiheit und also Bewegung walten wird.

Wo die S c h r i f t das Kirchenregiment übte, da könnte es nicht nur erlaubter sondern gebotener, nicht nur gefahrloser sondern heilsamer Weise je und je Alles das geben, oder auch nicht geben, was man unter dem Kirchenregiment des autonomen Glaubens hier mit gesetzlichem Eifer für wesentlich und unentbehrlich erklärt, dort mit ebenso gesetzlicher Ängstlichkeit vermeiden und verbieten will: Päpste und Konzilien, Bischöfe und Pastoren, Hoheit der Synode und Hoheit der Gemeinde, Führer und Inspirierte, Dienst der Theologen und Dienst der Anderen in der Gemeinde, Dienst der Männer und Dienst der Frauen. Warum durchaus gerade das oder jenes? Und warum gerade das oder jenes durchaus n i c h t? Nur bei Unterdrückung der Freiheit des Wortes Gottes, gerade nur unter Voraussetzung jener enthusiastischen Beseitigung der Schrift könnte man hier gesetzlich gebieten und verbieten wollen.

Die Schrift als die eigentliche Trägerin des Kirchenregiments wird die Unmittelbarkeit der Beziehung zwischen der Kirche und ihrem Herrn nicht zerstören und sie wird der Kirche auch nicht das Gesetz auferlegen — dann nämlich, wenn jene Unterscheidung zwischen der Schrift selbst und allen menschlichen Konzeptionen von der Schrift immer wieder offen wird, immer neu vollzogen wird, wenn man die Schrift in fortdauerndem Hören auf sie, in der ununterbrochenen Schule ihrer Lesung und Auslegung immer wieder allen menschlichen Konzeptionen vorangehen läßt, um ihr nachzufolgen, wenn man also mit ihrer Regierung und mit dem Sichregierenlassen durch sie in der Kirche wirklich ernst macht.

Verabsolutierte und starr gewordene Konzeptionen vom Worte Gottes müßten allerdings sowohl die Unmittelbarkeit jenes Verhältnisses in Frage stellen, als auch die Kirche positiv oder negativ mit irgendeiner Gesetzlichkeit bedrohen. In der Verabsolutierung und im Erstarrenlassen solcher Konzeptionen würde die Kirche aber auch gerade nicht gehorsam sondern sehr ungehorsam handeln.

Nicht als ob solche Konzeptionen nicht sein und keine Würde und Geltung haben dürften. Wir sahen im vorangehenden Paragraphen, daß es solche Konzeptionen gibt, denen man in dem Raume u n t e r dem Wort höchste Notwendigkeit und größte Würde nicht absprechen kann. Ihre Existenz wird aber der Freiheit des Wortes Gottes nicht zu nahe treten, sie wird jene grundsätzliche Offenheit der Kirche für ihre Führung durch die Schrift nicht zerstören dürfen, sie wird ihr vielmehr dienen müssen. Dies ist die Freiheit des Wortes Gottes in der Regierung der Kirche: daß die Kirche sich unter allen Umständen auf dem Wege und zwar auf dem ihr von der Schrift gestern angewiesenen, heute zu begehenden und morgen wieder von der Schrift anzuweisenden Wege befindet, auf einem Wege also, auf welchem sie gerade in dem Gehorsam, den sie gestern bewährte, heute neue Weisungen entgegenzunehmen willig und bereit sein wird. Eben darum kann und darf die Exegese in der Kirche nicht abbrechen. Ihre Aufgabe besteht dann an jedem neuen Tag darin, der besonderen Freiheit nachzuspüren, die das Wort Gottes sich heute im Zug seiner Regierung der Kirche nehmen will. Wir schließen aber noch einmal und auch hier mit der Erinnerung, daß gerade in diesem Mittelpunkt kirchlichen Handelns das Gebet: der Dank für die Wirklichkeit dieser Regierung und die Bitte darum, daß sie nie aufhöre, Wirklichkeit zu sein, das entscheidende Tun ist, das, der Exegese noch vorangehend, unter keinen Umständen abbrechen darf.

2. DIE FREIHEIT UNTER DEM WORT

Wir hören Phil. 1, 9 f., daß Paulus darum betet, daß die Liebe seiner Leser mehr und mehr wachse ἐν ἐπιγνώσει καὶ πάσῃ αἰσθήσει εἰς τὸ δοκιμάζειν τὰ διαφέροντα: damit sie lauter und unanstößig seien auf den Tag Jesu Christi, erfüllt mit Frucht der in Jesus Christus begründeten Gerechtigkeit zur Ehre und zum Lobe Gottes. Ganz ähnlich schreibt er Kol. 1, 9 f. (vgl. 1, 28; 2, 2): er bete ohne Aufhören darum ἵνα πληρωθῆτε τὴν ἐπίγνωσιν τοῦ θελήματος αὐτοῦ ἐν πάσῃ σοφίᾳ καὶ συνέσει πνευματικῇ, damit sie würdig des Herrn wandeln möchten. Von demselben Erfülltwerden mit γνῶσις ist auch Röm. 15, 14 die Rede, dort in ausdrücklicher Verbindung mit dem Hinweis auf die offenbar in solcher γνῶσις begründeten Fähigkeit, sich gegenseitig zu belehren. Und Eph. 3, 18 f. wird dieselbe Gabe wiederum sehr feierlich als letzte Zusammenfassung dessen, wofür Paulus im Gedanken an seine Gemeinde betet, dargestellt als „die Kraft, mit allen Heiligen zu begreifen (καταλαβέσθαι), was es ist um die Breite und die Länge, die Tiefe und die Höhe, zu erkennen die die Erkenntnis übersteigende Liebe des Christus." Man halte daneben das bedauernde Wort 2. Tim. 3, 7 über die γυναικάρια. die beständig am Lernen und nie imstande sind, zur Erkenntnis der Wahrheit zu kommen. Wir entnehmen diesen und ähnlichen Stellen: es gibt, unterschieden von den in Christus selbst verborgenen Schätzen der Weisheit und Erkenntnis (Kol. 2, 3) — so unterschieden, wie seine Liebe zu uns von unserer Liebe zu ihm unterschieden ist — unterschieden auch von dem Erkennen und Lehren der Apostel selbst ein vollmächtiges Aufnehmen und Verstehen der von ihnen bezeugten Offenbarung durch ihre Schüler und Gemeinden, in welchem diese „weise" werden, d. h. in welchem diese selbst sich als urteilsfähig erweisen und zugleich urteilsfähig werden. Zeigt die Häufigkeit und Dringlichkeit, in der davon geredet wird, die zentrale Bedeutung, die diese die menschlichen Glieder der Kirche angehende Sache für die Apostel als die Begründer der Kirche hat, so zeigt der Umstand, daß diese Sache nach allen diesen Stellen Gegenstand der apostolischen Fürbitte ist, einerseits dies: daß sie Sache einer pneumatisch-charismatischen B e g a b u n g des Menschen und nicht etwa Sache eines menschlichen Vermögens oder Zugriffs ist. Und andererseits: daß deren Mitteilung an die Menschen in der Kirche nicht etwa ohne sondern durch die V e r m i t t l u n g der Apostel als der ursprünglichen Träger des Zeugnisses von Christus, indem ihr Zeugnis an die Gemeinde zugleich eine Fürbitte für diese ist, vor sich geht. An diese durch den Dienst der ersten Zeugen den Gliedern der Kirche vermittelte Gottesgabe der Erkenntnis und Weisheit werden wir zu denken haben, wenn wir nun auf die der Freiheit des Wortes entsprechende Freiheit unter dem Worte zu reden kommen.

Die Kirche als der Raum und Bereich der Freiheit des Wortes Gottes ist eine Versammlung von Menschen: nicht von Menschen, die sich selbst versammelt haben, sondern von Menschen, die versammelt wurden und werden, aber immerhin: von Menschen, wobei ja auch das sie versammelnde Worte Gottes zugleich ein Wort von Menschen ist. Eignet nun diesem sie versammelnden Gottes- und Menschenwort jene Freiheit in der Kirche, ist es wahr, daß dieses Wort die Macht hat, sich in der Welt selbst zu behaupten und rein zu erhalten, sich selbst durchzusetzen und fort und fort neu zu setzen und so die Kirche zu begründen, zu erhalten und zu regieren, dann kann es nicht anders sein: wo diese Mächtigkeit als solche anerkannt und erfahren wird, wo sie nicht nur als Gericht erlitten, sondern zugleich als Gnade geglaubt wird und Gehorsam findet, wo also das Zeugnis der Schrift aufgenommen wird, da entsteht und besteht, relativ, mittelbar und formal, ganz und gar abhängig von jenem Aufgenommenen und ganz und gar bezogen darauf, aber in diesen Schranken auch ganz real: eine der Mächtigkeit und also Freiheit des Wortes Gottes entsprechende **menschliche Mächtigkeit und Freiheit**. Die in diesem Raum und Bereich versammelten Menschen können sich ja dann dem, was kraft der Freiheit des Wortes Gottes in ihrer Mitte geschieht, nicht entziehen. Es kann nicht sein, daß es sie nicht bestimmt. Es geht sie an. Es teilt sich ihnen mit. Sie dürfen und müssen ihrerseits dazu Ja sagen. Es wird und ist dann — in dem ganzen Abstand und in der ganzen Abhängigkeit des Menschen von Gott — nicht nur Gottes, sondern als die Sache Gottes auch ihre eigene Sache geworden. Wir sahen im vorangehenden Paragraphen: das Zeugnis der Schrift kann nicht aufgenommen werden, ohne daß die in der Kirche versammelten Menschen willig und bereit sind, bei dessen Auslegung und Anwendung auch gegenseitig aufeinander zu hören. Dementsprechend ist jetzt zu sagen: dieses Zeugnis kann nicht aufgenommen werden, ohne daß die es aufnehmen, willig und bereit sind, für seine Auslegung und Anwendung selber die **Verantwortung** zu übernehmen. Diese Bereitschaft und Willigkeit zur eigenen Verantwortung für das Verständnis des Wortes Gottes ist die **Freiheit unter dem Wort**.

Es wäre nicht unerlaubt, diese Freiheit in Gegenüberstellung zu der im vorigen Paragraphen an dieser Stelle umschriebenen Autorität der Kirche, sachlich als die Freiheit des Gewissens zu bezeichnen. Das Königtum Jesu Christi bedeutet nach Calvin (*Cat. Genev.* 1545, bei E. F. K. Müller 120, 35): *quod eius beneficio ... vindicati in libertatem conscientiarum, spiritualibusque eius divitiis instructi, potentia quoque armamur* ... Unter „Gewissen": συνείδησις, *conscientia*, dem Mit-Wissen um das, was Gott weiß, muß aber hier streng das von Gott selbst zu diesem Mit-Wissen befreite und erhobene Gewissen und nicht eine in diesem Sinn allgemeine und ohnehin wirksame menschliche Anlage und Fähigkeit verstanden werden. „Gewissensfreiheit" ist dann also nicht im Sinn des 18. und 19. Jahrhunderts die irgend jemand zustehende Erlaubnis, zu denken, was irgend jemand für fein und lustig hält, sondern die von Gott in seiner Offenbarung denen, die sie annehmen, mitgeteilte Möglichkeit, das zu denken, was in seinem Gericht das Rechte und also wahr und weise ist. Wie wir aber (im Unterschied zu den Prolegomena von 1927) um das katholische Mißverständnis zu vermeiden, die Autorität der Kirche nur unter dem Titel „Die Autorität unter dem Wort" geltend gemacht haben, so stellen wir jetzt die Freiheit des Gewissens zur Vermeidung des Mißverständnisses des 18. und 19. Jahrhunderts unter den Titel „Die Freiheit unter dem Wort".

Heben wir zunächst hervor, was als grundlegende Voraussetzung für alles Weitere zu hören und in allem weiter zu Sagenden immer mit zu hören sein wird: Wie die Autorität unter dem Wort, die Autorität der Kirche keine letzte Instanz ist, nicht absolut gesetzt, der Autorität des Wortes nicht in eigener Würde und Geltung gegenübergestellt, sondern überhaupt nur in ihrer Unterordnung unter die Autorität des Wortes, im Dienst von deren Verkündigung und Aufrichtung existiert und gesehen werden kann, so ist auch die Freiheit unter dem Wort, die Freiheit des Gewissens der einzelnen Glieder der Kirche keine letzte, keine in sich selbst gegründete und also schrankenlose Freiheit. Daß sie problematisiert ist, ergibt sich ja schon daraus, daß es ihr gegenüber auch eine Autorität unter dem Wort gibt, d. h. eine durch das empfangene Zeugnis der Schrift den Gliedern der Kirche notwendig gemachte Willigkeit und Bereitschaft, bei aller eigenen und besonderen Verantwortung gegenseitig aufeinander zu hören. Aber dieses konkrete Gegenüber von menschlicher Autorität und Freiheit weist ja über sich selbst hinaus und zurück auf den gemeinsamen Ursprung, ohne den es weder Autorität noch Freiheit gäbe in der Kirche, weil es ohne ihn überhaupt keine Kirche gäbe. Die ursprüngliche Begründung, Begrenzung und Bestimmung der menschlichen Freiheit in der Kirche ist die Freiheit des Wortes Gottes. Diese menschliche Freiheit ist also weder eine dem Menschen ohnehin schon eigene, noch eine vom Menschen an sich genommene Freiheit dem Worte Gottes gegenüber. Sie wird vielmehr Ereignis, indem das Wort Gottes in der Freiheit Gottes selbst sich die Freiheit nimmt, die Kirche zu begründen, zu erhalten und zu regieren. Indem das geschieht und also inmitten einer menschlichen Versammlung und also an Menschen geschieht, kommt es zu einer Befreiung dieser Menschen, zu ihrer Begabung mit einer Möglichkeit, die sie zuvor nicht hatten und die sie aus sich selbst nicht haben könnten. Haben wir schon bei der Erörterung der Freiheit des Wortes Gottes als solcher immer wieder auf das Gebet hinweisen müssen, weil diese Freiheit des Wortes Gottes konkret eben dies bedeutet, daß die Kirche dem Geschehen jenes Ereignisses, durch welches sie geschaffen, erhalten und regiert wird, immer nur dankend und bittend beiwohnen kann, so müssen wir nun erst recht sagen: es kann die im Zug dieses Ereignisses stattfindende Befreiung des Menschen, es kann unsere eigene Anteilnahme an der Freiheit des Wortes, es kann unsere Willigkeit und Bereitschaft zu seinem verantwortlichen Verständnis nur der Gegenstand unseres Dankens und Bittens sein. Sie ist als Freiheit unter dem Wort kein Besitz und kein Ruhm, sondern ein immer nur und immer neu als solches entgegenzunehmendes Geschenk göttlicher Barmherzigkeit. Wir sind nicht verantwortlich in dieser Sache, sondern wir werden verantwortlich gemacht. Sofern das wirklich eine Gabe ist, eine Herrlichkeit, deren der Mensch als Mensch gewürdigt wird, haben wir sie anzunehmen als eine Ausstattung, die wir nicht verdient, auf die wir keinen Anspruch haben. Und sofern das zugleich eine Aufgabe bedeutet, eine dem Menschen als Menschen auferlegte Sorge und Mühe, haben wir sie anzunehmen als eine Bestimmung, bei deren Vollstreckung wir nicht unsere eigenen Herren, sondern Beauftragte sind. Ihre Freude und ihr Ernst, die Würde, die wir mit ihr empfangen und die Arbeit, die uns mit ihr auferlegt wird, die ganze Selbständigkeit menschlichen Seins und Wirkens, die uns mit ihr zugesprochen und zugeteilt wird, können doch aus dem Rahmen des Gebetes keinen Augenblick herausfallen, so gewiß die Selbstbestimmung, die wir in der Vollstreckung dieses menschlichen Seins und Wirkens als solchen vollziehen, aus dem Rahmen der göttlichen Vorherbestimmung keinen Augenblick herausfallen kann.

Es war darum keine fromme Floskel, sondern die nüchterne Feststellung eines objektiven Sachverhaltes, wenn Joh. Wolleb (*Theol. Chr. comp.* 1626, *Praecogn.* 19) an die Spitze der *media verum Scripturae sensum investigandi* die *frequens oratio* gestellt hat. Beten ist offenbar ein freier Akt des Menschen. Daß der Heilige Geist mit seinem unaussprechlichen Seufzen dabei für uns eintritt, weil wir nicht wissen, wie wir recht beten sollen (Röm. 8, 26 f.), das ändert nichts daran: Nicht „es" betet, sondern wir beten, wenn wir beten. Solche freien Akte des Menschen sind dann auch die anderen *media* der Schriftauslegung: Sprachenstudium, Quellenforschung usf., die Wolleb im selben Zusammenhang angibt. Es ist aber Beten gerade der freie Akt des Menschen, in welchem er der Freiheit Gottes gegenüber seiner eigenen Freiheit den Vortritt zugesteht, aber auch in seiner eigenen Freiheit nachfolgt, in welchem er sich daraufhin zu Gott in Beziehung setzt, daß er weiß, daß er das von sich aus nicht kann, daß er aber von Gott selbst aus dazu befugt und befähigt ist, in welchem er es darum — und eben das geschieht, indem das Gebet Dank und Bitte ist — der Freiheit Gottes anbefiehlt, ihn den Menschen in seiner eigenen Freiheit in seine Nachfolge aufzunehmen und also, indem er ihm vorangeht, auf seinem Weg mitzunehmen. Beten wir, so wenden wir uns an Gott mit dem Zugeständnis, daß wir dessen nicht mächtig sind, weil wir Gottes nicht mächtig sind, aber auch in dem Vertrauen, daß wir eben dazu nun doch eingeladen und fähig gemacht sind. Insofern ist das Gebet geradezu die Urform aller menschlichen Freiheitsakte in der Kirche, die Urform, die sich als solche in allen anderen Freiheitsakten wiederholen muß. Was immer geschehen muß und mag in jener den Gliedern der Kirche auferlegten eigenen Verantwortung für das Verständnis der Schrift: es wird in Allem jedenfalls auch das geschehen müssen, was im Gebet geschieht: jenes Zugeständnis und jenes Vertrauen, jenes ehrfürchtige Zurücktreten und jenes getroste Zugreifen, wobei doch auch das Vertrauen und Zugreifen nur Gehorsam gegen die immer vorangehende Gnade ist, die nur als solche auch immer wieder jenes Zugeständnis und Zurücktreten nahelegen wird. Und es braucht darum kaum gesagt zu werden, daß dann auf der ganzen Linie eben auch dies gilt, daß das Urteil darüber, ob das Alles recht geschieht, nicht uns zusteht, daß unsere Freiheit nur dann die rechte Freiheit ist, wenn der Heilige Geist für uns eintritt, um gut zu machen, was wir von uns aus bestimmt nicht gut machen.

Es braucht also nicht erst nachträglich unter Warnung gestellt und ausgeschlossen zu werden, sondern es ist von Anfang an und durch das Wesen der Sache ausgeschlossen, daß die „Freiheit in der Kirche" gefährlich werden, d. h. sich zur Freiheit gegenüber dem Wort, zu einem Freisein vom Wort entwickeln könnte. Die Freiheit unter dem Wort entbehrt der Möglichkeit, sich zur Emanzipation, zur Willkür, zur Eigenmächtigkeit zu entwickeln, von Hause aus. Man braucht sie also nicht zu fürchten. Man braucht nicht zu argwöhnen, als ob mit ihr nun doch dem Menschen eine Stelle eingeräumt werden könnte, die ihm Gott gegenüber nicht zukommt. Was in seinem Wesen Anerkennung der Freiheit des Wortes Gottes ist, was sich seinem Wesen nach nur im Rahmen des Gebets, nur im Rahmen des Wissens um die göttliche Vorherbestimmung entwickeln kann, das kann nicht in Empörung umschlagen, obwohl es mehr ist als Unterwerfung und Gehorsam, obwohl es in der Unterwerfung und im Gehorsam zugleich Freiheit, menschliche Spontaneität und Aktivität, menschliche Würde und menschliche Arbeit ist. Was so Freiheit ist, das kann auch mit der Autorität der Kirche nicht in Konflikt kommen, obwohl es innerhalb des kirchlichen Lebens, innerhalb des Vollzuges der Schriftauslegung, gerade deren Gegenpol ist. Wie sollten die, die wirklich durch das Zeugnis der Schrift zu deren verantwortlichem Verständnis aufgerufen sind, nicht auch gegenseitig aufeinander zu hören berufen sein? Wie sollten sie dort gehorchen, wenn sie es hier nicht täten? Wie sollten sie in der Freiheit stehen, wenn sie nicht auch unter der Autorität stünden? Es wird aber ihr Stehen in der Freiheit und ihr Stehen unter der Autorität dadurch begrenzt sein, daß sie zuerst und zuletzt unter dem Worte Gottes selbst stehen. Wir haben dieser Grenze gedacht, als wir von der Autorität sprachen; wir haben ihrer auch jetzt zu gedenken, da wir von der Freiheit sprechen, und das auch hier in dem doppelten Sinn, daß auch die menschliche Freiheit in der Kirche im Worte Gottes als ihrer Grenze sowohl ihren Grund als auch ihre Krisis hat.

Wir gehen jetzt aber davon aus, daß sie in ihm jedenfalls auch ihren Grund hat. Gottes Wort kommt als Menschenwort zu Menschen. Das ist der Vorgang, in welchem es seine Freiheit ausübt, in welchem es die Kirche begründet, erhält und regiert. Es ist der Sinn dieses Vorgangs der: Menschen zu erwecken, damit sie Glaubende und Zeugen werden, Glaubende an Gottes Wort und Zeugen von Gottes Wort. Aber eben diesen seinen Sinn kann dieser Vorgang nicht anders erfüllen als in dieser seiner Form: daß Gottes Wort als Menschenwort zu Menschen kommt. Eben in dieser Form ist er das fortgehende Zeugnis von Gottes Offenbarung, d. h. von dem Ereignis, daß Gottes ewiges Wort Fleisch wurde für uns Menschen. Weil Gottes ewiges Wort Fleisch wurde, darum gibt es Propheten und Apostel, gibt es eine heilige Schrift, kommt es zu uns in der Gestalt dieses Menschenwortes. Weil es Fleisch wurde für uns Menschen, darum kommt es in dieser Gestalt zu uns als zu Menschen. Seine Kondeszendenz, seine Selbstpreisgabe, seine Herablassung — anhebend in seinem Einswerden mit der menschlichen Natur in Jesus Christus, fortgehend in der Berufung seiner ersten Zeugen, vollendet sich darin, daß es durch das Wort der ersten Zeugen auch zu uns kommt, um uns zu Glaubenden und zu Zeugen zu erwecken. Man kann dieses sein Kommen zu uns als einen **Anspruch**, als ein uns begegnendes Gebot, als ein uns auferlegtes Gesetz verstehen: von uns, die wir von uns selbst aus Gottes Wort nicht kennen, noch kennen können, ist jetzt verlangt, daß wir es zur Kenntnis nehmen daraufhin, daß es sich uns zu erkennen gibt. Oder konkret: von uns in unserem, von dem der biblischen Propheten und Apostel so ganz verschiedenen Lebenskreis ist jetzt verlangt, daß wir ihr Wort vernehmen, in unseren eigenen Lebenskreis hineinnehmen: daraufhin, daß es in der uns vorliegenden heiligen Schrift tatsächlich in unseren Lebenskreis hineingetreten ist. Man kann aber denselben Vorgang auch als ein uns gemachtes **Geschenk**, als eine uns faktisch eröffnete Möglichkeit verstehen: Gottes Wort ist aus dem uns unerreichbaren Geheimnis seines Fürsichseins herausgetreten in den Bezirk dessen, was wir kennen können. Oder wieder konkret: die biblischen Propheten und Apostel haben nicht nur für sich gelebt, sie haben nicht nur vor sich hin, sondern sie haben zu uns geredet; indem ihr scheinbar so anderer und ferner Lebenskreis den unsrigen faktisch schneidet, dürfen wir sie hören. Wir müssen endlich, über beide Anschauungen hinaus, diesen ganzen Vorgang — wenn er nämlich, seinen Sinn erfüllend, zu seinem Ziele kommt, wenn wir nun wirklich zu Glaubenden und zu Zeugen erweckt werden — als ein uns widerfahrendes **Wunder** verstehen. Es versteht sich ja so gar nicht von selbst, daß Gottes Wort als jener Anspruch oder als jenes Geschenk für uns da ist, daß wir neben allem, was wir zu unserem Heil und Unheil sonst haben, auch die heilige Schrift haben. Und es versteht sich wieder nicht von selbst, daß wir jenem Anspruch gehorsam werden und jenes Geschenk annehmen, sondern wenn das alles geschieht, dann kraft dessen, daß Jesus Christus für uns eintritt, an unserer Stelle vor seinem Vater und kraft des an uns geschehenden erleuchtenden und reinigenden Werks des Heiligen Geistes. Es vollzieht sich dann gegenüber Allem, was wir als möglich verstehen können, objektiv und subjektiv eine Neuerung ohnegleichen. Es bleibt aber dabei, daß jener Anspruch, jenes Geschenk und auch dieses Wunder, dessen Geschehen als solches uns so ganz unverfügbar und unübersichtlich ist und bleibt, materiell darin besteht, daß **wir selbst** zu Glaubenden und zu Zeugen erweckt werden, d. h. jedenfalls: daß das Wort Gottes in seiner Gestalt als Menschenwort sich uns in unserer **Menschlichkeit** zu eigen gibt, so daß es jetzt nicht nur Gottes Wort und auch nicht nur Propheten- und Apostelwort ist, sondern, uns zugeeignet und von uns auf- und angenommen, unser **eigenes** Wort wird. Als das uns gesagte Wort sagen wir es nun auch zu uns selbst und zu Anderen. Wie wäre es zu uns gekommen, wie wäre jene Kondeszendenz des Wortes vollendet, wenn es uns zuletzt doch fremd, wenn es außer uns bliebe, wenn wir ihm nicht — wohlverstanden: als dem uns zugeeigneten, als dem fremd und von außen zu uns kommenden! — unser Ja geben würden? Wie wäre es zu uns gekommen, wenn das nicht bedeuten würde: wir entscheiden uns, ihm unser Gehör und mit unserem Gehör uns selbst zu schenken? Wie würden wir glauben, wenn wir, passiv bleibend, was uns gesagt ist, nicht auch selber zu uns sagen würden? Und wie würden wir Zeugen sein, wenn wir, noch einmal, passiv bleibend, was uns gesagt ist, nicht auch Anderen sagen würden? Mögen und müssen wir, daß dies geschieht, ganz als einen unerhörten Anspruch oder als ein unerhörtes Geschenk verstehen, mögen und müssen wir uns vor Augen halten, daß wir uns selbst dabei nicht verstehen, daß jenes objektive und subjektive Wunder Ereignis wird, wenn dieser Anspruch erfüllt, wenn dieses Geschenk angenommen wird — so können wir doch nicht nicht damit rechnen, daß eben dies geschieht: wir selber in unserer Menschlichkeit sind jetzt einbezogen in den Vorgang, in welchem das Wort Gottes seine Freiheit ausübt, in welchem es als Propheten- und Apostelwort seinen Lauf durch die Welt nimmt. Wir können jederzeit zweifeln und — menschlich geredet — auch verzweifeln daran, ob wir denn Glaubende und Zeugen seien. Wir müssen uns vor Augen halten, daß dies die Wirklichkeit ist, für die wir immer nur danken, um die wir immer nur bitten können. Wir müßten aber diese Wirklichkeit als solche leugnen und damit den ganzen Vorgang, daß Gottes Wort als Menschenwort zu Menschen kommt und damit das Werk des Sohnes und des Heiligen Geistes und damit Gott in seiner Offenbarung und damit Gott selbst leugnen — wenn wir uns dem entziehen wollten: am vorläufigen Ziel und Ende jenes Vorgangs stehen wir selbst in unserer Menschlichkeit, nicht draußen gelassen, sondern hereingekommen, nicht als Fremde, sondern als Kinder des Hauses, nicht als Zuschauer, sondern als Mitverantwortliche und Mitarbeiter, nicht passiv, sondern aktiv, nicht als Unwissende, sondern als Mitwissende, *conscientes*.

Stehen wir selbst in unserer Menschlichkeit am Ziel und Ende jenes Vorgangs, so kann das nämlich nicht nur bedeuten, daß uns irgend etwas widerfahren ist, daß wir in irgendeine Rezeptivität versetzt, daß irgend etwas über uns beschlossen und verhängt ist. Sondern wenn und indem das Alles geschieht, muß es, weil es uns in unserer Menschlichkeit geschieht, zugleich und als Erstes dies bedeuten, daß unsere Selbstbestimmung, unsere Spontaneität, unsere Aktivität in den Dienst des Wortes Gottes gestellt wird. Sie, wie beschränkt immer in ihrer Geschöpflichkeit und wie verkehrt immer in ihrer Sündigkeit, ist ja das Wesen und Merkmal nun gerade der Menschlichkeit, in der wir uns von den bloßen Naturwesen (wenigstens soweit wir diese kennen oder zu kennen meinen) unterscheiden. Nicht als ob wir in dieser unserer Menschlichkeit sozusagen eine Disposition zum Dienste des Wortes Gottes hätten und also uns selbst als Gottes Gegenüber erkennen könnten. Gerade indem unsere Menschlichkeit in den Dienst des Wortes Gottes gestellt wird, erkennen wir vielmehr ihr Unvermögen zu diesem Dienst, werden wir das, daß wir in ihr dem Worte Gottes dienen sollen und dürfen, nur als Anspruch, Geschenk und Wunder verstehen können. Wie würden wir der Gnade dienen, wenn wir in der Lage wären, unserer menschlichen Natur als solcher eine Mächtigkeit zu diesem Dienst zuzuschreiben? Hätten wir sie dann nicht schon verleugnet, noch bevor wir diesen Dienst angetreten? Aber wiederum: wie könnten und würden wir diesen Dienst antreten und ausüben, wenn wir dem Wort Gottes etwa gerade unsere Menschlichkeit verweigern und entziehen wollten? Doch nicht etwa unter Berufung auf deren Ohnmacht, auf ihr geschöpfliches Ungenügen, auf ihre sündige Verkehrtheit? Als ob wir nach unserer Disposition zu diesem Dienste gefragt wären! Als ob seine Verwirklichung durch unsere Disposition dazu bedingt wäre! Als ob die Vollendung der göttlichen Kondeszendenz in der Indisposition unserer Menschlichkeit ihre Schranke hätte! Als ob das Wort Gottes nicht gerade zu uns als den nicht für seinen Dienst Disponierten gekommen wäre! Wiederum — und jetzt von der anderen Seite würde es offenbar eine Rebellion gegen die Gnade bedeuten, wenn wir ihr unsere Menschlichkeit darum, weil sie so offenkundig unerlöste Natur ist, darum weil es uns unbegreiflich ist und bleibt, daß und inwiefern wir in ihr der Gnade dienen können, vorenthalten wollten. Ganz und wirklich unbegreiflich ist uns das ja doch erst dann, wenn wir darum wissen, daß das Wort Gottes allein durch das Wunderwerk des Sohnes und des Heiligen Geistes zu uns kommt. Wissen wir nicht darum, dann werden wir ihm unsere Menschlichkeit verweigern in der Berufung auf unser Unvermögen und es wird dann diese Berufung ebenso sehr eine Eigenmächtigkeit sein, wie die andere, in der wir uns auf unser Vermögen berufen, um uns auf Grund dessen zu Gottes Gegenspielern zu erheben. Der Erkenntnis der uns widerfahrenden Gnade ist das Eine so fremd wie das Andere. Wissen wir darum, daß es göttlicher Anspruch und göttliches Geschenk, daß es das Wunderwerk des Sohnes und des Heiligen Geistes ist, wenn Gottes Wort zu uns kommt, dann ist uns die pessimistische Eigenmächtigkeit ebenso unmöglich gemacht wie die optimistische, d. h. aber: dann können wir unsere Menschlichkeit in ihrer ganzen Indisposition für diese Sache dem Dienst der Gnade so wenig vorenthalten, wie wir sie Gott zu unserem Eigenruhm entgegenhalten können. Also: eben unsere Selbstbestimmung, unsere Spontaneität, unsere Aktivität, was auch über ihre an sich unüberwindlichen Schranken zu sagen sei, ist dann in den Dienst des Wortes Gottes gestellt. Uns geht das Wort Gottes an, uns meint es, uns trifft es, uns gibt es sich zu eigen, uns will es sich zu eigen machen — uns als sündige Kreaturen, uns als die zu seinem Dienst Unfähigen, uns, die von sich aus wirklich weder Glaubende noch Zeugen sind noch werden können, uns, die wir uns gerade in dem Licht, das damit auf uns fällt, daß es uns in seinen Dienst nimmt, immer wieder nicht nur als Untaugliche, sondern als unentschuldbar Widerstrebende entdecken und bekennen müssen — aber in dem allem uns und also, weil wir Menschen sind: unsere Entscheidung, unser Ja. Wir sind nicht danach gefragt, ob wir in der Lage seien, dieser unserer Entscheidung den Charakter des Gehorsams, den Charakter einer klaren, sauberen, ehrlichen, totalen, gar wohl absoluten Entscheidung zu geben oder zuzuschreiben. Uns ist vielmehr eben durch das Wort, für das wir uns hier zu entscheiden haben, gesagt, daß wir dazu nicht in der Lage sind und nie in der Lage sein werden. Uns ist gesagt, daß die Wahrheit und Güte unserer Entscheidung nur darin besteht und daß wir sie auch nur darin suchen können, daß sie Ereignis wird vermöge des Eintretens Jesu Christi für uns, an das wir glauben und das wir bezeugen dürfen und vermöge der Gabe des Heiligen Geistes, durch den wir zu Glaubenden und Zeugen werden. Wir sind aber eben unter dieser Voraussetzung nach unserer Entscheidung gefragt: „Nach unserer Entscheidung gefragt" heißt: nach uns selbst gefragt. Das heißt ja Menschsein schon nach der Paradiesesgeschichte: in der Entscheidung existieren. Und nun ist die uns durch das Wort gestellte Frage nach uns selbst oder nach der Entscheidung nicht die Frage nach unserer Güte oder Schlechtigkeit, sondern die nach der Übereinstimmung unserer eigenen Entscheidung mit der Entscheidung, die in dem uns gesagten Wort über uns gefallen ist. Können wir dieser Übereinstimmung ausweichen? Haben wir die Möglichkeit, unsere eigene Entscheidung der Übereinstimmung mit der im Worte Gottes über uns gefallenen Entscheidung zu entziehen und damit die in der Paradiesesgeschichte erzählte Entfremdung fortzusetzen? Können wir in der Sünde beharren? Oder müssen wir unsere eigene Entscheidung, müssen wir uns selbst in unserer Güte oder Schlechtigkeit hergeben, hineingeben in jene Übereinstimmung, um nun — unsere eigene Güte und Schlechtigkeit hin und her! — in dieser Übereinstimmung und also unter dem Wort zu sein, was wir sind? Das und das allein ist es, wonach wir gefragt sind. In diesem und nur in diesem Sinn sind wir gefragt nach unserer Selbstbestimmung, nach unserer Spontaneität, nach unserer Aktivität. Aber in diesem Sinn sind wir gefragt und auf die in diesem Sinn gestellte Frage werden wir so oder so antworten müssen.

Wir fügen als weitere Bestimmung hinzu: der Mensch, der hier, am Ziel und Ende des Vorgangs, in welchem Gottes Wort im Menschenwort zu Menschen kommt, als Mensch ist, was er ist und also sich entscheidet in der Übereinstimmung mit der im Worte Gottes über ihn gefallenen Entscheidung, dieser Mensch ist der einzelne Mensch. Nicht der Einzelne ohne die Kirche, nicht der Einzelne abseits von der ihm durch sein Sein in der Kirche gesetzten Beziehung zum Nächsten, also nicht der Einzelne, der nicht auch die Anderen in der Kirche, die anderen

Menschen gehört hätte, der das Wort Gottes in irgendeinem abstrakten Verkehr zwischen Gott und der Seele, der Seele und ihrem Gott zu hören gemeint hätte. Vielmehr: der Einzelne als Glied am Leibe Christi und also als Glied der Kirche. Aber eben die Glieder der Kirche als solche sind keine Masse von auswechselbaren Exemplaren, sondern in ihrem ganzen Zusammenhang und Verkehr untereinander je einzelne Menschen. Ist ihnen das Wort Gottes gemeinsam gegeben und können sie es auch nur gemeinsam empfangen, so vollzieht sich doch dieses Geben und dieses Empfangen nicht in einer mechanischen, sondern — der Einzelheit auch des Menschen Jesus und auch der Einzelheit aller seiner Zeugen entsprechend — in einer geistlichen Gemeinschaft, d. h. in einer durch die alles umfassende Einheit Jesu Christi und des Heiligen Geistes, durch die Einheit des Wortes Gottes, der Kirche und der Taufe begründeten Einheit Vieler, die je als Einzelne zum Glauben und zum Zeugnis erweckt werden. Es muß also die Entscheidung, die am Ziel und Ende jenes Vorgangs steht, konkret, ja *concretissime* als unsere eigene, als deine und meine Entscheidung verstanden werden. Ich würde einen Mythus erzählen, redete ich von einem Kommen des Wortes Gottes zu Menschen und redete dabei von etwas Anderem als von dem zu mir kommenden Wort Gottes. Nur als das zu mir kommende werde ich es ja als zur Kirche und also auch zu Anderen kommende hören können.

Es könnte selbstverständlich klingen und es ist doch gar nicht selbstverständlich, wenn wir sagen: Man kann alles in diesem Zusammenhang Ausgeführte, man kann das Kommen des Wortes Gottes als Anspruch, Geschenk und Wunder, man kann auch die Überwindung der falschen Dialektik jener beiden Eigenmächtigkeiten, man kann insbesondere den Begriff jener Entscheidung, in welcher das Kommen des Wortes Gottes zum Menschen vorläufig zu seinem Ziele kommt, nur dann sachgemäß durchdenken, wenn dabei ein Jeder auf Schritt und Tritt an sich selber denkt. Wer hier nicht um sich selber weiß, weiß hier überhaupt nichts. Das durch das Wort Gottes befreite Gewissen ist das persönliche Gewissen jedes Einzelnen und es ist jeder Einzelne, der sowohl der Würde wie auch der Sorge dieser Freiheit unter dem Wort teilhaftig ist. Anderswo als in der Freiheit jedes Einzelnen würde man diese Freiheit vergeblich suchen.

Auch hier ist nun freilich ein kritischer Vorbehalt am Platz: Wie es nicht an dem ist, daß unsere Menschlichkeit als solche, d. h. unsere uns als Menschen eigentümliche Existenz in der Entscheidung als solche ein Gutes wäre, das wir dem Worte Gottes sozusagen entgegenzutragen hätten, um nun im Zusammenwirken mit diesem, als Gottes, durch unsere Humanität als solche qualifizierte Gegenspieler den Lauf seines Wortes in der Welt mit zu vollenden — und wie umgekehrt keine Disqualifizierung unserer Humanität uns den Anlaß und das Recht geben kann, uns diesem Lauf des Wortes Gottes zu entziehen und zu widersetzen: genau so verhält es sich auch mit der zweiten Bestimmung, daß je dieser und dieser Einzelne gemeint und getroffen ist, wenn das Wort Gottes den Menschen

2. Die Freiheit unter dem Wort

in die Übereinstimmung mit der in ihm über diesen gefallenen Entscheidung ruft. Je dieser und dieser Einzelne in der Kirche ist gemeint, haben wir ja gesagt. Es ist also nicht etwa an dem, daß wir zwar nicht kraft unserer Menschlichkeit im Allgemeinen, wohl aber kraft unserer besonderen Menschlichkeit als dieser und dieser Mensch eine Fähigkeit zur Gemeinschaft mit dem Worte Gottes und insofern einen Anspruch auf diese Gemeinschaft hätten. Es ist nicht an dem, daß jetzt etwa das Geheimnis des Individuums oder — „höchstes Glück der Erdenkinder" — die Persönlichkeit namhaft zu machen wäre als die köstliche Mitgift, die wir dem Worte Gottes von uns aus entgegenzubringen hätten. Und es ist wiederum nicht an dem, daß wir etwa im Blick auf die Nichtigkeit und Verlorenheit unserer Individualität, im Zweifel oder in der Verzweiflung gerade an unserem streng persönlichen Sein das Recht und die Befugnis hätten, uns der Gemeinschaft mit dem Worte Gottes zu entziehen.

Man bemerke, daß gerade wie im Alten so auch im Neuen Testament, wo man zu Zeiten schon eifrig danach gesucht hat, ein Begriff des Einzelnen, laut dessen etwa in der menschlichen Einzelheit als solcher seine Unmittelbarkeit zu Gott zu suchen wäre, überhaupt nicht vorkommt. Die Bibel nimmt kein selbständiges Interesse an der sozusagen von unten oder von innen her bestimmten Einzelheit des Menschen. Was die Glieder am Leibe Christi, die Glieder der Kirche als solche und also als Einzelne konstituiert, das ist nicht das Besondere, was dieser und jener unter seinem persönlichen Namen und als seine persönliche Eigenart und Richtung in die Nachfolge Jesu und in die Kirche mitbringt. Das Alte und das Neue Testament wissen nichts von jenen „biblischen Charakterbildern" die man ihnen, besonders in der christlichen Neuzeit durchaus entnehmen wollte. Das Material, das man ihnen selbst hinsichtlich der wichtigsten und „größten" Persönlichkeiten zum Entwurf solcher Bilder entnehmen wollte, ist offenkundig dürftig und zu diesem Zweck ungenügend. Die Leben-Jesu-Forschung ist mit daran gescheitert, daß man das so lange nicht wahr haben wollte! Sondern wie die Humanität im Allgemeinen, d. h. die menschliche Entscheidung in der Bibel nur interessant ist als Gegenstand der Frage nach ihrer Übereinstimmung mit der über den Menschen fallenden Entscheidung des Wortes Gottes, so ist dort auch die besondere Humanität des einzelnen Menschen nur interessant als Gegenstand der Frage danach, ob dieser Einzelne die auf ihn fallende göttliche Gabe annehme und als solche gebrauchen werde. Ganz allein in seinem Verhalten als Verwalter der ihm anvertrauten Talente und nicht in seinem vorangehenden So oder Sosein entscheidet es sich, welcher Art jeder Einzelne von jenen Knechten in dem Gleichnis Matth. 25, 14 f. sein wird. Und ganz allein in der Feststellung der verschiedenen und doch unter sich zusammengehörigen Charismen wird in den Paulusbriefen (etwa Röm. 12, 3 f., 1. Kor. 12, 4 f., Eph. 4, 7 f.) das, was wir das Problem der Individualität nennen würden, diskutiert.

Das eben ist die Gnade des Wortes Gottes, daß es je in einer ganz besonderen, konkreten, bestimmt fordernden und schenkenden Gestalt — es ist ja das freie Wort Gottes! — nicht nur zur Kirche als ganzer, sondern auch in der Kirche nun gerade zu Diesem und Jenem kommt, damit er in der Kirche gerade Dieser und Dieser, dieses bestimmte Glied der Kirche sei. Dieser Gnade des Wortes gegenüber kann weder mein berechtigtes

Selbstbewußtsein noch meine wohl mindestens ebenso berechtigte Verzweiflung an mir selbst von irgendwelchem Interesse sein. Wieder bin ich so oder so nicht danach gefragt, wer und was nun gerade ich von unten oder von innen her, wer oder was ich in meiner natürlichen Individualität sein möchte. Sondern gefragt bin ich einzig und allein nach meinem Verhältnis zu der Besonderheit des meinen Hochmut vernichtenden und meine Sünde bedeckenden, von oben oder von außen zu mir kommenden Wortes Gottes. Angeredet bin ich auf den Namen, den ich in meiner Taufe empfangen habe und gerade nicht auf den Namen, der mir als Kennzeichen meiner Persönlichkeit allenfalls auch sonst gegeben sein könnte. Daß ich — allerdings sehr bestimmt gerade ich — in diesem Verhältnis und also in dem Vorgang jener Vernichtung und Bedeckung sei, was ich bin, daß ich mich — allerdings sehr bestimmt gerade mich! — in meiner durch diese meine neue Geburt aus dem Worte Gottes geschaffenen besonderen Existenz ernst nehme, daß ich als dieser aus dem Worte Gottes neu geborene Mensch existiere und nicht anders, daß ich meine Besonderheit von unten oder von innen hergebe und hineingebe in die Besonderheit der gerade mir zugewendeten Gnadengabe, darum geht es. Und danach und nur danach bin ich gefragt: nicht nach der Hoheit oder Jämmerlichkeit meiner Persönlichkeit, sondern nach der Möglichkeit oder Unmöglichkeit mich der Existenz als dieser neue Mensch zu verweigern und zu entziehen.

Wir haben aber noch einer dritten Bestimmung zu gedenken: Der Mensch, der an diesem Ziel und Ende des Vorgangs, in welchem Gottes Wort als Menschenwort zu Menschen kommt, als Mensch ist, was er ist und also sich entscheidet in jener Übereinstimmung mit der im Worte Gottes über ihn gefallenen Entscheidung und der nun also kraft der Besonderheit der gerade über ihn gefallenen göttlichen Entscheidung gerade dieser Mensch ist — dieser Mensch als solcher wird sich selber offenbar je in der einzelnen Entscheidung, in der jene seine besondere Übereinstimmung mit dem Worte Gottes Ereignis wird. Wir können nicht sagen, daß er nur in diesem Ereignis existiert; wir müssen aber sagen, daß er sich selbst nur in diesem Ereignis offenbar wird. Wie die Begründung, Erhaltung und Regierung der Kirche als ganzer eine Geschichte ist, so ist auch das Leben ihrer Glieder je eine Geschichte. Der Zusammenhang ihrer Geschichte, die Wahrheit dessen, daß sie zu allen Zeiten und an allen Orten durch Gottes Wort begründet, erhalten und regiert wird, ist aber der Kirche verborgen. Sie kann sie nicht sehen, sie kann sie nicht aufweisen und nachkonstruieren, sie kann sie nur als Wahrheit glauben und wie sollte das anders geschehen, als je und je in dem Ereignis ihrer wirklichen Begründung, Erhaltung und Regierung? Daß sie auch dann nur daran glauben kann (aber allerdings daran auch glauben darf und soll) als an die ihr von Gott offenbarte Wahrheit, das wird sich darin zeigen, daß sie eben, indem dieses Ereignis stattfindet, für sein Geschehen danken und gleichzeitig darum bitten wird. Genau so steht es mit der dem einzelnen Menschen widerfahrenden Berufung und Erweckung zum Glauben und zum Zeugnis. Es geht dann zweifellos um seine ganze Existenz, also um die ganze Länge seines Lebens vom Mutterleibe bis zum Tode und um dessen ganze Breite, d. h. um seine seelisch-leibliche Existenz in ihren sämtlichen Voraussetzungen, Auswirkungen und Beziehungen. Nur in dieser Totalität sind wir ja wirklich wir selbst: fehlte auch nur eine Sekunde meines zeitlichen Daseins und fehlte auch nur ein Haar auf meinem Haupt, so wäre ich ja nicht ich, nicht Mensch, nicht dieser Mensch. In dieser Totalität bin ich gemeint und getroffen vom Worte Gottes oder ich bin es gar nicht. Über mich in dieser Totalität ist die Entscheidung des Wortes Gottes gefallen und in dieser Totalität bin ich wiedergeboren durch das Wort oder es ist gar nicht geschehen. In dieser Totalität, „mit Leib und Seele, beide im Leben und im Sterben" bin ich „meines getreuen Heilandes Jesu Christi eigen" und ein lebendiges Glied an seinem Leibe, oder es ist gar nicht wahr, daß ich das bin. Man wird das nicht stark genug unterstreichen können. Jeder Vorbehalt würde hier die Wahrheit der Sache selbst in Frage stellen. Aber eben in dieser Totalität darf und muß ich diese Wahrheit zwar glauben — anders als in dieser Totalität glaube ich sie überhaupt nicht — kann ich sie aber auch nur glauben! Im Glauben und nur im Glauben ist sie mir offenbar, weil und sofern mein Glaube Glaube an Gottes Wort und also an Jesus Christus ist. In Jesus Christus bin ich mir selbst offenbar als der in der Totalität seiner Existenz von ihm Auf- und Angenommene. Ich werde dann diese Offenbarung annehmen, wie man Offenbarung im Glauben annimmt; ich werde sie also mit Dank und Bitte annehmen. Abgesehen vom Glauben aber und also abgesehen von Jesus Christus ist und bleibt mir diese Wahrheit in ihrer Totalität (ohne die sie nicht diese Wahrheit wäre!) verborgen. Der Glaube aber ist Sache eines je einzelnen Ereignisses, je der einzelnen Entscheidung, in der ich mich in Übereinstimmung mit der Entscheidung des Wortes Gottes entscheide. Dürfen wir in diesem Ereignis anknüpfen daran, daß wir vielleicht schon früher glauben durften, und empfangen wir in diesem Ereignis die Verheißung, daß wir in Zukunft wieder glauben dürfen, gibt es auch gewiß so etwas wie eine Vergangenheit, Gegenwart und Zukunft übergreifende Gläubigkeit, so ist der Glaube darum doch nicht identisch mit dieser Gläubigkeit, ist er im Unterschied zu dieser nie ein schon Vorhandenes, sondern immer ein je und je wieder zu ergreifendes Geschenk, das wir mitsamt dem uns dann gegebenen Rückblick und Ausblick (und auch mitsamt der Wahrheit dessen, was wir christliche Gläubigkeit nennen können) nur haben können, indem es uns als Geschenk gegeben wird und indem wir es als Geschenk ergreifen.

Aber noch einmal eröffnet sich hier jene falsche Dialektik mit ihrer Verkehrtheit zur Rechten und zur Linken. Wieder meldet sich die **optimistische** Eigenmächtigkeit und meint, einzelne Ereignisse im eigenen Leben oder auch in dem Anderer zu kennen und nennen und beschreiben zu können, die Aktualität, deren Inhalt nun eben jenes Geschenk und jenes Ergreifen des Glaubens gewesen wäre. Diese Ereignisse (als besondere Erlebnisse, Erfahrungen, Erleuchtungen, innere und äußere Veränderungen zu beschreiben) wären zwar an sich als sehr **außerordentliche** Vorkommnisse im Zusammenhang des übrigen Lebens, als Insel mitten im Strom sozusagen, aber eben doch und in dieser Isolierung als **feststellbare** Vorkommnisse zu verstehen, auf deren Faktizität man sich sehr bestimmt berufen und beziehen könnte. Merkwürdigerweise pflegt sich nun aber ihre Isolierung **nicht** zu halten, bleibt es gerade unter dieser Voraussetzung durchaus **nicht** dabei, daß das übrige Leben des Menschen, daß die Totalität unserer Existenz in ihrer Bestimmtheit durch Gottes Wort als eine uns verborgene Wahrheit respektiert bliebe.

Einmal in ihrer vermeintlichen Zuverlässigkeit anerkannt und zugelassen, mehren sich die angeblichen Einsichten in das Stattfinden solcher außerordentlicher Ereignisse und die entsprechenden Angaben darüber reihen sie aneinander zu Linien, Figuren und Bildern. Es entsteht die angeblich „selbst erlebte Wundergeschichte". Es entsteht der uns selbst und Anderen vermeintlich so erbauliche „Bericht". Es entsteht neben der Konfession der Kirche, in der diese die Schrift auslegt, die Konfession des einzelnen Christen, deren Gegenstand er selber — nämlich er selber wie er sich zu kennen meint — ist. Es entsteht in ihren Grundzügen die christliche Biographie, die, wenn sie vollendet ist, jene Verborgenheit auf der ganzen Linie aufheben, das ganze Leben eines Menschen als eine mehr oder weniger ununterbrochene Folge von solchen Ereignissen darstellen wird.

Und wieder meldet sich jetzt die komplementäre, die **pessimistische** Eigenmächtigkeit, in welcher der Mensch von solchen Ereignissen, deren Inhalt das Geschenk und das Ergreifen des Glaubens gewesen wäre, nun gerade gar nichts wissen will. Trotzig bestreitet er nun. daß so etwas überhaupt Wirklichkeit sei; höhnisch interpretiert er nun Alles, was er von anderen in dieser Hinsicht hört, als Illusion und Schwärmerei; zufrieden findet er sich nun damit ab, daß in seinem Leben dergleichen nie vorgekommen sei und nie vorkommen werde. Es ist offenbar nicht ausgeschlossen, daß dasselbe, was in den Augen der Einen Feuer vom Himmel ist, in denen der Anderen als Trivialität und Nichtigkeit erscheint. Es ereignet sich sogar manchmal im Leben eines und desselben Menschen zuerst die eine, dann die andere Schau dieser Dinge.

Die schlimmsten Pessimisten in dieser Hinsicht sind immer die gewesenen Optimisten. Es hat aber auch schon oft genug die schlimmste Skepsis und Indifferenz doch nur die Vorstufe oder den Anlauf zu einem um so kräftigeren Behaupten solcher selbst erlebter Ereignisse und schließlich zu einem um so kräftigeren Aufheben aller und jeder Verborgenheit des Lebens mit Gott bilden müssen. So nahe sind diese beiden Eigenmächtigkeiten beieinander; so wenig sind sie geschützt davor, je in ihr Gegenteil umzuschlagen!

2. Die Freiheit unter dem Wort

Was soll man Anderes dazu sagen, als wiederum nach beiden Seiten dies: Wir sind nicht gefragt nach dem, auf das man sich hier auf beiden Seiten so stürmisch meint beziehen zu können. Wir sind nämlich nicht nach den in unserem Leben sichtbaren — aber offenbar in größter Zweideutigkeit sichtbaren Glaubensvorkommnissen als solchen, wir sind nicht nach irgendeiner menschlich feststellbaren Aktualität als solcher gefragt. Wir sind allerdings nach uns selbst gefragt durch das Wort Gottes. Es ist allerdings ein jeder Einzelne für sich nach sich selbst gefragt. Und dies bedeutet allerdings, daß wir je nach einzelnen bestimmten Ereignissen unseres Lebens gefragt sind, in welchen die verborgene Totalität unseres Lebens mit Gott im Glauben offenbar wird. Wir sahen aber, wie die Menschlichkeit der Entscheidung, nach der wir gefragt sind, aber auch deren besondere Menschlichkeit als unsere persönliche Entscheidung schlechterdings nicht von uns, nicht von innen oder von unten, sondern nur vom Worte Gottes her einzusehen, weil nur von ihm her als wirklich gesetzt ist. Und ebenso steht es nun auch mit der Besonderheit des Ereignisses des Glaubens. Es wäre schlimm um uns bestellt, wenn wir sie nach der gemeinsamen Voraussetzung jener beiden Eigenmächtigkeiten als Probe auf ihre Wirklichkeit von uns, von innen und von unten her, als solche einsehen und feststellen müßten. Es wäre schlimm um uns bestellt, wenn wir hier — gerade hier, wo es um die Gewißheit hinsichtlich unserer ganzen Existenz geht — auf Tatsachen angewiesen wären, deren wir selbst uns rühmen, an denen wir selbst aber offenbar auch verzweifeln können. Es wäre ganz schlimm um uns bestellt, wenn auch nur der Verdacht bestehen könnte, daß die Tatsachen, um die es hier geht, vielleicht auch von uns selbst geschaffene, vielleicht auch nur von uns selbst geträumte Tatsachen sein könnten. Aber so ist es eben nicht um uns bestellt, so gewiß der Glaube, der der Inhalt jener besonderen Ereignisse ist, ob wir ihn nun als göttliches Geschenk oder als unser eigenes Ergreifen dieses Geschenks verstehen, primär und wesentlich der Glaube an Jesus Christus ist. Auch er und also auch jene besonderen Ereignisse des Glaubens als solche sind also primär und wesentlich nur von oben, von Jesus Christus her, einzusehen, weil und indem sie ja nur von oben, nur von Jesus Christus her, wirklich sind. Wieder ist es so, daß sowohl der, der sich hier des menschlich Feststellbaren rühmen, wie der, der daran verzweifeln möchte, an der Sache selbst vorbeisehen würde. Warum sollte es freilich nicht so sein, daß hier tatsächlich — in der schwankenden Gewißheit, die hier allein möglich ist, aber immerhin tatsächlich — Einiges festzustellen ist? Es ist nicht zu leugnen, sondern es ist zu behaupten, daß man sich tatsächlich in bestimmten, menschlich feststellbaren Augenblicken und Situationen in besonderer Weise nicht nur in der Erinnerung und nicht nur in der Erwartung, sondern in konkreter Gegenwart seines Glaubens — nicht nur seiner Gläubigkeit, sondern wirklich seines Glaubens und damit der Totalität seines Lebens als eines Lebens mit Gott dankbar und demütig bewußt wird und in diesem Sinn auch später gerne daran denkt als an ein gewiß bedeutsames Geschehen. Noch ist freilich damit nicht gesagt, daß man nun etwa daran zu glauben habe, daß dies geschehen sei. Noch ist nicht gesagt, daß man das Recht und den Auftrag habe, wenn es um die Bezeugung des Glaubens geht, nun etwa davon zu reden. Denn wie sollte es anders sein, als daß man sich umgekehrt in anderen Augenblicken — vielleicht doch schon im selben Augenblick — der Relativität, der Zweideutigkeit eines solchen Ereignisses gerade in seiner menschlichen Feststellbarkeit ebenso bestimmt bewußt werden muß, daß es also aus seiner Ausnahmestellung gewissermaßen zurücksinkt in die Reihe der übrigen, der gewöhnlichen Ereignisse unseres Lebens, in den Strom jener Totalität unseres Lebens, das uns als unser Leben mit Gott verborgen und gerade nicht offenbar ist und also auch nicht Gegenstand unseres Glaubens und unseres Zeugnisses werden kann. In ihrer menschlichen Feststellbarkeit sind jene besonderen Ereignisse offenkundig einem Wechsel des Lichtes und der Finsternis unterworfen, der ebensowohl dem Optimisten sein absolutistisches Ja wie dem Pessimisten sein absolutistisches Nein verleiden und verbieten müßte. Die wirklich besonderen Ereignisse unseres Lebens, von denen und in denen unser Glaube lebt und in denen uns im Glauben unser ganzes Leben als Leben mit Gott offenbar wird, sind nicht die, die wir in dieser menschlichen Feststellbarkeit behaupten können und dann auch wieder bezweifeln müssen; sie sind diesem Wechsel entzogen; von ihnen kann und muß darum außerhalb jener falschen Dialektik geredet werden. Diese wirklich besonderen Ereignisse unseres Lebens sind nämlich schlechterdings identisch mit unserer Teilnahme an den großen Taten Gottes in seiner Offenbarung. Daß Gottes Offenbarung nach dem Zeugnis der heiligen Schrift wohl eine einzige ist und nun doch in lauter einzelnen bestimmten Ereignissen sich vollzieht, das begründet die wirkliche Hervorgehobenheit der Ereignisse des Glaubens an sie und zugleich deren Bedeutung für unsere ganze Existenz. Noch mehr, wir werden geradezu sagen müssen: eben die einzelnen, bestimmten Ereignisse, in denen sich Gottes Offenbarung nach dem Zeugnis der heiligen Schrift vollzieht, sind, indem sie geschehen sind und indem wir jetzt und hier an ihnen teilnehmen dürfen, die Wirklichkeit der Glaubensereignisse unseres eigenen Lebens. Mögen uns gewisse menschlich feststellbare Geschehnisse dieses unseres Lebens an diese Wirklichkeit erinnern oder mögen sie das nicht tun, so bricht doch durch diese wechselnden Möglichkeiten immer wieder hindurch die Wirklichkeit selbst, in der diese einzelnen Ereignisse der Offenbarung für uns und an uns geschehen sind, so geschehen sind, daß wir heute und hier zur Teilnahme an ihnen berufen werden. Unter allen Umständen in ihrer und nur in ihrer Einzelheit haben die feststellbaren und doch nur so unsicher feststellbaren Ereignisse dieses unseres Lebens ihre Wahrheit. Ob wir uns der Teilnahme an jenen biblischen Ereignissen zu entziehen die Möglichkeit haben oder nicht haben, danach sind wir durch Gottes Wort gefragt und das sowohl dann, wenn wir uns erhobener und erhebender Ereignisse unseres Lebens als auch dann, wenn wir uns vielmehr der Relativität doch auch dieser Ereignisse bewußt sind. Über die Wahrheit dieser Ereignisse entscheidet der Inhalt unseres in diesen Ereignissen betätigten Glaubens ganz allein, nicht die Bedeutung, die wir ihnen in ihrer schwankenden Feststellbarkeit als den Akten unseres Glaubens jetzt eigenmächtig zuschreiben, jetzt ebenso eigenmächtig abstreiten möchten.

H. F. Kohlbrügge soll einmal auf die Frage: wann er sich bekehrt habe? lakonisch geantwortet haben: auf Golgatha. Diese Antwort war in ihrem grundsätzlichen Gehalt nicht etwa die geistreiche Verlegenheitsantwort eines Unbekehrten, sondern die allein mögliche und sehr schlichte Antwort eines wirklich Bekehrten. Die Ereignisse des Glaubens in unserem eigenen Leben können in der Tat keine anderen sein als: die Geburt, das Leiden und Sterben, die Himmelfahrt und die Auferstehung Jesu Christi, der Glaube Abrahams, Isaaks und Jakobs, der Auszug Israels aus Ägypten, sein Zug durch die Wüste, sein Einzug ins Land Kanaan, die Ausgießung des Heiligen Geistes zu Pfingsten und der Weg der Apostel zu den Heiden. Jeder Vers in der Bibel ist virtuell ein konkretes Glaubensereignis meines eigenen Lebens. Ob dem aktuell so sei, ob ich mit meinem eigenen Leben je bei diesem und diesem Ereignis, das mir hier bezeugt wird, dabei sei, danach und nur danach bin ich durch das Wort Gottes, das mir von dem Allem und das mir in dem Allem, das mir mit jedem einzelnen Vers Zeugnis von Gottes Offenbarung gibt, gefragt. Was besagen daneben die verschiedenen mehr oder weniger zuverlässigen Einsichten, die ich abgesehen von diesen Einzelheiten hinsichtlich meiner selbst haben kann. Gibt es eine von mir zu erzählende Wundergeschichte, die nicht, gerade wenn sie echt sein sollte, in dieser, der göttlichen Wundergeschichte, restlos aufginge und darum besonders und *in abstracto* erzählt zu werden, gar nicht der Mühe wert ist? Habe ich etwas von mir zu berichten, was ich nicht unendlich viel besser berichten werde, wenn ich mir den schlichtesten Bestandteil des alt- oder neutestamentlichen Zeugnisses zu eigen mache? Habe ich etwa Wichtigeres, Einschneidenderes, Ernsthafteres, Aktuelleres erlebt als dies, daß ich beim Durchzug Israels durch das rote Meer, aber auch bei der Anbetung des goldenen Kalbes, bei der Taufe Jesu am Jordan, aber auch bei der Verleugnung des Petrus und beim Verrat des Judas höchst persönlich zugegen und beteiligt gewesen bin, daß das alles heute und hier mit mir selber geschehen ist? Glaube ich, dann muß es doch eben damit seine Richtigkeit haben. Hat es aber damit seine Richtigkeit, nach welchen anderen Glaubensereignissen in meinem Leben sollte und könnte ich mich dann noch umsehen wollen? Was wird dann aus dem kühnen Behaupten, mit dem ich zuerst diese und jene Wende- und Höhepunkte und dann nach und nach mein ganzes Leben als eine Art zweiter Heilsgeschichte in Anspruch nehme? Und was wird dann aus dem trotzigen und verzagten Zweifeln und Verzweifeln an allen erhobenen und erhebenden Momenten und schließlich an meiner ganzen Existenz? Mögen die Wellen der Lebensereignisse, wie sie von uns aus, von innen und von unten her sichtbar sind, noch so hoch steigen oder noch so tief fallen, für die wirkliche Bewegung meines Lebens, für die Lebensereignisse, in denen mir offenbar wird, daß ich in der ganzen Ausdehnung meiner Existenz Gott gehöre, ist in den Flut- wie in den Ebbezeiten von der anderen Seite, nämlich durch das Wort Gottes selber, gesorgt. Und darauf, nur darauf werden wir antworten müssen: ob wir uns, nachdem das Wort Gottes dafür gesorgt hat, uns diese Bewegung zu verschaffen, dieser Bewegung nicht etwa entzogen haben?

Dies Alles also ist die durch die Freiheit des Wortes Gottes begründete menschliche Freiheit unter dem Wort. Wir sehen: Es handelt sich schon um echte menschliche Freiheit, um uns selbst in unserer Entscheidung, je persönlich um jeden Einzelnen und das je in besonderen Ereignissen unserer Existenz, in denen es uns dann offenbar wird, daß es um deren Ganzheit geht. Wir sehen aber auch: diese echte menschliche Freiheit ist auf der ganzen Linie in der Freiheit des Wortes Gottes begründet, in der übergreifenden Entscheidung, die durch das Wort über den Menschen gefällt ist, in der besonderen Gnade, in der es sich gerade diesen und diesen Menschen zuwendet, in der Einzelheit der Ereignisse, die seinen Inhalt bilden. Es kann also die menschliche Freiheit der göttlichen nicht zu nahe treten: geht doch diese jener allezeit und in jeder Hinsicht voran. Es kann aber auch die göttliche Freiheit die menschliche nicht etwa zerstören und aufheben: ist es doch vielmehr gerade jene, die diese allezeit und in jeder Hinsicht nach sich und mit sich zieht. In dieser echten menschlichen Freiheit unter dem Wort stehen wir selbst, bittend und dankend und so diese Wirklichkeit anerkennend, wie sie erkannt sein will — aber wir selbst in unserer Menschlichkeit — am vorläufigen Ziel und Ende des Vorgangs, daß Gottes Wort als Menschenwort zu Menschen kommt: nicht als Unwissende sondern als Mitwissende, *conscientes*.

Eben den grundsätzlichen Umfang dieses Mitwissens und insofern unserer Freiheit unter dem Wort haben wir uns nun noch klar zu machen. Inwiefern wird und ist das wirklich, daß Gottes Wort nicht nur Gottes Wort und auch nicht nur Apostel- und Prophetenwort bleibt, sondern sich der Kirche zu eigen gibt und also von den Gliedern der Kirche auf- und angenommen und insofern deren eigenes Wort wird? Wie kommt es in dieser Freiheit unter dem Wort zur Auslegung und Anwendung des Wortes Gottes? Nur auf die grundsätzliche Frage — und also selber grundsätzlich — haben wir hier zu antworten. Wir setzen voraus, daß solche Auslegung und Anwendung des Wortes in der menschlichen Freiheit unter dem Wort tatsächlich stattfindet — wie wir früher voraussetzten, daß es unter dem Wort Gottes tatsächlich eine menschliche Autorität, die Autorität der Kirche, gibt. Aber wie wir uns dort im Blick auf die unauflösliche Gebundenheit der echten menschlichen Autorität an die Autorität des Wortes nicht anmaßen durften, ein System der kirchlichen Autorität, die kirchliche Autorität in ihrer Wirklichkeit darzustellen, als ob diese Darstellung nicht Sache des autoritären Wortes Gottes selbst im Akt seiner tatsächlichen Herrschaft über die Kirche wäre — so dürfen wir uns jetzt nicht herausnehmen, die Freiheit unter dem Worte, d. h. die echte, im Worte Gottes begründete und daran gebundene Auslegung und Anwendung in ihrer Wirklichkeit auf den Plan zu führen und systematisch darstellen zu wollen, als ob das Hinstellen dieser Wirklichkeit und also deren Darstellung nicht Sache des uns immer wieder unverfügbaren und auch undurchsichtigen Aktes des freien Wortes Gottes selbst wäre. Wir können nur — und dies ist es, was uns nun obliegt — unter der Voraussetzung dieses Aktes und also unter der Voraussetzung, daß echte Auslegung und Anwendung des Wortes Gottes tatsächlich Ereignis ist, einige von den menschlichen Möglichkeiten nennen und diskutieren, in denen es sichtbar wird, daß und in welchem Sinn menschliche Freiheit bei diesem Geschehen in der Tat beteiligt ist.

1. Wir haben die Freiheit unter dem Wort, die menschliche Freiheit in der Kirche, bereits bezeichnet als Übernahme einer Verantwortung für die Auslegung und Anwendung der heiligen Schrift. Versuchen wir es zunächst im Allgemeinen zu erfassen, was das bedeutet. Haben die Glieder der Kirche der Schrift gegenüber eine Verantwortung, dann bedeutet das offenbar: die Begründung, Erhaltung und Regierung der Kirche durch die Schrift geschieht nicht in der Weise, daß die Glieder der Kirche nur Zuschauer oder auch nur Gegenstände dieses Geschehens wären; es geschieht vielmehr in der Weise, daß sie an ihrem bestimmten Ort und in ihrer bestimmten Funktion auch zu Subjekten dieses Geschehens werden. Ein Glied der Kirche sein heißt im Verhältnis zu der die Kirche begründenden, erhaltenden und regierenden Schrift nicht nur dies: das Wort Gottes hören, annehmen und glauben und damit in seinem eigenen Leben ein durch das Wort Gottes bestimmter, geheiligter Mensch werden, sondern, indem es freilich das Alles heißt: dem Lauf des Wortes Gottes, d. h. den Fortgang seines Lautwerdens und Gehörtwerdens, den Fortgang seiner Verkündigung und seines Fruchtbarwerdens als seine eigene Sache verstehen und ernst nehmen. Das Wort Gottes will ja in der Kirche wieder und weiter gehört werden und jenseits der Kirche ist immer auch die Welt und durch die Kirche will das Wort Gottes immer auch in der Welt gehört werden. Diesem Wollen des Wortes kann ein Glied der Kirche vermöge seiner eben in diesem Wort begründeten Freiheit nicht teilnahmslos, nicht passiv, nicht abwartend gegenüberstehen, als ob zu seiner Zeit ohnehin geschehen werde, was geschehen muß. Das wird allerdings geschehen, aber nicht ohne uns. Wir sahen ja: am vorläufigen Ziel und Ende des Weges des Wortes Gottes zum Menschen stehen wir selbst. Wir selbst sind nun also dabei, wenn der Weg des Wortes Gottes in der Kirche und in der Welt weitergeht. Durch die Kirche in die Kirche berufen, werden wir selbst zur Kirche, in der es Berufung gibt, können wir nicht bloß konstatieren, daß berufende Kirche ist und abwarten, ob und inwiefern berufende Kirche fernerhin sein wird, sind wir vielmehr in Person Kirche geworden und als solche für ihr künftiges Sein als solche haftbar gemacht. Und das bedeutet dann konkret: wir sind an dem großen Vorgang des Lebens und Waltens der heiligen Schrift in der Kirche und in der Welt mitverantwortlich beteiligt.

Nicht im Allgemeinen zu irgendwelchen Menschen, sondern zu seinen Jüngern als seinen Zeugen hat Jesus Matth. 5, 13 f. gesagt: Ihr seid das Salz der Erde! Ihr seid das Licht der Welt! Aber wie könnte es anders sein: Wo das ursprüngliche Zeugnis der Offenbarung diesen seinen Auftrag ausrichtet, da salzt und befruchtet es nicht nur zum privaten Genuß und Gebrauch derer, denen es widerfährt, von ihm berufen und erleuchtet zu werden, da entsteht vielmehr bei diesen anderen prinzipiell derselbe Auftrag, von dem Auftrag der Propheten und Apostel nur darin verschieden, daß nun Jesus der ihnen von den Propheten und Aposteln Bezeugte ist, daß ihr Auftrag also dieses Zeugnis zu seinem konkreten Inhalt hat. Die Bitte Act. 4, 29: „Gib deinen Knechten daß sie mit ganzer Offenheit (μετὰ παρρησίας πάσης) dein Wort reden!" ist als Fürbitte für die Apostel zugleich ihre eigene Bitte. Und so redet Paulus sicher nicht nur moralisch vom Reden der Christen im Allgemeinen und Privaten, sondern (vielleicht nicht ohne Anspielung auf Matth. 5, 13) von ihrem kirchlichen Auftrag, wenn er Kol. 4, 6 schreibt: „Euer Reden geschehe überall in der Gnade; es sei mit Salz gewürzt, im Wissen um das, was einem Jeden geantwortet werden muß!" Oder wenn er Eph. 4, 29 verlangt, daß das Reden der Christen „heilsam sei zu dem nötigen Aufbau (ἀγαθὸς πρὸς οἰκοδομὴν τῆς χρείας), damit es Gnade darbiete, denen, die es hören". Ganz deutlich ist der Zusammenhang 1. Petr. 3, 15, wo den in der Verfolgung stehenden Christen gesagt wird, sie müßten, indem sie den Herrn Christus heiligten in ihrem Herzen, bereit sein zur Verantwortung (πρὸς ἀπολογίαν) gegenüber Jedem, der von ihnen im Hinblick auf ihre Hoffnung Rechenschaft fordere. In diesem und nicht bloß in einem allgemein moralischen Zusammenhang wird man aber auch verstehen müssen, was an der berühmten Stelle Jak. 3, 1 f. gesagt ist über das Gericht, unter dem die stehen, die ihre Zunge in den Dienst der Lehre gestellt haben.

Man wird sich zunächst immer wieder vor Augen halten müssen, wie wenig selbstverständlich es ist, daß es eine menschliche Mitverantwortlichkeit in dieser Sache überhaupt geben kann. Wir haben wohl Anlaß, hier noch einmal des ganzen Geheimnisses und Wunders der Inkarnation, der Existenz des Menschen Jesus und seines abschließenden Prophetenamtes und weiter des ganzen Rätsels der Existenz seiner bevollmächtigten Zeugen zu gedenken. Daß wir selbst mit unserem Wort in diesen Kreis eingeschlossen sind, das ist wohl wahr, aber welche unbegreifliche Herablassung Gottes, welche unbegreifliche Erhöhung des Menschen haben wir nun gerade in dieser Wahrheit anzuschauen. In dieser Unbegreiflichkeit haben wir sie anzuschauen und hinzunehmen. Wir sind aber nicht gefragt, ob wir sie von uns aus für möglich halten oder gar selbst möglich machen können, sondern wir haben sie in ihrer Wirklichkeit anzuschauen und hinzunehmen, und daraufhin ihre Möglichkeit zu erproben in der Betätigung der Freiheit, die uns in ihr tatsächlich zugesprochen ist. Daß uns die uns auferlegte Verantwortung zu hoch und zu wunderbar ist, das ist die eine wohl zu bedenkende Seite, die hier zu lesen ist. Wir sind aber — und das steht auf der nächsten Seite zu lesen — gefragt, ob wir uns etwa dieser uns auferlegten Verantwortung entziehen können. Nehmen wir an, wir könnten das nicht, so werden wir jetzt zu überlegen haben, in was sie bestehen möchte. Die heilige Schrift will, um in der Kirche und in der Welt wieder und wieder laut und gehört zu werden, erklärt sein. Als Wort Gottes bedarf sie freilich keiner Erklärung, weil sie als solches in sich selbst klar ist. Der Heilige Geist weiß wohl, was er zu den Propheten und Aposteln gesagt hat und was er durch sie auch zu uns sagen will. Diese Klarheit, die die Schrift als Gottes Wort in sich selber hat, diese ihre objektive *perspicuitas* fällt unter keine menschliche Verantwortung und Mühewaltung. Ihr darf unter keiner Berufung auf menschliche Verantwortung vorgegriffen werden. Sie ist vielmehr die Voraussetzung aller menschlichen Verantwortung in dieser Sache. Alle Erklärung der Schrift, für die wir verantwortlich sind, kann nur daraufhin unternommen werden, daß die Schrift als Gottes Wort in sich selber klar ist; sie würde ohne das sofort in sich selbst zusammenbrechen. Und es kann alle Schrifterklärung, für die wir verantwortlich sind, nur an die Schwelle heranführen, jenseits derer die Schrift als Gottes Wort in sich selber klar ist. Aber nun trägt das Wort Gottes in der Schrift die Gestalt eines menschlichen Wortes. Menschliche Worte aber bedürfen der Erklärung, weil sie als solche, wenn auch in der Regel nicht in der Absicht dessen, der sie spricht, wohl aber immer für den, der sie hört, vieldeutig sind. Ihr Sinn will unter den verschiedenen in Betracht kommenden Möglichkeiten als der vom Sprechenden beabsichtigte Sinn ermittelt und er will als der Sinn, den sie für den Sprechenden haben, in das Denken des Hörenden übertragen werden, so daß sie nun auch für ihn Sinn und zwar denselben, den vom Sprechenden beabsichtigten Sinn haben. Vielleicht daß diese doppelte Erklärung — wir können sie unterscheiden als Auslegung und Anwendung — ohne weiteres durch den Hörenden selbst zu vollziehen ist; vielleicht daß der Sprechende selbst in der Lage ist, zu seinen Worten gleich auch diese doppelte Erklärung oder, wenn nicht ihre Anwendung, so doch wenigstens ihre Auslegung zu bieten; vielleicht daß aber ein Dritter dazwischentreten und dem Sprechenden und dem Hörenden diesen Dienst der Erklärung leisten muß. Eine von diesen Erklärungen sind ausnahmslos alle menschlichen Worte bedürftig. Indem nun Gottes Wort in der Schrift die Gestalt menschlichen Wortes angenommen hat, hat es sich selbst in diese Erklärungsbedürftigkeit hineinbegeben. Auf diese Erklärungsbedürftigkeit, also auf die Schrift in ihrem Charakter als menschliches Wort, bezieht sich unsere menschliche Verantwortung ihr gegenüber. Sie kann, wenn wir den ganzen Umfang dessen, was unter „Erklärung" zu verstehen ist, in Betracht ziehen, nur eine teilweise Verantwortung sein. Wie sollten die Propheten und Apostel nicht auch immer wieder direkt in der Erklärung gehört werden, die die Hörenden sich selbst zu geben vermögend sind? Und wie sollten sie nicht auch immer wieder in der Lage sein, sich selbst zu erklären? Es ist also nicht an dem, daß Gottes Wort damit, daß es die Gestalt der Schrift und also die Gestalt menschlichen Wortes angenommen hat, sozusagen wehrlos der Erklärung bedürftig und überliefert wäre, für die wir als Glieder der Kirche verantwortlich gemacht sind. Es ist gut, daß im Leben der Kirche auch jene beiden ersten Erklärungsmöglichkeiten in ihrer gegenseitigen Bezogenheit immer wieder ihre Rolle spielen. Es ist gut, daß es neben der Klarheit, die das Wort Gottes in sich selber hat, auch noch eine Selbsterklärung auch ihres menschlichen Wortes gibt.

Auch sie bildet eine Voraussetzung der Schrifterklärung im engeren Sinn des Begriffs, die uns verantwortlich auferlegt ist, ohne welche diese gar nicht Ereignis werden könnte. Aber allerdings: jene beiden ersten Erklärungsmöglichkeiten haben ihre Grenzen. Nicht Jeder kann und niemand kann jederzeit und unter allen Umständen sein eigener Schrifterklärer sein und also von sich aus den Sinn des biblischen Wortes feststellen und so feststellen, daß sie auch für ihn Sinn, und zwar ihren ursprünglichen Sinn haben. Wir werden auch sagen müssen: nicht immer und nicht Jedem gegenüber sind die in ihrem eigenen Lebenskreis und uns gegenüber doch nur in einem kleinen Ausschnitt ihrer Lebensäußerungen redenden biblischen Schriftsteller in der Lage, den Sinn ihrer Worte in sich klar zu machen und zugleich in das Denken ihrer heutigen Leser zu übertragen. Wir denken an den Mann Act. 8, 26 f., der in seinem Wagen Jes. 53 las — nicht einmal ganz unvorbereitet, war er doch nach Jerusalem gegangen, um dort anzubeten — und der nun doch auf die Frage: „Verstehst du auch, was du liesest?" antworten muß: „Wie sollte ich es können, wenn mich nicht jemand anleitet?" (ἐὰν μή τις ὁδηγήσει με).

Hier beginnt die im engeren Sinn so zu nennende Erklärungsbedürftigkeit der Schrift und hier setzt nun auch die den Gliedern der Kirche auferlegte Verantwortung ein. Ein Glied der Kirche ist als solches dazu berufen, jener Dritte zu sein, der zwischen den Sprechenden und den Hörenden, also zwischen das Menschenwort der Schrift und die anderen Glieder der Kirche, aber auch zwischen das Schriftwort und die Menschen in der Welt hineintritt, nach beiden Seiten zu helfen: nach der Seite des Schriftworts durch den Versuch, seinen Sinn zu erhellen, nach der Seite des hörenden oder lesenden Menschen durch den Versuch, ihm zu sagen, daß und inwiefern das Schriftwort auch für ihn Sinn hat, wobei man gewiß das Erste auch als einen Dienst am Menschen und das Zweite auch als einen Dienst am Schriftwort zu verstehen hat.

Wir können hier einen Blick werfen auf die gute Definition, die Polanus von der Bibelinterpretation gegeben hat: *Interpretatio sacrae Scripturae est explicatio veri sensus et usus illius, verbis perspicuis instituta ad gloriam Dei et aedificationem ecclesiae (Synt. Theol. chr. 1609, S. 635f.).* Wir sehen: Es geht 1. um den *verus sensus*, 2. um den *verus usus* der Schrift. Beide stehen offenbar an sich und in sich fest. Beide können wohl auch für sich selbst sprechen. Beide tun es wohl auch. Dennoch bedürfen beide der *explicatio*, bedarf es also der Auslegung und der Anwendung. Problematisch ist nämlich das zwischen beiden liegende Gebiet der *verba*. Hier besteht ein Bedürfnis und hier entsteht eine Verantwortung. Gefragt ist nach den *verba perspicua* sowohl hinsichtlich des *sensus* wie hinsichtlich des *usus* der Schrift. Daß das hier nötige Werk der Vermittlung getan werde: *ad gloriam Dei et aedificationem ecclesiae*, das ist die Aufgabe der *interpretatio* und also in dieser Hinsicht die Sache der den Gliedern der Kirche auferlegten Verantwortung.

Es wird gut sein, stärker als man es im 16. und 17. Jahrhundert getan hat, zu betonen, daß diese Verantwortung grundsätzlich allen Gliedern der Kirche und nicht etwa nur einem besonderen Schriftgelehrtenstand auferlegt ist. Das Bedürfnis nach dem vermittelnden Dritten ist kein vereinzeltes, kein beiläufiges Bedürfnis. Gibt es auch jene beiden ersten Erklärungsmöglichkeiten, auf Grund derer das Wort Gottes, ganz abgesehen von der Klarheit, die es in sich selber hat, auch als Menschenwort immer auch sozusagen auf eigenen Füßen seinen Weg gehen, auf Grund welcher es auch immer eine direkte Beziehung und Verständigung zwischen den biblischen Schriftstellern und ihren heutigen Lesern geben kann, so beruht doch das Leben der Schrift in der Kirche und in der Welt nirgends allein auf diesen beiden ersten Möglichkeiten, so hat sich das Wort Gottes insofern doch völlig in die Bedürftigkeit hineingegeben, als nie und nirgends nicht auch die Vermittlung notwendig wäre. Da ist niemand, der als Hörer des Wortes nicht jedenfalls auch und unentbehrlicher Weise von dem Dienst solcher — vielleicht ihm sehr ferner, vielleicht nicht als solcher bewußter, aber faktisch wirksamer — Dritter lebte, die zwischen das Schriftwort und ihn selbst hineingetreten sind und ihm den Dienst der Auslegung und Anwendung geleistet haben. Man kann geradezu sagen, daß **die ganze Kirche die Organisation eben dieses Vermittlungsdienstes** ist. Eben darum kann ihm aber auch niemand in der Kirche unbeteiligt, passiv, abwartend, gegenüberstehen. Ist die Schrift nicht einem besonderen Amt, sondern der ganzen Kirche gegeben, so kann keiner in der Kirche bloß zusehen, was nun etwa durch dieses Amt in diesem Dienst geleistet oder nicht geleistet werden wird. Erst wenn jeder in der Kirche weiß, daß die Verantwortung dafür auch ihm auferlegt ist, kann es auch eine sinnvolle Kritik dessen geben, was in jenem Amt geleistet oder nicht geleistet wird! Würde ein Teil — und dann wohl der viel größere Teil — der Kirche auf seine Mitverantwortung dieser Aufgabe gegenüber wirklich verzichten, so würde das ja nicht mehr und nicht weniger als dies bedeuten: daß dieser Teil der Kirche auf die ihm zukommende Freiheit unter dem Wort verzichtete und also nur noch von der Autorität in der Kirche leben wollte. Wie schnell wird es sich da zeigen, daß es für diesen Teil der Kirche bestimmt auch keine kirchliche Autorität gibt! Die dem Schriftgelehrtenstand gegenüber unmündige, die in Sachen der Schrifterklärung passive Gemeinde ist heimlich immer schon die rebellierende, die von Kanon und Bekenntnis und damit vom Worte Gottes und vom Glauben emanzipierte Gemeinde und also überhaupt keine Gemeinde Jesu Christi mehr. Wer diese heimliche und eines Tages sicher offene Rebellion nicht will, wer die kirchliche Autorität will um der Autorität des Wortes Gottes willen, der muß die Freiheit unter dem Wort als die Freiheit aller Christenmenschen bejahen, der muß die an der Schrifterklärung in grundsätzlicher Verantwortlichkeit mitbeteiligte Gemeinde wollen.

2. Die notwendige grundsätzliche Form aller in diesem Sinne verantwortlich zu übernehmenden und auszuübenden Schrifterklärung wird unter allen Umständen bestehen müssen: in dem frei vollzogenen Akt der Unterordnung aller menschlichen Vorstellungen, Gedanken und Überzeugungen unter das in der Schrift vorliegende Offenbarungszeugnis. Unterordnung steht nicht im Gegensatz zu Freiheit! Freiheit heißt: eigene, spontane Betätigung einem Gegenstand gegenüber, wie sie eben für das Verhalten des Menschen, wie sie für die menschliche Entscheidung charakteristisch ist, im Gegensatz zu einem bloß rezeptiven, von außen bewegten oder einem notwendigen Ablauf unterworfenen Verhalten. Freiheit bedeutet aber weder notwendig die göttliche Souveränität über den Gegenstand, noch auch als menschliche Freiheit notwendig ein Verhältnis der Wechselwirkung zwischen dem Gegenstand und dem sich dem Gegenstand gegenüber spontan betätigenden Menschen. Warum soll, wenn es einen Gegenstand gibt, demgegenüber eine andere Betätigung ausgeschlossen ist, ihm gegenüber die menschliche Betätigung nicht darin bestehen, daß der Mensch sich ihm unterordnet, ohne sich ihm gleichzeitig überzuordnen? Man kann die Frage stellen, ob es einen solchen Gegenstand gibt; man kann und man muß, selbst wenn es einen solchen Gegenstand gibt, die Frage stellen, ob es faktisch je zu einer solchen Unterordnung des Menschen ihm gegenüber kommen wird, daß alle Momente von Überordnung nun faktisch ausgeschlossen sein werden. Es wird sogar sehr leicht sein, nachzuweisen, daß der Mensch auch diesem Gegenstand gegenüber faktisch immer wieder in das Verhältnis der Wechselwirkung und darüber hinaus in die Anmaßung göttlicher Souveränität über ihn zurückfällt, daß also in aller, auch der willigsten Unterordnung die Überordnung sich doch wieder breit macht. Aber das Alles ändert nichts daran: Wenn es einen Gegenstand gibt, der unsere Betätigung ihm gegenüber fordert und der uns zugleich eine andere Betätigung ihm gegenüber gar nicht erlaubt als die der Unterordnung, dann besteht die dem Menschen zugewiesene Freiheit — ohne daß sie damit aufhörte, Freiheit zu sein, ohne daß sie deshalb weniger Freiheit wäre als in seiner Betätigung gegenüber Gegenständen, denen gegenüber zunächst das Verhältnis der Wechselwirkung in Betracht kommt — im Vollzug dieser Unterordnung. Er wird sich nun eben in dieser Freiheit ernst zu nehmen, er wird seine Freiheit — ohne übrigens nach dem Erfolg zu fragen, nach welchem ja in der Entscheidung überhaupt nicht zu fragen ist! — in diesem Sinn betätigen, oder: in diesem Sinn zu betätigen die Aufgabe haben. Indem uns Gottes Wort in der heiligen Schrift gegeben ist, ist uns ein Gegenstand gegeben, der unsere Betätigung, aber nun eben diese Betätigung in der Unterordnung, fordert.

Um ein in der Gestalt menschlicher Worte uns gegenübertretendes Wort Gottes handelt es sich in der heiligen Schrift und es handelt sich bei der durch dieses Wort von uns geforderten Betätigung ihm gegenüber um die Erklärung dieses Wortes, sofern es in seiner menschlichen Gestalt dessen bedürftig ist. Daß die Grundform seiner Erklärung die Unterordnung sein muß, das ist nun freilich darin begründet, daß es in dieser menschlichen Gestalt Gottes Wort ist. Was das Wort Gottes, das uns in dieser Gestalt begegnet, dunkel und also erklärungsbedürftig macht, das sind die Vorstellungen, Gedanken und Überzeugungen, die der Mensch allezeit und überall von sich aus an dieses Wort heranbringt. Wir sind, indem uns das Wort Gottes begegnet, geladen mit den Bildern, Ideen und Gewißheiten, die wir uns selbst über Gott, die Welt und uns selbst gebildet haben. Immer im Nebel dieser unserer geistigen Welt wird das in sich klare Wort Gottes unklar. Klar für uns kann es nur werden, indem eben dieser Nebel sich zerteilt und weicht. Das ist gemeint mit der Unterordnung unserer Vorstellungen, Gedanken und Überzeugungen. Wir können ihnen, wenn uns das Wort Gottes klar werden soll, nicht die gleiche Würde zuschreiben wie diesem, wir können dieses nicht an jenen messen wollen, wir können jene diesem gegenüber nicht durchaus festhalten wollen. Die Bewegung, die wir — wohlverstanden: in aller Freiheit! — ihm gegenüber zu vollziehen haben, kann nur die Bewegung des Nachgebens, des Zurückweichens, des Raumgebens sein.

Jes. 40, 12f. enthält bestimmt auch eine erkenntnistheoretische Weisung: „Wer'mißt mit hohler Hand das Weltmeer und schätzt mit der Spanne den Himmel und faßt im Hohlmaß den Staub der Erde und wägt mit der Setzwage die Berge und die Hügel mit Wagschalen? Wer legt das Maß an Jahves Geist und wer ist sein Ratgeber, der ihn unterwiese? Mit wem berät er sich, daß der ihn unterrichtete und ihm den rechten Weg zeigte, den Weg der Einsicht ihn wiese?" Und ebenso Jes. 55, 7f.: „Es verlasse der Gottlose seinen Weg und der Mann des Unheils seine Gedanken und kehre zurück zu Jahve, daß er sich sein erbarme und zu unserem Gott, denn er ist groß im Vergeben. Denn meine Gedanken sind nicht eure Gedanken und nicht eure Wege sind meine Wege, ist der Spruch Jahves. Vielmehr, soviel der Himmel höher ist als die Erde, sind meine Wege höher als eure Wege und meine Gedanken als eure Gedanken."

Die Sache scheint nun freilich dadurch kompliziert, daß uns Gottes Gedanken in seinem Wort nicht *in abstracto* sondern *in concreto* in der Gestalt des menschlichen Wortes der Propheten und Apostel entgegentreten, die als solche nicht nur der Ausdruck der Gedanken Gottes, sondern jedenfalls auch der Ausdruck ihrer eigenen Gedanken sind. Es verhält sich also so, daß Gottes Wort selbst uns gerade inmitten jenes Nebels unserer eigenen Geisteswelt, gleicher Art geworden unseren eigenen Vorstellungen, Gedanken und Überzeugungen, begegnet, „ein Licht, das an einem finsteren Ort scheint" (2. Petr. 1, 19). Aber eben diese scheinbare Komplikation macht die Sache in Wahrheit übersichtlich und einfach. Es bedürfte das reine Wort Gottes als solches allerdings keiner Erklärung, weil es, wie das Sonnenlicht oberhalb unserer Atmosphäre klar ist in sich selber. Als solches wäre es aber auch nicht zu uns gekommen, könnten wir nichts mit ihm zu tun haben. Indem es, ohne aufzuhören in sich selber klar zu sein — klar immer vermöge der Klarheit, die es in sich selber hat — im Zeugnis der Propheten und Apostel zu uns gekommen ist, ist es zwar der Erklärung bedürftig geworden, sofern es die Art unserer Geisteswelt angenommen hat und also der Möglichkeit ausgesetzt ist, unsererseits nach der Art unserer Geisteswelt: in dem Verhältnis der Wechselwirkung, in welchem wir uns sonst im Verständnis menschlicher Worte zu betätigen pflegen, verstanden und damit sicher nicht verstanden zu werden. Eben indem es sich in dieser Weise kompromittierte, ist es aber der Erklärung auch fähig geworden: sowohl der grundlegenden Selbsterklärung auf Grund der Klarheit, die es in sich selber hat, als auch der Erklärung, die seine menschlichen Zeugnisse sich wenigstens teilweise selbst zu geben vermögen, als auch der Erklärung, die die menschlichen Hörer und Leser dieser Zeugnisse sich — wieder wenigstens teilweise — ihrerseits selbst zu geben in der Lage sind, als auch schließlich der Erklärung im engsten Sinn des Begriffs, in welcher die Glieder der Kirche als solche dem Worte Gottes und ein Jeder seinem Bruder dienstbar sind. Dieses Ganze wird daraufhin möglich, daß das Wort Gottes uns nicht *in abstracto* gegeben, daß es nicht nur in der uns unzugänglichen Stratosphäre seines Beisichselbstseins, sondern vermöge der Auferstehung Jesu Christi von den Toten im Zeugnis der Propheten und Apostel wirklich auch in der Atmosphäre unserer Geisteswelt Licht ist. Das bedeutet, daß jene Unterordnung unter das Wort, die die Grundform seiner Erklärung ist, sofern diese unter unsere Verantwortung fällt, keine bloße Idee, kein leeres Postulat ist, dem gegenüber die Wirklichkeit nur darin bestehen könnte, daß wir uns faktisch auch dem Worte Gottes doch auch überordnen und letztlich wahrscheinlich sogar absolut überordnen, wie wir es anderen Gegenständen gegenüber zu tun pflegen.

So verhielte es sich, wenn wir es mit dem ewigen Logos Gottes als solchem, bzw. mit der Welt als seiner Erscheinungsform, zu tun hätten. Unterordnung unter ihn gäbe es dann, wie alles Heidentum, wie alle von der Offenbarung Gottes in Jesus Christus auch nur relativ sich lösende Philosophie zeigt, nur in Form der Reziprozität von Unterordnung und Überordnung, hinter der sich dann mit Notwendigkeit der Griff nach der göttlichen Souveränität über den Gegenstand als das eigentlich Gemeinte zeigen wird. So verhält es sich aber nicht, da der ewige Logos Gottes Fleisch angenommen hat, im Fleische auferstanden ist und im Fleisch ein Zeugnis seiner selbst begründet hat.

Eben weil wir es mit Gottes Wort in der Gestalt bestimmter menschlicher Worte zu tun haben, wird der Vollzug jener Unterordnung zu einer konkreten Aufgabe, über deren wirkliche Lösung wir zwar nicht zu befinden haben, die aber als uns gestellte Aufgabe konkret gesehen und verstanden werden kann. Gottes Wort erklären muß jetzt und kann jetzt heißen: die heilige Schrift erklären. Und weil Erklärung des Wortes Gottes nur stattfinden kann in Unterordnung des Menschen, bekommt diese Unterordnung jetzt den konkreten Sinn: wir haben uns dem Wort der Propheten und Apostel zu unterordnen. Nicht so wie man sich Gott unterordnet, aber allerdings so, wie man sich um Gottes Willen und in der Liebe und Furcht Gottes den von ihm selbst eingesetzten und bevollmächtigten Zeugen und Boten Gottes unterzuordnen hat. In dem konkreten Gegenüber zwischen den Vorstellungen, Gedanken und Überzeugungen, die uns in der Art von unserer Art in den Worten der biblischen Zeugen gegenübertreten mit unseren eigenen Vorstellungen, Gedanken und Überzeugungen kann und darf jetzt jene Unterordnung geübt werden, in der das Klarwerden des Wortes Gottes für uns auf alle Fälle allein Ereignis werden kann. Verdankt es diese Klarheit letztlich ganz allein sich selber, besteht auch alle Schrifterklärung wesentlich in der Erklärung, die das Wort Gottes sich selber gibt, geht alle Klarheit, die auch die Propheten- und Apostelworte durch sich selbst und wiederum für uns selbst ohne besondere Erklärung haben können und ebenso alle Klarheit, die wir dem Wort und den Brüdern durch jenes Erklären im engsten Sinn des Begriffs verschaffen können, zurück auf die Klarheit, die das Wort Gottes in sich selber hat, so geschieht eben diese Selbsterklärung doch nicht ohne uns, so endigt sie doch in jener Freiheit, zu der wir selbst als Glieder der Kirche berufen sind und also in einer menschlichen Tätigkeit im Dienste des Wortes Gottes. Diese Tätigkeit wird notwendig und möglich, sie ist uns geboten und erlaubt dadurch, daß wir das Wort Gottes in der Gestalt seiner menschlichen Zeugnisse haben. Eben ihnen gegenüber muß nun also jene Unterordnung als Grundform menschlichen Erklärens Platz greifen. Nicht dem Wort Gottes im Allgemeinen sondern ihnen gegenüber! Sonst geschieht es nämlich gar nicht. In was soll sie aber ihnen gegenüber bestehen? Darum kann es nicht gehen, daß wir unsere Vorstellungen, Gedanken und Überzeugungen einfach aufzugeben und zu vergessen hätten. Das können wir gar nicht, so wenig, wie wir unseren eigenen Schatten loswerden können. Das sollen wir aber auch nicht, denn das wäre vielmehr Übermut als Unterordnung. Unterordnung heißt ja nicht Beseitigung und Vernichtung. Unterordnung setzt voraus, daß ein Untergeordnetes als solches da ist und da bleibt. Unterordnung heißt aber: Hintanstellung, Nachfolge, Fügsamkeit des Untergeordneten gegenüber dem Übergeordneten. Darum geht es in der Unterordnung unserer Vorstellungen, Gedanken und Überzeugungen gegenüber dem in der Schrift vorliegenden Zeugnis. Es kann die Meinung dabei nicht die sein, daß wir unsere Vorstellungen, Gedanken und Überzeugungen durch die der Propheten und Apostel sozusagen verdrängen zu lassen hätten, daß wir also statt unserer eigenen Sprache die Sprache Kanaans zu reden beginnen müßten. Damit hätten wir uns ihnen noch gar nicht untergeordnet, sondern uns höchstens mit ihren Federn geschmückt. Damit wäre ja auch zur Erklärung ihrer Worte noch gar nichts geschehen, weil wir sie damit ja erst wiederholt hätten. Die Unterordnung muß, wenn sie ernst sein soll, gelten der in den Vorstellungen, Gedanken und Überzeugungen der Propheten und Apostel angezeigten und gewiesenen Richtung, dem Zeugnis, das sie, in und mit dem, was sie als Menschen wie wir selbst sagen, ausrichten wollen. Diesem Zeugnis ihrer Worte haben wir uns — und dies ist die Grundform aller Schrifterklärung — mit dem, was wir unsererseits meinen, denken, für wahr, schön und gut halten, hintan zu stellen. Diesem Zeugnis haben wir mit dem ganzen Bestand unserer Vernunft und Erfahrung Folge zu leisten, fügsam zu werden. Daß dabei dies und das aus diesem Bestand als überflüssig und störend zurückbleiben, Anderes eine ganz neue Gestalt bekommen, wieder Anderes ganz neu zu diesem Bestand hinzukommen wird, das ist eine Sache für sich. Entscheidend ist dies: bei der Schrifterklärung muß die Schrift selbst als Offenbarungszeugnis vor allen Zeugnissen unseres eigenen Seins und Werdens, Dichtens und Trachtens, Hoffens und Leidens, vor allen Zeugnissen unseres Geistes ebenso wie unserer Sinnlichkeit, vor allen Axiomen und Theoremen, von denen wir herkommen und die wir als solche mit uns führen können, den unbedingten Vorrang haben.

Schrifterklärung beruht auf der Voraussetzung, daß das, was uns die Schrift auch in den scheinbar fragwürdigsten und geringfügigsten ihrer Bestandteile zu sagen hat, unter allen Umständen richtiger und wichtiger ist als das Beste und Notwendigste, was wir uns selbst gesagt haben oder noch sagen können. Indem sie das von Gott eingesetzte und bevollmächtigte Offenbarungszeugnis ist, hat sie den Anspruch darauf, in diesem Verhältnis erklärt zu werden und bleibt sie, wenn dieser Anspruch etwa nicht beachtet wird, prinzipiell unerklärlich. Die Bibel ist nach außen sozusagen nur unter einem bestimmten Winkel nach unten geöffnet. Da unten hat man sich also hinzustellen, um in dem entsprechenden Winkel nach oben zu blicken: Wir werden hier an Jak. 1, 25 denken dürfen: ὁ δὲ παρακύψας εἰς νόμον τέλειον τὸν τῆς ἐλευθερίας καὶ παραμείνας ... Natürlich, menschlich geredet kann zu diesem παρακύπτειν gewiß niemand verpflichtet sein noch gezwungen werden: es handelt sich eben wirklich um einen menschlichen Freiheitsakt. Aber wenn man sich dazu nicht entschließen kann, dann gewahrt man wohl von der eigenen, in sich unerschütterten Geisteswelt aus die Umrisse der scheinbar in sich ebenso unerschütterten Geisteswelt der Bibel als solche; es mag dann wohl auch zu dem relativen Verstehen kommen, wie es zwischen Vertretern verschiedener Geisteswelten als solchen möglich ist. Es mag dann auch wohl zu dem entsprechenden Erklären der Bibel kommen. Als Offenbarungszeugnis erklärt sie sich dann nicht und kann sie auch von den sie in diesem Sinn noch so gut Verstehenden nicht erklärt werden. Als Offenbarungszeugnis erklärt sie sich nur in eine in ihrer inneren Sicherheit erschütterte, ihr gegenüber nachgiebig und beweglich gewordene menschliche Geisteswelt hinein, wobei es dann so ist, daß ihre eigene, die biblische Geisteswelt sich sofort als eine ebenfalls nicht unerschütterte Größe, sondern als ein bewegtes, in einem ganz bestimmten Dienst befindliches und funktionierendes, lebendiges Organ erweist. Damit sie uns diesen Dienst leiste und nur darum müssen wir ihr jene Unterordnung entgegenbringen. Indem sie uns diesen Dienst leistet, redet sie in allen ihren Bestandteilen richtiger und wichtiger, als wir selbst mit uns selbst reden können. Diesen Dienst können wir uns nicht selbst leisten, sondern nur durch sie leisten lassen. Dieser Dienst besteht aber eben in der Übermittlung des Offenbarungszeugnisses, das uns und unserer Geisteswelt nicht eigen ist,

2. Die Freiheit unter dem Wort

wohl aber der Bibel und ihrer Geisteswelt. Das ist der tiefe Sinn der nur scheinbar tautologischen Interpretationsregel der altprotestantischen Orthodoxie, wonach eine Erklärung der Schrift daran als richtig oder falsch zu erkennen ist, daß sie, wenn sie richtig ist, mit der Schrift übereinstimmt, sofern diese das Wort Gottes ist: *Norma interpretandi scripturam et iudicandi de interpretatione scripturae sacrae verane sit an falsa, est ipsamet scriptura sacra, quae vox Dei est. Quaecunque enim interpretatio consentit cum scriptura, illa est vera et ex Deo; quaecunque ab ea dissentit, est falsa et non ex Deo.* Wozu Jes. 8, 20 zitiert wurde: „Haltet euch zum Gesetz und zur Offenbarung! Wenn sie (die Menschen) nicht also sprechen, so gibt es für sie keine Morgenröte!" Und Luk. 16, 29: „Sie haben Mose und die Propheten, die sollen sie hören!" Und 1. Joh. 4, 6: „Wir sind aus Gott; wer Gott kennt, hört uns; wer nicht aus Gott ist, der hört uns nicht. Daran erkennen wir den Geist der Wahrheit und den Geist des Irrtums" (Polanus, *ib.* S. 683).

Die entscheidende Begründung dieser prinzipiellen Regel aller Schrifterklärung wird sich freilich nur vom Inhalt der Schrift her geben lassen und wird auch nur von daher wirklich einsichtig werden können. Warum haben wir das Zeugnis unseres eigenen Geistes dem Zeugnis des Geistes der Schrift zu unterordnen? Warum hier diese sonderliche, aus aller allgemeinen Hermeneutik so offenkundig herausfallende Zumutung? Warum ist Erklärung nicht auch hier ein Gespräch *inter pares*, sondern ein Gespräch *inter impares*, obwohl doch auch hier Mensch gegen Mensch und eine menschliche Geisteswelt gegen eine andere steht? Wir lassen jetzt beiseite, was wir bei einer früheren Gelegenheit festgestellt haben: daß vielleicht die allgemeine Hermeneutik, sofern sie über jenes Gespräch *inter pares* nicht hinauszukommen scheint, allen Anlaß hätte, bei der besonderen biblischen, als bei der letzten Grundes vielleicht überhaupt allein möglichen Hermeneutik in die Schule zu gehen. Es wird seine Gründe haben, daß sie das faktisch nicht tun will noch kann. Sicher ist dies, daß die biblische Hermeneutik unter dieser besonderen prinzipiellen Regel stehen muß, weil diese sich zwingend aus dem Inhalt der Bibel ergibt. Der Inhalt der Bibel, der Gegenstand ihres Zeugnisses ist Jesus Christus als der Name des mit dem sündigen Menschen gnädig handelnden Gottes. Ihr Zeugnis hören und also verstehen heißt: zur Kenntnis nehmen, daß es zwischen Gott und dem Menschen so steht, daß Gott dem Menschen gnädig ist: dem Menschen, der dessen bedürftig, der als Sünder ganz und gar auf Gottes Gnade angewiesen ist, der sich Gottes Gnade aber nicht erwerben kann, für den sie also ganz an das gnädige Handeln Gottes mit ihm gebunden, für den sie also in dem Namen Jesus Christus als dem Namen des gnädig an ihm handelnden Gottes beschlossen ist. Dies hören heißt die Bibel hören: als Ganzes und in jedem einzelnen ihrer Teile und Teilchen. Und dies nicht hören heißt *eo ipso* die Bibel nicht hören, im Ganzen nicht und dann auch nicht in ihren Teilen. Die Bibel sagt wohl vielerlei; sie sagt aber in allem Vielerlei nur Eines, eben dieses Eine: den Namen Jesus Christus, verhüllt unter dem Namen Israel im Alten, enthüllt als sein eigener Name im Neuen Testament, das darum nur als Kommentar zum Alten Testament so verstanden werden kann, wie es sich selbst verstanden hat. Die Bibel wird da klar, wo es klar wird, daß sie dieses Eine sagt: daß sie den Namen Jesus Christus verkündigt und damit Gott in seinem Reichtum und seiner Milde, den Menschen aber in seiner Bedürftigkeit und Hilflosigkeit, lebend von dem, was Gottes Milde ihm geschenkt hat und schenken will. Die Bibel bleibt uns da dunkel, wo wir jenen beherrschenden Namen in ihr nicht hören, wo wir also Gott und den Menschen in einem anderen Verhältnis als in dem in diesem Namen ein für allemal geordneten wahrzunehmen meinen. Erklären — im Dienst der Klarheit, die die Bibel als Gottes Wort sich selbst verschafft — können wir sie also grundsätzlich im Ganzen wie im Einzelnen nur, indem wir sehen und aufzeigen, wie das, was sie sagt, von jenem verhüllten und enthüllten Namen Jesus Christus her gesagt und also in Bezeugung der Gnade gesagt ist, deren wir als Menschen bedürftig, von uns als Menschen aus unvermögend, von Gott her aber teilhaftig sind. Daraus, daß dem so ist, ergibt sich jene Grundregel der Unterordnung unserer Vorstellungen Gedanken und Überzeugungen unter das Zeugnis der Schrift von selber. Unsere Vorstellungen, Gedanken und Überzeugungen als solche, d. h. als die unsrigen, laufen bestimmt nicht in der Richtung des Zeugnisses, das diesen Inhalt hat. Das ist, vom Inhalt des biblischen Zeugnisses her gesehen, das Nebelhafte, das Finstere der menschlichen Geisteswelt als solcher, daß sie, indem sie als unsere Welt ersteht und besteht, immer wieder unsere Natur, die Natur des sündigen Menschen ohne den Namen Jesus Christus und also ohne den gnädig an uns handelnden Gott offenbar macht. Die Natur dieses Menschen ist aber das Streben nach einer durch ihn selbst zu vollziehenden Rechtfertigung seiner selbst vor einem Gott, dessen Bild er sich in seinem eigenen Herzen zurecht gemacht hat, das Streben, sich selbst möglichst groß und darum Gott gleichzeitig möglichst klein zu machen. Was kann der diese Natur des Menschen offenbarenden Geisteswelt — wenn es an dem sein sollte, daß das Wort Gottes in ihren Bereich getreten ist, wenn das Wort Gottes in ihrem Bereich klar werden möchte — Anderes widerfahren als eben dies, daß sie (da wir sie ja nicht einfach loswerden können und nicht einmal sollen, da die Befreiung von ihr identisch wäre mit der Auferstehung des Fleisches!) jedenfalls weichen, flüssig werden, ihre Absolutheit verlieren, sich unterordnen, dem Worte Gottes wie ein gezähmtes Raubtier seinem Herrn nachfolgen muß. Beides wollen, beides nebeneinander und *pari passu* gelten lassen wollen: das Zeugnis der Bibel, das nun einmal diesen Inhalt hat und die Autonomie unseres Geisteslebens — das ist ein unmögliches hermeneutisches Programm. An der Aufgabe der Schrifterklärung scheitert seine Durchführung. Den Dualismus dieses Programms aufrecht erhalten, würde den Verzicht auf jene Aufgabe bedeuten. Können wir jener Aufgabe nicht ausweichen, dann müssen wir vielmehr auf den Dualismus dieses Programms verzichten. Die Lösung dieser Aufgabe muß dann grundsätzlich darin bestehen, daß wir jene Autonomie preisgeben, daß wir uns in und mit dem ganzen Bestand unserer Vernunft und Erfahrung durch das Wort Gottes und also durch die Schrift, d. h. durch ihr Zeugnis von Jesus Christus, dessen Organ die biblischen Schriftsteller in ihrer Menschlichkeit sind, führen, belehren, zurechtweisen lassen, daß wir der Schrift also den beschriebenen Vorrang und Vortritt tatsächlich zugestehen.

Wir können hier noch einmal Polanus zu Worte kommen lassen, der in unmittelbarer Fortsetzung der vorhin angeführten Stelle gerade über den Zusammenhang zwischen dem Grundsatz: daß die Schrift durch die Schrift zu erklären sei, auf der einen — und dem besonderen Inhalt der Schrift auf der anderen Seite sehr erleuchtend geredet hat: *Doctrina prophetarum et apostolorum est certus sermo Dei, quem universis totius mundi suffragiis secure opponere necesse est et inde veritatem a mendacio distinguere. Sermo autem ille absque ulla dubitatione est in sacra scriptura.* (Also: die in der Schrift in Gestalt der prophetisch-apostolischen Lehre stattfindende Rede Gottes ist als solche zuverlässig von allen anderen Stimmen zu unterscheiden. Diese Unterscheidung muß vollzogen und es muß die Rede Gottes als das Kriterium zur Erkenntnis des Wahren und Falschen anerkannt werden.) Und nun die Anwendung auf die Frage der Schrifterklärung: *Quaecunque igitur interpretatio loci alicuius scripturae consentit cum sacra scriptura, illa est vera: quae dissentit a sacra scriptura est falsa et repudianda.* (Es dürfte aus dem Vorgehenden deutlich sein, daß bei der Forderung, daß eine rechte Erklärung der Schrift mit der Schrift selber übereinstimmen müsse, nicht etwa nur der für alle Hermeneutik geltende Grundsatz gemeint ist: daß man jede Stelle mit Hilfe ihrer Parallelen, dunkle Stellen durch helle usw. zu verstehen und zu erklären habe. Sondern eine so nur für die biblische Hermeneutik gültige Grundregel ist offenbar gemeint: mit der Schrift in der Schrift, d. h. offenbar mit jenem in der *doctrina prophetarum et apostolorum* konkret vorliegenden *sermo Dei* in der Schrift muß eine Erklärung übereinstimmen, wenn sie wahr sein soll und falsch ist sie, wenn sie von dieser Schrift in der Schrift, d. h. von diesem *sermo Dei* abweicht.) Gibt es eine materiale Beschreibung dieses *consentire* oder *dissentire* und also des *sermo Dei*, an welchem alle Schrifterklärung zu messen ist? Polanus meint eine solche zu kennen und eben hier kommt er nun ebenfalls auf den besonderen Inhalt der Bibel als auf das sehr greifbare Kriterium ihrer Erklärung zu reden: *Illa autem (interpretatio) consentit cum sacra scriptura, quae omnem laudem salutis nostrae aeternae in solidum Deo tribuit et homini prorsus adimit: illa vero non consentit cum sacra scriptura, quaecunque vel minimam partem gloriae salutis aeternae homini adscribit.* — Wozu Joh. 7, 18 zitiert wird: „Wer von sich selbst redet, der sucht seine eigene Ehre. Wer aber die Ehre dessen sucht, der ihn sandte, der ist wahrhaftig und Ungerechtigkeit ist nicht in ihm." Man bemerke, wie Polan hier die letzte Konsequenz zieht: weil das der Inhalt des in der Schrift uns gesagten Wortes Gottes ist, daß in Sachen unseres ewigen Heils die Ehre ganz und gar Gott allein und darum ganz und gar nicht den Menschen gebührt, darum ist das der Kanon auch für alle Erklärung der Schrift. Sie ist rechte oder falsche Erklärung, je nachdem sie das klar macht oder nicht. — Ich sehe keine Möglichkeit, zu widersprechen. Wir werden uns freilich klar machen müssen, daß uns damit kein bequem zu allen Türen passender Schlüssel in die Hand gelegt ist, sondern eben dies: zu erkennen, wie in jedem Vers Gott ganz die Ehre gegeben wird, wird jedem einzelnen Text gegenüber eine ernste besondere Aufgabe sein. Als Grundregel verstanden, ist diese Angabe Polans unübertrefflich.

3. Wir kommen von der Feststellung dieser Grundregel zu den einzelnen praktischen Momenten des Vorgangs der Schrifterklärung. Das erste, deutlich unterscheidbare Moment dieses Vorgangs ist der Akt der Beobachtung. Erklärung ist in diesem Moment noch ganz dem *sensus* des Schriftwortes als solchem zugewandt, noch ganz *explicatio*, Auslegung, d. h. wie die Worte sagen: Auseinanderlegung, Entwicklung des sozusagen in zusammengerollter Gestalt vorliegenden und insofern seinen Sinn, d. h. das, was es sagen will, verbergenden Schriftwortes. Wir erinnern uns, daß dieses Verbergen nur insofern auch objektiv ein Sichverbergen des Wortes Gottes ist, als dieses sich in der Gestalt des Schriftwortes in unsere menschliche Geisteswelt hineinbegeben hat, um sich daselbst, in sich selber klar (auch in der Gestalt des Schriftworts klar bleibend!) der Verdunkelung im Prisma unseres menschlichen Verstehens auszusetzen. Eben in dieser Verdunkelung ist und bleibt es aber doch mächtig, sich selber zu erklären und das heißt zunächst eben: sich selbst darzustellen. Und indem es das tut, entsteht die entsprechende menschliche Aufgabe: die Aufgabe, seiner Selbstdarstellung nachzugehen, sie zu wiederholen und sozusagen nachzuzeichnen. Erklärung als Darstellung ist der Versuch einer Anleitung, den Schriftworten nachzudenken. Wird sich die Erklärung nicht in der Darstellung erschöpfen können — wie sich ja auch die Selbsterklärung des Wortes Gottes nicht erschöpft in seiner Selbstdarstellung — so wird sie doch unter allen Umständen mit diesem Versuch beginnen müssen. Sollen wir selbst und sollen Andere in die Lage kommen, die Schriftworte nachzudenken, so müssen sie uns deutlich, d. h. zunächst als in sich sinnvoll, im Unterschied zu bloßen Klängen, vorgesagt werden. Dieses uns im Schriftwort in sich sinnvoll Vorgesagte als solches ist das Problem der Schrifterklärung als Darstellung. Ihre Voraussetzung und ihr wichtigstes Instrument ist offenbar die literarisch-historische Beobachtung. In derselben Freiheit, in der ich die Worte anderer Menschen, die zu mir reden oder die für mich geschrieben haben, zunächst als sinnvolle Worte zu hören versuche, muß ich die Worte der Propheten und Apostel zu hören versuchen. Das heißt aber: ich muß sie als Dokumente ihrer konkreten geschichtlichen Situation zu hören versuchen. In ihr reden sie; in ihr muß ich sie sehen, wenn ich sie sinnvoll reden hören soll. Sie muß mir zu einer sprechenden Situation werden. Wir befinden uns jedenfalls im Ansatz zu diesem Versuch noch ganz auf dem Boden der allgemeinen Hermeneutik. — Die Aufgabe der Beobachtung wird dann aber offenbar eine doppelte sein müssen. Was uns zunächst vorliegt, das sind die Dokumente in ihrer konkreten geschichtlichen Situation als solche: der Text, von dem darum das durch ihn Gesagte zu unterscheiden sein wird. Die Apostel und Propheten selbst als Redende sind es, die wir hier zu sehen haben.

Diese, die spezifisch literarisch-historische Seite des Vorgangs wird im Einzelnen so zu beschreiben sein: Ich versuche es, die Worte und Wortgruppen, aus denen sich ein bestimmter biblischer Text zusammensetzt, nach den Regeln der Quellenkunde und Lexikographie, der Grammatik, der Syntax und der Stilkunde in den wahrscheinlichsten inneren Zusammenhang zu bringen, um so zu ermitteln, worüber oder in Beziehung worauf der Schriftsteller in diesem Text redet. Ich vergleiche das so gewonnene Bild seiner Äußerung mit Anderem, was derselbe Schriftsteller zur selben Sache und mit dem, was er sonst gesagt hat. Ich vergleiche, um für mein Ansichtigwerden dessen, was er in diesem Text sagen will, weitere Maßstäbe zu gewinnen, das, was andere, ihm gleichzeitig oder sonstwie positiv oder negativ nahestehende Schriftsteller in derselben Sache gesagt haben. Auf Grund der so gewonnenen Einsicht in die Beziehung des im Text Gesagten zu dem vom selben Schriftsteller oder von Anderen sonst Gesagten werde ich, wo der Text sachlich eine Lücke zu bieten scheint — es wäre denn, daß der Text selbst mir das verbieten sollte! — seine Darbietung zu ergänzen und abzurunden suchen. Ich werde endlich festzustellen suchen, inwiefern der Schriftsteller in dem, was er sagt, von Anderen oder mit ihnen gemeinsam von Dritten abhängig sein möchte und inwiefern dies wiederum bei Anderen ihm gegenüber der Fall sein möchte, um mir so klar zu werden darüber, inwiefern ich es in dem von ihm Gesagten mit seinem Eigenen und vielleicht Eigensten, inwiefern ich es mit einem Allgemeinen zu tun habe. Will ich den Sinn des in einem bestimmten Text Gesagten vernehmen, dann werde ich grundsätzlich keinen von den damit angedeuteten Versuchen, ihn zunächst als Text zu entfalten, unterlassen dürfen.

Aber nun wäre die Beobachtung offenbar auch im Sinn der allgemeinen Hermeneutik noch nicht vollständig, ja noch gar nicht zu ihrem entscheidenden Schritt vorgestoßen, wenn sie es dabei bewenden ließe. Zu der konkreten geschichtlichen Situation, in der ich, um ihre Worte als sinnvoll zu hören, die Propheten und Apostel sehen muß, gehört offenbar nicht nur ihr Reden als solches, sondern auch und zwar als dessen entscheidende Bestimmung, das von ihnen Geredete. Es spiegelt das Bild ihrer Worte das Bild eines Gegenstandes. Wieder werde ich es also versuchen, genau so wie ich es mit den Worten anderer Menschen halte, das im Bild der prophetisch-apostolischen Worte sich spiegelnde und sie beherrschende Gegenstandsbild — ihm gelten ja ihre Worte! — zu wiederholen und nachzuzeichnen.

Wir kommen damit zu der spezifisch literarisch-historischen Seite des Vorgangs: Ich versuche es jetzt, mir von dem im Text Gesagten als solchem, d. h. aber: von dem Geschehen der äußeren oder inneren Geschichte, die er berichtet oder auf die er sich bezieht, eine Vorstellung zu machen. Das bedeutet: Ich versuche es, mir mit Hilfe dessen, was ich mir vorstellen oder vorstellig machen kann, ein Bild zu formen von dem, was dort, an der Stelle, auf die die Worte des Schriftstellers hinzielen, geschehen ist und was den Schriftsteller gerade zu diesen Worten seines Textes veranlaßt hat. Ein Bild formen von diesem Geschehen heißt aber: dieses Geschehen, so wie es mir im Spiegel dieser Worte auf Grund jener literarischen Beobachtung entgegentritt, einordnen in die Reihe der übrigen Bilder, die mir von der objektiven geschichtlichen Situation des Schriftstellers, von dem, was er gesehen hat, zur Verfügung stehen: von seiner Zeit also, von ihren Ereignissen und Gestalten, von ihren Verhältnissen und Bestrebungen, von ihrer natürlichen und geistigen Verfassung, von ihren objektiven und subjektiven Voraussetzungen und Problemen, aber auch von den seiner Zeit vorausgehenden und ihr nachfolgenden Zeiten, in deren Folge das Geschehen, von dem er redet, seinen Ort hat und innerhalb dessen es ein nach vorwärts und rückwärts angeschlossenes Glied bildet. Nicht zu vergessen — und hier wird die Sache kritisch: ich habe ja sicher auch ein mehr oder weniger bestimmtes Bild vom wirklichen Geschehen ü b e r h a u p t und als solchem, von der g a n z e n Zeit, die den Rahmen der mir überblickbaren Geschichtsfolge bildet, in der das im Text bezeichnete Geschehen seinen besonderen Ort hat. Sicher von diesem a l l g e m e i n e n Bild her ist auch mein Bild von der Zeit, in die das im Text bezeichnete Geschehen fällt, mein Bild von den ihr vorangehenden und nachfolgenden Zeiten, von jener Geschichtsfolge also bestimmt. Und sicher gilt das dann unvermeidlich auch von dem besonderen Bild, das ich mir nun im engsten jener verschiedenen Kreise gerade von diesem Geschehen mache. Oder wird umgekehrt dieses mein besonderes Bild — nicht vermöge dessen, daß es mein Bild, wohl aber vermöge dessen, daß es das Gegenstandsbild des zu mir Gesagten ist — so kräftig sein, daß es zunächst mein bisheriges Bild von jener Zeit, vielleicht dann auch mein Bild von der ganzen Geschichtsfolge und endlich vielleicht sogar mein Bild vom wirklichen Geschehen überhaupt und als solchem bestimmen und korrigieren, vielleicht sogar sprengen und umgestalten wird? Immer noch im Rahmen der allgemeinen Hermeneutik werde ich offenbar mit beiden Eventualitäten rechnen müssen. Beginne ich bei dem Versuch, mir ein mir Gesagtes bzw. das mir in diesem Gesagten gezeigte Bild vorzustellen, ordnungsmäßig damit, mich dessen zu bedienen, was ich mir bisher vorstellen konnte, so werde ich mich darum doch nicht weigern dürfen, meinen Vorstellungskreis durch das mir Gesagte u. U. erweitern, vielleicht sogar in sehr ungeahnter Weise erweitern zu lassen. Kann und darf ich es nicht unterlassen, zur Formung jenes Bildes zunächst alle mir zur Verfügung stehenden Möglichkeiten zu erschöpfen, so werde ich mich doch nicht grundsätzlich dagegen verschließen dürfen, daß das Gesagte, d. h. der mir durch die zu erklärenden Worte zur Nachbildung aufgegebene Gegenstand mir andere Möglichkeiten als die mir bisher bekannten einfach zuschieben könnte, ohne daß ich mich, will ich die Aufgabe der Erklärung nicht im Stich lassen, dagegen verwahren dürfte.

Sofort wird sich schon jetzt, schon bei dem darstellenden Moment im Vorgang der Schrifterklärung, Alles daran entscheiden, ob es bei der der Darstellung zugrunde liegenden literarisch-historischen Beobachtung zu jenem Wiederholen und Nachzeichnen des im prophetisch-apostolischen Wort sich spiegelnden Gegenstandsbildes wirklich k o m m t, d. h. ob wir als Erklärer in der Lage sind, den Text zu uns reden zu lassen, dem uns Gesagten und seinem Inhalt standzuhalten in der vollen Bereitschaft: zunächst alle uns zur Verfügung stehenden, also alle uns bekannten historischen, universal-historischen und geschichtsphilosophischen Möglichkeiten zur Formung jenes Bildes als eines Bildes wirklichen Geschehens mobil zu machen und zur Anwendung zu bringen — dann aber auch zu der vollen Bereitschaft: den Kreis dieser Möglichkeiten gegebenfalles neu bestimmen, erweitern und eventuell sprengen und erneuern zu lassen, der Aufgabe des Wiederholens und Nachzeichnens zuliebe unter Umständen Möglichkeiten in Erwägung zu ziehen und zur Anwendung zu bringen, die wir bisher und sonst für Unmöglichkeiten hielten.

Ob sich die Wege der allgemeinen von denen der biblischen Hermeneutik an dieser Stelle notwendig scheiden müssen? Wir können das nicht zugeben. Daß sie sich hier f a k t i s c h scheiden, ist freilich offenkundig. Die allgemeine Hermeneutik pflegt damit, daß das in einem Text Gesagte, d. h. der uns durch den Text zur Nachbildung aufgegebene Gegenstand, dem Erklärer andere als die ihm bisher bekannten Möglichkeiten

2. Die Freiheit unter dem Wort

des Bildens zuschieben könnte, nur innerhalb bestimmter Grenzen ernst zu machen. Sie weiß zwar, daß das bisher bekannte Bild einer bestimmten Zeit und auch das Bild der Geschichtsfolge im Ganzen durch das, was ein Text sagt, im Einzelnen und vielleicht sogar sehr radikal verändert werden kann. Sie hält aber um so bestimmter fest an einem bestimmten mitgebrachten Bild vom wirklichen Geschehen überhaupt. Sie meint grundsätzlich zu wissen, was als wirklich allgemein möglich ist, was allgemein geschehen sein kann und sie beurteilt von diesem Wissen aus das Gesagte, das im Textbild sich spiegelnde Gegenstandsbild als Bild eines wirklichen oder nicht-wirklichen oder doch als nicht-wirklich verdächtigen Geschehens. Es dürfte deutlich sein, daß hier ein fremder Faktor störend in die Beobachtung hineinwirkt. Strenge Beobachtung würde offenbar verlangen, daß die Kraft eines uns in einem Text entgegentretenden Gegenstandsbildes seiner tatsächlichen Kräftigkeit entsprechend, sich auswirken, daß es in Sachen der ihm zuzusprechenden Wirklichkeit selber entscheiden kann, daß darüber keine, wirklich keine Vorentscheidung gefallen sein, daß über das, was geschehen sein kann, in keinem Vorurteil schon beschlossen sein darf. Wenn die allgemeine Hermeneutik es hier tatsächlich anders hält und mit einem Begriff oder doch mit einer Vorstellung des allgemein Möglichen als der selbstverständlich vorauszusetzenden Grenze des wirklich Geschehenen rechnet, so ist doch zu sagen: Es müßte nicht durchaus so sein, es entspringt und es entspricht nicht dem Wesen der Hermeneutik, daß sie es so hält. Die biblische Hermeneutik macht sich keiner willkürlichen Ausnahme schuldig, wenn sie es hier anders hält. Sie ist es vielmehr, die den Weg strenger Beobachtung zu Ende geht. Gewiß tut sie dies ihrerseits auf Grund einer bestimmten Voraussetzung. Es ist aber zu bemerken, daß diese ihre Voraussetzung ihr ermöglicht, als Hermeneutik konsequent zu sein, was man von jener Voraussetzung der allgemeinen Hermeneutik gerade nicht sagen kann.

Die Darstellung, mit der die Schrifterklärung anheben muß, hat dem in den Worten der Propheten und Apostel sich spiegelnden Gegenstandsbild unter allen Umständen Treue zu halten. Eben die Treue nämlich, die es selbst fordert. Es fordert alle die Treue auch, die wir dem Gegenstand jedes menschlichen Wortes, soll dieses erklärt werden, schuldig sind. Es geht also bei dieser Treue nicht etwa um eine Suspendierung der Notwendigkeit geschichtlicher Orientierung und Kritik; sofern solche zu seiner Beobachtung und zu seiner Nachformung nötig ist, muß sie zur Anwendung kommen, und zwar ohne daß man ihr zum vornherein und im allgemeinen irgendwelche Grenzen ziehen könnte. Wie sollte die konkrete geschichtliche Situation der Propheten und Apostel, sei es hinsichtlich ihres Redens, sei es hinsichtlich des von ihnen Geredeten zu sehen sein ohne freie Übersicht über ihre geschichtliche Existenz als Redende und über die Existenz des von ihnen Geredeten? Wie sollte sie ohne kritisches Fragen und Antworten nach beiden Seiten zu sehen sein? Beobachten heißt zweifellos: feststellen und also Wirkliches vom Unwirklichen, Sicheres vom Unsicheren unterscheiden, und es ist in der Ordnung, wenn wir an diese Aufgabe zunächst unter Voraussetzung alles dessen herantreten, was wir sonst als wirklich kennen und als möglich zu kennen meinen. Aber nun muß diesem Gegenstandsbild wie jedem anderen, mit dem wir es sonst zu tun haben könnten, die Freiheit gelassen werden, sich diesen unseren Voraussetzungen gegenüber in dem Maß zu behaupten und durchzusetzen und unter Umständen auch neue Voraussetzungen aufzuzwingen, als es das tatsächlich kann. Unser Nachformen muß sich nach seiner Form, nicht nach den von uns mitgebrachten Formgesetzen richten. Und nun rechnet die biblische Hermeneutik tatsächlich mit einem in ihren Texten vorliegenden Gegenstandsbild, das solche Freiheit in Anspruch nimmt, demgegenüber unsere mitgebrachten Voraussetzungen nicht genügen werden, dem gegenüber wir, wollen wir es nachformen, hinsichtlich der von uns mitgebrachten Formgesetze beweglich sein werden müssen. Wird es die Notwendigkeit geschichtlicher Orientierung und Kritik nicht außer Kraft setzen, sondern diese vielmehr qualifiziert notwendig machen, so wird es doch nicht zu vermeiden sein, daß es dieser unserer Tätigkeit sein eigenes Gesetz auferlegt, und daß wir bereit sein werden müssen, wenn wir auf die Aufgabe der Beobachtung und Darstellung nicht etwa verzichten wollen, uns diesem seinem eigenen Gesetze zu fügen. Wie sollte die Freiheit der Orientierung und die Freiheit der Kritik irgendwie beschränkt werden können? Aber wie sollte sie sich anders betätigen, denn als Freiheit zur Treue gegenüber diesem Gegenstandsbild? Wie sollte sie zur Freiheit von diesem Gegenstandsbild, vom Text und von dessen Inhalt umschlagen können? In der Freiheit der Treue also hat die Beobachtung der biblischen Texte wie diesen selbst, so auch deren Gegenstandsbild gerecht zu werden, zu welchen Feststellungen und Unterscheidungen sie sich dann immer genötigt sehen möge! Sie wird sich von da aus unter Umständen auch nach der literarischen Seite korrigieren und zurecht setzen lassen müssen, weil sich unter Voraussetzung der Treue gegenüber dem Gegenstandsbild unter Umständen auch hier alle Probleme noch einmal neu stellen könnten. Und nur indem sie den ihr vorliegenden Texten in diesem ganzen Umfange gerecht wird, wird sie einer Darstellung dessen, was sie sagen wollen, also einer Entfaltung ihres Sinnes, wirklich fähig sein. Die auf solche Beobachtung gegründete Darstellung wird die Texte genau so zu Worte kommen lassen, wie sie lauten. Sie wird ihnen nichts nehmen von der konkreten geschichtlichen Kontingenz ihrer Entstehung und ihrer Beziehung zu ihrem Gegenstand. Sie wird nichts unterdrücken, nichts verschweigen oder verbiegen, was diese Kontingenz als solche zu beleuchten geeignet sein kann. Sie wird ja auch die Beobachtungsweise der allgemeinen Hermeneutik in sich und also ausnahmslos alle Fragen, die von daher zu stellen sind, hinter sich und bei dem Formen ihres Gesamtbildes des Textes berücksichtigt haben. Sie wird sich also vor keiner Rückfrage hinsichtlich der geschichtlichen Orientierung und Kritik zu scheuen haben. Sie wird nun aber allerdings auch nach der anderen Seite keine Hemmungen haben: sie wird den Text auch in der Hinsicht zu Worte kommen lassen, wie er dasteht, daß sie dem ihn beherrschenden Gegenstandsbild volle Rechnung tragen, seine Bestimmtheit von daher nicht etwa einem allgemeinen Begriff des Möglichen zuliebe eskamotieren, den Text also nicht etwa in der Richtung einer Verdunkelung, Nivellierung und Verharmlosung seines Gegenstandsbildes umdeuten wird. Sie wird ihn sagen lassen, was er, beherrscht von diesem seinem Gegenstandsbild, in seiner geschichtlichen Kontingenz tatsächlich sagt, und sie wird ihn damit und insofern — soweit das in Ausführung der hier gestellten menschlichen Aufgabe geschehen kann — auslegen, entrollen, sagen, welches sein wirklicher, geschichtlicher Sinn ist, sie wird damit die Möglichkeit schaffen, ihm, wirklich ihm, dem, was nun gerade er sagt, nachzudenken.

Wir betonen zum Schluß nochmals ausdrücklich: es ist nicht an dem, daß die biblische, die theologische Hermeneutik, indem sie dies tut, ein geheimnisvolles Sonderrecht für sich in Anspruch nimmt. Daß das Gegenstandsbild der biblischen Texte nun einmal der Name Jesus Christus ist und daß diese Texte nur verstanden werden können, wenn sie in ihrer Bestimmtheit durch dieses Gegenstandsbild verstanden werden — diese Einsicht ist nicht ein Privileg der Theologen. Sie könnte auch eine Einsicht des Hermeneutikers als solche sein und biblische Hermeneutik könnte insofern wirklich nur ein Spezialfall der allgemeinen Hermeneutik sein, innerhalb derer sie dann auch hinsichtlich der Auslegung ganz anderer Texte eine lehrreiche Bedeutung gewinnen könnte. Daß jene Einsicht faktisch nicht die Einsicht der Hermeneutiker als solcher ist, das darf aber wiederum nicht hindern, daß die Aufgabe der biblischen Hermeneutik da, wo jene Einsicht vorhanden ist, in Angriff genommen und ohne Rücksicht auf den Einspruch einer in dieser Hinsicht noch nicht besser belehrten allgemeinen Hermeneutik durchzuführen versucht wird.

4. Das zweite deutlich unterscheidbare Moment des Vorgangs der Schrifterklärung ist der Akt des Nachdenkens des uns in der Schrift Vorgesagten. Selbstverständlich nicht ein dem ersten zeitlich folgender, überhaupt nicht ein ihm gegenüber selbständig sich ereignender zweiter Akt ist gemeint, sondern der eine Akt der Schrifterklärung nunmehr in dem Moment des Übergangs des in der Schrift Vorgesagten in das Denken des Schriftlesers oder Schrifthörers. Wir befinden uns jetzt genau in der Mitte zwischen *sensus* und *usus*, zwischen *explicatio* und *applicatio*. Auch in dem Moment dieses Übergangs ist die Schrifterklärung — in dem die Schrift primär sich selbst erklärt — ein Akt unserer menschlichen Freiheit und als solcher zu würdigen. Es ist, wie wir schon sahen, unvermeidlich, daß die Art und Weise dieses Übergangs schon unsere Beobachtung und Darstellung der Schrift begrenzen und beeinflussen wird. Kein Erklärer ist schon bei seinem Beobachten und Darstellen wirklich nur Beobachter und Darsteller. Keiner ist in der Lage, objektiv und abstrakt nur das zu beobachten und darzustellen, was dasteht. Wie sollte er denn beobachten und darstellen, ohne gleichzeitig nachzudenken und mitzudenken, was dasteht? Keiner zeichnet nach, ohne eben damit schon jenen Übergang zu vollziehen. Indem wir feststellen und darstellen, was geschrieben steht und was, laut dessen, was geschrieben steht, ist, begleiten wir dieses Geschriebene und laut des Geschriebenen Seiende mit unserem eigenen Denken.

Es ist eine Selbstverständlichkeit und A. Ritschl hat sie formuliert (Rechtf. u. Vers.⁴ III, S. 25), aber sie muß hier ausgesprochen werden: „Wie wir nur mit den eigenen Ohren hören und mit den eigenen Augen sehen, so können wir nur mit dem eigenen, nicht mit fremdem Verstand erkennen". In der Tat: Würden wir es nicht so tun, so würden wir es gar nicht tun.

Über dem beobachteten erhebt sich unvermeidlich — darauf bezogen, davon abhängig, aber doch davon zu unterscheiden wie der zweite Regenbogen vom ersten — das nachgedachte Bild des Textes, in welchem sich der Leser oder Hörer jenes sozusagen zu assimilieren versucht. Gerade hier zeigt es sich, daß wir wirklich nicht in der Lage sind, unseren eigenen Schatten los zu werden, d. h. das sog. *sacrificium intellectus* zu bringen. Wie könnten wir den Text objektiv verstehen, ohne subjektiv, d. h. aber mit unserem Denken, dabei zu sein? Wie könnten wir ihn zu uns reden lassen, ohne mindestens die Lippen bewegend (wie es ja die Leser der Antike auch äußerlich sichtbar und hörbar taten), selber auch mitzureden. Der Erklärer kann gar nicht anders: schon in dem, was er als Beobachter und Darsteller sagt, wird er auf Schritt und Tritt verraten, daß er — bewußt oder unbewußt, in ausgebildeter oder in primitiver, in konsequenter oder in unkonsequenter Weise — von einer bestimmten Erkenntnistheorie, Logik und Ethik, von bestimmten Vorstelungen und Idealen hinsichtlich des Verhältnisses von Gott, Welt und Mensch her an den Text herangekommen ist und daß er diese auch als Leser und Erklärer des Textes nicht einfach verleugnen kann. Irgendeine Philosophie d. h. irgendeine selbstgeformte Konzeption hinsichtlich dessen, wie Alles im Grunde sei und sich verhalten möchte — und wäre es auch eine sehr populäre, aphoristische, krause und eklektisch schwankende Philosophie — hat jeder, auch der einfachste Bibelleser (und dieser vielleicht gerade mit besonderer Sicherheit und Zähigkeit), hat aber bestimmt auch der scheinbar und seinem Programm nach völlig der Beobachtung hingegebene gelehrte Bibelleser.

Eine Philosophie war auch der Schematismus des gesunden Menschenverstandes, mit dem einst die Rationalisten des 18. Jahrhunderts und dann, nach Kant verbessert, die aller Spekulation und Metaphysik angeblich so abholde Schule A. Ritschls die Bibel genau zu lesen und verstehen zu können meinte. Keinesfalls hat jemand, der zwar dem Platonismus der griechischen Kirchenväter entsagt, dafür um so hemmungsloser etwa dem Positivismus und Agnostizismus des 19. Jahrhunderts sich in die Arme geworfen hat, das Recht, nach dem Splitter im Auge jener Alten zu suchen, als sei dort lauter hellenische Überfremdung des Evangeliums, hier aber, auf seiner Seite, lauter ehrlicher exegetischer Tatsachensinn. Noch gar kein Schrifterklärer hat jemals ganz und gar nur die Schrift reden lassen. Das hat auch ein Biblizist wie J. T. Beck notorisch nicht getan, sondern, wenn und indem er die Schrift reden ließ, redete, was er von den Philosophen F. Chr. Oetinger, Schelling und Baader in sich aufgenommen, sehr kräftig und z. T. auch sehr verhängnisvoll mit: es war überhaupt der berühmte „biblische Realismus" der älteren und jüngeren schwäbischen Schulen notorisch nicht nur ein biblischer, sondern auch ein, geheimnisvoll mit der Beschaffenheit des dortigen Bodens zusammenhängender, philosophischer bzw. theosophischer Realismus. Haben sich die Scholastiker des Mittelalters und dann auch die protestantischen Orthodoxen seit 1600 aufs unverhohlenste die sonnenklare Begrifflichkeit des Aristoteles zu eigen gemacht, so waren vor ihnen Luther und Calvin, philosophisch betrachtet, ebenso unverkennbar Platoniker gewesen: Luther wohl mehr Neuplatoniker, Calvin mehr Altplatoniker. Und es wäre Zwingli, in dieser Hinsicht moderner als beide, ohne den Renaissancepantheismus etwa des Picus von Mirandula auch nicht Zwingli gewesen, weshalb er denn auch nicht mit Unrecht der besondere Liebling W. Diltheys werden konnte. Hat die wichtigste historisch-exegetische Schule des 19. Jahrhunderts: die Tübinger Schule Ferd. Chr. Baurs das Licht der Hegelschen Philosophie nicht weniger gewaltig auf den Leuchter gestellt als einst die Scholastik das der aristotelischen, so werden doch auch hinter der formgeschichtlichen Exegese von heute die Voraussetzungen der Phänomenologie Husserls und Schelers nicht zu verkennen sein. Wiederum wird man sich, wenn man nun etwa den Antihegelianismus Kierkegaards zum Prinzip erhebt, wenn man in der Sorge um die Begrenzung der menschlichen Existenz durch ihre Todverfallenheit oder in ihrer in den sog. Ordnungen stabilisierten Beziehung auf das Du den Schlüssel zum Geheimnis des alten und des neuen Bundes gefunden zu haben meint, bewußt bleiben müssen, daß man sich schlecht und recht auch in der Reihe der Leute befindet, die die Bibel „deuten", d. h. durch die Brille einer bestimmten Begrifflichkeit lesen, die als solche dann doch auch den Charakter einer „Weltanschauung" hat, und daß sich das, wenn man die Bibel liest und erklärt, so oder so bemerkbar machen wird. Will man es perhorreszieren, so vergesse man nur nicht, daß wir die Bibel ohne solches Deuten, ohne eine solche Brille, überhaupt nicht lesen könnten. Es ist darum ein groteskes Schauspiel, an dem man sich besser nicht beteiligen sollte — wenn immer wieder je einer glaubt, mit ausgestrecktem Finger auf alle Übrigen in Vergangenheit und Gegenwart zeigen zu dürfen mit dem Vorwurf, daß sie dieser und dieser Philosophie verfallen seien, während er sich, ganz und gar in der Wirklichkeit lebend, auf seine gesunden zwei Augen verlasse. Niemand tut das, denn niemand kann das. Bei niemandem ist es wahr, daß er das Evangelium nicht mit einer Philosophie vermenge, so wenig es bei irgend Jemandem wahr ist, daß er schon jetzt und hier anders als im Glauben von allen Sünden rein sei.

Indem wir die Bibel lesen, gebrauchen wir — wie bei allem anderen Lesen und Hören — irgendeinen Schlüssel, irgendeinen Denkschematismus als „Vehikel", um „mitzukommen". Wir unterlegen dem, was dasteht, also dem durch die Beobachtung entstandenen Bild (wir unterlegen diesem schon in seinem Entstehen im Beobachtungsakt!) versuchsweise irgendeine von den uns sonst (nämlich eben aus unserer Philosophie!) bekannten Deutungsmöglichkeiten. Wir denken uns etwas dabei (nämlich etwas von dem, was man sich nach Maßgabe seiner Philosophie allenfalls denken kann!) ungeachtet dessen, daß diese Bedeutung, dieses Etwas doch als solches nicht im Text steht, als solches nicht Gegenstand unserer Beobachtung, sondern eben richtig hinzugedacht ist, wenn es uns auch an Anknüpfungsmöglichkeiten in dem Beobachteten selbst — wir selbst haben ja beobachtet! — dabei nicht ganz fehlen wird. Dieser Vorgang ist nun gewiß mit großer Vorsicht und Umsicht zu umgeben. Er darf aber nicht als solcher perhorresziert werden. Es hätte keinen Sinn, ihn etwa unter Verbot stellen zu wollen. Er ist als solcher nicht nur unvermeidlich, sondern legitim, so gewiß es nicht nur unvermeidlich, sondern legitim war, wenn der verlorene Sohn, so wie er ging und stand, in seiner Armut und also in seinen Lumpen, sich aufmachte, um zu seinem Vater zu gehen.

Es ist also keine sinnvolle theologische Kritik, die etwa nur in der Feststellung beruhen würde, daß die theologische Äußerung, die ihren Gegenstand bildet, mehr oder weniger dichte Spuren der philosophischen Bildung ihres Urhebers verrät, daß in ihr von irgendeiner philosophischen Begrifflichkeit Gebrauch gemacht ist. Wird das den Leser oder Hörer dieser Äußerung zum Aufmerken und zur Behutsamkeit aufrufen, so wird er sich doch sofort gestehen müssen, daß er selbst bestimmt ebenfalls irgendeiner solchen Begrifflichkeit verpflichtet ist und als Einwohner dieses Glashauses bestimmt keinen Anlaß hat, mit Steinen zu werfen. Er wird sich, wenn er den Anderen kritisieren will, prüfen müssen, ob er dabei vielleicht nicht bloß in dem Kampf einer Philosophie gegen eine andere begriffen ist, einem Kampf, der mit der Erklärung der Schrift dann allerdings gar nichts zu tun hätte. Er wird vielmehr zunächst hören müssen, was denn der Andere, Gebrauch machend von jener Begrifflichkeit, zur Sache, d. h. als Erklärer der Schrift, zu sagen hat, und er wird dann erst, wenn wirklich von dieser Sache her Einwände zu erheben sind, zur Kritik übergehen dürfen. Er wird also, soll seine Kritik ein positiver Beitrag zur Schrifterklärung sein, auch in dem philosophierenden Theologen nicht den Philosophen, sondern den Theologen zu kritisieren haben.

Bei dem Versuch, das uns im Bibeltext Vorgesagte nachzudenken, müssen wir zunächst von den von uns mitgebrachten Denkmöglichkeiten, müssen wir also von irgendeiner Philosophie Gebrauch machen. Die Legitimität dieses Müssens grundsätzlich in Frage stellen, hieße: in Frage stellen, daß der sündige Mensch als solcher und also mitsamt den ihm gegebenen Denkmöglichkeiten zum Verständnis und zur Erklärung des uns im Schriftwort begegnenden Wortes Gottes aufgerufen ist. Kann und darf man das nicht bestreiten, wenn man nicht die Gnade und letztlich die Inkarnation des Wortes Gottes bestreiten will, dann darf man auch den Gebrauch der Philosophie in der Schrifterklärung nicht grundsätzlich bestreiten. Die Frage der Legitimität erhebt sich erst bei dem Wie? dieses Gebrauchs. Hier werden nun allerdings folgende Gesichtspunkte geltend zu machen sein:

Zum Ersten: Es muß sich der Erklärer bei der Anwendung des von ihm mitgebrachten Denkschematismus zum Erfassen und also zum Deuten des im Schriftwort uns Vorgesagten, dessen, was er tut, grundsätzlich bewußt sein. Wir müssen uns klar sein darüber, daß jeder von uns mitgebrachte Denkschematismus grundsätzlich ein anderer ist als der des von uns zu erklärenden Schriftwortes, so gewiß dessen Gegenstand Gottes Offenbarung in Jesus Christus, so gewiß es das durch den Heiligen Geist geschaffene Zeugnis von dieser Offenbarung ist, so gewiß es auch uns nur durch denselben Heiligen Geist einleuchtend werden kann. Unsere Philosophie steht als solche — als die Philosophie von solchen, die nicht selbst Propheten und Apostel sind — der Philosophie des Schriftworts auf alle Fälle unterschieden gegenüber. Welcher Art unser Denken immer sein mag, von der Art des biblischen Denkens ist es als unser Denken von sich aus und in sich bestimmt nicht. Sondern nur darum kann es sich handeln, daß es, indem wir mit ihm dem uns im Schriftwort Vorgesagten nachzufolgen versuchen, an seiner Art Anteil bekomme. Wir werden also von keinem von uns mitgebrachten Denkschematismus anzunehmen haben, daß er zum Erfassen und Deuten des Schriftworts an sich geeignet und wohl gar besonders geeignet sei. Wir haben vielmehr zum vornherein anzunehmen, daß er dazu an sich nicht geeignet sei, daß ihm diese Eignung bestenfalles in der Begegnung mit dem Schriftwort, in dessen Nachfolge, zugeeignet werden könne. Es wird uns nie selbstverständlich sein können, daß wir nun gerade diesen und diesen Denkschematismus zum Erfassen und Denken des Schriftworts in Anwendung bringen. Wir werden uns also zwar, der Berufung gehorchend, nicht weigern dürfen, das zu tun. Wir werden uns aber klar bleiben müssen darüber, daß wir das nur im Wagnis des Gehorsams, nicht aber auf Grund der Würdigkeit, wohl gar der besonderen Würdigkeit unseres Denkschematismus, tun können. Wir werden uns also dauernd der wesentlichen Distanz zwischen dem uns vorangehenden Denken der Schrift und unserem eigenen, durch unsere Philosophie bestimmten nachfolgenden Denken bewußt bleiben müssen. Es darf diese Nachfolge nicht aufhören, den Charakter des Gehorsams, und zwar des Wagnisses des allein an die Gnade des Wortes sich haltenden Gehorsams zu tragen.

Zum Anderen: Es kann der Gebrauch der von uns mitgebrachten Denkweise zum Nachdenken des uns im Schriftwort Vorgesagten grundsätzlich nur den Charakter eines Versuchs, es kann also unsere Philosophie in diesem Gebrauch grundsätzlich nur den Charakter einer Hypothese haben. Unter der Voraussetzung, daß gerade ich mit meiner Denkweise — nicht wegen und vermöge dieser Denkweise, aber trotz und mit ihr — ein Glied der Kirche und als solches zu der Aufgabe der Schrifterklärung angefordert bin, darf und soll ich der Schrift gegenüber diese meine Denkweise probeweise, experimentierend, bis auf Weiteres zur Anwendung bringen. Es wäre falsche Askese, wenn ich das nicht tun, wenn ich also meine Denkweise unterdrücken und verleugnen wollte. Was könnte das Anderes bedeuten, als daß ich entweder eine andere menschliche Denkweise wählen müßte oder: daß ich mich der mir gewordenen Aufgabe entziehen würde? Aber indem ich mich dieser Aufgabe zuwende, unter dem Wort also wird es sich entscheiden, was dabei aus dieser meiner Denkweise wird, ob und inwiefern sie mir in dieser Tätigkeit, ob und inwiefern sie also der Schrifterklärung dienlich sein wird. Wird sie dienlich werden, dann eben im Dienst und unter der Herrschaft des sich selbst erklärenden Wortes, dann vermöge des von diesem Gegenstand meines Denkens her, von oben her, in dieses mein Denken hereinfallenden Lichtes. Warum sollte durch die Gnade des Wortes Gottes nicht auch meine Denkweise — ohne an sich und als solche dienlich zu sein — in seinem Dienste dienlich werden können? In sich selber und als solche aber ist sie eine Hypothese: die Hypothese, die ich im Gehorsam wagen muß, weil ich nur die Wahl habe, entweder irgendeine andere Hypothese zu wagen oder aber überhaupt nicht zu gehorchen. Sie ist aber eine Hypothese, keine an sich und als solche adäquate Form der Erfassung und Deutung des Schriftwortes. Und es ist also mein Unternehmen, das Schriftwort mit Hilfe dieser meiner Denkweise zu erfassen und zu deuten, an sich und als solches immer der Versuch, jenes notwendige Nachdenken zu vollziehen und nicht etwa der schon gelungene und abgeschlossene Vollzug dieses Nachdenkens. Ich werde der Verschiedenheit meiner Denkweise gegenüber der des Schriftwortes, ich werde der Untauglichkeit dieses von mir angewendeten Mittels zu gedenken haben. Ich werde zu bedenken haben, daß es Gnade bedeutet, wenn mein Tun und also meine Denkweise in dieser Sache dienlich sein kann. Ich werde also nach jedem Versuch zu neuen Versuchen anzutreten willig und bereit sein müssen. Und ich werde mich der Möglichkeit nicht verschließen können, daß derselbe Versuch auch unter Anwendung von ganz anderen Philosophien als der meinigen gewagt werden kann und muß; ich werde also anderen Philosophien als der meinigen den Charakter von nützlichen Hypothesen im Dienst derselben Sache nicht grundsätzlich absprechen, ich werde mich durch die Existenz meiner besonderen Hypothese nicht grundsätzlich abhalten lassen dürfen, um der Aufgabe, um der Sache willen auch auf das zu achten und zu hören, was unter Anwendung ganz anderer Hypothesen als der meinigen zur Erklärung des Schriftwortes gesagt wird. Ich werde mich nicht einmal dagegen grundsätzlich verschließen dürfen, mich zur besseren Erklärung des Schriftwortes unter Umständen selbst zur Anwendung einer ganz anderen Hypothese entschließen und also mich mehr oder weniger folgerichtig zu einer anderen Philosophie „bekehren" zu müssen.

Zum Dritten: Es kann der Gebrauch einer bestimmten mitgebrachten Denkweise und Philosophie bei der Aufgabe der Schrifterklärung kein selbständiges Interesse für sich in Anspruch nehmen. Er kann in keiner Weise zum Selbstzweck werden. Hier haben wir der Gefahr zu gedenken, die die Philosophie für die Schrifterklärung und damit für die Theologie und Kirche überhaupt immer bedeutet hat und bedeuten kann.

Hier haben wir an Kol. 2, 8 zu erinnern: Βλέπετε μή τις ὑμᾶς ἔσται ὁ συλαγωγῶν διὰ τῆς φιλοσοφίας καὶ κενῆς ἀπάτης κατὰ τὴν παράδοσιν τῶν ἀνθρώπων, κατὰ τὰ στοιχεῖα τοῦ κόσμου καὶ οὐ κατὰ Χριστόν. Hier aber auch an die grimmige Erläuterung, die Tertullian eben zu diesen Worten des Paulus gegeben hat: *Fuerat Athenis, et istam sapientiam humanam, affectatricem et interpolatricem veritatis de congressibus noverat, ipsam quoque in suas haereses multipartitam varietate sectarum in vicem repugnantium. Quid ergo Athenis et Hierosolymis? Quid academiae et ecclesiae? Quid haereticis et Christianis? Nostra institutio de porticu Solomonis est, qui et ipse tradiderat Dominum in simplicitate cordis esse quaerendum. Viderint qui Stoicum et Platonicum et dialecticum christianismum protulerunt. Nobis curiositate opus non est post Christum Jesum, nec inquisitione post evangelium. Cum credimus, nihil desideramus ultra credere. Hoc enim prius credimus, non esse quod ultra credere debeamus.* (*De praescr.* 7.)

Wann und unter welchen Umständen kann der Gebrauch einer mitgebrachten Denkweise der Schrifterklärung gefährlich werden? Dann offenbar, wenn man sich bei ihrem Gebrauch ihrer Verschiedenheit von der biblischen Denkweise, ihrer ursprünglichen Nicht-Eignung zu deren Erfassung und Deutung nicht bewußt ist. Dann, wenn man sie für ein für diese Sache an sich geeignetes, ihr adäquates Instrument hält. Dann also, wenn man sie — und geschähe es in der besten Meinung, eben damit der Schrift gerecht zu werden — der Schrift gegenüber absolut setzt, weil man von ihr erwartet, daß man eben damit, mit der Schrift sozusagen auf gleicher Höhe, auch der Schrift habhaft werden könne. Dann also, wenn man in ihrer konsequenten Durchführung einen Selbstzweck erblickt, wenn man als Erklärer nicht nur der Schrift, sondern auch der eigenen Denkweise durchaus verpflichtet zu sein und durchaus treu bleiben zu sollen meint. Dann und in diesem Gebrauch wird die Philosophie zur κενὴ ἀπάτη, zur *affectatrix* und *interpolatrix veritatis*. Dann wird man die Schrift notwendig verfälschen. Nicht mehr als Mensch steht man jetzt dem Worte Gottes gegenüber, sondern als ein z w e i t e r G o t t, selber mächtig, selber zu verfügen, dem Wort des ersten Gottes, der als solcher nicht mehr der wahre Gott sein kann. *Inter pares* denkt man ja dann dem nach, was uns im Schriftwort vorgesagt ist. Es gibt in der ganzen Kirchengeschichte keinen Irrtum, keine Ketzerei, die nicht aus dieser *post Christum* ausgeschlossenen *curiositas*, aus dieser Verkehrung der notwendigen Haltung des Schrifterklärers, aus dieser Überschätzung der vom Menschen mitgebrachten Denkweise, aus dieser Verselbständigung des philosophischen Interesses und insofern allerdings aus der Philosophie entstanden wäre. J e d e absolut gesetzte Philosophie m u ß zur Verfälschung der Schrift führen, weil eben dieses Absolutsetzen des dem Menschen Eigenen und von ihm zum Wort Mitgebrachten der Akt des Unglaubens ist, der die Erkenntnis des Glaubens und also eine reine Erklärung des Wortes unmöglich macht. Es wäre also nicht etwa angebracht, hier zwischen guten und schlechten, zwischen den Philosophien dieser oder jener Schulen zu unterscheiden. Es wäre nicht angebracht, nach einer Philosophie zu fragen, die in diesem Sinn nicht gefährlich werden kann. Keine m u ß gefährlich werden, weil es keine gibt, die man nicht haben kann, ohne sie absolut zu setzen. Keine kann u n m ö g l i c h gefährlich werden, weil es keine gibt, die man nicht absolut setzen, d. h. deren Durchsetzung man nicht, der Schrift gegenüber fälschlicherweise, zum Prinzip, zum Selbstzweck erheben kann. Dies ist es also, wozu es, wenn man von seiner mitgebrachten Denkweise beim Nachdenken des Schriftwortes Gebrauch macht, unter gar keinen Umständen kommen darf. Selbständiges Interesse kann n u r die unserer Denkweise vorangehende Denkweise der Schrift beanspruchen. Ihr nachfolgend kann jede menschliche Denkweise gut, ihr nicht nachfolgend, ihr gegenüber sich selbst behauptend und durchsetzend muß jede menschliche Denkweise schlecht werden. Hier ist die Probe darauf zu machen und immer wieder zu machen, ob man sich jene Grundregel von der Unterordnung des Eigenen unter das Fremde der Schrift wirklich zu eigen gemacht hat.

Zum Vierten: Es gibt bei dem notwendigen Gebrauch irgendeines Denkschematismus zum Nachdenken des uns im Schriftwort Vorgesagten keinen grundsätzlichen Vorzug des einen dieser Denkschematismen vor dem anderen. Wird es für den Einzelnen gewiß nicht zufällig sein und auch nicht zufällig bleiben dürfen, ob sein Denken gerade diese und diese oder eine andere Richtung annimmt, hätte es auch keinen Sinn, die immanente Bedeutsamkeit der Verschiedenheit der philosophischen Schulen und Richtungen in Abrede zu stellen — so ist doch nicht abzusehen, inwiefern sich von hier aus die allgemeine Notwendigkeit einer bestimmten Wahl unter diesen verschiedenen Möglichkeiten ergeben würde. Diese Notwendigkeit kann je nur eine besondere sein: es kann in bestimmter Situation gerade diese und diese besondere Denkweise in der Erklärung des Schriftworts besonders dienlich werden und es kann dann für Viele Gebot werden, sich ihrer in bestimmter Hinsicht zu bedienen. Es hat sich aber noch immer als verhängnisvoll erwiesen, wenn man diese besondere dann gleich zu einer allgemeinen Notwendigkeit erheben, wenn man also gerade diese und diese Denkweise Allen zumuten, wenn man mittels dieser und dieser Denkweise alle Schriftworte oder auch nur ein einzelnes völlig erfassen und deuten und wenn man sie als für alle Situationen und Zeiten maßgeblich behandeln wollte. Die Freiheit des Wortes Gottes erweist sich dann darin, daß es der angemaßten Notwendigkeit einer solchen vermeintlich erwählten Philosophie zum Trotz alsbald in der Sprache einer vielleicht gerade entgegengesetzten Philosophie neue und bessere Klarheit zu gewinnen pflegt. Es gibt kein Verständnis der Wirklichkeit, das man sich als Schrifterklärer als das normale Vorverständnis nun auch der Wirklichkeit des Wortes Gottes aufdrängen lassen dürfte. Wie könnte man sich einer Philosophie als der Philosophie verschreiben, wie könnte man ihr allgemeine Notwendigkeit zuschreiben, ohne sie nun faktisch — als notwendigen Partner des Wortes Gottes — doch absolut zu setzen und damit das Wort Gottes gefangen zu nehmen und zu verfälschen? Es gibt also von der Aufgabe der Schrifterklärung her gesehen gerade kein grundsätzliches, sondern immer nur ein zufälliges, kein letztes, sondern immer nur ein vorläufiges Interesse an den inneren Kämpfen und Auseinandersetzungen, an der ganzen Geschichte der Philosophie als der Geschichte der menschlichen Denkweisen. Hat es in dieser Geschichte noch kaum eine Möglichkeit gegeben, die der Schrifterklärung nicht zugleich an sich und als solche gefährlich gewesen, aber auch durch die

Gnade des Wortes fruchtbar geworden wäre und wird das wohl auch in Zukunft nicht anders sein, besteht also von der Aufgabe der Schrifterklärung her gesehen aller Anlaß, sich für diese Geschichte zu interessieren — so besteht doch nicht der geringste Anlaß zu der Meinung, daß in dieser Geschichte die Entscheidung gefallen sei oder zu der Erwartung, daß in dieser Geschichte die Entscheidung fallen werde, auf die es, von jener Aufgabe her gesehen, allein ankäme: die Herausstellung einer dem Wort Gottes angemessenen und also die Schrifterklärung von dem Wagnis des Gehorsams entbindenden, weil an sich mit der *potentia oboedientialis* ausgerüsteten und also als allgemein notwendig zu empfehlenden menschlichen Denkweise. Diese Entscheidung ist von der Philosophie darum nicht zu erwarten, weil sie nach der Schrift selbst vom Menschen überhaupt nicht zu erwarten, weil das rechte Nachdenken des Schriftwortes als des Wortes Gottes also überhaupt nicht unter eine von Menschen zu definierende Denkregel zu stellen, weil die Erwählung einer bestimmten Denkweise zur Dienlichkeit bei diesem Nachdenken Sache der Gnade ist und also nicht unsere Sache sein kann. Gerade vor den am Eifrigsten gemachten Angeboten, gerade vor den scheinbar lockendsten Möglichkeiten wird man sich in dieser Hinsicht am Sorgfältigsten in acht zu nehmen haben.

Zum Fünften: Der Gebrauch irgendeines Denkschematismus im Dienst der Schrifterklärung ist dann legitim und fruchtbar, wenn er bestimmt und beherrscht ist durch den Text und durch das im Text sichtbare Gegenstandsbild. Wir könnten auch einfach sagen: wenn er eben wirklich dem Nachdenken dienstbar gemacht wird. An dieser Stelle treffen wir also zusammen mit dem Entscheidenden, was zu dem Problem der Beobachtung und Darstellung zu sagen war. Über die Richtigkeit unseres Nachdenkens entscheidet der in jenem Gegenstandsbild des Textes gespiegelte Gegenstand als der Herr unseres Denkens, entscheidet also auf unserer Seite das Maß unserer Anpassungsfähigkeit und Fügsamkeit im Denken dieses Gegenstandes. Daß wir „mitkommen", das ist ja der Sinn des Nachdenkens des uns Vorgesagten. Was kann aber „mitkommen", wenn es sich bei dem uns Vorgesagten um das Wort Gottes handelt, Anderes bedeuten, als daß wir mit unserem menschlichen Denken durch das Wort Gottes mitgenommen werden und also: daß wir uns von ihm mitnehmen lassen, daß wir uns gegen die von ihm ausgehende Bewegung nicht sperren und verschließen, sondern unserem Denken eben diese Bewegung mitteilen lassen. Man kann also auch sagen: der Gebrauch des menschlichen Denkschematismus im Dienst der Schrifterklärung ist dann legitim und fruchtbar, wenn er ein kritischer Gebrauch ist, wobei der Gegenstand der Kritik nun allerdings nicht die Schrift, sondern unser Denkschematismus, die Schrift also vielmehr das Subjekt dieser Kritik sein muß. Es dürfte nun deutlich sein, warum der hypothetische, der relative, der zufällige Charakter jeder Philosophie in diesem Gebrauch so stark betont werden mußte. Es geht wirklich nicht darum, an Stelle der Philosophie nun etwa eine diktatorische, absolute und exklusive Theologie zu stellen und die Philosophie wieder einmal als *ancilla theologiae* zu diskreditieren. Es geht vielmehr um die Feststellung, daß gerade die Theologie, die doch in sich, abgesehen von ihrem Gegenstand schlecht und recht auch nichts Anderes als der Vollzug einer menschlichen Denkweise und also eine Philosophie sein kann, in Erklärung der Schrift ihren hypothetischen, relativen und zufälligen Charakter nicht verleugnen, nicht etwa jenes Sichsperrens und Sichverschließens gegenüber ihrem Gegenstand sich schuldig machen soll. Das würde sie aber tun, wenn sie jene Warnungen hinsichtlich des Gebrauchs der Philosophie überhören, wenn sie von der Philosophie einen diktatorischen, absoluten und exklusiven Gebrauch machen würde. Weil die Theologie ihrem Gegenstand gegenüber selbst nur *ancilla* sein wollen kann, kann sie der Philosophie jedenfalls in ihrem Raum eine andere Rolle als diese auch nicht zuweisen, wobei ja doch die *domina* nur die Schrift sein kann, so daß zu irgendwelchen Prestigestreitigkeiten hier wirklich kein Anlaß ist. Was unter keinen Umständen geschehen darf, ist dies, daß irgendein Denkschematismus sich seinerseits als Meister der Schrift gegenüber behauptet und durchsetzt. Sowie wir mit unserer mitgebrachten Denkweise der Schrift gegenüber Recht behalten, sowie wir sie der Schrift aufdrängen, die Schrift mit ihr gefangen nehmen, die Schrift an ihr messen wollen, sowie sie der Grund und Nerv unserer Bejahung der Schrift oder auch unserer Vorbehalte ihr gegenüber wird, wird sie automatisch zur Fehlerquelle. Die Schrift entwindet sich dann unserer Erklärung; sie geht dann über sie hinweg und an ihr vorbei; ihre Freiheit wird dann zum Gericht über die falsche Freiheit, die wir uns ihr gegenüber genommen haben. Der Dienst an der Schrift und an der Kirche, den wir als Erklärer leisten sollten, ist dann nicht getan, muß dann Anderen übertragen werden, die sich solcher Untreue nicht schuldig machen. Darum muß an dieser Stelle so dringend gewarnt werden. — Ist die Warnung gehört, dann kann von einer Gefahr der Philosophie für die Schrifterklärung keine Rede, dann darf grundsätzlich von ihrer Notwendigkeit die Rede sein. Die Philosophie, und zwar grundsätzlich jede Philosophie kann im Dienst des Wortes Gottes kritisiert werden und dann auch legitime kritische Kraft gewinnen, kann erleuchtet werden und dann auch wirklich erleuchten, kann in Bewegung gebracht werden und dann auch selbst bewegen. Wird man ihr als Schrifterklärer nicht mehr Zutrauen entgegenbringen, als man eben zu sich selber in seiner Menschlichkeit haben darf (und das kann das Zutrauen zu der Kraft der uns in unserer Menschlichkeit gewordenen Berufung sein), so wird man ihr dieses Zutrauen (immer das Zutrauen, das man der Schrift gegenüber verantworten kann!) auch nicht verweigern wollen noch dürfen. Wird man sich keiner bestimmten Philosophie vorbehaltlos und endgültig anvertrauen, so wird man sich dafür doch auch vor keiner Philosophie gänzlich und endgültig fürchten müssen. Man wird als Schrifterklärer — vielleicht nicht praktisch, aber grundsätzlich — in der Lage sein, den verschiedenen in der Geschichte der Philosophie sichtbar gewordenen und vielleicht noch sichtbar werdenden Möglichkeiten freundlicher und verständnisvoller gegenüberzustehen und von diesen Möglichkeiten sachgemäßeren Gebrauch zu machen, gerade wenn man ihren Dämonien gegenüber durch den Gegenstand, dem hier nachzudenken ist, auf die Hut gesetzt ist. Schrifterklärung könnte auch menschlich betrachtet die beste, sie könnte vielleicht die einzige Schule eines wirklich freien — von allem Kampf und Zwang der Systeme befreiten, nämlich zugunsten des Gegenstandes befreiten — menschlichen Denkens sein. Aber wie dem auch sei: Die Aufgabe der Schrifterklärung fordert wie jene B e h u t s a m k e i t so auch diese A u f g e s c h l o s s e n h e i t gegenüber allen Möglichkeiten menschlichen Denkens, weil der Freiheit und Verfügungsgewalt ihres Gegenstandes keine Schranken gezogen werden dürfen. In dieser Behutsamkeit und Aufgeschlossenheit vollzogen, wird jener Übergang des Wortes Gottes aus dem Denken der Propheten und Apostel in unser eigenes Denken — wo und wenn das Wort Gottes in unser eigenes Denken übergehen will! — der unvermeidliche und dann auch recht geschehende Schritt zur Erklärung sein, dem sich seiner Berufung getreu, niemand entziehen darf.

5. Das dritte einzelne Moment im Vorgang der Schrifterklärung ist der Akt der A n e i g n u n g. Von der *explicatio* muß es ja über die Brücke der *meditatio* zur *applicatio* kommen. Es muß sich der *sensus* auch als der *usus scripturae* erweisen. Wieder geht es also nicht um einen abstrakt für sich zu vollziehenden oder zu betrachtenden Akt, sondern um das eine Ganze der Schrifterklärung. Es gibt keine Aneignung des Wortes Gottes ohne Beobachtung und Nachdenken. Es gibt aber allerdings auch kein legitimes und fruchtbares Beobachten und Nachdenken des uns im Schriftwort Vorgesagten, wenn es nicht, in derselben Linie weitergehend, auch zu dessen Aneignung käme. Beobachtung wäre dann eben doch noch ein historisch ästhetisches Betrachten, und Nachdenken wäre dann eben doch noch ein müßiges Spekulieren gewesen — trotz aller vermeintlichen Aufgeschlossenheit für den Gegenstand hier wie dort. Gerade dies ist die Probe auf unsere Aufgeschlossenheit für den Gegenstand: daß das Beobachten und Nachdenken des uns Vorgesagten zu dessen Aneignung führt. Wie umgekehrt die Aufgeschlossenheit für den Gegenstand, in welcher auch die Aneignung allein von Rechts wegen sich vollziehen kann, daran zu erproben ist, ob sie wirklich vom Beobachten und Nach-

denken herkommt. Unter „Aneignung" ist zu verstehen: das uns Vorgesagte muß uns zu eigen werden, und zwar so, daß wir nun wirklich *conscientes*, Mitwissende, werden: solche, die, daraufhin, daß es ihnen gesagt ist, nunmehr selber auch wissen und also sich selber und Anderen selbst sagen können, was ihnen gesagt ist — solche, die nicht nur nachdenken, sondern selber denken. Selber denken: aus eigenem Antrieb, aus innerer Notwendigkeit, so wie man etwas denkt, was man denken muß, weil man es nicht nicht denken kann, weil es eine Bestimmung der eigenen Existenz geworden ist. Aneignung heißt, weil das Wort Gottes uns in der Gestalt des Schriftwortes begegnet: Gleichzeitigkeit und Kongenialität und indirekte Identifikation des Lesers und Hörers der Schrift mit dem Zeugen der Offenbarung. Aneignung heißt: Übernahme ihres Zeugnisses in eigene Verantwortung. Wie hätten wir sie gehört, wie wären wir ihre Hörer, wenn wir und solange wir unsere Sache von der ihrigen noch distanzieren könnten? Wie hätten wir ihr Wort vernommen, wenn wir es nicht als unser eigenes Wort uns selber sagen und an Andere weitergeben müßten? Aneignung ist also nicht ein dritter Akt, der zu der vollzogenen Erklärung der Schrift erst hinzukommen müßte und allenfalls auch nicht hinzukommen könnte. Erklärung der Schrift hat so lange noch gar nicht stattgefunden, als es zur Aneignung noch nicht gekommen ist, als Aneignung vielleicht noch immer als ein überschießendes gutes Werk erscheint, durch das wir die Erklärung erst fruchtbar zu machen hätten dadurch, daß wir mit dem schon erklärten Wort Gottes unsererseits etwas anfangen. Was wir als unser Tun Aneignung nennen, das kann ja nur unsere Betätigung angesichts dessen sein, was als Zueignung das freie, und zwar gerade das eigentlichste, das intimste Tun des Wortes Gottes selbst ist.

Was will denn der Gegenstand, der sich in jenen im biblischen Text sichtbaren Bilde spiegelt, um sich zum Herrn unseres Denkens über das uns im Bibeltext Vorgesagte zu machen? Er will nicht ohne uns, er will in Gemeinschaft mit uns und in dieser Gemeinschaft für uns sein, was er ist. Er will uns zu eigen werden. Er will nicht nur unser Denken über ihn, sondern unser Denken und Leben überhaupt, er will unsere Existenz beherrschen. Wäre er erst in sog. Theorie gesehen, der wir nun durch unsere Praxis das nötige Leben einzuhauchen hätten, dann wäre er noch gar nicht gesehen. Auch unser Beobachten, auch unser Nachdenken des Schriftworts wäre dann — nicht etwa bloß unnütz, sondern falsch gewesen. Falsche Schrifterklärung auf der ersten und zweiten Stufe pflegt sich auf der dritten darin zu offenbaren und zu rächen, daß das Verhältnis zur Schrift nun auf einmal in Gestalt der unseligen Lehre von „Theorie und Praxis" ein zwiespältiges wird, auseinanderbrechend in eine angebliche Glaubensgerechtigkeit und eine nun plötzlich doch triumphierende Werkgerechtigkeit. Vom biblischen Text, d. h. von seinem

Gegenstand her ist die Sorge um eine hinter einer sog. Theorie herhinkende sog. Praxis nicht nur überflüssig, sondern unmöglich gemacht.

Ὅσα γὰρ προεγράφη, εἰς τὴν ἡμετέραν διδασκαλίαν ἐγράφη, ἵνα διὰ τῆς ὑπομονῆς καὶ διὰ τῆς παρακλήσεως τῶν γραφῶν τὴν ἐλπίδα ἔχωμεν (Röm. 15, 4). Πᾶσα γραφὴ θεόπνευστος καὶ ὠφέλιμος πρὸς διδασκαλίαν, πρὸς ἐλεγμόν, πρὸς ἐπανόρθωσιν, πρὸς παιδείαν τὴν ἐν δικαιοσύνῃ (2. Tim. 3, 16). Das ist der *usus scripturae:* man beachte, wie er in diesen Stellen gerade nicht etwa als etwas, was wir aus der Schrift zu machen hätten, sondern als eine notwendige, von der Existenz und also von der Erklärung der Schrift selbst unmöglich zu trennende Funktion beschrieben wird!

Für diese Funktion der Schrift selbst haben wir uns zu interessieren, gerade wenn wir die Funktion verstehen wollen, die hier, in der Freiheit unter dem Wort, im Dienst der Schrifterklärung, wiederum uns selber zukommt. Das Wort Gottes bleibt auch als das sich uns zueignende und von uns anzueignende das Wort Gottes. Beherrschen will es uns, indem es in uns Wohnung nimmt; als Herr also tritt es über unsere Schwelle. Dies ist der Sachverhalt, dem wir nach allen Seiten Rechnung zu tragen haben! Es wird ja wohl so sein, daß wir dem Wort Gottes unsererseits mit allerlei bestimmten Wünschen und Bedürfnissen, Hoffnungen und Befürchtungen entgegentreten. Der Mensch ist nicht nur hinsichtlich seines Denkens, sondern jeder von uns ist kraft seines ganzen Schicksals und Charakters ein bestimmtes System von Voraussetzungen, Erwartungen und Hemmungen. Eignet er sich etwas an, so bedeutet dies, daß er es in dieses System einbezieht. Er konsumiert es. Er assimiliert es sich. Er fängt etwas damit an. Er macht es sich dienstbar nach dem Maße dessen, was er ist und nicht ist, mag und nicht mag. Der Gebrauch des Wortes Gottes aber ordnet sich nicht auf diese Weise. Daß man sich das Wort Gottes aneigne, das bedeutet allerdings, daß jeder Einzelne, der es hört oder liest, das ihm Vorgesagte auf sich selbst beziehe als ein nicht nur im Allgemeinen, nicht nur zu Anderen, sondern gerade zu ihm Gesagtes und also von ihm zu Gebrauchendes. Ist die Kirche die Versammlung der das Wort Gottes Hörenden, so muß das letztlich (was wäre sonst alles Hören?) heißen: die Versammlung der von ihm Gebrauch Machenden. Aber eben dies kann nun nichts Anderes bedeuten als: die Versammlung derer, die dafür offen und dazu willig sind, daß es seinerseits von ihnen Gebrauch mache. Jener gewöhnliche, der umgekehrte Akt der Aneignung, kann hier offenbar nicht in Betracht kommen. Oder vielmehr: jene Art von Aneignung muß Zug um Zug in ihr Gegenteil verkehrt, es muß an die Stelle unseres Gebrauchmachens Zug um Zug das Gebrauchmachen der Schrift selbst treten, der *usus scripturae*, in welchem die *scriptura* nicht Objekt, sondern Subjekt, und in welchem der Hörer und Leser nicht Subjekt, sondern Objekt ist. Der Mensch hat wohl recht, wenn er vom Wort Gottes etwas, und zwar etwas Entscheidendes, Zentrales und letztlich Notwendiges für sich und sein Leben erwartet: Belehrung und Führung, Trost und Zurechtweisung, Stärkung und Freude. Er würde aber nicht recht haben, wenn er dabei bleiben wollte, selber wissen zu wollen, in was das Alles, wenn es ihm nun zuteil werden wird, bestehen wird. Er würde nicht recht haben, wenn er sich auf Empfindungen und Vorstellungen versteifen wollte, mit denen er dem Allem entgegensieht. Er wird sich im Gegenteil darauf gefaßt machen müssen, daß ihm das Alles zwar zuteil werden, aber vielleicht in ganz anderer, seinen Empfindungen und Vorstellungen vielleicht völlig entgegengesetzter Weise, nämlich in der im Wort Gottes selbst begründeten Weise zuteil werden wird. Er wird das Vertrauen haben müssen, daß die Entscheidung darüber, was ihm gut ist und wie ihm dieses Gute zuteil werden soll, nicht seine Sache ist, sondern beschlossen ist in dem ihm Vorgesagten, daß es gerade so gut beschlossen und also gerade so von ihm anzunehmen ist. Es wird also der Gebrauch, der von der Schrift zu machen ist, darin bestehen müssen, daß der Mensch das ihm in der Schrift Vorgesagte als solches in sein Leben hineintreten läßt, damit es daselbst — nicht des Menschen, sondern seinen eigenen Beschluß ausführe, seine eigene „Geduld", seinen eigenen „Trost" ihm vermittle und daß der Mensch eben damit sich zufrieden gebe, eben daran sich wohl sein lasse, eben so beschenkt ein Hoffender zu werden.

Es ist also nicht etwa an dem, daß bei diesem dritten und letzten Schritt der Erklärung nun etwa doch dem Menschen (dem jeweils modernen Menschen!) das Wort zu erteilen wäre zur Anmeldung seiner besonderen Ansprüche und Hoffnungen, so daß *applicatio* bedeuten würde: die Zurechtmachung des Wortes Gottes zum Dienste dieses Menschen. Es ist nicht an dem, daß die Erklärung der heiligen Schrift schließlich münden müßte in die Beantwortung der sog. brennenden Fragen der jeweiligen Gegenwart, daß sie womöglich erst darin ihren Sinn und ihre Kraft hätte, daß sie auf Fragen der jeweils lebenden Generation eine einleuchtende Antwort zu geben hat. Darf und muß sie in dem ruhigen Vertrauen vollzogen werden, daß sie das tatsächlich tun wird, so muß es doch der heiligen Schrift selber überlassen werden, inwiefern sie das tun wird. Alle ungeduldigen Bedingungen oder gar Ultimaten, die man ihr in dieser Hinsicht stellen wollte, alles Pochen auf irgendeinen Gegenwartsstandpunkt, dem sie durchaus Rechenschaft tragen und so oder so entsprechen müsse, alles Verfügenwollen darüber, was dem heutigen Menschen interessant, bekömmlich, verständlich sei, auf was er „warte" usw., könnte nur bedeuten, daß wir uns — scheinbar gierig uns öffnend — in Wahrheit vor ihr verschließen würden, und könnte nur die Folge haben, daß sie sich uns ihrerseits verschließen, daß sie ebenso über uns hinweg und an uns vorbeigehen würde wie dann, wenn wir sie durchaus nach Maßgabe irgendeiner philosophischen Konzeption erfassen wollten. Es ist mit der Freiheit des Wortes Gottes auch in dieser Hinsicht nicht zu scherzen. Was die wirkliche, die echte Gegenwart ist und welches ihre wirklich brennenden Fragen sind, ja auch dies: wer und was denn gerade wir sind, „unsere Generation", „der moderne Mensch" usw., das dürfen wir ihr gegenüber nicht schon vorher wissen wollen, das wird sich dann — und grundsätzlich wirklich erst dann — zeigen, wenn die Bibel aufgeht, um uns über das, was unsere wirklichen Fragen, Anliegen und Nöte sind, um uns über uns selbst den rechten, untrüglichen Bescheid zu sagen.

Gerade damit es zur wirklichen Aneignung des uns im Schriftwort Vorgesagten kommt, muß der Hörer und Leser willig sein, den Mittelpunkt seiner Aufmerksamkeit aus sich selbst, aus dem System seiner eigenen Anliegen und Fragen (auch dann, wenn er diesen den Charakter von Anliegen und Fragen seiner ganzen Zeit geben können sollte!) heraus in das Schriftwort selbst verlegen. Er wird sich aus sich selbst heraus in das Schriftwort und seine Anliegen und Fragen hinein versetzen lassen müssen. Unter allen Umständen nur von dorther kann und wird ja Licht in sein eigenes Leben hinein fallen und damit die Hilfe, die er für sein eigenes Leben nötig hat. Wie könnte das geschehen, wenn er sich darauf versteifen wollte, umgekehrt in den Mittelpunkt seines eigenen Lebens (oder auch den des Lebens seiner Zeit, so wie er es zu kennen meint) hineinzustarren, als ob von da aus irgend etwas hell werden könnte. Wie könnte der Mensch seines Glaubens leben, wenn er gerade den Glauben und das heißt das Hinwegsehen von sich selbst, das Hineinsehen in das Wort verweigern wollte? Und nun wird sogar Alles darauf ankommen, daß dieses Hinwegsehen und Hineinsehen nicht etwa bloß ein Anfangsstadium sei, das wir dann hinter uns zurückzulassen hätten, sondern daß wir es, gerade um der Errettung unseres Lebens willen, beim Glauben und also bei diesem Hinwegsehen und Hineinsehen bewenden lassen. Es darf gerade die Aneignung des Schriftwortes nun nicht doch wieder in zwei Teile zerfällt werden, von denen zwar der erste im Glauben und also in jenem Hinwegsehen und Hineinsehen bestünde, im zweiten aber hätten wir — dem Schriftwort nunmehr den Rücken kehrend, weil durch das Schriftwort nunmehr belehrt und getröstet — zu irgendeiner selbständigen Beantwortung unserer eigenen Anliegen und Fragen überzugehen. Gerade die ungeduldige Frage: Und nun? mit der wir an dieser Stelle so leicht nun endlich zur Sache zu kommen meinen, kann nur das Zeichen sein, daß wir in Wirklichkeit noch gar nicht an die Sache herangekommen sind. Die Sache, um die es hier geht, kann doch nur die unbedingte Herrschaft des Schriftworts, oder, von uns aus gesehen, das unbedingte Vertrauen in die Güte seiner Herrschaft sein. Jene Frage aber und ihre Ungeduld ist das sicherste Zeichen dafür, daß wir uns schon zuvor dem *usus scripturae*, in welchem die *scriptura* das Subjekt ist, in Wirklichkeit entzogen haben, daß wir im Begriff stehen, von der Schrift jenen profanen, weil eigenmächtigen Gebrauch zu machen, den wir von allen anderen Dingen zu machen pflegen, den wir aber von der Schrift gerade nicht machen können. Das Vertrauen, das wir ihr scheinbar auf einer ersten Stufe geschenkt, wird sich dann, wenn wir nachträglich auf einer zweiten Stufe des Glaubens doch wieder müde werden sollten, als unecht erweisen. Wir haben dann schon zuvor von ihrer Herrschaft nicht Alles erwartet, was auch wir selbst nötig haben. Wir haben dann schon zuvor nicht ihrer wirklichen Herrschaft Raum gegeben. Wir haben uns dann vorbehalten, nachträglich doch wieder selbst weise und gerecht zu sein, uns selber trösten und ermahnen zu können. Soll es zur Aneignung des Schriftwortes kommen, dann muß ganz geglaubt sein. Wie man überhaupt nur ganz oder gar nicht glauben kann. Das Wegsehen von uns selber, das Hineinsehen in das Schriftwort, jene Verlegung des Mittelpunktes und Schwerpunktes unserer Aufmerksamkeit in die vor uns liegende Schrift, darf dann also gerade keine Episode sein. Kein zweiter Akt unter anderer Spielregel darf hier folgen, sondern in jenem ersten und einzigen Akt muß alles schon geschehen sein und immer wieder geschehen. Jener erste und einzige Akt muß in vollem Vertrauen vollzogen sein und immer wieder vollzogen werden. Nicht in einem abstrakten Vertrauen auf seine Heilsamkeit als unser Akt, sondern in dem konkreten Vertrauen auf seinen Gegenstand, auf den Gegenstand, der uns in dem Spiegelbild des Schriftwortes entgegentritt. Dieser Gegenstand fordert und rechtfertigt unser Vertrauen als ein völliges Vertrauen. Jesus Christus ist ja dieser Gegenstand. Nur wenn das vergessen würde, könnte dieser Akt unterbleiben oder zu einem Akt werden, in welchem wir konsumieren wollten, statt uns konsumieren zu lassen, herrschen, statt beherrscht zu werden, oder zu einem bloßen ersten Akt, dem wir einen zweiten an die Seite zu stellen hätten, in welchem wir Besseres zu tun hätten, als zu glauben. Nur wenn Jesus Christus vergessen würde, könnten wir unter der von uns zu vollziehenden Aneignung des Schriftworts etwas Anderes verstehen, als immer wieder unsere Stellungnahme zu dem Akt der Zueignung, den es in seiner eigenen Weisheit und Kraft uns gegenüber vollzieht. Und nur wenn wir Jesus Christus vergessen würden, könnten wir unter dieser Stellungnahme etwas Anderes als eben den Glauben verstehen. Im Glauben denken wir selber, was uns durch das Schriftwort vorgesagt ist, und zwar so, daß wir es denken müssen, weil es die Bestimmung unserer eigenen Existenz geworden ist. Im Glauben kommt es zur Gleichzeitigkeit, zur Kongenialität, zur indirekten Identifikation des Schriftlesens und -hörens mit den Zeugen der Offenbarung. Im Glauben wird ihr Zeugnis Sache unserer eigenen Verantwortung. Er, der Glaube — der gehorsame Glaube, aber der Glaube — und endlich und zuletzt der gehorsame Glaube ganz allein ist die von uns geforderte Betätigung als Glieder der Kirche, die Betätigung der uns gegebenen Freiheit unter dem Wort.

VIERTES KAPITEL
DIE VERKÜNDIGUNG DER KIRCHE

§ 22
DER AUFTRAG DER KIRCHE

Gottes Wort ist Gott selbst in der Verkündigung der Kirche Jesu Christi. Indem Gott der Kirche den Auftrag gibt, von ihm zu reden, und indem die Kirche diesen Auftrag ausführt, verkündigt er selbst seine Offenbarung in seinen Zeugnissen. Die Verkündigung der Kirche ist dann reine Lehre, wenn das in ihr ausgesprochene menschliche Wort in Bestätigung des biblischen Offenbarungszeugnisses dem Wort Gottes Gehorsam leistet und Gehorsam verschafft. Indem dies sein Wesen, seine Ordnung und seine Aufgabe ist, ist das Wort des kirchlichen Predigers der besondere und direkte Gegenstand der dogmatischen Arbeit.

1. GOTTESWORT UND MENSCHENWORT IN DER CHRISTLICHEN PREDIGT

Wir stehen vor dem letzten und eigentlich kritischen Punkt der Lehre vom Worte Gottes, vor ihrem Ausgangspunkt, der auch ihr Endpunkt sein muß: Das Wort Gottes als Verkündigung der Kirche. Gilt das im gleichen Sinn und Ernst wie das Erste: „Das Wort Gottes als Gottes Offenbarung" und wie das Zweite: „Das Wort Gottes als heilige Schrift"? Darf und muß dieses Dritte: die Verkündigung der Kirche in der ganzen Menschlichkeit, in der sie je heute und hier Ereignis wird, in jene indirekte Identität zwischen Offenbarung und Schrift einbezogen werden? Ist auch die Verkündigung der Kirche Gottes Wort und inwiefern ist sie es? Ist, und inwiefern ist Gottes Wort auch Verkündigung der Kirche? An der Problematik dieser Frage entsteht die Aufgabe der Theologie und insbesondere der Dogmatik. Um dieser für das Leben der Kirche entscheidenden Frage willen war zunächst nach dem Wort Gottes als Offenbarung und nach dem Wort Gottes als heilige Schrift zu fragen. Dieser Frage gegenüber werden wir nun abschließend festzustellen haben, was die Dogmatik zu tun und zu lassen hat. — Es ist die Problematik dieser Frage, die wir uns zunächst noch einmal einzuschärfen haben.

Wir dürfen und müssen dabei zunächst anknüpfen an die Ergebnisse unseres vorangehenden Kapitels von der heiligen Schrift. Die Existenz der heiligen Schrift bedeutet: Gottes Wort, wie es in Gottes Offenbarung in Jesus Christus durch den Heiligen Geist ein für allemal gesprochen wurde, ist der Kirche nicht nur fern, sondern im Zeugnis der Propheten und Apostel auch n a h e; es steht ihr nicht nur gegenüber, sondern es ist ihr g e g e b e n; es ist ihr nicht nur als ein ihr fremd Bleibendes gegeben, sondern es ist ihr s e l b s t zum Auftrag und zur Vollmacht geworden. Hat und behält es gerade in der Gestalt der heiligen Schrift seine eigene und unvergleichliche Autorität und Freiheit — über alle menschliche Autorität und Freiheit so erhaben wie der Himmel über der Erde — so begründet es wiederum gerade in dieser Gestalt in der Kirche menschliche, aber legitime und notwendige menschliche Autorität und Freiheit. In der so von ihm und in ihm begründeten menschlichen Autorität und Freiheit wird es Gegenstand der kirchlichen Verkündigung, werden Menschen, die als solche weder mit Jesus Christus noch mit den Propheten und Aposteln identisch sind, die es nur indirekt, nur im Glauben werden können (aus keinem anderen Grund als weil sie getaufte Glieder der Kirche und als solche teilhaftig ihres Auftrags und ihrer Vollmacht sind) zu Trägern, zu Sprechern des Wortes Gottes, wird das Wort Gottes ein von ihnen, in Gestalt ihres menschlichen Wortes, gesprochenes Wort. Wir wissen: das Wort Gottes ist anders, aber nicht weniger das Wort Gottes in der heiligen Schrift als in der Offenbarung selbst, anders, aber nicht weniger im Zeugnis der Propheten und Apostel als in dem ursprünglichen Zeugnis des Sohnes Gottes selber. Mag der Unterschied zwischen dem Herrn und den Knechten noch so scharf betont werden müssen, so verbietet uns doch der Ernst gerade dieses Verhältnisses, so wie es durch die Auferstehung Jesu begründet und geformt wurde, die Vorstellung, als ob mit der Übertragung des Wortes Gottes an seine biblischen Zeugen mit dieser Selbstübertragung Jesu Christi an die Seinigen so etwas wie eine Abschwächung und Verwässerung, wohl gar eine Trübung und Entstellung des Wortes Gottes stattgefunden habe. Dasselbe ist nun aber grundsätzlich von dem Verhältnis zwischen der heiligen Schrift und also auch der Offenbarung einerseits und der Verkündigung der Kirche andererseits zu sagen. Noch einmal in anderer Gestalt, aber auch hier nicht gemindert und abgeschwächt, haben wir es auch hier wirklich und wahrhaftig mit dem einen ganzen Wort Gottes, mit Gott selbst, mit Jesus Christus durch den Heiligen Geist zu tun, so gewiß die heilige Schrift und in ihr und durch sie Gottes Offenbarung der Kirche gegeben ist. Daß das Wort Gottes hier nur indirekt, nur formal, nur relativ in der Autorität und Freiheit Jesu Christi selbst und in der Autorität und Freiheit der Propheten und Apostel verkündigt wird: in der Autorität und Freiheit, die der Kirche als der unter das Wort gestellten, weil durch das Wort versammelten Kirche zugewiesen ist — das ändert nichts daran, daß es auch hier wirklich und wahrhaftig das eine ganze Wort Gottes ist, als solches zu glauben von denen, die es sagen, und von denen, die es hören. Die Klammer, in der die Kirche existiert als der irdische Leib des himmlischen Herrn und als die auf den

Grund der Apostel und Propheten auferbaute Gemeinde — dieser Klammer wird durch die Unterordnung schon der ersten Zeugen unter den von ihnen Bezeugten und dann noch einmal durch die Unterordnung derer, die dieses Zeugnis empfangen unter die, von denen sie es empfangen, nicht zerrissen. Sondern eben in diesen Unterordnungen besteht die Kraft der Klammer, durch die die Kirche von Jesus Christus zur Rechten des Vaters bis herunter zu dem Geringsten derer, die durch das Wort seiner Zeugen zum Glauben aufgerufen sind, zu einem einzigen Ganzen gemacht ist. Diese Klammer ist aber eben das einzige Wort Gottes, das wohl in jenen drei verschiedenen Gestalten, aber in keiner von ihnen weniger als in der anderen, in keiner von ihnen gemindert und abgeschwächt, in allen dreien sich selbst gleich bleibend, das Leben und der Grund der Kirche ist. Wie wäre es sonst wahr, daß dieses Wort in Jesus Christus ein für allemal Fleisch geworden ist? Wie wäre es sonst wahr, daß seine Propheten und Apostel von ihm eingesetzt und ausgerüstet, durch seinen Geist gesprochen haben und noch sprechen? Ist es wahr, daß der Sohn Gottes ins Fleisch gekommen und im Fleische auferstanden ist, ist es also wahr, daß die heilige Schrift als Zeugnis von Gottes Offenbarung Gottes Wort für die Kirche ist, dann ist die Kirche gewiß daran zu erinnern, daß ihr Gottes Wort nur durch Gottes Offenbarung und nur durch deren biblische Bezeugung vermittelt und gegeben ist. An der Gültigkeit und Fülle dieser Vermittlung und Gabe darf aber mit dieser Erinnerung kein Abstrich gemacht, es darf die Verpflichtung und der Trost der Erkenntnis, daß wir es auch in der Verkündigung der Kirche mit Gottes Wort im unabgeschwächten Sinn des Begriffs, also mit Gott selbst, zu tun haben, nicht in Frage gestellt werden. Es kann sich die echte Problematik der Frage nach Gottes Wort als Verkündigung der Kirche oder nach der Verkündigung der Kirche als Gottes Wort nur innerhalb der Grenzen der durch die schon gegebene göttliche Antwort an uns gerichteten Frage bewegen. Wir können und müssen, wenn uns Gottes Wort als Gottes Offenbarung und Gottes Wort als heilige Schrift als zur Kirche gesprochen und damit zum Auftrag und zur Vollmacht der Kirche geworden vor Augen steht, wohl staunen, wohl uns entsetzen, wohl uns fragen: ist dem so und inwiefern ist dem so und was hat daraufhin zu geschehen, daß die Kirche diesen Auftrag bekommen hat und daß in und mit ihrer Ausführung dieses Auftrags Gott selbst in seinem Wort auf dem Plan ist, Gott selbst seine Offenbarung in seinen Zeugnissen verkündigt? Wenn diese Frage sinnvoll und praktisch sein soll, werden wir sie doch nur an uns selbst und nicht etwa an Gott richten können, als hätte er in seiner Offenbarung und in seinen Zeugnissen nicht zu uns gesprochen. Und wiederum werden wir sie auch als an uns selbst gerichtete Frage nur im Gehör auf Gottes Wort und nicht aus der Quelle unserer eigenen Einsichten sinnvoll und praktisch beantworten können. Es kann die echte Problematik dieser Frage jene Klammer, in der die Kirche existiert, nicht sprengen, sie kann nicht hinter die in der Herrlichkeit des Wortes Gottes schon gefallene, auch über die Kirche, über seine Gegenwart und sein Handeln in der Kirche schon gefallene Entscheidung zurückgehen. Diese Entscheidung kann nicht bestritten, sie kann auch nicht erst als das Ziel unserer Untersuchung, sie muß schon als deren Voraussetzung behandelt werden.

Wir müssen also, wenn wir diese Problematik entrollen wollen, anfangen mit der Feststellung: kraft der Gnade der Offenbarung und ihrer Bezeugung ist es so, daß Gott sich mit seinem ewigen Wort zu der Verkündigung der christlichen Kirche in der Weise bekennt, daß diese Verkündigung nicht nur ein Verkündigen menschlicher Ideen und Überzeugungen, sondern wie die Existenz Jesu Christi selbst, wie das Zeugnis der Propheten und Apostel, auf das sie sich begründet und von dem sie lebt, Gottes eigenes Verkündigen ist. Daß es irgendwelche Menschen sind, die hier das Wort führen: Menschen, die nicht selber Jesus Christus, die auch nicht selber Propheten und Apostel sind, das erlaubt diesen Menschen keineswegs den Hochmut, in Behauptung und Durchsetzung ihrer Menschlichkeit etwas Anderes sagen zu wollen als Gottes Wort. Das erlaubt ihnen aber auch nicht den Kleinmut, als ob sie in ihrer Menschlichkeit doch nicht Gottes Wort, sondern nur ihre eigenen menschlichen Worte zu reden vermöchten. Wiederum erlaubt es denen, die sie hören, nicht, sich unter Berufung auf die Menschlichkeit derer, die da reden, an ihr menschliches Wort als solches zu halten, sich seiner zu freuen oder nicht zu freuen, dazu Ja oder Nein zu sagen, als ob es ja doch nur dieses menschliche Wort und nicht das Wort Gottes sei, was da geredet werde. Daß es irgendwelche Menschen sind, die da reden, das muß uns freilich mit allen seinen Konsequenzen zu denken geben. Nichts von alledem, was mit dieser Tatsache gegeben ist, darf unterdrückt werden. Aber sinnvoll und praktisch kann uns auch das erst dann zu denken geben, wenn wir zuerst das Übergeordnete bedacht haben, daß irgendwelche Menschen hier als Glieder am Leibe Christi, im Namen der Kirche reden und zu hören sind und daß die Kirche die Versammlung derer ist, denen in ihrer ganzen Menschlichkeit das Wort Gottes anvertraut ist. Vor alle Kritik und auch vor alle Selbstkritik der kirchlichen Verkündigung gehört die Proklamation dieser Einsicht. Von ihr aus wird die nötige Kritik und Selbstkritik zu üben sein. An ihr entscheidet es sich, ob diese im Glauben oder im Unglauben und also fruchtbar oder unfruchtbar geübt wird. Es kann das Nein, das der Mensch auch hier um des Ja willen zu sich selbst sagen muß nicht — als wäre das Gesetz das Erste und nicht das Evangelium! — trotzig oder trauernd auf sich selbst stehen und also den Anfang unserer Überlegung bilden wollen. Sondern von dem übergeordneten ursprünglichen

1. Gotteswort und Menschenwort in der christlichen Predigt

Ja der Gnade Gottes muß es schon herkommen, wenn es wieder um des Ja willen an seiner Stelle recht gesprochen sein soll. Das übergeordnete Ja der Gnade Gottes ist aber in diesem Zusammenhang: die Wirklichkeit eben des der Kirche gewordenen göttlichen Auftrags und in ihm und mit ihm die Wirklichkeit der Gegenwart und des Handelns des Wortes Gottes in der Verkündigung der Kirche.

In diesem Sinn hat Calvin die kirchliche Verkündigung charakterisiert: *Nous ne pouvons point estre prescheurs pour forger et bastir ce que bon nous semblera et pour abruver le peuple de nos fantasies, mais la parole de vérité nous tient obligez, et celuy qui parle et celuy qui escoute. Car Dieu veut dominer sur nous, Jésus Christ, luy seul veut avoir toute maistrise* (Pred. über 2. Tim. 2, 14 f., C. R. 54, 151). Und: *Puis qu'ainsi est donc que nostre Seigneur Jésus Christ s'est acquis une telle authorité, quand il a esté eslevé là haut au ciel et qu'il a toute superiorité sur toutes créatures: que nous apprenions de nous renger sous luy et que sela soit pour nous tenir en bride, que sa Parole soit receue de nous et que nous sachions qu'il nous gouverne, et faut que nous souffrions d'estre enseignez en son nom, et que sa Parole qui nous est preschee, combien qu'elle procede de la bouche des hommes, si est-ce que c'est en l'authorité de Dieu, et que nostre salut doit estre fondé là dessus aussi bien que si le ciel s'ouvroit cent mille fois pour nous manifester la gloire de Dieu* (Pred. üb. Gal. 1, 1 f. C. R. 50, 286). Hier ist nun auch der Ort, einer merkwürdigen Äußerung Luthers zu gedenken. Ich meinte früher (Prol. 1927, S. 415 f.), ihren Inhalt ablehnen zu müssen als eine Übertreibung, die zu der katholischen Lehre von der Unfehlbarkeit des kirchlichen Lehramts zurückführen müsse, bin aber heute auf Grund besserer Überlegung des Zusammenhangs der Meinung, daß Luther zwar stark — man darf wohl sagen: auf des Messers Schneide zwischen Wahrheit und Irrtum — aber recht geredet hat, wenn er sagte: Wol ists war, Nach dem leben zu reden, ist die heilige Kirche nicht on sünde, wie sie im Vater unser bekennet: Vergieb uns unser schuld. Und Joh. So wir sagen, das wir nicht sunde haben, so liegen wir und machen Gott zu lugener, der uns allezumal sunder schilt. Ro. 3 ps. 14 und 51. Aber die lere mus nicht sunde noch strefflich sein und gehoret nicht yns Vater unser da wir sagen, Vergib uns unser schuld, Denn sie nicht unsers thuns, sondern Gottes selbs eigen wort ist, der nicht sundigen noch unrecht thun kan. Denn Ein prediger mus nicht das Vater unser beten, noch vergebung der sunden suchen, wenn er gepredigt hat (wo er ein rechter prediger ist) Sondern müs mit Jeremia sagen und rhümen. Herr du weißest das was aus meinem munde gangen ist, das ist recht und dir gefellig. Ja mit Sanct Paulo und allen Aposteln und Propheten trotzlich sagen. *Hec dixit Dominus.* Das hat Gott selbst gesagt *Et iterum* Ich bin ein Apostel und prophet Jesu Christi gewest ynn dieser predigt. Hie ist nicht not, ja nicht gut vergebung der sunde zu bitten, als were es unrecht geleret. Denn es ist Gottes und nicht mein Wort, das mir Gott nicht vergeben sol noch kann, Sondern bestetigen loben kronen und sagen Du hast recht geleret. Denn ich hab durch dich geredet und das wort ist mein Wer solchs nicht rhumen kann von seiner predigt, der lasse das predigen anstehen, Denn er leugt gewißlich und lestert Gott. (Wider Hans Worst 1541, W. A. 51, 516, 15.) Wir werden nachher eine kurz darauffolgende Stelle anführen, in welcher das allenfalls Mißverständliche dieser Worte klargestellt wird. Man wird sie doch auch in sich selbst nicht unverständlich finden müssen, wenn man damit rechnet, daß Luther hier von der aller Kritik und Selbstkritik notwendig, ja noch notwendiger vorangehenden Gnade Gottes in dem der Kirche gewordenen Auftrag als solchem redet. Sofern er in diesem Auftrag redet, „wo er ein rechter prediger ist", d. h. sofern er in indirekter Identität mit Jesus Christus und mit den biblischen Zeugen steht, bedarf der Prediger in der Tat keiner Sündenvergebung, so gewiß er ihrer bedarf, sofern er es nun eben ist, der sich dieses Auftrags in seinen eigenen Worten entledigt, über deren Bedenklichkeit als solche Luther das Nötige wirklich auch gewußt hat. Die drohenden „Gefahren" dürfen auch in dieser Sache nicht unsere erste Sorge sein, sondern die Anerkennung der Größe der göttlichen Gabe und Stiftung als solcher. Erst an ihr gemessen können dann auch die „Gefahren" als solche sichtbar und die entsprechenden Vorbehalte rechtmäßig werden.

Vor aller menschlichen Komplikation ist die göttliche Einfalt und über allem Jammer der Kirche ist die Herrlichkeit des ihr gewordenen Auftrags. Man kann wohl hinsichtlich aller theoretischen und praktischen Schwierigkeiten, die eben damit zusammenhängen, daß die kirchliche Verkündigung Gottes Wort ist, gar nicht gründlich genug haltmachen und Überschau halten eben von dieser Stelle aus, in einem zunächst diskussionslosen Anerkennen der Tatsache, daß die Kirche diesen Auftrag hat und daß also ihre Verkündigung Gottes Wort ist. Wobei zu verstehen ist: die Natur dieser Tatsache ist dieselbe wie die der Auferstehung Jesu Christi, in der wir miteinander Gottes Offenbarung und die göttliche Einsetzung und Bevollmächtigung seiner Zeugen zu erkennen haben. Ja noch mehr: man wird auch diese Tatsache, die ja auf nichts Anderem als auf der Kraft der Offenbarung und des Zeugnisses beruht, selber als eben in der Auferstehung Jesu Christi beschlossen verstehen müssen. Es ist darum so nötig, sie so zu verstehen, weil man sie dann als eine aller menschlichen Verwirklichung und Nichtverwirklichung schlechterdings voraneilende, ihr schlechterdings überlegene, sie schlechterdings überholende göttliche Stiftung und Gabe würdigen, weil man erst von da aus auch zu der untergeordneten Tatsache der menschlichen Verwirklichung oder Nichtverwirklichung das rechte Verhältnis gewinnen wird. Daß die Verkündigung der Kirche Gottes Wort ist, das bedeutet für die Menschen in der Kirche gewiß auch Gesetz und Aufgabe und gerade von dieser Seite her werden wir diese Gleichung im Blick auf den Dienst der Dogmatik besonders zu würdigen haben. Es verhält sich aber nicht so, daß diese Gleichung erst dadurch Wahrheit und Gültigkeit bekäme, daß der Mensch in der Kirche es zu einer Erfüllung dieses Gesetzes bringt, daß er die Aufgabe bewältigt, Gottes Wort zu verkündigen. Es verhält sich also nicht so, daß wir uns zunächst umzublicken hätten nach dem, was denn nun im Raum der Kirche in Sachen der Verkündigung tatsächlich geleistet und erreicht wird, um dann daraufhin — wenn das Ergebnis einigermaßen befriedigend ausfällt — die Wahrheit jener Gleichung einzusehen und gelten zu lassen. Es ist klar, daß wir auf diesem Wege — wie es immer der Fall ist, wenn man mit dem Gesetz und mit der eigenen Gesetzeserfüllung den Anfang machen will — nur im Leichtsinn oder in der Verzweiflung endigen könnten. Nur mittels grober Selbsttäuschung könnten wir ja auf Grund dessen, was wir den Menschen — uns selbst oder Andere — in der Kirche tun sehen, zu der Behauptung kommen, daß da wirklich Gottes Wort verkündigt werde. Und wenn wir dieser Selbsttäuschung müde geworden wären, dann würden wir wohl im Blick auf diesen Menschen in der Kirche zu der ebenso eigenmächtigen entgegengesetzten Behauptung kommen, daß Gottes Wort in der Kirche nicht verkündigt werde. Sondern zuerst besteht und gilt jene Gleichung: die kirchliche Verkündigung ist Gottes Wort — dann und als solche wird sie dem Menschen in der Kirche zum Gesetz und zur Aufgabe. Zuerst will sie als solche geglaubt sein, dann erst kann und soll es zu der Demütigung, zu der Sorge, zu den Anstrengungen kommen, die im Blick auf den Menschen in der Kirche allerdings am Platze sind. Das Gesetz will, soll es ernst genommen und in Ehren gehalten werden, auch in dieser Hinsicht zuerst und vor Allem als das in Jesus Christus erfüllte Gesetz verstanden und geglaubt sein. Was geschehen muß, damit die kirchliche Verkündigung Gottes Wort sei, damit wirklich der Mensch in der Kirche wirklich Gottes Wort verkündige, das ist geschehen, wie überhaupt Alles und Jedes, was geschehen muß, damit die Kirche lebe als die Kirche Gottes, geschehen ist. Es ist gesorgt dafür, daß in der Kirche immer wieder geglaubt, gehofft und geliebt, daß der Name Gottes in ihr immer wieder dankend und bittend angerufen, daß in ihr in der Nachfolge Jesu immer wieder rechtschaffen gelitten wird, daß in ihr der Bruder den Bruder und seine Hilfe findet. Es ist für das Alles gesorgt; wir brauchen die Voraussetzung dafür nicht erst zu schaffen; wir sind auch nicht gefragt danach, ob wir dies Alles durch uns oder durch Andere nun auch wirklich geleistet und erfüllt sehen. Unsere Sorge kann immer nur die sein, das, was hinsichtlich des ganzen Lebens der Kirche in Jesus Christus schon geleistet und erfüllt ist, hinzunehmen als auch für uns und an uns geschehen. Immer in diesem Hinnehmen lebt die Kirche ihr durch Jesus Christus geschaffenes und in ihm begründetes Leben. So kann es auch hinsichtlich der Verkündigung des Wortes Gottes, die ja nur eine von den Funktionen des Lebens der Kirche ist, nur darum gehen, hinzunehmen, was in Jesus Christus schon geschaffen und begründet ist. Nicht wir haben dafür zu sorgen, daß das wahr ist und gilt: die Verkündigung der Kirche ist Gottes Wort, sondern wir haben es hinzunehmen, daß dem so ist und haben es wahr sein zu lassen. Indem Jesus Christus auferstanden ist, indem also der Kirche Gottes Offenbarung und seine Zeugnisse gegeben sind, empfängt und hat sie seinen Auftrag, d. h. aber: hat sie ihn selbst in ihrer Mitte als den Herrn ihres Redens, als den Herrn, der in ihren Reden und durch ihr Reden sich selbst bezeugt. Die ganze menschliche Unmöglichkeit, die uns hier vor Augen steht: daß Menschen reden sollen, was Gott redet — sie ist in Jesus Christus schon behoben: sie hat Ihn, den Einen, für den das keine Unmöglichkeit war, durch die Hände derer, für die das in der Tat Unmöglichkeit war, als Gotteslästerer ans Kreuz gebracht, um in seiner Auferstehung nun gerade als die neue Möglichkeit des Menschen offenbar zu werden, um durch ihn übertragen zu werden auf seine Propheten und Apostel, um durch deren Zeugnis auch auf die Kirche übertragen zu werden. Nur wenn wir auf uns selbst statt auf Jesus Christus blicken wollten, könnten wir diese als solche aufgehobene und in ihr Gegenteil verwandelte Unmöglichkeit geltend machen gegen die Wahrheit jener Gleichung. Nicht wegen dieser Unmöglichkeit sollten wir uns Sorge machen — denn ihretwegen ist sie uns gerade abgenommen — sondern darüber, daß wir so hartnäckig immer wieder darauf zurückkommen, auf uns selbst, statt auf Jesus Christus blicken zu wollen. In ihm ist für die Kirche und an der Kirche Alles geschehen, damit auch das wahr sei: ihre Verkündigung ist Gottes Wort. Und nur darum kann es gehen, daß wir dem Heiligen Geist nicht widerstreben, der uns eben das sagt und der uns eben dabei unter allen Umständen: quer hindurch durch den Anblick aller in der Kirche sich ereignenden menschlichen Verwirklichung und Nichtverwirklichung erhalten will. Nur wenn wir dabei bleiben, können wir besonnen: ohne Leichtsinn und ohne Verzweiflung und dann auch kritisch, entschlußfähig und tatbereit nun auch auf dieses Feld blicken und auf diesem Feld existieren. Daß es ein Wort Gottes für die Kirche, daß es oberhalb aller menschlichen Autorität und Freiheit in der Kirche die Autorität und Freiheit dieses Wortes Gottes — aber wiederum: daß es unterhalb des Wortes Gottes echte menschliche Autorität und Freiheit in der Kirche gibt, das ist allererst einzusehen, hinzunehmen und ernst zu nehmen. Dann und daraufhin, nämlich eben in diesem Einsehen, Hinnehmen und Ernstnehmen — nicht abstrakt: als hätten wir uns zu sorgen um das, wofür nur Jesus Christus sorgen k o n n t e, für das er aber auch gesorgt h a t, sondern konkret: als die Kirche ‚für die Jesus Christus gesorgt hat', werden wir den Streit mit der großen menschlichen Unmöglichkeit mannhaft anzutreten in der Lage sein.

Man verstehe, daß es sich auch hier nicht um eine Theorie, sondern um die intimste, um die entscheidende Praxis handelt. Wie soll denn im Dienst der kirchlichen Verkündigung auch nur ein Wort verantwortlich gesagt werden und auch verantwortlich gehört werden können ohne jene Voraussetzung Luthers: *Haec dixit Dominus!* d. h. ohne die Voraussetzung, daß für das Lautwerden des Wortes Gottes mitten in der Gebrechlichkeit dessen, was hier menschlich geschieht, durch das Wort Gottes selber gesorgt ist? Was für eine Anmaßung, wenn wir es etwa wagen wollten, ohne diese Voraussetzung Kirche zu sein und als Kirche reden und hören zu wollen! Es wäre aber schon der Zweifel an dieser Voraussetzung eben diese Anmaßung! Und wenn es menschlich geredet eine Hilfe in jener Gebrechlichkeit geben soll, worin wird sie dann anders bestehen können als darin, daß wir an dieser Voraussetzung nicht zweifeln, daß wir dabei bleiben, daß in Jesus Christus Alles, was zur Gegenwart des Wortes Gottes in der Kirche nötig ist, geschehen ist — daß also das menschliche Geschehen, an dem wir hier aktiv oder passiv beteiligt sind, in das Licht dessen gerückt wird, was tatsächlich in seiner Mitte geschieht: Gottes eigenes Verkündigen seiner Offenbarung und seiner Zeugnisse?

Die menschliche Unmöglichkeit der kirchlichen Verkündigung besteht schlicht in der Unmöglichkeit des Versuchs, von Gott zu reden.

Dies ist es ja, was, menschlich betrachtet, in der kirchlichen Verkündigung versucht wird. Wir können dabei an den engsten und eigentlichen Sinn dieses Begriffs denken, also an die Predigt und an das Sakrament. Wir können aber auch an die Verkündigung denken, die mittelbar auch im kirchlichen Gebet und Lied, im kirchlichen Bekenntnis, im kirchlichen Unterricht, in der Seelsorge und nicht zuletzt in der Theologie versucht wird, obwohl die eigentliche und direkte Aufgabe hier nicht die der Verkündigung ist. Auf diesem ganzen Felde wird versucht, von Gott zu reden in der Absicht, daß Andere von Gott hören sollen. Dieser Versuch und diese Absicht sind als solche in sich unmöglich. Gott gehört nicht zur Welt und also nicht in die Reihe der Gegenstände, für die wir Kategorien und also Worte haben, mittels derer wir dann auch Andere auf sie aufmerksam machen, durch das wir sie mit jenen in Beziehung setzen könnten. Von Gott kann man nicht reden, weil er kein Ding ist, weder ein natürliches noch ein geistiges. Reden wir von ihm, so reden wir schon nicht mehr von ihm. Wir können nicht tun, was wir hier tun wollen und wir können auch nicht erreichen, was wir hier erreichen möchten. Das ist das eherne Gesetz, unter dem alle kirchliche Verkündigung ohne jede Ausnahme steht. Daß in Gebrechlichkeit geschehe, was hier geschieht, ist ein viel zu schwacher Ausdruck für den Sachverhalt. Hier ist nicht Gebrechlichkeit, hier ist der Tod. Hier ist nicht eine Schwierigkeit, hier ist wirklich Unmöglichkeit. Hier geschieht nicht etwas Unvollkommenes, hier geschieht — am Maß des Gewollten gemessen — überhaupt nichts.

Schon dieses eherne Gesetz als solches kann nicht einsichtig werden ohne die Voraussetzung, daß die kirchliche Verkündigung das Wort Gottes ist. Es ist nicht etwa durch sich selbst, nicht etwa als eine allgemeine Wahrheit einsichtig. Der Mystiker und der skeptische Philosoph, die scheinbar dieselben Sätze auch sagen, meinen ja mit dem, was sie „Gott" nennen, und von dem sie in ihren ähnlich klingenden Sätzen scheinbar dasselbe sagen: daß man nicht von ihm reden könne, doch nicht den Schöpfer des Himmels und der Erde, den Herrn und Richter und Erlöser des Menschen, dessen Verborgenheit und Unbegreiflichkeit sein eigenes gewaltiges Werk ist, dem der Mensch sich zu beugen hat, sodaß er es ist, der es ihm durch sein Verbot, durch seine Austreibung aus dem Paradies unmöglich macht, von ihm zu reden, in dessen Macht und Hand es aber auch steht, ihm eben dieses Unmögliche möglich zu machen, der ihm, indem er ihm diese neue Möglichkeit gibt, die Unmöglichkeit aufdeckt, dies aus sich selber tun zu wollen. Was weiß der Mystiker, was weiß der Skeptiker von diesem Gott und seiner Verborgenheit und Unbegreiflichkeit? Was er meint, ist das Unsagbare der letzten Tiefe des Geheimnisses der Welt und der eigenen Seele, das Unsagbare einer Tiefe, in die der Mensch immerhin soweit vorstoßen kann, um von sich aus einzusehen, daß sie unsagbar ist, daß er von ihr nicht reden kann, einer Tiefe, die er jetzt eben als die unsagbare Tiefe durchaus zu kennen meint und in seinen Machtbezirk schon einbezogen hat. Was hat diese selbstentdeckte und in den eigenen Machtbezirk einbezogene Tiefe mit der Tiefe Gottes gemein? Gerade nur den Namen! Und daß dem so ist, bewährt sich daran, daß der sogenannte „Gott" dieser Lehre, von dem man angeblich nicht reden kann, nun doch, kraft derselben Machtvollkommenheit, in der ihm die Gegenständlichkeit abgesprochen wurde, zum Gegenstand größter und getrostester Beredsamkeit zu werden pflegt. Daß der Mensch wirklich von Gott wirklich **nicht reden kann**, das weiß man nur da, wo man weiß, daß er wirklich von Gott wirklich **reden kann**, nämlich daraufhin, daß Gott selbst mit seinem Wort und Geist in die Mitte tritt, schon in die Mitte getreten ist, um dem Menschen das möglich zu machen, was ihm aus sich selbst unmöglich ist. Es bedarf des selbst für sich selbst redenden Gottes, es bedarf der Auferstehung Jesu Christi als der Kraft zum rechten Reden von Gott, um dem Menschen im Kreuz Jesu Christi Gottes wirkliche, nämlich die von ihm selbst beschlossene und bewirkte Verborgenheit und Unbegreiflichkeit so vor Augen zu stellen, daß er einsieht und zugibt, daß er von sich aus nicht von Gott reden kann. Es wird ihm von dieser, aber wirklich nur von dieser Voraussetzung aus durchschaubar, daß Verkündigung als das menschliche Unternehmen, von Gott zu reden und Andere von Gott hören zu lassen, zum Scheitern verurteilt ist. Es wird ihm dann wohl auch das durchschaubar, daß er noch gar nicht Gott gemeint hatte, als er zuvor als getroster Mystiker oder Skeptiker Gottes Unsagbarkeit behauptete und im gleichen Atemzug verleugnete.

Gibt es Verkündigung, gibt es also ein Nicht-Mißlingen jenes Versuchs, dann kann und wird das gerade da, wo es das wirklich gibt, nicht als ein menschliches Gelingen, sondern nur als ein im menschlichen Mißlingen verborgenes, des menschlichen Mißlingens souverän sich bedienendes göttliches Gelingen verstanden werden. Gott macht dann gut, was wir schlecht machen. Und daß Gott gut macht, was wir schlecht machen, das wird dann nicht als ein sozusagen natürlich sich einstellender, dialektischer Umschlag verstanden, das wird dann nicht postuliert, das wird dann auch nicht als eine irgendwie zwangsläufig eintretende Folge vorausgesetzt, das wird dann nur im Glauben an die von Gott selbst hinsichtlich der Kirche geschaffene Voraussetzung, also im Glauben an Jesus Christus erhofft werden können. Es versteht sich in keiner Weise von selbst — gerade das Ereignis dieses göttlichen Gelingens als solches wird es uns verbieten, es für selbstverständlich zu halten — was dann geschieht: daß Menschen wirklich von **Gott** wirklich **reden** und Andere von Gott **hören** lassen können. Aber: schon dies versteht sich nicht von selbst, daß dies so gar nicht selbstverständlich ist! Alles, was wir als das Elend, die Hilflosigkeit, die Sprachverwirrung, die Ohnmacht der kirchlichen Verkündigung an uns selbst und Anderen, in unserer Zeit und zu allen Zeiten wahrzunehmen, das ganze Meer von unreiner Lehre, in dem wir wohl das Wort Gottes in der kirchlichen Verkündigung förmlich ersäuft zu sehen meinen — Alles das, was uns im Blick auf den uns sichtbaren Gang und Stand der Kirche hinsichtlich der Wahrheit jener Gleichung immer wieder irre machen könnte — das Alles mag uns **erinnern** daran: Es ist nicht selbstverständlich, wenn es zu jenem Gelingen kommt; nur ein göttliches Gelingen, nur ein Wunder kann dieses Gelingen sein. Aber wiederum hat auch der schmerzlichste Aspekt der Kirche als solcher nicht die Macht, uns hier jede Selbstverständlichkeit auszureden. Sondern, wenn uns das ausgeredet wird, dann dadurch, daß jene Gleichung: die kirchliche Verkündigung ist Gottes Wort, wahr ist, weil in dem Ereignis göttlichen Gelingens, das sich als solches wunderbar, tröstlich

und mahnend nicht nur von dem schlimmen Aspekt, sondern von jedem
Aspekt, den die Kirche uns bieten mag, abhebt, die Gnade selbst dafür
spricht, daß sie Gnade und nicht Selbstverständlichkeit, nicht dialektische
Notwendigkeit ist. Jesus Christus in der Kraft seiner Auferstehung ist
auf dem Plan, wo Menschen wirklich von Gott wirklich reden. Nicht
diese und jene Ansicht von der empirischen Kirche, sondern gerade die
Herrlichkeit dieses Ereignisses ist es, das den tiefen Schatten auf alles
menschliche Tun in der Kirche wirft, die uns, indem sie uns der Not ent-
reißt, unsere Not klar macht, die uns nötigt zu der Erkenntnis, daß wir
von uns aus nicht von Gott reden können.

Wenige Seiten nach jener scheinbar so bedenklichen Stelle über die Unbedenklich-
keit, in der der christliche Prediger glauben soll, daß sein Wort das als solches der
Sündenvergebung nicht bedürftige Wort Gottes sei, steht bei Luther (a. a. O. 519, 6 f.)
Folgendes zu lesen: Nu sihe mein lieber freund, welch ein wunderlich ding das ist, Wir
so gewißlich Gottes wort leren, sind so schwach und fur großer demut so blode, das
wir nicht gern uns rhumen, Wir seien Gottes kirchen zeugen, diener, prediger, propheten
etc. und Gott rede durch uns So wirs doch gewißlich sind, weil wir sein wort gewißlich
haben und leren Solche [— Luther hatte ursprünglich geschrieben: verzweipelt hertz
macht die sunde das wir fur Gott erschrecken und nicht konnen wirdig achten (als wir
auch nicht sind) noch trotzen das Gott mit uns und durch uns rede (wie es doch gewißlich
geschieht) —] blodickeit kompt daher, das wirs ernstlich gleuben Gottes wort sey so
ein herrlich maiestetisch ding, des wir uns allzu unwirdig erkennen das durch uns
solch gros ding solt geredt und gethan werden, die wir noch im fleisch und blut leben.
Aber unser widerpart, teuffel, papisten rotten und alle welt, die sind freidig und un-
erschrocken, thuren kecklich heraus sagen fur großer heiligkeit, Hie ist Gott. Wir sind
Gottes kirche Diener, Propheten und Apostel gleich wie alle falsche Propheten allzeit
gethan also das auch Heintz worst thar sich einen Christlichen fursten rhumen Aber
demut und furcht ynn Gottes wort ist allezeit das rechte zeichen der
rechten heiligen kirchen gewest, Thurst und freuel ynn menschlicher andacht,
das rechte zeichen der teuffel gewest, wie man auch ynn des Bapsts drecketen greifflich
merken müs. Also: (man beachte, wie Luther sich selbst korrigiert hat!) nicht zuerst
aus der Sünde, sondern zuerst aus dem (die Erkenntnis der Sünde ja erst ermöglichen-
den!) Glauben, „Gottes Wort sei so ein herrlich majestätisch Ding" kommt die
Erkenntnis unserer Unfähigkeit. Und gerade da, wo dieser Glaube nicht ist, wo man
also jene Zuversicht des christlichen Predigers bedenklich finden und wohl gar verwerfen sollte, wird diese Erkenntnis nicht Platz greifen!

Nicht anderswoher als aus dem Glauben an die wahre Göttlichkeit
der kirchlichen Verkündigung folgt die Erkenntnis ihrer an sich verlorenen Menschlichkeit und also die Erkenntnis, daß sie in ihrer Menschlichkeit nur von ihrer Göttlichkeit, d. h. aber von der Gnade des der
Kirche geschenkten Wortes Gottes leben kann. Nicht aus einer mehr oder
weniger trüben Ansicht vom Stand und Gang der kirchlichen Dinge,
wohl aber aus jenem Glauben muß die Erkenntnis folgen, daß der menschliche Verkündiger in der Kirche nicht etwa aufhört, schlecht und recht
der menschliche Verkündiger zu sein. Es bleibt sein Reden ein menschliches, allzu menschliches, sein Ziel und seinen Zweck an sich sicher
nicht erreichendes Reden von Gott. Daß es den Einwänden der Mystik

und der Skepsis ausgesetzt ist, die uns in ihrer Weise darüber belehren möchten, daß man von Gott nicht reden könne, das möchte zu ertragen sein, weil, wer von daher Einwände erhebt, nicht weiß, was er sagt, weil mit den von daher zu erhebenden Einwänden die Tiefe, die wirkliche Not der Menschlichkeit der kirchlichen Verkündigung noch gar nicht berührt ist. Was aber nicht zu ertragen ist, das ist das Gericht des lebendigen Gottes, unter dem hier das Menschliche steht, eben indem es seiner Gnade teilhaftig ist. Daß Gott selbst dem Menschen zur Anfechtung wird und ihm vorhält, daß er von Gott nicht reden kann, daß er, unter Gottes Wort gestellt, nur in menschlicher Autorität und Freiheit reden kann, das drückt hier als ehernes Gesetz, das macht hier die Lage unerträglich, das macht hier auch die Sorge um das, das der Mensch sagen soll: daß es rein und recht gesagt werde, ernsthaft, bitter und schwer, das wird den Menschen hinsichtlich dessen, was er zu sagen hat, auch bestimmt vor eine Aufgabe stellen und aus der Arbeit daran, solange er lebt, nicht mehr entlassen.

Luther selbst hat also in jener zweiten Stelle gezeigt, daß es notwendig ist, das Herabsteigen von der in der ersten Stelle angezeigten Höhe in die dazugehörige Tiefe nicht etwa zu unterlassen. Gerade von Luther her ist also auch der nüchterne Satz Calvins aufzunehmen: *Tamen retinenda est distinctio, ut quid homo per se valeat, quid Deo proprium sit, meminerimus* (Instit. IV 14, 11). Gedenken wir dessen: *quid homo per se valeat*, dann wird die 5. Bitte des Unservaters also gewiß auch für den menschlichen Verkündiger in der Kirche unentbehrlich sein Denn: *Nisi ipse nos assiduo sustentet, nihil prodest summa cognitio et ipsissima Theologia* (Luther, Komm. zu Gal. 2, 13, 1535 W. A. 40^I, 205, 24).

Und es wird dann die Hilfe in der Anfechtung nur von dem Gott zu erwarten sein, von dem sie herkommt. Wäre die Anfechtung jenes ehernen Gesetzes in der menschlichen Situation als solcher, wäre sie immanent begründet, dann könnten und würden wohl auch immanente Überwindungen oder doch Erleichterungen der Anfechtung in Erwägung gezogen werden müssen. In der Immanenz der menschlichen Situation als solcher gibt es keine tödlichen Gefahren: keine ehernen Gesetze, über die der Mensch nicht auch hinwegzublicken, die er nicht mit mehr oder weniger Glück auch in ihr Gegenteil umzudeuten und so unschädlich zu machen wüßte, ja denen nicht irgendwo und irgendwie im Bereich der Immanenz auch ganz real widersprochen wäre. Daß man nicht von Gott reden kann, das kann, sofern damit eine allgemeine menschliche Unmöglichkeit bezeichnet ist, praktisch bedeuten, daß man es in der Kraft der Verzweiflung, die des Menschen eigenes Werk ist, faktisch sehr wohl kann! Dieser Verzweiflung kann alsbald auch wieder der entsprechende mehr oder weniger tief zu begründende Leichtsinn folgen. Diese Anfechtung ist eben nicht gefährlich. Die wirkliche, die von Gott kommende Anfechtung ist gefährlich. Der Mensch, dem von Gott der Mund geschlossen ist, kann ihn unter keinen Umständen selber wieder öffnen

1. Gotteswort und Menschenwort in der christlichen Predigt

wollen, ohne daß das Gericht, unter dem er steht, ein Gericht zum Tode würde. Ihm kann er nur so wieder geöffnet werden, daß ihm Gott selbst sein Wort in den Mund legt. Nur kraft derselben Autorität und Freiheit dieses Wortes, die seine menschliche Autorität und Freiheit als solche charakterisiert und beschränkt, wird er unter dem Gericht, das diese Charakterisierung und Beschränkung über sein ganzes Wollen und Tun bedeutet, nicht zusammenbrechen, sondern in dem, was er will und tut, gehalten und gesegnet sein. Und ganz dasselbe gilt *mutatis mutandis* auch von allem Hören der kirchlichen Verkündigung. Es bedeutet das Menschenwort der christlichen Predigt angesichts dessen, daß dieses Gotteswort ist, als solches immer die Anfechtung. Nicht die kleine Anfechtung durch die wahrscheinlich so oder so nicht verborgene Hinfälligkeit aller von Menschen gesprochenen Worte: also nicht das, was man als Hörer dieser menschlichen Worte, seinerseits menschlich urteilend, daran aussetzen und vermissen kann, sondern das höchst verborgene, aber höchst reale Gericht Gottes, unter dem sie gerade darum stehen, weil kirchliche Verkündigung das Wort Gottes ist, weil Gott den Menschen als Sünder entlarvt, indem er ihm gnädig ist, weil er dem Menschen widersteht, indem er ihn annimmt, weil „Gottes Wort so ein herrlich majestätisch Ding" ist, das den Menschen in einer Weise in seiner Menschlichkeit offenbar macht, wie alle Fehler, die dieser Mensch in unseren Augen begehen mag, es von ferne nicht könnten. Gibt es eine Überwindung dieser Anfechtung, dann kann sie auch hier nicht immanent, nicht innerhalb der Sphäre erfolgen, in der ein Mensch zu Menschen zu reden, ein Mensch den Anderen zu hören versucht. Dann muß uns auch hier durch denselben Herrn, der uns die Last auferlegt, geholfen werden.

Adhibetur enim sermo veritatis extrinsecus vocis ministerio corporalis, verumtamen neque qui plantat est aliquid neque qui rigat, sed qui incrementum dat Deus (I. Cor. 3, 7). *Audit quippe homo dicentem vel hominem, vel angelum; sed ut sentiat et cognoscat verum esse, quod dicitur, illo lumine intus mens eius aspergitur, quod aeternum manet, quod etiam in tenebris lucet* (Augustin, *De pecc. merit.* I 25, 37). — *Il ne faut point entendre quand les Sacrificateurs ont office de bénir, que ce soit de leur propre authorité et que Dieu leur ait résigné son office et que sa louange soit amoindrie d'autant. Quand Dieu besogne par ses ministres, ce n'est pas qu'il soit diminué de son costé, ne qu'il faille que sa vertue soit obscurcie: il ne s'oste rien de ce qu'il donne. Mais il luy plait d'user de tels moyens à ceste condition, que toujours on revienne à luy et qu'on ne puise une seule goutte de bien d'autres fontaines que ceste source là* (Calvin, 2. Pred. üb. Gen. 14, CR. 23, 664). *Dominus ubi tantam laudem tribuit externae doctrinae, eam ab arcana spiritus sui virtute non disiungit. Nam quia Deus homines sibi deligit ministros, quorum opera utatur in ecclesiae suae aedificationem, simul per ipsos operatur arcana Spiritus sui virtute, ut efficax sit ac fructuosus eorum labor. Quoties hanc efficaciam commendat scriptura in hominum ministerio, discamus acceptam ferre gratiae Spiritus sine qua vox hominis irrita in aëre diffluet. . . . Nihil per se, fateor, et separatim potest externa praedicatio, sed quia organum est divinae virtutis in salutem nostram, et organum per gratiam Spiritus efficax, quae Deus coniungit, ne separemus . . . In summa, quos Deus ad se ministri opera convertit, eos convertere dicitur minister, quia nihil est quam Dei manus* (Komm. zu Luk. 1, 16, C. R. 45, 15). *Certum quidem est, eos qui plantant et rigant, nihil esse, sed quoties Dominus benedicere vult eorum labori, Spiritus sui virtute facit, ut efficax sit eorum doctrina: et vox quae per se mortua est, vitae aeternae sit organum* (Komm. zu 1. Petr. 1, 25, C. R. 55, 231).

Auch hinsichtlich dessen, was der rechte christliche Prediger sagt, bleibt, sobald abstrakt das in Betracht gezogen würde, was er als Mensch in dieser Funktion zu sagen hat, gültig, daß nach Röm. 3, 4 Gott wahrhaftig ist, alle Menschen aber sind Lügner. Aber eben dies, daß er auch als rechter christlicher Prediger nur als Mensch redet und also unter dem Gericht alles menschlichen Redens — eben dies darf, wenn die Kirche als der Leib Jesu Christi und mit ihr Jesus Christus als ihr Haupt nicht geleugnet werden soll, nicht mehr abstrakt in Betracht gezogen werden! Wir sagen nicht: es darf überhaupt nicht in Betracht gezogen werden. Wir sagen nicht, daß man bewaffnet mit der Vorstellung von irgendeiner auf die Kirche und auf das kirchliche Amt ausgegossenen Geistesfülle über die Menschlichkeit alles kirchlichen Redens von Gott auch nur einen Augenblick hinwegsehen könne. Wir können ja die Kirche mit ihrem Herrn nur indirekt, nur in der Einheit des Leibes mit seinem Haupt identifizieren. Es ist klar, daß wir sonst in die Bahnen des römisch-katholischen Denkens über Kirche und kirchliche Autorität zurückkehren würden. Die Menschlichkeit der kirchlichen Verkündigung muß genau insofern dauernd in Betracht gezogen werden, als es nötig ist, um uns klar zu werden und klar zu bleiben darüber, daß der, der hier redet, und der, der hier hört, auf die freie Gnade Gottes und damit auf das Gebet angewiesen sind.

Sind sie aber auf das Gebet angewiesen, dann bestimmt auch auf ernste, redliche Arbeit. Denn wie würden sie beten, wenn sie nicht, eben betend, auch arbeiten würden? Wie würden sie beten, wenn sie sich müßig auf eine zu ihnen kommende oder ihnen schon gegenwärtige Geistesfülle verlassen würden? Wie würden sie beten, wenn sie sich dem Worte Gottes, um das sie beten, nicht begierig und beharrlich entgegenstrecken würden? Aber gerade damit ist schon gesagt: es gibt keine abstrakte Betrachtung der der Gnade und des Gebetes so bedürftigen Menschlichkeit der kirchlichen Verkündigung. Der auf die freie Gnade Gottes angewiesene, der ohne sie verlorene, der durch sie treulich gedemütigte und ins Gebet geführte Mensch kann auch in dieser seiner Demütigung, auch in dieser seiner schlechthinnigen Abhängigkeit, in dieser seiner Nichtigkeit vor Gott nicht irgendwie trotzig und verzagt bei sich sein wollen. Wie würde sie sonst seine Nichtigkeit vor Gott sein? Es wäre ein Widerspruch in sich, den er nur unter Verleugnung Jesu Christi vollziehen könnte, wollte er nun etwa die Relativität seiner Situation, die Menschlichkeit und also Sündigkeit und also Gebrechlichkeit seines Tuns als ein Absolutes, als ein Letztes verstehen, wollte er sich also sozusagen fallen lassen in die Anfechtung. Würde er damit nicht beweisen, daß er noch gar nicht verstanden hat, daß er von Gott selbst angefochten ist, daß er sich dem wirklichen Gericht, dem Gerichte Gottes noch gar nicht gestellt und unterzogen hat? Verabsolutierung menschlicher Ohnmacht ist immer das Zeichen dafür, daß uns die wirkliche menschliche Ohnmacht vor Gott noch verborgen ist. Diese läßt sich nämlich nicht verabsolutieren. Sie ist als Ohnmacht vor Gott so völlig, daß sie uns nicht erlaubt, vor Gott zu fliehen, auch nicht in der Weise, daß wir dabei verharren wollen könnten, in die Tiefe zu starren, in die er uns führt, als könnte sie dadurch noch tiefer werden, als müßten wir das Gericht, in dem wir stehen, dadurch noch ernster, noch gerechter, noch furchtbarer machen, daß wir es jetzt als unsere eigenen Richter zu unserer eigenen Sache machen. Wirklich durch Gott gerichtet, wird dem Menschen schon gar nichts Anderes übrig bleiben, als sich eben an den, der ihn richtet, und also an Gottes Gnade zu halten. Nur durch Gottes Gnade sind wir wirklich gerichtet. Sind wir aber wirklich gerichtet, wie könnten wir dann Mutwillen treiben mit dem, der uns gerichtet, wie könnte dann etwas Anderes geschehen als dies, daß wir an seine, uns so mächtig angebotene Gnade glauben? Es ist wirklich keine Willkür und kein Postulat in dieser Wendung. Nicht wir sind es ja, die hier eine Wendung nehmen. Sondern am Kreuz von Golgatha ist jenes völlige Gericht, alle Menschen als Lügner erklärend, jeden Mund verstopfend, über uns ergangen. Und indem Jesus Christus auferstanden ist von den Toten, sind wir in den Bereich der Gnade Gottes versetzt. Diese Wendung ist als Geschehen hinzunehmen. In ihrem Lichte (das heißt: konkret!) ist unsere Menschlichkeit, die Menschlichkeit der kirchlichen Verkündigung zu sehen. Es ist wahr: die Selbstoffenbarung und das Selbstzeugnis des Wortes Gottes geschieht auch in der Kirche in der Verborgenheit, die zu beendigen oder auch nur vorläufig zu eröffnen nicht unsere, sondern Gottes Sache ist. Es ist wahr, daß auch die Zeichen menschlicher Worte, in denen die christliche Predigt auf diese Selbstoffenbarung und Selbstbezeugung des Wortes Gottes hinweist, nur dadurch wirksam werden, daß sie von Gott selbst durch den Heiligen Geist bewegt und gebraucht werden. Es ist wahr, daß es nicht aufhört, Gnade zu sein, wenn Gott sich zu dem in seiner Kirche gesprochenen und vernommenen Menschenwort bekennt; denn es ist wahr, daß diese Kirche eine Kirche von Sündern ist, daß sie gerade, indem Gott sich zu ihrem Wort bekennt, immer aufs neue, als solche offenbar wird. Es ist also wahr: es bleibt bei der Verlegenheit, in die uns die Frage, ob und inwiefern wir denn von Gott reden und reden hören können, versetzt. Es ist wahr, daß es ein Wagnis bleibt, wenn wir meinen, dies tun zu können: ein Wagnis, zu dem uns ohne Gottes eigene Tat die Legitimation, die Erkenntnis, der Mut notwendig fehlen müßte. Es ist wahr, daß von Gott doch nur Gott selbst reden kann. Aber man vergesse nur nicht, daß das alles nur Vorbehalte und Erläuterungen sein können zu dem positiven Satz, daß Gott der Kirche den Auftrag gibt, von ihm zu reden und daß, indem die Kirche diesen Auftrag ausführt, Gott selbst in ihrer Mitte ist, um selber seine Offenbarungen und seine Zeugnisse zu verkündigen. Diese wahrlich notwendig zu machenden Vorbehalte und Erläuterungen werden einmal bedeuten müssen: Die Kirche kann es sich nicht leisten, irgendwelchem Dünkel zu verfallen, irgendwelcher Sicherheit sich hinzugeben, wenn sie in Ausrichtung ihres Dienstes von Gott redet: es müßte die Anmaßlichkeit eines Pfaffentums, für das Wunder nicht mehr Wunder, Gnade nicht mehr Gnade, Wagnis nicht mehr Wagnis ist, der Feind sein, den die Kirche schärfer als alle anderen Feinde zu bekämpfen hat, weil sie durch ihn sozusagen in ihrem zentralsten Nerv angegriffen ist, weil sein Sieg die Zerstörung ihrer intimsten Substanz wirken müßte. Und sie müssen zweitens bedeuten: die Notwendigkeit, die den Menschen in der Kirche gestellte Aufgabe, das Problem der christlichen Predigt, so ernst zu nehmen, wie eine menschliche Aufgabe nur immer ernst genommen werden kann. Die Inanspruchnahme des Menschen in der Kirche, der jener Dienst aufgetragen ist, ist geradezu unermeßlich. Keine Trägheit, keine Gleichgültigkeit, keine Halbheit kann hier Raum haben. Denn auf keine menschliche Unvollkommenheit kann man sich da berufen, wo der Anspruch ja gerade an den Menschen gerichtet ist, dessen Unfähigkeit und Unwürdigkeit zu diesem Dienst eingesehen und ausgesprochen ist, indem ihm dieser Dienst übertragen wird, ohne daß dies doch etwas daran änderte, daß er ihm wirklich übertragen ist. Indem ihm die Flucht in den Hochmut abgeschnitten ist, ist ihm auch die Flucht in den Kleinmut und also in die Faulheit abgeschnitten. Kann er sich keine Illusionen machen, so kann er sich auch nicht entschuldigen, wenn er sich drücken, wenn er es sich leicht machen will. Es bleibt ihm nichts Anderes übrig, als ganz anspruchslos, aber auch ganz hemmungslos die Hand ans Werk zu legen. Dies ist es, was jene Vorbehalte und Erläuterungen zu bedeuten haben. Sie können aber nimmermehr zu Argumenten werden gegen die positive Wahrheit, daß die Glieder der Kirche in ihrer ganzen Menschlichkeit auf- und angenommen sind zur Teilnahme an Gottes eigenem Werk der Verkündigung seines Wortes. Sie können uns nimmermehr zu Hindernissen werden, diese positive Wahrheit zu glauben und also unsererseits die darin liegende Berufung anzunehmen und uns für den uns damit angewiesenen Dienst bereit zu halten. Würden sie uns dazu werden, dann würde das nur beweisen, daß wir sie noch gar nicht verstanden hätten, daß es noch gar nicht die große, die von Gott kommende Anfechtung wäre, aus der sie stammen, wenn sie wirklich Kraft haben. Sie wären dann wohl in frommem Gewande die Einwendungen irgendeiner Skepsis.

Nicht als Glieder der Kirche, sondern in der Behauptung des Trotzes und der Verzagtheit des Menschen, der sich der Kraft der Auferstehung Jesu Christi, der Kraft des Heiligen Geistes zu entziehen wünscht, würden wir uns selbst diese Einwendungen machen. Sie würden dann auch nicht mehr Kraft haben als solche Einwendungen, die wir selbst uns selbst machen können, zu haben pflegen. Kräftig sind sie dann und nur dann, wenn sie uns dadurch gemacht sind, daß Gottes Sohn ins Fleisch gekommen, daß sein Heiliger Geist über die Kirche ausgegossen, daß der Auftrag, von Gott zu reden, der Kirche gegeben ist. Kräftig sind sie dann und nur dann, wenn sie nicht aus dem Unglauben, sondern aus dem Glauben kommen. Die Kraft, die sie dann haben, wird aber nicht die Kraft der Zerstörung, der Lähmung und Entmutigung, sondern — in jenem doppelten Sinn: gegen unseren Hochmut und gegen unseren Kleinmut gerichtet — die Kraft einer heilsamen Kritik sein. Und hinter und über dieser Kritik wird eben die Wendung stehen, die am Kreuz von Golgatha und am Ostermorgen geschehen ist. An dieser Wendung (die wir sicherlich nicht zu vollziehen wüßten, weder real noch auch nur in Gedanken!) haben wir als Glieder der Kirche Anteil, indem wir sie im Glauben als geschehen hinnehmen — nicht ohne jene heilsame Kritik, nicht ohne die große Anfechtung über uns ergehen zu lassen, aber: hinnehmen! Und diese Wendung hinnehmen, heißt dann eben erkennen und bekennen: „Er ist bei uns wohl auf dem Plan, mit seinem Geist und Gaben". Diese Wendung hinnehmen heißt: bei allem Nachdenken über die Menschlichkeit der Kirche und also über unsere eigene Menschlichkeit durch diese und ihre ganze Unfähigkeit und Unwürdigkeit hindurchsehen, hinein in den Grund und Anfang der Kirche, in ihr Sein in Jesus Christus. Dort, in ihm ist sie nicht unfähig, nicht unwürdig, von Gott zu reden. Dort ist sie Alles, was sie dazu sein muß. Dort hat sie Alles, was sie dazu braucht. Dort ist sie gerechtfertigt und geheiligt, gesegnet und legitimiert in ihrem Tun. Dort ist das Wunder schon geschehen am Menschen, das geschehen muß, damit er von Gott reden kann und wirklich von Gott rede. Indem sie dorthin blickt, indem sie Jesus Christus als ihr eigenes Sein gelten läßt und ihn also ihren Trost sein läßt, indem sie sich nicht an ihre eigene Menschlichkeit hält — weder hochmütig noch kleinmütig! — sondern an den ihr in ihrer Menschlichkeit gewordenen Auftrag, wird sie sich gelassen, aber auch in letzter Gewißheit dazu bekennen, daß sie, in Menschenworten von Gott redend, Gottes eigenes Wort verkündigt. Wie sollte sie dabei dem Dünkel oder der Faulheit verfallen können? Das könnte sie immer nur dann, wenn sie in diesem Bekenntnis ungewiß würde. Und sie würde in diesem Bekenntnis nur dann ungewiß werden, wenn sie es sich erlaubte, anderswohin als auf Jesus Christus zu blicken. Blickt sie nicht anderswohin, dann hat sie alle Anfechtung, die ihr aus diesem Bekenntnis erwachsen kann, schon hinter sich. Sie wird es dann ertragen können, den Vorhalt hören zu müssen, daß dieses Bekenntnis allzu kühn und anspruchsvoll sei. Schärfer, als ihr dieser Vorhalt schon gemacht ist, von ihrem Grund und Anfang, von ihrem Sein in Jesus Christus her, wird er ihr von außen von der Welt her, sicher nicht gemacht werden können. Treffen kann er sie, von außen her gemacht, nur dann, wenn sie es sich nicht gefallen läßt, ihn so — im Sinn jener heilsamen Kritik! — immer wieder zu hören, wie er von ihr innen her, d. h. von da aus, von woher sie auch getröstet wird, gemacht ist. Läßt sie sich ihn von daher gefallen — nun, dann kann sie es sich auch gefallen lassen, durch jenen Vorhalt von außen — nicht getroffen zu werden.

2. REINE LEHRE ALS PROBLEM DER DOGMATIK

Christliche Predigt — die Rede von Gott im Namen Jesu Christi — ist auch ein menschliches Tun wie jedes andere. Sie ist nicht nur das. Sie hat ihre besondere Not und ihre besondere Verheißung, kraft welcher sie ein Werk Gottes — das Wort Gottes selbst ist: nicht weniger als seine Offenbarung in Jesus Christus, nicht weniger als deren Bezeugung in der heiligen Schrift. Sie lebt als menschliches Tun (objektiv) davon, daß dieses Werk Gottes in ihr geschieht und also (subjektiv) davon, daß die Menschen in der Kirche an diese Verheißung glauben. Aber sie ist auch ein menschliches Tun: ein Tun, dessen Wesen, Ordnung und Aufgabe beschrieben werden kann wie die jedes anderen menschlichen Tuns, ein Tun, das, wie jedes andere, gründlich oder oberflächlich, exakt oder unsauber, gut oder schlecht erfüllt werden kann. Wir sahen: eben der der Kirche gewordene Auftrag und also: gerade die Verheißung der eigenen Gegenwart und Tätigkeit Gottes bedeutet die Inanspruchnahme des Menschen in der Kirche. Sie bedeutet also, daß sein Reden von Gott unter eine Norm gestellt wird und ein Ziel gesteckt bekommt. Sie bedeutet, daß ihm die Frage nach der Rechtmäßigkeit seines Tuns gestellt ist. Es kann ihn die Verheißung der Gnade und des Wunders Gottes nicht von dieser Frage dispensieren. Ist doch die Gnade Gnade, das Wunder Wunder und also auch das Wagnis Wagnis, bleibt doch der Mensch der Mensch auch in der Erinnerung und Erwartung, ja auch mitten in der Gegenwart der göttlichen Tätigkeit, ist ihm doch durch deren Verheißung wohl die Sorge um den Erfolg, wohl die Sorge um die Rechtfertigung und Heiligung seines Tuns, nicht aber dessen Verantwortlichkeit abgenommen. Bleibt es doch dabei, daß eben er, der Mensch, zum Dienst der Verkündigung berufen, mit der Verheißung der Gnade und des Wunders berufen — aber wirklich berufen ist. Kann er doch nicht ausweichen in irgendeinen Zuschauerraum, von dem aus er gemächlich verfolgen könnte, wie sich die Gnade und das Wunder des Werkes, das Gott selber tut, nun etwa ereignen möchten. Ist er doch aufgefordert, selber und zwar in seinem Tun, in seinem menschlichen Reden von Gott, der Schauplatz dieses Werkes zu sein. Bedeutet das, wie wir sahen, das Gericht, und zwar das radikale Gericht über sein Tun, so bedeutet es doch auch dies, daß dieses eine bestimmte Richtung bekommt, an der es sich selbst messen, in der es seinen Verlauf nehmen muß. Also gerade von daher, daß die christliche Predigt nicht nur ein menschliches Tun, sondern auch die Selbstverkündigung des Wortes Gottes ist, gibt es ein Problem, und zwar ein ernsthaft und sinnvoll in Angriff zu nehmendes Problem des in ihr auch stattfindenden menschlichen Tuns, ein Problem der christlichen Predigt als einer mit anderen vergleichbaren menschlichen Aktion.

Man bemerke wohl, daß es nur von daher ein solches Problem als das eigene Problem gerade der christlichen Predigt und eine ernsthafte und sinnvolle Arbeit daran geben kann. Nehmen wir einen Augenblick an, daß wir mit jener indirekten Identität von Gotteswort und Menschenwort in der christlichen Predigt nicht zu rechnen hätten, weil jene Verheißung der Kirche nicht gegeben wäre oder weil sie in der Kirche nicht geglaubt würde. Sofort bekäme dann ihr Tun gerade in diesem seinem charakteristischen Mittelpunkt den Charakter eines auch auf Erden heimatlosen Phantasieunternehmens, über dessen Wesen, Ordnung und Aufgabe man nur in tiefster Bekümmernis und Ratlosigkeit nachdenken und reden könnte. Was ist die Predigt, wenn in ihr von Gott geredet wird, ohne daß sie das Wort Gottes selbst ist? Von woher soll sie dann ihr Problem und den Ernst der Arbeit an ihrem Problem empfangen? Gehört es etwa zum Leben der Polis, zu den Funktionen der öffentlichen Gewalt, daß irgendwo auch von Gott geredet werden muß? Oder ist die Predigt eine besondere Form der moralischen Erziehung des Menschengeschlechts? Oder ist sie mit ihren Mitteilungen über Gott und göttliche Dinge eine Angelegenheit der intellektuellen Bildung? Nun, es hat Zeiten gegeben, in denen darüber auf seiten des Staates, der Gesellschaft, der Philosophie und Wissenschaft eine gewisse freundliche Unsicherheit und Duldsamkeit herrschte, eine gewisse Bereitschaft, den Dienst der Kirche in diesem Sinn tatsächlich in Anspruch zu nehmen oder sich gefallen zu lassen, Zeiten, in denen sich dann auch die Kirche selbst das Problem der Predigt weithin in diesem Sinn stellen zu müssen meinte. Es können auch wieder solche Zeiten kommen. Anders denn als Zeiten eines für beide Seiten angenehmen Irrtums wird man solche Zeiten doch nicht verstehen können. Seit dem 18. Jahrhundert ist jedenfalls allmählich wieder sichtbar geworden, daß die christliche Predigt sich selbst für überflüssig erklärt, wenn sie sich in diese Dienste nehmen läßt. Die Polis, unaufhaltsam auf dem Wege zu ihrer eigenen Vergötterung begriffen, kann das Bedürfnis eines besonderen Redens von Gott zunächst nur immer weniger haben. Die Aufgaben der Volksaufklärung und Volksbildung scheinen zunächst immer weniger gerade auf die Theologen zu warten, sondern immer mehr von Anderen besser erfüllt zu werden, als jene es selbst dann könnten, wenn sie als Dilettanten auf diesen Feldern ein besseres Gewissen haben dürfen, als Dilettanten es haben können. Also: die anderen, die fremden Aufträge werden zurückgenommen und erlöschen. Ein unbeauftragtes Reden von Gott ohne eigenen Auftrag, ohne die Notwendigkeit und Autorität des Redens Gottes selber wird zunächst immer mehr aufhören, ein ernsthaftes menschliches Problem zu sein, immer mehr zu einer fast spukhaften Möglichkeit werden. Geschieht solches Reden nicht in einer ihm eigenen genuinen Beziehung, wachsend aus seiner eigenen Wurzel, unterworfen seiner eigenen Norm, dann wird es nach aller Voraussicht über kurz oder lang überhaupt nicht mehr geschehen. Und vielleicht ist es doch so, daß unsere Zeit nur sichtbar macht, daß ein Reden von Gott ohne diese Beziehung, Wurzel und Norm auch als menschliches Tun eine Unmöglichkeit ist. Es wird gut sein, damit zu rechnen, daß es so sein könnte, auch wenn es in späteren Zeiten auch wieder weniger sichtbar sein sollte, als es heute ist.

Wenn die Voraussetzung gilt, daß, indem die Kirche von Gott redet, Gott selber von sich selber reden will und wird, dann steht dieses menschliche Tun auch als solches vor einer in sich klaren Aufgabe. Es wird ein Tun im Dienste dessen sein müssen, was Gott selbst tun will und wird. Und der Begriff des Dienstes wird dabei ganz streng gefaßt werden müssen: Eine selbständige Zielsetzung wird dabei weder im Ganzen noch im Einzelnen in Betracht kommen können. Es wird aber auch die Form und Methode dieses Tuns nicht Sache selbständiger Entschließung der beteiligten Menschen sein können. Ein *minister* im *ministerium verbi divini* ist gerade nicht etwa mit einem militärischen Unterführer oder mit einem staatlichen Beamten oder mit dem Leiter einer kaufmännischen Filiale zu vergleichen, der hinsichtlich seiner einzelnen Maßnahmen und hinsichtlich der Form seines Vorgehens mindestens einen Teil der Verantwortung selbständig zu tragen und dementsprechend auch selbständig zu beschließen und zu entscheiden hätte. Soll der Herrschaft Gottes gedient werden, dann können sich ihr gegenüber offenbar gerade keine solchen Nebenzentren menschlicher Herrschaft bilden oder eben nur *per nefas*, nicht von Rechts wegen kann es dazu kommen. Die Verantwortung dieses Dienstes ist insofern unverhältnismäßig viel größer als die jedes anderen Dienstes, als hier — ohne daß der Einsatz und die Tätigkeit des Menschen weniger intensiv gefordert wäre! — von selbständigen Entscheidungen auf der ganzen Linie gerade keine Rede sein kann, vielmehr: als hier gerade die selbständigen menschlichen Entscheidungen in ihrer Richtigkeit oder Unrichtigkeit davon abhängen, daß sie nicht nur im Ganzen, sondern auch im Einzelnen, nicht nur im Inhalt, sondern auch in der Form Entscheidungen eines Gehorsams sind, in welchem der Mensch nichts will als eben Assistenz bei dem bis ins Einzelne und bis in die Form von Gott selbst zu bestimmenden Geschehen seines Werkes. Jedes Abweichen von dem Wege, den Gott selbst geht (geschähe es auch auf Grund bester und gewissenhaftester Überlegung), jede Entscheidung, die auf Grund freier Entschließung unter Absehen von Gottes eigenem Tun gefällt werden sollte, müßte hier als solche eine Dienstverletzung bedeuten. Sie würde die Voraussetzung: „Gott selbst verkündigt seine Offenbarung in seinen Zeugnissen" in Frage stellen. Sie müßte dann aber auch sofort das Vertrauen erschüttern, in welchem dieser Dienst allein getan werden kann. Aus der Völligkeit des Glaubens an die Gegenwart und Wirksamkeit Gottes selbst ergibt sich die Völligkeit des Gehorsams gegen ihn und wiederum: nur indem dieser Gehorsam völlig ist, kann es auch jener Glaube sein. Höchste Anspannung in diesem Dienst bedeutet höchste Selbstlosigkeit; dann und nur dann kann er auch in höchster Gewißheit erfüllt werden. Indem sie diesen im strengen Sinn des Begriffs verstandenen Dienst am Worte Gottes leistet, übernimmt die Kirche den ihr gewordenen Auftrag, anerkennt sie die göttliche Wohltat, die ihr damit erwiesen ist, daß Jesus Christus ihr Haupt ist, durch das sie — in dem Wort und in dem Geist, den er seinen biblischen Zeugen mitgeteilt — begründet ist, erhalten und regiert wird. Indem sie diesen Dienst leistet, läßt sie sich diese Wohltat gefallen, läßt sie sich auferbauen in ihren Gliedern, läßt sie sich gebrauchen als das in der Welt angezündete Licht des nahe herbeigekommenen Reiches Gottes. Aber hier hängt Alles daran, daß sie wirklich diesen Dienst leistet, daß die Erkenntnis Gottes in ihr so groß ist, daß sie in der Richtung, die ihr damit gewiesen ist, ohne Aufenthalt und Störung zunehme, daß alles andere Tun als dieser Dienst ihr verleidet und verunmöglicht, daß sie immer mehr in diesen Dienst gedrängt werde als in das einzige Tun, durch das sie sich vor Gott und doch auch vor den Menschen wirklich legitimieren kann. Wodurch soll die Kirche denn legitimiert sein als durch das Sichtbarwerden der Übermacht der an ihr und in ihr wirksamen freien Gnade Gottes? Eben um dieses Sichtbarwerden handelt es sich bei dem von ihr geforderten Dienst der Verkündigung. — Der zusammenfassende Begriff zur sachlichen Beschreibung des so verstandenen Dienstes der kirchlichen Verkündigung ist der Begriff der reinen Lehre.

Die berühmte Definition der Kirche *Conf. Aug. 7* lautet: *Item docent, quod una sancta ecclesia perpetuo mansura sit. Est autem ecclesia congregatio sanctorum, in qua evangelium pure docetur et recte administrantur sacramenta. Et ad veram unitatem ecclesiae satis est consentire de doctrina evangelii et de administratione sacramentorum.* Diese Definition sagt gewiß nicht Alles, was über die der Kirche in Ausführung ihres Auftrags zugewiesene Aufgabe gesagt werden kann. Sie sagt aber das, was unter allen Umständen gesagt werden und was Allem, was sonst darüber gesagt werden kann, übergeordnet werden muß. Kirche — die eine Kirche Jesu Christi — ist sie, indem sie die Versammlung der Heiligen, indem sie die heilige Versammlung ist, in welcher das Evangelium rein gelehrt wird — oder sie ist es gar nicht. Das *recte administrare sacramenta* verhält sich zu dem *pure docere evangelium*, wie sich die Sakramente überhaupt zum Evangelium verhalten: im Evangelium eingeschlossen und in ihrer Weise selber Evangelium, sind sie dessen Bezeugung in Gestalt einer vollzogenen Handlung, wie die Predigt des Evangeliums seine Bezeugung in der Gestalt des gesprochenen Wortes ist. Ihre Besonderheit ist das Korrektiv, das sie dem Predigtwort gegenüber bedeuten, sofern sie im Unterschied zu diesem ausdrücklich bezeugen, daß das Wort Gottes nicht nur Wort, sondern als solches auch Tat Gottes ist. So wird ihre *recta administratio* im Unterschied zu der *pura doctrina* des Evangeliums ausdrücklich daran erinnern, daß die befohlene und gemeinte „Reinheit" der Lehre nicht eine abstrakt noetische Angelegenheit ist, sondern daß sie real auf die dem Menschen in der Kirche notwendig sich aufdrängende *rectitudo*, auf seine Ausrichtung gemäß der Übermacht der freien Gnade bezogen ist.

Was heißt das: „Reine Lehre als Problem der christlichen Predigt?" — Schicken wir voraus: Lehre, *doctrina*, heißt nicht „Theorie". Lehre unterscheidet sich von Theorie durch ein Doppeltes: Theorie setzt immer voraus ein in eigener Ermächtigung und Verantwortlichkeit beobachtendes und denkendes menschliches Individuum, das sich über einen bestimmten

Gegenstand in der ganzen Freiheit jenes Wechselverhältnisses zwischen Mensch und Gegenstand, in welchem der Mensch immer der stärkere Teil sein wird, seine Anschauung bildet, der er dann in Gestalt bestimmter Begriffsverknüpfungen Ausdruck geben wird. Der Begriff Lehre dagegen steht in unmittelbarem Zusammenhang mit dem Begriff eines dem menschlichen Beobachten und Denken überlegenen Gegenstandes. Lehre findet auf keinen Fall in der Freiheit jenes Wechselverhältnisses statt. *Doctrina* geschieht im Rahmen einer *disciplina*. Lehren heißt unter allen Umständen ein Empfangenes als solches weitergeben und zwar so, daß das lehrende menschliche Individuum sowohl hinsichtlich des rechten Empfangens wie hinsichtlich des rechten Weitergebens gerade nicht nur sich selbst und dem Gegenstand, sondern zugleich Allen denen verantwortlich ist, die dasselbe auch empfangen und weiterzugeben haben. Der andere Unterschied ist dieser: Eine Theorie hat ihren Wert in sich selber. Sie kann Anderen zur Diskussion und eventuell zur Klärung und Bereicherung ihrer eigenen Theorien angeboten werden. Das kann aber auch unterbleiben. Sie kann auch den Genuß und die Freude ihres Urhebers ganz allein bilden. Lehre aber wendet sich von Hause aus an die Anderen. Lehre kann wohl faktisch diskutabel sein — und welche Lehre sollte das faktisch nicht sein? — sie kann aber nicht Diskussionsgegenstand sein wollen. Lehre ist nicht Vortrag von Ansichten, sondern von Einsichten. Lehre will nicht andere Lehren ergänzen. Lehre will die Wahrheit, und zwar die ganze Wahrheit sagen. Eben darum kann sie nicht vorgetragen oder auch nicht vorgetragen werden, eben darum steht sie von Haus aus in der Wendung zum Nächsten. Also: Wer aus Lehre „Theorie" macht, sei es, daß er sie als solche empfehlen oder als solche diskreditieren möchte, der ist noch in einem Mißverständnis befangen. Es ist klar, daß es sich im Dienst des Wortes Gottes nicht um Theorie, sondern nur um Lehre handeln kann.

Aber was heißt nun Lehre in diesem Zusammenhang: als Lehre des Evangeliums, des Wortes Gottes? Das ist sicher, daß wir, indem wir den Dienst der kirchlichen Verkündigung gerade mit diesem Begriff umschreiben, einer gewissen Zurückhaltung Ausdruck geben. Lehre wird auch als reine Lehre nicht an sich dem gleich sein, was Gott tut, indem er sein Wort redet. Lehre als solche kann nicht sein: die Begabung des Hörers mit dem Heiligen Geist. Sie kann nicht sein: seine Erweckung zum Glauben oder auch nur seine Erhaltung und Förderung darin. Sie kann nicht sein: seine Bekehrung. Lehre als solche kann nicht Jesus Christus auf den Plan führen. Sie kann sein Reich weder darstellen noch gar bauen. Sie kann nicht das Ereignis der Gemeinschaft zwischen Gott und Mensch in seiner Wirklichkeit vollziehen. Wer derartiges von ihr erwartet, erwartet zu viel von ihr, um dann vielleicht doch gerade zu wenig von ihr zu erwarten.

Daß der Lehre des Evangeliums, dem menschlichen Predigtwort diese Zurückhaltung tatsächlich auferlegt ist, das dürfte gerade dann einleuchten, wenn man einsieht, daß das *recte administrare sacramenta* nicht müssig und überflüssig neben dem *pure docere evangelium* steht. Die S a k r a m e n t e sind das besondere Zeugnis von der W i r k - l i c h k e i t jenes Ereignisses. Auch sie können es freilich nur bezeugen und nicht, wie es nach römisch-katholischer Lehre der Fall wäre, als „Gnadenmittel" im Unterschied zum gepredigten Wort selber vollziehen. Aber eben dies bezeugen sie — und können sie bezeugen, weil sie wesentlich nicht wiederum Worte, sondern Handlungen sind, ausdrücklicher als das gepredigte Wort: daß das, was das gepredigte Wort sagt, nicht nur von einem Menschen zu seinesgleichen g e s a g t ist, sondern daß es in Jesus Christus ist und daß es eben auf dieses sein S e i n in Jesus Christus hin und giltig, mit der ganzen Kraft der Teilnahme an diesem Sein gesagt wird. Wird dieses Zeugnis der Sakramente ernst genommen, dann bedeutet jene der Lehre als solcher auferlegte Zurückhaltung keinen Verzicht und keine Schwäche; sondern das wird gerade ihre Stärke sein, daß sie sich — ohne selbst Sakrament im engeren Sinn des Begriffs zu sein — auf die Sakramente als auf das Zeugnis der von Jesus Christus gestifteten Handlung, auf das Zeugnis von dem Sein dessen, was sie als Lehre nur sagen kann, beziehen darf. — Es ist freilich zu bemerken, daß diese sozusagen natürliche Stärke der Lehre in ihrer Beziehung zu den Sakramenten in der heute üblichen Form des evangelischen Gottesdienstes und damit in den evangelischen Kirchen überhaupt dadurch in ihrer Auswirkung behindert, ja vielleicht weithin unterbunden ist, daß die Sakramentsfeier hier, statt die Regel zu bilden, zu einer feierlichen Ausnahme geworden ist. Es wird vielleicht eine von den dem Protestantismus gestellten Entscheidungsfragen der nächsten Zukunft bilden, ob es gelingt, den evangelischen Gottesdienst seiner von Luther wie von Calvin intendierten Ganzheit entgegen zu führen, d. h. die unsinnige Trennung von Predigt und Sakrament aufzuheben und ihre natürliche Zusammenordnung wiederherzustellen. Es würde aber bedeuten, einen Schaden durch einen noch größeren überwinden zu wollen, wenn man zwar jene Trennung aufrechterhalten, dagegen jene der Lehre als solcher auferlegte Zurückhaltung beseitigen, der Predigt also den Charakter einer direkten Mitteilung geben wollte, der weder der Predigt noch auch dem Sakrament zukommen kann, sondern der beide — wirksam allerdings nur in ihrer Zusammenordnung — zu d i e n e n bestimmt sind, weil sie das Werk Gottes selber ist.

„L e h r e" heißt Belehrung, Unterweisung, Unterricht, *institutio*. Dies ist es, was die christliche Predigt zu leisten hat. Es gilt aber ihre Unterweisung dem zum Hören des Wortes Gottes berufenen Menschen. Und es ist ihre Aufgabe, ihn eben darin, im H ö r e n des Wortes Gottes zu unterweisen. Wir bedenken ja: Gottes Wort zu reden und zu Gehör zu bringen, das ist und bleibt Gottes e i g e n e Sache. Ist sie der Kirche anvertraut, ist die Kirche in den Dienst dieser Sache gestellt, hat sie den Auftrag, in menschlichen Worten das Wort Gottes zu verkündigen und ist es also wahr, daß in Ausführung dieses Dienstes menschliche Worte das Wort Gottes selber sein werden, so werden wir doch, wenn es darum geht, die Aufgabe dieser menschlichen Worte als menschliche Aufgabe zu verstehen, sinnvollerweise nicht sagen können: daß der Mensch in diesem Dienst Anderen das Wort Gottes zu sagen, Andere im Wort Gottes zu unterrichten habe, weil eben dies, so gewiß es der Inhalt der göttlichen Verheißung ist, nicht wohl als solches der Inhalt der menschlichen L e i s t u n g, die Angabe dessen, was der Mensch hier zu tun hat, sein kann. Es kann und es soll der Mensch in diesem Dienst versuchen, die Offenbarung oder konkret: das biblische Zeugnis von der Offenbarung **auszulegen** in Form des **Zeugnisses** von ihrer Wahrheit, das ihm als sein eigenes gegeben ist. Es wird also eben das, was er selber hier tut — schon da es ja als solches immer nur ein Versuch sein kann — über sich selbst **hinausweisen**. Indem er sich an seine Hörer wendet und von ihnen gehört zu werden begehrt, wird sein Anliegen doch nicht dies sein, daß sie ihn, den menschlichen Redner, sondern daß sie **den** hören, dessen **Zeuge** der menschliche Redner ist. Daß die Anderen mit ihm selbst zusammen **Gott** reden hören, daß sie sozusagen seine Mitschüler werden in der Schule **Gottes** oder konkret: in der Schule der **heiligen Schrift**, das wird das Ziel seines Redens sein. Es wird also sein ganzes Reden, so gewiß es gefüllt sein wird als ein durch das eigene Hören des Wortes Gottes bestimmtes Reden von Gott, doch letztlich nicht etwa in der Mitteilung des damit gegebenen Stoffes als solchen — und wäre dieser die beste Schriftauslegung — bestehen, sondern es wird in Form der Mitteilung dieser objektiven Stoffe der Versuch sein, die Hörer dazu anzuregen und anzuleiten, selber zu hören, was das Wort Gottes in der Auslegung, die es sich selber gibt, **ihnen** zu sagen hat, der Versuch also, ihnen die Bewegung des auf Gottes Offenbarung antwortenden Glaubens sozusagen exemplarisch vorzuführen. Es zielt die ganze Mittelbarkeit, in der die Kirche in der ihr eigenen Autorität und Freiheit das Wort ergreift und führt, auf die Unmittelbarkeit der Offenbarung, die da wirklich wird und auf die Unmittelbarkeit des Glaubens, der da lebendig wird, wo Gott in seiner Autorität und Freiheit **selber** geredet hat und gehört ist. Nur **zielen** kann sie darauf; aber das eben kann sie und das eben soll sie auch, sofern sie die Mittelbarkeit der selber im Glauben stehenden Kirche ist, der Kirche, die sich eben im Glauben zum **Dienen**, aber zum Dienen in jenem **strengen** Sinn des Begriffs berufen weiß.

Es läßt sich von da aus zeigen, daß es angebracht ist, als Problembegriff der christlichen Predigt gerade den der **reinen Lehre** zu wählen. Soll das Menschenwort der christlichen Predigt den Dienst leisten, zum Hören des Wortes Gottes anzuleiten, dann muß es offenbar die Eigenschaft haben, dem Worte Gottes Gehorsam zu verschaffen, indem es ihm selber gehorsam ist. Es muß ein **selbstloses** Menschenwort sein, ein Menschenwort, das nicht selbständig dies und das sagen will, sondern das sich nur dazu hergeben will, daß, indem es gesagt werde, Gottes eigenes Wort das sage, was gesagt werden muß. Es muß wie ein Fenster ein **transparentes** oder wie ein Spiegel ein **reflektierendes** Wort sein. Es wird um so besser sein, je mehr es Alles, was als ein Drittes zwischen Gottes Wort und den menschlichen Hörer hineintreten möchte, fernhält und ausscheidet, je weniger es sich mit irgendeiner eigenen Dichtigkeit zwischen Gott und den Hörer hineinschiebt, je mehr es also positiv Hinweis,

Fingerzeig und Nötigung zum Hören auf das Wort Gottes selber und negativ Stillung aller in Betracht kommenden Stimmen falscher Göttlichkeit und überheblicher Menschlichkeit sein wird. Eben dies ist es, was unter Reinheit der Lehre zu verstehen ist.

Man wird hier daran denken dürfen, daß zu den Mariensymbolen der mittelalterlichen Kunst ein klargeschliffenes Glasgefäß gehörte. Und wenn damit angespielt wurde auf Luk. 1, 38: „Siehe, ich bin des Herrn Magd, mir geschehe nach deinem Wort" — so denken wir hinüber zu Matth. 26, 39: „Nicht wie ich will, sondern wie Du willst." Solche reinen Gefäße sucht, schafft und findet der göttliche Logos auch in der Verkündigung der Kirche. — Der Begriff der „Orthodoxie" gibt das, was mit „reiner Lehre" gemeint ist, auch wenn man ihn *in optimam partem* versteht, nicht gleichwertig wieder. Orthodoxie heißt: rechte Meinung. Es handelt sich aber bei dem Problem der christlichen Predigt nicht nur darum, daß richtig gemeint, sondern daß richtig gelehrt werde. Und wiederum bezeichnet „rein" unzweideutiger als „recht" oder „richtig", den geforderten medialen, dienenden Charakter der christlichen Predigt.

Alles, was wir über die Autorität und Freiheit des Wortes Gottes und über die Autorität und Freiheit der Kirche festgestellt haben, aber auch unsere grundsätzliche Bestimmung des Verhältnisses von Gotteswort und Menschenwort in der christlichen Predigt, drängt uns offenbar, das Wesen, die Ordnung und Aufgabe der christlichen Predigt jetzt so zu bestimmen: sie ist, was sie sein soll und auch sein kann, wenn sie in dem angegebenen Sinn reine Lehre ist. Daß Predigt reine Lehre sein soll, das kann aber auch als eine sinnvolle Zielbestimmung menschlicher Arbeit verstanden werden. Man kann um diese Zielbestimmung wissen oder nicht wissen. Man kann sich um sie mühen oder nicht mühen. Man kann besser oder schlechter darum wissen und man kann sich besser oder schlechter darum mühen. Man kann bestimmte Maßnahmen treffen und Mittel anwenden, um diesem Ziel näherzukommen. Man kann bestimmte Kriterien angeben, an denen zu ermessen ist, ob und inwiefern die christliche Predigt in der Bewegung auf dieses Ziel hin begriffen oder nicht begriffen ist. Kurzum: gerade der durch die Verheißung der Gegenwart und Selbsttätigkeit des Wortes Gottes geforderte Normbegriff der reinen Lehre charakterisiert die christliche Predigt dahin, daß sie jedenfalls auch Inhalt eines konkreten menschlichen Tuns ist, das sich von dem, was Menschen sonst tun, jedenfalls in der relativen Selbständigkeit abhebt, die es der Kirche nicht erlauben kann, sich durch das, was in Staat und Gesellschaft von Menschen sonst getan wird, als abgelöst und ersetzt zu betrachten. Diese Zielbestimmung ist die Zielbestimmung ihres und nur ihres Tuns.

Wir sagen mit dem Allem nicht, daß reine Lehre nur oder daß sie entscheidend eine Sache menschlicher Zielbestimmung, Arbeit und Bemühung sei. Wir sagen das sogar ganz und gar nicht hinsichtlich ihrer Verwirklichung! Wie sollten wir das schon sagen können? Nur daraufhin, daß Gott selber sein Wort spricht in der Verkündigung der Kirche, kann ja dieser Normbegriff der reinen Lehre, d. h. des sich ganz und gar zum Medium des göttlichen Wortes hergebenden Menschenwortes überhaupt aufgestellt werden. Und erfüllt es sich, daß christliche Predigt reine Lehre in diesem Sinne ist, dann wird das nicht menschliche Leistung und menschliches Verdienst sein, sondern die Gnade des Wortes Gottes, das sich in Erfüllung seiner Verheißung zu dem von Menschen gesprochenen Wort bekennen wollte und bekannt hat, das dann für die nötige Reinheit dieses menschlichen Wortes selber gesorgt hat. Es ist also nicht an dem, daß in der Kirche das gute Werk reiner Lehre, d. h. das, was wir auf dieser Linie fertig bringen und nach bestem Wissen und Gewissen für eine erfreuliche Leistung halten zu können meinen, bloß zu geschehen brauchte, um Gott gleichsam zu nötigen, sich mit seinem Wort zu dem von uns so trefflich rein gesprochenen Menschenwort zu bekennen. Es wird auch gegenüber der ernsthaftesten Bemühung und Leistung in der Richtung reiner Lehre immer Gottes freie Gnade sein, wenn er sich dazu bekennen will, und es wird wohl angebracht sein, zu bedenken, daß auch das Ernsthafteste und Beste, was hier in der Kirche geleistet werden kann, der Gnade Gottes tatsächlich bedürftig ist. Und es ist also auch nicht an dem, daß Gottes Wort sich nicht auch zu solcher Predigt bekennen dürfte und könnte, die wir nach Allem, was wir in dieser Hinsicht wissen können, als höchst unreine Lehre, also als ein durch so und so viel fremde Elemente getrübtes und verdorbenes Medium beurteilen müssen. Wie sollte die Kirche nicht völlig verloren sein, wenn die Gnade des Wortes Gottes nicht auf der ganzen Linie mächtiger wäre als die auf der ganzen Linie regierende menschliche Schwachheit, wenn sie nicht frei wäre, sich auch in, menschlich geredet, bedenklich dunklen Spiegeln zu reflektieren? Tröste sich immerhin ein Jeder dessen — er lasse diese Erwägung aber auch der Beurteilung der Leistungen Anderer angemessen zugute kommen! — daß die Kirche mit aller Unreinheit ihres Wortes, mit dem sie dem Worte Gottes zu dienen versucht, der Macht der Gnade dieses Wortes keine Hindernisse zu bereiten und keine Grenzen zu ziehen vermag. Aber das Alles kann und darf nun doch auch daran nichts ändern, daß reine Lehre als Aufgabe, um die wir wissen und um die wir uns mühen sollen, vor uns steht. Die Gnade des Wortes Gottes ist keine Magie. Sie ist der zu seinem Dienst angeforderten und zu seinem Dienst bereiten Kirche verheißen. Macht sie stark, was Menschen schwach, gut, was Menschen böse, rein, was Menschen unrein machen, so heißt das doch nicht, daß sie das Alles tue, wo Menschen überhaupt nichts tun, wo die Menschen etwa gar nicht unter jener Anforderung und in jener Bereitschaft stehen. Wenn wir Alles getan haben, was wir zu tun schuldig sind, so sollen wir sprechen: Wir sind unnütze Knechte. Wer aber daraus folgern wollte, wir könnten ebensogut faule Knechte sein, der würde offenbar nicht auf die Gnade des Wortes Gottes ver-

2. Reine Lehre als Problem der Dogmatik

trauen. Wer auf sie vertraut, der steht unter dem der Kirche auferlegten Gesetz des Wortes Gottes, der ist (ohne die Anmaßung, es herbeizwingen zu wollen und ohne die Torheit, seine Gegenwart als seinen eigenen Erfolg sehen zu wollen) tätig in seinem Dienst, und also besorgt und eifrig um die Reinheit der in seinem Dienst zu vollziehenden christlichen Predigt. Dieselbe Reinheit der Lehre, von der er weiß, daß ihre Verwirklichung unter allen Umständen göttliche Gnade sein wird, wird ihm, eben weil er unter dem Gesetz der göttlichen Gnade steht, auch Zielbestimmung seines menschlichen Tuns, Gegenstand seiner Arbeit und Bemühung sein. Ist sie auch dies nur kraft der Gnade, durch die er zur Kirche und also zum Dienst berufen ist, so würde er sich doch derselben Gnade entziehen, wenn er anderswo als in der Kirche und also in diesem Dienst und also ohne den Eifer und die Sorge um die Reinheit der Lehre sich finden lassen wollte.

Und hier sind wir nun an dem Punkt, wo die Aufgabe der Dogmatik aufs neue in unseren Gesichtskreis tritt. Sie ist *in concreto* die Arbeit und Bemühung der Kirche um die Reinheit ihrer Lehre. Ihr Problem ist das Problem der christlichen Predigt.

Man könnte hier freilich mit Recht auch von der Theologie als solcher und als ganzer, also von der Einheit der biblischen, dogmatischen und praktischen Theologie reden. Aber wenn es in dieser Einheit gewiß prinzipiell keinen Vorrang gibt, so gibt es in ihr doch — wie (unzusammengezählt!) in der heiligen Trinität — eine konkrete Mitte und diese Mitte bildet eben die Dogmatik, sofern nämlich in der biblischen Theologie nach der Begründung, in der praktischen Theologie nach der Form, in der dogmatischen aber, im Übergang von der einen zu der anderen, nach dem Inhalt der kirchlichen Verkündigung bzw. nach dessen Übereinstimmung mit der in der heiligen Schrift bezeugten Offenbarung gefragt wird. Wenn diese drei theologischen Aufgaben völlig, oder fast völlig, ineinander liegen, indem keine ohne die andere auch nur richtig gesehen und definiert werden kann, so gibt sich ihre Unterscheidung doch notwendig als praktische Anwendung der Unterscheidung, die sich uns in der Lehre von der Freiheit unter dem Wort (§ 21, 2, 3–5) aufgedrängt hat: Beobachtung (*explicatio*), Aneignung (*applicatio*) und zwischen beiden jener Übergang des Nachdenkens des uns im biblischen Offenbarungszeugnis vorgesprochenen Wortes. Wir sahen, wie sich in diesem Nachdenken die eigentliche Entscheidung hinsichtlich des rechten Hörens des Wortes Gottes in der Kirche vollzieht. Eben diesem Nachdenken entspricht nun als die theologische Aufgabe, die der Kirche mit dem Auftrag der Verkündigung neben der exegetischen und der praktischen Theologie gestellt ist, die Dogmatik. Wie jenes Nachdenken nicht im leeren Raum geschieht, sondern in der Mitte und im Übergang zwischen *explicatio* und *applicatio*, zwischen dem *sensus* und dem *usus scripturae*, so gibt es Dogmatik nur in der Mitte und im Übergang von der exegetischen zur praktischen Theologie. Aber eben in der Mitte und im Übergang zwischen der Frage: Woher und der Frage: Wie die christliche Verkündigung zu reden habe, entsteht offenbar als die eigentlich kritische theologische Frage die Frage nach dem Was, nach dem Inhalt der kirchlichen Verkündigung. Indem sich die Kirche diese Frage stellt, indem sie das, was sie tatsächlich verkündigt und verkündigen wird, der Krisis dieser Frage unterwirft — ehrlich und vorbehaltlos, als wüßte sie noch nicht, was sie zu verkündigen hat! — bemüht sie sich (so wie Menschen sich in dieser Sache bemühen können!) um die Reinheit ihrer Lehre und insofern um die rechte Erfüllung des ihr aufgetragenen Dienstes. Wie sollte sie nach diesem Was fragen können, ohne zu wissen, daß sie sich nicht anderswoher als aus der heiligen Schrift darüber belehren lassen kann? Wie sollte es also Dogmatik geben, ohne daß ihr die Exegese nicht nur voranginge, sondern geradezu innewohnte? Und wiederum: wie könnte jene Frage anders gestellt werden als im Blick auf die der Kirche aufgetragene Verkündigung? Wie sollte es also Dogmatik geben, ohne daß ihr die praktische Theologie — ebenfalls nicht nur nachfolgte, sondern schon innewohnte? Dennoch befinden wir uns hier offenbar sozusagen auf der Mittelstrecke des von dort nach hier zu gehenden Weges und insofern im eigentlichen Zentrum der ganzen Theologie. Wer der Hörer und was für ein Hörer des Wortes Gottes der ist, der das Zeugnis der Offenbarung beobachtet hat, um es sich anzueignen, das entscheidet sich in seinem Nachdenken. Und so wird in der Dogmatik entschieden über den Dienst, den die Theologie als Hilfsdienst in der Kirche und an der Kirche zu verrichten hat. Und weil es für den Dienst der Kirche, menschlich geredet, wesentlich ist, daß sie sich um die Reinheit ihrer Lehre bemüht, daß sie sich also den Hilfsdienst der Theologie gefallen läßt, darum wird, wiederum menschlich geredet, in der Dogmatik über den Dienst der Kirche überhaupt entschieden. Schlechte Dogmatik — schlechte Theologie — schlechte Predigt! Und umgekehrt: gute Dogmatik — gute Theologie — gute Predigt! Der Verdacht und Vorwurf der Hybris scheint unvermeidlich, wenn man so etwas sagt. Erinnern wir uns also — nicht um diese Aussage zu verteidigen, aber immerhin um sie zu erklären — daß die Gnade des Wortes Gottes ganz allein über die gute oder schlechte Wirklichkeit der Kirche und ihres Dienstes entscheidet. Aber wenn es wahr ist, daß die Gnade des Wortes Gottes, die die Kirche für diesen Dienst in Anspruch nehmende und in Tätigkeit setzende und also um die Reinheit ihrer Lehre besorgt und eifrig machende Gnade ist, dann ist nicht einzusehen, wie wir uns dem entziehen sollten, daß eben die Entscheidung, die ganz allein Sache der freien Gnade Gottes ist, nun doch in der Predigt und also (weil ohne Beantwortung jener drei Fragen

2. Reine Lehre als Problem der Dogmatik

nicht gepredigt werden kann) in der Theologie und also (weil die mittlere jener drei Fragen die eigentlich kritische ist) in der Dogmatik fällt. Wobei wir, wenn wir Dogmatik sagen, selbstverständlich nicht an das Produkt dieses oder jenes Professors denken, sondern an die Arbeit an jener mittleren Frage nach dem Was der kirchlichen Verkündigung, sofern das Subjekt dieser Arbeit die ganze Kirche ohne Ausnahme auch nur eines einzigen ihrer Glieder ist, an die Arbeit, deren wissenschaftliche Gestalt immer nur ihren sichtbarsten Exponenten bilden kann. Ist jenes Trachten nach reiner Lehre der Kirche wirklich als Pflicht auferlegt, dann kann sie sich diese Arbeit nicht ersparen. Sie wird dann nicht umhin können, die Arbeit der Dogmatik als ihre eigenste Aufgabe zu betrachten und zu behandeln.

Wir heben zunächst dies hervor, daß es sich in der Dogmatik um den Vollzug einer **Arbeit** handelt. Wenn es durch die Gnade des Wortes Gottes wirklich wird, daß das menschliche Wort der christlichen Predigt reine Lehre ist, dann ist das nicht in einem Zustand wirklich, sondern als eine Handlung des Glaubensgehorsams, als eine Handlung des Heiligen Geistes in der Kirche. Reine Lehre ist ein Tun, nicht eine Sache, auch nicht eine Gedanken- und Wortsache. Reine Lehre ist also nicht etwa identisch mit irgendeinem vorhandem Text: weder mit dem bestimmter theologischer Formeln, noch mit dem eines bestimmten theologischen Systems, noch auch mit dem des kirchlichen Bekenntnisses, noch auch mit dem Bibeltext. Reine Lehre ist ein Ereignis.

Es verhält sich mit der Verkündigung der Kirche nicht anders als mit der Offenbarung und mit der heiligen Schrift. Wir sahen: Offenbarung als Gottes Wort ist die Einheit des Aktes der Fleischwerdung des Wortes und der Ausgießung des Heiligen Geistes. Und wir sahen: heilige Schrift als Gottes Wort ist die Einheit des Aktes der Rede Gottes zu den Propheten und Aposteln und durch sie zur Kirche. So ist die Verkündigung der Kirche Gottes Wort als die Einheit des Lebensaktes der hörenden und der redenden Kirche. In allen diesen Punkten, am Bestimmtesten im zweiten und dritten, ist der alte Protestantismus im 17. Jahrhundert dem Irrtum verfallen, die Einheit des Aktes, mit der hier zu rechnen wäre, aufzulösen und synergistisch mit objektiv göttlichen Gegebenheiten auf der einen und einem subjektiv menschlichen Nehmen und Aneignen auf der anderen Seite zu rechnen. So wurde ihm insbesondere die Schrift zum inspirierten Buchstaben, zum Buchstaben dann aber auch die reine Lehre als der Normbegriff der kirchlichen Verkündigung. Gerade damit hat er aber — mit dem Synergismus ist eben nicht zu scherzen! — dem vorgearbeitet, was er am Wenigsten wollte: der Verwandlung der Autorität und Freiheit des Wortes Gottes in die höchst menschliche Autorität und Freiheit derer, die das Wort Gottes in Gestalt jener Buchstaben nun eben doch zu **haben** meinten und in dieser Meinung ganz konsequent immer mehr zu einem **Verfügen** darüber übergingen.

Reine Lehre als die Erfüllung der der kirchlichen Verkündigung gegebenen Verheißung ist ein Ereignis: das Ereignis der Gnade des Wortes Gottes und des durch diese Gnade geschaffenen Glaubensgehorsams. Sie ist eine göttliche Gabe, die der Kirche immer nur gegeben **ist**, indem sie ihr gegeben und indem sie von ihr empfangen **wird**. Man kann die göttliche Wirklichkeit des Heiligen Geistes auch hier nicht abstrahieren von dem Gebet um den Heiligen Geist, in welchem sie als göttliche Wirklichkeit respektiert und entgegengenommen wird. Eben darum muß nun aber die reine Lehre, sofern sie Zielbestimmung des menschlichen Tuns in der Kirche ist, schlecht und recht als eine Aufgabe, als Gegenstand menschlicher Arbeit und darf sie auf keinen Fall als eine irgendwo schon bereit liegende Lösung verstanden werden, die nun einfach als solche übernommen werden könnte. Eine solche Übernahme wird also die Sache der Dogmatik als die Bemühung der Kirche um die Reinheit ihrer Lehre auf keinen Fall sein können. Wo sollte sie freilich anders anfangen können als mit der Erforschung der Texte der Bibel, des kirchlichen Bekenntnisses und alles dessen, was ihr als kirchliche Erkenntnis schon vorangegangen ist. Mit dieser Forschung wird sie aber nur anfangen: sie wird sich — um das Nachdenken handelt es sich ja jetzt! — nicht etwa in der Wiederholung jener Texte erschöpfen können. Und wiederum wird sie selbst es nicht etwa auf die Herstellung eines neuen heiligen Textes absehen können, so unvermeidlich es ist, daß ihre Arbeit wiederum in bestimmten Texten ihren Niederschlag findet: in Sätzen, Formeln, Gedankengängen, systematischen Verknüpfungen. Alles Derartige wird doch nur dann sinnvollen Bestand haben und seinem Sinn gemäß entgegengenommen werden, wenn es als Marke auf dem Weg, als vorläufiges Profil, als Vorschlag zu weiterem Nachdenken gemeint ist und verstanden wird. Es müssen alle Ergebnisse der Dogmatik als flüssiges Material für weitere Arbeit gemeint sein, aufgenommen und verstanden werden. Wichtig können wirklich nicht die Ergebnisse — wirklich keine Ergebnisse! — der Dogmatik sein. Wichtig ist allein die durch die jeweiligen Ergebnisse zu bezeichnende Bewegung der um die Reinheit der Lehre bemühten Kirche. Was diese Bewegung anregt, in Gang hält und leitet, ist gute, was sie aufhält, was die Kirche zu bequemem Schlaf veranlaßt, ist bestimmt schlechte Dogmatik und wenn die Texte die sie reproduziert und selber neu produziert, als solche noch so vortrefflich wären.

Dogmatik lehren heißt darum nicht — so unvermeidlich es ist, daß dies beiläufig auch geschieht! — diese und diese überkommenen Sätze wiederholen, diese und diese neu aufstellen, eine bestimmte Schau der christlichen Dinge vollziehen und explizieren, ein System entwerfen und zur Darstellung bringen, sondern: indem das Alles mehr oder weniger unvermeidlich geschieht, die Arbeit der Kirche in der Richtung auf die reine Lehre aufnehmen, weitertreiben, vertiefen, in einer bestimmten neuen Zeit angesichts neuer Fragen neu vollziehen. Und es heißt darum Dogmatik studieren gewiß unvermeidlich Kenntnisnahme von den durch die vorangehende Dogmatik gelehrten, überkommenen oder neugebildeten Sätzen, Formeln, Systemen (weil man ohne diese Kenntnisnahme unmöglich selber in die Arbeit eintreten kann, die hier zu tun ist!), aber über diese Kenntnisnahme hinaus als das eigentlich wichtige *studere:* die Teilnahme an der Arbeit selbst, zu der ja alle jene Arbeitsergebnisse nur anregen wollen, die aller gelehrten Dogmatik gegenüber dankbare, aber auch selbständige Bemühung um die Frage nach der reinen Lehre.

Vollziehen wir, bevor wir uns einer allgemeinen Beschreibung dieser Arbeit zuwenden, noch einige weitere Abgrenzungen. Die Aufgabe der Dogmatik ist nicht identisch mit der Aufgabe der Verkündigung, obwohl es hier wie dort um die reine Lehre geht, obwohl *in concreto* Dogmatik auch Verkündigung, Verkündigung auch Dogmatik sein kann, obwohl beide auch grundsätzlich nicht zu trennen sind. Sie sind aber, wie es in der theologischen Überlegung so oft der Fall sein muß, zu unterscheiden. So nämlich, wie die jeder rechten Tat notwendig vorangehende rechte Besinnung von der Tat als solcher zu unterscheiden ist.

Sie unterscheiden sich wie Lernen und Lehren: *Oportet enim episcopos non tantum docere, sed et discere, quia et ille melius docet, qui cotidie crescit et proficit discendo meliora* (Cyprian, *Ep.* 74, 10). Man kann mit der nötigen Vorsicht auch sagen: sie unterscheiden sich so, wie im Krieg die Heimat und die Etappe von der Front unterschieden ist. Wird der Krieg an der Front gewonnen oder verloren, so wird doch das, was in der Heimat und in der Etappe geschieht, an dem, was an der Front geschieht, so oder so nicht nur beiläufig, sondern entscheidend mitbeteiligt sein, so wird doch beides nur *per nefas* ein getrenntes Geschehen sein können.

Man darf also von der Dogmatik wohl erwarten, daß sie die nötige Zurüstung für die Predigt bilde, man darf von ihr Erziehung zum Suchen nach reiner Lehre, man darf von ihr Übung in diesem Suchen erwarten. Man darf aber nicht erwarten, daß sie dieses Suchen ersetze und überflüssig mache. Verkündigung als reine Lehre des Wortes Gottes wird nicht ohne Besinnung, sie wird aber nicht in der Besinnung darauf, sondern durch die Gnade des Wortes Gottes in ihrer Betätigung Wirklichkeit werden: in dem Engpaß zwischen dem biblischen Offenbarungszeugnis auf der einen, der Kirche und der Welt der Gegenwart auf der anderen Seite, in welchem die Kirche nicht sowohl Selbstprüfungen hinsichtlich ihres Redens von Gott anzustellen, als vielmehr nun wirklich — auf Grund jener Selbstprüfungen, keinen Augenblick aus ihnen entlassen (insofern also auch mitten in diesem Engpaß, mitten in der Selbstprüfung!), aber wirklich — von Gott zu reden hat. Im Leben der Kirche, d. h. indem sie als die hörende Kirche zu lehren hat, fällt die Entscheidung über die Reinheit oder die Unreinheit ihrer Lehre: in ihrem Predigen und Unterrichten, in ihrer Seelsorge, in ihrer Verwaltung der Sakramente, in ihrer Anbetung, in der Zucht, die sie an ihren Gliedern übt, in ihrer Botschaft an die Welt und nicht zuletzt in ihrer konkreten Haltung gegenüber den Mächten von Staat und Gesellschaft. Zu diesem Leben der Kirche gehört allerdings auch die Dogmatik. Sie kann aber all das, was im übrigen Leben der Kirche Ereignis werden muß, nicht ersetzen, sondern eben nur an ihrem Ort vorbereiten helfen. Sie ist im Verhältnis zu diesem übrigen und eigentlichen Dienst der Kirche, im Verhältnis zu dem, was in jenem Engpaß geschieht oder nicht geschieht, ein kirchlicher Hilfsdienst. Eben als solcher will sie ernst genommen sein: so ernst wie die unzerreißbare Einheit von Besinnung und Tat es nun einmal fordert. Eben als solcher Hilfsdienst muß sie sich im ganzen Leben der Kirche auswirken: ohne Zulassung irgendwelcher Adiaphora, also ohne daß auch nur die geringste verantwortliche Lebensäußerung der Kirche ihrer Kompetenz entzogen werden dürfte. Und eben als solcher Hilfsdienst kann sie nun nicht nur die Sache der Theologie oder gar nur der im akademischen Bereich arbeitenden Theologie, muß sie vielmehr grundsätzlich die Sache der ganzen Kirche sein. Wird in der Dogmatik nach reiner Lehre gesucht, dann geschieht es bestimmt auch im übrigen Bereich der Kirche. Geschieht es hier nicht, dann geschieht es bestimmt auch sonst nicht.

Nicht überflüssig wird es nun freilich sein, auch an das Andere wenigstens zu erinnern: daß die Aufgabe der Verkündigung nicht mit der der Dogmatik identisch sein kann. Die Kirche treibt Dogmatik, damit ihre Prediger wissen möchten, was sie zu sagen haben — aber nicht, damit sie das sagen möchten, was sie als Dogmatiker, sondern was sie als Prediger wissen sollen. Das Wissen des Predigers soll ganz allein aus dem biblischen Offenbarungszeugnis geschöpft sein. Dogmatik soll ihn darin unterrichten, aus dieser Quelle reine Lehre zu schöpfen, was sich, weil er auch nur ein Mensch ist, nicht von selber versteht, was für ihn eine Sache des Gebets, aber auch der Arbeit sein muß. Dogmatik soll ihm das Wissen um einen Maßstab aller Lehre und um den Gebrauch dieses Maßstabes vermittelt haben und immer wieder vermitteln. Nicht dieses Wissen, sondern unter Voraussetzung und in Anwendung, unter der Kontrolle dieses Wissens hat er zu predigen. — Es braucht nicht im Einzelnen erwähnt zu werden, wieviel hier in alter und neuer Zeit in leidiger Verwechslung zwischen der notwendigen Schule und ihren besonderen Aufgaben und dem Zweck, dem diese Schule mit ihrem besonderen Zwecke nur dienen kann, gefehlt worden ist.

Die besondere Aufgabe der Dogmatik bringt es nun mit sich, daß eben sie der Ort ist, wo die Theologie wie nirgends sonst bei sich selbst ist. Eben diese Situation hat nun aber einen sehr zweischneidigen Charakter, dessen man sich nach beiden Seiten bewußt sein muß. — Die Arbeit der Dogmatik entsteht in der Mitte zwischen der der exegetischen und der der praktischen Theologie, sagten wir. Das bedeutet nun einerseits, daß die Theologie sich hier in einer gewissen Geborgenheit und Selbständigkeit bewegen kann, die ihr dort nicht selbstverständlich, sondern jedenfalls nur von dieser Mitte aus eigen ist. Die heilige Schrift als Offenbarungszeugnis und deren Bezeugung im bisherigen Bekenntnis und in der bisherigen Erkenntnis der Kirche hinter sich — und vor sich die in ihrer Verkündigung handelnde Kirche, kann die Theologie sich gerade in der Dogmatik als eigentümliche Wissenschaft entdecken, entfalten und gestalten, und das um so mehr, je strenger sie in jener doppelten Beziehung steht, je mehr sie es sich zunutze macht, daß sie hier in jener doppelten Weise gehalten, genährt und geschützt ist. In dem sie hier und in diesem Raum und Rahmen die Frage nach dem Inhalt der kirchlichen Verkündigung stellt, steht sie einem ganzen Kosmos von Problemen gegenüber, von denen jedes einzelne darum so reich und fruchtbar ist, weil man keines von ihnen ernstlich anfassen kann, ohne sofort auch das eine Hauptproblem neu und besonders anfassen zu müssen, weil es hier keine Peripherie gibt, auf der auch nur ein einziger Punkt nicht zugleich auch Zentrum wäre. Und unwillkürlich formen sich dann doch auch die Einzelheiten unter sich zu einem Ganzen, dessen Einheit man nicht bloß ahnt, sondern auch sieht und dann doch auch wieder bloß ahnt und nicht sieht. Und wiederum: je bestimmter man sich in jenen Raum und Rahmen hineinstellt und je vertrauter man nicht den Einzelheiten als solchen und mit ihrer kosmischen Ganzheit als solcher wird, um so mehr hat man Anlaß zu staunen über die vollkommene Freiheit, in der man sich hier in allen Fragen der Methode, der Anordnung, der Gedankenführung bewegen kann, scheinbar ja auch ganz nach der besonderen Veranlagung jedes Einzelnen, der hier zu arbeiten hat, andererseits über die vollkommene Unmöglichkeit aller Willkür im Ansatz und in der durch die Sache bedingten Grundlinie. Mit der Dogmatik sich ernsthaft einlassen, heißt — und das um so mehr, je ernsthafter es geschieht — als Theologe zum wissenschaftlichen Selbstbewußtsein erwachen.

Die Zeit liegt noch nicht weit zurück, in der die Dogmatik als die große Verlegenheit einer wissenschaftlichen Theologie empfunden wurde. Aber das war eben die Zeit, in der die Theologie genau genommen überhaupt kein wissenschaftliches Selbstbewußtsein hatte, sondern in der sie sich mühsam von gewissen Anleihen zuerst bei der Philosophie und dann vor Allem bei der Historie nähren zu müssen und zu können meinte. Es war die Zeit, in der die Mittelstellung der Dogmatik und der Theologie überhaupt zwischen der Schrift und der Verkündigung der Kirche vor den Augen der Theologen selbst verborgen war, in der die Exegese sich aufzulösen drohte in der Kirchengeschichte, und die praktische Theologie in einer Sammlung von mehr oder weniger willkürlich gewählten und erteilten technischen Ratschlägen, beide miteinander verbunden oder vielmehr nicht verbunden durch ein bischen psychologische Spekulation, der auch nur noch den Namen Dogmatik zu geben, man sich zuletzt mit Recht scheute. Das schlechte Gewissen und die Unfreudigkeit, mit denen sich die Dogmatik damals zwischen den anderen theologischen Disziplinen und erst recht zwischen den sonstigen Wissenschaften bewegte, waren wirklich begründet. Es war aber nur ein Schein, wenn die anderen theologischen Disziplinen damals ein besseres Gewissen und eine größere Freudigkeit zu ihrer Sache zur Schau tragen zu können glaubten; standen sie doch ohne die zusammenhaltende Mitte einer ordentlichen Dogmatik womöglich noch viel mehr in der Luft als diese in ihrem damaligen unordentlichen Zustand selber. Die Ordentlichkeit der Dogmatik und mit ihr die Ordentlichkeit der Theologie überhaupt steht und fällt aber damit, daß jene sich bewußt und folgerichtig in jenen Raum und Rahmen stellt. Von daher empfängt sie Halt und Bewegung zugleich, Freiheit und Strenge ihrer Arbeit, klaren Überblick über ihre Möglichkeiten, aber auch klaren Einblick in das Geheimnis ihrer Grenzen. Von daher läßt sich wieder verstehen, was die mittelalterlichen Theologen meinten, wenn sie nicht nur seufzten über die Mühsal, sondern sich auch freuen konnten über die Schönheit (*pulchritudo*) ihrer Arbeit. Von daher gibt es ein echtes und nicht nur erschlichenes Selbstbewußtsein auch der exegetischen und der praktischen Theologie. Von daher und von daher allein läßt sich übrigens auch die Selbständigkeit der kirchengeschichtlichen gegenüber der allgemeingeschichtlichen Wissenschaft verstehen. Von daher kann die Theologie endlich auch von den sonstigen Wissenschaften her an sie gerichteten Fragen hinsichtlich ihrer Wissenschaftlichkeit mit Gemütsruhe gegenüberstehen, nämlich mit der Gegenfrage: ob wohl in der ganzen Universität irgendwo in der gleichen Freiheit und Notwendigkeit gedacht, gelehrt und geredet werde wie gerade in der Theologie? ob die Theologie nicht vielleicht immer noch die eigentliche, die Grundwissenschaft sein möchte, aus der die übrige *universitas literarum* nicht nur historisch hervorgegangen ist, sondern der sie sich auch sachlich nach wie vor nur anschließen kann, sofern gerade wissenschaftliches Selbstbewußtsein hier seinen eigentlichen und ursprünglichen Ort hat. Man täusche sich aber nicht: von daher und nur von daher — nur kraft der Einordnung der Theologie in die Mitte zwischen Bibel und Kirche ist das Alles möglich. Die Zeit der inneren Zerrüttung und der äußeren Ohnmacht und Schande der Theologie müßte sofort wiederkehren, sowie jene Einordnung wieder vergessen oder rückgängig gemacht würde, statt noch viel strenger durchgeführt zu werden, als es in den wenigen Jahren, die uns von jener Zeit trennen, geschehen konnte.

Aber daß die Theologie in der Dogmatik bei sich selbst ist wie nirgends sonst, das hat nun doch auch noch eine ganz andere Seite. Es bedeutet nämlich zweifellos auch eine wirkliche Last und eine Versuchung, die als solche ebenfalls gesehen sein will. Es ist natürlich kein Zufall, daß alle Beschwerden und Klagen, die in der Welt, aber auch in der Kirche selbst gegen die Theologie erhoben werden, direkt oder indirekt immer eben gegen die Dogmatik gerichtet sind. Was hat das zu bedeuten? Ist es nicht so, daß eben die gewisse Geborgenheit und Selbständigkeit, in der sich die Theologie in dieser ihrer Mitte bewegen kann, auch das bedeutet, daß hier der Mensch, nämlich der theologietreibende Mensch, sich relativ am Unangefochtensten als solcher ausleben kann: nicht mehr wie der biblische Theologe direkt angefochten durch das unmittelbare Gegenüber mit der heiligen Schrift und noch nicht wie der praktische Theologe direkt angefochten durch das unmittelbare Gegenüber mit der Gemeinde und mit der Welt, von beiden Seiten zwar begrenzt und bestimmt (und zwar hoffentlich sehr nachdrücklich begrenzt und bestimmt), aber nun eben doch, sofern hier der Übergang sich vollzieht von der *explicatio* zur *applicatio*, in dem notwendigen Durchgang des eigenen Nachdenkens und zugleich (der *applicatio* zugewendet) Vordenkens begriffen? Wohlverstanden: eben auf dieses Messers Schneide entfaltet und gestaltet sich die ganze, nicht genug zu preisende Herrlichkeit der Dogmatik als der theologischen Zentraldisziplin, erwacht also das theologisch-wissenschaftliche Selbstbewußtsein: hier oder gar nicht! Wie sollte aber diese Situation nicht kritisch, zweideutig und auch tatsächlich gefährlich sein? — Wir stehen zunächst vor der Frage, ob das Mißtrauen nicht berechtigt ist, mit welchem hier aus der Mitte der Kirche selbst heraus gefragt wird, was das nun eigentlich für eine Lebensferne und Abstraktion sei, in welcher sich die Dogmatik und also in der Dogmatik die Theologie überhaupt zu bewegen scheint? Wohin die unabsehbar vielen formalen Überlegungen, Unterscheidungen und Abgrenzungen mitsamt den unvermeidlich damit verbundenen Bestreitungen und Negationen, in denen sich die Theologie hier ergeht, nun eigentlich führen sollen? Ob die Bibel nicht viel einfacher sei als die Dogmatik und ob nachher nicht auch die Predigt und der Unterricht viel einfacher sein könnten und müßten? Ob diese ganze Mittelstrecke wirklich begangen werden müsse oder ob hier nicht unnötige Schwierigkeiten künstlich erst gemacht würden, um sie nachher ebenso künstlich wieder aufzulösen? Ob bei der hier geübten Analytik und Synthetik nicht ein gutes Teil eitler menschlicher Ästhetik im Spiel sei, die zu dem Ernst der kirchlichen Aufgabe der Theologie nun doch in keinem Verhältnis stehe? Die Versuchung solchen Fragen gegenüber ist eine doppelte: Es wäre gewiß nicht gut, sich hochmütig dagegen zu verschließen, daß die offenen oder versteckten Vorwürfe, die in diesen Fragen stecken, wahrscheinlich immer eine *particula veri* enthalten. Sofern der Mensch in jener Mitte wirklich bei sich selbst statt bei der Sache sein sollte, sofern er es wäre, der sich in jeder Mitte auslebte, würde dort sicher ein Unglück geschehen, d. h. eine dem Leben der Schrift und dem Leben der Kirche gleich fremde Spekulation Platz greifen, die durch den natürlichen — aber dann sofort unnatürlich werdenden — Glanz der dogmatischen Arbeit nur noch übler werden könnte. Man hat sich als Dogmatiker wohl dauernd fragen zu lassen, ob man nicht mit seinem ganzen Tun mehr bei sich selbst als bei der Sache sei. Man wird sich das um so dringender fragen lassen müssen, je mehr man etwa ein Gelingen seiner Arbeit wahrzunehmen meinen sollte. Aber wiederum wäre es nun auch nicht gut, wenn man sich durch die Fragen jenes Mißtrauens von der Sache abwendig machen ließe: nämlich von der in der Mitte zwischen Bibel und Kirche allerdings dem Menschen nun einmal gestellten Aufgabe kritischen, ordnenden, auf das Finden reiner Lehre ausgerichteten Nachdenkens und Vordenkens. Die Dogmatik wird sich ihrer Aufgabe als Schule, also ihrer „scholastischen" Aufgabe nicht etwa schämen dürfen. Es können jene Vorwürfe ja auch aus mangelnder Einsicht in den Ernst und in den Umfang dieser Aufgabe stammen. Sie können auch barbarische Vorwürfe sein durch die man sich nicht irre machen lassen, an denen man mit freundlicher Mißachtung vorübergehen soll. Es steckt hinter diesen Vorwürfen auch oft genug ganz einfach der in die Kirche eingedrungene Irrtum, der in der Dogmatik seinen natürlichen Feind wittert. Es ist das angeblich Einfache oft genug nicht nur das in Wirklichkeit Komplizierte und Künstliche, sondern auch ganz schlicht das Falsche, das durch die Dogmatik demaskiert zu werden befürchtet. Und die Dogmatik hat dann erst recht keinen Anlaß, sich durch die von daher gemachten Zwischenrufe verblüffen und von ihrem Posten abrufen zu lassen.

Aber eben hier taucht nun noch eine zweite Frage auf: Indem die Dogmatik den Durchgang von der Bibel zur Predigt vollzieht und also den Durchgang durch das eigentliche menschliche Nachdenken bildet, bedeutet sie, wie wir schon § 21, 2 sahen, die Gelegenheit, bei der die Frage des Verhältnisses von Theologie und Philosophie brennend wird. Wie sollte es anders sein, als daß gerade an dieser Stelle, wo die Theologie nicht mehr exegetisch und noch nicht praktisch zu denken und zu reden scheint, die Philosophie sich anbietet, sie darüber zu belehren, wie Kritik und Ordnung bei diesem Übergang zu vollziehen sein möchten. Wie sollte es anders sein, als daß in ihren Vorschlägen — in den Vorschlägen, die der Theologe in seiner Eigenschaft als Philosoph sich selber hier machen wird — noch einmal die Tatsache bedeutsam wird, daß in der Dogmatik relativ am Leichtesten ein unbefugtes Sichausleben des theologietreibenden Menschen stattfinden kann? Gerade hier stehen wir vor der klassischen Stelle, wo von jeher die Einbrüche fremder Mächte, die Einmischungen der der Bibel wie der Kirche heimlich entgegengesetzten Metaphysiken in die Theologie stattgefunden, Bibel und Kirche voneinander getrennt und, nachdem sie der Dogmatik zunächst eine gewisse falsche Eigenständigkeit verliehen, sie und mit ihr die Theologie überhaupt innerlich und dann wohl bald auch äußerlich aufgelöst haben. Sind jene Klagen über die Lebensfremdheit und Abstraktion der Dogmatik berechtigt, ist der Mensch in dieser Sache bei sich selbst statt bei der Sache, dann wird das wohl immer in irgendeiner solchen Einmischung seinen Grund oder auch seine Auswirkung haben. Wiederum haben wir zunächst festzustellen, daß hier eine Gefahrenquelle tatsächlich besteht. Wenn die Theologie das Wort der Bibel sozusagen abfängt, um es in ein von ihr bereit gehaltenes und von ihr für absolut gehaltenes Schema zu pressen und so geformt an die Predigt der Kirche weiterzugeben, dann ist bestimmt, welches auch dieses Schema sei, das Unglück, nämlich die Verunreinigung der Lehre, schon geschehen: genau das also, was die Theologie und in der Mitte der Theologie gerade die Dogmatik verhüten helfen sollte. Der Wächter selbst hat dann dem Feinde das Tor geöffnet. Der Vorgang braucht bloß beschrieben zu werden, um eben damit zu sagen: dies ist es, was nicht geschehen darf. Aber wiederum ist hier auch die entgegengesetzte Versuchung abzuwehren: es haben sich zwar gerade in der Dogmatik die mitgebrachten Denkschemata nach dem Wort der Bibel, das jetzt zum Wort der Kirche werden soll, zu richten und nicht umgekehrt; es kann sich also nie darum handeln, sie dem Wort der Bibel sozusagen stabil gegenüberzustellen und es kann sich auch der Predigt der Kirche gegenüber in der Dogmatik nie darum handeln, eine solche Form, wie notwendig und nützlich sie auch sein möge, als Norm durchzusetzen. Es würde aber wiederum nicht angehen, aus Furcht vor jener Einmischung und also vor der möglichen Verunreinigung der Lehre das wahrscheinlich nach Maßgabe irgendeiner Philosophie bestimmte menschliche Denken, die Kritik und Ordnung, die dieses zu vollziehen hat, sozusagen stillzustellen. Es könnte also kein guter Rat sein, an dieser Stelle eine prinzipielle Aszese und Abstinenz Platz greifen zu lassen, weil das praktisch doch nichts Anderes bedeuten könnte als daß

2. Reine Lehre als Problem der Dogmatik

die Aufgabe, die hier bearbeitet sein will, im Stich gelassen würde. Geht es nicht an, daß an dieser Stelle nun wirklich der Mensch in der Willkür seines Denkens und also der Philosoph im Theologen sich auslebt, so geht es doch noch weniger an, daß der Mensch sich an dieser Stelle, wo er nun einmal in seiner ganzen Existenz und also auch als theologischer Philosoph gefordert ist, aus Furcht, daß er sündigen oder der Sünde verdächtig werden könnte, entzieht und verweigert, vom Denken zum Nichtdenken oder zu einem trägen oder leichtsinnigen Denken übergeht. Hat die Dogmatik sich warnen lassen, dann wird sie vielmehr auch in dieser Hinsicht mit gutem Gewissen ihres Weges gehen dürfen und müssen.

Wir versuchen es nun noch, ihre allgemeine Aufgabe kurz zu umreißen. — Auch die Arbeit der Dogmatik kann nicht anders anfangen als mit dem Hören des Wortes Gottes, und zwar mit dem Hören des Wortes Gottes in der Verkündigung der Kirche. Auch sie geht aus von der Erwartung und von dem Anspruch, von dem diese Verkündigung in der Kirche umgeben ist, daß das Menschenwort, das hier zu hören ist, nicht nur Menschenwort, sondern Gottes eigenes Wort sein möchte. Ohne diese Voraussetzung hätte sie nichts dazu zu sagen, wären die Fragen, die sie zu stellen, die Kritik, die sie zu üben, die Ratschläge, die sie zu geben hat, wurzellos, gegenstandslos und gehaltlos. Der Ort, an dem sie denkt und redet, liegt nicht außerhalb, sondern innerhalb der Kirche. Sie denkt und redet also nicht unter Ignorierung, sondern in Anerkennung der der Kirche gegebenen Verheißung. Eben darum hat sie der Predigt der Kirche nicht etwa mit dem prinzipiellen Mißtrauen entgegenzutreten, als ob die reine Lehre, nach der sie fragt und um die sie sich selber müht, etwa gar nicht Wirklichkeit werden könne. Die Haltung der Dogmatik der kirchlichen Verkündigung gegenüber muß eine kritische, sie darf aber keine skeptisch-negative sein. Sie muß bei allen Einwänden und Bedenken, die sie vorzubringen, bei allen noch so einschneidenden Veränderungen, die sie vorzuschlagen hat, von der Zuversicht ausgehen, daß Gottes Wort sich in seiner Kirche nie unbezeugt gelassen hat und nie unbezeugt lassen wird. Sie wird also hören, indem sie damit rechnet, reine Lehre und also nicht nur Menschenwort, sondern Gotteswort zu hören. Sie wird die Predigt der Kirche so hören, wie man sie im Glauben hören muß. In diesem Sinne wird sie zu hören versuchen, was die Kirche der jeweiligen Gegenwart in der ganzen Breite ihrer Lebensäußerungen von Gott zu sagen hat. Sie wird es aber gerade unter dieser Voraussetzung kritisch hören. Ihr wird auch die andere Voraussetzung vor Augen stehen, daß es Menschen sind, die hier von Gott reden, daß es sich bei dem, was hier geschieht, um den Dienst, um die Liturgie der Kirche handelt, die als solche nicht wie das Wort Gottes selber vollkommen und unanfechtbar ist, die vielmehr durch das Wort Gottes selbst — und also von der menschlichen Seite gesehen: unter dem Gebet und unter der Arbeit der Kirche immer aufs Neue werden muß, was sie ist. So gewiß die Kirche, der jene Verheißung gegeben ist, und deren Predigt sie also mit jener ersten Voraussetzung entgegentritt, eine Kirche von Sündern ist!

Ist nun die Dogmatik im Besonderen mit der Arbeit beschäftigt, die von seiten der Kirche geschehen muß, damit ihr Gottesdienst Gottesdienst nicht nur heiße und scheine, sondern sei, so kann zunächst nicht genug betont werden: sie kann sich mit dieser Arbeit nicht anders beschäftigen, als indem sie das Gebet der Kirche als das zur Lösung der hier gestellten Aufgabe noch viel wichtigere Tun nicht nur voraussetzt, sondern selbst an dem Gebet der Kirche um die Richtigkeit ihrer Liturgie und also um die Reinheit ihrer Lehre beteiligt ist. Man kann darüber nicht viele Worte machen; aber es ist schon so: die Qualität der dogmatischen Arbeit hängt entscheidend davon ab, daß sie nicht etwa bloß in einer Folge von begrifflichen Manipulationen bestehe, sondern von einem nicht abreißenden Flehen um den Heiligen Geist durchzogen ist bis in ihre letzten und scheinbar nebensächlichsten Erörterungen hinein — um den Heiligen Geist, der für die Kirche und für sie selbst das *unum necessarium* ist, das mit keiner Kunst noch Mühe herbeigezwungen, sondern eben wirklich nur erbeten werden kann.

Aber wir sahen schon: die Einsicht, daß die Kirche um die reine Lehre beten muß, wäre ja nicht gründlich und ehrlich, wenn sie nicht ihren ganzen Fleiß anregte, und ihr ganzes Tun in Bewegung setzte. Ist die Predigt der Kirche nach ihrer menschlichen Seite, so gewiß sie die Predigt von sündigen Menschen ist, ein Kranker, der nur durch den göttlichen Arzt geheilt werden kann, so kann sie es sich doch nicht ersparen, sich gerade durch den göttlichen Arzt die Frage Joh. 5, 6 stellen zu lassen: Willst du gesund werden? Als menschliche Aktion muß sich die christliche Predigt, gerade wenn sie sich unter die göttliche Verheißung stellt und gerade wenn sie unter dieser Verheißung gesehen wird, auch konkrete menschliche Fragen stellen lassen. Nicht irgendwelche menschlichen Fragen, nicht solche Fragen, die aus dem Wunsch hervorgehen, daß die Kirche gar nicht Kirche sein möchte, nicht solche Fragen, die sie verlocken möchten, aufzuhören, Kirche zu sein. Solche Fragen kann die Kirche nur hören als Fragen, die durch das, was sie zu sagen hat, schon beantwortet und überholt sind. Nur als solche kann sie sie aufnehmen und in dem, was sie weiter zu sagen hat, berücksichtigen. Die Aufgabe der Dogmatik kann es also nicht etwa sein, die Rolle des *advocatus diaboli* zu übernehmen und aus irgendeiner allgemeinen Wahrheits- oder auch Wirklichkeitsüberzeugung heraus der Kirche ihrerseits solche Fragen zu stellen. Im Gegenteil: sie wird die Kirche auf den Charakter solcher Fragen aufmerksam zu machen, sie wird sie darin zu unterweisen haben, sie wird es ihr vorzumachen haben, wie man solche Fragen als überholte, weil schon beantwortete Fragen behandelt. Es gibt aber menschliche Fragen an die christliche Predigt, die gerade auf Grund des Seins der Kirche als Kirche notwendig werden und ausgesprochen werden müssen: Fragen hinsichtlich der größeren oder geringeren Reinheit ihrer Lehre, hinsichtlich ihrer größeren oder geringeren Angemessenheit als Dienst am Worte Gottes. Wo immer kirchliche Verkündigung Ereignis wird, da stehen nämlich in ihrem Vollzug Gehorsam und Eigenmächtigkeit, Folgerichtigkeit und Abschwächung, Entschiedenheit und Unklarheit, Konzentration und Zerstreuung sich in einer zunächst immer fast unentwirrbar scheinenden Dialektik gegenüber. Da ist also die Reinheit der Lehre, wenn auch nicht notwendig abwesend, so doch kompromittiert und bedroht. Und es ist auch die leiseste Bedrohung der reinen Lehre eine ernste, eine tödliche Bedrohung der christlichen Predigt und der christlichen Kirche als solcher. Es kann auch hinter der geringfügigsten Abweichung oder Dunkelheit oder Ungrundsätzlichkeit, hinter der scheinbar harmlosesten Schrulle, die sich irgend Jemand oder Irgendwelche in Sachen der kirchlichen Verkündigung zu leisten erlauben, irgendwo der Irrtum und die Lüge lauern, durch die die Verheißung verleugnet und die Kirche zerstört wird. Es kommt bei jeder Bedrohung der reinen Lehre auch das in Frage, ob die Kirche an der Stelle, wo sie sich jetzt eben hören läßt, nicht vielleicht die Gnade verworfen hat, und damit selber verworfen ist. Befehlen wir sie mit der Bitte um den Heiligen Geist der Gnade Gottes an, so gestehen wir ja eben damit zu, daß sie der Gnade Gottes bedarf, daß sie immer wieder aus dem Tode errettet werden muß, um zu leben. Und glauben wir an ihre Errettung aus Irrtum und Lüge und also vor dem Verwerfen und Verworfenwerden, glauben wir, *quod una ecclesia perpetuo mansura sit*, so kann es doch nicht anders sein als daß die Fragen, die im Blick auf jene Dialektik auf alle Fälle an ihre Predigt zu richten sind, bewegt sein werden von dem Gedanken an die Not, um deren Überwindung es in dem Gebet um den Heiligen Geist zweifellos geht. Die gerade auf Grund des Seins der Kirche als Kirche an ihre Predigt zu richtenden Fragen, die in der Dogmatik zur Aussprache kommen, werden also durchaus keine bloß beiläufig, formal und ergänzend gemeinten Fragen sein. Kann die Dogmatik gewiß nicht nach der absoluten Reinheit der Lehre fragen — die herzustellen nicht Menschenwerk, sondern nur Gottes Werk sein kann — sondern eben nur nach ihrer größeren oder geringeren Reinheit, kann sie auf der relativen Ebene des kirchlichen Menschenwerks nicht einmal in der Weise des kirchlichen Bekenntnisses — oder eben nur im Anschluß an das kirchliche Bekenntnis und in dessen Wiederholung — Entscheidungen vollziehen, so kann es doch nicht verborgen bleiben und geleugnet werden, daß ihre Fragen nicht Fragen des Stils, des Geschmacks, des Taktes, der so oder so offen bleibenden Meinung sind, sondern Fragen, in denen es irgendwo in größerer oder geringerer Nähe immer um Tod oder Leben, Sein oder Nichtsein der Kirche geht. Eben dadurch ist es bedingt, daß es in der Dogmatik genau genommen keine N e b e n f r a g e n gibt. Indem sie überall mit dem Vertrauen hört, daß es um das eine Wort Gottes gehe, muß sie auch überall die Frage stellen, ob es denn wirklich um das eine Wort Gottes gehe? In dieser Verbindung von V e r t r a u e n und K r i t i k entsteht der Ernst des dogmatischen Fragens. Keines von beiden darf fehlen. Vertrauen ohne Kritik würde ein profanes, als falsches kirchliches Selbstvertrauen verbotenes Vertrauen sein. Kritik ohne Vertrauen wäre eine profane, als Vorwegnahme des göttlichen Gerichtes, als Kritik des Unglaubens verbotene Kritik. Ernsthaft könnte das Fragen der Dogmatik unter beiden Voraussetzungen nicht werden.

Die Fragen der Dogmatik laufen nun grundsätzlich alle in derselben Richtung. Um die Reinheit der Lehre geht es und darum, ob die Worte, die Sätze, die Gedankenfolgen, die systematischen Zusammenhänge der christlichen Predigt die Eigenschaft, dem Worte Gottes zu dienen und also für das Wort Gottes transparent zu sein, haben oder nicht haben. Man bemerke wohl: um die Worte, Sätze, Gedankenfolgen und systematischen Zusammenhänge handelt es sich. Es handelt sich also nicht etwa darum, daß in der christlichen Predigt etwas unterlassen, sondern durchaus darum, daß etwas in ihr g e t a n, aber eben r e c h t getan werde.

Man versteht es an sich wohl, daß in alter und neuer Zeit immer wieder der Vorschlag auftauchen und der Versuch gemacht werden konnte, zu reiner Lehre damit vorzustoßen, daß man sie als menschliches Wort entweder ganz zum Schweigen brachte oder aber durch ein das menschliche Wort begleitendes Schweigen oder auch durch die Zerstörung seines Wortcharakters, d. h. seines rationalen Charakters durch eine künstliche Primitivität der Rede zum Ausdruck bringen wollte, daß Schweigen — als das nun wirklich vollzogene Werk des Gottredenlassens — besser wäre als Reden, das eigentlich Gemeinte und Beabsichtigte auch im Reden. Wo man die Predigt ersetzen oder doch verdrängen möchte durch Sakrament und Liturgie, da pflegt gerade dieses Motiv keine kleine Rolle zu spielen: reine Lehre als das Ergebnis eines Nichttuns, eines Unterlassens, nämlich des Unterlassens der menschlichen Worte, die als solche in dem Verdacht stehen, Verdichtungen zu sein, als welche sie jene Transparenz für das Wort Gottes gerade nicht besitzen könnten. Aber so einfach ist die Sache nun eben nicht: Daß irgendwelche menschlichen Worte als solche jene Transparenz haben, davon kann gewiß keine Rede sein. Aber S c h w e i g e n i s t a u c h e i n m e n s c h l i c h e s T u n und Alles, was man an Stelle des menschlichen Predigtwortes setzen kann, ebenfalls. Ein menschliches Tun ist auch das Einzige, was neben das menschliche Wort der Predigt tatsächlich gehört — nicht um es zu verdrängen, sondern um mit ihm zusammen das Wort Gottes zu sein — nämlich das S a k r a m e n t. Und wenn schon das Sakrament nicht dazu angeordnet und geeignet ist, damit wir durch seinen Vollzug zauberhaft herbeischaffen könnten, was das menschliche Wort allerdings auch nicht zauberhaft herbeischaffen kann, so noch viel weniger ein effektiv oder doch repräsentativ vollzogenes Schweigen oder irgendein willkürlich gewählter anderer Ersatz des menschlichen Wortes. Man wird also von allen in diese Richtung weisenden Vorschlägen nur Kenntnis zu nehmen haben als von Versuchen, der hier vorliegenden Schwierigkeit Herr zu werden, die, als mit unzureichenden Mitteln unternommen, unmöglich zum Ziel führen könne.

Nicht das Unterlassen, sondern der Vollzug menschlicher Worte, Sätze, Gedankenfolgen, systematischer Zusammenhänge, daß sie als solche, nicht kraft ihrer Negation, sondern in ihrer Wirklichkeit rein und also transparent seien, ist gefordert, wenn reine Lehre gefordert ist. Eben von ihnen ist verlangt, daß sie dem Wort Gottes dienen, daß sie also nicht Menschenwort, sondern Gotteswort zu Gehör bringen sollen. Eben an sie richten sich also die Fragen der Dogmatik. Sie nimmt sie als solche ernst und fordert auch die Predigt der Kirche auf, sie als solche ernst zu nehmen, beides darum, weil sie an den Auftrag und an die Verheißung der Kirche glaubt, an die Notwendigkeit, auf Grund derer hier gelehrt, aber eben rein gelehrt werden muß. — Die Dogmatik fragt nämlich danach, auf Grund welcher Besinnung so oder so geredet werde und ob und inwiefern die Art, wie geredet wird, dieser Besinnung entsprechen und also sinnvoll sein oder nicht sein möchte. Sie greift also zunächst über das Gesagte als solches zurück auf das in dem Gesagten Gemeinte. Sie sucht zunächst dieses als solches zu klären und eventuell zurechtzustellen. Und sie kehrt dann und von da aus zu dem Gesagten als solchem zurück, um nun auch nach seiner Angemessenheit zu fragen und eventuell Zurechtstellungen in Vorschlag zu bringen.

Fragt man nach dem Stoff der Dogmatik, so muß man also antworten: er besteht grundsätzlich in der Totalität dessen, was sie von der Kirche, der jeweiligen Kirche der Gegenwart als deren menschliches Reden von Gott zu hören bekommt. Es wird aber praktisch in gewissen Grundworten und Grundlinien bestehen, die inmitten dieser vielgestaltigen Masse das dem Ganzen Gemeinsame, das in allen seinen Gestalten Wiederkehrende bilden. Wie streng auch die kritische Frage nach der reinen Lehre gestellt werden muß, die Tatsache solcher Gemeinsamkeit und Wiederkehr berechtigt zum vornherein auch zu dem entsprechenden Vertrauen, ohne das man an diese Arbeit nicht herantreten kann: daß das Reden der Kirche von Gott jedenfalls kein schlechterdings unübersichtlicher, kein schlechterdings ungeformter Stoff ist, sondern daß er sich durch das unverkennbare Vorhandensein solcher Grundworte und Grundlinien als das Ganze einer Lehre verrät, nach deren Einheit und damit dann auch Reinheit zu fragen, kein zum vornherein aussichtsloses Unternehmen sein kann.

Die Kirche bisher noch jeder Gegenwart hat, indem sie von Gott redete, mit einer kaum je unterbrochenen Regelmäßigkeit und Vollständigkeit „irgendwie" von einem Herrn der Welt und des Menschen und von seinem Handeln im Zusammenhang mit der Erscheinung Jesu Christi geredet. Sie hat die Welt irgendwie als dieses Gottes Schöpfung und den Menschen irgendwie als sein zu besonderem Gehorsam gegen ihn aufgerufenes Geschöpf beschrieben. Sie hat irgendwie von der Sünde des Menschen und irgendwie von dessen Versöhnung mit Gott, irgendwie vom Leben der Kirche im Ganzen und in ihren Gliedern und schließlich irgendwie von einer in der Erkenntnis Gottes und seines Handelns begründeten, die Todesgrenze überwindenden Hoffnung geredet. Ob und inwiefern sie in dem Allem aus ihrem Sein als Kirche oder vielmehr: aus dem Sein der

Kirche heraus geredet hat oder bereits als Kirche, die aufgehört hatte, zu sein, was sie hieß, das stand im Einzelnen zu allen Zeiten offen. Es war damit, daß sie von diesen Dingen redete, zu keiner Zeit schon entschieden darüber, daß ihre Lehre reine Lehre und also das Wort Gottes war. Wohl aber wird man sagen dürfen: daß sie mit der gewissen Regelmäßigkeit und Vollständigkeit, in welcher eben diese Themata zu allen Zeiten in ihrer Verkündigung wiederkehrten, auch wenn sie dem Irrtum und der Lüge verfallen war, sich selbst zum Zeugnis wurde, daß sie mit ihrem Reden von Gott keineswegs sich selbst überlassen ist, daß ihr die Frage nach der Einheit und insofern auch nach der Reinheit ihrer Lehre jedenfalls nicht unbekannt ist, daß sie sich einem ihr Reden von Gott ordnenden Prinzip, selbst wenn sie ihm widersteht, doch nicht ganz entziehen kann.

Der Stoff, den die Kirche einer jeweiligen Gegenwart der Dogmatik bietet, wird wohl insofern immer neu sein, als es sich bei näherem Zusehen jedesmal zeigen wird, daß jene Grundworte und Grundlinien nach ihrem Sinn sowohl wie nach ihrer Gestalt in einer beständigen Bewegung begriffen sind, der die Dogmatik, will sie mit ihrer Arbeit nicht zu spät kommen, will sie nicht historische Berichte bieten statt der kritischen Mitarbeit, die sie der Kirche der Gegenwart schuldig ist, in ihrem jeweils letzten, im jeweiligen heute aktuellen Stadium begegnen muß. Wiederum fehlt es aber offenbar nicht an einer Kontinuität dieser Bewegung und es wird damit gegeben sein, daß die Grundworte und Grundgedanken, an die die Dogmatik heute anzuknüpfen hat, praktisch keine anderen sein können als die, an die sie schon gestern, schon vor vierhundert oder tausend Jahren anzuknüpfen hatten. Es bringt diese Kontinuität der Grundworte und Grundlinien, wie formal und neutral sie immer sein mag, jedenfalls mit sich, daß die Dogmatik sich praktisch nicht nur im Gespräch mit der Kirche ihrer eigenen, sondern immer auch mit der aller vorangehenden — heute „Vergangenheit" gewordenen — Gegenwart befinden wird. Sie könnte auch ihre kritische Aufgabe ihrer eigenen Gegenwart gegenüber nicht in Angriff nehmen, wollte sie unberücksichtigt lassen, daß diese selbst nur im Zug der Einheit verstanden werden kann, innerhalb derer sie das letzte Stadium jener Bewegung ist.

Die Aufgabe der Dogmatik beginnt aber mit der Frage, mit der sie an diesen Stoff herantritt. Dogmatik stammt aus der heilsamen Unruhe, die die Kirche nicht verlassen darf und auch nicht verlassen kann: der Unruhe des Bewußtseins, daß es damit nicht getan ist, daß in ihr „irgendwie" von Gott, und zwar unter jenem merkwürdigen, aber nicht zu leugnenden Zwang im Rahmen jener Grundworte und Grundlinien „irgendwie" einheitlich geredet wird. Indem die Kirche Dogmatik treibt, bekennt sie sich dazu, daß es ihr wohl bewußt ist, in welcher Veränderung sich ihre Predigt trotz jener formalen und neutralen Einheit dauernd befindet. Sie bekennt sich dazu, daß ihr diese Veränderung ein Problem ist. Sie bekennt sich zu der Furcht, daß diese Veränderung eine Veränderung zum Schlechteren, sie bekennt sich aber auch zu der Hoffnung, daß sie eine Veränderung zum Besseren sein könnte. Und sie bekennt sich endlich dazu, daß sie diese Sache nicht dem Schicksal oder dem Lauf irgendeiner immanent notwendigen Entwicklung überlassen kann, dem sie gemächlich zuschauen dürfte, sondern daß die Kirche in dieser Sache verantwortlich ist. Gerade aus ihrem Wissen um die ihr gegebene Verheißung, daß sie Gottes Wort reden soll und darf, stammt, wie wir sahen, dieses Verantwortlichkeitsbewußtsein. Aus ihm also auch die Unmöglichkeit etwa stehen zu bleiben bei der Feststellung jenes Stoffs der Dogmatik, bei der Tatsächlichkeit eines „irgendwie" stattfindenden und auch „irgendwie" in einer Einheit stattfindenden Redens von Gott. Aus ihr also auch der Ernst der Frage, mit der die Dogmatik an jenen Stoff herantritt.

Es besteht eine genaue Proportion zwischen dem Wissen um die der Kirche gegebene Verheißung auf der einen und der Strenge des dogmatischen Fragens auf der anderen Seite. Wo man nicht darum weiß, wo man vielleicht gar nicht darum wissen will, daß der Sinn des Ereignisses der kirchlichen Verkündigung das Wort ist, das Gott selbst zu seiner Kirche und zur Welt sprechen will und wird, da wird man sich mehr oder weniger zufrieden mit dem „Irgendwie", mit der Tatsache abfinden, daß ja in der Kirche immerhin und sogar mit viel Eifer und Hingebung von Gott geredet wird, da wird man mit besonderer Genugtuung auf jene nicht zu leugnende Einheit der Grundworte und Grundlinien hinweisen. Da wird man die dauernde Veränderung ihres Sinns und ihrer Gestalt als kein Problem empfinden, sondern vielmehr als ein erfreuliches Zeichen des Lebens und des Reichtums der Kirche registrieren, ohne sich dadurch weder zu besonderer Furcht noch zu besonderer Hoffnung angeregt zu fühlen. Man wird dann eine Dogmatik, die an ihre Aufgabe wirklich herantritt und also bei der Feststellung ihres Stoffes nicht stehen bleibt, sondern fragend an ihn herantritt, schon bei ihren ersten Schritten mit unverhohlenem Mißtrauen begleiten. Man wird sie als überflüssig und störend empfinden: als überflüssig, weil sie das Gute des formalen und neutralen Faktums, daß in der Kirche in einer gewissen Einheit von Gott geredet wird, doch nicht besser machen kann — als störend, weil sie dieses Gute, indem sie, daß in der Kirche wirklich von Gott geredet werde und daß dies wirklich in Einheit geschehe, durch ihre gerade bei den gemeinsamen Grundworten und Grundlinien einsetzende Kritik, offenbar in Zweifel zieht und *in concreto* sogar weithin lebhaft bestreitet. Wirkliches, strenges dogmatisches Fragen wird da, wo man die Voraussetzung der Gegenwart und Tätigkeit des Wortes Gottes selbst ablehnen zu müssen meint oder in ihrer Tragweite nicht überschaut, notwendig geradezu bekämpft werden müssen. Umgekehrt kann von da aus, wo diese Voraussetzung in Kraft steht, wirkliches, strenges dogmatisches Fragen gar nicht dringlich genug gefordert werden: auf die Gefahr hin, daß der ganze Stoff der Dogmatik als solcher zunächst zweifelhaft wird, zweifelhaft zunächst die Meinung, als werde in der Kirche wirklich von Gott geredet, zweifelhaft die Meinung, jene formale und neutrale Einheit in den Grundworten und Grundlinien sei eine echte Einheit, zweifelhaft die Meinung, daß das wirklich Kirche sei, was auf Grund solcher Einheit Kirche heißt und Kirche zu sein meint. Nach der Kirche des Wortes Gottes und ihrer Einheit, nicht nur nach der Rede von Gott als solcher, sondern nach der Verkündigung des Wortes Gottes wird ja dann gefragt werden. Und eben danach zu fragen, wird ja dann der für die Kirche lebensnotwendige Auftrag der Dogmatik sein. Wie sollte dann nicht Alles, was scheinbar Rede von Gott, Einheit, Kirche heißt, aufs Spiel gesetzt, in Frage gestellt werden müssen um des Wirklichen willen, das inmitten der Veränderung des menschlichen Scheinbaren offenbar ein Problem ist, um das in Furcht und mit Hoffnung gerungen werden muß?

§ 22. Der Auftrag der Kirche

Die Aufgabe der Dogmatik besteht allgemein gesehen in der Prüfung ihres Stoffs und also gerade jener Grundworte und Grundlinien des kirchlichen Redens von Gott. Prüfen heißt nicht Verwerfen. Prüfen heißt vielmehr aufnehmen, um zu erproben, zu wägen, zu messen. Daraufhin nämlich: ob die zu prüfende Sache das sei, was sie zu sein verspricht und wirklich sein soll. Die Dogmatik prüft die kirchliche Rede von Gott daraufhin, ob sie als Menschenwort zum Dienste des Wortes Gottes geeignet sei. Sie betrachtet sie im Lichte der Verheißung, daß dies eben ihr Wesen, ihre Ordnung und Aufgabe sei, dem Worte Gottes zu dienen und also reine Lehre zu sein. Läßt sie sich durch die Veränderung, in der jene sich befindet, durch die verwirrende Vielfältigkeit ihres Sinnes und ihrer Gestalt nicht daran irremachen, daß sie der Prüfung wert sei, so läßt sie sich dadurch, daß jene sich vielleicht in ihrer Tatsächlichkeit und in ihrer scheinbaren Einheit lieber nicht anfechten lassen möchte, auch darin nicht irremachen, daß sie der Prüfung bedürftig sei. — Von dem Vollzug dieser Prüfung wird nun in den beiden letzten Paragraphen dieses Kapitels noch zu reden sein. Diese Prüfung kann offenbar ihrerseits nicht willkürlich vollzogen werden. Es ist ja, wie wir sahen, die Gefahr nicht ausgeschlossen, daß eine schlechte Prüfung der kirchlichen Predigt und also eine schlechte Dogmatik der Predigt zum Schlechteren statt zum Besseren dienen könnte. Es besteht also wohl Anlaß dazu, daß die Dogmatik sich als zu dieser Prüfung legitimiert erweise, daß sie allererst sich selber prüfe hinsichtlich der Ordnung, unter die sie sich selbst zu stellen hat, wenn sie eine gute Prüfung und also gute Dogmatik sein will. Und wenn es bei dieser Prüfung um ein Messen oder Wägen geht, so liegt es nahe, daß die Fragen, die die Dogmatik allererst an sich selber zu richten hat, sein müssen: 1. die Frage nach dem Maß oder Gewicht, mittels dessen sie prüfen soll, und 2. die Frage nach dem rechten Vollzug dieses Messens und Wägens. Wir können die erste Frage, die nach der dogmatischen Norm, die zweite die nach dem dogmatischen Denken nennen. Die dogmatische Norm ist die objektive, das dogmatische Denken ist die subjektive Möglichkeit der kirchlichen Verkündigung, deren Wirklichkeit das Wort Gottes selber ist.

Wir wiederholen also den Weg, den wir schon im dritten Kapitel gegangen sind. Die Wirklichkeit hieß dort: Das Wort Gottes (als heilige Schrift) für die Kirche, die objektive Möglichkeit: die Autorität in der Kirche, die subjektive Möglichkeit: die Freiheit in der Kirche. Wir wiederholen aber auch den Weg unseres zweiten Kapitels. Die Wirklichkeit hieß dort: der dreieinige Gott, die objektive Möglichkeit: die Fleischwerdung des Wortes, die subjektive Möglichkeit: die Ausgießung des Heiligen Geistes. Die Entsprechung zwischen den einzelnen Gliedern aller dieser Überlegungen redet für sich selber, ohne daß es mehr als ästhetischen Wert hätte, sie im Einzelnen als solche ans Licht zu stellen. Das Ziel der Prolegomena einer kirchlichen Dogmatik wird erreicht sein, wenn wir unseren Weg in derselben Gesetzmäßigkeit wie bisher nun auch noch auf dieser letzten Stufe zu Ende gegangen sein werden.

3. DOGMATIK ALS ETHIK

Die Aufgabe, die als Vollendung der dogmatischen Prolegomena noch vor uns liegt, ist die Darstellung des Prinzips und der Methode der Dogmatik: der dogmatischen Norm und des dogmatischen Denkens. — Bevor wir uns dieser Aufgabe zuwenden, haben wir auf eine uns durch die Theologiegeschichte und durch die akademische Gewohnheit gestellte Frage, die sich an dieser Stelle aufdrängt, ausdrückliche Antwort zu geben: Gibt es neben der kirchlichen Dogmatik eine besondere und selbständige kirchliche Ethik? Nach unseren bisherigen Voraussetzungen müßte das heißen: eine besondere und selbständige Prüfung der kirchlichen Verkündigung hinsichtlich ihrer Angemessenheit als Unterweisung zu einem im christlichen Sinn guten Handeln des Menschen. Oder nach den landläufigen Voraussetzungen: eine besondere und selbständige Darstellung des christlichen Lebens. Gibt es das und haben wir es also hier, in der Dogmatik, nicht auch mit der Ethik zu tun? Oder sollten wir umgekehrt die Dogmatik selbst auch als Ethik zu verstehen und zu behandeln haben?

Die Geschichte der Verselbständigung der theologischen Ethik zeigt folgende Grundzüge: Ihre Voraussetzung war immer die Ansicht, daß die Güte, nämlich die Heiligkeit des Christenstandes, im Unterschied zu den übrigen, den objektiven Inhalten der christlichen Verkündigung trotz Kol. 3, 3 nicht mit Christus in Gott verborgen, sondern direkt wahrnehmbar und also als solche nachweisbar, beschreibbar und normierbar sei. Zu Durchführung dieser Verselbständigung erwies es sich ferner stets als unvermeidlich, den so wahrnehmbaren Christenstand als eine ausgezeichnete Form des menschlichen Lebensstandes überhaupt aufzufassen und also zum Zweck seines Nachweises, seiner Beschreibung und Normierung auf eine allgemeine, von der Voraussetzung der Offenbarung zunächst abstrahierende Anthropologie zurückzugreifen. Diese Verselbständigung wurde dann immer in dem Maß schwierig oder unmöglich, als die entgegengesetzte Ansicht durchschlug: daß die Heiligkeit des Christenstandes zwar in Jesus Christus nicht weniger anschaulich, im Leben der Christen aber auch nicht weniger unanschaulich ist als der ganze übrige Inhalt der christlichen Verkündigung — und als dann auch die exklusive Geltung der Offenbarung für Alles, was in der Kirche gelehrt werden soll, mehr oder weniger anerkannt blieb oder wieder anerkannt wurde. Wo diese Hemmungen nicht bestanden, wo es also zu jener Verselbständigung kommen konnte, da war aber damit zu rechnen, daß die verselbständigte Ethik alsbald die Tendenz zeigte, die Rollen zu vertauschen, also sich selbst als theologische Grundwissenschaft an die Stelle der Dogmatik zu setzen, bzw. die Dogmatik in sich aufzusaugen, die Dogmatik in eine christlich begründete Ethik zu verwandeln und dann und im selben Sinn auch die biblische Exegese und die praktische Theologie zu durchdringen und zu beherrschen. Das mußte dann, weil eine verselbständigte Ethik letztlich immer von einer allgemeinen Anthropologie bestimmt ist, bedeuten: die Dogmatik selbst und die ganze Theologie wurde angewandte Anthropologie. Ihr Kriterium war nicht mehr das Wort Gottes, sondern die ihre Frage nach der Güte des Christenstandes beherrschende, abseits von der Offenbarung gesuchte und gefundene Idee des Guten, das Wort Gottes aber nur noch, sofern es als das geschichtliche Medium und Vehikel dieser Idee verständlich zu machen war. Die Kirche, die diese Theologie guthieß, hatte sich dann unter eine ihr ursprünglich fremde Hoheit gestellt.

Man kann die beiden angegebenen Motive schon in den sich selbständig machenden Ethiken des christlichen Altertums und Mittelalters beobachten: das materiale Motiv, d. h. die Ansicht von der Anschaulichkeit des vollkommenen Christenstandes im Mönchsleben in den 'Hθικά des Basilius von Caesarea, in der berühmten Regel des Benedict von Nursia, in der dem Thomas a Kempis zugeschriebenen *Imitatio Christi* — das formale: der Rückgriff auf eine allgemeine bzw. auf die aristotelische und stoische Anthropologie in den *Moralia* Gregors des Großen. Man findet beide Motive vereinigt bei Ambrosius, *De officiis* und wieder anders in der *Secunda secundae* der *S. theol.* des Thomas von Aquino, einer Abhandlung *De actibus humanis in universali et in particulari*, die ihre Grundlage ebenso unzweideutig in Aristoteles hat, wie ihren Skopus in der *vita religiosa* des Geistlichen und des Klostermenschen. Es ist freilich bemerkenswert, daß Thomas seine Ethik, so unverkennbar sie auf eine selbständige Fragestellung hinweist, nun doch nicht außerhalb, sondern wie einst Augustin in seinem *Enchiridion*, wie Johannes Damascenus in seiner *Ekdosis* und wie Petrus Lombardus in seinen Sentenzen innerhalb seiner Dogmatik und deren Fragestellung grundsätzlich untergeordnet, zur Darstellung gebracht hat.

Wenn nun Thomas offenbar auch anders gekonnt hätte, so ist die Theologie der Reformatoren, jedenfalls Luthers und Calvins, typisch für die Auffassung, nach der eine selbständige Ethik voraussetzungsmäßig unmöglich ist. Man wird das gerade an der „Sermon von den guten Werken" betitelten Schrift Luthers von 1520, aber auch an seinen sonstigen ethischen Gelegenheitsschriften, dann aber und vor Allem an der *Institutio* des doch so primär an dem Problem der Heiligung interessierten Calvin studieren können. Dürfte es schwer fallen, gerade in dieser klassischen Dogmatik der Reformationstheologie einen Zusammenhang aufzuweisen, in welchem vom Glauben oder vom Gegenstand des Glaubens unter Abstraktion vom Handeln des glaubenden Menschen die Rede wäre, so wird es doch noch schwerer sein, das Gegenteil aufzuweisen: Ansätze zu einer selbständigen ethischen Fragestellung. Die Dogmatik selbst und als solche ist hier auch Ethik. Das ist darum um so auffallender, als Calvin sowohl wie Luther die Vorstellung von einem dem Menschen angeborenen Naturrecht und von dessen dem Glauben vorangehender Erkenntnis nicht grundsätzlich verworfen, sondern in Einklang mit der Scholastik grundsätzlich bejaht haben. Sie haben aber praktisch keinen systematischen Gebrauch von dieser Vorstellung gemacht, weil ihnen die Erkenntnis von Kol. 3, 3 fest genug stand, um sie von dem Hinwegblicken von Jesus Christus als dem einen Gegenstand des Glaubens und also von dem Unternehmen einer selbständigen christlichen Ethik abzuhalten und ihnen damit die Versuchung, jenen scholastischen Rest natürlicher Theologie fruchtbar zu machen, zu ersparen. Es bedeutete darum ein Mißverständnis Calvins und man leistete ihm einen schlechten Dienst, als man schon im 16. Jahrhundert die Kapitel III 6–8 der *Institutio* (*De vita hominis christiani* usw.) als Handbüchlein calvinischer Moral gesondert herausgeben zu sollen glaubte. Die

3. Dogmatik als Ethik

Ethik Luthers und Calvins ist in ihrer Dogmatik zu suchen und zu finden und nicht anderswo.

Nicht so eindeutig kann das freilich von Melanchthon gesagt werden. Man kann es auch von ihm sagen, wenn man an seine *Loci* und an die Apologie zur Augsburger Konfession denkt. Aber neben diesen Darstellungen, in denen die Ethik im Sinne Luthers und Calvins der Lehre vom Glauben ein- und untergeordnet bleibt, hat Melanchthon (hauptsächlich in zwei Entwürfen: *Epitome philosophiae moralis* 1538 und *Elementa doctrinae ethicae* 1550) unter neuer Heranziehung des einst von ihm wie von Luther so scharf abgelehnten Aristoteles nun doch auch eine selbständige Ethik auf den Plan gestellt, deren Programm er bestimmte als *explicatio legis naturae . . . colligens, quantum ratio iudicare potest . . . praecepta de regenda disciplina in omnibus hominibus, congruentia cum decalogo, quatenus de externa disciplina concionatur* (C. R. 16, 167). Nicht nur den Beweis für die Existenz Gottes, sondern auch die Antwort auf die Frage: *Qualis sit Deus?* die Erkenntnis des göttlichen Gerichtes und schließlich die Erkenntnis der *norma vitae hominum in actionibus externis* als *paedagogia in Christum* hat Melanchthon von einer solchen besonderen *philosophia moralis* erwartet (*ib.* 166 f., 169). Es ist klar, daß er sich bei diesem Versuch nicht auf der Linie der Reformation, sondern noch auf der der Scholastik oder schon auf der der späteren Aufklärungstheologie befindet. Früher als Melanchthon und wahrscheinlich weniger unter seinem Einfluß als unter dem des Andreas Osiander hatte Thomas Venatorius in Nürnberg die erste lutherische Ethik geschrieben: *De virtute christiana libri tres* 1529. Und wenn bei Melanchthon das alte formale Motiv im Vordergrund stand: der Rückgriff auf eine allgemeine Anthropologie und Gotteserkenntnis, so ist es bei Venatorius ebenso deutlich das materiale: der Glaube wird jetzt verstanden als *virtus*, als Liebes- und Lebenskraft in seinem „Inhaber" (W. Gaß, Gesch. d. chr. Ethik, 2. Bd. I 1886 S. 108), als *impellentis Spiritus sancti impetus ad recte sentiendum primum de Deo ipso, deinde ad recte agendum cum proximo*, ein *impetus*, dessen Darstellung dann doch wieder in einer christlichen Deutung der vier antiken Kardinaltugenden besteht (vgl. PRE.[3], 20, 490). Der so darzustellende Glaube war offenbar etwas sehr Anderes als der allein um seines Gegenstandes willen rechtfertigende Glaube der eigentlichen Reformationstheologie. Entsprechendes gilt aber auch von dem ersten Versuch einer reformierten Ethik: Lambert Danaeus, *Ethices christianae libri tres* 1577. Der reformierte Biblizismus und Prädestinatianismus dieses Werkes bietet doch nur eine relative Sicherung gegen die bedenkliche Perspektive, die sich damit auftut, daß auch hier der durch Gottes Gnade erneuerte Wille des erwählten Menschen (als das subjektive Prinzip des Guten) der Gnade selbst als ein zweiter Betrachtungsgegenstand gegenübergestellt wird.

Es bedeutete dem gegenüber ein Zeichen guten Instinktes, wenn die lutherische und die reformierte Theologie im Zeitalter der Orthodoxie im Ganzen dabei blieben, die christliche Lehre nach dem Vorbild Calvins und des jüngeren Melanchthon in einem einzigen Zusammenhang, und zwar die Ethik im Zusammenhang der Dogmatik zum Vortrag zu bringen. Der in den Spuren Melanchthons unternommene Versuch des Barthol. Keckermann (*Systema ethicae* 1577) die Ethik nicht nur von der Dogmatik, sondern überhaupt von der Theologie zu trennen und als philosophische Disziplin vorzutragen, verfiel zunächst einmütiger Ablehnung. Aber auch Venatorius und Danaeus fanden vorläufig keine Nachfolge. Und nicht einmal das Verfahren des Polanus und Wolleb hat sich durchgesetzt, die Dogmatik selbst in zwei Teile: *De fide* und *de operibus* oder: *De Deo cognoscendo* und *De Deo colendo* aufzuspalten. — Aber wenn man der Orthodoxie in dem Allem methodisch recht geben muß, so darf man nun doch auch die Schwäche, die ihrer Haltung sachlich anhaftete, nicht übersehen. Die Orthodoxie hat es einmal nicht verstanden, klarzumachen, daß es nicht nur in diesem und jenem Teilgebiet der christlichen Lehre, sondern in der ganzen Dogmatik durchweg auch um Ethik, d. h. um das Sein und Handeln des Menschen geht. Sie hat ferner, wenn sie in bestimmten Zusammenhängen sehr nachdrücklich auch auf das Gesetz, die Heiligung, das neue Leben, die guten Werke usf. zu reden kam, nicht streng genug an jener Verborgenheit des Christenstandes festgehalten, sondern weithin mit den Jesuiten und mit dem aufkommenden Pietismus zusammen davon gesprochen, als ob sie es mit wahrnehmbaren Sachverhalten und nicht auch hier mit dem einen Gegenstand des Glaubens zu tun habe. Und sie hat endlich jene schon von den Reformatoren offen gelassene Türe zur naturrechtlichen Begründung der Ethik nicht nur nicht geschlossen, sondern, besonders in der ethischen Einzelunterweisung, wie sie von einzelnen Dogmatikern in erstaunlichem Reichtum geboten wurde, noch weiter geöffnet. Das waren die Einbruchsstellen, dank welcher eine kommende neue Welle des zunächst zurückgedrängten Humanismus schließlich doch mit Erfolg zur Einführung einer selbständigen theologischen Ethik drängen konnte.

Der große Vorläufer dieser Welle war auch auf diesem Gebiet Georg Calixt in Helmstedt, dem die Orthodoxie seines Jahrhunderts ebenso an konfessioneller Strenge zu viel, wie an sittlicher Strenge zu wenig zu tun schien, der ihr darum (in Erneuerung der schon im 16. Jahrhundert vorgetragenen Lehre des Georg Major) entgegenhielt, daß die guten Werke zur Bewahrung des Glaubens seitens des Menschen unentbehrlich seien, und der in seiner *Epitome theologiae moralis* 1634 nun doch wieder eine selbständige Ethik (als Lehre vom Leben des Wiedergeborenen, wie es durch das Vernunft- oder Naturgesetz, durch den dieses bestätigenden Dekalog und durch die politischen und kirchlichen Satzungen normiert wird) vorgetragen hat. — Den eigentlichen Durchbruch dieser Tendenz bedeutete die Zeit um die Wende von 17. zum 18. Jahrhundert. Pietisten und Aufklärer im Verein stellten es jetzt so dar, als ob sich die Orthodoxie um das Problem der Ethik ungefähr überhaupt nicht gekümmert hätte. Richtig konnte an diesem Vorwurf nur dies sein, daß in der Orthodoxie sowohl die pietistische Anschauung von der wahrnehmbaren Gnadenwirklichkeit des neuen Lebens als auch die aufklärerische Begründung des sittlichen Gesetzes auf das Naturrecht in der Tat noch nicht die Bedeutung hatten, die man ihnen jetzt im Zeichen des allgemeinen theoretischen und praktischen Sieges des Anthropologismus zuschreiben wollte. Als hätte man schwerste Versäumnis nachzuholen, stürzten sich jetzt alle mit dem Zug der Zeit gehenden Geister von allen Seiten und in den verschiedensten Kombinationen jener beiden Motive auf die sogenannte christliche „Sittenlehre" mit dem Resultat, daß die Dogmatik spätestens von der Mitte des 18. Jahrhunderts ab in den Ruf einer staubigen Kompendienweisheit und in die Rolle eines mehr oder weniger überflüssigen, ja störenden Pflichtfaches kam und, soweit sie überhaupt noch systematisch und nicht bloß historisch vorgetragen wurde, von Rationalisten und Supranaturalisten, soweit es immer möglich war, ihrerseits in eine ethische Prinzipienlehre auf allgemein anthropologischer Basis umgedeutet wurde. Kant hat der Theologie in der Vereinfachung bzw. Auflösung, in der er ihr die Dogmatik in seiner „Religion innerhalb der Grenzen der bloßen Vernunft" 1793 vorführte, doch nur in philosophischer Genauigkeit die Rechnung präsentiert, die sich aus ihrer eigenen Entwicklung mit jenem Umschwung notwendig ergeben mußte. R. Rothe sah schon richtig, wenn er feststellte: „Die Entstehung einer *Theologia moralis* in der evangelischen Kirche war wirklich ein bedeutsames Zeichen einer neuen und zwar einer von der Kirche unabhängigen Richtung, welche die protestantische Frömmigkeit nahm" (Theol. Ethik 1. Bd. 1867 S. 68).

Man muß es nun Schleiermacher zubilligen, daß er es erstens verstanden hat, von seinem besonderen Standort aus der Dogmatik („Glaubenslehre") aufs neue Aktualität und Würde zu verschaffen und daß er zweitens um den inneren Zusammenhang, ja um eine letzte Einheit von Dogmatik und Ethik wiederum von seinem besonderen Standort aus sehr genau gewußt hat. „Die christliche Sittenlehre ist auch Glaubenslehre. Denn das Sein in der christlichen Kirche, auf welches die christliche Sittenlehre immer zurückgeht, ist durchaus eine Glaubenssache und die Darstellung der christlichen Lebensregeln ist überall nichts als die weitere Entwicklung dessen, was in dem ursprünglichen Glauben der Christen liegt. Und ist nicht die christliche Glaubenslehre auch

3. Dogmatik als Ethik 879

Sittenlehre? Allerdings; denn wie ließe sich der christliche Glaube wohl darstellen, ohne daß die Idee des Reiches Gottes auf Erden dargestellt würde? Das Reich Gottes auf Erden aber ist nichts anderes als die Art und Weise der Christen zu sein, die sich immer durch Handeln muß zu erkennen geben" (Die chr. Sitte 1843, S. 12). Aber freilich: das Gemeinsame von Glaubens- und Sittenlehre besteht nach Schleiermacher darin, daß beide „nur entwickelte Darstellung dessen, was Menschen zu Christen macht" (S. 17) d. h. Darstellung der christlichen Frömmigkeit sind (S. 21). Eben darum sind sie aber beide nicht nur der Apologetik untergeordnet, in welcher über das Wesen des Christentums im Unterschied zu anderen Religionen entschieden wird (Kurze Darstellung 1830, §§ 43 ff.), sondern in letzter Instanz einer „Wissenschaft der Geschichtsprinzipien", in der vorweg bestimmt wird, was denn Frömmigkeit überhaupt und im allgemeinen ist — einer Wissenschaft, die Schleiermacher nun doch wieder als „Ethik" bezeichnete (§§ 32 f.) und die er als „philosophische Sittenlehre" auch besonders dargestellt und vorgetragen hat. Eben von diesem letzteren Standort, von dem Begriff der Frömmigkeit als einer allgemeinen menschlichen Gefühlsbestimmung aus vermochte er nun aber den Dualismus zwischen „Erkenntnisweise" und „Handlungsweise" (Chr. Sitte, S. 17) nicht zu überwinden und so hat er sich der seit jenem Umschwung Tradition gewordenen Trennung der beiden theologischen Disziplinen angeschlossen, obwohl er zugestand, daß sie nicht als wesentlich angesehen werden könne und „weder überhaupt noch in der evangelischen Kirche etwas Ursprüngliches" sei (Kurze Darst. § 223) und obwohl er es für „wünschenswert" hielt, „daß auch die ungeteilte Behandlung sich von Zeit zu Zeit wieder geltend mache" (§ 231). Von seinen Hintergründen her, so schonend er von ihnen Gebrauch machte, konnte Schleiermacher jener in der Religionsphilosophie Kants aufgezeigten moralisierenden bzw. säkularisierenden Entwicklung der Theologie unmöglich entgegenwirken, sondern eben R. Rothe hat doch bloß ernst gemacht mit den Voraussetzungen auch Schleiermachers, wenn er die Dogmatik wieder ganz der historisch statistischen Behandlung zuwies und an ihrer Stelle als die eigentliche systematisch theologische Zentraldisziplin unter dem Namen „Theologische Ethik" eine „spekulative Theologie" entwickelte, in welcher die christliche Lehre ebenso in einer frei geformten Weltanschauungs- und Kulturwissenschaft aufging, wie es nach ihm die Bestimmung der Kirche war, im Staat aufzugehen. Blieb Rothe mit seinem Radikalismus ein Einzelgänger, so kann man doch sagen, daß sowohl die Trennung der beiden Disziplinen als auch (ausgesprochen oder unausgesprochen!) die grundsätzliche Überordnung der Ethik über die Dogmatik die Regel war und blieb, an die sich jedenfalls die führenden Theologen der Neuzeit gehalten haben. Sie bildete geradezu den Nerv der Theologie A. Ritschls und noch am Anfang unseres Jahrhunderts den Punkt sicherster Übereinstimmung zwischen den beiden Antipoden unter Ritschls Erben: W. Herrmann und E. Troeltsch.

Wir notieren zum Schluß, daß doch auch jene Aufgabe einer „ungeteilten Behandlung", von der Schleiermacher gesagt hatte, daß sie „von Zeit zu Zeit" wieder geltend gemacht werden sollte, in der Neuzeit einige Lösungen gefunden hat: 1828 in dem „System der christlichen Lehre" von C. J. Nitzsch und 1906 in dem gleich betitelten Werk von H. H. Wendt, vor allem aber 1883 in Martin Kählers „Wissenschaft der christlichen Lehre". Aber das Motiv, das die Reformatoren zu dieser „ungeteilten Behandlung" angeleitet hatte: die Konzentration der Theologie auf den durch die Offenbarung gebotenen Gegenstand des Glaubens (und damit negativ: der Respekt vor der Verborgenheit des christlichen Lebens und der Verzicht auf die systematische Verwendung einer „natürlichen" Erkenntnis des Guten) stand hinter keinem dieser Versuche. Bei Nitzsch und Wendt ist es ganz klar, daß sie in der anthropologischen Voraussetzung und Methode mit Schleiermacher einig sind und sich nur darin von ihm unterscheiden, daß sie kühn genug sind, sich an der Stelle die Kraft zum System, d. h. zur Synthese zuzutrauen, wo jener offenbar zögern zu sollen glaubte; das Gelingen, das ihnen dabei beschieden war, war doch nicht groß genug, um eine Nachfolge hervorzurufen, die die akademische und literarische Tradition der Zweiteilung nun etwa gebrochen hätte. Kähler hat seine „Wissenschaft" in eindrucksvoller Erinnerung an die Reformationstheologie der Darstellung des durch den Glauben gerechtfertigten Menschen gewidmet: der Beweggründe, die ihn zum Glauben führen (Apologetik), der Begründung seines Glaubens durch dessen Inhalt (Dogmatik), der Tragweite seines Glaubensstandes für den Ausgleich zwischen seiner religiösen Gewißheit und seiner sittlichen Beschaffenheit (Ethik). Es konnte bei diesem Ansatz nicht ausbleiben, daß Kähler im Einzelnen in der Richtung der reformatorischen Zusammenschau von Lehre und Leben, Glauben und Handeln in bedeutsamer Weise vorgestoßen ist. Es fragt sich aber: wird hier wirklich von Gottes Offenbarung in Jesus Christus her und nicht plötzlich doch vom wiedergeborenen Menschen und damit letztlich vom Menschen überhaupt her gefragt und geantwortet? Wird hier wirklich etwas Anderes gesagt, als was einst Thomas Venatorius sagen wollte? Ist Kähler in dieser Angelegenheit wirklich auf Seiten der reformatorischen Theologie zu suchen und zu finden? Ist er hinsichtlich Kol. 3, 3 über die Pietisten und hinsichtlich der allgemeinen Anthropologie über Melanchthon und die Aufklärer wirklich hinausgekommen? Die Frage soll nicht rundweg verneint sein. Aber das Zwielicht, das hier herrscht, hat es jedenfalls auch diesem sehr ernst zu nehmenden Werk nicht erlaubt, sich in der theologischen Entwicklung so durchzusetzen, wie es das nach seinen letzten, dem Verfasser vielleicht selbst nicht ganz deutlichen Intentionen, möglicherweise verdient hätte.

Man kann im Blick auf die Geschichte des Problems gewiß nicht sagen, daß die vereinigte Behandlung von Dogmatik und Ethik schon als solche notwendig die Übereinstimmung mit der reformatorischen Erkenntnis bedeute; man kann aber sagen, daß man sich mit ihrer Trennung notwendig von der reformatorischen Erkenntnis entfernt. Dieser Befund und damit nun doch die Entscheidung für eine vereinigte Behandlung der beiden Disziplinen bestätigt sich bei einer sachlichen Prüfung der Frage.

Wo man die Trennung vollzieht, da bekommt einmal die Dogmatik einen negativen Akzent, da wird ihre Aufgabe in einer Weise eingeengt und entleert, die wir nach unserem bisherigen Verständnis dieser Wissenschaft vom Auftrag der Kirche her nicht gutheißen können, und die auch in all dem, was diese dogmatischen Prolegomena selbst schon an Dogmatik enthalten haben, keine Bestätigung gefunden hat.

Es darf hier an die in §§ 16–18 entwickelte Lehre von der Ausgießung des Heiligen Geistes erinnert werden, wo uns die Betrachtung der Offenbarung in ihrer subjektiven Wirklichkeit und Möglichkeit ganz selbstverständlich (und speziell in § 18 sogar schon sehr ausführlich) dazu geführt hat, „Dogmatik als Ethik" zu treiben. Ebenso explizit hat uns das Problem der Ethik in § 21 (über die Freiheit in der Kirche) beschäftigt. Man könnte aber ruhig fragen, wo uns das Problem der Ethik im bisherigen Verlauf der Dogmatik etwa nicht beschäftigt hat? Ist es denn an dem, daß man die Dogmatik auf eine Erörterung des rein theoretischen Inhalts der christlichen Verkündigung beschränken kann, um sich dann in der Ethik ebenso säuberlich den praktischen zuzuwenden? Gibt es überhaupt solche rein theoretischen Inhalte der christlichen Verkündigung? Kann die ganze Unterscheidung des „Theoretischen" und „Praktischen" hier überhaupt zu recht bestehen oder bedeutet sie nicht schon an sich ein πρῶτον ψεῦδος, dem im Prinzip zu widerstehen ist? Kann man von der *fides* reden und erst nachher und anderswo von den *opera? De Deo cognoscendo* und erst nachher und anderswo *De Deo colendo?*

3. Dogmatik als Ethik

so könnte man schon bei Polan und Wolleb fragen. Und wir fragen einige moderne Vertreter des getrennten Verfahrens: Darf es denn wirklich so sein, wie W. M. L. de Wette (Lehrb. d. chr. Sittenlehre 1833 S. 1) meinte, daß die Glaubenslehre es mit der gefühlsmäßigen Betrachtung des ewigen Seins zu tun habe, erst die Sittenlehre aber mit der Verwirklichung der Zwecke im Leben, in den endlichen Verhältnissen? Oder wie Schlatter (Die christliche Ethik 1914, S. 30) sagt: daß die Dogmatik unser Bewußtsein aufklärt, die Ethik aber Licht in unseren Willen bringt? Oder wie G. Wünsch (Theol. Ethik 1925, S. 66) unterscheidet: daß die Dogmatik schildert, was geglaubt werden, die Ethik, was getan werden soll auf Grund der Tatsache des Heiligen, jene die vorausgesetzte Weltanschauung, diese das auf jene begründete „charaktervolle sittliche Handeln" darstellend? Ist das ewige Sein, mit dem es die Glaubenslehre zu tun hat, nicht in sich in der Verwirklichung im Leben begriffen, was ist es dann? Was hat es dann mit dem Gott der biblischen Offenbarung zu tun? Ist das aufgeklärte Bewußtsein nicht in sich erleuchteter Wille, der Glaube samt seiner Weltanschauung nicht in sich Tat, inwiefern gehört dann dieses Subjektive überhaupt zu den Gegenständen christlicher Verkündigung und also der Theologie?

In welchen Verdacht, ein müßiges Gedankenspiel zu sein, rückt bei dieser Trennung die Dogmatik? Sollte sie sich diese Disjunktion wirklich gefallen lassen müssen, dann darf man sich nicht wundern, wenn sie zu Zeiten in jenen Geruch einer lebensfremden und wegen ihres bloßen „Intellektualismus" geradezu bedenklichen Angelegenheit kommen konnte, dann hätte sie allerdings Anlaß, zugunsten der Ethik (und zwar einer untheologischen Ethik, wenn man eine solche der Mühe wert finden sollte!) vom Schauplatz abzutreten. Es könnte aber auch sein, daß die Dogmatik abzutreten darum gar nicht in der Lage ist, weil sie einer Aufgabe nachzugehen hat, die allerdings nicht aufgeht in der *in abstracto* aufgeworfenen Frage nach der Güte menschlichen Handelns, die aber andererseits das in dieser Frage angemeldete Anliegen auf der ganzen Linie in sich schließt. Es könnte auch sein, daß eben die Dogmatik ohne Einbeziehung dieser Frage in ihren eigenen Fragekreis und also ohne Auflösung der Selbständigkeit dieser Frage (und also einer besonderen Ethik) gar nicht Dogmatik, gar nicht kritische Prüfung des Inhalts der christlichen Verkündigung sein könnte. Wie sollte es eigentlich anders sein, da die christliche Verkündigung es doch zweifellos mit der im Worte Gottes begründeten und vollzogenen Beziehung zwischen dem wahren Gott und dem wahren, d. h. aber dem ganzen und also gerade dem handelnden Menschen zu tun hat? Wo ließen sich der Dogmatik legitimerweise Grenzen stecken, jenseits derer eine besondere Ethik anfangen könnte und müßte? Von der Dogmatik her wird also die Abtrennung einer besonderen Ethik resolut in Abrede zu stellen sein.

Und nun könnte sich zum Anderen und umgekehrt der positive Akzent, den bei jener Unterscheidung die Ethik bekommt, als Fehlerquelle erweisen hinsichtlich des Sinnes, in welchem das menschliche Handeln und seine Güte allein Gegenstand der Theologie werden kann. Wer Dogmatik und Ethik grundsätzlich unterscheiden will, der nimmt es auf sich, zu zeigen, daß und inwiefern den beiden wirklich eine verschiedene Fragestellung und Methode zugrunde liegt. Dieser Nachweis scheint aber, so weit das Auge reicht, nur da möglich zu sein, wo in irgendeiner Form schon im gemeinsamen Ansatz beider Fragen das Thema der Theologie offen oder heimlich preisgegeben wird.

Wie sahen, wie einst Venatorius die theologische Ethik auf den Charakter der *fides* als *virtus* begründete. Wir fragen: wie, von welchem theologischen Standort aus kommt man dazu, den Glauben einmal als Glauben an Jesus Christus und dann auch noch als menschliche *virtus* zu beschreiben? — Wir sahen, wie Calixt zu einer besonderen theologischen Ethik kam, indem er von der Frage nach dem Glauben selbst die Frage nach dessen Erhaltung unterscheiden wollte. Wir fragen: von woher kann so unterschieden werden? — Nach Schleiermacher (Chr. Sitte S. 23) hatte die Glaubenslehre zu fragen: „Was muß sein, wenn die religiöse Form des Selbstbewußtseins, der religiöse Gemütszustand ist?", die Sittenlehre dagegen: „Was muß werden, weil das religiöse Selbstbewußtsein ist?" Hier wird offen gesagt, von woher die Unterscheidung kommt: sie ist identisch mit der romantisch verstandenen Dialektik des religiösen Selbstbewußtseins. Wir befinden uns dann also, wie es ja auch Schleiermachers ausgesprochene Meinung ist, in der Dogmatik sowohl wie in der Ethik innerhalb der anthropologischen Sphäre. Ihr Gesetz und nicht das eines dieser Sphäre gegenübertretenden Gegenstandes spezifisch theologischer Erkenntnis hat diese Unterscheidung möglich und notwendig gemacht. — Nach Christian Palmer (Die Moral des Christentums 1864, S. 21 f.) wäre der Unterschied zwischen Dogmatik und Ethik einfach der zwischen Göttlichem und Menschlichem. Die Glaubenslehre hält uns dasjenige vor, „was Gott durch seine Heilsoffenbarung für uns getan und vollbracht hat, so daß wir nicht erst zu handeln, nicht erst Opfer zu bringen oder Werke zu verrichten haben, um unsere Seele zu retten, sondern nur annehmen dürfen, was schon vollständig geschehen ist, uns nur stellen und gründen dürfen auf den Grund, der schon gelegt ist für alle Ewigkeit". Aber eben so ist „das Reich Gottes immer zugleich auch das Resultat menschlicher, sittlich freier Tätigkeit", „jede wahrhaft sittliche Handlung ebenso sehr die Tat des Menschen wie eine Wirkung Gottes". Die Ethik hat es mit der menschlichen, d. h. durch den menschlichen Willen, durch menschlich freies Tun vermittelten Seite des Reiches Gottes zu tun. Wir fragen: ob uns das Reich Gottes denn wirklich auch in diesem Sinn: als Tat des Menschen offenbar ist, oder ob der Blickwechsel von den Taten Gottes zur Tat des Menschen nicht notwendig eine μετάβασις εἰς ἄλλο γένος bedeuten muß, durch die nachträglich auch das in Frage gestellt wird, ob es in der koordinierten Glaubenslehre um die Taten Gottes und nicht dort wie hier, ähnlich wie bei Schleiermacher, um ein Datum des menschlichen Selbstbewußtseins ging? — Nach A. Ritschl (Rechtf. u. Vers.[4] 3. Bd. 1895, S. 14) begreift die Dogmatik „alle Bedingungen des Christentums in dem Schema der Bewirkung durch Gott, die Ethik, indem sie diese Erkenntnis voraussetzt, begreift das Gebiet des persönlichen und gemeinschaftlichen christlichen Lebens in dem Schema der persönlichen Selbsttätigkeit". Wir fragen wieder: mit welchem Recht wird hier das „Schema der persönlichen Selbsttätigkeit" dem „Schema der göttlichen Bewirkung" gegenüber abgesondert? Mit welchem theologischen Recht wird hier überhaupt diese doppelte Frage gestellt? Läßt sich das christliche Leben im selben Sinn „begreifen", wie seine Bewirkung durch Gott und wenn ja, was bedeutet das für das „Begreifen" dieser letzteren? Ist nun nicht etwa beides als ein anthropologisches „Begreifen" zu verstehen? — Nach Th. Häring (Das chr. Leben 1907, S. 9) zeigt die Glaubenslehre, „wie uns das Reich Gottes als Gabe Gottes im Glauben an Christus zu gewissem persönlichen Besitze wird, die Sittenlehre, wie uns dieser Glaube Antrieb und Kraft ist, an der in jener Gabe enthaltenen Aufgabe mitzuarbeiten, daß das Reich Gottes verwirklicht werde, immer mehr zu uns und durch uns komme, hier zeitlich und dort ewig". Wir fragen: wie kommt man in der Theologie dazu, den Glauben an Christus als Kraft und Antrieb zur Mitarbeit an der Verwirklichung des Reiches Gottes zu „zeigen"? Menschliche Kräfte und Antriebe, die man „zeigen" kann, sind doch wohl etwas Anderes als der Glaube an Christus, wie denn auch das, was uns zum „persönlichen Besitz" wird, etwas Anderes sein dürfte als das Reich Gottes im biblischen Sinn dieses Begriffs. — Nach O. Kirn (Grundr. d. theol. Ethik 1906, S. 1) faßt die Dogmatik „das christliche Leben nach seiner Begründung in Gottes Heilsoffenbarung also unter dem Gesichtspunkt der gläubigen Rezeptivität", die Ethik aber dasselbe „nach seiner tätigen Entfaltung, als unter dem Gesichtspunkt der gläubigen Spontaneität" ins Auge. Wir fragen: wie denn Dogmatik oder Ethik das christliche Leben so ins Auge zu fassen in der Lage sind, daß sie die „gläubige Spontaneität" des Menschen im Unterschied von seiner „gläubigen Rezeptivität" als theologische Bestimmung dieses Lebens zu erkennen vermögen? — Nach Schlatter (a. a. O. S. 30) verhält es sich folgendermaßen: Die Dogmatik gewinnen wir dann, „wenn wir auf das achten, was wir geworden sind und an uns wahrnehmen, die Ethik dann, wenn wir uns das verdeutlichen, was wir werden und aus uns machen wollen. Nachdem uns der Dogmatiker Gottes Werk gezeigt hat, das für uns und in uns geschehen ist ... zeigt uns der Ethiker unser Werk, das uns deshalb zugeteilt ist, weil wir Gottes Werk sind." Wir fragen: was heißt in der Theologie: auf etwas „achten", etwas „wahrnehmen", sich etwas „verdeutlichen", etwas „zeigen"? Dürfte es die durch seinen Gegenstand bestimmte Eigenart des theologischen Wahrnehmens und Zeigens nicht etwa mit sich bringen, daß die Entgegenstellung: Gottes Werk — unser Werk unmöglich wird? Und sollte bei einem abstrakten Wahrnehmen dessen, was wir werden und aus uns machen wollen, bei dem Zeigen auf unser Werk (trotz der Rückversicherung, daß wir selbst Gottes Werk seien), das theologische Wahrnehmen und Zeigen nicht etwa preisgegeben sein? — Nach C. Stange (Dogmatik 1. Bd. 1927, S. 50 f.) weist die Dogmatik im Blick auf alle einzelnen Aussagen des christlichen Glaubens nach, daß das in der Symbolik festgestellte Wesen des Christentums dem Ideal entspricht, das die Religionsphilosophie zuvor als das Wesen der Religion überhaupt erwiesen hat: sie weist nämlich nach, daß das Christentum Offenbarungsreligion ist. Die Ethik nun führt denselben Nachweis im Blick auf die Wirkung, die das Christentum auf die Gestaltung des geschichtlichen Lebens ausübt. Eine geschichtliche Erscheinung einer bestimmten Form geschichtlichen Lebens muß sich ja als Auswirkung des Wesens darstellen, das dieser bestimmten Form geschichtlichen Lebens eigen ist. Indem die Ethik solche Auswirkungen beschreibt, die nur als Auswirkungen des Wesens eben des Christentums zu verstehen und das Christentum als das Wesen, das diese Auswirkungen hervorbringt, führt auch sie den Nachweis, daß das Christentum Offenbarungsreligion ist. Es ist klar, daß wir uns hier wieder bei Schleiermacher befinden — wir haben uns wohl auch bei den anderen angeführten Theologen im Grunde nicht anderswo befunden — auf der überlegenen Plattform, von der aus das Christentum als eine „bestimmte Form des geschichtlichen Lebens" eingesehen und mittels eines Idealbegriffs von Religion mit anderen derartigen Formen geschichtlichen Lebens verglichen und als die Erfüllung des Wesens aller dieser Formen „nachgewiesen" werden kann. Wie kommt der Theologe auf diese Plattform und wird ihm dieser Nachweis wirklich gelingen? Es müßte aber, selbst wenn wir uns einen Augenblick in Stanges Voraussetzung und Sprache hineindenken wollten, hinsichtlich seines Programms der Ethik gefragt werden: wie denn etwa die Kontinuität zwischen der „Erscheinung" und dem „Wesen" dieser „bestimmten Form des geschichtlichen Wesens" feststellbar ist? Überträgt sich denn der in der Symbolik festgestellte Charakter des Christentums: daß es Offenbarung ist, so selbstverständlich auf die „Erscheinung", auf seine geschichtlichen „Auswirkungen", daß aus dieser jener und aus jenem diese ohne weiteres abgelesen werden kann? Sollte das Verhältnis zwischen der Offenbarung und ihren „Auswirkungen" wirklich so einfach unter den platonischen Begriff der μέϑεξις (zwischen der Idee und den Einzeldingen) fallen? Hat man dann, wenn man die Offenbarung in diesem Verhältnis versteht, wirklich die biblische Offenbarung im Auge und wird die Beschreibung ihrer „Auswirkungen" dann wirklich den Charakter einer theologischen Ethik haben?

Die Versuche, Dogmatik und Ethik methodisch zu unterscheiden, sind darum auch von der Ethik aus betrachtet bedenklich, weil dabei in großer Regelmäßigkeit ein in der Theologie unmöglicher Wechsel in der Blickrichtung, eine fatale Vertauschung der Subjekte, nämlich Gottes und des Menschen stattfindet und zum eigentlichen konstituierenden Prinzip der Ethik gemacht wird. Unter Berufung auf das, was man in der Dogmatik als Offenbarung Gottes an den Menschen oder als Werk Gottes am Menschen vermeintlich hinter sich gebracht hat, erlaubt man sich in der Ethik plötzlich ein neues Buch aufzuschlagen: nach dem Buch vom heiligen Gott das Buch vom heiligen Menschen. Die Theologie aber kann die Offenbarung oder das Werk Gottes am Menschen nie hinter sich, sondern immer nur vor sich haben. Was die Theologie hinsichtlich des heiligen Menschen zu lernen und zu lehren hat, das kann sie nur dem einen Buch entnehmen, in welchem allerdings sehr nachdrücklich auch von dem heiligen Menschen die Rede ist, in welchem aber der heilige Mensch keine selbständige Existenz hat und also nie selbständiger Betrachtungsgegenstand wird, sondern eben nur im Zug der Existenz und der Betrachtung des Redens und Tuns des heiligen Gottes.

Theologie ist in allen ihren Sparten Darstellung der Wirklichkeit des sich an den Menschen richtenden und ihn zurecht richtenden Wortes Gottes. Diese ihre Bestimmung läßt sich nicht dadurch ergänzen, daß sie irgendwo auch noch umgekehrt wird, als wäre sie nebenbei auch noch Darstellung der Wirklichkeit des Menschen, an den sich das Wort Gottes richtet und der durch das Wort Gottes zurecht gerichtet wird. Woher sollte sie dazu den Auftrag, die Legitimation und die Befähigung haben? Sie könnte sie sich nur verschaffen, indem sie sich über das Wort Gottes stellte, um sich, statt allein durch das Wort Gottes auch noch durch eine allgemeine menschliche Kunde vom Menschen unterrichten zu lassen. Tut sie das auch nur in einer einzigen ihrer Sparten, dann sehe sie wohl zu, ob sie es nicht heimlich auch in allen übrigen tut oder ob es nicht bloß ein Mangel an Folgerichtigkeit ist, wenn sie es nicht auch in allen übrigen tut. Daß das Problem der Ethik ein theologisches Problem — man kann auch ruhig sagen: das theologische Problem — ist, das ist wahr und das soll noch begründet und erklärt werden. Wie sollte es schon anders sein, wenn Theologie wirklich die Darstellung der Wirklichkeit des sich an den Menschen richtenden und den Menschen zurecht richtenden Wortes Gottes ist? In die Wirklichkeit des Wortes Gottes eingeschlossen, hat sie selbstverständlich auch die Wirklichkeit des Menschen darzustellen, an den dieses Wort sich richtet, der durch dieses Wort zurecht gerichtet wird. Theologisch unmöglich aber ist eine Betrachtung dieser beiden Wirklichkeiten, als ob sie sich auf einer Ebene befänden, als ob es zwischen ihnen eine Koordination, Kontinuität und Auswechselbarkeit gäbe, als ob sie wohl gar letztlich identisch wären. So mögen oben und unten, so mögen Rezeptivität und Spontaneität, so mögen Gabe und Aufgabe, so mögen Indikativ und Imperativ, so mögen Inneres und Äußeres, so mögen Sein und Werden (im allgemeinen neutralen Sinn aller dieser Begriffe) sich koordinieren lassen — so lassen sich aber nicht koordinieren: Gottes Wort auf der einen und der Gottes Wort hörende Mensch auf der anderen Seite. Es ist nicht wahr, daß diese zweite Wirklichkeit jener ersten in einem polaren Spannungsverhältnis gegenüberstehe. Es ist nicht wahr, daß der glaubende Mensch

3. Dogmatik als Ethik   885

am Kommen des Reiches Gottes mitzuarbeiten habe. Es ist nicht wahr, daß er sich zum Worte Gottes verhalte wie das Subjekt zum Objekt. Das Alles sind Vorstellungen, die nur möglich sind auf Grund der schon die alte katholische Kirche ruinierenden Ansicht von der Koordination, Kontinuität, Auswechselbarkeit und letztlichen Identität zwischen Natur und Übernatur. Mag es denn auch zwischen „Natur" und „Übernatur" das Alles geben. Die Theologie aber hat es nicht mit der Begegnung von Natur und Übernatur, sondern mit der Begegnung von Natur und Gnade, konkret: mit der Begegnung zwischen dem Menschen und dem Wort Gottes zu tun. Die Wirklichkeit des durch das Wort Gottes angeredeten Menschen kann sich aber zu der Wirklichkeit des Wortes Gottes nicht wie ein Subjekt zu einem Objekt, sondern nur wie ein Prädikat zu einem Subjekt verhalten, d. h. sie ist diese Wirklichkeit nie und nirgends und in keiner Hinsicht an sich und für sich, sondern eben nur als mitgesetzt in jener. Sie ist nur von jener aus ausfindig zu machen, man kann von ihr nur reden, indem man von jener redet. Christen gibt es nur in Christus, nicht an sich, nur von oben, nicht von unten gesehen, nur im Glauben, nicht im Schauen, also gerade nicht so, wie es Mohammedaner und Buddhisten und Atheisten, wie es Katholiken und Protestanten gibt. Redet man von Christen und Christentum und Christlichkeit in diesem letzteren Sinn, dann muß man sich bewußt sein, daß man von der christlichen Welt redet, die Kosmos ist (im Sinn des Johannesevangeliums wie die ganze übrige Welt). Man redet dann untheologisch. Warum soll man nicht auch untheologisch vom Christentum reden? Zweifellos: auch der fromme Mensch, auch der Christ an sich, kann ein dankbarer, interessanter und lehrreicher Gegenstand wissenschaftlicher Forschung sein. Es gibt sogar eine ganze theologische Hilfsdisziplin, nämlich die Kirchengeschichte, in welcher dialektisch, der Belehrung halber, eben der christliche Mensch als solcher, in welcher nicht die heilige Schrift, sondern die Geschichte ihrer Auslegung zum Gegenstand auch der theologischen Forschung und Lehre wird. Aber gerade die Kirchengeschichte macht es sichtbar, daß dieser christliche Mensch nicht an sich der von Gottes Wort angesprochene Mensch ist, daß von einer ihm eigenen Heiligkeit, und wenn er Augustin oder Luther hieß, nie und nirgends die Rede sein kann. Gerade sie weist auf, daß der Christ und das Christentum an sich Phänomene im Kosmos neben vielen anderen Phänomenen sind. Gerade die Kirchengeschichte mit ihrer (dialektisch gemeinten) untheologischen Fragestellung macht deutlich, daß da theologisch gefragt und geantwortet werden muß, wo es darum geht, den Christen als etwas Anderes denn als einen Teil und Träger des Kosmos zu verstehen. Darum geht es nun aber offenbar, wenn in der Theologie nach der Güte menschlichen Handelns, nach dem christlichen Leben gefragt, wenn also in der Theologie das Problem der Ethik aufgeworfen wird.

In der Theologie können also die Blickrichtung und das Thema grundsätzlich nicht gewechselt, es können die Subjekte der Aussagen nicht plötzlich vertauscht werden. Eine Ethik, die auf dieser Vertauschung beruht (und auf dieser Vertauschung beruht jede selbständige theologische Ethik!), eine Ethik, die sich im Unterschied zur Dogmatik auf einmal die „gläubige Spontaneität", das, was wir werden und aus uns machen wollen, die Auswirkungen des Wesens des Christentums u. s. f. zum Gegenstand macht — eine solche Ethik muß der Offenbarung, der heiligen Schrift, der christlichen Verkündigung den Rücken kehren und hört damit auf, theologische Ethik zu sein. Der unvermeidliche Rückgriff auf platonische, aristotelische, stoische oder romantische Anthropologie und Ontologie, mit dem eine solche Ethik sich der Dogmatik gegenüber auf eigene Füße stellen wird, wird nur das Symptom dafür sein, daß hier die Theologie als solche preisgegeben wird, was sich dann bestimmt auch in der Dogmatik und in den übrigen Sparten einer unter dieser Voraussetzung unter dem Titel der Theologie betriebenen Wissenschaft und im Leben der durch eine solche Theologie bestimmten Kirche geltend machen wird.

Wir wenden uns zur positiven Darstellung unseres Problems. — Die Frage der Dogmatik ist die Frage nach der Reinheit der Lehre oder: die Frage nach dem Wort Gottes in der christlichen Verkündigung. Das Wort Gottes, das der in der dogmatischen Dialektik intendierte Ursprungs-, Beziehungs- und Zielpunkt ist, ist aber das von Gott an den Menschen gerichtete und also das vom Menschen gehörte und wieder zu hörende, das den Menschen angehende, den Menschen in Anspruch nehmende und in Beschlag nehmende Wort. Wir haben es in seiner Offenbarung, wir haben es in der Bezeugung seiner Offenbarung in der heiligen Schrift in keinem Punkt anders verstehen können. Der „Mensch" ist aber der existierende, d. h. der nicht bloß denkende, sondern, indem er denkt, lebende, handelnde und leidende, der in der Tat seines Daseins begriffene Mensch. Wir wiederholen mehrfach Gesagtes, wenn wir noch einmal formulieren: Nur der Täter des Wortes ist sein wirklicher Hörer, und das darum, weil es das Wort des wirklichen Gottes an den wirklichen, d. h. an den im Wirken, in der Tat seines Lebens begriffenen Menschen ist. Hört man es nicht im Akt seiner Existenz, existiert man nicht als sein Hörer, dann hört man es gar nicht, und wenn man dann daran denken wollte, würde man notwendig an etwas Anderes denken; wenn man dann davon reden wollte, würde man notwendig von etwas Anderem reden. Die Dogmatik würde also nicht mehr und nicht weniger als ihren Gegenstand und damit allen Sinn verlieren, wenn es in ihr nicht auch, und zwar dauernd auch um die Existenz, um die Wirklichkeit der Lage des Menschen gehen würde, wenn ihre Frage, die Frage nach der Reinheit der Lehre oder nach dem Worte Gottes in der christlichen Verkündigung nicht als solche auch die Frage nach dem christlichen, d. h. nach dem durch das Wort Gottes bestimmten Leben des Menschen wäre: die Frage nach dem, was wir selber zu tun haben. Daß es innerhalb der Dogmatik ein besonderes Gebiet gibt, in welchem diese Frage auch noch direkt und ausdrücklich zur Sprache gebracht wird: das Gebiet, das wir etwa durch die Stichworte: Gesetz, Sünde, Heiligung charakterisieren können, das kann wirklich nicht bedeuten, daß es andere dogmatische Gebiete gebe, wo diese Frage unwichtig oder weniger wichtig wäre. Die verschiedenen Gebiete der Dogmatik liegen ja überhaupt nicht nebeneinander, sondern ineinander, so daß man keines von ihnen wirklich durchlaufen kann, ohne auch aller anderen mehr oder weniger ausdrücklich zu gedenken und sicher nicht, ohne sie alle vor Augen zu haben. Wo würde etwa die Lehre von der Trinität oder die von der Kirche oder die von der Rechtfertigung oder die von der Wiederkunft Jesu Christi nicht entscheidend wichtig sein? Wo dürfte uns insbesondere die Lehre von der Fleischwerdung des Wortes Gottes irgendwo nicht vor Augen stehen? Ebenso steht es nun aber auch mit der besonderen Lehre von der Heiligung, in welcher die Dogmatik direkt und ausdrücklich Ethik wird. Sie wird darum nicht weniger auch überall sonst Lehre von der Heiligung und also Ethik sein müssen, wenn sie ihren Gegenstand und damit ihren Sinn nicht verlieren will!

Die ethische Frage, d. h. die Frage nach dem richtigen Handeln ist die menschliche Existenzfrage. Wie wir wollen, so sind wir, und was wir tun, das sind wir. Es ist nicht so, daß der Mensch existiert und dann u. a. auch noch handelt. Sondern er existiert, indem er handelt. Die Frage: ob und inwiefern er richtig handelt, ist also keine andere als die: ob und inwiefern er richtig existiert? Und so ist es nicht mehr und nicht weniger als die menschliche Existenzfrage, die die Theologie, die die Dogmatik sich zu eigen macht, indem sie die ethische Frage aufwirft, oder vielmehr mit als ihre eigenste Frage erkennt und behandelt. Hier ist nun freilich vor einer naheliegenden Entgleisung zu warnen: Es ist nicht an dem, daß die menschliche Existenzfrage als solche auch das Thema der Dogmatik und überhaupt der Theologie wäre. Es ist nicht etwa so, daß die Theologie auf die Existenzfrage nun eben die theologische Antwort zu geben hätte: als ob es irgendwo im leeren Raum eine Existenzfrage an sich gäbe, an der sich nun u. a. auch die Theologie mit ihren Voraussetzungen und Methoden zu versuchen hätte. Das Wort Gottes wäre nicht das Wort Gottes, wenn es der menschlichen Existenzfrage nicht voranginge, wenn es nicht deren Ursprung wäre, lange bevor es ihre Beantwortung geworden ist. Und die Theologie würde ihre Aufgabe schlecht wahrnehmen, wenn sie die Existenzfrage anders aufnehmen würde denn als die im Worte Gottes nicht erst beantwortete, sondern schon begründete, als die vor Allem und zuerst durch das Wort Gottes selbst aufgeworfene Frage. So und nur so kann sie sie als eine echte und dringliche Frage aufnehmen. Also: der Gegenstand der Dogmatik ist und bleibt das Wort Gottes und nichts sonst. Der Gegenstand des Wortes Gottes aber ist die menschliche Existenz, das menschliche Leben, Wollen, Handeln. Durch das Wort Gottes wird dieses in Frage gestellt, d. h. nach seiner Richtigkeit gefragt, aber auch in Richtigkeit gebracht. Darum und in diesem Sinn: nicht kraft einer ihr vorweg eigenen und vorweg zu bestimmenden Fähigkeit, sondern durch das Wort Gottes bekommt die menschliche Existenz theologische Relevanz. Aber eben durch das Wort Gottes bekommt sie sie tatsächlich, ist ihr Problem der Theologie, ist es der Dogmatik so aufgedrängt, daß diese gar nicht Theologie, gar nicht Dogmatik sein könnte, wenn sie nicht auch, und zwar durchgehend, auch Ethik sein wollte. Die Wirklichkeit, die sie etwa als den Menschen nicht angehende, ihn nicht in Anspruch nehmende, ihn nicht zur Verantwortung ziehende, ihn nicht zurecht bringende und insofern: als theoretische Wirklichkeit anschauen und darstellen wollte, würde bei allem möglichen Reichtum ihres Wesens und bei aller möglichen Tiefe ihrer Betrachtung auf keinen Fall die Wirklichkeit des Wortes Gottes sein. Die Dogmatik kann gar nicht anders: sie muß auch Ethik sein. Ihre Dialektik und ihre ganze Haltung muß eine „existentielle", d. h. sie muß, weil auf das Wort Gottes, darum auch auf die menschliche Existenz bezogen sein.

Wenn P. Althaus (Grundr. d. Ethik 1931, S. 9) sagt: „Die Ethik gehört mit der Dogmatik aufs engste zusammen", so ist damit zu wenig gesagt. Die Dogmatik selbst ist Ethik. Auch die Ethik ist Dogmatik. Wird das so begründet wie eben geschehen, dann ist dafür gesorgt, daß es nicht etwa zu einer Auflösung der Dogmatik in die Ethik bzw. in eine christliche Existenzialphilosophie kommen kann. Um Gott in seiner Beziehung zur menschlichen Existenz muß es in der Dogmatik gehen. Und nun wird man in diesem Satz den Begriff der „Beziehung" nicht etwa so verstehen können, als ob es sich um irgendeine Beziehung zwischen irgend zwei Größen handle, eine Beziehung, die dann wohl auch umgekehrt werden könnte. Gott und die Existenz des Menschen sind nicht irgendwelche zwei Größen, sondern hier steht der Schöpfer und dort das Geschöpf, hier der Heilige, dort der Sünder, hier der Lebendige von Ewigkeit zu Ewigkeit, dort der Sterbliche. Und ihre Beziehung ist nicht irgendeine, sondern die durch das Wort Gottes gesetzte. Das Wort Gottes aber ist Jesus Christus und so ist diese Beziehung qualifiziert als freie Gnade Gottes. Wie könnte sie dargestellt werden, ohne sichtbar zu machen, daß sie nicht selbstverständlich, daß sie eine Wundertat Gottes ist? Daß Gott nicht der Gefangene dieser Beziehung, sondern ihr Begründer und Herr ist? Es ist also dadurch, daß es in der Dogmatik um Gott in seiner Beziehung zur menschlichen Existenz geht, nicht etwa ausgeschlossen, sondern vielmehr gefordert, daß der göttliche Grund dieser Beziehung (der in keinem menschlichen Grund seine Entsprechung hat!) als solcher sichtbar gemacht, und zwar nicht nur durchgängig sichtbar gemacht, sondern auch besonders expliziert wird, wie dies in der Trinitätslehre und in der allgemeinen Gotteslehre zu geschehen hat: genau so wie ja auch die Ethik abgesehen davon, daß sie das Problem der Dogmatik ist und nirgends unsichtbar bleiben darf, in bestimmten Zusammenhängen auch noch besonders und explizit als ein Problem in die Erscheinung treten muß. Daß Dogmatik durchweg auch Ethik sein muß, das kann nichts daran ändern, daß sie zuerst und an sich Dogmatik und also Frage nach Gottes Wort und nur untergeordnet unter diese Frage auch Frage nach dem christlichen Leben ist. Nur in dieser Unterordnung und Unselbständigkeit kann diese zweite Frage sachlich beantwortet werden. Eben darum wird aber in der Dogmatik immer auch für die explizite Darlegung der Überordnung und Selbständigkeit der ersten Frage Raum sein müssen. Wenn das Alles im Auge behalten wird, dann wird man vor einer Auflösung der Dogmatik in die Ethik oder in eine Existenzialphilosophie gesichert sein. Eine völlige Sicherung gegen den Mutwillen ihrer Umdeutung in diesem Sinn, z. B. gegen den von Gerhard Kuhlmann, gibt es freilich nicht. Immerhin: im Urteil aller nicht Mutwilligen wird man dann auch gegen den Mutwillen gesichert sein.

Es steht nun freilich nicht in menschlicher Macht, der Dogmatik die notwendige Beziehung auf die Frage der menschlichen Existenz zu geben, sofern unter dieser Frage verstanden wird: die im wirklichen Leben selbst gestellte Frage des wirklichen Menschen. Wie es ja auch nicht (und noch weniger) in menschlicher Macht steht, ihr die Beziehung zum wirklichen

3. *Dogmatik als Ethik* 889

Gott zu geben. Beides tut Gott ganz allein und selber nach seinem souveränen Wohlgefallen. In menschlicher Macht steht hier wie dort nur die wissenschaftliche Sauberkeit und Vollständigkeit, die uns gebieten wird, im Kampf gegen die menschliche Zerstreutheit, die hier Gott und dort die menschliche Existenz vergessen möchte, wenigstens im Raum des Denkens und der Rede, der Begriffe und Worte jene Beziehung wie diese immer wieder sichtbar zu machen. Dieses Menschenmögliche aber muß nun auch wirklich geleistet werden. Lohnt es sich also gewiß nicht, irgendwelche Anstrengungen zu machen, um der Dogmatik ethisch-praktische Kraft zu geben — denn sie hat sie oder sie hat sie nicht, ohne daß da irgend etwas zu „machen" wäre! — so ist es doch geboten, jedenfalls ihre ethisch praktische Absicht, soweit diese systematisch und durch Begriffe und Worte angezeigt werden kann, tatsächlich anzuzeigen, wenigstens in diesem Raume und mit den hier möglichen Mitteln auch jener zweiten Zerstreutheit: der Zerstreutheit hinsichtlich der menschlichen Existenz entgegenzuwirken.

Die Aufgabe der damit geforderten Einbeziehung der Ethik in die Dogmatik kann in verschiedener Weise in Angriff genommen werden. — Man wird auf Grund unserer ganzen Überlegungen nicht sagen können, daß eine von der Dogmatik äußerlich getrennte literarische oder akademische Behandlung der Ethik grundsätzlich unmöglich sei. Sie ist dann nicht unmöglich, wenn sie folgende Bedingungen erfüllt: 1. die Trennung darf nur technisch, nicht aber prinzipiell und methodisch begründet werden, 2. die von der Ethik getrennte Dogmatik muß in durchgehender Beziehung auf das Problem der Ethik und 3. die von der Dogmatik getrennte Ethik muß in durchgehender Unterordnung unter das Problem der Dogmatik durchgeführt werden.

Eine in diesem Sinn selbständige Ethik könnte also keine selbständige Disziplin neben der Dogmatik sein, sondern sie müßte ausgesprochen und faktisch den Charakter einer theologischen Hilfswissenschaft tragen. So steht ja schon die Symbolik neben der Dogmatik, so die Einleitungswissenschaft und die Religionsgeschichte neben der Exegese, so die Kirchenkunde neben der Homiletik, Katechetik und Liturgik, so — nicht koordiniert, sondern subordiniert — die Kirchengeschichte neben allen drei theologischen Hauptdisziplinen. Für die innere Berechtigung einer Ethik als Hilfswissenschaft würde sich etwa sagen lassen, daß sie in gewiß nicht unangebrachter Weise das Wissen der Theologie um eine ihrer Grenzen bekunden könnte. Indem die Theologie gleichsam im Anhang zur Dogmatik in einer besonderen Ethik noch einmal besonders vom Hören des Wortes als solchem redet, kann sie in eindrucksvoller Weise bezeugen, daß sie anerkennt: ihr Wort ist nicht das entscheidende Wort; sie hat kein System zur Verfügung, in welchem sie über die Wirklichkeit — hier insbesondere: über die Wirklichkeit des Menschen — verfügen könnte; sie hat nicht vom Himmel herab geredet zum Menschen und wenn sie die beste Dogmatik gewesen wäre; sie muß auf Erden noch einmal sagen, was nur Gott selber ein für allemal gesagt haben kann. Es würde sich wohl zeigen lassen, daß es sich auch bei den anderen theologischen Hilfswissenschaften um ganz ähnliche, gewiß nicht überflüssige Vorbehalte der Theologie gegen sich selber handelt.

Wiederum kann man auch nicht sagen, daß eine solche äußerlich getrennte Behandlung der Ethik geradezu **notwendig** sei.

Was sich in der genannten Richtung zugunsten einer als Hilfswissenschaft von der Dogmatik getrennten Ethik sagen läßt, hat doch nicht das Gewicht, daß eine solche geradezu gefordert werden müßte. Man kann die notwendigen Vorbehalte gegen die Dogmatik wirklich auch auf anderem als auf diesem Wege zur Geltung bringen. Der wirkliche Grund, diesen Weg zu wählen, kann eigentlich nur in dem bestehen, was P. Althaus (a. a. O.) die „Aufbauschwierigkeiten" nennt: in den technischen Fragen nach der Einordnung der besonderen ethischen Untersuchungen und Darlegungen in den Rahmen der Dogmatik. Unüberwindlich schwer dürfte diese Frage nun aber doch nicht sein, so daß jener Weg auch von hier aus gesehen zwar als mögliche Erleichterung, nicht aber als die notwendige Lösung erscheint.

Eine direkte Einbeziehung der Ethik in die Dogmatik hat jenem allenfalls möglichen Weg gegenüber doch den Vorzug größerer **Folgerichtigkeit**, größerer **Unmißverständlichkeit** und größerer **Klarheit**. Ist es einmal grundsätzlich eingesehen, daß die Dogmatik selbst Ethik sein muß und daß die Ethik nur Dogmatik sein kann, dann ist nicht recht einzusehen, warum nun nicht auch äußerlich dieser Einsicht entsprechend vorgegangen werden soll. Warum sollte ferner durch eine äußerlich getrennte Behandlung von Dogmatik und Ethik auch nur der böse Schein aufrecht erhalten werden, als könnte es so etwas wie eine unethische Dogmatik oder so etwas wie eine undogmatische Ethik geben? Und wie sollte endlich nicht sowohl das, was sonst getrennt hier als Dogmatik, dort als Ethik vorzutragen wäre, an Einsichtigkeit gewinnen, wenn es in der unmittelbaren Zusammengehörigkeit vorgetragen wird, die ihm ja sachlich doch nicht abgesprochen werden kann? – Wir entscheiden uns für diesen zweiten Weg, verstehen und behandeln die Dogmatik selbst und als solche auch äußerlich die Ethik und werden also bei der Übersicht über den Plan der Dogmatik, die wir im letzten Paragraphen dieser Prolegomena zu gewinnen versuchen werden, auch die Stoffe und Probleme in Betracht zu ziehen haben, die nach der modernen akademischen und literarischen Tradition die besonderen Stoffe und Probleme der Ethik bilden würden.

§ 23
DOGMATIK ALS FUNKTION DER HÖRENDEN KIRCHE

Die Dogmatik ruft die lehrende Kirche auf zu neuem Hören des Wortes Gottes der in der Schrift bezeugten Offenbarung. Das kann sie aber nur tun, indem sie ihrerseits die Stellung der hörenden Kirche einnimmt und also selber dem Wort Gottes als der Norm gehorcht, der sich die hörende Kirche als solche unterworfen weiß.

1. DIE FORMALE AUFGABE DER DOGMATIK

Die Unterscheidung zwischen **lehrender** und **hörender** Kirche, *ecclesia docens* und *ecclesia audiens*, die wir in diesem letzten Paragraphen als Leitfaden gebrauchen, stammt aus dem Vokabular der römisch-katholischen Theologie. Sie ist an sich, d. h. abgesehen von der besonderen Interpretation, die sie dort findet, nicht nur eine lehrreiche und brauchbare, sondern auch eine der Sache entsprechende und biblisch begründete Unterscheidung, wohl geeignet als Voraussetzung zu der doppelten Bestimmung des Dienstes der Dogmatik, der wir uns nun noch zuzuwenden haben. Die nötige Abgrenzung der römisch-katholischen Interpretation gegenüber vollziehen wir einmal schon damit, daß wir die Reihenfolge der beiden Begriffe umkehren: Die Kirche ist zuerst und vor allem **hörende** und erst dann und als solche auch **lehrende** Kirche. Und so ist auch von der Dogmatik als einer Funktion der Kirche vor Allem dies zu sagen: daß sie eine Funktion der hörenden Kirche ist, daß sie unter dem Wort Gottes steht als unter der Norm, der die Kirche in ihrer grundlegenden Eigenschaft als hörende Kirche unterworfen ist, daß sie also selber vor Allem zu hören versuchen muß und daß ihre erste Aufgabe darin besteht, die Kirche in ihrer zweiten Eigenschaft als lehrende Kirche aufs Neue zum Hören des Wortes Gottes aufzurufen und anzuleiten. Erst von da aus ist die Dogmatik dann auch selber (§ 24) als eine Funktion der lehrenden Kirche zu verstehen, für die das Wort Gottes nicht nur Norm, sondern auch Gegenstand ist. Erst von da aus kommt die Dogmatik in die Lage, der Kirche nun auch lehrend, oder vielmehr: im Dienst der Lehre gegenüber zu treten. In dieser und nur in dieser Reihenfolge und Ordnung kann nach Allem, was wir über das Verhältnis der Kirche zum Wort Gottes gelernt haben, die Unterscheidung von *ecclesia docens* und *ecclesia audiens* vollzogen und geltend gemacht werden. Die zweite notwendige Abgrenzung gegenüber der römisch-katholischen Interpretation dieser Unterscheidung besteht darin, daß unter der lehrenden wie unter der hörenden Kirche natürlich nie und nimmer zwei gegeneinander abgeschlossene, mit zwei nicht vertauschbaren Rollen ausgestattete Personenkreise verstanden werden können: hier das kirchliche Lehramt in Gestalt des im Papst zusammengefaßten Episkopats, vertreten durch den durch die Priesterweihe ausgezeichneten Klerus und dort die Gesamtheit aller übrigen Glieder der Kirche. Anstelle dessen verstehen wir die Kirche in der Gesamtheit ihrer Glieder sowohl als hörende wie auch als lehrende Kirche. Da ist also niemand, dem Verantwortlichkeit und Beteiligung zwar nach der einen Seite zuzuschreiben, nach der anderen aber zu ersparen oder abzuerkennen wäre. Da kann das gelegentliche Zusammenfallen dieser Unterscheidung mit der Unterscheidung zweier Personenkreise immer nur vorübergehende, technische Bedeutung haben. Da gibt es keine grundsätzliche Tragweite des Unterschieds von Esoterikern und Exoterikern, zwischen Theologen und „Laien", zwischen den Amtsträgern und der Gemeinde. Da gibt es grundsätzlich nach beiden Seiten nur gemeinsame Verantwortung und Beteiligung. Das Alles gilt auch von dem Dienst der Dogmatik in seiner doppelten Bestimmung. Dogmatik als Funktion der hörenden Kirche, Dogmatik in ihrer Unterordnung unter die Norm, der die hörende Kirche unterworfen ist, ist der an die **ganze** lehrende Kirche ergehende Ruf, vor allem Lehren ganz neu hörende Kirche zu sein, und die Esoteriker, die Theologen, die Amtsträger würden sich in ihrer technischen Sonderstellung schlecht verstehen, wenn gerade sie sich diesem Ruf etwa entziehen wollten. Umgekehrt: Dogmatik in ihrer Bestimmtheit durch den der lehrenden Kirche aufgegebenen Gegenstand, Dogmatik als Funktion der lehrenden Kirche also, wendet sich gerade an die hörende Kirche und zwar an die **ganze** hörende Kirche mit dem Aufruf zu neuer Lehre und Verkündigung, zu dem von der Erkenntnis gar nicht zu trennenden Bekenntnis. Und da gibt es wiederum keine Exoteriker, keine „Laien", keine „Gemeinden", die ihre vorübergehende technische Sonderstellung als Hörer dahin verstehen dürften, als ob sie am Dienst der Lehre keinen oder eben nur passiven Anteil hätten. Was für ein Mißbrauch gerade des Begriffs „Gemeinde", wenn darunter ein Haufe von als solchen privilegierten oder auch disqualifizierten reinen Zuhörern verstanden würde! Als ob die Theologen anders lehren könnten denn als Mund der keineswegs nur hörenden, sondern als hörende selber lehrenden Gemeinde Jesu Christi! Gerade die Dogmatik wird hier als Ruf zur Ordnung nach beiden Seiten, als Ruf zur Einheit des Leibes Christi zu verstehen sein.

Das Faktum, von dem die Dogmatik ausgeht, und zu dem sie auch wieder zurückkehrt, ist das Menschenwort der kirchlichen Verkündigung. Dieses Faktum ist zweideutig und weil es das ist, darum ist Dogmatik notwendig. Daß das Menschenwort der kirchlichen Verkündigung nicht mehr zweideutig sei, sondern eindeutig reine Lehre, daß man sich nicht mehr Verschiedenes denken könne bei dem, was da von Menschen zu Menschen gesagt wird, sondern daß es gesagt und gehört werde als Gottes Wort — diesem Ziel gilt die dogmatische Arbeit. Das Faktum besteht darin, daß in der Verkündigung der Kirche Menschen anderen Menschen Mitteilungen über Gott und über des Menschen Verhältnis zu Gott, Weisungen und Ratschläge hinsichtlich dieses Verhältnisses und also auch hinsichtlich ihres eigenen inneren und äußeren Lebens zuteil werden zu lassen sich unterwinden: unter irgendwelcher Berufung auf die Bibel, in irgendwelchem Anschluß an sie und ihre in der Kirche geltende Auslegung, aber doch auch unter den Voraussetzungen der äußeren und der geistigen geschichtlichen Lage, in der sie sich mit ihren Hörern befinden, doch auch unter den Voraussetzungen ihres eigenen persönlichen Seins und Wollens, Erlebens und Erkennens und unter der Voraussetzung der ihnen dadurch gesteckten Grenzen. Die Zweideutigkeit dieses Faktums besteht nicht darin, daß die Lage, in der sich Prediger und Hörer gemeinsam befinden, so oder so eine ungünstige, eine verführerische, eine bedrückende, eine jenen Mitteilungen, Weisungen und Ratschlägen widrige ist. Irgendwie wird sie diesen immer widrig sein! Die Zweideutigkeit besteht auch nicht darin, daß die Aufrichtigkeit, die Echtheit, die Tiefe und Kraft des gepredigten menschlichen Wortes dies und das zu wünschen übrig lassen kann. Irgendwie wird dies immer der Fall sein! Diese Möglichkeiten können auch im schlimmsten Fall nicht verhindern, daß die Verkündigung der Kirche trotzdem reine Lehre sein kann. Die Zweideutigkeit jenes Faktums besteht aber darin, daß die Berufung auf die Bibel und der Anschluß an sie auch unter den günstigsten persönlichen und geschichtlichen Voraussetzungen auf einer Täuschung beruhen und in einer Täuschung bestehen, daß an Stelle der Verkündigung des Wortes Gottes eine sehr menschliche Irreführung das Geheimnis des ganzen Geschehens sein kann. Diese Zweideutigkeit ist auch da nicht behoben, wo man Anlaß hat, das Zusammensein von Prediger und Hörern als ein Stück sehr lebendiger Gemeinde und insbesondere den Prediger als einen ernsten, bewährten und überlegenen Christen zu beurteilen.

Die Kirchengeschichte ist im Gegenteil reich an Beispielen für die Tatsache, daß jene Irreführung durch eine kirchliche Verkündigung, deren Verhältnis zur Bibel auf einer

1. Die formale Aufgabe der Dogmatik

Täuschung beruht und in einer Täuschung besteht, sich durchaus auch mit einem eindrucksvoll regen Gemeindeleben und mit der eindrucksvoll ernsten Frömmigkeit eines Predigers verbinden, daß das Alles also die Zweideutigkeit jenes Faktums u. U. nur noch vermehren kann.

Bei der Zweideutigkeit dieses Faktums könnte man es nun wohl bewenden lassen, wie man es ja wohl auch bei der Zweideutigkeit manches anderen irdischen Faktums bewenden lassen muß, wenn es nicht eben um die Verkündigung der Kirche ginge und wenn die Kirche nicht die Verheißung hätte, daß eben dieses Faktum mit dem Worte Gottes oder vielmehr: das Wort Gottes mit diesem Faktum identisch sein sollte. Diese Verheißung ist es, die die Zweideutigkeit jenes Faktums unerträglich, die die Möglichkeit, daß die kirchliche Verkündigung irren und irreführen könnte, furchtbar macht, die nach der Eindeutigkeit reiner Lehre ruft.

Diese Verheißung ist es, die es uns nicht erlaubt, uns bei einer Glaubenslehre im Sinne Schleiermachers zu beruhigen, bei welcher es schließlich doch nur darum geht, das Faktum der kirchlichen Verkündigung als solches aus sich selbst und in sich selbst, bezw. aus und in seinem Zusammenhang mit aller anderweitigen menschlichen Verkündigung und aus und in dem geschichtlichen Wesen des Menschen überhaupt zu verstehen und allenfalls von ihren ihr immanenten Gesetzen her zu beurteilen und zurechtzustellen. Dieses Programm der Dogmatik erweist sich dann als völlig ungenügend, wenn eingesehen ist, daß auf Grund jener Verheißung die kirchliche Verkündigung mit Jesus Christus als dem ewigen Wort Gottes und mit dem prophetisch-apostolischen Zeugnis von ihm in eine Reihe zu stehen kommt, daß also jenes Faktum in unerhört enger Beziehung dazu steht, daß Gott gesprochen hat, spricht und sprechen wird. In diese Nachbarschaft gerückt, kann die Kirche als das Subjekt der Verkündigung es offenbar nicht bei einer Besinnung bewenden lassen, die doch nur in einem Selbstgespräch bestehen würde. Sondern sie und ihre Verkündigung — auch ihre objektiv und subjektiv unter den glücklichsten Bedingungen verlaufende Verkündigung — ist jetzt (und das ist's, was den anthropologischen Ansatz der Theologie Schleiermachers unmöglich macht) konfrontiert mit dem von ihr und ihrer Verkündigung verschiedenen und nun doch zur Identität mit ihr drängenden Wort Gottes und ist damit vor die unausweichliche, scharfe Frage gestellt, ob sie dem Wort Gottes dienen oder nicht dienen, ob sie zu der hereinbrechenden Identität Ja oder Nein sagen, ob sie sich dem Gesetz, das dieser Einbruch für sie bedeutet, unterwerfen oder nicht unterwerfen will.

Dogmatik wird jetzt notwendig als Kritik jenes zweideutigen Faktums. Sie tut den Predigern und ihren Hörern das Harte und zugleich die Ehre an, ihnen zu sagen, daß sie bei ihrem Tun nicht allein gelassen sind. Nicht allein gelassen mit den günstigen und weniger günstigen Voraussetzungen ihres Tuns und auch nicht allein gelassen mit dessen immanenten Gesetzen und mit der Belehrung, die sie sich aus der Erkenntnis dieser Gesetze vielleicht verschaffen können.

Gewiß geht es bei dieser Kritik darum, daß in der kirchlichen Verkündigung besser von Gott geredet werde. Das Anliegen dieser Verbesserung greift aber weit, es greift grundsätzlich hinaus über alles das, was innerhalb der kirchlichen Verkündigung als eines menschlichen Tuns nach menschlichem Ermessen und vom Menschen selbst besser gemacht werden kann, oder vielmehr: es zielt auf ein solches menschliches Bessermachen, das darauf beruht und von daher in Bewegung gesetzt ist, daß das dabei allerdings sehr ernstlich in Anspruch genommene menschliche Sichbesinnen und Tun in seiner ganzen Problematik einem ganz andern, nämlich dem göttlichen Sichbesinnen und Tun gegenübergestellt wird. An die kirchliche Verkündigung und also an die Prediger und ihre Hörer ist das Ansinnen gestellt, dies sei die alleinige Möglichkeit und also die alleinige Norm ihres Sichbesinnens und Tuns, daß in dem, was in der kirchlichen Predigt von Gott gesagt wird, Gott selber für sich selber rede. Dies ist es, was die Dogmatik der kirchlichen Verkündigung gegenüber hinsichtlich ihres Inhalts grundsätzlich zu vertreten hat. Nicht zur Frömmigkeit, zur Lebendigkeit, zum Ernst, zur Tiefe ruft sie auf, sondern zur Ausrichtung auf dieses der kirchlichen Verkündigung als solcher transzendente Geschehen: Gott hat geredet, redet noch und wird wieder reden. Damit in solcher Ausrichtung eben dieses transzendente Geschehen der kirchlichen Verkündigung immanent werde, damit die kirchliche Verkündigung selber sei, was sie laut der Verheißung (der von der Kirche immer neu zu ergreifenden, im Glauben und also im Gehorsam des Glaubens neu zu ergreifenden Verheißung!) ist: Gottes Wort. Wie sollte es anders sein: indem die Dogmatik die kirchliche Verkündigung zu solcher Ausrichtung aufruft, ruft sie sie auch zur Frömmigkeit und zur Lebendigkeit auf, zum Ernst und zur Tiefe. Aber was das Alles in Wahrheit ist, das wird nun offenbar erst im Zug dieser Ausrichtung sichtbar und verständlich werden können, nicht als Prädikat des menschlichen, sondern als Prädikat des neuen göttlichen Subjekts der kirchlichen Verkündigung; das kann also nicht an sich und als solches gesucht und angestrebt werden; das kann nur Ereignis werden, indem dieses neue Subjekt auf den Plan tritt und seitens des alten, das in seinen Dienst tritt, Gehorsam findet. Auch darum kann es nicht gehen, daß die Dogmatik der kirchlichen Verkündigung entgegenzuhalten hätte: das und das muß gepredigt werden — sondern Dogmatik besteht in der Erinnerung, daß jenseits aller Inhalte menschlicher Rede und Redemöglichkeit schlechterdings schon gesagt ist und gesagt werden wird, was zu sagen ist. Es ist also auch hinsichtlich der Frage: Was soll gepredigt werden? ausgeschlossen, daß die Kirche sich die Antwort allenfalls auch selber geben wollen könnte, als stünde es in ihrer Macht, dies und das gutzuheißen, zu wählen und dann und daraufhin zu sagen. Daß sie die schon gegebene Antwort anerkenne und entgegennehme und sich danach richte, darum geht es hinsichtlich des Inhalts ihrer Verkündigung. Noch einmal: Es geht um Ausrichtung. Wiederum kann es nicht anders sein, als daß die Dogmatik, indem sie der Kirche die Notwendigkeit solcher Ausrichtung entgegenhält, auch bestimmte Inhalte der Predigt namhaft macht, d. h. an bestimmten Inhalten menschlicher Rede klar macht, übungsweise sichtbar macht, in was etwa

1. Die formale Aufgabe der Dogmatik

das Anerkennen und Entgegennehmen der jenseits aller menschlichen Rede und Redemöglichkeit vorgegebenen Antwort bestehen möchte. Damit ist aber wieder gesagt, daß der Inhalt der kirchlichen Verkündigung in Wahrheit nicht Prädikat des menschlichen, sondern Prädikat des göttlichen Subjektes ist, dem das menschliche Subjekt mit den Inhalten seiner Rede zu dienen hat. Dogmatische Arbeit, dogmatische Satzbildung, dogmatische Lehre und Systematik besteht in der Erinnerung an die Notwendigkeit solcher Ausrichtung der kirchlichen Verkündigung. Die Kirche lehrt. Aber das ist weder ein in sich ruhendes, noch ein in sich bewegtes, weder ein in sich gutes noch ein in sich selbst und aus sich selbst wesentlich verbesserungsfähiges Faktum. Die Dogmatik ist nicht dazu da, dieses Faktum festzustellen, zu bestätigen oder auf irgendeiner höheren Stufe von Gnosis oder wissenschaftlicher Reflexion zu wiederholen. Wiederum hat die Dogmatik weder die Kompetenz noch die Fähigkeit, dieses Faktum grundsätzlich zu überbieten, sich als Inhaberin oder Vertreterin des wahren Wortes Gottes der bloß menschlich redenden Kirche gegenüberzustellen und also ein neues, besseres Faktum zu schaffen. Sie gehört selbst zu der lehrenden, und zwar in menschlicher Rede lehrenden Kirche. Aber eben innerhalb der so lehrenden Kirche und in voller Solidarität mit ihr erinnert sie die Kirche (und zuerst sich selbst!): es gibt vor und über und nach allem *ego dico* und *ecclesia dicit* ein *haec dixit Dominus* und darum geht es in der kirchlichen Verkündigung, daß dieses *haec dixit Dominus* nicht nur vor, über und nach, sondern in allem *ego dico* und *ecclesia dicit* sich durchsetze und triumphiere. Daß eine solche Konfrontation und Erinnerung möglich ist, daß das in der Kirche und zur Kirche gesagt werden kann: daß sie mit ihrem Tun nicht allein gelassen, nicht sich selbst oder der eigenen Gesetzlichkeit ihres Tuns überlassen ist, daß eine solche Beleuchtung und Durchleuchtung ihres Wortes von außen, von dem ihr grundsätzlich überlegenen Worte Gottes her möglich ist, das ist es, was wir die objektive Möglichkeit reiner Lehre nennen können: die objektive Möglichkeit, in der sich die Wirklichkeit der Verheißung spiegelt, daß die Verkündigung der Kirche des wahren Gottes wahres Wort ist.

Eben dieser Verheißung könnte sich nun aber die lehrende und mit ihr die hörende Kirche einer jeweiligen Gegenwart unmöglich getrösten, wenn ihre Wirklichkeit sich in jener objektiven Möglichkeit nicht in der Weise spiegelte, daß die bewußte Konfrontation und Erinnerung real und konkret vollziehbar ist, daß also das neue dem alten, das göttliche dem menschlichen Subjekt der kirchlichen Verkündigung als eine Instanz gegenübersteht und gegenübertritt, daß die Beziehung zwischen diesem und jenem, der Angriff und Einbruch von dort nach hier sichtbar und greifbar, daß mithin Belehrung der lehrenden Kirche Ereignis werden kann. Die objektive Möglichkeit reiner Lehre wäre offenbar praktisch hinfällig, die Verheißung selbst, die sich in ihr spiegelt, wäre bedeutungslos, in ihrer Wirklichkeit verdächtig und jedenfalls nicht erkennbar, wenn das überlegene Wort Gottes der Kirche nicht konkret, nicht greifbar, nicht als appellable Instanz gegenüberstünde. Allein gelassen mit dem ewigen Logos als solchem, wäre die Kirche faktisch eben so allein und sich selbst überlassen, wie eben die Welt trotz der Gegenwart des ewigen Logos allein und sich selbst überlassen wäre ohne dessen ihre Schöpfung durch ihn offenbarende, sie durch seine Offenbarung mit ihm in Beziehung setzende Fleischwerdung in Jesus Christus. Weil das Wort Gottes Jesus Christus ist und weil Jesus Christus in der heiligen Schrift für alle Zeiten bezeugt ist, darum und darin ist die Verheißung, daß Gott selbst in der Verkündigung der Kirche reden will, erkennbar und bedeutungsvoll. Darum und darin hat auch die objektive Möglichkeit reiner Lehre, die Möglichkeit jener Konfrontation und Erinnerung praktisches Gewicht, reale und konkrete Vollziehbarkeit. Darum und darin kann eine Belehrung der lehrenden Kirche Ereignis werden, weil darum und darin der Angriff und Einbruch von dort nach hier, die Beziehung zwischen dem göttlichen und menschlichen Subjekt der kirchlichen Verkündigung sichtbar und greifbar ist. Weil das Wort Gottes zuerst die erste Gestalt der Offenbarung und die zweite Gestalt der heiligen Schrift hat, darum und daraufhin kann und muß gesagt werden: es hat auch die dritte Gestalt der kirchlichen Verkündigung. Darum und daraufhin ist nun aber auch die kritische Frage an diese gerichtet in jeder kirchlichen Gegenwart: ob und inwiefern sie tatsächlich Gotteswort und nicht Menschenwort und also als Menschenwort Dienst am Gotteswort ist. Darum und daraufhin ist diese Frage nicht müßig und nicht willkürlich gestellt, nicht als die Frage menschlicher Skepsis oder Unsicherheit. Darum und daraufhin kann sie aber auch nicht willkürlich, d. h. nach eigenem Gutfinden und Ermessen der Kirche oder dieser und jener in der Kirche beantwortet werden. Darum und daraufhin muß es in der Kirche so etwas wie Dogmatik geben, muß der Aufruf zur Ausrichtung ergehen und darum und daraufhin kann dieser Aufruf nur einen bestimmten Sinn haben, kann die geforderte Ausrichtung nur in einer bestimmten, der durch jene beiden ersten Gestalten des Wortes Gottes vorgezeichneten Richtung verlaufen. Daß die kirchliche Verkündigung das Wort Gottes ist, das bedeutet: Gott redet in der kirchlichen Verkündigung so für sich selber, wie er in Jesus Christus, wie er in den Propheten und Aposteln als den Zeugen Jesu Christi für sich selber geredet hat, noch redet und reden wird. Die formale Aufgabe der Dogmatik gegenüber der kirchlichen Verkündigung besteht somit darin, dieser ihr nun wirklich in seiner ganzen Transzendenz eigenes Gesetz entgegenzuhalten, sie daran zu erinnern, daß sie darum und darin Gottes Wort ist, daß Jesus Christus im prophetisch-apostolischen Zeugnis und er allein in ihr zu Worte kommt.

1. Die formale Aufgabe der Dogmatik

Dogmatik ist also nicht ein allgemeiner, sondern der durch die Existenz der ersten und zweiten Gestalt des Wortes Gottes sehr bestimmte Ruf zur Ordnung, zur Einheit in der Kirche. Und wenn wir nun die Bestimmtheit dieses Rufes zunächst in seinem formalen Sinn umschreiben wollen, so werden wir sagen müssen: er ist der zunächst an die lehrende Kirche gerichtete Ruf zum Hören, und zwar zum Hören auf Jesus Christus, wie er in der heiligen Schrift bezeugt ist. Das Lehren der Kirche ist ja ein menschliches Tun und als solches so wenig wie irgendein anderes menschliches Tun gesichert vor dem Abgleiten aus dem Gehorsam in den Ungehorsam, aus dem Tun des Wortes Gottes in das Tun irgendeines menschlichen Denkens und Wollens.

Kirchliche Lehre hat ihre Existenz immer in bestimmten Lehrgestalten, d. h. in bestimmt auswählenden, betonenden und unterstreichenden, aber auch bestimmt verschweigenden und verneinenden Gedanken und Begriffsreihen, die, wo es mit rechten Dingen zugeht, nichts Anderes sein wollen als Erklärung und Anwendung der heiligen Schrift und damit Verkündigung der göttlichen Offenbarung, die aber ihren Ursprung und ihre Dauer *in concreto* immer auch bestimmten kirchlichen (ihrerseits durch die allgemeine geschichtliche Lage mitbedingten) Zeitströmungen der konkret individuellen Persönlichkeit der einzelnen Prediger und der Verfassung ihrer Gemeinden zu verdanken haben. Nehmen wir den Idealfall an: es dürfte eine solche Lehrgestalt in ihrer Entstehung und in ihrem ersten Auftreten trotz und in ihrer menschlichen Bedingtheit ganz und gar auf das getreue und gerechte Hören des Wortes Gottes zurückgeführt werden, so daß das, was da und da so und so gesagt wurde, als das Ereignis reiner Lehre, als lautere Verkündigung des Wortes Gottes bezeichnet werden dürfte. Warum sollte das nicht je und dann gesagt werden dürfen, wenn es auch gewiß legitim immer nur im Glauben gesagt werden kann? Aber das ist sicher, daß solche Lehrgestalten auch im Idealfall, sowie sie über das Stadium der Entstehung und des ersten Auftretens hinaus sind, wenn sie aus dem ersten in den zweiten Mund kommen, aber oft schon, wenn sie aus dem ersten Mund zum zweiten und dritten Mal vorgebracht werden, problematisch werden: weil es jetzt unsicher wird, ob das immer noch in dem ursprünglich getreuen und gerechten Hören des Wortes Gottes geschieht oder ob der betreffende Lehrer oder die ihm folgende lehrende Kirche, indem sie sich dieser Lehrgestalt wieder bedienen, nicht bereits vielmehr sich selber hören: die schönen, starken, zeitgemäßen Dinge, die sie sich selbst bei der Sache gedacht haben, den freudigen guten Klang, den die betreffenden Worte in ihrem Munde hatten, das Echo der Zustimmung und des Beifalls, die sie damit fanden, die Konsequenzen der gewissen äußeren Bindung, auf die sie sich, indem sie so und so redeten, eingelassen haben, den sanften Zwang einer lauschenden Gemeinde, die das so wunderbar Geredete noch einmal und noch einmal hören möchte. Bejahungen, Verneinungen, Synthesen und Abgrenzungen, die, im ursprünglichen Hören des Wortes Gottes vollzogen, wohlbegründet und in legitimer Weise eindrucksvoll und — nehmen wir es an — reinste Lehre waren, bekommen nun eine Selbständigkeit oder sie geraten nun als schlagkräftige Argumente, als brauchbare Bausteine in Zusammenhänge, mit denen sie in ihrer Entstehung aus dem Hören des Wortes Gottes jedenfalls nichts zu tun hatten und die vielleicht doch auch ihrerseits ganz anderswo her als aus dem Hören des Wortes Gottes stammen. Kurz, aus der — nehmen wir es an — unzweideutig reinen Lehre des Anfangs ist jetzt schon wieder das z w e i d e u t i g e Faktum kirchlicher Verkündigung geworden. Gegen diesen Ablauf der Dinge gibt es kein Aufhalten. So und nicht anders haben sie sich auch auf den Höhepunkten der Kirchengeschichte zugetragen. Die Lehre der Kirche als solche ist tatsächlich keinen Augenblick davor gesichert, ihrer — — nehmen wir es an — eben erlangten Reinheit sofort wieder verlustig zu gehen, sofort wieder etwas Anderes zu werden als gehorsam hörendes Reden. Keine noch so einfache, noch so klare, noch so kraftvolle Formel, keine noch so durchsichtige und zwingende Satzbildung und Gedankenfolge ist davor geschützt. Keine noch so glaubwürdige Persönlichkeit und keine noch so treue Glaubensgemeinschaft kann sie davor bewahren. Daß die Kirche in der Welt ist, das erfährt sie gerade in diesem Zentrum ihres Lebens darin, daß auch ihre — nehmen wir es an — im Geist begonnene Verkündigung alsbald und auf der ganzen Linie die Neigung zeigt, im Fleische zu endigen. Und nun entspricht wohl die kirchengeschichtliche Wirklichkeit niemals dem angenommenen Idealfall. Sondern die Wirklichkeit dürfte immer die sein, daß das Wort Gottes schon bei der Entstehung einer solchen Lehrgestalt teilweise gehört, teilweise aber auch nicht gehört, sondern durch ganz andere Stimmen übertönt worden ist, daß es zu eindeutig reiner Lehre überhaupt nie kam, sondern immer nur zu einem wechselvollen Kampf zwischen verschiedenen, größeren und kleineren, mehr oder weniger sichtbaren, gefährlicheren und weniger gefährlichen Zweideutigkeiten. Die geschichtliche Wirklichkeit der lehrenden Kirche dürfte zu allen Zeiten die gewesen sein: ein dauerndes Gedränge zwischen verschiedenen Lehrgestalten, die sich unter sich nicht wie schwarz und weiß, sondern nur dadurch unterschieden, daß bei ihrer Entstehung agierend und reagierend, hier mehr und dort weniger gehört worden ist, hier mehr und dort weniger von jenen fremden Elementen mitwirkten. Wäre die Kirche nur lehrende Kirche, wie wollte man sie dann, wie dürfte dann sie selber sich anders verstehen denn als eine dauernd und allgemein im Abfall vom Worte Gottes, in mehr oder weniger frommem und wohlgemeintem Streit gegen das Wort Gottes begriffene Kirche? Es mag dann wohl eine optimistische Gegenansicht geben, die sich daran hält, daß doch auch der gemeinsame Ursprung aus dem Hören des Wortes Gottes sich nirgends ganz verleugne, daß in aller Abweichung und Unreinheit doch auch etwas von Gehorsam und reiner Lehre überall mitlaufe und zur Aussprache komme. Aber wenn das richtig ist und wenn man über der *confusio hominum* die *providentia Dei* gewiß nicht vergessen darf, so darf man darüber doch nicht übersehen, daß wir dann eben wieder am Ausgangspunkt stehen: angesichts der Zweideutigkeit des Faktums der kirchlichen Verkündigung, einer Zweideutigkeit, bei der sich die Kirche nun einmal nicht beruhigen kann, wenn sie nicht die ihr mit der heiligen Schrift gegebene Verheißung verleugnen und damit ihre Existenz preisgeben und damit dann bestimmt auch den Glauben an die Vorsehung Gottes verlieren will: es wäre denn, sie wollte, wenn sie in diesem Zusammenhang von Gott redet, statt an den Vater, den Sohn und den Heiligen Geist, der sich uns bindend und verpflichtend offenbart hat, auf einmal an irgendeinen obskuren Geschichtsgott denken, der das Chaos will, weil er letztlich selber nichts Anderes als das Chaos ist.

Ist das Lehren der Kirche aber ein menschlich ungesichertes Tun, dann bedarf gerade die lehrende Kirche, wenn sie Kirche sein und bleiben will, des Hörens: nicht nur des Gehörthabens, sondern des immer neuen Hörens — nicht irgendeines Hörens nach irgendeiner Seite auf irgendwelche Stimmen, sondern des Hörens nach einer ganz bestimmten Seite, nämlich auf die Stimme, die die Kirche ins Leben gerufen hat und auf die alle kirchliche Verkündigung als solche irgendwie Antwort zu geben beansprucht. Muß die Kirche im Kampf stehen gegen die schleichenden und akuten Erkrankungen, unter denen ihre Verkündigung wohl dauernd zu leiden hat — und sie muß in diesem Kampfe stehen, wenn sie die Verheißung nicht verleugnen und damit als Kirche sterben will — dann kann sie nur nach dieser Waffe greifen: sie muß je und je wieder hö ren. Sie muß aber hören unter Infragestellung ihres ganzen Lehrens, hören in der Bereitschaft, ihr ganzes Lehren angreifen, erschüttern, umstürzen, neu gestalten zu lassen, hören um ihres Lehrens willen, weil jedes neue Lehren unter allen Umständen — es wird dafür gesorgt sein, daß es kein vollkommenes Werk sein wird — nur insofern recht getan sein kann, als es aus einem neuen Hören hervorgeht. Sie muß aber das Wort Gottes hören und also neu hören. Sie muß tatsächlich dorthin zurückgehen, von woher sie gekommen ist; sie muß die Selbstverleugnung und Entschlossenheit aufbringen, dort noch einmal von vorn anzufangen: gewiß als die Kirche, die durch alles das bestimmt ist, was inzwischen gewesen und geworden ist, nicht in Untreue, sondern in Treue, nicht in Undankbarkeit, sondern in Dankbarkeit, nicht tumultuarisch, sondern behutsam gegen die verschiedenen Lehrgestalten, die ihr bisher in dieser oder jener menschlichen Klarheit oder durch Trübung geschenkt wurden, in denen und mit denen sie bisher gelebt hat — aber doch grundsätzlich offen dafür, daß alles, daß das Ganze ihres Besitzes vom Worte Gottes her heute noch einmal und morgen und übermogen wiederum beleuchtet und durchleuchtet, gezählt und gewogen werden muß. Die Gesundung der kirchlichen Verkündigung besteht in ihrer Reinigung und ihre Reinigung besteht darin, daß sie aufs Neue gehörte Verkündigung wird. Das wird sie aber, indem die Jesus Christus lehrende Kirche vom Lehren umkehrt zum Hören Jesu Christi. Diese Notwendigkeit ist es, die die Dogmatik in der Kirche zu vertreten und zu deren tätiger Berücksichtigung sie aufzurufen hat.

Es läßt sich von hier aus verstehen, daß und warum unter den verschiedenen theologischen Disziplinen gerade die Dogmatik eine so besonders schwierige und oft undankbare Aufgabe und Rolle hat. Es liegt in der Natur der menschlichen Dinge, aber es liegt sogar in der Natur der Kirche als solcher, daß sie in ihrer Verkündigung lieber ungestört wäre. Das Tun der lehrenden Kirche hat wie alles menschliche Tun ein natürliches Schwergewicht, kraft dessen es sich nun eben möglichst ungebremst vollstrecken und entfalten möchte. Wie sollte die Kirche sich das gerne sagen lassen: daß sie sich schon beim ersten oder spätestens zweiten Schritt einer Abweichung schuldig macht, der Besinnung und Umkehr, der Umkehr vom Lehren zum Hören bedürftig wird? Wie sollte sie das gerne hören: daß sie gerade von daher, von woher sie kommt, einem Angriff und einer Erschütterung ausgesetzt sei und eben dort noch einmal von vorne anfangen müsse? Es haben die erwähnten kirchlichen Lehrgestalten nun einmal notwendig eine gewisse Stabilität, die gar nicht etwa nur mit der menschlichen Trägheit und Selbstliebe zu erklären ist, sondern die sicher auch damit zusammenhängt, daß da einmal gehört, und zwar auf das Wort Gottes gehört worden ist. Religiöse Treue und menschliche Charakterfestigkeit scheinen ihren Vertretern zu gebieten, an den einmal im Gehorsam entstandenen und seither als wirkungsvoll erprobten Formeln, Satzbildungen und Gedankengängen festzuhalten. Ganze ältere Generationen von Predigern und Hörern können solchen bestimmten Lehrgestalten verhaftet, und zwar in bester Meinung und Absicht verhaftet sein. Und es kann umgekehrt sein, daß eine solche Lehrgestalt das Allerneueste ist (oder wenigstens gestern gewesen ist), das siegreiche Wort der Stunde, dem gerade alle oder die meisten jungen Gemüter unter den Predigern und Hörern zuzufallen im Begriffe stehen. Es versteht sich die Freiheit wirklich nicht von selbst, sich aus solcher alter oder neuer Verhaftung noch einmal und vielleicht wieder und wieder aufrufen zu lassen. Und doch ist es gerade das, was die Dogmatik der lehrenden Kirche jeder Gegenwart zuzumuten nicht umhin kann. Es kann nicht gut anders sein, als daß sie besonders in ruhigen

Situationen, in Zeiten und Gegenden, die sich einer gewissen kirchlichen Prosperität erfreuen dürfen und gegenüber erfolgreichen Persönlichkeiten und Richtungen das Odium eines lebensfremden und wohl gar lebensfeindlichen Störers des kirchlichen Friedens und der kirchlichen Tätigkeit auf sich nehmen muß. Bedeutet doch die Erfüllung ihrer formalen Aufgabe zweifellos dies, daß sie die Kirche im Ganzen und im Einzelnen vor Fragen zu stellen und in ihrem Lauf aufzuhalten hat: aufzuhalten in ihren überlieferten, ebenso wie in ihren vielleicht eben mit Begeisterung aufgenommenen neuen Entwicklungen. Sofern die Kirche hören soll, wird sie ja zweifellos innehalten, sich von ihrer eigenen Bewegung und Bewegtheit relativ zu distanzieren, möglicherweise sehr einschneidende Fragen sich gefallen lassen müssen. Es kann sein, daß die Wohltat, die in dieser Zumutung liegt, die Tröstung und Stärkung, die es für die Kirche bedeuten könnte, sich ihr zu fügen, erkennbarer ist in Situationen, in denen die Kirche sich ohnehin in innerer Ratlosigkeit und Stagnation oder auch in äußerer Bedrängnis befindet und deshalb offener ist für den Hinweis auf die Möglichkeit, auf Grund neuen Hörens mit ihrer Lehre von vorne anzufangen, und für die Hoffnung, die ihr mit diesem Hinweis gegeben ist. Aber wie dem auch sei: mit einer gewissen Spannung zwischen der Dogmatik und der lehrenden Kirche, an die diese sich wendet, wird man immer rechnen müssen und es wird zu allen Zeiten und überall darauf ankommen, daß die Dogmatik nicht ihrerseits müde werde, sich nicht abweisen lasse. Auf die Länge wird sie, wenn sie nur wirklich Aufruf zum Hören ist, so oder so doch durchdringen, weil ihr Anliegen zu sehr das der Kirche selber ist, als daß es von dieser auf die Länge unberücksichtigt bleiben könnte.

Die Dogmatik wird zu diesem Aufruf um so mehr Legitimation und es wird dieser Aufruf um so mehr Nachdruck haben, je mehr sie sich einerseits mit der lehrenden Kirche solidarisch weiß und also nicht etwa im Namen und in der Weise einer zeitlosen kirchlichen Wissenschaft denkt und redet, sondern in voller Teilnahme an den Energien und Hoffnungen, aber auch an den Sorgen und Anfechtungen der jeweiligen kirchlichen Gegenwart — und je mehr sie andererseits deutlich machen kann, daß sie nicht etwa für sich selbst, nicht etwa für das Anliegen eines kirchlichen Intellektualismus gegenüber einem kirchlichen Voluntarismus, sondern jenseits solcher (bei aller relativen Berechtigung immerhin fleischlichen) Interessen wirklich für Jesus Christus als den Herrn der Kirche um Gehör bittet und insofern nichts verlangt als eben das, was die Kirche selbst aus ihrem eigensten Sein und Grund heraus von sich verlangen muß.

Darum muß es ja gehen, daß Jesus Christus als der Herr der Kirche in seiner Kirche aufs neue gehört werde. Darum allein kann es gehen. Daß es darum geht, das rechtfertigt jedenfalls den Anspruch der Dogmatik auch da, wo er nicht so, wie es der Fall sein sollte, erhoben wird und zur Geltung kommt. Aber eben weil es darum geht, wird die gewisse Spannung zwischen der Dogmatik und der lehrenden Kirche, der gelegentliche gnostische Hochmut der Dogmatik gegenüber der lehrenden Kirche und die gelegentliche Verstocktheit der lehrenden Kirche gegenüber der Dogmatik als eine nach beiden Seiten gefährliche Sache zu verstehen sein. Weigert sich die Kirche eigentlich, indem sie sich gegenüber der Dogmatik verschließt, die Stimme ihres Herrn zu hören? Und wie will sie das dann entschuldigen? Aber könnte es nicht auch so sein, daß die Dogmatik gar nicht für die Stimme des Herrn der Kirche, sondern eben doch nur für sich selber Gehör verlangt und ist die Kirche dann nicht im Recht, wenn sie sich durch diese Dogmatik nicht stören läßt? Würde es aber nicht wiederum verhängnisvoll sein, wenn sie sich daraufhin dem berechtigten Anspruch der Dogmatik als solcher entziehen wollte?

Das Hören, um das die Dogmatik die lehrende Kirche zu bitten hat, ist das neue Hören der die Kirche und ihre Verkündigung begründenden Verheißung. Die Kirche hat, indem das Wort Gottes Fleisch wurde, indem das prophetisch-apostolische Zeugnis in der Menschenwelt laut geworden ist, indem sie selbst auf Grund und durch die Kraft dieses Geschehens entstanden ist und Bestand hat, die Verheißung, daß Jesus Christus in ihrer Mitte gegenwärtig sein und in ihr reden will, daß diese seine Gegenwart und eigene Rede ihr Leben und daß sie, in ihm und durch ihn lebend, das Licht der Welt sein soll. Eben diese Verheißung gelten zu lassen und also eben diese Kirche zu sein, ist wie ihre einzige Lebensnotwendigkeit, so auch ihr einziger Auftrag, und so auch das einzige Gesetz, nach dem sie sich zu richten hat.

Wir können dieses Gesetz noch einmal zusammenfassen in den Worten des Auftrags des Paulus an den Archippus Kol. 4, 17: Βλέπε τὴν διακονίαν, ἣν παρέλαβες ἐν κυρίῳ, ἵνα αὐτὴν πληροῖς.

Eben dieses Gesetz will aber in der Kirche und von der Kirche immer wieder gehört sein, um Erfüllung zu finden. Dieses Gesetz wäre schon übertreten, die Kirche würde in jedem Augenblick in jeder Situation schon aufhören, Kirche zu sein, wenn sie die Notwendigkeit solchen Hörens etwa in Abrede stellen, wenn sie sich der sie begründenden und erhaltenden Verheißung gegenüber etwa zurückziehen wollte auf etwas, was sie zu lehren habe, ohne zuvor aufs Neue hören zu müssen. Wie würde sie dann als irdischer Leib ihrem himmlischen Haupt die Ehre geben, die ihm zukommt? Wie würde sich dann ihr Tun von einem Aufruhr gegen ihn unterscheiden? Die Kirche als Kirche kann in keinem Augenblick, in keiner Situation anders: sie muß ihre Existenz und also insbesondere ihre Verkündigung darauf ansehen lassen und selber darauf ansehen, ob sie der vom Herrn empfangene Dienst immer noch ist. Dieses Ansehen wird aber wiederum nur dann das rechte, fördernde, heilsame Ansehen sein, wenn es nicht in irgendeiner selbstgewählten Gesinnung besteht — als ob es in ihr eigenes Urteil gestellt wäre, in was der Dienst, den sie empfangen hat, besteht — sondern wenn es dem Herrn der Kirche selbst gestattet wird, das, was die Menschen in der Kirche tun, daraufhin anzusehen, ob es der seiner Gegenwart und eigenen Rede entsprechende Dienst, ob es also reine Lehre ist oder nicht ist.

Habentes regulam ipsam veritatem et in aperto positum de Deo testimonium (*Irenäus C. o. h.* II 28, 1) haben wir uns selbst zu prüfen und zugleich die „Schafe" auf die Hut zu setzen vor den „Wölfen", den *similia quidem nobis loquentes, dissimilia vero sentientes* (*ib.* I *praef.*).

Was die Kirche tut und lehrt, ist sicher nicht jener Dienst in dem Augenblick, wo es, wie wir das schon nannten: abgleitet aus dem Gehorsam. Wohin abgleitet? Wir müssen grundsätzlich antworten: in den Eigenwillen, in die Werkgerechtigkeit und damit dann auch unvermeidlich in den Götzendienst der in der Kirche versammelten Menschen. Sie tragen diesen Eigenwillen alle in sich und damit *in nuce* auch die Werkgerechtigkeit und den Götzendienst. In jedem Augenblick, in jeder Situation droht tatsächlich die Gefahr, daß die Menschen in der Kirche das Wort Gottes ohne Gott haben, in ihre Macht bringen und nach ihrem Gutfinden verstehen und verwenden wollen. Wenn die kirchliche Verkündigung durch die Häresie in den Dienst bestimmter fremder Interessen gestellt, wenn ihr zu diesem Zweck absichtlich ein fremder Sinn unterlegt, wenn ihre Linie in solcher absichtlicher Selbstentfremdung der Kirche greifbar verfälscht wird, so ist das doch nur der offene Ausbruch der Gefahr, die der Kirche beständig droht: auch da, wo man solcher Absicht ganz fern steht, auch da, wo man sich von dieser Absicht mit Entsetzen abwendet. Noch keine Häresie ist in ihrer Entstehung absichtliche Häresie gewesen, sondern das ist sie immer erst geworden, wenn und wo ein erstes absichtsloses Abgleiten aus dem Gehorsam nicht rechtzeitig als solches beachtet und abgewehrt worden ist. Eben darum darf die Kirche ihr Tun und Lehren nicht erst dann auf seine Richtigkeit als Dienst Jesu Christi ansehen, eben darum darf sie nicht erst dann aufs neue zu hören willig werden, wenn offenkundige Häresie schon auf dem Plane ist.

Es ist gar nicht abzusehen, wieviel schwere und schmerzliche Kämpfe gegen die Häresie dadurch zu vermeiden gewesen wären, daß die Kirche rechtzeitig, das heißt in dem Augenblick, wo die Häresie sich noch in jenem — gewiß nicht unschuldigen, aber bewußtlosen — Entstehungsstadium befand, auf der Hut und auf der Wache, wenn die Selbstprüfung und der Aufruf zum Hören und die Bereitschaft dazu schon in den vorangehenden Friedenszeiten eine lebendige Wirklichkeit in der Kirche gewesen wäre. Man kann kühnlich sagen: Wenn die Dogmatik immer auf dem Posten gewesen wäre und wenn der Anspruch der Dogmatik immer gehört worden wäre, dann hätte es keiner Konzilien, keiner Dogmen und keiner Anathemata, keiner Reformationen und Kirchenspaltungen jemals bedurft; sondern wenn das Alles — gewiß als notwendiges Übel — notwendig wurde, dann rächte sich darin die Vernachlässigung jenes Aufrufs zum Hören oder die Unwilligkeit, ihm nachzukommen und in Wirklichkeit wohl beides miteinander. Es hat keinen Sinn, darüber zu trauern, daß alle jene Dinge notwendig wurden und immer wieder notwendig werden. Die Tatsache der bewußten und ausgesprochenen Häresie macht sie notwendig: als Zeichen der Buße, des Kampfes, der Erneuerung, die sich die Kirche, nachdem sie zum Irrtum in ihrer Mitte einmal gekommen ist, nicht auch noch ersparen wollen darf. Es hätte aber wohl Sinn, sich klar zu machen, daß alle diese Dinge (über die man vergeblich trauert, wenn man sie nicht zu vermeiden weiß) dann vermeidbar würden, wenn die Kirche sich der ihr ständig drohenden Gefahr gegenüber ebenso ständig zum Hören auf die Verheißung rufen ließe. Mit anderen Worten: daß eben die Existenz einer ordentlichen kirchlichen D o g m a t i k das unfehlbar wirksame, aber freilich auch das allein mögliche kirchliche F r i e d e n s i n s t r u m e n t wäre.

Bevor es Häresie gibt in der Kirche, gibt es die Möglichkeit zu vergessen, daß auch die recht lehrende Kirche nicht in eigener Sache und darum nicht aus eigener Vollmacht, nicht aus eigener Kraft, nicht nach eigener Direktive lehren kann. Vergißt sie das: ist der Platz, den Jesus Christus in ihrer Mitte hat, ein bloßer Ehrenplatz, hört er auf, der fak-

1. Die formale Aufgabe der Dogmatik

tische Regent der Kirche zu sein, ist es praktisch und unter seinem Namen die Kirche mit ihrem Wollen und Vollbringen, die sich s e l b s t regiert, dann ist jedes Wort der Verkündigung dieser Kirche schon Abweichung, und wenn Alles, was ernstlich Häresie zu heißen verdienen würde, noch in weitester Ferne läge. Die Kirche muß also hören, damit dieser Vergeßlichkeit an zentralster Stelle dadurch entgegengewirkt werde, daß Jesus Christus selber sich der Kirche in Erinnerung bringt. — Wiederum: bevor es Häresie gibt, gibt es auch in der recht lehrenden Kirche die Möglichkeit, in der Verkündigung sozusagen zu s p i e l e n. Die Wahrheit, die die Kirche zu predigen hat, wäre nicht die Wahrheit Gottes, wenn sie nicht auch ihre eigentümliche Schönheit hätte. Aber eben diese ihre Schönheit kann die Kirche dazu verführen, mit ihr umzugehen, wie man mit schönen Dingen umgeht, das heißt aber spielend, betrachtend, genießend. Sie ist aber nur dazu schön, damit ihr Werk um so freudiger betrieben werde. Wird sie, statt zur Entscheidung zu rufen, zum Gegenstand der Beschauung, dann ist sie nicht mehr die Wahrheit. Der Gott, von dem wir uns Bilder machen, ist nicht mehr der lebendige Gott. Die Abweichung ist dann Ereignis auch ohne alle Häresie oder vielmehr: in unmittelbarer Vorbereitung der Häresie. Die Kirche muß also hören, damit allem bloßen Beschauen in ihrer Verkündigung, wo solches sich breit machen will, ein schleuniges Ende bereitet wird. — Wiederum gibt es in der Kirche, bevor es Häresie gibt, bestimmt auch die dem Spiel gerade entgegengesetzte Möglichkeit eines falschen gesetzlichen E r n s t e s, der sich der Verkündigung bemächtigen will, als ob es des Menschen Sorge überlassen wäre, ob sie siegen oder unterliegen wird, als ob der Mensch mit der Wucht seines Willens das Wort Gottes kräftig machen müsse, als ob es in seiner Hand liege, Entscheidungen ihm gegenüber zu erzwingen. Die Kirche macht sich dann stark, dem Wort Gottes zu dienen, als ob es sich um die Organisation und den Betrieb eines Geschäftes, als ob es sich um die Einleitung und Durchführung eines großen Prozesses, als ob es sich um den Aufmarsch und die Operationen einer Armee handle. Auch so kann man mit der Wahrheit nicht umgehen. Es pflegt bei diesem kirchlichen Ernst in der Regel bestimmt schon um eine zurecht geschnittene und also verkürzte Wahrheit zu gehen. Es lebt dieser kirchliche Ernst irgendwo bereits von der Abweichung, auch wenn er sich keiner Häresie schuldig macht. Er wird dies eines Tages doch tun. Die Kirche muß also hören, um sich auch diesen kirchlichen Ernst verleiden zu lassen, um ganz ernst zu werden: so ernst, daß sie die Freiheit hat, die notwendige Sachlichkeit ihres Tuns vorbehaltlos in das humorvolle Licht der Tatsache zu rücken, daß mit unserer Macht gar nichts getan ist.

Die eigentliche formale Aufgabe der Dogmatik gilt nun gerade allen solchen vor häretischen Abweichungen. Ihrer Möglichkeit gegenüber erinnert sie an die Möglichkeit des Hörens auf die Stimme Jesu Christi.

Ihrer Möglichkeit gegenüber empfindlich und scharfsichtig zu reagieren, ihr rechtzeitig, an der rechten Stelle und im rechten Sinn die andere Möglichkeit des Hörens gegenüber zu halten — das ist die eigentliche dogmatische Kunst, jedenfalls nach ihrer formalen Seite. Je früher, je intimer, je eindringlicher sie gerade der noch recht lehrenden Kirche gegenüber in dieser Weise reagiert, um so Besseres leistet sie für die ganze Kirche. — Man würde darum in der Dogmatik nicht gut tun, hinsichtlich des Lehrens der Kirche, die sie anzureden hat, ein Bild vorauszusetzen, laut dessen dieses Lehren ein ungeordnetes Gemisch von rechter, falscher und halbfalscher Verkündigung wäre. Ein solches Bild bekommt und hat man allerdings, wenn man sich den Lehren der Kirche auch nur einen Augenblick als individuell urteilender Zuschauer gegenüberstellt. Aber eben das soll man ja als Dogmatiker nicht tun, wie man es denn legitimerweise überhaupt nicht tun kann. Und noch viel schlimmer wäre es natürlich, wenn man Dogmatik treiben wollte unter der Voraussetzung, daß die ganze übrige lehrende Kirche mehr oder weniger im Abfall bzw. in der Häresie begriffen sei. Auch der Standpunkt des verzweifelten Zuschauers ist eben für den Dogmatiker wie für den Christen überhaupt ein unmöglicher Standpunkt, auch wenn er zu solcher Verzweiflung noch so viele Gründe haben sollte. Die Voraussetzungen des Dogmatikers hinsichtlich der lehrenden Kirche kann in keiner Weise die eines persönlichen Urteils über diese sein. Er hat sich mit dieser solidarisch zu wissen und hat in dieser Solidarität als Erstes eindeutig dies vorauszusetzen: daß in ihr recht gelehrt wird, nicht etwa im Gedanken an sich selbst oder im Gedanken an Diese und Jene, die nach seinem Urteil recht lehren und wiederum durchaus nicht in optimistischer Gleichgültigkeit gegen die vielen Zeichen, die in ganz andere Richtung weisen, wohl aber in der Zuversicht, daß dies die Kirche ist, die unter der göttlichen Verheißung steht und an der diese Verheißung bis auf diesen Tag wahr geworden ist, wie er es hoffentlich auch im Blick auf sich selbst und auf Andere bezeugen kann und wie er es in den großen Entscheidungen der Kirche gegen die Häresien der Vergangenheit bestätigt findet, wie er es aber darum glaubt, weil es ihm und den Anderen und Allen in der Kirche durch Gottes Wort selbst verheißen ist. Dies ist das Erste, was die lehrende Kirche von der Dogmatik unter allen Umständen zu hören bekommen soll: nicht die Mitteilung von allerlei Gefahren, in denen sie sich befindet, sondern die Erinnerung daran, daß sie sich ohne ihr Verdienst und Würdigkeit in guten Händen und insofern auf dem rechten Weg befindet. — Von dieser ersten Voraussetzung aus und sozusagen in ihrem Schatten wird die Dogmatik sich dann zu der zweiten, schon erörterten Voraussetzung bekennen: daß die Menschen — der Dogmatiker selbst, die Anderen, Alle — in der Kirche irren können, das heißt, daß sie jener Möglichkeit des Abgleitens aus dem Gehorsam ausgesetzt sind. Der Dogmatiker wird auch diese Möglichkeit vor Allem aus nächster Nähe kennen, das heißt als Möglichkeit seines eigenen Denkens und Redens. Und eben von da aus wird er empfindlich, scharfsichtig und unerbittlich sein für ihre Symptome im Leben der übrigen Kirche. Je fester er auf der ersten, der Glaubensvoraussetzung steht, daß die Kirche kraft der Verheißung und also gehalten von der Gnade Gottes das Rechte lehrt, um so empfindlicher, scharfsichtiger und unerbittlicher wird er sein hinsichtlich jeder, auch der kleinsten Abweichung: nicht in der Freude irgendeines polizeilichen Spürsinns, aber im Wissen darum, daß gerade da, wo durch Gottes Gnade Alles gut gemacht ist, nun auch wirklich Alles in Gefahr steht von seiten des der Gnade widerstrebenden, menschlichen Eigenwillens und daß nun auch wirklich Alles gehütet sein will. Bei diesem Aufmerken und Hüten wird die Dogmatik nicht zuletzt geleitet sein durch die Erinnerungen an jene alten Entscheidungen der Kirche gegen die Häresien: sie sind als Häresien gerichtet und erledigt und dürfen nicht wiederkommen, es wäre denn, die Kirche empfinge durch die Stimme ihres Herrn eine ganz neue Erleuchtung, die sie nötigte, auf jene Entscheidungen zurückzukommen. Solange dies nicht der Fall ist, hat die Dogmatik Anlaß, jene Entscheidungen ernst zu nehmen, sie sich hinsichtlich der in der Gegenwart möglichen Abweichungen zunutze zu machen und also die lehrende Kirche auch in der Weise an die Stimme ihres Herrn zu erinnern, daß sie sie an ihre eigene Kontinuität erinnert. — Und eben dies wird nun, zurückkehrend zu der ersten, die dritte und letzte Voraussetzung der Dogmatik sein: die lehrende Kirche kann und will das Wort Gottes aufs Neue hören. Ohne dieses Zutrauen würde es sinnlos sein, ihr zurufen zu wollen, daß sie das tun solle. Die lehrende Kirche will in ihrer ganzen Menschlichkeit doch als die Kirche Jesu Christi, die von seinem Geist nicht verlassen ist, gesehen und verstanden sein. Also nicht als irgendein Haufe, dem man heute optimistisch, morgen pessimistisch gegenübertritt, sondern als der Haufe, der schon zu Jesus Christus gehört und der darum auch auf ihn hören wird, wenn man ihn auf seinen Namen anredet. Der Zuruf der Dogmatik an die lehrende Kirche darf wie die christliche Predigt der Gemeinde gegenüber gar nicht rechnen mit der Möglichkeit eines ernstlichen Widerspruchs und Widerstandes. Er muß, wie ungebärdig die Kirche sich gelegentlich stelle, voraussetzen, daß sie im letzten Grunde gar nicht anders kann als hören. Eben daraus, daß er diese Voraussetzung macht, wird dieser Zuruf, wie es die Predigt der Gemeinde gegenüber auch tun muß, seinen Ernst und seine Kraft hernehmen, durch die er von den vielen Zurufen, die es in der Welt auch sonst gibt, grundsätzlich unterschieden ist.

Die Abweichung der lehrenden Kirche, der gegenüber die Dogmatik in diesem Sinn zu neuem Hören auf die Stimme Jesu Christi aufzurufen hat, ist grundsätzlich die vorhäretische Abweichung und nur diese. Wir sahen: die Dogmatik muß sich dabei die Erfahrungen und Entscheidungen der Vergangenheit gegenüber den alten Häresien zunutze machen; sie wird also der lehrenden Kirche ins Bewußtsein rufen, wo sie, von dieser Vergangenheit herkommend, steht und wohin sie, von dieser Vergangenheit herkommend, in Zukunft nicht mehr gehen kann, ohne sich selbst preiszugeben; sie wird also als evangelische Dogmatik den Gegensatz zum römischen Katholizismus und zu dem in den reformatorischen Entscheidungen ebenfalls abgewiesenen Neuprotestantismus nicht nur in sich haben, sondern auch auf der ganzen Linie immer wieder entfalten müssen. Es kann aber die Entfaltung dieser Gegensätzlichkeit grundsätzlich immer nur Mittel zu dem Zwecke sein, die Kirche zu neuem Gehorsam gegen ihren Herrn und damit zu neuer Treue gegen sich selbst aufzurufen. Behandelt die Dogmatik den römischen Katholizismus und den Neuprotestantismus und weiter zurück: den Arianismus und den Pelagianismus als Häresien, so tut sie das zwar gewiß nicht ohne eigene Prüfung und selbständiges Urteil, aber nicht in eigener Vollmacht, sondern auf Grund der schon gefallenen und niemals zurückgenommenen Glaubensentscheidung der lehrenden Kirche selber. Ihre Sache kann es nur sein, die lehrende Kirche bei diesen ihren Glaubensentscheidungen zu behaften, sie in dem ernst zu nehmen, was sie selber erklärt und nicht widerrufen hat, ihr die Konsequenzen ihrer eigenen Stellungnahme im Blick auf die heute möglichen Abweichungen klar zu machen. Und sie wird auch das nicht tun können im Sinn eines abstrakten Konservativismus, sondern eben nur im Sinn und Zusammenhang ihres Aufrufs, den Herrn der Kirche ganz allein und jeden Tag ganz neu zu hören: die Instanz also, von der her auch die schon gefallenen Glaubensentscheidungen der Kirche neu zu prüfen sind, von der her allein sie ihre Bestätigung empfangen, vor der sie allein im Gehorsam bejaht werden können. Die Treue ihnen gegenüber an sich und als solche würde ja die Kirche heute vor der heute möglichen Abweichung noch nicht zu schützen vermögen.

Sache der Dogmatik kann es aber nicht sein, eine neue Häresie als solche festzustellen und zu proskribieren, bestimmte Persönlichkeiten und Richtungen in der Kirche von sich aus als häretisch, d. h. als außerhalb der Kirche stehend zu bezeichnen. Muß sie bestimmten Lehrgestalten, Persönlichkeiten und Richtungen polemisch gegenübertreten, so kann das grundsätzlich nur bedeuten, daß sie an ihnen die Gefahr der Abweichung, die Gefahr des Auftauchens einer neuen Häresie deutlich macht. Sie wird das vielfach in Form des Nachweises tun müssen, daß es sich dabei um Erneuerungen und Wiederholungen alter, von der Kirche längst abgewiesener Irrtümer handle. Sie wird also gelegentlich festzustellen haben, daß eine bestimmte Lehre nichts Anderes als diese und diese nicht von ihr, sondern von der Kirche selbst als Häresie ausgeschiedene und also kirchlich längst unmögliche Verkündigung sei und als solche nur aufs Neue verneint werden könne. Man wird freilich auch bei der Behaftung zeitgenössischer Gesprächspartner mit solchen geschichtlichen Antezedentien im Rahmen der dogmatischen Untersuchung und Darstellung nicht genug Umsicht und Vorsicht und darum beim Austeilen von alten Ketzerhüten nicht genug Zurückhaltung walten lassen können: schon darum, weil die wirklichen Irrtümer, die man damit treffen möchte, durch den Verweis auf Analogien in der bisherigen Kirchen- und Ketzergeschichte vielleicht darum gar nicht zu treffen sind, weil es sich tatsächlich um neue, d. h. um so bisher nicht da gewesene Irrtümer handelt. Diese als solche werden aber von der Dogmatik wohl als aufsteigende Gefahr charakterisiert und bekämpft, nicht aber als die Kirche sprengende Häresien bezeichnet und verurteilt werden können, solange im Blick auf sie keine neue Entscheidung der Kirche selbst gefallen ist. Eine solche kann aber die Dogmatik wohl vorbereiten, nicht aber selber und von sich aus vollziehen wollen. Es kann dies so wenig ihre Sache sein, wie es ihre Sache ist, neue positive Glaubenssätze zum Dogma zu erheben.

Es ist, sowohl um sich hinsichtlich der konkreten Applikation alter antihäretischer Entscheidungen zur Vorsicht mahnen, wie um sich die eigenmächtige Feststellung und Verurteilung neuer Häresien verbieten zu lassen, nützlich, sich den ganzen schweren Inhalt, den der Begriff der Häresie in der alten Kirche hatte, in Erinnerung zu rufen. H ä r e t i k e r sind nach P o l a n: *dissimulati hostes Christi et ecclesiae purae, qui Christum sub ipsius nomine oppugnant.* Genauer definiert: *Haereticus est antichristus, qui dogma aliquod erroneum, pugnans cum sacris literis et fidei aliquem articulum oppugnans atque convellens, quod sibi sive sponte sua sive aliena seductione delegit, quamvis convictus autoritate verbi divini etiam in conscientia sua, voluntaria animi obfirmatione pertinaciter tuetur.* Und es werden die *mores haereticorum*, an welchen eine derartige *voluntas pertinax* so sichtbar wird, daß es notwendig wird, die Betreffenden als Häretiker zu bezeichnen und zu behandeln, im Blick auf lauter bestimmte Schriftstellen folgendermaßen beschrieben: *Fascinant alios ne obsequantur veritati; consilia ineunt de Christo e medio tollendo et interficiendis cultoribus eius sinceris; persequuntur Christum Jesum tum in ipso, tum in membris ipsius; prohibent annunciare verbum Dei; ineunt cogitationes et consilia de tollendis e medio praeconibus veritatis (mihi credite semper iunctus cum falso est dogmate caedis amor!); laudant tempora quibus idololatriae dediti fuerunt et calamitates publicas adscribunt omissioni seu neglectui sui idololatriae, quaeruntur ab aliis negligi religionem, quam ipsi gravissime violant ac prope evertunt; veritatem et sermonem Christi accipiunt carnaliter, ludificantur, exagitant; verbum Dei pervertunt et alio sensu accipiunt quam dictum est; offenduntur et ad iram concitantur verbo Dei, commendant maiores et patres et se illorum discipulos ac sectatores esse gloriantur et interim Christum et doctrinam eius damnant et diabolo adscribunt.* (Synt. Theol. chr. 1609, S. 3527 f., 3536 f.). Man wird nun gewiß nicht bestreiten wollen, daß es etwas Derartiges wie das hier Beschriebene in der Kirche (oder vielmehr dann sofort und *per se* außerhalb der Kirche) oft genug gegeben hat und bis auf diesen Tag gibt. Und es hätte keinen Sinn, den Begriff der Häresie in einem weniger strengen Sinn als dem hier angegebenen erfüllt sehen zu wollen. Man wird sich aber gerade durch den hier angegebenen Sinn des Begriffs warnen lassen, unvorsichtig damit umzugehen oder ihn gar mutwillig da anzuwenden, wo man durch keine Entscheidung der Kirche als solcher dazu aufgefordert und ermächtigt ist. Auch die Orthodoxie hat unterschieden zwischen der Häresie, die sich bewußt und trotz besserer Belehrung an den Glaubensartikeln vergreift und die in solchen *mores* ihren bösen Willen verrät, und dem der Belehrung noch zugänglichen Irrtum in untergeordneten, die Substanz des Glaubens nur indirekt berührenden

Sätzen und so hat Polan (S. 3528) ausdrücklich gewarnt, daß weder die Wahrheit, noch die Liebe, noch ein göttlicher Auftrag Veranlassung sein könne, einen solchen Irrenden gleich der Häresie zu beschuldigen. Es gibt aber auch eine Erklärung des Papstes Innozenz XI. (1679), die in diesem Zusammenhang wohl gehört zu werden verdient: *Tandem, ut ab iniuriosis contentionibus doctores seu scholastici aut alii quicunque in posterum se abstineant et ut paci et caritati consulatur, idem Sanctissimus in virtute sanctae oboedientiae eis praecipit ut tam in libris imprimendis ac manuscriptis, quam in thesibus, disputationibus ac praedicationibus caveant ab omni censura et nota, nec non a quibuscunque conviciis contra eas propositiones, quae adhuc inter catholicos hinc inde controvertuntur, donec a sancta sede, re cognita, super iisdem propositionibus iudicium proferatur* (Denz. Nr. 1216).

Die Dogmatik als solche hat, indem sie die Lehre der Kirche zu neuem Hören Jesu Christi aufruft, zu warnen, wo sie den Gehorsam, den die Verkündigung zu leisten hat, bedroht sieht. Sie hat laut und deutlich zu warnen, sie hat angesichts der möglichen Abweichungen die drohenden Folgen und die kommenden Entscheidungen sichtbar zu machen und sie wird sich darin nicht einschüchtern lassen dürfen. Sie hat aber nicht zu richten, wie sie auch nicht Glaubensartikel aufzustellen hat; es wäre denn, daß sie das Gericht und das Bekenntnis der Kirche selbst zu wiederholen hätte und nach eigener Einsicht und eigenem Urteil wiederholen müßte.

2. DIE DOGMATISCHE NORM

Die Dogmatik kann, indem sie die lehrende Kirche zu neuem Hören aufrufen möchte, nicht vom Himmel herabreden. Der Dogmatiker kann sich nur neben, nicht über den Prediger stellen. Er kann grundsätzlich nur dasselbe tun, was dieser tut: er kann nämlich die Konfrontierung des Menschenwortes der kirchlichen Verkündigung mit dem Gotteswort der Offenbarung in der heiligen Schrift nicht anders vollziehen, als indem er sich dieses Menschenwort seinerseits zu eigen macht, nun freilich nicht in der Absicht der Verkündigung der hörenden Kirche gegenüber — der besondere Dienst der Dogmatik nach dieser Seite ist, wie wir sehen werden, ein anderer — sondern in der Absicht, es auf seine Richtigkeit und Gültigkeit als Dienst am Worte Gottes zu prüfen. Die Frage, die die Predigt als die ihr auferlegte Rückfrage und Kontrollfrage ständig zu begleiten hat, wird also in der Dogmatik zur Hauptfrage und zum Selbstzweck. Nur insofern tritt die Dogmatik der Predigt gegenüber und unterscheidet sie sich von ihr, als sie ihr durch diese Gewichtsverlegung von außen nach innen, vom Lehren aufs Hören jene Rückfrage und Kontrollfrage anschaulich und dringlich macht. Nur insofern ist sie in besonderer Weise Aufruf zum Hören, als sie — innerhalb der lehrenden Kirche und selber an ihrem Lehren beteiligt — die Funktion der hörenden Kirche übernimmt und als solche bewußt in den Vordergrund rückt, die notwendige Beziehung des Lehrens auf das Hören zu ihrem besonderen Thema macht. Sie ist nicht in der Lage, der lehrenden Kirche gegenüber das Wort Gottes als solches auf den Plan zu führen und seine Krisis jener gegenüber zur Ausführung und in Anwendung zu bringen. Sie kann nur eine menschliche, relative Krisis vollziehen. Und sie kann auch diese nur vollziehen, indem sie sich selbst der Krisis des Wortes Gottes unterzieht, indem sie also — und darin besteht *in concreto* der „Aufruf", von dem wir bisher sprachen — der lehrenden Kirche eben das v o r m a c h t , wozu sie auffordert: ein durch die Norm des Wortes Gottes beherrschtes und bestimmtes, angegriffenes und beunruhigtes, in seine Schranken gewiesenes und in seinen Schranken gehaltenes Denken und Reden von Gott. Indem sie selbst h ö r e n d lehrt, erinnert sie die lehrende Kirche an das ihr so nötige Hören. Sie versucht, ihrer formalen Aufgabe damit gerecht zu werden, daß sie s i c h s e l b e r F o r m g e b e n l ä ß t . Sie arbeitet im Sinn des der Kirche auferlegten Gesetzes an der kirchlichen Verkündigung, indem sie im Sinn dieses Gesetzes an sich selbst arbeitet.

Es kann nun auch von dieser Seite einsichtig werden, daß und warum das Programm der Schleiermacherschen Glaubenslehre ungenügend ist. Es ist darum ungenügend, weil eine solche Gewichtsverlegung vom Lehren auf das Hören und damit ein solches indirektes Geltendmachen der übergeordneten Norm alles Lehrens und also eine solche Arbeit an der kirchlichen Verkündigung im Sinne des der Kirche auferlegten Gesetzes in der Schleiermacherschen Glaubenslehre nicht sichtbar wird, sondern eben nur noch einmal die lehrende Kirche mit dem Menschenwort ihrer Verkündigung als solche: erhoben in die Sphäre der Reflexion, der dialektischen Systematik und der anthropologischen Begründung, nicht aber das aus einem Oberhalb seiner selbst kritisierte und normierte Menschenwort. Die gewiß auch in Schleiermachers Glaubenslehre sichtbare Kritik und Normierung der kirchlichen Verkündigung bleibt eine i m m a n e n t e Kritik und Normierung, ein S e l b s t g e s p r ä c h der lehrenden Kirche ohne Belehrung durch ein der Kirche als solcher widerfahrende Anspreche, weil auch der Schleiermachersche Dogmatiker nur noch einmal tut, was der Prediger ohnehin tut, weil auch er nach keiner der Kirche nach außen zukommenden Qualifizierung ihres Tuns fragt, weil auch er, wenn auch wissenschaftlich und methodisch analysierend, letztlich keiner Kritik und Norm unterworfen, bei dem Faktum der kirchlichen Verkündigung s t e h e n b l e i b t . Der bei dem Faktum der kirchlichen Verkündigung stehen bleibende Dogmatiker kann aber dem Prediger letztlich nichts zu sagen haben. Er wird ihn zu seinem Selbstverständnis, zur Bereicherung und Vertiefung dessen, was er ohnehin tut, zur Beleuchtung des Horizontes, innerhalb dessen er sich ohnehin befindet, allerlei Dienste leisten, er wird ihn aber nicht im eigentlichen Sinn belehren, er wird seinen Horizont nicht erweitern können. Er hat ihm nichts zu sagen hinsichtlich der Rückfrage und Kontrollfrage, die sein Tun als das eines kirchlichen Predigers begleiten müßte. Er wird ihn hinsichtlich dieser Rückfrage und Kontrollfrage eher einschläfern als aufwecken, wie es, wenn die Dogmatik eine grundsätzlich selbständige und wichtige Aufgabe hat, der Fall sein müßte.

Die Dogmatik muß innerhalb der lehrenden Kirche und also innerhalb der Sphäre des an sich immer gefährdeten, einer höheren Qualifizierung und Beglaubigung immer bedürftigen Menschenwortes der kirchlichen Verkündigung D e m o n s t r a t i o n u n d K u n d g e b u n g , Z e i c h e n u n d Z e u g n i s sein für das Vorhandensein und die Geltung des Wortes Gottes, in dessen Dienst jenes Menschenwort seine Qualifizierung und Beglaubigung, soll es sie überhaupt empfangen, allein empfangen kann. Die Dogmatik kann nicht mehr sein wollen als Zeugnis von dieser Instanz, wie ja auch die Predigt selbst, wie sogar die heilige Schrift, ja wie sogar nach ihrer menschlichen Seite auch die Offenbarung Gottes in Jesus Christus nur das Zeugnis dieser Instanz sein kann. Auch der Dogmatiker hat das Wort Gottes nur kraft der Freiheit und Herrschaft des Wortes Gottes selbst und also in der Verborgenheit seines Glaubens und Gehorsams als des Geschenks des Wortes Gottes selber. Auch in der Dogmatik kann das Wort Gottes nur in dem von dem göttlichen auf das menschliche Sein und Tun fallenden Widerschein sichtbar werden. Auch die Dogmatik kann nur durch Gottes souveräne Tat sein, was sie sein soll. Aber eben durch Gottes souveräne Gnade kann die Dogmatik dieses bestimmte, der kirchlichen Verkündigung zugeordnete Zeichen sein, dessen geschöpflich-menschliche Natur dann sein wird: ihre exemplarische Formbestimmtheit, ein solches menschliches Denken und Reden von Gott, das sich durch die in der heiligen Schrift bezeugte Offenbarung bestimmen läßt. Durch diese Orientierung unterscheidet sich das dogmatische vom undogmatischen Denken und Reden: nicht als ein göttliches vom menschlichen, aber innerhalb des menschlichen als ein der Problematik und Verheißung der kirchlichen Verkündigung bewußtes von einem sie nicht bedenkenden und nicht berücksichtigenden, als ein in diesem Zusammenhang gebotenes kritisches von einem in diesem Zusammenhang verbotenen naiven Denken und Reden. Mensch bleibt Mensch und Gott bleibt Gott auch in diesem Hilfsdienst der kirchlichen Verkündigung. Und an dem freien, mächtigen Ja des göttlichen Segens bleibt auch hier für das menschliche Sein und Tun Alles gelegen. An die notwendige Beziehung des Menschenwortes der kirchlichen Verkündigung zum Worte Gottes kann auch die Dogmatik als solche nur erinnern, ohne sie vollziehen und herstellen zu können. Auch sie kann nur in Menschenworten daran erinnern. Gerade indem sie an die in der heiligen Schrift bezeugte Offenbarung und also an das Wort des Vaters, des Sohnes und des Heiligen Geistes erinnert, erinnert sie an die Schranke, die auch Tor ist. Wie würde sie sonst an Gottes Wort erinnern? Aber wiederum: wie würde sie das tun, wenn sie nicht auch daran erinnerte, daß das Tor auch Schranke ist. Dieses Tor und diese Schranke (immer beides!) dem Prediger, der lehrenden Kirche in ihrer Gesamtheit ins Gedächtnis zu rufen, an dieser Stelle zu wachen, Unbefugten zu sagen, daß sie hier — nicht durch sie, sondern durch die Sache — angehalten sind, und Befugten, daß sie hier — wiederum nicht laut der Verfügung der Dogmatik, wohl aber laut der Verfügung der Instanz, an die die Dogmatik zu erinnern hat — Durchlaß haben, durch laute Proklamation die Entscheidung sichtbar zu machen, die hier, an diesem Tor und dieser Schranke fällt und fort und fort fallen wird: das ist das höchst kritische, aber auch höchst positive Geschäft der Dogmatik. Sie hat die christliche Predigt an ihren Herrn zu erinnern. Sie tut das aber

2. Die dogmatische Norm

in concreto damit, daß sie — wissend darum, daß auch sie nur Menschenwerk treiben kann — selber so zu denken und zu reden versucht, wie man in Erinnerung an den Herrn denken und reden muß.

Die dogmatische Norm, d. h. die Norm, an die die Dogmatik die kirchliche Verkündigung und also zuerst sich selbst zu erinnern hat als an die objektive Möglichkeit reiner Lehre, kann keine andere sein als die in der Schrift bezeugte Offenbarung als Gottes Wort. Von der Theonomie und nur von der Theonomie der kirchlichen Verkündigung und der Dogmatik selber werden wir also zu reden haben. Aber wieder wird jetzt zu bedenken sein, daß die im menschlichen Bereich aufgerichtete, erkannte und geltende Theonomie bestimmt keine leere, d. h. faktisch und praktisch ungreifbare, bzw. nach Zufall oder Willkür so oder so greifbare Idee ist, sondern daß sie, wo sie aufgerichtet und erkannt ist und in Geltung steht, bestimmte relative Gestalt hat, daß ihr also, im Bereich des menschlichen Denkens und Redens der lehrenden Kirche nicht etwa einfach und direkt eine Autonomie des Menschen entspricht und gegenübersteht. Eine solche der Theonomie in der Dogmatik korrelate menschliche Autonomie werden wir allerdings in unserem letzten Paragraph auch zu bedenken haben: entsprechend der Lehre von der Freiheit in der Kirche, in der wir das evangelische Schriftprinzip an zweiter Stelle nach seiner subjektiven Seite zu verstehen gesucht haben. Nachdem wir es an erster Stelle, nach seiner objektiven Seite, in der Lehre von der Autorität in der Kirche zu verstehen suchen mußten! So wird nun auch hier von der Autonomie in der Dogmatik nicht zu reden sein, ohne und bevor wir uns darüber klar geworden sind, daß der Theonomie in der Dogmatik zunächst und vor allem eine Heteronomie entspricht und gegenübersteht. Kann das „andere Gesetz", das der christlichen Verkündigung und also zuerst der Dogmatik selbst auferlegt ist, gewiß kein anderes Gesetz sein als das Gesetz Gottes, kann also der Sinn der hier in Betracht zu ziehenden Heteronomie kein anderer sein als eben die Theonomie, so kann doch das Zeugnis von Gottes Gesetz und also die Geltendmachung der Theonomie, wenn diese wirklich vollzogen wird, nicht anders vollzogen werden als in der Erkenntnis der hinweisenden, kundgebenden, zeichenhaften Gestalt eines konkreten anderen Gesetzes. Es muß die Formbestimmtheit des dogmatischen und dogmatisch belehrten Denkens und Redens außer mit dem letzten Wort (und um des letzten Wortes willen!) auch mit vorletzten Worten und also konkret in der Gestalt eines vom Menschen zu bedenkenden und also direkt hörbaren Gesetzes beschrieben werden können.

Wir können und müssen zur Feststellung dieses konkreten Gesetzes zunächst hinüberblicken zu dem in § 20, 2 über die Autorität unter dem Wort Ausgeführte. Eben das, was wir dort als die relative mittelbare und formale Autorität in der Kirche, begründet, bedingt und begrenzt durch die letztlich allein zwingende und entscheidende Autorität des Wortes Gottes erkannt haben — eben das ist offenbar auch konkrete Norm der kirchlichen Verkündigung und also auch Norm der Dogmatik und muß jetzt nur noch auch nach dieser Seite ausdrücklich erklärt und verstanden werden. Die Kautelen, unter denen allein auch hier konkret geredet werden kann und darf, liegen im Begriff der Sache: Wir reden von keiner absoluten Heteronomie. Wir reden von der konkreten Gestalt der Theonomie der kirchlichen Verkündigung und der Dogmatik. Wir richten keine zweite Autorität auf neben der Autorität des Wortes Gottes. Wir blicken durch Alles, was hier als Autorität zu nennen ist, hindurch und hinauf zu der alleinigen Autorität des Wortes Gottes. Wir hätten aber unbestimmt und das heißt: wir hätten gar nicht von der Dogmatik als Funktion der hörenden Kirche geredet, wenn wir es aus allzu naheliegender Furcht vor Mißverständnis und Mißbrauch etwa unterlassen wollten, auf die konkreten Forderungen hinzuweisen, in die sich die eine Forderung des Gehorsams gegen Gottes Wort im Bereich des menschlichen Denkens und Redens gliedert: auf die bestimmten heteronomen Gestalten der Theonomie, in welcher die Dogmatik mit der kirchlichen Verkündigung ihre Norm zu erkennen und zu respektieren hat.

1. Die erste konkrete Forderung, die an die Dogmatik zu richten ist und mit deren Respektierung sie der kirchlichen Verkündigung exemplarisch voranzugehen hat, besteht darin, daß ihre Untersuchungen, Sätze und Nachweisungen biblische Haltung haben müssen. Wir meinen damit nicht nur das Primäre, Allgemeine und Grundlegende, das für alle Bewegungen des kirchlichen Lebens überhaupt gilt: daß sie in der Kirche als an dem Ort gegenüber der in der Schrift bezeugten Offenbarung und nicht anderswo, daß sie im Glaubensgehorsam gegen das Wort Gottes und nicht anderswie zustande kommen und geformt sein sollen. Das Alles gilt selbstverständlich auch von dem Tun des Dogmatikers. Aber wie sich aus der absoluten Autorität der heiligen Schrift als des Wortes Gottes die relative Autorität des biblischen Kanons ergibt, so aus der absoluten Forderung des Glaubensgehorsams gegenüber dem prophetisch-apostolischen Zeugnis die relative Forderung einer diesem Glaubensgehorsam entsprechenden grundsätzlichen Haltung des Denkens und der Rede. Sie ist es, die wir als die Biblizität oder als die biblische Haltung der Dogmatik bezeichnen und zu verstehen haben.

Wir nennen sie darum „biblische" Haltung, weil sie ihr Ur- und Vorbild in der Haltung der biblischen Zeugen selber hat, weil sie in der Beachtung und Nachbildung dieses Vorbildes besteht, also in der Herstellung einer grundsätzlichen Gleichförmigkeit zwischen der Geistesverfassung, Fragestellung und Antwortmethode der biblischen Schriftsteller und der des kirchlichen Predigers und also auch des Dogmatikers.

2. Die dogmatische Norm

Die lehrende Kirche kann das Wort Gottes nicht anders aufs Neue hören, als indem sie aufs Neue biblische Haltung einnimmt. Eben zu dieser Haltung ist sie also *in concreto* aufzurufen, wenn sie zum Hören des Wortes Gottes aufgerufen wird. Eben diese Haltung wird also die Dogmatik als Paradigma der kirchlichen Verkündigung vor Allem selber einnehmen müssen.

Unter der Haltung der biblischen Zeugen ist aber zu verstehen: diejenige Orientierung ihres Denkens und Redens, die sich, wenn auch in der ganzen Bedingtheit ihrer geschichtlichen und biographischen Lage, ihrer besonderen Sprache und Weltanschauung, ihrer konkreten Situation und Absicht durchsetzt als ihre Orientierung als Zeugen von Gottes Offenbarung. Als Zeugen! Also nicht als Beobachter, nicht als Referenten, nicht als Dialektiker, nicht als Parteigänger. Obwohl und indem sie das Alles zweifellos auch waren, obwohl sie keinen Satz und keine Silbe gesprochen haben, in denen sie sich nicht mehr oder weniger auch in diesen anderen Haltungen zeigen würden! Es gibt aber, quer hindurchlaufend durch sie alle, eine Grundhaltung in diesen Haltungen in der Gestalt und im Gewand aller dieser anderen Haltungen. Und das ist eben die Haltung des Zeugen. Ihn unterscheidet vom interessierten Beobachter, vom erzählenden Referenten, vom reflektierenden Dialektiker, vom absichtsvollen Parteigänger dies, daß er mit seinem Wort nicht auf eine von ihm selbst, sondern auf eine vom Richter an ihn gestellte Frage antwortet, als Zeuge also um so genauer und zuverlässiger antwortet, je mehr er seine gewiß nicht zu unterdrückenden eigenen Fragen bei der Formung seiner Antwort zurückdrängt, je mehr er seine Antwort allein von der von ihm anzuzeigenden und zu bestätigenden Wirklichkeit her bestimmen läßt. Die Haltung der biblischen Zeugen als solchen ist — was immer über ihre sonstigen Haltungen mit Recht oder Unrecht zu bemerken sein mag — dadurch bestimmt, daß sie in der Lage und daß sie aufgerufen sind, auf eine ihnen von außen gestellte Frage Auskunft zu geben. Sie sind von Gott allen anderen Menschen gegenüber aufgerufen als Zeugen seines eigenen Tuns. Sie können und sollen Gott vor aller Welt, und damit alle Welt es höre, bestätigen, daß und wie er gesprochen und gehandelt hat in Jesus Christus und an seinem Volke. Von diesem Sprechen und Handeln Gottes in seiner bestimmten Wirklichkeit kommen sie her, denkend und redend vor dem Angesicht desselben Gottes, der jetzt als Richter nichts Anderes von ihnen fordert als eben die Wahrheit über diese Wirklichkeit, über sein eigenes ein für allemal geschehenes Sprechen und Handeln. Unter dieser doppelten Voraussetzung reden sie: in dem Gefälle dieser Voraussetzung und darum mit dem unaufhaltsamen Tempo eines bergabstürzenden Baches. Gewiß beschreiben sie auch, erzählen sie auch, reflektieren sie auch, argumentieren sie auch. Welcher Zeuge könnte anders reden, als indem er mehr oder weniger auch das Alles tut? Aber das Alles würde ihn nicht zum Zeugen machen. So würde auch das Alles die Propheten und Apostel noch nicht zu Zeugen von Gottes Offenbarung machen. Das macht sie vielmehr zu Zeugen von Gottes Offenbarung, daß sie unter jener doppelten Voraussetzung reden: sie glauben und darum reden sie. — Eben diese Haltung muß nun auch für die Dogmatik als für das Paradigma der kirchlichen Verkündigung maßgebend sein. Es ist die Forderung dieser Haltung, d. h. der Nachbildung dieser Haltung, ihr erstes, immer wieder zu bedenkendes, auf der ganzen Linie zu beachtendes konkretes Formprinzip. Der Dogmatiker kann so wenig wie der kirchliche Prediger ein Zeuge der Offenbarung sein in dem Sinn, wie es die Propheten und Apostel gewesen sind. Aber darauf kommt für die Dogmatik wie für die kirchliche Verkündigung Alles an, daß die von den Propheten und Aposteln bezeugte Offenbarung gehört wird, so wie sie der Kirche und aller Welt zuteil wird und also eben in ihrer Form als Zeugnis gehört wird. Was hier zu hören ist, das ist ja eben die Wahrheit über das Sprechen und Tun Gottes; und wiederum vor dem Angesichte Gottes, des Richters, ist diese Wahrheit, wie sie uns von Jenen mitgeteilt wird, zu hören. In welcher anderen Haltung könnte sie aber gehört werden als in einer dem Charakter ihrer Mitteilung entsprechenden und also wiederum in der Haltung von Zeugen: von sekundären, von bestätigenden, von wiederholenden Zeugen jetzt, von Zeugen des Zeugnisses, das Jene abgelegt haben — aber bestimmt wieder in der Haltung von Zeugen? Wiederum zum Reden als Zeuge ist ja die Kirche als lehrende Kirche aufgerufen. Welche andere Haltung als die des Zeugen könnte sie da schon als hörende Kirche einnehmen wollen? Natürlich setzt sich das dogmatische Denken und Reden im Einzelnen materiell aus lauter Elementen zusammen, denen man an sich und als solchen auch historischen, psychologischen, politischen, philosophischen — kurz, einen anderen Charakter als den des Zeugnisses zuschreiben kann und die an sich und als solche einen solchen anderen Charakter auch tatsächlich tragen. Dieser andere Charakter besteht darin, daß im dogmatischen als einem menschlichen Denken und Reden natürlich immer auch die Haltung des Menschen sich geltend macht, in welcher er statt auf die ihm gestellte Frage auf solche Fragen antwortet, die er sich selber stellen zu müssen meint, in welcher also sein Denken und Reden statt allein durch die Wirklichkeit, über die er Auskunft geben soll, auch noch durch seine Konzeption, Beurteilung und Wertung dieser Wirklichkeit bestimmt ist, und daß er insofern ein in seiner Glaubwürdigkeit getrübter Zeuge wird. Es ist nicht möglich, dem dogmatischen Denken und Reden diesen Charakter zu nehmen, so gewiß man ihm seinen menschlichen Charakter nicht nehmen kann. Es ist aber wohl möglich — und diese Möglichkeit macht die Forderung biblischer Haltung sinnvoll — sich dieses Sachverhaltes bewußt zu werden und in dessen Erkenntnis eine bestimmte Rangordnung innerhalb des dogma-

2. Die dogmatische Norm

tischen Denkens und Redens zu anerkennen und Platz greifen zu lassen. Was nicht geschehen darf und was auch vermieden werden kann, ist dies: daß jene Elemente, aus denen sich das dogmatische Denken zweifellos zusammensetzt, den Charakter und die Rolle von selbständigen Voraussetzungen bekommen. Die Voraussetzung, auf die sich schon die Haltung der biblischen Zeugen begründete, die Voraussetzung, daß Gott in bestimmter Weise gesprochen und gehandelt hat und daß darüber vor dem Angesichte Gottes wahrheitsgemäß Auskunft zu geben ist — diese Voraussetzung darf auch in der Dogmatik keinen Augenblick außer Kraft stehen. Sie darf in der Dogmatik auch keinen Augenblick nur fragend, nur hypothetisch oder nur teilweise gemacht werden. Und es darf in der Dogmatik keinen Augenblick zweifelhaft sein, daß diese Voraussetzung allen anderen vorgeordnet ist. Es kann und muß wohl auch in der Dogmatik historisch, psychologisch, politisch, philosophisch gedacht und geredet werden. Es kann aber in der Dogmatik mit allem diesem Denken und Reden insofern nirgends ernst gemacht werden, als von allen diesen Räumen menschlichen Fragens und Antwortens her keine Entscheidungen über den Wahrheitsgehalt des dogmatischen Denkens und Redens als solchen und nicht einmal entscheidende Gesichtspunkte für dessen Formung zu erwarten sind. Das dogmatische Denken und Reden kann in seiner ganzen unter allen jenen Gesichtspunkten beachtlichen menschlichen Bedingtheit kein unter irgendeinem dieser Gesichtspunkte gebundenes Denken sein. Gerade dogmatische Wissenschaft muß sich, will sie sich selbst nicht aufgeben, als ganz freie, d. h. für ihren Gegenstand ganz aufgeschlossene, ihm vorbehaltlos fügsame Wissenschaft betätigen. Keinen Augenblick darf hier anders als hypothetisch von einer vorgefaßten Anschauung oder von einem vorgefaßten Begriff vom Menschen, von der Geschichte, von der Erfahrung, vom Sein und Erkennen her zu Gott hin, statt unter freier Anwendung solcher Hypothesen von Gott her, und zwar von Gottes Wort, und zwar, weil wir Menschen und nicht Gott selber sind, von Gottes uns offenbartem Wort, und zwar weil wir selbst keine Propheten und Apostel sind, von Gottes offenbartem Wort in seiner biblischen Bezeugung her gedacht und geredet werden. Keinen Augenblick so, als ob Gott nicht gesprochen und gehandelt hätte, als ob Gottes Existenz und Werk ein Problem unter anderen und nicht vielmehr der Grund und, ob wir es einsehen oder nicht, auch die Lösung aller Probleme wäre! Gott kann für das dogmatische Denken und Reden nie ein Gegenstand sein, der ohne Gott festzustellen wäre; Gott kann für dieses Denken und Reden nie ein Zweites sein, wo er nicht schon das Erste gewesen und ohne Scheu und Vorbehalt als das Erste anerkannt worden ist.

Man faßt die an die Dogmatik zu richtende Forderung biblischer Haltung am Besten zusammen in die Antworten auf die Fragen 94 und 95 des Heidelberger Katechismus:
Was erfordert der Herr im ersten Gebott? — Daß ich bey verlierung meiner seelen heil und seligkeyt alle abgötterey, zauberey, abergläubische segen, anruffung der Heiligen

oder anderer Creaturen, meiden und fliehen soll, Unnd den einigen waren Gott recht erkennen, jm allein vertrauen, In aller demut und gedult, von im allein alles guts gewarten, und jn von gantzem hertzen lieben, förchten unnd ehren; Also daß ich ehe alle Creaturen ubergebe, denn in dem geringsten wider seinen willen thue.

Was ist Abgötterey? — An statt des einigen waren Gottes, der sich in seinem wort hat offenbaret, oder neben demselbigen etwas anderst dichten oder haben, darauff der mensch sein vertrauen setzt.

Man bemerke: es handelt sich nicht darum, die unter allen jenen Gesichtspunkten mögliche Kritik und Skepsis gegenüber dem Inhalt des biblischen Zeugnisses zu verbieten und mundtot zu machen. Sie wird vielmehr in der Dogmatik frei zu Worte kommen müssen, schon darum, weil die Mitteilung von dem Sprechen und Handeln Gottes als solche gar nirgends verständlich ist als auf dem Hintergrund ihrer unter allen jenen anderen Gesichtspunkten nicht nur möglichen, sondern in ihrer Art notwendigen Anfechtung und Bestreitung. Sie wird aber in der Dogmatik nirgends abstrakt, nirgends von einem angeblich letztlich gesicherten Standort aus und insofern allerdings nirgends als letztlich ernst genommen zu Worte kommen können, sondern immer nur als schon überholt und eingeschlossen von der in der Schrift bezeugten Wirklichkeit. Es kann dem Widerspruch des Menschen in der Dogmatik weithin und mit aufrichtigem Verständnis für seine Nöte recht gegeben werden. Aber daß er letztlich unrecht hat, weil Gott allein recht haben kann, dieser Horizont seines Widerspruchs muß in der Dogmatik allerdings Voraussetzung sein und kann in der Dogmatik bei allem Verständnis für diesen Widerspruch nie ganz unsichtbar werden. — Man bemerke weiter: Es handelt sich nicht darum, in einer systematischen Vorentscheidung die Einzelantworten auf die gestellten Einzelfragen vorwegzunehmen. Eine solche Vorentscheidung wäre so gewiß unmöglich, als Gottes Wirklichkeit dem Dogmatiker sowohl wie dem Prediger wie dem Menschen überhaupt nie vorweg (etwa in Form eines logischen Axioms) zur Verfügung steht, sondern von Punkt zu Punkt immer erst erfragt und gesucht sein will, von Punkt zu Punkt sich selber immer wieder neu zu erkennen geben muß. Ein bequemer Dogmatismus ist nirgends unmöglicher als gerade in der recht verstandenen und betriebenen Dogmatik! Alles ist in der Dogmatik fraglich, — nur eben dies nicht, daß der Dogmatiker nicht auf seine eigenen, sondern auf die durch Gottes Offenbarung gestellten Fragen zu antworten hat — nur dies nicht, daß in der Dogmatik alle Fragen und Antworten auf einem Nenner stehen, in einer alle Probleme umfassenden Klammer, auf einem Boden, den sie darum, ohne sich selbst aufzugeben, nicht verlassen kann, weil er ihr so real vorgegeben ist wie die physikalischen und biologischen Phänomene der Naturwissenschaft. — Man bemerke weiter: es handelt sich für die Dogmatik als solche, wenn biblische Haltung von ihr gefordert ist, nicht um die systematisch ja ebenfalls weder zu postulierende noch auch festzustellende Glaubensgewißheit.

Daß das, was hier biblische Haltung heißt, außerhalb der Gewißheit des Glaubens nicht oder nur als wertlose Karikatur vollziehbar ist, ist eine Sache für sich. Wir reden hier weder von der Glaubensgewißheit als solcher, wie sie der Dogmatiker mit jedem anderen Christen als Gabe des Heiligen Geistes für sein Werk eben nur — glauben und immer aufs neue erbitten kann, noch von irgendeinem Erlebnis oder Gefühl, das solche Glaubensgewißheit begleiten mag. Wir reden von einer bestimmten Denkform, die als solche weder mit der Glaubensgewißheit noch mit deren Erlebnis notwendig verbunden ist, sondern die man auch unter der Voraussetzung der Glaubensgewißheit als etwas Besonderes lernen muß, unter dieser Voraussetzung aber auch lernen — in der Anweisung und durch Übung wirklich lernen — kann, wie man etwas Anderes lernt.

Es wird naturgemäß vor allem die Lektüre und Exegese der heiligen Schrift selber und dann wohl auch ein Stück weit das Vorbild anderer Exegeten, Prediger und Dogmatiker zur Gewöhnung an diese Denkform, zu ihrer allmählichen Einprägung und Aneignung dienlich sein. Man kann tatsächlich, ohne frivol zu sein, sondern gerade in tiefstem Ernst jedermann den Rat geben, die Frage der Glaubensgewißheit zunächst einmal offen zu lassen und sich in der Schule der Schrift und der Kirche ans Lernen hinsichtlich dieser Denkform zu machen in der Erwartung, daß alles Weitere gerade dann sich finden möchte.

Man bemerke nun aber endlich: es darf die Forderung biblischer Haltung der Dogmatik nicht verwechselt werden mit der Aufgabe der Reproduktion und Erklärung des Bibeltextes. Diese Aufgabe ist in der Theologie nicht die Aufgabe der Dogmatik, sondern die der Exegese. Die biblische Exegese ist die entscheidende Voraussetzung und Quelle der Dogmatik. Man kann und muß ferner sagen, daß gerade die Dogmatik die Aufgabe hat, die lehrende Kirche nicht etwa bei sich selbst festzuhalten, sondern immer wieder zur biblischen Exegese zurückzuführen. Die Dogmatik selbst und als solche ist aber nicht biblische Exegese, sondern Prüfung, Kritik und Korrektur der in der lehrenden Kirche auf Grund der heiligen Schrift nicht nur reproduzierend und erklärend, sondern auch anwendend und insofern produzierend ausgerichteten Verkündigung. Daß diese Prüfung, Kritik und Korrektur sich in derselben biblischen Haltung des Denkens und der Sprache vollziehe, zu der die kirchliche Verkündigung aufzurufen ist, darin besteht die an die Dogmatik gerichtete Forderung. Sie wird den Bibeltext auch in seinem Inhalt selbstverständlich dauernd und auf der ganzen Linie vor Augen haben müssen und insofern wie die Theologie überhaupt dauernd und auf der ganzen Linie auch mit dessen Exegese beschäftigt sein. Sie wird des öfteren auch direkt auf ihn zurückgreifen müssen und also auch unmittelbar und im Einzelnen an seiner Exegese beteiligt sein. Dennoch ist dies nicht ihre eigentliche und besondere Aufgabe und es kann darum auch nicht von ihr erwartet werden, daß sie nur solche Überlegungen anstelle und nur solche Sätze bilde, die sich direkt und unmittelbar als Reproduktion und

Erklärung des Bibeltextes verstehen lassen oder daß sie für alle ihre Überlegungen und Sätze in dem Sinn einen „Schriftbeweis" führe, daß sie sie mit bestimmten Bibelstellen oder mit dem Hinweis auf bestimmte biblische Zusammenhänge belegt und begründet.

Das kann selbstverständlich nicht bedeuten, daß die Dogmatik dem Bibeltext gegenüber nicht jederzeit und auf der ganzen Linie verantwortlich bliebe, daß sie sich — und wäre es auch nur durch Nachlässigkeit gegenüber der Fülle seines Inhalts — in faktische Widersprüche zu jenem verwickeln dürfte, daß sie sich gegebenen Falles nicht jederzeit und in allen ihren Überlegungen und Sätzen vom Bibeltext her zur Ordnung rufen zu lassen hätte. Es bedeutet aber, weil die Dogmatik als solche nicht direkt mit dem Bibeltext, sondern mit dem auf dessen Zeugnis begründeten Wort der kirchlichen Verkündigung beschäftigt ist, daß man von ihr nicht erwarten darf und daß sie nicht leisten wollen soll, was von einer biblischen Theologie des Alten und Neuen Testamentes zu erwarten ist. Wir stellen das fest in Abgrenzung gegen das Programm, das der Dogmatik einst von J. T. Beck (und in anderer Weise auch durch Joh. Christ. Konr. v. Hofmann) zugewiesen wurde. Es steht zu befürchten, daß in einer Dogmatik, die selbst und als solche auch die Aufgabe der Bibelexegese bewältigen, bzw. in einer Exegese, die selbst und als solche schon Dogmatik sein wollte, beide theologische Aufgaben in ihrer Weise leiden müßten. Das Programm einer materiell biblizistischen Dogmatik bzw. einer dogmatischen Bibelexegese behält seine Wichtigkeit und Würde als Erinnerung an die notwendige Einheit der Theologie, die hier wie dort keinen Augenblick außer acht gelassen werden darf. Man wird aber hier — anders als etwa angesichts der Unterscheidung von Dogmatik und Ethik, die sich uns als willkürlich und bedenklich erwiesen hat — auch auf die Verschiedenheit in der Einheit achten und also die Teilung der theologischen Aufgaben, ohne sie darum trennen zu wollen, respektieren müssen.

Die Dogmatik muß die Freiheit haben, Fragen und Anliegen nachzugehen, die sich als solche weder mit einzelnen Schriftworten noch mit dem Nachweis bestimmter biblischer Zusammenhänge direkt beantworten lassen, Fragen und Anliegen, die als solche nicht die der Exegese sein können, weil sie erst in der die Schrift hörenden und auf Grund der Schrift lehrenden Kirche entstanden sind. Wie sollte die Dogmatik nicht nach jeder sich bietenden Möglichkeit greifen, diesen Fragen und Anliegen nun vielleicht doch durch direkten Rückgriff auf die Schrift gerecht zu werden? Es steht aber nicht zu erwarten, daß diese Möglichkeit immer und überall vorhanden ist. Keine Freiheit hat die Dogmatik nur dazu, sich als kirchliche Wissenschaft dem Zeugnis der Schrift gegenüber auf eigene Füße zu stellen, als ob sie aus eigenen Quellen ein eigenes Zeugnis habe, als ginge es in der kirchlichen Verkündigung, in den besonderen Fragen und Anliegen irgendeiner Zeit der lehrenden Kirche um etwas Anderes als um die Wiederholung und Bestätigung des biblischen Zeugnisses. Keine Freiheit hat die Dogmatik also dazu, sich jener Formbestimmtheit ihres Denkens und Redens durch das Vorbild der biblischen Zeugen zu entziehen, keine Freiheit, zur historischen oder psychologischen, zur politischen oder philosophischen Dogmatik zu werden. Weil sie diese Freiheit allerdings nicht hat, weil sie, ob direkt an der Exegese mitbeteiligt oder nicht, ob mit oder ohne ausdrückliche Worte in der Beugung

2. Die dogmatische Norm

vor dem biblischen *Deus dixit* ihre notwendige Formbestimmtheit hat, weil sie diese ihr notwendige Formbestimmtheit aber nur in der Konfrontierung mit dem Bibeltext lernen kann — darum wird sie sich auch der ständigen Fühlung mit der anderen theologischen Aufgabe: der der Reproduktion und Erklärung des Bibeltextes nicht entziehen können. — Dies ist's, was über die Biblizität der Dogmatik zu sagen ist.

2. Wir blicken zur Feststellung der zweiten konkreten Formbestimmtheit der Dogmatik und der kirchlichen Verkündigung zurück auf das, was in § 20, 2 über die Autorität der „Väter" und des Dogmas ausgeführt wurde, und bezeichnen die sich daraus ergebende Forderung als die Forderung konfessioneller Haltung. Wenn es richtig ist, daß das Lautwerden des Wortes Gottes in der von der Schrift bezeugten Offenbarung uns gegenüber in konkreter Objektivität mitbedingt ist durch die Stimme der Lehrer und der Lehrentscheidungen, die die heute hörende Kirche, deren Funktion auch die Dogmatik ist, begründet und geformt haben, dann muß dies hinsichtlich des Verständnisses der dogmatischen Norm, d. h. der Norm, der diese Kirche als hörende unterworfen ist, seine bestimmte Auswirkung haben. Dogmatisches Denken und Reden muß dann wie durch seine Orientierung an Kanon und Text der Bibel, so auch durch ein geordnetes Verhältnis zu der die Kirche bestimmenden Geschichte und zu der in der Kirche geltenden Konfession von einem unqualifizierten religiösen Denken und Reden unterschieden sein. Wir haben das Allgemeine, was hinsichtlich der Verantwortlichkeit der Kirche gegenüber ihrem Bekenntnis zu sagen ist, schon gesagt und haben nun nur noch einige Folgerungen zu ziehen, die hinsichtlich der Norm der Dogmatik als einer Funktion der hörenden Kirche gegenüber der lehrenden aus jenen allgemeinen Einsichten zu gewinnen sind. Der Ort der dogmatischen Arbeit gegenüber der letzlich und absolut allein maßgeblichen Schriftoffenbarung muß, auch auf sein Verhältnis zu den Vätern und zum Dogma gesehen, ein relativ bestimmter Ort sein, d. h. der Dogmatiker (bzw. der Prediger, mit dem der Dogmatiker im Gespräch begriffen ist), muß innerhalb der Kirche seine relativ bestimmte Heimat mit ihrem relativ bestimmten Horizont haben. Wir sagen: relativ bestimmt, weil seine absolut bestimmte Heimat natürlich keine andere als die *una sancta catholica et apostolica* sein kann. Aber eben diese *una sancta*, an deren Existenz auch in der von der unsrigen verschiedenen, ihr fremden, ja von ihr als häretisch ausgeschiedenen Kirche zu glauben wir nicht unterlassen werden, existiert ja nur, wo dieser Glaube Gehorsam ist und also relativ bestimmter Glaube, sie existiert immer nur in der Gestalt des Glaubens dieser und dieser bestimmten Kirche. Dieser relativen Bestimmtheit des Glaubens kann sich nun auch die Dogmatik nicht entziehen.

Gewiß muß sie als Kritik, Prüfung und Korrektur der kirchlichen Verkündigung am Maßstab des allein maßgeblichen Wortes Gottes, als Besinnung auf das eine Sein der Kirche in ihrem ein Herrn und Haupt Jesus Christus kirchlich schlechthin und also universal-kirchlich, also ökumenisch sein. Man kann nicht dogmatisch denken und reden, in der Absicht, eine morphologische Eigentümlichkeit und Besonderheit der eigenen Kirche als solche darzustellen und zu pflegen, eine Eigentümlichkeit und Besonderheit, neben der es anderswo auch andere darzustellen und zu pflegen geben mag. Man kann nicht dogmatisch denken und reden unter der Nebenvoraussetzung, daß man dasselbe anderswo ebensogut und legitim auch ganz anders tun könnte. Es gibt also recht verstanden keine dogmatische Toleranz. Es gibt recht verstanden keine katholische, lutherische, reformierte Dogmatik in unangefochtener und wohl gar planmäßiger Selbständigkeit und Nebenordnung. Sondern wo es überhaupt Dogmatik gibt, da gibt es nur solche mit dem Willen zur Kirchlichkeit, und zwar zur **ökumenischen** Kirchlichkeit.

Wo man es anders halten wollte, da hat man noch immer auf irgendwelche der heiligen Schrift an die Seite zu stellenden anderen Erkenntnisquellen und Beanspruchungen, auf angebliche geschichtliche Führungen Gottes, auf eine angeblich erkennbare Harmonie des Ganzen der kirchlichen Verschiedenheiten und Widersprüche zurückgreifen und damit die kirchliche Grundlage grundsätzlich preisgeben müssen. In einem **morphologisch begründeten und gemeinten Konfessionalismus** schlummert irgendwo immer das animistische Heidentum mit seiner Scheu und Verehrung gegenüber irgendwelchen **Feld-, Wald- und Bergdämonen** und eine von daher denkende und redende Dogmatik wird vielleicht mit dem Eifer und der Liebe eines Konservators von allerlei Raritäten und Sonderbarkeiten, aber niemals mit derjenigen Glaubwürdigkeit und Verbindlichkeit urteilen können, deren es in der Dogmatik bedarf, wenn sie auch nur im eigenen, vielleicht kleinsten kirchlichen Raum ihren Dienst an der kirchlichen Verkündigung wirklich leisten soll. Geschweige denn, daß sie jenseits dieses Raumes, wo sie doch normalerweise ebenfalls gehört werden müßte, mehr als ein befremdetes Interesse erregen könnte. Ernstlich zur ganzen Kirche kann nur eine solche Dogmatik reden, die sich ernstlich ihrer Verantwortlichkeit gegenüber der **ganzen Kirche** bewußt ist, der es also nicht um irgendwelche Eigentümlichkeiten und Besonderheiten, sondern um die eine **allgemeingültige Wahrheit** geht.

Die Natur der der Dogmatik gestellten Aufgabe erlaubt es ihr nicht, sich an einen engeren Kreis als eben an die **eine ganze christliche Kirche** zu wenden. Sie gebietet ihr vielmehr, sich im Sinn und Namen der einen ganzen christlichen Kirche wiederum an die ganze eine christliche Kirche zu wenden. Aber gerade dieser ökumenische Ansatz und Anspruch einer rechten Dogmatik kann nun auf keinen Fall so gemeint sein, als ob sie ihre **besondere relative Glaubensbestimmtheit**, sei es in positiver, sei es in negativer Hinsicht vernachlässigen oder verleugnen dürfte. Er kann nicht etwa bedeuten, daß die Dogmatik sich von der sichtbaren hörenden Kirche zu trennen und ihren Standort in irgendeiner selbstgewählten Einheit der sogenannten unsichtbaren Kirche oberhalb der kirchlichen Verschiedenheiten und Trennungen zu suchen und also jenseits des relativ bestimmten Glaubens der verschiedenen und getrennten Kirchen einen allgemeinen christlichen Glauben vorzutragen hätte. Der von solcher Warte aus ausfindig gemachte und dargestellte Glaube könnte nur ein Phantasieglaube sein, weil es nur Phantasie bedeuten kann, sich überhaupt auf eine solche Warte begeben zu wollen. Der wirkliche christliche Glaube kann nur in der relativen Bestimmtheit durch einen bestimmten Ort innerhalb der sichtbaren und in ihrer Sichtbarkeit nicht einförmigen, sondern in sich verschiedenen und leider nicht einmal einigen, sondern weithin auch sehr uneinigen Kirche erkannt, gelebt und dargestellt werden. Es kann also auch der Ort, von dem aus Dogmatik, und zwar gerade ökumenisch-kirchliche Dogmatik zu treiben ist, nur ein solcher bestimmter Ort sein: bestimmt durch die Erfahrung, in der es hier zur Begründung und zur Erhaltung der Kirche gekommen ist, bestimmt durch diese Väter und durch dieses Dogma, bestimmt als dieser Ort, von dem aus andere Orte und auch die Dogmatik, die dort getrieben wird, ihrerseits — des Glaubens an die unsichtbare *una sancta* wirklich unbeschadet, sondern gerade im Gehorsam gegen den einen Herrn der einen Kirche — nicht einfach und harmlos als andere und als solche interessante Spielarten desselben *genus*, sondern ernstlich in ihrer Verschiedenheit, vielleicht in ihrer Fremdheit, vielleicht sogar in ihrer häretischen Getrenntheit zu sehen, zu verstehen und zu würdigen sind. Es dürfte einzusehen sein, daß die Dogmatik, gerade indem sie sich selbst und die anderwärts getriebene Dogmatik in solcher relativen Bestimmtheit ernst nimmt, indem sie sich also nicht in die Höhe über die kirchlichen Verschiedenheiten und Trennungen, sondern in sie hinein, mitten hinein in die in sich verschiedene und uneinige Kirche stellt, dem Glauben an die unsichtbare *una sancta* treuer Folge leistet, für die ökumenische Kirche mehr tut und sogar dem berechtigten Sinn des Toleranzgedankens besser Genüge tut, als wenn sie jenes phantastische Gegenteil wählt.

Kirchliche Dogmatik kann also nicht gleichzeitig römisch-katholische und griechisch-orthodoxe und neuprotestantische und evangelische und in einer derartigen Vereinigung dann ökumenisch-kirchliche Dogmatik sein. Wir können nun aber nicht einmal fortfahren und sagen, daß sie wählen und also entweder das Eine oder das Andere oder das Dritte oder das Vierte sein könne. Es gibt keine alle diese vier oder mehr Möglichkeiten umfassende und vereinigende, es gibt aber wiederum auch nicht etwa viererlei oder mehrerlei kirchliche Dogmatiken, zwischen denen ohne ernstliche Gefahr ebensogut wie diese jene gewählt werden könnte. So groß ist vielmehr die Gefahr des Wählens zwischen jenen scheinbar gleich möglichen Dogmatiken, daß eine falsche Wahl alsbald dies bedeutet, daß, was dann gewählt wird, Dogmatik, kirchliche Dogmatik überhaupt nicht ist, sondern eine der durch das Bekenntnis der Kirche ausgeschlossenen Möglichkeiten einer häretischen Gnosis. Es gibt nur eine und das heißt, es gibt hier keine

Wahl! Wir werden uns aber auch nicht weigern können, die notwendige dogmatische Intoleranz noch weiter zu treiben und zu sagen, daß damit durchaus nicht dies gemeint ist, daß man sich bei jeder hier möglichen Wahl, seines subjektiven Rechtes und seines guten Gewissens bewußt, unangefochten durch die Tatsache, daß anderswo ganz anders gewählt wird, an den Gedanken halten könne und solle, nun eben für sich die rechte, die eine Wahl, die keine ist, getroffen zu haben. Die konfessionelle Haltung der Dogmatik wäre wirklich keine Gestalt der Theonomie der kirchlichen Verkündigung, wenn sie letztlich auf einer solchen individuellen Verabsolutierung eines solchen eigenen Standpunktes beruhen würde. Die konfessionelle Haltung der Dogmatik beruht entweder auf einer Nötigung durch das Wort Gottes, durch die die Anerkennung der Rechtmäßigkeit jeder anderen Möglichkeit und Wahl ausgeschlossen wird, sie involviert also höchste Beunruhigung durch die Tatsache, daß anderswo anders gewählt wird, sie bedeutet Bereitschaft zum Kampf um des Friedens der Kirche willen, oder sie ist eine Schrulle, die dann ebensogut zugunsten der wenigstens ehrlichen Phantasie einer interkonfessionellen Unionsdogmatik aufgegeben werden könnte. Wir müssen hier eben folgerichtig sein und uns eingestehen, daß es nicht möglich ist, in der Dogmatik über die konfessionelle Haltung der Dogmatik auf einmal undogmatisch, statt selber schon in konfessioneller Haltung, zu reden. Konfessionelle Haltung bedeutet aber jedenfalls negativ unweigerlich dies: daß andere konfessionelle Haltungen mit letztem Ernst d. h. als häretische Haltungen ausgeschlossen werden. Wir werden also nicht zugeben können, daß jene Nötigung in gleicher Weise die Nötigung zu römisch-katholischer, griechisch-orthodoxer, neuprotestantischer oder evangelischer konfessioneller Haltung sein kann, sondern wir werden sagen müssen: Die Nötigung des Wortes Gottes führt zu einer, der einzig möglichen, nämlich zu der evangelischen konfessionellen Haltung; kirchliche Dogmatik ist, was sie ist, in dieser und nur in dieser, nämlich in der evangelisch-konfessionellen Bestimmtheit; kirchliche Dogmatik ist evangelische Dogmatik oder sie ist nicht kirchliche Dogmatik. Wobei unter „evangelischer Dogmatik" zu verstehen ist: die Dogmatik der durch die Reformatoren des 16. Jahrhunderts und durch das ihr Zeugnis aufnehmende Bekenntnis gereinigten und neu begründeten einen, heiligen, allgemeinen und apostolischen Kirche, der Kirche, die in dieser Bestimmtheit als der allein möglichen und rechtmäßigen das Wort Gottes hört. Es ist klar, daß wir hier nicht nebenbei den Beweis für diesen Satz liefern können. Er kann nur durch die kirchliche Dogmatik selbst in ihrer Ganzheit geliefert werden. Er steht aber schon vor dem Beweis, der ja als solcher besser oder schlechter gelingen könnte, fest. Wenn und wo in der Kirche Jesus Christus den Gehorsam des Glaubens findet, wenn und wo die Kirche sich selbst als seine und also als die rechte Kirche glauben darf, weil sie seinem

2. Die dogmatische Norm

Wort gehorsam ist, wenn und wo die Kirche diesen Gehorsam bewährt, indem sie bekennt, und zwar recht bekennt, da beweist dieser Satz sich selbst, noch bevor er durch die Existenz der kirchlichen Dogmatik besser oder schlechter bewiesen ist. Der vorlaufende Beweis besteht einfach darin, daß die Kirche, wenn und wo sie rechte Kirche ist, evangelische Kirche ist. Wie könnte die Dogmatik als evangelische Dogmatik auch nur einen Schritt tun zur Kritik, Prüfung und Korrektur der kirchlichen Verkündigung, wenn sie das etwa nur kraft einer zufälligen geschichtlichen Bestimmtheit gerade als evangelische Dogmatik tun wollte, wenn sie also den Beweis der Gültigkeit jenes Satzes nicht ebenso als schon geführten hinter sich wie als noch zu führenden vor sich hätte? Wie dürften ihr ihre Väter und ihr Dogma überhaupt Autorität sein, wenn sie ihr nicht wenn auch relative, so doch exklusive Autorität wären, wenn sie also nicht jede Möglichkeit einer Wahl anderer Väter und eines anderen Dogmas als unmögliche Möglichkeit zu bestreiten das Vertrauen und den Mut hätte? Und wie dürfte sie sich von andersartiger Dogmatik unterscheiden, mit welcher Legitimation ihr entgegengetreten und widersprechen und damit die Verantwortung für allerlei Uneinigkeit und Streit in der Kirche mit übernehmen, wenn es ihr dabei um letztlich nicht notwendige Gegensätze ginge, wenn sie dabei nicht von der verpflichtenden Voraussetzung ausginge, daß sie gerade als diese, gerade als evangelische Dogmatik die Dogmatik der Kirche Jesu Christi sei und hinsichtlich deren Verkündigung keineswegs bloß diese und jene unverbindliche Ansicht, sondern — gewiß nach menschlichem Ermessen, aber nach ernsthaftem menschlichen Ermessen — das Eine, was not tut, im Blick auf die ganze Kirche zu vertreten und zu verteidigen habe?

Von *furor theologorum* in einem häßlichen, von „Theologengezänk" in einem wirklich anfechtbaren Sinn des Begriffs, kann und muß man offenbar gerade da reden, wo es sich um ein theologisches Widereinander ohne solche letzte Notwendigkeit handelt, wo im Grunde nur Eigentümlichkeiten und Liebhabereien Einzelner oder ganzer Gruppen oder auch kirchlicher Gemeinschaften als solcher gegeneinander auf dem Plane stehen. Daß der Streit um solche nicht ohne Rechthabereien und persönliche Gereiztheiten verlaufen kann, ist verständlich. Es ist nun ohne Weiteres anzunehmen, daß sich auch der ernsthafte Streit zwischen kirchlicher und häretischer Dogmatik faktisch nie ohne die widerliche Trübung durch allerlei nicht notwendiges theologisches Widereinander abspielt und daß er dann nach außen wohl weithin überhaupt nur in dieser Trübung sichtbar wird. Es wird dann aber immer eine falsche Therapie sein, das Widerliche dadurch beseitigen zu wollen, daß mit dem unnötigen auch der nötige Streit um des Friedens willen abgeblasen wird. Es wird dann vielmehr geboten und bestimmt auch heilsam und dem Frieden dienlich sein, den unnötigen auf den nötigen Streit zu reduzieren, diesen letzteren selbst und als solchen aber ja nicht einzustellen, sondern mit letzter Energie nun erst recht aufzunehmen. Man bemerke, was dazu in der Konkordienformel (*Sol. Decl.*, *De Antithesi*, Bek. Schr. d. ev. luth. Kirche 1930, 839, 23) zu lesen ist: *Quare in hac etiam parte mentem nostram in vicem declaravimus et perspicue declaramus, quod videlicet discrimen sit habendum inter non necessarias atque inutiles contentiones, quae plus destru-*

unt quam aedificant, ne iis ecclesia perturbetur, et inter necessaria certamina, quando tales controversiae incidunt, ubi de articulis fidei aut praecipuis partibus Christianae doctrinae agitur; tum enim ad veritatis defensionem necessario contraria et falsa doctrina est refutanda. Man ist mit einem theologischen Gegner um so mehr in einer auch menschlich w ü r d i g e n Weise zusammen, je mehr man sich beiderseits bewußt ist, daß es bei der Gegnerschaft um das Letzte und nicht bloß um zufällige Neigungen und Abneigungen geht, nicht bloß um Dinge, in denen der Eine oder der Andere auch anders könnte, in denen er schließlich nur um der Trägheit und um des Hochmuts des Fleisches willen nicht anders kann. Man darf sogar noch weiter gehen: man ist in einem theologischen Gegensatz gerade dann auch in Christus und insofern dann auch in der Kirche b e i e i n a n d e r , wenn man sich darüber klar ist, daß man gerade in Christus auseinander ist, daß man nicht um das Recht einer Kirche oder gar nur um das einer kirchlichen Richtung oder gar nur um das einer persönlichen Meinung, sondern um das Recht der Kirche gegen die Häresie und also notwendig miteinander streitet. — Es darf hier ausdrücklich hingewiesen werden auf die seit 1932 von R o b e r t G r o s c h e unter dem Namen C a t h o l i c a herausgegebene römisch-katholische „Vierteljahrsschrift für Kontroverstheologie", für deren Mitarbeiter die Voraussetzung der Kontroverse eben die ist, daß die katholische Theologie d i e Theologie d e r Kirche, daß also der evangelische Gesprächspartner als H ä r e t i k e r ernst zu nehmen, als solcher nun aber wirklich e r n s t zu nehmen sei. Die Voraussetzung dieser Voraussetzung besteht aber für die in der „Catholica" sich äußernden römischen Theologen gerade darin, daß sie sich gegenüber eine solche evangelische Theologie wahrzunehmen meinen, die ihrerseits bereit ist, die Verantwortlichkeit d e r Theologie d e r Kirche und nicht nur die Rolle einer Theologie einer Kirche zu übernehmen. Und nun überzeuge man sich aus dem Inhalt dieser Zeitschrift selbst, ob es nicht so ist: eben unter dieser höchst „intoleranten" Voraussetzung, eben bei solcher nicht nur in den Worten, sondern in der Tat „konfessionellen Haltung" ist es möglich, die Kontroverse zwischen Katholizismus und Protestantismus nicht nur menschlich würdig, sondern auch würdig der Sache, um die es in diesem Widerspruch beiderseits unstreitig geht und insofern nun doch — einig in der Uneinigkeit — christlich zu führen. Wogegen es keine Frage ist, daß im Schatten eines solchen Ökumenismus, dessen Grundregel es ist, daß keine Kirche sich selbst und dann auch keine die andere letztlich ernst nehmen darf, die verschiedenen wilden Tiere einer allzu menschlichen Eigenwilligkeit ihre Krallen gegebenenfalls nur um so ungenierter zeigen und gebrauchen müssen. Wo man sich in echter dogmatischer Intoleranz gegenübersteht, gerade da und nur da wird man immer miteinander reden können, wird man auch fruchtbar miteinander reden, weil man da und nur da einander von Konfession zu Konfession etwas zu s a g e n hat.

Eben indem nun die Dogmatik in diesem Sinn in konfessioneller Haltung an ihre Arbeit schon herantritt und also mit der Möglichkeit gar nicht rechnet, daß sie etwas Anderes als diese, als evangelische Dogmatik, sein könnte, wird sie es — um auch auf diese Formfrage Antwort zu geben — ablehnen müssen, sich als „e v a n g e l i s c h e Dogmatik", als „Dogmatik der e v a n g e l i s c h e n Kirche" oder dergleichen zu gebärden oder auch nur anzukündigen. Sie hat das Evangelische nicht als ein Sonderanliegen, sondern als das Anliegen der e i n e n g a n z e n Kirche Jesu Christi zu vertreten, demgegenüber alle Sonderanliegen entweder in ihrem berechtigten, vielleicht von ihren Vertretern selbst verkannten Kern in ihre eigenen Überlegungen und Sätze einzubeziehen, oder aber, soweit von einem solchen Kern nicht die Rede sein kann, zurückzuweisen, in ihrer Gestalt als Sonderanliegen aber auf alle Fälle gerade nicht zu

2. Die dogmatische Norm

respektieren, sondern zugunsten des einen kirchlichen Anliegens zurückzudrängen sind. Das bewußt Sonderkirchliche oder Provinzialkirchliche könnte als solches nur das Unkirchliche sein. Wird sein Einfluß und Geschmack *in concreto* in keiner Dogmatik ganz auszuscheiden sein, so ist es doch etwas Anderes, ob es als das allem Kirchlichen anhaftende Menschliche erkannt und zurückgedrängt oder ob es neben dem Kirchlichen als ein zweites Prinzip anerkannt und zur Geltung gebracht wird. Dieses Letztere ist das, was nicht geschehen darf. Im Sinn einer Sonderdogmatik darf also gerade die evangelische Dogmatik nicht „evangelische" Dogmatik sein wollen. Sie wird sich also besser auch nicht als solche, sondern eben als „kirchliche" Dogmatik ausgeben und ankündigen.

Es ist hier die Gelegenheit, uns beiläufig über das Verhältnis der Dogmatik zu einem theologischen Fach zu verständigen, dessen enzyklopädischer Ort und Charakter ein ziemlich umstrittener ist: wir meinen die sog. „Symbolik" oder „Konfessionskunde". Steht sie überhaupt als ein zweites oder drittes Fach der sog. systematischen Theologie in einer näheren Beziehung zur Dogmatik? Oder bildet sie nur einen besonderen Ausschnitt der Kirchengeschichte? Oder als erweiterte „Kirchenkunde" einen Zweig der praktischen Theologie? Das steht nach dem bisher Ausgeführten fest: unmöglich ist eine solche Symbolik, die etwa von jener phantastischen Warte oberhalb der Konfessionen aus das Christentum als Ganzes normativ sehen, verstehen und darstellen, die dann (vielleicht unter Führung des Beweises für die besondere Vorzüglichkeit des evangelischen Christentums) der evangelischen Dogmatik ihre besondere Sparte und Aufgabe neben allerlei anderer Dogmatik zuweisen wollte: eine Symbolik also, die neben oder vielmehr über der Dogmatik stehen würde, während ihr selber vermutlich (Schleiermacher! C. Stange!) eine allgemeine Religionsphilosophie übergeordnet wäre. Die so verstandene Symbolik ist eine Geburt der Aufklärungstheologie und die Anerkennung ihrer Existenz und Geltung würde das Ende einer kirchlichen Dogmatik schon in ihrem Anfang bedeuten. Daß die Kirchengeschichte als Hilfswissenschaft aller theologischen Disziplinen auch über die Entstehung, das Wesen und den Bestand der Konfessionen und Konfessionskirchen zu berichten hat, ist selbstverständlich, wobei es eine Frage zweiter Ordnung ist, ob dies im Rahmen der allgemeinen Darstellung der Kirchengeschichte oder im Rahmen einer besonderen historischen oder praktisch-theologischen Unterdisziplin geschieht. Es besteht aber neben der Möglichkeit einer solchen anspruchslos referierenden und unterrichtenden Konfessionsgeschichte bzw. Konfessionskunde doch auch die andere und gewiß nicht unfruchtbare Möglichkeit, das Verhältnis und Wesen der verschiedenen Konfessionen als solches zum Gegenstand einer grundsätzlichen Untersuchung und Darstellung zu machen und also so oder so der Dogmatik beizugesellen. Eine solche Symbolik müßte aber — gerade umgekehrt als die seit der Aufklärung in der „systematischen Theologie" übliche — die kirchliche und also die evangelische Dogmatik zur Voraussetzung haben. Sie würde das Bekenntnis der evangelischen Kirchen in seinen Positionen und Negationen als das Bekenntnis der Kirche zusammenfassend zur Darstellung zu bringen und dann und von da aus hinüber zu blicken haben zunächst auf das — freilich aus guten Gründen nie bis zum Bekenntnis vorgedrungene — Reden und Gehaben des Neuprotestantismus. Sie würde dann, nach Aufhebung des neuprotestantischen Sonderanliegens hinüberzublicken haben zum römischen Katholizismus und dann, nach Verarbeitung seiner Sonderanliegen, nach Herausstellung der evangelischen Kirche als der abendländischen Kirche hinüber zu den Kirchen des Ostens und es könnte dann, immer unter den Gesichtspunkten des durch das evangelische Bekenntnis gegebenen Ausscheidungs- und Ordnungsprinzips, das christliche Bekenntnis als solches den nicht-christlichen sog. Religionen gegenübergestellt werden, wobei dem Islam wegen seines besonderen geschichtlichen Verhältnisses zum Alten und Neuen Testament noch einmal eine Sonderbehandlung zuteil werden müßte, während im Übrigen in diesem äußersten Kreis nichts aufzuheben und aufzuarbeiten, sondern das christliche Bekenntnis in seiner evangelischen Bestimmtheit als das Bekenntnis der Wahrheit allen anderen als den Bekenntnissen des Irrtums und der Lüge in der ganzen Schlichtheit der nur noch missionarisch zu verstehenden Botschaft gegenüberzustellen wäre. In Form einer so zu gestaltenden Hilfsdisziplin könnte die Symbolik also auch ein Fach der sog. systematischen Theologie oder vielmehr eine Hilfsdisziplin der Dogmatik und insofern ein mögliches und legitimes theologisches Unternehmen sein. Solange sie nicht in diesem Sinn aufgegriffen und bearbeitet werden kann, wird es besser sein, sich mit einer anspruchslos historischen Konfessionskunde zufrieden zu geben.

Konfessionelle Haltung der Dogmatik und der kirchlichen Verkündigung bedeutet: die durch das Wort Gottes geforderte Treue gegenüber den Vätern und dem Bekenntnis der Kirche als der Stimme derer, die vor uns in der Kirche waren. Die Grenze dieser Forderung liegt in der Natur der Sache. Die Stimme der Väter und des Bekenntnisses hat keine selbständige Würde und Autorität neben der des Wortes Gottes. Sie hat sie als die Stimme der sekundären Zeugen dieses Wortes. Treue ihnen gegenüber bedeutet Gehorsam gegen das Wort Gottes, ein durch unseren Ort in der Kirche und also durch deren bisherige Erfahrung, durch ihr bisheriges Hören des Wortes bestimmter und geformter Gehorsam. Aber dem Wort und nicht ihnen sind wir gehorsam, indem wir ihnen Treue leisten. Die geforderte Treue gegen die Väter und gegen das Bekenntnis der einen heiligen allgemeinen und apostolischen und also der evangelischen Kirche kann somit nicht dies bedeuten, daß wir neben der der Kirche in der heiligen Schrift gegebenen Regel und Richtschnur die Reformatoren und das reformatorische Bekenntnis und das durch diese wiederholte und bestätigte Dogma der alten Kirche als ein zweites Gesetz der Lehre und des Lebens der Kirche zu anerkennen hätten. Es gibt kein solches zweites Gesetz. Es gibt aber kraft des einen Gesetzes unsere bestimmte Einweisung in die Kirche, an die wir uns, wenn wir sie nicht wiederum kraft besserer Erleuchtung durch dasselbe Gesetz anders verstehen müssen als bisher, zu halten haben. Die Zeugen dieser unserer bestimmten Einweisung in die Kirche sind als Zeugen der bisherigen Erfahrung der Kirche, als Stimme der Kirche, die vor uns war, die Väter und das Dogma. Und die Anerkennung dieser Einweisung vollziehen wir damit, daß wir uns als Hörer des Wortes Gottes nicht als individuell Freigegebene, sondern eben in der Dogmatik sowohl wie in der kirchlichen Verkündigung als hörende Kirche verstehen und als solche nicht von irgendeinem freigewählten Ort aus, sondern im Gehorsam gegen jene Einweisung auf dem Boden der Konfessionskirche und also in der Treue gegen die Väter und das Dogma denken und reden. Die hörende Kirche, deren Funktion die Dogmatik ist, ist eben die Konfessionskirche. Indem wir uns in ihren Raum stellen, anerkennen wir, daß auch die an erster Stelle geforderte „biblische Haltung" keine in individueller Willkür vollzogene Einstellung, sondern

2. Die dogmatische Norm

nur die Einstellung der Kirche selbst und als solcher sein kann, der Kirche, deren Buch die Bibel ist und die durch die Bibel in die Haltung des Zeugen gerufen wird. Bedeutet nun konfessionelle Haltung positiv die Treue gegenüber einem bestimmten durch das Vorbild der Väter und des Dogmas uns nahegelegten Hören des Wortes Gottes, so muß sie negativ die Abgrenzung gegenüber allerlei anderem angeblichem Hören desselben Wortes bedeuten, das uns durch die Väter und das Dogma als ein in irgendeinem Sinn falsches bezeichnet ist, gegenüber allerlei angeblich anderer Kirche, über die wir durch die Väter und das Dogma belehrt sind: sie ist in irgendeinem Sinn nicht so Kirche, daß wir die Verantwortung für ihr angebliches Hören mitübernehmen könnten; wir können und müssen wohl aus allerlei Anzeichen schließen, daß das Wort Gottes sich auch in ihr nicht unbezeugt läßt und auch nicht ohne Gegenzeugnis bleibt; wir können und dürfen also nicht leugnen, daß es auch in ihr Kirche gibt — wir können aber nicht zugeben und anerkennen, daß sie Kirche ist, weil wir sie auf Grund dessen, was sie lehrt, nicht als hörende, nämlich das Wort Gottes hörende Kirche verstehen können.

Wir haben in diesem Sinn, unserer Einweisung in die Kirche entsprechend, der evangelischen Kirche als der Kirche Jesu Christi (die Kirche von der Häresie unterscheidend) gegenübergestellt: den fast überall organisations- und verwaltungsmäßig der evangelischen Kirche zugeordneten, aber ihr geistlich wesensfremden Neuprotestantismus, den römischen Katholizismus, die Kirchen der östlichen Orthodoxie. Aber nun bildet die evangelische Kirche bekanntlich — selbst wenn man den Neuprotestantismus, wie wir es hier tun, konsequent als nicht zu ihr gehörig ausklammert — keine Einheit, sondern mindestens drei große Gestalten evangelischer Kirche werden auseinanderzuhalten sein und haben sich teilweise selbst mit ganz ähnlicher oder gleicher Bestimmtheit auseinandergehalten, wie wenn es um den Gegensatz zwischen der Kirche und einer jener häretischen „Kirchen" ginge: die lutherische, die reformierte, die anglikanische Gestalt der evangelischen Kirche. Sprechen wir es gleich aus: wir meinen in dieser Darstellung der Dogmatik, wenn wir von der evangelischen Kirche und also von der Kirche überhaupt reden, die evangelisch-reformierte Kirche — entsprechend unserer Einweisung in die Kirche, entsprechend den Vätern und dem Dogma, denen wir im Gehorsam gegen das Wort Gottes Treue schuldig sind, solange wir uns nicht durch das Wort Gottes selbst eines Besseren überführt sehen. Die Ortsbestimmung, die sich die Dogmatik gefallen lassen muß, wäre ja nicht vollständig, die Dogmatik könnte sich selbst nicht konkret als Funktion der hörenden Kirche verstehen, wenn sie sich neutral verhalten wollte gegenüber der Frage, die ihr damit gestellt ist, daß evangelische Kirche lutherische oder reformierte oder anglikanische Kirche bedeuten kann, wenn sie nicht auch hinsichtlich dieser Möglichkeiten, innerhalb dieser

Gegensätze einen bestimmten Standort hätte. Dazu ist die Verschiedenheit dieser drei Gestalten jedenfalls zu real und zu ernsthaft, und das ist auch durch unsere bisherigen Überlegungen zum vornherein ausgeschlossen, daß es uns nun etwa hier doch erlaubt oder geboten wäre, uns auf eine überlegene Warte oberhalb und jenseits wenigstens der evangelischen Konfessionen, auf einen so oder so ausfindig zu machenden und zu bezeichnenden Unionsstandpunkt zu stellen. Solange die evangelischen Kirchen eine Union nicht so gefunden und vollzogen haben, daß sie sich in Form eines neuen, die alten ausdrücklich überholenden Bekenntnisses öffentlich dazu stellen können, kann es nicht Sache der Dogmatik sein, eine unierte Kirche zu postulieren und also einen Unionsstandpunkt zu konstruieren, auch wenn das einem Einzelnen oder auch vielen Einzelnen als eine nicht unmögliche theologische Aufgabe erscheinen sollte.

Es ist wohl kein Zufall, daß die im 19. Jahrhundert gemachten Versuche einer lutherisch-reformierten oder reformiert-lutherischen Unionsdogmatik, die Glaubenslehren von Schleiermacher, Marheineke, De Wette, C. J. Nitzsch, Alex. Schweizer, I. A. Dorner, A. E. Biedermann mehr oder weniger alle auf dem Hintergrund der, theologisch kirchlich betrachtet, auf höchst illegitime Weise zustande gekommenen Unionen jener Zeit und überdies nicht in der evangelisch-kirchlichen, sondern eben in der neuprotestantischen Glaubens- und Denkweise unternommen worden sind. Es gehört eben mit zu den neuprotestantischen Irrtümern, daß es das, was wir hier konfessionelle Haltung nennen, jedenfalls innerhalb der evangelischen Kirche überhaupt nicht gebe, daß das theologische Individuum sich hier unbekümmert um die Kirche, der es angehört, seinen Standpunkt wählen und nötigenfalls auch frei schaffen könne — eine Anschauung, auf deren Hintergrund dann doch auch der Gegensatz zwischen der evangelischen Kirche und den nichtevangelischen und letztlich auch der zwischen der christlichen Kirche und den Religionen in das Licht einer nur individuell begründeten und also nicht letztlich notwendigen Wahl und Entscheidung gerückt wird. Kann das theologische Individuum seinen Standpunkt in der Kirche nicht wählen, geschweige denn schaffen, sondern eben nur beziehen, so wie er ihm durch das Wort Gottes zugewiesen ist, um ihn dann zu behaupten, solange es nicht wiederum durch das Wort Gottes davon abgerufen wird, dann muß dies doch wohl für seine Stellung in den Gegensätzen innerhalb der evangelischen Kirche ebenso bestimmt gelten wie für seine Stellung in den Gegensätzen der evangelischen Kirche zu den Häresien und zur Nichtkirche. Es wird sich dann doch wohl auch dort für bis auf Weiteres und innerhalb der in der Natur der Sache liegenden Grenzen gebunden halten müssen und also keine Versuche unternehmen können, zu denen es durch das Bekenntnis seiner Kirche keinen Auftrag und keine Legitimation hat.

Die hinsichtlich des Charakters der Dogmatik als evangelische Dogmatik aufgestellten Bestimmungen sind also zunächst sachlich einfach zu wiederholen und anzuwenden: wir haben auch innerhalb der evangelischen Kirche nur die eine Wahl, die keine ist. Eine falsche Wahl bedeutet eine Bedrohung der Kirchlichkeit der Dogmatik. Wir müssen die Not eines Gegensatzes zu anderer evangelischer Dogmatik auf uns nehmen. Und wir können nicht ebensogut anglikanische, lutherische und reformierte, sondern wir können nur reformierte Dogmatik treiben. Kirchliche Dogmatik ist also für uns notwendig reformierte Dogmatik; wobei unter reformierter Dogmatik zu verstehen ist: die Dogmatik der insbesondere durch den Dienst Calvins und des sein Zeugnis bestätigenden Bekenntnisses gereinigten und neu begründeten Kirche, der Kirche, die in dieser Bestimmtheit als der ihr auferlegten und von ihr als die bessere erkannten und bekannten das Wort Gottes hört. Wieder kann der Beweis für diese Bevorzugung nicht beiläufig, sondern nur durch den ganzen Verlauf der Dogmatik geliefert werden. Und wiederum wird sie vor allem Beweis schon als bewiesen vorausgesetzt werden müssen. Wiederum kann es endlich nur darum gehen, in der Gestalt reformierter Dogmatik die Dogmatik der Kirche, also evangelische und also ökumenisch-kirchliche Dogmatik und nicht etwa die einer durch diese und jene geschichtlichen Eigentümlichkeiten ausgezeichneten und auf sie pochenden Sonderkirche zu treiben. Und wiederum kann darum gerade reformierte Dogmatik nicht „reformierte", sondern eben nur kirchliche Dogmatik oder Dogmatik schlechthin sein und heißen wollen.

Es ergibt sich aber schon aus der andern Formulierung, in der wir damit noch einmal dasselbe gesagt haben, daß wir hier, im innerevangelischen Gegensatz, in einer anderen Situation sind als im Gegensatz zu den nichtevangelischen „Kirchen". Um einen Gegensatz, um eine notwendige und exklusive Wahl und Entscheidung geht es freilich auch hier. Aber ihre Form muß hier eine andere sein. Sie muß — wir sagen das nicht auf Grund individuellen Gutdünkens und geschichtlichen oder systematischen Urteils, sondern selber schon in reformiert konfessioneller Haltung: in der Haltung, die mit Calvin selbst das reformierte Bekenntnis und die reformierte Dogmatik immer eingenommen haben! Eben in dieser Haltung müssen wir über Sinn und Tragweite konfessioneller Haltung im innerevangelischen Gegensatz — zunächst ohne Rücksicht auf das, was von Lutheranern und Anglikanern zu derselben Sache gesagt wird — Folgendes sagen: Redet man von lutherischer, reformierter, anglikanischer Kirche, so wird damit nicht von drei verschiedenen Kirchen, sondern von den derzeit drei Gestalten einer und derselben Kirche, der evangelischen, der einen heiligen, allgemeinen und apostolischen Kirche geredet. Wir können als Reformierte von der anglikanischen wie von der lutherischen Kirche unmöglich, wie etwa von der römisch-katholischen, nur dies sagen: daß es in ihnen auch Kirche gibt, sondern wir müssen von ihnen, was uns auch hinsichtlich ihrer Lehre an ihnen befremdlich und mißbilligenswert erscheinen mag, sagen: daß sie in anderer Gestalt Kirche, die eine Kirche Jesu Christi sind so gut wie die reformierte Kirche. Was wir ihnen vorzuhalten haben und was uns von ihnen trennt, das sind nicht Häresien, sondern das sind bestimmte Irrtümer, bestimmte schlecht, mißverständlich, irreführend, willkürlich gebildete Theologumene, wie sie auch innerhalb der reformierten Kirche selbst auftauchen können, ohne deshalb eine Kirchentrennung nötig zu machen. Wir nehmen diese Irrtümer, die uns von den anderen evangelischen Kirchen trennen, nicht leicht; wir nehmen sie so ernst, daß wir ihnen gegenüber an der Bezeugung der reineren Lehre und also an der besonderen Gestalt reformierter Kirche und Theologie festhalten und daß wir jene ausdrücklich fragen, ob sie von diesen Irrtümern wirklich nicht lassen und in Einmütigkeit mit uns besser lehren und bekennen können und wollen. Wir können ihnen aber nicht wie den Römischen und wie den Neuprotestanten zurufen, daß wir erst dann mit ihnen in der einen Kirche Jesu Christi zu sein glauben können, wenn sie diese Frage in einem uns befriedigenden Sinn beantwortet haben, sondern wir halten dafür, daß ihre Lehre durch das, was wir als ihren Irrtum ansehen, zwar gefährdet, aber nicht aus der einen Kirche, die auch die unsrige ist, ausgeschlossen ist. Wir können weder von der anglikanischen noch von der lutherischen Lehre sagen: *Anathema sit.* Wir können sie bedauern, ablehnen, anfechten, wir verstehen sie aber nicht als eine der reformierten Lehre widerstreitende, sondern nur als eine ihr widersprechende, nur als eine gewisse auch der reformierten und also der kirchlichen Lehre eigene Elemente überbetonende und damit verzerrende Gegenlehre im Rahmen desselben evangelisch-kirchlichen Bekenntnisses: eine Gegenlehre, die wir als solche nicht nur ertragen können, ohne ihretwegen eine Spaltung der Kirche feststellen zu müssen, sondern in der wir, indem wir sie in ihrer spezifischen Form bedauern und ablehnen, zugleich das gemeinsame Anliegen der Kirche wiedererkennen und die zu hören, durch die uns gegebenenfalls unsererseits zur Ordnung rufen zu lassen, wir uns nicht weigern werden. Wir verstehen also den Gegensatz zwischen der reformierten und der sonstigen evangelischen Dogmatik nicht im Lichte eines Gegensatzes von Kirchen, die einander als Kirche und Nicht-Kirche oder Kirche und Gegenkirche gegenüberstehen würden. Wir verstehen ihn vielmehr als den Gegensatz von verschiedenen **theologischen Schulen oder Richtungen innerhalb derselben Kirche**, und innerhalb ihres grundsätzlich übereinstimmenden Bekenntnisses. Man wird ein solches Verständnis dieses Gegensatzes jedenfalls nicht als vom Begriff der Kirche her unmöglich bezeichnen können. Daß Verschiedenheit der Lehre, wie sie zwischen den evangelischen Kirchen in der Tat stattfindet, allgemein geurteilt, Trennung zwischen Kirche und Nicht-Kirche oder Kirche und Gegenkirche bedeuten **könnte**, das ist gewiß nicht zu bestreiten. Man kann aber nicht behaupten, daß sie das *in concreto* und nun gerade im Blick auf die hier in Betracht kommenden Kirchen und ihre Lehre bedeuten **müsse**. Nicht jede Verschiedenheit in der Lehre muß das bedeuten. Einheit der Kirche ist möglich auch unter der Voraussetzung verschiedener Lehre in ihrem Raume.

Man bemerke wohl, daß es innerhalb aller Kirchen, die römisch-katholische nicht ausgenommen, von jeher Lehrverschiedenheiten gegeben hat und noch gibt, die an sachlichem Gewicht und formeller Schärfe den Lehrdifferenzen zwischen Lutheranern und Reformierten und Anglikanern mindestens an die Seite zu stellen sind und denen man dennoch eine kirchenspaltende Bedeutung nicht zuzuerkennen vermochte. Die Dominikaner einerseits und die Jesuiten andererseits haben sich gelegentlich fast bis an die Grenze der Verketzerung gehend gegenseitig bestritten. In der neueren reformierten Kirche in Deutschland und anderswo traten und treten sich die Erben des Pietismus einerseits, die Schüler von H. F. Kohlbrügge andererseits wahrlich oft unter den allerschwersten Klagen und Anklagen herüber und hinüber entgegen und ich verrate kein Geheimnis, wenn ich auf die gründliche (gegenseitige!) Abneigung hinweise, die zwischen dem in den Spuren A. Kuypers wandelnden „historischen" Calvinismus und der hier vertretenen reformierten Theologie wirksam ist. Die anglikanische Kirche rühmt sich sogar in einer geradezu bedenklichen Weise ihres besonderen Berufes und ihrer besonderen Fähigkeit, alle und jede, auch die unter sich noch so gegensätzlichen Standpunkte in sich zu vereinigen. Man wird aber auch vom Luthertum, das auf den sog. *Consensus de doctrina* theoretisch am Meisten Gewicht gelegt hat, nicht sagen können, daß es in irgendeinem Jahrhundert oder Jahrzehnt seines Bestandes in der Lage gewesen wäre, diesen Consensus und also die lutherische Lehre (auch nur in dem Kontroversartikel über das Abendmahl!) einwandfrei einheitlich sichtbar zu machen.

Es ist richtig, daß theologische Schul- und Richtungsgegensätze mit Recht oder Unrecht zu Kirchenspaltungen führen können und oft genug geführt haben. Es ist aber wiederum nicht einzusehen, warum sie allgemein dazu führen müssen, warum sachlich und geschichtlich nicht auch Entwicklungen in der umgekehrten Richtung stattfinden, warum gewisse Kirchenspaltungen nicht zum vornherein in das Licht einer als solche mißverstandenenen theologischen Lehrdifferenz gehören und vielleicht mit der Zeit immer mehr in dieses Licht rücken sollten. Die Verantwortlichkeit, die man da übernimmt, wo man dieser Sicht Raum gibt, ist natürlich nicht gering und sie wird von Fall zu Fall zu prüfen sein. Es gibt aber auch eine ernstliche und ebenfalls von Fall zu Fall zu prüfende Verantwortlichkeit da, wo man sich dieser Sicht verschließen zu sollen meint. — Das ist klar, daß sie da, wo man ihr Raum geben zu sollen meint, mit Indifferentismus in keinem Sinn etwas zu tun haben darf. Die Existenz verschiedener theologischer Schulen und Richtungen innerhalb derselben Kirche setzt einerseits voraus: ihre wirkliche Einheit allen Dritten gegenüber, also ihre Einheit im Glaubensbekenntnis der Kirche selbst und als solchem.

Sie setzt also in den innerevangelischen Gegensätzen voraus, daß lutherische, reformierte und anglikanische Theologie sich in dem, was sie sowohl von den altkirchlichen Häresien als auch von der Theologie der römischen Kirche und des Neuprotestantismus trennt, einig sind, daß ihnen allen dieser Gegensatz und diese Einigkeit wesentlich ist und daß sie nur in diesem Gegensatz und in dieser Einigkeit zum Kampf für das Bekenntnis nicht nur entschlossen und bereit sind, sondern in diesem Kampf tatsächlich je auf ihrem Posten stehen. Ohne diese erste Voraussetzung könnte das Verständnis der innerevangelischen Gegensätze als Gegensätze der Schule und Richtung selbstverständlich nur einen Verrat an der evangelischen Sache und also an der Sache der Kirche überhaupt bedeuten und also nur vom Übel sein. Eben indem sie diese erste Voraussetzung geltend machten, haben aber Calvin und die alten Reformierten den anderen evangelischen Kirchen und ihrer Lehre gegenüber die grundsätzlich irenisch-polemische Stellung eingenommen, die wir uns hier ebenfalls zu eigen machen möchten. Sie rechneten insbesonderen mit einem evangelisch-kirchlich an die Schrift gebundenen, evangelisch-kirchlich bekennenden Luthertum. Angesichts seines evangelisch kirchlichen Gebundenseins und Bekennens konnten sie in seinen Abweichungen in der Abendmahlslehre, in der Christologie, in der Erwählungslehre, ohne sie mitzumachen oder auch nur gutzuheißen, keine Häresien und also keine kirchentrennenden Faktoren erblicken. Es war die entscheidende geistliche Schwäche der Unionen des 19. Jahrhunderts, daß sie statt auf der Stärke vielmehr auf der Schwäche der gemeinsamen Bindung und also des gemeinsamen Bekennens auch und gerade nach außen beruhten. Wie hätten sie da innerlich wirkliche Einigungen bedeuten können?

Die Existenz verschiedener theologischer Schulen und Richtungen innerhalb derselben Kirche setzt aber andererseits voraus, daß es nicht gleichgültige, nicht scheinbare, nicht unnütze, sondern wichtige, wirkliche und bedeutsame Gegensätze sind, die zwischen ihnen auszutragen sind: Gegensätze, die geltend zu machen sich lohnt, weil es geboten ist, die aber eben darum auch mit allem Ernst geltend gemacht und ausgetragen sein wollen. Bloß individuell, in den Persönlichkeiten dieses und jenes theologischen Schulhauptes begründete oder bloße von außen durch irgendwelche säkulare Zeitströmungen in die Kirche hineingetragene Differenzen bilden keinen Rechtsgrund zur Bildung theologischer Schulen und Richtungen. Dazu ist die mit solchen Bildungen unvermeidlich verbundene Gefahr der geistlichen Zersplitterung der Kirche einfach zu groß, als daß diese es sich leisten könnte, grundsätzlich jede derartige Bildung — vielleicht im Namen der Freiheit! — für erlaubt und legitim zu erklären. Erlaubt und legitim können in der Kirche nur solche Schulen und Richtungen sein, in welchen es nachweisbar um solche Differenzen in der Interpretation des gemeinsamen Glaubensbekenntnisses geht, deren Wichtigkeit die Kirche in ihren bisherigen Bekenntnissen anerkannt, deren einhellige Lösung sie aber in ihren bisherigen Bekenntnissen noch nicht gefunden hat. An diesen, aber auch nur an diesen Differenzen können und dürfen innerhalb derselben Kirche theologische Schulen und Richtungen entstehen. Ihre Legitimität wird sich erweisen an der eben aus dem gemeinsamen Bekenntnis sich ergebenden Wichtigkeit und Notwendigkeit ihrer Gegensätze in der Interpretation dieses Bekenntnisses. Wieder ist also der Indifferentismus ausgeschlossen. Eben von den innerhalb derselben Kirche existierenden theologischen Schulen und Richtungen ist gefordert, daß sie ihrer Sache gewiß seien, daß sie keine Liebhabereien, sondern innerhalb der Interpretation des Glaubensbekenntnisses notwendige Thesen und Antithesen vorzutragen haben, diese aber nun auch mit ganzem Ernst und Nachdruck vortragen.

Vorausgesetzt ist also in den innerevangelischen Gegensätzen dies: daß das, was als lutherische, reformierte oder anglikanische Theologie in legitimer Weise auf den Plan treten oder auf dem Plan sich behaupten will, sich darüber ausweise, daß es dabei nicht (vielleicht unter dem ehrenvollen Titel dieser kirchlichen Differenzen!) um diese oder jene persönliche, regionale oder historische Sonderbarkeit und Rechthaberei, sondern um ein auch in seiner Differenzierung als solches erkennbares, gemeinsames und notwendiges Glaubensanliegen gehe. In diesem Sinn haben im 16. Jahrhundert und nachher die Reformierten auf der gemeinsamen Basis einen notwendigen Protest gegen bestimmte

2. Die dogmatische Norm

Lehren der lutherischen Kirche einlegen zu müssen gemeint. Haben sie diese gemeinsame Basis im Unterschied zu den Lutheranern nie preisgegeben, so haben sie es doch an der sachlichen Entschiedenheit ihres Widerspruchs nicht fehlen lassen. Auch sie konnten nicht anders; auch sie haben, besonders auf deutschem Boden, für die Durchsetzung ihrer Lehre mit einer den Lutheranern sogar sehr ärgerlichen Energie gearbeitet; auch sie haben — man denke etwa an Calvins Kontroverse mit Joachim Westphal — auch an schönem und weniger schönem *furor theologicus* Erheblichstes geleistet — obwohl sie das Alles nicht in der Form taten, daß sie die Lutheraner als Häretiker bezeichneten und angriffen. Der Vorwurf, daß die reformierte, d. h. die irenisch-polemische Einstellung zu den innerevangelischen Konfessionsgegensätzen in der Flauheit hinsichtlich der eigenen Position ihren Grund haben oder solche Flauheit zur Folge haben könnte, war m. W. den Reformierten gegenüber im 16. und 17. Jahrhundert in Niemandes Munde. Anders stand es freilich auch in dieser Hinsicht in den Unionen des 19. Jahrhunderts. In dem Maß, als hier schon die Gemeinsamkeit des Glaubensbekenntnisses zweifelhaft war, mußten es auch dessen Interpretationen in ihrer Verschiedenheit werden, mußten diese nun doch den Charakter von Sonderbarkeiten und Rechthabereien bekommen, über die man im Grunde ebenso gut streiten oder auch nicht streiten konnte. Als echte theologische Schul- und Richtungsgegensätze sind die innerevangelischen Konfessionsgegensätze in diesen Unionen überhaupt nicht mehr ins Leben getreten. Sondern die das Bild beherrschenden Gegensätze waren zuerst der zwischen den Rationalisten und Supranaturalisten, später der zwischen den Liberalen, den Positiven und den zwischen den beiden vermittelnden Richtungen: ein erst recht durch und durch unechter und illegitimer Streit, weil es dabei erst recht nicht um Differenzen in der Auslegung des gemeinsamen Glaubensbekenntnisses ging, sondern letztlich um Differenzen innerhalb der gemeinsamen A b w e i c h u n g vom Glaubensbekenntnis!

Gibt man der Sicht Raum: es geht bei den innerevangelischen Gegensätzen um echte theologische Schul- und Richtungsgegensätze, dann kann das aber endlich auch nicht etwa eine Verewigung dieser Gegensätze bedeuten. Echt können sie ja nur da sein, wo sie Gegensätze gerade nicht sein und bleiben wollen. Darum kann es bei ihrer B e h a u p t u n g letztlich immer nur um ihre Ü b e r w i n d u n g gehen. Die Existenz verschiedener theologischer Schulen und Richtungen in derselben Kirche bedeutet, daß die Kirche an der Arbeit ist, ihre bisherigen, die Differenzen als solche hervorhebenden, aber offenbar nicht lösenden Bekenntnisse zu verstehen und ernst zu nehmen, besser als bisher zu verstehen und ernst zu nehmen. Das Ziel dieser Arbeit muß offenbar sein: die Aufhebung der Gegensätze, die Erarbeitung einer gemeinsamen Interpretation des Glaubensbekenntnisses und insofern ein neues, die alten im früher besprochenen Sinn nicht beseitigendes, aber überbietendes Bekenntnis. Die Existenz verschiedener theologischer Schulen und Richtungen innerhalb derselben Kirche involviert also, gerade wenn darunter die verschiedenen evangelischen Konfessionen und nur sie zu verstehen sind, die grundsätzliche Bereitschaft, über den je verschiedenen „Bekenntnisstand" als solchen — ohne ihm untreu zu werden, vielmehr in der Absicht, ihm ganz treu zu sein — hinauszublicken, über das Hören des bisherigen Bekenntnisses nach dessen eigener Anweisung hinauszuhören auf die letztlich allein gesetzgebende Autorität der heiligen Schrift, von der her gesehen es bei keiner Lehrverschiedenheit in der Kirche sein ewiges Bewenden haben kann, von der aus gesehen vielmehr jede Lehrverschiedenheit den Charakter eines Defektes und die Lehrverschiedenheiten in ihrer Gesamtheit nicht etwa die Bedeutung eines erfreulichen Reichtums der Kirche, sondern das eines Dokumentes ihrer Armut, weil ihrer Unentschiedenheit und darum Zerrissenheit haben. Gerade wo die eigene konfessionelle Position innerhalb der einen evangelischen Kirche ernst genommen wird, wird dies also, wie es mit Indifferentismus nichts zu tun haben kann, so auch dies bestimmt nicht bedeuten: daß jemand das Recht oder gar die Pflicht haben könnte, sich in seiner solchen konfessionellen Position endgültig zu befestigen und deren Aufrechterhaltung auch nur zu einem Nebenziel seines Wollens zu machen. Von dem gemeinsamen Glaubensbekenntnis und von der gemeinsam anerkannten Autorität der heiligen Schrift her sind die verschiedenen theologischen Schulen und Richtungen vielmehr aufgefordert, gegenseitig allen Ernstes aufeinander zu hören, Belehrung, wo solche faktisch aus dem Worte Gottes erfolgt, auch von der Gegenseite anzunehmen und gegebenenfalls die eigene Position auf Grund der Vorhaltung des konfessionellen Gegenüber einer Korrektur zu unterziehen. Ohne die Voraussetzung solcher Bereitschaft müßte der Gegensatz dieser Schulen sofort auf das Niveau eines unfruchtbaren Gezänks heruntersinken. Wo man nicht die Kirche gegen die Häresie zu verteidigen hat, also innerhalb der evangelischen Kirche, muß man, indem man seiner Sache ganz gewiß ist, zugleich ganz offen für einander sein. Kann und muß es vielleicht auch in solcher Offenheit zur Wiederholung und Bestätigung des Widerspruchs kommen, so muß es doch dabei bleiben: nur in solcher Offenheit kann auch die Wiederholung und Bestätigung des Widerspruchs sinnvoll und fruchtbar und also geboten sein, nicht in einer Haltung, der es nicht um die Wahrheit, sondern um die prinzipielle Aufrechterhaltung irgendeiner Tradition oder irgendeiner Eigentümlichkeit als solcher geht. Diese Art konfessioneller Haltung ist eine verbotene Haltung.

Wieder darf hier daran erinnert werden, daß wir damit nur die Haltung beschrieben haben, die Calvin und die alte reformierte Kirche und Theologie den Lehren der anderen evangelischen Kirchen gegenüber tatsächlich eingenommen haben. Es kann angesichts der Abendmahlslehre Calvins und aller maßgebenden reformierten Bekenntnisschriften nicht bezweifelt werden: die Reformierten haben sich nicht auf die ursprüngliche zwinglische Fassung der Abendmahlslehre festgelegt; sie haben vielmehr — man denke etwa daran, wie Calvin in den Verhandlungen über den *Consensus Tigurinus* von 1549 mit Bullinger gerungen hat — auf Luther gehört und immer wieder gehört; sie haben sich von ihm und durch ihn aus der Schrift sagen lassen, was sie immer als aus der Schrift gesagt sich sagen lassen konnten und durften. Und sie sind dieser Haltung auch nachher besonders in dem in Deutschland gegebenen unmittelbaren Gegenüber mit dem Luthertum treu geblieben. Man kann wohl sagen, daß die reformierte Abendmahlslehre, aber auch die reformierte Christologie im 16. und 17. Jahrhundert geradezu beherrscht ist von dem Bemühen, das Anliegen des Luthertums zu hören und in die Darlegung der eigenen Lehre aufzunehmen. Daß dieses Bemühen umsonst war, daß und warum es den Lutheranern nicht genügend, von ihnen her gesehen sogar nur als die Verlockung zu faulen Kompromissen erscheinen konnte, ist eine Sache für sich, die hier nicht zur Beurteilung steht. Man kann jedenfalls von den alten Reformierten nicht sagen, daß ihr Gehaben einfach das von verbissenen Streitern gewesen sei, die von ihrer einmal bezogenen Stellung unter keinen Umständen lassen wollten. Sie waren zwar nicht, wie man auch schon gesagt hat, Unionstheologen um jeden Preis, aber sie haben ihre Stellung nicht nur mit der gebotenen Entschiedenheit, sondern auch mit der ebenso gebotenen Offenheit gewahrt und darin dürfte ihre Haltung, wie auch über die materiellen Fragen jenes Streites und wie auch über die entgegengesetzte Haltung der Lutheraner zu urteilen sein mag, exemplarisch gewesen sein. Wieder ist aber hinzuzufügen: Soweit das interkonfessionelle Gespräch im 19. Jahrhundert innerhalb und außerhalb der damaligen Unionen unter Voraussetzung der allgemeinen Aufweichung hinsichtlich des gemeinsamen Glaubensbekenntnisses erfolgte, zeigte sich dies darin, daß eben jene Offenheit jetzt auf beiden Seiten grundsätzlich unmöglich wurde. Jetzt und erst jetzt zog man sich nämlich beiderseitig in Stellungen zurück, in denen man, nachdem man sie einmal bezogen, nur noch stehen bleiben konnte. Jetzt und erst jetzt kam es in der Theologie einerseits zur Proklamation einer romantischen Treue zu den Vätern, mit denen man nicht die vorangehenden Zeugen der göttlichen Wahrheit, sondern die nachträglichen Zeugen der eigenen geschichtlichen Existenz erblickte und schätzte. Und jetzt und erst jetzt fing man andrerseits an zu entdecken: daß außer den in den Bekenntnissen des 16. Jahrhunderts ausdrücklich genannten Differenzen auf beiden Seiten je eine ganze Welt von charakteristischen und je entgegengesetzten Eigentümlichkeiten vorhanden und in Rechnung zu setzen sei: eine Differenz der inneren und äußeren Struktur der ganzen Lehre und des ganzen Lebens der beiden Kirchen, die man dann mit der in den Bekenntnisschriften sichtbaren Differenz hinsichtlich des Abendmahls und der Erwählung — die Väter vermeintlich besser verstehend, als sie sich selbst verstanden! — mit mehr oder weniger Scharfsinn und Glück in Verbindung brachte, um sich schließlich für diese allgemeine, religions-, geistes- und kulturgeschichtliche Differenz sogar viel mehr zu interessieren, als für die, die einst die Väter in Wirklichkeit getrennt hatte. Zur Hälfte einfach ästhetisch historisierend, zur anderen, schlimmeren Hälfte aber bestimmten säkularen, insbesondere nationalistischen Stimmungen und Strömungen folgend, lebte man sich hinein in einen Typus von angeblichem „Calvinismus" und „Luthertum", mit denen man im Stillen längst und dann bald auch ausdrücklich etwas meinte, an das Calvin und Luther und die alten Calvinisten und Lutheraner mit ihnen bestimmt nicht einmal im Traum (oder eben höchstens in gelegentlichen bösen Träumen!) gedacht haben können: nämlich an die in diesen kirchlichen Gestalten ihren Ausdruck gewinnenden „Typen" des westeuropäischen und des germanischen Menschen, die Typen je einer besonderen, durch Rasse, Volkstum, Sprache und Geschichte bestimmten Frömmigkeit, des ihr eigenen ethischen Pathos und des mit ihr verbundenen Weltverständnisses. Eben in diesen Typen meinte man jetzt, nachdem man den Ernst des einstigen Fragens nach der Schriftwahrheit verlernt hatte, mit scheinbar um so größerem Ernst das Prinzip der konfessionellen Trennung zu erblicken. Eben damit war aber die geforderte Offenheit der gegenseitigen Beziehungen in der evangelischen Kirche in der Wurzel unmöglich gemacht. Der Gegensatz zwischen Lutheranern und Reformierten, wie er im 16. und 17. Jahrhundert gemeint war und bestanden hatte, brauchte, wie jedenfalls die Reformierten mit ihrer Haltung bewiesen haben, kein hoffnungslos unfruchtbarer zu sein. Der Gegensatz jener Typen aber, der innerevangelische Gegensatz, so wie einst M. Schneckenburger und dann Max Weber und E. Troeltsch, R. Seeberg und O. Ritschl, wie unter den Reformierten E. Doumergue und unter den Lutheranern Werner Elert ihn gesehen und verstanden haben — dieser Gegensatz konnte nur noch ein hoffnungslos unfruchtbarer sein. Wie soll es da Aufgeschlossenheit geben, wo es von Haus aus nur um die Bestätigung dessen geht, daß der Mensch, irgendeines säkularen Besitzes froh, sich selbst zugeschlossen hat? Was sollen ein Luthertum und ein Calvinismus einander zu sagen und voneinander anzunehmen haben, die sich selbst und die sich untereinander nur noch als die öden Exponenten zweier öder Weltanschauungsprinzipien verstehen können, in denen sich schließlich doch nur das „deutsche Volkstum" und der *„Esprit latin"* gegenüberstehen? Wo man die evangelischen Konfessionen auf solche Prinzipien auf solche στοιχεῖα τοῦ κόσμου reduziert, werden die Angehörigen der evangelischen Konfessionen nur noch gegeneinander hetzen und schließlich aufeinander schießen können! Soll es zu der nötigen Offenheit in diesem Verhältnis wieder kommen und dann vielleicht von beiden Seiten kommen, so wird das erste Erfordernis darin bestehen müssen, daß man sich entschließt, nicht nur dem romantischen und letztlich tief heidnischen A h n e n k u l t, sondern vor Allem der in diesem Zusammenhang nicht genug zu verdammenden M o r p h o l o g i e grundsätzlich den Abschied zu geben und den Streit dort wieder aufzunehmen, wo ihn die wirklichen Väter geführt haben: als Streit um die Auslegung der Schrift und also des gemeinsamen Glaubensbekenntnisses und ganz allein als diesen Streit. Man wäre dann wieder da auseinander, wo man auch beieinander ist und dann allerdings noch sehr viel besser und näher beieinander sein könnte, als dies auch im 16. und 17. Jahrhundert der Fall gewesen ist.

Wir verstehen also unter der von der Dogmatik geforderten konfessionellen Haltung dies: sie hat sich als kirchliche und also als evangelische Dogmatik aller häretischen Dogmatik e n t g e g e n zustellen; sie hat sich aber auch innerhalb der evangelischen Kirche, ihrer bestimmten kirchlichen Einweisung gehorsam, aller nicht reformierten Dogmatik g e g e n ü b e r zustellen, wobei dieses Gegenüber ernstlich polemisch, aber i r e n i s c h -polemisch gemeint sein muß: als Bereitschaft zum Widerspruch, aber zu einem selbst des Widerspruchs gewärtigen und also für die Stimme der Gegenseite jederzeit offenen Widerspruch, zu einem Widerspruch, in welchem sie nicht nur zu lehren, sondern auch zu lernen hat. Sie würde sich selbst, sie würde die Kirche preisgeben, wenn sie sich der häretischen Kirche und Theologie nicht mehr e n t g e g e n stellen würde; sie würde aber wiederum sich selbst und auch die Kirche preisgeben, wenn sie es der nichtreformierten Kirche und Theologie gegenüber nicht bewenden lassen würde bei der so verstandenen G e g e n ü b e r stellung der für uns maßgeblichen reformierten Schule oder Richtung. — Man bemerke, daß die so verstandene Konfessionalität der Dogmatik ebenso wie ihre vorher erörterte Biblizität nicht einen Denkinhalt, sondern eine Denkform, eine Denkregel der dogmatischen Arbeit bezeichnet. Sie kann also n i c h t dies bedeuten: daß die Dogmatik die Aufgabe oder auch nur die Nebenaufgabe hätte, die in den Konfessionen niedergelegten allgemeinen und besonderen Dogmen der Kirche zu reproduzieren. Daß sie dies beiläufig und implizit tatsächlich t u n wird, indem sie bei der Prüfung der kirchlichen Verkündigung am Worte Gottes die Konfessionen als dessen maßgebliche Kommentare zu Rate ziehen und zu Worte kommen lassen wird, ist eine Sache für sich. Exegese der Konfessionen oder der Schriften Luthers und Calvins ist darum doch so wenig die besondere Aufgabe der Dogmatik wie die Bibelexegese. Sie darf also nicht zum Referat über irgendeine Väterlehre werden und sie darf sich deren Repristination

2. Die dogmatische Norm

nicht zum Ziele, auch nicht zum Nebenziele setzen. Sie darf und soll sich die Theologie der Väter und der Bekenntnisse nur im Zusammenhang ihrer eigenen und selbständigen Unterordnung unter das in der Schrift bezeugte Wort Gottes zum Paradigma dienen lassen. Sie darf sich mit der Berufung auf jene das eigene, der Schrift gegenüber direkt verantwortliche Denken an keinem Punkte ersparen. Und nicht darin, daß sie sich auf die Väter und auf die Bekenntnisse **beruft** und ihre Lehre **reproduziert**, sondern nur darin, daß sie in der Tat von ihnen **lernt**, bewährt sie konfessionelle Haltung. Man kann nur κατὰ πνεῦμα konfessionell sein. Wer es κατὰ σάρκα sein wollte, der würde es überhaupt nicht sein.

Die hier wiedergegebene Auffassung des konfessionellen Problems hat besonders in ihrer letzten Zuspitzung hinsichtlich der innerevangelischen Gegensätze ihre Legitimierung, aber auch ihre Schranke darin, daß sie als die der reformierten, aber vorläufig — abgesehen von gewissen neuesten Entwicklungen in der deutschen Bekenntniskirche (ich denke hier an die Schriften von Hans Asmussen: Kirche Augsburgischer Konfession 1934, Barmen! 1935, Gottesgebot und Menschengebot 1936 und an die Beschlüsse der altpreußischen Bekenntnissynode in Halle a. S. vom Mai 1937) — nur als die der reformierten Kirche eigentümliche geltend zu machen ist, wobei auch hier zu fragen ist, wie weit sie sich von den reformierten Vätern und Bekenntnissen her in der Praxis und auch nur in der Theorie der reformierten Kirchen tatsächlich durchgesetzt hat. Sie darf innerhalb der reformierten Kirche allerdings als verpflichtend gelten; das heißt: eine reformierte Theologie, die ihren Charakter als solche anders denn auf der angegebenen Linie verstehen wollte, müßte sich allen Ernstes vorhalten lassen, den Sinn und Rahmen des reformierten Bekenntnisses verlassen zu haben und also ihrer besonderen kirchlichen Einweisung nicht zu genügen. Den Angehörigen anderer evangelischer Kirchen und Bekenntnisse gegenüber kann das hier Ausgeführte doch nur den Charakter eines Angebotes und einer Frage haben: der Frage, ob sie ihre eigene Position nicht etwa ebenfalls auf dieser Linie verstehen können und müssen? Diese Frage an sie zu richten und eine positive Antwort von ihnen zu erwarten, ist darum ein gewagtes Unternehmen, weil schon das Eintreten auf diese Linie des Verständnisses des formalen Problems als solches, ganz abgesehen von allen materiellen Fragen, von ihnen ein Hören auf das reformierte Bekenntnis und insofern eine Relativierung ihrer eigenen Position und insofern eine gewisse „Calvinisierung" verlangt. Wir wissen aus einer früheren Darlegung, wie schwierig hier insbesondere die lutherische Kirche darum dran ist, weil Schrift und lutherisches Bekenntnis dort von Anfang an in eine Nähe gerückt worden sind, die es den Lutheranern wenigstens zum großen Teil oft unvermeidlich erscheinen ließ, in jedem vom lutherischen abweichenden und insbesondere im reformierten Bekenntnis nicht nur eine mögliche, sondern sofort eine unmögliche, d. h. kirchentrennende Lehrverschiedenheit zu sehen und die ihnen den Gedanken, diese Lehrverschiedenheit auf die bedauerliche, aber tragbare Differenz zwischen ihrer eigenen und einer anderen theologischen Schule innerhalb derselben Kirche zu reduzieren, höchst unsympathisch erscheinen lassen muß. Wir müssen unsererseits zugestehen, daß es auch auf Grund unserer eigenen Kenntnis der lutherischen Position und ihrer Geschichte als eine für die lutherische Kirche schwere Zumutung bezeichnet werden muß, daß sie sich diese unsere, die reformierte Sicht zu eigen machen solle. Und es kann uns natürlich nicht einfallen, die Lösung und Antwort, die hier von der lutherischen Kirche und Theologie selbst auf Grund neuer Prüfung des materiellen und formalen Sinnes ihrer Position gefunden und gegeben werden müßte, irgendwie vorwegnehmen zu wollen. Es soll zwar nicht verschwiegen sein, daß wir als Reformierte in dieser Sache wie in anderen zugleich das Bewußtsein haben, dem schon Calvin und die alten Calvinisten gelegentlich Ausdruck gaben: daß wir gerade als Reformierte zugleich die eigentlichen, wahren und genuinen Lutheraner sind, daß wir ein Kompendium lutherischer Lehre wie den kleinen und großen Katechismus Luthers, mit einigen Klammern und Fragezeichen versehen, durchaus auch als Bekenntnisschrift der reformierten Kirche in Anspruch nehmen und es als solches auszulegen — und zwar im Sinne Luthers selbst und also echt, echter als dies in den allermeisten lutherischen Hörsälen geschieht, auszulegen — uns bestimmt zutrauen. In diesem Sinn hat einst Heinrich Alting (*Exegesis Augustanae confessionis* 1652, S. 78) drei *genera* von Lutheranern unterschieden: ein erstes, zu dem diejenigen gehören, die *Lutheri autoritate fascinati, die corporalis praesentia Christi in coena lehren, in reliquis autem omnibus religionis capitibus sensum orthodoxum retinent* — ein zweites, das alle diejenigen umfaßt, *qui non modo in doctrina de coena sed in plurimis quoque aliis articulis contra scripturarum atque ipsius etiam Lutheri autoritatem, schismatis fovendi causa, ab orthodoxis discedunt. Tertium eorum, qui reiectis Lutheri erroribus in omnibus iis ipsi assentiuntur, quae ex Dei verbo contra Antichristum aliosque fanaticos magno pioque zelo docuit. Atque hos pontificii quandoque per calumniam Lutheranos, ipsi vero Lutherani Calvinianos sive Calvinistas vocant*. In diesem Bewußtsein unseres eigenen Luthertums κατὰ πνεῦμα könnten wir wohl auch sagen, daß es von der lutherischen Kirche als solcher aus gesehen recht und notwendig und also auch möglich sei, einer anderen, nämlich der reformierten Sicht der Konfessionsfrage Raum zu geben. Aber wenn wir dieses Bewußtsein haben und geltend machen, so ändert das nichts an der Tatsache, daß es „andere" Lutheraner nun einmal gibt, die uns das Recht zu diesem Bewußtsein streitig machen, und für die wir, indem wir uns selbst von ihnen unterscheiden müssen, nicht gleichzeitig reden können, deren Entscheidung gerade in der uns hier bewegenden Formfrage nur ihre eigene sein kann und die wir als solche abwarten müssen. Sollte sie wieder und wieder in einer Abweisung bestehen, sollte die lutherische Kirche nach erneuter sachlicher Prüfung ihrer Abendmahlslehre und Erwählungslehre, an denen sich einst die Geister geschieden haben, zu dem Ergebnis kommen, daß sie nicht nur — was ja hier nicht zur Diskussion steht — materiell ihren Standpunkt behaupten, sondern ihn auch formell wie bisher als kirchentrennend verstehen wollen, dann wird das hinzunehmen sein, es wird dann aber wiederum an unserer eigenen Stellung nichts verändern, es wird uns also nicht etwa veranlassen können, Gleiches mit Gleichem zu vergelten. Das reformierte Angebot an die anderen evanlischen Kirchen, ihre Differenzen als solche der theologischen Schule oder Richtung zu behandeln, muß, wie immer die Entscheidung auf der Gegenseite fallen möge, aufrechterhalten bleiben, nicht etwa aus Gründen irgendeiner schwärmerischen Friedensliebe, sondern weil es der reformierten Kirche und Theologie bzw. ihrer Auffassung des Verhältnisses von Schrift und Kirche geradezu wesentlich ist, überall da, wo die heilige Schrift als Norm und Quelle aller Lehre anerkannt ist, und also auch in der lutherischen Kirche die eine, heilige, allgemeine, apostolische Kirche trotz aller Lehrunterschiede zu sehen, weil sie das gar nicht unterlassen kann, ohne sich selbst aufzugeben. Daß dieses Angebot und damit die darin enthaltene Frage an die anderen evangelischen Kirchen zurückgezogen werde, daß wir also je aufhören sollten, unsererseits an dieser Trennung der Kirchen, die wir gar nicht als vollzogen anerkennen können, zu rütteln und jenen wenigstens insofern eine gewisse „Calvinisierung" zuzumuten — dies ist es, was umgekehrt das Luthertum, wie es sich auch damit auseinandersetzen und dazu stellen möge, von uns nicht erwarten, was es seinerseits als die uns notwendig auferlegte konfessionelle Haltung respektieren sollte. Der gemächlich in seinen Schranken lebende, mit sich selbst beschäftigte, in sich selbst beruhigte und dem Luthertum ebenso gemächlich seinen eigenen Raum als den Raum einer anderen Kirche überlassende „Calvinismus", der solcher Erwartung entsprechen würde, ist ein Wunsch und Phantasiegebilde, dem die reformierte Kirche und Theologie nun einmal nicht Genüge leisten kann.

2. Die dogmatische Norm

3. Die dritte konkrete Forderung hinsichtlich der Norm, der sich die Dogmatik zu unterwerfen hat, ergibt sich daraus, daß sie, wie auf die die Kirche begründende heilige Schrift und wie auf die die Kirche gestaltenden Väter und Bekenntnisse, so auch auf die heute lehrende Kirche selber in bestimmter Weise zu hören hat. Wir nennen die in dieser Hinsicht sich ergebende Forderung die Forderung kirchlicher Haltung und verstehen darunter Folgendes: die Dogmatik hat sich bei ihrer Prüfung der kirchlichen Verkündigung zu orientieren an der konkreten Situation, in der die kirchliche Verkündigung heute ausgerichtet werden muß, an ihrer Stellung und Aufgabe gegenüber ihrer besonderen Zeitgenossenschaft, d. h. an dem Worte Gottes, wie es in der Gegenwart von Gott gesprochen und von der Kirche zu verkündigen ist. Sie muß sich also mit der lehrenden Kirche in diese konkrete Situation hineinstellen, die Stellung und Aufgabe der lehrenden Kirche in dieser Situation zu eigen machen, mit ihren Ohren das Wort Gottes als das in der Gegenwart zur Gegenwart gesprochene zu hören versuchen. Sie muß sich in den Problemen, Sorgen, Verlegenheiten und Hoffnungen, die das Kirchenregiment (im weitesten Sinn dieses Begriffs) dieser jeweiligen Gegenwart so oder so in Anspruch nehmen und beschäftigen, mit diesem unbedingt solidarisch wissen und aus dieser unbedingten Solidarität heraus wird sie zu denken und zu reden haben. Wenn man die Sache gleich auf die strengste Formel bringen will, muß man sagen: die Dogmatik muß mit der lehrenden Kirche in der Gemeinschaft des Gebets aus der Vergangenheit durch die Gegenwart in die Zukunft gehen, sie muß schlechterdings mit ihr zusammen Gott danken und preisen für die Wohltat seiner Offenbarung und Versöhnung, mit ihr zusammen vor Gott Buße tun für all die Verfehlung, deren sich die ganze Kirche dieser Wohltat gegenüber dauernd schuldig macht, mit ihr zusammen bitten um den Heiligen Geist und das heißt: um die Möglichkeit eines neuen besseren, entschiedeneren Hörens und dann auch Sagens seines Wortes. Eben darum muß sie aber — und das ist das Entscheidende, was als „kirchliche Haltung" von ihr gefordert ist — durch das ganze Stimmengewirr der lehrenden Kirche hindurch lauschen auf das, was als letzter Sinn alles Redens der Kirche die Stimme ihres Gebetes ist: ihr Reden nicht vor den Menschen und zu den Menschen, sondern für die Menschen vor Gott und zu Gott, die Stimme ihres priesterlichen Eintretens für die Menschen, das die Voraussetzung ihres prophetischen Herantretens an die Menschen bildet. Indem sie die lehrende Kirche in dieser ihrer innersten Funktion zu erspüren versucht, beachtet und ernst nimmt und indem sie ihr eigenes Denken und Reden bestimmt sein läßt durch ihre Aufmerksamkeit auf diese innerste Funktion der lehrenden Kirche, wird sie selber kirchliche Haltung einnehmen, wird sie von selber einrücken in jene Solidarität nun auch mit dem Handeln, mit dem Arbeiten, mit dem Kämpfen und

Leiden der Kirche in der Gegenwart. Daß sie in dieser Haltung verharre, daß ihr ganzes Denken und Reden eine Konsequenz und Anwendung dieser Haltung sei, das ist's, was von ihr gefordert ist.

Wir besitzen ein in seiner Art schönes, in diese Richtung weisendes Dokument aus der alten Kirche in einer Stelle aus dem *„Indiculus" De gratia Dei* (cap. 11) des Papstes Coelestin I. (431), (Denz. Nr. 139) wo als eine entscheidende Quelle der kirchlichen Lehre die Liturgie der Kirche genannt wird: die *sacramenta obsecrationum sacerdotalium, quae, ab apostolis tradita, in toto mundo atque in omni ecclesia catholica uniformiter celebrantur, ut legem credendi lex statuat supplicandi. Cum enim sanctarum plebium praesules mandata sibimet legatione fungantur, apud divinam clementiam humani generis agunt causam et tota secum ecclesia congemiscente, postulant et praedicantur, ut infidelibus donetur fides, ut idololatrae ab impietatis suae liberentur erroribus, ut Iudaeis ablato cordis velamine lux veritatis appareat, ut haeretici catholica fidei perceptione resipiscant, ut schismatici spiritum redivivae charitatis accipiant, ut lapsis poenitentiae remedia conferantur, ut denique catechumenis ad regenerationis sacramenta perductis coelestis misericordiae aula reseretur ... Quod adeo totum divini operis esse sentitur, ut haec efficienti Deo gratiarum semper actio laudisque confessio pro illuminatione talium vel correctione referatur.* Daß wir uns bei dieser Mahnung im Bereich der römischen Abweichung befinden, ist deutlich. Die der Liturgie vorgeordnete Instanz besteht nach demselben Dokument in den Entscheidungen des „apostolischen Stuhles" und bei der Liturgie selbst ist offenbar weniger an den tätigen Vollzug des kirchlichen Gebetes als an die überlieferten liturgischen Texte als solche und also an ein Stück der autoritativen Tradition gedacht. Aber die Mahnung in ihrem Kern ist richtig und bedeutsam: die kirchliche Lehre halte sich an die Tatsache, daß inmitten der Kirche das als solches wirksame *opus divinum* des Gebetes für die Ungläubigen, die Götzendiener, die Juden, die Häretiker, die Schismatiker, die Gefallenen, die Katechumenen stattfindet, die Norm dieses Gebetes muß und wird auch die Norm des rechten Glaubens und der rechten Verkündigung sein.

Wir verstehen die Forderung kirchlicher Haltung noch besser, wenn wir einige Abgrenzungen sichtbar machen: kirchliche Haltung schließt aus die Möglichkeit einer sozusagen zeitlos denkenden und redenden Dogmatik. Sie würde ihre Aufgabe verfehlen, wenn sie sich darauf richten wollte, in vornehmer Absichtslosigkeit den durch die Bibel und das Dogma eröffneten ontischen und noetischen Zusammenhängen nachzugehen und diese als solche — eine mit der sonstigen Philosophie konkurrierende oder auch zusammenwirkende christliche Philosophie — zur Darstellung zu bringen. Die Bibel und das Dogma haben nicht den Charakter brauchbarer Quellen für eine solche Forschung und Darstellung. Sie reden nicht von Verhältnissen, sondern von Ereignissen, nicht von Dingen, sondern von Taten, nicht von einem Sein als solchem, sondern von dessen Existenz oder eben: von Verhältnissen, von Dingen, von einem Sein immer nur, sofern es um Ereignisse und Taten, um ihre Existenz geht. Das Wort Gottes hat keine Akademie, sondern die Kirche begründet, und auch die Akademie kann, sofern sie im Dienste des Wortes Gottes gefordert ist, nur die Akademie der Kirche und das heißt dann: der zu bestimmter Zeit und in bestimmtem Raum durch die Existenz des Wortes Gottes begründeten und erhaltenen Kirche sein. Das Fragen danach, wie es sich im letzten Grunde mit Gott, Mensch und Welt verhalten möchte, mag eine Sache für sich sein; Dogmatik aber ist bestimmt eine andere Sache: ihre Aufgabe ist es, in und mit der Kirche, die nicht sowohl solche Fragen zu stellen als sich vor Gott und den Menschen zu verantworten hat, darüber nachzudenken und dazu Anleitung zu geben, wie die Kirche sich dieser Verantwortung pflichtmäßig entledigen möchte. Sie hat in der Bibel und im Dogma nicht sowohl Antworten zu suchen auf selbstgestellte Fragen als vielmehr Weisungen entgegenzunehmen, denen gegenüber sie dann wohl auch die menschlichen Fragen formulieren mag. Sie hat der Besinnung der Kirche zu dienen, deren diese zu ihrer Arbeit, für ihren Kampf und für ihre unvermeidlichen Versuchungen und Leiden bedarf. Sie ist ausgesprochen ein Instrument der *ecclesia militans* und dies in der Meinung, daß die Kirche in der Zeit etwas Anderes als *ecclesia militans* und das heißt: die Kirche je einer bestimmten Zeit mit ihren Nöten und Hoffnungen gar nicht sein könne.

Kirchliche Haltung schließt weiter aus die Möglichkeit einer ästhetisch denkenden und redenden Dogmatik. Daß das Objekt, mit dem sie es zu tun hat, seine eigentümliche und sogar ganz einzigartige Schönheit hat, die zu übersehen unverzeihlich, an der sich nicht zu freuen unmöglich, weil undankbar wäre, das ist eine Sache für sich. Sie würde aber in dem Augenblick zu der Schönheit eines Götzenbildes, wo die Dogmatik sich auch nur beiläufig an ihre Betrachtung als solche hingeben und verlieren würde, statt sich durch das Objekt selbst und als solches gefangen halten zu lassen. Es gibt formale Bedürfnisse der Vollständigkeit, der Symmetrie des Gleichgewichtes, die sehr wohl ihre Befriedigung finden können und auch müssen, sofern sie nämlich Bedürfnisse dieses Objektes selber sind. Es gibt aber auch solche Bedürfnisse dieser Art, die nur in dem betrachtenden Subjekt als solchem und das heißt dann in der Willkür von dessen Phantasie ihren Ursprung und ihre Rechtfertigung haben. Es gibt interessante, aber müßige, zu der Not und Hoffnung der Kirche in keiner Beziehung stehende Probleme, die eine in kirchlicher Haltung denkende und redende Dogmatik als solche erkennen und entsprechend zurückdrängen, bzw. ausscheiden muß. Es gibt eine logische, es gibt eine historische, es gibt eine sprachliche, es gibt auch eine juristische Ästhetik, auf deren Wegen die Dogmatik auf einmal ihren Gegenstand aus den Augen verlieren und damit ihrer Aufgabe entfremdet werden kann, wenn sie sich nicht durch diesen Gegenstand selbst Grenzen ziehen und sich zur Ordnung rufen läßt. Die Dogmatik hat nach dem und nur nach dem zu fragen, was die Kirche im strengsten Sinn des Begriffs erbaut, nämlich nach der Herrschaft des tötenden und lebendig machenden Wortes Gottes, und sie hat gerade darum nicht allen und jeden Erbaulichkeiten (süßer oder auch strenger Art!) Beachtung zu schenken und nachzugehen. Dann und nur dann, wenn sie sich in dieser Hinsicht sauber erhält, wird sie auch immer wieder auf jene Schönheit ihres Gegenstandes stoßen und ungesucht zu echter dankbarer Kontemplation werden können und freiwillig-unfreiwillig auch werden müssen.

Kirchliche Haltung schließt weiter aus: die Möglichkeit einer romantischen Dogmatik, will sagen einer Dogmatik, die etwa gar nicht aufrichtig von der Kirche der Gegenwart aus, sondern mit mehr oder weniger Glück, kritisch oder unkritisch, sich zurückversetzend, von irgendeinem vergangenen Jahrhundert der Kirche aus denken und reden würde. Daß die Dogmatik in ständigem Kontakt mit der Geschichte der Kirche, daß sie in der Einheit der wahren Kirche aller Zeiten zu denken und zu reden hat, das ist mit dem gegeben, was wir als ihre konfessionelle Haltung beschrieben haben. Das heißt aber gerade nicht: daß sie sich als urchristliche Dogmatik zu geben habe oder als solche des vierten oder sechzehnten oder siebzehnten Jahrhunderts, auch dann nicht, wenn sie sich auf diese Weise, woran gewiß nicht zu zweifeln ist, in vieler Hinsicht viel stattlicher, viel reicher, viel tiefsinniger und frömmer geben könnte als dann, wenn sie schlicht eine moderne, das heißt eine in der heutigen zu der heutigen Kirche redende Dogmatik sein will. Wer dem Zeitgeist der jeweiligen Gegenwart damit entgegentreten und beikommen zu können meint, daß er sich vor ihm in irgendein gesichertes Gelände einer anderen besseren Zeit zurückzieht, daß er also zu irgendeinem Archaisieren und Repristinieren übergeht, der mag, wie es mit jeder Gespensterbeschwörung zu erreichen ist, allerhand verblüffende Wirkungen erzielen, aber wieder ist zu sagen, daß durch solchen Zauber die Kirche bestimmt nicht erbaut wird und daß sich die Dogmatik darum des romantischen Zaubers wie alles anderen Zaubers zu entschlagen hat. Die Gespenster auch der wahren Kirche der Vergangenheit können als solche die Kirche nicht minder irre und in Versuchung führen wie die Zeitgeister der jeweiligen Gegenwart.

Kirchliche Haltung schließt endlich aus die Möglichkeit einer säkularen Dogmatik, das heißt einer solchen, die sich nun umgekehrt gerade in den Dienst solcher Zeitgeister der jeweiligen Gegenwart begeben würde, wobei gleich zu bemerken ist, daß dies auch kirchliche und theologische Zeitgeister sein könnten. Die geforderte Modernität oder Aktualität der Dogmatik kann nicht darin bestehen, daß sie irgendeinem Kairos, irgendeiner politischen, geistes-, gesellschafts- oder kirchengeschichtlichen Bestimmtheit der Gegenwart als solcher das Wort redet, als könne diese der kirchlichen Verkündigung zur Norm werden — nicht darin, daß sie sich zum Mund und Sachverwalter derjenigen Beschwerden, Anliegen und Wünsche macht, die die kirchliche oder außerkirchliche Zeitgenossenschaft der Verkündigung der Kirche gegenüber auf dem Herzen hat und vollends nicht darin, daß sie als Künderin der Geschichte der Kirche neue Offenbarungen als Inhalt ihrer Verkündigung entgegenhält. Eben darum ist so entscheidendes Gewicht darauf zu legen, daß die Dogmatik ihre Norm in jener innersten Funktion der Kirche selbst zu suchen, daß sie sich am Gebet der Kirche, an der vor Gott und zu Gott und nur so auch für die Menschen redenden Kirche zu orientieren hat. In der Gegenwart und für die Gegenwart wird die Dogmatik nicht nach den Stimmen der Zeit, sondern nach der Stimme Gottes für die Zeit fragen und den von daher kommenden Beschwerden, Anliegen und Wünschen Raum zu geben haben: genau so wie es die Predigt der Kirche auch tun muß. Wollte die Dogmatik es anders halten, wollte sie, statt selbst von der Kirche von der Welt her zur Kirche reden, dann würde sie der Kirche im besten Fall einen Dienst tun, der ihr wirklich durch die Welt selbst täglich ohnehin getan wird, sie würde dann die Tatsache noch einmal unterstreichen, daß die Kirche in der Welt ist und daß auch in der Kirche selbst genug Welt ist. Ihre Aufgabe: die Kirche von ihrem eigenen Grund und Sein her zur Besinnung aufzurufen und anzuleiten, würde dann auf alle Fälle ungetan bleiben. Und es würde dann wohl so sein, daß die Dogmatik geradezu zur Versuchung für die Kirche würde. Kirchliche Haltung der Dogmatik bedeutet, daß es bei ihrer Solidarität mit der lehrenden Kirche bleiben muß und daß sie darum die Zeitgeister innerhalb und außerhalb der Kirche prüfen, nicht aber sich ganz unberufenerweise zu ihrem Zeugen machen soll. Ihr eigenes Zeugnis wird immer das ganz andere Zeugnis sein, das die Zeitgeister nicht zu geben vermögen, sondern das sie von der Kirche und darum auch von der Dogmatik zu hören haben.

§ 24

DOGMATIK ALS FUNKTION DER LEHRENDEN KIRCHE

Die Dogmatik ruft die hörende Kirche auf zu neuem Lehren des Wortes Gottes in der in der Schrift bezeugten Offenbarung. Das kann sie aber nur tun, indem sie ihrerseits die Stellung der lehrenden Kirche einnimmt und also selber durch das Wort Gottes als durch den Gegenstand beansprucht ist, der der lehrenden Kirche als solcher aufgegeben ist.

1. DIE MATERIALE AUFGABE DER DOGMATIK

Das Leben der Kirche erschöpft sich nicht im Hören des Wortes Gottes. Eben die das Wort Gottes hörende Kirche ist ja auf Grund solchen Hörens zum Lehren berufen. Und wenn nun die Dogmatik, allgemein gesprochen, in der Prüfung der kirchlichen Lehre ihre Aufgabe hat, so kann sich eben diese Prüfung nicht darin erschöpfen, daß sie die Kirche vom Lehren zurückruft zum Hören. Sie ruft sie vielmehr zurück, um sie dann erst recht vorwärts zu rufen. Sie ruft sie zum Hören, um sie zum Lehren zu rufen. Sie hat also nicht nur eine kritische, sondern auch eine positive, nicht nur eine formale, sondern auch eine materiale Aufgabe der kirchlichen Verkündigung gegenüber. Sie hat sie nicht nur an ihre Norm, sie hat sie auch an ihren Gegenstand zu erinnern. — Es kann bei dem Allem nicht um eine von der ersten getrennte zweite Sache gehen. Die eine Kirche ist hörende und lehrende Kirche. Sie würde das Eine nie sein, wo sie nicht auch das Andere wäre. Und so kann auch die Dogmatik das Eine nicht tun, ohne auch das Andere zu tun. Sie ist Beides nicht nach- und nebeneinander, sondern in- und miteinander. Sie kann nicht nacheinander, sondern sie kann nur miteinander zurück und vorwärts rufen, indem sie die Kirche an ihr Sein in Jesus Christus erinnert. Sie kann nur miteinander und zugleich zum Hören und zum Lehren mahnen und also in Einem ihre kritische und ihre positive, ihre formale und ihre materiale Aufgabe erfüllen. Der Gegenstand ist ja nicht verschieden von der Norm, die Norm nicht verschieden vom Gegenstand der kirchlichen Verkündigung. Wir reden beide Male von dem Wort Gottes in der in der heiligen Schrift bezeugten Offenbarung, in welchem Norm und Gegenstand so eins und so verschieden sind, wie eben Gesetz und Evangelium eins und verschieden sind. Aber eben weil Beides nicht nur eins, sondern in der Einheit auch verschieden ist, will Beides auch bewußt gesehen und ausdrücklich hervorgehoben sein: daß das Wort Gottes Norm und Gegenstand der kirchlichen Verkündigung ist, daß die Dogmatik darum zum Hören und zum Lehren aufzurufen hat und daß sie also selbst als eine Funktion der hörenden und der lehrenden Kirche zu verstehen ist.

Wir sind im vorigen Paragraphen ausgegangen von der Zweideutigkeit des Faktums der kirchlichen Verkündigung. Wir verstanden darunter dort die immer wieder offene Frage, ob die christliche Predigt von dorther kommt, woher sie auftragsgemäß und also wesensgemäß kommen muß: vom Worte Gottes und nicht etwa als häretische Predigt von anderswoher. Es gibt aber auch noch eine andere immer wieder offene Frage an die christliche Predigt und also auch noch eine andere Zweideutigkeit jenes Faktums: Was ist, was will und tut die Kirche nun eigentlich, wenn sie das Wort Gottes hört? In der Problematik alles menschlichen Tuns befangen, ist sie ja bestimmt auch in diesem Tun und darum auch nach dieser Seite der Befragung bestimmt nicht enthoben, der Mahnung bestimmt nicht unbedürftig. Das gehörte Wort Gottes verlangt nach dem Dienst der Kirche; es verlangt danach, laut und kund zu werden, es verlangt also, weil es im menschlichen Raum laut und kund werden will, nach menschlicher Sprache, menschlichen Zungen, menschlichen Worten. Weil es rechten Dienst verlangt, weil es in reiner Lehre laut und kund werden will, darum muß es vor allem immer wieder gehört werden. Aber es verlangt Dienst. Jene Forderung ändert nichts daran, daß es unter allen Umständen gelehrt sein will, daß es also in der Kirche vom Hören unter allen Umständen zum Reden kommen muß. „Ich glaube, darum rede ich." Nur wo das Hören diese Konsequenz hat, ist das Wort Gottes gehört worden. Ob diese Konsequenz stattfindet, danach muß also gefragt, und daß diese Konsequenz stattfinden müsse, das muß also in Erinnerung gebracht werden. Daß sie stattfindet, wird im Bereich der Menschlichkeit der Kirche so wenig jemals selbstverständlich sein wie das Andere, daß diese Kirche, wenn sie redet, wirklich aus dem Glauben und also aus dem Hören des Wortes Gottes und nicht anderswoher redet. Das der Kirche anvertraute Wort Gottes hat nicht nur einen Ursprung, sondern auch ein Telos und also in seiner Ausrichtung nicht nur eine notwendige Ordnung, sondern auch eine ebenso notwendige Dynamik. Und wie Untreue und Ungehorsam ihm gegenüber in der Abweichung von seiner Ordnung bestehen kann, so kann sie auch Zurückbleiben hinter seiner Dynamik bedeuten. Dieses Zurückbleiben ist an sich so unmöglich wie jenes Abweichen. Es ist an sich nicht möglich, daß das Hören des Wortes Gottes die Kirche gleichgültig, mutlos, untätig läßt oder gar dazu macht, daß sie ihr die Verpflichtung zur Verkündigung erspart oder sie gar aus dieser Verpflichtung löst und in eine Stellung des Abwartens und Zuschauens versetzt. Es ist an sich nicht möglich, daß durch das Hören des Wortes Gottes keine Aktivität der Kirche entsteht oder diese Aktivität gelähmt oder gar gebrochen wird. Gerade wie es nicht möglich ist, daß es ein Hören des Wortes von der göttlichen Rechtfertigung des Sünders gibt, ohne daß durch solches Hören unmittelbar auch seine Heiligung vollzogen und also wahrlich nicht etwa aufgehalten wird. Vom Worte Gottes als solchem aus ist das alles bestimmt nicht möglich. Es ist aber allerdings jederzeit möglich von seinem Hören aus, sofern es das menschliche Hören der Kirche ist. Dieses Hören als solches, so gewiß es notwendig und gefordert ist, ist nicht gesichert vor der menschlichen Sophistik, die sich mittels des Gebotes: zu lassen, was sie nicht tun soll, die Erlaubnis erschleichen möchte: zu lassen, was sie tun sollte. Gerade wie sie sich umgekehrt aus dem Gebot: zu tun, was sie nicht lassen darf, immer wieder die Erlaubnis erschleichen möchte: zu tun, was sie gerade lassen sollte, aus dem Gebot, daß die Kirche lehren soll, die Erlaubnis zu eigenmächtiger Lehre. Wir haben es jetzt mit der anderen Möglichkeit zu tun: aus dem Gebot, das die Kirche hören soll, kann erschlichen werden die Erlaubnis, verantwortungslos und tatenlos zu hören. Mit dem Gebot, umzukehren und einzukehren, um eben so recht aufzubrechen, und weiterzugehen, kann gerechtfertigt werden die angemaßte Freiheit einer Trägheit, die nicht mehr ernst nehmen will, daß das Wort Gottes den Menschen dazu gegeben ist, damit sie ausgehen sollen in alle Welt und das Evangelium verkündigen sollen aller Kreatur. Mit der Erfahrung des Gerichts, die da unvermeidlich ist, wo das Wort Gottes aufs neue gehört wird, kann entschuldigt werden die Flucht vor der Heiligung, vor der Sendung, vor dem Auftrag, die dem Menschen da, wo dieses Gericht wirklich geschehen und angenommen ist, ebenso unweigerlich zum Widerfahrnis werden. Es wird nie zuzugeben sein, daß ein wirkliches Hören des Wortes Gottes jemals stattfinden könne mit Unterbleiben des Lehrens oder daß es jemals die Folge haben könne, daß das Lehren des Wortes Gottes zum Stillstand und Aufhören komme. Es besteht aber aller Anlaß zuzugeben, daß das Hören des Wortes Gottes als Akt der Kirche in ihrer Menschlichkeit dauernd von der Versuchung solchen Unterbleibens oder Stillstehens, dauernd von der Versuchung umgeben ist, in ein bloß vermeintliches, und nicht wirkliches Hören, in ein bloßes Hören umzuschlagen, in ein Hören, in welchem der Mensch sich ganz derselben Werkgerechtigkeit und ganz desselben Götzendienstes schuldig macht, wie mit einem Tun und Reden, das anderswo als im Hören des Wortes Gottes wurzelte. Immer ist ja die Erlaubnis, die sich die menschliche Sophistik erschleichen möchte, die Erlaubnis zur Werkgerechtigkeit und zum Götzendienst. Immer möchte sie den Inhalt des göttlichen Gebotes in den Inhalt eines selbsterwählten Programms und den Dienst Gottes in den Dienst eines selbstaufgerichteten Ideals und Idols verwandeln. Auch das Hören des Wortes Gottes kann zu einem solchen Programm und auch das gehörte Wort Gottes selbst kann dann zu einem solchen Ideal und Idol gemacht werden. Es kann der menschliche Hochmut und die menschliche Willkür sehr wohl (und ohne daß sie in ihrem Wesen etwas Anderes werden) auch das Gewand heiliger Trägheit und Passivität anziehen und so der Demaskierung ebenso bedürftig werden, wie sie es im Gewande einer heiligen Eigenmächtigkeit und Aktivität sind. Auch die Kirche, die nur hörende Kirche, die ein letztlich unbeteiligt genießendes Publikum sein wollte, wäre als solche gar nicht mehr Kirche. Auch der vermeintliche Genuß ihres Hörens würde alsbald bestimmt nicht mehr der Genuß des Hörens des Wortes Gottes sein. Zum Begriff und zur Aufgabe der der Kirche aufgetragenen reinen Lehre gehört nicht nur dies, daß die Lehre durch erneutes Hören des Wortes Gottes auf ihre Reinheit untersucht, in ihrer Reinheit wieder hergestellt, sondern auch dies, daß sie, indem dies geschieht, aufs neue gelehrt sein will. Was wäre eine Reinheit der Lehre, die nicht die Reinheit der wirklich vollzogenen, wirklich verkündigten Lehre des Wortes Gottes wäre? Daß solche Verkündigung geschieht, daß ihre Notwendigkeit eingesehen, daß der Wille, der Mut, die Entschlossenheit, die Freudigkeit dazu, aber (angesichts und gerade wegen des Gerichts, von dem die hörende Kirche als solche immer herkommt) auch die Demut und das Vertrauen, deren es dazu bedarf — daß das Alles da ist und wirksam ist, das versteht sich aber angesichts der auch nach dieser Seite immer sprungbereiten Sophistik des natürlichen Menschen durchaus nicht von selber. Daß es zu solcher Verkündigung kommen muß, das muß der Kirche immer aufs neue geschenkt, das muß ihr also auch ebenso bestimmt und ebenso dauernd zugerufen werden wie das Andere: daß es dazu legitim nur da kommt, wo nach der Reinheit der Lehre als solcher ernstlich gefragt und also das Wort Gottes ernstlich gehört wird.

Wir haben hier Anlaß, nochmals des Gleichnisses von den anvertrauten Talenten Matth. 25, 14 ff. zu gedenken. Der Knecht, der das ihm Anvertraute in Empfang nimmt, um nichts damit zu machen, als daß er es vergräbt, um es nachher intakt wieder vorzuweisen, ist gewiß nicht die häretische oder häretisierende Kirche, die das ihr Anvertraute dadurch veruntreut, daß sie es an sich selbst reißt und also dem Herrn entwendet. Ein ungetreuer, ein Schalksknecht ist doch auch der — und in diesem Gleichnis wird gerade er als der Schalksknecht gekennzeichnet — der mit dem ihm Anvertrauten nicht im Dienst und zum Nutzen seines Herrn gehandelt hat. Der Rebellion gegen den Herrn, der als der Herr solches Handeln verlangen darf von den Seinigen und mit dem Seinigen — dieser Rebellion macht sich nicht nur der Dieb, nicht nur die häretische oder häretisierende Kirche, sondern auch und gerade dieser Knecht mit dem so intakt wieder erstatteten Depositum, macht sich auch und gerade eine von ihrer Lehre bei aller Reinheit gar nicht wirklich Gebrauch machende und insofern eben doch auch nicht rein lehrende Kirche schuldig. Keine biblische, keine konfessionelle, keine kirchliche Haltung wird ihre Verkündigung rechtfertigen, wenn sie in dieser Haltung nicht aufs Neue und nun erst recht zur Tat der Verkündigung, zur Vervielfachung des in solcher Haltung Empfangenen schreitet.

Wieder und auch von dieser Seite ist nun einzusehen, daß die Zweideutigkeit des Faktums der kirchlichen Verkündigung darum unmöglich und unerträglich und darum nicht nur angreifbar, sondern schon in der Wurzel angegriffen ist, weil die Kirche Gottes die Verheißung hat, daß ihre Sache seine Sache ist, daß er selbst in ihr sein eigenes Wort reden will und wird. Sie müßte diese Verheißung vergessen, auch wenn sie sich der menschlichen Sophistik in jener zweiten Form, in der Form jener Flucht vor der Heiligung und vor ihrem Auftrag hingeben wollte. Das Gedenken an die wirkliche Verheißung wird sie auch aus dieser zweiten Not retten und auf den rechten Weg weisen. Was die Kirche nötig hat, ist also auch nach dieser Seite dies und grundsätzlich nur dies: daß sie dieses Gedenken nicht unterlasse, daß sie im Glauben an die Verheißung verharre, in den Glauben an die Verheißung immer wieder zurückkehre.

Unter der wirklichen Verheißung ist aber auch hier konkret zu verstehen: die Gegenwart Jesu Christi ihres Herrn in der biblischen Bezeugung seiner Offenbarung. Diese als solche ist schon der Aufruf zu neuem Lehren, wie sie als solche auch der Aufruf zu neuem Hören des Wortes Gottes ist. Hat die Dogmatik angesichts der geschilderten zweiten Zweideutigkeit des Faktums der kirchlichen Verkündigung eine Funktion auch der hörenden Kirche gegenüber, dann kann diese grundsätzlich gewiß nur darin bestehen, eben jenem Aufruf zu dienen und also noch einmal und nun auch nach dieser Seite auf die Gegenwart Jesu Christi hinzuweisen. Ihre Aufgabe wird aber gerade nach dieser Seite darum eine materiale Aufgabe sein, weil dieser Aufruf, sofern er positiv der Aufruf zur Verkündigung neuer Lehre ist, darin begründet ist, daß die Gegenwart Jesu Christi in seiner Kirche nicht nur die Norm, sondern auch der besondere Gegenstand ist, der der lehrenden Kirche als solcher aufgegeben ist, weil aus seiner Natur als dieser Gegenstand die Notwendigkeit folgt, daß er gelehrt werden muß, weil in seiner Natur die Verpflichtung und Ermutigung liegt, ihn zu lehren, weil die Dynamik, hinter der die Kirche ebensowenig zurückbleiben darf, wie es ihr gestattet ist, von seiner Ordnung abzuweichen, die Dynamik dieses Gegenstandes ist.

Die Gegenwart Jesu Christi in der biblischen Bezeugung seiner Offenbarung bedeutet ja nur darum und nur so die Gegenwart eines bestimmten, der Kirche auferlegten Gesetzes, weil und sofern in ihr ein ganz bestimmtes Geschehen sich vollzieht. Das Wort Gottes ist ja nur darum und nur so die Norm, die bei aller kirchlichen Verkündigung immer wieder zu hören ist, weil und sofern es etwas ganz Bestimmtes sagt, einen ganz bestimmten Inhalt hat. Dieses bestimmte Geschehen in der Person Jesu Christi, dieser bestimmte Inhalt des Wortes Gottes bestimmen und prägen das Gesetz und die Norm, die in der Kirche gültig und die in der Kirche bei ihrem Tun zu respektieren sind. Aber eben dieses Geschehen und dieser Inhalt und insofern der der lehrenden Kirche aufgegebene Gegenstand verlangen vor Allem, daß die Kirche etwas tun — respektvoll tun, im Rahmen jenes Gesetzes und jener Norm tun, aber unter allen Umständen tun soll: daß sie dieses Geschehen und diesen Inhalt nämlich bezeugen, daß sie zu sich selbst und zu aller Welt davon reden soll. Denn dieses Geschehen und dieser Inhalt sind als solche, das heißt: kraft dessen, was da geschieht und was da enthalten ist, Botschaft, die laufen will, die gar nicht anders denn als laufende Botschaft da sein und verstanden werden kann. Darum, weil dem so ist, ist die Kirche durch die Gegenwart Jesu Christi zum Lehren verpflichtet, ermutigt und ermächtigt. Darum hat sie in der Gegenwart Jesu Christi gar keine andere Wahl als die zu lehren und eben damit zu tun, wozu sie da ist. Eben darauf, daß dem so ist, hat also auch die Dogmatik hinzuweisen. Sie hat daran zu erinnern, daß das Wort Gottes nicht das Wort Gottes ist, wenn es nicht *viva vox*, laufende und also von der Kirche ausgerichtete Botschaft ist. Der der lehrenden Kirche aufgegebene Gegenstand: Jesus Christus oder, was dasselbe sagt: das Wort Gottes, ist der Herr des Menschen, jedes Menschen. Nach diesem Menschen geht das ganze Begehren des Wortes Gottes. Für ihn ist es bestimmt. Um seinetwillen ist es in die

1. Die materiale Aufgabe der Dogmatik

Welt gekommen, ihn meint es, indem es da ist. Und schlechterdings Alles hängt für den Menschen davon ab, daß er zu ihm Stellung, und zwar die durch das Wort Gottes selbst geforderte Stellung nehme. Das Wort Gottes ist nicht mehr und nicht weniger als der Schöpfer des Menschen und also die Instanz, durch deren Spruch und Urteil er ist oder eben nicht ist. Dasselbe Wort Gottes ist aber auch der Versöhner des Menschen, durch dessen Entscheidung seine in Sünde und Schuld gefallene Existenz entweder durch Rechtfertigung und Heiligung erhalten oder eben nicht erhalten wird. Dasselbe Wort Gottes ist aber auch der Erlöser des Menschen, durch dessen Werk die zerstörte Existenz des Menschen entweder in Herrlichkeit wieder hergestellt oder eben nicht wieder hergestellt und also dem auf ihr liegenden Fluch und also dem Nichts überlassen wird. Die von diesem Worte Gottes selbst geforderte Stellungnahme des Menschen zu ihm ist der Glaube. Und eben darum begehrt das Wort Gottes nach dem Menschen, damit er glaube und glaubend an das Wort Gottes durch das Wort Gottes lebe, zurechtgebracht und geheiligt und endlich gerettet werde. Aber eben damit er das Wort Gottes glaube, muß es ja zu ihm gekommen sein, muß er es ja gehört haben, muß es ihm also gesagt worden sein. Von sich aus kennt er es ja nicht, weiß er also nicht, daß es sein Herr und also sein Schöpfer, Versöhner und Erlöser ist. Von sich aus kann er sich bestimmt nicht sagen, was es ihm zu sagen hat. Von sich aus glaubt er also auch nicht und kann er also auch nicht leben, nicht zurechtgebracht und geheiligt, nicht gerettet werden. In dieses menschliche Vakuum also stürzt mit dem ganzen Gefälle des göttlichen Wollens und Vollbringens das Wort: das der Kirche anvertraute Wort Gottes, tritt Jesus Christus als der der lehrenden Kirche aufgegebene Gegenstand. Darum liegt in der Natur dieses Gegenstandes die Notwendigkeit, daß er gelehrt werden muß, die Dynamik der *viva vox*, der unvermeidlich und unaufhaltsam laufenden Botschaft. Darum wäre das nicht das Wort Gottes, was verschwiegen werden könnte, was der Kirche die Wahl ließe, es auszurichten oder nicht auszurichten. Das Wort Gottes ist da und das menschliche Vakuum ist auch da. Gerade vom Wort Gottes aus wird dieses Vakuum als solches aufgedeckt, kann also auch es gar nicht mehr übersehen werden. Die Kirche aber hat das Wort Gottes laut der ihr gewordenen Verheißung, die Kirche lebt laut dieser Verheißung in der Gegenwart Jesu Christi. Eben darum, als Trägerin des Wortes Gottes und angesichts jenes Vakuums muß sie unter allen Umständen lehren, d. h. das, was durch dieses Wort gesagt ist, in jenes Vakuum hinein weitersagen. Das Wort Gottes selbst kraft seines Inhalts, Jesus Christus selbst kraft dessen, was er ist und tut, konstituiert die Kirche als lehrende Kirche, begründet also das göttliche Objekt das menschliche Subjekt der reinen Lehre: die subjektive Möglichkeit reiner Lehre als eines menschlichen Tuns. Die Kirche bedarf tatsächlich nur dessen, seiner und damit der in ihr lebendigen Wirklichkeit der Verheißung eingedenk zu sein, um eben damit zu diesem Tun aufgerufen, ja in dieses Tun versetzt zu sein. Aufgerufen zu reiner Lehre: dafür sorgt dieselbe der Kirche gegebene Verheißung als Gesetz und Norm — zu reiner Lehre: dafür sorgt sie, indem sie der besondere der Kirche aufgegebene Gegenstand ist, kraft ihrer Natur, kraft dessen, was in ihr material über den Menschen und zum Menschen gesagt ist: von dem gnädigen Handeln Gottes für den Menschen. Diese Norm erlaubt keine falsche Lehre, aber dieser Gegenstand erlaubt auch kein Schweigen. Die der Kirche gegebene Verheißung kann nicht etwa darauf warten, daß die Kirche es einmal zu einem befriedigenden Maß der geforderten, ihr angemessenen Reinheit der Lehre bringen möchte. Indem sie solche Reinheit fordert, indem sie also kritische Norm ist, indem sie die Ausscheidung aller falschen Lehre vollzieht, beansprucht sie die Lehre der Kirche zu jeder Zeit und an jedem Ort eben in der Verfassung, in der diese sich nun einmal befindet, wie wenig weit immer ihre Reinigung vorgeschritten, wie wenig weit immer sie damit im Rückstand sich befinden möchte. Gibt es keine Vollkommenheit, auf Grund derer sie sich dem entziehen könnte, daß sie von der Verheißung her geordnet werden muß, so gibt es auch keine Unvollkommenheit, auf Grund derer sie sich der Dynamik der Verheißung entziehen dürfte. Gibt es keinen Augenblick, in welchem die Kirche nicht auf ihre Reinheit bedacht sein müßte, so gibt es wiederum keinen Augenblick, in welchem dies anders geschehen könnte, als indem die Kirche darauf bedacht ist, daß Lehre wirklich ausgerichtet und Ereignis werde. Wie das Gesetz das Erste ausschließt, so das Evangelium das Zweite. Daß der Mensch, laut dessen, was in Jesus Christus geschehen ist, mit Gott leben darf im Glauben, in der Liebe und in der Hoffnung auf Grund von Gottes unbegreiflicher und unverdienter Barmherzigkeit: diese der Kirche zum Ausrichten übergebene Nachricht ist so dringlich, daß sie jederzeit und überall, wo Kirche ist, sofort und unter allen Umständen ausgerichtet werden muß. Es würde ja ihrem Inhalt widersprechen, wenn die Kirche sich im Blick auf die wahrscheinliche Unwürdigkeit auch ihrer künftigen Leistungen dem geforderten Gehorsam entziehen, wenn sie erst dann gehorchen wollte, wenn sie sich in der Lage finden sollte, solchen Gehorsam würdig zu leisten. Eben laut des Inhalts der ihr übergebenen Nachricht kann die Würdigkeit des menschlichen Tuns niemals ein Rechtsanspruch, kann aber auch die Unwürdigkeit des menschlichen Tuns niemals ein Hindernis sein, auf die von Gott dem Menschen angebotene Gemeinschaft sofort und unter allen Umständen einzutreten und also den geforderten Gehorsam sofort und unter allen Umständen zu leisten.

Und weil nun eben an dieser Stelle vermöge der Sophistik des natürlichen Menschen jeden Augenblick die Versuchung und die Gefahr besteht, daß dies unterbleiben könnte, weil das Faktum der kirchlichen Verkündigung auch nach dieser Seite ein zweideutiges Faktum ist, darum muß die Aufgabe der Dogmatik nach dieser Seite eine materielle Aufgabe sein, d. h. die Aufgabe, der das Wort Gottes hörenden Kirche ins Gedächtnis und ins Bewußtsein zu rufen, was sie hört, indem sie das Wort Gottes hört. Damit sie eben auf Grund der Dynamik dieses Was nicht bloß hörende, sondern als hörende auch lehrende Kirche sei. Damit sie mit dem Gehorchen sofort und unter allen Umständen, ohne Rücksicht auf ihre gegenwärtige oder künftige Würdigkeit oder Unwürdigkeit, ganz allein um der Natur der Verheißung willen, zu beginnen genötigt werde. Damit sie nicht nur verhindert sei, häretische Kirche, damit sie auch verhindert sei, tote Kirche zu werden. Damit ihr Auftrag sie bedränge, sie aus aller Ruhe (auch aus der Ruhe der kritischen Besinnung) aufscheuche und zum Handeln bewege. Damit sie die von ihr geforderte Verantwortung nicht etwa aus Furcht vor der Verantwortlichkeit schuldig bleibt. Eben darum kann und darf der Zuruf, den die Dogmatik der Kirche schuldig ist, nicht im Formalen, nicht in der Forderung stehen bleiben, nicht in dem Postulat: daß die lehrende Kirche sich die Konfrontierung mit dem Worte Gottes gefallen lassen und nach ihm sich ausrichten müsse. Dieses Postulat kann und darf nicht in der Luft stehen. Die Kirche ist ja auch als lehrende Kirche keine Gegebenheit, deren Vorhandensein ohne Weiteres vorauszusetzen wäre, die nur der Reinigung und nicht schon der Konstituierung immer wieder bedürftig wäre, die nur zum Hören, nicht aber, weil dieses sich von selbst verstehe, auch zum neuen Lehren immer wieder besonders erweckt und also im menschlichen Raum auch besonders und ausdrücklich aufgerufen werden müßte. Selbstverständlich und in sich selbst gewiß ist das Faktum der kirchlichen Verkündigung wohl von der göttlichen Verheißung her, nicht aber in seiner menschlichen Verwirklichung. Hier herrscht Zweideutigkeit auf der ganzen Linie. Hier bedarf die Kirche jeden Tag der Erweckung und der neuen Erhaltung: der Erhaltung nicht nur hinsichtlich des Wie, sondern auch hinsichtlich des Daß ihres Lehrens. Ungesichert ist hier mit der Ordnung auch das Leben der Kirche. Bedarf ihre Lehre der Prüfung, so muß dies auch dahin verstanden werden: daß sie positiv der Bewährung, der Bestärkung, der Bewegung, der Belebung bedarf. Und wenn diese letztlich und entscheidend nur von dem durch den Heiligen Geist kräftigen Worte Gottes selbst zu erwarten ist, so darf die Dogmatik dem Worte Gottes und der Kirche ihren Dienst doch auch nach dieser Seite nicht versagen. Ist doch auch die mit jener Prüfung verbundene Reinigung letztlich und entscheidend nur vom Wort Gottes selbst zu erwarten, ohne daß es der Kirche deshalb erspart wäre, in der Dogmatik auch selbst die Hand an den Pflug zu legen. Sie hat dies hier nicht weniger als dort zu tun. Eben die Bewährung und Belebung der Lehre, eben die immer wieder nötige Neukonstituierung der lehrenden Kirche als solcher geschieht aber nicht nur damit, daß ihr im Worte Gottes ihre Regel und Richtschnur entgegentritt, sondern darüber hinaus damit, daß sie in demselben Wort Gottes ihre Quelle hat, vom Worte Gottes her also wie geordnet so auch kräftig gemacht wird. Und wenn nun die Dogmatik auch nach dieser Seite einen besonderen Dienst am Worte Gottes hat, so muß er offenbar darin bestehen, auf diesen Charakter des Wortes Gottes als der Quelle der Lehre hinzuweisen, das Wort Gottes verständlich zu machen als das Wort, das, wenn es gehört und indem es gehört wird, zur Sprache drängt und Sprache notwendig, möglich und wirklich macht, als das Wort, das eben nicht nur die Ordnung, sondern auch das Leben der kirchlichen Lehre begründet und erhält. Sie muß um der Aufgabe der Kirche willen die Gabe des Wortes nicht nur als Aufgabe, sondern als Gabe verständlich machen. Sie muß es also, indem sie darauf hinweist als auf die Norm, der sie selbst mit der ganzen Kirche unterworfen ist, entfalten, damit es als Gabe sichtbar werde und für sich selber rede. Sie muß seine Herrlichkeit nicht nur formal behaupten, sondern material als Herrlichkeit bezeugen. Sie wird aber ihren Charakter und ihre Grenzen als Dogmatik in keiner Weise preisgeben müssen und dürfen. Es bleibt dabei, daß Dogmatik nicht Predigt, daß sie als wissenschaftliche Prüfung der kirchlichen Lehre nur Dienst an der kirchlichen Verkündigung ist. Aber wie könnte sie diesen Dienst versehen, wenn sie die Sache, den Gegenstand, das, was die kirchliche Verkündigung beschäftigt und in Anspruch nimmt, etwa nur von außen betrachten und als von außen Betrachtetes der kirchlichen Verkündigung als deren Gesetz entgegenhalten, wenn sie sich nicht selbst auf diese Sache einlassen, sie als das Evangelium, das sie ja ist, verstehen und wiederum auch der Kirche als Evangelium verständlich machen würde? Alles, was in der heiligen Schrift gegen ein abstrakt als Gesetz verstandenes, angebliches Wort Gottes gesagt ist, würde sich automatisch auch gegen eine so verstandene und auftretende Dogmatik richten und im Namen der Freiheit der Kinder Gottes müßte gegen eine solche Dogmatik protestiert, ihr angeblicher Dienst abgelehnt werden. Dienst am Gesetz Gottes und in der Kirche, auch der notwendige Dienst am Worte Gottes kann sie nur sein, wenn und sofern sie Dienst am Evangelium ist, wenn und sofern sie also ihre formale Aufgabe zugleich als materiale in Angriff nimmt: als Entfaltung und Darstellung des die Lehre der Kirche erweckenden, bewährenden, bestärkenden, bewegenden und belebenden Inhalts des Wortes Gottes. Sie wird dieses als Norm zur Geltung bringen, indem sie es als Gegenstand zur Sprache bringt. Sie wird die notwendige Kritik an aller kirchlichen Lehre vollziehen, indem sie sich selbst ganz der die kirchliche Lehre beanspruchenden und beschäftigenden Sache zuwendet und indem sie von daher explizit oder implizit auf die verschiedenen mehr oder weniger reinen oder unreinen Gestalten kirchlicher Lehre zurückblickt. Sie wird darum von selber genötigt sein, dem Menschenwerk der kirchlichen

Lehre in seinem ganzen Umfang gegenüber nicht nur das Gericht, sondern auch die Vergebung der Sünden zu verkündigen, die auch der unrein lehrenden, auch der häretischen und häretisierenden Kirche gerade dann verkündigt werden muß, wenn ihr wirklich das Gericht und die Buße verkündigt werden soll. Sie wird ja dann alle ihr sichtbar werdenden Fehler, Irrtümer und Abweichungen nur als Fehler an der ihr zuerst und vor allem sichtbaren Wahrheit und insofern doch auch im Zusammenhang mit der Wahrheit selber sehen, darstellen und bestreiten können. Sie wird darum ihre Fehlerhaftigkeit gewiß nicht abschwächen, sie wird unrein nicht rein nennen, sie wird den Irrtum nicht einbeziehen in die rechte kirchliche Lehre, sondern sie wird die Kirche und ihre Lehre gegen den Irrtum und die Lüge zur Abgrenzung bringen. Es wird aber auch diese Abgrenzung nicht ohne positiven Sinn, nicht ohne Verheißung und Einladung über die notwendig zu ziehenden Grenzen hinaus erfolgen können. Es wird auch das tötende Gesetz nicht anders als von dem lebendig machenden Evangelium her und zugleich mit diesem geltend gemacht werden können. Und eben darum und so wird die Dogmatik dann auch tröstlich mit der Kirche selber zu reden in der Lage sein. Sie wird ja, indem sie das Wort Gottes entfaltet und darstellt, nicht anderswoher als aus dem eigensten Sein und Eigentum der Kirche heraus zu dieser reden. Sie wird ihr nichts sagen, was diese, so gewiß Jesus Christus in ihr gegenwärtig ist, nicht selber schon ist und hat. Sie wird sie vor die Fülle ihres eigenen Reichtums stellen. Sie wird ihr zeigen, in wieviel ganz unnötiger Dürftigkeit und Beschränktheit sie sich bewegt und wie stark und reich sie sofort sein könnte. Sie wird die Kirche sich selber lieb machen. Sie wird ihr neues Vertrauen und neuen Mut geben, ganz sich selber zu sein. Sie wird das Alles tun, indem sie das Wort Gottes aufs Neue zu ihr reden läßt. Indem sie sie also nicht nur auffordert, es zu hören und sich nach ihm zu richten, sondern indem sie das Ihre tut, daß sie es hören kann, indem sie es selber, so gut es ihr gegeben ist, zu lehren versucht. Eben damit wird sie es ihr nicht aufdrängen, wohl aber nahe legen, daß sie selber, die Kirche, wirklich nicht nur hören, sondern als hörende auch lehren darf. Nicht soll, sondern darf: daß es eine Ehre und eine Freude, eine innere Notwendigkeit und eine Wohltat ist, dem Wort Gottes zu dienen und also zu lehren, wie es der Sinn der Existenz der Kirche ist. Daß eben der Zwang, das Evangelium zu verkündigen, zugleich die unvergleichliche Freiheit der Kirche ist, von der nicht Gebrauch zu machen, nicht nur Ungehorsam und Untreue, sondern auch Torheit und Selbstpreisgabe wäre, weil die Kirche nur in dieser Freiheit leben, außerhalb dieser Freiheit aber nur sterben kann. Und wenn die Dogmatik die Kirche zugleich zur Ordnung zu rufen hat, so wird es, indem es im Zusammenhang der Entfaltung und Darstellung des Wortes Gottes und also im Hinblick auf dessen Dynamik geschieht, nur so geschehen können, daß die Kirche darauf aufmerksam gemacht wird, daß sie in der ganzen Schwachheit und Problematik ihres Lehrens umgeben ist von der Kraft und Klarheit dessen, was Gott selbst in ihrer Mitte lehren will und tatsächlich lehrt, einer Kraft und Klarheit, die gewiß auch keine Dogmatik adäquat wiedergeben, auf die sie aber die Kirche hinweisen darf als auf das Größere, durch das die Kirche mit ihrem Tun nicht nur relativiert und gerichtet, sondern zugleich getragen wird, von dessen Gegenwart sie, wenn sie es nur will, jederzeit Gebrauch machen darf.

2. DIE DOGMATISCHE METHODE

Wir verstehen unter der dogmatischen Methode den Weg, den die Dogmatik in Bewältigung ihrer materialen Aufgabe, also bei der Entfaltung und Darstellung des Inhaltes des Wortes Gottes zu gehen hat. — Die Dogmatik kann sich auch in dieser Hinsicht nur neben, nicht über die Predigt stellen; der Dogmatiker kann grundsätzlich nur dasselbe tun, was der Prediger tut, d. h. er muß es im Gehorsam wagen, zu sagen, was er gehört hat, wiederzugeben, was er empfangen hat. In der Meinung und Absicht, die hörende Kirche zu neuen Lehren aufzurufen, nimmt die Dogmatik ihrerseits die Stellung der lehrenden Kirche ein, macht sie sich ihre Aufgabe zu eigen, versucht sie paradigmatisch eine Lösung dieser Aufgabe, der Aufgabe der Lehre vorzulegen. Sie beteiligt sich insofern an der Verkündigung, ebenso wie sie sich, formal betrachtet, am Hören des Wortes Gottes beteiligt. Was sie auch hier von der Predigt unterscheidet, ist eine Gewichtsverlegung. Wenn die Kirche im Allgemeinen lehrt, dann ist ihre Meinung und Absicht zunächst auf die neue Konstituierung einer hörenden Kirche als solcher gerichtet. Aber wie sollte das möglich sein, ohne daß sie darüber hinaus auch zu neuem Lehren aufruft, zum Zeugendienst, zum Weitergeben des gehörten Wortes durch die hörende Gemeinde? Ebenso wie sie ja auch nicht lehren kann ohne die Rückfrage und Kontrollfrage nach der Richtigkeit und Gültigkeit ihres Lehrens. Wenn die Dogmatik lehrt, dann rückt sie, wie nach der formalen, so auch nach der materialen Seite die für die lehrende Kirche im Allgemeinen zwar unausweichliche, aber doch im Hintergrund stehende Frage als Hauptfrage in den Vordergrund. Nach der materialen Seite ist dies die Frage nach der Anregung und Erweckung der Kirche zu neuem Lehren des Wortes Gottes. Der Ort, von dem die Dogmatik in dieser Hinsicht ausgeht, wird naturgemäß die hörende, die aus der Quelle des Wortes Gottes schöpfende und empfangende Kirche sein. Aber eben weil die Kirche an diesem Ort unter dem sachlichen Zwang des Wortes Gottes nicht stehen bleiben kann, weil sie von da aus immer wieder vordringen muß zum Sagen dieses Gehörten, weil dieser Zwang Aufruf bedeutet an die Kirche und weil die Dogmatik der Kirche auch in der Weise zu dienen hat, daß sie diesem Aufruf Stimme verleiht, eben darum muß sie selbst im Gehorsam den Schritt wagen: vom Hören zum Reden — und eben dieser Schritt: der paradigmatische Vollzug der notwendigen Beziehung des Hörens auf das Lehren wird nach dieser Seite ihr besonderes Thema werden. Im Vollzug dieses Schrittes also nimmt sie nun selber, von der hörenden Kirche herkommend, die Stellung der lehrenden Kirche ein. Sie tut das nicht, um das Lehren der Kirche zu ersetzen oder auch nur zu ergänzen, nicht in der Absicht, eine zweite, vielleicht tiefere, wissenschaftlichere, strengere, umfassendere Gestalt kirchlicher Predigt auf den Plan zu stellen. Sie konkurriert in keinem Sinn mit dem, was die lehrende Kirche im Allgemeinen zu tun hat. Was sie tut, das tut sie vielmehr gerade um der nie selbstverständlichen Konstituierung der lehrenden Kirche als solcher willen: damit die hörende Kirche lehrende Kirche zu werden nicht vergesse und nicht unterlasse, damit sie in dieser ihrer zweiten Funktion nicht mutlos, ratlos und freudlos, nicht untätig und damit tote Kirche werde.

Die Dogmatik ist nun freilich nicht in der Lage, der hörenden Kirche gegenüber das Wort Gottes selbst und als solches auf den Plan zu führen und seine erweckliche Kraft in Aktion zu setzen. Sie kann dies so wenig, wie sie in ihrer formalen Funktion die kritische Wirkung des Wortes Gottes gegenüber der lehrenden Kirche in Aktion zu setzen vermag. Die kritische und die erweckliche Kraft des Wortes Gottes in der Kirche ist ja die Kraft des Wortes Gottes selbst und nur seine Kraft. Die Dogmatik kann dieser Kraft nach beiden Seiten nur dienen. Sie kann also nur mit menschlichen Mitteln menschlich zu erwecken versuchen. Und sie kann auch das nicht willkürlich tun; es können auch diese menschlichen Mittel keine selbsterwählten Mittel sein. Sondern sie kann nur damit erwecken, daß sie sich selbst der Erweckung durch das Wort Gottes so offen und bereitwillig, als es ihr gegeben ist, unterzieht. Ihr Aufruf an die hörende Kirche: daß sie zum Lehren überzugehen und das vernommene Wort Gottes weiterzugeben nicht vergessen und unterlassen soll — dieser Aufruf wird *in concreto* darin bestehen müssen, daß die Dogmatik der hörenden Kirche eben das vormacht, wozu sie auffordert: ein aus der Quelle des Wortes Gottes sich nährendes, ein durch den Inhalt des Wortes Gottes notwendig und wirklich gemachtes menschliches Denken und Reden. Indem sie selbst nicht schweigt und damit bezeugt, daß sie nicht schweigen kann, indem sie selbst nicht nur das Gesetz geltend macht und, an seiner Norm messend, Kritik an der Lehre übt, indem sie vielmehr indem sie hört, lehrt und damit bezeugt, daß sie lehren kann und muß, erinnert sie die Kirche an das ihr wesensmäßig so nötige Lehren. Sie versucht, ihrer materialen Aufgabe damit gerecht zu werden, indem sie sich selbst durch das Wort Gottes Materie, Inhalt, Gegenstände bieten läßt, sie aufgreift und von ihnen im Gehorsam zu reden wagt. Sie arbeitet im Sinn des der Kirche gegebenen Evangeliums an der kirchlichen Verkündigung, indem sie selbst das Evangelium aufnimmt und zu sagen versucht. Sie muß also auch nach dieser Seite innerhalb der Sphäre des an sich immer gefährdeten Menschenwortes der kirchlichen Verkündigung Demonstration und Kundgebung, Zeichen und Zeugnis sein für das Vorhandensein und für die Kraft des Wortes Gottes, in dessen Dienst jenes Menschenwort nicht nur seine Qualifizierung und Beglaubigung, sondern schon seine Existenz — soll es sie überhaupt haben — immer wieder empfangen muß. Die Dogmatik kann auch in dieser Hinsicht grundsätzlich nicht mehr sein wollen, wie die Predigt selbst nicht mehr sein wollen kann als das, was nach ihrer menschlichen Seite auch die heilige Schrift, ja die Menschheit Jesu Christi selber ist, nämlich Zeugnis von Gottes Wort. Der Dogmatiker hat also die Kraft des Wortes Gottes nur kraft der freien Gnade des ewigen Wortes Gottes selbst und also in der Verborgenheit seines Glaubens und Gehorsams, die ihn aber nur insofern rechtfertigen, als sie ihm durch das Wort Gottes selbst geschenkt sind. Indem die Dogmatik im materialen Sinn ihrer Aufgabe den Inhalt des Wortes Gottes entfaltet und darstellt, kann die Kraft des Wortes Gottes, die sie damit zu bezeugen hat, nur in dem von dem göttlichen auf das menschliche Sein und Tun fallenden Widerschein sichtbar, sie kann in der Dogmatik als solcher nur instrumental wirksam werden. Durch Gottes souveräne Tat ist die Dogmatik auch nach ihrer materialen Seite, was sie ist, oder sie ist es gar nicht. Aber eben auf Gottes souveräne Tat kann und darf und muß die Dogmatik rekurrieren auf Grund der der Kirche gegebenen Verheißung: wie die Predigt darauf rekurrieren kann, darf und soll, wie die biblischen Zeugen darauf rekurriert haben mit ihrem menschlichen Tun, wie der Mensch Jesus in urbildlicher Bedeutsamkeit für alles menschliche Zeugnis rekurriert hat auf die souveräne Tat Gottes in seiner eigenen Existenz, um in diesem ständigen Rekurs als der Sohn des Vaters im Fleische zu existieren. Wie könnte auf Gottes Gnade rekurriert werden, ohne deren Freiheit zu respektieren, wie also ohne Furcht, aber freilich auch: wie ohne die die Furcht überwindende Freude und Zuversicht: wie also hier ohne die Zuversicht, daß auch die Dogmatik ein Zeichen, das der kirchlichen Verkündigung zugeordnete Zeichen der göttlichen Norm nicht nur, sondern der göttlichen Kraft sein könne und sein werde und daß sie als solches wirksam sein werde? Die Natur dieses Zeichens als solchen und also des an sich gar nicht göttlichen, sondern geschöpflich-menschlichen Werks und Gebildes der dogmatischen Arbeit wird aber sein: ihre exemplarische Beanspruchung durch den Gegenstand der kirchlichen Lehre, ihre Eigenschaft als ein solches menschliches Denken und Reden, das durch die in der heiligen Schrift bezeugte Offenbarung beschäftigt und gefüllt ist. Durch diese Beanspruchung, Beschäftigung und Füllung unterscheidet sich das dogmatische Denken und Reden vom undogmatischen. Wieder bedeutet das gewiß nicht den Unterschied eines göttlichen von einem menschlichen Denken und Reden, wohl aber einen Unterschied innerhalb des menschlichen. Wieder hat sich das dogmatische Denken und Reden von allem anderen dadurch abzuheben, daß es sich diesem Gegenstand gefangen gegeben hat, daß es ein Denken und Reden in der Gefangenschaft und dann freilich auch in der Freiheit dieses Gegenstandes ist. Wir müssen das in § 23 gebrauchte Bild jetzt wiederholen und umkehren: indem in der dogmatischen Arbeit ein von diesem Gegenstand, ein durch das Wort des Vaters, des Sohnes und des Heiligen Geistes in seiner in der Schrift bezeugten Offenbarung gefangenes Denken zu Worte kommt, erinnert sie an das Tor, das auch Schranke ist, ist sie also notwendig Kritik der lehrenden Kirche, sofern sie die Norm, die ihrem Tun gesetzt ist, vergessen haben sollte. Wie würde sie sonst an Gottes Wort erinnern? Aber wiederum: wie würde sie an Gottes Wort erinnern, wenn sie nicht auch daran erinnerte, daß die Schranke auch Tor ist, daß dem Tun der lehrenden Kirche eine Norm gesetzt ist, damit es recht geschehe und nicht etwa, damit es nicht geschehe! Indem sie jetzt selber — gewiß auch sie nur Menschenwerk treibend! — als ein mit jenem Gegenstand beschäftigtes und von ihm gefülltes Denken und Reden auf den Plan tritt, bezeugt sie der Kirche (auch das versteht sich ja nicht von selbst, sondern auch das muß ihr bezeugt werden!): daß die Schranke wirklich auch Tor ist, daß ihr Tun, so gewiß es recht geschehen muß, auf alle Fälle geschehen muß und dann auch geschehen kann und darf.

Die dogmatische Methode, d. h. der Weg, den die dogmatische Arbeit, in Anspruch genommen durch ihren Gegenstand, gehen muß, muß wie die dogmatische Norm identisch sein mit der in der Schrift bezeugten Offenbarung als Gottes Wort, sofern diese eben nicht nur Norm, sondern auch Weg: bestimmter, in sich selbst gegliederter und geordneter Inhalt ist. In und mit diesem Inhalt ist, wie der kirchlichen Verkündigung, so auch der Dogmatik ihr Weg, ihre Methode grundsätzlich vorgegeben. Sie kann grundsätzlich in der Entfaltung und Darstellung des Inhalts des Wortes Gottes nicht so oder auch anders vorgehen. Der Inhalt des Wortes Gottes selbst muß regieren und die Dogmatik mit der kirchlichen Verkündigung muß gehorchen. Der Inhalt der Dogmatik kann also kein anderer sein als eine Erklärung des im Worte Gottes sich ereignenden Werkes und Handelns Gottes. Wir sahen ja: weil im Wort das Werk Gottes geschieht, darum will es gehört und darum will es als gehörtes gelehrt sein. Kein Menschenwerk, und so auch nicht das der Dogmatik, kann dieses Werk Gottes vollstrecken. Sie kann es aber, sofern es sich im Wort Gottes ereignet, sofern es in der biblisch bezeugten Offenbarung Gottes in Jesus Christus der Kirche gegenwärtig ist, bezeugen und das heißt konkret: im Blick auf diese seine Gegenwart beschreiben und erklären. Dies und nur dies ist es, was die kirchliche Verkündigung und was zu deren Erweckung, Bewährung und Belebung exemplarisch auch die Dogmatik zu tun hat.

Methodisch in Ordnung ist die Dogmatik immer dann, wenn sie mit diesem Werk als solchem beschäftigt ist; methodisch in Unordnung kommt sie immer dann, wenn sie sich durch etwas Anderes als durch dieses Werk beschäftigen läßt. Wir werden also auch unter diesem Gesichtspunkt grundsätzlich von der Theonomie und nur von der Theonomie der kirchlichen Verkündigung und der Dogmatik zu reden haben. Wir verstehen sie jetzt als die Freiheit und Herrschaft des in Gottes offenbartem Wort sich vollziehenden göttlichen Werks und Handelns, als den Weg, den Gott in Jesus Christus durch den Heiligen Geist tatsächlich gegangen ist, geht und gehen wird mit den Menschen und in dessen Beschreiten die Methode der kirchlichen Verkündigung und der Dogmatik besteht und allein bestehen kann.

Aber was heißt Theonomie im menschlichen Bereich, sofern sie daselbst wirklich aufgerichtet ist und in Geltung steht? Theonomie ohne relative konkrete Gestalt würde eine leere, dem Zufall oder der Willkür überlassene Idee sein, haben wir schon in § 23 festgestellt und wir müssen es auch hier tun. Aber uns beschäftigt jetzt nicht die formale, sondern die materiale Aufgabe der Dogmatik. Wir fragen jetzt nicht nach ihrer Norm, sondern nach ihrer Methode und also nach dem in der Dogmatik zu leistenden Gehorsam gegen das im Wort sich ereignende Werk und Handeln Gottes im Blick darauf, daß durch die Erinnerung daran, durch die Bezeugung seiner Kraft ein bestimmtes menschliches Handeln der Kirche, nämlich ihre Verkündigung neu geweckt, bewährt und belebt werden soll. Wir können uns also hier nicht begnügen mit dem Hinweis auf die der Theonomie der Dogmatik entsprechende Heteronomie, auf die relative und konkrete Gestalt, in der das Wort Gottes der kirchlichen Verkündigung und so auch der Dogmatik als anderes, als fremdes Gesetz gegenübertritt. Gibt es auch hinsichtlich der materialen Aufgabe der Dogmatik Theonomie und eine relative und konkrete Gestalt der Theonomie, dann muß sie hier — es geht ja jetzt um die subjektive Möglichkeit der reinen Lehre — die relative und konkrete Gestalt der Autonomie haben. Autonomie darf in diesem Zusammenhang so wenig wie Heteronomie im Gegensatz, sie muß vielmehr in Entsprechung und Korrelation zu Theonomie verstanden werden. Autonomie kann hier selbstverständlich auch keinen Widerspruch bezeichnen gegenüber der in § 23 beschriebenen Heteronomie der Dogmatik. Autonomie und Heteronomie der Dogmatik beschreiben von unten, vom Menschen her dasselbe, was von oben, von Gott her, als Theonomie zu beschreiben ist. Sie beschreiben beide miteinander den notwendigen Gehorsam der kirchlichen Verkündigung und also auch der ihr exemplarisch zur Seite gehenden Dogmatik. Aber gerade weil dieser Gehorsam als ein strenger völliger Gehorsam zu verstehen und zu beschreiben ist, darf er nicht nur formal, sondern muß er auch material, darf er nicht nur objektiv unter dem Gesichtspunkt der Norm, und also der Heteronomie, sondern muß er auch subjektiv, unter dem Gesichtspunkt, der Methode, und also der Autonomie beschrieben werden. Wie der Gehorsam der Kirche überhaupt, so wäre offenbar auch der in der Dogmatik zu leistende Gehorsam noch gar nicht als wirklicher Gehorsam verstanden, solange er nicht als in der Freiheit zu leistender Gehorsam verstanden wäre. Daß es unter dem fremden Gesetz des Wortes Gottes steht und daß dasselbe Gesetz sein eigenes Gesetz ist — beides zusammen offenbar (und nur beides zusammen!) kann ein bestimmtes menschliches Handeln als Gehorsam gegen das Wort Gottes charakterisieren. Je nur von der einen oder von der anderen Seite, je nur von außen oder nur von innen bestimmt, könnte es offenbar immer noch auch ein Handeln des Ungehorsams bezeichnen. Soll also konkret und relativ von der Theonomie der Dogmatik geredet werden, dann gewiß nicht von ihrer Autonomie allein, dann aber auch nicht allein — als ob sich die Theonomie etwa darin erschöpfen könnte — von ihrer Heteronomie. Autonomie der Dogmatik bezeichnet ihren Gehorsam gegen das Wort Gottes, sofern dieser Gehorsam die eigene, freie Entscheidung des menschlichen Subjektes der Dogmatik ist, sofern ihre Theonomie in dieser eigenen freien Entscheidung des menschlichen Subjektes ihre konkrete relative Gestalt hat. Eben in dieser eigenen freien Entscheidung des menschlichen Subjektes ist sie offenbar an das im Wort Gottes sich ereignende Werk und Handeln Gottes gebunden, mit ihm beschäftigt, von ihm erfüllt — oder sie ist es gar nicht. Was hülfe der Dogmatik alle biblische, alle konfessionelle, alle kirchliche Haltung, wenn sie nicht in dieser Haltung mit dem im Wort Gottes sich ereignenden Werk Gottes beschäftigt wäre? Die durch das Wort Gottes als die Norm der Dogmatik von ihr geforderte Haltung allein und als solche garantiert noch nicht dafür, daß dies wirklich der Fall ist. In derselben Haltung — wenn das Problem der Haltung eben wirklich isoliert zu stellen und zu beantworten wäre, wenn der in der Dogmatik und in der kirchlichen Verkündigung zu leistende Gehorsam sich in dem Einnehmen dieser Haltung erschöpfen sollte — könnte die Dogmatik sich dem Werk und Handeln Gottes, das in seinem Wort geschieht, auch entziehen, könnte sie den Inhalt des Wortes Gottes auch in objektiver Schau und Analyse einer Totalität von Sachverhalten entfalten und darstellen wollen, den Charakter eines Gesprächs, eines Prozesses, einer Kampfhandlung, eines Regierungsaktes, den dieser Inhalt in Wirklichkeit hat, also verfehlen und damit hinsichtlich ihrer materialen Aufgabe völlig in die Irre gehen. Daß sie sich damit faktisch auch ihrer Norm entzieht, daß sie damit faktisch auch nicht die ihr gebotene Haltung einnehmen würde, das ist wohl wahr. Wie sollte sie in wirklich biblischer, konfessioneller, kirchlicher Haltung das im Worte Gottes sich ereignende Werk Gottes als solches übersehen und verfehlen können? Aber daß sie das tatsächlich nicht kann, das ist damit nicht erreicht, daß sie unter die Forderung solcher Haltung gestellt wird.

Das ist überhaupt durch keine an sie zu richtende Forderung zu erreichen. Es ist ihre Bezogenheit auf die Sache, auf den Gegenstand der kirchlichen Lehre, auf das Werk und Handeln Gottes in seinem Wort gewiß von ihrer Theonomie, nicht aber von ihrer Heteronomie, sondern nur von ihrer A u t o - n o m i e her zu begründen und zu erklären. In der Unterstellung der dogmatischen Arbeit unter ein ihr von außen auferlegtes objektives Gesetz als solches wird diese Bezogenheit nicht verwirklicht, sondern erst damit, daß ihr Gehorsam völlig und damit erst wirklicher Gehorsam wird, d. h. aber damit, daß sie sich das Gesetz Gottes z u e i g e n macht und also erst in der eigenen freien Entscheidung des menschlichen Subjektes der Dogmatik. In dieser Entscheidung und erst in dieser Entscheidung wird die dogmatische Arbeit beteiligt an dem Gespräch, dem Prozeß, der Kampfhandlung, dem Regierungsakt, kurz: an dem Werk und Handeln Gottes, das den wirklichen Inhalt seines Wortes bildet. Und wie anders als in dieser Beteiligung und also in dieser Entscheidung sollte sie über den wirklichen Inhalt des Wortes Gottes wahrheitsgetreu berichten, ihn entfalten und darstellen können? In dieser Entscheidung und erst in dieser Entscheidung wird sie auf ihren bestimmten Weg gestellt, empfängt sie also das, was wir ihre Methode nennen. Alles wird nun freilich darauf ankommen, daß diese eigene freie Entscheidung des menschlichen Subjektes der Dogmatik nicht die Entscheidung der Willkür, sondern die Entscheidung des G e h o r s a m s dieses Subjektes ist, daß also die Autonomie der Dogmatik wirklich nicht anders zu verstehen ist, denn (ebenso wie ihre Heteronomie): als relative konkrete Gestalt ihrer T h e o n o m i e. Daß sie das ist, daß sie die Autonomie ist, die nicht nur mit Willkür nichts zu tun hat, sondern durch die alle Willkür geradezu ausgeschlossen ist, das kann nun freilich nicht systematisch vorausgesetzt werden, das ist die Gabe der Gnade und des Heiligen Geistes, die von Gott her gegeben werden muß und die vom Menschen her immer nur als die von Gott zu erbittende Voraussetzung in Rechnung gestellt werden darf. Aber das gilt hinsichtlich der Heteronomie der Dogmatik nicht weniger als hinsichtlich ihrer Autonomie. Als die von Gott zu schenkende und vom Menschen zu erbittende Voraussetzung muß sie ja auf der ganzen Linie alles christlichen Denkens und Redens in Rechnung gestellt werden. Die Vorbehalte, unter denen das allein geschehen kann, gelten selbstverständlich auch hier. Aber jeder Vorbehalt, der hier zu machen ist, ist ja als solcher wieder eine Bestätigung der der Kirche gegebenen Verheißung und also eine Erlaubnis, von der man Gebrauch machen darf und soll. In der Meinung, daß Gott es geben und daß der Mensch darum bitten muß, daß es so ist, verstehen wir also auch die Autonomie der Dogmatik als relative konkrete Gestalt ihrer Theonomie und also die eigene freie Entscheidung des menschlichen Subjektes der Dogmatik nicht als Willkür, sondern als Gehorsam: als den i n - n e r e n Gehorsam, in welchem der Mensch sich dem Wort Gottes nicht nur unterwirft, sofern er es als die ihm von außen auferlegte Norm seines Denkens und Redens anerkennt, sondern darüber hinaus: sofern er sich das im Worte Gottes geschehende Werk und Handeln Gottes innerlich gefallen, indem er sich in dessen Bereich und Wirkung einbeziehen läßt, sofern er sich also durch den Weg, den Gott selbst in seinem Worte geht, den Weg seines eigenen Denkens und Redens und also dessen Methode vorzeichnen läßt.

Das muß man sich freilich klar machen: Wenn die Entscheidung über die dogmatische Methode in dem nun bestimmten Sinn als ein Akt des Gehorsams in der eigenen freien Entscheidung des menschlichen Subjektes der Dogmatik fällt, dann heißt das einmal, daß sie nicht auf Grund eines äußeren Gesetzes fällt und sodann, daß sie ihrerseits selbst nicht den Charakter eines äußeren Gesetzes haben kann. Sie beruht dann wohl auf der absoluten Gehorsamsforderung des Wortes Gottes selbst, auf einer relativen, konkreten Forderung aber nur, sofern der M e n s c h diese im Gehorsam gegen Gott selbst an sich selbst richten muß: nicht auf Heteronomie, sondern auf Autonomie. Damit ist dann aber auch gegeben, daß er sie Anderen gegenüber wohl als B e z e u g u n g der absoluten Gehorsamsforderung des Wortes Gottes selbst, nicht aber zugleich als eine aus diesem auch für Andere notwendig sich ergebende relative, konkrete Forderung vertreten und geltend machen kann. Indem sie für ihn selber die notwendige, die allein mögliche Entscheidung sein wird, wird er sie jedem Dritten nur als s e i n e nach bestem Wissen und Gewissen vollzogene Entscheidung, damit als hoffentlich ernst zu nehmende A n f r a g e, als hoffentlich gut begründeten V o r s c h l a g, als hoffentlich beachtlichen und wertvollen R a t, aber grundsätzlich doch nur als Anfrage, Vorschlag und *consilium*, nicht aber als letztlich und absolut bindendes Gebot vorlegen können.

Sollte seine Entscheidung für diesen und jenen Anderen den Charakter eines auch ihn bindenden Gebotes tatsächlich b e k o m m e n, so daß sie nun auch für ihn die notwendige, die allein mögliche Entscheidung wird, dann ist das eine Sache für sich. Das kann dann bedeuten, daß es Gott gefallen hat, seine Entscheidung als die rechte zu bestätigen und durch den Dienst dieser seiner Entscheidung auch Anderen gegenüber seinen eigenen Willen kundzutun. Es wird aber eine solche Entscheidung auch dann, wenn sie noch so viel Beifall, Zustimmung und Nachfolge Anderer findet, auch dann wenn sie förmlich den Charakter einer Gemeinschaftsentscheidung bekommen sollte, darum doch nicht den Charakter eines Gebotes sich selbst anmaßen, sie wird anders denn als freie Entscheidung, die als solche wiederum nur zu freien Entscheidungen aufrufen kann, Dritten gegenüber unter keinen Umständen sich ausgeben und auftreten dürfen. Eben weil es in dem im Wort Gottes sich ereignenden Werk und Handeln Gottes um die eigene freie Entscheidung des Menschen und in der eigenen freien Entscheidung des Menschen um das im Wort Gottes sich ereignende Werk und Handeln Gottes geht (von beiden Seiten gesehen also um die Begegnung zwischen Gott und Mensch als eine Begegnung von Person zu Person) eben darum kann und darf an dieser Stelle keine menschliche Person der anderen ihr eigenes Verständnis des göttlichen Gesetzes aufdrängen, als wäre es mit diesem identisch. Wir werden das Alles später in der Erörterung des Begriffs und der Wirklichkeit des göttlichen Gebietens und Gebotes zu erläutern und zu begründen haben.

Das Alles bedeutet nun aber hier: die Entscheidung hinsichtlich der dogmatischen Methode, also hinsichtlich des Weges, den die Dogmatik für ihre Entfaltung und Darstellung des Inhalts des Wortes Gottes zu gehen hat, darf in der konkreten Gestalt, in der sie hier und hier vollzogen wird, gewiß nicht auf der Willkür des betreffenden menschlichen Subjektes, sondern allein auf der nun gerade ihm gegebenen Begegnung mit dem Werk und Handeln Gottes beruhen. Sie muß also eine Gehorsamsentscheidung sein und darf beanspruchen, als solche auch für andere den Charakter einer Anfrage, eines Vorschlags, eines Rates zu haben. Sie beruht aber nicht, wie dies hinsichtlich ihrer Form, hinsichtlich der Haltung, in der sie zu vollziehen ist, zu sagen ist, auf einer von außen ihr auferlegten, sondern auf einer solchen relativen und konkreten F o r d e r u n g, die das betreffende menschliche Subjekt im Gehorsam, nämlich im völligen und also freien Gehorsam gegen Gottes Wort s e l b s t a n s i c h s e l b s t richten muß und auch nur selbst an sich selbst richten kann, die es also umgekehrt auch nicht als Forderung an Andere richten kann. Die Entscheidung in Sachen der dogmatischen Methode ist also grundsätzlich: nach innen eine f r e i e W a h l, nach außen ein f r e i e s A n g e b o t. Sie wird darum vor und in ihrem Vollzug nicht weniger ernstlich zu p r ü f e n und Anderen gegenüber nicht weniger ernstlich zu b e g r ü n d e n sein. Würde das vergessen oder unterlassen oder leicht genommen, würde die Entscheidung dem Zufall oder dem ersten besten Gutfinden überlassen, würde sie nicht nach bestem Wissen und Gewissen in der Gefangenschaft des Gegenstandes der kirchlichen Lehre vollzogen und mit aller Genauigkeit auch Dritten gegenüber verantwortet, dann wäre das ein bedenkliches Symptom für ihren Gehorsamscharakter. Es würde dann, wenn die Dogmatik es sich hinsichtlich der Wahl ihrer Methode irgendwie leicht machen könnte, ernstlich zu fragen sein, ob sie nun nicht doch an der intimsten und empfindlichsten Stelle, nämlich gerade da, wo sie nach ihrem völligen und also inneren Gehorsam gefragt ist, auf Willkür beruhen möchte und inwiefern sie unter diesen Umständen mit der von ihr gewählten und befolgten Methode ein ernst zu nehmendes Angebot zu machen in der Lage sei.

Der Grundsatz: *methodus est arbitraria*, dessen Richtigkeit für die Dogmatik sich hier allerdings aufdrängt, darf also nicht dahin verstanden werden, als ob es dem *arbiter* gestattet sei, zu schlafen und zu träumen, um dann, irgendeiner Phantasie folgend, so oder so zu entscheiden. Er hat zu entscheiden. Kein von außen ihm zu gebendes Gesetz kann ihm die Entscheidung abnehmen. Weder in der Forderung biblischer, noch in der Forderung konfessioneller, noch in der Forderung kirchlicher Haltung ist vorweg darüber entschieden, daß er hinsichtlich der Methode der Dogmatik so oder so entscheiden müsse. Er hat aber so oder so in biblischer, in konfessioneller, in kirchlicher Haltung und das wird heißen: so oder so unter angelegentlichster Prüfung und Überlegung schon des ihm bekannten äußeren Gesetzes und erst recht unter angelegentlichsten Fragen nach dem von ihm selbst zu findenden inneren Gesetz zu entscheiden. In dem Maß, als er dies unterließe, würde er sich an dem Gegenstand der kirchlichen Lehre und also an Gott versündigen und es könnte dann die Anfrage, der Vorschlag, der Rat, den seine Entscheidung für Andere bedeuten soll, für diese bestimmt keine wirkliche Glaubwürdigkeit haben.

Die Freiheit der dogmatischen Methode ist die Freiheit des Gehorsams. Er wäre nicht der hier geforderte Gehorsam, wenn er nicht in Freiheit geleistet und wenn er nicht auch Andern Freiheit lassen würde. Es wäre aber auch nicht die hier notwendige Freiheit, in der etwas Anderes als Gehorsam Ereignis werden könnte, in der also nicht auch alle Anderen zum Gehorsam, zu freiem Gehorsam aufgerufen würden.

Treten wir in dieser Erkenntnis an das Problem der dogmatischen Methode heran, so ist damit die Vorfrage bereits beantwortet: ob die Dogmatik die Entfaltung und Darstellung des Inhaltes des Wortes Gottes in Form eines Systems zu vollziehen habe? Unter „System" ist im Sinne aller derjenigen, die in Philosophie und Theologie etwas Derartiges gewollt und geschaffen haben, zu verstehen: ein unter Voraussetzung einer bestimmten Grundanschauung mit Benützung bestimmter Erkenntnisquellen und bestimmter Axiome aufgebauter, in sich abgeschlossener und vollständiger Zusammenhang von Grundsätzen und Folgesätzen. Wenn die dogmatische Methode in der Entwicklung eines derartigen Systems bestehen würde, dann würde es um die Freiheit, in welcher in ihr Gehorsam zu üben ist, aber auch um den Gehorsam, in welchem sie ihre Freiheit zu bewähren hat, getan sein. Mindestens die vorausgesetzte bestimmte Grundanschauung müßte dann doch wohl den Charakter eines Gesetzes tragen. Und was könnte ihre systematische Entwicklung Anderes bedeuten als die Auslegung dieses Gesetzes? Die Grundanschauung müßte ihr ja, wenn sie wirklich die Entwicklung eines Systems sein sollte, in aller Bestimmtheit in Form eines konkret formulierten Vordersatzes oder einer ganzen Reihe von solchen vorgegeben sein und eben als Analyse dieser vorgegebenen Vordersätze würde dann die Entwicklung des Systems zu bestehen haben. Das Subjekt der dogmatischen Arbeit hätte diese Analyse zu besorgen und so das System zu bauen, um im Übrigen aus der Gehorsamspflicht entlassen zu sein. Würde das der Gehorsam sein, der dem Worte Gottes entspricht? Die Einschaltung eines solchen Gesetzes, durch die ein dogmatisches System allein zu ermöglichen wäre, würde der von der Dogmatik geforderten Sachlichkeit offenbar schon unter dem Gesichtspunkt widersprechen, daß dabei die Autonomie der dogmatischen Arbeit ausgeschaltet und dadurch die Völligkeit des in ihr zu leistenden Gehorsams in Frage gestellt würde. — Man wird aber weiter sagen müssen, daß ein dogmatisches System darum ein unvollziehbarer Begriff ist, weil dabei offenbar gar nicht das Wort Gottes, sondern eben jene vorausgegebene Grundanschauung zum Gegenstand der Dogmatik gemacht würde. Eine solche Grundanschauung kann im besten Fall die Gestalt eines mehr oder weniger getreu und geschickt dem Worte Gottes entnommenen

Grundprinzips oder Fundamental- oder Themasatzes oder eines Gefüges von solchen haben. Aber *quo iure* findet diese Entnahme statt? *Quo iure* lautet der Satz oder lauten die Sätze gerade so und so? *Quo iure* werden sie zum auszulegenden Gesetz erhoben? *Qui iure* treten sie an die Stelle, die eigentlich das Wort Gottes einnehmen müßte?

Wohin dieses Verfahren führen kann, macht man sich am Besten an einigen modernen Dogmatiken klar. Wenn Chr. E. Luthardt (Komp. d. Dogm.[4] 1873, S. 18) dekretiert, das Materialprinzip der Dogmatik müsse sein „die Gottesgemeinschaft mit Christo, welche ihre Wirklichkeit in der Glaubensgerechtigkeit hat und sich auf Grund derselben als Lebensgerechtigkeit vollzieht", wenn J. Kaftan (Dogm.[3-4] 1901, S. 8) das in der Dogmatik zu entwickelnde Wesen der christlichen Religion finden will in den beiden Gedanken des Gottesreiches und der Versöhnung, wenn F. Nitzsch (Lehrb. d. ev. Dogm.[3] bearb. v. H. Stephan 1912, S. 64) den Fundamentalsatz angibt mit den Worten: „Jesus Christus ist durch Verwirklichung des Reiches Gottes in der Menschheit der bleibende Mittler ihres Heils geworden", wenn R. Seeberg (Chr. Dogm. 1. Bd. 1924, S. 161) das Christentum definiert als „die durch Jesus Christus gewirkte Verkehrsgemeinschaft des Menschen mit Gott, die im christlichen Glauben als Hinnehmen der erlösenden Gottesherrschaft und in der Liebe als der Hingabe an Gott und das von ihm zu verwirklichende Reich besteht", während es sich nach E. Troeltsch (Glaubenslehre 1925, S. 71), handeln soll um „die Idee, die menschlichen Seelen durch die Gemeinschaft mit dem lebendigen Gott erlösend und heiligend zu Gott emporzuheben und sie in Gott zu verbinden zu einem Reiche der aus Gott stammenden und auf Gott gerichteten, darum auch untrennbar in religiöser Liebe verbundenen Persönlichkeiten" — so mag das Alles mehr oder weniger schön und brauchbar und vielleicht auch sachlich diskutabel sein, aber mit welchem Rechte wagt man es nun eigentlich, der Dogmatik die systematische Entwicklung solcher Voraussetzungen zur Aufgabe zu machen? Und war es nicht schon fast komisch, daß, nachdem Manche sich schon längst ihrer „christozentrischen" Dogmatik gerühmt hatten, jemand auf den Gedanken kam, die seinige als „theozentrisch" auszugeben, worauf wieder an Stelle dessen lieber „staurozentrisch" und wieder ein Anderer sogar „hamartiozentrisch" sein wollte? Was noch? Sollte, von hier aus gesehen, nicht schon der sehr viel frühere Augenblick als ein wenig glücklicher zu bezeichnen sein, in welchem man mit Cyrill von Jerusalem (*Cat.*, Einl. 11) anfing, den Unterricht im Christentum als einen „Hausbau" (οἰκοδομή) zu verstehen. Wollte und konnte man in der Dogmatik ein Haus bauen, dann mußte und konnte man offenbar zuvor das Fundament (θεμέλιον) legen, von dem denn auch schon Cyrill ausdrücklich geredet hat. Aber war dabei 1. Kor. 3, 11 nun wirklich bedacht?

Es wäre offenbar einzusehen, daß eben die Notwendigkeit der Voraussetzung einer solchen Grundanschauung die Absicht und Ausführung eines dogmatischen Systems als solche bedenklich macht. Im dogmatischen System bekommt die vorausgesetzte Grundanschauung unvermeidlich die Stellung und Funktion, die nach allen unseren Überlegungen allein dem Worte Gottes zukommen kann. Das Wort Gottes ist aber durch keine noch so reiche und tiefe und in ihrer Weise wohlbegründete Grundanschauung vom „Wesen des Christentums" auch nur stellvertretend zu ersetzen und das darum nicht, weil sein Inhalt freilich Wahrheit, aber eben die Wahrheit der Wirklichkeit des in ihm sich ereignenden Werks und Handelns Gottes ist, die sich als solche weder in einer Anschauung noch in einer Idee noch in einem Prinzip auffangen und kondensieren läßt, über

2. Die dogmatische Methode

die immer nur konkret, d. h. im Blick auf das jeweilig letzte Stadium des Prozesses, der Kampfhandlung, des Regierungsaktes, dessen Ereignis sie ist, berichtet werden kann, ohne daß doch einem solchen Bericht die Stellung und Funktion des Gegenstandes der Dogmatik zukommen dürfte. In dem Maß, als dies geschehen würde, würde sich die Dogmatik ihrem wirklichen Gegenstand gegenüber verschließen, sich von ihm abschneiden. Sie würde dann den Kontakt mit dem Geschehen, das die Kirche und mit der Kirche sie selbst zum Lehren treibt und damit ihre natürliche Dynamik einbüßen. Ihr bliebe dann nur übrig, sich in dem durch die vermeintlich vorgegebene Grundanschauung bezeichneten Kreis zu bewegen. Wobei sie ja keineswegs den Trost hätte, in dieser Kreisbewegung dem Gesetze Gottes gehorsam zu sein! Hätte sie doch dann mit der Freiheit zugleich den Gehorsam preisgegeben, weil eben die Vorgabe der Grundanschauung — auch wenn die Bildung einer solchen im Sinn eines für den Augenblick gültigen und richtigen Berichtes nicht als an sich verwerflich zu bezeichnen ist — sofern damit ein **Gesetz** aufgerichtet wird, letztlich doch auf einem **Willkürakt** beruhen muß, dessen sich die Dogmatik auch und gerade unter dem Gesichtspunkt ihrer materialen Autonomie nicht schuldig machen darf.

Wir haben uns damit bereits implizit abgegrenzt gegen die von der späteren protestantischen Orthodoxie vorgetragene Lehre von dem sogenannten *fundamentum fidei* bzw. von den von den *articuli non fundamentales* zu unterscheidenden *articuli fundamentales* der christlichen Lehre. Man wird sie bei den älteren Dogmatikern der beiden evangelischen Konfessionen, bei J. Gerhard und Polan, bei L. Hutterus und Wolleb noch kaum angedeutet finden; sondern sie gehört wie die Lehre von der verbalen Inspiriertheit der Schrift, wie das allmähliche Wiedereindringen der natürlichen Theologie und Ähnliches zu den Symptomen des beginnenden Zerfalls des reformatorischen Protestantismus. A. Quenstedt, *Theol. did. pol.* 1685 I *c.* 5, *sect. 1, thes.* 2 f.) trägt die Sache (im Anschluß an N. Hunnius) so vor: es gebe 1. ein *fundamentum fidei substantiale: res illa in quam homo fiduciam suam ponit, ex ipsius beneficientia salutem aeternam expectans*, d. h. der *Deus unitrinus in Christo mediatore fide complectendus*, 2. ein *fundamentum organicum:* das Wort Gottes als *medium generandae fidei ac principium doctrinae*, 3. ein *fundamentum dogmaticum* d. h. die *prima illa coelestis doctrinae pars, quae ad nullum aliud dogma refertur ut eius gratia revelata et ad quam caetera omnia dogmata tanquam propter ipsam revelata referuntur et ex qua, ut sufficiente et immediata causa, fides resultat*. Gegen die Bezeichnung und Darstellung von 1 und 2 als *fundamentum fidei* ist offenbar nichts einzuwenden: wir erkennen in dem *fundamentum substantiale* das wieder, was wir als den Inhalt des Wortes Gottes oder als das Wort Gottes als Evangelium beschrieben haben, und in dem *fundamentum organicum* die formale Voraussetzung des Wortes Gottes als des Gesetzes. Die Frage ist, ob es darüber hinaus tatsächlich ein *fundamentum dogmaticum* gibt: ein nach Quenstedts Beschreibung in einer Art von Aseität oberhalb der übrigen Dogmen, Artikel und Sätze aufgerichtetes Satzgefüge, innerhalb dessen dann freilich noch einmal zu unterscheiden wären: *articuli fundamentale primarii*, um die man *salva fide* nicht nicht wissen und *articuli fundamentales secundarii*, die man *salva fide* jedenfalls nicht leugnen darf. Ihnen würden dann gegenüberstehen die *articuli non fundamentales*, die *salva fide* ignoriert oder sogar geleugnet werden dürften. Aber wie kommt man zu dieser Unterscheidung und Hervorhebung? Zur näheren

Erklärung und Begründung dieser Sache hat F. Turrettini (*Instit. Theol. el.* 1679 *L* I *qu.* 14, 5) folgende Angaben gemacht: als göttlich und unfehlbar seien zwar alle in der Schrift offenbarten Dinge *creditu necessariae, non tamen omnes ex aequo sunt necessariae et distinguenda est hic accurate fidei amplitudo et extensio ab eiusdem necessitate. . . . Non omnes veritates eiusdem sunt ponderis, aliae maiorem, aliae minorem necessitatis gradum obtinent.* Viele haben z. B. nur *necessitas medii* oder nur *necessitas praecepti* oder sie betreffen bloß Riten und Zeremonien oder geschichtliche Umstände, nicht aber die Substanz des Glaubens. Die *articuli fundamentales* wären nach Turrettini von den *articuli non fundamentales* zu unterscheiden: 1. durch ihren Inhalt, sofern sie die notwendigen Ursachen und Bedingungen des Heils enthalten, 2. durch ihre ausdrückliche Hervorhebung in der heiligen Schrift, 3. durch ihr Enthaltensein im apostolischen Glaubensbekenntnis, im Blick auf das Turrettini freilich zugeben zu sollen meint, daß es nur *articuli theoretici* und keine *articuli practici* enthalte, daß es auch hinsichtlich der theoretischen Artikel extensiv interpretiert werden und daß es überhaupt *non tantum* (was auch die Häretiker können) *quoad verba*, sondern *quoad sensum* gelesen werden müsse. Als *fundamentum* in diesem Sinn hat Turrettini namhaft gemacht: die Theopneustie und Autorität der heiligen Schrift, die Trinität, die Mittlerschaft und das Werk Christi, die Sünde des Menschen und die Insuffizienz des Gesetzes, die Rechtfertigung durch den Glauben, die Notwendigkeit der Gnade zur Heiligung und zum rechten Gottesdienst, die Kirche, die Auferstehung der Toten, das jüngste Gericht und das ewige Leben — fügt aber hinzu: *et si quae alia hisce connexa sunt, quae omnia ita inter se copulantur ut a se invicem pendeant nec unum subduci queat, quin cetera corruantur.* Eine bestimmte Zahl der *articuli fundamentales* sei freilich nicht anzugeben.

Man könnte nun gewiß sofort fragen, warum in der von Turrettini gegebenen Aufzählung z. B. die Erwählung, die Schöpfung, die Sakramente nicht genannt seien. Aber im Ganzen wird man von ihm wie von Quenstedt und anderen Orthodoxen jener Zeit, die derartige Aufzählungen gemacht oder angedeutet haben, nicht sagen können, daß sie bei der auf Grund der ganzen Unterscheidung notwendigen Auswahl praktisch mutwillig vorgegangen seien. Man erkennt vielmehr, mit welchem sanftem Nachdruck nun eben das als *fundamentum* bezeichnet wird, was hier der lutherischen, dort der reformierten Hochorthodoxie als das Wesen des Christentums vor Augen stand und kann nicht leugnen, daß das immerhin ein so reicher Bestand an biblischer Wahrheitswirklichkeit war, daß faktisch die in der Freiheit des Wortes Gottes begründete Freiheit des Glaubens kaum Schaden leiden konnte. Man wird aber dennoch das Prinzip, mit dessen Einführung wir es hier zu tun haben, nicht wohl gutheißen können. Daß es für das christliche Denken und Reden zu allen Zeiten faktisch *articuli fundamentales* und *articuli non fundamentales*, d. h. wichtigere und unwichtigere dogmatische Materien gegeben hat, das ist freilich nicht zu bestreiten und das ist auch in seiner Legitimität nicht anzufechten. Was man mit *fundamentum dogmaticum* meinte, das war offenbar das, was wir den jeweils möglichen und notwendigen Bericht der Kirche über ihre jeweilige besondere Begegnung mit dem Werk und Handeln Gottes in seinem Wort genannt haben. Aber eben dieses Berichten als solches ist Sache des Bekenntnisses. Im Bekenntnis berichtet die Kirche, ohne ihr Wort mit dem Worte Gottes zu verwechseln, über die Erfahrung, die sie in bestimmter Zeit und Lage mit dem Wort Gottes gemacht hat. Im Bekenntnis findet also selbstverständlich angesichts der Fülle der biblischen Wahrheitswirklichkeit eine bestimmte Auswahl statt, in welcher, geleitet durch die Situation, in der sich die Kirche dem Worte Gottes gegenüber jetzt und jetzt befindet, Einiges als zur Zeit wichtig hervorgehoben wird, Anderes als zur Zeit weniger wichtig mehr oder weniger zurücktritt. In gewissem Sinn ist nun freilich auch die Dogmatik Bekenntnis: einmal sofern sie, wie wir sahen, nicht anders denn in konfessioneller Haltung, d. h. in Beachtung und Respektierung der kirchlichen Konfession recht getrieben werden kann — dann und darüber hinaus, sofern sie *in concreto* bestimmt auch immer ein mehr oder weniger gutes individuelles Bekenntnis des betreffenden Dogmatikers sein wird. Insofern wird denn auch in jeder Dogmatik eine bestimmte Unterscheidung von Fundamentalem und Nicht-Fundamentalem, von Zentralem und Peripherischem, von Wichtigerem und weniger Wichtigem faktisch stattfinden. Aber etwas Anderes ist das, was hier faktisch stattfindet und auch stattfinden darf, etwas Anderes das, was hier stattfinden soll. Die Dogmatik als solche ist, so gewiß sie nicht ohne Bekenntnis sein kann, als solche nicht Bekenntnis, weder kirchliches noch individuelles. Sie hat die kirchliche Verkündigung mit dem Worte Gottes zu konfrontieren und dabei darf sie das Wort Gottes weder durch ein kirchliches noch durch ein individuelles Bekenntnis verdrängen und ersetzen lassen. Sonst kann sie die Kirche weder mit Vollmacht zum Hören noch zum Lehren aufrufen, sonst wäre sie nur die Funktion einer mit sich selbst allein gelassenen und beschäftigten Kirche. Die Feststellung bestimmter, ein für allemal als solcher eingesetzter Fundamentalartikel würde ihr und mit ihr der Kirche den Ausweg ins Freie bzw. sie würde dem Wort Gottes seinen weiteren Lauf in der Kirche sperren. Als solche Sperrung kann und darf nun auch das Bekenntnis nicht verstanden werden. Und daß es nicht so verstanden werden darf, daß es nur Hinweis auf das Wort Gottes selber sein wollen kann und darf, eben damit ist in der Dogmatik ernst zu machen. In der Dogmatik als solcher muß also das jeweils mitgebrachte Wissen um das, was fundamental und nicht fundamental, zentral und peripher, wichtiger und weniger wichtig ist, zunächst als suspendiert gelten, Sache neuer Entscheidung vom Worte Gottes selbst her werden können. Dogmatik ist, material betrachtet, grundsätzlich voraussetzungslose, d. h. eben nur das in der Schrift sich bezeugende Wort Gottes selbst voraussetzende kirchliche Wissenschaft. Sonst verfehlte sie das offene Hören auf das Wort Gottes; sonst würde sie auch nicht zum rechten Lehren des Wortes Gottes aufrufen und anleiten können. Gewiß kann auch die Dogmatik — wie das Bekenntnis und wie die kirchliche Verkündigung — nur aus bestimmter Situation heraus berichten über den Inhalt des Wortes Gottes. Aber eben dies: daß es in dem Verhältnis zwischen dem Worte Gottes und der Kirche nur Begegnungen gibt, in welchen das Wort regiert und die Kirche sich zu fügen hat, in welchen die Kirche gefangen genommen wird, das Wort aber frei bleibt, über welche also die Kirche nur je und je berichten kann — eben diese Offenheit des Verhältnisses muß in der Dogmatik — indem auch sie selbst den Charakter eines solchen Berichtes hat — der ganzen Kirche ins Bewußtsein gerufen werden. Ist auch die Dogmatik Bekenntnis — wie sie ja auch selbst Verkündigung ist — vollzieht sich also auch in ihr hinsichtlich des Inhalts des Wortes Gottes eine bestimmte Unterscheidung und Auswahl, so muß es doch gerade in der Dogmatik sichtbar bleiben und sogar besonders sichtbar werden: keine solche Auswahl, also keine Auszeichnung besonderer *articuli fundamentales* kann der Auswahl und Unterscheidung grundsätzlich vorgreifen wollen, die vom Worte Gottes selbst her morgen vielleicht ganz neu — die Kirche zu neuem Bericht und Bekenntnis aufrufend — fallen wird. Das Wort Gottes selbst, das *fundamentum substantiale* und *organicum*, bleibt sich selbst gleich und wird morgen dasselbe sein wie heute. Aber was können wir wissen und was dürfen wir wissen wollen hinsichtlich dessen, was morgen *fundamentum dogmaticum*, unser Bericht und Bekenntnis von unserer Begegnung mit dem Worte Gottes sein wird? Könnte nicht morgen fundamental werden, was uns heute nicht fundamental erscheint und umgekehrt? Wie kämen wir dazu, unser *fundamentum dogmaticum* mit dem *fundamentum substantiale* und *organicum* einfach gleichzusetzen? Dies Letztere ist es, was die protestantische Hochorthodoxie zu Unrecht getan hat. Das Dogma ist ein eschatologischer Begriff, zu dem sich jedes von den Dogmen nur als eine Annäherung verhalten kann, durch die jenes nicht antizipiert sein und also nicht verdeckt werden darf. Die Kirche kann das vergessen und kann darüber — vor lauter Bekenntnis und Dogma! — die Fähigkeit zum Bekennen, die lebendige Beziehung zum echten Dogma verlieren. An irgendeiner Stelle in der Kirche muß das Bewußtsein dieser Gefahr oder positiv: das

Bewußtsein der Notwendigkeit des Offenbleibens ihres Verhältnisses zum Worte Gottes wachbleiben. Und eben damit das geschehe, bedarf es offenbar der kirchlichen Wissenschaft der Dogmatik. Dies ist es, was die Dogmatik der Hochorthodoxie in ihrer Lehre von den *articuli fundamentales* verkannt hat. Wo man in der Dogmatik schon vorweg in einer mehr als hypothetischen Gewißheit zu wissen und sagen zu können meint, was fundamental und nicht fundamental sei, wo man seine (als solche nicht zu verwerfende, sondern fruchtbar zu machende!) H y p o t h e s e zum Rang und zur Rolle eines P r i n z i p s erhebt, einen als solchen brauchbaren heuristischen Kanon als Text behandelt, wie es damals geschehen ist, da hat die Dogmatik nicht nur sich selbst, sondern auch die Kirche, innerhalb derer sie die Wache halten sollte, zum Erstickungstod verurteilt. Gerade diese Türe kann und darf nicht ins Schloß fallen. Die Hochorthodoxie hat sie aber mit ihrer Lehre vom *fundamentum* ins Schloß fallen lassen. Sie erreichte damit (wie mit ihrer gleichzeitig herausgebildeten Lehre von der Verbalinspiriertheit der Bibel) eine — wenigstens auf den ersten Blick imponierende Sicherheit ihrer Methode, die Möglichkeit eines Systembaus. Aber der Preis, den sie dafür bezahlte, war zu hoch. War die von ihr getroffene Auswahl des *fundamentum dogmaticum* sachlich gewiß nicht schlecht — wiederholte sie doch im Ganzen einfach den öffentlichen Bekenntnisstand der nachreformatorischen Kirchen — so war sie doch schlecht, sofern sie eine prinzipielle Bezeichnung, Einschränkung und Bindung des Wortes Gottes bedeutete. Sie war schlecht, sofern ihre Absicht einen Mißbrauch des Bekenntnisses bedeutete. Es braucht nicht besonders gezeigt zu werden, daß diese prinzipielle Unterscheidung und Auszeichnung von *articuli fundamentales* sich gerade in der Darstellung etwa Turrettinis schon technisch als undurchführbar erweist. Es konnte aber auch von dem durch solchen Willkürakt gebundenen, faktisch durch eine menschliche Satzung verdrängten Wort Gottes die Kraft des wirklichen Wort Gottes unmöglich erwartet werden. Und es konnte schließlich nicht anders sein, als daß durch diesen ersten Willkürakt weiteren Willkürakten der Weg bereitet wurde. Wer oder was konnte, wenn die Lehre von den *articuli fundamentales* einmal anerkannt war, die Pietisten und Aufklärer des beginnenden 18. Jahrhunderts hindern, die Grenze zwischen Fundamentalem und Nicht-Fundamentalem entsprechend ihren anders gewordenen Ansichten anders zu ziehen als es noch die ältere Generation gewollt hatte? Was bei Quenstedt und Turrettini faktisch noch stattliche Gestalt hatte, das mußte eines Tages in den dünnen Formeln endigen, in denen der spätere Neuprotestantismus das sog. „Wesen des Christentums" zu fassen gedachte. Man hätte den ganzen Weg gar nie betreten dürfen. Und man darf ihn heute bestimmt nicht weitergehen.

An die Stelle, die in einem dogmatischen System irgendeine willkürlich gewählte Grundanschauung einzunehmen pflegt, gehört in einer kirchlichen Dogmatik das Wort Gottes selbst und das Wort Gottes ganz allein. Nicht eine Konzeption vom Worte Gottes! Daß in jeder Dogmatik eine solche Konzeption, ein kirchliches und auch ein individuelles Bekenntnis mitspricht und auch mitsprechen soll, ist eine Sache für sich. Sie darf sich aber in einer kirchlichen Dogmatik nicht die Würde und Funktion eines Materialprinzips, sie darf sich nicht die Stellung des Gegenstandes der Dogmatik anmaßen. Der Gegenstand der Dogmatik, der dieser ihre Methode diktieren muß, ist das Wort Gottes und keine Konzeption vom Worte Gottes, also kein Grunddogma, kein Fundamentalsatz, kein Prinzip, keine Definition vom Wesen des Christentums, überhaupt keine verfügbare Wahrheit. Gewiß hat die Dogmatik einen Grund, ein Fundament, ein Zentrum. Aber — gerade unter dem Gesichtspunkt der Autonomie der

Dogmatik haben wir dies zu bedenken — nicht ein Verfügbares, sondern ein Verfügendes ist dieses Zentrum. Es muß die Autonomie, in der die Dogmatik ihre Methode zu wählen hat, bestehen in der Anerkennung ihrer Theonomie, d. h. aber in ihrer freien Unterwerfung unter die Herrschaft des Wortes Gottes ganz allein.

Thomas v. Aquino hat am Anfang seiner *Summa theologica* (I *qu.* 1 *art.* 7 c) hinsichtlich des Gegenstandes der Theologie sehr schön gesagt: *Omnia pertractantur in sacra doctrina sub ratione Dei: vel quia sunt ipse Deus, vel quia habent ordinem ad Deum, ut ad principium, et finem.* Und richtig erklärt er (*ib. ad* 1), daß dieses *tractare sub ratione Dei* zu erfolgen habe unter Voraussetzung des *effectus Dei . . . loco definitionis*. Würde nur die Fortsetzung nicht lauten: seines *effectus vel naturae vel gratiae*. Es ist klar, daß dieser *effectus Dei* durch die Zusammenordnung göttlicher Natur- und Gnadenwirkung seines Charakters als einer verfügenden Instanz nun doch wieder verlustig geht. *Sub ratione Dei* muß — und hier entfernt sich unser Weg weit von dem des Thomas — heißen: *sub ratione Verbi Dei: Nullum aliud theologiae principium quam verbum Dei scriptum agnoscimus* (Wolleb, *Theol. chr. comp.* 1626, *Praecogn.* 5).

Das bedeutet dann aber: die Wahl der dogmatischen Methode kann unter keinen Umständen in der Absicht erfolgen, dem Dogmatiker eine gesicherte Plattform zu verschaffen, von der aus er seinen Gegenstand überblicken und meistern könnte. Wenn er nicht der Gegenstand ist, der sich außerhalb und oberhalb aller Standpunkte befindet, die der Mensch einnehmen kann, um von ihnen aus zu überblicken und zu verfügen, wenn ihm nicht die Würde und Funktion des Gegenstandes zu eigen ist, von dem aus der Mensch sich selbst überblickt findet, des Gegenstandes, der über den Menschen, welchen Standpunkt dieser immer einnehmen möge, zu verfügen die volle Freiheit hat, dann wäre dieser Gegenstand nicht das Wort Gottes, dann könnte man nicht sagen, daß in der Dogmatik *sub ratione Dei* gedacht und geredet wird, dann vermöchte die Dogmatik die Kirche weder glaubwürdig zum Hören noch glaubwürdig zum Lehren aufzurufen, dann wäre das, was unter diesem Titel geschieht, gar nicht kirchliche Dogmatik im echten Sinn des Begriffs. Die Wahl der dogmatischen Methode kann also, wenn die Autonomie, in der sie sich zu vollziehen hat, in der Anerkennung ihrer Theonomie bestehen soll, nur in der Absicht erfolgen, das menschliche Denken und Reden auf einen solchen Weg zu stellen, auf welchem es der Verfügungsgewalt seines Gegenstandes, dem Worte Gottes, möglichst ungesichert preisgegeben ist: auf einen um der einen Voraussetzung willen in jeder anderen Hinsicht möglichst voraussetzungslosen Weg also. Das heißt aber: die Stelle, die in einem System die Grundanschauung einnimmt, muß in der kirchlichen Dogmatik (wie die Öffnung in der Mitte eines Rades), vom Menschen her gesehen, grundsätzlich offen bleiben: nicht besetzt oder eben nur hypothetisch, nur vorläufig besetzt durch irgendwelche Vorentscheidungen, offen zur Besetzung durch diejenigen Entscheidungen, die sich dem menschlichen Denken und Reden vom Gegenstand her aufdrängen werden, offen für neue Erkenntnis, der grundsätzlich wirklich kein Altbesitz in gleicher Würde gegenüberstehen und also eventuell widerstehen kann. Grundsätzlich in diesem Offenhalten und nur darin besteht die dogmatische Methode. Sie besteht in der immer wieder zu treffenden Vorsorge, daß der Gegenstand selber für sich selber sprechen kann, daß seine Wirkung auf das menschliche Denken und Reden nicht gestört werde. Sie setzt das Vertrauen voraus, daß ihm das zukomme, und zwar in solcher Souveränität zukomme: das Vertrauen, daß er das auch tun könne und daß er, was er könne, tatsächlich auch tun werde. Sie setzt also voraus die Wirkung des Gegenstandes selber, zu der ja auch die Erweckung solchen Vertrauens gehört. Sie setzt voraus die Wirklichkeit der der Kirche gegebenen Verheißung. Eben in dieser Voraussetzung kann aber ihre Sorge nur die eine sein: sich keine Sorge zu machen, nicht selber sorgen zu wollen, auch und gerade nicht in Form einer noch so gut gemeinten, aber in ihrer Absicht immer voreiligen Ausfüllung jener offenen Stelle durch eine vorweg zu bereinigende Grundanschauung. Dogmatische Methode besteht in ihrem Kern in der Erwartung, daß es zu solcher Bereinigung und also zur Herausstellung des Wesens des Christentums wohl kommen werde, daß auch allem Wahren und Berechtigten, was man als solche Grundanschauung vorweg zu wissen meinen und vorweg anmelden und der dogmatischen Arbeit zugrunde legen möchte, kein Schaden erwachsen, daß es sich vielmehr als wahr und berechtigt neu bestätigen werde, wenn es nur nicht vorweg schon in sich selbst bestätigt sein will, wenn es nur nicht voreilig zugrunde gelegt wird, wenn es nur der Verfügung des Gegenstandes überlassen bleibt, es zu bestätigen, wenn es also nur dem Schmelztiegel, in den es unter der Wirkung dieses Gegenstandes allerdings kommen muß, nicht vorweg entzogen wird. Dogmatische Methode besteht also schließlich schlicht darin, daß Gottes Werk und Handeln in seinem Wort über Alles (wirklich über Alles!) geehrt, gefürchtet und geliebt werde.

Man sieht hier ohne weiteres, wie die dogmatische Methode mit dem, was wir über die dogmatische Norm, insbesondere mit ihrer Forderung biblischer Haltung gesagt haben, in der Sache zusammentrifft. Fr. 94 und 95 des Heidelberger Katechismus wären hier nochmals in Erinnerung zu rufen. Aber wir reden jetzt nicht von einer Forderung. Wir reden jetzt von dem, was da notwendig, automatisch geschieht, wo die eigene freie Entscheidung des Subjektes der dogmatischen Arbeit durch deren wirklichen Gegenstand bestimmt wird. Der Inhalt dieser Entscheidung wird dann der sein: um der einen Sorge willen sich keine anderen Sorgen zu machen.

Gibt es nun für die Dogmatik keine vorauszusetzende Grundanschauung, sondern als Fundament und Zentrum nur das sich selbst voraussetzende und in der Kraft seines Inhalts sich selbst bestätigende Wort Gottes, dann kann es offenbar kein dogmatisches System geben. Gerade das richtig verstandene Materialprinzip der Dogmatik zerstört den Begriff eines dogmatischen Systems im Keime. Wo es keine gesicherte Plattform des Denkens und Redens mehr gibt, da gibt es auch kein System. Grundlegung heißt in der Dogmatik die Erinnerung daran, daß der Grund gelegt ist und die Erwartung, daß er immer wieder gelegt werden wird. Auf diese Erinnerung und Erwartung läßt sich kein System gründen. Diese Grundlegung bedeutet vielmehr die Erschütterung aller nun etwa doch entstehenden systematischen Sicherheiten. Gewiß kann sie sachlich auch deren Bestätigung bedeuten, aber ebensowohl auch ihre Aufhebung und ganz sicher ihre Infragestellung. Es gibt keinen Punkt dogmatischen Denkens und Redens, wo nicht alle systematische Klarheit und Sicherheit dadurch in Frage gestellt wäre, daß der Inhalt des Wortes Gottes nun einmal Gottes Werk und Handeln und also Gottes freie Gnade ist, die sich als solche unserem Zugriff und unserer Verfügung entzieht, deren wir, indem wir im Glauben mit ihr rechnen, nur gedenken, auf die wir nur hoffen können. Nicht von irgendeiner von außen kommenden Anzweifelung oder Bestreitung, sondern von ihrer eigenen höchst positiven Mitte und Grundlage, von der Quelle aller christlichen und also auch dogmatischen Gewißheit her sind alle ihre Erkenntnisquellen und Axiome, ist der Zusammenhang ihrer Grundsätze und Folgesätze und sind auch diese Sätze selbst im Ganzen und im Einzelnen dauernd in Frage gestellt, aufgedeckt in ihrer Vorläufigkeit und Unvollständigkeit. Gerade von ihrer Mitte und Grundlage her ist darüber entschieden, daß es in der Dogmatik streng genommen keine Totalansichten, keine letzten Abrundungen, Abschlüsse und Resultate, sondern eben nur Forschung und Lehre im Akt der dogmatischen Arbeit gibt, die an jedem einzelnen Punkt streng genommen immer wieder mit dem Anfang anfangen muß. Es wird das Entscheidende und Beste, was dabei getan wird, immer wieder darin bestehen, daß dabei auf jene Mitte und Grundlage zurückgeblickt und zurückverwiesen wird.

Da es bei dieser Arbeit — wie sollte es von ihrem Gegenstand her anders möglich sein — um die Wahrheit geht, ist es unvermeidlich, daß sie im Ganzen wie im Einzelnen auf Bestimmtheit und Zusammenhang gerichtet sein muß und hoffentlich wird sie solche, nämlich die Bestimmtheit und den Zusammenhang der Wahrheit auch tatsächlich sichtbar machen. Wird es dabei vermeidlich sein, daß „so etwas wie ein System" sich in der dogmatischen Arbeit von selbst mehr oder weniger durchsetzen wird? Warum sollte das denn durchaus zu perhorreszieren sein? Es könnte ja solches von selbst sich durchsetzendes „System" vergebene Sünde sein, angesichts derer man sich gewiß durch kein das System verbietendes Gesetz zu erschrecken lassen hätte? Und es könnte ja solches von selbst sich durchsetzendes „System" (nicht als System, aber als Streben nach Bestimmtheit und Zusammenhang) auch Gehorsam und insofern dann der Schatten der Wahrheit sein? Es könnte! Gefährdet würde es auch dann und als solches sein. Der Wille zum System wird doch auch daraufhin nicht erlaubt sein, daß es eine Vergebung auch der Sünde unerlaubten Systematisierens geben und daß endlich und zuletzt auch in der fatalen Gestalt eines an sich unerlaubten Systematisierens wirklicher Gehorsam sich bewähren und dann auch der Schatten der Wahrheit sichtbar werden möchte.

Positiv gewendet bedeutet das Alles: die Entfaltung und Darstellung des Inhalts des Wortes Gottes wird sich grundsätzlich so vollziehen müssen, daß das Wort Gottes als die Mitte und Grundlage der Dogmatik und der kirchlichen Verkündigung als ein Kreis verstanden wird, dessen Peripherie die Basis bildet für eine beschränkte Anzahl von Linien, die in der Dogmatik ein Stück weit nach allen Seiten auszuziehen sind. Das grundsätzlich Ungrundsätzliche der dogmatischen Methode tritt darin in die Erscheinung, daß diese nicht etwa vom Zentrum, sondern eben von der Peripherie jenes Kreises (ohne Bild: von dem sich selbst setzenden und durchsetzenden Wort Gottes) ausgeht, daß sie auf dieser Basis nur eine beschränkte Anzahl von Linien und auch diese nur ein Stück weit ausziehen und daß sie einen zweiten äußeren Kreis um das Ganze zu schlagen (ohne Bild: daß sie das Ganze als Ganzes auf den Plan stellen zu wollen) unterlassen wird. Die Basis ist damit gegeben, daß das Wort Gottes, in welchem das Werk und Handeln Gottes Ereignis wird, ja tatsächlich nach allen Seiten für sich selber spricht und also nach allen Seiten, der Peripherie eines Kreises wohl vergleichbar, etwas sagt, was gehört und wiedergesagt werden kann und muß. Es wird aber dieses Wiedersagen, gerade weil und indem es diese Basis hat, auf Vollständigkeit gerade keinen Anspruch erheben können: weder in dem Sinn, daß dabei die sämtlichen vom Zentrum bzw. von der Peripherie des Kreises aus theoretisch möglichen Linien zu ziehen und also alles als Bericht über den Inhalt des Wortes Gottes theoretisch Mögliche zu sagen versuchen wird, noch in dem Sinn, daß es versuchen wird, diese Linien ins Unendliche auszuziehen, und also jenen Bericht im Einzelnen erschöpfend zu geben, noch auch in dem Sinn, daß versucht würde, den der Basisperipherie entsprechenden äußeren Kreis (der ja ein unendlicher Kreis sein müßte!) zu ziehen und also abschließend sagen zu wollen, welches und was das Werk und Handeln Gottes ist und nicht ist. Das Verbot und die faktische Unmöglichkeit, dies Alles zu tun, fallen offenbar in der Sache zusammen. Es ist aber wichtig, die faktische Unmöglichkeit als Verbot oder vielmehr die faktische Unmöglichkeit darin zu erkennen, daß wir hier vor einem Verbot stehen — um darüber hinaus das Verbot selbst als die Kehrseite des positiven Gebotes zu verstehen: daß die Dogmatik und die kirchliche Verkündigung das Wort Gottes nicht sowohl zu sagen als vielmehr dem Worte Gottes zu dienen haben, daß sie also das (und also nur das!) zu sagen haben, was uns durch das Werk und Handeln Gottes in seinem Wort tatsächlich vorgesagt wird. Indem die Dogmatik das lehrt, lehrt sie rein, lehrt sie exemplarisch: als Aufruf an die ganze Kirche, das (und also nur das!) zu tun, was sie nicht lassen darf. Die dogmatische Methode ist darin tatsächlich Methode und also Weg, Plan, Ordnung, Programm, sie ist darin grundsätzlich, darin verschieden von einem uferlosen und steuerlosen Grübeln und Gerede, daß sie sich durch den Gegenstand der kirchlichen Verkündi-

2. Die dogmatische Methode

gung die Ansatzpunkte zu einigen jener Linien, zu einigen Grundsätzen vorschreiben läßt, um diese (immer unter der Herrschaft dieses Gegenstandes selbst, immer dem nachgehend, was er selber über sich selber zu sagen hat) auszuziehen, das heißt zu verstehen und zu erklären: dort redend, wo sie ihn selber reden, dort schweigend, wo sie ihn selber schweigen zu hören meint, dort vorwärts gehend, wo er ihr vorangeht, dort Halt machend, wo sie nur noch eigenmächtig sich selber führend weitergehen könnte. In der Entscheidung für diese Grundsätzlichkeit und konkret: für diese und diese Grundsätze besteht die Autonomie der Dogmatik.

Historisch betrachtet wäre also zu sagen: wir haben die sog. „analytische" Methode, die am Anfang des 17. Jahrhunderts ihren Einzug in die protestantische Theologie gehalten hat und deren Ausdruck schließlich die Lehre von den Fundamentalartikeln gewesen ist, den Abschied zu geben. Wir haben zu der Methode der *Loci* zurückzukehren, die die Methode Melanchthons, aber auch die Calvins gewesen ist und die von den fortgeschritteneren Zeitgenossen des J. Gerhard und A. Polanus zu Unrecht als unwissenschaftlich beiseite gestellt wurde. Gerade sie ist die in der Dogmatik allein wissenschaftliche Methode. Eben die *Loci* der älteren Orthodoxie waren nämlich noch solche dogmatische Grundsätze, die aus keiner höheren Einheit als eben aus der des Wortes Gottes selbst hervorgehen, keine höhere Synthese als eben die des Wortes Gottes selbst zum Ausdruck bringen wollten, die in keiner höheren Systematik als wiederum der des Wortes Gottes selbst begründet und zusammengehalten waren. Indem man sich damit nicht mehr begnügen zu können meinte, merkte man nicht, daß man im Begriff stand, die wirkliche Basis der Dogmatik und der kirchlichen Verkündigung unter den Füßen zu verlieren. Auch von der Dogmatik gilt nun einmal in großer Unerbittlichkeit: sie kann ihr Leben nicht erhalten, indem sie es erhalten will; sie kann es nur erhalten, indem sie es verliert um des Namens willen, der in der Kirche und so auch in ihr allein regieren will und darf.

Die konkrete Entscheidung für diese und diese Grundsätze, in deren Verständnis und Erklärung die dogmatische Entfaltung und Darstellung des Inhaltes des Wortes Gottes sich zu vollziehen hat, bedeutet nach dem Allem Gehorsam und Wagnis zugleich: Gehorsam, weil sie nur durch den Gegenstand selber bestimmt sein kann, Wagnis, weil sie in jedem Versuch dogmatischer Arbeit eigene freie Entscheidung sein muß. Als Gehorsam muß sie in einer begründeten Wahl, in einem verantwortlich zu machenden Vorschlag bestehen, als Wagnis kann sie die absolute Notwendigkeit und Bindungskraft des Wortes Gottes selbst nicht für sich in Anspruch nehmen, sondern eben nur die einer menschlich begründeten Wahl, eines in menschlicher Verantwortlichkeit gemachten Vorschlags.

Wir versuchen es nun, in dem damit positiv und kritisch geklärten Sinn, an diese letzte Aufgabe, also an die Darlegung der hier zu befolgenden Methode der Dogmatik heranzutreten.

Wir dürfen und müssen dabei wohl davon ausgehen, daß das Werk und Handeln Gottes in seinem Wort identisch ist mit dem, was wir als die erste Gestalt des Wortes Gottes, nämlich als Gottes Offenbarung, beschrieben haben. Indem Gott sich uns offenbart, handelt er an uns. Darüber hat die kirchliche Verkündigung zu berichten; darüber zu berichten ist die materiale Aufgabe auch der Dogmatik. Gottes Offenbarung und also Gottes Werk und Handeln an uns ist aber Jesus Christus, als die ein für allemal in Kraft gesetzte positive Beziehung zwischen Gott und dem Menschen: Gottes gnädige Herrschaft über den Menschen. Weil und sofern nun Gottes Offenbarung in einer bestimmten siegreichen Beziehung steht zur menschlichen Finsternis, weil Gottes gnädige Herrschaft in einer Überwindung menschlichen Widerspruchs und menschlicher Not besteht, ist Offenbarung sachlich dasselbe wie Versöhnung: der Akt Gottes, in welchem er dem menschlichen Widerspruch überlegen widerspricht und damit die Not des Menschen wendet zu dessen Heil.

Sollen und wollen wir nun nicht gleich bei dieser Gleichung Halt machen und also fortfahren: dies ist das Wort Gottes, das die kirchliche Verkündigung und so auch die Dogmatik zu lehren hat: das Wort von der Versöhnung? Was sich als weiterer, davon unterschiedener Inhalt des Wortes Gottes aufzudrängen scheint, sind das nicht bloße Voraussetzungen und Konsequenzen dieses Ersten, das in Wahrheit das Eine ist, um das es in der Verkündigung wie in der Dogmatik zentral und eigentlich zu gehen hat, steht das nicht bloß als Prädikat hinter diesem Subjekt, als Zähler auf diesem Nenner oder gar als Null hinter dieser Eins? Soll also dogmatische Methode nicht diese sein, soll also das *omnia tractare sub ratione Dei* nicht darin bestehen, daß sie die Erkenntnis der in Jesus Christus geschehenen Versöhnung zu entfalten und darzustellen, daß sie in diesem leise eingeschränkten Sinn Christologie zu sein, alle anderen Erkenntniselemente aber als in Wirklichkeit unselbständig dem Bericht über dieses eine Geschehen unterzuordnen und einzuordnen hat? Die Möglichkeit scheint außerordentlich naheliegend und einleuchtend. Nicht nur die reformatorische Erkenntnis des Wortes Gottes scheint uns in diese Richtung zu drängen, sondern die Bibel selbst scheint doch nichts Anderes zu sein als ein einziger Bericht über dieses Geschehen. — Wir stutzen freilich zunächst angesichts der Tatsache, daß die ganze modern protestantische Entwicklung, anhebend schon mitten in der alten Orthodoxie, tatsächlich diese Richtung eingeschlagen hat. Nun, warum sollte das an sich ein Beweis dagegen sein, daß die richtige dogmatische Methode wirklich in dieser Richtung zu suchen wäre? Wiederum: das ist freilich klar, daß wir uns, wenn wir uns wirklich so entscheiden würden, unaufhaltsam nun doch auf den Weg eines Systems oder doch auf den Weg zu einem System begeben würden. In der Versöhnung bzw. in der Idee der Versöhnung hätten wir dann unsere Grundanschauung von der Offenbarung und also vom Inhalt des Wortes Gottes gewonnen, die Grundanschauung, von der aus alles Übrige zu überblicken und zu ordnen wäre, von der aus alles Übrige sich als ein abhängiges Ganzes von Vordersätzen und Folgesätzen sich darstellen und von selbst ergeben müßte. Inwiefern würde dann noch das

Wort Gottes selbst und als solches die Dogmatik und die kirchliche Verkündigung regieren? Wo bliebe dann eigentlich die offene Stelle in der Mitte aller kirchlichen Lehre? Nun, wenn das Wort Gottes selbst uns wirklich auf diesen Weg drängen, uns also diese Grundanschauung und damit dann auch das System tatsächlich aufdrängen würde, so würde es uns gewiß nicht anstehen, bei diesem Bedenken zu beharren, aus systematischem Widerspruch gegen das System durchaus einen anderen Weg gehen zu wollen. — Es läßt sich aber zeigen, daß das Wort Gottes selbst uns nicht auf diesen Weg drängt, sondern uns vielmehr, so einleuchtend er auf den ersten Blick zu sein scheint, von ihm zurückhält. Es ist wohl wahr, daß es sich bei dem in der kirchlichen Verkündigung und in der Dogmatik zu erstattenden Bericht über das Werk und Handeln Gottes auf der ganzen Linie um das Werk und Handeln Gottes in seinem Sohn Jesus Christus handeln wird. In ihm und nur in ihm ist uns der Vater offenbar, und ihn und nur ihn offenbart der Heilige Geist. Dogmatik muß also in der Tat grundsätzlich Christologie und nur Christologie sein. Aber nun eben gerade nicht Christologie in jenem leise eingeschränkten Sinn des Begriffs: nicht so, als ob die Offenbarung des Vaters durch den Sohn und des Sohnes durch den Heiligen Geist in der Sache nur jenes Handeln Gottes in der Überwindung des menschlichen Widerspruchs und der menschlichen Not wäre. Daß es das auch, ja, daß es in seiner Mitte gerade das ist, das kann nicht in Frage stehen. Es ist aber nicht nur das. Es ist, indem es in seiner Mitte dies ist, auch noch Anderes, und zwar so, mit solchem Ernst und Gewicht, in solcher Selbständigkeit, daß es, sofern es auch noch dieses Andere ist, wohl nur mit jener Mitte z u s a m m e n und in beständigem Blick auf sie verstanden werden kann, aber nun doch nicht von dieser Mitte a u s, als wäre diese ein Standpunkt, der vom Dogmatiker bezogen werden könnte, als wäre diese uns als Grundanschauung vorausgegeben, von der aus das Ganze verstanden, überblickt und geordnet werden könnte. Vorausgegeben ist uns Jesus Christus als das durch den Heiligen Geist zu uns gesprochene Wort des Vaters, aber damit keineswegs im Besonderen, keineswegs *in abstracto* die Versöhnung, sondern die Versöhnung doch nur als ein Moment des ganzen damit — aber doch nur: auch damit! — bezeichneten Geschehens. Würden wir dieses Moment herausgreifen, wollten wir darum, weil es unleugbar die Mitte dieses Geschehens bildet, weil es in der Bibel unleugbar als solche sichtbar ist und weil es in der Reformation in seiner sachlichen Bedeutung aufs Neue kräftig erkannt worden ist, aus der Mitte ein systematisches Zentrum machen, dann würden wir uns — auch wenn die anderen Momente dieses Geschehens innerhalb des so sich bildenden Systems noch so würdig zur Geltung kämen — einer Einschränkung gerade der Christologie schuldig machen, die durch deren Gegenstand jedenfalls nicht veranlaßt ist.

Kann vor Allem das S u b j e k t dieses Geschehens, kann G o t t einem System dieses Geschehens als solchem eingeordnet werden? Haben wir dann von der wirklichen, der göttlichen Versöhnung geredet, wenn wir Gott nur als einen Faktor innerhalb dieses Geschehens gewürdigt haben? Daß Gott Gott, daß er der Herr ist, das bedeutet freilich auch (und gewiß in der Mitte!) daß er siegreich im Widerspruch gegen den Widerspruch des Menschen und siegreich als Helfer in dessen Not, sein Versöhner ist. Das geht aber in dieser Funktion nicht auf. Das ist, indem es in diesem, in dem versöhnenden Handeln Gottes wahr ist, zugleich selbstständig und in sich wahr, das will gewiß in dem versöhnenden Handeln Gottes, es will aber nicht nur in ihm, sondern auch in Gottes sonstigem Handeln, es will aber vor allem auch als selbständig und in sich wahr erkannt und verstanden sein, weil es sonst auch in diesem, dem versöhnenden Handeln Gottes nicht recht erkannt und verstanden wäre. Daß Gott Gott ist, das will in einem getreuen Bericht über Gottes Werk und Handeln nicht nur als Vordersatz oder Folgesatz, nicht nur als kommentierendes Element einer Lehre von der Versöhnung, das will vielmehr, ohne daß die Wahrheit der Versöhnung auch nur einen Augenblick aus den Augen zu lassen wäre, als s e l b s t ä n d i g e r Satz, als eine auch für sich auszuziehende Linie und also in einer b e s o n d e r e n, jener nicht untergeordneten L e h r e v o n G o t t zu Worte kommen. Eine Dogmatik in Form eines Systems der Versöhnung erscheint also schon von hier aus als ausgeschlossen. Neben dem, daß sie Lehre von der Versöhnung ist, wird sie mindestens auch noch Lehre von Gott sein müssen. — Es würde freilich dem Inhalt des Wortes Gottes gewiß ebenso wenig entsprechen, wollte man ihn nun vielleicht umgekehrt auf die Gotteslehre bzw. auf die Lehre von Gottes Reich und Herrschaft reduzieren. Auch das könnte ja an sich als nicht wenig einleuchtend und einladend erscheinen. Wir bekämen dann eine Dogmatik unter der Dominante vielleicht des Begriffs der Freiheit oder der Souveränität Gottes, der *gloria Dei*, der Prädestination, des göttlichen Gebietens in seinem Wort. Alle anderen Gotteswahrheiten, die Wahrheiten der Schöpfung, der Versöhnung, der Erlösung würden dann nur als die Exponenten jener Grundwahrheit, als die einzelnen Dekrete und Werke des *Deus Pantokrator* erscheinen und zu würdigen sein. Es ist gewiß nicht einzusehen, warum sich nicht auch auf dieser Grundanschauung ein sehr kraft- und eindrucksvolles dogmatisches System erbauen lassen, warum es nicht sehr christologisch sein sollte, warum man sich nicht auch dabei sehr legitim und sehr glaubwürdig auf die Bibel und auf die Reformatoren berufen dürfte. Es würde aber auch das eine Gewalttätigkeit gegenüber dem wirklichen Inhalt des Wortes Gottes bedeuten. Man kann zwar nicht leugnen, daß die Gottheit Gottes tatsächlich die Wahrheit über allen Wahrheiten der biblischen Botschaft ist. Aber so steht es nun doch wieder nicht, daß uns diese Wahrheit sozusagen als Schlüssel zu allen übrigen Wahrheiten in die Hand gedrückt würde, daß wir durch das, was uns im Worte Gottes gesagt ist, auch nur auf einen Augenblick selber auf jenen Standort über allen übrigen Wahrheiten versetzt würden. So steht es nicht, daß wir durch die schlechterdings dominierende Funktion des Gottesbegriffs innerhalb der biblischen Botschaft zum Entwurf einer Gottesmetaphysik autorisiert würden, der gegenüber Alles das, was Gott laut jener Botschaft tut, nur als eine mehr oder weniger notwendige oder zufällige Abfolge von Konkretionen erscheinen und behandelt werden dürfte. Wer und was Gott ist: seine Freiheit, seine Herrschaft, seine Ehre, das kann freilich nicht bloß Inhalt eines Vorder- oder Nachsatzes zur Lehre von der Versöhnung sein, das kann nicht bloß vorläufig, beiläufig oder nachträglich auch gesagt werden im Rahmen einer Darstellung des Geschehens zwischen dem gnädigen Gott und dem sündigen Menschen — das ist aber auch als Inhalt eines selbständigen Hauptsatzes kein Apriori jenes Geschehens und Alles dessen, was Gott sonst tut; das ist grundsätzlich nicht vor und nicht über, sondern nur in und mit der Erkenntnis des ganzen Handelns Gottes — des Versöhners, aber auch des Schöpfers und Erlösers — zu verstehen. Kann die Gotteslehre legitimerweise diesen anderen Elementen der Lehre von der Gotteswahrheit nicht unter- und eingeordnet werden, dann bleibt nichts übrig, als daß sie auch — so dringend eine systematische Überordnung sich gerade hier nahelegen möchte — jenen, ohne ihre Selbständigkeit zu zerstören, bei- und nebengeordnet wird.

Dasselbe gilt nun aber auch von der Wahrheit, daß Gott der Schöpfer ist. Wo anders soll sie zu erkennen sein als in Gottes versöhnendem Handeln? Aber geht sie darum in diesem auf? Kann und darf sie als bloßer Auftakt, als bloßes Vorwort zur Versöhnungslehre verstanden werden? Ist sie nicht sachlich dessen höchst selbständige Voraussetzung? Ist der Mensch nicht Mensch, bevor er Sünder und begnadigter Sünder ist? Muß er nicht existieren, um Gegenstand der Versöhnung zu sein? Muß nicht auch Gott als sein Schöpfer verstanden sein, bevor er als sein Versöhner verstanden werden kann? Diese Fragen dürften doch ernst genug sein, um eine Dogmatik als System der Versöhnung nun auch von dieser Seite aus als unmöglich erscheinen zu lassen. — Aber nun droht sich das Verhältnis ja auch hier — und auch hier recht einleuchtend und einladend — gerade umzukehren. Wie, wenn wir es hier mit dem Grundschema der Erkenntnis des Inhaltes des Wortes Gottes zu tun hätten? Kein Zufall, daß sich gerade hier das Angebot der Philosophie (von Aristoteles bis zu Heidegger) anmeldet mit der Aufforderung, das ganze Handeln Gottes mit dem Menschen in seinem Wort zu verstehen als eine Reihe von Modifikationen des Grundverhältnisses zwischen Gott und der Kreatur, zwischen dem selbständigen und dem unselbständigen, zwischen dem unendlichen und dem endlichen, zwischen dem absoluten und dem relativen Sein. Ist die Versöhnung etwas Anderes als die Verwirklichung und Durchführung der Schöpfung, ist die Erlösung etwas Anderes als deren Vollendung? Der Systementwurf von hier aus legt sich wahrhaftig auch nahe und wiederum kann auch er sich mit Leichtigkeit auf die Bibel und auf die Reformatoren — um von Augustin und Thomas schon gar nicht zu reden — berufen. Man konstruiere unter dem Gesichtspunkt der göttlichen Schöpfung so oder so den Begriff des Menschen und seiner Bestimmung: kosmisch oder individuell, naturalistisch oder spiritualistisch, idealistisch oder existentiell, mit oder ohne Berücksichtigung des Ich-Du-Verhältnisses, mit oder ohne natürliche Theologie. Man konstruiere also von der Schöpfung her so oder so eine Lehre vom Gesetz. Man setze dann das so gewonnene Gesetz als dogmatische Grundanschauung voraus. Man behaupte also kühn, daß Alles, was die Bibel von Versöhnung und Erlösung sagt, nichts Anderes sei als die Beschreibung der Vollstreckung und Erfüllung dieses Gesetzes der Schöpfung. Man lasse also Gott den Herrn aufgehen in dem Inbegriff der Wahrheit und Notwendigkeit dieses Gesetzes in seiner Vollstreckung, sein Handeln aufgehen in der Erhaltung und Zielstrebigkeit dessen, was er geschaffen hat, konkret: in der Bestätigung der so oder so verstandenen menschlichen Existenz. Man lasse insbesondere Jesus Christus aufgehen in der Vorstellung der das so oder so gedeuteten Schöpfungsgesetz erfüllenden Gnade. Ist die Wahrheit, daß Gott der Schöpfer ist, nicht groß und mächtig genug, um dieses Aufgehenlassen aller anderen Wahrheit in ihr als der letztlich Einen nicht nur zu erlauben, sondern geradezu zu gebieten? Warum schließen wir uns dieser Systematik nicht an, da doch hinsichtlich ihrer moralischen und politischen Brauchbarkeit ohnehin kein Wort der Empfehlung stark genug sein könnte? Wir schließen uns ihr darum nicht an, weil auch sie und gerade sie, gemessen an dem wirklichen Inhalt des Wortes Gottes, eine offene Gewalttätigkeit bedeutet. Es ist wahr, daß die Wahrheit Gottes in seinem Wort auch die Wahrheit Gottes des Schöpfers ist und daß wir sie auch als solche zu ermessen haben. Es ist also wahr, daß wir in ihrem Licht den Menschen nicht nur als Sünder und begnadigten Sünder, sondern — um zu verstehen, was das heißt — zugleich in seiner von Gott geschaffenen Existenz zu sehen und zu verstehen haben. Wie wir ja darüber hinaus Gott auch als den Erlöser des Menschen und also den Menschen auch in seiner Berufung zu einem Sein jenseits seines Konfliktes mit Gott und seiner Überwindung in der Versöhnung zu sehen und zu verstehen haben. Aber so ist uns weder Gott noch der Mensch im Verhältnis von Schöpfer und Geschöpf offenbar, daß uns damit ein Apriori zur Verfügung gestellt würde, von dem aus Versöhnung und Erlösung in ihrer Möglichkeit und Notwendigkeit einzusehen, von der aus also die Lehre von der Versöhnung und von der Erlösung und dann wohl gleich auch die Lehre von Gott als Vordersätze und Folgesätze abzuleiten wären. Ist die Versöhnung nicht ohne die Schöpfung und ist

Gott nur in der Schöpfung und Versöhnung zu erkennen, so gilt doch genau so bestimmt auch das Umgekehrte: Wer und was Gott der Schöpfer und was die menschliche Existenz und ihr Gesetz ist, das wird sachlich und formell nur erkennbar in der Versöhnung, in der Inkarnation, im Tod und in der Auferstehung Jesu Christi, in der Wiedergeburt und Rechtfertigung und Heiligung, im Sakrament und im Glauben. Und wiederum hängt beides: die Erkenntnis Gottes des Schöpfers und des Versöhners schlechterdings an der Erkenntnis der Gottheit, der Freiheit und Souveränität Gottes. Ist hier nicht selbständige und als selbständig zu anerkennende Wahrheit, dann gibt es hinsichtlich Gottes des Schöpfers überhaupt weder Wahrheit noch Wahrheitserkenntnis. Aber eben weil und indem es dort selbständige, das heißt nicht in ein System der Schöpfung einzuordnende Wahrheit und Wahrheitserkenntnis gibt, darum nun auch, nicht untergeordnet, sondern selbständig, hier; darum gibt es eine Lehre von Gott dem Schöpfer n e b e n der Gotteslehre als solcher und n e b e n der Lehre von Gott dem Versöhner.

Und nun haben wir ja offenbar noch des Letzten zu gedenken: Gott ist der E r l ö s e r. Der den Menschen geschaffen hat und der ihn mit sich selbst versöhnt, kommt ihm in seinem Wort entgegen, um selber, alles erfüllend und vollstreckend, was durch sein schöpferisches und versöhnendes Handeln verheißen ist, seine vollkommene Zukunft zu sein. Wieder will das in Gottes schöpferischem und versöhnendem Handeln erkannt sein. Hier und nur hier begegnet er uns offenbar, als der Gott, der ewige Treue hält, der uns nicht sucht und sich von uns nicht suchen läßt, ohne sich von uns finden zu lassen. Aber die Erlösung geht nicht auf in der Versöhnung. Es versteht sich nicht von selbst, daß dem *regnum gratiae* ein *regnum gloriae* folgt. Es versteht sich nicht von selbst, daß Gott auch unsere vollkommene Zukunft sein will. Es versteht sich nicht von selbst, daß Jesus Christus wiederkommt und daß wir in seinem Heiligen Geist schon jetzt und hier das Unterpfand seiner Treue, seines Wiederkommens haben dürfen. Es kann und darf also die Eschatologie nicht bloß als ein Appendix zur Lehre von der Versöhnung angesehen und behandelt werden. Der g a n z e Jesus Christus des Neuen Testamentes kann ja wirklich nur als dieser k o m m e n d e Erlöser verstanden werden. Ist er nicht der Kommende, dann ist er auch nicht der Gekommene. Wird die in ihm geschehene Versöhnung nicht futurisch verstanden, dann wird sie auch nicht perfektisch, dann wird sie also gar nicht verstanden. Eschatologisch, d. h. wirklich allein in dem kommenden Erlöser ist unsere Wiedergeburt unsere Rechtfertigung, unsere Heiligung, ist die Kirche und das Sakrament, ist die ganze Existenz und das ganze Werk Jesu Christi in der Gegenwart. Was hätten wir hier, was wir nicht in der H o f f n u n g hätten? — Aber nachdem das gesagt ist, haben wir zu bedenken, daß es auch hier eine Umkehrung geben könnte: eine Systematik, deren Zentrum wäre:

Gottes Handeln als das eines noch nicht Gegenwärtigen, sein Reich als das nur kommende, die Kirche entscheidend in ihrem Unterschied und Gegensatz zu diesem kommenden Reich, das Leben der Kirche und das der Glaubenden als ein bloßes Warten und Eilen, die ganze Wirklichkeit der Versöhnung als des Menschen Versetzung in einen Stand sehnsüchtiger und schließlich nur sehnsüchtiger Hoffnung, den Glauben als einen Hohlraum und nur als einen solchen. Es würde die Schöpfung von diesem, dem eschatologischen Zentrum aus gesehen, wohl in große Ferne, vielleicht in ein sehr trübes Licht, vielleicht mit dem Sündenfall und der gegenwärtigen Not des Menschen in größte Nähe rücken. Und es würde die Gotteslehre, von hier aus gesehen, wohl unvermeidlich den Charakter eines gewaltigen Postulates bekommen. Die unübersehbare Wahrheit, daß Gott in seinem Wort tatsächlich auch dieser: der kommende Erlöser ist, könnte doch wohl auch eine solche konsequent eschatologische Systematisierung der Dogmatik als eine recht einleuchtende und einladende Möglichkeit erscheinen lassen. Daß die Bibel und insbesondere das Neue Testament Anlaß genug gibt, in dieser Richtung vorzustoßen, braucht nicht bewiesen zu werden. Und wenn man bei den Reformatoren allerdings keine oder wenig Anregung zu einer eschatologisch zentrierten Dogmatik finden sollte, so wäre zu sagen, daß ihr Verhältnis zu den letzten Dingen sicher die schwächste, die am wenigsten nachahmenswerte Seite ihrer Lehre gewesen ist, so daß wir uns durch sie auf keinen Fall als gebunden ansehen könnten. Warum sollte — etwa im Rückschlag gegen eine mächtige und gefährliche Systematik der Schöpfung — nicht in der Tat auch in dieser Richtung vorgestoßen werden dürfen? Ja, wenn es nur im Gehorsam gegen das Wort Gottes überhaupt möglich wäre, eigenmächtig jetzt so und jetzt so zu reagieren! Aber eben solches Ausbrechen zur Rechten und zur Linken und so auch nach dieser Seite kann uns offenbar, wenn es um einen getreuen Bericht über den Inhalt des Wortes Gottes gehen soll, nicht gestattet sein. Im wirklichen Wort Gottes verdampft die geschehene Versöhnung nicht in der kommenden Erlösung, die Kirche nicht im Reiche Gottes, der Glaube nicht in der Hoffnung, die Erinnerung nicht in der Erwartung. Im wirklichen Wort Gottes rückt auch die Schöpfung nicht in jene dualistische Ferne oder gar Gegensätzlichkeit. Und im wirklichen Wort Gottes ist es gerade nicht möglich, daß Gott, das Subjekt des ganzen Geschehens, jenen Charakter eines das Eintreten der künftigen großen Veränderung garantierenden Postulates bekommen kann. Dankbarkeit und Sehnsucht, Geduld und Ungeduld, letzte Ruhe und letzte Unruhe, kirchliche Treue und stürmisches Begehren nach dem neuen Äon werden sich in einem durch das wirkliche Wort Gottes bestimmten Denken und Rede weder gegenseitig neutralisieren und matt setzen, noch auch so loslassen, daß das Eine ohne das Andere hemmungslos sich ausleben dürfte. In ihrem nicht zu zerstörenden und nicht aufzuhebenden Nebeneinander werden sie es zu einem christlich-kirchlichen Denken und Reden gestalten. Und darum kann nun auch die Lehre von der Erlösung nicht zum systematischen Zentrum werden. Darum muß es neben ihr geben: die Lehre von Gott, die Lehre von der Schöpfung und die Lehre von der Versöhnung, darum muß sie mit diesen (aber eben mit diesen) ihnen nicht untergeordnet, aber auch nicht übergeordnet, zusammengehalten sein durch die Klammer ihres gemeinsamen Ursprungs und Zieles im Worte Gottes; darum kann sie so wenig ein Apriori sein wie jene, sondern nur mit ihnen bezogen auf das Apriori, das seiner Natur nach ein verfügbares Prinzip nicht ist und auch nicht werden kann, dafür aber alle Eigenschaften eines echten Apriori tatsächlich hat.

Für die Begründung der Erkenntnis wird an allen vier Orten das Wort Gottes selber sorgen und ebenso für den Zusammenhang der von diesen vier Punkten aus zu ziehenden (ins Unendliche weisenden, aber eben nur ins Unendliche weisenden!) Linien untereinander. Im Zentrum, also im Worte Gottes selbst als in ihrem ursprünglichen Schnittpunkt sind sie ja eins. Und wie sollte es anders sein, als daß dies, indem sie ausgezogen werden, nicht sichtbar würde? Es kann aber weder Sache der kirchlichen Verkündigung noch Sache der Dogmatik sein, diese ihre Einheit vollstrecken, sie in eigener Macht und nach eigenem Gutdünken auf den Plan führen zu wollen. Die Absicht, die Einheit der Dogmatik als solche auf den Plan zu führen, ist noch nie anders verwirklicht worden und kann auch gar nicht anders verwirklicht werden als in der Weise, daß je von einem der vier angegebenen Punkte aus die drei anderen mehr oder weniger in den Schatten gedrängt und damit dem wirklichen Inhalt des Wortes Gottes — und das gewiß auch in dem jeweils bevorzugten Punkt — Gewalt angetan wird. Halten wir diese Punkte auseinander und lassen wir die von ihnen aus zu ziehenden Linien nebeneinander in ihrer Selbständigkeit gelten, so werden wir uns damit keineswegs einer mutwilligen Zerlegung des einen Wortes Gottes schuldig machen. Daß dieses im *actus purissimus* seines Geschehens von Gott her — das dann mit dem *actus purissimus* der Existenz des dreieinigen Gottes identisch ist, Eines ist, eben das anerkennt die kirchliche Verkündigung und die Dogmatik, indem sie darauf verzichtet, sich ihrerseits eine Art Zentralschau aus der Existenz Gottes selbst heraus anzumaßen. So, in jener Unterschiedenheit ist uns das Wort und die Existenz Gottes offenbar, so begründet Gott Erkenntnis seiner selbst, so auch Erkenntnis seiner selbst in seiner Einheit. Jene Unterschiedenheit und Selbständigkeit der vier *Loci* ergibt sich aus der Tatsache der Offenbarung des einen und dreieinigen Gottes als solcher. Verwickelt er selbst sich nicht in Widersprüche dadurch, daß sein *actus purissimus* sich in der Offenbarung nun eben in der Zeit vollzieht, kann diese seine Kondeszendenz seine Majestät nicht nur nicht verletzen, sondern vielmehr nur erklären und bestätigen da, wo sie der Erklärung und Bestätigung bedarf, nämlich seiner Kreatur gegenüber, läßt die kirchliche Verkündigung und mit ihr die Dogmatik es sich angelegen sein, eben darüber zu berichten, wie er sich wirklich, d. h. wie er sich in der Zeit offenbart — er, der sich selbst ganz gewiß nicht untreu wird, sondern gerade so erst recht treu ist — dann braucht sie ihrerseits gewiß nicht zu befürchten, sich falscher Trennungen schuldig zu machen und sich in Widersprüche zu verwickeln, wenn sie sich an sein Werk und Handeln in seiner Offenbarung hält; dann wäre das Untreue, wenn sie, weiser sein wollend als Gott, sich ein Bild von ihm machen wollte nach den Maßen dessen, was wir Menschen Einheit nennen. Man wird also jene Unterschiedenheit und Selbständigkeit der *Loci*: *De Deo, De creatione, De reconciliatione, De redemptione* nicht einmal als eine notwendige Unvollkommenheit menschlichen Denkens und menschlicher Rede hinstellen, bedauern und entschuldigen dürfen. Mit der notwendigen Schranke der menschlich kreatürlichen Erkenntnis hat diese Bestimmung der Methode der Dogmatik so viel aber auch so wenig zu tun wie die Ordnung, in der sich der Glaube und seine Erkenntnis vollzieht, überhaupt. Nehmen wir die eine Voraussetzung als gegeben hin, daß es Gott gefallen habe und noch gefalle, sich dem Menschen in seinem Wort zu offenbaren und ihn zum Glauben an ihn zu erwecken, dann kann darin, daß wir uns an die Art wie er sich tatsächlich offenbart hat, halten, keine Unvollkommenheit unserer Erkenntnis erblickt werden, die wir zu betrauern und über deren Grenzen wir dann wohl auch beiläufig immer wieder hinauszuschielen und hinauszustreben hätten. Die Sache selbst stellt uns in diese Ordnung. Inwiefern sollte sie dann unvollkommen sein? Allein insofern offenbar, als wir sie sicher nie innehalten werden so wie sie innegehalten werden will. Ein Verfahren, das uns in seiner grundsätzlichen Gestalt durch die Sache selbst als das allein mögliche und erlaubte vorgeschrieben ist, werden wir nicht nur als ein angesichts der menschlichen Schwachheit allenfalls zulässiges, sondern als das kraft seines Ursprungs in der Sache trotz der menschlichen Schwachheit und im Kampf mit ihr vollkommene, rechte und gute zu würdigen und also nicht mit halbem sondern mit ganzem Herzen, mit wirklichem Vertrauen anzuwenden haben.

Ein Einwand, der sich hier gerade von der entgegengesetzten Seite, nämlich von unserer eigenen Voraussetzung der systematischen Voraussetzungslosigkeit der Dogmatik her erheben könnte, soll immerhin nicht unberücksichtigt bleiben. Es könnte nämlich gefragt werden, ob hinter der Entfaltung des Inhaltes des Wortes Gottes in die genannten vier *Loci* nun nicht etwa doch eine Grundanschauung stehe, aus der diese vier *Loci* gut „systematisch" entwickelt seien, nämlich das Dogma von der Einheit und Dreieinheit Gottes, dessen Darstellung wir ja auch an die Spitze unserer Lehre von dem Worte Gottes als der Offenbarung Gottes gestellt haben. Als Schöpfer, Versöhner

2. Die dogmatische Methode 983

und Erlöser haben wir Gott in seiner Offenbarung schon § 10–12 verstehen zu müssen gemeint, um als den Grund dieser seiner dreifachen Unterscheidung seines Werks und Handelns das zu erkennen, daß Gott in sich selber von Ewigkeit und in Ewigkeit der Vater, der Sohn und der Heilige Geist ist. Aber eben damit ist eigentlich das Nötigste zu diesem Bedenken schon gesagt. Wir haben unsere Einteilung der *Loci* nicht aus dem Trinitätsdogma abgeleitet, sondern wir haben das Trinitätsdogma selber eben aus der Quelle abgeleitet, aus der wir jetzt auch die Einteilung der *Loci* ableiteten, nämlich aus dem Werk und Handeln Gottes in seiner Offenbarung. Nicht das ist ja der Inhalt des von der Kirche formulierten, von der Dogmatik nachzuzeichnenden und in der kirchlichen Verkündigung zu respektierenden Dogmas von der Trinität: daß Gott in seinem Verhältnis zum Menschen Schöpfer, Versöhner und Erlöser ist, sondern das: daß er in sich selber ewig Gott Vater, Sohn und Heiliger Geist ist. Das Trinitätsdogma spricht im Kampf gegen naheliegende und Alles zerstörende Irrtümer aus und stellt sicher: daß wir es in jener Unterschiedenheit Gottes in seiner Offenbarung — auch in ihr, nicht erst in einer Verborgenheit Gottes über und jenseits seiner Offenbarung, sondern gerade weil auch in seiner Verborgenheit, darum auch ganz real in seiner Offenbarung! — mit Gott selbst, daß wir es in dem Vater, dem Sohn und dem Heiligen Geist, wie sie uns als Schöpfer, Versöhner und Erlöser in seiner Offenbarung begegnen, mit dem Wesen und der Wahrheit Gottes selbst, nicht mit bloßen Erscheinungen oder Emanationen, nicht mit Halbgöttern und nicht mit vergöttlichten Kreaturen zu tun haben. Dem Trinitätsdogma geht aber wie allen anderen Dogmen voran das Faktum der Offenbarung selbst und als solches und dieses Faktum besteht eben darin, daß Gott uns als Schöpfer, Versöhner und Erlöser begegnet, als solcher mit uns redet und an uns handelt und also in dieser dreifachen Weise Gott und Herr ist. Dieses Sein Gottes in seinem Werk und Handeln ist kein Dogma, ist auch keine Grundanschauung, kein verfügbares Prinzip, das als solches zum Bau eines Systems dienen könnte, sondern das allen Dogmen und allen Anschauungen frei vorangehende und sich selbst zugrundelegende Ereignis des Wortes Gottes. Im Blick auf dieses Ereignis und nicht im Blick auf das Trinitätsdogma haben wir auch unsere Einteilung der *Loci* gewonnen, obwohl es gewiß nicht anders sein kann, als daß diese Einteilung einerseits eine Bestätigung des Trinitätsdogmas bedeutet und andererseits selbst durch das Trinitätsdogma bestätigt und gegen Mißverständnisse gesichert wird. Wie sollten wir einerseits den Zusammenhang und andererseits die Selbständigkeit der Lehren von der Schöpfung, von der Versöhnung und von der Erlösung so bestimmt zu behaupten in der Lage sein, wenn wir nicht vom Trinitätsdogma her darüber belehrt wären, daß die *opera trinitatis ad extra sunt indivisa*, daß aber der Vater, der Sohn und der Heilige Geist, wie wir sie in diesen *opera* erkennen, selbständige Seinsweisen Gottes selbst und also auf keine höhere Einheit zurückzuführen sind? Das organisierende und disponierende Zentrum der Dogmatik ist darum doch nicht die Trinitätslehre, sondern befindet sich außerhalb der Reihe der *Loci*, zu denen als Teil der Gotteslehre auch die Trinitätslehre gehört. Und nun betrachten und behandeln wir ja eben die Gotteslehre, die sich in der Trinitätslehre nicht erschöpfen kann, als einen selbständigen *Locus* neben den Lehren von der Schöpfung, Versöhnung und Erlösung. Wir müssen das darum tun, weil dieses Subjekt, weil Gott nicht aufgeht in seinem Werk und Handeln, sondern in seinem Werk und Handeln als dieses Subjekt erkannt und anerkannt sein will, wenn sein Werk und Handeln als das seinige recht gesehen und verstanden werden will. Von dem Gott, der selber der Geber, das Geben und die Gabe in Einem ist, kann in der Dogmatik, wenn sie von seinem Werk und Handeln recht reden will, unmöglich bloß beiläufig, unmöglich bloß im Annex zu seinem Werk und Handeln als solchem die Rede sein. Wie sollte es nun anders sein, als daß auch in der Gotteslehre die in der Trinitätslehre bereits gewonnene Erkenntnis vorausgesetzt und fruchtbar gemacht werden muß? Aber nicht die Trinitätslehre als solche, sondern wieder das Werk und Handeln Gottes, das auch die Trinitätslehre nur bezeugen kann, wird die Quelle auch der Gotteslehre (bzw. der unter diesem Titel zu explizierenden übrigen Bestandteile der Gotteslehre!) bilden. Und eben indem die Gotteslehre als vierter Punkt neben (nicht über, sondern neben!) jene drei anderen tritt, sollte und könnte eigentlich schon damit auch der Anschein zerstört sein, als ob es sich bei dem Ganzen um ein System der Trinitätslehre handle. — Es braucht nun nicht mehr gesagt zu werden, daß und warum wir das Vorgehen mancher modernen Dogmatiker (Ph. K. Marheineke, A. Schweizer, H. Martensen, Th. Häring, M. Rade vgl. I, 1 S. 319), die die Dogmatik mit mehr oder weniger innerem Recht und mit mehr oder weniger Folgerichtigkeit auf dem trinitatischen Schema aufgebaut haben, nicht gutheißen können.

Noch stehen wir vor der Frage, in welcher Reihenfolge die genannten vier *Loci* in der Dogmatik zu behandeln sein werden. In Erinnerung daran, daß wir uns bei diesem ganzen Fragenkomplex auf dem Gebiet der Freiheit als des rechten Gehorsams und des Gehorsams als der rechten Freiheit befinden, wo gewählt, aber verantwortlich gewählt werden muß, wird auch hier die entscheidende Regel lauten müssen: die Reihenfolge muß einerseits so anspruchslos, aber andererseits auch so sinnvoll wie möglich sein. Anspruchlos: Es ist also Sorge zu tragen, daß die vertriebene Systematik nicht etwa mittels der gewählten Reihenfolge zur Hintertüre wieder hereintreten kann. Sinnvoll: Es muß einen didaktischen Zweck haben, gerade diese und diese Reihenfolge zu wählen. An sich könnte jede Reihenfolge möglich, erlaubt und nützlich sein. Jede kann freilich auch anspruchsvoll, d. h. in systematischer Absichtlichkeit gemeint sein und vollzogen werden. Dies ist es, was nicht geschehen darf, was bei jeder möglichen Wahl vermieden werden muß. Es wäre also unter diesem Gesichtspunkt gewiß bedenklich, nun etwa mit der Schöpfung oder mit der Versöhnung oder mit der Erlösung beginnen zu wollen, so möglich und erlaubt das Alles und — so interessant das Alles gewiß sein könnte. Gerade etwas besonders „Interessantes" sollte hier eben nicht gesucht und gewählt werden! Das Interessante könnte und würde, wenn einer dieser drei Punkte an die Spitze gestellt würde, doch wohl darin bestehen, daß das Ganze dann in den Rahmen des, wie wir sahen, von jedem dieser drei Punkte aus möglichen und einladenden Systems gerückt würde. Wiederum kann das Beginnen mit der Gotteslehre gewiß den Verdacht erwecken, als solle nun eben so, mit der Bestimmung des Subjektes des göttlichen Werkes und Handelns, sozusagen eine Schlüsselstellung geschaffen werden, während ihr am Ziel und Ende des Ganzen, als Sammlung der Ergebnisse der drei anderen Teile eine anspruchslose und zugleich sinnvolle Stellung zukommen würde. Aber die Gefahr der Systematisierung eines der drei anderen Teile, von denen dann einer an die Spitze rücken müßte, ist größer als die der Systematisierung der Gotteslehre, weil die eigentlich einladenden Versuche, die Dogmatik zur Entwicklung einer Grundanschauung zu machen, dort, bei den verschiedenen Seiten des konkreten Werkes und Handelns Gottes, viel mehr Angriffsflächen finden. Es ist auch nicht einzusehen, warum nicht gerade die Gotteslehre sehr anspruchslos am Anfang stehen sollte. Sinnvoll wird

2. Die dogmatische Methode

sie sicher dort stehen, didaktisch sinnvoller als jeder der anderen Teile, weil sich schließlich auch über Schöpfung, Versöhnung und Erlösung leichter reden lassen wird, wenn zuvor Einverständnis darüber geschaffen ist, von wem das Alles ausgesagt werden soll, als wenn dieser entscheidende Bestandteil aller Aussagen dauernd beiläufig nachgeholt bzw. vorweggenommen werden müßte. Wir entscheiden uns also dafür, im Anschluß an die klassische Tradition der Dogmatik mit der Gotteslehre den Anfang zu machen. Ihr Inhalt braucht auch an dieser Stelle keine leere Spekulation und ihre Absicht keine systematische zu sein. Gibt es etwas Anspruchsloseres als den Satz, daß Gott Gott ist, den wir in diesem ersten Teil zu diskutieren haben werden? Und könnte etwas sinnvoller sein, als daß wir mit diesem Anfang anfangen? Eben indem wir so anfangen, wird nun aber auch den Gefahren, die von der Verabsolutierung jedes der folgenden Teile her drohen könnten, einigermaßen gewehrt sein. Die Gotteslehre an der Spitze der Dogmatik wird und muß eine beruhigende, ausgleichende, alles aufgeregte und eigenmächtige Agieren und Reagieren im voraus in seine Grenzen weisende Wirkung auf das Ganze haben, so daß die Fortsetzung nach diesem Anfang verhältnismäßig unbedenklich mit jedem der drei anderen Teile gemacht werden könnte. Aber warum sollte es nicht am Unbedenklichsten und zugleich das Übersichtlichste sein, wenn wir uns nach diesem Anfang sozusagen an die natürliche Pragmatik halten, in der wir bis jetzt immer von diesen drei Seiten des Werks und Handelns Gottes gesprochen haben: Schöpfung, Versöhnung, Erlösung? Wir befinden uns dann auch hier in den Spuren der klassischen Dogmatik, hinter denen ja einfach der Weg des Glaubensbekenntnisses selber sichtbar ist, können uns freisprechen von dem Verdacht, irgend etwas Besonderes gesucht und gewollt zu haben, und werden bei dem auf diesem Weg sich ergebenden Gedankenfortschritt am Sichersten von den Belehrungen Gebrauch machen können, die sich aus einer Lehre je für alle anderen ergeben.

Wir schließen mit einer gedrängten Übersicht über den Inhalt der Dogmatik, wie er sich unter Voraussetzung der damit getroffenen Wahl gestalten wird:

1. Wir werden in der Lehre von Gott den ganzen Inhalt des Wortes Gottes, also das ganze Werk und Handeln Gottes in seinem Sohne Jesus Christus unter dem Gesichtspunkt der Frage nach dem eigentümlichen Sein und Verhalten seines Subjektes als solchen, wir werden hier also die Gottheit und Herrschaft Gottes — gewiß nicht in Abstraktion von seinem Tun, aber gerade im Blick auf sein Tun mit der besonderen Frage nach ihm selbst — zu erforschen und darzustellen haben. Vier große Fragen- und Antwortkomplexe werden uns dabei beschäftigen: Es geht einmal um die Wirklichkeit, die Möglichkeit und den tatsächlichen Vollzug der

wahren, auf die Offenbarung begründeten Gotteserkenntnis als solcher. Es geht sodann um die Sätze, in welchen der Inhalt dieser Erkenntnis als der Erkenntnis der Wirklichkeit (des „Wesens" und der „Eigenschaften") Gottes auszusprechen ist. Es geht drittens um die Entfaltung der christlichen Erkenntnis von dem grundsätzlichen Verhalten Gottes zum Menschen, sofern dieses in Gottes Freiheit beruht und also um die Entwicklung der Lehre von Gottes Gnadenwahl. Und es geht endlich um dasselbe grundsätzliche Verhalten Gottes zum Menschen, sofern dieses eine Beanspruchung des Menschen bedeutet, sofern es in einem göttlichen Gebieten besteht: wir werden hier — wie es sich gehört: im Zusammenhang der Dogmatik — die Grundlegung der theologischen Ethik als Lehre von der Erkenntnis und Wirklichkeit des göttlichen Gebotes zu vollziehen haben.

2. Es wird in der Lehre von der Schöpfung darum gehen, das Wort Gottes und also Gottes Sohn Jesus Christus zu verstehen als das Wort, das uns darum in unserer Existenz angeht und trifft, weil es das Wort dessen ist, durch den unsere Existenz und die Existenz alles dessen, was nicht er selber ist, begründet ist, erhalten und regiert wird, weil Gottes Herrschaft mit Allem, was sie sonst für uns bedeuten kann, immer schon das absolute Vorher bedeutet, von dem wir, was auch aus uns werde, was wir auch aus uns selbst machen mögen, als die, die einst noch nicht waren und jetzt sind und einst nicht mehr sein werden, immer schon herkommen. Drei große Kreise werden hier zu ziehen sein: Einmal Gottes Sein und Handeln als Schöpfer im Verhältnis zu seinem Geschöpf als solchem und im Allgemeinen. Sodann der Mensch: seine Erkenntnis als Gottes Geschöpf, seine Bestimmung als Inbegriff der Schöpfung und die (verlorene!) Gerechtigkeit seiner eigenen, seiner Schöpfung entsprechenden Entscheidung. Endlich — auch die besondere theologische Ethik hebt nun an — die Inanspruchnahme des Menschen durch das göttliche Gebieten, sofern Gottes Gebot das Gebot unseres Schöpfers ist, sofern unsere Inanspruchnahme also schon damit anhebt, daß wir sind und leben, sofern sie als die Bestimmung unserer Existenz schon unser Sein und Leben als solches betrifft.

3. Wir betreten mit der Lehre von der Versöhnung die eigentliche Mitte — aber eben nicht die systematische, sondern die sachliche Mitte — der Dogmatik und der kirchlichen Verkündigung. Gott der Versöhner ist die Gegenwart, die absolute Gegenwart, in der wir uns als Hörer des Wortes Gottes befinden. Die Versöhnung ist die Aufrechterhaltung und die Bestätigung des Bundes, in den Gott durch die Schöpfung mit dem Menschen getreten ist und der durch die Untreue des Menschen nicht zerstört, sondern durch die Treue Gottes gegenüber der menschlichen Un-

treue nur noch heller ins Licht treten kann. Das Wort Gottes und also Gottes Sohn Jesus Christus als Wort von der Versöhnung ist die Gottesherrschaft, sofern sie sich angesichts der ihr widerstrebenden Wirklichkeit des Menschen erst recht und nur um so herrlicher behauptet. Das Wort von der Versöhnung begreift den Menschen als den Gefallenen, aber noch viel mehr Gehaltenen, als den Feind, aber noch viel mehr als den Geliebten Gottes, als den Rebellen, den Gott als seinen Knecht zu kennen nicht aufhört, ja, den er nun erst recht sein Kind nennen will mit der ganzen Kraft seines Neues schaffenden Heiligen Geistes. Vier große Kreise werden uns hier beschäftigen: Einmal der von Gott aufrechterhaltene und bestätigte Bund zwischen Gott und Mensch; hier und nur hier, also zum vornherein im Licht der Lehre von der Gnade wird des entsprechenden Schattens zu gedenken, wird also die Lehre von der Sünde zu entwickeln sein. Sodann: die objektive Tatsache der göttlichen Versöhnung in der Person und im Werk des gott-menschlichen Mittlers Jesus Christus. Sodann: die subjektive Zueignung der Versöhnung an den Menschen durch die Gegenwart Jesu Christi im Heiligen Geist im Raume der Kirche, auf dem Wege, der dem Menschen durch die Sakramente der Taufe und des Abendmahls bezeichnet ist, durch des Menschen Berufung, Rechtfertigung, Heiligung und Bewahrung. Endlich — auch die theologische Ethik muß hier eine zweite Wendung vollziehen — die Inanspruchnahme des Menschen durch das Gebot Gottes, sofern es uns jetzt als den unter Gottes Gericht gestellten, aber auch durch Gottes Gnade Angenommenen begegnet als Gottes unsere Sünde aufdeckendes und strafendes, aber eben so auch heilsames und zurechtweisendes Gesetz, sofern jetzt, in der Kirche, der Mitmensch unser Nächster und Bruder wird, der in seiner eigenen Not einen Auftrag und eine Hilfe für uns bedeutet, der uns das Gebot Gottes zu sagen hat.

4. In der Lehre von der Erlösung endlich haben wir das Wort Gottes und also Gottes Sohn Jesus Christus zu uns reden zu lassen als das Wort dessen, der, wie er als der Schöpfer das absolute Vorher, so nun auch das absolute Nachher ist, dem wir entgegen gehen. Gott der Erlöser ist der Erste, der auch der Letzte ist, dessen Reich kommt als das Reich des überwundenen, des beseitigten Zwiespalts, im Anbruch eines neuen Himmels und einer neuen Erde. Das Wort Gottes als das Wort von der Erlösung begreift also den Menschen unter dem Gesichtspunkt der ewigen, das heißt der vollendeten, der schon vollstreckten Gottesherrschaft, beschattet vom Tode als von der Aufhebung alles dessen, was er jetzt ist, aber — weil in Jesus Christus der Tod schon verschlungen ist in den Sieg — belichtet durch dessen Auferstehung als der Offenbarung des Lebens Gottes, als der Verheißung der Auferstehung und des ewigen Lebens, dem auch er entgegengehen darf. Drei Kreise werden hier zu

ziehen sein: Einmal das Leben des Menschen in der Hoffnung, in der ihm der objektive Inhalt des Glaubens, Jesus Christus, gegenwärtig ist. Sodann: der Inhalt dieses Glaubens als Inhalt der Verheißung und also als seine künftige Wirklichkeit. Und endlich — auch die theologische Ethik kann erst hier, in ihrer eschatologischen Ausrichtung, zum Ziel kommen — die Inanspruchnahme des Menschen durch Gottes Gebot, sofern auch dieses Verheißung ist, sofern wir laut der Verheißung Erben und also Anwärter des ewigen Lebens in Gottes Reich sind, sofern uns also durch dieses Gebot Gottes Vollendung vorgehalten, zugesagt, ja im voraus zugeeignet ist, sofern es nicht anders sein kann, als daß wir durch Gottes Gebot aufgerufen werden, nicht nur zu leben, nicht nur uns unter das Wort zu beugen, sondern lebend und gebeugt unter sein Wort, einer wirklichen, einer qualitativ besseren, und zwar unendlich viel besseren Zukunft entgegenzugehen.

Dies ist es, was die Dogmatik über den Inhalt des Wortes und also über das Werk und Handeln Gottes zu sagen hat. Gott handelt in seinem Wort, darum muß die Dogmatik an sein Wort gebunden bleiben, kann sie nichts Anderes unternehmen wollen als eben einen Bericht über das, was in Gottes Wort als Gottes einstiges, gegenwärtiges und künftiges Handeln offenbar ist, was in seinem Wort selbst in der ganzen Kraft des einst Geschehenen, heute Geschehenden und künftig Geschehenwerdenden Ereignis ist. Und Gottes Wort ist Gottes Sohn Jesus Christus; darum kann und muß die ganze Dogmatik im umfassenden Sinn des Begriffs als Christologie verstanden werden. Sie muß sich auf allen vier Stufen ihres Weges vor Augen halten, daß sie legitim nur von dem Gott und von dem Werk und Handeln des Gottes reden kann und darf, der in Jesus Christus durch den Heiligen Geist die Offenbarung des Vaters ist. Wir wissen damit im voraus um den Ursprung und das Wesen aller möglichen **Fehlerquellen**, die sich im Verlauf unserer Nachforschung und Darstellung geltend machen können, aber auch um die **Regel**, deren Innehaltung uns sämtliche möglichen Fehler vermeiden lassen würde. Wir wissen aber auch, daß die entscheidende Korrektur, gerade weil alle Fehler notwendig Fehler an diesem einen Punkt sind, nicht von irgendwelcher menschlichen Umsicht und Akribie in der Beachtung dieser Regel, sondern wiederum allein von diesem Punkt und das heißt von dem Gegenstand der Dogmatik selber her zu erwarten ist. Die Dogmatik kann und darf auch in dieser Hinsicht keine andere Stellung einnehmen wollen als, wie angegeben, die Stellung der lehrenden Kirche, innerhalb derer sie nicht nur die kritische, sondern auch die positive Aufgabe hat, zu neuem Zeugnis von Gottes Offenbarung aufzurufen. Indem sie das tut, und zwar damit tut, daß sie sich selber beanspruchen läßt durch den Gegenstand, der der lehrenden Kirche aufgegeben ist, begibt sie sich in

2. Die dogmatische Methode

die gleiche Gefahr mit dieser. Die Gefahr, in die sie sich begibt, ist insofern noch größer als die, in der sich die lehrende Kirche im übrigen befindet, als die Dogmatik es wagt und wagen muß, diesen Gegenstand als Ganzes ins Auge zu fassen und zur Darstellung zu bringen. Hier droht offenbar, wie wir sahen, in besonderer Weise das System und mit dem System die Eigenmächtigkeit und mit der Eigenmächtigkeit der Irrtum. Hier entfernen wir uns ja verhältnismäßig von der Exegese. Und es ist gefährlich, sich auch nur verhältnismäßig von der Exegese zu entfernen. Wir tun es nicht mutwillig. Wir wissen, daß es so sein muß, weil ja für die kirchliche Verkündigung selbst das Ziel der Exegese die Anrede, der Sinn der *explicatio* die *applicatio* ist. Wird und muß sich die kirchliche Verkündigung selber hier nicht noch weiter von der Exegese entfernen? Wenn die Gefahr, in die die kirchliche Verkündigung sich damit begibt, kein Verbot bedeuten kann, wenn sie den Mut haben muß, sich in diese Gefahr zu begeben und die Hoffnung, in dieser Gefahr nicht zu straucheln, dann kann offenbar auch das, was die Dogmatik tut — sie tut den vermittelnden Schritt zwischen *explicatio* und *applicatio* und eben darum wagt sie es, den Gegenstand als Ganzes ins Auge zu fassen und zur Darstellung zu bringen — nicht verboten sein. Die Dogmatik ist gerade damit, daß sie diesen vermittelnden Schritt tut: von der Exegese her der Anrede und Anwendung entgegen, gerade als Erinnerung an die Ganzheit des Gegenstandes der kirchlichen Verkündigung, der Aufruf an die Kirche, zu wagen, was gewagt werden muß, was im Blick auf die der Kirche gegebene Verheißung zu wagen nicht unterlassen werden darf. Aber die Gefahr bleibt Gefahr — auch als die die Dogmatik im Besonderen bedrohende Gefahr — und wird als solche zu bedenken sein. Es bleibt zu bedenken, daß die Autonomie des dogmatischen Denkens und Redens nicht primäre, sondern nur sekundäre Autonomie, nur Funktion der die Kirche und so auch die Dogmatik allein begründenden und erhaltenden, allein rechtfertigenden und allein heiligenden Theonomie sein kann. Die Autonomie des dogmatischen Denkens, in der es gewagt werden muß, sich für eine bestimmte dogmatische Methode zu entscheiden, wie wir es jetzt getan haben, meint, bezeichnet, signalisiert (ebenso wie seine Heteronomie, von der im letzten Paragraphen die Rede war) die Autonomie des Heiligen Geistes. Wir denken und reden — wir sollen, nein: wir dürfen reden in der Dogmatik, wie es auch in der kirchlichen Verkündigung der Mensch ist, der zu eigenem Denken und Reden durch Gottes Gnade aufgerufen, legitimiert und befähigt ist. Wir werden aber keinen Augenblick vergessen können, daß, wenn und sofern wir in der kirchlichen Verkündigung und in der Dogmatik die Wahrheit denken und reden, Gott selber und allein der ist, der dann, den Menschen als seinen Knecht gebrauchend, ohne daß er ihm dafür zu danken hätte, seine Gedanken gedacht, sein Wort geredet hat. Anders als in dieser

Bescheidung würden wir nicht die Wahrheit denken und reden. Und diese Bescheidung schließt in sich die Erkenntnis, daß wir im Lichte Gottes offenbar sind als Finsternis, in Gottes Gericht durchschaut als Lügner, daß wir die Wahrheit immer gegen uns selbst denken und reden werden.

Der kirchliche Dogmatiker wird mit dem kirchlichen Prediger von sich selbst sagen müssen, was Ignatius von Antiochien einmal von sich selbst geschrieben hat: 'Ἐὰν γὰρ σιωπήσητε ἀπ' ἐμοῦ, λόγος γενήσομαι θεοῦ. 'Ἐὰν δὲ ἐρασθῆτε τῆς σαρκός μου, πάλιν ἔσομαι ἠχώ (*Ad Rom.* 2, 1). In dieser Bescheidung, in welcher höchster Mut und höchste Demut, höchste Ehrfurcht und höchste Freudigkeit sich vereinen mögen, soll sich das Verhältnis des Dogmatikers und des Predigers zu seinem Gegenstand zusammenfassen lassen in das Wort Ps. 103, 1: Lobe den Herrn, meine Seele, und was in mir ist, seinen heiligen Namen!

I. BIBELSTELLEN

Genesis

1, 1	577
14	52
2, 18	212
21 f.	212
3	154
1 f.	212, 339
5	644
9	212
15	85
16	212
23 f.	52
4, 3 f.	471
9	487
6, 5 f.	52
8, 20 f.	75
22	53
9, 16	52
14	843
18 f.	469
22, 16 f.	439
32, 22 f.	371
27	96

Exodus

3, 8	106
13 f.	59
7	375
3	578
14	81
15	275
19, 12	169
20, 2	299, 652
12	652
32	359
4	546
34	571
6	75
40, 35	220

Leviticus

19, 18	419
32	652
25, 8 f.	57

Numeri

6, 22 f.	652
12, 1 f.	543
22–24	469

Deuteronomium

6, 4	419 f.
5	410, 419 f., 427
7, 8	415
10, 12	437
14 f.	415
11, 1	424
30, 6	410
16	424

Josua

2	232
12	469
22, 5	424
24, 15 f.	386

1. Samuel

17, 23 f.	760

2. Samuel

23, 1 f.	108

1. Könige

5, 15 f.	469
10, 1 f.	469

2. Könige

5, 1 f.	469

2. Chronik

5, 8	220

Esra

1 f.	469

Hiob

1, 6	56
8, 8	653
10, 4 f.	56

Psalmen

1, 4	574
2, 7	130
11, 7	415
14, 3	835
15, 2	458

18, 36	285
19	335
22	32
2	97, 118
28	32
31, 15 f.	74
33, 5	285, 415
38	32
39	32
40, 8 f.	542
42	32
44	32
45, 3	168
50, 7	360
51, 7	208, 835
12	242
69	32
74	32
77	32
6	653
80	32
83	32
84, 11	73
85	32
86, 15	75
88	32
89	32
90, 4	73
7	285
100, 3	384
102, 4	74
103, 1	990
6	285
8	75
104, 29	285
110	109
4	469 f.
116, 10	945
118, 21	285
119	299
46	717
71	285
75	285
121	767
123, 2	340
130	32
139	32, 299
139, 1 f.	295
16	74
142	32
143	32

Sprüche

8	158
12, 10	426

Prediger

3, 1 f.	76
12 f.	76

Jesaia

4, 4	285
6, 5	285
9 f.	80
7, 9 f.	85
14	25, 190, 194 f., 215
8, 20	807
9, 1 f.	162, 237
5	237
6	285
40, 3	243
7	285
8	55
12 f.	803
41, 4	59
43, 4 f.	416
44, 3	264
6	59
45	469
48, 12	59
52, 14	168
53	80, 98, 152, 168, 474, 800
2	96, 168
5	102
55, 1	264
7 f.	803
61, 2	57
62, 6	763

Jeremia

1, 4 f.	243
5	539
9 f.	243
6, 16	652
20 f.	360
7, 21 f.	360
8, 8 f.	360
10, 1 f.	331
22, 16	458
23, 28 f.	757
29	759
31, 3	415
33	332, 340
34	340
33, 20 f.	52
25 f.	52

Ezechiel

36, 25	264
25 f.	242 f.

Daniel

2, 21	74
7	109

Hosea

6, 6	480
11, 1	415
4	415

Joel

2, 13 75

Amos

3, 7 543
4, 4 359
5, 5 359
   21 f. 359
7, 10 f. 359
   14 f. 359
9, 7 359

Sacharja

6 109

Matthäus

1,1 . . . . 191, 204
   2 f. 191
   5 469
   16 . . . . 191 f.
   18 . . . . . . 194, 204, 215, 219
   18 f. . . . . 189 f., 205, 213
   19 166
   20 219
   21 231
   23 25
2, 1 f. 469, 563
   6 231
3, 2 . . . . 231, 243
   11 243
   13 f. 133
   15 . . . . 166, 243
   17 24
4, 1 f. 25, 171, 173
   17 243
5, 2 f. 231
   3 288
   3 f. 118
   4 f. 456
   7 462
   13 777
   13 f. 798
   17 541
   17 f. 81, 571, 574
   43 f. 462
   48 436
6, 12 . . . . 835, 842
   14 458
   24 . . . . 74, 135
7, 12 . . . . 426 f., 458
   14 284
   16 591
   21 593
   21 f. 510
   24 f. 284
9, 3 166
   13 480

   18 f. 73
10 118
   1 231
   9 759
   16 759
   19 f. 540
   24 759
   32 f. 458
   34 762
   38 . . . . 303, 759
   40 . . . . 231, 540
   42 495
11, 2 f. . . . . 25, 62 f.
   3 133
   6 68
   9 . . . . 133, 756
   11 132
   15 284
   19 166
   25 287
   27 284
   28 425
   29 578
   29 f. . . . . 424 f.
   30 301
12, 7 480
   23 191
   48 f. 153
13, 11 284
14, 28 f. 361
16, 13 f. 25, 361, 386
   16 f. 755
   18 231
   18 f. 540
   23 . . . . 171, 361
   27 75
   28 771
17, 5 24
18, 1 361
   3 284
   7 68
   18 540
   20 . . . . . . 231, 659, 661, 713
19, 6 843
   12 284
   19 448
   23 f. 284
   24 f. 72
20, 30 25
21, 1 f. 84
   9 191
   15 f. 25
   32 132
22, 14 284
   37 . . . . 424, 437
   37 f. 419
   38 452
   38 f. 448
   39 427
23, 8 471

35	471
24, 12	438
34 f.	771
25, 1 f.	474
14 f.	789, 947
26, 31	68
33 f.	537
34	68
39	171, 189, 855
65	166
27, 38	166
28, 20	132, 180, 231, 465, 540, 555, 606, 752

Markus

1, 1	15
2 f.	133
7 f.	132
9 f.	218
15	58, 75, 114 f., 284
24	25
2, 1 f.	207
7	25
14	539
3, 14	539
21	166
5, 7	25
6, 3	24
7, 24 f.	469
8, 35	172
9, 19	361
10, 9	232 f.
17 f.	171
35 f.	361
45	171 f.
47 f.	191
12, 7	67
29 f.	409, 419 f.
30	423 f.
31	442 f., 448, 453 f.
35 f.	191
13	12
14, 34	173
37 f.	361
15, 34	173
39	25, 469
16, 1 f.	236
8	126 f.

Lukas

1	120
16	843
26 f.	153, 163, 190, 195, 205
28	153
31 f.	152
32	178
34	220
34 f.	190
35	178, 205, 215, 220 f.

38	153, 157 f., 205, 213, 855
39 f.	205
45	213
46 f.	153
52	287
54 f.	80
57 f.	133
72	80
2, 1 f.	67, 84
10	205
11	57
15 f.	232
22 f.	163
25	231
40	173
52	173
3, 16	264
23 f.	191 f.
4, 19 f.	47
21	541
6, 20	287 f.
7, 36	288
10, 16	231, 468, 540, 555
23 f.	410
24	80
25 f.	339, 424, 460 f.
27 f.	419
28	339
11, 14 f.	250
27 f.	153
28	401
37	288
12, 49 f.	762
13, 21	759
14, 1	288
27	303
15, 32	284
16, 15	339
22	83
29	807
17, 1	68
7 f.	298 f.
18, 31	541
19, 9	57
40	763
20, 37 f.	73
22, 32	361, 471
42	205
24, 12	401
13 f.	80, 238, 541, 563
25 f.	80
44	541
48	126

Johannes

1, 1	174
1 f.	20, 36, 84, 145 f., 163
3	174
5	67, 166, 243

I. Bibelstellen

6 f.	132, 174, 243
8	133
9	162
11	166
12	242
12 f.	166, 174, 410
14	44 f., 55 f., 114, 122, 135, 145 f. 162, 166 f., 251, 382, 418, 642
14 f.	20
15	133
15 f.	132, 243
17	20
19 f.	132 f.
29	20, 63, 166
29 f.	133
32 f.	218
35 f.	20
36	133
41	80
45	80, 541 f.
49	20
3–4	84
3, 3	284
3 f.	218
5	243, 252
6	331
8	771
16	416
16 f.	40, 418
27 f.	133, 304
33	304
35 f.	304
4, 22	80, 567
24	411
5, 6	868
21	771
24	284
35	756
36	133
39	80, 542, 578
45 f.	80
46	542
6, 35	20
37	272
44	264
47	181
52 f.	20, 252
53	150
63	21, 150, 252, 398
66	20
67 f.	386
68 f.	20
7, 12	166
37	264
42	191
8, 12	20
46	171
51	303
56	80, 82
10, 7	20

11	20
17	171
35	541
11	587
25	20
27	20
12, 24	25
37 f.	80
13, 34	448
14, 6	20
15	303
18	465
21	303
23	303
23 f.	274
26	274, 540
26 f.	410
30	171
15, 1	20
1 f.	361 f.
5	756
9	410
10	303, 409
12	448
13	494
13 f.	415
16	384
17	448
16, 5 f.	339
8 f.	285
12	614
13	540
14	274
17, 8	540
11 f.	239
20	540
20 f.	231
24	771
18, 10	361
33	20
19, 5	20
30	124, 260
34	263
20, 5	401
20	20
21	540
22	555
23	540
24 f.	361
27 f.	20
28	15
31	20
21, 25	614

Apostelgeschichte

1	242
2	539
3	126, 614
4 f.	231

5	243
8	126, 468, 540, 606, 752
14	242
22	123, 126
2	242
1 f.	231, 540
11	231
14 f.	273
22 f.	15
41	231
3, 4	545
4 f.	540
5	759
13 f.	15
20 f.	80 f.
23 f.	15
4, 10 f.	11, 14
12	740
29	798
33	126
5	120
1 f.	362
6, 10	14
7	119
2 f.	340
8, 13 f.	362
26 f.	80, 800
30 f.	800
33	25
10, 35	469
36	25
36 f.	15
43	80
14, 15	334
15 f.	332 f.
15, 2	694
7	661
28	653, 661
17, 2 f.	85
11	80, 542
22 f.	332 f.
30 f.	60
18, 24 f.	542
19, 1 f.	362
26, 22	80, 542

Römer

1–2	121
1, 1	286, 298
2	81, 84, 542
3	161, 191 f.
3 f.	25
4	218
5	298
7	232
16	301, 334
16 f.	84
17	253, 334, 591
18 f.	332 f.
2, 4	75
6	401
7	286
9	334
12	339
13	401
14 f.	332
17 f.	339 f.
3, 4	844
5	286
11	72
19	339
20	334
21	81, 334, 542
22	577
23	835
25 f.	75
31	81
38 f.	417
4, 1 f.	363
6	240
15	339
23 f.	542
25	63, 121
5, 5	263, 270, 410
7 f.	410
12	121, 212
12 f.	172
20	339
6, 3 f.	285
5	303
14	439
17	692 f.
18	298
22	298
7, 1	579
5	339
7 f.	339
13	288
14 f.	286
24	119, 286
8, 2	298, 340
3	20, 166, 168, 170, 339
9	271 f.
10	285
13	285
14	298
15	263, 437
26	286
26 f.	782
28	286, 417
29	218, 263, 471
31 f.	416
37	415
9, 17	286, 542
22	75
29	340
31 f.	339
10, 2 f.	339
4 f.	81

I. Bibelstellen

8		401, 460
9		11, 21
15		286
17		544
21		339 f.
11, 4		340
17		263
20 f.		111
29		439
32		121, 542
36		219
12, 2		117
3 f.		232, 789
4 f.		235
13, 8 f.		448
10		409
11		83 f.
15, 2		426
4		542, 827
4 f.		235, 545
8		81
14		779
18		544
16, 22		582
26		60, 542

I. Korinther

1, 1		298
2		232
18		123
23		21
25 f.		760
26 f.		287 f.
30		12
2, 1		756
6 f.		572 f., 575
8		68
9		410
3, 7		843
9		402
10		755
11		131, 964
13		401 f.
18 f.		760
4, 2 f.		362
6, 11		263
8, 1		409
5		429
9, 10		542
16		298, 544
10, 1 f.		81
11		542
15 f.		454
16 f.		235
11, 8 f.		212
23		614
26		247
34		614
12, 3		11, 21
4 f.		232, 789
12 f.		235
31		408
13		362 f.
3		495
6 f.		409
8		439
12		395, 548
15		125
3 f.		542
10		755
13		129
14 f.		126
22		172
45 f.		172
56		339
16, 10		402

II. Korinther

1, 22		264
3, 2		458
4 f.		544, 571 f., 575
5 f.		756
6		339
8 f.		395 f.
12 f.		303
14 f.		81
15		339
17		218, 411
18		395
4, 1		395 f.
5		395
13		945
16		285, 396
5, 7		130, 548
10		402
16 f.		285
15		21
17		60, 204, 285
18		170 f., 540
18 f.		395
19		162, 260, 336, 416
20		540
21		166, 168, 170 f.
6, 2		57
7, 9 f.		288
8, 9		288
10, 5		298
17		154
12, 1 f.		363 f.
9		287, 755
13, 3		544
13		263

Galater

1, 1		539, 755
1 f.		835
8		609
9		517

11 f.	237
15	539
15 f.	231, 755
2, 6	517
13	842
20	410, 755
3, 1	40, 303
7	130
10	150
13	166, 168
19	339
21	339
22	542
24	81
27	263
4, 3 f.	58
4	20, 61, 152, 161, 203
6	263
8	332
8 f.	689
9	677
19	303
21	339
26	240
5, 4 f.	458
6	408
14	427, 448, 458
16	285
6, 2	448
3 f.	402

Epheser

1, 9 f.	59
13	130
22 f.	235
2, 3	213
4 f.	402, 410
5	285
8 f.	402
12	280, 332
20	646
3, 1	298
5	646
18 f.	779
4, 1	298
1 f.	232
3	263
7 f.	789
10	18
11	539
12	235
14	537
15	236, 263, 409
16	409
29	789
5, 2	415
8	60
19	275
23	235

26 f.	243, 252
29	235
30	264
6	118

Philipper

1, 9	779
2, 1 f.	303
6 f.	18, 20 f.
7	161, 166, 171, 175
8 f.	25
9 f.	14
11	11
12	426
12 f.	402
3, 10 f.	285
12	298
13 f.	132
4, 13	755

Kolosser

1, 2	471
9 f.	779
13	431
15 f.	416 f.
18	168, 235
19 f.	417
21 f.	60
24	235
26	60
28	458, 779
2, 2	779
3	12, 779
8	689, 820
9	61, 182, 185, 235
14 f.	117 f.
20 f.	689
3, 1 f.	407
3	130, 875 f., 880
9 f.	285
14	448
4, 6	798
17	901

I. Thessalonicher

1, 3	402
4	471
4, 9	448
17	180

II. Thessalonicher

1, 11	402
2, 10	409
15	610, 614

I. Timotheus

1, 5	409
16	75

2, 5	14	7, 1 f.	470
13 f.	154	3	197, 211
14	212	26	171
3, 16	20, 138, 162	27	14
4, 1 f.	581	9, 12	14
13	542	26 f.	14
16	426	10, 1	247 f.
6, 20	612	2	14
		7	542
		10	14

II. Timotheus

1, 7	437	11, 4	471
8	298	31	469
10	60	12, 2	25, 171, 303
13	614	3	67
2, 2	614	26 f.	14
8	191	13, 8	59
11	285		
14 f.	835		

Jakobus

3, 7	779	1, 9	287
14 f.	559 f.	21 f.	400 f.
15 f.	543	22	299
16	571 f., 579, 582, 827	25	806
16 f.	517, 573, 577	27	495
4, 13	582	2, 5	287
		8	448

Titus

1, 3	58	10	577
3, 5	243, 252	12	448
		25	469
		3, 1 f.	798

Philemon

1	298		

I. Petrus

		1, 2	263
		13	273
		10 f.	81

Hebräer

1, 1	14, 92	18 f.	327
2	162	19	171
3 f.	417	25	844
5	57	2, 5 f.	232
2, 10	36	9	61
11	471	10	60
14 f.	21, 161	21	303
16	175	22	171
17	36, 471	3, 15	798
3, 7 f.	57	18	14
13	57	5, 7	262
15	57		

II. Petrus

4, 1 f.	57	1, 4	213
7	57	16 f.	559
12 f.	757	19	542, 803
15	167, 171	19 f.	559 f., 573
15 f.	21	20	549
5, 2 f.	167	2, 10 f.	776
5	57	3, 2	776
6 f.	470	8	776
7 f.	173	9	75
8	171	12	77
6, 1 f.	439 f.	15	75
4	14		
20	470		

I. Johannes

1, 1 f.	18, 543, 655
2	20
3 f.	543
8	839
8 f.	435
2, 8 f.	448
14	296
18	57
20 f.	264
24	296
27	296
3,1	415
2	129 f.
5	171
6	439
9	219, 296, 439
11 f.	448 f.
12 f.	471
14	264
15	296
16	449, 494
17	296
19 f.	437
23	449
24	264, 296
4,2	162
2 f.	20
6	807
7	410
8	408, 411, 413
9	411
10	410, 414
11	449
12	296
13	264
15 f.	296
16	411, 413
16 f.	413
17 f.	437
20	448
21	449
5,3	301, 303
4	761
6	263
18	439

II. Johannes

7	20, 162

Judas

3	14

Offenbarung

1, 4	59
8	59
17	59, 129
2, 4	438 f.
4, 8	59
5, 9	84
10, 3	55
6	55
11, 15	760
14, 6	675
21, 6	59
22, 13	59
20	131

II. NAMEN

Abaelard, Petrus 310
Adam, Karl 156, 158f., 627
„*Ad diem*", Enzycl. 156
Aesop 526
Aethelstani psalterium 190
Alacoque, Maria Marg. 151
Alsted, Hch. 597 f.
Althaus, Paul 62f., 197, 201, 207, 888, 890
Alting, Hch. 310, 938
Ambrosius 154, 674, 876
Amida-Buddha 373 f.
Amsdorf, Nik. 675
Anselm v. Canterbury 9f., 149, 155, 162, 181, 674, 679, 686
Apostolicum, Symb. 56, 98, 129, 190, 215, 700f., 704f., 728, 734f.
Arausicanum, Conc. 410, 700

Aretius, Benedikt 72
Aristoteles 535f., 616, 817, 876f., 885, 977
Arius 694, 733
Arndt, Ernst Moritz 279
Arnold, Gottfried 663
Asmussen, Hans 937
Athanasius 38, 148f., 161, 184, 228, 611, 674, 686, 718
Athenagoras 575, 581
Augsburger Konfession 248f., 508, 608, 616, 679, 701, 714, 716f., 726, 738, 851f., 869, 931
Augsburger Konfession, Apologie der 877
Augsburger Religionsfrieden 717, 726
Augustin 36, 40f., 43, 50f., 53, 82, 161, 165, 171, 184f., 219f., 228, 232, 235, 237, 240, 250, 417f., 426, 440, 485, 526,

550, 563f., 568, 575f., 578, 610f., 621, 674, 679f., 686, 700, 718, 760f., 843, 876, 885, 978
Avesta 307

v. Baader, Franz 816
Bach, Joh. Seb. 550
Bachofen, Joh. Jak. 211f.
Baier, Joh. Wilh. 310, 313
Barmen, Reichs-Syn. v. (1934) 509, 697, 701, 705, 726
Barmen-Gemarke, Freie Ref. Syn. v. (1934) 509, 701, 705
Barnabasbrief 40, 238
Barth, Fritz 190
Barth, Heinrich 50
Bartmann, Bernhard 151, 155, 173, 190, 221, 525, 674
Basilius v. Caesarea 162, 610, 674, 876
Basler Bekenntnis (1534) 508, 608, 714
Baur, Ferd. Christian 317, 817
Beck, Joh. Tob. 679f., 816, 918
Beer-Hoffmann, Richard 98
Belgica, Conf. (1561) 528f.
Bellarmin, Robert 614
Benedikt v. Nursia 876
Bengel, Joh. Albr. 43, 680
Berdjajew, Nik. 201
Berner Disputation (1528) 508
Berner Synodus (1532) 508, 608, 738
Bernhard v. Clairvaux 155, 181, 674
Bezzel, Hermann 169
Biedermann, Alois Emanuel 14, 221, 636f., 688, 928
v. Bismarck, Otto 635f.
Böhl, Eduard 169, 210, 220
Boelsche, Wilh. 350
Bohemica, Conf. (1609) 581
Bonaventura 155, 674, 686
Bossuet, Jacques-Bénigne 622
Bousset, Wilh. 317
Braun, Joh. 250
Brentano, Clemens 623
Brenz, Joh. 528
Breviarium Romanum 154, 156
Brisacier 621
Brunner, Emil 52, 68, 140, 190, 200f., 207
Buber, Martin 87
Bucan, Wilh. 310, 508, 525, 537, 581
Buddeus, Joh. Franz 5, 313 f., 318 f.
Bullinger, Hch. 714, 934
Bultmann, Rud. 442, 479, 547, 822 f.
Burmann, Franz 28, 312 f., 318, 564, 568

Cajetan, Jakob 528
Calixt, Georg 617 f., 621, 878, 882
Calov, Abr. 313, 581 f., 584, 676
Calvin, Joh. 27, 42, 82 f., 85, 103, 130, 133, 152 f., 166 f., 184, 208, 228, 232 f., 236f., 247 f., 262 f., 274 f., 286 f., 304, 310 f., 319, 329 f., 342, 375, 385, 401, 424, 426 f., 437, 454, 458, 462 f., 508, 517, 528, 531, 548 f., 554 f., 560, 577 f., 584, 595 f., 601, 616, 653, 655, 674 f., 681 f., 684 f., 692 f., 714, 734, 738, 747 f., 780, 817, 835, 842 f., 853, 876 f., 929, 931, 933 f., 938, 973
Carisiacense I., Conc. 161
Carlyle, Thomas 22, 682
Chalcedonense, Conc. 138, 152 f., 700 f., 734
Chantepie de la Saussaye, Pierre Daniel 306, 372
Chemnitz, Martin 508, 675
Christ, Lukas 275
Claudius v. Turin 310
Clemen, Carl 190
Clemens Alex. 574
Clugny 366
Coccejus, Joh. 103, 310, 312
Coelestin I. 940
Cohn, Emil Bernh. 87
Confession de la foi (Genf 1536) 508, 714
Constantinopolitanum II, Conc. 178
Commer, Ernst 636
Consensus Helv., Form. (1675) 582
Consensus Tigurinus (1549) 934
Cremer, Hermann 583
Cyprian 36, 232, 611, 653, 861
Cyrill v. Alexandrien 152
Cyrill v. Jerusalem 42, 964

Damasus, *Fides D.* 42 f.
Danaeus, Lambert 877
Dante, Aligh. 372
Decius, Nik. 276, 776
Descartes, René 311, 536
„Deutsche Christen" 316, 318, 541, 566, 683, 703 f., 733
De Wette, Wilh. Mart. Leberecht 86, 881, 928
Dibelius, Martin 190, 200, 219, 547
Diekamp, Franz 36, 151, 155 f.
Dilthey, Wilh. 817
Diognet, Brief an 40, 66
Dominicé, Max 166
Dordrecht, Syn. v. 679, 714

II. Namen

Dorner, Isaak August 688, 928
Doumergue, Emile 935 f.
Drews, Arthur 19, 384
Drey, Joh. Seb. 623 f., 627
Dürer, Albr. 550
Düsseldorfer Thesen (1933) 509
Duns Scotus 147, 155

Eck, Joh. 526, 620
Eckart, Meister E. 550
Eichrodt, Walther 87, 105, 109
Elert, Werner 935 f.
Ephesinum, Conc. 152 f., 155, 700 f.
Epiphanius 149 f., 610
Erasmus v. Rotterdam 150, 416, 528, 601, 748 f.
Ernst Friedr. v. Baden-Durlach 714
Eusebius v. Caesarea 528, 671
Eutyches 27

Fabricius, Andr. 675
Farel, Wilh. 714
Feuerbach, Ludwig 7, 46 f., 316 f.
Fichte, Joh. Gottlieb 22, 46 f.
Florentinum, Conc. (1438–1445) 527, 529, 632
Florenz, Karl 372 f.
Franck, Joh. 276
Franck, Sebastian 748
Frank, Franz Hermann Reinhold 688
Franz v. Assisi 273, 372, 550
Freidenkerkongreß v. Neapel (1869) 636
Fuchs, Ernst 234, 442, 539

Gallicana, Conf. (1559) 525, 528 f., 608, 714, 738
Gaß, Wilh. 617 f., 675, 877
Gellert, Christian Fürchtegott 277 f.
Genku (Honen) 372 f., 375
Gerhard, Joh. 85, 182, 220, 250, 310, 508, 526, 528, 596, 675 f., 965, 973
Gerhardt, Paul 152, 276, 278 f., 550
Gildemeister, Joh. Gustav 678
Gilg, Arnold 138
Goethe, Joh. Wolfg. 22 f., 213, 523, 549, 636, 788
Goguel, Maurice 151
Gomarus, Franziskus 310
Gotter, Ludw. Andr. 277
Gramann, Joh. 276
Gratian 726
Gregor d. Große 159, 575, 578, 674, 876
Gregor v. Nazianz 214, 674

Gregor v. Nyssa 35, 42, 138, 167, 184
Grether, Oskar 11
Grosche, Robert 155, 158 f., 924
Grotius, Hugo 261, 617 f.
Grünewald, Matthias 137 f.
Gunkel, Hermann 86, 546
Gutmann, Bruno 541

Häring, Theodor 822 f., 984
Halle, Altpr. Bek.-Syn. v. (1937) 937
Hamann, Joh. Georg 56
v. Harnack, Adolf 22, 81 f., 86, 140 f., 194, 308, 317, 403 f., 541, 734
Harnack, Theodosius 340
Heermann, Joh. 276
Hegel, Georg Wilh. Friedr. 22, 316, 350, 413 f., 535, 623, 626, 636, 817
Heidan, Abr. 311 f., 581, 676
Heidegger, Joh. Hch. 581
Heidegger, Martin 50 f., 53, 124, 977
Heidelberger Katechismus 10 f., 83, 184, 236, 320, 322, 417, 608, 679 f., 714, 728 f., 915 f., 970
Heiler, Friedr. 155
Heim, Karl 52, 54 f., 225
Helvetica prior, Conf. 508, 581, 601, 674 f.
Helvetica posterior, Conf. 595, 714
Henoch 109
Herder, Joh. Gottfr. 86, 139 f., 550, 584
Hermann, Nik. 276
Hermas, Hirte des 66
Herrmann, Wilh. 879
Hieronymus 610, 674
Hiller, Phil. Friedr. 277
Hippolytus 161, 175, 178, 576
v. Hofmann, Joh. Christ. Konrad 103 f., 168 f., 679, 918
Hollaz, David 85, 168, 176, 179, 313, 583, 676, 738
Holtzmann, Hch. Julius 608, 617, 620, 622 f.
Homer 523, 767
Honorius I. 167
Horaz 742
Hunnius, Nik. 965
Husserl, Edmund 817
Hutterus, Leonhard 310, 508, 965
Hyperius, Andreas 581

Ignatius v. Antiochien 40, 82, 152, 161, 232, 990
„*Ineffabilis Deus*", Bulle 155, 160, 630
Innozenz XI. 908

Irenäus v. Lyon 40 f., 43, 82, 154, 199 f., 232, 530, 575, 610 f., 628 f., 631, 672 f., 679, 901
Irving, Edward 168
Jesus Sirach 158, 527
Jodo-Shin 372
Jodo-Shin-Shu 372 f.
Johannes Chrysostomus 189, 426, 610, 674
Johannes Damascenus 37, 150, 178, 184, 220, 549, 876
Johannes Scotus Eriugena 147, 310
Jorissen, Matthias 276
Judith 527
Justin d. Märtyrer 154, 175, 219, 574
Justinian, *Codex J.* 726

Kähler, Martin 64, 71, 879 f.
Kaftan, Julius 688, 740, 964
Kant, Immanuel 10, 22, 53, 317, 623, 636, 816, 878 f.
Karl V. 717
Karlstadt, Andr. 748 f.
Kattenbusch, Friedr. 190
Keckermann, Barthol. 179, 877
Kierkegaard, Sören 424 f., 550, 817
Kirn, Otto 883
Kittel, Gerhard 25, 62 f., 423, 547
König, Joh. Friedr. 313, 318
Kohlbrügge, Herm. Friedr. 169, 424, 429 f., 795, 931
Konkordienbuch 701, 717
Konkordienformel 400, 508, 608 f., 695, 701, 704, 717, 738, 923 f.
Konstantin 365 f.
Koran 307
Kuhlmann, Gerhard 880
Kuhn, Joh. 627
Kuyper, Abr. 931

Lactantius 232, 674
de Lagarde, Paul 22, 309, 682
Laodizenerbrief 529
Lateranconcil, I. 155
v. Le Fort, Gertrud 159
Lehmann, Edvard 306
Leibniz, Gottfr. Wilh. 7
Leiden, *Syn. pur. Theol.* 37, 138 f., 166, 168, 176, 178, 311, 525, 537, 581
Leo XIII. 156, 636
Lessing, Gotth. Ephraim 10, 325, 623
Lipsius, Richard Adelbert 14
Lobwasser, Ambrosius 276
Ludwig XIV. 636

Lüdemann, Hermann 14, 688
Lülmann, Christian 682
Luthardt, Christoph Ernst 316 f., 964
Luther, Martin 27, 36, 40, 42 f., 66 f., 72 f., 81, 83 f., 86, 103, 130, 133, 150, 152 f., 162 f., 168, 181 f., 185 f., 195, 212, 228, 232, 235 f., 240 f., 250, 273 f., 285 f., 313, 320, 327, 338 f., 374 f., 385, 410, 412 f., 416, 418, 426, 443, 459, 508, 517, 525 f., 529, 531 f., 536 f., 545, 550, 563, 568, 577 f., 584, 608 f., 616, 626, 635, 655, 671, 673 f., 679 f., 684 f., 691 f., 701, 714, 717 f., 734, 738, 740, 744, 747, 753, 817, 835, 841 f., 847, 853, 876 f., 885, 934 f., 938

Major, Georg 878
Makkabäer, Bücher der 527
Manning, Henry Edu. 632
Marcion 80 f., 541
Maresius, Samuel 185
Marheineke, Phil. Konrad 928, 984
Martensen, Hans Lassen 984
Martyr Vermigli, Petrus 508
Mastricht, Petrus 310
Mauthner, Fritz 350, 352 f.
Melanchthon, Philipp 179, 241, 507 f., 550, 671, 676, 701, 714, 738, 877, 880, 973
Menken, Gottfr. 168, 678 f.
Michaelis, Joh. David 597
„*Miserentissimus Redemptor*", Encycl. 156
Missale Romanum 40, 43, 151, 155 f., 189, 529
Möhler, Joh. Adam 624 f., 631, 634, 636
v. Mosheim, Joh. Lorenz 315
Musculus, Wolfg. 528
Mykonius, Oswald 714

Napoleon I. 635
Napoleon III. 633
Neander, Joachim 276
Neander, Michael 675
Nestorius 27, 152, 733
Nicäa, Conc. I. v. 251, 694, 700 f., 714, 734
Nicäa, Conc. II. v. 610
Nicaeno-Constantinopolitanum, Symb. 190, 215, 219, 227, 700 f., 704
Nietzsche, Friedr. 497
Nikolai, Phil. 276
Nitzsch, Carl Immanuel 879, 928
Nitzsch, Friedr. 984
Novalis, Friedr. 279

„*Octobri mense*", Encycl. 156
Oetinger, Friedr. Christoph 816
Olevianus, Caspar 714
Origenes 175, 232, 550, 610, 674
Osiander, Andr. 877
Osterwald, Johann Friedr. 5, 315
Overbeck, Franz 64, 547
Oxford, Gruppenbewegung 260 f., 489 f., 785 f.
Oxford, Ökum. Kirchenkonferenz (1937) 660

Palmer, Christian 882
Paulus v. Samosata 22
Petras, Otto 69, 353
Petrus Lombardus 37, 39, 221, 411 f., 876
Pfaff, Christoph Matthäus 5, 315
Picus v. Mirandola 817
Pius VI. 151
Pius IX. 155 f., 160, 628, 630, 632, 634 f.
Pius X. 156
Plato 535, 767, 883
Polanus, Amandus 38, 163 f., 211, 214, 219, 310, 312, 424, 426, 440, 454, 508, 528, 582, 695, 800, 807, 809, 877, 880 f., 907 f., 965, 973
Prierias, Sylvester Mazz. 525 f., 620
Przywara, Erich 158, 627

Quell, Gottfr. 423
Quenstedt, Joh. Andreas 38, 81, 85, 168, 176, 179, 182, 214, 219, 221, 313, 318, 528 f., 582 f., 676, 965 f., 968
Quicumque, Symb. 43, 203

v. Rad, Gerhard 87
Rade, Martin 984
Rambach, Joh. Jak. 277
Ranft, Josef 608 f., 614, 623, 626 f.
v. Ranke, Leopold 631 f.
Reimarus, Hermann Samuel 384, 546
Reisner, Erwin 287 f.
Renitenz, Hessische 726
Richter, Christian Friedr. 277
Rist, Joh. 276
Ritschl, Albr. 14, 22, 135, 140 f., 316, 385, 414 f., 479, 541, 584, 597, 682, 688, 734, 816, 879, 882
Ritschl, Otto 935
Romanus, Catechismus 620
Rothe, Richard 409, 878 f.
Rufinus 190

Sailer, Joh. Mich. 623 f.
Salmeron, Alphons 620 f.
Schalling, Martin 276
Scheeben, Matthias Josef 154 f., 157 f., 628
Scheffler, Joh. (Angelus Silesius) 277, 350, 352
Scheler, Max 817
Schelling, Friedr. Wilh. Joseph 816
Schempp, Paul 577
Schlatter, Adolf 153, 192, 363, 679, 881, 883
Schleiermacher, Friedr. Ernst Daniel 10, 53, 87, 112 f., 135, 141, 147 f., 190, 197, 207, 213, 316 f., 355, 385, 541, 550, 584, 601 f., 623 f., 626, 636, 681 f., 688, 776, 878 f., 882 f., 893, 909, 925, 928
Schmalkaldener Art. 740
Schmidt, Karl Ludwig 190, 192, 234, 547
Schmolck, Benj. 277
Schneckenburger, Matthias 935
Schoeps, Hans Joachim 87
Schweizer, Alex. 682, 688, 928, 984
Schütz, Joh. Jak. 276
Scotica, Conf. 738
Seeberg, Reinhold 14, 190, 194 f., 207, 213 f., 317, 935, 964
Selnecker, Nik. 276
Semler, Joh. Salomon 621 f.
Servet, Michael 130, 748
Shinran 372 f., 375
Sibillinische Bücher 574
Sigismund, *Conf. S.* 714
Simon, Richard 621 f.
Socinianer 81
Söderblom, Nathan 372
Spalding, Joh. Joach. 426
Speratus, Paul 276
Spitta, Phil. 279
Stade, Bernhard 87
Staffortsches Buch 714
Stange, Carl 883, 925
Staudenmaier, Franz Anton 627
Stephan, Horst 184, 550 f., 964
Stirner, Max 46
Stolzenburg, Arnold Fr. 315
Strack-Billerbeck 194
Strauß, Dav. Friedr. 308, 316 f., 384, 547, 598, 626
Suarez, Franz 221

Tersteegen, Gerh. 277 f.
Tertullian 154, 171, 175, 365, 426, 610 f., 620

Tetrapolitana, Conf. 508
Theodosius 726
Theophilus v. Antiochien 574
Thomas v. Aquino 36 f., 43, 155 f., 160, 184 f., 228, 249, 309 f., 372, 410 f., 426, 440, 550, 576, 627 f., 630, 674, 686 f., 697, 876, 969, 974, 978
Thomas a Kempis 876
Thomasius, Gottfr. 204
Thurius, P. 675
Thurneysen, Eduard 234, 660
Tiele, Cornelis Petrus 372
van Til, Salomon 313 f., 318
Tobias 527
Tridentinum, Conc. 155, 508, 527 f., 609 f., 612 f., 616 f., 620 f., 626, 631 f., 672, 679, 686, 700, 714
Tripitaka 307
Troeltsch, Ernst 316, 682, 879, 935, 964
Turrettini, Franz 28, 36 f., 61, 160, 207, 211, 214, 220 f., 310, 528, 966, 968
Turrettini, Jean Alphons 5, 315
Twesten, August 682

Unitarier 681, 740
Ursinus, Zacharias 679, 714

Valentin 203
Valentinian 726
Vaticanum, Conc. 160, 525, 630 f., 700
Veda 307
Venatorius, Thomas 877, 880, 882
Vinzenz v. Lerinum 611 f., 616 f., 620, 631
Vischer, Wilh. 52, 75, 87, 97

Voetius, Gisbert 310, 582, 584, 675
Vogel, Heinrich 145, 251

Waläus, Anton 310 f., 313
Waldenser 679
Weber, Max 935
Weisheit Salomos 158, 527
Woltersdorf, Ernst Gottlieb 277
Wellhausen, Julius 86 f., 547
Wendelin, Markus Friedr. 179, 185, 312, 318
Wendt, Hans Hinrich 879
Werenfels, Samuel 5, 315, 597, 764
Wernle, Paul 151
Wesley, John 550
Westphal, Joachim 933
Wichelhaus, Joh. 61, 544
Wichern, Joh. Hinrich 550
Wilhelm, Richard 541
Wolf, Ernst 159
Wolff, Christian 5, 316
Wolleb, Joh. 164, 178 f., 250, 310, 312, 508, 526, 595, 782, 877, 880 f., 965, 969
Woltersdorf, Ernst Gottlieb 277
Wrede, William 546
Wünsch, Georg 881

Xavier, Franz 374

Zachariä, Gotthilf Traugott 546
v. Zinzendorf, Nik. 151, 277, 550
Zürcher Bekenntnis (1545) 528
Zürcher Disputation (1523) 508
Zwick, Joh. 276
Zwingli, Ulrich 152 f., 508 f., 528, 550, 601, 817, 934

III. BEGRIFFE

Abendmahl 177, 247 ff.
Agende 730
Agnostizismus 266 f.
Altes Testament s. Schrift, hl.
Altkatholizismus 634
Anglikanismus 681, 927 ff.
Apologetik 5, 365
Atheismus 350 ff.
Aufklärung 5 ff., 315 f., 319 f., 367 f., 623, 878, 925, 960
Autorität s. Bekenntnis, Gott, Kirche, Konfession, Schrift, hl.

Auslegung s. Exegese
Bekehrung 791, 795
Bekenntnis 590 f., 637 ff., 655 f., 966
  Autorität 661 f., 691 f.
  als Entscheidung 663 ff.
  Geschichtlichkeit 655
  als menschliches Werk 660 f.
  Vgl. Konfession, Schrift hl., Väter
Berufung 131, 791, 797
Buße 284 ff., 427, 429, 440
Calvinismus 184, 676, 689, 692, 927 ff.
  Abendmahlslehre 934

Christologie 27, 184 ff., 934 („*Extra Calvinisticum*" 184 f.)
    Einheit der Offenbarung 83
    „historischer" 677, 931
    u. Kirche 616 ff.
    u. Konfession 738
    u. Schrift hl. 508, 608
    u. Tradition 608
Christentum 87, 306 ff., 325, 358, 364 ff., 381 ff., 391, 396 f., 548
    corpus christianum 366
    Geschichte 369 ff.
Christliches Leben 403 ff.
    Beharrlichkeit 76 f.
    Biographie christl.? 797
    Leiden 118 f.
    Nachfolge Jesu 302 f.
    Wachen 76 ff.
    Vgl. Glaube, Gehorsam, Geist Hl., Liebe, Wiedergeburt
Christologie 3, 8 f., 27, 134 ff., 254, 385 f., 398, 974 f.
    altkirchliche 138 ff.
    Anhypostasie und Enhypostasie 178 ff.
    doketische 18 f., 178
    ebionitische 21 ff., 150, 178
    Herz-Jesu-Verehrung? 151
    doppelte im Neuen Testament 20 ff.
    Leben-Jesu-Forschung? 71
    Leben-Jesu-Kult 150 f.
    unitio und *unio* 176 f.
    Siehe Calvinismus, Dogmatik, Luthertum, Neuprotestantismus; vgl. Jesus Christus, Maria
Christus s. Jesus Christus
Dogma s. Konfession
Dogmatik 134 f., 831, 857 ff., 899, 902, 922, 925
    Aktualität 942
    Aufgabe 858 ff., 867 f., 872 ff., 899, 903, 917, 940 f., 954 f., 967
    Autonomie 958 ff., 969, 989
    Christologie 135 f., 974, 988
    Einheit 981
    Ergebnisse? 860
    u. Ethik 260 f., 875 ff., 986 ff.
    Gebet 868, 939, 943
    Gefahren der 864 ff., 988 f.
    Glaube 904 f., 919, 956, 970
    Gehorsam 959 ff., 973
    Haltung der, biblische 912 ff.
        konfessionelle 919 ff., 966
        kirchliche 939 ff.

Heteronomie 911 f., 958 ff.
Inhalt 403, 985 f., s. auch Gott, Schöpfung, Versöhnung, Erlösung
    u. Kirche 861 f., 867 ff., 891, 895, 902 ff., 939 ff.
Methode 954 ff.
    Freiheit der 962 f.
Norm der 911 ff.
Prolegomena 3, 136, 974 f.
„Scholastik"? 865
Stoff der 871 f.
System? 963 ff.
Theonomie 911 f., 958 ff., 969
    u. kirchliche Verkündigung 861 f., 868 ff., 894, 908, 952, 954 ff.
Ziel 892
Siehe Neuprotestantismus, Schrift hl., Zeugnis
Vgl. Konfession, Verkündigung kirchl.
Doketismus 18 f., 56, 162, 178, 269, 290, 412, 565, 575, 584
Dreieinigkeit 1 f., 36 ff., 176, 222 f., 265 ff., 505, 599, 746, 785, 975, 982 f.
Ebionitismus 21 f., 150, 178, 412, 584
Engel 484
Entscheidung s. Glaube
Erfahrung s. Glaube
Erkenntnis s. Glaube
Erlösung 28, 75, 128 ff., 268, 472, 484, 737, 979 f.
    im A. T. 104 f.
    im N. T. 128 f., 247 f.
Erwählung 112, 229 ff., 245, 382 f., 415 ff., 986
Eschatologie s. Erlösung
Ethik s. Dogmatik
Exegese (Auslegung) 6, 510 f., 515, 519 ff., 546 ff., 593, 728 f., 797 ff., 858, 917, 989
    Exeget 800 ff.
Ewigkeit 53 ff.
Freiheit 745 ff.; s. Gott, Kirche, Mensch, Wort Gottes
Gebet 479, 503 f., 590, 708, 767, 779, 781 f., 844, 860, 868 f., 939, 943
Gehorsam 226, 401, 424, 429, 431, 450, 510 f., 560, 598, 603 f., 710, 732, 741, 751, 783 f., 958 ff.
Geist Hl., 222 ff., 570 ff., 987 ff.
    Gabe 242 f., 288
    Gericht 32, 265 ff., 280 ff., 292 f., 429 f.,
    Gottheit 215 ff., 227, 266, 283, 411
        Filioque 273

III. Begriffe

Kirche 243 ff., 270 f.
Werk 217 f., 257, 260 ff., 270 f., 288, 570 ff., 784
    doppeltes 242 f.
Wort (Jesus Christus Schrift hl.) 257 f., 260 ff., 452, 559, 746
Siehe Konfession, Neuprotestantismus, Reformation, Wort Gottes, Zeugnis
Vgl. Dreieinigkeit, Schrift hl. (Inspiration), Wiedergeburt
Gericht Gottes 62, 94 ff., 107 ff., 120, 165, 283, 388, 437, 482 ff., 552, 567, 767, 843, 845, 940, 989 f.
    s. Geist Hl.
Gesetz 81, 89, 299, 395, 497
    Erfüllung 114, 422, 425, 434, 502, 836 f.
    u. Evangelium 83 ff., 339 ff., 395, 423 f., 436, 454, 459, 472 f., 479, 484, 500 f., 537, 553, 834, 952 f.
    Gebot 419 ff., 443, 449, 451 ff., 500, 961, 986 f.
    nova lex? 341 f.
Gewissen 635, 741, 780, 788, 796
Glaube 52, 130 f., 184, 226, 264, 309, 342, 363, 370, 412, 560, 568, 591, 725, 733, 770, 791, 830, 840 f., 904 f., 949, 988
    analogia fidei 294, 323, 522
    Erfahrung 260, 272, 363 f., 792 f.
    Einheit 735
    Entscheidung 386, 751, 785 ff., 790 f.
    Erkenntnis 184, 949, 982
    Gegenstand 131, 342, 402, 791, 793
    Gewißheit 793
    Gläubigkeit 791
    Hoffnung 131
    Liebe 408, 412, 487
    u. rel. Selbstbewußtsein 362 f.
    Vergebung 390
    Vertrauen 830
    als Werk 402
    Siehe Dogmatik, Konfession, Neuprotestantismus
    Vgl. Gehorsam, Geist Hl., Kirche
Gnade 28, 62, 89, 98, 114, 205, 210, 236, 253, 263, 267, 272, 300, 356, 370 ff., 433, 428, 441, 485, 502, 567, 571, 586 f., 786, 789, 834, 845, 856, 859, 869, 905, 956, 971, 987
Gnosis 147, 733
Gott 975 ff.
    Autorität, absolute 551 f., 741
    Barmherzigkeit 417, 459, 464 f.
    Einzigkeit 283, 420 f., 427 f., 430, 555

Freiheit 1, 28 f., 34 f., 66, 148, 217, 224, 230, 283
Geduld 75, 383, 450
Gerechtigkeit 388 f.
Herrschaft 64, 296 f., 421, 427 f., 976
Kondeszendenz 34 f., 257, 783 ff.
Liebe 270, 409 ff., 415 ff.
Siehe Gericht, Liebe, Offenbarung, Wort Gottes, Zeugnis
Vgl. Jesus Christus, Geist Hl.
Häresie 157, 280, 317 f., 615, 703 f., 708, 733, 747, 821, 902 f., 906 ff., 923 f., 928 f., 940, 944, 947
Heiligung 131, 342, 393 ff., 886 f.
Vgl. Geist Hl., Leben christl., Wiedergeburt
Hermeneutik 513 ff., 546 ff.
    allgemeine 514 f., 807, 810 ff., 812
    biblische 515 ff., 546 ff., 807, 812 ff.
Humanität 163, 400, 444 f., 466 f., 785, 788
Islam 926
Jesus Christus
    Auferstehung 42, 60, 64, 117, 122 f., 126 ff., 134, 180 f., 183, 218, 294, 390, 456, 468, 479, 533 f., 539 ff., 738, 773, 804, 832, 836 f., 840 f., 845, 847, 987
    „leeres Grab" 195, 199 f.
    Adam, zweiter 172, 431
    im A. T. 79 ff., 102 f., 541, 807
    assumptio carnis 163 f., 174 ff., 217 f., 260, 323 f., 553, 783
    Gottheit 23, 37, 41 f., 145 ff., 170, 174 f.
    Gottmenschheit 16 f., 136 f., 553
    Himmelfahrt 465, 468, 775, 777
    Jungfrauengeburt 189 ff.
        conceptus de Spiritu sancto 214 ff.
        natus ex Maria virgine 202 ff.
    u. d. Kirche 160, 217, 233 ff., 269 f., 294 ff., 390 ff., 422, 455, 468, 641 ff., 751, 837, 847, 948
    Kreuz Christi 39 ff., 60, 62, 68 f., 94 ff., 110, 117 ff., 165, 171, 761, 837, 840, 845, 847
    König 91 f., 107 f.
    Menschheit 37, 39 f., 44 f., 161 ff., 202 ff., 260, 554, 570, 588
    im N. T. 112 ff., 807
    Name 11 ff., 376, 379 ff., 390, 393 ff., 405, 490 f., 807 f.
    Priester 91 f.
    Prophet 91 f., 95
    Taufe Jesu 218
    Sündlosigkeit 167 ff.

Wiederkunft 128 ff., 465, 775, 777
Siehe Kirche, Nächster, Verkündigung kirchl., Wort Gottes
Vgl. Christologie, Dreieinigkeit, Geist Hl., Offenbarung
Johannes der Täufer 20, 63, 132 ff., 252, 304, 342
Judentum 79 f., 87, 98, 102 f., 110 f., 116, 194, 367, 542, 566 ff., 590
Katholizismus, römischer 232, 361, 686 f., 746 f., 924, 927, 930 f., 940
  Apostolat 361
  Dogma 699, 737, 739
  Herz-Jesu-Verehrung 151
  Kirche 160, 249, 273, 602, 606, 628 f., 641 ff., 732, 771, 891
  Kirchenväter 674, 686
  Mariologie 153 ff., 208
  Natur und „Übernatur" 885
  Papsttum 629 ff.
  Sakrament 253, 835
  Schrift hl., 505, 517, 525 ff., 672
  Tradition 607 ff., 771, 940
  Vgl. Theologie (natürliche)
Kirche 229, 241, 248 f., 253, 269, 371, 383, 396, 450, 465, 468, 503, 506, 526, 534, 554 f., 570, 598 ff., 646, 725, 770, 851, 861 f., 869, 891, 923, 944
  Amt 116
  Dienst 648
  Auftrag 797 f., 833, 836 f., 846, 944 ff.
  Autorität 598 ff., 781, vgl. Bekenntnis, Konfession, Väter
    geistliche 666, 693, 743
    Begründung 770 f.
  communio sanctorum 741
  ecclesia militans 941
  Einheit 637 f., 872 f., 919, 934, 942
  u. d. Einzelne 787 ff.
  Erhaltung 771 f.
  Freiheit 559 f., 741 ff., 953
  Gehorsam 639, 650, 901, 959
  Gespräch, kirchl.? 659 f.
  Gemeinde 237 f., 801
  Geschichte 370, 663, 730, 893 f., 897 f.
  Heilsnotwendigkeit 233 ff.
  hörende 891, 898 ff., 944 ff.
  Kirchenregiment 777, 939
  konfessionelle 725 ff.
  „Laien" 891
  lehrende 891, 897, 905, 943 f.
  Leib Christi 82, 235 ff., 269, 411, 641 ff., 669, 775 ff., 844, 851, 901
  als Menschenwerk 233, 381, 774, 903, 946, 950
  Mission 368, 392, 466 ff., 697, 715, 769
  Oekumene 660, 921, 924
  Reich Gottes 769, 851
  Sichtbarkeit 239 f., 247 f.
  Schrift hl. 526 ff., 549, 556, 570, 599 ff., 644 ff., 741, 752, 774 f., 797
  u. Welt 124, 367, 466, 556, 744, 768 f., 849
  Wort Gottes 234 f., 720, 746, 796, 896
  Siehe Calvinismus, Dogmatik, Geist Hl., Jesus Christus, Katholizismus, Luthertum, Neuprotestantismus, Offenbarung, Zeugnis
  Vgl. Konfession, Schrift hl. (Kanon), Verkündigung kirchl., Wort Gottes (3 Gestalten)
Kirchenlied 275 ff., 730
Konfession 693 ff.
  Aktualität 743 f.
  Anfechtung 720 ff.
  Anlaß 703
  Autorität 190, 699 f., 709 f., 715, 725 ff.
  Begrenzung 699 ff., 709 ff.
  Entscheidung 704 ff. *(damnamus)*
  Entstehung 713
  Gehorsam 710
  Glaube 698 f. 724 f.,
  Geist Hl. 697, 715, 732 f.
  Inhalt 717 f.
  Kirchlichkeit 695 f.
  Kritik 735 f.
  Legitimation 726
  Menschlichkeit 699 ff.
  neue 739 f.
  Offenbarung 737
  Publizität 716 ff.
  Schrift hl. 694 f., 697 f., 711 f., 715, 719, 728 f.
  Wortlaut 736
  Vgl. Bekenntnis
Konfessionskirchen, evangelische 177, 184 ff., 616, 675, 680 f., 707, 929 ff.
  „Calvinisierung"? 937 f.
  Schulgegensatz 187, 929 ff.
  Union 928, 932 f.
Konzil 738
Liberalismus s. Neuprotestantismus
Liebe 408 ff.
  als Dankbarkeit 441 ff.
  Freiwilligkeit 436 ff.

Gegenstand 425
Gottes 408 ff.
  zu Gott 422 ff., 485 ff.
  zum Nächsten 442 ff.
  Selbstliebe? 426 f., 499 ff.
  Totalität 434 ff., 498
  Unverlierbarkeit 434 ff., 498
  Siehe Gott, vgl. Wiedergeburt
Lob Gottes s. Liebe
Luthertum 184 f., 657 f., 689, 692 f., 707, 716 f., 738 f., 927
  Christologie 27, 169, 176f., 179, 181f., 186f.
  Einheit der Offenbarung 83 ff.
  u. Kirche 616 f.
  Konfession 738
  Schrift hl. 508, 608 f.
  Tradition 608
  Siehe auch Konfessionskirchen, evangel.
Maria 151 ff.
  Empfängnis Christi 219 f.
  „Mutter Gottes" 151 f.
  Jungfrau 209 ff., 214
  Vgl. Katholizismus (Mariologie), Jesus Christus (Jungfrauengeburt)
Mensch 44 ff., 206, 400, 886
  Existenz 47, 161, 170, 206, 256 f., 267, 290 f., 305, 400, 498, 887, 978, 986
  Fleisch 44, 165, 398
  Frau 211 ff.
    Jungfrau 210
  Geschlechtsleben 208 f.
  Imago Dei 336
  Mann 211 ff.
  Mitmensch 46 ff., 458, 462 f., 469, 471 ff.
  Selbstbestimmung 51, 280, 290, 400, 409 ff., 560, 779, 785, 796, 802
  Tod 284
  Totalität 291, 791
  Unfähigkeit f. d. Offenbarung 205 ff., 259, 280 ff., 328 f.
Modernismus s. Neuprotestantismus
Monotheismus 366, 428
Mystik 278, 348 ff., 431, 839
Nächster 443, 375 ff.
  Dienst 481 f.
  Gesetz 484 f.
  Jesus Christus 464, 470 ff., 490 ff., 502
  Kirche 465, 503
  Siehe Liebe, vgl. Zeugnis
Neues Testament s. Schrift hl.
Neuprotestantismus 5 ff., 62 f., 160, 228, 275, 309, 617, 619 f., 623, 634 f., 641 ff., 682, 686 f., 743, 748, 775, 925, 927

A. T. 86 f.
Christologie 141 ff., 168, 324, 384 ff.
Dogmatik 135, 863, 964, 968, 974, 984
Ethik 878 f., 882 f.
Geist Hl. 275
Glaube 775 f.
Konfessionskirchen, ev. 935
Kirche 249, 602, 606 ff.
Kirchenlied 276 ff.
Konfession 740
Reformation 681
Religion 313 ff.
Schrift hl. 227 f., 505, 508, 545 f., 619 f., 679
Union 928
Offenbarung 1 ff.,
  im A. T. 77 ff., 533, 541
  Ärgernis 68 f., 205, 563
  Aeon, alter und neuer 59, 67 f., 94, 97, 117 f., 452
  Ausgießung des Hl. Geistes 223 ff.
  Bund 61, 88 ff., 114 f., 395
  Einfachheit 11 f.
  Einheit im A. T. und N. T. 61 f., 73, 79 ff., 114, 339 ff., 533 ff.
  Einmaligkeit 13, 89, 536, 543, 555, 604 ff., 752
  Fleischwerdung 1 ff., 783, 798, 804
  Geheimnis 92, 111, 136 ff., 187 ff., 254, 293, 520 ff., 573, 591, 784, 798
  Geschichte 13 f., 55, 61 ff., 89, 98, 115, 126, 150, 229
  Weltgeschichte 69, 75, 466
  als göttlicher Akt 65 f., 88, 147, 175, 557
  Gott als Subjekt 1, 65 f., 88, 147, 175
  Israel 78, 88, 93 ff., 105, 121, 220 ff., 245 f., 359, 419 f., 422, 566 f.
  Kirche 111, 229 ff., 248, 512, 554
  Mitteilung 258 f.
  Möglichkeit 30 ff., 264 ff.
  im N. T. 17, 27 f., 79 ff., 111 ff., 533
  Notwendigkeit 36, 38, 148 f.
  Schrift hl. 505 ff., 551 f.
  „Offenbarungen" 33 f., 364, 550
  Offenbarungsbesitz? 619, 771
  Verhüllung und Enthüllung 31 ff., 45 f., 67 ff., 93 ff., 117 ff., 307 f.
  „Knechtsgestalt" 68 f.
  Verschiedenheit im A. T. und N. T. 123 f., 132 f., 533
  Weissagung 103 f.
  Wirklichkeit 3 ff., 233 ff., 265
  Wunder 70 f., 161, 175, 198 f., 204, 216,

221, 266, 268, 281, 290 ff., 431, 499, 562, 586 f., 591, 615, 784, 798, 832, 847
Zeichen 13, 71, 116, 161, 198 ff., 207, 243ff. 252 ff.. 257f.. 295, 396, 441f., 456, 465, 467 f., 490, 493 f., 506, 554 ff,. 570, 647 f., 654, 692 f., 775, 845, 909 f., 956
Vgl. Kirche, Sakrament, Schrift hl.
Optimismus 786, 792 f.
Orthodoxie, altprotestantische 5, 64, 81, 85 f., 103, 176, 178 f., 182, 274, 276, 310 ff., 319, 323, 531 f., 536, 564, 580 f., 597, 616 f., 675, 683, 687, 807, 809, 817, 859, 877 f., 907, 965 ff., 973 f.
östliche 927
Pessimismus 786, 792 f.
Prädestination s. Erwählung
Pietismus 275, 277, 368, 681, 747, 878, 931, 968
Predigt s. Verkündigung kirchl.
Prophetie s. Schrift hl.
Rechtfertigung 129, 131, 336, 356, 387 ff., 398, 402 f., 431, 464, 617 f.
vgl. Versöhnung
Reformation 228, 275, 369 ff., 507 f., 637, 650, 680 f., 691 f., 717, 734, 743
A. T. 81
Bekenntnis 697, 716
Ethik 876 f.
Freiheit 746 f.
Geist Hl. 273 f., 596
alte Kirche 686
Reformatoren 228, 675 ff., 680 f., 688
Schrift hl. 507 ff., 577 f., 595 f., 647 ff.
Väter 674
Welt 743 ff.
Religion 305 ff.
Gnadenreligion 371 ff.
Heiden 334 f.
Religion wahre 376 ff.
Jesus Christus 379 ff., 390 ff.
Religionswissenschaft 321 f.
„Wesen der Religion" 324 f.
Sitte 345 ff.
Theologie 308 ff.
Offenbarung 320 f.
Unglaube 327 ff., 392
Bilderdienst 330 f., 344
Werkgerechtigkeit 337 f., 344
Siehe Theologie, vgl. Erwählung, Heiligung, Rechtfertigung
Religionsgeschichte s. Theologie (natürl.)
Sakrament 177, 249 ff., 449, 870
u. Predigt 251, 835, 870

sakramentaler Raum 253, 394
Synagoge s. Judentum
Sünde 67, 99 ff., 120 ff., 147, 171 ff., 208 f., 288, 320, 332, 370, 476, 478, 987
Erbsünde 206, 209
Sündenfall 52, 64, 73, 167, 212
Schöpfung 177, 416, 771 f., 977 f.
Erhaltung 771 f.
Offenbarung 41, 48 f., 177
Versöhnung 204
Schrift hl. 505 ff.
Altes Testament 77 ff., 533, 541
Apostolat 65, 73, 113, 115, 133, 228, 247 ff., 297, 301, 361 f., 396, 419, 465, 468, 505, 512, 532 ff., 539 ff., 548, 554 ff., 560 f., 564, 572 f., 587 ff., 603 ff., 614, 645 ff., 661, 689, 750 f., 755, 770, 776, 779, 783 f., 799, 803 f., 810 ff., 832, 837
Autorität 551 ff., 599 ff., 753, 803 ff.
Bibelkritik 86, 547 f.
Biblizismus 678 f., 816
Chronologie 56 f.
Dogmatik 15 f., 506, 918
Einheit 61, 62, 534 ff.
Einzigartigkeit 754 f.
Geschichtlichkeit, Sage, Legende? 564
Jnhalt 807
Inspiration (Theopneustie) 571 ff.
Verbalinspiration 575 f., 592
Kanon 524 ff., 541, 615, 666 ff.
Autorität 668 f.
Bekenntnis 667 ff.
echter Kanon 671
Leben 252 f.
Macht 756 f.
Menschenwort 512 f., 564 f., 587, 615, 757, 803 f.
historisches Verständnis? 513, 516, 520
Offenbarungsquelle, einzige 228 f., 257 f., 545, 550
perspicuitas 799
Persönlichkeiten? 789
Prophetie 91 ff., 133, 246 f., 297, 360, 465, 468, 505, 512, 532 f., 539 ff., 554 f., 564, 587 ff., 603 ff., 614, 645 ff., 661, 689, 750 f., 776, 783 f., 799, 803 f., 810 ff., 832, 913
Schriftlichkeit 614 f., 647 f.
Schriftprinzip 507 ff., 551, 553, 598, 608, 677
als Wort Gottes 523ff., 551ff., 754ff., 803
S. Calvinismus, Katholizismus, Kirche, Konfession, Luthertum, Neuprotestan-

tismus, Offenbarung, Reformation, Verkündigung kirchl., Wort Gottes, Zeugnis
Taufe 225, 247 ff., 272, 295, 303, 412, 790
Theologie 253, 383, 385, 479, 831, 839, 857, 862, 884
   christozentrische 385
   biblische 535 f.
   Disziplinen 857, 862, 889, 899, 917, 925
   Erkenntnisordnung 6 ff., 49, 188 f., 224 f., 254 f., 322 f.
   Existentialität 788, 886 ff.
   Freie Wahrheitsforschung 317 ff.
   Konfession 698
   Kirchengeschichte 863, 885, 889, 925
   Natürl. Theologie 135, 204, 287 ff., 580
      analogia entis 41, 48 f., 158 f.
      „Anknüpfungspunkt" 196 f., 287, 289, 305
      Anthropologie 224, 227 f., 288, 412, 876f., 885 f.
      Historismus 62 ff., 546
      „Irrationalismus" 256
      Morphologie 920, 935 f.
      „Rationalisierung" 9 f., 29
      Religion 310 f.
      Religionsgeschichte 69, 78, 112f., 541
      „Schöpfungsordnungen" 445 f., 459
      Spekulation 268
      „Uroffenbarung" 197
   Philosophie 536, 816 ff., 839, 865 f., 936, 940, 977
   „positive" 14
   Selbstbewußtsein 863 f.
   Schönheit 863, 941
   Symbolik 925
   Unglaube 320
   Wissenschaft vgl. Dogmatik
Unendlichkeit 77 f., 267
Union, s. Konfessionskirchen evangelische
Väter 674 ff., 727, 730 f., 739, 923, 926
   Bischof? 692 f.
   Kirchenväter 674 f.
   Kirchenlehrer 684 ff.
   Reformatoren 675 f., 680 f., 926
Vergebung 480 ff., 658, 953, s. auch Rechtfertigung
Versöhnung 61, 101, 123 f., 131, 161 f., 166 ff., 172, 218, 259 f., 293 f., 296, 379, 390, 395, 398, 416, 431 f., 472, 837, 974 ff., 986 f., s. Schöpfung, vgl. Jesus Christus, Rechtfertigung
Verkündigung kirchl. 177, 251 f., 272, 333, 466 f., 543, 554 f., 659, 729, 797, 831 ff.,
861, 871 f., 989
   Anfechtung 842 ff.
   Aufgabe 862, 989
   Auftrag 944 f.
   Dienst 850
   Christus als Gegenstd. 832, 895, 944, 948
   Mensch als Gegenstand 226 ff., 256 ff., 271 f., 319, 398 f., 404, 444 f., 538 f.
   als Menschenwort 834 ff., 848, 868, 892
   Lehrverschiedenheit 897 ff., 934
   Reine Lehre 851 ff., 897, 949 f.
   „Orthodoxie"? 855
   Schrift hl. 506 f., 615
   als Tat Gottes 840 f., 989
   Verheißung 856, 859, 873, 893 f., 901, 947 f., 950 ff., 970
   S. Dogmatik, Wort Gottes; vgl. Kirche
Wiedergeburt 218, 270, 285, 407, 410 f., 478, 480, 790
   Vgl. Geist Hl.
Wunder s. Offenbarung
Wort Gottes 569, 585 f., 949
   3 Gestalten 550, 638, 784, 832 f., 859, 893, 897, 974 f.
   Freiheit 744 ff.
   Jesus Christus 1 ff.
   Geist Hl. 222 ff.
   Schrift hl. 505 ff.
   Verkündigung 831 ff.
   Welthaftigkeit 234 f.
   Siehe Kirche, Schrift hl.; vgl. Geist Hl., Jesus Christus
Zeit 50 ff.
   Zeit der Erfüllung 54 ff., 64, 72 ff., 116, 126, 130, 134, 180, 604 f.
      40 Tage 128, 130, 468, 455, 604 f.
   Zeit der Erwartung 59, 77 ff., 533 f.
   Zeit der Erinnerung 59, 111 ff., 130, 533 f.
   Zeit der Kirche 455, 465, 758, 775
Zeugnis 11 ff., 112 f., 226 ff., 243 ff., 401, 454 ff., 487 ff., 511 f., 525, 545, 562 ff., 573, 667, 755, 757, 791, 956
   Dreifache Form 488 ff.
   Dogmatik 909 f., 943, 955 f., 988
   Kirche 785, 854, 914
   Geist Hl. 263, 597 f., 715
   Selbstzeugnis Gottes 846
   Schrift hl. 88, 93, 116 f., 123 ff., 227, 562, 587, 591 f., 596 ff., 601 ff., 668 ff., 752 f., 805 ff.
   Thema 489 ff.
Zeuge 913 f.

KARL BARTHS theologisches Werk wird bleiben! – Gewachsen aus der Tiefe des Evangeliums, genährt aus der Erfahrung des Glaubens und groß gestaltet aus Mut zum Denken, gehört es nicht mehr allein seiner Zeit, sondern der Kirchengeschichte – nicht mehr allein seiner Konfession, sondern der weltweit im Werden begriffenen Ökumene an.

DIE KIRCHLICHE DOGMATIK

I. Band Die Lehre vom Wort Gottes
    1. Teil (1932): Das Wort Gottes als Kriterium der Dogmatik
    9. Auflage 1975, 528 S. Ln.
    2. Teil (1938): Die Offenbarung Gottes / Die Heilige Schrift / Die Verkündigung der Kirche
    6. Auflage 1975, 1012 S. Ln.

II. Band Die Lehre von Gott
    1. Teil (1940): Die Erkenntnis Gottes / Die Wirklichkeit Gottes
    5. Auflage 1975, 782 S. Ln.
    2. Teil (1942): Gottes Gnadenwahl / Gottes Gebot
    5. Auflage 1974, 898 S. Ln.

III. Band Die Lehre von der Schöpfung
    1. Teil (1945): Das Werk der Schöpfung
    4. Auflage 1970, 488 S. Ln.
    2. Teil (1948): Das Geschöpf
    3. Auflage 1974, 800 S. Ln.
    3. Teil (1950): Der Schöpfer und sein Geschöpf
    2. Auflage 1961, 638 S. Ln.
    4. Teil (1951): Das Gebot Gottes des Schöpfers (Ethik)
    3. Auflage 1969, 812 S. Ln.

IV. Band Die Lehre von der Versöhnung
    1. Teil (1953): Der Gegenstand und die Probleme der Versöhnungslehre / Jesus Christus, der Herr als Knecht
    3. Auflage 1975, 896 S. Ln.
    2. Teil (1955): Jesus Christus, der Knecht als Herr
    2. Auflage 1964, 996 S. Ln.
    3. Teil, erste Hälfte (1959): Jesus Christus, der wahrhaftige Zeuge
    2. Auflage 1974, 560 S. Ln.
    3. Teil, zweite Hälfte (1959): Jesus Christus, der wahrhaftige Zeuge
    2. Auflage 1974, 560 S. Ln.
    4. Teil (Fragment), (1967): Die Taufe als Begründung des christlichen Lebens
    248 S. Ln.

Registerband. Hrg. v. Helmut Krause. (1970)
    684 S. Ln.

KARL-BARTH-GESAMTAUSGABE

Eine erste Reihe von 13 Bänden aus den Abteilungen 1–5 wird zur Subskription angeboten. Diese Bände enthalten zum überwiegenden Teil ungedruckte Texte.

Die Ausgabe gliedert sich in folgende Abteilungen:

1. Predigten (dazu gehören auch Kasualreden, Bibelstunden, Material zum Konfirmandenunterricht usw.)

2. Akademische Werke (Vorlesungen, Monographien)

3. Vorträge und kleinere Arbeiten (hier wird u. a. das umfangreiche Gelegenheitsschrifttum Barths seinen Platz finden)

4. Gespräche

5. Briefe (in einigen Fällen auch Briefwechsel)

6. Aus Karl Barths Leben.

Subskriptionsbedingungen:

Subskribenten dieser ersten Serie von 13 Bänden verpflichten sich zum Bezug der ganzen ersten Serie. Eine Verpflichtung zur Abnahme weiterer Bände einer späteren Serie besteht nicht. Die Subskribenten erhalten die Bände zum Subskriptionspreis, der ungefähr 10% unter dem Einzelverkaufspreis liegt. Ab 1973 erscheinen zunächst jährlich 3–4 Bände. Die Preise sind dem jeweiligen Umfang entsprechend von Band zu Band verschieden. Es ist mit einem durchschnittlichen Preis von ungefähr Fr./DM 60.— bis 70.— zu rechnen (unverbindlich).
Fordern Sie bei Ihrem Buchhändler oder direkt beim Verlag (CH-8021 Zürich, Postfach) das ausführliche Subskriptionsangebot an.